Dietrich Busse

Frame-Semantik
Ein Kompendium

Dietrich Busse

Frame-Semantik

Ein Kompendium

De Gruyter

ISBN 978-3-11-048212-6
e-ISBN 978-3-11-026945-1

Library of Congress Cataloging-in-Publication Data
A CIP catalog record for this book has been applied for at the Library of Congress.

Bibliografische Information der Deutschen Nationalbibliothek
Die Deutsche Nationalbibliothek verzeichnet diese Publikation in der Deutschen Nationalbibliografie; detaillierte
bibliografische Daten sind im Internet über http://dnb.d-nb.de abrufbar.

© 2012 Walter de Gruyter GmbH & Co. KG, Berlin/Boston

Gesamtherstellung: Hubert & Co. GmbH & Co. KG, Göttingen

∞ Gedruckt auf säurefreiem Papier

Printed in Germany

www.degruyter.com

Inhalt[1]

Vorwort		7
1.	**Einführung in die Thematik**	**9**
1.1	Warum Frame-Semantik?	9
1.2	Ein Märchen – Semantik, wie sie am schönsten (und einfachsten) wär	12
1.3	Zum Aufbau des vorliegenden Buches	19
2.	**Die Erfindung des Frame-Gedankens in der Linguistik –**	
	Der Denkweg von Charles J. Fillmore	**23**
2.1	Was ist in einem Satz oder Text semantisch „enthalten"?	26
2.2	Valenz-Modell und Kasus-Rahmen	34
2.3	Zwischen Kasus-Grammatik und Lexikalischer Semantik: Auf dem Weg zur Frame-Theorie	42
2.4	Die „*scenes-and-frames*"-Semantik	53
2.5	Die Aufgaben einer linguistischen Semantik	81
2.6	„Frame-Semantik" und die Bedingungen des Verstehens: Die „*interpretive*" oder „*understanding*"-semantics	92
2.7	Anwendungsbereiche und Leistungen des Frame-Modells	132
2.8	Ein „technisches" Modell: Prädikative Frames (FrameNet)	140
2.9	Fillmores linguistische Frametheorie: Zusammenfassender Überblick	209
3.	**Die Begründung der Frame-Theorie in der Kognitionswissenschaft –**	
	Die Frame-Idee bei Marvin Minsky	**251**
3.1	Kognitive Frames: Minskys Startschuss	252
3.2	Minskys Überlegungen zu Frames in Sprache und Textverstehen	264
3.3	Weitere Aspekte von Frames, Frame-Strukturen und -Aktivierung	273
3.4	Ein kognitives Modell des Denkens: Minskys „Society of mind"	282
3.5	Zusammenfassung und Diskussion von Minskys Frame-Konzept	304
4.	**Frühe Anfänge und theoretische Fundierungen der Frame-Idee –**	
	Die Schema- und Gedächtnistheorie von Frederic C. Bartlett	**311**
4.1	Psychologische Evidenzen für Frames: Bartletts „Remembering"	311
4.2	Konsequenzen aus Bartletts Schema- und Gedächtnistheorie für ein linguistisches Frame-Modell	331
5.	**Frame-theoretische Ausdifferenzierungen**	**336**
5.1	Das Scripts-, Pläne-, Ziele-Modell von Schank & Abelson	337
5.2	Systematisierungsversuche des Frame-Modells bei L. Barsalou	361
5.3	Diskussion der Modelle und Konsequenzen für die linguistische Semantik	414
5.4	Zur weiteren Diskussion um Frames	420

---

[1] Dieses Inhaltsverzeichnis führt nur die Hauptkapitel und Unterkapitel 1. Ordnung auf. Ein ausführliches Gesamt-Inhaltsverzeichnis mit sämtlichen Unterkapiteln 2. Ordnung findet sich am Ende des Bandes.

6.	Anwendungen und Weiterentwicklungen der Frame-Theorie in der linguistischen Semantik	440
6.1	Fillmores FrameNet	441
6.2	Lexikologisch-lexikographische Ansätze in Deutschland	451
6.3	Frame-Analysen in der Formalen Linguistik	495
6.4	Frame-Analyse als satz-, text- und kontext-semantische Methode	502

7.	Frame-Semantik: Ein Arbeitsmodell	533
7.1	Sprachliche Frames oder kognitive Frames? Eine Entscheidung	533
7.2	Frames als Format der Organisation und Rekonstruktion des verstehensrelevanten Wissens	539
7.3	Frame-Typen (I): Prädikative Frames vs. Konzept-Frames	550
7.4	Die innere Struktur von Frames	553
7.5	Merkmale von Frames: Prototypikalität, Konventionalität, Default-Werte, Iterativität, Rekursivität, Vernetzbarkeit, Perspektivierung, Fokussierung und Frame-Dynamik	595
7.6	Die Struktur von Frame-Systemen und –Netzen	627
7.7	Evokation oder Invokation von Frames? (Was gehört zu einem Frame?)	644
7.8	Typen von Frames (II) und Frame-Aktivierung	670
7.9	Epistemische Prädikation als Grundstruktur von Frames und verstehensrelevantem Wissen?	687
7.10	Ein Frame-gestütztes Modell des Sprachverstehens?	704
7.11	Frames praktisch: Modelle der Darstellung	705
7.12	Anwendungsmöglichkeiten der Frame-Analyse	742

8.	Frame-Analyse und linguistische Epistemologie – Resümee und Ausblick	787
8.1	Kognitive Semantik: Ein Wort an die Gebildeten unter ihren Verächtern	788
8.2	Frame-Analyse als Teil einer linguistischen Epistemologie	805
8.3	Ausblick und Anschlussmöglichkeiten	813
8.4	Statt einer Zusammenfassung: 66 Thesen zu Frames und Frame-Semantik	818

Bibliographie	828
Anhang	844
Register	877
Detailliertes Gesamt-Inhaltsverzeichnis	884

Vorwort

Frame-Semantik – ist das nicht ein „alter Hut"? Sind die interessanteren Aspekte des Frame-Begriffs (und seiner Satelliten) nicht schon längst in die Linguistik eingegangen (so z.B. die vielfältigen Verweise auf das Skript-Modell von Schank / Abelson, z.B. in der Gesprächsanalyse), die Irrtümer längst verworfen? Wozu sich damit heute noch beschäftigen? Liegen nicht die ersten Anfänge mit Fillmore (1968), Minsky (1974) oder Schank / Abelson (1977) schon Jahrzehnte zurück und ist nicht der „wissenschaftliche Zeitgeist" längst darüber hinweggegangen? Weshalb heute noch eine Einführung in dieses Gebiet? So oder so ähnlich könnten sich vielleicht angesichts des vorliegenden Buches manche interessierte Zeitgenossen fragen, die sich als Fachleute für wohlinformiert halten.

Man kann dem Folgendes entgegenhalten: Viel zitiert bedeutet noch lange nicht: adäquat beachtet (oder auch nur umfassend genug verstanden). Jede Wissenschaft kennt das Phänomen der Zitier-Autoritäten. Fillmore und Minsky, um nur die wichtigsten der hier zu behandelnden Autoren zu nennen, sind in der Linguistik zu solchen Zitier-Autoritäten geworden: zwar vielfach erwähnt, aber kaum je in ihren Intentionen und der Gesamtheit ihrer Denkansätze vollständig ernst genommen – manchmal hat man den Eindruck: in ihren Intentionen auch nicht annähernd verstanden.

Zugegeben: Auch dem Autor dieses Buches ist es lange Zeit nicht viel anders ergangen. Er kannte die Ansätze von Fillmore, Minsky, Schank / Abelson in ihren Grundzügen und hat sie auch schon vor zwei Jahrzehnten zitiert, auch für wichtig befunden, aber damals nicht die Zeit gefunden, sich damit intensiver auseinanderzusetzen. Erst die intensivere Wieder-Beschäftigung mit dem lange Liegengebliebenen brachte die Erkenntnis, dass hier, ganz besonders bei Fillmore, aber auch bei Minsky und dem von diesem als wichtiger Anreger genannten Bartlett (1932), wichtige theoretische Fundamente gelegt werden, die nicht nur dem linguistisch-semantischen Mainstream gelegentlich heftig querlaufen, sondern – mehr noch – ziemlich genau dem entsprechen, was sich im eigenen Denken über die Semantik über die Jahre entwickelt hat. Nachgerade elektrisierend war die Entdeckung der (von der fachwissenschaftlichen Zitation geflissentlich verschwiegenen) Tatsache, dass etwa Fillmore schon lange den Ansatz einer „interpretive semantics" bzw. „understanding semantics" verfochten hat, und damit schon zu Zeiten, als der Verfasser von Vorliegendem in seinem früheren Buch „Textinterpretation" (1991) seine eigene Konzeption einer (ebenfalls interpretations- und verstehenstheoretisch ausgerichteten) „explikativen Semantik" (so der damalige Untertitel) formuliert hatte – allerdings ohne von der Parallele im Werk Fillmores, aber auch ohne von den für eine epistemologisch-semantische Forschungsperspektive nutzbaren Aspekten im Werk Minskys oder Bartletts genauere Kenntnis zu haben.

Die nähere Beschäftigung mit dem Gesamtwerk von Fillmore (als dem einzigen Linguisten unter den Begründern der Frame-Theorie) und den wichtigsten Arbeiten von Minsky sowie der grundlegenden Untersuchung von Bartlett hat dann gezeigt, mit welcher (zuvor ungeahnten) Radikalität diese Autoren mit manchen Fehlannahmen gängiger bedeutungs-

theoretischer Positionen brechen. Diese Radikalität konvergiert vielleicht nicht zufällig mit der Tatsache der weitgehenden Ignorierung dieses Teils des Werks der erwähnten Autoren durch die (linguistische) Fachwissenschaft. Es drängte sich geradezu der Eindruck auf, dass eine angemessene, den theoretischen Positionen und Intentionen der Begründer vollständig gerecht werdende Rezeption der Frame-Theorie (zumal im deutschen Sprachraum, aber nicht nur dort) noch gar nicht erfolgt ist und mithin Desiderat bleibt. Daher entstand die Idee einer umfassenden Einführung in die Frame-Theorie aus linguistisch-semantischer Sicht, die mit dem vorliegenden Buch umgesetzt worden ist. Zufällig verlief die Entwicklung im Fach so, dass während des mehrjährigen Prozesses der Lektüre, Zusammenfassung und Weiterentwicklung die Frame-Semantik neuerliche Aktualität in der Sprachwissenschaft bekam, wie verschiedene Forschungsaktivitäten und Publikationen zeigen. Die Zuwendung vieler Sprachwissenschaftler zu Aspekten des Wissens – und das allgemeine forschungspolitische Schlagwort von der „Wissensgesellschaft", das auch in der deutschen Linguistik zu manchen neuen Forschungsverbünden geführt hat, ebenso wie die neue Aktualität der Kognitionsforschung auch unter Beteiligung von Sprachwissenschaftlern – haben dem Vorhaben der vorliegenden Einführung dann eine unerwartete Aktualität gegeben.

Da weder in deutscher Sprache, noch (zum Zeitpunkt der Drucklegung) auf Englisch eine umfassende Einführung in die Frame-Semantik vorliegt, glaubt der Autor, mit dieser Arbeit eine echte Lücke zu füllen. Er wäre kein Wissenschaftler, wenn er diese Gelegenheit des zusammenfassenden Darstellens und Profilierens einer bislang unzureichend gewürdigten Theorie- und Forschungsrichtung nicht genutzt hätte, um (allerdings von der Darstellung deutlich getrennt in einem eigenen Kapitel) einen eigenen synergetischen Vorschlag für eine umfassende Frame-semantische Theorie und Forschungsperspektive zu formulieren, die verschiedene Forschungsinteressen der letzten Jahre bündelt.

Bei der mehrjährigen Arbeit war der Austausch mit den in den Texten spürbaren „Geistern" der Verfasser meist intensiver als der mit lebenden Kollegen „aus Fleisch und Blut", zumal es denen, die voll in den akademischen Betrieb eingebunden sind mit allem, was dazugehört (und dazu zählen auch der Verfasser und fast alle der potentiellen Gesprächspartner), oft einfach an der Zeit fehlte, diesen Austausch mit der allein angemessenen theoretischen Tiefe (die meist ziemlich zeitraubend ist) zu führen. Dennoch haben die zahlreichen allgemeinen Diskussionen im Frame-theoretisch basierten Düsseldorfer Forschungsverbund zur „Struktur von Repräsentationen in Sprache, Kognition und Wissenschaften" dem vorliegenden Vorhaben eine zunächst nicht vorauszusehende Dynamik gegeben – trotz und vielleicht gerade wegen der dabei häufig zu Tage getretenen tiefgreifenden Differenzen in Grundsatzfragen. Für die Ermöglichung der Einsicht in diese Differenzen sei den Kolleginnen und Kollegen daher gedankt. Ein über die Jahre konstant vom Gedankenbildungsprozess in Kenntnis gesetzter Kollege, dem ich zahlreiche wertvolle Anregungen verdanke, sei aber namentlich genannt, nämlich Alexander Ziem, zu dessen eigener Frame-theoretischer Arbeit (Ziem 2008) das vorliegende Buch eine Art Korrespondenz- wie auch Gegenstück darstellt. (Weshalb, das bleibt unser beider Geheimnis.) Herzlich danken möchte ich auch Anisha van Elten und Madlen Kazmierczak für zahlreiche hilfreiche Unterstützung in gewohnter Perfektion bei Literaturbesorgung, Redaktion, Grafiken sowie Korrektur.

Düsseldorf, im September 2011   Dietrich Busse

1. Einführung in die Thematik

1.1 Warum Frame-Semantik?

Schauen wir uns zunächst folgendes kleines Stück Konversation an: „Kannst du mir bitte die Autoschlüssel geben?" – „Warum, was hast du vor?" – „Ich will ein bisschen shoppen gehen." „Ach komm, bleib hier! Das Benzingeld kannst Du sparen. Dein Konto ist doch eh schon im Minus." Was muss man wissen, um diesen Dialog verstehen zu können? Ein zentrales Wort in diesem Mini-Text ist *shoppen*. Wir wissen als muttersprachliche Sprecherinnen und Sprecher des Deutschen, dass es vom engl. *shop* abgeleitet ist und im Kern seiner Bedeutung zwar nicht ganz identisch ist, aber viel zu tun hat mit dem geläufigen deutschen Wort *einkaufen*. Von diesem Wort wissen wir, dass es ein zusammengesetztes Verb ist, das als einen Bestandteil das Verb *kaufen* enthält. Wir wissen, dass die Bedeutung beider Verben eng zusammenhängt, wenn sie auch nicht identisch ist. Denn wir können zwar sagen „Ich gehe jetzt einkaufen", aber nicht, „*Ich gehe jetzt kaufen".[1] Warum ist der letzte Satz im Gegensatz zum vorherigen so nicht möglich? Wir wissen, dass in einem Satz mit *kaufen* immer der Gegenstand, auf den sich die Handlung des Kaufens richtet, also das, was gekauft wurde oder werden soll, explizit genannt werden muss. Man kann also sehr wohl sagen „Ich gehe jetzt Brötchen kaufen." Da diese Bedingung (linguistisch gesprochen: der in den Regeln unserer Sprache – hier: den semantischen Regeln des Wortes – angelegte Zwang zur Nennung des direkten Objekts des intransitiven Verbs *kaufen*) beim Verb *einkaufen* nicht gegeben ist, muss dies etwas mit der Hinzufügung des Präfixes *ein-* zu tun haben. Wir können dann natürlich versuchen, in unserem semantischen (lexikalischen) Gedächtnis zu kramen und zu überlegen, was wir über die Bedeutung des Präfixes *ein-* (oder des selbständigen Morphems / Wortes *ein*, was linguistisch gesehen keineswegs dasselbe ist) wissen. Wir können dann an Verben wie *einholen, einstecken, einlaufen* usw. denken; wegen der uneinheitlichen Verwendung (und relativ großen Bedeutungsvielfalt) von *ein-* würden wir damit aber nicht unbedingt zu einem befriedigenden Verständnis des Wortes *einkaufen* gelangen. „Aber wieso denn dieses kleinkarierte Rumdiskutieren?" So könnten Nichtlinguisten nun fragen. Wissen wir nicht alle, was *kaufen* ist? Dass man immer ETWAS *einkauft*, dass man zum *kaufen* von etwas GELD braucht? Weil man dann, wenn man etwas *einkauft*, dafür, dass man etwas mitnehmen darf (und das dann einem selbst „gehört"), dem anderen einen GEGENWERT geben muss? Dass der andere ein VERKÄUFER ist (und man selbst ein KÄUFER)? Ja, all dies wissen wir natürlich. Für einen Linguisten, einen Semantiker, ist es aber schwierig, zu entscheiden, welche Aspekte dieses uns so selbstverständlichen Alltagswissens benötigt werden, um die Bedeutung eines Wortes wie *einkaufen* verstehen zu können. Oder linguistischer gesprochen: welche Aspekte des verstehensrele-

---

[1] Das Sternchen * wird in der Linguistik benutzt, um sprachliche Ausdrücke zu kennzeichnen, die so nicht verwendet werden können (falsch, regelwidrig oder „ungrammatisch" sind).

vanten Wissens noch zur „lexikalischen Bedeutung" dieses Wortes zu zählen sind, und welche nicht (und warum).

Diese und vergleichbare Fragestellungen haben den Begründer der linguistischen Frame-Semantik, Charles J. Fillmore, dazu bewegt, seine Version der Frame-Theorie zu entwickeln. Und es war sicherlich nicht zufällig, dass das, was er „commercial event" nennt, dabei eines seiner Lieblingsbeispiele war. Woher wissen wir, was (abstrakt gesprochen) zu einem solchen „Kaufereignis" (oder „Verkaufsereignis" – auf die Differenz kommen wir noch zu sprechen) dazugehört, was eigentlich dieses Ereignis ausmacht? Wir wissen das aus unserer Alltagserfahrung, also entweder aus eigenem Erleben oder aus Erzählungen (Benennungen, Beschreibungen, Erklärungen, Definitionen usw.), meistens aus beidem zusammen, da reines Beobachten meistens nicht ausreicht, die in einer Gesellschaft üblichen „Ereignistypen" (und um einen sozialen „Ereignistyp" handelt es sich beim Kaufereignis ja) präzise erkennen zu können.

Versetzen wir uns in die Position eines Reisenden, der zum ersten Mal in eine Großstadt kommt und dort vor dem Bahnhof, im Bus, in der U-Bahn etwa folgendes beobachtet: Immer wieder kommen (meist männliche) Personen etwas zweifelhaften Aussehens an anderen Leuten vorbei, stecken denen kurz und unauffällig etwas in die Hand und erhalten dafür ebenfalls etwas in die Hand gesteckt, ohne dass man von außen genau sehen kann, was dort hin und her gereicht wurde. Der Freund des Reisenden, der Gastgeber, der ihn vom Bahnhof abgeholt hat, macht dann vielleicht eine Bemerkung wie „Die Dealer werden auch immer unverfrorener", und der Reisende erschließt daraus dann vielleicht, dass er gerade Beobachter eines „Kaufereignisses" geworden ist, hier, eines alltäglichen kleinen Drogenhandels. Er kann dies, weil er Elemente des Beobachteten seinem Wissen über die bei einem Kaufereignis beteiligten Elemente zuordnen kann. Er weiß, dass dazu zwei Beteiligte gehören, von denen der eine in der Rolle des KÄUFERS, der andere in der Rolle des VERKÄUFERS auftritt; weiter gehört dazu eine WARE, die der Verkäufer dem Käufer gibt, sowie GELD oder ein als Gegenwert eingesetzter Gegenstand, den der Käufer dem Verkäufer gibt. Er wird vermuten, dass der WERT des übergebenen „Gegenwerts" wohl in einer angemessenen Relation zur übergebenen Ware steht (obwohl das nicht zwingend ist, es könnte sich ja auch nur um eine „Anzahlung" gehandelt haben). Wenn der Reisende noch ein wenig juristisches Grundwissen mitbringt, weiß er vielleicht auch, dass er soeben das Zustandekommen und den (mindestens teilweisen) Vollzug eines „VERTRAGS" beobachtet hat (obwohl solche Art von Verträgen ja wohl kaum je vor Gericht eingeklagt würden, der Ausdruck von der Lebensrealität her gesehen also als nicht ganz passend erscheinen könnte).

Wir sehen an unserem Beispiel (das ja nur das Standardbeispiel der Frame-Theorie bei Fillmore etwas weiter spinnt), dass unser Reisender bei der Beobachtung und „Deutung" der gesehenen „Szene" ein Konglomerat von Wissen anwendet, in dem das eine in festen strukturellen Beziehungen mit dem anderen zusammenhängt. Es gibt eine Anzahl von Elementen, die mindestens gegeben sein müssen, damit man von einem „Kaufereignis" sprechen kann; es können Elemente hinzukommen, die fakultativ sind, also auch fehlen können (ANZAHLUNG) usw. Der vom Gastgeber benutzte sprachliche Ausdruck „Dealer" hat die Szene zwar nicht evoziert, das Beobachtete aber in ein bestimmtes Licht gesetzt und für es eine Art „Deutungsrahmen" benannt oder explizit gemacht.

Es ist dann nicht schwierig, das Gesamte auf die Ebene der Sprache und der Semantik zu transponieren. Wir müssen uns dafür nur den Anfang einer Erzählung oder eines Romans etwa in folgender Weise vorstellen:

1.1 Warum Frame-Semantik?
11

„Müde von der langen Fahrt war K in seiner Hauptstadt angekommen. Vor dem Bahnhof überraschte ihn das dichte Gewühl von Menschen, die sich durch die Trauben von Wartenden vor den Bushaltestellen und die kreuz und quer Davoneilenden ihrem eigenen Ziel entgegen zwängen mussten. Mütter, mit schwerem Gepäck behängt, schoben ihre Kinder vor sich her. Vollbart- und Käppchen-Träger bildeten in alldem Gewusel mit ihrem stoischen Palaver stabile Kreise. Durch die Menge streiften die Kleindealer und frönten mit schnellen, unauffälligen Bewegungen ihrem Metier ..."

In einem solchen Erzählanfang „evoziert" (wie Fillmore dies genannt hat) das (Teil-) Wort „Dealer" eine Szene desselben Typs, wie sie unser Reisender aufgrund eigener Beobachtungen in seinem Deutungsprozess aktiviert hatte. Diese evozierte (aus dem Gedächtnis abgerufene und epistemisch aktivierte) Szene hilft beim Verstehen der weiteren Wörter und des ganzen Satzes. Ein Leser kann sich dann vorstellen, was mit dem „Metier" gemeint ist, und was genau er sich vorzustellen hat unter „der Dealer frönte seinem Metier". Auch, was die „schnellen, unauffälligen Bewegungen" in diesem Satz bzw. Text besagen sollen, warum sie überhaupt erwähnt werden, erschließt sich (erst) vor dem Hintergrund dieser Szene. Die beiden bisher besprochenen „Deutungs-", oder „Verstehens-Prozesse" – hier auf die selbst beobachtete realweltliche Szenerie, dort auf die Bedeutung eines sprachlichen Zeichens, eines Wortes in einem bestimmten Kontext bezogen – unterscheiden sich nur wenig in der Form und dem Umfang, in der bzw. dem jeweils verstehensrelevantes Wissen aktiviert bzw. „abgerufen" wird. Die Vergleichbarkeit beider Arten von Verstehensprozessen macht auch verständlich, warum eine linguistische Semantik, die sich mit Verstehensvoraussetzungen der geschilderten Art beschäftigt und deren Beitrag zudem klären will, was man „Bedeutung" oder „Sprache" nennt, eine so große Nähe zur allgemeinen Kognitionswissenschaft, zur Erkenntnistheorie und zur Gedächtnistheorie aufweist. Was der eigentliche „sprachliche" Beitrag in einem solchen kognitiven Geschehen darstellt, ist denn auch eine der schwierigsten Fragen einer „kognitiven" oder „epistemologischen", oder „interpretativen" oder „verstehenserklärenden" Semantik.

Frame-Semantik ist eine Form der (linguistischen) Semantik, die überhaupt zum ersten Mal explizit und gezielt die Frage nach der Rolle, der Form und dem Umfang des für das Verstehen eines sprachlichen Ausdrucks (eines Wortes, Satzes, Texts) relevanten Wissens auch jenseits der Grenzen des rein „linguistischen" Wissens gestellt hat, wie es in gängigen Grammatikmodellen (oder grammatiktheoretisch oder logik-theoretisch dominierten „Semantik"-Konzeptionen) beschrieben und theoretisch expliziert wurde / wird. Sie ist daher eine Form der Semantik, die die Grenzen geläufiger Modelle deutlich überschreitet. Da sie nach dem verstehensrelevanten Wissen in seiner ganzen Breite fragt, also – metaphorisch – gelegentlich als „reiche" oder „tiefe" Semantik bezeichnet wird, kann man die Frame-Semantik als Teil eines Forschungsbestrebens betrachten, das man als eine „linguistische Epistemologie",[2] eine linguistische Analyse des zum Verstehen und Gebrauch sprachlicher Mittel notwendigen Wissens in seiner ganzen Breite, Form, Struktur und Funktion bezeichnen könnte. Damit entfernt sich diese Form von Semantik, die eingebettet ist entweder in

---

[2] Was heute üblicherweise unter dem Titel „Epistemologie" gehandelt wird, ist meist (im angelsächsischen und auch im französischen Sprachgebrauch noch deutlicher) nicht viel mehr als Wissenschaftsgeschichte / -theorie. (Gelegentlich wird der Begriff auch synonym mit „Erkenntnistheorie" verwendet.) Die hier angestrebte (linguistisch reflektierte) Epistemologie würde demgegenüber die Gesamtheit des gesellschaftlichen Wissens (gleich welcher Provenienz und Strukturprinzipien) zu ihrem Gegenstand machen müssen. Dabei geht es durchaus um Erklärung und Beschreibung des Wissens selbst (in seinen Strukturen, Formen, Funktionen und Auftretensweisen), und nicht (wie in der Erkenntnistheorie) nur um die Formen seiner Gewinnung.

kognitionswissenschaftliche Ansätze, oder in das Bestreben der Entwicklung einer „interpretativen" oder „Verstehens"-Semantik, deutlich von dem schmalen Pfad der traditionellen linguistischen, logischen oder lexikographischen Bedeutungsmodelle. Sie zieht – ganz unromantisch – einen definitiven Schlussstrich unter die lange Zeit so beliebten Märchen der traditionellen linguistischen Semantik.[3]

1.2 Ein Märchen – Semantik, wie sie am schönsten (und einfachsten) wär

Es gab eine Zeit, in der haben sich Linguisten mit Vorliebe ein Märchen erzählt, das so schön war, dass manche bis heute nicht von ihm lassen können, und viele inständig glauben möchten, dass es der Wahrheit und Wirklichkeit entspricht. Sie wehren sich heftig gegen jede Versuche der Entzauberung; und obwohl schon längst mannigfach gezeigt und bewiesen ist, dass es sich nur um einen (schönen?) Traum handelt, die Wirklichkeit aber ganz anders ist (viel schwieriger, unordentlicher, und daher vielleicht für Viele, die dies nicht aushalten, auch bedrohlicher), möchten sie weiterhin an ihren Fantasy-Gebilden festhalten und sperren sich überzeugungsfest gegen jegliche Gegenargumente.

Dieses Märchen geht etwa folgendermaßen: Die Menschen haben, um sich untereinander zu verständigen, ein wunderschönes Instrument, das sich „Sprache" nennt. Dieses Instrument ist eigentlich eine Sammlung von zahlreichen Werkzeugen, von denen jedes eine klare, vorherbestimmte und festliegende Funktion hat. Ein Schraubenzieher ist ein Schraubenzieher, ein Hammer ein Hammer, ein Nagel ein Nagel. Mit einem Schraubenzieher dreht man Schrauben in einen Gegenstand oder wieder heraus, und sonst nichts. Mit einem Hammer schlägt man einen Nagel in Holz oder ein ähnliches Material, und sonst nichts, mit einem Nagel befestigt man einen Gegenstand an einem andern oder man schlägt ihn in die Wand, um daran etwas aufzuhängen, und sonst nichts. (Dass manche Menschen Schraubenzieher dazu benutzen können, einen anderen zu stechen, oder einen Hammer, um jemanden zu erschlagen, kommt in diesem Traum nicht vor oder wird, wenn es mal passiert, ganz schnell wieder in die Tiefen des Vergessens verdrängt.)

Das Werkzeug Sprache mit seinen Einzelteilen ist schön, strahlend, makellos rein und vor allem: vollkommen. Alles was man braucht, ist da, nichts fehlt, alles ist an seinem genau vorbestimmten Platz. Es entspricht in seiner Makellosigkeit und der Klarheit seiner Struktur der schönen Ordnung der alljährlich auf einem Londoner Platz zu Ehren des Geburtstags der Queen angetretenen militärischen Formationen.

Jedes einzelne Merkmal jedes Teilelements dieser schönen Sprache, jede Eigenschaft, jede Teilkomponente, ist von der Funktion des Werkzeugs vorgegeben, hat seinen (ihren) genau definierten Platz. Ein Hammer etwa hat einen Stiel mit einer bestimmten Länge und Form. Das schwere Eisenteil am Hammer ist länglich und hat eine flache Schmalseite und eine spitzbreit zulaufende gegenüberliegende Schmalseite. Alles ist genau bestimmt, und nichts darf fehlen. Die Linguisten, die diesem Traum anhängen, haben dann aber große Probleme mit einem einfachen und alltäglichen Satz wie, sagen wir mal, „Ich muss einen

---

[3] Auf die hier vorgeschlagene Perspektive einer „linguistischen Epistemologie" oder „epistemologisch orientierten Semantik werde ich am Ende dieses Buches noch einmal zurückkommen (vgl. Kap. 8). In verschiedenen Aufsätzen (Busse 2005, 2006, 2007a, 2007b, 2007c, 2008) habe ich diese Perspektive wiederholt ausführlicher begründet.

1.2 Ein Märchen – Semantik, wie sie am schönsten (und einfachsten) wär

neuen Stiel an den Hammer machen, der alte ist zerbrochen." Wie nun? Zum „Hammer" gehört doch, dass er „einen Stiel hat". Der Stiel war doch zuvor als wichtige, unverzichtbare Eigenschaft des Hammers (und des ihn bezeichnenden Wortes) definiert worden. Ist der Stiel ab (weil er zerbrochen ist), ist das, was dann übrigbleibt, eigentlich noch ein „Hammer"? Darf ich dieses schöne Wort für dieses hässliche unvollkommene Ding überhaupt noch verwenden? Ist nicht der „Hammer" erst dann wieder ein „Hammer", wenn ich den neuen Stiel daran befestigt habe? Aber was ist er in der Zeit dazwischen? Solche Fragen können unsere semantischen Träumer leider nicht beantworten. Sie widersprechen nämlich zutiefst den Grundideen ihres theoretischen Traums.

Dieser Traum ist in den vergangenen Jahrzehnten immer wieder kritisiert, als unzulänglich, der sprachlichen Realität nicht entsprechend überführt worden – und dennoch wird vielfach bis heute vehement an ihm festgehalten. Für den Traum gibt es viele Bezeichnungen: „Merkmal-Semantik", „Komponenten-Semantik", „Notwendige-und-hinreichende-Bedingungen-Semantik", „Wahrheitskonditionale Semantik", „Checklist-Theorien der Bedeutung", und er wird besonders intensiv geträumt in Theorie-Konfessionen wie der generativen Grammatik, der logisch-formalen Semantik, und früher einmal der inzwischen wohl untergegangenen strukturalistischen Linguistik. Die alternativen Semantik-Konzeptionen, die diesem Traum entgegengestellt wurden, und deren Vertreter immer wieder die Unhaltbarkeit dieses Traums oder Märchens nachgewiesen haben, sind z.B. (in der Reihenfolge ihres Auftretens in der Wissenschaftsgeschichte) die Gebrauchstheorie der Bedeutung nach dem Spätwerk von Ludwig Wittgenstein, die pragmatische Theorie der Implikatur und das dahinter stehende Semantik- und Kommunikations-Modell von Herbert Paul Grice, die Stereotypen-Semantik eines Hilary Putnam bzw. (wissenschaftshistorisch erfolgreicher) die fast dasselbe besagende Prototypen-Semantik einer Eleanor Rosh und ihrer Nachfolger sowie nicht zuletzt die Frame-Semantik eines Charles Fillmore.[4] Zahlreiche weitere linguistische oder sprachphilosophische Theorien beschäftigen sich – oft, ohne das geschilderte semantische Märchen explizit anzugreifen oder zu kritisieren – mit Gegenständen, die einfach nicht zu diesem Märchen passen wollen, die, um es präziser zu sagen, die Erklärungskraft dieses Märchens eindeutig übersteigen und die Annahme seiner Richtigkeit meistens implizit und (bei genauerem Nachdenken) nachweislich widerlegen. Dies betrifft Forschungen etwa zu Präsuppositionen, zu Phänomenen der Deixis, zu metaphorischem und „übertragenem" Sprachgebrauch generell, zu Implikaturen, „indirekten Sprechakten", textsemantischen Bezügen, soziolinguistischen Merkmalen von Wortschatzelementen usw. usf. In jüngster Zeit waren es – oft außerhalb oder am Rande der „Linguistik" – häufig kulturwissenschaftliche Ansätze in der Semantik, wie etwa Begriffsgeschichte, post-foucaultsche Diskursanalyse, mentalitätsgeschichtlich motivierte Untersuchungen u.a., welche die Unhaltbarkeit des Märchen-Modells der Semantik erwiesen haben.

Nun in etwas trockenerer Sprache: Was sind die Kernelemente dieses Modells, das immer noch den linguistisch-semantischen Mainstream deutlich prägt? Es sind etwa folgende: Eine Sprache besteht aus einem Lexikon und einer Grammatik. Ein Lexikon ist ein Verzeichnis (oder „Speicher") von klar umgrenzten und wohl definierten Lexikon-Einheiten. Das Verzeichnis enthält alle Wörter der Sprache und (je nach Fassung des Modells) eventuell auch eine Liste aller bedeutungstragenden Einheiten der Sprache, die kleiner sind als

---

[4]   Vgl. Wittgenstein 1971, Grice 1957, 1975, Putnam 1979, Rosch 1977, Fillmore 1982; einführend Busse 2009.

Wörter (also der Morpheme). Jedes Wort besteht aus einer Ausdrucksseite und einer Inhaltsseite. Die Ausdrucksseite ist kompositionell zusammengesetzt aus kleineren Einheiten, denn sie ist eine bestimmte Kette von Phonemen. Auch die Inhaltsseite ist (wie die Ausdrucksseite aus Phonemen) nach dieser Auffassung zusammengesetzt aus kleineren Elementen, d.h. sie ist analysierbar in kleinere Teileinheiten,[5] die sogenannten „semantischen Merkmale", „semantic marker", „semantischen Komponenten" (die früher einmal nach dem Vorbild der kleinsten Einheiten der Ausdrucksseite, den Phonemen, in Analogie als „Seme" oder „Sememe" bezeichnet worden waren). Jede Wortbedeutung kann durch die Angabe einer festen Anzahl (Menge) an bedeutungsbestimmenden Merkmalen exakt definiert werden[6] und es ist damit grundsätzlich möglich, die Bedeutung eines Wortes durch die Angabe der Gesamtheit der jeweils bedeutungsbestimmenden Merkmale erschöpfend (restfrei), vollständig und abschließend zu beschreiben.[7] Auch den Verfechtern dieses Modells war immer schon klar, dass die von ihnen an (scheinbar) klar definierten und abgrenzbaren Wortschatzgruppen demonstrierten „semantischen Merkmale" nicht alles erfassen, was bei der konkreten Verwendung eines Wortes in einem konkreten Satz oder Text mit diesem Wort semantisch (als Wissen, als Interpretation) verbunden werden kann. Sie haben dieses Problem umgangen, indem sie die feine (aber, wie sich später gezeigt hat, praktisch nur schwer durchführbare) Unterscheidung zwischen „wesentlichen", „bedeutungsdefinierenden", „dingbestimmenden" Merkmalen, den sogenannten „notwendigen und hinreichenden Bedingungen" (für die angemessene Verwendung eines Wortes) einerseits und irgendwelchen anderen inhaltlichen Aspekten andererseits eingeführt haben. Dabei wurde zur „Wortbedeutung" oder „lexikalischen Bedeutung" nur das gerechnet, was diesen Anforderungen entsprach; etwaige anderweitige inhaltliche Aspekte eines Wortes (z.B. der Unterschied zwischen „diese Dame dort", „dieses Weib dort", „diese Tussi dort") wurden implizit oder explizit[8] aus dem, was man zur „Bedeutung" eines Wortes rechnete, ausgeschlossen.[9]

Zusammenfassend wird diese semantische Konzeption meist als „Merkmals"- oder „Komponenten-Semantik" benannt. Der Ausdruck „Komponente" deutet bereits an, dass sich diese Konzeption prima auf die Satz- und Textebene erweitern lässt: Sind Wörter (auf ihrer Bedeutungsseite) komponentiell zusammengesetzt aus den „semantischen Komponenten / Merkmalen", die man geradezu als eine Art „Bedeutungs-Atome" verstehen könnte, die sich in den Wortbedeutungen zu einer Art von „Bedeutungs-Molekülen" verbinden, dann ist es ein Leichtes anzunehmen, dass sich die Wörter auf der Ebene der Sätze auch auf einfache Weise komponentiell zusammenfügen zu einer Satzbedeutung. Jede Satzbedeutung, so die Weitererzählung dieses Märchens, lässt sich dann als einfache Addition der Wortbedeutungen (und zusätzlich der grammatischen Regeln der Syntax) quasi „errechnen". „Textbedeutungen" lassen sich dann in irgendwie vergleichbarer Weise als Kombinationen aus Satzbedeutungen errechnen. Diese als „Kompositionalitätspostulat" bekannte These gibt zugleich das Grundprinzip der gesamten linguistischen Denkrichtung an: Auf

---

[5] Zum Analysierbarkeitspostulat nach Greimas 1971 siehe erläuternd Busse 2009, 14 und 44 f.
[6] Zum Bestimmbarkeitspostulat siehe die Nachweise in Busse 2009, 44 ff.
[7] Zum Exhaustivitäts- oder Vollständigkeitspostulat siehe die Nachweise in Busse 2009, 44 ff.
[8] Für eine explizite Version dieser reduktionistischen Semantik siehe Bierwisch 1978, 1982
[9] In ähnlicher Weise wurden – wohl weil von Anfang an klar war, dass sie sich nicht komponential-semantisch beschreiben lassen würden – auch die semantischen Gehalte der Morpheme lange nicht als „Bedeutung" bezeichnet, sondern mit anderen Termini, wie „Funktion", belegt. Dieser kleine terminologische Trick sollte wohl die eklatanten Probleme dieses theoretischen Modells ein wenig camouflieren.

1.2 Ein Märchen – Semantik, wie sie am schönsten (und einfachsten) wär

beiden Seiten (Inhalt wie Ausdruck) wohldefinierte und eindeutige sprachliche Einheiten lassen sich zu wohldefinierten und eindeutigen größeren Einheiten kombinieren, die sich dann wiederum zu noch größeren (und immer noch wohldefinierten und eindeutigen) Einheiten verbinden lassen usw. D.h. in sich identische, sich im weiteren Verlauf nicht verändernde, in ihrer Bedeutung wie in ihrer äußeren Form abgeschlossene und beständige Morpheme kombinieren sich zu ebensolchen Wörtern, die sich zu ebensolchen Sätzen kombinieren, die dann ebensolche Texte bilden (können).[10] Mit dieser semantischen Konzeption ist dann auch die Hoffnung verbunden, dass eine bestimmte sprachliche Einheit (Morphem, Wort, Satz, Text) jeweils nur *eine* bestimmte Bedeutung aufweist.

Dass dieses theoretische Modell auf tönernen Füßen steht, dass das ganze Märchen sich bei jedem Versuch der breiter gestreuten Anwendung auf natürliche Spracherzeugnisse als das erweist, was Märchen nun einmal sind, nämlich pure Wunschgebilde, Geschöpfe der „Fantasy" eben, hat seine Verfechter über viele Jahrzehnte merkwürdig wenig angefochten. Im Grunde werden mindestens Teile dieses Modells bis heute vehement und unerschütterlich vertreten. Dies mag damit zusammenhängen, dass mit diesem Modell eine ganze Sprachkonzeption verbunden ist, dass an dieser Sprachkonzeption die Definition, Abgrenzung und das Selbstverständnis einer ganzen Wissenschaft, nämlich der Linguistik, hängt, und dass viel Vertreter dieser Wissenschaft offenbar tiefgreifende Existenzängste durchleben, wenn diese Fundamente ihres wissenschaftlichen Glaubens angefochten werden (auch wenn diese Anfechtungen in ihrer Allgegenwärtigkeit und Überzeugungskraft überwältigend sein mögen). Wenn sich eine Gemeinschaft durch von außen eindringende Elemente gefährdet fühlt, errichtet sie Grenzzäune. Dies sind in der politischen Realität echte Zäune aus Stahl und Stacheldraht, wie von den USA gegen Mexiko oder von der EU um die spanischen Exklaven in Nordafrika errichtet; in der Wissenschaft sind es terminologische und definitorische Grenzzäune, die nicht weniger ernst gemeint sind. So in unserem Fall etwa der Grenzzaun zwischen „Bedeutung" und „Sinn", zwischen „sprachlicher Bedeutung" und „kommunikativem Sinn", zwischen „sprachlichem Wissen" und „Weltwissen" oder „enzyklopädischem Wissen" (beim Verstehen von Wörtern, Sätzen, Texten) usw.

Das Modell der Frame-Semantik ist ein Modell, das solche Grenzzäune einreißt, ihre Fundamente untergräbt, und schließlich noch den Boden erschüttert, auf dem diejenigen stehen, die diese Grenzzäune errichtet haben und sie verteidigen. Es mag hiermit zu tun haben, dass die Idee der Frame-Semantik – obwohl ihre Anfänge schon drei Jahrzehnte zurückliegen – bis heute nicht in der Linguistik festen Fuß gefasst hat. Dennoch ist man davon überrascht, wenn man gesehen hat, wie gründlich etwa einer der Begründer der linguistischen Frame-Theorie, Charles J. Fillmore, mit der Beweiskraft von hunderten von schlagenden Beispielen die Undurchführbarkeit und Unhaltbarkeit der geschilderten Märchen-Semantik (und Fantasy-Theorie der Sprache und sprachlichen Kommunikation) nachgewiesen, und sie an fast allen zentralen Fragestellungen der linguistischen Semantik immer wieder demonstriert hat. Von diesen Beispielen seien hier nur einige wenige genannt (zahlreiche weitere werden im Verlaufe dieses Buches zur Sprache kommen). Zunächst ein paar Beispiele zu Wörtern und Wortbedeutungen (bzw. „lexikalischen Bedeutungen"):

---

[10] Diese Erweiterung des Kompositionalitätsmodells ist eigentlich nicht ganz treffend, weil sich die Vertreter dieser Denkrichtung im Grunde für Textlinguistik und die Ebene der Texte nie ernsthaft interessiert haben. Offenbar habe sie insgeheim schon die Probleme dieses Modells vorausgeahnt.

16   *Kapitel 1: Einführung in die Thematik*

(1-1) *Waise*
(1-2) *Witwe*[11]
(1-3) *Apfelgehäuse*
(1-4) *Vegetarier*[12]
(1-5) *Ersatzkaffee* [*imitation coffee*][13]

Würden wir, so fragt Fillmore, das Wort *Waise* auf einen vierzigjährigen Mann anwenden? Was wäre daran „schief", wenn wir das täten? Hätten die Merkmal-Semantiker recht, müsste ja das Zutreffen der „semantischen Merkmale" (*männlich, elternlos aufgrund des Todes der Eltern*) reichen für eine korrekte Anwendung des Wortes in diesem Fall. Trotzdem stört uns etwas daran; gemeint ist offenbar nur eine Elternlosigkeit im Kindheitsalter. Aber wann hört das Kindheitsalter in diesem Sinne auf? Mit 18 Jahren? (Vorher, nachher?) Ein Satz wie „Jan muss sein Studium selbst finanzieren, er ist Waise." wäre vielleicht weniger merkwürdig, obwohl „Jan" ja auch hier bereits erwachsen ist. – Kann man eine Frau, die ihren Mann ermordet hat, eine *Witwe* nennen? Das ist ganz offenbar unüblich. Aber sind die Gründe dafür, warum dies unüblich ist, solche, die sich im Rahmen einer „Merkmal"- oder „Checklist-Semantik" beschreiben lassen? Ganz offenkundig nicht.

Was ist das Merkwürdige an einem Wort wie *Apfelgehäuse* oder *Apfelkern*? Ganz offensichtlich muss ich, um ein solches Wort verstehen zu können, einiges über den Umgang mit Äpfeln in der Gesellschaft, die dieses Wort hervorgebracht hat, wissen. Vorausgesetzt wird beispielsweise, dass Äpfel gegessen werden. Mit diesen Wörtern wird schlicht der Teil des Apfels bezeichnet, der von den Menschen dieser Sprachgemeinschaft (üblicherweise, nicht zwingend!) nicht verzehrt wird. Woher weiß man dann aber, wo das *Apfelgehäuse* anfängt, und wo es aufhört? Dafür gibt es offenbar keine festen Grenzen und Kriterien, sie lassen sich also auch nicht wie mit Checklisten erfassen. – Braucht eine Gesellschaft, in der nur pflanzliche Nahrung zur Verfügung steht (oder Fleisch nur äußerst selten als Nahrungsmittel zur Verfügung steht) ein Wort wie *Vegetarier*? Ganz offensichtlich nicht. Es gibt also ein zum angemessenen Verstehen des kommunikativen Sinns dieses Wortes notwendiges Wissen, das kaum oder nur mit einigen Verrenkungen merkmalsemantisch erfassbar ist.

Schließlich *Ersatzkaffee*? Ist es nicht in logischem Denken ein Widerspruch, von etwas als einem *Kaffee* zu reden, das *kein Kaffee* ist? Man denke nur kurz über die Absurdität eines Satzes wie *„Dies ist ein Kaffee, der kein Kaffee ist"* nach, wenn man ihn fälschlich in logischen Denkkategorien beurteilen will. Das Nominal-Kompositum *Ersatzkaffee* drückt sprachlich eigentlich genau diese Absurdität aus, da das Zweitglied eines Kompositums (hier -*kaffee* ja nach den Wortbildungsregeln unserer Sprache stets der „dingbestimmende", referierende Teil des Nominalkompositums ist, der also einen als existent unterstellten Gegenstand bezeichnet und damit implizit behauptet: *Dieses Ding hier, auf das ich verweise, ist „Kaffee"*. In unserer natürlichen Sprache ist ein solcher Satz aber weniger problematisch, da wir zwischen „*Kaffee als Getränk*" und „*Kaffee als pflanzlicher Rohstoff, aus dem Getränke gemacht werden können*" problemlos unterscheiden können und daher das angebliche logische Problem in unserem Alltagswissen gar kein Problem mehr ist. Allerdings ist hier verstehensrelevantes Wissen (kulturelles Hintergrundwissen) involviert, das weit über das hinausgeht, was Merkmalsemantiker und Vertreter ähnlicher Konzeptionen noch als zur „Wortbedeutung" oder „sprachlichen Bedeutung" zugehörig rechnen würden.

---

[11] Fillmore 1977b, 72; 1978, 165.
[12] Fillmore 1976b, 26.
[13] Fillmore 1975c, 139.

1.2 Ein Märchen – Semantik, wie sie am schönsten (und einfachsten) wär

Eine zweite Gruppe von Beispielen, die Fillmore schon beschäftigt haben, lange bevor er die Frame-Idee entwickelte, sind Sätze mit Vergleichsausdrücken:

(1-6) *John ist groß.*
(1-7) *John ist größer als Bill.*
(1-8) *Ich bin zwei Jahre älter als mein Vater.*[14]
(1-9) *Mein Vater ist zwei Jahre älter als ich.*

Ein Satz wie (1-7) ist offenbar unproblematisch. *Größer* ist ein sich auf eine bestimmte Dimension beziehender Vergleichsausdruck. Dennoch, wenn man ihn mit (1-6) vergleicht, sieht man sofort, wie auch hier implizites gesellschaftliches Wissen mitschwingt. Man muss nämlich, um zu wissen, wie groß genau *John* ist, einen impliziten Vergleichsmaßstab kennen und immer mitdenken. Aus einem Satz wie (1-6) kann ich nämlich, so nackt wie er dasteht, kaum eine interessante Information beziehen. Solche Sätze haben doch den Zweck, eine Information zu vermitteln, und zwar eine Information über die „Größe" des Referenzobjekts. Der Satz allein (und das Wort *groß* in ihm) können aber diese Information gar nicht vermitteln. Ist *John* nämlich zwei Jahre alt, ist von einer ganz anderen Größen-Dimension auszugehen als wenn ich weiß, dass *John* 30 Jahre alt ist. Dieses „Weltwissen" muss ich haben, damit für mich der Satz überhaupt irgendeinen kommunikativen Sinn macht (damit ich ihn in irgendeiner Weise auf mein Weltmodell abbilden kann).

Besonders gut sieht man die Rolle des Hintergrundwissens an einem Satz wie (1-8). Die alltagsweltliche, semantische, und letztlich auch logische Unmöglichkeit dieses Satzes ergibt sich aus dem Hintergrundwissen, dass Kinder nicht älter sein können als ihre Eltern. So gerne wir annehmen würden, dass dieses Wissen doch irgendwo in der Wortsemantik enthalten sein müsste, so selbstverständlich, wie es ist, kann eine Komponenten-Semantik ein solches Problem doch niemals lösen. Das Problem resultiert ja hier aus dem Zusammenwirken mehrerer Wörter, deren lexikalische Bedeutungen je für sich genommen relativ unproblematisch erscheinen (nämlich *ich*, *Vater*, *älter*). Für Logiker bestünde zwischen einem Satz wie (1-8) und (1-9) ein großer Unterschied, da nach ihrem Verständnis (1-8) schon logisch „falsch" wäre, während (1-9) auf irgendwie andere Weise unpassend erschiene. Betrachtet man das Ganze von der Perspektive des verstehensrelevanten Wissens her, handelt es sich bei beiden Sätzen jedoch um dieselbe Problemlage: genauso, wie ich weiß, dass ein Kind nicht älter als sein (biologischer) Vater sein kann, weiß ich, dass (zumindest in unserer Menschen-Welt) ein Vater nicht lediglich zwei Jahre älter sein kann als sein Kind. (Spielte der Satz in einer Kaninchen-Welt, wäre er aber sehr wohl möglich, anders als (1-8), der in jeder möglichen Welt unmöglich wäre.)

Gelegentlich verwenden wir Sätze, in denen der Vergleichsmaßstab (implizit) thematisch wird:

(1-10) *Er ist groß für einen Pygmäen.*
(1-11) *Sie ist clever für ein Mädchen.*[15]

In (1-10) wird das Wissen vorausgesetzt, dass Pygmäen (im Vergleich zu anderen, als „normal" unterstellten Menschen) normalerweise eher „*klein*" sind. Die hier bezeichnete Person ist also *groß* nicht im Normal-Maßstab, sondern im Spezial-Maßstab, der nur für Pygmäen gilt. Das Wörtchen *für* (oder die ganze Konstruktion des Satzes) drückt hier aus,

---
[14] Fillmore 1965a, 64.
[15] Fillmore 1965a, 70.

18   *Kapitel 1: Einführung in die Thematik*

dass beim Verstehen auf diesen Spezialmaßstab zurückgegriffen werden soll. Dasselbe gilt
für (1-11), mit allen problematischen (weil sexistischen) Konsequenzen.

Noch einmal ein anderer Typ von Beispielen für die Grenzen klassischer Merkmal-
Semantik und logischer Semantik sind die folgenden beiden Sätze:

> (1-12) *Sie trug eine grüne Vase zur Party.*
> (1-13) *Sie trug ein grünes Kleid zur Party.*[16]

Diese Sätze sind das, was Grammatiker gerne „syntaktisch ambig" (syntaktisch mehrdeutig) nennen. Wobei: „syntaktisch" ist hier eigentlich nur die Frage, welche Rolle im Satz
die Präpositionalphrase *zur Party* spielt. Die Verwendung in (1-12) ist analog zu einem
Satz wie „*Ich trug die Winterreifen zur Garage.*" Die *zu*-Phrase drückt hier die räumliche
Zielrichtung der Verbhandlung aus (den Ort, an dem sich das getragene Objekt zuletzt
befindet). Dieses Deutungsmuster gilt für (1-13) aber ganz offensichtlich nicht. Auch wenn
es natürlich im Prinzip möglich ist, dass *sie* das *grüne Kleid* auf einem Kleiderbügel zum
Ort der Party trug (diese Deutung also sprachlich keineswegs ausgeschlossen ist), so wäre
die übliche Deutung dieses Satzes ganz offensichtlich eine andere. Einschlägig ist hier eine
andere Bedeutungsvariante des Verbs *tragen* (das *tragen* eines Kleidungsstücks auf dem
Körper). Das erkenne ich aber nicht an der syntaktischen Konstruktion. D.h. mein „grammatisches" Wissen hilft mir kein bisschen dabei zu entscheiden, welche der möglichen
Bedeutungsvarianten von *tragen* ich hier in meiner Interpretation anzusetzen habe. Ich
muss das Wissen aus dem ganzen Setting (und möglicherweise dem Hintergrunds-Kontext)
beziehen, das dann aber deutlich über das hinausgeht, was mit den klassischen Semantik-
und Grammatiktheorien noch angemessen erfasst werden kann.

Alle geschilderten Problemfälle können im Rahmen eines Frame-semantischen Modells
angemessen erklärt werden. Frame-Semantik überwindet daher nicht nur die Grenzen älterer, komponentialistischer und kompositioneller Bedeutungstheorien, sondern erweist die
alten Märchen als das, was sie sind, als Erzählungen, die manchen schön romantisch vorkommen mögen, die aber nicht die Wahrheit erzählen über das, was Sprache, sprachliche
Bedeutung und sprachliches Verstehen eigentlich ausmacht. Der Mangel der Märchener-
zähler-Modelle der linguistischen Semantik lag in ihrem Ignorieren des verstehensrelevanten Wissens als solchem, das über dasjenige, was in den traditionellen Modellen noch als
„zur Bedeutung gehörig" hinzugerechnet wird, weit hinausgeht. Erst eine „verstehenstheoretisch" reflektierte Semantik kann daher die problematischen Selbstbeschränkungen der
älteren Modelle überwinden. Die linguistische Frame-Semantik, wie sie z.B. von einem
Charles Fillmore entworfen wurde, ist ein Modell sprachlicher Bedeutung, das die problematischen Reduktionismen der älteren Modelle überwindet und zum ersten Mal in der Linguistik überhaupt das verstehensrelevante Wissen in seiner ganzen verstehensermöglichenden Breite und Tiefe durch ein geeignetes Modell der linguistischen (linguistisch-
semantischen) Analyse zugänglich macht, und es nicht von vorneherein daraus auszuschließen versucht (wie zuvor lange Zeit geschehen).

---
[16] Fillmore 1975c, 149.

1.3 Zum Aufbau dieses Buches und zur Auswahl der Modelle

Das vorliegende – als einführendes Handbuch und zugleich Weiterentwicklung der Frame-Semantik konzipierte – Buch stellt erstmals in dieser umfassenden Form die wichtigsten Ansätze einer Frame-Semantik (bzw. der für die Frame-Semantik wichtigen kognitionswissenschaftlichen Frame-Theorie) zusammenhängend dar. Dabei lag das Ziel weniger darin, einen Gesamtüberblick über die „kognitive Semantik" generell zu geben,[17] und auch nicht, eine jegliche Verwendung des Begriffs „Rahmen" in semantischem (oder benachbartem) Kontext – gleich in welchem Sinne er gemeint war oder ist – umfassend zu erschließen und zu präsentieren.[18] Vielmehr liegt der Konzeption dieses Buches bewußt eine Eingrenzung auf die im engeren Sinne als (linguistische oder linguistisch relevante) „Frame-Theorie" bekannte und diskutierte Gruppe von Modellen zugrunde, für die insbesondere die Namen Fillmore (von Seiten der Linguistik) Minsky und Barsalou (und daneben Schank / Abelson) von Seiten der Kognitionswissenschaft stehen. Welcher Seite das „Erstgeburtsrecht" am Begriff „Frame" (im Sinne einer „Frame-Semantik") zukommt, soll dabei nicht entschieden werden, da die beiden Haupt-Protagonisten Fillmore und Minsky, deren wichtigste einleitende Arbeiten zu diesem Modellansatz nahezu zeitgleich im Jahre 1974/75 öffentlich bekannt wurden, nach eigenem Bekunden selbst nicht mehr angeben können, wann oder wo sie diesen (damals „in der Luft liegenden") Terminus das erste Mal gehört oder benutzt haben, und sie von Anbeginn an immer wechselseitig auf das Werk des jeweils anderen als Anregung verwiesen haben. Doch hat sich die Tatsache, dass der Verfasser dieses Buches Linguist ist, und es vornehmlich für ein linguistisch interessiertes Publikum verfasst wurde, in der Struktur des Bandes niedergeschlagen.

Der erste größere Teil der vorliegenden Einführung in die Grundlagen der Frame-Semantik ist daher der Darstellung der erstmaligen Begründung des Frame-Gedankens in der Linguistik durch den Sprachwissenschaftler Charles J. Fillmore (Berkeley) und der Weiterentwicklung durch ihn und seine Schüler (im Kontext des internationalen Forschungsverbundes FrameNet) gewidmet. Dieser Teil der Darstellung ist nicht nur deshalb wichtig, und wurde als Einstieg gewählt, weil Fillmore der einzige Linguist unter den führenden Begründern der Frame-Theorie ist, sondern auch, weil Fillmore mit zahlreichen Beispielen immer wieder schlagend nachweisen kann, warum die Einnahme einer Frame-semantischen Perspektive auf den Gegenstand „Bedeutung" für einen Linguisten, der die Bedeutung sprachlicher Einheiten angemessen und vollständig erfassen will, quasi unverzichtbar ist. Da die Quellenlage bei Fillmore und FrameNet äußerst unübersichtlich ist (es existiert keine einzige Monographie, dafür gibt es über 100 verstreute und teilweise schwer zugängliche Aufsätze und Forschungspapiere), stellt das Fillmore- / FrameNet-Kapitel des Buches eine Service-Leistung dar, welche für Interessenten, die sich der Mühe der eigenständigen Erschließung dieses komplexen theoretischen Ansatzes nicht unterziehen wollen oder aus Zeitgründen können, die Grundgedanken von Fillmore in ihrer chronologischen Entwicklung wie in systematischer Ordnung erschließt. Da die zahllosen Facetten von

---

[17] Dies würde noch sehr viel mehr Raum erfordern und hätte etwa zum Einbezug solch umfassender Modelle wie der „cognitive Grammar" von Langacker und des „metal spaces"-Modells nach Fauconnier führen müssen.

[18] So fehlt sowohl das kultursoziologische Modell der *Rahmenanalyse* von Erving Goffman, als auch das Modell der *idealized cognitive models* (ICM) nach Lakoff / Johnson, dessen neuere Varianten neuerdings auch unter dem Begriff des „framing" zitiert werden.

Fillmores Frame-Theorie sehr heterogen und breit gestreut sind, wurde für die Zusammenfassung dieses Ansatzes der Weg eines Glossars zu Fillmore und FrameNet gewählt. Der Fillmore (und FrameNet) gewidmete Teil dieses Buches stellt (weltweit) die erste zusammenfassende monographische Darstellung zum Frame-theoretischen Werk dieses Autors (und seiner Schule) dar.

In den weiteren Kapiteln wird dann zunächst der kognitionswissenschaftliche Zweig der Begründung der Frame-Theorie dargestellt. Als erster Begründer des Frame-Gedankens wird meistens Marvin Minsky wahrgenommen und rezipiert. Es mag dahingestellt bleiben, ob diese Wahrnehmung den historischen Tatsachen entspricht, da zumindest in der Linguistik Fillmore bereits 1968 erste Fassungen eines Prädikations-Rahmen-Modells formuliert hat, und auch innerhalb der Kognitionswissenschaft auch nach Meinung von Minsky selbst seine Frame-Konzeption nichts anderes sei als eine neue Durchdeklination des älteren Schema-Konzepts von Frederick Bartlett (1932). Wie dem auch sei, gerechtfertigt durch die schnelle und äußerst breite Rezeption der damals als revolutionär empfundenen Arbeit dieses Autors wird zuerst die Frame-theoretische Konzeption von Marvin Minsky (1974 und 1986) dargestellt. Auch bei seinem Werk ist die derzeitige Rezeptionslage äußerst unbefriedigend: Von Minsky wird fast immer nur sein epochemachender Aufsatz von 1974 wahrgenommen (und selbst dessen Potential nicht annähernd vollständig erschlossen). Dass Minsky mit einer umfassenden Monographie einen anspruchsvollen Gesamtentwurf einer Kognitionstheorie vorgelegt hat, der gerade auch für Linguisten (und Semantiker) zahllose wichtige und weiterführende Überlegungen enthält, ist dem Fach bislang vollständig entgangen (dasselbe gilt, wie Minsky sich beklagt, aber auch für sein eigenes Fach, die Kognitionswissenschaft). Insofern füllt auch das Minsky-Kapitel eine spürbare Lücke in der Einführungsliteratur.

Die wichtigsten kognitionswissenschaftlichen Begründer des Frame-Gedankens (so zuerst Minsky und später Barsalou) haben auf den britischen Psychologen Frederick Bartlett (1932) als den eigentlichen Begründer der Schema-Theorie (als Vorläufer der Frame-Konzeption) verwiesen. Es schien daher sinnvoll, auch den Gehalt von dessen Arbeit für die linguistische Semantik zu erschließen. Dabei ergab sich, dass Bartlett bislang in der Forschungsdiskussion nicht berücksichtigte wichtige grundlagentheoretische Überlegungen angestellt hat, die sein Modell (und damit die Schema-Theorie und Frame-Semantik generell) an sprachtheoretische Grundlagenüberlegungen zur Konventionalität und Prototypikalität anschließen. Da für diese beiden wichtigen Aspekte sowohl bei Fillmore, als auch bei Minsky, Schank / Abelson und Barsalou völlige Fehlanzeige zu vermelden ist, ergänzen Bartletts Anstöße die Frame-Konzeption um zwei wichtige theoretische Grundlagenkomplexe.

Das Skripts-, Pläne-, Ziele-Modell von Schank und Abelson wird dann vor allem deswegen dargestellt, weil es unter den Frame- und Schema-Theorien dasjenige ist, welches in der Linguistik am umfassendsten rezipiert wurde (dies gilt allerdings fast nur für die linguistische Gesprächsanalyse und die Textlinguistik, kaum oder gar nicht für die linguistische Semantik). Außerdem wird in diesem Buch die Auffassung vertreten, dass die bekannten „skripts" nichts anderes darstellen als Frames eines bestimmten speziellen Typs (in diesem Tenor aber auch schon Fillmore und Barsalou). Es ist daher sinnvoll, das Skript-Modell in eine umfassende Frame-semantische Darstellung zu integrieren.

In jüngsten linguistischen Forschungsansätzen wird von den Frame-Forschern insbesondere der Ansatz des amerikanischen Kognitionswissenschaftlers Lawrence Barsalou (1992,

1.3 Zum Aufbau dieses Buches und zur Auswahl der Modelle

1993) häufig zitiert und als Grundlage einer semantischen Frame-Konzeption herangezogen. Dies gilt gerade auch für solche Linguisten, welche der Frame-Theorie früher eher fern standen; z.B. Vertreter von formal orientierten Bedeutungsmodellen der Frege-Tradition. Insbesondere hat Barsalou eine Erweiterung und Systematisierung des Frame-Gedankens geleistet, die es erlaubt, diesen an formal-semantische Modelle anzuschließen. Außerdem wird vom Autor die Überzeugung vertreten, dass nur ein allgemeines Frame-Modell, wie es Barsalou vorlegt, ermöglicht, die unterschiedlichsten Facetten einer (linguistischen) Frame-Theorie zu einem Gesamtansatz zu integrieren. Auch Barsalous Frame-Ansatz wird hier dem deutschen Publikum erstmals zusammenfassend erschlossen. – Ein Unterkapitel mit einem Überblick über verstreute wichtige Einzel-Aufsätze und -Ansätze zum Frame- und Schema-Begriff schließt den theoretischen Grundlagen-Teil des Buches ab.

Im darauf folgenden Teil des Buches geht es dann um die linguistische Umsetzung, Weiterentwicklung und Anwendung der Frame-Theorie. Dazu wird zunächst einmal knapp die Forschungspraxis des von Fillmore begründeten FrameNet-Verbundes dargestellt. Danach werden die wenigen bisher vorhandenen deutschen Versuche einer linguistischen Frame-Forschung in ihren Grundzügen referiert und diskutiert. Zunächst Arbeiten mit einer lexikalisch-semantischen bzw. lexikographischen Orientierung (ein früher Aufsatz von Ballmer / Brennenstuhl sowie die einzigen bisher verfügbaren Frame-linguistischen Monographien von Wegner, Konerding und Lönneker). Insbesondere die Arbeit von Konerding ist umfassend rezipiert, sein Ansatz empirisch umzusetzen versucht worden (so etwa von Lönneker); sie weist gegenüber den Frame-theoretischen Ansätzen von Fillmore und Minsky aber empfindliche Lücken auf und erfasst Barsalou noch gar nicht, reicht daher als Grundlage einer umfassenden Frame-Theorie in keiner Weise aus. Nach einer knappen Darstellung ganz aktueller (teilweise noch nicht publizierter) Ansätze, auf der Basis von Barsalou formale Modelle einer linguistischen Frame-Semantik zu entwickeln, werden abschließend zu diesem Teil des Manuskripts kulturwissenschaftlich orientierte Anwendungen des Frame-Gedankens in der (v.a. germanistischen) Semantik rezipiert und diskutiert (Josef Klein, Claudia Fraas u.a., Alexander Ziem).

Im dritten Teil des Buches wird dann auf der Basis der vorherigen – eher handbuchartig gestalteten, aber zugleich immer auch diskutierenden und bewertenden – Gesamtdarstellung der Frame-Theorie und (linguistischen) Frame-Forschungs-Praxis zusammenfassend aus Sicht des Autors ein Arbeitsmodell der Frame-Semantik entwickelt, das sowohl die Erkenntnisse der bisherigen verschiedenen Frame-Theorien erstmalig in einem geschlossenen Modell zusammenführt, als auch durch zahlreiche Definitionen und Präzisierungsversuche die Lücken der bisherigen (linguistischen) Frame-Theorien zu schließen sucht. Alle zentralen Aspekte eines umfassenden Frame-Modells werden systematisch erschlossen und dargestellt. Als erstes integratives Frame-Modell aus linguistisch-semantischer Sicht in der gegenwärtigen Forschungslandschaft wird es zur wissenschaftlichen Diskussion gestellt.

Defizite und Einseitigkeiten der vorherigen Modelle sollen mit diesem integrativen Ansatz überwunden werden. Während Fillmore überwiegend nur prädikative Frames, und damit Verben, im Blick hatte, konzentriert sich das davon stark unterschiedliche Modell von Barsalou (und auch zahlreiche andere Autoren wie Konerding, Lönneker, Klein, Fraas) auf nominale Konzepte, vernachlässigt aber die verbalen Konzepte. Während Fillmore sich auf die spezifisch linguistischen Aspekte von Frames konzentriert, sich aber aller kognitionsbezogener Ausführungen radikal enthält, legt Barsalou zwar ein überzeugendes kognitionswissenschaftliches Modell für Frames vor, bleibt jedoch herzlich uninformiert gegen-

über den spezifisch linguistischen Problemen seines Gegenstandes. Ein spezifisch linguistisch motiviertes integratives Modell war daher ein absolutes Desiderat. Es wird aufgezeigt, dass ein solches Modell aus den Teilansätzen bei systematischer Herangehensweise problemlos zu gewinnen ist. Praktisch orientierte und anwendungsorientierte Überlegungen zur Methodik und Technik der linguistisch-semantischen Frame-Analyse (mit zahlreichen Beispielen aus der Literatur) sowie Überlegungen und Demonstrationen zu ihren möglichen linguistischen Anwendungsfeldern schließen den letzten Teil des Buches ab.

Neben einer umfangreichen Bibliographie (darunter einer Gesamt-Bibliographie zu Fillmore und FrameNet) werden in einem Anhang Frame-Darstellungen verschiedenster Form dokumentiert. Weitere Materialien (insbesondere die englischen Originalfassungen der vom Autor übersetzten Zitate) können über die im Internet abrufbare Material-Seite dieses Buches eingesehen werden, zu finden über die Seite des Verlags:
URL: www.degruyter.com

2. Die Erfindung des Frame-Gedankens in der Linguistik – Der Denkweg von Charles J. Fillmore

Die Frame-Semantik ist heutzutage ein Forschungsgebiet – präziser müsste man eigentlich sagen: eine Ansammlung von verschiedenen Forschungsansätzen, (Teil-)Theorien, Modellen und Projekten –, das im Schnittfeld mehrerer benachbarter Disziplinen liegt. Schaut man sich die wichtigsten Beiträge zur Frame-Theorie und die akademische Zuordnung ihrer Hauptvertreter an, dann kann man feststellen, dass sich darunter Linguisten, Kognitionswissenschaftler, Psychologen (Gedächtnis-, Wahrnehmungs-, Sprachpsychologen), Künstliche-Intelligenz-Forscher und auch (aber sehr viel seltener) Philosophen finden. Eine Frame-Semantik als linguistische Theorie (oder als Theorie mit linguistischen Bezügen und Nutzungsmöglichkeiten), um die es in dieser Einführung vorrangig geht, ist also nur *eine* mögliche Perspektive, die man auf kognitive / epistemische[1] Frames und ihre Beziehung zum Sprachverstehen einnehmen kann. Demzufolge werden in diesem Buch auch nicht ausschließlich linguistische Frame-Konzeptionen dargestellt werden, sondern diejenigen Konzeptionen, die in der Linguistik vielfach rezipiert worden sind und von der Sache her für eine linguistisch-semantische Frame-Theorie relevant sein könnten. Daher soll eine (und zwar die wichtigste) genuin linguistisch-semantische Frame-Konzeption auch am Anfang der Darstellung stehen.

Zwar kann man sich über die zeitliche Priorität streiten (die wichtigsten Arbeiten, in denen der Frame-Begriff erstmals einer breiteren Öffentlichkeit bekannt geworden ist, sind nahezu zeitgleich, jedenfalls innerhalb von zwei, drei Jahren erschienen[2]), aus linguistischer

---

[1] Ich verwende in diesem Buch häufig die Doppelform „kognitiv / epistemisch" (oder umgekehrt), da beide Begriffe zwar etwas bezeichnen, das eng zusammenhängt, sie aber keineswegs synonym sind. Während in „kognitiv" eher der Erkenntnisakt fokussiert wird, betont „epistemisch" eher das auf vorgängige Erkenntnisakte zurückgehende Wissen als solches. Die Begriffe repräsentieren also das, was Grice einmal als „act-object-ambiguity" charakterisiert hat: einen (hier: geistigen) Akt und sein Ergebnis. Während man bei „Kognition" über „geistige Prozesse" und ähnliches sprechen kann, erlaubt es der Begriff „Episteme" oder „Wissen", z.B. über „Architekturen des Wissens" zu reden (vgl. Busse 2005). – Die hier entfalteten Überlegungen dienen in den Augen des Verfassers der Grundlegung einer noch zu entwickelnden „linguistischen Epistemologie". Vgl. dazu Kapitel 8 und u.a. Busse 2007a, 2007b. – [Anmerkung zum Umgang mit Zitaten: Dieses Buch macht aus Gründen der besseren Nachvollziehbarkeit in extensivem Ausmaß von der Möglichkeit des Zitierens Gebrauch, was zu einer hohen Zahl von teilweise langen Fußnoten führt. Wem das Nachverfolgen der Fußnoten zu mühsam ist, der kann sich durchaus auf die Lektüre des Haupttexts beschränken. Wer es genauer wissen will, sollte – zumindest später einmal – auch die Zitate und Anmerkungen in den Fußnoten mit- oder nachlesen. Alle im Original englischen Zitate wurden vom Autor dieses Buches ins Deutsche übersetzt, um auch solchen Lesern den Zugang zu den referierten Konzeptionen zu ermöglichen, denen das Lesen englischer Texte nicht so sehr oder gar nicht geläufig ist. Die englischen Originalfassungen der Zitate können auf der Material-Seite des Verlages zu diesem Band über das Internet eingesehen werden. URL: www.degruyter.com]

[2] Fillmore 1968a, 21 (erstmalige Erwähnung der „Kasus-Rahmen" für Tiefenkasus / semantische Rollen von Verben / Prädikaten und Einbettung in eine „conceptual framework theory of case"); Fillmore 1975b, 123 (erstmalige explizite Verwendung des Begriffs „Frame" durch einen Linguisten als rein se-

Perspektive ist aber unabweisbar, dass Charles J. Fillmore als der eigentliche Begründer einer linguistischen (semantischen) Frame-Theorie angesehen werden muss. Dies gilt umso mehr, als eine nähere Auseinandersetzung mit seinen Schriften zeigt, dass wesentliche Grundgedanken, die ihn später dazu veranlasst haben, die Idee einer Frame-Semantik zu verfolgen, schon sehr früh in seinen Arbeiten auftauchen, und zwar lange bevor erstmal der Begriff *Frame* überhaupt verwendet wird. Es lohnt sich daher, den gesamten Denkweg von Charles J. Fillmore nachzuzeichnen, da dadurch deutlicher wird, welche linguistischen – hier (bei weitem nicht nur, aber doch vorrangig) semantischen – Problemstellungen zu der Einsicht geführt haben, dass ältere linguistische Modelle (der Grammatik, der Semantik) wesentliche Aspekte ihres Gegenstandes verfehlen und darum zu einer Theorie fortentwickelt werden müssen, welche die Fehler der verkürzenden (und wichtige Aspekte des Funktionierens von Sprache missverstehenden) älteren Ansätze vermeidet.

Fillmores Arbeiten haben für zwei wichtige neue Strömungen in der Linguistik den Anstoß gegeben. Das ist zum einen – auf dem Gebiet der Semantik – die Frame-Theorie, und zum anderen – stärker grammatisch orientiert – das Modell der sogenannten „Construction Grammar",[3] worunter Fillmore vor allem eine integriert semantisch-grammatische Erforschung sogenannter „Konstruktionen" versteht, zu denen er etwa idiomatische Wendungen, Routineformeln, und bestimmte, quasi-idiomatische grammatische Konstruktionen zählt, die eine „konstruktionelle" Eigenbedeutung aufweisen. In der vorliegenden Einführung wird es allein um den semantischen Strang der Denkentwicklung von Fillmore gehen. Diese zeigt, dass Fillmore zwar nach wie vor starke grammatische Interessen hat, im Rahmen der Entwicklung der Frame-Theorie aber meistens vom Standpunkt der „lexikalischen Semantik" aus argumentiert, deren Basis er jedoch oft zu verlassen gezwungen ist in Richtung auf eine allgemeine „verstehens-orientierte" oder „interpretative" Semantik („understanding semantics"[4] oder „interpretive semantics"[5]). Die Darstellung dieses über mehrere Stufen beschrittenen Denkweges wird aber zeigen, dass Fillmore trotz aller Ausflüge in eine allgemeine Verstehenstheorie im Herzen immer ein „lexikalischer" Semantiker geblieben ist – erstaunlicherweise ohne erkennbare Versuche, den Begriff der „lexikalischen Bedeutung" als solchen überhaupt jemals explizit zu definieren. Dies zeigt sich auch in der Anlage des großen Berkeley-FrameNet-Projektes (oder Projekt-Verbundes), in der die zwei Aspekte seines Werkes, für die Fillmore am bekanntesten geworden ist, nämlich die „semantischen

---

mantischer Begriff, unabhängig von „Kasus-Rahmen"); Minsky 1974, 1 [211] (explizite Einführung, Begründung und Definition des Frame-Begriffs durch den Kognitionswissenschaftler Minsky; vielzitiertes Referenzwerk für die Frame-Theorie); Schank / Abelson 1974, 36 ff. (Einführung der Begriffe „script", „plan" usw. durch einen Psychologen und einen Kognitionswissenschaftler, die sich häufig auf ähnliche Beispiele beziehen, wie sie auch Fillmore benutzt, und die in der Rezeption – vor allem in der Linguistik – häufig mit dem Frame-Begriff in einen Topf geworfen wurden).

[3]   Erstmals Fillmore 1985b, 1988, 1989; siehe auch Kay 1997, Goldberg 1995; einführend: Croft 2001, und (deutsch) Fischer / Stefanowitsch 2006.

[4]   Das Primat einer verstehensorientierten Perspektive in der Semantik formuliert Fillmore erstmals explizit in 1975c, 135 und 137 ff: „Die Behauptungen, die ich aufstellen möchte, sind folgende: (1) dass Fragestellungen in der Semantik, die keine wahrnehmbare Anwendung auf den Prozess des Verstehens haben, nicht sehr wichtig für die semantische Theorie sein können. [...]" Explizit eingeführt, begründet, und in engen Zusammenhang zur Frame-Semantik gestellt wird der Begriff der „understanding semantics" dann in Fillmore 1985a, passim.

[5]   Diese Bezeichnung verwendet er erstmals in Fillmore 1970a, 271; ausführlich diskutiert er sein Konzept in Fillmore 1975c im Rahmen einer expliziten und vehementen Kritik an traditionellen Semantik-Konzeptionen, denen er es dort auch explizit entgegensetzt.

2.0 Vorbemerkungen   25

Rollen" oder „Tiefen-Kasus",[6] entwickelt im Zusammenhang mit seiner „case-grammar"
(1968), und eine eher „reduzierte" Version der Idee der semantischen Frames deutlich im
Vordergrund stehen. Obwohl Fillmore in Zwischenphasen seines Werkes die Idee der Frames sehr viel grundsätzlicher angegangen ist, kehrt der in FrameNet angewendete Ansatz
zu einer Beschreibung sehr basaler „Argument"-Rahmen zurück, die viel stärker an die
Kasus-Rahmen-Idee der frühen Ansätze als an die – teilweise sehr radikalen – Formulierungen zur „understanding semantics" erinnern. In den letzten Jahren ist zudem erneut
immer stärker der *Grammatiker* Fillmore spürbar, gegenüber dem der zwischenzeitliche
Semantiker und *Verstehenstheoretiker* wieder eher zurücktritt.[7]

Man kann den Denkweg von Fillmore hin zu einer voll ausgebauten Frame-Semantik in
vier oder fünf Stufen gliedern: (1) Die frühen Überlegungen vor der Kasus-Grammatik-
Phase, die ich hier nach dem Titel eines der ersten Aufsätze Fillmores (1965a) unter dem
Begriff des *„Enthaltenseins"* (*entailment*) zusammenfasse. Hier geht es im wesentlichen um
erste Entdeckungen darüber, dass in der Bedeutung von Sätzen oft viel mehr (an notwendiger, verstehensrelevanter Information) „enthalten" ist, als es auf der Basis der traditionellen
grammatischen und semantischen Theorien den Anschein hat. (2) Die zunächst explizite,
später aber lange Zeit versteckte und daher eher implizite Bezugnahme auf den *Valenz*-
Gedanken und die daraus abgeleitete Theorie der *„Tiefen-Kasus"* (thematischen Rollen)
und *Kasus-Rahmen*. (3) Die aus der Einsicht in die Unmöglichkeit einer syntaktischen
Begrenzung der thematischen „Mitspieler" in einem Satz erwachsene Ausweitung des
„Rahmen"-Gedankens auf sprachlich nicht ausgedrückte, sondern vorausgesetzte (oder
implizit „mitgedachte") „Mitspieler" (und thematische Rollen) in Sätzen, die Fillmore im
Rahmen der (kurzen) „*scenes-and-frames*"-Phase („*Szenen-Rahmen*"-Modell) seiner Theorieentwicklung vorgenommen hat. (4) Die Stufe des „Vollausbaus" seiner semantischen
Frame-Theorie, die auch unter den schon genannten Bezeichnungen *„interpretative Semantik"* oder *„understanding semantics"* (verstehenstheoretische Semantik) zusammengefasst
werden kann. (5) Und schließlich die Umsetzung, forschungstechnische Formulierung und
praktische Anwendung des Frame-Modells im *FrameNet*-Projektverbund. Die Übersicht
schließt eine Darstellung der möglichen Anwendungsgebiete der Frame-Theorie in verschiedenen Bereichen der Linguistik, wie sie Fillmore selbst gesehen und programmatisch
gefordert hat ein. Da die Gesamtdarstellung des Entwicklungsgangs von Fillmores Frame-
theoretischem Denken und der Weiterführung im FrameNet-Projektverbund doch recht
umfangreich ist, wird die Darstellung des Fillmore-Modells von einem zusammenfassenden
Überblick – überwiegend in Form eines Glossars zu den wichtigsten Begriffen von Fillmores Frame-Konzeption – abgeschlossen, der die Darstellung der fünf Stufen von Fillmores
Frame-theoretischem Denkweg abrunden wird.[8]

---

[6]   Woanders auch als „thematische Rollen", „Theta-Rollen", „Argument-Rollen" u.ä. bezeichnet.
[7]   Es kann nur spekuliert werden, ob darin auch ein „Zurückschrecken" vor der gelegentlich in der mittle-
      ren Phase spürbaren Radikalität der Folgen eigener Denkstufen zu sehen ist.
[8]   Ausgeschlossen aus der Darstellung von Fillmores Werk werden daher (nur) die „construction gram-
      mar" und seine Beiträge zu einer Theorie der Deixis (außer sie enthalten Überlegungen, die für die Fra-
      me-Theorie wichtig sind), also 12 Texte aus seinem überwiegend der Frame- und Kasus-Theorie ge-
      widmeten Œuvre. Von Fillmore (oder mit seiner Beteiligung) konnten 94 Schriften nachgewiesen wer-
      den, die bis auf 8 (die nicht erhältlich waren oder bis auf einen Text Aspekte der *Construction Grammar*
      oder in unserem Kontext irrelevante Fragen betreffen) vollständig erfasst wurden. Hinzu kommen 27
      Texte von FrameNet-Autoren ohne Fillmores Beteiligung (von denen 2 nicht zugänglich waren). D.h.,
      von insgesamt 120 relevanten Schriften wurden bis auf 10 nicht erhältliche alle erfasst und ausgewertet.

2.1 Was ist in einem Satz oder Text semantisch „enthalten"?

Charles J. Fillmore[9] war am Beginn seiner akademischen Laufbahn (erste Publikation 1961[10]) zunächst vorwiegend an grammatischen Fragestellungen interessiert, wie es dem damaligen linguistischen Zeitgeist[11] entsprach. Schon bald erkannte er jedoch, dass eine genaue Analyse von Ausdrücken in einer natürlichen Sprache (seien es Wörter, Phrasen bzw. Satzteile oder ganze Sätze) zahlreiche Probleme aufwirft, die im Rahmen einer rein grammatischen Theorie (und auf der Basis der damals vertretenen Konzeptionen von Wortsemantik und Satzsemantik) nicht angemessen erklärt werden konnten. Es ist für Fillmores Arbeitsweise von Beginn an charakteristisch, dass ihn eine strikte Orientierung an konkretem sprachlichem Material immer wieder dazu veranlasst, sich Schritt für Schritt weiter vom grammatiktheoretischen und semantischen Mainstream in der Linguistik zu entfernen, da die dort gebotenen Ansätze nicht in der Lage waren, die Phänomene, die er benannte, zureichend zu erklären. Fillmore entfaltet so über die Jahre und Jahrzehnte an einer Fülle von Beispielen nachgerade ein Panoptikum von Phänomenen, die einer angemessenen semantischen und grammatischen Aufklärung harren.

Das Stichwort, das man vielleicht sogar als Überschrift für seinen gesamten (semantik- und grammatiktheoretischen) Denkweg einsetzen könnte, liefert er gleich in seinem ersten für uns einschlägigen Aufsatz *„Entailment rules in a semantic theory"*.[12] Es ist der Gedanke des „Enthaltenseins" in der Semantik, womit gemeint ist, dass sprachliche Ausdrücke (Wörter, Phrasen, Sätze) manchmal oder sogar oft bestimmte Bedeutungsaspekte „enthalten", die nach der gängigen Auffassung nicht Teil der „sprachlichen Bedeutung"[13] dieser Ausdrücke in der üblichen Betrachtungsweise sind.

---

[9] Der US-Bürger Charles J. Fillmore (*1929) promovierte 1961 an der University of Michigan. Von 1961 bis 1971 war er Professor für Linguistik an der University of Ohio. Von 1971 bis zu seiner Emeritierung lehrte und forschte er an der University of California in Berkeley. Dort begründete er u.a. das Frame-Net-Projekt, das er bis vor kurzem viele Jahre lang leitete und auch heute noch kritisch begleitet. Aus diesem umfangreichen Projekt-Verbund ist mittlerweile ein internationaler Forscherverbund entstanden.

[10] Bereits in dieser Arbeit, Fillmore 1961, deuten sich Themen des späteren Werkes an, insofern Fillmore sich hier mit indirekten Objekten beschäftigt und dabei auf Problemfälle im Zusammenhang mit Ergänzungen und Kasus-Rollen stößt, die in den damaligen Grammatik-Modellen (z.B. Chomsky 1956), die er bereits jetzt scharf als unzureichend kritisiert, nicht beschrieben werden können.

[11] Im Jahr 1956 erschien Chomskys Buch „Syntactic structures" und 1965 sein vielbeachtetes „Aspects of a theory of syntax" und begründeten eine Schule, die – gerade in den USA – die Linguistik für viele Jahrzehnte dominieren sollte – in vielen Regionen der Welt und der Linguistik bis heute. Dieser wissenschaftlichen Glaubensrichtung zufolge sollte die Linguistik von einem strikten Primat der Syntax bzw. Grammatik ausgehen. Semantik war – gerade in der Frühphase der Theorieschule – eher als ein peripheres Phänomen angesehen, das mit grammatiktheoretisch dominierten Grundbegriffen zu erklären sei. Fillmore wendet sich von Anfang an strikt gegen alle Versuche, die Semantik aus der Syntax herauszuhalten. Bereits in Fillmore 1964, 88 fordert er, dass syntaktische Regeln „sensitiv für lexikalische Merkmale / Eigenschaften" sein sollten und folgert im Hinblick auf Probleme bei der Formulierung von „Transformationsregeln" für Phänomene wie „indirektes Objekt-Sätze": „Manche der Phänomene können per Sub-Klassifikation beschrieben werden, andere müssen in terms von lexikalischen Merkmalen behandelt werden." (a.a.O. 91)

[12] Fillmore 1965a, wörtlich: „Regeln des Enthaltenseins in einer Semantischen Theorie."

[13] Bei Wörtern wird diese „sprachliche Bedeutung" meist als „lexikalische Bedeutung" definiert. Eine spezifische Theorie einer „Satzbedeutung", die über die einfachen Regeln der Grammatik hinausgeht, gab es damals – jedenfalls innerhalb der Linguistik – noch gar nicht. Allerdings sind, wie die Beispiele von Fillmore zeigen, Probleme der linguistischen Erklärung von Satzbedeutungen in seinen Überlegungen stets gegenwärtig, auch wenn er sich selbst eher als Vertreter einer „lexikalischen Semantik" versteht und nur selten auch explizit über „Satzbedeutungen" redet.

2.1 Was ist in einem Satz oder Text semantisch „enthalten"? 27

Fillmore beginnt seine Argumentation mit einfachen Beispielen, die dann aber zunehmend komplexer werden. Ein Satz wie

(2-1) *John ist groß.*

ergibt nach Fillmore nur dann einen verwendbaren Sinn, wenn man davon ausgeht, dass in einem solchen Satz immer ein bestimmter Vergleichsmaßstab mitgedacht ist, in Bezug auf den bestimmt wird, welche realweltlichen Verhältnisse (z.B. ausgedrückt in Körperlänge und / oder –umfang in einer üblichen Maßeinheit wie etwa Zentimetern) in Bezug auf eine vorausgesetzte Skala zu Recht als *groß* bezeichnet werden können.[14] Mehr noch, dieser Satz drückt im Grunde aus, dass die in diesem Satz bezeichnete Person immer (und nur) in Bezug auf einen angenommenen Durchschnittswert als *groß* bezeichnet wird (wenn man annimmt, dass die lexikalische Bedeutung eines Adjektivs wie *groß* eben genau dies: eine skalare Abweichung nach „oben" in der Dimension „räumliche Erstreckung" ausdrückt). Damit wird aber die semantische Information *„Durchschnittswert"* zu einem Teil der Bedeutung (und der Bedeutungsbeschreibung) des Adjektivs *groß* in dieser Verwendung. Satz (2-1) wird daher, so Fillmore, interpretiert im Sinne von

(2-2) *John ist größer als der Durchschnitt.*

Damit „enthält" (*entails*) die Interpretation von (2-1) aber etwas, das in einem gewissen Sinne „umfangreicher" ist als das, was der „Wortlaut" dieses Satzes (gemessen an den damaligen semantischen und grammatischen Theorien) „auszudrücken" scheint. Bereits hier operiert Fillmore in seiner Analyse also systematisch mit Elementen des verstehensrelevanten Wissens, die, gemessen am damaligen Standard der Semantiktheorie, klar außerhalb dessen liegen, was noch als „linguistisch" (oder „Teil der Bedeutung") aufgefasst wurde. Er fordert mithin indirekt (ohne das in diesen Worten auch klar so zu formulieren), dass das implizite, stillschweigend vorausgesetzte Wissen als wichtige Voraussetzung eines angemessenen Verstehens sprachlicher Ausdrücke in eine semantische Beschreibung und Theorie mit aufgenommen werden muss.[15] Selbst so einfache Sätze wie

(2-3) *John ist größer als Bill.*

führen laut Fillmore also die damals dominante Merkmalstheorie der Semantik an ihre Grenzen.[16] Ausgehend von solchen Beispielen argumentiert er dann direkt gegen die „se-

---

[14] Linguistisch präziser: als nach den in dieser Sprache geltenden Regeln der Zeichenverwendung korrekt als potentielle Referenzobjekte zugelassen werden können, auf die der fragliche Ausdruck zu Recht prädiziert werden kann.

[15] Damit ist Fillmore einer der ersten Linguisten und vor allem Semantiker und Grammatiker, der sich den „indirekten", „impliziten", „mitgedachten", „mitgemeinten" Bedeutungsbestandteilen zuwendet, und zwar noch bevor von Philosophen wie Grice (1967 „Logic and Conversation") und später Searle (1969 „Indirect speech acts") ein kleiner Ausschnitt der „indirekten" Bedeutungsübermittlung explizit, allerdings dort im Rahmen pragmatischer Theorien, thematisiert worden ist. Indem er diese Phänomene innerhalb einer Theorie der Semantik verhandelt, verweigert sich Fillmore auch dem später üblich gewordenen wohlfeilen Abschieben solcher Phänomenbereiche in den Schubkasten „Pragmatik", in dem sie dann gut weggesperrt ruhen können, ohne die Mainstream-Linguisten weiter irritieren zu müssen.

[16] „Es ist schwer zu sehen, wie irgendeine kleinere Modifikation des Begriffs „semantisches Merkmal" zu einer korrekten Interpretation komparativer Sätze führen könnte." Fillmore 1965a, 64. – Fillmores Argumentation ähnelt hier der These, dass bestimmte semantische Relationen, z.B. strikte Antonyme, mit merkmalstheoretischen Mitteln nicht erklärt werden können, da die polaren Ausdrücke eines antonymischen Wortpaars (wie z.B. *tot – lebendig*) sich gerade dadurch auszeichnen, dass sie kein semantisches

mantik-ferne" Denkweise der damals modernen Grammatiktheorien,[17] und nutzt dabei uns schon bekannte Sätze wie

(2-4) *Ich bin zwei Jahre älter als mein Vater.*
(2-5) *Mein Vater ist zwei Jahre älter als ich.*

An diesen Beispielen erläutert er dann auch den ihn auch später immer wieder stark beschäftigenden Unterschied zwischen solchen Bestandteilen einer vollständigen angemessenen Interpretation eines sprachlichen Ausdrucks, die man als Teil seiner „sprachlichen Bedeutung" auffassen kann, und solchen, die aus einem Wissen herrühren, das nach seiner Auffassung nicht mehr zum „sprachlichen" Wissen im eigentlichen Sinne hinzugerechnet werden sollte. Er erweist sich also trotz aller Betonung der Tatsache, dass wir bei der angemessenen Interpretation sprachlicher Ausdrücke auf Wissen angewiesen sind, das weit über den Bereich dessen hinausgeht, was traditionellerweise zur „Wortbedeutung" oder „Satzbedeutung" im engeren Sinne hinzugerechnet wird,[18] letztlich nach wie vor als Vertreter einer „Zwei-Ebenen-Semantik", deren Vertreter glauben, klar zwischen „sprachlichem" und „enzyklopädischem" Wissen unterscheiden zu können. Er erläutert diese Unterscheidung folgendermaßen:

> „Ich werde z.B. darauf insistieren, dass ein Satz wie *„Ich bin zwei Jahre älter als mein Vater"* semantisch merkwürdig ist. […] Der Devianz kann etwa in folgender Weise Rechnung getragen werden: In dem Ausdruck *„Mein Vater"* wird eine asymmetrische Relation der Vorgängigkeit in der Zeit zwischen zwei Objekten ausgedrückt. Der komparative Ausdruck *„älter als"* behauptet eine andere Relation der Vorgängigkeit in der Zeit zwischen denselben zwei Objekten, und diese Relation ist die Umkehrung der ersten und mit ihr nicht kompatibel. Daher die Anomalie. Die Bizarrheit des Satzes *„Ich bin zwei Jahre älter als mein Vater."* ist sehr verschieden von was auch immer merkwürdig ist an dem Satz *„Mein Vater ist zwei Jahre älter als ich"*. Wenn man den zweiten Satz hört, mag man ihn vielleicht nicht glauben, oder man mag annehmen, dass er zum Beispiel durch eine Katze gesprochen wurde. Aber semantisch gibt es nichts, was falsch an ihm ist."[19]

Fillmore erläutert in diesem Aufsatz nicht näher, worin genau der Unterschied in der „Merkwürdigkeit" beider Sätze besteht. Man kann aus diesen Ausführungen aber zweierlei herauslesen: Zum einen finden wir bereits hier einen ersten Vorschein der Notwendigkeit einer Erweiterung des Untersuchungsbereichs der Semantik, der zur späteren Frame-Idee führen wird. Zum anderen ist diese (sachlich sehr problematische) Unterscheidung von verschiedenen Typen von semantischer „Merkwürdigkeit" äußerst aufschlussreich, da sie zeigt, wie selbst bei Fillmore (also demjenigen, der in der Folge noch viele Grenzzäune der traditionellen Semantik rigoros niederreißen wird) dann letztlich doch die Grenze zwischen „semantisch" und „nicht-semantisch" zementiert wird. Was ist es eigentlich, so muss man fragen, was den hier als kategorial behaupteten Unterschied beider Typen von „semanti-

---

Merkmal gemeinsam haben, obwohl doch jeder weiß, dass sie semantisch unmittelbar aufeinander bezogen sind. Diese semantische Beziehung lässt sich aber, wie hier in Fillmores Beispiel die Relation des Vergleichs, nicht mittels atomistischer semantischer Merkmale ausdrücken oder beschreiben.

[17] Deren Verfechter, um es mit einem berühmten Beispiel von Chomsky zu sagen, einen Satz wie „Farblose grüne Ideen schlafen wütend" für durchaus sprachlich korrekt hielten.

[18] Man kann dieses Ziel geradezu als die *raison d'être* der Frame-Semantik ansehen.

[19] Fillmore 1965a, 64 – Beispiele und Zitate aus den (meist englischen) Originalen werden in diesem Buch durchgängig in eigener deutscher Übersetzung dargeboten (aber mit Verweis auf die im Original englischen Fundstellen). Fast alle Beispiele Fillmores können problemlos ins Deutsche übertragen werden und „funktionieren" auch da. Nur einige wenige (hier fortgelassene) beziehen sich auf sprachliche Phänomene, für die es im Deutschen keine Äquivalente gibt.

2.1 Was ist in einem Satz oder Text semantisch „enthalten"? 29

scher Merkwürdigkeit" begründet? Wie kann man begründen, dass „zeitliche Vorgängigkeit" hier „semantisch" ist, „zeitlicher Abstand" aber „nicht-semantisch"? Der einzige Grund, der einem spontan einfällt, ist ein logischer.[20] – Und zwar die Ursache-Wirkung-Relation (eine Wirkung kann nicht vor ihrer Ursache liegen). Aber: Woher weiß man, dass *Vater* eine Ursache-Wirkung-Relation impliziert? Doch nur, weil man faktisches Wissen hat über das, was „Väter" (in einem biologischen Sinne) sind. Wie um alles in der Welt will man begründen können, dass das Wissen, dass Väter (im biologischen Sinne) zeitlich vor den Objekten, in Relation auf die sie *Väter* genannt werden, existiert haben müssen, eher „semantisch" (bzw. „sprachliches Wissen") sei, als etwa (um bei Fillmores Beispiel zu bleiben), das Wissen darüber, dass in unserer menschlichen Welt *Väter* unmöglich nur zwei Jahre älter sein können als ihre (biologischen) *Kinder*?[21] Man kann entgegen der Auffassung, die Fillmore hier offenbart, mit guten Gründen der Meinung sein, dass dieses Wissen für die Semantik von *Vater* (in unserer Menschenwelt, Tiere ausgenommen) genauso zentral ist wie das Wissen um die Vorgängigkeits-Relation. Ein kategorialer Unterschied zwischen beiden semantischen Merkmalen lässt sich m. E. nicht begründen, es sei denn, man reduzierte „Semantik" auf logische Grundrelationen, was (nach all seiner Kritik an logischen Verkürzungen der Semantik) kaum in Fillmores Sinne sein dürfte.

Bereits in diesem frühen Aufsatz zeigt sich also die Zweischneidigkeit, die für Fillmores gesamten bedeutungstheoretischen Denkweg charakteristisch ist: Zum einen das stete Bemühen um den Nachweis, dass das verstehensrelevante Wissen weit über den Bereich dessen hinausgeht, was in traditionellen (strukturalistischen, generativistischen, logizistischen) Semantik-Konzeptionen noch zum Bereich der „Bedeutung" hinzugerechnet wird. Dieser Denkstrang führt schließlich zur überzeugenden Begründung der Notwendigkeit einer Frame-Semantik. Zum anderen aber der Versuch, dennoch an einer Unterscheidung zwischen „semantischem" und „nicht-semantischem" (aber gleichwohl verstehensrelevantem!) Wissen und damit an einer „Zwei-Ebenen-Semantik" festzuhalten. Fillmores Ansatz (und das deutet sich bereits in diesem frühen Aufsatz an) ist in Bezug auf den Mainstream der linguistischen Semantik revolutionär und geht mit vielen Prämissen anderer Theorien hart ins Gericht. Er stellt erstmals das verstehensrelevante Wissen als solches in den Mittelpunkt einer semantischen Theorie wie Analyse. Das große Manko seines Denkansatzes ist aber, dass er über keine Konzeption des Wissens verfügt, nicht direkt darüber nachdenkt, wie (verstehensrelevantes) Wissen organisiert sein und wie seine Funktionsweise(n) erklärt werden könnte(n), da er sich für solche Fragen als Linguist unzuständig fühlt, auch wenn er später immer wieder zu erkennen gibt, dass es eigentlich eine interdisziplinäre Theorie dieses Wissens geben müsste.

Die Idee des (semantischen, bzw. verstehensbezogenen) „Enthaltenseins" belegt Fillmore in diesem frühen Aufsatz noch mit zahlreichen weiteren Beispielen:

(2-6) *Bill glaubt, dass du hier warst.*
(2-7) *Bill weiß, dass du hier warst.*
(2-8) *John glaubt, dass er ein Mädchen ist.*
(2-9) *John weiß, dass er ein Mädchen ist.*

---

[20] Also würde Fillmore danach letztlich doch auch selbst Logik-zentriert argumentieren, obwohl er sich zuvor in demselben Aufsatz über die Dominanz logischer Ansätze in der Semantik lustig gemacht hatte.

[21] In der Alltagswelt heutiger Patchwork-Familien wäre Satz (2-4) zwar immer noch merkwürdig, aber möglich. *Vater* dann verstanden als „sozialer Vater", d.h. als Rollenbezeichnung für die Verhältnisse innerhalb einer Familie.

30   *Kapitel 2: Die Erfindung des Frame-Gedankens in der Linguistik durch Charles J. Fillmore*

Die Sätze (2-6) bis (2-9) beziehen sich auf ein Phänomen, das mittlerweile zu den klassischen Gegenständen der Pragmatik[22] gehört: den sogenannten „Präsuppositionen", hier genauer: den durch sog. „faktive Verben" wie *glauben, wissen, meinen* usw. „ausgelösten" Präsuppositionen. Wenn ein Satz wie (2-7) korrekt gebraucht wird, folgt aus ihm die Gültigkeit des Satzes „*Du warst hier*". Der eklatante Unterschied zwischen den Sätzen (2-8) und (2-9) liegt darin, dass (2-9) eben die Gültigkeit der Aussage voraussetzt „*John ist ein Mädchen*." Solche Präsuppositionen sind, so die gängige Überzeugung, letztlich Teil der Semantik der die präsupponierten Sätze „auslösenden" Wörter (Ausdrücke). Sie werden daher oft auch den sog. „semantischen Präsuppositionen" zugerechnet. Seitdem der Begriff der Präsupposition aufgekommen war (zunächst eher in der Philosophie und Logik, erst später, mit dem Entstehen der „linguistischen Pragmatik", auch in der Linguistik), hat sich die Menge der konkreten sprachlichen Phänomene, die unter diesem Begriff gehandelt wurden, stetig und rapide erweitert.[23] Was mit dem Begriff „Präsupposition" gemeint war (und ist) kann mit folgender Formel zusammengefasst werden: Bei bestimmten Sätzen gilt: Wenn du einen Satz x hörst oder liest, musst du zu einem angemessenen Verstehen einen Satz oder mehrere Sätze Y, Z usw. hinzudenken (als Voraussetzung für das Verstehen, als „mitgedacht", als „ebenfalls wahr" usw.usf.). Die Rede von „Sätzen" und „Wahrheit" zeigt an, dass solche Gedanken ihren Ursprung in der Logik haben. (Die Wahrheit eines Satzes X setzt die Wahrheit eines Satzes Y voraus.) Inwiefern die „präsupponierten" Sätze im Verstehen tatsächlich kognitiv / epistemisch „vollzogen" (aktiviert, aktualisiert, prozessiert) werden müssen, war nichts, worauf die Pragmatiker und Logiker, die dieses Phänomen „erfunden" haben, Gedanken verschwendet hätten.

Fillmores in diesem frühen Aufsatz entwickelter Gedanke des „Enthaltenseins" kann daher grob gefasst zunächst als eine alternative Variante dessen angesehen werden, was später die (pragmatische) Präsuppositionsforschung geworden ist: bestimmte Sätze „enthalten" semantisch gesehen andere Sätze,[24] die eine wichtige Voraussetzung für ihr korrektes

---

[22] Eine Teildisziplin der Linguistik, die damals allerdings noch nicht als solche existierte! Fillmore könnte daher gut ein „Pragmatiker *avant la lettre*" genannt werden, wenn er sich nicht später so beharrlich geweigert hätte, seine eigenen Überlegungen in den Kontext der entstehenden und heute sehr umfassend angelegten sogenannten „Pragmatik" zu stellen. Diese Resistenz gegenüber dem (ja oft auch modischen) Zeitgeist ist – obwohl sie den Kenner der fachgeschichtlichen Entwicklung gelegentlich heftig konsterniert und häufig als zu hohes Maß an Ignoranz erscheint – fast schon wieder sympathisch, da Fillmore anscheinend an dem Primat der Semantik festzuhalten entschlossen ist, und nicht gewillt ist, die akribische semantische Analyse gegenüber den häufig eher gröberen Instrumenten der Pragmatik, so, wie sie sich dann entwickelt hat, zu opfern. Insbesondere ist dies sympathisch, weil die Entstehung der „Pragmatik" als eigener Arbeitsbereich der Linguistik ganz klar dazu geführt hat, dass hier eine bequeme Schublade entstanden ist, in die in der Folge alles abgeschoben wurde, über das die „Kern"-Linguisten keineswegs näher nachzudenken gewillt waren. Tatsächlich macht auf dem Hintergrund einer verstehenstheoretisch orientierten Semantik die wohlfeile Trennung von „Semantik" hier und „Pragmatik" da keinen Sinn, verschleiert sie doch die tatsächlichen bedeutungstheoretischen Problemstellungen. – Eine gute Einführung in die Problematik der Präsuppositionen gibt Levinson 1990, 169 -225.

[23] Bereits Levinson 1990 referiert eine Liste von fast 40 verschiedenen „Typen" von „Präsuppositionen".

[24] Zu der in der Tat problematischen Redeweise von hinzugedachten „Sätzen" merkt Fillmore (1965a, 65) richtigerweise an: „Vielleicht sollte das Wort „Proposition" gebraucht werden anstelle von „Satz". Es ist für das Verständnis der *entailment rules* nicht wesentlich, dass die Elemente von Y als Sätze realisierbar sind." Man könnte hinzufügen: Auch der Begriff „Proposition" ist in diesem Kontext noch nicht ganz unproblematisch, da er eine „Organisiertheit" des verstehensrelevanten Wissens (in Form von Prädikationen) präsupponiert, die möglicherweise nicht in allen Fällen so gegeben ist. Auf dieses Problem werde ich später (Kap. 7.12.8, S. 780 ff.) zurückkommen.

2.1 Was ist in einem Satz oder Text semantisch „enthalten"? 31

Verstehen sind. Es ist aber gegenüber der stark logisch dominierten Präsuppositionsforschung ein Vorzug von Fillmores Herangehensweise an diesen Phänomenbereich, dass er ihn von Anfang an im Rahmen dessen ansiedelt, was er später eine „verstehensorientierte Semantik" (*understanding semantics*) genannt hat.[25]

Für das Phänomen des „Enthaltenseins" gibt Fillmore noch einige weitere Beispiele:

(2-10) *Sie liest Sanskrit.*
(2-11) *Sie liest sogar Sanskrit.*
(2-12) *Er ist groß für einen Pygmäen.*
(2-13) *Sie ist schlau für ein Mädchen.*[26]

Der Unterschied zwischen (2-10) und (2-11) liegt natürlich in dem zusätzlichen Wörtchen *sogar*. Dieses Wörtchen signalisiert den Verweis auf eine vorausgesetzte, zugrundeliegende Annahme, zu der die Aussage des Satzes in einen Gegensatz gestellt wird.[27] Nach Fillmore (1965a, 66) handelt es sich bei der Bedeutung dieses Satzes um „zwei Sätze", nämlich den Satz *„Sie liest Sanskrit."* und den Satz *„Man würde nicht erwarten, dass sie Sanskrit liest."* – Die *für*-Formulierung in den Sätzen (2-12) und (2-13) vermittelt die Information, dass diese Sätze nicht nur etwas über den Rang der erwähnten Personen innerhalb der Menge der Pygmäen bzw. der Mädchen aussagen, sondern zugleich implizit auf Wissen darüber anspielen, was man von Pygmäen oder Mädchen hinsichtlich der prädizierten Eigenschaften (*groß* bzw. *schlau*) üblicherweise erwarten kann.[28] Während man bei (2-11) noch mit der für Präsuppositionen üblichen Redeweise von dem „zweiten, hinzugedachten Satz" operieren kann, wird das bei (2-12) und (2-13) schon sehr viel schwieriger; es fällt nämlich schwer, sich auf den einen Satz zu einigen, der „zum ausgedrückten Satz hinzugedacht" werden muss, um zu einer adäquaten Beschreibung seines kommunikativen Sinns zu gelan-

---

[25] Wie die spätere Ausweitung auf den allgemeineren Gedanken der „Rahmen" (*frames*) des verstehensrelevanten Wissens zeigt, stellt Fillmore seine Reflexionen von Anfang an in den Kontext grundlegender semantik- und grammatiktheoretischer Überlegungen und gibt sich nicht mit einer „Schubladen"-Existenz zufrieden (wie viele Pragmatiker). Seine Überlegungen sind daher anschlussfähiger für eine allgemeine verstehenstheoretisch orientierte Semantik als der größte Teil der Präsuppositionsforschung. – Fillmore thematisiert bereits in dieser frühen Phase mehrere Grundprobleme einer adäquaten linguistischen Beschreibung von Daten natürlicher Sprachen im Grenzbereich von (lexikalischer) Semantik und Syntax. In Fillmore 1964, 103 identifiziert er das Verhältnis zwischen syntaktischer Struktur und lexikalischen Kategorien als eines der Grundprobleme der Syntaxtheorie und Linguistik schlechthin und weist darauf hin: „Die Lösung dieses Problems hat wichtige Implikationen für die Form grammatischer Regeln generell." Im Kern geht es bei diesem Problem um die Frage des Primats von formaler (Lexikon-ferner) Syntax oder Lexikon. Fillmore plädiert dabei (implizit) eindeutig für das Primat des Lexikons. Indem er in einem anderen Aufsatz aus dieser Zeit (Fillmore 1966d) die Unmöglichkeit der Übersetzbarkeit syntaktischer Strukturen zwischen strukturell verschiedenen Sprachen (wie Englisch und Japanisch) belegt, greift er implizit eine Kernthese der (damaligen, aber auch heute noch wirkmächtigen) generativen Grammatiktheorie Chomskys an: Nämlich den Gedanken der Universalität (und nach Möglichkeit Angeborenheit) grundlegender grammatischer Strukturen. (a.a.O. 71)

[26] Vermutlich klingt das englische *„She is clever for a girl"* nicht ganz so abstrus wie jedes der möglichen deutschen Äquivalente – allerdings: das Beispiel ist aus einem Text von 1965 ...!

[27] Solche Wörter wurden in der germanistischen Linguistik unter Benennungen wie „Modalpartikeln" oder „Abtönungspartikeln" diskutiert und ausführlich untersucht. Vgl. Weydt 1969 sowie Weydt 1977, 1979, 1981, 1983, 1989. In der angelsächsischen Linguistik wird von „hedges" („Hecken"-Wörtern) gesprochen. Wie die mittlerweile umfangreiche Modalpartikel-Forschung herausgefunden hat, liegt eine der wichtigsten Funktionen solcher Wörter in der Signalisierung von „Präsuppositionen" und ähnlichen „versteckten" oder „mitgemeinten Bedeutungen".

[28] Sie ist zugleich in Fillmores Schriften das erste Beispiel für das, was er später als „Konstruktionen" bezeichnet und was zum Gegenstand der „Construction Grammar" werden wird.

32   *Kapitel 2: Die Erfindung des Frame-Gedankens in der Linguistik durch Charles J. Fillmore*

gen. Eher ist es schon ein ganzer Komplex von „Sätzen", (ein Komplex von Elementen verstehensrelevanten Wissens), den man sich „hinzudenken" müsste. Eine adäquate Paraphrase von (2-13) müsste etwa folgendermaßen lauten: *„Eigentlich sind Mädchen nicht so schlau wie XXX. Innerhalb der Gruppe der Mädchen gehört sie zu denen, die am schlausten sind. Das heißt aber nicht, dass sie auch in einer Menge von XXX (= keine Mädchen) ebenfalls als „schlau" gelten würde."* Dieser Paraphraseversuch macht deutlich, dass die „enthaltenen" Bedeutungsbestandteile, auf die und deren Wichtigkeit für eine adäquate semantische Beschreibung (und bedeutungstheoretische Erklärung) Fillmore mit seinen Beispielen hinweist, oft recht komplex sein können, und damit über das einfache „Hinzudenken einzelner Sätze" weit hinausgehen. Die hier propagierten *„entailment rules"* enthalten also den Keim einer umfassenderen epistemischen Semantik, wie sie Fillmore bald darauf mit dem Frame-Gedanken vorschlagen wird, bereits in sich.

Noch eine Bemerkung zu der etwas fragwürdigen Gedankenfigur „einen Satz (zum „ausgedrückten" Satz) hinzudenken". Worauf diese (in der Präsuppositionsforschung übliche) Denk- und Redeweise hinausläuft ist das, was man in der Terminologie der heutigen Sprachverstehenstheorie „Inferenzen" nennt, also „Schlussfolgerungen", die aus einem gehörten oder gelesenen sprachlichen Ausdruck (Wort, Satz oder Textzusammenhang) gezogen werden und zum „vollen kommunikativen Sinn" dieses Ausdrucks führen, die aber über das hinausgehen, was man nach den üblichen Modellen (noch) für die „sprachliche Bedeutung" hält.[29] In diesem „Hinzudenken" steckt also die implizite Annahme, dass der geäußerte sprachliche Ausdruck auch ohne das „Hinzugedachte" irgendwie eine Art von Sinn oder Bedeutung habe, also eine Art „Bedeutung ohne Inferenz". Gerade aus einer verstehenstheoretischen Perspektive kann man an der Berechtigung einer solchen Annahme aber begründete Zweifel anmelden. Fillmore drückt diesen Aspekt des „Additiven" in der linguistischen Mode der damaligen Zeit vermittels einer Art „Zusatzregeln" aus, die beim Verstehen solcher „hinzugedachter" Informationen über die eigentlichen „normalen semantischen Regeln" hinausgehen, den sog. *„entailment rules"*.[30] Drückt man Fillmores Grundgedanken in anderen Worten aus, kann man feststellen, dass der Kern des Gedankens der *entailment rules* (der „Regeln des – semantischen – Enthaltenseins") in der Hinzufügung besteht; und zwar in der Hinzufügung von (epistemischem) Material, das üblicherweise nicht zur „Wortbedeutung selbst" gerechnet wird. Fillmore öffnet also bereits hier den Blick weit über den Tellerrand der damaligen Semantik-Konzeptionen hinaus, indem er andeutet, dass zur (vollen) Bedeutung von sprachlichen Ausdrücken viel mehr (an Wissen, an epistemischem „Material") gehören kann, als in den damaligen Modellen (und auch heute noch von vielen) zugestanden wird.

Was Fillmore bereits in diesem frühen Text (in aller Unschuld?) liefert, ist ein sehr wichtiger Schritt, der die Semantik einer vollständigen Berücksichtigung des verstehensre-

---

[29]   Ein Terminus wie „Inferenzen" setzt also in der üblichen Weise der Verwendung letztlich ein „Zwei-Ebenen-Modell" der Semantik, das zwischen „sprachlicher Bedeutung" und „kommunikativem Sinn" strikt, häufig sogar kategorisch unterscheidet, implizit bereits voraus.

[30]   Fillmore (1965a, 65 f.): *„Entailment rules* operieren auf folgende Weise: Es gibt einen Satz X, der mit den normalen semantischen Regeln nicht interpretiert werden kann. Basierend auf einer grammatischen Struktur von X, konvertieren die *entailment rules* X in einen Set von Sätzen Y, sodass diese Sätze durch die normalen semantischen Regeln interpretiert werden können. Die semantische Interpretation des Sets von Sätzen Y kann dann gelten als die semantische Interpretation des Satzes X." – Die modische Anlehnung an die „Transformationsregeln" der damaligen Chomsky-Grammatik („generative Transformationsgrammatik") ist überdeutlich.

2.1 Was ist in einem Satz oder Text semantisch „enthalten"? 33

levanten Wissens öffnet.[31] Im Grunde liefert er mit seinen *entailment rules* einen allgemeinen Ansatz, der das vereinigende Dach fast aller Strömungen jenseits der Merkmal-Semantik sein könnte, jedenfalls viele der von diesen beschriebenen Phänomene abdeckt, wie „Präsuppositionen", „Implikaturen", „Metaphern" usw. Es ist im Grunde bereits hier ein strikt epistemologisches (oder kognitives) Modell, das deutlich macht, dass man über übliche linguistisch-semantische Denkweisen deutlich hinausgehen muss. Während die *entailment rules* allerdings terminologisch noch nach einem „semantischen Objektivismus" klingen, wonach die Bedeutung oder der kommunikative Sinn etwas sei, was in den sprachlichen Ausdrücken unabhängig von jeglicher individueller Interpretationstätigkeit oder Verstehen, also quasi objektiv, „enthalten" sei, verschiebt Fillmore die Perspektive in einem ein Jahr später publizierten Aufsatz bereits auf die Seite der Verstehenden / Interpreten. Aus den *entailment rules*, den „Regeln des Enthaltenseins", werden nämlich „Suppositions-Regeln".[32] Da in Begriffen wie „Supposition", „Präsupposition" semantisch ein „vermuten" enthalten ist, drücken sie stärker die Perspektive des Verstehenden, und damit etwas eher Subjektives, von den individuellen Verstehensvoraussetzungen abhängendes aus als die *entailment rules*.

Auch in diesem Aufsatz diskutiert Fillmore Beispiele, wie sie aus der pragmalinguistischen Präsuppositionsforschung bekannt sind, doch sind die Probleme der semantischen Beschreibung an einigen seiner Beispiele noch deutlich subtiler, als das, was dort diskutiert wird, indem sich dort Aspekte der Präsuppositionen mit Aspekten der Deixis vermischen:

(2-14) *Ich werde heute Abend wieder hierher kommen.*
(2-15) *Ich werde heute Abend wieder dorthin kommen.*
(2-16) **Ich werde heute Abend wieder hierher gehen.*
(2-17) *Ich werde heute Abend wieder dorthin gehen.*
(2-18) *Selbst wenn er hier wäre, würde er eine gute Zeit haben.*

Satz (2-14) „supponiert", dass das „*Ich*" des Satzes sich zum Sprechzeitpunkt an dem Ort befindet, an den es am Abend wieder *kommen* will. Satz (2-15) „supponiert" etwas komplexere Verhältnisse wie der Art, dass der Ort, an den das „*Ich*" des Satzes am Abend wieder *kommen* will, ein Ort ist, an dem sich dieses „*Ich*" üblicherweise aufhält, und / oder möglicherweise an demselben Tag bereits länger aufgehalten hat. Der Kontrast zwischen (2-14) und (2-16) sowie zwischen (2-15) und (2-17) macht deutlich, dass die Verwendung von *kommen* in (2-15) auf jeden Fall über die einfache merkmalsemantische Beschreibung hinaus ein „Plus an Bedeutung" enthalten muss. *Kommen* enthält nämlich semantisch die (Prä-)Supposition, dass die durch das Verb ausgedrückte Bewegung oder Ortsveränderung (von Personen) als Ziel einen Ort hat, an dem sich die Sprecherperson jeweils befindet, während *gehen* (meistens) eine Bewegung, weg vom Ort des Sprechers anzeigt (daher die

---

[31] Fillmore (1965a, 81) betrachtet die *entailment rules* hier noch „als eine Sache des letzten Auswegs. [...] Man sollte weiterhin die alten Fragen zuerst stellen."

[32] „Die Relevanz der drei Arten von deiktischen Kategorien (temporal, lokal, personal) für die Analyse von „come" erfordert ein Verständnis eines Typs von semantischen Regeln, den man „Suppositions-Regel" nennen könnte. Mittels einer Suppositions-Regel werden semantische Merkmale, die mit bestimmten Morphemen in Sätzen mit einer bestimmten Struktur assoziiert sind, interpretiert durch die Konstruktion von neuen Sätzen aus den ursprünglichen Sätzen; es wird die Behauptung aufgestellt, dass unser Verstehen der ursprünglichen Sätze die Interpretation der neu erzeugten Sätze zwischen ihren „Suppositionen" einschließt. [...] Manche Sätze bringen in ihrer Interpretation eine ganze Reihe von Suppositionen ins Spiel." (Fillmore bezieht sich mit dieser Bemerkung auf den Beispielsatz (2-18), den ich hier unkommentiert lasse.) Fillmore 1966c, 222.

Unmöglichkeit von (2-16)). Die Verwendung von *kommen* in dem sehr spezifischen (eher ungewöhnlichen, aber möglichen) Satz (2-15) „spielt" in gewisser Weise mit der bekannten Semantik von *kommen* und *gehen* und ihrem Kontrast. Aus diesem „Spiel" erwächst ein „semantischer Mehrwert" von (2-15), der bei den Verstehenden diejenigen Inferenzen auslöst, die die „Supposition" dieses Satzes stützen bzw. realisieren.[33] Auch mit diesen Beispielen und Analysen greift Fillmore bereits weit über den Horizont der semantischen Theorien und Methoden der damaligen Zeit hinaus und rückt das verstehensrelevante Wissen in einem damals unüblichen Umfang in den Mittelpunkt der linguistischen Bemühungen.

2.2 Valenz-Modell und Kasus-Rahmen

Fillmores Überlegungen zu den *entailment rules* sind zunächst aus syntaktischen Fragestellungen entstanden, weisen aber bereits weit darüber hinaus in Richtung auf eine epistemologisch reflektierte, d.h. auf die Explikation aller inhaltlich relevanten Verstehensvoraussetzungen für sprachliche Ausdrücke (seien es Wörter, Sätze / Teilsätze, oder Texte / Teiltexte) zielende linguistische Semantik.[34] Auf einen Schlag berühmt geworden ist Fillmore zunächst allerdings nicht für diese, aus heutiger Sicht äußerst weitsichtigen semantischen Reflexionen, sondern für seine Theorie der „*Tiefenkasus*" (*deep cases*) im Rahmen seines Entwurfs einer „*Kasus-Grammatik*" (*case grammar*) in seinem viel zitierten Werk „*The case for case*" (1968a). Da ein Kern dieser „*Kasustheorie*" die sogenannten „*Kasus-Rahmen*" (*case frames*) sind, ist der Bezug zur späteren Frame-Theorie, und damit zur Semantik, trotz der oberflächlich eher syntaktisch angelegten Darstellungs- und Argumentationsweise offensichtlich. Man kann Fillmores Überlegungen in diesem Kontext[35] insgesamt als den Versuch einer „Semantisierung der Syntax" (bzw. Grammatik) auffassen. Im Kern handelt es sich bei der „Kasusgrammatik" weniger um eine Grammatik im üblichen Sinn, sondern eher um eine semantische Umdeutung einer traditionellen grammatischen Kategorie, indem er den grammatischen, von ihm so genannten „Oberflächenkasus" (Nominativ, Genitiv, Dativ, Akkusativ) die sogenannten „Tiefenkasus" gegenüberstellt. Zwar hatte es Versuche der semantischen Deutung der Kasus auch schon in der älteren Grammatik gegeben, doch hebt Fillmore mit seinen später „Kasus-Rollen" („thematische / Argument-Rollen") genannten „Tiefenkasus" die damit angeschnittene Problematik mit einem Schlag auf eine neue Ebene und erweitert den Kanon der zentralen Gegenstände der Linguistik (und der sprachlichen Phänomene) um eine neue, seitdem im Fach fest etablierte Dimension.

---

[33] Das Verb *kommen* (*come*) hat Fillmore nicht losgelassen. In seinen umfangreichen „Lectures on deixis" (Fillmore 1975a) demonstriert er an dem Satz „*May we come in?*" in faszinierender Akribie, wie komplex das für das korrekte Verstehen eines solchen alltäglichen, nur scheinbar semantisch einfachen Satzes notwendige verstehensrelevante Wissen sein kann. Indem Fillmore mit „*entailment*" („*Suppositionen*", „*Präsuppositionen*") und Deixis mit die zwei schwierigsten und komplexesten semantischen Fragestellungen zu seinen Arbeitsgebieten erkoren hat, signalisiert er implizit, dass eine Semantik (semantische Theorie und semantische Analyse) nur dann zufriedenstellend genannt werden kann, wenn sie alles, was zum Verstehen eines sprachlichen Ausdrucks gehört (notwendig ist) in dieser Theorie bzw. Beschreibung berücksichtigt und erklären kann. Man kann dies durchaus, auch wenn Fillmore selbst dies nie so genannt hat (und hätte) einen „epistemologischen" Ansatz in der Semantik nennen.

[34] Die seine frühen Arbeiten dominieren, vgl. Fillmore 1961, 1963a, 1963b, 1964, 1965b, 1966a, 1966d.

[35] Und eigentlich generell all seine frühen und auch die späteren grammatischen Arbeiten.

2.2 Valenz-Modell und Kasus-Rahmen 35

Mit seinem neuen Ansatz verschiebt Fillmore den Schwerpunkt der „grammatischen" Analyse fort von den traditionellen syntaktischen Kategorien (wie Subjekt, Objekt) hin „zu den syntaktischen Funktionen, für die semantische Regeln sensibel sein müssen" und stellt deutlich fest: „Beziehungen zwischen Elementen im Satz sind semantische Regeln".[36] Fillmore thematisiert damit in einer Zeit, in der in der US-amerikanisch dominierten Syntax-Theorie „Semantik" als Problemstellung gar nicht vorkam (jedenfalls nicht, solange es um die Struktur von Sätzen ging) explizit das Verhältnis von syntaktischen und semantischen Regeln im Gebrauch und Verstehen von Sätzen und anderen komplexeren sprachlichen Ausdrücken (wie Teilsätze, Texte).[37] Ein Vorbild für diese semantisch reflektierte Sichtweise auf Sätze und Satzgrammatik ist die Theorie des französischen Linguisten Lucien Tesnière (1893-1954).[38] Sowohl in Fillmores „Kasustheorie" als auch in seiner späteren „Szenen-Rahmen-Semantik" sind terminologische und gedankliche Einflüsse des Werkes von Tesnière deutlich spürbar. Allerdings hat Fillmore, nachdem er ihn anfangs noch als Stichwortgeber erwähnt,[39] später den auf Tesnière zurückgehenden Valenzbegriff lange Zeit nicht explizit erwähnt, obwohl auf dem Valenzgedanken letztlich sein ganzes Modell der Kasusgrammatik (und letztlich auch die Frame-Semantik in der Form, in der sie z.B. im FrameNet-Projekt praktiziert wird) zurückgeht.[40]

---

[36] Fillmore 1966b, 9. Damit formuliert er einen Primat der Semantik über die Syntax, den später auch von Polenz 1985 in seiner „Satzsemantik" ausführlich begründet und in eine semantisch dominierte Form der Satzanalyse umgesetzt hat. – Vgl. auch (noch weiter gehend) Fillmore 1970a, 131: „Eine der Schlussfolgerungen dieser Untersuchung ist, dass die untersuchten Daten die Unterscheidung zwischen Syntax und Semantik nicht stützen."

[37] Wie der spätere Ansatz der *Construction grammar* zeigt, hat Fillmore seine auf eine Umdeutung der Grammatik zielenden Ambitionen nie aufgegeben. Vielleicht tut man ihm nicht ganz unrecht, wenn man ihn als einen im Grunde „unglücklichen Semantiker" bezeichnet, also als einen Linguisten, dessen Beiträge zu Weiterentwicklung der Semantik sehr bekannt sind und hohes Ansehen im Fach genießen, der im Grunde seines Herzens aber viel lieber als Begründer einer neuen grammatischen Schule berühmt geworden wäre. Mit der *construction grammar* ist ihm dies zumindest partiell (und besser als mit der älteren *case grammar*) geglückt, wenn auch hauptsächlich wegen des intensiven Beitrags weiterer Linguisten (Kay, Goldberg, Croft) zu dieser Denkrichtung.

[38] Sein Hauptwerk war Tesnière 1959. Siehe zur Einführung Weber 1992.

[39] „Entlehnt von Tesnière, benutze ich den Terminus *Aktant* für diese Elemente, die Nominalphrasen dominieren." Fillmore 1966a, 22; fast identisch auch in 1966b, 9. Auch in 1968a (1, 17) wird Tesnière noch gelegentlich erwähnt. In Fillmore 1977a, 60 und 1977c, 88 wird auf den von Tesnière begründeten *Valenz*-Begriff und -gedanken verwiesen. – Insgesamt ist es jedoch erstaunlich, wie stiefmütterlich Fillmore mit den Verweisen auf die Anregungen umgeht, die er vom Werk Tesnières erhalten hat. Es ist ein interessantes und äußerst bezeichnendes (und auch entlarvendes) Kapitel der transatlantischen Wissenschaftsgeschichte und –beziehungen, wie sehr hier ein US-amerikanischer Forscher es offenbar (man kann nur spekulieren weshalb: Aus Karrieregründen? Weil er sich ansonsten in der damals stark Chomsky-dominierten USA-Linguistik sonst noch mehr ins Abseits gestellt hätte?) für nötig befunden hatte, nahezu jegliche Anleihen bei europäischen Theorieentwicklungen zu verstecken oder zumindest sehr herunterzuspielen. Es macht traurig, zu sehen, dass sich ein so renommierter Forscher wie Fillmore offenbar erst am Ende einer langen und erfolgreichen Karriere wieder getraut, den europäischen Zweig seiner intellektuellen Wurzeln auch explizit zuzugestehen (2003a, 459). Immerhin ist die von Tesnière begründete Valenztheorie in Form der Dependenzgrammatik seit dreißig Jahren ein wichtiger, fest etablierter und breit ausgebauter Teil der Linguistik (zumindest in Europa und vielen anderen Ländern der Welt). Der hier aufscheinende *splendid isolationism* ist eines geachteten Wissenschaftlers und einer angesehenen Wissenschaftskultur eigentlich unwürdig.

[40] Zur Einführung in die Valenztheorie siehe Àgel 2000, Welke 1988 und die Aufsätze im Handbuch Àgel (Hrsg.) 2003. – Unter „Valenz" versteht Tesnière die „Fähigkeit" von Verben, mehrere „Mitspieler" / „Aktanten" im Satz an sich zu binden und sie in ihren grammatischen Funktionen zu bestimmen. So bindet etwa das Verb *schenken* drei Aktanten / Satzglieder, nämlich das Subjekt (das in jedem Satz vor-

36 Kapitel 2: Die Erfindung des Frame-Gedankens in der Linguistik durch Charles J. Fillmore

Fillmore geht entsprechend dem Ansatz der Valenztheorie Tesnières davon aus, dass die Elemente des Satzes, die in der klassischen Syntax als „Subjekt" und „Objekte" bezeichnet wurden, neben den grammatischen Kasus (Nominativ, Akkusativ, Dativ, Genitiv) noch weitere Eigenschaften aufweisen, durch die sie noch näher spezifiziert sind, und dass diese Eigenschaften durch das Verb oder Prädikat festgelegt werden, das das strukturelle (grammatische) wie auch semantische Zentrum eines Satzes bildet.[41] Dass bei einem gegebenen Verb z.B. Subjekt nicht gleich Subjekt ist, sondern verschiedene Realisierungsformen des Subjekts dieses in ganz unterschiedlichen (semantischen) Funktionen in einen Satz einbinden können, zeigen folgende von Fillmore verwendete Beispiele (Fillmore 1966b, 9):

(2-19) *Die Tür öffnet sich.*
(2-20) *Der Hausmeister öffnet die Tür.*
(2-21) *Der Schlüssel öffnet die Tür.*

Die Subjekte unterscheiden sich hier in dem, was man heute ihre „semantische Rolle" nennt. Das Subjekt in (2-19) nennt Fillmore OBJEKTIV, das in (2-20) AGENTIV, und das in (2-21) INSTRUMENTAL. Er gibt für das Verb *öffnen* dann die Beschreibung: „*öffnen* erfordert ein Objektiv und toleriert Agentiv und Instrumental". Diese Beschreibung benennt die erste Fassung eines Kasus-Rahmens im Werk Fillmores. Den hier erstmals explizit beschriebenen Typ von semantischen Relationen in Sätzen (im Beispiel: die spezifischen Relationen zwischen Verb und semantisch verschiedenen Typen von Subjekten) nennt Fillmore „Kasus-Relationen".

Mit der Hervorhebung dieser Form von in bisherigen grammatischen Modellen nicht beachteten Relationen in Sätzen (und damit Informationen, die in Sätzen implizit enthalten sind) möchte Fillmore vor allem „die Bedeutung von nicht an der Oberfläche sichtbaren Kategorien" betonen.[42] Diese Kasus-Relationen weisen ihm zufolge folgende Eigenschaften auf: Sie sind „[1] semantisch relevante syntaktische Beziehungen, die [4] zum Großteil verborgen, [5] trotzdem aber empirisch auffindbar sind. [2] Die Nomina und [3] die sie enthaltenden Strukturen betreffen und [6] eine endliche Menge bilden."[43] Solche Kasus-

---

kommen muss und z.B. im Deutschen nie weglassbar ist) – z.B. im Satz *Die Oma schenkt ihrem Enkel den neuen Harry Potter* – die Nominalphrase *die Oma*, das Akkusativobjekt (hier: *den neuen Harry Potter*) und das Dativobjekt (hier: *ihrem Enkel*). Das Verb und die vom Verb bestimmten Elemente des Satzes (in der heutigen Terminologie „Komplemente" genannt) bilden zusammen das, was man heute den „Valenzrahmen" dieses Verbs nennt. Parallele Konzeptionen gibt es aus der Logik. Dort spricht man dann von „Argumenten" (statt Komplementen" und der „Argumentstruktur" (statt Valenzrahmen).

[41] Im Unterschied zur bi-polaren Aufteilung von Sätzen in „Subjekt" und „Prädikat" (oder „Nominalphrase" und „Verbalphrase") in der traditionellen Grammatik und den meisten Modellen der amerikanischen Linguistik (Chomsky's Generative Transformationsgrammatik, Phrasenstrukturgrammatik, Konstituentenstrukturgrammatik) geht die von Tesnière zusammen mit der Valenztheorie begründete Dependenzgrammatik davon aus, dass das Verb das strukturelle Zentrum jedes Satzes ist, und die anderen Satzelemente bestimmt, quasi „um sich herum arrangiert". Dazu Fillmore (1968a, 17): „Es gibt gute Gründe dafür, den tiefen-strukturellen Status der traditionellen Trennung zwischen Subjekt und Prädikat infrage zu stellen." Fillmore verweist hier auf Tesnière, demzufolge diese Teilung „ein Import aus der formalen Logik in die Linguistik-Theorie ist, von einem Konzept also, das durch die Fakten der Sprache keine Bestätigung findet."

[42] „Viele neuere und zum Teil auch ältere Veröffentlichungen haben uns deutlich gezeigt, dass es grammatische Eigenschaften von großer Bedeutung gibt, denen die oberflächlich sichtbaren „morphemischen" Realisationen fehlen, die aber trotzdem Realitäten sind, und zwar Realitäten, die aufgrund von Selektionsbeschränkungen und Transformationsmöglichkeiten aufzufinden sind." Fillmore 1968a, 3.

[43] Fillmore 1968a, 4 [Nummerierung in sachlicher Reihenfolge durch mich, D.B.].

2.2 Valenz-Modell und Kasus-Rahmen

Relationen bilden für jedes Verb so etwas wie „Kasus-Systeme" (a.a.O. 21), was sich unter anderem darin niederschlägt, dass jede einzelne der (durch eine bestimmte Kasus-Rolle determinierten) Kasus-Relationen in einem einfachen Satz nur einmal auftauchen kann. Diese inhaltlich (semantisch) bestimmte Struktur von Sätzen, die durch die Verben (bzw. Prädikate) festgelegt wird, bezeichnet Fillmore zunächst als „logische Valenz". Das Verb und die durch die Valenz des Verbs in ihrer Anzahl wie in ihrem (semantischen) Typ (ihrer Kasus-Rolle) festgelegten Elemente des Satzes (in der klassischen Terminologie zunächst: Subjekt und Objekte) bilden zusammen das, was er dann ein „conceptual framework" (begrifflichen Rahmen) nennt.[44] In diesem Zusammenhang führt er nun auch erstmals explizit den Begriff des „Frames" / „Rahmens" ein, und zwar hier noch in Form der sogenannten „Kasus-Rahmen": „Verben werden gewählt entsprechend den Kasus-Umgebungen, die die Sätze vorsehen – worauf ich mich mit dem Begriff Kasus-Rahmen beziehe."[45]

Diese „Kasus-Rahmen" sind in seinem Verständnis eher abstrakte Entitäten, die auf der Ebene des generellen lexikalischen und grammatischen Wissens angesiedelt sind, und die in konkreten Sätzen dann jeweils mit konkretem sprachlichem Material gefüllt werden. Ein „Kasus-Rahmen" ist also eine Struktur im sprachlichen Wissen, die einem Verb (oder Prädikat) eine bestimmte Zahl von Satzelementen zuordnet und diesen Elementen eine bestimmte (semantische, „logische") Kasus-Rolle zuweist. Wie das Verb *öffnen* gezeigt hat, kann die Position des syntaktischen Subjekts mit Elementen besetzt sein, die unterschiedliche semantische Rollen aufweisen. Ein und dasselbe Verb kann daher das Zentrum für mehrere unterschiedliche Kasus-Rahmen sein.[46] Syntaktische Struktur und semantische („logische") Struktur eines Satzes sind daher verschieden und können nicht aufeinander zurückgeführt werden. Wohl aber kann man in einer Beschreibung eines Kasus-Rahmens angeben, in welchen syntaktischen Funktionen welche semantischen Rollen typischerweise oder zwingend vorkommen (müssen). Alles zusammen ergibt dann eine vollständige syntaktisch-lexikalische Beschreibung eines Verbs mitsamt seinen Kasus-Rahmen:

> „In Lexikoneinträgen für Verben werden abgekürzte Feststellungen, genannt ‚Rahmenmerkmale', den Set von Kasus-Rahmen anzeigen, in den gegebene Verben eingesetzt werden können. Diese Rahmenmerkmale haben den Effekt, eine Klassifikation der Verben in einer Sprache nahe zu legen. Eine solche Klassifikation ist komplex – nicht nur wegen der Variationsbreite der Kasus-Umgebungen, die möglich sind, sondern auch deswegen, weil viele Verben in mehr als einer bestimmten Kasus-Umgebung auftreten können."[47]

---

[44] Im Original spricht er von „a reintroduction of the ‚conceptual framework' interpretation of case systems". Fillmore 1968a, 21.

[45] Fillmore 1968a, 21.

[46] In der europäischen Valenzforschung spricht man von den Valenzvarianten eines Verbs und hat daher die Idee der Valenzwörterbücher entwickelt und mittlerweile auch umgesetzt. Vgl. Helbig / Schenkel 1969, Schumacher 1986. Fillmore (1975c, 149) gesteht später einmal zu, dass auch er einmal das Ziel hatte, ein Valenz-Wörterbuch zu machen! „Die Entwicklung eines solchen Wörterbuchs war ein Langzeit-Traumprojekt von mir." Er kritisiert jedoch scharf die Ergebnisse von Helbig / Schenkel 1969, die „weit von dem großen magischen Buch meiner Träume entfernt" seien und fügt hinzu: „Ich bin überzeugt, dass das Ziel, das ich im Kopf hatte, nicht erreicht werden kann. Keine Analyse von Oberflächen-Verben kann vollständig die Struktur von Sätzen erklären, die diese Verben enthalten." Letztlich ist es also wohl das „Scheitern" der Valenz-Lexikographie, die niemals das volle semantische Potential von Verben und den durch sie ermöglichten Sätzen einholen kann, das Fillmore fort von der Beschränkung auf Valenzrahmen und hin zu einer epistemisch viel grundsätzlicher und umfassender angelegten Frame-Semantik geführt hat.

[47] Fillmore 1968a, 21.

38   Kapitel 2: Die Erfindung des Frame-Gedankens in der Linguistik durch Charles J. Fillmore

Damit wird deutlich: Kasus-Rahmen sind hier noch abstrakte Entitäten aus Relations-Typen, die nicht die individuellen Aspekte der Verb-Bedeutung vollständig integrieren.[48]

Die von Fillmore hier entwickelten „Kasus-Rahmen" benennen erstmals in der grammatischen Satzanalyse eine spezifisch semantische Ebene der Satzstrukturen und gehen damit deutlich über den üblichen Erkenntnisstand der damaligen Zeit hinaus. In gewisser Weise beschreibt er hier semantische Grundstrukturen von Sätzen minus („Oberflächen"-) Syntax.[49] Damit verlässt er erstmals die Ebene der „Oberflächensyntax" oder „Oberflächensemantik" und bezieht sich auf zugrunde liegende Bedeutungsstrukturen eigener Art.[50] Zugleich nimmt er Abstand von dem Einfluss logischer Theoreme auf die Beschreibung satzsemantischer Strukturen.[51] Neben die in den *entailment rules* entwickelten Typen von impliziten Bedeutungen tritt ein neuer Typus, der durch die Kasus-Rahmen und die Kasus-Rollen definiert wird. Diese Weiterführung des Grundgedankens der „verborgenen" (bislang linguistisch nicht beschriebenen) semantischen Informationen kann daher als ein weiterer Vorgriff auf die spätere Frame-Semantik gesehen werden.

Die Kasus-Theorie von Fillmore 1968a ist indes weniger für die Idee der „Kasus-Grammatik" und auch nicht der „Kasus-Rahmen" berühmt geworden, sondern für den ersten Versuch der Formulierung einer Liste von „Tiefen-Kasus" bzw. „Kasus-Rollen". Er nennt hier etwa: AGENTIV, INSTRUMENTAL, DATIV, FAKTITIV, LOKATIV, OBJEKTIV (Fillmore 1968a, 24).[52] Zu diesem Zeitpunkt hält er es (entsprechend dem durch Chomsky lancierten universalistischen linguistischen Zeitgeist) noch für möglich, eine Liste von universell gültigen Kasus-Rollen zu definieren.[53] Später nimmt er von dieser Idee wieder Abstand.

---

[48]   Es ist sehr fraglich, ob es aus epistemologischer Perspektive Sinn macht, eine solche zusätzliche (abstrakte) Ebene des sprachlichen Wissens oberhalb der (konkreteren) Ebene der auf spezifische Verbbedeutungen bezogenen Prädikationsrahmen anzunehmen. In der Tendenz zur Abstraktion in der Kasustheorie von Fillmore 1968a zeigt sich noch der Grammatiker, der Anschluss an den syntaxtheoretischen Mainstream sucht, obwohl er doch mit seinen Beispielen und Analysen diesem tendenziell ständig den Boden unter den Füßen wegzieht. – Im Rückblick charakterisiert Fillmore (2003a, 458) fast vier Jahrzehnte später die Kasusrahmen folgendermaßen: „Kasusrahmen waren dann Konstellationen [arrays] von Tiefenkasus, die gleichzeitig eine semantische Typologie für Satz-Typen [clause types] und ein Mittel für die Klassifikation der Wörter, die Kopf der Sätze [clauses] in solchen Typen sein konnten, waren."

[49]   „In der Basisstruktur von Sätzen finden wir daher etwas, was wir ‚Proposition' nennen können, nämlich eine Klasse von Beziehungen zwischen Verben und Nomina ohne Zeitbezug (sowie gegebenenfalls eingebettete Sätze), die abgetrennt sind von dem, was man die ‚Modalitätskomponente' nennen könnte." Fillmore 1968a, 23.

[50]   Die klare Dominanz der Semantik über die Syntax kann Fillmore allerdings erst im Rückblick zugestehen: „Auf jeden Fall konnte dafür argumentiert werden, dass die kombinatorischen Anforderungen für bestimmte Verben viel eher semantisch als syntaktisch spezifiziert werden müssten, da es für bestimmte Komplement-Funktionen keinen einheitlichen Phrasentyp gab, mit denen sie ausgedrückt werden konnten." (Fillmore 2003a, 461 mit weiteren Ausführungen zu diesem Thema.)

[51]   So Fillmore 2003a, 459 im Rückblick: „Ein dritter Einfluss auf die Theorie der Tiefenkasus war das Gefühl einer Inadäquatheit in der Praxis, Formeln nach dem Modell der Prädikatenlogik für die Repräsentation (wenigstens auf der Ebene der Ereignisstruktur) der zugrunde liegenden Organisation eines Satzes zu benutzen."

[52]   Fillmore dazu später (2003a, 460): „Der Kern-Vorschlag der Kasus-Grammatik war, dass in den zugrundeliegenden Repräsentationen von Sätzen *alle* abhängigen Konstituenten explizite Indizes ihrer semantischen Rollen tragen sollten."

[53]   „Die Kasusbegriffe enthalten eine Menge universal gültiger, wahrscheinlich angeborener Begriffe, die bestimmten Typen von Urteilen entsprechen, die Menschen über die Ereignisse in ihre Umwelt machen können, Urteile etwa darüber, wer es tat, wem es geschah, und was sich veränderte." Fillmore 1968a, 24. Es ist typisch für Fillmores „Sitzen zwischen allen Stühlen", dass er hier nicht nur einem – später

2.2 Valenz-Modell und Kasus-Rahmen   39

Vor allem in den Arbeitspapieren des FrameNet-Projekts wird deutlich, dass Fillmore heute
nicht mehr an die Möglichkeit einer abgeschlossenen Liste von Kasusrollen glaubt. Stattdessen tritt die Beschreibung einzelner Frames mit jeweils für diese einzelnen Frames typischen semantischen Rollen an die Stelle des aus seiner heutigen Sicht prinzipiell zum
Scheitern verurteilten Versuchs des Vorab-Formulierens einer abgeschlossenen Liste von
semantischen Rollen oder „Tiefenkasus". Die durch Fillmore 1968a angeregte linguistische
Forschung hatte eine Fülle unterschiedlicher Listen von „Tiefenkasus" hervorgebracht, über
die teilweise mit Vehemenz gestritten wurde. Fünfunddreißig Jahre später geht er davon
aus, dass eine solche Liste als abgeschlossenes Verzeichnis niemals erstellt werden kann.[54]
Im Jahr 1968 ist er jedoch noch voller Optimismus, dass es möglich sein könnte, ein vollständiges Register möglicher Kasus-Rahmen zu erstellen.[55]

An den für valenztheoretische Arbeiten typischen Beispielen stellt Fillmore aber die
Notwendigkeit einer Beschreibung der semantischen Rollen immer wieder nachdrücklich
heraus:

(2-22) *Mutter kocht die Kartoffeln.*
(2-23) *Die Kartoffeln kochen.*
(2-24) *Mutter kocht.*

In der Interpretation dieses hübschen Beispiels macht Fillmore deutlich, dass eine gesonderte Beschreibung von (damals als Teile des abstraktiven sprachlichen Wissens aufgefassten) Kasusrahmen vor allem auch dazu gedacht ist, die semantische Beschreibung der Verben und Prädikatsausdrücke zu entlasten, die das Zentrum der Sätze bilden, in denen diese
Kasusrahmen zur Anwendung kommen.[56] Damit geht Fillmore von Anfang an einen anderen Weg als die europäische Valenzforschung, die sich als empirische Forschung vor allem
den Großprojekten des Verfassens von Valenzwörterbüchern gewidmet hat.[57] An die Stelle

---

von ihm verworfenen – Universalismus frönt, sondern ganz nebenbei mit dem Begriff „Urteil" einen
allgemeinen Wissens-Bezug in die linguistische Diskussion einführt, den es so zuvor noch nicht gab.

[54] Fillmore 2003a, 466: „Das Fehlen einer konsensfähigen Liste von Tiefenkasus wurde einer der Haupt-
vorwürfe gegen die Kasusgrammatik." Er geht in diesem rückblickenden Lexikonartikel nunmehr davon
aus, dass eine Kombination von sehr kleinteiligen, für die einzelnen Frames spezifischen, semantischen
Rollen mit teilweise sehr abstrakten, möglicherweise universalen Rollen der Situation in natürlichen
Sprachen vermutlich am nächsten kommt.

[55] „Verben werden so klassifiziert nach den Kasus Rahmen, in die diese Verben eintreten können, und die
semantischen Charakterisierungen von Verben stellen Relationen her [...] zwischen diesen Verben und
spezifischen Kasus Elementen in den Rahmen, die für dieses Verb verbindlich sind [...]." Fillmore
1968a, 32.

[56] „Statt nun zu sagen, dass das Verb drei verschiedene Bedeutungen hat, genügt es anzugeben, dass
zwischen den Kasus-Rahmen, die dieses Verb zulassen, gewisse Unterschiede bestehen und dass es eines jener Verben ist, für die das Objekt getilgt werden kann." Fillmore 1968a, 29.

[57] Dreieinhalb Jahrzehnte später scheut sich Fillmore allerdings nicht mehr, seine damalige Überlegungen
explizit in den Kontext der (stärker in Europa vertretenen) Valenztheorie zu stellen, nach deren Schilde-
rung er fortfährt: „Diese Art syntaktischer Valenz kann kontrastiert werden mit dem, was man semantische Valenz nennen könnte, präsentiert als die Menge von semantischen Rollen, die mit einem Wort in
einer gegebenen Bedeutung assoziiert sind. Diese Rollen, zusammen mit den idiosynkratischen Teilen
der lexikalischen Bedeutung des Wortes, charakterisieren eine zentrale Komponente der semantischen
Struktur jeder Phrase oder Satzteils [clause], die um das Wort in dieser Bedeutung herum aufgebaut
werden." Fillmore 2003a, 458. – Mit dieser expliziten Unterscheidung zwischen „syntaktischer" und
„semantischer Valenz" vollzieht Fillmore nach, was in der europäischen Diskussion schon zwei Jahrzehnte zuvor Allgemeingut war, siehe die auf diese beiden Aspekte von Valenz rekurrierende explizite
Unterscheidung von „Satzausdrucksstruktur" und „Satzinhaltsstruktur" bei von Polenz 1985.

der von ihm kritisierten Valenzwörterbücher stellt Fillmore dann jedoch das semantische Frame-Konzept[58] und das FrameNet-Projekt, das letztlich ein noch viel anspruchsvolleres Vorhaben darstellt. Seine Gründe für diesen Schritt findet man nirgends expliziert, sondern kann sie nur in etwa aus seinem Gesamtwerk erschließen.

Vielleicht kann man sie folgendermaßen erläutern: Verben (Prädikate) können in zahlreichen verschiedenen semantischen und syntaktischen Konstellationen vorkommen, in denen die vom Verb regierten Satz-Elemente jeweils verschiedene semantische Rollen aufweisen können. Empirische Beobachtungen haben erwiesen, dass es schwierig ist, für einzelne Verben einen festen Set von durch diese Verben an es gebundenen semantischen Rollen zudefinieren. Vielmehr stehen Verben in Korrelationen zu allgemeinen semantischen Rahmen (oder Wissensrahmen) und können in einer zwar begrenzten, aber nicht strikt systematisierbaren Liste solcher Rahmen vorkommen. Statt also die Verben zum Ausgangspunkt der semantischen Beschreibung zu machen (unter Einschluss vor allem auch der Beschreibung der satzsemantischen Möglichkeiten und Potentiale der Verwendung der Verben in verschiedenen semantischen Kontexten und Funktionen), ist es viel sinnvoller, sozusagen den Spieß umzudrehen und gleich die typischen Konstellationen von Satzelementen, die Realisationen von typischen Elementen von alltagsweltlichem Wissen sind, zu beschreiben. Auf der Basis einer solchen allgemeinen Beschreibung von Frames kann dann angegeben werden, in welchen Rahmen (und in Kombination mit welchen Typen von semantischen Rollen) ein Verb auftreten kann und in welcher syntaktischen Funktion (Subjekt, Objekt usw.) die einzelnen semantischen Rollen realisiert werden können. Will man daraus für den Denkweg von Charles Fillmore ein Fazit ziehen, so könnte es lauten: Das Konzept der Frame-Semantik ist in dem Zwischenschritt der „Kasusgrammatik" implizit schon quasi zwingend angelegt (wie es auch in den mit anderem Tenor formulierten Überlegungen zu den *entailment rules* implizit vorbereitet war).

Zur Frame-Semantik war es von den „Kasus-Rahmen" nur noch ein relativ kleiner Schritt.[59] Dies wird besonders deutlich in einem neun Jahre später verfassten Aufsatz, in dem sich Fillmore noch einmal der „Kasusrahmen"-Konzeption zuwendet und sie nunmehr eindeutig in den Kontext seiner zeitgleichen „scenes-and-frames-semantics" eingliedert. Das ältere Vorhaben einer „Kasus-Grammatik" sieht er nun selbst kritisch.[60] Sein Punkt sei nicht so sehr gewesen, die Semantik gegen die Syntax in Stellung zu bringen, sondern eher, bei der syntaktischen Analyse immer von den Wörtern bzw. Morphemen auszugehen. Der Begriff des „Kasus-Rahmens" erfülle in diesem Zusammenhang die Funktion, „eine Brücke zwischen Beschreibungen von Situationen und zu Grunde liegenden syntaktischen Repräsentationen zu bilden". Dies können sie dadurch leisten, indem sie den „bestimmten Beteiligten in einer (realen oder vorgestellten) Situation, die durch den Satz repräsentiert wird, semantisch-syntaktische Rollen zuschreiben" (Fillmore 1977a, 61). Im Rahmen dieses

---

[58] So explizit in Fillmore 1977a, 60: „Die Kasustheorie kann ebenso als ein Beitrag betrachtet werden, der wenigstens zum Teil Beschreibungen der semantischen Valenz von Verben und Adjektiven liefert, die mit den syntaktischen Valenz-Beschreibungen bestimmter europäischer Linguisten (Tesnière, Helbig, Emons) vergleichbar sind."

[59] Später, in der Phase der „scenes-and-frames-Semantik", deutet Fillmore die „Kasus-Rahmen" als „Schemata" im Sinne seines damaligen Schema-Konzepts: „Die verschiedenen „Kasus-Rahmen" [...] sind Schemata, die wir irgendwie an andere Arten von Schemata anpassen [fit onto], auf teilweise flexible, aber meist festgelegte Weise. Ihre Funktion ist es, auf das, was wir im Kopf haben, irgendeine von verschiedenen ‚Perspektiven' anzuwenden [assign]." Fillmore 1977d, 104.

[60] „Der Ausdruck ‚Kasus Grammatik' war irreführend!" Fillmore 1977a, 62.

2.2 Valenz-Modell und Kasus-Rahmen   41

Modell kommt den „Tiefenkasus" oder „semantischen Rollen" eine zentrale Funktion zu.[61]
Diese warfen das Problem auf, welche an einem (durch einen Prädikatsausdruck wie Verb,
Nomen, Adjektiv bezeichneten) Ereignis beteiligten Elemente zur „grammatischen" Grundstruktur eines von diesem Prädikat regierten Satzes zu zählen sind. Hier bietet er nunmehr
eindeutig das Konzept der „Szene" als Lösung an.[62]

„Szenen" vermitteln das Wissen darüber, welche Elemente dazugehören, aber auch das
Wissen, mit welchen Mitteln (und in welchen grammatischen Positionen / Funktionen) sie
ausgedrückt werden können.[63] Der für Fillmore offenbar wichtigste Aspekt der Idee der
„Kasusrahmen" ist die Tatsache, dass sie in Bezug auf eine vorausgesetzte „Szene" eine
„Perspektive" ausdrücken. Für ihn tritt die Funktion von Satz-Konstituenten, eine Perspektive auf ein Ereignis (eine „Szene") auszudrücken,[64] gleichrangig neben die zuvor in der
grammatischen Theorie benannten Funktionen, wie die syntaktische, semantische und rhetorische Funktion der Konstituenten (Fillmore 1977a, 60). Es sind die semantischen Rollen,
die diese „Zuschreibung einer Perspektive auf eine Situation" leisten.[65] Sobald ein Wort
gehört / gelesen wird, ist mit der Szene auch die Perspektive gegenwärtig, in der dieses
Wort seine Funktion einnimmt (Fillmore 1977a, 74). Mit der Berücksichtigung von solchen
Perspektivierungen kann man subtile Bedeutungsunterschiede erklären, die der semantischen Beschreibung sonst Probleme bereitet hätten.[66]

Auch zur Frage der Anzahl der „Tiefenkasus" (oder semantischen Rollen) nimmt Fillmore noch einmal Stellung: Er stellt nunmehr eindeutig fest, dass die Zahl der „semanti-

---

[61]   Fillmore 1977a, 60 beschreibt jetzt die Leistungen der „Tiefenkasus" folgendermaßen: „Innerhalb der
       Grammatik-Theorie kann das Konzept der Tiefenkasus betrachtet werden als ein Beitrag zur Theorie
       grammatischer Ebenen, zur Theorie grammatischer Relationen, zur Beschreibung von Valenzen und
       Kollokationen, und zur allgemeinen Theorie der Funktionen von Satz-Konstituenten."

[62]   „Mit der Sichtweise, dass Bedeutungen immer auf Szenen bezogen sind, ist es nicht mehr notwendig,
       anzunehmen, dass alles, was in unserem Verstehen eines Satzes eingeschlossen ist, notwendig ein Teil
       der zu Grunde liegenden grammatischen Struktur sein muss; man sollte stattdessen sagen, dass
       ein Wort wie *kaufen* oder *bezahlen* die Szene des Verkaufs-Ereignisses aktiviert; dass jeder, der dieses
       Wort versteht, weiß, welches die verschiedenen Komponenten und Aspekte eines solchen Ereignisses
       sind; und dass das fachliche Wissen welches ein Sprecher von dem Verb hat, das Wissen um die gram-
       matischen Möglichkeiten [ways] einschließt, mit denen verschiedene Teile des Ereignisses in Form ei-
       ner Äußerung realisiert werden können." Fillmore 1977a, 73.

[63]   Um es mit einem nicht von Fillmore stammenden Beispiel auszudrücken: in einer „Kauf"-Szene ist mit
       unserem Wissen um die semantische Rolle des beteiligten Elements GELD das Wissen verbunden, dass
       es syntaktisch nicht in der Subjekts-Position vorkommen kann. (Wohl aber in Sätzen, die auf assoziier-
       te, aber eigenständige Rahmen bezogen sind wie *„Das Geld reichte nicht."*)

[64]   „Jedes Verb, das wir dabei benutzen, um einen bestimmten Aspekt des Ereignisses zu identifizieren,
       zwingt uns, eine oder mehrere Einheiten des Ereignisses unter einer Perspektive (zusammen) zu brin-
       gen, was dadurch manifestiert wird, dass grammatische Funktionen ausgewählt werden, die den Begrif-
       fen ‚Satzsubjekt' und ‚direktes Objekt' entsprechen." Fillmore 1977a, 71. – Siehe zum Aspekt der Per-
       spektive ausführlicher unten Seite 65, Fußnote 148.

[65]   Fillmore 1977a, 61. – „Ich glaube, dass eine Ebene der Kasus- oder Rollen-Analyse benötigt wird als
       Teil einer allgemeinen Analyse der Szenen, die mit Sprache kommuniziert werden; und ich glaube, dass
       dasjenige, was diese zwei Arten von Strukturen vereint, der Begriff der Perspektive ist. Wir erkennen
       Szenen oder Situationen und die Funktionen von verschiedenen Mitspielern in Szenen und Situationen.
       Wir bringen in den Vordergrund oder in die Perspektive einen möglicherweise sehr kleinen Anteil einer
       solchen Szene." Fillmore 1977a, 80.

[66]   Fillmore 1977a, 75. „Der Begriff der Perspektive kann dazu dienen, subtile Bedeutungs-Unterschiede zu
       erklären (beziehungsweise auszudrücken), und zwar sowohl in der grammatischen Organisation von
       Sätzen, die dasselbe Verb haben, als auch zwischen Sätzen, die verschiedene Verben derselben Wort-
       feldes [semantic domain] enthalten."

42   *Kapitel 2: Die Erfindung des Frame-Gedankens in der Linguistik durch Charles J. Fillmore*

schen Rollen" geringer sei als die Zahl der begrifflich möglichen Elemente einer Situation oder „Szene".[67] Beides dürfe man daher nicht vermengen. In diesem Zusammenhang führt er einen interessanten Gedanken ein, den er später (leider) nicht mehr weiterverfolgt: Salienz der semantischen Rollen. Hinsichtlich der Perspektivierung von Ereignissen / Szenen durch sprachliche Elemente gibt es ihm zufolge „eine Hierarchie der Wichtigkeit oder Salienz-Hierarchie".[68] Diese „Salienz-Hierarchie" steht in Wechselwirkung mit der grammatischen Kasus-Hierarchie: „Eine Salienz-Hierarchie bestimmt, was in den Vordergrund gestellt wird, und eine Kasus-Hierarchie bestimmt, wie den in den Vordergrund gestellten Nomina grammatische Funktionen zugeschrieben werden." (Fillmore 1977a, 78.)

Der Begriff der *Salienz*, den Fillmore später nie mehr benutzt, scheint sehr wichtig für eine umfassende Verstehens-Theorie zu sein. Der von ihm hier eingeführte Gedanke weist starke Parallelen auf mit dem (auf der Bedeutungs- und Implikatur-Theorie von H. P. Grice beruhenden) Begriff der *Relevanz*, der in der Relevanztheorie der Kommunikation von Sperber / Wilson in den Mittelpunkt gestellt worden ist.[69] Es ist schade, dass Fillmore diesen Begriff später nicht weiterverfolgt hat. Wenn er sagt: „Wir bringen in den Vordergrund oder in die Perspektive einen möglicherweise sehr kleinen Anteil einer solchen Szene", dann formuliert er ein Sprach- oder Kommunikationsmodell, wonach nur der kleinste Teil dessen, was wir kommunizieren wollen, sprachlich explizit gemacht werden muss. Es handelt sich damit letztlich um das, was man ein „minimalistisches Kommunikationsmodell" nennen könnte, und das man am besten mit einer Sprungsteine-Metapher ausdrücken kann: Sprachlich expliziert wird stets nur so viel, wie die Kommunizierenden auf der Basis ihres vorausgesetzten gemeinsamen Wissens benötigen, um „auf die andere Seite des Flusses" (zum adäquaten Verstehen) zu gelangen. Nicht maximale Explizitheit ist danach das Wesen sprachlicher Kommunikation (wie es fälschlich die meisten Linguisten und Mainstream-Semantiker glauben), sondern ganz im Gegenteil so etwas wie „maximale Implizitheit" (ein Prinzip, das übrigens auch sehr viel besser mit dem sprachlichen Ökonomieprinzip harmoniert, das durch das noch elementarere Energieersparungsprinzip gestützt ist). Mit einem solchen (hier implizierten) Kommunikationsmodell bringt Fillmore sich in Gegensatz zu nahezu sämtlichen anderen Linguisten, nicht nur der damaligen Zeit. (Es ist jedoch sehr fraglich, ob er diese Radikalität der Konsequenzen seines Denkens selbst gesehen hat.)

2.3   Zwischen Kasus-Grammatik und Lexikalischer Semantik: Auf dem Weg zur Frame-Theorie

In Anschluss an die Arbeit zur „Kasusgrammatik" publiziert Fillmore eine größere Zahl von Aufsätzen, in denen er noch stärker und expliziter als zuvor Fragestellungen der Semantik in den Mittelpunkt seiner Überlegungen rückt.[70] Hier beweist er immer wieder seine

---

[67]   „Eine Antwort ist, dass das Repertoire von Kasus nicht identisch ist mit dem vollen Set von Begriffen / Konzepten, die benötigt werden, um eine Analyse jedes Zustandes oder Ereignisses zu geben." (71)
[68]   Fillmore 1977a, 75.
[69]   Sperber / Wilson 1986 und 1987 auf der Basis von Grice 1968 / 1975.
[70]   Man kann dies schon an den Titeln der Aufsätze erkennen wie: „Lexikoneinträge für Verben", „Typen lexikalischer Informationen", „Verben des Urteilens – Eine Übung in semantischer Beschreibung", „Eine Alternative zu Checklist-Theorien der Bedeutung", und „Die Zukunft der Semantik". Hinzu kommen

2.3 Zwischen Kasus-Grammatik und Lexikalischer Semantik: Auf dem Weg zur Frame-Theorie   43

Kunst, durch geschickte Auswahl von Beispielen auf eine Fülle von semantischen Problemen aufmerksam zu machen, die in bisherigen semantischen Theorien nicht oder nur unzureichend erklärt werden konnten. Zunächst widmet er sich (als Konsequenz aus der Diskussion der „Kasus-Rahmen") weiterhin den Problemen der semantischen Beschreibung von Verben. Dabei nimmt er zuerst Paare komplementärer Verben wie *mieten – vermieten* oder *töten – sterben* in den Blick. Manche dieser Verb-Paare können als einfache konverse Prädikate auf der Basis derselben Argumentstruktur (oder derselben Kasus-Struktur) betrachtet werden. So liegt z.B. bei *mieten / vermieten* eine bloße Vertauschung der Argumentstellen vor.[71] Komplexer ist die Situation schon bei *töten / sterben*: „In diesen Fällen involviert die Verbindung zwischen zwei Prädikaten ein drittes, vermittelndes Prädikat."[72] Implizit weist Fillmore hier also wieder auf zusätzliches Wissen hin, das in eine adäquate semantische Beschreibung von Lexemen (hier: *töten*) Eingang finden müsste. Ein weiteres Beispiel für solche impliziten semantischen Gehalte sind Prädikate mit scheinbar einstelliger Valenz, die aber Verkürzungen (sozusagen Ellipsen) von Prädikaten sind, die sich bei näherer Betrachtung als „eigentlich" zweistellige erweisen. Dieses „eigentlich" verweist hier wieder auf implizites Wissen, das mit einfachen merkmalsemantischen Methoden nicht so ohne weiteres expliziert werden kann. So ist z.B.

(2-25) *Hans ist verheiratet.*

eigentlich eine elliptische Verkürzung von

(2-26) *Hans ist verheiratet mit X.*[73]

Fillmore spricht damit das in der Valenztheorie intensiv diskutierte Problem der „fakultativen" vs. „obligatorischen" Ergänzungen bzw. Aktanten an. Die Valenztheorie konnte dafür, da sie nicht explizit semantisch argumentiert hat, nie eine zureichende Erklärung geben. Wir werden sehen, wie solche Problemstellungen bei Fillmore direkt in die „Szenen-und-Rahmen-Semantik" münden werden.

Dass er schon auf dieser Stufe seines Denkweges die künftige Theorieentwicklung im Auge hat, sieht man an der in seinen Schriften erstmaligen Erwähnung des Terminus „Szene", indem er gedanklich die „Annahme" durchspielt,

> „dass wir die Idee, die durch einen einfachen Satz ausgedrückt wird, als analog betrachten zu der Szene in einem Theaterstück, und […], dass wir uns die Sprecher einer Sprache vorstellen als die Dramatiker, die in einer Theater-Tradition arbeiten, die sie auf eine feste Anzahl von Rollen-Typen begrenzen, mit der weiteren Einschränkung, dass mindestens eine Figur in einem gegebenen Rollentyp in jeder gegebenen Szene erscheinen muss." (Fillmore 1968b, 383)

Die „Szene"-Metapher ist eine indirekte Anleihe bei Tesnière, der die Theater-Metapher erstmals in der Linguistik benutzte.[74] Fillmore erkennt mehr denn je, dass das Wissen, wel-

---

      seine „Santa Cruz Lectures on Deixis", noch einige Reflexionen zur Kasusgrammatik und Tiefenkasus und der sehr interessante Aufsatz „Ein Grammatiker schaut auf die Sozio-Linguistik".

[71] P (a, b) / P (b, a); Fillmore 1968b, 373.

[72] Fillmore 1968b, 377; gemeint ist *verursachen*: „X tötet Y" = „X verursacht, dass Y stirbt".

[73] „Manche einstelligen Prädikate sind reine Verkürzungen von zweistelligen Prädikaten, nur dass sie eine Argument Stelle ignorieren (oder präsupponieren)." Fillmore 1968b, 377. – „Einzelne Argumentrollen können optional sein." (a.a.O. 383)

[74] Tesnière 1959, 102 f. „Le nœud verbal […] exprime tout *un petit drame.* Comme un drame en effet, il comporte obligatoirement un *procès*, et le plus souvent des *acteurs* et des *circonstances*."

ches beim angemessenen Verstehen von Wörtern oder Sätzen eine Rolle spielt, offenbar deutlich über das hinausgeht, was Linguisten bis dahin in den Blick genommen haben. Diese Einsicht veranlasst ihn in der Folge zu einigen Formulierungen, die (im Rückblick betrachtet) den Keim zu einer radikalen Umstürzung der semantischen Perspektive in sich tragen. Es ist (möglicherweise in Anlehnung an eine vergleichbare Redeweise in der analytischen Sprachphilosophie, welche die Konzeptionen der gleichzeitig entstehenden Pragmatik stark beeinflusst hat) die Redeweise von den „Bedingungen" eines angemessenen Verstehens (einer angemessenen semantischen Beschreibung) sprachlicher Einheiten, die hier besonders heraussticht.[75] Mit dem Übergang zur Redeweise von den „Bedingungen des Gebrauchs" verlässt Fillmore (vielleicht, ohne es schon zu bemerken) das Paradigma der semantischen (und überhaupt der linguistischen) Theorien seiner Zeit und öffnet das Tor der Semantik ganz weit für möglicherweise mehr, als er jemals beabsichtigt hat.

Dass er damit ein Feld hochkomplexer semantischer Problemstellungen betreten hat, ist ihm freilich bereits klar:

> „Was ein Sprecher einer Sprache über die einzelnen ‚Wörter' einer Sprache und über die Bedingungen, die ihren angemessenen Gebrauch bestimmen, weiß, ist vielleicht der zugänglichste Aspekt des sprachlichen Wissens, aber gleichzeitig ist es extrem subtil und extrem komplex."[76]

Er weiß, dass er, indem er nunmehr auch gezielt und bewusst den Weg beschreitet, das „implizite Wissen" zu einem Gegenstand der semantischen Theorie zu machen, ein schwieriges Feld der semantischen Forschung und Theorie betritt, aber es gibt, so sieht er bereits jetzt, wegen der Allgegenwärtigkeit dieses „impliziten Wissens" in jeglichem Sprachgebrauch (auch und gerade in der Alltagskommunikation) zu diesem Schritt keine Alternative.[77] Eines der gravierendsten Probleme bei einer solchen „epistemologischen Erweiterung der Semantik" (die er natürlich nicht so benennt) ist die Schwierigkeit, dann noch zwischen „Sachwissen" (gegenstandsbezogenem Wissen, „Weltwissen") und sprachbezogenem Wissen („semantischem Wissen") unterscheiden zu können:

---

[75] Vgl. etwa die Rede von den „Glückensbedingungen" für Sprechakte in der Theorie von Austin 1962 / Searle 1969. – Zu diesem Vorbild Fillmore (1970a, 120 f.) direkt: „Meine Behandlung dieser Wörter [*hit* und *break*], und die Art der Evidenz, auf die ich mich beziehe, indem ich ihre grammatischen und semantischen Eigenschaften aufdecke, können eine gewisse Ähnlichkeit aufweisen mit dem Stil von Argumenten, den man in Schriften der so genannten ‚ordinary language' Philosophen findet, aber mit zwei wichtigen Unterschieden. Der erste ist, dass [die untersuchten Wörter] kein philosophisches Interesse berühren. Der zweite ist, dass die von einem Linguisten durchgeführte Analyse eines Wortes nicht als zufriedenstellend betrachtet werden kann, solange seine Beobachtungen nicht in eine allgemeine empirische Theorie der Sprach-Struktur inkorporiert werden können." Deutlich wird hier das für Fillmore sehr wichtige Primat der empirisch validierbaren Sprachforschung und zugleich der Einbettung jedes Detail-Theorems in „einen Ansatz der Erklärung der Natur der menschlichen Sprache" generell (a.a.O.).

[76] Fillmore 1970a, 120.

[77] „Der Kontrast zwischen implizitem und explizitem Wissen ist vielleicht nirgendwo größer als im menschlichen Sprachgebrauch. Wenn jemand aufzeichnen und systematisieren will, was es ist, das er ‚weiss' [kennt], wenn er seine Sprache kennt, kann er es nicht einfach niederschreiben – er muss es zuerst entdecken. Und bei dem Versuch, die Natur seines sprachlichen Wissens aufzudecken, wird er herausfinden, dass zufriedenstellende Feststellungen nicht leicht fallen. Es ist ziemlich sicher, dass der avancierte erwachsene Sprecher des Englischen, auch wenn er ein ganzes Jahr Zeit hätte, einfach nicht fertig würde mit irgend einer verlässlichen Erklärung dessen, wie das Wort *ever* gebraucht wird und was es bedeutet. Und doch hat dieselbe Person wahrscheinlich niemals in ihrem erwachsenen Leben ‚einen Fehler gemacht' in ihrem Gebrauch dieses Wortes, noch hat sie es gebraucht auf Weisen, die nicht seinen Absichten entsprochen haben." Fillmore 1970a, 120.

2.3 Zwischen Kasus-Grammatik und Lexikalischer Semantik: Auf dem Weg zur Frame-Theorie

„Tatsächlich sieht es so aus, als ob für einen beachtlichen Anteil des Wortschatzes einer Sprache die Bedingungen, die den angemessenen Gebrauch eines Wortes bestimmen, viel eher Feststellungen über Eigenschaften von Real-Welt-Objekten involvieren als Feststellungen über die semantischen Eigenschaften von Wörtern." (Fillmore 1970a, 131)

Dieses Problem ist allerdings für die linguistische Semantik keineswegs neu, und trifft nicht nur die „Frame-semantischen", „kognitiven" oder „epistemologischen" Ansätze der Semantik, sondern die klassische logische und Merkmal- / Komponenten-Semantik ebenso. Schon in der klassischen logischen Semantik, z.B. bei einem ihrer Begründer, Rudolf Carnap (1956, 20), werden die semantischen Merkmale mit den „Eigenschaften von Dingen" gleichsetzt, verstanden als „etwas Physikalisches, das die Dinge haben, eine Seite oder einen Aspekt oder eine Komponente oder ein Merkmal des Dings." Wollte man also an Fillmore und einer epistemologisch / kognitiv ausgerichteten Semantik aus diesem Grunde, dem Unterscheidungsproblem zwischen Sachwissen und semantischem Wissen, Kritik üben, müsste sich diese Kritik gegen die gesamte linguistische und philosophische Semantik gleichermaßen richten. Fillmore sieht aber bereits jetzt ganz deutlich, dass eine Beschränkung der semantischen Perspektive auf die üblichen Beschreibungsformen von „lexikalischen Bedeutungen" in einem nicht tolerierbaren Umfang Informationen ausschließt, deren Kenntnis für ein adäquates Verstehen und einen angemessenen Gebrauch der Wörter unabdingbar sind: „Man kann leicht zeigen, dass es wichtige Tatsachen mit Bezug auf Wörter gibt, welche die Wörterbuchmacher uns gewöhnlich gar nicht mitteilen."[78] Es reicht daher nicht aus, so Fillmore, einfach in ein Standard-Wörterbuch zu schauen, wenn man umfassende Kenntnis über die Bedeutung eines Wortes erhalten will.

Hier ist der Keim gelegt für eine radikale Infragestellung der Möglichkeiten der lexikalischen Semantik als solcher,[79] also einer Semantik, die glaubt, mit der Definition einzelner „lexikalischer Bedeutungen" oder „Wortbedeutungen" das Spektrum der Verwendungsmöglichkeiten von Wörtern und des dafür relevanten Wissens vollständig abbilden zu können. Fillmore fordert bereits hier, was er im Anschluss an die Entwicklung der Frame-Semantik im engeren Sinne später noch dezidierter ausführen wird: eine Ausrichtung der Semantik an der Aufgabe, den Prozess des Verstehens sprachlicher Ausdrücke insgesamt erklären zu können (also eine „interpretative" oder „Verstehens"-Semantik, wie er sie später nennen wird).[80] Seine Grundthese ist: nur eine verstehenstheoretisch ausgerichtete Semantik ist eine Semantik im vollen Sinne. In diesem Kontext verschärft Fillmore auch noch

---

[78] Fillmore 1970a, 121. – In Fillmore 1970b, 271 glaubt er: „[Mein Ansatz hat den Vorteil,] dass er das Problem auflöst, die Grenzen zwischen den semantischen Eigenschaften von Wörtern (z.B. Nomen) und den physischen Eigenschaften von Dingen, auf die die Wörter korrekt angewendet werden können, bestimmen zu müssen." Diese Selbstbewertung ist jedoch nicht ganz überzeugend, da Fillmore dafür eine Theorie der Referenz, des Wissensbezugs und der Typen verstehensrelevanten Wissens entwickeln müsste. Ausführlichere Überlegungen dazu sind bei ihm jedoch kaum jemals (zu Referenz nirgendwo!) aufzufinden.

[79] Diese führt Fillmore vor allem aus in Fillmore 1975c, einem Aufsatz, der den programmatischen Titel trägt: „Die Zukunft der Semantik".

[80] „Die Behauptungen, die ich aufstellen möchte, sind folgende: (1) dass Fragestellungen in der Semantik, die keine wahrnehmbare Anwendung auf den Prozess des Verstehens haben, nicht sehr wichtig für die semantische Theorie sein können; (2) und, dass manche Fragestellungen, die wie Angelegenheiten angesehen haben können, die intern für eine semantische Theorie im eigentlichen Sinne sind [semantic theory proper], tatsächlich am besten mit Aspekten des Verstehens-Prozesses behandelt werden. Diese Sichtweise wird einigen Leuten hoffnungslos mentalistisch erscheinen, aber es sollte daran erinnert werden, dass ich sie benutze als einen Weg der Bewertung der Bedeutsamkeit von Forderungen und Positionen in der Semantik, und nicht als einen Weg Semantik zu betreiben." Fillmore 1975c, 137.

einmal seine fundamentale Kritik an der Merkmalsemantik.[81] Auch bezweifelt er die Grundannahme der klassischen lexikalischen Semantik, dass man überhaupt immer die Bedeutungen von Wörtern über Definitionen erfassen kann (Fillmore 1975c, 143). Schließlich zweifelt er sogar, ob eine isolierte Wortsemantik überhaupt noch möglich ist, und man nicht stattdessen grundsätzlich zu einer Satzsemantik, einer Textsemantik, oder eben einer Verstehens-Semantik übergehen müsse.[82] Seine Überlegungen zu einer zukünftigen Semantik schließen mit einer äußerst skeptischen Einschätzung der Forschung seiner Zeit.[83]

In dieser Phase zwischen „Kasus-Grammatik" und dem Vollausbau seiner späteren „Frame"- und „Verstehens"-Semantik reflektiert Fillmore bereits zahlreiche Problem, die auch in späteren Aufsätzen immer wieder thematisch werden. Nur auf die wichtigsten kann hier in der nötigen Knappheit eingegangen werden: (1) Ebenen, Arten und Umfang der semantischen Rollen von Prädikaten; (2) der Zusammenhang zwischen der Frage nach der Anzahl der semantischen Rollen von Prädikaten und den Präsuppositionen; und die Ausweitung der Analyse von Präsuppositionen auf den vollen Bereich des verstehensrelevanten Wissens unter den Stichworten: (3) „Errechnen" der vollen Bedeutung einer sprachlichen Äußerung; (4) „Bedingungen" für das adäquate Verstehen bzw. den adäquaten Gebrauch sprachlicher Formen; (5) das Verhältnis von sprachlichem und enzyklopädischem Wissen und die Rolle von Kontext und Situation.

Zu (1) Ebenen, Arten und Umfang der semantischen Rollen von Prädikaten: In einem für ein philosophisches Publikum verfassten Aufsatz präzisiert Fillmore sein Verständnis von Kasus-Rahmen (d.h. der Analyse semantischer Rollen) und der Funktion von Präsuppositionen. Bemerkenswert ist zunächst, dass er den Gegenstand der Analyse (hier zunächst: von Kasus-Rahmen) nun nicht mehr wie zuvor auf Verben eingrenzt, sondern auf Prädikationen generell bezieht, gleich, mit welcher Wortart sie sprachlich realisiert werden. Das heißt: Nicht nur Verben, sondern Wörter vieler anderer Wortarten (Substantive / No-

---

[81] „Es wäre vermutlich nützlich, wenn Linguisten, als sie anfingen, Systeme semantischer Merkmale zu formalisieren, die Möglichkeit offen gelassen hätten, dass sich manche Lexikoneinheiten einer merkmals-diskriminierenden Analyse fügen, manche eben nicht." Fillmore 1975c, 139 und ff.

[82] In einer Kritik an den deutschen Valenz-Wörterbüchern (hier: Helbig / Schenkel 1969) schreibt er, bereits deutlich eine epistemologische Perspektive auf Wortbedeutungen einnehmend: „Keine Analyse von Oberflächen-Verben kann vollständig die Struktur von Sätzen erklären, die diese Verben enthalten." – „Es scheint mir deutlich zu sein, dass eine Theorie des Satzverstehens nicht ausschließlich auf einer Erforschung der Valenz-Eigenschaften von lexikalischen Einheiten aufgebaut werden kann; das Wissen einer Person über Bedeutungen kann nicht erschöpfend beschrieben werden als ihr Wissen über die Bedeutung von Wörtern." Er schließt: „Also müssen wir über Wörter hinausgehen." Fillmore 1975c, 149.

[83] „Für die fern liegende Zukunft habe ich gute Nachrichten. In der weiten, sehr entfernten Zukunft werden sich Psychologie, Anthropologie, Soziologie, Linguistik und Logik – oder die Abkömmlinge dieser Disziplinen – vereinigen, um eine kohärente, intelligible Theorie des Sprachverstehens zu entwickeln." Es entsteht, so führt er (ironisch?) weiter aus, eine Einheitstheorie und Einheitsmethode, und alle werden ein und dasselbe Paradigma teilen und finden, dass es genau das leistet, was sie möchten. „Nun zur näheren Zukunft, der, die wir selbst noch erleben könnten; hier sind meine Voraussagen nicht so heiter / erfreulich. Wir müssen der Realität ins Gesicht sehen, dass die Forscher, die in der Semantik arbeiten, getrennt sind durch Land, Sprache, Universität, Disziplin, Gegenstand, Lehrdoktrin, und Temperament. Es ist kaum zu sehen, wie die utopische Einheit der fernen Zukunft begonnen werden könnte. Einfach die Leute dazu zu bringen, miteinander zu reden, kann nicht helfen, weil *die Menge von Leuten, die wirklich Semantik betreiben, möglicherweise nicht identisch ist mit der Menge von Leuten, die behaupten, dass sie Semantik betreiben.*" Fillmore 1975c, 156 [Hervorhebung von D.B.]. Diese herbe Kritik zielt ganz offensichtlich gegen Chomsky und seine Schule, der auf derselben Tagung unmittelbar vor oder nach Fillmore vorgetragen haben muss.

2.3 Zwischen Kasus-Grammatik und Lexikalischer Semantik: Auf dem Weg zur Frame-Theorie 47

men, Adjektive, Adverbien, Konjunktionen) können Träger von Prädikationen und daher auch Zentren für Rahmen sein, die andere Elemente (mit bestimmten semantischen Rollen) an sich binden können.[84] (Dies ist eine wichtige Voraussetzung für die spätere semantische Verallgemeinerung der Frame-Theorie.) Mit diesem Schritt entfernt sich Fillmore aber zunehmend von einer rein grammatischen Betrachtung der „Kasusrollen" und bewegt sich deutlich in Richtung einer eher „kognitiven" oder „epistemischen" Betrachtung von Kasus-rollen bzw. Argumentrollen (oder semantischen Rollen) und den zugehörigen Rahmen. Er kleidet diesen Schritt in die Worte: „Ich beziehe mich hier auf die begrifflich erforderliche Zahl von Argumenten."[85] Die Formulierung „begrifflich erforderlich" signalisiert, dass Fillmore hier über rein syntaktische Verhältnisse hinausgeht und sich dem allgemeinen verstehensrelevanten Wissen zuwendet. Das heißt: In einer semantischen Analyse müssen auch solche „Mitspieler" im Satz, solche Argumentrollen oder „Aktanten" (in Tesnières Sinne) berücksichtig werden, die sprachlich gar nicht durch eigene Mittel expliziert (signa-lisiert) sind. Daraus folgt: Semantische Struktur und syntaktische Struktur (oder: Inhalts-struktur und sprachlich realisierte Ausdrucksstruktur) sind nicht strukturidentisch.[86]

Im Zusammenhang mit dieser Ausweitung der in einer semantischen Analyse zu berück-sichtigenden „semantischen Rollen" oder „Argumente" eines Prädikats führt Fillmore eini-ge Gedanken ein, die für eine epistemologische Semantik von großer Wichtigkeit sind.[87] Zum einen wird die Argumentstruktur (bzw. der „Rahmen" von – nunmehr ja stärker se-mantisch bzw. „begrifflich", weniger syntaktisch definierten – „Argumentrollen" bzw. „Kasusrollen") nun eindeutig als etwas verstanden, das erst im Prozess des Verstehens entfaltet wird, also nicht notwendigerweise (vollständig) durch sprachliche Zeichen ausge-drückt sein muss. Das Argument „is taken as part of the understanding of the predicate word". Zum anderen führt Fillmore hier den für jede Theorie des Sprachverstehens zentra-len Begriff der „Erwartung" ein: Verstehen ist (auch) gesteuert durch die (Frame-gestützen) Erwartungen der Sprachteilhaber, welche semantischen Rollen mit einem bestimmten Prä-dikatsausdruck zusammenhängen, also entweder in der umgebenden sprachlichen Struktur gesucht oder aus dem Gedächtnis ergänzt werden müssen. Die konkrete sprachliche Reali-sierung ist gegenüber der Mächtigkeit der (kontextuell gesteuerten) Erwartungen der

---

[84] „Ich gehe davon aus, dass die meisten ‚Inhaltswörter' einer Sprache im Lexikon charakterisiert werden können durch die Art und Weise, wie sie als Prädikate benutzt werden." Fillmore 1971a, 374. Er nennt Verben, Nomen, Adjektive, die meisten Adverbien und auch viele Konjunktionen.

[85] Er fährt fort: „Diese unterscheide ich von der Zahl von Argumenten, die in englischen Sätzen explizit identifiziert werden müssen." Fillmore 1971a, 375.

[86] Fillmore geht davon aus, dass es zwischen den „begrifflich notwendigen Argumenten eines Prädikats" und den „obligatorisch in Ausdrücken, die die fraglichen Prädikate enthalten, präsenten Konstituenten [...] keine exakte Korrespondenz / Entsprechung" gibt. Fillmore 1971a, 378. – „Manchmal wird ein Ar-gument obligatorisch in der Oberflächenstruktur ausgelassen, weil es als Teil der Bedeutung des Prädi-kats subsumiert ist." (a.a.O. 379)

[87] „Lexikoneinträge für Prädikatsausdrücke sollten Informationen folgender Art repräsentieren: (1) bei bestimmten Prädikaten wird die Natur [Art] eines oder mehrerer Argumente als Teil unseres Verständ-nisses des Prädikatsausdrucks aufgefasst: für manche von diesen [Argumenten] kann überhaupt kein sprachlicher Ausdruck eingesetzt werden; bei anderen wird das Argument nur dann sprachlich realisiert [identified], wenn es qualifiziert oder quantifiziert in einer nicht vollständig erwarteten Weise ist. (2) Bei bestimmten Prädikaten kann Schweigen („null") in den Fällen einen der Argument-Ausdrücke er-setzen, in denen der Sprecher bezüglich der Identität des Arguments unbestimmt oder nicht festlegbar sein will. Und (3) Bei bestimmten Prädikaten kann Schweigen in den Fällen einen Argument-Ausdruck ersetzen, in denen der Sprecher glaubt, dass der Hörer die Identität des Arguments bereits kennt." Fill-more 1971a, 380.

48   *Kapitel 2: Die Erfindung des Frame-Gedankens in der Linguistik durch Charles J. Fillmore*

Kommunikationspartner sekundär. Implizit vollzieht Fillmore hier eine epistemische Wende in seinen Überlegungen noch deutlicher als zuvor. Jetzt wird Sprache bei ihm vollends zu einer Interaktion (Wechselwirkung) von (gesetzten, ausgedrückten) Zeichen und eines vorausgesetzten Wissens-Raums, und ist damit aus den Fesseln einer eng gefassten lexikalischen Semantik entbunden!

Zu (2) Zusammenhang zwischen der Frage nach der Anzahl der semantischen Rollen von Prädikaten und Präsuppositionen: Die epistemische Ausweitung der von Fillmore eingenommenen bedeutungstheoretischen Perspektive wird auch deutlich an der Art und Weise, wie er die Frage der Anzahl der mit einem Prädikat verbundenen „semantischen Rollen" mit dem Phänomen der „Präsuppositionen" in Zusammenhang bringt.[88] D.h.: Es war vor allem die Einsicht in die Allgegenwärtigkeit von Präsuppositionen,[89] die für Fillmore ein entscheidender Mosaikstein gewesen ist in dem Schritt zur Überwindung der traditionellen Semantik hin zu der Einsicht in die Notwendigkeit einer „interpretativen" Semantik, die das verstehensrelevante Wissen umfassender erforscht, als alle vorhergehenden Semantikkonzeptionen. Die Analyse von „Präsuppositionen" wird für ihn zu einem wesentlichen Teil *jeder* semantischen Beschreibung, auch und gerade in der lexikalischen Semantik.[90] Diese Notwendigkeit erweist sich z.B. an Tätigkeits-Verben wie *klatschen, kicken, küssen* bei denen die Körperteile, mit denen diese Tätigkeiten ausgeführt werden (Hände, Füße, Lippen[91]) immer mitgedacht sind, d.h. impliziter Teil der lexikalischen Bedeutung sind, auch wenn sie in klassischen Wörterbuchdefinitionen nicht unbedingt explizit gemacht werden. Gelegentlich[92] kann das ausdrucksseitige Weglassen (Nicht-Explizieren) von Argumenten sogar regelrecht obligatorisch sein. – Bemerkenswert ist allerdings, dass sich Fillmore bei dem hohen Gewicht, das er in den Aufsätzen dieser Zeit den Präsuppositionen im Rahmen seiner bedeutungstheoretischen Reflexionen gegeben hat, niemals näher mit der (später geradezu ausufernden) pragma-linguistischen Diskussion zu den Präsuppositionen auseinandergesetzt hat.[93] Offenbar ist das Präsuppositionskonzept später vollstän-

---

[88] „In den letzten ein-zwei Jahren ist unter Linguisten der Tatsache viel Aufmerksamkeit gewidmet worden, dass die semantische Beschreibung von Ausdrücken, die spezifische Prädikats-Wörter enthalten, unterscheiden muss zwischen dem, was der Sprecher eines Satzes explizit gesagt hat, von dem, von dem man sagt, dass er es präsupponiert hat bezüglich der Situationen, über die er spricht. Der Apparat, mit dem man Präsuppositionen formuliert, muss Bezug nehmen auf diejenigen Einheiten, die speziellen Rollen-Funktionen bezüglich des Ereignisses oder der Situation, die durch das Prädikat identifiziert wird, dienen." Fillmore 1970b, 265.

[89] Vgl. auch Fillmore 1971d, 277: „Jeder vollständige Ansatz für die grammatische Beschreibung einer Sprache wird präsuppositionale Tatsachen an vielen Punkten berücksichtigen müssen."

[90] Fillmore 1971a, 370: „Ein Lexikon [...] muss seinen Benutzern für jede lexikalische Einheit folgendes zugänglich machen: [...] (5) die Präsuppositionen oder „Glückensbedingungen" für den Gebrauch der Einheit, die Bedingungen, die erfüllt sein müssen, damit die Einheit ‚angemessen' [aptly] benutzt werden kann; [...]."

[91] Beispiel nach Fillmore 1971a, 379; er sagt dazu: „Es gibt andere Verben, die Ereignisse identifizieren, die typischerweise eine Entität einer sehr spezifischen Sorte involvieren, sodass die Tatsache, dass diese Einheit nicht erwähnt wird, so verstanden werden muss, dass die übliche Situation gemeint ist."

[92] „Manchmal wird ein Argument obligatorisch in der Oberflächenstruktur ausgelassen, weil es als Teil der Bedeutung des Prädikats subsumiert ist." Fillmore 1971a, 379.

[93] Fillmore schließt sich allerdings der damals üblichen Unterscheidung zwischen pragmatischen Verstehensbedingungen und „Bedeutung" merkwürdigerweise trotz seiner sehr weitgehenden Überlegungen zu einer verstehenstheoretisch reflektierten Semantik hier noch an und repliziert insofern die heute eingeführte (aber nichtsdestotrotz problematische) kategorische Unterscheidung zwischen „Pragmatik" und „Semantik": „In diesem Abschnitt möchte ich auf die Unterscheidung eingehen zwischen dem präsuppositionalen Aspekt der semantischen Struktur eines Prädikats auf der einen Seite und der

2.3 Zwischen Kasus-Grammatik und Lexikalischer Semantik: Auf dem Weg zur Frame-Theorie 49

dig in seinem umfassenderen Frame-semantischen oder verstehenstheoretischen Modell aufgegangen. Dies deckt sich mit meinen eigenen Überlegungen, wonach in einer verstehenstheoretisch reflektierten Semantik, in der das verstehensrelevante Wissen in seiner gesamten Breite in den Blick genommen wird, für eine eigenständige Kategorie „Präsupposition" nicht unbedingt mehr eine zwingende Notwendigkeit besteht.

Zu (3) „Errechnen" der vollen Bedeutung einer sprachlichen Äußerung: Fillmores Überlegungen zur Rolle der „Präsuppositionen" für das Verstehen und die semantische Beschreibung sprachlicher Einheiten (seien es Wörter, seien es Sätze) veranlassen ihn zu einer Reihe von Aussagen, die (vielleicht ohne dass er das selbst bemerkt hat) sehr weit von einem klassischen Verständnis der linguistischen Semantik wegführen und den Boden bereiten für eine Umorientierung der Semantik in Richtung auf eine vollständige Explikation der verstehensrelevanten Voraussetzungen. Damit redet Fillmore einer Umorientierung das Wort, die in den vollen Konsequenzen des von ihm hier Gesagten möglicherweise radikaler ausfällt, als er es mit seinem hier erstmals explizit eingeführten Konzept und Begriff der „interpretativen Semantik" geplant hat (Fillmore 1970b, 271):

> „Die Sichtweise von semantischer Interpretation, die ich einnehme, ist grob gesagt folgende: Ich glaube, dass es (gegeben die volle grammatische Beschreibung eines Satzes mitsamt den vollständigen semantischen Beschreibungen der Lexeme, die er enthält) möglich sein sollte, die volle semantische Beschreibung des Satzes zu ‚errechnen' [compute], einschließlich von Informationen darüber, was sein Äußerer als wahr präsupponieren (unterstellen) muss. [...] Dieses ‚Errechnen' wird viele Arten von grammatischen Tatsachen berühren und eine große Zahl von subtilen Eigenschaften lexikalischer Einheiten. Diese Sicht ist repräsentativ für eine interpretative Semantik, allerdings nicht im bisher üblichen Sinn."

Was er mit einer „vollen semantischen Beschreibung eines Satzes" meint, wird in einer weiteren, noch folgenschwereren Aussage deutlich (Fillmore 1971d, 277):

> „Ich glaube, dass Linguisten eventuell in der Lage sein werden, ein System von Regeln zu konstruieren, mit dessen Mitteln man (gegeben die volle grammatische Struktur eines Satzes) den vollen Set von Präsuppositionen ‚errechnen' kann, der erfüllt sein muss für jede aufrichtige Äußerung dieses Satzes."

Was hier insbesondere ins Auge sticht ist der „volle Set von Präsuppositionen, der erfüllt sein muss" für das adäquate Verstehen (und ja wohl auch das adäquate Verwenden) eines sprachlichen Ausdrucks (Wortes, Satzes). Eine solche theoretische Aussage und methodische Forderung an die Semantik führt sehr weit fort von den Grenzen traditioneller (lexikalischer oder logisch-satzsemantischer) Semantik und bereitet den Boden für eine radikale epistemische Umdeutung der Semantik. Möglicherweise ist Fillmore zu diesem Zeitpunkt aber gar nicht klar gewesen, wie radikal diese Ausweitung des semantisch relevanten Wissens auf den „vollen Set" von verstehensrelevantem Wissen (denn nichts anders sind die „Präsuppositionen", so, wie er sie in seinen Beispielen konzipiert) eigentlich ist.

Allerdings bestätigt er auch in einem späteren Aufsatz das Postulat der „vollständigen" Beschreibung noch einmal ausdrücklich. Danach gilt für ein „vollständig entwickeltes System der linguistischen Beschreibung":[94]

‚Bedeutung' selbst des Prädikats auf der anderen Seite. Wir können die Präsuppositionen eines Satzes als diejenigen Bedingungen identifizieren, die erfüllt sein müssen, bevor der Satz gebraucht werden kann." Fillmore 1971a, 380.

[94] Fillmore 1971 / 1975a 14; „Ich gehe davon aus, dass der Untersuchungsgegenstand der Linguistik, in ihren grammatischen, semantischen und pragmatischen Unter-Abteilungen, den vollen Katalog des Wissens, von dem man sagen kann, dass es die Sprecher einer Sprache über die Struktur der Sätze in ihrer Sprache besitzen, und ihr Wissen über den angemessenen Gebrauch der Sätze einschließt." (1)

50   *Kapitel 2: Die Erfindung des Frame-Gedankens in der Linguistik durch Charles J. Fillmore*

> „Sie muss eine Komponente für die Errechnung [calculating] der vollständigen semantischen und prag-
> matischen Beschreibung eines Satzes enthalten, gegeben [auf der Grundlage] seine[r] grammatische[n]
> Struktur und den Informationen, die mit diesen lexikalischen Einheiten assoziiert sind."

Hier ist es neben der angestrebten „Vollständigkeit" auch die Redeweise von den „Informationen, die mit diesen lexikalischen Einheiten assoziiert sind", die zusammengenommen zu
einer erheblichen Ausweitung des Spektrums derjenigen epistemischen Tatsachen führt, die
für eine semantische Analyse relevant sind (werden können). – Problematisch erscheint in
Fillmores Ausführungen die konstante Verwendung von Ausdrücken wie „errechnen"
(compute, calculate) für dasjenige, was eigentlich zu einer Verstehensleistung dazugehört.
Es ist problematisch, Verstehen, das ja auch viel mit dem „sich hinein versetzen in einen
Sprecher / Schreiber" zu tun hat, in dieser Weise zu einem quasi-objektivistischen Prozess
von Algorithmen zu machen (auch wenn das nur durch die Verwendung solcher Metaphern
deutlich wird).

Zu (4) „Bedingungen" für das adäquate Verstehen bzw. den adäquaten Gebrauch
sprachlicher Formen: Mit der Zuweisung einer zentralen Rolle zu dem, was Fillmore zusammenfassend (in etwas abweichender Redeweise weit über den üblichen Zuschnitt dieses
Phänomenbereichs hinaus) als „Präsuppositionen" bezeichnet, und dem Anspruch, dass das
als solche bezeichnete verstehensrelevante Wissen „vollständig", als „voller Set" beschrieben werden müsse, wenn man von einem sprachlichen Ausdruck (ob Wort oder Satz) eine
angemessene semantische Beschreibung geben will, hängen eng seine Bemerkungen über
die in einer semantischen Beschreibung zu erschließenden „Bedingungen" (des angemessenen Gebrauchs oder Verstehens) zusammen.[95] In bewusster Anlehnung an die Redeweise
von den „Glückensbedingungen" in der Sprechakttheorie von Austin und Searle übernimmt
Fillmore diesen Gedanken auch für die allgemeine linguistische Semantik: „Insbesondere
können wir unsere eigenen Untersuchungen auf die Bedingungen richten, unter denen ein
Sprecher einer Sprache implizit weiß, dass der Gebrauch gegebener sprachlicher Formen
angemessen ist." (Fillmore 1971d, 274.) Allerdings kritisiert er an diesen Philosophen, dass
sie diese Bedingungen nicht auf die konkreten sprachlichen Tatsachen (grammatische Tatsachen, Wortwahl usw.) bezogen haben. Von einer linguistisch-semantischen Analyse wäre
dies in akribischer Weise zu fordern.[96] Indem Fillmore hier mit einer zuvor nicht vorzufindende Deutlichkeit die *Bedingungen* (des Verstehens und Gebrauchs) in den Mittelpunkt
der semantischen Analyse stellt, und diese Forschungsperspektive explizit den traditionellen Fragestellungen in der linguistischen Semantik gegenüber setzt, betritt er einen völlig
neuen Weg in der linguistischen Semantik. Die von ihm an dieser Stelle geübte Kritik an
dem, was man die „Zeichenvergessenheit" der Sprechakttheorie (und ähnlicher pragmatischer, aber auch vieler sprachpsychologischer und kognitivistischer) Ansätze nennen kann,
ist völlig berechtigt. In diesem Aufsatz findet sich auch die einzige Textstelle, in der sich
Fillmore explizit auf die „Gebrauchstheorie der Bedeutung" bezieht, die allgemein mit dem
Philosophen Ludwig Wittgenstein assoziiert wird.[97] Die Ausweitung des semantischen

---

[95] Fillmore 1971a, 370. Siehe vor allem das Zitat oben in Fußnote 90.
[96] „Eine bedeutsame Tatsache, die typischerweise bei der Aufzählung von Glückensbedingungen eines
Satzes durch Philosophen ausgelassen wird, ist, dass die verschiedenen Bedingungen sich separat beziehen auf spezifische Tatsachen der grammatischen Struktur des Satzes." Fillmore 1971d, 276.
[97] „Aus den Schriften der Philosophen der normalen Sprache können Linguisten lernen, nicht so sehr über
die Bedeutungen von sprachlichen Formen zu reden – wobei ‚Bedeutungen' als abstrakte Entitäten einer
irgendwie mysteriösen Art betrachtet werden –, sondern über die Regeln des Gebrauchs, von denen wir

2.3 Zwischen Kasus-Grammatik und Lexikalischer Semantik: Auf dem Weg zur Frame-Theorie 51

Blicks, die hier an den Begriff der „Bedingungen" (des angemessenen Gebrauchs und Verstehens sprachlicher Einheiten) geknüpft ist, wird also von Fillmore in eine direkte Linie mit solchen später in der pragmatischen Linguistik folgenreichen sprachtheoretischen Konzeptionen gestellt (allerdings ohne dass Fillmore diese Verbindungslinie später noch weiter nachverfolgt hätte). Den Linguisten seiner Zeit wirft er sogar explizit vor, dass sie versäumt haben, die Bedingungen des angemessenen Verstehens in ihren semantischen Theorien und Beschreibungen zu berücksichtigen.[98]

Zu (5) Verhältnis von sprachlichem und enzyklopädischem Wissen und die Rolle von Kontext und Situation: Am Beispiel von Bewertungsprädikaten wie *guter Pilot, gutes Messer, guter Lügner, gutes Aussehen, gutes Nahrungsmittel* diskutiert Fillmore konkret die Problematik der Grenzziehung zwischen „sprachlichem" und „außersprachlichem" (enzyklopädischem) Wissen. Zum Beispiel wird die korrekte Anwendung eines sprachlichen Ausdrucks wie *gutes Nahrungsmittel* „evaluiert in Bezug auf Eigenschaften, die nicht unmittelbar ableitbar sind aus der Definition von *‚Nahrungsmittel'*". Es fragt sich also, welche „Sorten" von Wissen zu den „Bedingungen des angemessenen Gebrauchs und Verstehens" eines sprachlichen Mittels hinzuzurechnen sind, und welche nicht. Diese Frage ist aber, so sieht Fillmore in voller Klarheit, nur schwer zu beantworten. Allerdings, so schließt er nonchalant, sollte man sich darüber nicht stärker den Kopf zerbrechen als jeder normale Lexikograph und lexikalische Semantiker auch.[99]

Linguisten haben aber, so Fillmore explizit, bislang immer die falschen Fragen gestellt:

> „Die geschilderten Schwierigkeiten existieren, weil linguistische Semantiker (wie die Philosophen und Psychologen, deren Werk sie spiegeln) es für relevant gehalten haben, zu fragen *‚Was ist die Bedeutung dieser Form?'*, statt zu fragen *‚Was muss ich wissen, um diese Form angemessen verwenden zu können, und andere Leute zu verstehen, wenn sie sie verwenden?'* Es ist offensichtlich, dass die falsche Frage gestellt worden ist." (Fillmore 1971d, 274)

---

annehmen müssen, dass ein Sprecher einer Sprache sie ‚kennt', um seine Fähigkeit, sprachliche Formen angemessen zu gebrauchen, beschreiben zu können. Auch wenn es wahr ist, dass die Gebrauchstheoretiker aus der Philosophie den Linguisten kein Werkzeug geliefert haben, das wir einfach übernehmen und unmittelbar in Gebrauch nehmen können, so glaube ich doch, dass wir Nutzen ziehen können aus einigen Diskussionen der Philosophen über den Sprachgebrauch, wenn wir semantische Theorien in der Linguistik vorschlagen oder prüfen. Insbesondere können wir unsere eigenen Untersuchungen auf die Bedingungen richten, unter denen ein Sprecher einer Sprache implizit weiß, dass der Gebrauch gegebener sprachlicher Formen angemessen ist." Fillmore 1974, 274 – Zur „Gebrauchstheorie der Bedeutung" im üblichen Sinne siehe Wittgenstein 1971 und (einführend) Busse 1991, 49 ff. oder Busse 2009, 60 ff.

[98] Mit Blick auf Sapir, Katz / Fodor, Bar-Hillel, Chomsky: „In keinem Fall wird Aufmerksamkeit dem gewidmet, wie der Satz gebraucht werden kann, den Bedingungen, unter denen ein Sprecher des Englischen sich dafür entschieden haben könnte, ihn zu benutzen, die Rolle, die der Satz in einer ablaufenden Konversation spielen könnte, usw." Fillmore 1971 / 1975a, 1.

[99] Fillmore 1971a, 383. „Die Frage, die sich ein Lexikograph stellen muss, ist, ob diese Dinge etwas mit dem zu tun haben, was man (als ein Sprecher einer Sprache) über die Wörter in der Sprache weiß, oder mit dem, was man (als Mitglied einer Kultur) weiß über die Objekte, Überzeugungen und Praktiken dieser Kultur." – „Das sind ernsthafte Fragen, aber man kann damit so umgehen wie der typische Lexikograph, indem man entscheidet, nicht auf einer strikten Trennung zwischen einem Wörterbuch und einer Enzyklopädie zu bestehen." Wie berechtigt dieser Hinweis ist, sieht man, wenn man näher untersucht, welches Wissen in normalen „Bedeutungsbeschreibungen" in Wörterbüchern gemeinhin ausgebreitet wird. – Wolski 1986, 326 hat zurecht darauf hingewiesen, dass sich die professionellen linguistischen Bedeutungsbeschreiber (Lexikographen) jahrhundertelang fremder Fachkompetenzen (aus Universallexika, Fachbüchern usw.) bedient haben, um die Bedeutungen der „Begriffswörter" oder Autosemantika qua Beschreibung ihrer Referenzobjekte zu beschreiben, eine bequeme Methode, die bei den Synsemantika nicht mehr möglich ist, was die Linguisten auf ihre Eigenkompetenz zurückwirft.

52   Kapitel 2: Die Erfindung des Frame-Gedankens in der Linguistik durch Charles J. Fillmore

Die von Fillmore hier in aller scheinbaren Unschuld formulierte neue Zielbestimmung einer verstehenstheoretischen oder *interpretativen* Semantik ist in meinen Augen zusammen mit der Rede von den „Bedingungen des angemessenen Verstehens" *das* zentrale Einfallstor für eine Neuausrichtung der gesamten linguistischen Bedeutungsforschung. Macht man das Tor so weit auf, dann lässt man (in den Gegenstandsbereich der Semantik) möglicherweise Dinge herein, deren man nicht so recht Herr zu werden vermag, und zwar die „große und detailreiche Masse von Hintergrund-Informationen […], die von den Kommunikationspartnern geteilt werden". (Fillmore 1973, 279.) Er gibt sich keiner Illusion hin, dass die Linguistik zum gegenwärtigen Zeitpunkt in der Lage wäre, für die Fülle und Diversität des gesamten verstehensrelevanten Wissens einen schlüssigen Ansatz liefern zu können.[100] Deutlich ist ihm aber, dass eine angemessene semantische Analyse in viel stärkerem Maße als bis zu diesem Zeitpunkt „Kontexte" des Gebrauchs der sprachlichen Zeichen (und grammatischen Strukturen) in den Blick nehmen muss.[101] Für die Problematik der Abgrenzung von „Sprachwissen" und „Weltwissen" erzählt Fillmore eine lange Geschichte, die man vollständig kennen muss, um seine Pointe zu verstehen, und die sehr typisch ist für seine – oftmals sehr ironische bis sarkastische – Redeweise.[102] Was er mit dieser Geschichte offen-

---

[100] „Die Frage, die ein Grammatiker stellen muss, wenn er die verschiedenen Dinge betrachtet, über die ich gesprochen habe, ist: Wie tief fügt sich eine autonome Linguistik (wenn es so etwas gibt) in dieses Bild ein? Ich habe keine Hoffnung, diese Frage beantworten zu können, weil ich, obwohl ich es gerne hätte, wenn es eine spezielle Aufgabe gäbe, die nur Linguisten ausführen können, mir überhaupt nicht sicher darüber bin, was dies sein könnte oder ob es interessant wäre." Fillmore 1973, 282.

[101] „Tatsächlich muss man in die grammatische Analyse Kontexte einbeziehen, die größer sind als Sätze, wie auch zahlreiche Tatsachen über den Prozess der Kommunikation, die Funktionen sprachlicher Handlungen [performances] und die sozialen Situationen [occasions] und Textsorten [literary forms] in denen gegebene Sätze gegebene Funktionen haben können." Fillmore 1973, 274. – Auch der Begriff „Situation" wird, neben „Kontext" in dieser Zeit in Fillmores Denkwelt eingeführt: „Wie ich […] zu zeigen versucht habe, kann ein Satz häufig nur dann vollständig interpretiert werden, wenn wir etwas über die Situation wissen, in der er gebraucht wurde; in vielen Fällen setzt dann das Verstehen eines Satzes ein Wissen über die Klasse von Situationen voraus, in denen er angemessenerweise geäußert werden kann, und ein Wissen über die Wirkung, von der erwartet werden kann, dass er sie in dieser Situation hat." Fillmore 1971 / 1975a, 16. Allerdings verwendet er hier mit „Situation" eine Art „Dummy"-Wort; es ist Türöffner für vieles [Wissen], von dem Fillmore (wegen der Verwendung dieses Dummys) offenbar gar nicht ahnt, wie weit seine Berücksichtigung von dem wegführt, was er für eine im engeren Sinne linguistische (im Gegensatz zu einer allgemein kognitivistischen) Analyse hält. – Die Auswirkung dieses Dummy auf die implizite Weiterentwicklung der Theorie wird noch durch den Zusatz „Klasse von Situationen" verstärkt. Eine solche kann man sich am besten als (prototypikalisch strukturierte / gewichtete) Frame-Struktur vorstellen; und zwar eine Frame-Struktur, die möglicherweise deutlich über das hinausgeht, was Fillmore anderenorts noch als „linguistisches" Wissen zuzugestehen bereit ist.

[102] „Das zentrale theoretische Problem ist meines Erachtens dasjenige, festzulegen, wie man die Fähigkeit einer Person, seine Sprache zu kennen [erlernen?; *know*], erfassen kann. Ich finde es hilfreich, die gesamte [umfassende] Theorie sprachlicher Fähigkeiten als eine sehr spezialisierte Form von Inkarnations-Theorie aufzufassen. – Angenommen, dass einer der unteren Götter die Grenze überschreiten möchte, sie als ein Mitglied der menschlichen Gemeinschaft passieren möchte. Er hat das übliche göttliche Sensorium, durch das er in der Lage ist, in einem Moment den gesamten Raum und die gesamte Zeit wahrzunehmen, und in der Lage ist, jede Form anzunehmen oder jede existierende Kreatur zu besetzen und zu kontrollieren, aber ihm muss gesagt werden, wie wir reden muss und welche Beschränkungen er seiner unbegrenzten Allmacht [seinem unbegrenzten Potenzial] auferlegen muss, um seine göttliche Herkunft nicht zu verraten. – Er muss die lokale Grammatik erwerben, oder vielleicht mehr als eine lokale Grammatik, und einen großen Teil des Lexikons dieser Sprache oder dieser Sprachen. – Er muss sich selbst identifizieren als ein Mitglied der Gemeinschaft hinsichtlich des Alters, Geschlechts, der Familien-Position, des sozialen Status, des Bildungshintergrunds, des Berufs, der geographischen Herkunft

2.4 Die „scenes-and-frames"-Semantik: Eine linguistische „Schema"-Theorie 53

bar nahe legen will (?) ist die Pointe, dass im verstehensrelevanten Wissen offenbar so Verschiedenartiges und Komplexes zusammenkommt, dass es am Ende kaum möglich sein dürfte, genau zu bestimmen, welche Bestandteile dieses Wissens auf „spezifisch linguistische" Theorien und Erkenntnisse zurückgehen, und in welche Wissen anderer Sorten (Alltagswissen, Wissen aus anderen wissenschaftlichen Disziplinen) eingeflossen ist.[103]

2.4 Die „scenes-and-frames"-Semantik: Eine linguistische „Schema"-Theorie

Fillmore zeigt sich an der Schwelle zur „Frame-Semantik" als ein außergewöhnlich skrupulöser Semantiker (und Grammatiker), dem die Grenzen traditioneller linguistischer Theorien (sowohl in der Grammatik als auch in der – lexikalischen – Semantik) nur allzu bewusst sind. Er hat an zahllosen Beispielen (weit intensiver und ausführlicher, als es in einer solchen Einführung nachvollzogen werden kann) präzise nachgewiesen, an wie vielen Stellen und in wie vielen verschiedenen Formen in der Funktionsweise sprachlicher Mittel (vor allem: Wörter und Sätze) Aspekte oder Dimensionen des menschlichen Wissens wirksam werden, die bis dahin nie (oder kaum je) auf dem Radarschirm von Linguisten aufgetaucht sind. Statt von den sprachlichen „Formen", geht er von den Verwendungen sprachlicher Mittel in Kontexten und Situationen aus. Statt fälschlich nach statischen „lexikalischen Bedeutungen" fragt er nach den „Bedingungen des angemessenen Verstehens und Gebrauchs sprachlicher Mittel". Statt einer verkürzten „lexikographischen (Bedeutungs)-Definition" verlangt er die „vollständige" Erfassung des „vollen Sets" von Bedingungen des adäquaten Verstehens. Statt dem kommunikationstheoretisch gesehen falschen Ideal der

---

usw.; – und er muss sich selbst ausstatten mit einem ziemlich kohärenten Set von Meinungen über die Welt und einem Set von affektiven Präferenzen, zusammen mit einer Strategie dafür, diese zu ändern, obwohl Letzteres nicht notwendig ist für einen Erwachsenen. – Er muss in der Lage sein, bei seinen Kommunikationspartnern festzustellen, ob sie Leute sind, die er kennen sollte, wie seine Biografie sich mit ihren überschneidet, und ob und wie sie zu ihm in Beziehung stehen, usw. – Er muss in der Lage sein wahrzunehmen, in welchen Arten von sozialen Situationen er sich befindet oder in welche Arten sozialer Settings seine eigene Handlung eingebettet wurde. – Er muss wissen, welche sprachlichen Konventionen und Routinen die Konversation in diesen Situationen regieren, welche Beiträge mit jedem seiner Konversationsbeiträge zu leisten von ihm und seinen Gesprächspartnern erwartet wird, wann er überhaupt angemessener Weise sprechen kann (darf, sollte), und wann er schweigen sollte. – Und er muss ganz offensichtlich wissen, wie er seine Rede[weise] von Zeit zu Zeit variieren soll und wie vergangene Entscheidungen darüber, seine Redeweise in einer bestimmten Hinsicht zu variieren, es erforderlich machen könnten, seine Redeweise in einem anderen Aspekt öfter oder weniger oft so zu variieren, dass bestimmte Proportionen richtig sichtbar werden." – „Dies ist ein enormes Unterfangen – obwohl ich noch gar nichts gesagt habe darüber, was man alles darüber wissen muss, wie Menschen die Welt wahrnehmen, um die Semantik des Systems erwerben zu können – , aber es scheint alles Teil der Aufgabe zu sein. – Mein Vorschlag für die Bestimmung der Grenze zwischen der Linguistik und anderen Disziplinen, die mit der Kontrolle eines Sprechers über seinen Sprachgebrauch verbunden sind, ist es, eine Gebrauchsanweisung zu schreiben für einen Emigranten der erwähnten Sorte, für dieses Projekt ein großes und fähiges Forscher-Team mit Forschern aus einer großen Zahl von akademischen Disziplinen zu bilden, und empirisch herauszufinden (festzulegen), welche Aufgaben der Linguist ausführen kann ohne jede Hilfe von den anderen." Fillmore 1973, 284.

[103] Vielleicht ist es diese enorme und abschreckende Aufgabe, die Fillmore davon abgehalten hat, die Frage der Form und Struktur des verstehensrelevanten (für das Funktionieren von Sprache relevanten) Wissens jemals gesondert und gezielt zu verfolgen. Man hat den Eindruck eines Forschers, der die Büchse der Pandora einmal aufgemacht, und nach einem Blick hinein ganz schnell wieder verschlossen hat …

„ausgedrückten" sprachlichen Inhalte nachzujagen, erkennt er an, dass vieles in der Sprache implizit vermittelt wird, über „Präsuppositionen", was für ihn (damals) nichts anderes als eine allgemeine Chiffre für das im Verstehen zu erschließende oder vorauszusetzende, in den „lexikalischen" Bedeutungen der sprachlichen Mitteln nicht explizit nachweisbare verstehensrelevante Wissen ist.

Nachdem Fillmore in den vorangegangenen Schriften wichtige Grundlagen seiner sich allmählich entwickelnden Konzeption gelegt hat, wendet er sich nunmehr zunehmend der Ausformulierung seines eigenen semantischen Modells zu, das in der „Frame-Semantik" (1982-86) einen vorläufigen Abschluss erfährt, zuvor aber noch verschiedene Metamorphosen durchlaufen hat. Die bisher gelegten Grundlagen bezogen sich auf den Gedanken, dass in sprachlichen Ausdrücken semantisch häufig viel mehr „enthalten" ist als nach den traditionellen Theorien zur Wortbedeutung oder Satzbedeutung gerechnet wurde (Phase der „entailment rules"); auf die wichtige Funktion von „semantischen Rollen" (Argumentrollen) und „Kasusrahmen" (bzw. Argumentstrukturen), wobei es für Fillmore auch hier sehr wichtig ist, dass die Zahl und Art der zu einem „Kasusrahmen" gehörigen semantischen Rollen deutlich über die Anzahl der syntaktischen Komplemente eines Prädikats hinausgehen kann; schließlich die wichtige Rolle von „Präsuppositionen" jeglicher Art, deren Reflexion Fillmore zu der Forderung veranlasst, die „Bedingungen der adäquaten Verwendung" sprachlicher Einheiten (seien es Wörter, Sätze oder Satzteile) möglichst „vollständig" zu erfassen; dies alles mündet in das Konzept einer auf die Erklärung der Möglichkeit des Verstehens gerichteten Semantik (von Fillmore in dieser Phase noch „interpretative Semantik" genannt), die man auch als eine „reiche" Semantik bezeichnen könnte, die ohne die Scheuklappen der traditionellen Grammatik und lexikalischen Semantik das verstehensrelevante Wissen in seiner Gesamtheit zu berücksichtigen trachtet.

Da Fillmores semantische Reflexion praktisch niemals „zum Stillstand kommt", ist auch die sich jetzt anschließenden Phase der „scenes-and-frames-Semantik" nur ein Übergangsstadium, an das sich wiederum Revisionen wichtiger Aspekte des Modells sowie Erweiterungen anschließen. In dieser Phase werden aber wichtige Grundbegriffe und Aspekte des Frame-Modells eingeführt, die auch heute noch ihre Gültigkeit haben. Dies gilt insbesondere für die nunmehr explizite Einführung des Begriffs „Frame" (der ja zuvor nur in der sehr spezifischen Form des „Kasus-Rahmens" behandelt worden war) und die Bestimmung der Frames als Prototypen-Strukturen. Mit der dazu parallelen Einführung (bzw. Hervorhebung) des Begriffs „Szene" führt Fillmore zunächst eine Doppelstruktur ein, in der sich Elemente realweltlicher „Szenen" (als Teile des enzyklopädischen Wissens oder Weltwissens) auf Elemente sprachlicher „Frames" / „Rahmen" (als Teile des „sprachlichen Wissens" oder „semantischen Wissens im engeren Sinn") beziehen lassen, wobei er sich bei der Konzeption der „Szenen" stark am damals geläufigen Begriff des „Schemas" aus der allgemeinen Gedächtnistheorie und Kognitionspsychologie orientiert. Aufgrund der überraschend intensiven Benutzung des „Schema"-Begriffs zu dieser Zeit könnte man den Beginn dieser Phase der Theorieentwicklung statt „scenes-and-frames-Semantik", wie sie nach dem Titel eines Aufsatzes von Fillmore allgemein genannt wird, auch als „schematheoretische Phase" des Fillmore'schen Frame-Modells bezeichnen. (Allerdings findet schon ein Jahr später im titelgebenden Aufsatz der Schema-Begriff nur noch wenig Verwendung; gleichwohl ist er für das Verständnis von Fillmores Denkweg auch weiterhin wichtig.) Gegenwärtig steht jedoch (zumindest in Fillmores eigenem Verständnis) der Begriff der „Szene" im Mittelpunkt seiner Argumentation. Dies wird deutlich an seiner klaren Neubestimmung

2.4 Die „scenes-and-frames"-Semantik: Eine linguistische „Schema"-Theorie   55

der Aufgaben einer linguistischen Semantik: „Die Erforschung der Semantik ist die Erforschung der kognitiven Szenen, die durch Äußerungen hervorgebracht oder aktiviert werden."(Fillmore 1977a, 73) Und dies kulminiert in dem von Fillmore selbst so genannten
„Slogan" dieser Phase: „Bedeutungen sind relativ zu Szenen." (Fillmore 1977a, 60)

2.4.1 „Frames", „Szenen", „Schemata"

Dass Fillmore für die Weiterentwicklung seiner semantischen Theorie mehr und mehr den
Begriff „Frame" / „Rahmen" ins Zentrum stellt (und zwar nicht mehr in der spezifischen
und gebundenen Form der Kasus-Rahmen, sondern als allgemeinen semantischen Grundbegriff), gibt er zu Beginn deutlich als Zugeständnis an den Zeitgeist zu erkennen,[104] der
durchaus kognitivistisch orientiert ist.[105] Damit ist jedoch keineswegs verbunden, dass er
selbst nun schon eine deutlich „kognitive" Perspektive auf Fragestellungen der linguistischen Semantik einnehmen will.[106] Überraschend ist, wie deutlich Fillmore den Begriff
„Frame" hier mit dem Begriff „Prototyp" verbindet. Die Tatsache, dass er beide Begriffe
gleichzeitig einführt, weist darauf hin, dass für ihn Frames stets prototypikalische Strukturen sind, der Begriff „Frame" vom Begriff „prototypikalische Struktur des Wissens" praktisch nicht getrennt werden kann:

> „Die Rahmen-Idee ist folgende. Es gibt bestimmte Schemata oder Rahmen(werke) von Begriffen
> [concepts] oder Termini [terms] die sich zu einem System verbinden, die einen bestimmten Aspekt der
> menschlichen Erfahrung Struktur und Kohärenz geben [impose], und die Elemente enthalten können,
> die gleichzeitig Teile anderer solcher Rahmenwerke sind." – „Diese beiden Begriffe [„Prototyp" +
> „Rahmen"] können, gemeinsam benutzt, eine neue Sichtweise für eine Reihe von Fragen der linguisti-
> schen Semantik vermitteln." – „Eine Weise, beide Begriffe miteinander zu verbinden, ist die Hypothese,
> dass in manchen Fällen der Bereich der Erfahrung, dem ein sprachlicher Rahmen eine Ordnung gibt, ein
> Prototyp ist."[107]

Nach dieser ersten Definition gilt Folgendes: Frames sind Strukturen von „Begriffen / Konzepten"; sie sind Schemata; sie sind (*als* diese Schemata / Strukturen / Frames) prototypikalisch; sie sind Gliederungen / Strukturierungen der menschlichen Erfahrung (man könnte

---

[104] „Es liegen zurzeit zwei Ideen in der Luft, deren Zeit gekommen zu sein scheint: Prototyp und Rahmen /
Frame. Ich betrachte hier ihre Relevanz für die semantische Theorie." Fillmore 1975b, 123. – Er macht
an dieser Stelle auch deutlich, dass der Rahmenbegriff letztlich auf das „Schema"-Konzept in der Gedächtnistheorie von Bartlett 1932 zurückgeht.

[105] „Ich erinnere mich einfach nicht, welche dieser [gedanklichen] Entwicklungen [hin zur Frame-Theorie]
unabhängig in meinem eigenen Denken stattgefunden haben, welche aus Anregungen von der KI-
Forschung resultierten." Fillmore 1976b, 5.

[106] „Ich muss deutlich machen [...] dass ich keine theoretischen Ambitionen habe, die mir ein persönliches
Interesse am schließlichen Erfolg oder Misserfolg des KI-Unternehmens geben." – Seine Beziehung zur
KI-Forschung kommt „von der Wertschätzung für einige Metaphern, die ich aus einer kleinen Zahl dor-
tiger Arbeiten ausleihen konnte" [er nennt: Frame, Skript, Szenario, *template* / Schablone] „und von der
Tatsache, dass ich im allgemeinen ein anteilnehmenderes Zuhören zu Ideen der Art, über die ich sprechen werde, von Leuten in der KI-Forschung erhalten habe, als von meinen eigenen Grammatik-
Kollegen." Er sähe momentan in der Sprachtheorie keine adäquate Möglichkeit, das mit formalen Mitteln darzustellen, worum es ihm gehe, „und ich bin nicht zufrieden mit der Antwort, dass solche Fragen
aus diesem Grund außerhalb des Arbeitsbereichs [scope] der Linguistik selbst [der eigentlichen Linguistik; *linguistics proper*] lägen." Fillmore 1976b, 5 – Im Grunde bedauert Fillmore also zutiefst, dass er
mit seinen semantischen Ideen eher bei Kognitivisten Gehör findet als bei Linguisten.

[107] Fillmore 1975b, 123.

56   *Kapitel 2: Die Erfindung des Frame-Gedankens in der Linguistik durch Charles J. Fillmore*

auch sagen: des Weltwissens); und sie sind in der Weise miteinander vernetzt, dass Elemente des einen Frames (Schemas) auch als Elemente in anderen Frames (Schemata) enthalten sein können.

Dieser ersten Definition bzw. Einführung des Frame-Begriffs als semantischen Grundbegriffs stellt Fillmore sogleich (in dieser Phase) den Begriff der „Szene" zur Seite. *Szenen* und *Rahmen* beziehen sich jeweils aufeinander, bilden eine Art Doppelstruktur (oder Beziehungsstruktur, Relationsgefüge), gehören aber jeweils verschiedenen Sphären an:

> „Ich möchte sagen, dass Leute bestimmte Szenen mit bestimmten sprachlichen Rahmen assoziieren. Ich benutze das Wort ‚Szene' in einem maximal allgemeinen Sinn, einschließend nicht nur visuelle Szenen, sondern auch vertraute Arten von interpersonaler Transaktionen, Standard-Szenarios, die durch die Kultur definiert sind, handlungs-bezogene Erfahrung, Körper-Bilder, und ganz allgemein jede Form von kohärenten Segmenten menschlicher Kenntnisse / Annahmen [beliefs], Handlungen, Erfahrungen oder Vorstellungen [imaginings]."[108]

Während der Begriff „Szene" also für die allgemeinen Strukturen des menschlichen Wissens (der menschlichen Erfahrung[109]) stehen soll, also für rein kognitive / epistemische Strukturen, stellt sich Fillmore unter „Rahmen" jetzt die sprachliche Entsprechung dieser allgemeinen kognitiven Strukturen vor. Für sie gibt er (in dieser Phase seines Denkwegs) folgende Definition:

> „Ich benutze das Wort ‚Rahmen' für jedes System sprachlicher Wahlen – der einfachste Fall sind Sammlungen von Wörtern, eingeschlossen sind aber auch Wahlen grammatischer Regeln oder sprachlicher Kategorien – das assoziiert werden kann mit prototypischen Fällen [instances] von Szenen."[110]

Fillmore möchte also deutlich unterscheiden zwischen dem „sprachlichen" Teil des verstehensrelevanten Wissens („Frames") und dem nicht-sprachlichen Teil des Wissens (dem allgemeinen Erfahrungswissen, Weltwissen, das sich in „Szenen" organisiert. Beide „Ebenen" der Strukturierung des verstehensrelevanten Wissens sind eng aufeinander verwiesen, können sich in den kognitiven Prozessen, die beim Verstehen wirksam werden, „wechselseitig aktivieren":[111]

> „In kognitivistischer Redeweise (auch auf die Gefahr hin, dass dies für extrem naive Psychologie gehalten wird) möchte ich sagen, dass sich Rahmen und Szenen im Kopf einer Person, die die Assoziationen zwischen ihnen gelernt hat, wechselseitig aktivieren; und dass Rahmen im Gedächtnis mit anderen Rahmen assoziiert sind vermittelst des sprachlichen Materials, dass sie teilen, und dass Szenen mit an-

---

[108]   Fillmore 1975b, 124. (Diese Definition von „Szene" ist fast wortidentisch wiederholt in Fillmore 1977b, 63, mit dem interessanten Zusatz „ein Wort, mit dem ich nicht völlig glücklich bin".)

[109]   Es ist interessant, dass der Terminus „Erfahrung" in Fillmores Arbeiten sehr viel häufiger auftaucht (und geradezu im Zentrum steht) als der Begriff „Wissen", der bei ihm eher selten explizit gebraucht wird. (Vgl. auch Fillmore 1976a, 20: „Ich meine mit ‚Framing' die Berufung auf strukturierte Arten, Erfahrung zu interpretieren, im Wahrnehmen, Erkennen und Kommunizieren.") – Da der Unterschied zwischen „Wissen" und „Erfahrung" darin liegt, dass letzterer Terminus stärker das prozessuale, lebensgeschichtliche Moment betont, liegt auch in dieser Perspektivierung eine implizite theoretische Aussage. Dies zeigt auch die prominente Rolle, die Fillmore in dieser Phase seines Denkweges dem Begriff „Geschichte(n)" gibt. (Vgl. Fillmore 1976b, 13; 1977b, 72). – Siehe zur Rolle des Begriffs „Erfahrung" in Fillmores Modell unten Seite 75 ff.

[110]   Fillmore 1975b, 124. (Diese Definition von „Frame" ist fast wortidentisch wiederholt in Fillmore 1977b, 63).

[111]   Fillmore 1975b, 124. Auch dazu gibt es eine Parallel-Stelle in Fillmore 1977b, 63, wo er noch hinzufügt: „Ich gehe davon aus, dass Szenen und Rahmen wechselseitig abrufbar sind, was heißen soll, dass eine Szene den mit ihr verbundenen Rahmen aktivieren kann und ein Rahmen die mit ihm verbundene Szene aktivieren kann."

2.4 Die „scenes-and-frames"-Semantik: Eine linguistische „Schema"-Theorie　　　　57

deren Szenen assoziiert sind mittels der Gleichheit oder Ähnlichkeit der Entitäten oder Relationen oder Substanzen in ihnen, oder ihres Auftretens-Kontextes."

Es wird deutlich; Frames (Rahmen) sind verknüpft über Wörter; Frames sind epistemisch verankert („im Kopf"); dennoch sind sie sehr eng gefasst als „System sprachlicher Wahlen"; alles Epistemische wird damit im Grunde auf den „Szene"-Begriff verlagert.

„Frames", „Szenen", „Schemata" sind in dieser Phase des Fillmoreschen Denkens eng miteinander verbunden, und es ist nicht immer leicht, nachzuvollziehen, worin er eigentlich genau ihren Unterschied gesehen hat (zumal er im voll-entwickelten Frame-Modell auf diese Fein-Differenzierungen nicht mehr zurückkommt).[112] Im Grunde scheinen diese drei Begriffe (oder Aspekte) des verstehensrelevanten Wissens über ein subkutanes Schema-Konzept zusammenzuhängen. Die Wechselwirkung der drei Aspekte beschreibt er so:

> „Der Interpret muss in der Lage sein, eine Szene oder Folge von Szenen zu konstruieren, die den Text trifft[1], den er verarbeitet. Er kann dies, indem er Zugang zu einer enormen Zahl kognitiver Schemata hat und indem er weiß, welche Wörter und Morpheme (wenn überhaupt welche) mit jedem dieser Schemata verknüpft sind.[2] Man kann, mit der Ausdrucksweise von anderen, sagen, dass Wörter und Morpheme die verbundenen Schemata im Geist[3] des Interpreten „aktivieren". Ich beziehe mich auf dieses assoziierte / verbundene sprachliche Wissen und seine Organisation als auf einen sprachlichen Rahmen[4], eine Sammlung von sprachlichen Formen oder Prozessen, die auf präzise Weise mit spezifischen kognitiven Schemata verbunden sind[5], und die auf diese bestimmte Perspektiven anwenden können[6]."[113]

Schemata, so kann man diese Ausführungen deuten, sind für Fillmore kognitive (geistige, mentale, epistemische) Strukturen des Wissens. Sie sind also Entitäten des Gedächtnisses, der Ordnung und kognitiven / epistemischen Organisation von Erfahrungen,[114] und damit der Kategorisierung im Vollzug von Erkenntnisakten.[115] Sie organisieren die „Bedingun-

---

[112] Das ständige Schwanken in seinem eigenen Gebrauch dieser Termini gibt Fillmore durchaus selbst zu: „In einer großen Zahl von Gesprächen, die ich mit anderen Forschern hatte, die Begriffe benutzen wie Rahmen, Schema, Szene und Prototyp – kognitive Psychologen, Philosophen, Linguisten und Computer-Wissenschaftlern – war ich beeindruckt erstens von der Variationsvielfalt von Konzeptualisierungen, die diesen Begriffen zugrunde liegen, und zweitens von der Tatsache subtiler Änderungen in meinem eignen Gebrauch dieser Termini als ein Resultat dieser Gespräche. […] Die Möglichkeit, missverstanden zu werden, ist daher immer gegeben." Fillmore 1977c, 136. – So bemerkenswert diese Selbsteinsicht ist, es bleibt doch unklar, was Fillmore mit diesen Bemerkungen eigentlich sagen will. Einerseits lehnt er sich an andere Theorien an, andererseits betont er die Unterschiede und die Gefahr, missverstanden zu werden. Diese scheint tatsächlich gegeben, aber vielleicht weniger wegen der subtilen Veränderungen in seinem eigenen Gebrauch dieser Begriffe, als vielmehr in seinem ständigen Schwanken und der Unklarheit darüber, in welche Richtung er mit seinem Modell eigentlich gehen will. Dies, und weniger gewisse terminologisch Unschärfen ist sein eigentliches Problem!

[113] Fillmore 1976b, 13 (Erläuterungen zur Übersetzung: [1]auf den Text passt; matching; [2]are associated; [3]mind; [4]linguistic frame; [5]are related to; [6]might impose) – Vgl. auch Fillmore 1976b, 12: „Ich gebrauche die Begriffe ‚Szene', ‚Schema' und ‚Frame' als die begrifflichen Basis-Werkzeuge in dem Argumentationsgang, über den ich gerade sprechen will. Die Beziehungen zwischen diesen Begriffen können entweder vom Blickwinkel des Text-Erzeugers oder dem des Interpreten präsentiert werden. Ich werde nachfolgend die Interpreten-Perspektive einnehmen."

[114] „Menschen haben in ihrem Gedächtnis ein Repertoire von Schemata für die Strukturierung, Klassifizierung und Interpretation von Erfahrungen; und sie haben verschiedene Weisen des Zugangs zu diesen Schemata und verschiedene Prozeduren, um Operationen über diesen Schemata auszuführen. Manche dieser Schemata können physiologisch verankert sein (z.B. Körper-Form-Schemata; zentrale Teile des Farb-Spektrums), andere verdanken ihre Existenz beobachteten konstanten Ursache-Wirkung-Beziehungen in der Welt, während die Existenz von noch anderem von Symbolisierung abhängen kann." Fillmore 1976a, 25.

[115] „Als menschliche Wesen können wir eine Erfahrung interpretieren, wenn wir erfolgreich eine Art von konzeptuellem Schema auf sie zuschreiben können, das heißt wenn wir die Erfahrung als Instanz eines

gen" des Verstehens.[116] Frames sind Strukturen des spezifisch sprachbezogenen Wissens, die aber (und hier wird es unübersichtlich) wiederum allgemeines Schema-Wissen integrieren und organisieren.[117] Die starke Betonung der „Schemata" in dieser Phase wirft natürlich verschärft die Frage nach dem Verhältnis von kognitiven (epistemischen) Strukturen und sprachlichen Tatsachen auf, doch ist dies für Fillmore eher eine Scheinfrage als ein echtes Problem:

> „Die Interpretation [solcher Ausdrücke wie *kaufen, verkaufen* usw.] erfordert gleichzeitig ein allgemeines Verständnis des zu Grunde liegenden kognitiven Schemas und spezielles Wissen über ihre Rollen als lexikalische Einheiten in unserer Sprache. [...] Es fällt mir schwer, Sinn in der Forderung zu finden, dass der eine Teil hiervon etwas mit den Bedeutungen von Wörtern und der Rest mit etwas rein Kognitivem zu tun hat. In vielen Fällen macht es keinen Sinn, die Frage ‚Was bedeutet dieses Wort?' als getrennt von Fragen anzusehen darüber, wie Leute dieses Wort gebrauchen, was die Kontexte charakterisiert, in denen das Wort gelernt wurde, und in denen es seine Funktionen erfüllt und dergleichen. Ich befasse mich nicht oft mit der Frage, wie eine Grenze zwischen dem, was rein semantisch, und dem, was rein kognitiv ist, gezogen werden kann." (Fillmore 1977d, 99.)

Fillmore lehnt hier mit einer Radikalität, die er später wieder zurücknimmt, jeden Versuch einer scharfen Grenzziehung zwischen „Sprache" und „Wissen" ab.

Der Begriff „Szene" wird (wie wir gesehen haben[118]) stärker auf einen spezifischen Text bezogen (Text als „Folge von Szenen").[119] Im Grunde handelt es sich aber ebenfalls um bestimmte Strukturen des Wissens. Es hat den Anschein, als habe Fillmore am Ende dieser Phase seiner Theorieentwicklung den Begriff „Schema" zurückgedrängt zugunsten des Terminus „Szene":

> „Ich habe ausgeführt, dass wir für die semantische Theorie einen Begriff wie ‚Szenen' benötigen, dass Szenen teilweise beschrieben werden können *in terms* der sprachlichen Rahmen, mit denen sie assoziiert sind; und dass Szenen und Rahmen darüber hinaus, dass sie kognitiv miteinander verknüpft sind, in

---

Schemas lokalisieren können." Fillmore 1977c, 128. – Die Verwendung des Ausdrucks „lokalisieren" ist hier sehr wichtig, da sie darauf hindeutet, dass jede Erfahrung dadurch kategorisiert wird (und damit im Gedächtnis speicherbar und langfristig zugänglich gemacht wird), dass sie in einem System von Rahmen (der Architektur des Wissens) eingeordnet, d.h. mit einem festen „Ort" versehen wird.

[116] „Man kann sich ein Schema, so wie es hier definiert ist, als einen Standard-Set von Bedingungen oder als ein begriffliches Rahmenwerk vorstellen, das ideale oder prototypische Instanzen einer Kategorie charakterisiert." Fillmore 1977c, 127. – In Fillmore 1977d, 101 differenziert er zwischen zwei verschiedenen Ebenen von Schemata, nämlich (1) allgemeinen Schemata („eine Repräsentation einer allgemeinen Schematisierung eines Ereignistyps") und (2) Satzfunktions-bezogene Schemata („eine Schematisierung, die eigen angepasst ist [fitted for] an die kommunikative Funktion eines Satzes [clause]") und installiert gleichzeitig so etwas wie eine Ebenen-Hierarchie von Schemata.

[117] „Der Begriff ‚Frame' hängt nicht von Sprache ab, aber angewandt auf sprachliche Prozesse figuriert er folgendermaßen: spezifische Wörter oder Rede-Formulierungen, oder spezifische grammatische Wahlen, sind im Gedächtnis mit spezifischen Frames verbunden; und zwar auf die Weise, dass eine Konfrontation mit einer sprachlichen Form in einem geeigneten Kontext im Geiste des Wahrnehmenden den spezifischen Frame aktiviert – wobei die Aktivierung des Frames wiederum den Zugang zu anderem sprachlichen Material, das mit demselben Frame verbunden / assoziiert ist, verbessert / verstärkt [enhancing]." Fillmore 1976a, 25.

[118] Siehe vorletztes Zitat (Fillmore 1976b, 13) auf Seite 57 zu Fußnote 113.

[119] Vgl. Fillmore 1977b, 75: „Die von einem Sprecher explizit gemachten sprachlichen Wahlen [besser: die explizit verwendeten sprachlichen Mittel, D.B.] aktivieren bestimmte Szenen im Repertoire von Szenen des Interpreten, und indem die sprachlichen Daten fortlaufend produziert und prozessiert werden, werden diese Szenen verknüpft mit größeren Szenen, ihre „Leerstellen" werden ausgefüllt und Perspektiven in ihnen werden eingenommen." Und Fillmore 1976 b: „Der Punkt an diesem Beispiel ist, dass man manchmal für das Verstehen eines Satzes nicht nur eine bestimmte Szene im Kopf haben muss, sondern in der Lage sein muss, diese Szene zu lokalisieren als ein Stadium in einer Geschichte."

2.4 Die „scenes-and-frames"-Semantik: Eine linguistische „Schema"-Theorie

ähnlicher Weise mit anderen Szenen oder anderen Rahmen verknüpft sind, und zwar in der Weise, dass sie in ihrer Gesamtheit die wahrgenommene und imaginierte Welt erfassen und das gesamte Rahmenwerk sprachlicher Kategorien zum sprechen über imaginierbare Welten."[120]

Noch ein Jahr zuvor taucht allerdings der Begriff der „Szene", der dieser Phase der Fillmore'schen Frame-Theorie ihren Namen gegeben hat, in einer Liste der „zentralen Begriffe für meinen Ansatz" gar nicht auf. Neben „Kontext", „Prototyp oder paradigmatischer Fall", „Rahmen oder Schema" und „semantisches Gedächtnis" fehlt er dort völlig (Fillmore 1976a, 23). Für die Beschreibung der „Szenen" selbst sind laut Fillmore folgende Begriffe zentral: *Szene, Prototyp, Perspektive, Aktivierung*.[121] Die Prominenz des Begriffs *Szene* in dieser Phase seines Denkweges ist sicher auch auf den Umstand zurückzuführen, dass er so gut zu den valenztheoretischen Wurzeln des Frame-Gedankens in der Fillmore'schen Ausprägung passt.[122] Der Begriff „Szene" steht damit für den rein semantischen Aspekt von „Valenzrahmen". „Valenz" wird hier letztlich semantisch-kognitiv (bzw. epistemologisch) umgedeutet und in die Form des „Scenes-and-frames-Modells" gegossen. Auch wenn Fillmore bis zuletzt – auch noch nach dem Verzicht auf die Annahme einer strikten Doppelstruktur von „Szenen" und „Frames" – am Begriff der „Szene" festhält, wird aus dem Zusammenhang verschiedener Textstellen in verschiedenen Aufsätzen dieser Zeit bereits früh klar, dass der Begriff des „Rahmens" (trotz der zeitweiligen Prominenz der sich offenbar ablösenden Begriffe „Schema" und „Szene" in seinen Formulierungen) das Zentrum des Gedankengebäudes ist, auf den die terminologische Entwicklung zulaufen wird.[123]

Fillmore versucht schließlich (trotz aller zugestandenen eigenen Unsicherheiten in Gebrauch und Begrenzung dieser Termini) doch, etwas Ordnung zu schaffen, und definiert seine Grundbegriffe am Ende dieser Phase folgendermaßen:

- „Wir können ‚*Szene*' benutzen, um uns auf Real-Welt-Erfahrungen / Erkenntnisse, auf Handlungen, Objekte, Wahrnehmungen und persönliche Erinnerungen an diese zu beziehen."
- „Wir können ‚*Schema*' benutzen, um uns auf eines der konzeptuellen Schemata der Rahmen-Werke zu beziehen, die miteinander in der Kategorisierung von Handlungen, Institutionen und Objekten verbunden sind. [Beispiel Kauf-Ereignis], ebenso wie auf irgendeines der verschiedenen Repertoires von Kategorien, die man in Kontrast-Sets, prototypischen Objekten usw. findet."
- „Wir können ‚*Rahmen*' benutzen, um uns auf die spezifischen lexiko-grammatischen Vorrichtungen [provisions] in einer gegebenen Sprache zu beziehen, mit denen man die Kategorien und Relationen benennt und beschreibt, die in den Schemata gefunden werden."

---

[120] Fillmore 1977b, 72.

[121] Fillmore 1977c, 86.

[122] Vgl. Fillmore 1977c, 88: „Die Theorie des Lexikons muss für jedes Verb das spezifizieren, was wir hinsichtlich jeder Szene, für das es relevant ist Tesnière und einer Anzahl europäischer Lexikologen folgend seine ‚Valenz' nennen können. Wobei der Terminus *Valenz* so ausgedehnt wird, dass er gleichzeitig die Bezugnahme auf die Oberflächenform von Sätzen, die das Verb enthalten, und auf die Elemente und Aspekte der assoziierten Szenen einschließt."

[123] Vielleicht auch nur deshalb, weil der Begriff „Frame" ohnehin, wie Fillmore ja freimütig zugesteht, „in der Luft lag", aber sicher auch, weil er als eine logische Fortsetzung der alten Kasus-Rahmen so besonders gut passte: „Ein zweiter Aspekt des Geistes der Zeit, den ich erläutern möchte, ist der Begriff *Rahmen* oder *Schema*. Ein früher Ansatz in einer linguistischen Zielstellung war mein eigener Begriff *Kasus-Rahmen*; aber dieser Begriff wird ebenso von Autoren der K. I. und kognitiven Psychologie gebraucht. Die Idee geht (unter verschiedenen Namen) mindestens so weit zurück wie die Schemaidee bei Bartlett 1932, und wurde kürzlich ausgearbeitet bei Minsky 1974, Winograd 1975. Im Zuge der Kasus-Grammatik habe ich den Kasus-Rahmen, der mit einem bestimmten prädikativen Wort verbunden ist, konzipiert als die Abbildung [imposition, „Aufdrängung"] einer Struktur auf ein Ereignis (oder auf die Konzeptualisierung eines Ereignisses), auf festgelegte Weise und mit einer gegebenen Perspektive." Fillmore 1977b, 58.

60   *Kapitel 2: Die Erfindung des Frame-Gedankens in der Linguistik durch Charles J. Fillmore*

– „Und wir können ‚*Modell*' benutzen, um uns entweder auf jemandes Sicht der Welt zu beziehen, oder auch die Sicht der Welt, die ein Interpret im Prozess der Textinterpretation aufbaut.
– „Ein ‚*Textmodell*' kann man sich vorstellen als die Zusammenstellung von Schemata, die durch den Interpreten erzeugt wird, und die gerechtfertigte ist durch das Wissen des Interpreten über die Rahmen im Text, das einen bestimmten Set von möglichen komplexen Szenen modelliert."[124]

Trotz aller Klärungsversuche bleibt Fillmores Verwendung seiner grundlegenden Termini in dieser Phase jedoch uneinheitlich und wirft zahlreiche Probleme auf. Einerseits versteht er „Szenen" als Teile des quasi natürlich, alltagsweltlichen Wissens; man könnte es (obwohl Fillmore diesen Ausdruck nicht benutzt) als das „Common-sense-Wissen" von der Welt bezeichnen. Die eher als sprachlich aufgefassten „Rahmen" beziehen sich auf diese „Szenen". Über allem schwebt der Begriff des „Schemas", der auch nach Fillmore eindeutig auf kognitiver (epistemischer) Ebene angesiedelt ist, aber letztlich (wegen seines Allgemeinheitsgrades) auch „Szenen" und „Frames" erfasst. Andererseits sind „Szenen" für ihn aber auch strukturgebende Einheiten oder Muster, die sich auf so Unterschiedliches beziehen sollen wie „jede / s individuierbare Wahrnehmung, Gedächtnis, Erfahrung, Handlung, oder Objekt". Wären sie auf rein realweltlicher Ebene angesiedelt, also quasi „Abbilder" der äußeren Wirklichkeit, dann könnte Fillmore hier nicht unmittelbar Aussagen anschließen wie: „Manche Szenen bestehen aus anderen Szenen; andere können nicht analysiert werden, sondern müssen als ganze bekannt sein."[125] Man kann vielleicht sagen: Rahmen bestehen aus anderen Rahmen, oder „Schemata bestehen aus anderen Schemata". Wenn man aber sagt „Szenen bestehen aus anderen Szenen", dann bringt man diesen zuvor sorgfältig abgegrenzten Begriff wieder auf dieselbe Ebene, auf der die beiden anderen Begriffe rangieren: Es handelt sich dann um Formen der Kategorisierung (Definition, Identifikation, Abgrenzung und Ordnung der Welt und ihrer Gegenstände und Sachverhalte) für welche Termini wie „Frame" oder „Schema" völlig ausreichend sind. Man kann es jedoch auch als einen gewissen Fortschritt ansehen, dass Fillmore hier auch „Objekte" unter den Begriff der „Szene" subsumiert. Damit ist klar, dass der Begriff der „Szene" nicht im alltagssprachlichen Sinne verstanden werden darf, sondern schon hier letztlich kognitive Frames meint, zu denen dann eben auch Konzept-Frames gehören![126]

Trotz all dieser Unklarheiten und Probleme nimmt der Begriff der „Szene" in dieser Phase von Fillmores bedeutungstheoretischem Denkweg eine zentrale Rolle ein, wie es mit seinem (von ihm selbst als solchen bezeichneten) Slogan deutlich wird:[127] „Bedeutungen

---

[124] Fillmore 1977c, 127. Zusammen sollen diese Ebenen so etwas wie ein komplettes Sprachmodell (inklusive Spracherwerbstheorie) ergeben: „Die Integration dieser Konzepte kann man sich folgendermaßen vorstellen: Aus den Erfahrungen mit Real-Welt-Szenen erwerben Menschen begriffliche Schemata; im Erwerb der Schemata werden manchmal Einheiten aus sprachlichen Rahmen erlernt, um diese und ihre Teile zu benennen [labeling] [und kategorisieren!]; Wörter aus einem Sprach-Rahmen aktivieren im Kopf des Benutzers den gesamten Rahmen und das assoziierte Schema; die Schemata können benutzt werden als Werkzeuge oder Bausteine für die Zusammensetzung eines Textmodells auf der Basis der Wörter in einem Text – das heißt, eines Modells der Welt, das mit den Wörtern im Text kompatibel ist." (a.a.O.)

[125] Fillmore 1977c, 84. Vgl. auch a.a.O. 86: „Es ist wichtig, dass die Identität einer Szene auf jeder Anzahl von Ebenen etabliert werden kann. Szenen können Unter-Szenen enthalten und selbst Teil einer übergeordneten Szene sein."

[126] Dies erleichtert erheblich die Anschlussfähigkeit des stark auf Verben konzentrierten Frame-Modells von Fillmore an stark nominal bzw. an „Konzepten" orientierten Frame-Modells, wie es etwa Barsalou 1992 formuliert.

[127] Fillmore 1977c, 84. – „Ein Wort, das in einem Text erscheint, der von jemandem interpretiert wird, der das Wort versteht, kann konzipiert werden als das Aktivieren einer Szene und ein Verweisen auf einen

2.4 Die „scenes-and-frames"-Semantik: Eine linguistische „Schema"-Theorie   61

sind relativ[iert] zu Szenen". Was Fillmore in dieser Phase vertritt, ist ein ziemlich holistisch ausgelegtes Modell der Semantik und des Sprachverstehens[128] (wie auch an seiner gelegentlichen Verwendung des „Gestalt"-Begriffs[129] deutlich wird). Dass diese „Szenen" letztlich für kognitive Größen stehen, wird an einer weiteren Differenzierung deutlich, die Fillmore einführt. „Die Szenen, in Bezug auf die die Bedeutungen sprachlicher Formen relativiert sind, werden individuiert in Weisen, die teilweise natürlich, teilweise konventionell, teilweise idiosynkratisch sind."[130] Letztlich werden die „Szenen" hier behandelt wie (kognitive) „Schemata" (oder eben „Frames"), da man nur von diesen sagen kann, dass sie auf allen drei Ebenen ansiedeln lassen.

2.4.2 Eigenschaften und Typen von Frames und Szenen

Einige Beispiele für Frame-Wissen. Da Fillmore ein Linguist (Semantiker) ist, der immer eng am sprachlichen Material argumentiert, darf man die terminologischen Schwankungen in der Phase des Ausbaus seines Frame-Modells vielleicht auch nicht zu sehr auf die Goldwaage legen. Möglicherweise spiegeln diese terminologischen Unsicherheiten ja nur die Unübersichtlichkeit und Vielgestaltigkeit des sprachlichen Materials, das Fillmore reichhaltig präsentiert. Das Parade-Beispiel für die gesamte Frame-Theorie (an dem Fillmore über die gesamte Entwicklung seines Modells bis heute festgehalten hat), ist dasjenige, das er den „Finanzielle Transaktions-Frame" nennt. Dazu gehören Wörter wie *kaufen, verkaufen, bezahlen, ausgeben, Kosten, Preis, Gebühr, Geld, Bezahlung, Kaufmann, Kunde* usw. Das Charakteristische dieser Wörter ist, dass sie alle auf dasselbe Schema (dieselbe Szene) zurückgehen, aber diese Szene jeweils aus unterschiedlichen Perspektiven in den Blick nehmen.[131] In die Schemata (oder Frames, oder Szenen) fließt Lebenswelt-Wissen ein, und häufig fällt es schwer, zwischen einer semantischen Beschreibung und der Beschreibung des verstehensrelevanten Lebenswelt-Wissens überhaupt angemessen unterscheiden zu können.[132] Als Beispiel hierfür führt Fillmore abstrakte Nomen an wie *Ungeduld, Unduld-*

---

bestimmten Teil dieser Szene. [...] Oft sind Wort-bezogene Szenen nur Ausschnitte; aber wie wenn wir ein einzelnes Bild eines Films anschauen, gerät die ganze Szene (der Film) von dem Einzelelement aus in den Blick." (a.a.O.)

[128] „Manche Szenen bestehen aus anderen Szenen; andere können nicht analysiert werden, sondern müssen als ganze bekannt sein. Was mir wichtig ist: dass für viele Wörter und Phrasen in unsere Sprache gilt, dass wir sie nur dann verstehen können, wenn wir zuerst etwas anderes wissen, und dieses andere ist nicht unbedingt analysierbar." Fillmore 1977c, 84. Er nennt als Beispiel: Schnabel = Vogel-Szene.

[129] Siehe z.B. Fillmore 1977b, 59.

[130] Fillmore 1977c, 86. – Etwas merkwürdig ist die Einreihung von „natürlichen" Szenen. Was Fillmore damit bezeichnet, fällt bei reflektierterer Betrachtung mit einem der beiden anderen Aspekte (vermutlich vor allem aber mit „konventionell") zusammen. – In diesem Kontext hebt Fillmore (a.a.O. 111) auch den Begriff der „Selektion" hervor: „Manchmal ist eine Bedeutung relativ zu einer Szene, die eine Auswahl aus zwei oder mehr Möglichkeiten anbietet; und manchmal identifizieren einzelne Wörter eine Wahl in solch einem Kontrast-Set. Die Bedeutung des Wortes erfordert dann ein Verstehen der Natur des Kontexts in dieser spezifischen Szene."

[131] „Jede dieser lexikalischen Formen wendet eine ‚Perspektive' auf das Schema an [...], aber sie alle aktivieren in gleicher Weise ein Schema, das denselben Satz von Eigenschaften aufweist, ein Schema für ein Ereignis mit denselben Teilnehmer-Rollen und denselben Handlungen und Ergebnissen." Fillmore 1976b, 13.

[132] „Ich will andeuten, dass manchmal ein Merkmal vieler Arten abstrakter Nomen das Wissen eines einzelnen Schemas ist, unabhängig von den spezifischen Szenen, die ihnen entsprechen könnten, und dass

62   *Kapitel 2: Die Erfindung des Frame-Gedankens in der Linguistik durch Charles J. Fillmore*

samkeit [*impatience*], *Enttäuschung* [*disappointment*]. Das Schema zu *Ungeduld / Unduldsamkeit* enthält: eine Person möchte, dass etwas bald geschieht, sie realisiert, dass es nicht bald geschehen wird, und sie fühlt sich so, wie man sich typischerweise unter diesen Bedingungen fühlt. Ein solches Wort kann man nur dann verstehen, wenn man selbst schon einmal dieses Gefühl in einer für dieses Gefühl typischen Situation an sich erfahren hat. [133] Das Verstehen (die Bedeutung) des Wortes setzt also ein ganz spezifisches (auch: ein persönlich gefärbtes) Lebenswelt-Wissen voraus.

Solche Beispiele führt Fillmore an, um deutlich zu machen, dass bei vielen Wörtern eine „merkmalsemantische" Beschreibung versagen muss, da diese Wörter vielleicht viel eher, als abgezirkelte, strukturiert beschreibbare Bedeutungen zu haben, einfach so etwas sind wie „Etiketten" für bekannte, typisch menschliche Erfahrungen. [134] Ein anderes Beispiel ist das Nomen „*Wohltätigkeit*" (*charity*) mit einem Schema etwa folgender Art: Der Geber ist nicht verpflichtet zur Gabe; der Empfänger hat als Folge der Annahme keinerlei Verpflichtungen gegenüber dem Geber; der Geber glaubt, dass er dem Empfänger mit der Gabe etwas Gutes tut. Verwendet man ein solches Nomen in einem Satz, können die verstehensrelevanten Schemata aber in ganz unterschiedlicher Weise zur Geltung kommen:

(2-27) *Wohltätigkeit ist eine Tugend.*
(2-28) *Wohltätigkeit ist entwürdigend.*
(2-29) *Wohltätigkeit ist unnötig in einer idealen Gesellschaft.*

In (2-27) ist das allgemeine *Wohltätigkeits*-Grundschema mit Urteilen der Art, dass der aktive Beteiligte in einem Wohltätigkeits-Akt moralisch als „gut" bewertet wird, verknüpft. In (2-28) folgt nach Fillmore „jeder Szene des Grundschemas eine Szene, in der der Empfänger fühlt, dass seine Würde beschädigt wurde". Und in (2-29) „enthalten die Szenen, die eine ideale Gesellschaft ausmachen, keine, zu denen das Wohltätigkeit-Schema passt". Das Verstehen eines solchen Nomens involviert also mehrere Schemata, die aufeinander „abgebildet" werden (Fillmore spricht hier von „mapping"). Manche Wörter sind so „Framegeladen", dass ihre Verwendung und ihr Verstehen eine komplexe epistemische Voraussetzungssituation erfordern. [135] Einfache semantische Beschreibungen müssen hier notwendigerweise versagen. Z.B. in:

(2-30) *Harry overtipped the waiter.* [*tip* = Trinkgeld]

das nicht adäquat ins Deutsche übersetzbar ist. Hier werden gleich drei Schemata abgerufen und in Beziehung zueinander gebracht: Das Restaurant-Schema, das Trinkgeld-Schema,

---

aber manchmal dasjenige, was wir brauchen, um einen Satz zu verstehen, der ein abstraktes Nomen enthält, eine Szene ist, in der ein Beobachter Schemata auf Szenen anwendet, um sie nach Güte und Eignung zu überprüfen." Fillmore 1976b, 16.

[133] „Um ein solches Schema verstehen zu können, muss der Interpret natürlich ein menschliches Lebewesen sein – oder wenigstens wissen wie es ist, ein menschliches Lebewesen zu sein – und er muss wissen, wie es ist, zu wollen, dass etwas passiert, und wie es ist, auf etwas warten zu müssen, von dem man will, dass es passiert." Fillmore 1976b, 16.

[134] „Bei beiden Beispielen entfernen wir uns von dem, was visuell repräsentierbar ist. Man muss Konventionen für die Repräsentation von Wünschen, Erwartungen, Plänen, Gefühlen usw. einführen. […] Vielleicht gibt es hier keinen anderen Weg, als solchen Items Etiketten anzuhaften in der Erwartung, dass der Interpret weiß, worüber gesprochen wird. Es wären dann unanalysierte Begriffe in der Notation." Fillmore 1976b, 16.

[135] Fillmore 1976b, 17. Diese Beispiele zeigen, „dass häufig das Verstehen eines Satzes mit einem abstrakten Nomen die Form eines Abgleichs zwischen einem Schema und einem Set von Szenen annimmt."

2.4 Die „scenes-and-frames"-Semantik: Eine linguistische „Schema"-Theorie 63

und ein Schema, das anzeigt, „dass eine Handlung ausgeführt wurde zu einem Grad, der die Norm für solche Handlungen übersteigt".[136]

Typen und Ebenen von Frames. Bei der Betrachtung von Szenen und Frames führt Fillmore verschiedene Differenzierungen ein, die sich aber im jetzigen Stadium der Theorieentwicklung noch nicht zu einer verlässlichen Typologie fügen, auch wenn er die Erstellung einer „Klassifikation von Frame-Typen" zu einem Ziel der Frame-Semantik erklärt.[137] So unterscheidet er zunächst zwischen „interaktionalen Frames" und „konzeptuellen Frames". Erstere entsprechen wohl eher dem aus Pragmatik und Konversationsanalyse bekannten Begriff der „Kommunikationssituation", insofern damit bestimmte alltägliche kommunikative Routinen gemeint sind (als Beispiel nennt Fillmore das Grüßen); zu letzeren zählt er den bekannten „Kauf-Ereignis"-Frame.[138] Sodann unterscheidet er zwischen verschiedenen „‚Ebenen' begrifflicher Rahmen", nämlich einer „allgemeinen Repräsentation aller wesentlichen Aspekte von Ereignissen einer spezifischen Kategorie" und einer „spezifischen Perspektive auf ein Ereignis".[139] Schließlich legt er (in zwei Anläufen[140]) eine Art funktionaler Differenzierung von „Szenen" vor, die seine einzige Typologie dazu überhaupt darstellt:

(1) Real-Welt-Szenen;
(2) wahrgenommene, kategorisierte, restrukturierte, gespeicherte Szenen;
(3) Schemata, Stereotype, Standard-Szenarios;
(4) Sprecher-Szene; Text-Welt-Modell des Sprechers;
(5) Interpreten-Szene; Text-Welt-Modell des Interpreten;
(6) Sets von sprachlichen Wahlen (Wahlmöglichkeiten).[141]

---

[136] Fillmore 1976b, 18. „Um einen solchen Satz verstehen zu können, muss man wissen, was in einer bestimmten Gesellschaft die Basis für die Größe eines Trinkgeldes ist." – „Das heißt: wir wissen durch den Satz nicht, wie viel Geld Harry gegeben hat; wir wissen aber, dass ein Dollar für eine Tasse Kaffee dem Satz entspricht, ein Dollar für ein Festessen jedoch nicht." – „Dieses Beispiel zeigt, weshalb es nötig sein kann, verschiedene Schemata zu einem einzigen großen Gesamtschema zusammenzufügen."

[137] So Fillmore 1976a, 29: „Die Klassifikation von Frame-Typen kann z.B. bei der Analyse des Vokabulars einer Sprache genutzt werden. Diese Analyse kann an einem Ende mit Lexikoneinheiten beginnen, die relativ einfache Wort-zu-Welt-Entsprechungen [mappings] aufweisen, sowie Namen für Farben und natürliche Arten, und dann fortfahren mit den hochgradig elaborierten konzeptuellen Frameworks, die subtile Arten von Wissen über das geistige und institutionelle Leben eines Volkes voraussetzen."

[138] Fillmore 1976a, 25. Dies ist nicht wirklich eine sinnvolle Unterscheidung! „Interaktionale" Frames, die später als „skripts" bezeichnet wurden, sind auf kognitive Konzepte rückführbar war; vergleiche schon Schank / Abelson 1977. – Fillmore fehlt ganz offenkundig eine eigene kognitive Konzept-Theorie.

[139] Fillmore 1977b, 59. Letztlich unterscheidet er hier zwei Ebenen vom Rahmen: (1) Rahmen-Ebene, (2) Prädikations-Ebene. Dies erinnert an das Modell gestufter Rahmen bei Minsky 1974.

[140] Erster Versuch: „Folgende Begriffe werden für die Analyse benötigt: Real-Welt-Szenen; Prototypische Szenen; Sprachliche Rahmen für Szenen oder Teile von Szenen; Perspektivierungen, oder Orientierungen in Szenen, die durch Kasus-Rahmen bereitgestellt werden; ein Set von Prozeduren oder kognitiven Operationen wie: vergleichen, zuordnen, ausfüllen usw." Fillmore 1977b, 66. – Auffällig an dieser Aufstellung ist v. a., dass Fillmore hier zwischen „sprachlichen" und „Kasus-Rahmen" differenziert.

[141] Im Original-Wortlaut: „Das Wort ‚Szene' erfordert gewisse Differenzierungen.": „Erstens, wir müssen die Real-Welt-Szenen berücksichtigen, in Bezug auf die [in terms of which] Menschen ihre Kategorien und Unterscheidungen erlernt haben, und in Bezug auf die Menschen ihre originale Wahrnehmung / Erkenntnis [awareness] der Objekte und Erfahrungen erworben haben, die die Welt genauso anbieten kann, wie die Real-Welt-Szenen, die Kontexte und Ursachen von ablaufenden Wahrnehmungen und Verhalten sind." – „Zweitens sind da die Erinnerungen und Zusammenfassungen / Verarbeitungen [distillations] von Real-Welt-Szenen in den Köpfen der Menschen, möglicherweise restrukturiert in Weisen, die geliefert werden durch ihre Zugehörigkeit [participation] zu einer spezifischen Gemeinschaft, wobei möglicherweise einige ihrer Aspekte vergessen oder unterdrückt und andere Aspekte verstärkt werden." – „Drittens gibt es Schemata von Konzepten, Stereotypen von vertrauten Objekten und

64   *Kapitel 2: Die Erfindung des Frame-Gedankens in der Linguistik durch Charles J. Fillmore*

Bei näherer Betrachtung wird deutlich, dass es sich hierbei nicht um eine „inhaltliche" (kognitive, epistemologische) Typologie von „Szenen" (oder „Schemata" oder „Frames") handeln kann. Unter (1) nennt Fillmore die Ebene der realen Welt, also dasjenige, auf das sich menschliche Akte des Wahrnehmens, Erkennens, Kategorisierens, Schematisierens richten. Ich würde es das „Erkenntnis-Substrat" nennen. Da es sich um die Ebene der zu erkennenden Objekte (im ursprünglichen, erkenntnistheoretischen Sinne[142]) handelt, verbietet sich die Anwendung von Termini wie „Szene" darauf eigentlich. Dieser Begriff macht erst auf Ebene (2) einen Sinn, d.h. auf der Ebene, auf die der Terminus „Schema" am ehesten passen würde, die Ebene der kognitiven Kategorisierungen, Ordnungen und Strukturen, eben der „begrifflichen Strukturen" als die Fillmore anderenorts die „Frames" definiert hatte.[143] Die Unterscheidung der von Fillmore genannten Ebene (3) (siehe seine Begründung in Fußnote 141) von seiner Ebene (2) ist wenig plausibel, da die von ihm dort erwähnten „Verarbeitungen von Real-Welt-Szenen in den Köpfen der Menschen", zumal sie ja als sozial „restrukturiert" gedacht sind, bereits die Schematisierungen und Stereotypisierungen enthalten, die mit der Ebene (3) angesprochen sein sollen. Unter (5) und (6) vermengt Fillmore mit diesen, eher erkenntnistheoretisch motivierten Unterscheidungen nunmehr textverstehenstheoretisch motivierte Differenzierungen zwischen den Weltmodellen des Textverfassers und Interpreten. Ebene (5), die Fillmores zuvor gegebener Definition der „Frames" entspricht, ist noch einmal auf einer eigenen Ebene der Betrachtung angesiedelt. Fillmore vermengt also offensichtlich in diesem Differenzierungsversuch verschiedene theoretische Ebenen, die man besser auseinanderhalten sollte.

Frames haben „Leerstellen". Zu den in der kognitiven Frame-Theorie wichtigsten Eigenschaften von Frames gehört die Tatsache, dass man darunter keine epistemisch (oder kognitiv) bis ins kleinste Detail hinein voll spezifizierte Strukturen von Wissen verstehen darf, sondern dass Frames Platz für Variablen lassen, die sog. „Leeerstellen", die in konkreten „Verwendungen" der Frames jeweils (z.B. in der Interpretation sprachlicher Ausdrücke) „ausgefüllt" werden können bzw. müssen. Auf diesen Punkt geht Fillmore ebenfalls ein (wenn auch nicht häufig und nicht mit so zentraler Wertung, wie kognitivistische Frame-Theorien). Danach ist „ein Frame eine Art von skizzenhafter [umrisshafter] Figur [outline figure], bei der nicht notwendigerweise alle Details ausgefüllt sind"; aber „jeder weiß, welche Details relevant sind".[144] Für Fillmore ist diese „Ausfüllungsbedürftigkeit" der Frames

---

Handlungen, und Standard-Szenarios für vertraute Handlungsweisen und Ereignisse, über die unabhängig von den Erinnerungen und Erfahrungen gegebener Individuen gesprochen werden kann." – „Viertens gibt es die imaginierte Szene des Sprechers, wie er den Text formuliert; und fünftens gibt es die imaginierte Szene des Interpreten, wie er versucht, ein Modell der Welt zu konstruieren, das auf den Text passt, den er interpretiert." – „Und schließlich sind da die Sets von sprachlichen Wahlen, die eine gegebene Sprache bereitstellt, und die Weisen, auf die diese aktivieren oder aktiviert werden durch die speziellen begrifflichen Schemata." – „Für all dies gibt es verwirrender Weise in der KI-Forschung eine Vielzahl von Begriffen wie: Szene, Rahmen / Frame, Beschreibung, Schablone, Modell, Szenario, Prototyp, Modul." Fillmore 1977c, 126.

[142] Der lateinische Terminus „Objekt" bezeichnet in seiner ursprünglichen Bedeutung (von ob-iecere = das „entgegen-liegende") genau diese Substrat-Funktion.

[143] Vor dem Erkenntnisakt gibt es keine „Szenen", sondern nur ein Kontinuum von Sinnesdaten, in das erst durch Schemata eine kognitive Ordnung gebracht wird, die den Namen „Szene" verdienen könnte.

[144] Fillmore 1976a, 29. – Nach meiner Kenntnis verwendet Fillmore in dieser Zeit nur an einer einzigen Stelle den in der kognitivistischen Frametheorie so beliebten Terminus „slot", nämlich in Fillmore 1970b, 257: „zugrundeliegende semantische Prädikate haben Argument-slots" dort nennt er auch die semantischen Rollen „etikettierte Argument-Slots". (Bei FrameNet kommt der Terminus öfter vor.)

2.4 Die „scenes-and-frames"-Semantik: Eine linguistische „Schema"-Theorie   65

vor allem im Zusammenhang mit seinem Konzept des Sprachverstehens interessant, da sie
die „aktive" Rolle der Verstehenden ebenso beweist wie die Tatsache, dass die sogenannte
„sprachliche" oder „lexikalische" Bedeutung in traditionellem Sinne nur ein sehr unvoll-
kommenes Bild dessen abgibt, was zur „vollen" Bedeutung eines kommunikativ verwendeten sprachlichen Ausdrucks alles dazugehört.[145] Dass Frames „ausfüllungsbedürftig" sind,
ist für Fillmore ein notwendiges Ergebnis der Abstraktion, aus der sie hervorgegangen
sind.[146] Auch der von ihm eingeführte Begriff der „Selektion",[147] den er implizit auf die
Selektion zwischen verschiedenen Füllungen abstrakter Frames oder Szenen bezieht, gehört
zum Aspekt der „Leerstellen".

Frames schaffen Perspektiven. Zu den für Fillmores Modell wichtigsten Eigenschaften
von Frames (wenn man sie wie er in dieser Phase als „sprachliche Wahlen" auffasst) gehört, dass sie ein und dieselbe Szene in unterschiedlichen Perspektiven beleuchten können.
Dies ist der zentrale Verbindungspunkt zwischen seinem (späteren) allgemeinen Frame-
theoretischen Ansatz mit seinem älteren Modell der Kasus-Rahmen (das er ja nie aufgibt,
sondern in die allgemeine Frame-Semantik überführen und integrieren will). Beim Paradebeispiel des „Kauf-Ereignisses" sind dies Wörter wie *kaufen, verkaufen, bezahlen, Käufer,*
Verkäufer, Ware usw.[148] Noch deutlicher wird dies am Beispiel der „Real-Welt-Szene"
GELD-ÜBERGABE, die relevant sein kann für so unterschiedliche Wörter wie *Trinkgeld,*
Spende, Almosen, Wechselgeld, Bestechung, Lösegeld, Rückzahlung, Alimente. Je nach
Wort werden völlig verschiedene Frames wachgerufen.[149] Diese Frames haben aber eine
ganze Reihe von gemeinsamen Strukturmerkmalen, insbesondere was die Zahl und Rollen
der Beteiligten und die typischen Ergebnisse der beteiligten Vorgänge betrifft.[150] Es sind

---

[145] „Verstehen kann gesehen werden als ein aktiver Prozess, während dem der Verstehende – zu dem Grad,
der ihn interessiert – versucht, die Details der Frames auszufüllen, die eingeführt wurden, entweder, indem er nach der benötigten Information im Rest des Textes sucht, oder, indem er sie durch seine Wahrnehmung der aktuellen Situation ausfüllt, oder aus seinem eigenen System des Wissens, oder indem er
den Sprecher bittet, noch mehr zu sagen." Fillmore 1976a, 29. – Vgl. auch Fillmore 1977c, 82: „Wenn
wir keine fertigen Szenen haben, ihn die wir die Szenen-Skizze integrieren können, die der Text bereitstellt, dann sind viele ‚Positionen' in der Text-assoziierten Szene leer geblieben."

[146] „Ich gehe aus von einem Prozess der Abstraktion, der darin besteht, schematische Szenen zu entwickeln, in denen einige Positionen ‚unausgefüllt' [left blank] bleiben." Fillmore 1977b, 63. – „Der Prozess der Kommunikation involviert die Aktivierung sprachlicher Rahmen und kognitiver Szenen.
Kommunizierende operieren auf der Grundlage dieser Szenen und Rahmen mittels verschiedener Arten
von Prozeduren, kognitiven Akten, wie dem Ausfüllen von Leerstellen in schematischen Szenen, Vergleichen von präsenten Real-Welt-Szenen mit prototypischen Szenen usw." (a.a.O. 66) – Vgl. auch
a.a.O. 75 (siehe Zitat Fußnote 119, Seite 58)

[147] „Ein dritter Aspekt von Szenen, der repräsentiert werden muss, ist dasjenige, was ich ‚Selektion' nennen
möchte. […] Manchmal ist eine Bedeutung relativ zu einer Szene, die eine Auswahl aus zwei oder mehr
Möglichkeiten anbietet; und manchmal identifizieren einzelne Wörter eine Wahl in solch einem Kontrast-Set. Die Bedeutung des Wortes erfordert dann ein Verstehen der Natur des Kontexts in dieser spezifischen Szene." Fillmore 1977c 111.

[148] „Wörter perspektivieren den Kauf-Rahmen unterschiedlich. Es handelt sich um eine Art Verbindung
von verschiedenen Frames." [„inter-linking of different frames"] In einem „Groß-Rahmen-Setting"
kann jedes Wort einen neuen Rahmen aktivieren. Fillmore 1976a, 28. – Vgl. auch Fillmore 1977a, 71.
(siehe Seite 41 f., Fußnote 64)

[149] „Jedes der verschiedenen Wörter lokalisiert den Akt der Geldübergabe in einer größeren Geschichte, für
die eine Anzahl von Details bekannt ist." Fillmore 1976a, 28.

[150] „Jede dieser lexikalischen Formen wendet eine ‚Perspektive' auf das Schema an […], aber sie alle aktivieren in gleicher Weise ein Schema, das denselben Satz von Eigenschaften aufweist, ein Schema für
ein Ereignis mit denselben Teilnehmer-Rollen und denselben Handlungen und Ergebnissen." Fillmore
1976b, 13.

die sog. „Kasus-Rahmen", die diese Perspektive organisieren und festlegen.[151] Da die Perspektiven teilweise gegensätzlich sind, ist es meist nicht möglich, alle Perspektiven in einem einzigen Satz auszudrücken.[152] Die in einem Satz sprachlich (durch ein bestimmtes Wort und die sprachliche Besetzung bestimmter Rahmenelemente) ausgedrückten Perspektiven erlauben es aber (dank des gesamten Frames / der Szene), die anderen Perspektiven stets „mitzudenken", so dass sie in einem Text(verstehen) gleichwohl epistemisch präsent sein können. „Allgemeiner Frame" und „perspektivierender / perspektivierter Frame" (= Kasus-Rahmen) sind zwei in Wechselwirkung zueinander stehende verschiedene Facetten des Frame-Gedankens.[153] Auch und gerade im Textverstehen spielt der Aspekt der Perspektivierung eine wichtige Rolle.[154]

Frames sind Prototypen. Eines der wichtigsten Merkmale von Fillmores Frame-Konzept ist die (folgenreiche) Betonung der Tatsache, dass Frames prototypische Strukturen des verstehensrelevanten Wissens darstellen. Wir hatten bereits gesehen, dass Fillmore sogar die Begriffe „Frame" und „Prototyp" gemeinsam eingeführt hat. Beide Begriffe setzen sich wechselseitig voraus und verweisen so eng aufeinander, dass man sogar von zwei Seiten derselben Medaille sprechen könnte. Die Idee der Prototypen-Semantik (die ja unabhängig von Fillmore entstanden ist, hier aber sehr früh von ihm aufgegriffen und in sein semantisches Denken integriert wird) ist als Gegenpol zu den strikt abgelehnten „Checklist-Theorien" gedacht[155] und wird von Fillmore auf die Frame-Idee abgebildet, so dass sich das Repertoire der in einer Sprachgemeinschaft verfügbaren Frames auch als „Repertoire von Prototypen" darstellen lässt.[156] Prototypikalität ist dabei, so Fillmore, weniger ein Merkmal der lexikalischen Bedeutung der Wörter (also so, wie die Prototypentheorie schließlich in den Mainstream der heutigen Konzeptionen linguistischer Semantik integriert wurde), son-

---

[151] „Der Kasus-Rahmen macht es erforderlich, dass jede einzelne Prädikation, die Aspekte des kommerziellen Ereignisses beschreibt, begrenzt ist hinsichtlich der Perspektive auf das Ereignis, die eingenommen wird, und hinsichtlich der Arten, wie einzelnen Mitspielern im Ereignis grammatische Rollen im zugehörigen Satz zugewiesen werden können." Fillmore 1977b, 58.

[152] „Was man sich bezüglich der Kasus-Rahmen klarmachen muss ist, dass sie ein vollständiges / sehr umfassendes Verstehen der Natur der gesamten Transaktionen oder Aktivität voraussetzen, und dass sie eine spezifische perspektivische Verankerung zwischen den Entitäten, die in der Aktivität beteiligt sind, festlegen. Dabei ist wichtig: es ist nicht möglich, alle Perspektiven in einem einzigen Satz auszudrücken!" Fillmore 1977b, 58.

[153] Vgl. Fillmore 1977b, 59: „Man muss zwei verschiedene ‚Ebenen' begrifflicher Rahmen für Ereignisse unterscheiden: die eine gibt eine allgemeine Repräsentation aller wesentlichen Aspekte von Ereignissen einer spezifischen Kategorie; die andere gibt eine spezifische Perspektive auf ein Ereignis, und zwar eines Typs, der durch den Kasus-Rahmen diktiert wird." – Ein „Schema" ist so etwas wie die Gesamtheit aller Perspektiven (Fillmore 1977d, 101).

[154] „An jeder Stelle des Textes nehmen wir eine Szene aus einer bestimmten Perspektive in den Blick; während wir die ganze Szene im Auge haben, fokussieren wir auf einen Teil von ihr." Fillm. 1977c, 86.

[155] Vgl. zur Einführung Kleiber 1998 mit Verweis auf Rosch 1977, und Lutzeier 1985 zu Putnam 1979.

[156] So Fillmore 1976a, 24. Fillmore hält hier und auch in 1977b, 55 ein sehr starkes Plädoyer für die Prototypen-Semantik. Er bezieht sich in 1977b, 55 auf die von Wallas Chafe getroffene Unterscheidung zwischen formalem Wissen und Erfahrungswissen und schließt: „Diese Unterscheidung ist relevant für die Prototypentheorie der Bedeutung, weil eine denkbare und nicht unvernünftige Version einer solchen Theorie sein könnte, dass die Prototypen im wesentlichen erfahrungsbezogen sind. In dieser Sichtweise involviert der Vorgang, ein Wort in einer neuartigen Situation zu gebrauchen, den Vergleich der laufenden Erfahrungen mit den vergangenen Erfahrungen und ein Urteil darüber ob sie ähnlich genug sind, um nach demselben sprachlichen Enkodieren zu rufen." Es ist also vor allem die Erfahrungsbezogenheit der Prototypen, die diese für sein Modell der Semantik, in dem der Begriff der „Erfahrung" eine große Rolle spielt, interessant macht.

2.4 Die „scenes-and-frames"-Semantik: Eine linguistische „Schema"-Theorie 67

dern viel eher ein Merkmal des allgemeinen Frame- oder Schema-Wissens selbst.[157] Fillmore demonstriert dies an zwei Beispielen:

(2-31) *Ich hatte gestern Ärger mit meinem Auto. Der Vergaser war verschmutzt.*
(2-32) *Ich hatte gestern Ärger mit meinem Auto. Der Aschenbecher war verschmutzt.*

Beide „Mini-Texte" aktivieren völlig unterschiedliche Sets von Frames (oder Schemata). Die Frames oder Schemata in (2-31) sind durch Erfahrungswissen miteinander verbunden; die Frames in (2-32) nicht. Dadurch wirkt (2-31) kohärent, während die Sätze in (2-32) inkohärent wirken (keinen zusammengehörigen Sinn ergeben). Während (2-31) eine prototypische Szene im Gedächtnis wachruft, ist dies bei (2-32) nicht der Fall.[158]

Aber auch unter Aspekten der Beschreibung von Wortbedeutungen sind Prototypen laut Fillmore wichtig. Dabei setzt er nicht schlichtweg Wortbedeutungen mit Prototypen gleich,[159] sondern fordert vielmehr, dass eine Beschreibung von Wortbedeutungen in Beziehung auf Prototypen zu erfolgen habe (was keineswegs dasselbe ist).[160] Auf diese Weise wird es besser als in Checklist-Modellen der Bedeutung möglich, „abweichende" Bedeutungen zu beschreiben; eben indem man die Abweichungen der jeweils verstehensermöglichenden Rahmen / Schemata als Abweichungen von prototypischen Rahmen / Schemata beschreibt. Fillmore will damit das vermeiden, was in merkmalsemantischen Ansätzen völlig üblich ist, nämlich das Konstruieren von sogenannten „Abstrakt-Bedeutungen" für Lexeme, die zusammenfassen, was tatsächlich aber auf völlig unterschiedliche Rahmen oder Schemata zurückgeht.[161]

2.4.3 Wort und Frame, Frame-Aktivierung und Frame-Repräsentationen

Das Verhältnis zwischen Wort und Frame (Wort und Schema, Wort und Szene) ist eines der zentralen Probleme für die Frame-Theorie gerade von Fillmore, da er viel deutlicher als

---

[157] „Ich habe ebenfalls angenommen, dass ein Schema nicht als eine feste Liste von Propositionen oder als eine Liste von notwendigen und hinreichenden Bedingungen dafür, dass etwas der Fall ist, am besten repräsentiert wird / ist, sondern dass vielmehr ein Schema repräsentiert werden sollte als ein Prototyp oder als eine Ansammlung von verbundenen Prototypen. Ich denke an eine Art von ‚bestem Beispiel' für einen Begriff." Fillmore 1977d, 104.

[158] „Die überaus bedeutsame Rolle des Begriffs der prototypischen Szene in diesem Prozess [des Ausfüllens von „Leerstellen" in einem Text] besteht darin, dass viele dieser Verknüpfungen und ausfüllenden Aktivitäten nicht abhängig sind von Informationen, die im sprachlichen Signal explizit kodiert [ausgedrückt] sind, sondern von dem, was der Interpret über die umfassenderen Szenen weiß, die dieses Material aktiviert oder erzeugt." – „Ein solches Wissen hängt von Erfahrungen und Erinnerungen ab, die der Interpret mit den Szenen assoziiert, die der Text in sein Bewusstsein eingeführt hat." Fillm. 1977b, 75.

[159] Wie es der übliche Umgang mit Prototypen in der linguistischen Mainstream-Semantik ist.

[160] „Ich möchte aber keineswegs behaupten, dass die Konzepte des Prototyps und einer Ausweitung des Prototyps [extension] in der Lage sind, das gesamte Spektrum des Gebrauchs dieser Verben zu erklären. Stattdessen insistierte ich auf einem methodologischen Punkt, nämlich dass die Beschreibung solcher ausgeweiteter Gebrauchsweisen in Termini eines Prototyps (und damit mittels des Verweises auf das zu Grunde liegende Basis-Schema) und eines Sets von Mustern ausgeweiteter Bedeutung vorzuziehen ist gegenüber der Suche nach Bedeutungen für all diese Verben, die allgemein genug sind, um alle Gebrauchsweisen abzudecken." Fillmore 1977d, 102.

[161] „Das heißt, zwei verschiedene Lesarten von *sell* in eine einzige Erläuterung zu packen, würde dazu zwingen, das Kauf-Ereignis-Schema in seiner einfachsten Form zu ignorieren und etwas Abstraktes zu konstruieren." Sein Beispiel ist „Diese Anzeige verkaufte uns 1000 Kaninchen." Fillmore 1977d, 102.

alle anderen Frametheoretiker die Frame-Semantik in einem Kontext entwickelt, in dem es (ursprünglich) um die Klärung wortsemantischer, lexikalischer und grammatischer Fragestellungen ging. Man kann die strikte Beziehung des Frame-Modells auf Fragen der lexikalischen Semantik und des Zusammenhangs von lexikalischer Bedeutung und Grammatik geradezu als das wesentliche Kennzeichen von Fillmores Version der Frame-Idee bezeichnen.[162] Frames (Szenen, Schemata) sind für Fillmore die wesentlichen Bezugsgrößen, die es bei der Beschreibung von Bedeutungen zu beachten gilt. Dass man sich bei diesem Unterfangen immer wieder mit Wortbedeutungen beschäftigen muss, liegt nicht zuletzt daran, dass die „Lexikon-Einheit" oder das „Lexem" (das sprachliche Einzel-Zeichen) in gewisser Weise als „Basis-Einheit" der Organisation sprachlicher Kommunikation und sprachlich vermittelten Sinns aufzufassen ist. Wenn auch das einzelne Wort seinen vollen Sinn immer nur im Gefüge des Satzes bekommt (dies ist aufgrund des „Kasus-Rahmen"-Anfangs seiner Theorie bei Fillmore ohnehin immer schon klar), Sätze wiederum in sinngebende Texte und Kontexte eingebettet sind, so kommt dem Wort doch im Zusammenhang der Frame-Theorie immer noch eine wichtige Funktion zu. Zwar ist der Slogan Fillmores in dieser Phase der Entwicklung seiner Frame-Konzeption noch „Bedeutungen sind relativ zu Szenen" (Fillmore 1978, 60), und noch nicht, wie in der späteren Frame-Theorie die Parole „Wörter evozieren Frames", doch ist das „evokative" Potential der einzelnen Wörter von Anfang an ein wichtiger Aspekt in Fillmores Gedankenwelt.

Dies ergibt sich aus der Tatsache, dass Wörter die Aktivierung von „Frames" (oder Szenen oder Schemata) im Verstehen auslösen, Frames und sprachliche Zeichen also schon immer in einer engen Beziehung zueinander stehen.[163] Es sind aber nicht die Wörter allein, die auf Frames verweisen, ihre Aktivierung „auslösen", sondern es können auch andere sprachliche Parameter sein, wie etwa bestimmte „grammatische Wahlen". Natürlich ist es nicht so, dass einem Wort nur ein einziger Frame entspricht; vielmehr kann ein und dasselbe Wort in verschiedenen Kontexten auch unterschiedliche Frames aktivieren.[164] So kann ein Wort wie *Frühstück*[165] etwa einen Frame bezüglich einer „Mahlzeit zu einer bestimmten Zeit in einer bestimmten Situation" aktivieren, oder aber auch einen Frame bezüglich einer

---

[162] Diese zentrale Bedeutung kommt auch dadurch zum Ausdruck, dass er wichtige Schritte seines Modells in Aufsätzen entwickelt hat, die nach ihrem Titel vorrangig Fragestellungen der lexikalischen Semantik oder der allgemeinen semantischen Theorie gewidmet sind. Siehe die Titel von Fillmore 1968b, 1971a, 1971d, 1975b, 1975c, 1977c, 1978, 1984, 1992a, 1994a, 2000a, 2003c. [Anmerkung zur Zitierweise: Bei Schriften mit Fillmore als Mitautor wird dieser abweichend von der originalen Reihenfolge der Autoren-Nennungen immer zuerst genannt. Sofern in einem Jahr mehrere Schriften mit Fillmores Beteiligung erschienen sind, werden sie in Bezug auf die Reihenfolge seiner Schriften mit Kleinbuchstaben durchgezählt und so auch in diesem Buch zitiert.]

[163] „Ein Wort, das in einem Text erscheint, der von jemandem interpretiert wird, der das Wort versteht, kann konzipiert werden als das Aktivieren einer Szene und ein Verweisen auf einen bestimmten Teil dieser Szene." Fillmore 1977c, 84; vgl. auch 1977b, 75.

[164] „Der Begriff ‚Frame' hängt nicht von Sprache ab, aber angewandt auf sprachliche Prozesse figuriert er folgendermaßen: spezifische Wörter oder Rede-Formulierungen, oder spezifische grammatische Wahlen, sind im Gedächtnis mit spezifischen Frames verbunden; und zwar auf die Weise, dass eine Konfrontation mit einer sprachlichen Form in einem geeigneten Kontext im Geiste des Wahrnehmenden den spezifischen Frame aktiviert – wobei die Aktivierung des Frames wiederum den Zugang zu anderem sprachlichen Material, das mit demselben Frame verbunden / assoziiert ist, verbessert / verstärkt [enhancing]." Fillmore 1976a, 25.

[165] Nach Fillmore 1976a, 26. – Etwas dunkel ist seine hier folgende Formulierung „Im allgemeinen kann ein Wort mit seiner Bedeutung in einer von drei Weisen verknüpft werden, ich nenne sie funktional, kriterial, und assoziativ."

2.4 Die „scenes-and-frames"-Semantik: Eine linguistische „Schema"-Theorie   69

„Mahlzeit mit bestimmtem Inhalt". Wörter stehen damit immer in Beziehung zu bestimmten Strukturen unseres Wissens (Frames, Schemata, Szenen) mit dem Effekt, dass wir die Wörter in ihrem Gebrauch nur dann angemessen verstehen können, wenn wir ein bestimmtes (das jeweilige Wort „motivierendes") Wissen erworben haben. Die Beziehung zwischen Wort und Frame(s) spiegelt damit immer bestimmte Erfahrungen, die die Menschen in ihrem Leben und mit dem Gebrauch dieses Wortes gemacht haben; diese Erfahrungen (oder die aus ihnen abgeleiteten stereotypisierten Schemata im Gedächtnis) müssen geteiltes Wissen sein, wenn ein Wort adäquat verstanden werden können soll.[166] Fillmore nennt hier Beispiele wie: Leute mit nur einer Mahlzeit am Tag brauchen kein Wort wie *Frühstück*. Gesellschaften ohne Heirat brauchen keinen Ausdruck wie *gehörnter Ehemann*. Wenn alle Menschen nur pflanzliche Nahrung zu sich nähmen, gäbe es keinen Bedarf für ein Wort wie *Vegetarier*.[167]

Nach Fillmore ist das Maß der kontextfreien Verstehbarkeit von Wörtern ein guter Indikator dafür, wie fest bestimmte Frames (oder Schemata) im kollektiven Wissen einer Sprachgemeinschaft verankert sind.[168] Diese Überlegung zeigt: Der Begriff der so genannten „kontext-freien Bedeutung" ist eigentlich ein versteckter Begriff für „das Maß an epistemischer Sicherheit / Automatisierung in der Abrufung des als selbstverständlich unterstellten verstehensrelevanten Wissens". Fillmores Hinweis ist eine schöne Volte gegen die klassische Auffassung von „lexikalischer Bedeutung". Dort wird das als selbstverständlich vorausgesetzte Wissen häufig nicht explizit; Fillmore dreht nun sozusagen den Spieß um und betont, dass gerade das am selbstverständlichsten abrufbare Wissen häufig den Kern des verstehensermöglichenden Frames ausmacht. – Die Frage nach dem Zusammenhang zwischen Wort (Wortbedeutung) und Frames bzw. Schemata des Wissens berührt die Frage, warum überhaupt welche Wörter in einer Sprache existieren. Beim Versuch der Beantwortung dieser Frage stellt Fillmore einen sehr aufschlussreichen und interessanten Bezug her zwischen der lexikalischen Semantik und dem Konzept der konversationellen Implikaturen[169] und dem Kooperationsprinzip im pragmatischen Sprachmodell von H.P.Grice.

---

[166] „Gesetzt, die hier dargestellten Annahmen über Framing und Wortbedeutung sind richtig, können wir sagen, dass der Prozess des Verstehens eines Wortes es erforderlich macht, dass wir unsere Erinnerungen (Gedächtnis) über Erfahrungen aufrufen – selektierte, gefilterte, und verallgemeinerte Erfahrungen – durch die wir die Wörter in ihren benennenden und beschreibenden Funktionen erlernt haben. Daraus folgt natürlich, dass die Arten des Verstehens, über die ich gehandelt habe, nur zwischen Leuten kommuniziert werden können, welche die erforderlichen Frames teilen." Fillmore 1976a, 27.

[167] Beispiele nach Fillmore 1976a, 27 und Fillmore 1976b, 26.

[168] Fillmore 1976a, 28. – „Der Akt des Verstehens des Wortes *gut*, verlangt von uns eine angemessene Dimension der Bewertung zu finden. Wenn wir das unmittelbar / schnell [immediately] tun können, wenn uns der Satz mit *gut* ohne Kontext präsentiert wird, dann ist dies ein Maß für das Ausmaß, in dem die zentralen Nomen mit vorgefertigten [ready made] Funktionen – identifizierenden Szenarien – einhergehen."

[169] „Ein letzter wichtiger Punkt [...] ist die Klärung der Frage, was erforderlich ist dafür, dass etwas als eine Lexikon-Einheit repräsentiert werden kann. Ich glaube, dass man, indem man danach fragt, warum eine Sprache eine Lexikon-Einheit besitzt, oder warum ein Sprecher eine Lexikon-Einheit benutzt hat, Fragen stellt, die in gewisser Weise analog sind zu dem, was man in Bezug auf Sätze fragt, wenn man Paul Grice's Prinzipien der konversationellen Kooperation anwendet. Im allgemeinen haben Grice'sche Fragen eine Form wie: ,Warum erzählt er mir diese Dinge jetzt, und warum erzählt er mir diese Dinge und nicht andere?' [...] In analoger Weise könnten wir nach den Gründen dafür fragen, weshalb eine Sprache eine bestimmte Lexikon-Einheit besitzt, oder den Gründen, aus denen ein Sprecher eine Lexikon-Einheit auswählt, wenn es so aussieht, dass dieselbe Bedeutung auch auf analytische Weise hätte übermittelt werden können." Fillmore 1976b, 26 mit Bezug auf Grice 1968.

70   *Kapitel 2: Die Erfindung des Frame-Gedankens in der Linguistik durch Charles J. Fillmore*

Diese Bezugnahme auf die sehr folgenreiche Konzeption von Grice wirft zahlreiche Fragen auf, die hier nicht beantwortet werden können.[170] Fillmore gibt auf die Frage nach dem „warum" lexikalischer Einheiten folgende nahe liegende Antwort: „Eine allgemeine Antwort auf diese Frage ist, dass es, wenn eine Sprache ein Wort besitzt, eine Kategorie im Denken geben muss, die durch ein verbundenes / assoziiertes kognitives Schema identifiziert wird, das in der Sprachgemeinschaft geläufig ist, und das dieses Wort aktiviert."[171] Diese Antwort wäre aber noch insofern zu präzisieren, als gilt: die „Kategorie des Denkens" *ist* das Schema (es gibt keine zwei Entitäten, Kategorie + Schema, also auch kein Externalitätsverhältnis zwischen beiden, und damit kein „Identifizieren").

Die Existenz eines Wortes, so Fillmores einfacher aber wichtiger Schluss, signalisiert, dass es (mindestens) ein dem Wort zugehöriges kognitives / epistemisches Schema (einen Frame) geben muss. Im Verstehen eines Wortes ist damit partiell immer ein Verstehen der (Spielart von) Welt oder Kultur, der das Wort angehört (die es hervorgebracht und benötigt hat) enthalten.[172] In geradezu hermeneutischer Diktion stellt Fillmore fest: Verstehen von Wörtern ist partiell immer zugleich das Verstehen der Welt oder Kultur, die sie erzeugte. Die von Fillmore hier (eher implizit als ausführlich) entfaltete „Relevanztheorie der Schemabildung", die von einer Gleichsetzung von Sprachverstehen (Textverstehen) und Weltverstehen ausgeht, demonstriert er unter anderem an dem schönen Beispiel *Full frontal nudity*, eine Formulierung, die als Warnhinweis häufig in Filmrezensionen der 1970er Jahre enthalten war. Seine Explikation: Warum wird *Nacktheit* erwähnt? Weil die kanonische gesellschaftliche Norm lautet: man ist normalerweise (auch in Filmen) angezogen; der Film zeigt also etwas, was manche nicht sehen wollen. Warum *frontal*? Weil Nackte von hinten gesehen kulturell etwas anderes sind, als Nackte von vorne gesehen, da das, was am meisten verborgen werden soll, sich an ihrer vorderen Seite befindet. Warum *full*? Bezieht sich nur auf Frauen, da diese an ihrer vorderen Seite zwei Körpermerkmale haben, die sie normalerweise zu verbergen trachten. Bei einem Mann würde das *full* weniger Sinn machen. Übersetzt: Der Hinweis warnt davor, dass im Film nackte Frauen mit all ihren sonst mit Kleidung verborgenen Körpermerkmalen zu sehen sind (nach Fillmore 1976b, 27).

Wörter verweisen nicht nur pauschal auf Szenen (oder Frames, oder Schemata); vielmehr wenden sie (meistens) darauf auch eine bestimmte Perspektive an: „Ein Wort (eine Phrase, ein Text) identifiziert eine Szene und es stellt einen Teil von ihr in den Vordergrund."[173] Mit dieser Anwendung einer „Perspektive" geht häufig die Spezifizierung vor-

---

[170] Fragen wie: Ist es so, dass Fillmore hier für die lexikalische Semantik Prinzipien ansetzt, die in der Implikatur-Theorie für ganze Sätze formuliert worden waren? Über diesen Zusammenhang zwischen der Existenz von Lexikoneinheiten und Fragen der Implikatur-Theorie müsste weiter nachgedacht werden. Ist es das Prinzip der Relevanz, das für Fillmore hier den Zusammenhang herstellt? Dann müsste man seine Frame-Theorie auf den Ansatz von Sperber / Wilson 1986 beziehen, die die Grice'sche Maxime der Relevanz zur Grundlage einer ganzen eigenen Theorie (sprachlicher) Kommunikation gemacht haben!

[171] Fillmore 1976b, 26.

[172] So Fillmore 1976b, 27 sehr dezidiert. „Kurz: Wenn eine Sprache über eine Lexikon-Einheit verfügt, besteht ein Teil unseres Verstehens des Textes, der dieses Wort enthält, darin, dass wir die Kultur oder Welt verstehen, in der die Klassifikationen, die das Wort impliziert, vernünftig / sinnvoll sind."

[173] Fillmore 1977c, 86. „Es ist wichtig, dass die Identität einer Szene auf jeder Anzahl von Ebenen etabliert werden kann. Szenen können Unter-Szenen enthalten und selbst Teil einer übergeordneten Szene sein. Manchmal rufen wir eine fertige Szene einfach ab aus unserem Wissen; manchmal konstruieren wir eine Szene und verleihen damit dem Gelesenen / Gehörten Sinn." – Vgl. auch Fillmore 1977d, 101 f.: „Zufälligerweise gibt es viele verschiedene Wörter, die in der Lage sind auf dasselbe Schema zu ver-

2.4 Die „scenes-and-frames"-Semantik: Eine linguistische „Schema"-Theorie   71

handener „Leerstellen" in einem Frame, einer Szene einher.[174] Zum wortbezogenen Wissen gehört daher nicht nur die Aktivierung eines einzelnen Schemas oder Frames, sondern letztlich das Wissen darüber, mit welchen Schemata (Szenen, Frames) das Wort selbst oder die durch es im Verstehen aktivierten Schemata (Szenen, Frames) zusammenhängt. Dies macht Fillmore an semantisch miteinander verbundenen Lexemen deutlich, die an die europäische Wortfeld-Theorie erinnern, wie *schreiben, zeichnen, malen, drucken.* Ein spezieller Aspekt des Verhältnisses von Wörtern und Schemata (Szenen) sind die sog. „Selektionsbeschränkungen" die nichts anders besagen als: „die Wörter sind begrenzt auf hochspezialisierte Szenen".[175] Da lebensweltliche „Szenen" immer eine größere Zahl von Wörtern an sich binden, werden ihre Bedeutungen nicht als isolierte Wortbedeutungen gelernt und gespeichert, sondern immer in Sets oder ganzen Strukturen. Dies ermöglicht ihre wechselseitige Evokation.[176] Fillmore (1977d, 101) bringt seine Überlegungen zum Verhältnis von Wörtern und Schemata (Szenen, Frames) folgendermaßen auf den Punkt:

> „Wörter werden in Verbindung mit besonderen Schemata gelernt, und ein großer Teil dessen, was wir über ein Wort wissen, ist das Schema, das es aktiviert und die Art und Weise, in der es auf das Schema verweist [„indexes" that schema], das heißt die besondere Form, in der es in das Schema passt [it fits to the schema], die besondere Perspektive, die es auf die Elemente des Schemas einnimmt, und die grammatischen Bedingungen des Wortes [requirements], wenn es in einem Diskurs gebraucht wird, der das Schema involviert."

Die angesprochenen vielfältigen Funktionen von Frames, Szenen, Schemata hinsichtlich des Aufbaus von Satz- und Textbedeutungen und der Beschreibung der Wörter und sprachlichen Mittel, durch die sie „aktiviert" werden, werfen eine Fülle von Fragen bzw. Aufgaben für eine akribische linguistische Beschreibung („Repräsentation") auf, für die Fillmore (in der hier besprochenen Phase seiner Theorie) folgenden umfänglichen Katalog gibt. Nötig seien die hier genannten Schritte:[177]

– Zeit-Schemata, -Achsen, -Messsysteme darstellen
– Perspektiven und Standpunkte darstellen
– Schlussfolgerungsketten darstellen
– Szenen-Querbezüge aufzeigen
– Szenen in Szenen einbetten
– notwendiges allgemeines Hintergrund-Wissen darstellen
– Integration des Sprechereignisses in die Interpretation für Deixis
– Berücksichtigung formelhafter Ausdrücke.

---

weisen [indexing]. Jedes dieser Wörter indexiert das Schema auf eine leicht abweichende Weise; jedes Wort nimmt einen Aspekt des Ereignisses in die Perspektive, und peripherisiert den Rest. Aber jede [Art und Weise des Verweises] bringt den Zugang zu dem – zwingt uns zu verstehen das – kognitive[n] Schema der kommerziellen Transaktion. Ich stelle mir diese Verben und die Art, wie sie funktionieren, als Überstülpen [superimposition] einer Art von Schema über eine andere vor."

[174] „Die von einem Sprecher explizit gemachten sprachlichen Wahlen [gemeint eigentlich: die explizit verwendeten sprachlichen Mittel, D.B.] aktivieren bestimmte Szenen im Repertoire von Szenen des Interpreten, und indem die sprachlichen Daten fortlaufend produziert und prozessiert werden, werden diese Szenen verknüpft mit größeren Szenen, ihre ‚Leerstellen' werden ausgefüllt und Perspektiven in ihnen werden eingenommen." Fillmore 1977b, 75.

[175] Fillmore 1977c, 88.

[176] „Wörter, die Objekte benennen, die besondere Rollen in besonderen Typen von Erfahrungen spielen, werden in Sets oder Strukturen gelernt, wobei jedes regelmäßig Erinnerungen an die andere evoziert oder Erinnerungen an die Erfahrungen, in denen diese Rollen kennen gelernt wurden." Fillmore 1977d, 100.

[177] Fillmore 1976b, 28.

72   *Kapitel 2: Die Erfindung des Frame-Gedankens in der Linguistik durch Charles J. Fillmore*

Dass dies keine einfaches Unterfangen wird, ist ihm klar:

> „Die Schwierigkeiten sind zahlreich. Sie schließen ein:
> – die Notwendigkeit, die umfassendere Szene zu definieren;
> – den Unterschied zwischen obligatorischen und optionalen Elementen;
> – die grammatischen Relationen zwischen den Elementen im Nukleus;
> – die grammatischen Markierungen [markings] der Elemente in der Peripherie;
> – die Aspekte anderer Szenen, die ebenfalls mit den fraglichen Szenen integriert werden müssen;
> – Arten, wie die lexikalische Einheit, die hier gezeigt wird, sich auf eine größere Szene als die fragliche bezieht."[178]

Im späteren FrameNet-Projektverbund werden Fillmore und seine Kollegen ein gegenüber diesem Katalog deutlich „abgespecktes" methodisches Modell praktizieren.

2.4.4 Kontexte, Geschichten, Erfahrungen, Sprachwissen und Weltwissen

Dass der Begriff „Kontext" eine zentrale Rolle in seinem semantischen Modell einnimmt, hat Fillmore wiederholt nachdrücklich klar gemacht.[179] Deutlich mokiert er sich darüber, dass viele Linguisten der damaligen Zeit die Kontextabhängigkeit der Bedeutung von Wörtern in (und) Sätzen eher als lästige Störung ihrer so schönen und klaren Modelle empfanden.[180] Diese „Kontextfeindschaft" vieler linguistischer Modelle steht in starkem Kontrast zur zentralen psychologischen (epistemischen) Funktion, die Kontexte für die Möglichkeit des Verstehens sprachlicher Zeichen und Zeichenketten spielen. Fillmore dreht hier wieder einmal den Spieß (und die übliche Sichtweise) um, indem er nachweist, dass Sprachwissenschaftler mit ihrem lebensfernen Postulat der „abstrakten lexikalischen Bedeutung" künstlich Schwierigkeiten schaffen, die es im praktischen Sprachgebrauch gar nicht gibt, und folgert:[181]

> „Diese Tatsachen über Kontext und Wahrnehmung sind relevant für eine Theorie der Sprache auf zweierlei Weise:
> (1) Die Bedeutungen von Wörtern können, mehr als wir gewohnt sind zu glauben, von kontextuell eingebundenen Erfahrungen abhängen; d.h., die Kontexte, in denen wir die Objekte, Eigenschaften oder Gefühle erfahren haben, die die konzeptuelle oder erfahrungsmäßige Basis für unser Wissen über die Bedeutung eines Wortes (oder Satzes, oder grammatischer Kategorie) liefern, könnten untrennbare Teile dieser Erfahrungen sein.
> (2) Der Prozess der Interpretation einer Äußerung kann, mehr als wir gewohnt sind zu glauben, von unserer Wahrnehmung des Kontextes abhängen, in dem die Äußerung produziert wird, und unseren Erinnerungen an die Kontexte früherer Erfahrungen mit der Äußerung oder den sie bildenden Teilen."

---

[178] Fillmore 1977c, 106.

[179] Vgl. Fillmore 1976a, 23.

[180] „Sprachwissenschaftler begreifen die Hinzufügung von ‚Kontexten' zur Interpretation einer sprachlichen Äußerung häufig als eine zusätzliche Ebene der Komplexität. Es fragt sich aber, ob es sich hierbei auch um eine Komplexität für den Sprachteilhaber handelt. Zahlreiche psychologische Experimente zeigen, dass Menschen Wörter in Kontexten viel schneller und leichter verstehen können als solche ohne Kontexte. Abstraktion von Kontexten ist offenbar eine besondere und anspruchsvolle Leistung, die als Fähigkeit erst erworben werden muss." Fillmore 1976a, 23.

[181] Fillmore 1976a, 24. Insbesondere Punkt (2) erinnert stark an die Rolle der „Präzedenzfälle" erfolgreicher früherer Äußerungen, die nach der Konventionstheorie von David K. Lewis (1969) Kern dessen ist, was man „Konventionen" und „Konventionalität" (auch und gerade des Zeichengebrauchs) nennt. (Vgl. dazu als Zusammenfassung auch Busse 1987, 176 ff.).

2.4 Die „scenes-and-frames"-Semantik: Eine linguistische „Schema"-Theorie   73

„Kontexte" sind für sein Modell der Semantik daher ebenso wichtig wie die Aspekte „Prototypikalität" und „Frames".[182] Es sind „übliche, imaginierte und erinnerte Kontexte", die im Sprachverstehen (und in der Semantik generell) wirksam werden. „Übliche Kontexte" verweist auf den Aspekt der Konventionalität, der merkwürdigerweise von Fillmore nirgends herausgehoben oder auch nur intensiver diskutiert wird.[183] Insofern muss die bei Linguisten (traditionellen Semantikern) so beliebte „kontextfreie" Betrachtung von Wörtern ins Leere führen.[184] Im Lichte der Frame-Theorie betrachtet beweist das sog. „kontextfreie" Verstehen nichts anderes als die Kreativität der Sprachbenutzer, sich mögliche Kontexte zu imaginieren.[185] In dieser Sichtweise stellt eine sog. „kontextfreie" Beschreibung der Bedeutung eines Wortes nichts anderes dar als die Darstellung der Gesamtheit der Kontexte, in denen sie gebraucht werden können.[186] Wörter signalisieren Kontexte (indem sie im Verstehen epistemische Kontexte aktivieren),[187] sie setzen und bilden selbst Kontexte (durch die durch sie aktivierten Frames / Schemata / Szenen), und sie fokussieren Kontexte, indem sie bestimmte Aspekte umfassenderer Szenen / Frames / Schemata unter eine Perspektive stellen.[188] Man könnte auch sagen, Wörter „kontextualisieren" den Text, in dem sie enthalten sind, oder, präziser: Wörter signalisieren, in welcher Weise die Interpreten des Textes (Satzes, Wortes) ihn (sie) kontextualisieren sollen. Es ist ein wichtiger Vorzug von Fillmores Frame-Semantik, dass sie (1) den Aspekt der „Kontextualisierung"[189] so sehr in den Mittelpunkt stellt, und (2) diese Kontextualisierung richtigerweise als eine „epistemische" Kontextualisierung (bei ihm ausgedrückt in Termini der Frames, Szenen, Schemata) konzipiert[190] (und nicht in dem platten Verständnis von „Äußerungsumgebung", wie es in der

---

[182] „Der Prozess der Kommunikation kann so gesehen werden, dass er beinhaltet, dass die Tatsache, dass eine Person etwas sagt, dazu führt, dass eine andere Person ihr Weltmodell ändert. Dieser Prozess schließt die Berufung auf Kontexte ein, da übliche, imaginierte und erinnerte Kontexte einen Teil dieses Modells ausmachen; er schließt Frames ein, da Frames die Bausteine für die Konstruktion von Teilen dieses Modells bereitstellen; und er schließt Prototypen ein, da viele unserer Fähigkeiten zur Rahmenbildung ein Wissen über Prototypen erfordern." Fillmore 1976a, 25.

[183] Es ist einer der Hauptmängel von Fillmores Frame-Theorie, dass er in sie kein Konzept der Konventionalität integriert. Hier ist er ganz traditioneller Linguist, der die Konventionalität der Sprache einfach als gegeben voraussetzt, und sich fälschlicherweise keinerlei Gedanken darüber macht, inwiefern dieser Aspekt in das, was man beschreiben will (grammatische Regeln, Grammatikalität, lexikalische Bedeutungen) eingreift.

[184] Vgl. dazu Fillmore 1976a, 28. siehe das Zitat in Fußnote 168, Seite 70.

[185] „Dass wir dies [kontextfreies Verstehen] manchmal erfolgreich tun können durch Berufung auf kontextuelle Informationen, ist Evidenz für den kreativen Aspekt des Sprachverstehensprozesses." Es beweist einmal mehr, „dass der Prozess des Sprachverstehens ein kreativer Prozess ist und dass er abhängt von der Fähigkeit des Sprachbenutzers, die Sprache dafür zu gebrauchen, Wege der ‚Rahmung' [framing] von Erfahrung aufzuzeigen." Fillmore 1976a, 28.

[186] Fillmore 1977c, 119. „Die einzige kontextfreie Beschreibung, die von Texten gegeben werden kann, ist eine Beschreibung, die in der allgemeinsten möglichen Weise den Set von Kontexten charakterisiert, in denen sie gebraucht werden könnten."

[187] „Der Punkt ist, dass wir, wann immer wir ein Wort oder eine Phrase aufnehmen, mit ihm einen größeren Kontext oder Rahmen [framework] mitschleppen, in dessen Sinne das Wort oder die Phrase, die wir gewählt haben, eine Interpretation hat." Fillmore 1977a, 74.

[188] Fillmore 1976a, 26.

[189] Fillmore 1977c, 119. „Aus Sicht des Interpretationsprozesses kann [das verstehensrelevante Wissen] als das Wissen gedacht werden, durch das wir in die Lage versetzt werden, eine Szene des Settings zu konstruieren, in dem der Text produziert wurde – das heißt, ihn zu kontextualisieren."

[190] Fillmore spricht statt von „Kontextualisierung" häufiger auch von „Einbettung" (z.B. von „Szenen" in andere „Szenen"), so in Fillmore 1977c, 125: „Das repräsentationale Problem ist eines der Einbettung von Szenen."

74   *Kapitel 2: Die Erfindung des Frame-Gedankens in der Linguistik durch Charles J. Fillmore*

Linguistik leider weithin üblich ist). Dass Fillmore auch an eine epistemische „Kontextualisierung" denkt, wird dort ganz deutlich, wo er zwischen einer „internen und der externen
Kontextualisierung eines Textes" unterscheidet.[191] „Kontextualisierung" von Wörtern in
Sätzen und Sätzen in Texten ist für Fillmore daher gleichbedeutend mit der Interpretation
bzw. dem Verstehen dieser sprachlichen Einheiten: „Mit ‚kontextualisieren' meine ich hier
so etwas wie ‚eine Interpretation konstruieren für' wobei diese ‚Interpretation' nicht nur das
einschließt, worüber der Satz (oder Text) handelt, sondern auch, unter welchen Bedingungen der Satz (oder Text) hat produziert werden können." (Fillmore 1977d, 103)

Eine noch prominentere Rolle als der Begriff des *Kontextes* und der *Kontextualisierung*
spielt für Fillmores Denkweise in dieser Phase der Entwicklung seiner Frame-Theorie der
Begriff der *Erfahrung(en)* der Sprachteilhaber. Zwar darf man annehmen, dass die (epistemischen) *Kontexte* auf die persönlichen und kommunikativen *Erfahrungen* der kommunizierenden Menschen zurückgehen, beide Aspekte also eng zusammenhängen, doch
perspektiviert der sehr häufig verwendete Begriff der Erfahrung(en) sehr viel stärker einen
personalen Bezug des Interpretations- und Sprachverstehens-Prozesses als der etwas stärker
objektivistisch klingende Begriff des Kontextes. Zum ersten Mal führt Fillmore den Begriff
Erfahrungen im Zusammenhang mit dem schon einmal besprochenen schönen Beispiel
Ersatzkaffee [imitation coffee] ein.[192] Er spielt eine zentrale Rolle in seiner Definition der
„*Szene*".[193] Der Zusammenhang mit den „Kontexten" wird in Fillmores Redeweise von den
„kontextuell eingebundenen Erfahrungen" sichtbar.[194] Erfahrungen von und mit Frames
(und natürlich von und mit Wörtern, die diese Frames aktivieren und perspektivieren) bilden sozusagen den „epistemischen Raum", in dem sprachliche Zeichen (und grammatische
Formen und Strukturen) allererst ihre „Bedeutung" bekommen. „Frames" bzw. „Schemata"
sind sozusagen das „Format" der Erfahrungen.[195] Das heißt: Frames (a) ordnen Erfahrungen
einem Typ zu, (b) geben der Erfahrung eine Struktur, und (c) geben ihr Kohärenz. Das
„Framing" erzeugt „selektierte, gefilterte, und verallgemeinerte Erfahrungen"; die Wörter
verweisen auf die so bearbeiteten Erfahrungen und strukturieren so das enzyklopädische
und das semantische Gedächtnis zugleich.[196] Wie stark die Bedeutung und das Verstehen
von Wörtern von kulturellen Kenntnissen, aber auch persönlichen Erfahrungen abhängen
können, zeigen bestimmte Typen von abstrakten Nomen, wie die bereits oben besprochenen
Ungeduld, Unduldsamkeit und *Enttäuschung*.[197] Auch mit dem für Fillmores Frame-
Konzept so zentralen Begriff des Prototyps hängt der Begriff der Erfahrung eng zusammen,

---

[191] Fillmore 1977c, 128. – Relativ häufig benutzt er neben „Kontext" auch den Begriff „Setting" (z.B.
    1973, 277), der Aspekte wie (realweltliche) „Situation" und (epistemischen) „Kontext" zusammenfasst.
[192] „Der Prozess des Verstehens von Sätzen, die den Ausdruck *Ersatzkaffee* [imitation coffee] enthalten,
    erfordert, dass man sich eine Welt vorstellt, in der etwas, das dem Kaffee ähnlich ist, aus etwas anderem
    gemacht ist als Kaffeebohnen. Dieser Akt der Vorstellung involviert hauptsächlich [mainly] Erinnerung
    an Erfahrungen, nur minimal die Art von Wissen, die man ‚sprachliches Wissen' nennen könnte." Fill-
    more 1975c, 139. (Siehe oben Kap. 1.2, Seite 16 und Fußnote 13.)
[193] Fillmore 1975b, 124. (Siehe Text zu Fußnote 108, Seite 56)
[194] Fillmore 1976a, 24. (Siehe Zitat zu Fußnote 181, Seite 72)
[195] Fillmore 1976a, 26: „Jede erinnerbare / erinnerungsfähige Erfahrung hat für ihre Interpretation ein
    kognitives Schema oder Frame. Dieser Frame identifiziert die Erfahrung als Erfahrung eines bestimm-
    ten Typs und gibt Struktur und Kohärenz – kurz: Bedeutung – für die Punkte und Beziehungen
    [relationships], die Objekte und Ereignisse in dieser Erfahrung." – Vgl. auch Fillmore 1976a, 20 (siehe
    Zitat in Fußnote 109, Seite 56)
[196] Fillmore 1976a, 27. Siehe das Zitat in Fußnote 166, Seite 69.
[197] Fillmore 1976b, 16. Siehe die Analyse der Beispiele zu Fußnoten 132, 133, 134 auf Seite 61.

2.4 Die „scenes-and-frames"-Semantik: Eine linguistische „Schema"-Theorie   75

weil „Prototypen im Wesentlichen erfahrungsbezogen sind" und prototypikalische Frames ein wichtiges Mittel sind, um Erfahrungen zu organisieren und zu strukturieren.[198] Diese Organisation der Erfahrungen verändert sich akkumulativ mit der Zunahme der Zahl von Situationen der ‚Einzelerfahrung' und führt zu einer weiteren Ausdifferenzierung, möglicherweise auch zu zusätzlichen Abstraktionsstufen der Frame-Struktur.[199] Gerade der für die Frame-Theorie so wichtige Aspekt der „Ausfüllung von Leerstellen" ist eng an persönliche kommunikative und Lebenswelt-Erfahrungen der Interpreten gebunden.[200] Zeitweise ist der Begriff der Erfahrung in Fillmores Ausführungen eng mit dem Begriff der „Erinnerungen" verbunden; gelegentlich hat es sogar den Anschein, als benutzte er die Begriffe „Erinnerungen" und „Szene" nahezu synonym.[201]

Neben den Begriffen *Kontext(e)* und *Erfahrung(en)* benutzt Fillmore in ähnlichen Zusammenhängen häufig auch den Begriff der *Geschichte(n)*. Insbesondere für die Satzsemantik und die Textsemantik versteht er darunter eine bestimmte Konstellation von Hintergrundwissen (eine Konstellation von Frames, Schemata oder Szenen), deren Kenntnis eine zutreffende Interpretation eines bestimmten sprachlichen Ausdrucks überhaupt erst möglich macht. Er macht dies deutlich an folgenden Beispielsätzen (die er fast so häufig benutzt hat wie das „Kaufereignis"-Beispiel):

(2-33) *„Ich habe zwei Stunden an Land verbracht."*
(2-34) *„Ich habe zwei Stunden am Boden verbracht."*[202]

Aus solchen Beispielen zieht Fillmore den Schluss: „In manchen Fällen müssen wir, um ein Wort verstehen zu können, eine ‚Geschichte' verstehen." (Fillmore 1977b, 72.) Allerdings ist auch hier seine Verwendung dieses Terminus (*Geschichte*) nicht einheitlich. Der Gebrauch schwankt zwischen selbst erlebten, in der Lebenserfahrung verankerten ‚Geschichten' und der Bezeichnung einfach bestimmter Rahmen- oder Schemastrukturen.[203] So explizit: „Ich definiere ‚Schema' als eine sehr allgemeine Art von Begriff, der spezifische Arten von kanonischen Geschichten [histories], Beziehungen, Routinen, Bildern usw. ein-

---

[198] Fillmore 1977b, 55. Siehe das ausführliche Zitat in Fußnote 156, Seite 67. Wie tief die Prototypikalität in unserer Kognition verankert ist, zeigt sich in der wichtigen Rolle, die sie im Schema-Konzept des von den Frame-Theoretikern Fillmore wie Minsky als Referenz erwähnten Gedächtnis-Psychologen Bartlett (1932) spielt. (Siehe dazu Kapitel 4.1)

[199] Fillmore 1977b, 61. Dieser Prozess des ausdifferenzierenden Bedeutungserwerbs führt laut Fillmore zu „sowohl einem höheren Grad an Abstraktheit als auch einem höheren Grad an Präzision und Gebundenheit als die ursprüngliche Erfahrung."

[200] Fillmore 1977b, 75. Siehe das Zitat in Fußnote 158, Seite 67.

[201] So in Fillmore 1977c, 80. Siehe auch die Definition des zweiten Typs von „Szene" in Fillmore 1977c, 126 (siehe Zitat in Fußnote 141 auf Seite 64) sowie die Gleichsetzung von „Szene" und „Erinnerungen" in a.a.O. 127 (siehe Zitat zu Fußnote 124 auf Seite 60).

[202] „Diese beiden Beispiele zeigen, dass die Art von Repräsentation, die wir benötigen, eine ist, die einen Punkt / ein Stadium in einer Geschichte isoliert und darauf zeigt, und die uns zugleich (wenigstens skizzenhaft) einige der Details einer größeren Geschichte [eines größeren Ausschnitts aus einer Gesamt-Geschichte] verfügbar macht. In beiden Fällen wird diese ‚Geschichte' erfasst durch das Wissen über temporale Schemata, und nicht durch irgend eine narrative Entwicklung im Text." Fillmore 1976b, 13. – Das Verstehen beider Sätze setzt komplexes Wissen voraus beziehungsweise aktiviert dieses. Wenn (1) geschrieben wird, ist der Verfasser (wieder) auf See. Wenn (2) geschrieben wird, ist er (wieder) in der Luft. Vgl. Fillmore 1976a, 27.

[203] So verwendet er den Terminus in Fillmore 1976a, 28 im Kontext der Frame-typischen Perspektivierung durch Wörter wie *Trinkgeld, Spende, Almosen, Wechselgeld, Bestechung, Lösegeld, Rückzahlung, Alimente* usw: „Jedes der verschiedenen Wörter lokalisiert den Akt der Geldübergabe in einer größeren Geschichte, für die eine Anzahl von Details bekannt sind." (Vgl. dazu oben Seite 65)

76   *Kapitel 2: Die Erfindung des Frame-Gedankens in der Linguistik durch Charles J. Fillmore*

schließt."[204] Schließlich bezeichnet der Terminus an anderen Stellen einfach eine *Textwelt* bzw. den größeren Kontext, in den die Interpretation eines Textes durch einen Interpreten eingebettet wird.[205] Gelegentlich gibt es Wörter, die ein großes Stück ‚Geschichte(n)' transportieren, ohne die sie schlicht nicht verständlich sind. Es ist typisch, dass Fillmore hierfür ein Beispiel aus einem tatsächlich historischen Kontext nennt: *„out west"*, das nur vor dem Hintergrund dieses Kontextes (der eine Fülle von Schemata / Rahmen voraussetzt), hier: die Geschichte der *„frontier"* in den USA, also des allmählichen Vorrückens der europäisch-stämmigen Zivilisation nach Westen im 19. Jhd.[206]

Die Rolle der *Kontexte, Erfahrungen* und *Geschichten* für die Frame-Semantik berührt eng die wichtige (und auch im Denken Fillmores stets gegenwärtige) Problematik der Beziehung zwischen „Sprachwissen" und „Weltwissen". Da ich auf diese für eine epistemologische (kognitive) Semantik so zentrale Problematik später noch einmal gesondert zurückkommen werden, dazu hier nur wenige Bemerkungen im Rahmen der „scenes-and-frames"-Phase von Fillmores Denken. Fillmore thematisiert diese Problematik bereits früh und immer wieder im Zusammenhang mit seiner gravierenden Kritik an der Begrenztheit der traditionellen („Checklist"- oder Merkmals-) Semantik. Er plädiert immer wieder für eine Infragestellung traditioneller Grenzziehungen (und Reduktionismen), obwohl er sich nie entschließen konnte, diese Trennung ganz aufzugeben. In dieser Phase sind seine Aussagen dazu viel radikaler als später (Fillmore 1976b, 8):

> „Ich würde gern eine semantische Theorie mit einer Theorie des Sprachverstehens integrieren, auf eine Weise, die die Arten trifft, auf die Leute Sprache verstehen. Ich glaube jedoch, dass dies häufig die Berufung auf Informationen beinhaltet von einer Art, die nicht streng genommen Informationen über Sprache sind. Innerhalb des Standardprogramms müssen diese externen Informationen entweder reanalysiert oder irgendwie inkorporiert werden als semantische Eigenschaften einzelner Lexikon-Einheiten, oder [sie müssen] als außerhalb der Reichweite / des Blickwinkels der Linguistik im eigentlichen Sinne liegend betrachtet werden. Die eine dieser Alternativen erscheint unnatürlich, die andere unakzeptabel."

Die Problematik stellt sich für den Frame-Semantiker Fillmore, der im Herzen den lexikalischen Semantiker nie aufgegeben hat, demnach so dar: Das verstehensrelevante Wissen reicht ganz offensichtlich (so versucht er mit Hunderten von Beispielen immer wieder unabweisbar klar zu machen) weit über dasjenige hinaus, was in traditionellen Modellen der Semantik und in herkömmlichen lexikographischen Beschreibungen erfasst oder beschrieben wurde. Dieses Wissen ist so komplex und vielgestaltig, dass es ihm zufolge als „unnatürlich" erscheint, es in das gängige Verständnis von „lexikalischer Bedeutung", also das, was in der landläufigen Vorstellung für die „sprachliche Bedeutung" oder das „lexikalische Wissen" steht, aufzunehmen. Die andere Alternative, dieses verstehensrelevante Wissen aus der linguistischen Semantik völlig auszuschließen, ist für ihn aber gänzlich „unakzeptabel". In dieser Zwickmühle befindet sich Fillmore (eigentlich findet er auch nie ganz aus ihr heraus); der Lösung dieses Grundproblems einer verstehensorientierten Semantik ist letztlich sein gesamtes bedeutungstheoretisches Denken und insbesondere die Idee der „Frame-Semantik" gewidmet. Die ganzen Dimensionen dieses Problems werden deutlich, wenn er schreibt, dass die ‚Szenen' und ‚Rahmen' „in ihrer Gesamtheit die wahrgenommene und imaginierte Welt erfassen und das gesamte Rahmenwerk sprachlicher Kategorien zum

---

[204] Fillmore 1977d, 103.

[205] Fillmore 1982a, 122.

[206] Fillmore 1982a, 123. „Manchmal situiert ein Wort ein Ereignis in einer Geschichte, die umfassender ist als die Geschichte der laufenden Erzählung."

2.4 Die „scenes-and-frames"-Semantik: Eine linguistische „Schema"-Theorie

Sprechen über imaginierbare Welten".[207] Hier zeigt sich eine in Fillmores Denken gelegentlich immer wieder durchschlagende Tendenz zu einem Enzyklopädismus („Gesamtheit der wahrgenommenen und imaginierten Welt"), der – begreift man ihn als Teil einer linguistischen Forschungsperspektive – mindestens gesagt problematisch ist.[208]

2.4.5 Frames, Kommunikation und die Kreativität des Textverstehens

Die Phänomene des semantischen ,Enthaltenseins', auf die Fillmore mit seiner ganzen Denkrichtung zielt, setzen voraus, dass Menschen, die Wörter, Sätze oder Texte adäquat (d.h. den kommunikativen Intentionen der Äußerungs- oder Textproduzenten entsprechend) verstehen (oder benutzen) wollen, in großem Umfang auf vorausgesetztes Wissen zurückgreifen müssen, das weit über das hinausreicht, was in traditionellen Modellen üblicherweise zur ,sprachlichen Bedeutung' gerechnet wird. Dieses Wissen muss im Akt[209] des Verstehens ,aktiviert' werden, ein Prozess, den man heute üblicherweise mit dem Terminus *Inferenzen* bezeichnet. Dass verstehensrelevantes Wissen nicht einfach ,automatisch' präsent ist, wenn im kognitiven Wahrnehmungsapparat der Sinneseindruck einer sprachlichen Einheit ,einläuft', sondern dass es ebensolcher schlußfolgernden geistigen Aktivitäten bedarf, legt den Gedanken nahe, dass dem Sprachverstehen ein gutes Stück ,Kreativität' der Verstehenden innewohnen kann. Das Verhältnis von Frames und Textverstehen ist eines der Zentren, um die Fillmores bedeutungstheoretische Bemühungen kreisen. Wir werden uns damit noch im Rahmen der Darstellung seiner *understanding semantics*-Phase ausführlich beschäftigen. Bereits für die *scenes-and-frames-semantics*-Phase ist das Problem einer zureichenden linguistischen (oder sprachtheoretischen) Erklärung des Sprachverstehens aber ebenfalls ein wichtiger Aspekt in den Überlegungen Fillmores.

Nur relativ wenige explizite Bemerkungen finden sich in seinen Schriften zum Aspekt der *Kommunikation*. Einige dieser Bemerkungen reproduzieren nur zeittypische linguistische Auffassungen dessen, was alles zu einem Kommunikationsereignis gerechnet wird, obwohl in einer solcher Auflistungen (nach der Erwähnung des „Settings oder der sozialen Situation [occasion] in dem / der die Botschaft eine Rolle spielt") mit den „Funktionen, denen sie in diesem Setting dient" ein Aspekt eingeschmuggelt wird, der das Potential hat, über die üblichen linguistischen Sichtweisen von Sprache, lexikalischen Bedeutungen und Grammatik deutlich hinauszuweisen (Fillmore 1973, 277). Überhaupt wird der Begriff *Setting* von Fillmore relativ häufig benutzt, der noch einmal eine andere Perspektive auf die

---

[207] „Ich habe ausgeführt, dass wir für die semantische Theorie einen Begriff wie ,Szenen' benötigen, dass Szenen teilweise beschrieben werden können *in terms* der sprachlichen Rahmen, mit denen sie assoziiert sind; und dass Szenen und Rahmen darüber hinaus, dass sie kognitiv miteinander verknüpft sind, in ähnlicher Weise mit anderen Szenen oder anderen Rahmen verknüpft sind, und zwar in der Weise, dass sie in ihrer Gesamtheit die wahrgenommene und imaginierte Welt erfassen und das gesamte Rahmenwerk sprachlicher Kategorien zum Sprechen über imaginierbare Welten." Fillmore 1977b, 72.

[208] Spürbar war dieser Enzyklopädismus schon in gelegentlichen, später aber wieder aufgegebenen, Tendenzen, eine ,vollständige' Liste der Kasusrollen zu erstellen, die alle jemals möglichen (Tiefen-)Kasusrelationen abbilden sollte. Zumindest diesen Versuch hat Fillmore später aber selbst als Irrtum angesehen. Er war ein wesentliches Motiv für die ,endgültige' Version der Frame-Semantik.

[209] Mit dem Begriff *Akt* sollte man hier vorsichtig umgehen. *Verstehen* ist keine *Handlung*, sondern allenfalls ein *Ergebnis* geistiger Aktivitäten, wie *Schlussfolgern*, *Interpretieren* usw., die zu einem Verstehen hinführen. Zur Problematik eines ,aktivistischen' Modells des Sprachverstehens und der Abgrenzung zwischen *Verstehen* und *Interpretieren* vgl. Busse 1991, 167 ff. und Biere 1989.

Kontexte des Verstehens wirft.[210] Man kann ein *Setting* wohl als die „Gesamtheit der Konstellation von Frames (oder Schemata oder ‚Szenen')" auffassen, welche zusammengenommen die (epistemischen) Bedingungen der Verstehbarkeit eines sprachlichen Ausdrucks abdecken. Wie sich die Beobachtung linguistischer (semantischer) Fakten für Fillmore einfügt in ein Gesamtbild dessen, was für die Möglichkeit und das Gelingen menschlicher Kommunikation nötig ist, haben wir an seiner bereits ausführlich zitierten Geschichte gesehen, in der er beschreibt, was ein externen Besucher, der auf die Erde kommt, alles wissen und können muss, um sprachliche Äußerungen unter uns Menschen angemessen verstehen zu können.[211] Für ihn ist die Erklärung der „Natur der Kommunikation" durchaus eines von mehreren wichtigen Zielen, die er mit seinem Ansatz verfolgt.[212] Indem er so stark betont, wie wichtig es ist, die Erklärung von Sprache in die Erklärung der Möglichkeit und Voraussetzungen menschlicher Kommunikation einzubinden, vertritt Fillmore etwas, was man einen *funktionalen Ansatz* der Sprachtheorie und Semantik nennen könnte. Wer das Funktionieren von Sprache angemessen beschreiben will, so seine Forderung, muss ihren Beitrag für das Funktionieren menschlicher Kommunikation erklären können.[213] Linguisten, so später noch sehr viel deutlicher, dürfen nie vergessen, „dass die Einheiten und Kategorien der Sprache in erster Linie entstanden sind, um den Zwecken der Kommunikation und des Verstehens zu dienen." (Fillmore 1985a, 233) Das Wesen der Kommunikation ist es, so Fillmore, dass kommunikative Äußerungen (sozusagen) in die ‚epistemische Struktur' der Adressaten eingreifen, darin etwas bewirken sollen – in seiner damals bevorzugten Terminologie: zu einer „Änderung des Weltmodells" der Adressaten führen.[214] Dabei spielt „die Aktivierung sprachlicher Rahmen und kognitiver Szenen" die zentrale Rolle.[215]

Gerade weil jede Linguistik, die ihren Gegenstand ernst nimmt, von den Funktionen und der Wirkungsweise der unterschiedlichen sprachlichen Mittel (das sind *Zeichen* und die Informationen, die sich aus den Formen ihrer Kombination ergeben, also Grammatik, Morphologie, Satzsemantik und textlinguistische ‚Signale') ausgehen muss, rückt im Rahmen der Bemühungen um eine angemessene Theorie der Bedeutung das Sprachverstehen in den Fokus. Diese Fokussierung ist bei Fillmore schon sehr früh vorhanden, und es ist bezeichnend, dass seine gesamte Frame-theoretische Entwicklung schließlich auf das zuläuft, was er ‚*semantics of understanding*' (so der Titel von Fillmore 1985a) genannt hat. Die zentrale

---

[210] Vgl. z.B. Fillmore 1976b, 9; 1977b, 61.

[211] Fillmore 1973, 284. – Die Geschichte ist wiedergegeben in Fußnote 102, Seite 52.

[212] Fillmore 1975b, 125. Die anderen sind: die Natur der Bedeutung, der Erwerb von Bedeutungen, das Verstehen von Texten, der entwicklungsbezogene Wandel von Bedeutungen in den frühen Lebensjahren eines Individuums, der Wandel von Standard-Bedeutungen in der Geschichte einer Sprache. Eine beeindruckende Liste, die sich zu einem Gesamtansatz der Erklärung „der Natur der Sprache" zusammenfügen soll. (Was einen recht hohen Anspruch ergibt.)

[213] „Es ist mein Bestreben, nach dem, was wir über das Arbeiten von Sprache wissen können, zu suchen durch eine Betrachtung der Prozesse der Kommunikation." Fillmore 1976a, 23. – Einem Außenstehenden (oder der Wissenschaftsgeschichte der „modernen" Linguistik Unkundigen) mag eine solche Forderung als Banalität erscheinen, für die Linguistik (nicht nur für die damalige, für die aber besonders) war und ist sie aber – leider – alles andere als eine Selbstverständlichkeit.

[214] „Der Prozess der Kommunikation kann so gesehen werden, dass er beinhaltet, dass die Tatsache, dass eine Person etwas sagt, dazu führt, dass eine andere Person ihr Weltmodell ändert." Fillmore 1976a, 25.

[215] Fillmore 1977b, 66. „Der Prozess der Kommunikation involviert (in und zwischen Sprachen) die Aktivierung sprachlicher Rahmen und kognitiver Szenen. Kommunizierende operieren auf der Grundlage dieser Szenen und Rahmen mittels verschiedener Arten von Prozeduren, kognitiven Akten, wie dem Ausfüllen von Leerstellen in schematischen Szenen, Vergleichen von präsenten Real-Welt-Szenen mit prototypischen Szenen usw."

2.4 Die „scenes-and-frames"-Semantik: Eine linguistische „Schema"-Theorie   79

Rolle des Sprach- und Textverstehens für sein semantisches Denken macht er immer wieder durch die Empfehlung deutlich, in der Semantik grundsätzlich die Interpreten-Perspektive einzunehmen. Diese ist für seine Frame-Konzeption zentral (Fillmore 1976b, 12). Auch in der Phase der *scenes-and-frames-semantics* gibt es daher bereits viele Bemerkungen zum Zusammenhang von Bedeutung, Frames und Textverstehen. Teilweise reproduziert er dabei nur Erkenntnisse, wie sie zwar damals neu, aber zeitgleich in der (wohl stärker in Europa vertretenen) *Textlinguistik* schon formuliert waren. So, wenn er den Prozess des Textverstehens (in Analogie zu Modellen wie z.B. bei van Dijk) als sukzessiven Aufbau von Text-Welten konzipiert.[216] Dieses Bild des „Aufbauens einer Textwelt" beutet Fillmore zeitweise stark aus, z.B. wenn er die Bedeutung eines Wortes oder Textes mit der Metapher der „Instruktionen" für eine „Cartoon" oder ein „Film-Skript" erklärt.[217] Diese Metapher steht (zusammen mit einigen anderen, ebenfalls „metaphorischen" Erzählungen, die er in sein Werk immer wieder eingestreut hat) letztlich für Fillmores gesamtes Verstehensmodell.

Das starke ‚Denken in Metaphern', das für Fillmores Argumentationsweise typisch ist, schlägt sich letztlich auch in der ebenfalls stark metaphorischen Art, wie er über ‚Szenen' redet, nieder, wie sie in dieser Phase seines Werkes typisch ist. „Aufbau einer Textwelt" im Verstehen ist für ihn daher immer gleichbedeutend mit „Verkettung von Szenen" oder sog. „Master-Schablonen".[218] Ähnlich, wie in Modellen der Textlinguistik in problematischer Weise von *Makro-Propositionen* oder *Textillokutionen* gesprochen wurde, also einer Art Hyper-Bedeutung für einen gesamten Text, die sich als Kombination der einzelnen Satzbedeutungen (Propositionen) oder Satzillokutionen ergeben solle, spricht auch Fillmore zeitweise von einer Art „Hyper-Szene": „In jedem Fall ist ein Text in dem Maße kohärent, in dem seine aufeinander folgenden Teile zur Konstruktion einer einzigen (möglicherweise sehr komplexen) Szene beitragen." (Fillmore 1977b, 64.)

Die *Textwelten* oder *Weltmodelle*, die so im Textverstehen entstehen, sind stets stark persönlich geprägt durch das Wissen und die Frame-aktivierenden Leistungen der Interpre-

---

[216] Fillmore 1975b, 125. Er nennt folgende Elemente eines Textverstehens: „(1) Aktivierung allgemeiner Rahmen, (2) sukzessive Ausfüllung von Elementen des Rahmens, (3) Einführung neuer Szenen, (4) Kombinieren von Szenen usw." – „Es werden Erwartungen aufgebaut, die später erfüllt oder enttäuscht werden." – Zu den wirkungsmächtiger gewordenen Ansätzen der europäischen Textlinguistik siehe van Dijk 1980, siehe auch de Beaugrande / Dressler 1981. Für eine epistemologisch (*avant la lettre*) bereits reflektierte Theorie des Textverstehens siehe Scherner 1984 und 1989.

[217] „Wir sollten uns die Bedeutung eines Wortes / Textes vorstellen als einen Set von Instruktionen für einen Cartoonisten oder Filmemacher, in der gewisser Weise eingrenzt, welche Filmszenen, die der Filmemacher entwickeln muss, ein Bild oder eine Situation liefern, das / die das repräsentiert, was das Wort oder der Text ‚bedeutet'. – In dieser Sichtweise heißt, das Wort / den Text verstehen, zu verstehen, was die Szenen in dem Film oder Cartoon enthalten können. Man muss ebenso etwas über das Setting, den Hintergrund, die auszuwählenden Charaktere wissen; und man muss wissen, welche Teile des Filmstreifens in Verbindung mit den gegebenen Portionen sprachlichen Materials hervorgehoben sind. Diese Sicht auf Sprachverstehen und Bedeutungsrepräsentation kann leicht einsichtig gemacht werden in Bezug auf Erzählungen, Objektbeschreibungen, und Beschreibungen visuell wahrgenommener Ereignisse. Aber man kann diese Metapher auch ausdehnen auf nicht-visuelle Wahrnehmungen, auf die Repräsentation von Wünschen, Erinnerungen, Träumen usw. – Als Interpretation eines Texts nehme ich ambigerweise entweder die Instruktionen oder das Produkt des Künstlers." Fillmore 1976b, 9.

[218] Fillmore 1976b, 13. „Unser Künstler-Interpret nimmt das Material, das in seinem Text enthalten ist, auf, entscheidet, zu welchen sprachlichen Frames die Stücke gehören, ruft die damit verbundenen / assoziierten Schemata auf [recalls], benutzt die Perspektiven auf die Schemata, die vom sprachlichen Material diktiert werden, und setzt diese Schemata zu einer Master-Schablone oder einem Set von Instruktionen für die Erzeugung der Szene zusammen."

80   *Kapitel 2: Die Erfindung des Frame-Gedankens in der Linguistik durch Charles J. Fillmore*

ten.[219] Dem Sprachverstehen wohnt daher immer ein kreatives Moment inne. Ironischerweise sieht Fillmore die Kreativität aber nicht nur wirksam beim Verstehen von ‚epistemisch erfüllten' (sozusagen im Wissen fest verankerten und kontextualisierten) sprachlichen Ausdrücken (oder Verwendungen), sondern gerade auch im sog. „kontextfreien" Verstehen.[220] Gerade die Fähigkeit, sich für kontextarme oder kontextlose Sprachverwendungen einen die sprachlichen Ausdrücke motivierenden Kontext hinzuzudenken, beweist für ihn das Ausmaß und die zentrale Rolle des Kreativen im Sprachverstehen und Funktionieren von Sprache schlechthin. Verstehen wird damit zu einem konstruktiven Prozess, Aufbau einer Textbedeutung durch Kombination abgerufener Frames:

> „Verstehen kann gesehen werden als ein aktiver Prozess, während dem der Verstehende – zu dem Grad, der ihn interessiert – versucht, die Details der Frames auszufüllen, die eingeführt wurden, entweder, indem er nach der benötigten Information im Rest des Textes sucht, oder, indem er sie durch seine Wahrnehmung der aktuellen Situation ausfüllt, oder aus seinem eigenen System des Wissens, oder indem er den Sprecher bittet, noch mehr zu sagen."
> Eine vollständige Theorie muss zeigen „wie einzelne Lexikon-Einheiten ziemlich große, vorgepackte komplexe Frames mit sich bringen können." (Fillmore 1976a, 29)

Fillmores bedeutungstheoretische Überlegungen sind, so zeigt sich in seinen Schriften[221] schon früh, aufs engste mit dem Bemühen zur Erklärung des Sprachverstehens verbunden. Ob nun die von ihm skizzierte Verstehenstheorie eher ein Mittel ist, Semantik zu betreiben (semantische Problemfälle zu lösen), oder ob die semantische Theorie umgekehrt dazu dient das Verstehen (und sprachliche Kommunikation generell) theoretisch zu erklären, ob also ‚Semantik' oder ‚Verstehenstheorie' das eigentliche Ziel von Fillmores Denkprozess ist, ist dann zweitrangig. Im Ergebnis hat er für beides äußerst wichtige Beiträge geliefert.

Abschließend noch drei *Varia* aus Fillmores *scenes-and-frames-semantics*-Phase:

(1) Er reflektiert unter anderem auch über das Verhältnis von kognitiven Fähigkeiten, die für Sprache wichtig sind, und den allgemeinen kognitiven Fähigkeiten, und dabei unter anderem auch darüber, welche dieser Fähigkeiten für Menschen spezifisch sind:[222] „Ich glaube, man gewinnt viel, wenn man das Bemühen, ‚Sprache' zu charakterisieren, trennt

---

[219] In Fillmore 1977b, 61 spricht er über „Textmodelle" und konzipiert „Textverstehen als sukzessiven Aufbau einer Textwelt" mit der Folge: „verschiedene Leute konstruieren verschiedene Interpretationen für denselben Text".

[220] „Dass wir dies [kontextfreies Verstehen] manchmal erfolgreich tun können durch Berufung auf kontextuelle Informationen, ist Evidenz für den kreativen Aspekt des Sprachverstehensprozesses." Es beweist einmal mehr, „dass der Prozess des Sprachverstehens ein kreativer Prozess ist und dass er abhängt von der Fähigkeit des Sprachbenutzers, die Sprache dafür zu gebrauchen, Wege der ‚Rahmung' [Framing] von Erfahrung aufzuzeigen." Fillmore 1976a, 28. Vgl. auch die Ausführungen zum Problem der „Kontextfreiheit" in der Semantik oben (Seite 69).

[221] „Ich glaube, dass einer der Wege der Bewertung der Resultate, Forschungsansätze und Ergebnisse in der Semantik darin besteht, zu sehen, auf welche Weise sie als relevant für ein Verständnis des Prozesses, durch den Menschen Texte in ihrer Sprache interpretieren, gelten können." Fillmore 1975c, 135

[222] Fillmore 1976a, 22. Vgl. auch a.a.O. 30: „Ein anderer Bereich, zu dem eine Frame-Analyse einen Beitrag leisten kann, ist die Frage, ob der Besitz einer Sprache eine notwendige Voraussetzung für die Existenz bestimmter kognitiver Fähigkeiten ist." – „In vergleichbarer Weise könnte eine Frame-Analyse eine gewisse Klarheit bezüglich der Frage erbringen, ob die Fähigkeit der Abstraktion in gewisser Weise auf die Besitzer einer menschlichen Sprache beschränkt ist." – Auch zu dieser Problematik nimmt er eine sehr entspannte Position ein: „Glücklicherweise kann man all diese Prozesse [the ways, that allows the framing, model-building, coherence-imputing processes in language communication to do their work] erforschen, ohne sich damit herumärgern zu müssen, welche von ihnen einzigartig für Sprache sind, oder sogar, welche von ihnen einzigartig für Menschen sind."

2.5 Die Aufgaben einer linguistischen Semantik   81

von dem Bemühen, festzulegen, was in der Sprache einzigartig für den / die Menschen ist. Die Frage ‚Was können Leute, was Tiere nicht können?' sollte nicht als ein notwendiger Teil der Erforschung der Natur der Sprache betrachtet werden."

(2) In scharfer Kritik am Programm der „generativen" Linguistik betont er, wie wichtig es sei, „dass wir für viele Zwecke diesem Ansatz ein Bewusstsein der Wichtigkeit der sozialen Funktionen der Sprache hinzufügen müssen."[223] Damit ist er einer der wenigen Linguisten, die die Sozialität der Sprache als zentralen Aspekt für jede Sprachtheorie herausstellen.

(3) Bereits in dieser Phase bereitet Fillmore das vor, was später in die *Construction Grammar* münden wird. Beide Forschungsgebiete (*Frame-Semantik* und *Construction Grammar*) stehen also für ihn in einem engen sachlichen und theoretischen Zusammenhang: „Ich [bin] überzeugt, dass eine ungeheuer große Menge natürlicher Sprache viel eher vorfabriziert, automatisch und wiederholt [angewendet] ist, als propositional, kreativ, oder frei erzeugt; und ich finde, dass das Standardprogramm [der Linguistik] keinen natürlichen Weg anbietet, diese Sichtweise auszudrücken."[224]

2.5 Die Aufgaben einer linguistischen Semantik

Frame-Semantik (*Szenen-Semantik*) ist – wie mittlerweile deutlich geworden sein sollte – für Fillmore nicht einfach nur eine neue semantische Perspektive und / oder Methode unter vielen. Vielmehr verbindet er damit sehr weitreichende bedeutungstheoretische Zielsetzungen. Neben Aufsätzen, in denen er sich gezielt der Weiterentwicklung der *scenes-and-frames*-Semantik (später nur noch *Frame*-Semantik) widmet, gibt es daher in seinem Werk immer wieder Texte, in denen die semantische Theorie, insbesondere eine Neubegründung dessen, was üblicherweise „lexikalische Semantik" genannt wird, im Vordergrund steht. Das Kennzeichen für Fillmores Position in diesem Zusammenhang ist, dass für ihn die gesamte Semantik, und damit auch und gerade die lexikalische Semantik, eine Berücksichtigung des verstehensrelevanten Wissens in seiner ganzen Breite erfordert. Daher ist für ihn die *Szenen*- oder *Frame*-Semantik das einzige Modell, das den an eine semantische Theorie zu stellenden Ansprüchen gerecht wird. Sie bildet das Fundament nicht nur der lexikalischen Semantik, sondern der gesamten linguistischen Semantik generell. Wie anspruchsvoll sein Programm ist, zeigt folgende Aussage: „Eines der Ziele für die Art von Frame-Semantik, für die ich eintrete, ist das Ziel einer einheitlichen Repräsentation für Wort-Bedeutungen, Satz-Bedeutungen, Text-Interpretationen und Welt-Modelle." (Fillmore 1976a, 28) Mit dieser Aussage steckt Fillmore die Ziele wie den Gegenstandsbereich der Semantik denkbar weit ab. Dass der Kern der Argumentation, der ihn zu dieser These führt, in seinem grundsätzlich eingenommenen ‚interpretativen' Standpunkt zur Semantik liegt, ist schon früh klar geworden,[225] und wird vollends deutlich, wenn er schließlich seinen Ansatz der

---

[223] Fillmore 1976a, 23.

[224] Fillmore 1976b, 8. Und: „Dies bringt mich zu meinem früheren Punkt des formelhaften [vorfabrizierten] Sprechens. Meine Position dazu ist, dass ein ziemlich [grob] unterschätzter Anteil des Sprach-Verhaltens aus der Ausführung wiederholter [fertig abgerufener] Sprech-Routinen besteht. "

[225] Siehe die „entailment rules" (Fillmore 1965) oder auch noch im grammatischen Duktus gehaltene, aber eindeutige Aussagen wie die, dass es ihm um eine ‚Tiefenstruktur gehe, die tiefer sei als die der Stan-

82   *Kapitel 2: Die Erfindung des Frame-Gedankens in der Linguistik durch Charles J. Fillmore*

Frame-Semantik münden lassen wird in dem, was er „*interpretative*" oder „*Verstehens-Semantik*" nennt. Wort-Semantik, so wird in seinen Hypothesen, aber besonders auch durch seine unzähligen Beispielanalysen klar, kann nur von der Position einer vollständigen kommunikativen Äußerung her betrieben werden. An erster Stelle stehen daher für ihn die Bedingungen des Verstehens von Sätzen, aus denen dasjenige, was man die „Wortbedeutung" oder „lexikalische Bedeutung" nennt, quasi rückgeschlossen wird. Da diese Bedingungen aber, wie sich immer wieder zeigt, Elemente des Wissens umfassen, die üblicherweise außerhalb des „Radars" der linguistischen Semantiker lagen, kann man zu recht sagen, dass Fillmore hier bereits einen „epistemologischen" (wissensanalytischen) Ansatz vertritt.

Diese Erweiterung der für eine semantische Analyse relevanten Wissenselemente sei an einem seiner Beispiele demonstriert, dem Wort *Alimente*. Dieses Wort verknüpft in sehr spezifischer (und epistemisch voraussetzungsvoller) Weise zwei Frames (oder besser: Frame-Komplexe) aus unterschiedlichen Lebensbereichen. Nämlich einen GELDÜBERGABE-Frame mit „einem Frame, der ein Vorkommnis in den Lebensgeschichten von zwei Menschen auf eine sehr spezifische Weise identifiziert".[226] Dieser zweite Frame ist aber sehr komplex, eigentlich eher – wie Fillmore sagt – ein „Szenario".[227] Dieses „Szenario" ist nicht statisch, sondern fügt zahlreiche verstehensnotwendige Aspekte zusammen zu so etwas wie einer (typischen, in unserer Lebensform häufiger vorkommenden Form von) ‚Geschichte', die man kennen muss, um zu wissen, welche Wissenselemente (welche ‚Interpretationen') durch die Verwendung des Wortes *Alimente* bei einem Verstehenden wachgerufen werden. Manche Wörter können sehr komplexe Wissensgebäude wachrufen, wie dieses Wort, aber nicht selten noch sehr viel komplexere. Manche Wörter[228] (vor allem in fachspezifischen Domänen des Sprachgebrauchs, wie etwa der Rechtssprache) können sehr spezifische Wissensrahmen-Netze aktivieren. Es ist daher kein Zufall, dass sich Fillmore immer wieder sehr intensiv der semantische Analyse von Beispielen aus der Rechtssprache gewidmet hat, da er sich von der Analyse dieser epistemisch hoch verdichteten Sprachgebrauchsdomäne Rückschlüsse auf die allgemeine Semantik auch der Alltagssprache erwartete.[229] Auf der ‚Kontrastfolie' der Rechtssprache kann deutlicher herausgearbeitet werden, welche semantischen Prinzipien auch für die ‚normale Sprache' gelten. Es könnte sich dabei herausstellen, dass man für die Semantik der ‚Alltagssprache' von der

---

dard-Theorie' (= der damaligen Generativen Transformationgrammatik), die er dann „interpretative Tiefenstruktur [deep structure interpretivist]" tauft. Fillmore 1971c, 35.

[226] Fillmore 1976a, 28. – Dasselbe Beispiel analysiert er auch in Fillmore 1977c, 112.

[227] „Das Verstehen dieses Wortes erfordert ein Wissen über das ganze Szenario; das Verstehen eines Satzes, der dieses Wort enthält, erfordert ein Wissen über das Szenario und eine Benutzung der lexikalischen Gehalte und der grammatischen Struktur des Restes des Satzes, um einige Details auszufüllen [to fill in]; das Verstehen eines großen Textes, der einen solchen Satz enthält, kann es erfordern, eine Szene, die durch diesen Text beschrieben wird, als einen wohl-definierten Teil einer größeren Geschichte oder eines größeren Sachverhalts zu situieren." Fillmore 1976a, 28

[228] So fügt etwa das kleine Wörtchen *fremd* im Ausdruck *fremde Sache* im Diebstahlparagraphen des deutschen Strafgesetzbuches (§ 242 StGB „*Wer eine fremde bewegliche Sache einem anderen in der Absicht wegnimmt, dieselbe sich rechtswidrig zuzueignen, wird mit Freiheitsstrafe bis zu fünf Jahren oder mit Geldstrafe bestraft.*") das gesamte – sehr umfangreiche und komplexe – Wissen um das Eigentumsrecht des deutschen Bürgerlichen Gesetzbuches (BGB) in das Wissen ein, das man besitzen muss, um diesen Strafrechtsparagraphen angemessen verstehen zu können. Siehe dazu Busse 2007b, 119 ff. und – stärker Frame-theoretisch analysierend – Busse 2008c, 46 ff. (auf der Basis einer umfassenden Analyse in Busse 1992).

[229] Es ist sehr bezeichnend, das Fillmore dies gerade in seinem am stärksten einer semantiktheoretischen Programmatik gewidmeten Aufsatz Fillmore 1978, 166 ff. tut!

2.5 Die Aufgaben einer linguistischen Semantik   83

Analyse solcher ‚spezifischer Sprachen' einiges lernen kann, da eine Bedeutungstheorie nur dann als adäquat anzusehen ist, wenn sie in der Lage ist, auch die semantische Situation in solchen spezifischen Sprachgebrauchsdomänen angemessen erklären zu können.[230]

Fillmores Herangehensweise an Fragen der Bedeutungstheorie fragt einerseits immer von den Bedingungen des Verstehens sprachlicher Einheiten her;[231] andererseits hält er durchgängig an dem Interesse fest, einen wesentlichen Beitrag zu dem zu leisten, was üblicherweise *lexikalische Semantik* genannt wird – als eine Aufklärung der Frage, welches Wissens in einem ‚Lexikon' enthalten oder gespeichert sein muss.[232] Nachfolgend wird zuerst seine Position zu Fragen der *‚lexikalischen Bedeutung'* dargestellt, um danach darauf einzugehen, welche Schlussfolgerungen er daraus hinsichtlich der Bedeutungstheorie generell gezogen hat.

Wort und Frame. Die Bedeutungen von Wörtern (Fillmore verwendet meistens den Terminus „lexikalische Einheit") erschließen sich von den Bedingungen ihres Verstehens her: „Die Bedeutungen einzelner lexikalischer Einheiten werden am besten aufgefasst in Bezug auf ihre Beiträge zum Prozess der Interpretation eines Textes."[233] Das dafür relevante Wissen schließt dabei z.B. Erinnerungen, Wahrnehmungen und allgemeines Wissen ein. Wörter sind dabei eng mit ‚Szenen' (Frames) verbunden: „Ein Wort (eine Phrase, ein Text) identifiziert eine Szene und es stellt einen Teil von ihr in den Vordergrund." (a.a.O) Es gehört zum semantischen (lexikalischen) Wissen, für jedes einzelne Wort zu wissen, welche ‚Szene' durch dieses Wort aktiviert wird (werden kann).[234] So aktivieren Wörter wie *write, sketch, draw, paint, print* Szenen eines ähnlichen Grundtyps, doch mit jeweils verschiedenen zusätzlichen Wissenselementen. Die Wörter ‚stehen für' die Szenen und verursachen im Verstehenden die Aktivierung dieser Szenen im Gedächtnis, sobald sie das Wort lesen oder hören.[235] Einzelne Szenen (Frames), die durch einzelne Wörter aktiviert werden, wirken zusammen in der Bildung der (Gesamt-) „Szene, die die Bedeutung des Satzes (oder Texts) als Ganzem repräsentiert."[236] – In dieser Phase seiner Theorie geht Fillmore – wie

---

[230] „Ich tue dies [die Semantik der Rechtssprache analysieren] um einen Standard des Kontrasts für einige Verallgemeinerungen über die Semantik der normalen Sprache aufzustellen." Fillmore 1978, 166. – „Indem wir diesen Vergleich anstellen, können wir sagen, ob und wo analog Anforderungen in der Alltagssprache [normalen Sprache] existieren." – „Man kann die These aufstellen, dass die Rechtssprache trotz allem immer noch Sprache ist, und dafür argumentieren, dass eine Theorie der linguistischen Semantik Prinzipien einschließen sollte für die Behandlung auch solcher [D. B.: letztlich: aller] Systeme." (a.a.O. 169) – Fillmore nimmt damit in erstaunlich ähnlicher Argumentationsweise einen Standpunkt ein, der (ohne Kenntnis seiner diesbezüglichen Schriften) auch in Busse 1992 und 1993 eingenommen worden war.

[231] Siehe die Ausführungen oben Seite 44 ff.

[232] Bekanntlich ist die Verwendung des Terminus *Lexikon* in der Linguistik ambig, und es ist nicht immer ganz klar, ob damit jeweils ein „Wörterbuch" oder das „semantische Gedächtnis" gemeint ist. Aus diesem Grunde wird auch ein Terminus wie „lexikalische Bedeutung" – wenn er weiter so verwendet wird, wie bisher üblich – seine Ambiguität nie ganz verlieren.

[233] Fillmore 1977c, 86. – „Das schließt viel mehr ein als das Prozessieren der Bedeutungen, die direkt durch den Text geliefert werden, sondern auch Erinnerungen, Wissen, und laufende Wahrnehmungen beim Interpreten, ebenso wie die Anwendung eines Sets von Prozeduren, um die Basis für die Kohärenz des Textes zu bestimmen." (a.a.O.)

[234] „Wir müssen für jedes Wort wissen, welche Szene (oder Cluster verbundener Szenen) durch es aktiviert wird; wie es – mit einer gegebenen Bedeutung relativ zu einer gegebenen Szene – mit anderen lexikalischen Elementen kombiniert wird, und welche grammatischen Beziehungen diese untereinander haben." Fillmore 1977c, 88.

[235] „Wenn man ein Wort nimmt, zieht man damit eine ganze Szene heraus." Fillmore 1977c,112.

[236] Fillmore 1977c, 116 mit einer ausführlichen Beispielanalyse.

84 Kapitel 2: Die Erfindung des Frame-Gedankens in der Linguistik durch Charles J. Fillmore

gezeigt[237] –noch von einer Unterscheidung zwischen den eher ‚sprachlichen' Rahmen und den eher epistemischen / kognitiven ‚Szenen' aus. Er spricht daher auch davon, dass Wörter, die zu einem ‚Sprach-Rahmen' gehören, dann „den gesamten Rahmen und das assoziierte Schema" (die er sich offenbar als eher kognitiv / epistemisch vorstellt), aktivieren.[238] Aus all diesen Überlegungen folgt für ihn eindeutig die zentrale Rolle der Frames bei der Bestimmung (und Erklärung) der Wortbedeutungen (bzw. dessen, was ‚Wortbedeutung' als sprachtheoretisches Phänomen darstellt): „Die nützlichste Information über ein Lexem ist der Set von Rahmen, in denen es eine Rolle spielt, und die Position, die es in jedem dieser Rahmen einnimmt."[239] Wörter aktivieren demnach Rahmen und sie können Rahmen verschiedener Sorten miteinander verknüpfen. Auch wenn dabei verschiedene Sorten von Wissen eine Rolle spielen (auch solche, die in der linguistischen Semantik bislang keine oder kaum Berücksichtigung fanden), „sollte man nicht den einen Teil als Semantik, den anderen Teil als Nicht-Semantik separieren", so Fillmores klare Ansage.[240]

Die Frage nach den ‚lexikalischen Bedeutungen' von Wörtern (oder anderen Lexikoneinheiten, wie etwa idiomatischen Wendungen oder Phrasemen) zu stellen, heißt zugleich, die Frage danach zu stellen, welche Funktion diese Wörter im System des Wissens einer Sprachgemeinschaft erfüllen. Insofern hängt die Frage danach, was ‚Lexikalisierung' ist (und heißt) eng mit Fragen des ‚Klassifizierungssystems der Wirklichkeit', das sich nach Fillmore in Sprache ausdrückt, zusammen: „Das heißt, wir haben eine gewisse Vorstellung davon, was es für eine Kategorie heißt, durch ein Wort in unserer Sprache repräsentiert zu sein, warum eine Sprache ein Wort für etwas zur Verfügung hat, das [...] auch mit einer Phrase ausgedrückt werden könnte."[241] Wortbedeutungen (lexikalische Bedeutungen) hängen daher engstens mit dem „konzeptuellen System" einer Gesellschaft zusammen.[242] Und dieses System wird in „Frames" strukturiert. Damit werden Frames zu einem „lexikalischen Set", d.h. einer Kombination von mehreren lexikalischen Einheiten, die einzelne jeweils verschiedene Aspekte / Teile des Frames akzentuieren, aktivieren oder „anzeigen". Nur in solchen „Sets von lexikalischen Einheiten" (Frames) bekommen die einzelnen Einheiten ihre Funktion und „Bedeutung".[243]

---

[237] Siehe oben Seite 57 ff.

[238] Fillmore 1977c, 127. Siehe das ausführliche Zitat in Fußnote 124, Seite 60.

[239] Fillmore 1977c, 132. Nach Fillmore 1977d, 103 „erfordert [involves] jedes Verstehen die Kenntnis von spezifischem Sprachmaterial und das Wissen, dass dieses Sprachmaterial spezifische Arten von Schemata nahelegt [suggests] oder anzeigt [indexes]."

[240] Fillmore 1977d, 102. Siehe auch Fillmore 1977d, 100: „Ich glaube, dass intuitive Urteile, die Leute über semantische Abweichungen fällen, nicht unterscheiden zwischen ‚semantischer' und anderen Arten von Unangemessenheit."

[241] Fillmore 1977d, 104. „Der allgemeine Gedanke hinter diesen Überlegungen war, dass: Wenn es eine lexikalische Einheit gibt, dann heißt dies wohl, dass es ein bestimmtes System gibt, in dem diese lexikalische Einheit eine klassifizierende Funktion besitzt. Selbst wenn das lexikalische Element für uns ungewöhnlich ist (während es aber noch semantisch durchsichtig bleibt), besteht ein Teil des Aktes, den Satz (der dieses Element enthält) zu verstehen, darin, zu versuchen, auszuarbeiten, was der Kontext sein könnte, in dem das Wort eine klassifizierende Funktion haben könnte."

[242] Argumente dafür sucht und findet Fillmore immer wieder auch im frühkindlichen Spracherwerb, z.B. Fillmore 1977d, 100: „Wörter, die Objekte benennen, die besondere Rollen in besonderen Typen von Erfahrungen spielen, werden in Sets oder Strukturen gelernt, wobei jedes regelmäßig Erinnerungen an die andere evoziert oder Erinnerungen an die Erfahrungen, in denen diese Rollen kennen gelernt wurden."

[243] „Eine letzte Art von semantischem Domänen-Typ – von dem ich zufälligerweise glaube, dass er der zentralste und mächtigste von allen ist – ist das, was wir, vielleicht nicht sehr hilfreich, einen ‚Frame'

2.5 Die Aufgaben einer linguistischen Semantik   85

Lexikalische Informationen. Aus seiner Frame-theoretischen Begründung dessen, was ‚Wortbedeutung' sein (oder leisten) kann, leitet Fillmore eine bestimmte Auffassung dessen ab, was ‚lexikalische Information' sein kann. Diese integriert Szenen-bezogenes Wissen mit eher ‚grammatischen' Informationen.[244] Für falsch hält Fillmore jedoch eindeutig die ‚klassische' Maxime der Beschreibung lexikalischer Bedeutungen in der Merkmal- und Komponenten-Semantik, wonach es die Aufgabe der Lexikographie sei, eine möglichst umfassende (und daher notwendigerweise abstrakte) Bedeutungsbeschreibung zu liefern, die alle (oder zumindest möglichst viele) Verwendungsfälle eines Wortes abzudecken geeignet ist. Die dadurch erzeugte Beschreibung sei nicht mehr in der Lage, die wichtigen Frame-bezogenen Details zu erfassen, auf die es beim adäquaten Verstehen eines Wortes letztendlich entscheidend ankommt.[245] – Die Aufgaben einer lexikalischen Semantik aus seiner Sicht beschreibt Fillmore in einem acht Punkte umfassenden anspruchsvollen Fragenkatalog. In unserem Zusammenhang relevant sind daraus vor allem folgende Fragen:

> „Wie soll lexikalische Information in der formalen linguistischen Beschreibung organisiert und präsentiert werden? Welche formalen Eigenschaften sollten Einträge in einem Lexikon haben, und wie bildet semantische Information einen Teil davon? [...] Wie hängt ein Lexikon, genommen als ein geschlossenes Set von Lexikoneinheiten, innerlich zusammen? [...] Wie sind Lexikoneinheiten untereinander verknüpft? Insbesondere: In welchem Maße kann die Beschreibung einer Lexikon-Einheit Bezug nehmen auf spezifische [andere] Lexikon-Einheiten? Wann scheinen solche Querbezüge notwendig zu sein, und wann sind Sie lediglich günstig oder zweckmäßig?" (Fillmore 1978, 148)

Diese (und weitere) Kernfragen einer lexikalischen Semantik lassen sich nach Fillmore nicht sinnvoll behandeln ohne Stellung zu nehmen zu dem entscheidenden Problem: „Eine Entscheidung dafür, lexikalische-semantische Struktur zu erforschen, setzt die Beantwortbarkeit der Fragen voraus, was lexikalisch und was semantisch ist. Beides sind subtile Fragen."[246] Dabei ist die Art, wie er diese Frage formuliert, schon Programm. Wurde bislang in der Linguistik nämlich meistens einfach *semantisch* mit *lexikalisch* gleichgesetzt, hält Fillmore dies offenbar für zwei (verschiedene?) Probleme / Fragen. Es ist offenbar sinnvoll, beide Fragen getrennt zu beantworten, da die Beantwortung der Frage, was ‚Bedeutung' (eines Wortes, Satzes, Textes) ist, nicht notwendigerweise identisch sein muss mit der Beantwortung der Frage, was eine ‚lexikalische Bedeutung' (eines Wortes) ist. Oder anders (in einer Redeweise, die sich so bei Fillmore nie finden würde) ausgedrückt: Welche Art von (wissenschaftlichem) Konstrukt ist ‚Bedeutung' (sprachlicher Einheiten) allgemein, und welche Art von Konstrukt ist ‚lexikalische Bedeutung'?[247] Dass die wissenschaftlichen

---

    nennen: Ein ‚Frame' in diesem Sinne ist ein lexikalischer Set, dessen Mitglieder Anteile [portions] oder Aspekte eines begrifflichen [conceptual] oder handlungsbezogenen [actional] Ganzen anzeigen. Mit anderen Worten: die Einheiten in einem Frame sind nur verstehbar für jemanden, der (begrifflichen) Zugang zu dem zu Grunde liegenden Schema, in das sich die Teile des Frames einfügen, besitzt." Fillmore 1978, 165.

[244] „Die lexikalische Information, die wir für die Beschreibung des Funktionierens einer Sprache benötigen, umfasst mehr als Informationen über die Natur der assoziierten Szenen. Sie umfasst Informationen über die grammatische Struktur der Sätze, in denen die lexikalische Einheit erscheint." Fillm. 1977c, 92.

[245] Fillmore 1977d, 102. Siehe die ausführlichen Zitate in Fußnoten 160 und 161, Seite 67.

[246] Fillmore 1978, 149.

[247] Doch scheint Fillmore den Konstrukt-Charakter von sprachtheoretisch behaupteten Entitäten immerhin nicht ganz aus dem Blick zu verlieren: „In diesem Papier werde ich die Frage betrachten, was lexikalische Information konstituiert, und ich werde die Verbindung zwischen den theoretischen und methodologischen Einstellungen der Analytiker und den Arten von Strukturen oder dem Anschein von Strukturen diskutieren, die sich aus ihren Forschungen ergeben." Fillmore 1978, 149.

86   *Kapitel 2: Die Erfindung des Frame-Gedankens in der Linguistik durch Charles J. Fillmore*

(linguistischen) Konstrukte nicht naiv und unreflektiert einfach für die Wirklichkeit gesetzt werden dürfen, ist ihm sehr deutlich, wenn er im Zusammenhang mit den zu klärenden bedeutungstheoretischen Fragen zwischen „entdeckter Struktur" [structure detected] und „dem Gegenstand aufgedrückter Struktur" [structure imposed] unterscheidet.[248]

Die Frage danach, was eigentlich die ‚lexikalische Bedeutung' ist, impliziert nicht nur die Frage danach, welche Informationen zu den ‚lexikalischen Informationen' zu rechnen sind, sondern schließt u.a. die Frage ein, welche sprachlichen Einheiten überhaupt als ‚lexikalische' Einheiten angesehen werden sollten.[249] Auch das Verhältnis von ‚lexikalischen Informationen' und ‚grammatischen Informationen' ist alles andere als eindeutig, wenn man bestimmte Sprachgebräuche anschaut. Fillmore analysiert dafür einige schöne Beispiele, die im Deutschen (vielleicht wegen strikterer sprachnormativer Regeln) so nicht alle möglich sind:

(2-35) *mental midvives*
(2-36) *retarded programs*
(2-37) *topless districts*

Natürlich sind nicht irgendwelche Bezirke (am Strand?) *oben ohne*, sondern es ist in diesen Bezirken erlaubt, sich *oben ohne* aufzuhalten, wobei sich diese Erlaubnis spezifisch auf erwachsene weibliche Personen bezieht. Auch sind nicht die (Förderungs-) Programme *zurückgeblieben*, sondern es sind Programme von Förderungen für diejenigen Menschen, die man als *geistig zurückgeblieben* [*mentally retarded*] bezeichnet. Besonders intrikat ist das Beispiel (2-35), denn was soll man sich unter *mentalen Hebammen* vorstellen können? Der Ausdruck kam vor in einem Zeitungsartikel, der darüber berichtete, dass in einer psychiatrischen Anstalt (einer Klinik für Menschen mit psychischen Beschwerden, die abgekürzt als *mental patients* bezeichnet wurden) einige einer Mitpatientin bei der vom Pflegepersonal unbemerkten Geburt eines Kindes geholfen hatten. Aus solchen Beispielen ergeben sich zahlreiche Fragen an eine lexikalische Semantik: „Ist das ganze (1) eine Abkürzung für eine größere syntaktische Struktur, oder (2) hat der Autor damit einen neuen Sinn für das Wort *mental* erfunden? Was, wenn wir diese Überlegungen erweitern auf die Bedeutung im üblichen Ausdruck *mental patient* selbst? Ist das dann auch die Abkürzung eines gedachten Satzes oder etwas anderes?".[250] Fillmores ganze Argumentation zielt hier

---

[248] Fillmore 1978, 151. Fillmore sagt dies direkt im Anschluss an eine gründliche (und beißende) Kritik an der Merkmal-Semantik und der logischen Semantik. Wie scharf er die Theorien der üblichen Mainstream-Semantik einschätzt, zeigt sich auch an seiner Bemerkung, dass „die Menge von Leuten, die wirklich Semantik betreiben, möglicherweise nicht identisch ist mit der Menge von Leuten, die behaupten, dass sie Semantik betreiben". Fillmore 1975c, 156.

[249] Fillmore 1978, 149. „Insbesondere müssen wir uns der unbequemen Tatsache stellen, dass eine Anzahl von Ausdrücken in jeder Sprache sowohl als lexikalische Einheiten als auch als Einheiten, die eine grammatische Struktur auf einer höheren Ebene als der Wortbildung besitzen, aufgefasst werden müssen." Damit meint er nicht nur Idioms, sondern das große Repertoire routinehaften Sprechens. Das heißt Rede-Formeln, die ein Sprecher unabhängig von den grammatischen Regeln einer Sprache erwirbt. Es ist dies implizit bereits die Begründung der Notwendigkeit einer *Construction Grammar*.

[250] Wir sehen, wie Fillmore hier wieder auf den bei den „entailment rules" (Fillmore 1965a) eingeführten Gedanken der „gedachten Sätze" zurückkommt. Das Englische scheint den in (2-35) gezeigten – im Deutschen zwar vorkommenden, aber in normativen Stillehren als regelwidrig markierten – attributiven Gebrauch von Adjektiven, die sich eigentlich nicht auf das Nomen direkt beziehen, als Ersatz für die im Deutschen übliche Wortbildung durch Nominal-Komposition zu benutzen. Das heißt, dass die Frage „abgekürzte Sätze oder etwas anderes?" sich auch hierauf bezieht. In der linguistischen Forschung zu Komposita hat die Redeweise von „abgekürzten Sätzen" tatsächlich eine lange Tradition.

2.5 Die Aufgaben einer linguistischen Semantik　　　　　　　　　　　　　　　　87

wohl vor allem darauf, den hartnäckigen Merkmal- und Komponential-Semantikern klar zu machen, dass es eine scharfe Grenze zwischen ‚lexikalischer Bedeutung‘ und ‚Satzsemantik‘ nicht gibt!

Ein anderes Beispiel für die Probleme der Eingrenzung von dem, was man ‚lexikalische Bedeutung‘ nennen könnte, ist die gedankenlose Verwendung bestimmter Wörter, nur um eine bestimmte Sache zu bezeichnen, wie z.B. *Empfängnis*.[251] Mit diesem Beispiel weist Fillmore auf ein sehr wichtiges Problem der lexikalischen Semantik hin. Der von ihm zitierte Enzyklopädie-Autor hat *Empfängnis* hier in einer Weise benutzt, die man ‚rein referenziell‘ nennen könnte, für diese Referenzfunktion aber einen Ausdruck verwendet, der von seiner ‚vollen‘ Bedeutung her Bedeutungselemente mitbringt, die nicht unbedingt zum Satz- / oder Text-Kontext passen (nicht explizit ‚mitgemeint‘ sind).[252] Dieses Beispiel verweist auf einen wichtigen Gedanken, der bereits vor hundert Jahren vom Philosophen Edmund Husserl in die semantische Theorie eingeführt worden ist, nämlich die Unterscheidung zwischen „*Bedeutungsverleihung*“ und „*Bedeutungserfüllung*“. Fillmores Beispiel zeigt, dass dieser Unterschied nicht einfach nur ein Geschehen auf einer graduellen Skala von „unvollständig / unzureichend“ semantisch (kognitiv / epistemisch) „gefüllt“ bis „vollständig / semantisch erfüllt“ betrifft, sondern ein wichtiges funktionales Bedürfnis in jeder Sprache betrifft:[253] Dass wir nämlich häufig Wörter für Situationen benötigen (oder in Situationen verwenden müssen / wollen), in denen von einer „vollen semantischen Spezifikation“ (im Sinne einer vollen kognitiven Präsenz der „eigentlich“ bezeichneten Frames im Verstehensakt) keine Rede sein, diese unter Umständen geradezu unerwünscht sein kann.

Am Ende seiner Überlegungen zu den ‚lexikalischen Bedeutungen‘ kommt Fillmore zu einem überraschenden Schluss: „Ich glaube, dass die semantische Theorie den Vorschlag zurückweisen muss, dass alle Bedeutungen mit denselben begrifflichen Mitteln / Methode beschrieben werden müssen. [...] Kurz: Es gibt verschiedene Arten von Wortbedeutungen.“ (Fillmore 1978, 165) Überraschend erscheint diese Schlussfolgerung, weil sie dem nur zwei Jahre zuvor formulierten „Ziel einer einheitlichen Repräsentation für Wort-Bedeutungen, Satz-Bedeutungen, Text-Interpretationen und Welt-Modelle“ zu widersprechen scheint. Der Widerspruch ist jedoch nur ein scheinbarer. In seiner früheren Äußerung formuliert Fillmore das Ziel, dass ein theoretisches Modell sprachlicher Bedeutung auf einem einheitlichen konzeptuellen Fundament aufbauen soll. Kern eines solchen Modells ist für ihn der Begriff „Frame“ (zuvor: „Szene“ oder „Schema“). Davon unberührt bleibt die Möglichkeit, auf der Basis eines Frame-Modells der Bedeutung verschiedene *Typen von Lexemen* hinsichtlich der Art und Weise, wie in ihrer Bedeutung auf Frames und Wissen unterschiedlichster Sorten Bezug genommen wird, zu unterscheiden.

---

[251] „Jemand, der *Empfängnis* nur zur Vermeidung einer tabuierten Ausdrucksweise für sexuellen Verkehr benutzt, meint der wirklich alles, was er da sagt? In solchen Fällen spielt die umfassende, richtige lexikalische Bedeutung keine entscheidende Rolle. Solche Fälle als Fehler abzutun, ist ein Risiko, da daraus häufig Bedeutungswandel entsteht.“ Fillmore 1978, 149 f.

[252] Mit *Referenz* sollte hier ein kognitiver / epistemischer Prozess gemeint sein, nämlich „Bezug auf einen Frame X“ - hier: *sexueller Akt*; weitere, mit diesem „Basis“-Frame verknüpfte Frames, wie *Reproduktion* usw., sind zunächst nicht mitgemeint.

[253] Nach Husserl 1913, 32 ff. – Auf ein ähnlich gelagertes Problem hat insbesondere Putnam 1979 mit seinem Beispiel „*Ulme*“ / „*Eibe*“ hingewiesen, das besagt, dass Sprachbenutzer die „volle Bedeutung“ von Wörtern häufig gar nicht kennen und auch nicht benötigen. Nach ihm seien die meisten Sprecher gar nicht in der Lage, die mit diesen Wörtern bezeichneten Gegenstände in der Realwelt eindeutig zu identifizieren, da sie nur wüssten, dass es sich dabei „irgendwie um Bäume“ handelt, aber mehr nicht.

Dies schlägt er nunmehr vor.[254] Wichtig ist ihm auf jeden Fall, dass es viele Wörter (Lexeme) gibt, die nicht mit einem Modell wie der Merkmalsemantik beschrieben werden können, dessen Methode und Theorie ausschließlich an einfachen „Merkmalen" des Typs „Dingmerkmale" ausgerichtet ist. Für solche Wörter, die jede einfache Komponentensemantik (oder logische Semantik) sprengen, gilt: „Für viele Wörter der zuletzt genannten Art kann man nur dann sagen, dass sie eine lexikalische Struktur aufweisen, indem man die nicht-sprachlichen Aktivitäten oder Institutionen strukturiert, deren Teile oder Aspekte sie indizieren / bezeichnen." (Fillmore 1978, 165.) Das heißt: Die Beschreibung ihrer lexikalischen Struktur setzt die Beschreibung der Struktur des relevanten Wissens (epistemischen Hintergrundes) voraus, der sich nicht in einfachen Dingmerkmalen erschöpft, sondern weit über die Kategorien eines solchen reduktionistischen Modells hinausreicht.[255] Dabei kann ein und dasselbe Wort je nach Kontext unterschiedliche Sorten Hintergrundwissen[256] aktivieren. Die bedeutungstypologische Verschiedenheit von Wörtern unterschiedlichen Typs kann sich darin niederschlagen (oder: ist daran erkennbar), dass Wörter „in ihrer ‚Transparenz', ‚Motivation', ‚Analytizität' differieren können".[257] Für die Beschreibung von ‚lexikalischen Bedeutungen' kann es, wegen dieser unterschiedlichen Typen von Lexemen bzw. Wortbedeutungen, auch kein einheitliches System der Paraphrase oder Notation geben.[258] Eine Frame-gestützte Form der Notation von Bedeutungsaspekten ist für Fillmore daher viel eher „eine Art von ‚Entdeckungsprozedur' [discovery procedure]"[259] als ein Unterfangen mit objektivistischem Anspruch, wie er von Vertretern der logischen und Checklist-Semantik behauptet wird.

Semantik und Sprachverstehen. Wie schon verschiedentlich deutlich geworden, lässt sich die Frage nach der Reichweite (und dem Gegenstands- bzw. Beschreibungsbereich) einer zureichenden linguistischen Semantik nicht ohne Bezug auf die Erklärung des Sprachverstehens und seiner epistemischen Bedingungen klären. Dass Fillmores Ansatz

---

[254] „Manche Wörter scheinen eine mehr oder weniger direkt / einfach erklärbare / darlegbare Relation zu einigen Aspekten der Welt aufzuweisen, wie z.B. Farbausdrücke, Namen für natürliche Arten wie unkomplizierte und vertraute Pflanzen und Tiere. Andere Wörter (*Pilot, Tagebuch, Teetasse*) müssen beschrieben werden als Bezeichnungen von Objekten mit Bezug auf ihre Funktion oder ihre charakteristische Aktivität. Noch andere (*faul, geistreich, genial, dumm*) bezeichnen Entitäten bezüglich ihres dauerhaften Wesens. Noch andere (*Witwe, Dauerstelle, Apfelgehäuse*) können nur innerhalb eines Frameworks des Verstehens einer sozialen Institution oder der Art und Weise, etwas zu tun, verstanden werden." Fillmore 1978, 165.

[255] Fillmore führt in diesem Zusammenhang auch den (ganz ohne Verweis auf ihn auch in der deutschen germanistischen Linguistik schon länger gebräuchlichen) Terminus der „*schweren Wörter*" ein: „Wahrscheinlich in jeder Sprache kann man das entdecken und abgrenzen, was man das ‚allgemeine' oder ‚Grund'-Vokabular nennen könnte." – „In Ergänzung dazu findet man in vielen Sprachen eine beachtliche Menge von Schichten des Vokabulars [vocabulary stratification]. Ein besonderes Phänomen dabei sind die ‚schweren' Wörter [‚hard' words], das heißt Wörter, die nur wenige Menschen kennen." Fillmore 1978, 158. Er nennt z.B. Sprachen aus speziellen Kulten, Traditionen, Techniken.

[256] „Das Wissen, das Benutzer einer Sprache über einzelne Wörter haben, kann verschiedene Szenen für verschiedene sprachliche Kontexte hervorbringen." Fillmore 1977c, 82.

[257] Fillmore 1978, 161. Besonderes Interesse verdienen hier die Termini „semantische Transparenz" und „Motiviertheit". Hinter diesen klassischen linguistischen Termini (die z.B. in der Morphologie bzw. Wortbildungslehre schon lange gebräuchlich sind), verbirgt sich eine epistemologische Problematik, für deren zureichende Erkenntnis die traditionelle Linguistik schlicht nicht die angemessenen theoretischen Grundlagen besitzt. Wir werden darauf noch zurückkommen.

[258] Fillmore 1978, 166 unterscheidet folgende Formen semantischer Paraphrase: Festsetzungs-Definitionen, charakterisierende Definitionen, kriteriale Definitionen und Gebrauchs- Beschreibungs -Definitionen.

[259] Fillmore 1977c, 109.

2.5 Die Aufgaben einer linguistischen Semantik

zunehmend auf ein Primat der *Verstehens-Semantik* hinausläuft, ist daher auch in den Schriften der *scenes-and-frames*-Phase und der sich unmittelbar anschließenden Zeit stets spürbar. Ziel seiner Bemühungen ist ein „nicht-formaler" und „intuitiver Ansatz" der die Erklärung von Wortbedeutung und Textbedeutung in einem integrativen Ansatz zusammenführt.[260] Deutlich wird dies immer wieder dadurch, dass Fillmore nicht so sehr einzelne Wörter, sondern öfter kleine Texte (mit spezifischen Hintergründen) als Beispiele für die Demonstration dafür auswählt, wie weit eine angemessene semantische Analyse reichen müsste. Das Problem einer zureichenden semantischen Beschreibung von „Wörtern in Texten" zeigt dabei immer wieder die Begrenztheit der traditionellen, wort-isolierenden bzw. syntax-dominierten Sichtweise der Linguistik auf: „Linguisten können davon profitieren, diese Dinge im größeren Kontext der Sprachproduktion und des Sprachverstehens zu sehen. Viele Linguisten haben ihre Gegenstände mühsam begrenzt auf das, was sie für rein linguistisch hielten: frei von Kontaminationen mit Wissen über Kulturen, Wissens-Systeme [belief systems], oder Tatsachen über die Welt." (Fillmore 1977c, 76) Eine solche Linguistik, die ihre sprachlichen Gegenstände (Wörter, Sätze, Texte, grammatische Strukturen) willkürlich von ihren epistemischen Voraussetzungen trennen will, kann, so Fillmore, niemals zu einer zureichenden Erklärung des Funktionierens von ‚Sprache' im Allgemeinen und ‚Bedeutung' im Besonderen führen.

Gerade der Einbezug des Textverstehens als Prüfstein für eine semantische Theorie führt zu der Erkenntnis, dass seine zureichende linguistische Beschreibung nicht an den Grenzen traditioneller wortsemantischer (oder logisch-satzsemantischer) Modelle Halt machen kann: „Wenn wir einen Text interpretieren bringen wir in die Aufgabe mehr ein als unser Wissen der Sprache – Wissen über die Welt, Kenntnisse / Annahmen über die menschliche Natur, Vermutungen über typische Exemplare von Objekten, Repertoires von typischen Verhaltensweisen usw." (Fillmore 1977c, 118) Diese Offenheit des verstehensrelevanten Wissens bringt jedoch das Problem mit sich, dass es durch ihr Zugestehen keineswegs einfacher wird, die Grenzen zwischen dem Teil des verstehensrelevanten Wissens, der noch „zur Sprache gehört" und dem Teil, der darüber hinausgeht, zu begründen (und auch praktisch aufzufinden). (Im Kontext der Problematik der Abgrenzung zwischen ‚Sprachwissen' und ‚Weltwissen'[261] benennt Fillmore einige der Aspekte, die dabei eine Rolle spielen.[262]) Textverstehen setzt immer die Konstruktion einer kohärenten Textwelt voraus.[263] Es ist dabei letztlich unerheblich, woher das dafür relevante Wissen kommt und in welche wis-

---

[260] Fillmore 1977c, 76: Er möchte „einen einheitlichen begrifflichen Rahmen präsentieren für die Diskussion über Wortbedeutungen, über die Konstruktion von Satz-Lesarten, über die Interpretation von Texten, und über die Prozesse des Ausdrückens und Verstehens."

[261] Auf die wir noch ausführlich eingehen werden. Siehe unten Kap. 2.6.5, Seite 123.

[262] „Was können wir sagen über die ‚Szene' oder ‚Geschichte', oder ‚Welt' oder ‚image' oder was immer der Sprecher intendierte, dass der Hörer es an diesem Punkt des Diskurses konstruiert?" Er fügt hinzu: Eine wichtige Frage ist es, ob man über solche Dinge in der Linguistik sprechen sollte, das heißt über „Settings, beliefs, expectations, memories of personal experience, and the role these play". Fillmore 1977c, 77.

[263] „Menschen können verstehen oder reden, wenn ihre sprachlichen Repertoires dieselben oder vergleichbare Schemata aktivieren und wenn ihre Erfahrungen im Erwerb dieser Schemata vergleichbar sind. Unsere Kommunikationspartner können verstehen, was wir sagen, wenn sie die Schemata, die wir eingeführt haben, zu einem Modell einer möglichen Szene zusammensetzen können, das auf das Modell passt, das wir ihnen vermitteln wollten. Der Prozess der Textinterpretation kann gedacht werden als ein Vorgang, der ein Set von Prozeduren für die Konstruktion eines kohärenten Modells einer möglichen Welt involviert." Fillmore 1977c, 128.

senschaftlichen Theorien es hineinpasst oder nicht. Dabei ist Textverstehen ein durchaus probabilistisches Unterfangen, das weit von dem Exaktheitsanspruch der Checklist-Modelle der Bedeutung und den durch ihn nahe gelegten falschen Versprechungen entfernt ist.[264] Gelegentlich kann es das adäquate Verstehen eines Textes sogar erfordern, dass man explizit im Text enthaltenes Sprachmaterial ignoriert, wenn es nicht zum ‚Schema' oder der ‚Szene', d.h. dem zu entfaltenden ‚Textweltmodell' passt.[265] Bei dieser ‚Konstruktion' einer adäquaten ‚Textwelt' orientieren wir uns an verschiedenartigen Eingangsdaten,[266] darunter auch (ein Gedanke, der bei Fillmore bemerkenswert selten vorkommt) unsere Vermutungen über mögliche kommunikative Absichten / Intentionen der Textverfasser (Sprecher).[267] Dabei kann ein zureichendes Textverstehen nur dann erfolgen, wenn das im Verstehen (durch Abgleich verfügbarer Szenen und Schemata mit dem, von dem die Verstehenden glauben, dass es von den Wörtern und anderen sprachlichen Mitteln des Textes ‚aktiviert' werden soll) aufgebaute Textweltmodell sich in die individuellen Weltmodelle der Verstehenden integrieren lässt.[268]

Was ist ‚Semantik'? Fillmores in dieser Phase formulierten Überlegungen zum Begriff der ‚lexikalischen Bedeutung' werfen die von ihm auch später immer wieder intensiv erörterte Frage auf, was zur „Semantik im eigentlichen Sinn" [semantics proper] gehört, und was nicht. Diese Frage ist äußerst komplex und soll im Kontext dieser Einführung erst zum Abschluss der Darstellung von Fillmores Modell gründlicher erörtert werden, da sie sozusagen die ‚Gretchenfrage' an sein theoretisches Modell einschließt. Fillmore selbst wendet diese Frage, was in dem von ihm entwickelten Ansatz der Semantik denn noch „zur Sprache selbst" gehöre, stets zurück und richtet sie an die Vertreter der reduktionistischen traditionellen Modelle (Merkmalsemantik, Komponentensemantik, logische Semantik), die darauf noch viel weniger eine Antwort wissen, auch wenn sie dies konstant zu behaupten versuchen: „Ein kritischer Defekt in diesem Ansatz ist, dass, wenn in der normalen Weise des Redens ein Wort eine Bedeutung hat, die eine besonders reichhaltige und detaillierte

---

[264] Die sprachlich aktivierten Szenen decken sich bei weitem nicht immer mit den abrufbaren Schemata. Wir müssen damit leben, dass oft nur „Annäherungswerte" erreichbar sind. Vgl. Fillmore 1977c, 128.

[265] „Ich konzipierte daher ‚Text' als analog zu einem Set von Anweisungen für die Zusammenfügung der Schemata und ihrer Elemente, die eine größere Struktur aktivieren, welche die Szene des Textes dominiert. Manchmal kann dieser Prozess nur vollendet werden, wenn man einiges von dem sprachlichen Material ignoriert." Fillmore 1977c, 103. – Diese Bemerkung erinnert sehr an die von S. J. Schmidt vorgeschlagene Idee einer „Instruktionssemantik". Danach „kann ein Lexem erkenntnistheoretisch aufgefaßt werden als eine *Regel* oder *Instruktion* zur Erzeugung eines bestimmten sprachlichen und / oder nicht-sprachlichen ‚Verhaltens' [...] bzw. als *Anweisung* zu einem bestimmten, in einer Sprachgemeinschaft durch analoge Lernprozesse und Gebrauchsrekurrenzen stabilisierten und daher erwartbaren sprachlichen und / oder nichtsprachlichen Handeln." Schmidt 1976, 56.

[266] „Wir benutzen viele Arten von Urteilen und Einsichten [awarenesses], wann immer wir einen Sprachtext interpretieren." Fillmore 1977c, 80.

[267] „An jedem Punkt im Diskurs muss der Interpret gewahr sein der Szenen oder images oder Erinnerungen, die, sozusagen, ‚fortlaufend aktiviert' werden. [...] Und wir müssen – ausgehend von unserem Wissen über die Welt, und unserer Einschätzung der Absichten des Autors / Sprechers – bestimmte Strategien zur Verfügung haben für die Konstruktion einer einheitlich kohärenten Sicht dessen, was abgeht, einer möglicherweise komplexen, aber einheitlichen Szene oder story oder Welt, von der wir wahrnehmen, dass sie auf diesen speziellen Text passt." Fillmore 1977c, 80.

[268] Fillmore 1977c, 82 sagt hier, dass eine Textwelt in die Glaubens-Welten des Interpreten integriert werden (können) muss. – „Wenn die Erfahrungen der Menschen verschieden sind, dann folgt daraus, dass sich die Menschen unterscheiden in dem Sinn, den sie aus demselben Text ziehen." Fillmore 1977c, 118.

2.5 Die Aufgaben einer linguistischen Semantik

Analyse [accounting] erfordert oder dazu einlädt, viel von dieser Information im Prinzip aus dem Lexikon fortgelassen werden müsste, einzig, weil sie vom Blickwinkel der minimalistischen Definition aus redundant wäre." (Fillmore 1978, 151.) Genau in diesem üblichen Weglassen besteht das Hauptproblem der klassischen semantischen Modelle, da sie gleichsam ‚das Kind mit dem Bade ausschütten‘, will sagen: wegen dogmatisch vorgetragener Modelle so viel aus der ‚Semantik‘ in ihrem Sinne ausschließen, dass auf der Basis dessen, was dann noch übrig bleibt, ein angemessenen Verstehen eines Wortes in einem Text praktisch nicht mehr möglich wäre.[269] Statt semantische Strukturen aufzuklären, so sein Vorwurf an alle Theorien, die sich um ‚Kontext-Minimierung‘ bemühen, tragen sie zu deren Verunklarung bei.[270]

Die Aufgaben einer semantischen Theorie werden bei Fillmore immer wieder erörtert und in sehr klaren Thesen formuliert: [271]

> „Ich möchte das Wort ‚Semantik‘ benutzen um ebendiese Konfrontation von bedeutungstragenden Elementen eines Satzes mit Auffassungen und Erfahrungen von Interpreten zu beschreiben. Das heißt nicht, dass eine Semantik-Theorie jede denkbare Information über die Welt und die Auffassungen und Erfahrungen der Menschen enthalten muss. Eine Semantik-Theorie soll aber erklären können, wie wir Bedeutungen von Lexemen und grammatischen Strukturen erlernen und feststellen können. Wie wir es beim Produzieren und Verstehen von Sätzen leisten, dieses Wissen zu integrieren mit den kognitiven Prototypen, mit denen wir unsere Erfahrung schematisieren, und mit den Auffassungen darüber, wie die Welt gestaltet ist.
>
> Ich fasse Semantik als eine Art von Prozess auf. Sprecher verfügen über bestimmte Schemata, die mit den Wörtern assoziiert sind, die sie kennen; Semantik erforscht, wie die Leute diese Schemata gebrauchen, wenn sie ihr Verstehen von Sätzen konstruieren."

Immer wieder wendet er sich dagegen, bei Problemen der Passung zwischen den verfügbaren semantischen Theorien und bestimmten Problemen der semantischen Beschreibung vorschnell und bequem die problematischen Phänomene einfach aus der Semantik auszugrenzen.[272] Vielmehr hält er es für wichtig, sich dafür zu interessieren, „was Leute eigentlich genau tun, wenn sie versuchen, Sätze in Texten zu kontextualisieren, mit denen sie konfrontiert sind".[273] Eine Semantik ohne Erforschung der (epistemischen) Kontextualisierung kann es daher für ihn gar nicht geben. Er versteht seine Position in der semantischen Theorie nicht als einfach gegen die traditionellen Theorien als solche gerichtet. Dies wäre ein falsches Verständnis seiner Motive: „Wenn man von diesem Aufsatz sagen kann, dass er ein Thema hat, dann ist dieses vor allem ein negatives, nicht genau anti-komponentialistisch, aber anti-exklusivistisch." (Fillmore 1978, 170.)

---

[269] Man muss in diesem Zusammenhang besonders an Fillmores kluge Beobachtung erinnern, dass gerade die sog. „kontextfreien" Verwendungen von Wörtern ein Höchstmaß an vorauszusetzendem Wissen erfordern – ganz gegen die Intentionen derjenigen Linguisten, die stets die Fahne einer „kontextfreien Linguistik" vor sich her tragen. Siehe oben Seite 70 ff.

[270] „Meine Meinung zu dieser Position ist, dass sie bestimmte Arten von lexikalischer Struktur dort verunklart (ins Dunkel schiebt) [obscures], wo sie tatsächlich existiert." Fillmore 1978, 151.

[271] Fillmore 1977d, 101.

[272] Häufig warnt er davor, „den einen Teil als Semantik, den anderen Teil als Nicht-Semantik zu separieren." Fillmore 1977d, 102. – Und: „Semantiker haben dazu tendiert, viele Probleme für die semantische Beschreibung mit Hinweisen auf angebliche Fehler, Ausführungs-Irrtümer usw. zu erklären." Dies hält er für grundfalsch. Fillmore 1978, 149.

[273] Fillmore 1977d, 103. „Mit ‚Kontextualisieren‘ meine ich hier so etwas wie ‚eine Interpretation konstruieren für‘, wobei diese ‚Interpretation‘ nicht nur das einschließt, worüber der Satz (oder Text) handelt, sondern auch, unter welchen Bedingungen der Satz (oder Text) hat produzieren können." Siehe die Ausführungen zum Aspekt des „Kontextualisierens" oben, S. 73.

92   *Kapitel 2: Die Erfindung des Frame-Gedankens in der Linguistik durch Charles J. Fillmore*

Dieses „anti-exklusivistisch" ist wohl die beste Überschrift, die man über Fillmores gesamtes semantisches Werk stellen kann. Nicht vorschnell „exklusivistisch" zu sein, also Fakten aus ‚der Sprache' oder ‚der Semantik' auszuschließen, deren nähere Betrachtung vielleicht wichtige Erkenntnisse über das Funktionieren von Sprache und sprachlichen Elementen liefern könnte, heißt für ihn sozusagen, den ‚Sitz der Sprache im Leben' nicht aus dem Auge zu verlieren. D.h.: ihre Funktionen und ihre Funktionierensweise im Alltagsleben.[274] Dazu gehört die enge Verbindung, die zwischen den lexikalischen (und anderen) Mitteln einer Sprache und den allgemeinen kognitiven / epistemischen Schematisierungen, Frames, Kategorien besteht, mit denen sich Menschen ihre Welt erklären und geistig sowie sprachlich zugänglich machen. Dabei kommt es weniger darauf an, was davon noch ‚spezifisch sprachlich' in einem naiven Alltagsverständnis ist, und was zur Beschreibung des allgemeinen Wissens gehört (was auch immer das sein könnte).[275] Wichtig ist nur: „Wir brauchen Theorien der Wortbedeutung, die uns nicht dazu ermutigen, die Sicht auf diese Realitäten zu verlieren." (a.a.O.)

2.6 „Frame-Semantik" und die Bedingungen des Verstehens: Die „interpretive" oder „understanding"-semantics

Anfang bis Mitte der 1980er Jahre, nach fast 20 Jahren intensiver Forschung, erreicht das semantische Modell von Charles J. Fillmore den Stand, der (ausweislich der Zitierfrequenz seiner Werke) allgemein als „endgültig" angesehen wird (insofern man bei einem so lebendigen Geist wie Fillmore überhaupt jemals von einem „endgültig" sprechen kann). Jedenfalls entstehen jetzt die Arbeiten, die bis heute die Haupt-Referenzen für Fillmores Frame-Konzept (auch in seiner eigenen Zitierpraxis) darstellen. Man kann diese Phase, nach der Vorstufe der *scenes-and-frames-semantics*, als die „eigentliche" Fillmoresche Frame-Semantik bezeichnen.[276] In der größeren Zahl der in dieser Phase entstandenen Arbeiten steht jedoch der Aspekt des Textverstehens und das Ziel einer Verbindung von linguistischer Semantik und Theorie des Textverstehens eindeutig im Vordergrund, so dass mit gleichem Recht von der Stufe der ‚Verstehens-Semantik' im Werk Fillmores gesprochen werden kann.[277] Fillmore greift in dieser Phase zahlreiche Aspekte aus seinem früheren Werk auf, spitzt sie häufig noch zu, und bestimmt vor allem noch klarer das Verhältnis

---

[274] „Menschen müssen die Gegenstände und Ereignisse in ihrer Welt kategorisieren. Wenn wir den Wunsch haben, Fälle der Kategorisierung zu erforschen, die durch das lexikalische System einer Sprache bereitgestellt [provided] werden, dann können wir dies nur tun, indem wir fragen, welche Funktionen diese in ihren Leben haben." Fillmore 1978, 170.

[275] „Einige der Kategorisierungen, die wir auffinden können, haben nur linguistische Erklärungen: Leute machen es auf diese Weise, weil ihre Sprache sich nun einmal so entwickelt hat, und sie hätte sich in eine Anzahl anderer Richtungen entwickeln können. Andere [Kategorisierungen] haben, zumindest zum Teil, Erklärungen, die auf wesentliche Weise abhängen von solchen Dingen wie: [1] auf welche Weise menschliche Lebewesen Dinge in der sie umgebenden Welt wahrnehmen, [2] auf welche Weise Menschen im Allgemeinen Kategorisierungen ausbilden [form], und [3] welche sozialen Institutionen die Matrix ihrer Alltags-Aktivitäten bilden." Fillmore 1978, 170.

[276] Wie es im gleichlautenden schlichten Titel von Fillmore 1982a, eben „Frame Semantics", zum Ausdruck kommt.

[277] Wie durch den Titel des zweiten wichtigsten Aufsatzes dieser Phase, Fillmore 1985a, nämlich „Frames and the Semantics of Understanding" deutlich wird.

2.6 Die „interpretive" oder „understanding"-semantics   93

seiner Konzeption der Semantik zu anderen (eher traditionellen) Modellen und Theorien. Indem er nunmehr erstmals in dieser Explizitheit die Problematik des Verhältnisses von ‚Sprachwissen' und ‚Weltwissen' erörtert, versucht er zudem, Klarheit in einem Punkt zu schaffen, in dem in früheren Arbeiten ein stetes Schwanken seiner Position zu beobachten gewesen war.[278] Dennoch wird deutlich: Textverstehen und Textinterpretation bilden für ihn die Basis jeder linguistischen Semantik, die ihren Namen verdienen will. Dass Fillmore in seinem anschließenden FrameNet-Projekt ein sehr viel anspruchsloseres Modell von Frame-Analyse umgesetzt, und sich mit der *Construction Grammar* wieder stärker grammatischen Fragen (bzw. Fragen im Grenzbereich zwischen Grammatik und Semantik) zugewendet hat, lässt die Leistungen und Erkenntnisfortschritte der *‚understanding-semantics'* unberührt. In dieser Phase kann man auch ein stärkeres Eingehen Fillmores auf Parallelen seines Ansatzes zur sich damals boomartig entwickelnden linguistischen Pragmatik feststellen, die häufig dieselben Felder beackert wie er. Dass er sich (und sein Modell) indes stets von der Entwicklung der Pragmatik ferngehalten hat, und warum dies so ist, bleibt jedoch rätselhaft und kann wohl nur von ihm selbst beantwortet werden.[279]

2.6.1 Die neue Position zu „Frames"

Die neue Phase von Fillmores Denkweg ist eine Phase der terminologischen Konsolidierung, insofern die bisherigen Schwankungen in der Terminologie (die ja insbesondere Schwankungen hinsichtlich der Frage waren, welche der verschiedenen Termini des Begriffsfeldes von *Frame, Szene, Schema, Modell, Skript* usw.) nun im Mittelpunkt des Modells stehen sollten, aufgegeben werden in Richtung auf eine konsistentere Verwendung der benutzten Begriffe. Der Begriff des *Frames*[280] bildet nun endgültig das terminologische Zentrum von Fillmores Bedeutungstheorie. Er definiert ihn nun so (Fillmore 1982a, 111):

> „Bei dem Begriff ‚*Frame*' denke ich an jedes System von Konzepten, die miteinander in der Weise verbunden sind, dass man für das Verstehen irgendeines dieser Konzepte die ganze Struktur verstehen muss, in die sie eingefügt sind; wenn eines der Elemente in einer solchen Struktur in einen Text eingefügt wird (oder in ein Gespräch), sind alle anderen automatisch verfügbar gemacht."

Frame wird nun verstanden als der allgemeine Oberbegriff für die anderen Termini dieses Feldes (er nennt *Skript, Szenario, gedankliches Gerüst"* [ideational scaffolding], *kognitives*

---

[278] Oder sich vielmehr der Eindruck eines solchen Schwankens sich (vielleicht wegen missdeutbarer Aussagen Fillmores) dem außenstehenden Beobachter aufdrängen musste. Es mag ja sein, dass Fillmore selbst sich seiner Position in dieser Frage stets so sicher war, wie es sich nunmehr darstellt. Bemerkbar (oder mit letzter Sicherheit feststellbar) war das wegen vieler anders lautender Formulierungen jedoch zuvor nicht.

[279] Vielleicht kann man eine Bemerkung, die Fillmore einmal kritisch zu den Gründen gemacht hat, warum viele Linguisten die für ihn wichtigen semantischen Phänomene nicht zum Gegenstand ihrer Theorien und Forschungen gemacht haben, analog auf seine verborgenen „Gründe" für das signifikante Nicht-Einschwenken auf die Linie der linguistischen Pragmatik anwenden: „Ich glaube, dass eine Entscheidung dazu, sich selbst auf einige zentrale Domänen des Vokabulars einer Sprache zu beschränken, gesehen werden sollte als eine Entscheidung, die eher auf [bestimmten] Interessen beruht, als auf irgendwelchen Annahmen über das, was richtigerweise der Teil der Domäne der linguistischen Wissenschaft ist." Fillmore 1978, 170.

[280] Der in den Phasen der Dominanz des *Schema*-Begriffs und auch der Phase der Dominanz des *Szene*-Begriffs teilweise so stark in den Hintergrund gedrängt war, dass er in einigen Aufsätzen von Fillmore aus diesen Phasen kaum noch Verwendung fand.

94   *Kapitel 2: Die Erfindung des Frame-Gedankens in der Linguistik durch Charles J. Fillmore*

Modell, und *Alltagstheorie* [folk theory]).[281] Es ist allerdings mehr als auffällig, dass in der Liste der Termini, für die *Frame* ab jetzt der Oberbegriff sein soll, ausgerechnet der Begriff nicht auftaucht, den Fillmore in der vorangegangenen Phase seiner Frame-theoretischen Überlegungen in den Mittelpunkt gestellt hatte: *Szene*. Auch der Begriff *Schema*, obwohl in der zitierten Liste noch verzeichnet, wird in dieser Phase kaum noch benutzt. Was den *Schema*-Begriff angeht, ist dies nachvollziehbar, da die übliche Verwendung dieses Begriffs in der Kognitionswissenschaft von denkbar hohem Allgemeinheitsgrad ist und in dieser Funktion in direkter Konkurrenz zum Begriff des *Frames* steht.[282] Der Versuch seiner Verwendung als bedeutungstheoretisch spezifizierter Begriff musste daher zu Unklarheiten darüber führen, auf welcher Ebene (der Phänomene bzw. ihrer Theorie) man sich damit bewegt (eher der einer allgemeinen Kognitionstheorie oder doch der einer spezifischeren Sprachtheorie bzw. Semantik). Der generelle Verzicht auf den Terminus *Szene* verblüfft aber, bedenkt man, wie hoch er zuvor gehandelt worden war. Wenn man sich jedoch vergegenwärtigt, dass Fillmore in jener Phase sehr vieles als *Szene* bezeichnet hat, das nach heutigem Verständnis problemlos als *Frame* kategorisiert werden kann, dann wird diese terminologische „Begradigung" nachvollziehbarer. Allerdings hatte Fillmore als *Szene* auch Phänomene benannt, die über die heute übliche Verwendung von *Frame* hinausgehen. So etwa, wenn er von der sich in einem Text und seinem Verstehen entwickelnden *Szene* (als einer Aneinanderreihung einzelner Teil-*Szenen*) gesprochen hat.[283] Insofern scheint seine Verwendung des Terminus *Szene* in dieser Phase über den *Frame*-Begriff hinauszugehen, was die Frage aufwirft, in welchen Termini nunmehr die damals mit *Szene* (aber auch mit *Schema*) angesprochenen Phänomene angesprochen (aufgehoben) sind.

Neu ist, dass Fillmore *Frame* nunmehr eindeutig als *„System von Konzepten"* definiert, eine Definition, die bis heute in den Arbeiten zum FrameNet-Projektverbund durchgehalten wird. Allerdings verfügt er über keine eigene Theorie oder Definition von ‚*Konzepten'* (ebenso wie er über keine eigene ausgearbeitete Theorie von ‚*Kategorien'* und ‚*Kategorisierungen'* verfügt, obgleich man dazu häufiger Überlegungen findet als zum Terminus *Konzept*, der letztlich unerläutert bleibt[284]). Dass zeitgleich (oder sogar vor Verfassen seiner Aufsätze dieser Phase) der Begriff *Frame* anderswo[285] bereits als Oberbegriff auch für (kognitive) *Konzepte* etabliert ist, nimmt Fillmore in seiner neuen Definition nicht zur Kenntnis (oder will es nicht zur Kenntnis nehmen). In heutiger Terminologie gesprochen hätte es nahe gelegen, Frames konsequent dann auch als „Systeme von Frames" zu definieren, was aus der Definition als „Systeme von Konzepten" letztlich zwingend folgt. Fillmore macht aber deutlich, dass Frames (als Systeme von Konzepten) für ihn im engen Zusammenhang mit der kognitiven (epistemischen) Leistung der *Kategorisierung* zu sehen sind. Wörter „dienen dem Zweck, eine Kategorisierung zu vollziehen, die solche Rahmen bereits

---

[281]   „Ich möchte, dass der Begriff ‚Frame', so, wie er hier gebraucht ist, ein allgemeiner Oberbegriff [general cover term] für die Gruppe von verschiedenen Begriffen ist, die in der Literatur zum Verstehen natürlicher Sprache(n) bekannt sind als ‚Schema', ‚Skript', ‚Szenario', ‚gedankliches Gerüst' [ideational scaffolding], ‚kognitives Modell', oder ‚Alltagstheorie' [folk theory]." Fillmore 1982a, 111.

[282]   Bezeichnenderweise in einem gemeinsamen Projekt mit Kognitionswissenschaftlern greift Fillmore (1982c, 243) dennoch auch in dieser Phase noch einmal auf den Schema-Begriff zurück, ohne diesen Begriff jedoch in diesem Text sehr häufig zu verwenden oder zu vertiefen.

[283]   Siehe auf Seite 57 das Zitat zu Fußnote 113.

[284]   Häufig – so auch hier wieder – verwendet Fillmore die Termini *Konzept* und *Kategorie* nahezu synonym.

[285]   Etwa bei Minsky 1974.

2.6 Die „interpretive" oder „understanding"-semantics   95

voraussetzt".[286] Frames stellen dabei die Verbindung her zwischen den einzelnen Wörtern und dem sie in ihrer Bedeutung „motivierenden Kontext".[287] Der aus der traditionellen Linguistik (z.B. Saussure) bekannte Begriff der *Motivierung* sprachlicher Zeichen findet hier eine prominente, in ein aktuelles bedeutungstheoretisches Gewand gekleidete Verwendung. Es würde sich lohnen, diesen Begriff im Kontext einer epistemologisch (d.h. auf die Erklärung des verstehensrelevanten Wissens in seiner Gesamtheit) ausgerichteten Semantik weiterzuverfolgen; bei Fillmore findet sich trotz häufigerer Verwendung dazu allerdings nur wenig. – Seinen in der Phase der *scenes-and-frames*-Semantik verfolgten Versuch, strikt zwischen ‚sprachlichen' *Frames* und kognitiven *Szenen* zu unterscheiden, gibt Fillmore nunmehr auf.[288] Den früheren Versuch zu solchen terminologischen und sachlichen Differenzierungen erklärt er explizit für gescheitert, hält aber an der Notwendigkeit solcher Differenzierungen fest, ohne sich noch einmal diesem schwierigen Geschäft zu widmen.[289] In seinem am häufigsten zitierten Aufsatz (1982a) blickt Fillmore im Abschnitt „*A private history of the concept ‚frame'*" (Fillmore 1982a, 112-119) noch einmal selbst auf seinen diesbezüglichen Denkweg zurück – eine Darstellung aus der Sicht des Autors, deren Lektüre durchaus lohnend ist (auch wenn die externe Sicht gelegentlich etwas anders ausfällt).

Mit der Konsolidierung des Begriffs *Frame* geht eine Konsolidierung in Zielsetzung und Programmatik der *Frame-Semantik* einher. Diese charakterisiert Fillmore nun wie folgt:

> „Bei dem Begriff ‚Frame-Semantik' denke ich an ein Forschungsprogramm der empirischen Semantik und einen Beschreibungs-Rahmen [descriptive framework] für die Präsentation der Resultate solch einer Forschung. Frame-Semantik offeriert [1] eine bestimmte Art, Wortbedeutungen zu betrachten, wie auch eine Art, Prinzipien [2] für das Hervorbringen neuer Wörter und Phrasen, [3] für das Hinzufügen neuer Bedeutung zu Wörtern, und [4] für die Zusammenfügung der Bedeutung von Elementen in einem Text zu der [into] gesamten Bedeutung des Texts zu charakterisieren." (Fillmore 1982a, 111)

In anderen Worten: Frame-Semantik soll als Methode gut sein für: [1] lexikalische Semantik, [2] Bedeutungskonstitution, Wortbildung, Syntax, [3] Bedeutungswandel, [4] Satz- und Textsemantik. Dies ist – wie auch bereits in den früheren Phasen – ein gleichbleibend anspruchsvolles Programm. Deutlich wird, dass für Fillmore die Frame-Semantik den Zielen einer *deskriptiven*, also empirischen Semantik dient (und nicht nur dem Ziel der Weiterentwicklung der semantischen *Theorie*).[290] Dass er damit (implizit) eine epistemologische

---

[286] Fillmore 1982a, 119.

[287] „Ein ‚Frame', insofern dieser Begriff eine Rolle spielt in der Beschreibung sprachlicher Bedeutungen, ist ein System von Kategorien, das strukturiert ist in Übereinstimmung mit einem motivierenden Kontext. Manche Wörter existieren zu dem Zweck, den Beteiligten an einem Kommunikationsvorgang Zugang zu dem Wissen solcher Rahmen zu verschaffen, und dienen gleichzeitig dem Zweck, eine Kategorisierung zu vollziehen, die solche Rahmen bereits voraussetzt. Der motivierende Kontext ist eine Gruppe von Verständnisweisen, ein Muster von Praktiken, oder eine Geschichte von sozialen Institutionen, denen gegenüber wir die Hervorbringung einer bestimmten Art von Kategorie in der Geschichte der Sprachgemeinschaft sinnvoll / nachvollziehbar [intelligible] finden." Fillmore 1982a, 119.

[288] „Ich habe zu verschiedenen Zeiten versucht, meinem Gebrauch von Termini innerhalb der Familie ‚Frame', ‚Schema', ‚Szene', ‚Skript', usw. Bedingungen aufzuerlegen, aber ich habe es aufgegeben. Insbesondere habe ich in einem früheren Stadium vorgeschlagen, ‚Frame' für die Arten und Weisen zu benutzen, in denen Sprache eine Struktur für unser konzeptuelles Wissen vorgibt, und ‚Szene' für die Organisation von Wissen, gesehen unabhängig von Sprache. Heute glaube ich, dass es hilfreicher wäre, eine solche Unterscheidung in anderen Termini auszudrücken." Fillmore 1986b, 49.

[289] Wenn man einmal von seinen Überlegungen zur Unterscheidung von „Sprachwissen" und „Weltwissen" absieht, auf die wir noch (in Abschnitt 2.6.5) zurückkommen werden.

[290] „Die Frame-Semantik entstammt den Traditionen der empirischen Semantik, weniger denen der formalen Semantik." Fillmore 1982a, 111.

96   *Kapitel 2: Die Erfindung des Frame-Gedankens in der Linguistik durch Charles J. Fillmore*

Semantik meint, also eine Semantik die das verstehensrelevante Wissen als Basis (und Ziel) jeder semantischen Beschreibung berücksichtigen will, wird durch eine überraschende Analogie deutlich:

> „[Die Frame-Semantik] ist am engsten verwandt mit der ethnographischen Semantik, der Arbeit von Anthropologen, die in eine fremde Kultur kommen und solche Fragen stellen wie: ‚Welche Kategorien der Erfahrung / Erkenntnis [experience] sind durch die Mitglieder dieser Sprachgemeinschaft durch die sprachlichen Wahlen enkodiert, die sie vornehmen, wenn sie sprechen?‘"[291]

Es passt in diesen gedanklichen Kontext,[292] dass Fillmore die Frame-Semantik in Zusammenhang mit einer auf die Leistungen von Wörtern (und grammatischen Regeln) einer Sprache bezogenen Auffassung sieht, wonach es bei den Frames auch um „Weisen, Dinge zu sehen"[293] geht. Sprache stellt für ihn danach einen „Set von interpretativen Rahmen" dar. Damit geht ihre Leistungsfähigkeit über diejenige anderer semantischer Modelle, denen es ebenfalls auf kontextuelle und lexikologische Zusammenhänge im semantischen Wissen ankam, deutlich hinaus.[294] Insbesondere der oben genannte Punkt [4] aber, nämlich die Leistungsfähigkeit der Frame-Semantik für eine Theorie des Textverstehens, bleibt für Fillmore der Prüfstein letztlich jeder semantischen Theorie.[295]

Fillmore weist bei seiner neuen Definition von Frames und Frame-Semantik noch einmal auf die Ursprünge in der Valenztheorie und Kasusgrammatik hin.[296] Jedoch habe das Modell der ‚semantischen Rollen' nicht ausgereicht, diejenigen semantischen Phänomene zureichend zu erfassen, auf die es ihm ankam und die für jede verstehenstheoretisch ausgerichtete Semantik wichtig seien. Deshalb sei es notwendig gewesen, die syntaktischen Beschränkungen der alten Kasusgrammatik aufzugeben und die semantischen Rollen auf einer wissens-semantischen Ebene neu zu bestimmen.[297] – Keine Veränderungen gibt es bei den (bei Fillmore ohnehin nur im Embryonalzustand vorhandenen) Versuchen, Typen von Fra-

---

[291] Fillmore 1982a, 111. – Wir erinnern uns in diesem Zusammenhang an die hübsche Geschichte, die Fillmore 1973, 284 zum Umfang des verstehensrelevanten Wissens einmal erzählt hat (siehe Fußnote 102 auf Seite 53): Den „Gott niederen Ranges", der im Gedankenexperiment dieser exemplarischen Geschichte auf die Erde kommt, und all das lernen muss, was man eben wissen muss, um Sätze einer natürlichen Sprache adäquat verstehen zu können, ist in keiner anderen Position als der Ethnograph, der erstmals eine ihm bisher fremde Kultur zu verstehen versucht.

[292] Wie auch zu seinen Bemerkungen zu Kategorien und Kategorisierungen, vgl. Fillmore 1975b, 124 (s. FN 108, S. 56); 1977c, 126 f. (s. FN 116, S. 58; FN 124, S. 60, und FN 141, S. 63), 1976b, 26 (s. FN 171, S. 70); 1977b, 72 (s. FN 207, S. 77); und 1978, 170 (s. FN 274, S. 92).

[293] „Frame-Semantik fasst den Set von interpretativen Rahmen, der durch die Sprache zur Verfügung gestellt wird, auf als alternative ‚Weisen, Dinge zu sehen". Fillmore 1985a, 224.

[294] Fillmore grenzt nun die Frame-Semantik deutlich von der Wortfeldforschung ab, mit der sie einige Gemeinsamkeiten aufweist. Vgl. Fillmore 1985a, 226 ff. „Frame-Semantik erlaubt die Existenz von Rahmen bei einzelnen lexikalischen Einheiten", was in der Wortfeld-Theorie prinzipiell ausgeschlossen sei. (a.a.O.)

[295] „Frame-Semantik erfordert eine Berücksichtigung der Fähigkeit eines natürlichen Sprechers, die ‚Welt' des Textes unter einer Interpretation seiner Elemente ‚sich vorzustellen' [to envision]." Fillmore 1985a, 235.

[296] Fillmore 1982a, 112.

[297] „Diese Theorie semantischer Rollen war aber nicht in der Lage, die für eine semantische Beschreibung notwendigen Daten zu liefern; es wurde immer deutlicher zu werden, dass eine andere unabhängige Ebene der Rollen-Struktur für die semantische Beschreibung von Verben in spezifisch begrenzten Domänen benötigt wurde." – [Statt einer Wahrheitswert-Analyse]: „Aber es schien mir nützlicher zu sein, anzunehmen, dass es umfassendere / größere kognitive Strukturen gibt, die eine neue Ebene semantischer Rollen-Konzepte bilden, mittels derer ganze Domänen des Vokabulars semantisch charakterisiert werden können." Fillmore 1982a, 115.

2.6 Die „interpretive" oder „understanding"-semantics 97

mes zu unterscheiden. Es bleibt bei einer sehr pauschalen Unterscheidung zwischen „*allgemeinen kognitiven Rahmen*" und spezifischeren, „*interaktionalen Rahmen*" (hinter denen man unschwer die ‚*skripts*' von Schank / Abelson und anderen erkennen kann).[298] – Die Idee der Möglichkeit (und des realen Vorkommens) von „Frame-Mischungen" wird (ohne sie explizit so zu benennen) von Fillmore leider nur am Rande gestreift.[299] Erst im Rahmen des FrameNet-Projektes wird er sich über die Idee der ‚Frame-Vererbung' wieder mit der Problematik der Ebenen von und Relationen zwischen Frames intensiver beschäftigen.

2.6.2 Aspekte und Leistungen von Frames und Frame-Semantik

Im Zusammenhang mit der Erörterung von Aspekten, Leistungen und Anwendungsmöglichkeiten für Frames und Frame-Semantik sowohl zu Zwecken empirischer semantischer Analysen als auch zum Zweck der Weiterentwicklung der semantischen Theorie, wie sie Fillmore schon in den früheren Phasen seines Denkwegs wiederholt reflektiert hat, greift er nach der nunmehr erfolgten terminologischen Konsolidierung seines Modells einige der schon zuvor berücksichtigten Aspekte wieder auf und ergänzt sie um einige neue. Im Mittelpunkt seiner Überlegungen stehen dabei nun folgende Themen: Frames und Prototypen; Frames und Präsuppositionen; Frames und Implikaturen / Inferenzen; Frames und Wortfelder; Frames und Textverstehen, Hintergrundwissen, Kontextualisierung; Frames und Kategorisierung; Frames und die Weglassbarkeit von Elementen; Frames und Textsorten; Anwendungsfelder der Frame-Semantik.

Frames und Prototypen. Dass der Begriff des Prototyps ein zentraler Begriff im Modell der Frame-Semantik ist, hat Fillmore schon früh und immer wieder betont.[300] Frames sind geordnete und prototypikalische Strukturen von semantisch relevantem Wissen. Anders als in der heutigen linguistischen Semantik, aber im Einklang mit den theoretischen Wurzeln des Prototypen-Gedankens in der Kategorisierungs-Theorie,[301] verortet Fillmore die Prototypen zu Recht im verstehensrelevanten Wissen selbst (Fillmore 1982a, 118):

> „Eine Verallgemeinerung, die gültig erschien, war, dass sehr häufig der Rahmen oder Hintergrund, vor dem die Bedeutung eines Wortes definiert und verstanden wird, ein ziemlich großes Stück [Ausschnitt; slice] der umgebenden Kultur ist, und dass dieses Hintergrund-Verstehen besser als ein ‚Prototyp' verstanden wird, als eine spezifische Ansammlung von Annahmen darüber, wie die Welt ist."

Das heißt, so Fillmore weiter: Sehr häufig kann die Angemessenheit der Verwendung eines Wortes (seiner Anwendung auf die Welt) nur vor dem Hintergrund eines prototypischen

---

[298] Fillmore 1982a, 117.

[299] Fillmore 1986b, 54 spricht anhand eines spezifischen Beispiels von „set intersection", worunter man sich eine Art von „Frame-Mischung" vorstellen kann, die abhängig von den jeweils zusammengebrachten Schemata kognitiv / epistemisch plausibel ist („*gelb-grün*") oder nicht („*rot-grün*").

[300] Fillmore 1982a, 117 im Rückblick: „Ich begann, die Wichtigkeit des Begriffs ‚Prototyp' für die Natur der menschlichen Kategorisierung zu sehen." (Freilich: Im Zusammenhang mit der Tatsache, dass die Prototypen-Theorie von Wahrnehmungspsychologen wie E. Rosch, z.B. Rosch 1977, ja just im Kontext einer Erklärung menschlicher Kategorienbildung entwickelt worden ist, nicht gerade eine umwerfende Einsicht.)

[301] Dass es auch sprachtheoretische Wurzeln für den Prototypen-Gedanken gibt, und zwar in Form von Putnams 1979 sprachphilosophischer Theorie der „Stereotypen", die der psychologischen Konzeption von Rosch an sprachtheoretischer Reflexion weit überlegen ist, ist Fillmore offenbar leider ebenso wenig bekannt wie den meisten anderen Anhängern der Prototypentheorie in Linguistik und Psychologie.

98   Kapitel 2: Die Erfindung des Frame-Gedankens in der Linguistik durch Charles J. Fillmore

allgemeinen Wissens beurteilt werden. Als Beispiele nennt er das Wort *Waise* und fragt: Warum wird dieses Wort falsch angewendet, wenn es auf einen 25jährigen prädiziert wird? Seine Antwort: In diesem Wort steckt u.a. ein Wissen über „Fürsorgebedürftigkeit", die hier nicht (mehr) gegeben ist. Oder (kleiner ironischer Schlenker, wie er für Fillmore so typisch ist): Ist das Kind, das seinen Status selbst herbeigeführt hat (der Sohn, der seine Mutter ermordet hat, noch eine *Waise* im üblichen Sinn dieses Wortes? Es wird durch solche Beispiele deutlich: Frame-Wissen ist stets prototypikalisches Wissen; überhaupt: das allgemeine verstehensrelevante Wissen ist generell überwiegend prototypisches Wissen. Fillmore räumt also dem Prototypen-Gedanken einen sehr hohen Rang in seiner Frame-Theorie ein. Es ist typisch für sein Vorgehen, dass er es nicht unter einer eigenen semantischen Prototypen-Theorie macht.[302] Deutlich wird aber, dass dann, wenn man seiner dort entfalteten Argumentation folgt, die Prototypensemantik quasi zwangsläufig eine Art Frame-Semantik voraussetzt.[303] – Aber auch hier geht Fillmore über übliche Fassungen der Idee hinaus, indem er zu den Prototypen auch stilistische bzw. Register-bezogene Phänomene rechnet. Wie etwa im Fall von Wörtern wie *der / die Verstorbene, Verschiedene*, Wörtern, die nur üblich sind in einem Kontext unmittelbar nach dem Tod, zum Beispiel in Nachrufen, Ansprachen, Konversation auf einer Trauerfeier. (Fillmores englisches Beispiel *decedent* ist sogar beschränkt auf einen juristischen Kontext, nämlich Erb-Angelegenheiten.)[304]

Frames und Präsuppositionen. Dass Fillmores Konzeption der Semantik stark an Phänomenen interessiert (und orientiert) ist, die in einer eher sprachphilosophischen Tradition als Präsuppositionen bezeichnet werden[305] (die dann, nach ihrer Berücksichtigung in der neueren Linguistik, aber in die linguistische ‚Pragmatik' eingemeindet wurden – mit der Folge der notorischen, aber sachlich falschen strikten Unterscheidung zwischen „Semantik" und „Pragmatik") ist bereits seit seinen ersten Schriften deutlich geworden, siehe seine „Regeln des [semantischen] Enthaltenseins" [entailment rules].[306] Zwar verwendet Fillmore

---

[302] Die er in Fillmore 1982b, 32 ff. mal so eben en passant entfaltet. (Die Details kann ich hier aus Platzgründen nicht präsentieren.)

[303] Fillmore 1982b, 32 macht dies deutlich am Beispiel *Junggeselle*: „Die Kategorie ist definiert *in terms* eines Sets von Bedingungen, aber die besten Exemplare sind solche, die in einem Standard- oder prototypischen Hintergrundsetting situiert sind. [...] Das Nomen *Junggeselle* kann definiert werden als unverheirateter erwachsener Mann, aber das Nomen existiert natürlich als ein motiviertes Mittel für die Kategorisierung von Personen nur im Kontext einer menschlichen Gesellschaft, in der bestimmte Erwartungen über Heirat und heiratsfähiges Alter bestehen. Männliche Teilnehmer in einer modernen langzeit-unehelichen-Beziehung werden gewöhnlicher Weise nicht als *Junggesellen* bezeichnet, ein fern der Zivilisation im Dschungel aufgewachsener, erwachsen gewordener Junge würde nicht *Junggeselle* genannt; den Papst würde man sich nicht korrekt als *Junggesellen* vorstellen."

[304] Dazu Fillmore 1982b, 32: „Die Kategorie wird definiert *in terms* eines Sets von Bedingungen, aber das beste Beispiel eines Gebrauchs der Kategorie ist eines, in dem der Sprecher an einem Typ von Aktivität beteiligt ist, in Verbindung mit dem der Kategorie ein spezieller Name gegeben wurde." Eine etwas umständliche Umschreibung für das, was man heute ‚Textsorte' oder ‚Konversationstyp' oder ‚Stilsorte' nennt. „Der Punkt ist hier, dass viele Ausdrücke konventionelle Settings für ihren normalsten Gebrauch haben, und dass, wenn sie unter Bedingungen gebraucht werden, die erkennbar verschieden von diesen Settings sind, eine Abkehr vom Prototyp vollzogen wurde. Ganz offensichtlich passt das ganze Thema der ‚varietätenabhängigen' [‚stilabhängigen', registral] Information in diese letzte Kategorie." Er ergänzt allerdings: „Dieser Fall ist kein prototypischer Fall für semantische Prototypen."

[305] Im Rahmen der sprachanalytischen Philosophie angelsächsischer Prägung, siehe etwa Autoren wie Russell 1905 und Strawson 1950. Vgl. zur Einführung von Savigny 1993 und Tugendhat 1976 sowie für die linguistische Präsuppositionsforschung Levinson 1990, 169-225.

[306] Siehe oben, Kap. 2.1, Seite 26 ff.

2.6 Die „interpretive" oder „understanding"-semantics 99

– wie wir gesehen haben – selbst immer wieder den Terminus ‚Präsuppositionen', doch bettet er ihn in den größeren Zusammenhang des Hintergrundwissens ein, das Sprachbenutzer aktivieren müssen, wenn sie die ‚Bedeutung' eines sprachlichen Ausdrucks adäquat verstehen wollen. Deshalb sind Präsuppositionen nur ein Spezialfall unter verschiedenen Arten des verstehensrelevanten Wissens generell, das in einer interpretativen Semantik Berücksichtigung finden muss.[307] Auch wenn er dies explizit nie so deutlich gesagt hat, scheint Fillmore daher implizit davon auszugehen, dass Frame-Semantik ein Ober-Konzept für eine ganze Reihe von semantischen Phänomenen ist, das unter anderem auch Präsuppositionen unter diesem Konzept in einem genuin semantischen (!) Ansatz integriert.[308] Ihn interessieren an diesem Thema (neben dem generellen Wissensbezug jeder Zeichenbedeutung, die im allgemeinen Frame-Konzept aufgehoben ist) vor allem Berührungspunkte mit der lexikalischen Semantik. So könne man das, was anderswo als „lexikalische Präsuppositionen" bezeichnet wird, auf der Basis der Frame-Theorie als „generalisierte Präsuppositionen", d.h. als feste Verbindungen zwischen lexikalischen Einheiten und bestimmten Frames analysieren.[309] Als Beispiel nennt er Verben wie *bedauern,* die so etwas voraussetzen wie „einen historischen Rahmen, ein Szenario", der / das sich auf etwas bezieht, das vorher geschehen ist, und das für irgendeine der beteiligten (oder gemeinten) Personen nachteilig gewesen ist.[310] Dies ist eine sehr bemerkenswerte Überlegung von Fillmore. Hier bringt er Präsuppositionen in einen ganz expliziten Zusammenhang mit seiner Idee der semantischen Frames! Und zwar in einen Zusammenhang, in dem es ihm gerade auch um eine Klärung dessen geht, was „lexikalische Bedeutung" sein könnte. Die für das Verstehen einer Lexikon-Einheit relevanten und regelmäßig erwartbaren Frames werden definiert als „generalisierte Präsuppositionen". Damit wird der Bogen zurückgeschlagen zum Beginn seiner Überlegungen, d.h. den Überlegungen zu den „entailment rules". Jedes Verstehen, und damit letztlich jede Semantik, basiert danach auf so etwas wie „Präsuppositionen". Letztlich könnte man die ganze Frame-Semantik als nichts anderes bezeichnen als eine Theorie generalisierter Präsuppositionen. Jedenfalls dann, wenn man den Begriff „Präsupposition-

---

[307] „Ich gehe davon aus, dass es viele Gemeinsamkeiten zwischen interpretativer Semantik und bestimmten Varianten der Präsupposition gibt." Fillmore 1985a, 222.

[308] Wörtlich sagt er allerdings: „Es scheint, dass wenigstens für einige der Phänomene in dem großen Krabbel-Sack von Intuitionen und Beobachtungen, die unter dem Namen Präsupposition laufen, eine sinnvolle Erklärung auf der Basis des Rahmen-Konzepts gegeben werden kann." Fillmore 1985a, 245. Die Einschränkung („einige") zielt offenbar darauf, dass „Präsuppositionen" ein wichtiges Thema u.a. auch der Logik sind, er seinen eigenen semantischen Ansatz jedoch zwar nicht als logik-feindlich, aber als logik-fern einstuft, da die Logik zur Aufklärung dessen, was natürliche Sprache und Semantik in natürlichen Sprachen ist, kaum etwas sinnvolles beitragen kann, da sie andere, eigene Ziele verfolgt.

[309] „Es ist nicht falsch, von lexikalischen Präsuppositionen zu sprechen, wenn man die Situation als eine solche rekonstruiert, in der *Menschen* die Präsuppositionen dessen, was sie sagen, ausdrücken durch ihre Wahl des spezifischen sprachlichen Materials, von dem wir sehen, dass es diese Funktion hat. Ich glaube dass es eine Verbindung gibt zwischen lexikalischen Einheiten und den Rahmen, die sie repräsentieren und dass diese Verbindung paraphrasiert werden kann als seine generalisierte Präsuppositionen." Fillmore 1985a, 245, Fußnote 25. (Mit dem für traditionelle Modelle typischen reduktionistischen Bedeutungsverständnis werden die „lexikalischen" Präsuppositionen in der Literatur häufig auch als „semantische Präsuppositionen" bezeichnet.)

[310] „Eine Frame-semantische Sichtweise der Präsuppositionen des Typs *bedauern* liegt darin, dass sie abgeleitet werden daraus, dass sie in die Text-Interpretation Wissen hineintragen über die Frames, die einen Teil der Interpretation dieser Wörter ausmachen. *Bedauern* bringt einen historischen Frame, ein Szenario ins Spiel, in dem vorausgehend zum laufenden Gespräch über *bedauern* eine Situation enthalten ist, in der erkannt wurde, dass etwas getan wurde oder ein Zustand existiert." Fillmore 1985a, 251.

100   *Kapitel 2: Die Erfindung des Frame-Gedankens in der Linguistik durch Charles J. Fillmore*

nen" als eine Chiffre auffasst, die für „Aktivierung von verstehensrelevantem Wissen" generell steht!

Frames und Implikaturen / Inferenzen (und das Prinzip der Relevanz). Erstmals gibt Fillmore in dieser (abschließenden) Phase der Entwicklung seines Frame-Modells auch zu erkennen, dass sein Konzept des Textverstehens in großem Umfang und an zentraler Stelle das integriert, was in sprachpsychologischen Verstehenstheorien als ‚*Inferenzen*' (verstehensermöglichende Schlußfolgerungen) und in der heutigen linguistische Pragmatik nach H. P. Grice als ‚*Implikaturen*' bezeichnet wird.[311] Die Frame-abrufenden Verstehensprozesse haben nun auch nach Fillmores Auffassung große Ähnlichkeit mit dem Typ von Prozess, den Grice als *Implikatur* bezeichnet hatte.[312] ‚Implikaturen' und ‚Inferenzen' fallen für Fillmore (wie er richtig sieht) in dieselbe Kategorie von verstehensermöglichenden kognitiven Leistungen.[313] Allerdings vertieft er (leider) diesen für jede verstehenstheoretisch ausgerichtete Semantik zentralen Punkt des verstehensermöglichenden Schlussfolgerns in seinen Überlegungen nicht mehr (auch später nicht), außer hinsichtlich der ihn nunmehr offenbar wieder stärker als je zuvor bewegenden Frage der Abgrenzung zwischen „Sprachwissen" und „Weltwissen", die er in die Frage nach der Unterscheidung zwischen „sprachlichen" Prozessen der „Frame-Aktivierung" und „nicht-sprachlichen" Prozessen kleidet (siehe unten Abschnitt 2.6.5). Ein weiterer Bezug auf seinen Berkeley-Kollegen Grice ist die erstmalige explizite Erwähnung des von diesem eingeführten „Relevanz-Prinzips". Mit Hinweis auf die Beispielsätze (2-33) und (2-34)[314] sieht Fillmore hier das Relevanzprinzip wirksam. Für ihn umfasst dieses Prinzip oft mehr als reine ‚pragmatische' Aspekte; vielmehr folgt es aus und gebraucht häufig sprachliche(n) Schematisierungen, also dem / das, worum es in Fillmores Frame-Theorie vorrangig geht. Er weist zu Recht darauf hin: „Grice'sche Relevanz operiert nicht unabhängig von sprachlichem Wissen." (In der Tat wurde dieser Punkt in der auf Grice fußenden Arbeit von Sperber und Wilson (1986) in das Zentrum einer ganzen Kommunikationstheorie gestellt.)[315]

---

[311]   Zum von Grice 1968 / 1975 eingeführten Begriff der *Implikatur* und dem damit bezeichneten Phänomenbereich gibt es mittlerweile eine abundante Forschungsdiskussion. Siehe als zusammenfassende Einführung Levinson 1990, Kap. 3, S. 100-163.

[312]   „Der Schlussfolgerungsprozess [reasoning] *ähnelt* dem der Feststellung von Implikaturen in der Art von Grice (1975), mit dem Unterschied, dass er in diesem Fall auf den konventionellen Bedeutungen der sprachlichen Formen aufbaut." Fillmore 1985a, 234. – Offenbar ist Fillmore durchaus klar, wie nah seine Überlegungen an den Überlegungen von Grice liegen. Merkwürdig und schade, dass er sich trotzdem nie näher auf eine Auseinandersetzung mit Grice oder mit anderen Ansätzen der Pragmatik (jenseits der Sprechakt-Theorie) eingelassen hat. Und dies, obwohl Fillmore viele Jahre an derselben Universität lehrte wie Grice und auch Searle!

[313]   Siehe Fillmore 1986b, 51, wo er sie in einem Atemzug nennt.

[314]   Siehe oben Seite 75. („an Land" / „auf dem Boden" vs. „auf See" / „in der Luft"). Zur *Relevanz* siehe Fillmore 1985a, 237. Zwar ist bemerkenswert, dass Fillmore nun erkennt, wie wichtig die Konzeption der Relevanz von Grice auch für seine eigene Theorie sein könnte. Schade ist aber, dass er nicht versucht hat, seinen Ansatz zur Einbeziehung von verstehensrelevantem Wissen in eine Theorie der linguistischen Semantik mit dem Relevanzprinzip von Grice in eine fruchtbare Kooperation zu bringen, der – was allgemein wenig bekannt ist – sich (wie auch Fillmore) ebenfalls sehr viel stärker für eine Theorie der (lexikalischen) Semantik interessiert hat als für ‚Pragmatik', in der er dann berühmt geworden ist.

[315]   Neben *Präsuppositionen* und *Implikaturen* hat Fillmore sich auch immer wieder mit dem dritten großen Thema der linguistischen Pragmatik befasst, der *Deixis*. (Auf deren viertes Thema, die *Sprechakte*, ist er nur einmal, in Fillmore 1970b, etwas näher eingegangen.) Fillmore ist nicht nur ein wichtiger lexikalischer Bedeutungstheoretiker, sondern hat sich immer wieder intensiv mit Aspekten der Deixis befasst. Da eine umfassende Darstellung seiner Konzeption der Deixis den Rahmen dieser Arbeit sprengen würde, soll hier nur pauschal auf seine diesbezüglichen Arbeiten hingewiesen werden. Siehe vor allem

2.6 Die „interpretive" oder „understanding"-semantics   101

Frames und Wortfelder. Dass Fillmore eher europäisch fundierte Vorbilder und / oder
Parallelen zu seinen Überlegungen meistens eher heruntergespielt, wenn nicht ignoriert,
hat, ist schon mehrfach sichtbar geworden (siehe den *Valenz*-Gedanken). Nun, nach Ausbau
seiner eigenen (Frame-)Konzeption ist er offenbar so frei, die deutlichen Parallelen (von
denen er weiß, dass sie von europäischen Forschern schon immer gesehen wurden) auch
bewusst anzusprechen. Insbesondere weist er nunmehr auch explizit auf die Nähe zwischen
Frame-Theorie und Wortfeld-Forschung hin: „Die Frame-Konzeption hat viel gemeinsam
mit der Wortfeld Forschung."[316] In seiner Diskussion weist er jedoch stärker auf die Unterschiede hin. So sei nicht sicher, dass die Wörter eines ‚Wortfeldes' sich auf denselben Frame beziehen. Wortfelder sind daher keineswegs identisch mit Frames.[317] Frame-theoretisch
gesehen könne jemand den Frame eines Wortes kennen, ohne das (ganze) Wortfeld zu
kennen. Zwar setzten in vielen Fällen große Gruppen von semantisch verbundenen Wörtern
dasselbe zu Grunde liegende begriffliche Rahmenwerk voraus. Aber eine solche lexikalische Vernetzung sei kein wesentlicher Teil des Rahmen-Begriffs (Fillmore 1985a, 232). Es
sei durchaus möglich, dass ein einzelnes Wort auch der einzige Repräsentant seines Frames
ist. Trotz der deutlichen Unterschiede zwischen *Frames* und *Wortfeldern* sei das Frame-
Konzept für die Untersuchung von Wortfeldern von großem Nutzen: Das für die Verwendung der Wörter nötige Wissen, das den Bedeutungen zu Grunde liegt, ist allen Wörtern
gemeinsam. „Was solche Wort-Gruppen zusammenhält, ist die Tatsache, dass sie motiviert
sind durch, gegründet sind auf, und ko-strukturiert mit spezifischen einheitlichen
Rahmengebungen des Wissens, oder kohärenten Schematisierung der Erfahrung, für die das
allgemeine Wort *Frame* benutzt werden kann."[318] – Ganz nebenbei bemerkt: Dies ist das
erste Mal, dass Fillmore in seiner Frame-Theorie explizit den Terminus *Wissen* [*knowledge*] statt des für ihn typischen *Erfahrungen* [*experience*] (oder einem der anderen bei
ihm so häufigen umschreibenden Ausdrücke) verwendet. Erstmals spricht er auch explizit
von *Wissensrahmen* und verwendet damit den Ausdruck, der in einer epistemologischen
Semantik im Zentrum stehen könnte.

Frames und Textsorten / Textstruktur. Wir haben gesehen, dass Fillmore mit dem von
ihm entwickelten semantischen Modell Phänomenbereiche abdecken will, die teilweise
unter anderem Namen in anderen Zweigen der Sprachwissenschaft und –philosophie diskutiert und gehandelt werden. Er hat dabei die Tendenz, immer mal wieder etwas neu zu „er-
finden", das von anderen anderswo schon länger unter anderem Namen als Gegenstand
oder Konzept der Linguistik oder Sprachtheorie wohl etabliert ist. Besonders auffällig ist
dieses parallele oder „nachholende" Konzeptualisieren von anderswo bekannten Phänomenen in eigener Terminologie bei seinen Versuchen, Aspekte in seine ‚verstehenstheoretische Semantik' einzubeziehen und dort zu erklären, deren Erforschung unter dem Namen

---

Fillmore 1971 / 1975a, 1971b, und 1982b. In der aktuellen Phase sei besonders auf Fillmore 1982b, z.B.
35 ff., verwiesen.

[316] Fillmore 1985a, 224. – Bezeichnenderweise aber nur in einem vor europäischem Auditorium gehaltenen, in einer eher abgelegenen italienischen Zeitschrift veröffentlichten Vortrag, der aber (dennoch?)
eine der wichtigsten Referenzen für seine Frame-Theorie geworden ist. (Die darin entfaltete Auseinandersetzung mit der Wortfeldtheorie ist allerdings recht ausführlich.)

[317] Er nennt Beispiele wie: *laufen, nennen, hüpfen* usw. „Meine eigene Interpretation solcher Beispiele ist,
dass das Teilen von semantischem Gehalt keine Garantie für die Mitgliedschaft in einem gemeinsamen
interpretativen Rahmen ist." Die Wortfeld-Forschung untersuche nur Wörter und Wörter-Relationen,
aber nicht die dazugehörigen allgemeinen Rahmen! (Fillmore 1985a, 229, FN 11)

[318] Fillmore 1985a, 223.

102 Kapitel 2: Die Erfindung des Frame-Gedankens in der Linguistik durch Charles J. Fillmore

Textlinguistik schon lange (auch damals schon!) fest als Teilgebiet der Sprachwissenschaft etabliert ist.[319] So führt er explizit den Begriff *Frame* für Merkmale von kommunikativen Äußerungen sprachlicher Zeichen(ketten) und ihr Verstehen (und Verstehensbedingungen) ein, die üblicherweise als *Textsorten* bezeichnet werden. Die von ihm erwähnten *Rahmen für Texte* sind nichts anderes als *konventionalisierte Textsorten*,[320] von denen in der Textlinguistik schon lange feststeht, dass ihre Kenntnis eine wichtige Bedingung des adäquaten Sprachverstehens darstellt, die gleichrangig mit der Kenntnis phonologisch / phonetischer, morphologischer, syntaktischer und lexikalischer Konventionen eine unabdingbare Voraussetzung der Verstehbarkeit sprachlicher Ausdrücke ist. Fillmore führt für seine textlinguistischen Beobachtungen u.a. den Terminus „Text-Setting" ein und demonstriert ihn an textsortentypischen Einleitungsformeln wie *„Es war einmal ..."* (als Signal für die Textsorte *Märchen*).[321] – Eine weitere Parallele zur Textlinguistik ist die Einsicht in die wichtige Rolle, die Aspekte der Text-Konstruktion für das adäquate Verstehen von Wörtern oder Sätzen in einem Text spielen. Solche Aspekte wurden (auch damals schon!) und werden in der Textlinguistik u.a. unter Begriffen wie *Kohärenz, Kohäsion, Anaphern* usw. (die Fillmore allesamt nicht erwähnt[322]) intensivst abgehandelt. Er weist lediglich auf die Wichtigkeit solcher Aspekte hin und schließt: „Die zwei neuen Trends: Aufmerksamkeit für den Kontext und Text-Forschung berühren unvermeidlich die Erforschung des Lexikons."[323]

Weglassbarkeit von Elementen. Ein weiterer Aspekt, der Fillmore immer wieder beschäftigt, ist die „Weglassbarkeit" von eigentlich erwarteten Elementen in Sätzen oder Texten. „Weglassbarkeit" ist eigentlich eher eine syntaktische als semantische Kategorie, weshalb sie auch stärker in Fillmores Bemühungen um eine *Construction Grammar* eine Rolle spielt. Doch sind Frames durchaus davon berührt, da es die Existenz von konventionalisierten prädikativen Frames ist, die das Weglassen von syntaktisch eigentlich erforderlichen Konstituenten (Komplementen) in Sätzen überhaupt erst ermöglicht. Fillmore nennt Sätze wie:

(2-38) *Sie hat herausgefunden.*
(2-39) *Er hat gegessen.*
(2-40) *Ich spendete 10 $.*
(2-41) *Ich spendete der Caritas.*

---

[319] Es entzieht sich meinem Beurteilungsvermögen, ob auch die *Textlinguistik* (wie die *Valenztheorie, die Dependenzgrammatik, die Wortfeldforschung,* die *Sozio-* oder *Varietätenlinguistik,* die *linguistische Stilistik* und manches andere, deren Phänomenbereiche Fillmore beackert, ohne die Parallelen dazu aufzuzeigen) ein eher oder rein europäisches Phänomen ist, ob sie also in den USA in vergleichbarer Weise nicht existiert oder etabliert ist und möglicherweise deswegen von ihm so lange ignoriert wurde. Fillmores Umgang mit Gegenständen, die parallel solche der *Pragmatik* sind (also eines Forschungszweiges, der unzweifelhaft US-amerikanischen Ursprungs und von dort dominiert ist) könnte allerdings darauf hindeuten, dass er sich eine Haltung der „splendid isolation" leistet und die Auseinandersetzung mit benachbarten Positionen einfach nach dem Grundsatz verweigert: *„störe meine Kreise nicht"* ... (Vielleicht hatte er auch einfach keine Lust, kostbare Lebenszeit auf dafür nötig gewesene Lektüre angesichts der in der Tat uferlosen Literaturfülle in diesen Bereichen aufzuwenden, da er für alles ohnehin eigene Erklärungen hatte. – Eine Haltung, die immerhin verständlich ist.)

[320] Fillmore 1982a, 130.

[321] Fillmore 1984, 139.

[322] Der Begriff „Anapher" wird von Fillmore gelegentlich im Zusammenhang mit der „Null-Instantiierung" von Frame-Elementen erwähnt, jedoch nicht näher behandelt. Z.B. Fillmore 1986b, 57, 2006a, 618.

[323] Fillmore 1986b, 57. So neu waren diese damals bereits 15 Jahre alten Trends jedoch schon zu der Zeit nicht!

2.6 Die „interpretive" oder „understanding"-semantics   103

Er unterscheidet zwischen zwei Typen von Weglassbarkeit, nämlich einmal einem, bei dem das weggelassene Element aus dem (textuellen oder allgemein epistemischen) Kontext erschlossen werden kann, wie in (2-38) und (2-40); und zum anderen der Typ, bei dem das weggelassene Element uninteressant ist oder aus dem konventionalisierten Frame-Wissen ergänzt werden kann, wie in (2-39) und (2-41).[324] Der erste Typ berührt stärker Kern-Fragen der Textlinguistik, wie *Kohärenz* oder *Anaphern*.[325] Der zweite Typ bezieht sich direkt auf wort-semantische Frames der jeweiligen Prädikatsausdrücke. Fillmore interessiert sich stärker für „die lexikalische Natur der Weglassbarkeit" und stellt fest: „Es gibt weder ertragreiche semantische, noch pragmatische Erklärungen dafür."[326] Dabei übersieht er, dass die hier gemeinte Art von „Weglassbarkeit" ein zentrales Thema der Valenz- und Dependenzgrammatik-Diskussion war.[327] Auch die von ihm angemahnte Berücksichtigung verschiedener Komplement-Rahmen ein und desselben Verbs in der semantischen Beschreibung, die es erfordern kann, dass für dasselbe Verb mehrere Lexikoneinträge angelegt werden müssen, ist angesichts der sehr umfassenden europäischen Valenz-Lexikographie ein alter Hut.[328] In einem späten Rückblick gibt er auch zu erkennen, wie stark das Vorbild der Valenz-Wörterbücher sein FrameNet-Vorhaben angeregt hat.

Frames und Textverstehen. Die Rolle von Frames im Textverstehen, ihre Funktion in Bezug auf das „Hintergrundwissen" und die „Kontextualisierung", steht in der hier beschriebenen Phase der Konvergenz von *„frame semantics"* und *„understanding semantics"* naturgemäß im Mittelpunkt von Fillmores Überlegungen und wird uns aus verschiedenen Perspektiven und in unterschiedlichen terminologischen Konstellationen immer wieder beschäftigen. Hier dazu erste Beobachtungen, die den Begriff *Frame* unmittelbar betreffen, bevor ab Kapitel 2.6.3 dann das Modell der *understanding semantics* vollständig dargelegt wird. Textverstehen besteht, so Fillmores nunmehr unmissverständliche Aussage, im Wesentlichen in der Aktivierung von Wissens-Frames. Die durch die Wörter eines Textes evozierten Frames stellen nicht nur das verstehensrelevante Wissen bereit, sondern setzen dies zudem jeweils unter eine bestimmte *Perspektive*, die Fillmore nun (wieder einmal in einer für ihn typischen Weise sehr metaphorisch) „In-den-Blick-Nahme" [envisionment] nennt. Es lohnt sich, diese Stelle ausführlich zu zitieren:

> „Auf der Grundlage all dieser Beispiele ist deutlich, dass der Prozess des Textverstehens es erfordert [involves], die Rahmen zu finden [retrieving] oder wahrzunehmen [perceiving], die durch das sprachliche Material des Textes evoziert werden, und diese Art von schemabezogenem [-gelenktem] Wissen

---

[324] Fillmore 1986a, 95.

[325] Dies sieht auch Fillmore 1986b, 57: „Diese Beispiele zeigen, dass selbst die Beschreibung einer einzelnen Lexikon-Einheit, auf der Ebene ihrer semantischen und syntaktischen Valenz, eine Sensitivität für [Berücksichtigung von] textsemantische[n] Überlegungen erfordert."

[326] „Es scheint so, dass die Determinanten des Weglassbarkeits-Phänomens lexikalisch sind, in dem Sinne, dass einzelne Lexikon-Einheiten schlicht so repräsentiert werden müssen, als wären bestimmte von ihren Komplementen als unbestimmt weglassbar oder bestimmt weglassbar markiert." Fillmore 1986a, 98.

[327] Es ist fast schon ein Affront, dass Fillmore hier (fast) mit keinem einzigen Wort auf Tesnière, die Valenz-Grammatik und die umfangreiche europäische Diskussion über Weglassbarkeit hinweist! Nur einmal, (a.a.O. 97), kommt versteckt das Wort „valence description" vor, das dann allerdings später in den FrameNet-Texten regelmäßig verwendet wird.

[328] „Eine Konsequenz dieser Beobachtungen ist, dass eng nebeneinander liegende Bedeutungs-Varianten ein- und derselben Wörter im Lexikon als separate Einträge repräsentiert werden müssen.". Fillmore 1986a, 105. Valenz-Wörterbücher waren in Europa schon damals Realität! Das erste erschien 1969: Helbig / Schenkel. (Rückblick: in Fillmore 2003a)

104 Kapitel 2: Die Erfindung des Frame-Gedankens in der Linguistik durch Charles J. Fillmore

(auf eine Art und Weise, die nicht leicht formalisiert werden kann) zusammenzusetzen zu einer Art ‚Sichtweise' [Inblicknahme - envisionment] der ‚Welt' des Textes. Es wird deutlich, dass eine enge Beziehung besteht zwischen lexikalischer Semantik und Text-Semantik, oder (vorsichtiger gesagt) zwischen lexikalischer Semantik und dem Prozess des Textverstehens. Die rahmenbezogenen Wörter [framing words] in einem Text enthüllen die verschiedenen Weisen, in denen der Sprecher oder Autor die Situation schematisiert, und veranlassen den Hörer, diejenige Inblicknahme der Textwelt zu konstruieren, die die kategorisierenden Akte motivieren oder erklären können, die durch die lexikalischen Auswahlen ausgedrückt sind, die im Text beobachtet werden können. Die Inblicknahme der Textwelt durch den Interpreten schreibt dieser Welt sowohl eine Perspektive als auch eine Geschichte zu."[329]

Hier entfaltet Fillmore im zentralen Aufsatz zur neuen *Frame-Semantik* die Grundzüge eines Gesamt-Modells des Textverstehens mit allen wichtigen, von ihm hervorgehobenen Elementen: *Frames, Schemata, Geschichte, Perspektive, Situation, Konstruktion, Schematisierung, Evokation, Motivation.*[330]

Die Funktion der Frames sieht Fillmore vor allem in dem, was bereits bei Tesnières Begriff der „Szene" im Mittelpunkt stand, und was Fillmore nun mit dem Begriff „Evokation" benennt: „Über eines seiner Elemente zu sprechen, heißt, gleichzeitig über die anderen zu sprechen." bzw. genauer: „Von einem Teil des Rahmens zu sprechen heißt, seine anderen Komponenten zu Bewusstsein zu bringen."[331] Das einzelne Wort evoziert, wie es Tesnière ausgedrückt hatte, „schlagartig eine ganze Szene". Hier: einen Frame mit allen seinen Elementen. Wörter, so der zentrale Punkt für Fillmore, entfalten ihre Funktion nur im Zusammenhang mit geordneten Strukturen des Wissens (nunmehr als *Frames* bezeichnet). Auf dieses Wissen beziehen sie sich; im Zusammenspiel mit diesem Wissen und seinen Strukturen bringen sie bestimmte Perspektiven auf den jeweils relevanten Ausschnitt des Wissens ins Spiel, und bereiten dadurch ein durch die Interpreten der Wörter und Texte zu vollziehendes „Envisionment" vor, d.h. ein Verstehen, in dem einzelne Aspekte des vorausgesetzten Wissens fokussiert, andere eher in den Hintergrund gerückt sind. Wörter sind in diesem Prozess ‚Werkzeuge' (so Fillmore 1981a, 260), die diese Aktivierung und Fokussierung des verstehensrelevanten Wissens organisieren. Jede lexikalische Einheit ist „angepasst an spezielle Rollen oder Schritte in dem mit ihnen assoziierten Schema". Aber auch die Frames oder Schemata selbst sind Werkzeuge, die benötigt werden, um eine Textbedeutung aufbauen zu können.[332] Textverstehen erfordert es dabei meistens, komplexe Gefüge von Frames (oder Schemata) zu aktivieren. Texte leisten daher eine „Wissens-Verknüpfung"; sei es, dass sie auf bereits im Wissen vorhandene Verknüpfungen anspielen, diese in den Fokus des Verstehens bringen; sei es, dass sie solche Verknüpfungen selbst erst schaffen

---

[329] Fillmore 1982a, 122.

[330] Sehr viel ausführlicher als in diesem Aufsatz wird Fillmores Modell des Textverstehens und seine Verflechtung mit Grundsatzfragen der linguistischen Semantik (alles auf der Basis der Frame-Theorie) in Fillmore 1982c dargelegt. Hier entfaltet er auch noch einmal an einem Beispiel (und sehr viel ausführlicher als in anderen Texten) sein Konzept der Inblicknahme [envisionment] als systematischem sukzessivem, durch und durch inferenziellem Aufbau einer Textbedeutung im Wege der Frame-Aktivierung.

[331] Fillmore 1982a, 130.

[332] „Das lexikalische und grammatische Material des sich entfaltenden Textes schafft oder identifiziert für den Leser die begrifflichen Werkzeuge, die benötigt werden, um die ‚In-Blick-Nahme' [envisionment; der Textwelt] zu konstruieren. Die wichtigste Art von Werkzeugen, an die ich denke, ist das Konstrukt (beziehungsweise Set von Konstrukten) die gewöhnlich bekannt sind als Skripts, Rahmen, Schemata, Alltagstheorien, kognitive Modelle und dergleichen. Diese Konstrukte sollen die Wissens-Strukturen repräsentieren, durch die unsere Kenntnisse / Erfahrungen über die Welt zusammengehalten werden." Fillmore 1981a, 260.

2.6 Die „interpretive" oder „understanding"-semantics   105

(z.B. die „Story" in einem Text). Stets stehen die als Frames bezeichneten Strukturen im Zentrum des funktionalen Zusammenhangs.[333] Fillmore spricht hier m.w. das erste Mal explizit von größeren Netzwerken von Rahmen; ebenfalls erstmals spricht er hier sehr deutlich die wichtige Rolle der Wissens-Verknüpfungen an. Er nennt drei Ebenen bzw. „Domänen", in denen solche Wissens-Verknüpfungen stattfinden: „Inhalts-Domäne" (Text-Welt); „Text-Domäne" (grammatische Struktur / Textstruktur); und „Genre-Domäne" (gemeint sind Textsorten). Dies ist ein Gedanke, auf den er später nicht mehr zurückkommt.

Frames und Kontextualisierung / Hintergrundwissen. Frames steuern, so könnte man Fillmores Überlegungen zum Verhältnis von Frames und Textverstehen zusammenfassen, die Aktivierung des verstehensnotwendigen Wissens. Sie leisten für die an sich „bedeutungslosen" Schall- und Schrift-Vorkommnisse das, was sie überhaupt erst zu bedeutungsvollen Zeichen macht: Sie verankern sie in spezifischen Kontexten des Wissens, die damit zu Voraussetzungen[334] ihres Verstehens (Verstehbarkeit) werden. Kontextualisierung war daher ein wichtiger Begriff für seine Frame-Theorie, der auch jetzt wieder eine Rolle spielt:

> „Ein allgemeines Konzept von ‚Frames' schließt das Kontextualisieren und Situieren von Ereignissen im weitesten möglichen Sinne ein; innerhalb der linguistischen Semantik selbst hat man es eher mit Mustern von Rahmen [patterns of framing] zu tun, die bereits etabliert sind, und die speziell mit den gegebenen Lexikon-Einheiten oder grammatischen Kategorien assoziiert sind." (Fillmore 1982a, 130)

An anderer Stelle spricht Fillmore auch von „Prinzipien der Kontextualisierung" (Fillmore 1981b, 165). – Häufiger als die Begriffe *Kontext* und *Kontextualisierung* findet bei ihm jedoch der Begriff *Hintergrund* (im Sinne von Hintergrund-Wissen) Verwendung, den er gelegentlich sogar parallel und fast synonym mit dem Begriff *Frame* benutzt.[335] *Hintergrund* heißt vor allem, dass man für das Verstehen der Wörter einer Sprache ein spezielles, kulturell determiniertes Wissen besitzen muss, das manchmal (oder sogar häufiger als man glauben mag) ein sehr spezifisches Wissen sein kann.[336] In diesem Zusammenhang lässt Fillmore auch erstmals so etwas wie eine Art Typologie (wenn es denn eine sein soll; es klingt eher wie eine Art Panoptikum) des verstehensrelevanten Wissens erkennen. Er nennt: (1) typische Settings, Situationen, Kontexte und Bedürfnisse für Kategorien; (2) Hintergrund an Erkenntnissen und Praktiken (als Ursachen für (1)); (3) Kategorien; (4) Kontexte; (5) Hintergründe spezifischer Art.[337] Wörter verweisen auf die sie „motivierenden" Hinter-

---

[333] „Es gibt verschiedene Formen, wie Schemata miteinander verbunden sein können. Manche sind im semantischen Gedächtnis verbunden durch das, was man Wissens-Verknüpfungen [knowledge-links] nennen könnte, das heißt Verknüpfungen zwischen Schemata, die durch das allgemeine Wissen beigesteuert werden, unabhängig vom aktuellen Text. Der Text selbst (Textwelt) verbindet Schemata, indem er sie in der Textwelt miteinander verankert." Fillmore 1981a, 260.

[334] „Bedingungen" sagte Fillmore früher. Siehe oben S. 44 ff., 49 f.

[335] So in Fillmore 1982a, 118. Siehe das Zitat nach Fußnote 301, Seite 97.

[336] So sagt er zu den „verbs of judging" wie *beschuldigen, kritisieren, anklagen*, „dass niemand die Bedeutung dieser Wörter in diesem Bereich wirklich verstehen kann, wenn er nicht die sozialen Institutionen oder die Strukturen der Erfahrung / Erkenntnis versteht, die sie voraussetzen." Fillmore 1982a, 116. – Diesen Wörtern hatte er in Fillmore 1971d einen speziellen Aufsatz gewidmet, und zwar jenen Aufsatz, in dem er erstmals das volle Ausmaß seiner bedeutungstheoretischen Neuorientierung skizzenhaft zu erkennen gegeben hat. (Vgl. etwa oben die Zitate zu den Fußnoten 89 ff., Seiten 48 ff.)

[337] „Das aus allen bisherigen Überlegungen sich herauskristallisierende Beschreibungs-Rahmenwerk ist eines, in dem Wörter und andere sprachliche Formen und Kategorien gesehen werden als Verweise auf [indexing] semantische oder kognitive [sic!!] Kategorien, die selbst aufgefasst werden als solche, die an einer größeren begrifflichen Struktur bestimmter Art teilhaben, wobei all dies plausibel [intelligible] gemacht wird dadurch, etwas zu wissen [1] über die Arten von Settings oder Kontexten, in denen eine

106   *Kapitel 2: Die Erfindung des Frame-Gedankens in der Linguistik durch Charles J. Fillmore*

gründe, indem sie den Interpreten signalisieren, welche Frames des Wissens zu ihrem adäquaten Verstehen aktiviert werden müssen:

> „Im Prozess des Gebrauchs einer Sprache ‚wendet' ein Sprecher einen Rahmen auf eine Situation ‚an',
> und zeigt, dass er intendiert, dass dieser Rahmen angewendet wird, dadurch an, dass er Wörter benutzt,
> von denen erkannt wird, dass sie auf solch einem Rahmen gründen. Was hier passiert entspricht (in der
> Alltags-Lexik) dem wissenschaftlichen Vokabular, das man als ‚theorie-geladen' bezeichnen kann."[338]

Frames, so könnte man diese Überlegung zusammenfassen, sind so etwas wie *Alltags-Theorien*, die bestimmte Sektoren des Wissens in festen begrifflichen Strukturen ‚bündeln'. Gelegentlich können die verstehensrelevanten Frames ein ziemliches Ausmaß annehmen, d.h. sehr viel an Wissen voraussetzen oder integrieren, das für das Verstehen eines Wortes notwendig ist, wie Fillmore an dem Wort *Häretiker* demonstriert.[339] Insbesondere im Kontrast zwischen der Verwendung von Wörtern, die sowohl der Alltagssprache, wie auch einer spezifischen Fachsprache zugehören, wird die Frame-Abhängigkeit ihrer Bedeutungen und ihres Verstehens überaus deutlich.[340]

Für das Verstehen von Wörtern ist insbesondere auch eine Form von Hintergrundwissen wesentlich, die sich auf die Funktionen und Zwecke bezieht, welche die jeweiligen Wörter in der Sprache einer Gesellschaft besitzen. Man kann diese Position, die Fillmore jetzt sehr deutlich hervorhebt, als die Position einer „kulturell-funktionalen Semantik" bezeichnen. Sie steht im engen Zusammenhang mit seiner zunehmend intensiveren Betonung der Kategorisierungsfunktion von Wörtern bzw. der hinter den Wörtern stehenden Frames und Schemata (siehe dazu den folgenden Abschnitt). Diese Funktion ist ein zentraler Aspekt der Leistung von Frames und damit für ihn auch ein zentraler Gegenstand der Frame-Semantik:

> „In diesem Papier habe ich die Auffassung der Beschreibung bedeutungstragender Elemente in einer
> Sprache vertreten, nach der Wörter [...] nur entstehen für bestimmte Zwecke; wobei diese Zwecke in
> der menschlichen Erfahrung und menschlichen Institutionen verankert sind. In dieser Sichtweise ist die
> einzige Art, in der man von Menschen wirklich sagen kann, dass sie den Gebrauch verstanden haben, zu
> dem diese bedeutungstragenden Elemente in aktuelle Äußerungen eingefügt wurden, diejenige, diese

---

Gemeinschaft einen Bedarf hat, solche Kategorien für ihre Angehörigen zugänglich zu machen, [etwas zu wissen über] [2] den Hintergrund an Erfahrungen / Erkenntnissen und Praktiken, in denen solche Kontexte entstehen können, [zu wissen über] [3] die Kategorien, [4] die Kontexte und [5] die Hintergründe selbst, all dies verstanden im Sinne von Prototypen." Fillmore 1982a, 119.

[338] Fillmore 1982a, 120. Zu seinen Beispielen (1) „*Ein Vogel verbringt sein Leben auf dem Land.*" (2) „*Ein Vogel verbringt sein Leben auf dem Erdboden.*" (Hintergrund: *shore* vs. *coast* = Perspektive von See oder von Land her) ergänzt er: „Wörter differenzieren nicht das Ding als solches, sondern die Art, wie das Ding in einem größeren Rahmen situiert wird."

[339] Dieses Wort „setzt Religion voraus, Doktrin, Korrektheit. [...] In einer Gemeinschaft, die nicht über solche Glauben und Praktiken verfügt, hat das Wort keinen Zweck." Fillmore 1982a, 123. - (Diese Überlegungen von Fillmore bieten einen guten Anknüpfungspunkt an eher kulturwissenschaftlich orientierte Forschungen zur „Tiefensemantik", wie sie in der – eher europäisch orientierten – Begriffsgeschichte, Diskursgeschichte oder Ideengeschichte theoretisch begründet und betrieben werden. Vgl. das begriffsgeschichtliche Programm von Koselleck 1972, sowie als einführenden Überblick dazu Busse 1987, 43 ff. Zur „tiefensemantischen" Diskursanalyse vgl. Busse 1987, 221 ff. und Busse 2006, 2007a und 2008a.)

[340] Fillmore widmet diesem Aspekt sehr viel Raum, da er ihn offenbar als ausgesprochen wichtig ansieht. So in Fillmore 1982a, 127, wo er an spannenden Beispielen aus der Rechtssprache die Frame-Abhängigkeit, die zugleich eine Abhängigkeit von einer bestimmten Wirklichkeitsdefinition bzw. – „Theorie" ist, besonders hervorhebt. Insbesondere (und bezeichnenderweise) in einem seiner zentralen semantik-theoretischen Aufsätze hat er sich dieser Problematik intensiv gewidmet. Vgl. Fillmore 1978, 166 ff (siehe dazu die Ausführungen oben Seite 82).

2.6 Die „interpretive" oder „understanding"-semantics 107

Erfahrungen und Institutionen zu verstehen und zu wissen, warum solche Erfahrungen und Institutionen den Menschen den Grund dafür geben, die Kategorien zu schaffen, die durch die Wörter ausgedrückt werden. Die Aufgabe des Semantikers ist es, die genaue Natur der Beziehung zwischen einem Wort und einer Kategorie, und die genaue Natur der Beziehungen zwischen der Kategorie und dem Hintergrund heraus zu kristallisieren. Ich glaube, manche der präsentierten Beispiele haben die Vorzüge einer solchen Sichtweise aufgezeigt."[341]

Das Verstehen der „Gründe [die eine] Sprachgemeinschaft gehabt haben könnte, die durch das Wort repräsentierte Kategorie zu schaffen" wird damit in seinem Bedeutungsmodell zu einem wesentlichen Teil des verstehensrelevanten, und damit bedeutungsrelevanten „Hintergrundwissens".[342] Wortverstehen, so macht er immer wieder deutlich, erfordert, dass der Interpret an die Ausdrucksstruktur eines Satzes „ein gutes Stück Wissen heranträgt".[343]

Der Umfang dessen, was Fillmore zu diesem verstehensrelevanten Wissen rechnet, ist beachtlich:

> „In einer Verstehens-Semantik, die Gebrauch macht von interpretativen Frames, wird angenommen, dass sprachlich codierte Kategorien (nicht nur Wörter und feste Phrasen, sondern auch verschiedene Arten von grammatischen Merkmalen und syntaktischen Mustern) bestimmte strukturierte Verständnisse von kulturellen Institutionen, Überzeugungen / Kenntnisse über die Welt, geteilte Erfahrungen, übliche und Standardweisen, Dinge zu tun und Arten, Dinge zu sehen, voraussetzen."[344]

Auch wenn die Frage schwierig zu beantworten ist, wie viel von diesem Wissen wirklich zur „Semantik" zu rechnen ist, kommt keine ernstzunehmende linguistische Semantik darum herum, dieses Wissen in ihren Theorien und Analysen zu berücksichtigen.

> „Die Anwendung solchen Wissens im Interpretationsprozess zu erklären, ist keineswegs eine traditionelle Aufgabe der linguistischen Semantik; aber es scheint mir, dass eine angemessene Theorie der Semantik natürlicher Sprachen sich damit befassen muss, wie solches Wissen im Interpretations-Prozess zum Tragen kommt, welche Teile dieses Wissens in den Konventionen sprachlicher Zeichen sich niederschlagen usw."[345]

Fillmore vertritt jetzt sehr viel deutlicher als in früheren Aufsätzen die Position, dass linguistische Semantik in erster Linie und vor allem Analyse von Wissen (des verstehensrelevanten Wissens) ist. Er wendet sich nun (auch wenn dies später von ihm gewisser Weise tendenziell wieder etwas zurückgenommen wird) deutlicher einer kognitiven Perspektive

---

[341] Fillmore 1982a, 135.

[342] „Bezüglich der Wortbedeutungen kann die Forschung zur Frame-Semantik gedacht werden als das Bemühen, zu verstehen, welche Gründe eine Sprachgemeinschaft gehabt haben könnte, die durch das Wort repräsentierte Kategorie zu schaffen und die Wortbedeutung durch das Präsentieren und Aufklärung dieser Gründe zu erklären." Fillmore 1985a, 234.

[343] „In einer U-Semantik gibt es kein formales Objekt, das direkt als die Interpretation eines Satzes gewertet werden könnte. Ein sprachinternes Parsing eines Satzes ist nicht mehr als eine ‚Blaupause', von der aus ein Interpret die Interpretation des Ganzen konstruiert. Der Interpret erreicht dies, indem er an die Blaupause ein gutes Stück Wissen heranträgt, insbesondere Wissen über die interpretativen Rahmen, die durch den fraglichen Satz evoziert sind oder die für ihn invoziert werden können, aber auch Wissen über die größere Struktur (den „Text"), in dem der Satz erscheint." Fillmore 1985a, 234. – Was Fillmore hier mit „Blaupause" bezeichnet, erinnert sehr an den in der deutschen Texttheorie von S. J. Schmidt 1976, 150 eingeführten Begriff des „Textformulars".

[344] Fillmore 1985a, 231.

[345] Fillmore 1985a, 233. – Fillmore stellt hier eine Verbindung her zwischen dem Begriff des Frames und dem Begriff der konventionellen Bedeutung. Es ist bedauerlich, dass er dieser Verbindung nicht weiter nachgeht, insbesondere keinerlei Anstrengungen unternommen hat, den Begriff der (semantischen, lexikalischen) Konvention näher zu klären.

108   *Kapitel 2: Die Erfindung des Frame-Gedankens in der Linguistik durch Charles J. Fillmore*

zu, indem er neben der Erörterung der Strukturen des verstehensrelevanten Wissens[346] selbst auch die Untersuchung der Prozeduren, mit denen dieses Wissen aktiviert wird, zu einem wichtigen Gegenstand auch und gerade der linguistischen Semantik zählt.[347] Natürlich ist ihm deutlich, dass es diese Auffassung schwieriger macht, linguistische Semantik von allgemeiner Kognitionsforschung (Wissenforschung) abzugrenzen. Jedoch ist ihm klar, dass solche Abgrenzungsprobleme aus dem Gegenstand selbst herrühren und letztlich für jede (linguistische) Theorie ein Problem darstellen. Statt sich aber, wie die meisten anderen Linguisten, von einer kognitiven Perspektive strikt abzuschotten, gesteht er zu, dass eine vollständige Analyse des Sprachverstehens letztlich nur unter Einbezug kognitiver (wissensbezogener) Aspekte erfolgen kann. Fillmore erklärt also die Erforschung kognitiver Prozesse, die zum Verstehen sprachlicher Äußerungen / Texte führen, im Kern zum Gegenstandsbereich und Aufgabengebiet der linguistischen Semantik! Damit wird es auch in seiner Sicht ausdrücklich zu einer Aufgabe der linguistischen Semantik das verstehensrelevante Wissen als dieses Wissen zu thematisieren.

Im Prinzip gibt es bei der Berücksichtigung von Hintergrundwissen in einer verstehenstheoretisch ausgerichteten Frame-Semantik in Fillmores Augen keine Begrenzung, so lange es darum geht, all das zu erfassen, was zum Verstehen eines Wortes, Satzes oder Textes vorauszusetzen ist. Erstmals spricht er jetzt daher von einem „vollen Verstehen", dessen Voraussetzungen jede verstehenstheoretisch ausgerichtete Semantik aufklären können muss.[348] Er vertritt damit, wie er es formuliert, eine „breite Sicht" auf Sprache und linguistische Semantik. Frames repräsentieren dann im verstehensrelevanten Hintergrundwissen „die spezifische Organisation des Wissens".[349]

Frames und Kategorisierung. Dass Fillmore die Funktion der Frames nicht nur in einer Art „Speicher" des Wissens sieht, sondern zugleich in ihrer Leistung für die Kategorisierung menschlicher Erfahrung bzw. Wahrnehmung, ist bereits verschiedentlich aufgeschienen. Auch diesen Zusammenhang stellt er jetzt sehr viel deutlicher heraus als zuvor. Die

---

[346] „Einer der wichtigsten Bestandteile einer solchen Studie ist der Versuch, solche Wissens-Strukturen zu identifizieren und zu charakterisieren, die verschiedentlich als Skripts, Frames oder kognitive Schemata beschrieben worden sind, welche Texte auf Seiten ihrer Leser voraussetzen. Ich gehe davon aus, dass die Entdeckung und Beschreibung des Wirkens solcher Wissenstrukturen eines der Hauptziele der linguistischen Semantik ist [sein muss], und daher ein Thema von allgemeinem theoretischen Interesse in der Linguistik." Fillmore 1982c, 329.

[347] „Dieser Aufsatz berichtet über eine Untersuchung zur Text-Semantik aus der Perspektive des Verstehens-Prozesses. Ich erörtere in ihm Fragen wie, welches sprachliche Wissen und welche kognitiven Prozesse sind an der erfolgreichen Interpretation geschriebener Texte beteiligt?" Fillmore 1982c, 329.

[348] „Das Ziel der Verstehens-Semantik ist es, die Natur der Beziehung zwischen Sprachtexten und dem vollen Verstehen der Texte in ihrem Kontext aufzudecken." Verstehens-Semantik involviert „ein mehr oder weniger vollständiges ‚envisionment' des Settings". Fillmore 1985a, 231. – Vgl. auch Fillmore 1982c, 330: „Die Fähigkeit, zu lesen, und das zu verstehen, was man liest, involviert sehr viel mehr als eine Kenntnis der Sprache; daher mag die Rolle der Linguistik in einer Erforschung dieses Phänomens unklar sein. Ich vertrete eine ziemlich breite Sichtweise über den Bereich linguistischer Forschung, eine, die sprachliches Wissen weit mehr ‚situiert' in Real-Welt-Wissen und Erfahrung, als üblicherweise präsentierte Charakterisierungen der sprachlichen Kompetenz im Allgemeinen zugestehen."

[349] „Ein solcher Rahmen repräsentiert die spezifische Organisation des Wissens, welches als eine Voraussetzung unserer Fähigkeit, die Bedeutungen der damit verbundenen Wörter zu verstehen, besteht." Fillmore 1985a, 224. – Fillmore spricht hier von „prerequisites" des Verstehens und führt damit einen Terminus ein, der äquivalent ist zu dem von mir schon lange dafür verwendeten Terminus des „verstehensrelevanten (oder bedeutungsrelevanten) Wissens"!

2.6 Die „interpretive" oder „understanding"-semantics   109

Funktion der Frames besteht vor allem darin, „Systeme von Kategorien" bereitzustellen, die den Hintergrund für die kommunikative Funktion der Wörter einer Sprache liefern.

> „Ein ‚Frame', insofern dieser Begriff eine Rolle spielt in der Beschreibung sprachlicher Bedeutungen, ist ein System von Kategorien, das strukturiert ist in Übereinstimmung mit einem motivierenden Kontext. Manche Wörter existieren zu dem Zweck, den Beteiligten an einem Kommunikationsvorgang Zugang zu dem Wissen solcher Rahmen zu verschaffen, und dienen gleichzeitig dem Zweck, eine Kategorisierung zu vollziehen, die solche Rahmen bereits voraussetzt.
> Der motivierende Kontext ist eine Gruppe von Verständnisweisen, ein Muster von Praktiken, oder eine Geschichte von sozialen Institutionen, denen gegenüber wir die Hervorbringung einer bestimmten Art von Kategorie in der Geschichte der Sprachgemeinschaft sinnvoll / nachvollziehbar [intelligible] finden." (Fillmore 1982a, 119)

Danach sind Frames also (1) Systeme von Kategorien, (2) strukturiert, und (3) strukturiert bezüglich eines „motivierende Kontextes". Fillmore verwendet hier Begriffe, die es in sich haben. Was genau sind „Kategorien" im Sinne dieser Definition? Sind es nicht „Begriffe"? Und sind „Begriffe" nicht selbst wieder Rahmen? Zwingt Fillmores Definition also nicht geradezu zu der Annahme einer Hierarchie von Rahmen (sozusagen eines Systems von Systemen)? Und: Was heißt „motivierender Kontext", was genau meint er mit „motivieren" in diesem Zusammenhang? – Spricht Fillmore an der einen Stelle von der Funktion von Wörtern, Frames des Wissens zu evozieren, so spricht er an anderer Stelle von ihrer Funktion, auf „Kategorien zu verweisen".[350]

Hintergründe des Verstehens (sprachlicher Zeichen) sind für Fillmore Systeme von Kategorien und Gründe für die Existenz dieser Kategorien zugleich: „Der Hintergrund-Kontext ist absolut wesentlich, um die Kategorie verstehen zu können." Das heißt, „dass die Wortbedeutung nicht richtig verstanden werden kann durch jemanden, der nicht die menschlichen Absichten und Probleme wahrgenommen hat, die den Grund für die Existenz dieser Kategorie bilden."[351] Als Beispiele nennt er Wörter wie *week-end* (eine bestimmte kulturelle Praxis, das Wochenende zu gestalten, muss bekannt sein, wenn man das Wort verstehen können will) und *Vegetarier* (setzt eine Mehrheit an Fleischessern und zudem absichtsvolles Verhalten der Nicht-Fleischesser voraus).

2.6.3 Das Primat der Verstehens-Semantik

Es ist kein Zufall, sondern dezidiertes Programm, dass der „Vollausbau" von Fillmores Frame-Theorie unter der Überschrift einer *‚understanding semantics'* steht. Wir haben gesehen, dass Fillmore schon relativ früh immer wieder auf Aspekte des Textverstehens eingegangen ist.[352] In der jetzigen Phase wird die Berücksichtigung des Zusammenhangs von Frame-Semantik und Verstehenstheorie in den Mittelpunkt gerückt. Ziel ist letztlich eine Frame-theoretisch gestützte, die lexikalischen Aspekte der Semantik nicht vernachlässigende und damit spezifisch linguistische Theorie des Textverstehens. Fillmore leitet seine

---

[350] Siehe den Anfang des Zitats in Fußnote 106 aus Fillmore 1982a, 119.
[351] Fillmore 1982a, 120. Vergleiche mit ähnlicher Tendenz auch Fillmore 1982c, 330: „Die Sichtweise auf lexikalische Semantik, die ich vertrete [einnehme], geht davon aus, dass die Bedeutung eines Wortes zu kennen [know] heißt, zu wissen [know], welche Fakten über die Welt oder menschliche Erfahrung der Sprache einen Grund gaben dafür, ihren Benutzern die Kategorie zugänglich zu machen, die das Wort bezeichnet."
[352] Siehe oben Abschnitt 2.4.5 Seite 77 ff.

110   *Kapitel 2: Die Erfindung des Frame-Gedankens in der Linguistik durch Charles J. Fillmore*

auf dieses Ziel zusteuernden Überlegungen mit einer beißenden Kritik der üblichen (impliziten) Auffassungen von Linguisten über die Natur des Sprachverstehens ein. Insbesondere wendet er sich[353] gegen die in der modernen Linguistik (seit Chomsky 1965, 3 f.) üblich gewordene Idealisierung vom „idealen Sprecher / Hörer in einer homogenen Sprachgemeinschaft". Dieser Idealisierung entspreche eine zweite, spezifisch semantiktheoretische Idealisierung, die Fillmore die Idealisierung des „unschuldigen Sprechers / Hörers" nennt.[354] Diesen unschuldigen Sprach-Benutzer charakterisiert er wie folgt:[355]

> „Er kennt die Morpheme seiner Sprache und ihre Bedeutungen, er erkennt die grammatischen Strukturen und Prozesse, in denen diese Morpheme ein Teil sind, und erkennt den semantischen Beitrag von jedem dieser Elemente.
>
> Als ein Dekodierer oder Hörer errechnet der unschuldige Sprachbenutzer die Bedeutung eines jeden Satzes aus dem, was er über die Teile des Satzes und ihre Organisation weiß.
>
> Er macht keinerlei Gebrauch von früheren ,Ausrechnungen': Jedes Mal, wenn eine Struktur oder ein Satz erneut erscheint, wird sie aufs Neue errechnet.
>
> Als ein Enkodierer oder Sprecher entscheidet der unschuldige Sprach-Benutzer, was er seine Gesprächspartner zu tun oder fühlen oder glauben veranlassen möchte und konstruiert eine Botschaft, die diese Entscheidung so direkt wie möglich ausdrückt.
>
> Da gibt es keinerlei Ebenen der Schlussfolgerung / Inferenz zwischen dem, was er sagt, und dem, was er meint. Der unschuldige Sprecher / Hörer ist im Prinzip fähig, alles Sagbare zu sagen, genug Zeit vorausgesetzt."

Und zieht den Schluss:

> „Aber der Diskurs unter den Unschuldigen tendiert dazu, langsam, langweilig und pedantisch zu sein."

Dieses Modell des „unschuldigen Sprachverstehenden" ist in der Linguistik außerordentlich wirkungsmächtig bis heute. Dass die „Bedeutung" eines Satzes oder Textes aufgrund von fertig verfügbarem, einfach „abrufbarem" Bedeutungswissen quasi mechanisch „errechnet" werden kann, ist auch heute noch die implizite „Verstehenstheorie" der meisten Linguisten. Das Primat einer von Inferenzen und Bezugnahmen auf Erfahrungen und Hintergrundwissen freien „Semantik" ist die immer noch gängige Auffassung und hat letztlich zur strikten Ausgrenzung der „Pragmatik" als einer Schublade (oder eines Reservates) für all das, womit sich ein „echter" Semantiker nicht beschäftigen möchte, geführt und die falsche strikte Abgrenzung von „Semantik" und „Pragmatik" begünstigt. Ein so enges Verständnis von „Semantik" führt jedoch, so Fillmore, dazu, dass wesentliche Tatsachen über die Natur sprachlicher Bedeutung und des Sprachverstehens unerklärt bleiben müssen: „Jede semantische Theorie, die die Bestimmungen einer Satzbedeutung aus dem Kontext als Bedeutungs-Konstruktion statt als Bedeutungs-Auswahl behandelt, liegt schon außerhalb der Reichweite des Unschuld-Modells." (a.a.O.)

Mit „Bedeutungs-Auswahl" ist genau der kritische Punkt der traditionellen Auffassung des Sprachverstehens markiert. Sie unterstellt, dass alles, was zur ,Bedeutung' eines Satzes gehört, schon irgendwo im ,Sprachwissen' (d.h. im ,mentalen Lexikon' und der ,mentalen Grammatik') fertig gespeichert sei und nur noch abgerufen werden müsse. Ein solches

---

[353] Diese Kritik wird bereits in den Titeln zweier hier einschlägiger Aufsätze deutlich: „Innocence: a second idealization for linguistics." (Fillmore 1979) und „Ideal readers and real readers." (Fillmore 1981a).

[354] Das heißt: manche derzeitige Semantik-Theorien „sind Theorien der Fähigkeiten zum Sprach-Verstehen eines unschuldigen Sprechers / Hörers". Fillmore 1979, 63.

[355] Fillmore 1979, 63. Das Ideal findet sich ihm zufolge zuerst bei Bloomfield 1933, dann bei Katz / Fodor 1963. Noch Searle 1979 definiere die wörtliche Bedeutung strikt kompositionell.

2.6 Die „interpretive" oder „understanding"-semantics 111

„Unschulds-Modell" der Semantik und des Sprachverstehens, wie Fillmore es nennt, ist hilflos gegenüber zahlreichen wichtigen semantischen Phänomenen, wie er in einer langen Liste deutlich macht.[356] Er beschreibt hier in sehr drastischen Worten die engen Grenzen der kompositionellen Semantik und erweitert seine scharfe Kritik noch: Viele (wenn nicht die meisten) theoretischen Anstrengungen aus dieser Richtung der Semantik-Theorie haben einzig und allein das Ziel, angesichts der „Gefährdungen" durch Pragmatik, Textlinguistik, Kognitive Linguistik den „Status der Unschuld" zu retten und möglichst lange zu bewahren.[357] Fillmore lehnt die „Unschulds-Idealisierung" keineswegs in Bausch und Bogen ab, geht aber davon aus, „dass die Tatsachen, die außerhalb von allem liegen, mit dem das Unschuldsmodell zurechtzukommen in der Lage ist, so durchdringend und überzeugend [powerful] sind", dass ein Beharren auf dieser Idealisierung in eine sprachtheoretische Sackgasse führt.[358] Mit anderen Worten: Es gibt mächtige und starke Evidenz, die gegen die Verallgemeinerung der „Unschulds-Idealisierung" spricht.

Diesem falschen Modell setzt Fillmore eine eigene Idealisierung entgegen, nämlich eine Idealisierung, die im Gegensatz zu dem kritisierten Modell der kompositionellen Semantik die volle verstehende Präsenz des Interpreten voraussetzt: „Etwas einfach ausgedrückt ist der ideale Leser jemand, der an jedem Punkt in einem Text alles weiß, was der Text an diesem Punkt voraussetzt, und der nicht weiß, aber vorbereitet ist, es wahrzunehmen und zu

---

[356] Fillmore 1979, 65 gibt eine lange Liste dieser von der traditionellen „Abruf"-Konzeption der Semantik nicht mehr erklärbaren Phänomene: „Ein unschuldiger Sprecher / Hörer […] unterliegt bestimmten gravierenden Beschränkungen:

(1) Er kennt keine lexikalischen Idiome, das heißt solche längeren Einheiten, deren Bedeutung nicht rein kompositionell aus der morphologischen Struktur errechnet werden kann.

(2) Der unschuldige Sprecher / Hörer kennt keine Phraseologismen. Ein Satz wie: ,Er hat ins Gras gebissen' muss ihn verwirren. Er ist nicht zu der Interpretation in der Lage, die wir alle kennen.

(3) Der unschuldige Sprecher / Hörer kennt keinerlei lexikalische Kollokationen, die nicht auf notwendigen Bedeutungsrelationen beruhen. [Beispiel: ,blithering idiot' = *Trottel*]. Er weiß nicht, dass *blithering* auf diesen einen Kontext beschränkt ist und sucht unter Umständen nach einem nicht existenten Verb *to blither* [Fillmore spricht hier die unikalen Morpheme an].

(4) Dem unschuldigen Sprecher / Hörer fehlt die Fähigkeit, die Angemessenheit fester Ausdrücke für spezifische Typen von Situationen zu beurteilen. Er hat keinerlei situationsbezogene Assoziationen für Ausdrücke *wie wenn man vom Teufel spricht* usw.

(5) Er besitzt keinerlei Konstruktionsprinzipien für metaphorischen Sprachgebrauch, noch hat er überhaupt irgendeinen Grund zu glauben, dass Sprache metaphorisch genutzt werden kann. Entsprechend ist er unwissend bezüglich der konventionellen Bilder, die die Basis für metaphorische Interpretation in seiner Sprache bilden.

(6) Ganz allgemein mangelt es dem unschuldigen Sprecher / Hörer an jeglichem interpretativen Mechanismus für individuelle Kommunikation, oder für Prinzipien der Textkohärenz, die es erlauben würden, in einem Text ,zwischen den Zeilen zu lesen'.

(7) Der unschuldige Sprecher / Hörer hat keinerlei Hintergrund dafür, zu verstehen, was man Textstruktur nennen könnte. Das heißt er kann nicht erkennen, wie ein Text in eine Text-Sorte passt. Er muss verzweifeln an Aussagen wie ,How are you?'"

[357] „Viele theoretische Züge, die Semantiker unternommen haben, scheinen sich direkt auf eine Erweiterung der Domäne der Semantik bei Bewahrung der Unschuld zu beziehen. Das Ziel dabei ist, semantische Beobachtungen so zu reformulieren, dass die Unschulds-Idealisierung auch auf Fälle passt, auf die sie vor dieser Reformulierung gepasst hätte, und damit den Bedarf für eine Suche nach neuen Quellen für eine [angemessene] Erklärung zu reduzieren. Kompositionelle Semantik ist nach alldem zuverlässig und formal leicht zu handhaben: je mehr in ihre Reichweite gebracht werden kann, umso besser ist es für uns. Oder so ähnlich wird manchmal gedacht." Fillmore 1979, 68. (Es folgt in Fillmores Aufsatz diesbezüglich ein umfassender Durchgang durch die Theoriegeschichte der Semantik.)

[358] „Aber ich habe das Gefühl, dass der Wunsch, diese Idealisierung zu verallgemeinern, Semantiker in analytische Ecken gedrängt hat, aus denen fernzubleiben sie gut getan hätten." Fillmore 1979, 72.

112   *Kapitel 2: Die Erfindung des Frame-Gedankens in der Linguistik durch Charles J. Fillmore*

verstehen, was der Text an diesem Punkt einführt."[359] Auf dieser Basis macht er sich nunmehr daran, so etwas wie ein eigenes Modell des Text- bzw. Sprach-Verstehens zu skizzieren. Dieses Modell nimmt die ausdrucksseitigen (im engeren Sinne „sprachlichen") Strukturen der zu verstehenden Sätze und Texte ernst, beschränkt sich aber nicht auf ein enges Verständnis von Semantik sondern bemüht sich, alles zu berücksichtigen, was (epistemisch gesehen) zum Verstehen eines Satzes oder Textes dazugehört. Fillmore benennt als „Zutaten des benötigten Modells":

> „Ich gehe davon aus, dass es sinnvoll ist für Linguisten, ein Modell der Textinterpretation zu verfolgen, das die Bedeutungen der lexikalischen Einheiten und den semantischen Gehalt der syntaktischen Strukturen, die von Wörtern und Phrasen des Textes gegeben werden, berücksichtigt, aber das unbegrenzt Zugang zu anderen Arten von Informationen hat, und das versucht, direkt von der morpho-syntaktischen Struktur zu einer Interpretation des Textes zu gelangen, und all dies ohne die logische Notwendigkeit, zuerst satz-semantische Skelette zu konstruieren." (Fillmore 1984, 137.)

Die notwendigen Zutaten spezifiziert er als (1) „Lexikalische Bedeutungen", freilich in seinem Verständnis dieses Begriffs.[360] (2) „Syntaktische Muster",[361] aber nicht in einem Semantik-fernen, isolationistischen Verständnis von „Syntax", sondern „syntaktische Muster mit semantischen oder pragmatischen Funktionen". Sowie (3) „Der fortlaufende interaktionale Kontext, das heißt, der Kontext, in dem die Äußerung für die Ziele des Sprechers produziert wird." Wobei er freilich zum ‚Kontext' sehr viel mehr rechnet, als in anderen Modellen üblich ist, also letztlich einen „epistemischen Kontext", einen „Hintergrund des Wissens" meint, also des Wissens, das sich im Textverstehen aufbaut (bzw. aktiviert wird).

Linguistische Semantik steht, so Fillmores radikale Position, unter dem Primat des Textverstehens.[362] Ein Modell (eine Theorie) dessen, was ‚Bedeutung' in einer Theorie der Sprache heißen kann, lässt sich nach seiner Auffassung daher gar nicht trennen von einer Erklärung dessen, wie Verstehen von sprachlichen Ausdrücken funktioniert. Viele Linguisten (so Fillmore dazu) halten Fragen des Textverstehens nicht für linguistische Fragen. „Ich werde nichtsdestotrotz vom Prozess des Herstellens einer Beziehung zwischen der Form eines Textes und seiner Interpretation als einem semantischen Prozess sprechen."[363] Das heißt aber: Jede Semantik ist nach seiner Auffassung gleichzeitig eine Theorie des Textverstehens. Es gibt keine Theorie des Textverstehens ohne eine dazu passende Theorie der Bedeutung; und es gibt keine Theorie der Bedeutung ohne Berücksichtigung der Rolle der sprachlichen Einheiten im Text- und Sprachverstehen. Jede Theorie der Semantik hat daher von den Phänomenen des Sprachverstehens als ihren Eingangsdaten auszugehen: „Ich be-

---

[359] Fillmore 1981a, 253. Die Betonung liegt hier (passend zu parallelen Formulierungen bezüglich der Frame-Konzeption) auf der Charakterisierung des Umfangs des verstehensrelevanten Wissens durch die Formulierung: „alles […], was der Text an diesem Punkt voraussetzt".

[360] „Lexikalische Bedeutungen, beschrieben innerhalb der Prototypensemantik gemäß Prinzipien, die anerkennen, dass wir, um die Bedeutung eines Wortes zu verstehen, die Kenntnisse / Überzeugungen [beliefs], Erfahrungen und Praktiken verstehen müssen, in denen oder gegen die die Sprach-Gemeinschaft einen Grund gefunden hat, die Kategorie zu haben, für die das Wort existiert." (137).

[361] „Syntaktische Muster mit semantischen oder pragmatischen Funktionen, die nicht aus den sie konstituierende Kategorien und Relationen vorhergesagt werden können." (a.a.O.) Er nennt als Beispiele Konstruktionen wie *„Monat für Monat"*, Subjekt-Prädikat-Konstruktionen, Passiv-Konstruktionen, topic-comment-Konstruktionen usw.

[362] „Die Arbeit, die ich beschrieben habe, hat mich davon überzeugt, dass es eine enge Beziehung zwischen lexikalischer Semantik und Text-Semantik gibt." Fillmore 1982c, 346.

[363] Fillmore 1984, 124.

2.6 Die „interpretive" oder „understanding"-semantics   113

trachte die Daten der Sprachproduktion und des Sprachverstehens als die primären Daten der Semantik." (Fillmore 1984, 127.)

Eine ihren Gegenständen adäquate linguistische Semantik muss, so Fillmores in gleichnamigem Aufsatz gezogene Konsequenz, *„Verstehens-Semantik"* [*understanding semantics*, kurz: *u-semantics,* dt. *V-Semantik*] sein:

> „Eine V-Semantik-Theorie macht es sich zur Aufgabe, einen umfassenden Erklärungsansatz zu liefern für die Relation zwischen sprachlichen Texten, den Kontexten, in denen sie realisiert werden [are instantiated] und dem Prozess und den Produkten ihrer Interpretation." (Fillmore 1985a, 222.)

Bei der Konzeption einer solchen Semantik muss man die in der Linguistik üblichen vorschnellen Grenzziehungen überwinden und darf daher nicht schon im Vorhinein behaupten zu wissen, wo ‚Semantik' oder ‚Linguistik' beginne oder ende. Diesen Fehler begehen Merkmal-Semantiker wie logische Semantiker gleichermaßen:

> „Wichtig ist, dass eine solche Theorie nicht beginnt mit einer Menge von Annahmen über den Unterschied zwischen (1) Aspekten des Interpretationsprozesses, die zur Linguistik im engeren Sinne gehören, und (2) was immer zugehören könnte zu kooperierende Theorien des Sprechens und der Inferenz [of reasoning] und den Wissenssystemen [belief systems] eines Sprechers. Solche Unterscheidungen können sich ergeben, wenn die Theorie verfeinert ist, aber es gibt keinen Anlass zu glauben, dass es eine Wahrheitswert-Theorie sein wird, die die Grenze bestimmen kann."[364]

Mit anderen Worten: die Grenzen der Linguistik (Semantik) dürfen nicht zu eng gezogen werden! Die Verstehens-Semantik aber, so seine zweite Überzeugung, muss eine Frame-Semantik sein: „In diesem Aufsatz vertrete / verteidige ich eine Semantik des Verstehens, an deren Basis der Begriff des interpretativen Rahmens steht."[365] Während Fillmore sich in den vorangegangenen Aufsätzen stärker auf die Erklärung des Verstehens oder allgemeiner Probleme der Semantik konzentriert hat, führt er hier damit erstmals in dieser Deutlichkeit die beiden Stränge der Frame-Theorie und der Verstehens-Theorie zusammen. Das heißt: Verstehens-Semantik *ist* Frame-Semantik (und umgekehrt)!

Eine Verstehens-Semantik involviert, wie Fillmore es ausdrückt „ein mehr oder weniger vollständiges ‚envisionment' [‚Inblicknahme'] des Settings", in dem ein Wort oder Satz auftritt bzw. „anzusiedeln ist".[366] Dieses Setting umfasst, so ist schon verschiedentlich deutlich geworden, mehr, als manche Linguisten noch als ihren Gegenstand zu akzeptieren bereit sind.[367] Auch Fillmore hält nicht das gesamte verstehensrelevante Wissens für einen Teil der Gegenstände der Linguistik. Woran er aber strikt festhält, ist dessen Relevanz für jede adäquate Theorie der Bedeutung und des Verstehens:

> „In dieser Hinsicht kann gesagt werden, dass eine Frame-Semantik einen sehr viel enzyklopädischeren Blickwinkel einnimmt als es üblich ist. Insbesondere versucht sie nicht, eine a-priori-Unterscheidung zu treffen zwischen Semantik im engeren Sinne und (einem idealisierten Begriff von) Textverstehen; viel-

---

[364] Fillmore 1985a, 222. Es wird deutlich, dass Fillmore sein Konzept der verstehens-theoretischen Semantik ganz dezidiert als Gegenposition zur Wahrheitswert-Semantik der Logik einführt und versteht.

[365] Fillmore 1985a, 222. Und: „Ich gehe davon aus, dass es viele Gemeinsamkeiten zwischen interpretativer Semantik und bestimmten Varianten der Präsupposition gibt." (s.o. S. 98 ff.)

[366] Fillmore 1985a, 231. Siehe auch die Zitate zu Fußnoten 344 und 348 auf Seite 107 f. Zu seinem Verständnis von „Inblicknahme" siehe das Zitat auf Seite 104 zu Fußnote 329. Eine sehr ausführliche, beispielreiche Darstellung dieses Begriffs erfolgt auch in Fillmore 1982c.

[367] „Bezüglich des allgemeinen Verstehensprozesses [...] kann die Betonung der Wissens-Strukturen nicht strittig sein. Was aber strittig ist, ist die Anmutung, dass solches Wissen zur linguistischen Beschreibung gehört." Fillmore 1985a, 233.

114   *Kapitel 2: Die Erfindung des Frame-Gedankens in der Linguistik durch Charles J. Fillmore*

mehr geht sie davon aus, dass die Einheiten und Kategorien der Sprache in erster Linie entstanden sind, um den Zwecken der Kommunikation und des Verstehens zu dienen."

Fillmore spricht hier[368] einen wichtigen Punkt an: Jede Semantik muss die Grundlagen der Möglichkeit des Verstehens von Texten in ihren Beschreibungsbereich (und ihre Theorien) mit einbeziehen! Und diese Grundlagen sind nun einmal von den Zwecken der Verwendung sprachlicher Einheiten geprägt: vor allem dem Zweck der Kommunikation. Jede Semantik, die diesen Namen verdienen soll, muss daher (Fillmore folgend) eine Semantik des Verstehens, der Interpretation von Texten, sowie eine Semantik des Verstehens kommunikativer Akte sein (auch wenn er dies nur an wenigen Stellen so deutlich wie hier ausdrückt, und theoretisch nicht weiter vertieft). Damit vertritt Fillmore aber implizit einen funktionalistischen Standpunkt, da er alles, was wichtig für die Semantik ist, letztlich auf die Funktionen sprachlicher Einheiten zurückgeführt.[369] Umso bedauerlicher ist es daher, dass Fillmore kaum Ansätze zu einer Kommunikationstheorie, und gar keine Ansätze zu einer Theorie sprachlicher Zeichen formuliert oder durchdenkt. Daher stößt seine Theorie immer wieder an starke Grenzen, die sie aus eigener Kraft (das heißt aus den Anstößen, die im Gesamtwerk von Fillmore enthalten sind) nicht überschreiten kann.

Verstehens-Semantik und Frame-Theorie zielen auf das, was Fillmore nun explizit die Erklärung einer „maximal reichen Interpretation"[370] eines Wortes, Satzes oder Textes nennt. Dass eine Interpretation (und damit implizit auch eine – z.B. linguistische – Bedeutungsbeschreibung), die den Leistungen der sprachlichen Zeichen im Kommunikationsprozess gerecht werden will, genau von diesen Leistungen ausgehen muss, d.h., sich der Frage nach den Zwecken und Funktionen der Zeichen nicht verschließen darf, stellt Fillmore in den Mittelpunkt seiner Verstehens-Semantik:

> „In einem solchen Prozess erreicht der erfolgreiche Interpret eine Interpretation des Textes dadurch, dass er, für jede konventionelle sprachliche Form, die er enthält, eine implizite Antwort auf die Frage kennt: [1] ‚Warum besitzt die Sprache die Kategorie, die die Form repräsentiert?' und dass er in der Lage ist herauszuarbeiten (normalerweise unmittelbar) eine Antwort auf die Frage [2] ‚Warum wählte der Sprecher diese Form in diesem Kontext?'"[371]

Frage [1] ist die Frage nach den Kategorisierungsleistungen der sprachlichen Zeichen, ihre Beantwortung setzt eine Kenntnis der jeweiligen Frames voraus.[372] Frage [2] bezieht sich

---

[368] Fillmore 1985a, 233. Und: „In der Frame-Semantik wird es für nötig gehalten, eine Zusammenfassung / Beschreibung solchen Wissens zu geben [to give an account of] bei der Beschreibung des semantischen Beitrags einzelner lexikalischer Einheiten und grammatischer Konstruktionen und im Erklären der Konstruktionen der Interpretation eines Textes aus der Interpretation seiner Teile. Dies kann nicht so aufgefasst werden, als bedeutete es, dass Linguistik als solche all dieses Wissen integrieren müsste; aber wohl, dass Linguistik dem Rechnung tragen muss, wie solch ein Wissen entsteht, wie es wirksam wird [figures] in der Formierung der Bedeutungs-Kategorien, wie es im Sprachverstehens-Prozess operiert, usw."

[369] An einer einzigen Stelle macht er diesen funktionalistischen Standpunkt auch explizit, indem er seine Überlegungen zum Zusammenhang von Textverstehen, lexikalischer Semantik, und Grammatik en passant als „funktionale Überlegungen" bezeichnet (Fillmore 1982c, 347).

[370] „Ich fasse den Prozess der Interpretation eines sprachlichen Textes als einen solchen auf, der für ihn eine maximal reiche Interpretation gibt, eine Interpretation, die soviel aus dem Text herausgeholt, wie sie kann." Fillmore 1985a, 234.

[371] Fillmore 1985a, 234.

[372] „Um die erste Frage beantworten zu können, benötigt man den Zugang zu dem abstrakten Rahmen, der die Kategorie an erster Stelle motiviert hat." (a.a.O.) – Zum Aspekt der Kategorisierung siehe oben Seite 108 ff.

2.6 Die „interpretive" oder „understanding"-semantics   115

auf die Kenntnis des sukzessiven Prozesses des Textaufbaus, der in jedem adäquaten Verstehen vorausgesetzt werden muss, was auch als ein Prozess des Aufbaus von Frame-Netzen und –Relationen beschrieben werden kann.[373] Sie verdeutlicht, dass die Funktion, die Bedeutung eines Wortes immer eine „Funktion im Kontext", „Bedeutung im Kontext" ist. (Die Erklärung von kontextfreien Bedeutungen, dies hatten wir schon oben, S. 73 gesehen, ist für Fillmore kein sinnvolles Ziel einer linguistischen Semantik.)

Für eine semantische Verstehens-Theorie auf der Basis einer Frame-Theorie sieht Fillmore drei Fragen als besonders wichtig an (Fillmore 1986b, 49):

„(1) Was ist die Beziehung zwischen (a) einer Theorie des Sprachverstehens und (b) einer semantischen Theorie auf Basis der Kenntnis des Frame-Konzepts? [informed by the frame-concept]
(2) Wo und wie sollte Wissen über interpretative Frames in einer Beschreibung des Wissens eines Sprachbenutzers verankert [incorporated] werden?
(3) Wie kommen Informationen über Frames in der Dynamik der Text-Interpretation vor?"

Zu diesen Fragen liefert Fillmore (a.a.O.) ein Panoptikum möglicher Positionen, wie sie in der Forschung (in Linguistik, Sprachpsychologie und Kognitionswissenschaft) vertreten werden, und versucht, seine eigenen Überlegungen dort einzuordnen. Am einen Ende der Skala möglicher Positionen steht die traditionelle linguistische Semantik (Merkmalsemantik, „Checklist-Theorie", formal-logische Semantik), die über einen ‚verstehenstheoretischen' Standpunkt im eigentlichen Sinne gar nicht verfügt, da nach ihrer Position Bedeutungen von Sätzen einfach kompositionell „errechnet" werden aus den „Bedeutungen" der Teil-Einheiten. Dazu bemerkt Fillmore sarkastisch: „Es mag eine Zeit gegeben haben, zu der eine reine kompositionelle Semantik ernsthaft als eine vollständige Theorie des Sprachverstehens betrachtet worden ist, aber diese Periode war notwendigerweise sehr kurz."[374] Am anderen Ende der Skala steht das, was er nach einer Fabel eine „stone-soup"-Theorie[375] nennt. Sie charakterisiert er ebenfalls sehr sarkastisch:

---

[373] „Um die zweite Frage beantworten zu können, muss man wissen, wo man sich befindet in dem Prozess der Konstruktion einer Interpretation des ganzen Textes: man muss wissen, welche Rahmen in der Textwelt an diesem Punkt aktiv sind, und welche Werte ihren Slots zugeschrieben wurden, und welche Funktionen der soeben eingeführte Rahmen in diesem Setting erfüllen kann." (a.a.O.) – Fillmore berücksichtigt (was bei ihm selten ist) auch einen zentralen strukturalistischen Gedanken, nämlich den der Linearität jedes komplexeren sprachlichen Ausdrucks bzw. Textes: „Text als zeitliches [lineares] Ereignis [z.B. der Rezeption]" – „Die Linie des Textes, die sich vom Anfang bis zum Ende eines Textes erstreckt, definiert eine Präzedenz-Relation. Aufgrund dieser Tatsache kann jeder Punkt in einer Text-Linie aufgefasst werden als ein gegenwärtiger Moment, von dem aus das, was im gelesenen Text vorher oder später erscheint, als vergangen oder zukünftig erscheint."

[374] Fillmore 1986b, 49 f. „Am einen Ende der Skala steht der Anspruch, dass eine ungestützte [unassisted] kompositionelle Semantik in der Lage sein soll, die Bedeutungen der Lexikon-Einheiten in die Bedeutungen der Phrasen und Sätze zu integrieren, die sie enthalten, indem algorithmische Operationen über prä-determinierte Eigenschaften der Lexikon-Einheiten und die verschiedenen grammatischen Konstruktionen, die sie repräsentieren [instantiate] vollzogen werden, und dass die Summe solcher Integrationen die Bedeutung des Textes IST. Ein Text wird, in dieser Sicht, gesehen als ein Set von Sätzen, jeder von diesen ist charakterisiert *in terms* seiner lexiko-syntaktischen Struktur, und diese Struktur schöpft das Material aus, das für die Konstruktion der Textbedeutung benötigt wird."

[375] Wird bei Fillmore nicht erläutert. Laut Wikipedia: Eine Fabel, in der Fremde in ein Dorf kommen, und um Nahrung bitten. Als ihnen keiner der Dorfbewohner etwas geben will, setzen sie sich an ein Feuer, tun Wasser in einen Kessel und Steine hinein. Als dann neugierige Dorfbewohner kommen und davon kosten wollen, bitten sie, „lediglich um ein bisschen Gewürz", was gewährt wird. Das wiederholt sich hintereinander mit zahlreichen Dörflern, und schließlich ist eine schmackhafte Suppe zustande gekommen, in der außer dem Wasser nichts drin ist, was nicht die Dörfler selbst beigesteuert hätten.

„In dieser ‚Theorie' ist alles – oder zumindest fast alles – von dem, was Interpreten aus einem Text herausholen, das, was sie [selbst] hinein gesteckt haben. Es gibt niemanden, der ernsthaft eine solche ‚Theorie' erwägen könnte: aber ich bin sicher, dass ich Literatur-Studenten gekannt habe, die – wenigstens im Fall literarischer Texte – zu ihren Gunsten unbesehen jede konkurrierende Theorie ablehnen würden, die die Position vertritt, verlässliche Urteile über Textinterpretation auf explizites sprachliches Material im Text zu stützen." (Fillmore 1986b, 50.)

Sein eigenes Modell versteht er als ein Modell, das „lexikalisches" Wissen ebenso integriert wie zum Verstehen führende „Schlussfolgerungsprozesse" unterschiedlicher Typen und Ebenen. Er fasst es folgendermaßen zusammen (Fillmore 1986b, 51):

„Es sieht dann so aus, dass ein adäquate Theorie des natürlichen Sprachverstehens benötigt:
– eine kompositional-semantische Komponente,
– eine Commonsense-Schlussfolgerungs-Komponente (die Zugang hat zu allgemeinem und Erfahrungswissen über die Welt),
– eine Komponente, die Schlussfolgerungen bereitstellt aus dem Wissen über kommunikative Intentionen (eine Komponente, die Zugang hat zu Schemata kommunikativer Kooperation)."

Dieser Ansatz wirft vor allem hinsichtlich seiner begrifflichen Details zahlreiche Fragen und erhebliche theoretische Probleme auf, die Fillmore nicht diskutiert, ja noch nicht einmal in adäquater Weise anspricht.[376] Davon erörtert er nur eine einzige:[377] „Mit diesem pragmatischen Ansatz wird jedoch die Frage, was eigentlich im engeren Sinne zur Sprache gehört, weniger trivial." (Auf diese Probleme werden wir in unserer Gesamtwürdigung von Fillmores Ansatz (Kap. 2.9.2) zurückkommen. Eine unkommentierte Darstellung ist an dieser Stelle nicht möglich, da Fillmore seine eigene Konzeption praktisch kaum direkt darstellt, sie sich nur *ex negativo* aus seiner beißenden Kritik anderer Modelle erschließen lässt; einer Kritik, die aber mehr Fragen aufwirft, als sie selbst beantwortet.)

An dieser Stelle seines Gesamtwerks, nachdem er die Frame-Semantik als zentrales Modell der linguistischen Semantik etabliert hat, nachdem er herausgestellt hat, dass eine adäquate semantische Theorie nur eine solche sein kann, die das Problem der Semantik vom Problem der Erklärung der Möglichkeit des Sprach- und Textverstehens her angeht, sozusagen an dem Punkt scheinbar größter „Radikalität"[378] seiner eigenen Überlegungen, vollzieht Fillmore allem Anschein nach so etwas wie eine „Einkehr". Man hat den Eindruck, dass Fillmore angesichts der Diskussion des Panoptikums möglicher und in der Literatur vertretener Verstehens-Modelle nachgerade erschrocken ist über die Konsequenzen seines eigenen Modells und ein mächtiges Stück „zurückrudern" will in den Schoß der alten Linguistik mit ihren (scheinbaren) Gewissheiten über „sprachliche" oder „lexikalische" oder „konventionelle" Bedeutungen. Sein Dilemma ist offensichtlich, dass er für all die damit zusammenhängenden Abgrenzungsprobleme zwar Lösungen will, dass er für

---

[376] Was heißt „wörtliche Bedeutung"? Was heißt „indirekte Bedeutung"? Was heißt „lexikalisiert"? Was heißt „konventionell"? Was ist eine „Zeichen"? Was heißt „assoziieren"? Wie wird verstehensrelevantes Wissen aktiviert? usw.

[377] A.a.O. – „Den Ansatz, den ich in meinem ‚Verstehens-Semantik'-Aufsatz vertreten habe, war, dass sich linguistische Semantik im Prinzip auf all diese Ebenen des Schlussfolgerns erstrecken muss, die soeben referiert wurden. Der Ausdruck ‚sich erstrecken auf' [oder ‚ausgreifen auf'] ist willentlich [bewusst] gewählt, um hervorzuheben, dass, während die Aufgabe der linguistischen Semantik darin liegen muss, zu erklären, wie Textbedeutungen entfaltet werden, das Wissen, das aufgerufen wird, um diese Aufgabe zu erfüllen, nicht auf sprachliches Wissen beschränkt ist." Fillmore 1986b, 52.

[378] Hier durchaus gemeint im doppelten Wortsinne von (a) „an die Wurzeln der Probleme und Phänomene gehend" und (b) „abweichend vom Mainstream" (oder wie auch immer man diese zweite Bedeutung paraphrasieren mag).

2.6 Die „interpretive" oder „understanding"-semantics

diese Lösungen aber ein begriffliches Instrumentarium benötigen würde, über das er schlicht selbst nicht verfügt, da er sich darüber keine Gedanken macht (oder machen will?). Warum dies so ist (warum er zahlreiche für sein Modell zentrale theoretische Fragen nie explizit angeht), bleibt ungeklärt. Man kann nur vermuten, dass es dem Primat einer induktiven empirischen Linguistik geschuldet ist, die immer noch einen Rest „Theoriefeindschaft" (ein Erbe vor allem des amerikanischen Strukturalismus) mit sich herumschleppt. Seine Präferenz für eine empirisch abgestützte Forschung (gegenüber rein theorieinduzierten Überlegungen) wird in kleinen Nebenbemerkungen immer wieder deutlich.[379]

2.6.4 Wort und Frame und die Grenzen der traditionellen Semantik

Fillmore hat seine Theorie der Frame-Semantik, wie wir gesehen haben, als eine fortschreitende Kritik an den Erklärungsdefiziten der „klassischen" linguistischen Theorien der Wort- und Satzsemantik entwickelt. Seine Kritik, dass diese das Phänomen der Satz- und Textbedeutungen in Termini der „Bedeutungs-Auswahl statt als Bedeutungs-Konstruktion" konzipiert,[380] wirft die Frage auf, wie im Rahmen einer Frame-Semantik das Verhältnis von Wort und verstehensrelevantem Frame konzipiert ist. Man kann dieses Verhältnis zusammenfassen in der Parole „Wörter evozieren Frames", die für diese Phase von Fillmores Semantiktheorie ebenso wichtig ist wie die Parole „Bedeutungen sind relativ zu Szenen" in der vorherigen Phase (Fillmore 1984,137):

> „Jedes Wort in einem Kontext evoziert im Kopf des Interpreten die Ingredienzien einer Story, und ein großer Teil der Aufgabe, einen Text zu interpretieren, erfordert [involves] es zu sehen, wie die Ingredienzien der Story jedes einzelnen Wortes passend gemacht werden können zu denjenigen jedes anderen Wortes im Text, den Weisen, die diktiert sind durch die Grammatik und den Kontext."

Frames strukturieren Wortbedeutungen, Wörter evozieren Frames.[381] Wörter fungieren als Verweise, als „Indexe" auf kognitive Kategorien, die in Frames organisiert sind.[382] Das heißt, „dass die Wortbedeutung nicht richtig verstanden werden kann durch jemanden, der nicht die menschlichen Absichten und Probleme wahrgenommen hat, die den Grund für die Existenz dieser Kategorie bilden."[383] Indem ein Sprecher ein Wort verwendet, zeigt er an, dass er diesen Rahmen benutzen will (dass dieser Rahmen für das Verstehen des Wortes

---

[379] Z.B. „Wie ich schon oben angedeutet habe, dient man dem Ziel der Hervorbringung von präzisen Modellen des Frame-Wissens und seines Gebrauchs im Textverstehen besser mit Beispielen, die deutlicher in linguistischen Tatsachen verankert sind." Fillmore 1986b, 56. – Und mit Bezug auf die anderen Vorträge der Tagung zur „Verstehens-Semantik", auf der er Fillmore 1982a vorgestellt hatte: „Wir benötigen viel detailliertere Untersuchungen direkt am sprachlichen Material. In vielen Studien dieser Runde sehe ich einen unglücklichen Mangel an Aufmerksamkeit für die sprachlichen Details."

[380] Fillmore 1979, 63. Siehe oben Seite 110 f.

[381] „Wieder war der zentrale Punkt der Beschreibung die These, dass man von niemandem sagen kann, er kenne die Bedeutung dieser Verben, der nicht die Details der Art von Szenen erkennt, welche den Hintergrund / und die Motivation für die Kategorie bereitstellt, die diese Wörter repräsentieren. Indem wir für die strukturierten Weisen, in denen die Szene präsentiert oder erinnert wird, das Wort ‚Frame' benutzen, können wir sagen, dass der Frame die Wort-Bedeutung strukturiert, und dass Wörter Frames evozieren." Fillmore 1982a, 117.

[382] Fillmore 1982a, 119 (Siehe das Zitat in Fußnote 337, Seite 105)

[383] Fillmore 1982a, 120. „Der Hintergrund-Kontext ist absolut wesentlich, um die Kategorie verstehen zu können."

118   *Kapitel 2: Die Erfindung des Frame-Gedankens in der Linguistik durch Charles J. Fillmore*

und des Satzes / Textes, in dem es vorkommt, wesentlich ist).[384] Die rahmenbezogenen Wörter signalisieren Schematisierungen und lassen dadurch Rückschlüsse auf die Intentionen desjenigen zu, der diese Wörter verwendet hat.[385] Während Frames allgemein gesehen epistemische Kontextualisierungen und Situierungen im weitesten möglichen Sinne umfassen, verweisen lexikalisierte Wörter auf allgemeine konventionalisierte (und prototypikalisierte) ‚Muster' von Frames.[386] Hinsichtlich der Frame-evozierenden Funktion von Wörtern geht Fillmore offenbar von einem dreistufigen Gefüge aus: Wort – Kategorie – Hintergrund. Menschen haben den Gebrauch der verwendeten Wörter nur dann verstanden, wenn sie die Erfahrungen verstanden haben, die in den Frames, auf die diese Wörter verweisen, versammelt sind, die ihren Hintergrund des Wissens darstellen.[387]

Indem sie auf in den Frames gespeicherte Schematisierungen verweisen, verweisen Wörter immer auch auf die Klassifikationen, die in den schematisierten Kategorisierungen enthalten sind (Fillmore 1984, 142):

> „Wann immer wir ein Wort gebrauchen, das klassifikatorische Funktion hat, interpretieren wir seinen Gebrauch, indem wir uns des klassifikatorischen Schemas bewusst werden, in dem es eine Rolle spielt."

In diesem Zusammenhang entwickelt Fillmore so etwas wie eine Klassifizierungs-Typologie von Wörtern, da sich Wörter in dieser Hinsicht stark unterscheiden können.[388] Wörter sind, wie er es einmal ausdrückt, „sprachlich codierte Kategorien":

> „Lexikalische Einheiten können aufgefasst werden als solche, die unterscheidende, situierende, klassifizierende oder benennende Funktionen ausüben, oder vielleicht lediglich eine Kategorie-anerkennende Funktion in oder vor dem Hintergrund solcher Strukturen." (Fillmore 1985a, 231.)

Nicht jedes Wort hat seinen eigenen ‚Frame' (obwohl das durchaus möglich sein kann); häufig ‚benutzen' mehrere oder sogar viele Wörter denselben Frame oder dasselbe Netz von Frames.[389] Wörter bringen den Interpreten „die Frames zu Bewusstsein, die für die Interpretation benötigt werden."[390] Sie haben, wie Fillmore einmal mit einer an Wittgenstein und seine Gebrauchs-Theorie der Bedeutung gemahnenden Redeweise sagt, die Funktion von „Werkzeugen" im Vollzug der Kommunikation. Die Bedeutung des Wortes zu kennen heißt daher auch, zu wissen, wofür (zur Aktivierung welchen Frames, welcher Schematisierungen, welcher Kategorien) es als Werkzeug benutzt wurde.[391]

In den konventionellen Bedeutungen der Wörter einer Sprache schlägt sich verstehensrelevantes Wissen nieder; vielleicht (oder, wie Fillmore wohl meint: sicher) nicht das ge-

---

[384]   Siehe Zitat auf Seite 107, zu Fußnote 338. (Fillmore 1982a, 120).
[385]   Fillmore 1982a, 122. Sie dazu das ausführliche Zitat auf Seite 104 (zu Fußnote 329).
[386]   Fillmore 1982a, 130. Siehe das Zitat nach Fußnote 334 auf Seite 105.
[387]   Fillmore 1982a, 135. Siehe das Zitat zu Fußnote 341, auf Seite 107.
[388]   „Manche Wörter evozieren große kognitive Schemata, indem sie spezielle Teile oder Punkte oder Relationen in solchen Schemata anzeigen." Beispiel: *Ich weigerte mich, ein Trinkgeld da zu lassen.* (Annahme: schlechter Service) vs. *Ich vergaß, ein Trinkgeld dazu lassen.* – „Manche Wörter situieren eine Portion des Textes in rhetorischen Abläufen." (vergleiche Argumentationen) Beispiele: *deshalb, folglich, nichtsdestotrotz* – „Manche Wörter teilen den Text in Portionen". Beispiel: „*Ich hatte einen Traum. Ich ritt auf einem Pferd* ..." – „Manche Wörter referieren auf Teile des Inhalts, indem sie auf Teile des Textes referieren." Beispiel: *im Folgenden ..., oben ...* – „Manche Wörter erfordern für ihre Interpretation die Erinnerung an Tatsachen und Objekte, die kürzlich erwähnt wurden." Beispiel: *Mozart hatte eine ähnliche Wirkung auf Grimshaw ...* – Fillmore 1984, 142.
[389]   Fillmore 1985a, 231.
[390]   Fillmore 1986b, 53.
[391]   Fillmore 1982a, 112.

2.6 Die „interpretive" oder „understanding"-semantics 119

samte, aber doch ein wesentlicher Teil dieses Wissens.[392] Daher geht dasjenige, was vor dem Hintergrund einer Frame-Semantik zur konventionellen Bedeutung zu rechnen ist, über dasjenige hinaus, was in herkömmlichen Bedeutungstheorien dazu gerechnet wird.[393] In diesem Zusammenhang wird deutlich, wie wichtig für Fillmores Konzeption der Begriff der „konventionellen Bedeutung" ist:

> „Sollte es notwendig sein, eine Grenze zu ziehen zwischen Aspekten des Sprachverstehens, die speziell zur Beschreibung der Sprache gehören, und solchen, die eher zur Beschreibung der Aktivitäten und Schlussfolgerungsprozesse [reasoning] gehören, die Sprachteilhaber vollziehen, wenn sie sprachliche Texte produzieren und verstehen, dann würde eine solche Grenze gezogen in Termini der Konventionalität – desjenigen, was man dadurch weiß, dass man der Sprecher einer Sprache ist – nicht in Urteilen über relative Wahrheit." (Fillmore 1985a, 252.)

Es ist daher außerordentlich merkwürdig, dass Fillmore sich nie um eine nähere Bestimmung des Begriffs der *Konvention* oder auch nur der *konventionellen Bedeutung* bemüht hat, obgleich ein überzeugendes Konventionskonzept (mit Lewis 1969) auch damals schon lange vorlag.

Wörter evozieren Frames des verstehensrelevanten Wissens und diese Frames gehen über den üblichen Rahmen von ,lexikalischen Bedeutungen' erkennbar hinaus. Deshalb muss man, so Fillmores methodische Forderung an die Linguisten, immer wieder genau darauf achten, welche der aufgrund von Wörtern in einem Satz oder Text durch die Verstehenden aktivierten Frames noch der sprachlichen Bedeutung selbst zuzurechnen sind, und welche weiteren, ebenso wichtigen verstehensrelevanten Schemata:

> „Semantische Beschreibungen von Lexikon-Einheiten und grammatischen Konstruktionen inkorporieren häufig Schematisierungen und Perspektiven, die über die ,Tatsachen' hinausgehen, die sie zu repräsentieren fähig sind. Wörter, die benennen, benennen selten nur ,Dinge'; sie verweisen häufig auf das ,Ding' als einen Partizipant in einem besonderen Schema." (Fillmore 1986b, 52.)

Wörter sind dabei so eng mit einem weiter gefassten Hintergrund an Frames bzw. Schema-Wissen verbunden, dass es nicht mehr möglich ist, daraus die ,wörtliche Bedeutung' mit Sicherheit isolieren zu können. Dieses (für traditionelle linguistische Semantik-Theorien so wichtige) Bemühen wird dann zu einem sinnlosen Unterfangen.[394]

---

[392] Fillmore 1985a, 233. „Die Anwendung solchen Wissens [= ,Wissen über die interpretativen Rahmen, die durch den fraglichen Satz evoziert sind'] im Interpretationsprozess zu erklären, ist keineswegs eine traditionelle Aufgabe der linguistischen Semantik; aber es scheint mir, dass eine angemessene Theorie der Semantik natürlicher Sprachen sich damit befassen muss, wie solches Wissen im Interpretations-Prozess zum Tragen kommt, welche Teile dieses Wissens in den Konventionen sprachlicher Zeichen sich niederschlagen usw."

[393] „Die konventionelle (oder ,wörtliche' oder ,im engeren Sinne sprachliche') Bedeutung eines Satzes ist der Set von Bedingungen für das Verstehen eines Satzes durch einen Interpreten, der in allen seinen Kontexten vorkommt / wirksam wird [figures]; indem man die situierten Bedeutungen der Gebrauchsweisen des Satzes bestimmt, integriert man die konventionelle Bedeutung des Satzes mit seinem sprachlichen und außersprachlichen Kontext. Diese konventionelle Bedeutung eines Satzes schließt [daher] Bedeutungsaspekte ein, die im Allgemeinen der Pragmatik zugerechnet werden, ebenso wie allgemeine ,Instruktionen' darüber, wie Material für die Interpretation im Kontext aufgefunden werden kann." Fillmore 1985a, 233.

[394] „Mein Anliegen war zu demonstrieren, dass Überlegungen zu Frames und Situationen häufig notwendig waren, um die elementare Bedeutung eines Satzes festzustellen, und damit vorzuschlagen, dass es in vielen Fällen keinen Sinn macht, von einer kohärenten ,wörtlichen Bedeutung' oder ,Wahrheitskonditionalen-Bedeutung' zu sprechen, der gegenüber Schema-Wissen präsentiert werden könnte , um ,die Details aufzufüllen'." Fillmore 1986b, 52.

120   *Kapitel 2: Die Erfindung des Frame-Gedankens in der Linguistik durch Charles J. Fillmore*

Das Verhältnis von Wort und Frame, von Satz und Frames, berührt engstens die Frage nach den Grenzen der traditionellen kompositionellen, logischen oder Checklist-Semantik. Wie wir schon anlässlich von Fillmores Kritik an der Idealisierung des „unschuldigen Sprechers / Hörers" gesehen haben, kann diese Form der Semantik viele wichtige Phänomene des Sprachgebrauchs nicht erklären: sie kennt z.B. keine Idiome, Phraseologismen, Kollokationen, Metaphorik, Mitgemeintes, kommunikative Formeln usw.[395] Traditionelle Semantik ist nur so lange „gute" Semantik, so Fillmores Vorwurf an diese Adresse, solange sie die Grundaxiome einer abgeschlossenen abstrakten Wortbedeutung und der kompositionellen Zusammenfügung solcher isolierter Wortbedeutungen zu Satzbedeutungen nicht infrage stellt.[396] Das heißt: Semantiker der kritisierten Couleur wollen partout die Unschulds-Idealisierung aufrecht erhalten. Ziel solcher Bemühungen ist vor allem, andere Erklärungsansätze auszuschließen und die Komponential-Semantik als Allein-Modell der Semantik zu verteidigen. Für die ‚Verteidigung der Unschuld' haben Vertreter solcher Modelle einige Anstrengungen unternommen.[397] All diese Bemühungen können jedoch nichts an der Tatsache ändern, dass eine formale Semantik nicht in der Lage ist, wesentliche Merkmale einer größeren Zahl von semantischen Phänomenen in natürlichen Sprachen in angemessener Weise zu berücksichtigen.[398] Möglicherweise bleibt am Ende für eine formale Semantik nur noch ein sehr kleiner Bereich des Sprachgebrauchs, in dem ihre Erklärungen überhaupt tragfähig sind: die indikativischen Sätze.[399] Fillmores Fazit bezüglich der kompositionellen und formalen Semantik ist: „Es mag eine Zeit gegeben haben, zu der eine reine kompositionelle Semantik ernsthaft als eine vollständige Theorie des Sprachverstehens betrachtet worden ist, aber diese Periode war notwendigerweise sehr kurz."[400]

---

[395] Vergleiche Fillmores (1979, 65) Liste in Fußnote 356, und die Ausführungen und Zitate zur „Unschulds-Konzeption" des Sprachverstehens Seite 111 ff. – „Die Ansammlung an Dingen, die der unschuldige Sprecher / Hörer nicht kennt, ergibt einen Katalog der Arten der Gebrauchsweisen von und Reaktionen auf Sprache, die in den Bereich außerhalb des Ideals einer reinen kompositionellen Semantik fallen."

[396] Fillmore 1979, 68. Siehe das Zitat in Fußnote 357, Seite 111.

[397] Die Fillmore 1979, 68 ff. ausführlich darstellt und kritisiert: „Einer der Unschulds-bewahrenden Schachzüge involviert die Kontext-Beschränkungen der Lesarten [senses] eines polysemen Wortes.", so z.B. Harris 1951. – Der Ungar Antal 1964 „rettet die Unschuld auf ganz andere Weise: er unterscheidet scharf zwischen Bedeutung und Inhalt". – Dritte Variante der Unschuldsrettung bei Charles Hockett 1958: er verallgemeinert den Begriff Idiom so weit, dass er auch Morpheme einschließt. – „Ein vierter verbreiteter Schachzug zur Bewahrung der Unschuld ist einer, der eine scharfe Unterscheidung zwischen Wissen über geteilte Bedeutungen und Wissen über die Welt fordert." – „Fünfter Schachzug: Minimierung des Auftretens von Polysemie in semantischen Beschreibungen und Formulierung invarianter Bedeutungen für alle Gebrauchsweisen eines Morphems oder Wortes: Theorie der Kern-Bedeutungen."

[398] Fillmore 1979, 73 vermutet sogar, dass eine Berücksichtigung von Routineformulierungen und Idiomatizität zu einer Aushöhlung der formalen Semantik führen könnte: „Wenn die Zahl und Frequenz solcher Konstruktionen sehr groß ist, könnte es eines Tages Semantiker geben, die glauben, dass die Standard-Form der kompositionellen Semantik vollständig ausgehöhlt sein könnte, indem ihre Prinzipien absorbiert wurden von der Liste der Paarungen von solchen Formen und spezifischen Interpretationsregeln."

[399] „Es ist vorstellbar, dass das zentrale Prinzip der Wahrheits-konditionalen Semantik in ein solches System als eine Interpretationsregel für eine strukturelle Formel eingeführt werden könnte, die sich ‚indikativischer Satz' nennt." Fillmore 1979, 73.

[400] Fillmore 1986b, 49.

2.6 Die „interpretive" oder „understanding"-semantics 121

Zwar begreift Fillmore sein eigenes Modell nicht als „anti-formal";[401] er scheint in logisch-formalisierten Ansätzen aber auch keinen großen Nutzen im Rahmen einer deskriptiven Semantik zu sehen. Im Rückblick auf seine ersten eigenen Schritte zur Überwindung traditioneller linguistischer Modelle im Rahmen der Kasustheorie stellt er in expliziter Abgrenzung zur logischen Wahrheitswert-Analyse fest: „Es schien mir nützlicher zu sein, anzunehmen, dass es umfassendere / größere kognitive Strukturen gibt, die eine neue Ebene semantischer Rollen-Konzepte bilden, mittels derer ganze Domänen des Vokabulars semantisch charakterisiert werden können."[402] Logische oder Checklist-Semantik, so könnte man diesen Schritt kommentieren, verhindert es, die größeren epistemischen Zusammenhänge zu sehen, in die die Verwendung von Wörtern eingebettet ist. Offenbar denkt Fillmore folgendermaßen: Anstelle einer Semantik, die schon im Vorhinein den Blick extrem einengt, ist eine Semantik vorzuziehen, die alles in den Blick nimmt, was zum Verstehen sprachlicher Zeichen notwendig ist, und (sollte das überhaupt nötig und möglich sein) erst im nachhinein eventuell versucht, zwischen „sprachlichen" und „nicht-sprachlichen" Anteilen dieses verstehensrelevanten Wissens zu differenzieren. Dazu Fillmore wörtlich: „Solche Unterscheidungen können sich ergeben, wenn die Theorie verfeinert ist, aber es gibt keinen Anlass zu glauben, dass es eine Wahrheitswert-Theorie sein wird, die die Grenze bestimmen kann." (Fillmore 1985a, 222.) Semantik, so ergänzt er dezidiert, erfordert keine Urteile über die „Wahrheit" von Sätzen. Vielmehr gilt: „Die phänomenologisch primären Daten für die Sprachtheorie müssen die Daten des ‚Verstehens' sein, nicht solche Theorie-definierten abgeleiteten Daten wie Wahrheitswerte usw."[403] Eine reine logisch-formale Semantik ist eine „Skelett-Semantik ohne Fleisch und Organe".[404] An die Stelle des „Wahrheits-Kriteriums" in der Semantik tritt also in seinem Modell so etwas wie ein „Verstehens-Kriterium". Das bedeutungstheoretische Modell, das eine so aufgefasste (deskriptive, empirische) linguistische Semantik benötigt, wird – so drückt es Fillmore wiederholt aus – „reicher" sein als die herkömmliche kompositionelle und formale Semantik.[405]

Die von Fillmore entwickelte und vorgeschlagene Konzeption der linguistischen Semantik rückt ohne Zweifel die Frage nach den Grenzen der „linguistischen Semantik", nach den Grenzen der „sprachlichen Bedeutung", ja, nach den Grenzen der „Sprache" generell in den Mittelpunkt. Fillmore würde diese Tatsache aber vielleicht so ausdrücken: die anderen semantischen Konzeptionen (und / oder sprachtheoretischen Modelle) berühren ebenfalls diese Frage ständig, ihre Vertreter machen es sich im Unterschied zur Frame-Semantik nur nicht klar, dass sie dieses Feld bereits immer schon betreten haben.[406] Vielleicht würde er es auch so ausdrücken: Grenzen zwischen Semantik und Nachbargebieten existieren ebenso wie Grenzen zwischen „Sprache" und „Nicht-Sprache". Sie liegen nur (oder: auf jeden Fall)

---

[401] „Meine Überlegungen in diesem Papier sind eher vor-formal, als nicht-formal." Fillmore 1982a, 111. – „Formal" ist die von Fillmore benutzte Bezeichnung für Ansätze der logischen oder Wahrheitswert-Semantik.

[402] Fillmore 1982a, 115.

[403] Fillmore 1982a, 235.

[404] Fillmore 1984, 131.

[405] Fillmore 1984, 125.

[406] So Fillmore 1979, 65: „Die Idealisierung der Unschuld wird tatsächlich häufig so gedacht, dass sie eine Grenze errichtet zwischen der Semantik im eigentlichen Sinne [semantics proper] und solchen Nachbar-Beschäftigungen wie Pragmatik, Rhetorik, Logik, und Sprachverstehen. Ich werde nachweisen, dass in dieser Reinform die Idealisierung inkompatibel ist mit den territorialen Ansichten mancher Semantik-theoretiker."

122   *Kapitel 2: Die Erfindung des Frame-Gedankens in der Linguistik durch Charles J. Fillmore*

nicht da, wo sie die Vertreter der älteren Modelle vermuten. Dies macht er z.b. am Problem der Abgrenzung von „Syntax", „Semantik" und „Pragmatik" klar.[407] Eine Sprachtheorie, die der Autonomie-Hypothese folgt, also diese drei Bereiche der Sprache als säuberlich getrennt auffasst, schafft mehr Probleme als sie löst. Mit anderen Worten: „die Autonomie-Hypothese kann nicht aufrechterhalten werden".[408]

> „In dem Maße, in dem die Typen der Beobachtung, die man anwendet, unterschieden sind, kann man diese drei Felder als mehr oder weniger autonom ansehen. Aber in dem Maße, in dem Beobachtungen in einem dieser Felder Erklärungen unterworfen sind die aus einem der anderen Felder stammen, sind sie abhängig voneinander."[409]

Eine verstehenstheoretisch reflektierte Semantik, wie sie von Fillmore mit seiner Frame-Semantik vorgeschlagen wird, strapaziert regelmäßig dasjenige, was andere für die Grenzen der Linguistik halten. Nach Fillmore kann es aber nicht strittig sein, *dass* diese Grenzen so, wie sie in herkömmlichen semantischen und linguistischen Modellen (sehr eng) gezogen wurden, überschritten werden müssen. Fraglich ist nur, wie viel vom verstehensrelevanten Wissen man noch zur „Linguistik im eigentlichen Sinne" (zur „Semantik im eigentlichen Sinne")[410] rechnen will. Auch wenn man diese Frage der Grenzziehung nicht entscheiden kann oder will (bei Fillmore hat es den Anschein, als sei eher letzteres der Fall) gilt aber, dass sie Fragen aufwirft, die jede angemessene linguistische Theorie (der Semantik, aber auch z.B. der Syntax) berücksichtigen muss.[411] Ebenso, wie die ‚Syntax' nach diesem Verständnis Informationen (d.h. verstehensrelevantes Wissen) einschließt, das herkömmlich zur ‚Semantik' gerechnet wird, schließt die ‚Semantik' Wissen ein, das herkömmlich zur ‚Pragmatik' gerechnet wird (und darüber hinaus solches, das zur ‚Rhetorik', zur ‚Textlinguistik', zur ‚Soziolinguistik' gerechnet wird).[412]

2.6.5 *„Sprachwissen" oder „Weltwissen"? „Evozieren" oder „Invozieren" von Frames?*

Die Frage nach den Grenzen der Semantik, die sowohl eine Frage nach den Grenzen zwischen den einzelnen Teilbereichen einer Sprache (Syntax, Semantik, Pragmatik, Rhetorik usw.) wie auch die Frage nach den Grenzen ‚der Sprache' oder ‚der Semantik' generell einschließt, kulminiert in der für Fillmores Frame- und Verstehens-Semantik zentralen (und seither in der kognitiven Linguistik, aber auch in der traditionellen Semantik immer wieder heftig diskutierten) Frage nach den Grenzen zwischen ‚Sprachwissen' und ‚Weltwissen'. Diese Frage wird von Fillmore auf den Punkt gebracht in seiner Unterscheidung zwischen

---

[407]   Fillmore 1981b, 144: „Ich glaube, dass syntaktische, semantische und pragmatische Phänomene voneinander unterschieden werden können, aber ich glaube ebenso, dass manche syntaktische Phänomene semantische und pragmatische Erklärungen erfordern, und dass manche semantische Phänomene pragmatische Erklärungen erfordern. Anders gesagt. Interpreten benutzen manchmal semantische und pragmatische Informationen, um Feststellungen über die syntaktische Struktur eines Satzes zu treffen, und sie benutzen manchmal pragmatische Tatsachen, um semantische Urteile zu fällen."
[408]   Fillmore 1984, 131.
[409]   Fillmore 1981b, 144.
[410]   Beide Ausdrücke kommen bei Fillmore wiederholt vor: „linguistics proper" Fillmore 1976b, 5; „semantics proper" Fillmore 1979, 65; „semantic theory proper" Fillmore 1975c, 137.
[411]   Fillmore 1985a, 233. Hier nachzulesen die Zitate in / zu Fußnoten 345, Seite 107; 367 und 368, Seite 114; 392, Seite 118.
[412]   Siehe Fillmores (1985a, 233) Bemerkung in Fußnote 393, Seite 119.

2.6 Die „interpretive" oder „understanding"-semantics 123

dem „evozieren" und dem „invozieren" von Frames des verstehensrelevanten Wissens, eine Unterscheidung, in der er offenbar eine Grundthese der ansonsten von ihm so scharf abgelehnten formalen und Checklist-Theorien der Bedeutung aufnimmt, die in das Axiom einer „Zwei-Ebenen-Semantik" gemündet ist, wie sie heute in der Mainstream-Semantik nach wie vor vorherrscht. Seine Variante dieser Unterscheidung führt Fillmore folgendermaßen ein:

> (A) „Es ist wichtig, zwei verschiedene Arten zu unterscheiden, in denen die kognitiven Rahmen, die wir aufrufen, damit sie uns helfen, sprachliche Texte zu verstehen, in den Interpretations-Prozess eingeführt werden.
> [1] Auf der einen Seite haben wir Fälle, in denen das im Text feststellbare lexikalische und grammatische Material die relevanten Rahmen im Kopf des Interpreten aufgrund der Tatsache ,evoziert', dass diese lexikalischen Formen oder diese grammatischen Strukturen oder Kategorien als Indices für diese Rahmen existieren;
> [2] auf der anderen Seite haben wir Fälle, in denen der Interpret einem Text Kohärenz zuschreibt, indem er einen speziellen interpretativen Rahmen aufruft [invoking]."[413]

Fillmore ergänzt:

> „Die zweite Art von Verstehen kommt von außerhalb des Textes selbst."[414]

In einer späteren Version lautet diese zentrale Unterscheidung folgendermaßen:

> (B) „Interpretative Rahmen können in den Prozess des Verstehens eines Textes dadurch eingeführt werden, dass sie [2] aufgerufen [invoked] werden durch den Interpreten, oder dadurch, dass sie [1] evoziert [evoked] werden durch den Text.
> [2] Ein Rahmen wird aufgerufen, wenn ein Interpret bei dem Versuch, ein Text-Segment sinnvoll zu machen, in der Lage ist, ihm eine Interpretation dadurch zuzuschreiben, dass er dessen Inhalt in einem Muster situiert, das unabhängig von dem Text bekannt ist [Teil des Wissens ist].
> [1] Ein Rahmen wird evoziert durch den Text, wenn eine sprachliche Form, oder ein Muster, konventionell mit dem fraglichen Rahmen assoziiert ist."[415]

Was hier unterschieden wird, sind zwei verschiedene Arten der ,Aktivierung' von Frames des semantisch relevanten Wissens im Sprachverstehen: Nämlich (1) das, was man Zeichen-induziertes Frame-Wissen nennen könnte, und (2) das, was man Interpreten-induziertes Frame-Wissen nennen könnte. Diese Unterscheidung wäre dann, wenn sie als absolute Unterscheidung gemeint sein sollte, nicht sehr plausibel. (Als Angabe von Punkten auf einer Skala mag sie eher durchgehen.)

Die in Definition (A) erscheinende Redeweise davon, dass etwas „innerhalb" oder „außerhalb" des Textes selbst liege, ist nicht nur arg metaphorisch, sondern auch zirkulär, da eine Entscheidung in dieser Frage ja just eine Unterscheidung wie die zwischen „evozieren" oder „invozieren" bereits voraussetzt. Welche Art von Phänomen versteckt sich hinter der dem Typus der „Evokation" zugeschlagenen Funktion sprachlicher Zeichen („lexikalischer Einheiten"), als „Indices" für Frames zu existieren? Was unterscheidet das geistige Aktivieren eines Frames aufgrund eines solchen „Indexes" von einer anderen Art von Aktivierung, die hier ohne nähere Erläuterung als „Invozieren" davon unterschieden wird? Ohne ein dezidiertes Konzept der „wörtlichen", „lexikalischen" Bedeutung sprachlicher Zei-

---

[413] Fillmore 1982a, 124. Zur besseren Vergleichbarkeit der beiden Definitionen ist die (ohnehin nicht vom Autor stammende) Nummerierung beider Zitate hier harmonisiert worden.

[414] Fillmore 1982a, 124. – „Invozierte Rahmen können aus dem allgemeinen Wissen stammen, Wissen, das unabhängig vom vorliegenden Text existiert, oder aus dem fortschreitenden Text selbst."

[415] Fillmore 1985a, 232.

124   *Kapitel 2: Die Erfindung des Frame-Gedankens in der Linguistik durch Charles J. Fillmore*

chen bleibt diese Unterscheidung nur sehr schwach begründet. Ein solches dezidiertes Konzept hat Fillmore wegen des völligen Fehlens einer eigenen Konzeption sprachlicher Konventionen (oder, was dasselbe ist, dessen, was „lexikalisch" in „lexikalische Bedeutung" genau heißt) nie vorgelegt. (Das ist zugleich einer der größten Mängel seiner Theorie.)

Die in Definition (B) erscheinende Redeweise ist nicht viel überzeugender als die in (A). Was heißt es, dass eine sprachliche Form mit dem zugehörigen Frame „konventionell assoziiert" ist? Um dies zu klären, bräuchte Fillmore die bei ihm fehlende Konventions-Theorie.[416] Zusätzlich müsste er klären, was er mit „assoziiert" genau meint. Die von ihm hier eingeführte Unterscheidung zwischen „abrufen" und „aufrufen" von Frames ist kognitiv gesehen schlecht begründet, da ihr zwei verschiedene kognitive Modi des Aktivierens von verstehensrelevantem Wissen entsprechen müssten, für die er keine Evidenz bietet. Man wird wohl davon ausgehen können, dass alle Frames des verstehensrelevanten Wissens in irgendeiner Weise durch die Verstehenden in ihrem geistigen Prozess aktiviert werden müssen. Dies würde heißen, dass eigentlich alle Rahmen „aufgerufen" werden (müssen). „Evozieren" wäre dann nur eine Metapher für möglicherweise so etwas wie „regelmäßig / konventionell nahe legen". Aus der Tatsache, dass manche Evokationen über mehrere Stufen verlaufen, sollte nicht, wie Fillmore es offenbar tut, geschlossen werden, dass es sich um gar keine Evokation mehr handelt. Wendet man diese Überlegung auf das Problem der Konventionalität an, dann handelt es sich bei dem von Fillmore hier angesprochenen Problem um dasselbe Problem, das bei der Festlegung von Stufen der Konventionalität besteht.[417] Entsprechend dem damit verbundenen schwierigen Problem der Definition von „wörtlicher Bedeutung", würde es sich somit hier um die schwierige Frage handeln, ab wann auf einer festgelegten Skala von Übergängen man bestimmte kognitive Prozesse als Vollzug von „Konventionen" ansehen will, und ab wann nicht mehr.

Fillmore ist sehr bemüht, diese Unterscheidung durch immer wieder erneute Beispiele deutlich zu machen. Hier geht er letztlich ebenso vor wie die von ihm kritisierten traditionellen Semantiker, indem er stets nur solche Beispiele präsentiert, die seine Unterscheidung sehr plausibel machen, dabei aber unterschlägt, dass es andere Fälle von Sprachverwendung (und Wortbedeutungen) gibt, in denen diese Unterscheidung weniger schön und klar einsichtig gemacht werden kann.

(2-42) *Ein uniformierter junger Mann brachte unser Essen an den Tisch.*
(2-43) *Der Kellner brachte unser Essen an den Tisch.*

Laut Fillmore rufen wir in (2-42) das Restaurant-Skript auf. In (2-43) wird das Restaurant-Skript durch das Wort *Kellner* für uns evoziert. Die von beiden Sätzen beschriebenen Tatsachen seien natürlich identisch. Ist die Differenz hier nicht lediglich eine von verschiedenen Stufen des Aktivierens des verstehensrelevanten RESTAURANT-Frames? *Uniformierter junger Mann* ist zwar kein zwingender, aber ein möglicher und (früher einmal, bzw. in manchen Welten auch heute noch) „typischer" Unter-Frame des KELLNER-Frames. Der

---

[416] Immerhin verwendet er hier *überhaupt* einmal den Terminus ‚Konvention', was in seinen Schriften angesichts der Tatsache, dass es fortlaufend um die Klärung dessen geht, was „lexikalische" Bedeutung ist, erstaunlich selten (nämlich fast nie) vorkommt. – Fillmores Ausführungen in dieser Sache sind zudem aber nicht nur in kognitiver Hinsicht stark unter-reflektiert, sondern auch sprachtheoretisch erstaunlich unter-komplex.

[417] Fillmore 1979, 72 erwähnt einmal die von Morgan 1978 entwickelte Konzeption von Ebenen oder Stufen der Konventionalität, ohne daraus jedoch erkennbare Konsequenzen zu ziehen. Vgl. zu Stufen der Konventionalität im Anschluss an Morgan die Überlegungen in Busse 1991b.

2.6 Die „interpretive" oder „understanding"-semantics   125

Ausdruck legt es daher über den Zwischenschritt des KELLNER-Frames im gegebenen Kontext (Essen an den Tisch bringen) nahe, den RESTAURANT-Frame zu aktivieren. Wo liegt der (angeblich) wesentliche Unterschied zu *Kellner*? Auch KELLNER ist schließlich kein zwingender, sondern nur ein möglicher (wenn auch sehr typischer) Unter-Frame des RESTAURANT-Frames. (Schließlich gibt es auch Esslokale ohne Kellner, wo der Chef oder sogar der Koch selbst das Essen an den Tisch bringt.) Worum es geht, sind letztlich offenbar nur so etwas wie „Grade der Typikalität". Für ein solches Konstrukt müsste es aber ein eigenes theoretisches Konzept geben, das Fillmore nicht vorlegt. Um ein anderes Beispiel zu nehmen: wird in

(2-44) *Der Drucker ist neu.*

die jeweils richtige der zwei Lesarten nun „evoziert" oder „invoziert"? Die Auflösung der Ambiguität (Person oder Gerät) erfordert jedenfalls zusätzliche kognitive Aktivitäten. Aber man wird in keinem der beiden Fälle ausschließen wollen, dass es sich um einen im Grad der Typikalität identischen konventionalisierten Frame handelt, auch wenn der Grad der aufgebrachten Aktivierungs-Energie eher jener bei *uniformierter junger Mann* gleicht als jener bei *Kellner*.[418]

Fillmore tut sich mit dieser, von ihm kategorisch eingeführten und durchgehaltenen Unterscheidung schwer, wie seine gewundene Argumentationsweise in diesem Zusammenhang zeigt. Dezidiert lehnt er eine Lösung dieses Problems ab, wonach alle verstehensrelevanten Informationen „invoziert" werden: „Der Schwerpunkt meines Aufsatzes war, dass eine angemessene Beschreibung des sprachlichen Wissens selbst Frame-organisiertes Wissen inkorporieren (und nicht lediglich ‚darauf ausgreifen') muss."[419]

Das hier herausgehobene Ziel ist ehrenwert, aber: Gerade Fillmore behandelt doch das sonstige verstehensrelevante Wissen im Verhältnis zum „sprachlichen" Wissen durch seine strikte Unterscheidung im Grunde als additiv. Wie kann er behaupten, dass ausgerechnet seine Überlegungen dazu das Frame-organisierte Wissen in eine linguistische Beschreibung ‚inkorporieren'? Faktisch tut er mit seiner kanonischen Abgrenzung letztlich das genaue Gegenteil, indem er unterstellt, dass es überhaupt möglich sei, hier eine klare Grenze zu ziehen. Er sieht diese Problematik durchaus als sehr wichtige Frage an, kritisiert die anders gelagerten Positionen sehr scharf, ohne jedoch eine überzeugende Begründung für seine eigene Position anbieten zu können.[420] Allerdings hat er Recht, wenn er an anderen Ansätzen moniert, dass dem Eigenbeitrag der jeweiligen sprachlichen Zeichen zum adäquaten Verstehen nicht genug (akribische) Aufmerksamkeit gewidmet wird.[421] Die von ihm beschriebene Gefahr,[422] aus Kontexten und Kollokationen erwachsene Frame-Aktivierungen

---

[418] Ganz zu schweigen von solchen schönen deutschen Wörtern wie *Eigentumsvorbehalt* oder *Sorgerecht*: „Evozieren" diese Frames, oder werden sie hier eher „invoziert"? Wenn letzteres, haben diese Wörter dann keine „lexikalische Bedeutung" mehr?

[419] Fillmore 1986b, 53. Gegen diese Lösung polemisiert er in diesem Aufsatz.

[420] „Viel Aufmerksamkeit ist in der Frame-semantischen Literatur der Assoziation von Frames mit einzelnen Wörtern gewidmet worden. Bei der Unterscheidung von Frames, die direkt mit Wörtern assoziiert sind, und Frames, die mit dem assoziiert sind, was Wörter bezeichnen, muss man vorsichtig sein." Fillmore 1986b, 53.

[421] Dies gilt in der Regel in großem Maße für die „zeichenvergessenen" psycholinguistischen und kognitivistischen Arbeiten, findet sich aber häufig auch in Arbeiten von Linguisten.

[422] Siehe Fillmore 1986b, 53 das Beispiel *Sie nahm einen Stuhl am Feuer.* – „Es ist falsch zu sagen, dass *Feuer* allein schon den Frame *Wohnzimmer* wachruft. *Feuer* selbst hat solche Assoziation nicht, *beim*

126   *Kapitel 2: Die Erfindung des Frame-Gedankens in der Linguistik durch Charles J. Fillmore*

(die somit Synergieeffekte der Kombination von Zeichen sind) den einzelnen Zeichen selbst zuzuschreiben, ist real, und muss Anlass zu sorgfältiger Reflexion und semantischer Analyse sein.

Da Fillmore wichtige sprachtheoretische Elemente nicht ausführt, die wesentliche Voraussetzungen einer vollständigen Konzeption der Semantik und Sprachtheorie wären (wie Zeichentheorie, Konventionstheorie, genauere Erklärung des Prozesses der Wissensaktivierung – und damit solcher Begriffe wie „assoziieren", „evozieren", „invozieren", gegebenenfalls Differenzierung von verschiedenen Wissenstypen u.ä.) kann der nach Lektüre seiner Schriften entstehende Eindruck einer Widersprüchlichkeit nicht aufgelöst werden. Auf der einen Seite unterscheidet er scharf zwischen „invozieren" und „evozieren", wobei er letzteren Begriff offenkundig eng an den Begriff der „lexikalischen" oder „konventionellen Bedeutung" bindet, ohne uns darüber aufzuklären, was genau er darunter versteht; auf der anderen Seite polemisiert er weiterhin (wie es nach dem ganzen Tenor seiner Frame- und Verstehens-Theorie ja zu erwarten war) scharf gegen alle Versuche in der herkömmlichen Semantik und Sprachtheorie, eine feste Grenze zwischen Sprachwissen und Weltwissen zu ziehen. Auch diese Unterscheidung ist einer der von ihm scharf kritisierten „Schachzüge zur Bewahrung der [verstehenstheoretischen] Unschuld", die er der Komponenten- und logischen Semantik vorwirft.[423] Mit einem Beispiel von Searle meldet er ganz richtig Zweifel daran an, dass in semantischen Dingen eine solche Unterscheidung praktisch durchgeführt werden könne: „Wir könnten uns erstaunt fragen, was möglicherweise der Unterschied sein könnte zwischen der Beschreibung eines Oszilloskops und einer Feststellung der Bedeutung des Nomens *Oszilloskop*."[424] Eine „Unterscheidung zwischen rein semantischen Informationen über Wörter und enzyklopädischen Informationen über die Referenzobjekte [designata] dieser Wörter" ist, so seine klare Aussage, „mit der Frame-Semantik nicht kompatibel": „Sicherlich sollte man zwischen Wissen über Wörter und Wissen über Gegenstände unterscheiden, aber ganz sicher nicht auf eine Weise, die den Semantikern des beschriebenen Typs dienlich wäre."[425]

Diese Bemerkung deutet darauf hin, dass Fillmore zwar eine Unterscheidung zwischen „Informationen über Wörter" und „Informationen über die Welt" (man müsste hinzufügen: der Welt abzüglich der Wörter, nur so machte es einen Sinn) treffen möchte, dass er die vorhandenen Vorschläge für eine Begründung dieser Vorschläge jedoch für falsch hält. Allerdings wird nirgendwo in seinen Schriften deutlich, weshalb genau er sie für falsch hält und auf welche Weise diese Unterscheidung auf eine in seinen Augen richtige Weise begründet werden könnte. Die einzigen Gründe, die er für die Unrichtigkeit der herkömmlichen Art und Weise, diese Unterscheidung zu treffen, anführt, ist die zu Recht immer wieder hervorgehobene Tatsache, dass die üblichen Grenzziehungen in nicht akzeptabler Weise Wissen ausschließen, das für das Verstehen und eine ‚vollständige' semantische Beschrei-

---

    Feuer sitzen könnte auch einen Camping-Frame wachrufen. Vielleicht ist es ja eher so, dass der Ausdruck *Sie nahm einen Stuhl* in Verbindung mit *beim Feuer* erst den Wohnzimmer-Frame wachruft."

[423] „Ein vierter verbreiteter Schachzug zur Bewahrung der Unschuld ist einer, der eine scharfe Unterscheidung zwischen Wissen über geteilte Bedeutungen und Wissen über die Welt fordert. Indem man, wie es manchmal getan wird, ein Wörterbuch von einer Enzyklopädie unterscheidet, kann man sich selbst erlauben zu sagen, dass der unschuldige Sprecher / Hörer alles über die Bedeutung eines Satzes wissen kann ganz unabhängig davon, ob er überhaupt irgend etwas weiß darüber, wie die Welt beschaffen ist." Fillmore 1979, 68.

[424] Fillmore 1979, 68.

[425] Fillmore 1982a, 134.

2.6 Die „interpretive" oder „understanding"-semantics 127

bung von Wörtern oder Sätzen strikt notwendig ist. Dies würde darauf hindeuten, dass Fillmore vielleicht lediglich für eine Verschiebung dieser Grenze (statt ihre Aufhebung) plädiert.[426] So stellt er wiederholt fest: „Wir nehmen einen sehr vielen ‚enzyklopädischeren' Standpunkt der Semantik ein als üblich."[427]

Wenn man jedoch, so wie er es vorzuschlagen scheint, zwischen „Wissen über Wörter" und „Wissen über die Welt abzüglich des Wissens über Wörter" unterscheiden will, müsste man behaupten, dass es ein (für semantische Aspekte relevantes) Wissen über die Welt gäbe, das von Wissen über Wörter in keiner Weise affiziert, beeinflusst ist. Dies fällt außerordentlich schwer, hat Fillmore selbst doch mit seiner Frame-Theorie deutlich darauf hingewiesen, dass die Wörter auf die konventionellen und prototypischen Kategorisierungen verweisen, mit denen die Menschen sich die Welt verstehbar, kognitiv (und kommunikativ) zugänglich machen. Was bei Fillmore fehlt, scheint daher eine Verknüpfung der Problematik der „Sprachwissen" / „Weltwissen" – Unterscheidung mit den von ihm ebenfalls immer wieder angesprochenen Fragen des Zusammenhangs von Sprache und Kategorisierung zu sein. Eine Klärung dieses Zusammenhangs würde indes einen klaren eigenen erkenntnistheoretischen Standpunkt voraussetzen, was offensichtlich ein Bereich ist, für den Fillmore sich nicht zuständig oder kompetent fühlt. Da eine erklärungsstarke verstehenstheoretische Semantik ohne eine adäquate Theorie der Kategorisierung jedoch nicht möglich ist, eine Theorie der Kategorisierung ohne einen eigenen erkenntnistheoretischen Standpunkt nicht denkbar ist, klafft hier in Fillmores theoretischem Gebäude (wie auch an anderen Stellen) eine spürbare Lücke.

Fillmores Versuch, die in seinen Augen notwendige Unterscheidung dadurch zu retten, dass sie verlagert wird, drückt sich in seiner Kritik an der üblichen Fassung der „Mehr-Ebenen-Semantik" aus. In seiner Kritik an Bierwisch, der die expliziteste theoretische Begründung für diese Unterscheidung geliefert hat, betont er noch einmal deutlich, „dass sprachliches Wissen (einschließlich lexikalisches und grammatisches Wissen) auf jeder dieser Ebenen wirksam wird, und dass Wissen über Welten, Kontexte, und Sprecher-Intentionen ebenfalls auf jeder Ebene wirksam wird, nicht nur auf der Basis."[428] Die Autonomie-Hypothese (der im generativen Sprachmodell behaupteten sprachlichen „Module" wie Syntax, Lexikon usw.), so sein eindeutiges Fazit an dieser Stelle, kann keinesfalls aufrechterhalten werden. Wenn also das verstehensrelevante (und damit auch für eine adäquate Semantik relevante) Wissen in weitaus größerem Umfang anzusetzen ist, als in herkömmlichen Modellen zugestanden wird, die bisherigen Grenzen zwischen „Sprachwissen" und „enzyklopädischem Wissen" also fallen müssen, dann verblüfft es, Fillmores (1985a, 233) strikte Aussage zu lesen, dass dieses Wissen nicht zum Gegenstand einer linguistischen (z.B. semantischen) Analyse gehöre:

---

[426] So explizit in Fillmore 1984, 140: „In meinem Modell muss die initiale lexiko-grammatische Struktur assoziiert werden mit einem reichhaltig strukturierten Netzwerk von Informationen, die alle verfügbar gemacht werden im Dienste des geschilderten Konstruktions-Prozesses." – „In dieser Sichtweise gibt es entweder gar keinen Unterschied zwischen so genannter ‚Wörterbuch-Information' und enzyklopädischer Information, oder dieser Unterschied wird an anderer Stelle verortet als da, wo ihn ‚Bedeutungs-Minimierer' [meaning minimizers] üblicherweise sich vorstellen."

[427] Fillmore 1984, 140.

[428] Fillmore 1984, 131 mit Bezug auf Bierwisch 1982. Die Grenzen der „Zwei-Ebenen-Semantik" (bei Bierwisch sind es tatsächlich in einer Version fünf Ebenen) werden auf der Basis einer Frame-Theorie ausführlich dargestellt und kritisiert in der sehr luciden Analyse von Ziem 2008, 67 ff. (deren Lektüre sehr zu empfehlen ist).

„In der Frame-Semantik wird es für nötig gehalten, eine Zusammenfassung / Beschreibung solchen Wissens zu geben [to give an account of] bei der Beschreibung des semantischen Beitrags einzelner lexikalischer Einheiten und grammatischer Konstruktionen und im Erklären der Konstruktionen der Interpretation eines Textes aus der Interpretation seiner Teile. Dies kann nicht so aufgefasst werden, als bedeutete es, dass Linguistik als solche all dieses Wissen integrieren müsste; aber wohl, dass Linguistik dem Rechnung tragen muss, wie solch ein Wissen entsteht, wie es wirksam wird [figures] in der Formierung der Bedeutungs-Kategorien, wie es im Sprachverstehens-Prozess operiert, usw."

Diese Aussage verblüfft, weil Fillmore hier einerseits der Linguistik erhebliche Lasten aufbürdet, denn hinter den Fragen (wie entsteht verstehensrelevantes Wissen, wie wird es in semantischen Kategorien wirksam, wie operiert es im Sprachverstehen) verbirgt sich letztlich die Gesamtheit von so etwas wie einer Theorie menschlicher Kognition und Episteme. Andererseits will er die entscheidende Frage nicht stellen, was „Sprache" angesichts der engen Verquickung mit Kognition und Wissen generell überhaupt noch heißen kann, und ob es einen von den beschriebenen Funktionen dieses Wissens abtrennbaren Phänomenbereich dann überhaupt noch gibt, der eine eigene Wissenschaft „Linguistik" (oder „linguistische Semantik") rechtfertigt. – Sein ganzes Dilemma zeigt sich darin, dass er uns zwar verrät, wie er diese Grenze ziehen würde (wenn sie sich ziehen lässt), nämlich „in Termini der Konventionalität",[429] jedoch ohne selbst eine Definition oder gar Theorie der Konventionalität geben zu können.

Fillmores verstehenstheoretische und bedeutungstheoretische Überlegungen lassen mithin die entscheidende, von ihm selbst ins Zentrum gestellte Frage offen: „Wo und wie sollte Wissen über interpretative Frames in einer Beschreibung des Wissens eines Sprachbenutzers verankert [incorporated] werden?"[430] Dass Fillmore zwar ein beeindruckend anspruchsvolles Modell einer verstehenstheoretisch begründeten Semantik vorlegt (die in seinen Augen gerade darum, weil sie verstehenstheoretisch begründet sein soll, notwendigerweise eine Frame-Semantik sein muss), aber entscheidende Fragen, die auf dem Weg zu diesem Ziel beantwortet werden müssten, immer wieder in falscher Weise stellt, zeigt sich z.B., wenn er es als Frage nach „Maximierung und Minimierung des Beitrags von explizitem sprachlichem Material zur Text-Interpretation" formuliert.[431] In einer solchen Aussage sind die beiden entscheidenden Teile fraglich und müssten allererst geklärt werden (was bei Fillmore unterbleibt) nämlich, was „explizites sprachliches Material" und was „Beitrag" hier heißen kann. Die Klärung von „explizit" setzt, wie schon mehrfach deutlich geworden, eine Klärung von „lexikalisch" und von „konventionell" voraus; die Klärung von „Beitrag" setzt eine Theorie der Wissensaktivierung voraus, die klären können müsste, was diesen „Beitrag" so wesentlich davon unterscheidet, dass das Wahrnehmen eines sprachlichen Zeichens einen Hörer oder Leser dazu veranlasst, ein bestimmtes Segment seines Gesamtwissens in seinem gerade laufenden kognitiven Verarbeitungsprozess zu „aktivieren", und welche Merkmale dieser Prozesse dafür sprechen könnten, die eine Art des Aktivierens als „evozieren", die andere aber als „invozieren" zu unterscheiden. An solche Fragen hat sich Fillmore aber ganz offenkundig nicht herangetraut (oder sich einfach nicht dafür interessiert) – leider ohne zu bemerken, wie wichtig ihre Klärung für den Fortbestand seines theoretischen Modells wäre.

---

[429] Fillmore 1985a, 252. Siehe das Zitat nach Fußnote 393 auf Seite 119.
[430] Fillmore 1986b, 49.
[431] Fillmore 1986b, 49.

2.6 Die „interpretive" oder „understanding"-semantics   129

Stattdessen polemisiert er heftig gegen Positionen, die der seinen sehr ähnlich sind, von denen er sich aber deutlich abgrenzen möchte; z.B. Theorien, die (was er anderenorts auch schon einmal selbst erwogen hat) in Frage stellen, ob man *überhaupt* zwischen Sprachwissen und Weltwissen sowie *evozieren* und *invozieren* klar unterscheiden könne.[432] Fillmores Polemik in diesem Fall ist nicht nur ignorant gegenüber außer-linguistischen Konzeptionen der Textinterpretation (und von den später in den USA sehr populären post-strukturalistischen Positionen völlig unberührt), sondern greift auch viel zu kurz. Woher soll kommen, was im Text an Bedeutung ist, wenn nicht vom Interpreten? Der Schall oder die Tinten-Flecken können nicht selbst sprechen und ihre „Bedeutung" verraten; die muss schon ein Interpret aus seinem Gehirn holen. Alles andere wäre unwissenschaftlicher Mystizismus. Zweitens spricht Fillmore (wie so häufig) metaphorisch, ohne zu merken, wie er auf seine Metaphern „hereinfällt". Hier etwa „herausholen". Man kann nur dann sagen, dass jemand etwas aus einem Text „herausholt", wenn man zugleich sagt, dass vorher etwas „dringe-steckt" hat. Diese Metapher (und die ihr implizit eingeschriebene Kommunikations- oder Sprachtheorie), wonach etwas „in den Zeichen steckt" müsste man kritisch beleuchten. Man kann die hier inkriminierte Position vertreten, und gleichwohl der Meinung sein, dass das sprachliche Material für die Interpretation äußerst wichtig ist. Auch die ironisch karikierten „Literaturstudenten" werden wissen, dass die Bedeutung nicht ohne die sprachlichen Mittel in den Text „hineingekommen" ist. Was Fillmores Ansatz fehlt, ist hier also ganz offensichtlich eine adäquate zeichentheoretische Reflexion. (Die Abwesenheit *jeglicher* Reflexion über den Zeichenbegriff und Aspekte der Zeichentheorie in Fillmores ja grundlagentheoretisch ausgerichtetem Werk zur Semantik ist ein Faszinosum.)

Dass Fillmore eine interpreten-zentrierte Konzeption der Aktivierung des verstehensrelevanten Wissens strikt ablehnt, wird durch seine polemisierende Karikatur solcher Ansätze überdeutlich.[433] Zwar gesteht er zu: „Diese Theorien nehmen an Kraft und Anspruchsvollheit zu, wenn die assoziativen Netzwerke Strukturen erhalten, das heißt stärker Frame-ähnlich werden." Doch bemängelt er wohl vor allem das Fehlen „echt linguistischer" (z.B. syntaktischer) Aspekte in solchen Modellen,[434] karikiert dessen Wirken und schreibt es vor allem der KI-Forschung zu:

---

[432] Siehe das Zitat auf Seite 116 zu Fußnote 375 über die „Stone-Soup"-Theorien.

[433] „Vermittelnde Positionen auf dieser Skala unterscheiden sich voneinander hinsichtlich der Einheiten von sprachlichen Formen, auf denen interpretative Schlussfolgerungen gegründet werden können, und hinsichtlich der Natur der Informationen, die durch die Interpretierenden ‚von außerhalb' an den Text angebracht werden müssen. Eine dieser Theorien, die nah am ‚Stone-soup'- Ende der Skala liegt, könnte trivialerweise ‚Wort-geleitetes Gedankenlesen' genannt werden. Sie erkennt den Beitrag der Wörter eines Textes an. In der erklärungsschwächsten [least explanatory] Version einer solchen Theorie ist sie eine Kombination aus Assoziationspsychologie und informationsgestützten [gelehrten] Mutmaßungen: Bestimmte hervorspringende Wörter im Text rufen Netzwerke von Assoziationen im Geiste des Interpreten wach, und der Interpret versucht abzuschätzen [zu vermuten], was der Autor im Kopf gehabt haben mochte; und er bringt in einem solchen Mutmaßungs-Prozess ein, was alles gewusst werden kann über die menschliche Natur im allgemeinen, über den Autor im besonderen, über die Welt, an die der Interpret durch Elemente des assoziativen Netzwerks erinnert wird, usw." Fillmore 1986b, 50.

[434] Fillmore 1986b, 50. Dies wird in der polemischen Bemerkung deutlich: „Ein klarer Vorteil solcher syntax-freier [!] Theorien des Sprachverstehens ist, dass sie nicht abhängig sind von der Fähigkeit eines Textautors, grammatische (und damit syntaktisch verarbeitbare Sätze konstruieren zu können." Was ihn offenbar besonders ärgert, ist die „Syntax-Freiheit" der inkriminierten Theorien.

> „Solch ein Ansatz könnte notwendig sein für die Beschreibung, sagen wir, des Prozesses, durch den Verwandte Erfolg dabei haben, die auf dem Totenbett von unter starken Sedativa stehenden Personen in kurzen Momenten der Wachheit gemurmelten Wünsche zu interpretieren.
>
> Für normale Texte gibt es wahrscheinlich niemanden, der offen diesem Ansatz folgt. Er verbleibt nichtsdestotrotz als eine beliebte Karikatur bestimmter Typen von KI-Forschung, wenigstens einige Aufsätze in diesem Rundgespräch weisen ihn nicht explizit zurück." (A.a.O.)

Bei aller Polemik wird die Zielrichtung der Kritik nicht ganz deutlich. Richtet Fillmore sich hier gegen intentionalistische Ansätze in der Semantik? Was bringt ihn so gegen die geschilderte Position auf? Hat er etwas gegen „Assoziation" und „assoziierte Netzwerke des Wissens"? Wenn ja: Was stört ihn daran? Was wäre ein Gegenmodell? Etwa eines, in dem „Assoziationen" nicht vorkommen? Was wäre dann Fillmores Gegenbegriff zu „Assoziation"? Dies kann (oder will) er offenbar nicht explizieren! Hier zeigt sich in aller Deutlichkeit, dass Fillmore in seiner Semantik- und Frame-Theorie durch und durch wissenstheoretisch, epistemologisch und kognitiv un- bzw. unterreflektiert ist. Dies ist sehr bedauerlich! Angesichts der Wucht dieser (und anderer) Polemik kann man es fast für ein Wunder halten, dass Fillmore überhaupt seine Frame-Theorie und seine *interpretive semantics* so weit fort entwickeln konnte. Eigentlich steht hier immer (noch) der recht eng denkende Linguist und Syntaktiker Fillmore dem befreiten Semantiker und Verstehenstheoretiker im Wege (reisst ihn zurück). Und dies bei aller in seinen Schriften sonst auffindbaren Polemik gegen die Mainstream-Linguistik: Diese Widersprüche in seiner Argumentation bleiben sehr merkwürdig und nicht so recht nachvollziehbar.

Mit implizitem Bezug auf offenbar die Implikatur-Theorie von Grice (und / oder vergleichbare Theorien, die Inferenzen einen zentralen Stellenwert im Sprachverstehen einräumen) arbeitet er ein Argument heraus, das in seiner Sicht für eine Unterscheidung von *evozieren* und *invozieren* spricht: Nur wenn es eine Basis für Schlussfolgerungen gibt, sind diese Schlussfolgerungen (und das durch sie erzielte Verstehen) überhaupt möglich.[435] Und diese Basis, so möglicherweise sein Gedankengang, kann nur in den ‚lexikalischen Bedeutungen' bestehen, und wenn diese bestehen, muss es eine Differenz zwischen ‚Inferenzen ziehen' und ‚Bedeutung abrufen', also zwischen ‚invozieren' und ‚evozieren' geben.[436] Fillmores gesamte Argumentation in diesem Punkt[437] steht und fällt mit (hängt an) seinem Verständnis von „lexikalisiert" (bzw. „grammatikalisiert"). „Lexikalisiert" ist offenbar etwas regelrecht mystisches, etwas, das es auf jeden Fall gibt, auch wenn es Fillmore als solches, in seinem ureigenen Typus des Funktionierens, aber ganz offenbar überhaupt nicht erklären kann. Offenbar verfügt er (1) weder über eine durchdachte Theorie der „wörtlichen

---

[435] „In Theorien des Sprachverstehens, die nur kompositionelle Semantik und Common-sense-Reasoning von den Details zum Ganzen umfassen, wird die Forderung, dass nur eine dieser beiden Komponenten im engeren Sinne zur Linguistik gehört, erst verständlich. Und zwar, weil die benötigte Inferenz-Erzeugungs-Komponente exakt von der Art ist, die in Schlussfolgerungsprozessen aus solchen Informationen benutzt wird, die durch nicht-sprachliche Mittel erzielt wurden." Fillmore 1986b, 50.

[436] Diese Sichtweise wäre mit der Implikatur-Theorie von Grice kompatibel. Wie nicht vielen bekannt ist (weil kaum jemand das Gesamtwerk von Grice zur Kenntnis genommen hat) war Grice nicht in erster Linie Vertreter einer ‚Linguistischen Pragmatik', sondern bemühte sich in erster Linie um eine Theorie der wörtlichen Bedeutung (des ‚Sagens' in seiner Terminologie). Die berühmten ‚Implikaturen' waren nur ein Mittel auf diesem Weg. Wie bei Fillmore fehlt es aber auch bei seinem Berkeley-Kollegen Grice an der wesentlichen Komponente für eine solche Theorie, nämlich an einer Theorie der Konventionen.

[437] Die nicht nur das Problem der Abgrenzung von ‚Sprachwissen' und ‚enzyklopädischem Wissen' betrifft, sondern mit der kategorischen Unterscheidung zwischen ‚evozieren' und ‚invozieren' offenbar auch den Unterschied zwischen ‚Semantik' und ‚Pragmatik' betrifft, den Fillmore in den hier zitierten Textpassagen implizit erörtert.

2.6 Die „interpretive" oder „understanding"-semantics   131

Bedeutung" (die eine Theorie der Konvention voraussetzt), noch (2) eine durchdachte Konzeption des Verhältnisses von „direkter" und „indirekter" Bedeutung, noch (3) kann er erklären, was dies alles mit dem Konzept „Lexikalisierung" zu tun hat, d.h. wie es (Indirektheit im Verhältnis zu Direktheit) auf das Konzept „lexikalische Bedeutung" zurückwirkt. Ganz offenkundig ist Fillmore (trotz aller sehr klugen Aufsätze) im Kern immer noch eher Grammatiker und Lexikologe als echter Semantiker und Verstehenstheoretiker in einem vollen Sinne.

Viele Probleme in Fillmores Positionen rühren möglicherweise daher, dass der für eine Frame-Konzeption letztlich zentrale Gedanke der sprachlichen Konstituiertheit / Prägung des (verstehensrelevanten) Wissens in seinem Denken keinen Platz hat. Nur deshalb kann er offenbar immer noch versuchen, einen Grenzstrich zwischen ‚sprachlichen' (‚evozierten') und ‚nicht sprachlichen' (‚invozierten') Frame-Bezügen zu ziehen. Theorien, die das Schwergewicht des Verstehens und der Frame-Aktivierung auf das ‚invozieren' legen, lehnt er strikt ab[438] und beharrt darauf, dass Frame-Wissen „in die Linguistik inkorporiert" werden müsse, was nicht der Fall sei, wenn man ein ‚Invozieren'-Modell des Sprachverstehens zuließe. Hier wird ‚Linguistik' aber ebenfalls zu etwas Mystischem, da ohne weitere Erklärung (die er uns schuldig bleibt) unklar bleibt, was und warum dazu gehört (und was und warum nicht). Den Ausweg aus seinem Dilemma zeigt Fillmore überraschenderweise selbst, ohne weiterhin auch nur einen einzigen Schritt in Richtung dieses Gedankens (und der Auflösung all seiner theoretischen Dilemmata) zu gehen. Und zwar in dem sehr wichtigen Gedanken „dass auch die Sprache selbst eine Frame-ähnliche Struktur hat".[439] Genau dies, ein integrierter Ansatz (eine Theorie) ‚sprachlicher' und ‚außersprachlicher' Frames bzw. Wissensaktivierung würde einen Ausweg ermöglichen. Dass er diesen Weg nicht mehr geht, sondern sich in der Folge wieder stärker syntaktisch dominierten (und damit ‚echt linguistischen') Fragestellungen zuwendet (wie der „*construction grammar*" und dem ebenfalls in verstehenstheoretischer Hinsicht stark ‚zurückgenommenen', stark syntaktisch geprägten *FrameNet*-Projekt), mag charakteristisch sein für die Skrupel, die Fillmores Denken von Anfang an auf seinem Weg zu einer verstehenstheoretischen Neubegründung der Linguistik begleitet haben. Insofern bedeutet der Höhepunkt von Fillmores verstehenstheoretischer Durchdringung der Semantik (und Linguistik generell) zugleich deren Wendepunkt, an dem er sich persönlich zu sagen scheint: *Schuster bleib bei deinen Leisten*, (den *linguistischen Tatsachen*, d.h.: *Linguist, bleib bei deiner Grammatik und lexikalischen Semantik*).[440]

---

[438] „Eine mögliche (und Trivialisierung der) Antwort auf die ‚Lokalisierungs'-Frage ist, dass es ausreicht, von invozierten Frames zu sprechen, so dass die Frames, die bei der Interpretation eines Textes gebraucht werden, nur als erinnerte Information über die ‚Welt' existieren: von Wörtern selbst könnte man [dann] nur insofern sagen, dass sie Frames ‚evozieren', als sie dazu dienen, Informationen zu vermitteln, die es dem Interpreten erlauben, die relevanten Frames zu ‚invozieren'. Aber das, so haben wir gelernt, ist falsch." Fillmore 1986b, 53.

[439] „Die Geschichte mit der ‚Verortung' des Frame-Wissens muss vervollständigt werden durch den Hinweis, [...] dass auch die Sprache selbst eine Frame-ähnliche Struktur hat. Meine eigenen gegenwärtigen Interessen liegen in der Frame-semantischen Behandlung von verschiedenen Typen von grammatischen Konstruktionen." Fillmore 1986b, 55.

[440] „Wie ich schon oben angedeutet habe, dient man dem Ziel der Hervorbringung von präzisen Modellen des Frame-Wissens und seines Gebrauchs im Textverstehen besser mit Beispielen, die deutlicher in linguistischen Tatsachen verankert sind." Fillmore 1986a, 56.

132   *Kapitel 2: Die Erfindung des Frame-Gedankens in der Linguistik durch Charles J. Fillmore*

2.7   Anwendungsbereiche und Leistungen des Frame-Modells

Dass Fillmore sich nicht in bescheidener Zurückhaltung übt, was seine Vermutungen über das linguistische Potential, d.h. die Leistungen zur Klärung offener linguistischer Fragen, angeht, das (die) seine Frame-Semantik besitzt bzw. erbringen kann, ist durch den bereits erwähnten Katalog deutlich geworden: Natur der Sprache, Natur der Bedeutung, Erwerb von Bedeutungen, Natur der Kommunikation, Verstehen von Texten, lebensgeschichtlicher Bedeutungswandel im Spracherwerb, und sprachgeschichtlicher Bedeutungswandel im „Lexikon" einer Sprachgemeinschaft.[441] Fillmore verfolgt mit seinen semantischen Überlegungen und Theoremen vorrangig das Ziel, die verschiedenen Zweige der linguistischen Semantik (die sich durch unterschiedliche theoretische Grundannahmen teilweise stark auseinander entwickelt, stark theoretisch voneinander entfernt hatten) in einem gemeinsamen Grundmodell zusammenzuführen.[442] Dass er mit seiner Frame-Theorie diesem Ziel ein großes Stück entgegenkommt, kann nicht bezweifelt werden, auch wenn das Ziel als solches nicht ganz unproblematisch ist, und in der linguistischen Semantik auch bereits früh, so z.B. von Lyons mit seiner Kritik an der „Homogenitätsprämisse" der meisten Linguisten, wonach „Bedeutung" überall da, wo dieses Phänomen auftrete, ein Phänomen einheitlichen Typs sei, kritisiert wurde.[443] – Als weitere Leistung seines Modells erwähnt Fillmore z.B. die Erklärung des kulturgeschichtlichen Prozesses des Entstehens eines „Schreibsystems", da dieser die Fähigkeit zu abstrakteren (lexikalischen) Bedeutungen voraussetze, die nur möglich sei auf der Basis eines gesicherten Systems von Frame-aktivierenden Leistungen der sprachlichen Mittel.[444] Der hier von Fillmore beschriebene Zusammenhang betrifft das Problem der theoretischen Erklärung (und der Beschreibung) dessen, was man üblicherweise „Wortbedeutung" oder „lexikalische Bedeutung" nennt, im Kern.

Schließlich gibt Fillmore eine nicht weniger als die bereits erwähnten Auflistungen allgemeiner sprachtheoretischer Leistungen der Frame-Semantik beeindruckende Liste konkreter semantischer Erträge, die er sich von seinem Modell verspricht (gekürzt):[445]

„Mein Bedeutungsmodell kann zur Klärung einiger traditioneller Probleme der Semantik beitragen:

---

[441]   Fillmore 1975b, 125. Siehe das Zitat in Fußnote 212, Seite 78.

[442]   Fillmore 1976a, 28 (das Zitat ist wiedergegeben auf Seite 81, vor Fußnote 225).

[443]   Lyons 1983, 128 benannte zwei von ihm als sehr problematisch angesehene implizite Prämissen der linguistischen Semantik, nämlich „(a) dass das, worauf man sich [...] mit dem Wort ‚Bedeutung' bezieht, überhaupt in irgendeiner Form existiert; (b) dass alles, was als ‚Bedeutung' bezeichnet wird, seiner Natur nach ähnlich oder gar identisch ist". Lyons bezeichnete diese Prämissen als die „*Existenzprämisse*" (a) und die „*Homogenitätsprämisse*" (b).

[444]   Fillmore 1976a, 30. „Es sollte ebenfalls möglich sein, die Frame-Analyse für die Untersuchung dessen zu benutzen, was mit einer Sprache geschieht, wenn ihre Gemeinschaft ein Schreibsystem erwirbt und sich in Richtung Zivilisation bewegt. Vor der Einführung des Schreibens / der Schrift sind Sprachen generell beschränkt in ihrem Gebrauch auf direkte, typischerweise face-to-face-Interaktionen. Die höher entwickelten Sprachen werden sich von diesem im Verfügen über Mechanismen unterscheiden, die einen öffentlichen Gebrauch haben: Gebrauchsweisen beispielsweise, in denen Sender und Empfänger sehr wenig über das Weltmodell des jeweils anderen wissen, in denen sie voneinander durch Raum und Zeit getrennt sind, und in denen Mechanismen existieren, die die Abwesenheit eines gemeinsam geteilten Kontextes und des Gebrauchs paralinguistischer Signalsysteme kompensieren. Das mindeste, was avanciertere Sprachen aufweisen müssen, ist ein Vokabular, das geeignet ist für die Kommunikation über ein Schreibsystem; aber es ist wahrscheinlich, dass sie über rigidere kodifizierte Mechanismen für Ko-Referenz und Anaphern verfügen und über geringere Abhängigkeit von Demonstrativa."

[445]   Fillmore 1977c, 129 ff.

2.7 Anwendungsbereiche und Leistungen des Frame-Modells

(1) Ambiguität = Wenn ein Ausdruck mit zwei verschiedenen Frames assoziiert ist. [Beispiel: *Meine Schreibtischschublade ist 30 cm tief.*]
(2) Vagheit = Ein Satz ist in dem Maße vage, in dem der Übergang von den Szenen, die den Frame, den der Satz aktiviert, deutlich treffen, und denen, die ihn nicht deutlich treffen, graduell ist.
(3) Allgemeinheit von Wörtern = Wenn die Beschreibung der assoziierten Szene relativ weniger detailliert ist als die von jedem Wort, das mit ihm verglichen wird. Die Zahl der detaillierten Szenen, die ein allgemeines Wort treffen, ist größer als bei einem spezialisierten Wort.
(4) Synonymie = Wenn für dasselbe Element in demselben Frame verschiedene lexikalische Wahlmöglichkeiten bestehen.
(5) Selektionsbeschränkungen / Kookkurrenz-Beschränkungen = bestimmte Wörter auf bestimmte Frames beschränkt.
(6) Antonymie = Ein Frame erlaubt die Auswahl aus einem Set sich wechselseitig ausschließender Kategorien.
(7) Kategorien-Grenzen für Wörter = Prototypen-Modell.
(8) Semantische Felder = oft liegt hier ein (allgemeines) Schema vor. [Beispiel Kauf-Akt]
(9) Konversen = Beispiel: *Frau / Mann*
(10) Kern-Bedeutung [Fillmore verwendet hier auch das deutsche Fremdwort „*Grundbedeutung*"] = kein gutes Ziel für einen Linguisten (Beispiel: *Kalb = Tier*, vs. *Fleisch*). Betrifft keine wichtige Information über ein Wort.[446]
(11) Sprachwissen / enzyklopädisches Wissen = Abgrenzung zwischen sprachlicher Information über die Bedeutungen von Wörtern und den Real-Welt-Informationen über die Eigenschaften von Dingen. [Wörterbuch vs. Enzyklopädie] Viele Linguisten glauben fälschlich, dass man beides trennen kann.[447]
(12) Metapher = Beispiel: *Harry ist ein Pickel im Gesicht der Gesellschaft* (impliziert vielerlei Wissen / Wissensrahmen);
(13) Abstraktion = Beispiel: *charity* (*Wohltätigkeit*) (man weiß mindestens: jemand gibt jemandem etwas usw.);[448]
(14) Motivation für Lexikalisierung = Wann entsteht ein besonderes Wort für etwas? Beispiel: wann / warum sagt jemand *töten* statt *verursachen zu sterben*? Eine Sichtweise ist, dass Lexikalisierung identisch ist mit dem Akt der Präsentation einer etablierten Kategorie des Denkens. (z.B.: *Vegetarier*);[449]
(15) functional shift = spezielle Form der Lexikalisierung [Wortarten-Wechsel], Vergleiche Beispiele wie *hämmern, löffeln*."

Diese beeindruckende Liste macht ohne weiteren Kommentar deutlich, dass Fillmore die Frame-Semantik für ein ziemlich starkes Werkzeug in der linguistischen Semantik hält.

Diese noch aus der Phase der *scenes-and-frames-semantics* stammende Liste wird in der *understanding-semantics*-Phase durch die in Kap. 2.6.2 ausgeführten Aspekte von Frames und den Leistungen dieses hier erstmals in der Linguistik beschriebenen Phänomens noch

---

[446] „Die nützlichste Information über ein Lexem ist der Set von Rahmen, in denen es eine Rolle spielt, und die Position, die es in jedem dieser Rahmen einnimmt." A.a.O. 131.

[447] „Eine realistische Sichtweise ist folgende: Es gibt Dinge in der Welt, typische Ereignistypen, die man in der Welt beobachten kann, und es gibt Institutionen und kulturelle Werte, die menschliche Bemühungen interpretierbar machen; für einen großen Teil des Wortschatzes einer Sprache ist die einzige Form, die eine Definition annehmen kann, diejenige, auf diese Dinge und Handlungen und Institutionen zu zeigen und die Wörter anzuzeigen, die für das Benennen und Beschreiben von Teilen und Aspekten von ihnen benutzt werden. Natürlich kann nicht alles, was ein natürlicher Sprecher über die Bedeutung und den Gebrauch eines Wortes weiß, in einem Lexikon-Eintrag erfasst werden. Wörterbücher verweisen daher meistens schlicht auf das Weltwissen der Benutzer; sie geben genug Informationen, damit der Benutzer nach weiterer Informationen suchen kann." (A.a.O. 132 f.)

[448] „Wir müssen manchmal ziemlich komplizierte Prozeduren aufrufen, um Sätze, die solche Wörter enthalten interpretieren zu können." (A.a.O. 134) Vgl. dazu die Beispielsätze (2-27) bis (2-29) auf Seite 63 (zu Fußnote 135) und ihre dort referierte Analyse in Fillmore 1976b, 17.

[449] „Die lexikalische Einheit muss als Teil eines Rahmens existieren und sich auf einen Teil eines Schemas beziehen." (Beispiel: *Vegetarier*) Fillmore 1977c, 135.

134   *Kapitel 2: Die Erfindung des Frame-Gedankens in der Linguistik durch Charles J. Fillmore*

deutlich erweitert: *Frames und Prototypen; Frames und Präsuppositionen; Frames und Implikaturen / Inferenzen; Frames und Wortfelder; Frames und Textverstehen, Hintergrundwissen, Kontextualisierung; Frames und Kategorisierung; Frames und die Weglassbarkeit von Elementen; Frames und Textsorten.*[450] Auch jetzt nennt Fillmore über diese bereits behandelten Aspekte hinaus noch (oder wieder) ihm wichtig erscheinende Anwendungsfelder der Frame-Semantik:[451] *Polysemie* (wie die allgemeinsprachliche und die fachsprachliche Bedeutung von Wörtern wie *Winkel*); *Kontrast-Rahmen* (wie *geizig* vs. *sparsam*); „Wortbedeutungskreation durch Rahmen-Entlehnung", also *Metaphern*; Neuausrichtung des Rahmens für einen Set von Lexemen: *Bedeutungswandel*; Relexikalisierung unveränderter Rahmen: *Bedeutungswandel; Kommunikationsstörung aufgrund Rahmen-Konflikt.* Diese Liste ergänzt er noch um Aspekte wie: „*Proportionalität*" (gemeint sind Aspekte bei semantischen Relationen; Beispiel: das Verhältnis *boy / man* ist altersmäßig ein anderes als bei *girl / woman*); *Paradigmen* (gemeint sind Wortordnungen wie: *Stier, Bulle, Ochse; Pferd, Hengst, Stute, Wallach;* dazu Fillmore: die Relationen sind nicht gleichgeordnet; die [kognitiven] Basis-Konzepte liegen nicht alle auf derselben Ebene); *Taxonomien*: genus proximum / differentia specifica: (Beispiele: *Tier, Gliedertier, Säugetier, Hund, Retriever;* dazu Fillmore: Ausdrücke, die in Klassifikationen üblich sind, sind nicht unbedingt üblich im Sprachgebrauch); *synkategorematische Ausdrücke* (Beispiel: *falscher Kaffee* vs. *echter Kaffee*: setzt voraus, dass es unechten Kaffee gibt, der nicht aus Kaffeebohnen gemacht ist; dies setzt Wissen voraus, was echter Kaffee ist) (Fillmore 1982a, 131).

Eine allgemeine Leistung der Frame-Semantik in formalen Darstellungen in der linguistischen Semantik besteht, so Fillmore, darin, dass sie dazu beitragen kann, Redundanzen in der Beschreibung zu eliminieren.[452] Dass eine Frame-Semantik (auch nach Fillmore selbst) das geeignete Instrument ist, um dasjenige präziser darzustellen, was unter dem Sammelbegriff *Präsuppositionen* zusammengefasst wird, hebt er selbst noch einmal zum Abschluss seiner Frame-theoretischen Entwicklung hervor und schließt so den Kreis zum Beginn seines bedeutungstheoretischen Entwicklungswegs bei den ‚Enthaltenseins-Regeln'. Insbesondere sei die Frame-Semantik geeignet, die sog. ‚lexikalischen Präsuppositionen' aufzuklären.[453] Frame-Semantik, so Fillmores Credo, löst zahlreiche Problemfälle der klassischen linguistischen Semantik. Dafür war und ist sie von ihm entwickelt worden, und nicht, um die Semantik in eine allgemeine kognitionswissenschaftliche Richtung weiterzuentwickeln, wie anlässlich der Diskussionen zur „Verstehens"-Semantik und seiner darin geübten heftigen Kritik an einigen der dort vorgetragenen Ansätze deutlich wird, die nach seinem Geschmack offenbar „zu wenig linguistisch waren". Diese Bemerkung mag als Abschlusskommentar Fillmores zum Abschluss der Phase der Entwicklung und Ausdifferenzierung der Frame-Theorie dienen, an deren späterer *Weiterentwicklung* und zusätzlichen *theoretischen Begründung* er offenbar nicht mehr mitgewirkt hat, obgleich er mit dem FrameNet-Projekt einen wichtigen Markstein für eine mögliche *Anwendung* der Frame-Semantik, so wie *er* sie als genuin linguistische Methode verstand, gesetzt hat: „Wir benötigen viel detailliertere Untersuchungen direkt am sprachlichen Material. In vielen Studien dieser Runde sehe ich einen unglücklichen Mangel an Aufmerksamkeit für die sprachlichen Details."[454]

---

[450] Siehe die Ausführungen oben Seite 97 ff., die hier vollständig zu berücksichtigen wären.

[451] Fillmore 1982a, 124 ff.

[452] Fillmore 1982a, 134.

[453] Fillmore 1985a, 245 ff. Siehe die Zitate und Hinweise in / zu Fußnoten 308, 309, 310 auf Seite 99 f.

[454] Fillmore 1986b, 56.

2.8 Ein „technisches" Modell: Prädikative Frames (FrameNet)

Die Entwicklung der Frame-theoretischen Grundgedanken durch Fillmore ist mit dem ‚Höhepunkt' der *„understanding semantics"* vorläufig abgeschlossen. Danach wendet sich Fillmore einerseits wieder stärker grammatischen Fragestellungen zu (die von ihm zusammen mit Kay und anderen entwickelte „Konstruktionsgrammatik" [construction grammar] kann im Rahmen dieser Arbeit nicht dargestellt werden, obwohl sie interessante implizite Bezüge zur semantischen Frame-Theorie aufweist, die allerdings noch näher herausgearbeitet werden müssten).[455] Zugleich mit der Hinwendung zur *Construction Grammar* beginnt Fillmore jedoch mit dem Aufbau eines großen, interdisziplinären sowie internationalen, Frame-semantischen Projektverbundes, der als *FrameNet* bekannt ist (und dessen zwei Phasen, in den internen Papieren als *FrameNet I* und *FrameNet II* bezeichnet, von 1997 bis 2003 gefördert wurden) und auch heute noch (immer noch unter aktiver Begleitung des inzwischen emeritierten Gründers) fortbesteht. Aus naheliegenden Gründen (Durchführbarkeit, Begrenzung der zeitlichen und finanziellen Ressourcen) stellt das theoretische und methodische Design dieses empirischen Forschungsprojektes, das vor allem auf die Errichtung einer großen, v.a. lexikologisch nutzbaren, Datenbank aus Frame-Beschreibungen, lexikalischen Bedeutungsbeschreibungen, sowie eines Frame-theoretisch etikettierten („annotierten") Korpus aus Beispiel-Sätzen und -Texten zielt, gegenüber dem Frame-theoretischen ‚Höhepunkt' von Fillmores *understanding semantics* in gewisser Weise einen Rückschritt dar. Die Erfassung großer Korpora erfordert immer eine ‚Verschlankung' des theoretischen und methodischen Instrumentariums. Daher sind die Forschungsergebnisse von *FrameNet* keineswegs repräsentativ für die Leistungsfähigkeit einer semantischen Frame-Theorie (und noch nicht einmal repräsentativ für den Stand, den diese Theorie bei ihrem Begründer Fillmore selbst schon einmal erreicht hatte). Trotz dieser Einschränkungen ist mit der empirischen linguistischen Umsetzung der Frame-Idee auch in theoretischer Hinsicht kein völliger Stillstand der Entwicklung eingetreten. Vielmehr sind zum theoretischen Modell in den Jahren der *FrameNet*–Projekte durchaus einige Aspekte hinzugekommen, die so vorher nicht erkennbar waren, oder ausgeführt worden, insofern sie zuvor nur sporadisch angedeutet waren. Insofern lohnt es sich, den Ansatz von *FrameNet* auch im Zusammenhang mit einer Darstellung der Fillmore'schen (bzw. auf Fillmores Ideen basierenden) Frame-Theorie als eigenständiges Modell zu behandeln, das mit (den verschiedenen Phasen) der Frame-Theorie von Fillmore, wie sie in diesem Kapitel bislang dargestellt wurde(n) keineswegs vollständig identisch ist.[456]

---

[455] Vgl. aber stattdessen Fischer / Stefanowitsch 2006 zur ersten Einführung. Einschlägige Arbeiten von Fillmore dazu sind Fillmore 1979, 1985b, 1986a, 1988, 1989, 1999, Fillmore / Kay 1999 und Fillmore / Kay / O'Connor 1988 (sowie Fillmore / Kay 1987, 1993, 1996, die jedoch als Manuskripte nur schwer zugänglich sind). [Nachfolgend sind alle Schriften mit Fillmore als Ko-Autor zur besseren Erkennung der chronologischen Reihenfolge auch im Literaturverzeichnis mit Bezug auf ihn als Autor durchgezählt, sofern in einem Jahr mehrere Schriften erschienen sind.]

[456] Ich werde aber in diesem Teilkapitel nur auf die *theoretischen* Aspekte (Neuerungen, Präzisierungen, Unterschiede) von FrameNet eingehen. Die konkrete *methodische Umsetzung* wird ausführlicher in Kap. 6.1 zu Anwendungen und Weiterentwicklungen der Frame-Theorie in der linguistischen Semantik behandelt.

2.8.1 Praxis und Theorie: Wissenschaftstheoretische Vorbemerkungen

Die nähere Beschäftigung mit den begrifflichen Grundlagen der Frame-Semantik bei Fillmore und insbesondere auch im FrameNet-Projektverbund wirft ein Problem auf, das nur aus wissenschaftstheoretischer Perspektive erläutert werden kann. Man kann es etwas lapidar vielleicht als Problem: *Praxis oder Theorie?* zusammenfassen. Es hängt mit dem sehr speziellen wissenschaftstheoretischen Selbstverständnis von Fillmore und dem konzeptuellen und methodischen Vorgehen in FrameNet zusammen, die beide erläuterungsbedürftig sind. Aus der Außenperspektive betrachtet, ist das, was Fillmore in dutzenden von Aufsätzen entwickelt hat, zweifellos als Entwicklung einer *Theorie* semantischer Frames aufzufassen. Indes versteht sich Fillmore selbst offenbar (es gibt keinerlei explizite Ausführungen von ihm dazu, sondern man muss schon ziemlich „zwischen den Zeilen lesen") ganz und gar nicht als Theoretiker, sondern vielmehr als empirisch arbeitender, theoretische Überlegungen rein induktiv aus seinen empirischen Beobachtungen ableitender Sprachwissenschaftler. Abstraktionen, Verallgemeinerungen werden, so könnte man das skrupulöse Selbstverständnis vielleicht charakterisieren, nur vorgenommen, soweit absolut notwendig. Fillmore wird damit zu einem Begründer einer Theorie, der eigentlich gar keine Theorie begründen, jedenfalls kein „Theoretiker" sein will. (Über solche macht er sich implizit immer wieder, mit subtiler und umso beißenderer Ironie, lustig.) Diese „radikal induktive" Einstellung führt mit dazu, dass Fillmore wichtige Erkenntnisse, die sich aus seinen Überlegungen ergeben, gar nicht erkennt, jedenfalls nicht explizit reflektiert oder formuliert. Es sind dies etwa all solche Erkenntnisse, die in Richtung auf eine allgemeine kognitive Frame-Theorie führen könnten, wie sie etwa Minsky und später Barsalou zu formulieren versucht haben, und wie sie zeitnahe selbst Schank / Abelson vorgeschwebt hat. Fillmore will reiner Linguist bleiben und verweigert sich damit zahlreichen Verallgemeinerungen, die sich quasi notwendig aus seinen Beobachtungen und Überlegungen ergeben würden.

Es ist deswegen vielleicht kein Zufall, sondern durch diese Einstellung zur eigenen wissenschaftlichen Tätigkeit bedingt, dass im Werk von Fillmore ein stetiges Schwanken der Terminologie, der Begriffe und ihrer Definitionen festzustellen ist. Begriffe und ihre Definitionen werden immer nur *ad hoc*, aus einem gegenwärtig gerade vorliegenden Phänomen oder empirischen Befund heraus formuliert; neue Befunde, neue Phänomene können zu einer Veränderung der Begriffe und zu neuen Definitionen (und damit zu einem Umbau der „Theorie") führen. Erschwerend kommt hinzu, dass sich Fillmore der Auseinandersetzung mit der Forschungsdiskussion nahezu vollständig verweigert. Dies führt zu der einigermaßen absurden Situation, dass er immer wieder Forschungsbereiche der Linguistik „neu entdeckt" und mit eigenen Begriffen, Definitionen, Gedankenmodellen abzudecken versucht, für die es außerhalb des Radarschirmes von Fillmores Aufmerksamkeit bereits längst etablierte Theorien, Modelle und Terminologien gibt. (Dies gilt zunächst für die Valenz-Theorie und Dependenzgrammatik, die entscheidenden Einfluss auf die Entstehung des Frame-Gedankens hatte, ein Einfluss, den Fillmore über viel Jahrzehnten in seinen Publikationen aber versteckt und verdeckt und erst sehr spät aus der Rückschau – und vor einem europäischen Publikum – zuzugestehen bereit ist. Dies gilt für die Textlinguistik, die er neu „erfindet", obwohl sie mit eigenem theoretischem und begrifflichem Instrumentarium zu diesem Zeitpunkt bereits längst existiert und fest im Bereiche-Kanon der Sprachwissenschaft etabliert ist. Und dies gilt in ähnlicher Weise für die Soziolinguistik, die anderswo ebenfalls fest etabliert ist, von Fillmore zugunsten eigener „Entdeckungen" aber strikt igno-

2.8 Ein „technisches" Modell: Prädikative Frames (FrameNet) 137

riert wird. Und vergleichbar etwa für die Präsuppositionsforschung. Und schließlich gilt dies, besonders überraschend, für die linguistische Pragmatik (etwa eines H.P. Grice, immerhin – wie auch J. Searle – lange Zeit Kollege an derselben Universität in Berkeley gewesen), auf deren Phänomen-Gebiet Fillmore eigene Überlegungen und Begriffe entwickelt, ohne auch nur einen der eingeführten Begriffe (Theorien, Modelle) zu benutzen oder überhaupt nur zu erwähnen.) Insgesamt haben wir also das Bild eines scheinbar hochgradig idiosynkratisch arbeitenden Wissenschaftlers vor uns.

Noch problematischer als diese tendenzielle (oder partielle) Diskurs-Verweigerung (und scheinbare Theorie-Abstinenz eines faktischen, möglicherweise uneingestandenen Theoretikers) ist aus theoretischer Sicht aber das Vorgehen bei der Weiterentwicklung der Fillmoreschen Frame-Theorie im Rahmen des FrameNet-Projektes. Wir finden in den Schriften zu diesem Projekt – mit und ohne Fillmores (Mit-)Autorschaft – durchaus zahlreiche neue Frame-theoretische Gedanken. Neue Begriffe, Aspekte und Entitäten werden in der Frame-Analyse entwickelt und hinzugefügt. Problematisch ist aber einerseits, dass dies meist nur *ad-hoc*, anlässlich neu aufgetretener Problemfälle der Frame-semantischen Beschreibung erfolgt, und andererseits – besonders schwerwiegend –, dass sich die Einführung neuer *theoretischer* (oder genauer: theoretisch relevanter, Folgen für die Theorie zeitigender) Entitäten als bloßes beschreibungstechnisches Mittel im Rahmen der Annotation und Deskription von Frames im Kontext der FrameNet-Datenbanken tarnt. Es wird aus den Formulierungen der FrameNet-Texte selbst nicht deutlich, ob den jeweiligen Verfassern die theoretische (weiterführende) Relevanz ihrer als rein darstellungstechnisch formulierten Entscheidungen bewusst ist, oder nicht.[457] Problematisch ist an diesem Vorgehen jedoch vor allem, dass der Unterschied zwischen Theorie und Methode damit völlig zum Verschwinden kommt. Es kann oft nicht mehr festgestellt werden, ob eine bestimmte Entscheidung jetzt „bloß" forschungspraktisch, bzw. darstellungstechnisch begründet ist („was lässt sich in einer computergestützten Datenbank jetzt, mit unseren derzeitigen Software-Mitteln, darstellen, und was nicht"), oder ob sie auch explizit als Beitrag zu einer Weiterentwicklung der Frame-Theorie, der (theoretischen) Definition des wissenschaftlichen Begriffs „semantischer Frame" (oder „Frame-Element"), gemeint ist, oder nicht. Die Weiterentwicklung der „Frame-Theorie" im Kontext des FrameNet-Projektes verbleibt somit in einem eigentümlichen Schwebezustand zwischen konkretistischen darstellungstechnischen Entscheidungen einerseits und interessanten, auch grundlagentheoretisch relevanten Überlegungen und Beobachtungen andererseits. So gesehen ist es gewagt, von einer eigenen „Frame-Theorie von FrameNet" überhaupt zu sprechen, doch gibt es dort auch aus Frame-theoretischer Sicht genügend interessante neue Aspekte, dass ihre Darstellung im Rahmen des Theorie-Teils dieser Arbeit gerechtfertigt erscheint.

2.8.2 Frame-Definition(en)

Es mag dem im vorangegangenen Abschnitt thematisierten und diskutierten recht lockeren wissenschaftstheoretischen Selbstverständnis von Fillmore und den FrameNet-Autorinnen und -Autoren geschuldet sein, dass (wie schon zuvor in den früheren Frame-theoretischen

---

[457] ‚Wir haben das-und-das gesehen und deshalb entschieden, zusätzlich die-und-die zusätzliche Annotation in unsere Frame-Repräsentation (Frame-Elemente-Repräsentation) aufzunehmen ...'

138 Kapitel 2: Die Erfindung des Frame-Gedankens in der Linguistik durch Charles J. Fillmore

Schriften von Fillmore) auch in den Theorie und Methode begründenden Schriften zum FrameNet-Projekt ein beträchtliches Schwanken in der Terminologie und den erläuternden Formulierungen zu den zentralen Elementen des Ansatzes festzustellen ist. Wobei „schwanken" vielleicht nicht die richtige Bezeichnung ist; eher könnte es sich um eine ziemlich „spontaneistische" Einstellung zu Gehalt und innerer Konsistenz der eigenen terminologischen (und theoretischen?) Grundlage handeln. Dies schafft Darstellungsprobleme für eine Einführung wie die vorliegende, die aber gemeistert werden müssen. Versuchen wir also, ein wenig Ordnung in die „bunte" terminologische Vielfalt von Fillmore + FrameNet zu bringen. Zunächst werde ich die Frame-Definitionen selbst (und die Unterscheidung von verschiedenen Ebenen und Typen von Frames) erörtern, bevor ich in den nachfolgenden Abschnitten auf Definition und Typologie der Frame-Elemente, „Ellipsen", und Relationen zwischen Frames eingehe und abschließend Aspekte der Annotation und die Rolle der Frame-Semantik für die lexikographische Beschreibung erörtere, wie sie in FrameNet gesehen werden. Zunächst also zum *Frame*-Begriff von FrameNet selbst. Bei dessen Darstellung werde ich folgende Aspekte erörtern: Frames als begriffliche Strukturen; Frames als Hintergrund; Frames als Strukturen von Ereignissen, Situationen, Handlungen und „Geschichten"; Frames als Schemata und Strukturen des Wissens; Frames als Strukturen von Inferenzen; Frames als Voraussetzungen für das Verstehen von Wortbedeutungen bzw. als Repräsentationen von Wortbedeutungen; Frame-Typen, -Ebenen und -Komplexitätsgrade; den „prädikativen" Fokus der FrameNet-Frames und die Dominanz syntaktischer Zielsetzungen; das Problem der Konzept-Frames in FrameNet; das Verhältnis von Frames und Argument-Strukturen; den kognitiven Status und eine kognitive Sicht auf Frames; sowie diverse Einzelaspekte.[458]

Frames als begriffliche Strukturen. Sehr viel deutlicher als in den die Frame-Semantik begründenden früheren Schriften von Fillmore werden in den Texten der FrameNet-Phase die Frames als „begriffliche Hintergrund-Strukturen" bzw. „Struktur von Begriffen", „begriffliche Muster" oder einfach „begriffliche Strukturen" charakterisiert.[459] Dabei werden Frames direkt mit „begrifflichen Strukturen" identisch gesetzt oder auch als „Kollektionen von Konzepten" bezeichnet. Da bei Fillmore und in den FrameNet-Texten der Begriff „Begriff" (meist: concept; gelegentlich: notion) an keiner Stelle näher bestimmt oder diskutiert

---

[458] Die Darstellung der Frame-Definition(en) stützt sich im Folgenden stark auf solche FrameNet-Texte, bei denen Fillmore als Mitautor gezeichnet hat (was über seinen persönlichen Beitrag dazu natürlich noch nichts aussagt). Frame-Definitionen finden sich natürlich auch in zahlreichen weiteren FrameNet-Texten, wobei diese weitgehend an den von Fillmore geprägten Sprachgebrauch halten. Aus Platzgründen verzichte ich auf eine ausführliche Einbeziehung dieser Texte und verweise nur auf die wichtigsten Fundstellen zum Aspekt „Frame-Begriff" in diesen Texten ohne Fillmores Beteiligung: Petruck 1995, 279 und 1996, 1, 3, 4; Gildea / Jurafsky 2001, 2; Boas 2001, 66 und 2002, 1; Baker / Ruppenhofer 2002, 27; Chang / Narayanan / Petruck 2002a, 1, 2, 3; Baker / Sato 2003, 1; Petruck / Boas 2003, 4, 5; Steiner 2003, 120; Subirats / Petruck 2003, 1; Petruck 2005, 1, Scheffczyk / Baker / Narayanan 2006, 1.

[459] In der Reihenfolge der Nennung: Fillmore 1992a, 40: background conceptual structure, „Struktur von Begriffen (notions), die hinter einer sprachlichen Kategorie stehen" – Fillmore 2003a, 471: „Frame-Semantik ist ein Name, der dem Bemühen gegeben wurde, die detaillierten begrifflichen Muster zu charakterisieren, die lexikalischen Bedeutungen zugrunde liegen." – Fillmore / Petruck / Ruppenhofer / Wright 2003e, 297: „Der Arbeitsprozess beginnt mit einer begrifflichen Struktur, oder dem Frame, zu der / dem diese Lexikon-Einheit gehört." – Fillmore 2006a, 613: „Diese begrifflichen Strukturen, Frames genannt ..."; Fillmore / Petruck / Baker / Ellsworth / Ruppenhofer 2003h, 1: „FrameNet schließt auch Informationen über Relationen zwischen Frames ein, die Relationen zwischen Kollektionen von Konzepten anzeigen ..." – Vgl. auch Fillmore / Lowe / Baker 1997b, 2: „begriffliche Strukturen, die Wortbedeutungen tragen".

2.8 Ein „technisches" Modell: Prädikative Frames (FrameNet)   139

wird, ist der Status dieser Entität keineswegs gewiss. Ob Frames Begriffe *sind*, oder nur darauf verweisen, wird nicht ganz deutlich. Es gibt Belege dafür, dass Frames selbst auch als Konzepte aufgefasst werden, etwa wenn Frames in einer seiner neuesten Arbeiten von Fillmore mit „Primär-Konzepten" gleichgesetzt werden.[460] Es gibt aber auch Formulierungen, nach denen Frames Begriffe bloß „motivieren". Anderswo ist die Rede davon, dass Frames Konzepte „ausdrücken".[461] Angesichts einer Kognitionswissenschaft, die sich vorrangig als Analyse menschlicher Konzeptstrukturen versteht, wie auch einer sehr ausdifferenzierten linguistischen und philosophischen Begriffstheorie, wirkt dieses terminologische Schwanken doch etwas uninformiert. Es macht theoretisch wie terminologisch einen erheblichen Unterschied aus, ob Frames Konzepte *sind*, oder Frames Konzepte *motivieren*, oder Frames Konzepte *ausdrücken*. (Letztere Formulierung ist besonders unglücklich, da man normalerweise von „Wörtern" sagt, dass sie „etwas ausdrücken". Wenn Frames als epistemische oder kognitive Größen verstanden werden, und das ist ja ganz offensichtlich in den FrameNet-Texten gemeint, dann kann man nicht von ihnen sagen, dass sie etwas „ausdrücken". Vielmehr *sind* sie dann das Ausgedrückte selbst!) Es geht schlicht um die ja nicht unerhebliche Frage, ob man sich Frames und Konzepte als eine oder zwei verschiedene Sorte(n) von Entitäten vorzustellen hat. Oder anders herum, ob man im Beziehungsgeflecht von „Wort", „Begriff", „Frame" von einer Zweier- oder einer Dreiecks-Beziehung ausgehen soll. Der wichtige und interessante, schon für die frühere Frame-Konzeption von Fillmore zentrale Gedanke der „Motivierung"[462] sprachlicher Zeichen bzw. begrifflicher Kategorien wird in den FrameNet-Texten sowohl auf „Begriffe" („Frames motivieren Begriffe") als auch auf den „Gebrauch von Wörtern" bezogen.[463] Da es einer kognitiven Semantik ja gerade darauf ankommen müsste, das schwierige Beziehungsgeflecht von Wort, Begriff, und kognitiver Struktur näher aufzuklären, bleiben die Formulierungen von FrameNet zum begrifflichen Status von Frames unbefriedigend.

Frames als Hintergrund. Dies drückt sich auch in der ebenfalls nicht ganz unproblematischen Metapher vom „Hintergrund" (für Wortbedeutungen) aus, dem die Frames in den FrameNet-Texten immer wieder zugeordnet werden. Wenn gesagt wird: „Der Frame strukturiert die Hintergrund-Information für die Wörter.",[464] dann bleibt unklar, wie man sich das Verhältnis von „Wort" (bzw. „Wortbedeutung") und „Frame" vorzustellen hat. Während die früheren Schriften von Fillmore den Eindruck erweckten, als *seien* die Wortbedeutungen die Frames (mit Frames identisch bzw. als Frames rekonstruierbar), wird diese klare Position wieder aufgeweicht durch solche Formulierungen, nach denen Frames zum bloßen „Hintergrund" zurückgestuft werden. Ein Hintergrund ist immer ein Hintergrund für etwas

---

[460] „Man könnte sich […] diese Frames vorstellen als die Primär-Konzepte, die für sich Situationstypen definieren ..." Fillmore 2006a, 616.

[461] „Von Sprechern kann man erst dann sagen, dass sie die Bedeutung des Wortes kennen, wenn sie die Hintergrund-Frames kennen, die den Begriff [concept] motivieren, den das Wort enkodiert." Fillmore / Atkins 1992b, 76. – „Viele Frames drücken Konzepte aus, die natürliche, wohl definierte Unter-Teile haben." Fillmore / Baker / Cronin 2003d, 286.

[462] Vgl. oben S. 95 f., Fußnote 287.

[463] „Im Herzen der Frame-Semantik steht der semantische Frame, eine strukturierte schematische Repräsentation einer Situation, eines Objekts, oder Ereignisses, der den Hintergrund und die Motivation liefert für die Existenz und den alltäglichen Gebrauch von Wörtern in einer Sprache." Fillmore / Petruck / Baker / Ellsworth / Ruppenhofer 2003h, 2. – Vgl. ähnlich auch Fillmore 2006a, 613. – Ob man darin einen versteckten Hinweis darauf sehen soll, dass sich Fillmore hier als Anhänger der „Gebrauchstheorie der Bedeutung" outet, bleibt angesichts der Wittgenstein-Abstinenz dieses Autors doch zweifelhaft.

[464] Fillmore / Petruck / Baker / Ellsworth / Ruppenhofer 2003h, 2.

140   *Kapitel 2: Die Erfindung des Frame-Gedankens in der Linguistik durch Charles J. Fillmore*

anderes, und daher mit diesem nicht identisch. Die Hintergrund-Metapher behauptet daher implizit immer schon eine Nicht-Identität in Hinblick auf das, was im Vordergrund steht. Die Rede von „Hintergrund-Frames"[465] scheint daher, deutlicher als in den früheren Schriften von Fillmore, darauf hinauszulaufen, dass eine klare Trennung von „Frame" und „Wort" vorgenommen wird, wobei unklar bleibt, ob „Wort" auch „Wortbedeutung" einschließt, oder nicht. (Also: ob es eine Zweiheit Wortbedeutung – Frame gibt oder ob beides als identisch gesehen werden sollte.) So Fillmore in seiner jüngsten, die gesamte Frame-Theorie zusammenfassenden Darstellung (Fillmore 2006a, 614):

> „Aus all den Beispielen wird klar, dass das, was benötigt wird für das Verstehen der Bedeutungen von spezifischen sprachlichen Zeichen, eine zwei-schichtige [two-fold] Struktur ist, die einen institutionellen oder erfahrungsmäßigen [experiental] Hintergrund von dem separiert, was vor diesem Hintergrund fokussiert [is profiled] und in den Vordergrund gebracht wird. Das heißt, wir benötigen beides: die Wörter und die Frames."

Ganz offenbar vertritt Fillmore jetzt eindeutig ein zweischichtiges „Vordergrund-Hintergrund-Modell": Es gibt Wörter *und* Frames. Soll das andeuten, dass die „Wörter" etwas sind, das auch unabhängig von den „Frames" gegeben ist? Das wäre ein herber Rückfall der Erklärungskraft seiner Theorie hinter Positionen, von denen man aufgrund der älteren Texte hätte glauben können, dass er sie schon einmal erreicht hatte. Implizit bedeutet seine neue Formulierung: Wörter sind Frame-extern; Frames sind zeichen-extern. Damit wird deutlich, dass Fillmore offenbar nicht die Perspektive der sprachlichen Konstituiertheit der Frames (des menschlichen verstehensrelevanten Wissens) vertritt, sondern beides als durchaus unterschiedliche Ebenen / Entitäten auffasst. Fillmore begeht damit aber den problematischen Fehler der Verdinglichung der Wortbedeutung (nur eben in Frame-theoretischen Begriffen), den bereits Lyons (1983, 128) als „Existenzprämisse" kritisiert hatte. Auf jeden Fall lassen solche und ähnliche Formulierungen von Fillmore die erkenntnistheoretische Sensibilität vermissen, die unbedingt notwendig ist, wenn man sich auf dem Terrain des Beziehungsgeflechts von Sprache / Wörtern, Begriffen, und Kognition sicher bewegen will.

Frames als Strukturen von Ereignissen, Situationen, Handlungen, Szenarios und „Geschichten". Die mangelnde kognitions- und erkenntnistheoretische Sensibilität von Fillmore und den FrameNet-Autoren wird insbesondere dort deutlich, wo mit Bezug auf die Frames als „Hintergrund" für Wörter (bzw. Wortbedeutungen?) recht schnell und unreflektiert von der Ebene der „Begriffe" auf die Ebene der Realien gewechselt wird. Ist zunächst noch von einem „Hintergrund von Erfahrungen, Annahmen [beliefs], oder Praktiken"[466] die Rede, wird später umstandslos auf die Ereignisebene selbst Bezug genommen. In einer (für sich schon nicht ganz unproblematischen) Unterscheidung zwischen „Frame-interner" und „Frame-externer" Information bestimmt Fillmore die Frame-interne Information als „Information, die Details der internen Struktur eines Ereignisses oder Prozesses ausfüllt, die

---

[465] Fillmore / Atkins 1992b, 76.

[466] „In solchen Theorien kann die Bedeutung eines Wortes nur verstanden werden mit Bezug auf einen strukturierten Hintergrund von Erfahrungen, Annahmen [beliefs], oder Praktiken, die eine Art von kognitiver Voraussetzung [prerequisite] für das Verstehen der Bedeutung bilden." –Fillmore / Atkins 1992b, 76. – Später erweitert zu einem Hintergrund der „Repräsentationen der begrifflichen Strukturen und Muster von Annahmen [beliefs], Praktiken, Institutionen, Bilder usw." Fillmore / Johnson / Petruck 2003b, 235. – Vgl. auch Petruck 1995, 279: „In der Frame-Semantik wird die Bedeutung eines Wortes charakterisiert *in terms* von erfahrungs-basierten Schematisierungen der Welt eines Sprechers – d.h. eines Frames." Der Begriff „Erfahrung" hier ist nicht unproblematisch, da er ein objektivistisches Erkenntnismodell nahelegt.

2.8 Ein „technisches" Modell: Prädikative Frames (FrameNet)　　　　　　　　141

mit der Bedeutung des Prädikats-Ausdrucks verknüpft [associated] ist."[467] Der umstandslo-
se und direkte Bezug auf die „Ereignis"-Ebene (also das, was eigentlich Referenzbereich
sprachlicher Ausdrücke ist bzw. das, was – an Realwelt-bezogener Information – durch sie
ausgedrückt wird), der sich in der ersten Version von Fillmores Frame-Konzeption in der
prominenten Rolle des Begriffs „Szenen"[468] ausgedrückt hatte, ist ein Erbe der Kasusrah-
men-Grammatik-Phase. Aus deren Zielen motivierte sich die Suche nach der „zugrunde
liegende[n] Ereignisstruktur, die mit Verbbedeutungen verbunden ist" (Fillmore 2003a,
460), zu deren Erfassung dann der Frame-Begriff geprägt wurde. Zur Charakterisierung
dieser Ebene finden sich neben „Ereignis" in den FrameNet-Texten Ausdrücke wie[469] ‚Ereignisse oder Prozesse', ‚Situation', ‚Handlung oder Zustand', ‚Geschichte' und ‚Szenario'.

Schaut man genauer hin, wird jedoch alsbald deutlich, dass mit der Ebene dessen, was
ein Frame (die in ihm versammelte „Information") darstellen soll, keineswegs tatsächlich
die Ebene der realen Welt gemeint ist, sondern dass es sich letztlich um epistemische, kognitive Entitäten handelt, die der Frame strukturiert. Dies wird deutlich, wenn an anderen
Stellen statt von „Ereignissen" von „Ereignis-Typen" die Rede ist,[470] oder auch (etwas
schwammig) von „allgemeinen Ereignissen".[471] In solchen Formulierungen deutet sich an,
dass es letztlich doch um die kognitive (epistemische) Ebene geht, die Ebene von Typen,
Stereotypen, Klassifikationen, Begriffen, Schematisierungen.[472] Mit zunehmender Festi-
gung der Terminologie wird das Gemeinte als „schematische Repräsentation einer Situation" bzw. „eines Situationstyps", als „strukturierte schematische Repräsentation einer Situation", als „stereotypische Szenarios" oder „schematische konzeptuelle Szenarios" oder
„großräumige institutionelle Szenarios" oder auch als „Muster" bezeichnet.[473]

---

[467] Fillmore 1994b, 158. Kenner der Valenztheorie und Dependenzgrammatik werden diese Unterscheidung unschwer auf die „actants" („Ergänzungen") und „circonstants" („Angaben") bei Tesnière 1956
und Nachfolgern beziehen können. Zum valenztheoretischen Gehalt von Fillmores Frame-Konzeption
siehe unten S. 154 ff.

[468] Vgl. oben S. 41f. und 57 ff..

[469] In der Reihenfolge der Nennungen: Fillmore 1994b, 158 und 2003a, 460; Fillmore / Petruck /
Ruppenhofer / Wright 2003e, 297; Fillmore / Lowe / Baker 1997b, 2; Fillmore / Wooters / Baker 2001b,
2: „Der Hintergrund-Frame kann eine ‚Geschichte' sein." am Beispiel *Witwe*; Fillmore / Lowe / Baker
1997b, 2.

[470] So Fillmore 2003a, 471 und (mit Bezug auf Kasus-Frames) 2006a, 616.

[471] „Wir identifizieren solche ‚allgemeinen Ereignisse' als ‚Frames' und drücken unser Verständnis der
Struktur solcher Ereignisse und der Beziehungen des sprachlichen Materials zu ihnen *in terms* der Theorie der Frame-Semantik aus." Fillmore / Lowe / Baker 1997b, 2.

[472] „Man konnte sich diese Klassifizierungen – diese Frames – vorstellen als die Primär-Konzepte, die für
sich Situationstypen definieren." Fillmore 2006a, 616.

[473] In der Reihenfolge der Nennungen: Fillmore / Petruck 2003f, 359 = „FrameNet Glossary": „frame
(semantic frame) = Eine schematische Repräsentation einer Situation, die verschiedene Beteiligte, Requisiten und andere begriffliche Rollen involviert, von denen jedes ein Frame-Element ist." – Fillmore /
Petruck / Ruppenhofer / Wright 2003e, 304 und Fillmore 2006a, 613: „Diese begrifflichen Strukturen,
Frames genannt, können Schematisierungen von spezifischen Situations-Typen und ihren Komponenten
sein." – Fillmore / Petruck / Baker / Ellsworth / Ruppenhofer 2003h, 2: „Im Herzen der Frame-Semantik
steht der semantische Frame, eine strukturierte schematische Repräsentation einer Situation, eines Objekts, oder Ereignisses." – Fillmore / Lowe / Baker 1997b, 2: „Frames haben viele Eigenschaften von
stereotypischen Szenarios – Situationen, in denen Sprecher erwarten, dass bestimmte Ereignisse auftreten und Zustände stattfinden." – Fillmore / Johnson / Petruck 2003b, 241: „Frame-Semantik basiert auf
der Idee, dass Wortbedeutungen um schematische konzeptuelle Szenarios, oder Frames, organisiert
sind." – Fillmore 2006a, 613: „Diese begrifflichen Strukturen, Frames genannt, können [...] großräumige [large scale] institutionelle Szenarios [...] sein." – Fillmore / Lowe / Baker 1997b, 2 als Beispiele für

142   Kapitel 2: Die Erfindung des Frame-Gedankens in der Linguistik durch Charles J. Fillmore

Die Reaktivierung des Begriffs der „Szene". Sieht man die Entwicklung der Frame-Semantik bei Fillmore (und FrameNet) als kontinuierliche Weiterentwicklung, wie es versucht wurde, im ersten Teil dieser Darstellung deutlich zu machen, dann überrascht es, dass in den Schriften zu FrameNet manche Begriffe „wiederaufleben", die – aus guten Gründen – bereits aufgegeben worden waren zugunsten begrifflicher Präzisierungen. Dies betrifft vor allem den Begriff der „Szene", der in den Arbeiten der FrameNet-Phase wieder sehr viel häufiger verwendet wird, als noch zu Zeiten der „Verstehens-Semantik"-Phase. Auch wenn nun bspw. versucht wird, „Szenen" einfach als einen speziellen Typ von Frames zu deklarieren,[474] hebt dies nicht die zuvor bereits erkannten Probleme dieses Begriffs (als eines bedeutungstheoretischen Begriffs) auf. „Szene" wird dabei durchaus konkretistisch als Ansammlung von Alltags-Erfahrungen gesehen.[475] Es überrascht dann aber doch, wie eng neuerlich wieder der Begriff der „Szene" mit dem des „Frames" assoziiert, ja praktisch gleichgesetzt wird, wenn Szenen nun in Form von „Sub-Frames" gerettet werden sollen.[476] Die in manchen Texten von FrameNet-Mitarbeitern kanonisch behauptete Abkehr vom „Szene-Begriff" ist daher anscheinend mittlerweile wieder überholt.[477]

Frames als Schemata und Strukturen des Wissens. Zunehmend, und deutlicher als in den vorherigen Schriften Fillmores, werden Frames auch direkt und explizit als kognitive bzw. epistemische Größen adressiert. So wird die Frame-Semantik nunmehr explizit zu den „semantische[n] Theorien, die auf dem Begriff der kognitiven Rahmen oder Wissens-

---

Frames: „Manche Frames encodieren Muster von Gegensätzen [patterns of opposition], die Menschen in der Alltagserfahrung wahrnehmen." Ähnlich Fillmore / Wooters / Baker 2001b, 2.

[474] „Szenen sind untergeordnete Zustände / Sachverhalte [states of affairs] oder Ereignisse, die einen Frame bilden, oder, anders ausgedrückt, sind Frames, die Teile anderer Frames sind." – „Information über Szenen schließt ein: der Name der Szene, eine Beschreibung, eine Markierung, die anzeigt, ob (oder ob nicht) eine bestimmte Szene hinsichtlich des Frames, in dem sie auftritt, profiliert ist, und eine Bezugnahme zu dem Frame, zu dem die Szene gehört. Die Anordnungs-Beschränkungen [ordering constraints] über Paare von Szenen in einem Frame sind gespeichert als Einträge in der Szenen-Ordnungs-Tabelle." Fillmore / Wooters / Baker 2001b, 16. (Vgl. auch a.a.O. 2) – Diese Formulierungen erinnern stark an das Skript-Modell von Schank / Abelson. – Vgl. in diesem Tenor auch Fillmore / Baker / Cronin 2003d, 286: „Im Laufe der Zeit wurde uns klar, dass es notwendig sein würde, solche Begriffe [notions] zu repräsentieren wie: [1] dass ein Frame der Untertyp eines anderen ist, oder [2] dass ein Frame zusammengesetzt ist aus einer Serie von kleineren Szenen."

[475] Z.B. als „Reflexe der elementaren Urteile über die Dinge, die rund um uns vorgehen: wer tut etwas, wer erleidet etwas, wer profitiert von etwas, wo passiert etwas, was verändert es, was bewegt es, wo beginnt es, wo endet es". Fillmore 2003a, 463. – Die Orientierung am Alltagswelt-Wissen schlägt bei den Beispiel-Beschreibungen immer wieder durch; so z.B. auch in Fillmore / Petruck / Ruppenhofer / Wright 2003e, 300, wenn in common-sense-bezogener Weise Frame-analytisch erarbeitetes Wissen in das Alltagswissen rückinterpretiert wird: „Es ist Teil von unserem Welt-Wissen, dass die Formen von bestimmten Objekten es erlauben, dass Teile von ihnen als Konnektoren fungieren." Zum Wort *Seil*.

[476] So in Fillmore / Baker / Cronin 2003d, Fußnote 8 zu S. 286 auf S. 295: „Fillmore (1977a) spricht über Frames und Szenen, aber wir wollen keine zwei grundsätzlich verschiedene Typen von Entitäten postulieren. Eine Szene ist einfach ein Frame betrachtet in seiner Beziehung zu einem umfassenderen Ereignis, das heißt sie ist ein Sub-Frame. Damit zusammenhängende Konzepte sind die ‚Scripts' von Schank [Schank / Abelson 1977) und Minsky's Frames."

[477] So Petruck 1996, 1: „In den frühen Aufsätzen zur Frame-Semantik wurde eine Unterscheidung getroffen zwischen Szene und Frame, wobei Erstere eine kognitive, begriffliche, oder erfahrungsbezogene Entität, Letztere eine linguistische Entität war (z.B. Fillmore 1975). In den späteren Arbeiten wurde der Begriff ‚Szene' nicht länger benutzt. [sic!] Ein Frame ist jetzt ein kognitives Strukturierungs-Instrument [a cognitive structuring device], von dem Teile durch Wörter angezeigt [indexed] werden, die mit ihm assoziiert sind, und zu seinem Verstehen dienen (Fillmore 1985a)." Vgl. jedoch am selben Ort dem entgegenlaufend: „Die These, die hier aufgestellt wird, ist, dass alle Wörter eine vollständige Szene mit sich bringen."

2.8 Ein „technisches" Modell: Prädikative Frames (FrameNet) 143

Schemata [cognitive frames or knowledge schemata] beruhen" gezählt.[478] Mit der deutlicheren Hinwendung zu einer (auch) kognitiven Perspektive bekommt nunmehr auch der Begriff des (verstehensrelevanten) Wissens eine prominentere Stellung im Modell.[479] Klarer als in früheren Schriften werden Frames als „Strukturen des Wissens" definiert.[480] Überraschend ist, dass der Begriff des „Schemas" (und der „Schematisierung") eine neuerliche Prominenz in Fillmores Frame-Konzeption bekommt (wie auch der schon einmal abgelegte Begriff der „Szene"). Frames werden, wie gesehen, als „Schematisierungen von Ereignissen" oder auch als „Schematisierungen von Wissen" charakterisiert: „Allgemein gesprochen enkodieren Frames eine bestimmte Menge von ‚Real-Welt-Wissen' in schematisierter Form."[481] Der nicht weiter ausgeführte (aber durchaus erklärungsbedürftige) Begriff des „Enkodierens" wird wohl in üblicher kognitivistischer Weise im Sinne einer kognitiven „Repräsentation" von den durch Sprache kommunizierten Inhalten (bzw. den Voraussetzungen der Verstehbarkeit sprachlicher Zeichen) aufgefasst: „Frames […] sind schematische Repräsentationen, die verschiedene Mitspieler, Requisiten, und andere konzeptuelle Rollen beinhalten, von denen jedes ein Frame-Element ist."[482] Mit der Reaktivierung des Schema-Begriffs soll wohl vor allem der Anschluss an die allgemeine kognitionswissenschaftliche Terminologie gewahrt werden, wie die wiederholte Bezugnahme auf Minskys Frame-Konzept sowie allgemeine Schema-Theorien (z.B. Bobrow / Wilson) deutlich macht; in diesem Kontext ist auch von „schematisierenden begrifflichen Strukturen" die Rede,[483] was vermuten lässt, dass auch die Redeweise von Frames als „Strukturen von Begriffen" (s.o.) vielleicht stärker dem Schulterschluss mit kognitionswissenschaftlichen Redeweisen geschuldet ist als einer vertieften begriffstheoretischen oder epistemologischen Reflexion.

Diese Einschätzung wird gestützt durch das wiederholt beobachtbare Kokettieren mit der eigenen terminologischen Laxheit in diesen Dingen:[484]

> „Manche Autoren machen klare Unterscheidungen zwischen Wörtern wie ‚Frame', ‚Schema', ‚Szenario', ‚Wissens-Struktur', und ähnlichem. Für den Zweck, für den wir diese Begriffe benötigen, spielen solche Unterscheidungen keine Rolle."

Auch wenn nunmehr expliziter als zuvor Parallelen zu kognitivistischen Ansätzen angesprochen werden, so wenn von „Frames, die Teil der menschlichen Kognition"[485] sind,

---

[478] Fillmore / Atkins 1992b, 76.

[479] „Ein ‚invozierter' Frame ist die Struktur von Wissen, die für das Verstehen einer gegebenen lexikalischen oder phrasalen Einheit erforderlich ist." Fillmore / Narayanan / Petruck / Baker 2003g, 1.

[480] „In der Frame-Semantik evoziert eine sprachliche Einheit, hier: ein Wort (in einer seiner Teilbedeutung) einen Frame. Dieser Frame ist die Struktur des Wissens, das erforderlich ist für das Verstehen und den angemessenen Gebrauch von Lexikon-Einheiten oder Phrasen / Sätzen." Fillmore / Petruck / Baker / Ellsworth / Ruppenhofer 2003h, 2

[481] Fillmore / Lowe / Baker 1997b, 2. Von „Welt-Wissen" sprechen auch Fillmore / Petruck / Ruppenhofer / Wright 2003e, 300.

[482] Fillmore / Johnson 2000b, 1. – Vgl. auch Fillmore / Johnson / Petruck 2003b, 235: „Die zentrale Idee der Frame-Semantik ist, dass Wortbedeutungen in Beziehung auf semantische Frames beschrieben werden müssen – schematische Repräsentationen der begrifflichen Strukturen und Muster von Annahmen [beliefs], Praktiken, Institutionen, Bilder usw., die das Fundament liefern für eine bedeutungshafte Interaktion in einer gegebenen Sprech-Gemeinschaft." Ähnlich auch Fillmore / Petruck / Ruppenhofer / Wright 2003e, 297.

[483] Fillmore 2003a, 473.

[484] Fillmore / Atkins 1992b, 76. Vgl. dazu auch Fillmore 2003a, 473 und Fillmore / Baker / Cronin 2003d, 286.

144   *Kapitel 2: Die Erfindung des Frame-Gedankens in der Linguistik durch Charles J. Fillmore*

gesprochen wird, so führt dies noch nicht dazu, dass das FrameNet-Frame-Modell selbst stärker kognitionswissenschaftlich reflektiert oder begründet wird. Ganz explizit lehnt es Fillmore sogar ab, solche Bemühungen überhaupt zu unternehmen.[486] Zwar wird die linguistische (semantische) Frame-Analyse nun stärker als zuvor mit kognitivistischen Denk- und Redeweisen verglichen,[487] und eine wissens-analytische (mithin: kognitive) Sichtweise auf die Semantik in scharfen Gegensatz zur reduktionistischen logischen Semantik[488] gesetzt, und schließlich eine „Vereinigung der zwei Forschungsstränge" in der Frame-Theorie (Kognitionswissenschaft, wie Minsky, Schank / Abelson u.a. und Fillmore-Semantik) vorgeschlagen (womit sich Fillmore – etwa im Vergleich noch mit seinen Ausführungen zur Zeit der ‚*understanding semantics*'[489] – sehr weit in Richtung auf eine allgemeine kognitionswissenschaftliche Perspektive zubewegt hat[490]), doch ändert dies wenig an der weiterhin festzustellenden „Unter-Komplexität" der kognitionswissenschaftlichen und epistemologischen Reflexionen und der damit zusammenhängenden bleibenden Unklarheit, was Fillmore-Frames in kognitiver Hinsicht eigentlich darstellen sollen.

---

[485] Fillmore / Lowe / Baker 1997b, 2.

[486] „Das Wort *Frame* wurde viel benutzt in KI- und NLP- Forschung – wir verwenden das Wort hier in einem technischen Sinne [formal interpretation] als Behälter für die Merkmale und Entitäten, die wir beschreiben wollen. Wir artikulieren keinerlei Ansprüche über den kognitiven Status von Frames." Fillmore / Lowe / Baker 1997b, 2, FN 1.

[487] Was sich auch in Formulierungen niederschlägt wie: „Die Wörter oder anderen sprachlichen Einheiten in einem Text evozieren oder projizieren ihre Frames in den / die Bewusstsein(e)(n) / im Geist [minds] der Sprachbenutzer und treten im kognitiven Prozess der Sprach-Interpretation in Erscheinung." (Fillmore 2006a, 613), wo Ausdrücke wie *Bewusstsein, Geist, kognitive Prozesse* verwendet werden, die zuvor jahrelang vermieden wurden.

[488] Vgl. Fillmore 2006a, 614. Das ist allerdings nicht so neu.

[489] Siehe oben S. 109 ff.

[490] Sehr ausführliche Überlegungen dazu finden sich in seinem jüngsten, zusammenfassenden Artikel Fillmore 2006a, 614 ff., in dem Fillmore erstmals explizit zugesteht, doch stark etwa von Minskys Frame-Konzeption beeinflusst gewesen zu sein: „Der nicht-linguistische Strang, der in Soziologie, Kognitionswissenschaft (inklusive KI und Kognitions-Psychologie), und Narrations-Theorien vorkam, und die Wörter ‚Frame' und ‚Schema' auf dieselbe Weise verwendet hat, hat mit den Strukturen des Wissens zu tun, die die Menschen dazu befähigen, die Dinge, die sie erfahren haben, zu interpretieren (oder misszuinterpretieren). Frame-Semantik in ihrer gegenwärtigen Form ist durch diesen Strang beeinflusst gewesen, [sic!] aber entstand ebenso als Teil einer kontinuierlichen Erforschung von dem, was ‚Kasus-Grammatik' genannt wurde (Fillmore 1968,1977). In diesem linguistischen Strang in seiner frühsten Form hatte das Wort ‚Frame' nichts zu tun mit kognitiven Akten der Konstruktion, sondern fasste stattdessen [organized] ziemlich banale Sachen der Grammatik und Semantik zusammen." (615) – „Man konnte sich diese Klassifizierungen – diese Frames – vorstellen als die Primär-Konzepte, die für sich Situationstypen definieren, und die Namen semantischer Rollen als Identifikationen der Partizipanten in solchen Situationen – vergleichbar den Frames bei Minsky, mit dem Unterschied, dass Kasus-Rahmen an die Grammatik spezifischer lexikalischer Einheiten gebunden waren." (616) – „Durch die Vereinigung dieser beiden Stränge des Redens über Frames schließt eine Frame-Semantik, die über Verb-Valenz hinausgeht, nun in ihrem Bereich ziemlich große und in vielen Ebenen gegliederte Strukturen ein, wie Baseball oder Handel oder Filmproduktion, die komplexe verknüpfte Muster von Wissen und Terminologie einschließen. Frame-Semantik ist weiterhin eng an sprachliche Formen gebunden, aber in jüngsten Arbeiten (z.B. FrameNet) hatte es sich als nützlich erwiesen, ‚kleine Frames', die mit einzelnen Prädikaten verbunden sind, von ‚großen Frames', das heißt den institutionellen Begriffen, die selbst durch Namen identifizierbar sind (Geburtstag, Handel, Computer, Kriminalprozess) zu unterscheiden." – „Im gegenwärtigen Zusammenhang vereinigen sich die unterschiedlich motivierten Bedürfnisse nach einem Frame-Konzept. Diese Vereinigung unterstützt semantische Analysen, die der Reichhaltigkeit der kognitiven Arbeit Rechnung tragen [accomodating], die in sprachliche(n) Interpretation und Ausdruck eingeht. Es erlaubt uns außerdem, die Verbindungen zwischen Grammatik, Lexikon, und dem Inhalt der Erfahrung präziser und machtvoller zu untersuchen." (616)

2.8 Ein „technisches" Modell: Prädikative Frames (FrameNet)   145

Zwar sind die Gründe nachvollziehbar, warum sich Fillmore und FrameNet-Autoren bei einzelnen semantischen Analysen teilweise weit auf epistemologisches Gebiet vorwagen, doch fehlt ihrem Ansatz schlicht das terminologische und theoretische Rüstzeug dazu, aus diesem kognitiven / epistemologischen Einschlag auch die notwendigen Konsequenzen zu ziehen. Wenn Fillmore etwa zum Verb *springen* überlegt: „Kann das Ding, das sich bewegt, zugleich der Agent dieser Bewegung sein?" (Fillmore 2003a, 470), oder anlässlich einer Analyse des FESTMACHEN-Frames [attaching] mit Bezug auf das *Seil* überlegt: „Es ist Teil von unserem Welt-Wissen, dass die Formen von bestimmten Objekten es erlauben, dass Teile von ihnen als Konnektoren fungieren.", so dass hier ein mit einem einzigen Wort ausgedrücktes Element einer Szene Frame-theoretisch gesehen als zwei verschiedene Frame-Elemente (FESTGEMACHTES und KONNEKTOR) zugleich gesehen werden muss oder kann,[491] begibt er sich tief in konzeptuelle-kognitive Überlegungen hinein, die er zuvor und anderswo doch stets strikt von der von ihm favorisierten streng linguistischen Perspektive trennen wollte! Dieses letzte unscheinbare Beispiel ist nicht zu unterschätzen: Die Zuordnung des *Seils* zum Frame-Element KONNEKTOR beweist, dass es (auch bei FrameNet) eben doch um abstrakte Begriffs-Rekonstruktionen geht. Bei dem Beispielsatz überhaupt einen KONNEKTOR anzusetzen, ist aus rein sprachlicher Perspektive (und auch von der alltagsweltlichen Szene her) unnötig und unplausibel. Nur abstrakt-kognitivistisch (oder wissensanalytisch, oder abstrakt Konzept-System-bezogen) macht es Sinn, die in diesem Falle ziemlich abstrakte Einheit KONNEKTOR überhaupt anzusetzen. Dass Fillmore und Mitautoren dennoch dazu neigen, beweist, dass FrameNet nicht so weit von abstrakt-begriffsbezogenen Ansätzen entfernt ist, wie seine Vertreter vielleicht glauben und wie es Fillmore anderswo auch formuliert hatte. Wenn man schon solche Ausflüge in eine allgemeine Epistemologie unternimmt, wäre es ehrlicher und reflektierter, sich auch auf die dafür notwendigen theoretischen und terminologischen Vorüberlegungen einzulassen. Dem hat Fillmore sich jedoch stets verweigert. Erfreulich ist jedoch, wenn anerkannt wird, dass sich jede Frame-Analyse der kulturellen Determiniertheit ihres Forschungsobjektes stets bewusst sein muss,[492] da nicht zuletzt daraus die Unmöglichkeit des Unterfangens einer flächendeckenden Erfassung der semantisch relevanten Frames begründet ist.

Frames als Strukturen von Inferenzen. Der (im Vergleich zu den früheren Arbeiten Fillmores) doch stärkere kognitive Einschlag der FrameNet-Konzeption wird insbesondere deutlich durch die in den FrameNet-Texten kanonisch verwendete Definition der Frames als „skript-ähnliche Strukturen von Inferenzen": „Ein semantischer Frame ist eine skript-ähnliche Struktur von Inferenzen, die durch sprachliche Konvention mit den Bedeutungen sprachlicher Einheiten – in unserem Fall lexikalischen Einheiten – verbunden sind."[493] Fraglich ist jedoch, was damit genau gemeint sein soll, und ob eine solche Definition überhaupt haltbar ist. Zunächst einmal fragt sich: warum überhaupt plötzlich die vorher nie so formulierte verbale Anlehnung an den *Skript*-Begriff? Nimmt man diesen Terminus in der Prägung durch Schank und Abelson, dann bezieht er sich eindeutig auf ereignishafte Strukturen, z.B. Handlungsabläufe mit mehreren Interagierenden. Eine Bestimmung der Frames in diesem Sinne käme einer Einschränkung des Frame-Begriffs gleich, da andere Typen von verstehensrelevantem Wissen, die sich etwa auf Objekte, Eigenschaften, Abstraktes

---

[491] Fillmore / Petruck / Ruppenhofer / Wright 2003e, 300.

[492] Vgl. dazu Fillmore 2003a, 472.

[493] Fillmore / Baker / Sato 2002b, 1; fast wortidentisch Fillmore / Narayanan / Baker / Petruck 2002e, 1 und Dies. 2003g, 1.

beziehen, kaum in einer ereignis-bezogenen Terminologie adäquat beschreibbar sind. Das Abheben auf Inferenzen erscheint zunächst als ein deutlicher Fortschritt gegenüber früheren Definitionen, da damit ein wesentliches Merkmal sprachlichen Verstehens (und damit der Semantik) hervorgehoben wird: nämlich der subjektive, quasi „aktive", von individuellem Verfügen über kollektiv (konventional) konstituierte Wissensbestände und –strukturen abhängige Charakter jeder Bedeutungs-Aktualisierung. Trotzdem bleibt die Redeweise problematisch. Was soll es genau heißen, dass ‚Inferenzen' mit ‚Bedeutungen' „*verbunden*" [linked] sind? Meint Fillmore damit eher „gebunden an" oder „verbunden mit"? Ist es nicht eigentlich so, dass Inferenzen bei genauerer Betrachtung die Bedeutungen *sind*? Oder präziser: Inferenzen tragen wesentlich und entscheidend zu dem bei, was wir ‚Bedeutungen' zu nennen gewohnt sind. Wenn (a) Bedeutungen nicht ohne Frame-bezogene Informationen beschrieben werden können, (b) Frames aber, wie Fillmore hier formuliert, Inferenzen *sind*, dann können (c) Bedeutungen nicht ohne Bezug auf Inferenzen beschrieben werden, und (d) sind Bedeutungen (wenigstens zum Teil) inferenziell begründet! Die Beziehung zwischen Inferenzen und Bedeutungen bleibt bei solchen Formulierungen wie hier also durchaus unklar. Wenn gesagt wird, dass Inferenzen „an Bedeutungen gebunden" sind, drückt man damit implizit aus, dass sie ein sekundäres, dem Phänomen ‚Bedeutung' externes Phänomen sind. Daraus würde aber folgen: Bedeutungen sind nicht identisch mit Inferenzen. Wenn aber andererseits Bedeutungen nicht ohne Frames rekonstruiert werden können, und sich viele Formulierungen bei Fillmore und FrameNet auch so lesen, als sei gemeint, dass Bedeutungen die Frames (oder Frame-Konstellationen) *sind*, dann müsste eigentlich auch zugestanden werden, dass zwischen Inferenzen und Bedeutungen faktisch nicht mehr unterschieden werden kann. Die Aussage, dass die Inferenzen (die die Frames darstellen sollen) „durch sprachliche Konvention mit den Bedeutungen sprachlicher Einheiten […] verbunden sind", würde es erfordern, sich über den Begriff der *Konvention* und seine Rolle für die Inferenzen bzw. das Sprachverstehen generell Gedanken zu machen, wovon bei Fillmore und den FrameNet-Autoren jedoch nur wenig zu spüren ist. In all den angesprochenen Punkten gibt es also für diese noch einen deutlichen Erklärungsbedarf.

Frames als Voraussetzungen für das Verstehen von Wortbedeutungen bzw. als Repräsentationen von Wortbedeutungen. Zu den hier angeschnittenen bedeutungstheoretischen Grundlagenfragen gibt es in den FrameNet-Texten nur wenige Überlegungen. Kaum nachvollziehbar sind terminologisch höchst undeutliche Formulierungen wie „Inferenzen oder lexikalische Einschließungen";[494] wie so häufig wird mit einer undeutlichen Metapher („einschließen") gearbeitet, die offen lässt (vielleicht auch offen lassen soll?) ob die beschriebenen Phänomene nun zusammengehören, identisch sind, oder getrennten Sphären / Phänomenbereichen angehören. Abgesehen von solchen terminologischen Unsicherheiten (die auf ein nicht vollständig durchgeführtes bedeutungstheoretisches Grundkonzept hindeuten) ist es jedoch erfreulich, wie deutlich in den FrameNet-Texten nun die Rolle der Frames als verstehensrelevantes (und damit letztlich das Phänomen „Bedeutung"[495] aller-

---

[494] „Semantische Frames liefern eine Möglichkeit, semantische Relationen zwischen Wörtern zu charakterisieren. [Beispiel: *geben – empfangen*, d.h. Relationen im Wortschatz] Diese Bedeutungsrelation wird offensichtlich aus Inferenzen oder lexikalischen Einschließungen, die mit diesen Wörtern verbunden sind, geschlossen." Fillmore / Johnson / Petruck 2003b, 238.

[495] „Von Sprechern kann man erst dann sagen, dass sie die Bedeutung des Wortes kennen, wenn sie die Hintergrund-Frames kennen, die den Begriff motivieren, den das Wort enkodiert." Fillmore / Atkins 1992b, 76. – Vgl. auch Fillmore / Wooters / Baker 2001b, 5.

2.8 Ein „technisches" Modell: Prädikative Frames (FrameNet)

erst konstituierendes, ermöglichendes) Wissen hervorgehoben wird. Dass „Bedeutungen" und „Frames" engstens zusammenhängen, wird deutlich hervorgehoben. Nur die Kenntnis von Frames macht es möglich, Wörter in Texten und Äußerungen zu verstehen.[496] Allerdings bleibt es auch in den Texten der FrameNet-Phase bei dem für das bedeutungstheoretische Denken von Fillmore charakteristischen Schwanken zwischen „Ein-Ebenen-Semantik" und „Zwei-Ebenen-Semantik",[497] bzw. genauer: Obwohl das gesamte Werk von Fillmore überzeugende Beweise oder Argumente für eine „Ein-Ebenen-Semantik" liefert, hält er doch strikt an seiner Überzeugung von der Notwendigkeit einer „Zwei-Ebenen-Semantik" fest, die er auch in seiner letzten Arbeit noch einmal zu begründen versucht.[498]

In dieser Textstelle vertritt Fillmore eindeutig ein zweischichtiges „Vordergrund-Hintergrund-Modell" der Bedeutung: Wörter *und* Frames. Soll das andeuten, dass die „Wörter" etwas sind, das unabhängig von den „Frames" gegeben ist – überhaupt existieren kann? Das wäre ein deutlicher Rückfall der Erklärungskraft seiner Theorie hinter Positionen, von denen man hätte glauben können, dass er sie schon einmal erreicht gehabt hätte. Implizit drückt er damit nämlich aus: Wörter sind Frame-extern; Frames sind zeichen-extern. Damit begeht Fillmore aber wieder einmal den Fehler der Verdinglichung der Wortbedeutung (nur eben in Frame-theoretischen Begriffen), den bereits Lyons als „Existenzprämisse" kritisiert hatte! Trotz einiger neuer, zeichentheoretisch reflektiert anmutenden Formulierungen bleibt es also auch in FrameNet bei dem schon früher in Fillmores Schriften beobachteten Defizit der unzureichenden zeichentheoretischen Reflexion seines semantischen Ansatzes.

Hier zeigt sich, dass Fillmores (und FrameNets) semantischer Ansatz immer wieder von den Problemen einer rein deskriptiven, lexikographisch orientierten Semantik dominiert wird. Zwar wird zugestanden, dass eine zureichende *Beschreibung* von Wortbedeutungen ohne Bezugnahme auf Frame-Wissen überhaupt nicht möglich ist,[499] dennoch wird (zumindest von Fillmore persönlich) an einer impliziten Unterscheidung von „Wort" (und damit „Wortbedeutung") und „Frame" festgehalten. Der einzige Rechtfertigungsgrund für diese Überzeugung, der sich in den Texten finden lässt, ist die Beobachtung, dass Wortbedeutungen häufig als komplexe Frame-Strukturen, also als aus mehreren Frames bestehend, beschrieben werden müssen.[500] Die Unterscheidung zwischen Frames und Wortbedeutungen wird vor allem auch gestützt durch die dem Frame-Modell von Fillmore zugrunde liegen-

---

[496] „Die zentrale Arbeit des FrameNet-Projekts besteht darin, semantische Frames zu präsentieren und zu beschreiben, die relevant sind für das Verstehen der Bedeutungen von Lexikoneinheiten." Fillmore / Baker / Sato 2002c, 2 – Vgl. auch Fillmore / Narayanan / Petruck / Baker 2003g, 1: „Ein ‚invozierter' Frame ist die Struktur von Wissen, die für das Verstehen einer gegebenen lexikalischen oder phrasalen Einheit erforderlich ist." – Nahezu wortidentisch auch Fillmore / Petruck / Baker / Ellsworth / Ruppenhofer 2003h, 2.

[497] Eine ausführliche und vertiefende Darstellung und Diskussion der Probleme einer Zwei-Ebenen-Semantik mit Bezug auf die Frame-Theorie und die kognitive Semantik generell findet sich in Ziem 2008, 66 ff.

[498] Siehe oben das auch hier wichtige Zitat zu Fillmore 2006a, 614 auf Seite 140.

[499] „Die zentrale Idee der Frame-Semantik ist, dass Wortbedeutungen in Beziehung auf semantische Frames beschrieben werden müssen. [...] FrameNet identifiziert und beschreibt semantische Frames und analysiert Bedeutungen von Wörtern durch direkte Bezugnahme auf die Frames, die ihren Bedeutungen zugrunde liegen." Fillmore / Johnson / Petruck 2003b, 235.

[500] Versteckt in einer Fußnote: „Die semantischen Rahmen einzelner lexikalischer Einheiten sind typischerweise ‚Mischungen' aus mehr als einem Basis-Rahmen." Fillmore Lowe / Baker 1997c, 2 – So auch Fillmore / Atkins 1998a, 3 Rede von den „multiplen Frames, die in die semantische Struktur von Wörtern eingehen". Die Idee der Perspektive, die Frames zu einem Dach für mehrere Wörter macht, wird auch in Fillmore / Johnson / Petruck 2003b, 238 angesprochen.

148   *Kapitel 2: Die Erfindung des Frame-Gedankens in der Linguistik durch Charles J. Fillmore*

den zentralen Gedanken, dass sich mehrere Wörter ein und denselben Frame teilen können, indem sie in Bezug auf diesen Frame nur verschiedene Aspekte perspektivieren.[501] Eine Nicht-Identität von Frame und Wortbedeutung ist damit schon von selbst gesetzt.

Frames und Zeichentheorie. Indes finden sich in den FrameNet-Texten überraschenderweise Formulierungen, die indirekt an zeichentheoretische Überlegungen, wie etwa bei Saussure, erinnern. So wenn es heißt:[502] „FrameNet misst seinen Fortschritt *in terms* von Lexikon-Einheiten, die definiert sind als eine Verbindung zwischen einem Lemma und einem Frame." Diese sehr nebenbei fallende Bemerkung ist deshalb so wichtig, weil sie stark an den zweiseitigen Begriff des Zeichens in der klassischen strukturalistischen Zeichendefinition von Saussure erinnert, wonach das sprachliche Zeichen aus zwei untrennbaren Seiten, Ausdrucksseite und Inhaltsseite (oder Ausdruck und Bedeutung), besteht, die untrennbar, „wie zwei Seiten eines Blattes Papier" miteinander verbunden sind. Auf diesen Zeichenbegriff nimmt Fillmore nunmehr erstmals auch explizit Bezug.[503] Dies erscheint auch deswegen so ‚sensationell‘ weil damit deutlich wird, dass Fillmore (und die Frame-Net-Autoren) den Saussureschen Zeichenbegriff doch kennen (was zwar eigentlich für jeden Linguisten weltweit selbstverständlich sein sollte, wovon man – gerade auch angesichts der intensiven semantischen Reflexion in den zahlreichen Schriften Fillmores – jedoch bislang nie etwas bemerkt hatte). Nunmehr jedoch wird der Saussuresche Zeichenbegriff umstandslos für die eigene Position reklamiert: „Die primären Einheiten der lexikalischen Analyse in FrameNet sind der Frame und die lexikalische Einheit, definiert als Paarung eines Wortes mit einem Sinn."[504] Auch wenn der „Wort"-Begriff bei Fillmore oft (und weiterhin) schillernd ist, anscheinend je nach Kontext unterschiedlich gebraucht wird (mal nur die Ausdrucksseite, mal das vollständige sprachliche Zeichen aus Ausdrucks- *und* Inhaltsseite meinend) ist dieses zeichentheoretische Zugeständnis im Vergleich zu früheren Ausführungen, wo man diese Klarheit stets gesucht, aber vermisst hat, ein erkennbarer Fortschritt (auch wenn man nicht weiß, ob solche Fortschritte auf Fillmore selbst, oder, was – gerade auch bei den kognitivistisch anmutenden Zugeständnissen in den FrameNet-Arbeiten – häufig zu vermuten ist, auf einen seiner Mit-Autoren zurückgehen).

---

[501] Siehe dazu Fillmore 1977a, 71 (vgl. das Zitat oben Fußnote 64, Seite 41). – Siehe zum Aspekt der Perspektive ausführlicher auch oben Seite 65 f., Fußnote 148 ff.

[502] Fillmore / Baker / Cronin 2003d, 285. Überraschend deshalb, weil sich die Arbeiten von Fillmore ansonsten durch eine nahezu vollständige Abstinenz gegenüber jeglicher expliziter zeichentheoretischer Reflexion auszeichnen. – Das Zitat geht so weiter: „Da Lemmata Einheiten der Form sind, und Frames Bedeutungen repräsentieren, [sic!] entsprechen Lexikon-Einheiten grob gesprochen Wörterbuch-Lesarten [dictionary senses]. Jede Lexikon-Einheit hat daher eine Verbindung zu einem einzelnen Frame und einem einzelnen Lemma. Viele Lemmata sind mit mehr als einem Frame verbunden, und konstituieren daher mehr als eine Lexikon-Einheit." Heißt das dann etwa, dass jede Wortbedeutung ein Frame ist? Dies würde den soeben referierten Überlegungen zu „multiplen Frames" als Wortbedeutungen ja deutlich widersprechen. Wie passt das alles zusammen? Das ist und bleibt wohl das Geheimnis von Fillmore und der FrameNet-Autoren.

[503] „Lexikalische Einheiten sind repräsentiert als eine Tabelle, die Lemmata und Frames miteinander verbindet, das heißt eine Lexikon-Einheit ist ein Saussuresches Zeichen, das Ausdruck und Bedeutung miteinander verbindet, es gibt daher auch ein Feld für die Bedeutungsbeschreibung." Fillmore / Ruppenhofer / Baker 2002f, 2.

[504] Fillmore / Johnson / Petruck 2003b, 235. – Vgl. auch die Definition im „FrameNet Glossary", Fillmore / Petruck 2003f, 359: „Lexikon-Einheit (LE) = Eine Paarung aus einem Lemma und einem Frame – d.h. ein ‚Wort‘ in einer seiner Teilbedeutungen / Lesarten [senses]."

2.8 Ein „technisches" Modell: Prädikative Frames (FrameNet)   149

2.8.3 „Prädikative" Frames, die Dominanz syntaktischer Zielsetzungen und die Frage nach Frame-Typen bei FrameNet

Der „prädikative" Fokus der Frames und die Dominanz syntaktischer Zielsetzungen bei FrameNet. Schon in den älteren Sprach-Beispielen, die Fillmore zur Begründung der Notwendigkeit einer Frame-Semantik ja in anschaulicher Fülle und Intensität präsentiert und analysiert hat, fiel die Dominanz der Wortart *Verben* als Frame-evozierende Wörter auf, die eindeutig der Entstehung des Grundgedankens der Frame-Semantik aus der Analyse von Kasus-Rahmen (und indirekt der Valenz-Theorie) zu verdanken ist. Die Konzentration auf Verben, und damit auf prädizierende Wörter und Prädikationen, ist das zentrale Kennzeichen von Fillmores und FrameNets Modell semantischer Frames. Dies fällt insbesondere auf, wenn man ihren Ansatz mit einer allgemeinen kognitivistischen Frame-Theorie wie bei Minsky, oder mit dem stark nominal fokussierten, konzept-orientierten Frame-theoretischen Ansatz von Barsalou vergleicht. In der Forschungspraxis von FrameNet wird dieses Merkmal eher noch verschärft, wenngleich im Forschungsprozess der Bereich der ins Auge gefassten „prädizierenden" Wörter stetig über die Wortklasse der Verben hinaus ausgeweitet wird (auf prädizierende Nomen, Adjektive, Adverbien, Präpositionen). Die Beschränkung auf prädizierende Wörter, die immer schon in den Schriften Fillmores spürbar war, wird nunmehr auch explizit ausgesprochen: „Frame-Semantik charakterisiert die semantischen und syntaktischen Eigenschaften von prädizierenden Wörtern, indem sie sie bezieht auf semantische Frames."[505] Mit dieser Aussage wird die Reichweite der Frame-Semantik eindeutig auf Prädikats-Frames eingegrenzt. Es wird jedoch nicht ganz deutlich, ob diese Einschränkung nur forschungs-praktisch, aus dem methodischen Ansatz von FrameNet begründet ist, oder ob dies auch für die Frame-semantische Theorie generell gelten soll. Wäre letzteres der Fall, wäre es gleichzusetzen mit einer erheblichen Einschränkung der Reichweite und Leistungsfähigkeit der Fillmoreschen Frame-Konzeption selbst. Diese wäre dann schlichtweg sprachtheoretisch und semantisch nicht verallgemeinerungsfähig, da sie nicht auf die semantische Beschreibung (und bedeutungstheoretische Konzeption) der nicht-prädizierenden Wortarten übertragbar wäre. Eine Bedeutungstheorie kann aber nur dann als zureichend angesehen werden, wenn sie in der Lage ist, die Bedeutungen (und Bedeutungstypen) *aller* Wortarten (aller Arten sprachlicher Zeichen und Zeichen-Verkettungen) zu erfassen!

Dass FrameNet auf prädizierende Wörter zielt, wird wiederholt hervorgehoben.[506] Problematisch ist allerdings, wenn allein diesen überhaupt die Eigenschaft, Frames zu evozieren, zugestanden wird.[507] Dies würde heißen, dass alle anderen Wortarten keine „Frames

---

[505] Fillmore / Johnson 2000b, 1. Entsprechend werden Frame-Elemente als „Argumente prädizierender Wörter" bestimmt, bzw., im Text deutlich vager formuliert: „Die semantischen [sic!] Argumente von prädizierenden Wörtern *korrespondieren* den Frame-Elementen des oder der Frame(s), der / die mit dem Wort assoziiert ist / sind." [Hervorhebung durch mich, D.B.]

[506] „Folgende argument-tragende Prädikate werden untersucht: Verben (zum Beispiel: entscheiden); - Adjektive (zum Beispiel: *fond = fond of = gern haben / zärtlich*); deverbale Nomen (z.B.: *Entscheidung*); deadjektivische Nomen (z.B.: *fondness = Zuneigung zu*); relationale Nomen (z.B. *Name*); und idiomatische Präpositional-Phrasen-Prädikate (z.B. *at risk*)." Fillmore / Baker / Sato 2002c, 1. – Häufig wird die Beschränkung auf prädizierende Wörter aber nur durch die aufgeführten Beispiele und Beispiel-Analysen deutlich; vgl. etwa Fillmore / Narayanan / Baker / Petruck 2002e, 4 und ff.

[507] „Es geht hier v.a. um den Typ von Wörtern, die nicht korrekt benutzt werden können, wenn nicht die Konstruktionen bekannt sind, in denen sie auftreten. In der Terminologie von FrameNet sind dies die

150   Kapitel 2: Die Erfindung des Frame-Gedankens in der Linguistik durch Charles J. Fillmore

evozieren" und mithin Frame-semantisch nicht beschreibbar wären. Der Begriff *Frame* wäre damit in seiner semantiktheoretischen Leistungsfähigkeit extrem eingeschränkt, und letztlich für eine allgemeine Bedeutungstheorie nutzlos. Dass bei FrameNet Verb-Frames und damit Prädikationen im Vordergrund stehen, wird meist nicht explizit dargelegt, sondern ergibt sich implizit aus der Tatsache, dass die dort untersuchten Frames immer als Ereignis-, Geschehens-, Situations-Frames angesprochen werden, so gut wie nie aber als Objekt-, Gegenstands-, Eigenschaften-Frames.[508] Dies entwertet auch die Aussage, dass andere Wortarten (z.B. Nomen) durchaus in die Analyse einbezogen würden. Zum einen sind die Beispiele dafür häufig deverbale Nomen, die also auf Prädikats-Frames im Sinne eines Valenz-Rahmens (bzw. einer Argument-Struktur; syntaktisch: Komplement-Struktur) zurückgeführt werden können;[509] oder es geht um Frame-Elemente als Komplemente in prädikats-zentrierten syntaktischen Strukturen, die natürlich auch Nomen sind, aber nur in ihrer Relation zum zentralen, Frame-definierenden Verb betrachtet werden.

Auch wenn im FrameNet-Projekt die Analyse auf verschiedene Arten „prädizierender" Wörter ausgedehnt wird, bleibt die Herkunft von Fillmores Frame-Gedanken aus der Kasusgrammatik (und Valenz-Theorie), und damit die syntaktische Dominanz in dieser Form von Frame-Konzeption, überdeutlich. Wenn Fillmore über Frame-evozierende Wörter spricht, dann wird immer wieder deutlich, dass er dabei ganz konkret an Prädikate in Sätzen denkt. Fillmore versteht hier ganz offensichtlich „Prädikat" als eine nicht-epistemische, nicht-kognitive Größe, sondern als ein rein syntaktisches, rein linguistisches Phänomen, obwohl dies doch dem Herkommen dieses Begriffs aus der Logik (= der Urform von Kognitionstheorie) durchaus widerspricht.[510] Insofern repräsentieren Fillmore-Frames zunächst und vor allem Argument-Strukturen oder Valenz-Rahmen.[511] Dementsprechend werden

---

Frame-evozierenden Wörter, am typischsten Verben, aber auch Nomen und Adjektive. Wir schließen aus dieser Diskussion Präpositionen und Partikel aus, und einfache Nomen, die Objekte in der realen Welt benennen (wie *Baum, Hammer, Palast* usw.)." Fillmore / Atkins / Johnson 2003c, 251.

[508] Z.B. Formulierungen wie: „Der Lexikograph beginnt seine Arbeit an einem neuen Frame damit, indem er eine informelle Beschreibung des Typs der Situation oder des Geschehens gibt, die / das der Frame repräsentiert." Fillmore / Petruck / Ruppenhofer / Wright 2003e, 299. – Vgl. auch: „Eine FrameNet-Frame-Definition ist eine schematische Präsentation eines Situations-Typs, [sic!] der der Bedeutung eines Wortes (oder der Mitglieder von Gruppen von Wörtern) zugrundeliegt, gemeinsam mit benannten Teilhaber-Rollen oder Aspekten der Situation, die wir Frame-Elemente nennen." (304).

[509] Sehr deutlich in Fillmore / Petruck / Ruppenhofer / Wright 2003e, 324: „Obwohl im Prinzip Mitglieder aller lexikalischen Haupt-Kategorien einen semantischen Frame evozieren können [sic!!!] wird der dominierende semantische Frame eines Satzes üblicherweise durch das Haupt-Verb des Satzes evoziert. In manchen Situationen ist es jedoch ein Nomen, das den dominanten Frame liefert; tatsächlich ist in bestimmten Stilformen des akademischen oder politischen Schreibens der dominante Frame, der die Bedeutung eines Satzes bestückt [informing the meaning of a sentence], ein Nomen." Hier wird das Problem mit der Neu-Einführung des Begriffs (theoretischen Aspekts) „dominierender Frame in einem Satz" zu lösen versucht. Die dringend notwendigen theoretischen Konsequenzen dieser neuen Überlegung gerade für die Definition des zentralen Frame-Begriffs selbst werden jedoch nirgendwo gezogen. (Dies ist ein weiteres Beispiel für die terminologische Laxheit oder Nonchalance, die die FrameNet-Papiere durchgängig kennzeichnet.)

[510] „Die praktischen Überlegungen bei solchen Frames waren es, Strukturen von Leerstellen aufzubauen, die entweder, auf linguistischer Ebene, den Argumenten eines Prädikats entsprechen, oder, auf einer nicht-linguistischen Ebene, den Konstituenten eines Situationstyps." Fillmore 2003a, 473.

[511] So explizit in Fillmore / Lowe / Baker 1997c, 2: „Das FrameNet-Modell ähnelt in mancher Hinsicht den Bemühungen, die Argumentstrukturen von lexikalischen Einheiten in Termini von Kasus-Rollen oder Theta-Rollen zu beschreiben." – Nur äußerst selten findet man auch den Versuch von so etwas wie einer prädikatenlogischen Notationsweise für Frames: Zum Beispielsatz *Georg entschied, Stefan nichts zu erzählen über die Erwähnung im Le-Carré-Buch.* wird die Notation gegeben: „[*Georg* (Sprecher / FE, NP

2.8 Ein „technisches" Modell: Prädikative Frames (FrameNet) 151

Frame-Elemente auch häufig als „semantische Argumente" angesprochen: „Die semantischen [sic!] Argumente von prädizierenden Wörtern korrespondieren den Frame-Elementen des oder der Frame(s), der / die mit dem Wort assoziiert ist / sind."[512] Der Bezug auf Prädikate ist nun aber keineswegs gleichbedeutend mit einer Anlehnung an die Analyse und Darstellung von Prädikationsstrukturen, wie sie etwa in der Logik und großen Teilen der Kognitionsforschung üblich ist.[513] Der implizite oder explizite Bezugspunkt ist vielmehr Fillmores Kasusgrammatik von 1968. Wenn ein semantischer „Frame" also definiert wird als ein „Set von Frame-Elementen", oder als ein „semantisches Rollen-System", dann wird das Vorbild der satzbezogenen frühen Kasus-Grammatik, bzw. Kasus-Rahmen-Theorie Fillmores überdeutlich.[514] Es erscheint daher naheliegend, den Forschungsansatz von FrameNet weniger in einer Nähe zu kognitionswissenschaftlichen (epistemologischen) Interessen zu verorten, wie sie etwa für die Frame-Modelle von Minsky, Schank / Abelson und Barsalou einschlägig sind, sondern als konsequente Fortführung des frühen Kasus-Rahmen-Ansatzes in einem großen, v.a. deskriptiv und thesaurierend angelegten Forschungsprojekt. Die „Frame-Semantik" wird in diesem Licht zu einem direkten Nachfolger der „Kasus-Grammatik", was Fillmore auch freimütig eingesteht.[515] Mit Verweis auf die „zwei Forschungsstränge" in der Frame-Theorie (kognitionswissenschaftlich, wozu er Minsky, Bartlett, Schank / Abelson zählt, sowie sein eigener Ansatz, hier als „linguistischer Strang" bezeichnet[516]) berichtet Fillmore:

> „Frame-Semantik in ihrer gegenwärtigen Form ist durch diesen [kognitivistischen] Strang beeinflusst gewesen, aber entstand ebenso als Teil einer kontinuierlichen Erforschung von dem, was ‚Kasus-Grammatik' genannt wurde (Fillmore 1968, 1977). In diesem linguistischen Strang in seiner frühsten Form hatte das Wort ‚Frame' nichts zu tun mit kognitiven Akten der Konstruktion, sondern fasste stattdessen [organized] ziemlich banale Sachen der Grammatik und Semantik zusammen."[517]

Ohne dem Autor und seinen Projektmitarbeitern ungerecht zu werden kann man wohl ergänzen, dass von diesen Ursprüngen in der Frame-Konzeption von FrameNet doch so viel erhalten geblieben ist, dass sich dieser Ansatz einer bedeutungstheoretischen (und sprachtheoretischen) Verallgemeinerbarkeit immer wieder zu entziehen scheint. Dies gilt jedenfalls, solange man diesen Ansatz nicht durch die in seinen begründenden Schriften zu kurz

---

/ PT, Ext / GF)] *entschied nicht zu erzählen* [*Stefan* (Adressat / FE, NP / PT, Obj. / GF)] [*über die ...* (Thema / FE, Pp*über* / PT, Comp. / GF)]" mit der Bemerkung „Annotation der Argumente". Fillmore / Johnson 2000b, 2. – Ähnlich auch in Fillmore / Narayanan / Petruck / Baker 2003g, 5.

[512] Fillmore / Johnson 2000b, 1. Siehe auch das Zitat in Fußnote 510.

[513] Von Ansätzen der Prädikatenlogik grenzt sich Fillmore 2003a, 459 nachdrücklich ab. Vgl. das Zitat oben in Fußnote 51 auf Seite 38. – Ähnlich auch Fillmore / Johnson / Petruck 2003b, 237: „Frame-Elemente haben gewisse Ähnlichkeit mit den Argument-Variablen in der [...] Prädikatenlogik, aber weisen doch wichtige Unterschiede auf, die aus der Tatsache folgen, dass Frames viel komplexer sind als logische Prädikate."

[514] „Jeder Frame identifiziert einen Set von Frame-Elementen." Fillmore / Baker / Sato 2002b, 1. – Ähnlich auch Fillmore / Narayanan / Baker / Petruck 2002e, 1: „Jeder [Frame] identifiziert einen Set von Frame-Elementen, die Frame-spezifische semantische Rollen (Beteiligte, Requisiten, Phasen eines Zustandes / Sachverhalts [state of affairs]) sind." Fast wortidentisch Fillmore / Narayanan / Petruck / Baker 2003g, 1. – „Fillmore hat den Ansatz der Frame-Semantik vorgeschlagen, in dem es eine unbegrenzte Anzahl von semantischen Rollen-Systemen geben kann, die mit individuellen Frames verbunden sind." Fillmore 2003a, 466.

[515] „In der Sichtweise der Frame-Semantik, die als ein Nachkomme der Kasus-Grammatik angesehen werden kann [...]" Fillmore 2003a, 472.

[516] Siehe dazu das ausführliche Zitat in Fußnote 490 auf Seite 144.

[517] Fillmore 2006a, 615.

152   *Kapitel 2: Die Erfindung des Frame-Gedankens in der Linguistik durch Charles J. Fillmore*

gekommenen Aspekte ergänzt und einige begriffliche Präzisierungen und Korrekturen anbringt.

Zwar wird der Begriff der *Prädikation* in den Schriften immer mal wieder auch im Sinne einer Art von „Tiefen-Semantik" interpretiert, was nicht mehr nahtlos an übliche rein syntaktische Modelle anschließbar ist,[518] doch zeigen schon die Formulierungen solcher Versuche: Die Arbeiten von FrameNet, und vermutlich auch das sprachtheoretische Denken von Fillmore selbst, stehen offenbar nach wie vor unter dem Primat einer vorrangig *syntaktisch* dominierten Denk- und Herangehensweise. Mit dieser Einschätzung sollen die erheblichen und verdienstvollen Leistungen Fillmores für die Begründung einer verstehenstheoretisch reflektierten *Semantik* keineswegs geleugnet oder geschmälert werden. Fillmores Überlegungen dazu sind ein Meilenstein der linguistischen Semantik und es wäre ihnen eine weitaus breitere Rezeption zu wünschen, als es bislang der Fall ist. Ganz offensichtlich ist aber für Fillmore die nach wie vor stärkste Triebfeder das Ziel der Entwicklung einer semantisch dominierten *Syntax*, wie sich ja auch aus seinen parallelen Bemühungen um die Begründung und Ausarbeitung einer *Construction Grammar* erschließen lässt.[519] Die mindestens ebenso sehr grammatisch, und nicht nur semantisch-lexikographisch orientierte Ausrichtung der FrameNet-Arbeit lässt sich daher in zahlreichen Formulierungen nachweisen.[520] Insbesondere wird dies immer wieder durch die analysierten Beispiele deutlich, in denen es weit überwiegend um rein syntaktische Komplement-(Valenz)-Frames geht,[521] und nicht um semantische Tiefenstrukturen, wie sie Fillmore in seinen stärker textsemantisch ausgerichteten Arbeiten und in der Phase der „Verstehens-Semantik" in den Vordergrund gestellt hat.[522] Dies bleibt bedauerlich, auch wenn man nachvollziehen kann, dass das Ungenügen traditioneller syntaktischer oder prädikatenlogischer Analyseverfahren, die viel zu sehr an den in Sätzen mit Wörtern ausgedrückten Komplementen hängen, eine Erweite-

---

[518] So etwa in Fillmore / Sato 2002d, 87: „Das heißt ein Teil der Aufgabe der Ableitung von KDG-Clustern aus einem Korpus erfordert es, die lexikalisch-syntaktischen Strukturen zu umgehen [!!!], die die ‚tiefen' syntaktischen Arrangements in der Prädikation verbergen können, oder die zwischen einem regierenden Element und seinen Argumenten intervenieren können." Gemeint sind tatsächlich weniger „syntaktische", als vielmehr satz-semantische Aspekte.

[519] Siehe dazu oben die Literaturhinweise in Fußnote 455 auf Seite 135– Im Kontext der CG finden sich dann auch sehr viel klarere Aussagen über Prädikationen als in den FrameNet-Texten. Vgl. etwa Fillmore 1996a, 2: „Prädikate sind Valenz-tragende Konstituenten. Sie enthalten syntaktische Information, die ihre Kategorie angibt, und semantische Information, die ihre Bedeutung angibt, plus einen Set von Valenz-Forderungen." – „Prädikate haben Val [Valenz]-Merkmale; aber da Prädikate auch Argumente sein können, können sie ebenfalls Rel [Relations]-Merkmale aufweisen; und da sowohl Prädikate als auch Argumente Konstituenten von Phrasen sein können, können Sie auch beide ein Rollen-Merkmal enthalten."

[520] „Die Aufgabe von FrameNet ist es aus attestierten Beispielen [instances] des Gegenwarts-Englisch die Art und Weise zu dokumentieren, in der Frame-Elemente (für gegebene Wörter in gegebenen Bedeutungen) in englischen Sätzen grammatisch realisiert werden, und die Resultate solcher Erkenntnisse in einer systematischen Weise zu organisieren und aufzuzeigen [exhibit]." – „Genauer besteht die tatsächliche [actual] Arbeit der FrameNet-Lexikographen darin, die Verschiedenheit der kombinatorischen Muster zu registrieren, die für jedes Wort im FrameNet-Lexikon aufgefunden werden, die Resultate als die Valenzen der Wörter zu präsentieren, Software zu entwickeln, die fähig ist, soviel Information über die Wörter wie möglich aus den Annotationen abzuleiten, und nur den Informationen manuell hinzuzufügen, die nicht (oder nicht auf einfache Weise) automatisch aus dem Korpus oder dem Set annotierter Beispiele abgeleitet werden können." Fillmore / Wooters / Baker 2001b, 5.

[521] So etwa in Fillmore / Wooters / Baker 2001b, 5.

[522] Vgl. dazu Fillmore 1973, 1979, 1981a, 1982c, 1984, 1985a, 1986b und die Darstellungen oben, Seite 77 ff. und 109 ff.

2.8 Ein „technisches" Modell: Prädikative Frames (FrameNet)   153

rung des Beschreibungsmodells in Richtung auf eine Kasus-Rahmen-Konzeption oder später eben ein allgemeines satz-semantisches Frame-Modell erforderte.[523]

Eine syntax-zentrierte Sichtweise wird auch in dem bereits erwähnten Terminus des „dominierenden Frame in einem Satz" deutlich.[524] Zwar wird jetzt zugestanden, dass die Bedeutung eines Satzes nur als eine Struktur aus mehreren Frames analysiert werden kann. „Dominierend" ist danach aber immer der Frame, der dem Haupt-Verb bzw. zentralen Prädikat im Satz entspricht.[525] Diese anlässlich sogenannter *support verbs* (vergleichbar den Funktionsverbgefügen im Deutschen, wie z.B. *zur Abstimmung gelangen*) entwickelte Konzeption gestufter Frame-Hierarchien in Sätzen ist interessant, wirft aber einige Fragen auf. Dass immer der Haupt-Verb- (oder -Prädikat-)Frame der dominierende Frame in einem Satze ist, ist keine Selbstverständlichkeit; fraglich ist vor allem auch, wie der Ausdruck „dominierend" hier genau zu verstehen ist. Zu Grunde liegt offenbar keine epistemologische Perspektive; vielmehr wird eine syntaktische-satz-semantische Perspektive zugrundegelegt, wonach „dominant" immer das ist, was die Satz-Struktur bestimmt. Der Dominanz-Begriff ist daher (mehr oder weniger) valenztheoretisch definiert, bzw., wie man auch sagen könnte, prädikations-zentriert. Epistemisch gesehen kann man sich jedoch vorstellen, dass auch durch andere Elemente im Satz evozierte Frames ‚dominant', wenigstens aber gleichgewichtig mit dem verb- oder prädikats-evozierten Frame sein können. So sind etwa im Diebstahlsparagraphen des deutschen Strafgesetzbuches (§ 242 StGB) die durch *fremd* und *Absicht* (*sich rechtswidrig zuzueignen*) evozierten Frames epistemisch (und damit auch semantisch?) mindestens ebenso wichtig, wie der durch das zentrale Verb *wegnehmen* evozierte Frame.[526] Vergleichbares wird man in philosophischen / theoretischen Texten finden, wo Nomina wichtiger sein können als Verben (auch ohne Funktions-Verb-Gefüge und Support Verbs).

Das Verhältnis zur Valenz-Forschung bei FrameNet. Die valenz-theoretischen Wurzeln seiner Kasus-Grammatik und später der Frame-Semantik hat Fillmore zwar nie aktiv geleugnet, aber jahrelang, wenn nicht jahrzehntelang eher versteckt, und wenn, dann meist

---

[523] Fillmore macht diese Gründe, die ihn zur Entwicklung der Frame-Konzeption veranlasst haben, immer wieder deutlich. So z.B. in Fillmore 2003a, 459: „Der Kasus-Grammatiker fühlte, dass, ohne über explizite und konsistente Wege zu verfügen, die Argumente einer mehrwertigen Prädikation semantisch zu differenzieren, es einem unausgesprochenen Verstehen zwischen Schreiber und Leser überlassen geblieben wäre, die drei Beteiligten-Rollen des Wortes *geben* – die Aktanten im *geben*-Drama – mit verschiedenen Variablen in der Formel zu verbinden. Es gab nichts, was einen Forscher davon abgehalten hätte, die Argumente von *geben* mit der einen Ordnung, die eines semantisch ähnlichen Verbs wie *spenden* oder *schenken* mit einer anderen Ordnung zu identifizieren." Diesen Mangel soll der Bezug auf Wort-übergreifende Frames beheben.

[524] Siehe das Zitat zu Fillmore / Petruck / Ruppenhofer / Wright 2003e, 324 oben Fußnote 509, Seite 150.

[525] Das Zentrum der FrameNet-Analyse sind daher „Prädikate" in ganz klassischem Sinne. Weitere Aspekte, die die Analyse satzsemantisch-syntaktischer Prädikate übersteigen, kommen allenfalls zusätzlich in den Blick, ändern aber nichts am Primat der Prädikations-Analyse im grammatischen Sinne von „Prädikat": „Frame-Semantik ist weiterhin eng an sprachliche Formen gebunden, aber in jüngsten Arbeiten (z.B. FrameNet) hatte es sich als nützlich erwiesen, ‚kleine Frames', die mit einzelnen Prädikaten verbunden sind, von ‚großen Frames', das heißt den institutionellen Begriffen, die selbst durch Namen identifizierbar sind (Geburtstag, Handel, Computer, Kriminalprozess) zu unterscheiden." Fillmore 2006a, 616. – Typisch für die entsprechende Zielbestimmung in und um FrameNet sind Formulierungen wie: „In diesem Aufsatz charakterisieren wir einen Set von Emotions-Frames und untersuchen Prädikate, die die Beschreibung von Ereignissen der Überraschung involvieren." Subirats / Petruck 2003, 1.

[526] Vgl. zu diesem Beispiel die Analysen in Busse 1992, 125 ff. und, bereits auf Frame-semantischer Grundlage, in Busse 2008c, 49 ff. und 2008d, 261 ff.

nur in Vorträgen und Aufsätzen für europäische Adressaten explizit thematisiert und zugestanden. Dieses valenztheoretische Mimikry ist in den Arbeiten zu FrameNet (möglicherweise als Resultat der intensiven Zusammenarbeit mit europäischen Forschern im weltweiten FrameNet-Verbund) nicht mehr gegeben. FrameNet wird jetzt deutlich und explizit als valenz-analytisches Vorhaben konzipiert.[527] Als eines der Ziele von FrameNet wird eindeutig formuliert: „Die Valenz-Repräsentation (semantisch und syntaktisch) für einige 1000 Wörter und Phrasen".[528] Die damit geschaffene „lexikalische Ressource" soll Aufschluss geben „über die Valenzen oder kombinatorischen Möglichkeiten jeder Einheit, die zur Analyse ausgewählt wird".[529] Damit wird die Beschreibung von „Dependenz-Strukturen" zu einem wichtigen Teil jeder FrameNet-Frame-Analyse.[530] Wie u.a. die fortlaufende Redeweise von den „FrameNet-Valenz-Informationen" zeigt, ist die valenztheoretische Darstellung kein Nebenziel, sondern eines der Hauptziele der Frame-Analyse im FrameNet-Projekt. Der zentrale Bezug auf das Valenz-Modell erfordert es jedoch, sich darüber klar zu werden, in welchem Verhältnis semantische und syntaktische Aspekte der Valenz zueinander stehen. Hierüber hat es in der Valenztheorie eine intensive und lang anhaltende Debatte gegeben, die weder bei Fillmore selbst, noch auch in den FrameNet-Texten in irgendeiner Weise rezipiert worden ist (zumindest ist eine solche Rezeption aus keinem der über hundert herangezogenen Texte erkenntlich). Da gerade FrameNet ein Projekt ist, in dem syntaktische und semantische Forschungsziele zusammenfließen, wäre eine begriffliche und theoretische Klärung in diesem Punkt mehr als angesagt gewesen. Sie lässt sich jedoch, wenn überhaupt, nur in Rudimenten feststellen. Zwar sind die dementsprechenden Ziele klar:

> „Der Teil der FrameNet-Beschreibungen, der sich mit den kombinierten semantischen und syntaktischen Valenzen von Lexikon-Einheiten befasst, erfordert eine Berücksichtigung sowohl der Frame-Struktur als auch der syntaktischen Struktur. Unser Ziel ist es genauestens zu erheben, wie die Sprache Frame-Elemente auf diejenigen syntaktischen Konstituenten bezieht, die von den Lexikon-Einheiten, die den Frame evozieren, syntaktisch abhängig sind."[531]

Das Ziel von FrameNet (und von Fillmore generell) ist also eher ein grammatisches als ein semantisches. Sehr unklar aber bleibt, was hier mit „kombinierten" Valenzen genau gemeint ist. In diesem Punkt war z.B. von Polenz (1985) in seinem Modell der Satzsemantik schon weiter mit seiner klaren Abgrenzung von semantischer und syntaktischer Valenz-Struktur aufgrund der Nicht-Entsprechung beider Strukturebenen. Auf dieses Problem der Nicht-eins-zu-eins-Entsprechung von Satzsemantik und Satz-Syntax, welches zumindest in

---

[527] Vgl. Fillmore / Atkins 1992b, 78 in lexikographischem Interesse: „Jede Lexikon-Einheit oder idiomatisierte Phrase, kann mit dem assoziiert werden, was ihre Valenz-Beschreibung genannt werden kann, eine Beschreibung, die sowohl in semantischen wie in syntaktischen Begriffen spezifiziert, was der Ausdruck von seinen Konstituenten und seinem Kontext erfordert, und was er zu den Strukturen beiträgt, die ihn enthalten."

[528] Fillmore / Lowe / Baker 1997c, 1; und weiter: „Für Valenz Träger in einem Text können so schnell die individuellen Argumente aufgefunden werden." (2)

[529] Fillmore / Baker 2001a, 1.

[530] „Wenn man von einer einfachen Dependenz-Struktur-Beschreibung ausgeht, ist ein erster Weg, die Weisen herauszufinden, in denen semantisch abhängige Elemente eingepasst sind in die Frame-Strukturen, die durch die Schlüsselwörter im Text evoziert wurden, die Verbindungen nachzuverfolgen zwischen den regierenden Elementen und ihren Dependentien, wenn nötig unter Beachtung des Unterschieds zwischen syntaktischen Heads und semantischen Heads." Fillmore / Baker 2001a, 2.

[531] Fillmore / Wooters / Baker 2001b, 5.

2.8 Ein „technisches" Modell: Prädikative Frames (FrameNet)   155

der europäischen Valenz-Literatur intensiv debattiert worden ist, geht Fillmore jedoch kaum ein.[532]

Bei ihrem starken Bezug auf valenz-linguistische Zielsetzungen überrascht es, dass Fillmore und FrameNet nicht die beim Begründer der Valenztheorie, Lucien Tesnière (1959) zusammen mit der Valenz-Idee entwickelte Grundidee der Dependenz-Grammatik übernehmen, wonach das Verb (oder zentrale Prädikat) das strukturierende Zentrum jedes Satzes bildet. Ganz offenbar übernehmen die Autoren dieses Modell nicht, sondern verharren bei der alten binaristischen Verbalphrase / Nominalphrase-Dichotomie der Satzanalyse.[533] Der starke valenz-grammatische Einschlag der FrameNet-Arbeit wird auch durch die zentrale Rolle deutlich, die in deren methodischem Konzept die sog. „Kern-Dependenz-Graphen" (KDG) spielen.[534] – Die Anlehnung an valenzgrammatische Ansätze bewirkt, dass sich in der Anwendung des FrameNet-Modells teilweise dieselben Probleme zeigen, wie sie bereits aus der Dependenzgrammatik bekannt sind: „Zusätzlich gibt es die Schwierigkeit, den Unterschied zwischen Komplementen und Adjunkten zu repräsentieren und den zwischen obligatorischen und optionalen Argumenten – und zudem, ob es sich dabei um zwei Unterschiede handelt oder einen."[535] Aus der DG ist dies als das vor allem für die konkrete Satz- und Textanalyse schwierige Problem der Unterscheidung von Ergänzungen und Angaben bekannt. Ebenfalls von dort bekannt ist das Problem der Abgrenzung von optionalen (fakultativen) Komplementen (bzw. Frame-Elementen). Bei beiden Problemen wurde (je nach Präferenz der Forscher) immer wieder über die Dominanz semantischer oder syntaktischer Herangehensweisen gestritten.[536]

Deutlich wird bei FrameNet, dass hier sowohl die semantische als auch die syntaktische Valenz erfasst werden soll.[537] Die Elemente einer Valenz-Analyse werden in FrameNet schlicht Frame-terminologisch re-interpretiert: „In FrameNet werden die semantischen Valenz-Eigenschaften eines Wortes ausgedrückt in Form der Entitäten, die an Frames des Typs, der vom Wort evoziert wird, partizipieren können. Wir nennen diese Frame-

---

[532] Vgl. dazu aber das Zitat Fillmore 2003a, 457 oben Fußnote 57 auf Seite 39.

[533] Dies wird aus den Formulierungen in Fillmore / Wooters / Baker 2001b, 6, 13 u.ö. deutlich.

[534] KDG bestehen aus: „dem regierenden Wort; lexikalischen Köpfen der Dependentien des Wortes; dem ‚Markieren' solcher Komponenten (zum Beispiel als Präposition, Complementizer etc.); den semantischen Rollen (unseren ‚Frame-Elementen') der Phrasen, die solche lexikalischen Köpfe enthalten." Fillmore / Baker / Sato 2002c, 2. – Vgl. auch Fillmore / Ruppenhofer / Baker 2002f, 2: „Kern-Dependenz-Graphen = Darstellung Frame-tragender lexikalischer Einheiten zusammen mit den lexikalischen Köpfen der Konstituenten, die ihre Kern-Frame-Elemente realisieren. Erlaubt Argumente auch dann zu entdecken, wenn sie im Satz weit vom Prädikat entfernt stehen." – Vgl. dazu auch Fillmore / Sato 2003d, 87 mit der aufschlussreichen Bemerkung: „Um solche KDG's erfassen zu können, müssen bestimmte Arten von Diskrepanzen zwischen semantischer und syntaktischer Struktur beachtet werden." Sie sind also auf das schon bei von Polenz 1985 herausgearbeitete Phänomen gestoßen, dass manchmal die semantische ungleich der syntaktischen (Valenz-)Struktur ist, was dazu zwingen kann, dass die syntaktische Oberflächenstruktur zu Gunsten der semantisch richtigen Interpretation (und Strukturbeschreibung) verlassen werden muss. Da sie diese Problemstellung nicht weiter vertiefen und reflektieren, geschweige denn theoretische Konsequenzen daraus ziehen, ist ihrem Modell das satzsemantische Modell von von Polenz 1985 eindeutig überlegen, der das, was die FrameNet-Autoren hier versteckt und nebenbei erledigen wollen, bewusst und offen durch Angabe von zwei verschiedenen Strukturbeschreibungen (syntaktische Valenz + semantische Valenz) angeht, was viel ehrlicher und transparenter ist.

[535] Fillmore 2003a, 466.

[536] Vgl. zu ersterem Fillmore 1994b, 158, zu letzterem Fillmore 2003a, 468.

[537] „In FrameNet muss Information über Valenz sowohl in semantischer als auch in syntaktischer Hinsicht [terms] identifiziert werden." Fillmore / Johnson / Petruck 2003b, 236.

156   *Kapitel 2: Die Erfindung des Frame-Gedankens in der Linguistik durch Charles J. Fillmore*

Elemente."[538] Die Benutzung analytischer Kategorien wie „Frame-Elemente-Konfiguration, Valenz-Gruppe, Valenz-Muster, Valenz-Beschreibung" macht die große Nähe deutlich, welche die FrameNet-Analyse zu Valenz-Analysen aufweist.[539] Besonders deutlich wird diese Nähe im projekteigenen Terminologie-Glossar, wo „Frame" schlicht mit „semantische Valenz" übersetzt wird.[540] Im FrameNet-Design schlägt sich die valenzanalytische Ausrichtung auch in dem Bestreben nieder, die „kombinatorischen Möglichkeiten" von Lexikoneinheiten möglichst breit zu erfassen.[541] Das, was Fillmore und FrameNet unter „Frames" verstehen, ist also eindeutig abgeleitet aus kombinatorischen Eigenschaften von Lexemen. Hierin zeigt sich die grammatische Erbschaft des FrameNet-Vorhabens, in dem Probleme einer kognitiven oder epistemologisch ausgerichteten Semantik nicht das einzige (und vielleicht noch nicht einmal das vorrangige) Ziel sind.

Das Problem der Konzept-Frames bei Fillmore und FrameNet. Wir haben gesehen, dass in den Texten der FrameNet-Phase Frames (nicht nur, aber häufig) als „Strukturen aus Konzepten / Begriffen" bestimmt wurden (ohne dass jedoch der diese Definition tragende Terminus *concept* selbst näher definiert wurde). Da Frames in FrameNet prototypisch Prädikats-Frames sind, die meist um ein Verb herum organisiert sind (bzw. von diesem evoziert werden), bleibt die Frage, welche Rolle die nicht-prädikativen Elemente im theoretischen Modell von FrameNet spielen. Elemente anderer Wortarten neben den Verben, also Nomen, Adjektive, Präpositionen bzw. Präpositionalphrasen, werden meistens dann erwähnt, wenn sie selbst als Träger von Prädikationen identifiziert werden können, wie das etwa für deverbale Nomen in Funktionsverbgefügen (support verb constructions) gilt. Ein Nomen wie *Abstimmung* lässt sich natürlich mit demselben Frame erklären wie das Verb *abstimmen*. Erläuterungsbedürftig bleibt jedoch, was mit den „nicht-prädikativen" (bzw. genauer: nicht offensichtlich ein Prädikat tragenden) Wörtern in Sätzen geschehen soll, wie sie in das Frame-Modell eingebunden werden sollen. Die prädikations-zentrierte Ausrichtung des Frame-Begriffs von Fillmore und FrameNet schafft hier ein Problem für die Theorie. Während andere Frame-Modelle, insbesondere das Modell von Barsalou 1993, genau umgekehrt vorgehen, indem sie nämlich vornehmlich nominale bzw. „Konzept-Frames" fokussieren, stehen solchen Ansätzen die prädikations-zentrierten, von Verben ausgehenden

---

[538]   Fillmore / Johnson / Petruck 2003b, 237.

[539]   Fillmore / Atkins / Johnson 2003c, 255 f..

[540]   „Semantische Valenz = Der Frame, der der Bedeutung eines Wortes zu Grunde liegt, und die Zahl und Art von Entitäten, die an der Situation, die den Frame instantiiert, beteiligt sind." Fillmore / Petruck 2003f, 360. – Etwas klassischer die Definition in Atkins / Rundell / Sato 2003, Fußnote 5 zu S. 348 auf S. 357: „Die semantische Valenz eines Stichwortes umfasst alle Konstituenten des Satzes, die einen zentralen Aspekt seiner Bedeutung ausdrücken, und deren grammatische Realisierung oder Realisierungen bekannt sein müssen, wenn das Wort korrekt und flexibel genutzt werden soll, wie natürliche Sprecher es benutzen."

[541]   „Ziel: Informationen über die semantischen [sic!] und syntaktischen kombinatorischen Möglichkeiten (Valenzen) jeder analysierten Lexikon-Einheit." Fillmore / Petruck / Baker / Ellsworth / Ruppenhofer 2003h, 1 – Vgl. ähnlich noch die Formulierung im allerjüngsten FrameNet-Papier: „Das FrameNet Projekt ist der Entdeckung und Beschreibung der lexikalischen Valenzen von lexikalischen Einheiten des Englischen gewidmet, d.h., ihren semantischen und syntaktischen kombinatorischen Eigenschaften, und der Frage, wie diese Eigenschaften benutzt werden können für die Identifizierung und die Bevölkerung der Ereignishaftigkeiten [eventualities], die in einem Text-Dokument sprachlich codiert sind. Der direkteste Weg, auf dem Ereignishaftigkeiten aufgefunden und ausgefüllt werden können, ist (1) die Entdeckung von Frame-tragenden Wörtern, die Ereignishaftigkeiten spezifischer Typen bezeichnen, und (2) die Identifizierung von Phrasen im syntaktischen Kontext solcher Wörter, die Beteiligte (,Slot-Filler') in diesen Ereignistypen bezeichnen." Fillmore / Narayanan / Baker 2006b, 1.

2.8 Ein „technisches" Modell: Prädikative Frames (FrameNet) 157

Frame-Modelle diametral gegenüber. Wir haben also Frame-theoretisch die Ausgangslage, dass sich zwei gegensätzliche Modelle polar gegenüberstehen, nämlich das Prädikats-Frame-Modell von Fillmore und FrameNet und das Konzept-Frame-Modell von Barsalou, und dass wir in der Mitte nur das abstrakte kognitivistische Frame-Modell von Minsky haben, das aber linguistisch sehr viel stärker konkretisiert werden müsste. In dieser Situation stellt sich für eine allgemeine linguistische Frame-Theorie die Frage, ob sich das Fillmore + FrameNet-Modell als Ausgangspunkt für ein solches allgemeines linguistisches Frame-Modell überhaupt eignet. Um dies herauszufinden, müssen die Aussagen von Fillmore und FrameNet zu „nicht-prädikativen" Elementen in Sätzen gesucht und auf ihre Eignung für eine allgemeine Frame-Theorie hin überprüft werden. (Solche Aussagen sind zwar spärlich, doch es gibt sie durchaus.)

Konzept-Frame-Modelle oder allgemeine kognitive Frame-Modelle (wie bei Barsalou und Minsky, und, mit gewissen Einschränkungen, auch Schank / Abelson) zeichnen sich dadurch aus, dass sie dem Merkmal der Rekursivität in den Frame-Strukturen (d.h., dass Frames selbst wieder Frames enthalten bzw. in größere Frames eingebettet sind) einen hohen Stellenwert einräumen. In den Texten von Fillmore und FrameNet ist indes von einer solchen Rekursivität selten die Rede, und wenn, dann in einem höchst eingeschränkten Sinne. Liest man Formulierungen wie: „Mit Frame-Komposition ist eine Situation gemeint, in der ein komplexer Frame aus Teilen zusammengesetzt ist, die ebenfalls Frames sind",[542] dann liest sich das nur auf den ersten Blick wie ein Hinweis auf eine durchgängig rekursive Frame-Struktur. Schaut man jedoch genauer hin, was konkret gemeint ist (auf die Beispiele, die dann folgen), dann wird klar, dass mit „Sub-Frames" hier nur „Ereignisse" (Handlungen, Teilabläufe) gemeint sind, die in andere „Ereignisse" (Handlungen, Abläufe) integriert sind; vergleichbar etwa den Skript-Strukturen bei Schank / Abelson. Ganz offensichtlich gehen Fillmore und andere nicht davon aus (wie Barsalou es tut), dass *alle* Konzepte Frames sind. Offenbar sind in ihrer Redeweise nur *manche* Elemente eines Frames selbst Frames, und zwar immer dann, wenn sie sich als selbst auch prädikativ erweisen. Hierin wird der eingeschränkte (verb- / prädikats-bezogene) Charakter des Fillmore + FrameNet-Frame-Begriffs ganz deutlich. Hätten Sie einen Konzept-Frame-Begriff, könnten sie nicht so reden, wie sie es an solchen Textstellen tun. Dies zeigt wieder, wie eng gefasst das Frame-Verständnis von FrameNet (und Fillmore) ist, wenn man es mit anderen Modellen vergleicht.

Deutlich wird dieses eingeschränkte, prädikats-zentrierte Frame-Verständnis auch dadurch, dass als „Frame-evozierend" in der Regel nur Verben oder Verbderivate beschrieben werden. So wird der Gegenstand der FrameNet-Analyse folgendermaßen bestimmt:[543]

> „Es geht hier v.a. um den Typ von Wörtern, die nicht korrekt benutzt werden können, wenn nicht die Konstruktionen bekannt sind, in denen sie auftreten. [...] In der Terminologie von FrameNet sind dies die Frame-evozierenden Wörter, am typischsten Verben, aber auch Nomen und Adjektive. Wir schließen aus dieser Diskussion Präpositionen und Partikel aus, und einfache Nomen, die Objekte in der realen Welt benennen (wie *Baum, Hammer, Palast* usw.). [...] Diese sind aber in der FrameNet Datenbasis eingeschlossen und werden mit Lexikon-Einträgen erfasst, die ihre spezifischen Merkmale behandeln."

---

[542] Fillmore / Wooters / Baker 2001b, 14. Als Beispiel wird genannt: Austausch-Frames, wo ‚Besitzer'-Relationen eine Rolle spielen. – Vgl. fast wortidentisch Fillmore / Narayanan / Baker / Petruck 2002e, 4. Dies wird auch als Sub-Frames, d.h. eine „Beziehung zwischen komplexerem Frame und verschiedenen einfacheren Frames, die ihn konstituieren" bezeichnet.
[543] Fillmore / Atkins / Johnson 2003c, 251.

158   *Kapitel 2: Die Erfindung des Frame-Gedankens in der Linguistik durch Charles J. Fillmore*

Diese Verwendung des Ausdrucks „Frame-evozierende Wörter", die aus der Gesamtmenge aller Wörter eines Wortschatzes / einer Sprache eine bestimmte Menge ausgrenzt, und nur diesen Wörtern das Prädikat „Frame-evozierend" zukommen lässt, zeigt deutlich, dass Fillmore und FrameNet einen stark eingeschränkten Frame-Begriff verwenden. Es wird deutlich, dass hier nur an valenz-artige Frames gedacht ist, also nicht an Konzept-Frames in einem umfassenderen Sinne, wie sie etwa Barsalou 1993 definiert und seinem Frame-Modell zugrunde legt. Damit stellt sich die Grundsatzfrage: ist ein Fillmore / FrameNet-Frame-Begriff überhaupt kompatibel mit einem Barsalou- (oder Minsky-) Frame-Begriff? (Auf diese Frage werden wir später zurückkommen.) Bei allen Beispielen, die Fillmore nennt (bis in seine jüngsten Arbeiten hinein[544]) wird immer wieder deutlich, dass Fillmore offenbar (wie schon Schank / Abelson) paradigmatisch stets nur (oder vor allem) Handlungs-Frames denkt, wie auch die zahlreichen Definitionen von Frames in Termini von „Ereignissen" oder „Situationen" immer wieder zeigen.[545] Offenbar kommt Fillmore gar nicht auf die Idee, von allgemeinen Konzept-Frames auszugehen (wie sie z.B. Barsalou beschreibt), und daher auch nicht auf die Idee, wie sich abstrakte Frames beschreiben lassen – dann hätte er nämlich sein Frame-Modell verallgemeinern müssen, und die enge Bindung an Syntax ebenso wie die *evoke / invoke*- Unterscheidung verlassen müssen!

Wie stark sich das Fillmore-FrameNet-Frame-Konzept von den allgemeineren, insbesondere auch den Konzept-orientierten Frame-Modellen unterscheidet, wird insbesondere auch durch ihre Behandlung der Frame-Elemente deutlich.[546] Eine solche Darstellung (Zitat Fußnote) ist gleichbedeutend mit einer radikalen Absage an jede Verallgemeinerbarkeit von (Beschreibungen von) Frame-Strukturen und Frame-Elementen. Eine solche Haltung ist in dieser Radikalität aber mehr als problematisch. Vor allem steht sie sowohl im Widerspruch zu konzept-orientierten Frame-Modellen (z.B. Barsalou), da diese (mehr oder weniger) eine (Möglichkeit der) typologischen / konzeptuellen Identität von Frame-Elementen quer zu verschiedenen Frames voraussetzen (oder zulassen müssten). Zum anderen würde ein so definierter FrameNet-Ansatz zu einer starken Multiplizierung von Frame-Elementen (und einer problematischen inflationären Homonymie oder Polysemie von Frame-Elementen / Namen) führen, die letztlich alle Bemühungen um epistemologische Verallgemeinerungen über den Haufen werfen würde. Man kann dann wohl fragen: Ist das (diese Konsequenzen solcher Formulierungen) wirklich so gewollt bzw. gemeint?

---

[544] Vgl. Fillmore 2006a, 616. Siehe das Zitat in Fußnote 525 auf Seite 153.

[545] Vgl. den Tenor von Fillmore / Baker / Cronin 2003d, 286: „Viele Frames drücken Konzepte aus, die natürliche, wohl definierte Unter-Teile haben. Z.B. zerfallen viele komplexe Ereignisse in eine Serie kleinerer Ereignisse, die in einer festgelegten Reihenfolge auftreten. Da die gesamte Semantik *in terms* von Frames ausgedrückt wird, ist jedes Unter-Ereignis notwendigerweise ebenfalls ein Frame, und wir nennen sie Unter-Frames [Sub-Frames] des komplexen Ereignisses." Deutlich wird hier, dass der Ausdruck „Konzepte" hier „Prädikats-Konzepte" meint. – Siehe auch in bewusster Abgrenzung von allgemeinen kognitiven Frame-Konzeptionen ganz explizit Fillmore 2006a, 614: „Im Gegensatz zu solchen Ansätzen beschäftigt sich Frame-Semantik damit, wie Situations-Typen in spezifischer Weise durch sprachliche Einheiten evoziert werden."

[546] Vgl. dazu Fillmore / Baker / Cronin 2003d, 286: „Die Basis-Einheiten der Frame-Semantik sind Frames und die Frame-Elemente (FE), die sie enthalten. Zwischen diesen bestehen ‚eins-zu-viele-Relationen', die anzeigen, dass jedes Frame-Element in Hinblick auf exakt einen Frame definiert wird, und dass Frames typischerweise mit mehr als einem Frame-Element verbunden sind. Weil Frame-Elemente relativ zu Frames definiert sind, können Frame-Elemente in verschiedenen Frames identische Namen haben, ohne damit irgendeine Beziehung zwischen ihnen zu implizieren."

2.8 Ein „technisches" Modell: Prädikative Frames (FrameNet) 159

Neben solchen problematischen Aussagen, aus denen man eher indirekt als direkt die Position von Fillmore und FrameNet zu Konzept-Frames (bzw. nominal realisierten, in dem Sinne, wie Fillmore u.a. diesen Begriff verwenden „nicht-prädikativen" Frames) erschließen kann, gibt es in den Texten ganz wenige Formulierungen, wo sie das Phänomen der nicht-prädikativen Wörter direkt ansprechen bzw. zumindest nebenbei erwähnen:[547]

> „Der Arbeitsprozess beginnt mit einer begrifflichen Struktur, oder dem Frame, zu der / dem diese Lexikon-Einheit gehört, und folgende Beschreibung erfordert: (1) eine schematische Repräsentation der Art der Entität oder Situation, die durch den Frame repräsentiert wird [...]."

Danach können Frames also sowohl Situationen wie auch *Entitäten* repräsentieren. Die Verwendung des Ausdrucks Entitäten könnte dann darauf hindeuten, dass Fillmore und FrameNet in ihrem Frame-Modell auch ‚nominale' Konzepte (‚Entitäten') berücksichtigen, wie sie etwa bei Barsalou allein im Vordergrund der Betrachtung stehen. Das könnte dann dafür sprechen, dass sie ihr Modell für grundsätzlich verallgemeinerungsfähig (also den Kern eines allgemeinen Frame-Modells) halten. Dem steht aber die Tatsache entgegen, (1) dass sie sich nirgends darum bemühen, diesen allgemeinen Charakter (oder auch nur rudimentäre Ansätze zu einer allgemeinen Frame-Theorie) auszuformulieren, und (2) dass sie (nach meiner Kenntnis) nirgends in ihren überaus zahlreichen Schriften ein Beispiel für einen ‚nominalen' oder ‚Entitäten'-Frame liefern, sondern stets nur Beispiele für verbale bzw. „Situationen"- (oder Prädikations-) Frames![548] ‚Entitäten' tauchen bei ihnen stets nur als „Frame-Elemente" auf, nicht selbst als „Frames". Da sich offenbar auch keinerlei Hinweise darauf finden lassen, wo / ob sie über die Rekursivität von Frames (Frame-Strukturen) reflektiert haben, bleibt offen, ob für sie „Frame-Elemente" überhaupt selbst auch „Frames" sind oder sein können (wie es in einem konzept-orientierten Frame-Modell der Fall sein müsste)!

Ganz deutlich wird die Beschränkung des Frame-Verständnisses von Fillmore und FrameNet, wenn die Autoren in demselben Aufsatz nur zwei Seiten später ihr Vorgehen wie folgt spezifizieren: „Der Lexikograph beginnt seine Arbeit an einem neuen Frame damit, indem er eine informelle Beschreibung des Typs der Situation oder des Geschehens gibt, die / das der Frame repräsentiert."[549] Es ist für das Denken der FrameNet-Autoren (einschließlich gerade auch Fillmores selbst) charakteristisch, dass plötzlich von den zuvor pflichtschuldigst erwähnten „Entitäten"-Frames gar keine Rede mehr ist, sondern nur noch von Situations- und Geschehens-Frames. Der durch diese Gewichtung zum Ausdruck kommende implizit prädikations-bezogene Charakter des Fillmore + FrameNet-Ansatzes und die sich darin ausdrückende stark begrenzte Reichweite ihres Modells ist eine Beschränkung, die die Autoren nirgends reflektieren oder thematisieren. Verblüffend ist, wie glatt sie an den Stellen, an denen es mehr als nahe gelegen hätte, auf die Frage, ob und gegebenenfalls wie die Semantik nicht-prädikativer nominaler Ausdrücke in einem Frame-

---

[547] Fillmore / Petruck / Ruppenhofer / Wright 2003e, 297 ff. – Ähnlich die Rede von „Objekt" statt wie hier „Entität" in Fillmore / Petruck / Baker / Ellsworth / Ruppenhofer 2003h, 2: „Im Herzen der Frame-Semantik steht der semantische Frame, eine strukturierte schematische Repräsentation einer Situation, eines Objekts, oder Ereignisses, der den Hintergrund und die Motivation liefert für die Existenz und den alltäglichen Gebrauch von Wörtern in einer Sprache."

[548] Dies zeigt sich auch in dem Text, aus dem obiges Zitat entnommen ist: Unmittelbar im Anschluss an die zitierte Stelle beginnen sie mit der Analyse, in der sie als prototypisches Beispiel für das „FrameNet in Action" (so der Aufsatztitel) ein Verb beschreiben (= prädikativer Ansatz).

[549] Fillmore / Petruck / Ruppenhofer / Wright 2003e, 299.

theoretischen Modell der Wort-Semantik behandelt werden sollten, über das zentrale Problem einfach hinweggehen:

> „Während Ereignis-Nomen (wie *Anbindung, Verbindung, Anheften*) Frames mit derselben Art von Ereignis-Struktur evozieren wie sie durch die Verben evoziert werden, die ihnen semantisch und morphologisch zugrundeliegen, tun dies Nomen, die Artefakte und natürliche Arten bezeichnen (z.B. *Hemd, Kette, Apfel, Giraffe*) normalerweise nicht. Vielmehr dienen solche Nomen typischerweise als Slot-Füllungen für Frames, die durch Verben, Adjektive oder Ereignis-Nomen evoziert werden."[550]

Kein Wort also darüber, ob Bedeutungen der nicht-prädikativen Nomen als „Frames" rekonstruiert werden können oder nicht. Lediglich ein sehr zarter Vor-Schein von Nominal-Frames und damit sehr unvollkommene Rudimente einer Konzept-Darstellung deuten sich an, wenn die Autoren über die semantische Beschreibung von „Eigenschafts-Strukturen" von nicht-nominalen Konzepten sprechen.[551] Während ein konzept-fokussierter (bzw. auf Nomen als Paradebeispiel für Frames konzentrierter) Frame-Theoretiker wie Barsalou wenigstens so tut, als seien prädikative Frames mit demselben Apparat beschreibbar (ohne dies jedoch im Einzelnen nachzuweisen), gehen die prädikat-fokussierten Frame-Forscher von FrameNet inkl. Fillmore auf die Frage, ob sich ihr Modell auch für die Beschreibung von nominalen Konzepten (oder der Bedeutungen der Wörter anderer, nicht-prädikativer Wortarten) eignet, gar nicht erst ein. Dies ist bei allen interessanten bedeutungstheoretischen Reflexionen in den Schriften gerade von Fillmore selbst dann doch sehr enttäuschend.

Frame-Typen, -Ebenen und –Komplexitätsgrade. In den dargestellten Definitionen der Frames in den FrameNet-Schriften ist wiederholt angeklungen, dass die Möglichkeit unterschiedlicher Ebenen und Typen von Frames zugestanden wird. Abgesehen von dem dort gar nicht thematisierten (sondern nur in unserer Kritik angesprochenen) Unterschied zwischen ‚prädikativen Frames' und ‚Konzept-Frames'[552] werden – meist über die Beispiele, gelegentlich aber auch explizit – unterschiedliche Typen von Frames und verschiedene Komplexitätsgrade von Frames angesprochen, ohne dass die Frage einer möglichen Frame-Typologie systematisch erörtert würde. Zunächst wird angedeutet, dass Frames „von sehr allgemeinen Frames, wie etwa die Kasus-Rahmen oder anderen einfachen Ereignis-Schemata, die semantischen Rollen unterliegen, bis zu lexikalisch sehr spezifischen Frames" reichen können, und dass die Frames auf einer „mittleren Ebene" für eine linguistische Analyse die interessantesten seien, ohne dass diese „mittlere Ebene" (oder die anderen Ebenen) näher spezifiziert würden.[553] Die in demselben Text eingeführte Grundannahme

---

[550] Fillmore / Petruck / Ruppenhofer / Wright 2003e, 321.

[551] Fillmore / Petruck / Ruppenhofer / Wright 2003e, 322. „Zusätzlich haben wir verschiedene Frame-Elemente definiert, die eine Art von Eigenschaften-[qualia]-Struktur der Artefakte reflektieren." Als Beispiel nennen sie: „Material" für CONNECTOR („konstitutive Eigenschaften"); „Gebrauch", dem es ausgesetzt ist („Zweck-Eigenschaften") – gerade als sei so etwas wie „Zweck" eine einfache Objekt-Eigenschaft, zu deren Beschreibung es keiner komplexesten Wissensrahmen-Analyse bedürfte …

[552] Die Unterscheidung zwischen ‚prädikativen Frames' und ‚Konzept-Frames' ist vorläufig und bedürfte vertiefter Erläuterung, die an dieser Stelle nicht möglich ist. Ein notwendiger Hinweis dennoch: Da auch Prädikate in einem allgemeineren, kognitiven Verständnis ‚Konzepte' sind, muss die ad-hoc-Bezeichnung ‚Konzept-Frames' durch eine geeignetere Benennung ersetzt werden. Gemeint sind hier nominale Konzepte im Sinne der von Fillmore verschiedentlich aus seinem Frame-Begriff ausgeschlossenen Lexeme, die Objekte („Artefakte und natürliche Arten") bezeichnen; also nicht-deverbale Nomina, d.h. Wörter ohne offensichtliche prädikative Funktion.

[553] Fillmore / Johnson 2000b, 1.

2.8 Ein „technisches" Modell: Prädikative Frames (FrameNet) 161

einer zweistufigen Struktur aus: (a) kognitiv / epistemischen Frames / Elementen, und (b) sprachlich realisierten Verb-Valenz-Rahmen und Argumenten[554] entspricht wohl grob gesehen der Unterscheidung von „semantischen" und „syntaktischen" Valenz-Rahmen und ist insofern unspektakulär, da sie lediglich die in der europäischen Valenzforschung schon lange diskutierte Unterscheidung zwischen semantischer und syntaktischer Valenz widerspiegelt. In konkreten Beispielanalysen an Texten wird immer mal wieder zwischen einzelnen, ‚kleineren' Frames, die für einzelne Sätze oder einzelne Wörter in Sätzen relevant sind, und „einigen wenigen abstrakten, auf oberer Ebene angesiedelten Frames wie ‚Handlung' und ‚Ereignis' unterschieden (Fillmore / Baker 2001a, 5). Solche Unterscheidungen deuten darauf hin, dass Fillmore und Frame-Net-Autoren auch bezüglich der von ihnen favorisierten Frames doch an so etwas wie eine Art „Konzept-Hierarchie" (Oberbegriffe vs. Unterbegriffe) denken (wovon sie sich ansonsten häufiger gerne abgrenzen, da es auf die aus der Kognitionswissenschaft hinreichend bekannten problematischen Begriffssysteme bzw. „Ontologien" hinausläuft).

Deutlich wird aber immer wieder, dass ihre Unterscheidung zwischen Frame-Typen bzw. -Ebenen stets ihrem prädikativen Frame-Begriff verhaftet bleibt.[555] Es wird deutlich, dass Fillmore und Mitautoren hier offenbar immer noch eher an Handlungen / Ereignisse, und weniger an abstrakte und konzeptuelle (nominale / objektbezogene) Frames denken. Sehr deutlich ist das Frame-Verständnis auf skript-artige Phänomene bezogen, die es in den ganzen Papieren kaum je übersteigt. Wenn die im Zitat erwähnte Liste etwa folgendermaßen nur leicht erweitert wird: „Schematisierungen von spezifischen Situations-Typen und ihren Komponenten […], wie z.B. die Ereignisse oder Zustände, die durch einfache Verben oder Adjektive ausgedrückt werden, z.B. *lift* oder *similar*", dann wird durch diese Formulierung deutlich, dass der Rahmen einer skript-bezogenen, auf Handlungen, Ereignisse, Zustände fixierten Frame-Theorie hier keinesfalls überschritten wird. Auch wenn interessant ist, dass mit Adjektiven immerhin der Bereich der Frame-auslösenden Wortarten über die Verben hinaus ausgedehnt wird, und insofern zugestanden wird, dass auch Adjektive in kognitiver / epistemischer Hinsicht ‚Prädikationen' ausdrücken, wird völlig darüber hinweggegangen, dass auch Nomina (also zur Referenz auf Dinge, Personen usw. benutzte Lexikoneinheiten) auch dann Prädikationen ausdrücken können, wenn sie nicht deverbal sind.[556] Die Nennung von Frame-„Typen" wie „Kontrast-Muster, wie das zwischen *gewinnen* und *verlieren* [und] Netzwerken von Relationen wie die, die in der Verwandtschafts-Terminologie zu finden sind" (Fillmore 2006a, 613), erinnern stark an die Diskussionen bei

---

[554] Fillmore / Johnson 2000b, 2.

[555] „Die fraglichen Frames können einfach sein – kleine statische Szenen oder Zustände, einfache Kontrast-Muster, Beziehungen zwischen Entitäten und den Rollen, denen sie dienen, oder möglicherweise sehr komplexe Ereignistypen – die wir Szenarios nennen –, die den Hintergrund für Wörter liefern, die eine / n oder mehrere / n ihrer Phasen oder Beteiligten profilieren." Fillmore / Wooters / Baker 2001b, 2. Wortidentisch in Fillmore / Narayanan / Petruck / Baker 2003g, 2. – Vgl. auch Scheffczyk / Baker / Narayanan 2006, 1: „Ein semantischer Frame repräsentiert einen Set von Begriffen, die mit einem Ereignis oder Zustand verbunden sind, reichend von einfachen (*ankommen*, *platzieren*) zu komplexen (*Rache*, *Kriminalprozess*)."

[556] Diese wichtige Einsicht hat bereits 1985 Peter von Polenz in seiner „Satzsemantik" formuliert. Die Erkenntnis, dass ‚referenzielle' Ausdrücke (z.B. Nomina) auch prädizieren können, ebenso wie Verben auch ‚Konzepte' darstellen, zwingt dazu, in einer zureichenden Bedeutungstheorie über das Verhältnis von Referenz und Prädikation und ihren Bezug zur Unterscheidung der Wortarten (Verben, Adjektive, Nomina) neu nachzudenken. Ein solches Nachdenken unterbleibt bei all der Fülle an semantischer Reflexion gerade in den Schriften von Fillmore selbst erstaunlicherweise jedoch nahezu vollständig.

der Erforschung von lexikalisch-semantischen Feldern und Relationen, also eine Ebene von semantischen ‚Frames‘, die sicher einen völlig anderen Phänomenbereich betreffen als die im Modell zentralen prädikativen oder ‚Ereignis‘-Frames.[557] Auch wenn die Erwähnung solcher allgemeiner semantischer Frames stark darauf hindeutet, dass im Hinterkopf doch ein abstrakterer Frame-Begriff steckt als nur einer der prädikativen Verb-Frames, werden aus solchen (impliziten) Verallgemeinerungen des Frame-Konzepts keine theoretischen Konsequenzen gezogen. Die ausdrücklich thematisierten Abstraktionen (wenn sie überhaupt mal erwähnt werden) betreffen stets nur prädikative Frames.[558]

Eher bei Mitarbeitern von FrameNet, wie etwa Petruck und Boas, als bei Fillmore selbst, werden dann auch Versuche unternommen, die Frame-Analyse für andere als syntaktische bzw. satz-semantische Zwecke einzusetzen. So kann man es als implizites Einführen eines neuen Typs von Frames auffassen, wenn diese Autoren den Vorschlag ausformulieren, die Frame-Analyse auf morphologische, also wort-interne Prozesse anzuwenden.[559] Im Kern bleibt jedoch FrameNet und Fillmores Frame-Konzept ein prädikativ zentriertes Unterfangen. Öfter zu lesende Formulierungen wie: „Mit diesem Ansatz für die lexikalisch-semantische Analyse und Beschreibung ist es möglich, alle Kategorien von Wörtern, ebenso wie von Sätzen und Ausdrücken zu charakterisieren, indem man denselben Apparat benutzt, den Frame."[560] sind daher nicht unbedingt zum Nennwert zu nehmen, solange nicht explizit ausgeführt wird, wie mit dem entworfenen theoretischen Apparat solche Frames beschrieben werden können sollen, die rein gar nichts mehr von „Ereignissen", „Zuständen" usw. (also als prädikativ beschreibbaren Phänomenen) an sich haben. Dem einerseits selbstbewusst formulierten umfassenden Anspruch der Frame-Semantik, wonach „die gesamte Semantik *in terms* von Frames ausgedrückt wird",[561] müsste andererseits aber ein Frame-Modell entsprechen, das geeignet wäre, alle Arten von Frames (für alle Arten von Wortarten und alle Arten von verstehensrelevantem Wissen) adäquat zu erfassen. Aufgrund ihrer starken Konzentration auf prädikative, „Ereignis"-bezogene Frames haben Fillmore und FrameNet dafür, dass dieser Anspruch mit dem von ihnen formulierten Modell auch tatsächlich erfüllt werden kann, jedoch bislang keinerlei Beweis abgeliefert. Dafür hätten sie sich von ihrem prädikativ orientierten Frame-Begriff lösen und einen allgemeinen konzept-

---

[557] Dass diese weiterhin das Modell prägen, wird im letzten Aufsatz von Fillmore deutlich, wo er „‚kleine Frames‘, die mit einzelnen Prädikaten verbunden sind, von ‚großen Frames‘, das heißt den institutionellen Begriffen, die selbst durch Namen identifizierbar sind (*Geburtstag, Handel, Computer, Kriminalprozess*)" unterscheidet. Fillmore 2006a, 616. Siehe auch a.a.O.: „Die Frames der gegenwärtigen Frame-Semantik dagegen werden beschrieben *in terms* der Merkmale der Situationstypen selbst, eingeschlossen alles, was auch immer gesagt werden kann über den Hintergrund und andere Assoziationen solcher Situationen."

[558] So in Fillmore / Sato 2002d, wo nur ohne weitere Erläuterungen erwähnt wird, die Frames reichten „von hoch abstrakt" [Beispiel: Ersetzungs-Frame] „bis sehr spezifisch" [Beispiel: Hitze anwenden (kochen)].

[559] So in Petruck / Boas 2003, 5 am Beispiel einer sprachvergleichenden Analyse von Wochentags-Namen-Systemen. Auch wenn die Autoren hier vorschlagen, „den Frame als universales kognitives Strukturierungsmittel zu nehmen", folgen daraus auch bei ihnen nicht die notwendigen theoretischen Konsequenzen. Vielmehr tun sie so, als ließen sich Wochentagsnamen mit „Valenz"-ähnlichen Strukturen analysieren. Damit setzen sie aber einfach die Fillmore'sche Definition von „Valenz" für „Frame" ein, ohne zu merken, dass sie die Grenzen einer echten Valenz-Analyse im engeren Sinne schon verlassen haben. „Valenz" zu sagen, aber „(kognitiver) Frame" zu meinen, vermeidet zwar den offenen Konflikt mit dem Vorbild und Ideengeber Fillmore, führt aber insgesamt zu einer inkonsistenten und nicht durchhaltbaren Terminologie und Theorie.

[560] Fillmore / Johnson / Petruck 2003b, 241.

[561] Fillmore / Baker / Cronin 2003d, 286.

2.8 Ein „technisches" Modell: Prädikative Frames (FrameNet) 163

orientierten bzw. epistemologischen Frame-Begriff vorschlagen müssen, was sie jedoch stets verweigert haben.

Deutlich beschrieben in den FrameNet-Texten werden jedoch die verschiedenen Komplexitätsgrade von Frames, die schließlich zu einem Modell der Analyse von Beziehungen zwischen Frames geführt haben.[562] Zur Beschreibung der Beziehungen zwischen Frames unterschiedlichen Komplexionsgrades wird der Begriff „Frame-Komposition" eingeführt.[563] Als Beispiel wird etwa ein AUSTAUSCH-Frame genannt, in den BESITZER-Relationen integriert sind. Dass auch diese „Frame-Komposition", der später noch der Aspekt der „Frame-Mischung" hinzugefügt wird, letztlich im Sinne von Skript- oder „Ereignis"-Strukturen gesehen wird, und nicht-ereignishafte Aspekte (die z.B. durch referenzielle Nomen ausgedrückt werden) nicht explizit erfasst, wird freilich auch hier wieder deutlich.[564] Einer der wichtigsten Aspekte der Untersuchung von komplexen Frames ist allerdings die Tatsache, dass „einige Frames als Ausdifferenzierungen [elaborations] von anderen Frames gesehen werden können" (Fillmore 2003a, 471). Auf dieses Phänomen bezieht sich auch die wichtigste Neuerung, die die FrameNet-Arbeiten gegenüber den vorherigen Schriften von Fillmore aufweisen, nämlich die systematische Untersuchung der sog. „Frame-Vererbung" (siehe dazu Kap. 2.8.6).

Eine Frame-theoretisch äußerst interessante Hypothese von Fillmore im Zusammenhang mit der Frage nach unterschiedlichen Typen und Komplexionsgraden von Frames ist der Hinweis, dass es nach seinen Beobachtungen der Fall sein kann, dass bestimmte Frames nur mit einer einzigen Lexikoneinheit verbunden sind.[565] Diese Einsicht hat vermutlich erhebliche Konsequenzen für den theoretischen Status der Einheit „Frame", die allerdings von ihm nicht angesprochen werden. Zwischen diesen „Einzel-Wort-Frames" und solchen Frames, die, wie Fillmore ja immer wieder hervorhebt (und woran er trotz anderer Schwerpunkte auch in der FrameNet-Phase durchaus häufiger erinnert) bis hin zu komplexen kohärenz-stützenden Strukturen als Voraussetzungen des Verstehens für ganze Texte reichen, gibt es eine ziemlich breite Spannweite von Phänomenen, die Fillmore und seine Mitarbeiter zum möglichen Gegenstand von linguistisch-semantischen Frame-Analysen rechnen, ohne dass man durchweg den Eindruck gewönne, das zugrundegelegte Frame-Konzept sei auf diese Spannweite auch wirklich ausgelegt.[566] Auch die öfters vorzufindende Redeweise von den „Frames als der zentralsten und mächtigsten Art von Domänen-Struktur"[567] bleibt folgenlos, solange man sie nicht mit einer ebenso „mächtigen", weil allgemeingültigen Frame-Theorie verbindet. Die Selbst-Aussage, dass der Frame-Begriff von Fillmore und

---

[562] Siehe dazu unten Kap. 2.8.6, S. 183 ff.

[563] „Mit Frame-Komposition ist eine Situation gemeint, in der ein komplexer Frame aus Teilen zusammengesetzt ist, die ebenfalls Frames sind." Fillmore / Wooters / Baker 2001b, 14. – Fast wortidentisch Fillmore / Narayanan / Baker / Petruck 2002e, 4. – An demselben Ort werden „Szenen" als „untergeordnete Frames" bezeichnet. Vgl. das Zitat oben Fußnote 474, Seite 142.

[564] Fillmore 2003a, 471 nennt als „weitere Entwicklungen" von FrameNet: „Frame-Mischung, durch die einige Ereignis-Typen gesehen werden als beschreibbar als Instantiierungen von mehr als einem Frame; und komplexe Frames, durch die einige Ereignis-Typen gesehen werden als Szenarios, die Teile haben, die individuell [wieder] als Frames beschrieben werden können, mit Verbindungen von einem zum nächsten [Frame]."

[565] So Fillmore 2003a, 466.

[566] Vgl. etwa Fillmore / Baker 2001a, 2: „Es sollte festgehalten werden, dass Frame-Strukturen, die für die Etablierung von Text-Kohärenz benötigt werden, deutlich über pure Argument-Strukturen hinausgehen." ohne weitere theoretische Konsequenzen.

[567] Fillmore / Johnson / Petruck 2003b, 241.

164   *Kapitel 2: Die Erfindung des Frame-Gedankens in der Linguistik durch Charles J. Fillmore*

FrameNet „relativ breit" gebraucht wird,[568] darf daher nicht mit dem Bemühen um eine allgemeine, alle semantischen Phänomene abdeckenden Frame-Konzeption gleichgesetzt werden, sondern muss vielleicht eher als das gedeutet werden, was sie möglicherweise darstellt: die kaum verhüllte Einsicht darin, dass der Terminus „Frame" im Rahmen des FrameNet-Ansatzes für ganz verschiedenartige Phänomene verwendet wird, ohne dass diese Unterschiede als solche systematisch diskutiert oder reflektiert worden wären.

In den Kontext des Themas Frame-Komplexität gehört schließlich auch die erst gegen Ende des FrameNet-Kern-Projekts angesprochene Problematik der Bestimmung der „Grenzen" von Frames.[569] Diese Problematik hängt eng mit dem eher methodischen Aspekt des „Auflösungsgrades" [granularity] (bzw., wie man es auch nennen könnte, der „analytischen Tiefe") von Frame-Beschreibungen zusammen, der ebenfalls an diesem Ort angesprochen wird. Dahinter steht das grundsätzliche Problem der prinzipiell unbegrenzbaren Frame-Verfeinerung, auf das bereits Barsalou (1993) hingewiesen hatte. Hinter diesem in Frame-Net als rein deskriptiv beschriebenen Problem der unbegrenzbaren Verfeinerung der Frame-Analyse steckt aber ein grundsätzlicheres Problem der Frame-Theorie und Frame-Definition und würde daher zu seiner Lösung grundsätzliche Frame-theoretische Konsequenzen erfordern. Dass dies von den FrameNet-Autoren erkannt wurde, konnte nicht festgestellt werden.

2.8.4 *Frame-Elemente und Frame-Elemente-Typen*

Jede Definition von Frames steht und fällt mit der genaueren Definition bzw. Bestimmung dessen, was die „Frame-Elemente" darstellen sollen.[570] In der allgemeinen Frame-theoretischen Diskussion hat sich die aus der Kognitionswissenschaft stammende Terminologie der „slots" und „fillers" („Leerstellen" oder „Anschlussstellen" eines Frames und ihre „Füllungen") schon lange eingebürgert.[571] Zwar fällt der mittlerweile zum wissenschaftlichen Alltagswortschatz zählende Ausdruck „slot" auch in den neueren FrameNet-Texten häufiger (so bei Fillmore / Baker 2001a, 2), doch wird dieser Begriff deswegen nun keineswegs näher reflektiert oder gar zum Anlass allgemeinerer theoretischer Überlegungen über Status, Art und Funktion von „Leerstellen" in Frames genommen, sondern schlicht im Sinne der durch die Valenz-Grammatik vorgegebenen „Anforderungs-Struktur" von Verben hinsichtlich ihrer syntaktisch / semantischen „Ergänzungen" (syntaktisch: Komplemente; semantisch-prädikatenlogisch: Argumente) definiert und schließlich von Fillmore einfach zu den „Kasus" gerechnet.[572] Gerade hinsichtlich des schon angesprochenen Problems

---

[568] Fillmore 2006a, 614.

[569] Vgl. dazu Fillmore / Petruck / Baker / Ellsworth / Ruppenhofer 2003h, 4. In diesem Text beschreiben die Autoren die Tatsache, dass es im Projektverlauf notwendig wurde, bereits beschriebene Frames erneut zu beschreiben, weil anhand neuer Daten die alten Beschreibungen als unzureichend erkannt wurden, einen Vorgang, den sie „reframing" nennen.

[570] „Jeder Frame identifiziert ein Set von Frame-Elementen – Beteiligte und Requisiten in dem Frame." Fillmore / Baker / Sato 2002b, 1.

[571] Bei Minsky 1974 hießen sie vor Durchsetzung dieser Bezeichnungen noch in direkter Analogie zur Computer-Terminologie „terminals", also „Endstellen", „Anschlussstellen".

[572] „Frame-Semantik, die als ein Nachkomme der Kasus-Grammatik angesehen werden kann, [...] ‚Kasus' oder ‚Slots / Leerstellen' [...]." Fillmore 2003a, 472. – „Die praktischen Überlegungen bei solchen Frames waren es, Strukturen von Leerstellen aufzubauen, die entweder, auf linguistischer Ebene, den

2.8 Ein „technisches" Modell: Prädikative Frames (FrameNet) 165

der Vernachlässigung der „Konzept"-Frames bzw. der nicht-prädikativen Nomen[573] als Gegenstand einer möglichen Frame-semantischen Analyse ist es schon merkwürdig, dass Fillmore und FrameNet zwar wiederholt Nomen als Slot-Füller erwähnen, aber nirgends „Slots" (oder Frames als Slot-Strukturen) definiert oder näher erläutert haben.

Frame-Elemente als semantische Rollen. Fillmore- und FrameNet-Frame-Elemente können ihr Erbe aus der Valenztheorie und Kasusgrammatik daher nicht verleugnen. Frame-Elemente in FrameNet sind zunächst ganz einfach Ergänzungen, die in einem Satz an ein Verb syntaktisch und / oder semantisch angeschlossen werden. In der Fillmore + FrameNet-Ausdrucksweise werden sie gut valenztheoretisch meist als „Mitspieler und Requisiten"[574] konkretisiert (Fillmore / Johnson 2000b, 1):

> „Frame-Semantik charakterisiert die semantischen und syntaktischen Eigenschaften von prädizierenden Wörtern, indem sie sie bezieht auf semantische Frames. Diese sind schematische Repräsentationen, die verschiedene Mitspieler, Requisiten, und andere konzeptuelle Rollen beinhalten, von denen jedes ein Frame-Element ist. Die semantischen [sic!] Argumente von prädizierenden Wörtern korrespondieren den Frame-Elementen des oder der Frame(s), der / die mit dem Wort assoziiert ist / sind."

Deutlich wird hier wieder die Fillmore-typische Konzentration auf „prädizierende Wörter".[575] Während „Mitspieler und Requisiten" als Bezeichnungen für die Frame-Elemente noch ganz in der Tradition von Tesnières Valenz-Idee stehen, eröffnet der lapidar hinzugefügte Ausdruck „andere konzeptuelle Rollen" den Zugang zu Frame-Elementen weit über den Rahmen grammatischer (oder gramm.-semantischer) Aspekte hinaus. Diese zunehmende (und schließlich radikale) Öffnung der ursprünglich rein syntaktischen Valenz-Idee in Richtung auf eine dezidiert semantisch begründete Erweiterung der Menge der Frame-Elemente war eine der treibenden Ideen schon von Fillmores Kasus-Grammatik und wird (wohl auch von ihm selbst) als zentrale Errungenschaft seines Frame-Modells gesehen, wie der überaus häufige und deutliche Hinweis auf diesen Aspekt zeigt. So in aller Deutlichkeit:

> „Wir können sicher sein, dass das Raster von Kategorien, die für die Beschreibung der Bedeutungen und der Grammatik der Wörter in unserem Set benötigt werden, weit über alles hinausgeht, was mit den geläufigen Theorien von thematischen Rollen oder Tiefenkasus ins Auge gefasst wurde." [576]

Argumenten eines Prädikats entsprechen, oder, auf einer nicht-linguistischen Ebene, den Konstituenten eines Situationstyps." (473)

[573] Bezüglich der Nomen wollen sie zwar (nur) erfassen, „(1) in welchen Frames bestimmt Entitäten üblicherweise auftreten, und (2) welche Entitäten die Slots von bestimmten Frame-Elementen füllen", aber auch dies veranlasst sie nicht zu einer expliziten Definition von Frames im Sinne der Slots-Fillers-Terminologie. Fillmore / Petruck / Ruppenhofer / Wright 2003e, 321.

[574] Von „Mitspielern" sprach Fillmore erstmals in Fillmore 1977a, 80, von „Beteiligten" in Fillmore 1970b, 259 und 1975b, 125, von „Beteiligten-Rollen" in Fillmore 1973, 274, 1977a, 61 und 2003a, 459. – Die Auflistung „Beteiligte und Requisiten" für die FE wird gelegentlich noch um andere Aspekte erweitert, z.B. „Phasen von Zuständen" in Fillmore / Narayanan / Petruck / Baker 2003g, 1.

[575] Vgl. auch in aller Deutlichkeit Fillmore / Johnson / Petruck 2003b, 237: „In FrameNet werden die semantischen Valenz-Eigenschaften eines Wortes ausgedrückt in Form [in terms] der Entitäten, die an Frames des Typs, der vom Wort evoziert wird, partizipieren können. Wir nennen diese Frame-Elemente. [...] FrameNet benutzt Frames und Frame-Elemente, um die Valenz-Eigenschaften von Prädikaten zu beschreiben."

[576] Fillmore / Atkins 1992b, 84. Dem fügen sie in einer Fußnote hinzu: „Der Punkt ist, dass wir in einer sorgfältigen Beschreibung der mit Prädikaten assoziierten semantischen Rollen der meisten Verben ‚Frame-spezifische' semantische Rollen-Kategorien benötigen, die weit über die üblichen Rollen-Listen hinausgehen, die in gängigen Arbeiten zur Semantik und Grammatik von Verben gefunden werden können."

Einer der Kerngedanken der Kasusgrammatik war ja die Erkenntnis der grundlegend semantischen Bestimmtheit der Kasusrollen.[577] Kollokative Formulierungen wie „Frame-Elemente (semantische Rollen)"[578] zeigen, dass auch heute noch die Frame-Elemente gerne und vorwiegend in Termini der Kasus-Rollen gedacht werden.[579] Die Erweiterung der Kasus-Rollen-Analyse zur Frame-Semantik, die ja auch eine Ausdehnung der Kasus-Rollen auf allgemeiner gefasste und nicht mehr durch syntaktische Anforderungen eines regierenden Verbs begrenzte „Frame-Elemente" ist, sollte vor allem auch dazu dienen, die engen Grenzen einer syntaktischen Bestimmung der „Mitspieler" in einem Satz zu sprengen.[580] (Zu diesen Beschränkungen einer syntax-dominierten Sichtweise gehört etwa auch, dass in der Syntax ein regierendes Wort im Satz in einer bestimmten Position immer nur *ein* Element regieren kann, während ein weiter gefasstes (semantisches) Verständnis es erlaubt, über die zahlenmäßigen Begrenzungen von Satzbauplänen hinauszugehen.[581]) Frame-Elemente werden daher in Frame-Net oft auch einfach mit den „semantischen Valenz-Eigenschaften eines Wortes" gleichgesetzt.[582] – Neben den „Kasus-Rollen" der Kasus-Grammatik (andere Bezeichnungen dafür sind „semantische Rollen", „Tiefen-Kasus", „thematische Rollen") sind naheliegenderweise die „Argumente" (ein Terminus, der ursprünglich aus der Prädikatenlogik stammt, mittlerweile aber fest in die Linguistik integriert ist) als Teil der „Argumentstrukturen" von Prädikationen ein weiterer „Vorläufer" der „Frame-Elemente" der Fillmore-Konzeption, ohne jedoch nach Meinung der Autoren mit diesen einfach zusammenzufallen.[583]

Zahl und Art von Frame-Elementen. Anzahl und Art der Frame-Elemente eines Frames werden also vom Frame bestimmt, der durch ein Wort evoziert wird.[584] Fillmore und die Frame-Net-Autoren legen dabei großen Wert darauf, dass die Frame-Elemente jeweils Frame-spezifisch benannt und charakterisiert werden:

---

[577] „Auf jeden Fall konnte dafür argumentiert werden, dass die kombinatorischen Anforderungen für bestimmte Verben viel eher semantisch als syntaktisch spezifiziert werden müssten." Fillmore 2003a, 460 im Rückblick. Das Primat der Semantik in Fillmores Kasusgrammatik wurde oben ausführlich erläutert. Für Einzelheiten und weitere Nachweise siehe daher Kap. 2.2 (Seite 34 f.).

[578] Fillmore / Baker 2001a, 1. Ganz deutlich die kanonische „Definition im FrameNet-Glossary": „Frame-Element (FE) = Frame-spezifisch definierte semantische Rolle, die die Basiseinheit eines Frames ist." Fillmore / Petruck 2003f, 359. – Fast wortidentisch auch Fillmore / Narayanan / Petruck / Baker 2003g, 1 und Fillmore / Narayanan / Baker / Petruck 2003i, 771.

[579] Jedoch machen die Autoren auf einen wichtigen Unterschied zwischen Frame-Analyse und Rollen-Analyse aufmerksam: „Solche Beschreibungen ähneln Beschreibungen nach allgemeinen semantischen Rollen. Doch ergeben solche Rollen-Muster unterschiedliche Beschreibungen, wogegen eine Frame-Analyse das Identische im oberflächlich Unterschiedlichen betont." Fillmore / Johnson / Petruck 2003b, 238.

[580] „Fillmore hat den Ansatz der Frame-Semantik vorgeschlagen, in dem es eine unbegrenzte Anzahl von semantischen Rollen-Systemen geben kann, die mit individuellen Frames verbunden sind." Fillmore 2003a, 466.

[581] Vgl. zu diesem Aspekt Fillmore 2003a, 468.

[582] „In FrameNet werden die semantischen Valenz-Eigenschaften eines Wortes ausgedrückt in Form [in terms] der Entitäten, die an Frames des Typs, der vom Wort evoziert wird, partizipieren können. Wir nennen diese Frame-Elemente." Fillmore / Johnson / Petruck 2003b, 237.

[583] „Frame-Elemente haben gewisse Ähnlichkeit mit den Argument-Variablen in der [...] Prädikatenlogik, aber weisen doch wichtige Unterschiede auf, die aus der Tatsache folgen, dass Frames viel komplexer sind als logische Prädikate." Fillmore / Johnson / Petruck 2003b, 237.

[584] „Jeder [Frame] identifiziert einen Set von Frame-Elementen, die Frame-spezifische semantische Rollen (Beteiligte, Requisiten, Phasen eines Zustandes / Sachverhalts [state of affairs]) sind." Fillmore / Narayanan / Baker / Petruck 2002e, 1 – Ähnlich auch Fillmore / Baker / Sato 2002b, 1.

2.8 Ein „technisches" Modell: Prädikative Frames (FrameNet) 167

„Die Basis-Einheiten der Frame-Semantik sind Frames und die Frame-Elemente (FE), die sie enthalten. [Zwischen diesen bestehen] eins-zu-viele-Relationen, die anzeigen, dass jedes Frame-Element in Hinblick auf exakt einen Frame definiert wird, und dass Frames typischerweise mit mehr als einem Element verbunden sind. Weil Frame-Elemente relativ zu Frames definiert sind, können Frame-Elemente in verschiedenen Frames identische Namen haben, ohne damit irgendeine Beziehung zwischen ihnen zu implizieren."[585]

Sie nehmen damit Abstand von früheren Versuchen (zu Zeiten der „Tiefenkasus"-Forschung), fest definierte und abgeschlossene Sets von semantischen Rollen zu definieren, die so abstrakt sind, dass sie für eine Vielzahl von Frames (Abhängigkeits- bzw. Argument-Strukturen regierenden Wörtern) anwendbar sind.[586] Stattdessen gehen sie von idiosynkratischen sehr spezifischen Frame-Elementen aus,[587] bis dahin, dass das, was in dem einen Frame z.B. das FE AGENT ist, in einem anderen Frame zwar vielleicht auch mit demselben Wort *Agent* bezeichnet (etikettiert) wird, aber möglicherweise eine abweichende, spezifische semantische Beschreibung erhält.[588] Diese konkretistische Bestimmung von Frame-Elementen[589] dürfte einer der kritischsten Punkte der FrameNet-Frame-Konzeption sein und markiert eine deutliche Differenz zu kognitionswissenschaftlichen Ansätzen, aber auch zu den Intentionen vieler Linguisten, denen es stets nur oder vor allem auf die Erfassung des Allgemeinen (für viele Forscher möglichst sogar: des Universalen) ankommt. Fillmore geht jedoch davon aus, dass sich das Allgemeine im Konkreten durchaus wiederfinden lässt.[590]

---

[585] Fillmore / Baker / Cronin 2003d, 283. – Und, ausführlich diskutiert, in Fillmore / Lowe / Baker 1997b, 1: „Die meisten grammatischen Theorien akzeptieren mittlerweile das allgemeine Prinzip, dass ein bestimmter Set von semantischen Rollen („Kasusrollen", „thematische Rollen", „Theta-Rollen") notwendig ist, um die semantischen Relationen zu charakterisieren, die ein Prädikat mit seinen Argumenten haben kann. Allerdings gibt es keinerlei Übereinstimmung hinsichtlich der Größe des minimal notwendigen Sets von ‚universalen' Rollen." – „Wenn man spezifischere semantische Felder untersucht, dann bringt ganz offensichtlich jedes Feld einen neuen Set von spezifischen Rollen. Tatsächlich werden, je näher man auf die einzelnen Prädikate schaut, die topic-comment-Rollen umso spezifischer, die es nahe legen, eine unbegrenzte Anzahl von sehr feinkörnigen Etiketten und Attributen zu kreieren. Ein adäquater Ansatz der Syntax und Semantik einer Sprache involviert unvermeidlich einen sehr detaillierten Set von semantischen Etiketten; wie findet man die richtige Ebene der Auflösung heraus?"

[586] „Da es sehr viele Frames gibt, ist es nicht möglich, eine vollständige Liste von Frame Elementen zu geben." Fillmore / Johnson 2000b, 3. – „Aus all diesen Beobachtungen wurde deutlich, dass jeder Versuch, eine einzige Liste von semantischen Rollen zu finden, die unfehlbar aufgerufen werden kann, um die semantischen Funktionen der Dependentien jedes Verbs in jeder Sprache zu indizieren [to label] dazu bestimmt ist, zu scheitern." Fillmore 2003a, 468.

[587] „In FrameNet sind die Rollen-Namen (genannt Frame-Elemente) lokal bezogen auf spezifische begriffliche Strukturen (Frames); manche von diesen sind sehr allgemein, während andere spezifisch sind für eine kleine Familie lexikalischer Einheiten." Fillmore / Lowe / Baker 1997c, 2. – „Im Vergleich zu den semantischen Rollen der frühen Arbeiten Fillmores zur Kasus-Grammatik sind die Frame-Elemente weitaus spezifischer." Steiner 2003, 120. – Vgl. dazu oben Kap. 2.3, S. 38 f.

[588] So ganz explizit Fillmore / Narayanan / Baker / Petruck 2002e, 4: „Da Frame-Elemente-Namen relativ zu den Frames sind, in denen sie auftreten, unterscheidet sich ein FE SPRECHER in B von einem FE SPRECHER in A. […] Es ist jedoch üblich in FrameNet, relativ Frame-spezifische Namen zu benutzen, wenn möglich. Dort, wo wir denselben Namen für Frame-Elemente in zwei unterschiedlichen Frames wählen, denken wir an eine bestimmte Art von semantischer Ähnlichkeit, aber dies muss schlussendlich spezifiziert werden durch Angabe semantischer Typen und der Frame-Elemente-Vererbung." – Vgl. auch Fillmore / Baker / Cronin 2003d, 283: „Weil Frame-Elemente relativ zu Frames definiert sind, können Frame-Elemente in verschiedenen Frames identische Namen haben, ohne damit irgendeine Beziehung zwischen ihnen zu implizieren."

[589] Siehe als Beispiel etwa für einen Frame „politischer Führungswechsel" Frame-Elemente wie SELEKTOR, ALTER FÜHRER, ALTE (POLITISCHE) ORDNUNG, NEUER FÜHRER, ROLLE. (a.a.O.)

[590] Fillmore / Atkins 1994a, 374 am Beispiel des *etwas riskieren*-Frames (z.B. in *Er riskiert seine Gesundheit.*): „Die Struktur von Frame-Elementen, die für RISK kreiert wurden, könnte auf den ersten Blick

168   *Kapitel 2: Die Erfindung des Frame-Gedankens in der Linguistik durch Charles J. Fillmore*

Allerdings bietet er keinerlei Ansatz dafür an, auf welche Weise genau dieses Allgemeine (Universale) in den konkreten Frame-Beschreibungen verankert ist, welchen theoretischen Status es hat, mit welchen Begriffen, Modellen es beschrieben werden kann usw.[591]

Wenn die Frame-Elemente-Bestimmung in FrameNet also dazu tendiert, eine „unbegrenzte Anzahl von sehr feinkörnigen Etiketten und Attributen zu kreieren", dann verlagert sich der Charakter einer Frame-Analyse fort von allgemeinen kognitionsbezogenen hin zu konkreten lexikologisch-semantischen Untersuchungen. Man könnte den Wechsel von den allgemeinen Sets von Frame-Elementen (bzw. damals: Kasus-Rollen) in der älteren Kasus-Grammatik-Konzeption hin zu den sehr konkreten Frame-Elementen in FrameNet daher auch als einen Wechsel von einer abstrakten grammatischen Perspektive hin zu einer konkret-deskriptiven, eher lexikographisch-thesaurierend motivierten Perspektive der semantischen Frame-Analyse deuten.[592] Der Fülle an möglichen Frames (die „so bunt ist wie das Leben") entspricht eine Fülle an möglichen Frame-Elementen, die prinzipiell nicht begrenzbar ist:[593]

> „In der Sichtweise der Frame-Semantik, die als ein Nachkomme der Kasus-Grammatik angesehen werden kann, kann die Zahl der Konstellationen von ‚Kasus' oder ‚Slots / Leerstellen' nicht im Voraus spezifiziert werden, da sie unbegrenzt zu sein scheinen, oder begrenzt nur durch die Bedürfnisse der sie umgebenden und stützenden Kultur."

Mit dieser Einstellung wird deutlich: Fillmore und FrameNet behandeln offenbar Frames und Frame-Elemente wie eine Art kultureller „Individuen", nicht als abstrakte bzw. allgemeine epistemische Aspekte bzw. Strukturen, und scheuen offenbar jeden Anflug von allgemeineren „semantischen Netzwerk-" und „Begriffs-Systemen".[594] Das macht ihren An-

---

idiosynkratisch und komplex erscheinen, aber in ihren Grundzügen [in its fundamentals] ist sie es nicht." Die Komponenten sind solche kognitiven Universalien wie: wollen, nicht wollen, Unsicherheit, gut, schlecht, haben, verursachen, handeln.

[591] In diesem Punkt wird (wieder einmal) deutlich, wie heikel der unklare wissenschaftstheoretische Status der terminologischen Definitionen insbesondere in FrameNet (aber letztlich auch bei Fillmore selbst) ist. Vgl. z.B. Fillmore / Wooters / Baker 2001b, 2: „Die Frame-Elemente sind in vielen Hinsichten analog zu den Kasus-Rollen oder thematischen Rollen verschiedener Ansätze. Für eine kleine Anzahl von Frames können die Frame-Elemente benannt werden mit gebräuchlichen Termini aus dieser Tradition, wie AGENS, THEMA, INSTRUMENT usw., aber es ist nicht erforderlich, dass wir unsere Frame-Elemente-Etiketten auf solche Listen beschränken in solchen Fällen, wo sie offensichtlich nicht passen. Die Frame-Elemente-Namen werden verstanden *in terms* von Rollen in spezifischen Frames und müssen nicht aufgefasst werden als Auswahl aus einem begrenzten universalen Set. Diese Etiketten sind sicherlich wiederverwendbar (aus diesem Grunde versuchen wir so viele Wörter wie möglich in den einzelnen Frames einzuschließen), aber unsere Arbeit kann erfolgen ohne a priori über ein vollständiges Eingangs-Inventar entscheiden zu müssen." Hier drückt sich in dem Wort „wiederverwendbar" deutlich die für FrameNet typische rein deskriptivistische Herangehensweise aus, die sich nicht darum kümmert, welche Folgen ein solches Vorgehen für den theoretischen Ansatz selbst hat.

[592] Darin kommt ganz deutlich zum Tragen, was oben, in Kap. 2.5 als Fillmores Auffassung über die „Aufgaben einer linguistischen Semantik" dargestellt worden ist. – „Thesaurus" (wörtlich: „Schatz") ist der in der Lexikographie (der Wissenschaft vom Erstellen von Wörterbüchern) übliche Begriff für den Aspekt der Sammler-Tätigkeit der Lexikographen, die so viel wie möglich von einem Wortschatz erfassen und beschreiben möchten. Dieser Terminus wird in den FrameNet-Texten auffallend häufig zur Beschreibung der eigenen Zielsetzung benutzt.

[593] Fillmore 2003a, 472.

[594] Tatsächlich ist es aber ein Bemühen von Fillmore und FrameNet, beim Ansetzen von Frame-Elementen eine ausgewogene Balance zu halten zwischen Abstraktion und Konkretheit: „Weil Frame-Elemente relativ zu Frames definiert sind, können Frame-Elemente in verschiedenen Frames identische Namen haben, ohne damit irgendeine Beziehung zwischen ihnen zu implizieren. In der Praxis bemühen wir uns

2.8 Ein „technisches" Modell: Prädikative Frames (FrameNet)

satz letztlich tendenziell inkompatibel und nur schwer vergleichbar mit allgemeineren kognitionstheoretischen Frame-Ansätzen, wie z.B. bei Minsky und Barsalou. Ihr Ansatz hat daher eine viel größere Nähe zu (Ähnlichkeit mit) kulturwissenschaftlichen Ansätzen, als zu / mit kognitionswissenschaftlichen / formalistischen Modellen, wie sie sich ansonsten um den Frame-Begriff ranken.

Keine Identität von Frame-Elementen und Satz-Konstituenten. Eines der wesentlichen Motive für Fillmores Übergang von einer Kasus-Rollen-Konzeption zu einem Frame-Modell betraf die konkreten Probleme bei der Bestimmung von Frame-Elementen in der linguistischen Analyse. Insofern sind Aspekte der Frame-Elemente einer der wichtigsten Gründe überhaupt für die Entwicklung einer linguistischen Frame-Konzeption gewesen. Vor allem geht es um die Beobachtung, dass in konkreten Sätzen häufig keine eins-zu-eins-Relation zwischen semantisch notwendigen (verstehensrelevanten) Frame-Elementen (bzw. Kasus-Rollen) einerseits und syntaktischen Konstituenten (z.B. Komplementen eines Prädikatsausdrucks) festgestellt werden kann. Eine einfache, auf die Satz-Struktur eines Beispielsatzes bezogene Analyse (die auch bei FrameNet stets am Anfang steht) kann zwar „die Handlung oder den Zustand, der mit dem Verb assoziiert ist, die Mitspieler (normalerweise ausgedrückt als Argumente), und die Rollen der Beteiligten an der Handlung oder dem Zustand" identifizieren, und „die Entsprechungen [mapping] zwischen den syntaktischen Konstituenten und den Frame-semantischen Elementen, die sie ausdrücken, offen legen", doch, so Fillmore und Kollegen, „eine solche Analyse bleibt irgendwie unvollständig".[595] Das heißt: eine rein auf syntaktisch realisierte Konstituenten bezogene Analyse von semantischen Rollen (bzw. Frame-Elementen) bleibt in semantischer Hinsicht unzureichend, da sie wichtige verstehensrelevante Elemente eines Frames nicht oder nicht adäquat erfasst. Eine reine Dependenz-Analyse zwischen regierenden Elementen in einem Satz und ihren Dependentien kann daher immer nur ein (wenn auch notwendiger) erster Schritt sein.[596] Die Erfassung von „Argumenten" im üblichen Sinne[597] wäre daher ebenfalls immer

---

natürlich, Frame-Elementen bedeutungsvolle Namen zu geben, so dass es nicht völlig zufällig ist, dass mehr als 70 Frames Frame-Elemente mit dem Namen AGENT haben. Nichtsdestotrotz darf man aus dieser Tatsache alleine nichts schließen; wenn sie alle durch ein allgemeineres Konzept von Agenten miteinander verbunden sind, muss dies explizit festgestellt werden, indem Frame-Element-zu-Frame-Element-Relationen in die Datenbasis eingeführt werden." Fillmore / Baker / Cronin 2003d, 283. – Trotz des Bemühens um einen ausbalancierten Ansatz bleiben einige Probleme des FrameNet-Vorgehens bestehen: Letztlich stellt es eine radikale Absage an jede Verallgemeinerbarkeit von (Beschreibungen von) Frame-Strukturen und Frame-Elementen dar! Das ist in dieser Radikalität problematisch. Vor allem steht es sowohl im Widerspruch zu konzept-orientierten Frame-Modellen (z.B. Barsalou), da diese (mehr oder weniger) eine (Möglichkeit der) typologischen / konzeptuellen Identität von Frame-Elementen quer zu verschiedenen Frames voraussetzen (oder zulassen müssten). Der FrameNet-Ansatz würde andererseits aber auch zu einer starken Multiplikation von Frame-Elementen (und einer problematischen inflationären Homonymie oder Polysemie von Frame-Elementen / bzw. FE-Namen) führen. Ist das wirklich gewollt / gemeint? Und sind die Konsequenzen wirklich voll durchdacht?

[595] An ihrem Beispiel: „Es gelingt ihr nicht, die Argumente von *heilen* in einem ‚allgemeinen medizinischen Ereignis' zu verankern, wo verstanden würde, dass die Krankheit (Arthritis) von einem ‚Erleider' getragen wird, und dass ein ‚Erleidender', der eine ‚Behandlung' erfährt, an einem solchen Ereignis als ein ‚Patient' beteiligt ist. Wir identifizieren solche ‚allgemeinen Ereignisse' als ‚Frames', und drücken unser Verständnis der Struktur solcher Ereignisse und der Beziehungen des sprachlichen Materials zu ihnen *in terms* der Theorie der Frame-Semantik aus." Fillmore / Lowe / Baker 1997b, 2.

[596] So Fillmore / Baker 2001a, 2.

[597] „Es sollte festgehalten werden, dass Frame-Strukturen, die für die Etablierung von Text-Kohärenz benötigt werden, deutlich über pure Argument-Strukturen hinausgehen." Fillmore / Baker 2001a, 2. – Zur Unzulänglichkeit von Argument-Analysen vgl. auch Fillmore 2003a, 459.

170   *Kapitel 2: Die Erfindung des Frame-Gedankens in der Linguistik durch Charles J. Fillmore*

nur ein erster Schritt; mit ihr ist eine vollständigen Erfassung der Frame-Elemente und Bestimmung eines Frames noch nicht erfüllt.

Ein wichtiger Grund für das Ansetzen von Frames ist daher auch die Beobachtung, dass Frames umfassender sind als das, was in einem konkreten einzelnen Satz ausgedrückt wird und werden kann. Nicht nur ist die Anzahl der Elemente eines Frames häufig größer als die syntaktisch ja stark begrenzte Anzahl der Komplemente in einem Satz (also der syntaktischen Konstituenten, mit denen Frame-Elemente sprachlich realisiert werden können). Vielmehr ist es zusätzlich der Fall, dass häufig zwei (oder mehr) Frame-Elemente eines Frames auch semantisch gesehen nicht in demselben Satz realisiert werden (oder werden können).[598] Als Beispiel nennen sie, dass in einem HEILEN-Frame Elemente wie KRANKHEIT und WUNDE nur selten in demselben Satz auftreten. Sie diskutieren, ob es bei einer solchen komplementären Distribution nicht möglich sei, diese beiden Elemente als Varianten eines übergeordneten, abstrakteren Frame-Elements zu definieren. Dies wäre eine Lösung die vermutlich von Vertretern von stärker abstrahierenden kognitiven Frame-Modellen (wie z.B. Minsky und Barsalou) sofort in Erwägung gezogen würde. Als Linguisten verwerfen Fillmore und Kollegen diese Idee aber, weil es dann nicht mehr möglich sei, „bestimmte syntaktische und semantische Generalisierungen ausdrücken zu können, so etwa die, dass man sagt *eine Krankheit heilen*, aber nicht *eine Wunde heilen* [aktiv], und man sagt *die Wunde heilt*, aber nicht *die Krankheit heilt*." (Fillmore / Lowe / Baker 1997b, 5.) Natürlich wäre es eine nahe liegende Überlegung, dass diese Probleme leicht mit einem allgemeinen Slots-Fillers-Modell (oder Attribute-Werte-Modell, wie es etwa Barsalou vertritt) zu lösen wären: der OBJEKT DER BEHANDLUNG- oder URSACHE DES LEIDENS-Slot eines allgemeinen HEILEN-Frames könte dann alternativ mit den Frame-Elementen KRANKHEIT oder WUNDE gefüllt werden. Allerdings haben die Linguisten recht, dass mit diesem Modell die von ihnen beschriebenen Aspekte der syntaktischen Einsetzbarkeit der Frame-Elemente dann nicht adäquat erfasst werden könnten. Das heißt aber: das, was kognitive (im Wissen verankerte) parallele Werte ein und desselben Attributs sein können (und was daher kognitiv / epistemisch gesehen gleichgestellt ist), muss deswegen noch lange nicht auch syntaktisch gleichgestellt sein, weil sich für seine sprachliche Realisierung unterschiedliche syntaktische / lexikalische Muster herausgebildet haben. Fillmore u.a. weisen damit auf ein wichtiges Problem einer spezifisch linguistischen Frame-Analyse hin. (Es bleibt vorerst offen, wie sich dieses Problem in einem auf Slots / Fillern beziehungsweise Attributen / Werten beruhenden Modell lösen lässt.)

Ein weiterer Aspekt der Nicht-eins-zu-eins-Beziehung von Frame-Elementen und Satz-Konstituenten ist es, „dass verschiedene Teile irgend eines einzelnen Satzes verschiedene semantische Rahmen evozieren können." (Fillmore / Lowe / Baker 1997b, 4.) Mehr noch: es kommt nicht nur häufig vor, dass in einem Satz verschiedene syntaktische Elemente verschiedene Frames evozieren (in denen sie dann, da ja Frame-Elemente immer individuell Frame-spezifisch definiert werden, notwendigerweise auch nicht-identische semantische Rollen bzw. Frame-Elemente vertreten), vielmehr ist es auch möglich, dass ein und dasselbe Satz-Element (bzw. Konstituente) für zwei oder mehrere Frame-Elemente gleichzeitig

---

[598] So Fillmore / Baker 2001a, 2: „Z.B. für ‚Vorladung‘ sind die ‚Slots‘, die ausgefüllt werden müssen, im allgemeinen nicht in demselben Satz zugänglich, ganz zu schweigen von den syntaktischen Dependentien des Verbs *vorladen*." – In Fillmore / Lowe / Baker 1997b, 5 wird betont, dass es wichtig sei, dass Frame-Elemente in einer Frame-Analyse auch dann einzeln aufgeführt werden, wenn sie unter Umständen kaum jemals in ein und demselben Satz gleichzeitig nebeneinander artikuliert werden.

2.8 Ein „technisches" Modell: Prädikative Frames (FrameNet)　　　　　　　171

steht.[599] Das heißt, es kann sein, dass ein einzelner Partizipant an einer Situation in mehr als einer Rolle beteiligt ist. Als Beispiel nennt Fillmore, dass das Ding, das sich bewegt, zugleich der Agent dieser Bewegung sein kann (Beispiel: *springen*).[600] Die Frame-Analyse löst mit ihrem multi-polaren Frame-Konzept daher die Probleme der Grenzen eines rein an syntaktischen Konstituenten orientierten Analyse-Modells.[601] Wenn Frame-Elemente verschiedener Frames in festen, definierten Beziehungen zueinander stehen,[602] handelt es sich meist um einen Fall von Frame-Vererbung (siehe dazu unten Kap. 2.8.6). Neben den Frame-Elemente-Beziehungen, die sich durch Vererbungs- oder Sub-Frame-Relationen zwischen Frames ergeben, gibt es aber auch den einfacheren Fall von Ähnlichkeiten zwischen Frame-Elementen verschiedener Frames.[603]

Kern-Frame-Elemente, Peripherie-Frame-Elemente und die Komplement-Adjunkt-Unterscheidung. Hinsichtlich des Verhältnisses von im Satz sprachlich (lexikalisch) realisierten Konstituenten und semantisch notwendigen (verstehensrelevanten) Frame-Elementen bietet das Frame-semantische Modell auch eine Lösung für das alte, aus der Dependenz-Grammatik hinreichend bekannte Problem der schwierigen Abgrenzung zwischen Komplementen und Adjunkten (oder Ergänzungen und Angaben in der Terminologie der deutschen Dependenzgrammatik, *actants* und *circonstants* bei Tesnière) sowie zwischen obligatorischen und fakultativen (optionalen) Komplementen.[604] Im Rahmen einer Frame-Analyse kommt es auf solche, rein syntaktisch bedingte Unterschiede nicht mehr an, da die betreffenden sprachlich realisierten Konstituenten sämtlich als Frame-Elemente interpretiert werden können.[605] Das FrameNet-Modell von Frame-Elementen unterscheidet zwar zwischen Kern-Frame-Elementen und Nicht-Kern-Frame-Elementen, ohne diese Unterscheidung jedoch strikt auf die Komplement / Adjunkt- bzw. obligatorisch / fakultativ-Problema-

---

[599] So Fillmore / Petruck / Ruppenhofer / Wright 2003e, 317: „Manchmal steht eine einzelne Konstituenten für zwei Frame-Elemente." Sie nennen dieses Phänomen „Frame-Elemente-Verschmelzung" = „ jedes Frame-Element wird auf einer anderen Frame-Elemente-Ebene etikettiert" – Fillmore 2006a, 617 fasst die verschiedenen Aspekte der Nicht-eins-zu-eins-Beziehung zwischen Frame-Elementen und Satz-Konstituenten folgendermaßen zusammen: „Die Verbindung zwischen Frame-Elementen und grammatischen Realisierungen ist variabel."

[600] Fillmore 2003a, 468. Mit solchen Überlegungen begibt sich Fillmore allerdings tief in konzeptuelle-kognitive Überlegungen hinein, die er anderswo doch strikt von einer linguistischen Perspektive trennen will!

[601] So Fillmore 2003a, 470: „Eine der wichtigsten Forderungen der frühen Kasus-Grammatik war das Prinzip, dass ein Prädikat in einem gegebenen Kasus nur ein Element regieren konnte, und dass jedes regierte Element nur eine Kasusrolle haben konnte. Dieses Prinzip musste modifiziert werden, um mit komplexen Ausdrücken für Ort, Zeit, und Pfad zurechtkommen zu können."

[602] Vgl. Steiner 2003, 121.

[603] Siehe dazu die Bemerkungen von Fillmore / Baker / Cronin 2003d, 283 in FN 594, S. 172.

[604] Vgl. dazu Fillmore 2003a, 466 ff.: „Zusätzlich gibt es die Schwierigkeit, den Unterschied zwischen Komplementen und Adjunkten zu repräsentieren und den zwischen obligatorischen und optionalen Argumenten – und zudem, ob es sich dabei um zwei Unterschiede handelt oder einen." – „Traditionell wurden die Fragen der Differenz zwischen optionalen (fakultativen) und obligatorischen Konstituenten und der Differenz zwischen Komplementen und Adjunkten als identisch angesehen." Der frühen Kasus-Grammatik fehlte ein Mittel, um diese Unterscheidung vorzunehmen. Rollen wie Zeit, Ort, Art und Weise werden in identischer Weise sprachlich realisiert, egal, ob es sich um obligatorische oder fakultative Elemente handelt. Die Lösung war, festzulegen, dass bei bestimmten Prädikaten Orts-, Zeit-Angaben erfordert waren [*wohnen*].

[605] „Wir glauben, dass es notwendig ist, all die obligatorischen und optionalen Typen von Begleitern (Komplemente, Modifizierer, Adjunkte etc.) zu charakterisieren, die ein Schlüsselwort in diesen Konstruktionen haben kann, insoweit das Auftreten dieser Begleiter in einer Weise von der Bedeutung des Schlüsselwortes abhängt." Fillmore / Atkins / Johnson 2003c, 251.

172   *Kapitel 2: Die Erfindung des Frame-Gedankens in der Linguistik durch Charles J. Fillmore*

tik zu beziehen. Für die Bestimmung von Kern-FE werden folgende Kriterien erwogen: „Kern-Frame-Elemente sind (a) die Kern-Elemente einer syntaktischen Struktur (Subjekt, Objekt(e)), (b) Frame-Elemente, deren syntaktische Realisierung obligatorisch ist, sind Kern-Frame-Elemente, (c) „Zentralität der Frame-Elemente für die Bedeutung des Verbs."[606] Dabei gilt, dass „vor allem das dritte Kriterium die Kern-Eigenschaft bestimmt", das aber weniger zugänglich zu objektiver Beschreibung ist (a.a.O.). Zwei Arten von Nicht-Kern-Elementen eines Frames werden identifiziert: (a) „Adjunkte (Angaben, Adverbiale)"; und „(b) „extra-thematische" Elemente", gemeint sind „semantische Elemente, die nicht direkt durch das Kopf-Prädikat eingeführt werden, sondern durch eine Frame-externe Struktur", z.B. durch zusätzlich aktivierte Frames (a.a.O.).

Vor allem die Bestimmung der Nicht-Kern-Frame-Elemente bewegt sich bedeutungstheoretisch auf einem schwankenden Grund. (Nicht zufällig denken wir in diesem Zusammenhang an den Versuch, einen semantischen „Kern" von einer semantischen „Peripherie" im Rahmen des linguistischen Merkmals-Modells der Semantik, manchmal auch als „notwendige-und-hinreichende-Bedingungen-Modell" bezeichnet, zu unterscheiden; ein Modell, das gerade Fillmore mit seiner fundierten Kritik an den von ihm als „Checklist-Theorien der Bedeutung" bezeichneten Modellen scharf kritisiert worden ist.[607]) Es ist dann vermutlich kein Zufall, dass die Bemerkungen zu diesem Abgrenzungsversuch fatal an ähnliche Bemerkungen aus logischen oder merkmalsemantischen Arbeiten früherer Zeiten erinnern. So seien „Nicht-Kern-Frame-Elemente nicht begrifflich notwendig; sie sind nicht Teil dessen, was einen Frame einzigartig macht", und „grammatisch können Nicht-Kern-Frame-Elemente nicht Subjekt oder Objekt eines Verbs sein. Sie sind häufig Präpositionalphrasen oder Adverben."[608] Das Problem von solchen Formulierungen liegt in dem (nur scheinbar) lapidaren Ausdruck „begrifflich notwendig". Das Grund-Problem dabei ist: Hier wird implizit bereits das als gegeben bzw. bekannt vorausgesetzt, was eigentlich durch eine Frame-Analyse erst herausgefunden werden soll, nämlich: Was einen Frame (begrifflich,

---

[606]   Fillmore / Atkins / Johnson 2003c, 267. Der – im Vergleich zur langen Geschichte des Fillmoreschen Frame-Gedankens – recht späte Zeitpunkt der expliziten Einführung dieser Unterscheidung überrascht, da sie doch mit einem der ältesten und bekanntesten Probleme der Valenz- und Dependenz-Theorie zusammenhängt. – Der Umgang mit dieser Problematik ist in FrameNet aber offenbar noch schwankend. So heißt es in Fillmore / Petruck / Ruppenhofer / Wright 2003e, 310: „Die Kern- / Nicht-Kern-Unterscheidung entspricht grob derjenigen zwischen Argumenten und Adjunkten in der traditionellen grammatischen Analyse. Wenn ein Kern-Element in einem Frame ausgelassen ist, vermerken wir es in unserer Annotation; aber wir zeigen nicht gesondert das Fehlen peripherer Elemente an." Was wäre bei einer so plumpen Gleichsetzung der Vorteil der Frame-Analyse? Er wäre wohl wieder aufgegeben!

[607]   Vgl. dazu die Bemerkungen von Fillmore oben in / zu Fußnote 156, Seite 66 und Fußnote 374, Seite 115.

[608]   Fillmore / Petruck / Ruppenhofer / Wright 2003e, 319. Als Beispiele nennen sie: „Raum und Zeit treten mit allen Ereignissen auf", „ähnlich dienen auch Zweck und Resultat nicht der Unterscheidung eines Frames von einem anderen". – Vgl. auch a.a.O. 305, wo sie zusätzlich noch „Mittel" und „Art und Weise" nennen, also die üblichen Verdächtigen für die Adjunkte / Adverbiale. – Die Unterscheidung zwischen Kern-FE und Peripherie-FE hat offenbar Folgen für den deskriptiven Umgang mit FE überhaupt, wie sich aus folgender Bemerkung von Fillmore 2006a, 617 erkennen lässt: „In der üblichen Praxis werden den Kern-Frame-Elementen Frame-spezifische Frame-Elemente-Namen gegeben, während den peripheren Frame-Elementen ,wieder verwendbare' Namen gegeben werden, die nicht Frame für Frame definiert werden müssen." Diese Differenzierung geht aber über ein reines Annotations-Verfahren (Etikettierung im Korpus) hinaus. Man könnte mit gutem Recht fragen, warum ist für die Kern-FE nicht billig, was für die Nicht-Kern-FE Recht ist (und umgekehrt)? Diese pragmatische Differenzierung ist offenbar wieder einmal ein Beispiel für das mangelnde Bemühen um theoretische Konsistenz und Allgemeingültigkeit der vertretenen Konzeption in FrameNet.

2.8 Ein „technisches" Modell: Prädikative Frames (FrameNet) 173

gedanklich) ausmacht! Eine solche Redeweise wie hier insinuiert also, als gäbe es schon vor dem Frame einen „Begriff" der Szene / Handlung, auf die sich der Frame bezieht. Dabei ist es doch eher so (sollte es eher so sein): Der Begriff *ist* der Frame (oder: der Frame *ist* der Begriff). Kriterien der „begrifflichen Notwendigkeit" sind daher völlig ungeeignet, zu begründen, ob und welche Frame-Elemente zu einem Frame dazugehören (oder nicht). Das wird vielmehr erst in der Frame-Beschreibung entschieden. Ob ein Frame-Element einem bestimmten Frame zugehört, *definiert* den Frame; ohne diese Entscheidung gibt es diesen Frame nicht, kann er nicht (als dieser Frame) gedacht werden.[609]

Auch wenn es den leichten Anschein hat, als kehrte mit der Kern-Peripherie-Differenzierung bei den Frame-Elementen die alte Komplement-Adjunkt-Unterscheidung in anderer Gestalt wieder zurück, betonen die FrameNet-Autoren jedoch, dass Frame-Elemente durchaus in unterschiedlicher syntaktischer Gestalt auftreten können.[610] Die Liste relevanter Elemente ist lang und beeindruckend; sie umfasst etwa:[611]

> „– Für Verben, Nomen, Adjektive und Präpositionen: ihre Post-Head Komplemente, d. h. Konstituenten der Phrase, deren Kopf das Zielwort ist (in der VP, NP, AP oder PP), die unser Verstehen des Frames, der vom Head evoziert wurde, verbreitern.
> – Für Verben: Konstituenten außerhalb der VP, die ein Frame-Element des Verbs realisieren, und zwar entweder direkt (als das Subjekt des Verbs), oder indirekt (indem es ein direktes Argument eines Prädikats ist, das die VP durch eine von verschiedenen ,Kontroll'-Relationen regiert).
> – Für Nomen annotieren wir Frame-relevante possessive Determinantien *([Peters] Entscheidung zur Party zu gehen)*; relationale Adjektive *([klerikaler] Besitz)* und Modifikator-Nomen in Komposita *([Umwelt-] Schutz).*
> – Für Nomen, die mit Funktions-Verben [support verbs] auftreten, annotieren wir Konstituenten, die entweder als Komplemente des Nomens oder als Komplemente des Verbs gesehen werden können."

Die Frame-analytische Annotation (Etikettierung) von Satz-Konstituenten reflektiert damit einerseits gegebene syntaktische Strukturen (offenbart also die nach wie vor starke syntaktische Komponente im FrameNet-Unterfangen), versucht aber zugleich, über eine rein grammatische Etikettierung hinaus wichtige Frame-semantische Aspekte zu erfassen. Satz-Konstituenten werden in der Frame-Analyse daher natürlich nach ihrer Funktion als Regenten oder Dependentien differenziert; man lässt sich – anders als in traditionellen linguistischen Konzeptionen der Satzanalyse – davon aber nicht den Umfang der notwendigen semantischen Beschreibung diktieren. Ein scheinbar dependentes Element kann daher durchaus selbst zu einem regierenden Element in einem Frame-semantischen Sinne werden, was heißen soll, dass es einen Frame evoziert, an den weitere Frame-Elemente gebunden sein können.

---

[609] In solchen erkenntnistheoretisch unreflektierten Bemerkungen zeigt sich der für Fillmore und FrameNet so typische *common-sense*-Charakter ihrer semantischen Position und Beschreibungen.

[610] „Verschiedene Rollen tendieren dazu, durch verschiedene syntaktische Kategorien realisiert zu werden." Gildea / Jurafsky 2001, 5. Als Beispiel nennen sie: KOMMUNIKATION - SPRECHER als Nomen / NGr, THEMA als PräpGr oder NGr, MEDIUM als PräpGr. Wichtig sind solche Überlegungen vor allem für das Ziel einer automatischen Etikettierung von Frame-Elementen durch ein Computer-Programm, ein Ziel, das hinsichtlich seiner Realisierungs-Chancen viele Frage aufwirft. Das Ziel der „automatischen Erkennung von Frame-Elementen" wird auch in Fillmore / Baker 2001a genannt.

[611] Fillmore / Wooters / Baker 2001b, 6. Das im letzten Absatz Erwähnte funktioniert im Deutschen nicht. Die dortigen vergleichbaren Funktionsverbgefüge legen aufgrund von offensichtlich strikteren Stellungs-Regularitäten durch Position eindeutig fest, ob es sich um ein Komplement des Verbs oder Nomens handelt. Im Englischen ist das offenbar ambig. Beispiel: *„She registered a complaint to the committee."* – Deutsch: *„Sie legte beim Kommitee Beschwerde ein."*

174   *Kapitel 2: Die Erfindung des Frame-Gedankens in der Linguistik durch Charles J. Fillmore*

Nominale Frame-Elemente. Interessant ist dann wieder vor allem, wie mit nicht-prädikativen Konstituenten im Satz umgegangen wird.[612] Nach dem erwartbaren Zugeständnis „die meiste Arbeit in FrameNet ist fokussiert auf die Verben (und einige Nomen und Adjektive) die wir Frame-tragend oder Frame-evozierend nennen" wird mitgeteilt: „FrameNet macht es aber auch möglich, andere Aspekte zu annotieren". Als Beispiele werden genannt: „Artefakte-Namen: in Verbindung mit Informationen über die Funktionen, für die sie produziert wurden".[613] Solche Elemente sollen also durchaus erfasst werden und können eigene Frames eröffnen (z.B. *Krücke*). Da es sich aber nicht um offen prädikative Ausdrücke im Satz handelt, bleibt unklar, ob sie auch als „Frame-evozierend" in dem in FrameNet üblichen Sinne gedeutet und behandelt werden. Wäre dies der Fall, müsste in der Theorie so etwas wie ein „impliziter Prädikations-Frame" angesetzt werden, da nach der FrameNet-Frame-Definition ein Frame-Element ja ein von einem Prädikator semantisch festgelegtes Element ist. Wenn die FrameNet-typische Formel also lautet: ‚Ohne Prädikator keine Frame-Elemente' (was vielleicht nirgends so gesagt wurde, sich aber eindeutig als Tenor aus der Gesamtheit der Texte ergibt), dann müsste die Feststellung von Frame-Elementen, die z.B. an einen „Artefakte-Namen" (ein Nomen in nicht offen prädikativer Verwendung) geknüpft sind (und so sind diese Zitate m.E. zu verstehen) notwendigerweise im Rückschluss dazu führen, diesen Ausdrücke selbst eine prädikations-ähnliche semantische Funktion zuzugestehen. So etwas ist aber in den Texten nirgends in Sicht.

In einer längeren Beispiel-Analyse wird etwas besser erkennbar, wie sich Fillmore u.a. das Verhältnis von nominalen und ‚prädikativen' Konstituenten bei der Frame-Analyse und der Bestimmung von Frame-Elementen in etwa vorstellen. Nach einer langen Liste von Verben, die zum analysierten ATTACHING-Frame gerechnet werden, werden in einer zweiten Liste Nomina aufgeführt, die diesem Frame ebenfalls zugeordnet sind.[614] Diese Wörter

---

[612] Nachfolgend eine der wenigen Textstellen aus der FrameNet-Literatur, in der überhaupt näher auf nominale Elemente eingegangen wird: „Verben werden nur als Regens [governor], das heißt als Träger von Frame-Strukturen beschrieben, und ihre Analysen werden ausgedrückt *in terms* der Frame-Elemente, die durch ihren Frame hervorgebracht werden, und die Art und Weise von deren syntaktischer Realisierung. – Nomen werden im allgemeinen als Regens annotiert, indem ihre Frame-Elemente (als post-head-Komplemente, possessive Modifiers, modifizierende Nomen oder Adjektive in Nominalkomposita) analysiert werden; – Viele Nomen werden aber auch beschrieben hinsichtlich ihres Gebrauchs als abhängige Elemente, durch Herausfinden definitorisch relevanter Regenten und Markierung der Phrase, in der sie als Slot-Filler der Frames, die sie evozieren, dienen. [Beispiel: Nomen als Instrumente: *Messer* für *schneiden* als INSTRUMENT; *Messer* für *angreifen* als WAFFE] – Eine sehr große Zahl an Nomen werden in Hinblick auf ihre Funktion als Frame-Elemente-Slot-Filler, inklusive Namen für Werkzeuge, Alltags-Gegenstände, Lokalitäten, Krankheiten, Verwandtschaftsbeziehungen, Körperteile, Arten der Pflanzen und Tiere usw. analysiert." Fillmore / Wooters / Baker 2001b, 13. Zu dem Beispiel: Unklar bleibt: Wie gehen Fillmore & Co. damit um, dass *Waffe* auch nur ein spezialisierter Fall von INSTRUMENT ist? Zwar kann man – wegen seiner hohen kulturellen Bedeutung – durchaus einen eigenen WAFFE-Frame ansetzen (da dieser hochgradig spezialisiert und verallgemeinert ist), doch muss man irgendwie dessen Relation zum allgemeinen INSTRUMENT-Frame berücksichtigen. Es bleibt unklar, ob dies auch ein Fall für eine ‚Vererbungs'-Relation sein soll oder was für ein Relationstyp sonst.

[613] „Die meiste Arbeit in FrameNet ist fokussiert auf die Verben (und einige Nomen und Adjektive) die wir Frame-tragend oder Frame-evozierend nennen – solche lexikalischen Heads, die einen Frame evozieren, dessen Frame-Elemente typischerweise durch Dependentien wie NPs, PPs, VPs, und Ss ausgedrückt werden. FrameNet macht es aber auch möglich, andere Aspekte zu annotieren. z.B. Krücken, Waffen: Sub-Frame: wozu werden Feuerwaffen üblicherweise benutzt […]" Fillmore / Baker 2001a, 4.

[614] „Es gibt jedoch eine Anzahl von englischen Nomen, die Namen für Werkzeuge oder Produkte sind, die für den Zweck des Befestigens eines Dings an einem anderen existieren, oder die leicht für diesen Zweck genutzt werden können. Obwohl diese Nomen offensichtlich eine besondere Affinität zum

2.8 Ein „technisches" Modell: Prädikative Frames (FrameNet) 175

werden aber dennoch einem zusätzlichen Frame zugeordnet. Ohne dass die Autoren explizit von der Einführung einer theoretischen Entität wie etwa „Frame-Elemente-Frame" sprechen, wird nun aber etwas klarer, wie sie sich das Verhältnis von „Frame-evozierenden Verben" und „Frame-abhängigen Nomen" in etwa vorstellen: (1) Ausgangspunkt einer Analyse sind offenbar immer Verb-Frames. (2) Wenn es in den Verb-Frames strikt Frame-spezifische (Frame-typische) Frame-Elemente gibt, dann wird auch für diese (nominalen) Frames [oder Entitäten-Frames] eine Wort-Liste und ein (abstrakter) Frame erstellt. Aber nicht andersherum, d.h. es werden offenbar systematisch keine Beschreibungen von isolierten, nominal realisierten Frame-Elementen (also keine isolierten Entitäten-Frame-Beschreibungen) erstellt.[615] Indem Fillmore und Mitautoren hier von einem CONNECTOR-Frame sprechen, führen sie implizit den Begriff (die Größe) eines Frame-Elemente-Frames in ihre Arbeit ein. Merkwürdigerweise nennen sie ihn aber nicht explizit so (reflektieren diese Tatsache nicht ausdrücklich). Warum nicht, bleibt unklar. Explizit erörtert wird in den Texten eigentlich nur die Behandlung von Nomen, die selbst (z.B. als deverbale Nominalisierungen) Prädikate ausdrücken, die normalerweise von Verben ausgedrückt werden.[616]

Deutlich wird aber immer wieder, dass im Vordergrund der Bestimmung von Anzahl und Art der Frame-Elemente stärker grammatisch motivierte Fragen stehen, wie etwa die, in welcher Form welche Typen von Frame-Elementen in Sätzen typischerweise realisiert werden.[617] Noch weiter klärungsbedürftig wäre aber die Frage des Verhältnisses von Frame-Elementen und semantischen Rollen. Viele Formulierungen bei Fillmore und FrameNet lesen sich so: Frame-Elemente *sind* semantische Rollen! Danach sind Frame-Elemente also nicht vorrangig verstanden als kognitive / epistemische Elemente (von Szenen) die dann in konkreten Sätzen eine semantische Rolle *erhalten*, sie *sind* vielmehr selbst schon die semantischen Rollen. Man könnte aber mit guten Gründen die Frage stellen, ob diese Sichtweise epistemologisch gesehen sinnvoll ist. Möglicherweise betrifft diese Art des Stellens von Fragen aber komplexe kognitionswissenschaftliche bzw. epistemologische Fragestellungen bezüglich der isolierten epistemischen Verfügbarkeit von Frame-Elementen. Also etwa Fragen wie: Sind Frame-Elemente immer nur in und über den Frame verfügbar, oder haben sie eine eigene Existenz? Eine solche Art von Fragestellung würde jedoch dazu zwingen, generell sämtliche sprachlich realisierte Information in Form von Frames zu analysieren; damit wäre man aber bei einem allgemeinen epistemologischen (oder kognitiven) Frame-Modell angelangt und daher bei einer Konzeption, die offenbar die Intentionen von Fillmore und FrameNet schon deutlich übersteigt.

Attaching-Frame haben, werden wir für sie eine separate Wort-Liste erstellen und einen separaten Connector-Frame zuordnen, wo sie eine Art von Annotation erhalten werden, die Rücksicht nimmt auf ihren Gebrauch in Phrasen, die in Attaching-Szenen Konnektoren identifizieren." Fillmore / Petruck / Ruppenhofer / Wright 2003e, 299.

[615] Interessant wäre, zu wissen, wie hoch in der FN-Datenbasis der Prozent-Anteil von Nomen-Frames ist.

[616] „In Fillmore / Narayanan / Petruck / Baker 2003g, 5 wird unter „Andere Typen der Annotation" Folgendes festgestellt: „In FrameNet werden Ereignistypen-Namen [v.a. Nominalisierungen] in demselben Frame (und daher mit denselben Frame-Elementen) annotiert wie die entsprechenden Verben; der Haupt-Unterschied ist, dass die syntaktischen Muster für die Frame-Elemente von Nomen variantenreicher sind, und dass (mit wenigen Ausnahmen) keine Frame-Elemente von Nomen notwendig ausgedrückt werden müssen [are required to express]."

[617] „Die Adäquatheit der Liste der Frame-Elemente kann nur behauptet werden, wenn genau diese Elemente diejenigen sind, die für die Unterscheidung der semantischen und kombinatorischen Eigenschaften der wichtigsten lexikalischen Einheiten, die zu dieser Domäne gehören, benötigt werden." Fillmore / Lowe / Baker 1997b, 6.

176   *Kapitel 2: Die Erfindung des Frame-Gedankens in der Linguistik durch Charles J. Fillmore*

Frame-Elemente-Gruppen. Ein weiterer Begriff, der in Bezug auf Frame-Elemente neu eingeführt wird, ist der Begriff der „Frame-Elemente-Gruppe" (FEG) bzw. „Frame-Elemente-Konfiguration": „Eine Frame-Elemente-Gruppe (FEG) ist eine Liste der Frame-Elemente (FE) eines gegebenen Frames, die in einer Phrase oder einem Satz erscheinen, die von dem gegebenen Wort regiert / dominiert [headed] werden."[618] Die Anwendung dieser neuen Kategorie erinnert ein wenig an die Beschreibungsziele von Valenz-Wörterbüchern, scheint über die dort erfassten Aspekte aber noch hinauszugehen.[619] Allerdings ist (wie so häufig bei FrameNet) nicht klar ersichtlich, ob der neue Terminus eine Frame-theoretisch relevante Entität oder Ebene begründen soll, oder nur aus rein praktischen, beschreibungstechnischen Gründen eingeführt wird.[620] – Das Vorgehen bei der Erstellung von Frame-Elemente-Listen ist offenbar eher intuitiv: „Erster Schritt: An alltäglichen Frames wird eine erste Liste von Frame-Elementen erstellt (Heiler, Patient, Krankheit, Wunde, Körperteil, Symptom, Behandlung, Medizin) jeweils mit kurzen Definitionen und Vergabe von Etiketten."[621] In den computer-gestützten Darstellungen der „FrameNet-Datenbasis" werden Frame-Elemente folgendermaßen erfasst: Eine „Frame-Elemente-Tabelle enthält Informationen über: Name des Frame-Elements, Abkürzung des Frame-Elements, Definition, Rang des Frame-Elements im Vergleich mit anderen Frame-Elementen derselben Frames, Angabe, ob in diesem Frame profiliert oder nicht."[622] Die Autoren legen aber Wert darauf, dass solche Tabellen eine vollständige semantische Beschreibung noch nicht ersetzen.[623]

Fillmore weist darauf hin, dass gelegentlich die praktischen Beschreibungs-Probleme nicht zu unterschätzen sind. So sei die Zuordnung von Frame-Elementen zu semantischen Rollen nicht frei von Zweifeln (sein Beispiel: ist ein Sturm, der etwas zerstört, „Instrument"? Fillmore 2003a, 468). Dieses Problem lässt sich wohl am einfachsten lösen, indem

---

[618] Fillmore / Lowe / Baker 1997b, 6. – Von „Frame-Element-Konfiguration" ist in Fillmore / Atkins / Johnson 2003c, 256 die Rede. Als „Valenz-Gruppe" ist dort „ein Frame-Element zusammen mit seiner grammatischen Realisierung. (Phrasentyp und HS / NS- [clause]-Funktion)" definiert. – Vgl. ähnlich auch Fillmore / Petruck 2003f, 359.

[619] „Es gibt Fälle, in denen verschiedene, aber aufeinander bezogene Bedeutungen eines Prädikats verschiedene FEG-Möglichkeiten besitzen. […] Die Versionen von Lexikoneinträgen umfassen volle semantische / syntaktische Valenz-Beschreibungen, wo die Elemente jeder FEG, die mit einer Verbbedeutung assoziiert sind, verknüpft sein werden mit einer Spezifikation von sortalen Eigenschaften, die die ‚Selektionen' und syntaktischen Eigenschaften der Konstituenten, die sie realisieren können, anzeigen." Fillmore / Lowe / Baker 1997b, 8. Die Autoren befürchten hinsichtlich dieses Ziels offenbar, von der Fülle an Varianten und Material überwältigt zu werden: „Wir müssen einen Weg finden, um Repräsentation abkürzen zu können, FEG auf eine prinzipielle Weise zu komprimieren …" (9)

[620] Gildea / Jurafsky 2001, 19 sprechen von einer „Priorität für Frame-Element-Gruppen: Statt (wie in den vorherigen automatisierten Abläufen) jedes Frame-Element einzeln und unabhängig von seinem Nachbar-Frame-Elementen zu behandeln, präsentieren wir jetzt ein System, das Gebrauch machen kann von der Information, dass zum Beispiel ein gegebenes Zielwort erfordert, dass genau die eine Rolle immer vertreten ist, oder dass es extrem unwahrscheinlich ist, zwei Fälle derselben Rolle zu haben. Um solche Informationen zu erfassen, führen wir den Begriff der Frame-Elemente-Gruppe ein, was ein Set von Frame-Element-Rollen ist, der in einem spezifischen Satz vorhanden ist. Frame-Elemente-Gruppen sind ungeordnet."

[621] Fillmore / Lowe / Baker 1997b, 5.

[622] Fillmore / Wooters / Baker 2001b, 16.

[623] „Die Identifizierung eines semantischen Frames, der mit einem Wort verknüpft ist, und der Frame-Elemente, mit denen es eine Konstellation bildet, konstituiert natürlich noch keine vollständige Repräsentation der Wortbedeutung, und unsere semantischen Beschreibungen werden nicht darauf beschränkt sein. Jedoch glauben wir, dass eine solche Analyse eine gute Voraussetzung für eine theoretisch stimmige semantischen Formalisierung ist." Fillmore / Lowe / Baker 1997b, 6.

2.8 Ein „technisches" Modell: Prädikative Frames (FrameNet) 177

man davon ausgeht, dass auch solche Zuordnungen sich nach den Regeln der Prototypikalität vollziehen: „Eines der Probleme mit der Ausweitung eines anfänglichen Verstehens einer Kasus-Rolle hat mit der Möglichkeit zu tun, dass die anfängliche Intuition wahrscheinlich die Merkmale eines Prototypen-Begriffs hat." (a.a.O.) Allerdings lässt sich nicht feststellen, dass der Aspekt der Prototypikalität, der für Frames ebenso gilt wie für Frame-Elemente, in der Praxis von FrameNet eine sonderlich große Rolle spielt. Angesichts der wichtigen Rolle, die dieser Aspekt in Fillmores früheren Frame-Definitionen spielt, ist dies erstaunlich. Neben dem Aspekt der Prototypikalität ist der Aspekt der Perspektive, unter die ein Frame in einem Satz gestellt wird, für Fillmores Frame-Konzeption zentral gewesen. Es leuchtet unmittelbar ein, dass die Herstellung (bzw.: Signalisierung) einer solchen Perspektive in einem Satz im Wesentlichen auch durch die spezifische Konstellation von Frame-Elementen bewerkstelligt wird, die in einem Satz explizit lexikalisch realisiert sind. Insofern kommt den Frame-Elementen und ihren Konstellationen in konkreten Sätzen eine zentrale Rolle für das Verstehen des hinter dem Satz semantisch stehenden Frames zu.[624]

Wie abstrakt (oder konkret) sind Frame-Elemente? Widersprüchlich bleiben die Aussagen in den FrameNet-Schriften hinsichtlich des angestrebten Abstraktionsgrads der Frame-Elemente. Während häufig auf deren sehr spezifischen Charakter hingewiesen wird (s.o.), gibt es auch Aussagen, die sich gegenteilig deuten lassen: „Zum Zwecke des Verstehens natürlicher Sprache über diese wenigen Domänen hinaus benötigen wir semantische Frames und ein semantisches Verstehens-System, das nicht für jede neue Anwendungsdomäne einen neuen Set von Slots benötigt. [...] Wir definieren die semantischen Rollen auf der Ebene semantischer Frames, die abstrakte Aktionen oder Beziehungen ihrer Partizipanten beschreiben."[625] FrameNet-Frame-Elemente sollen zwischen starker Abstraktion und hoher Spezifizität eine „mittlere Ebene der Auflösung" (granularity) bilden.[626] Korrespondierend zu diesem Schwanken hinsichtlich des Abstraktionsniveaus der FrameNet-Frame-Elemente kann ein Schwanken hinsichtlich der Frage ihres ontologischen Charakters festgestellt werden. Auf der einen Seite stehen eindeutige Aussagen wie: „FrameNet spezifiziert nicht das Weltwissen und die Ontologie, die erforderlich ist, um über Frame-Element-Filler-Typen nachzudenken."[627] Auf der anderen Seite ist dann doch die Rede von einer „FrameNet-Ontologie".[628] Als Fazit bleibt, dass der Status der Frame-Elemente in FrameNet trotz aller berichteten Spezifizierungen nicht restlos geklärt ist.

---

[624] Siehe dazu oben die Ausführungen in Kap. 2.2, z.B. Seiten 41 ff., 59 ff. und insbesondere 65 ff.

[625] Gildea / Jurafsky 2001, 1 mit Verweis darauf, dass „bisherige praktisch angewendete Sprach-Verstehens-Systeme auf wenige Domänen (z.B. Flugzeiten-Ansagen) und Slots (Frame-Elemente) beschränkt [waren]". Als Beispiel nennen Sie: Beurteilung-Frame (judgement) "Sie beschuldigte die Regierung der Unterlassung."

[626] „Die abstrakten Rollen-Liste sind meist von den Linguisten vorgeschlagen worden, die spezifischeren von Computer-Wissenschaftlern. FrameNet schlägt semantische Rollen vor, die weder so abstrakt wie die Zehner-Listen sind, noch so spezifisch wie die verb-spezifischen Listen." – „Das Definieren von Rollen auf dieser Zwischen-Ebene vermeidet die Probleme der abstrakten Rollen und wird dem Beitrag verschiedener Verben, Nomen, Adjektive gerechter, die jeweils dem Frame zusätzliche Bedeutung hinzufügen." Gildea / Jurafsky 2001, 2 f. Im Vergleich zu kognitionswissenschaftlichen Frames sind die Frames der FrameNet-Ebene aber noch ziemlich konkret, jedenfalls keineswegs auf einer „mittleren Ebene" angesiedelt, sondern stark auf der Seite des Konkreten, Verb-Spezifischen zuneigend, wie zahlreiche oben referierte Stellungnahmen gezeigt haben.

[627] Fillmore / Narayanan / Petruck / Baker 2003g, 5.

[628] „Unsere Haupt-Entscheidungen für die Repräsentation von FrameNet als Ontologie sind: 1. Frames, Frame-Elemente, und semantische Typen formal als Klassen zu repräsentieren, 2. Beziehungen zwi-

178   Kapitel 2: Die Erfindung des Frame-Gedankens in der Linguistik durch Charles J. Fillmore

2.8.5 „Null-Instantiierung": Elliptische Frame-Elemente?

Ein zentrales Thema nicht nur für die Frame-Konzeption von Fillmore selbst, sondern auch im Rahmen des FrameNet-Projektes, sind solche Frame-Elemente, die zwar semantisch, d.h. vom Standpunkt einer adäquaten Beschreibung des für das Verstehen eines Satzes notwendigen Wissens, als gegeben angesetzt werden müssen, die aber im Satz selbst nicht sprachlich (durch lexikalische Mittel) explizit ausgedrückt sind. Man könnte solche Frame-Elemente auch als „elliptische" oder „implizite Frame-Elemente" bezeichnen. Fillmore hat dafür den auch in FrameNet benutzten Begriff der „Null-Instantiierung von Frame-Elementen" eingeführt. Wenn auch schon früher gelegentlich erwähnt,[629] wird erst in der FrameNet-Phase für dieses Phänomen ein geschlossener Beschreibungs-Ansatz vorgeschlagen:

> „Bestimmte Frame-Elemente werden als Kern-Frame-Elemente für einen bestimmten Frame aufgefasst, da sie immer begrifflich präsent sind; doch sind sie nicht immer in jedem Auftreten eines Prädikators, der den Frame evoziert, ausgedrückt."[630]

Dies kann leicht anschaulich gemacht werden. In Beispielen wie *„Fritz hat mich informiert"* ist etwa das Frame-Element MEDIUM / CODE nicht explizit erwähnt. Eine nähere Untersuchung solcher Fälle zeigte, dass es in einem teil-automatisierten Projekt wie FrameNet nicht ganz einfach war, diese Frame-Elemente immer genau zu bestimmen.[631]

Es erwies sich als nützlich, verschiedene Typen solcher impliziter Frame-Elemente zu unterscheiden:[632]

> „Die drei Typen waren:
> – konstruktionsbedingt [constructional], wo die Abwesenheit einer Konstituente, die ein bestimmtes Frame-Element repräsentiert, durch die Grammatik der Sprache autorisiert wird. [Beispiele: Imperativ, Passiv-Satz]
> – existenziell, wo den fehlenden Elementen eine generische oder existenzielle Interpretation gegeben werden kann, so wie wenn die Objekte von bestimmten verbreiteten Verben nicht erwähnt werden: *säen, essen, backen* usw.
> – anaphorisch, die interessantesten Fälle, in denen die fehlenden Elemente aus / in dem gegebenen Diskurs-Kontext ,verstanden' oder ,gegeben' sein müssen. Dies deckt zwei Situationen ab, eine grammatische und eine lexikalische:

---

schen Frames und Frame-Elementen via existentiellen Eigenschafts-Restriktionen auf diesen Klassen zu modellieren, und 3. Frame- und Frame-Element-Realisierungen in FrameNet-annotierten Texten als Instanzen des / der geeigneten Frames und Frame-Elemente-Klassen zu repräsentieren." Das Vorgehen bei der Erstellung einer FrameNet-Ontologie wird dann näher ausgeführt. Scheffczyk / Baker / Narayanan 2006, 2.

[629] Erstmals erwähnt (noch ohne diesen Namen) wird das Phänomen in Fillmore 1971a, 380; siehe oben Fußnote 87 auf Seite 48.

[630] Fillmore / Baker / Sato 2002b, 1; vgl. auch Fillmore / Johnson 2000b, 3. – Vgl. auch Steiner 2003, 121: „Es gibt Belege, in denen die Kern-Frame-Elemente nicht im Satz auftreten, jedoch als Teil des Frames vorhanden sind."

[631] „Um eine automatische Weise des Gruppierens lexikalischer Einheiten in demselben Frame entsprechend der Konstellation von Frame-Elementen, die die Konzepte begleiten, zu erhalten, mussten wir Frame-Elemente zulassen, die konzeptuell präsent, aber nicht im Satz ausgedrückt sind. [...] Das war technisch schwierig." Fillmore / Wooters / Baker 2001b, 8.

[632] „Bei dem Versuch dies möglich zu machen, fühlten wir, dass es nützlich wäre, zwischen den verschiedenen Arten von Gründen zu unterscheiden, aus denen Argumente ausgelassen werden können." Fillmore / Wooters / Baker 2001b, 8.

2.8 Ein „technisches" Modell: Prädikative Frames (FrameNet)   179

> (1) wo die Textsorte die Weglassbarkeit determiniert, wie in *vor Gebrauch schütteln*, wie in Rezepten und Bau-Anleitungen;
> (2) wo die Determination lexikalisch lizenziert ist. […]
> – Schließlich fügen wir noch einen vierten Typ hinzu:
> – inkorporiert, um Fälle abzudecken, in denen die Bedeutung des Wortes selbst das Frame-Element inkorporiert, das durch das Etikett repräsentiert wird."[633]

Die „existenziellen" „Null-Instantiierungen" von Frame-Elementen werden in anderen Texten auch als „definite Null-Instantiierungen (DNI)", und die „anaphorischen" auch als „indefinite Null-Instantiierungen (INI)" bezeichnet.[634] Diese heuristische Typologie von „null-instantiierten" Frame-Elementen ist interessant, wirft aber einige gravierende Fragen auf.[635] Die Kategorie der „existenziellen" Null-Instantiierung ist eine sehr vage, unterbestimmte, wenig aussagekräftige „Dummy"-Kategorie, in die man ziemlich viel packen kann. Real verbirgt sich darunter sehr Verschiedenes, was zahlreiche Fragen im Detail aufwirft: Wie ist es z.B. bei Verben mit inkorporiertem direkten Objekt (*geigen*)? Gehört z.B. *drucken* noch dazu? Spielt die Ergänzbarkeit um ein syntaktisch realisiertes Komplement eine Rolle? (*Kuchen backen* = normal; *Samen säen* = ungewöhnlich; *Violine geigen* = nicht möglich.) Auch die Kategorie der „anaphorischen" oder „indefiniten" Null-Instantiierung hat noch Klärungsbedarf. In Beispielen wie *vor Gebrauch schütteln* ist es in Wirklichkeit nicht die Textsorte, sondern das „empraktische Umfeld"[636], also eine epistemische / signitive Kontextualisierung, die das Frame-Element lizenziert.

Das Phänomen der „Null-Instantiierung" von Frame-Elementen betrifft naheliegender weise vor allem die sogenannten „Kern-Frame-Elemente",[637] da die Nicht-Kern-Frame-Elemente (vulgo: Adjunkte, Angaben, Adverbiale) ja ohnehin nicht zwingend syntaktisch realisiert werden müssen. Es liegt daher auf der Hand, dass das Phänomen der „impliziten" Frame-Elemente die Frage, was in einem konkreten Frame *überhaupt* ein Frame-Element ist, ebenso berührt wie die bereits oben angesprochene schwierige Frage, wie man „Kern-" und „Peripherie-"-Frame-Elemente überhaupt trennscharf voneinander abgrenzen können will. Das immer gleiche Problem besteht ja vor allem darin: welche Kriterien hat man überhaupt dafür, festzustellen, wann und ob ein bestimmtes Frame-Element in der Bedeutung eines gegebenen Satzes „begrifflich präsent", oder, wie andere Formulierungen lauten, „konzeptuell notwendig"[638] ist? Das Problem liegt in dem (nur scheinbar) lapidaren Ausdruck „begrifflich notwendig". Und es liegt vor allem darin: Hier wird bereits vorausgesetzt, was eigentlich durch eine Frame-Analyse erst herausgefunden werden soll: Nämlich die Frage, was einen Frame *als* diesen Frame (begrifflich) ausmacht. Diese Redeweise insinuiert, es gäbe schon vor dem Frame einen „Begriff" von dem Welt- oder Wissens-Ausschnitt, auf den sich der Frame bezieht. Dabei ist es doch eher so (sollte es eher so

---

[633] Fillmore / Wooters / Baker 2001b, 8.
[634] Fillmore / Petruck / Ruppenhofer / Wright 2003e, 319. – Vgl. auch die Definitionen in Fillmore / Petruck 2003f, 360, Fillmore 2006a, 617, sowie Atkins / Rundell / Sato 2003f, 348 mit weiteren Beispielen.
[635] Auf die schon in den sechziger Jahren anlässlich der auf dem Höhepunkt des linguistischen Strukturalismus sich inflationär verbreitenden ‚Null-Elemente', wie etwa ‚Null-Morpheme', schon erschöpfend diskutierten grundsätzlichen Probleme des Ansetzens von ‚Null-Einheiten' in der Linguistik gehe ich aber gar nicht erst ein.
[636] Nach Bühler 1934, 158 ff.
[637] Siehe oben das Zitat von Fillmore / Baker / Sato 2002b, 1 zu Fußnote 630.
[638] Fillmore / Johnson / Petruck 2003b, 244.- Vgl. ähnlich Fillmore / Petruck / Ruppenhofer / Wright 2003e, 319.

180   *Kapitel 2: Die Erfindung des Frame-Gedankens in der Linguistik durch Charles J. Fillmore*

sein): Der Begriff *ist* der Frame (oder: der Frame *ist* der Begriff). Kriterien der „begrifflichen Notwendigkeit" sind daher im strengen Sinne kaum zu finden. Sie können daher gar nicht begründen, ob und welche Frame-Elemente zu einem Frame dazugehören (oder nicht). Das wird vielmehr erst in der Frame-Beschreibung entschieden. Ob ein Frame-Element einem Frame zugehört, definiert den Frame; ohne diese Entscheidung gibt es diesen Frame nicht, oder zumindest nicht *als* diesen. Auch die alternative Beschreibung der „null-instantiierten" Frame-Elemente als „fehlende, aber verstandene Elemente"[639] hilft diesem Grundsatzproblem nicht ab. Die immer gleiche Frage lautet auch hier: Wie kommt eigentlich der geschätzte Forscher darauf, welche Elemente alle zu einem Frame gehören (gerade bei den „null-instantiierten" Frame-Elementen)? Kommt er oder sie darauf durch Überlegen (= invozieren), oder werden diese evoziert?[640] „Verstanden" wird ja oft alles mögliche. Die Frage ist doch: nach welchen Kriterien kann bestimmt werden, wann, und ob, etwas von einem Frame „fehlt"? Sind solche Urteile semantisch systematisierbar oder sind sie behaftet mit individuellen Urteilen?

Diese Probleme kommen insbesondere auch in einer der jüngsten Veröffentlichungen von Fillmore zum Vorschein, in der es am Beispiel der Anapher vor allem auch um implizite Frame-Elemente geht. Am Beispielwort ‚*Zeugen*'[641] soll verdeutlicht werden, wie stark ko-textuell und kontextuell begründetes Wissen in das adäquate Verstehen eines Satzes mit solchen Wörtern eingreifen kann. Dabei wird das alte Problem der Abgrenzung von „invozieren" und „evozieren" (obgleich hier verdächtigerweise nicht explizit angesprochen) virulent.[642] Diesem Problem geben die Autoren hier eine überraschende neue Wendung: „Wir glauben, dass das Meiste, was scheinbar aus dem Weltwissen inferiert wird, zuvor in anaphorischen Ketten irgendwo im Text erwähnt wurde."[643] Mit dieser nur scheinbaren Lösung haben sie sich um das Hauptproblem (Zwei-Ebenen-Semantik) herumgedrückt. Was, so muss man fragen, privilegiert vorheriges textuell gestütztes Wissen vor anderem verstehensrelevantem Wissen? Die Antwort muss lauten: (fast) gar nichts! Das ganze Problem hängt (auch) am undeutlichen und unreflektierten Begriff „Kontext", den sie hier verwenden. Dieser Begriff ließe sich aber nur bei einer grundsätzlichen Reflexion der kognitiven / epistemologischen Aspekte des Verstehens sprachlicher Einheiten klären, und damit auf einer Ebene der Theoriebildung, auf die sich Fillmore ganz offensichtlich dezidiert nicht begeben möchte. Das Problem betrifft auch die in solchen Formulierungen sichtbar werdende Unterstellung einer Inferenz-freien Ebene von „lexikalischer Bedeutung" bezie-

---

[639] „Die Verpflichtung, alle Elemente zu erfassen, die begrifflich notwendig sind für ein gegebenes Frame-aktivierendes [frame-bearing] Wort, hat die Entwicklung von Annotationen für fehlende, aber verstandene Elemente erfordert, vermittels einer Anzahl verschiedener Indizes für Null-Instantiierung." Fillmore 2006a, 618.

[640] Behält diese anderenorts von Fillmore so gehegte und gepflegte Unterscheidung angesichts der praktischen Probleme der semantischen Beschreibung überhaupt noch ihre Gültigkeit, oder wird die ganze Grenzziehung nicht schon durch die sich hier andeutende inhärente Systematik des Forschungsprozesses selbst unglaubwürdig?

[641] Beispielsatz: „*Zeugen berichteten, dass der Verdächtige ein Barrett trug.*" Dazu die Autoren: „Wir wissen, dass dazu ein spezifisches Ereignis gehört, das irgendwo anders im Text erwähnt sein muss: zu was die Zeugen Zeugen sind; kriminelle Handlung, für die der Verdächtige verdächtigt ist." Fillmore / Narayanan / Baker 2006b, 6

[642] „Es ist wichtig, sich klarzumachen, dass dieses Wissen nicht ‚einfach' ein Schlussfolgern auf der Basis von Weltwissen ist. [...] Ein kontext-freier begrifflich vollständiger Gebrauch von *Zeuge* zeigt das Ereignis, auf das es sich bezieht, an: *Zeuge für ein Ereignis.*" (a.a.O. 6)

[643] A.a.O. 6 – Also das, was sie auch als „indefinite Null-Instantiierung" bezeichnet haben.

2.8 Ein „technisches" Modell: Prädikative Frames (FrameNet) 181

hungsweise „sprachlicher Bedeutung", also linguistischer Grundlagenbegriffe, die ebenfalls in einem Zuge mit dem „Kontext"-Problem gelöst werden müssten, aber bei Fillmore als solche kaum näher definiert werden.

Semantische Typen. Eigentlich nicht zum Problemkomplex der impliziten Frame-Elemente gehörig, aber im Zusammenhang der zuletzt gemachten Bemerkungen passend, müssen die sogenannten „semantischen Typen" als ein weiterer Teilaspekt der semantischen Beschreibung, wie sie in FrameNet vorgenommen werden soll, kurz erwähnt werden.[644] Als Beispiel für das semantische Phänomen, das mit dieser neuen Analyse-Kategorie erfasst werden soll, nennen sie Wortpaare wie *loben – kritisieren* (also sog. Urteils-Verben), *lieben / mögen – hassen, generös – knickerig* usw: „Man kann den semantischen Typ ‚positive Wertung' für den ersten, und den Typ ‚negative Wertung' für den zweiten Teil der Paare indizieren." (A.a.O.) Gemeint sind also die aus der lexikalischen Semantik schon lange bekannten sogenannten „Konnotationen"[645] (Nebenbedeutungen, Wertungsbedeutungen, „Nebensinn und Gefühlswert der Wörter", wie es bereits früh der deutsche Sprachwissenschaftler Karl Otto Erdmann (1922) genannt hat).

Die von Fillmore und Kollegen hier vorgeschlagene Lösung mit „semantischen Typen" ist allerdings sehr unglücklich, da sie eine völlig unklare Klasse schafft. Würde Fillmore in sein Modell die Konzept-Frame-Analyse integrieren (wie sie etwa von Barsalou vorgeschlagen wurde), gäbe es für die Beispiele die Lösung, sie als Sub-(Meta-)Prädikationen darzustellen.[646] So oder so wird diese Ebene der Semantik auch von Frame-Analysen bislang kaum erfasst und müsste vollständig, hinsichtlich aller Typen von „Nebenbedeutungen" (von denen viele, wie z.B. epistemische Prädikate, bisher vor allem im Rahmen der Pragmatik behandelt wurden) erfasst und beschrieben werden. Die Kategorie „semantischer Typ" ist bislang zu unklar, als dass sich ihre Eignung für die Erfassung solcher Phänomene schon endgültig beurteilen ließe.[647] Die Redeweise von einer „semantischer Typ-Verer-

---

[644] Fillmore / Johnson / Petruck 2003b, 244: „Wir haben den Begriff des semantischen Typs eingeführt, um semantische Tatsachen über Frames, Frame-Elemente oder Lexikon-Einheiten erfassen zu können, die nicht in unsere sich entwickelnde Hierarchie von Frames hinein passten."

[645] Offenbar sollen nahezu alle Aspekte hier einbezogen werden, die auch in der Variations- oder Register-Linguistik bearbeitet werden, wie etwa Stilwerte, Varietäten-Signale usw.: „Manche Sets von Frames können mit einer spezifischen technischen Domäne assoziiert sein (Recht oder Biochemie), aber nicht durch Vererbungs- oder Benutzt-Relationen verbunden sein." Fillmore / Baker / Cronin 2003d, 290.

[646] Bei Barsalou wäre ihre Beschreibung ganz einfach mit dem „Attribute" + „Werte"- System möglich!

[647] Siehe den Gemischtwarenladen, den Fillmore / Baker / Cronin 2003d, 291 in folgender Aussage anbieten: „Diese Aspekte [notions] könne natürlich in Worten als Teil der Definition der jeweiligen Frames, Frame-Elemente, Lexikon-Einheiten ausgedrückt werden, aber wir wollten sie klar definiert und auffindbar [retrievable] haben. Zu diesem Zweck haben wir eine allgemeine Tabelle semantischer Typen geschaffen, die den Frames, Frame-Elementen oder Lexikon-Einheiten zugeordnet / zugewiesen werden kann. So kann in der Semantische-Typen-Tabelle ein Eintrag für ‚menschlich' gemacht werden, und mit bestimmten Frame-Elementen verknüpft werden, oder für ‚positiv' und mit bestimmten Lexikon-Einheiten verknüpft werden. In manchen Fällen möchten wir eine kleine Semantische-Typ-Hierarchie schaffen, z.B. um ‚menschlich' als Untertyp von ‚belebt' zu identifizieren; das kann durch eine Semantische-Typ-Vererbungs-Tabelle ausgedrückt werden." – Dass konzeptuelle Sub-Kategorisierungs-Aspekte hier so einfach mit konnotativen Bedeutungsbestandteilen in einen Topf geworfen werden, ist für einen ausgewiesenen lexikalischen Semantiker wie Fillmore schon äußerst merkwürdig. Es hat daher den Anschein, dass auch Fillmore, obwohl er einer der schärfsten Kritiker der traditionellen linguistischen „Checklist"-Semantik und logischen Semantik ist, in seinem Grundmodell der Bedeutung deren Begriffs-Fixierung teilt (mitsamt ihrem Reduktionismus), und über kein klares Modell für die angemessene semantische Erfassung all derjenigen Bedeutungsmerkmale von sprachlichen Einheiten verfügt, die sich nicht im Rahmen eines solchen Begriffs-dominierten Modells der Bedeutung definieren lassen.

182   *Kapitel 2: Die Erfindung des Frame-Gedankens in der Linguistik durch Charles J. Fillmore*

bung-Tabelle" tendiert dann doch stark in Richtung auf eine allgemeine Konzepte-Hierarchie, die Fillmore und FrameNet an anderer Stelle allerdings stets abgelehnt haben. Der ganze Vorschlag wirkt sehr zufällig und ad-hoc, aus gegenwärtigen Beschreibungsproblemen erwachsen und wenig durchdacht.[648] Die Idee einer „Semantische-Typ-Vererbung" zeigt, dass es sich hier ebenfalls um Frame-Relationen handelt. Es fragt sich daher: Warum wird das Ganze dann nicht in eine allgemeine Frame-Theorie überführt (und dort terminologisch differenziert), wie etwa bei Barsalou? Die Grenzen der Leistungsfähigkeit eines konkretistischen Frame-Modells, wie es von Fillmore und FrameNet bevorzugt wird, werden auch hier wieder einmal deutlich.

2.8.6 Relationen zwischen Frames

Die Darstellung von Relationen zwischen Frames des verstehensrelevanten (semantisch relevanten) Wissens ist eines der vorrangigen Ziele von Fillmore und des FrameNet-Forschungsverbundes. Es ist sogar der Aspekt, der den Namen des gesamten Vorhabens geprägt hat, indem das „Net" (Netz) in FrameNet eben genau diesen Aspekt der Vernetzung von verschiedenen semantischen Frames ausdrücken soll:

> „Der Ausdruck ‚Net' in ‚FrameNet' hat zu tun mit den Verbindungen zwischen Wörtern, die durch ihre Mitgliedschaft in demselben Frame gestiftet werden, aber auch mit den Verbindungen zwischen Frames d.h. Verbindungen der Vererbung (wo ein Frame eine Ausdifferenzierung eines anderen Frames ist) und Zusammensetzung [composition] (wo ein Frame aufgebaut ist aus mehreren anderen Frames als seinen Teilen).
> Das Auffinden und Repräsentieren solcher Verbindungen ist ein Teil unserer Arbeit. Wir möchten soweit wie möglich zeigen, dass die spezifischen Valenz-Profile individueller Wörter oft am besten verstanden werden können mit Bezug auf die multiplen Frames, die in ihre semantische Struktur eingehen."[649]

Damit sind bereits auch die beiden Haupt-Typen von Frame-Relationen angesprochen, die in FrameNet untersucht werden: Frame-Vererbung und Sub-Frame-Relationen („Frame-Komposition"). In der ersten Phase des Projektverbundes (FrameNet I) wurden Relationen zwischen Frames noch unter dem Begriff der stärker inhaltlich bestimmten „Frame-Domänen" behandelt.[650] Dieser Begriff wurde später (in FrameNet II) aufgegeben.[651] Der

---

[648] Der starke Verdacht, dass es sich hierbei um eine typische Reste-Kategorie handelt, ist nicht ganz von der Hand zu weisen. Vgl. der Definitionsversuch für „Semantischer Typ" in Fillmore / Petruck 2003f, 360: „Ein Mechanismus, der benutzt wird, um semantische Tatsachen über einzelne Frames, Frame-Elemente, und Lexikon-Einheiten zu erfassen, die nicht in die in FrameNet aufgebaute Hierarchie von Frames passen."

[649] Fillmore / Atkins 1998a, 5.

[650] Vgl. noch Fillmore / Johnson 2000b, 4: „Frames sind in Domänen organisiert. Jede Domäne enthält verschiedene Frames, die verschiedene Wortklassen charakterisieren. Da es sehr viele Frames gibt, ist es nicht möglich, eine vollständige Liste von Frame Elementen zu geben. [...] Es ist typischerweise der Fall, dass verschiedene Frames in derselben Domäne sich Frame-Elemente teilen. Deshalb kann jede Domäne charakterisiert werden durch einen Basis-Frame, der seine Frame-Elemente in allgemeinen Begriffen definiert, und spezielle Frames (entsprechend zu Wortklassen), die auf diesem Basis-Frame aufgrund von Vererbung und anderen Grund-Relationen basieren." Als Beispiel wird genannt: Kommunikations-Domäne: Basis-Frame: Sprecher, Adressat, Botschaft, Thema, Medium, Code. – „Alle Frame-Elemente erhalten ihre Bedeutung aus dem Konzept eines Basis-Ereignisses ‚Kommunikation'."

[651] „In FrameNet I wurde ein Typ von Relationen zwischen Frames ausgedrückt: Frames wurden zu semantischen Domänen gruppiert, wie Kommunikation, Bewegung, Gesellschaft usw. Aber die theoretische

2.8 Ein „technisches" Modell: Prädikative Frames (FrameNet) 183

wichtigste Aspekt der Frame-Relationen betrifft das Wiederkehren von Frame-Elementen in mehreren Frames, entweder als identische Frame-Elemente, oder als Beziehungen zwischen allgemeineren und konkreteren Fassungen von Frame-Elementen.[652] Man könnte daher mit dem gleichen Recht statt von Frame-Relationen auch von Frame-Elemente-Relationen sprechen.

Terminologisch setzen sich die beiden Haupt-Frame-Relationen-Typen durch:

„Frame-zu-Frame-Beziehungen schließen ein
(1) Komposition, durch die gezeigt werden kann, dass ein komplexer Frame als eine zeitliche Struktur dekomponierbar ist – oft eine strukturierte prozedurale Sequenz von einfachen Frames – und
(2) Vererbung [inheritance], durch die ein einzelner Frame als eine Ausdifferenzierung [elaboration] eines oder mehrerer anderer Frames gesehen werden kann, mit Bindungen zwischen den Elementen der ,co-inherited'-Frames. Lexikalische Einträge, einschließlich Valenz-Beschreibungen, die die attestierten kombinatorischen Möglichkeiten zusammenfassen, werden als Reports generiert, die aus der Datenbasis algorithmisch abgeleitet werden."[653]

Erst später werden die Frame-Relationen um weitere Typen ergänzt, deren Anzahl und Art aber unklar bleibt. Heißt es an einer Stelle: „dies sind die Ursache-von-Relation [causative-of] und die *Inchoative-of*-Relation, deren Ansetzung sich als Resultat einer Reanalyse bestimmter Frames und Lexikon-Einheiten ergab",[654] kommen an anderer Stelle[655] folgende hinzu: „see also" und „using". Die Liste von möglichen Frame-Relationen scheint also prinzipiell offen zu sein, auch wenn sich die meisten Ausführungen auf die beiden Haupt-

---

Basis solcher Gruppierungen wurde nie explizit gemacht; im Laufe der Zeit wurde uns klar, dass es notwendig sein würde, solche Begriffe [notions] zu repräsentieren wie: [1] dass ein Frame der Untertyp eines anderen ist, oder [2] dass ein Frame zusammengesetzt ist aus einer Serie von kleineren Szenen (Fillmore 1977a). Wenn zwei Frames miteinander verbunden sind, sind ihre Frame-Elemente oft ebenfalls in mehr oder weniger vorhersagbarer Weise miteinander verbunden. – In der FrameNet II-Datenbasis haben wir, anstelle der ,Domänen' aus FrameNet I, eine Anzahl von Relationen zwischen Frames und zwischen Frame-Elementen definiert, und wir haben es möglich gemacht, neue Relationen relativ einfach zu definieren, indem wir die Tabellen Frame-Beziehungs-Typ [FRT] und Frame-Elemente-Beziehungs-Typ [FERT] in die Datenbasis eingefügt haben. Jede Frame-zu-Frame-Relation ist mit exakt einem FRT verbunden, der gerichtet oder ungerichtet sein kann. Frame-Elemente-zu-Frame-Elemente-Beziehungen werden ähnlich behandelt." Fillmore / Baker / Cronin 2003d, 286. – Die letzte Bemerkung besagt: Die Liste möglicher Relationen ist offen! – Vgl. dazu auch Fillmore / Johnson / Petruck 2003b, 243: „In der ersten Phase von FrameNet haben wir Wörter in Domänen gruppiert, teilweise aus Bequemlichkeit, aber auch, um eine Abdeckung von verschiedenen Bereichen des Wortschatzes zu sichern. Zu der Zeit hatten wir keine expliziten [Überlegungen / Ansätze] über die theoretische Basis für die Gruppierung von Frames in Domänen, und wir verstanden, dass es nötig ist, die verschiedenen Weisen, in denen Frames aufeinander bezogen sein können, zu repräsentieren."

[652] Z.B. „Ein Ziel der Darstellung sind Merkmal-Strukturen, die Beziehungen zwischen Frames symbolisch ausdrücken. – Die Frame-Elemente des allgemeinen Frames können in mehreren Einzel-Frames auftreten." (A.a.O.)

[653] Fillmore / Baker 2001a, 1. – Vgl. auch folgende Einführung der Haupt-Typen: „FrameNet interessiert sich auch für Relationen zwischen Frames. Manchmal hat ein Frame alle Eigenschaften eines anderen Frames, differenziert [elaborates] diese aber weiter aus. In diesem Fall sagen wir, dass der ausdifferenzierende Frame den einfacheren, weniger detaillierten Frame beerbt. [...] [Beispiel: Transfer-Frame in Verben wie *to mail, wire, fax*] Manchmal ist ein Frame ein Teil eines anderen, komplexeren Frames. [Beispiel: Transfer-Frame spielt eine Rolle im Kommerzielle-Transaktion-Frame, kommt dort zweimal vor: Geld, Ware]." Fillmore / Johnson / Petruck 2003b, 239.

[654] Fillmore / Petruck / Baker / Ellsworth / Ruppenhofer 2003h, 1. Inchoativ = veranlassen, hervorbringen usw.

[655] „Wir haben die Notwendigkeit festgestellt, noch andere Typen von Beziehungen zwischen Frames anzusetzen, und bislang zwei identifiziert: see also, using." [Instrument?] Fillmore / Narayanan / Baker / Petruck 2003i, 773.

klassen Vererbung und Komposition beziehen. Es liegt nahe, dass Frame-zu-Frame-Beziehungen implizit immer auch Frame-Element-zu-Frame-Element-Beziehungen sind. Ob Fillmore und andere neben den erwähnten Frame-Relationen-Typen (vor allem Frame-Vererbung und Sub-Frame-Relationen) auch direkte Relationen zwischen Frame-Elementen ganz unterschiedlicher Art ansetzen (möchten), etwa vergleichbar den Isotopie-Relationen nach Greimas (1966 und 1974) in der früheren strukturellen Semantik, wird nicht ganz deutlich, da es dazu nur eine einzige nicht sehr aussagekräftige Bemerkung gibt.[656] Deutlich wird indes, dass Fillmore die Untersuchung von Frame-Beziehungen für einen zentralen Teil der von ihm konzipierten Form der semantischen Frame-Analyse hält.[657] Ziel der Beschreibung von Frame-Relationen ist es vor allem, semantische Verallgemeinerungen quer über mehrere Frames zu ermöglichen.[658] Im Anschluss an die für FrameNet typische Definition von Frames als „Systeme von Begriffen" werden dann auch die Frame-Relationen als „semantische Beziehungen zwischen Sammlungen von Begriffen [collections of concepts]" bezeichnet.[659] Würde dieser Aspekt der Frame-Relationen systematischer durchdacht werden, dann müsste die Konsequenz eigentlich die Entwicklung eines allgemeinen konzeptbasierten Frame-Modells sein, das dann aber auch den Konzept-Begriff definieren (und möglicherweise Frame-semantisch re-interpretieren) müsste.[660]

Frame-Vererbung. Der für Fillmore und FrameNet wichtigste Typ von Frame-zu-Frame-Relationen ist offenbar die „Frame-Vererbung" bzw. „Frame-Erbschaft" (frame inheritance). Damit ist gemeint: Die Frame-Elemente des allgemeinen Frames können in mehreren Einzel-Frames auftreten.[661] Oder genauer: „Vererbung ist die Beziehung zwi-

---

[656] „Zusätzlich zu den Vererbungs- (Ausdifferenzierungs-) Relationen zwischen Frames definieren wir damit zusammenhängende Relationen zwischen Elementen von Frames, die so aufeinander bezogen sind." Fillmore / Baker 2001a, 5.

[657] „Frame-Semantik ist ein Name, der dem Bemühen gegeben wurde, die detaillierten begrifflichen Muster zu charakterisieren, die lexikalischen Bedeutungen zugrundeliegen, und dieses Bemühen erfordert die Mittel, Vererbung zu erkennen, durch die einige Frames als Ausdifferenzierungen [elaborations] von anderen Frames gesehen werden können; Frame-Mischung, durch die einige Ereignis-Typen gesehen werden als beschreibbar als Instantiierungen von mehr als einem Frame; und komplexe Frames, durch die einige Ereignis-Typen gesehen werden als Szenarios, die Teile haben, die individuell [wieder] als Frames beschrieben werden können, mit Verbindungen von einem zum nächsten [Frame]." Fillmore 2003a, 471.

[658] „Das Aufzeichnen solcher Relationen erlaubt es uns, auf ökonomische Weise semantische Verallgemeinerungen quer über Frames zu erfassen, unter Berücksichtigung des Typs der involvierten Beteiligten, dessen, was geschieht, und welche Zustände das Resultat sind." Fillmore / Petruck / Ruppenhofer / Wright 2003e, 310.

[659] So Fillmore / Narayanan / Petruck / Baker 2003g, 2.

[660] Trotz einiger Formulierungen, an die solche Überlegungen anschließbar wären, erfolgt diese Weiterentwicklung des Fillmoreschen Frame-Modells nicht. Vgl. Fillmore 2006a, 619 in seinem bislang letzten Aufsatz: „Solche Relationen wie Vererbung [inheritance] und Sub-Frame werden benötigt, um Inferenzen von Frame-basierten Behauptungen abzuleiten, und dies muss Frame-Element-zu-Frame-Element-Bindung zwischen niedrigeren und höheren Frames einschließen, und zwischen den Elementen niedrigerer Frames, wo dies angemessen ist." Das wären dann (sehr versteckt) möglicherweise genau die Attribut-Relationen, um die es in einem konzept-basierten allgemeinen Frame-Modell gehen kann (etwa auf der Basis des Barsalou-Modells). Wegen seines Verb-zentrierten Frame-Ansatzes kann Fillmore nicht sehen, dass Frames grundsätzlich rekursiv sein können (vergleiche dazu Barsalou und Minsky); Frame-Verschachtelungen lässt er offenbar nur als Spezialfälle zu. Dem müsste (in Weiterentwicklung des Minsky- und Barsalou-Modells von Frames) ein grundsätzliches kognitives / epistemisches Prädikations-Verständnis aller Frames und Frame-Relationen entgegengesetzt werden!

[661] Fillmore / Johnson 2000b, 3. Sie machen dies deutlich am „Kommunikations"-Frame mit den Frame-Elementen *Sprecher, Adressat, Botschaft, Thema, Medium, Code* und kommentieren dies wie folgt: „Al-

2.8 Ein „technisches" Modell: Prädikative Frames (FrameNet)   185

schen zwei Frames, so dass einer von ihnen alle Eigenschaften des anderen hat, plus einige
zusätzlich." (Fillmore / Wooters / Baker 2001b, 14.) Als Beispiel wird etwa genannt: ein
allgemeiner BEWEGUNG-Frame und REISEN als seine Realisierung. Sub-Frames (der zweite
Typ von Frame-Relationen) wären dann z.b. ABREISEN und ANKOMMEN. Eine Vererbungs-
Relation ist immer eine Relation zwischen einem „Eltern-Frame" und einem „Kind-Frame".
Kind-Frames differenzieren die eher allgemeineren Strukturen und Frame-Elemente eines
Eltern-Frames weiter aus („elaboration"):[662]

> „Frame-Erbschaft ist eine ‚ist-ein'-Relation. Wenn Frame B den Frame A beerbt, dann differenziert B A
> weiter aus und ist ein Unter-Typ von A. Weiter: alle Frame-Elemente von A werden von B geerbt. Sie
> können in B mit exakt denselben Namen und semantischen Typen erscheinen, oder sie können Sub-
> Typen (Ausdifferenzierungen) der Frame-Elemente in A sein."[663]

Vererbung tritt in verschiedenen Formen auf, wobei in den FrameNet-Schriften auch hier
wieder eine noch tastende, uneinheitliche Terminologie und Typendifferenzierung vorzufinden ist. Zum einen wird zwischen „voller Vererbung", „monotoner Vererbung" und
„multipler Vererbung" unterschieden, andererseits ist auch die Rede von „Frame-
Mischung" (möglicherweise nur eine andere Bezeichnung für „multiple Vererbung", in
anderen Aufstellungen aber als eigener Typ aufgeführt) und „komplexen Frames".[664]

„Volle Vererbung" heißt, dass es zu jedem Frame-Element im Eltern-Frame ein korres-
pondierendes Frame-Element im Kind-Frame geben muss:

> „Das Frame-Element in B [Kind-Frame] kann einen anderen Namen haben als das in A [Eltern-Frame],
> aber es muss eine enge Verbindung [binding] zwischen ihnen geben. Kind-Frames können zusätzliche
> Frame-Elemente haben, die in ihrem / ihren Eltern-Frame(s) nicht gefunden werden."[665]

---

le Frame-Elemente erhalten ihre Bedeutung aus dem Konzept eines Basis-Ereignisses ‚Kommunikation'." – „Verschiedene Kommunikationswörter repräsentieren verschiedene Typen von Kommunikati-
ons-Ereignissen und verschiedene Weisen, solche Ereignisse zu konstruieren."

[662] Siehe auch Fillmore / Johnson / Petruck 2003b, 243: „Eine dieser Beziehungen ist die Vererbung, bei
der spezifischere Frames alle Merkmale eines allgemeineren Frames erben. Das heißt, dass alle Frame-
Elemente, Sub-Frames und semantischen Typen des Eltern-Frames dieselben oder spezifische Entsprechungen im Kind-Frame haben." – Ähnlich auch Fillmore / Narayanan / Petruck / Baker 2003g, 2.

[663] Fillmore / Narayanan / Baker / Petruck 2002e, 4. Und weiter: „Da Frame-Elemente-Namen relativ zu
den Frames sind, in denen sie auftreten, unterscheidet sich ein FE SPRECHER in B von einem FE SPRE-
CHER in A, unabhängig davon, ob B eine Ausdifferenzierung von A ist, und ob oder ob nicht sein semantischer Typ in B weiter eingeschränkt wird. Es ist jedoch üblich in FrameNet, relativ Frame-
spezifische Namen zu benutzen, wenn möglich. Dort, wo wir denselben Namen für Frame-Elemente in
zwei unterschiedlichen Frames wählen, denken wir an eine bestimmte Art von semantischer Ähnlichkeit, aber dies muss schlussendlich spezifiziert werden durch Angabe semantischer Typen und der Frame-Elemente-Vererbung."

[664] Siehe neben den nachfolgenden Erläuterungen auch die – allerdings sehr knappen – Definitionen im
„FrameNet-Glossary" von Fillmore / Petruck 2003f, 259: „Vererbung = Eine Frame-zu-Frame-
Beziehung, in der der Kind-Frame den Eltern-Frame weiter ausdifferenziert [elaborates]; man kann vom
Kind-Frame sagen, dass er eine „Art von" des Eltern-Frames ist, z.B. ANKOMMEN ist eine Art von BE-
WEGUNG. Volle Vererbung = Alle Frame-Elemente in einem Eltern-Frame haben eine Entsprechung im
Kind-Frame wenn auch nicht notwendigerweise mit demselben Namen. Monotone Vererbung = Vererb-
te Charakteristika können nicht ausgeschaltet / überspielt werden. Multiple Vererbung = Ein Kind-
Frame (und daher seine Frame-Elemente) kann jede Zahl von Eltern haben."

[665] Fillmore / Baker / Cronin 2003d, 286. Unklar bleibt der Begriff „monotone Vererbung": „Monoton
bedeutet, dass, wenn ein Eltern-Frame (oder -Frame-Element) einen semantischen Typ aufweist, muss
der semantische Typ des Kind-Frames (oder -Frame-Elements) derselbe sein, oder ein Subtyp (eine
Ausdifferenzierung [elaboration]) sein des semantischen Typs / der Eltern-Frames." Die Unklarheit

Mit „multipler Vererbung" oder „Frame-Mischung" ist der Fall gemeint, dass ein Wort in einem Satz für zwei verschiedene Frames zugleich steht, sie evoziert. Als Beispiel dafür wird genannt: *„Hans klagte ihn des Verrats an."* Hier ist *Hans* gleichzeitig Frame-Element von *Anklagen* (nämlich ANKLÄGER) und Frame-Element von *kommunizieren* (nämlich SPRECHER).[666] Der Frame-Relationen-Typ „Vererbung" steht in enger Beziehung zum Frame-Relationen-Typ „Sub-Frames", da bei einer vollen Frame-Erbschaft ein Kind-Frame neben den Frame-Elementen auch alle Sub-Frames des Eltern-Frames erbt. Sehr kompliziert können solche Frame-Beziehungen dann werden, wenn bei voller Vererbung zusätzlich zu der Sub-Frame-Erbschaft der Fall eintritt, dass ein Kind-Frame zwei komplexe Eltern-Frames (mitsamt ihren, ja unterschiedlichen, Sub-Frames) beerbt.[667] So, wie ein Kind-Frame zusätzlich zu den Frame-Elementen des Eltern-Frames eigene weitere Frame-Elemente aufweisen kann, kann er auch zusätzlich zu den vom Eltern-Frame geerbten Sub-Frames über weitere eigene Sub-Frames verfügen.[668]

Frame-Erbschaft ist auch eine spezifische Form von semantischen Beziehungen zwischen Wörtern, nur dass sie eben über die bekannten „semantischen Relationen" und „Wortfeld"-Beziehungen weit hinausgeht.[669] Eingeführt wurde das Konzept der Frame-Vererbung von Fillmore aber nicht zuletzt auch deswegen, weil ihm dies als eine passendere Weise erschien, dasjenige darzustellen, was in älteren Kasus-Rollen-Modellen als Kasus-Rollen-Hierarchien beschrieben worden war.[670] Damit „erbt" das Konzept der Frame-

---

     besteht allein schon deshalb, weil die Kategorie „semantischer Typ" alles andere als klar bestimmt und abgrenzbar ist. Siehe dazu oben Seite 181 f.

[666] Nach Fillmore / Baker / Cronin 2003d, 286: „Das Bild wird weiter verkompliziert durch Situationen der multiplen Vererbung: ein Frame-Element in einem Frame kann von Frame-Elementen in zwei Eltern-Frames erben, indem es ihre Semantik kombiniert." – Zum Begriff „Frame-Mischung" siehe Fillmore 2003a, 471: „Frame-Semantik ist ein Name, der dem Bemühen gegeben wurde, die detaillierten begrifflichen Muster zu charakterisieren, die lexikalischen Bedeutungen zugrundeliegen, und dieses Bemühen erfordert die Mittel, Vererbung zu erkennen, durch die einige Frames als Ausdifferenzierungen [elaborations] von anderen Frames gesehen werden können; Frame-Mischung, durch die einige Ereignis-Typen gesehen werden als beschreibbar als Instantiierungen von mehr als einem Frame; und komplexe Frames, durch die einige Ereignis-Typen gesehen werden als Szenarios, die Teile haben, die individuell [wieder] als Frames beschrieben werden können, mit Verbindungen von einem zum nächsten [Frame]."

[667] „Wenn ein komplexer Frame A beerbt wird von einem anderen Frame B, erfordert es unser Begriff der vollen Vererbung, dass alle Sub-Frames von A an Sub-Frames von B gebunden sind, d.h., Sub-Frames-Struktur wird ebenfalls geerbt. Wenn B daneben auch von einem anderen komplexen Frame erbt, können die Details der Bindungen sehr komplex werden." Fillmore / Baker / Cronin 2003d, 286. – Siehe auch Fillmore / Narayanan / Baker / Petruck 2003i, 771: „In solchen Fällen haben alle Frame-Elemente, Sub-Frames, und semantischen Typen des Eltern-Frames gleiche oder spezifische korrespondierende Elemente im Kind-Frame."

[668] „Frame-Vererbung ist eine Beziehung, in der ein Kind-Frame eine spezifischere Elaboration des Eltern-Frames ist. In solchen Fällen haben alle Frame-Elemente, Sub-Frames, und semantischen Typen des Eltern-Frames Entsprechungen im Kind-Frame. Der Kind-Frame kann jedoch zusätzliche Sub-Frames, Frame-Elemente und semantische-Typen-Constraints aufweisen, die sich im Eltern-Frame nicht finden lassen. Man beachte ferner, dass FrameNet multiple Vererbung zulässt; d.h., ein Frame kann mehr als einen Eltern-Frame haben." Fillmore / Petruck / Ruppenhofer / Wright 2003e, 310.

[669] „Beziehungen zwischen den Bedeutungen von Lexikon-Einheiten von der Art, wo die eine die semantischen Eigenschaften der anderen einschließt / inkorporiert, aber einige Details hinzufügt, werden indirekt eingeführt, durch Vererbungs-Beziehungen zwischen ihren jeweiligen Frames." Beispiel etwa: *flüstern = sprechen + leise.* Fillmore / Wooters / Baker 2001b, 17.

[670] „Die Generalisierungen über higher-level-processes, wie solche, die verschiedene Versuche motiviert haben, thematische Rollen- oder Kasusrollen-Hierarchien aufzustellen, konnten gerettet werden, indem in eine Theorie der Frame-Semantik einige Prinzipien der Frame-Vererbung eingebaut wurden." Fillmore 2003a, 466.

2.8 Ein „technisches" Modell: Prädikative Frames (FrameNet) 187

Vererbung aber auch alle Probleme von „Begriffs-Hierarchien" bzw. „semantische Rollen-Hierarchien". Es handelt sich dann doch um ein Verhältnis von höheren Abstraktionsebenen zu niedrigeren Abstraktionsebenen. Implizit wird also mit dem Konzept der Frame-Vererbung dann doch das Moment der semantischen Abstraktion in das Frame-Modell eingeführt, gegen das an anderer Stelle (mit Seitenhieb auf Logiker und allgemeine Kognitionswissenschaftler) häufig polemisiert worden ist.[671] Da der Vererbungs-Hierarchie der Frames eine Abstraktions- und Vererbungs-Hierarchie der semantischen Rollen entspricht, muss man konsequenterweise auch von einer Abstraktions- und Vererbungs-Hierarchie der Frame-Elemente ausgehen. Frame-Relationen sind daher zumindest auch Frame-Elemente-Relationen.[672] In Zusammenhang damit steht auch eines der Kernproblem des (interessanten und wichtigen) Vererbungs-Konzepts (in der Version von Fillmore und FrameNet): Wenn zwei Frame-Elemente (a) Eltern-Frame, (b) Kind-Frame, nicht denselben Namen haben (wie bei FrameNet üblich oder möglich sein kann, s.o.), sind sie dann nach FrameNet ein und dasselbe Frame-Elemente, oder sind es nicht vielleicht doch zwei verschiedene Frame-Elemente? Wenn Sie partiell verschieden sind (z.B.: Abstrakta vs. Konkreta), müsste man dann nicht das Modell erweitern um den Begriff einer eigenständigen „Frame-Elemente-Vererbung"? (Und Frame-zu-Frame-Beziehungen erweitern zu Frame-Element-zu-Frame-Element-Beziehungen)? Solche Fragen drängen sich auf, bleiben aber in den FrameNet-Texten unbeantwortet.

Sub-Frames. Während Frame-Vererbung hierarchische Subordinations-Beziehungen zwischen abstrakten Frames und Frame-Elementen und konkreteren, semantisch und epistemologisch ausdifferenzierteren Frames und Frame-Elementen betrifft, betreffen die „Sub-Frame"-Relationen (die mit gleichem Recht natürlich auch „Supra-Frame"-Relationen oder ähnlich genannt werden könnten) koordinative Beziehungen des Typs Teil-Ganzes, also eine bestimmte Form von „Enthalten-seins"-Beziehungen zwischen mehreren Frames. Diese Teil-Ganzes-Relationen werden daher auch als Frame-Zusammensetzung bzw. -Komposition bezeichnet. Die Definition lautet: „Mit Frame-Komposition ist eine Situation gemeint, in der ein komplexer Frame aus Teilen zusammengesetzt ist, die ebenfalls Frames sind."[673] Deutlich wird bei genauerer Betrachtung der Beispiele allerdings, dass mit diesem Frame-Relationen-Typ keineswegs alle Arten von möglichen Teil-Ganzes-Beziehungen gemeint sind, sondern allein oder vorrangig solche Relationen, bei denen ein Geschehen, eine Handlung, ein Ablauf von Ereignissen in mehrere Teil-Handlungen, Teil-Abläufe usw. zerfällt:

---

[671] Vgl. dazu Gildea / Jurafsky 2001, 2: „Fillmore / Baker denken hier auch an Vererbung, mit abstrakteren Rollen auf oberer Ebene und konkreteren Rollen auf unterer Ebene." – Siehe dazu auch Steiner 2003, 120: „Zwischen den Frames besteht eine Frame-Hierarchie, der Art, dass Frames der oberen Hierarchieebene Eigenschaften an die untere vererben."

[672] Vgl. dazu etwa Scheffczyk / Baker / Narayanan 2006, 1: „Semantische Relationen zwischen Frames sind erfasst in Frame-Relationen, jede mit korrespondierenden Frame-Element-zu-Frame-Element-mappings."

[673] Fillmore / Wooters / Baker 2001b, 14. – Siehe dazu auch Fillmore / Narayanan / Baker / Petruck 2002e, 4. Sub-Frames sind danach Beziehungen zwischen einem komplexeren Frame und verschiedenen einfacheren Frames, die ihn konstituieren. „Wir nennen dies Frame-Komposition, womit wir die Situation meinen, in der ein komplexer Frame zusammengesetzt ist aus Teilen, die selber Frames sind." Als Beispiele nennen sie Ersetzungs-Frame (Stadien des Prozesses); und: „Verben, die kausale Ereignisse inkorporieren, haben ebenfalls Sub-Frames für das verursachende Ereignis und das verursachte Ereignis und sind weitere Beispiele für Frame-Komposition."

188   *Kapitel 2: Die Erfindung des Frame-Gedankens in der Linguistik durch Charles J. Fillmore*

„Viele Frames drücken Konzepte aus, die natürliche, wohl definierte Unter-Teile haben. Z.B. zerfallen viele komplexe Ereignisse in eine Serie kleinerer Ereignisse, die in einer festgelegten Reihenfolge auftreten. Da die gesamte Semantik *in terms* von Frames ausgedrückt wird, ist jedes Unter-Ereignis notwendigerweise ebenfalls ein Frame, und wir nennen sie Unter-Frames [Sub-Frames] des komplexen Ereignisses."[674]

Als Beispiel nennen sie etwa den Frame PICKNICK mit Sub-Frames wie: ESSENS-ZUBEREITUNG, AN EINEN GEEIGNETEN ORT GEHEN, DORT ESSEN EINNEHMEN, NACHHAUSE ZURÜCKKEHREN. Auch Sub-Frame-Relationen sind zunächst und vorrangig Beziehungen zwischen gemeinsamen Frame-Elementen,[675] die hier aber, anders als bei der Frame-Vererbung, keine Abstraktionsebenen-Beziehungen sind, sondern Identitäts-Beziehungen zwischen Frame-Elementen mehrerer Handlungs-Frames von Handlungen, die sich zu einer Serie verbinden, die selbst wieder einen übergeordneten Frame darstellt. An ihrem Beispiel:

„Im Picknick-Frame enthalten die Sub-Frames ‚an Ort gehen' und ‚heimkehren' ein Frame-Element ‚Beweger', und der Essen-Sub-Frame enthält ein Frame-Element ‚Esser', die alle an das Frame-Element ‚Picknicker' des Ober-Frames gebunden sind, und so transitiv auch jeweils untereinander, da jemand, der an einem Picknick teilnimmt, an jedem dieser Stadien teilnehmen muss.
Dahingegen ist das Frame-Element ‚Zubereiter' (des Essens) nicht an das Frame-Element ‚Picknicker' gebunden."[676]

Ganz deutlich wird hier wieder die Dominanz von Handlungs- und Ereignis-Prädikationen als Prototyp dessen, was sich Fillmore und andere als „Frame" vorstellen. Nicht zufällig verweisen die Autoren an genau dieser Stelle auf das sehr ähnliche Skript-Modell von Schank / Abelson.

Größere Geschehensabläufe oder Handlungskomplexe werden in Teil-Handlungen oder -geschehnisse unterteilt, die dann je für sich wieder als Frames (eben Sub-Frames) beschrieben werden.[677] Dabei betrifft die Analyse nicht bloß das, was auch in der Alltagswelt als Teil-Handlung oder Teil-Aspekt erkennbar ist (wie z.B. bei einem REISEN-Frame die Teilaspekte ABREISEN, FAHREN (o.ä.), ANKOMMEN), sondern auch sehr subtile Teil-Elemente, die sich nur durch eine epistemologisch / kognitiv orientierte Zerlegung intellektuell erschließen lassen. An ihrem Beispiel: ANKOMMEN in „*Jack betrat den Raum*" lässt sich beschreiben als Übergang (Transition) zwischen zwei Zuständen (A = Jack nicht im Raum; B = Jack im Raum), die je für sich Sub-Frames des übergeordneten Frames darstellen sollen. Von solchen sehr subtilen Teil-Aspekten von Geschehnissen reicht die Verwendung des Frame-Relationstyps „Sub-Frame" in FrameNet aber auch bis zu so „großräumigen" Frame-Kompositionen wie „KRIMINALPROZESS" mit allen seinen Teil-Ereignissen, -Handlungen, -Geschehensabläufen usw.[678] Anders als Vererbungs-Relationen spiegeln Sub-Frame-Relationen die Beziehungen zwischen konstitutiven Elementen eines Ganzen und

---

[674] Fillmore / Baker / Cronin 2003d, 286. – Ähnlich auch Fillmore 2006a, 619. – Die Glossar-Definition lautet: „Sub-Frame = Eine Frame-zu-Frame-Relation, durch die (kleinere) Teil-Frames [component frames] Teile eines (größeren) komplexen Frames umfassen." Fillmore / Petruck 2003 f, 360.

[675] „Sub-Frames enthalten typischerweise Frame-Elemente, die an Frame-Elemente ihres komplexeren Frames gebunden sind, und so indirekt aneinander." Fillmore / Baker / Cronin 2003d, 286.

[676] Fillmore / Baker / Cronin 2003d, 286 f. – Der Verweis auf Schank / Abelson dort Seite 295.

[677] „Der Begriff des Sub-Frames erlaubt es uns, mit Frames zurechtzukommen, die in der Hinsicht komplex sind, dass sie Zustände und Übergänge zwischen diesen bezeichnen, von denen jeder selbst als Frame beschrieben werden kann. Jeder der separaten Frames ist mit dem komplexen Frame über die Kompositions-Relation verbunden." Fillmore / Petruck / Ruppenhofer / Wright 2003e, 310.

[678] Fillmore / Narayanan / Petruck / Baker 2003g, 1: „Für jeden Schritt im Prozess gibt es einen separaten Frame. Sub-Frames desselben komplexen Frames sind durch eine Anordnung miteinander verbunden."

2.8 Ein „technisches" Modell: Prädikative Frames (FrameNet) 189

dem Ganzen selbst wider. Sub-Frame ist also eine Konstitutions-Relation, während Vererbung eine Abstraktions- (oder Konkretisierungs-)Relation darstellt. Beide sind also auf verschiedenen theoretischen Ebenen angesiedelt. Sie hängen jedoch insofern zusammen, als auch die Identifizierung von Sub-Frames es erfordern kann, Abstraktions-Schritte vorzunehmen, die sich im Alltagsbewusstsein nicht immer von vorneherein erschließen. Insofern erfordert auch die Erfassung dieses Typs von Frame-Relationen eine beherzt abstraktive Betrachtung von Frames des semantisch relevanten Wissens.

Weitere Typen von Frame-Relationen. Neben den beiden geschilderten Haupt-Typen von Frame-Relationen werden weitere Typen genannt bzw. erwogen, die meist aber nicht ausführlich erläutert werden. Es wurde bereits darauf hingewiesen, dass Frame-Beziehungen vor allem auch als Frame-Elemente-Beziehungen re-analysierbar sind.[679] Wenn Wörter gleichzeitig zwei übergeordnete Frames evozieren, sprechen Fillmore und FrameNet auch von „Frame-Mischung". Als Beispiel nennen sie die Mischung von BEURTEILEN und KOMMUNIKATION in Frames wie LOBEN, KRITISIEREN, oder die Mischung von KONVERSATION und KAMPF im englischen *„to argue"* usw.[680] Explizit eingeführt werden in der späteren FrameNet-Phase noch die zwei Relations-Typen „benutzt" (*„uses"*) und „siehe auch" (*„see also"*). Zur „benutzt"-Relation heißt es: „Dies ist eine Relation wie Vererbung, aber weniger strikt definiert. Wenn Frame B Frame A benutzt, dann muss Frame B nicht zu jedem Frame-Element von A ein entsprechendes Frame-Element besitzen."[681] Die Art und Weise der Einführung und Begründung dieses neuen Relationstyps ist ein gutes Beispiel für die sehr problematische Vorgehensweise von FrameNet, wichtige Begriffe, die (und deren Status) theoretisch präziser definiert und genauer geklärt werden müssten, einfach mal so ad hoc einzuführen, weil sich an irgendeiner Stelle ganz praktische Beschreibungs-Probleme aufgetan haben. Es befremdet daher, wie Fillmore und FrameNet das Vorgehen bei der Ansetzung des „Benutzt"-Relationstyps erklären; danach ist dieser Typ rein praktisch, beschreibungstechnisch motiviert; keinerlei Gedanken darüber, welche Relationen es in der (sprachlichen, kognitiven) Realität gibt, beziehungsweise wie sich die Sache zur praktischen Beschreibung verhält. Fillmore und FrameNet haben offenbar keinerlei Bewusstsein / Reflektion über den theoretischen, erkenntnistheoretischen Status ihrer Konstrukte; das

---

[679] Vgl. Fillmore 2006a, 619: „Solche Relationen wie Vererbung [inheritance] und Sub-Frame werden benötigt, um Inferenzen von Frame-basierten Behauptungen abzuleiten, und dies muss Frame-Element-zu-Frame-Element-Bindung zwischen niedrigeren und höheren Frames einschließen, und zwischen den Elementen niedrigerer Frames, wo dies angemessen ist."

[680] Fillmore / Wooters / Baker 2001b, 14. – Wenig aussagekräftig die Definition im „FrameNet-Glossary": *„benutzt*-Relation – Eine Frame-zu-Frame-Beziehung wie Vererbung, aber weniger strikt definiert." Fillmore / Petruck 2003f, 360.

[681] Fillmore / Baker / Cronin 2003d, 287. Und weiter: „Wir haben diese Relation hauptsächlich deswegen definiert, weil das ausarbeiten von Rastern [lattices] der vollen Vererbung zwischen Frames sich als extrem strittig [contentious] und zeitraubend erwiesen hat. Die Benutzt-Relation erlaubt es uns, eine ähnliche Relation zu definieren, ohne sich allzu sehr auf Details einlassen zu müssen [getting bagged down in details]." Als Beispiel nennen sie: Der KONVERSATIONS-Frame bezieht sich eindeutig auf den KOMMUNIKATIONS-Frame, aber der letztere enthält ein Frame-Element „Message", das kein Frame-Element in KONVERSATION ist. – Diese Beispielanalyse ist indes nicht ganz einleuchtend. Stimmt das Beispiel? Das würde ich bezweifeln. Vielmehr enthält der KONVERSATION-Frame sehr wohl ein Frame-Element „Botschaft", oder „Inhalt", das hier sogar mit einem sehr spezifischen Constraint-Wert besetzt ist, nämlich dem Wert „beliebig" (oder genauer: „beliebig, aber unanstößig"). Erfasst man dieses Frame-Element nicht, hat man nicht erfasst, was das Spezifische am Frame KONVERSATION ist; oder, um Fillmore selbst zu zitieren, was der Grund (das Motiv) dafür ist, eine Kategorie wie *Konversation* überhaupt zu haben!

190   *Kapitel 2: Die Erfindung des Frame-Gedankens in der Linguistik durch Charles J. Fillmore*

heißt sie denken völlig untheoretisch! Das wäre dann aber doch das „induktive Verfahren", auf das Fillmore so schwört, auf die Spitze und ad absurdum getrieben (ganz abgesehen davon, dass dadurch deutlich wird, dass Fillmore und FrameNet nicht zwischen Sach-Ebene (Phänomen-Ebene) und der Beschreibungs-Ebene differenzieren, was ein gehöriges Maß an erkenntnistheoretischer Naivität ans Licht bringt). Mit einer solchen Vorgehensweise bei der Bildung der für das eigene Modell wichtigen Begriffe kommt man nie zu einer adäquaten Frame-Theorie (wenn die Autoren das überhaupt wollen; aber wenn sie das nicht wollen, was wollen sie dann?).

Eine weitere ad hoc neu eingeführte Frame-Relation, die rein beschreibungstechnisch motiviert ist, ist die „siehe auch"-Relation [see also-relation]: „Obwohl das Unterscheiden zwischen eng miteinander verbundenen Frames oft schwierig ist, ist das Definieren der Unterschiede zwischen Frames wesentlich für das FrameNet-Vorhaben. Wir benötigen einen Weg, die Unterschiede zwischen einer Gruppe von Frames an der einen Stelle zu erklären, ohne diese Erklärung für jeden Frame in der Gruppe zu wiederholen."[682] Gemeint damit ist ganz offensichtlich ein rein technischer Verweis aus einer Frame-Beschreibung in der FrameNet-Frame-Datenbank zu einer anderen Frame-Beschreibung.[683]

Die Liste von möglichen Frame-Relationen-Typen wird dann noch um zwei weitere ad-hoc-Kategorien erweitert: „Kausativ" und „inchoativ".[684] Diese Kategorien werden nicht näher definiert, sondern nur an Beispielen erläutert. Da sie im Übrigen üblichen linguistischen Termini entsprechen, sind sie von den Autoren wohl als nicht weiter erläuterungsbedürftig eingeschätzt worden. (kausativ = Verursachung; inchoativ = Veranlassung, Hervorbringung). Die Verfasser scheinen mit der Hinzufügung dieser Relations-Typen zu den Haupt-Relationstypen jedoch einen klassischen Kategorienfehler zu begehen: Während „Vererbung" und „Sub-Frames" abstrakte Typen von Frame-zu-Frame-Beziehungen sind, sind „Ursache von" (kausativ) und „Veranlassung" (inchoativ) spezifische, inhaltlich spezifizierte Typen von Relationen. Hinter dieser Ebenenvermischung der Typologie von Frame-zu-Frame-Relationen scheint immer noch ein verdinglichendes Frame-Verständnis zu stehen, das Frames als eine Art „existierende Entitäten" auffasst. Das rekursive (oder iterative) Verständnis von Frames wie es etwa bei Minsky oder Barsalou sichtbar wird, kommt dabei zu kurz: das heißt, Frames als variable Anordnungen epistemischen Materials. Sicherlich haben die Verfasser Recht, dass „Kausativität" und „Inchoativität" wichtige Frame-zu-

---

[682] Fillmore / Baker / Cronin 2003d, 287. – Siehe auch die Definition im „Glossary": *„siehe auch* = Eine Frame-zu-Frame-Relation, die von jedem Frame aus einer Gruppe von Frames auf einen anderen Frame verweist, dessen Definition eine detaillierte Diskussion der Unterschiede zwischen den einzelnen Frames in der Gruppe einschließt." Fillmore / Petruck 2003f, 360. – Vgl. ähnlich auch Fillmore / Narayanan / Baker / Petruck 2003i, 773.

[683] Als Beispiel nenne sie: *„laden"* → *Sie lädt den Wagen mit Heu; Sie lädt Heu auf den Wagen.* (FÜLLEN-Frame vs. PLATZIEREN-Frame) Die detaillierte Diskussion des Unterschieds ist in der Definition von *füllen* verortet; in der Definition von *platzieren* wird diesbezüglich nur auf die Definition von *füllen* verwiesen (Zeiger, pointer).

[684] „Kürzlich hat FrameNet zwei weitere [Typen von] Frame-zu-Frame-Relationen zu seinem Repertoire hinzugefügt: dies sind die Ursache-von-Relation [causative-of] und die Inchoative-of- Relation, deren Ansetzung sich als Resultat einer Reanalyse bestimmter Frames und Lexikon-Einheiten ergab. Dieser Aufsatz beschreibt die begriffliche Basis für das, was wir Re-framing der Daten in der FrameNet-Datenbasis genannt haben. Die zwei neuen (Typen von) Relationen erlauben FrameNet, Frame-weise Unterscheidungen zu treffen, die ziemlich systematische Beziehungen zwischen Sets von Lexikon-Einheiten erfassen." Fillmore / Petruck / Baker / Ellsworth / Ruppenhofer 2003h, 1. – Die Beispiele: *„Der Faden wird am Hemd angeheftet durch ...", „Das Laub haftet am Boden des Schwimmbeckens."*

2.8 Ein „technisches" Modell: Prädikative Frames (FrameNet)　　　　　　　191

Frame-Beziehungen sind. Das sind aber Beziehungen wie „Teil-von" in Beziehung auf Objekte ebenfalls. Mit dieser Sorte von Objekt-bezogenen Frame-Relationen (die aber z.B. in einem konzept-orientierten Frame-Modell wie bei Barsalou in den Mittelpunkt gestellt werden), lassen Fillmore und die FrameNet-Autoren aber einen sehr großen Bereich semantischer Phänomene außer Acht, für deren adäquate Erfassung sich das Frame-Modell ebenfalls bestens eignet, wenn es darauf zugeschnitten wird. In dieser Außer-Acht-Lassung zeigt sich wieder die starke Verb-Orientierung des FrameNet Frame-Modells.

Insgesamt bräuchte man wohl eine besser begründete und systematischer definierte Liste von zentralen Frame-zu-Frame-Beziehungen-Typen, als sie hier in FrameNet vorfindlich ist. Ein gemeinsamer Ansatzpunkt wäre ja bereits, dass auch in FrameNet die Frame-Relationen als Relationen zwischen „Kollektionen von Konzepten" bestimmt werden.[685] Das sich hier abzeichnende Sich-Einlassen auf eine allgemeinere, konzept-orientierte Frame-Theorie müsste nur durch eine systematische Reflexion des Konzept-Begriffs abgestützt werden, was in FrameNet, wo nirgends erklärt wird, was die Autoren genau unter „Konzept" verstehen, leider nicht der Fall ist. Lediglich in der „Peripherie" von FrameNet gibt es von anderen Mitarbeitern Bemerkungen, die als ein Indiz für eine tiefere Reflexion über solche Fragen interpretiert werden können. So, wenn z.B. Steiner den Begriff der „Meta-Relations-Typen" einführt.[686] – Am nächsten kommt einer der letzten Frame-Net-Aufsätze (bei dem vielleicht nicht zufällig Fillmore nicht mehr als Mitautor gezeichnet hat) einer Analyse, die deutliche Anschlussmöglichkeiten zu den allgemeineren, Konzept-orientierten Frame-Theorie aufweist. Der üblichen kognitivistischen Redeweise erstaunlich nahe kommen die Autoren, wenn sie knapp die Grundzüge einer „FrameNet-Ontologie" skizzieren, und damit das tun, was zuvor immer wieder (teilweise in harschen Formulierungen) abgelehnt worden war.[687] (Auch die Re-Formulierung der „Semantischen Typen" als „konzeptuelle Constraints" bringt sie näher an kognitivistische Frame-Modelle heran.[688] „Constraints" sind einer der wesentlichen von Barsalou neu in die Frame-Theorie eingeführten, in seinem Modell sehr zentralen, Aspekte.)

Die dann von den Autoren entworfenen Grundzüge einer „FrameNet-Ontologie" (sic! Allein diese Bezeichnung steht schon in starkem Kontrast zu dem jahrelang verfochtenen anti- oder besser a-kognitivistischen Tenor von Fillmore und FrameNet!) führen dann noch

---

[685] „FrameNet schließt auch Informationen über Relationen zwischen Frames ein, die Relationen zwischen Kollektionen von Konzepten anzeigen, zum Beispiel Vererbung und Sub-Frames." Fillmore / Petruck / Baker / Ellsworth / Ruppenhofer 2003h, 2.

[686] „Frame-Relationen können auch Meta-Beziehungen zueinander besitzen." Als Beispiel nennt sie für die Beziehung „Sub-Frame" als Meta-Relations-Typen: „Gleichzeitigkeit", „Vorzeitigkeit". Steiner 2003, 123. – Solche Beispiele weisen schon große Ähnlichkeiten mit einer allgemeinen epistemologischen Analyse auf.

[687] „Unsere Haupt-Entscheidungen für die Repräsentation von FrameNet als Ontologie sind: 1. Frames, Frame-Elemente, und semantische Typen formal als Klassen zu repräsentieren, 2. Beziehungen zwischen Frames und Frame-Elementen via existentiellen Eigenschafts-Restriktionen auf diesen Klassen zu modellieren, und 3. Frame- und Frame-Element-Realisierungen in FrameNet-annotierten Texten als Instanzen des / der geeigneten Frames und Frame-Elemente-Klassen zu repräsentieren." Scheffczyk / Baker / Narayanan 2006, 2. – Zwar sehen auch diese Autoren noch größere Unterschiede zwischen ihrem Ansatz und „normalen" kognitivistischen Modellen: „Verglichen mit Ontologie-Klassen sind semantische Typen in FrameNet viel flacher, mit weniger Relationen zwischen ihnen (nur: Unter-Typ), und sie sind nicht kontext-spezifisch." Aspekte solcher allgemeineren Modelle übernehmen sie aber doch: „Wir möchten daher die semantischen Typen von großen Ontologien anwenden.", und: „Die FrameNet-Daten sollen in Ontologie-Sprachen (NLP) formatiert werden."

[688] Scheffczyk / Baker / Narayanan 2006, 1.

weiter in die Nähe allgemeinerer kognitiv orientierter Frame-Modelle.[689] Solche neueren Überlegungen führen in die richtige Richtung, doch stehen in der Realität von FrameNet einer epistemologischen (oder kognitiven) Verallgemeinerung ihres Modells einige Beschränkungen der dort gepflegten Terminologie und Theorie entgegen. So ist es vermutlich durchaus richtig, wie in FrameNet zwischen Vererbung und Komposition als Frame-Relationen zu unterscheiden (obwohl Zweifel bezüglich möglicher Abgrenzungsprobleme zwischen beiden Relationen-Klassen bleiben). Fatal ist aber, dass in FrameNet Komposition (beziehungsweise Sub-Frame) nur auf Skripts bezogen wird, nicht auf abstrakte, z.B. Objekt-Eigenschaften. Fillmore und FrameNet haben bei ihrer Art des Vorgehens unter anderem auch das Problem, dass zum Beispiel bei der Frame-Vererbung (= *dem* theoretischen Instrument, mit denen sie hierarchische Beziehungen zwischen Frames und Frame-Elementen und verschiedenen Abstraktionsebenen behandeln), die Frame-Elemente einen unterschiedlichen Abstraktionsgrad zwischen Ober-Frame (Eltern-Frame) und Unter-Frame (Kind-Frame) aufweisen können, dass aber ihre Art der Darstellung nicht erlaubt, solche Unterschiede zu repräsentieren.[690] So leistet ihr Modell der Beschreibung von Frames, Frame-Elementen und Frame-Relationen manches nicht, was in anderen Modellen gelöst und oft sehr viel einfacher beschrieben wird.

2.8.7 Annotation und Repräsentation von Frames und Frame-Elementen

Die im FrameNet-Projektverbund praktizierten Verfahren zur Darstellung von Frames, Frame-Elementen, Frame-Relationen und Lemmata (erstellt und dargestellt werden sie in einer Datenbank mit teil-automatisierten Funktionen) bedingen, wie wir gesehen haben, zum Teil erheblich auch die Begrifflichkeit und Terminologie des Frame-Verständnisses in FrameNet, und damit das, was man mit gewissen Abstrichen die Frame-Theorie von Fillmore und FrameNet nennen könnte. (Die Abstriche sind dadurch bedingt, dass man bei vielen Formulierungen gerade von Fillmore selbst eine gewisse Theorie-Aversion zu spüren glaubt – zumindest eine Aversion gegen Theoretiker durch jemanden, der sich offenbar strikt und stolz vor allem als Empiriker begreift –, obwohl das erzielte Ergebnis wissenschafts- und erkenntnistheoretisch gesehen natürlich nichts anderes ist als eben: eine Theorie). Aus diesem Grunde nehme ich zur ersten Information in dieses Theorie-Kapitel die Darstellung einiger weniger Aspekte der praktischen FrameNet-Arbeit auf, während die Darstellung des methodischen Gesamtansatzes einem späteren Kapitel (s.u. Kap. 6.1) zu Anwendungsbeispielen der Frame-Theorie in der Linguistik vorbehalten bleibt.

Anders als in kognitionswissenschaftlichen Frame-Modellen ist in FrameNet das Ziel der Frame-Analyse ganz klar linguistisch bestimmt. Genauer: eigentlich handelt es sich um

---

[689] Unter dem Zwischentitel „Die FrameNet-Ontologie" heißt es: Frames und Frame-Elemente sind durch binäre Relationen verbunden - z.B. „benutzt Frame" oder „hat Frame-Element"; Wir modellieren Frame- und Frame-Elemente-Erbschaft via Sub-Klassifizierung und andere Frame- und Frame-Elemente-Relationen via existenzielle-Eigenschafts-Restriktionen (Beispiel: Klasse „Angriff" = Unterklasse von „Intentionaler Affekt"); Klassen-Restriktionen werden vererbt – „Angriff" erbt die Frame-Elemente-Restriktionen „hat Frame-Element Agens", „hat Frame-Element Patiens" vom „Intentionaler Affekt"-Frame; Unsere Semantische-Typen-Hierarchie ist modelliert als einfache Subklassen-Hierarchie; Semantische Typen sind verbunden mit Frame-Elementen via Subklassen-Relationen. (Beispiel: Angreifer, Opfer = Subklassen von „empfindungsfähiges" Wesen.) Scheffczyk / Baker / Narayanan 2006, 2.

[690] Ganz im Gegensatz zu einem allgemeinen Attribute-Werte-Modell wie bei Barsalou.

2.8 Ein „technisches" Modell: Prädikative Frames (FrameNet) 193

ein lexikographisches Vorhabenmit dem Endziel, eine bessere Beschreibung für die Bedeutungen (präziser: Teilbedeutungen, Lesarten, *senses*) von Lexikoneinheiten (also Wörtern in jeweils einer ihrer Lesarten) zu liefern, als sie in herkömmlichen Wörterbüchern vorgefunden werden können.[691] Insbesondere sollen auch die semantischen und syntaktischen kombinatorischen Möglichkeiten der Wörter präzise beschrieben werden, was in üblichen Wörterbüchern (außer wenigen Beispielen in der europäischen Valenz-Lexikographie) nur selten, oder höchst unzureichend überhaupt gemacht wird. Der Ansatz, in dem sich deskriptive Darstellungen der semantischen und syntaktischen Anschluss- und Kombinationsmöglichkeiten von Wörtern am besten in Verbindung bringen lassen, ist nach Überzeugung von Fillmore und FrameNet eben ein Frame-Modell. Diesem Ziel folgen die einzelnen methodischen Schritte in FrameNet:

> „Für jeden semantischen Frame involviert der Prozess der Aufklärung [elucidation] eine Folge von Schritten:
> (1) Identifizierung der häufigsten lexikalischen Einheiten, die als Prädikate in diesem Frame dienen können.
> (2) Formulierung einer ersten Liste von Frame-Elementen (unter Benutzung von Merkmal-Strukturen).
> (3) Annotation von Beispielen aus einem Korpus durch Etikettierung des Prädikats mit dem Namen des Frames und seiner Argumente mit den Namen der Frame-Elemente und Bestimmung ihrer Rolle relativ zum Prädikat.
> (4) Revision der Frame-Beschreibung – Bestimmung / Spezifikation der Ko-Okkurenz-Beschränkungen und möglichen syntaktischen Realisierung im Lichte der Corpusdaten –; und
> (5) Re-Etikettierung der Corpus-Beispiele, damit sie auf die revidierten Frames passen. [...]
> Die letzten beiden Schritte werden wiederholt angewendet, soweit zur Verfeinerung der Frame-Beschreibung benötigt." (Fillmore / Lowe / Baker 1997b, 6.)

Schon diese Liste der praktisch unternommenen Schritte zur Untersuchung von Frames macht den schon beschriebenen Schwerpunkt des Fillmore + FrameNet-Frame-Konzepts deutlich, vor allem (oder in erster Linie) Prädikationen und dementsprechend prädikative Frames in den Blick zu nehmen (von Frames für Frame-Elemente ist in der Liste bezeichnenderweise nicht die Rede). Der wichtigste Teil der Beschreibungen ist die „Frame-Datenbasis",[692] die neben Beschreibungen der Frames selbst die Beschreibungen der Frame-Elemente enthält. Konkretisiert und veranschaulicht werden die Frame-Beschreibungen durch die Beispielsätze, die entsprechend den einzelnen Teil-Aspekten des Frame-Modells etikettiert („annotiert") sind.

Neben den Frame- und Frame-Elemente-Beschreibungen und den sie exemplifizierenden annotierten Beispielsätzen des Korpus enthält die FrameNet-Datenbank vor allem syn-

---

[691] So nennen Fillmore / Lowe / Baker 1997b, 1 als „primäres Ziel von FrameNet" die „Herstellung von Frame-semantischen Beschreibungen für lexikalische Einheiten." Benutzt werden dafür teilweise semantisch etikettierte [tagged] Korpora.

[692] Fillmore / Lowe / Baker 1997c, 2. – Leicht abweichend sind die Schritte der FrameNet-Arbeit in Fillmore / Baker / Sato 2002c, 2 folgendermaßen beschrieben: (1) Herausgreifen eines „Frames" (z.B. 'ENCODIEREN' (ein Sprecher formuliert eine Nachricht auf bestimmte Weise)); (2) Auswählen eines kanonischen Beispiels (*She worded her request cleverly*); (3) Auswahl von „Frame-Elemente"-Namen (Sprecher, Nachrichtentypen, Art und Weise); (4) Bilden einer Wortliste (z.B. die Verben *phrase, put, express*); (5) Extraktion von Beispielen pro Wort aus dem Korpus; (6) Annotation einer ausreichenden Bandbreite von Beispielen durch Etikettieren der Phrasen, um vom Zielwort regiert werden, entsprechend den Frame-Elementen, die sie realisieren. – Weitere (teilweise noch sehr viel umfangreichere) Auflistungen der Schritte in der FrameNet-Arbeit finden sich etwa in Fillmore / Petruck / Ruppenhofer / Wright 2003e, 298, Fillmore 2006a, 617, und, sehr ausführlich, in Fillmore / Johnson / Petruck 2003b, 247. Letzterer Aufsatz enthält auch die umfassendste Darstellung des FrameNet-Vorgehens.

194   *Kapitel 2: Die Erfindung des Frame-Gedankens in der Linguistik durch Charles J. Fillmore*

taktische und semantische Beschreibungen für die wichtigsten Wörter (Lexeme) des Korpus (sog. „Lexikoneinträge"). Neben einer üblichen lexikographischen Bedeutungsbeschreibung umfassen diese vor allem Angaben zu den Positionen und Einsatzmöglichkeiten
der Wörter in Valenz-Rahmen und ihren Möglichkeiten, Frame-Elemente zu vertreten.[693]
Annotiert und beschrieben werden nicht nur Verben, sondern auch andere prädikate-
tragende Wortarten.[694] Der Vorteil einer lexikalisch-semantischen Wortbedeutungsbe-
schreibung in FrameNet gegenüber traditionellen Wörterbüchern liege vor allem darin, dass
Bedeutungsvarianten präziser beschrieben werden können,[695] da sie oft unterschiedlichen
Rollen in unterschiedlichen Frames korrespondieren.[696] In der FrameNet-Arbeit werden
computergestützte Methoden genutzt;[697] der Schwerpunkt liegt aber dezidiert auf der beschreibenden Tätigkeit der Mitarbeiter. Die deskriptive Tätigkeit von FrameNet wird als ein
Kompromiss zwischen zwei Extremen verstanden: nämlich computer-generierter Beschreibung größter Korpora und intensivster semantischer Beschreibung kleiner Wortschatz-
Ausschnitte. FrameNet soll in der Mitte liegen.[698] In diesem Arbeitsprozess kommt den
intuitiven Urteilen, und damit dem individuellen Verstehen, der Forscher als Beherrschern
der zu beschreibenden Sprache eine wichtige Funktion zu.[699] Laut Fillmore kann dies auch
nicht anders sein, da ein volles Verstehen von Wörtern in Texten ein so differenziertes

---

[693]   „Der FrameNet-Eintrag für jedes Verb enthält eine Formel für alle semantischen und syntaktischen
   kombinatorischen Möglichkeiten, zusammen mit einer Kollektion von annotierten Korpus-Sätzen, in
   denen jede Möglichkeit exemplifiziert ist. Für Valenz-Träger in einem Text können so schnell die individuellen Argumente aufgefunden werden." Fillmore / Lowe / Baker 1997c, 3. – Zur Frage, welche
   Wortarten mit welchen syntaktischen Informationen und welchen Frame-Aspekten annotiert werden,
   siehe oben das Zitat auf Seite 173 zu Fußnote 611.

[694]   Nach Fillmore / Baker / Sato 2002c, 1, gilt dabei: „Folgende Argument-tragende Prädikate werden
   untersucht: - Verben (zum Beispiel: *entscheiden*); – Adjektive (zum Beispiel: *fond = fond of = gern haben / zärtlich*); – deverbale Nomen (z.B.: *Entscheidung*); – deadjektivischen Nomen (z.B.: *fondness =
   Zuneigung zu*); – relationale Nomen (z.B. *Name*); – und idiomatische Präpositional-Phrasen-Prädikate
   (z.B. at risk)." – Zwar fügen sie hinzu „Andere Teile der FrameNet-Forschung beschäftigen sich mit der
   Annotation abhängiger Nomen, wie z.B. Namen von Dingen, die als lexikalische Köpfe von NP's auftreten können, die spezifische Argumentstruktur-Slots erfüllen können, wie z.B. Kern, Apfel usw.", der
   Frame-Begriff, wird auf diese (anders als in nominal orientierten Frame-Modellen) aber offenbar nicht
   angewendet.

[695]   „Polyseme Prädikate haben für jede Lesart unterschiedliche Kollokate und oft unterschiedliche grammatische Kontexte." Fillmore / Baker / Sato 2002c, 1.

[696]   „FrameNet Annotationen liefern mehr Details (als existierende lexikalische Quellen) über die Weise,
   wie spezielle semantische Rollen (d.h. Frame-Elemente) mit spezifischen syntaktischen Ausdrucksmit-
   teln verbunden sind. Verschiedene Bedeutungsvarianten mehrdeutiger Wörter werden in Relation zu
   verschiedenen Frames definiert." Fillmore / Johnson 2000b, 6. – Vgl. auch Fillmore / Baker 2001a, 1:
   „Am signifikantesten für unsere Zwecke sind Tabellen, die die Relationen zwischen Lemmata und Frames aufzeigen (Polysemie ist eine eins-zu-viele-Relation zwischen Lemmata und den Frames, die ihre
   Bedeutung ausdrücken)."

[697]   Allerdings ist eine Idealisierung der Möglichkeiten des Computers auf diesem Feld immer noch spürbar:
   „Es wäre gut, eine automatische Erkennung der sortal typischen Füllungen der Kern-Komplemente und
   Frame-typischen Adjunkte prädizierender Wörter zu haben." Fillmore / Baker / Sato 2002c, 1.

[698]   FrameNet soll ein Kompromiss zwischen zwei Extremen sein: (a) automatisch erzeugte Daten aus
   großen computerbasierten Korpora; (b) „Sorgfältige, subtile Analyse der Einheiten in einem kleinen Lexikon für begrenzte Zwecke in einer eng gefassten Domäne, wo das Ziel, adäquates Sprachverstehen
   und akkurate Inferenz-Generierung zu erhalten, erreichbar scheint." Fillmore/Wooters/Baker 2001b, 1.

[699]   „Wichtige Schritte dieses Prozesses werden automatisch ausgeführt, aber ein unverzichtbarer Kern wird
   manuell durch trainierte Muttersprachler ausgeführt, die die Sätze lesen und verstehen müssen, und Urteil fällen müssen darüber, ob und wie jede Gebrauchsweise zu dem gerade untersuchten Frame passt."
   Fillmore 2006a, 617.

2.8 Ein „technisches" Modell: Prädikative Frames (FrameNet) 195

Wissen voraussetzt, dass dies nur von Menschen, die über dieses Wissen verfügen, erzielt werden kann, und nicht durch Maschinen ersetzbar ist.[700] Wichtig ist aber, dass man sich nicht zu sehr auf die persönliche Intuition der Forscher allein verlässt, sondern diese durch empirische Belege aus dem Korpus korrigiert.[701]

Die verschiedenen Aspekte, die durch die verschiedenen Teil-Beschreibungen erfasst werden, werden unter anderem auch in Form von Tabellen dargestellt.[702] Diese Tabellen fassen die Typen von Etiketten zusammen, die in der Annnotation (Etikettierung) der Beispielsätze benutzt werden. Annotiert werden[703] „für jeden Satz mindestens fünf Etiketten-Sets: Frame-Element, Phrasen-Typ, Grammatische Funktion, Gesamtsatz, Zielwort." Die Begrenzung der in FrameNet erfassten Frame-Elemente auf die Haupt-Konstituenten eines Satzes scheint ein bewusster Schritt zu sein, „um eine möglichst breite Nutzbarkeit der FrameNet-Daten zu ermöglichen".[704] Dieser Verzicht auf eine „grammatische Tiefe" behindert aber möglicherweise das große Ziel einer „semantischen Tiefe" der semantischen Beschreibungen in FrameNet.[705] Allerdings wird Wert darauf gelegt, dass FrameNet nicht nur lexikographischen Zwecken dient, sondern auch bei der textsemantischen Analyse helfen kann.[706] Für die Auswahl von zu annotierenden Beispiel-Sätzen werden relativ

---

[700] „Das FrameNet-Team ist überzeugt, dass auf einer bestimmten Ebene die Tiefe und Subtilität einer sorgfältigen linguistischen Analyse erreicht werden kann durch die Benutzung der klug ausgebeuteten Urteile linguistisch trainierter Forscher, die syntaktisch sortierte Sätze annotieren, die aus einem großen Korpus natürlicher Sprache entnommen sind." Einige der Informationen werden durch die Annotierer direkt festgehalten, andere abgeleitet aus – teils manuell, teils automatisch erzeugten – Annotationen der Datenbasis. „Bei der Arbeit der Forscher können an verschiedenen Stellen computergenerierte Daten unterstützend benutzt werden. Aber: alle automatisch erzeugten Daten werden durch menschliche Prüfer überprüft." Fillmore / Wooters / Baker 2001b, 1.

[701] Laut Fillmore / Johnson / Petruck 2003b, 247 ist es äußerst wichtig, ein empirisches Vorgehen zu befolgen, „damit man Phänomene erkennt, auf die man nicht durch Intuition oder Wörterbücher stößt".

[702] „Jede der grundlegenden Einheiten der Analyse ist repräsentiert durch eine Tabelle. Es gibt also eine Tabelle für Frames, inklusive Name und Definition, und für Frame-Elemente, und eine Relation zwischen ihnen, so dass jedes Frame-Element exakt mit einem Frame verbunden ist. Lexikalische Einheiten sind repräsentiert als eine Tabelle, die Lemmata und Frames miteinander verbindet, [...] es gibt daher auch ein Feld für die Bedeutungsbeschreibung." Fillmore / Ruppenhofer / Baker 2002f, 2.

[703] Fillmore / Wooters / Baker 2001b, 17. – „Um auszudrücken, dass die Etiketten der Frame-Elemente vom Etikett des Frames abhängig sind, wird eine eigene „Etiketten-Set-Abhängigkeits-Tabelle" angelegt." – „Eine Frame-Vererbungs-Tabelle: zeigt einen Eintrag für jede Vererbungs-Relation." (a.a.O.) – Vgl. auch ähnlich Fillmore / Baker / Cronin 2003d, 288.

[704] Folge: „Beschränkung der grammatischen ‚Tiefe' der Beschreibung auf die Haupt-Konstituenten, die Frame-Elemente ausdrücken." Fillmore / Johnson / Petruck 2003b, 247. Dies ist nach meiner Kenntnis der einzige Hinweis auf die Gründe, die zu der relativ simplen Frame-Notation in FrameNet geführt haben. Da diese Gründe grammatische / syntaktische Gründe sind, scheint Fillmore die ganzen riesengroßen Ansprüche, die er in Richtung auf eine Neubegründung der semantischen Theorie und eine Verstehens-Semantik früher formuliert hat, hier aufgegeben zu haben aufgrund des alten Vorrangs der Syntax vor der Semantik. Das ist aus semantischer Sicht äußerst bedauerlich.

[705] Siehe etwa Fillmore / Petruck / Ruppenhofer / Wright 2003e, 330: „Dank seiner Daten-gestützten Natur bietet FrameNet eine Tiefe der semantischen Information und eine Breite von Beispielen, die in anderen lexikographischen Projekten nicht zu finden sind." – Siehe im gleichen Tenor auch Chang / Narayanan / Petruck 2002a, 3: „Frame-Semantik im allgemeinen und FrameNet im besonderen sind vielversprechend für einen Gebrauch in tiefensemantischer Analyse."

[706] „Obwohl es das primäre Ziel von FrameNet ist, annotierte Beispiele für lexikographische Zwecke zu sammeln, ist es wichtig zu zeigen, dass eine Frame-semantische Analyse genauso gut auf ganzen laufenden Text ausgeweitet werden kann." Daher wurden die technischen Möglichkeiten geschaffen, Sätze im Corpus zu Paragraphen, Paragraphen zu Dokumenten, und Dokumente zu Korpora zusammenzufassen. Fillmore / Baker / Cronin 2003d, 288.

196   *Kapitel 2: Die Erfindung des Frame-Gedankens in der Linguistik durch Charles J. Fillmore*

strenge Kriterien formuliert.[707] – Eines der von den FrameNet-Autoren im Zusammenhang mit der Darstellung ihrer Methode angesprochenen Probleme, nämlich die „Festlegung der Grenzen einzelner Frames"[708] betrifft so grundsätzliche Probleme, dass sie an dieser Stelle nicht vertiefend diskutiert werden können. Immerhin ist bemerkenswert, dass dieser Aspekt überhaupt artikuliert wird, da andere Frame-theoretische Arbeiten (insbesondere aus der kognitivistischen „Ecke") dieses Grundsatzproblem jeder Frame-Analyse noch nicht einmal zu sehen scheinen.

2.8.8 Frames und Lexikographie

Es wurde bereits an vielen Stellen deutlich, dass eines der treibenden Interessen für Fillmore, das ihn zur Entwicklung der Frame-Semantik geführt hat, ein lexikalisch-semantisches Interesse war. Gerade in der Zusammenführung seiner beiden Haupt-Interessengebiete: Syntax und Semantik, wird der besondere Anspruch der FrameNet-Arbeiten deutlich, nämlich besser als in bisherigen Wörterbüchern grammatische und satz-semantische Aspekte bei der Bedeutungsbeschreibung einzelner Wörter (bzw. Lemmata) in Wörterbüchern zu erfassen und insofern grammatische und semantische Beschreibungsaspekte in einer einheitlichen Darstellung zusammenzuführen. Ein solches Vorhaben kann nach Fillmore aber nur gelingen, wenn es empirisch, das heißt auf ein großes Korpus gestützt erfolgt.[709] Aus diesem Interesse heraus ist das FrameNet-Projekt entstanden, so dass eine lexikographische Nutzungsmöglichkeit von Anfang an eine der wichtigsten Zielsetzungen dieses Programms war. Insofern wird die FrameNet-Datenbank auch als Kern eines Wörterbuchs eines neuen Typs gesehen.[710] Entsprechend dem zuvor von Fillmore entwickelten verstehens-semantischen Ansatz muss ein solches Wörterbuch sehr viel mehr Informationen umfassen, als bisherige Wörterbücher traditionellen Typs:[711] „Das Wörterbuch muss im Prinzip in der

---

[707]   Kriterien für die Auswahl geeigneter Sätze: Frame-Relevanz; (relative) Einfachheit der Strukturen; Typikalität der Kollokationen; Vermeidung von Wiederholungen; Präferenz für ‚Welt-Englisch' (statt Ausdrücke, die nur in U. K.-Englisch existieren). Fillmore / Petruck / Ruppenhofer / Wright 2003e, 225.

[708]   „Ein großer Teil der FrameNet-Arbeit besteht in der Entwicklung von Frame-Beschreibungen, von denen ein wichtiger Teil die Grenzen einzelner Frames festgelegt." Fillmore / Petruck / Baker / Ellsworth / Ruppenhofer 2003h, 4.

[709]   In Fillmore 1992a, 35 schildert der Autor karikaturenhaft den ‚Lehnstuhl-Linguisten' und den ‚Korpus-Linguisten' und führt fort: „Dieser Aufsatz ist der Bericht eines Lehnstuhl-Linguisten, der es ablehnt seine alten Arbeitsweisen aufzugeben, der aber glaubt, profitieren zu können als Konsument einiger der Ressourcen, die Korpus-Linguisten geschaffen haben." […] „Ich habe zwei Beobachtungen gemacht: Die erste ist, dass ich nicht glaube, dass es irgendwelche Korpora geben kann – egal wie groß –, die Informationen über alle Bereiche des englischen Lexikons und der Grammatik, die ich erforschen will, enthalten; alle die ich gesehen habe, waren inadäquat. Die zweite ist, dass jedes Korpus, das ich kennenlernen konnte, mich Fakten gelehrt hat, von denen ich mir nicht vorstellen kann, sie auf irgendeine andere Weise gefunden haben zu können. Meine Schlussfolgerung ist: Beide Arten von Linguisten brauchen einander. Sie sollten in einem Körper vereint sein."

[710]   „In solch einem Wörterbuch (beheimatet auf einem PC mit vielfältigen Möglichkeiten der Fenster-Darstellung) werden einzelne Wortbedeutungen [senses], Relationen zwischen den Bedeutungen polysemer Wörter, und Relationen zwischen (Bedeutungen von) semantisch verbundenen Wörtern mit der kognitiven Struktur (oder den „Frames") verbunden sein, deren Wissen für die Begriffe vorausgesetzt [presupposed] ist, die durch die Wörter enkodiert werden." Fillmore / Atkins 1992b, 75.

[711]   Fillmore / Atkins 1992b, 75. „Forschungen zum Lexikon decken unvermeidlich sehr viel mehr Information über Wörter auf, als Standard-Wörterbücher Platz zur Darstellung haben." – Fraglich erscheint allerdings, was Fillmore (angesichts seines scharfen Unterscheidungsversuchs zwischen „evozieren" und

2.8 Ein „technisches" Modell: Prädikative Frames (FrameNet) 197

Lage sein, seinen Nutzern Zugang zu der gesamten Information zu erlauben, die Sprecher über die Wörter in ihrer Sprache haben." Darstellungsmittel der Wahl sind semantische Frames, da diese es ermöglichen, über „Zeiger"[712] verschiedene Wörter in einer semantischen Darstellung so miteinander zu vernetzen, wie dies in rein lemmatisch-alphabetischen Wörterbüchern nicht möglich ist. Dass es Fillmore vor allem auch auf eine lexikographisch-semantische Erfassung der Vernetzung von Wörtern ankommt, wird auch dadurch deutlich, dass er seine Frame-Analyse später auch in den Diskussionskontext einer linguistisch-semantischen Feld-Theorie („Wortfelder", „lexikalisch-semantische Felder") stellt, von deren Ansatz er das Frame-Modell jedoch deutlich abgrenzt.[713] Die Differenz besteht vor allem darin, dass Feld-Theorien letztlich nur Wort-zu-Wort-Relationen („inter-item-relations") erfassen können, während ein Frame-Ansatz den gesamten Hintergrund des verstehensrelevanten Wissens für eine lexikalisch-semantische Beschreibung eines Wortes erfassen kann:[714]

> „Semantische Theorien, die auf dem Begriff der kognitiven Rahmen oder Wissens-Schemata beruhen, konzipieren im Gegensatz dazu lexikalische Bedeutung auf eine sehr andere Weise.
> In solchen Theorien kann die Bedeutung eines Wortes nur verstanden werden mit Bezug auf einen strukturierten Hintergrund von Erfahrungen, Annahmen, oder Praktiken, die eine Art von kognitiver Voraussetzung für das Verstehen der Bedeutung bilden.
> Von Sprechern kann man erst dann sagen, dass sie die Bedeutung des Wortes kennen, wenn sie die Hintergrund-Frames kennen, die den Begriff motivieren, den das Wort enkodiert.
> In einem solchen Ansatz sind Wörter oder Wortbedeutungen nicht direkt, Wort für Wort, miteinander verbunden, sondern nur über ihre Verbindungen zu gemeinsamen Hintergrund-Frames und Anzeigern der Art und Weise, in der ihre Bedeutungen besondere Elemente aus solchen Frames hervorheben."

Da letztlich nur Frames die Verbindungen zwischen Wörtern motivieren (erklären) können, werden diese Frames selbst notwendigerweise zum Gegenstand einer adäquaten wortsemantischen Beschreibung.

Eine der wesentlichen Leistungen der Frame-Semantik ist es nach Fillmore daher auch, Polysemie sehr viel besser erklären zu können, als alle anderen semantischen Ansätze zuvor.[715] Wenn man mit den Mitteln der Frame-Semantik darstellen kann, warum und auf welche Weise dasselbe Wort in verschiedenen Perspektiven auftreten kann, die aber immer Perspektiven auf denselben Frame sind, dann kann dies dazu führen, dass das Wörterbuch von der inflationären Vermehrung von „Teilbedeutungen" des Wortes entlastet wird.[716] In

---

„invozieren", vor allem in Fillmore 1986b) hier genau unter „information about the words" versteht. Was lässt er noch als „Information über die Wörter" zu, und was geht nach seiner Meinung darüber hinaus?

[712] „Die Frame-Beschreibungen werden ‚Zeiger' [pointers] enthalten, die Zugang zu anderen Ausdrücken in der Sprache erlauben, deren Bedeutungen auf demselben Schema begründet sind." Fillmore / Atkins 1992b, 75.

[713] So ausführlich in Fillmore / Atkins 1992b, 76 f.: „Die Methoden und Annahmen hinter der ‚Frame-Semantik' sind in einer Anzahl von Aspekten anders als die, die mit den üblichen Theorien semantischer Felder verbunden sind."

[714] Fillmore / Atkins 1992b, 76.

[715] „Der Begriff Frame macht es möglich, den Begriff Polysemie neu zu betrachten / durchdenken, und Konsequenzen dieser Überlegungen für die Lexikographie zu entwickeln." Fillmore / Atkins 1992b, 100.

[716] „Frame-Semantik macht es möglich, den Begriff der konzeptuellen Untermauerung eines Konzepts zu unterscheiden von der genauen Art, in der die Wörter, die darin verankert sind, gebraucht werden. Wir benötigen die Mittel des Assoziierens eines Wortes (oder einer Gruppe von Wörtern, oder einer Gruppe von Wortgebräuchen) mit spezifischen semantischen Frames, und dann die Beschreibung der unter-

198   *Kapitel 2: Die Erfindung des Frame-Gedankens in der Linguistik durch Charles J. Fillmore*

einer Wörterbuchanalyse können Fillmore und Atkins zeigen, dass zehn traditionelle Wörterbücher an ihrem Prüf-Beispiel (*to risk*) die Teilbedeutungen dieses Wortes sehr unterschiedlich und in häufig unklarer Weise bestimmen.[717] Der Vergleich solcher traditioneller lexikographischer Beschreibungen von „Wortbedeutungen" und „Teilbedeutungen" (senses bzw. Lesarten) zeigt, inwiefern die Frame-Semantik als Methode hier den traditionellen wort-isolierenden Verfahren überlegen ist:

> „Frame-Semantik [...] beginnt mit dem Bemühen, das begriffliche Framework zu entdecken und zu beschreiben, das der Bedeutung eines Wortes zugrundeliegt, und endet mit einer Erklärung der Beziehungen zwischen Elementen des begrifflichen Rahmens und ihrer Realisierungen in den sprachlichen Strukturen, die grammatisch um das Wort herum aufgebaut sind. In diesem Unterfangen tritt das Problem des Entdeckens, Zählens und Sortierens von Wörterbücher-‚Bedeutungen' [senses] gar nicht auf. [...] Stattdessen haben wir die Gelegenheit, einen einzelnen ‚Sinn' (das heißt eine einzige zugrunde liegende Schematisierung) in verschiedenen syntaktischen Formen realisiert zu sehen."[718]

Die Probleme der Polysemie stellen sich daher für die Frame-Semantik nicht so scharf wie für die traditionelle Lexikographie. „In der Frame-Semantik ist ein Wort [nur] dann polysem, wenn es verschiedene Frames instantiiert." (a.a.O.) Ziel ist daher ein multidimensionales Frame-basiertes Wörterbuch, das alle semantischen (konzeptuellen) Verbindungen und Einbettungen aufzeigt, inklusive syntaktischer Bezüge / Realisierungsmöglichkeiten.[719]

Frame-Semantik wird in dieser Sichtweise nicht zum eigentlichen Ziel, sondern zu einem Mittel, mit dem ein anderes Ziel, nämlich eine adäquatere Lexikographie, erreicht werden kann.[720] Dies zeigt sich an den Details der Bestimmung eines Frames und seiner zugehörigen Frame-Elemente. Kriterium dafür, wie weit die Ansetzung von (impliziten, mitgedachten, verstehensrelevanten) Frame-Elementen getrieben werden soll, sind nämlich ausschließlich Fragestellungen der lexikalischen Semantik und der semantisch-syntaktischen kombinatorischen Möglichkeiten von Lexemen.[721] Worum es geht, ist wohl vor allem die „Spezifikation von sortalen Eigenschaften, die die ‚Selektionen' und syntaktischen

---

schiedlichen Weisen, in denen die Elemente des Frames syntaktisch realisiert wurden. Wir müssen nicht jede dieser unterschiedlichen Wiedergaben [mappings] als verschiedene Teilbedeutung des Wortes auffassen." Fillmore / Atkins 1992 b, 100.

[717] Fillmore / Atkins 1994a, 350 ff. mit dem Fazit „Es ist nicht möglich, aus den 10 Wörterbucheinträgen einen gemeinsam zu machen, da sie zum Teil widersprüchlich sind." – Siehe zu den Ergebnissen einer vergleichbaren Wörterbuch-Analyse auch Fillmore / Atkins 2000a, 95 ff. mit weiteren Details: „Tatsächlich vorkommende Füllungen der AGENS [Subjekt]-Position werden nicht von Wörterbüchern erfasst; vor allem die zahlreichen metaphorischen Verwendungen werden nicht erfasst." – „Selbst die Angaben über distributionelle [kombinatorische, grammatische] Eigenschaften des Verbs in vier untersuchten Fremdsprachen-Lerner-Wörterbüchern (wo sie besonders wichtig sind) stimmen in auffälligem Ausmaß nicht überein." (a.a.O. 98)

[718] Fillmore / Atkins 1994a, 370.

[719] Fillmore / Atkins 1994a, 376.

[720] „Die Identifizierung eines semantischen Frames, der mit einem Wort verknüpft ist, und der Frame-Elemente, mit denen es eine Konstellation bildet, konstituiert natürlich noch keine vollständige Repräsentation der Wortbedeutung, und unsere semantischen Beschreibungen werden nicht darauf beschränkt sein." Fillmore / Lowe / Baker 1997b, 6.

[721] „Für unsere Ziele: Die Adäquatheit der Liste der Frame-Elemente kann nur behauptet werden, wenn genau diese Elemente diejenigen sind, die für die Unterscheidung der semantischen und kombinatorischen Eigenschaften der wichtigsten lexikalischen Einheiten, die zu dieser Domäne gehören, benötigt werden. Eine erste Formulierung der kombinatorischen Erfordernisse und Privilegien der lexikalischen Frame-Mitglieder kann präsentiert werden als eine Liste der Gruppe von Frame-Elementen, die in den Phrasen, die das Wort begleiten, syntaktisch ausgedrückt oder vielleicht nur impliziert sein können." Fillmore / Lowe / Baker 1997b, 6.

2.8 Ein „technisches" Modell: Prädikative Frames (FrameNet) 199

Eigenschaften der Konstituenten, die sie realisieren können, anzuzeigen." (A.a.O. 8) Also ist trotz der starken Hervorhebung lexikographischer Ziele doch immer wieder das Durchschlagen syntaktischer Zielsetzungen spürbar. Für FrameNet liegt gerade hierin einer der Vorzüge der Frame-Semantik: „Frame-Semantik ist eine Theorie, die die Bedeutung von Wörtern sehr explizit mit den syntaktischen Kontexten verbindet, in denen diese Wörter auftreten."[722]

Wenn die Autoren betonen, dass sie „glauben, dass unsere Frames eine Art ‚Basis-Ebene' für lexikalisch-semantische Beschreibungen abgeben",[723] dann muss klar sein, welche Beschränkungen ihr Modell einer solchen Beschreibung aufweist gegenüber der Fülle von Aspekten, die Fillmore einst in seiner Verstehens-Semantik entfaltet hat. In dieser Sichtweise ist FrameNet vor allem ein Instrument zur Verbreiterung und adäquateren Erschließung einer Datenbasis für lexikalisch-semantische Analysen.[724] Mit anderen Worten: FrameNet ist ein lexikographisches Projekt,[725] seine Ziele liegen nicht, wie noch in der „Verstehens-Semantik" von Fillmore, bei der Einbeziehung von Aspekten des Text-Verstehens.[726] Da FrameNet also vor allem eine lexikographische Zielsetzung hat, spielt die

---

[722] Fillmore / Atkins / Johnson 2003c, 252. Vgl. auch: „Die Aufgabe von FrameNet ist es, aus attestierten Beispielen [instances] des Gegenwarts-Englisch die Art und Weise zu dokumentieren, in der Frame-Elemente (für gegebene Wörter in gegebenen Bedeutungen) in englischen Sätzen grammatisch realisiert werden, und die Resultate solcher Erkenntnisse in einer systematischen Weise zu organisieren und aufzuzeigen." – „Der Teil der FrameNet-Beschreibungen, der sich mit den kombinierten semantischen und syntaktischen Valenzen von Lexikon-Einheiten befasst, erfordert eine Berücksichtigung sowohl der Frame-Struktur als auch der syntaktischen Struktur. Unser Ziel ist es genauestens zu erheben, wie die Sprache Frame-Elemente auf diejenigen syntaktischen Konstituenten bezieht, die von den Lexikon-Einheiten, die den Frame evozieren, syntaktisch abhängig sind." Fillmore / Wooters / Baker 2001b, 5. – Ganz ähnlich auch Fillmore / Baker / Sato 2002c, 2: „Die zentrale Arbeit des FrameNet-Projekts besteht darin, semantische Frames zu präsentieren und zu beschreiben, die relevant sind für das Verstehen der Bedeutungen von Lexikoneinheiten im Englischen, und zu zeigen, wie die Elemente von Frames, die durch bestimmte Lexikoneinheiten evoziert werden, assoziiert sind mit dem grammatischen Arrangement im umgebenden Satz."

[723] Fillmore / Lowe / Baker 1997b, 9. – Spezifiziert werden die Ziele auch in Fillmore / Atkins 1998a, 1: „Jeder Lexikoneintrag wird im Prinzip eine erschöpfende Erfassung [account] der syntaktischen und semantischen kombinatorischen Eigenschaften für eine lexikalische Einheit (das heißt ein Wort in einer seiner Gebrauchsweisen) liefern." Vgl. auch: „Wir suchen nach Realisierungen von Frame-Elementen in spezifischen syntaktischen Positionen (Komplemente, Specifier, Modifier für Zielwörter in ihrer maximalen Projektion, inklusive extern realisierter Argumente)." (a.a.O. 2)

[724] „Es wird aus dem, was wir gesehen haben, deutlich, dass es selbst für Lexikographen keine objektiven Kriterien für die Analyse / Aufgliederung eines Wortes in Teilbedeutungen [senses] oder für eine systematische Extraktion der Arten von Informationen, die für Lexikonbenutzer nur nützlich sind, aus den Korpusdaten gibt. Es scheint uns so zu sein, dass dies nur erreicht wird durch ein Korpus-basiertes Forschungsprogramm, das [a] auf eine große Zahl von bestätigten Beispielen für jedes Wort schaut, [b] diese sortiert entsprechend den begrifflichen Strukturen (oder ‚semantischen Frames'), die ihren Bedeutungen zugrunde liegen, [c] die Arten von unterstützenden Informationen untersucht, die in Sätzen oder Phrasen gefunden werden, welche das Wort enthalten (*in terms* der semantischen Rolle, des Phrasentyps und der grammatischen Funktion), und [d] ein Verstehen des Wortes und seiner Gebrauchsweisen aus den Resultaten einer solchen Untersuchung aufbaun. Das sind die Ziele des Frame-Net-Projekts." Fillmore / Atkins 2000a, 101.

[725] „Ziel: lexikalische Ressource von semantisch und syntaktisch annotierten Sätzen, aus der verlässliche Information bezogen werden kann über die Valenzen oder kombinatorischen Möglichkeiten jeder Einheit, die zur Analyse ausgewählt wird." Fillmore / Baker 2001a, 1.

[726] „Da FrameNet ein lexikographisches Projekt ist, muss unsere Befassung mit seiner Anwendung auf Forschungen über Textverstehen auf seinen möglichen Nutzen in anderen Arten von Aktivitäten begrenzt werden." Fillmore / Baker 2001a, 1, und: „Es sollte festgehalten werden, dass Frame-Strukturen, die für die Etablierung von Text-Kohärenz benötigt werden, deutlich über pure Argument-Strukturen

200   *Kapitel 2: Die Erfindung des Frame-Gedankens in der Linguistik durch Charles J. Fillmore*

Bestimmung und Beschreibung von „Lexikon-Einheiten" darin eine prominente Rolle. Diese sind definiert als „Tripel aus einem Lemma, einer Wortart und einem Frame". Nimmt man aus dieser Definition die Wortart-Markierung eines Lexems (als einer in erster Linie grammatischen Eigenschaft von Wörtern) heraus, stellt sich eine „Lexikon-Einheit" im Sinne von FrameNet[727] als „eine Paarung aus einem Lemma und einem Frame – d.h. ein „Wort" in einer seiner Teilbedeutungen / Lesarten [senses]" heraus.[728] Die zeichentheoretische Bestimmung der Zweiseitigkeit des sprachlichen Zeichens wird also übertragen auf die Beziehung zwischen Wortform und Frame.[729] Eine Lexikon-Einheit ist daher immer eine Wortform (Lemma) in einer ihrer Teilbedeutungen. Da Teilbedeutungen sich immer auf jeweils einen Frame beziehen, dient die Beziehung zwischen Frame und Wortform auch dazu, Teilbedeutungen (senses, Lesarten) als solche überhaupt erst zu identifizieren. Kann eine Wortform mehreren Frames zugeordnet werden, ist dies auch gleichbedeutend damit, dass diese Wortform über mehrere Teilbedeutungen verfügt.[730] Im Vergleich zu herkömmlichen Wörterbüchern findet in FrameNet also eine Art Umkehrung der Perspektive statt: „Statt sich auf ein Wort (Lemma) zu konzentrieren und alle seine Lesarten zusammen zu erfassen, analysiert FrameNet Lexikon-Einheiten für einen Frame zur selben Zeit."[731]

Der Charakter der durch FrameNet erzeugten Beschreibungen geht daher über den eines einfachen Wörterbuches hinaus:[732] „Das FrameNet-Produkt ist sowohl Wörterbuch als auch

---

    hinausgehen." – Siehe auch Fillmore / Baker / Sato 2002b, 1: „Da FrameNet primär lexikographisch ist, versuchen wir nicht, ganze Texte zu annotieren oder sogar eine Zufallsauswahl von Sätzen, die jedes Lemma enthalten. Vielmehr möchten wir einen Set von Sätzen annotieren, die den Bereich der kombinatorischen Möglichkeiten einer Lexikon-Einheit exemplifizieren, eingeschlossen all die Typen syntaktischer Konstituenten, die die Frame-Elemente verkörpern können."

[727] „Der Begriff der Lexikon-Einheit ist zentral für das FrameNet-Lexikon. Sie ist die Einheit, die eine Definition erfordert und deren kombinatorische Eigenschaften wir verstehen möchten. Im einfachsten Fall ist eine Lexikon-Einheit ein Tripel bestehend aus einem Lemma, einer Wortart, und einem Frame. Ein Lemma wiederum ist ein Set von Wort-Form-Alternativen und wird durch eine seiner Varianten benannt (die so genannte ‚Zitationsform'). Ein Lemma, das mit einem Frame verbunden ist, ist eine Lexikon-Einheit. [*Ring* als Schmuck] Wenn dasselbe Lemma mit einem anderen Frame verbunden ist, ist es eine andere Lexikon-Einheit. [*Ring* von Schmugglern]." Ein „Lexikoneintrag" umfasst also: Lemma, Definition, Wortart, Wortformen, Frame, Multi-Wort-Verbindungen. Fillmore / Wooters / Baker 2001b, 15.

[728] Fillmore / Petruck 2003f, 360.

[729] „Lexikalische Einheiten sind repräsentiert als eine Tabelle, die Lemmata und Frames miteinander verbindet, das heißt eine Lexikon-Einheit ist ein Saussuresches Zeichen, das Ausdruck und Bedeutung miteinander verbindet, es gibt auch ein Feld für die Bedeutungsbeschreibung." Fillmore / Ruppenhofer, Baker 2002f. – Vgl. auch Fillmore / Johnson / Petruck 2003b, 235: „Die primären Einheiten der lexikalischen Analyse in FrameNet sind der Frame und die lexikalische Einheit, definiert als Paarung eines Wortes mit einem Sinn."

[730] „FrameNet misst seinen Fortschritt *in terms* von Lexikon-Einheiten, die definiert sind als eine Verbindung zwischen einem Lemma und einem Frame. Da Lemmata Einheiten der Form sind, und Frames Bedeutungen repräsentieren, entsprechen Lexikon-Einheiten grob gesprochen Wörterbuch-Lesarten [dictionary senses]. Jede Lexikon-Einheit hat daher eine Verbindung zu einem einzelnen Frame und einem einzelnen Lemma. Viele Lemmata sind mit mehr als einem Frame verbunden, und konstituieren daher mehr als eine Lexikon-Einheit; dies ist der Weg, auf dem FrameNet Polysemie repräsentiert." Fillmore / Baker / Cronin 2003d, 285. – Vgl. auch Fillmore / Atkins / Johnson 2003c, 251: „Aus der Perspektive von FrameNet entspricht jede lexikalische Teilbedeutung dem Gebrauch des Schlüsselwortes in einem gegebenen semantischen Frame, wodurch sofort Fragen aufgeworfen werden wie, ob es in dieser Sprache andere Wörter in demselben Frame gibt."

[731] Fillmore / Petruck / Ruppenhofer / Wright 2003e, 297.

[732] Fillmore / Narayanan / Baker / Petruck 2002e, 4. „Thesaurus", da „indem es mit Frames verbunden ist, jedes Wort direkt mit anderen Wörtern in seinem Frame verbunden ist, und weitere Ausdehnungen da-

2.8 Ein „technisches" Modell: Prädikative Frames (FrameNet)   201

Thesaurus." Ein „lexikalischer Eintrag" ist im FrameNet Projekt daher viel mehr (und viel weiter gefasst), als in einem herkömmlichen Bedeutungswörterbuch, und schließt Frame-bezogene Informationen aller Art ein.[733] An einem schönen Beispiel macht Fillmore deutlich, welche Art von Aspekten eine Frame-semantische Analyse zu einem Wort erfassen kann – Aspekte, die bei weitem nicht alle in herkömmlichen Wörterbüchern erwähnt sind, die man aber kennen muss, wenn man in der Lage sein soll, das Wort in allen seinen Kontexten angemessen verstehen und es angemessen benutzen zu können. Es geht um das englische *home* (das offenbar semantisch z.T. zusammenfasst, was im Deutschen auf die Wörter *Heim* und *Zuhause* verteilt ist):

> „Ein *home* ist ein Platz, an dem Menschen leben; die Leute, die im *home* leben, sind Mitglieder einer intakten Familie; das *home* ist komfortabel und vertraut; jedes Mitglied hat die unfragliche Nutzung von wenigstens einigen der Objekte und Ausstattungen in dem *home*; man lebt im *home* während der Kindheit und frühen Jugend; es gibt viele Gründe, zeitweise vom *home* weg zu gehen (Einkaufen, Spielen, Reisen, Ausbildung, Arbeit, Militärdienst), aber nach diesen zeitweisen Abwesenheiten ist es etwas Natürliches und Erwartbares, nach *home* zurückzukehren; wenn man das Alter erreicht, das angemessen ist, nach dem eigenen Glück / oder Zukunft [fortune] zu suchen („das eigene Schicksal selbst in die Hand zu nehmen"), verlässt man das *home* und gründet früher oder später ein, oder wird Teil eines, neuen *home*. [...] Zahlreiche sprachliche Ausdrücke (Lexeme oder Phraseme) reflektieren einzelne Aspekte dieses Prototyps. [...] Die Bedeutung von *home* ist eng verbunden mit der Bedeutung von *family*. Darin unterscheidet sich *home* von *house*."[734]

Nach Auffassung der lexikographisch beschlageneren der FrameNet-Autoren helfen die FrameNet-Frame-Beschreibungen dabei, bestimmte semantische Phänomene adäquat zu erfassen, die in herkömmlichen Wörterbüchern gar nicht oder nur unzureichend erfasst werden. Dazu zählen sie insbesondere: „semantische Prosodie", die Disambiguierung „naher Synonyme", und „das Entwirren von semantischen Nachbarn".[735] Der Begriff „Semantische Prosodie" (nach Bill Louw 1993 und Michael Stubbs 1996) soll besagen, dass lexikalische Wahlen oft starke Erwartungen dessen „was als nächstes kommt" wecken. Es handelt sich bei diesem bisher kaum beschriebenen Phänomen um typische Kollokationen von Bezugswörtern mit anderen Wörtern, denen insgesamt eine semantische Tendenz der Verwendung der Bezugswörter zugrunde liegt mit dem Effekt, dass, wenn immer das Bezugs-

---

durch geliefert werden, dass die Arten und Weisen ausgearbeitet werden, in denen die Basis-Frames eines Wortes mit anderen Frames durch die Relation der Vererbung (möglicherweise multiple Vererbung) und Komposition verbunden sind."– Vgl. auch Fillmore / Narayanan / Petruck / Baker 2003g, 3: "Das FrameNet Produkt: FrameNet ist ein Lexikon und ein Thesaurus. 130.000 annotierte Sätze für 7.000 Lexikon-Einheiten."

[733] „Ein lexikalischer Unter-Eintrag umfasst: (1) Stichwort; (2) Frame: Identifikation des einzelnen Hintergrund-Frames, zum Beispiel KOMMUNIKATION / ARGUMENTIEREN [Domäne KOMMUNIKATION, Frame ARGUMENTIEREN]; (3) eine Definition aus dem Wörterbuch; (4) eine Tabelle der Frame-Elemente-Realisierung: für jedes Frame-Element eine Liste der syntaktischen Weisen, in denen die Frame-Elemente in den annotierten Sätzen ausgedrückt worden sind, bezüglich Grammatische Funktion (Subjekt, Objekt) und Phrasentyp (NP, PP) ... [automatisch]; (5) eine Tabelle der Valenz-Muster: eine Liste der Sets von Frame-Elementen mit ihren syntaktischen Realisierungen, wie sie in den annotierten Sätzen gefunden wurden; (6) annotierte Sätze (wobei jeder Satz hinsichtlich eines einzelnen Zielwortes annotiert ist und hinsichtlich der semantischen Rollen, die Nachbar-Phrasen in Relation zu diesem Wort aufweisen)." – „Kurz, ein FrameNet-Eintrag liefert Informationen, für jede Lesart, über Frame-Mitgliedschaft und die syntaktischen Mittel, mit denen jedes Frame-Element in der Umgebung des Wortes realisiert ist, und versammelt als Valenz-Muster den vollen Bereich der kombinatorischen Möglichkeiten, wie sie im Korpus attestiert werden." Fillmore / Wooters / Baker 2001b, 9.

[734] Fillmore 1992a, 46 f.

[735] Atkins / Rundell / Sato 2003, 334.

wort verwendet wird, nur bestimmte Kollokate (mit einer bestimmten semantischen Tendenz) erwartet werden, auch wenn andere logisch genauso möglich wären.[736] M.a.W., es geht um die „Präferenz" von Lexemen, „sich mit einer ganzen semantischen Klasse von verbundenen Wörtern zu verbinden". Die Disambiguierung von Beinahe-Synonymen [near synonyms] werde durch die FrameNet-Daten ebenfalls erleichtert.[737] Schließlich helfen die Frame-semantischen Daten bei der „Entwirrung semantischer Nachbarn"[738] (in der Fremdsprachen-Didaktik und Lexikographie auch *faux amis* oder *false friends* genannt).

Darüber hinaus sei eine FrameNet-Analyse aber auch dafür geeignet, adäquater mit Metaphern umzugehen.[739] Sie lehnen es ab, Metaphern generell aus einer lexikalisch-semantischen Analyse und Beschreibung auszuschließen, wie es in der Lexikographie meist geschieht, sondern plädieren im Gegenteil dafür, genau zu prüfen, welche wichtigen Erkenntnisse man unter Umständen über die Bedeutung von Lexemen aus ihren metaphorischen Verwendungen gewinnen kann.[740] Die FrameNet-Autoren sind hinsichtlich der lexikalisch-semantischen und lexikographischen Leistungsfähigkeit ihres Modells also überaus selbstbewusst, auch wenn man ihre Euphorie nicht vollständig teilen kann.[741]

---

[736] Atkins / Rundell / Sato 2003, 340. Als Beispiel nennen sie etwa *cause* welches eine „stark negative semantische Prosodie" aufweise wegen typischer Kollokationen mit: *death, illness, damage, embarassment, resentment* usw. [im Deutschen funktioniert das ebenso]. „Obwohl neutrale oder positive Kontexte keineswegs unmöglich sind, ist die Präferenz des Wortes für unerwünschte Objekte so markiert, dass jede Beschreibung, die es versäumt, dies zu erwähnen, als defizient betrachtet werden muss." – Als anderes Beispiel nennen sie: *behaviour* → Kollokate: *aggressive, disorderly, unacceptable, disruptive, violent* = prototypisch benutzt für deviantes Verhalten.

[737] Beispiel: *perceive* → *glimpse, spot, sight*. – Atkins / Rundell / Sato 2003, 342: „Die strukturierte Datenbasis von FrameNet macht es leicht, einen Bereich kontextueller Merkmale quer über ähnliche Wörter zu vergleichen. Sie zeigt, dass es bestimmte Aspekte der Bedeutung gibt, denen Priorität gegeben werden sollte." Im Beispiel: Modus der Wahrnehmung.

[738] Beispiel: Verwechslung von *say* und *tell* durch Englisch-Lerner (da in andere Sprachen wie Deutsch, Französisch, Italienisch, Spanisch nicht unterschieden): *tell* → wenn Adressat benannt ist [= Adressat ist salient]; Ergebnisse einer Untersuchung: *tell* → Adressat in 25 von 27 Valenz-Varianten benannt; *say* → Adressat in 2 von 19 Valenz-Varianten benannt. Beide Verben differieren also in semantischer Betonung und grammatischer Ausfüllung. Atkins / Rundell / Sato 2003, 346.

[739] „Es sollte möglich sein, den Unterschied zu erkennen zwischen der Art von Polysemie, die aus der Übertragung [transfer] eines semantischen Frames in eine neue Domäne (durch z.B. Metonymie oder Metapher) resultiert, und der Art, die lediglich die Anpassung eines Wortes an unterschiedliche syntaktische Muster reflektiert." Fillmore / Atkins 1992b, 100.

[740] „Wir beabsichtigen zu allererst, uns auf prototypische oder Kern-Verwendungsweisen von Wörtern zu beschränken. Jedoch zeigen die Vor-Untersuchungen, dass es schwierig und nicht wünschenswert ist, metaphorische Gebrauchsweisen ganz auszuschließen, und wenn nur, weil metaphorische Gebrauchsweisen oft ein Licht werfen auf die Strukturen der Kern-Gebrauchsweisen. Jedoch beschränken wir unsere Aufmerksamkeit auf eine begrenzte Anzahl semantischer Domänen, und metaphorische Gebrauchsweisen, die weit über die untersuchten semantischen Felder hinausgehen, werden möglicherweise ausgelassen." Fillmore / Lowe / Baker 1997b, 9.

[741] Über die Richtigkeit ihrer Selbsteinschätzung: „Dank seiner Theorie-geleiteten, aber Daten-gestützten Natur bietet FrameNet eine Tiefe der semantischen Information und eine Breite von Beispielen, die in anderen lexikographischen Projekten nicht zu finden sind." (Fillmore / Petruck / Ruppenhofer / Wright 2003e, 330) kann man geteilter Meinung sein, vor allem was die Konsistenz der zugrunde gelegten „Theorie" angeht.

2.8 Ein „technisches" Modell: Prädikative Frames (FrameNet) 203

2.8.9 Über „Evozieren" vs. „Invozieren" von Frames in FrameNet

Zum Schluß sei noch einmal eines der Kern-Probleme der Fillmore-Semantik angesprochen, die anfangs eher locker behandelte, später von Fillmore sehr strikt definierte Abgrenzung zwischen dem „evozierten" und „invozierten" verstehensrelevanten Wissen (also, wenn man so will, zwischen „evozierten" und „invozierten" Frames).[742] Dieses Problem hängt nicht zuletzt engstens damit zusammen, wie man einen Begriff wie „lexikalische Bedeutung" (oder „Wortbedeutung") genau auffasst, so dass es einen engen Zusammenhang mit dieser Frage und den Grundannahmen zur Leistungsfähigkeit einer Frame-Semantik im Rahmen einer lexikalischen Semantik bzw. Lexikographie gibt. Auch im Rahmen der Arbeiten zu FrameNet wird Fillmores Begriff des „Evozierens" eingeführt und häufiger verwendet;[743] allerdings auffallend häufiger als der (nur sehr selten auftauchende) Begriff des „invozierens", was man vielleicht nicht als Zufall deuten kann.[744] Der Begriff „evozieren" wird durch neue scheinbare Definitionen nicht klarer: „Wenn die Lesart eines Wortes auf einem spezifischen Frame basiert, dann sagen wir, dass das Wort den Frame evoziert."[745] Liest man diese Darstellung vor dem Hintergrund der evozieren / invozieren-Dichotomie, müsste man ja notwendigerweise zu dem Schluss kommen, dass das „invozierte" verstehensrelevante Wissen mit „Frames" überhaupt nichts zu tun hätte, mit dem FrameNet-Frame-Modell nicht beschrieben werden könne. Mit einem so eingeschränkten Frame-Begriff wäre die FrameNet-Analyse aber schlicht überhaupt nicht mehr kompatibel zu den allgemeineren kognitionswissenschaftlichen oder epistemologischen Frame-Konzeptionen. Man kann nicht glauben, dass dies tatsächlich so gemeint oder gewollt ist.

Allerdings lassen einige Formulierungen über „Frame-evozierende Wörter" befürchten, dass der Terminus „Frame-evozierend" tatsächlich in diesem eingeschränkten (stark reduktionistischen) Sinne gemeint sein könnte.[746] Gäbe es nicht andere Textstellen, die anderes

---

[742] Siehe dazu bereits ausführlich zu der „understanding-semantics"-Phase oben Kap. 2.6.5., Seite 123 ff.

[743] Z.B. bei Fillmore / Lowe / Baker 1997b, 2: „Wir möchten sagen, dass einzelne Wörter oder Phrasen spezifische Frames ‚evozieren' oder spezifische Elemente solcher Frames ‚realisieren' [instantiate]."

[744] Überhaupt machen zahlreiche Formulierungen in Texten von und zu FrameNet (ob mit Fillmores Beteiligung oder ohne) den starken Eindruck, als sei den Verfassern entweder der Unterschied zwischen „evozieren" und „invozieren" nicht bewusst, oder als sei er ihnen gleichgültig. Beides wäre gleichermaßen erstaunlich angesichts der Vehemenz, mit der Fillmore die von ihm vermutete Differenz vor allem gegen Ende der „understanding-semantics"-Phase verteidigt bzw. begründet hat. (So wird häufig stereotyp Fillmores Formel in Kürzest-Form abgespult, ohne dass dazu irgendeine weitere Information gegeben würde; z.B. in Petruck / Boas 2003, 5: „Die Wörter, d.h. das sprachliche Material, evozieren den Frame; der Interpret invoziert den Frame.") – Siehe etwa Chang / Narayanan / Petruck 2002a, 3, wo es heißt: „dass das Verstehen einer Äußerung die Evokation eines komplexen Netzwerks konzeptueller Schemata und die mentale Simulation dieser Schemata im Kontext involviert, um einen reichen Set von Inferenzen zu produzieren." Ist die hier angesprochene „Simulation" noch „Evokation"? Ist das noch Fillmores (enger) „Evokations"-Begriff, oder nicht längst schon Inferenz?

[745] Fillmore / Johnson / Petruck 2003b, 235.

[746] So Fillmore / Atkins / Johnson 2003c, 251: „Es geht hier v.a. um den Typ von Wörtern, die nicht korrekt benutzt werden können, wenn nicht die Konstruktionen bekannt sind, in denen sie auftreten. In der Terminologie von FrameNet sind dies die Frame-evozierenden Wörter, am typischsten Verben, aber auch Nomen und Adjektive." Diese Verwendung des Ausdrucks „Frame-evozierende Wörter", die aus der Gesamtmenge von Wörtern eine bestimmte Menge ausgrenzt, und nur diesen das Prädikat „Frame-evozierend" zukommen lässt, ließe darauf schließen, dass Fillmore (oder zumindest FrameNet) einen stark eingeschränkten Frame-Begriff verwendet. Offenbar ist an dieser Textstelle nur an Valenz-artige Frames gedacht!

204   *Kapitel 2: Die Erfindung des Frame-Gedankens in der Linguistik durch Charles J. Fillmore*

besagen, könnte man den falschen Eindruck gewinnen, als würden nach Auffassung der FrameNet-Autoren nur Verben (und Verb-Derivate) zu den Frame-evozierenden Wörtern gerechnet.[747] Verkompliziert wird die ganze Sache dadurch, dass offenbar nicht nur Wörter Frames evozieren können, sondern dass nunmehr auch Frames andere Frames „evozieren".[748] Eine solche Redeweise verunklart diesen ohnehin schon nicht ganz eindeutigen Terminus jedoch noch weiter. Aber auch die wenigen Stellen, an denen in den FrameNet-Texten überhaupt von „invozieren" die Rede ist, machen diesen Terminus (bzw. seine Grenzen zum „evozieren") auch nicht deutlicher als zuvor.[749] So findet man, wenn überhaupt, nur folgende Erläuterung: „Ein ‚invozierter' Frame ist die Struktur von Wissen, die für das Verstehen einer gegebenen lexikalischen oder phrasalen Einheit erforderlich ist."[750] Diese klare Aussage stellt vieles infrage, was Fillmore an anderer Stelle problematisiert hat. Wenn Frames, wie hier ausgesagt, das „erforderliche Wissen" repräsentieren, und damit gemeint ist: „das gesamte für das Verstehen eines Wortes oder Satzes erforderliche Wissen", und gleichzeitig, wie explizit gesagt, diese Gesamtheit des Wissens verstehensrelevantes Wissen und evoziert ist, dann kann es eigentlich keine Unterschiede zu „invoziertem" Wissen mehr geben. Die ganze Grenzziehung wäre damit hinfällig. Die zitierte Textstelle, die den Terminus „invoziertes Wissen" erläutern soll, ist stark parallel zu einer anderen Textstelle (und steht damit im Widerspruch zu ihr), die das „evozierte Wissen" erläutern soll.[751]

Der Kern von Fillmores Unterscheidung zwischen „evozierten" und „invozierten" Frames (die, wie gesagt, in den FrameNet-Texten gar nicht mehr so wichtig zu sein scheint, da sie nur an zwei oder drei Stellen der ansonsten sehr umfangreichen Literatur überhaupt thematisiert wird) scheint in der Dichotomie „sprachlich" vs. „nicht-sprachlich" zu liegen, die offenbar von diesem Begriffspaar abgebildet werden soll: „Es gibt einen verbreiteten nicht-linguistischen Gebrauch dieses Wortes [Frame], in dem es sich nicht auf das bezieht,

---

[747] Eine solche Stelle ist z.B.: „Obwohl im Prinzip Mitglieder aller lexikalischen Haupt-Kategorien einen semantischen Frame evozieren können [sic!!!] wird der dominierende semantische Frame eines Satzes üblicherweise durch das Haupt-Verb des Satzes evoziert. In manchen Situationen ist es jedoch ein Nomen, das den dominanten Frame liefert; tatsächlich ist in bestimmten Stilformen des akademischen oder politischen Schreibens der dominante Frame, der die Bedeutung eines Satzes bestückt [informing the meaning of a sentence], ein Nomen." Fillmore / Petruck / Ruppenhofer / Wright 2003e, 324.

[748] So zumindest Fillmore / Petruck / Ruppenhofer / Wright 2003e, 310, wo die Rede ist von „Frames, die der aktuelle Frame evoziert". Verwirrend auch Fillmore 2006a, 614, wonach „die Wörter selbst Situationen evozieren, deren Details auf die kognitiv direkteste Weise ausgefüllt werden müssen". Zum einen ist die direkte Gleichsetzung von „Frame" mit „Situationen" problematisch; zum anderen: wenn die Situationen notwendigerweise für ein Verstehen noch „ausgefüllt" werden müssen, was sind die „Situationen" selbst dann noch wert, was stellen sie (kognitiv, epistemisch) dann noch dar? (Oder ist das doch nur eine umschreibende Chiffre für altbekannte syntaktische Kasus-Rahmen?)

[749] „Die Basis-Annahme der Frame-Semantik insofern sie auf die Beschreibung von lexikalischen Bedeutungen angewendet wird, ist, dass jedes Wort (in einer gegebenen Bedeutung) einen spezifischen Frame evoziert und möglicherweise ein Element oder einen Aspekt dieses Frames profiliert. Ein ‚invozierter' Frame ist die Struktur von Wissen, die / das erforderlich ist für das Verstehen einer gegebenen Lexikon-Einheit oder phrasalen Einheit; eine ‚profilierte' Entität ist die Komponente eines Frames, die sich direkt in die semantische Struktur des umgebenden Satzes oder Textes integriert." Fillmore / Wooters / Baker 2001b, 2.

[750] Fillmore / Narayanan / Petruck / Baker 2003g, 1.

[751] „In der Frame-Semantik evoziert eine sprachliche Einheit, hier: ein Wort (in einer seiner Teilbedeutung) einen Frame. Dieser Frame ist die Struktur des Wissens, das erforderlich ist für das Verstehen und den angemessenen Gebrauch von Lexikon-Einheiten oder Phrasen / Sätzen." Fillmore / Petruck / Baker / Ellsworth / Ruppenhofer 2003h, 2.

2.8 Ein „technisches" Modell: Prädikative Frames (FrameNet)   205

was ein Stück Sprache im Geist eines Interpreten evoziert, sondern darauf, welche Arten von begrifflichen Strukturen ein Interpret invoziert, um einige Erfahrungen sinnvoll zu machen." – „Diese Strukturen im Geist werden Frames genannt, und sie sind nicht notwendigerweise auf spezifische Art mit Sprache verbunden."[752] Fillmore scheint an dieser Stelle die Dichotomie *invoke-evoke* (noch deutlicher als früher) in den Status einer fundamentalen Differenz „linguistisch vs. nicht-linguistisch" oder „sprachlich vs. nicht-sprachlich" zu erheben. Der gesamte Kontext seiner Ausführungen hier deutet darauf hin, dass Fillmore offenbar an die Möglichkeit sprachunabhängiger Wissensstrukturen (auch in dem Bereich des Wissens, der für das Sprachverstehen ausschlaggebend ist) glaubt. Das ist die notwendige Voraussetzung seines bipolaren, evoke / invoke-separierenden Ansatzes. Er versucht, diesen Unterschied mit einem Beispiel, das Minsky benutzt hat, zu begründen: *„Mary was invited to Jack's party. She wondered if he would like a kite."* („*Mary wurde zu Jack's Party eingeladen. Sie fragte sich, ob er sich über einen Drachen freuen würde."*) Dazu Fillmore:

> „Es gibt nichts in diesem Text, das direkt eine Geburtstagsparty evoziert, aber ein typischer Interpret invoziert schnell und leicht genau diesen Frame, um diesen Text kohärent zu machen. [...] Die Art von Ereignis umfasst ‚Slots' für bestimmte erwartete Teilnehmer, Eigenschaften, und Unter-Ereignisse. [...] Der Interpret bewirkt die Kohärenz durch den kognitiven Prozess, so viele dieser Slots wie möglich zu füllen auf der Basis dessen, was er gerade erfahren hat [...], und die anderen Slots zu bevölkern mit Standard-Werten [default values], die eine typische Kinder-Geburtstagsparty charakterisieren. [...] Es gibt nichts in dem Text, das zu dem Geburtstagsparty-Frame einlädt: das ist der Beitrag des Interpreten. Die Sprache steuert bestimmte Informationen bei, ohne direkt das Framework zu liefern, und der Interpret macht, dass es kohärent wird." (Fillmore 2006a, 614.)

Versucht man, präziser herauszuarbeiten, was genau an dieser Argumentationsführung von Fillmore für die strikte Unterscheidung zweier Typen von Frame-Aktivierung im Verstehen eines Interpreten des Satzes sprechen soll, landet man bei der Aussage „die Sprache steuert bestimmte Informationen bei, ohne das Framework zu liefern".

Fillmores Argumentation steht und fällt also mit der Aussage „die Sprache steuert Informationen bei"; das, was mit dieser Aussage gemeint ist, soll für Fillmore (ohne dass dies hier oder in seinem gesamten Werk auch nur an einer einzigen Stelle näher ausgeführt wäre) ganz offenbar strikt unterscheidbar sein von irgendeiner anderen Form der Aktivierung von weiteren Teilen des verstehensrelevanten Wissens, die er nicht mehr als „durch Sprache beigesteuerte Informationen" auffasst. Da Fillmore zu der Frage, was den Unterschied genau ausmachen soll, sonst keine weiteren Anhaltspunkte beisteuert (außer vielleicht einem diffusen Verständnis eines offenbar bereits immer schon als gegeben vorausgesetzten Unterschiedes zwischen „zur Sprache gehörig" und „nicht zur Sprache gehörig", der sich – da nicht näher begründet – möglicherweise nur Fillmore selbst erschließt), kann man dafür nur Spekulationen anstellen.[753] Es hat ganz den Anschein, dass Fillmore im Grunde wegen unterschiedlicher kognitiver Aktivierungsweisen von verschiedenen Sparten des verstehensrelevanten Wissens zwischen *evoke* und *invoke* unterscheidet; allerdings stellt er keinerlei Reflexion darüber an, wie solche Aktivierungen erfolgen, und ob man wirklich kategorisch zwei verschiedene Typen unterscheiden kann. Auch behauptet er an keiner Stelle, dass der eine „Wissenstyp" (der „invozierte") weniger wichtig für das Verstehen eines fraglichen Satzes sei, als der andere (der „evozierte"). So gibt es keinerlei Bemerkungen,

---

[752] Fillmore 2006a, 614.

[753] Die Formulierung „sprachliche Information" taucht stereotyp auch in neueren Texten immer wieder auf, ohne dass sie irgendwo näher erläutert würde. (So z.B. noch in Fillmore / Narayanan / Baker 2006b, 1.)

die darauf hindeuteten, dass er etwa zwischen verschiedenen „Stufen" oder „Graden der Verstehensrelevanz" unterschieden würde, was ja eine zwar fragwürdige, aber immerhin mögliche Argumentationslinie wäre.[754]

Schaut man das Beispiel näher an, sieht man: tatsächlich gibt es *kein einzelnes Wort*, das den „Kindergeburtstagsparty"-Frame *zwingend* auslöst. Die Kombination der zwei Sätze indes schon. In der Beschreibung dieser Beobachtung kommt es auf zwei Aspekte besonders an: „kein einzelnes Wort" und „zwingend". Sollte sich Fillmores Argument im Kern darauf zurückführen lassen, würde dies heißen: Er glaubt ganz offensichtlich an die Möglichkeit, dass eine Betrachtung einzelner, isolierter, aus ihrem Kontext abgelöster Wörter tatsächlich Wesentliches zur Aufklärung des verstehensrelevanten Wissens beitragen könnte.[755] Wenn man die Beschreibung des verstehensrelevanten Wissens aber als Kern jeder Beschäftigung mit dem Phänomen „Bedeutung sprachlicher Einheiten", mit der „Semantik", auffasst, und dafür hat Fillmore in seinem ganzen Werk immer wieder mit Nachdruck plädiert, dann würde sich aber jede isolierte Betrachtung von Einzelzeichen zu Zwecken der semantischen Beschreibung schon im Ansatz verbieten, da ein „adäquates Verstehen" immer nur für „Wörter im Kontext" (oder, wenn man so will, „Wörter im Gebrauch") möglich ist. Eine isolierte Betrachtung von einzelnen Wörtern würde sich dann zu Zwecken der Semantik schon von vorneherein verbieten. Wenn Fillmore (zumindest implizit, denn nur so könnte sein Argument in diesem Aufsatz überhaupt funktionieren) doch noch eine solche isolierte Betrachtung in Erwägung zieht, dann erweist er sich wieder einmal als der im Kern „lexikalische" Semantiker, der dem „Text-Semantiker" und „Verstehens-Theoretiker" Fillmore ganz offensichtlich immer wieder in die Parade fährt.

Das zweite implizite Argument läge in dem Wörtchen „zwingend". Fillmores gesamte Argumentationsweise zur Aufrechterhaltung einer „Evozieren"-„Invozieren"-Unterscheidung scheint immer wieder darauf hinauszulaufen, dass er Formulierungen wie „durch Sprache beigesteuerte Informationen" so versteht, dass es um eine Art von „Graden des Zwingenden" von Wissensaktivierungen geht. Solche Überlegungen wären interessant, wenn sie in eine Theorie der „lexikalischen Bedeutung", präziser, eine Theorie der „Konventionen lexikalischer Bedeutung von Einzelzeichen" eingebettet wären, da unterschiedliche Grade des „Zwingenden" in der Bedeutungsaktivierung, die menschliche Individuen aufgrund leeren Sprachschalls (oder -Schriftzeichen) vollziehen, nur auf der Basis sozialer Konventionen, als soziale Phänomene, überhaupt angemessen erklärt werden können. Fillmore ist jedoch, wie die allermeisten Linguisten, sehr weit von solchen konventionstheore-

---

[754] In Fillmore 1994b, 158 verweist der Autor auf eine Frame-semantische Unterscheidung zwischen (1) „Frame-interner" und (2) „Frame-externer" Information. Wo er die getroffen hat, bleibt mangels Nachweis unklar. In meiner Lektüre seines Gesamtwerkes ist mir eine solche Unterscheidung – zumindest als explizite – nirgends aufgefallen: (1) „Information, die Details der internen Struktur eines Ereignisses oder Prozesses ausfüllt, die mit der Bedeutung des Prädikats-Ausdrucks verknüpft [associated] ist." (2) „Information über das Setting oder die zufällig gegebenen Umstände des Ereignisses oder Prozesses."

[755] Verbal scheint er häufig das Gegenteil zu sagen oder zu implizieren „[Die FrameNet-Untersuchungen] unterscheiden sich von der üblichen Lexikographie auf wichtige Weise: Statt mit einem einzelnen Wort zu arbeiten, und alle seine Bedeutungen aufzuklären [exploring], nimmt es einen einzelnen Frame und untersucht alle Lexikon-Einheiten, die diesen Frame evozieren. In der Praxis beginnt eine solche Arbeit natürlich mit der Betrachtung eines Wortes in einer seiner Bedeutungen / Lesarten [senses] und dem Aufklären [exploring] des Frames, der mit genau dieser Bedeutung / Lesarten einhergeht." Fillmore 2006a, 616. Aber auch hier wird deutlich: Am Beginn der (semantischen) Untersuchung steht immer das einzelne Wort, das in seiner Bedeutung offenbar schon als vor dem Verstehen gegeben vorausgesetzt wird.

2.8 Ein „technisches" Modell: Prädikative Frames (FrameNet) 207

tischen und sozialpsychologischen Begründungen für den implizit offenbar immer schon vorausgesetzten, aber völlig unreflektierten Begriff der „lexikalischen" oder „sprachlichen" Bedeutung denkbar weit entfernt. Im Grunde ist Fillmore offenbar nach wie vor ein klassischer Zwei-Ebenen-Semantiker, der diesen Wein nur in neue Schläuche gegossen hat.

An eine „zwingende" Aktivierung von verstehensrelevantem Wissen überhaupt nur zu denken, verbietet sich angesichts des interpretativen Charakters des Sprachverstehens eigentlich von vorneherein. Würde man eine solche Auffassung in der Semantik aufrechterhalten,[756] würde man alles negieren, was über den grundsätzlich inferenziellen Charakter des Sprachverstehens bisher (auch und gerade von Fillmore selbst in zahlreichen seiner Schriften) herausgefunden wurde. Im Grunde (implizit) geht Fillmore bei seiner „evozieren"-Definition von einer kontext-freien sowie inferenz-freien Evozierungs-Leistung isolierter Lexikon-Einheiten aus. Hier ist er ganz traditioneller Lexikologe und Semantiker. Zugleich entwertet er alles, was er über die zentrale Rolle von Kontexten und inferenziellen Leistungen für das adäquate Verstehen (und die adäquate semantische Beschreibung) von Wörtern jemals von sich gegeben hat. Da Fillmore sich als Empiriker begreift, versuchen wir es mit einem empirischen Argument: Wie will er überhaupt erklären (oder akribisch auseinander halten) welchen Beitrag zum Verstehen der epistemischen Funktion (ob „evoziert" oder „invoziert") eines bestimmten Zeichens das „isolierte Wort-Wissen", und welchen Beitrag das „Kontext-induzierte Wissen" geliefert hat? Nehmen wir als Beispiel die zwei Sätze: *„Er war ein Freund von Klara."* – *„Er war ein Freund von Klarheit."* Wird hier der jeweils richtige Frame vom isolierten Wort *„Freund"* „evoziert" oder nicht doch vom Wort in einem bestimmten Kontext? Und wenn der Kontext, und damit indirekt die semantisch-epistemischen kombinatorischen Fähigkeiten eines Sprachverstehenden, hier schon eine zentrale Rolle für die exakte Identifikation der Bedeutung / Lesart des Wortes spielen, ist das dann ein Effekt von „Evokation" oder schon „Invokation"? Wo genau soll die Grenze zwischen Beidem liegen? Könnte diese hier überhaupt präzise angegeben werden? Wenn man versucht sein sollte, den Teil der „Bedeutung" von *„Freund"*, der beiden Verwendungsweisen gemeinsam ist, aus der Gesamtheit des verstehensrelevanten Wissens zu isolieren, wäre man sehr schnell wieder bei der angeblichen „Kern-Bedeutung" der „Checklist-Semantiker" (aus Logik, linguistischem Strukturalismus und nativistischem Universalismus), deren Reduktionismus Fillmore ja völlig zu recht als unhaltbar schärfstens kritisiert und verspottet hat. Implizit laufen seine Argumente aber sämtlich auf eine solche „Kern-Semantik" hinaus, wodurch er sich in theoretische Widersprüche verstrickt, die ihm offenbar gar nicht klar sind.[757]

---

[756] Die ja dem guten common-sense des Alltagslebens entspricht; Linguisten als Wissenschaftler sollten aber in der Lage sein, sich davon lösen zu können und den Dingen wirklich auf den Grund zu gehen.

[757] Trotz dieses eklatanten Widerspruchs zu vielen seiner bedeutungstheoretischen Ziele hält Fillmore auch zuletzt immer noch (und, wie man den Eindruck haben kann, wieder zunehmend stärker) an einem „Zwei-Ebenen-Verständnis" von Textbedeutung fest. So Fillmore / Narayanan / Baker 2006a, 1: „Dieser Aufsatz ist teilweise ein Versuch, die Grenzen aufzuklären zwischen auf der einen Seite den Informationen, die auf der Basis sprachlichen Wissens allein abgeleitet werden können (das aus lexikalischen Bedeutungen und den Bedeutungen grammatischer Konstruktionen besteht), und andererseits Schlussfolgerungen [reasoning], die auf Annahmen über die Quelle eines Text-Dokuments, Weltwissen, und ‚Alltagswissen' [common sense] beruhen." Das hier formulierte Ziel ist ganz eindeutig ein Beleg für die von Fillmore / FrameNet verfolgte Zwei-Ebenen-Semantik: es geht genau darum: Grenzen zu definieren. – Auch in diesem Text versucht Fillmore wieder, die ihm offenbar äußerst wichtige Grenzziehung zwischen „evozieren" und „invozieren" anhand von Beispielen weiter zu stützen. (Die Insistenz, mit der er dies immer wieder versucht, hängt möglicherweise damit zusammen, dass er ganz genau die Wider-

208 *Kapitel 2: Die Erfindung des Frame-Gedankens in der Linguistik durch Charles J. Fillmore*

In Texten der FrameNet-Mitarbeiter ist die Unterscheidung „Evozieren" – „Invozieren" gelegentlich noch schlechter begründet als bei Fillmore selbst.[758] Zudem treten neue Probleme auf. Petruck formuliert im ersten Übersichts-Artikel zur Frame-Semantik überhaupt:

> „Der Interpret eines Textes invoziert einen Frame, wenn er einem Stück Text eine Interpretation zuweist, indem er seine Inhalte in ein Muster einfügt, das er unabhängig vom Text kennt. Ein Text evoziert einen Frame, wenn ein / e sprachliche / s Form oder Muster konventionell mit diesem spezifischen Frame assoziiert ist." (Petruck 1996, 1 mit Verweis auf Fillmore 1985a, 232.)

Die Elemente dieser problematischen Unterscheidung sind: (a) unabhängige Kenntnis des Frame (unabhängig vom gegebenen Text); (b) Konventionalität der Assoziation zwischen sprachlichem Ausdruck und Frame. Damit wird deutlich: Die Dichotomie beruht nicht auf einem einheitlichen Kriterium; vielmehr findet ein Ebenenwechsel statt: Jeder Teil der Dichotomie wird jeweils für sich mit einem spezifischen Kriterium definiert. (a) Der Gegensatz von „Kennen des Frames unabhängig vom gegebenen Text" wäre: „Kennen des Frames nur durch den gegebenen Text". Ein solches Kriterium wäre aber unsinnig, da Frames ja (auch nach Fillmore) das verstehensnotwendige Wissen organisieren, dem gegebenen Text daher (zeitlich wie systematisch) vorangehen müssen. (b) Der Gegensatz von „Konventionalität der Assoziation zwischen Wort / Text und Frame" wäre: „Nicht-Konventionalität der Beziehung zwischen Wort / Text und Frame". Da Kriterium (a) offenbar unergiebig ist, trägt nur Kriterium (b) (Konventionalität) die Dichotomie. Die ganze Dichotomie evozieren / invozieren steht und fällt also mit der Unterscheidbarkeit zwischen „konventionell assoziieren" und „nicht-konventionell" assoziieren. Damit wird „die Konvention" aber zu einer Entität hypostasiert, und es ist leicht ersichtlich, dass dieser Ausdruck offenbar – da jegliche Konventionstheorie in der Frame-Semantik fehlt – schlicht synonym ist mit dem altbekannten Ausdruck „lexikalische Bedeutung".

Auch Petruck geht wie zuvor Fillmore auf das von Minsky initiierte „Kindergeburtstagsparty"-Beispiel ein und kommentiert dies: „Obwohl keinerlei Erwähnung einer Ge-

---

stände und Gegenargumente gegen eine solche scharfe Unterscheidung spürt, und möglicherweise auch, auf wie unsicherem Boden jeder seiner Begründungsversuche steht.) In einem der Beispiele geht es um eine Geschichte in einem Text, in dem man eine Abfolge bestimmter Ereignisse erschließen kann. Dazu sagt er „Die Anordnung / Abfolge der Teil-Ereignisse kann nicht aus sprachlichen Tatsachen allein abgeleitet werden." (a.a.O. 1) Das an diesem Beispiel demonstrierte Verständnis von „sprachliche Tatsache" ist sehr restriktiv. Bei den Überlegungen spielte wohl Folgendes eine Rolle: offenbar ist für die Verfasser alles, was mit zeitlicher Abfolge zusammenhängen, nur dann „sprachlich", wenn es durch „Tempus"- oder Zeit-Marker ausgedrückt wird. Das Verständnis von „sprachlich" wäre dann stark an der Grammatik, an der Realisierung von „expliziten" gramm. sprachlichen Signalen in einem Text orientiert. Wenn Fillmore und Mitautoren auch sonst sagen, dass verstehensnotwendige Frame-Elemente zur sprachlichen Bedeutung von Lexemen gehören, warum werden solche dann hier und an anderen vergleichbaren Textstellen ausgeschlossen? Das wird wohl auf ewig ihr Geheimnis bleiben.

[758] Vgl. etwa Petruck 1996, 1: „Die Wörter, d.h. das sprachliche Material, evozieren den Frame (im Geist eines Sprechers / Hörers); der Interpret (einer Äußerung oder eines Textes, in dem die Wörter erscheinen) invoziert den Frame." Wir haben hier also Wörter; diese repräsentieren Kategorien (also abgegrenzte / abgrenzbare kognitive Entitäten). Diese Kategorien haben einen Hintergrund. Die Kategorien werden motiviert (müssen motiviert werden). Beides leistet der Frame als Struktur von Wissen. Ist der Begriff „motivieren" hier überhaupt angemessen verwendet? Können „Kategorien" (im strengen Sinne) „motiviert" werden? Oder ist es nicht vielmehr ein Verstehen, das motiviert wird? Hier wird gesagt: ‚Wörter evozieren *den* Frame'; ‚Interpreten invozieren *den* Frame' – muss der Frame zweimal kognitiv aktiviert werden, wie die Formulierung nahelegt, oder handelt es sich (entgegen vielen Bemerkungen bei Fillmore) nur um Aspekte ein und desselben Vorgangs, wie es hier bei Petruck den Anschein hat? Dann dürfte man aber nicht so strikt kategorisch zwischen Beidem unterscheiden.

2.9 Fillmores linguistische Frame-Theorie: Zusammenfassender Überblick und Würdigung 209

burtstagsparty stattfindet, können Interpreten, die den erforderlichen kulturellen Hintergrund teilen, eine Geburtstagsparty-Szene invozieren. Mit der NP ‚Geburtstagsgeschenk' würde dieselbe Szene durch diese Wörter evoziert." (Petruck 1996, 3.) Durch eine solche Argumentation wird der Begriff „evozieren" allerdings extrem eng gefasst. Es läuft praktisch darauf hinaus, dass ein Frame nur dann „evoziert" ist, wenn er mit einem Wort *benannt* ist. Diese Engführung ignoriert die zentrale Rolle der (oben hervorgehobenen) Prototypenqualität. Ist es dann nach Fillmore so, dass z.B. auch das Wort *bezahlen* den Kauf-Frame nicht evoziert? Und wie ist es mit *Kunde*? Keines dieser Wörter ist in strikter „checklist-semantischer" Sicht gesehen *nur* mit dem KAUF-Frame verbunden (z.B. *Miete bezahlen, Kunde des Friseurs*); wird dann auch dort der prototypikalisch anzusetzende KAUF-Frame nach Auffassung von Fillmore u.a. *nicht* evoziert? Es wiederholt sich also auch hier, dass mit jedem Begründungsversuch der dichotomischen Unterscheidung mehr neue Probleme aufgeworfen, als alte geklärt werden.

2.9 Fillmores linguistische Frame-Theorie: Zusammenfassender Überblick und Würdigung

Das linguistische Frame-Konzept von Charles Fillmore, das sich vier Jahrzehnte lang über mehrere Stufen hinweg stetig weiter entwickelt hat, ist durch folgende wesentliche Charakteristika gekennzeichnet:

(1) Die Anregung, Begründung, Entstehung des Frame-Gedankens aus grammatischen Überlegungen im Zusammenhang mit Valenz, basierend auf dem neuen Gedanken der Unterscheidung von syntaktischer und semantischer Valenz.

(2) Die Einbettung der Frame-Theorie in den Versuch einer grundsätzlichen Neubestimmung der linguistischen Semantik und der ihr zu Grunde liegenden Bedeutungstheorie sowie ihres Bedeutungsbegriffs.

(3) Dies alles allerdings vor allem in Hinblick auf das Phänomen der „lexikalischen Bedeutung", deren Existenz stillschweigend als gegeben vorausgesetzt wird, mit der Folge, dass das Frame-Modell in erster Linie gedacht ist als eine bessere Methode der Beschreibung der Bedeutung von Lexemen in einer ihrer Teilbedeutungen (Lesarten, „senses").

(4) Die Verbesserungen der lexikalisch-semantischen Beschreibung von Lexikoneinheiten beziehen sich u.a. auf den Einbezug grammatischer Aspekte, die Berücksichtigung von syntaktischen und semantischen Valenzvarianten (und Selektions-Restriktionen), sowie die Berücksichtigung von Mehr-Wort-Einheiten („Konstruktionen") als Lexikoneinheiten.

(5) Darüber hinausgehend war ein wesentliches Interesse auch die Einbettung der Frame-Theorie in eine Theorie des Sprach- und Text-Verstehens (beziehungsweise die Begründung ihrer Notwendigkeit aus dem Ziel der Erklärung des Textverstehens, welches bislang von fast allen semantischen Theorien völlig ignoriert worden war). Dieses textsemantische und verstehenstheoretische (Neben-)Ziel von Fillmores Frame-Semantik hinterlässt allerdings in der empirischen Arbeit nur wenig Spuren, jedenfalls deutlich weniger als die lexikalisch-semantischen und grammatischen Interessen und Ziele.

(6) Die Auffassung der Frames als Systeme bzw. Strukturen von Begriffen (allerdings ohne eigene Begriffs-Theorie oder Reflexion darüber, was „Begriffe" theoretisch gesehen eigentlich darstellen).

(7) Die Beziehung der Frames auf ein Wissen (eine Kenntnis, Erfahrung) über außersprachliche, weltbezogene (enzyklopädische) Verhältnisse / Sachverhalte / Zustände, deren Struktur im Commonsense- und Alltags-Verständnis (quasi „natürlich") vorgegeben ist (die so genannten „Szenen").

(8) Ein Interesse dafür, in welcher Weise das für das Verstehen sprachlicher Einheiten und Strukturen relevante Wissen (welches in Form von Frames organisiert ist) als motivierender Hintergrund (und „Daseinsgrund") gesehen werden kann dafür, dass bestimmte Lexikoneinheiten (oder andere sprachliche Mittel) überhaupt als solche in einer Sprache und einer die Sprache tragenden menschlichen Kultur (einer bestimmten Gesellschaft) existieren.

(9) Die Auffassung der Frames als Strukturen, die auf Prädikationen beruhen, und deren Strukturen widerspiegeln – zum Beispiel Valenzstrukturen im syntaktischen bzw. Argumentstrukturen im semantischen und logischen Sinne. (Dabei geht der Begriff der Prädikation hier deutlich über das traditionelle Verständnis hinaus, da er neben Verben auch Nomen, Adjektive, Präpositionalphrasen mit einbezieht.)

(10) Die Einsicht, dass Semantik nicht ohne Einbezug von Inferenzen zureichend erklärt werden kann, die dem Modell zufolge als ein notwendiger (und damit unhintergehbarer) Bestandteil jedes Sprachverstehens aufgefasst werden müssen. Trotz dieser Einsicht in die Unverzichtbarkeit von Inferenzen wird zwischen zwei verschiedenen Formen der Aktivierung des verstehensrelevanten Wissens strikt unterschieden: dem inferenz-freien „evozieren" von Frames durch lexikalische Einheiten oder andere sprachliche Mittel, und dem „invozieren" als einem inferenziell Schlussfolgern auf weitere verstehensnotwendige Frames auf der Grundlage der vom Sprachmaterial „evozierten" Frames. (Eine eigene Inferenz-Theorie wird jedoch ebenso wenig vorgelegt wie eine nachvollziehbare Begründung dafür, was den Unterschied zwischen „evozieren" und „invozieren" eigentlich im Kern ausmachen soll.)

Diesen Errungenschaften von Fillmores Frame-Theorie stehen einige deutlich erkennbare Lücken bzw. Defizite gegenüber, die sich in der Regel aus mangelndem Interesse für die damit zusammenhängenden Fragestellungen bzw. für theoretische Vertiefungen, die zu ihrer Klärung notwendig wären, erklären:

(1) Trotz der Definition von Frames als „Strukturen von Begriffen" enthalten die Arbeiten keinerlei Reflexion über den Begriff oder die Größe „Begriff" (concept). Auch wenn erkennbar ist, dass „Begriffe" (auch in den Augen der Autoren) möglicherweise selbst in Form von „Frames" rekonstruiert werden könnten, enthalten die Texte keinerlei explizite Überlegungen in diese Richtung.

(2) Das Frame-Modell von Fillmore und FrameNet ist, wie man sagen könnte, „Prädikations-zentriert", insofern es seine Aufmerksamkeit vor allem auf auch syntaktisch als solche realisierte Prädikationen richtet, bzw. auf solche Elemente, die sich semantisch auf „volle" Prädikationen zurückführen lassen (wie z.B. deverbale Nomina, prädikative Adjektive, prädikativ verwendete Präpositionalgruppen). Nicht prädikativ analysierbare Lexikoneinheiten (z.B. sortale Nomina) stehen nicht im Fokus des Modells; über ihre angemessene Frame-semantische Beschreibung gibt es kaum vertiefende Überlegungen.

(3) Die von Fillmore und FrameNet sehr strikt geforderte Unterscheidung zwischen „evozieren" von Frames durch lexikalische Einheiten und „invozieren" von Frames durch Interpreten sprachlicher Ausdrücke beruht auf impliziten Grundannahmen bzw. theoretischen Grundlagen, die nicht explizit gemacht werden. Insbesondere der Begriff der sprach-

2.9 Fillmores linguistische Frame-Theorie: Zusammenfassender Überblick und Würdigung 211

lichen „Konvention", der den vorausgesetzten (impliziten) Begriff von „lexikalischer Bedeutung" – und damit den Frame-Aktivierungs-Typ „evozieren" begründet – wird nicht vertieft. Es mangelt dem Frame-Modell von Fillmore und FrameNet daher eine Theorie sprachlicher Konventionen. Zugleich fehlt aber auch eine Theorie der (sprachgestützten) Inferenz, da nur diese den kategorisch behaupteten Unterschied erklären und theoretisch unterfüttern könnte.

(4) In den Texten wird häufig nicht erkennbar, welche Überlegungen als Überlegungen zur Grundlagentheorie über Sprache, Semantik, Grammatik, Sprachverstehen gemeint sind, und welche Überlegungen lediglich durch methodische Aspekte der praktischen Darstellung im FrameNet-Datenformat motiviert sind. Der Unterschied zwischen Theorie und Methode wird auf diese Weise verschleiert, was es stark erschwert, den beabsichtigten theoretischen Status vieler praktisch-methodischer Entscheidungen zu erkennen.

Man kann die Entwicklung der Frame-Konzeption von Fillmore theoriegeschichtlich in fünf Stufen gliedern:

(1) Erste Überlegungen vor der Kasus-Grammatik-Phase, die ich nach dem Titel eines der ersten Aufsätze Fillmores (1965a) unter dem Begriff des *„Enthaltenseins"* (*entailment*) zusammengefasst habe. In dieser Phase ging es im wesentlichen um erste Entdeckungen darüber, dass in der Bedeutung von Sätzen oft viel mehr (an notwendiger, verstehensrelevanter Information) „enthalten" ist, als es auf der Basis der traditionellen grammatischen und semantischen Theorien den Anschein hat. Dieses „implizite" Wissen müsse in die semantische Beischreibung aufgenommen werden, da ohne seine Berücksichtigung in vielen Fällen eine zureichende semantische Beschreibung sprachlicher Ausdrücke nicht möglich sei. Damit wird erstmals in einer linguistischen Theorie das verstehensrelevante Wissen selbst in den Mittelpunkt der semantischen Analyse und Beschreibung gestellt. Man kann dies durchaus bereits als eine „frühe epistemologische Perspektive" in der linguistischen Semantik deuten. Mit dem Gedanken der für das Verstehen eines Satzes notwendigerweise „hinzugedachten Sätze" weist dieser Ansatz Fillmores starke Parallelen zur Erforschung der „Präsuppositionen" (heute: Gegenstand der linguistischen Pragmatik) auf, ohne dass er sich jedoch mit den diesbezüglichen Theorien (und der Pragmatik überhaupt) näher auseinandersetzt.

(2) Die Bezugnahme auf den *Valenz*-Gedanken, die Einführung einer Unterscheidung zwischen syntaktischer und semantischer Valenz, die daraus abgeleitete Theorie der *„Tiefen-Kasus"* („thematische" oder semantische Rollen) und *Kasus-Rahmen,* sowie die Einsicht in die Priorität semantischer Valenz-Rahmen. Neben die in der „entailment rules"-Phase entwickelten Typen von impliziten Bedeutungen tritt ein neuer Typus, der durch die Kasus-Rahmen und die Kasus-Rollen definiert wird. Es handelt sich also um eine Weiterführung des Grundgedankens der „verborgenen" (bisher linguistisch nicht beschriebenen) semantischen Informationen. Wie die späteren Arbeiten zum FrameNet-Projekt zeigen, ist eine valenztheoretische Beschreibung von Sätzen der Kern des ganzen Frame-Konzepts. In diesem Zusammenhang spricht Fillmore zahlreiche Aspekte an, die zeitgleich in der Valenztheorie diskutiert und bearbeitet worden sind, ohne sich jedoch explizit mit dieser Forschung auseinanderzusetzen. An die Stelle der Valenztheorie tritt seine „Kasusgrammatik" und später die allgemeine semantisch / syntaktische Frame-Konzeption. Im Unterschied zur Valenz-Theorie übernimmt Fillmore den zugleich mit dieser von ihrem Begründer Tesnière entwickelten Dependenz-Gedanken jedoch nicht, sondern vertritt weiterhin ein binäres Satzmodell mit dem Dualismus NP / VP. Der dependenz-grammatische Gedanke der Zent-

ralität des Verbs in einem Satz kehrt bei Fillmore jedoch als Gedanke der Zentralität des Prädikats (bzw. Prädikatsausdrucks) in einem Frame wieder. Die in dieser Phase konzipierten „Kasus-Rahmen" stellen eher abstrakte Entitäten auf der Ebene des generellen grammatischen und lexikalischen Wissens dar; sie sind eher den „Satzbauplänen" und anderen abstrakten grammatischen Struktureinheiten vergleichbar als den epistemisch „gefüllten" Frames der späteren Phasen.

(3) Die aus der Einsicht in die Unmöglichkeit einer syntaktischen Begrenzung der thematischen „Mitspieler" in einem Satz erwachsene Ausweitung des „Rahmen"-Gedankens auf sprachlich nicht ausgedrückte, sondern vorausgesetzte (oder implizit „mitgedachte") „Mitspieler" (und thematische Rollen) in Sätzen, die Fillmore im Rahmen der (kurzen) „*scenes-and-frames*"-Phase („*Szenen-Rahmen*"-Modell) seiner Theorieentwicklung vorgenommen hat. In dieser Phase wird zwischen „Szenen" und „Rahmen" (*frames*) unterschieden. Die „Szenen" entsprechen Strukturen des Alltagswissens, die von Fillmore mit Bezug auf das common-sense-Wissen als kaum weiter spezifizierte Agglomerationen von nur leicht strukturiertem Wissen beschrieben werden. Diese „Szenen" korrespondieren „Frames", die eher als abstraktere Einheiten aus sprachlichen Strukturmerkmalen (Prädikate, Ergänzungen mit semantischen Rollen, Selektionsrestriktionen, typische sprachliche Besetzung / Realisierung von Frame-Elementen) aufgefasst werden (Fillmore nennt sie in dieser Phase u.a. ein „System sprachlicher Wahlen"). Diese systematische Unterscheidung zwischen „Szenen" und „Frames" wird jedoch recht schnell wieder aufgegeben. In dieser Phase spielt auch der allgemeine Begriff des kognitiven „Schemas" immer wieder eine wichtige Rolle in den Texten. Auffällig ist, dass trotz der Kenntnis der entsprechenden Theorien (z.B. Minsky, Schank / Abelson) kaum eine Bezugnahme auf allgemeine kognitive Frame-Theorien stattfindet. Die Nähe zu diesen Konzeptionen wird offenbar bewusst gemieden. Die semantisch-grammatische Analyse wird auf alle Formen von Prädikationen ausgeweitet (also auch solche, die sprachlich in Nomen, Adjektiven, Präpositionalgruppen ausgedrückt werden). Deutlich wird dabei: semantische und syntaktische Strukturen von Sätzen / Texten sind nicht strukturidentisch (z.B. differiert die Anzahl der semantischen Rollen und der syntaktisch realisierten Komplemente); es gibt eine eigene Ebene der „semantischen Struktur" von Sätzen und Texten, die nur mit einem Frame-Modell angemessen erschlossen werden können. Zum ersten Mal wird die These formuliert, dass nur eine verstehenstheoretisch reflektierte Semantik eine linguistische Semantik in vollem Sinne sein kann. Eine „volle" semantische Analyse ähnelt zunehmend einer Analyse von „Präsuppositionen" oder „enthaltenen" Informationen. Diese sind daher keine „zusätzlichen" semantischen Aspekte, sondern bilden den Kern des verstehensrelevanten Wissens und damit der „Bedeutung" eines komplexeren sprachlichen Ausdrucks im vollen Sinne.

(4) Die Stufe des „Vollausbaus" seiner semantischen Frame-Theorie, die auch unter den Bezeichnungen „*interpretive semantics*" oder „*understanding semantics*" (verstehenstheoretische Semantik) zusammengefasst wurde. Statt nach fälschlich als statisch aufgefassten „lexikalischen Bedeutungen" fragt Fillmore nun nach den „Bedingungen des angemessenen Verstehens und Gebrauchs sprachlicher Mittel". Statt einer verkürzten „lexikographischen (Bedeutungs)-Definition" verlangt er die „vollständige" Erfassung des „vollen Sets" von Bedingungen des adäquaten Verstehens. Statt dem kommunikationstheoretisch gesehen falschen Ideal der „ausgedrückten" sprachlichen Inhalte nachzujagen, erkennt er an, dass vieles in der Sprache implizit vermittelt wird – als das im Verstehen zu erschließende oder vorauszusetzende, in den „lexikalischen" Bedeutungen der sprachlichen Mitteln nicht ex-

2.9 Fillmores linguistische Frame-Theorie: Zusammenfassender Überblick und Würdigung

plizit nachweisbare verstehensrelevante Wissen. Die Unterscheidung zwischen „scenes" und „frames" wird zugunsten des jetzt allein im Mittelpunkt stehenden Begriffs des „frames" aufgegeben. Eine genauere terminologische Klärung unterbleibt jedoch weiterhin. Spätere Textstellen (z.B. aus der FrameNet-Phase) zeigen, dass der Gedanke der „Szene" weiterhin deutlich das Bild dessen prägt, was sich Fillmore und Mitarbeiter unter einem „Frame" vorstellen. Auch der Begriff „Schema" findet später immer noch Verwendung. Typisch für die „understanding semantics"-Phase ist jedoch eine starke Hinwendung zu Fragen des Textverstehens, wie sie in Fillmores Bemühen deutlich wird, den Prozess des Textverstehens durch einen Interpreten als „In-Blick-Nahme" (envisionment) eines Komplexes von Szenen und Frames zu konzipieren, welche dem „envisionment" durch den Text-Autor möglichst korrespondiert. In den entsprechenden Arbeiten werden zahlreiche Fragen berührt, die über die zuvor (und auch später wieder) fokussierte lexikalische Semantik (und Grundfragen im Grenzbereich von Lexik und Grammatik) deutlich hinausgehen, vor allem Fragen der Informations-Organisation in Texten sowie der „Genres" bzw. „Textsorten", wie sie in der von Fillmore ignorierten Textlinguistik vertiefend analysiert worden sind, aber auch eher soziolinguistische Fragestellungen bezüglich des Informationswertes von Register-Merkmalen usw.

(5) Die Umsetzung, forschungstechnische Formulierung, methodische Vervollständigung und praktische Anwendung des Frame-Modells im *FrameNet*-Projektverbund. Im Vergleich zur „understanding semantics"-Phase steht das Frame-Modell in FrameNet unter dem starken Primat darstellungstechnischer Aspekte. Zum Untersuchungsgegenstand werden hauptsächlich prädikative Frames; eine semantische Beschreibung z.B. von nominal realisierten Frame-Elementen wird zwar integriert, hat jedoch kaum Frame-theoretische Auswirkungen. Es bleibt unklar, ob, und wenn ja, in welcher Form oder Fassung der Frame-Begriff auch für die semantische Beschreibung beispielsweise von nicht-prädikativen Nomen geeignet sein soll. FrameNet ist vor allem ein syntaktisches (bzw. syntaktisch-semantisches) und lexikalisch-semantisches Vorhaben. Epistemologische oder textsemantische Aspekte werden zunächst nicht explizit weiter verfolgt. Es kommen jedoch wichtige neue Aspekte zum Frame-Modell hinzu bzw. werden explizit ausgeführt; so insbesondere die (Beschreibung von) Frame-Relationen (vor allem: Vererbung und Sub-Frame) und ein differenzierteres Modell zur Erfassung von ausdrucksseitig nicht realisierten Frame-Elementen (sog. „Null-Instantiierung"). Ein Problem stellt die Tatsache dar, dass viele Elemente des Modells anscheinend rein forschungspraktisch und darstellungstechnisch motiviert sind (jedenfalls häufig so begründet werden), was zu zahlreichen theoretischen Inkonsistenzen und Unklarheiten führt. Daher kann auch das FrameNet-Modell noch nicht als ein umfassendes linguistisches Frame-Konzept betrachtet werden, da es immer noch zu viele Fragen offen lässt, deren Beantwortung für ein konsistentes semantisches Frame-Modell Voraussetzung wäre.[759]

---

[759] *Nachtrag*: Zu erwähnen wären noch einige Aufsätze von Fillmore, die erst nach Abschluss dieses Kapitels erschienen sind oder zugänglich wurden. (Fillmore 2002h, 2003k, 2008a, 2008b, Fillmore / Baker 2010a, Fillmore / Andor 2010b, Boas 2005). Sie konnten aus redaktionellen und layout-technischen Gründen nicht mehr in die systematische Darstellung eingearbeitet werden, sollen aber der Vollständigkeit halber hier wenigstens genannt werden.

214   *Kapitel 2: Die Erfindung des Frame-Gedankens in der Linguistik durch Charles J. Fillmore*

2.9.1   Fillmores und FrameNets Frame-Konzeption: Ein kleines Glossar

Für diejenigen, die dieses Glossar als eine Art Zusammenfassung der wesentlichen Gedanken von Fillmores Frame-Theorie lesen wollen, sind die einzelnen Einträge nachfolgend in systematischer Reihenfolge (so, wie sie auch formuliert wurden) abgedruckt. Um denjenigen, die das Glossar eher wie ein Nachschlagewerk benutzen wollen, das Nachschlagen zu erleichtern, ist hier ein kleines alphabetisch sortiertes Finde-Register eingefügt:

Bedeutung, lexikalische	238	Leser, idealer	237
Bedingungen	237	lexikalische Bedeutung	238
Begriff, begrifflich	225	Lexikon-Einheit	239
(concept, conceptual)	225	motivieren, Motivierung	229
Checklist-Theorien	244	multiple Frame-Vererbung	221
concept, conceptual	225	Null-Instantiierung	219
conceptual structure	227	Peripherie-Frame-Elemente	217
entailment	234	Perspektive	236
Enthalten-sein (entailment)	234	Prädikat, prädikativ,	
Envisionment (In-Blick-Nahme)	225	(Prädikation)	242
Evozieren	233	Prototyp, Prototypisierung,	
Frame	215	Prototypikalität	235
Frame, dominierender	216	Satzbedeutung	240
Frame-Elemente	216	Semantik, Ziel der	243
Frame-Komposition	221	Semantische Rolle(n)	218
Frame-Mischung	221	Schema	222
Frame-Relationen	220	Skript	223
Frame-Semantik, Ziele und	246	Struktur von Begriffen	
Anwendungsmöglichkeiten		(conceptual structure)	227
Frame-Struktur	220	Sub-Frame	221
Frame-Vererbung	221	Syntax	245
Geschichte(n)	224	Szene	221
Grenzen zwischen Semantik,	245	Szenario	223
Pragmatik, Syntax		Textbedeutung	241
Hintergrund, motivierender	224	Tiefenkasus	219
In-Blick-Nahme (envisionment)	225	Valenz, semantische	232
Invozieren	234	Valenz, syntaktische	231
Kasus-Rahmen	216	Verstehen	230
Kategorie, Kategorisierung	228	Ziele und Anwendungsmöglichkeiten	
Kern-Frame-Elemente	217	der Frame-Semantik	246
Konstruktion(en)	240		
Kontext, Kontextualisierung	224		
Konventionalität	236		

Die über einhundert Schriften zu Fillmores Frame-Modell und FrameNet entfalten eine beeindruckende Fülle von Aspekten, Begriffen, Modellelementen, die eine große Zahl von Gegenstandsbereichen der Linguistik berühren (Syntax, lexikalische Semantik, Bedeutungstheorie, Satz- und Textsemantik, Textlinguistik, Soziolinguistik, linguistische Hermeneutik, Kognitionstheorie, Epistemologie), und die nicht alle durchgehend konsistent definiert oder bestimmt sind. Eine Zusammenfassung, die mit dem Ziel der vereinheitlichenden Darstellung anträte, würde daher zahlreichen interessanten Aspekten, die in diesen Arbeiten angesprochen werden, nicht gerecht. Sie würde eine künstliche „Einheit" dort schaffen würde, wo sie in den Arbeiten tatsächlich nicht vorfindlich ist, und müsste zu vieles „unter den Tisch fallen lassen", was aber wichtige Fragestellungen betrifft. Statt dem Prokrustesbett einer solchen vereinheitlichenden Zusammenfassung wähle ich daher einen anderen, von Fillmore und FrameNet selbst nahegelegten Weg der Darstellung, indem ich ihrem

2.9 Fillmores linguistische Frame-Theorie: Zusammenfassender Überblick und Würdigung 215

Vorbild folgend die wesentlichen Aspekte der Fillmoreschen Frame-Idee in einem kurzen „Glossar" darstelle. Dies hat den Charme, dass die Darstellung auch in ihrer Form den vorwiegend lexikographisch-semantischen Interessen in FrameNet getreulich folgt. (Ein Pfeil → vor einem Begriff verweist auf einen anderen Eintrag in diesem Glossar.)

Frame

Ein *Frame* wird in den letzten Arbeiten zu FrameNet meist definiert als eine „*Struktur aus* → *Begriffen*". Frames werden zunächst von → *Lexikon-Einheiten* → „*evoziert*"; hinzu kommen andere Frames, die ebenso verstehensnotwendig sein können, aber vom Verstehenden / Interpreten per Inferenzen → *invoziert* werden müssen. Die für Fillmore und das FrameNet-Projekt besonders typischen Frames sind solche, die von → *Prädikaten* im Satz (vorzugsweise den zentralen Verben; möglich aber auch: deverbale Nomen, prädikative oder relationale Adjektive, Präpositionalgruppen) evoziert werden. Frames können auch als „Strukturen des verstehensrelevanten Wissens" aufgefasst werden (auch wenn das in den Arbeiten kaum je explizit so formuliert wird). Der Begriff *Frame* hat bei Fillmore mehrfache Wandlungen erfahren. Waren anfangs, in der → *Kasus-Rahmen*-Phase, mit diesem Begriff zunächst „Systeme von sprachlichen Wahlen" gemeint, also eine eher linguistischabstrakte Struktur aus Wissen über Komplement-Strukturen, Kasus-Rollen-Konstellationen, Selektionsrestriktionen, ausdrucksseitigen Realisierungsmöglichkeiten für Frame-Elemente und syntaktische Strukturen, so wird die Größe *Frame* später öfters mit → *Szene* oder → *Schema* mehr oder weniger gleichgesetzt und damit viel stärker epistemisch bzw. kognitiv gedeutet. In der mittleren Phase, der „scenes-and-frames"-Semantik, wird für kurze Zeit an einer Dualität von *Frame* und *Szene* festgehalten. In dieser Phase steht *Szene* eher für die epistemischen Inhalte, und *Frame* im Unterschied dazu noch für abstraktere linguistische Informationen der beschriebenen Art. Später wird eindeutiger zwischen → *syntaktischer Valenz* und → *semantischer Valenz* unterschieden, so dass die „Systeme sprachlicher Wahlen" jetzt expliziter valenztheoretisch dargestellt werden. *Frames* sind dann hinsichtlich ihrer linguistischen Aspekte als eine Art Valenz-Rahmen (im semantischen Sinne) definiert, sollen aber auch diejenigen Aspekte des *common-sense*-orientierten Alltagswissens umfassen, die zuvor mit dem Begriff *Szene* angesprochen worden waren. Insofern haben die Frames der letzten Phase (FrameNet) überraschenderweise wieder starke Ähnlichkeit mit den alten *Szenen*. Frames sind dann Wissensstrukturen aus einem Frame-evozierenden Ausdruck (prototypisch: Verben) und den von diesem Ausdruck evozierten → *Frame-Elementen*. (Weitere Hinweise zur Struktur von Frames werden nicht gegeben.) In der Phase des FrameNet-Projekts kann der Begriff *Frame* nicht strikt getrennt werden von Aspekten der technischen Darstellung (bzw. lexikographischen Beschreibung) von Frames im FrameNet-Darstellungsformat. Obwohl von seiner Entstehungsgeschichte her ein eher theoretischer Begriff, tendieren die Definitionen und Erläuterungen zu *Frame* in der FrameNet-Phase stark zu darstellungstechnologischen Argumenten / Aspekten. Der Frame-Begriff „schwebt" daher, wie man sagen könnte, zuletzt „irgendwo in der Mitte zwischen Theorie und Methode". Um anschlussfähig zu sein an andere Frame-Begriffe aus der Kognitionswissenschaft, müsste der Fillmore- und FrameNet-Frame-Begriff um einige Aspekte erweitert werden. Insbesondere bedarf es einer deutlicheren Klärung der Frame-Struktur sowie der auch expliziten Frame-theoretischen Berücksichtigung von Frames für nichtprädikative Wörter. Auch in anderen Ansätzen gängige und wichtige Aspekte wie z.B.

216   *Kapitel 2: Die Erfindung des Frame-Gedankens in der Linguistik durch Charles J. Fillmore*

Default-Werte (bzw. -Ausfüllungen) werden in Fillmores Ansatz nicht vertiefend behandelt. Für Attribut-Werte-Strukturen bietet das Modell keinerlei klar erkennbare Lösung an. Die Stärken des Modells liegen vor allem in der linguistischen Durchdringung der Problematik, die Fillmores Frame-Modell sämtlichen anderen (ja aus der Kognitionsforschung entstandenen) Frame-Modellen voraus hat. Sympathisch ist das strikte Beharren auf der empirischen (in der Sprache verankerten) Validierung von Frame-theoretischen Elementen bzw. Aspekten.

Frame, dominierender

Vom *„dominierenden Frame in einem Satz"* ist in den Schriften nur an einer einzigen Stelle die Rede. Als solcher wird entsprechend dem prädikativen Verständnis von Frames in der Regel der vom zentralen Verb in einem Satz → *evozierte* Frame aufgefasst. Nur in bestimmten Fällen (die weitgehend den deutschen Funktionsverbgefügen entsprechen, wie z.B. *„Der Antrag kam zur Abstimmung."* statt *„Über den Antrag wurde abgestimmt.")* soll danach auch ein anderes Wort den zentralen Frame evozieren können (genannt werden, wie im Beispiel, nur Nomen). Andere Aspekte, wie z.B. das Verhältnis des zentralen Verb-Frames zu den (nach einem anderen Frame-Verständnis als dem hier offenbar angesetzten) in jedem Satz auftretenden Begriffs-Frames zu sortalen Nomen, sind mit dem Gedanken des „dominierenden Frames" offenbar nicht gemeint und werden davon nicht erfasst.

Kasus-Rahmen

Mit dem Begriff des Kasus-Rahmens wird bei Fillmore erstmals der Begriff des → *Frames* explizit verwendet. Kasus-Rahmen entsprechen den durch die → *Valenz* eines Verbs (bzw. Prädikats) organisierten Satzrahmen in der Valenztheorie, mit dem Unterschied, dass Kasus-Rahmen stärker im Sinne der → *semantischen Valenz*, und weniger im Sinne der → *syntaktischen Valenz* (wie in der gängigen Valenz-Theorie) definiert sind, und dass sie u.a. Selektionsbedingungen für die vom Verb syntaktisch und semantisch regierten Elemente festlegen. Für diese Selektionsbedingungen hat Fillmore den Begriff der → *Tiefenkasus* eingeführt. Mit dem Begriff der Kasus-Rahmen werden linguistisch-abstrakte Strukturen bezeichnet, die auch als „Systeme von sprachlichen Wahlen" definiert werden. Gemeint sind damit Strukturen aus Wissen über Komplement-Strukturen, Kasus-Rollen-Konstellationen, Selektionsrestriktionen, ausdrucksseitigen Realisierungsmöglichkeiten für Frame-Elemente und syntaktische Strukturen. Insofern ist der Begriff der *Kasus-Rahmen* stärker formal-linguistisch als kognitiv oder epistemologisch geprägt.

Frame-Element(e)

Da ein → *Frame* vor allem als ein „Set von *Frame-Elementen"* definiert ist, kommt den *Frame-Elementen* (sowie ihrer Definition und näheren Bestimmung) eine zentrale Rolle für das Frame-Modell zu. Bei Fillmore und FrameNet werden die *Frame-Elemente* meistens in einer Art und Weise definiert bzw. erläutert (oder mit Beispielen versehen), die diese in große Nähe zu den syntaktischen Komplementen bzw. Ergänzungen im → *Valenz*-Modell rücken. Eine der Grund-Ideen der Frame-Semantik war es, die Anzahl der für das adäquate Verstehen eines Satzes notwendigen Elemente, die vom zentralen Prädikat (bzw. Prädikatsausdruck) „regiert" (d.h. semantisch und / oder syntaktisch erfordert und abhängig) sind, über den Bereich der strikt syntaktisch erzwungenen Komplemente hinaus auszudehnen,

2.9 Fillmores linguistische Frame-Theorie: Zusammenfassender Überblick und Würdigung 217

und auch solche Elemente zuzulassen, die „nur" verstehensermöglichend, aber nicht strikt syntaktisch erfordert sind. Diese Idee führte zur Idee des semantischen Frames. In diesem Sinne wurden Frames dann auch definiert als „schematische Repräsentationen, die verschiedene Mitspieler, Requisiten, und andere konzeptuelle Rollen beinhalten, von denen jedes ein Frame-Element ist." Frame-Elemente sind daher unter anderem auch als → „*semantische Rollen*" im Sinne des Tiefenkasus-Modells aus Fillmores „Kasusgrammatik"-Phase definiert. Kollokative Formulierungen – wie „Frame-Elemente (semantische Rollen)" – auch in den neueren Texten zeigen, dass auch heute noch die *Frame-Elemente* gerne und vorwiegend in Termini der Kasus-Rollen gedacht werden. (Ähnlich auch Aussagen wie, dass „die semantischen Argumente von prädizierenden Wörtern den Frame-Elementen des oder der Frame(s) korrespondieren, der / die mit dem Wort assoziiert ist / sind".) Frame-Elemente können daher auch einfach als solche Elemente eines situativen oder prädikativen Rahmens bestimmt werden, die durch → „*semantische Valenz*" an das → *Prädikat* gebunden sind, und die epistemisch aktiviert werden müssen, wenn man das Prädikat und den vom Prädikat regierten Satz angemessen verstehen will. Manchmal werden daher die „Frame-Elemente" auch knapp und schlicht als die „semantischen Valenz-Eigenschaften eines Wortes" definiert. Eine solche Definition unterscheidet sich deutlich von den sehr viel abstrakteren Definitionen in rein kognitivistischen Frame-Modellen. Gerade hier, bei der Definition der Frame-Elemente, zeigt daher das Frame-Modell von Fillmore und FrameNet unmissverständlich seine große Nähe zu valenzgrammatischen Ansätzen. De facto werden allerdings in vielen Texten Elemente als „Frame-Elemente" identifiziert, die weit über einen engeren Begriff von „semantischer Valenz" hinauszugehen scheinen. Tendenziell ist es daher nicht unmöglich, auch mit einem Fillmoreschen Frame-Modell die Frame-Elemente jenseits von reinen linguistischen Valenz-Merkmalen zu berücksichtigen. Allerdings steht dies offenbar nicht im Zentrum der Interessen von Fillmore und FrameNet, sondern wird höchstens am Rande auch noch zugelassen. Der Begriff des „*Frame-Elements*" ist hier daher ebenso offen und vieldeutig wie der Begriff des Frames selbst.

Im Unterschied zu den in kognitiven Modellen häufig sehr viel abstrakter definierten Frame-Elementen lässt es das Modell von FrameNet zu, dass *Frame-Elemente* teilweise sehr konkretistisch, d.h. sehr Einzel-Frame-spezifisch, definiert werden. Es werden sogar Frame-Elemente zugelassen, die nur für einen einzigen Frame existieren. Frame-Elemente werden in der Praxis mit Frame-Elemente-Namen etikettiert, wobei die Benennung von zwei Frame-Elementen in zwei verschiedenen Frames mit demselben Frame-Elemente-Namen noch nicht gleichbedeutend damit sei, dass es sich um dasselbe Frame-Element handele. Frame-Elemente bekommen daher in FrameNet teilweise den Status idiosynkratischer Eigenschaften, die vielleicht nicht strikt auf ein Lexem, aber zumindest häufig auf einen Frame begrenzt sind. Die Identität von Frame-Elemente-Namen zwischen verschiedenen Frames darf daher nicht als Behauptung irgendeiner Form von semantischer Beziehung gedeutet werden. (Über *epistemische* Beziehungen, wie sie etwa in einer Ontologie untersucht würden, machen sich Fillmore und die FrameNet-Autoren ganz offensichtlich keine Gedanken.)

Kern-Frame-Elemente, Peripherie-Frame-Elemente

Bei den → *Frame-Elementen* unterscheidet FrameNet zwischen *Kern-Frame-Elementen* und *Peripherie-Frame-Elementen*. Diese Unterscheidung unterstreicht die große Nähe des

hier angesetzten Frame-Modells zur → *Valenz*-Theorie, da sie parallel verläuft zu der dortigen Unterscheidung zwischen Komplementen und Adjunkten bzw. zwischen Ergänzungen und Angaben. Kern-Frame-Elemente, Komplemente bzw. Ergänzungen sind die auch grammatisch strikt erforderlichen, in ihrer Anzahl und Art (ihrer semantischen Rolle) vom zentralen Prädikat(sausdruck) festgelegten Elemente in einem Satz. Peripherie-Frame-Elemente, Adjunkte bzw. Angaben sind z.B. die typischen adverbialen Bestimmungen der Zeit und des Ortes, die bei fast allen Prädikaten angesetzt werden können und deren Ansetzung daher nicht für das Prädikat (bzw. den evozierten Frame) spezifisch sind, und daneben z.T. auch weitere Angaben bzw. adverbiale Bestimmungen. In der Valenz- und Dependenz-Theorie gibt es über die erheblichen praktischen Probleme, eine genaue Grenze zwischen beiden Typen von nicht dem Prädikat zugehörenden Elementen in einem Satz zu ziehen, schon lange eine heftige und ausufernde Debatte, die (mitsamt den dort diskutierten Problemen) in FrameNet aber offenbar nicht zur Kenntnis genommen wird. Es verwundert daher nicht, dass die Unterscheidung zwischen beiden Typen von hier zu Frame-Elementen umdefinierten Entitäten daher auch hier undeutlich und vage bleibt. Zwar böte ein strikt epistemologisch definiertes Frame-Modell Chancen, hier zu einer adäquateren theoretischen Lösung zu kommen; diese Chance wird in FrameNet jedoch vergeben, da sich die nähere Erläuterung der Unterscheidung (von einer Definition im eigentlichen Sinne kann man kaum sprechen) in zu engen syntaktischen Bahnen bewegt.

Semantische Rolle(n)

In der → *Kasus-Rahmen*-Analyse wurde von Fillmore der seinerzeit epochemachende Begriff der *Tiefenkasus* eingeführt, die später als *semantische Rollen* oder *Kasus-Rollen* benannt wurden. Es handelt sich um die Bezeichnung für eine Art semantischen bzw. epistemischen Typs der Komplemente bzw. → *Frame-Elemente* in einem Satz. Wenn *Komplement* die Bezeichnung für den rein syntaktischen Aspekt der Abhängigkeit eines Satz-Elements (meist ein Nomen oder eine Nominalgruppe, möglich aber z.B. auch Präpositionalgruppen) von einem zentralen Prädikat(sausdruck) ist, und → *Frame-Element* (bzw. genauer: → *Kern-Frame-Element*) die Bezeichnung für den semantischen Aspekt der zu einem (semantischen) → *Frame* gehörenden (verstehensnotwendigen) Elemente, dann bezeichnet der Begriff der *semantischen Rolle* (früher: *Kasus-Rolle* bzw. *Tiefenkasus*; in anderen Theorien auch: *thematische Rolle, Theta-Rolle* bzw. *Θ-Rolle*) den Typus von „Mitspieler" in einem Satz (bzw. einem vom zentralen Prädikat in einem Satz evozierten Frame), also z.B. Ausführender einer Handlung (AGENT bzw. AGENS), von einer Handlung betroffene Person (PATIENS) oder Objekt (AFFIZIERTES OBJEKT), Mittel (INSTRUMENT) usw. Während Fillmore noch zu Zeiten der Kasus-Grammatik, so wie viele Linguisten und Kognitionswissenschaftler auch heute noch, davon ausging, dass es anstrebenswert wäre, einen geschlossenen Set von (nach Möglichkeit universalen, in manchen Theorien sogar: angeborenen) *semantischen Rollen* anzusetzen, gehen er und FrameNet heute davon aus, dass, wie die heftigen Debatten und die Unzahl und stark divergierenden Umfänge konkurrierender Listen-Vorschläge (von vier bis über vierzig oder sogar einigen hundert) gezeigt haben, semantische Rollen nicht universal, sondern konkret Frame-spezifisch definiert werden sollten. Dies geht so weit, dass laut Fillmore die Tatsache, dass in zwei verschiedenen Frames z.B. zwei → *Frame-Elemente* mit der semantischen Rolle INSTRUMENT etikettiert worden seien, keineswegs schon damit gleichgesetzt werden dürfe, dass es sich bei

2.9 Fillmores linguistische Frame-Theorie: Zusammenfassender Überblick und Würdigung   219

beiden auch um dasselbe (oder strikt denselben Typ von) Frame-Element handele. Das Verhältnis von *semantischen Rollen* und → *Frame-Elementen* wird im Ansatz von Fillmore und FrameNet nicht vollständig deutlich. Während es an einigen Stellen heißt, dass Frame-Elemente semantische Rollen *besäßen* (sie ausdrückten bzw. mit ihnen etikettiert werden könnten), heißt es an nicht wenigen anderen Textstellen, dass die Frame-Elemente die semantischen Rollen *sind*. Daher werden → *Frames* nicht nur als „*Sets von* → *Frame-Elementen*", sondern häufig auch direkt als „*Sets von semantischen Rollen*" definiert. Diese direkte Gleichsetzung erscheint als problematisch (da begrifflich und theoretisch äußerst ungenau), auch wenn man verstehen kann, weshalb sich Fillmore als Linguist (und im Herzen Syntaktiker) allein für die semantischen Rollen interessiert und weniger stark für die Frame-Elemente als epistemische Größen (als Teile unseres Welt-Wissens) sui generis.

Tiefenkasus   siehe: → *Semantische Rolle(n)*

Null-Instantiierung

Es kommt häufiger vor, dass in einem Satz bzw. Text → *Frame-Elemente*, die „begrifflich notwendig" (Fillmore) bzw. verstehensnotwendig sind, nicht explizit sprachlich ausgedrückt (verbalisiert, bzw. durch ein lexikalisches Element benannt oder signalisiert) sind. Dieses Phänomen wird in FrameNet als „*Null-Instantiierung von Frame-Elementen*" bezeichnet. Aus verschiedenen Gründen liegt es nahe, dass dieses Phänomen nur die sog. → *Kern-Frame-Elemente* betrifft (als – syntaktisch gesehen – Komplemente bzw. Ergänzungen in der Terminologie der Valenzgrammatik), da es für die sog. *Peripherie-Frame-Elemente* (Adjunkte bzw. Angaben) ja schon ein konstitutives (den Begriff definierendes) Merkmal ist, dass sie nicht zwingend sprachlich ausgedrückt sein müssen. Das Phänomen der *Null-Instantiierung* betrifft daher dieselben Probleme, wie sie in der Valenz- und Dependenzgrammatik intensiv (und ohne abschließende Lösung) diskutiert worden sind, wie z.B. das Problem der Abgrenzung zwischen Ergänzungen (Komplementen) und Angaben (Adjunkten) bzw. der Unterscheidung zwischen „obligatorischen Ergänzungen (Komplementen)" und „fakultativen Ergänzungen (Komplementen)". Fillmore und FrameNet unterscheiden zwischen vier Typen von Null-Instantiierung: „*konstruktionsbedingt*" (etwa die Agens-Tilgung in Passiv-Sätzen), „*existenziell*" (z.B. wenn die Objekte von bestimmten verbreiteten Verben nicht erwähnt werden: „[*Samen*] *säen*", „[*Speisen*] *essen*", „[*Kuchen*] *backen*" usw.), „*anaphorisch*" (wo die fehlenden Elemente aus / in dem gegebenen Diskurs-Kontext „verstanden" oder „gegeben" sein müssen), und „inkorporiert" (gemeint sind Fälle, „in denen die Bedeutung des Wortes selbst das Frame-Element inkorporiert, das durch das Etikett repräsentiert wird"). Die vier Typen von „Null-Instantiierung" sind allerdings (bis auf die „konstruktionsbedingten") schlecht definiert und auch die Beispiele sind nicht überzeugend; sie werfen mehr Probleme auf, als sie lösen, so dass in diesem Bereich sicher weitere Forschung notwendig wäre. Das Kern-Problem liegt schon im Grundansatz selbst, da nicht klar ist, aufgrund welcher Kriterien überhaupt es möglich sein soll, zwischen „begrifflich notwendigen" und „nicht begrifflich notwendigen" Frame-Elementen zu unterscheiden. Ohne eine ja stets kulturen-spezifische epistemische Hypothese sind solche Abgrenzungen kaum zu treffen. In ihnen steckt ziemlich viel common-sense-Denken, das bei einer vollständigen epistemologisch-semantischen Analyse ja selbst expliziert werden müsste, und nicht, wie meist bei Fillmore und FrameNet üblich, intuitiv und einfach unreflektiert als gültig vorausgesetzt werden dürfte.

220   *Kapitel 2: Die Erfindung des Frame-Gedankens in der Linguistik durch Charles J. Fillmore*

Frame-Struktur

Bezeichnenderweise fehlt in den Texten von Fillmore und FrameNet nahezu jegliche Benennung oder Erwähnung des Stichwortes *Frame-Struktur*, so dass man es genauso gut hier einfach weglassen könnte. Aus Sicht einer allgemeinen Frame-Theorie ist dieser Aspekt jedoch zu wichtig, als dass er einfach übergangen werden dürfte. Was findet man in dem von Fillmore begründeten Modell also zu diesem Stichwort? Eigentlich nicht viel mehr, als dass ein → *Frame* um ein Lexem, in der Regel und typischerweise ein → *Prädikat* bzw. Prädikatsausdruck als seinem Kern, organisiert ist, um das / den herum mehrere → *Frame-Elemente* gruppiert sind, von denen einige → *Kern-Frame-Elemente*, und andere *Peripherie-Frame-Elemente* sind. Da Frame-Elemente in den FrameNet Frame-Beschreibungen mit Informationen zur → *semantischen Rolle*, zum → *semantischen Typ*, zum *Komplement-Typ*, mit dem sie verbalisiert werden („*Grammatische Form*"), und zu → *Frame-Relationen* etikettiert sind, ergeben sich weitere Aspekte, die man als Aspekte einer „Frame-Struktur" *àvant la lettre* im Fillmore-Modell auffassen könnte. Ansonsten bleiben in diesem Modell viele Fragen offen, die in anderen, kognitiv orientierten Frame-Modellen diskutiert werden (z.B. Slot-Filler-Strukturen, Attribut-Werte-Strukturen, Default-Werte, Aspekte der Rekursivität von Frame-Strukturen usw.). Von den struktur-bezogenen Aspekten, die in einem vollständigen epistemologischen Frame-Modell geklärt werden müssten, werden in FrameNet nur die → *Frame-Relationen* intensiver erörtert.

Frame-Relationen

Obwohl das Interesse der FrameNet-Autoren nicht einem allgemeinen ontologischen Frame-Modell gilt, werden bestimmte Typen von Frame-Relationen ausführlicher erörtert, ohne dass damit schon ein vollständiger Überblick über mögliche Typen von Frame-Beziehungen gegeben wäre. Es wird in den Schriften nicht, wie es grundsätzlich möglich wäre, zwischen Frame-zu-Frame-Beziehungen und Frame-Elemente-zu-Frame-Elemente-Beziehungen unterschieden, so dass der Begriff der *Frame-Relationen* gegenüber dieser möglichen Differenzierung unspezifisch bleibt. Vor allem zwei Typen von Frame-Relationen werden intensiver erörtert: *Frame-Vererbung* (bzw. *Frame-Erbschaft, frame inheritance*) und *Sub-Frame*. Unter *Frame-Vererbung* wird die Ausdifferenzierung (*elaboration*) eines allgemeineren (und abstrakteren) „Eltern-Frames" durch einen oder mehrere „Kind-Frame(s)" verstanden. Dabei „erbt" der Kind-Frame alle → *Frame-Elemente* und Eigenschaften des Eltern-Frames, kann diesen aber eigene zusätzliche Elemente und Eigenschaften „hinzufügen". Als Beispiel wird etwa genannt: ein allgemeiner „BEWEGUNG"-Frame und „REISEN" als seine Realisierung. Eltern-Frame und Kind-Frame(s) verhalten sich damit zueinander wie Oberbegriff und Unterbegriff in Begriffs-Hierarchien und Ontologien (nach deren Vorbild sie ganz offensichtlich konzipiert sind, ohne dass auf diese Ähnlichkeit näher eingegangen würde). Im Unterschied zu solchen als *Frame-Vererbung* bezeichneten begrifflich-hierarchischen Frame-zu-Frame-Beziehungen stellen die als *Sub-Frame*-Beziehungen (oder *Frame-Komposition*) bezeichneten Frame-Relationen eher eine Art „Teil-Ganzes-Beziehung" dar. Als typisches Beispiel werden dafür Teil-Handlungen (bzw. Teil-Abläufe) als umfassendere komplexe Handlungs-Ketten (bzw. Geschehens-Abläufe) genannt. So, wieder am Beispiel REISEN, Teil- oder Sub-Frames wie ABFAHREN und ANKOMMEN. Sub-Frames teilen mit dem Ober-Frame nur einige Frame-Elemente (so sind die AUSFÜHRENDER-Frame-Elemente im Ober-Frame REISEN und in den Sub-Frames

2.9 Fillmores linguistische Frame-Theorie: Zusammenfassender Überblick und Würdigung 221

ABFAHREN und ANKOMMEN identisch). Es kommt dann auf den spezifischen Charakter des Sub-Frames (bzw. die Art der Einbettung eines Sub-Frames in einen Ober-Frame) an, welche und wie viele Frame-Elemente jeweils übereinstimmen. (Z.B. sind in einem vollständigen PICKNICK-AUSFLUG-Frame die AUSFÜHRENDER-Frame-Elemente zwar im Ober-Frame REISEN und in den Sub-Frames ABFAHREN, ANKOMMEN, VERZEHR VON SPEISEN identisch, nicht jedoch zwingend auch im Sub-Frame ZUBEREITUNG DER SPEISEN.) Bei der *Frame-Vererbung* wird zwischen „voller Vererbung", „monotoner Vererbung" und „multipler Vererbung" unterschieden. „Volle Vererbung" liegt vor, wenn zu jedem Frame-Element und Aspekt des Eltern-Frames eine Entsprechung im Kind-Frame gegeben ist. Mit „multipler Vererbung" ist die Tatsache gemeint, dass ein Wort in einem Satz zugleich für zwei verschiedene Frame-Elemente zweier verschiedener Frames stehen kann. (Z.B. ist in einem Satz wie *„Peter wirft Hans sein gestriges Verhalten vor."* Peter zugleich Instantiierung des Frame-Elements AUSFÜHRENDER in einem BESCHULDIGEN- und in einem KOMMUNIKATIONS-Frame.) Mit „monotoner Vererbung" ist gemeint, dass bestimmte Frame-Elemente des Eltern-Frames durch den / die Kind-Frame(s) nicht ausgeschaltet / überspielt werden können. Der Frame-Relationen-Typ *„Vererbung"* steht in enger Beziehung zum Frame-Relationen-Typ *„Sub-Frames"*, da bei einer vollen Frame-Erbschaft ein Kind-Frame neben den Frame-Elementen auch alle Sub-Frames des Eltern-Frames erbt. Die spätere Hinzufügung weiterer „Typen" von Frame-Relationen wie *„benutzt"* (uses), *„kausativ"* und *„inchoativ"* wirkt sehr ad-hoc und intuitiv und ergibt noch keine systematische und durchdachte Typologie von Frame-Relationen. Der Aspekt, dass Frame-zu-Frame-Beziehungen teilweise auch als Frame-Elemente-zu-Frame-Elemente-Beziehungen re-interpretiert werden können, wird zwar gesehen und gelegentlich angesprochen, aber nicht weiter vertieft. Eine vertiefende differenziertere Betrachtung wäre hier angebracht.

Frame-Vererbung   *siehe:* → *Frame-Relationen*

Sub-Frame   *siehe:* → *Frame-Relationen*

Frame-Komposition   = *Sub-Frame-* → *Frame-Relationen*

Frame-Mischung   = *„multiple* → *Frame-Vererbung"*

Szene

Der Begriff der *Szene* hat im semantischen Frame-Modell von Fillmore und FrameNet eine wechselvolle Geschichte bzw. Verwendung. Ersichtlich in Anlehnung an die Theater-Bühnen-Metapher des Begründers der Valenztheorie Lucien Tesnière steht der Begriff *Szene* in der Kasus-Grammatik Fillmores zunächst offenbar für einen Ausschnitt aus der Welt (oder präziser, dem Weltwissen; der Unterschied zwischen beidem wird bei Fillmore nie thematisiert), der epistemisch aktiviert werden muss, wenn man ein Prädikat mit seinen „Mitspielern" im Satz sowie die Beziehungen zwischen diesem Prädikat und den Mitspielern angemessen verstehen können will. Die *Szene* korrespondiert dann als eine realweltliche Entsprechung den abstrakt-linguistischen → *Kasus-Rahmen*. Es entsteht daher im Frame-Modell von Fillmore in dieser Phase ein strikter Dualismus, der später in der Phase der *„scenes-and-frames-semantics"* auch ausformuliert wird, in der dann *Szene* und → *Frame* explizit als die beiden Pole eines komplementären Paars von zwei Entitäten in zwei verschiedenen theoretischen (oder ontologischen?) Sphären konzipiert werden. Dabei bleibt

der Begriff *Szene* weiterhin schillernd und uneindeutig in der Verwendung. Diese Uneindeutigkeit (bzw. die erkennbaren Schwierigkeiten, den Begriff *Szene* und vor allem den Unterschied zwischen *Szene* und *Frame* eindeutig zu definieren) ist möglicherweise auch der Grund dafür, dass Fillmore diesen Begriff dann explizit aufgibt zugunsten der alleinigen Verwendung des Begriffs *Frame*. Es ist daher erstaunlich, dass der Begriff *Szene* in Texten des FrameNet-Projektverbunds dann wieder häufig Verwendung findet, wobei der Begriff allerdings auch jetzt wieder eher intuitiv verwendet, jedenfalls nicht klar definiert wird. Ein Hauptproblem des Begriffs *Szene* ist es, dass der epistemologische Status dieses Begriffs nie ganz geklärt wurde. An vielen Stellen wird der Begriff verwendet im Sinne eines Weltausschnitts selbst. Dass Weltausschnitte unmittelbar im Sprachverstehen gar keine Funktion haben können, sondern immer nur vermittelt über Erkenntnisakte und Speicherung im Wissen, wird zwar in den Fillmore-Texten nie explizit thematisiert, aber zumindest implizit dadurch berücksichtigt, dass statt des (z.T. auch neben dem) Begriff(s) *Szene* in einer gewissen Phase gehäuft der Begriff → *Schema* verwendet wird, der ja eindeutiger als der Begriff *Szene* der epistemischen Sphäre (und nicht der Real-Welt-Sphäre) zugeordnet werden kann.

Szene kann daher bei Fillmore und FrameNet entweder (a) unmittelbar einen Ausschnitt der realen Welt oder (b) einen strukturierten Ausschnitt unseres Wissens über einen Ausschnitt der realen Welt meinen. In letzterem Zusammenhang wird *Szene* dann auch häufig als der → *motivierende Hintergrund* (oder *Kontext*) für ein Wort im Lexikon einer Sprache erläutert. Damit ist der Begriff aber eindeutig der epistemischen (kognitiven) Sphäre zugeordnet (was sich in erkenntnistheoretisch naiven Formulierungen einiger FrameNet-Autoren sehr viel später aber dann doch wieder anders liest). In die Verwendung von *Szene* bei Fillmore und FrameNet (letztlich aber auch in die von *Frame*) geht ein gutes Stück intuitivistischen common-sense-Denkens ein, welches nicht berücksichtigt, dass Schematisierungen von Real-Welt-Daten keine Selbstverständlichkeit sind, die nicht weiter hinterfragt werden muss, sondern Ergebnisse kultureller Formungen und daher abhängig von Ordnungs-Strukturen und –Akten im kollektiven Wissen einer Kultur bzw. Gesellschaft. (Obwohl die Kultur-Abhängigkeit des Szene-Wissens Fillmore durchaus bewusst zu sein scheint, wie manche Beispiele und ihre Erläuterungen erkennen lassen, fließt diese Einsicht nicht in die Verwendung und Klärung der Frame-semantischen Grund-Terminologie selbst, wie etwa *Szene* oder *Frame*, ein.) – Zur terminologischen Verwirrung trägt auch bei, dass Fillmore den Begriff *Szene* nicht nur allgemein-Frame-theoretisch gebraucht, sondern ihn in spezifischerer Verwendung für text-semantische Aspekte im Rahmen seiner *understanding semantics* benutzt. So spricht er von der „*Szene eines Textes*" oder der Bedeutung eines Textes als „*Aufeinanderfolge von Szenen*". Formulierungen in diesem Zusammenhang wie „*übergeordnete Szene*" oder „*in eine andere Szene eingebettete Szene*" deuten auf Aspekte, die besser mit dem eindeutig kognitiven Begriff *Frame* benannt wären, weshalb der zwischenzeitliche Verzicht auf den Begriff *Szene* zugunsten des allgemeinen Begriffs *Frame* bei Fillmore nur konsequent erscheint. (Die teilweise Reaktivierung des Begriffs *Szene* in den späteren FrameNet-Texten bleibt daher ein Rätsel.)

Schema

Der Begriff *Schema* ist der in den Kognitionswissenschaften wohl am weitesten verbreitete Terminus zur Bezeichnung von Strukturen des Wissens. Häufig, und so auch in vielen

2.9 Fillmores linguistische Frame-Theorie: Zusammenfassender Überblick und Würdigung 223

Texten von Fillmore und FrameNet, wird dieser Terminus benutzt anstelle des (oder in ähnlicher Weise wie der) Begriff des → *Frames*. In dieser Verwendungsweise ist er ein Begriff für ein Format für Wissen, ohne dass daraus schon nähere Angaben über Struktur, Prinzipien usw. des Wissensformats ableitbar wären. Insofern bleibt *Schema* der allgemeinste und unspezifischste Begriff, um über die Dinge und Aspekte, mit denen man es bei Frames zu tun hat, zu reden. Im Unterschied zu Fillmores Verwendung von → *Szene* ist bei seiner Verwendung von *Schema* die Bezugnahme auf die kognitive bzw. epistemologische Ebene der Analyse immer eindeutig. Man könnte daher auch sagen: mit dem Begriff *Schema* werden die rein kognitiven, epistemologischen Aspekte von → *Frames* beschrieben. (Der Begriff → *Szene* könnte dann die realweltlichen Entsprechungen bzw. Substrate der Schemata benennen, wenn sich Fillmore zu dieser erkenntnistheoretischen Klarstellung hätte durchringen können, was tatsächlich wegen seines schwankenden Gebrauchs von *Szene* aber nicht eingetreten ist.) In seinen Verwendungen des Begriffs *Schema* zeigt Fillmore die größte Nähe zu allgemeinen kognitiven oder epistemologischen Überlegungen (und damit zu einer kognitiv / epistemologischen *Frame*-Theorie); eine Nähe, von der er sich später zunehmend distanziert (zugunsten der Einnahme eines „rein linguistischen", empiristischen Standpunkts).

Skript

Der Begriff *Skript* ist in die Frame-Theorie eingeführt worden durch die Arbeit von Schank und Abelson (1977). Er wird von Fillmore selbst zunächst nur in Aufzählungen von benachbarten kognitiv-semantischen Begriffen wie → *Frame*, → *Szene*, → *Schema*, → *Szenario* gebraucht. Anders als die (allgemeiner gefassten) Begriffe *Frame* und *Schema* ist der Begriff *Skript* begrenzt auf solche Wissenszusammenhänge, in denen es um Handlungen oder Geschehensabläufe geht. (Man könnte daher auch sagen, dass sie sich auf „narratives" Wissen beziehen, im Unterschied zu „deskriptivem" Wissen, wie es für Entitäten typisch ist. Kognitivisten und Gedächtnis-Psychologen sprechen auch von „episodischem" Wissen.) Obwohl von Schank und Abelson Gegenteiliges behauptet wird, eignet sich der Begriff *Skript* daher (anders als *Schema* oder *Frame*) nicht als allgemeiner kognitiver oder epistemologischer Begriff für Strukturen und Formate des (verstehensrelevanten) Wissens. Es ist daher prekär, wenn der Begriff *Skript* (obwohl er von Fillmore selbst kaum je aktiv verwendet wurde) in den Texten der FrameNet-Phase plötzlich eine überraschende Aktualität und Prominenz bekommt und sogar als Definiens für *Frame* eingesetzt wird, indem Frames als „skript-ähnliche Strukturen von Inferenzen" definiert werden. Im Kontext des eingeschränkten *Frame*-Verständnisses von FrameNet ist dies allerdings auch wieder konsequent, da dort als *Frames* vor allem Beispiele für *prädikative Frames* im Fokus des Interesses (und auch des Frame-Modells) stehen, die sich typischerweise auf Ereignisse, Handlungsabläufe und ähnliche „narrative" bzw. „episodische" Aspekte beziehen.

Szenario

Der Begriff *Szenario* wird von Fillmore und FrameNet meist nur in Aufzählungen von benachbarten kognitiv-semantischen Begriffen wie → *Frame*, → *Szene*, → *Schema*, → *Skript* gebraucht. Aufzählungen wie „Schemata, Stereotype, Standard-Szenarios" zeigen, dass mit *Szenario* meist prototypische Wissensstrukturen gemeint sind, in denen mehrere Einzel-Frames zu einem größeren Ganzen zusammengefasst sind. Statt „Standard-Szena-

rio" könnte daher einfach auch *Schema* oder *Frame* gesagt werden. Dort, wo mit *Szenario* nicht solche schematischen Standard-Szenarios gemeint sind, wird der Begriff meist äquivalent zu → *Szene* verwendet.

Geschichte(n)

Den Begriff *Geschichte* verwendet Fillmore insbesondere im Zusammenhang mit Aspekten der Satzsemantik und Textsemantik. Dort versteht er darunter eine bestimmte Konstellation von Hintergrundwissen (eine Konstellation von → *Frames*, → *Schemata* oder → *Szenen*), deren Kenntnis eine zutreffende Interpretation eines bestimmten sprachlichen Ausdrucks überhaupt erst möglich macht. Der Gebrauch von *Geschichte* schwankt zwischen einer Bezeichnung für selbst erlebte, in der Lebenserfahrung einzelner Personen verankerte „Geschichten" und der Bezeichnung bestimmter Rahmen- oder Schemastrukturen bis zu komplexen historischen / kulturellen Hintergründen, die sich nur kulturhistorisch auflösen lassen. (Sein Beispiel: die Geschichte der *frontier* in den USA. Einfachere Beispiele sind etwa das Wissen, das man haben muss, um ein Wort wie *Alimente* angemessen verstehen zu können.) Man könnte *Geschichte* in diesem Sinne daher in etwa paraphrasieren als „komplexes Gefüge von Frames / Schemata, das ein inhaltlich zusammenhängendes Ganzes ergibt". In anderen Zusammenhängen steht der Terminus aber einfach für „Textwelt".

Hintergrund, motivierender / Kontext / Kontextualisierung

Kollokationen wie *„Rahmen oder Hintergrund"* in Fillmores Texten zeigen, dass er den Terminus *Hintergrund* meist benutzt, um die Funktion der Frames für das Verstehen sprachlicher Zeichen zu benennen. *Hintergrund* heißt dann vor allem, dass man für das Verstehen der Wörter einer Sprache ein spezielles, kulturell determiniertes Wissen besitzen muss. Sehr häufig kann die Angemessenheit der Verwendung eines Wortes (seiner Anwendung auf die Welt) nur vor dem *Hintergrund* eines prototypischen allgemeinen Wissens beurteilt werden. Als Beispiele nennt Fillmore etwa das Wort *Waise* (und fragt: Warum wird dieses Wort falsch angewendet, wenn es auf einen 35-jährigen Mann prädiziert wird?). *Hintergrund* steht damit für bestimmte Gefüge von verstehensnotwendigen → *Frames*. Der Begriff bekommt in Fillmores Frame-Modell vor allem als *motivierender Hintergrund, motivierender Kontext* eine eigene Funktion. Insbesondere der Begriff *Kontext* ist äußerst zentral für Fillmores semantisches Modell, da nach seiner dezidierten Auffassung Wörter ihre Bedeutungen nur im Zusammenhang mit gehörigen Portionen von Kontext- oder Hintergrund-Wissen bekommen bzw. entfalten. Eine „kontextfreie" Wortsemantik (wie sie von vielen Linguisten für möglich gehalten wird) lehnt Fillmore als undurchführbar strikt ab. *Kontexte* sind damit ein konstituierender Teil jeder lexikalischen Bedeutung (aber natürlich insbesondere auch der Satz- und Text-Bedeutung). Als → *motivierend* für Wörter und Wortbedeutungen wird der *Kontext* bzw. *Hintergrund* vor allem im Zusammenhang mit Überlegungen Fillmores zur Funktion von Lexikoneinheiten (Wörtern) für die → *Kategorisierung* (der Welt, bzw., wie man auch sagen könnte, Begriffsbildung) bezeichnet. Danach bedarf es zum Verstehen der Bedeutung eines Wortes immer eines bestimmten Hintergrundes an Wissen und Erfahrungen, die den „Daseinsgrund" näher bestimmen, der erklärt, warum (zu welchen Zwecken) ein Wort in einer Sprache überhaupt existiert.

Kontext   siehe → *Hintergrund, motivierender*

2.9 Fillmores linguistische Frame-Theorie: Zusammenfassender Überblick und Würdigung   225

In-Blick-Nahme (envisionment)

Der Ausdruck *envisionment*, dessen beste Entsprechung im Deutschen eine Übersetzung wie *In-Blick-Nahme* wäre, wird von Fillmore vor allem im Zusammenhang mit seinen Überlegungen zur Text-Semantik und zum Bedeutungs- und Text-Verstehen geprägt und verwendet. Er spricht daher auch von einer *„In-Blick-Nahme der Welt eines Textes"*. Konzeptionen einer „Text-Welt" (oder von „Weltmodellen" eines Textes) sind in der kognitiven Linguistik und Verstehenstheorie üblich und verbreitet, insofern greift Fillmore mit diesem Terminus nur einen üblichen (damals allerdings noch neuen) Gedanken auf. Der von ihm neu eingeführte Terminus *envisionment* geht über die üblichen Ansätze jedoch deutlich hinaus, indem er zusätzlich den Aspekt der → *Perspektive* ins Spiel bringt. Neben diesem Aspekt einer von einem Autor in einem Text mit sprachlichen Mitteln signalisierten Perspektive auf eine Textwelt (oder einen Ausschnitt aus einer Textwelt) bezieht sich Fillmores Begriff des *envisionments* aber auch einfach auf die Tatsache, dass es zum adäquaten Verstehen eines Textes, eines Satzes, ja, eines einzelnen Wortes, häufig der Kenntnis (bzw. im Verstehensakt vollzogenen Aktivierung) eines, wie er es ausdrückt, „mehr oder weniger vollständigen „envisionments" [„Inblicknahme"] des Settings", in dem ein Wort oder Satz auftritt bzw. „anzusiedeln ist", erfordert. Dieses Setting umfasst nach den Erläuterungen und Beispielen, die Fillmore gibt, deutlich mehr und anderes (Wissen), als manche Linguisten noch als Gegenstand oder Aspekt einer linguistischen Semantik zu akzeptieren bereit sind. Insofern steht der Begriff des *envisionments* in Nähe zu Begriffen wie → *Hintergrund*, → *Geschichte* oder → *Kontext*.

Begriff, begrifflich [concept, conceptual]

Der Terminus *Begriff* (meist: *concept*; gelegentlich auch: *notion*) spielt in den Arbeiten von Fillmore und FrameNet eher verdeckt eine prominente Rolle, wird aber erstaunlicherweise trotz dieser wichtigen Rolle nirgendwo explizit definiert oder gar umfassender thematisiert. (Dies ist – neben dem Nicht-Nachdenken über den Begriff der *Konvention* – eine der problematischsten theoretischen Lücken in diesem Ansatz.) Die Verwendungen dieses Terminus ergeben zwar eine gewisse Tendenz, aber insgesamt ein eher indifferentes Bild, so dass der Eindruck wohl richtig ist, dass dieser Terminus eher intuitiv-umgangssprachlich als auf der Basis eines definierten Verständnisses verwendet wird. Die meisten Verwendungen von *Begriff* ranken sich um die Definition des → *Frames* als → *Struktur von Begriffen*. In diesem Sinne werden Frames auch als der *begriffliche Hintergrund*, die *begriffliche Untermauerung, begriffliche Stützung* für Wörter oder im Zusammenhang mit der *konzeptuellen oder erfahrungsmäßigen Basis für unser Wissen über die Bedeutung eines Wortes* thematisiert. Eindeutig scheint nur zu sein, dass *Begriffe* in diesem Modell ganz klar auf der kognitiven, epistemischen Ebene angesiedelt sind, und offenbar nicht als sprachliche Einheiten gelten. Dies entspräche einer klassischen Zwei-Ebenen-Semantik mit einer scharfen Trennung von semantischer und konzeptueller Ebene, die Fillmore zwar in explizierter Form nicht vertritt, aber möglicherweis unterschwellig akzeptiert. Häufiger als *Begriff* wird das Adjektiv *begrifflich* verwendet, etwa wenn die → *semantischen Rollen* (Valenz-gesteuerten Argumente, → *Frame-Elemente*) als *begrifflich notwendig* oder *begrifflich erforderlich* oder *begrifflich obligatorisch* charakterisiert werden. *Begrifflich notwendig* meint dann offenbar so viel wie *für ein adäquates Verstehen notwendig* oder *notwendigerweise kognitiv / epistemisch zu aktivieren* oder *semantisch / inhaltlich in der Bedeutung eines Wortes /*

Satzes präsent usw. Im gleichen Zusammenhang ist etwa auch die Rede davon, dass bestimmte Frame-Elemente in einem Satz (oder der Bedeutung eines Frame-evozierenden Wortes, z.B. eines Verbs) *begrifflich präsent* sind. Dies ist ganz klar eine epistemologische Denkweise, die von den Zeichen-Ausdrucksseiten abhebt und auf die reine Inhaltsseite (als Wissensstruktur, die für das Verstehen der Lexemketten notwendig ist) zielt. –

Ganz im Sinne der klassischen „Vorstellungs- und Begriffs-Theorie der Bedeutung" werden *Begriffe* offenbar als die epistemischen / kognitiven Entsprechungen der Wörter (verstanden als lautlich oder graphisch realisierte Ausdrucksseiten sprachlicher Zeichen) aufgefasst. Konsequenterweise müssten sie dann gleich mit der „Bedeutungsseite" des sprachlichen Zeichens gleichgesetzt werden, was nirgends so explizit formuliert wird, aber anscheinend implizit so gedacht ist, wenn etwa Wörter als *Lexikalisierungen von Begriffen* (oder auch als *Enkodierung eines Begriffs* oder *Realisierung eines Konzepts*) angesprochen werden, oder die Ausdrücke *semantisch* und *konzeptuell* gelegentlich parallel und nahezu synonym benutzt werden. Inwiefern die Bedeutung eines Wortes / Lexems dann mit einem Begriff gleichgesetzt wird, bleibt in den Texten also offen. Die Unterscheidung von *Begriff* und *Bedeutung* (bzw. von der *begrifflichen* und der *semantischen* Ebene einer Beschreibung) bleibt daher ungeklärt. Wenn etwa von *konzeptuellen Verbindungen und Einbettungen* im Kontext mit semantischen Relationen gesprochen wird, scheint beides implizit ineins gesetzt zu werden. – Während Frames typischerweise als → *Strukturen von Begriffen* definiert werden, gibt es widersprüchlicherweise auch Textstellen, wo ein Frame direkt mit *einem* (sic!) Konzept identifiziert wird (etwa in der Redeweise *ein Frame drückt einen Begriff aus, der ...*). Der Terminus *Begriff* kann sich daher bei Fillmore und FrameNet offenbar auf verschiedene Ebenen von semantischen / epistemischen / kognitiven Strukturen beziehen. (Die zumindest implizite Annahme solcher Ebenen wird auch nahegelegt durch die Absetzung von *Basis-Konzepten* von *umfassenden Konzepten* u.ä.) Dies würde es nahe legen, die Frame-Theorie direkt als eine rekursive Konzept-Theorie (und Frames als Konzepte über Konzepten) zu konzipieren (wie es etwa Barsalou 1992 tut); dafür gibt es aber in FrameNet keinerlei Hinweise. Typischer als der *Frame* selbst werden daher in den Texten die → *Frame-Elemente* (bzw. → *semantischen Rollen* oder *Argumente*) als Begriffe bzw. Konzepte angesprochen (ganz direkt etwa in Formulierungen wie *begriffliche Rollen* oder *Rollen-Konzepte*). –

Neben den *Frames als Konzepten* (oder *als Strukturen aus Konzepten*) wird auch von *begrifflichen Schemata* (oder dem → *Schema als einem begrifflichen Rahmenwerk*) gesprochen. Hier wird die Bezugnahme auf die rein kognitive / epistemische Ebene ganz deutlich. Sehr intrikat in diesem Zusammenhang ist eine Formulierung wie „*Die Einheiten in einem Frame sind nur verstehbar für jemanden, der (begrifflichen) Zugang zu dem zu Grunde liegenden Schema, in das sich die Teile des Frames einfügen, besitzt.*" Die Rede vom *begrifflichen Zugang zum Schema* verschiebt die Perspektive vom *Schema als Begriff* (oder dem *Frame als Begriff*??), also einem statischen Aspekt, auf den Prozess der Aktivierung, also einen dynamischen Aspekt. (Gerade hier wird der kognitive Einschlag von Fillmores Begriffs-Begriff ganz deutlich, da Prozeduren typischerweise Gegenstand der Kognitionswissenschaft sind.) – Die Redeweise von der *begrifflichen Präsenz* (von lexikalisch nicht realisierten Elementen, z.B. Frame-Elementen; in ähnlicher Tendenz auch die Formulierung *begrifflich vollständig*) lässt sich also rein kognitiv deuten; es fragt sich aber, ob darin nicht implizit doch ein wenig Platonimus steckt, da keineswegs ausgemacht ist, ob all das, was Fillmore und FrameNet als *begrifflich notwendig* für ein volles Verstehen eines Frames

2.9 Fillmores linguistische Frame-Theorie: Zusammenfassender Überblick und Würdigung 227

ansehen, tatsächlich auch aktuell in jedem einzelnen Verstehensakt von den Verstehenden kognitiv aktiviert (epistemisch realisiert) wird. – Insgesamt verbleibt der Eindruck einer nicht ganz konsistenten Verwendungsweise der Termini *Begriff* (*concept*) und *begrifflich* (*conceptual*) mit erheblichem theoretischen Klärungsbedarf.

Struktur von Begriffen [conceptual structure]

Die explizite Gleichsetzung von → *Frames* mit einer *Struktur von Begriffen, die hinter einem Wort steht,* einer *Sammlung von Konzepten,* einem *System von Begriffen* oder einfach einem *Set von Begriffen* ist ein wesentliches Kennzeichen insbesondere der FrameNet-Phase von Fillmores Frame-Konzeption (wenngleich auch früher schon gelegentlich thematisiert). Es wird daher vom Frame auch als von einem begrifflichen Framework gesprochen; da als dessen Elemente die → *Frame-Elemente* identifiziert werden, sind diese implizit als Konzepte / Begriffe ausgewiesen, ohne dass der begriffliche Status der Frame-Elemente jedoch weiterhin diskutiert oder differenziert wird. Die Termini *begriffliche Strukturen* und *semantische Frames* werden gleichgesetzt. Entsprechend sind dann auch die → *Frame-zu-Frame-Beziehungen* als *semantische Beziehungen zwischen Sammlungen von Begriffen [collections of concepts]* definiert. Bedeutungen sprachlicher Einheiten (Lexeme in einer jeweiligen Lesart) werden beschrieben *durch Berufung auf die konzeptuellen / begrifflichen Strukturen, die ihren Bedeutungen zugrundeliegen und ihren Gebrauch motivieren.* Begriffliche Strukturen stehen also in einer Relation bzw. Funktion der inhaltlichen → *Motivierung* zu den Spracheinheiten (und werden daher offenbar unabhängig von diesen gedacht). Die Redeweise vom Frame als einem System von Begriffen soll besagen, dass die Begriffe *so aufeinander bezogen sind, dass man, um irgendeinen dieser Begriffe verstehen zu können, das ganze System verstehen muss.* Mit der Folge: *die Einführung eines der Begriffe führt dazu, dass alle zugänglich [verfügbar] werden.* Die Redeweise von Frames als *Strukturen* oder *Systemen* von Begriffen hebt auf definierte und gegliederte Beziehungen innerhalb eines Frames ab. Solchen Formulierungen kontrastieren andere, in denen lediglich von Frames als *Sammlungen, Sets von Begriffen* oder *schematischen konzeptuellen Szenarios* gesprochen wird, was sich sehr viel vager und ungefährer anhört. – Da für das Verstehen sprachlicher Ausdrücke mitunter *die Evokation eines komplexen Netzwerks konzeptueller Schemata* notwendig sein kann, stellt sich natürlich (auch und gerade für Fillmore) die Frage, was daran noch zur sprachlichen Bedeutung gerechnet werden soll. Fillmore hat zu diesem Punkt zahlreiche, sehr dezidierte Überlegungen angestellt (siehe die Abgrenzung von → *Evozieren* und → *Invozieren*), diskutiert diese jedoch an keiner Stelle, wie es grundsätzlich nahe liegen würde und sinnvoll wäre, mit Bezug auf die Begriffe *Konzept* und *konzeptuelle Struktur.* – An mehreren Stellen wird der Frame als ein *System* oder *Rahmenwerk von Begriffen* direkt mit einem → *Schema* gleichgesetzt, was sich so liest, als sei der Ausdruck *System von Begriffen* im Sinne eines allgemeinen kognitiven (epistemischen) *Schema*-Begriffs gemeint. Diese Gleichsetzung würde eine allgemeine kognitive Begriffstheorie voraussetzen, wozu sich allerdings in den Texten von Fillmore und FrameNet keinerlei Überlegungen finden. Daher bleibt offen, was genau dann im Fillmoreschen Sinne mit *Schema* respektive mit *System von Begriffen* gemeint ist. Auch zur semantiktheoretisch spannenden Frage, wie genau das Verhältnis von *Begriff* und *Bedeutung* nun beschaffen sein soll, tragen die Überlegungen zu Frames als *Strukturen von Begriffen* nichts weiter bei, was über den Gedanken der → *Motivierung* (für eine lexikalisch realisierte → *Kategorie*)

bzw. der motivierenden *begrifflichen Hintergrund-Struktur* für die Bedeutungen Frame-evozierender Wörter hinausginge. – Widersprüchlich ist auch, dass üblicherweise davon die Rede ist, dass der von einem Wort evozierte Frame eine größere begriffliche Struktur *ist*, dass aber anderswo auch gesagt wird, ein Wort verweise auf *semantische oder kognitive Kategorien, die selbst aufgefasst werden als solche, die an einer größeren begrifflichen Struktur bestimmter Art teilhaben.* Danach wäre also die *begriffliche Struktur* etwas, das größer und weiter gefasst wäre als die Bedeutung eines einzelnen sprachlichen Zeichens.

Kategorie, Kategorisierung

In großer Nähe zum Terminus *Begriff* steht der von Fillmore an prominenter Stelle verwendete Begriff der *Kategorie*; insbesondere gesehen als Ergebnis von Prozessen der *Kategorisierung*. An vielen Stellen wird *Kategorie* einfach synonym verwendet mit → *Begriff* (*concept*) und teilt damit die meisten dazu erläuterten Merkmale dieses Terminus. (So z.B. auch, wenn der Frame definiert wird als ein *System von Kategorien* oder die Bedeutung beschrieben wird als *Beziehung eines Wortes zu einer Kategorie,* oder Frame-Elemente als *Kategorien* tituliert werden.) Besondere Bedeutung gewinnt der Begriff der *Kategorie* im Zusammenhang mit Überlegungen Fillmores zu den (motivierenden) Gründen, die es seiner Auffassung nach dafür geben muss, dass in einer Sprache (einer Kultur) ein bestimmtes Wort (ein sprachliches Zeichen) überhaupt existiert (→ *Motivierung*). D.h. er geht davon aus, *dass es, wenn eine Sprache ein Wort besitzt, eine Kategorie im Denken geben muss, die durch ein verbundenes / assoziiertes kognitives Schema identifiziert wird, das in der Sprachgemeinschaft geläufig ist, und das dieses Wort aktiviert.* Wörter üben in Bezug auf existierende kognitive / epistemische Schemata also *eine relevante kategorisierende Funktion* aus. Es ist daher konsequent, wenn Fillmore davon ausgeht, dass Frames *in ihrer Gesamtheit die wahrgenommene und imaginierte Welt erfassen* und dass dies gleichzusetzen ist mit dem *gesamten Rahmenwerk sprachlicher Kategorien zum Sprechen über imaginierbare Welten.* In dieser Sichtweise haben Frames die Funktion der *Kategorisierung von Handlungen, Institutionen und Objekten,* letztlich von allen Wahrnehmungen und Imaginationen. Lexikalisierung ist damit *identisch mit dem Akt der Präsentation einer etablierten Kategorie des Denkens. Kategorien* werden daher (wie die *Begriffe*) für Fillmore zunächst unabhängig von ihrer sprachlichen Realisierung gedacht (also quasi-platonische Entitäten). – An einigen Stellen entwickelt Fillmore tiefer gehende Überlegungen zu einer Typologie von *Kategorisierungen,* ohne eine solche jedoch systematisch durchzuführen: *„Einige der Kategorisierungen, die wir auffinden können, haben nur linguistische Erklärungen: Leute machen es auf diese Weise, weil ihre Sprache sich nun einmal so entwickelt hat, und sie hätte sich in eine Anzahl anderer Richtungen entwickeln können. Andere [Kategorisierungen] haben, zumindest zum Teil, Erklärungen, die auf wesentliche Weise abhängen von solchen Dingen wie: wie menschliche Lebewesen Dinge in der sie umgebenden Welt wahrnehmen, wie Menschen im allgemeinen Kategorisierungen ausbilden [form], und welche sozialen Institutionen die Matrix ihrer Alltags-Aktivitäten bilden.“* (Fillmore 1978, 170) Damit rückt Fillmore seine Semantik (zumindest in einer gewissen Phase seines Werkes) in die Nähe zu ethnographischen Ansätzen, wie er selbst andeutet, als er fragt: *„Welche Kategorien der Erfahrung / Erkenntnis [experience] sind durch die Mitglieder dieser Sprachgemeinschaft durch die sprachlichen Wahlen enkodiert, die sie vornehmen, wenn sie sprechen?“* Wörter repräsentieren Kategorisierungen der Erfahrung / Erkenntnis, und jeder

2.9 Fillmores linguistische Frame-Theorie: Zusammenfassender Überblick und Würdigung

Kategorie liegt ein → *motivierender Hintergrund* von Wissen (Frames) zugrunde. Dass die in der linguistischen Semantik heute viel benutzte Prototypen-Semantik ebenfalls im Zusammenhang mit Analysen (der Psychologin Rosch) zur Kategorisierung entstanden ist, nimmt auch Fillmore zustimmend zur Kenntnis, indem er dem Aspekt des → *Prototyps* (der Prototypisierung) eine wichtige Funktion für die Bildung (und sprachliche Fokussierung) von Kategorien zumisst. – Kategorien sind damit kognitive Entitäten, die aber in enger Beziehung zu sprachlichen Zeichen stehen, die bestimmte Kategorisierungen überhaupt erst quasi „auf den Punkt bringen". Es ist daher nicht unbedingt widersprüchlich, wenn an einigen Stellen davon geredet wird, dass *die Sprache eine bestimmte Kategorie besitzt*, und damit also die Entität *Kategorie* der Ebene *Sprache* zugeschlagen wird. Allerdings fehlen bei Fillmore jegliche vertiefende Hinweise zu seiner Auffassung über die Kategorien-konstitutive Funktion der Sprache. Zur Frage, ob Sprache das Denken (die kognitiven Kategorien und Strukturen) prägt oder gar konstituiert, äußert er sich nicht.

Motivieren, Motivierung

Der Aspekt der → *Motivierung* ist Fillmore persönlich offenbar sehr wichtig. Seine Überlegungen dazu rücken sein Frame-Modell (wie er selbst zu erkennen scheint) in eine große Nähe zu kultur-analytischen und enthnographischen Ansätzen. Damit gewinnt sein Ansatz (trotz aller beschriebenen Mängel) eine Qualität, die ihn weit über die rein kognitivistischen (a-kulturellen und a-soziologischen) Frame-Modelle der KI-Forschung oder anderer Linguisten heraushebt. Von *Motivierung* spricht Fillmore im Zusammenhang mit der Frage danach, warum in einer Sprache eine bestimmte lexikalische Einheit für das Ausdrücken (Enkodieren, Verbalisieren) einer bestimmten kognitiven / epistemischen → *Kategorie* überhaupt existiert. Der → *motivierende Hintergrund* für die Existenz einer sprachlich ausgedrückten Kategorie ist der → *Frame*, hier verstanden als die für das volle Verstehen notwendige → *begriffliche Struktur*, die von dem sprachlichen Zeichen evoziert wird. Die Frage nach der Motivierung für eine sprachliche (oder sprachlich realisierte) Kategorie ist die Frage danach, *welche Gründe eine Sprachgemeinschaft dafür gehabt haben könnte, diese Kategorie hervorzubringen, die durch das Wort repräsentiert wird,* und ist damit eingebettet in den Versuch, *die Wortbedeutung zu erklären durch das Vorstellen und Aufklären dieser Gründe.* Ein adäquates Verstehen eines Textes ist für Fillmore daher immer auch gleichzusetzen mit dem Verstehen der *motivierenden Gründe*, die dazu geführt haben, dass ein in diesem Text enthaltenes Wort überhaupt entstanden ist. In weiterer Perspektive bezieht Fillmore den Begriff der Motivierung dann auch auf das Verstehen der Gründe, weshalb ein Textautor gerade dieses Wort in gerade diesem Zusammenhang verwendet hat (rückt ihn also in die Nähe des Begriffs *Intention*, der in seinem sprachtheoretischen Denken allerdings gar nicht vorkommt.) Der Begriff der Motivierung bekommt daher in Fillmores semantischem Denken eine sehr zentrale Funktion: Man versteht ein Wort (kennt seine Bedeutung) nur, wenn man den motivierenden Hintergrund für dieses Wort kennt (gleichzusetzen mit dem Frame); den motivierenden Hintergrund zu kennen, heißt (implizit) die Gründe zu kennen, die es dafür gibt, diese Kategorie in einer Gesellschaft, einer Sprache, einer Kultur überhaupt zu haben und sie in einer bestimmten Weise zu gebrauchen. Frames werden damit immer auch verstanden als quasi *Motivations-Zusammenhänge*.

Verstehen

Der Aspekt bzw. das Thema des *Sprachverstehens* (*Satzverstehens*, *Textverstehens*) steht zweifellos von Anfang an im Zentrum von Fillmores Denken. Bereits in einem seiner ersten Texte, über das „Enthaltensein" von nicht verbalisierten Informationen in der Bedeutung von Sätzen (vergleichbar dem, was andere Sprachtheoretiker „Präsuppositionen" genannt haben), geht es weniger um Fragen der (lexikalischen bzw. Satz-) Semantik im üblichen Sinne, als vielmehr um die Frage, welche Informationen, die in einer sprachlichen Äußerung (einem Satz) nicht direkt lexikalisch repräsentiert sind, unabdingbar zu den notwendigen Bedingungen gehören, deren Kenntnis oder inferenzielle Aktivierung zu einem richtigen Verstehen der sprachlichen Äußerung vorausgesetzt werden muss. Fillmore verschiebt daher von Anfang an die Fragestellung als von der Betrachtungsweise einer lexikalischen Semantik her gedacht in Richtung auf die Betrachtungsweise von der Perspektive einer Theorie des Sprachverstehens her. Vor allem in der Phase des Vollausbaus seiner Frame-Konzeption versteht er diese als entscheidendes Fundament einer „interpretativen Semantik" oder „Verstehenssemantik" (*interpretive semantics* oder *understanding semantics*). Er formuliert schließlich recht radikale Gedanken zu einer Theorie des Textverstehens, die den Bereich des verstehensrelevanten Wissens weit über den Horizont dessen ausdehnt, was traditionelle (und z.B. auch logizistisch denkende) Linguisten noch zur „sprachlichen Bedeutung" zu zählen bereit sind. Angefangen bei den präsuppositions-artigen „hinzugedachten Sätzen", die zum adäquaten Verstehen eines verbal ausgedrückten Satzes notwendigerweise vom Verstehenden nachvollzogen werden müssen, über die → *Kasusrollen* (in der → *Kasus-Rahmen*-Theorie), die in einem Satz nicht mit Komplementen belegt sind, aber verstehensnotwendig sind, bis zu den → *Frame-Elementen* verschiedenster Art, die Teil des Frames sind, der epistemisch notwendigerweise für ein adäquates Verstehen aktiviert werden muss, die aber nicht explizit mit sprachlichen Zeichen im Text ausgedrückt sind (die von Fillmore so genannte → *„Null-Instantiierung"*), und schließlich den → *„Hintergründen"*, → *„Geschichten"*, → *Kontexten* unterschiedlichster Art, die Fillmore zum verstehensnotwendigen Wissen hinzurechnet, weitet er den Bereich des verstehensnotwendigen Wissens, und damit den Bereich desjenigen Wissens, das auch in einer linguistischen Semantik berücksichtigt bzw. erfasst werden muss, extrem weit über die Grenzen der traditionellen Semantik hinweg aus. Eine linguistische Semantik kann für ihn daher nur dann zureichend sein, wenn sie für jede sprachliche Form (jedes Zeichen, jedes sprachliche – z.B. syntaktische – Mittel) vollständig erklärt, „was muss ich wissen, um diese Form angemessen verwenden zu können, und andere Leute zu verstehen, wenn sie sie verwenden?" Er vertritt damit das Ziel einer „integrativen Sichtweise der Bedeutung und des Verstehens". Dadurch hebt sich sein Ansatz überdeutlich aus der üblichen Linguistik heraus, da Fragen einer Theorie des Verstehens in der normalen Linguistik kaum je überhaupt thematisiert, geschweige denn theoretisch angegangen werden. Für Fillmore muss eine adäquate Theorie des Sprachverstehens eine Theorie der → *Frames* sein oder eine solche zumindest an wichtiger Stelle integrieren. Trotz dieser zentralen Rolle, die der Aspekt des Verstehens in Fillmores Denken spielt, und obwohl er zahlreiche Überlegungen zu einem adäquaten Modell des Textverstehens formuliert hat, können seine Überlegungen noch nicht als eine vollständige Theorie des Sprachverstehens zählen, da er sich über den Prozess (bzw. die epistemischen oder kognitiven Prozeduren) des Verstehens sprachlicher Äußerungen / Texte zu wenig Gedanken macht. Abgesehen von der von ihm für sehr wichtig gehaltenen Unter-

2.9 Fillmores linguistische Frame-Theorie: Zusammenfassender Überblick und Würdigung 231

scheidung zwischen dem → *Evozieren* und dem → *Invozieren* von verstehensrelevanten Frames (bzw. Wissenshintergründen), die (und deren Grenzverlauf) er mangels epistemologischer bzw. kognitionstheoretischer Reflexion (die er für sich immer abgelehnt hat) nicht überzeugend begründen kann, und vereinzelten Ansätzen zur Differenzierung unterschiedlicher Formen von Inferenzen, finden sich bei ihm kaum umfassendere Überlegungen zu den kognitiven Prozeduren des Verstehens selbst. Deutlich wird indes, dass für ihn der Bereich des verstehensrelevanten Wissens nicht mit der Kenntnis der → *lexikalischen Bedeutungen* der Wörter (und der syntaktischen Strukturen) identisch ist. „Das Wissen einer Person über Bedeutungen kann nicht erschöpfend beschrieben werden als ihr Wissen über die Bedeutung von Wörtern." (Fillmore1975c, 149) Indem Fillmore die Frage nach der „Bedeutung" auf die präzise Identifizierung der → *Bedingungen* verschoben hat, die für ein adäquates Verstehen sprachlicher Zeichen oder Zeichenfolgen notwendigerweise erfüllt sein müssen, und indem diese Bedingungen bei genauerer Betrachtung Bedingungen des verstehensnotwendigen Wissens sind, hat er die Semantik in Richtung auf eine strikt epistemologische Perspektive neu begründet (auch wenn er die Epistemologie bzw. eine kognitive Perspektive als solche nicht mehr in das Zentrum seiner Arbeiten gerückt hat).

Valenz, syntaktische

Auch wenn Fillmore es (vor allem in der mittleren Phase seines Werkes) lange Zeit eher versteckt hat, verdankt sein Sprachmodell sehr viel dem Gedanken der *Valenz*, den erstmals der französische Linguist Lucien Tesnière in die Diskussion gebracht hat. Von ihm entleiht Fillmore auch den Begriff der → *„Szene"*, der dem Frame-Gedanken zugrundeliegt. Trotz starker semantischer Implikationen ist die *Valenz*-Idee in der auf Tesnières Arbeiten folgenden Forschung (die ihren Schwerpunkt eher bei europäischen oder europäisch orientierten Linguisten hatte) zunächst vor allem im Sinne einer *syntaktischen* Valenz weiterverfolgt worden. Ein Ergebnis war die *Dependenz-Grammatik*, die mit ihrem Gedanken vom Verb als strukturellem Zentrum eines Satzes den strikt binären Satzmodellen der traditionellen Grammatik (mit der Zweiteilung in Nominalphrase bzw. Subjektsteil und Verbalphrase bzw. Prädikatsteil), von denen sich auch die meisten modernen Syntax-Modelle nicht gelöst haben (insbesondere auch die in den USA dominante generative Grammatik nach Chomsky), ein völlig konträres Satzmodell entgegengesetzt hat. Fillmore nun hat sich in dieser Hinsicht (d.h. in seinen syntaktischen Überlegungen) stets dem Mainstream der binären Satzmodelle angepasst, und ist dem Verb-zentrierten Dependenz-Modell Tesnières als *syntaktischem* Modell nie gefolgt. Da er zugleich jedoch Tesnières Gedanken einer Verb-zentrierten (vom Verb „wachgerufenen") *Szene* für sein Konzept der → *Tiefen-Kasus* übernommen und sogar an die zentrale Stelle seines → *Kasus-Rahmen*-Modells gestellt hat, liegt womöglich in dieser Diskrepanz einer der Gründe dafür, warum Fillmore so geeignet dafür war, als einer der ersten einen expliziten Unterschied zwischen *syntaktischer Valenz* und → *semantischer Valenz* zu erkennen und seiner semantischen und syntaktischen Theorie zugrunde zu legen. In der Phase der Kasus-Rahmen-Theorie führt ihn dies zu einer strikten Unterscheidung von syntaktischer Struktur eines Satzes (Komplement-Struktur) und den (semantisch definierten) Kasus-Rahmen. In der späteren Frame-Semantik ist die Differenz syntaktisch / semantisch zunächst eines der Motive dafür, zwischen → *Frame* und → *Szene* terminologisch zu unterscheiden. Nachdem diese Unterscheidung (zumindest explizit) zugunsten eines übergreifenden einheitlichen Frame-Begriffs aufgegeben wurde, lebt

die Unterscheidung zwischen syntaktischer und semantischer Valenz fort in der Unterscheidung zwischen (nunmehr rein semantisch definierten) → *Frame-Elementen* und (syntaktischen) *Komplementen* (Satzgliedern). Ziel der Frame-Analyse ist es nun, semantisch erforderliche Frame-Elemente auf die syntaktischen Komplement-Strukturen von Sätzen abzubilden, und z.B. Regeln dafür zu formulieren, in welchen Typen von Komplementen welche Typen von Frame-Elementen typischerweise sprachlich realisiert (verbalisiert) werden. Das Frame-Projekt von Fillmore und FrameNet bleibt daher immer auch ein syntaktisch orientiertes Projekt, da es auch Strukturen der syntaktischen Valenz mit erfassen will, ohne jedoch den Schritt zu gehen, auch in syntaktischer Hinsicht die Verb-zentrierte Dependenz-Idee zu übernehmen. Damit ist es durch eine eigentümliche Struktur-Differenz zwischen syntaktischer und semantischer Ebene gekennzeichnet (ein Problem, das strikt Dependenz-grammatische Modelle wegen der strukturellen Abbild-Beziehung von semantischer Valenz und syntaktischer Valenz nicht in gleicher Weise haben, selbst wenn auch dort – wegen der „null-instantiierten" Frame-Elemente – nicht von einer eins-zu-eins-Beziehung zwischen semantischer und syntaktischer Struktur ausgegangen werden darf).

Valenz, semantische

Man kann das → *Frame*-Modell von Fillmore und FrameNet wohl als das erste einigermaßen vollständige Modell einer *semantischen Valenz* auffassen. Während in der (vorwiegend in Europa verfolgten) Dependenz-Grammatik-Diskussion das Verhältnis von *semantischer Valenz* und → *syntaktischer Valenz* immer in der Schwebe geblieben war (da diese Ansätze vorrangig grammatisch orientiert waren, wurde der semantische Aspekt der Valenz kaum je systematisch weiterverfolgt), wird es bei Fillmore zum Zentrum seines semantischen Modells. Dabei liegt seit der → *Kasus-Rahmen*-Theorie der Schwerpunkt von Fillmores theoretischen Bemühungen eindeutig auf der Seite der *semantischen Valenz*, die er allerdings zunächst (und lange Zeit) keineswegs auch so nennt. (Wegen der eigentümlichen Vermeidungs-Strategie, die Fillmore über weite Strecken gegenüber fast allen europäisch verwurzelten theoretischen Termini in der Linguistik zeigt, nennt er den zentralen Gegenstand seines Forschens allerdings lange Zeit nicht auch explizit *Valenz*, sondern führt dafür den „Tarn-Namen" → *Frame* ein. Erst in der FrameNet Phase des dann etablierten Forschers wird nun auch explizit von *semantischer Valenz* gesprochen.) Ein → *Frame* im Sinne Fillmores ist damit vor allem eine Struktur der *semantischen Valenz*, in der um ein Verb bzw. Prädikat zentriert mehrere → *Frame-Elemente* (als *„semantische Aktanten"* in der Terminologie Tesnières bzw. *„semantische Ergänzungen"* in der Terminologie der deutschen Dependenz-Grammatik) angeordnet sind, die vom zentralen Verb (bzw. dem durch das Verb → *evozierten* Frame) – wie es bei Fillmore immer wieder heißt – „begrifflich erfordert" sind. Dazu zählen auch solche Frame-Elemente (bzw. semantische *Aktanten / Ergänzungen*), die „begrifflich notwendig", oder einfach „mitgedacht", aber nicht explizit sprachlich ausgedrückt sind, die sog. → *„null-instantiierten"* Frame-Elemente. Hinzu kommen begrifflich nicht notwendige, semantisch im Verstehen eines Frames aber häufig oder meist präsente („mitgedachte") *Zirkumstanten* (in der Terminologie Tesnières) bzw. *Angaben* (in der Terminologie der deutschen Dependenz-Grammatik), in der Syntax als *Adjunkte* (bzw. sog. Adverbiale Bestimmungen) bezeichnet. Die Beschreibung der *semantischen Valenz* ist für Valenz-tragende Wörter (für Fillmore und FrameNet vor allem Verben, aber auch bestimmte prädikativ verwendete Adjektive und bestimmte, v.a. deverbale, Nomen) ein we-

2.9 Fillmores linguistische Frame-Theorie: Zusammenfassender Überblick und Würdigung 233

sentlicher Teil ihrer lexikalisch-semantischen Beschreibung. Die Frame-Beschreibungen und Frame-gestützten Lexikon-Einträge zu den einzelnen Lexemen in FrameNet sollen daher auch das leisten, was in der europäischen Valenz-Forschung die Valenz-Wörterbücher leisten sollten (aber laut Fillmore wegen ihres zu eng gefassten, und nicht zwischen semantischer und syntaktischer Dimension differenzierenden Valenz-Verständnisses nur sehr unzureichend verwirklicht haben).

Evozieren

In der von Fillmore entwickelten Redeweise *evozieren* bestimmte Wörter (Lexikoneinheiten; gedacht ist vor allem an Verben, aber auch an bestimmte Adjektive und – vor allem deverbale – Nomen) einen → *Frame* (des verstehensrelevanten Wissens), während weitere Elemente (Frames?) des verstehensrelevanten Wissens von den Verstehenden aktiv → *invoziert* werden. Für Fillmore ist der Unterschied zwischen *evozieren* und *invozieren* offenbar sehr wichtig, da er ihn immer wieder vehement und mit großem argumentativen Aufwand verteidigt. Allerdings lebt diese Argumentation stärker von Beispielen, während es Fillmore nicht gelingt, auch nur die theoretische Ebene, auf der sich dieser Unterschied abspielen soll, genauer zu bestimmen. Daher kann er auch nicht überzeugend erklären, in welchen Aspekten, Prozessen, Vorgängen dieser kategorisch behauptete Unterschied eigentlich verankert sein soll. Deutlich wird nur (auch wenn Fillmore dies explizit nie so formuliert), dass es sich offenbar sowohl beim *evozierten*, wie beim *invozierten* Wissen in gleichem Maße um verstehensnotwendiges Wissen handeln kann (die Grenze also nicht, wie bei vielen anderen Linguisten, zwischen „zwingend notwendig" und „fakultativ" verläuft). Dies gilt jedenfalls dann, wenn man das Verstehen von Texten und situierten Äußerungen betrachtet. Man kommt den Gründen für diese Unterscheidung bei Fillmore wohl nahe, wenn man das *evozierte* verstehensrelevante Wissen in einen engen Zusammenhang mit dem Begriff der → *lexikalischen Bedeutung* rückt. Man könnte auch von *„wörtlicher Bedeutung"* oder *„konventioneller Bedeutung"* sprechen. Da Fillmore über kein eigenes Konzept der (sprachlichen) → *Konvention* verfügt, muss hier aber eine empfindliche theoretische Lücke konstatiert werden, die letztlich auch dazu führt, dass der als kategorial behauptete Unterschied zwischen *evozieren* und *invozieren* in seinem Modell letztlich nicht theoretisch gedeckt ist. Man könnte sich vorstellen, dass Fillmore hier implizit an zwei verschiedene *Weisen der Aktivierung* des verstehensnotwendigen Wissens denkt. Dies wird in seiner Redeweise hierüber satzsemantisch nahegelegt dadurch, dass das AGENS des *Evozierens* die sprachlichen Mittel selbst (Wörter, wie v.a. Verben) sind, als das AGENS des *Invozierens* jedoch eindeutig die Person des Verstehenden (Interpreten) benannt wird. Da Wörter aber nichts „tun" können (keine irgendwie gearteten Aktivitäten vollführen können), sondern nur Personen dies können, müsste auch das sogenannte *Evozieren* theoretisch wie faktisch auf (geistige, kognitive) Aktivitäten verstehender Menschen zurückgeführt werden. Man hätte es dann nach Fillmore also letztlich mit zwei verschiedenen Arten der Aktivierung verstehensnotwendigen Wissens in den kognitiven, zum Verstehen eines sprachlichen Ausdrucks (Satzes, Textes) führenden Akten der verstehenden Personen zu tun. Da Fillmore über kognitive Aktivitäten als solche explizit nirgendwo nachdenkt, liefert er auch keine plausible Begründung dafür, worin genau (in welchen Unterschieden kognitiver Aktivierungsweisen von verstehensrelevantem Wissen, die von sprachlichen Zeichen bzw. Zeichenketten ausgelöst werden) die Differenz zwischen *evozieren* und *invozieren* nun

bestehen soll. (Man tut ihm vielleicht nicht zu sehr unrecht, wenn man in dieser Differenzierung die bloße *Behauptung* einer Zwei-Ebenen-Semantik, und damit einer Trennung der
Ebene der „Sprache" von der Ebene des „Denkens" – bzw. einer „semantischen Ebene" von
einer „Konzept-Ebene" – sieht, wie sie für fast alle klassischen und modernen Semantik-
Theorien üblich ist, die aber dort ebenso wie bei Fillmore äußerst schlecht begründet ist.)
Eine Lösung könnte nur ein differenziertes Modell der Wissensaktivierung liefern, womit
sich zu befassen Fillmore als Linguist offenbar entschieden ablehnt. (Dies hält er für die
Aufgabe von Kognitionswissenschaftlern, nicht für die von Sprachwissenschaftlern wie
ihm selbst.)

Invozieren

Der Begriff des *Invozierens* wurde von Fillmore als Parallel- und Gegenbegriff zum Begriff
des → *Evozierens* geprägt. (Siehe daher vor allem die Erläuterungen dort.) Damit meint er
vor allem das, was in der heute üblichen Terminologie mit dem Begriff *Inferenzen*
(*inferenzielles Verstehen*) bezeichnet wird. Gemeint sind also auf aktiven schlussfolgernden
geistigen Prozessen der Interpreten / Verstehenden beruhende Aktivierungen von weiterem
verstehens-stützendem Wissen, das über dasjenige Wissen, das man als das „semantische"
oder „Bedeutungs-Wissen" im engeren Sinne auffasst (d.h. im Sinne eines eng gefassten
Begriffs der „lexikalischen" oder „konventionellen Bedeutung" der Zeichen selbst), deutlich hinausgeht. Der Begriff *Invozieren* hängt daher mit der Definition des Begriffs *Evozieren* (bzw. letztlich des Begriffs „konventionelle Bedeutung") zusammen wie die zwei Enden eines Paars kommunizierender Röhren. Da Fillmore keine präzise Definition für das
„*Evozieren*" bietet, bleiben letztlich auch der genaue Umfang und die Abgrenzung des
Invozierens undeutlich. Der Begriff ist ganz offensichtlich Ergebnis einer implizit vorausgesetzten Zwei-Ebenen-Semantik, die offenbar als nicht mehr eigens begründungsbedürftig
angesehen wird.

Enthalten-Sein [entailment]

Mit dem Begriff „*Enthalten-Sein*" (*entailment*) bezeichnet Fillmore in einer sehr frühen
Phase seines Werkes (noch vor Ausarbeitung der → *Kasus-Rahmen*-Theorie) die Tatsache,
dass zum Verstehen eines sprachlich ausgedrückten (verbalisierten, mit sprachlichen Zeichen explizit artikulierten) Satzes oft ein oder mehrere andere Sätze als gültig vorausgesetzt
und von den Interpreten / den Verstehenden angenommen (d.h. als Teil des Verstehens
geistig nachvollzogen) werden müssen. Solche Phänomene werden heutzutage üblicherweise mit dem Begriff der *Präsupposition* bezeichnet (z.B. in der linguistischen Pragmatik und
der logik-orientierten Sprach-Philosophie). Fillmores andeutungsweise entwickeltes Konzept des *Enthalten-Seins* kann daher als eine Art eigene Präsuppositions-Theorie *avant la
lettre* in spezifisch Fillmore'scher Denkweise aufgefasst werden. Das Konzept des *Enthalten-Seins* geht später auf im größeren, umfassenderen Konzept der → *Frame-Semantik*.
Letztlich kann man die ganze *Frame-Semantik* als eine Radikalisierung des (hier zunächst
metaphorisch ausgedrückten) Gedankens des (semantischen, epistemischen) *Enthalten-
Seins* von bestimmten, in der gängigen Redeweise „nicht explizit ausgedrückten" Informationen in der „Bedeutung" bzw. den „ausgedrückten, verbalisierten Informationen" eines
Satzes auffassen. Frame-Semantik (in Fillmores Sinne) wäre danach eine umfassende Theorie des semantischen Enthalten-Seins. Allerdings steht die Metapher des *Enthalten-Seins* in

gewissem Widerspruch zur von Fillmore später besonders betonten Unterscheidung zwischen → *Evozieren* und → *Invozieren*, da ihr zufolge beträchtliche Anteile des verstehensrelevanten Wissens nicht als im eigentlichen Sinne in der „Bedeutung" der sprachlichen Ausdrücke / Sätze semantisch „enthalten" aufgefasst, sondern zum Bereich des inferenziell zu aktivierenden und damit in gewissem Sinne „zusätzlichen" Wissens gerechnet werden. Mit den ausgesprochen umfangreichen Diskussionen und den Theorie-Ansätzen der linguistisch-pragmatischen und / oder philosophischen Präsuppositions-Forschung hat Fillmore sich jedoch in seinen Schriften nie explizit auseinandergesetzt, obwohl deutliche Überschneidungen im Gegenstandsbereich mit seiner Frame-Semantik bestehen. Außer zwei, drei Hinweisen auf deren Existenz genügt ihm offenbar der Hinweis darauf, dass sein Frame-Modell als umfassendes semantisches Modell eben auch zur Analyse von „Präsuppositionen" bestens geeignet sei.

Prototyp, Prototypikalität, Prototypisierung

Der Gedanke der *Prototypikalität* nimmt in Fillmores Frame-Konzept eine sehr zentrale, ja geradezu fundierende Rolle ein. Nach seinen Überlegungen sind → *Frames* definiert als *prototypische Strukturen des Wissens*, die sich auf (als Ergebnis gesellschaftlicher Erfahrungen) prototypikalisierte Ereignis- oder Handlungs-Sequenzen beziehen. Als Standard-Beispiel dient ihm der COMMERCIAL EVENT-Frame. Das mit einem (von einem Verb oder einem anderen prädikativen Ausdruck „evozierten") *Frame* verbundene Wissen bezieht sich insbesondere auch auf Art und Umfang der → *Frame-Elemente* eines Frames. (Im Beispiel u.a. KÄUFER, VERKÄUFER, WARE, GELD.) Für jeden Ereignis-Typ (jeden *Frame*) bestimmen die gesellschaftlich konventionalisierten prototypischen Vorstellungen, welche Frame-Elemente als „zum Frame gehörig" (als Frame-konstituierend, wesentlich, nicht weglassbar) gelten. Der jeweils geltende gesellschaftliche Prototyp bestimmt, welche Frame-Elemente als Frame-relevant zu gelten haben (und als verstehensrelevant von den Interpreten im Verstehensprozess geistig aktiviert werden müssen), auch wenn sie *null-instantiiert*, d.h. in der Zeichenkette des Satzes (der Sätze) nicht durch ein eigenes sprachliches Element verbal explizit bezeichnet worden sind. Ohne den Gedanken der Prototypikalität wäre daher ein Gedanke wie der der → *„Null-Instantiierung"* (d.h. des semantischen „Vorhanden-Seins" von Frame-Elementen trotz der Tatsache, dass sie sprachlich nicht eigens ausgedrückt sind) gar nicht möglich. Kurz gesagt: Frames *sind* Prototypen. Daraus folgt: das Repertoire der in einer Sprachgemeinschaft verfügbaren Frames lässt sich auch als „Repertoire von Prototypen" darstellen. Wichtig ist auch, dass *Prototypisierung* ein diachroner, gesellschaftlicher Prozess ist. Bestimmte Elemente können prototypisch (und damit Frame-definierend) werden, obwohl sie es zuvor nicht waren; andere Elemente können den Status der Prototypikalität (und damit des Frame-definierenden) verlieren. Ein Wandel in der Prototypikalitäts-Struktur von Frames und Frame-Elementen ist daher immer ein wesentlicher Teil des Bedeutungswandels der Frame-evozierenden sprachlichen Zeichen. Der Begriff *Prototyp* (bzw. *Prototypikalität*) ist damit eng mit dem Begriff (und Phänomen) der *„Konvention"* bzw. → *„Konventionalität"* verflochten. Anders als die übliche linguistische Prototypen-Semantik setzt Fillmore aber nicht „Wortbedeutung" mit „Prototyp" einfach gleich, sondern begreift Prototypen eher als Strukturen im verstehensrelevanten Wissen selbst. (Prototypisch sind auch die → *Perspektiven* auf Frames.)

(Konventionalität)

Das Stichwort *Konventionalität* (oder *Konvention*) dürfte in einem Fillmore-Glossar eigentlich gar nicht auftauchen, da es (bzw. das dadurch bezeichnete Phänomen) die große theoretische Lücke schlechthin in seinen Schriften darstellt. (Fillmore reiht sich mit diesem Versäumnis ein in die lange Reihe der Linguisten, die es zwar ständig mit Phänomenen der Regelhaftigkeit oder Konventionalität zu tun haben, die auch ständig Regelbeschreibungen – ob explizit oder implizit – fabrizieren, aber darüber, was *„Regeln"* oder *„Konventionen"* sprachlicher Zeichen und Mittel – z.B. auch der Syntax – eigentlich sind, überhaupt nicht nachdenken.) Zwar wird das Wort *konventionell* von Fillmore häufiger benutzt (etwa wenn die Rede ist von *konventionellen Bedeutungen* oder dem mit einem Frame *konventionell verbundenen Wissen*), doch stellt er nie die Frage, was diese Begriffe eigentlich genauer bedeuten sollen (d.h., was für eine Art von Phänomenen *Konventionen* eigentlich sind, wie sie funktionieren, wie sie im Sprachgebrauch eingreifen usw.). Immerhin weist Fillmore an einer einzigen Stelle darauf hin, dass man für die Begründung der von ihm favorisierten strikten Unterscheidung zwischen dem → *Evozieren* und dem → *Invozieren* von verstehensrelevantem Wissen eine solche Grenze nur *„in Termini der Konventionalität"* ziehen könne, geht auf diesen Aspekt aber nirgends weiter ein und deutet mit keinem Wort darauf hin, welches Konzept (Modell, Theorie, Definition) von *Konventionalität* bzw. (sprachlicher) *Konvention* hinter seinem Frame-Modell und Sprach-Verständnis eigentlich steht (oder stehen könnte). Hinsichtlich dieses, eigentlich auch für jede Frame-Theorie zentralen, Aspekts muss man daher bei Fillmore und FrameNet insgesamt Fehlanzeige geben.

Perspektive

Der für Fillmore wichtigste Aspekt zunächst der Idee der → *Kasus-Rahmen*, später der Idee der semantischen → *Frames* ist die Tatsache, dass Frames in Bezug auf eine vorausgesetzte → *Szene* eine *Perspektive* ausdrücken. Für ihn tritt die Funktion von Satz-Konstituenten (später: → *Frame-Elementen*), eine Perspektive auf ein Ereignis (eine „*Szene*") auszudrücken, gleichrangig neben die zuvor in der grammatischen Theorie benannten Funktionen, wie die syntaktische, semantische und rhetorische Funktion der Konstituenten. Es sind die → *semantischen Rollen* (bzw. später: *Frame-Elemente*), die diese „Zuschreibung einer Perspektive auf eine Situation" leisten. Sobald ein Wort gehört / gelesen wird, ist mit der Szene auch die Perspektive gegenwärtig, in der dieses Wort seine Funktion einnimmt. Mit der Berücksichtigung von solchen Perspektivierungen kann man nach Fillmore subtile Bedeutungsunterschiede erklären, die der semantischen Beschreibung sonst Probleme bereitet hätten. Bei seinem Standard-Beispiel, dem COMMERCIAL EVENT-Frame, drückt sich eine Perspektive z.B. in der (durch die Wahl der sprachlichen Mittel bzw. Komplemente in einem Satz ausgedrückten, verbalisierten) Fokussierung auf bestimmte *Frame-Elemente*, wie zum Beispiel KÄUFER, VERKÄUFER, WARE, GELD, aus, aber auch durch die Wahl spezifischer Verben wie *kaufen, verkaufen, bezahlen, anbieten* usw., die den durch sie evozierten Gesamt-Frame aus einer bestimmten Richtung ansprechen bzw. „in den Blick nehmen". Neben der → *Prototypikalität* stellt die *Perspektive* (bzw. *Perspektivierung*) daher einen der wichtigsten Aspekte von Frames (bzw. von Fillmores Frame-Modell) überhaupt dar. Da die verschiedenen, für ein und denselben Frame möglichen (durch verschiedene Wörter fokussierten) Perspektiven teilweise gegensätzlich sind, ist es meist nicht möglich, alle Perspektiven in einem einzigen Satz auszudrücken. Die in einem Satz sprachlich (durch ein

2.9 Fillmores linguistische Frame-Theorie: Zusammenfassender Überblick und Würdigung 237

bestimmtes Wort und die sprachliche Besetzung bestimmter Frame-Elemente) ausgedrückten Perspektiven erlauben es aber (dank des gesamten Frames / der Szene), die anderen Perspektiven stets „mitzudenken", so dass sie in einem Text(verstehen) gleichwohl epistemisch präsent sein können. *Allgemeiner Frame* und *perspektivierender / perspektivierter Frame* sind daher für Fillmore zwei in Wechselwirkung zueinander stehende, verschiedene Facetten des Frame-Gedankens. Auch und gerade im Textverstehen spielt der Aspekt der Perspektivierung eine wichtige Rolle. Für die spezifisch linguistische Variante der Frame-Theorie, wie Fillmore sie favorisiert, ist der Begriff der *Perspektive* auch deshalb zentral, weil sich damit die besondere Leistung der im engeren Sinne sprachlich verankerten *„Kasus-Rahmen"* benennen lässt, die – als spezifisch sprachlich-syntaktisch verankerte Mittel – Elemente des allgemeinen epistemischen Frames (der „Szene") in konkrete sprachliche Strukturen übersetzen und diese teilweise (als valenz-gesteuerte Komplement-Strukturen) grammatikalisieren. (Der Begriff der Perspektive kann daher eine wichtige Rolle u.a. auch in einer Theorie der *Grammatikalisierung*, d.h. der grammatischen Konventionalisierung bestimmter epistemischer Strukturen, spielen.)

Leser, idealer

Der von Fillmore im Zusammenhang mit seiner Konzeption des Sprachverstehens (*understanding semantics* bzw. *interpretive semantics*) benutzte (metaphorische) Begriff des *idealen Lesers* bezieht sich abgrenzend auf eine (von Fillmore über die Figur eines *„unschuldigen Sprechers / Hörers"* gezeichnete) Karikatur einer in traditionellen semantischen Modellen (insbesondere der von Fillmore immer wieder gerne und scharf aufs Korn genommenen → *„Checklist-Theorie"* der Bedeutung) implizit vorausgesetzte Verstehens-Theorie, wonach ein Verstehender die Bedeutung einer komplexen sprachlichen Äußerung (eines Satzes oder Textes) immer wieder aufs Neue allein aus den konventionellen Bedeutungen der verwendeten sprachlichen Zeichen und syntaktischen Konstruktionen „errechnet", ohne auf Wissensstrukturen (wie die Frames) in irgendeiner Weise Bezug zu nehmen (= Kompositionalitäts-These der logischen und strukturalistischen Semantik). Von dieser (impliziten) Konzeption eines *unschuldigen Lesers* setzt Fillmore seine Auffassung eines *idealen Lesers* ab, womit ein Verstehender gemeint ist, „der an jedem Punkt in einem Text alles weiß, was der Text an diesem Punkt voraussetzt, und der nicht weiß, aber vorbereitet ist, es wahrzunehmen und zu verstehen, was der Text an diesem Punkt einführt." Ein *idealer Leser* ist also in der Lage, über alle wissensmäßigen *Voraussetzungen* zu verfügen, die für das adäquate Verstehen eines Wortes / Satzes / Textes notwendige → *Bedingungen* sind, d.h. weit über lexikalische Bedeutungen (im herkömmlichen reduktionistischen Sinne) hinaus. Also unabhängig davon, aus welchen „Reservoiren" des verstehensrelevanten Wissens, bzw. mit welchen Formen der Aktivierung, er diese Voraussetzungen jeweils bezieht (aus den „konventionalen Bedeutungen" oder über Inferenzen bzw. „Invozieren").

Bedingungen

Eine der zentralen Innovationen in Fillmores Bedeutungskonzeption im Vergleich zur Mainstream-Semantik ist die Verschiebung der linguistischen Perspektive bzw. Fragestellung von der Betrachtung einer (wie es weitgehend üblich ist) als dinghaft hypostasierten „lexikalischen Bedeutung" auf die Untersuchung der „*Bedingungen*, die den angemessenen Gebrauch eines Wortes bestimmen". Der Terminus *Bedingungen* (oder *Voraussetzungen*)

wird damit zu einem der wichtigsten Termini in Fillmores semantischem Ansatz. Gegenüber der üblichen linguistischen Betrachtungsweise des Phänomenbereichs „*Bedeutung*" (sprachlicher Zeichen oder Zeichenketten) stellt dies eine enorme Ausweitung desjenigen (verstehensrelevanten Wissens) dar, das eine semantische Analyse zu berücksichtigen hat. In zahlreichen Beispielanalysen wird die zwingende Notwendigkeit einer solchen Ausweitung des Beobachtungsfeldes einer linguistischen Semantik, die ihren Namen wirklich verdienen will, von Fillmore immer wieder nachhaltig demonstriert. Die Verschiebung der Perspektive einer semantischen Theorie und Deskription (bzw. Analyse) auf die *Bedingungen des angemessenen Verstehens* eines Wortes (Satzes, Textes) ist daher einer der wichtigsten Marksteine auf dem auch und gerade von Fillmore ausdrücklich beschrittenen Weg zu einer „*reichen Semantik*" (bzw. *verstehenstheoretisch reflektierten* oder *interpretativen Semantik*), die die problematischen Reduktionismen der im Fach immer noch dominanten modernen formallinguistischen Ansätze aufhebt bzw. rückgängig macht. Diese Verschiebung nimmt Fillmore in bewusster Anlehnung an die Redeweise von den „Glückensbedingungen" in der Sprechakttheorie von Austin und Searle vor. Fillmore übernimmt diesen Gedanken nun auch für die allgemeine linguistische Semantik. Allerdings kritisiert er an diesen Philosophen, dass sie diese Bedingungen nicht auf die konkreten sprachlichen Tatsachen (grammatische Tatsachen, Wortwahl usw.) bezogen haben. Von einer linguistisch-semantischen Analyse ist dies aus seiner Sicht in akribischer Weise zu fordern. Indem Fillmore also in aller Deutlichkeit die *Bedingungen* (des Verstehens und Gebrauchs) in den Mittelpunkt der semantischen Analyse stellt, und indem er diese Forschungsperspektive explizit den traditionellen Fragestellungen in der linguistischen Semantik gegenüber setzt, betritt er einen völlig neuen Weg in der linguistischen Semantik. (Die von ihm im Zusammenhang mit diesem wichtigen theoretischen Schritt geübte Kritik an dem, was man die „Zeichenvergessenheit" der Sprechakttheorie – und ähnlicher pragmatischer, aber auch vieler sprachpsychologischer und kognitivistischer Ansätze – nennen kann, ist völlig berechtigt.)

Lexikalische Bedeutung (Wortbedeutung)

Es ist eine der Merkwürdigkeiten (bzw. einer der nicht wenigen Widersprüche) in Fillmores Werk, dass sich einerseits ein Großteil seines theoretischen (und auch lexikologisch-deskriptiven) Interesses um eine adäquatere Bestimmung dessen dreht, was man am präzisesten als *lexikalische Bedeutung* von Wörtern (bzw. → *Lexikon-Einheiten*) bezeichnen kann, andererseits eine präzise (und vor allen Dingen umfassende) Definition dieses zentralen Terminus (bzw. theoretischen Objekts) fehlt. Zwar formuliert Fillmore wichtige Bausteine für eine solche Definition, indem er die Bedeutung eines Wortes in Termini der (epistemischen, verstehensermöglichenden) → *Frames* definiert, die von diesem Wort → *evoziert* werden. Wesentliche Teile einer vollständigen Definition dessen, was „*lexikalische Bedeutung*" heißen kann, fehlen in seinen Überlegungen jedoch völlig oder werden nur am Rande kurz erwähnt. Dies gilt insbesondere für den zentralen Aspekt der → *Konvention* (bzw. → *Konventionalität*), der den Kern jeder sinnvollen Definition des wissenschaftlichen Konstrukts *lexikalische Bedeutung* ausmacht. Dass Wortbedeutungen bzw. lexikalische Bedeutungen für *Frames* stehen, ist für Fillmore jedoch unabweisbar. „Die nützlichste Information über ein Lexem" ist ihm zufolge „der Set von Rahmen, in denen es eine Rolle spielt, und die Position, die es in jedem dieser Rahmen einnimmt". Wörter aktivieren dem-

2.9 Fillmores linguistische Frame-Theorie: Zusammenfassender Überblick und Würdigung 239

nach epistemische Rahmen und sie können Rahmen verschiedener Sorten miteinander verknüpfen. Auch wenn dabei verschiedene Sorten von Wissen eine Rolle spielen (auch solche, die in der linguistischen Semantik bislang keine oder kaum Berücksichtigung fanden), sollte man nach Fillmore dabei „nicht den einen Teil als Semantik, den anderen Teil als Nicht-Semantik separieren", wie er in aller Deutlichkeit klar macht. Die Frage nach den *lexikalischen Bedeutungen* von Wörtern (oder anderen Lexikoneinheiten, wie etwa idiomatischen Wendungen oder Phrasemen) zu stellen, heißt für ihn damit zugleich, die Frage danach zu stellen, welche Funktion diese Wörter im System des Wissens einer Sprachgemeinschaft erfüllen. Insofern hängt die Frage danach, was „*Lexikalisierung*" ist (und heißt) für Fillmore eng mit Fragen des ‚Klassifizierungssystems der Wirklichkeit', das sich in Sprache ausdrückt, zusammen. (Siehe zu diesem Aspekt die Begriffe → *Motivieren, Motivierung* und → *Kategorie, Kategorisierung*.) Eine vollständige Beschreibung der *Bedeutung* einer Lexikon-Einheit ist für Fillmore gleichbedeutend mit der Erfassung aller → *Bedingungen*, die für das angemessene Verstehen (bzw. die angemessene Verwendung) dieser Einheit erfüllt sein müssen. (Diese Bedingungen sind ganz klar als Bedingungen des *Wissens*, also als epistemische Voraussetzungen, aufzufassen.) – Die Frage danach, was eigentlich die *lexikalische Bedeutung* ist, impliziert für Fillmore nicht nur die Frage danach, welche Informationen zu den *lexikalischen Informationen* zu rechnen sind, sondern schließt u.a. die Frage ein, welche sprachlichen Einheiten überhaupt als „*lexikalische" Einheiten* angesehen werden sollten. Fillmore plädiert stark dafür, nicht nur isolierte Wörter, sondern auch semantisch eine Einheit bildende Mehr-Wort-Konstruktionen zu den → *Lexikon-Einheiten* zu rechnen, die über eine lexikalische Bedeutung verfügen. Und weiter: Muss nicht die deskriptive Darstellung von „*lexikalischen Informationen*" zu einem gehörigen Teil auch sogenannte „*grammatische Informationen*" einschließen? Diese Forderung ist eines der wesentlichen Elemente jeder *Valenz-Lexikographie*, als deren bessere Umsetzung man das ganze FrameNet-Vorhaben von Fillmore und seinen Kollegen auffassen kann. Für beide Aspekte (*Mehr-Wort-Einheiten* sowie *grammatische Eigenschaften von Lexemen*) stellt nach Fillmore das *Frame-Modell* den besten Erklärungsansatz und das beste Beschreibungs-Modell dar. – In all dem kann man ihm zustimmen. Enttäuschend ist nur, dass er den zentralen (und im eigentlichen Sinne diesen definierenden) Aspekt des Begriffs der *lexikalischen Bedeutung*, nämlich die Frage, was „*Konventionalität*" der lexikalischen Bedeutung heißen kann (was Konventionen sind, wie sie bei lexikalischen Bedeutungen „funktionieren"), an keiner Stelle vertiefend diskutiert (geschweige denn eine Definition bzw. Lösung dafür anbietet). Dies ist die größte und problematischste theoretische Lücke im ganzen Theorieansatz von Fillmore (und damit auch FrameNet). Im Grunde kann man daher Fillmore (so hart das auch klingen mag) den Vorwurf nicht ersparen, dass er den zentralsten Begriff seines ganzen semantischen Denkens (der vermutlich das Hauptziel, oder wenigstens eines der wichtigsten Hauptziele, seines gesamten linguistischen Arbeitens darstellt), den Begriff der *lexikalischen Bedeutung*, nicht zufriedenstellend geklärt hat.

Lexikon-Einheit (lexical unit)

Lexikon-Einheiten spielen vor allem im Forschungsansatz von FrameNet eine große Rolle. Dieser Projektverbund dient vor allem dem Ziel der thesaurierenden Beschreibung einer möglichst großen Zahl von → *Frames* und zugleich der Erfassung und lexikographischen Beschreibung einer möglichst großen Zahl von Frame-evozierenden oder Frame-relevanten

(z. B.: → *Frame-Elemente* bezeichnenden) *Lexikon-Einheiten*. Eine *Lexikon-Einheit* ist dabei nicht mit einem „*Wort*" im üblichen Sinne identisch. Vielmehr gilt: Eine Lexikon-Einheit ist immer eine *Wortform* (ein *Lemma*) *in einer ihrer Teilbedeutungen*. Da sich Teilbedeutungen immer auf jeweils einen Frame beziehen, dient die Beziehung zwischen Frame und Wortform auch dazu, Teilbedeutungen (senses, Lesarten) als solche überhaupt erst zu identifizieren. Kann eine Wortform mehreren Frames zugeordnet werden, ist dies auch gleichbedeutend damit, dass diese Wortform über mehrere Teilbedeutungen verfügt. Lexikon-Einheiten sind für Fillmore definiert als eine Verbindung zwischen einem Lemma und einem Frame (bzw. als Tripel aus *Lemma, Frame* und *Wortart*); damit sind sie die eigentlichen sprachlichen Zeichen im Sinne von de Saussure. Das semantische Spektrum von Lexikon-Einheiten ist nach Fillmore ziemlich groß. Einzelne Lexikon-Einheiten können sehr große, vorgepackte komplexe Frames mit sich bringen; sie können aber auch auf kleine, eindeutige, strikt definierte Frames verweisen. Nach Fillmore ist es möglich, dass es Frames gibt, die nur bei einer einzigen Lexikon-Einheit relevant sind. Andere Lexikon-Einheiten können durch einen (oder mehrere) gemeinsame(n) Frame(s) untereinander verbunden sein (nach Fillmore ein besseres Modell als die klassische Wortfeld-Theorie). Ihm zufolge muss man nicht nur isolierte Wörter, sondern auch semantisch eine Einheit bildende Mehr-Wort-Konstruktionen zu den *Lexikon-Einheiten* rechnen, die über eine → *lexikalische Bedeutung* verfügen. Gerade solche Phänomene, die an der Grenze zwischen Lexikologie (lexikalischer Semantik) und Syntax (Satzgrammatik) liegen, finden bei Fillmore ein besonderes Interesse. (Er erfasst sie mit dem Begriff der → *Konstruktionen*.)

Konstruktion(en)

1. Mit dem Begriff der *Konstruktionen* schlägt Fillmore eine Brücke zwischen seinen zwei Haupt-Forschungsinteressen, nämlich der *Frame-Semantik* (zu verstehen als ein Beitrag zur *lexikalischen Semantik* und zur *Text-Semantik*), und dem von ihm (zusammen mit Kollegen wie Paul Kay, Adele Goldberg u.a.) entwickelten Modell einer Konstruktions-Grammatik (construction grammar). Zu den Konstruktionen rechnet Fillmore etwa idiomatische Wendungen, Routineformeln, und bestimmte, quasi-idiomatische grammatische Konstruktionen, die eine „konstruktionelle" Eigenbedeutung aufweisen. (Da die Konstruktionsgrammatik nicht zu den Gegenständen dieser Einführung zählt, kann auf Details hier nicht näher eingegangen werden.)
2. Eine wichtige Rolle spielt ein anderer Begriff von *Konstruktion* in Fillmores Ansatz einer *Verstehens-Semantik* (*interpretativen Semantik*). Fillmore geht nämlich davon aus, dass das adäquate Verstehen eines Textes ganz wesentlich in der Konstruktion einer *Textwelt* besteht. Sprachverstehen, insbesondere das Textverstehen, ist damit für Fillmore in wesentlichen Teilen ein konstruktivistisches Unterfangen. Die Konstruktion einer Textwelt im Akt des Textverstehens ist für Fillmore gleichbedeutend mit dem Aufbau einer → *In-Blick-Nahme* (*envisionment*) durch den Verstehenden (bzw. dem Versuch, anhand der sprachlichen Struktur des Textes die In-Blick-Nahme, die einen Textverfasser beim Verfassen des Textes geleitet hat, nachzuvollziehen, nachzukonstruieren).

(Satz-Bedeutung)

Der Begriff der *Satzbedeutung* kommt bei Fillmore so nicht vor (wohl aber derjenige der → *Textbedeutung*, womit er sich immer wieder intensiv beschäftigt hat). Das ist jedoch nur auf

2.9 Fillmores linguistische Frame-Theorie: Zusammenfassender Überblick und Würdigung   241

den ersten Blick erstaunlich. Da im Grunde die gesamte → *Frame-Semantik*, gerade auch aufgrund ihrer Herkunft aus der → *Kasus-Rahmen*-Theorie und ihrer großen Nähe zu Modellen der syntaktischen und semantischen → *Valenz,* sich vor allem auf Sätze und die semantische Rolle der zentralen Elemente in Sätzen, der Verben (bzw. Prädikatsausdrücke), bezieht, ist der satzsemantische Bezug in der gesamten Frame-Theorie (jedenfalls in der → *Prädikats*-orientierten Variante bei Fillmore) von Anfang an mitgegeben. Frame-Analyse im Sinne Fillmores kann daher problemlos als ein Modell (auch) der Satzsemantik angesehen werden, auch wenn die größere Zahl der expliziten Überlegungen sich auf Aspekte der → *lexikalischen Bedeutung* sowie des Textverstehens richtet. Ganz offensichtlich ist Satzsemantik für Fillmore ein Unter-Aspekt bzw. Teil einer Textsemantik. In der Frame-Analyse verschwimmen die Grenzen zwischen Wortsemantik, Satzsemantik und Textsemantik ohnehin, da durch das Modell der (verstehensermöglichenden) → *Frames* und Frame-Komplexe ein Wort-übergreifender Ansatz der semantischen Analyse von vornherein immer mitgedacht ist. Gerade auch das große Interesse Fillmores an der Semantik und Syntax von → *Konstruktionen* zeigt die enge Verflechtung, die für ihn zwischen Wortsemantik und Satzsemantik besteht. FrameNet-Frame-Beschreibungen und → *Lexikon-Einheiten*-Beschreibungen integrieren in erheblichem Umfang satzsemantische und grammatische Aspekte. Durch die Frames, als Konstellationen von Frame-Elementen (klassisch: Argumentrahmen), ist der satzsemantische Bezug ohnehin immer mit gegeben.

Text-Bedeutung

Sprach-Verstehen wird in Fillmores Ansatz zu einem konstruktiven Prozess, zum Aufbau einer *Textbedeutung* durch Kombination abgerufener → *Frames.* Ziel seiner Bemühungen ist ein „nicht-formaler" und „intuitiver Ansatz", der die Erklärung von Wortbedeutung (→ *lexikalischer Bedeutung*) und *Textbedeutung* in einem integrativen Ansatz zusammenführt. Deutlich wird dies u.a. dadurch, dass Fillmore meist nicht so sehr einzelne Wörter, sondern kleine Texte (mit spezifischen Hintergründen) als Beispiele für die Demonstration dafür auswählt, wie weit eine angemessene semantische Analyse reichen müsste. Das Problem einer zureichenden semantischen Beschreibung von „Wörtern in Texten" zeigt dabei immer wieder die Begrenztheit der traditionellen, Wort-isolierenden bzw. Syntax-dominierten Sichtweise der Linguistik auf. Insofern kann man beim bedeutungstheoretischen Ansatz von Fillmore auch von einem *Primat der Textsemantik über die Wortsemantik* sprechen. Textverstehen setzt für Fillmore immer die Konstruktion einer kohärenten Textwelt voraus, was er als → *In-Blick-Nahme* einer Textwelt durch einen Interpreten (oder Textverfasser) bezeichnet. Dieser Prozess ist dynamisch und konstruktiv. Ein vorauseilendes Bemühen darum, „sprachliche Bedeutung" und „weltbezogenes Wissen" trennscharf voneinander abzugrenzen, verstellt nach Fillmore den Blick für den engen Zusammenhang dieser beiden Aspekte, was nicht heißt, dass er bereit wäre, die Unterscheidung zwischen „Sprache" (Sprachwissen) und „Weltwissen" gänzlich aufzugeben. (Siehe die Bemerkungen zu → *evozieren* und → *invozieren*.) Eine ausformulierte Theorie der Textbedeutung legt Fillmore trotz aller Reflexionen über diesen Bereich jedoch nicht vor. Vielmehr formuliert er ein Modell des → *Verstehens* von Texten (Sätzen, Wörtern), aus dem man aber eine Art impliziter Theorie der Textbedeutung rückerschließen kann. Diese ist ganz eindeutig im Frame-Modell fundiert. Textbedeutung in Fillmores Sinne wäre danach vermutlich so etwas wie

eine kohärente und systematisch verkettete Folge von Frames unterschiedlichsten Typs (auch wenn er dies explizit so nie formuliert hat).

Prädikat, prädikativ, (Prädikation)

Der Begriff *Prädikat* (*Prädikation, prädikativ*) spielt in Fillmores Version der Frame-Theorie eine zentrale, nachgerade tragende Rolle, auch wenn der Terminus selbst in den Schriften vergleichsweise selten benutzt, und (wie es jedoch für Fillmore generell typisch ist) nirgends explizit definiert wird. Wichtig für die Leistung der → *Frame-Semantik* als *allgemeiner* semantischer Konzeption (semantischer Grundlagentheorie) ist es, dass in ihr nicht nur Verben, sondern Wörter vieler anderer Wortarten (Substantive / Nomen, Adjektive, Adverbien, Präpositionen, Konjunktionen) implizit Träger von Prädikationen und daher auch Zentren für Frames sein können, d.h. andere Elemente (mit bestimmten semantischen Rollen) an sich binden können. Die Konzentration auf Verben, beziehungsweise auf prädizierende Wörter und Prädikationen, ist das zentrale Kennzeichen von Fillmores und FrameNets Modell semantischer Frames. (Dies sticht besonders im Vergleich mit einer allgemeinen kognitivistischen Frame-Theorie wie bei Minsky oder mit dem stark nominal fokussierten, Konzept-orientierten Frame-theoretischen Ansatz von Barsalou hervor.) In der Forschungspraxis von FrameNet wird die Konzentration auf Verben (im Vergleich zu den stärker theoretischen Überlegungen Fillmores) eher noch verschärft, wenngleich im Forschungsprozess der Bereich der ins Auge gefassten „prädizierenden" Wörter stetig über die Wortklasse der Verben hinaus ausgeweitet wird. Man kann daher das Frame-Modell von Fillmore völlig zu Recht als ein in erster Linie *prädikatives Frame-Modell* (oder: *Modell prädikativer Frames*) kennzeichnen. Dass die Frame-Analyse von Fillmore und FrameNet auf prädizierende Wörter – und insbesondere auf Verben – zielt, wird immer wieder hervorgehoben. Problematisch ist dabei vor allem, wenn allein den prädizierenden Wörtern die Eigenschaft, überhaupt Frames zu evozieren, zugestanden wird. Dies würde heißen, dass alle anderen Wortarten keine „Frames evozieren" und mithin Frame-semantisch nicht beschreibbar wären. Der Begriff „Frame" wäre damit in seiner semantiktheoretischen Leistungsfähigkeit extrem eingeschränkt, und letztlich für eine allgemeine Bedeutungstheorie nutzlos. Dass bei FrameNet Verb-Frames und damit Prädikationen im Vordergrund stehen, wird meistens nicht explizit dargelegt, sondern ergibt sich implizit aus der Tatsache, dass die dort untersuchten Frames immer als Ereignis-, Geschehens-, Situations-Frames angesprochen werden, so gut wie nie aber als Objekt-, Gegenstands-, Eigenschaften-Frames. –

Die starke Konzentration auf *prädikative* bzw. *Verb-evozierte* Frames macht die Herkunft von Fillmores Frame-Gedanken aus der *Kasusgrammatik* (und *Valenz-Theorie*), und damit die *syntaktische Dominanz* in dieser Form von Frame-Konzeption, überdeutlich. Wenn Fillmore über Frame-evozierende Wörter spricht, dann wird immer wieder deutlich, dass er dabei ganz konkret an Prädikate in Sätzen denkt. Er versteht hier ganz offensichtlich „*Prädikat*" als eine nicht-epistemische, nicht-kognitive Größe, d.h. als ein rein syntaktisches, rein ausdrucksseitig-linguistisches Phänomen, obwohl dies doch dem Herkommen dieses Begriffs aus der Logik (= der Urform von Kognitionstheorie) durchaus widerspricht. Insofern repräsentieren Fillmore-Frames zunächst und vor allem *Argument-Strukturen* oder *Valenz-Rahmen*. Dementsprechend werden → *Frame-Elemente* auch häufig als „*semantische Argumente*" angesprochen. Berücksichtigt man dies, dann ist der Forschungsansatz von FrameNet weniger in einer Nähe zu kognitionswissenschaftlichen oder epistemologi-

schen Interessen zu verorten (wie sie etwa für die Frame-Modelle von Minsky, Schank / Abelson und Barsalou einschlägig sind), sondern als konsequente Fortführung des frühen → *Kasus-Rahmen*-Ansatzes in einem großen, v.a. deskriptiv und thesaurierend angelegten Forschungsprojekt zu deuten. Die „*Frame-Semantik*" wird in diesem Licht zu einem direkten Nachfolger der „*Kasus-Grammatik*", was Fillmore auch freimütig eingesteht, weniger zu einer durchgängig verallgemeinerbaren semantischen Theorie. – Die syntax-zentrierte Sichtweise wird auch in dem Terminus des → *dominierenden Frames in einem Satz* deutlich. Zwar wird zugestanden, dass die Bedeutung eines Satzes nur als eine Struktur aus mehreren Frames analysiert werden kann. „Dominierend" ist danach aber immer der Frame, der dem Haupt-Verb bzw. zentralen Prädikat im Satz entspricht. Hier scheint durch, dass mit „*Prädikat*" vorrangig der altbekannte, traditionell grammatisch aufgefasste Prädikats-Teil eines Satzes verstanden wird. Eine Verallgemeinerbarkeit von Fillmores Frame-Modell müsste eine allgemeine (epistemologisch-kognitiv formulierte bzw. begründete) Theorie der Prädikation voraussetzen. Von Überlegungen in diese Richtung ist in den Schriften von Fillmore und FrameNet indes nur wenig zu spüren. (Immerhin erlaubt es aber die prädikative Konzentration dieser Variante der Frame-Theorie sehr viel besser, eine solche allgemeine Prädikations-Theorie anzuschließen als das nominal-konzeptuell verkürzte Frame-Verständnis etwa bei Barsalou.)

Semantik (Ziel der)

Bei dem Versuch einer Beantwortung der Frage nach den zentralen wissenschaftlichen (theoretischen und deskriptiven) Zielen von Fillmores (und FrameNets) gesamter Arbeit, insbesondere der Frage nach den *Zielen der Semantik*, stößt man auf eine schillernde Vielfalt von Überlegungen und Aspekten. Während es in einer längeren Phase von Fillmores Werk so schien, als richteten sich sämtliche semantische Bemühungen und Überlegungen ausschließlich oder vorrangig auf eine *Verstehenssemantik* (*understanding semantics*) bzw. *interpretative Semantik* (*interpretive semantics*), scheinen zu Anfang und am Ende von Fillmores Denkweg doch deutlich eher *lexikalisch-semantische* und *syntakto-semantische* Forschungsziele durch, die schließlich, im Projektverbund FrameNet, sogar die Oberhand zu behalten scheinen. Nicht zuletzt die Dominanz der *construction grammar* in Fillmores Spätwerk ist wohl als Indiz für die nach wie vor stärker syntaktische als epistemologisch-semantische Grundstimmung (und Interessen) dieses Linguisten zu werten. Zeitweise steckt Fillmore die Ziele wie den Gegenstandsbereich einer linguistischen Semantik jedoch denkbar weit ab. Für ihn bildet die Frame-Semantik das Fundament nicht nur der lexikalischen Semantik, sondern der gesamten linguistischen Semantik generell. Wie anspruchsvoll sein Programm ist, zeigt seine Aussage, wonach eines der Ziele für die Art von Frame-Semantik, für die er eintrete, „das Ziel einer einheitlichen Repräsentation für Wort-Bedeutungen, Satz-Bedeutungen, Text-Interpretationen und Welt-Modellen" sei. Fillmores Herangehensweise an Fragen der Bedeutungstheorie fragt einerseits immer von den Bedingungen des Verstehens sprachlicher Einheiten her; andererseits hält er durchgängig an dem Interesse fest, einen wesentlichen Beitrag zu dem zu leisten, was üblicherweise „lexikalische Semantik" genannt wird – als eine Aufklärung der Frage, welches Wissens in einem „Lexikon" enthalten oder gespeichert sein muss. Die Frage danach, was eigentlich die → „*lexikalische Bedeutung*" ist, impliziert aber für ihn nicht nur die Frage danach, welche Informationen zu den „lexikalischen Informationen" zu rechnen sind, sondern schließt u.a. die Frage ein,

244 *Kapitel 2: Die Erfindung des Frame-Gedankens in der Linguistik durch Charles J. Fillmore*

welche sprachlichen Einheiten überhaupt als → *„lexikalische" Einheiten* angesehen werden sollten. Auch das Verhältnis von „lexikalischen Informationen" und „grammatischen Informationen" ist für Fillmore alles andere als eindeutig: Vielmehr verfolgt er wohl vor allem das Ziel einer Art integrativer semantisch-grammatischer Theorie der Bedeutung. Ziel seiner Bemühungen ist dabei ein „nicht-formaler" und „intuitiver Ansatz", der die Erklärung von Wortbedeutung, Textbedeutung und bedeutungsrelevanten grammatischen Aspekten in einem integrativen Ansatz zusammenführt. Der Einbezug des → *Textverstehens* als Prüfstein für eine semantische Theorie führt zu der Erkenntnis, dass eine zureichende linguistische Beschreibung des Verstehens und der → *Bedingungen* eines adäquaten Wort-, Satz- und Text-Verstehens nicht an den Grenzen traditioneller wortsemantischer (oder logisch-satzsemantischer) Modelle Halt machen kann. Fillmores Semantik-Modell ist, wie er es selbst einmal formuliert hat, vor allem anderen *„anti-exklusivistisch"*. Dies ist zugleich die beste Überschrift, die man über sein gesamtes semantisches Werk stellen kann. Nicht vorschnell „exklusivistisch" zu sein, also Fakten aus „der Sprache" oder „der Semantik" auszuschließen, deren nähere Betrachtung vielleicht wichtige Erkenntnisse über das Funktionieren von Sprache und sprachlichen Elementen liefern könnte, heißt für ihn sozusagen, den „Sitz der Sprache im Leben" nicht aus den Augen zu verlieren, d.h.: ihre Funktionen und ihre Funktionierensweise im Alltagsleben. Dazu gehört die enge Verbindung, die zwischen den lexikalischen (und anderen) Mitteln einer Sprache und den allgemeinen kognitiven / epistemischen → *Schematisierungen*, → *Frames*, → *Kategorien* besteht, mit denen sich Menschen ihre Welt erklären (und ihre Wörter → *motivieren*) und geistig sowie sprachlich zugänglich machen. Dabei kommt es Fillmore weniger darauf an, was davon noch „spezifisch sprachlich" in einem naiven Alltagsverständnis ist, und was zur Beschreibung des „allgemeinen" Wissens gehört (was auch immer das sein könnte). Wichtig ist für ihn nur: „Wir brauchen Theorien der Wortbedeutung, die uns nicht dazu ermutigen, die Sicht auf diese Realitäten zu verlieren."

Checklist-Theorien (Kritik an)

Eines der Haupt-Motive in Fillmores semantischer Arbeit ist die Widerlegung der von ihm als *Checklist-Theorie* der Bedeutung karikierten Merkmals-Semantik (herkommend aus logischer Semantik und linguistischem Strukturalismus), deren Grenzen bzw. Unvermögen zu adäquaten semantischen Erklärungen und Beschreibungen er immer wieder genüsslich durch unzählige schlagende Beispiele demonstriert. Seine Bemerkungen zu dieser auch heute noch in der Linguistik am weitesten verbreiteten semantischen Konzeption sind an Sarkasmus kaum zu überbieten. Z.B. so: „Es mag eine Zeit gegeben haben, zu der eine reine kompositionelle Semantik ernsthaft als eine vollständige Theorie des Sprachverstehens betrachtet worden ist, aber diese Periode war notwendigerweise sehr kurz." Da eine Checklist-Theorie nicht in der Lage sei, Sprachverstehen zureichend zu erklären, genüge sie, so Fillmores Schlussfolgerung, auch nicht den Anforderungen, die an eine adäquate semantische Theorie (und Deskription) zu stellen seien. Die Frage nach den Grenzen der traditionellen kompositionellen, logischen oder Checklist-Semantik und der Nachweis dieser Grenzen beschäftigt Fillmore immer wieder und sehr intensiv (was angesichts der auch heute immer noch anhaltenden Dominanz dieses Modells in der Linguistik nicht erstaunt). Ihm zufolge kann diese Form der Semantik viele wichtige Phänomene des Sprachgebrauchs nicht erklären: sie kennt z.B. keine Idiome, Phraseologismen, Kollokationen,

Metaphorik, Mitgemeintes, kommunikative Formeln usw. Das heißt, dass eine formale Semantik (wie die Checklist-Theorie) nicht in der Lage ist, wesentliche Merkmale einer größeren Zahl von semantischen Phänomenen in natürlichen Sprachen in angemessener Weise zu berücksichtigen. Möglicherweise, so Fillmores Schlussfolgerung, bleibt am Ende für eine formale Semantik nur noch ein sehr kleiner Bereich des Sprachgebrauchs, in dem ihre Erklärungen überhaupt tragfähig sind: die indikativischen Sätze. Als generelle semantische Theorie ist sie damit unbrauchbar. Für diese Aufgabe schlägt Fillmore sein Frame-Modell vor.

Grenzen zwischen Semantik, Pragmatik, Syntax

Die Arbeiten Fillmores beziehen sich nicht nur auf Phänomene bzw. Gegenstände, die nach üblicher Auffassung zur Semantik gerechnet werden, sondern berühren zahlreiche Aspekte der Syntax, und (was ihn weniger intensiv beschäftigt hat) der linguistischen Pragmatik. Zum Verhältnis und den Grenzen von „Syntax", „Semantik" und „Pragmatik" vertritt Fillmore eine klare Position. Eine Sprachtheorie, die der Hypothese der Autonomie dieser drei Phänomenenbereiche (oder genauer: Arbeitsgebiete der Linguistik) folgt, also diese drei Bereiche der Sprache als säuberlich getrennt auffasst, schafft nach seiner Auffassung mehr Probleme als sie löst. Wörtlich: „Die Autonomie-Hypothese kann nicht aufrechterhalten werden". Gerade die Beziehung zwischen Semantik und Syntax wird von ihm als strikte Wechselbeziehung gesehen. Sein ganzes wissenschaftliches Werk hat sich stets an der Grenzlinie beider Teilgebiete bewegt. Auch wenn es zwischenzeitlich den Anschein haben konnte, als habe sich Fillmore (nach der Kasus-Grammatik-Phase) dann doch schwerpunktmäßig der Semantik zugewandt, macht die starke Hinwendung zur *Construction Grammar* im letzten Drittel seines Wirkens, wie auch die wieder stärker grammatisch geprägten Beschreibungsmodelle des FrameNet-Projekts deutlich, dass Fillmore nur in einer vereinigten semantisch-syntaktischen Beschreibung eine vollständige Lösung semantischer (und verstehenstheoretischer) Fragen sieht. Seine deutliche Präferenz für semantische Lösungen in der Syntax, wie aber auch für die Berücksichtigung aller semantisch wichtigen grammatischen Aspekte in der lexikalischen Semantik wie in der Satz-, Text- und Verstehens-Semantik, ist gerade zuletzt wieder überdeutlich geworden. Interessant und problematisch zugleich ist aber das Verhältnis von Fillmore (und seines Werkes) zur sogenannten *linguistischen Pragmatik*. Zu diesem Forschungs- und Theorie-Bereich hat er immer große Distanz gewahrt, obwohl er mit Hauptvertretern dieser Perspektive, z.B. H.P.Grice und J.R.Searle, jahrzehntelang an derselben Universität gelehrt hat. Man mag das daraus erklären, dass Fillmores Überlegungen aus eigenen theoretischen Wurzeln rühren und teilweise schon gefestigt waren, als die Pragmatik als eigenes Gebiet überhaupt erst entstand. Ausschlaggebend für seine Distanz scheint aber wohl auch die starke philosophische Prägung dieser Ansätze gewesen zu sein. Die Philosophen, so lässt er mehr als einmal (gelegentlich recht sarkastisch) durchblicken, kümmern sich eben nicht um die Details der sprachlichen Zeichen und ihrer (grammatischen) Verkettung, aber gerade darauf muss es, so Fillmore, ankommen. Gegen die eher groben analytischen Instrumente der Philosophen, Logiker und Kognitionswissenschaftler setzt er eine strikt linguistische, strikt Zeichen-orientierte und akribische Analyse, die für jeden einzelnen Bedeutungsaspekt nachweist, von welchem (Teil-) Zeichen er → „*evoziert*" wurde. Obwohl also z.B. Fillmores Untersuchung von → „*entailment*"-Phänomenen eine Vorwegnahme (oder Parallel-Entwicklung) zur linguistisch-

pragmatischen Präsuppositions-Analyse war, und der Aspekt des → „*Invozierens*" stark z.B. die Implikatur-Analyse in der Nachfolge von Grice berührt, hat sich Fillmore nie auf eine Auseinandersetzung mit solchen Ansätzen eingelassen. Dies ist fachgeschichtlich sicher einer der wichtigsten Mängel von Fillmores Œuvre. Deutlich wird aber, dass er solche Art von Grenzziehungen (wie hier die zwischen *Semantik*, *Syntax* und *Pragmatik*) für letztlich wenig hilfreich hält, da sie irrelevant werden, wenn man versucht, den Gegenstand „Verstehen sprachlicher Ausdrücke und der Beitrag einzelner Elemente der Sprachstruktur sowie des verstehensrelevanten Wissens hierzu" (so ähnlich könnte eine Fillmore'sche Gegenstandsbestimmung lauten) hinsichtlich aller wirksamen Aspekte zu erforschen. Ebenso, wie die „Syntax" nach einem solchen Verständnis Informationen, d.h. verstehensrelevantes Wissen, einschließt, das herkömmlich zur „Semantik" gerechnet wird, schließt die „Semantik" Wissen ein, das herkömmlich zur „Pragmatik" gerechnet wird. Auf die Grenzen kommt es weniger an, so könnte ein impliziter Tenor Fillmores lauten, als auf die zureichende Erfassung des verstehensrelevanten Wissens, gleich aus welchen „Sparten" des Wissens es kommt. (Dies heißt jedoch nicht, dass Fillmore gegen jede Art solcher Grenzziehungen immun wäre, wie seine vehemente Abgrenzung des → *Evozierens* vom → *Invozieren* zeigt, die ja die in der sonstigen Linguistik teilweise heftig diskutierte Frage der Grenzen zwischen Semantik und Pragmatik unmittelbar berührt.)

Ziele und Anwendungsmöglichkeiten der Frame-Semantik

Was die *Ziele und Anwendungsmöglichkeiten der Frame-Semantik* angeht, hat sich Fillmore nie in bescheidener Zurückhaltung geübt. Die von ihm mehrfach formulierten Listen solcher Anwendungsmöglichkeiten zeigen das linguistische Potential, d.h. die Leistungen zur Klärung offener linguistischer Fragen, die er seinem Modell zumisst. So nennt er etwa als mögliche Erklärungsleistungen seines Modells: Natur der Sprache, Natur der Bedeutung, Erwerb von Bedeutungen, Natur der Kommunikation, Verstehen von Texten, lebensgeschichtlicher Bedeutungswandel im Spracherwerb, und sprachgeschichtlicher Bedeutungswandel im „Lexikon" einer Sprachgemeinschaft. Eine andere Liste umfasst Phänomene wie: Ambiguität: Vagheit: Allgemeinheit von Wörtern: Synonymie: Selektionsbeschränkungen / Ko-Okkurrenz-Beschränkungen: Antonymie, Kategorien-Grenzen für Wörter: Semantische Felder; Konversen; Sprachwissen vs. enzyklopädisches Wissen; Metapher; Abstraktion; Motivation für Lexikalisierung; *functional shift*. Diese beeindruckende Liste macht ohne weiteren Kommentar deutlich, dass Fillmore die Frame-Semantik für ein ziemlich starkes Werkzeug in der linguistischen Semantik hält. Diese noch aus der Phase der *scenes-and-frames-semantics* stammende Liste wird in der *understanding-semantics*-Phase um weitere Aspekte von Frames noch deutlich erweitert: Frames und Prototypen; Frames und Präsuppositionen; Frames und Implikaturen / Inferenzen; Frames und Wortfelder; Frames und Textverstehen, Hintergrundwissen, Kontextualisierung; Frames und → Kategorisierung; Frames und die Weglassbarkeit von Elementen (→ „Null-Instantiierung"); Frames und Textsorten. Eine allgemeine Leistung der Frame-Semantik in formalen Darstellungen in der linguistischen Semantik besteht, so Fillmore, darin, dass sie dazu beitragen kann, Redundanzen in der Beschreibung zu eliminieren. Dass eine Frame-Semantik (auch nach Fillmore selbst) das geeignete Instrument ist, um dasjenige präziser darzustellen, was unter dem Sammelbegriff „Präsuppositionen" zusammengefasst wird, ist schon anlässlich der → „Enthaltenseins-Regeln" deutlich geworden. Frame-Semantik, so Fillmores Credo, löst

zahlreiche Problemfälle der klassischen linguistischen Semantik. Dafür war und ist sie von ihm entwickelt worden, und nicht, um die Semantik in eine allgemeine kognitionswissenschaftliche Richtung weiterzuentwickeln. Gerade das FrameNet-Projekt sieht Fillmore als einen wichtigen Markstein für eine mögliche *Anwendung* der Frame-Semantik, so wie *er* sie als genuin linguistische Methode versteht: „Wir benötigen viel detailliertere Untersuchungen direkt am sprachlichen Material."

2.9.2 Diskussion von Fillmores Frame-Konzept – ausgewählte Einzelaspekte

Eine Würdigung und Diskussion von Einzelaspekten von Fillmores Frame-Konzept ist in die Darstellung fortlaufend eingeflossen und soll daher hier nicht zusammenfassend wiederholt werden. In der Zusammenfassung zu Anfang dieses Kapitels sind ebenfalls die wichtigsten Aspekte einmal kurz angesprochen worden. Eine umfassende Diskussion von Fillmores Ansatz würde voraussetzen, dass man ihn in Beziehung setzt zu anderen Frametheoretischen Modellen, wie sie in der gegenwärtigen Linguistik und Kognitionsforschung gehandelt werden. Sie kann daher erst dann erfolgen, wenn auch diese Modelle ausführlich charakterisiert worden sind, was an dieser Stelle nicht geschehen kann. Nachfolgend sollen daher (zusätzlich zu den bereits an anderer Stelle dieser Darstellung enthaltenen Ausführungen) nur einige ausgewählte Einzelaspekte angesprochen werden, die bisher noch nicht thematisiert wurden.

(1) Im Unterschied zu anderen Frame-Modellen (oder anderen möglichen theoretischen Herangehensweisen) kann man Fillmores theoretisches Vorgehen als eher „strikt induktiv" bezeichnen. Es steht möglichen Frame-theoretischen Vorgehensweisen gegenüber, die man als „eher (induktiv)-deduktiv" bezeichnen könnte. Fillmore beobachtet zunächst Phänomene des semantischen „Enthaltenseins" (also verstehensrelevante Informationen, für die es offensichtlich keine explizite sprachliche Ausdrucksstruktur in einem fraglichen Satz oder Text gibt) und versucht dann, für das, was er beobachtet, eine vernünftige (theoretische) Erklärung bzw. geeignete Begriffe zu finden. Dies führt in den ersten Jahren aufgrund der Fülle und Vielgestaltigkeit der Phänomene, die ihn ständig zu überwältigen droht, zu einem längeren Schwanken in der Terminologie zwischen Leit-Begriffen wie „Frame, Szene, Schema, Geschichten, Erfahrungen". Seine mehrfach zu findenden Aufzählungen der Vielzahl diesbezüglicher Begriffe aus der kognitiven Linguistik zeigen, dass er insgesamt mit seinen Untersuchungen einen sehr großen (und unübersichtlichen) Phänomenbereich meint, für dessen Phänomene es eben eine Vielzahl solcher Begriffe gibt, auf die er (soweit er sie nicht phasenweise übernimmt) dann meist einfach nur pauschal verweist. Es gelingt ihm nicht (oder, wie zu vermuten ist: er will es wohl nicht), einen abstrakteren theoretischen Standpunkt gegenüber den ihn interessierenden Phänomenen einzunehmen. (Möglicherweise, weil das dann aus seiner Sicht „Kognitionswissenschaft" wäre, für die er sich nicht kompetent und zuständig fühlt – und für die er sich vielleicht oder vermutlich trotz häufigen gegenteiligen Anscheins auch gar nicht so sehr interessiert, weil er sich aber strikt als „Linguist" definiert und stets für eine spezifisch „linguistische" Perspektive argumentiert, auch wenn eine solche Trennung, wie er selbst oft genug betont hat, gar nicht durchzuhalten ist.) Diesem Vorgehen Fillmores könnte man eine andere Art des Vorgehens gegenüberstellen: Aufgrund der Beobachtung von Phänomenen des für die Erfüllung der kommunikativen Funktion sprachlicher Mittel zwingend notwendigen (und darum „verstehens-

relevanten") „enthaltenen", „implizierten", „mitgemeinten", „indirekten", „stillschweigend vorausgesetzten" Wissens (als Teil der „Bedeutungen") wird die Frage nach einer abstrakten Kategorie für diese Phänomene gestellt (induktive Phase), und daraufhin die Frage danach thematisiert, in welche Typen diese so definierten abstrakten Phänomene sich aufgliedern (deduktive Phase). Kognitionswissenschaftler wie Minsky und Barsalou gehen offensichtlich ebenfalls eher induktiv-deduktiv vor, da sie abstrakte kognitionstheoretische Standpunkte einnehmen. (Bei Minsky bezüglich jeder Art von menschlicher Erkenntnis, siehe auch die spätere *Society-of-mind*-Konzeption; bei Barsalou nur halb-abstraktiv, da in seinem Frame-Modell de facto eingegrenzt auf nominale Konzepte.)

(2) Im Zusammenhang mit dem von Fillmore immer wieder an zentraler Stelle seines Frame-Modells thematisierten Aspekt der semantischen Transparenz und Motiviertheit sprachlicher Ausdrücke kommt er regelmäßig auf die „Gründe für die Existenz eines Wortes (einer Kategorisierung) in einer bestimmten Gesellschaft" zu sprechen. Diese „Gründe" sollen ein zentraler Teil des Frame-spezifischen Wissens sein, das das Frame-gestützte Verstehen einzelner sprachlicher Zeichen in einem gegebenen syntaktischen bzw. satzsemantischen Kontext „motiviert" bzw. erklärt. Diese für linguistische Arbeiten etwas ungewöhnliche Redeweise Fillmores von den Gründen einer Gesellschaft für bestimmte Kategorien leuchtet in ihrer Funktion für seine Semantiktheorie nicht recht ein. In welcher Weise sollen die nur sozial, historisch-epistemologisch erklärbaren Gründe für das Entstehen bestimmter Kategorien in den aktuellen Prozess der Anwendung einer Kategorie oder ihres Verstehens eingreifen können? Worum es geht, und was Fillmore mit dieser seiner merkwürdigen Redeweise verschleiert, ist, dass die Kategorie *in ihrem epistemischen Setting* aufgerufen werden muss, wenn man ihre Verwendung in einer bestimmten Kommunikationssituation und einem bestimmten Kontext angemessen verstehen will. Ob man dabei schon versteht, warum diese Kategorie überhaupt einmal entstanden ist, ist äußerst zweifelhaft und unter dem Lichte einer historischen Epistemologie schlichtweg fraglich! Was Fillmore vielleicht meint, ist die Funktion, die eine Kategorie in einem bestimmten epistemischen Gesamtkontext einer Gesellschaft zu einem gegebenen Zeitpunkt X, in dem ein Text entsteht und verstanden werden soll, hat. Dieses Verstehen der Funktion einer Kategorie in einem epistemischen Setting kann tatsächlich als eine implizite Bedingung / Voraussetzung der Verstehbarkeit dieses Elements in einem Text beziehungsweise des ganzen Textes, welcher dieses Element enthält, angesehen werden. Diese Einsicht ist im Übrigen schon im 19. Jahrhundert in der Hermeneutik, etwa bei Friedrich Schleiermacher, ausdrücklich thematisiert worden, und keineswegs eine neue Erkenntnis. (Vielleicht sollten Linguisten, die sich mit Fragen der Semantik beschäftigen, sich einfach einmal öfter in Nachbardisziplinen und der Theoriegeschichte umsehen, bevor sie als neu verkaufen, was doch schon lange hätte gewusst werden können.)

(3) Neben der Beantwortung der Frage nach den „Gründen einer Gesellschaft für eine (sprachlich realisierte) Kategorie" fordert Fillmore von jeder vollständigen linguistischen Semantik eine Antwort auf die Frage „Warum wählte der Sprecher diese Form in diesem Kontext?" Diese Fragen zu stellen, ist durchaus richtig und führt deutlich über die engen reduktionistischen Grenzen der linguistischen Mainstream-Semantik (logische Semantik und Merkmalsemantik, von Fillmore sarkastisch als „Checklist-Semantik" karikiert) hinaus. Allerdings riecht eine solche Formulierung noch zu sehr nach einer Auffassung, nach der der Kontext als *vorausgesetzt, gegeben*, aufgefasst wird (und nicht als etwas, das von den Verstehenden im Akt des Verstehens durch eigene kognitive Aktivitäten allererst ‚herge-

2.9 Fillmores linguistische Frame-Theorie: Zusammenfassender Überblick und Würdigung 249

stellt' werden muss)! Fillmore glaubt offenbar in naiver Weise noch an die Voraussetzbarkeit eines Kontextes als eines externen Datums, welches nichts mit inneren Wahrnehmungs- / Erkenntnis-Prozessen oder kognitiven / epistemischen Prozessen von Interpreten zu tun hat. Würde er diese Prozesse als zentrale Bedingungen / Voraussetzungen für das Verstehen in seine Überlegungen miteinbeziehen, könnte er solche Unterscheidungen, wie er sie hier trifft, nicht mehr mit der gleichen unschuldigen Selbstverständlichkeit formulieren.

(4) Immer wieder und intensiv (vor allem in der Verstehens-Semantik-Phase) geht Fillmore darauf ein, dass eine Semantik, die das Verstehen sprachlicher Einheiten angemessen erklären können will, bei der Berücksichtigung des verstehensrelevanten Wissens nicht an irgendwelchen dogmatisch oder axiomatisch vordefinierten künstlichen Grenzen haltmachen darf. Welche Teile dieses Wissens zum Gegenstandsbereich einer Linguistik gehören sollen, und welche besser zu anderen Wissenschaftsdisziplinen passen, ist für ihn eine zweit- oder drittrangige Frage, die nicht die konkrete linguistische Analysetätigkeit behindern darf. Mit seinen Überlegungen hierzu spricht er einen wichtigen Punkt an: Jede Semantik muss die Grundlagen der Möglichkeit des Verstehens von Texten in ihren Beschreibungsbereich (und ihre Theorien) miteinbeziehen! Und diese Grundlagen sind nun einmal von den Zwecken der Verwendung sprachlicher Einheiten geprägt: dem Zweck der Kommunikation. Jede Semantik, die diesen Namen verdienen soll, muss daher (Fillmore folgend) eine Semantik des Verstehens, der Interpretation von Texten, sowie eine Semantik des Verstehens kommunikativer Akte sein (auch wenn er dies nur selten deutlich so ausdrückt, und theoretisch nicht weiter vertieft). Damit vertritt Fillmore aber implizit einen funktionalistischen Standpunkt, da er alles, was wichtig für die Semantik ist, letztlich auf die Funktionen sprachlicher Einheiten zurückführt. Umso bedauerlicher ist es daher, dass Fillmore kaum Ansätze zu einer Kommunikationstheorie, und gar keine Ansätze zu einer Theorie sprachlicher Zeichen formuliert oder durchdenkt. Daher stößt seine Theorie immer wieder an starke Grenzen, die sie aus eigener Kraft (das heißt aus den Überlegungen, die im Gesamtwerk von Fillmore entwickelt worden sind) nicht überschreiten kann.

(5) Am Wende- oder Scheitelpunkt von Fillmores Frame-theoretischer Entwicklung, also kurz nach dem Höhepunkt seiner verstehenstheoretischen Reflexion, und kurz bevor er sich abrupt von dieser Thematik abwendet und wieder zunächst stark syntaktischen Fragen (Beginn der *construction grammar*) und schließlich dem Projekt einer reduzierten syntakto-semantischen Valenz-Frame-Analyse (Beginn von FrameNet) zuwendet, entfaltet Fillmore (in 1986b, v.a. 50 ff.) in einer Art verstehenstheoretischer *tour d' horizon* mit an Sarkasmus kaum noch zu überbietender Schärfe ein Panoptikum möglicher Einstellungen zum Thema „Sprach- und Textverstehen", das so ungefähr alle denkbaren Positionen, die man zu dieser Problematik einnehmen kann, in Grund und Boden argumentiert, ohne dass klar würde, welche Position ganz genau er denn selbst in diesen Fragen letztlich einnehmen möchte. Dieser Akt hat manchmal durchaus selbst-destruktive Züge, da Fillmore Positionen zu verdammen scheint, von denen man aufgrund zahlreicher Ausführungen in früheren Texten den Eindruck haben konnte oder sogar musste, dass er sie selbst (zumindest in diesen Texten) vertrat. Viele der Argumente, die Fillmore nun in seinem anscheinenden Ablösungs-Akt (von selbst einmal implizit oder explizit bezogenen Positionen) entfaltet, laufen auf die zentrale Frage der Unterscheidung zwischen „Evozieren" und „Invozieren" hinaus, die wir schon an mehreren Stellen ausführlich thematisiert und diskutiert haben. Das zentrale Problem in Fillmores Vorgehensweise in diesem Punkt ist jedoch, dass er der Schärfe der Kritik

(die häufig eher eine Schärfe des Säbels, weniger des Floretts ist) keine ebenso ausgeprägte Schärfe oder Präzision der eigenen Begriffe und Definitionen (bzw. Theoreme) gegenübergestellt. Damit läuft seine Kritik letztendlich häufig ins Leere, da er den inkriminierten Positionen Anderer lediglich ein schwer entwirrbares Dickicht einer Fülle von Teilthemen, Aspekten, Begriffen entgegensetzt, die sich häufig genug zu widersprechen scheinen und fast durchweg nicht ausformuliert oder gar präzise geklärt sind. In einer extremen Vermischung von syntaktischen, lexikalisch-semantischen, logischen, linguistisch-pragmatischen, textlinguistischen, varietätenlinguistischen, stiltheoretischen, textsortenlinguistischen und kognitivistischen Fragen und Aspekten, die von ihm aufgeworfen werden, versteckt Fillmore letztlich die Tatsache, dass er eine konsistente Konzeption der Erklärung des Sprachverstehens eigentlich auch selbst nicht vorlegen kann. Seine Ausführungen hierzu werfen viel mehr Fragen auf, als er sie in seinem Gesamtwerk überhaupt selbst beantwortet (oder zu beantworten wenigstens versucht). (Eine Gesamtdarstellung und Kritik seiner Argumentationen in diesem Punkt würde wegen der Fülle relevanter Aspekte die Länge des Originaltextes um ein Vielfaches überschreiten müssen und daher den Rahmen dessen, was in einer solchen Einführung wie hier noch Platz haben kann, eindeutig sprengen, so dass sie leider hier unterbleiben muss.) An dieser Stelle kann auf wenige wichtige, hier relevante Fragen nur hingewiesen werden. Zu all diesen Fragen hat Fillmore keine (oder keine konsistenten und befriedigenden) Lösungen angeboten. Es sind Fragen wie: Was heißt „wörtliche Bedeutung"? Was heißt „indirekte Bedeutung"? Was heißt „lexikalisiert"? Was heißt „konventionell"? Was ist ein „Zeichen"? Was heißt „assoziieren"? Wie wird verstehensrelevantes Wissen aktiviert? usw. Eine schlüssige Antwort auf diese Fragen würde nicht weniger als eine Gesamttheorie der Sprache, des Sprachverstehens, der menschlichen Kommunikation, wie auch eine vertiefende Betrachtung der Zusammenhänge und Unterschiede zwischen sprachlichen Phänomenen und allgemeinen kognitiven bzw. epistemischen Phänomenen voraussetzen. Fillmore scheint dazu vieles im Kopf zu haben, das er uns aber weitgehend vorenthält; vielleicht, weil er damit die Grenzen des „Linguisten", sicher aber wohl die Grenzen des rein induktiv verfahrenden empirischen Forschers überschreiten würde, als den er sich selbst offenbar strikt konzipiert hat.

Fillmore erscheint damit insgesamt als ein Forscher, der zahllose wertvolle Anregungen auf vielen verschiedenen Gebieten der Linguistik und Sprachtheorie gegeben hat (auch wenn er selbst offenbar kein Theoretiker, sondern eher Empiriker sein möchte), und mit diesen Anregungen noch sehr viel stärker Beachtung finden sollte, als es bisher der Fall zu sein scheint, der aber immer wieder vor entscheidenden Fragen haltgemacht hat und in sehr zentralen Punkten seines Modells wichtige begriffliche Klärungen entweder gar nicht angegangen ist, oder in nicht völlig konsistenter und befriedigender (oder gar irriger) Weise behandelt hat. Neben dem fruchtbaren und sehr umfassenden Erkenntnisgewinn, den die Lektüre seiner Schriften erbringen kann, sind immer wieder empfindliche theoretische Lücken festzustellen, die – bei großer Sympathie für den Grundansatz und die Gesamtleistung – aus der Perspektive des Ziels einer umfassenden semantischen und Sprachtheorie aber nachgerade „schmerzhaft" zu nennen sind. Trotz dieser Lücken kann und muss aber konstatiert werden, dass Fillmore so wichtige Anregungen gegeben hat, dass einige seiner wichtigsten Aufsätze zu den Klassikern der linguistischen Literatur zu zählen sind, die kennenzulernen zum Inhalt jeder linguistischen und sprachtheoretischen Grundausbildung gehören sollte.

3. Die Begründung der Frame-Theorie in der Kognitionswissenschaft: Die Frame-Idee bei Marvin Minsky

Der Kognitionswissenschaftler Marvin Minsky[1] publiziert 1974 (zunächst als Arbeitspapier des MIT, das erst später, dann aber mehrfach, gedruckt wird) seine viel beachtete Studie „A Framework for Representing Knowledge", mit der er erstmals in den Kognitionswissenschaften den Begriff des *Frames* explizit einführt und die Grundlagen einer kognitionswissenschaftlichen Frame-Theorie entwirft. Von einer *Theorie* der Frames kann man bei ihm wirklich sprechen, da er genau dies explizit anstrebt und systematisch begriffliche Grundlagen für eine solche erkundet. Anders als der eher induktiv verfahrende Linguist Charles J. Fillmore,[2] der sich abstrahierenden theoretischen Bemühungen immer wieder zu verweigern scheint, legt es Minsky mit seinem Frame-Modell offenbar von Anfang an auf eine kognitive Grundlagentheorie an, deren Grundbegriffe er einführen und erörtern möchte. Angesichts der erheblichen Wirkung von Minskys Frame-Papier auf die weitere Forschungsdiskussion in vielen angrenzenden Disziplinen ist es erstaunlich, dass es von ihm direkt zur Frame-Theorie keine weitere Publikation gibt, die nicht lediglich das wiederholt, was er 1974 bereits ausgeführt hatte. Allerdings legt Minsky 1986 mit *The Society of Mind* eine Art General-Theorie der Kognition vor, die alle Bereiche des menschlichen Denkens in einem einheitlichen theoretischen Modell erfassen soll. *Frames* (im ursprünglichen Sinne) werden darin nicht mehr sehr fokussiert, da der gesamte Ansatz die Erklärung der Kognition sehr viel grundsätzlicher angeht als das, was in der Frame-Theorie beschrieben werden sollte. Allerdings wirkt dieses spätere Modell (das wohl so etwas wie eine theoretische Summe von Minskys Lebenswerk sein soll) stark deduktiv und vor allem spekulativ, was womöglich seine positive Rezeption eher behindert hat. Die Studie von 1974 ist aber unmittelbar aus empirischen Beobachtungen entstanden, die Minsky und Kollegen vor allem im Zusammenhang mit visueller Wahrnehmung machen konnten. Insofern handelt es sich trotz des theoretischen Bestrebens bei seinem Grundansatz um ein durchaus empirisch gestütztes Modell des menschlichen Wissens. Da Minsky in diesem Papier (für einen allgemeinen Kognitionswissenschaftler) vergleichsweise ausführlich auf die Funktion der von ihm beschriebenen Frames in der Sprache eingeht, kann sein (auch von Linguisten stark rezipiertes) Modell ohne weitere Zwischenschritte auch für eine sprachwissenschaftliche Nutzung übernommen bzw. auf seine Eignung hin diskutiert werden. Ein direkter Vergleich mit dem linguistischen Frame-Modell von Fillmore ist daher ohne weiteres möglich.

---

[1] Der amerikanische Forscher Marvin Lee Minsky (* 9. August 1927 in New York) führte 1956 auf der Dartmouth Conference gemeinsam mit John McCarthy, Nathaniel Rochester und Claude Shannon den Begriff der künstlichen Intelligenz ein. Er gilt als einer der wichtigsten Begründer der modernen Kognitionswissenschaft und insbesondere der Erforschung der künstlichen Intelligenz. Er war Mitbegründer des Labors für Künstliche Intelligenz am Massachusetts Institute of Technology (MIT), an dem er bis heute lehrt.

[2] Siehe dazu Kap. 2.6.3, S. 117, und die Bemerkungen in Kap. 2.8.1, S. 135 ff. und Kap. 2.9.2, S. 247 f.

252   *Kapitel 3: Die Frame-Idee bei Marvin Minsky*

3.1   Kognitive Frames: Minskys Startschuss

Die spezifische Differenz des Frame-Modells von Minsky z.B. zum linguistischen Frame-Konzept von Charles J. Fillmore ergibt sich schon allein daraus, dass Minsky mit diesem Modell explizit Strukturen des menschlichen Wissens als solche beschreiben will (was bei einem Kognitionswissenschaftler ja auch naheliegt), während der Sprachwissenschaftler Fillmore sich stets gesträubt hat, das (verstehensrelevante) Wissen selbst zu einem unmittelbaren Gegenstand seines theoretischen Bemühens zu machen. Den Bedarf für einen Begriff (bzw. eine theoretische Größe) wie *Frame* sieht Minsky vor allem dadurch gegeben, dass vorherige Konzeptionen des Wissens bzw. Denkens nur wenig Aussagen über die innere Struktur des Wissens getroffen haben. Die bisherige Kognitionsforschung habe nur sehr kleinteilige Wissenselemente in den Blick genommen. Es sei aber notwendig, so Minsky, dass „die ‚Brocken' des Denkens, der Sprache, des Gedächtnisses und der ‚Wahrnehmung' größer und strukturierter sein sollten" als in den bisherigen Modellen: „Ihre tatsachenbezogenen und prozeduralen Inhalte müssen enger miteinander verknüpft sein, um die offenkundige Leistung [power] und Geschwindigkeit geistiger [mental] Aktivitäten erklären zu können".[3] Mit Verweis auf verschiedene kognitionswissenschaftliche Ansätze, die alle in dieselbe Richtung zielen,[4] möchte Minsky also für größere, zusammenhängende und in sich strukturierte Gefüge des Wissens „eine zusammenhängende Theorie" entwickeln. Der Ansatz von Minsky unterscheidet sich daher bereits von seiner Zielsetzung her in mindestens vier Punkten erheblich vom linguistischen Frame-Konzept Fillmores: Es soll eine *systematische Theorie* des (unter anderem auch für Sprachverstehen auschlaggebenden) menschlichen Wissens formuliert werden; das Wissen soll *als solches* (also durchaus auch unabhängig von sprachlichen Einheiten, Strukturen und Aspekten) beschrieben werden; dabei kommt es insbesondere auf die Beschreibung der *inneren Strukturen des Wissens* an; und diese Strukturen werden als *„großräumigere" Strukturen* aufgefasst, die nicht zu „kleinteilig" konzipiert werden dürfen.

Die Definition der Frames. Die Kern-Aussagen des neu vorgeschlagenen Frame-Modells werden dann auf nur zwei Seiten von Minsky entwickelt. (Der Rest des 63-Seiten-Papiers widmet sich verschiedenen Anwendungen des Frame-Modells, davon 15 Seiten direkt zur Funktion von Frames für Sprache und Sprachverstehen.) Minskys *Frames* sind, kurz gesagt, aus dem Gedächtnis geschlossen abrufbare (Teil-)Strukturen des Wissens, die einerseits aus einem festen Kern und andererseits aus variablen Elementen bestehen, die an die jeweilige Situation angepasst werden müssen:

> „Wenn man eine neue Situation kognitiv verarbeitet [encounters] (oder strukturelle Änderungen in der Sicht eines gegenwärtigen Problems vornimmt), dann wählt man aus dem Gedächtnis eine Struktur, die man einen ‚Rahmen' [frame] nennen kann. Dabei handelt es sich um ein verändertes Rahmengefüge

---

[3]   Minsky 1974, 1. „Die meisten Theorien der Psychologie und KI-Forschung sind zu kleinteilig, lokal und unstrukturiert, um die Effektivität des ‚common sense thought' erklären zu können." [Von Minskys ursprünglich als Arbeitspapier hektographiertem Text sind mehrere Versionen online verfügbar (siehe Hinweise auf die URLs im Literaturverzeichnis), die in ihrem Seitenformat unterschiedlich sind, so dass die Seitenangaben von denen der von mir benutzten Kopie abweichen können. – Die deutschen Fassungen der Zitate sind Übersetzungen durch den Verf. des vorliegenden Buches.]

[4]   Minsky nennt als Vorläufer Minsky / Paperts 1972 Begriff „Micro-Welten", Newell / Simons 1972 Begriff „Problem-Räume" [problem spaces] und „die neuen, groß angelegten Strukturen, die Theoretiker wie Schank 1974, Abelson 1974 und Norman 1972 sprachlichen Zeichen zuschreiben." Gemeint sind offenbar *Skripts* u.ä. (Zu Schank / Abelson 1977 siehe unten Kap. 5.1)

3.1 Kognitive Frames: Minskys Startschuss 253

[framework], das, um auf die Wirklichkeit angewendet werden zu können [to fit reality], notwendigerweise durch Veränderungen von Details angepasst werden muss." (Minsky 1974, 1.)

Auffällig ist, dass auch Minsky sich hier wie in etwa zeitgleich auch Fillmore und Schank / Abelson zunächst auf „Situationen" als Gegenstand und Material von Frames bezieht.[5] Da ein Begriff wie *Situation* immer schon Konnotationen des alltagsweltlichen Handlungs- und Geschehens-Erlebens transportiert, Denken, Wissen und Kognition aber noch sehr viel mehr als nur episodisches Erleben ist, kann es bei dieser Stufe der Begriffsbildung nicht bleiben. Tatsächlich definiert Minsky seinen Frame-Begriff trotz dieser anfänglichen Anleihen am „Situations"-Beispiel auch sehr viel umfassender, allgemeiner, und eben: abstrakter, als das beim Linguisten Fillmore jemals zu finden ist. Wichtig ist zunächst, dass Frames hier von Minsky (anders oder jedenfalls klarer als bei Fillmore) grundsätzlich als *variable Strukturen* aufgefasst werden, die nur ein Grundmuster vorgeben und an wechselnde konkrete Situationen angepasst werden müssen. Damit ist schon von Anfang an die Grundstruktur von Frames als Kombination von festen und variablen Elementen gesetzt. Außerdem wird in aller Deutlichkeit betont: Frames sind Strukturen im Gedächtnis, und damit im Wissen selbst. (Das Schwanken der Zuordnung der Frames zur Ebene der Sprache oder zur Ebene des verstehensrelevanten Wissens, wie es bei Fillmore zu beobachten war, ist bei Minsky nicht vorzufinden.)

Frames stellen nach Minsky jeweils inhaltlich spezifische „Datenstrukturen" dar und sie haben – in klarer Parallelität zu Fillmores Konzept – prototypikalischen Charakter.[6] Die Frames integrieren nicht nur Faktenwissen bzw. materielles Wissen (also die Informationen, die den Frame ausmachen), sondern auch prozedurales Wissen, da sie Informationen darüber enthalten, „wie der Frame genutzt werden kann bzw. muss". Zudem hängen die Frames eng auch mit Erwartungen zusammen, die sie entweder erfüllen oder wecken können (etwa Erwartungen darüber, was als nächstes geschehen könnte). Diese „Datenstrukturen" sind, wie der Terminus „Struktur" schon besagt, keine amorphen Massen von Wissenselementen, sondern in sich geordnet. Zu unterscheiden ist ein allgemeiner Teil (von „Informationen"), der stabil und in sich festgefügt ist, von einem konkreteren Teil, der variabel ist und situationsspezifisch angepasst werden kann (bzw. muss):[7]

> „Man kann sich einen Frame als ein Netz von Knoten und Relationen vorstellen. Die ‚oberen Ebenen' [top levels] eines Frames sind festgelegt und repräsentieren Dinge, die in Bezug auf die fragliche Situation immer gelten [are always true]. Die unteren Ebenen haben zahlreiche ‚End-Positionen' [terminals] – ‚Slots', die mit speziellen Elementen [instances] oder Daten gefüllt werden müssen. Jede ‚End-Position' kann die Bedingungen spezifizieren, die seine Ausführungen erfüllen müssen. Die zugeordneten Ausfüllungen [assignments] sind üblicherweise selbst kleine ‚Unter-Rahmen' [Sub-Frames]."

---

[5] Diese zunächst zu konkretistisch erscheinende Ausrichtung des Wissens-Modells kann man, da sie so häufig vorkommt, wohl als so etwas wie eine „Natürlichkeits-Annahme" der Frame Theorie allgemein bezeichnen. Da Minsky die Effektivität des „common sense thought" erklären können möchte, ist dieser Start bei einer zunächst als zu wenig verallgemeinerungsfähig erscheinenden Begrifflichkeit vielleicht eben diesem common-sense-Denken geschuldet.

[6] „Ein Frame ist eine Datenstruktur für die Repräsentation stereotypisierter Situationen (wie etwa, sich in einer bestimmten Art von Wohnzimmer zu befinden oder zu einer Kindergeburtstagsparty zu gehen). Zu jedem Frame gehören bestimmte Arten von Informationen. Einige dieser Informationen betreffen die Frage, wie der Frame genutzt werden kann / muss. Manche beziehen sich auf das, wovon man erwarten kann, dass es als nächstes passiert. Manche beziehen sich darauf, was zu tun ist, wenn diese Erwartungen nicht bestätigt werden." A.a.O., 1.

[7] Minsky 1974, 1.

254   *Kapitel 3: Die Frame-Idee bei Marvin Minsky*

Was Minsky hier in knappen, aber gehaltreichen Worten einführt, sind die Kern-Elemente der Frame-Theorie, wie sie seitdem (mit der vielzitierten Slots-Filler-Dichotomie) nachgerade kanonisch geworden sind. Eine wichtige Festlegung in dieser Definition ist, dass Frames hier ganz deutlich bestimmt werden als Netze von Knoten und Relationen. Frames sind danach also im Grundsatz Strukturen bzw. Gefüge aus (definierten) Relationen. (Dies ist gerade für eine linguistische Anwendung der Frame-Theorie so wichtig, weil ja auch sprachliche Zeichen im Kern Relationen darstellen, hier also eine deutliche Struktur-Parallelität zwischen Sprachzeichen und allgemeineren Wissensrahmen vorzufinden ist.)[8]

Im Unterschied zu Fillmore, von dem nur spärliche Überlegungen zur inneren Struktur von Frames vorzufinden sind,[9] hebt Minsky von Anfang an hervor, dass Frames in „Ebenen" organisiert sind; hier: mindestens zwei zentrale Stufen der internen Struktur von Frames: eine stabile, auch im epistemischen Material vorgegebene „Kern-Ebene" („Dinge, die immer gelten"), sowie eine variable „Slot"- bzw. Ausfüllungs-Ebene („Terminals, die mit speziellen Elementen oder Daten gefüllt werden müssen"). Es ist vielleicht nicht zufällig, dass die Definition dieser zwei Ebenen stark an die Unterscheidung zwischen „konstitutiven Regeln" und „regulativen Regeln" erinnert, wie sie der Sprachphilosoph John R. Searle im Rahmen seiner Sprechakt-Theorie eingeführt hat.[10] Danach muss man bei allen sozialen (und damit notwendigerweise konventionellen) Handlungsregularitäten (oder Regularitäten der Interaktion) grundsätzlich zwei Aspekte der Regelhaftigkeit (Konventionalität) unterscheiden; zum einen diejenigen Regeln, durch die eine bestimmte Handlungsregularität überhaupt erst als eine solche, im Wissen einer Gemeinschaft fest verankerte regelhafte Handlungsmöglichkeit etabliert wird, die „konstitutiven Regeln", und zum anderen solche Regeln, die an einer solchen, durch konstitutive Regeln etablierten Regularität nur weitere Aspekte regulieren bzw. variabel differenzieren. Ganz eindeutig ist der „top level" eines Minsky-Frames durch konstitutive Regeln (hier: Regeln, die eine bestimmte Wissensstruktur als diese Struktur konstituieren) etabliert. (Nicht ganz so eindeutig ist, ob die Slot-Filler nur durch regulative Regeln im Sinne Searles beigesteuert werden.)

„Slots" oder „Terminals" müssen in einer konkretisierten Wissensstruktur mit aktualisierten, an die jeweilige Situation (bzw. die Bezugsobjekte) angepassten „Füllungen" konkretisiert werden. Damit sind Frames im Sinne Minskys abstrakte Strukturen aus Wissenselementen, die teilweise (in ihrer Kern-Ebene) als solche stabil sind, die aber in der konkreten Anwendung jeweils „aktualisiert" werden müssen, indem sie um variable Wissenselemente „ergänzt" werden. Die Variabilität der „ergänzbaren" Wissenselemente (der „Füllungen" der „Slots" bzw. „Leerstellen") ist jedoch nicht beliebig, vielmehr definieren die Slots, welche Bedingungen ihre Ausfüllungen erfüllen müssen. Damit spricht Minsky hier als grundlegende Eigenschaften von kognitiven Frames an, was in linguistischen Syntax-Theorien (aber auch der Lexikologie) unter dem Begriff der „Sub-Kategorisierung" behandelt wird: Nämlich die Tatsache, dass auch in der Sprache bestimmte festgefügte Strukturen an bestimmten Positionen (z.B. syntaktischen Positionen in einem Satz-Rahmen) immer nur Elemente eines ganz bestimmten, in seiner Kategorie (oder seinen Kategorien) festgelegten

---

[8]   Dies (Frames als Relationen) ist eine wichtige Klarstellung, die bei Fillmore nie so deutlich formuliert worden war.

[9]   Darstellungen, die zudem einfach die satzsemantischen Strukturen von Prädikationen bzw. Valenz-Rahmen nachbilden. Es fragt sich, ob es für die von Minsky hier unterschiedenen inneren Elemente eines Frames bei Fillmore überhaupt Äquivalente gibt.

[10] Searle 1971, 54.

3.1 Kognitive Frames: Minskys Startschuss 255

Typs zulassen bzw. erfordern. Analog zum linguistischen Sprachgebrauch kann man den von Minsky hier erstmals so deutlich angesprochenen Aspekt der Frame-Struktur als *„Frame-Sub-Kategorisierung"* bezeichnen. – Ebenfalls sehr wichtig – und in seiner tragenden Rolle für jede Frame-Theorie, die verallgemeinerungsfähig sein soll, nicht zu unterschätzen – ist das bereits in dieser ersten Definition der Frames von Minsky hervorgehobene Prinzip der *Rekursivität von Frames*: Filler sind selbst Frames! Damit ist jeder instantiierte (voll ausgefüllte) Frame im Prinzip bereits ein *System* (eine Struktur) aus Frames. Mit anderen Worten: Frames haben Unter-Frames als Füllungen. Das heißt: Frames verweisen auf bzw. benutzen andere Frames.[11] Auch wenn dieser Gedanke erst im Frame-Modell Barsalous (1992) systematisch ausgeführt wird, hat Minsky dazu bereits hier die wichtigsten definitorischen Weichenstellungen vorgenommen.

Die „Sub-Kategorisierungs"-Bedingungen der „Slots" eines Frames – Minsky spricht hinsichtlich dieser Funktion von „Markern" – können etwa festlegen, dass an einer bestimmten Position eines Frames ein bestimmter Typ von Objekt, eine Person, oder ein spezifischer „Wert" eingefügt wird:

> „Einfache [Ausfüllungs-]Bedingungen können spezifiziert sein durch Marker, die verlangen, dass der ‚Terminal' durch eine Person, ein Objekt oder einen hinreichenden Wert besetzt wird, oder durch einen Zeiger [pointer] zu einem Unter-Frame eines bestimmten Typs. Komplexere Bedingungen können Relationen spezifizieren, die zwischen den Dingen bestehen, die an verschiedenen Terminals angeschlossen werden."[12]

Bemerkenswert an diesen Formulierungen ist, dass Minsky hier (offenbar erstmals in der Frame-Theorie) den Begriff „Wert" verwendet, der später im „Attribute-Werte-Modell" der Frames von Barsalou eine wichtige Rolle spielen wird. Danach legt (in einer der formalen Logik abgeschauten Redeweise) ein „Slot" eines Frames einen bestimmten „Wertebereich" fest, aus dem die konkrete Füllung (der konkrete „Wert", der eingefügt wird) entnommen sein muss. Slots sind daher nicht völlig variabel, sondern bestehen selbst aus einem festen Kern (der Festlegung eines Wertebereichs) und variablen Elementen (den konkreten Werten, die aus einem vordefinierten Wertebereich „entnommen" und dem aktualisierten, instantiierten Frame zugeordnet werden).[13]

Weiterhin führt Minsky in dieser Definition offenbar erstmals den Gedanken der „Default-Werte" (der standardmäßigen Füllungen bzw. Werte-Belegungen der Slots eines Frames) ein. Allerdings tut er dies mit der etwas problematischen Metapher des „Pointers" (Zeigers). Insofern ein „Zeiger" immer auf etwas Konkretes, Bestimmtes zeigt, kann davon ausgegangen werden, dass es sich bei dem „Gezeigten" immer um eine typische Füllung für einen Slot handelt. (Wenn man die Metapher des „Zeigers" nicht im Sinne von Default-Werten deuten würde, dann wäre dessen Funktion auf eine reine Verweis-Funktion zu einem anderen Frame reduziert; d.h. dass die Funktion von „Zeigern" einzig im Herstellen dieses Verweises auf einen anderen Frame besteht. Wenn man aber davon ausgeht, dass jegliches Wissen in Form von Frames organisiert ist – Stichwort „Rekursivität", dann wäre

---

[11] Es ist eine der wichtigsten und problematischsten Lücken in der linguistischen Frame-Konzeption von Fillmore, dass dieses zentrale Prinzip der Rekursivität von Frames und Frame-Strukturen (bzw. des Frame-Konzepts) dort nie erkannt oder zumindest explizit thematisiert wurde.

[12] Minsky 1974, 2.

[13] Dies könnte ein erstes Indiz dafür sein, dass Slots nicht nur manchmal, sondern grundsätzlich selbst auch Frames sind. Die Rekursivität der Frames würde sich danach bereits in jedem einzelnen Frame erfüllen, und wäre nicht nur ein Merkmal größerer Frame-Systeme.

die Vernetzung von Frames ein Grundmerkmal auch der internen Struktur von Frames – und damit aller Frames – und es bedürfte keines gesonderten Konzepts wie „Zeiger", um diese Funktion zu benennen.)

Minskys Hinweis auf die „komplexeren Bedingungen", die bezüglich Relationen zwischen den an die verschiedenen Slots eines Frames angeschlossenen Elementen / Fillern besteht, kann möglicherweise in Entsprechung zu den „constraints" gedeutet werden, die dann später bei Barsalou hervorgehoben werden, so dass (in dieser Lesart) auch hier Minsky diese Idee als erster eingeführt hätte. Wichtig ist der Hinweis, dass die Relationen zwischen den an einen Frame angeschlossenen Elementen nicht beliebig, sondern selbst wiederum spezifiziert sind (oder zumindest sein können). – Problematisch ist aber hier Minskys Hang zu einer hochgradig metaphorischen Redeweise. Was soll man sich genau unter den „Markern" im Sinne Minskys vorstellen? Sind das realisierte Zeichen? Wenn nicht, was ist ein „rein idealler" [in einer Wissensstruktur „gedachter" (rein „epistemisch präsenter")] „Marker"? Was kann „Marker" dann überhaupt heißen? Auf solche Fragen gibt Minsky allerdings keine Antwort.

Frame-Systeme. Nach dieser Definition der Grundelemente und -Aspekte von kognitiven Frames wendet sich Minsky der Vernetzung von Frames in Frame-Systemen zu: „Gruppen aufeinander bezogener Frames sind verbunden zu Frame-Systemen."[14] Damit thematisiert er ebenfalls einen Aspekt der Frames, der in der Konzeption von Fillmore viel zu kurz kommt. Mit solchen Frame-Systemen spielt Minsky offenbar auf Aspekte an, wie sie Fillmore mit seinem Standard-Beispiel des „Kaufereignis"-Frames ebenfalls schon thematisiert hatte. Nämlich die Tatsache, dass mehrere benachbarte Frames sich auf ein und denselben Ereignis-Typ beziehen, den sie nur unter unterschiedlichen Perspektiven in den Blick nehmen. Wie bei Fillmore spielt also auch bei Minsky der Aspekt der *Perspektive* eine wichtige Rolle im Frame-Modell: Frames dienen auch dem Zweck, eine bestimmte Perspektive auf ein Geschehen (Sachverhalt, Objekt) kognitiv zu organisieren:

> „Bei visueller Wahrnehmung beschreiben die Frames eines Systems die Szene aus verschiedenen Blickwinkeln. Bei nicht-visuellen Frames können die Unterschiede zwischen den Frames eines Systems sich beziehen auf Handlungen, Ursache-Wirkung-Relationen, oder Änderungen in der begrifflichen Perspektive [conceptual viewpoint]." (Minsky 1974, 2.)

Charakteristisch ist für solche Frame-Systeme, die aus Frames für divergente Perspektiven auf denselben Sachverhaltstyp gebildet sind, dass die „verschiedenen Frames eines Systems dieselben Terminals teilen", und dass die Frames selbst wieder auf Sub-Frame-Systeme verweisen können.[15] In gewisser Weise lässt sich diese Idee von Minsky auf die Grundidee von Fillmore beziehen, die er in der „scenes-and-frames"-Phase seines Modells mit der Unterscheidung von und Beziehung zwischen Frames und Szenen zu beschreiben versucht hat: Wie bei Fillmore verschiedene Verben des KAUF-Frames auf einen zu Grunde liegenden abstrakten Frame (damals „Szene" genannt) zurückgehen, so spricht hier Minsky von mehreren Frames, die sich dieselben Frame-Elemente teilen. Für Minsky kommt es bei solchen Systemen darauf an, dass nur sie es erklären können, wie es möglich wird, „Infor-

---

[14]   Minsky 1974, 2.
[15]   „Jeder Frame hat Terminals für Pointer zu Sub-Strukturen. Mehrere Frames können dieselben Terminals teilen, die dann auf ein und dasselbe Objekt in verschiedenen Perspektiven verweisen. Dies ermöglicht es, Sicht-unabhängige Information, die zu verschiedenen Zeiten und an verschiedenen Orten gewonnen wurde, an einer einzigen Stelle zu repräsentieren." Minsky 1974, 7.

3.1 Kognitive Frames: Minskys Startschuss   257

mationen zu koordinieren, die von verschiedenen Blickwinkeln aus erlangt wurden". Wichtig ist dabei sicher auch der Gedanke, warum überhaupt Frames sich zu solchen Frame-Systemen kombinieren: Frames werden aufgrund ihrer dynamischen Struktur durch diese Koordination zu so etwas wie „Ersparungs-Instrumenten für das Gedächtnis", die nicht nur „Speicherplatz", sondern auch kognitiven Verarbeitungsaufwand einsparen helfen. – Fraglich ist allerdings, ob es eine zwingende Voraussetzung für „Frame-Systeme" sein muss, dass sie immer mit verschiedenen „Perspektiven" auf Dasselbe zusammenhängen sollen. Dies erscheint etwas zu eingeschränkt vom Typus der Frames visueller Wahrnehmung aus gedacht zu sein (die Minsky anschließend näher analysiert). Zu fragen wäre, wie die Sachlage bei Frames zu nicht-visuellen, nicht wahrnehmbaren (abstrakten) Gegenständen ist. Hier die fraglos vorhandenen Frame-Systeme auf solche aufgrund verschiedener Perspektiven einzuschränken, ist sicherlich zu kurz geschlossen. (Fillmore nennt Beispiele für auf komplexere Geschehens-Abläufe bezogene Frame-Systeme, die andere Arten von Verkettungen aufweisen als die Frame-Systeme, die aufgrund verschiedener Perspektiven auf dieselben Sachverhalte entstehen.)

Standard-Werte und Erwartungen. Ein wichtiger Aspekt in Minskys Frame-Konzept ist die Hervorhebung der Rolle von Erwartungen (an mögliche oder typische Füllungen der offenen Slots von Frames). Erwartungen und Vorannahmen[16] sind gesteuert durch die Standard- oder Default-Werte (die nunmehr – mit dem Begriff der „default assignments"[17] [Standard-Zuschreibungen] – auch explizit als solche in das Modell eingeführt werden). Standardisierung (was wohl nur ein anderer Begriff für Prototypikalität ist) ist nach Minsky deswegen ein zentrales Element von Frames als Struktureinheiten des Wissens, weil es die Existenz solcher Frames durch ein wichtiges Moment motiviert: die Entlastung von expliziter kognitiver Aktivität, die dadurch stattfindet, dass nur dann im Verstehen (Erkennen) gezielt nach spezifischen Füllungen für die offenen Slots von Frames gesucht werden muss, wenn die Standard-Füllungen nicht ausreichen oder nicht passen. Kognitiv entlastend wirken die Default-Werte vor allem dadurch, dass in den fraglichen Frames lediglich die „Pointer" figurieren, die konkreten Details aber durch die relationierten Frames beigesteuert werden, auf die diese „Pointer" „zeigen". Standard-Werte sind mit den Slots, die auf sie „verweisen", laut Minsky nur „locker verknüpft". Daher können sie leicht durch konkretes abweichendes epistemisches Material ersetzt werden, das besser zur spezifischeren Situation passt, sobald dies vom Kontext oder der spezifischen Verwendung des Frames erfordert ist.[18] Damit ergibt sich als Grundstruktur der Frames eine Verbindung aus festen Elementen und Strukturen plus variablen Elementen.

Frame-Vervollständigung. Das Ausfüllen von Slots (bzw. präziser: die Prüfung, ob ein Slot mit einem Standard-Wert oder einer noch aktiv beizusteuernden Information ausgefüllt wird) vollzieht sich vermittels eines „Abgleich-Prozesses" (matching process) mit dem „jede End-Position des Frames mit Werten ausgefüllt wird, die den Werten entsprechen, die

---

[16] „Ein Großteil der Erklärungskraft der Theorie hängt ab vom Einschluss von Erwartungen und anderen Arten von Vorannahmen. Die Endpositionen [terminals] eines Frames sind normalerweise mit Standard-Ausfüllungen versehen. Auf diese Weise kann ein Frame eine Vielzahl von Details umfassen, die (deren Vermutung) nicht speziell durch die jeweilige Situation gesteuert werden muss." Minsky 1974, 2.

[17] Es ist interessant, dass Minsky die Slot-Füllungen als „assignments" bezeichnet. Dies betont stärker den aktiven, Interpreten-zentrierten Charakter des Vorgangs der Frame-Ausfüllung!

[18] Nach Minsky machen die Standard-Werte als eine Art „Beispielfälle" [textbook cases] häufig explizite Quantifizierungen überflüssig, da sie an deren Stelle Standard-Quantifizierer setzen.

von den jeweiligen Markern verlangt werden".[19] Liefert ein solcher Abgleich-Prozess keine befriedigenden Ergebnisse, so dass ein Frame nicht auf den fraglichen Wirklichkeitsausschnitt, für dessen kognitive Bewältigung er aktiviert wurde, passt, „dann liefert das Netzwerk einen Ersatz-Frame".[20] Minsky formuliert hier den sehr wichtigen Gedanken, dass in der kognitiven Verarbeitung von Wahrnehmungsdaten jedes Mal dann, wenn ein bestimmter, probabilistisch erwogener Frame nicht ausgeführt werden kann, dafür ein Ersatz-Frame herangezogen wird. Diese Beobachtung ist ausgesprochen wichtig auch für semantische Prozesse (zum Beispiel den Bedeutungswandel, oder die „Ausfüllungsbedürftigkeit" des Sprach- und Textverstehens), da sie darauf hinweist, dass unser epistemischer Apparat immer darauf geeicht ist, einmal erhobene Wahrnehmungsdaten sinnvoll zu machen, sei es auch dadurch, dass dann eben nach einem anderen, passenden Frame gesucht wird.[21] Interessanterweise spielt der Gedanke der Alternative gerade auch in der Konventionstheorie von D. K. Lewis eine wichtige Rolle: Eine Konvention besteht nur da, wo auch eine Alternative (hier: eine alternative Handlungsmöglichkeit) gegeben ist.[22] Da die Wissensstrukturen, die mit dem Begriff des Frames beschrieben werden sollen (mindestens aber diejenigen, die im Gebrauch einer Sprache zum Tragen kommen), überindividuelle, also gesellschaftlich vermittelte Wissensstrukturen darstellen, liegt es nahe, sie in engen Zusammenhang mit dem Phänomen der Konventionalität zu bringen. Es liegt dann nahe, dass beide, Frames und Konventionalität, zumindest einige ihrer fundierenden Prinzipien teilen.

An diesem Punkt schließt Minsky die Darstellung der Grundbegriffe seines Frame-Modells vorläufig ab und wendet sich vertiefenden Gesichtspunkten zu, indem er das Grundgerüst auf verschiedene Formen kognitiver Aktivitäten anwendet und es dabei zugleich beständig erweitert bzw. feindifferenziert. (Zunächst wendet er die Frame-Idee auf visuelle und bildhafte Wahrnehmung an; danach geht er auf sprachliche und andere Formen des Verstehens ein; diskutiert schließlich Gedächtnis-, Erwerb- und Abruf-Strategien [retrieval] für Wissen sowie Steuerungsaspekte und greift am Schluss noch einmal weitere Aspekte visueller und Raum-Wahrnehmung auf.) Natürlich betont er: „Das vorgeschlagene Modell ist nicht völlig ausgearbeitet!" und weist auf die Grenzen des noch sehr rudimentären Modells hin: „Ich gehe nicht davon aus, dass die hier vorgestellten Ideen ausreichen für eine vollständige Theorie; lediglich davon, dass das Modell der Frame-Systeme dabei hel-

---

[19]   Minsky 1974, 2. „Der Abgleich-Prozess wird teilweise gesteuert durch Informationen, die mit dem Frame assoziiert sind (und die Informationen darüber einschließen, wie mit Überraschungen verfahren werden soll), und teilweise durch Wissen über die gegenwärtigen Ziele des Systems. Die durch das Scheitern eines Abgleich-Prozesses erzeugte Information hat wichtige Konsequenzen [uses]." – Es fällt auf, dass die für Fillmore so wichtige Frage des Unterschieds zwischen „evozieren" oder „invozieren" verstehensrelevanter Informationen von Minsky bei seinen Überlegungen zum Abgleich-Prozess gar nicht angesprochen oder erörtert wird.

[20]   „Die Frame-Systeme sind durch ein Informations-Suche-Netzwerk [information retrieval network] verbunden. Wenn ein fraglicher Frame nicht auf einen gegebenen Wirklichkeitsausschnitt angepasst werden kann (wenn wir keine Ausfüllungen [terminal assignments] finden können, die auf die Bedingungen der End-Positionen [terminals] passen), dann liefert das Netzwerk einen Ersatz-Frame. Solche Frame-übergreifende [inter frame] Strukturen ermöglichen andere Repräsentationsweisen für Wissen über Tatsachen, Analogien und andere Informationen, die für deren Verstehen dienlich sind." Minsky 1974, 2. – Möglicherweise entspricht das, was Minsky ein „Informations-Suche-Netzwerk" nennt, demjenigen, was Fillmore mit seinem Begriff des Evozierens ausdrücken wollte. (Ob dies tatsächlich so ist, lässt sich nicht beurteilen, da Fillmore seinen Begriff nicht näher spezifiziert oder erläutert hat.)

[21]   Der deutsche Sprachpsychologe Hörmann (1976, 250 f.) hat diese Such-Bewegung einmal als „intentionale Ausrichtung auf Sinn" bezeichnet.

[22]   Lewis 1975, 78.

3.1 Kognitive Frames: Minskys Startschuss   259

fen kann, einige Phänomene der menschlichen Intelligenz zu erklären."[23] Auch weist er
darauf hin, wie viel er bestimmten Vorläufern verdankt; explizit erwähnt er die Schema-
Konzeption von Frederic Bartlett (1932), aber interessanterweise auch den Paradigma-
Begriff des Wissenschaftstheoretikers Thomas S. Kuhn (1970). Gerade letzterer Hinweis
deutet darauf hin, dass Minsky entgegen dem ersten Anschein (erzeugt durch die Anwendung auf Beispiele visueller Wahrnehmung, mit der er in seinem Papier anschließend fortfährt) nicht nur konkrete Wahrnehmungs-Phänomene im Blick seiner Frame-Theorie hat,
sondern in ihren Erklärungsbereich durchaus auch abstrakte, theoretische Wissensrahmen
einbezieht, bis hin zu komplexen wissenschaftlichen Paradigmen, wie sie Kuhn in seiner
Theorie beschrieben und erklärt hat.

Das Beispiel der visuellen Wahrnehmung. Zunächst am Beispiel der visuellen Wahrnehmung erläutert Minsky sodann die Leistungsfähigkeit und zusätzliche wichtige Aspekte
des Frame-Modells. Schon bei einer einfachen kognitiven Aktivität wie der Wahrnehmung
eines Würfels von verschiedenen Seiten muss von einer Interaktion mehrerer Frames ausgegangen werden. Ausführlich beschreibt er das Ineinandergreifen von Frames für die verschiedenen Perspektiven, die dann zu einer Gesamt-Sicht des Gegenstandes zusammengefügt werden, welche Frame-theoretisch als komplexes Frame-System darzustellen ist. Solche Systeme werden, so Minsky, selbst wieder im Gedächtnis gespeichert, da es viel zu
aufwändig wäre, sie jedesmal neu zu konstruieren.[24] Eine einzelne, visuell wahrgenommene
Szene evoziert jeweils das gesamte Frame-System. Minsky erweitert hier also das auch von
Fillmore verwendete Konzept der Evokation, indem er nicht nur von der Evokation einzelner Frames, sondern von der Evokation ganzer Frame-Systeme spricht.[25] In diesem Zusammenhang führt Minsky einen wichtigen neuen Aspekt ein: die Dynamik von Frames
und Frame-Aktivierung. Nicht immer reichen die aus dem Gedächtnis abrufbaren Frames
zur Bewältigung eines kognitiven Problems (z.B. einer visuellen Wahrnehmung) aus, nicht
immer passen sie auf das Wahrgenommene.[26] In solchen Fällen wird der bestmögliche
abrufbare Frame so lange modifiziert, bis er auf die (neue) Situation passt: Ein neuer Frame
ist damit entstanden und kann dem im Gedächtnis „archivierten" Frame-Inventar hinzugefügt werden. Dies ist gerade auch für die linguistische Anwendung der Frame-Idee ein
überaus wichtiger Gedanke: Frames erfordern eine Dynamik. D.h.: Reichen die aus dem
Gedächtnis abrufbaren Frames nicht aus, werden neue Frames konstruiert. Frame-Wandel
(und darauf aufbauend auch Sprach- und Bedeutungswandel) ist daher im Prinzip der Frames und Frame-Aktivierung immer schon angelegt. Diese Erkenntnis harmoniert bestens

---

[23]   „Oft werden Repräsentationen angenommen, ohne die Prozesse zu klären, die diese benutzen. – Es wird
       über Marker und Ausfüllungen [assignments] gesprochen, als sei es klar, wie sie angeschlossen und
       verknüpft werden; tatsächlich ist dies aber nicht klar. – Es wird geredet, als ob viele Probleme, die mit
       ‚Verstehen' verbunden sind, übersehen worden seien; Probleme, die tatsächlich eine viel tiefer gehende
       Analyse erfordern würden." Minsky 1974, 2.
[24]   „Eine so komplexe Struktur wird nicht jedes Mal neu erzeugt. Ich gehe stattdessen davon aus, dass eine
       größere Sammlung von Frame-Systemen im permanenten Langzeit-Gedächtnis gespeichert ist, und dass
       eines davon evoziert wird, wenn die Evidenz und Erwartung es wahrscheinlich machen, dass die im
       Blickfeld liegende Szene in diesen Frame passt." Minsky 1974, 7.
[25]   Konsequenterweise wäre vermutlich in Minskys Terminologie die „Szene", von der Fillmore in seiner
       „scenes-and-frames"-Phase spricht (Kaufereignis mit Einzel-Frames wie KAUFEN, VERKAUFEN, BE-
       ZAHLEN usw.) dann adäquaterweise als ein solches „Frame-System" zu beschreiben.
[26]   „Wenn ein ausgewählter Frame nicht gut genug passt und wenn kein besserer leicht gefunden wird, und
       wenn die Sache wichtig genug ist, dann wird eine Adaption des bestmöglichen bis dahin gefundenen
       Frames konstruiert und für künftigen Gebrauch im Gedächtnis gespeichert." Minsky 1974, 7.

260   *Kapitel 3: Die Frame-Idee bei Marvin Minsky*

mit einer sprachwissenschaftlichen Theorie, wonach z.B. der Bedeutungswandel in jedem Einzelfall der Aktualisierung von Bedeutung möglich, und daher grundsätzlich im Prinzip von Sprache und Bedeutung schlechthin immer schon angelegt ist. Die Frame-Konzeption von Minsky ergibt für diese Theorie eine weitere Evidenz.[27]

Frame-Systeme existieren nach Minsky jedoch nicht zwingend für alle Objekte, die Gegenstand der Wahrnehmung und kognitiver Aktivitäten werden können. Aus Plausibilitätsgründen (begrenzte Speicherkapazität des Gedächtnisses) nimmt er an, dass fertig ausgebildete Frame-Systeme nur für die wichtigsten Objekte existieren, während andere, seltener zum Gegenstand werdende Objekte mit einem Set von allgemeinen „Grund-Frames" verarbeitet werden. Die Funktion solcher „Grund-Formen" (basic shapes) sei es vor allem, das Ausgangsmaterial für angepasste, dynamisch erzeugte Frames zu bilden.[28] Überträgt man diesen Gedanken der dynamischen, adaptiven Frames auf die Sprache, dann folgt daraus zwingend, dass allen Konzeptionen von festen, unveränderlichen Sprach-Regeln (seien es Bedeutungskonventionen oder grammatische Regeln) aus Frame-theoretischer Sicht der Boden entzogen wird. „Adaptiv" heißt in diesem Zusammenhang nämlich nicht nur, dass die für jede kognitive Verarbeitung (sei es visuelle Wahrnehmung, sei es die Verarbeitung von sprachlichen Eingangsdaten) notwendig zu aktivierenden Frames „adaptionsfähig" sind (dass sie also bei Bedarf an die jeweilige Situation angepasst werden *können),* sondern darüber hinaus, dass sie „anpassungsbedürftig" sind (dass sie also in aller Regel an die Situationen angepasst werden *müssen).*

Sehr wichtig ist in diesem Kontext Minskys Hinweis darauf, dass solche kognitiven Anpassungsprozesse durch *Ziele* der kognitiv verarbeitenden Menschen gesteuert sein können:

> „Der Abgleich-Prozess [matching process], der darüber entscheidet, ob ein in Aussicht genommener Frame passend ist, wird teilweise durch die eigenen jeweiligen Ziele gesteuert und teilweise durch Informationen, die mit dem Frame verbunden sind; die Frames liefern *terminal markers* und andere Selektionsbeschränkungen [constraints], während die Ziele benötigt werden, um zu entscheiden, welche dieser Constraints jeweils relevant sind." (Minsky 1974, 8.)

Das heißt, dass jeder kognitive Verarbeitungsprozess (sei es visuelle Wahrnehmung, sei es die Wahrnehmung und Weiterverarbeitung von Sprachdaten) keine quasi objektivistische einfache „Spiegelung" vorfindlicher „Tatsachen" im menschlichen Geiste darstellt, sondern von den (ja immer auch subjektiven, individuellen) *Interessen* der Wahrnehmenden beeinflusst und geformt ist (oder zumindest sein kann). Die Einsicht, dass jede – auch eine elementare – Wahrnehmung bereits durch *Ziele* und *Interessen* gesteuert sein kann, entzieht jedem objektivistischen Verständnis von Wahrnehmungsprozessen (und damit auch von Sprachverstehensprozessen) den Boden unter den Füßen. Zum Beispiel wäre eine kategorische Unterscheidung zwischen einem quasi objektivistischen (und „passiven") *Evozieren* von Frames und einem individuell gesteuerten (und „aktiven") *Invozieren*, wie sie etwa Fillmore für das Sprachverstehen zu verteidigen versucht, auf der Grundlage der von Minsky hier formulierten Einsicht,[29] dass *jede* Frame-Aktivierung durch *Ziele* und *Interessen*

---

[27] Eine solche Theorie des Sprach- bzw. Bedeutungswandels wurde in Busse 1987 ausgearbeitet.

[28] „Bilden wir solche Systeme für jedes Objekt aus? Das wäre unwahrscheinlich! Vermutlich verfügt man über spezielle Systeme für wichtige Objekte, und daneben eine Anzahl verschiedener Frames für allgemein nutzbare ‚Grund-Formen' [basic shapes]; diese sind dafür gemacht, Frames für neue Fälle ausbilden zu können." Minsky 1974, 7.

[29] Dass Ziele und Interessen die Schema-Bildung stark beeinflussen, hat schon Bartlett 1932 durch Experimente empirisch nachgewiesen.

3.1 Kognitive Frames: Minskys Startschuss   261

gesteuert sein kann, hinfällig.– Der von Minsky hier beschriebene Prozess der Frame-Anpassung ist ein komplexer, mehrstufiger Vorgang, der prinzipiell probabilistischen Charakter hat. Das heißt, dass Frames erst einmal ausprobiert, und bei mangelnder Eignung für die vorliegende Situation entweder angepasst (durch Werte-Belegungen der Slots) oder komplett gegen andere, geeignetere Frames ausgetauscht werden.[30] Interessant ist Minskys (l.c.) Gedanke, dass ein Prozess des Austauschs des zuerst probabilistisch „erwogenen" Frames gegen einen passenderen (oder der Anpassung eines gegebenen Frames an die Situation), wenn er häufiger stattfindet, zu „Ähnlichkeits-Netzwerken" von Frames führen kann. Dies betont die wichtige Rolle, die „Ähnlichkeit" (oder vielleicht besser: „funktionale Äquivalenz") generell in der Kognition spielt, ein Gedanke, der etwa auch in der für die Sprache wichtigen Konventions-Theorie eine Rolle spielt.

Die Überformung bereits so elementarer Wahrnehmungs-Akte wie der visuellen Wahrnehmung durch Frames und Frame-Adaption führt für Minsky zu der Konsequenz, dass bereits die visuelle Wahrnehmung durch gesellschaftliche Konventionen beeinflusst ist. Er begreift daher auch sie schon als „symbolisches" Geschehen. Diese (Malern wie etwa Hogarth 1753, den Minsky erwähnt, schon immer bekannte) Tatsache führt dazu, dass es keine „objektive" Abbildung von Gegenständen geben kann, da jede Form der „Repräsentation" immer bestimmten Perspektiven unterliegt, die bestimmte Teile des „Abgebildeten" verzerren oder gar verdecken.[31] Menschen sind daher schon immer darauf angewiesen, Teile des „Wahrgenommenen" durch zusätzliche Frames, die aus dem Gedächtnis abgerufen werden, zu ergänzen. Solche Ergänzungen sind normal und immer notwendig (bei einem Tisch „sehen" wir in normaler Perspektive maximal drei von vier Beinen gleichzeitig zur Gänze; bei einer Tür sehen wir nicht, was dahinter ist, und ob es überhaupt ein „dahinter" im Sinne eines weiteren Raumes gibt, bei einem Gebäude sehen wir nicht, ob hinter der Fassade überhaupt ein Gebäude ist – immer ergänzen wir aus unserem Gedächtnis entweder Erinnerungen oder allgemeine Frames). Minsky hebt hier also nicht nur die wichtige Rolle der Abstraktion und Schematisierung bei jeder Art von kognitiver Aktivität hervor (wobei

---

[30] Minsky 1974, 8 am Beispiel der visuellen Wahrnehmung: „Allgemein umfasst der Abgleich-Prozess folgende Komponenten: (1) Ein Frame – ist er einmal evoziert auf der Basis von teilweiser Evidenz oder von Erwartungen – wird zunächst einen Test steuern / einleiten [direct], um seine eigene Angemessenheit zu prüfen / bestätigen [test], wobei er Wissen über kürzlich wahrgenommene Merkmale, Orte, Relationen und plausible Unter-Frames benutzt. Die gegenwärtige Ziel-Liste wird benutzt, um zu entscheiden, welche End-Positionen [terminals; [slots]] und Bedingungen angesetzt werden müssen, um der Realität zu entsprechen. (2) Als nächstes würde er Informationen anfordern, die benötigt werden, damit denjenigen End-Positionen [terminals / slots], die nicht mit ihren Standard-Ausfüllungen belegt werden können, die erforderlichen Werte zugeschrieben werden können. [...] Solche Zuschreibungen müssen mit den geltenden Markern der End-Position [terminals / slots] übereinstimmen. (3) Wenn das System informiert wird über eine Veränderung [transformation] (z.B. eine Bewegung), wird es die Steuerung an einen anderen geeigneten Frame des Systems übertragen." – Minskys Redeweise hier ist etwas stark aktivistisch (der Frame *macht* ..., *tut* ...).

[31] „Wir wissen, dass in der Kunst von Kindern (und den meisten Erwachsenen-Kulturen) grafische Repräsentationen in der Tat aufgebaut sind aus sehr begrenzten, hoch symbolischen Zutaten. Perspektiven und ‚Verdeckungen' [occlusions] sind normalerweise nicht ‚realistisch' repräsentiert, sondern aufgrund von Konventionen. Proportionen [metrical relations] und Maße sind gestört; komplexe Formen werden durch Zeichen für nur wenige ihrer wichtigen Merkmale ersetzt. Naiven Beobachtern fallen diese Mittel gar nicht auf." Minsky 1974, 8. Er schließt daraus: Die Problematik zwei- oder dreidimensional verschwindet auf der symbolischen Ebene. „Das ganze Konzept der Dimension wird unangemessen. Jede Art von symbolischer Repräsentation eines Objektes dient manchen Zielen gut, anderen kaum." Maler wie Hogarth 1753 kannten diese Probleme und lehnten daher naive Bild-Ideen ab.

262   *Kapitel 3: Die Frame-Idee bei Marvin Minsky*

Schematisierung immer auch mit „Verkürzung" – also dem Tilgen von Objekt-Merkmalen in der geistigen Repräsentation – einhergeht); er weist außerdem auf die wichtige Rolle des „Ergänzens" bzw. Erschließens (also von Inferenzen) bereits bei so elementaren Frame-gestützten Aktivitäten wie der visuellen Objekt-Wahrnehmung hin. Umso größer wird deren Rolle bei Sprache und Sprachverstehen sein.

Bereits elementare Wahrnehmungs-Akte, wie das visuelle Wahrnehmen, stellen sich bei näherer Betrachtung als Aktivierungen von komplexen Frame-Systemen dar. (Es ist daher naheliegend, dass Minsky andere Versionen bzw. Ausschnitte seines Frame-Papiers unter dem Titel „Frame-Systeme-Theorie" publiziert hat.) Das, was wir bei einer visuellen Wahrnehmung eines Objekts, etwa dann, wenn wir uns um dieses Objekt herum bewegen, oder wenn sich das Objekt vor uns bewegt, als eine einzige kontinuierliche Wahrnehmung empfinden, stellt sich Frame-theoretisch gesehen als Aufeinanderfolge zahlreicher Einzel-Frame-Aktivierungen dar, die nicht nur ein komplexes Netz von Frames ergeben (bzw. auf ganzen vernetzten Frame-Systemen aufbauen), sondern die auch erheblich durch Erwartungen bezüglich dessen, was „als nächstes kommt", gesteuert werden. Minsky spricht diesbezüglich von der „Illusion der Kontinuität".[32] Auch sprachliche Zeichenketten stellen Kontinua dar, in deren Verstehen Verkettungen von Frames ebenso eine Rolle spielen wie systematische Erwartungen bezüglich dessen, was in der Zeichenkette als nächstes kommen könnte. Minskys Hervorhebung der zentralen Rolle der Erwartungen für unsere Prozesse der Frame-Aktivierung und Frame-Ausfüllung haben eine Parallele in manchen Überlegungen aus der Theorie des Sprachverstehens. So etwa mit dem, was der Sprachpsychologe Hans Hörmann als „intentionale Ausrichtung auf Sinn" beschrieben hatte. Frame-gestützte (Sprach-)Wahrnehmung ist daher nicht nur durch Ziele und Interessen, sondern auch durch ein spezifisches Gerüst von Erwartungen gestützt, die teilweise aufgrund des vorherigen Textes, teilweise durch den allgemeinen Kontext, teilweise aber auch aufgrund der individuellen Ausstattung des Verstehenden mit Frames und einer spezifischen Frame-Systeme-Struktur beeinflusst ist.

Minsky erörtert dann noch zahlreiche weitere Aspekte des Wirkens von Frames in der visuellen Wahrnehmung (so z.B. Analyse komplexer Szenen[33] und Sub-Frames, Perspektive und Blickwinkel-Transformationen, Wahrnehmen verdeckter Objekte, Frame-Systeme und Bildaufbau [imagining], Verhältnis von „Sehen" und „Vorstellen"). Insbesondere geht er noch einmal näher auf die Rolle von Standard-Ausfüllungen bzw. Default-Werten [default assignments] ein. Dabei äußert er die Vermutung:

> „Frames werden niemals ohne Ausfüllung der Leerstellen-Werte [terminal values] im Langzeit-Gedächtnis gespeichert. Stattdessen werden Frames gespeichert mit locker angebundenen Standard-Ausfüllungen an jeder Leerstelle. Diese stellen sich heraus als oft nützliche, aber manchmal kontraproduktive Stereotypen." (Minsky 1974, 16.)

---

[32] „Visuelle Wahrnehmung erscheint uns kontinuierlich. Die Illusion der Kontinuität [von eigentlich als Einzel-Wahrnehmungs-Akte stattfindender Wahrnehmung] ist der Beständigkeit von Zuschreibungen zu Slots [terminals] geschuldet, die den verschiedenen Sicht-Frames gemeinsam sind. Das heißt: Kontinuität hängt an der Bestätigung von Erwartungen, die wiederum vom schnellen Zugang zu gespeichertem Wissen über die sichtbare / gesehene [visual] Welt abhängt. Wenn man einen Raum durch eine zuvor verschlossene Tür betritt, hat man bestimmte Erwartungen über das, was man gleich sehen wird (z.B. einen Raum und keine Landschaft). Und man kann schon im Voraus einen Frame für den neuen Raum wählen. Sehr oft erwartet man einen ganz bestimmten Raum, wobei viele Zuschreibungen des Frames bereits ausgeführt sind. [Aufbau einer Raum-Wahrnehmung]" Minsky 1974, 10.

[33] Der in Minsky 1974, 11 benutzte Begriff der „Szene" wird von ihm aber nicht näher definiert.

3.1 Kognitive Frames: Minskys Startschuss 263

Damit wird deutlich: Frames sind keine rein abstrakten Strukturen des Wissens, sondern vermutlich epistemisch „gefüllte" Formierungen von common-sense-Wissen, die sich an den Erfahrungen des Alltagslebens orientieren. Minsky unterstreicht mit dieser Überlegung die zentrale Rolle der Prototypen bzw. Stereotypen für die Frames bzw. für Wissensspeicherung und die Struktur des Wissens schlechthin. Im Grunde formuliert Minsky hier letztlich nichts anderes als eine wahrnehmungstheoretisch zwingende Begründung einer Stereotypen- bzw. Prototypen-Theorie und weist dem Gedanken der Prototypikalität eine wichtige Rolle für die Frames, für jede Frame-Theorie zu. Hierin folgt er Fillmore, der ebenfalls die Prototypikalität der Frames stark hervorgehoben hatte. In die Ausbildung solcher epistemischer Stereotype fließt, so Minsky, in erheblichem Umfang lebensgeschichtliches Wissen der Individuen ein. Prototypische Standard-Ausfüllungen können daher immer auch bis zu einem gewissen Grade idiosynkratisch sein. Dies steht aber nur scheinbar im Kontrast zu der von Fillmore stark gemachten Annahme, dass die epistemischen Stereotype bzw. Prototypen stets auch die Gesellschaftlichkeit des Wissens repräsentieren. Diese Annahme Fillmores bezieht sich auf die Frames als solche (also die Gesamt-Struktur von Frames, bzw. das, was Minsky die „obere Ebene" [top level] eines Frames nennt), während Minsky sich hier auf Standard-*Ausfüllungen* bezieht. Während der Werte-*Bereich* einer Leerstelle (eines „terminals" oder „slots") zur festen stereotypischen Struktur des Frames gehört, und in dieser Eigenschaft – jedenfalls bei sprachlich relevanten Frames – gesellschaftlich geformt ist, ist es bei einem Standard-*Wert* (der ja ein Einzel-Datum darstellt) unproblematisch, wenn sich hier gesellschaftlich konventionelle mit idosynkratischen Aspekten mischen. Ohnehin ist sehr viel wichtiger als solche sophistischen Abgrenzungen Minskys Vermutung, dass Standard-Werte nur erste Ausgangspunkte im Prozess des Verstehens bzw. der kognitiven Verarbeitung von Wahrgenommenem sind; oft (oder meistens?) werden sie durch Anpassung verändert, korrigiert.[34] Standard-Ausfüllungen (Default-Werte) sind also wichtig für das Funktionieren von Frames, da sie – z.B. im Sprachverstehen – Strategien dann eröffnen, wenn die einlaufenden Informationen eine präzise Besetzung offener Leerstellen mit kontextuell vordefinierten Werten nicht erlauben, aber sie dürfen auch nicht überbewertet werden, da sie jederzeit kontextuell (z.B. durch nachträglich einlaufende Informationen) korrigiert bzw. überformt werden können.

Abschließend zu diesem Kapitel versucht Minsky am Beispiel komplexer visueller Wahrnehmung beim Vollzug von Bewegungen des Wahrnehmenden eine grundlegende evolutionäre Begründung für die Entwicklung von Frame-Systemen in der Kognition von Lebewesen zu geben. Ortswechsel des Wahrnehmenden bewirken hinsichtlich der wahrgenommenen Objekte (bzw. Szenerie) immer vielfältigen Formen-Wandel, der von Blickwinkeln und Distanz-Relationen (zwischen Beobachter und Objekten) abhängt. Beispielsweise

---

[34] Dies macht Minsky (1974, 16) an folgendem Beispiel deutlich: „Wenn man sagt ‚John kickte den Ball', dann denkt der Rezipient wahrscheinlich nicht an einen völlig abstrakten Ball, sondern imaginiert Eigenschaften eines vagen besonderen Balls; dieser hat wahrscheinlich eine bestimmte Standard-Größe, Standard-Farbe, Standard-Gewicht. Möglicherweise ist er ein Abkömmling des Balles, den man einmal besessen hat, oder durch den man verletzt wurde. Vielleicht ähnelt er dem letzten eigenen Ball. In jedem Fall aber hat die Vorstellung [image] nicht die Schärfe wie bei einem präsenten Objekt [the sharpness of presence], weil die Prozesse, die auf den locker verknüpften Standard-Merkmalen aufbauen, diese sehr wahrscheinlich ändern, anpassen oder tilgen." – „Solche Standard-Ausfüllungen können subtile, idiosynkratische Einflüsse auf die Wege haben, denen ein Individuum folgt, wenn es Analogien, Verallgemeinerungen und Urteile vollzieht, vor allem dann, wenn die externen Einflüsse auf solche Auswahlen schwach sind."

264   *Kapitel 3: Die Frame-Idee bei Marvin Minsky*

müssen sich schnell bewegende Tiere ein Modell der Szene aus verschiedenen, teilweise „Möglicherweise war diese Notwendigkeit der evolutionäre Anstoß der Entwicklung von Frame-Systemen und später von symbolischen Mechanismen." (Minsky 1974, 12.) Die Entwicklung und Funktion von komplexen Frame-Systemen und Mechanismen der Frame-Differenzierung und Frame-Adaption wäre nach diesen Überlegungen nachgerade überlebenswichtig und damit evolutionstheoretisch zwingend. Deutlich wird hier wieder, dass den Frame-Systemen offenbar in der Theorie Minskys eine sehr zentrale Rolle zukommt. Visuelle Wahrnehmung liefert dabei das Modell für die Funktionsweise und Nutzung von Frames und Frame-Systemen, das auch auf andere Formen der Kognition übertragen werden kann, wie etwa insbesondere auf die Verarbeitung von Sprache, der sich Minsky anschließend sehr ausführlich zuwendet.

3.2   Minskys Überlegungen zu Frames in Sprache und Textverstehen

Interessanterweise beginnt Minsky seine Überlegungen zur Anwendung des Frame-Modells zum Zwecke einer (wie er offenbar annimmt) adäquateren Erklärung der Sprache und des Sprachverstehens mit zwei wichtigen, aber auch bezeichnenden Aspekten. Der eine dieser Aspekte ist, dass Minsky die Bedeutung von Frames, aber insbesondere auch von Default-Werten gerade für das Problem der Erklärung des Phänomens (Phänomenbereichs) „sprachliche Bedeutung" hervorhebt (a.a.O. 19). Der zweite Aspekt ist, dass Minsky, sicher nicht zufällig, Chomskys berühmtes Beispiel der zwei Wortfolgen (a) *„Colorless green ideas sleep furiously"* und (b) *„Furiously sleep ideas green colorless"* aufgreifend ein interessantes Modell des syntax-gestützten Sprachverstehens andeutet, das alle Überlegungen der (damals noch am Anfang ihres Siegeszugs stehenden) Chomsky-Schule kurz und elegant über den Haufen wirft. Nach Minsky erlaubt die Wortfolge (a) Ausfüllungen, die dann aber problematisch werden. Er sieht in diesem Satz *sleep* als Kern oder Auslöser eines Basis-Frames an und geht damit wie Fillmore (und die Valenz-Syntax) davon aus, dass das Verb das strukturelle und semantische Zentrum eines Satzes ist. Wortfolge (b) unterscheidet sich von (a) aber stark, weil kein Unter-Frame irgendein substantielles Fragment akzeptiert. Mit der Folge: Kein übergeordneter Frame passt auf diese Elemente. Das heißt nach Minsky aber: Kein hochrangiger (top-level) „Bedeutungs"- oder „Satz"-Frame kann die Äußerung (b) als bedeutungsvoll oder grammatisch erweisen. Minsky (1974, 19) leitet aus diesem Beispiel die interessante Überlegung ab:

> „Wenn die oberen Ebenen adäquat gefüllt [be satisfied] werden können, die unteren Ebenen aber nicht, handelt es sich um einen bedeutungslosen Satz; wenn die obere Ebene schwach ist, die Basis aber solide, kann es sich um einen ungrammatischen aber bedeutungshaltigen handeln."

Dies offenbart eine sehr interessante Anwendung der Frame-Theorie und eine sprachbezogene Hypothese: Sinnvolle, vernünftige sprachliche Äußerungen benötigen einen Ober-Frame, der die Einzelteile integriert. In diesem Falle also ein (semantisch relevanter) Satz-Frame![35] (Die Anwendung der Prädikate „bedeutungslos" und „bedeutungshaltig" in dieser These Minskys ist freilich noch diskussionsbedürftig.)

---

[35] Bezeichnend, dass gerade Chomsky als Syntaktiker dies hier nicht zu bemerken scheint! Man kann hieran gut sehen, wie der bei ihm vorausgesetzte semantische Komponentialismus die Entwicklung ei-

3.2 Minskys Überlegungen zu Frames in Sprache und Textverstehen   265

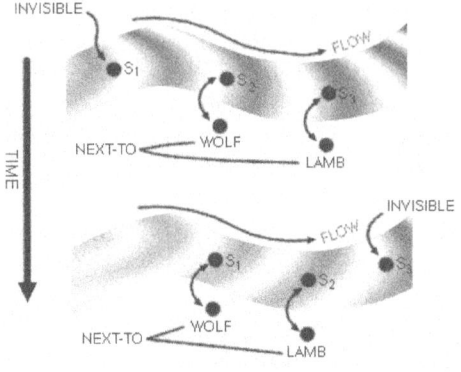

Abb. 3-1: „Wolf und Schaf am Fluss" nach Minsky 1975, 21.

Minsky schließt aus seiner Analyse von Chomskys Parade-Beispielen, dass ein reduktionistisches Verständnis der Syntax, wie es im Generativen Theorie-Paradigma vorliegt, das Funktionieren (und Verstehen) von Sprache verfehlt. Minsky formuliert hier (als Nicht-Linguist) die sehr weitreichende These, dass die in der Linguistik (gerade bei Chomsky) so gern hochgehaltene Trennung von Syntax und Semantik nach seiner Auffassung jeglicher Grundlage entbehrt (20). Anschließend demonstriert er (unter dem Stichwort „discourse") Aspekte seiner Frame-Theorie bezeichnenderweise an Beispielen aus dem Textverstehen.[36] Dabei arbeitet er (wie vor ihm und gleichzeitig auch Fillmore an seinen hunderten von Beispielen) insbesondere heraus, dass das Verstehen schon relativ unscheinbarer sprachlicher Mittel umfassende Frame-Strukturen voraussetzen kann, die weit über das hinausgehen, was in üblichen semantischen oder syntaktischen Theorien noch als zu einem Satz (oder Text) und seiner Bedeutung gehörig gerechnet wurde. Sein Beispiel übernimmt er von Chafe 1972, an dem er u.a. die verstehensrelevanten Wissensvoraussetzungen für die Konjunktion *obwohl* in den Fokus nimmt: „Es war einmal ein Wolf, der sah ein Lamm an einem Fluss trinken und suchte nach einer Ausrede, um es fressen zu können. Zu diesem Zweck, und obwohl er selbst stromaufwärts stand, klagte er das Lamm an, dass es das Wasser aufwühlen würde und ihn am Trinken hindere ..." Dazu Minsky (20): Um diese Geschichte verstehen zu können, muss man wissen, dass der Wolf lügt. Aber woher weiß man das? Um die Schlüssel-Konjunktion *obwohl* verstehen zu können, muss man wissen, dass Verunreinigungen eines Flusses niemals stromaufwärts fließen. Dies wiederum erfordert (unter anderem) ein richtiges Verstehen des Wortes *stromaufwärts* selbst. Ein adäquates Verstehen des *obwohl* setzt hier etwa ein Wissen voraus wie: „{ A stromaufwärts von B } UND { Ereignis T, Strom schmutzig an A } → existiert { Ereignis U, Strom schmutzig an

---

ner angemessenen Syntaxtheorie gerade auch im Hinblick auf die zentrale semantische Bedeutung der Satz-Frames (oder besser: Satz-organisierenden Frames) behindert hat.

[36] Man kann hierin eine starke Parallele zu Fillmore sehen, dessen semantische Konzeption letztlich auch vor allem an dem Versuch einer adäquaten Erklärung des Textverstehens geschärft wurde, bis dahin, dass er Semantik generell (also auch lexikalische bzw. Wortsemantik) unter die Leitlinie einer *„interpretive"* oder *„understanding semantics"* gestellt hat. Diese Parallelität wirft ein bezeichnendes Schlaglicht auf die üblichen Theorien in der Linguistik, nicht nur, aber besonders auch denen des Chomsky-Lagers, da dort das Problem des Sprachverstehens ganz eindeutig ein Anathema war, und mithin einfach nicht reflektiert oder zur Sprache gebracht wurde und auch heute noch von vielen Linguisten in seiner Bedeutung für eine adäquate linguistische Theorie auf allen Ebenen der Sprache sträflich unterschätzt wird.

B } UND { später, U, T }" (siehe Abb. 3-1). Involviert sind dabei Konzepte wie: Zeitpunkt A, Zeitpunkt B, Zeit-Differenz, ein Ereignis: TRINKEN (Schaf) usw. Das heißt: eine sehr komplexe Struktur. Minsky ergänzt: Eine adäquate Definition der Bedeutungsvoraussetzungen würde aber noch sehr viel mehr Elemente erfordern. (Weitere Details wären zu klären: Was heißt „aufwühlen" und warum hält es den Wolf vom Trinken ab? Greift hier der Zwischen-Frame „Schlamm, Schmutz" ein? Oder ist das nur die Standard-Füllung für „aufgewirbeltes Wasser"? usw.)

Minskys Beobachtungen an diesem Beispiel haben Konsequenzen, die er gar nicht ausspricht. Dazu gehört, dass eine Prozessierung von Positions-(Form)-Veränderungs-Wahrnehmungen (in Bezug auf bewegte Objekte) prototypisch (strukturbildend) ist für andere Prozessierungen von Änderungen und Relationen. Man kann als Parallele hierzu sehen: Zeit-Vokabular ist häufig metaphorisch aus Orts-Vokabular abgeleitet („vor" usw.). D.h.: Orts- / Form-Wahrnehmung (und entsprechend Wahrnehmung von Orts- / Form-Änderungen) ist kognitiv-evolutionär primär gegenüber allen anderen Wahrnehmungen. (Zeit ist ein sehr abstraktes Konzept!)[37] Die Grundstruktur des Wolf-Beispiels ist hier offenbar die eines Frame-Paars (zwei verbundene Frames). Dazu Minsky: „Fast jedes Ereignis, Handlung, Veränderung, Fluss von Material, oder selbst Fluss von Information kann in erster Annäherung durch ein verallgemeinertes Zwei-Frame-Ereignis repräsentiert werden." (21)[38] Nicht zufällig zitiert er in diesem Zusammenhang insbesondere Schank und Abelson, die später ihr auf kognitive Strukturen des Typs Ereignis-Abfolge konzentriertes Skript-Modell der Wissensrahmen formuliert haben.

Unter der Überschrift „Bedeutungsstruktur eines Textes" (meaning structure of a discourse) greift Minsky sodann auf das Satzrahmen-Modell von Fillmore 1968 zurück (23), dessen Parallelen zu seinem eigenen Frame-Modell ihm offenbar sofort aufgefallen sind. Das Kasus-Grammatik-Modell der Satzanalyse wie bei Fillmore 1968 involviere Strukturen, die so ähnlich seien wie Frames. Zentriert um das Verb vertreten Sätze eine Art von Verb-Rahmen in Verbindung mit verschiedenen Präpositionen. Dazu Minsky: In komplexeren Kontexten kann der Verb-Rahmen aber in den Hintergrund gedrängt werden. So kann eine Handlung subsidiär sein zu dem Frame, der einen Handelnden beschreibt. Minsky denkt hier allerdings zu kurzschlüssig, dass Verb-Rahmen vor allem Handlungen betreffen; erweitert man Fillmores Ansatz auf Prädikationen generell (also auch solche, die sich nicht auf Handlungen und Ereignisse beziehen), dann macht er auch grundsätzlich über Verben hinaus Sinn. Auch seine nachfolgend angestellten Überlegungen zum Verhältnis von Verb- und Nomen-Frames sind aus linguistischer Sicht wenig ergiebig. Seine in diesem Zusammenhang formulierte starke These „Jedes Konzept kann durch jede Art linguistischer Repräsentation ausgedrückt werden." (23) schießt wohl ein wenig über das Ziel hinaus. Auch wenn ein Wechsel der „sprachlichen Repräsentation" (gemeint sind offenbar v.a. Wortarten; inwiefern er auch an Wechsel zwischen Kategorien wie „Lexem" und „Syntag-

---

[37] Minskys Beobachtung ist wichtig auch für Ursache-Wirkungs-Relationen, die ebenfalls aus Modellen für Orts-(Form)-Veränderungs-Schemata abgeleitet sind: „Erst X, dann Y" → „weil X, deshalb Y" – Über die Zwischenstufe: „Immer wenn erst X, dann danach Y" – Die Evolution der Schemata könnte dann so erfolgt sein: (1) Orts-Veränderungs-Schematisierung; (2) Zeit-Veränderungs-Schematisierung; (3) Kausal-Relations-Schematisierung.

[38] So auch: Kausalität. Aber nicht nur Kausalität, auch Ikonizität ist ein Zwei-Frame-Ereignis: Bild vs. Abgebildetes + Relation dazwischen. (Minsky thematisiert hier Fälle, wie sie bei Fillmore + FrameNet als Frame-Relation „Sub-Frame" definiert sind, also Abfolge-Beziehungen im weitesten Sinne.)

3.2 Minskys Überlegungen zu Frames in Sprache und Textverstehen 267

ma" denkt, ist aus seinen knappen Formulierungen nicht zu erschließen) häufig vorkommt (man denke etwa an das Ausdrücken von ursprünglich verbal realisierten Prädikationen in komplexen, durch Wortbildung erzeugten Nomina) wird man wohl kaum zugestehen können, dass *jedes* Konzept in *jeder* ausdrucksseitigen Realisationsform ausgedrückt werden kann.[39]

Für das Textverstehen schreibt Minsky hier vor allem den „Thematischen Ober-Frames", also den text-umgreifenden und -organisierenden leitenden Wissensrahmen, eine zentrale Rolle zu.[40] Ihm ist insbesondere wichtig, dass man keinen radikalen Gegensatz zwischen sprachlichen und nicht-sprachlichen Repräsentationen (verstehensrelevanten Frames) aufbauen darf. Die Frames und Frame-Strukturen, die beim Verstehen von Sprache wirksam werden, sind für ihn daher typisch für kognitive Frame-Strukturen generell.[41] Er schließt: „Es hätte große praktische Vorteile, gäbe es Mechanismen, die für Denken und Kommunizieren dieselben Strukturen benutzen." Man kann diese Überlegungen so deuten, dass Minsky offenbar sowohl inhaltlich gesehen, wie auch theoretisch-strukturell betrachtet, davon ausgeht, dass es keinen systematischen Unterschied zwischen „Sprachwissen" und „Alltagsweltwissen" gibt, sondern dass beides sowohl konkret epistemisch, wie auch prinzipiell, vom Typus der wirksamen kognitiven Mittel oder Prozesse her, auf demselben (Typus von) Wissen beruht. (In Bezug auf sein Wolf-Beispiel: Die Geschichte enthält Slots für Setting, Protagonisten, Hauptereignis, Moral usw. Schon die erste Zeile eröffnet das Setting: Das Wort „Ausrede" bereitet die Annahme vor, dass der Wolf falsche Aussagen macht.[42])

Im Verlauf seiner Diskussion des Beispiels spricht Minsky noch zahlreiche weitere linguistisch interessante Aspekte an.

– Korrespondierend zu späteren Annahmen der (damals noch nicht existenten) Textlinguistik geht er davon aus, dass im Textverstehen ein analysierter Satz nur so lange kognitiv repräsentiert wird, „bis sein Inhalt gebraucht werden kann, um eine übergeordnete Struktur zu besetzen / auszufüllen [instantiate]" (24). (Ähnlich denken Theoretiker der Text-Thema-Strukturen, die davon ausgehen, dass Propositionen einzelner Sätze in Hyper- und Makro-Propositionen von Absätzen und Abschnitten bzw. ganzen Texten aufgehen.[43])

---

[39] Minskys Hypothese lässt an Searles „Ausdrückbarkeitsprinzip" denken. Sowohl dem Philosophen wie dem Kognitionswissenschaftler fehlen offensichtlich die konkreten linguistischen Kenntnisse, die ihnen deutlich machen würden, dass ihre Thesen zumindest in dieser Radikalität etwas sprachwirklichkeitsfern sind.

[40] „Der springende Punkt ist, dass man nicht annehmen sollte [must], dass die flüchtige semantische Struktur, die während der syntaktischen Analyse aufgebaut wird [...], identisch ist mit der größeren (und ‚tieferen') Struktur, die akkumulativ [anwachsend, incrementally] aufgebaut wird, indem jedes Fragment einer kohärenten sprachlichen Kommunikation auf ihr operiert." Minsky 1974, 23.

[41] „Ein wesentlicher Teil des gewöhnlichen [common sense] Denkens und Räsonierens [reasoning] scheint linguistischen Transformationen und anderen Operationen zu gleichen. Die Rahmen, die mit Wortbedeutungen [word-senses] assoziiert sind, seien es Nomen, Verben oder was auch immer, sind sicherlich Zentren der konzentrierten Repräsentation von lebenswichtigem [vital] Wissen darüber, auf wie verschiedene Weise Dinge miteinander verknüpft sein können, wie sie gebraucht werden, und wie eines sich in ein anderes verwandelt. Es hätte große praktische Vorteile, gäbe es Mechanismen, die für Denken und Kommunizieren dieselben Strukturen benutzen." Minsky 1974, 23.

[42] Die Parallelen zu Fillmores Begriff der „Evokation" durch ein Lexem springen ins Auge!

[43] Vgl. etwa van Dijk 1980. – Minsky ergänzt: „Die End-Positionen [terminals, slots] der sich aufbauenden Bedeutungsstruktur akkumulieren auf diese Weise Indikatoren und Deskriptoren, die weitere Ausfüllungen erwarten und anpassen. [...] Bei Fortschreiten der Geschichte wird, wann immer möglich, In-

268   *Kapitel 3: Die Frame-Idee bei Marvin Minsky*

– Erwähnt wird das in der Linguistik als Subkategorisierungs-Bedingungen bekannte Phänomen, das hier auf eine abstraktere Frame-theoretische Ebene gehoben wird. Minsky:
„Ein Slot, der ‚weiblich' verlangt, wird alles ablehnen, was ‚männlich' ist." (24)
– Bei der Interpretation von Texten / dem Verstehen von Sprache stehen immer alternative
Frames zur Verfügung, die dann alternativ aktiviert werden, wenn ein zuerst aktivierter
Frame nicht zu passen scheint (keine stimmige und akzeptable Geschichte ergibt). Offenbar denkt Minsky hier (wie es ebenfalls Fillmore schon thematisiert hatte) auch an Textsorten-Frames. Er verdeutlicht deren Funktion an dem Fall, dass man für eine Geschichte
des „Wolf"-Typs akzeptieren muss, dass an einem Slot für den Agens des Tätigkeitstyps
SPRECHEN regelwidrig (und wissenswidrig) ein Element des Typs „Tier" eingesetzt sein
kann. Dies kann man akzeptieren, weil (und nur dann, wenn) man bereits über einen
Frame „Tier-Fabeln" verfügt, in dem eben dies (in fiktionaler Erzählhaltung) möglich ist
(nicht jedoch im Alltagsleben und bei Menschen, die diesen Typus von Frame nicht kennen).[44] Wichtig für solche Arten von Frame-Übertragungen ist: Die vorherigen Ausfüllungen der Terminals [Slots] können beibehalten werden, wenn beide Frame-Typen dieselbe Art von Terminals [Slots] aufweisen.[45]
– Können beim Versuch der Abbildung der gegebenen „Geschichte" auf den zunächst
angesetzten Frame sehr viele frühere (oder Standard-) Ausfüllungen nicht angewendet
werden, wird entweder ein anderer bekannter Frame gewählt, der besser passt, oder ein
völlig neuer Frame konstruiert, der zuvor im Wissen noch nicht vorhanden war. Minsky
nennt dies „ein herausragendes geistiges Ereignis".[46]
– Allerdings bezweifelt Minsky, dass es häufig vorkommt, dass völlig neue Frames aufgebaut werden. Typischer ist die Modifikation bereits vorhandener Frames durch Austausch
einzelner Slots gegen neue eines anderen Typs. Dazu Minsky: „Man lernt schlecht, wenn
die Sprünge zu groß sind."[47] Minsky beschreibt hier den wichtigen Prozess des Frame-
Wandels beziehungsweise der Neu-Entstehung von Frames. Seine These ist: Es sind
kaum je völlig neue Frames möglich. D.h.: Neue Frames entstehen eher (und typischerweise) als Veränderungen, Ausarbeitungen vorhandener älterer Frames. (Diesen Aspekt
des ständigen Frame-Wandels hebt insbesondere auch Barsalou 1992 hervor.)
– Das Verstehen eines komplexeren Textes vollzieht sich dann als der sukzessive Aufbau
eines komplexeren Netzes von Frames, das in seinem Komplexitätsgrad (und der Not-

---

formation an die Ober-Frames übertragen, um das Szenario auszufüllen [instantiating] oder auszubauen
[elaborating]." Minsky 1974, 24.

[44] Minsky 1974, 24: „Was ist, wenn der Hörer bestimmte Anschließungen nicht vornehmen kann? Wir
gehen davon aus, dass der Hörer tatsächlich über mehrere Geschichten-Frames verfügt." Zuerst versucht
er die neue Information in den laufenden Rahmen zu integrieren. Scheitert dies, wird ein Fehler-
Kommentar geliefert wie „Hier gibt es keine Stelle für ein Tier". Das veranlasst z.B. dazu, den laufenden Geschichten-Frame zu ersetzen, z.B. durch einen Tier-Geschichten-Frame.

[45] Was Minsky offenbar unterschätzt, ist aber das Problem: Was ist „dieselbe Art"? Wann weiß man dies,
aufgrund welcher Kriterien?

[46] „Wenn sich viele frühere Ausfüllungen nicht übertragen lassen, muss ein anderer neuer Frame gewählt
werden. Zur Not muss ein völlig neuer Geschichten-Frame aufgebaut werden (ein herausragendes geistiges Ereignis) oder alle aufgegeben und die vorherigen Ausfüllungen vergessen werden." (A.a.O. 24)

[47] „Ganz neue Frames werden wohl selten aufgebaut. Üblicherweise muss man schon viele Elemente eines
neuen Frames vorher kennen; zum Beispiel kann man eine Tierfabel wohl nur dann verstehen, wenn
man bereits über Frames für personifizierte Tiere verfügt (Wolf, Lamm)." Minsky 1974, 24 – Die Geschichten-Frames, von denen Minsky hier redet, ähneln den Inblicknahme-Prozessen [envisionment],
die Fillmore beschrieben hat.

3.2 Minskys Überlegungen zu Frames in Sprache und Textverstehen 269

wendigkeit der Hinzufügung weiterer Frames) stark variieren kann.[48] – Die Frage, welche Typen von Frames für das Verstehen welcher sprachlicher Strukturen (bzw. allgemeiner: welcher Wissensbereiche generell) einschlägig sind, hält Minsky für eine der schwierigsten Fragen der Kognitionswissenschaft und Linguistik.[49]

– Insbesondere Übersetzungen zeigen, wie Frames wirksam sind. U.a. zeigen sie, wie Standard-Werte wirksam werden. Am Beispiel der *Wolf*-Geschichte: Im Englischen muss nur die Zeit thematisiert werden, im Japanischen auch der Ort, wo die Akteure stehen. Im Japanischen wäre es stärker erwartet, zu sagen, *was* das Lamm trinkt, als nur, dass es trinkt. Dazu Minsky: „Dies ist eine Art, wie Sprache Denken beeinflusst [affects]: Jede solche sprachliche Konvention lenkt eine besondere Aufmerksamkeit auf die Ausfüllung bestimmter End-Positionen [terminals, Slots]." (25) (Man kann in dieser Bemerkung auch einen wichtigen und interessanten Hinweis Minskys auf seine Sichtweise zur Sprachabhängigkeit des Denkens sehen!)

– Minsky hält „verstehen" für kognitiv schwieriger / komplexer als „sprechen".[50] Dies hängt für ihn wohl insbesondere damit zusammen, Schlussfolgerungen aus den im Wahrnehmungsprozess (z.B. bei Hören oder Lesen von Sprachzeichen) eingegangenen Daten zu ziehen. Wie er ausdrücklich betont, wäre es ein Fehler, die beim Sprachverstehen (aber auch bei anderen kognitiven Prozessen, wie etwa der visuellen Wahrnehmung, die sein zweites wichtiges Beispiel für die Demonstration der Notwendigkeit und Leistungsfähigkeit eines Frame-Modells ist) sich vollziehende Wissensaktivierung zu stark an das zu binden, was er (in der Sprache seiner Zeit) die „Oberflächenstruktur" nennt:

„Oberflächenstruktur ist nicht alles in Sehen und Sprache. Man verfügt über unbegrenzte Optionen, Folgerungen aus Kontext und Wissen in die semantische Struktur zu inkorporieren. Ein Objekt hat nicht nur eine sichtbare Form, sondern eine Geschichte. Seine Präsenz hat üblicherweise eine Ursache und weist oft irgendein anderes signifikantes Merkmal auf. [...] Jeder Satz kann auf viele verschiedene Weisen verstanden werden. [...] Man könnte die ‚semantische Signifikanz' solcher Varianten übersehen. Wir wählen die eine oder andere aus entsprechend thematischen Vorgaben [issues]. [...] Man beantwortet diesbezügliche Fragen, indem man die passenden Objekte oder Handlungen in den Fokus der Aufmerksamkeit bringt, indem man einen Rahmen evoziert, der vornehmlich diesen Gegenstand / dieses Thema betrifft." (Minsky 1974, 24.)

Damit stellt Minsky einen überaus wichtigen Aspekt des Funktionierens von Sprache heraus. Die Art, wie er diesen Aspekt thematisiert, stellt seine Überlegungen in Kontrast zu fast allem, was normalerweise Linguisten für wahr und angemessen halten. Während

---

[48] „Auf diese Weise baut ein Diskurs / Text ein Netzwerk von ausgefüllten Frames und Unter-Frames auf. Attributive oder deskriptive Information kann oft durch einfache Sub-Strukturen repräsentiert werden, aber Handlungen, zeitliche Folgebeziehungen, Erklärungen und andere kompliziertere Dinge erfordern elaboriertere Hinzufügungen / Anhänge [attachments]." Minsky 1974, 24.

[49] „Es muss deutlich sein, dass tiefgreifend schwierige Fragen, die für die Epistemologie ebenso zentral sind wie für die Linguistik, mit diesem Problem, wie man Informationen aus verschiedenen Quellen und Unter-Frames gewinnen kann, verflochten sind." Minsky 1974, 24. – Minsky weist hier auf *Epistemologie* hin; das heißt, seine Interessen gehen deutlich weiter in die vom Verf. des vorliegenden Werkes angestrebte Richtung, als dies bei Fillmore der Fall ist.

[50] Minsky 1974, 25: „Im Alltagsverständnis wird ‚sehen' gewöhnlich als ‚passiv' und ‚imaginieren' als ‚aktiv' aufgefasst. Es wäre verführerisch, für Sprache einen ähnlichen Kontrast zu behaupten. ‚Sprechen' wäre dann ‚aktiv', ‚hören' wäre ‚passiv'. Das sind aber gefährliche Simplifizierungen; tatsächlich verhält es sich oft ganz anders: ‚Sprechen' ist oft ein direktes Enkodieren aus einer semantischen Struktur in eine Wort-Sequenz, während ‚Hören' oft ausgedehnte und schwierige Konstruktionen involviert – die die Totalität von Komplexitäten beinhalten, die wir ‚Verstehen' nennen."

diese gerne davon ausgehen, dass die Bedeutung sprachlicher Ausdrücke mit der verbalen Struktur der Ausdrucksketten (in irgendeiner, nicht näher spezifizierten Weise) „erfüllt" ist, betont Minsky, dass vieles am Verstehen auf Schlussfolgerungen basiert, konstruktiv ist. Damit begibt er sich in eine interessante Nachbarschaft. Sein Hinweis auf die „unbegrenzten Optionen, Folgerungen aus Kontext und Wissen in die semantische Struktur zu inkorporieren", erinnert stark an Überlegungen aus der Ecke der sog. „Poststrukturalisten" und harmoniert bestens mit der These etwa von Derrida, dass ein Text nicht auf bestimmte Bedeutungen festgelegt werden kann, sondern einen nur schwer begrenzbaren Raum möglicher Interpretation bzw. Sinnentfaltung eröffnet. – Zugleich weist Minsky in diesem Zitat auf die wichtige Rolle der (thematischen) Kontexte und der Kontextualisierung generell hin. Diese stehen in engem Zusammenhang mit der von den Verstehenden vorgenommenen Fokussierung, hinter der sich nicht zuletzt die Ziel- und Interessen-Abhängigkeit auch des Verstehens verbirgt, deren Ubiquität jeder naiv objektivistischen Interpretationstheorie den Boden entzieht.

– Minskys Skepsis bezüglich der Dominanz der Oberflächenstruktur veranlasst ihn jedoch keineswegs, die Redeweise von der Tiefenstruktur aus dem Generativismus zu übernehmen. Seine Konzeption ist vielmehr eng am Gebrauch der Wörter und damit an der konkreten sprachlichen Realität orientiert. Jede konkrete Gebrauchsweise sprachlicher Zeichen kann ihm zufolge zu einer Adaption der herangezogenen Frames führen. Das heißt: Die sprachliche (Ausdrucks-) Struktur kann nicht über die inhaltliche (epistemische) Ausfüllung dominieren, vielmehr wird im Verstehen so lange nach passenden Frames gesucht, bis die gehörte oder gelesene Zeichenfolge kognitiv bzw. epistemisch eingeordnet werden kann und insgesamt ein zufriedenstellendes Resultat des Verstehens ergibt.[51] Wort-Verstehen ist für ihn ein „Abgleich-Prozess", bei dem möglicherweise mehrere Frames durchlaufen werden, bevor der passende aktiviert und herausgefunden ist. Damit konzipiert er Textverstehen aber grundsätzlich probabilistisch und nicht regelfixiert und pseudo-objektivistisch (auch dies eine starke Parallele zu Fillmore).

Minsky entwirft hier offenbar einen emphatischen Begriff des Sprach-Verstehens. Dies ist seine Entsprechung zu der ‚tiefen' oder ‚reichen' Semantik, wie sie Fillmore in seiner ‚understanding semantics' formuliert hat. Seine Überlegungen weisen sehr weit in Richtung auf eine linguistische Epistemologie und stehen in starkem Kontrast zu üblichen Auffassungen des Sprachverstehens bei Linguisten, auf deren vermutete Bedenken er vorab folgendermaßen repliziert: „Manche Leser könnten einwenden, dass die Dinge nicht so kompliziert gesehen werden müssten – dass man eine einfachere Theorie benötigt –, um zu erklären, wie Leute Sätze so schnell verstehen können. Man darf aber nicht vergessen, dass es oft Minuten, Stunden, oder die Ewigkeit [forever] braucht, etwas zu verstehen."[52]

Szenarios. Nach diesem kleinen Durchgang durch verschiedene linguistisch und verstehenstheoretisch interessante Aspekte des Frame-Modells erweitert er dieses um den Begriff der „Szenarios" (27). Mit diesem Begriff thematisiert er den Zusammenhang von Denken und Sprache und damit ähnliche Aspekte, wie sie Fillmore unter dem Begriff der Kategori-

---

[51] „Eine Theorie im Geiste dieses Essays würde annehmen, dass man, immer, wenn man einen ungewöhnlichen Gebrauch (oder ein unbekanntes Wort) feststellt, einen Prozess des Abgleichens [Passend-Machens; matching process] anwendet, um herauszufinden [Vermutungen darüber anzustellen; guess] – richtig oder falsch –, welchem bekannten Gebrauch er / es ähnlich ist, und dann das bestehende Aufmerksamkeits-Transformations-System für dieses Wort adaptiert." Minsky 1974, 26.

[52] Minsky 1974, 26.

3.2 Minskys Überlegungen zu Frames in Sprache und Textverstehen　　271

sierung (mit seiner Frage danach, warum eine bestimmte Kategorie überhaupt existiert und mit speziellen sprachlichen Mitteln expliziert bzw. ausgedrückt wird) thematisiert hatte. Mit Bartlett 1932 sieht Minsky die Sprache (Wörter) als „die vorgezogenen Instrumente des Denkens" an. Damit vertritt er die These von der Abhängigkeit des Denkens von der Sprache in recht radikaler Form: „Wir kondensieren und konventionalisieren – in Sprache wie Denken – komplexe Situationen und Sequenzen in kompakte Wörter und Symbole." (27) Zwar sei es bei einigen Wörtern vielleicht möglich, sie „in eleganten, einfachen Strukturen" zu definieren, für die meisten Wörter sei dies jedoch aufgrund der Komplexität der Sachverhalte, deren Wissen sie evozieren, nicht möglich. Als Beispiel dafür verwendet er interessanterweise dasselbe Beispiel wie Fillmore mit seinem paradigmatischen COMMERCIAL EVENT-Frame, nämlich Handels-Transaktionen (KAUFEN / VERKAUFEN). Minsky weist darauf hin, dass solche Transaktionen in unserer Welt eingebettet sind in komplexe Verhältnisse „von Recht, Vertrauen und Konvention" und fügt hinzu: „Solange wir diese anderen Tatsachen nicht ebenfalls repräsentieren, sind die meisten Handels-Transaktionen fast bedeutungslos."[53] Minsky vertritt also die in unserem Zusammenhang wichtige These: Sprache (kompakte Wörter und andere sprachliche Mittel) kondensiert in extremer Weise komplexestes und verzweigtestes soziales Wissen. Er stellt für solche Wörter eine deutliche Diskrepanz zwischen der Leichtigkeit und Selbstverständlichkeit, mit der wir dieses Wissen in unserem Alltagsleben benutzen, sowie der Komplexität der dahinter stehenden Wissensstrukturen fest. Obwohl leicht zu verstehen, erfordert das Verstehen von Texten, in denen solche Wörter vorkommen, doch nach Minsky „reichhaltige Default-Strukturen".[54]

Die extreme Abhängigkeit des Verstehens scheinbar einfacher sprachlicher Zeichen bzw. Äußerungen von mitunter sehr komplexen Wissensstrukturen demonstriert Minsky an weiteren Beispielen, die ebenfalls stark an die Beispielanalysen bei Fillmore erinnern. Eine mit Bezug auf ein so alltägliches Ereignis wie eine Kindergeburtstagsparty gemachte Äußerung wie: *„Sie fragte sich, ob er sich wohl über einen Drachen freuen würde. Sie ging in ihr Zimmer und schüttelte ihr Sparschwein. Es gab kein Geräusch von sich."* benötigt zu ihrem adäquaten Verstehen zahlreiche Vorannahmen / Wissen: *„Geschenk"* verweist auf *„dafür wird Geld benötigt"*; *„Sparschwein"* verweist auf *„wo Geld ist"*; *„kein Geräusch"* verweist auf *„kein Geld drin"* usw. Wichtig und bemerkenswert an diesem Beispiel ist aber vor allem: Weder das Wort „Geschenk" noch das Wort „Geld" (als die zentralen Wörter der für das Verstehen wichtigen Wissensstruktur) treten in dem Text überhaupt auf. Wie soll also eine auf Lexeme fixierte semantische Standard-Analyse solchen Äußerungen überhaupt gerecht werden können? (A.a.O. 27) – Dieses Beispiel ist ähnlich konstruiert wie einige Beispiele, mit denen Fillmore den Unterschied zwischen *evozieren* und *invozieren* deutlich machen wollte. In Fillmores Redeweise würde es sich bei diesem Beispiel von Minsky wohl eher um „*invozieren"* aus dem Weltwissen als um „*evozieren"* aus dem konventionell-lexikalischen Wissen handeln. Es scheint aber so zu sein, dass Minsky diese Art von Verstehen – im Gegensatz zu Fillmore – durchaus für einen wesentlichen Teil des

---

[53] Minsky 1974, 27.

[54] Minsky 1974, 27. – Vermutlich ist es diese Diskrepanz zwischen der „Leichtigkeit des Verstehens" bzw. seiner Selbstverständlichkeit bei vielen Wörtern des Alltagslebens, und der teilweise erheblichen Komplexität der dahinter stehenden Wissensstruktur und Default-Verhältnisse, der die meisten Linguisten hat in den Glauben verfallen lassen, auch die Semantik solcher Wörter sei einfach und ohne Berücksichtigung dieser Wissensstrukturen in ihrer Ganzheit zu beschreiben. Mit diesem fundamentalen Irrtum (der in der Linguistik bis heute weit verbreitet ist) räumt Minsky hier also gründlich auf.

272   Kapitel 3: Die Frame-Idee bei Marvin Minsky

Sprachverstehens hält. Er beschäftigt sich offenbar nicht mit dem Gedanken, was von diesem Wissen zur „Wortbedeutung" (im Sinne der „lexikalischen Bedeutung") zählt oder nicht. Das Beispiel markiert aber noch einen wichtigen anderen Unterschied zu Fillmore: In diesem Text gibt es überhaupt kein einzelnes Wort, das den / die verstehensrelevanten Frame/s evoziert. Vielmehr ist es der Gesamtkontext, das Arrangement der „Geschichte", welches die zentralen verstehensrelevanten Frames aktiviert.

Besonders subtil und gerade für Linguisten interessant ist die Fortsetzung des Beispiels bei Minsky: „Er hat schon einen Drachen. Er wird wollen, dass du ihn zurückbringst." Worauf bezieht sich in diesem Satz, so fragt der Autor, das Wörtchen ‚ihn'? Welcher Drache soll zurückgebracht werden? Vom syntaktischen Kontext her würde man auf den Drachen aus dem ersten Satz schließen. Doch soll natürlich nicht dieser zurückgebracht werden. Minsky folgert aus diesem Beispiel: „Um das Bezugsobjekt das Pronomens ‚ihn' festlegen zu können, muss man eine Menge von dem angenommenen Szenario verstanden haben. […] D.h. das Bezugsobjekt hängt von sehr viel mehr ab als von der lokalen Syntax." (A.a.O. 28) Mit Mitteln der linguistischen Standard-Semantik und Syntax sind solche (durchaus alltäglichen) Beispiele überhaupt nicht zu erklären, wie Minsky als Externer hier sofort erkannt hat.[55] – Noch ein ähnlich gelagertes Beispiel: „Der Hund rannte auf den Hof, den Jack gerade anmalte. Als die Mutter den mit Farbe beschmierten Hund sah, rief sie: ‚Jack, hast du das getan?'" Dazu fragt Minsky: Worauf bezieht sich das Wort ‚das'? Auf etwas sehr Komplexes wie ‚verursachen, dass der Hund mit Farbe bekleckert ist', und schließt: „Wie viel muss man über unsere Kultur wissen, um sagen zu können, dass ‚das' sich nicht auf ‚den-Hund-im-Hof', sondern ‚den-Hund-voller-Farbe' bezieht?"[56] Minsky weist hier auf extrem subtile und extrem komplexe Aspekte des situativen Verstehens bei scheinbar sehr einfachen sprachlichen Ausdrücken und Äußerungen hin. Genauer gesagt geht es um einen vor-aktivierten, zuvor eröffneten „geistigen Raum". Tatsächlich wirken einzelne Wörter wie hier das „das" nur wie abstrakte „Zeiger" auf bestimmte Aspekte dieses vorausgesetzten epistemischen Raums.[57] Alle erwähnten Beispiele sind dazu gedacht, den Begriff des „Szenarios" zu erhellen. Auch wenn dieser Begriff selbst bei Minsky nicht explizit definiert wird, wird doch deutlich, welche Funktion er im theoretischen Aufbau seines Frame-Modells bekommt (auch wenn vieles noch ausfüllungsbedürftig ist).

Abschließend zu diesem Kapitel zieht Minsky ein Fazit, in dem er seine beiden Paradebeispiele für die Frame-Theorie, nämlich visuelle Wahrnehmung und Sprache, miteinander vergleicht. Er geht davon aus: „Es gibt offenbar Parallelen zwischen Sprachverstehen und Sehen." Das heißt: Sprachverstehen ist für Minsky eine Unter-Form allgemeiner kognitiver Fähigkeiten, wie sie z.B. bei der visuellen Wahrnehmung wirksam werden. Dabei gilt: „Die zentralen Wörter und Gedanken eines Textes [discourse] evozieren substantielle thematische oder Szenario-bezogene Strukturen, die aus dem Gedächtnis geholt werden, und die zahlreiche Standard-Annahmen umfassen." (A.a.O. 31.) Sprachverstehen sieht Minsky

---

[55] „Eine Kindergeburtstagsfeier wird nicht annähernd erfasst durch eine übliche Wörterbuchdefinition." Minsky 1974, 29.
[56] Minsky 1974, 30.
[57] Minsky (1974, 30) verwendet an dieser Stelle selbst wieder die Metapher des „Zeigers" (pointer). Diese Frame-theoretische Metapher bei Minsky scheint mir jedoch etwas problematisch zu sein. Man müsste die Frage aufwerfen: Gibt es nicht einen Weg, den hier angesprochenen Sachverhalt, dass scheinbar einfachste Wörtchen auf komplexeste Wissenszusammenhänge verweisen können, und sie damit semantisch oder epistemisch „in die Bedeutung (des fraglichen Satzes) hineinholen", epistemologischen anders zu beschreiben?

3.3 Weitere Aspekte von Frames, Frame-Strukturen und -Aktivierung 273

konkret dann offenbar als eine Abfolge von Frame-Einbettungen auf sukzessive umfassender werdenden Verarbeitungs-Ebenen.[58] Dabei kommt in seinen Vorstellungen der Text-Ebene eine zentrale Rolle zu.[59] Für ihn ist die kognitive Semantik und Epistemologie offensichtlich direkt mit Aspekten der Textlinguistik und auch der Textsorten-Problematik (bzw. Aspekten der kommunikativen Gattungen) verflochten.

Für Minsky erweist sich die Leistungsfähigkeit eines kognitiven Frame-Modells gerade auch bei der Analyse und Erklärung der kognitiven (epistemischen) Prozesse, die bei der Verarbeitung von Sprache stattfinden. Insbesondere die Übergänge und Verknüpfungen zwischen Frames (die Minsky hier „Transformationen" nennt) sind nach seiner Auffassung bei Sprache sehr viel komplexer als bei der visuellen Wahrnehmung.[60] Er erhofft sich daher insbesondere von der Erforschung von Frame-Aktivierungen in der Sprache Aufschlüsse über die Funktionsweisen, Strukturen und Beziehungen von Frames und Frame-Netzen generell. Nach ihm „könnte die Erforschung sprachlicher Strukturen dabei helfen, zu verstehen, wie unsere Frame-Systeme konstruiert sind".[61]

3.3 Weitere Aspekte von Frames, Frame-Strukturen und -Aktivierung

Im weiteren Verlauf des Papiers werden noch zahlreiche vertiefende Aspekte zu Frames, Frame-Strukturen und Frame-Aktivierung vorgestellt und diskutiert, von denen in unserem Kontext nur die wichtigsten angesprochen werden können.

Frames als Strukturen von Aspekten. Unter der Überschrift „Fragen, Systeme und Kasus" diskutiert Minsky dasjenige, was bei Fillmore heute als „Frame-Elemente" angesprochen wird, früher als „Kasus-Rahmen" und in allgemeiner Terminologie als „Slots" (Leerstellen) thematisiert wurde. Ihm zufolge „dienen die End-Positionen [terminals] dazu, die Fragen zu repräsentieren, die am wahrscheinlichsten in einer Situation aufkommen." Ich verstehe diese „Fragen" als Aspekte, die mit einem Frame thematisch verbunden sind und einen Teil seiner epistemischen Struktur bilden. Diesen Gedanken führt Minsky dann direkt in eine Revision der Frame-Definition ein:[62]

---

[58] „Die individuelle Verarbeitung eines Textes führt zunächst zu temporären Repräsentationen, die dann sukzessive schnell re-arrangiert werden durch Ausbau des wachsenden Szenarios." Er nennt folgende Ebenen der Struktur: (1) syntaktische Oberflächen-Frames, (2) semantische Oberflächen-Frames, (3) thematische Frames, (4) narrative Frames. [Details werden erläutert] und schließt: „Alles ist miteinander verbunden und baut aufeinander auf." Minsky 1974, 31.

[59] „Schließlich, so wie es vertraute ,basic plots' für Geschichten gibt, muss es grundlegende [basic] Ober-Frames für Texte [discourses], Argumentationen, Narrationen usw. geben." Minsky 1974, 31.

[60] „Im Sehen haben die Transformationen einfache gruppenähnliche Strukturen. In der Sprache muss man komplexere, weniger reguläre Systeme von Rahmen erwarten. Weil Zeit, Ursache, Handlung so wichtig für uns sind, benutzen wir häufig sequenzielle Transformations-Paare, die Situationen durch ihre zeitlichen oder kausalen Nachfolger ersetzen." Minsky 1974, 31.

[61] Minsky 1974, 31: „Weil syntaktische Strukturen direkt die Auswahl und Zusammensetzung der wichtigen Satz-Frames regeln, könnte die Erforschung sprachlicher Strukturen dabei helfen, zu verstehen, wie unsere Frame-Systeme konstruiert sind. Man sollte nach solchen Strukturen suchen, die vor allem mit Ausfüllungs-fordernden End-Positionen [terminals; Slots], einschränkender Betonung [emphasis] oder Aufmerksamkeits-Blickwinkeln (Transformationen), der Einbettung von Satzstrukturen in thematische Strukturen, und der Veränderung übergeordneter thematischer Repräsentation verbunden sind."

[62] Minsky 1974, 32. Als Beispiele für solche Frage nennt er: Um eine erzählte oder beobachtete Handlung zu verstehen, fühlt man sich oft gezwungen, solche Fragen zu stellen wie: Was verursacht sie (Akteur)?

„Ein Frame ist eine Sammlung von Fragen, die zu einer hypothetischen Situation gestellt werden; er spezifiziert Aspekte, die wichtig werden [issues to be raised], und Methoden, die benötigt werden, um mit ihnen umzugehen."

Auch wenn Minsky damit letztlich auf die „Frame-Elemente" (in Fillmores Terminologie) zielt, lässt die hier verwendete Metapher der „Fragen" doch Spielraum auch über die üblicherweise als Frame-Elemente benannten Aspekte von Wissensrahmen hinaus. Gleichwohl lassen sich seine Überlegungen in die übliche Frame-theoretische Diskussion einordnen, da er hier auch von „Konzepten" spricht (was an Barsalous 1992 Redeweise von Frame-Attributen als Konzepten erinnert). Minsky spricht auch das Problem der Begrenzung der „Fragen" bzw. Aspekte von Frames an und vertritt hier eine sehr dezidierte Position:

„Auch wenn man gerne Bedeutung auf sehr wenige ‚fiktive' Konzepte reduzieren wollte, vielleicht in Analogie zu der Situation in der traditionellen linguistischen Analyse, kenne ich keinen Grund, der dazu berechtigte zu glauben, dass ein solches Ziel überhaupt erreicht werden kann." (A.a.O. 32)

Minsky argumentiert hier radikal gegen die Möglichkeit einer reduktionistischen Semantik, wie sie in der Linguistik traditionell (Merkmalsemantik, logische Semantik, Komponenten-semantik) vertreten wird. Die engere Parallele ist aber die zu Fillmores Überlegungen zur Liste von Kasus-Rollen in der Kasus-Grammatik und frühen Frame-Theorie. Wie schließlich auch Fillmore (mit seiner Abkehr von einer reinen Kasus-Grammatik und Hinwendung zu einer verallgemeinerten Frame-Theorie) plädiert hier auch Minsky gegen begrenzte Listen von Frame-Elementen bzw. Frame-definierenden Konzepten. Er scheint implizit Fillmores Meinung zu teilen, dass eine angemessene semantische Analyse nur mit Frame-spezifischen Frame-Elementen möglich ist, die nicht vorschnell zu stärker abstrahierten kognitiven Entitäten hypostasiert werden sollten.

Frames sind ausfüllungsbedürftig. Es ist ein Kerngedanke der Frame-Theorie, dass Frames Strukturen mit offenen, also ausfüllungsbedürftigen Leerstellen sind. Nach Minsky enthält unser Frame-Wissen aber meist oder häufig Standardwerte, die er auch „Unterstellungen oder Empfehlungen" nennt. Diese können in Form einer „Hierarchie" oder – präziser – von „Präferenz-Strukturen"[63] organisiert sein. Sprachliche Ausdrücke sind daher niemals explizit, sondern lassen vieles offen, das aus den evozierten Frames ergänzt werden kann. Minsky weist daher der Komprimierung bzw. Auslassung eine wichtige Rolle zu und sieht sie geradezu als Grundzug sprachlicher Kommunikation. Dies übrigens durchaus in Analogie zur visuellen Wahrnehmung.[64] In diesem Kontext spricht er auch den Aspekt der Perspektive an. Im Unterschied zu Fillmore, bei dem dieser Aspekt sehr prominent gemacht wird (im Hinblick auf die unterschiedlichen Perspektiven, die verschiedene Wörter, hier v.a. Verben wie z.B. *kaufen, verkaufen, bezahlen,* bezüglich ein und desselben Frames, z.B.

Was war der Zweck (Intention)? Was sind die Konsequenzen (Neben-Effekte)? Wen affiziert es / sie (Rezipient)? Wie wird sie vollzogen (Instrument)? Und fügt hinzu: „Die Zahl solcher ‚cases' ist fraglich." Nicht nur der (hier in Anlehnung an Schanks 1973 Redeweise von „conceptual cases" verwendete) Begriff der Kasus, sondern die ganze Liste erinnert stark an die Aspekte von Valenz-Rahmen beziehungsweise die Frame-Elemente bei Fillmore + FrameNet.

[63] „Ein Slot [terminal] kann enthalten (oder verweisen auf) Unterstellungen oder Empfehlungen, wie eine Ausfüllung aufgefunden werden kann. Die ‚Standard'-Ausfüllungen sind die einfachste Form solcher Empfehlungen, und es ist eine Hierarchie denkbar, in der solche Vorschläge von Merkmalen der Situation abhängen." Minsky 1974, 33.

[64] „In der visuellen Wahrnehmung ist das genauso: Ein Kasten präsentiert uns nie alle Seiten zugleich; die nicht sichtbaren müssen wir uns hinzu denken." Minsky 1974, 33.

3.3 Weitere Aspekte von Frames, Frame-Strukturen und -Aktivierung 275

COMMERCIAL EVENT, in die Kommunikation einbringen), überträgt Minsky, der doch so viel über visuelle Wahrnehmung weiß, diesen Gedanken nicht auf die allgemeinere Ebene des Frame-Modells und damit die Sprache. Er geht offenbar ohnehin davon aus, dass es nicht ein einheitliches Frame-Modell geben kann, das für alle Wissensbereiche identisch ist, sondern gesteht die Möglichkeit unterschiedlicher Ausformungen von Frame-Strukturen und -prozessen in verschiedenen Gebieten der Kognition und des Wissens zu.[65]

Frames, Gedächtnis, Lernen. Einen langen Abschnitt seiner Studie widmet Minsky der Diskussion von Frames in Hinblick auf Gedächtnis und Lernen, ausgehend von der Frage: Wie errichtet man einen Frame, um eine neue Situation zu repräsentieren? Er baut seine Argumentation entlang von fünf Begriffen auf: Erwartung, Ausdifferenzierung, Abänderung (bzw. Austausch), Erneuerung, Lernen.[66] Der für jede Theorie der (sprachlichen) Kommunikation außerordentlich wichtige Begriff der Erwartungen (der am Rande auch bei Fillmore vorkommt) wird von Minsky leider nicht vertieft. Wichtig für praktische semantische Analysen ist der Aspekt der Frame-Ausdifferenzierung, also die Frage, welche Unter-Frames benötigt werden, um einen gegebenen semantisch zentralen Frame mit dem verstehensnotwendigen Wissen anzureichern. Abänderung von Frames (besser auf das Gemeinte passt der Begriff: Austausch), also die Ersetzung eines zunächst „ausprobierten" Frames gegen einen anderen, passenderen Frame, Erneuerung von Frames, also die Veränderung vorhandener Frames (Verbesserung, Erweiterung; hierzu rechnet Minsky auch den Aufbau neuer Frames), sowie Lernen, also das Speichern neuer und geänderter Frames sowie das Speichern einer Veränderung in den für einen bestimmten Kontext standardmäßig zuerst zu aktivierenden Frames, sind wichtige Schritte im Umgang mit Frames im Hinblick auf Gedächtnis und Gedächtnisaktivierung. Für den Prozess der Aktivierung von Frames aus dem Gedächtnis ist nach Minsky das „(gelernte) Wissen über die Struktur des eigenen Wissens" außerordentlich wichtig (Minsky 1974, 34). Dies könnte man auch so formulieren: Man kann das eigene Wissen (das in Frames und Frame-Systemen organisiert ist) nur dann beim Verstehen und Interpretieren (von Wahrnehmungen, Sprache usw.) gewinnbringend einsetzen, wenn man ein Wissen über die Architektur des eigenen Wissens besitzt.[67] Architekturen des Wissens werden daher zu einem wichtigen Gegenstand auch einer linguistischen Semantik.

Frame-Systeme und Gedächtnis. In diesem Kontext stellt er die starke Hypothese auf, dass jeder Frame auf höhere Frames verweist. Dies ist für ihn eine notwendige Konsequenz aus der Annahme, dass das gesamte Gedächtnis in Form von Frames organisiert ist. Frames

---

[65] „Trotz übereinstimmender Grundstruktur ist es sinnvoll, davon auszugehen, dass für verschiedene Ebenen und Bereiche doch unterschiedliche Typen von Strategien existieren." Minsky 1974, 34.

[66] Ausgangsfragen nach Minsky (1974, 34) dabei: „Erwartung [expectation]: Wie ein Einstiegs-Frame gefunden wird, um bestimmte gegebene Bedingungen zu erfüllen. Ausdifferenzierung [elaboration]: Wie Unter-Frames ausgewählt und zugeordnet werden, um zusätzliche Details zu repräsentieren. Änderung [alteration]: Wie man einen Frame findet, der einen anderen ersetzt, der nicht gut genug passt. Erneuerung [novelty]: Was man tun muss, wenn kein akzeptierbarer Frame gefunden werden kann. Kann man einen alten Frame modifizieren oder muss man einen neuen ausbilden? Lernen [learning]: Welche Frames sollen als ein Resultat der Erfahrung gespeichert oder modifiziert werden?"

[67] Vgl. zu diesem Aspekt Busse 2005. Minsky (1974, 34) ergänzt, dass eine angemessene Theorie der Gedächtnis-Aktivierung folgende Elemente enthalten muss: „einen Muster-Abgleich-Prozess, eine Theorie der Cluster-Bildung, und ein Ähnlichkeits-Netzwerk". Auch dies sind Aspekte, die für eine Theorie der Semantik wichtig werden können; insbesondere der Muster-Abgleich-Prozess ist in der Sprachverarbeitung wesentlich, da konventionelle (lexikalische) Bedeutungen ja stets nur als abstrakte Muster aufgefasst werden können, die auf konkrete Situationen (Gebrauchsfälle) angewendet werden müssen.

wären danach das alleinige oder alles beherrschende Format der Kognition und des Wissens. Diese (für seinen Ansatz sehr zentrale) These macht Minsky (1974, 35) äußerst stark:

> „Indem man einen Raum sieht oder eine Geschichte versteht, setzt man ein Netzwerk aus Frames und Unter-Frames zusammen. Alles, was wahrgenommen oder vermutet wird, wird – ob richtig oder falsch – in diesem Netzwerk repräsentiert. [...]
> Ich füge jetzt die Hypothese hinzu, dass alle erfüllten Frames an End-Positionen [terminals; Slots] übergeordneter Rahmen angeschlossen werden müssen. Zwar mag es manches geben, das nur im sogenannten Kurzzeitgedächtnis-Register gespeichert wird. Die These ist jedoch, dass nur sehr wenig im Gedächtnis gespeichert werden kann, das nicht in einen passenden Frame eingebettet wird."

Kurz gefasst: Ohne Frame-Zuordnung kein Gedächtnis! Oder, umgekehrt herum: Gedächtnis (Wissen, Episteme) besteht grundsätzlich aus Frames, ist in Frames strukturiert. Das „Gedächtnis-System" (Minsky) ist durch zwei Eigenschaften gekennzeichnet: Jedes (Wissens-)Element muss eingebettet sein in größere Frames; Frames sind unvollständig gefüllt, sie erfordern Ausfüllungen an ihren Leerstellen / Slots.[68] Mit seiner Heraushebung der Einbettung in größere Frames, der jedes Wissenselement, und damit auch jeder Frame selbst wieder unterliegt, macht Minsky implizit auf eine der wichtigsten Eigenschaften von Frames aufmerksam, nämlich ihre Rekursivität, allerdings ohne diese auch schon als solche zu benennen (wie es erst Barsalou 1992 explizit tun wird).

Frame-Anwendung und -Adaption. Minsky nennt vier Strategien für die Anwendung von Frames: Anpassung, Entschuldigung, Ratschlag und Zusammenfassung.[69] Alle haben mit der Lösung von Problemen bei der Frame-Eignung zu tun. Z.B.: „Ein ‚Stuhl', der alle anderen Bedingungen erfüllt, aber viel zu klein ist, kann ein ‚Spielzeug' sein." (= excuses) Frame-Anpassung [matching] heißt, dass für eine neue Situation zwar nicht der alte Frame komplett übernommen werden kann; da alter und neuer, besser passender Frame aber zahlreiche Elemente (Leerstellen) teilen, ist es möglich, Ausfüllungen des alten Frames auch für den neuen Frame zu nutzen. Eine Such-Anweisung könnte nach Minsky (1974, 35) dann folgendermaßen lauten: „Finde einen Frame, der dem alten ähnlich ist außer gewissen Unterschieden {a - z} zwischen ihnen." Dies funktioniert allerdings nur dann, wenn die neue Situation / Anwendungsfall genügend Gemeinsamkeiten mit den bekannten Situationen aufweist. „Entschuldigungen" [excuses] erläutert Minsky mit einer wichtigen Überlegung:

> „Ein Frame beschreibt ein ‚Ideal'. Wenn ein Ideal nicht auf die Realität trifft, wird es ausgetauscht. Es liegt aber in der Natur solcher Ideale, dass sie elegante Vereinfachungen sind; ihre Attraktivität folgt aus ihrer Einfachheit, aber ihre eigentliche Kraft hängt ab von zusätzlichem Wissen über Wechselwirkungen zwischen ihnen! Das heißt, wir müssen ein Ideal nicht wegen des Unvermögens, es in einem Fall anzuwenden, aufgeben, solange man die Diskrepanz durch eine solche Wechselwirkung erklären kann." (A.a.O. 36)

Die hier dargestellte Eigenschaft von Frames hängt mit zwei grundsätzlichen Aspekten zusammen: Erstens der Tatsache, dass Frames immer prototypisches Wissen organisieren,[70] und prototypisches Wissen immer eine Abstraktion von bestimmten konkreten situations-

---

[68] „Es zeichnet sich nun ein Gedächtnis-System ab, das durch zwei komplementäre Erfordernisse geleitet wird: (1) Auf der einen Seite gibt es Elemente, die angemessen repräsentiert sein müssen durch Einbettung in größere Frames. (2) Auf der anderen Seite stehen unvollständig gefüllte Frames, die Ausfüllungen ihrer offenen End-Positionen [Slots] erfordern." Minsky 1974, 35.

[69] Die von Minsky (1974, 35) formulierten Strategien in der Anwendung von Frames (*matching, excuses, advice* und *summary*) sind allerdings für meinen Geschmack viel zu „aktivistisch" formuliert.

[70] So bereits der Gedächtnistheoretiker Bartlett 1932, den Minsky an anderer Stelle zitiert.

3.3 Weitere Aspekte von Frames, Frame-Strukturen und -Aktivierung   277

bezogenen Aspekten bedeutet. (Dies drückt Minsky mit dem Wort „Ideal" aus.) Zum anderen aber der Tatsache, dass jedes abstrakte Wissen dieser Art immer ein Muster-Wissen (type-Wissen im Sinne der type-token-Dichotomie) ist, dem gegenüber die konkreten Instantiierungen (token) immer Abweichungen aufweisen. In manchen Fällen kann ein Frame gar nicht vollständig instantiiert sein, wie Minsky am Beispiel der Verdeckung bei visueller Wahrnehmung demonstriert: Auch wenn man nur drei Beine eines Tisches sieht, weiß man doch, dass er normalerweise vier Beine hat, und kann das (visuelle) „Fehlen" des vierten Beines mit dem übergeordneten Frame VERDECKUNG „entschuldigen".[71]

Eine wichtige Rolle spielen nach Minsky Ähnlichkeiten / Analogien[72] und Alternativen. Unter der Überschrift „Cluster, Klassen und eine geographische Analogie" entwirft Minsky sodann ein stark metaphorisches „Landkarten-Modell des Gedächtnisses", das auf einer starken Netzwerk-Analogie (mit Orten, Hauptorten, Cities, Straßen, Hauptstraßen, Nebenstraßen usw.) beruht. Dieses Modell ist stark hierarchisch. Zu wenig hervorgehoben wird, dass alles eine Sache der Perspektive ist. Nach Minsky sind solche Ordnungen im Wissen (die auf Entscheidungen darüber, was „zentral" und was „peripher" ist, beruhen) aber wichtig, da sie starke Auswirkungen auf nachfolgende Wissensstrukturen und -aktivierungen haben können. Er spricht hier sogar von „epistemologischen Zwängen [commitments]"[73], was heißen würde: die epistemische Struktur (das Netzwerk mitsamt seinen Hierarchiebegründenden Entscheidungen) determiniert das Denken.[74] Entscheidend sind für solche Zwänge nach Minskys Auffassung offenbar insbesondere die Wörter, über die eine Sprache verfügt. In seiner Landkarten-Metapher-Sprache:

> „Der Erwerb von Zentren wird uns großenteils von außen aufgezwungen: durch die Wörter, die in der eigenen Sprache zur Verfügung stehen; durch das Verhalten von Objekten in der Umgebung; durch das, was einem durch Lehrer, Eltern und die allgemeine Kultur erzählt wird." (Minsky 1974, 41)

Minsky sieht also folgende Typen von Parametern (Einflussmechanismen) wirken bei der Festlegung von kognitiven / epistemischen Strukturen: Sprache, die Ebene des Realen, Gesellschaft. Erinnert seine Hervorhebung der Rolle der Sprache stark an Wilhelm von Humboldt[75], so reicht die Hervorhebung der „allgemeinen Kultur" weit in Ansätze der modernen Kulturwissenschaften hinein, wie etwa die Diskursanalyse nach Foucault mit ihrer Hervorhebung der „diskursiven Zwänge". Dies gilt insbesondere, wenn er schreibt:

---

[71]   Andere „Entschuldigungs"-Strategien sind z.B.: „Funktionale Variante": Ein zentraler Pfosten mit Standfläche kann vier Beine eines Stuhls ersetzen, da es nur um die zentrale Funktion des Stützens geht. „Defekt" [broken]: Ein erforderliches Teil kann abgebrochen sein. „Parasitäre Kontexte": Stuhl ist Spielzeugstuhl. Minsky 1974, 37.

[72]   In diesem Kontext spricht Minsky (1974, 37) auch von „Ähnlichkeits-Netzwerken", womit er auf die Klassen-Bildung von Konzepten anspielt. Letztlich ist das, was er ausweislich seiner Beispiele damit meint (*Stuhl* vs. *Hocker* (hat keine Rückenlehne), *Stuhl* vs. *Couch* (breiter), *Stuhl* vs. *Bank* (breiter, keine Rückenlehne), *Stuhl* vs. *Tisch* (keine Rückenlehne, breiter, höher) – er nennt dies auch ein „System von Ähnlichkeiten und Unterschieden" – aber nichts anderes als eine reine Konzept-Hierarchie. Sie unterscheidet sich wenig von normalen Netzwerk-Modellen.

[73]   „Solche Entscheidungen akkumulieren sich möglicherweise zu epistemologischen Zwängen [commitments] über die ‚begrifflichen' Städte unseres geistigen Universums." Minsky 1974, 40.

[74]   Eine solche Position ist fast schon Foucault'isch und erinnert stark an Positionen der Poststrukturalisten.

[75]   Als einen der Begründer der These von der Sprach-Abhängigkeit des Denkens: „Das Wort, welches den Begriff erst zu einem Individuum der Gedankenwelt macht, fügt zu ihm bedeutend von dem Seinigen hinzu, und indem die Idee durch dasselbige Bestimmtheit empfängt, wird sie zugleich in gewissen Schranken gefangen gehalten." Aus: „Ueber das vergleichende Sprachstudium" (1820) zitiert nach Humboldt (1985, 20).

„Natürlich dominiert auf jeder Stufe die Struktur der vorherigen Struktur den Erwerb der späteren." (A.a.O. 41) Poststrukturalistisch orientierte Diskursanalytiker, die Foucaults These von der Ebene der Diskurse als dritter Ebene zwischen Denken und Sprechen, und damit seiner Auffassung folgen, dass die diskursiven Mechanismen eine eigene Ebene des epistemologischen Determinismus begründen, werden sich mit solchen Aussagen anfreunden können.[76]

Frames sind kulturell. Solche Anschlussmöglichkeiten (die er natürlich weder im Blick hatte, noch voraussahen konnte, auch wenn die Quellen, an die er hätte anknüpfen können, damals schon verfügbar waren) verknüpft Minsky interessanterweise direkt mit dem Aspekt[77] der durch die Wahl spezifischer Teil-Frames (mit Bezug auf einen übergeordneten Gesamt-Frame) eingenommenen Perspektive. Interessanterweise wählt er zur Beschreibung dieses Aspekts jedoch nicht den abstrahierenden (und de-agentivierenden) Terminus „Perspektive", sondern benutzt Begriffe, die letztlich auf die Personen zurückweisen, die eine solche Perspektive einnehmen (nämlich „Positionswechsel" beim Sehen und „Betonung / Hervorhebung" in der Sprache).[78] Die Notwendigkeit perspektiven-abhängiger Frames leitet er direkt aus dem Bedürfnis nach Reduktion von Komplexität ab,[79] und fügt das Stichwort hinzu: „schmale Kontexte". In den gewählten Perspektiven, bzw., wenn man es genauer fasst, in den durch eine Gesellschaft, durch eine Kultur zur Verfügung gestellten Standpunkten und Blickwinkeln, drückt sich die Kulturabhängigkeit und soziale Determination unseres Wissens und der Formen unserer Wissensaktivierung aus. In einer Eindringlichkeit und Konsequenz, die dasjenige, was man heute so aus den Kognitionswissenschaften kennt, weit hinter sich lässt, rückt Minsky die kulturelle Formung des Wissens und seiner Strukturen in den Mittelpunkt seiner Betrachtung:

> „Vielfältige Rahmen sind miteinander vernetzt und strukturiert durch die eigene Kultur. Ohne Zweifel vermittelt die Kultur einen großen Teil dieser Struktur durch ihren konventionellen Gebrauch derselben Wörter um verschiedene Sichtweisen eines Subjektes zu erklären." (A.a.O. 43)

Dies heißt nicht nur: Es sind die Wörter (der Wortgebrauch), die die Inter-Relationen zwischen Rahmen schaffen und Anschlussmöglichkeiten wie Zusammengehöriges (bei verschiedener Perspektive) signalisieren. (D.h.: Wörter gehören nicht nur einem einzelnen Rahmen an, sondern verschiedenen zugleich.) Es heißt zudem: Die sich in den Wörtern ausdrückenden Perspektiven sind Ergebnis kultureller Prozesse und nicht allein (oder nicht vorrangig) individuellen Denkens. Damit wird aber die Frame-Theorie (wie schon bei Fillmore) zu einer eminent kulturalistischen Konzeption.

In diesen Kontext passt, dass Minsky eigens einen Abschnitt (3.8) dafür widmet, die engen Bezüge zwischen seinem Frame-Modell und dem wissenschaftstheoretischen Paradigma-Begriff von Thomas S. Kuhn (1970) herauszustellen. Minsky geht davon aus, dass es

---

[76] Vgl. dazu insbesondere Foucault 1971, 12 ff. (dt.: 8 ff.), erläutert etwa in Busse 1987, 234 ff.

[77] Dessen Erörterung bzw. Einführung hätte man zwar – geschult durch Fillmore – an anderer, zentralerer Stelle des Frame-Modells erwartet, aber immerhin: Minsky hat ihn nicht vergessen.

[78] „Wir haben diskutiert, dass der Gebrauch von verschiedenen Rahmen desselben Systems dieselbe Situation auf verschiedene Weisen beschreibt: für den Positionswechsel beim Sehen und für den Wechsel der Betonung / Hervorhebung in der Sprache." Minsky 1974, 41.

[79] Minsky 1974, 42 f. beschreibt ein konkretes Beispiel für alternative Rahmen und fragt dann: „Warum gibt es hier zwei verschiedene Rahmen, statt einer integrierten Struktur? Wohl, weil man bei solch komplexen Rahmen niemals alle Probleme ineins abdecken kann. In jedem Moment muss man in einem sinnvoll vereinfachten Rahmen arbeiten."

3.3 Weitere Aspekte von Frames, Frame-Strukturen und -Aktivierung   279

Wissensstrukturen, wie sie Kuhn mit seinem Paradigma-Begriff beschrieben hat, auch im Alltagsdenken gibt (Minsky 1974, 46). Genau dies ist die Wurzel für eine linguistische Epistemologie, beziehungsweise eine epistemologische Betrachtung der Sprache und der Semantik, wie sie im vorliegenden Buch angestrebt wird. Zwischen Paradigmenwechsel und Frame-Wandel sieht er enge Parallelen.[80] Wie bei den Paradigmen, geschieht auch bei Frames der Wandel bzw. Austausch nicht global, sondern partikulär, Stück für Stück durch sukzessiven Austausch oder Umdefinieren einzelner Elemente.[81] (Mit Verweis auf Papert 1972 hält Minsky die Fähigkeit, die eigenen Prozeduren diagnostizieren und modifizieren zu können, für eine Kollektion von wichtigen spezifischen „Skills".)

Frame-Prozesse. Relativ knapp erörtert Minsky die Strategien und Prozesse bei der Frame-Abrufung bzw. -Aktivierung. Zwei Dinge sind ihm dabei wichtig: Zum einen eine Erweiterung der Frame-Definition, die nunmehr so lautet: „Ein Frame ist ein ‚Paket' aus Daten und Prozessen."[82] Dieser Punkt, dass man Frames nicht nur als Datensammlungen und -strukturen begreifen darf, sondern auch unter dem Aspekt der kognitiven (epistemischen) Prozesse betrachten muss, spielt im (eher struktur- als prozess-bezogenen) linguistischen Denken normalerweise keine oder nur eine geringe Rolle. Die Auswirkungen dieses Aspekts lassen sich aus linguistischer Sicht kaum überschauen. Man sollte ihn aber wenigstens im Hinterkopf behalten und daran denken, dass vieles, was an Frames (auch aus semantischer Sicht) spannend und weiterführend ist, möglicherweise in Termini kognitiver Prozesse (statt wie üblich in Termini von mehr oder weniger statischen Strukturen) beschrieben werden müsste. Der zweite Aspekt, auf den Minsky hier hinweist, betrifft die Heterogenität von Frame-Strukturen und -Prozessen. Man solle sich Frames nicht als einheitlichen Phänomen-Typ vorstellen, vielmehr gelte: „Es gibt keine einheitliche Strategie: Verschiedene Arten von Terminals [Slots] erfordern verschiedene Arten von Prozessen." (A.a.O. 48) Es ist bemerkenswert, dass Minsky (erst) an dieser relativ versteckten Stelle darauf eingeht, dass es verschiedene Typen von Slots gibt. Leider geht er jedoch (im Unterschied zu Fillmore + FrameNet, die unter dem Begriff der „Frame-Elemente" wenigstens ansatzweise darüber nachgedacht haben) nicht näher auf diese Problematik der unterschiedlichen Typen von Leerstellen bzw. Frame-Elementen ein,[83] die aber für eine vollständige Epistemologie (und auch eine vollständige Semantik, Sprachtheorie und Sprachverstehens-Theorie) sehr wichtig wäre.

---

[80] „Immer wenn unsere gewohnten Sichtweisen nicht funktionieren, immer wenn es uns nicht gelingt, wirksame Frame-Systeme im Gedächtnis zu finden, müssen wir neue konstruieren, die die richtigen Merkmale hervorbringen [aufweisen; bring out]." Minsky 1974, 46.

[81] „Stattdessen erkennen wir für unzureichende Items Stück für Stück, dass sie fehlerhaft sind, indem wir sequenzweise Modifikationen an einer unzureichenden Repräsentation vornehmen." Minsky 1974, 46.

[82] Minsky 1974, 48. – „Wenn ein Frame angeschnitten wird, wird sein Paket zu der laufenden Prozessierungs-Umgebung hinzugefügt, so dass seine Prozesse direkten Zugang zu den Informationen haben, die sie benötigen, ohne durch den Zugang zum gesamten Wissen des gesamten Systems erstickt zu werden."

[83] Ob es sich nach seiner Meinung um eher inhaltliche oder eher formale, prozessuale Typen handeln soll, bleibt daher offen. Er gibt lediglich ein Beispiel, aus dem man seine eigenen Schlüsse ziehen muss: In einem ZIMMER-Frame den „Wand"-Slot auszufüllen, erfordert das Finden und Ausbilden eines rangniedrigeren WAND-Unter-Frames; um darin aber einen TÜR-Frame auszufüllen, ist es erforderlich, einen weiteren (gleichrangigen) ZIMMER-Frame zum (übergeordneten) HAUS-Frame hinzuzufügen. D.h.: Jeder Terminal [Slot] verweist selbst auf Instruktionen, nach welchen Informationen weiter gesucht werden muss. (Minsky 1974, 48.)

In einem in seinen Text integrierten Essay eines Schülers (Scott Fahlmann) werden weitere Aspekte der Frame-Aktivierung beschrieben. Dazu gehören u.a. naheliegende Überlegungen über Hierarchien und Sub-Strukturen in Frames und Frame-Abrufung, aber auch so interessante Aspekte wie die Integration von Informationen über epistemische Qualitäten in die Wissensrahmen.[84] Es geht dabei etwa um (Meta-)Informationen über Gewissheitsgrade, Quellen und Verlässlichkeit der im Frame integrierten Informationen. Weitere angesprochene Aspekte sind z.B. Analogie durch Ähnlichkeit oder Kontiguität,[85] und das, was in der Terminologie von Fillmore und FrameNet „Frame-Vererbung" genannt wurde, also die Übertragung von Elementen aus einem übergeordneten Frame auf einen oder mehrere untergeordnete Frames.[86] (Die Art und Weise, wie hier darüber geschrieben wird, tendiert jedoch stark in Richtung einer klassischen Begriffs-Hierarchie.)

Minsky geht z.T. über Fillmores Überlegungen zu Frame-Vererbung hinaus, indem er den Ober-Frames teilweise zusätzliche Qualitäten zuweist, nämlich die Qualitäten der Leit-Frames, und ihnen eine höhere Persistenz und Stabilität zuspricht als normalen Frames.[87] Andererseits bleibt er gegenüber Fillmores Ansatz jedoch zurück, der mit seinem Vererbungs-Modell einen plausiblen Ansatz für Aspekte geliefert hat, die Minsky (noch) nicht erklären kann.[88]

Kritik an logizistischen Ansätzen. Eine überraschend starke Parallele zu Fillmores Denken und Herangehensweise kann man darin sehen, dass Minsky dem „criticism of the logistic approach" einen ganzen Abschnitt am Ende seines Papiers widmet. Dass beide Begründer der Frame-Theorie, die ja aus völlig unterschiedlichen fachlichen und theoretischen Wurzeln kommen, der Linguist Fillmore wie der Kognitionswissenschaftler Minsky, übereinstimmend ihre Position auf einer harten Kritik an logizistischen Ansätzen (und deren Dominanz in Linguistik und Kognitionstheorie) gründen, spricht wohl für sich. Minskys Einschätzung der Leistungsfähigkeit logischer Modelle ist dabei mindestens ebenso vernichtend wie diejenige Fillmores. Dezidiert will er „erklären, warum stärker ,logisch' orientierte Ansätze nicht funktionieren werden." (Minsky 1974, 59.) Minsky argumentiert

---

[84] Scott Fahlmann in Minsky 1974, 50: „Wenn jedes neue Item etabliert ist, wird seine Beschreibung einem spezifischen Paket von Informationen über das Ganze hinzugefügt, zusammen mit Informationen darüber, woher diese Informationen kamen und wie verlässlich sie sind."

[85] „Wenn ein System etwas wahrnimmt, das in keine der verfügbaren Kategorien passt, kann es wenigstens anzeigen, welche Kategorien ihm nahe kommen. [,Wie ein Mensch, aber 30 m hoch und grün'; ,oberhalb der Taille Frau, unterhalb Fisch']" Scott Fahlmann in Minsky 1974, 51.

[86] Ein wichtiges Merkmal der Erkennungs-Frames (und den Erkennungs-Kategorien, die sie repräsentieren) ist, dass sie hierarchisch organisiert sein können. Das System kann daher seine Hypothesen auf verschiedenen Ebenen [zu] bilden [versuchen]. Jede Ebene hat einen eigenen Erkennungs-Frame, aber die niedrigeren integrieren die Pakete der höheren Ebenen. [HUND-Frame integriert TIER-Informationen] Höhere Frames können spezifische Unter-Elemente als exemplarische Fälle nutzen, z.B. SÄUGETIER → KUH, HUND. Fahlmann in Minsky 1974, 51.

[87] Minsky (1974, 52) weist den Ober-Frames („global frames") die Funktion von „headings" [Überschriften, Leit-Frames] zu und ergänzt: „Hochrangige Frames sind sehr stabil und prägend für die Verarbeitung nachrangiger Informationen (auch wenn sie sich als falsch erweisen)" Diese „sind sehr persistent und schwer zu revidieren".

[88] So wenn Minsky (1974, 52) schreibt: „Die Schwierigkeiten, einen globalen Frame zu ändern, legen nahe, dass lokale Frames keine vollständigen, transformierbaren Strukturen sind, sondern von ihrer Zuordnung zu ,globalen Frames' abhängen, um Relationen zwischen Objekten ableiten zu können." Wahrscheinlich genau dieses Phänomen ist der Grund dafür, dass Fillmore (allerdings erst sehr viel später) den Begriff der Frame-Vererbung eingeführt hat. Damit ist dessen Modell in diesem Punkt dem Modell von Minsky eindeutig überlegen.

3.3 Weitere Aspekte von Frames, Frame-Strukturen und -Aktivierung   281

nachfolgend äußerst vehement gegen Logik-orientierte Ansätze. Dabei sieht er das Problem in der Logik-Orientierung schlechthin, nicht einfach in defekten oder schlechten Formalismen! Die Darstellungsprobleme von Logik-orientierten Ansätzen sind also nicht Ergebnis noch unvollständiger, aber verbesserungsfähiger formaler Darstellung, sondern Ergebnis eines grundlegenden Defektes des Ansatzes schlechthin, der für die Gegenstands-Bereiche, um die es Minsky geht (Denken, Epistemologie), nach seiner Auffassung schlechthin ungeeignet ist.[89] Originalton Minsky: „Solche Systeme mögen für einfache Aufgaben noch funktionieren; nie aber in der Realität." Die Kern-Ziele der Logik, wie etwa Konsistenz und Vollständigkeit, seien für eine Theorie des Denkens schlichtweg falsch gesetzt.

> „Konsistenz ist weder notwendig noch wünschbar in einem sich entwickelnden kognitiven System. Niemand ist jemals vollständig konsistent. Was wichtig ist, ist: wie man mit Paradoxen und Konflikten umgeht, wie man aus Fehlern lernt, wie man von vermuteten Inkonsistenzen loskommt." (A.a.o. 62)

So klar hat noch selten jemand gegen das übliche logizistische Konsistenz-Gebot argumentiert. Abschließend kommt er zu der Bewertung:

> „‚Logisches' *reasoning* ist nicht flexibel genug, um als Basis des Denkens dienen zu können; ich schätze es eher als eine Sammlung heuristischer Methoden ein, die nur funktionieren, wenn sie auf stark vereinfachte schematische Pläne angewendet werden." (A.a.o. 62)

Dies entspricht völlig etwa auch Fillmores Meinung und kann aus epistemologischer Perspektive nur mit Nachdruck unterstrichen werden. Die Leistungsfähigkeit logischer Modelle wird im Allgemeinen grandios überschätzt. Es gibt aber leider nur wenige Forscher, die dies öffentlich so deutlich gemacht haben wie Minsky hier an dieser zentralen Stelle seines berühmten Textes. (Bezeichnenderweise wird diese Passage so gut wie nie zitiert oder seine Kritik auch nur erwähnt.) Diese harsche Kritik mündet direkt in die emphatisch hervorgehobene Schluss-Hypothese seines epochemachenden Aufsatzes (die zugleich den letzten Satz des Textes darstellt!): „Denken beginnt mit defizienten Netzwerken, die nur langsam (wenn überhaupt) verfeinert und verbessert werden."

Zuvor hat er noch einige Überlegungen geäußert, die für eine epistemologische Perspektive in der Semantik sehr wichtig sind. Statt einer falschen logizistischen Orientierung benötige man für die Rekonstruktion unserer Wissens-Basen „eine ernsthafte epistemologische Forschungsanstrengung".[90] Minsky mahnt also eine vertiefte epistemologische (!!) Forschung an, d.h. er fordert etwas, was es damals nicht gab, und auch heute (vielleicht wegen der anhaltenden Dominanz des logizistischen Paradigmas?) noch nicht in zufriedenstellender Weise gibt: Eine Epistemologie, die ihren Gegenstand weder auf Logik, noch auf Wissenschaftsgeschichte verkürzt, sondern eine echte Theorie des menschlichen Wissens auf allen seinen Gebieten und in allen seinen Formen und Facetten darstellt. In diesem Kontext erwähnt er auch den Aspekt der *Relevanz*[91] und erklärt ihn (ohne ihn allerdings

---

[89] „Seit Aristoteles hat es viele Versuche gegeben, *common sense reasoning* durch ein ‚logizistisches' System zur repräsentieren, d.h. ein System, das eine völlige Trennung macht zwischen (1) ‚Propositionen', die spezifische Informationen verkörpern, und (2) ‚Syllogismen' oder allgemeinen Gesetzen des richtigen Schließens. Jedoch war niemand in der Lage, ein solches System zu konfrontieren mit einem realistisch großen Set von Propositionen." – „Solche Versuche scheitern eher an ihrem Logik-fixierten Ansatz schlechthin als an Defekten einzelner Formalismen. Solche Systeme mögen für einfache Aufgabe noch funktionieren; nie aber in der Realität." Minsky 1974, 59 f.

[90] Minsky 1974, 60: „We need a serious epistemological research effort in this area."

[91] In diesem Kontext muss daran erinnert werden, dass Sperber / Wilson 1986 den Aspekt der Relevanz (im Anschluss an Grice 1968) zum Kern einer allgemeinen, stark kognitivistisch geprägten Theorie der

282   *Kapitel 3: Die Frame-Idee bei Marvin Minsky*

weiter auszuführen) zur Kern-Aufgabe. Er bezweifelt, ob das Wissen durchgängig propositional organisiert ist, und erwägt, ob es nicht vielmehr überwiegend „inter-propositional"
strukturiert sein könnte, und fügt die Überlegung an: „Für jede ‚Tatsache' [‚fact'] benötigt
man Meta-Tatsachen darüber, wie sie benutzt wird und wann sie nicht benutzt werden sollte." (Minsky 1974, 60.) Dies ist eine sehr wichtige Beobachtung: Die Modalitäten der Wis-
sens-Nutzung sind genauso wichtig wie die Strukturen des Wissens selbst! Es ist kennzeichnend für die Tiefgründigkeit und Reflektiertheit von Minskys Herangehensweise, dass
er seinen Ansatz durch diese Schlussbemerkungen eindeutig als Vorbereitungen auf eine
zukünftige (bessere) Epistemologie einordnet. Dies macht er ganz explizit: „Eine moderne
Epistemologie wird keine Ähnlichkeit mit den alten haben."[92]

3.4   Ein kognitives Modell des Denkens: Minskys „Society of mind"

Etwa zehn Jahre nach seinem grundlegenden Aufsatz zur Frame-Theorie publiziert Minsky
unter dem Titel „The society of mind" (1986) eine Art General-Theorie des Denkens und
der Kognition aus seiner Perspektive. Dieses Werk soll wohl so etwas wie eine Grundlagen-Theorie darstellen, die von den kleinsten und elementarsten (und damit noch vor-
menschlichen) kognitiven Prozessen bis zu den komplexesten Denk-Vorgängen das gesamte Denken in einem geschlossenen theoretischen Modell erklärt.[93] Wie es Theorien mit
einem solch umfassenden Erklärungsanspruch an sich haben, tendiert sein Modell dazu,
recht spekulativ anzumuten.[94] Die nachgerade „fundamentalistische" Herangehensweise
bedingt es, dass Minsky scheinbar erst auf Seite 260 (von 310 Seiten) der deutschen Aus-
gabe explizit auf Aspekte der Sprache zu sprechen kommt; alles davor handelt kognitive
Strukturen und Prozesse ab, die noch fundamentaler sind als menschliche Sprache. Ein
genauerer Blick auf den Text zeigt jedoch, dass das Kognitions-Modell, das Minsky entwirft, auch bei der Behandlung dieser fundamentalen Strukturen des Denkens immer bereits
Sprache im Blick hat; dies beweisen die zahlreichen sprachbezogenen Beispiele, mit denen
er fast von Beginn des Textes an argumentiert. Minsky zeigt dabei durchgängig eine enorme Kenntnis und vor allem einen (für Kognitionswissenschaftler wie auch für Linguisten)
ungewöhnlich weiten Horizont. Kulturelle und soziale Aspekte des Denkens und Wissens
werden ebenso einbezogen wie etwa Metaphern, poetische Sprache und Ähnliches. Von der
sehr interessanten Kognitionstheorie, die Minsky dort entwirft, können nachfolgend nur die
allerwichtigsten, in unserem Zusammenhang relevanten Aspekte (und dies nur in äußerst
komprimierter Form) behandelt werden.

Grundzüge des Denkens und Gedächtnisses. Eine Beschreibung der Funktionsweise des
menschlichen Geistes wird dadurch erschwert, dass derselbe keine guten Kenntnisse von

---

       (auch sprachlichen) Kommunikation gemacht haben. Mangels weiterer Ausführungen von Minsky hier-
       zu ist allerdings leider nicht ersichtlich, ob es sich dabei um denselben oder zwei verschiedene Begriffe
       von „Relevanz" handelt.

[92]   „A modern epistemology will not resemble the old ones!" Minsky 1974, 60.

[93]   Auch wenn er (Minsky 1990, 17) dezidiert „kein systematisches Modell mit eindeutigen Grundprinzi-
       pien" entwerfen will. [Zahlen im Text beziehen sich nachfolgend immer auf die Seiten der dt. Fassung.]

[94]   Dies allein muss kein Negativum sein. Bei Philosophen wie z.B. Edmund Husserl hat es auch kaum
       jemanden gestört, dass sie hoch-spekulative Denk-Theorien entwickelt haben. Jedenfalls war es ihrem
       Ansehen als Philosophen in keiner Weise abträglich.

3.4 Ein kognitives Modell des Denkens: Minskys „Society of mind"   283

seinen eigenen Prozessen hat. Viele Strukturen des Denkens sind so fundamental, dass sie uns niemals zu Bewusstsein kommen. Unter dem Motte „leichte Dinge sind schwer [zu erklären]" heißt es: „Allgemein sind wir uns dessen am wenigsten bewusst, was unser Gehirn am besten vermag." (29) Das gilt insbesondere auch für Sprache und die Semantik. Das scheinbar einfache und selbstverständliche Funktionieren unseres Denkens und unserer Sprache beruht u.a. darauf, „dass wir alle eine stillschweigende Übereinkunft in Bezug auf so viele ungesagte Dinge haben" (53). Vor allem das ungesagte, unexplizierte Wissen ist es also, das unser Verstehen stärker steuert, als wir uns eingestehen.[95] – Unser Denken und Gedächtnis (ob sprachbezogen oder nicht) beruht auf drei verschiedenen Entstehungsprozessen: evolutionär, individuengeschichtlich, geistes- und ideengeschichtlich (18). Es ist außerordentlich bemerkenswert, dass Minsky hier neben den bekannten Aspekten Phylogenese und Ontogenese die sozial- und kulturgeschichtliche Entstehungsweise unseres Denkens und Wissens gleichberechtigt ins Spiel bringt. – Geist und Kognition sind kein in festen Strukturen gebundenes System; vielmehr verdanken sie ihre Macht der ungeordneten Art, Querverbindungen herstellen zu können (17). Daher beruht im Gedächtnis bei Weitem nicht alles auf Hierarchie; vielmehr spielen „Ausnahmen, Abkürzungen, Querverbindungen" eine wichtige Rolle (90). Und: „Unsere Gedächtnis-Systeme sind machtvoll, weil sie nicht auf Perfektion beschränkt sind." (205) – Denken heißt für Minsky dann vor allem auch: Verbindungen herstellen zwischen Strukturen und Funktionen (88).[96] – Zu unserem Wissen gehört immer auch Wissen über die Anwendbarkeit (und die Anwendungsbedingungen) unseres Wissens (100); dazu gehört auch, dass wir nicht nur lernen, was wir nicht tun sollten, sondern auch lernen, was wir nicht denken sollten (96).[97] – Geist ist mindestens so sehr Produktion wie Produkt. Allerdings produziert der Geist das, was er hervorbringt (Ideen, Gedanken, Wörter ...), nicht wie eine Fabrik Autos produziert. Vielmehr gilt für ihn, „dass wir solche Prozesse nicht von ihren Produktionen unterscheiden können" (288). Das Spezifische kognitiver Prozesse besteht u.a. in ihrer fortlaufenden Selbstveränderung. – Die Idee der Einheit des Geistes beruhe auf einer Illusion, die der Geist sich selbst schafft (292). Tatsächlich sei der Geist (mind) eine „Gesellschaft verschiedener ‚Geister'" (290).[98] – Dabei geht Minsky grundsätzlich davon aus, dass es derzeit keine direkte Brücke zwischen gehirn-physiologischen und geistes-theoretischen Erklärungen geben kann (292). Minskys Denken über das Denken ist daher eindeutig pluralistisch; gegen alle falschen Vereinheitlichungen stellt er immer wieder die Diversität und Zufälligkeit der kognitiven Prozesse heraus. Am Ende seines Buches zusammengefasst: „Die Macht der Intelligenz

---

[95]   Man könnte dies als Entschuldigung für all die Sprachwissenschaftler und Philosophen ansehen, die in der Semantik das stillschweigende, als selbstverständlich geltende Wissen und seine wichtige Rolle für die Semantik beständig übersehen und / oder ignorieren.

[96]   Es ist daher wahrscheinlich nicht übertrieben, Minsky einen „kognitiven Funktionalisten" zu nennen, der den statischen Struktur-Analytikern im Kognitivismus (wie den Ontologie-Bastlern und Netzwerk-Spezialisten) eher skeptisch gegenübersteht.

[97]   Minsky (1986, 96) argumentiert hier in einer Weise, die überraschend stark an den Poststrukturalisten Michel Foucault mit seinen „Ausschließungsmechanismen" des Denkens erinnert. Minsky spricht hier von „Verboten und Tabus, die uns völlig unbewusst sind", aber die Art unseres Denkens stark steuern.

[98]   „Wie die Mitglieder einer Familie könnten diese zusammenarbeiten, um sich gegenseitig zu helfen, und doch ihre eigenen mentalen Erfahrungen machen, von denen die übrigen nichts wissen. Mehrere solcher Agenturen könnten viele Agenten gemeinsam haben, und doch nicht mehr über die internen Aktivitäten der anderen erfahren als Leute, die Wand an Wand wohnen." (290) – Minskys Hypothese der Nicht-Einheitlichkeit gilt auch für das Gedächtnis selbst. Jeder hat viele Arten von Gedächtnissen; es gibt kein einzelnes allgemeines Erinnerungs-System (156).

rührt von unserer ungeheuren Vielfalt her, und nicht von einem einzigen, perfekten Prinzip." (308)[99]

Strukturen und Prozesse: Agenten und Agenturen. Minsky entwirft in seinem Buch ein (nach meinem Geschmack zu aktivistisch formuliertes) Panoptikum von „Agenten" und „Agenturen" des Denkens bzw. Gedächtnisses (oder Wissens), um die Vielfalt, Heterogenität und Tiefenstaffelung kognitiver Prozesse erklären zu können. Auch wenn dabei nicht immer explizit von Frames die Rede ist, so wird doch deutlich, dass es sich bei seinem Buch um eine vertiefende Ausführung von Überlegungen handelt, die ihn auch schon bei seinem Papier von 1974 geleitet haben. Minsky modelliert die menschliche Kognition als ein Netz von Querverbindungen zwischen „Agenten" und „Agenturen" (25). Unter diesen muss man sich wohl einfachere oder komplexere Prozesse im Geist oder Gedächtnis vorstellen, die jeweils für sich begrenzte kognitive Aufgaben erfüllen, aber nur im Zusammenwirken von größeren Verbänden aus ihnen das erzeugen, was wir normalerweise „Denken" nennen. Zwar sind Beziehungen zwischen Agenten typischerweise und oft hierarchisch, aber nicht immer und nicht zwingend (34).[100] Dabei können höhere Prozesse tiefer angesiedelte Prozesse „kontrollieren", auch wenn sie ihnen weit entrückt sind (34).[101] Die Existenz von „Agenten" und „Agenturen", unter denen man sich auch routinemäßig arbeitende, typisierte, sich in ihren Prozessen wiederholende Prozeduren des Denkens bzw. Gedächtnisses vorstellen kann, entlastet von kognitiver „Arbeit": „Es kann eine Menge mentaler Arbeit ersparen, wenn man jede freie Wahl in derselben Art trifft wie zuvor." (52) Dies (das Ökonomieprinzip) ist ihr Existenzgrund. Auch wenn diese Agenten und Agenturen aufgrund sozialen Austauschs entstehen, ist es doch letztlich so, dass jeder individuelle Geist seine eigenen Strukturen ausbildet: „Es gibt keine einheitliche wirkliche Welt des Denkens; jeder Geist entwickelt sein eigenes Universum." (65) Dabei errichten wir in unserem Geist Schemata, „um [wie Minsky es in einer hübschen Volte ausdrückt] unsere Dinge davon abzuhalten, dass sie zu sehr miteinander interagieren", d.h. „um die Dinge geordnet aussehen zu lassen" (65).[102] Eine geistige Entwicklung besteht dann auch darin, für neue Dinge oder neue Aufgaben, Probleme, neue „Agenten" zu entwickeln, oder andere „Agen-

---

[99]   „Unsere Gedächtnis-Systeme sind machtvoll, *weil* sie nicht auf Perfektion beschränkt sind." (205)
[100] Siehe auch: „Die meisten unserer Wissens-Verbindungen sind indirekt." (213)
[101] „Kontrolle" in diesem Sinne heißt daher nicht, dass die kontrollierenden Prozesse über das konkrete epistemische Material der kontrollierten Prozesse verfügen, sondern eher, dass sie sie beeinflussen, in gewisser Weise lenken oder veranlassen. Diese Idee wäre auch für die Semantik wichtig, insbesondere für eine kulturwissenschaftliche Analyse, der es auf die Determination epistemischer Prozesse durch höherrangige gesellschaftliche Bewegungen des Wissens ankommt (wie z.B. in der linguistisch-semantischen Diskursanalyse).
[102] Diese hübsche Idee, dass wir Dinge ordnen, um zu verhindern, „dass sie zu sehr miteinander interagieren", bezieht Minsky zunächst auf unsere materielle Welt, die wir durch Schränke, Schubladen usw. ordnen. (Leute, die es nicht schaffen, ihre materiellen Dinge vom „miteinander interagieren" abzuhalten, nennen wir heute „Messies".) In Bezug auf das Denken hat sie einen sehr ernsten Hintergrund. Menschen, die es nicht schaffen, die „Dinge in ihrem Geist" davon abzuhalten, dass sie „zu sehr miteinander interagieren", nennen wir in unserer Gesellschaft für gewöhnlich „geisteskrank" oder „verrückt". In einem sehr nachdenklich machenden Abschnitt über autistische Kinder (297 ff.) arbeitet Minsky deutlich heraus, dass deren Defizit eben darin besteht, bestimmte Ordnungen (und Unterscheidungen) im Geist nicht getroffen zu haben, die wir anderen, „normalen" Menschen selbstverständlich ausgebildet haben und schließt: „Wenn ein Kind erst vom normalen Weg, diese Bereiche einzuteilen, abgewichen ist – ganz gleich, welche Ursachen dies haben mag –, ist sein unglücklicher Geist zum Scheitern verurteilt." (297)

3.4 Ein kognitives Modell des Denkens: Minskys „Society of mind"   285

ten" zu aktivieren, die über den basaleren Agenten operieren, also „zusätzliche", „organisierende" Aufgaben übernehmen (102).[103]

Strukturen und Prozesse: Frames. Der Begriff des „Frames" wird in Minskys Buch erst
erstaunlich spät (auf Seite 244 von 310) explizit definiert und thematisiert. Dabei bleibt
leider unklar, in welchem Verhältnis nun genau das, was er auch verbal „Frame" nennt, zu
den anderen, zuvor eingeführten Entitäten der Kognition (wie v.a. „Agenten" und „Agenturen" steht); ob also „Frame" (wie etwa bei Barsalou 1992) ein General-Begriff ist, der (aufgrund seiner Rekursivität) alle Ebenen kognitiver Entitäten umfasst (und damit auch Agenten und Agenturen), oder ob das, was er Frames nennt, erst ab einer gewissen (höheren)
„Ebene" des Denken auftritt.[104] – Erstmals in diesem Buch explizit erwähnt werden Frames
in Form von sog. „Einheits-Rahmen" (121), worunter Minsky Wissens-Strukturen versteht,
wie sie als Zusammenfassungen mehrerer Details bei der Lösung praktischer Aufgaben
(Beispiel: Bogen aus Bauklötzchen bauen) eingesetzt werden können (hier: „Ein Oberteil,
das durch zwei stehende Klötze gestützt wird, die einander nicht berühren"). Das Wesentliche an solchen „Einheits-Rahmen" ist die Tatsache der Reduktion und Auswahl.[105] „Dabei
betonen wir bestimmte Eigenschaften und Beziehungen des Gesamt-Settings und lassen
andere aus." (121) Einheitsrahmen reduzieren die im Gedächtnis gespeicherte Information
auf das Wesentliche und entlasten dieses damit. Sie bieten aber die strukturelle Basis dafür,
die akut nicht gesondert gespeicherten Informationen aus dem Einheitsrahmen „abzuleiten"
(121).[106]

Einheits-Rahmen" sind daher offenbar das Grundmaterial dessen, was landläufig „Konzept" oder „Begriff" genannt wird. Dies wird weniger durch explizite Ausführungen als
durch die Beispiele, die Minsky an dieser Stelle benutzt, deutlich (hier: das Beispiel
„Stuhl"). In Bezug z.B. auf solche Ding-Konzepte (die Minsky aber nicht so nennt) unter-

---

[103] Dies führt Minsky in Anlehnung an seinen MIT-Kollegen (und Mitbegründer der KI-Forschung) Seymour Papert auf das zurück, was er „Paperts Prinzip" nennt: „Einige der entscheidenden Schritte in der
mentalen Entwicklung basieren nicht bloß auf der Erlangung neuer Fähigkeiten, sondern auch darauf,
neue Methoden zur Verwaltung dessen zu erlangen, was man bereits weiß." (102) D.h.: Neue Strategien
in der Anwendung des Wissens; v.a. neue Verknüpfungen!

[104] Unklar ist das u.a. auch deshalb, weil Minsky den Begriff „Frame" durchaus auch weit vor seiner expliziten Thematisierung fortlaufend immer wieder benutzt, so z.B. S. 86, wo er unter Aufgreifen seines
„Drachen"-Beispiels von 1974 zwar Frames und Füllungen für Leerstellen konkret beschreibt, ohne sie
allerdings auch so zu nennen. Interessanterweise ist der einzige Begriff aus der Frame-Theorie, den er
an dieser frühen Stelle seines Argumentationsgangs bereits benutzt, der Begriff der Default-Annahme
(heute: Standard-Wert). Man kann daraus schließen, dass er den Default-Werten einen sehr fundamentalen Status zuweist, vielleicht sogar fundamentaler, als die Frames selbst. – Ebenfalls weit vor den Frames (und unabhängig von diesen) thematisiert Minsky den Begriff des Konzepts (S. 105). Kann man daraus schließen, dass er nicht (wie etwa Barsalou 1992) der Auffassung ist, dass Frames auf Konzepte
reduziert werden können (oder im Wesentlichen Konzepte bzw. Konzept-Strukturen darstellen)? Grundsätzlich scheint er dem Konzept-Begriff (und seiner Nutzung in der üblichen Kognitionstheorie) sehr
skeptisch gegenüberzustehen. Er sieht darin die Tendenz zu problematischen Verdinglichungen (105). –
(Auf die Darstellung des Panoptikums an kognitiven Entitäten, mit denen Minsky seine Theorie durch
extensive Nutzung latinisierender Neologismen reichhaltig bevölkert, wie z.B. *Neme, Polyneme,
Mikroneme, Isonome, Pronome, W-Linien*, werde ich nicht nur aus Platzgründen verzichten.)

[105] „Die meisten Unterschiede sind redundant. Die meisten übrigen Unterschiede sind Zufälle." (105)

[106] Minsky an seinem Beispiel: Wir wissen, dass A von B gestützt wird. Dann wissen wir auch, dass A B
berührt; das müssen wir uns nicht gesondert merken, wir können es *ableiten*. Unter Ableitung versteht
Minsky daher offenbar so etwas Ähnliches wie „epistemische Implikation" oder „Enthaltensein". Wichtig: „Auf die Frage, *welche* Merkmale wichtig sind und welche rein zufällig, kann es keine allgemeine
Antwort geben." (105)

286   *Kapitel 3: Die Frame-Idee bei Marvin Minsky*

scheidet er eine „strukturale Beschreibung" (wie sieht das Ding aus) von einer „funktionalen Beschreibung" (wofür können wir dieses Ding benutzen), die für eine adäquate Charakterisierung des Dings immer zusammenwirken müssen (123; siehe Abb. 3-2).

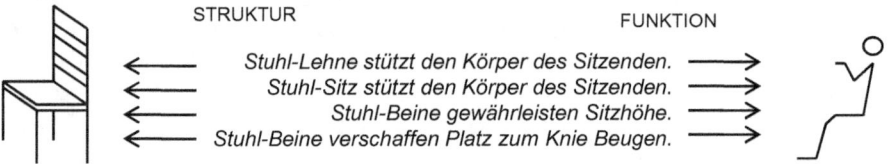

Abb. 3-2: „strukturale" vs. „funktionale" Beschreibung eines Stuhls nach Minsky 1990, 134.

„Man könnte Minskys Gedanken auch so ausdrücken: Ding-Konzepte (oder Ding-Frames) sind immer Kombinationen aus Struktur-Konzept-Daten (bzw. Struktur-Frame-Daten) und Funktions-Konzept-Daten (Funktions-Frame-Daten).[107] Dabei denkt er jedoch keineswegs in klassischen begriffstheoretischen Bahnen, sondern immer strikt funktional. Die Elemente eines so gebildeten Einheitsrahmens sind daher auch nicht zu verwechseln mit den Dingmerkmalen der Merkmalsemantik oder logischen Semantik, sondern als viel fundamentalere Teile unseres rahmenbezogenen Wissens aufzufassen.[108] Minsky zieht das Fazit: „Einheitsrahmen, die Strukturen dieser Art beinhalten, können sehr leistungsfähig sein." Solche Einheitsrahmen zu bilden, funktioniert allerdings nicht immer: Für die Gegenstände, die wir etwa mit „Möbel" bezeichnen, ist dies laut Minsky nicht möglich; dort verwenden wir stattdessen die Strategie der „Akkumulation" von mehreren „Einzel-Erfahrungen" (die allerdings nur bei kleinen Mengen funktioniert). Minsky sieht das Verhältnis von „Akkumulationen" und „Einheitsrahmen" als Prozess: Immer wenn wir zu viele Einzelerfahrungen per Akkumulation versammelt haben, gliedern wir bestimmte Gruppen daraus aus, und bilden für sie Einheitsrahmen (125). „Einheitsrahmen" stellen daher offenbar das dar, was man üblicherweise unter „Konzeptbildung" subsumiert. Linguistisch gesprochen könnte man auch sagen: Eine „Akkumulation" verwendet ein rein extensionales Verfahren, während ein „Einheitsrahmen" den Versuch darstellt, eine Intension zu „definieren" (bzw. kognitiv festzulegen).[109]

Explizit eingeführt werden „Rahmen" (*frames*) in Kap. 24 am Beispiel der visuellen Szene, die sich einem Betrachter beim Betreten eines Raumes schlagartig, aber nur scheinbar „auf einen Blick" auftut. Die scheinbar atemberaubende Geschwindigkeit, mit der wir die Szene „sehen", ist nach Minsky ausschließlich auf unsere Aktivierung des Gedächtnisses zurückzuführen: „In dem Augenblick, da Sie eine Person wahrnehmen, wird eine ganze Welt von Annahmen aktiv, die auf Menschen im Allgemeinen zutreffen." (244) Dies gilt

---

[107] Diese Beschreibung wäre, etwa in Bezug auf „Stuhl", für Minsky aber noch zu simplifizierend: Wir benötigen nämlich zusätzlich Wissen über „Verbindungen zwischen den Teilen der Stuhl-Struktur und den Bedürfnissen des menschlichen Körpers, denen jene Stuhl-Teile angeblich entgegenkommen" (123). Man könnte das auch einen „Wofür"-Rahmen nennen.

[108] Siehe Minsky: „Mit diesem Wissen können wir erstaunliche Dinge tun, wie z.B. das Konzept des Stuhls auf eine Kiste übertragen, um zu sehen, ob wir darauf sitzen können, obwohl sie weder Beine noch eine Lehne hat." (123)

[109] Minsky hält es für möglich, dass es grundsätzlich zwei Typen von Strategien bei Menschen gibt: die „Einheitsrahmer" und die „Akkumulierer". Erstere neigten zu Perfektion, daher Rücksichtslosigkeit, daher Fehleranfälligkeit. Letztere würden zwar sehr viel weniger Fehler machen, aber länger benötigen, bis sie Entdeckungen machen (125).

3.4 Ein kognitives Modell des Denkens: Minskys „Society of mind"

gerade auch für das Verstehen von Sprache. Am Beispiel des Satzes „*Es regnet Frösche*"
fragt Minsky: „Wie begreift unser Geist derart komplexe Szenen anhand so weniger Hinweise [gemeint: Wörter]? Die ergänzenden Details müssen aus Erinnerungen und Überlegungen kommen." (a.a.O.) Überlegungen aus einem Aufsatz von 1974 aufgreifend schließt
Minsky daraus:

> „Unsere Idee ist, dass jede Wahrnehmungserfahrung Strukturen aktiviert, die wir *Rahmen* nennen wer-
> den – Strukturen, die wir uns im Laufe früherer Erfahrungen angeeignet haben. Wir alle erinnern uns an
> Millionen solcher Rahmen, deren jeder eine stereotype Situation repräsentiert." (244)

Die Beispiele, die er zunächst nennt (Personen treffen, Raum betreten, an Festen teilnehmen) könnten darauf schließen lassen, dass er hier eher an globalere Frames höherer (und
gröberer) Organisationsebene des Wissens denkt (etwa das, was Schank / Abelson *Skripts*
genannt hatten), und weniger an basalere Frames, etwa der Konzept Ebene, hätte er nicht
Konzept-Frames (unter dem Begriff des „Einheitsrahmens") bereits zuvor explizit als Frames thematisiert. Unter der Überschrift „Rahmen des Geistes" folgt eine Art Definition:

> „Ein Rahmen ist eine Art Skelett, etwas wie ein Antragsformular mit vielen Leerstellen oder Lücken,
> die ausgefüllt werden müssen. Wir werden diese Leerstellen *Terminals* nennen; wir benutzen sie als
> Verbindungsstellen, mit deren Hilfe wir andersgeartete Informationen hinzufügen können." (245)

Die weiteren Beispiele (*Stuhl, Person*) zeigen dann aber, dass die Definition durchaus auch
Konzept-Frames einbezieht. Offen bleibt in der Formulierung aber, ob dasjenige, was an
Leerstellen angeschlossen wird, selbst wieder Frames im Sinne dieser Definition darstellt
(da es als „andersgeartete" Informationen bezeichnet wird). Jedoch weist Minsky ausdrücklich darauf hin, dass „jede Agenten-Art am Rahmen-Terminal angeschlossen werden kann".

Bemerkenswert ist die ausdrückliche Hervorhebung, dass die Terminals (in üblicher
Terminologie heute: „slots" oder „Leerstellen") als „Verbindungsstellen" charakterisiert
sind. In unserer Terminologie könnte man das auch so ausdrücken: Über Leerstellen schließen wir Frames an Frames an. Dies ist aber, wie Minsky mit einem überraschenden, für die
Frame-Theorie (in ihrer heutigen Form) alles andere als üblichen Hinweis verdeutlicht,
keineswegs zwingend: „Im Prinzip könnten wir Rahmen benutzen, ohne ihre Terminals mit
etwas zu verbinden."[110] Dies ist aber nicht die typische Verwendungsweise von Frames;
vielmehr gilt: „Aber im Normalfall treten die Terminals gemeinsam mit anderen, bereits
angeschlossenen Agenten auf; das sind jene, die wir ‚Ersatzannahmen' [Übersetzung in der
dt. Fassung; original: *assumptions by default*] genannt haben." (245)

„Ersatzannahmen": Standard- und Default-Ausfüllungen. Diesen Standard-Annahmen
weist Minsky in seinem Frame-Modell nun eine äußerst zentrale Rolle zu, wobei er an
Deutlichkeit weit über den Aufsatz von 1974 hinausgeht. „Ersatzannahmen" bzw. Standard-Ausfüllungen von Leerstellen sind mit dem Frame „schwach verbunden" und bleiben

---

[110] Dieser Gedanke harmoniert mit heutigen Frame-Konzeptionen nicht so gut. Man könnte fragen: was
bleibt von einem Frame mit nicht gefüllten Leerstellen noch übrig? (Ein reines „Skelett", müsste Minsky selbst laut seiner eigenen Definition sagen, also nichts, was „epistemisches Fleisch" enthält.) Vermutlich meint er aber bloß: Es müssen immer alle Leerstellen eines Frames zugleich ausgefüllt
werden. Dann liegt es jedoch nahe, dass dies nur für die Ebene des expliziten, z.B. sprachlich realisierten oder evozierten Wissens gilt, nicht für die Verstehensvoraussetzungen insgesamt. Bei diesen müsste
die Füllung als Standard-Ausfüllung in jedem Fall, und eigentlich immer angesetzt werden bzw. als
schlußfolgerbar im Modell berücksichtigt werden. Der Punkt gibt Anlass für weitere vertiefende Diskussionen und Überlegungen.

so lange aktiv, wie keine anderen, stärker aktiven Annahmen sie verdrängen: „Um es psychologisch auszudrücken: Es gibt Dinge, die wir annehmen, wenn wir keinen besonderen Anlass haben, anders zu denken." (86) Solche Standard-Annahmen stehen immer für typisches, man könnte auch sagen, prototypisches Wissen: „Ersatzannahmen füllen unsere Rahmen, um das Typische zu repräsentieren."[111] Gerade deshalb ist aber ihre Wichtigkeit für das Denken und die Aktivierung von Wissen (auch und gerade im Sprachverstehen) nicht zu unterschätzen: „Wir machen unentwegt Ersatzannahmen. [...] Sobald Sie ein Wort wie ‚Person', ‚Frosch', oder ‚Stuhl' hören, nehmen Sie an, dass die Details ‚typischer' Personen, Frösche oder Stühle vorhanden sind. Sie gehen nicht nur in der Sprache, sondern auch beim Sehen so vor." (245)[112] Minsky begründet die fundamentale Rolle, die Standardannahmen für unser Denken spielen, gedächtnispsychologisch: „Ersatzannahmen sind von großer Bedeutung, weil sie uns helfen, frühere Erfahrungen zu repräsentieren." (A.a.O.) Indem die Standardannahmen frühere Erfahrungen spiegeln und sie zum (Proto-)Typischen hypostasieren, stellen sie das Format dar, in dem Präzedenzen für die gegebene kognitive Aufgabe (sei es Sehen, Verstehen usw.) gespeichert werden. (Da der Gedanke der Präzedenz-Fälle ein Kern des Konventions-Modells von D. K. Lewis ist, sind die Standard- oder Default-Annahmen, und damit die Prototypikalität, eng mit dem Aspekt der Konventionalität verbunden, der für die Sprache – und damit für eine Theorie der Semantik – so überaus wichtig ist.[113]) Die offenen Leerstellen eines Frames, die („nur") mit „Ersatzannahmen" ausgefüllt sind, sind zugleich das Tor, über das Neues in die Frames Eingang finden kann.[114] Mit anderen Worten: Frames müssen dynamisch, veränderungsoffen sein. Die „Ausfüllungsbedürftigkeit" der Frames bedingt, dass ein und dieselbe Situation mehreren konkurrierenden Frames zugeordnet werden kann. Solche „Frame-Konflikte" werden dadurch gelöst, dass ein Frame die konkurrierenden verdrängt. Aber, so Minsky: die verdrängten Frames sind damit nicht eliminiert; sie „können noch in den Kulissen herumschleichen und auf Gelegenheiten warten, sich einzumischen" (245).

Die Beispiele, die Minsky für Frames in diesem Zusammenhang gibt, sind teilweise sehr abstrakt (z.B. UND-Frame). Was er nicht bedenkt bzw. ausführt, ist, dass Frames *spezifizierte* Ordnungen von Wissen darstellen. Bei ihm sind sie dagegen teilweise sehr abstrakte, rein formale Strukturen (eben reine „Skelette"). Um linguistisch vom Frame-Modell einen Nutzen zu haben, müssen Frames aber *inhaltlich spezifiziert* sein. Die (einfachen) Frames in Minskys Beispielen sind mehr oder weniger als pure Additionen von Leerstellen / Slots definiert. D.h. sie sind bloße Mengen von epistemischen „Atomen". Was bei einer solchen Konzeption verloren geht, ist die Art und Weise, wie diese Leerstellen kombiniert sind. Es ist der Gedanke, dass das Ganze mehr ist als die Summe seiner Teile. Möglicherweise kann hier eine Analogie zu einer *Syntax* (oder einer *Sprache*) gesehen werden: Diese sind jeweils Kombinationen von Elementen (aus einer gegebenen Menge) *plus* die Relationen zwischen diesen Elementen. Es kommt nun sehr darauf an, dass die Relationen inhaltlich spezifiziert

---

[111] Bereits zuvor hieß es: „Später werden wir sehen, dass Ersatzannahmen einige der wertvollsten Kenntnisse unseres praktischen Verstandes verkörpern: Das Wissen darum, was üblich oder typisch ist." (86)

[112] Der Hinweis auf das Sehen verdeutlicht, wie elementar Standardnahmen in unserer Kognition verankert sind. Wenn diese aber so elementar schon für das optische Erkennen sind, und gleichzeitig mit prototypischem Wissen gleichzusetzen sind, dann ist die Prototypikalität sehr viel tiefer in unserer Kognition verankert, als es die bisherigen Diskussionen zur Prototypentheorie zu erkennen gegeben haben.

[113] Lewis 1969; vgl. für eine zusammenfassende Darstellung Busse 1987, 176 ff.

[114] „Rahmen werden nach früheren Erfahrungen angefertigt und passen kaum je genau auf eine neue Situation. Deshalb müssen wir lernen, unsere Rahmen jeder gesonderten Erfahrung anzupassen." (245)

3.4 Ein kognitives Modell des Denkens: Minskys „Society of mind"   289

sind, als *Relationen eines bestimmten Typs.* Oder in Minskys Redeweise: Relationen zwischen Elementen in Frames sind „Agenten" (oder verbunden mit A.) bestimmten Typs.

Minsky leitet die Ersatzannahmen aus ursprünglichen Wahrnehmungs- bzw. Erkenntnisakten ab[115] und formuliert in diesem Zusammenhang Überlegungen zur kognitiven „Stärke" von „Ersatzannahmen" bzw. Standard- / Default-Werten, die nicht unproblematisch sind:

> „Unsere Theorie lautet, dass solche optionalen Details gewöhnlich zu schwach sind, um sich gegen die scharfe Präsenz der Realität behaupten zu können, so dass andere Stimuli sie leicht abtun oder zumindest anpassen können. Das ist der Grund, weshalb Ersatzannahmen schwache Vorstellungsbilder ergeben und weshalb wir nicht allzu erstaunt sind, wenn sich diese Bilder als falsch erweisen." (a.a.O. 247)

Diese These stimmt evtl. für optische Wahrnehmung; wie ist es jedoch bei Frames, die nicht durch Wahrnehmungsdaten ausgehebelt / überformt werden können? Liegt hier nicht vielleicht doch eine Dominanz der individuellen (Ersatz-)Ausfüllungen vor? Ein weiteres Problem ist: Die von Minsky hier angesprochene „Schwäche der Vorstellungsbilder" trifft so nur auf Konkreta zu, bei denen die individuellen (prototypischen oder nach Merkmalen der „erstmaligen Referenz" (Kripke) ausgefüllten Rahmen-Ausfüllungen „ausgehebelt" werden können durch die Dominanz von Wahrnehmungsdaten. (Andererseits weiß man aus der Zeugen-Psychologie u.ä., dass die individuellen Rahmen-Ausfüllungen häufig genug aber auch umgekehrt die Sinnesdaten „aushebeln" können: Man hat dann eben „gesehen", was besser in die eigenen Rahmen passt. Zudem: Flexibilität im Umgang mit Frames ist eine Kulturtechnik, über die nicht jeder in gleichem Maße verfügt!)

Die „Ersatzannahmen" haben sehr viel mit „Standard-Annahmen" bzw. „Prototypikalität" zu tun. Hier sind nun aber womöglich große Unterschiede bei Frames *mit* Wahrnehmungsbezug und Frames *ohne* Wahrnehmungsbezug anzusetzen. Minsky denkt wohl vor allem an Erstere. Bei Frames ohne Wahrnehmungsbezug sind die „Ersatzannahmen" sehr viel stärker als bei Frames mit. Aber auch bei letzteren gilt: unproblematisch ist der Wahrnehmungsbezug nur, wo er ins gewohnte Spektrum (die Bandbreite des Gewöhnlichen bzw. Erwartbaren) fällt. Bei einem Ball mögen Farbe, Form, Größe leicht korrigierbar sein. Vergleiche aber bei einem Mensch: „mit einem Auge", „zwei Nasen", „grüne Haut" – ohne Einrechnung von Verletzungsfolgen! Hier führen Wahrnehmungsdaten, die die Standard-Annahmen aushebeln, regelmäßig zu Schocks (was im Genre der Horror-Filme weidlich ausgenutzt wird), was zeigt, dass auch hier die Standard-Annahmen sehr stark sein können. Die Stärke von Standard-Annahmen ist also kein abstraktes Merkmal und nicht strikt gebunden an das Kriterium „Rahmen mit (direktem) Wahrnehmungsbezug", sondern betrifft die *kategoriale Ordnung* der Welt (des Wissens) und die Position des jeweiligen Wissenselements im Wissen (der Kultur, einer Person, den „Sitz im Leben"). Deshalb ist es auch treffender, statt von „Ersatz-Annahmen" von „Standard-Annahmen" zu sprechen.[116] Der Begriff „Ersatz-Annahmen" unterstellt quasi die „Korrigierbarkeit durch Wahrnehmungsdaten", die bei vielen (den meisten?) Rahmen gar nicht gegeben ist.

---

[115] „Wenn jemand sagt: ‚Hans warf einen Ball', nehmen Sie wahrscheinlich unbewusst einen bestimmten Satz von Merkmalen und Eigenschaften wie Farbe, Größe und Gewicht an. […] Ihre Annahmen in Bezug auf den Ball mögen von einem Ball hergeleitet sein, den Sie selbst vor langer Zeit besessen haben – vielleicht aber auch von einem Ball, den Sie zur Zeit besitzen." (247)

[116] Vgl. dazu Fillmore, der den Prototypikalitäts-Aspekt sehr viel stärker in den Vordergrund stellt als Minsky. – In diesem Zusammenhang muss aber daran erinnert werden, dass der Ausdruck „Ersatz-Annahmen" nur in der deutschen Übersetzung vorkommt. Im Original heißt es „assumptions by default" und verwendet daher den Begriff, der sich mittlerweile international dafür eingebürgert hat.

Den Grund, warum unser Geist überhaupt mit Standardannahmen operiert, sieht Minsky u.a. darin, dass wir, um *Dinge* als Dinge (und damit als einem bestimmten Typ zugehörig) erkennen zu können, Ähnlichkeiten erkennen können müssen. (247) Um dazu in der Lage zu sein, müssen wir aber eine Art „Vergleichsmaßstab" in unserem Gedächtnis gespeichert haben; dies sind die Standard-Annahmen. Z.B. „nehmen wir stets an, dass alle Seiten eines Gegenstandes vorhanden sind, obwohl wir sie nie alle zugleich sehen können." Aus dieser Allgegenwärtigkeit der Standardannahmen schließt Minsky: „Weil wir so wenig mit absoluter Sicherheit wissen, vermute ich, dass der größere Teil dessen, was wir wissen – oder zu wissen glauben –, durch Ersatzannahmen repräsentiert wird." (247) Das heißt aber: Wissen ist grundsätzlich „Annahmen"-Wissen, beruht auf Standardisierung und Typisierung. Oder anders gewendet: Ein Großteil unseres Wissens ist Default-Wissen (oder, anders ausgedrückt: Prototypen-Wissen). Minsky vermutet, dass die Tendenz, „spezielle Dinge durch typische Dinge zu ersetzen" (248) ein notwendiger Grundzug unseres Denkens und einer der wesentlichen Schritte in der kognitiven Entwicklung von Kindern ist. Wenn eine neue Erfahrung den bekannten Frames nicht entspricht, weicht man auf einen abstrakteren (Ober-)Frame aus (250). Im Prozess der Rahmen-Aktivierung kann also ein Schritt der Abstraktion stattfinden. (Das ist im Grunde ein Grundprinzip von Kategorisierung und funktioniert auch nach unten, zu Sub-Frames: Wenn uns konkrete Rahmen zur Verfügung stehen, greifen wir u.U. zu spezifischeren Rahmen, z.B. DOBERMANN, HUSKY, statt HUND, oder STUTE, WALLACH, SCHIMMEL, statt PFERD.) Aufgrund seiner Typizität ist rahmenspezifisches Erinnern häufig schematisch, verkürzend (a.a.O.). Eine bedarfsorientierte Rahmen-Differenzierung bleibt aber immer möglich.[117] Ebenso gibt es immer die Möglichkeit einer Rahmen-Korrektur durch Umschalten auf Alternativ-Rahmen. Erleichtert wird dies, wenn die ausgetauschten Rahmen identische Leerstellen aufweisen (250).[118] – Am Beispiel von Schriftstellern, denen es oft mit wenigen Worten gelingt, ganze „Welten" zu skizzieren, schließt Minsky: „Unsere Schriftsteller benutzen Ausdrücke, die große Netzwerke von Annahmen aktivieren, die bereits im Geist des Lesers vorgefertigt sind." (247) – Und auf die spannende Frage „Wie werden Rahmen aktiviert?" ergänzt Minsky lediglich: „Das läuft auf die Frage hinaus, wie wir vertraute Situationen und Gegenstände erkennen", und kommentiert: „Es gibt keine Grenzen für den Grad der Komplikation, den diese Frage annehmen kann, weil es keine natürlichen Trennlinien zwischen Erkennen, Erinnern und allen unseren sonstigen Denktätigkeiten gibt." (252)

Rahmen-Reihen. Frames können nach Minsky ihre Identität sichernde und strukturierende Funktion für unser Denken nur erfüllen, wenn sie sich zu Rahmen-Reihen kombinieren. Die Notwendigkeit solcher Rahmen-Reihen leitet er aus der Erfahrung mit den berühmten Kipp-Bildern ab, die er als „Wettstreit verschiedener Rahmen um die Zuständigkeit für einzelne Merkmale eines Bildes" deutet.[119] Isolierte Einzel-Frames könnten sich in einem solchen Wettstreit nur schlecht durchsetzen. Sich durchsetzende Frames sind meist oder immer Teil einer Rahmen-Reihe, also z.B. der Frames, die die verschiedenen Perspektiven auf einen Würfel organisieren. In einer solchen Seh-Rahmen-Reihe werden z.B. alle An-

---

[117] Diesen Punkt vertieft später insbesondere Barsalou 1992.

[118] Diesen Aspekt hat Fillmore später mit seinem Konzept der „Frame-Vererbung" (bzw. Sub-Frame-Strukturen) sehr viel präziser erfasst als Minsky mit seinen wenigen vagen Bemerkungen.

[119] Er fragt: „Wieso ändern diese beiden Zeichnungen ihren Charakter? Weshalb können wir nicht beide möglichen Formen zugleich sehen? Weil unsere Agenturen, wie es scheint, jeweils nur eine Interpretation dulden." (254)

3.4 Ein kognitives Modell des Denkens: Minskys „Society of mind"   291

sichten kognitiv zu einem einzigen Objekt zusammengefügt (255). Dies ist möglich, weil
alle Frames einer Reihe dieselben Leerstellen / Terminals benutzen.[120] „Es ist die Funktion
unserer Rahmen-Reihen, das, was wir über die Welt gelernt haben, in Terminals abzuspei-
chern, die unverändert bleiben, wenn wir unsere Köpfe oder Körper bewegen." (256)[121]

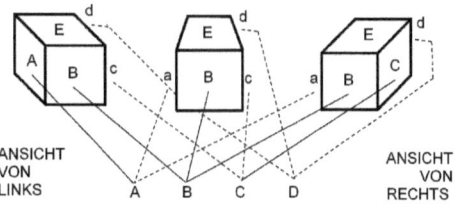

Abb. 3-3: Bsp. für „Rahmen-Reihen" für Perspektiven auf ein Objekt aus: Minsky 1990, S. 255.

Erst Rahmen-Reihen ermöglichen Imagination (also die Vorwegnahme von Seh-Erfahrun-
gen, für die noch keine Wahrnehmungsdaten vorliegen) (257, s. Abb. 3-3). Die Täuschung
des Eindrucks der Kontinuität (z.B. der Objekte) entstammt, so Minsky, „der Beschreibung,
derer wir uns bedienen, um es zu repräsentieren" (257):

> „Paradoxerweise rührt unser Gefühl der Kontinuität von unserer wunderbaren Unempfindlichkeit den
> meisten Veränderungen gegenüber her, und nicht etwa von einem authentischen Wahrnehmungsvermö-
> gen. Existenz scheint uns nicht deshalb kontinuierlich, weil wir kontinuierlich wahrnehmen, was augen-
> blicklich geschieht, sondern weil wir uns an unsere Erinnerungen daran halten, wie die Dinge in der
> jüngsten Vergangenheit waren."[122]

Das heißt: Existenz, Kontinuität, Dinghaftigkeit ist keine Wahrnehmung dessen, was ist,
sondern eine Verknüpfung von unzähligen Erinnerungen an Wahrnehmungen dessen, was
jeweils einmal war. So gesehen wäre die „Existenz" eines Wortes, einer Bedeutung, dann
doch gar nicht so weit von der Existenz eines physischen „Dings" entfernt, da beide „Exis-
tenz-Hypothesen" auf denselben kognitiv-epistemischen Prinzipien beruhen. Beim „Wort"
(der „Bedeutung") ist es die Erinnerung an Präzedenzfälle der Verwendung, repräsentiert
als die Erinnerung an die kognitiven Prozesse, die das Wort damals ausgelöst hatte; beim
physischen Ding ist es die Erinnerung an zahlreiche Repräsentationsfälle, die – miteinander
verknüpft – dieses Ding als „existent" und „kontinuierlich" (und damit als ein existierendes
„Etwas") erweisen.

---

[120] Minsky formuliert die Hypothese: „Rahmen-Reihen. Wenn wir uns bewegen, schalten unsere Seh-
Systeme zwischen einer Familie verschiedener Rahmen hin und her, die alle dieselben Terminals benutzen." (255) Er spricht hier das Problem der Identität an, das sich auf kognitiver / epistemischer Ebene
als Identitäts-Idee bzw. Objekt-Idee niederschlägt und als Identitäts-*Wahrnehmung* interpretiert wird,
obwohl es sich „nur" um ein epistemisches Konstrukt handelt.

[121] Für das Gelingen einer solchen kognitiven Strategie sind *Erwartungen* sehr wichtig: Wenn man an
einem runden Tisch vorbeigeht, verändert sich der Kreis aufgrund der visuellen Perspektive zu einem
Oval. Dies sehen wir voraus und erwarten wir, so dass wir das gesehene Oval weiter als Kreis interpretieren. Würde der Kreis aber optisch als Kreis erhalten bleiben, obwohl wir uns weiterbewegen, würde
uns dies irritieren und / oder den Eindruck vermitteln, als habe der Tisch seine Form verändert.

[122] A.a.O. – Dies gilt auch für die (nicht-)Wahrnehmung von Veränderungen in der Sprache, die sich real
als große Fülle von unter sich immer leicht unterschiedlichen Präzedenzfällen darstellen, die nur durch
den Geist mit der Unterstellung der Identität zu einem „Objekt" (wie z.B. „die Bedeutung des Wortes
X") hypostasiert werden.

Die „Kontinuität der Wahrnehmung" (z.B. eines Objekts bei Perspektivenwechseln) beruht auf einer Illusion, die uns die Permanenz eines Gegenstandes vorgaukelt, von dem wir doch keine permanente und ununterbrochene Wahrnehmung haben (257).[123] Doch gerade darin liegt nach Minsky der Wert der Rahmen-Reihen: „Und das ist es, wozu uns Rahmen-Reihen befähigen: Wenn ein beliebiger Rahmen seine Terminals gefüllt hat, werden die Terminals der anderen Rahmen seiner Reihe ebenfalls gefüllt." (257) Und genau dies ermöglicht es, dass unsere Kognition im Wesentlichen über Erwartungen gesteuert wird.[124] Auch Wörter und „Bedeutungen" sind in diesem Sinne Rahmen-Reihen. Sie aktivieren Frames, deren Terminals bereits gefüllt sind. Diese (Einzel-)Rahmen können z.B. Repräsentationen der einzelnen Verwendungsweisen (-Situationen, -Kontexte) sein, in denen das Wort verwendet wurde. Die (gefüllten) Terminals sind dann selbst wieder mit Rahmen(reihen) besetzt, die die einzelnen epistemischen Elemente der Teil-Bedeutungen repräsentieren. Die Fähigkeit, komplexe Rahmen-Reihen auszubilden, zu koordinieren und auf geistige Konstrukte von Identitäten (sog. „Objekte") zu beziehen, ist eine sehr anspruchsvolle Fähigkeit.[125]

Die Rezeption der Frame-Idee. Die Rahmen-Reihen entsprechen laut Minsky dem, was er 1974 als Frame-Systeme bezeichnet hatte. Er macht deutlich, dass er sich sehr darüber gewundert hat, dass dieser Aspekt seines Frame-Modells von 1974 nie richtig rezipiert worden ist:

> „Die ganze Zeit über hatte ich das Gefühl, dass die Rahmen-Idee selbst ziemlich offensichtlich und vielleicht schon in den frühen Werken von Psychologen wie Bartlett enthalten war.
> Ich dachte, das wichtigere Konzept des Aufsatzes von 1974 sei die Idee eines Rahmen-Systems gewesen, das ich in diesem Buch neu als ‚Rahmen-Reihe' bezeichnet habe. Ich war überrascht, dass die Rahmen-Idee populär wurde, die Rahmen-Reihen-Idee hingegen nicht." (259)

Ich muss sagen: Dies hat mich ebenso überrascht wie Minsky selbst, und ich finde es beruhigend, dass er diese Überraschung teilt. Denn es zeigt, dass die Rezeption von Minskys Frame-Idee in der Kognitionswissenschaft (aber auch in der Linguistik) stets stark verkürzend war, und entscheidende Stärken seines Modells (die, wie nunmehr bewiesen ist, auch der Autor selbst als die eigentlichen Stärken sieht) nie ausgespielt oder umgesetzt hat, oder muss man sagen: bewusst unterdrückt hat? Möglicherweise war es so, dass die sich im Begriff der Rahmen-Reihen oder Frame-Systeme ausdrückende Idee, dass es bei der Analyse von Frames um den Aufbau einer das Alltagswissen rekonstruierenden Epistemologie geht (also die Analyse von Systemen und Architekturen des Wissens und ihren Konstruktionsprinzipien und Ordnungen), durch die Rezeption implizit oder explizit abgelehnt wurde und wird, und damit eine Idee, die für Minsky selbst offenbar sehr wichtig war und ist. Wenn Minsky selbst diese Rezeptions-Verweigerung so konstatiert, wird man wohl festhalten müssen: Die eigentliche, epistemologisch reflektierte Rezeption der Frame-Idee mit allen ihren Konsequenzen hat noch gar nicht stattgefunden; sie bleibt Desiderat, d.h. ist eine Aufgabe, die die Forschung überhaupt erst ernsthaft angehen und lösen muss.

---

[123] Diese vom Geist erzeugte Illusion der Permanenz macht z.B. Zauberkünstlern ihr Metier so leicht, und es andererseits Kriminalbeamten und Richtern so schwer, sich auf Zeugenaussagen wirklich verlassen zu können.

[124] Vgl. dazu ausführlicher a.a.O. 258.

[125] Minsky (1986, 258) weist darauf hin, dass nach Piaget Kinder mehr als zehn Jahre benötigen, um ihre Fähigkeiten zu verfeinern, sich vorzustellen, wie sich dieselbe Szene aus verschiedenen Blickwinkeln darstellt.

3.4 Ein kognitives Modell des Denkens: Minskys „Society of mind"   293

Sprach-Rahmen. Nachfolgend wendet sich Minsky nunmehr auch explizit den Frames in der Sprache zu.[126] Wieder beginnt er mit seinem Geburtstagsparty-Beispiel: *„Maria war zu Hans' Feier eingeladen. Sie fragte sich, ob ihm ein Drachen gefallen würde."* und folgert nach seiner Analyse: „Wie wunderbar ist es doch, dass jede normale Person so rasch derart komplizierte Schlüsse zieht – wenn man bedenkt, dass die Idee eines Geschenks nie erwähnt wurde!" (261) Die Antwort liegt auf der Hand. Nur eine Frame-Theorie kann erklären, dass solche Schlüsse überhaupt (so leicht und so unproblematisch) möglich sind! Gerade beim Sprachverstehen zeigt sich, dass solche verstehensermöglichenden Schlussfolgerungen oft so rasch erfolgen, dass sie bereits fertig vorliegen, bevor ein Satz überhaupt vollständig ausgesprochen und gehört worden ist (a.a.O.). Ein Wort erregt einen Frame (hier ein „Feier-Einladungs-Frame"), mit dessen Leerstellen viele Fragen verbunden sind: „Jede dieser Fragen wird ihrerseits durch einen Rahmen repräsentiert, mit dessen Terminals die gewöhnlichsten Lösungen solcher Probleme bereits in Form von Ersatzannahmen verbunden sind." (261)[127] Diese Standard-Annahmen (das [proto-]typische Wissen) „rührt von früheren Erfahrungen her". Es beruht auf und schafft in der sprachlichen Kommunikation Erwartungen gegenüber dem Wissen der Anderen (und sog. Erwartungserwartungen).[128] Minsky fragt: „Was macht eine Geschichte verständlich?" und antwortet: „Das Geheimnis liegt in der Art, wie jede Wendung und jeder Satz Rahmen zur Aktivität aufstachelt oder bereits aktiven Rahmen verhilft, ihre Terminals zu füllen." (262) Man kann eine sprachliche Zeichenkette (einen Satz, einen Text) daher als Kette der fortlaufenden Aktivierung einer großen Zahl von Frames analysieren, von denen nur die wenigsten explizit zur „wörtlichen Bedeutung" der verwendeten sprachlichen Mittel gehören. Kurz: „Indem wir solche vertrauten Rahmen aufrufen, können wir eine Menge mit wenigen Wörtern sagen." (263)

Frames und lexikalische Bedeutung. Ein Begriff wie „wörtliche Bedeutung" oder „lexikalische Bedeutung" oder „konventionelle Bedeutung" wird dieser Fülle von durch Wörter aktivierten Frames nicht gerecht:

> „Wörterbuch-Definitionen sagen nie genug aus. Jedes Kind weiß, dass eine Feier mehr als nur eine Versammlung ist, die einberufen wurde, um jemandes Geburtstag zu feiern. Aber keine kurze Definition kann die komplizierten Gewohnheiten, Bräuche und Regeln beschreiben, die typische Gemeinschaften für derartige Zeremonien vorschreiben." (264)

Diese wichtige Beobachtung wirft natürlich grundsätzliche Fragen auf wie: Kann es, wenn all dies richtig ist (und davon ist auszugehen) überhaupt einen Begriff von „Wortbedeutung" geben, der sowohl Kognitivisten und Epistemologen wie auch lexikalische Semantiker zufriedenstellt? Nach all dem, was Minsky hier so überzeugend beschreibt, ist das wohl zu bezweifeln. Die Komplexität sprachlicher Ausdrücke bringt es mit sich, dass „jedes Detail zu weiteren Bedingungen und Erfordernissen führt" (264). Dies gilt nicht nur für

---

[126] Man darf jedoch nicht übersehen, dass Minsky auch auf den vorangehenden 260 (von 310) Seiten seines Buches, gerade auch bei der Darlegung sehr grundsätzlicher Techniken und Aspekte des Geistes, immer wieder mit sprachlichen Beispielen gearbeitet und argumentiert hat. Dies zeigt, für wie wichtig und zentral er die Sprache für unser Denken (unsere Kognition, unseren Geist) hält.

[127] Dies läuft – auch wenn Minsky das in diesem Zitat nicht ausdrücklich ausführt – letztlich auf den rekursiven Charakter von Frames hinaus, auf den er hier aber anspielt: An den Leerstellen eines Frames schließen sich wiederum Frames an. (Und: Jeder Frame kann selbst wiederum Füllung an der Leerstelle eines übergeordneten Frames sein.)

[128] Minsky führt in diesem Zusammenhang (261), ohne diese mögliche Quelle zu erwähnen, auch noch implizit die Figur des „generalisierten Anderen" (Mead 1934, 152 ff.) ein, die für jede sozialpsychologisch reflektierte Sprach- und Kommunikationstheorie zentral ist. Vgl. zu Mead Busse 1987, 273 ff.

Wörter, sondern für morphologische, syntaktische und phonetische Merkmale gleichermaßen.

Textsorten-Rahmen. Interessanterweise geht auch Minsky, wie schon Fillmore, an zentraler Stelle seiner Reflexion über Frames und Sprache auf Textsorten-Rahmen ein.[129] Am Beispiel der Formel *„Es war einmal ..."* demonstriert er, wie Textsorten-bezogene Signale ganze Rahmen-Aktivierungs-Kaskaden prädeterminieren bzw. in eine bestimmte Richtung lenken können. Solche Wendungen „erregen im Geist der wissenden Zuhörer große Mengen Erwartungs-Rahmen, die helfen vorauszuahnen, welche Terminals zu füllen sind" (265).

Satz-Rahmen. Satz-Rahmen spezifizieren nach Minsky spezielle „Erkennungs-Rahmen", die ad hoc auf der Grundlage der vernommenen Wortfolge konstruiert werden. „Ein Wortfolge scheint ‚grammatisch' richtig, wenn sich alle Wörter rasch und mühelos in Rahmen einpassen lassen, sie sich ihrerseits nahtlos ineinander fügen." (266) Die von Syntaktikern hochgehaltene „Grammatikalität" ist dabei weniger wichtig als die epistemische Integrierbarkeit der von den einzelnen Wörtern aktivierten Frames. „Eine nicht grammatische Wortfolge kann etwas bedeuten, wenn sie klare und beständige geistige Zustände zur Folge hat. Denn die Grammatik ist der Diener der Sprache, nicht ihr Herr." (266) Als Beispiel nennt Minsky *„Diener ... leichtsinnig ... Gefängnis".* Hauptsatz-Nebensatz-Konstruktionen (Minsky nennt v.a. Relativsätze, die ja meist attributiv zu Nomen verwendet werden) sind Verschachtelungen von Rahmen, die, wie er hervorhebt, das Umgehen mit Sprache erleichtern, weil es die Anzahl der Frames verringert, aber auch erschwert, weil wir in ein und demselben Verstehensakt mit mehreren syntaktischen Rahmen zugleich umgehen müssen (268).

Komplexität der Sprach-Rahmen-Gefüge. Minsky weist die von ihm bei vielen Linguisten gefundene Einstellung zurück, dass Sprache hinsichtlich der Komplexität der bei ihr notwendigen Verarbeitungsschritte kognitiv gesehen einzigartig sei. Er hält dem entgegen, dass visuelle Wahrnehmung nicht weniger komplex hinsichtlich der Verschachtelung und Vielfalt von zu aktivierenden Frames sei.[130] Damit stellt er die Komplexität von Frames und Frame-Systemen als kognitives Grund-Merkmal bei vielen Arten von geistigen Aktivitäten heraus. Wissen und Kognition sind framespezifisch hochgradig komplex und selten „einfach". Da Sehen lange vor Sprechen existiert habe,[131] sei die Komplexität der Seh-Verarbeitungstechniken primär vor derjenigen der Sprach-Verarbeitungs-Techniken.

---

[129] Bemerkenswert insbesondere deswegen, weil Linguisten – gerade in der Semantik – die Ebene der Texte und Textsorten (und die wichtige Rolle letzterer bei der Steuerung des Sprachverstehens) gerne ignorieren. Hier ist der Kognitionswissenschaftler Minsky weiter und differenzierter als die meisten derjenigen, die sich Sprachwissenschaftler nennen.

[130] „Einige Sprachforscher scheinen unseren Umgang mit Sprache für einzigartig zu halten, weil wir dabei Rahmen mit anderen Rahmen füllen und ein Universum komplexer Strukturformen erschließen. Aber bedenken Sie, wie häufig wir beim Verständnis visueller Szenen ähnlich komplexe Leistungen vollbringen. Während die Sprach-Agentur sich mit einer Wendung beschäftigt, muss sie in der Lage sein, sich selbst zu unterbrechen, und an Teilen einer anderen Wendung zu arbeiten, und das impliziert komplexe Kurzzeitgedächtnis-Fähigkeiten. Aber beim Sehen müssen ähnliche Prozesse beteiligt sein, um Szenen aufzuschlüsseln und als aus Objekten und Beziehungen komponiert zu repräsentieren." (269)

[131] Minskys These vom Primat der (kognitiven) Seh-Strukturen ist aber nur schwach begründet. Woher will er wissen, dass es vor der Existenz von Sprache (zur Objekt-Bezeichnung und -Identifikation) schon eine Fähigkeit gab, Objekt-Unterbrechungen kognitiv verarbeiten und die optisch getrennten Teile einander zuordnen zu können? Eine solche Fähigkeit setzt ein Objekt-Bewusstsein (mit Identitäts-Konzepten

3.4 Ein kognitives Modell des Denkens: Minskys „Society of mind"

Bedeutungen und Frames. An diesem Punkt geht Minsky noch einmal intensiv auf das Verhältnis von Frames, Wörtern und Bedeutungen ein. Es handelt sich um das Zentrum seiner sprachbezogenen Argumentation mit sehr starken Thesen; daher lohnt es sich, seine dortige Argumentation als Ganze zu zitieren:

> „Das Vokabularium einer Sprache – die Wörter selbst – ist das Produkt eines Projektes, das die gesamte Geschichte einer Kultur umfasst und in dem die Arbeit von Millionen Menschen und Jahren steckt.[132] Jede Bedeutung eines einzelnen Wortes zeichnet eine intellektuelle Entdeckung auf, die von nun an die Myriaden anderer, weniger deutlicher Gedanken überlebt, die es nie zu einem Namen brachten.
> Jeder Mensch hat ein paar neue Ideen, jedoch sterben die meisten davon zugleich mit ihren Schöpfern, mit Ausnahme jener, die es zu einem Eintrag im Wörterbuch der betreffenden Kultur bringen. Trotz dieser rigorosen Auslese schöpft jeder von uns aus diesem ständig wachsenden Reservoir viele tausende mächtige Ideen, die unsere Vorfahren in vielen Generationen gebildet haben.
> Und doch ist es nicht widersinnig, zu behaupten, dass jeder einzelne diese Ideen, die er seiner Kultur entnimmt, neu erschaffen muss. Wir können keine Bedeutungen erlernen, indem wir dem Gedächtnis Definitionen einverleiben; wir müssen sie auch ‚verstehen'.
> Jede Situation, auf die ein Wort angewendet wird, muss eine Mischung aus bereits im Geist des Zuhörers befindlichen Zutaten nahelegen, und der Zuhörer muss dann selbständig versuchen, diese Ingredienzien zu etwas zu vereinen, das im Zusammenhang mit anderen, bereits gelernten Dingen einen Sinn ergibt.
> Definitionen sind oft hilfreich, aber sie entbinden einen nicht von der Notwendigkeit, das Wesentliche vom Zufälligen zu trennen, Strukturen und Rahmen zusammenzufügen und Verbindungen zu den Dingen herzustellen, die man bereits weiß.
> Ein Wort kann nur anzeigen, dass ein anderer vielleicht eine brauchbare Vorstellung besitzt – d.h. eine nützliche Struktur, die man im Kopf bilden könnte. Jedes neue Wort versenkt nur ein Samenkorn; damit es wächst, muss der Geist des Zuhörers einen Weg finden, in sich selbst eine Struktur zu errichten, die anscheinend ebenso ‚funktioniert' wie diejenige im Geist dessen, von dem sie ‚erlernt' wurde." (270)

Diese wichtigen Bemerkungen, mit denen Minsky herausarbeitet, dass der Thesaurus unserer Sprache zwar immer auch eine Determination des Denkens ist, dass aber jeder einzelne die Strukturen in seinem Geiste, für die die äußerbaren Zeichen nur höchst unvollkommene Indizien darstellen, erst selbst konstruktiv in seinem eigenen Kopf aufbauen muss, finden starke Parallelen in der Geschichte der Sprachtheorie. Sie erinnern ebenso sehr an den Philosophen Edmund Husserl, der zwischen „bedeutungsverleihenden" und „bedeutungserfüllenden" geistigen Akten unterschieden hat, wie an den Begründer der modernen Semiotik Charles S. Peirce, der bemerkt hat, dass ein sprachliches Zeichen immer „ein äquivalentes Zeichen im Geiste des Rezipienten schafft".[133] Minsky parallelisiert wieder Sprache mit Sehen und meint, dass Kinder die Sprache vielleicht deshalb so relativ schnell erlernen, weil sie im Sehen diejenigen kognitiven Strukturen und Verarbeitungsmuster bereits ausgebildet haben, die sie dafür benötigen. Diese Schlussfolgerung erscheint jedoch als etwas zu vorschnell. Vielleicht ist die Sprache (im Gegensatz zu Minskys Auffassung) ja doch etwas strukturell Spezielles, das mit anderen kognitiven Fähigkeiten nicht identisch ist (oder zumindest viel komplexer als diese ist). Die höhere Komplexität könnte ja gerade eine höhere Komplexität und Dichte der Rahmen-Strukturen (-Stufungen, -Hierarchien, -Verschachte-

---

usw.) voraus, und es ist fraglich, ob ein solches Objekt-Bewusstsein ohne eine rudimentäre Form von Sprache überhaupt existieren kann!

[132] Diese Bemerkung erinnert – zumindest einen Deutschen – stark an Hugo von Hofmannsthal und dessen berühmtes Diktum: „Für gewöhnlich stehen nicht die Worte in der Gewalt des Menschen, sondern die Menschen in der Gewalt der Worte. [...] Wenn wir den Mund aufmachen, reden immer zehntausend Tote mit."

[133] Husserl 1913, 38 sowie Peirce 1931, 2.228.

lungen) sein, die man bei Sprachverarbeitung häufig bei den der Sprache inhärenten immensen und tiefgestaffelten kulturellen Anschlussmöglichkeiten benötigt.

Bedeutungen sind Konstruktionen. Sehr skeptisch ist Minsky, wie gesehen, gegenüber der Möglichkeit, Bedeutungen (sprachlicher Einheiten) exakt zu erfassen. Letztlich, so führt er an verschiedenen Stellen aus, handelt es sich dabei um Konstruktionen des Geistes, die aus einer Fülle von Wahrnehmungen und Erinnerungen (also Frames, „Agenten" und „Agenturen" unterschiedlichster Art und Herkunft) gespeist sind. Der Konstrukt-Charakter von „Bedeutungen" wird daher immer dann besonders erfahrbar, wenn man neue Wörter erlernen muss.[134] Immer muss man die Bedeutung aus dem eigenen, bereits vorhandenen Wissensmaterial aufbauen; deshalb, so könnte man folgern, gibt es niemals in zwei verschiedenen menschlichen Gehirnen exakt dieselbe Konstellation von Wissen, die bei Benutzung eines bestimmten sprachlichen Zeichens abgerufen wird. „Bedeutung" heißt daher für Minsky, eine bestimmte Konstellation von Wissenselementen in seinem eigenen Geist „zum Funktionieren zu bringen" (131). Minskys Bestimmung des Begriffs „Bedeutung" erinnert teilweise stark an Wittgensteins „Gebrauchstheorie". „Bedeutung" ist keine feste Struktur, sondern ergibt sich aus Beobachtung, Arbeiten, Spielen, also aus Lernen von Vorgemachten und dem Nachmachen:

> „Was wir ‚Bedeutungen' nennen, entspricht gewöhnlich keiner besonderen und definierten Struktur, sondern Verbindungen unter und zu Fragmenten des riesigen alles verknüpfenden Netzwerkes der Verbindungen und Beschränkungen, das sich zwischen unseren Agenturen erstreckt. Weil diese Netzwerke beständig wachsen und sich verändern, sind Bedeutungen kaum scharf erfassbar, und wir können nicht immer erwarten, sie mittels bündiger Wortfolgen ‚definieren' zu können. Viele Erklärungen dienen nur als bruchstückhafte Hinweise; wir müssen zudem aus Beobachtung, Arbeiten, Spielen und Denken lernen." (131)

Sprache, Denken, Wirklichkeit. Das Problem der Bedeutung, als Problem der fraglichen Identität von Konstellationen des Wissens, die fraglich ist nicht nur zwischen den verschiedenen Anlässen der Aktivierung durch verschiedene Mitglieder einer Sprachgemeinschaft (den „token" der Hunderte verschiedener Fälle des Sprachgebrauchs), sondern fraglich auch hinsichtlich der Kognition einer einzelnen Person, ist nach Minsky eng verbunden mit dem Problem der Identität von „Dingen", die wir in der Welt „sehen" und (letztlich als Konstruktionen unsere Geistes) zu diesen Dingen allererst hypostasieren:

> „Weshalb fällt es uns so schwer, die Bedeutungen der Dinge zu erklären? Weil es vom Geisteszustand jedes einzelnen Menschen abhängt, was ein Ding ‚bedeutet'. Wenn das so ist, könnte man annehmen, dass für zwei verschiedene Personen nichts genau dasselbe bedeutet.
> Es ist ein schöner Traum, sich vorzustellen, die Dinge seien so gut definiert, dass verschiedene Leute sie auf genau dieselbe Art verstehen könnten. Aber dieses Ideal ist unerreichbar, denn um *völlig* übereinzustimmen – auf jeder Detail-Ebene –, müssten zwei Menschen im Geist identisch sein." (192)

Es ist interessant, dass Minsky also die Unmöglichkeit einer Identität der „Bedeutung" eines Wortes letztlich nicht als ein Problem der Sprache (und die Erklärung von „Bedeu-

---

[134] „Um ein neues oder unvertrautes Wort zu erlernen, fangen Sie damit an, es als ein Zeichen zu nehmen, dass im Geist einer anderen Person eine Struktur existiert, die Sie nutzen könnten. Aber so sorgsam er auch erklärt werden mag, Sie müssen diesen Gedanken immer für sich selbst umkonstruieren, aus Materialien, die bereits in Ihrem Geist vorhanden sind. Es ist hilfreich, eine gute Definition geliefert zu bekommen, aber Sie müssen trotzdem jede neue Vorstellung formen und gestalten, damit sie zu Ihren eigenen schon bestehenden Kenntnissen passt – in der Hoffnung, dass es Ihnen gelingt, die Vorstellung für Sie so zum Funktionieren zu bringen, wie sie bei demjenigen zu funktionieren scheint, von dem Sie sie erlernen." (131)

3.4 Ein kognitives Modell des Denkens: Minskys „Society of mind"   297

tung" damit auch nicht als Problem einer reinen Sprachtheorie) ansieht, sondern als ein viel tiefer, an den Fundamenten unseres Denkens angesiedeltes Problem der Identität von „Dingen" als Ergebnis unserer Wahrnehmungs- und Erkenntnisakte (und damit auch „Bedeutung" eher als ein Problem für eine Erkenntnis- oder Kognitionstheorie).

Unter dem Titel „Wörter und Vorstellungen" vertieft Minsky diese Überlegungen, die im Aufbau seines Argumentationsganges eine sehr zentrale Stelle einnehmen.[135] Sprache, so seine zentrale These, „baut Dinge in unserem Geiste auf". Begriffe wie *bezeichnen, repräsentieren, bedeuten* seien daher wenig geeignet, um die Funktion sprachlicher Zeichen zu erklären. „Die Wörter selbst bedeuten nichts." (196) Sie haben eher die Funktion, Wissen (Wissenselemente) zu organisieren und zu aktivieren.[136] „Wir scheinen in Wörtern zu denken", stellt Minsky fest, doch wissen wir nicht – und auch er selbst kann dafür keine Erklärung angeben – wie die Wörter in unserem Geist wirklich genau wirken.[137] (Vermutlich, weil sie zu sehr nicht nur mit unserem Denken, nicht nur mit unserem Wissen, sondern mit dem, was wir selbst, als „Personen" mit unseren Identitäten, Absichten, Wünschen überhaupt sind, aufs engste verflochten sind.) Letztlich bleibt die Funktion der Wörter in unserem Geist ein bislang unlösbares Rätsel:

> „Die Wörter, die wir denken, scheinen in einem unwirklichen Grenzgebiet umherzugeistern, in dem wir weder die Ursprünge der Symbol-Zeichen begreifen, die angeblich unsere Wünsche ausdrücken, noch die Zwecke, in deren Auftrag sie zu Handlungen und Ausführungen führen.
> Das ist der Grund, weshalb Wörter und Vorstellungen so magisch erscheinen: Sie funktionieren, ohne dass wir wüssten, wie oder wieso." (196)

Die „Wörter selbst" enthalten nichts; gerade deshalb bekommen sie ihre Funktion und können sie so gut ausfüllen: „Es ist die den Wörtern zugrunde liegende Leere, die ihnen ihre potentielle Vielseitigkeit verleiht. Je weniger sich in einer Schatztruhe befindet, desto mehr kann man hineintun." (196)[138]

---

[135] Es ist interessant und bezeichnend, dass Minsky gerade an den zentralen Stellen seiner Begründung einer Kognitionstheorie immer wieder auf Sprache und Sprachliches zu sprechen kommt. Damit unterstreicht er seine Auffassung einer engen Verflechtung von Denken und Sprechen.

[136] „Sprache baut Dinge in unserem Geiste auf. Und doch können die Wörter selbst nicht die Substanz Ihrer Gedanken sein. Die Wörter bedeuten nichts; sie stellen nur besondere Marken oder Laute dar. Wenn wir verstehen wollen, wie Sprache funktioniert, müssen wir die gewöhnliche Sichtweise ablegen, in der Wörter etwas *bezeichnen* oder *repräsentieren* oder *bedeuten*; stattdessen ist ihre Funktion die Kontrolle: Jedes Wort führt dazu, dass mehrere Agenten verändern, was mehrere andere Agenten tun." (196) Offen bleibt: Ist „Kontrolle" eine Funktion der *Wörter* oder der *Agenten*? Minsky ersetzt hier problematische Begriffe durch einen selbst wieder problematischen Begriff. „Kontrolle" ist viel zu agentivisch, und deshalb für eine adäquate Erklärung keineswegs besser geeignet als „*bezeichnen*", „*repräsentieren*", „*bedeuten*". Alles sind Metaphern, mit denen wir uns die Funktion von Wörtern im Geiste zu erklären versuchen.

[137] „Wir scheinen häufig in Wörtern zu denken. Aber wir tun dies, ohne uns bewusst zu sein, wo und weshalb diese Wörter entstanden oder wie sie in der Folge unsere übrigen Gedanken beeinflussen und was sie weiterhin anstellen." – „Wir sind diese Dinge so sehr gewöhnt, dass wir sie für völlig natürlich halten. Und doch ist uns kaum bewusst, weshalb jeder unserer Gedanken auf den vorangegangenen folgt. Was verbindet diese Vorstellung des *Verlassens* mit der Idee der *Tür*? [Beispiel: Man will einen *Raum* verlassen; und man hält nach einer *Tür* Ausschau.] Ist es die Folge einer direkten Verbindung zwischen zwei partiellen Zuständen des Geistes, namentlich *Verlassen* und *Tür*? Ist eine weniger direkte Verbindung verantwortlich dafür, die nicht zwischen diesen Zuständen selbst besteht, sondern nur zwischen *Signalen*, die diese Zustände irgendwie *repräsentieren*? Oder ist die ganze Geschichte das Ergebnis noch verzwickterer Mechanismen?" (196)

[138] Diese Position lässt sich, so glaube ich, sowohl mit einer Zeichentheorie vom Typus Saussure (mit ihrer radikalen Betonung des Arbitraritätsprinzips und der Bedeutung als Funktion reiner Differenzen der

Unser Bewusstsein, so folgert Minsky, „verrät nicht, wie Sprache funktioniert":

> „Andersherum scheint die Sprache bei vielen Tätigkeiten unseres Bewusstseins wichtig zu sein. Ich vermute, das liegt daran, dass unsere Sprachagenturen besondere Rollen in der Art unseres Denkens spielen, indem sie eine weitreichende Kontrolle über die Gedächtnis-Systeme in anderen Agenturen und somit über die gewaltige Menge des dort akkumulierten Wissens ausüben." (197)

Wenn Sprache auf diese Weise die Gedächtnis-Systeme kontrolliert, so kontrolliert sie unser gesamtes Wissen schlechthin. Sprache (Zeichen) organisiert, strukturiert und kontrolliert unser Wissen und die Prozesse seiner Aktivierung. Dies ist eine These, die in ihrer Fundamentalität noch deutlich über die alten Positionen zum engen Zusammenhang von Sprechen und Denken (Herder, Humboldt, Sapir, Whorf) hinausgeht. Deshalb ist es, so Minsky, wichtig, immer wieder daran zu erinnern: „Sprache ist nur ein Teil unseres Denkens." – Allerdings ein sehr wichtiger. – Eine wichtige Funktion der Sprache ist für Minsky das, was man ihre Rekursivität (Selbstbezüglichkeit, Selbstreflexivität) oder auch ihre Selbst-Steuerung nennen könnte.[139]

Weil sie die enge Verbindung zwischen Sprache, Denken, Gedächtnis und Wirklichkeitserkenntnis bzw. -konstruktion missachtet hat, konnte, so Minskys bezeichnende Einschätzung, die klassische Linguistik gar nicht zu einer adäquaten Erklärung der Sprache (ihres Wesens und Funktionierens) gelangen.[140] Jede Theorie, die den engen Zusammenhang von Sprache und Denken ignoriert, muss nach seiner Auffassung notwendig scheitern: „Wenn wir uns darauf einlassen, Sprache und Denken als verschiedene Dinge zu betrachten, mühen wir uns vergeblich ab, zusammenzufügen, was nie getrennt war." (198)[141] Diesen Zusammenhang verdeutlicht Minsky, indem er herausarbeitet, dass beim Erkennen von Dingen und in der Sprache ähnliche Typen von kognitiven Prozessen ablaufen. Und zwar geht er aus von der Frage, warum wir in der Lage sind, beim Hören des *Wortes ,Apfel'* ähnliche oder gar identische kognitive Prozesse in Gang zu setzen wie beim *Sehen* eines realen Apfels. Die Antwort auf diese Frage ist für Minsky ganz einfach: „In beiden Fällen befindet sich kein realer Apfel im Gehirn. In beiden Fällen muss ein bestimmter Teil des Geistes erkennen, was in bestimmten anderen Teilen des Geistes geschieht. […] In diesem

---

Zeichen, also fern aller Anmutung von „Substanz"), wie auch mit einer Zeichentheorie im Geiste von Wittgensteins „Gebrauchstheorie der Bedeutung", die ja ebenfalls strikt funktionalistisch ist, versöhnen. Obwohl Anhänger der Wittgensteinschen Semantik ja häufig radikale Gegner jeglicher kognitiven Perspektive in der Zeichentheorie sind (vgl. Keller 1995), liegen sie offenbar näher an einer Position Minskyschen Typs, als sie glauben würden.

[139] „Eine Besonderheit fällt auf: Die Sprach-Agentur scheint eine außergewöhnliche Kapazität zu besitzen, ihr eigenes Gedächtnis zu kontrollieren. Unser Diagramm legt nahe, dass dies deshalb so sein könnte, weil sich die Sprach-Agentur selbst so ausbeuten kann, als sei sie eine andere Agentur." (197)

[140] „Viele Leute haben versucht, Sprache als von den übrigen Gegenständen der Psychologie getrennt zu betrachten. In der Tat wurde das Studium der Sprache oft in kleinere Bereiche aufgeteilt, die mit traditionellen Namen wie *Syntax*, *Grammatik* und *Semantik* bezeichnet wurden. Da aber keine größere kohärente Theorie des Denkens vorlag, der man diese Teilgebiete hätte zuordnen können, tendierten diese Forschungen dazu, den Kontakt untereinander und mit der Realität zu verlieren." (198)

[141] Er zieht daraus die für die Linguistik beschämende Konsequenz: „Deshalb werde ich die meisten herkömmlichen Sprachtheorien beiseite lassen." Es ist in diesem Zusammenhang sehr bedauerlich, dass Minsky die europäische Tradition der Theorien zum engen Zusammenhang des Denkens mit der Sprache, insbesondere die Position Wilhelm von Humboldts, nicht kennt, in der er viele Parallelen mit seinen eigenen Überlegungen hätte entdecken können (zumindest aber dieselbe Zielrichtung). – Wichtige Fragen sind für Minsky: „Wie sind Wörter mit mentalen Prozessen verbunden? Wie ermöglicht Sprache die Kommunikation der Menschen?" (198)

3.4 Ein kognitives Modell des Denkens: Minskys „Society of mind" 299

Sinne können physische und mentale Objekte ähnliche Repräsentationen und Prozesse veranlassen." (203) Diese strikte Parallelität zwischen den bei Sprache und den beim Erkennen von Objekten wirksamen kognitiven oder epistemischen Prozessen hat wichtige Konsequenzen; so z.B. hinsichtlich des Problems der Mehrdeutigkeit, die Minsky nicht als reines Problem der Sprache, sondern als Problem des Denkens bzw. der Kognition generell definiert: „Die Gedanken selbst sind mehrdeutig." (207) Diese Mehrdeutigkeit ist, so offenbar Minskys Auffassung, Folge von dem, was man (in anderen Worten als seinen[142]) die „Kontextualisierung im Geist" nenne könnte. Aus diesen Einsichten folgert er, dass es keine klar definierbare Grenze zwischen (sprachlichem) „Ausdrücken" und „Denken" geben könne.[143] In beiden Fällen handelt es sich um Formen der Kontextualisierung, wobei es unerheblich ist, ob es sich um einen „Kontext aus Wörtern" oder „den Kontext der jüngsten Vergangenheit des Zuhörens" (als Erinnerung, aktivierte Episteme) handelt (207). Die Mehrdeutigkeit von Wörtern kann für uns kein echtes Problem sein, weil wir schon gelernt haben, mit der Mehrdeutigkeit der Gedanken umzugehen.[144]

Komplexität der Sprache = Komplexität des Denkens. Auf die Komplexität und Differenziertheit der Sprache verweist Minsky selbst; für ihn ist sie letztlich ununterscheidbar von der Komplexität / Differenziertheit des Denkens (bzw. der kognitiven Prozesse) selbst:

> „Es wäre wundervoll, eine bündige und schlüssige Theorie zu besitzen, die alle unsere Sprachformen erklärte. Aber dieses Ideal ist nicht realisierbar, weil Wörter nur die äußeren Zeichen sehr komplizierter Prozesse sind und es keine klare Grenze zwischen *Sprache* und all dem Übrigen gibt, das wir unter dem Begriff *Denken* subsumieren." (272)

Minsky vertritt hier in scharfer Form die These der Ununterscheidbarkeit von Sprache und Denken. Da Sprache auf das Engste mit den Strukturen unseres Wissens und Denkens verflochten ist, wird es nicht gelingen, in einer Analyse die Beiträge von Sprache und Denken zu separieren. Implizit stellt diese These eine strikte Absage an alle Formen von „Zwei-Ebenen-Semantik" mit einer strikten Trennung zwischen „(sprachlicher) Bedeutung" und „(kognitiven) Konzepten" dar. Diese Trennung, so Minsky, lässt sich schlichtweg nicht durchführen. Man könnte ergänzen: Dann sollte sie auch nicht in der Theorie postuliert werden. Minsky schildert die Funktionsweise zahlreicher verschiedener sprachlicher Mittel und schließt: „Aber selbst das ist nur ein kleiner Teil der Sprache. Um zu verstehen, was Menschen sagen, müssen wir außerdem unsere riesigen Akkumulationen von Allgemeinwissen benutzen." (272)

Deutlicher kann man die zentrale Rolle des allgemeinen Wissens für das Verstehen von sprachlichen Einheiten nicht herausstreichen. Eine notwendige Folgerung wäre: Jede Analyse von Sprache, insbesondere in der Semantik, muss diese „riesigen Akkumulationen von Wissen" berücksichtigen, ja, zu ihrem Gegenstand machen, wenn sie über ihr Untersuchungsobjekt wirklich etwas Relevantes herausfinden will. M.a.W.: Eine Semantik ohne Epistemologie verfehlt ihren Gegenstand; eine Semantik, die diesen Namen verdienen will,

---

[142] „Die ‚Signifikanz' eines Gedankens, einer Vorstellung oder eines partiellen mentalen Zustandes hängt davon ab, welche anderen Gedanken zugleich aktiv sind." (207)

[143] Er ergänzt: „Es ist illusionär, einen klaren und wirklich bestehenden Unterschied zwischen ‚Ausdrücken' und ‚Denken' anzunehmen, weil das Ausdrücken selbst ein aktiver Prozess ist, der die Vereinfachung und Wiederherstellung eines mentalen Zustandes impliziert, indem er ihn von den undeutlichen und veränderlichen Teilen seines Kontextes trennt." (207)

[144] „Wir können die Mehrdeutigkeit der Wörter tolerieren, weil wir schon so geschickt darin sind, die Mehrdeutigkeit der Gedanken wiederzugeben." (207)

ist immer zugleich auch Epistemologie, Analyse des verstehensrelevanten Wissens (und zwar in seiner ganzen Fülle und Tiefe). Minsky untersucht die Rolle von Wissenselementen bei verschiedenen sprachlichen Beispielen und ergänzt: „Es gibt keine einfachen Lösungen für diese Probleme, und was wir mit dem Wort ‚verstehen' bezeichnen, ist eine riesige Akkumulation von Fähigkeiten." (274) Die Komplexität wie die enge Verflechtung von Denken und Sprache schlägt sich auch darin nieder, dass die „Agenten" und „Agenturen" der Sprache meist über mehrere Ebenen der Kognition zugleich operieren.[145] Sprache aktiviert also in vielfacher Weise Parallel-Rahmen und Parallel-Prozesse auf mehreren Ebenen des Denkens zugleich. (Dies ist die Ursache dafür, warum wir bezüglich ein und desselben Satzes oder Textes zu mehreren Interpretationen kommen kann.) Dabei gilt aber: Die Parallel-Prozesse müssen verschieden genug sein, damit sie sich nicht gegenseitig stören, aber ähnlich genug, damit sie parallel prozessiert werden können.[146]

Metaphern. Geistige Aktivitäten (wie die Aktivierung des Gedächtnisses) laufen immer auf die Beteiligung einer großen Zahl von Frames und Teilprozessen hinaus. Dabei schlägt die Quantität in Qualität insofern um, als niemals exakt dieselbe Konstellation von kognitiven Elementen zustande kommt / wirksam wird:

> „Immer durchsuchen wir unser Gedächtnis nach Erinnerungen daran, wie wir in der Vergangenheit Probleme gelöst haben. Aber nichts geschieht zweimal auf dieselbe Weise; deshalb passen diese Erinnerungen kaum je. Wir müssen sie deshalb passend machen, um diese unterschiedlichen Dinge als ähnlich betrachten zu können. Zu diesem Zweck müssen wir entweder die Erinnerung modifizieren oder die Art, wie wir die gegenwärtige Szene repräsentieren." (298)[147]

Frame-Aktivierung ist daher immer Modifikation und Adaption zugleich. Oder anders ausgedrückt: Modifikation ist ein nicht hintergehbarer Aspekt des Denkens und der Wissensaktivierung, z.B. auch und gerade im Sprachverstehen. Modifikation bedeutet dabei vor allem: „Kontextbedingtes Umschalten" von einem Frame oder Frame-Komplex auf einen abweichenden Frame oder Frame-Komplex.[148] Dieses „Umschalten" besteht meist aus einem „Übertragen" von epistemischen Strukturen aus einem gegebenen Bereich in einen anderen, zunächst fremden Bereich des Wissens. „Übertragen" heißt in der Sprache aber: „Metapher". Daraus schließt Minsky auf die grundlegende Funktion der Fähigkeit zur Übertragung, oder genauer: der Fähigkeit, kognitive Metaphern auszubilden. Die von ihm formulierte Position ist daher nicht nur eine kognitive Theorie der Metapher (Metapher dabei verstanden als ein reines Phänomen der Sprache). Nein, sie ist eine Theorie der zentralen Rolle von Metaphern-ähnlichen Übertragungsprozessen für die Kognition und die Strukturen unseres Wissens und seiner Abrufung bzw. Aktivierung selbst. „Kognitive Theorie der Metapher" würde also bei Minsky heißen: Theorie der Ubiquität von Metaphern in der Kognition, sozusagen als Strukturmerkmal des Wissens schlechthin:

---

[145] Nach Minsky 1986, 294 „verlaufen diese Prozesse quer durch die Agenturen mehrerer Rahmen und Prozesse zugleich".

[146] „Dann können die Agenturen – da jede größere Agentur ihr eigenes Gedächtnis hat – in allen betroffenen Bereichen zugleich ihre eigenen Methoden anwenden, um sich mit dem entsprechenden Aspekt des gemeinsamen Interessen-Gegenstandes zu befassen." (294)

[147] Minskys Beispiel: Wir brauchen einen Hammer, finden aber nur einen Stein. Welche Uminterpretationen bzw. Frame-Anpassungen sind nötig, damit wir mit dem Stein unsere Aufgabe lösen können?

[148] „Die Leichtigkeit des Begreifens hängt auch von Ihrer Bereitschaft ab, von einem Bereich in einen anderen umzuschalten." (298)

3.4 Ein kognitives Modell des Denkens: Minskys „Society of mind"   301

„Unsere ganze Sprache ist mit seltsamen Möglichkeiten durchsetzt, Dinge so zu porträtieren, als gehörten sie fremden Bereichen an. Wenn wir Gedanken auf diese Weise zwischen verschiedenen mentalen Bereichen hin und her transportieren, nennen wir das zuweilen ‚Metapher'. [...] Wir nehmen kaum wahr, wie häufig wir im gewöhnlichen Denken diese Technik der Metapher benutzen." (299)

Leicht sei es, so Minsky, eine funktionale Definition der Metapher zu finden, wie etwa: „Eine Metapher ist, was uns erlaubt, eine Art von Gedanken durch eine andere zu ersetzen." Aber „wenn wir uns nach einer strukturalen Definition der ‚Metapher' fragen, finden wir nichts Einheitliches, nur eine endlose Vielfalt von Prozessen und Strategien." (299) Aus dieser Tatsache muss man aber schließen, dass es entweder gar keinen spezifischen Prozess-Typus „Metapher" in unserer Kognition gibt, oder dass dieser Prozess so fundamental ist, dass er allen höheren Denkprozessen zugrundeliegt und deswegen deren Variabilität unterfällt.

Minsky scheint eine Schlussfolgerung zu favorisieren, die eine Kombination aus beiden Möglichkeiten darstellt (a.a.O. 299):

„Letzten Endes hat man keinen Gewinn davon, wenn man sie [gemeint ist die ‚endlose Vielfalt von Prozessen und Strategien'] alle unter demselben Namen ‚Metapher' subsumiert, weil es keinerlei Abgrenzung zwischen metaphorischem und gewöhnlichem Denken gibt. *Keine* zwei Dinge oder mentalen Zustände sind je identisch, also muss *jeder* psychische Prozess die eine oder andere Methode verwenden, um die Illusion der Gleichheit zu vermitteln. Jeder Gedanke ist in gewisser Hinsicht eine Metapher."

Dies ist eine starke These und Konsequenz. Wenn man sie akzeptiert, dann hat sie erhebliche Auswirkungen auf die Sprachtheorie und insbesondere die Semantik. Sie berührt den tragenden Aspekt von Sprache in seinem Kern: ihre Konventionalität. Von einem Wort zu sagen, es habe eine (mehr oder weniger feste) Bedeutung, heißt, Identität inmitten von lauter faktischen Unterschieden (des Sprachgebrauchs, der Verwendungs- und Kontextualisierungsweisen) zu postulieren. Diese Identitäts-Prämisse nun thematisiert Minsky in seiner Reflexion über die kognitive Ubiquität der ‚Metapher', oder wie man solche geistigen Übertragungsprozesse auch nennen mag. Er wendet nur, und dies ist konsequent und folgerichtig, das Problem der Identität zurück auf die Beschreibung der „normalen" Gedanken. Dabei läuft seine Schlussfolgerung so: Nicht die scheinbare Übertragung eines Gedankens (eines Wissenselements, eines Rahmens usw.) aus einem Bereich in einen anderen Bereich ist erklärungsbedürftig und damit das theoretische Problem, sondern die Unterstellung, es gäbe überhaupt so etwas wie eine „Identität" von Gedanken, also etwas Einheitliches und mit sich Identisches im Meer der Differenzen der Myriaden von kognitiven Prozessen bzw. ‚Aktionen'.

Dasselbe Identitätsproblem gibt es aber auch für die Konventionen, die unsere Sprache als System symbolischer Zeichen tragen. Wenn man mit D. K. Lewis davon ausgeht, dass eine „Konvention" (z.B. die einer Wortverwendung, also die sog. „lexikalische Bedeutung" eines Lexems) aus der Menge einzelner, niemals hundertprozentig identischer Präzedenzfälle erfolgreicher Wortverwendungen besteht, dann ist „Konvention" selbst schon ein solcher Prozess der „Übertragung", wie Minsky ihn mit seiner Idee der kognitiv ubiquitären ‚Metapher' anspricht.[149] Minsky selbst weist den Präzedenzen (ohne diesen Terminus zu

---

[149] Eine ähnlich fundamentale Sicht auf die Grundbedingungen der Konventionalität, die unversehens zu solchen des Denkens bzw. des Gedächtnisses schlechthin geraten, finden wir bereits in der frühen Gedächtnistheorie von Bartlett (1932), auf die sich Minsky und andere Frame- und Schema-Theoretiker zustimmend beziehen. – Die Identitäts-Problematik, um die es hier geht, wird implizit bereits in Herders Definition des sprachlichen Zeichens als „Merkzeichen" thematisch. Die grundlegende Funktion sprach-

302   *Kapitel 3: Die Frame-Idee bei Marvin Minsky*

benutzen) eine wichtige Funktion für Erinnerungen generell zu.[150] In unserer Erinnerung an
Präzedenzen für das aktuell zu Denkende nehmen wir aber Verkürzungen, Zusammenfassungen, kurz: Typisierungen und Abstraktionen vor.[151] Erinnern ist also stets lückenhaft,
ganz ähnlich, wie ein sprachlicher Ausdruck immer lückenhaft ist, und nur einzelne Wörter
im Meer der Gedanken setzt, als Inseln oder Trittsteine, mit denen man zum richtigen Verstehen geleitet werden soll.

Wissen. Am Ende seines Buches versucht Minsky eine Definition des Begriffs „Wissen"
zu geben. Nach verschiedenen Überlegungen formuliert er sie so: „Hans' Wissen über A
besteht einfach in den mentalen Modellen, Prozessen oder Agenturen, die Hans' andere
Agenturen benutzen können, um Fragen über A zu beantworten." (303) Damit bedient er
sich des Begriffs der „mentalen Modelle", den er freilich nicht definiert oder näher begründet. Man kann nur vermuten, dass sich diese mentalen Modelle unter Benutzung des Begriffs des „Frames" rekonstruieren lassen. Im Unterschied zu seinem Aufsatz von 1974
stellt er jedoch den Begriff „Frame" keineswegs in den Mittelpunkt, und es ist nicht deutlich erkennbar, ob er ihn für den Grundbegriff der gesamten Beschreibung der Kognition
und des Wissens hält, oder ob er der Meinung ist, dass es sich dabei nur um einen bestimmten Typus kognitiver Entitäten oder Prozesse unter vielen verschiedenen handelt.

Ein Modell der (sprachlichen) Kommunikation. „Sprechen scheint so einfach zu sein,
und doch ist diese Einfachheit eine Illusion." (235) Mit dieser Aussage leitet Minsky Überlegungen ein, die man als Kern einer möglichen Theorie der menschlichen (sprachlichen)
Kommunikation begreifen könnte. Sprache und Sprechen beschäftigt „Agenturen" unseres
Geistes mit dem Ziel, adäquate Strukturen im Geiste der Rezipienten zu aktivieren: [152] „Um
zu sprechen, müssen Sie eine riesige Anzahl von Agenturen beschäftigen, die im Geist
einer anderen Person neue Strukturen aufbauen." (235) Dafür benutzen wir äußere Zeichen
in der (auf Erfahrungen von erfolgreichen Präzedenzen gestützten) Hoffnung, dass diese
Zeichen im Kopf der Rezipienten genau die kognitiven Prozesse und epistemischen Strukturen aktivieren, von denen wir möchten, dass sie aktiviert werden. Es wäre freilich eine
Illusion, zu glauben, dass wir selbst uns immer völlig sicher dessen sein könnten, was wir
„meinen" bzw. ausdrücken möchten:

---

licher Zeichen (und damit der Sprache schlechthin) wird bei ihm dadurch bestimmt, dass es als sinnliches Substrat gedanklicher Prozesse dient, d.h. als Drittes (tertium), als Bindeglied und Merkpunkt, der
es überhaupt erst ermöglicht, einen Wahrnehmungsakt A mit einem späteren Wahrnehmungsakt B zu
verknüpfen und die jeweils wahrgenommenen, mit dem Zeichen im Bewusstsein fest verknüpften Sinnesdaten als „dieselben" (d.h. als „denselben Gegenstand") zu erkennen. Zeichen bekommen damit
nicht nur die Funktion, als „Merkmal" zu dienen, sondern sie ermöglichen überhaupt erst, dass das
menschliche Bewusstsein im Kontinuum des Stroms von Sinnesdaten eine Differenzierung vornimmt,
einzelne Gegenstände voneinander abgrenzt. In Herders Worten: „Denn der Unterschied von Zweien
lässt sich nur immer durch ein Drittes erkennen. Eben dieses Dritte, dies Merkmal, wird mithin inneres
Merkwort: also folgt die Sprache aus dem ersten Aktus der Vernunft ganz natürlich." (Herder 1960, 27.)

[150] „Erinnerungen sind Prozesse, die unsere Agenten auf eine ähnliche Art agieren lassen, wie sie wiederholt in der Vergangenheit reagiert haben." (154) Diese Beschreibung ist praktisch identisch mit den
Grundlagen der Definition von „Konvention" bei Lewis 1969.

[151] „Eine Phantasie braucht die kleinen Details einer realen Szene nicht zu repräsentieren. Sie muss nur den
Effekt dieser Szene auf andere Agenturen reproduzieren." (170)

[152] „Angenommen, Maria möchte Hans etwas sagen. Das bedeutet, dass sich irgendwo im Inneren des
Netzwerkes der Agenturen Marias eine Struktur p befindet – und dass ihre Sprach-Agentur eine ähnliche Struktur im Geist Hans' errichten muss. Zu diesem Zweck wird Maria Wörter aussprechen müssen,
die entsprechende Aktivitäten in Hans' Agenturen hervorrufen, und sie wird diese Wörter richtig aneinanderhängen müssen." (235)

3.4 Ein kognitives Modell des Denkens: Minskys „Society of mind"

„Mit den Fähigkeiten, Ideen ‚auszudrücken', bildet sich zugleich noch eine wunderbare Kapazität. Was immer wir sagen wollen, wahrscheinlich sagen wir nicht genau *das*. Dafür erhalten wir aber die Möglichkeit, etwas anderes zu sagen, das sowohl gut als auch neu ist!

Schließlich stellt ‚das Ding, das wir sagen wollen' – die Struktur p, die zu beschreiben wir versuchen – nicht immer eine definite, feste Struktur dar, die unsere Sprach-Agenten ohne Schwierigkeiten lesen und kopieren können. Wenn p überhaupt existiert, handelt es sich wahrscheinlich um ein sich rasch veränderndes Netzwerk, das mehrere Agenturen einbezieht.

Wenn dem so ist, kann die Sprach-Agentur über p nur mutmaßen, Hypothesen aufstellen, und versuchen, die letzteren durch Experimente zu bestätigen oder zu widerlegen. Selbst wenn p gut definiert wäre, würde dieser Prozess es verändern, und die finale Version von q wäre nicht dasselbe wie die originale Struktur p." (236)

All dies bedeutet: (a) Es gibt keinen exakten Ausdruck des Gemeinten; (b) Es gibt kein (festes) ‚Etwas', das gemeint wird. Und das als ‚Identisches' isoliert werden kann! Das hat aber u.a. zur Folge, dass Sprechen (sprachliches Kommunizieren) immer auf einem Versuch-Irrtum-Prozess beruht, also ein grundsätzlich probabilistisches Unterfangen ist, in dem wir mit Wahrscheinlichkeiten und Gelingenshoffnungen operieren, für deren Eintreten wir bis zu einem faktischen Erfolg keine Garantie haben. Dies bedeutet aber auch: Sprache kann auf das Denken zurückwirken. Der ursprüngliche Gedanke p bleibt von den Versuchen seines sprachlichen Ausdrückens nicht unversehrt; er ist hinterher nicht mehr „derselbe" wie zuvor![153] Minsky fasst seine Überlegungen wie folgt zusammen:[154] Wir können uns des von uns Gemeinten nie völlig sicher sein. – Sprechen schafft immer etwas Neues. – Die Sprach-Agenturen formen das Gemeinte um. – Daher ist eine voll explizite Semantik letztlich nicht möglich.

Sprache, kulturelles Gedächtnis, Kreativität. Nicht alles am Denken ist Sprache (oder sprachlich überformt), so Minsky, aber von der sprachlichen Formung des Denkens haben wir da, wo sie insbesondere wirksam ist, einen besonderen Gewinn:

„Aber dann kann der Sprachgebrauch ganz neue Welten des Denkens erschließen. Denn wenn wir Dinge durch Wortketten repräsentieren können, wird es möglich, sie in unbegrenzter Vielfalt zu benutzen, um die Vorgänge in unseren Agenturen zu verändern und zu rearrangieren. [...] Danach können wir die Wortketten, die unsere Grammataktiken erzeugen, ins Gehirn einer anderen Person übermitteln, und jedes Individuum kann Zugang zu den erfolgreichsten Formulierungen erhalten, die andere artikuliert haben. Das ist es, was wir eine Kultur nennen: die konzeptuellen Schätze, die unsere Gemeinschaften im Verlauf der Geschichte akkumulieren." (A.a.O. 236)

In anderen Theorien, so etwa bei Michel Foucault, wurde dies „Episteme" genannt, d.h. unser epistemisch-konzeptuelles System, das insgesamt unsere Welt darstellt. Mit diesem Bezug auf das Verhältnis von Sprache, Denken und Kultur geht Minsky deutlich über den Horizont von gewöhnlichen Linguisten und Kognitionswissenschaftlern hinaus. Man könnte auch sagen: er entwirft eine kulturalistische Theorie der Kognition und der Rolle der Sprache im Denken und Wissen. Dies hebt seine Theorie über zahlreiche andere kognitivistische Modelle deutlich heraus und schafft Anschlussmöglichkeiten auch und gerade für

---

[153] So schon Wilhelm von Humboldt. Siehe das Zitat oben in Fußnote 75 auf S. 277.

[154] „Mit anderen Worten: Ob das, was Sie mit Ihren Wörtern auch ‚meinten', tatsächlich existierte, bevor Sie sprachen, oder nicht: Ihre Sprach-Agenturen *formulieren* entweder *um*, was zuvor existierte, oder sie schaffen etwas Neues, das von allem unterscheidet, was Sie zuvor ‚im Sinn' hatten. Immer wenn Sie versuchen, mit Wörtern einen komplizierten mentalen Zustand auszudrücken, müssen Sie übersimplifizieren; und das kann sowohl einen Verlust als auch einen Gewinn bedeuten. Was den Verlust angeht, so kann keine Wortbeschreibung eines mentalen Zustandes je komplett sein; einige Nuancen gehen immer verloren. Aber zum Ausgleich bekommen Sie die Chance, Umformulierungen vorzunehmen, wenn Sie gezwungen sind, das Wesentliche vom Unwesentlichen zu sondern." (236)

304   *Kapitel 3: Die Frame-Idee bei Marvin Minsky*

eine kulturwissenschaftlich orientierte linguistische Semantik, wie sie bei vielen anderen Theorien und Modellen[155] sehr viel weniger gegeben ist.

3.5   Zusammenfassung und Diskussion von Minskys Frame-Konzept

Nachfolgend fasse ich die wesentlichen Elemente von Minskys Frame-Theorie (einschließlich seiner allgemeinen Kognitionstheorie und dessen, was er über Sprache, Denken und Kommunikation ausführt) in knapper Form zusammen.[156]

(1) Grundelemente der Frame-Theorie nach Minsky 1974:
– Frames sind Strukturen des Wissens.
– Als Beispiele für Frames führt Minsky *Situationen* ein.[157]
– Frames sind *variable* Strukturen (Kombinationen von festen und variablen Elementen).
– Frames haben *prototypikalischen* Charakter. Prototypikalität ist zentral für Wahrnehmung, Denken und Wissen. Frames organisieren Muster-Wissen.
– Frames integrieren *Fakten*-Wissen und *prozedurales* Wissen. „Ein Frame ist ein Paket aus Daten und Prozessen." (Minsky 1974, 48.)
– Frames sind eng mit *Erwartungen* verknüpft. (Sie könnten als ‚organisierte Erwartungs-Strukturen bezeichnet werden.)
– Frames sind Netze von Knoten und Relationen.
– Frames enthalten ‚Terminals' (Leerstellen, Slots), die mit speziellen Daten gefüllt werden müssen.
– Frames sind in sich in Ebenen strukturiert; (fester) Kern („Skelett") und (variable) Ausfüllungs-Ebene.[158]
– Die Terminals (Leerstellen) legen eine Art „Subkategorisierung" (Zulässigkeitsbedingungen) für die möglichen Ausfüllungen fest: z.B. Typ / Art der einzusetzenden ‚Werte'.
– Frames (und Frame-Strukturen) sind durch das Merkmal der Rekursivität gekennzeichnet: Füllungen von Leerstellen sind selbst wieder Frames; Frames können entsprechend selbst Füllungen höherrangiger Frames sein.
– Frame-Leerstellen sind mit (epistemisch „schwachen") Standard-Ausfüllungen („Ersatzannahmen", Default-Werten) belegt; sie können durch konkrete Ausfüllungen („starke" Daten) verdrängt werden, sobald solche vorliegen oder kognitiv aktiviert werden. Default-Werte haben die Funktion, das Gedächtnis und die kognitiven Verarbeitungspro-

---

[155] Z.B. denjenigen Semantiktheorien, wie sie in der Linguistik meistens favorisiert werden, wie z.B. Merkmalsemantik, die gewöhnliche Prototypensemantik, sowie die Logische Semantik. – Auf Minskys vernichtende Kritik am Nutzen der Logik für die Theorie natürlicher Sprachen wie für die Kognitionswissenschaft (s. u.a. 277 ff.) kann ich hier nicht weiter eingehen, nur so viel: „Es ist buchstäblich unmöglich, ein Faktum über die Welt auszusagen, das tatsächlich und immer wahr ist. Annahmen sind eine Tatsache des Lebens, weil nur wenige ‚Tatsachen' immer wahr sind. Die Logik versagt, weil sie versucht, Ausnahmen von dieser Regel zu finden." (277).
[156] Dies erscheint mir sinnvoller als eine Ausformulierung, die ungleich mehr Platz erfordern würde und vieles bereits Formulierte wiederholen müsste.
[157] Wie bereits Fillmore und später Schank / Abelson.
[158] Hier liegt eine Ähnlichkeit mit den „konstitutiven" und „regulativen" Regeln in der Sprechakttheorie von Searle vor.

3.5 Zusammenfassung und Diskussion von Minskys Frame-Konzept

zesse zu entlasten.
- Es gibt „komplexe Bedingungen" für die an einen Frame anschließbaren Füllungen, gerade auch hinsichtlich der Wechselwirkungen zwischen den Füllungen verschiedener Leerstellen ein und desselben Frames.[159]
- Frames bilden Frame-Systeme, die sich bestimmte Leerstellen teilen können.
- Frames stellen Sachverhalte unter eine bestimmte Perspektive. Verschiedene Frames eines Frame-Systems beziehen sich häufig auf verschiedene Perspektiven auf denselben Sachverhalt.
- Frames sind grundsätzlich „ausfüllungsbedürftige" (und „ausfüllungsfähige") Strukturen des Wissens.
- Für jede Füllung eines Terminals gibt es eine Alternative (sonst wäre es keine slot-filler-Struktur).
- Frames sind vergleichbar mit „Schemata" (Bartlett) und „Paradigmen" (Th. S. Kuhn).
- Frames können an neuartige Erfahrungen oder Aufgaben angepasst werden: Dynamik der Frames und Frame-Systeme. Dies kann geschehen durch: (a) Abwandlung alter Frames (z.B. durch Weglassen, Austausch, oder Hinzufügen *einzelner* Leerstellen oder durch Änderung der „Subkategorisierungs"-Bedingungen vorhandener Leerstellen), oder (b) Konstruktion neuer Frames.
- Möglicherweise gibt es so etwas wie „Grund-Frames" (basic shapes).
- Die Frame-Ausbildung und -Anwendung ist nicht nur durch *Erwartungen* (s.o.), sondern auch durch *Ziele* und *Interessen* gesteuert.[160] Dies gilt bis hinab zur visuellen Wahrnehmung!
- Frames sind keine rein abstrakten Strukturen des Wissens, sondern „epistemisch gefüllte" Formierungen von common-sense-Wissen.
- (individuelle) Frames basieren auf *Erfahrungen*, sind lebensgeschichtlich geprägt und bilden einen individuellen Thesaurus von Präzedenzfällen.

(2) Minsky 1974 zu Frames und Sprache:

- Frames sind wichtig für das Erklären von Sprache im Allgemeinen und „Bedeutung" im Besonderen.
- Textsorten sind Frames; es gibt so etwas wie ‚thematische Ober-Frames'.
- Denken und Kommunizieren benutzen dieselben Strukturen.
- Textverstehen vollzieht sich als sukzessiver Aufbau eines komplexen Netzes von Frames.
- Wir haben „unbegrenzte Optionen, Folgerungen aus Kontext und Wissen in die semantische Struktur zu inkorporieren." (Minsky 1974, 26)
- Wir nutzen „Szenarios", d.h. „Kondensationen komplexer Situationen und Sequenzen in kompakte Wörter und Symbole".
- Minsky charakterisiert „Sprache als vorgezogene Instrumente des Denkens".
- Sprache kondensiert gesellschaftliches Wissen.
- Sprachverstehen ist eine Unter-Form allgemeiner kognitiver Fähigkeiten, wie sie z.B. bei der visuellen Wahrnehmung wirksam werden.

---

[159] Es könnte sich dabei um eine Parallele zu den „Constraints" bei Barsalou 1992 handeln.
[160] So bereits auch Bartlett 1932 zu den Schemata.

- Sprachverstehen ist eine Folge von Frame-Einbettungen auf sukzessive umfassender werdenden Verarbeitungs-Ebenen.

(3) Ergänzende Aspekte zu Frames, Sprache, Kognition in Minsky 1974:

- Frames sind Strukturen von Aspekten.
- Lernen besteht im Aufbau und der Ausdifferenzierung von Frames und Frame-Systemen.
- Ohne die Fähigkeit zur Frame-Zuordnung gäbe es kein Gedächtnis.
- Wissen und Gedächtnis (und ihre Abrufung bzw. Aktivierung) sind über Analogien und Ähnlichkeiten organisiert.
- Frames sind Resultate kultureller Prozesse und gemeinschaftlicher sozialer Arbeit.
- Frames dienen der ‚Reduktion von Komplexität‘.
- Es gibt keine Homogenität oder Einheitlichkeit in der Struktur und Aktivierung von Frames: Verschiedene Arten von Leerstellen erfordern verschiedene Arten von Prozessen.
- Es gibt Leit-Frames; diese haben u.U. eine höhere Persistenz und Stabilität als ‚normale‘ Frames.
- Logische Erklärungsansätze und Beschreibungsmodelle sind grundsätzlich verfehlt für Frames, Kognition und natürliche Sprachen.
- Ziel muss „eine ernsthafte epistemologische Forschungsanstrengung" sein. „Eine moderne Epistemologie wird keine Ähnlichkeit mit den alten [Epistemologien] haben." (a.a.O. 60)

(4) Minsky 1986 zu Frames, Kognition und Gedächtnis:

- „Leichte Dinge sind schwer zu erklären."
- Es gibt drei Ebenen des Denkens und Gedächtnisses: evolutionär, individuengeschichtlich, sozial- und ideengeschichtlich.
- Geist und Kognition sind nicht linear aufgebaut, sondern beruhen auch auf der Fähigkeit, Querverbindungen (jenseits systematischer Relationen) herzustellen.
- Wissen ist immer auch Anwendbarkeits-Wissen.
- Der „Geist" (mind) ist eine „Gesellschaft vieler ‚Geiste‘" (society of mind): von Millionen von geistigen „Agenten" und „Agenturen".
- Jeder Geist (mind) entwickelt sein eigenes Universum (= Dominanz der Idiosynkrasie).
- Minsky führt neu den Begriff „Einheitsrahmen" ein. Damit meint er Frames, die Reduktionen und Abstraktionen an den Realwelt-Daten vornehmen. Sie sind offenbar die Kerne von Begriffen / Konzepten, aber sie sind nicht auf ihre Kern-Merkmale reduzierbar, weil sie (als Frames) offen sind für *Ableitungen* der nicht in die Frame-Struktur unmittelbar integrierten Informationen.
- Ding-Frames (landläufig: „Konzepte") sind immer Kombinationen aus Struktur-Konzept-Daten und Funktions-Konzept-Daten.
- Terminals (Leerstellen, Slots) werden jetzt ganz deutlich als *Verbindungsstellen* definiert, sind also relational bestimmt als die Punkte an einem Frame, die die Anbindung von Relationen (zu anderen Frames, Wissenselementen) ermöglichen.
- Sehr stark wird jetzt die Rolle der Standard-Annahmen / Default-Annahmen) hervorgehoben, die im Modell eine sehr zentrale Rolle spielen.

3.5 Zusammenfassung und Diskussion von Minskys Frame-Konzept 307

– Default-Annahmen repräsentieren das Typische; sie stehen oft für die „Ur-Erfahrungen" der „erstmaligen Referenz"[161] und bilden Präzedenzen für spätere Frame-Aktivierungen.
– Wissen hat grundsätzlich den Charakter von *Annahmen*, beruht auf Standardisierung und Typisierung.
– Ein Großteil unseres Wissens ist Default-Wissen (Annahmen-Wissen).
– Frames sind immer Schritte der Abstraktion.
– Imagination, Phantasie, Fiktion sind nur aufgrund der Existenz von Rahmen-Reihen (Frame-Systemen) möglich.
– Die Annahme der Kontinuität (und Identität) von Objekten, Frames, Bedeutungen usw. beruht auf Täuschungen.
– Die Systeme von Frames sind Kultur: „die konzeptuellen Schätze, die unsere Gemeinschaften im Verlauf der Geschichte akkumulieren".
– Fazit: Minsky vertritt ein kulturalistisches Modell der Kognition / des Wissens.

(5) Minsky 1986 zu Sprache und Kognition:

– Wörter bzw. Wort-Bedeutungen sind Rahmen-Reihen, d.h. eine im Grunde diskontinuierliche Aneinanderreihung differenter Frame-Einzel-Aktivierungen, die nur den Schein einer Kontinuität und Identität vermitteln.
– Die Idee der *Frame-Systeme* ist nach Minsky einer der zentralen Gedanken seiner Theorie (und er wundert sich – zu Recht – warum sie im Unterschied zum Frame-Begriff selbst so wenig rezipiert worden ist).
– Nur eine Frame-Theorie kann nach Minsky das Funktionieren von Sprache zutreffend erklären (z.B. erklären, was *„Bedeutung"* ist).
– *Jedes* sprachliche Detail aktiviert und / oder steuert Frames.
– Syntaktische Strukturen (z.B. Haupt- / Nebensatz) sind Verschachtelungen von Frames.
– „Wortbedeutungen" sind Frame-theoretisch gesehen so komplex, dass sie kaum zu definieren sind.
– „Wortbedeutungen" sind kulturell hoch kondensierte und vielfältige Wissens-Aktivierungs-Strukturen bzw. -Anlässe.
– „Wortbedeutungen" müssen individuell im Geist jedes Rezipienten bzw. Sprachbenutzers für sich aufgebaut werden.
– Keine zwei Individuen haben exakt identische Wissensstrukturen (Frame-Systeme, Frames) im Kopf.
– Bedeutungen sind (von Individuen zu erzeugende) *Konstruktionen*.
– Die Unmöglichkeit der Identität und Einheitlichkeit von „Bedeutungen" beruht auf der Unmöglichkeit der Identität und Einheitlichkeit von „Dingen" als Ergebnissen unserer Wahrnehmungs- und Erkenntnisakte.
– Wir scheinen in Wörtern zu denken.
– Sprache kontrolliert so die Gedächtnis-Systeme, aber Sprache ist nur ein Teil unseres Denkens.
– Die Mehrdeutigkeit der Wörter ist eine Folge der Mehrdeutigkeit der Gedanken (bzw. kognitiven Prozesse).
– Die Komplexität der Sprache ist ununterscheidbar von der des Denkens.

---

[161] Terminus von Kripke, der bei Minsky nicht vorkommt, obwohl er in dieselbe Richtung zielt.

- Sprachverstehen benutzt unsere riesigen Akkumulationen von Allgemeinwissen, ist nur so möglich.
- Die Metaphern in der Sprache sind nur ein Spezialfall (eine Folge) der Metaphern im Denken (da auf Analogien und Ähnlichkeiten beruhend). „Jeder Gedanke ist eine Metapher." (Minsky 1986, 299.)
- (Sprachliche) Kommunikation ist immer probabilistisch (ein Versuch-Irrtum-Unterfangen).
- Es gibt keine klare und eindeutige Kommunikation des „Gemeinten", da das „Gemeinte" selbst schwer fassbar und häufig undeutlich ist.
- Im Versuch des sich sprachlich Ausdrückens verändert sich das „Gemeinte", der ursprüngliche „Gedanke". So wirkt Sprache immer auf die Gedanken, das Denken generell, zurück.

(6) Diskussion:

Minskys Modell ist aus sprachtheoretischer und semantischer Sicht hochinteressant. Gerade auch die Anschlussmöglichkeiten für eine kulturwissenschaftlich reflektierte Semantik, die die kognitive Perspektive auf Bedeutungen mit einer kulturwissenschaftlichen Perspektive verbindet (und die scheinbaren Gegensätze dieser Positionen überwindet), heben sein Modell über die meisten anderen kognitionswissenschaftlichen Theorien deutlich hinaus.

Nachfolgend seien einige Punkte in Minskys Modell, die diskussionswürdig sind oder Lücken in seinem Erklärungsansatz darstellen, aber auch die wichtigsten Vorzüge dieses Modells in knapper Form dargestellt:
- Minsky reflektiert (wie ja auch schon Fillmore) nirgends über den Zeichenbegriff. Dadurch hat sein Ansatz nicht die sprachtheoretische Schärfe, die für die Linguistik (eine linguistische Semantik) und Sprachphilosophie nötig wäre.
- Er hat nur eine unvollständige Vorstellung vom Zusammenwirken der verschiedenen sprachlichen Ebenen. Auch wenn er immer wieder auf (z.T. sehr subtile) sprachliche Details eingeht, erfasst er bei weitem nicht das gesamte Spektrum sprachlicher Teilaspekte und Ebenen und ihrer Interaktionen.
- Minsky diskutiert kaum das Verhältnis von „Konzepten" und „Frames". Was „Konzepte" sind, wie sie in seinem Modell integriert bzw. erklärt werden, wird nicht vollständig deutlich. (Über den Begriff des „Einheitsrahmens" spricht er Phänomene an, die man auf „Konzepte" beziehen könnte, jedoch ohne dies auch so auszusprechen.) An verschiedenen Stellen artikuliert Minsky seine deutliche Skepsis gegenüber Konzept-theoretischen Ansätzen, wie sie in der Kognitionswissenschaft vorherrschen.
- Minskys Modell bleibt (daher?) auch indifferent gegenüber der Frage „Konzept-Frames" oder „Prädikations-Frames" als Basis einer Frame-Semantik. Überhaupt ist festzustellen: Die Rolle der Prädikationen wird bei ihm nirgends explizit thematisiert. (Nur an einer Stelle in Minsky 1986 geht er auf Satz-Rahmen im Sinne von Fillmore 1968 ein, die er offenbar für nützlich hält.)
- Minsky 1974 bietet (im Unterschied zu Fillmore) eine klare Strukturbeschreibung für die innere Struktur und Gliederung von Frames. Die seitdem kanonischen Begriffe „Leerstellen" und „Füllungen" werden (wenn auch z.T. in anderer Terminologie als heute geläufig) explizit eingeführt, und damit die Eigenschaften, die für die Größe „Frame" seitdem als charakteristisch gelten.

3.5 Zusammenfassung und Diskussion von Minskys Frame-Konzept

- Frames werden deutlich als Gefüge aus Wissenselementen („Knoten") und Relationen definiert. Die Leerstellen sind „Anschlussstellen für Verbindungen" (zu anderen Wissenselementen, anderen Frames).
- Frames bilden (deutlicher als bei Fillmore) Frame-Reihen und Frame-Systeme; dieser Punkt ist Minsky sogar besonders wichtig.
- Frames und Frame-Systeme sind (auch wenn das nicht ganz so deutlich und explizit hervorgehoben wird) rekursiv; d.h. Frames sind Füllungen für Leerstellen höherer Frames und schließen an ihren eigenen Slots andere Frames an.
- Frames sind allgemeine Strukturen des Wissens; Sprache (und sprachliche Frames) stellen nur einen Spezialfall solcher Frames dar. Insofern stellt der Frame-Begriff deutlich einen kognitionswissenschaftlichen Leit-Begriff dar. (Ganz anders als beim Linguisten Fillmore, der sich immer geweigert hat, den kognitiven Status von Frames ernsthaft zu reflektieren.)
- Minsky hebt deutlich die zentrale Rolle von Standard-Ausfüllungen (Default-Annahmen) heraus. Wie schon Fillmore betont er nachdrücklich den prototypikalischen Charakter von Frames und Frame-Strukturen, doch analysiert er den Default-Charakter der Frame-Grund-Strukturen sehr viel expliziter.
- Ausdrücklich wird (ohne das so zu nennen) auf „Subkategorisierungs"-Bedingungen als wesentliche Aspekte von Frames und ihren „Terminals" / Anschlussstellen eingegangen.
- Minsky führt (allerdings eher am Rande) so etwas wie „Constraints" ein (ohne das so zu nennen), also Abhängigkeits-Relationen in der Ausfüllung verschiedener Slots eines Frames oder der Frames eines Frame-Systems. (Man könnte sie zur besseren Unterscheidung von den „Subkategorisierungs"-Bedingungen vielleicht als „Querverbindungs-Bedingungen" charakterisieren. Seit Barsalou 1992 hat sich dafür der Terminus „Constraints" durchgesetzt.)
- Während Minsky die Grundstruktur von Frames (mit der expliziten Benennung von „Skelett"-Struktur, Leerstellen, Füllungen, Standard-Annahmen, Ausfüllungs-Bedingungen, Querverbindungs-Bedingungen und Rekursivität) sehr viel präziser und klarer beschreibt als Fillmore, hat der Ansatz Fillmores dem von Minsky gegenüber den Vorzug, dass dort sehr viel intensiver über unterschiedliche Typen von Frame-Elementen reflektiert wird – allerdings mit dem Nachteil, dass sich diese Überlegungen fast nur auf Prädikations-Frames beziehen, und also auf ein allgemeines kognitives (oder semantisches) Frame-Modell nicht Eins-zu-Eins übertragen werden können.
- Wie Fillmore (bei dem dies als ausgewiesenem Linguisten und Semantiker freilich sehr viel näher liegt), reflektiert auch Minsky sehr intensiv über den Charakter dessen, was wir „Bedeutung(en)" nennen. Ihm zufolge gibt es keine klare Trennung zwischen Bedeutungen und den Strukturen des Denkens / Wissens generell. Im Unterschied zu Fillmore, der zwar intensiv über den Begriff der „lexikalischen Bedeutung" reflektiert und ihn äußerst kritisch betrachtet, aber eben doch noch an die Möglichkeit einer „konventionellen Bedeutung" glaubt, stellt Minsky sehr viel klarer den Konstrukt-Charakter (und damit auch den fiktionalen Charakter) von „Bedeutung" heraus, indem er intensiv über das Problem der „Kontinuität" und „Identität" von Bedeutungen nachdenkt. Diese sind ihm zufolge bei „Bedeutung" ebenso eine Fiktion wie bei jedem „Gedanken" selbst. Im Problem der Identifikation (und Beschreibung) von „Bedeutungen" wiederholt sich daher lediglich das Problem der Identifikation und Beschreibbarkeit von „Gedanken".

310   *Kapitel 3: Die Frame-Idee bei Marvin Minsky*

- Minsky verknüpft das Problem sprachlicher Bedeutung damit sehr viel enger mit Problemen der Erklärung unseres Denkens selbst (v.a. in Minsky 1986).
- Minsky geht (auch wenn er Denken keineswegs auf Sprache reduziert) von einem äußerst engen Verhältnis von Denken und Sprechen aus. Beide teilen sich nicht nur wesentliche Strukturmerkmale und Eigenschaften, sondern sind auch eng voneinander abhängig. Die Identifikation des „Gemeinten", der „Gedanken", bleibt nicht unbeeinflusst von den zur Verfügung stehenden sprachlichen Mitteln.
- Sprache und Sprachverstehen aktivieren und / oder benutzen unser gesamtes allgemeines Wissen. Auch wenn Minsky das nicht so deutlich ausspricht, geht er doch aufgrund der Anlage seines ganzen Modells eindeutig davon aus, dass eine klare Grenze zwischen „Sprachwissen" und „enzykopädischem Wissen" nicht gezogen werden kann. (Möglicherweise hat seine Zurückhaltung gegenüber einer Benutzung des „Konzept"-Begriffs gerade damit zu tun, dass viele Konzepttheoretiker immer von einer reinlichen Scheidbarkeit von „Sprachebene" und „Konzeptebene" träumen, eine Illusion, die Minsky immer wieder als solche scharf angreift.)
- Die von Fillmore so peinlich verfolgte (und nicht überzeugend begründete) Unterscheidung zwischen „evozieren" und „invozieren" (oder etwas Vergleichbares) spielt in Minskys Denken keinerlei Rolle. Alles Denken und Verstehen beruht auf Schlussfolgerungen ohne Unterschied.
- Die Grundprinzipen der Prototypikalität und Präzedenzialität sind für Minsky Grundtatsachen jedes Denkens bzw. des Gedächtnisses schlechthin. Dass diese Prinzipien z.B. in der Konventionstheorie von D. K. Lewis auftreten, ist damit nichts anderes als eine Folge aus allgemeinen Grundprinzipien unserer Kognition. (Dasselbe gilt für die Rolle von Standard-Annahmen, Interessen, Ziele und Erwartungen.)

4.   Frühe Anfänge und theoretische Fundierungen der Frame-Idee – Die Schema- und Gedächtnistheorie von Frederic C. Bartlett

Der Ursprung der Frame-Theorie wird von den meisten Autoren im Schema-Begriff des britischen Psychologen und Gedächtnisforschers Frederic C. Bartlett gesehen, den dieser in seiner Arbeit „Remembering. A Study in the Experimental and Social Psychology" bereits 1932 vorgestellt hat.[1] Wenn Minsky 1986 schreibt, eigentlich habe er mit seiner Arbeit zur Frame-Theorie von 1974 doch nichts formuliert, was Bartlett 1932 nicht auch schon unter dem Begriff des „Schemas" längst entwickelt gehabt habe,[2] dann unterstreicht dies die Wichtigkeit dieses Autors und seiner frühen Studie für die heutige Kognitionstheorie. Neben Minsky nehmen zahlreiche andere Autoren aus Kognitionswissenschaft und Psychologie auf Bartlett 1932 positiv Bezug. Da dieser seine Überlegungen aus Experimenten ableitete, zu denen auch zahlreiche sprachbezogene Versuchsanordnungen zählten, lohnt es sich, auch für die Zwecke einer epistemologisch reflektierten Semantik einmal in diesem theoretischen Begründungstext nachzusehen, was er für uns an Ertrag erbringt. Und ein näheres Hinsehen zeigt: es lohnt sich sehr, als Linguist / Semantiker die theoretischen Überlegungen und Forschungsergebnisse von Bartlett genau anzuschauen und auszuwerten, da sich davon überraschende Anschlussmöglichkeiten für eine moderne Sprach- und Kommunikationstheorie, insbesondere – aber bei weitem nicht nur – für die Frame-Semantik, ergeben.

4.1   Psychologische Evidenzen für Frames: Bartletts „Remembering"

Nachfolgend sollen in knapper Form die wichtigsten Forschungsergebnisse und daraus abgeleiteten Überlegungen von Bartlett dargestellt und in Hinblick auf ihren Nutzen für eine Frame-Semantik diskutiert werden. Dabei lässt es sich, dem Charakter von Bartletts Werk entsprechend, nicht ganz vermeiden, etwas tiefer in die Gedächtnistheorie und Kognitionspsychologie einzusteigen. Dort werden wir jedoch überraschende Anschlussmöglichkeiten für die hier vertretene Frame-semantische Position entdecken. Besonders wichtig ist dabei die Auswirkung von Bartletts Ziel, eine spezifisch sozialpsychologische Konzeption des Gedächtnisses und der Kognition vorzulegen.

---

[1]   Sir Frederic Charles Bartlett (1886–1969) war ein britischer Psychologe und Professor für experimentelle Psychologie an der Universität Cambridge von 1931 bis zu seiner Pensionierung im Jahr 1951. Mit Kenneth Craik war er für die Gründung des Medical Research Council's Applied Psychology Research Unit (APU) in Cambridge im Jahr 1944 verantwortlich, dessen Direktor er nach dem frühen Tod von Craik im Jahr 1945 wurde. Er war einer der Vorreiter im Bereich der Kognitionspsychologie.

[2]   Und sich wundert, dass diese – durch Bartlett doch eigentlich schon bekannte – theoretische Position intensiv rezipiert worden sei, nicht jedoch das eigentlich Neue, was er hinzugefügt habe, nämlich die Frame-System-Theorie. Minsky 1986, 259.

312   *Kapitel 4: Die Schema- und Gedächtnistheorie von Frederic C. Bartlett*

4.1.1 Wahrnehmen, Vorstellen, Erinnern ist Schlussfolgern und Konstruktion

Bartlett beginnt seine Überlegungen mit der Betonung der Tatsache, dass unsere kognitiven Fähigkeiten von allem Anfang an, auch in so elementaren Akten wie Wahrnehmen, Vorstellen, Erinnern, immer auf Schlussfolgerungen beruhen. Er schließt daraus, dass Schlussfolgerungen eine sehr wichtige Rolle für das Gedächtnis spielen.[3] Dieses Schlussfolgern sieht er durchaus als etwas Aktives an und vergleicht es mit Konstruktionen. Bereits in elementaren Wahrnehmungen materieller Wirklichkeit sind Bartlett zufolge „schlussfolgernde Konstruktionen" enthalten. Dies hat für die Einschätzung dessen, welchen Charakter das Gedächtnis (und zwar bereits auf der Basis von Daten aus der sinnlichen Wahrnehmung) hat, erhebliche Folgen, geht er doch davon aus, dass bereits die scheinbar so objektive sinnliche Wahrnehmung von *Interessen* des Wahrnehmenden gelenkt ist (38). Diese starke Abhängigkeit schon der elementarsten Sinneswahrnehmungen von Interessen, und damit von der Subjektivität des Wahrnehmenden, erweist sich in zahlreichen psychologischen Experimenten und schlägt sich etwa in der Persistenz nieder, mit der Versuchspersonen (künftig abgekürzt als VPN) dann, wenn sie einmal in einem Tintenklecks ein Gesicht wahrgenommen zu haben meinten, dies mit signifikant höherer Frequenz bei späteren Tintenklecksen immer wieder zu „sehen" glaubten.

Bartlett führt die Dominanz des Schlussfolgerns in allen kognitiven Aktivitäten (er nennt Wahrnehmen, Vorstellen, Erinnern, Denken und Räsonieren) auf unser „Bemühen um Bedeutung" (effort after meaning) zurück.[4] Das Phänomen „Bedeutung" ist daher, wenn man dieser Annahme folgen will, also bereits tief in den Grundstrukturen unserer Kognition verankert (und damit nicht ein rein sprachliches Phänomen). Bartlett scheint diese tiefe psychologische Verankerung aus Aspekten ableiten zu wollen, die stark an die Zeichentheorie erinnern. So benutzt er die zeichentheoretische Formel des „steht für"[5] und verlagert diese Relation in die Kognition, ins Gedächtnis hinein als dasjenige, was das Fundament für das Phänomen „Bedeutung" ist.[6] Damit wäre die „steht für"-Relation aber fundamentaler als die Ebene der (äußerlichen, z.B. sprachlichen) Zeichen; sie würde dann auf eine elementare kognitive Relation verweisen.[7] „Bedeutung" sieht Bartlett dabei als vorsprachliche Kategorie. Sie hängt mit im Geiste gespeicherten Strukturen zusammen,[8] mit

---

[3] „Es kann gezeigt werden, dass ein großer Teil dessen, von dem man sagt, es sei wahrgenommen, tatsächlich erschlossen wurde." Bartlett 1932, 33. [Alle Zahlenangaben im Text beziehen sich nachfolgend auf dieses Werks. Alle Übersetzungen zu Bartlett erfolgten durch den Verf. des vorliegenden Buches.]

[4] Bartlett 1932, 44. Dies erinnert sehr stark an die vom deutschen Psychologen Hans Hörmann 1978, z.B. 193, 196, in den Mittelpunkt seiner Sprachpsychologie gestellte, vom Philosophen Meinong entlehnte „intentionale Ausrichtung auf Sinn". Vgl. zu einer Darstellung der Relevanz von dessen Position für eine epistemologische Semantik ausführlicher Busse 1987, 136 ff.

[5] In der mittelalterlichen Semiotik als „aliquid stat pro aliquo" (etwas steht für etwas anderes) bekannt.

[6] „Das unmittelbar Präsente ‚steht für' etwas nicht unmittelbar Präsentes, und ‚Bedeutung' (in einem psychologischen Sinn) hat dort ihren Ursprung." Bartlett 1932, 44f. – Ob dahinter dasjenige steht, was Kritiker gerne eine „Repräsentationstheorie der Bedeutung" nennen, muss dahingestellt bleiben. Bartletts Überlegungen bewegen sich auf einem so fundamentalen Level, dass sie weit vor der Ebene dessen liegen, was vom Diskurs der Repräsentationismus-Kritiker überhaupt erfasst wird.

[7] Dies würde z.B. mit der Position des Semiotikers Peirce 1931 harmonieren, wonach „Zeichen" einfach Relationen im Denken darstellen, von denen die „äußeren" Zeichen nur ein Spezialfall sind.

[8] „Dieses vorgeformte Setting, Schema oder Muster wird auf völlig unreflektierte und unbewusste Weise benutzt. Weil es benutzt wird, haben die Wahrnehmungsdaten Bedeutung, können verarbeitet werden und werden assimiliert." Bartlett 1932, 45.

4.1 Psychologische Evidenzen für Frames: Bartletts „Remembering"

„Wahrnehmungs-Mustern, die dem jeweiligen Wahrnehmungsakt prä-existent sind". Diese „haben Bedeutung", weil sie auf solche Muster bezogen werden können. Die „Einfachheit" mancher Wahrnehmungsakte ist nur eine scheinbare. Dieser irreführende Eindruck wird vermittelt, weil die Wahrnehmungen „auf dem Funktionieren von Mustern beruhen die – einmal geformt – als Einheiten operieren; ihre Bildung kann aber sehr komplex gewesen sein." (45)

In seinem zentralen Kapitel „Wahrnehmen, Erkennen, Erinnern" vertritt Bartlett nachdrücklich den Standpunkt, dass dies „alles psychologische Funktionen [sind], die zur selben allgemeinen Serie gehören." Aus der großen Nähe dieser Prozesse zueinander zieht er eine wichtige Schlussfolgerung: „Man darf Erkennen und Erinnern nicht dort analysieren, wo sie isoliert erscheinen, sondern mit Bezug auf die vorgängigen Wahrnehmungs-Prozesse." (187) Formuliert man diese Ausgangs-Hypothese im Klartext (bzw. philosophisch), dann heißt das: Erinnern ist nicht unabhängig von der Konstitution von Erkenntnis, bzw. den für sie geltenden Prinzipien. Dieses wichtige Prinzip gilt genauso auch für eine Theorie der Sprache, wie immer wieder deutlich wurde.[9] Nach Bartlett erfordert jeder Wahrnehmungsprozess neben den „Sinnes-Eindrucks-Mustern, die eine physiologische Basis für Wahrnehmung liefern" einen Faktor, „der das Sinnes-Eindrucks-Muster einbaut [constructs] in etwas, das eine Bedeutsamkeit [significance] besitzt, die ihren unmittelbaren Sinnes-Charakter übersteigt". (188) Diese Signifikanz, so kann man vermuten, ist eine Signifikanz der epistemischen Strukturen, in die die Wahrnehmungsdaten jeweils „eingebaut" werden.

Nachdem Bartlett seinen Schema-Begriff entfaltet hat (s.u. Kap. 4.1.2), betont er insbesondere auch den konstruktiven Charakter der Schema-Aktivierung. Nach Bartlett ist das erste, was man loswerden sollte, die irrtümliche Meinung, Gedächtnis sei rein reduplikativ oder reproduktiv. „In einer Welt sich konstant verändernder Umgebungen ist wörtliche Erinnerung [literal recall] außerordentlich unwichtig." (204) Alle Experimente haben gezeigt, dass originalgetreue Erinnerung tatsächlich nur sehr selten vorkommt. Daraus folgert er:

> „Erinnern ist viel eher eine Sache der Konstruktion als der reinen Reproduktion. Im Erinnern konstruiert man auf der Basis eines Schemas; der Unterschied zum (freien) ,Vorstellen' [imagining] ist dann nur ein sehr allgemeiner, weil auch Erinnern Kondensation, Elaboration, Einführung umfasst, und diese häufig (wie das freie Vorstellen) die Kombination von Material involvieren, das ursprünglich zu verschiedenen Schemata gehört." (Bartlett 1932, 205.)

Mit *Kondensation, Elaboration, Einführung* (von neuen Wissenselementen) und *Kombination* (mehrerer Schemata) nennt Bartlett genau solche Aspekte, die später für den Frame-Begriff kennzeichnend werden.

Eine reine Reproduktion von Schemata, so Bartlett, würde zumindest bei höheren geistigen Prozessen unzureichend sein; bei diesen kommen soziale Einflüsse ins Spiel, weil die Individuen ihre Schemata bzw. ihre Schema-Abrufung flexibel halten müssen, um auf die wechselnden Anforderungen aus der sozialen Umgebung reagieren zu können. Aufgrund solcher Erfordernisse entwickelt sich die Fähigkeit der Individuen, „sich ihren eigenen Schemata zuwenden zu können und sie direkt zu konstruieren". Bartlett ergänzt: „Hier kommt Bewusstsein ins Spiel". (206) Der „konstruktive Charakter, auf dem Gedächtnis weitgehend beruht", hängt eng mit dem Zweck der Rationalisierung zusammen, den die

---

[9] So sowohl in der Verflechtung von Sprachphilosophie und Erkenntnistheorie im Werk von Wittgenstein, aber auch in der Diskussion von Anlässen und Prozessen der Kategorisierung in der Frame-Semantik Fillmores oder des Zusammenhangs von Frame-Bildung und Objekterkennung bei Minsky.

314   *Kapitel 4: Die Schema- und Gedächtnistheorie von Frederic C. Bartlett*

Schemata erfüllen.[10] Schemata sind außerdem nach Bartlett eng mit Zielen und Interessen verknüpft. (Das ist zwar nicht direkt konstruktiv, zeigt aber den Einfluss des Subjektiven und Idiosynkratischen bei der Schema-Abrufung und -Ausfüllung.) Das Wirken dieser Faktoren (Interessen und Ziele) sieht Bartlett in einem Zusammenhang mit der (bereits im Kindesalter erworbenen) Fähigkeit, bei kognitiven Aktivitäten wie Erinnern „die strikte chronologische Anordnung vergangener Erfahrung zu durchbrechen".[11] Bartlett deutet den kognitiven Entwicklungsprozess so, dass die Distanz einer gegebenen kognitiven Aufgabe zu vergangenen erinnerten Situationen chronologisch immer weiter verlängert wird, „bis sie schließlich unbestimmt lang ist" (201). Irgendwann schlägt diese zeitliche Distanz um in Abstraktion und Schematisierung, wobei dieser Prozess laut Bartlett „zu koinzidieren scheint mit der Entwicklung von spezialisierten und weitgreifenden Interessen".[12] Auch wenn Bartlett das nicht explizit so formuliert, scheint er doch davon auszugehen, dass in der der Schemabildung zugrundeliegenden Abstraktion, Kondensation und Organisation von (kognitivem, epistemischem) „Material" bereits *Interessen* wirksam wenden. Man könnte auch sagen: Interessen organisieren Material neu.[13] (Statt von Interessen könnte man wohl auch von einer spezifischen „Perspektive" sprechen.) Diese Interessenabhängigkeit der Schemabildung sieht Bartlett direkt als Ergebnis des konstruktiven Charakters des Gedächtnisses.[14] Die Abhängigkeit der Schema-Bildung und -Struktur von Interessen und einer je spezifischen Wechselwirkung der beteiligten Schemata führt laut Bartlett dazu, dass das Gedächtnis stark individuenspezifisch, d.h. subjektiv geprägt ist.[15]

> „Wenn diese Sichtweise korrekt ist, dann ist Gedächtnis persönlich, und zwar nicht wegen irgendeines unberührbaren und hypothetischen persistenten ‚Selbst', sondern weil der Mechanismus des erwachsenen menschlichen Gedächtnisses eine Organisation von ‚Schemata' erfordert, die abhängt von einem Zusammenspiel von Bedürfnissen, Instinkten, Interessen und Idealen, die spezifisch für jedes gegebene Subjekt sind." (213)

Diese subjektive Prägung wird jedoch kontrastiert durch die Sozialität der Schemabildung, die Bartlett an anderer Stelle thematisiert (s.u. Kap. 4.1.4).[16]

---

[10] „Die konstante Rationalisierung, die die Erinnerung bewirkt, ist ein spezieller Fall des Funktionierens dieses konstruktiven Charakters, auf dem das Gedächtnis weitgehend beruht." Bartlett 1932, 207.

[11] Bartlett 1932, 210. Er spricht hier auch von „image function", womit die Tatsache gemeint ist, dass das Verhalten oft determiniert ist durch spezifische Stimuli oder Situationen, die andere als die sind, die unmittelbar vorausgehen. Dies wäre eine *sehr* (zu?) allgemeine Definition des Begriffs „image" [Vorstellung].

[12] „Die Möglichkeit, direkt determiniert zu werden durch sehr weit entfernte Stimuli scheint zu koinzidieren mit der Entwicklung von spezialisierten und weitgreifenden Interessen. Und dies scheint wiederum eine Umbildung und Reorganisation von Material zu erfordern, das natürlicherweise auf verschiedene Muster zerfällt." Bartlett 1932, 211.

[13] „Ursprüngliche Erfahrungen (Dinge, die gehört, gesehen, berührt, geschmeckt sind [...]) werden aus ihrem natürlichen speziellen Sinn, Streben und ihren instinktiven ‚Schemata' genommen und durch ein persistentes Interesse [...] organisiert." Bartlett 1932, 211.

[14] „Diese Umbildung der Masse organisierter Erfahrung und Reaktionen, die das Wachsen des Interesses erfordert, ist abhängig von eben jener Fähigkeit, sich den eigenen Schemata zuzuwenden, die durch den konstruktiven Charakter des Erinnerns erfordert ist. D.h. das Wirken der Interesse-dominierten Vorstellung ist abhängig von der Erscheinung (oder der Entdeckung) des Bewusstseins." Bartlett 1932, 211.

[15] Man wird darin einen Vorläufer von Minskys Überlegung sehen können, dass es niemals zwei menschliche „Geiste" geben wird, die exakt dieselbe Konstellation von „Agenten" bzw. Frames aufweisen.

[16] Bezüglich der Abhängigkeit der kognitiven bzw. epistemischen Strukturen von Interessen geht Bartlett (1932, 216) an späterer Stelle sogar noch einen Schritt weiter und schreibt: „Nichts Bestimmtes kann gesagt oder getan werden, bis das einlaufende Detail eine mehr oder weniger bestimmte Relation zu

4.1 Psychologische Evidenzen für Frames: Bartletts „Remembering"

Zusammenfassend hebt Bartlett noch einmal den konstruktiven Charakter des Erinnerns hervor und zieht daraus Folgerungen:

> „Erinnern ist nicht die Wieder-Hervorlockung von unzähligen festen, leblosen und fragmentarischen Spuren. Es ist eine vorstellungsgeleitete [imaginative] Rekonstruktion oder Konstruktion. [...] Es ist kaum jemals exakt, selbst in den rudimentärsten Fällen automatischer Rekapitulation, und es ist überhaupt nicht wichtig, dass es dies wäre." (214)

Der Verweis auf die mangelnde Exaktheit der sich aus den Schemata des Gedächtnisses ergebenden epistemischen bzw. kognitiven Strukturen bzw. Aktivitäten, und die betonte Hervorhebung der Annahme, dass Exaktheit auch gar nicht wichtig ist, ist wohl ein Vorgriff auf das, was bei Fillmore und Minsky als vehemente, aber wohlbegründete Ablehnung der Logik als Modell für die Kognition (und die Sprache) auftritt.

Mit der Abhängigkeit der Strukturen des Gedächtnisses von Interessen hängt, so eine wichtige Folgerung Bartletts, auch die Veränderlichkeit der kognitiven Schematisierungen zusammen:

> „Die aktiven Settings, die hauptsächlich wichtig sind auf der Ebene des menschlichen Erinnerns, sind vor allem ‚Interesse'-Settings; und da ein Interesse sowohl eine definite Richtung als auch eine weite Reichweite hat, involviert die Entwicklung dieser Settings ein gutes Stück Reorganisation der ‚Schemata' [...].
> Daher befinden sich, da viele ‚Schemata' aus geläufigem Material aufgebaut sind, die Vorstellungen und Wörter, die manche ihrer herausragenden Merkmale markieren, in beständigem, aber erklärbarem Wandel. Auch sie sind ein Instrument [device], das möglich gemacht wurde durch das Auftreten – oder die Entdeckung – des Bewusstseins, und ohne sie [Vorstellungen, Wörter] wäre keine genuine Langzeit-Erinnerung möglich." (214)

Man könnte seinen Argumentationsgang wie folgt zusammenfassen: Gedächtnis (und damit alle höheren geistigen Aktivitäten, wie geplantes Handeln, Sprache usw.) ist auf Schemata angewiesen. Diese organisieren und strukturieren das epistemische „Material". Da dabei sowohl individuelle, personenspezifische Konstellationen von Erfahrungen wie auch die kognitive bzw. epistemische Dominanz bestimmter Erfahrungsquellen wirksam werden, schlagen individuenspezifische Interessen auf die Schemabildung, ihre Strukturen wie auf die Struktur des Gedächtnisses insgesamt durch. Das Wirksamwerden von Interessen setzt eine Re-Organisation der ursprünglichen Schemata voraus. Daraus resultiert aber auch die Tatsache, dass Schemata, Vorstellungen, Wörter einem beständigen Wandel unterliegen. Bemerkenswert ist, dass Bartlett hier der Sprache (den Wörtern) eine konstitutive Rolle für das Gedächtnis, und damit wohl auch für alle höheren Formen der Schemabildung, zuweist. Ohne Sprache, so seine These, keine Langzeit-Erinnerung! Bartletts besonderes Anliegen ist es, das Gedächtnis nicht als einen statischen Speicher von „Spuren" zu sehen (dies wirft er den traditionellen Gedächtnistheorien vor), sondern „Erinnern" in einer Linie zu sehen mit „Vorstellungskraft", kurz: der konstruktiven Kraft der Kognition.[17]

---

dem Hauptstrom des Interesses angenommen hat." Das heißt: Eingehende Daten müssen in Interessen eingebettet werden, um weiter verarbeitet werden zu können.

[17] „Die aktiven Settings, wie sie hier erwähnt wurden, sind lebendig und entwickeln sich; sie sind ein komplexer Ausdruck des Lebens des Moments, und sie helfen, unsere täglichen Verhaltensweisen zu determinieren." – „Die Theorie [gemeint: Bartletts] bringt Erinnern in eine Linie mit Vorstellung(skraft) [imagining], einem Ausdruck derselben Aktivität." Bartlett 1932, 214.

316   *Kapitel 4: Die Schema- und Gedächtnistheorie von Frederic C. Bartlett*

4.1.2 Der Schema-Begriff und die Rolle der „Settings"

Bartletts Überlegungen zu Schemata gehen aus von seinem Nachdenken über das Verhältnis von Erkennen und Erinnerung. Zunächst fragt er danach, wie das Wissensmaterial (er
spricht von „psychologischem Material") so aufbewahrt wird, dass ein Wiedererkennen
überhaupt möglich wird.[18] Bartlett geht nun davon aus, dass dies nicht in der Form exakter
geistiger „Bilder" geschieht. „Viel häufiger scheint es so zu sein, dass die wiederholte Präsentation in ein Setting passt, als dass sie ein spezifisches Bild hervorbringt, das dann zum
Vergleich benutzt wird." Dieses „Setting" bezeichnet er dann auch als „Schema" (Bartlett
1932, 194). Diese *Schemata* oder *Settings* spielen im Erkennen und Wiedererkennen eine
wichtige Rolle, da sie allgemeine Strukturen des Wissens bereitstellen, die es erlauben, aus
dem Gedächtnis beizusteuern, was nicht aufgrund von Wahrnehmungsdaten „aufgebaut"
oder inferiert werden muss:

> „Es scheint, als ob die Bewahrung von Material, die für das Erkennen erforderlich ist, normalerweise
> eine Bewahrung von Schemata, von allgemeinen Settings, von Ordnungen oder Formen von Arrange-
> ments ist; und als ob das detaillierte Wieder-Bestätigen individualisierten Materials eher der Spezialfall
> sei." (195)

Es ist bemerkenswert, dass Bartlett den Begriff des Schemas hier nicht im Sinne starrer,
verfestigter Strukturen versteht, sondern viel allgemeiner (und weniger festlegend) von
„Settings" und „Anordnungen von Arrangements" spricht. (Man könnte hinzufügen: Anordnungen epistemischen Materials.) Vor allem der letzte Halbsatz erlaubt einen Vergleich
mit bestimmten Annahmen in der Sprach- und Kommunikationstheorie. Auf diese übertragen besagt er nämlich etwa Folgendes: Explizitheit (z.B. des sprachlichen Ausdrucks) ist
der Spezialfall; der Normalfall ist die schema-gestützte Abstraktion und Verkürzung im
sprachlichen Ausdruck. Das heißt, es gibt – wenn man Bartlett hier folgt – einen *kognitiven*
Grund für die Annahme, dass Implizitheit (= Schema-Gestütztheit) der Normalfall der
sprachlichen Kommunikation ist und sozusagen die anthropologische Konstante darstellt,
und nicht Explizitheit des verbalen Ausdrucks, wie die meisten Linguisten fälschlich glauben. Wichtig ist dann für Bartlett die Frage, „wie psychologisches Material in Schemata
und Mustern organisiert wird" (a.a.O.).

Die Schemata oder Settings, als Formen der „Organisation des psychologischen Materials", werden insbesondere beim Erinnern wichtig. Erinnern hängt, so Bartlett, sehr viel
stärker von der Ausbeutung dieser Organisationsformen ab als unmittelbares, auf Sinnesdaten gestütztes Erkennen (a.a.O.). Dies geht damit einher, dass Erinnern viel stärker auf
Wörter angewiesen ist als Erkennen. Insbesondere kommt es dabei auf die „Organisiertheit
des Wissensmaterials" an, das für Erinnern erforderlich ist.[19]

---

[18] „Da Erkennen oft sehr spezifisch und detailliert ist, muss es eine Weise geben, in der das psychologische Material der Präsentation bewahrt wird." Bartlett 1932, 194. – Ein Erkennen von etwas *als* etwas,
also als ein „Wiedererkennen" von etwas, das man so oder ähnlich schon einmal wahrgenommen hat,
setzt naturgemäß ein Gedächtnis, die Fähigkeit zur Erinnerung voraus. Diese muss also erklärt werden.

[19] „Erinnern involviert einen größeren Grad an Organisiertheit, sowohl des psychologischen Materials als
auch der Einstellungen und Interessen, so dass mehr Brücken von einem zum anderen Sinnes-Modus
oder von einem zum anderen Interesse gebaut werden. Wie wir sehen werden, gibt es gute Gründe dafür, dies mit der wachsenden Wichtigkeit von Vorstellungs- [image] und Wort-Funktionen zu verbinden; und in der Tat können wir feststellen, dass sowohl Vorstellungen als auch Wörter im Erinnern eine
wichtigere Rolle spielen als im Erkennen." Bartlett 1932, 196.

4.1 Psychologische Evidenzen für Frames: Bartletts „Remembering" 317

„Die wesentliche Differenz zwischen Erkennen und Erinnern liegt nicht in der Zunahme der Komplexität bei letzterem, sondern in einer genuinen Differenz in der Weise, in der das notwendige Setting oder Schema ins Spiel kommt." (196)

Gedächtnis und Erinnern (und damit das, was der Existenz und Funktionsmöglichkeit jeglicher Sprache notwendig vorausgeht) sind also in ganz besonderer Weise von Schemata und Strukturierungen des Wissens abhängig. Erinnern, so betont Bartlett (allerdings nicht mit diesem Begriff), ist „reflexiv", indem das in den Schemata organisierte Wissens-Material selbst wieder Gegenstand von Wissensstrukturen werden kann (a.a.O.). Die Individuen „*benutzen* Schemata, reagieren auf organisiertes psychologisches Material". „Erinnern" ist (im Unterschied zum Erkennen, das nur „*vermittels* des organisierten Materials" reagiert) *selbst* immer „eine Reaktion auf das organisierte psychologische Material" (a.a.O.).

Auf der Basis dieser Vorüberlegungen entwickelt Bartlett im zentralen Kapitel seines Buches eine „Theorie des Erinnerns", in der er den Schema-Begriff weiter ausführt.[20] Er wendet sich gegen simplifizierende ältere Theorien des Erinnerns, die davon ausgehen, dass für jedes Erinnerungs-Ereignis gleichsam eine „Spur" zu individuellen früheren Einzel-Erlebnissen gelegt würde.[21] Er weist darauf hin, die Experimente zum Wahrnehmen und Erkennen hätten aber gezeigt, „dass die Vergangenheit als organisierte Masse und nicht als Gruppe von individuell spezifizierten Elementen operiert", und folgert: „Diese Determination aktueller Reaktion durch die Vergangenheit sollte Grundlage eines stimmigen Ansatzes sein." (197) Die zentralen Stichworte sind hier: *Organisation* und *Determination*. Von einer Organisation im Gedächtnis kann man nur dann sprechen, wenn nicht mehr jedes einzelne frühere Wahrnehmungsdatum mit all seinen Spezifikationen und zufälligen (Rand-) Eigenschaften gespeichert und als solches im Erinnern re-aktiviert wird, sondern wenn in irgendeiner Weise eine Strukturierung, Fokussierung und Abstraktion auf die (für einen jeweiligen Vergleich zu einer aktuellen Aufgabe des Denkens) wesentlichen Aspekte stattfindet. Determination heißt, dass solche Strukturen weitere, spätere Wahrnehmungs- und Erkenntnis-Ereignisse überformen, die Weiterverarbeitung wahrgenommener Daten selegieren und prägen. Bartlett verweist auf Überlegungen des Neurologen Henry Head[22] zum auf bestimmte Muskelbewegungen und Körperhaltungen bezogenen Wiederaufruf zuvor aktivierter kognitiver Zustände zum Zwecke neuerlicher ähnlicher oder anschließender Muskelaktivitäten (gute Beispiele dafür wären z.B. bestimmte Bewegungsabläufe in bestimmen Sportarten, wie z.B. der perfekte Aufschlag beim Tennis oder komplexere Bewegungsabläufe etwa im Judo), also dem, was man ein „Erinnern des Körpers" nennen könnte.

Nach Head bezieht sich jede neue körperliche Aktivität, die an solche älteren Zustände anschließt, auf bestimmte systematisierte Relationen nicht zu einzelnen früheren kognitiven Zuständen (der Muskel-Aktivierung), sondern zu dem, was er einen „kombinierten" oder „berechneten Standard" nennt. Head: „Für diesen berechneten Standard, gegenüber dem alle nachfolgenden Haltungsänderungen berechnet werden, bevor sie ins Bewusstsein eintreten, schlagen wir das Wort ‚Schema' vor." Am Beispiel der Körperbewegungs-bezogenen kognitiven Prozesse:

---

[20] Bartlett 1932, 197 ff. (Kap. X).
[21] Bartlett 1932, 197. Er begründet seine Skepsis so: Ein Individuum müsste dann eine ungeheure Anzahl von individuellen Spuren speichern. Zwar wären diese untereinander verbunden, doch behielte jede einzelne Spur ihre Individualität, und Erinnern wäre ein einfaches Wieder-Hochrufen, eine einfache Reproduktion.
[22] Henry Head, in: Studies in Neurology, Oxford 1920, S. 605–606, zit. in Bartlett 1932, 199.

318 | Kapitel 4: Die Schema- und Gedächtnistheorie von Frederic C. Bartlett

„Der Sinnesdaten-Kortex ist der Speicher vergangener Eindrücke. [...] Sie bilden organisierte Modelle von uns selbst, die man Schemata nennen kann. Solche Schemata modifizieren Eindrücke, die durch einlaufende Sinnesdaten-Impulse produziert werden, in der Weise, dass die resultierenden Wahrnehmungen von Position und Ort ins Bewusstsein gelangen, versehen mit einer Beziehung zu dem, was vorausgegangen ist." (200)[23]

Das heißt also: „Schema" ist bei Head zunächst ein kognitiver Zustand, in dem in organisierter Weise eine spezifische Konstellation von Vorgänger- oder Ausgangs-Situationen aktiviert wird, die der (neuen) Aktivität zugrunde liegt. Dies ist ein neurophysiologisches Argument für das, was im Rahmen einer linguistischen Verstehenstheorie die „Vorgeschichte" für ein aktuelles Verstehensereignis (oder, semantisch gesprochen: Ereignis der Bedeutungs-Aktivierung oder -Inferenz) genannt werden kann.[24] Das heißt, die dort beschriebene „Vorgeschichte" (die textlinguistisch z.B. oft als „Kontext" oder „Kotext" bezeichnet wird) ist nur ein Spezialfall eines allgemeinen und abstrakten „Vorher", das für jede Art höherer kognitiver Aktivität, aber nach Head möglicherweise auch schon für etwas so Basales wie Körperbewegungen (verstanden als wiederholbare Abläufe) wesentlich ist. „Schemata" in einem epistemologischen Sinne wären dann nur Spezialfälle solcher allgemeinen und fundamentalen kognitiven Organisationsformen von „Vor-Wissen". (Bartlett wendet sich jedoch gegen zwei Missverständnisse, die man aus Heads metaphorischen Formulierungen beziehen könnte. Zum einen die problematische Redeweise von einem „Speicher vergangener Eindrücke". Diese suggeriere, als sei das Gespeicherte stabil und unveränderlich, wogegen es darauf ankäme, die Dynamik und ständige Veränderlichkeit der Schemata hervorzuheben.[25] Falsch sei zum anderen auch Heads Redeweise vom „ins Bewusstsein kommen", denn: normalerweise kämen die Dinge – man könnte hinzufügen: schon gar nicht so basale Dinge wie Schemata für Muskelaktivitäten oder Bewegungsabläufe – nicht ins „Bewusstsein".)

---

[23] Head a.a.O. nach Bartlett 1932, 199. Head weiter: „Vermittels perpetuierender Änderungen der Position bauen wir ein Körper-Haltungs-Modell von uns selbst auf, das sich fortwährend ändert. Jede neue durch Bewegung erzeugte Haltung wird auf diesem plastischen Schema gespeichert."

[24] Der Begriff „Vorgeschichte" wird in dem in Busse (1991, 140) entwickelten Modell einer linguistischen Theorie des Sprachverstehens folgendermaßen eingeführt und erläutert: „Die ‚Vorgeschichte' enthält alle Wissenselemente, die in unmittelbarer zeitlicher Nähe zum Jetztzeitpunkt des Verstehensereignisses vorangegangen (d.h. aktiviert worden) sind. Als Wissensausschnitt wird die Vorgeschichte strukturiert durch die Zeitachse (je länger der Aktivierungs- oder Einführungszeitpunkt eines Wissenselements zurückliegt, desto mehr ‚verblasst' es) und die Aufmerksamkeitsstruktur; wobei die interessengesteuerte Fokussierung in ihrer Auswirkung auf die inhaltliche Ausfüllung des verstehensrelevanten Wissenssegmentes ‚Vorgeschichte' stärker sein dürfte als die Zeitachse. Bei *schriftlicher* Kommunikation enthält die Vorgeschichte als Wissenssegment ausschließlich solche Wissenselemente, die durch die auf der Zeitachse einlaufenden und aufeinanderfolgenden *Text*elemente aktiviert sind, und zwar in einer durch die Aufmerksamkeits- oder Interessenstruktur geprägten Anordnung. (Man hat dies in der bisherigen Linguistik meist als ‚sprachlicher Kontext' oder ‚Kotext' bezeichnet.) Bei *mündlicher* Kommunikation treten solche Wissenselemente hinzu, die durch die *Perzeption* des unmittelbaren Vorlaufs der äußeren Kommunikationssituation (in ihren verschiedenen sich wandelnden Stationen bzw. Ausgestaltungen) beigesteuert wurden. Dies können sein: materielle Umgebung, d.h. Ort, Gegenstände am Ort, Geschehens- bzw. Bewegungsabläufe am Ort usw.; personale Umgebung, d.h. vorausgehende (nichtsprachliche) Handlungen des Textproduzenten, Handlungen bzw. Bewegungen anderer Personen (einschließlich Mimik und Gestik); von Dritten vorher geäußerter Text; Handlungen des Textrezipienten usw."

[25] Diese Metapher impliziert, „dass die Dinge, die dort eingelagert wurden, zu dem Zeitpunkt, wenn sie benötigt werden, noch exakt dieselben sind wie zu dem Zeitpunkt, als sie abgelegt wurden. Tatsächlich sind aber Schemata lebendig, entwickeln sich beständig, werden affiziert von jedem einlaufenden Stück Sinneserfahrung einer gegebenen Art." D.h. der Begriff „Speicher" (storehouse) sollte nicht mehr verwendet werden. Bartlett 1932, 200.

4.1 Psychologische Evidenzen für Frames: Bartletts „Remembering"   319

Obwohl er den Begriff „Schema" nunmehr übernimmt und in eigenen Worten definiert, warnt Bartlett vor dem verbreiteten Missverständnis, die „Schemata als etwas zu Definitives, zu Statisches mißzuverstehen".[26] Er hebt insbesondere den dynamischen Charakter der Organisation des Vorgänger-Wissens hervor.[27] Am präzisesten sei es (statt von als statisch missverstehbaren „Schemata"), von „aktiv sich weiterentwickelnden Mustern" zu sprechen, „aber das Wort ‚Muster' hat wieder seine eigenen Probleme; und es suggeriert (wie ‚Schema') eine größere Detailliertheit, als sie normalerweise zu finden ist."[28] Mit diesen skrupulösen Überlegungen will Bartlett wohl darauf hinweisen, dass Schemata in seinem Sinne abstrahierende Strukturen von Wissen sind, die nicht vollständig mit Details aufgefüllt sind. (Hier deuten sich die späteren „Leerstellen" im Frame-Modell von Minsky an.) Bartlett (1932, 201) erwägt daher auch, statt von „Schemata" oder „dynamischen Mustern" von „organisierten Settings" zu sprechen. Nach diesen Vorüberlegungen versucht sich Bartlett an einer eigenen Definition von „Schema", die lohnt, hier in Gänze zitiert zu werden:

> „‚Schema' bezieht sich auf eine aktive Organisation vergangener Reaktionen oder vergangener Erfahrungen, von denen man immer annehmen muss, dass sie in jeder wohl-angepassten organischen Reaktion wirksam sind. D.h.: Wann immer es eine Ordnung oder Regularität des Verhaltens gibt, ist eine spezifische Reaktion nur möglich, weil sie bezogen ist auf andere ähnliche Reaktionen, die seriell organisiert wurden, die jedoch nicht einfach als individuelle Glieder operieren, die eines nach dem anderen kommen, sondern als einheitliche Masse.
> Determination durch Schemata ist die fundamentalste Weise, in der wir beeinflusst werden können durch Reaktionen und Erfahrungen, die in der Vergangenheit aufgetreten sind. Alle eingehenden Impulse einer bestimmten Art oder eines bestimmten Modus bilden zusammen ein aktives, organisiertes Setting: visuelle, auditorische, verschiedene Arten von Haut-Impulsen usw. auf dem untersten Level; alle Erfahrungen, die durch ein gemeinsames Interesse verbunden werden: in Sport, Literatur, Geschichte, Kunst, Wissenschaft, Philosophie usw. auf einem höheren Level.
> Es gibt nicht den leisesten Grund anzunehmen, dass jeder Set von einlaufenden Impulsen, jede neue Gruppe von Erfahrungen Bestand hat als ein organisiertes Mitglied eines passiven Flickwerks [patchwork]. Sie müssen betrachtet werden als Konstituenten von lebendigen, momentanen Settings, die zum Organismus gehören [...], und nicht als eine Anzahl individueller Ereignisse, die irgendwie zusammengebunden und im Organismus gelagert wurden." (Bartlett 1932, 201)

Wenn Bartlett hier als wesentliches Moment von Schemata die Klasse von „anderen ähnlichen Reaktionen, die seriell organisiert wurden" herausstellt, dann spricht er das an, was in der Theorie der Konventionen (und damit auch in der Theorie sprachlicher Zeichen und Mittel, z.B. in einer Bedeutungstheorie) als die „Klasse der Präzedenzfälle" (z.B. erfolgreicher früherer Zeichenverwendungen) firmiert.[29] Was Bartlett hier beschreibt, sind fast alles

---

[26] Bartlett (1932, 201) sagt erstaunlicherweise sogar: „Ich mag den Ausdruck ‚Schema' nicht. Er ist zugleich *zu* definitiv und *zu* skizzenhaft. Er wird in zu vielen spekulativen Theorien verwendet. Er suggeriert eine beständige, aber fragmentarische ‚Form des Arrangements' und zeigt nicht an (was aber für den ganzen Begriff wichtig ist), dass die organisierten Massen von Resultaten vergangener Änderungen der Position und Haltung die ganze Zeit aktiv *etwas tun*; sie sind sozusagen von uns mitgeschleppt, vollständig, doch sich weiterentwickelnd von Moment zu Moment."

[27] Für Aspekte des sprachrelevanten Wissens müsste man diesen richtigen Hinweis aber präzisieren. In kulturellem (z.B. sprachlichen) Wissen ist dieser dynamische Charakter beeinflusst (und teilweise „gebremst") aufgrund der Konventionalität des Wissens (wobei Konventionalität natürlich immer zugleich auch Veränderlichkeit impliziert). Das Verhältnis von Stase zu Dynamik würde dann zu einem grundlegenden Problem jeder Erklärung von kognitiven Aktivitäten und der Gedächtnis-Organisation.

[28] Bartlett 1932, 201. Diese Merkmale – und deshalb sind Bartletts Überlegungen für unsere Zwecke einer epistemologisch reflektierten Semantik so wichtig – gelten insbesondere auch für *Konventionen*, die ja Fundament sprachlicher Zeichen und sprachlicher Kommunikation sind.

[29] Hier nach der Konventionstheorie von D. K. Lewis 1969; vgl. einführend Busse 1987, 176 ff.

Merkmale, die ebenso für den Begriff der *Konvention* gelten. (Was in seinen Formulierungen etwas in den Hintergrund tritt, ist das Moment der Abstraktion, das für jede Schema-Bildung wichtig ist. Der von ihm verwendete Ausdruck „Masse" ist bezüglich dieses wichtigen Aspekts der Schemabildung etwas missverständlich.) Die Erwähnung der kulturellen Bereiche deutet jedoch an, dass er die Abstraktion zu allgemeinen Wissens-Schemata als Konsequenz seines Modells vorsieht.

Als Beispiel für seine Definition des Schema-Begriffs nennt Bartlett einen Tennis-Schlag (man denke z.B. an einen Aufschlag). Der neue Tennis-Schlag ist ihm zufolge weder etwas absolut Neues, noch eine bloße Wiederholung des Alten. Er wird aus den diversen beteiligten Schemata und ihrer Wechselbeziehung entwickelt (Bartlett 1932, 202). Mit diesem Beispiel weist Bartlett auf einen (auch für Sprache) sehr wichtigen Aspekt hin: den Charakter des einzelnen Tokens als Mittelstellung zwischen Reproduktion und singulärem Ereignis. Jedes Token (also z.B. auch der einzelne Verwendungsfall eines sprachlichen Zeichens) ist immer beides: Reproduktion und solitäres singuläres Ereignis zugleich.[30]

Die „Schemata" bzw. „organisierten Settings" haben auf künftige kognitive Aktivitäten einen „prädominanten Einfluss".[31] Dabei können einzelne, herausgehobene datierbare Ereignisse aus der Vergangenheit eine besondere Rolle für die Erinnerung spielen. Immer dann, wenn ein Organismus „die eigenen Schemata zum Objekt der Betrachtung und Reaktion machen kann", geschieht das, was zu einem konstitutiven Moment von allen höheren Formen der Schemabildung wird: *Abstraktion* und *Bildung geordneter Strukturen* des Wissens.[32] Hier kommt zur Sprache, was ein wesentliches Moment von Schemata und Frames ist: „die möglichen *Konstituenten* und ihre *Ordnungen*", die Bartlett hier als etwas konzipiert, das die kognitiv aktiven Individuen „zu konstruieren oder zu erschließen" haben. Hier führt er erstmals die notwendige *Abstraktion*(sleistung) ein, die für jede Muster-Bildung konstitutiv ist. Zugleich verbindet er sie mit dem Gedanken der *Konstruktion* und *Inferenz,* zwei weiteren wichtigen Merkmalen bei Schemata. Bemerkenswert ist, dass er hier von *Konstruktion* und *Inferenz* nicht nur im Hinblick auf die „Benutzung" bereits vorhandener Schemata oder Frames (etwa im Erkennen und Verstehen) spricht, sondern sie bereits für die *Etablierung der Schemata selbst* ansetzt. D.h. schon die Muster-Bildung, nicht erst ihre Anwendung, wird hier anscheinend schon als eine Art von Schlussfolgerung (abduktiver Schluss?) gedeutet. Diese Abstraktionsleistung (Fixierung wesentlicher *Konstituenten* und ihrer *Ordnung*) geht für Bartlett deutlich über das hinaus, was Head konzipiert hatte. Die bei Head noch virulente zeitliche Anordnung der Elemente[33] in einem Schema spielt für ihn keine Rolle. Wichtig ist aber der konstruktive Charakter der Schema-Aktivierung.

Prozesse der Schema-Abrufung sind, so Bartlett, *konstruktive* Prozesse. (Siehe dazu oben Kap. 4.1.1.) Sie umfassen, wie schon erwähnt, *Kondensation, Elaboration, Einfüh-*

---

[30] Offenbar fehlt Bartlett noch die (erstmals von Peirce formulierte) Type-Token-Dichotomie, die jedoch in der üblichen Verwendung den Solitär-Charakter der Token zu wenig in den Mittelpunkt stellt.

[31] „Erinnerung involviert ganz offensichtlich Determination durch die Vergangenheit. Der Einfluss von ,Schemata' ist Beeinflussung durch die Vergangenheit." Bartlett 1932, 202.

[32] „Ein Organismus, der hierzu fähig wäre, könnte in der Lage sein, nicht exakt die Settings zu analysieren (denn die individuellen Details, die sie aufgebaut haben, wären schon entschwunden), aber irgendwie aus dem, was präsent ist, die möglichen Konstituenten und ihre Ordnungen (die sie [die Settings] aufgebaut haben) zu konstruieren oder zu erschließen [infer]." Bartlett 1932, 202.

[33] „Im Erinnern werden wir durch Ereignisse außerhalb ihrer präzisen Ordnung in chronologischer Reihenfolge determiniert, und wir sind frei von Über-Determinierung durch das unmittelbar vorhergehende Ereignis." Bartlett 1932, 204.

4.1 Psychologische Evidenzen für Frames: Bartletts „Remembering"

rung (von neuen Wissenselementen) und *Kombination* (mehrerer Schemata, Bartlett 1932, 205). Mit diesen Teilprozessen nennt Bartlett genau solche Aspekte, die später für den Frame-Begriff kennzeichnend werden. *Kondensation* kann bezogen werden auf die Bildung von Schema- oder Frame-Strukturen selbst, die immer auch Aspekte (epistemisches „Material") weglassen zugunsten des „Skeletts" der für den Frame charakteristischen Elemente. *Elaboration* findet bei der Frame-Ausfüllung statt, aber auch bei der Frame-Ausdifferenzierung selbst. *Einführung* (von neuem Material) ist ebenfalls ein Prozess der Frame-Ausdifferenzierung wie der Frame-Anwendung. Und *Kombination* spricht die Tatsache an, dass jeder Frame immer eine Kombination von Frames ist, da die Ausfüllungen der Leerstellen von Frames selbst wieder Frames darstellen. Individuen konstruieren ihre Schemata, können sich ihnen auch reflexiv zuwenden. Die Schemata als solche vermitteln aber nur Allgemeines, Details werden situationsspezifisch ausgefüllt.[34] Im Prozess ihrer Aktivierung erfüllen die Schemata vor allem auch die Funktion, die Kognition eines Individuums zu *fokussieren* auf die Aspekte, auf die es in der jeweiligen Situation besonders ankommt.[35]

Man kann hierin wiederum einen Vorgriff Bartletts auf das sehen, was in der Frame-Theorie Fillmores und Minskys mit dem Begriff der „Perspektive" ausgedrückt wurde, die ein Frame an eine Situation heranbringt. Bartlett deutet diesen Vorgang als eine „spezifische adaptive Reaktion". Perspektivik oder Fokussierung wären danach immer auch spezifische kognitive (oder epistemische) Adaptionsleistungen, die notwendig erbracht werden müssen, wenn Dinge der Welt zureichend kognitiv erfasst werden sollen mit den zur Verfügung stehenden Schemata. Für Bartlett hat die strukturierende und fokussierende Leistung der Schemata eine wichtige Funktion für das Gedächtnis auch deshalb, weil nur auf der Basis dieser Strukturierungen Assoziation überhaupt möglich ist.[36] Man könnte Bartletts Überlegungen hierzu auch so deuten: Abstraktion ist eine notwendige Voraussetzung für Assoziation (wie Assoziationsfähigkeit). Oder anders ausgedrückt: Assoziation ist immer Vergleich und Abruf von Schemata, von *strukturiertem* Wissen, und nur weil *Strukturen* (statt Einzeldaten) abgerufen werden können, ist Assoziation überhaupt möglich. (Diese Hypothese wird sicher nicht auf jedermanns Geschmack stoßen; insbesondere nicht auf den derjenigen, die – vielleicht aus einer künstlerischen Perspektive heraus – das kreative Moment im Assoziieren überzubewerten tendieren.)

Da Schemata von ihrem ursprünglichen Zweck her dazu dienen, auf Wahrnehmungsakte gestützte Erfahrungen so zu organisieren, dass sie erinnerbar und kognitiv operationsfähig werden, tragen sie zunächst die Spuren der ursprünglichen Tätigkeit der verschiedenen Sinnesorgane in sich. Im sukzessive abstrakter werdenden Prozess der Schemabildung treten solche Unterschiede jedoch, so Bartlett, zunehmend zurück; man könnte auch sagen, die auf unterschiedliche Wahrnehmungskanäle gestützten ersten Schematisierungen werden verknüpft und zu abstrakteren, allgemeineren Schemata verbunden bzw. organisiert, die Erfahrungen aus verschiedensten Sinnesorganen zusammenfassen können (z.B. sehen,

---

[34] „Es gibt beim Individuum die Tendenz, einfach einen allgemeinen Eindruck des Ganzen zu bekommen; auf dessen Basis konstruiert es die wahrscheinlichen Details." Bartlett 1932, 206.

[35] „Was macht hierin genau das ‚Schema'? Zusammen mit dem unmittelbar vorhergehenden einlaufenden Impuls macht es eine spezifische adaptive Reaktion möglich. Es produziert eine Orientierung des Organismus auf das, worauf er in dem Moment ausgerichtet ist." Bartlett 1932, 207 f.

[36] „Nur weil Erinnerung auf der Basis einer diversifizierten organisierten Masse operiert (und nicht mit einzelnen eindeutigen Ereignissen) bekommt sie ihren unvermeidbar assoziativen Charakter." Bartlett 1932, 208.

322   *Kapitel 4: Die Schema- und Gedächtnistheorie von Frederic C. Bartlett*

tasten). Dieser Prozess erfolgt ihm zufolge jedoch nicht rein additiv, sondern bereits unter dem Wirken von „Interessen" bzw. der „Prädominanz" der verschiedenen beteiligten „Sphären".[37] Die je spezifische Wechselwirkung der beteiligten Schemata führt laut Bartlett dazu, dass Gedächtnis immer subjektiv geprägt ist.[38]

Bartlett widmet längere Passagen seiner Arbeit der Diskussion der Rolle (und des Begriffs) von „Vorstellungen" in der Kognition. Er hält sie für wichtig und fälschlicherweise in der Psychologie (nicht nur) seiner Zeit scheel angesehen.[39] Ihre Funktion[40] liegt nach seiner Auffassung (die er aus seinen Versuchsergebnissen ableitet) darin, Teile aus den verfügbaren Schemata zweck- und situationsspezifisch auszuwählen und kognitiv zu aktivieren und dabei nicht von der Chronologie von kognitiven Einzelakten abhängig zu sein.[41] Es wäre daher falsch, mit den üblichen Vorurteilen den Begriff der „Vorstellung", wie er hier bei Bartlett verwendet wird, einfach (als zu nahe bei einer problematischen Abbild-Analogie liegend) abzulehnen. Es wird nämlich deutlich, dass Bartlett diesem Begriff eine Funktion (und Definition) gibt, die dazu geeignet ist, das Schema-Konzept überzuleiten zu einem Modell, das schon deutliche Züge des späteren Frame-Modells trägt (220):

> „Um den Anforderungen einer sich beständig wandelnden Umgebung gerecht werden zu können, müssen wir nicht nur Elemente aus ihrem allgemeine Setting herausnehmen, sondern wir müssen auch wissen, welche Teile von ihnen fließend sein und sich ändern können, ohne ihre allgemeine Signifikanz und Funktion zu stören."

Mit diesen Überlegungen bereitet er erkennbar eine Verschiebung des „Vorstellungs"-Modells im Sinne eines individualisierten Ganzen in Richtung auf eine Struktur aus Kern-Elementen und situativ Weglassbarem („Frames", „slots-fillers-Modell") vor. Bartlett vergleicht in diesem Zusammenhang die Rolle von Vorstellungen interessanterweise mit der Rolle von Wörtern. Er scheint der Auffassung zu sein, dass „Vorstellungen" eher die individuelle, stärker interessenabhängige Seite der Schemata darstellen, während „Wörter" eher für die soziale gebundene Seite der Schemata stehen.[42]

Die Gemeinsamkeit von Vorstellungen und Wörtern liegt nach Bartlett darin, dass sie auf etwas Drittes verweisen.[43] (Man könnte dies auch den Modus der Repräsentation nen-

---

[37] „Da es diese Überlappung des Materials, mit dem verschiedene Schemata befasst sind, gibt, sind letztere normalerweise selbst untereinander verbunden, zusammen organisiert, und zeigen instinktive Tendenzen, Interessen und Ideale, die sie aufbauen, eine Ordnung der Prä-Dominanz unter ihnen selbst. […] So ist das, was wir erinnern, obzwar es stärker zu einem speziellen Muster gehört, normalerweise immer kontrolliert durch das rekonstruierte oder auf der Hand liegende Material anderer aktiver Settings." Bartlett 1932, 212. Letztere Überlegungen erinnern stark an Minskys „Agenten" der Kognition.

[38] Man wird darin einen Vorläufer von Minskys Überlegung sehen können, dass es niemals zwei menschliche „Geiste" geben wird, die exakt dieselbe Konstellation von „Agenten" bzw. Frames aufweisen.

[39] „Nach der soeben entwickelten Theorie spielen Vorstellungen [images] eine fundamentale Rolle im mentalen Leben." Bartlett 1932, 215, wo er die Unpopularität dieses Begriffs diskutiert.

[40] Bartlett 1932 vertritt, wie (z.B. 216) deutlich wird, einen strikt funktionalistischen Standpunkt.

[41] „Allgemein gesagt sind Vorstellungen ein Instrument, um Stücke aus Schemata herauszupicken, um die Variabilität in der Rekonstruktion vergangener Stimuli und Situationen erhöhen und um die Chronologie der Präsentationen überwinden zu können." Bartlett 1932, 219.

[42] Überlegungen zum Verhältnis beider finden sich etwa in Bartlett 1931, 221: „Wichtiger noch ist, dass Vorstellungen ihre eigenen Modi der Kombination haben, und dass diese weniger gut an das Bedürfnis der sozialen Anpassung [adjustment] angepasst sind, als diejenigen [Modi der Kombination] der Wörter." Er spricht auch von Formen der kognitiven Verarbeitung „der zu dienen Wörter spezifisch angepasst sind, für die die Vorstellungs-Methode inadäquat ist".

[43] „In einer wichtigen Hinsicht sind Wörter und Sinnes-Vorstellungen sich ähnlich: beide fungieren [act] als Zeichen, die etwas anderes anzeigen, das in dem Moment perzeptuell nicht anwesend sein muss.

4.1 Psychologische Evidenzen für Frames: Bartletts „Remembering" 323

nen, wäre dieser Begriff nicht so stark mit falschen Annahmen und Missverständnissen belastet.) Er bezeichnet Vorstellungen dabei expressis verbis als (innere) „Zeichen" (wie zuvor schon Peirce). Wörter haben jedoch den Vorzug der Sozialität (225). Zudem sind sie geeignet, sowohl abstrakte wie auch individuelle Merkmale bestimmter (kognitiver, perzeptiver) Situationen angemessen erfassen zu können. Wörter (also die Sprache schlechthin) markieren für Bartlett den Übergang von (bloßen) Vorstellungen zu (strukturiertem) Denken. Letzteres ist für ihn nur mittels Sprache möglich. Er vertritt also (wie auch Minsky) eine strikte These der Sprachabhängigkeit des Denkens, freilich ohne damit das Denken völlig auf Sprache reduzieren zu wollen.[44]

An dieser Stelle leitet Bartlett über zu Überlegungen darüber, was man sich im psychologischen Sinne unter dem Phänomen „Bedeutung" vorzustellen habe. Leider sind diese Überlegungen kaum explizit auf die Rolle von Wörtern bzw. der Sprache generell bezogen, sondern verbleiben in einem inner-psychologischen Diskurs. (Ich erwähne daher nachfolgend nur die wichtigsten für unseren Kontext relevanten Aspekte seiner Argumentation.)

– „Bedeutung" scheint für ihn ein wichtiges Merkmal von Schemata bzw. „organisierten Settings" zu sein. Immer wenn wir ein solches Setting, oder einen Teil von ihm, auf etwas anderes beziehen können, hat es „Bedeutung". Damit definiert Bartlett „Bedeutung" als Relation.[45]

– Alle kognitiven Prozesse sind von einem „Streben nach Bedeutung" [effort after meaning] gekennzeichnet, das nichts anderes ist als das Bemühen, im Geiste Verknüpfungen zu schaffen.[46] Was Bartlett hier vorlegt, ist die allgemeinste Definition für „Bedeutung", die überhaupt denkbar ist. (Sie erinnert ein wenig an die mittelalterliche Zeichendefinition des aliquid stat pro aliquo = etwas steht für etwas anderes). Allerdings denkt er hier weniger in Termini der Repräsentation, als vielmehr in Termini der Verbindungen, der Relation (von bestimmtem kognitivem / epistemischem „Material" mit anderem epistemischem Material).

– Wichtig sei, danach zu fragen „was der Platz der ‚Bedeutung' in einer Theorie des Wissens ist." (sic!)

– Bedeutung ist weniger abhängig von (als realweltlich verstandenen) „Kontexten", als vielmehr von (als Konstrukten im Geiste verstandenen, also mentalen) „Situationen".

– Eine „Situation" kann dabei verstanden werden „als ein Arrangement von Sinneseindrücken, Vorstellungen, Ideen oder Gedankenzügen [traits of reasoning]." Dabei gilt: „Prozesse wie Wahrnehmen, Erkennen, Erinnern werden teilweise dominiert durch aktive Tendenzen. Diese organisieren das Sinnes-Material. Alles andere gehört nicht zu dersel-

---

Daher sind sie beide Instrumente der allgemeinen Funktion, mit Situationen oder Objekten auf Distanz zurechtzukommen." Bartlett 1932, 224.

[44] „Im Kontrast zu Vorstellungen verliert es [das Denken] an Lebendigkeit und Variabilität. Seine wichtigsten Instrumente sind Wörter, und nicht nur weil diese sozial sind, sondern auch weil sie im Gebrauch notwendigerweise in Sequenzen organisiert sind, werden sie leichter zu gewohnheitsmäßigen Reaktionen als es Vorstellungen tun. Ihre Konventionen sind sozial, dieselben für alle, und viel weniger eine Sache der Idiosynkrasie. Da normalerweise Vorstellungs-Prozess und Sprach-Prozess kombiniert werden, heben sich ihre Nachteile alltagspraktisch wechselseitig auf." Bartlett 1932, 226.

[45] Dies liegt nahe am relationalen Zeichenbegriff der Linguistik, wie ihn etwa Saussure definiert, aber auch an der grundlegenden Definition der Zeichen als Relationen im und außerhalb des Geistes bei Peirce. (Zu den erwähnten Überlegungen siehe Bartlett 1932, 227.)

[46] „Im weitesten Sinne ist ein solches Streben einfach der Versuch, etwas, das gegeben ist, mit etwas anderem als es selbst zu verbinden." Bartlett 1932, 227.

ben ‚Situation'." (231) – Diese Überlegung ist sehr wichtig. Sie besagt nämlich, dass eine „Situation" immer eine durch aktive Hinwendung eines Individuums (eines Geistes) *fokussierte* Situation ist, also nichts, was einfach objektiv „vorgegeben" wäre.

– „Situationen" (und mit ihnen, da sie darauf aufbauen, „Bedeutungen" in Bartletts psychologischem Verständnis) sind – als mentale Konstrukte – immer abhängig von und geleitet durch Interessen. (In diesem Zusammenhang verwendet Bartlett den Ausdruck „Situation definieren", der später in der Sozialpsychologie des symbolischen Interaktionismus und der darauf aufbauenden linguistischen Gesprächsanalyse eine zentrale Rolle einnehmen sollte.)[47]

– Gefühle, Vorstellungen oder Ideen sind keine physiologischen Phänomene, aber es kann unbewusste Bedeutung, unbewusste Gefühle, und unbewusste Vorstellungen geben. „Dennoch liegt Bedeutung nicht auf derselben Ebene wie Gefühle, Vorstellungen und Ideen." (!) (234)

– Man liegt nicht falsch, wenn man „Bedeutung" mit „psychologische Situation" identifiziert. (a.a.O.)

– Die aktiven Faktoren (des Geistes, der geistigen Hinwendung) sind ein Teil der Bedeutung und ein Teil der Situation. (a.a.O.) – Wichtig ist also, dass die aktive Ausrichtung, das Interesse usw., nicht nur etwas ist, das die Bedeutung *bedingt, ermöglicht* usw., sondern nach Bartlett ein *Teil der Bedeutung ist*. – Die „aktiven Faktoren" sind „ein wesentlicher Teil der Bedeutung, die dem Material zugeordnet wird". – „Es gibt kein psychologisches Material ohne sie". (a.a.O.)

– „Die Masse der Situationen und Bedeutungen des Alltagslebens wird konstituiert durch eine Masse von erworbenem Material und durch komplexe Kombinationen und Integrationen von Interessen." (235)

– Es gibt keinerlei Gründe dafür anzunehmen, dass „realweltliche" Daten für die Kognition, das Wissen und für Bedeutungen in irgendeiner Weise privilegiert wären gegenüber anderen Sorten von Wissen.[48] (Damit wendet sich Bartlett vermutlich gegen die bei Psychologen, und auch in der heutigen Kognitionswissenschaft so beliebte Tendenz, „Realwelt-Ontologien" als Basis kognitiver Prozesses und des Wissens anzusehen.) „Bedeutung" ist danach für Bartlett ein rein (oder vorwiegend) inner-kognitives Phänomen.

– „Erinnern ist nur eine spezielle Form des allgemeinen Problems der Bedeutung (und erscheint, wenn das Setting einer bestimmten Gruppe von Stimuli behandelt und beschrieben wird, als zugehörig zum vergangenen Leben des erinnernden Subjekts)." (237)

– Epistemisches „Material" ist (in spezifischen Settings und) so organisiert, „dass jedes Detail in einem Setting zu einem anderen Detail führt". (a.a.O.) Damit hebt Bartlett den grundsätzlich relationalen und vernetzenden Charakter des Wissens und der Schemata (hier als „Settings" benannt) hervor.

– Alle eingehenden Sinnesdaten (was diejenigen einschließt, die auf die Wahrnehmung

---

[47] „Psychologisch gesehen involviert eine Situation immer das Arrangement von kognitivem Material durch eine oder mehrere spezifische Tendenz oder Gruppe von Tendenzen, und, um in einem gegebenen Falle eine Situation zu definieren, müssen wir nicht nur auf das Arrangement des Materials Bezug nehmen, sondern auch auf spezifische wirksame Aktivität oder Aktivitäten." Bartlett 1932, 232.

[48] Es gibt „keine Rechtfertigung dafür, zu entscheiden, ob in einer Theorie des Wissens ‚reale' Bedeutungen jeder anderen Sorte vorgezogen werden müssen, oder ob, und in welchem Sinn, ‚wirkliche' Bedeutungen auf Tatsachen bezogen werden sollten, von denen man annimmt, dass sie eine Ordnung von Dingen ausweisen, die außerhalb der Psychologie liegen." Bartlett 1932, 237.

4.1 Psychologische Evidenzen für Frames: Bartletts „Remembering"

sprachlicher Zeichen zurückgehen) haben „ihre ‚passende' Zweckbestimmung [termination] in der Rekonstruktion von ‚Schemata' und organisierten Settings und Materialien früheren Denkens." (237) Damit betont Bartlett die grundsätzliche Schema-Abhängigkeit des Denkens und Wissens, einschließlich des Sprachverstehens.
– Die angemessene Untersuchung der Schemata, der Settings, des Wissens und seines Wirkens kann nur eine sozialpsychologische sein. (238)

4.1.3 Psychologische Evidenzen für Schemata

Bartlett hat in einer großen Zahl unterschiedlichster Experimente herausgearbeitet, welche Rolle Schematisierungen, Standardisierungen, Konventionalisierungen für das Gedächtnis und die Kognition spielen. Insbesondere Erwachsene tendieren stark dazu, Wahrgenommenes zu gruppieren und zu klassifizieren, wobei sie sich in der Form, in der das geschieht, keineswegs immer einig sind (98). Selbst Individuen, die exakt dieselben Klassifikationskriterien benutzten, gruppierten das dargebotene Datenmaterial oft in unterschiedlicher Weise (99). Benutzung von festen Schemata führt dabei eher dazu, dass Details der konkreten Wahrnehmungsobjekte vernachlässigt (ausgelassen, verfälscht) werden, ganz nach dem Motto: „Ich kenne das Ding, deshalb muss ich mir Details nicht merken." (99) In Reproduktionen von Wahrgenommenem gibt es die Tendenz zur Dominanz bestimmter Details.[49]

Insbesondere in der Reproduktion von Geschichten zeigte sich immer wieder eine starke Tendenz zu Auslassungen, Schematisierungen und dem Versuch der Herstellung größerer Kohärenz. Dabei spielte der Aspekt der Kontextualisierung eine große Rolle: „Jeder Punkt der Geschichte wird in Relation gesetzt zu seinem allgemeinen Kontext; keiner ist singulär." (125) In den Erinnerungen wurden Geschichten oft konkreter gemacht, als sie ursprünglich waren; dies schlug sich u.a. darin nieder, dass bestimmte Aspekte in den Erzähl-Reproduktionen stärker personalisiert wurden als im Original (172). – Daraus könnte man folgende Hypothese ableiten: Diese Tendenz ist eine anthropologische Konstante: Die Alltagswelt, in der das Konkrete, Persönliche dominiert, gibt das Ur-Muster für kognitive (und sprachliche) Verarbeitung generell ab.[50] Alles Abstrakte wird (per Metaphern) aus diesem Ur-Muster aufgebaut und kognitiv (verarbeitend) letztlich wieder auf dieses Ur-Muster heruntergebrochen.

Im Kontrast der Erinnerungsleistungen bei gewöhnlichen (allgemeine bekannten) und ungewöhnlichen (kaum bekannten) Textformen zeigte sich die starke Abhängigkeit der Erinnerung von der Verfügbarkeit allgemeiner Schemata und Muster:[51] „Solange das Material auf irgendeine Form reduziert werden kann, die ein gewöhnliches Mitglied der gegebenen sozialen Gruppe noch (mit einem Minimum an Nachfragen) akzeptiert, ist alles in Ord-

---

[49] Bartlett 1932, 101. Konkret ging es um stark schematische Zeichnungen, die wiedergegeben werden sollten.

[50] Dies wäre wichtig etwa für die Beschreibung der Bedeutungen von Abstrakta. Ein „personalisiertes" Beschreibungsmuster etwa für das Lexem „Liebe" wäre dann so etwas wie: „Liebe ist, wenn jemand das und das macht / nicht macht" usw. – Die starke Dominanz von alltagsweltlichen Mustern wurde in der Sozialpsychologie des symbolischen Interaktionismus, so z.B. bei Schütz, unter dem Begriff der „relativ-natürlichen Weltanschauung" behandelt. Bei Wittgenstein taucht es in Gestalt der „Lebensform" auf.

[51] Bartlett 1932, 175. Hier gibt es größere Unterschiede zwischen den verfügbaren Schemata: „Deskriptionen und Argumente sind so stark ins Alltagsleben eingebettet, dass sie auch isoliert reproduziert werden können, und dennoch adäquat verstanden werden können." (a.a.O.)

nung." Die Tendenz zur Formung, d.h. zur Ausbildung von allgemeinen Mustern oder Schemata, ist dabei übermächtig. „Früher oder später tendiert alles Material dazu, die Form von akzeptierten konventionellen Repräsentationen, oder von dekorativen Designs, anzunehmen, die in der fraglichen Gruppe der VPN geläufig sind." (185) Solche Muster tendieren dann stark dazu, noch weiter vereinfacht zu werden (a.a.O.). Sprachliche Benennungen können eine Reproduktion dabei stark beeinflussen. Dabei besteht die starke Tendenz, ausgebildete, aber nicht etikettierte Muster so lange zu verändern, bis sie bekannten, sprachlich benennbaren Mustern entsprechen (a.a.O.).

Erinnern, so Bartlett, darf nicht als eine identische einfache eins-zu-eins-Reproduktion vorhandener Muster missverstanden werden. Vielmehr werden in jeder Erinnerung (auch bei einfachen „Items") unbewusste Veränderungen vorgenommen gegenüber dem „Original" (61). Nachgewiesen wurde dies u.a. durch Experimente zum Geschichten-Nacherzählen. Dort konnte er feststellen, dass die späteren Erinnerungen an eine Geschichte stark durch die „Persistenz der Form der ersten Reproduktion" geprägt sind, die sich in allen späteren Aufrufungen der Geschichte wiederholt.[52] Es bilden sich also sehr früh Schemata (Formen, Anordnungen des Materials) heraus, die dann, wenn sie einmal im Gedächtnis etabliert sind, relativ stabil bleiben und spätere geistige Akte präformieren. Die Analyse der Nacherzählungen zeigt: (a) Vieles wird als selbstverständlich vorausgesetzt, das nicht (in der Reproduktion) explizit ausgedrückt wird. (b) Es werden Dinge hinzugefügt, die im Original nicht vorhanden waren. Sind diese einmal durch eine erste Nacherzählung (ein erstes Schema) etabliert, wird auch in späteren Reproduktionen an ihnen festgehalten (80 f.). Erinnern ist also, so könnte man schließen, wesentlich an die Konstruktion von Mustern bzw. Schemata (bzw. Frames) gebunden. Dass Bartlett hier Überlegungen angestellt hat, die eine gute Grundlage auch für eine Theorie der Wissensrahmen / Frames bilden, sieht man an folgenden Beobachtungen, die er am Beispiel der Nacherzählungen zusammengestellt hat (93 f.):

(1) Akkurate (wörtliche) Reproduktion ist eher die Ausnahme als die Regel.
(2) In einer Kette wiederholter Reproduktionen durch ein Individuum ist die allgemeine Form bemerkenswert beständig, wenn einmal eine erste Version produziert wurde.
(3) Periphere Details (Stil, Rhythmus, Darstellungsmodus) werden selten originalgetreu reproduziert.
(4) Bei häufiger Reproduktion werden Form und Einzelheiten sehr schnell stereotypisiert, und erfahren danach nur noch wenige Änderungen.
(5) Bei seltener Reproduktion erfolgen in zunehmendem Maße Auslassungen von Details, Vereinfachungen von Strukturen und Transformationen von Einzelheiten in geläufigen Details.
(6) Gleichzeitig werden bei Erinnerungen über sehr lange Zeit-Distanzen häufiger Elemente neu eingeführt (wird das Schema später stärker be- und ausgearbeitet).
(7) Bei Langzeit-Erinnerung: Der aktuelle Erinnerungsprozess ist sehr konstruktiv; viele Inferenzen.
(8) Details sind dann besonders hervorspringend, wenn sie sich einpassen in Interessen und Tendenzen eines Subjekts. Sie werden dann erinnert, obwohl sie oft auch umgeformt werden, und sie haben die Tendenz, in späteren Reproduktionen zunehmend früher vorzukommen.
(9) In allen nachfolgenden Erinnerungen ist Rationalisierung, d.h. die Reduktion des Materials auf eine Form, mit der man einfach und „zufriedenstellend" umgehen kann, sehr wichtig.
(10) Wichtig ist der spezifische Hintergrund, Rahmen [sic!] oder Setting, ohne den das Erzählte nicht dauerhaft erinnert würde bzw. wird.

---

[52] Fast alle Veränderungen wurden daher in einer frühen Erinnerungsphase vorgenommen. Bartlett 1932, 83. – Dies passt in etwa zur „Kausalen Theorie der Referenz" des sprachanalytischen Philosophen Saul Kripke (1980, 95), wonach Eigenschaften, die in der Bezugnahme einem Objekt zugeschrieben werden, meist durch den Akt der „erstmaligen Referenz" festgelegt, und später bloß noch reproduziert werden. Siehe dazu einführend Wimmer 1979, z.B. 109 ff.

4.1 Psychologische Evidenzen für Frames: Bartletts „Remembering"   327

(11) Rationalisierung bezieht sich auf Details, verknüpft sie explizit untereinander, und lässt sie so als kohärent erscheinen, oder verknüpft gegebene Details mit anderen Details, die im originalen Setting aktuell nicht präsent waren.

Bartlett arbeitet bereits hier wichtige Merkmale heraus, die auch für eine Frame-Theorie Gültigkeit haben: (a) Abstraktion von Details und Reduktion auf eine schematische Form (Frame); (b) hohe Stabilität einer einmal etablierten Form; (c) Stereotypisierung der im Gedächtnis etablierten Form; (d) Auslassungen, Vereinfachungen, Veränderungen bei häufigerer Benutzung eines Schemas; (e) starke Nutzung von Inferenzen bei zunehmender Reduktion der im Original vorhanden gewesenen Details im Schema; (f) Abhängigkeit der gebildeten Struktur (der Auslassungen, Hervorhebungen, Änderungen) von Interessen und kognitiven Tendenzen der Individuen; (g) Anschlussmöglichkeiten für neue Details.

4.1.4 Die Sozialität und Konventionalität der Schemata

Die Modernität von Bartletts Forschungsansatz zeigt sich darin, dass er sich von Beginn an insbesondere für die sozialen Aspekte und Parameter des Erinnerns und der Kognition interessiert hat. Er ordnet seine Forschungen daher auch direkt der Sozialpsychologie zu (was heute wohl die wenigsten Kognitionsforscher explizit so formulieren würden).[53] Den sozialen Aspekt der Kognition knüpft er, was gerade für unseren Zusammenhang außerordentlich bedeutsam ist, direkt an den Aspekt der „Konventionalisierung" (hier: von Schemata im Gedächtnis). Bartlett stellt dabei eine direkte Parallele her zwischen den Merkmalen der sozialen Ausbildung und Tradierung von Mustern und der Rolle von Mustern in der individuellen Erinnerung. Es scheint, dass er gerade den Aspekt der Stereotypisierung als den Punkt ansieht, wo die individuellen Schemata sozial überformt werden (95). Daraus leitet er die bündige Hypothese ab: „Es besteht kein Zweifel, dass viele menschliche Erinnerungen direkt und stark durch Faktoren beeinflusst sind, die im Ursprung sozial sind." (95) Bartlett behauptet hier nicht mehr und nicht weniger, als dass Konventionen (also soziale Phänomene) und kognitive Schemata (also solche Phänomene, die man bisher immer als individuell, subjektiv ansah) genau auf dieselben Prinzipien zurückgehen.[54] Dies ist insofern zutreffend, als in beiden Fällen die Präzedenzen (bzw. Ketten von Präzedenzfällen) eine wichtige Rolle für die Persistenz der Repräsentationen spielen (seien es Konventionen, seien es Schemata oder Frames).

---

[53] Bartlett (1932, 95) nennt als Haupt-Interesse für seine Forschungen: „Die Art und Weise, in der konventionelle Formen [modes] der Repräsentation und des Verhaltens in der sozialen Gruppe entwickelt und von einer Gruppe zur anderen weitergegeben werden."

[54] Bartlett (1932, 95) sagt, man müsse Experimente schaffen, die in der Lage wären zu zeigen, „wie ein einzelnes menschliches Individuum mittels der Akkumulation vieler kleiner Änderungen Reaktionen und Repräsentationsformen erreicht, die für es selbst genuin konventionell sind." Und fährt fort: „Man müsste zeigen, wie solche Veränderungen, wie sie von Person zu Person in einer Gemeinschaft weitergereicht werden, graduell Konventionalisierungen entwickeln, die in einer gegebenen sozialen Gruppe geläufig werden." „Man könnte dann untersuchen, „wie es den etablierten Konventionen einer Gruppe ergeht, wenn sie in eine andere Gruppe eingeführt werden, die abweichende Konventionen besitzt." Was Bartlett hier anspricht, ist eine Art „Konventions-Shift", und findet sich in der Semantik etwa bei allen Fällen von Bedeutungsentlehnung, aber auch innergemeinschaftlich bei Interferenzen zwischen Wortverwendungskonventionen verschiedener Gruppen, etwa im ideologisch markierten Wortgebrauch oder beim Wechsel zwischen Fach- und Gemeinsprache.

Bartlett führt zahlreiche Beobachtungen, die er in seinen verschiedenartigen Experimenten mit zur Rolle von Schemata machte, auf den Einfluss sozialer Faktoren zurück. Dies gilt insbesondere dann, wenn in Erinnerungsprozessen bestimmte Details gegenüber dem Original ausgelassen, oder hervorgehoben, oder verändert werden:

„Viele der beobachteten Transformationen [...] verdanken sich direkt dem Einfluss sozialer Konventionen und Überzeugungen, die in der Gruppe, der das Individuum angehört, geläufig sind. Elemente der Kultur wandern in einer Gruppe von Person zu Person, oder von Gruppe zu Gruppe, und erreichen evtl. eine durch und durch konventionalisierte Form und nehmen einen festen Platz in der allgemeinen Masse von Kultur ein, über die eine spezifische Gruppe verfügt." (118)

Hier zeigt sich eine direkte Verbindungslinie von den grundlagentheoretischen Überlegungen zu den Prinzipien des Gedächtnisses und der Kognition einerseits zu kulturwissenschaftlichen Aspekten des sozialen Wissens andererseits. Aus all solchen Überlegungen zieht Bartlett den sehr weitreichenden Schluss, dass eine angemessene Untersuchung der Schemata, der Settings, des Wissens und seines Wirkens generell, nur eine sozialpsychologische sein kann.[55] Damit stellt er fest: Eine Theorie des Erinnerns (des Wahrnehmens, Bedeutens usw.) erfordert notwendig den Einbezug sozialer (sozialpsychologischer) Faktoren und Determinationen. Mit dieser Einsicht ist er nicht nur den Psychologen seiner Zeit, sondern auch dem Großteil heutiger Psychologie, Kognitionswissenschaft, und sogar Linguistik meilenweit voraus, die die Einflüsse des Sozialen auf Denken, Bedeutung und Sprache gerne vernachlässigen oder gar ganz zu übersehen tendieren. Konsequenterweise widmet er dann auch dem „Erinnern als eine Untersuchung in Sozialpsychologie" den gesamten zweiten Teil seines Buches (ab Kap. XIII).

Zunächst besteht bei einem solchen Ziel ein Problem darin, zu bestimmen, welche Phänomene alle zum Bereich der „Sozialpsychologie" hinzugerechnet werden sollen, denn es ist gar nicht so einfach, diese gegenüber der „individuellen (idiosynkratischen) Psychologie" abzugrenzen. Ein erster Ansatz wäre:

„Wir können Sozialpsychologie definieren als die systematische Erforschung der Modifikationen von individueller Erfahrung und Reaktion, die sich direkt der Mitgliedschaft in einer Gruppe verdankt." Oder genauer: „Wenn wir sagen, dass Sozialpsychologie befasst ist mit den Modifikationen der / des menschlichen Erfahrung und Verhaltens, die sich der sozialen Gruppenbildung verdanken, dann meinen wir damit, dass sie Reaktionen erforscht, die *spezifisch* für Gruppen sind, die in ihnen gefunden werden, *aber nicht außerhalb ihrer gefunden werden*."[56]

Was Bartlett hier beschreibt, gilt insbesondere auch für Sprache insgesamt. Allerdings sieht er große Schwierigkeiten, eine sozialpsychologische Untersuchung (bzw. Gegenstände) von nicht-sozialpsychologischen Untersuchungen (bzw. Gegenständen) trennscharf abzugrenzen (241). Er unterscheidet dabei (243) zwei Fälle von sozialpsychologischen Tatsachen, nämlich solche, die direkt durch soziale Faktoren determiniert sind, und solche, die indirekt durch soziale Faktoren determiniert sind (wie Erinnerung, Schemata, Sprache).

---

[55] „Indem wir übergehen zu einer Untersuchung der Erinnerung als einer Funktion, die ihren Platz hat innerhalb einer sozialen Gruppe, ändern wir keineswegs unseren Blickwinkel, sondern erweitern nur die Reichweite unserer Beobachtungen und tragen determinierenden Faktoren Rechnung, die eine Betrachtung des Erinnerns als einer Funktion im individuellen mentalen Leben zu übersehen tendieren könnte." Bartlett 1932, 238.

[56] Bartlett 1932, 239 f. Für ihn heißt das, dass man, wenn man eine Untersuchung versuchen würde, in der man alle externen Einflüsse weglassen würde, „sehr wahrscheinlich eine große Zahl der wichtigsten menschlichen Reaktionen völlig unerklärt lassen würde".

4.1 Psychologische Evidenzen für Frames: Bartletts „Remembering" 329

Eine zentrale Rolle bei allen sozialpsychologischen Tatsachen spielen für ihn die Konventionen bzw. Prozesse der Konventionalisierung, deren Wichtigkeit er so demonstriert:

> „Wenn zwei soziale Gruppen aufeinandertreffen, die beide ihre speziellen Cluster von Überzeugungen / Wissen [beliefs], Traditionen, Gebräuchen, Gefühlen und Institutionen haben, und wenn man annimmt, dass der Kontakt effektiv ist, dann werden die sozialen Eigenheiten [possessions] jeder Gruppe Modifikationen erfahren. Solche Modifikationen können objektiv erforscht werden." (243)

Insbesondere die Prozesse, die mit solchen Modifikationen zusammenhängen, sind für die sozialpsychologische Forschung, die Bartlett vorschwebt, wichtig: „Die sozialen Prozesse, die zu dieser Gruppe von Fakten gehören, nenne ich Prozesse der Konventionalisierung." Sie sind „relevant für die soziale Erforschung des Erinnerns, weil Konventionalisierung immer den Einfluss des Vergangenen auf das präsente illustriert."[57] Bartlett postuliert hier nicht nur eine fundamentale Parallele zwischen Erinnern und Konvention; letztlich laufen seine Überlegungen darauf hinaus, dass „Konventionalisierung" und „Erinnerung" auf denselben Prinzipien beruhen. Ob es sich dann dabei um dasselbe, oder zwei verschiedene Phänomene handelt, kann nur in einer diese Parallelen berücksichtigenden Konventionstheorie herausgearbeitet werden (also nicht an dieser Stelle). In der Konventionstheorie von Lewis erscheint der „Einfluss des Vergangenen auf das Präsente" in Form der „Klasse von dem vorliegenden Anlass vergleichbaren Präzedenzfällen". Bartletts Hinweis darauf, dass jede Form von sozialem Kontakt zwischen unterschiedlichen Gruppen zu Modifikationen kognitiver oder epistemischer Größen führen kann, ist ein starker (und erstaunlich früher) Vorgriff auf die weitestgehenden Anwendungen der späteren Frame-Theorie; nämlich wenn man dieses Modell als Instrument kulturwissenschaftlicher Forschung benutzt und dabei feststellt, dass soziale Interaktion grundsätzlich immer auch zu Konflikten oder Modifikationen von Frames und Frame-Systemen führen kann.

Aneignung von neuem kognitivem Material (oder von Wissenselementen, epistemischem Material) erfolgt immer, so konnte Bartlett durch Experimente nachweisen, durch Einfügen in die vorhandenen kognitiven bzw. epistemischen Strukturen. Diesen unvermeidlichen und ubiquitären Prozess bezeichnet er aber als ‚Prozess der Konventionalisierung'. „Konventionalisierung" wäre danach gleichbedeutend mit „kognitiver (epistemischer) Einordnung" und ohne diese Einordnung gäbe es auch keine kognitive Verarbeitung von neuen Daten, so dass jegliche Wahrnehmung, jegliches Erkennen, letztlich gleichbedeutend damit wäre, das einlaufende Datenmaterial irgendeinem verfügbaren konventionellen Muster zuordnen zu können. Stärker kann man die soziale Prädetermination des Denkens und Erkennens kaum noch formulieren, als es Bartlett hier – bezeichnenderweise über den Begriff der Konventionalisierung – tut.[58] Und mehr noch: diese grundsätzliche soziale Einbindung menschlichen Wissens – und damit das Soziale selbst (in diesem Kontext) – ist grundsätzlich *konstruktiv*.[59] Und dies ist nach Bartlett *eine direkte Folge der Konventionalität*.

---

[57] Bartlett 1932, 243 f. Er ergänzt: „Mehr noch, die Entwicklung neuer konventioneller Muster hat eine direkte Beziehung zu solchen konstruktiven Charakteristika, von denen wir festgestellt haben, dass sie Erinnern charakterisieren."

[58] „Jedes neue Element, das [in etablierte Gebräuche, Überzeugungen / Wissen, Trends und gemeinsame Umwelt einer Gruppe, verstanden als stabile Tatsachen] eingeführt wird, muss sich in dieser oder jener Weise wandeln, bis es selbst konventionalisiert wird, entweder als ein rein zusätzlicher Fall einer alten Konvention oder als Startpunkt für eine neue Konvention." Bartlett 1932, 245.

[59] „Ich werde mich damit beschäftigen, inwieweit die Untersuchung der Konventionalisierung in einer Gesellschaft uns dazu bringt zuzugestehen, dass in jeder strikteren sozialen Gruppe nicht nur die allge-

330   *Kapitel 4: Die Schema- und Gedächtnistheorie von Frederic C. Bartlett*

Die Konstruktivität des Erinnerns (und, wie man im Sinne Bartletts ergänzen kann, der kognitiven / epistemischen Aktivitäten, wie sie etwa auch im Sprachverstehen wirksam werden, generell) tritt zwar auch in individuellen mentalen Aktivitäten auf, „es ist aber möglicherweise die soziale Basis des Erinnerns, die diese konstruktive Weise bildet" (252). Die soziale Vorprägung durch die Gruppe beeinflusst, so Bartlett, direkt das Gedächtnis. Sie tut dies auf zweierlei Weise, zum einen, indem sie ein spezifisches Setting bereitstellt, das für alle mentalen Aktivitäten eines Individuum eine bereits bereitstehende Basis abgibt, und zum anderen, „indem sie ein beständiges Rahmenwerk von Institutionen und Gebräuchen bereitstellt, die als eine schematische Basis für das konstruktive Gedächtnis wirken" (255). Man kann in diesen Formulierungen einen ersten Hinweis auf dasjenige sehen, was Minsky später als „Frame-Systeme" bezeichnen wird. Nicht nur die Materie, sondern auch die Art und Weise des Erinnerns hat ihre herausragenden sozialen Bedingungen. Oder, um es moderner auszudrücken: Die Sozialität (und Konventionalität) drückt sich nicht nur im thesaurierten Wissen, sondern auch im prozeduralen Wissen aus.

Jede Übernahme von Wissen läuft auf eine Einpassung des „fremden Materials" in die Schemata der eigenen sozialen Gruppe hinaus. Diesen Prozess setzt Bartlett mit Konventionalisierung gleich.[60] Anschließend diskutiert er verschiedene Prinzipien der Konventionalisierung; dies allerdings auf einem sehr allgemeinen Level.[61] Aufgenommen wird immer nur ein Wissen, für das in der aufnehmenden sozialen Gruppe ein entsprechender (epistemischer, sozialer) Hintergrund besteht (271). Wissensaneignung, so könnte man Bartletts Position hierzu auf den Punkt bringen, ist stets ein Prozess der Konventionalisierung, weil sie immer mit der Einfügung von neuem epistemischem Material in die Schemata und Gebräuche der eigenen Gruppe einhergehen muss. Nichts, so könnte man hinzufügen, entkommt diesem Prozess der Adaption, da alles im Gedächtnis, was in einem interaktiven sozialen Austausch (der ja immer Kommunikation impliziert, die wiederum meist sprachlich verlaufen wird) angeeignet wird, dem Wirken der sozial konstituierten und determinierten Muster ausgesetzt ist. (Frame-Theorie ist ein Name für eine Möglichkeit, das Wirken und die Architektur solcher Muster zu beschreiben und zu erklären.)

> „Konventionalisierung ist ein Prozess, durch den kulturelles Material, das von außen in eine Gruppe kommt, graduell in ein Muster von relativ stabiler Art in der Gruppe eingearbeitet wird. Das neue Material wird in die fortbestehende Vergangenheit der Gruppe, in die es hineinkommt, assimiliert. Es wird in manche Richtungen vereinfacht, vielleicht in andere ausgearbeitet; es bewahrt oft unwichtig erscheinende auswärtige Elemente; und es wird in eine charakteristische komplexe Form gegossen durch viele Einflüsse, unter denen auch solche sind, die wir einen sozialen Trend nennen müssen." (280)

Die soziale Gemeinschaft stellt diejenigen kognitiven bzw. epistemischen Rahmen und Rahmensysteme bereit, die es überhaupt erst ermöglichen, Wahrnehmungen adäquat epistemisch zu verarbeiten und generell „Erfahrungen zu machen". Das „persistente Rahmen-

---

      mein zugestandenen sozialen Tendenzen der Bewahrung, sondern auch genuine Impulse konstruktiver Bemühungen gefunden werden können." Bartlett 1932, 246.

[60]   „Jedes fremde Material, das in eine soziale Gruppe eingeführt wird, wird in Muster eingepasst, die für die Gruppe charakteristisch sind. Diesen Prozess nenne ich Konventionalisierung." Bartlett 1932, 268.

[61]   In Bartlett 1932, 268 f. nennt er folgende vier Typen von Prozessen: „(a) durch Assimilation an existierende kulturelle Formen in der aufnehmenden Gruppe; (b) durch Vereinfachung oder Fortlassen von Elementen, die spezifisch sind für die spendende Gruppe; (c) durch die Beibehaltung von Details, die für die kommunizierende Gruppe spezifisch sind, aber offensichtlich nicht zentral mit den Gewohnheiten oder dem Produkt, die / das übernommen wird, verbunden sind; (d) durch einen genuinen Prozess sozialer Konstruktivität."

4.2 Konsequenzen aus Bartletts Schema- und Gedächtnistheorie für ein linguistisches Frame-Modell 331

werk der ‚Schemata'" ist die Basis nicht nur für das kollektive bzw. soziale, sondern damit auch für das individuelle Gedächtnis, und, wenn man Bartletts Anfangsüberlegungen folgen will, von Gedächtnis (und allen höheren kognitiven Aktivitäten) selbst.[62]

Diese Position wird von ihm am Ende seines Buches noch einmal bekräftigt, wobei er zugleich die wichtigsten Überlegungen seines Modells noch einmal zusammenfasst (309):

> „Es ist sicher, dass praktisch alle Prozesse des individuellen wiederholten Erinnerns eine präzise Parallele haben in den Prozessen der sozialen Konventionalisierung. Es gibt dieselben Typen des Wandels im ursprünglichen Material: Verschmelzung, Kondensation, Auslassung, Einführung usw.
> Da ist dieselbe starke Tendenz zur Reduplikation in bestimmten Umständen.
> In beiden Fällen erreicht das Endprodukt Stabilität, die eines determinierten und relativ fixierten individuellen Gedächtnisses im einen Fall, die der sozialen Konventionalisierung im anderen Fall.
> Sowohl im Individuum als auch in der Gruppe wird das Vergangene kontinuierlich wiedererzeugt [remade], rekonstruiert in den Interessen der Gegenwart, und in beiden Fällen können bestimmte herausragende Ereignisse oder Details eine führende Rolle beim Festlegen des Verlaufs der Reaktionen spielen."

Auf Skepsis gegenüber einer solchen Position repliziert Bartlett wie folgt:

> „Normalerweise wird die Analogie zwischen Individuum und Gruppe nur so gesehen, dass Eigenschaften des Individuums auf die Gruppe übertragen werden. Ganz offensichtlich könnte man dies aber auch umkehren und sagen, dass das Individuum nicht mehr ist als eine spezielle Sorte von Gruppe." (a.a.O.)

Eine solche These ist für viele Wissenschaftler zweifellos starker Tobak. Sie trifft aber sicher auf die Identität der Mechanismen für soziale Konventionalisierung und epistemische Konstitution individuellen Wissens zu. Vermutlich sind es solche Überlegungen, die Minsky zu seiner Metapher von der „society of mind" veranlasst haben.

4.2 Konsequenzen aus Bartletts Schema- und Gedächtnistheorie für ein linguistisches Frame-Modell

Die Gedächtnis- bzw. Kognitionstheorie von Bartlett ist durch folgende Aspekte bzw. Annahmen gekennzeichnet. Wahrnehmen, Vorstellen, Erinnern basieren wesentlich stärker, als dies ältere Theorien annahmen, auf Schlussfolgern (Inferenzen). In allen Fällen handelt es sich um Konstruktion auf der Basis von „Schemata" bzw. Schema-ähnlichen Strukturen im Gedächtnis / der Kognition. Mit diesem konstruktiven Charakter der wichtigsten kognitiven Aktivitäten bzw. Prozesse, die alle auch für das Funktionieren von Sprache die Grundlage bilden, geht nach Bartlett die Prägung durch Interessen und (kognitive / epistemische) „Tendenzen" der Individuen einher. Damit schlägt Individualität und Subjektivität bereits bei elementaren Gedächtnisleistungen durch. Interessen organisieren epistemisches Material neu, mit der Folge einer zumindest partiellen Idiosynkrasie des Gedächtnisses, der Kognition. Gedächtnis ist persönlich, und damit auch Sprach- und Bedeutungs-Wissen und Verstehen auf der Basis dieses Wissens.

---

[62] Mit Verweis auf Maurice Halbwachs' Begriff des „kollektiven Gedächtnisses" bemerkt Bartlett 1932, 296: „Soziale Organisation gibt ein beständiges Rahmenwerk, in das jede detaillierte Erinnerung sich einpassen muss; und es beeinflusst sehr stark [powerfully] sowohl die Art und Weise als auch die Materie des Erinnerns. Zudem hilft dies persistente Rahmenwerk diejenigen ‚Schemata' bereitzustellen, die die Basis für die imaginative Rekonstruktion sind, die man Gedächtnis nennt." Die Idee eines „Gedächtnisses einer Gruppe" selbst lehnt Bartlett jedoch eindeutig ab (vgl. dazu a.a.O. 298).

Der konstruktive Charakter der Kognition hängt eng mit einem „Streben nach Bedeutung" [effort after meaning] zusammen; man könnte auch von einem Streben nach dem „Sinnvoll-Machen" von Wahrnehmungsdaten sprechen. Folgt man dieser Annahme, dann ist das Phänomen „Bedeutung" sehr tief in unserer Kognition verankert (und nicht nur etwas, das mit Sprache zusammenhängt). In dieser Sichtweise ist „Bedeutung" eine elementare, sehr tief in unserer Kognition angesiedelte Zeichenrelation (Bartlett: „steht für"-Relation). Das heißt: Zeichenhaftigkeit in diesem Sinne einer Relationalität ist nicht nur ein Merkmal äußerer (durch wahrnehmbare physikalisch feststellbare Daten realisierter) Zeichen, sondern ein inner-kognitiver Vorgang. (Hier folgt Bartlett Peirce und Herder, die das ähnlich gesehen haben.) Zeichenhaftigkeit im Sinne dieser elementaren Relationalität ist damit vor-sprachlich; alles Denken ist in dieser Weise relational und „zeichenhaft". Die Möglichkeit von „Bedeutung" (d.h. dem kognitiven Herstellen von Relationen zwischen einzelnen Elementen des Gedächtnisses) hängt mit Wahrnehmungs-Mustern zusammen, die dem einzelnen Wahrnehmungsakt prä-existent sind. Diese „Muster" bezeichnet Bartlett auch (zögerlich) als „Schema" oder (lieber) als „Setting" oder „Arrangement" (von Einzel-Daten). Die Täuschung der scheinbaren Einfachheit des Wahrnehmens, Erkennens, Verstehens beruht auf der Existenz und Wirkmächtigkeit solcher prä-existenter Muster oder Schemata, die aber je für sich das Ergebnis komplexer und schwieriger Bildungs- bzw. Konstruktions-Prozesse sein können.

Jedes „Erkennen" (also z.B. auch das Erkennen und „Verstehen" von Sprachzeichen) impliziert Veränderungen gegenüber dem „Original". Erkennen ist immer Wiedererkennen und beruht auf der Re-Produktion von im Gedächtnis gespeicherten Daten des Erinnerns an frühere Auftretensfälle dessen, als was das aktuelle Wahrnehmungsereignis „erkannt" wird. Bartletts gedächtnispsychologische Experimente haben dabei ergeben, dass es so etwas wie eine „Persistenz der Form der ersten Reproduktion" gibt. D.h. die schematische Form (das Muster), in der eine frühere Wahrnehmung erstmals erinnernd im Gedächtnis re-produziert wird, prägt alle weiteren Fälle der „Erinnerung" an diese epistemische Konstellation. Vergleichbar der „Kausalen Theorie der Referenz" des sprachanalytischen Philosophen Saul Kripke, der zufolge die erstmalige Referenz eines sprachlichen Zeichens auf einen Sachverhalt die späteren Fälle der Referenz (und damit die „Bedeutung") entscheidend prägt, führt die Persistenz der Form der ersten Reproduktion langfristig zu relativ stabilen Schemata im Gedächtnis. (Wimmer 1979 spricht in diesem Kontext sogar von „Referenzfixierungsakten".) Dies sind die Wurzeln dessen, was später „Frame" genannt werden wird.

Vieles wird im Erinnern als selbstverständlich vorausgesetzt. Es werden in jeder Reproduktion möglicherweise auch Dinge zum Schema hinzugefügt. Generell ist die Schema-Bildung und das Erinnern durch folgende Merkmale gekennzeichnet: (1) *Abstraktion*, (2) *Stabilität* etablierter Formen bzw. Muster, (3) *Stereotypisierung*, (4) *Auslassungen, Vereinfachungen, Veränderungen* im Anwenden der Schemata, (5) starke *Nutzung von Inferenzen* bei zunehmender *Reduktion der Details* des Originals, (6) Abhängigkeit der Ausfüllung, Hervorhebung, Abrufung und Änderung der Schemata von *Interessen* und kognitiven Tendenzen, (7) *Anschlussmöglichkeiten* für neue Details. Mit diesen Merkmalen nennt Bartlett bereits die wichtigsten Aspekte, die später für den Frame-Begriff (bei Fillmore oder Minsky) wesentlich werden. Schon Wahrnehmen als solches ist für Bartlett als ein „bedeutsam machen" gleichzusetzen mit dem „Einbauen in ein Muster" (d.h. Schema, man könnte auch sagen: Frame), das die unmittelbaren Sinnesdaten übersteigt. Umso mehr gilt dies für das Wahrnehmen und Verstehen sprachlicher Daten. Daraus leitet er seine Hypothese ab, dass

4.2 Konsequenzen aus Bartletts Schema- und Gedächtnistheorie für ein linguistisches Frame-Modell 333

jede Gedächtnisleistung (jedes Erinnern, also auch dasjenige, das im Sprachverstehen wirksam wird) bereits *Konstruktion* ist. Konstruktion beinhaltet: *Kondensation*, *Elaboration*, *Einführung* neuer Elemente, *Kombination* mehrerer Schemata. (Und damit wesentliche Elemente des späteren Frame-Modells.) Eine wichtige Folge der starken Interessen-Abhängigkeit jeglicher Schema-Bildung ist die *Veränderlichkeit* der kognitiven Schematisierungen. Im Gedächtnis spielen Wörter eine konstitutive Rolle. (Diese Rolle wird von Bartlett kaum näher ausgeführt, man kann aus dem Kontext seiner Argumentation jedoch entnehmen, dass er ihre Funktion wesentlich auch als Katalysatoren und Anbindungspunkte für Schematisierungen sieht, vergleichbar den inneren „Merkzeichen" als die Herder die sprachlichen Zeichen definiert hatte.)

Folgende weitere Merkmale von Schemata hebt Bartlett hervor: Für ihn ist wichtig, dass die Schemata (Muster, Settings) des Gedächtnisses immer als *dynamisch* verstanden werden müssen. D.h. Schemata sind nicht statisch. – Für das Erinnern ist insbesondere die *Organisiertheit* des Wissensmaterials, die sich in den Schemata niederschlägt, wichtig. Wesentliche Leistungen der Schemata für das Gedächtnis (bzw. die Kognition generell) sind *Organisation* und *Determination*. – Wichtig im sprachwissenschaftlichen Kontext ist auch, dass nach Bartlett *Implizitheit* (die kognitiv gesehen nichts anderes ist als: Schema-Gestütztheit) ein wesentliches Merkmal bereits der Kognition ist (und nicht nur der Kommunikation). „Implizitheit" sprachlicher Kommunikation ist daher nur ein Spezialfall einer allgemeinen „kognitiven Implizitheit". – Schemata sind *abstrakt*, d.h. nicht bis zum letzten epistemischen Detail spezifiziert. – Schemata sind *seriell* (oder iterativ), in Bartletts Worten: „eine Klasse von anderen ähnlichen Reaktionen, die seriell organisiert wurden". D.h. sie beruhen konkret auf einer großen Zahl einzelner Akte der (kognitiven) Aktivierung. Dies erlaubt es, den Begriff des „Schemas" mit dem Begriff der „Konvention" zu parallelisieren, der (z.B. bei D. K. Lewis) ähnlich definiert ist als eine „Klasse vergleichbarer Präzedenzfälle". Was Lewis unter dem Begriff der „Konvention" beschreibt ist also nur ein Spezialfall der allgemeinen kognitiven bzw. epistemischen Serialität bzw. Iterativität als Grundmerkmal dessen, was wir „Schema" oder „Muster" nennen (oder später „Frame" oder „Bedeutung" usw.) (In diesem Zusammenhang ist wichtig, dass jeder einzelne Anwendungsfall eines Musters oder Schemas – jedes „token" – sozusagen eine Mittelstellung hat zwischen Reproduktion und solitärem, singulärem Ereignis. Konkret, mit der Fülle seiner epistemischen Daten und kognitiven Verknüpfungen, ist jeder einzelne Anwendungsfall immer solitär, singulär, ist mit Merkmalen aufgeladen, die nicht dauerhaft bleiben. Zugleich ist es aber auch eine Instanz der Wiederholung eines Musters – zumindest von bestimmten Details dieses Musters – und als solches bloße Reproduktion eines Allgemeinen, und Wiederholung von etwas schon zuvor Dagewesenem. Wichtig ist, dass Merkmale des singulären Ereignisses dadurch, dass es sich um eine Instanz der Anwendung des allgemeinen Schemas handelt, aufgrund dieser Tatsache der Zughörigkeit des Einzelfalls zur Klasse der Reproduktionen des Schemas in das Schema selbst eingehen kann. Dies ist der Ursprung der Muster-Änderung, des Schema- oder Frame-Wandels, oder – semantisch gesprochen – des Bedeutungswandels.)

Die Entstehung von Schemata (später: Frames) dient nach Bartlett vor allem der *Abstraktion* (Reduktion von Komplexität durch Weglassen von Details) und der *Bildung geordneter Strukturen* des Wissens. Schemata sind in diesem Sinne auch Ordnungen von „Konstituenten" (in denen man Vorformen der späteren „Frame-Elemente" sehen kann). Abstraktion und Strukturiertheit des Wissens sind nach Bartlett dabei eine notwendige

Voraussetzung für Assoziation bzw. Assoziationsfähigkeit. Ohne Struktur (Schema) keine Assoziation, so seine bündige Schlussfolgerung. Die zentralen Merkmale des Gedächtnisses, Konstruktion und Inferenz, werden sowohl bei der Benutzung von Schemata wie auch bei der Etablierung von Schemata wirksam. Die Aktivierung von Schemata in einzelnen Erkenntnisakten *fokussiert* die Individuen auf etwas Bestimmtes. Fokussierung oder Perspektivik sind (immer auch) *Adaptions*leistungen. Mit dem Aspekt der Fokussierung führt Bartlett ein weiteres wichtiges Merkmal der Schemata ein, das in der Frame-Theorie unter Begriffen wie „Perspektive" diskutiert wird.

Der von Bartlett angenommene grundlegende Charakter des Phänomens „Bedeutung" als „Relationen im Gedächtnis" wurde bereits erwähnt. Er setzt „Bedeutung" mehr oder weniger gleich mit dem, was man eine „psychologische Situation" nennen könnte. Dadurch wird „Bedeutung" zu einem inner-kognitiven Phänomen, das jedoch – und dies darf man bei Bartlett nie unterschlagen – über die Schema-Bildung grundlegend *soziale* Wurzeln hat. „Erinnern" ist für Bartlett nur eine spezielle Form des allgemeinen Problems der Bedeutung. Erinnern in diesem Sinne meint nichts anderes als ‚Relationen im Wissen abrufen'. Das Wissen, auch und gerade das Wissen der Schemata bzw., wie Bartlett lieber sagt, „Settings" (von Wissenselementen bzw. „psychologischem Material") ist vor allem Wissen über *Relationen*, über *Vernetzungen*. Details von Settings (von Schemata, von Frames) sind vernetzt, sie erlauben Anschlüsse. (Damit führt Bartlett einen weiteren für den späteren Frame-Begriff wichtigen Aspekt ein.) Schema-Aktivierung ist daher vor allem eine Sache von Kontextualisierungen. Schemata (Frames) sind letztlich nichts anderes als „Elemente der Kontextualisierung" und stellen auch selbst Formen der Kontextualisierung dar.

Einer der wichtigsten Gedanken von Bartlett ist die sozialpsychologische Fundierung seiner Theorie des Gedächtnisses (bzw. der Kognition, die sie eigentlich darstellt). *Erinnerung ist* daher (trotz aller Idiosynkrasien der Schema-Aktivierung) im Kern *sozial*. Auch wenn Bartlett diesen Aspekt nicht so deutlich ausführt, kann man doch davon ausgehen, dass die Basis dieses sozialen Charakters der Schema-Bildung (und damit auch des Gedächtnisses bzw. der Kognition) im Aspekt der *Kommunikation* (genauer: der Kommunizierbarkeit der individuellen Schemata) liegt. (Indizien für diese Auffassung kann man darin sehen, dass Bartlett den Wörtern, als zutiefst sozialen Phänomenen, immer wieder eine zentrale Rolle für das Gedächtnis zuweist, ohne diesen Aspekt allerdings näher auszuführen.) Jede soziale Gruppe hat ihre eigenen Schemata und Konstellationen von Schemata. Jeder Kontakt zwischen Angehörigen verschiedener sozialer Gruppen geht notwendigerweise einher mit der Überführung von Schemata der einen Gruppe in Schemata der anderen Gruppe. Auch darin liegt ein Keim für Schema-Veränderung. Der soziale Charakter der Schemata trägt wesentlich zu ihrer Konstruktivität bei. In diesem Kontext hebt Bartlett insbesondere den Aspekt der Konventionalisierung hervor. Konventionalisierung und Erinnern beruhen für ihn auf denselben Grundprinzipien. Jede Konventionalisierung ist eine Form der „kognitiven (epistemischen) Einordnung". Jede Erkenntnis ist gleichzusetzen mit „Einordnung in vorhandene Muster". Da jede Wissensaneignung gleichzusetzen ist mit der Einordnung von Wahrnehmungsdaten (und anderem „psychologischem Material") in vorhandene Schemata bzw. Settings (bzw. Frames), ist Wissensaneignung grundsätzlich ein Prozess der Konventionalisierung. Diese Adaption des Neuen an Vorhandenes (an Strukturen des Wissens) geht aber immer einher mit Fokussierungen, Weglassungen, Hinzufügungen, Vernetzungen. Sie ist damit unhintergehbar konstruktiv. Damit ist, so Bartlett, das Soziale selbst konstruktiv. Konstruktivität mithin eine direkte Folge der Konventionalität

4.2 Konsequenzen aus Bartletts Schema- und Gedächtnistheorie für ein linguistisches Frame-Modell 335

der Schemata. Das durch die Konstruktivität der Aneignung des gegebenen Materials erzeugte „persistente Rahmenwerk der Schemata" (Bartlett) ist die Basis für das individuelle und für das soziale Gedächtnis, für Kognition generell.

Gedächtnis, Konstruktivität und Konventionalität sind nach Bartlett Facetten ein und desselben Phänomenbereichs (bzw. Problemkomplexes). Da für ihn aber auch das Erkennen und Wahrnehmen (bis hinunter zur elementaren Perzeption) von „normalen" Aktivitäten des Erinnerns nicht strikt getrennt werden können, gelten diese Annahmen letztlich bis hinunter auf die Ebene der elementaren Erkenntnis- und Perzeptionsakte. Da Konstruktivität und Konventionalität Ergebnis des sozialen Charakters der Episteme sind, würde gelten, dass die Sozialität bis auf die Erkenntnis und Perzeption durchschlägt. Ein wesentliches Medium dieser Sozialität des Geistes bzw. der Episteme ist die Sprache.

Mit *Abstraktion, Relationalität, Iterativität* (bzw. *Serialität*), *Schemabildung* und *Konventionalität* führt Bartlett wichtige Aspekte ein, die hier zunächst als Merkmale der grundlegenden kognitiven Aktivitäten angesprochen sind, welche Bartlett sämtlich unter Bezug auf eine Theorie des Gedächtnisse (des Erinnerns) thematisiert, die aber zugleich allesamt wesentliche Aspekte von *Sprache* und *Bedeutung* sind. Ohnehin sieht Bartlett „Bedeutung" als grundlegendes kognitives Phänomen an, und keineswegs spezifisch für Sprache. Mit dem Gedanken der grundlegenden *Konstruktivität* aller kognitiver Operationen, die er jedoch in engem Zusammenhang mit der *Schema-Abhängigkeit* jeglicher Kognition (und damit auch des Sprachverstehens) sieht, führt er einen Aspekt ein, der erst sehr viel später in modernen (und vor allem post-modernen) Theorien wieder in den Mittelpunkt der Überlegungen gestellt wurde. Mit Bartlett kann man dafür argumentieren, dass die für jegliche Sprachtheorie (und insbesondere auch die Semantik) zentrale Konventionalität ein Aspekt ist, der tief in den Strukturen unserer Kognition verankert ist, und damit auf einer viel fundamentaleren Ebene anzusiedeln ist, als es in den meisten derzeitigen Theorien gesehen wird. Sehr modern und sozialtheoretisch gedacht ist auch die starke Hervorhebung des Wirksamwerdens von *Interessen* bereits auf basaler kognitiver Ebene durch Bartlett. Dass Bartlett mit Bezug auf seine „Schemata" bzw. „Settings" des Wissens fast alle wichtigen Elemente des späteren Frame-Begriffs bereits eingeführt hat, muss an dieser Stelle nicht mehr wiederholt und hervorgehoben werden.

5. Frame-theoretische Ausdifferenzierungen

Nach der Begründung des Frame-Modells in zwei verschiedenen Wurzeln – der linguistischen, ursprünglich aus syntaxtheoretischen Ideen herrührenden Frame-Konzeption von Charles J. Fillmore, sowie der kognitionswissenschaftlichen, sehr viel grundsätzlicher kognitionstheoretisch und epistemologisch angelegten Frametheorie von Marvin Minsky, die ungefähr zeitgleich Anfang der 1970er Jahre auf den wissenschaftlichen „Markt" kamen – sind weitere Ansätze in größerer Zahl formuliert und publiziert worden, die mit den ursprünglichen Frame-Ideen teilweise oder stark übereinstimmen. Ich werde mich im Rahmen dieser Darstellung aber auf diejenigen Ansätze beschränken, die entweder von besonders großer Relevanz für die Linguistik, insbesondere die hier im Mittelpunkt stehende linguistische Semantik, sind, oder die in der Sprachwissenschaft verstärkt rezipiert wurden. Letzteres gilt insbesondere für die „Skript"-Theorie der amerikanischen Psychologen und Kognitionswissenschaftler Schank und Abelson (1977), die in der Linguistik sehr oft erwähnt wird, vielleicht sogar öfter als die Frame-Theorie des eigenen Fachkollegen Fillmore oder in der Version von Minsky. Die hohe Attraktivität des „Skript"-Modells bei Linguisten, insbesondere bei Gesprächsanalytikern, liegt wohl vor allem am „Skript"-Begriff selbst, der eine unmittelbar selbsterklärende Metapher zu sein scheint. Dass Schank und Abelson aber durchaus Anderes (und mehr, v.a. Grundsätzlicheres) gemeint haben, als nur die Tatsache des einem Film-Skript oder Drehbuch ähnlichen Wissens über stereotypisierte und institutionalisierte Handlungsabläufe in einer Gesellschaft wie der unseren, ist oft unter den Tisch gefallen. Das Buch und die Rezeption von Schank / Abelson fallen in dieselbe Zeit wie für Fillmores und Minskys Frame-Konzeptionen[1] und bilden in der Rezeption (gerade in der Linguistik) mit diesen Ansätzen oft einen undifferenzierten Eintopf. In jüngerer Zeit wird die deutlich später entstandene Frame-Konzeption des Kognitionswissenschaftlers Lawrence Barsalou (1992) gerade in der Sprachwissenschaft verstärkt rezipiert.[2] Sein Modell ist in manchen Punkten terminologisch präziser und theoretisch ausdifferenzierter als die Ansätze von Minsky und Fillmore (und die frühen Ideen von Bartlett), erreicht allerdings nicht die verstehenstheoretische Tiefe wie die anderen bisher behandelten Ansätze. Ergänzt wird die Darstellung der Konzeptionen von Schank / Abelson und Barsalou um die Darstellung einiger kleinerer Arbeiten rund um den Frame- und Schema-Begriff, insoweit diese größere Beachtung (insbesondere in der Linguistik) gefunden haben.

---

[1] Sie werden von Beiden auch recht früh zustimmend zitiert. Es mag etwas gewollt erscheinen, die *Skript*-Theorie hier als eine *Frame*-Konzeption *avant la lettre* zu behandeln (oder besser: *sans la lettre*, da die Autoren doch auf die Benutzung des damals schon diskutierten Frame-Begriffs erkenntlich verzichten); ich folge hierin jedoch lediglich Minsky und Fillmore.

[2] So etwa im Methodenansatz der Forschergruppe „Funktionalbegriffe und Frames" und des daraus folgenden SFB 991 an der Universität Düsseldorf. Vgl. *Sonderforschungsbereich 991-Proposal*, und Löbner 2011. (Siehe dazu unten Kap. 6.3)

5.1 Das Skripts-, Pläne-, Ziele-Modell von Schank & Abelson

5.1 Das Skripts-, Pläne-, Ziele-Modell von Schank & Abelson

Der KI-Forscher Roger C. Schank und der Sozialpsychologe Robert P. Abelson zählen sich zu den Begründern der Kognitionswissenschaft, die sie als interdisziplinäres Unterfangen in einem Gegenstandsbereich begreifen, der von den damals beteiligten Einzelwissenschaften (Psychologie, KI-Forschung, Linguistik) alleine nicht zureichend bearbeitet werden kann. Ihr Interesse ist von vornherein ein kognitionswissenschaftliches, wobei sie den sprachlichen Aspekten eine zentrale Rolle zuschreiben, aber zugleich feststellen, dass die Linguistik (in ihrem damaligen Zustand auf dem Höhepunkt des Siegeszugs des Chomsky-Paradigmas) nicht im entferntesten in der Lage ist, irgendeinen weiterführenden wissensanalytischen Beitrag zur Erklärung der Rolle von Sprache für die Entstehung und Benutzung von Wissenssystemen zu leisten. Auf der Basis einer von Schank (1972) zuvor entwickelten Theorie der begrifflichen Repräsentation („Conceptual Dependency Theory") verfolgen sie das Ziel einer allgemeinen Theorie des Wissens. Im Zentrum des Buches stehen vier theoretische Entitäten: *Skripts, Pläne, Ziele* und *Themen*,[3] deren Rolle in der Strukturierung und Aktivierung von Wissen sie erklären wollen. Da die meisten benutzten Beispiele sprachliche Beispiele sind, geht es indirekt immer auch um eine Theorie des Sprachverstehens bzw. eine Analyse des für das Verstehen sprachlicher Einheiten relevanten Wissens. Von den vier Begriffen ist vor allem der Skript-Begriff prominent geworden und vielfach in der Sprachwissenschaft (vor allem in der linguistischen Gesprächsanalyse, teilweise noch in der Textlinguistik, nicht hingegen in der Semantik) rezipiert worden – allerdings isoliert ohne Berücksichtigung des umfassenden wissenstheoretischen Erklärungsanspruchs von Schank & Abelson.

5.1.1 Grundannahmen zu Kognitions- und Wissensstrukturen

Ziel des theoretischen Ansatzes von Schank und Abelson ist die Erklärung der Funktion und Struktur von *Wissenssystemen*, vor allem in Hinblick auf ihr Wirken im *Verstehen* mit Bezug auf Ausdrücke bzw. Texte in *natürlicher Sprache*.[4] Auch wenn der Ansatz linguistische Aspekte engstens berührt, geht er dennoch über sie hinaus, „weil er sich mit Gegenständen befasst, die jenseits von jeder gesprochenen Sprache existieren."[5] Im Gegensatz zu Fillmore, auch deutlicher noch als bei Minsky, richtet sich ihr Interesse auf eine „Theorie der Wissenssysteme" selbst. Sie fragen sehr grundsätzlich: „Was ist die Natur des Wissens und wie wird dieses Wissen benutzt?" (1) Sie glauben, dass man dieses Erklärungsziel am besten dann erreicht, wenn man sich bemüht „die menschlichen begrifflichen Mechanismen

---

[3] „Das Buch befasst sich mit vier theoretischen Entitäten: Skripts, Pläne, Ziele und Themen. Jede dieser vier ist jeweils schlechter definiert als der Vorgänger. Wir glauben, dass wir wirklich verstehen, was Skripts sind, uns ziemlich sicher sind über Pläne, etwas weniger sicher über Ziele, und unklar über Themen, und völlig unsicher über das, was noch jenseits von diesen liegt." Schank / Abelson 1977, Preface. [Alle Übersetzungen aus dem amerikanischen Original durch den Verfasser des vorliegenden Buches.]

[4] Sie seien „interessiert an der Repräsentation von großen Systemen des Wissens (oder der Überzeugungen [belief]), die auf einem Verstehensprozess basieren, der mit Informationen operiert, die in natürlicher Sprache ausgedrückt sind". Schank / Abelson 1977, Preface. (Alle Zahlen im Text verweisen nachfolgend auf Seiten dieses Buches.)

[5] Schank / Abelson 1977, Preface.

nachzubilden, die mit Sprache zu tun haben" (1). Es ist für die Autoren also eine nicht weiter hinterfragte *Prämisse*, dass das System des Wissens ein *Begriffssystem* sein soll. Diese Vorausfestlegung, die auch nicht näher begründet wird, schränkt natürlich die Reichweite und damit den Wert ihrer Theorie von vorneherein ein. Die Autoren formulieren also einen äußerst umfassenden Erklärungsanspruch, an dem sich dann auch die Details ihres Ansatzes messen lassen müssen.[6] Wie Fillmore, Minsky und bereits Bartlett glauben Schank und Abelson nicht daran, dass formale mathematische oder logische Modelle geeignet sind, um das Wirken und die Struktur des Wissens im Sprachverstehen angemessen erklären zu können.[7] In bewusster Abgrenzung zu allen, ihrer Meinung nach verfehlten, Bemühungen um abstrakte Erklärungsansätze streben sie ein Modell an, bei dem „die Form der Wissens-Repräsentation nicht zu weit von ihrem Inhalt getrennt werden sollte" (3). Dies heißt für sie: Nicht zu viel und zu starke Abstraktionen; die Abstraktionen möglichst nahe bei den Formen der Inhalte halten.[8]

Mit diesem Ansatz sprechen sie als Ziel dasjenige aus, was implizit auch bei Fillmore immer zu spüren war. Genau diese Einstellung ist jedoch nicht unproblematisch, denn sie begrenzt die Reichweite ihrer Theorie. Eine zu große Nähe der wissenschaftlichen Begrifflichkeit (und der ihr innewohnenden Abstraktionen) zu den Phänomenen birgt immer die Gefahr von unbemerkt nicht verallgemeinerungsfähigen ad-hoc Begriffen und daraus folgenden falschen Hypostasierungen.[9] Mit ihrer Begrenzung der Untersuchungsobjekte auf „psychologische und physische Ereignisse" des Alltagslebens schließen sie sehr viel von solchem Wissen aus, das gerade für eine kulturwissenschaftliche Perspektive der Semantik (ein kulturelle Epistemologie) von Interesse wäre. So liegt denn auch das Hauptproblem ihres Ansatzes darin, dass sie mit dem Skript-Begriff zu sehr prozedurale Formen des Wissens (die auf Handlungssequenzen, Ereignisse, Geschehensabläufe begrenzt sind) in den Mittelpunkt stellen, was andere Formen von Wissenssystemen, wie sie etwa in nicht-handlungsbezogenem kulturellem, theoretischem, ideologischem Wissen besteht, aus dem Erklärungsbereich ihres Modells tendenziell ausschließt. Ein Vorzug ihres Blickwinkels ist indes, dass sie zur „Ebene der Wissensstruktur" auch „menschliche Intentionen, Dispositionen und Beziehungen" hinzurechnen, was auch für die Analyse des sog. abstrakten Wissens nicht unwichtig wäre. Der in ihrem Buch entwickelte Beschreibungsapparat soll nicht „eine

---

[6] Allerdings ist ihnen klar, dass es im Grunde keine homogene Theorie des gesamten menschlichen Wissens geben kann: „Man muss mit der Möglichkeit rechnen, dass Wissen in der einen Domäne nach anderen Prinzipien organisiert sein kann als Wissen in anderen Domänen." Schank / Abelson 1977, 3.

[7] „Das Feld der KI ist voll von intellektuellen Optimisten, die machtvolle Abstraktionen lieben und danach streben, all-umfassende Formalismen zu entwickeln." Aber: „Das fünfjährige Kind, das lernt, seine Schuhe zu schnüren, muss nicht in demselben Prozess irgendetwas über mathematische Topologie lernen." Schank / Abelson 1977, 3.

[8] „Alle Abstraktionen in diesem Buch beziehen sich auf einen spezifischen Typ des Alltags-Inhalts. Wo Abstraktionen möglich sind, wollen wir sie versuchen, aber nicht gezwungen dort, wo sie unnatürlich wären. Aus diesem Grund haben wir den Typ des Wissens, den wir untersuchen wollen, begrenzt auf die psychologischen und physischen Ereignisse, die das geistige Leben gewöhnlicher Individuen beschäftigen, und die in natürlicher Sprache verstanden und ausgedrückt werden können." Schank / Abelson 1977, 4.

[9] In ihrer berechtigten Ablehnung mathematisch-logischer Abstraktionen übersehen die Autoren, dass auch kognitionswissenschaftliche Abstraktionen (wie sie etwa Minsky vornimmt) notwendig und erklärungsstärker sein könnten. Das Problem liegt also nicht in der Tatsache der Abstraktion, sondern darin, *welche* Arten von Abstraktion vorgenommen werden. Mathematisch-logische Abstraktionen, wie sie in der KI-Forschung sehr beliebt sind, sind für ihren Gegenstand natürlich die falschen.

5.1 Das Skripts-, Pläne-, Ziele-Modell von Schank & Abelson 339

Repräsentation von allem und jedem Wissen" ermöglichen; vielmehr konzentrieren sie sich auf solches Wissen, wie es in verbalen Interaktionen zur Anwendung kommt (4).[10]

In ihrer Auseinandersetzung mit „traditional points of view" üben Schank und Abelson eine heftige Kritik an den Selbstbeschränkungen und Scheuklappen der (damals) dominanten „linguistischen Sichtweise". Nach einer beißenden Kritik an der Dominanz behavioristischer Ansätze in der Psychologie fahren sie fort: „Linguistische Ansätze waren noch restriktiver." (sie nennen z.B. Chomsky 1965) und schließen kurz und bündig: „Linguisten haben die zentralen Probleme verfehlt". Dies gilt insbesondere für das von ihnen formulierte zentrale Erkenntnisziel, wie Bedeutungen verstanden und kognitiv verarbeitet werden.[11] Insbesondere die völlige Fehlanzeige verstehenstheoretischer Überlegungen in der modernen Linguistik wird von ihnen scharf kritisiert:[12]

> „Linguisten haben die Frage, wie menschliches Verstehen funktioniert, fast vollständig ignoriert. [...] Die meisten Linguisten, die sich dennoch damit beschäftigt haben, sind strikt den traditionellen Linien gefolgt; sie haben z.B. das Problem in ‚linguistische' und ‚nicht-linguistische' Teile aufgespalten – eine Unterscheidung, die bei der Erklärung des Verstehens nicht weiterhilft."

Damit spielen die Autoren auf die bei Linguisten so beliebte Unterscheidung zwischen „Sprachwissen" und „Weltwissen" oder „sprachlicher Bedeutung" und „Konzeptebene" an, die aus verstehenstheoretischer und wissensanalytischer Sicht nicht aufrechterhalten werden kann. Linguisten tendieren also ihnen zufolge dazu, den Umfang und die Komplexität des zum Verstehen bereits einfacher sprachlicher Sequenzen notwendigen Wissens extrem zu unterschätzen. Im Gegensatz zur Linguistik habe man aber in der KI-Forschung erkannt, „dass semantische Aspekte weitaus wichtiger sind, als es die Linguisten akzeptieren wollen", und „dass Kontext von immenser [overwhelming] Bedeutung in der Interpretation von Text ist". Dabei gelte: „Implizites Alltagswelt-Wissen wird vom Verstehenden sehr oft angewendet, und dieses Wissen kann hochgradig komplex sein." (8 f.) Schank und Abelson nennen hier drei zentrale Aspekte, die für jede Verstehenstheorie, aber auch für die Linguistik generell wichtig sind: (1) absolutes Primat der Semantik; (2) überragende Rolle der Kontexte; (3) Komplexität und Strukturiertheit des verstehensrelevanten Wissens.

Viele Linguisten (und ganz sicher die Vertreter des damals dominanten Chomsky-Paradigmas, die für Schank / Abelson die einzige Sorte Linguisten sind, die sie kennen) kommen bis heute mit folgender unabweisbarer Tatsache äußerst schlecht zurecht, die ihnen erst die Psychologen und KI-Forscher unter die Nase halten müssen: „Die notwendigen Zutaten, um die Bedeutung eines Satzes herauszuziehen, können daher oft *nirgendwo* im Satz aufgefunden werden." (9)

---

[10] „Das Buch befasst sich mit den intentionalen und kontextuellen Verbindungen zwischen Ereignissen; insbesondere insofern sie in zweckgerichteten Handlungssequenzen auftreten. Diese neue Schicht konzeptueller Einheiten nennen wir die Ebene der Wissensstruktur. Sie hat zu tun mit menschlichen Intentionen, Dispositionen und Beziehungen. Wenn unsere Theorie angemessen ist, wird sie ein Modell eines menschlichen Beobachters einer menschlichen Szene liefern."Schank / Abelson 1977, 4. – Der interessanterweise hier zugrundegelegte Begriff der „Szene", der ja zeitweise bei Fillmore ein große Rolle spielte, wird jedoch nicht näher erklärt.

[11] „Aufgrund eines fortgesetzten Interesses an rein formalen Eigenschaften der Sprache haben Linguisten die Beschäftigung mit diesen beiden natürlichen Problemen bewusst vermieden." Schank / Abelson 1977, 7.

[12] Schank / Abelson 1977, 8. – Das trifft zwar nicht auf Fillmore zu, doch war dessen verstehenstheoretische Perspektive zum Zeitpunkt des Erscheinens ihres Buches noch nicht so scharf herausgearbeitet gewesen.

Diese Tatsache demonstrieren sie u.a. mit folgenden Beispielen:

(5-1) *Der Polizist hob seine Hand und stoppte das Auto.*
(5-2) *Ich ging heute morgen zu drei Drogerien.*
(5-3) *Ich mag Äpfel.*

In (5-1) kommt die wichtige Tatsache, dass tatsächlich der Fahrer auf die Bremse tritt und damit das Auto zum Anhalten bringt im Satz gar nicht explizit vor. Dass in (5-2) gerade kommuniziert werden soll, dass der Sprecher / die Sprecherin etwas kaufen wollte, und dass das Gewünschte in zwei Drogerien nicht vorhanden war, erschließt sich ebenfalls nur aufgrund zusätzlichen Wissens. Dass es in (5-3) um das „gerne essen" der Äpfel geht (und nicht etwa um eine ästhetische Vorliebe für ihre Form, Farbe usw.), ist ebenfalls implizites verstehensrelevantes Wissen. Schank / Abelson schließen daraus: „Der Leser bringt ein großes Repertoire von Wissensstrukturen in die Verstehens-Aufgabe ein."[13] (In diesem Kontext erwähnen sie auch die für die Erklärung solcher Phänomenen vorgeschlagenen Begriffe *Frame* – nach Minsky 1974 – und *Schema* – nach Rumelhart 1975 –, gehen aber nicht näher auf diese Begriffe, und auch später nicht mehr auf ihre Beziehung zu ihrem eigenen Modell ein.) Eine Wissensanalyse – so ihr konkretistisches Credo – muss diese Wissensstrukturen in ihren konkreten Inhalten und Ausgestaltungen erschließen.[14] Dem wollen sie konsequent in ihrem Ansatz folgen.

Sie gehen also offenbar davon aus, dass eine abstrakte Theorie der Wissensstruktur (wie sie etwa in einem allgemeinen Frame-Modell wie bei Minsky oder Barsalou angestrebt wird) wenig nützlich ist. Vielmehr müsse man stets die Struktur spezifischer Wissensschemata beschreiben. In diesem Punkt gehen sie in eine ähnliche Richtung wie Fillmore vor allem im FrameNet-Projektverbund. Es fragt sich jedoch, ob mit einer solchen Haltung nicht das Kind mit dem Bade ausgeschüttet wird. In diesem Punkte ist Minskys Herangehensweise viel variabler, indem er ein allgemeines Modell für Wissensstrukturen entwirft, das die Basis der konkreten Beschreibungen einzelner Wissens-Teilstrukturen liefert. Auch die bei Barsalou (1992) besonders herausgestellte Rekursivität von Frame-Strukturen ist hier viel erklärungsstärker als das konkretistische, ad-hoc-theoretisierende und inhaltsverhaftete Vorgehen bei Schank / Abelson (und tendenziell Fillmore bzw. FrameNet).

Basis des Skript / Pläne / Ziele-Modells ist die „Conceptual Dependency Theory" von Schank (1975). Diese Theorie folgt folgenden Basisaxiomen:

(A) „Für alle zwei Sätze, die in ihrer Bedeutung identisch sind (unabhängig von der Sprache) sollte es nur eine Repräsentation geben.
(B) Jede Information in einem Satz, die implizit ist, muss in der Repräsentation der Bedeutung des Satzes explizit gemacht werden.

---

[13] Schank / Abelson 1977, 10. – Der Frame-Begriff wird von ihnen ganz übergangen; auf den Schema-Begriff gehen sie ein wenig ein: „Allerdings ist es ein weiter Weg von der Idee, dass hochgradig strukturiertes Wissen den Verstehensprozess dominiert, zu der Aufschlüsselung der Details der geeigneten Strukturen. Es bringt einen nicht viel weiter zu sagen, dass Schemata wichtig sind: man muss auch den Inhalt der Schemata kennen." (a.a.O.) Damit plädieren sie dafür, dass die eigentlichen Erklärungsprobleme in den Details der Schemata liegen. Sie übersehen dass die Frame-Theorie gerade für die angemessene Unterscheidung und Erklärung solcher Details ein geeignetes Modell anbietet. (Möglicherweise ist es aber gerade die Konkurrenz zu ihrem eigenen Ansatz, die sie dazu veranlasst ...)

[14] „Eine Theorie der Wissensstruktur muss ein Zugeständnis machen an die speziellen Inhalts-Schemata." Schank / Abelson 1977, 10. – „Wann immer wir Skripts, Pläne, Ziele, Themen usw. beschreiben, versuchen wir, die Details von Mitgliedern dieser konzeptuellen Kategorien auszuarbeiten." (11)

5.1 Das Skripts-, Pläne-, Ziele-Modell von Schank & Abelson 341

(C) Die Bedeutungs-Propositionen, die der Sprache zugrundeliegen, werden Konzeptualisierungen genannt. Eine Konzeptualisierung kann handlungs- oder zustandsbezogen [active or stative] sein.
(D) Eine Handlungs-Konzeptualisierung [active] hat die Form: Handelnder, Handlung, Objekt, Richtung, (Instrument).
(E) Eine Zustands-Konzeptualisierung [stative] hat die Form: Objekt (ist in) Zustand (mit Wert)."[15]

Diese Axiome sind aus linguistischer Sicht allesamt recht problematisch. Hier interessieren uns insbesondere (C) bis (E). Abgesehen von der problematischen Redeweise von „Bedeutungs-Propositionen" und der Tatsache, dass ein Begriff wie „Konzeptualisierung" wenig hilfreich ist, solange nicht geklärt wird, was man unter einem „Konzept" versteht, fällt hier insbesondere die Verkürzung der Beschreibung des verstehensrelevanten Wissens auf Handlungs- und Zustands-Prädikate auf. Auch wenn man den Begriff „Zustand" weit auslegen kann, schleppt er doch noch Reste seines ursprünglichen konkretistischen Referenzbereichs mit: Kann man eine Idee, theoretische oder künstlerische Wissensaspekte und – agglomerationen, die zweifelsfrei keine „Handlungen" sind, wirklich zutreffend als „Zustände" beschreiben, wenn nur diese zwei Alternativen zulässig sind? Eine solche Sichtweise wäre wohl ziemlich verfälschend und würde den Eigengesetzlichkeiten des theoretisch-ästhetisch-religiösen usw. „Ideen"-Wissens wohl kaum gerecht.[16] Schank / Abelson gehen aufgrund ihrer Fixierung auf das sogenannte „Alltagswissen", das sie zudem einseitig als Handlungs- und Geschehenstypen-Wissen konzipieren, stark reduktionistisch vor. Diese freiwillige (unnötige) Reduktion entwertet ihr ansonsten interessantes Modell stark und behindert die Erreichung ihres Ziels, das Fundament für eine allgemeine „Theorie der Wissenssysteme" zu liefern. Wir werden darauf zu achten haben, ob und in welcher Form sie auf nicht-handlungsbezogenes Wissen in ihrem Konzept überhaupt noch eingehen.

Im Anschluss an die Axiome listen sie (nach Schank 1972) sogenannte „Handlungsprimitive" auf, die die Basis für das spätere Skript-Modell liefern.[17] Leider begründen die Autoren nirgendwo, warum sie mit Handlungen anfangen und einem Strukturmodell, das

---

[15] Schank / Abelson 1977, 11 f. – Axiom (A) ist linguistisch gesehen sehr problematisch. Gibt es überhaupt zwei Sätze, die ausdrucksverschieden, aber bedeutungsidentisch sind? Dies dürfte überaus selten vorkommen. Von welcher Ebene, welchem Typ von „Bedeutung" ist hier (implizit) die Rede? Gibt es andere, hier nicht erfasste Bedeutungstypen? Gibt es, so müsste man auch fragen, überhaupt eine Bedeutungs-„Repräsentation", die dem fraglichen Satz extern ist? (Als externe Größe konzipiert werden kann?) – Auch das in Axiom (B) ausgedrückte Postulat der maximalen Explizitheit einer Bedeutungsparaphrase bzw. –beschreibung ist nicht unproblematisch. Hier muss man fragen: Ist maximale Explizitheit prinzipiell überhaupt möglich? Wo liegen gegebenenfalls ihre Grenzen? – Indirekt hat es bei diesen Axiomen den Anschein, als sei mit „Repräsentation" vor allem das Ergebnis einer wissenschaftlichen Explikation gemeint, also nicht: kognitiv! (Oder meinen sie nur: die Darstellung auf einem Computer? Das wäre ziemlich wenig.)

[16] Zu denken wäre etwa an all die Sorten von Wissen, an die Forscher wie etwa Michel Foucault in seiner „Ordnung der Dinge" oder seiner „Archäologie des Wissens" gedacht hat, die aber auch Thomas S. Kuhn mit seinem (von Minsky zustimmend erwähnten) Paradigma-Begriff erfassen wollte – überhaupt das meiste, was in der klassischen „Epistemologie", Ideengeschichte, Begriffsgeschichte, der gesamten modernen historischen Semantik und Wissensanalyse zum Gegenstand wird. All das wäre mit Schank / Abelsons handlungs- und geschehens-fixierter Begrifflichkeit kaum angemessen zu erfassen.

[17] ATRANS (Transfer abstrakter Relationen wie Besitz, Kontrolle), PTRANS (Transfer physischer Objekte), PROPEL (Anwendung physischer Kraft auf Objekte), MOVE (Bewegung eines Körperteils eines Lebewesens aus sich heraus), GRASP (Halten / Greifen eines Objekts durch Handelnde), INGEST (Einnehmen eines Objekts, wie essen, rauchen, atmen), EXPEL (Ausstoßen eines Objekts aus dem Körper), MTRANS (Transfer mentaler Informationen zwischen oder in Individuen), MBUILD (Aufbauen neuer aus alten Informationen), SPEAK (Lauthervorbringung), ATTEND (Richten eines Sinnesorgans auf etwas). Schank / Abelson 1977, 12 f.

für das gesamte Wissen gelten soll, Handlungsprimitive zugrundelegen. Zwar kann man in ihrem Ansatz eine gewisse Parallele zum Frame-Modell von Fillmore entdecken, doch ist dies bei Fillmore viel besser begründet, da er mit der Orientierung auf auch explizit als solche beschriebene Prädikationen die valenztheoretischen, verbsemantischen, satzsyntaktischen und aussagenlogischen Wurzeln seines Modells deutlich herausstellt. Was Schank / Abelson in (D) benennen, entspricht den Frame-Elementen in Fillmores prädikativem, auf Verbrahmen basierendem Frame-Modell; was sie in (E) beschreiben, ist ganz direkt eine Prädikation. Wenn man so vorgeht, müsste man zuallererst deutlich machen, was man unter einer Prädikation versteht und wie man sie genau beschreiben will. Auch: Welchen Status Prädikationen im eigenen Modell des Wissens haben sollen. Nach gängigem Verständnis operieren Prädikationen über Konzepten. Von „Konzeptualisierungen" zu sprechen, aber Prädikationen bzw. Kerne von ihnen (wie die „Handlungsprimitive"), oder ihre Elemente (wie in (D)) zu nennen, schafft Verwirrungen, die allererst durch ein angemessenes theoretisches Modell aufgeklärt werden müssten, bevor man weitermacht. Dies unterbleibt hier jedoch.[18] – Zudem laden sich die Autoren mit ihrer Vorgehensweise dieselben Probleme auf, wie sie bei den frühen Versuchen der Erstellung vollständiger Kasusrollen-Listen bestanden.[19] Selbst Fillmore – als Begründer der Kasusrollen-Idee – hat nicht zufällig schon früh diese Versuche als im Ansatz verfehlt erkannt und stattdessen sein Frame-Modell entwickelt, das auf die Formulierung solcher nur scheinbar abstrakter und allgemeiner „Rollen-Primitive" verzichtet und sie durch konkrete lexikographische Beschreibungen für existierende Prädikatsausdrücke (in Frame-theoretischen Termini) ersetzt.[20]

Weitere Elemente werden dem Modell hinzugefügt, so z.B. „Konzeptualisierungen, die Attribut-Werte-Feststellungen sind".[21] Die angeführten Beispiele kommen nicht nur dem problematischen, schon beim Versuch der Erstellung universaler Kasusrollen-Typologien gescheiterten Versuch der klassifikatorischen Ordnung der gesamten Welt nahe, sondern erinnern stark an die den Linguisten bekannten Wortfelder, die in der dargebotenen Form einer gewissen Beliebigkeit nicht entbehren. All solche Aufstellungen sind hochgradig von einem spezifischen, gesellschaftlich gewachsenen und gruppen-idiosynkratischen Wissen abhängig, das stark kulturabhängig und alles andere als „grundbegrifflich" auf einem auch

---

[18] Ich habe hier nicht zufällig auf das „gängige Verständnis" in der Kognitionswissenschaft und Linguistik angespielt. Bei näherer Betrachtung ist im Prinzip nichts dagegen einzuwenden, Prädikationen Konzept-theoretisch zu beschreiben. Nur braucht man dann auch einen Konzept-Begriff, der dies erlaubt, und der vor allem deutlich macht, worin die Unterschiede zwischen prädikativen und nicht-prädikativen Konzepten bestehen. Dies unterbleibt in der hier angesetzten Conceptual Dependency-Theorie jedoch völlig.

[19] Diese Probleme hat Fillmore 2003a, 466 ausführlich (auch selbst-) kritisch beleuchtet. Siehe dazu oben Kap. 2.2, S. 39 (Fußnote 56).

[20] Solche Einwände offenbar vorausahnend schreiben Schank / Abelson 1977, 14: „Die genannten Handlungs-Primitive sind keine Kategorien-Namen für Verben". Es geht jedoch kein Weg daran vorbei, dass sie Kategorien-Namen für Elemente von Handlungen sind. Da als „Handlungen" im Wissen einer Gesellschaft nur das existiert, wofür es *Handlungsbegriffe* gibt, Handlungsbegriffe aber typischerweise als Verben sprachlich realisiert werden, sind die hier beschriebenen Handlungsprimitive doch (auch) Kategoriennamen für Verben, bzw. für Aspekte von Verb-Bedeutungen. Fillmore und FrameNet haben dies klar erkannt und mit ihrem lexikologischen Frame-Modell die Konsequenzen daraus gezogen, Schank / Abelson offenbar nicht.

[21] Genannt werden etwa HEALTH (mit Werten wie: *tot, krank, angeschlagen, erträglich, vor Gesundheit strotzend*), ANTICIPATION (mit Werten wie: *erschreckt, nervös, hoffend, zuversichtlich*), MENTAL STATE (mit Werten wie: *gebrochen, depressiv, in Ordnung, glücklich, ekstatisch*), PHYSICAL STATE (mit Werten wie: *Ende der Existenz, beschädigt, o.k., perfekt*), AWARENESS (mit Werten wie: *tot, unbewußt, schlafend, wach, hellwach*). Schank / Abelson 1977, 15.

5.1 Das Skripts-, Pläne-, Ziele-Modell von Schank & Abelson 343

nur irgendwie als solchem verstehbaren kognitiven Level ist. Nach diesen axiomatischen Vor-Festlegungen wenden sich die Autoren der Theorie des Gedächtnisses zu.

Zuvor stellen sie noch fest, dass für jede im Gedächtnis gespeicherte Information eine „kanonische Form" erforderlich ist. Dabei bleibt jedoch unklar, was genau mit diesem Terminus[22] gemeint sein soll. (Es könnte sich um eine abstrakte „Form" handeln, jedoch lehnen sie ja höhere Abstraktionsebenen bei der Beschreibung der Struktur des Wissens eigentlich strikt ab. Wenn es eine ‚inhaltlich bestimmte kanonische Form' sein sollte, dann handelte es sich um das, was man Prototypen oder Stereotypen nennt.) Wie Bartlett und Minsky gehen auch Schank und Abelson davon aus: „Gedächtnis und Sprache sind unauflösbar miteinander verbunden." (17) Allerdings favorisieren sie im Unterschied zu diesen einen eher eingeschränkten Begriff von „Gedächtnis":

> „Wir beziehen uns dabei auf das episodische Gedächtnis. Eine episodische Theorie des Gedächtnisses postuliert, dass das Gedächtnis rund um persönliche Erfahrungen und Episoden organisiert ist, und nicht in Form von abstrakten semantischen Kategorien. Wenn das Gedächtnis um persönliche Erfahrungen organisiert ist, dann muss eine der Haupt-Komponenten des Gedächtnisses eine Prozedur für das Erkennen wiederholter oder ähnlicher Sequenzen sein." (17 f.)

Diese Festlegung ist aus einer gewissen Sicht plausibel, aus anderer Sicht aber nicht unproblematisch. Plausibel wäre sie, wenn man die Sicht Fillmores einnimmt, der die Frames phasenweise auf (weitestgehend als alltagsweltlich verstandene) „Szenen" zurückgeführt hat, die ebenfalls einen quasi-episodischen Charakter haben. In dieser Sicht wären die „Szenen" Fillmores sogar gedächtnistheoretisch hoch relevant.[23] Man könnte sich auch auf Bartlett berufen, dessen „Settings" (oder „Schemata") ebenfalls als Ketten persönlicher Erfahrungen – mit Anmutungen des „Episodischen", „Szenischen" – definiert waren (allerdings auf einem sehr viel fundamentaleren Level des Gedächtnisses als die „Szenen" Fillmores). Aus der Sicht einer umfassenden Erklärung der Strukturen des *gesamten* (verstehensrelevanten) menschlichen Wissens jedoch[24] kommen Zweifel auf, ob eine so stark episodisch definierte Gedächtnistheorie dem „theoretischen", „ideenbezogenen" Wissen (das man auch als „statisch" oder „nicht-handlungs-bezogen" oder „nicht-verlaufs-bezogen" bezeichnen kann – allesamt selbst wieder nicht unproblematische Metaphern), und damit großen und zentralen Teilen des menschlichen Wissens in Gesellschaften unseren Typs, gerecht werden kann.

Der Hinweis auf das „Erkennen wiederholter oder ähnlicher Sequenzen" lässt sich in Anlehnung an Bartlett auch als Hinweis auf die dort besprochenen Parallelen zwischen allgemeiner Gedächtnistheorie und spezieller Theorie der Konventionen (z.B. sprachlicher Zeichen) lesen. Die für (sprachliche, z.B. semantische) Konventionen einschlägigen Merkmale wie „Kette von Präzedenzfällen", „Iteration", „Stereotypisierung" würden hier Gedächtnistheorie mit der Konventionsproblematik verbinden. Ebenfalls zu finden[25] ist ein Anklang an die „slots-fillers"-Terminologie der Frame-Theorie.– Auch wenn es völlig

---

[22] „Da das Gedächtnis Informationen idealerweise nur auf eine Weise speichert erfordert jeder Musterabgleich [pattern matching], der gegenüber im Gedächtnis gespeicherten Informationen vorgenommen werden muss, eine kanonische Form für diese Information." Schank / Abelson 1977, 16.

[23] Dies würde ganz gut dem *common-sense*-Denken Fillmores entsprechen.

[24] Also aus einer Perspektive, die weder auf dem Bildschirm von Fillmore und Bartlett war, und es sicher auch nicht auf dem von Schank / Abelson ist.

[25] „Wenn eine Standard-Wiederholungs-Sequenz erkannt wird, ist es hilfreich, im Verstehen die Leerstellen auszufüllen [filling in the blanks]. Ein großer Teil des Sprachproduktions-Verhaltens kann so erklärt werden." Schank / Abelson 1977, 18.

344   *Kapitel 5: Frame-theoretische Ausdifferenzierungen*

berechtigt und sympathisch ist, dass Schank und Abelson abstrakte Begriffs-Hierarchien als Modell für das Gedächtnis (und die Struktur des menschlichen Wissens) ablehnen (18), schießt die extreme Gegenposition dazu, die sie beziehen, in ihrer Radikalität weit über das Ziel hinaus: „Die oberste Organisationsform des Gedächtnisses ist eine Sequenz von Episoden, die grob entlang der Zeitachse des eigenen Lebens organisiert ist." (19) Aus Sicht einer kulturwissenschaftlichen Semantik und Wissenstheorie kann (wie schon wiederholt bemerkt) die Richtigkeit dieser Hypothese mit guten Gründen bezweifelt werden.

Bei Schank / Abelson wird alles, was nicht episodisch ist, den episodischen Strukturen zu- und untergeordnet,[26] erscheint somit als bloßes Anhängsel von für wesentlicher gehaltenen Strukturen des Wissens. Eine solche Sicht ist aus allgemeiner wissenstheoretischer Perspektive hochproblematisch und letztlich unhaltbar. Der Versuch, in diesem Erklärungsrahmen „nominale Konzepte" zu verorten, muss aus linguistischer Sicht als gescheitert betrachtet werden.[27] Erst ganz am Ende ihres Argumentationsgangs gestehen sie (etwas versteckt und vielleicht verschämt) zu, dass „nicht alles Wissen notwendigerweise episodisch ist" (19). Woran sie dabei denken: „z.B. nicht das aus Büchern gelernte, das könnte stärker ‚semantisch' organisiert sein." Jetzt auch: „Die ganze Frage episodisches vs. semantisches Gedächtnis ist kontrovers." Ganz abgesehen von dem äußerst fragwürdigen Verständnis von „semantisch", das in solcherlei Dichotomien durchschimmert (soll das Reden über Episodisches dann bitteschön nichts mit „Semantik" zu tun haben?), wäre dies in der Tat eine ziemlich irreführende, und zudem nutzlose Unterscheidung! Schließlich lassen sie doch die Katze aus dem Sack: „Unsere klare Präferenz für den episodischen Modus ist teilweise eine Funktion des nicht-akademischen Charakters der Art von Wissen, an der wir interessiert sind."[28] Es ist einfach nur ihr ziemlich eng begrenztes persönliches Erkenntnis-

---

[26] „Im Gegensatz dazu [abstrakte Begriffs-Hierarchien] ist das Modell des episodischen Gedächtnisses organisiert um Propositionen, die dadurch miteinander verbunden sind, dass sie in demselben Ereignis oder derselben Zeitspanne auftreten. [...] Objekte werden gewöhnlicherweise definiert durch ihren Platz in einer Sequenz von Propositionen, die die Ereignisse beschreiben, die für ein Individuum mit einem Objekt assoziiert sind. Ein Ausflug wird im Gedächtnis als eine Sequenz von Konzeptualisierungen gespeichert, die das beschreiben, was auf dem Ausflug passierte. Manche dieser Konzeptualisierungen werden als wesentlich [salient] markiert, andere werden vergessen." Schank / Abelson 1977, 18. Hier nehmen die Autoren das „Episodische" sehr – zu – wörtlich. – Aufgrund ihrer Fixierung auf das Episodische und Handlungsbezogene kommt ihnen gar nicht in den Sinn, dass außer solchen ‚Objekten in episodischen Gedächtnisstrukturen' auch andere wichtige Typen epistemischer „Entitäten" existieren – nicht zuletzt die von ihnen als Wissenschaftler ja selbst reichhaltig definierten und besprochenen theoretischen Entitäten, mit denen sie ihr Modell bevölkern – die alles andere als „episodischen" Charakter haben (und mit Verweis darauf nicht annähernd zutreffend erklärt werden können)! – Die zitierte Definition wirft weitere Frage auf: Woher weiß man, was „dasselbe Ereignis" ist? Wann, unter welchen Bedingungen es das ist? Was sind Kriterien für „salient conceptualizations"? Wie erkennt man die?

[27] „Nominale Konzepte [sie denken offenbar vorwiegend an Konkreta] passen in dieses Modell mit einer zweiteiligen Definition: (1) Eine funktionale Definition, welche die hervorspringenden [salient] Ereignisse über spezifische Episoden, in denen Nomina aufgetreten sind, zu verallgemeinern versucht. Die vollständige funktionale Definition eines gegebenen Nomens listet alle unterscheidbaren Vorkommensfälle dieses Nomens auf, die im Gedächtnis präsent sind. (2) Eine physische Definition eines spezifischen Mitglieds einer Klasse, die definiert werden soll." Schank / Abelson 1977, 18. Meinen sie mit „Nomen" hier Wörter (Wortarten) oder kognitive bzw. Gedächtnis-Einheiten? Wäre es im letzten Falle nicht problematisch, die grammatisch begründeten Wortarten-Typen vorschnell mit kognitiven Entitäten zu amalgamieren?

[28] Schank / Abelson 1977, 19. Es ist zu befürchten, dass dieser äußerst enge Interessen-Horizont typisch ist für einen großen Teil der modernen Kognitionswissenschaft. Bei allen Leistungen (und auch den ansonsten hoch-interessanten Überlegungen, die Schank / Abelson selbst ansonsten anstellen), die diese erbracht haben, schränkt das die Erklärungskraft dieses Wissenschaftszweiges möglicherweis doch sehr

5.1 Das Skripts-, Pläne-, Ziele-Modell von Schank & Abelson

interesse, das sie zu ihren problematischen theoretischen Engführungen veranlasst. Leider nur passt diese Engführung gar nicht zu dem in der Einleitung hinausposaunten Ziel einer allgemeinen „Theorie der Wissenssysteme". Eine wie hier so stark begrenzte Theorie schrumpft sehr schnell auf eine äußerst geringe Erklärungskraft bzw. Reichweite. Dass aus einem so stark beschränkten Interesse nur eine ebenso beschränkte Theorie folgen kann, kommt den Autoren merkwürdigerweise nicht zu Bewusstsein.

Die Autoren beanspruchen, mit ihrem Modell besser und detaillierter (als Psychologen und Linguisten) erklären zu können, wie im Sprachverstehen Wissen wirksam wird (20). Zu Recht weisen sie (wie bereits Bartlett und Minsky – und teilweise auch Fillmore) darauf hin, dass ein Großteil des verstehensrelevanten Wissens unbewusst bleibt, und dass dieses Wissens sehr viel umfassender ist, als es den meisten Linguisten in den Sinn kommt. Siehe folgendes Beispiel:

(5-4) *In New York fragt einer, wie er nach Coney Island kommt, und erhält die Antwort, den „N"-Zug zu nehmen.*

Diese Anweisung kann nur befolgt werden, wenn sie mit einer großen Menge Wissen aufgefüllt wird (20). Die Autoren nennen dieses Wissen ein „Skript".[29] Mit Bezug auf solche Beispiele betonen sie: „Wir fragen unablässig: Was muss ein Verstehender wissen, um die fehlenden Inferenzen auszufüllen?" (21) Damit stellen sie die grundlegenden Fragen für ihre Theorie ebenso grundsätzlich und umfassend, wie dies Bartlett, Minsky und Fillmore getan haben, und wie es aus der Sicht einer verstehenstheoretisch reflektierten („epistemologischen") Semantik dringend erforderlich ist. Bei allen Beschränkungen ihres Modells rechtfertigt diese grundsätzliche (und grundlagentheoretische) Orientierung der Autoren es doch, dass man ihr Modell im Rahmen der Begründung der Frame-Semantik ernsthaft auf weiterführende und verwendbare Einsichten hin prüft.

5.1.2 Skripts und Kausalketten

Aus der Hypothese der episodischen Struktur des Wissens (bzw. genauer: des Teils des Wissens, für den sich die Autoren überhaupt interessieren) leiten Schank und Abelson den zentralen Begriff ihrer Theorie ab:

„Manche Episoden sind Reminiszenzen an andere. Als eine ökonomische Maßnahme in der Speicherung von Episoden werden Episoden, wenn genug von ihnen einander ähnlich sind, in Form [in terms] einer standardisierten verallgemeinerten Episode gespeichert, die wir ‚Skript' nennen."[30]

---

stark ein. In diesem Punkt waren bereits Bartlett, insbesondere aber Fillmore und Minsky schon sehr viel weiter (und klüger), die – ohne auf die Problematik des von Schank / Abelson mit anscheinend etwas abfälligen Unterton „Buchwissen" genannten wichtigen Teils der Episteme überhaupt explizit einzugehen – die wichtige Rolle des kulturellen Wissens ohne Unterschied besonders betont haben.

[29] Ist diese Sichtweise gerechtfertigt? Gehören wirklich *alle* epistemischen Voraussetzungen in einem Beispiel wie diesem zu einem „Skript"? Das kann kaum sein und vernachlässigt die Stufung und verschiedenen Typen des verstehensrelevanten Wissens. Für solche geschachtelten Wissensstrukturen ist ein (sehr viel grundsätzlicher und damit allgemeiner angelegtes, und vor allem rekursives) Frame-Modell sehr viel besser geeignet, es sei denn, man weitet das „Skript"-Modell so weit aus, dass es sich von einem „Frame" nicht mehr unterscheidet. Dann sollte man es aber auch nicht „Skript" nennen.

[30] Schank / Abelson 1977, 19. Weiter: „Statt für jeden Restaurantbesuch die Details dessen, was im Restaurant passierte, aufzulisten, listet das Gedächtnis lediglich einen Verweis [pointer] (eine Verbindung

346   *Kapitel 5: Frame-theoretische Ausdifferenzierungen*

Die hier artikulierte Grundidee einer recht konkretistischen Struktur aus Wissenselementen, in der nur die regelmäßig wiederkehrenden Elemente abstrahiert abgespeichert werden, ist zwar nicht völlig unplausibel, bleibt aber, da sie auf die explizite Einführung einer slot-filler-Struktur verzichtet, deutlich hinter dem Frame-Modell zurück.[31]

Im Vorgriff auf die nähere Ausführung des Skript-Begriffs beschäftigen sich die Autoren unter der Überschrift „Kausalketten" (causal chains) jedoch zunächst mit einigen grundlegenden Bedingungen des Textverstehens. Sie weisen dabei auf einige wichtige Aspekte hin, wie sie heute zum Allgemeinwissen der Textlinguistik (zumindest in ihrer europäischen Variante) gehören, aber damals – gerade auch unter Linguisten – alles andere als selbstverständlich waren.[32] Speziell erwähnen sie die *Übersummativität* (und Über-Kompositionalität) der Textbedeutung, die *Implizitheit* der in einem Text verbalisierten Informationen, die daraus folgende zentrale Rolle der *Inferenzen*, und das Problem der *Kohärenzstruktur* von Texten, insbesondere im Hinblick auf die *Anaphorik*. Sie gehen in ihrem Modell nun davon aus, dass „die Konnektivität hergestellt [wird] durch Kausalbeziehungen verschiedener Typen" (23), und dass man „im Verstehen fehlende Kausalkettenglieder ergänzen" muss. Die Prinzipien und Regeln für solche Inferenzen gelte es herauszufinden.

Schank und Abelson nennen Beispiele dafür, dass wir zwar formal in Texten oder Aussagen (also ausdrucksseitig) Verhältnisse wie Kausalbeziehungen darstellen, die jedoch nicht immer „wirklich" kausal seien:

(5-5) *John weinte, weil Mary ihm gesagt hatte, dass sie Bill liebt.*
(5-6) *Joe verbrannte seine Hand, weil er den Ofen berührt hatte.*
(5-7) *Joe verbrannte seine Hand, weil er vergessen hatte, dass der Ofen an war.*

In (5-5) sei nicht der Sage-Akt Marys, sondern Johns Traurigkeit ob des Inhalts der Mitteilung die wahre Ursache für Johns Weinen. (5-6) drücke eine „echte Kausalbeziehung" aus, während in (5-7) eine direkte Kausalbeziehung nicht bestehe. In (5-7) sei etwa das Wissen (oder die Annahme) unterstellt, dass ein mentales Ereignis eine physische Folge hat. Dies sei aber kein „echtes" Kausalverhältnis.[33] Nach Schank / Abelson verstehen wir einen Text,

---

[link]) zu dem, was wir Restaurant-Skript nennen, und speichert nur die Elemente dieser spezifischen Episode, die signifikant verschieden waren vom Standard-Skript, als die einzigen spezifischen Elemente in der Beschreibung dieser Episode."

[31] Ist z.B. die Frage bei einem Restaurant-Skript, ob die Bedienung ein Mann oder eine Frau ist, ob hässlich oder hübsch usw. im Sinne der Autoren eine „spezifisches Element eines Skripts"? Oder eine spezifische Ausfüllung einer Leerstelle? Solche Fragen müssten geklärt werden, wenn dieses Modell auf gleicher Augenhöhe mit der Frame-Theorie konkurrieren wollte.

[32] „Die Bedeutung eines Textes ist mehr als die Summe der Bedeutungen der einzelnen Sätze, die er enthält." – „Beim Sprechen und Schreiben lassen die Menschen beständig Informationen aus, von denen sie annehmen, dass sie unschwer vom Hörer oder Leser erschlossen werden können." – „Indem wir uns mit dem Problem befassten, wie man die Bedeutung eines Textes repräsentieren kann, stießen wir auf das Problem, welche Verbindungen implizit in einem Text existieren. Eines, das Leute auslassen, wenn sie reden, sind die Konnektoren des Textes." Schank / Abelson 1977, 22 f.

[33] „Wir wissen, dass dies nicht sein kann; also erschließen wir mögliche Zwischenglieder, die die eindeutigen Kausalbeziehungen wieder herstellen." Schank / Abelson 1977, 24. – Die Autoren unterliegen bei ihrer Unterscheidung von „vermeintlichen" und „echten" Kausalbeziehungen offenbar einem grundsätzlichen Missverständnis über das Wesen von „Kausalität". Nichts spricht z.B. in (5-5) dagegen, eine Kausalkette zu konstruieren, die von der Tatsache, dass Mary Bill liebt, über ihre Mitteilung an John, dass dies so ist, und die Traurigkeit Johns, die durch diese Mitteilung (oder – je nachdem, wie man das sehen will – die mitgeteilte Tatsache) „verursacht" ist bis zu Johns Tränen reicht. Und auch in (5-7)

5.1 Das Skripts-, Pläne-, Ziele-Modell von Schank & Abelson

indem wir für ihn „Kausalketten anlegen". D.h. wir füllen die Lücken zwischen den verbal explizierten Kettengliedern durch Inferenzen so lange aus, bis wir zu einer ununterbrochenen Kausalkette kommen.Dieses Modell des Textverstehens ist wieder (wie auch der Skript-Begriff) sehr aus der Perspektive der sprachlichen Beschreibung von Handlungen und Ereignissen gedacht, und trifft wiederum nicht auf das von den Autoren gering geschätzte „Buchwissen" zu. Bei solchem Wissen können die erforderlichen Lückenschließungen sehr komplex und umfassend sein (und den Originaltext an „Umfang" um ein Vielfaches überschreiten). Macht es dann noch Sinn, von „Kausalität" zu sprechen? Würde man dies so sehen, dann müsste man letztlich alles Wissen als kausal organisiert auffassen.[34] Das wäre aber eine ziemlich weitreichende These, mit der man sich große theoretische Probleme aufhalsen würde. Der Nutzen eines solchen theoretischen Vorgehens erschließt sich aus der Perspektive einer semantischen Wissensanalyse, die auch anderes Wissen als nur Handlungs- und Ereignis-Wissen im Blick hat, ganz und gar nicht. Worum es den Autoren offenbar eigentlich geht, ist die Formulierung eines „Systems von Regeln der Inferenz".[35] Die Beispiele für solche Regeln, die sie vortragen, sind interessant und in der Sache auch nicht falsch, werfen jedoch dieselbe Frage auf, wie bereits die „Handlungsprimitive": Sie kommen dem Versuch gleich, alle Verhältnisse, die in der Welt zwischen Entitäten höchst unterschiedlichen Charakters (Sachverhalte, Handlungen, mentale Zustände, um nur die wichtigsten zu nennen) bestehen können, in ein klassifikatorisches Schema zu zwingen. Solche Versuche sind jedoch spätestens seit dem Begriffs-Klassifikationismus des 18. Jahrhunderts als gescheitert zu betrachten und nicht ernsthaft (mit Aussicht auf Widerspruchs- und Redundanz-Freiheit sowie Vollständigkeit) möglich.[36] Zutreffend ist indes ihre Beobachtung, dass „Wortbedeutungen" oft auf komplexes implizites Wissen über Kausalketten (bzw. Konstruktionen kausaler Zusammenhänge) zurückgreifen und ohne dieses Wissen, das in gängigen lexikographischen Bedeutungsbeschreibungen durchgehend übergangen wird, nicht angemessen semantisch beschrieben werden können (28).

---

reicht eine ununterbrochene Kausalkette von Joes Vergessen, dass der Ofen heiß ist, über sein Anfassen des Ofens, bis zur Brandwunde an seiner Hand. – Schank / Abelson übersehen offenbar, dass „Kausalität" ein Ordnungsprinzip ist, mit dem *Menschen* sich ihre Welt *deuten*. Wie Philosophen wie z.B. Georg Henrik von Wright 1974, Kap. III, deutlich herausgearbeitet haben, ist das, was wir als „Kausalbeziehung" deuten, immer nur ein Ausschnitt aus der unendlichen Kette von Ursache-Wirkungs-Zusammenhängen. Statt also in einem naiven Objektivismus Kausalität „in der wirklichen Welt" anzusiedeln, wie hier die Autoren (und dann in problematischer Weise zwischen „echter" und „vermeintlicher" Kausalität zu unterscheiden nur weil zwischen A und B mehr als ein Kettenglied liegen), wäre es vermutlich angemessener, „Kausalität" im Reich der Schemata zu verorten, mit der wir die Verhältnisse in der Welt erkennen, ordnen und damit deuten.

[34] Dies ist wohl tatsächlich die Tendenz von Schank / Abelson 1977, vgl. 24, wo sie in einem Atemzug eine „komplexe Semantik, oder Weltwissensspeicher" erwähnen.

[35] Zu diesem Zwecke formulieren sie Kausalketten-Regeln wie etwa „CS1 Handlungen können Zustände als Resultat haben, CS2 Zustände können Handlungen ermöglichen, CS3 Zustände können Handlungen verhindern, CS4 Zustände (oder Handlungen) können mentale Zustände hervorbringen, CS5 Mentale Zustände können Gründe für Handlungen sein." Schank / Abelson 1977, 25 ff.

[36] Schank / Abelson erweitern ihre Liste ständig um hochkomplexe, schwierige Begriffe (*Handlung, Zustand, mentaler Zustand, Gründe*), die sie nicht erläutern. Auf diese Weise rückt Stück für Stück komplexes und spezifisches kulturelles Wissen in das ein, was doch eigentlich fundamentale Prinzipien sein sollen. Sie formulieren ein Weltmodell westlich-abendländischer Rationalität, von dem recht zweifelhaft ist, ob es für ein universales Prinzip menschlichen Denkens überhaupt (das heißt für alle Kulturen der Welt) gelten kann.

348   *Kapitel 5: Frame-theoretische Ausdifferenzierungen*

Im Grunde fundieren Schank und Abelson das gesamte verstehensrelevante Wissen in Kausalketten (so wie Fillmore es auf Prädikationstypen, resultierend in Szenen reduzieren wollte).[37] Dies Vorgehen lässt jedoch viele Fragen offen: Was ist mit Eigenschaftsprädikaten? Sollen die ebenfalls als kausal organisiert aufgefasst werden? Wohl kaum. Wo wäre z.B. bei Landschaftsbeschreibungen in Romanen die Kausalität zu finden? Solche wenigen Überlegungen machen deutlich: Es wird nicht funktionieren, Kausalität als grundlegenden kognitiven Gliederungstyp für das gesamte Wissen zu etablieren. Sie ist allenfalls *ein* Grundtyp kognitiver (oder besser: epistemischer) Gliederung unter *mehreren*. Wie problematisch diese Verkürzung ist, zeigt sich daran, dass die Autoren sich bis zu der These versteigen, dass nicht kausal interpretierbare Textelemente irrelevant für die Bedeutung eines Textes seien.[38] Eine solch starke Verkürzung des Textbegriffs (bzw. Begriffs der Textbedeutung) ist kaum akzeptabel und vermutlich grundsätzlich falsch. Uneingeschränkt zustimmen kann man jedoch (und nur) ihrer generellen These: „Das Problem des Verstehens ist es, wie man das explizit machen kann, das implizit gelassen worden ist." (30) Dies trifft uneingeschränkt zu. Das Problem einer Verstehens- und Sprachtheorie liegt im *wie* des Explizit-Machens des Impliziten, doch genau in diesem Punkt sind die Überlegungen Schank / Abelsons nicht plausibel und daher wenig hilfreich. Vorläufiges Fazit also: Diagnose richtig; Therapie aber falsch oder hochproblematisch.

An diesem Punkt ihres Argumentationsganges führen die Autoren den *Skript*-Begriff ein und begründen bzw. vertiefen ihn. Sie erinnern dazu noch einmal an die zu klärenden Grundfragen einer wissensanalytischen Sprachverstehenstheorie.[39] In einem ersten Schritt zu deren Beantwortung unterscheiden sie zwei Typen von Wissen:[40] (a) allgemeines Wissen, und (b) spezifisches Wissen. Hat es auf den ersten Blick noch den Anschein, als könne damit die Unterscheidung zwischen allgemeinem Frame-Wissen und Wissen über potentielle Füllungs-Konstellationen gemeint sein (so wie zeitweilig von Fillmore zwischen allgemeinem „Frame" und konkreter „Szene" unterschieden wurde), so zeigt die Behandlung

---

[37] „Ein Text ist inkohärent, wenn keine Kausalkette konstruiert werden kann, ihn zu repräsentieren." Schank / Abelson 1977, 30.

[38] Schank / Abelson 1977, 30. „Aus Kausalketten kann eine Theorie der Wichtigkeit in einem Text abgeleitet werden. Ereignisse oder Zustände, die vielfältige Querverbindungen aufweisen, sind hinsichtlich des Textes höchstwahrscheinlich hoch signifikant. Zustände oder Ereignisse, die nirgendwo hinführen, werden wahrscheinlich vergessen." – Die typisch amerikanische epistemische (oder ästhetische, poetische) Grundhaltung, die dazu geführt hat, Filme und Romane unter Ignorierung aller interessanter Alternativen ausschließlich auf das zu reduzieren, was eine „Story" hat, muss ja nicht unbedingt auch noch in die Texttheorie, Wissensanalyse und Kognitionstheorie Einzug halten.

[39] „Wie organisieren Menschen all das Wissen, das sie haben müssen, um verstehen zu können? Was ist die Natur und Form dieses Wissens? Wie ist es organisiert? Wann kommt es zum Tragen? Wie ist es zugänglich? Über welche Stücke dieses Wissens wird nachgedacht, welche werden gebraucht, und unter welchen Umständen?" Schank / Abelson 1977, 36.

[40] Schank / Abelson 1977, 37: „(a) „Allgemeines Wissen ermöglicht einer Person, die Handlungen einer anderen Person allein deshalb zu verstehen und zu interpretieren, weil die andere Person ein menschliches Lebewesen ist." Beispiel: jemand fragt nach einem Glas Wasser. Man muss hier nicht fragen: wofür. „Aber auch wenn der Frager das Wasser benutzt, um es einem anderen ins Gesicht zu schütten und ihm die Uhr zu stehlen, haben wir keine Probleme, das zu verstehen und einzuordnen." (b) „Wir gebrauchen spezifisches Wissen, um Ereignisse zu interpretieren und an ihnen teilzunehmen, die wir viele Male erlebt haben. Spezifisches detailliertes Wissen über eine Situation erlaubt es uns, weniger Verarbeitungsschritte [processing] und Überlegen / Nachfragen [wondering] über häufig erfahrene Ereignisse zu unternehmen." Beispiel: Wir müssen nicht fragen, warum jemand im Theater unsere Eintrittskarte haben will, und was „Dritte Reihe rechts" bedeutet.

5.1 Das Skripts-, Pläne-, Ziele-Modell von Schank & Abelson   349

der Beispiele, dass dies nicht gemeint ist. Dadurch bleibt die ganze Unterscheidung in ihrer Zielrichtung und ihrem Nutzen unklar. Gerade das in den Beispielen genannte „spezifische Wissen" ist typisches Frame-Wissen (= Wissen über Typisches); aber auch das erwähnte „allgemeine Wissen" ist rahmenhaft organisiert. Es bleibt damit unklar, worin genau der Unterschied liegen soll, und daher fraglich, ob man ihn überhaupt so ziehen kann. Zustimmen kann man jedoch ihrer Diagnose, dass solches – in der Regel sprachlich unexpliziertes – Wissen (eigentlich: beider Typen) einen erheblichen Umfang annehmen kann und eine unhintergehbare Bedingung des Verstehens darstellt (38).

Für ein angemessenes Verstehen benötigt man den Autoren zufolge zwei Typen spezieller Mechanismen. Diese könnte man (allerdings in anderen Worten als die Autoren) als (a) Abgleich mit vorhandenen Schemata,[41] und (b) Inferenzielle Prozeduren charakterisieren.[42] Schritt (b) wird von den Autoren auch als „Skript-Anwenden" bezeichnet. (Dann könnte man vielleicht analog (a) als „Skript-Abrufen" bezeichnen, obwohl nicht ganz sicher ist, ob die Verfasser dies wirklich so meinen.) Im Grunde zielen Schank und Abelson mit ihrer Unterscheidung auf das Faktum der Ausfüllungsbedürftigkeit jeder verbalen (versprachlichten) Struktur ab. So stellen sie fest: Nicht alle Details müssen verbalisiert werden (38). Dies ist richtig, doch ist ebenso wichtig, dass man sich klar macht, dass dies in einem strikten Sinne (als Verbalisierung sämtlicher verstehensrelevanter Wissenselemente) auch gar nicht möglich wäre. Dies sieht aber etwa Minsky sehr viel klarer als Schank / Abelson. Sehr verwunderlich ist, dass die Autoren an dieser Stelle nicht die nahe liegende (und später in der Skript-Definition benutzte) slot-filler-Dichotomie als *allgemeines* Prinzip einführen. Ihre ganzen Beispiele zeigen, dass ihre Vorstellungswelt sehr stark an dem einmal zugrunde gelegten Geschichten-Modell der Skripts hängen bleibt. („Ein Geschichten-Versteher muss alle Teile der Geschichte ausfüllen, die ausgelassen wurden." A.a.O. 39)

Dies zeigt sich besonders auch an ihrer Annahme, dass ein Verstehen ohne Skript-Bezug grundsätzlich möglich sein müsse. Siehe ihr Beispiel:

(5-8) *John wollte eine Zeitung. Er fand eine auf der Straße. Er las sie.*

Dies Beispiel zeigt sehr gut, dass ihr Skript-Begriff viel zu eng und viel zu konkretistisch ist. Natürlich basiert auch hier das Geschichten-Verstehen auf Frame-Wissen, indem im Frame WIE KOMME ICH AN EINE ZEITUNG RAN? der Standard-Filler-Unter-Frame KAUFEN durch den Unter-Frame FINDEN ersetzt wird. Beides referiert auf typisches Alltagswissen (ausgelesene Tageszeitungen liegen häufig irgendwo rum) und ist daher problemlos gegeneinander austauschbar. Die Behauptung, zum Verstehen von (5-8) bedürfe es keines Skript-

---

[41]   Schank / Abelson 1977, 38: „Man muss in der Lage sein, sich auf eine häufige Ereignissequenz in einer abgekürzten Weise / skizzenhaft [in a sketchy manner] zu beziehen." Beispiel: „Es wäre ein öder und höchstwahrscheinlich nie endender Prozess, den Versuch zu unternehmen, jedes fehlende Ereignis in einer Kausalkette zu entdecken." – Dies ist richtig. Aber warum gehen sie nicht der Frage nach, *warum* das so ist, und was das über die *Natur von Kausalität* und den *Charakter / Status von Kausalketten* aussagt? Würden sie dies tun, würden sie nämlich entdecken (müssen), dass ihre CD-Theorie und das Kausalketten-Konzept nicht so einfach sind, wie sie vorgeben. Kausalketten sind nämlich selbst Ergebnisse menschlicher (mentaler) Konstruktionstätigkeit! Sie können darum eigentlich kein voraussetzungsloses Fundament einer Kognitions- oder Wissenstheorie (auch nicht einer Verstehenstheorie) sein. Schank / Abelson missachten völlig die erheblichen erkenntnistheoretischen (und kognitionstheoretischen) Implikationen ihrer Hypothesen. Für eine erkenntnistheoretisch reflektierte semantische Epistemologie ist dies zu wenig, darum fatal und zu irreführend.

[42]   „Zweitens braucht man einen Mechanismus für die Entdeckung von Schritten, die aus einer Kausalkette ausgelassen wurden." Schank / Abelson 1977, 38.

Wissens, und alle nötigen Informationen könnten aus dem Text genommen werden (39), ist doppelt falsch. Die Informationen werden keineswegs aus der Story (d.h. den ausgedrückten Wörtern) gewonnen, sondern ebenfalls aus nicht verbalisiertem verstehensrelevantem Vorwissen. Es sind Frames, die hier ergänzt werden müssen und die leicht zugänglich (weil standardisiert) sind. Indem sie es überhaupt für möglich halten, dass ein Textverstehen ohne Skript-ähnliche Strukturen möglich sei, erkennen Schank / Abelson gar nicht den fundamentalen Charakter von Skript-ähnlichen Wissenselementen beim Verstehen. Insbesondere sehen sie (im Unterschied zu Minsky, aber auch zu Fillmore) nicht, dass dieser Typus von Wissen oder Wissens-Struktur (Schema, das ausgefüllt werden muss) auf der tiefsten Ebene der Semantik bereits unhintergehbar verankert ist. Sie halten Skripts offenbar für eine bloße Art „Oberflächen-Phänomen" der Kohärenz bei Geschichten (würden sich damit also auf der Ebene „Erzählstrukturen", nicht auf der Ebene „Semantik" bewegen).

An diesem Punkt führen Schank und Abelson eine neue, revidierte Definition des für ihr Modell zentralen Skript-Begriffs ein:

> „Ein Skript ist eine Struktur, die angemessene Sequenzen von Ereignissen in spezifischen Kontexten beschreibt. Ein Skript besteht aus Leerstellen [slots] und Anforderungen bezüglich dessen, was diese Leerstellen ausfüllen [fill] kann. Die Struktur ist ein untereinander verbundenes Ganzes, und das, was sich in einer Leerstelle befindet [ausgefüllt wird?] berührt das, was in einer anderen sein kann [ausgefüllt werden kann?].
> Skripts behandeln stilisierte Alltags-Situationen. Sie unterliegen nicht großem Wandel, noch eignen sie sich, mit vollständig neuen Situationen zurecht zu kommen. Daher ist ein Skript eine vorbestimmte, stereotype Folge von Handlungen, die eine wohl-bekannte Situation definiert." (41)

In dieser Definition führen sie zwar endlich auch explizit die *slot-filler*-Struktur ein und kommen auf Standardisierungen (Prototypisierungen) zu sprechen, doch geschieht beides viel zur konkretistisch auf das „Geschichten"-Modell bezogen. Beide, für eine allgemeine Frame-und Schema-Theorie wichtige Aspekte müssten viel systematischer und viel abstrakter definiert werden, als es hier der Fall ist. Auch sind Skripts keine „Folge von Handlungen", wie sie schreiben, sondern allenfalls eine Folge von Wissen über Handlungen (nicht der Handlungen selbst). Dennoch sprechen die hier deutlich werdenden Parallelen zum Frame-Konzept dafür, dass man Skripts als eine spezifische Unter-Form von Frames konzipieren könnte.

Diese Parallelen werden durch die nachfolgend genannten Merkmale von Skripts noch unterstützt. Man kann auf Objekte aus Skripts Bezug nehmen, als seien sie verbal genannt worden.[43] Diese Objekte sind unschwer als die *Frame-Elemente* Fillmores zu erkennen, was auch durch folgende Bemerkung gestützt wird: Mit jedem Skript ist eine Anzahl von *Rollen* verbunden.[44] Die Analogie zu den Kasus-Rollen Fillmores ist unabweisbar.[45] Schließlich findet auch der in Fillmores Frame-Konzept so zentrale Aspekt der *Perspektive* Beachtung im Rahmen des Skript-Modells, allerdings in recht ungeschickten Formulierun-

---

[43] „Skripts erlauben neuen Bezugnahmen auf Objekte aus ihnen, als wären diese Objekte zuvor explizit erwähnt worden; Objekte aus einem Skript können [mit bestimmtem Artikel] erwähnt werden, ohne explizit eingeführt worden zu sein, weil bereits das Skript sie implizit eingeführt hat." Schank / Abelson 1977, 41.

[44] „Mit jedem Skript ist eine Anzahl von Rollen verbunden. Wenn ein Skript für den Gebrauch abgerufen wird, d.h. durch eine Geschichte aktualisiert [instantiiert] wird, nehmen ihre Handelnden die Rollen an, die vom Skript vorherbestimmt sind." Schank / Abelson 1977, 42.

[45] Umso unverständlicher, dass dieses bereits 1968 publizierte und schon damals sehr bekannte Konzept in Schank / Abelsons Buch von 1977 mit keinem Wort erwähnt wird.

5.1 Das Skripts-, Pläne-, Ziele-Modell von Schank & Abelson

gen.[46] In Fillmores Szene-Modell ist das sehr viel präziser ausgeführt. Auch so etwas ähnliches wie *Default-Füllungen* bzw. -Werte ist vorgesehen.[47] Alle ihre Überlegungen exemplifizieren die Autoren mit einer ausführlichen Analyse des dadurch zu großer Berühmtheit gelangten RESTAURANT-Skripts.[48]

Ihr sodann explizitertes Konzept der „Skript-Anwendung" ist ebenfalls nicht ganz problemfrei. Insbesondere hier zeigt sich, dass die Autoren die Funktion sprachlicher Zeichen im Prozess der Skript-Aktivierung nicht genügend reflektiert haben. So müsste ihre Redeweise von den „Skript-Überschriften", die man in einer Skript-Rekonstruktion benutzen müsse (46), eindeutig zur Funktion sprachlicher Zeichen, die auf einzelne Elemente eines Skripts verweisen, in Beziehung gesetzt werden. Ihr in diesem Zusammenhang erfolgender Hinweis darauf, dass nicht jede *Erwähnung* eines Skripts oder Skript-Elements (z.B. durch die Verwendung eines Wortes wie *Restaurant*) auch zwingend die Aufrufung des gesamten Skripts erfordert, würde eine vertiefte sprachtheoretische Diskussion erfordern. Besonders hier zeigen sich die durch den (an der zentralen Rolle der „Geschichten"-Metapher in ihren Ausführungen festmachbaren) Konkretismus von Schank / Abelsons Denken bedingten Grenzen des Skript-Modells. Es wird deutlich, dass ein allgemeines Frame-Modell zur Behebung solcher theoretischer Probleme sehr viel geeigneter ist. Denn eigentlich geht es in diesem Fall um die Rolle von *Wörtern*, die auf Skripts *verweisen*. Die ganze Handlungs-Terminologie bei der Beschreibung der Skripts geht in den von den Autoren hier selbst ins Spiel gebrachten epistemischen Verweis-Strukturen den Bach hinunter und spielt letztlich für eine angemessene semantische oder epistemologische Beschreibung keine Rolle mehr.[49] Hier zeigt sich deutlich, dass die Formulierung eines Wissens-Modells in Termini eines Handlungs-Konzepts (und von Handlungs-Folgen) ein genereller Fehler ist, und ersetzt werden muss durch ein übergeordnetes, allgemeines Modell von Wissens-Strukturen (für das wiederum die Frame-Theorie eine sehr viel bessere Grundlage liefert).

Die unzureichende Berücksichtigung der Rolle der Sprache (bzw. Wörter) bei der Skript-Aktivierung zeigt sich auch, wenn die Autoren darauf hinweisen, dass dafür wenigstens ein Element eines Skripts ausgefüllt werden müsse (47). Ist die hier erwähnte Ausfüllung (wenigstens *eines* Slots nicht in der Regel immer schon erfolgt durch den *Satz*, in den eingebettet das *Wort,* welches als „Überschrift" fungiert, verwendet wurde? (So im „Heizöl ans Restaurant liefern"-Beispiel dadurch, dass *Restaurant* hier als EMPFÄNGER im LIEFER-

---

[46] „Skripts aus vielen Perspektiven können zu dem kombiniert werden, was man als die ‚Gesamtschau' des Restaurants ansehen könnte." Schank / Abelson 1977, 42.

[47] „Auch wenn ein Handelnder nicht explizit erwähnt wird, wird seine Präsenz nichtsdestotrotz angenommen und an seiner Stelle wird ein unbenannter Standard-Handelnder benutzt. All dies passiert, sobald ein Skript aufgerufen wird." Schank / Abelson 1977, 42.

[48] Diese Beschreibung weist einige Probleme auf. So erfolgt die Rekonstruktion relativ sprachfern, da die Autoren bewusst nicht von im Text vorhandenen Verben ausgehen, sondern diese durch eigene Beschreibungen ersetzen (Schank / Abelson 1977, 42). – Die ebenfalls bewusst vorgenommenen Auslassungen zeigen, dass die von den Autoren eingangs des Buches postulierte „maximale Explizitheit" kaum durchführbar ist (vgl. Schank / Abelson 1977, 44). – Der Verweis auf die „Vorstellungskraft", die als „andere Art von Informationsquelle" eingeführt wird (Schank / Abelson 1977, 44), zeigt die ganze Hilflosigkeit und Beschränktheit des Modells. In einem Frame-Modell wird dagegen deutlich, dass das, was hier mit „Vorstellungskraft" benannt werden soll, nichts anderes als eine komplexe Instantiierung von Rahmen-Wissen ist. Das „Vorstellen" ist nichts anderes als ein sukzessives Auftreten bislang unexplizierter Frame-Elemente mit Standard-Füllungen oder individuell erlebten Füllungen.

[49] Z.B.: Welches Skript-Wissen wird aktiviert (muss aktiviert werden), wenn ein Satz lautet „Der Heizstoff-Händler lieferte Heizöl ans Restaurant." nach Schank / Abelson 1977, 46.

Rahmen aktiviert ist, *Heizöl* als INSTRUMENT im RESTAURANT-Rahmen, und zwar hier verstanden als Unter-Rahmen eines allgemeinen GEBÄUDE-Rahmens; dass Heizöl als INSTRUMENT in bestimmten Füllungen eines SICH IN GEBÄUDEN AUFHALTEN-Rahmens z.B. mit Bezug auf Elemente bzw. Unter-Frames wie HEIZUNG, SICH WOHLFÜHLEN etc. eine wichtige Rolle spielt usw.) Auch wenn die Autoren von einer „kontextuellen Abschaltung von Skripts" reden (50), womit sie eigentlich die Tatsache meinen, dass bei unterschiedlichen Verwendungsfällen von Wörtern, die für potentielle Elemente von potentiell relevanten Skripts stehen, nicht alle Skripts aufgerufen werden müssen, in denen diese Wörter eine potentielle Rolle spielen könnten, würde man sich als Linguist und Semantiker eine sehr viel intensivere Berücksichtigung der Rolle der Sprache (bzw. von Wörtern) im Skript-Modell wünschen. Das Modell der Autoren (Psychologe und KI-Forscher) ist, was nicht verwundern muss, daher meilenweit von der sprachtheoretischen Reflexion eines Frame-Theoretikers wie Fillmore (und immer noch recht weit von der eines Kognitionswissenschaftlers wie Minsky) entfernt. Berechtigt sind hingegen die (ebenfalls bereits in der Frame-Theorie zu findenden) Hinweise darauf, dass Skripts „wachsen" bzw. sich verändern können, und dass sie auf Konventionalität und gesellschaftlichem (kulturellen) Konsens beruhen.[50]

Als weitere Merkmale der Skripts werden noch genannt:
- Es kann sein, dass mehrere Skripts zugleich aktiviert sind. Das kann dazu führen dass sie „um einlaufende Informationsstücke konkurrieren". Beispiel (58):

(5-9) *John machte seiner Freundin den Hof. Er bat sie um das Salz. Dann bat er um ihre Hand.*

Die von den Autoren hierzu angesprochene „Skript-Ambiguität" ist aber eher eine sprachliche Ambiguität, die sich adäquat vermutlich am besten mit einem phraseologischen (oder *construction-grammar-*) Ansatz erklären ließe.
- Persönliche, individuell aktivierte Skripts können von der tatsächlichen Situation abweichen.[51]
- Die konkurrierende Aktivierung von mehr als einem Skript schafft sehr komplexe Probleme.[52]
- Die Aktivierbarkeit von Skripts wird anhand von Eingangsbedingungen geprüft. Werden diese verletzt, wird nach alternativen Skripts gesucht (59).
- Man sollte verschiedene Typen von Skripts unterscheiden. Schank und Abelson erwähnen folgende Typen: (a) „situationale Skripts" (= stark institutionalisierte Skripts, wie das RESTAURANT-Skript); (b) „persönliche Skripts"[53] (die nicht so „durchgestaltet" sind); (c) „instrumentale Skripts" (sie beschreiben vorgeschriebene Handlungssequen-

---

[50] Schank / Abelson 1977, 50. „Skripts müssen wachsen, da sie vollständig erst allmählich lebensgeschichtlich erworben werden." Vgl. zu diesem Aspekt mit ähnlichem Tenor auch Bartlett.

[51] Schank / Abelson 1977, 59. Hier scheint ein erkenntnistheoretischer Objektivismus durch, der problematisch ist. Ganz nett ist nur die Anekdote, womit sie ihre Überlegungen illustrieren: „Ein Vertreter war wegen des unerwarteten Ausfalls eines Termins nach Hause zu seiner Frau gekommen. Sie schliefen beide, als es plötzlich an der Tür klopfte. Die Frau schrak hoch und schrie: ‚Oh Gott, mein Mann'. Sofort sprang ihr Mann aus dem Bett, rannte durch den Raum und sprang aus dem Fenster."

[52] Schank / Abelson 1977, 59. Zu diesem Punkt ist an die Vermutung Minskys zu erinnern, dass eine echte parallele Aktivierung von strikt konkurrierenden Frames bei demselben Problem kaum je möglich ist. Allerdings bezog sich dies auf Seh-Wahrnehmungen (Kipp-Bilder).

[53] Schank / Abelson 1977, 61 ff. „Persönliche Skripts werden oft in neuartigen Situationen gebraucht, wo es keine anderen Skripts gibt." (64)

5.1 Das Skripts-, Pläne-, Ziele-Modell von Schank & Abelson

zen). Diese Hinweise sind freilich viel zu vage, um eine allgemein verwendbare Typologie zu ergeben.

Abschließend weisen die Autoren noch einmal auf die zentrale Rolle der Skripts für das Verstehen hin (wobei sie allerdings nicht deutlich zwischen Welt-Verstehen und Sprach-Verstehen unterscheiden).[54] Sie wiederholen ihre Auffassung, wonach alles Wissen Skript-basiert sei: „Skripts sollen dem spezifischen Wissen Rechnung tragen, das Menschen haben. Das meiste Wissen ist Skript-basiert." (67) Wie gesehen, trifft dies auf das sehr viel differenziertere Frame-Modell zu, nicht jedoch uneingeschränkt für die Skript-Theorie.

5.1.3 Pläne und Ziele

Das Skript-Modell ist, wie gesehen, ziemlich statisch, weil Skripts als inhaltlich spezifische, konkretistische Strukturen von Wissen definiert sind. Diese Eigenschaft von Skripts schafft Probleme bei der Erklärung der Adaptionsfähigkeit des Verstehens. Diesem Problem sollen die zusätzlich eingeführten theoretischen Entitäten, nämlich „Pläne" und „Ziele" abhelfen. Diese sind nach Schank und Abelson[55] offenbar als eine Vorstufe oder das „Material" zu verstehen, aus dem Skripts gemacht sind.[56] Ihre Begründung der Entität „Plan" schwebt wieder in eigentümlicher Weise zwischen allgemeinen epistemologischen und spezifisch textbezogenen (also sprachbezogenen) Aspekten.[57] Ihre Definition der „neuen theoretischen Entität" lautet:

> „Ein Plan ist gedacht als ein Speicher [repository] für generelle Informationen, die Ereignisse verbinden, die nicht durch Gebrauch eines verfügbaren Skripts oder durch eine Standard-Kausal-Ketten-Erweiterung verbunden werden können." (70)

Es ist also eine Negativ-Definition: Pläne sind das, was (noch) nicht Skript ist. Die weiteren Charakterisierungen, die sie für diese Entität geben, sind interessant und (zusammen mit den Beispielen) in einem gewissen Sinne auch plausibel, aber nicht sehr trennscharf.[58] Vor

---

[54] „Verstehen ist Wissens-basiert. Die Handlungen der anderen machen Sinn nur insofern sie Teil eines gespeicherten Musters von Handlungen sind, die vorher erfahren wurden. Abweichungen von den Standard-Mustern können nur mit Schwierigkeiten behandelt werden." Schank / Abelson 1977, 67.

[55] „Natürlich können sich Menschen an Situationen anpassen, mit denen sie keine vorgängigen Erfahrungen haben. Diese Anpassungsfähigkeit kommt aus der Kenntnis von *Plänen* und *Zielen*." A.a.O. 67.

[56] „Menschen können mit Situationen zurechtkommen, auf die sie nie zuvor getroffen sind. Sie können dies, weil sie Zugang zu Mechanismen haben, die Skripts zugrundeliegen." Schank / Abelson 1977, 70.

[57] „Für alle zwei Konzeptualisierungen, die durch ihr Auftreten in einer Geschichte aufeinander bezogen sind, müssen wir in der Lage sein, die Spur zwischen ihnen zu ziehen. Dieser Verbindungspfad muss gestützt sein auf allgemeine Informationen über die Verbindbarkeit von Ereignissen, wenn spezifische Informationen über die Verknüpfung (z.B. Skripts) nicht verfügbar sind. Um dem gerecht zu werden, führen wir die theoretische Entität ‚Plan' ein." A.a.O. 70. Es bleibt offen, ob sie hier, textlinguistisch gesprochen, über textuelle Kohärenz reden oder über Beziehungen im Wissen als solchem; beide Ebenen werden ständig vermischt.

[58] „Ein Plan besteht aus allgemeinen Informationen darüber, wie Handelnde Ziele verwirklichen. Ein Plan erklärt, wie ein gegebener Zustand oder Ereignis eine Voraussetzung für oder eine Ableitung aus einem anderen Zustand oder Ereignis war. Pläne beschreiben die Sets von Wahlen, die eine Person hat, wenn sie ansetzt, ein Ziel zu erreichen. Beim Hören von Sprache [discourse] benutzen Menschen Pläne, um scheinbar unverbundene Sätze mit Sinn zu füllen. Indem er einen Plan findet, kann ein Verstehender Vermutungen anstellen über die Intentionen einer Handlung in einer sich entwickelnden Geschichte, und diese Vermutungen benutzen, um die Geschichte sinnvoll zu machen". Schank / Abelson 1977, 70.

354   *Kapitel 5: Frame-theoretische Ausdifferenzierungen*

allem begründen sie nicht, was der Vorzug eines theoretischen Modells aus Skripts, Plänen (und später Zielen und Themen) vor einem allgemeinen Frame-Modell, wie es von Fillmore und von Minsky entwickelt wurde, sein soll. Noch nicht einmal der Unterschied zwischen Plänen und Skripts wird vollends deutlich.[59] Auch hier zeigt sich wieder: „Pläne" sind allenfalls ein bestimmter Typ von Frames (ebenso wie die „Skripts"), bei denen man über den Sinn, sie als spezielle Entität zu postulieren, durchaus streiten kann. Alle Text- oder Sprach-Beispiele, die sie anbringen, ließen sich mit einem allgemeinen Frame-Modell mindestens ebenso gut, meist jedoch sehr viel präziser erklären und beschreiben.[60]

Was Schank und Abelson mit ihrem Modell und den eingeführten theoretischen Entitäten (Skripts, Pläne, Ziele) erreichen wollen, ist offenbar so etwas Ähnliches wie eine „Ontologie der Handlungen" (bzw. Handlungsmöglichkeiten) in einer Gesellschaft wie der unseren. Kausalketten, Skripts, Pläne, sind Elemente, mit denen wir uns Zusammenhänge in der Welt und in Texten dort erklären können, wo scheinbar ein Kettenglied fehlt.[61] Wir extemporieren (oder inferieren) das zusätzliche Wissen aus der uns bekannten Phänomenologie von Handlungsmöglichkeiten in unserer Welt (vulgo: Weltwissen, handlungsbezogener Teil). Der Übergang der Erklärung durch Skripts, Pläne, Ziele soll wohl der abnehmenden „Zwingendheit" der auf die epistemischen Entitäten des jeweiligen Typs gestützten Inferenzen entsprechen. (Man könnte auch von einem abnehmenden Grad der epistemischen Institutionalisierung sprechen.) Den Unterschied zwischen den verschiedenen Ebenen sehen die Autoren vor allem in unterschiedlichen Graden der „Vorhersagbarkeit".[62] Die Tatsache, dass es ihnen selbst schwerfällt, scharfe Grenzen zwischen den postulierten Entitäten zu ziehen, ist aus Frame-theoretischer Sicht wenig überraschend, handelt es sich doch allesamt um Wissensaspekte, die sich gut mit einem allgemeinen Frame-Begriff beschreiben ließen und unter eine allgemeine Theorie des Verstehens fallen müssten, was Schank und Abelson allerdings nicht zu sehen scheinen.

Im Zuge der weiteren Ausführungen werden zusätzliche Entitäten eingeführt:
- „Benannte Ziele" [named plans]: Dies sollen feste Routinen für „Pläne" sein, die irgendwo zwischen einem Skript und einem Plan rangieren.[63] Beispiel. Nahrung einnehmen (wird nicht jedesmal völlig neu kognitiv prozessiert). Diese Entität wird auch nicht plausibler durch ihre Identifikation als „bestimmter Typ von Kontext".[64]
- „D-Ziele": Hier entwickeln die Verfasser eine Ontologie diversester inhaltlicher Typen solcher verallgemeinerten Ziel-Typen.[65]

---

[59] Das sehen die Autoren durchaus selbst: „Es gibt nur eine schmale Grenze zwischen dem Punkt, wo Skripts aufhören, und Pläne beginnen. In einem gewissen Sinne ist es eine unwichtige Unterscheidung." Schank / Abelson 1977, 77. – „Pläne sind das, aus dem Skripts entstehen. Der Unterschied ist, dass Skripts spezifisch sind und Pläne allgemein." (71).

[60] „Das, was an unseren Überlegungen neu ist, ist schlicht, dass das Verstehen der Pläne eines Handelnden untrennbarer Teil der Aufgabe des Verstehens natürlicher Sprache ist." Schank / Abelson 1977, 73. – Eine allgemeine Frame-Theorie ist diesem Ziel jedoch sehr viel dienlicher.

[61] Siehe dazu Schank / Abelson 1977, 75 ff.

[62] „Wir postulieren, dass Verstehen seiner Natur nach etwas mit Vorhersehen zu tun hat." [that understanding is predictive in its nature] Schank / Abelson 1977, 76.

[63] So Schank / Abelson 1977, 79. – „Ein benannter Plan ist eine fixierte Sequenz von instrumentellen Zielen, die den üblichen Pfad zum Erreichen eines Ziels bilden."

[64] „Benannte Pläne sind schlussendlich eine Formalisierung eines bestimmten Typs von Kontext, desjenigen Kontextes, der durch Pläne erzeugt wird, die Ziele realisieren." Schank / Abelson 1977, 82.

[65] „D-Ziele haben die Funktion, Wissen darüber zu organisieren, wie Standard-Unter-Ziele verwirklicht werden. Immer wenn ein Ziel ausgewählt wurde, kann ein Plan gewählt werden, dieses Ziel zu verwirk-

5.1 Das Skripts-, Pläne-, Ziele-Modell von Schank & Abelson   355

– „Plan-Boxen": „Skripts sind im wesentlichen nicht mehr als hochgradig stilisierte Arten
der Ausführung von Planboxen."[66] Wenn die nicht sehr luciden und trennscharfen Ausführungen hierzu richtig verstanden sind, dann ist damit schlicht eine höhere Abstrakti-
onsstufe gegenüber den Skripts gemeint. Da, wie wir gesehen hatten, Skripts viel zu
konkretistisch definiert und beschrieben sind, ist dies kein Nachteil. Offenbar nähern sie
sich mit solchen künstlichen Entitäten allmählich höheren Abstraktionsstufen des Wissens,[67] wie sie ein allgemeines Frame-Modell mit seinem Gedanken der Rekursivität
immer schon sehr viel eleganter erfassen kann. Die Beispiele, die die Autoren in diesem
Kontext präsentieren und diskutieren, hängen wiederum eng mit Geschichten (als
sprachlichen Texten) und ihrem Verstehen zusammen. Offenbar hängen die „Plan-
Boxen" mit spezifischen inhaltlichen / sachlichen Vorbedingungen zusammen, die (bzw.
deren Kenntnis) sich steuernd auf das Verstehen auswirken können:

> „Als Erzähler kann man bestimmte Vorbedingungen willkürlich stillschweigend voraussetzen, andere
> dagegen thematisieren; für Verstehende können solche Zufallsentscheidungen aber große Probleme be-
> reiten, wenn sie nicht mit Vorsicht verwendet werden." (89)

Was die Autoren hier beschreiben, ist die Folge des Signifikanz-Prinzips der zeichenhaften
Kommunikation. Was *als Zeichen* gesetzt wird, lenkt immer die Aufmerksamkeit der Verstehenden auf sich. Wenn etwas als Zeichen gesetzt wird, das normalerweise stillschweigend vorausgesetzt wird, potenziert sich die Aufmerksamkeit exponentiell (folgend dem
von Sperber / Wilson 1986 beschriebenen Relevanzprinzip) und macht das Zeichen zum
Gegenstand intensivierter Inferenz-Bemühungen. Andererseits wird dies gemildert dadurch,
dass gerade in Alltagserzählungen viele Sprecher Redundanz-Verhalten zeigen und Dinge
verbalisieren, die keinen besonderen Informationswert besitzen. Dies ist also *auch* eine
Angelegenheit der *Text-* bzw. *Kommunikations-Kultur*. Was Schank und Abelson hier in
aller Ausführlichkeit diskutieren, sind eigentlich Thematisierungs-Bedingungen für Geschichten-Frames. (Vgl. hierzu den Perspektiven-Aspekt in Fillmores Analyse von Prädikations-Rahmen.)

Die Autoren unterscheiden hinsichtlich der „Plan-Boxen" dann noch (90) – jeweils sehr
nah an ihren Beispielen – zwischen „kontrollierbaren Vorbedingungen", „unkontrollierba-
ren Vorbedingungen" und „vermittelnden Vorbedingungen". Ihre Ausführungen dazu zeigen eine sehr merkwürdige Mischung aus (scheinbaren?) Abstraktionen und höchst konkreten (im Grunde unmittelbar an die Beispiele gebundenen) Sach-Aspekten. Dieses Vorgehen
(und diese Vermischung verschiedener theoretischer Ebenen) ist höchst problematisch, da
man auf einem solchen Wege niemals zu einer allgemeinen Theorie der Struktur des verstehensrelevanten Wissens gelangen kann. Sie entfalten eine (scheinbare) Theorie von
Grundelementen des Handlungs-Wissens, die doch nichts anderes ist als eine problemati-

---

   lichen. Manche Realisierungen sind einfach Skripts. […] Wenn ein Skript verfügbar und gebräuchlich
   ist, muss kein Delta-Ziel berücksichtigt werden. Jedoch ist jedes Skript tatsächlich eine Ersetzung für
   ein Delta-Ziel in einem benannten Plan. Die anderen Elemente im benannten Plan können weiterhin mit
   einem Delta-Ziel realisiert werden." Schank / Abelson 1977, 83.

[66] Schank / Abelson 1977, 96. – „Wenn ein Skript verfügbar ist, wird es auszuführen versucht, bevor eine
   entsprechende Planbox auszuführen versucht wird."

[67] Dafür spricht auch folgende Aussage: „Der Gebrauch einer Planbox ist im allgemeinen viel anstrengen-
   der als der Gebrauch eines Skripts, da ihr Gebrauch ein großes Stück mehr Nachdenken über Bedingungen der Anwendbarkeit erfordert. Daher, weil Skripts leichter zu benutzen sind und ebenfalls leichter
   durch andere verstanden werden, ist es wichtig, sie zuerst zu versuchen." Schank / Abelson 1977, 97.

sche konkretistische Phänomenologie / Ontologie bestimmter menschlicher Handlungsweisen. Es ist höchst fraglich, ob eine solche Phänomenologie jemals *abgeschlossen* (vollständig) sein kann, und ob nicht deshalb alle von Schank und Abelson vorgenommenen Abstraktionen hochgradig fallibel sind.

Die von den Autoren postulierten Unterschiede zwischen Plänen und Skripts beziehen auch Argumente der Kultur-Spezifizität ein: Während ein Verstehen, das ausschließlich Plan-basiert ist, aufgrund des höheren Allgemeinheitsgrades des zugrunde gelegten Wissens auch über Sprach- und Kulturgrenzen hinweg funktionieren müsste, kann ein Verstehen, das Skripts erfordert, stark von teilweise sehr spezifischem kulturellem Wissen abhängen (vgl. 97). (So interessant diese Überlegungen aus kultursemantischer Sicht auch sind, so muss doch bezweifelt werden, ob die Sprechenden und Verstehenden in einer Sprache bzw. Kultur überhaupt in ihrem Wissen solche Unterscheidungen machen, oder anders, ob sie wirklich eine Relevanz für die Prozesse des Verstehens haben. Solche Differenzen ließen sich vermutlich leicht auch im Rahmen eines allgemeinen Frame-Modells erfassen, ohne die problematischen Implikationen des Ansatzes von Schank / Abelson mitzuschleppen.)

Die Notwendigkeit der Ansetzung der theoretischen Entität *Ziele* leiten Schank und Abelson aus der durchaus zutreffenden und wichtigen Überlegung ab, dass für das Verstehen häufig *Erwartungen* wichtig werden. „Diese Erwartungen basieren auf detailliertem Wissen über die Genese und Natur spezifischer Ziele." (102) In recht technischer Terminologie (im Hintergrund winkt die von den Autoren positiv gesehene Computer-Analogie des menschlichen Geistes) führen sie zur Erklärung des Wirkens von „Zielen" im Verstehen weitere theoretische Entitäten ein wie einen „Ziel-Überwacher" und einen „Ziel-Schicksals-Graphen" usw. Letzterer sammelt Informationen über den „Erfolg" eines Ziels in bestimmten typischen Handlungssituationen. Aspekte wie *Ziel-Ursprung, Ziel-Spezifikation, Ziel-Substitution, Ziel-Suspendierung* und *Ziel-Verfeinerung* sollen für die kognitive (bzw. epistemische) Nutzung der Entität *Ziele* strukturierend sein. (102 ff.) Vieles an diesen Überlegungen klingt (trotz des arg metaphorischen technischen Vokabulars) plausibel, doch gilt, wie für den gesamten Ansatz, dass sie sich zu stark auf Handlungs- und Ereignis-bezogenes Wissen konzentrieren, und für die Beschreibung anderer Sorten des Wissens (z.B. des sog. „Buchwissens" oder „akademischen Wissens") ungeeignet sind. Dies wird auch an folgender Bemerkung deutlich (108): „Wichtig ist, dass Wissen über die Ziele einer Person oft aus Wissen über universelle Motivationen und Wissen über die üblichen Funktionen von Objekten und Orten wie z.B. Zügen und Theatern stammt." Genau diese Tatsache beweist aber, dass es sehr häufig eher die allgemeinen (stereotypisierten) Wissensrahmen sind, die das notwendige Wissen beisteuern, also solche Frames, die in der handlungsbezogenen Terminologie des Modells von Schank / Abelson nicht angemessen beschreibbar sind.

Mit Verweis auf solche allgemeinen, stereotypisierten Wissenszusammenhänge formulieren die Autoren auch so etwas wie ein ‚Primat des generalisierten Wissens'.[68] Häufig sei das allgemeine (man kann auch sagen: Frame-basierte) Wissen wichtiger als das (eher unsichere) konkrete, lebensweltliche oder Anschauungs-Wissen. Präziser wäre es allerdings, folgendes Verhältnis anzunehmen: Wir interpretieren (meist) das Konkrete im Lichte der

---

[68] „Solche Inferenzen sind oft verlässlicher als wörtliche Interpretationen der Ziele, die auf Statements basieren über das, was jemand angenommenerweise will." Schank / Abelson 1977, 108. (Was eine „wörtliche Interpretation der Ziele" sein soll, wo doch Ziele keine Wörter sind, bleibt allerdings das Geheimnis der Autoren.)

5.1 Das Skripts-, Pläne-, Ziele-Modell von Schank & Abelson   357

verallgemeinerten (konventionalisierten, stereotypischen) Wissensrahmen.[69] Im konkreten Verstehen gehen wir dabei so vor, dass wir aus wahrgenommenen Handlungsteilen (gleich, ob sprachlich oder nicht-sprachlich präsentiert) die Ziele erschließen. (Man kann dies nach Peirce auch einen abduktiven Schluss nennen.) Hierzu sagen die Autoren zu Recht: „Wenn Handlungs-Informationen benutzt werden, um Ziele zu erschließen, dann muss es eine Menge von Wissen über die Signifikanz bestimmter Handlungen für typische Ziele geben." (108) Mit anderen Worten: (Informationen über) Handlungen und Handlungs-Teile tragen die Signifikanz im Hinblick auf sie motivierende Ziele. (Dies wäre wohl eine spezielle Form des allgemeinen Relevanz-Prinzips der Kommunikation nach Sperber / Wilson 1986).

Unter der Überschrift „Goal Forms" formulieren die Autoren dann, wie nicht anders zu erwarten, eine Klassifikation von Ziel-Typen, die in ihrem problematischen Konkretismus natürlich demselben Verdikt des problematischen Enzyklopädismus unterliegt wie die anderen in diesem Buch dargebotenen Klassifikationen (zu Handlungs-Primitiven, Skript-Typen usw.). Die Aufgabe einer solchen Ziel-Typologie ist es nach ihrer Meinung, festzustellen, was die typischen Ziele sind, die ein Mensch haben kann (so 112). Es geht also um eine Typologie generalisierter Ziele: „Es gibt einen kleinen Set von Zielen, der immer wieder erscheint." Nach ihrer Darstellung können Standard-Ziele verschiedene Formen haben. „Verschiedene Formen regieren verschiedene Inferenzen und verschiedene Präferenz-Regeln." (112) Insbesondere der Hinweis auf Präferenz-Regeln ist wichtig, da solche Regeln einen wichtigen Faktor in unseren auf alltagsweltliche Handlungskomplexe bezogenen Verstehensakten spielen.[70] Die vorgelegte Liste verschiedener Ziel-Typen[71] wirft wieder einige grundlegende Fragen auf.

Schank / Abelson gehen grundsätzlich von einer (Alltags-Lebens-) Handlungs-Rationalität aus. Diese Rationalität ist aber (was sie vielleicht nicht sehen) hochgradig kulturell bestimmt und nicht problemlos universalisierbar. Siehe ein Beispiel wie ‚Zielobjekt kann nicht erreicht werden'. Die Verfasser nehmen dann an, dass das Zielobjekt durch ein anderes Zielobjekt substituiert wird. So etwas ist aber eine kulturell determinierte Verhaltensweise, die alles andere als zwingend wäre. Das wirkliche Leben zeigt, dass es dort bei weitem nicht immer auf diese Weise funktioniert. Häufig gibt es Personen oder Situationen, bei denen eine Ziel-Objekt-Blockade nicht zur Substitution führt, sondern (vielleicht als eine Art Trotz-Reaktion) zur Aufgabe jeglicher gleichgestimmter zielführender Handlungen (also eine Suspendierung nicht des Ziels als solchem, sondern der der Zielerreichung dienenden Handlungen). Es bleibt unklar, wie Schank / Abelson mit solchen Fällen umgehen. Hier liegt letztlich dasselbe Problem vor, wie in anderen rationalitätsbasierten Modellen (etwa dem Implikatur- und Bedeutungs-Modell von Grice), nämlich, dass all diese Modelle starke Züge einer (kulturell bedingten) Normativität tragen. Ein epistemologisches bzw. kognitives (und darum grundlagentheoretisches) Modell sollte aber über-normativ sein, und darf nicht zum Vollstrecker kulturell relativer Handlungsnormen werden.

---

[69] Dies würde eher der Position etwa von Bartlett, aber auch von Minsky entsprechen.

[70] Präferenz-Wissen spielt etwa auch im Modell der Konvention bei D.K. Lewis eine wichtige Rolle und ist eine der fundamentalsten Basen jedes Welt- und auch jedes Sprach-Verstehens. Es ist den Autoren anzurechnen, dass sie diesen Punkt besonders hervorheben, der bei den anderen Frame-Theoretikern (Fillmore, Minsky, wohl auch Bartlett) eher übergangen wird.

[71] Schank / Abelson 1977, 112 ff. genannt werden: „*satisfaction goals, enjoyment goals, achievement goals, preservation goals, crisis goals, instrumental goals* und *delta goals*".

Ziel-bezogenes Wissen, insofern es im Sprach- und Weltverstehen eingesetzt wird und dort häufig eine zentrale Rolle spielt, ist eher als ein universales Wissen als ein Standard- oder Default-Wissen zu begreifen. Als solches ist es hochgradig typisiert (versammelt und strukturiert Stereotypen bzw. Prototypen). Als Standard-Wissen hat es den Charakter von *Annahmen* bzw. *Vermutungen*, bzw., sozialpsychologisch ausgedrückt, von *Erwartungen*.

> „Die meisten Menschen teilen vermutlich zu einem gewissen Grad einen Basissatz von Überzeugungen / Annahmen [beliefs] darüber, wie man sich in gegebenen Situationen verhält, oder darüber, wann sich andere in bestimmten Situationen wie verhalten. D.h. um festzustellen, welche Ziele ein Individuum wahrscheinlich zu einem gegebenen Zeitpunkt hat, ist es notwendig, einen Set von Annahmen verfügbar zu haben darüber, was ein Individuum vermutlich in einer bestimmten Situation will." (118)

Die Autoren gehen daher davon aus, dass es so etwas wie „Erwartungs-Regeln" gibt.[72] Dabei handelt es sich um aus der alltagsweltlichen Lebenserfahrung gespeistes Wissen darüber, in welchen Situationen oder anlässlich welcher Handlungen Menschen gewöhnlich welche Gefühle haben oder Reaktionen zeigen. Zu Recht weisen die Autoren darauf hin: „Solche Regeln verfügbar zu haben, ist ein wichtiger Teil unserer Fähigkeit, zu verstehen, auch wenn man sie selbst im eigenen Leben nicht benutzt." (120) Viele Erwartungen generieren Ziele, die als Teil des Verstehenssystems präsent sein müssen.

Schank und Abelson weisen der Analyse von Zielen eine besondere Rolle bei der Bestimmung (und dem adäquaten Verstehen) von Wortbedeutungen zu.[73] Mit einem treffenden Beispiel sagen sie: *„küssen"* bedeutet mehr, als „Lippen auf Lippen bewegen". Es kann die Realisierung irgendeines Plans zur Erreichung eines von verschiedenen Zielen sein.[74] Viele andere Wörter haben solche Bedeutungen, bei denen Kenntnisse über typisierte Ziele eine wichtige Rolle spielen (sie nennen *Räuber* oder *kultivierte Person* oder *Snob*). Die Hinweise auf die wichtige Rolle von Zielen und Intentionen für das Verstehen von Handlungs-Prädikaten (und ihren lexikalischen Satelliten) sind wichtig. Diese Beispiele machen aber auch zugleich deutlich, dass es besser wäre, sie in einer allgemeiner formulierten Frame-Theorie zu verankern, als sie wie hier in einer auf den speziellen Teil-Typus unseres Weltwissens, den das Handlungs-Wissen darstellt, reduzierten und somit spezialisierten theoretischen Terminologie zu erfassen zu versuchen, was dem grundsätzlichen Charakter solchen Wissens nicht gerecht wird. Fillmore und FrameNet haben gezeigt, dass man Ziele, Intentionen, Erwartungen sehr gut als Frame-Elemente spezifischen Typs in einem allgemeinen Frame-Modell unterbringen kann. Auch in einem Modell des Typs Barsalou sind sie klarer strukturiert analysierbar, als in dem eher Alltagswelt-verhafteten Ansatz von Schank und Abelson.

---

[72] „Sie testen zunächst, ob eine bestimmte Situation gegeben ist. Ist das der Fall, werden Vorhersagen generiert darüber, was die Akteure vermutlich in Reaktion auf diese Situation tun oder fühlen. Manchmal bringen Erwartungsregeln Ziele hervor; in anderen Situationen informieren sie einen Verstehenden über emotionale Reaktionen auf impliziten Erfolg oder Versagen." Schank / Abelson 1977, 118.

[73] „Ein besonderes Merkmal unserer Analyse von Zielen ist die Benutzung des Ziel-Apparats, um besser die Bedeutungen von Wörtern analysieren zu können, deren Subtilität eher in ihren Intentionen als in ihren physischen Manifestationen liegt." Schank / Abelson 1977, 129.

[74] Sie nennen Ziele wie: „A-Beziehung, E-Vergnügen, D-Wissen, S-Sex, A-Familie". (A = achievement, E = enjoyment, D = Delta-Ziele, S = satisfaction) Schank / Abelson 1977, 130.

5.1 Das Skripts-, Pläne-, Ziele-Modell von Schank & Abelson 359

5.1.4 Themen

Die Autoren stellen alsdann die Frage: „Wo kommen Ziele her?" und antworten darauf so: „aus Themen". Damit leiten sie über zur nächsten theoretischen Entität in ihrem Modell: „Ein Thema ist ein Paket von Zielen, die aufgrund einer bestimmten Eigenschaft eines oder mehrerer Handelnder zusammen aufzutreten tendieren." (118) Der Terminus ist ein Sammelbegriff für alles Hintergrundwissen, das man benötigt, um verstehen zu können, wann wer typischerweise welche Ziele haben kann. [75] Dabei gehen sie (in der bei ihnen üblichen heuristischen Weise) von drei Haupt-Kategorien für „Themen" aus: *Rollen-Themen, Interpersonale Themen, Lebens-Themen*.[76] Ganz offensichtlich verbirgt sich hinter dem, was diese Autoren (etwas gewollt und kontra-intuitiv) „Themen" nennen (bei der Benennung denken sie offenbar an so etwas wie „Lebens-Themen" im Sinne von „typische Lebens-Situationen"), so etwas wie allgemeine Frame-Strukturen im Sinne von Leit-Frames (oder Frame-Systemen) für gesamte Alltagswelt-Bereiche. „Wenn es keine Themen gäbe, würden Ziele als isolierte Entitäten ohne Verbindungen zu dem Rest dessen, das über eine bestimmte Situation bekannt ist, erscheinen." (132) Vielleicht kann man dies als eine verkappte Formulierung für das ansehen, was andere „Frame" nennen. Jedenfalls kann man daraus das indirekte Zugeständnis lesen, dass es eben doch allgemeinerer Wissensstrukturen bedarf, und das verstehensrelevante Wissen nicht ausschließlich so konkretistisch beschrieben werden kann, wie es die Autoren vorschlagen.[77]

In einem *Rollen-Thema* sind die Ziele eines Handelnden durch seien Rolle determiniert. „Sobald ein Rollen-Thema aufgerufen wurde, eröffnet es Erwartungen über Ziele und Handlungen." (133) daraus folgern sie: „Rollen-Themen evozieren Pläne." Richtig weisen die Verfasser auf die zentrale Funktion des Zusammenwirkens von Rollen in einem Interaktions-Rahmen hin (134). Der Rahmen als solcher wird jedoch von Schank und Abelson wegen ihrer Konzentration auf *einzelne* Handlungen bzw. Handelnde und deren Ziele konstant übersehen oder ignoriert. Rollen-Themen sind insbesondere wichtig, um Lücken in Geschichten zu füllen, die entstünden, wenn man nicht wüsste, welche Handlungen (Ziele, Pläne) mit welchen Rollen standardmäßig verknüpft sind. Recht anschaulich sind dazu die folgenden Beispiele. Bei (5-10) ist es klar, dass es um Unfall-Folgen geht. Bei (5-11) kann es ebenfalls um Unfall-Folgen gehen, es könnte aber auch z.B. um die Unfall-Vermeidung gehen. D.h.: Mit jeder Rolle sind bestimmte mögliche „Aufgaben" [mandate] verbunden (135).

(5-10) *John wurde bei einem Unfall getötet. Dr. Schmidt sagte, dass er nichts habe tun können.*
(5-11) *John wurde bei einem Unfall getötet. Fritz sagte, dass er nichts habe tun können.*

Beim Verstehen von Geschichten oder Lebenssituationen, in denen Rollen eine Funktion haben, kommt es immer darauf an, dass die Verstehenden in der Lage sind, solche Aspekte, die aus einer Rolle bedingt sind, von solchen zu trennen, die aus persönlichen Merkmalen, Zielen usw. der Rollen-Ausführenden herrühren (137). Es gibt jedoch genügend gesell-

---

[75] „Andere Züge des Hintergrundwissens, die notwendig sind, um Ziel zu antizipieren, nenne wir *Themen*. M.a.W.: Themen enthalten die Hintergrund-Informationen, auf denen wir unsere Vorhersagen darüber aufbauen, dass ein Individuum bestimmte Ziele hat." Schank / Abelson 1977, 132.

[76] „Jeder Typ repräsentiert einen spezifischen Typ von Prädisposition eines Handelnden." (132)

[77] Siehe auch folgende Aussage: „Verstehbarkeit ist eine Funktion des Ortes eines Stücks Information in einem Kontext." Schank / Abelson 1977, 132.

schaftliche Stereotype, die zwischen Rollen-Aspekten und idiosynkratischen Aspekten (wenn sie bei Trägern einer bestimmten Rolle immer wieder und gehäuft auftreten) einen festen Zusammenhang herstellen (z.b. der „mürrische Beamte", der „Oberlehrer" usw.). Aus Rollen-Wissen ziehen wir daher oft zusätzliche „Erwartungs-Informationen", die sich eher auf solche „Neben-Themen" beziehen können.[78]

Interpersonale Themen sind nach Meinung der Autoren „die am meisten nützliche Klasse von Themen". „‚LIEBE' ist z.B. nicht nur eine statische Konzeptualisierung, sondern im Kern ein Bündel von Voraussagen darüber, wie eine Person gegenüber einer anderen in verschiedenen Situationen agieren wird."[79] Sie weisen mit dieser Beschreibung auf einen für die semantische Analyse von Wörtern dieses Formats wichtigen Aspekt hin. Zugleich kann man dies als Hinweis darauf lesen, Informationen welchen Typs in einer Frame-semantischen Beschreibung solcher Wörter zwingend integriert werden müssten. Der Erkenntnisgewinn von Schank / Abelsons Modell liegt daher wohl weniger darin, es zur Gänze zu übernehmen (was wegen seiner Restriktionen im Sinne einer allgemeinen Wissenstheorie aller Wissenstypen kaum möglich ist), als vielmehr darin, dass sie für einen bestimmten Typ unseres Wissens in äußerst akribischer Form auf wichtige Typen von Teil-Informationen hinweisen, die in einem umfassenden Frame-analytischen Modell berücksichtigt werden müssten. Das Thema-Konzept Schank / Abelsons kommt daher wohl am ehesten dem Frame-Konzept von Minsky nahe. Als weitere Beispiele für „interpersonale Themen" nennen sie etwa: *Freund, Vater, Sohn, Mentor, Kollege, Feind, rivalisierender Freier, abgewiesener Liebhaber, Verheirateter* usw. Diese Liste macht freilich unklar, wo der genaue Unterschied zu den „Rollen-Themen" liegen soll, da man dies alles auch als „Rollen-Prädikate" bezeichnen könnte.[80] „Interpersonale Themen" sind oft schwierig zu erschließen, umfassen also eher subtiles Frame-Wissen.

Ein *Lebens-Thema* „ist ein Thema, das die allgemeine Position oder das Ziel beschreibt, die / das eine Person in ihrem Leben anstrebt" (144). Solche „Themen" sind „Pakete von Zielen" und geradezu „Ziel-Generatoren". Als Beispiel nennen sie etwa: „Anarchist sein". Dabei gilt: „Im allgemeinen sind Lebens-Themen wichtiger als Rollen-Themen." (144 f.) Einige Überlegungen der Autoren dazu muten nachgerade kultur-analytisch an (148):

> „Wenn wir sagen ‚Hans ist ein Anarchist', dann meinen wir, dass er eine große Zahl der Ziele hat, die standardmäßig für einen Anarchisten angenommen werden.
> Natürlich gibt es in den meisten Fällen keine objektive Definition dieser Ziele, so dass möglicherweise keine zwei Personen vollständig in der Bedeutung dieser Wörter (oder Themen) übereinstimmen, und sie oft nicht vollständig sicher darüber sind, was diese Themen umfassen. Menschen können endlos über Ziele von, oder Bedeutungen des Worts *Kommunist(en)* streiten. Solche Wörter sind oft Indikatoren für Lebens-Themen."

Dies sind alles kluge Beobachtungen, sie klingen ganz so wie begriffsgeschichtliche Untersuchungen kulturwissenschaftlicher Provenienz, und weisen auf Aspekte hin, die bei einer

---

[78] Schank / Abelson 1977, 138 nennen das Beispiel: „Larry ist Arzt.", das nicht nur Informationen darüber aktiviert, wie er sich (in seiner Rolle als Heiler) verhalten wird, sondern vielleicht auch, dass er ein schönes Auto fährt, dass er kompetent ist usw.

[79] Schank / Abelson 1977, 138. „Unter interpersonalen Themen wird sehr viel Information organisiert." (144)

[80] Dies sehen die Autoren durchaus selbst: „Interpersonale Themen können eine enge Beziehung zu Rollen-Themen aufweisen. Manche interpersonale Themen können als ein besonderes Stück eines umfassenden Rollenthemas gesehen werden" Schank / Abelson 1977, 140. – Der Verzicht auf Trennschärfe der postulierten Entitäten scheint so etwas wie ein Grundzug im Denken dieser Autoren zu sein.

5.2 Systematisierungsversuche des Frame-Modells bei L. Barsalou   361

angemessenen semantischen Analyse nicht übergangen werden dürfen. Nur machen sie leider den theoretischen Terminus „Lebens-Themen", und generell die Entität „Themen" in der hier angesetzten Definition damit nicht plausibler oder trennschärfer. Störend ist aus linguistischer Sicht schon die Konfundierung von „Themen" und „Wörtern" wie in diesem Zitat. Was die Verfasser hier tun, ist eigentlich, dass sie auf die Nicht-Festlegbarkeit der Wortbedeutungen von „Themen"-Bezeichnungen (wie z.B. „*Anarchist*") hinweisen. Es fragt sich, ob sich solche, an sich kluge, Beobachtungen überhaupt verallgemeinern lassen. Nehmen wir mal einen typischen Gegenpol zu „*Anarchist*", wie z.B. „*Demokratie*", so kann man sich kaum vorstellen, das dies erschöpfend als „Lebensthema" analysierbar ist.

Vielleicht sollte man also einfach die vielen klugen Beobachtungen der Autoren mit auf den Weg (zur Erstellung einer umfassenden und allgemeinen Frame-semantischen Konzeption) nehmen, und bei der Bewertung des Panoptikums theoretischer Entitäten, das Schank und Abelson in so großer Zahl entworfen haben, einfach das berücksichtigen, was die Autoren eingangs selbst dazu gesagt haben: „Wir glauben, dass wir wirklich verstehen, was Skripts sind, uns ziemlich sicher sind über Pläne, etwas weniger sicher über Ziele, und unklar über Themen, und völlig unsicher über das, was noch jenseits von diesen liegt."[81]

5.2 Systematisierungsversuche des Frame-Modells bei L. Barsalou

Zwei Jahrzehnte nach den ersten Vorschlägen zu einer Frame-Theorie (bei Fillmore und Minsky) legt der Kognitionswissenschaftler Lawrence W. Barsalou einen Ansatz zur Systematisierung des Frame-Modells vor, der schon im Titel des umfangreichen Aufsatzes („Frames, Concepts, and Conceptual Fields") deutlich macht, dass sein Autor vorrangig das Ziel verfolgt, mit dem Mittel der Frame-Theorie sogenannte *Konzepte* und *Konzept-Systeme* zu analysieren. In deutlichem Abstand zur Erfindung des Frame-Gedankens gelingt es Barsalou dabei, einige Aspekte von Frames systematischer und in einer klarer definierten Terminologie zu beschreiben, als dies in den noch tastenden Versuchen von Fillmore und Minsky der Fall war. Ob den Versuchen der Systematisierung, die vermutlich auch dem Ziel dienen, Frames einer formalisierten Weise der Analyse zugänglich zu machen, dafür andere interessante Aspekte der Modelle von Fillmore und Minsky zum Opfer fallen, wird zu prüfen sein. Barsalou will mit seinem Papier viererlei erreichen: (a) eine Diskussion der Grenzen der merkmalanalytischen Methode bei der Beschreibung von Konzepten; (b) eine präzise Beschreibung der grundlegenden Bestandteile von Frames; (c) eine Demonstration der Leistungsfähigkeit des so präzisierten Frame-Modells für die Beschreibung von Konzepten und die Analyse verschiedener semantischer und konzeptueller Aspekte (wie Kategorisierung, Prototypen, Taxonomien, konzeptuelle Kombinationen, Ereignissequenzen,

---

[81]   Schank / Abelson 1977, Preface. – Im Anschluss an die „Themen" skizzieren die Verf. noch ein ziemlich technisches (und wohl implizit computer-bezogenes) Modell des Text- bzw. Geschichten-Verstehens (150ff.), Möglichkeiten der KI-Implementierung (175 ff.) sowie Aspekte des kindlichen Erwerbs der von ihnen postulierten Typen von Wissensstrukturen (222 ff.). Diese Überlegungen enthalten viele richtige Beobachtungen und Hypothesen, sind daher auch lesenswert, gehen aber nirgendwo über das hinaus, was wir bereits von Bartlett, Minsky oder Fillmore wissen, so dass ihr Referat für uns hier entbehrlich erscheint. Vielleicht beenden wir das Referat mit folgendem Zitat: „Die Grenzen des Verstehens scheinen proportional zu sein zu dem begrenzten Weltwissen. Was man weiß, ist das, was man verstehen kann. Das gilt für Kinder wie für Erwachsene." (a.a.O. 237)

362   *Kapitel 5: Frame-theoretische Ausdifferenzierungen*

Regeln, Pläne usw.); sowie (d) die Demonstration der Leistungsfähigkeit bei der Analyse konzeptueller Felder (so Barsalou 1992, 21 in der Einleitung).

Barsalou geht bei seinem Ansatz von folgenden grundlegenden Vorüberlegungen bzw. Überzeugungen aus: (1) „dass Frames die grundlegende Repräsentation[sform] von Wissen in der menschlichen Kognition bilden"; (2) dass Frames grundsätzlich rekursiv sind, womit alle Bestandteile von Frames (die Barsalou annimmt, wie „Attribut-Werte-Sets", „Strukturelle Invarianten" und „Beschränkungen [constraints]") selbst wieder Frames darstellen bzw. in Form von Frames organisiert sind; und (3) dass Frames „dynamische relationale Strukturen sind, deren Form flexibel und kontextabhängig ist".[82] Barsalou betont selbst, dass sein Ansatz eine Weiterführung früherer Theorien ist, reklamiert aber, dass die Strukturbeschreibung für Frames, die er vorschlägt, neu und einzigartig sei (21). Was Barsalous Frame-Modell vor allem von anderen Ansätzen (insbesondere von dem Fillmores und FrameNets) unterscheidet, ist die grundlagentheoretische Art der Herangehensweise. Für ihn ist „Frame" offenbar ein zentraler Grundbegriff der Kognitions- und Sprachanalyse; daher bemüht er sich um eine möglichst allgemeine (abstrakte und umfassende) Definition der Frames und Beschreibung der Frame-Strukturen. *Frame* wird damit zu Recht zu einem Oberbegriff für unterschiedlichste Wissensaspekte und –strukturen gemacht, unter den sich andere Phänomene (wie Skripts, Pläne, Ziele, Prototypen usw.) subsumieren lassen.

5.2.1 Frames vs. Merkmallisten

Eingangs kritisiert Barsalou zunächst einige Probleme einer Merkmal-Listen-Konzeption für die Beschreibung von Kategorien. Das entsprechende linguistische Modell wäre die klassische strukturalistische bzw. logisch-semantische Merkmal-Semantik bzw. Komponenten-Theorie.[83] Er unterscheidet dabei zwischen traditionellen, rigiden Merkmal-Modellen und moderneren konnektionistischen Modellen. Während erstere „eine Kategorie mit ihrer gesamten Merkmalliste in jeder Situation des Auftretens repräsentieren, repräsentieren konnektionistischen Modelle eine Kategorie dynamisch mit verschiedenen Subsets von Merkmalen in verschiedenen Kontexten." (22) Dabei haben die Theorien aber nicht genügend auf den Unterschied zwischen *Attributen* (wie FARBE, FORM, GRÖßE, POSITION) und *Werten* dieser Attribute (wie *rot, grün, Kreis, Quadrat, klein, groß, links, rechts*) geachtet. Man habe sich in der Forschung darauf konzentriert, wie Menschen Werte-Muster lernen, aber nicht, wie sie den Kategorien-Frame selbst mit den für die Kategorie konstitutiven Attribute-Sets lernen (23). Gerade auf die Attribute kommt es nach Barsalou aber aus kognitiver Sicht besonders an. Das Attribut-Lernen muss wichtig sein für das Kategorie-Lernen, weil Attribute oft zwischen den Kategorien wechseln. Z.B. hat *Auto* Attribute für ANTRIEBSAGGREGAT, KRAFT-ÜBERTRAGUNG usw., während *Hund* Attribute hat für FELL, TEMPERAMENT usw. Daraus schließt Barsalou: „Statt Einzeldinge nur auf der Basis spezifischer Werte zu kategorisieren, kategorisieren Menschen sie häufig auf der Basis abstrakter Attribute."[84]

---

[82]   Barsalou 1992, 21. (Alle Zahlenangaben in den Abschnitten 5.2.1 bis 5.2.5 beziehen sich auf diesen Text Barsalous. Alle Übersetzungen aus diesem Text durch den Verfasser des vorliegenden Buches.)

[83]   Vgl. zu deren Beschreibung und Kritik Busse 1991a, 29 ff. und Busse 2009, 35 ff. und 41 ff.

[84]   Barsalou 1992, 23. Dies ist allerdings nur dann eine sinnvolle Annahme, wenn es rekursiv gedacht ist, aber das ist bei Barsalou ja wohl der Fall.

5.2 Systematisierungsversuche des Frame-Modells bei L. Barsalou 363

Die Vernachlässigung des Unterschieds zwischen Attributen und Werten hat nach Barsalou (25) z.b. dazu geführt, dass in Prototypen-Modellen die Kategorien wiederum (wie in der alten Merkmalkonzeption, zu deren Überwindung sie eigentlich angetreten waren) nur aufgrund von Merkmallisten beschrieben wurden. Das größte Manko ist aber, dass solche Modelle nicht erklären können, woher die Individuen wissen, dass ein Wert zu einem bestimmten Attribut gehört, und nicht zu einem anderen (dass z.B. *dreieckig* eine FORM ist):

> „Weil diese Modelle keine explizite Repräsentation von Attributen und Werten enthalten, bleibt die Fähigkeit, Charakteristika dasselbe Gewicht zuzuweisen, weil sie Werte desselben Attributs sind, unspezifiziert." (25)

Diese Überlegung ist sicher richtig, und trifft einen wichtigen Punkt. Jedoch unterscheidet sich Barsalous Ansatz vielleicht weniger von den kritisierten Modellen, als er selbst annimmt. Insgesamt wirkt sein Modell noch stark *taxonomisch*: Es ist abhängig von einer vorgängigen, abstrakt strukturierten Taxonomie. (Was mache ich z.B. mit dem Fell eines „Golden Retrievers"? Ist das bestimmt durch FARBE, FORM, MATERIAL, oder eine Kombination aus all diesen Attributen?) Kann man *alle* Werte tatsächlich auf solche abstrakten Attribute zurückführen? Das hinter einem solchen Modell stehende Denken ist immer noch stark komponentialistisch. Gibt es nicht manchmal Werte, die *holistisch* wirken (wie z.B. *„wie die Haut eines Frosches"*), ohne dass die Menschen in der Lage wären, sie taxonomisch einzuordnen (ohne redundant zu sein) oder komponentialistisch zu zerlegen, die sich also nicht so leicht *bestimmten* Attributen zuordnen lassen? Ist ein großes Problem des Merkmal-Listen-Modells nicht gerade ihr Komponentialismus? Diesen kritisiert Barsalou aber offenbar nicht. Eine Frame-Theorie müsste aber auch in der Lage sein, holistisch aufgebaute Frames bzw. Kategorien zu erklären (z.B.: wie repräsentiere ich die geometrische Form eines Landes auf der Landkarte; nur für wenige Länder bietet es sich an, dafür Konzepte mit festen und eindeutigen Attributen zu verwenden, wie z.B. *Hexagon* für Frankreich oder *Stiefel* für Italien).

Attribute sind in Barsalous Modell das, was in anderen Frame-Modellen die Leerstellen (slots) sind.[85] Ein wichtiger Unterschied zwischen den „Merkmalen" der Merkmaltheorien und den Attributen in seinem Frame-Modell liegt darin, dass „Merkmale" mehr oder weniger als isolierte und unabhängige (man könnte auch sagen: solitäre) Komponenten aufgefasst sind, und dass sie auf einer einzigen Ebene der Analyse angesiedelt werden, wohingegen Attribut-Werte-Sets miteinander verbundene Sets von Komponenten darstellen, die zudem auf (wenigstens) zwei verschiedenen Ebenen der Analyse liegen (25). Barsalous Modell eignet sich daher wegen der klaren Unterscheidung verschiedener Strukturebenen besser zu einer präzisen Beschreibung von Kategorien als das in dieser Hinsicht undifferenzierte Merkmalmodell. Barsalou geht davon aus, dass die Existenz von Frame-Strukturen im Sinne von Attribut-Werte-Sets durch empirische Evidenzen belegt sei.[86]

---

[85] „Mein Gebrauch von ‚Attribut' ist im Kern äquivalent zu dem Gebrauch von ‚Dimension', ‚Variable', ‚Leerstelle [slot]' in anderen Theorien. Ich gehe davon aus, dass all diese Termini im großen und ganzen synonym sind." Barsalou 1992, 25.

[86] Es gibt laut Barsalou 1992, 26 nach empirischen Forschungen die Tendenz, dass Menschen dann, wenn ihnen mehrere Objekte präsentiert werden, die bezüglich bestimmter Eigenschaften unter eine (Ober-) Kategorie subsumiert werden können, sie diese als Attribute repräsentieren, die die konkreten Eigenschaften als Werte dieser Attribute behandeln. – Ich wäre jedoch vorsichtig, von solchen Evidenzen darauf zu schließen, dass Repräsentationen *grundsätzlich* rein taxonomisch erfolgen. Man vergleiche hiermit die Ergebnisse zur Speicherung komplizierter (oder abweichender) grammatischer Formen im

Besonderen Wert legt Barsalou (27) auf die Tatsache, dass Menschen Aspekte bzw. Komponenten von Kategorien nicht isoliert und unabhängig voneinander im Gedächtnis speichern (wie es die Merkmal-Modelle unterstellen), sondern „ein umfangreiches Wissen über Relationen zwischen ihnen" besitzen. Das heißt: Wissen ist zu einem großen Teil auch relationales Wissen (Wissen um Relationen). Das muss nicht erstaunen und ist auch keineswegs neu, sagt doch schon Peirce, dass alles Denken grundsätzlich relational sei.[87] Als Beispiel nennt Barsalou etwa die Relation zwischen den Werten *singen* für das Attribut GERÄUSCH und *klein* für das Attribut GRÖSSE bei der Kategorie *Vogel*. Ihm zufolge gibt es empirische Evidenz dafür, dass das Erlernen einer Relation schneller erfolgt, wenn sie eingebettet ist in ein System von Relationen, als wenn sie isoliert erscheint. In Geschichten werden die Details in kausale Relationen eingebettet und gespeichert. Barsalou unterscheidet jedoch zwischen bloß korrelationalen Relationen und solchen Relationen, die konzeptuell verankert sind (27). In diesem Punkt zeigt sich aber deutlich das Unzureichende solcher letztlich komponentialistischer Modelle, wie Barsalou eines vorträgt: Sie isolieren atomistisch „Komponenten" und müssen dann „Relationen" als etwas kategorial davon völlig Verschiedenes im Modell etablieren, ohne wirklich den Zusammenhang zwischen beiden Ebenen aufzeigen zu können. Begreift man dagegen die hier angesprochenen „Relationen" als *Prädikationen* (kognitive / epistemische *Zuschreibungen*), dann hat man „Komponenten" und „Relationen" beide eingebunden in ein gemeinsames Modell, das genau den Zusammenhang beider Typen von Aspekten aufzeigt und erklärt. Zusammenfassend gesagt sieht Barsalou den Vorteil von *Frames* (gegenüber Merkmallisten) also vor allem darin, dass sie Attribut-Werte Sets und Relationen enthalten, und damit eine *strukturierte* Beschreibung desjenigen Wissens ermöglichen,[88] das für die Kenntnis von Kategorien (und, nebenbei, der Bedeutung von Wörtern, mit denen diese Kategorien sprachlich verbalisiert werden) einschlägig ist.

5.2.2 Komponenten von Frames: Attribute, Werte, Konzepte und Aspekte

Der Kern von Barsalous Überlegungen und Originalität liegt sicherlich in seinem Modell zur Beschreibung der Struktur-Komponenten von Frames. Wir haben gesehen, dass die Begründer der Frame-Theorie, Fillmore und Minsky, mit diesem Erfordernis einer allgemeinen und erklärungskräftigen Frame-Theorie ziemlich nachlässig umgegangen sind. Hat Fillmore (trotz späterer Tendenz zu Präzisierungen und stärkerer Durchstrukturierung sei-

---

lexikalischen Gedächtnis. Gerade, wenn diese Wortformen entweder sehr häufig, oder sehr speziell (und damit nur mit höherer kognitiver Anstrengung aktiv zu bilden) sind, werden sie (quasi holistisch; oder besser: solitär und idiosynkratisch) als Einzel-Items gespeichert, die *direkt*, und nicht über Attribut-Hierarchien abgerufen werden (bzw. wenigstens: unter Übergehung von Zwischenebenen der Taxonomien).

[87] Siehe Peirce 1931, 8.88. Es ist zu bezweifeln, ob taxonomisch und konzeptualistisch denkende Kognitivsten das denktheoretische und zeichentheoretische Reflexionsniveau dieses Autors aus dem 19. Jahrhundert jemals erreichen werden.

[88] Barsalou 1992, 28. – Er gibt dann noch einen kurzen Überblick über die wichtigsten Stationen in der Entwicklung der Frame-Theorie (er nennt etwa als Meilensteine Fillmore, Norman / Rumelhart, Schank / Abelson, Minsky 1974 und 1985) und der Schema-Theorie (er nennt u.a. Bartlett, Cohen / Murphy 1984) und begründet, warum er den strukturierteren Begriff *Frame* gegenüber dem vageren und vieldeutigeren *Schema* vorzieht.

5.2 Systematisierungsversuche des Frame-Modells bei L. Barsalou   365

nes Frame-Modells im Rahmen des FrameNet-Projektverbundes) die allgemein üblich
gewordene slot-filler-Terminologie nie übernommen, so ist Minsky darauf zwar eingegangen, hat diese Strukturaspekte von Frames aber in seinem „Society of Mind"-Modell durch
Bevölkern mit zahllosen anderen theoretischen (kognitiven) Entitäten und Strukturaspekten
jedoch stark in den Hintergrund treten lassen. In der frühen Schematheorie von Bartlett
standen Strukturüberlegungen schon gar nicht im Vordergrund, und Schank / Abelson haben ihr Modell zwar mit zahlreichen theoretischen Entitäten bevölkert, teilweise auch die
Relationen zwischen diesen vertiefter erörtert, können aber wegen der starken Beschränkung auf Handlungs-Frames keine Grundlage für eine allgemeine Frame-Theorie liefern.
Barsalou hält drei Komponenten von Frames für zentral:

- Attribute-Werte-Sets,
- Strukturelle Invarianten,
- Beschränkungen / Restriktionen [constraints].

Den mit diesen Komponenten beschriebenen Frames weist er eine starke Erklärungskraft
zu:

> „Ich gehe davon aus, dass Frames alle Typen von Kategorien repräsentieren, eingeschlossen Kategorien
> für Lebewesen, Objekte, Orte, physische Ereignisse, mentale Ereignisse usw. Wie wir sehen werden, ist
> die Repräsentation von Adjektiven, Adverbien, Quantifizierern ebenfalls durchführbar." (29)

Bereits in dieser Formulierung wird deutlich, dass sich Barsalou (und sein Modell) stark auf
„Kategorien" genannte Konzepte bezieht. Man darf vermuten (und die explizite Nennung
von *Wortarten* wie Adjektive, Adverbien, Quantifizierer legt das sehr nahe), dass Barsalou
hier zuerst und vor allem an *nominale Konzepte* (also Nomen oder Substantive) denkt (auch
wenn seine Redeweise nicht klar zwischen kognitiven und sprachlichen Entitäten unterscheidet). Auch wenn er den Anspruch erhebt, dass sein Frame-Modell für *alle* Typen von
Kategorien einschlägig sein soll, und er *Verben* als möglichen Anwendungsfall der Frame-
Theorie keineswegs ausschließt, hat es doch sehr den Anschein, dass Barsalou sein Modell
um den prototypischen Fall von nominal realisierten Kategorien herum konstruiert. (Da er
den Terminus *Kategorie*, obwohl so zentral für sein Modell, nirgends definiert, bleibt unklar, ob dieser Terminus Verben und andere prädikative Ausdrücke bzw. Konzepte einschließen soll. Dass er Verben nicht auf den Bildschirm seiner Aufmerksamkeit holt, mag
keineswegs Zufall sein: Sie lassen sich nicht so schön taxonomisch gliedern und beschreiben wie nominale Konzepte ...)

Obwohl Barsalou im Folgenden teilweise sehr reduktionistische Strukturbeschreibungen
für Frames und Frame-Komponenten vornimmt und graphisch präsentiert, ist er sich doch
bewusst, wie stark reduktionistisch ein solches deskriptives Vorgehen (und wohl jeder
Versuch einer expliziten Beschreibung von Frames) ist bzw. sein muss:

> „In allen Fällen unterschätzen meine Beispiele für Frames in hohem Maße deren tatsächliche Komplexi-
> tät. Obwohl diese vereinfachten Beispiele die Präsentation praktizierbar halten, ist es wichtig, sich daran
> zu erinnern, dass die Konstruktion eines vollständigen begrifflichen Rahmens für eine einzelne Katego-
> rie eine herausfordernde und ernüchternde Erfahrung ist." (a.a.O. 29 f.)

Als Veranschaulichung für seine Darstellungsformen hier vorab unkommentiert ein in seinem Aufsatz mehrfach verwendetes Beispiel (siehe Abb. 5.1).

366   *Kapitel 5: Frame-theoretische Ausdifferenzierungen*

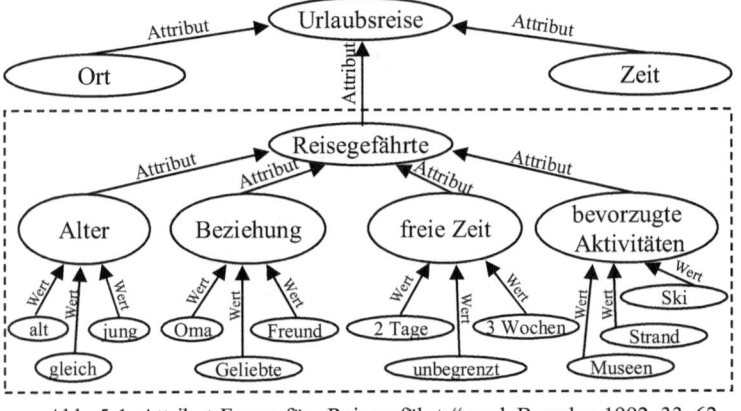

Abb. 5-1: Attribut-Frame für „Reisegefährte" nach Barsalou 1992, 33, 62.

Attribut-Werte-Sets. Der Kern jedes *Frames* ist nach Barsalou definiert als „ein gemeinsam vorkommender Set von Attributen" [„a cooccuring set of attributes constitutes the core of a frame"] (30). Im Beispiel etwa die Attribute ALTER, BEZIEHUNG, FREIE ZEIT und BEVOR-ZUGTE AKTIVITÄTEN für die Kategorie *Reisegefährte*. Da ein Frame (präziser müsste man eigentlich – einschränkend? – sagen: ein Kategorien-Frame) verschiedene Exemplare reprä-sentiert, nehmen seine Attribute unterschiedliche Werte an. Im Beispiel etwa für das Attri-but BEZIEHUNG Werte wie *Oma, Geliebte, Freund*. Schon mit diesen Beispielen wird deut-lich, dass Barsalou bei seinem Modell (zunächst?) nur *Konzept-Frames* (hier verstanden als Frames für *nominale* Konzepte, nicht für *prädikative* bzw. *verbale* Konzepte) vor Augen hat; demgegenüber befasste sich Fillmore überwiegend mit *prädikativen Frames*. Die An-sätze von Fillmore und Barsalou stehen sich also, als beide auf jeweils dem anderen Auge blind, komplementär und somit gleichberechtigt gegenüber. Eine wirklich sach-adäquate und umfassende Frame-Theorie indes kann nur gelingen, wenn man beide Augen öffnet und beide Anwendungsmöglichkeiten für eine Frame-Theorie in ein gemeinsames Modell integriert. Interessanterweise kommen Verb-Kategorien in Barsalous Beispielen nur als *Relationen* vor, während die „Attribute" und „Werte" nur mit Referenzausdrücken (Nomen) besetzt sind. Man müsste daher fragen: Ist sein Modell *überhaupt* für Prädikations-Frames geeignet? (Das behauptet Barsalou zwar pauschal, tritt aber nicht den Beweis dafür an, da er auf diesen Aspekt weiterhin nicht mehr eingeht. Dies zu prüfen bzw. herauszuarbeiten wäre also eine Arbeit, die allererst zu leisten wäre.)

Attribute. Eine grundlegende Aufgabe für Frame-Theoretiker besteht nun nach Barsalou darin, hinreichende Definitionen für „Attribut" und für „Wert" zu liefern.

> „Ich definiere ein Attribut als einen Begriff [concept], der einen Aspekt von wenigstens einigen Mit-gliedern der Kategorie beschreibt. [...]
> Ein Begriff ist nur dann ein Attribut, wenn er einen Aspekt eines größeren Ganzen beschreibt. [...]
> Ein Begriff ist nur dann ein Attribut, wenn er als Beschreibung eines Aspekts eines Kategorien-Mitgliedes betrachtet wird." (30)

Danach ist z.B. FARBE ein Attribut der Kategorie *Vögel*, ORT ein Attribut der Kategorie *Urlaub* usw. Betrachtet man jedoch „*Farbe*" als solche, ist sie kein Attribut, sondern ein einfaches Konzept. D.h.: „*Farbe*" wird nur dann (und insofern) zu einem Attribut, wenn es als ein Aspekt von *Vogel* betrachtet wird. Was Barsalou bei diesen Darlegungen völlig

5.2 Systematisierungsversuche des Frame-Modells bei L. Barsalou 367

unterschlägt, ist jedoch die Tatsache, dass es sich hierbei ja stets um *Zuschreibungen* (Zuweisungen), also im Grunde um (kognitive, epistemische) Prädikationen handelt, eigentlich also um kognitive *Leistungen*, um (geistige) *Akte* (und weniger um statische taxonomische Relationen). Befasst sich Barsalou überhaupt mit deren konzeptuellem Status? Das ist (zumindest in diesem Aufsatz – so gewichtig er sonst sein mag) nicht zu sehen. Nach Barsalou ist seine Definition von *Attribut* „extrinsisch".[89] Das kann (und muss) man allerdings noch viel deutlicher ausdrücken: Ein „Attribut" ist immer ein *relationaler* Begriff, der auf eine Zuordnungs-Relation verweist (die man als – kognitive bzw. epistemische – Prädikation auffassen kann).

Konzepte. Barsalous Frame-Modell basiert demnach eindeutig auf dem Begriff des „Konzepts", ist also – wenn man so will – „begriffstheoretisch" (konzeptualistisch), was viele Fragen an das Modell auf die Definition von „Konzept" verschiebt.[90] „Konzept" wird von Barsalou dann folgendermaßen definiert:

> „Mit ‚concept' [Begriff] meine ich die deskriptive Information, die Menschen für eine Kategorie kognitiv repräsentieren, eingeschlossen definitorische Information, prototypische Information, funktional wichtige Information, und möglicherweise ebenso andere Typen von Information.
> In dieser Hinsicht ähnelt mein Gebrauch von ‚concept' vage ‚Intension' und ‚Sinn' [sense].
> Generell nehme ich an, dass Frames alle Typen von Konzepten repräsentieren, ob sie allein-stehende Begriffe [free-standing concepts] sind, wie ‚Vogel' oder ‚Urlaub', oder ob sie Attribute sind (wie *Farbe* für ‚Vogel' und *Ort* für ‚Urlaub')."

Der Wortlaut der Definition bedient einige Denkweisen konzeptualistischer Modelle (wie etwa der klassischen Merkmalsemantik und der logischen Semantik Frege-Carnap'scher Prägung). So ist mit „deskriptive Information" semantisch hervorgehoben (oder in den Fokus gestellt) solche Information, die sich auf außersprachliche, physische Objekte der sinnlich wahrnehmbaren Ding- und Ereignis-Welt bezieht (also solche Objekte, zu deren Benennung man sich sprachlich der sog. „Konkreta" bedient).[91] Dies harmoniert bestens mit der Verkürzung von „Intensionen" auf (als real verstandene) „Dingmerkmale" etwa bei Carnap.[92] Merkwürdig (und sowohl für einen Linguisten wie für einen Philosophen höchst gewöhnungsbedürftig) ist die Unterscheidung zwischen „definitorischer", „prototypischer" und „funktional wichtiger" Information. Soll damit ausgedrückt sein, dass „funktionale Informationen" nichts zur semantischen Definition eines Begriffs beitragen können? Und beansprucht nicht das „Prototypen"-Modell genau dies, nämlich die Bedeutung einer Kategorie zu definieren?[93] Völlig unklar bleibt daher, wie sich diese verschiedenen „Typen von Information" zueinander verhalten.

---

[89] „In dieser Hinsicht ist die Definition von Attribut ‚extrinsisch'; abhängig von der aspektuellen Relation eines Begriffs zu einer Kategorie." Barsalou 1992, 31.

[90] Erstaunlicherweise (und interessanterweise) hat Barsalou gerade das (als – wegen seiner prädikativen Orientierung – eigentlich gegensätzlich erscheinende) Frame-Konzept von Fillmore besonders hervorgehoben, und zwar genau deswegen, weil Fillmore Frames (in seinen späteren Fassungen) als „Strukturen aus Konzepten" definiert hatte, allerdings ohne auch nur den leisesten Anhaltspunkt dafür zu liefern, was genau er unter „Konzepten" versteht. In diese Erklärungs-Lücke stößt nun Barsalou.

[91] Ob Information, die sich auf Abstrakta, wie z.B. „*Liebe*", „*demokratisch*", oder „*Eigentumsvorbehalt im Zivilrecht*" bezieht, noch ohne problematische metaphorische Verschiebung so ohne weiteres als „beschreibend" charakterisiert werden kann oder sollte, ist durchaus fragwürdig.

[92] Siehe Carnap 1956, 18; kritisch dazu siehe Busse 1991a, 29 ff. sowie Busse 2009, 35 ff.

[93] Man kann sich des Eindrucks nicht erwehren, dass der Autor hier lediglich mit einem fröhlichen Pluralismus (wie sang Nina Hagen: „Ich kann mich gar nicht entscheiden, ist alles so schön bunt hier …") alle verschiedenen begriffstheoretischen Lager zugleich bedienen und zufriedenstellen (beruhigen?) will:

368   *Kapitel 5: Frame-theoretische Ausdifferenzierungen*

Sicherlich richtig und wichtig ist Barsalous Hinweis darauf, dass Frames *alle Typen von Konzepten repräsentieren*. Nichts anderes muss man von einem Frame-Modell mit umfassendem Erklärungsanspruch (und nur ein solches macht aus meiner Sicht Sinn) erwarten. Daher ist es merkwürdig und irritierend (und macht einen hinsichtlich des dahinter stehenden Begriffs-Modells nachdenklich), dass sich Barsalou hier so sehr bemüht, herauszustellen, dass man mit Frames sowohl „free-standing concepts" als auch „Attribute" gleichermaßen beschreiben kann. Auf eine solche Differenzierung dürfte es ihm eigentlich gar nicht ankommen, da er doch zuvor gesagt hatte, dass Konzepte, die „Attribute" sind, stets nur *in Relation auf andere Konzepte* (als „Kategorien"), die sie charakterisieren, Attribute sind; für sich allein betrachtet müssten sie demnach nach wie vor normale „Konzepte" (in seiner Terminologie: „Kategorien") sein. D.h.: eigentlich gibt es gar keinen festen Unterschied zwischen „free-standing" und „Attribut", sondern nur die attributive Verwendung eines Konzepts (das auch als „freies" Konzept benutzt werden kann), oder die freie Verwendung eines Konzepts, das auch als Attribut erscheinen kann. Barsalous etwas laxer Umgang mit der Terminologie wirft daher auch ein Licht auf sein genaues Verständnis des Terminus „Kategorie" (den er nicht definiert). Es hat ein wenig den Anschein, als sei „Kategorie" in seinem Denken eine irgendwie herausgehobene Form von „Konzept" (möglicherweise auf klassische dingbezeichnende Nomina fokussiert). Eine solche Einschränkung wäre aus linguistischer und sprachtheoretischer Sicht jedoch keinesfalls haltbar, da eine Begriffs-Theorie (oder –Definition), die diesen Namen verdienen will, so allgemein sein muss, dass sie oberhalb der Unterscheidung zwischen Konkreta und Abstrakta, zwischen Nomen, Verben, Adjektiven, Adverbien usw. steht, also kognitiven oder lexikalischen Teil-Phänomenen, die sie in einem übergreifenden Modell allesamt erklären können muss.

Typen von Attributen. Barsalou fragt sodann: „Welche Aspekte einer Kategorie können Attribute sein?" (31) Auch diese Formulierung deutet an, dass er noch stark verdinglichend denkt. So wie er hier über „Aspekte einer Kategorie" redet, hört es sich an, als glaube er an die Möglichkeit fester, objektiver „Dingmerkmale", die nur entdeckt und beschrieben werden müssten. (Die Redeweise transportiert implizit eine „Teil-Ganzes"-Semantik.) Dies wäre falsch. Diese Redeweise ignoriert (und unterschätzt) den dynamischen Charakter von Konzept-Strukturen (bzw. Frame-Strukturen), der darin liegt, dass Attribuierung eine *Zuschreibung* (ein / e Zuschreibungs-Akt bzw. -Leistung) ist. Völlig unterdrückt wird damit der *konstruktive* und *konstitutive* Charakter von konzeptuellen Ding-Definitionen, der gerade von Bartlett und Minsky so stark hervorgehoben wurde. Die oben gestellte Frage beantwortet Barsalou dann so, dass dies eindeutig von der „ontologischen Domäne" einer Kategorie abhänge. „Physische Objekte" hätten z.B. Attribute wie FARBE, FORM, GEWICHT; „Ereignisse" hätten Attribute wie ORT, ZEIT, ZIEL usw. Attribute könnten häufig *Teile* von Kategorien-Mitgliedern sein (er denkt offenbar an Attribute wie GLIEDMAßE bei einer Kategorie wie *Mensch*). Wichtig sei aber, dass auch ganz andere Typen von Aspekten zu Attributen werden können; er nennt etwa Bewertungen, Quantitäten, Kosten, Nutzen usw. Zu

---

mit „definitorisch" die Merkmal-Fans und Logiker, mit „prototypisch" die Prototypen-Theoretiker und mit „funktional" eben die Funktionalisten, und mit „andere Typen" alle anderen, die noch auf den Plan treten könnten. Die erheblichen theoretischen Widersprüche zwischen diesen Konzeptionen, die ja allesamt beanspruchen, mit ihrer jeweiligen theoretischen Perspektive Bedeutungen oder Begriffe *insgesamt* beschreiben zu können (und nicht nur, wie es sich in Barsalous Definition liest, einen *Teil* von ihnen), werden hier mit einem Federstrich unter den Teppich gekehrt. *Reflektierte* Theoriebildung sieht deutlich anders aus!

5.2 Systematisierungsversuche des Frame-Modells bei L. Barsalou 369

Recht betont er: „Menschen sind sehr kreativ im Konstruieren von Attributen; oft produzieren sie neue [Attribute] in Relation zu spezifischen Kontexten." (31) Damit weist er nicht nur auf den *konstruktiven Charakter* jeder Begriffsbildung hin (den er bei der Charakterisierung des „deskriptiven" Wissens unterschlagen hatte). Eigentlich müsste ihn diese Beobachtung auch dazu veranlassen, über den *aktiven* Aspekt der Attribuierung und damit über den Zuweisungs-Charakter (prädikativen Charakter) der Attribute stärker nachzudenken. Meines Erachtens müsste man daher, Barsalous Intentionen durchaus aufnehmend, seine Definition von „Attribut" in folgender Weise ergänzen / präzisieren:

> Revidierte Definition von „*Attribut*": Für eine epistemologische Analyse wichtige „Attribute" sind solche Zuschreibungen von (in dieser Relation als ‚Aspekte' fungierenden) Konzepten zu anderen (in dieser Relation als ‚Kategorien' fungierenden) Konzepten, für die es in der sprachlichen / kulturellen Gemeinschaft, in der diese Attribuierung auftritt, eine etablierte Zuordnungs-Konvention gibt.

Diese Definition macht deutlicher, dass es immer um eine (epistemische, kognitive) Zuordnungs-Leistung geht und vermeidet damit die bei Barsalous Fassung noch nicht ausgeschlossenen objektivistischen Missverständnisse. Vor allem stellt sie damit den *relativen* bzw. *relationalen* Charakter der Attribute heraus.

Werte. Für die „Werte" als weiterem zentralem Bestandteil seines Frame-Konzepts gibt Barsalou folgende Definition:

> „Die Definition von ‚Wert' folgt aus der Definition von ‚Attribut': Werte sind untergeordnete Konzepte [subordinate concepts] eines Attributs. Weil Werte untergeordnete Konzepte sind, erben sie Informationen von ihren zugeordneten Attribut-Konzepten." (31)

Formulierte man dies um hieße das in der üblichen Slots-Fillers-Terminologie: Füllungen sind untergeordnete Konzepte eines Slots (einer Leerstelle). Damit würde auch klar, dass Füllungen von Leerstellen immer Konzepte sind, was im Umkehrschluss (da Füllungen von Leerstellen – etwa explizit bei Minsky – als Frames definiert sind) heißen würde, dass alle Konzepte selbst auch Frames sind. (Es verwundert etwas, dass Barsalou diesen Punkt nicht auch deutlich und explizit so herausstellt – oder hält er ihn für so selbstverständlich, dass er ihn gar nicht mehr der Erwähnung für Wert hält? *So* selbstverständlich ist diese Konsequenz jedoch nicht, wenn man sich ein wenig in der Literatur umschaut.) Als Beispiel für das beschriebene „erben" von Informationen[94] nennt Barsalou etwa: „*Vierzylinder*" erbt Informationen von „*Motor*". Nun ist dieses Beispiel aus linguistischer Sicht vielleicht nicht besonders geschickt gewählt. Bei *Vierzylinder* ist die enge semantische Relation zu *Motor* ohnehin klar, da dieser Ausdruck eine Ellipse für *Motor mit vier Zylindern* ist. *Vier Zylinder* ist also ein Attribut (Eigenschaft / Aspekt) von *Automotor*. Oder anders ausgedrückt: *Motor* ist in *Vierzylinder* semantisch inhärent. Es ist daher sehr fraglich, ob man bei einer solchen Form von semantischem Zusammenhang überhaupt von einer „Attribut-Werte-Relation" sprechen kann oder darf.[95] Das ist wohl kaum der Fall. Ein ganz anderer Fall liegt vor bei FARBE und *rot*. „*Rot*" ist normalerweise kein Attribut von FARBE (oder nur: in sehr speziellen Verwendungen). Dies zeigt wieder, wie fatal (verwirrend, irreführend) es ist, von einem statischen taxonomischen Modell auszugehen, und wie wichtig es wäre, von der

---

[94] Man denkt hier sofort an die „Frame-Vererbung" bei Fillmore. Das Verhältnis beider Formen oder Aspekte von „Vererbung" müsste allerdings noch näher geprüft werden.

[95] Das Beispiel zeigt auch, dass es empirisch gar nicht so einfach sein dürfte, immer genau „Attribute" von „Werten" trennscharf abzugrenzen. Es spricht wenig dagegen, *Vierzylinder*, das hier als Beispiel für „Werte" präsentiert wird, auch als „Attribut" zu *Motor* zu klassifizieren.

Dynamik (der Zuschreibungshandlung) auszugehen, die eben in bestimmten Kontexten erfolgt (nach übereinstimmender Auffassung der Mitglieder einer Sprach- und Kulturgemeinschaft erfolgen kann), in anderen nicht. – Als weitere Merkmale von Werten nennt Barsalou: „Werte erben weiterhin die extrinsische Tatsache, dass sie ein Aspekt der Kategorien-Mitglieder sind." (31) (Beispiel: Weil *Motor* ein Aspekt von *Auto* ist, sind seine Werte ebenfalls Aspekte von *Auto*). Werte enthalten aber auch Informationen, die nicht in ihren zugehörigen Attributen enthalten sind; sie machen aus ihnen *spezifische* Konzepte (etwa *Vierzylinder* vs. *Sechszylinder*). Dies ist alles nicht falsch, hat aber wiederum den für Barsalou offenbar typischen taxonomischen Zungenschlag (erinnert an Begriffshierarchien und semantische Netze, die die Frame-Theorie eigentlich überwinden wollte / sollte).

Attribut-Taxonomien. Eine wichtige Eigenschaft von Attribut-Werte-Sets (als strukturellen und epistemischen Kernen von Frames) ist, dass sie rekursiv sind. Das bedeutet: „Weil Werte Konzepte sind, können sie selbst wieder Attribute sein, die noch spezifischere Werte haben." (32) So hat z.B. die Kategorie *Tier* das Attribut FORTBEWEGUNGSMITTEL mit einem möglichen Wert (von mehreren) wie *Beine*. In einer anderen Konzeptbildung aber könnte die Kategorie *Landsäugetiere* das jetzt als Attribut auftretende BEINE haben, mit einem möglichen Wert wie *Pferdehuf*. Nach Barsalou gilt: „Attribut-Taxonomien zeigen viele derselben Eigenschaften wie Objekt-Taxonomien." Hier wird der taxonomische Ansatz Barsalous ganz deutlich. Es fragt sich allerdings (ganz abgesehen von der grundsätzlichen Kritik, die man an taxonomischem Denken generell üben könnte[96]) auch aus der Binnenperspektive dieses Modells, welchen Anlass es gäbe, zwischen „Attribut-Taxonomien" und „Objekt-Taxonomien" überhaupt zu unterscheiden. In einer allgemeinen Konzept-Theorie läuft beides auf dasselbe hinaus, die Unterscheidung ist damit entbehrlich. – Eine wichtige Eigenschaft von Attribut-Taxonomien ist ihre Typikalität. Hier weist Barsalou (wie lange zuvor schon Fillmore und Minsky, aber implizit bereits Bartlett) auf das wichtige Merkmal der *Prototypikalität von Frames* (hier: Attribut-Werte-Relationen) hin.[97] Wie es in kognitiven Theorien für Konzept-Hierarchien angenommen wird, geht er zusätzlich davon aus, dass Attribut-Taxonomien eine Basis-Ebene aufweisen. So seien *Füße, Flügel, Flossen* die Basis-Ebene für Fortbewegungsmittel.[98] – Weiter soll gelten: „Wie Objekt-Taxonomien hängen Attribut-Taxonomien von verknüpften Sets von Eigenschaften ab." Gegen diese Annahme wäre nichts einzuwenden, solange man sie nicht in komponentialistischer Weise (wie in merkmalsemantischen Modellen im Sinne der Merkmal-Listen üblich) missversteht. Fraglich sei, in welcher Weise Menschen über Attribut-Taxonomien explizit verfügten; dies könne von Individuum zu Individuum verschieden sein.

---

[96]   Z.B. an der hier wieder ganz deutlich werdenden ontifizierenden Tendenz bei Barsalou.

[97]   Barsalou 1992, 32. Sein Beispiel: Menschen könnten „egozentrischerweise" *Beine* als typische Mittel der Fortbewegung ansehen, *Flossen* und *Flügel* hingegen nicht.

[98]   Seine Argumente dafür sind aus linguistischer Sicht allerdings alles andere als überzeugend. So seien diese Konzepte (a) mono-morphemisch, (b) brächten einen großen Informationsgewinn, (c) teilten eine gemeinsame Form, (d) wiesen die gleiche Handlung auf. Davon trifft (a) z.B. auf das Deutsche nicht zu, hätte das dann deswegen ein anderes Kategoriensystem? Wohl kaum. Über (b) kann man füglich streiten, es gibt keinerlei Kriterien dafür, so etwas angemessen zu beurteilen oder gar zu entscheiden. Damit ist dieses Merkmal wertlos. Was er mit (c) meint, ist unklar. Meint er damit bloße lexikalisch-syntaktische Kategorien (sog. Wortarten), dann wäre dieser Aspekt nicht trennscharf und daher nicht benutzbar. Und für (d) gilt, dass dieser Aspekt semantisch schon in der (Ober-)Kategorie enthalten ist, es also fraglich ist, warum ausgerechnet er dafür dienlich sein soll, in einer Hierarchie eine bestimmte Ebene als „Basis" zu markieren.

5.2 Systematisierungsversuche des Frame-Modells bei L. Barsalou   371

Attribut-Frames. Attribute (präziser könnte man auch sagen: Attribut-Konzepte, oder: Konzepte in attributiver Funktion bzw. Verwendung) sind nicht nur in Frames eingebunden, von denen sie ein Teil sind; sie sind selbst wiederum Kerne von Frames, indem sie ihrerseits Attribute an sich binden können (bzw. durch Attribute charakterisiert sein können). Dies ergibt sich zwingend schon allein aus ihrem Konzept-Charakter in Verbindung mit der Rekursivität als Kernmerkmal von Frames und Frame-Strukturen.

> „Attribute spiegeln nicht nur die Taxonomien wider, zu denen sie beitragen; sie spiegeln ebenso die Frames wider, in denen sie enthalten sind. In einem Frame kann jedes Attribut mit seinem eigenen Frame von spezifischen Attributen verbunden sein." (33)

Als Beispiel nennt Barsalou den URLAUBS-Frame (siehe Schaubild Seite 366). Hier ist REISEGEFÄHRTE keineswegs nur „ein einfaches eindimensionales Attribut", sondern ein „eingebetteter Frame", der einen noch spezifischeren Set von Attributen enthält, wie ALTER, BEZIEHUNG, FREIE ZEIT, BEVORZUGTE AKTIVITÄTEN usw. Auch die eingebetteten Attribute können selbst wiederum eigene Frames haben, usw. Bei zutreffender Beschreibung ist auch hier wieder die Wortwahl verdächtig. Wenn alle Konzepte Frames sind, und Frames durch Attribut-Werte-Sets definiert sind, dann haben auch alle Konzepte weitere Attribute an sich. So etwas wie „einfache eindimensionale Attribute" dürfte es demnach gar nicht geben. Solche Attribute müssten dann nämlich zwingend als „Nicht-Konzepte" definiert sein, und was man sich darunter vorstellen soll, bleibt unklar.

Attribut-Konstruktion. Attribute sind kognitive (epistemische) Konstrukte, mit denen sich Menschen ihre Konzepte (und die Welt, zu deren Bewältigung sie diese Konzepte bilden) erklären. Da diese Tatsache bei weitem nicht von allen Linguisten, Philosophen und Kognitionswissenschaftlern so eindeutig akzeptiert wird, ist es gut, dass Barsalou darauf explizit hinweist. „Menschen bringen oft neue Attribute hervor, um Ziele zu erreichen, ganz vergleichbar dem, wie sie ad-hoc-Kategorien hervorbringen, um Ziele zu erreichen." (33) Damit weist Barsalou nicht nur auf den konstruktiven (konstitutiven) Charakter der Konzepte und Frames hin, sondern betont zugleich implizit die Interessen-Abhängigkeit dieser Konstrukte und der sie hervorbringenden konstruktiven kognitiven Tätigkeit.[99] Als Beispiel nennt er *Gefährte*, für das ein Attribut wie FREIE ZEIT in neutralen Kontexten keine Rolle spielt, aber wichtig wird, wenn es um *Urlaub* geht.[100] Barsalou stellt hierzu die Frage: Konstruieren Leute diese spezifischen Attribute oder rufen sie sie aus dem Gedächtnis ab? Nach Versuchen habe sich ein hoher Anteil an idiosynkratischen Attributen ergeben, was dafür spreche, dass sie sie ad hoc konstruieren (34). Sicherlich darf der konstruktive Charakter von Frame- und Konzept-Bildungen (insbesondere, was die „Ausfüllung" mit Attributen und Werten angeht) nicht unterschätzt werden. Dennoch fragt sich, ob diese epistemischen Strukturen wirklich immer völlig neu „ad hoc" aufgebaut werden, oder nicht vielmehr mit vorhandenem epistemischem Material operieren, das sie nur neu kombinieren. Die Frage wäre also: Operieren Leute nicht häufig einfach mit Elementen aus einem Fundus an *poten-*

---

[99] Störend ist, wie immer, die durchgängig verdinglichende Redeweise bei Barsalou, die erkenntnistheoretisch höchst naiv ist. Es fällt schwer, einzusehen, warum er nicht durchgängig berücksichtigt, dass „Kategorien", „Attribute", „Werte" relative (bzw. relationale) Begriffe sind. Rhetorisch behandelt er sie fortlaufend wie ontologische Konstanten, obwohl er doch explizit anderes postuliert (etwa wenn er die Möglichkeit von Attributen zu Werte-Konzepten zulässt).

[100] Anders als das englische Äquivalent *companion* zwingt der deutsche Sprachgebrauch mit *Reisegefährte* (das üblicher ist als das zwar mögliche, aber heute kaum noch in diesem Sinne isoliert benutzte *Gefährte*) hier zu einer Vereindeutigung.

tiellen Attributen? Dies wäre eine wichtige Frage an eine Theorie der Architekturen des menschlichen (verstehensrelevanten) Wissens; vor allem hinsichtlich des, insbesondere bei Bartlett stark in den Mittelpunkt gerückten, „genealogischen" Aspekts des Wissens, d.h. der Frage, welche Rolle (soziale, kulturelle) Prädetermination für unsere kognitiven bzw. epistemischen Strukturen spielt.

Offenbar scheint ein solcher Gedanke auch Barsalou nicht ganz fern zu liegen. Er geht nämlich davon aus, dass auch ad-hoc-Attribute im Gedächtnis gespeichert werden können, so dass sie in späteren ähnlichen Kontexten einfach abgerufen werden können (34). Ein vergleichbarer Aspekt aus linguistischer Sicht ist die Möglichkeit der Lexikalisierung von ad-hoc-Komposita, die bei verbreitetem gesellschaftlichen Bedarf immer gegeben ist, auch wenn die meisten dieser ad-hoc-Bildungen gar nicht erst ins „kulturelle Gedächtnis" einer Gesellschaft eingehen. Mit einem Zitat des Philosophen Nelson Goodman weist Barsalou darauf hin, dass der Bildung von Attributen, und damit der weiteren Ausdifferenzierung von Konzepten und Frames, prinzipiell keinerlei Grenze gesetzt ist.[101] Mit anderen Worten: Das menschliche Konzeptsystem (man müsste jetzt auch sagen: Frame-System) ist hochgradig produktiv, „obwohl niemand alle oder auch nur viele dieser potentiellen Attribute konstruiert" (34). Ob, welche und wie viele Attribute gebildet werden, hängt von „Erfahrungen, Zielen, und intuitiven Theorien" ab. Sowohl verschiedene Erfahrungen, wie auch verschiedene Ziele (man könnte auch sagen: verschiedene Interessen) können zu unterschiedlichen Konstruktionen des Attribute-Sets bei derselben Kategorie führen.

Diese Beobachtung ist für eine kulturwissenschaftliche Semantik von zentraler Bedeutung. Mit ihr kann man nämlich bestens z.B. Phänomene wie ideologische (kulturbedingte, gruppenbedingte) Polysemie erklären, z.B. wenn „*Demokratie*" für den einen durch Attribute entlang der Definition des deutschen Bundesverfassungsgerichts zur „freiheitlich-demokratischen Grundordnung" charakterisiert ist,[102] während andere darunter nur so etwas verstehen, das Merkmale wie „Volksabstimmungen in allen Fragen" aufweist. Für eine Semantik, die sich schon seit Jahrzehnten mit der Analyse politischen Sprachgebrauchs und unterschiedlicher Konzeptualisierungen als Basis des öffentlichen politisch-semantischen Streits beschäftigt, sind diese „Entdeckungen" Barsalous allerdings wenig aufregend. Es ist jedoch gut, dass der Gedanke der Wirklichkeitskonstruktion durch Sprache bzw. Begriffe jetzt auch auf den lichten Höhen der Kognitionswissenschaft angekommen ist.[103] (Mit Bartlett und Minsky hätte man es allerdings auch schon dort viel länger wissen können.)

---

[101] „Natürlich kann für eine Kategorie eine unbegrenzte Anzahl von Attributen konstruiert werden." Barsalou 1992, 34 in Anlehnung an Nelson Goodman: Fact, Fiction, Forecast, 1955.

[102] „Freiheitliche demokratische Grundordnung im Sinne des Art. 21 II GG ist eine Ordnung, die unter Ausschluss jeglicher Gewalt und Willkürherrschaft eine rechtsstaatliche Herrschaftsordnung auf der Grundlage der Selbstbestimmung des Volkes nach dem Willen der jeweiligen Mehrheit und der Freiheit und Gleichheit darstellt. Zu den grundlegenden Prinzipien dieser Ordnung sind mindestens zu rechnen: die Achtung vor den im Grundgesetz konkretisierten Menschenrechten, vor allem vor dem Recht der Persönlichkeit auf Leben und freie Entfaltung, die Volkssouveränität, die Gewaltenteilung, die Verantwortlichkeit der Regierung, die Gesetzmäßigkeit der Verwaltung, die Unabhängigkeit der Gerichte, das Mehrparteienprinzip und die Chancengleichheit für alle politischen Parteien mit dem Recht auf verfassungsmäßige Bildung und Ausübung einer Opposition." BVerfGE 2, 1, 12 (Diese Attribute-Liste wurde virulent und Gegenstand öffentlichen Streits in der BRD der 1970er Jahre im Zusammenhang mit den sogenannten „Berufsverboten" gegen sogenannte „Verfassungsfeinde".)

[103] „Sobald für eine Kategorie spezifische Attribute repräsentiert wurden, bestimmen sie Relevanz. Wenn zwei Leute eine Kategorie mit verschiedenen Attributen repräsentieren, dann enkodieren sie ihre Exemplare verschieden. Verschiedene Aspekte des Exemplars sind relevant, weil die jeweiligen Frames

5.2 Systematisierungsversuche des Frame-Modells bei L. Barsalou   373

Attribut-Systematizität. Unter „Attribut-Systematizität" versteht Barsalou die Tatsache, dass in Frames bestimmte ‚Kern-Attribute' gehäuft auftreten (können).[104] Als Beispiel nennt er Fillmores Paradebeispiel *kaufen* mit Attributen wie VERKÄUFER, KÄUFER, WARE, BEZAHLUNG usw. In diesem Kontext geht er auch (allerdings nur kurz und quasi nebenbei) auf *Standard-Werte* bzw. *Default-Werte* (oder –Füllungen) ein.[105] Häufige Ko-Okkurrenz von Attributen führt zu psychologischer Stärke dieser Verbindungen und daher zur Etablierung von Frame-Kernen.[106] Äußerst wichtig ist dabei jedoch Barsalous folgende Feststellung (35):

> „Attribut-Systematizität ist keine Sache von Alles-oder-Nichts, sondern variiert kontinuierlich in dem Maße, in dem Attribute in unterschiedlichem Ausmaß ko-okkurieren. [...] Weil die Attribute, die mit Frames assoziiert sind, im Grad ihrer Systematizität variieren, sind Frames keine rigiden Strukturen."

Diese klare Aussage bringt ihn (und das Frame-Modell) eigentlich erst endgültig in Stellung gegen den rigiden Komponentialismus der Merkmal-Listen- und Logisch-Semantischen Konzeptionen. Frames sind keine rigiden Strukturen, weil sie von Zuweisungs-Akten von Individuen (die wiederum auf Zuordnungs-Präzedenzen in einer kulturellen und sprachlichen Gemeinschaft zurückgehen) abhängen. Da Frames nicht rigide sind, darf man nach Barsalou auch nicht (wie es manche Frame-Theoretiker tun) sagen, dass die Frames ihre Elemente (bzw. Attribute) „enthalten". Vielmehr seien sie nach Wahrscheinlichkeitswerten organisiert, und damit also probabilistische Strukturen.[107]

Im Zusammenhang damit ist v.a. folgende Festlegung Barsalous beachtenswert:

> „Je nach Kontext sind in einem Frame verschiedene Subsets von Attributen aktiv, abhängig vom spezifischen Exemplar und dem umgebenden Kontext. [...]
> Dennoch mögen Kern-Sets von Attributen für die meisten, wenn nicht alle Exemplare aktiv sein." (35)

Offenbar vertritt Barsalou in dieser Hinsicht ein deutlich anderes Frame-Verständnis als etwa Fillmore. Dabei hat die Differenz möglicherweise etwas damit zu tun, dass der eine Linguist ist und der andere nicht. Während Fillmore davon auszugehen scheint, dass Frames konventionelle und prototypische Strukturen im Wissen mit einem gewissen „Vollständigkeitscharakter" sind, so dass ein Frame derselbe Frame auch dann bleibt, wenn nicht alle, sondern nur einige seiner Elemente („Attribute" in Barsalous Terminologie) auch extern sprachlich realisiert („verbalisiert") sind, oder auch dann, wenn sie vom Kontext her gerade „nicht wichtig sind", also kognitiv bzw. epistemisch nicht im Fokus stehen, scheint Barsalou davon ausgehen zu wollen, dass es diese Ebene der „vollständigen" Frames gar

---

der Wahrnehmenden die Wahrnehmung auf verschiedene Informationen orientieren." Barsalou 1992, 34. – Kant hatte das alles schon sehr viel lucider formuliert. – Auch hier redet Barsalou – trotz der Hervorhebung des konstruktiven Charakters der Frame-Bildung und Frame-Strukturen – immer noch sehr objektivistisch und verdinglichend, als hätten die ‚Exemplare' ontologisch-stabil diese Eigenschaften, d.h. als würde diese Eigenschaften ihnen nicht lediglich durch konstruktive Akte der menschlichen Kognition *zugeschrieben*.

[104] Barsalou 1992, 34. Er ergänzt: „Wann immer ein Frame angewendet wird, sind seine Kern-Attribute gewöhnlich relevant und im laufenden Kontext berücksichtigt [considered]."

[105] Wenn bestimmte Elemente des Frames nicht aktuell bekannt sind, werden oft Default-Werte erschlossen. D.h. es wird davon ausgegangen, dass alle Attribute regelmäßig bei den Exemplaren auftreten – wenn nicht konkret gefüllt, dann mit Standard-Werten. Siehe Barsalou 1992, 34.

[106] „Weil psychologische Kookkurrenz assoziative Stärke produziert, werden diese Attribute im Gedächtnis so integriert, dass sie dort eine feste Struktur bilden, nämlich den Kern eines Frames." A.a.O. 35.

[107] „Obwohl viele Frame-Theoretiker annehmen, dass Frames die Präsenz ihrer Attribute *enthalten*, nehme ich an, dass die Präsenz von Attributen nach Wahrscheinlichkeitswerten verläuft [is probabilistic]." (35)

374   *Kapitel 5: Frame-theoretische Ausdifferenzierungen*

nicht gibt, sondern nur die Ebene dessen, was man auch „aktualisierte Frames" (oder „instantiierte Frames") nennen könnte. Im einen Falle (Fillmore) ist ein Frame *ein* Frame (und bleibt auch „derselbe") Frame, wenn er auf verschiedene Situationen („Exemplare" in Barsalous Nomen- und Kategorien-fixierter Redeweise) angewendet wird, auch wenn dabei einzelne Frame-Elemente möglicherweise „nicht zum Zuge kommen"; im anderen Falle (Barsalou) ist der Frame definiert durch sein Relation zu den „Exemplaren", oder, wie man auch sagen könnte ist der Frame ‚von den Exemplaren her gedacht', so dass die Exemplare (und der Kontext) „steuern", welche Subsets von Attributen gerade den aktuellen Frame konstituieren. Während Fillmores Frame-Modell für eine konventions-theoretische Erklärung anschlussfähig bleibt (was bei einem *Linguisten* mit der besonderen Vorliebe für *lexikalische* Semantik ja nicht verwundern muss), ist dies bei Barsalous, eher kognitivistisch gedachtem Modell noch fraglich.

Barsalou fragt dann noch: „Warum sind es *bestimmte* Attribute, und nicht andere, die den Kern eines Frames konstituieren?" und erwägt: Manche Attribute mögen einen Wert für jedes Exemplar haben, so dass sie auch bei jedem Exemplar zur Anwendung kommen können und häufig zusammen prozessiert werden. Andere Attribute könnten „begrifflich notwendig sein", so dass es unmöglich ist, das Konzept zu verstehen, ohne sie zu berücksichtigen, selbst wenn die Werte abwesend sind. Als Beispiel nennt er wieder Fillmores Parade-Beispiel vom *Kauf*-Frame (Hier: *Kauf*-Kategorie), der (die) nicht verstanden werden könne ohne die Elemente wie KÄUFER, VERKÄUFER, WARE und BEZAHLUNG (35). In Fillmores linguistischem Modell war die Sache ganz klar: jedes *Wort*, das ein Element dieses Frames bezeichnet, evoziert den *gesamten* Frame, der damit kognitiv bzw. epistemisch präsent und verfügbar wird. Diese Ebene des Verfügbar-Machens von Frames über *Wörter* (und damit *Sprache*) ist bei Barsalou anscheinend völlig ausgeblendet (sonst könnte er nicht so über Frames reden, wie er es an dieser Stelle tut). Hier wirkt sich die Sprach-Ferne seines (ansonsten interessanten und weiterführenden) Ansatzes fatal aus. Zudem benutzt er mit dem Aspekt „begrifflich notwendig" hier eine Kategorie, die gefährlich nahe am „Notwendige-und-hinreichende-Bedingungen-Modell" der doch von ihm anfangs scharf kritisierten Merkmal-Listen-Konzeptionen liegt. Er könnte jedoch auf diese problematische Kategorie völlig verzichten, wenn er in diesem Punkt Fillmores Konzeption der virtuellen Präsenz des gesamten Frames in jedem Fall seiner Instantiierung übernehmen würde.[108]

5.2.3 Komponenten von Frames: Strukturelle Invarianten und Constraints

Relativ knapp geht Barsalou dann auf die zweite von ihm als zentral angesehene Komponente von Frames ein, die „strukturellen Invarianten", wohingegen er der dritten Komponente, den „Constraints" (Restriktionen, Beschränkungen) sehr viel Raum widmet. Unter *„strukturellen Invarianten"* versteht er feste Korrelationen zwischen verschiedenen Attributen eines Frames, die (im Gedächtnis) dann entstehen, wenn bestimmte Attribute sehr häufig (bei Anwendung auf eine Vielzahl verschiedener Exemplare) gemeinsam auftreten.

---

[108] Möglicherweise verbirgt sich hinter dieser Problematik so etwas wie ein „Type-Token-Problem der Frame-Theorie", ähnlich wie es in der Linguistik etwa beim Begriff *Wort* mit seinen verschiedenen Varianten als *Lexikon-Wort* (type, Muster) und *Text-Wort* (token, Muster-Anwendung) der Fall ist. Dieser Punkt (und wohin er führt) müsste noch weiter geprüft und ausdiskutiert werden.

5.2 Systematisierungsversuche des Frame-Modells bei L. Barsalou 375

> „Attribute in einem Frame sind keine unabhängigen Slots, sondern oft konzeptuell und korrelational verbunden. Wie gesehen [...] korrelieren die Kern-Attribute eines Frames oft in hohem Maße, indem sie quer durch verschiedene Kontexte häufig zusammen erscheinen. Als Ergebnis hiervon entwickeln sich korrelationale Relationen zwischen ihnen. [...] Da solche Relationen im allgemeinen für die meisten Exemplare eines Konzepts gelten, indem sie relativ invariante Strukturen zwischen Attributen bereitstellen, nenne ich sie *strukturelle Invarianten*." (35)

Als ein Beispiel dafür nennt Barsalou die Korrelation zwischen FAHRER und MOTOR in einem *Auto*-Frame, die er als „*operates*"-Relation im Sinne etwa der Geschwindigkeitskontrolle (im Deutschen kaum übersetzbar; so etwas wie *aktiviert* und *manipuliert* zusammen) bezeichnet. Solche Relationen sind nach seiner Auffassung „mehr als reine Kookkurrenz", d.h. sie „spiegeln ebenso auch konzeptuelle Informationen wider". Strukturelle Invarianten in diesem Sinne umfassen ihm zufolge eine große Spannbreite von relationalen Konzepten, wie etwa räumliche Relationen (z.B. zwischen SITZ und LEHNE eines *Stuhls*), zeitliche Relationen (z.B. zwischen ESSEN und ZAHLEN im Frame für *Essen gehen*), kausale Relationen (z.B. zwischen BEFRUCHTUNG und GEBURT im Frame für *Reproduktion*) und intentionale Relationen (z.B. zwischen MOTIV und ANGRIFF im Frame für *Mord;* 35 ff.). (Barsalou referiert die Ansicht anderer Forscher, dass es sich bei solchen strukturellen Invarianten um Primitive handele, weist diese Auffassung aber zurück und plädiert dafür, sie als „zusammengesetzt aus spezifischeren Attributen" aufzufassen, fügt jedoch sogleich hinzu: „solche Feinheiten werde ich künftig in den Frame-Darstellungen übergehen".[109]) „Strukturelle Invarianten" betreffen „regelmäßige Wahrheiten [normative truths] über Relationen zwischen Attributen" (37), so z.B. die regelmäßige Relation *FLIEßT* zwischen BENZIN und MOTOR, die im Allgemeinen wahr ist für *Autos*.[110] Es handelt sich also um relativ konstante Relationen zwischen den Attributen eines Frames.

„*Constraints*" (Restriktionen, Beschränkungen) unterscheiden sich von „Strukturellen Invarianten" in gewissen Hinsichten. Sie spielen eine zentrale Rolle in Barsalous Frame-Modell (und markieren einen wichtigen Unterschied zu anderen Frame-Konzeptionen) (37):

> „Constraints sind ebenfalls Relationen, aber von einem anderen Typ. Anstatt normativ zu sein, produzieren Constraints systematische Variabilität in den Werten von Attributen. Die generelle Annahme, die den Constraints zugrundeliegt, ist, dass Werte von Frame-Attributen nicht unabhängig voneinander sind. Stattdessen beschränken [constrain] sich Werte wechselseitig auf mächtige und komplexe Weise."

Während die „strukturellen Invarianten" also eher statische Relationen betreffen, die festes Inventar der betreffenden Frame-Strukturen sind, geht es hier um dynamische Wechselwirkungen der wechselseitigen Beeinflussung von Einsetzungen von Elementen in Frames. Barsalou unterscheidet vier Typen von Constraints: *Attribut-Constraints, Werte-Constraints, Kontextuelle Constraints* und *Optimierungen*. Man könnte die ersten beiden auch als ‚strukturelle Typen von Constraints' und die letzten beiden als eher ‚inhaltliche Typen von Constraints' unterscheiden.

„*Attribut-Constraints*" sind Regeln, die die einsetzbaren Werte von Attributen „global beschränken". Als Beispiel nennt Barsalou im *Transport*-Frame (als Teil eines *Urlaub-*

---

[109] Barsalou 1992, 36. So z.B. „Teil" als aufspaltbar in „Funktionalität" und „Trennbarkeit" usw.

[110] Das Beispiel zeigt freilich, dass Barsalous hier noch sehr schematische Analyse sehr viel weiter ausdifferenziert werden müsste, um auch nur annähernd adäquat das verstehensrelevante Wissen in einem solchen Fall zu erfassen. Mit *FLIEßT*, BENZIN und MOTOR alleine kann man nicht sehr viel anfangen; sehr viele weitere Informationen müssten hinzukommen, um eine auch nur annähernd korrekte semantische bzw. epistemologische Beschreibung des Zusammenwirkens dieser Wissenselemente zu erreichen!

Frames) den Zusammenhang zwischen GESCHWINDIGKEIT und DAUER. Die hier wirksame Regel lautet: „Wenn eine Form des Transports (über eine konstante Distanz) schneller wird, wird ihre Länge kürzer." In diesem Fall liegt das vor, was er einen „negativen Constraint" nennt. Ein „positiver Constraint" wäre etwa derjenige zwischen GESCHWINDIGKEIT und KOSTEN („Wenn der Transport schneller wird, werden die Kosten höher." (37)). „Constraints" in diesem Sinne sind also sachbezogene inhaltliche Einflüsse bzw. Wechselwirkungen zwischen konkreten Ausfüllungen einzelner Attribute. Es handelt sich damit um Sach- bzw. Alltagswissen, dessen Geltung aber als selbstverständlich vorausgesetzt wird, und dessen Kenntnis in einzelnen Fällen immer verstehensrelevant sein kann. Constraints decken damit einen wichtigen Teil des „als selbstverständlich vorausgesetzten" bzw. „impliziten Wissens" ab, wie es in traditionellen semantischen Beschreibungen meist gar nicht erfasst wird.[111] Auch wenn uns solche Wechselwirkungen wie Gesetzmäßigkeiten vorkommen mögen, ist es doch wichtig, zu beachten, dass sie nur alltagsweltliches Wissen widerspiegeln, und keineswegs als logische Relationen missverstanden werden dürfen.[112] Sie gelten oft (nur) in *unserer* Welt, haben daher den Status von Plausibilitäten, nicht von feststehenden Wahrheiten. Nur einigen davon liegen auch logische Wahrheiten zugrunde (wie die Relation zwischen GESCHWINDIGKEIT und DAUER bei *Transport*), anderen hingegen nicht (wie die „negative" Relation zwischen WEITE DISTANZ DES URLAUBSORTS und SCHNELLER TRANSPORT). Nach Barsalou repräsentieren Attribut-Constraints statt logischer Wahrheiten oft nur statistische Muster oder persönliche Präferenzen, denen in bestimmten Situationen auch widersprochen werden kann.[113] Zusammengefasst sind Attribut-Constraints also Restriktionen, die von zwei in wechselseitiger Beziehung zueinander stehenden Attributen auf ihre jeweiligen zulässigen Werte ausgeübt werden, also etwa so: „Wert X von Attribut A erzwingt Wert Y von Attribut B."

„Werte-Constraints" werden von Barsalou in folgender Weise definiert: „Während Attribut-Constraints allgemeine Regeln sind, die Attribut-Werte global beschränken, sind Werte-Constraints spezifische Regeln, die spezifische Sets von Werten lokal miteinander verbinden." (39) Beispiele nennt er für den Urlaub-Frame (hier in unsere mitteleuropäische Situation transponiert): So ermöglicht der Wert *Rügen* für das Attribut URLAUBSORT den Wert *Surfen* für das Attribut URLAUBSAKTIVITÄT, während der Wert *St. Moritz* wohl eher den Wert *Skifahren* ermöglicht. Mit anderen Worten: Ein spezifischer Wert des Attributs A (im Frame X) restringiert (legt nahe / ermöglicht) einen spezifischen Wert des Attributs B in demselben Frame.[114] Formuliert man die Relation wie hier abstrakt, wird freilich der

---

[111] Problematisch erscheint hier jedoch die erkenntnistheoretisch naiv anmutende Redeweise von „positivem" und „negativem" Constraint. Es ist irreführend, und kann auch falsch sein, Constraints solche Werte fest zuzuschreiben. Eigentlich meint er nämlich nicht *positiv* und *negativ* sondern schlicht *„mehr"* oder *„weniger""* (von irgendetwas!). Was für den einen positiv sein mag, mag für den anderen negativ sein. Hier solche abstrakten Prädikate wie „positiv" und „negativ" anzusetzen ist wieder ein Beispiel für Barsalous verdinglichende, ontologisierende Tendenz zum Taxonomischen, das hier aber nur scheinbar taxonomisch ist.

[112] „Es ist wichtig, dass diese Attribut-Constraints weder logische noch empirische Wahrheiten sein müssen." Barsalou 1992, 37.

[113] Barsalou 1992, 39. Er nennt das Beispiel des kontemplativen Reisenden, der ein bewusst langsames Reisen bevorzugt. Das Beispiel zeigt gut, wie viel gesellschaftlicher und kultureller Normativismus in diesen Constraints steckt. Es sind, um es kurz zu sagen, common-sense-Restriktionen.

[114] Barsalou nennt noch folgendes Merkmal: „Wie auch Attribut-Constraints repräsentieren Werte-Constraints oft statistische Muster und persönliche Präferenzen und weniger notwendige Wahrheiten." (a.a.O. 39.)

5.2 Systematisierungsversuche des Frame-Modells bei L. Barsalou   377

genaue Unterschied, der zwischen „Attribute-Constraints" und „Werte-Constraints" bestehen soll, unklar. Barsalou fügt noch den Gedanken hinzu, dass es auch „Werte-Constraints"
gebe, die „mehrere Ebenen eines Frame-Gefüges überspringen". (Er nennt die ERFORDERT-
Relation zwischen *Skifahren* und *Berge*.)

Es ist jedoch unklar, welchen Gewinn diese Redeweise vom ‚Überspringen von Ebenen'
bringen soll. Hält Barsalou diese „Ebenen" für (ontologische) Konstanten? Das wäre höchst
problematisch. Seine ganze Redeweise zeigt auch hier wieder die fatale taxonomische Ausrichtung seines Modells, die sachlich (epistemologisch) kaum zur rechtfertigen ist. Um es
an seinem Beispiel deutlich zu machen: Dass *Skifahren* bei ORT den Wert *Berge* erzwingt,
ist nicht notwendigerweise eine ‚Ebenen-Überschreitung'. Offenbar denkt Barsalou so:
Weil in *seinem* Schema (Figur 17, S. 38) *Skifahren* auf derselben Hierarchie-Stufe der Grafik steht wie *Rockies* (als Wert für ORT), deshalb sei der direkte Bezug auf Berge bei ORT
eine ‚Ebenen-Überschreitung'. Aber muss das denn gleich heißen, dass diese „Ebenen-
Einteilung" auch kognitiv genau so gegeben ist? Wohl keineswegs. Wenn jemand einen
Urlaub plant, dann könnte er sich auch (1) zuerst für SKIFAHREN, (2) dann für BERGE, und
(3) dann für den ORT (*Rockies, St. Moritz* usw.) entscheiden. Wo soll hier die apostrophier-
te ‚Ebenen-Überschreitung' liegen? (Wenn man damit nicht nur die Grafik meint.) Der
ganze Versuch der Klassifikation von Constraints stößt daher auf dieselben Probleme wie
andere Versuche der Klassifikation im semantischen / epistemischen Bereich (siehe Tiefenkasus, semantische Merkmale): Er gleicht dem Versuch, die Gesamtheit der Welt in einem
Prokrustesbett einer formalen Klassifikation zu ordnen (als eine Taxonomie der gesamten
Welt; ein Unterfangen, das seit spätestens dem 18. Jahrhundert als gescheitert zu betrachten
ist).

„Kontextuelle Constraints" treten nach Barsalou auf, „wenn ein Aspekt einer Situation
andere beschränkt, so wie physikalische Beschränkungen in der Natur."[115] Solche kontextuellen Constraints spiegeln häufig auch kulturelle Konventionen wider: So erzwingt der
Wert *Schwimmen* für das Attribut URLAUBSAKTIVITÄT an den meisten Orten auch den Wert
Badeanzug für das Attribut BEKLEIDUNG. Dazu Barsalou[116]: „Im Allgemeinen sind die
verschiedenen Aspekte einer bestimmten Situation nicht unabhängig voneinander. Im Gegenteil setzen physikalische und kulturelle Mechanismen Beschränkungen für Kombinationen von kompatiblen Attribut-Werten." Was er mit seinen Constraints also beschreiben
will, kann man auch als die allgemeinen inhaltlichen Zusammenhänge zwischen den verschiedenen Teilaspekten eines Frames beschreiben. Wir wissen aus unserem Alltagswissen
in der Regel, welche Aspekte (seien es Werte, seien es Attribute, seien es Relationen zwischen Attributen und zugehörigen Werten, seien es Relationen zwischen Attributen oder
zwischen Werten selbst) in Relation zu welchen anderen Aspekten desselben (oder eines
benachbarten, angeschlossenen, übergeordneten, untergeordneten) Frames bestehen. Von
einer grundsätzlichen Warte aus gesehen erscheinen die Relationen, die in und zwischen
Teilen eines Frames oder mehrerer Frames bestehen (seien es nun Attribute oder Werte
oder was auch immer) sehr viel komplexer zu sein, als es Barsalou hier beschreiben kann.
Immerhin ist seine Idee der Constraints ein erster Ansatz, den man nutzen könnte, um solche Interrelationen deskriptiv etwas besser in den Griff zu bekommen. Seinem Ansatz haf-

---

[115] Barsalou 1992, 39. Beispiele: SURFEN erzwingt *Ozean-Strömung*, GESCHWINDIGKEIT DES TRANSPORTS
beschränkt *Dauer über eine feste Distanz*.
[116] Barsalou 1992, 39. Und weiter: „Wie die Beispiele zeigen, können kontextuelle Constraints sowohl
Attribut-Constraints wie auch Werte-Constraints sein."

tet allerdings noch viel zu viel Intuitives an. Man wird sehen müssen, ob hier eine stärkere Systematisierung überhaupt möglich ist, ohne seinerseits in den erwähnten problematischen (und aporetischen) Taxonomismus zu verfallen.

„*Optimierungen*" sind Constraints, die sich auf *Ziele von Handelnden* beziehen.[117] Als Beispiel nennt Barsalou: Die Ziele ,*kurze Reise*' und ,*niedrige Kosten*' beschränken die ,DAUER'- und ,KOSTEN'-Variablen im *Transport*-Frame auf die Werte ,*langsam*' und ,*niedrig*'. Auch Optimierungen können sowohl Werte- wie Attribute-Constraints sein. Im Vergleich zu den kontextuellen Constraints gilt jedoch: „Während *kontextuelle Constraints* typischerweise erfordern, dass Werte sie *erfüllen*, erfordern *Optimierungen* typischerweise, dass ein Wert *alle anderen überragt*." (39) Es handelt sich also um eine Werte- oder Präferenzen-Hierarchie. Das heißt: Statt einer *Typ-bezogenen* Ausfüllung eines Wertes (ja / nein) ist eine *graduell spezifische Ausfüllung* erforderlich (höher-niedriger, höchster-niedrigster). Dabei hängt die Ausfüllung jeweils zusammen mit den Optimierungs-*Zielen*. (Optimierung ist also keineswegs, wie häufig missverstanden, eine objektive Einflussgröße.) Also immer dann, wenn es für ein Ziel ein besser / schlechter bezüglich der Ausfüllung gibt. Barsalou weist darauf hin, dass Menschen oft das Ziel haben, Werte für mehrere Attribute zugleich zu optimieren (also etwa bei *Urlaub* für ENTFERNUNG, GESCHWINDIGKEIT und KOSTEN jeweils den besten Wert zu erzielen), was aber keineswegs immer gelingt, da eine Optimierung eines Wertes oft zu einer Verschlechterung bei einem anderen Wert führt (z.B. führt *schnell* bei TRANSPORT in der Regel zu *hoch* bei KOSTEN).

Verbreitung von Constraints durch Frames. Constraints können sich oft selbst auf komplexe Weise durch ganze Frame-Systeme verbreiten (40). So wirkt z.B. der gewünschte Wert *niedrige Kosten* für URLAUB sich auf viele Attribute aus: *niedrige Kosten* für URLAUB führt zu *niedrige Kosten* für TRANSPORT, führt zu *langsam* für TRANSPORT usw. Dazu Barsalou: „Solch ein Räsonnement tritt überall in der menschlichen Kognition auf." (a.a.O.)

Constraint-Frames. Wie alle anderen Frame-Elemente (Attribute, strukturelle Invarianten) lassen sich auch Constraints selbst wieder als Frames beschreiben.[118] Im schon erwähnten SCHWIMMEN-Beispiel kann man die ERFORDERT-Relation (erfordert *Badeanzug*) selbst wieder als Frame auffassen, der seinerseits Attribute enthält wie WAHRSCHEINLICHKEIT; hier konkret: der Wert für die Wahrscheinlichkeit, dass SCHWIMMEN den Wert *Badeanzug* für BEKLEIDUNG erfordert, liegt in unseren Kulturen bei *hoch*.[119] Sehr wichtig ist, dass Barsalou an dieser sehr versteckten Stelle so ganz nebenbei zu erkennen gibt, dass für ihn *Relationen* ebenfalls Frames (als Frames beschreibbar) sind! Das hat er zuvor an keiner Stelle so deutlich gesagt. Dies hat erhebliche Konsequenzen für die Anwendbarkeit seines Frame-Modells, da es das Modell zugänglich für alle prädikativen Frames macht, die ja in erster Linie Relationen (Zuschreibungen) ausdrücken).

Repräsentationale Primitive. Barsalou fasst zunächst seine Position zu Frames in einer allgemeinen These zusammen:[120]

---

[117] „Während kontextuelle Constraints physikalische und kulturelle Mechanismen widerspiegeln, sind Optimierungen Constraints, die die Ziele eines Handelnden widerspiegeln." Barsalou 1992, 39.

[118] „Oben sahen wir, dass Frames *Attribute* und *strukturelle Invarianten* repräsentieren. Zusätzlich repräsentieren Frames auch *Constraints*." Barsalou 1992, 40.

[119] Als weitere Attribute nennt Barsalou: QUELLE (wer die Regelung veranlasst hat) und BEDINGUNGEN (Bedingungen, unter denen das Erfordernis gilt, mit Ausnahmen wie *Privatgelände*, *Nacktbadestrand* usw.)

[120] Barsalou 1992, 40. Nur zur Erinnerung: die *Attribute* bei Barsalou entsprechen den *Leerstellen*, oder *Slots*, oder *Frame-Elementen* in anderen Frame-Theorien.

5.2 Systematisierungsversuche des Frame-Modells bei L. Barsalou   379

„Das menschliche begriffliche Wissen scheint vollständig aus Frames zu bestehen. Frames sind zusammengesetzt aus Attributen, strukturellen Invarianten und Constraints, die selbst wiederum durch Frames repräsentiert werden."

Wesentliches Merkmal von Frames ist für ihn daher ihre *Rekursivität* bzw. *„Selbst-Ähnlichkeit"*. Diese Rekursivität wirft für ihn sodann die Frage auf, ob es so etwas wie universale kleinste Bestandteile von Frames gibt (das müssten dann solche atomaren Bestandteile unserer Episteme sein, die nicht weiter in Frames zerlegbar wären), mithin, ob es einen Punkt gibt, an dem die Zerlegung in weitere detailliertere Frames ein für allemal endet. D.h. es geht um die sogenannten „konzeptuellen Primitive" oder die Frage: „Gibt es End-Komponenten, aus denen alle Frames aufgebaut sind?"[121] Diese Frage beantwortet Barsalou mit einem erfreulich klaren „Ich glaube nicht"! Genauer:

„Für alle Attribute, strukturellen Invarianten, oder Constraints kann man immer weitere Attribute, strukturellen Invarianten, und Constraints konstruieren, die die Variabilität über die Anwendungsfälle hinweg erfassen [which capture variability across instances]. Obwohl ein Attribut, eine Relation, oder ein Constraint anfangs ein holistisches unanalysiertes Primitivum sein mag, werden möglicherweise Aspekte seiner Variabilität nachfolgend festgestellt werden, mittels Attribut-Werte-Sets repräsentiert werden, und durch strukturelle Invarianten zwischen Attributen und Constraints zwischen Werten integriert werden. Was zuvor einmal ein einfaches, einheitliches Primitivum war, wird analysiert und ausgearbeitet, so dass es ein komplexes [zusammengesetztes] Konzept wird." (41)

Als Beispiel nennt er hier einen Konzept-Frame wie *rot*, der zunächst unanalysiert sein mag, dann aber durchaus differenziert werden kann in Attribute wie INTENSITÄT, FORM, ZEIT usw. Jeder Mann in unserer Kultur weiß z.B., dass Frauen i.d.R. bei Farb-Konzepten über Attribute verfügen, über deren Existenz er selbst noch nie nachgedacht hat. Frame-Differenzierung ist daher ein hochgradig kulturell, gruppenspezifisch und u.U. auch individuell geprägtes Phänomen. Barsalou vertritt demnach ganz klar die These: Es gibt keine konzeptuellen Primitive. Oder genauer: jedes (nur scheinbar letztinstanzliche und holistische) „Primitivum" kann zumindest im Prinzip wieder analysiert, aspektuell aufgespalten werden in kleinere Konzepte und Frames. Sogenannte „Primitive" sind also weder kognitive noch kulturelle Universalien, sondern bestenfalls zufällige, strikt kulturspezifische temporäre Stadien des Wissens.

Barsalou formt diese wichtige Erkenntnis zu folgendem „allgemeinen Prinzip":

„Für jede repräsentationale Komponente – sei es ein Attribut, eine strukturelle Invariante, Constraint oder etwas anderes – kann man immer eine neue Quelle von Variabilität über die Anwendungsfälle hinweg feststellen, und weitere Frame-Struktur hinzufügen, um sie zu erfassen.
Durch den kontinuierlichen (unaufhörlichen) Prozess der Analyse und Ausdifferenzierung [elaboration] transformieren die Menschen das, was einmal holistische, unanalysierte Primitive waren, in komplexe Frames.
Als Ergebnis davon existieren Primitive, die als einfache, elementare Bausteine dienen, nicht länger."[122]

Damit wird die menschliche kognitive Tätigkeit als unablässige Transformation von scheinbaren Primitiven in komplexe Frames aufgefasst. Im Prinzip gibt es daher keine einfachen, unanalysierten Bausteine des Wissens (schon aber faktisch, in jeder gegebenen

---

[121] In Barsalous Worten: „Ist die Repräsentation von Frames auf einer End-Ebene [terminal level] der Analyse jemals auf begriffliche, motorische, und Wahrnehmungs-Primitive gegründet, wie Theoretiker häufig annehmen?" Barsalou 1992, 41.

[122] Barsalou 1992, 41 f. Ihm ist „wichtig, dass dies keine ontologische These über die Struktur der physischen Welt ist, sondern eine psychologische Annahme [conjecture] darüber, wie Menschen sie repräsentieren." (a.a.O. 42)

380   *Kapitel 5: Frame-theoretische Ausdifferenzierungen*

Phase der Entwicklung eines gesellschaftlichen Wissens für bestimmte Elemente dieses Wissens). Alles ist (zumindest im Prinzip) ausdifferenzierbar als ein selbst wieder komplexer Frame. Die Kette der konzeptuellen (Frame-förmigen) Ausdifferenzierung und Aufspaltung ist niemals endgültig abschließbar. In solcher Klarheit ist dieses Prinzip bisher in der kognitiven Semantik kaum je formuliert worden.[123] Zusammengefasst: „Statt elementare Bausteine des Wissens zu sein, sind Primitive möglicherweise größere Ganzheiten, deren Analyse einen unendlich großen Set von komplexen Bausteinen produziert." (42) Die Frage nach den „Primitiven" ist für Barsalou indes nicht das Hauptproblem bei der Beschreibung und Analyse von Frames, sondern: „Die schwierigste Frage ist möglicherweise: welche spezifischen Attribute, Relationen, und Constraints werden in Frames etabliert?" (42) Damit halst er sich aber eine Frage auf, die, da stark von Interessen und Zielen (die oft kulturell, d.h. spezifisch determiniert sind), bestimmt, möglicherweise überhaupt nicht in einem generellen Sinne beantwortbar ist.[124]

Barsalou fasst die wesentlichen Elemente seines Frame-Konzepts wie folgt zusammen:
- „Frames enthalten im Kern Attribut-Werte-Sets. Attribute sind Konzepte, die Aspekte des Mitglieds einer Kategorie[125] repräsentieren, und Werte sind untergeordnete Konzepte von Attributen. Weil Werte [ebenfalls] Konzepte sind, können sie selbst wiederum Attribute sein, die noch spezifischere Werte haben."[126]
- „Menschen scheinen in dem Maße neue Attribute und Werte zu konstruieren, in dem neue Aspekte von Kategorien offensichtlich und relevant werden." (43) Mit der „Rele-

---

[123] Ganz kann Barsalou allerdings (vielleicht aufgrund seines taxonomischen Grundtriebes) auch nicht die Finger davon lassen. Er weist darauf hin, dass es vielleicht im kindlichen Konzept-Erwerb Phasen gibt, wo solche Primitive eine wichtige Rolle spielen: „Am Anfang treten sie zu einem bestimmten Zeitpunkt auf, werden dann aufgrund von Erfahrung analysiert und ausdifferenziert, erwerben die Fähigkeit, großen Reichtum an spezifischen, komplexen Konzepten zu erzeugen, aus denen andere Konzepte aufgebaut werden." Als Kategorien für solche temporäre Primitive nennt er: ontologische Kategorien (wie *Ort, Objekt, Ereignis, Person, mentaler Zustand*), semantische Rollen (wie *Agent, Instrument, Quelle* usw.), Aktivitäten (wie *sehen, bewegen, bekommen* usw.), Eigenschaften (wie *Farbe, Intensität, Form, Größe* usw.), und Relationen (wie *ist, Teil von, in, vor, verursachen, intendieren* usw.). Barsalou 1992, 42.

[124] Dazu Barsalou 1992, 43: „Die Frage, was die spezifischen Charakteristika dieser Faktoren sind, bleibt eine der herausragenden Herausforderungen in der Erforschung des Wissens." Er nennt Kriterien wie: „Auffälligkeit" (perceptual salience), „Ziel-Relevanz", „intuitive Theorien", „Verankerung im Gedächtnis". Dies sind allesamt höchst problematische Kategorien.

[125] Die Redeweise von ‚Aspekten von Mitgliedern einer Kategorie' ist höchst erläuterungsbedürftig. Wenn er damit die *Extension* eines Begriffs meint, dann fragt sich, warum die Aspekte „nur" Aspekte der extensionalen Mitglieder (potentiellen Referenzobjekte) sein sollen, nicht jedoch Aspekte der Kategorie selbst. Als Teile eines Kategorien-Frames (= Konzept-Frames), sind die Attribute natürlich Aspekte der Kategorie selbst, auch wenn sie sich in jedem einzelnen Exemplar der Extension wiederholen müssen (sonst wäre dieses ja kein Exemplar dieser Kategorie – sondern möglicherweise einer anderen Kategorie). Barsalou schleppt hier also erkennbar Reste der doch eigentlich von ihm abgelehnten Merkmal-Listen-Theorie mit.

[126] Barsalou 1992, 43. Er thematisiert hier nur die Richtung von den „Kategorien" ‚nach unten'. Warum geht er nicht auch ‚nach oben', und sagt, dass ‚Attribute' dann, wenn ihre ‚Werte' selbst wieder ‚Attribute' werden, zwangsläufig zu ‚Kategorien' in seiner Terminologie werden müssen? Offenbar denkt er immer noch viel zu sehr von „Ding"-Konzepten her (also von Nominalen, von Referenzobjekten her), viel zu wenig von der Seite der Prädikationen her. Seinem Ansatz muss man eine Konzeption entgegenhalten (oder ihn zu einer Konzeption ausbauen), die *grundsätzlich* die *Relationen* zwischen Attributen und Werten als *Prädikationen* (Zuschreibungsleistungen) begreift. Über solche Relationen verliert Barsalou allerdings kein einziges Wort; er erwähnt ausschließlich Relationen des Typs „strukturelle Invarianten" und „Constraints"!

5.2 Systematisierungsversuche des Frame-Modells bei L. Barsalou 381

vanz" spricht Barsalou indirekt den Aspekt der *Interessen* und ihres Einflusses auf Frame-Ausdifferenzierungen an.

- „Im Gegensatz zu früheren Theorien sind Frames keine rigiden Konfigurationen von unabhängigen Attributen. Stattdessen variieren Attribute in ihrer Systematizität, indem die relevanten Attribute über verschiedene Kontexte hinweg variieren." (43) Dies wäre eigentlich genau der Punkt, an dem der Aspekt der Prototypikalität (und damit auch der Konventionalität) der Frames und Frame-Strukturen ins Spiel kommen müsste. Dazu sagt Barsalou jedoch nichts.

- Frames enthalten „unterschiedliche Typen von Relationen [a variety of relations]": „Strukturelle Invarianten in einem Frame erfassen Relationen in der Welt, die dazu tendieren, relativ konstant zwischen verschiedenen Attributen zu sein. Umgekehrt erfassen Constraints systematische Muster der Variabilität zwischen Attribut-Werten." (43) Wenn er schon von ‚a variety of relations' spricht, erstaunt umso mehr, warum Barsalou nicht erkennt, dass die wichtigsten Relationen in einem Frame die Relationen zwischen der Kategorie und den Attributen sowie die zwischen einem Attribut und seinem Wert (seinen Werten) sind; dass diese zudem Relationen darstellen, die nicht einfach „objektiv" irgendwo „vorhanden" sind, sondern von den Individuen in ihrem Geist jeweils konstruktiv *hergestellt* werden müssen.

- „Weil Attribute, strukturelle Invarianten und Constraints selbst wieder als Frames repräsentiert werden, baut derselbe Mechanismus, der Frames konstruiert, auch diese wiederum auf."

- „Frames für das, was einmal primitive Konzepte waren, produzieren komplexe Konzepte, die benutzt werden, um neue, noch spezifischere Konzepte zu bilden."

- „Der gesamte Ansatz enthält noch kein kohärentes Modell der Prozessierung von Frames."

- In inhaltlicher Sicht sind Frames nicht beschränkt [unconstrained]. Auch wenn Frames in früher kognitiver Entwicklung biologisch (z.B. durch die Grenzen des Wahrnehmungsapparates) begrenzt oder prädeterminiert sein mögen, „scheinen spätere Frames im Wissen von Erwachsenen relativ unbegrenzt [unconstrained] zu sein." Daraus folgt: „Menschen scheinen in der Lage zu sein, Frames für jeden Inhalt zu bilden". Dies hat folgende Ursache: „Die Tatsache, dass der Inhalt von Frames formal unbegrenzt ist, passt zu der Tatsache, dass die menschliche Fähigkeit, Begriffe zu bilden, relativ unbegrenzt zu sein scheint."[127]

- Während Frames hinsichtlich des Inhalts unbegrenzt (und unbegrenzbar) sind, sind sie, so Barsalou, hinsichtlich ihrer Form durchaus beschränkt [constrained].

- Abschließend erörtert Barsalou noch die Frage, ob es möglicherweise kapazitäre Grenzen für die Ausdifferenzierung von Frames gibt (etwa dadurch, dass die Grenzen des Kurzzeitgedächtnisses die Anzahl der Attribute eines Fames beschränken könnten, evtl. auf fünf Attribute). Ebenso müsse man wohl annehmen, dass auch hinsichtlich der *rekursiven Tiefe von Frame-Elaborationen* und der *Länge von Constraint-Ketten* von der Gedächtnis-Kapazität her Grenzen gesetzt sind.[128]

---

[127] Barsalou 1992, 44. Diese Tatsache käme an dieser Stelle seines Argumentationsgangs weniger „überraschend" (als welche er sie stilistisch hier präsentiert) daher, wenn Barsalou schon hier klar sagen würde, dass „Konzepte" und „Kategorien" *selbst* Frames *sind*. (Das sagt er aber erst in Kap. 3 seines Textes.)

[128] Solche kognitiven Restriktionen sind auch in anderen theoretischen Modellen diskutiert worden, in denen rekursive Strukturen dazu tendierten, unendliche Ketten zu produzieren. Am bekanntesten dafür

5.2.4 Konzept-Frames

Wie gesehen, verortet Barsalou sein Frame-Modell ganz deutlich im Kontext (und Denken) von Konzept-Theorien. Dies zeigt schon die deutliche Neigung zu einem Denken in Taxonomien, wie es für Theorien der Konzept-Hierarchien (semantischen Netzwerke u.ä.) charakteristisch ist. Anders als Fillmore, der sein Frame-Modell zwar ebenfalls (zumindest verbal) als Struktur aus Konzepten deklariert, daraus aber keinerlei Konsequenzen abgeleitet hat (was sich darin zeigt, dass er den Konzept-Begriff an keiner Stelle näher thematisiert), anders auch als Minsky, der ebenfalls keine klar als solche erkennbare Konzept-Theorie in seine Frame-Definition integriert hat, möchte Barsalou offenbar die Frames vorrangig aus der Perspektive der Konzepte beschreiben. Damit geht, wie gesehen, die Verdrängung prädikativer Frames und des prädikativ-relationalen Charakters auch der internen Struktur von Konzept-Frames einher. Es ist nur konsequent, dass Barsalou dem Verhältnis von Frames und Konzepten ein zweites zentrales Kapitel seines Textes widmet, in dem er sich mit der „Repräsentation von Konzepten durch Frames" (so der Titel) beschäftigt. In diesem Kapitel definiert und diskutiert er zwar nicht den Begriff „Konzept" (oder gar „Kategorie") selbst, sondern erörtert verschiedene Aspekte, die mit Konzepten in irgendeiner Weise zusammenhängen, und zwar: „Exemplare und Propositionen", „Prototypen und Zugehörigkeit", „Unterbegriffe und Taxonomien", „Begriffs-Kombinationen", „Ereignis-Sequenzen", „Regeln" und „Pläne".[129]

Exemplare und Propositionen. „Instantiierte", also in einem konkreten Kontext, zu einem konkreten Anlass aktivierte, Frames repräsentieren, so Barsalou, auf leicht zugängliche Weise, quasi „griffbereit" [readily] Exemplare der Kategorie. Mit „Exemplar" ist hier offensichtlich das gemeint, was Semantiker gewöhnlich ein Element der Extension eines Begriffs nennen würden,[130] bei sprachlichen Zeichen handelt es sich um die konkreten einzelnen Referenzobjekte, die in einem gegebenen Text oder Satz von einem Begriffswort bezeichnet werden. Da Frames normalerweise (als abstrakte Muster) zunächst abstrakte Attribut-Sets (Sets von Leerstellen) umfassen, für die es je nach Exemplar verschiedene Werte (Ausfüllungen) geben kann, muss näher erklärt werden, wie sich abstrakter (Muster-)Frame zu konkretem Exemplar-Frame verhält. Bei einer Kategorie wie *Vogel* können etwa die Werte für Attribute wie GRÖßE, FARBE, SCHNABEL usw. bekanntlich erheblich variieren. Hierzu stellt Barsalou nun fest: „Exemplare von *Vogel* werden repräsentiert als kookkurierende Sets von Attribut-Werten." (45) Das ist eine etwas gewundene Umschreibung dafür, dass bei einem Exemplar ja die (alle, einige, nur die wichtigsten?) Attribute in der Regel mit konkreten Werten gefüllt sein müssen. (Ein Attribut, das bei keinem einzigen Exemplar mit einem konkreten Wert gefüllt wird, ist konsequenterweise als überflüssig – und nur fälschlicherweise angesetzt – zu interpretieren.) Jedoch erlaubt es diese Form der Beschreibung, zu erfassen, was geschieht, wenn neue Exemplare zur Extension der fraglichen Kategorie (des Konzepts, des Frames) hinzugefügt werden. „Jedesmal, wenn ein neues Exemplar hinzugefügt wird, werden seine Werte in den Frame integriert. Wenn Exemp-

---

ist die Diskussion in Bezug auf das „Meinen"-Modell des sprachanalytischen Philosophen Herbert Paul Grice mit dem „unendlichen Regress" der Intentions-Erkennungs-Intentionen.

[129] Alle diese Aspekte werden von Barsalou eingeführt in der Redeweise „Repräsentationen von …". Da das Reden in „Repräsentationen" aus theoretischer Perspektive höchst fragwürdig ist, wurde diese Redeweise hier so gut es geht ignoriert.

[130] Vgl. zur Erläuterung Busse 2009, 35 ff. oder jede andere Einführung in die Semantik.

5.2 Systematisierungsversuche des Frame-Modells bei L. Barsalou 383

lare Werte für abweichende Attribute haben, instantiieren sie abweichende Subsets von Attributen." (45) Hier ist zunächst zu klären, was „integrieren neuer Werte in Frames", und was „abweichende Subsets von Attributen" genau heißen soll.

Üblicherweise ist ein Frame mit Leerstellen versehen, für die es typische Ausfüllungen gibt. Bisher hat Barsalou darüber noch kein Wort verloren (anders als Fillmore, Minsky und auch Bartlett, die darüber jeweils in sehr frühen theoretischen Stadien ihrer Modelle nachgedacht haben). Hier nun deutet er eine Position an, wonach jedes Exemplar potentiell den Bereich möglicher Werte für eine Kategorie erweitern kann. Möglicherweise muss man hier so etwas wie eine „Extension potentieller Werte" (für ein Attribut einer Kategorie / die Leerstelle eines Frames) annehmen. Barsalou scheint ausdrücken zu wollen, dass mit jedem Exemplar (man müsste präzisieren: jedem Exemplar, das von einer – kulturellen, sprachlichen – Gemeinschaft als Exemplar einer bestimmten Kategorie akzeptiert wird), diese Extension möglicher Werte prinzipiell erweitert werden kann. Statt ‚Extension möglicher Werte' hat sich dafür auch die Bezeichnung ‚Wertebereich' eingebürgert. Nach Barsalous Beschreibung wäre damit der Wertebereich eines Attributs prinzipiell offen und veränderungsfähig durch jedes neu hinzukommende Exemplar, welches als Exemplar dieser Kategorie (des Frames) begriffen wird. [131] Damit wird sein Modell interessant für jede Theorie, der es auf Frame-Erweiterung und Frame-Wandel besonders ankommt (etwa in kulturwissenschaftlichen Anwendungen der Frame-Theorie); in der Linguistik wären dies etwa Theorien zum Bedeutungswandel.

Etwas schwieriger ist es mit der zweiten erwähnten Bestimmung, wonach Exemplare „abweichende Subsets von Attributen" instantiieren. Hier ist durchaus unklar, ob es um *ein und denselben Frame* gehen soll, oder um *mehrere zusammenhängende Frames derselben Ebene*. Im ersteren Falle wäre es falsch, bezüglich der Exemplare von „abweichenden Subsets von Attributen" zu sprechen. Ein Frame (als Muster) müsste eigentlich, wenn Frames als *bestimmte* Sets von Leerstellen bzw. Attributen definiert sind, immer aus einem *bestimmten* Set von Attributen bestehen.[132] Ein „abweichender Subset von Attributen" würde dann auch jeweils einen abweichenden (also neuen, also anderen) Frame konstituieren. Was hier ganz offensichtlich in Frage steht, ist das Problem der *Identität eines Frames*. Barsalou geht offenbar davon aus, dass man auch dann, wenn bei einzelnen Exemplaren jeweils abweichende Sets von Attributen instantiiert sein können, man doch noch von „demselben Frame" (bzw. bei ihm: derselben Kategorie) sprechen kann. Fraglich ist jedoch, ob er sich mit seiner Redeweise nicht rettungslos in Aporien verheddert. Sicher hätten Linguisten damit insofern zunächst keine Schwierigkeiten, als sie z.B. „abweichende Subsets von Attributen" identifizieren könnten mit verschiedenen Lesarten (Teilbedeutungen) eines (dann polysemen) Lexems. Jedoch hatte man sich als Semantiker von der Frame-Theorie gerade erhofft, dass man solche Lesarten als das Ansetzen verschiedener Frames bei insgesamt im Großen und Ganzen konzeptuell aufeinander bezogenen („zusammenhängenden") Teilgruppen von Referenzobjekten eines Lexems, erklären kann. Eine solche Hoffnung würde hier von Barsalou (der ja kein Linguist ist) zunichte gemacht. Damit würde aber

---

[131] Dieser Gedanke passt gut zu Überlegungen, wie sie etwa von Lewis im Rahmen einer Konventionstheorie angestellt worden sind. Man könnte den von Barsalou hier beschriebenen Vorgang in Lewis' Terminologie als ‚Erweiterung der Klasse der Präzedenzfälle' (hier: für die Extension und damit Bedeutung einer bestimmten Kategorie) fassen. Lewis 1969, s. dazu einführend Busse 1987, 176 ff.

[132] Vielleicht ist es kein Zufall, dass Barsalou die gängige Definition eines Frames als „bestimmter Set von Leerstellen" (bei ihm: Attributen) bisher an keiner Stelle so formuliert hat.

auch der linguistisch-semantische Erklärungswert seiner Konzeption schwinden. Wenn Barsalou „Frames" (oder „Kategorien") hier rein in Termini kognitiver Präsenz, also auf der Ebene der „token", denkt (dies könnte sein Insistieren auf einem Terminus wie „repräsentieren" in allen Ausführungen dieses Kapitels erklären), dann würde es schwieriger, seinen Frame-Begriff auch auf die die Linguisten vor allem interessierende Ebene der Muster („types") anzuwenden. Vermutlich muss eine linguistische Frame-Theorie daher an der Definition der Frames als Sets *bestimmter* Attribute festhalten, solange sie noch in irgendeiner Weise lexikalische Semantik betreiben können will.

Möglicherweise will Barsalou mit seinen (aus linguistisch-semantischer Sicht problematischen) Formulierungen aber auch nur erklären, wie kognitionspsychologisch gesehen Frames allmählich entstehen. Offenbar schwebt ihm dabei ein induktiver Prozess der allmählichen Frame-Emergenz aus einer Vielzahl von konkreten Exemplar-Repräsentationen vor.[133] Ihm zufolge sei es möglich, „Exemplare" als Existenz-Propositionen darzustellen. Dabei schlägt er interessanterweise eine Darstellungsweise vor, aus der komplett alle *Prädikationen* (als *Relationen*) ausgespart sind. Seine Notationsweise kennt nur *Objekte* und *Eigenschaften*.[134] Deutlicher als so kann man den taxonomischen Primat (und die Verengung auf offenbar ausschließlich im Sinne von Nomina verstandene „Konzepte") nicht zum Ausdruck bringen. In einer Weise, wie sie bereits für die (europäische) Textlinguistik der 1970er und 1980er Jahre typisch ist, glaubt Barsalou nun, dass man komplette Texte in dieser Weise als Propositionen formal erfassen kann.[135] Allerdings fällt er hinter deren Ansätze deutlich zurück, weil das, was er darstellt, gar keine echten (vollständigen) Propositionen sind. Propositionen bestehen immer aus Referenz und Prädikation. Der prädikative Teil wird hier jedoch komplett unterschlagen. Ohne Prädikationen, die über Existenz-Propositionen deutlich hinausgehen, wird man keinen Text semantisch angemessen erfassen können. Hier zeigt sich dieselbe Naivität in sprachlichen Fragen, wie sie für viele Psychologen und Kognitionswissenschaftler so frequent ist. – Zugestimmt werden kann aller-

---

[133] „Frames stellen ein natürliches Mittel für die Organisation von Exemplaren bereit." - „Exemplare, deren Werte sich auf dieselben Attribute beziehen, werden in demselben Frame integriert [zusammengeführt], und dadurch gemeinsam gespeichert." – Da Exemplare mit anderen Attributen woanders gespeichert werden, „organisieren Frames Exemplare entsprechend ihrer Ähnlichkeit". – Exemplare mit vielen gemeinsamen Attributen werden enger zusammen gespeichert als Exemplare mit wenigen gemeinsamen Attributen. – Integration eines Exemplars in einen Frame führt nicht zwangsläufig zum Verlust von Exemplar-Information, weil die Werte eines Exemplars untereinander verbunden werden. Barsalou 1992, 45. – Offenbar bezieht sich Barsalou hier auf das objektivistische, erkenntnistheoretisch naive Modell einer vorgedeuteten Welt. In diesem Punkt waren Minsky und Bartlett schon weitaus reflektierter, die in ihren Modellen der Tatsache Rechnung getragen haben, dass wir eine Menge von Wahrnehmungsdaten und / oder aus dem Gedächtnis abgerufenen Daten immer erst als ein „Etwas" erkennen können, wenn wir es zu einem Frame aggregiert haben. Das heißt aber auch: Ohne Frame kann kein Erkenntnisobjekt *als* ein Exemplar erkannt werden. Was Barsalou mit seiner Redeweise nicht erklären kann, ist die Tatsache, dass man, um ein Exemplar überhaupt *als* Exemplar (als ein „Etwas") erkennen zu können, immer bereits Frames benötigt. (Überhaupt unterschlägt er schon die einfache semantische Tatsache, dass ein Exemplar ja schließlich immer ein Exemplar *von* etwas ist. Dieses *von*, bzw. das, *wovon* ein Exemplar Exemplar sein soll, wird von ihm hier geflissentlich übergangen.) Überhaupt nicht erklären kann er mit seinem Ansatz das (für Linguisten wichtige) Verhältnis von Muster und einzelnem Anwendungsfall eines Frames.

[134] Sein Vorschlag: „Es existiert eine Entität X in der Kategorie die die Werte p, q und r für die Attribute P, Q und R hat". Formal dargestellt: $\exists\, x\ C(x)\ \&\ P(x, p)\ \&\ Q(x, q)\ \&\ R(x, r)$. Am Beispiel: $\exists\, x\ Vogel\,(x)\ \&$ Farbe $(x,$ braun$)\ \&$ Größe $(x,$ klein$)\ \&$ Schnabel$(x,$ gerade$)$. Barsalou 1992, 45.

[135] Siehe Barsalou 1992, 46 mit Verweis auf Kintsch / van Dijk 1978.

5.2 Systematisierungsversuche des Frame-Modells bei L. Barsalou

dings seiner zentralen These, dass ohne Frames keine angemessene Erklärung des Prozesses des Sprachverstehens möglich ist:

„Wie in Barsalou (1992[b]) vorgeschlagen, ist das Aktivieren und Instantiieren von Konzept-Frames der zentrale Prozess im Sprachverstehen. Indem Verstehende Nomen, Verben, und Präpositionen verarbeiten, aktivieren sie Frames, deren Attribute möglicherweise später im Text instantiiert werden." (47)

Dem kann uneingeschränkt zugestimmt werden, und die Erwähnung von *Verben* zeigt, dass er Prädikationen nicht vollständig vergessen hat (wie man manchmal den Eindruck haben könnte). Dennoch ist die (scheinbar systematische, konsequente) Auslassung von Prädikationen (und Relationen *als* Prädikationen) in höchstem Maße ebenso fatal wie unerklärlich und entwertet das ganze Modell. Wie man überhaupt auf die Idee kommen kann, ein Propositionsmodell ohne Prädikationen formulieren zu wollen, ist aus sprachtheoretischer (und sprachphilosophischer) Sicht schlichtweg unverständlich.

Prototypen und Zugehörigkeit. Viel Raum widmet Barsalou auch der Erörterung von Prototypen und Zugehörigkeit. Ihm zufolge sind Frames gut in der Lage, allgemeine Informationen über eine größere Anzahl von Exemplaren zu integrieren. Sie können Werte und typische Muster von Werten über mehrere Kategorien-Mitglieder „repräsentieren", und zwar immer dann, wenn ein bestimmter Wert für ein Attribut wahrscheinlicher ist als andere Werte. Er definiert dann *Prototyp* folgendermaßen: „Ein Prototyp ist einfach der Set der am häufigsten vorkommenden Werte für Attribute." (47) Das erscheint aus linguistischer Sicht für eine zureichende Definition von *Prototyp* doch als etwas wenig. Demnach operieren ‚Prototypen' nur über ‚Werten' (also Füllungen von Leerstellen). Kann es nicht sein, dass es auch Prototypen gibt, die über einem bestimmten *Set von Attributen* operieren? Oder wäre das dann schon ein *anderer Frame*? Nehmen wir eine Kategorie wie *Haus*, dann wären vielleicht FORM, MATERIAL, bestimmte FUNKTIONAL WICHTIGE TEILE relevante Attribute, während etwa GRÖßE, FARBE usw. irrelevante Attribute wären. Bei bestimmten Unter-Kategorien von *Haus*, wie etwa *Hütte* oder *Palast*, werden diese ansonsten irrelevanten Attribute plötzlich zu relevanten Attributen. Außerdem übersieht Barsalou, dass es auch auf der Ebene der Werte neben den konkret bei bestimmten Exemplaren vorhandenen Werten (z.B. *klein, groß*) den Wert „*irrelevant*" geben kann (der damit ein Teil des Wertebereichs für das entsprechende Attribut wäre), obwohl der *Prototyp* für das entsprechende Attribut eine *bestimmte* Ausfüllung vorsehen kann. Siehe wieder die Kategorie *Haus*. Für die Kategorie als solche könnte das Attribut GRÖßE zunächst als irrelevant angesehen werden („mit dem Wert *irrelevant* belegt sein"); für den Prototyp von *Haus* hingegen wäre das Attribut GRÖßE wohl schon relevant (etwa mit Werten wie: *durchschnittliche Größe, so groß, dass Menschen hineinpassen* usw.). Bei einer Kategorie wie *Stuhl* hingegen wäre schon bei der Kategorie als solcher das Attribut GRÖßE hochgradig relevant; beim Prototyp wäre für dieses Attribut dann ein bestimmtes Maß als Wert typisch (etwa *so groß, dass ein erwachsener Mensch bequem darauf sitzen kann*). Eine Grundfrage müsste also lauten: Gibt es eine Prototypikalität für Frames (als solche), oder, wie es die Ausführungen von Barsalou nahezulegen scheinen, nur eine Prototypikalität auf der Ebene von Werten?[136]

---

[136] Dass Prototypikalität sich auch auf Attribute erstrecken kann, scheint Barsalou zumindest implizit zu erkennen zu geben: „Im allgemeinen ist die Typikalität eines Exemplars eine wachsende Funktion dessen, wie gut seine instantiierten Attribute und seine spezifischen Werte zu diesen Attributen sich den am häufigsten vorkommenden Attributen und Werten annähern." Barsalou 1992, 48.

386   *Kapitel 5: Frame-theoretische Ausdifferenzierungen*

Wie Fillmore, Minsky und Bartlett geht auch Barsalou davon aus: „Frames produzieren natürlicherweise Typikalitäts-Effekte: Wenn die Werte eines Exemplars unter den Exemplaren, die in einem Frame integriert sind, sehr häufig auftreten, dann ist dieses Exemplar prototypisch."[137] Nach dieser Deutung wären Prototypen allerdings reine Häufigkeits-Effekte. Ist das richtig so? Sehr wahrscheinlich gibt es Prototypikalitäts-Effekte, die andere Wurzeln haben als reine Häufigkeit. So könnte man z.B. fragen, ob der Wert, der bei der Kategorie *Ehe* für das Attribut WECHSELSEITIGE EMOTIONALE EINSTELLUNG DER PARTNER ZUEINANDER am häufigsten in der Realität (das wäre der Durchschnitt aller existierenden Ehepaare) eintritt, auch der prototypische Wert wäre, oder ob nicht der Prototyp in anderen Werten, die aufgrund gesellschaftlicher Wissensordnungen zugewiesen werden, und die in bestimmten kulturellen Mustern verortet sind, zu finden ist (z.B. der Wert *„wechselseitige Liebe"*). Zu fragen wäre dann, ob es in dieser Hinsicht (prototypentheoretisch) vielleicht Unterschiede zwischen dem Verhalten von Konkreta und Abstrakta gibt. Barsalou scheint zumindest in eine ähnliche Richtung zu denken, da er feststellt,

> „dass Typikalität nicht immer von der Frequenz von Attributen und Werten (d.h. der zentralen Tendenz) abhängt. Bei manchen Kategorien determiniert stattdessen die Nähe eines Exemplars zu einem idealen Attribut-Wert die Typikalität." (48)

Diese kulturelle Determination der Prototypen ist den Frames bereits wegen ihrer eigenen kulturellen Determination inhärent. Die Frage, ob man zwischen Frames und Prototypikalität überhaupt unterscheiden kann und sollte (d.h. ob nicht alle Frames implizit bereits Typikalitäts-Strukturen tragen, wie sie bei Fillmore, Minsky und Bartlett aufschien), wird von Barsalou nicht thematisiert.

Letztlich hängt eine Entscheidung über diese Frage auch davon ab, ob man Frames als ausschließlich *kognitive* Kategorie begreift, oder sie als *Muster*, also in Zusammenhang mit Konventionalität sehen will. Immerhin spricht Barsalou überhaupt (wenn auch nur nebenbei) den Zusammenhang von Frames mit Mustern an.[138] Dieser Punkt wird von ihm jedoch leider nicht vertieft. Relevant für diese Fragestellung sind aber seine Überlegungen dazu, wie aus Ko-Okkurrenzen bestimmter Werte so etwas wie stabile Strukturen im Gedächtnis entstehen können.[139] Hierbei spielen z.B. Ziele und Hintergrundwissen (also kulturelles Wissen), aber auch Kriterien der Relevanz (von bestimmten Attributen und Werten) eine wichtige Rolle.

In diesem Kontext thematisiert Barsalou auch erstmals explizit (aber ebenfalls eher am Rande) so etwas wie Standard- bzw. Default-Werte.[140] Dabei unterscheidet er zwischen

---

[137] Barsalou 1992, 47. Er fügt hinzu „Im Kontrast dazu sind Exemplare, deren Werte selten auftreten, atypisch."

[138] „Frames können ebenfalls typische Muster [patterns] für Werte repräsentieren, wobei sie verschiedene der oben beschriebenen Constraints benutzen." Barsalou 1992, 48.

[139] „Wegen der unabsehbaren Anzahl möglicher Ko-Okkurrenzen ist es unwahrscheinlich, dass sie alle kognitiv verarbeitet werden." – „Ein sinnvoll klingender Ansatz ist es, nur die Ko-Okkurrenz-Information zu verarbeiten, die für die Ziele und das Hintergrundwissen der Beobachter relevant sind." – „Ein anderer ist es, nur solche Ko-Okkurrenz-Informationen zu verarbeiten, die in Erinnerungs-Prozessen auftreten." – „Viele Ko-Okkurrenz-Informationen werden allgemein ignoriert und gar nicht gespeichert. Sie können verarbeitet werden, sobald sie durch ein aktuelles Exemplar ins Spiel gebracht werden." Barsalou 1992, 49.

[140] „Wenn Werte für Frame-Attribute nicht explizit spezifiziert sind, liefern Prototyp und Kookkurrenz-Relationen Standard-Informationen [default information] über ein Kategorie." Barsalou 1992, 48. Sein Beispiel: *„Als Hans nach Hause kam, saß ein Vogel auf seiner Veranda."* (= unspezifiziert) vs. *„Als*

5.2 Systematisierungsversuche des Frame-Modells bei L. Barsalou

Ebenen der Prototypikalität (und Standard-Werte), die wiederum aus Ko-Okkurenz-Phänomenen abgeleitet sind. Nach Barsalou ermöglichen es Kookkurenz-Relationen den Frames, Default-Werte *dynamisch* zu erzeugen. So kann z.B. ein Frame-System für jedes Muster von gelieferten Attribut-Werten die verbliebenen Attribut-Werte ausfüllen. Da die gelieferten Attribut-Werte variieren, können die inferierten Default-Werte ebenfalls dynamisch variieren (49 f.). Dies ist freilich sehr aus der prozeduralen Perspektive gedacht. Prinzipiell kann doch wohl für jedes Item eines Frames ein Default-Wert existieren. Es drängt sich daher noch einmal die Frage auf: Kann es *überhaupt* Frames geben ohne Standard-Werte? (Oder ist dies den Frames bereits qua Frame-Begriff inhärent?) – Barsalous Umgang mit Prototypikalität und Standard-Werten wirft einige grundsätzliche methodische Probleme auf. Diese ergeben sich aus seinem generellen Attribut-Werte-Modell. Sollte sich in konkreten Beispielen (z.B. in Texten) herausstellen, dass nur *spezifische* Werte (z.B. semantisch) instantiiert sind, müssen zugehörige Attribute *inferiert* werden. (Teilweise müssten sie erst per Abstraktion quasi „gewaltsam postuliert" werden.) Siehe ein Beispiel wie „*Max ging abends gerne ins Kino.*" Hier könnte man das sprachlich ausgedrückte *gerne* als ‚Wert' für ein ‚Attribut' RANG IN EINER PERSÖNLICHEN PRÄFERENZ-HIERARCHIE ansehen. Dieses Attribut ist aber kein Standard-Attribut der Kategorie (des Frames) *ins Kino gehen*, und daher auch nicht zwingend erwartbar. Führt das Attribut-Werte-Denken dann nicht möglicherweise zu einer Inflationierung abstrakter ‚Attribute',[141] wo es doch eigentlich nur auf die konkreten epistemischen Elemente ankommt? (Das wäre zu prüfen.)[142]

Unterbegriffe [subordinates] und Taxonomien. Barsalou weist zu Recht darauf hin, dass sich ein Frame-Modell problemlos dazu eignet, Über- oder Unterordnungsverhältnisse von Konzepten zu beschreiben. Dies ergibt sich schon aus der Rekursivität von Frame-

---

Hans nach Hause kam, saß ein weißer Vogel auf seiner Veranda." (Kookkurenz von ‚weiß' mit ‚gebogener Schnabel' ist prototypisch und wird daher als Standard-Wert inferiert. Obwohl *allgemein gesehen* ‚gerader Schnabel' prototypisch für Vogel ist, wird dieser Wert hier ausgestochen durch ‚weißer Vogel', das prototypisch kookkuriert mit ‚gebogener Schnabel' und daher (als spezifischerer Prototyp) inferiert wird anstelle des allgemeinen Prototyps.)

[141] Eine solche Inflationierung ist eine typische Begleiterscheinung von taxonomischen Ansätzen, und war bereits ein großes Problem bei den von Barsalou ja eingangs kritisierten Merkmal-Modellen.

[142] Barsalou diskutiert dann noch abstrakte Kriterien für die Zugehörigkeit von Exemplaren für eine Kategorie. „Frames liefern eine große Zahl unterschiedlicher Mechanismen für die Repräsentation von Kategorien-Zugehörigkeit." Barsalou 1992, 50. Er nennt folgende Formen: (1) Besitz bestimmter Attribute kann als Evidenz für die Zugehörigkeit zu einer Kategorien zählen. (Beispiel: Irgendeinen Wert für FARBE zu besitzen, zählt als Evidenz für die Zugehörigkeit zur Kategorie „*physische Entität*".) (2) Besitz bestimmter Attribut-Werte kann als Evidenz für die Zugehörigkeit zu einer Kategorien zählen. (Beispiel: Werte wie *menschlich, weiblich, erwachsen* für Attribute wie SPEZIES, GESCHLECHT, ALTER zu besitzen, zählt als Evidenz für die Zugehörigkeit zur Kategorie „*Frau*".) (3) Besitz von Werten in einem bestimmten Bereich kann als Evidenz für die Zugehörigkeit zu einer Kategorien zählen. (Beispiel: Werte wie *200.000 bis 300.000 Euro* für das Attribut wie KAUFPREIS zu besitzen, zählt als Evidenz für die Zugehörigkeit zur Kategorie „*potentiell kaufbare Häuser*".) (4) Besitz von Werten, die jenseits eines bestimmten Bezugspunkts liegen, kann als Evidenz für die Zugehörigkeit zu einer Kategorien zählen. (Beispiel: Einen Wert wie *älter als 18 Jahre* für das Attribut ALTER zu besitzen, zählt als Evidenz für die Zugehörigkeit zur Kategorie „*wahlberechtigt*".) – Das sind alles sehr spezifische Aspekte. Ob man mit einem solchen Vorgehen einen allgemeinen und abstrakten Kriterien-Katalog gewinnen kann, mag durchaus fraglich sein. Einige Formulierungen von Barsalou in diesem Zusammenhang klingen äußerst verdächtig nach dem altbekannten „Notwendige-und-hinreichende-Bedingungen-Modell" der von ihm doch eigentlich abgelehnten Merkmal-Semantik: „Typischerweise kann ein gemeinsamer Set von Werten Hinreichendheit für die Zugehörigkeit zu einem Frame spezifizieren." (a.a.O. 50) Zur Überwindung solcher Ideen war doch die Prototypensemantik eigentlich angetreten.

Strukturen. So ist *Geflügel* ein „Subset" von *Vogel*, dessen Werte für bestimmte Attribute auf bestimmte Weise restringiert sind (51). Er definiert „Unterkategorien" (subordinates) dann folgendermaßen: „Subordinierte [Elemente] sind Sets von Exemplaren, deren Werte einen Unter-Set von Frame-Informationen konstituieren." Durch zunehmende, über mehrere Stufen erfolgende Unter-Differenzierungen entstehen Frame-Systeme, die die Form von *Taxonomien* annehmen können. Dabei ist es gleichgültig, ob diese Taxonomien bereits im Gedächtnis gespeichert waren, oder aus eingegangenen Informationen aktiv erschlossen werden. Man könnte daher auch sagen: Frames und Frame-Systeme helfen den Individuen dabei, aus vorhandenem epistemischem Material Taxonomien zu erschließen und zu konstruieren. (Dieser interessante Punkt wird aber von Barsalou nicht weiter ausgeführt.)

Begriffs-Kombinationen. Frames eignen sich besonders gut dazu, um das, was Barsalou *Begriffs-Kombinationen* nennt, und was sich aus linguistischer Sicht zum Teil als *Wortbildung* (vor allem *Komposition*, aber auch *Derivation*, insofern sie Morphem-verkettend verfährt) darstellt, zu erklären. Allerdings geht Barsalous Verständnis von *Begriffs-Kombinationen* deutlich über Wortkombinationen hinaus; letztlich versteht er darunter alle Verkettungen von Konzepten, bis hin zu komplexen Texten.[143] Diese Erweiterung der Idee von Begriffs-Kombinationen macht deutlich: (1) Frames können ganze Sätze repräsentieren; und (2) Frames können ganze Texte repräsentieren. Für (1), die Repräsentation von Sätzen als Frames, hat vor allem Fillmore ein überzeugendes Modell vorgestellt, das lediglich noch um einige präzisierende Aspekte aus Barsalous Modell ergänzt werden müsste. Mit einem reinen Barsalou-Modell würde dies kaum gelingen, jedenfalls erst dann, wenn man es um eine prädikative Komponente erweitert hätte. Punkt (2), die Repräsentation ganzer Texte, scheint den (bisherigen) Frame-Begriff aber eindeutig zu sprengen. Allenfalls als (sehr komplexe) *Frame-Systeme* auf zahlreichen verschiedenen Ebenen des Wissens ließen sich Texte beschreiben. – Barsalou interessieren, aufgrund seiner Nomen-Fixierung, hier insbesondere Adjektiv+Nomen-Komposita (wie *redbird*). In diesen belegen die Adjektive einen bestimmten Wert für ein bestimmtes Attribut und verdrängen dabei u.U. den Standard-Wert. (Alle anderen, nicht explizierten Attribute bleiben auf ihren Standard-Werten.) Aufgrund alltagsweltlichen Wissens und seiner wechselseitigen Zusammenhänge (constraints) kann es aber dazu kommen, dass die Belegungen für ein einzelnes Attribut die Belegung für ein anderes Attribut im Frame ebenfalls festlegt (so z.B. der Wert *weiß* für das Attribut FARBE, den Wert *groß* für das Attribut GRÖßE bei der Kategorie *Vogel*, wenn nach der Erfahrung alle weißen Vögel groß sind).[144]

Ereignis-Sequenzen. Nach Barsalou eignen sich Frames seinem Modell zufolge auch dazu, Ereignis-Sequenzen zu erfassen, wie sie von Schank / Abelson (1977) mit ihrem Skript-Modell beschrieben worden sind.[145] Als Beispiele nennt er etwa die Aktivitäten eines Viertaktmotors oder einen Verkaufsvorgang für ein Auto zum Preis von 2.000 $. (Leider führt er nicht im einzelnen aus, wie eine Umsetzung des Skript-Modells auf sein Frame-Modell aussehen könnte.)

Regeln. Interessant ist Barsalous Gedanke, dass sich auch Regeln als Frames (oder Frame-Systeme) in seinem Sinne rekonstruieren lassen. Er denkt dabei jedoch vorwiegend nur an einen bestimmten Typ von Regeln, nämlich an Produktionsregeln. Diese können eine

---

[143] Barsalou 1992, 52. Er nennt Beispiele wie *redbird* ebenso wie *Vögel aus Kanada, die im Winter in Florida leben.*
[144] Barsalou 1992, 53 mit weiteren Beispielen.
[145] Barsalou 1992, 54 mit Verweis auf Schank / Abelson 1977.

5.2 Systematisierungsversuche des Frame-Modells bei L. Barsalou 389

Vielzahl von Ereignissequenzen produzieren; deshalb sieht er ein mögliches Anwendungsfeld für ein so konstruiertes Frame-System, in der Konstruktion von „story-grammars".[146] Wichtig[147] ist dabei sein Hinweis, dass viele Regeln auch implizit sein können. Als ein Anwendungsbeispiel rekonstruiert er die Phasen eines (Auto-)Motor-Zyklus.

Pläne. Abschließend greift Barsalou einen zweiten Begriff von Schank / Abelson als mögliches Anwendungsbeispiel für seine Frame-Theorie auf, den Begriff *Pläne.* „Wenn Menschen Ereignisse planen, beginnen sie oft damit, einen Frame für das geplante Ereignis teilweise zu aktivieren."[148] Als erster Schritt eines solchen Prozesses müssen Frame-Attribute mit konkreten Werten belegt (instantiiert) werden. Um Attribute zu instantiieren, wählen Menschen, die Pläne ausführen, oft Exemplare aus „ziel-geleiteten Kategorien" [goal-derived categories], wie z.B. AUSZUFÜHRENDE AKTIVITÄT IN EINEM URLAUB (mögliche Füllung z.B. *Skifahren*), ZEITRAUM DER REISE (Füllung: *Sommer*) daraus abgeleitet: ORT, AN DEM MAN IM SOMMER SKIFAHREN KANN usw. Hierbei wirken in großem Umfang *kontextuelle Constraints* und *Optimierungs-Constraints* ein. Z.B. können Werte für ORT DES URLAUBS nicht unabhängig von Werten für ABREISEDATUM und GEPLANTE AKTIVITÄT selegiert werden. Ein Wert wie *Skifahren* für GEPLANTE AKTIVITÄT schließt einen Wert wie *Karibikstrand* für ORT DES URLAUBS aus. Der Wert *Abreise im August* für das Attribut ABREISEDATUM erfordert bei gleichzeitiger Wahl des Werts *Skifahren* für das Attribut GEPLANTE AKTIVITÄT z.B. (in Mitteleuropa) für das Attribut ORT DES URLAUBS den Wert *Alpengletscher.* Wichtig ist dabei, dass solche Wert-Ausfüllungen hochgradig Kontextabhängig sind. D.h. Planer kontextualisieren ziel-geleitete Kategorien, um solche Constraints zu erfüllen.[149]

5.2.5 Frames und Begriffsfelder

Einen besonderen Gewinn in der Anwendung seines Frame-Modelles sieht Barsalou in dessen besonderer Leistungsfähigkeit bei der Beschreibung von Begriffsfeldern (conceptual fields). Dabei möchte er insbesondere die Funktion der Frames in Hinblick auf die *Dynamik* (und Weiterentwicklung) von Begriffsfeldern aufzeigen. Frames sind ihm zufolge daher nicht nur in der Lage, einzelne „Konzepte" und ihre verschiedensten Aspekte zu strukturieren (einschließlich Konzepte für Exemplare, Prototypen, Unterkategorien, Konzept-Kombinationen, Ereignis-Sequenzen, Regeln und Plänen); sie können außerdem große Begriffsfelder strukturieren.[150] Barsalou möchte insbesondere zeigen, (a) *wie Frames die*

---

[146] Allerdings denkt er hier zunächst nur an Produktions-Regeln: „Regeln liefern einen gebräuchlichen Mechanismus für die Produktion von Ereignis-Sequenzen. Die Anwendung einer Regel auf einen Ausgangszustand transformiert ihn in einen Folge-Zustand. Die Anwendung einer zweiten Regel (oder eine wiederholte Anwendung der ersten Regel) darauf produziert eine dritten Zustand usw." Barsalou 1992, 57.
[147] „Frames für Ereignis-Sequenzen enthalten implizit Regeln." Dies müsste dann z.B. auch für argumentationslogische Sequenzen gelten, wie sie im Rahmen der linguistischen (tiefensemantischen) Argumentationsanalyse nach Toulmin untersucht werden.
[148] Barsalou 1992, 59; er denkt dabei z.B. an *Reisen, Einkauf, soziale Ereignisse* usw.
[149] Barsalou 1992, 60. Optimierungen von Planer-Zielen kontextualisieren die Kategorien noch weiter. (a.a.O. 61)
[150] Barsalou 1992, 61; auf die wichtige *Wortfeldtheorie* als Vorläufer solcher Überlegungen geht Barsalou mit keinem Wort ein.

implizite Ausdehnung eines Begriffsfeldes definieren, (b) *wie in einem Begriffsfeld spezifische Konzepte explizit repräsentiert werden*, und (c) *wie Frames die Aufnahme / Anpassung von Konzepten in einem Feld unterstützen*. Es geht dabei also insbesondere um den produktiven epistemischen Effekt von Frames als eine Art *Frame-Erzeugungs-Mechanismen*. Wörtlich: „Wie wir sehen werden, ist ein Frame ein begrenzter produktiver Mechanismus, der fähig ist, ein großes Feld von verbundenen Konzepten zu produzieren." (61)

Definition des Umfangs von Begriffsfeldern. Barsalou geht von der These aus: „Jeder Frame definiert ein implizites Begriffs-Feld." (61) Dabei geht er – entsprechend seiner taxonomischen Orientierung – wohl zunächst eher von solchen Konzepten aus, die man als *„nominale"* (oder *„referenzielle"*) Konzepte bezeichnen könnte. *Prädikative* Konzepte sind zunächst nicht in seinem Blickfeld (zumindest werden sie nirgends explizit erwähnt). Man könnte daher zunächst fragen: Trifft seine These wirklich auf alle Frames zu, oder nur auf Frames des von Barsalou beschriebenen Typs („nominaler" Konzepte).[151] Barsalou exemplifiziert seine These am Konzept für *Lebewesen*. Entsprechende Frames, wie wir sie benutzen, enthalten z.B. Attribute für ART, GESCHLECHT, ALTER, KASTRIERT. Es gibt aber auch Konzepte mit Werten für weniger als diese vier Attribute (so spielt bei den meisten Konzepten, bei denen das Attribut ART mit dem Wert *Mensch* besetzt ist, das Attribut KASTRIERT keine Rolle, der Wert bleibt leer; anders etwa bei Tieren mit Konzepten wie *Hengst, Wallach, Stier, Ochse* usw.), ebenso wie Konzepte mit Werten für mehr als diese vier Attribute.[152]

In diesem Kontext stellt Barsalou eine weitere, recht problematische These auf: „Wenn ein Frame alle Attribute enthält, die in einem Begriffsfeld möglich sind, dann definiert der Frame die möglichen Konzepte, die produziert werden können, erschöpfend." (62) Zum einen widerspricht sich Barsalou hier selbst, da er zuvor ausgeführt hatte, dass die Auflistung von Attributen für einen Frame prinzipiell (zumindest theoretisch, aber wohl auch praktisch-deskriptiv) *unabschließbar* ist. Zum anderen widerspricht dieser Gedanke seiner Kritik an der Merkmal-Listen-Semantik (der „Notwendige-und-hinreichende-Bedingungen-Semantik"), dass Merkmals-Auflistungen (die hier in Form von Attribute-Auflistungen auftreten) ebenfalls prinzipiell unabschließbar sind, und daher niemals im strikten Sinne „erschöpfend" (exhaustiv) sein können. Barsalou zieht sich hier also einen Schuh an, der der Plausibilität seines Modells nur schadet.[153]

Aufgrund der Rekursivität der Frames bzw. Frame-Strukturen können Begriffsfelder in exponentiellem Ausmaß wachsen und erhebliche Komplexität erreichen.[154] Zusätzliche

---

[151] Bei weiter gefasster Betrachtung sind auch Prädikations-Frames im Grunde Konzept-Frames, da Prädikate (Prädikatsausdrücke) ja auch Konzepte in einem weiteren kognitionstheoretischen und epistemologischen Verständnis sind. Daher ist es ungeschickt, wie anderswo zum Teil geschehen, zwischen „Konzept-Frames" und „Prädikations-Frames" zu unterscheiden. Präziser wäre es, zwischen „referenziellen Konzepten" und „prädikativen Konzepten" (bzw. genauer: „referentiell-konzeptuellen Frames" und „prädikativ konzeptuellen Frames") zu unterscheiden. Allerdings ist auch diese Begriffswahl nicht ganz frei von Fallstricken, da letztlich auch Referenzen als Prädikationen rekonstruiert werden können, da auch sie im Kern *Zuschreibungen* enthalten.

[152] Weitere Beispiele Barsalou 1992, 62.

[153] Man könnte dies auch als eines von mehreren Indizien dafür werten, dass er doch insgeheim einem NHB-Modell anhängt, was er gelegentlich schon mal abstreitet. Zumindest argumentiert er – wie gesehen – durchgängig stark ontologisierend und taxonomisch.

[154] Wie Barsalou 1992, 63 an einem Beispiel demonstriert bzw. errechnet, kann schon die Hinzufügung eines einzigen Levels in einem Frame die Anzahl möglicher Konzepte um den Faktor 32^4 (also von 100 auf 104.857.000 Konzepte) wachsen lassen.

5.2 Systematisierungsversuche des Frame-Modells bei L. Barsalou

Frames für Constraints und Relationen lassen das Begriffsfeld noch weiter anwachsen, ebenso wie Frames für Konzept-Kombinationen, Ereignissequenzen und Pläne. – Die Rekursivität bedingt auch, dass es prinzipiell möglich ist, dass ein Begriffsfeld die Größe „unendlich" annehmen kann (*„der Freund eines Freundes eines Freundes ..."* usw.). Für solche Fälle gesteht Barsalou dann doch zu: „offensichtlich definieren solche Frames ihr Feld möglicherweise nicht ausschöpfend".[155]

Barsalou hält daher Frames für „hochgradig generative Mechanismen". Frames wären danach also so etwas wie „Erzeugungsmechanismen":

> „Von der expliziten Repräsentation einer kleinen Zahl von Frame-Komponenten im Gedächtnis entwickelt eine Person die Fähigkeit, eine unbegrenzt große Anzahl von Konzepten im Feld des Frames zu repräsentieren.
> Obwohl Individuen nur wenige dieser Konzepte explizit repräsentieren mögen, können sie jedes beliebige der verbleibenden konstruieren, indem sie neue Kombinationen von Werten über Attribute hinweg bilden." (63)

Um solche, zunächst recht großartig klingende, Formulierungen auf ihren Kern zurückzuführen, könnte man sie auch so zusammenfassen: Das nennt man üblicherweise *„Denken"*. Dennoch enthalten sie einen wichtigen Gedanken, der ein grelles Schlaglicht auf manche Hypothesen mancher Post-Strukturalisten wirft: Deren (ob implizite oder explizite) Hypothese, dass sich das, was sich an Gedanken aus verfügbaren Texten, Konzepten, Diskursen usw. *erschließen* (inferieren) lasse, als ‚unterschwelliges Wirken des ewigen Textes', der ‚ecriture' usw. auf dieses zurückführen lasse und zur Hypothese der Prädetermination und damit Ent-Subjektivierung der Sinnproduktion einzelner Individuen führe, kehrt sich durch die Grundannahmen Barsalous ins Lächerliche. Die These sagt dann einfach gar nichts mehr aus, da *alles darauf ankommt*, dass bestimmte Frames und Frame-Kombinationen (von Menschen in konkreten Akten) *tatsächlich prozessiert werden*. Die *reine Potenzialität* besagt dann gar nichts mehr! Sie bleibt ein Gedanke, der leer ist. Dasselbe gilt übrigens für das im linguistischen Strukturalismus beliebt gewesene Reden über angebliche „Lücken im Wortfeld" oder gar „Wortschatz".

Wenn Konzepte aus Konzept-Feldern *lexikalisiert* werden, entstehen *Wortfelder* bzw. *lexikalisch-semantische Felder*. (63)[156] Doch gilt: Die meisten Positionen eines Begriffsfeldes sind *nicht* lexikalisiert. Die Folge davon ist: „lexikalisierte Konzepte in einem semantischen Feld erfassen nur einen kleinen Ausschnitt der Konzepte in einem konzeptuellen Feld." (63). Dies ist ein für die linguistische Wortfeldforschung wichtiger Gedanke, da er manche Missverständnisse geraderückt, die in diesem Forschungszweig früher einmal formuliert worden waren (siehe z.B. die problematische Mosaik-Metapher bei Jost Trier).

Konstruktion von spezifischen Konzepten in einem Feld. Wegen der Endlichkeit der Lexikalisierung von Konzepten sind auch die Erzeugungsproduktionen eines Frames faktisch (nicht jedoch prinzipiell!) begrenzt:

> „Frames sind begrenzte [finite] Erzeugungs-Mechanismen. Eine mäßige Zahl expliziter Frame-Information im Gedächtnis ermöglicht die Produktion / Erschließung [computation] einer enorm großen Zahl von Konzepten. Durch das Kombinieren von Attribut-Werten auf neue Weisen konstruieren Menschen neue Konzepte, die implizit im existierenden Frame-Wissen enthalten sind. Obwohl all diese

---

[155] Barsalou 1992, 63. Diese neue Aussage schafft aber noch nicht das oben geschilderte Problem aus der Welt, das sich auf einen anderen Aspekt der Unabschließbarkeit bezieht als den, den Barsalou hier zugesteht.

[156] „Einige der Konzepte in einem Konzept-Feld werden lexikalisiert und bilden ein semantisches Feld."

Konzepte potentiell erschließbar [computable] sind, ist es nicht einmal für Experten wahrscheinlich, dass sie mehr als ein schmales SubSet davon überhaupt in Betracht ziehen." (63)

Diese Formulierungen passen recht gut zu dem oben über Positionen der Post-Strukturalisten gesagten. Hier tut sich eine erstaunliche Parallele zwischen diesen doch sonst so weit voneinander entfernten Modellierungen und Theorie-Paradigmen auf. Barsalou liest sich hier wie ein Poststrukturalist. Dennoch (oder deswegen) ist die Redeweise „implizit im existierenden Frame-Wissen enthalten" hoch problematisch, da sie einen Platonismus der „Existenz der unausgesprochenen Ideen" nahelegt, der der „Ideenwelt" Platons oder auch dem „dritten Reich der Gedanken" Freges nicht mehr allzu fern steht.

Vielleicht um solche Fehldeutungen zu vermeiden, befasst sich Barsalou intensiver mit dem Zusammenhang von Konzept-Konstruktion und Erfahrung. Er deutet dabei *Erfahrung* vor allem als *Hinzufügung neuer Exemplare* zu den vorhandenen Frames.[157] Hier hängt alles davon ab, wie der Terminus „Exemplar" genau aufgefasst wird. Bartlett hatte darauf hingewiesen, dass eine geistige Speicherung einzelner Exemplare im Sinne der kognitiven Entsprechung der Sinnesdaten, die bei der Wahrnehmung einzelner Referenzobjekte für eine mentale Kategorie auftreten, kaum möglich sei, weil damit das Gedächtnis heillos überfrachtet würde. In Frage kam für ihn nur die Herstellung einer Beziehung zwischen den konkreten, Wahrnehmungsobjekt-bezogenen Sinnesdaten zu einem mental gespeicherten Schema. Dieses ist aber bereits ein Frame in Barsalous Sinne. In diesem, elementaren Sinn können also einem Frame gar keine „Exemplare hinzugefügt" werden. Die andere Deutung dieser Bestimmung wäre es, von Exemplaren als Konzepten zu sprechen. Dann würde Frame-Erweiterung durch Exemplare heißen: Hinzufügung von neuen Exemplar-Frames zu einem übergeordneten Kategorien-Frame.

Barsalou geht davon aus, dass Frames nicht gesamtgesellschaftlich homogen sind, sondern dass verschiedene Personen (mit verschiedenen Kenntnissen) über in unterschiedlichem Maße ausdifferenzierte Frames verfügen. So muss die Anzahl der Attribute für einen Kategorien-Frame keineswegs bei allen Mitgliedern einer Gesellschaft identisch sein.[158] Diese Einsicht lässt sich auch auf das Verhältnis von Frame-Systemen bzw. Kategorien-Bildung zwischen verschiedenen Kulturen übertragen: „Analog dazu können verschiedene Kulturen verschiedene Frames für dasselbe Feld haben, die verschiedene Codierungen desselben Exemplars produzieren. Auf diese Weise produzieren Frames Relevanz für spezifische Beobachter."[159] Mit dieser Einsicht öffnet sich die Frame-Analyse für alle denkbaren kulturwissenschaftlichen Anwendungen. Beachtenswert ist vor allem auch der Hinweis darauf, dass „Frames Relevanz produzieren". Vielleicht sollte man nur etwas genauer sa-

---

[157] „Als ein Resultat der Erfahrung von speziellen Exemplaren bevölkert eine Person das jeweilige konzeptuelle Feld mit Exemplar-Repräsentationen. Jede Exemplar-Repräsentation ist die Kombination von Attribut-Werten, die dieses Exemplar als einen bestimmten Punkt im Feld definieren." Barsalou 1992, 64.

[158] „Die Kombination von Werten, die benutzt werden, um ein Exemplar zu codieren, hängt vom Inhalt des relevanten Frames ab. Z.B. enthält der Frame eines Anfängers für *Pferd* weniger Attribute und Werte als der Frame eines Experten." – „Ein Ergebnis davon ist, dass die Codierung eines bestimmten Pferdes als ein Punkt in einem begrifflichen Feld durch einen Experten im informationstheoretischen Sinn mehr Information enthält". Barsalou 1992, 64. Dasselbe Problem des Verhältnisses von Experten-Wissen zu Laien-Wissen ist bereits vom Philosophen Putnam 1979 in Bezug auf sprachliche Stereotype diskutiert und zum Zentrum seiner These von der „gesellschaftlichen Arbeitsteilung" bezüglich der Begriffsbildung gemacht worden.

[159] Barsalou 1992, 64. Die Aussagen sind bemerkenswert und richtig. Problematisch ist indes die Redeweise von „Codierungen" in diesem Zusammenhang. Soll sich das auf sprachliche Zeichen beziehen, oder ist es rein metaphorisch (und also „inner-kognitiv") gemeint?

5.2 Systematisierungsversuche des Frame-Modells bei L. Barsalou   393

gen, dass Frames Exemplare in das Relevanzsystem einer Kultur eingliedern, indem sie einzelne Instanzen, die als Exemplare eines Frames eingeordnet werden, als Exemplare *dieses* Frames gesellschaftlich etablieren und künftig als diese verfügbar halten. Frame-Einordnung ist damit ein Teil der kulturellen Deutungsarbeit. Es ist Barsalous Verdienst, so deutlich darauf hingewiesen zu haben. Im Umkehrschluss werden die Exemplare nur durch ihre Zuordnung zu einem Frame als Exemplare kenntlich.[160]

Aus Barsalous Annahmen folgt, dass Experten meist reichhaltigere Frames haben als Laien.[161] Unterschiedliche *Grade des Wissens* können daher über die „Relation zwischen Exemplar-Dichte und Frame-Inhalt" (a.a.O. 65) näher bestimmt werden. Dabei hält Barsalou es grundsätzlich für möglich, dass Experten keine zwei Exemplare eines Begriffsfeldes „identisch codieren", also mit demselben Set an Werten (und möglicherweise auch nicht mit demselben Set an Attributen?) abspeichern.[162] Dies kann etwa in solchen Regionen[163] des Wissens gelten, in denen das Wissen (und damit die Frames und Frame-Systeme) hochgradig komplex und verästelt sind.

Es ist naheliegend, dass in komplexeren Begriffsfeldern nicht alle Kombinationen von Attribut-Werten in der Realität auch möglich sind. Barsalou nennt für die Kategorie *Küchenutensilien* und ihr Attribut MATERIAL beim Exemplar *Bratpfanne* den Wert *aus Papier*. Andere Konzepte sind zwar möglich, treten aber aus anderen praktischen, weltabhängigen Gründen nicht auf; etwa für *Bratpfanne* und MATERIAL der Wert *aus Platin* (65). Dies sind alles „natürlich bedingte" (oder kulturell bedingte) Constraints, von denen es in unserem (gesellschaftlichen) Wissen eine große Zahl gibt. Barsalou sieht vor allem zwei Typen von Beschränkungen am Wirken: „Naturgesetze" und „Ziel-Optimierung". Eine *Bratpfanne* mit dem Wert *aus Papier* ist naturgesetzlich nicht möglich, eine solche aus *Platin* widerspricht in standardmäßigen Welten bestimmten Kriterien der Ziel-Optimierung.

Freilich lassen sich solche Constraints in fiktionalen Welten jederzeit aushebeln, so dass wir uns prinzipiell alles vorstellen (imaginieren) können, was sich theoretisch aus der Kombination unserer Frames (unserer Frame-Systeme) ergeben könnte.[164] Schon bei so einfachen und alltäglichen kognitiven Prozessen, wie der Konstruktion von Prototypen,[165]

---

[160] „Der Inhalt eines Frames determiniert ebenfalls die Distinktivität der Exemplare." Als Beispiel: Wenn zwei Pferde mit demselben Set von Werten codiert werden, sind sie nicht unterschieden. Barsalou 1992, 64. So auch schon Bartlett und Minsky.

[161] „Weil Experten sehr viel mehr Exemplare erfassen als Anfänger, haben sie auch reichere Frames." A.a.O. 65.

[162] „Wenn sich Exemplare gleichmäßig über ein Begriffsfeld verteilen, kann es sein, dass ein Experte keines von ihnen identisch codiert, weil so viele mögliche Attribute anwendbar sind. Als Resultat produziert das Frame-System eines Experten eine ‚tiefere' Verarbeitung von Exemplaren und produziert dabei ein besseres Gedächtnis. Im Gegenzug kann es sein, dass dann, wenn Exemplare wenige kleine Areale des Feldes sehr dicht bevölkern, ein Experte die Exemplare identisch codiert mit dem Resultat eines schwachen Gedächtnisses. Wahrscheinlicher wird es aber sein, dass Attribut-Werte-Sets am besten gegliedert sind in den am dichtesten bevölkerten Regionen des Felds. Dichter bevölkerte Regionen eines Felds können auch größere taxonomische Tiefe aufweisen." Barsalou 1992, 65.

[163] Zu denken ist neben wissenschaftlichen Frames etwa an die Frames für zentrale Begriffe des Rechtssystems, wie *Eigentum*, *Diebstahl* usw. Siehe zu einem ersten Versuch der Anwendung der Frame-Analyse auf solche Begriffe Busse 2008, 35 ff.

[164] „Erfahrene Exemplare sind für die Konstruktion von Konzepten in einem Feld nicht notwendig. Natürlich sind Menschen in der Lage, sich Konzepte für nicht existierende Exemplare vorzustellen." Barsalou 1992, 66.

[165] „Bei der Bewertung von Typikalität konstruieren Menschen Konzepte von idealen Kategorie-Mitgliedern, deren Realisierung in der Erfahrung ein Ziel optimieren würde. Bei Planungen imaginieren

wird laut Barsalou Imagination in dieser Form wirksam; dasselbe gilt für Planungen, Entscheidungen, Bewertungen usw. Auch die menschliche Kreativität beruht vor allem auf der Fähigkeit, Frames und Frame-Systeme aus den vorhandenen Frames und Frame-Systemen heraus zu entwickeln, wie Barsalou in recht emphatischen Worten formuliert:

> „Die ‚Berechnungskraft' [computational power] des menschlichen kognitiven Systems spiegelt seine Fähigkeit wider, Konzepte in Konzept-Feldern zu imaginieren. Durch mentale Simulation entwickeln Menschen Einsichten in vergangene Ereignisse und Vorhersagen für zukünftige Ereignisse. [...] Vieles von dem, was in der menschlichen Natur einzigartig ist, beruht auf der Fähigkeit, begriffliche Information kreativ zu kombinieren." (66)

Auch diese Fähigkeit nennt man üblicherweise mit dem einfachen Wort *Denken*. Barsalou vertritt diesbezüglich insofern einen nicht ganz unproblematischen Determinismus, da er davon ausgeht, dass jede Begriffsschöpfung (und Frame-Schöpfung), die in Anwendung dieser Kreativität entsteht, bereits implizit in den Attribut-Strukturen eines gegebenen Frame-Systems (d.h. Wissens-Systems) angelegt ist.[166] „Neues Wissen" wäre danach stets nur „neue Kombination aus vorhandenem Wissen" und keine „Wissens-Schöpfung" (um es mit einer Analogie zu der in der linguistischen Wortbildungsforschung üblichen Unterscheidung zwischen „Wortbildung" und "Wortschöpfung" auszudrücken). Im Originalton: „Durch Kombination von Attribut-Werten auf neue Weisen erschließen Menschen explizit, was zuvor implizite Regionen eines Begriffsfeldes waren."[167] „Denken" wäre damit grundsätzlich immer und allein „Inferenz", „Schöpfen aus Vorhandenem", und strukturell (kognitiv) darauf beschränkt. (Diese Konsequenz wird vielleicht nicht jeder Philosoph und nicht jeder Kulturwissenschaftler mitziehen wollen.) Auch wenn Barsalou sicherlich nicht aus kulturtheoretischer Perspektive her denkt, so möchte er eine solche Perspektive als mögliches Anwendungsfeld für das von ihm vorgeschlagenen Frame-Modell doch gleichwohl am Zukunftshorizont einer künftigen Frame-Forschung aufleuchten lassen, wenn er darauf verweist, sein Modell versetze einen in die Lage, den „Wandel kultureller Konventionen durch die Geschichte" nachzuzeichnen (67).

Zusammenfassung. In seiner Zusammenfassung hebt Barsalou noch einmal die zentralen Merkmale seines Frame-Modells hervor:

> „Frames erfassen Konstanz und Variabilität über Exemplare und Zeit hinweg. Derselbe grundlegende, Frame-produzierende Mechanismus ist auf jegliche Domäne anwendbar.
> Mehr noch: Er ist rekursiv anwendbar, indem er Frames in Frames produziert an jedem Punkt, wo neue Aspekte der Variabilität festgestellt werden." (67)

Damit beansprucht Barsalou, dass mit seinem Modell *Stase* und *Dynamik* von Wissenssystemen zugleich adäquat erfasst werden können. Das ist nicht wenig, und mehr, als viele andere kognitionswissenschaftliche Ansätze leisten. Dennoch bleibt seine Redeweise prob-

---

Menschen Ereignisse, die nicht existieren. Bei Entscheidungen imaginieren Menschen Wahlmöglichkeiten. Beim Bewerten tatsächlicher Ereignisse imaginieren Menschen Ereignisse, die stattdessen hätten stattfinden können." (66)

[166] „Frames unterstützen die kreative Kombination von Information. Frames definieren große Räume von impliziten Konzepten. Da die meisten dieser Konzepte auch dann, wenn sie bisher nie betrachtet wurden, aber dennoch erschließbar bleiben, liefern sie umfassende Möglichkeiten für Kreativität." (66).

[167] Barsalou 1992, 66. Ein Problem, das Barsalou als Kognitionswissenschaftler hier nicht berücksichtigt, ist die Frage, wie weit historisch (rückwirkend) die „impliziten Regionen" zurückreichen, d.h. die Frage einer Genealogie (Foucault), also die Frage: was war *ab wann* und *unter welchen Voraussetzungen* überhaupt *denkbar* (begrifflich explizierbar)?

5.2 Systematisierungsversuche des Frame-Modells bei L. Barsalou 395

lematisch. Sie ist und bleibt objektivistisch, verdinglichend, taxonomisierend (und weist zumindest einen erheblichen Mangel auf: sie ist – anders als etwa die Überlegungen bei Bartlett und Minsky – erkenntnistheoretisch nicht reflektiert). ,Erst neue Aspekte festgestellt [noted], dann Frame erweitert': Soll das etwa heißen, dass die Aspekte einfach als solche ,existieren'? Und zwar unabhängig von den Frames? Aus seiner oben angemerkten These der unendlichen Ausdifferenzierbarkeit der Frames müsste eigentlich auch für Barsalou selbst folgen, dass man Aspekte nicht einfach „feststellen" kann. Vielmehr: Neue ,Aspekte' (= neue Attribute, Werte, Frames) *konstituieren* neue ,Fakten'. Das heißt: neue Aspekte können nur *entwickelt* werden (kognitiv, epistemisch, in Frames, durch neue Frame-Elemente), nicht aber ,festgestellt'. – Aus der Rekursivität der Frames folgt (67):

> „Als ein Resultat repräsentieren Frames auch die Attribute, Werte, strukturellen Invarianten und Constraints, aus denen ein Frame zusammengesetzt ist. Was vielleicht als relativ undifferenzierte ,primitive' Domäne beginnt, wird in zunehmendem Maße gegliedert [articulated], indem Frames entstehen, die sie repräsentieren."

Nach Barsalou bleiben für eine vollständige Frame-Theorie aber noch viele Fragen offen; so z.B. darüber, wie Frames prozedural verarbeitet werden.[168] Im Unterschied zu Minsky, der (zumindest in *Society of Mind*) der Versuchung widerstanden hat, ein unifizierendes Kognitions-Modell zu entwerfen, und der statt dessen ein polymorphes Modell mit verschiedenen Typen von Wissens-Aggregationen und Verarbeitungsstrategien konzipiert hat, schwebt Barsalou hier offenbar ein sehr „starkes", und das heißt vor allem: stark unifizierendes Modell des Denkens vor, das mit *einem* theoretischen Modell *alle* Formen des Wissens und der Wissens-Aktivierung zugleich erfassen will. Dies wirft die Frage auf, ob das Frame-Konzept damit nicht so umfassend wird, dass es schlicht nichtssagend wird. Einige Probleme in dieser Richtung deuteten sich da an, wo Barsalou unentschieden bleibt, ob er konkrete kognitive Aktivitäten als „Frames" beschreiben will, oder ob es sich bei dem, was er beschreibt, um kulturelle Konstrukte, die notwendig einer sprachlichen Form bedürfen, handelt. Während im ersteren Falle über individualpsychologische Kategorien von ad-hoc-Prozessen gesprochen wird, würde im zweiten Fall über *Typen, Muster, Konventionen* und *kulturelle Konstrukte* geredet werden müssen. Es ist kaum vorstellbar, dass man so unterschiedliche Ziele mit einer einzigen Theorie erreichen kann.

5.2.6 Exkurs: Versuch einer perzeptuellen Fundierung von „Concepts" bei Barsalou. Oder: Wie viel Erkenntnistheorie braucht eine kognitive Semantik?

Unmittelbar im Anschluss an seinen zentralen Begründungstext zur Frame-Theorie hat Barsalou ein weiteres wichtiges, sehr umfang- und inhaltsreiches Papier publiziert, in dem er auf der Basis seines Frame-Modells vor allem eine eigene *Concept*-Theorie ausführlich begründet und weiter ausbaut, mit der er die von ihm als *„concepts"* bezeichneten Einheiten

---

[168] „Bislang beruht die Evidenz für einen fundamentalen Frame-produzierenden Mechanismus in der menschlichen Kognition vorwiegend auf nicht-formalen Beispielen und Intuition. Eine viel stärkere empirische Stützung bleibt noch zu entwickeln. Zusätzlich bleibt noch vieles zu lernen über die Mechanismen, die Frames hervorbringen und verarbeiten. Obwohl Frames eine ziemlich einheitliche Repräsentation über Aufgaben und Domänen hinweg bereitstellen, kann ihrer Nutzung in der menschlichen Kognition [doch] eine große Zahl unterschiedlicher Verarbeitungsprozesse zugrundeliegen." (a.a.O. 67)

der Kognition in einem Modell der Perzeption (sog. *„perceptual symbols"*) fundieren möchte.[169] Da die Reflexionen in diesem Papier weit über die Grenzen der Linguistik im üblichen Verständnis hinausführen in die lichten Höhen einer allgemeinen Kognitionstheorie, erfolgt eine Darstellung einiger wichtiger Überlegungen aus diesem Papier in Form eines Exkurses. Da wir aber schon bei Bartlett und Minskys *„Society of Mind"* Ausflüge in diese Regionen unternommen haben, scheint mir dieser Exkurs auch hier gerechtfertigt und für ein umfassendes Verständnis der Probleme einer Frame-Theorie und Frame-Semantik unverzichtbar, da es um wichtige Grundlagen mit hoher Relevanz auch für die Sprachtheorie und Semantik geht. Obwohl die Überlegungen in diesem Papier Barsalous weitgehend rein kognitionstheoretisch sind, hat er deren Relevanz für eine Sprachtheorie und Semantik doch selbst unterstrichen, indem er bereits im Titel beansprucht, damit eine konzise Lösung für das alte Problem der „sprachlichen Vagheit" zu formulieren.[170] Freilich führen seine Vorschläge tief in den Bereich einer allgemeinen Perzeptionstheorie hinein und erlangen dadurch eine erkenntnistheoretische Brisanz, die dem Autor anscheinend jedoch völlig entgangen ist, obwohl sie doch für die Semantik so wichtige Fragen aufwirft.

Das Modell von „concept". Einleitend definiert Barsalou jetzt klar und eindeutig seinen Begriff von „concept" im Sinne einer kognitiv aktiven Repräsentation von Inhalten im Arbeitsgedächtnis (oder Kurzzeitgedächtnis):

> „In diesem Aufsatz entwickele ich die Position, dass ein ‚concept' eine temporäre Konstruktion im Arbeitsgedächtnis ist, die aus einem größeren Korpus von Wissen im Langzeit-Gedächtnis abgeleitet ist, um eine Kategorie zu repräsentieren, wobei eine Kategorie – grob gesprochen – ein miteinander verbundener Set von Entitäten jeglichen ontologischen Typs ist (z.B. Rotkehlchen, Pullover, Hochzeiten, Berge, Pläne, Ängste)."[171]

Das, was Linguisten, Sprachphilosophen, aber auch die meisten Kognitionswissenschaftler normalerweise unter „Begriff" oder „Konzept" verstehen, also Einheiten „der Sprache" als solcher, als Wissen „der Sprachgemeinschaft", oder als überzeitliches, situations- und kontext-übergreifendes „allgemeines" Wissen („type" im Kontrast zu den situations- und kontextgebundenen „token" der konkreten Verwendung einzelner Zeichen) – Barsalou würde sagen: Einheiten im Langzeitgedächtnis –, firmiert bei ihm unter dem Terminus „Kategorie" (29):

> „Mit ‚concept' meine ich nicht die objektiv richtige Definition einer Kategorie, die unabhängig von menschlichen Beobachtern existieren könnte (Frege 1892), noch meine ich damit die wissenschaftliche Definition einer Kategorie (Putnam 1970, 1973, 1975). Stattdessen meine ich damit einfach die kognitive Repräsentation einer Person von einer Kategorie in einer spezifischen Situation, ungeachtet ihrer Angemessenheit / Korrektheit, obwohl menschliche Konzepte wenigstens teilweise angemessen / korrekt sein müssen, um so nützlich sein zu können, wie sie es tatsächlich sind."

Die Position, die Barsalou hier eindeutig bezieht, ist radikal, aber sprachtheoretisch bemerkenswert.

---

[169] Barsalou 1993. Da er in diesem Aufsatz eine sehr eigenwillige Definition und damit Gegenstandskonstitution von Konzepten einführt, markiere ich seinen *Concept*-Begriff durchgängig mithilfe der Schreibweise „*Concept*". Das ist vor allem deswegen notwendig, da sein *Concept*-Begriff zum üblichen Verständnis etwa von deutsch „Begriff" eine deutliche Differenz aufweist (dazu s.u. mehr).

[170] Seine Überlegungen müssten also den Ansprüchen genügen, wie sie in einer fundierten Analyse der Vagheits-Problematik aus linguistischer Sicht, wie sie etwa Wolski 1980 vorgelegt hat, entfaltet sind. Aus Umfangsgründen kann diese Diskussion aber leider an dieser Stelle nicht vertieft werden.

[171] Barsalou 1993, 29. (Alle weiteren Zahlen im Text verweisen in Kap. 5.2.6 nunmehr auf diesen Aufsatz.)

5.2 Systematisierungsversuche des Frame-Modells bei L. Barsalou   397

Seine Positionierung von „concepts" als aktuelle, situations- und kontext-gebundene, individuelle und subjektive geistige Repräsentationen im Kopf eines Sprachbenutzers (oder, insoweit er sie möglicherweise als vorsprachlich begreift, im Kopf eines wahrnehmenden und denkenden Wesens) erinnert daran, dass in Linguistik und Sprachphilosophie der Status von „sprachlichen Zeichen" im Spannungsfeld von Individualität und Kollektivität sowie Situationsbindung (bzw. ‚Exemplargebundenheit') und Allgemeinheit stets prekär war und letztlich nie richtig geklärt worden ist. Von Freges Gleichsetzung der Bedeutungen bzw. Begriffe mit dem Ding, für das sie stehen, über Putnams Fahnenspruch „Wörter sind nicht im Kopf" bis hin zu Saussures Differenzierungsversuch in „langue" und „parole"[172] hat die Sprachtheorie immer wieder einseitige Zuordnungen (und Verkürzungen des Bedeutungsbegriffs auf einen der vier Pole) vorgenommen, zu denen jetzt Barsalous Versuch hinzutritt, doch ist das Verhältnis dieser vier Pole des Zeichenbegriffs (trotz einiger komplizierter Lösungsversuche) nie systematisch bestimmt worden.[173] Barsalou nun versucht den Gordischen Knoten durchzuschlagen und entscheidet sich für die aktuelle kognitive Repräsentation als eigentlichem Ort der „Concepte".[174]

Concepte sind für ihn wesentlich durch die Eigenschaften *Flexibilität*, *Struktur* und *sprachliche Vagheit* gekennzeichnet.

> „Concepte sind flexibel. Statt als ein stabiler Set von Merkmalen in verschiedenen Menschen, und in denselben Menschen über verschiedene Kontexte hinweg zu existieren, variiert ein Concept vielmehr breit sowohl in als auch zwischen den Individuen.
> Concepte sind strukturiert. Statt eine Liste unabhängiger Merkmale zu sein, ist ein Concept vielmehr eine hierarchische relationale Struktur, die Attribut-Werte-Sets, Strukturelle Invarianten, Constraints und Rekursion umfasst.
> Concepte weisen sprachliche Vagheit auf. Statt kohärent, konsistent, und vollständig zu sein, sind sprachliche Beschreibungen konzeptuellen Inhalts vielmehr prinzipienfrei[175], willkürlich, und unvollständig." (30)

Diese drei Eigenschaften stehen im Mittelpunkt des Papiers und werden ausführlich entfaltet und diskutiert. Da die *Struktur* von Concepten für Barsalou eine Frame-Struktur[176] ist,

---

[172] Vergleiche auch den Sprachphilosophen Wilhelm von Humboldt mit seiner Unterscheidung in „ergon" und „energeia". Siehe Humboldt 1835, 418.

[173] Siehe dazu insbesondere die Einteilung des deutschen Sprachpsychologen und Sprachtheoretikers Karl Bühler 1934, 14 in Sprechakt und Sprechhandlung, Sprachwerk und Sprachgebilde, die eine Zusammenführung der Dichotomien langue / parole und ergon / energeia von Saussure und Humboldt darstellen soll. Diesen Ansatz hat auf dem Höhepunkt des Strukturalismus der Linguist Coseriu 1970, 193 ff. in einem sehr komplizierten Modell zusammenzuführen versucht. Die meisten dieser Ansätze kranken jedoch an ihrer sozialtheoretisch – meint hier: konventionstheoretisch – unreflektierten Denkweise.

[174] Als Beispiel nennt er etwa das Concept ‚Waschbär', das jemand in seinem Kopf konstruiert. In der einen Situation könnte es Merkmale wie ‚pelzig', ‚weiße Streifen', ‚verspielt' einschließen, in einer anderen Situation Merkmale wie ‚pelzig', ‚nachtaktiv', ‚Aasfresser' usw. – Barsalou ist sich klar darüber, dass ein solches Modell auch Probleme aufwirft; dies gilt etwa insbesondere für die Frage der „Bewusstheit" solcher aktueller geistiger Repräsentationen (und damit ein Problem, das sich für Linguisten in gleichem Maße bei jeglichem Rekonstruktionsversuch von „Bedeutungen", „sprachlichen Regeln" usw. stellt): „Mit ‚concept' meine ich nicht notwendigerweise bewusste Repräsentationen von Kategorien. Sicherlich wird manche Information in einem Concept in einer spezifischen Situation bewusst sein, aber viel Information wird meist unbewusst bleiben." Barsalou 1993, 30.

[175] Der von Barsalou verwendete Ausdruck „unprincipled" ist nicht direkt ins Deutsche übersetzbar. Er bedeutet neben „prinzipienfrei" so etwas wie: Nicht auf letzte, fundierende, abstrakte, also ‚prinzipiengeleitete' Entitäten rückführbar. Gemeint sind die „linguistischen (oder kognitiven) Primitive" – häufig gedacht als Universalien –, die in der Merkmaltheorie und der Generativen Semantik, aber offenbar auch in vielen Kognitionstheorien eine zentrale Rolle spielen.

die wir bereits ausführlich dargestellt haben, konzentriere ich mich im Folgenden auf die Eigenschaften *Flexibilität* und *Sprachliche Vagheit*. Bezüglich des Frame-Begriffs ist das neue Papier aber insofern eine Klarstellung, als jetzt vollends deutlich wird, dass Barsalou bei den „Frames", die er als Strukturen aus Concepten definiert hat, offenbar immer schon eher an aktuelle, situationsgebundene geistige Repräsentationen im Arbeitsgedächtnis (AG) gedacht hat, als an stabile langfristige Entitäten des Langzeitgedächtnisses (LZG) bzw. des „Sprachsystems". Das Verhältnis von Concepten und Kategorien, bzw. das Verhältnis von Frames im AG und Frames im LZG bleibt ein Problem, das vom Autor auch im vorliegenden umfassenden Papier letztlich nicht vollständig geklärt wird. Stattdessen entwirft er ein komplexes Modell für das Beziehungsgefüge von aktuellen kognitiven Repräsentationen (Concepten), Perzeptionsdaten und ihren Strukturen, sowie sprachlichen Zeichen, in dem die den Linguisten so wichtige „Sprachbedeutung" der Zeichen tendenziell zu verschwinden droht. Ziel ist „eine kognitive Architektur für die Erklärung von Flexibilität, Struktur und Vagheit". Seine Architektur ruht letztlich auf einer Theorie der Perzeption (Wahrnehmung), indem er versucht, „sprachliche Symbole" in dem zu fundieren, was er „perzeptuelle Symbole" nennt.[177] Aus der Beziehung dieser beiden Ebenen sollen sich „Paare von sprachlichen und perzeptuellen Frames" ergeben, die die eigentlichen Repräsentationen von „Kategorien" (im LZG) darstellen.[178] Die drei genannten Eigenschaften (Flexibilität, Struktur, sprachliche Vagheit) sind Auswirkungen der Wechselwirkungen (Interaktionen) der sprachlichen und der perzeptuellen Frame-Ebene.

Die drei genannten Eigenschaften von Concepten sind für Barsalou der Prüfstein für jede Sprach-, Bedeutungs- und Kognitionstheorie. Hart geht er mit überlieferten Modellen ins Gericht. Insbesondere die „Merkmallisten-Theorie" (also die klassische Logische Semantik, Merkmal-Semantik, aber auch die Prototypen- und Stereotypen-Semantik) ist nach seiner Überzeugung völlig ungeeignet, die Probleme der Flexibilität, Struktur und Vagheit von Concepten zu lösen. Die Unhaltbarkeit dieser Theorien ergibt sich für Barsalou zwingend aus der grundsätzlichen (und unhintergehbaren) Flexibilität und Vagheit von Concepten, die dadurch fast so etwas wie Universalien werden. Die Annahme einer festen Merkmalstruktur ist für ihn obsolet, da kognitiv gesehen (und daher letztlich auch sprach- und verstehenstheoretisch) immer nur individuell kognitiv aktivierte Concepte eine Rolle für die Kommunikation spielen. Je nach Kontext, Situation, und Interessen-Fokussierung rufen Individuen unterschiedliche Sets von Merkmalen ab, die „Concepte".[179] Barsalou geht also davon aus, dass es durchaus hohe Übereinstimmung der Menschen in ihren LZGen gibt, doch betrifft dies eben nicht die Concept-Ebene, die hochgradig variabel ist:

---

[176] Seinem Frame-Modell von Barsalou 1992 fügt der Autor hier nichts Neues hinzu.

[177] „In dieser Architektur bilden perzeptuelle Symbole – nicht: sprachliche Symbole oder amodale Propositionen – die Kerne von Concepten. Ich beschreibe, wie selektive Aufmerksamkeit perzeptuelle Symbole aus der Wahrnehmung extrahiert, und wie kompositionelle Mechanismen sie bei Concept-Kombination, Vorstellungsbildung, und Begreifen produktiv integrieren. Barsalou 1993, 30

[178] Barsalou 1993, 31. Bemerkenswert ist diese Stelle, da Barsalou hier zum ersten Mal von „sprachlichen Frames" spricht, also anerkennt, dass es so etwas überhaupt gibt. Wichtig ist auch, dass er diesen „perzeptuelle Frames" gegenüberstellt (und nicht etwa „kognitive Frames", „Wissensrahmen" o.ä.). Trotzdem bleibt der hier ausgesprochene Dualismus (Verdoppelung von Frames bzw. Frame-Strukturen) frag- und diskussionswürdig.

[179] „Diese variierenden Sub-Sets von Merkmalen sind das, was ich als Concepte definiere. Statt stabile Strukturen zu sein, die im LZG gespeichert sind und bei Bedarf abgerufen werden, sind Concepte temporäre Konstruktionen im Arbeitsgedächtnis." Barsalou 1993, 34.

5.2 Systematisierungsversuche des Frame-Modells bei L. Barsalou 399

„Diese Resultate [von empirischen Versuchen[180]] zeigen, dass verschiedene Personen im LZG sehr ähnliche Informationen für dieselbe Kategorie speichern, und dass diese Informationen in den Individuen über die Zeit hinweg hochgradig stabil bleiben. [...] Die immense Flexibilität, die wir in den Experimenten gesehen haben, entsteht nicht aus Unterschieden im Wissen, sondern aus Unterschieden in der Abrufung dieses Wissens."[181]

Barsalous Lösung, Concepte als kognitive Aktualisierungen zu definieren, ist nicht uninteressant, verschiebt aber das eigentliche theoretische Problem auf den Begriff der „Kategorie" und das Verhältnis von „Kategorien" und „Concepten". Oder man könnte auch sagen: auf das Verhältnis zwischen der „Gesamtmenge" möglicher Exemplare einer Kategorie (der „Gesamt-Kategorie") und den einzelnen Referenzen zwischen aktuellen Concepten und ihren jeweils referierten Exemplaren. Es wird jetzt daher deutlicher, warum Barsalou auch schon in seinem Frame-Papier der Frage der Relation Kategorie-Exemplare eine so hohe Bedeutsamkeit zugemessen hat.

Barsalou diskutiert sodann die Frage, warum er diesen sehr speziellen Concept-Begriff favorisiert. Der kritische Punkt ist für ihn, „welche dieser Repräsentationen [Kategorien im LZG oder Concepte im KZG] das Verhalten kontrolliert".[182] (Er denkt vorrangig an das Verhalten von VPN beim Konzeptualisieren von Kategorien in unterschiedlichen Kontexten.) Damit hat er aber ein wichtiges Kriterium identifiziert, das in allgemeinen Sprachtheorien und der Philosophie gar keine Rolle spielt. Das heißt, er leistet hier einen spezifisch kognitionswissenschaftlichen Beitrag zur Weiterentwicklung der Theorie im Bereich Bedeutung, Begriff, Kategorisierung. Die Ablehnung strikter Merkmal-Modelle und der Verankerung von Begriffen im LZG folgt also aus einer genuin kognitivistischen Betrachtungsweise, die starke Argumente für sich hat.[183] Trotz ihrer Plausibilität des ersten Blicks

---

[180] „Die Konzeptualisierung einer Entität oder eines Sets von Entitäten kann breit variieren zwischen Individuen und Situationen." (Barsalou spricht hier auch von intrapersonaler und interpersonaler Flexibilität bzw. Variation der Concepte.) – „Arbeiten zum Lexikon-Zugang zeigen, dass Menschen abhängig vom Kontext unterschiedliche Merkmale in ein Concept inkorporieren." (31) – „Gemeinsame Merkmale in Ähnlichkeits-Urteilen können als Funktion des Kontextes auftreten und verschwinden." (32) Zwischen verschiedenen Personen differierten in Versuchen mehr Merkmale, als übereinstimmten. Auch in ihren Urteilen über Prototypikalität differierten die VPN stark. (33) Nur alle inter-personalen und intrapersonalen Varianten zusammengenommen wiesen eine hohe Stabilität und Übereinstimmung auf, aber nicht die einzelnen Aktualisierungen.

[181] Barsalou 1993, 34. Hinter dieser wichtigen These versteckt sich vielerlei: Die type-token-Problematik, Saussures und Bühlers individuell / sozial und aktuell / allgemein-Unterscheidungen, die Dichotomie usuell / okkasionell nach H. Paul usw.

[182] „Man könnte diese Definition von ‚Concept' in Frage stellen. Warum ist ein Concept die temporäre Repräsentation einer Kategorie im Arbeitsgedächtnis? Warum ist es nicht das stabile Wissen über eine Kategorie im Langzeitgedächtnis, aus dem temporäre Repräsentationen konstruiert werden? Der kritische Punkt scheint mir die Beurteilung zu sein, welche dieser Repräsentationen das Verhalten kontrolliert." Barsalou 1993, 34.

[183] „Da Kategorien-Mitgliedschaft in signifikanter Weise variieren kann, scheint es nicht nur eine einzige Repräsentation zu geben, so wie das stabile Wissen von einer Kategorie im LZG, die Kategorisierungs-Verhalten steuert. Stattdessen scheint das LZG eine immense Menge von lose miteinander verbundener und etwas inkonsistenter Information zu enthalten, die in der Lage ist, gegensätzliches Verhalten in unterschiedlichen Situationen zu produzieren. Wenn es das Wissen einer Kategorie im LZG wäre, das das Verhalten steuert, würde es nicht diese enorme Variabilität im Vollzug geben, die wir feststellen können, und zwar nicht nur hinsichtlich Kategorien-Zugehörigkeit, sondern auch in Bezug auf Typikalität, Definitionen, und möglicherweise die meisten anderen Kategorisierungs-Aufgaben. Umgekehrt scheinen die temporären Konzeptualisierungen von Kategorien, die im Arbeitsgedächtnis in spezifischen Situationen konstruiert werden, das Kategorisierungs-Verhalten zu steuern. Weil diese temporären Konzeptualisierungen die traditionelle Arbeit von Konzepten erledigen, nenne ich sie auch *Concepte*, und

wirft aber auch sie einige Probleme auf: Barsalou verschiebt zunächst das aus sprachtheoretischer Sicht zentrale Problem lediglich, statt es zu lösen, da völlig offen bleibt, was er mit „Kategorien" genau meint, was sie darstellen sollen. Er dupliziert theoretische Entitäten, wo es vorher nur einen Typ gab (ein eklatanter Verstoß gegen „Ockhams Rasiermesser"), und muss dann erst deren Verhältnis, jeweiligen Status, und ihre Unterschiede erklären. Er bekommt möglicherweise Probleme mit der von ihm als zentral eingestuften Rekursivität, die im Frame-Modell so sehr hervorgehoben wird. Der Gedanke der Rekursivität legt es nahe, dass „Kategorien" auch „Konzepte" sind, nur auf einer jeweils nächsthöheren Ebene. (Bzw., vice versa, dass „Concepte" als „Kategorien" fungieren können, wenn man ihre Sub-Concepte betrachtet.) Er bekommt also möglicherweise Probleme bei einer konsistenten Erklärung von Frame- bzw. Concept-Hierarchien und –Strukturen, wenn er Concepte und Kategorien auf zwei so divergenten kognitiven Ebenen ansiedelt (AG und LZG; Individualität und kollektive Übereinstimmung; Kontextgebundenheit und Allgemeinheit) und ihnen jeweils so unterschiedliche Merkmale (Variabilität und Identität; Eindeutigkeit und Vagheit) zuweist.

Flexibilität von Concepten. Ein wesentlicher Grund für Barsalous Ablehnung von Merkmallisten-Modellen in Konzepttheorie und Semantik liegt in der hohen Flexibilität von Concepten. Diese ergibt sich aus dem Aspekt der kognitiven / epistemischen „Zugänglichkeit" von Kategorien für das einzelne Individuum in den jeweiligen Momenten und Kontexten der Aktualisierung im Arbeitsgedächtnis.[184] Diese Zugänglichkeit wird laut Barsalou durch drei Faktoren gesteuert, die er als *Frequenz* (Häufigkeit vorheriger Aktivierungen), *Rezenz* (kürzliche Aktivierung desselben Concepts) und *Kontext* bestimmt; alle drei erleichtern den kognitiven Zugang zu Kategorien (35). Diese drei Faktoren seien verantwortlich für Instabilität in der Aktivierung eines Concepts. Auch wenn die Menschen grundsätzlich über dasselbe Wissen (die gleichen Merkmalmengen und –Strukturen) bezüglich einer Kategorie verfügten, so unterschieden sie sich doch erheblich hinsichtlich der Zugänglichkeit der jeweiligen Merkmale, was wiederum hohe Variabilität in der Aktivierung und den aktualisierten Concepten erzeuge. Die hier gegebene Diagnose „Divergenz" (der Concepte) ist überzeugend; fraglich bleibt nur, wie in einem solchen Modell die Tendenz zur Konvergenz (z.B. bei Sprache: Konventionalisierung) erklärt werden kann.[185] Aus sprachtheoretischer und epistemologischer Sicht ist zudem unklar, ob „Rezenz" als selbständiger Faktor gelten kann, da es wohl letztlich ein Teil-Aspekt dessen ist, was man gewöhnlich unter dem Begriff „Kontext" zusammenfasst. (Da „Kontext" epistemologisch / kognitiv gesehenen nichts anderes ist als die rezent aktivierten Concepte bzw. Wissensstrukturen.)[186] Auch Barsalou misst dem Kontext letztlich die wichtigste Funktion bei der

---

ich benutze *Wissen*, um mich auf das Korpus von Information im LZG zu beziehen, aus dem Concepte konstruiert werden." Barsalou 1993, 34.

[184] Hinter diesem Aspekt ist unschwer die „Assoziation" zu vermuten, zentraler Streitgegenstand der Psychologie des ausgehenden 19. und beginnenden 20. Jhds. Wie überhaupt die neuesten kognitiven Modelle der Semantik und Begriffstheorie wie eine Wiederholung der Diskussionen der Psychologie der damaligen Zeit wirken, nur eben eine Umdrehung höher auf heutigem Theorie-Stand.

[185] Konventionstheoretisch im Sinne des Modells von Lewis 1969 gesehen bietet es sich an, Frequenz, Rezenz und Kontext als Aspekte dessen zu erklären, was Lewis Präzedenz nennt.

[186] Die drei Kriterien klingen zunächst klar und überzeugend, was sich bei näherer Reflexion ändert. „Frequenz" lässt sich vielleicht noch relativ gut messen. Auch „Rezenz" kann ex-post vielleicht gemessen werden. Dennoch besteht eine intrikate Verknüpfung von „Rezenz" und „Kontext". Als „rezent" ist nur relevant, was in den Kontext passt. – Nehmen wir einen Zeitpunkt T eines Ereignisses einer kognitiven

5.2 Systematisierungsversuche des Frame-Modells bei L. Barsalou 401

Zugänglichkeit zu („Kontext fokussiert die Aktivierung von Concepten", 35), ohne jedoch erklären zu können, was Kontext kognitiv gesehen eigentlich ist.

Conceptuelle Struktur. Sehr viel Platz räumt Barsalou der Darstellung und Diskussion conceptueller Strukturen ein (dem, was er auch seine „Architektur" der Kognition nennt).[187] Wesentliches Motiv für die Bevorzugung eines Frame-Modells ist für ihn, dass Merkmallisten-Modelle nicht spezifizieren, wie die Merkmale begrifflich untereinander verbunden sind. Vor allem aber liefern diese Modelle „nur fragmentarische Fetzen und Stücke des Inhalts und der Struktur eines Concepts". Mit einem bissigen Bild kritisiert Barsalou den eklatanten Reduktionismus dieser Modelle:

> „In einem gewissen Sinne sind Merkmallisten sehr wie ein paar wenige Fragmente des Skeletts eines Dinosauriers, aus denen ein Paläontologe versucht dessen zugrundeliegende, vollständige Struktur zu erschließen." und folgert: „Aus diesem Grund sind [alle Modelle, die Merkmallisten-Repräsentationen annehmen], inadäquate Modelle für Concepte."[188]

Stattdessen favorisiert er Frames als Format für Concepte mit den bekannten (und oben bereits erläuterten) zentralen Eigenschaften: Attribut-Werte-Sets, Strukturelle Invarianten, Constraints und Rekursion.[189] Wichtig ist vor allem seine neuerliche Hervorhebung der prinzipiellen Unendlichkeit der Rekursion, sowie die Ausweitung des Gedankens der Rekursion auf Relationen: „Im allgemeinen kann jede Komponente einer begrifflichen Repräsentation rekursiv in spezifischere Merkmale dekomponiert werden. […] Menschen dekomponieren nicht nur Attribute und Werte, sondern auch Relationen." (a.a.O. 40 f.)

Frames. Deutlicher als zuvor werden Frames als Schemata verstanden. Sie resultieren aus der Integration der „vier Typen von Relationen", als die Barsalou jetzt eindeutiger als 1992 die genannten vier Eigenschaften von Frames klassifiziert. Ein Concept enthält „multiple Ebenen hierarchischer Struktur" mit Rekursion auf allen Ebenen. Auf jeder einzelnen Ebene lassen sich alle vier Frame-Eigenschaften feststellen.

> „Frames repräsentieren potentiell jede dieser Komponenten; im Gegenzug sind die Komponenten dieser Frames durch noch spezifischere Frames repräsentiert.
> Wissen scheint von vorne bis hinten aus Frames zu bestehen, wobei jede Komponente eines Frames potentiell rekursiv zerlegt werden kann in einen spezifischeren Frame." (41)

Dieser theoretische Befund führt nicht zwingend zu einer methodischen Vereinfachung der Aufgabe. Vielmehr sind die „relationalen Repräsentationen, die aus der Kombination dieser

---

Aktivierung eines Concepts; dann gibt es vielleicht mehrere (oder sogar mehrere Dutzend) „rezente" Ereignisse. Welche davon steuern dann die Aktivierung des Concepts in T? Dazu müssen weitere (nicht messbare) Faktoren hinzukommen, z.B. die von Sperber / Wilson 1986 herausgearbeitete „Relevanz" (die auch etwas mit „Kontext" zu tun hat). Könnte es daher sein, dass „Kontext" viel wichtiger ist als die beiden anderen Faktoren? (Ohne deren wichtige Rolle schmälern zu wollen.)

[187] Hier wiederholt er die bekannten Aspekte und Argumente (für) seine(r) Frame-Theorie, so dass ich nachfolgend nur die über Barsalou 1992 hinausführenden Überlegungen diskutiere.

[188] Barsalou 1993, 37. Zugegeben ist dieses Bild sehr viel hübscher und treffender als der von mir in früheren Arbeiten mit dem Begriff „Eisbergspitzen-Semantik" angestellte Vergleich.

[189] Neu und interessant für Linguisten an dieser Darstellung ist (1), dass er – sehr versteckt in einer Fußnote [FN 7 aus S. 99 zu S. 37] – die „extreme Schwierigkeit, angemessene und vollständige Beschreibungen von Concepten zu liefern, sollte man so etwas versuchen" zugibt. Dies sollte für alle Versuche der empirischen Operationalisierung des Frame-Modells, etwa in der linguistischen Semantik – nachdenklich machen. (2) Wird deutlich, dass Barsalou die Anregung für die zentrale Frame-Eigenschaft „Rekursion" ursprünglich aus der linguistischen Syntax bezogen hat, die Satzstrukturen ebenfalls immer schon als rekursiv beschrieben hat.

vier Basis-Relationen resultieren, *dicht, komplex* und *ungeordnet*, aber wenn man versucht, den Inhalt des menschlichen Wissens realistisch einzuschätzen, dann nimmt es diese Form an", wie Barsalou realistisch folgert (a.a.O. 42).

Sprachliche Vagheit. Zentrales Ziel des Papiers soll ein zureichender Erklärungsversuch für sprachliche Vagheit sein. Zunächst jedoch kritisiert Barsalou scharf, dass Psychologen, Kognitionswissenschaftler, und kognitive Linguisten sich überhaupt so stark in Theorie wie empirischen Methoden auf „sprachlich orientierte Repräsentationen" von „begrifflichem Inhalt" stützen.[190] Was dort rekonstruiert wird, sind „Kategorien im LZG", also nicht „Concepte", wie Barsalou sie definiert (als aktuelle Repräsentationen einzelner Individuen im Arbeitsgedächtnis). Die Diskussion sprachlicher Vagheit bezieht sich daher auf „das Wissen von / über Kategorien im LZG", also nicht auf das, was Barsalou *Concepte* nennt, sondern auf das, was er als „conceptuellen Inhalt" etikettiert (44). Mit dieser Unterscheidung zwischen Concepten und begrifflichem Inhalt zieht er aber eine zusätzliche Ebene in die Beschreibung des Verhältnisses von Sprache und Begriffen (Wissen) ein, die in bisherigen Ansätzen meistens unbeachtet blieb. Wenn man in dieser Weise Begriffe auf Ad-hoc-Strukturen im AG beschränkt, dann stellt sich natürlich die Frage, wie man die Strukturen im LZG benennt oder beschreibt. (Der Terminus „Kategorie" ist dafür ja bislang ein bloßes unerklärtes Etikett.)

Barsalou identifiziert drei wesentliche Aspekte des Problems „sprachliche Vagheit": (1) Es gibt keine unbezweifelten, elementaren, universalen Mittel bzw. Elemente für die Konstruktion sprachlicher Repräsentationen von conceptuellem Inhalt (im Original: *no principled means*[191]). (2) Die Repräsentationen, die Psychologen, Kognitivisten, Linguisten rekonstruieren können, sind beliebig, zufällig, planlos [haphazard]. (3) Diese Repräsentationen sind unvollständig (a.a.O. 44). Alle drei Aspekte sind aus der linguistischen Diskussion über die Grenzen der Merkmal-Semantik bereits gut bekannt. (1) und (2) betreffen die Diskussion über sogenannte „wesentliche" oder „begriffsdefinierende" semantische Merkmale (Marker, Komponenten) und auch die Frage nach Universalität und Angeborenheit solcher Merkmale. (3) bezieht sich auf das problematische Exhaustivitäts-Postulat der Merkmal-Semantik, nämlich den uneinlösbaren Anspruch, Wortbedeutungen vollständig und restfrei beschreiben zu können.[192] Diese Problembereiche sind universal und gelten für alle Modelle semantischer / konzeptueller Rekonstruktion (gleich ob merkmalsemantisch, konnektionistisch, frametheoretisch usw.); insbesondere gelten sie, was der Autor nicht

---

[190] Diese Sprachgebundenheit von Psychologie, Kognitionswissenschaft und Logik wird von Barsalou (1993, 43 ff.) eindrücklich durch zahlreiche Beispiele nachgewiesen. „Üblicherweise etikettieren Psychologen einfach die Merkmale von Concepten mit sprachlichen Ausdrücken, eine Praxis, die von den Linguisten übernommen wurde." – „In linguistischen Repräsentationen etikettieren Wörter und Phrasen Merkmale. In logischen Repräsentationen etikettieren Wörter und Phrasen Propositionen, Prädikate und Argumente. In Computer-Repräsentationen etikettieren Wörter und Phrasen die Knoten und Verbindungen von Netzwerken, wie auch die Bedingungen und Aktionen von Produktionen. In den meisten repräsentationalen Schemata, die Psychologen übernommen haben, schlägt ein starkes sprachliches Element durch." A.a.O., 43.

[191] Wie in Fn. 175 (S. 404) bereits erläutert, ist der englische Original-Terminus nicht durch ein einziges Wort ins Deutsche übertragbar. „principled" wird hier schillernd verwendet, etwa im Sinne von „auf einem festen, begrenzten (weitverbreiteten, möglicherweise universalen, wenn nicht gar angeborenen) Set von Grund-Elementen beruhend". Barsalous Ausdruck „unprincipled content" kann sinngemäß auch übersetzt werden mit „unsystematischer Inhalt".

[192] Siehe zu dieser Diskussion Busse 1991, 29 ff. und 43 ff. und vor allem ausführlich Wolski 1980 (45, 114 u.ö.), sowie zusammenfassend Busse 2009, 35 ff. und 41 ff.

5.2 Systematisierungsversuche des Frame-Modells bei L. Barsalou 403

erwähnt, für „lexikalische" bzw. „sprachsystematische" Bedeutungen. Sprachliche Vagheit ist damit, wie Barsalou erfreulich deutlich hervorhebt, nicht ein Problem von Theorien und Methoden, „sondern entsteht in natürlicher Weise aus den sprachlichen und perzeptuellen Symbolen, die ihnen zugrundliegen." (a.a.O. 44)

Zu (1) [*unprincipled content*] kritisiert Barsalou insbesondere das starke Vertrauen auf Introspektion und Intuition bei bisherigen Versuchen der Begriffs-Rekonstruktion in Psychologie, Kognitionswissenschaft, Philosophie und Linguistik. Aber auch die üblichen empirischen Methoden können (wegen des hohen Anteils an Deutung bei der Festsetzung von Etiketten bei den etwa durch Faktoren-Analyse statistisch gewonnenen „Dimensionen") letztlich auf intuitive Urteile der Forscher zurückgeführt werden. Weder unmittelbar intuitiv-introspektionistisch gewonnene, noch durch statistische Methoden, Scaling und Faktoren-Analyse gewonnene Merkmale sind validierbar. All diese Techniken werden „durch Beliebigkeit und Unvollständigkeit in Frage gestellt". Ihre Ergebnisse sind nicht über Kriterien der Wahrheit / Falschheit in ihrer Angemessenheit beurteilbar.

Zu (2) [*haphazard content*] bezieht sich Barsalou insbesondere auf den hohen Grad an Kontextabhängigkeit bei semantischen bzw. begriffs-rekonstruktiven Beschreibungen: „Im allgemeinen variieren die sprachlichen Beschreibungen von konzeptuellem Inhalt mit der Kultur, den Individuen, Kontext und Zielen." (a.a.O. 46) Dies schlägt unmittelbar auf die Validität von Bedeutungs- bzw. Begriffs-Rekonstruktionen durch (gleich ob intuitiv oder statistisch erhoben).[193] Barsalous Konsequenz aus der nach seiner Auffassung unvermeidlichen Zufälligkeit konzeptuellen Inhalts ist es, das Bemühen, eine abstrakte Begriffs-Rekonstruktion (von ihm als Rekonstruktion von Kategorien im LZG etikettiert) überhaupt auch nur zu versuchen, grundsätzlich in Frage zu stellen.[194] So klar wie hier Barsalou hat (außer Wittgenstein und seinen Anhängern) bisher noch niemand die Fragwürdigkeit nicht nur der *Theorien* und *Methoden*, sondern schon der üblichen *Ziele* einer semantischen, begriffs-rekonstruktiven Beschreibung hervorgehoben! Schon gar keine Linguisten! (Auch der ansonsten in solchen Fragen sehr reflektierte Fillmore geht nicht so weit.) Die Frage, die sich stellt, ist bloß: Ist auch Barsalous *Lösung* ebenso überzeugend wie seine *Problembeschreibung*? Da bleiben, wie sich noch zeigen wird, dann doch erhebliche Zweifel. Er schlägt dazu folgendes vor:

> „Eine Lösung ist es, Concepte als temporäre Konstruktionen im Arbeitsgedächtnis anzusehen, die stark in dem Wissen variieren, das sie aus dem Langzeitgedächtnis inkorporieren. Die Übernahme dieser Sichtweise macht es unnötig, allen möglichen konzeptuellen Inhalt in eine einzige Repräsentation zu integrieren, da inkonsistente und unverbundene konzeptuelle Elemente nebeneinander im LZG existieren können, doch selten oder kaum – wenn überhaupt – jemals simultan prozessiert werden.
> Eine zweite Lösung ist es, unsere ausschließliche Beschränkung auf sprachliche Beschreibungen von Concepten in Frage zu stellen. Wie ich […] darlegen werde, konstituieren / bilden perzeptuelle Symbole die Kerne von Concepten, und die Zufälligkeit / Beliebigkeit von sprachlichen Repräsentationen entspringt aus der Wechselwirkung sprachlicher Symbole mit diesen perzeptuellen Kernen." (a.a.O 46)

---

[193] Selten war so scharfe, präzise und zutreffende Methoden-Kritik zu lesen wie hier bei Barsalou 1992, 46 ff. So etwa: „Bei allen Verfahren ist der linguistische Inhalt, der sich aus den linguistischen Beschreibungen ergibt, substantiell durch die Umstände der Messung beeinflusst."

[194] „Die zufällige / beliebige Natur des begrifflichen Inhalts ist ein Problem für traditionelle Begriffs-Theorien, da sie annehmen, dass ein Konzept als eine stabile Struktur im LZG residiert. Wenn wir versuchen, eine sprachliche Beschreibung für ein solches Konzept zu konstruieren, was machen wir dann mit [wie werden wir dann schlau aus] den beliebigen sprachlichen Beschreibungen, die wir über verschiedene Kontexte hinweg erhalten? Wie integrieren wir sie in eine einzelne / einzige Repräsentation? Liegen wir richtig, wenn wir so etwas überhaupt versuchen?" Barsalou 1993, 46.

Dieser Lösungsvorschlag ist folgenreich und wirft zahllose grundlagentheoretische (insbesondere wahrnehmungs- und erkenntnistheoretische) Fragen auf, die Barsalou mehr oder weniger vollständig ignoriert. Sein Vorgehen besteht also darin, dass er nicht nur die Größe „Begriff / Konzept" auf unmittelbare ad-hoc-Aktualisierungen von Teilen eines Kategorien-bezogenen Wissens, die ein einzelnes Individuum in spezifischen Situationen und Kontexten in seinem Kopf vollzieht, begrenzt; vielmehr zieht er zweitens ein zusätzliche Ebene der Kognition ein, die er „perzeptuelle Symbole" (später: „perzeptuelle Frames" und „perzeptuelle Komposition(en)") nennt. Wie das zu verstehen ist, wird uns noch beschäftigen.

Zu (3) [*incomplete content*] verweist Barsalou schlicht auf die sich aus dem Prinzip der Rekursion (deren Unendlichkeit) ergebende Unbegrenzbarkeit einer Kategorien-Beschreibung.[195] In diesem Zusammenhang thematisiert er eine zentrale Frage, die bereits Fillmore umgetrieben hat, hier aber bei Barsalou erstmals zur Sprache kommt: Das Problem des inferenziell erzeugten bzw. erweiterten Wissens im ad-hoc-Arbeitsgedächnis. „Das Problem des unvollständigen Inhalts spiegelt in großem Maße die Unterscheidung zwischen gespeichertem vs. inferiertem Wissen wider."[196] Dies entspricht Fillmores Unterscheidung zwischen „evoziertem" und „invoziertem" Wissen; die bei der Diskussion von dessen Dichotomie eingeführten Kritikpunkte gelten daher notabene auch für Barsalous Unterscheidungsversuch.[197] Während diese Unterscheidung für Fillmore einen zentralen Punkt in seiner Theorie darstellt, exkommuniziert Barsalou jedoch schlicht das Problem, indem er das Ziel einer abstrakt-sprachlichen bzw. einer Kategorien-Beschreibung, das für Fillmore zentral ist, als Ganzes suspendiert, und sich stattdessen auf die Ebene der ad-hoc-Concepte im Kopf des einzelnen Individuums zurückzieht. Wichtig sind seine Überlegungen aber für die Linguistik, weil sie den grundsätzlich konstruktiven und inferenziellen Charakter jeder Semantik deutlich hervorheben. Diese Inferenzen, so streicht er heraus, sind prinzipiell nicht begrenzbar:

> „Für jedes bereits beschriebene Detail können weitere Details hinzugefügt werden. Diese rekursive Eigenschaft der sprachlichen Beschreibungen lässt unsere theoretischen Repräsentationen von begrifflichem Inhalt arbiträr und wunderlich erscheinen. Gleich welche sprachliche Repräsentation wir für eine Kategorie theoretisch konstruieren, haben wir nur Teile ihres begrifflichen Inhalts beschrieben. Mehr noch, wir haben relativ wenig Überblick darüber, welchen Teil des gesamten begrifflichen Inhalts wir repräsentiert haben, darüber, welche anderen Teile fehlen, oder darüber, wo die Grenzen dieses Inhalts liegen, angenommen, solche existieren überhaupt." (a.a.O.)

Barsalou formuliert hier eine radikal subjektivistische und radikal kontextbezogene Begriffstheorie. Man muss sich dann nicht nur fragen: *Welche* Verallgemeinerungen sind bei einer solchen Sicht dann noch möglich? Sondern mehr noch: Sind solche *überhaupt* noch

---

[195] Diese Unvollständigkeit des Inhalts gilt natürlich für Concept-Beschreibungen einzelner Individuen bzw. VPN; sie wird aber auch dann nicht aufgehoben, wenn man die Beschreibungen vieler oder aller VPN addiert. „Zu versuchen, eine vollständige sprachliche Repräsentation des begrifflichen Inhalts für eine Kategorie zu erhalten, ist eine ernüchternde Übung, da man fortgesetzt unendlich neue Beschreibungen entdeckt." (a.a.O. 47)

[196] Barsalou 1993, 47. Er fährt fort: „Höchstwahrscheinlich sind viele der sprachlichen Beschreibungen, die Menschen aus begrifflichem Inhalt produzieren, nicht im Gedächtnis gespeichert, sondern spontan konstruiert. In gewisser Weise erzeugen Menschen aus dem vorhandenen Wissen neue Beschreibungen, die sie nie zuvor erwogen haben. Angenommen, dies ist wahr, wie können wir dann eine vollständige sprachliche Repräsentation des begrifflichen Inhalts für eine Kategorie konstruieren? Können wir überhaupt eine vollständige sprachliche Repräsentation konstruieren? Ich glaube: nein, und zwar aus verschiedenen Gründen." (a.a.O.)

[197] Siehe oben Kap. 2.6.5 und 2.8.9, S. 125 ff. und 207 ff.

5.2 Systematisierungsversuche des Frame-Modells bei L. Barsalou   405

möglich? Worauf er bei all seinen (in der Diagnose durchaus überzeugenden) Überlegungen bislang keinen einzigen Gedanken verschwendet, ist das Problem der Konventionalität bzw. Übereinstimmung der (real: subjektiven) Concept-Bildung über mehrere oder alle Menschen einer Gemeinschaft hinweg, die die Voraussetzung für die Möglichkeit von (sprachlicher) Kommunikation darstellen. Wie will er diese integrieren bzw. erklären? Seine Konzeption ist bislang eine quasi-monadische (radikal subjektivistische), und kann soziale Prozesse, bzw. die soziale Komponente in der Kategorien- und Concept-Bildung genauso wenig erklären, wie das Zustandekommen kommunikativer Verständigung.[198]

Deutlich wird in der Zusammenfassung des Problems der Flexibilität und Unabschließbarkeit (und wohl auch: Undefinierbarkeit) begrifflicher Rekonstruktion, dass Barsalou darum bemüht ist, einen genuin kognitionswissenschaftlichen Ansatz zu entwickeln, der sich radikal von jeder Bezugnahme auf psychologische, linguistische, philosophische und logische Theoreme und Festlegungen löst. Die Orientierung der gegenwärtigen Kognitionstheorie an diesen „Vorgängerwissenschaften" ist ihm ganz deutlich ein Dorn im Auge, weshalb er mit ihr äußerst scharf ins Gericht geht.[199] Es ist jedoch überraschend, worin er offenbar diesen genuin kognitionswissenschaftlichen Ansatz sieht: Nicht nur im starken Bemühen um Verzicht auf jegliche sprachbezogene Darstellung (der anti-linguistische Tenor seiner Ausführungen ist deutlich spürbar). Sondern vor allem im Versuch einer unmittelbaren Fundierung conceptuellen Inhalts in der Perzeption unter Umgehung aller sprachlichen Zwischenebenen oder Bezüge. Der Kern seiner Argumentation ist daher ganz eindeutig die Fundierung der „sprachlichen Symbole" wie der „Concepte" in dem, was er „perzeptuelle Symbole" bzw. die Ebene der „perzeptuellen Repräsentation" nennt.[200]

Perzeptuelle Symbole. Das Perzeptionsmodell (wenn man es ein solches nennen soll), das Barsalou entwirft, ist sehr komplex und voraussetzungsvoll. Da es weit weg von i.e.S. linguistischen Fragestellungen führt, kann es hier nur äußerst kursorisch, und so weit, wie es dem Verständnis von Barsalous Frame-Modell dient, abgehandelt werden. Im Kern entwickelt Barsalou ein Modell von so etwas wie „konzeptuellen Primitiven", verstanden als elementaren Einheiten im Wissen und der Kognition, die sich emergent unmittelbar aus

---

[198] Bezeichnend ist, dass Barsalou (1993, 49) an der einzigen Stelle, an der er überhaupt nur ansatzweise und nebenbei auf Kommunikation verweist, gar nicht diesen Terminus benutzt, sondern das sehr viel ungefährere *„conveyance"* (etwa: „Übermittlung"), und dies im Kontext der „Übermittlung perzeptueller Symbole", und nicht etwa der von Frames, Begriffen usw.

[199] „Warum könnten wir versuchen, uns gegen eine solche Schlussfolgerung zu sperren? Warum könnten wir erwarten, dass die sprachlichen Repräsentationen von Concepten andersgeartet wären? Vielleicht haben wir diese Erwartungen, weil die Grundlagen unserer Theorie fest auf Traditionen ruhen, die aus Linguistik, Philosophie, und Computerwissenschaft geerbt sind. Vielleicht erwarten wir, dass sprachliche Beschreibungen von begrifflichem Inhalt prinzipiengeleitet, stabil und vollständig sind, weil dies Eigenschaften ähnlicher repräsentationaler System in Linguistik, Philosophie und Computerwissenschaft sind." Barsalou 1993, 49.

[200] „Indem wir uns [zu stark] auf sprachlich / linguistisch orientierte Repräsentationen konzentrieren, könnten wir andere Mechanismen übersehen, die zentraler für die menschliche konzeptuelle Fähigkeit sind, wie z.B. perzeptuelle Symbole und die kompositionalen Prozesse, die diese steuern [that operate them]. In einem solchen System könnten sprachliche Symbole die *Instrumente* darstellen, die die Entwicklung und den Gebrauch perzeptueller Symbole steuern, statt ein geschlossenes repräsentationales System darzustellen, das Kohärenz, Konsistenz und Vollständigkeit aufweist. Sprachliche Symbole als abgeleitet aus perzeptuellen Symbolen zu sehen, wirft neue Kriterien für ihre Evaluation auf. Statt sprachliche Symbole mit logischen Kriterien zu beurteilen, könnte die Beurteilung ihrer funktionalen Rolle in der Speicherung, Aktivierung, Integration und Übermittlung [conveyance] perzeptueller Symbole sehr viel produktiver sein." Barsalou 1993, 49.

406   *Kapitel 5: Frame-theoretische Ausdifferenzierungen*

Wahrnehmungsakten ergeben und zu einem Inventar an rekursiven, kompositionell verbundenen kognitiven Repräsentationen von wiederkehrenden Merkmalen von Wahrnehmungsereignissen versammeln. Letztlich vertritt er die These eines Primats der Perzeption für alle kognitiven Ebenen und Prozesse.[201] Der Angreifbarkeit einer solchen Position ist er sich durchaus bewusst, doch erhebt er dennoch einen hohen Anspruch: „Ich werde darlegen, dass perzeptuelle Symbole für jeden Aspekt menschlicher perzeptueller und introspektiver Erfahrung entwickelt werden können, eingeschlossen Aspekte des Denkens [thought], der Emotionen, der Eigenwahrnehmung [proprioceptions], kognitiver Operationen usw." (50)

An diesem Anspruch muss sich sein Ansatz messen lassen. Ähnlich fundamentale Ansätze (wenn auch mit anderer Terminologie und Zielrichtung) haben bereits Bartlett und Minsky 1986 entwickelt. Während dort allerdings der Schema- und der Frame-Begriff von Anfang an eine große Rolle spielen, ist überraschend, dass Barsalous Darstellung der Ebene der „perzeptuellen Symbole" (zunächst) völlig ohne jede Terminologie oder Anlehnung der Schema- oder Frame-Theorie auszukommen scheint. Erst nachträglich beginnt er über das Verhältnis von „sprachlichen Frames" und „perzeptuellen Frames" zu reflektieren. Kurz zusammengefasst sind „perzeptuelle Symbole" schematische Repräsentationen, die ohne jeden Umweg oder Vermittlung direkt aus Wahrnehmungsdaten gewonnen werden. Diese fügen sich zu „Kompositionen perzeptueller Symbole zusammen", die sich in ihrer Gesamtheit als System „perzeptueller Frames" darstellen lassen. Gegenmodell seines Ansatzes sind vor allem Ansätze, die auf analogen, abbildhaften Repräsentationen von wahrgenommenen Objekten in der Kognition aufbauen. Einheiten des perzeptuellen Gedächtnisses sind keine analogen Bilder oder Vorstellungen, sondern „hierarchische relationale Repräsentationen, d.h. strukturelle Beschreibungen" (a.a.O. 51). Was Barsalou anhand von Beispielen der visuellen Wahrnehmung beschreibt, sind aber keineswegs im strengen und unmittelbaren Sinne „perzeptuelle" Daten, sondern abstrakte kognitive Schemata, thematische Abstraktionen, die er aber nur sehr versteckt auch als solche benennt.[202]

Wesentliche Annahmen seines Perzeptionsmodells sind ferner: (1) Selektive Aufmerksamkeit extrahiert schematische perzeptuelle Komponenten aus der Erfahrung und produziert perzeptuelle Symbole. (2) Kompositionale Prozesse integrieren diese Symbole während der Kombination von Concepten, dem Verstehen, und der Vorstellungskraft (a.a.O. 50). Insbesondere der „selektiven Aufmerksamkeit" kommt eine zentrale Rolle zu,[203] da sie erklären kann, warum verschiedene Individuen bei denselben Objekten unterschiedliche Eigenschaften „extrahieren", und dabei divergente Concepte konstruieren können. Letztlich gilt dasselbe aber auch für die „perzeptuelle Komposition", da auch diese zunächst als indi-

---

[201] „Es gibt viele zwingende Gründe für die Annahme, dass perzeptuelles Wissen zentral für Concepte ist." (49) Er spricht von „vielen Hinweisen, dass menschliche [bildliche?] Vorstellungskraft [imaginal ability] sehr mächtig ist". – „Perzeption ist unsere mächtigste und wichtigste Fähigkeit." (50). Das mag sein. Aber was *ist* Perzeption? Wie hängt Perzeption mit Erkennen zusammen? Und welche Rolle spielen Begriffe, spielen Wörter im Erkennen? Auf all das geht Barsalou gar nicht oder nur ungenügend ein.

[202] „In dieser Sicht sind die Komponenten, die aus Perzeptionen extrahiert werden, diagrammatisch oder schematisch." (a.a.O. 53) – Eben darum sind sie aber auch kognitiv, bzw. präziser: epistemisch, und nicht „perzeptuell" im engeren Sinne.

[203] „Selektive Aufmerksamkeit scheint zentral zu sein für den Prozess der Etablierung der Komponenten schematischer perzeptueller Repräsentationen im LZG." – Zentrale Annahme: „Das Aufmerksamkeits-System befähigt dazu, verschiedene Aspekte der perzeptuellen Erfahrung in den Fokus zu nehmen und sie als individuelle Komponenten zu extrahieren (während andere Komponenten in großem Maße ausgeblendet werden). Eine solche Selektion erfolgt in extensivem Ausmaß". Barsalou 1993, 53.

5.2 Systematisierungsversuche des Frame-Modells bei L. Barsalou　　　　　407

viduell und damit über die Mitglieder sozialer Gruppen divergierend aufgefasst werden. –
Bei näherer Betrachtung seines Modells ergibt sich, dass das Prädikat „perzeptuell", das
Barsalou so sehr bemüht, nicht allzu ernst genommen werden darf. Stattdessen könnte man
auch – und sollte es der größeren theoretischen Klarheit willen auch tun – von „epistemischen" Elementen und Strukturen, kurz, von „Wissenselementen" sprechen. Mit Perzeption
im eigentlichen Sinne haben sie nämlich nur indirekt etwas zu tun.[204] D.h., er fasst den
Begriff „Perzeption" viel zu weit; integriert darin Aspekte, die eigentlich Aspekte der Architektur des Wissens sind. Nur wenn man das so sieht, kann man Aussagen problemlos
zustimmen wie: „Alles in der bewussten Erfahrung, das durch Aufmerksamkeit selegiert
werden kann, ist eine potentielle schematische Komponente." (54) Dies gilt auf allen Ebenen der Kognition, nicht nur bei der unmittelbaren Sinneswahrnehmung.

Gibt es „Symbole" auf der perzeptuellen Ebene? Aus sprachtheoretischer Sicht irritiert
an Barsalous Modell bzw. Terminologie natürlich v.a. seine ungewöhnliche Verwendung
des Begriffs „Symbol". Einerseits wendet er sich explizit gegen die von anderen Kogniti-
onstheoretikern vorgeschlagene Annahme einer „language of thought";[205] andererseits
scheint er mit seinen „perzeptuellen Symbolen" als Gegenpart zu den „sprachlichen Symbolen" genau dies zu propagieren. Ein Problem, das ihn offenbar umtreibt, ist der arbiträre
Charakter sprachlicher Symbole.[206] „Perzeptuelle Symbole" scheint er für frei von solcher
Arbitrarität zu halten. Dies lässt darauf schließen, dass er zumindest implizit eine Art Konzeption der „natürlichen Emergenz kognitiver Repräsentationen aus ungefilterten Wahrnehmungsdaten" vertritt, was zumindest erkenntnistheoretisch gesehen mehr als naiv ist
und zweitausend Jahre abendländischer Reflexion über Natürlichkeit der Sprache, Konventionalität, die Modi menschlicher Erkenntnis, sowie den engen Zusammenhang von Sprache und Erkenntnis ignoriert.

Barsalou zeigt hier einen sehr eigenwilligen Gebrauch des Terminus „Symbol", der von
keinerlei erkenntnistheoretischer Reflexion angekränkelt ist. Seine Position setzt implizit
voraus, dass es einen von der Ebene der sog. „perzeptuellen Symbole" unabhängigen Zugang zur „Erfahrung" [experience] gibt. Nach gängiger erkenntnistheoretischer Position
(aber z.B. auch nach der Gedächtnistheorie von Bartlett) *ist* jedoch die elementare perzep-

---

[204] Anders als mit dieser Interpretation kann man Barsalous Modell nicht retten oder akzeptieren. Nur so
kann man hinnehmen, dass er Schematisierungen etwa von *Besorgnis, Gelassenheit, Ärger / Zorn* als
„perzeptuell" deklariert, oder auch abstrakte Denksysteme, Philosophien usw. als „perzeptuell basiert"
erklären will. Hier macht er unkommentiert einen großen Sprung von unmittelbaren Sinneswahrnehmungen zur Wahrnehmung von „Gefühlen", die möglicherweise weitaus stärker kulturell (und sprachlich) vermittelt sind. (Siehe dazu Wittgensteins Argumentation zu Schmerz-Ausdrücken.) Dieser Sprung
ist ein unzulässiger Sprung über mehrere Ebenen hinweg. Minskys (1986) Kognitionsmodell ist da
weitaus differenzierter.

[205] Barsalou 1993, 56. Ganz offensichtlich richtet sich aber diese Ablehnung nicht gegen das Einziehen
einer zusätzlichen kognitiven Ebene als solches (was er mit seinen „perzeptuellen Repräsentationen" ja
selbst vollführt), sondern lediglich gegen das übliche Repräsentations-Format für diese Ebene, wie
„propositionale Logik, Prädikaten-Kalküle, Netzwerke, Prozeduren und andere Schemata, die starke Ursprünge in sprachlicher / linguistischer Repräsentation haben" (a.a.O. 56). Es ist also offenbar vor allem
ein tiefes Anliegen Barsalous, ein sprachfernes Modell der Grundlagen-Ebene des Wissens und der
Kognition zu propagieren, da er alles ausschließt, was logisch oder sprachtheoretisch motiviert ist.
Schließt er damit nicht vieles, das zentral für menschliche Kognition ist, aus seinem Modell aus? Etwa
Prädikationen als eine Zuschreibung einer Information zu etwas anderem? (Wie z.B. Attribut-Werte-
Zuweisungen?)

[206] Vgl. Barsalou 1993, 57: „Die Symbole in diesen Sprachen des Denkens sind durch eine arbiträre Relation zu ihren Referenten gekennzeichnet! Aber: Nicht alle Symbole funktionieren auf diese Weise."

tuelle Schematisierung die „Erfahrung" bzw. „Erkenntnis". Von dieser Ebene unabhängige „Referenten" gibt es nicht; jedenfalls nicht in irgendeinem sinnvollen kognitions- bzw. geist-theoretischen Sinne. Allenfalls kann man davon als einem „Erkenntnissubstrat", einem ὑποκείμενον (hypokeimenon) im Sinne Aristoteles', sprechen, jedoch nicht im Sinne eines als solchen identifizierbaren „Referenten". Barsalous Benutzung des Terminus „Symbol" ist mithin hochgradig irreführend. Ein Symbol ist ein ‚Etwas', das für eine anderes ‚Etwas' steht.[207] Oder anders – kognitiv bzw. epistemologisch – ausgedrückt: Eine symbolische Interpretation ist eine Interpretation, die die Wahrnehmung (= kognitive Repräsentation) eines wahrgenommenen ‚Etwas' benutzt, um daraus die kognitive Repräsentation eines anderen (nicht wahrgenommenen) ‚Etwas' abzuleiten. An der für diese Relation wesentlichen Eigenschaft der *Bestimmtheit* und *Identifizierbarkeit* der Relata mangelt es aber hier bei den angeblichen „Referenten" der „perzeptuellen Symbole". Die Ebene der „perzeptuellen Symbole" ist daher auch gar nicht die Ebene der „Perzeption" im eigentlichen Sinne, sondern die Ebene der kognitiven (epistemischen) Repräsentation von Perzeptions-*Ergebnissen*, die aber selbst *nicht* „perzeptuell" genannt werden sollten, sondern ganz einfach „Schemata" (oder „Wissenselemente"). Auch wenn ein Unterschied zwischen sprachgebundenen und vorsprachlichen Schemata zweifellos besteht, und der Modus „analoger" (von Barsalou als quasi-ikonisch gedachter) Kognition ein anderer sein mag als der Modus „konventionell-arbiträrer" Kognition (wie im Falle „sprachlicher Symbole"), geht es doch deutlich zu weit, den Unterschied so kategorial (so zentral) anzusetzen, wie Barsalou dies tut. Viel sinnvoller wäre es, verschiedene *Typen* und *Ebenen* von Schemabildung zu unterscheiden, wie es etwa Minsky 1986 versucht hat (allerdings mit einem ebenfalls nicht ganz kritikfreien Ergebnis). Was Barsalou in seinem Papier als simple „Relation zwischen perzeptuellen Symbolen und ihren Referenten" (58) konzipiert, ist tatsächlich eine mehrstufige Relation mit drei oder vier Instanzen.[208]

Wie radikal Barsalou den Subjektivismus der Concepte und „perzeptuellen Symbole" denkt, wird deutlich, wenn er quasi jegliches soziale Lernen in diesem Zusammenhang für unwichtig erklärt. Die Ebene der „perzeptuellen Symbole" (und damit die wichtigste Ebene der Kognition und des Wissens) ist für ihn etwas, das Individuen selbsttätig durch eigene kognitive Aktivität konstruieren.[209] Dies ist ein wirklich kritischer Punkt in seiner Theorie. Es ist stark zu bezweifeln, dass ein ausdifferenziertes System „perzeptueller Symbole" im Kopf eines Individuums ohne jegliches soziales Lernen zustande kommen kann, wie Barsa-

---

[207] Diese alte zeichentheoretische Definition (siehe zu ihrer Geschichte zusammenfassend Busse 2009, 22 ff.) wird von Barsalou übernommen: „Ich gehe davon aus, dass ein Symbol etwas ist, das für etwas anderes steht, wobei das Erscheinen des ersten das andere zu Bewusstsein bringt." (56) – „Symbole umfassen ferner die schematischen perzeptuellen Komponenten, die durch selektive Aufmerksamkeit aus der perzeptuellen und introspektiven Erfahrung extrahiert werden. Diese Repräsentationen sind Symbole, weil sie Referenten bezeichnen [design] können." (57)

[208] Barsalou nennt das Beispiel: schematische Kugel in Gemüseladen = wahrscheinlich *Orange*; auf Tennisplatz = wahrscheinlich *Tennisball*. Dies ist eine viel zu simple Darstellung. Präziser: Ich identifiziere einen bestimmten Ausschnitt X aus einer Sinneswahrnehmung als mögliche Instanz eines Schemas Y, kombiniere dies mit diversen anderen Schemata (z.B. Farb-Schema usw.), und weise ihm daher das Konzept Z zu (für das ich wahrscheinlich einen sprachlichen Ausdruck A zur Verfügung habe). (= Drei / vier Instanzen, nicht bloß zwei)

[209] „Weil Menschen perzeptuelle Symbole jeweils selbst konstruieren, statt sie von einem Lehrer zu übernehmen, bezeichnen sie die Relationen zwischen perzeptuellen Symbolen und ihren Referenten, und müssen sie nicht erst herausfinden / begreifen [figure out]." Barsalou 1993, 58.

5.2 Systematisierungsversuche des Frame-Modells bei L. Barsalou   409

lou es strikt behauptet. Diese Bemerkungen unterstreichen den quasi-monadischen, a-sozialen Charakter seiner Kognitionsauffassung.

Perzeptuelle Kompositionalität. Barsalous Ausführungen zur „Komposition" von „per-zeptuellen Symbolen" verschärfen noch einige der angesprochenen erkenntnistheoretischen Probleme:

> „Als ein Resultat der Etablierung perzeptueller Symbole im LZG erwirbt das Kognitive System ein Vo-kabular [sic!] kompositioneller Elemente, die zusammengesetzt werden können, um Objekte, Ereignis-se, introspektive Erfahrungen usw. zu repräsentieren." (a.a.O. 58)

Wenn ein ‚Objekt' eine *Kombination* von „perzeptuellen Symbolen" darstellt, wie kann dann ein „perzeptuelles Symbol" einen *Referenten* haben? Der sogenannte „Referent" wäre dann ein *selektives* Charakteristikum einer umfassenderen, ganzheitlichen „Erfahrung". Woher weiß ein Individuum dann, *was* genau an dieser umfassenderen, holistischen Erfah-rung genau der „Referent" des fraglichen „perzeptuellen Symbols" ist? Dies kann es gar nicht wissen, ohne diese Relation zuvor bereits etabliert zu haben. Das heißt: Eine Relation liegt (für das Individuum) gar nicht vor, da es ohne das „perzeptuelle Symbol" gar nicht in der Lage ist, den sogenannten „Referenten" des „perzeptuellen Symbols" zu identifizieren! Das heißt aber: Barsalous Modell ist in diesem zentralen Punkt eklatant zirkulär!

Zahlreiche Bemerkungen Barsalous bestätigen indirekt den Verdacht, dass „perzeptuelle Symbole" und die gesamte Ebene der „perzeptuellen Repräsentation" für ihn letztlich nichts anderes sind als ein neues Etikett für die altbekannten „Vorstellungen" und „geistigen Ab-bilder". Sein Modell entpuppt sich mehr und mehr als eine simple Abbildtheorie bzw. Vor-stellungstheorie des Geistes und der Sprache, wie sie schon an der Wende vom 19. zum 20. Jhd. die damals durch Psychologen dominierte Semantik beherrschte, bloß in einem scheinbar modernen „kognitiven" Gewand. Belege für seine These sieht Barsalou darin, dass VPN in der Lage sind, problemlos und ohne Verzögerung Bilder in Texte zu integrie-ren, es z.B. den Verarbeitungsprozess nicht hemmt, wenn statt Wörtern in einem Text an einzelnen Stellen Bilder stehen. Er folgert (a.a.O. 61):

> „Die Geschwindigkeit der Kombination perzeptueller Symbole gilt auch für die Verarbeitung von Spra-che. Dies kann man so erklären, dass VPN Bilder sehr schnell in sprachliches Verstehen integrieren können, weil die primären Repräsentationen, die für den Text konstruiert werden, perzeptuell sind."

Diese Schlussfolgerung ist jedoch keineswegs zwingend. Um dies darzulegen, muss man Barsalous Modell in seine zwei Komponenten zerlegen: (a) Die (richtige) These, dass kog-nitiven Prozessen basale kognitive Schemata zugrundeliegen, die *kompositionell* zu „voll-ständigen" Repräsentationen von Objekten, Ereignissen usw. zusammengesetzt werden. Diese Schemata haben eine perzeptuelle Basis, da sie auf der Grundlage von durch Wahr-nehmungskanäle gewonnenem epistemischem Material entwickelt werden. (b) Davon streng zu unterscheiden ist die zweite (problematische) These, dass diese Schemata *selbst* „perzeptuell" sind (wie es die Benennung als „perzeptuelle Symbole" nahelegt). (b) folgt nicht zwingend aus (a). Deshalb kann man annehmen: Es gibt elementare kognitive Sche-mata, die sowohl visueller (akustischer, olfaktorischer, taktiler usw.) Wahrnehmung wie auch sprachlichem Verstehen zugrunde liegen. Die von Barsalou angesprochene Ge-schwindigkeit der Verarbeitung erklärt sich daraus, dass es sich um ein und denselben Set handelt. Nicht jedoch folgt daraus, dass es sich um eine (unmittelbar) „perzeptuelle" Ebene der Kognition bzw. Episteme handelt.

410   *Kapitel 5: Frame-theoretische Ausdifferenzierungen*

Das Verhältnis sprachlicher Symbole zu perzeptuellen Symbolen. An diesem Punkt angelangt wartet man gespannt auf Barsalous Erklärung des Verhältnisses zwischen den sog. „perzeptuellen Symbolen" und den bisher unerklärt gebliebenen „sprachlichen Symbolen". Sehr überraschend ist dann für einen Linguisten, dass sich letztere als bloße Repräsentationen der materiell realisierten Ausdrucksseiten (materialisierte Laut- oder Schriftgestalt) sprachlicher Zeichen entpuppen (also in etwa das, was Saussure einst schon als „image acoustique" bezeichnet hatte): „Ich gehe davon aus, dass sprachliche Symbole im kognitiven System schlicht perzeptuelle Erinnerungen an sprachliche Symbole sind, die in der Umwelt wahrgenommen wurden." (61) Wo bleiben, fragt man sich als Linguist, denn hier die Inhaltsseiten der Zeichen, die nach gängigem linguistischen Verständnis (begründet durch Saussure 1916) doch mit den Ausdrucksseiten untrennbar verbunden sind „wie zwei Seiten eines Blattes Papier"? Wohin die Inhaltsseiten verschwunden sind, versteht man alsbald, da sie sich für Barsalou ganz offensichtlich in der Ebene der „perzeptuellen Symbole" erschöpfen:

> „Sprachliche Symbole entstehen nicht in einem Vakuum. Vielmehr entwickeln sie sich typischerweise zusammen mit ihren jeweiligen perzeptuellen Symbolen, so dass ein gegebenes sprachliches Symbol schließlich sein jeweiliges perzeptuelles Symbol designiert, das wiederum ein Bezugsobjekt in der Umgebung oder Introspektion designiert." (a.a.O. 62)

Für diese Ausführungen gibt es zwei Lesarten: Nach der einen (unproblematischen) stellt die sogenannte „perzeptuelle Ebene" schlicht die traditionell begriffstheoretisch gedachte Inhaltsebene dar, also eine Ebene der Organisation der Kognition bzw. Episteme, die zwischen realer Außenwelt (also den „Rohdaten" der Perzeption) und sprachlichen Zeichen angesiedelt ist. In diesem Fall wäre „perzeptuelle Symbole" schlicht das falsche Etikett für eine richtige Ebene im Modell. Vieles deutet jedoch darauf hin, dass Barsalou insgeheim eine zweite Lesart bevorzugt. Danach stellt er sich das Ganze doch sehr traditionell-vorstellungstheoretisch vor. Verführerische Beispiele wie *rot* in Bezug auf „perzeptuelle Symbole" wie *rotes Haar, Rotwein, rote Rosen* legen nahe, dass er mit „perzeptuelle Symbole" doch so etwas wie „ganze Objekt-Repräsentationen" versteht, statt grundsätzlich die Relata „sprachlicher Symbole" als komplexe Strukturen einer Vielzahl in bestimmten Situationen miteinander verbundener „perzeptueller Symbolen" aufzufassen, wie es für die meisten Sprachzeichen gilt.

Insbesondere die verdächtige Häufung der Vokabel „natürlich" in seinen Ausführungen deutet darauf hin, dass Barsalou sich letztlich in einem zutiefst objektivistischen, abbildtheoretischen (und in gewisser Weise common-sense-theoretischen) Denken bewegt. Symbole *müssen* für ihn objektivistisch, unmittelbar perzeptuell fundiert sein; anders kann er sich Kognition und Sprache offenbar nicht vorstellen. Der *konstitutive* und *konstruktive* (und damit auch zutiefst *soziale*) Charakter menschlicher Erkenntnis wird dabei stark in den Hintergrund gedrängt, wenn nicht komplett negiert.[210] Mit einem solchen Modell einer *direkten* Fundierung der zentralen Ebene epistemischer Struktur (bzw. „begrifflichen Inhalts") in als unmittelbar und unvermittelt verstandener Wahrnehmung müsste Barsalou eigentlich Probleme bei der Erklärung abstrakter Konzepte bekommen (letztlich der Prüfstein jeder semantischen Theorie). Und in der Tat kann Barsalou sein Programm hier nicht

---

[210] „Sprachliche Symbole an perzeptuelle Symbole zu knüpfen bietet eine natürliche Lösung für das Fundierungs-Problem." – „An irgendeinem Punkt müssen die Symbole in der Umwelt fundiert werden, damit die Zustände in einem solchen System Bedeutung haben." A.a.O. 63.

5.2 Systematisierungsversuche des Frame-Modells bei L. Barsalou   411

voll durchhalten, wie sich an seinen Bemerkungen zu diesem Thema zeigt: „Selbst wenn
perzeptuelle Symbole nicht alle Concepte repräsentieren, sind sie nichtsdestotrotz dafür
verantwortlich, viele von ihnen zu repräsentieren." (64) Damit gibt er zu: Nicht alle
Concepte können rein perzeptuell fundiert werden. Aus dieser Einsicht müsste aber zwingend eine weitere folgen: Es muss andere Typen kognitiver / epistemischer Fundierung
geben. Die Frage, die sich stellt, ist aber: Welche könnten dies sein? Darüber schweigt sich
Barsalou jedoch aus. Sein Modell weist also an einer sehr zentralen, für die Sprachtheorie
und linguistische Semantik (aber im Grunde auch für die Theorie der Kognition und des
Wissens) eminent wichtigen Stelle eine empfindliche Erklärungslücke auf. Daher kann es
(zumindest in der in diesem Papier vorgestellten Form) (noch) kein allgemeines Modell der
Kognition bzw. der Konzepte sein.[211]

Ganz offensichtlich setzt Barsalou in höchst missverständlicher Weise die Vokabel
„perzeptuell" ein, wo er tatsächlich so etwas meint wie „aus Erfahrung abgeleitet". Dabei
ignoriert sein stark reduktionistisches Modell jedoch, wie komplex der Weg von der unmittelbaren Sinneswahrnehmung zu komplexeren Kategorien tatsächlich ist; er unterschlägt,
wie viele Zwischenstufen zu diesem Weg dazugehören. Was Barsalou als „perzeptuelle
Fundierung" beschreibt, ist tatsächlich, wie man an seinen Beispielen nachweisen kann,
eine Sache hoch komplexer konzeptueller Repräsentationen.[212]

Auf der Basis seines Modelles „perzeptueller Symbole" und „perzeptueller Struktur"
sowie der Dualität von „perzeptueller Struktur" und „sprachlicher Struktur" (bzw.: „perzeptuellen Frames" und „sprachlichen Frames") setzt Barsalou an zur Lösung des Ausgangs-
problems der „sprachlichen Vagheit", deren Kernsatz folgendermaßen lautet: „Eine perzeptuelle Repräsentation ergibt / ermöglicht eine unbegrenzte Anzahl sprachlicher Repräsentationen." (69) Liest man diese Aussage quantifizierend, dann entsteht der Eindruck, dass
Barsalou im Grunde möglicherweise vor allem erreichen will, dass die „Unendlichkeit
sprachlicher Repräsentationen" in einer „Endlichkeit perzeptueller Repräsentationen" aufgehoben wird (wie es der Traum von Generationen von Logikern und Linguisten, insbesondere der Merkmallisten-Fraktion, gewesen ist). Das wäre bei seiner häufigen Betonung
des unendlich rekursiven Charakters kognitiver Konstruktionen dann doch überraschend.
Es wäre außerdem ein falsches und irrtümliches Ziel, da dasselbe wie im von ihm formulierten, soeben zitierten Prinzip entsprechend auch für die Ebene der „perzeptuellen Symbole" gelten würde. Diese zweite Maxime könnte lauten: „Ein Real-Welt-Ausschnitt (als

---

[211] In sehr gewundenen Formulierungen bezieht Barsalou seine Rückzugsposition: „Zusätzlich sind es wohl
diese [perzeptuell fundierten] Concepte, die der menschliche Geist zu prozessieren entwickelt hat in
nicht-technologischen Umwelten. In Konsequenz kann die Erklärung der perzeptuellen Natur dieser
Concepte signifikante Einsichten in die der menschlichen Kognition zugrundeliegenden Basis-
Mechanismen liefern." (a.a.O. 64). Plötzlich sind es also nicht mehr die „perzeptuellen Symbole", die
fundamental sind, sondern nur noch die „grundlegenden Mechanismen" und Prozeduren, die der
menschliche Geist ursprünglich anhand der Perzeption entwickelt hat. Das ist aber etwas ganz anderes,
und liegt theoretisch meilenweit von der Ursprungsthese entfernt. Hinzu kommt die Einschränkung „in
nicht-technologischen Umwelten", was wohl eine Entschuldigung dafür sein soll, dass sein Modell in
keinster Weise in der Lage ist, abstrakt-theoretisches (z.B. philosophisches, ideologisches, ästhetisches
usw.) Wissen zu erklären.

[212] Er scheint jedoch tatsächlich zu glauben, dass man die Ebene der Sprache, die ihm äußerst lästig zu sein
scheint, auch irgendwie als eigenständiges Organisationsprinzip für Wissen und Kognition umgehen
kann. So ganz explizit: „Es ist daher vielversprechender, Sprache zu umgehen [bypassing language],
und zu versuchen, die primitiven Komponenten der Perzeption direkter zu messen." Barsalou 1993, 70.
Damit fällt er jedoch weit hinter Wittgenstein zurück.

Substrat von Wahrnehmungs-Akten) ergibt / ermöglicht eine unbegrenzte Anzahl / Kombination von perzeptuellen Symbolen." Wenn Barsalou vorhaben sollte, dies zu negieren, wäre er eindeutig ein naiver Abbild-Theoretiker und Objektivist. Es gibt keinerlei Hinweis darauf, dass die von ihm formulierte Maxime (s.o.) in irgendeiner Weise plausibler, besser begründet, prinzipieller ist als die von mir hier formulierte Maxime. Das einzige (der einzige Grund für eine Differenz in der Geltungsstärke beider Maximen), was man vielleicht annehmen könnte, wäre eine skalare Abstufung unterschiedlicher *„Grade der Arbitrarität"*.

Dann müsste man aber zuvor abklären, *welche* Art von „Arbitrarität" Barsalou bei seiner Definition von „sprachlicher Vagheit" überhaupt im Auge hat. Eine solche Skala könnte (u.a.?) folgende Stufen / Typen umfassen: (1) Die Arbitrarität einer Lautform gegenüber dem Inhalt eines sprachlichen Zeichens (Saussure). (2) Die Arbitrarität eines sprachlichen Zeichens gegenüber einer bestimmten perzeptuellen Repräsentation. (3) Die Arbitrarität einer perzeptuellen Repräsentation gegenüber dem Erkenntnis-Substrat. Barsalou scheint (3) *vollständig* negieren zu wollen, und bei (1) und (2) ihren *Unterschied* negieren zu wollen. Genauer gesagt geht es bei (2) um die Frage der Existenz einer eigenständigen Ebene kognitiver / epistemischer Struktur *zwischen* ‚sprachlichen Zeichen' und ‚perzeptuellen Symbolen'. Diese Ebene scheint Barsalou negieren zu wollen, womit er vielen Kritikern des Kognitivismus fraglos entgegen käme. Er übersieht jedoch anscheinend, dass die von ihm propagierte Ebene der „perzeptuellen Symbole" genau diese intermediäre Ebene kognitiver Struktur *ist*. Implizit drückt er das dadurch aus, dass er sie „Symbole" tauft. Damit verschiebt sich die von mir angemahnte Differenz bloß, wird aber nicht aufgehoben, wie Barsalou zu glauben scheint.

Auf der Basis dieser Überlegungen[213] kann sich Barsalou schließlich der Ebene der Kategorien im Langzeitgedächtnis zuwenden, also dem, was alle anderen außer ihm selbst unter „Konzept" bzw. „Begriff" verstehen: „In der Architektur, die ich vorschlage, umfasst das Wissen von einer Kategorie im LZG zwei Ebenen von Frame-Struktur: einen perzeptuellen Frame und einen sprachlichen Frame." (72) Ein „perzeptueller Frame" integriert „perzeptuelle Symbole". Im Kontrast dazu „ist ein sprachlicher Frame das integrierte Netzwerk sprachlicher Symbole, das in einem perzeptuellen Frame fundiert ist." Barsalou entfaltet hier einen äußerst merkwürdigen Begriff von „sprachlicher Frame". Im Grunde handelt es sich um so etwa wie „Wortfelder", oder präziser „Mengen sprachlicher Ausdrücke", wobei Barsalou darunter zusammengesetzte Ausdrücke mitmeint. Da die Menge zusammengesetzter Ausdrücke (wie nicht erst Chomskys Erzeugungsmodell der Sprache hervorgehoben hat) potentiell unendlich ist, ist auch der „sprachliche Frame" potentiell unendlich. Eine solche Konzeption ist aber praktisch-epistemologisch gesehen wenig plausibel. Man sieht hier sehr gut, wohin es führt, wenn man, wie der Kognitionswissenschaftler Barsalou, jegliche *Konventionalität* und damit *Sozialität* aus dem Modell des Wissens heraushalten will.

Unter der Überschrift „sprachliche Steuerung perzeptueller Komposition" kommt Barsalou am Ende dann doch noch dazu, so etwas wie eine rudimentäre Idee menschlicher Kommunikation in sein Kognitionsmodell zu integrieren.

> „Sprachliche Frames ermöglichen es nicht nur einer Person, perzeptuelle Komposition zu steuern, wenn sie mögliche Zustände der Welt imaginieren; sprachliche Frames ermöglichen es ebenso, dass kooperierende Individuen die Kompositions-Prozesse der jeweils anderen während der sprachlichen Interaktion

---

[213] Und zahlloser weiterer, die hier aus Platzgründen nicht vorgestellt werden können.

5.2 Systematisierungsversuche des Frame-Modells bei L. Barsalou   413

steuern. Wie wir früher gesehen haben, erlaubt die in Sprache allgegenwärtige konzeptuelle Kombination es Kommunikationspartner, Zustände der Welt zu übermitteln, die nicht unmittelbar präsent sind." (a.a.O. 76)

Diese kommunikative Funktion Frame-strukturierter Wissensbestände (als Interaktion sprachlicher und perzeptueller Frames angelegt) wird nunmehr von Barsalou in einem Atemzug mit der Steuerung der „perzeptuellen Komposition" durch die sprachlichen Frames thematisiert, was als verstecktes Eingeständnis gewertet werden kann, dass die Rolle der Sprache für Erkenntnis, Wissen und Kognition doch größer ist, als in den vorherigen Ausführungen unterstellt:

> „Schließlich kann die sprachliche Steuerung von perzeptueller Komposition Menschen mit weit mehr Kontrolle über die Umwelt und ihren Geist ausstatten, als andere Gattungen von Lebewesen. In der Abwesenheit eines sprachlichen Systems kann der Prozess der perzeptuellen Komposition sehr viel stärker von der perzeptuellen Erfahrung abhängig sein. Der Hauptweg, auf dem neue Kompositionen perzeptueller Symbole auftreten, ist, dass sie in diesen Zustand durch Perzeption gelangen.
> Im Kontrast dazu kann perzeptuelle Komposition, sobald perzeptuelle Symbole sprachliche Gegenstücke haben, in großem Maße [extensively] gesteuert werden durch die Manipulation sprachlicher Symbole während des Denkens oder sprachlicher Interaktion, und zwar selbst wenn die korrespondierenden Zustände der physischen Welt absent sind." (a.a.O. 76)

Übersetzt heißt dies: Das Arrangement sprachlicher Symbole steuert die Konstruktion epistemischen Materials im Kopf der Perzipierenden, aber auch im Kopf der Rezipienten kommunikativer Äußerungen.

An diese – spät zugestandene – Erkenntnis schließt Barsalou einen weiteren für uns wichtigen Punkt an: Die Funktion der Sprache als zentralem Instrument (oder Modus) der Erweiterung menschlichen Wissens:

> „Mehr noch: Die Fähigkeit, perzeptuelle Komposition durch Manipulation sprachlicher Symbole zu steuern, kann die Akkumulation von Wissen in einer Kultur stark erweitern, und damit auch die Menge von Wissen, die für ein Individuum erreichbar ist." (a.a.O. 77)

Das heißt also: (a) Sprache erweitert das *gesellschaftliche* Wissen; und (b) Sprache erweitert den individuellen *Zugang zu Wissen*, und damit auch das *individuelle* Wissen. Dies ist ein sehr wichtiger Gedanke. Aus ihm müsste aber konsequenterweise der Gedanke folgen, dass dieses Wissen zunehmend *von unmittelbarer Perzeption abgelöst* ist. Nur so lässt sich die starke Vermehrung des Wissens erklären.[214] Für Barsalou besteht der wesentliche Effekt der Sprache darin, dass es Lebewesen damit möglich wird, Wissen zu akkumulieren. Außerdem wird es erst dadurch möglich, von den Erfahrungen und dem Wissen anderer zu profitieren.

Nach Barsalou „wächst unser Wissen über unsere Erfahrung hinaus", wenn wir die Sprache als Instrument des Austauschs der Frames über die Grenze der Kognition des einzelnen Individuums hinaus nutzen. Besser wäre es aber zu sagen: Sprache schafft einen

---

[214] In der Zusammenfassung des Papiers (80) wird deutlich, dass der eigentliche Anstoß dafür, dass Barsalou sein Heil in der vermeintlichen Fundierungsfunktion der Perzeption für alle Concepte sucht, darin liegt, dass er nur hierin die Basis für Flexibilität und neue Information sieht. Kann man das aber nicht auch umgekehrt erklären, also so, dass die Emergenz neuer Information gerade eine Leistung der Sprache ist? Wenn man Herders „Merkzeichen"-Idee zugrundelegt, dann kann jedes Sehen eines neuen Aspekts an einer Perzeption nur dann Latenz, Konstanz und Stabilität bekommen, wenn es an ein mediales Zeichen (als *tertium*) geknüpft wird. Wenn Sprachzeichen so ein wesentliches Mittel für die Identitäts-Bildung einer epistemischen Repräsentation werden, ist es letztlich eine Henne-Ei-Frage, ob man die Perzeptions-Daten oder das Sprachzeichen als primär und als „Basis" des neuen Konzepts ansieht.

414   *Kapitel 5: Frame-theoretische Ausdifferenzierungen*

neuen Modus der Erfahrung. „Erfahrung" ist dann nicht mehr nur, was auf unmittelbarer sinnlicher Anschauung der unmittelbaren Sinneskanäle beruht. (Mit „perzeptuellen Symbolen", die durch eigene kognitive Leistungen des Individuums aktiv und kreativ aufgebaut werden.) Sondern „Erfahrung" kann jetzt auch auf vermittelte Weise entstehen, indem wir (via Sprache) „perzeptuelle Symbole" für etwas aufbauen, zu dem wir keinen Zugang durch die elementaren Wahrnehmungskanäle haben. Dabei übernehmen wir die „perzeptuellen Symbole", die andere Individuen aufgebaut haben. Da dieses vermittelte Verfahren den Aufbau von Wissens-Strukturen aber sehr weit von unmittelbarer (und eigener) Perzeption entfernt, sollte man es nicht mehr (wie Barsalou es tut) „perzeptuell" nennen. Stattdessen sollte man von „Wissens-Konstitution" sprechen. Außerdem wird jetzt vollends deutlich, welch eine zentrale Rolle *soziales Lernen* für den Aufbau von Wissens-Strukturen spielt, also etwas, dessen zentrale Rolle für die Kognition Barsalou an anderer Stelle gerade ausschließen wollte.[215] Damit schlägt Barsalou doch noch den Bogen zurück zu einer auch aus kulturwissenschaftlicher Sicht akzeptablen Position.

5.3   Diskussion der Modelle und Konsequenzen für die linguistische Semantik

Bei allen Unterschieden, die wegen verschiedener Gegenstandsbereiche und Zielsetzungen im Detail bestehen, haben das *Skript-Pläne-Ziele-Modell* von Schank und Abelson (1977) und die generalisierte *Frame-Theorie* von Barsalou (1992) doch eine Gemeinsamkeit: Beide Ansätze beanspruchen jeweils, ein allgemeines Modell zur Beschreibung menschlicher Wissenssysteme als solche, und das heißt auch: in ihrer Gesamtheit und allen ihren Aspekten bereitzustellen. Doch dieses anspruchsvolle Ziel verfehlen sie notwendigerweise, denn: Beide Ansätze sind in gewisser Weise konkretistisch, auf jeweils spezifische kognitive bzw. epistemologische Phänomene und analytische Zielstellungen eingeschränkt, und dadurch in ihrer Erklärungskraft und Verallgemeinerungsfähigkeit (wenn auch auf stark unterschiedliche Weise, bei Schank / Abelson mehr, bei Barsalou weniger) gefährdet.

---

[215] Ein für die linguistische Semantik interessanter Nebenaspekt ist, dass Barsalou 1993, 78 ein kognitionstheoretisches Äquivalent für das formuliert, was der phänomenologische Philosoph Edmund Husserl (1901, 38) bereits vor 100 Jahren als Unterschied von „bedeutungsverleihenden" und „bedeutungserfüllenden" geistigen Akten erklärt hatte. Am Beispiel der Definition der Bedeutung von Wörtern wie *Hund* führt Barsalou aus: „An diesem Punkt kann viel Flexibilität auftreten, bis zu dem Maß, dass die Stärke bestimmter lexikalischer Assoziate sowohl zwischen als auch in Individuen variiert als eine Funktion von Frequenz, Rezenz und Kontext." – „In Situationen, in denen nur eine schnelle ‚Stichprobe‘ von Informationen für eine Kategorie durch das sprachliche Mittel abgerufen wird, können lexikalische Assoziate den primären Inhalt der konstruierten Concepte bilden." Dies ist die „Bedeutungsverleihung" nach Husserl. – „In dem Maße, in dem die [kognitive] Verarbeitung tiefer wird, können die lexikalischen Assoziate, die anfänglich zugänglich wurden, beginnen, die perzeptuellen Symbole zu aktivieren, auf die sie gegründet sind. Als ein Resultat davon beginnt sich eine perzeptuelle Repräsentation zu entfalten, mit verschiedenen Faktoren, die Flexibilität produzieren." Dies ist die „Bedeutungserfüllung" nach Husserl, die hier jedoch im subjektivistischen Ansatz Barsalous als idiosynkratisch bestimmt wird. – Unterschiede in der Stärke und Tiefe des aktivierten semantischen Wissens hatte auch der Philosoph Putnam angenommen. Er jedoch nicht auf der Ebene des KZG, sondern der des LZG. Putnam denkt dabei jedoch strikt objektivistisch vor allem an die Differenzen zwischen Experten- und Laien-Wissen bezüglich der Referenten sprachlicher Ausdrücke (wie z.B. *Wasser*, *Gold* usw.): „Auf diese Weise kann noch die ausgefallenste Wahrheit über Wasser Teil der *sozialen* Bedeutung von ‚Wasser‘ werden und gleichzeitig fast allen Sprechern, die dieses Wort beherrschen, unbekannt sein." Putnam 1979, 39.

5.3 Diskussion der Modelle und Konsequenzen für die linguistische Semantik

Schank und Abelson beschränken ihr Interesse auf solche Wissensstrukturen, die mit Handlungen und Ereignissen zusammenhängen. Sie interessieren sich ausschließlich für das episodische Gedächtnis, und schließen daher den großen Bereich des abstrakten, nicht-episodischen Wissens (den sie etwas verächtlich als „akademisches Wissen" titulieren), von vorneherein aus ihrem Interessenbereich, und damit auch aus dem Erklärungsbereich ihrer Theorie aus. In Verbindung mit einer naiven und extremen Form der common-sense-Orientierung beschränken sie daher von vorneherein die Erklärungskraft ihres Modells auf eben das, was ihr zentraler Begriff aussagt: „Skripts". Da die ganze Terminologie des Modells (*Pläne, Ziele, Geschichten, Kausalketten*) an diesem Handlungs- oder Story-Modell des Denkens (und der Sprache) ausgerichtet ist, verfehlen sie die Erklärung desjenigen Wissens, das sich nicht auf Kausalrelationen reduzieren lässt, und das ist ein sehr erheblicher Teil des menschlichen Wissens. Allerhöchstens sehr nebenbei lassen sie durchblicken, dass es auch andere Sorten des Wissens geben könnte, für die ihr Modell nicht ganz so geeignet ist. Auch wenn man ihr Modell als Beschreibung von Teilen des Wissens akzeptieren kann, die für bestimmte Typen von Frames (unter mehreren existierenden Typen) stehen, und man daher die „Skripts" als solche spezielle Typen von Frames ansehen könnte (so haben das jedenfalls sowohl Fillmore als auch Minsky und Barsalou gesehen), so gibt es von den Autoren selbst in ihrem umfangreichen Buch doch keinerlei Bemerkungen, die (wenn auch nur versteckt) auf eine allgemeine Frame-Theorie zielten.

Dies ist in dem (vergleichsweise knappen) Text von Barsalou anders, der eine Frame-Theorie mit allgemeinem und umfassendem Anspruch vorlegen will. Obgleich er diesem Ziel weit näher kommt als Schank und Abelson (und in gewissem Sinn aufgrund der höheren Abstraktion seines Modells auch näher als Fillmore), und einige grundsätzliche Merkmale von Frames formuliert, die zuvor in dieser Klarheit nirgends artikuliert worden waren, stellt sich auch bei ihm heraus, dass er letztlich nur einen bestimmten Typus von Frames im Auge hat, nämlich Kategorien-Frames, die sich auf solche Konzepte beziehen, die sprachlich meistens als Nomen ausgedrückt werden. Dabei geraten die kognitiv und sprachlich mindestens ebenso wichtigen prädikativen Frames, auf die insbesondere Fillmore sich konzentriert hatte, jedoch stark in den Hintergrund. Auch wenn Barsalou mit seinem Modell *alle* Formen von Wissen (und Frames) erklären können will, und somit wenigstens implizit (auch wenn er sich wörtlich darüber an keiner Stelle auslässt) auch prädikative Frames mitmeinen müsste, so konzentrieren sich zentrale Konstruktionsmerkmale seines Modells doch stark auf *Konzepte* im Sinne nominaler Kategorien und erfassen Prädikationen nicht explizit. Jedoch bietet sein Modell trotz dieser Einseitigkeit und Spezialisierung des im Fokus stehenden Anwendungsfeldes einen allgemeinen theoretischen Rahmen, an dem man besser anknüpfen kann als an dem von Schank und Abelson. Da sein Modell einige kanonische Merkmale von Frames expliziter beschreibt als das frühe, weniger stark ausgearbeitete Modell von Minsky, bietet es einen Referenzpunkt, an dem jede Frametheorie, die die Einseitigkeiten der verschiedenen Modelle überwinden will, anknüpfen kann.

Ein aus linguistisch-semantischer Sicht vollständiges Frame-Modell mit umfassendem Erklärungsanspruch kann daher nur ein Modell sein, das Elemente aus allen bisher behandelten Theorien integriert. Von Barsalou kann der allgemeine theoretische Rahmen einer solchen Frame-Theorie übernommen werden. Da Barsalou jedoch nirgends über die erkenntnistheoretischen Aspekte eines solchen Modells des menschlichen Wissens (das uns hier insbesondere als verstehensrelevantes Wissen interessiert) reflektiert, was zu einigen aporetischen Aussagen führt, muss sein Modell um wichtige Gedanken des in dieser Hin-

sicht weitaus reflektierteren kognitionswissenschaftlichen Fachkollegen Minsky ergänzt werden. Die Überlegungen von Minsky haben gegenüber denjenigen von Barsalou auch den Vorzug, dass er sehr viel intensiver und unmittelbarer die Rolle von Sprache in Bezug auf Frames und Frame-Theorie erörtert, wovon bei Barsalou so gut wie nichts zu spüren ist. Wichtig ist auch der Einbezug einiger elementar-psychologischer, und erkenntnistheoretisch relevanter, Erkenntnisse von Bartlett. Kombiniert man ein solches Modell mit dem auf Prädikationen fokussierten Ansatz von Fillmore, und integriert wichtige Erkenntnisse von Schank und Abelson über Intentionen, Pläne, Ziel und Skripts in dieses Modell, dann dürfte man insgesamt zu einer Frame-Konzeption gelangen, mit der die Gesamtheit des sprachlichen bzw. sprachrelevanten Wissens einigermaßen vollständig und treffend beschrieben und theoretisch erklärt werden kann.

Das Modell von Schank und Abelson ist durch folgende Merkmale gekennzeichnet: Das Wissensmodell soll „nahe an den Inhalten" konzipiert werden, woraus sie ein Primat für *spezifische* Strukturbeschreibungen ableiten. Gegen die Verkürzung des sprachrelevanten Wissens in der traditionellen Linguistik (die sie dafür heftig kritisieren) halten sie am Primat semantischer Beschreibungen (über syntaktische, morphologische usw.) fest. Zudem weisen sie auf die „überragende Rolle der Kontexte" für die Beschreibung des Wissens hin, sowie auf die „Komplexität und Strukturiertheit des verstehensrelevanten Wissens". Deutlich herausgestrichen wird dabei, dass vieles, was semantisch wichtig ist, (im Gegensatz zu einem unreflektierten traditionellen Verständnis) „nirgendwo im Satz aufgefunden werden kann", womit sie wohl meinen, dass zahlreiche verstehensrelevante Informationen nicht in den lexikalischen Informationen der in komplexen sprachlichen Ausdrücken benutzten Wörter „enthalten", und somit in den Sätzen auch nicht verbal „ausgedrückt" sind (was immer das dann auch heißen mag). Eine Grundfrage sei daher: „Was muss ein Verstehender wissen, um die fehlenden Inferenzen auszuführen?" Die Autoren gehen davon aus, dass das Wissen (insofern es für ihr Wissensmodell relevant ist) vorrangig oder ausschließlich „episodisches Wissen" ist. Dies entspricht der einseitigen Festlegung, dass sie mit ihrem Modell nur solches Wissen erfassen können, das sich auf Handlungen und Ereignisse bezieht, vor allem in Form der sogenannten „Skripts". Den damals schon intensiv diskutierten *Frame*-Begriff übernehmen sie ebenso wenig wie den noch weiter verbreiteten *Schema*-Begriff. Sie gehen auch an keinem Punkt auf das Verhältnis der von ihnen in großer Zahl postulierten Entitäten (*Skript, Pläne, Ziele, Themen, Kausalketten, Planboxen, Geschichten* usw.) zu den Kategorien *Frame* oder *Schema* ein. Das hat zur Folge, dass die Autoren an keiner Stelle das für Frames typische Merkmal der slot-filler-Struktur herausarbeiten oder thematisieren (obwohl sie gelegentlich diese Termini verwenden).

Die ihrem Modell zugrunde gelegte „Theorie der kausalen Dependenz" (Schank) konzipiert das Skript-Wissen vorrangig als Wissen über Kausalketten und Kausal-Relationen. Das hat zur Folge, dass Wissen, in dem es weniger auf Kausalität ankommt, mit einem solchen Modell schlecht erfasst werden kann. Für solches Wissen (das sog. „Buchwissen" oder „akademische Wissen" [scholastic knowledge]) interessieren sich die Autoren jedoch dezidiert *nicht*. Im Grunde fundieren sie mit ihrem Modell das gesamte menschliche Wissen auf dem Prinzip der Kausalität, was nicht nur inhaltlich gesehen (für viele Sorten von Wissen) ziemlich unsinnig ist, sondern auch ihrem Postulat widerspricht, ihr Modell „sehr nah an den Inhalten" zu konzipieren. Ganz abgesehen davon ist ihr Verständnis von „Kausalität" problematisch, da sie nicht erkennen, dass „Kausalität" selbst ein Schema ist, mit dem Menschen ihre Welt (bzw. Teile davon) deuten. Erkenntnistheoretisch naiv scheinen

5.3 Diskussion der Modelle und Konsequenzen für die linguistische Semantik 417

sie von einem „objektiven Gegebensein" von Kausalrelationen auszugehen, und bemerken dabei nicht, dass Kausalrelationen stets Konstrukte des menschlichen Geistes sind, die Zusammenhänge zwischen auseinanderliegenden Beobachtungsdaten dadurch herstellen, dass sie sie auf das Schema „Ursache-Wirkung" abbilden.

Das von Schank und Abelson formulierte Skript-Modell ist stark einem „Geschichten"- oder „Story"-Verständnis von Handlungs- und Geschehensabläufen verpflichtet. Die „Handlungsprimitive", auf denen sie ihr Modell aufbauen, tragen ebenso wie andere Typologien, die sie mehrfach in ihrem Buch formulieren (Skript-Typen, Pläne-Typen, Ziele-Typen, Themen-Typen) stark enzyklopädistischen Charakter und teilen deshalb ihre Probleme mit allen anderen taxonomischen Versuchen einer generellen Ordnung der Welt. Merkwürdig ist, dass die Autoren „Skripts" offenbar für eine Art ‚Oberflächen-Phänomen' des Denkens halten, da sie grundsätzlich die Möglichkeit zugestehen, dass man Handlungs- und Geschehens-Abläufe auch „ohne Skripts" verstehen könne. Mit dieser Einstellung erreicht ihr zentraler Begriff bei weitem nicht die analytische Tiefe (das fundierende Level) wie der Frame-Begriff bei Minsky und Barsalou oder der Schema-Begriff bei Bartlett. Unklar ist, wie sie die Rolle von Sprache (von Wörtern) im Prozess des Textverstehens auffassen. Sie unterscheiden generell nicht (oder nicht deutlich genug) zwischen Sprach-Verstehen und Welt-Verstehen. Von der spezifischen Rolle der Sprache in diesem Zusammenhang haben sie ganz offensichtlich keinerlei genauere Vorstellung. (Angesichts der breiten Rezeption gerade ihres Ansatzes in der Linguistik ist das schon sehr erstaunlich.)

Mit den weiteren, über den Skript-Begriff hinaus eingeführten theoretischen Entitäten (Pläne, Ziele, Themen) sprechen die Autoren je für sich interessante Aspekte an, die eine avancierte Theorie des verstehensrelevanten Wissens sicher in der einen oder anderen Form wird berücksichtigen müssen. Jedoch wirkt ihr Modell dazu (ihre Definitionen) zunehmend technischer und allein (oder vorrangig) auf das Bedürfnis der Implementation in Rechenmaschinen hin ausgerichtet zu sein. Gerade hier, z.B. beim Versuch, eine Typologie menschlicher Pläne aufzustellen, sind die von ihnen vorgenommenen Abstraktionen aufgrund des sehr konkretistischen Charakters stark irrtumsanfällig bzw. fallibel. An der Thematisierung der „Pläne" (wie generell von Handlungen und Skripts für komplexe Handlungsabläufe) ist für eine allgemeine Theorie des verstehensrelevanten Wissens vor allem interessant, dass hier *Intentionen* (der möglichen Handelnden) einen definierten Platz im Wissensmodell erhalten (so dass man sie zukünftig nicht mehr so leicht, wie bisher in vielen semantischen Konzeptionen, übersehen kann). Dasselbe gilt für die *Erwartungen*, die über den Begriff der *Ziele* ihren festen Ort im Modell zugewiesen bekommen. Es wird zu berücksichtigen sein, dass nach Schank / Abelson auch ziel-bezogenes Wissen hochgradig typisiert ist. Dem betont konkretistischen Herangehen der Autoren scheint zu widersprechen, dass sie am Ende ihres Buches deutlich den „Primat des generalisierten Wissens" herausstellen. Dies verblüfft umso mehr, als sie wenig Anstalten gemacht haben, ihr Modell generalisierungsfähig zu halten.

In dieser Hinsicht kann ihrem Modell der Ansatz von Barsalou entgegengehalten werden, der genau dies zu leisten verspricht. Er postuliert einen allgemeinen Frame-Begriff als Grundlage für eine allgemeine Theorie des menschlichen Wissens und somit als fundierenden Grundbegriff der Kognitionswissenschaft. Basis seines Frame-Modells sind „Konzepte" und eine Theorie der Konzept-Systeme. Allerdings wird der zentrale Begriff *„Konzept"* von Barsalou zunächst ebensowenig definiert wie der Begriff „Kategorie", der das Zentrum eines Frames markiert. Frames sind für ihn *dynamische relationale Strukturen*, deren Form

flexibel und *kontextabhängig* ist. Deutlich wendet er sich gegen solche Ansätze, die Frames als „rigide Strukturen" konzipieren wollen. Ein herausragendes Merkmal von Frames ist vor allem ihr *rekursiver* Charakter, der alle Frame-Strukturen und Frame-Systeme durchdringt. Zwar wurde dieser Punkt bereits bei Minsky hervorgehoben, aber erst Barsalou formuliert ihn in aller Deutlichkeit und macht ihn zu einem Fixpunkt seiner Theorie, der einige Konsequenzen haben wird. Wie bei Schank / Abelson, Minsky und Fillmore steht auch bei Barsalou am Anfang seiner Überlegungen eine vehemente Kritik an den „Merkmal-Listen"-Modellen der Semantik, wie sie insbesondere in der formalen Linguistik (Strukturalismus und Logische Semantik) verbreitet sind. Er sieht Reflexe davon selbst in der Prototypen-Theorie, obwohl diese doch gerade zur Überwindung der Merkmaltheorie angetreten war. Allerdings sind auch seine eigenen Überlegungen nicht völlig frei von Reflexen einer „wesentliche Merkmale"-Denkweise. Nach Barsalou ist sein Frame-Modell adäquater als solche Theorien, da es mehrere Ebenen (der inhaltlichen Aspekte eines Konzepts) zulässt (die Merkmaltheorie jedoch alles auf ein und derselben Ebene ansiedelt). Der Vorteil seines Modells sei es daher, dass es eine *strukturierte Beschreibung* des Wissens ermögliche. Wissen sei nämlich zu einem großen Teil *relationales* Wissen, bzw. ein *System von Relationen*. Seltsamerweise zieht er aus dieser Einsicht aber nicht die Konsequenz, nunmehr die *Relationen* in den Mittelpunkt seiner Theorie zu stellen.

Frames im Sinne Barsalous sind dynamische, nicht-rigide Strukturen, die folgende Strukturkomponenten aufweisen: *Attribut-Werte-Sets*, *Strukturelle Invarianten*, und *Constraints* (Beschränkungen / Restriktionen / Querbeziehungen). Aus dem zurecht angesetzten Postulat der *Rekursivität von Frames* ergibt es sich, dass auch diese Komponenten von Frames selbst wieder Frames darstellen. Zugleich sind Frames bei Barsalou definiert als Systeme von Konzepten; daraus ergibt sich konkludent, dass auch Konzepte (Begriffe) selbst wiederum Frames (als Frames organisiert, Frame-förmig) sind. In diesem Punkt ist Barsalou ein wenig deutlicher als Fillmore, der in seiner späteren Phase seine Frames zwar ebenfalls als „Strukturen aus Konzepten" definiert hatte, aber nicht zu erkennen gegeben hatte, ob und in welchem Ausmaß Konzepte selbst wieder als Frames rekonstruiert werden können. Frames sind das generelle, allgemeine Strukturmerkmal des menschlichen Wissens. Daraus folgt: Frames können alle Typen von Kategorien repräsentieren. Trotz dieses deutlich formulierten Allgemeinheitsanspruchs für sein Frame-Modell kann man feststellen, dass Barsalou seine Überlegungen (und damit sein Modell) ganz klar auf nominale Konzepte (bzw. genauer: solche Konzepte, die in der Sprache nominal ausgedrückt werden) fokussiert, also sog. „Ding-Konzepte". Barsalou übersetzt die übliche Slot-Filler- (Leerstellen / Füllungen-) Terminologie in die Begriffe „Attribute" – „Werte". Attribute sind selbst wieder Konzepte, die die „Kategorie", zu der sie Attribute sind, näher charakterisieren. „Werte" sind dann dementsprechend untergeordnete Konzepte. Es gibt verschiedene Typen von Attributen. Nach Barsalou sind Werte „extrinsisch", d.h. sie sind Aspekte der „Kategorien-Mitglieder". (Damit sind die Referenzobjekte gemeint, auf die man eine Kategorie anwenden kann; in linguistischer Terminologie in ihrer Gesamtheit auch „Extension" genannt".)

Attribut-Werte-Sets sind rekursiv, weshalb sie sich zum Aufbau von Attribut-Taxonomien eignen. Ein Attribut ist daher Attribut immer nur in einer bestimmten Relation zu einer bestimmten Kategorie. Allein für sich betrachtet kann ein Attribut selbst wieder Kategorie sein, womit das, was vorher, in ihrer Attribut-Eigenschaft, ihre Werte waren, nunmehr selbst zu Attributen wird usw. Ein wichtiges Merkmal von Attribut-Werte-Sets ist (wie

5.3 Diskussion der Modelle und Konsequenzen für die linguistische Semantik 419

bereits bei Fillmore, Minsky und Bartlett) ihre *Typikalität*. Nach Barsalou sind Menschen sehr kreativ im Konstruieren von Attributen; oft werden sehr spezifische Attribute für bestimmte konkrete Kontexte gebildet. Von den sich auf diese Weise ergebenden ad-hoc-Attributen werden immer nur einige wenige auch lexikalisiert und damit in einer sozialen Gemeinschaft auf Dauer gestellt. Attribute sind daher epistemische Konstrukte, mit denen Menschen sich ihre Welt erklären. (Diesem konstruktiven Charakter der Attribute, der Attribut-Werte-Sets und mithin der Frames steht entgegen, dass Barsalou immer wieder dazu tendiert, Attribute im Sinne von – realweltlichen – *Dingmerkmalen* zu konzipieren.) Aus ihrer Rekursivität und ihrem konstruktiven Charakter ergibt sich, dass Frame-Systeme *sensu* Barsalou hochgradig produktiv sind; dies gilt auch, wenn man sie als Konzept-Systeme betrachtet. Ihm zufolge gibt es keine prinzipielle Grenze für die Ausbildung immer neuer Attribute. Mit dem Aspekt der „Attribut-Systematizität" will er offenbar ähnliches erfassen, wie Fillmore mit seiner Frame-Vererbung und der aus solchen Vererbungs-Relationen gebildeten Frame-Netze.

Wichtige Strukturelemente von Frames sind nach Barsalou außer den Attribut-Werte-Sets insbesondere „Strukturelle Invarianten" und „Constraints". Mit den „Strukturellen Invarianten" meint er relativ stabile, relativ invariante Beziehungen zwischen Attributen eines Frames (z.B. zwischen LEHNE und SITZ bei Stuhl). „Constraints" (Beschränkungen, Restriktionen) sind Abhängigkeitsverhältnisse bzw. Querbeziehungen zwischen Attributen oder zwischen Werten verschiedener Attribute. Barsalou unterscheidet zum einen „Attribut-Constraints" und „Werte-Constraints" (man könnte diese vielleicht ‚strukturelle Typen von Constraints' nennen) und zum anderen „kontextuelle Constraints" und „Optimierungen" (die man vielleicht ‚inhaltliche Typen von Constraints' nennen könnte). Zum Beispiel sind Attribut-Constraints solche Restriktionen, die von zwei Attributen auf ihre jeweilig zulässigen Werte ausgeübt werden. Solche Constraints können sich durch gesamte Frame-Systeme verbreiten (sozusagen „vererben", wenn man diesen Ausdruck von Fillmore hier benutzen will). Constraints und strukturelle Invarianten sind selbst wieder Frames.

Wie erwähnt, geht Barsalou davon aus, dass das gesamte menschliche Wissen in Frames organisiert ist. Wichtig dabei ist, dass es für ihn keine „Primitive" (also keine kleinsten, nicht mehr Frame-förmigen End-Komponenten von Frames) gibt. Jedes Konzept (jeder Frame, jede Komponente eines Frames) kann im Prinzip weiter (in noch weitere Attribut-Werte-Sets, also Frames) ausdifferenziert werden. Frames sind daher keine rigiden Konfigurationen von Attributen. Frames können unterschiedliche Typen von Relationen enthalten. Unter der Überschrift „Konzepte und Exemplare" diskutiert Barsalou einige konzept-theoretische Aspekte von Frames, die durchaus schwierige Fragen aufwerfen. Insbesondere das Problem der Identität von Frames steht hier im Mittelpunkt. Durchaus unklar bleibt nämlich, ob Barsalou „Frames" eher auf der Ebene von Mustern (der Type-Ebene), oder eher auf der Ebene von Token ansiedeln will. Letzteres scheint Barsalou zu denken. Mit diesem Problem hängt es zusammen, ob man Frames in seinem Sinne eher als kognitive Größen in individualpsychologischen Verarbeitungsprozessen, oder als kulturelle Größen behandelt. Dann müsste man sie jedoch deutlicher, als das bei ihm durchscheint, auf der Muster-Ebene ansiedeln und alle damit zusammenhängenden Fragen ansprechen (wie Typikalität und vor allem Konventionalität), was bei Barsalou jedoch unterbleibt. Insbesondere seine Definition von „Prototypen" als „Sets der am häufigsten vorkommenden Werte für Attribute" scheint darauf hin zu deuten, dass er Frames eher konkretistisch als aktuelle psychische Strukturen versteht. Immerhin gesteht er später zu, dass sich Prototypikalität

auch auf „ideale Attribut-Werte" beziehen kann. (Mithin müsste man ihm zufolge eigentlich zwei Typen von Prototypikalität unterscheiden.) Angesprochen werden von ihm auch Default-Werte, wenn auch nur sehr am Rande, ohne sie weiter zu vertiefen.

Zweifellos ist Barsalous Ansatz stark von taxonomischen Ideen geprägt. Explizit hebt er hervor, dass sich Frames nach seinem Modell gut dazu eignen, Taxonomien zu beschreiben. In diesem Zusammenhang streicht er heraus, dass man mit dem Modell auch „Konzept-Kombinationen" besonders gut beschreiben könne. Zudem eigne es sich gut, um „Ereignis-Sequenzen (die „Skripts" von Schank / Abelson) zu beschreiben. Viel Raum widmet er der Diskussion von Frames und Konzept-Feldern. Insbesondere kommt es ihm dabei auf die aus der Eigenart von Frames resultierende Dynamik der Begriffsfelder an. Im Prinzip sind diese in ihrem Umfang nicht begrenzbar, da sie exponentiell wachsen können. Nur menschliche kognitive Verarbeitungskapazitäten begrenzen diesen Vorgang. In diesem Sinne bezeichnet er Frames auch als „Erzeugungsmechanismus" bzw. „hochgradig generative Mechanismen". „Menschliche Erfahrung" besteht dann für ihn in der „Hinzufügung neuer Exemplare" zum Frame; hier kommt die ding-bezogene, nominalistische Tendenz seines Modells wieder zum Vorschein. Er geht davon aus, dass es unterschiedliche Grade der Detailliertheit von Frames für verschiedene Teilgruppen einer Gesellschaft geben kann (z.B. verfügen Experten über hochgradig verfeinerte Frame-Strukturen, was so weit gehen kann, dass sie „für jedes Exemplar einen eigenen Frame" gespeichert haben). Abschließend formuliert Barsalou einige Thesen, die besonders für eine kulturwissenschaftliche Nutzung des Frame-Modells von großem Interesse sind. So beansprucht er nicht nur, dass man mit seinem Modell *Stase* und *Dynamik* von Wissenssystemen zugleich angemessen erfassen könne. Er weist insbesondere auch auf die *kulturelle Relativität* von Frames und Frame-Systemen hin. Problematisch ist jedoch seine Unterstellung, alle neuen Attribute (und letztlich auch alle neuen Frames), die entwickelt werden könnten, seien im bisherigen Gesamt-System der Konzepte (bzw. Frames) bereits implizit enthalten bzw. angelegt. Damit redet Barsalou einem problematischen kognitiven bzw. epistemischen Determinismus das Wort, der demjenigen im post-strukturalistischen Denken (z.B. eines Derrida) in nichts nachsteht.

Auch wenn Barsalou selbst kaum auf Sprache und die Funktion von Wörtern explizit eingeht, so enthält sein Frame-Modell doch zahlreiche Präzisierungen, die auch für eine linguistisch-semantische Umsetzung des Frame-Gedankens nützlich sein können. Man muss dazu nur seine Beschränkung auf im Wesentlichen als nominal verstandene Konzepte durchbrechen und es unter Hinzuziehung von Fillmores Frame-Konzept auf prädikative Frames ausweiten.

5.4 Zur weiteren Diskussion um Frames

Der Frame-Begriff hat (insbesondere nach dem Erscheinen von Minsky 1974) schnell und auf breitem Feld (in zahlreichen Disziplinen) Furore gemacht. Zwar spielte sich der größte Teil dieser Diskussion in der allgemeinen Kognitionswissenschaft und insbesondere der KI-Forschung ab, doch gab es auch immer mal wieder (wenn auch in deutlich geringerer Zahl) Arbeiten aus der Sprachwissenschaft, die das Frame-Konzept diskutierten und weiter ausarbeiten wollten. Nachfolgend sollen einige, dem Verfasser wichtig erscheinende Arbeiten aus beiden Sparten dieser Diskussion vorgestellt werden, wobei als Auswahlkriterium die

5.4 Zur weiteren Diskussion um Frames

erkennbare Erweiterung der vorherigen Frame-Modelle um neue Teil-Aspekte, die zuvor nicht thematisiert worden sind, dienen soll. Aus inhaltlichen und insbesondere aus methodischen Gründen beschränkt sich diese Darstellung strikt auf solche Modelle, die noch einer „Frame"-Theorie im engeren Sinne zugerechnet werden können (also Slot-Filler- bzw. Attribut-Werte-Strukturen im engeren Sinne betreffen), und schließt solche Erweiterungen aus, die in andere, häufig sehr viel allgemeiner gefasste theoretische Regionen einer allgemeinen kognitiven Semantik (ent-)führen.[216] Da die Frame-Semantik zumindest in ihrer linguistischen Anwendung trotz der schillernden Bedeutung des Frame-Begriffs mittlerweile eine relative methodische Begrenzung auf einen bestimmten Typ von Forschungsansätzen mit einem bestimmten Set von Grundbegriffen und methodischen Schritten erfahren hat („Geschlossenheit" wäre vielleicht zu viel gesagt), kann man von einem begrenzbaren methodisch-theoretischen Areal ausgehen, innerhalb dessen sich die vorliegende Einführung und auch das folgende Unterkapitel bewegen soll.

Der Kognitionswissenschaftler Winograd (1975) diskutiert den Frame-Begriff hinsichtlich der in der KI heiß umstrittenen Unterscheidung zwischen „deklarativem" und „prozeduralem" Wissen, hinter der man unschwer die Computer-technische Differenz zwischen „Daten" und „Programmen" entdecken kann. Da die klassische Semantik sich immer nur für die eine Seite interessiert hat (das statische, „ontologische" Wissen), ist die Hinzufügung einer „prozeduralen" Perspektive, wie sie Winograd durch die Frame-Theorie gegeben sieht, für sie schon per se Neuland. Er diskutiert die Geschichte und die aktuellen Auswirkungen dieser Kontroverse über „wissen dass" und „wissen wie", die in der KI zu zwei antagonistischen Lagern geführt habe. Dass „Deklarativisten" strikt an dieser nach Winograd künstlichen Trennung festhalten, führt er auf den Einfluss der Mathematik und Logik zurück, in der strikt zwischen Axiomen („Fakten") und dem, was daraus deduziert wird (Algorithmen) unterschieden wird. Er versucht dann, für beide Positionen die jeweiligen Vorzüge und Nachteile herauszuarbeiten. Vor allem Aspekte wie Zugänglichkeit, Speicher-Ökonomie, leichtere Lernbarkeit und Kommunizierbarkeit sprächen für einen deklarativen Standpunkt.[217] Da wichtige Teile des Wissens eher prozedural, diese aber nicht in einer „deklarativistischen" Darstellungsweise erfassbar seien, plädiert Winograd für eine integrative Perspektive auf Wissen. Hier nun greift er zum brandneuen Frame-Begriff, der ihm diese Integration von deklarativem und prozeduralem Wissen zu ermöglichen scheint, und

---

[216] Als ein weiterer Grund für deren Ausschluss mag gelten, dass sie meist einen stärker rein kognitionswissenschaftlichen „Touch" haben und von einer Sprachwissenschaft von der empirischen und methodischen Akribie etwa eines Fillmore weit wegführen. Ansätze einer allgemeineren kognitiven Semantik, die als Erweiterungen des Frame-Modells, teilweise auch als Gegenentwürfe, durchaus interessant wären, sind etwa die „Cognitive Grammar" von Langacker (1987 / 1991, 2008), das Modell der „Mental Spaces" von Fauconnier (1985), und Ansätze, die sich stark auf diese(s) berufen, wie etwa Seanna Coulson (1975) oder Croft / Cruse (2004), u.a. Die Darstellung all solcher Konzeptionen muss an eine noch zu schreibende *allgemeine* Einführung in die Kognitive Semantik (die nicht Ziel des vorliegenden Buches ist; eine interessante Einführung in die allgemeine kognitive Linguistik mit starkem semantischem Einschlag liegt mit Croft / Cruse ja zumindest in englischer Sprache bereits vor, was für die Frame-Semantik im engeren Sinne nicht gilt) delegiert werden. (Vgl. mit einem solchen erweiterten Blick über die Frame-Semantik hinaus jedoch die interessante Arbeit von Ziem 2008.)

[217] Seiner Auffassung, dass „Sprache primär deklarativ" sei (Winograd 1975, 189) kann aus linguistischer Sicht jedoch nicht zugestimmt werden. Seiner Begründung, dass der natürlichste Weg der Informationsübermittlung darin bestehe, Feststellungen (über Tatsachen) zu geben, kann mit Grice (Implikaturmodell) und Searle (Indirekte Sprechakte) leicht widersprochen werden, die die logisch begründete Bevorzugung der konstativen Sätze (und Perspektive auf Sprache) problematisiert haben.

422   *Kapitel 5: Frame-theoretische Ausdifferenzierungen*

den er direkt auf Sprache anwenden will. Ein Frame ist für ihn ein „Set interner Konzepte",
die in einer „Verallgemeinerungs-Hierarchie" (klassisch: Begriffs-Hierarchie) arrangiert
sind, aber neben abstrakten (allgemeinen) auch konkrete (spezifische) Objekte enthält. „Mit
jedem Knoten in dieser Hierarchie ist ein Frame verknüpft, der das Wissen bündelt, das wir
von diesem Konzept haben. Oft gibt es dafür ein spezifisches Wort oder Ausdruck." (197)
Diese Hierarchie wird primär durch Vererbung von Eigenschaften benutzt.

Den prozeduralen Aspekt möchte Winograd dadurch hervorheben, dass er diese Frames
weniger als „Hierarchien von Objekten" als vielmehr als „Hierarchien von Beschreibungen" (von Objekten) auffasst. Indem wir Frames benutzen, „spezifizieren und modifizieren
wir Beschreibungen". Seine These, „jede Beschreibung kann wieder spezifiziert werden in
eine Anzahl spezifischerer Beschreibungen" (198), nimmt den später von Barsalou stark
gemachten wichtigen Aspekt der (im Prinzip unendlichen) Rekursivität von Frames bereits
vorweg. Die spezifische Funktion eines solchen Frame-Systems sieht er vor allem in der
Anwendung der in ihm enthaltenen konzeptuellen Klassifikationen auf konkrete Objekte
(token) im Wege des Schlussfolgerns (reasoning). Die Zugehörigkeit eines Objekts zu einer
allgemeinen Klasse erlaube es, „einen ganzen Set zusätzlichen Wissens, das mit dem Frame
verbunden ist, auf das Objekt anzuwenden" (198). Frame-Systeme sind daher für ihn wohl
vor allem so etwas wie „Wissens-Aktivierungs- und Generierungs-Systeme". Wichtig in
unserem Zusammenhang, und in dieser Explizitheit neu gegenüber anderen Frame-
Konzeptionen, ist die Tatsache, dass Winograd hier offenbar den Zuschreibungs-Charakter
von Frame-bezogenen kognitiven Operationen betont. Die Zuschreibung eines Frames zu
einem Exemplar sieht er offenbar als eine Zuweisungs-Operation für komplexe (strukturierte) Sets von Wissen zu einem Referenzobjekt (ob gedacht oder real), die man, wenn man
den üblichen logischen Terminus dafür benutzt, als eine Art (impliziter, kognitiver) Prädikation beschreiben könnte.[218] Der Nutzen des Frame-gelenkten Schlussfolgerns im Verstehen und Wahrnehmen liegt laut Winograd darin, dass er die wichtigen Prozesse der Analo-
gie-Bildung erklären kann, die eben immer beides zugleich sind: Sehen von Ähnlichem und
Differentem.[219] Als einen Kern des Frame-Gedankens sieht er die Anordnung von Wissen
nach Kriterien der Zentralität (199). Dies wirkt sich direkt auf dessen Struktur aus.

Mit Minsky 1975 nimmt Winograd an, dass Frames im Wesentlichen durch ihre Konstituenten (slots) bestimmt sind, die selbst wiederum Frames sind.[220] In ihnen sieht er, völlig
zu Recht, den „Kern der Frame-Theorie".[221] Winograd geht (ähnlich wie Fillmore) von so
etwas wie „Kern-Frame-Elementen (KFE)" aus, die er „important elements (IMP)" nennt,
die eine epistemische Kern-Struktur von Frames bilden, um die sich peripherere Sub-
Frames herum gruppieren. Jede Spezifikation eines Frames ist zunächst vor allem die Spezifikation seiner KFE (oder IMPs). Da solche IMPs nicht Frame-singulär sind, sondern

---

[218] „Wir können den Frame benutzen als Führer für unsere Suche nach spezifischen Tatsachen, die mit
diesem Objekt verbunden sind, oder um Annahmen zu machen über Dinge, die für dieses Objekt wahr
sind, ohne dies speziell zu überprüfen." Winograd 1975, 198. – Und ganz explizit: „Jede Beschreibung
(eines Objekts) korrespondiert einem Set von Prädikaten." (199)

[219] „Beim Versuch der Anwendung des Frames auf ein Objekt, das normalerweise nicht zu der ihm korrespondierenden Klasse gehört, fokussiert der Frame unsere Aufmerksamkeit auf diejenigen spezifischen
Eigenschaften oder Tatsachen, die anwendbar sind, und auf solche, die dem widersprechen." (199)

[220] „Für jeden Frame gibt es einen Set von Frames, der markiert ist als ‚wichtige Elemente', die eine spezifische Relation zu ihm haben." (199)

[221] „Die Details dessen, wie diese bestimmt und behandelt werden, ist möglicherweise der Kern der Frame-
Theorie, und zugleich das Gebiet, auf dem die wenigste Übereinstimmung besteht." (199)

5.4 Zur weiteren Diskussion um Frames   423

öfters in mehreren Frames vorkommen können, stiften sie zugleich Frame-zu-Frame-Beziehungen. Ein wichtiger Gedanke Winograds in diesem Zusammenhang ist es daher, „dass schon die schiere Präsenz eines Elements in der Struktur wichtige Hinweise liefern kann". (201) Genau in diesem Phänomen sieht er die Verbindung von deklarativem und prozeduralem Wissen verwirklicht.[222] Solche Sets von Frame-Elementen sind nicht unabhängig voneinander; vielmehr stellen gerade die Relationen zwischen den KFE „die wertvollste Information dar, die mit dem Frame verbunden ist" (202). Epistemische Prozeduren benutzen das in Frames organisierte Wissen oft in hoch komplexer Weise. Dabei wird die Differenz zwischen prozeduralem und deklarativem Wissen zunehmend unwichtiger. Im Gegenteil sieht Winograd die komplexen Frame-Systeme, die unser Wissen ausmachen, geradezu als Generierungs-Mechanismen für neues Wissen, da in den Strukturen des scheinbar statischen Wissens eine Unmenge an impliziten Annahmen enthalten ist, aus denen im Wege des Schlussfolgerns (inferenziell) ständig neue Annahmen erzeugt werden können.[223] Aus der Ablehnung einer strikten Trennung von deklarativem und prozeduralem Wissen folgt vor allem: Mit jedem Frame oder Frame-Element kann eine Zahl unterschiedlicher (inferenzieller oder relationierender) Prozeduren verbunden sein. Konsequenterweise sieht Winograd die Vorzüge des Frame-Modells (wie später vor allem Barsalou) darin, dass es dynamisch ist, da es besser als andere Kognitionsmodelle erlaube, „Hinzufügung von Tatsachen und Erfindung neuer Prozeduren" zu erklären und in einem Modell zu integrieren: „Das Modell erlaubt es, weder zu modular noch zu integrativ vorzugehen. Die Modularität und der Grad an Integration werden vom Frame gesteuert." (208 f.)[224] Indem er die prozedural-deklarativ-Kontroverse auf Frames anwendet und diese als integrative Wissensformate konzipiert, fügt Winograd der Frame-Theorie einen wichtigen, bei anderen Autoren nicht in dieser Weise hervorgehobenen Aspekt hinzu. Insbesondere der zuletzt genannte Gedanke, dass die Modularität und der Grad an Integration vom Frame selbst gesteuert werden, könnte sich noch als äußerst wichtig erweisen.

In demselben Sammelband wie der Text Winograds steht ein weiterer früher und wichtiger Text zur Frame-Theorie von Benjamin Kuipers (1975), in dem dieser sehr grundsätzlich angelegte, als „intuitives Modell" charakterisierte theoretische Überlegungen zu Frames formuliert. In einer in der Frame-Literatur selten aufzufindenden Systematizität listet

---

[222] „Wir möchte nicht nur den puren Gehalt dessen repräsentieren, was wir wissen, sondern auch die Schemata der Art und Weise, wie wir darüber denken." – „Hier bewegen wir uns in der Mitte zwischen deklarativem und prozeduralem Wissen, indem wir unsere deklarativen Statements spezifisch im Hinblick darauf auswählen, wie sie benutzt werden (sollen)." (201) – Es fragt sich jedoch, ob Winograd hier nicht übers Ziel hinausschießt. Die abstrakte Struktur einer schieren Präsenz von (Typen von) Frame-Elementen ist selbst immer auch ein deskriptives (statisches, inhaltliches, deklaratives) Faktum; es muss nicht zwingend als prozedural verstanden werden (und ist vielleicht gerade wegen dieser Unklarheit der Zuordnung „in der Mitte"(?)).

[223] „Dies ist ein wichtiger Teil unserer Frame-Notation: Es gibt einen hohen Grad an Redundanz zwischen dem prozeduralen und deklarativen Wissen. Viele Prozeduren sind spezifische Weisen, Dinge abzuleiten, die implizit in den Tatsachen enthalten sind. Viele Tatsachen sind im Kern Statements darüber, was die korrespondierenden Prozeduren tun. Keine von beiden ist die ‚fundamentale' Repräsentation – in jedem einzelnen Fall kann die eine oder die andere zuerst gelernt worden sein, die eine oder andere mag in einer größeren Zahl von Umständen gebraucht worden sein." Winograd 1975, 206.

[224] Und er ergänzt: Das meiste dessen, was das System weiß, ist sowohl in modularer als auch in integrierter Form erfasst. Es gibt keine scharfe Teilung zwischen spezifischen und allgemeinen Methoden, da es eine komplette Hierarchie von Methoden gibt, die auf allen Ebenen der Verallgemeinerungs-Hierarchie angewendet werden können. (209)

der Autor wichtige Eigenschaften / Leistungen von Frames auf, von denen er vor allem folgende nennt und systematisch durchdiskutiert: *Beschreibung, Instantiierung, Vorhersage, Rechtfertigung / Bestätigung, Variation, Korrektur, „Beunruhigung"* [perturbation], *Transformation.* Alle Prozesse sind stark aus einer KI-Perspektive, also als informationsverarbeitende Prozesse beschrieben; viele der Eigenschaften sind so oder ähnlich bereits bei Minsky angeklungen. Im Folgenden werden nur die hinzugekommenen Aspekte besprochen. Das Wesen von Frames sieht Kuipers darin, „eine maximal detaillierte Beschreibung aus einer minimalen Menge von Input-Information zu extrahieren";[225] diesen Prozess nennt er „Selbst-Täuschung durch Erwartung" (Kuipers 1975, 155). Damit wird deutlich, dass er stärker als andere Frame-Theoretiker dem Begriff der *Erwartung* eine zentrale Rolle im Wissens-Modell zuweist (ähnlich wie noch stärker nach ihm Tannen 1979). Auf einige der genannten Eigenschaften von Frames geht Kuipers näher ein.

Eine *Beschreibung* (als Frame-Struktur) kann jederzeit erweitert werden, indem einzelne ihrer Elemente expandiert werden. Frames als „Beschreibungen" (von Objekten, Handlungen, Ereignissen usw.) integrieren auch für Kuipers prozedurale und deklarative Aspekte, wobei der „deklarative" Aspekt stark an Minskys Frame-Systeme erinnert.[226] Anders als andere Frame-Modelle sieht sein Modell auch eindeutig so etwas wie „Wertebereiche" in Frames vor: „Die Beschreibung spezifiziert auch die begrenzte Menge, aus der die Merkmale und Relationen entnommen werden." (156). Ausführlich werden auch Begriff und Aspekt der *Instantiierung* diskutiert. Diese wird als Ersetzung „vorhergesagter" durch „beobachtete" Werte definiert.[227] Diese Betrachtungsweise geht über die übliche Slot-Filler-(Attribut-Werte)-Dichotomie hinaus. In dem beschriebenen Prozess kann ein vorhandener Filler nämlich durchaus (verstanden als „epistemisches Material", z.B. als eigener Frame) identisch bleiben; entscheidend wäre dann (nur), dass er seinen epistemischen Status ändert: von „vorhergesagt" (also Default, Erwartung) zu „beobachtet". Dies ist eine interes-

---

[225] Er fährt fort: „Im allgemeinen sind solche [durch Defaults gestützte] Stereotype korrekt, so dass es unsicher wird, ob die Information aus einer Default-Beschreibung oder aus einer aktuellen Beobachtung kommt." (155) Diese Art, die Problemstellung zu formulieren, deutet jedoch darauf hin, dass der Autor deutlich hinter die erkenntnis- und gedächtnistheoretische Reflexion Bartletts zurückfällt. Da letzterem zufolge bereits die allerelementarsten Formen epistemischer Aggregation in der Kognition und im Gedächtnis konstruktiven Charakter haben (mit allem, was dazugehört, wie Hinzufügung, Auslassung, Fokussierung, Erwartungssteuerung), macht das „oder" in obigem Zitat eigentliche keinen Sinn; das, was wir „Beobachtung", Wahrnehmung" usw. nennen, *ist* demnach bereits immer schon „default-gesteuert". Allerdings enthält der Aufsatz auch Formulierungen, die stärker an Bartlett erinnern, wie etwa folgende: „Die globale Ordnung, den die Sinnesdaten auferlegt wird, muss erlernt sein: sie ist nicht intrinsisch enthalten in dem, was gesehen wird. Jede Theorie der Wissens-Repräsentation, und der Erkenntnis insbesondere, muss zu erklären versuchen, auf welche Weise genau wir die Ordnung, die wir durch Erfahrung gelernt haben, den extrem variantenreichen und ungeordneten Sinnesdaten, die wir empfangen haben, aufprägen. Der wichtige Punkt dabei ist, dass alles globale Wissen, das in einer Beschreibung enthalten ist, der internen Repräsentation entstammen muss. Es kann nicht aus den Beobachtungen alleine kommen. Dies hilft zu erklären, wieso früheres Wissen nicht nur hilfreich, sondern notwendig für Verstehen und Wahrnehmung ist." (156) Das klingt schon stark nach Kants Synthesis.

[226] „Wir können anfangen, eine Unterscheidung zu treffen zwischen dem Wissen in einem Frame, das das beschriebene Objekt betrifft (die erwarteten Merkmale und Relationen zwischen ihnen), und dem Wissen, das die Beschreibung abhängig von neuen Beobachtungen oder Änderungen des Blickwinkels verändert [manipulates]. Letztere Art von Wissen betrifft Relationen zwischen Beschreibungen und beschreibt eher Eigenschaften der Domäne als die eines einzelnen Objekts." Kuipers 1975, 156.

[227] „Dies ist der Prozess, in dem der Frame eine Beschreibung des untersuchten Objekts erzeugt, indem er vorhergesagte durch beobachtete Werte ersetzt." Kuipers 1975, 153. Wie Minsky 1974 anhand der visuellen Wahrnehmung aufgezeigt hat, ist es mit dem „beobachten" allerdings oft nicht so weit her.

5.4 Zur weiteren Diskussion um Frames 425

sante Überlegung, die weiterverfolgt werden sollte. Kuipers Beschreibung der Instantiierung hat eine stark agentivistische Tendenz; die Maschinen-Metapher des Geistes ist ebenso deutlich wie ein Prä für eine prozedurale Betrachtungsweise. [228] Dies wird insbesondere dann deutlich, wenn er Frames als eine Art Mechanismen zur Präformation von „deskriptiven Entscheidungen" konzipiert. Die konkreten Prozesse, die der Autor dafür beschreibt, erinnern stark an Minskys „Abgleich-Prozesse" [matching].

Recht ausführlich im Vergleich zu frühen Frame-Modellen geht Kuipers auf die Rolle der Default-Werte ein, die er im Zusammenhang mit der *Vorhersage* als zentralem Frame-Merkmal einführt. Die Beispiele sind ganz deutlich visueller Natur (etwa verdeckter Teil eines Objekts, wie schon in Minskys Analyse). Problematisch ist allerdings die Aussage: „Die einzige Basis für Vorhersage ist persönliche, idiosynkratische Erfahrung." (158) Wäre dies korrekt, gäbe es in abstraktem, rein kulturell vermitteltem Wissen (dem „Buch-Wissen" Schank / Abelson's) keine Default-Werte und dann eigentlich auch keine Frames. Kuipers vergisst offensichtlich den Aspekt der Konventionalität, der sozialen Frame-Bildung (und -Stereotypisierung), da er sein Frame-Konzept zunächst völlig ohne Sprache / Kommunikation konzipiert. [229] Er hat nur insofern recht, als Default-Werte *auch* durch persönliche Erfahrungen geprägt sein können. [230] Die Funktion von Default-Werten [231] besteht ihm zufolge vor allem darin, zu sichern, „dass ein Prozess immer in der Lage sein sollte, ein Resultat zu produzieren, auch wenn seine Analyse noch nicht vollständig durchgeführt wurde." [232] – Was Kuipers unter *Variation* beschreibt ist wohl das, was man auch „Extensi-

---

[228] „Instantiierung ist der Prozess, mit dem ein Frame eine Beschreibung aus Beobachtungen eines Objekts in seiner Domäne erzeugt." – „Teil eines Frames ist ein Beschreibungsschema, das den Aufbau einer Beschreibung zu einer Sache des Treffens einer Reihe von einfachen Entscheidungen und der Auswahl aus begrenzten Sets von Alternativen macht. Die meisten beim Aufbau einer Beschreibung involvierten Entscheidungen sind schon durch die Wahl des Frames getroffen worden." Kuipers 1975, 157. – Der häufig verwendete Begriff der „Domäne" wird nicht erläutert und bleibt unklar; möglicherweise meint Kuipers damit so etwas wie eine „Extension eines Frames".

[229] Damit fällt er dann deutlich hinter Bartlett zurück.

[230] Es ist allerdings nicht ganz klar, ob Kuipers mit „Default-Wert" auch dasselbe meint, wie üblich, und wie wir es meinen. Seine Rede von „zwingenden Default-Werten" wirft solche Zweifel auf. Einen „zwingenden Default-Wert" kann es eigentlich schon vom Begriff her nicht geben; da „Standard" immer impliziert, dass es im Prinzip auch anders sein kann. Dass ein Blatt, eine Münze, neben einer Oberseite auch ein Unterseite haben kann, kann eigentlich kein Default-Wert im engeren Sinne sein. Genau so führt er aber sein Beispiel ein (nicht sichtbare Seite eines Kubus). Das Problem bedarf jedenfalls weiterer Vertiefung und Diskussion. Vielleicht sind auch einfach mathematische Objekte (wie Kuben) als prinzipiell „rigide Strukturen", die falschen Beispiele für eine Frame-Theorie, der es ja gerade um die Dynamik und Variabilität der Frame-Ausfüllung geht. „Frames mit durchgängig in ihren Werten festgelegten Slots" (wie für einen Kubus) dürften eher die Ausnahme als die Regel sein. (Natürlich hat auch ein mathematisch gefasster Kubus-Frame offene Slots, etwa den konkreten Wert für „Länge" der Seite; aber das ist ein für den mathematischen Begriff völlig uninteressantes Merkmal des Frames – im Unterschied zu den Längen-*Verhältnissen*, die vordefiniert sind.)

[231] Siehe dazu auch: „Die erste besteht in der Lenkung des Prozesses des Erkennens und des Instantiierens einer spezifischen Beschreibung durch Nahelegen, nach welchen Merkmalen geschaut werden soll und wie sie erwartet werden können. Die zweite besteht im Liefern von Antworten auf Fragen, für die noch keine Beobachtungen gemacht wurden." Kuipers 1975, 159.

[232] „… Ein Fehlen von Daten und von Verarbeitung kann zu einer Minderung der Qualität des Outputs führen, aber nicht dazu, dass überhaupt keine Resultate produziert werden." Kuipers 1975, 159. Dieses Prinzip ist kognitiv sinnvoll, führt aber zu Abgrenzungs-Problemen: Wie viel von einem Frame-Erstellungs-Prozess (im Sinne eines instantiierten Frames) kann fehlen, damit es noch „derselbe" Frame ist? Vielleicht ist dies aber eher eine zweckabhängige graduelle als eine prinzipielle Frage. Man könnte an dieser Stelle an die für die Semantik eingeführte Unterscheidung Husserls 1901 / 1913 zwischen

on eines Frames" nennen könnte, d.h. die Menge und Variationsbreite der konkreten instantiierten Referenten (bei Barsalou heißen sie „Exemplare"), auf die ein Frame zurecht angewendet werden kann. Wichtig ist hier insbesondere der Begriff „Bereiche der Variation",
unter denen man sich (teilweise) die in anderen Frame-Theorien stark vernachlässigten,
letztlich aber äußerst wichtigen „Wertebereiche" für Slot-Füllungen vorstellen kann.[233]
Allerdings erscheint es als eine unzulässige begriffliche Vermengung, „Wertebereiche" und
„Extensionen" so direkt zusammenzubringen, da die Differenz zwischen „faktischer Extension" und „begrifflich gemeinter Extension" dabei verschwindet, die aber insbesondere in
linguistisch-semantischen Zusammenhängen gerade eines der zentralen Probleme darstellt.

Weitere Aspekte von Frames, die Kuipers im Folgenden noch intensiver diskutiert (wie
etwa *Vorhersage* und *Verunsicherung* [perturbation)]) beziehen sich stark auf visuelle
Wahrnehmung. Vieles was er dazu ausführt, ist eine Wiederholung dessen, was bereits
Minsky dazu gesagt hatte.[234] Dasselbe gilt für seine Beschreibung von Matching- und Fra-
me-Aufbau-Prozessen. Inferenz ist für ihn ein Grundprinzip der Kognition, das in jeglicher
Form von Frame-Aktivierung stattfindet. Mit Minsky sieht er Frame-Anwendung als probabilistisches, Hypothesen-geleitetes Verfahren (177 ff.). Als einer der ersten Autoren auf
diesem Gebiet thematisiert er schließlich nebenbei das, was man heute „Affordanzen"
nennt (d.h. handlungsbezogene Eigenschaften von Objekten).[235]

Eine kognitiv-semantische Konzeption, die starke Parallelen zur Frame-Theorie auf-
weist, haben Rumelhart / Ortony 1977 und Rumelhart 1980 unter der Überschrift einer
Schema-Theorie vorgelegt. Sie begreifen Schemata als Ober-Kategorie zu Frames, Skripts
etc. und beziehen sich ausdrücklich auf Minsky, zu dessen Überlegungen ihr Modell starke
Parallelen aufweist. Die Wahl des Begriffs *Schema* (statt *Frame*) begründen sie explizit mit
Verweis auf Kant,[236] den sie als Vorbild nennen, ohne sich mit dessen Schematismus-
Theorie jedoch näher auseinanderzusetzen, und auf Bartlett 1932. Ihr Modell wird als eine
Theorie für „Konzepte" und Konzeptstrukturen ausgewiesen,[237] ohne dass jedoch der Be-

---

„bedeutungsverleihenden" und „bedeutungserfüllenden" kognitiven Akten erinnern, oder auch an das
„Prinzip der sprachlichen Arbeitsteilung" in der semantischen Stereotypentheorie von Putnam 1969.

[233] „Die Dimensionen und Bereiche der möglichen Variation jedes Merkmals sind begrenzt und spezifiziert." Kuipers 1975, 154 – „Ein Frame repräsentiert eine begrenzte Domäne, und damit einen Bereich
der Variation für Objekte, die dieser zugehören. Wie wir beim Raum-Szenario gesehen haben, können
die Merkmale eines Frames selbst wieder Frames sein, die für Bereiche der Variation stehen." (159)

[234] Seine Überlegungen dazu könnten Anlass sein, einmal prinzipiell über die Vergleichbarkeit oder Un-
vergleichbarkeit visueller und semantischer Frames nachzudenken, wofür hier leider nicht der Platz ist.

[235] So ganz nebenbei in seiner Zusammenfassung, die lautet: „Ein Frame ist ein Spezialist in einer kleinen
Domäne. Er enthält das Wissen, das notwendig ist, um eine Beschreibung eines Elements seiner Domäne aus den beobachteten Daten zu erzeugen. Die Merkmale einer solchen Beschreibung können selbst
wieder Frames sein, die einen Variationsbereich, der in dieser Domäne zulässig ist, repräsentieren. Der
Frame für ein Objekt kann verbunden sein mit Frames für Handlungen, die gewöhnlich dieses Objekt
betreffen, so dass Vorhersagen über die erforderlichen Modifikationen der Beschreibung gemacht werden können. Der Frame besitzt die Fähigkeit, nicht beobachtete Merkmale vorherzusagen, und vorherige
Beobachtungen zu nutzen, um seine Vorhersagen zu verfeinern. Diese Vorhersagen können den Erkennungsprozess lenken und Antworten auf Fragen liefern, bevor dieser Prozess abgeschlossen ist. Eine
Beobachtung, die inkonsistent mit den Erwartungen des Frames ist, kann als Ersatz einen besseren Frame nahelegen. Vieles von der teilweise konstruierten Beschreibung kann in den neuen Frame eingebaut
werden, der den Erkennungsprozess fortsetzt." A.a.O 182 f.

[236] So Rumelhart / Ortony 1977, 101 und explizit Rumelhart 1980, 33: „Es ist wegen dieser historischen
Präzedenz, dass ich den Begriff *Schema* gewählt habe."

[237] „Schemata sind Datenstrukturen für die Repräsentation der generischen Konzepte, die im Gedächtnis
gespeichert sind." Rumelhart / Ortony 1977, 101. Der Plural lässt es hier offen, ob *ein* Schema *einem*

5.4 Zur weiteren Diskussion um Frames 427

griff Konzept (und sein Verhältnis zum Begriff Schema) jemals explizit thematisiert oder definiert wird. Die Aussage: „Sie [Schemata] existieren für verallgemeinerte Konzepte" könnte als Hinweis auf die Type-Ebene (im Kontrast zu instantiierten Konzepten der To-ken-Ebene, etwa in dem Sinne, wie später Barsalou diese Ebenen unterscheidet) gedeutet werden, doch ist keineswegs sicher, ob dies so gemeint ist. Gelegentlich werden „generi-sche Konzepte" mit Individual-Konzepten, wie z.B. Eigennamen und andere Referenzen auf Einzeldinge, kontrastiert – das wäre eine Unterscheidung, die erhebliche bedeutungs-theoretische Fragen aufwirft. Für die Erläuterung des Wesens eines Schemas wird die Thea-terstück-Analogie benutzt: „Ein Schema steht zu der spezifischen Instanz des Konzeptes, das es repräsentiert, in derselben Weise in Beziehung, in der ein Theaterstück zu der spezi-fischen Aufführung dieses Stücks steht."[238] Folgende Eigenschaften von Schemata werden genannt und später ergänzt:

> „Wir glauben, dass es mindestens vier wesentliche Eigenschaften von Schemata gibt, die sie in Kombi-nation zu einer mächtigen Repräsentation von Wissen im Gedächtnis machen:
> (1) Schemata haben Variablen;
> (2) Schemata können ineinander eingebettet sein;
> (3) Schemata können generische Konzepte repräsentieren, die (zusammen genommen) in ihren Leveln der Abstraktion variieren; und
> (4) Schemata repräsentieren Wissen, und keine Definitionen." (Rumelhart / Ortony 1977, 101)
> „(5) Schemata sind aktive Prozesse;
> (6) Schemata sind Erkennungs-Instrumente, deren Prozessierung auf die Evaluation ihrer Passgenauig-keit für die zu verarbeitenden Daten zielt." (Rumelhart 1980, 40)

In (1) ist unschwer die Slot-Filler-Struktur zu erkennen; (2) spricht das zentrale Prinzip der Rekursivität an; (3) thematisiert die hyperonymische (begriffs-hierarchische) Struktur von Begriffssystemen bzw. „Ontologien"; (4) kann als „epistemologisches Bekenntnis" gewer-tet werden und ist direkt gegen logizistische Konzeptionen gerichtet; (5) und (6) betonen den dynamischen und Prozess-Charakter von Schemata und Schema-Aktivierung und deren probabilistischen Charakter.

Der von ihnen statt *Slot* benutzte Begriff der *Variablen* in Schemata nach (1) wird auch mit Verweis auf Fillmores (1968) Kasus-Rollen begründet (eine ungewöhnliche Zitation in kognitionswissenschaftlichen Arbeiten!). Zwar wird von *Werten* für Variablen gesprochen, doch zeigt ihr Umgang mit diesen Begriffen gegenüber den klaren Slot-Filler- bzw. Attri-but-Wert-Modellen einen deutlichen Mangel an analytischer Klarheit. Ein Vorzug ihrer Position ist die deutliche Herausarbeitung der Variablen als kriterial spezifizierte Selekti-onsrestriktionen für anschließbare Werte[239] (die sie, etwas verwirrend, da dieser Terminus z.B. bei Barsalou 1992 anders benutzt wird, Constraints nennen). Wichtig und in dieser Explizitheit in anderen Frame-Konzeptionen nicht aufzufinden ist die Erwähnung von *Wer-tebereichen*. Diese Wertebereiche werden, ebenfalls ein „Alleinstellungsmerkmal" ihrer

---

Konzept entsprechen soll oder Schemata nur als *irgendwie* mit Konzepten zusammenhängend aufgefasst werden. Bei Rumelhart 1980, 33 heißt es: Begriffe wie *Schema, Frame, Skript* usw. beziehen sich „auf jeglichen Set von untereinander verbundenen Konzepten". Danach wären *Schema* und *Konzept* also nicht identisch, wobei aber der Status und die Struktur von *Konzepten* offen bleibt.

[238] Rumelhart / Ortony 1977, 101.

[239] Die sie, etwas verwirrend, da dieser Terminus z.B. bei Barsalou 1992 anders benutzt wird, *Constraints* nennen. Rumelhart / Ortony 1977, 103. Die bei Barsalou einzig als *Constraints* benannten Wechselbe-ziehungen zwischen Werte-Ausfüllungen zusammenhängender Variablen in einem Schema werden al-lerdings von ihnen auch berücksichtigt.

Konzeption, direkt mit Standard- bzw. Default-Werten in einen Zusammenhang gebracht, insofern Wertebereiche für sie nach Typikalität intern strukturiert sind.[240] Das unter (2) angesprochene Prinzip der Rekursivität (Einbettungsstruktur) von Schemata legen die Autoren jedoch entgegen etwa der Position von Barsalou so aus, dass sie von der Existenz atomarer elementarer Wissenseinheiten (sog. *primitives*) ausgehen.[241]

Die Annahme von Sub-Schemata zeigt kognitive Vorteile auf; sie erlaubt es, zwischen der internen Struktur der Ober-Schemata und der internen Struktur der Sub-Schemata zu unterscheiden (a.a.O. 108). Als Beispiel nennen Sie ein Schema für *Gesicht* mit Sub-Schemata für *Augen, Mund, Nase*, lokale Relationen zwischen ihnen usw. Unter (3) sprechen Sie die Tatsache an, dass Schemata „alle Level der Abstraktion repräsentieren können" (a.a.O. 109). Als Formate der Repräsentation von Wissen weisen Schemata jedoch deutliche Unterschiede zu den „Lexikoneinträgen" im damaligen linguistischen Verständnis auf, denn sie sind „nicht definitorisch". Schemata „sind keine sprachlichen Einheiten, sondern abstrakte symbolische Repräsentationen von Wissen, die wir in Sprache ausdrücken und beschreiben, und die für das Sprachverstehen benutzt werden, aber die nichtsdestotrotz nicht selbst sprachlich sind."[242] Da sie (was für Kognitionswissenschaftler jedoch typisch ist) keinerlei Aussagen dazu treffen, wie man sich das Verhältnis von Schemata und sprachlichen Einheiten genau vorzustellen habe, bleiben ihre Überlegungen hierzu aus linguistischer Sicht jedoch unbefriedigend. Ihre Aussage „Schemata repräsentieren keine ‚Bedeutungen von Wörtern', sondern Wissen, das mit Konzepten verknüpft ist" ist für die in diesem Buch vertretene Position einer epistemologisch reflektierten Semantik daher völlig folgenlos, da sie einen „wissensfernen" Bedeutungsbegriff impliziert, den man kaum vernünftig definieren könnte. Den von ihnen unter (4) postulierten kategorischen Unterschied zwischen *Wissen* und *Definitionen* kann man nur nachvollziehen, wenn man „Definitionen" wahrheitstheoretisch verengt auffasst. Da sie diese Differenz mit der Wert-Ausfüllungsbedürftigkeit der Variablen begründen,[243] heißt die Aussage, dass *Wissen nicht definitorisch* ist, nur, dass man Wissensstrukturen mit variablen Ausfüllungsmöglichkeiten annehmen muss und sie nicht als rigide Strukturen definieren darf.

In einem späteren Aufsatz ergänzt Rumelhart 1980 die *Theaterspiel*-Analogie für Schemata noch um Analogien zu *Theorien, Prozeduren* und *Parsern*. Doch zunächst gibt er eine ergänzte zusammenfassende Definition für die *Schematheorie* und den Begriff *Schema*:

> „Eine Schema-Theorie ist im Kern eine Theorie des Wissens. Sie ist eine Theorie darüber, wie Wissen repräsentiert wird, und darüber, wie diese Repräsentation den *Gebrauch* des Wissens in verschiedener Weise erleichtert. Gemäß den Schema-Theorien ist alles Wissen verpackt / geordnet in Einheiten. Diese Einheiten sind Schemata. Eingebettet in diese Pakete des Wissens ist – zusätzlich zum Wissen selbst – Information darüber, wie dieses Wissen benutzt werden muss.
> Ein Schema ist dann eine Datenstruktur für die Repräsentation der generischen Konzepte, die im Gedächtnis gespeichert sind. Es gibt Schemata, die unser Wissen über alle [Arten von] Konzept[n] repräsentieren: Solche, die Objekten, Situationen, Ereignissen, Ereignisketten, Handlungen und Handlungsketten zugrundeliegen. Ein Schema enthält, als Teil seiner Spezifikation, das Netzwerk von Interrelatio-

---

[240] „Eine spezifische Variable kann jeden Wert aus einem Bereich möglicher Werte annehmen, aber manche Werte sind typischer als andere." Rumelhart / Ortony 1977, 103.

[241] Rumelhart / Ortony 1977, 107.

[242] Rumelhart / Ortony 1977, 111.

[243] „Das Merkmal von flexiblen Variablen-Restriktionen ist eine sehr wichtige Eigenschaft von Schemata und markiert einen wichtigen Unterschied zwischen Wissen und Definitionen." Rumelhart / Ortony 1977, 111.

5.4 Zur weiteren Diskussion um Frames 429

nen, von dem angenommen wird, dass es normalerweise zwischen den Konstituenten des fraglichen Konzepts besteht. Eine Schematheorie schließt eine Prototypentheorie der Bedeutung ein. D.h., insofern ein Schema, das einem im Gedächtnis gespeicherten Konzept zugrundeliegt, der *Bedeutung* dieses Konzepts entspricht, sind die Bedeutungen enkodiert *in terms* von typischen oder normalen Situationen, die das Konzept instantiieren." (Rumelhart 1980, 34.)

Man kann in dieser Definition, die unzweifelhaft den Gedanken der Repräsentation (undiskutiert und unreflektiert) voraussetzt, zunächst eine Integration von „deklarativen" und „prozeduralen" Eigenschaften (im Sinne der Unterscheidung von Winograd 1975) sehen. Die Einbeziehung des Prototypen-Gedankens in die Schematheorie ist nicht neu, fällt aber noch deutlicher und expliziter aus als bei anderen Autoren (wie Fillmore, Minsky, Barsalou). Jedoch enthält die Definition, auch wenn man sie mit anderen Aussagen der beiden Autoren vergleicht, einige Ungereimtheiten: (1) Zuvor hieß es, dass *Schema*, *Frame* und ähnliche Begriffe sich „auf jeden Set von Konzepten" beziehen. Dann müsste die Einheit *Schema* aber strukturell gesehen „oberhalb" der Einheit *Konzept* angesiedelt sein (es sei denn, *Schema* und *Konzept* würden kurzgeschlossen und als verschiedene Begriffe für dasselbe konzipiert, wie es Barsalou tut; dazu fehlt in den beiden Aufsätzen aber jeglicher Hinweis). (2) Hier nun heißt es, dass „ein Schema eine Datenstruktur für die Repräsentation der generischen Konzepte" sei. Diese Formulierung lässt aber offen, ob *ein* Schema *einem* Konzept entspricht oder *mehreren*. (3) Zudem werden in dieser Definition in problematischer Weise *Konzept* und *Bedeutung* vermischt. Seit wann *haben* Konzepte Bedeutung? Wo bleiben hier die sprachlichen Zeichen (Wörter)? Werden hier implizit Konzept und Wort gleichgesetzt? (4) Schemata werden kurzgeschlossen mit „Situationen oder Ereignissen". Heißt das, dass Schemata eher Makro-Strukturen als Mikro-Strukturen des Wissens sind? Die Aussage klingt sehr common-sense-haft; zudem erinnert sie an den Begriff der *Szene* beim mittleren Fillmore (mit allen seinen dort diskutierten Problemen).

Im Folgenden schmückt Rumelhart die Schauspiel-Metapher für Schemata sehr blumig aus. Dabei wird deutlich, dass sein *Variablen*-Begriff (statt *Slot* oder *Attribut* oder *Frame-Element*) viele Frage offen lässt. Es wird nicht genügend strikt unterschieden zwischen (a) Selektionsrestriktionen (Sub-Kategorisierung) im Sinne der Beschränkung / Auswahl von möglichen / zulässigen Werten einer Variablen als der wesentlichen Funktion von Variablen bzw. Slots, (b) Default-Werten (als den standardmässigen Ausfüllungen von – dazu als extern gedachten – Variablen); und (c) Constraints zwischen Werten *verschiedener* Variablen. Wichtig ist jedoch die auch hier wieder erfolgende Betonung der Existenz von durch die Variablen / Slots vorgegebenen *Wertebereichen*. Folgende Eigenschaften von Schemata hebt Runmelhart 1980 noch hervor: (1) Es gibt den Begriff der Instantiierung eines Schemas. (2) Ein Schema ist keine vollständige Spezifikation jedes Details. (3) Ein Schema wird nicht so rigide angewendet, dass keinerlei Variation zugelassen ist. (4) Ein Schema ist anders als ein Theaterstück, da es viel abstrakter ist und da es verschiedene Ebenen aufweisen kann. (5) Ein Schema ist eine Konfiguration aus Sub-Schemata, die den Konstituenten des repräsentierten Konzepts entsprechen (Rumelhart 1980, 36 f.).

Neu gegenüber anderen Frame-Theorien[244] ist die Analogie zwischen *Schemata* und *Theorien* bei Rumelhart:

---

[244] Obwohl daran erinnert werden muss, dass bereits Minsky 1975 sich für seinen Frame-Begriff vergleichend und zustimmend auf den Theorienhistoriker Thomas Kuhn und seinen Paradigma-Begriff bezog.

„Vielleicht liegt die zentrale Funktion von Schemata in der Konstruktion einer Interpretation eines Ereignisses, Objekts, einer Situation – d.h., im Prozess des Verstehens / Begreifens [comprehension]. Dafür ist es sinnvoll, sich ein Schema vorzustellen als eine Art informeller, privater, unausgesprochener Theorie über die Natur der Ereignisse, Objekte, Situationen, um die es geht. Der vollständige Set von Schemata, der uns für die Interpretation unserer Welt zur Verfügung steht, konstituiert in einem gewissen Sinne unsere private Theorie der Natur der Realität. Der vollständige Set von Schemata, der zu einem spezifischen Zeitpunkt instantiiert ist, konstituiert unser internes Modell der Welt, der wir in dem Augenblick gegenüberstehen, oder, im Falle des Lesens eines Textes, ein Modell der Situation, die im Text beschrieben wird." (Rumelhart 1980, 37.)

Die Konzeption eines Frame-Systems (oder Systems von Schemata) als Alltagstheorie der Welt erinnert stark an den zu Beginn der 1970er Jahre im symbolischen Interaktionismus und der Ethnomethodologie (als „Erfinderdisziplin" der Gesprächsanalyse) aufgekommenen soziologischen Begriff der Alltagstheorien. Die Auffassung eines instantiierten Frame-Systems als „Weltmodell" hat später insbesondere in der Texttheorie und Textverstehenstheorie eine größere Rolle gespielt (wobei der Einfluss der aus der Logik und Philosophie kommenden „Mögliche-Welten-Semantik" vielleicht jedoch stärker war als derjenige von Kognitionswissenschaftlern wie Rumelhart). Rumelhart nutzt die Analogie zwischen Schemata und Theorien vor allem, um nachdrücklich auf den Hypothesen-Charakter, den Verifikations-Charakter, und den probabilistischen Charakter von Schema-Aktivierungen (Instantiierungen) aufmerksam zu machen. Z.B. bestehe Textverstehen im „Finden einer Konfiguration von Hypothesen (Schemata), die eine kohärente Darstellung der verschiedenen Aspekte des Textes geben" (a.a.O. 38). Wichtig ist dabei auch Rumelharts Einsicht, dass das Wirken der zentralen Rolle der Schemata für unser Denken auch darin bestehe, dass eine systematische Unterscheidung von Sinnesdaten-Input und intern generiertem Wissen nicht mehr möglich sei: „Sobald wir festgelegt haben, dass ein bestimmtes Schema einem Ereignis gerecht wird, sind wir nicht [mehr] in der Lage, zu unterscheiden, welche Aspekte unserer Annahmen auf direkter Sinnesdaten-Information beruhen, und welche lediglich Konsequenzen unserer Interpretationen sind." (A.a.O. 38)

In seiner Analogie von Schemata zu *Prozeduren* und *Parsern*[245] frönt Rumelhart jedoch einem für KI-Forscher typischen problematischen Agentivismus: „Schemata sind aktive Prozesse". Daraus leitet er eine „prozedurale Theorie der Bedeutung" ab (die er natürlich nicht ausführt). Mit dieser Analogie beschreibt er etwa die Relation zwischen Schemata und ihren Sub-Schemata.[246] An einem illustrativen Beispiel wird dies demonstriert. In solchen schematischen Wahrnehmungsprozessen besteht eine Art prozeduraler Wechselwirkung zwischen Ober- und Unter-Schema-Instantiierung. Im Beispiel umfasst die Reihe B Schematisierungen, die intern unterspezifiziert sind und nur abhängig vom Ober- oder Gesamtschema A instantiiert werden können. Hingegen enthält die Reihe C Schematisierungen, die intern so reich bzw. spezifiziert sind, dass sie auch ohne das Ober-Schema A instantiiert

---

[245] *Parser* nennt man in der Computerlinguistik denjenigen Teil eines sprachverarbeitenden Systems, in dem die Syntax-Regeln angewendet, also Sätze erzeugt oder analysiert werden. Vgl. die Definition in Wikipedia: „Ein *Parser* (engl. *to parse*, „analysieren", bzw. lateinisch *pars*, „Teil"; im Deutschen gelegentlich auch *Zerteiler*) ist ein Computerprogramm, das in der Computertechnik für die Zerlegung und Umwandlung einer beliebigen Eingabe in ein für die Weiterverarbeitung brauchbares Format zuständig ist. Häufig werden Parser eingesetzt, um im Anschluss an den Analysevorgang die Semantik der Eingabe zu erschließen und daraufhin Aktionen durchzuführen."

[246] „Die Sub-Schemata repräsentieren die konzeptuellen Konstituenten des repräsentierten Konzepts." – „Wie eine Prozedur Resultate benutzt, die durch ihre Sub-Prozeduren produziert wurden, so benutzt ein Schema Resultate seiner Sub-Schemata." A.a.O. 39.

5.4 Zur weiteren Diskussion um Frames 431

werden können. Rumelhart geht daher davon aus, dass jede Schema-Aktivierung immer eine Kombination von deduktiven (*top-down-*) und induktiven (*bottom-up-*) Prozeduren ist.[247] Das Gesicht-Schema aktiviert Schemata für alle Teile des Gesichts, die keine *bottom-up*-Aktivierung erfahren haben (Reihe B). Um isoliert aktiviert werden zu können, muss für Sub-Schemata genügend interne Struktur verfügbar sein (Reihe C).

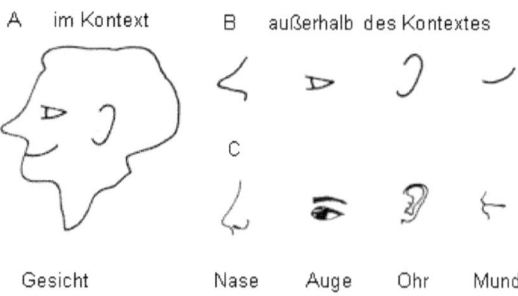

Abb. 5-2: Beispiele für Schema-Sub-Schema-Relationen und Sub-Schema-Identifikationen nach Rumelhart 1980, 46.

Rumelhart und Ortony widmen sich intensiv auch Aspekten des Schema-Modells wie Verstehen, Wahrnehmen, Gedächtnis, Inferenzen und Schema-Modifikation. Für sie sind Schemata zu Recht „Schlüssel-Einheiten des Verstehen-Prozesses". Verstehen (ob von Texten oder von Wahrnehmungsdaten jeglicher Art) besteht in der Suche nach den angemessenen Schemata. Eine wesentliche Eigenschaft der Schemata ist: „Ein Schema erlaubt uns, Aspekte des Inputs vorherzusagen, die noch nicht beobachtet wurden" (Rumelhart / Ortony 1977, 112). Während in anderen Ansätzen in diesem Kontext der Begriff „Erwartung" bevorzugt wird (so etwa bei Tannen 1979, s.u.), drückt die Benutzung des Begriffs „Vorhersage" hier eine interessante Verschiebung aus. Jedes Teilverstehen erfordert immer eine Konfiguration von Schemata. In starker Analogie zu Bartlett 1932, der an dieser Stelle jedoch nicht als Ideengeber identifiziert wird, konzipieren die Autoren die Rolle von Schemata im Gedächtnis.[248] Aufgrund des Fragmentarischen aller Schemata ist jede Schema-Aktivierung stark vom Kontext abhängig (a.a.O. 118). Vieles, was wir im Verstehen kognitiv aktivieren, geht auf Inferenzen zurück. Schemata dienen als „Vorhersager", die Lücken im Input überspielen können (a.a.O.).

Größeren Raum widmen die Autoren abschließend auch dem Phänomen und den Prozessen der Schema-Modifikation, von denen sie vor allem *Spezialisierung* und *Verallgemeinerung* diskutieren. Da sie *Schema-Spezialisierung* als *Fixierung von Variablen* definieren, werfen ihre Überlegungen schwierige Frame-theoretische Fragen auf. Schemata mit

---

[247] Dies ist ein auch in der Textverstehenstheorie sehr verbreiteter Gedanke. Siehe dazu Busse 1991, 116 f.

[248] „In einem gewissen Sinne ist ein Gedächtnis eine natürliche Nebenwirkung des Verstehensprozesses. Im Verstehen werden verschiedene Aspekte des Inputs mit einer Konfiguration von Schemata assoziiert, und diese instantiierten Schemata konstituieren unsere *Interpretation* des Inputs. Was im Gedächtnis gespeichert wird, ist faktisch eine Kopie oder teilweise Kopie dieser instantiierten Schemata, d.h. nicht der Input selbst wird gespeichert, sondern die Interpretation, die als Resultat des Verstehensprozesses für diesen Input gegeben wurde. Tatsächlich sind diese Erinnerungsspuren keine vollständigen Kopien der ursprünglich instantiierten Schemata, sondern mehr oder weniger vollständige Fragmente von ihnen." Rumelhart / Ortony 1977, 116. Indem die Autoren hier das Fragmentarische der Gedächtnis-Schemata als Gedächtnis-Verlust deuten, fallen sie jedoch hinter Bartlett 1932 zurück, der gezeigt hatte, dass dies auch auf das Wirksamwerden von Interessen, Fokussierungen und Perspektive zurückzuführen ist.

fixen Werten sind bisher in der Frame-Theorie kaum diskutiert worden.[249] Es fragt sich, wie man sie in einem Frame- oder Schema-Modell angemessen erklären, einstufen, beschreiben kann. Diskussionswürdig ist auch ihre Auffassung: „Die Konzepte, die Schemata repräsentieren, sind nicht beschränkt auf Konzepte, für die es in einer Sprache einzelne Lexeme gibt." (A.a.O. 123.) Es fragt sich dann zumindest, wie man Zugang zu solchen Schemata erhält, ob sie die für Schemata übliche Festigkeit haben usw. Fragen werfen auch ihre Überlegungen zur Schema-Verallgemeinerung auf.[250] Im Umkehrschluss stellt sich *Schema-Verallgemeinerung* so dar, dass zuvor fixierte Schema-Elemente nun in Variablen umgewandelt werden (a.a.O. 125). Ihr Modell der Schema-Modifikation erweist sich also als ein Spiel zwischen Konstanten und Variablen. Sollte es dabei nicht bloß um Modifikationen in der Schema-Instantiierung gehen, sondern um Schema-Veränderungen im Gedächtnis, dann würde ihr Modell nicht gut zu anderen Frame-theoretischen Ansätzen (etwa Barsalous) passen. Das hier angesprochene Spiel von Konstanten und Variablen wartet also noch auf eine angemessene Frame-theoretische Erklärung.[251] Ein weiterer Aspekt der Schema-Modifikation besteht darin, dass Zusammenhänge zwischen Sub-Schemata, für die es zunächst kein festes integratives Schema gibt, als diese ‚losen' Zusammenhänge gespeichert werden (mit einer partiellen Interpretation), und dass dann, wenn solche Zusammenhänge wiederholt auftreten, ein neues Schema konstruiert wird (a.a.O. 126).

Abschließend gehen sie noch auf Verarbeitungs-Prinzipen für Schemata ein, wobei sie u.a. das Verhältnis von statischen und dynamischen Aspekten diskutieren:

> „Derselbe Input wird durch einen Beobachter verschieden interpretiert, abhängig von den Bedingungen, unter denen er ihn beobachtet, von dem, was er gerade beobachtet, und von dem, was er zu beobachten erwartet. Obwohl Erwartungen wichtig sind, können unerwartete Ereignisse interpretiert werden ohne zuerst alle möglichen Interpretationen durchlaufen zu müssen. Was benötigt wird, ist also ein Prozess, der die Konvergenz von Informationen in der Weise erlaubt, dass Information, die direkt aus dem Input bezogen wird, kombiniert werden kann mit Erwartungen, um (mehr oder weniger direkt) zu plausiblen Schema-Kandidaten zu führen."[252]

Gerade für ein Modell des Sprach- und Textverstehens ist die geschilderte Abfolge von Faktoren des Verstehensprozesses: (a) *Bedingungen der Situation*, (b) *bisheriger Input*, und (c) *Erwartungen* überaus wichtig. Im Wechselspiel[253] von *bottom-up-* und *top-down-*

---

[249] „Schema-Spezialisierung findet statt, wenn eine oder mehrere Variablen in einem Schema fixiert werden, um ein weniger abstraktes Schema zu bilden." Rumelhart / Ortony 1977, 123.

[250] „Ein fixierter Teil eines alten Schemas wird ersetzt durch eine Variable, um ein neues und abstrakteres Schema zu konstruieren." Rumelhart / Ortony 1977, 125.

[251] Die Autoren bedienen sich hier einer problematischen Ausdrucksweise: „Die Bedeutung der Generalisierung von Schemata für das Lernen ist offensichtlich. Schemata müssen bis zu dem Maß verallgemeinert werden, dass sie die Interpretation des Inputs des Systems erlauben. Daher kann ein Großteil des Lernens mit der Annahme erklärt werden, dass beim Wahrnehmen eines radikal neuen Inputs ein Schema ohne Variablen konstruiert wird. Dann, wenn vergleichbare Inputs registriert werden, die hinreichend nahe am originalen Schema liegen, wird ein neues kreiert, in dem die Differenzen zu Variablen werden und die Konstanten in die Struktur eingebaut werden." Rumelhart / Ortony 1977, 126. – Diese zunächst bestechend klingende Erklärung hat den Defekt, dass für den ‚Vergleich' des alten mit den neuen Inputs ja bereits ein abstraktes Schema existieren muss, das den ‚Vergleichsmaßstab' abgibt; also das, dessen Entstehen ja gerade erst erklärt werden soll. Sie verraten nicht, wie man aus dieser Zirkularität herauskommen soll.

[252] Rumelhart / Ortony 1977, 128. Die statischen entsprechen den „deklarativen" und die dynamischen den „prozeduralen" Aspekten in Winograds Dichotomie.

[253] Die Autoren nennen als Beispiel für das Zusammenspiel der genannten Faktoren und die Abfolge von *bottom-up-* und *top-down-*Prozessen, wie der einfache Satz *„Ich will etwas trinken"*, in verschiedenen

5.4 Zur weiteren Diskussion um Frames						433

Prozessen werden diese Faktoren in der Informations-Verarbeitung (Verstehen, Erkennen) immer wieder wirksam.

Gerade die Rolle von *Erwartungen* für die Schema- oder Frame-Aktivierung wird in einem weiteren Ansatz, dem vielzitierten Aufsatz der Linguistin Deborah Tannen[254] ‚*What's in a frame?*' (1979), sehr stark gemacht, die diesen Begriff zu einem Fundamentalbegriff der Frame-Analyse ausbaut. [255] Für Tannen ist – angeregt durch Beobachtungen zu Lese-Prozessen etwa bei Erzähltexten – ‚Erwartung' der Frame-theoretische Grundlagenbegriff schlechthin. Ihre Begründung dafür ist sowohl erkenntnistheoretisch wie anthropologisch.[256] Indem Tannen *Erwartung* als den Fundamentalbegriff der Frame-Theorie (und Kognitionstheorie) schlechthin konzipiert, modelliert sie Frames (Skripts, Schemata) letztlich *prozedural*. Die *deklarative* Entsprechung zum Begriff der Erwartung wäre der Begriff des *Prototyps / Stereotyps*. Das konkrete Ziel ihres Aufsatzes ist gegenüber diesem fundamentalen Anspruch jedoch vergleichsweise begrenzt: „Die Wirkungen dieser ‚Strukturen der Erwartung' auf Verbalisierungen im Erzählen von Geschichten" aufzuzeigen (a.a.O. 138). Unter „Strukturen von Erwartungen" versteht Tannen, „dass – auf der Basis der eigenen Erfahrungen von der Welt in einer gegebenen Kultur (oder Kombination von Kulturen) – man Wissen über die Welt organisiert und dieses Wissen benutzt, um Interpretationen und Relationen bezüglich neuer Informationen, Ereignisse und Erfahrungen vorherzusagen." (139) Tannen irrt jedoch, wenn sie meint, dass alle Frame-ähnlichen Strukturen auf „Strukturen der Erwartung" reduziert werden können. Dies ist zwar zweifellos ein wichtiger (vielleicht der wichtigste) Aspekt, aber nicht der einzige. Um es Fillmore-typisch auszudrücken: ‚Erwartungen' steht für eine bestimmte Perspektive (unter mehreren möglichen) auf dasselbe Phänomen (der Wissens-Strukturen); genau: eine (eher) prozedural-psychologische Perspektive. Epistemologisch gesehen müssen daneben andere (eher „deklarative", „Ontologie-bezogene") Perspektiven möglich sein. Eine dritte, soziale Art von Perspektive wäre die der Konventionalität.

Vielleicht wurde der Aufsatz von Tannen auch deswegen zu einem Stück Referenz-Literatur, weil sie als eine der Wenigen eine Zusammenfassung aller wichtigen Frame-Modelle bis hin zu Bartlett 1932 gibt, eine Darstellung, die insgesamt jedoch recht forsch (und rasenmähermäßig) ausfällt und den referierten Ansätzen kaum gerecht wird. Ihre eigene Perspektive auf Frames reduziert sich dann (mit Bezug auf Chafe 1977a, b) überra-

---

Situationen wie BAR und KINDERGEBURTSTAG zu völlig unterschiedlichen Schema-Aktivierungen führen kann (a.a.O. 129).

[254] Warum dieser Aufsatz zu einem der meistzitierten Bezugstexte zumindest in der linguistischen Diskussion über Frames geworden ist, erschließt sich aus der Nachschau nicht mehr so recht, es sei denn, man will dies auf den einfachen Umstand zurückführen, dass Tannen die erste *Linguistin* ist, die nach Fillmores (anders ausgerichtetem) Ansatz an prominenter Stelle überhaupt auf Frames zu sprechen kommt.

[255] „Der Begriff der Erwartungen steht an der Wurzel einer großen Welle von Theorien und Studien in einem breiten Bereich von Forschungsgebieten eingeschlossen Linguistik. Es ist, wie ich glaube, dieser Begriff, der der Rede über Frames, Skripts und Schemata auf den Gebieten der Linguistik, KI, Kognitionspsychologie, Sozialpsychologie, Soziologie und Anthropologie zugrundeliegt." Tannen 1979, 137 f.

[256] „Diese Betonung von Erwartungen scheint eine nahezu selbst-evidente Wahrheit zu bestätigen: Um in der Welt zu funktionieren, können Menschen nicht jede neue Person, jedes neue Objekt oder Ereignis als einzigartig und separat behandeln. Die einzige Art und Weise, wie wir uns die Welt sinnvoll machen können, ist die, Verbindungen zwischen den Dingen zu sehen, sowie zwischen gegenwärtigen Dingen und Dingen, die wir zuvor erfahren haben oder über die wir etwas gehört haben. Diese lebenswichtigen Verbindungen werden gelernt, wenn wir in einer gegebenen Kultur aufwachsen und leben." Tannen 1979, 137.

schend schnell auf einen quasi erzähltheoretisch ausgerichteten Ansatz, der „Verbalisierung von Ereignissen" untersuchen will. Indem ihr Gewährsmann Chafe fragt: „Welche Art von Prozessen muss eine Person anwenden, um ihr – anfangs prädominant nonverbales – Wissen in einen verbalen Output umzuwandeln?" stellt er (und mit ihm Tannen) die Frage jedoch schon von Anfang an falsch, indem er von einer nonverbalen unmittelbaren Erfahrung ausgeht.[257] Das steht ganz deutlich im Widerspruch zu dem (kurz zuvor von Tannen zustimmend zitierten) Bartlett 1932, der zumindest die fundamentale Rolle der Kategorisierung / Schematisierung für alles Erkennen hervorgehoben hat. Diese Schematisierung ist unhintergehbar auf sprachliche Zeichen angewiesen. Tannen sieht den Prozess der Verbalisierung als Dreischritt von Schema, Frame und Kategorie. Durch Bestimmung eines Schemas wird ein Ereignis identifiziert; der dann festgelegte Frame bezieht sich „auf den satzwertigen Ausdruck über spezielle Individuen und ihre Rolle im Ereignis"; und schließlich „wird eine Kategorie gewählt, um Objekte oder Handlungen zu benennen, die in dem Ereignis eine Rolle spielen". Man muss eine solche simple Aufteilung fundamentaler epistemologischer Begriffe (die bislang als Varianten für dasselbe oder zumindest sich stark überschneidend aufgefasst wurden) auf Teilprozesse wohl als erkenntnistheoretisch wie kognitionstheoretisch ziemlich naiv einstufen. Es ist eine Spezialität von Tannen, dass sie drei Begriffe, deren kompliziertes theoretisches Verhältnis zueinander anderswo (etwa bei Fillmore, Minsky, Barsalou) zu vertieften Diskussionen geführt hat, hier so einfach als prozedural-additiv zu begreifen scheint.

Es überrascht dann wenig, dass der eigentliche Frame-Begriff, auf den sie sich stützt, obwohl ihre Erwähnung im letzten Zitat auf einen Fillmore-Bezug hindeuten könnte (sprachlicher Frame im Gegensatz zur epistemischen Szene), mit üblichen Frame-Konzeptionen nichts zu tun hat, sondern sich auf einen eher der Ethnomethodologie nahen allgemeinen sozialwissenschaftlichen bzw. anthropologischen Frame-Begriff zurückgeht, wie er etwa bei Goffman 1974 und dem von ihr hauptsächlich zitierten Frake 1977 entfaltet wurde. Das von ihr zitierte Frame-Verständnis von Frake ist anti-repräsentationistisch.[258] Bezeichnend ist die Berufung auf Ethnomethodologen (wie Gumperz) und deren radikale Ablehnung von abstrakten Strukturen im Wissen;[259] eine Haltung, die quasi „das Kind mit dem Bade ausschüttet". Hochproblematisch ist deren (letztlich auf einem emphatischen Subjekt-Begriff beruhender) Aktivismus, als würden wir wirklich (in einem normalen Sinn von „tun") etwas „tun", wenn wir Frames anwenden, und als sei das, was sich in unseren Köpfen abspielt, Ergebnis unserer eigenen Herrschaft über die Dinge und über die Prozesse unserer Erkenntnis.[260] Tannens eigentlicher Gegenstand, nach dem anfänglichen Theorie-

---

[257] Tannen 1979, 139. – Interessant ist, wie sich hier die Perspektive der Frame-Theorie generell verschiebt: Während Chafe von *Verbalisierung* als Ausgangspunkt ausgeht, gehen Fillmore (und viele Andere) von *Verstehen* als Bezugspunkt der Frame-Theorie aus.

[258] Frake 1977 ist gegen einen statischen Begriff von Frames zugunsten eines interaktiven Modells. Statt „Frames hervorzulocken", als seien sie vorher da, unterstellt er (auf der Basis von Gumperz), dass der Kern-Aspekt von Frames darin liege, was Menschen tun, wenn sie sprechen. (Siehe das Referat in Tannen 1979, 141 f.)

[259] Der eine radikale Ablehnung jeglicher theoretischer Abstraktion, von Theorie schlechthin, korrespondiert.

[260] Ein solches Denken fällt weit hinter alle Fortschritte der Erkenntniskritik (eines Wittgenstein II, Foucault, Nietzsche) zurück und ignoriert jegliche historische Genealogie des Wissens. Sie fällt auch weit hinter Bartlett zurück, der nachweist, dass schon die elementarsten Wahrnehmungsakte Schema-gelenkt sind, also in so fundamentalen Bereichen unserer Wahrnehmung, die weit von der „Herrschaft des Geistes", des Selbstbewusstseins, oder allem aktiven Tun entfernt sind, rangiert.

5.4 Zur weiteren Diskussion um Frames 435

Referat, führt jedoch weit von solchen Überlegungen fort; es sind Prozesse der Versprachlichung in Erzählungen, an denen sie bestimmte Strategien der Verbalisierung untersuchen will.[261] Versuchspersonen sollen einen wortlosen Film nacherzählen. Am Versuchsdesign und dessen Auswertung zeigt sich, dass sich das dabei angesetzte Verständnis von „Erwartungen" sehr an der Oberfläche bewegt und kaum in die für Frame-Forschungen sonst übliche epistemologische Tiefe geht. Die Darlegungen und Erläuterungen von Tannen bewegen sich allesamt auf dem Niveau einer eher erzählenden reinen Deskription ohne jede epistemische Tiefe und analytische Präzision. (In diesem Punkt sind selbst die Fillmore- und FrameNet-Beschreibungen noch genauer; die offenbar zum Vorbild genommenen Analysen von Schank / Abelson sind dies sowieso.) Es zeigt sich in den Kommentaren eine gewisse Tendenz, den Frame-Begriff ausschließlich auf Handlungs- und Ereignis-Komplexe anzuwenden.[262] Dies wird auch nahegelegt, wenn Tannen „Erwartungen (oder Skripts oder Frames oder Schemata)" in dieser Reihenfolge in einem Atemzug nennt (a.a.O. 166).

Der größte Teil der empirischen Auswertung besteht dann in einer Auflistung, Exemplifizierung und Kommentierung dessen, was sie „Typen der Evidenz [des Beweises] für Erwartungen" nennt. Dazu führt sie folgende 16 Aspekte auf: Unterlassung, Wiederholung, falsche Anfänge, Rücksprung, Hedges und andere qualifizierte Wörter, negative Statements, kontrastive Verknüpfungen, Modalausdrücke, unexakte Statements, Verallgemeinerungen, Inferenz, bewertende Sprache, Interpretation, moralische Urteile, inkorrekte Statements, Hinzufügung. Man kann, wohlwollend bewertet, Tannens Vorgehen als eine Art Replikation von Bartletts 1932 Experimenten mit modernen Medien (Film) sehen. Die genannte Liste ist jedoch äußerst merkwürdig, da insofern sehr heterogen, als sie Aspekte versammelt, die auf stark unterschiedlichen theoretischen Ebenen liegen. Neben recht konkretistischen erzähltechnischen Operationen führt sie fundamentale kognitive oder texttheoretische Begriffe wie *Inferenz* und *Interpretation* auf, die auf einer völlig anderen Ebene liegen. Damit werden ganz unterschiedliche Ebenen der Problemstellung in unzulässiger Weise konfundiert. Positiv gedeutet kann man viele Beobachtungen Tannens zu den einzelnen „Typen der Evidenz" einfach als Hinweise auf sprachliche Indizien für von den Versuchspersonen vollzogene Frame-Aktivierungen interpretieren; dann wären sie (trotz aller fehlenden Systematik und theoretischen Durchdringung) eventuelle nützliche methodische Hilfsmittel für eine linguistische Frame-Analyse.

Einige Einzelbeobachtungen seien abschließend noch erwähnt: (a) „Der Frame operiert *qua definitionem* als ein Auswahl-Prozess, der determiniert, welche Details signifikant sind. [...] Durch denselben Prozess kann der ‚Name eines Frames' die Kategorisierung von

---

[261] Tannens theoretischer Teil ist – trotz des beispiellos weit greifenden theoriegeschichtlichen „Rundumschlags" – äußerst enttäuschend. Er zeigt keinerlei theoretische Tiefe und ist bar jeder erkenntnistheoretischen Reflexion (und unterschreitet damit noch das ohnehin niedrige Niveau in der KI und kognitiven Linguistik). Selbst bei einem so eingefleischten Theorie-Abstinenzler wie Fillmore und einem KI-Forscher wie Minsky findet man diesbezüglich mehr Substanz, ganz zu schweigen von Bartlett, von dessen Intentionen und Überlegungen sie offenbar kaum etwas verstanden hat. Was sie ausbreitet, ist nur eine, immer dieselbe, Idee: die zentrale Rolle von Erwartungen. Allerdings definiert sie diesen Begriff nirgends, und versäumt darzustellen, was genau man sich darunter vorzustellen hat. Man ist fast schon gezwungen, zu vermuten, dass ihr Vorgehen, einen folgenlos bleibenden theoriegeschichtlichen Rundumschlag übergangslos in pure Empirie münden zu lassen, vielleicht ein Reflex der antitheoretischen Grundhaltung der von ihr zustimmend erwähnten Ethomethodologen ist.

[262] So, wenn Tannen (1979, 165) schreibt: „Es gibt Erwartungen *sogar* über Objekte." Dieses *sogar* deutet darauf hin, dass sie typischerweise nur an Handlungs- / Ereignis-Frames denkt.

Handlungen in ihm beeinflussen, indem er verursacht, dass sie unkorrekt repräsentiert werden." (Tannen 1979, 170 f.) Ein Beispiel aus ihrem Korpus dafür ist, dass ein (allgemeinerer) AUFMERKSAMKEITS-ERREGUNGS-Frame als (konkreterer) RUFEN-Frame erinnert wird, obwohl es sich im Film um eine PFEIFEN-Aktivität handelte (möglicherweise, weil RUFEN die normale Instantiierung eines AUFMERKSAMKEITS-ERREGUNGS-Frames ist). (b) „Im Allgemeinen behaupten die Versuchspersonen Inferenzen genauso kategorisch, wie sie tatsächlich Gesehenes behaupten. M.a.W.: Sie glauben, dass sie *gesehen* haben, von dem sie [tatsächlich nur] *erwartet* haben, dass es der Fall sei; basierend auf einer Kombination dessen, was sie gesehen haben, mit dem, was sie von der Welt wissen." (A.a.O. 173.) Dies beschreibt nachdrücklich die große Macht der Inferenzen (und der kognitiven Konstruktionen) im Verstehen. (c) Tannen misst dem Vorkommen von Adjektiven in Erzählungen einen großen Frame-aufschließenden methodischen Wert zu, da jedes Adjektiv für eine Zusatz-Prädikation steht. Da sie in Erzählungen eher selten vorkämen, sei jedes Vorkommen eines Adjektivs schon per se signifikant im Sinne einer Frame-Analyse.[263]

In einer vergleichsweise frühen deutschen Rezeption des Frame-Gedankens stellt der Computerlinguist Dieter Metzing (1981) einige weiterführende Überlegungen an, deren Fazit lautet: „Frame-Repräsentationen können aufgefasst werden als eine Sammlung von Konzeptionen und Instrumenten, die nützlich sind für eine stärker sprecher-orientierte und stärker prozess-orientierte Art der Forschung in der lexikalischen Semantik." (341) Allerdings geht er von einem sehr technischen, KI-nahen Frame-Verständnis (im Sinne von formalen Algorithmen) aus. So diskutiert er etwa das Verhältnis zwischen Frames und „Mögliche-Welten-Semantik" im Sinne der Prädikatenlogik (324). Aussagen zur kognitiven Realität von Frames fehlen bei ihm daher. Sein Frame-Verständnis ist in Teilen ähnlich dem von Minsky 1974. Sein häufig stark prozedural ausgerichtetes Denken veranlasst ihn etwa, Fragen zur Ökonomie von Frame-Aktivierungsprozessen, und ihrer Relation zu den Strukturen der Frames selbst, zu stellen.[264] Metzing geht davon aus, dass es keine einfache Darstellung von Frames im Format der Prädikatenlogik geben kann. Frame-Darstellungen dürften nicht das Spezifische an Frames verfehlen (a.a.O. 335). Wie später Barsalou 1992 lenkt auch er schon den Blick auf das Problem des Verhältnisses zwischen generellen und instantiierten Frames, das er als *strukturierte Relation* begreift.[265] Gut an seinen Überlegun-

---

[263] Tannen glaubt, mit ihrer Analyse „Ebenen von Erwartungen" (177) erschlossen zu haben, und fasst ihre Überlegungen folgendermaßen zusammen: „Ich habe gezeigt, dass die Begriffe Skript, Frame und Schema verstanden werden können als Strukturen von Erwartungen, die auf früherer Erfahrung basieren, und dass diese Strukturen in der sprachlichen Oberfläche von Sätzen einer Erzählung festgestellt werden können. Zudem dienen die Strukturen der Erwartung, die uns helfen, Geschichten zu verarbeiten [to process] und zu verstehen, dazu, Wahrnehmung zu filtern und zu formen. Aus diesem Grunde kann eine genaue Analyse der sprachlichen Evidenz, wie ich sie vorgeschlagen habe, die Erwartungen oder Frames offenlegen, die sie hervorgebracht haben." (Tannen 1979, 179.)

[264] Siehe Metzing 1981, 335: „Die Anzahl von Einheiten in einem Frame-System, die notwendig sind, um bestimmte Fakten zu repräsentieren, beeinflussen die Such- und Inferenz-Prozesse. Wenn Wissensorganisation als eine empirische Frage behandelt wird, dann kann erwartet werden, dass die Prozessierungs-Zeit (z.B. Inferenz-Zeit) spezifische strukturelle Hypothesen beeinflusst. Und Hypothesen über Strukturen haben Konsequenzen für Hypothesen über Ressourcen; d.h.: bei begrenzter verfügbarer Zeit gibt es eine korrespondierende Grenze für die Komplexität des Inferenz-Prozesses." Dies wirft die Frage auf, in welchem Verhältnis (a) Sprachökonomie, und (b) kognitive Ökonomie zueinander stehen: komplementär oder reziprok?

[265] „Frames repräsentieren auf strukturierte Weise Eigenschaften von diskreten strukturierten Objekten. Die Verbindung zwischen generischen Frames und ihren Instantiierungen ist eine strukturierte Relation und

5.4 Zur weiteren Diskussion um Frames   437

gen ist, dass er das Verhältnis von Oberbegriffen, Unterbegriffen und Instantiierungen gemeinsam in den Blick nehmen will, und dass er offenbar von der Idee unterschiedlicher Typen von Frame-Relationen ausgeht.[266] Schlecht, dass die interne Struktur von Frames bei ihm völlig unklar bleibt. Auch wenn dies seinem Text nur zwischen den Zeilen zu entnehmen ist, weitet Metzing doch den Bereich des in einer linguistisch-semantischen Analyse (die für ihn als Computerlinguisten natürlich durchaus eine formale Analyse sein darf) zu erfassenden Wissens über den üblichen Umfang der logischen Semantik hinweg aus.[267] – Für die „Inkorporation von reichen semantischen Strukturen" argumentiert auf der Basis von Minskys Frame-Verständnis auch Wilks 1980.[268] Was er konkret beschreibt, sind jedoch ziemlich Skript-ähnliche Strukturen, die zum Frame-Gedanken keine neuen Überlegungen hinzufügen. – Ein weiterer früher, Frame-bezogener linguistischer Aufsatz von Post 1988 ist für uns nur insofern bemerkenswert, als der Autor darin Fillmores Frame-Modell explizit auf den Wortfeld-Begriff anwendet, eine Bezugnahme, die Fillmore selbst nur sehr versteckt und eher ablehnend erwogen hat. Post geht jedoch von konkretistischen Szenen und weniger von abstrakten Frame-Strukturen aus.[269]

Eine vergleichsweise neuere genuin linguistische Arbeit, in der u.a. positiv auf Frames Bezug genommen wird, ist die Einführung in die Kognitive Linguistik von Cruse / Croft 2004, deren Ansatz unseren kleinen Rundgang durch Frame-semantische Konzeptionen nach Fillmore und Minsky abschließen soll. Die Autoren gehen von folgenden Grundthesen aus, die sie eingangs ausführlich diskutieren: (1) Sprache ist keine autonome Fähigkeit, sondern ein Spezialfall allgemeinerer kognitiver Fähigkeiten; (2) Grammatik ist Konzeptualisierung; (3) Sprachliches Wissen entsteht aus dem Sprachgebrauch (Cruse / Croft 2004, 1), und betonen: „In der Semantik ist dieses Modell manifestiert in Fillmores Verstehens-Semantik" (a.a.O. 4). Ihr Ausgangspunkt zur Besprechung des Frame-Begriffs ist die Be-

---

nicht eine einfache binäre Relation. Teil einer Frame-Repräsentations-Semantik ist eine Analyse dieser strukturierten Beziehungen *in terms* von präzise definierten Konzepten." Metzing 1981, 336.

[266] „Es gibt den Namen einer Frame-Einheit. [= Frame-definierendes / -identifizierendes Konzept] Auf diese Einheit wird verwiesen / gezeigt von einer allgemeineren Einheit [= Oberbegriff in einer Hierarchie] wie auch von einer spezifischeren Einheit [= Unterbegriff in einer Hierarchie], und von einer Instantiierung. Diese Einheit wird beschrieben *in terms* einer anderen Einheit (Prototypen-Einheit), deren Eigenschaften geerbt werden (und auf die verwiesen wird). Zusätzliche Komponenten-Eigenschaften eines Objekts können *in terms* anderer Einheiten beschrieben werden [z.B. Farbe, Besitzer]. Und schließlich gibt es Zeiger auf untergeordnete Einheiten [= Unterbegriffen / Kategorien] und zu Instantiierungen." Metzing 1981, 336. Unklar in dem Modell ist, wieso „Prototyp" und „Eigenschaften" getrennt werden, unklar bleibt, wie dann der Prototyp beschrieben wird; dies sollte ja eigentlich über Eigenschaften erfolgen.

[267] „Frame-Repräsentationen sind ein Instrument, das bestimmte Gruppierungen semantischer Information erlaubt (z.B. objekt-orientierte oder ereignis-orientierte Gruppierungen). Primär können diese Gruppierungen entweder auf einer sprecher-abhängigen Organisation der Information über externe (stereotypische) Objekte oder Ereignisse basieren, oder diese Gruppierungen basieren primär auf Erfordernissen von internen (sprecher-abhängigen) Inferenz-Prozessen." Metzing 1981, 340.

[268] Dabei bezieht sich der Autor offenbar auch auf metaphorischen Sprachgebrauch, den er nachgerade als primär und typisch für Sprachgebrauch überhaupt ansieht: „Ihr Gebrauch wird diskutiert in Verbindung mit dem Phänomen des *ausgeweiteten Gebrauchs*: Sätze, in denen die semantischen Präferenzen durchbrochen werden. Es wird der Standpunkt vertreten, dass solche Situationen die Norm und nicht die Ausnahme im normalen Sprachgebrauch sind, und dass ein Sprachverstehenssystem eine allgemeine Behandlung für sie vorsehen muss." Wilks 1980, 134.

[269] Bemerkenswert sind die Ausführungen von Post 1988, hier 40, weil er testiert: „Fillmores *scenes-and-frames-semantics* ist mit der Humboldt-Sapir-Whorf-Hypothese der Prägung des Weltwissens durch die Begriffsstruktur der Sprache kompatibel", eine Parallele, die Fillmore selbst so nie gezogen hat.

obachtung, dass die klassische komponentialistische (d.h. strukturalistische, wahrheitsfunktionale, logische) Semantik die Beziehungen zwischen Wörtern, die außerhalb der im engeren Sinne „Semantischen Relationen" bestehen, nicht adäquat erfassen konnte, also etwa die Beziehungen, in denen Wörter wie *Restaurant, Kunde, Kellner, Bestellung, Essen, Rechnung* zueinander stehen. Diese Wörter „sind aufeinander bezogen aufgrund normaler menschlicher Erfahrung." – „Bestimmte Konzepte gehören zusammen, weil sie in der Erfahrung miteinander verbunden sind." (A.a.O. 7) Das Konzept *Restaurant* „ist verbunden mit anderen Konzepten und kann nicht von diesen anderen Konzepten isoliert werden" (a.a.O.). Hier fällt auf, dass Cruse / Croft die Hinwendung zum Frame-Modell mit dem Kriterium der (Alltags-)Erfahrung begründen. Obwohl dieser Schwenk eigentlich eine Hinwendung zur Kategorie des (verstehensrelevanten) Wissens nahelegen würde, vollziehen sie diesen Schritt jedoch nicht. Sie verbleiben bei einem statischen und schematischen Begriff von Konzepten und Konzept-Systemen, ohne diese (an dieser Stelle) in epistemische (Teil-)Strukturen aufzulösen. Möglicherweise liegt darin der Grund dafür, dass die Autoren sich auf Fillmores Frame-Begriff konzentrieren, der ganz ähnlich vorgeht. Leicht vorbei am tatsächlichen Verlauf der Wissenschaftsgeschichte begründen sie ihre Wahl: „Die einflussreichste Version dieses Vorschlags in der kognitiven Linguistik ist das Modell der Frame-Semantik gewesen, entwickelt durch Fillmore." (A.a.O. 8) Zwar ist es richtig, dass die Frame-Semantik das einflussreichste Modell ist, doch keineswegs durchgängig zutreffend ist die Annahme, dass es Fillmores Version der Frame-Semantik sei, die die einflussreichste gewesen ist.[270]

Konsequent beziehen sich Cruse / Croft nachfolgend nur auf Fillmores Version der Frame-Konzeption, während sie andere Modelle (Minsky, Barsalou) konstant ignorieren. Man kann nur spekulieren, weshalb dies so ist. Eine Vermutung wäre, dass ihr starker positiver Bezug auf zwei „Frame-ferne" Ansätze in der kognitiven Linguistik, nämlich auf die *Cognitive Grammar* von Langacker (1987) und auf die Theorie der *Mental Spaces* von Fauconnier (1985) (die beide keine Frame-Modelle im eigentlichen Sinne sind), sie davon abhält, die (im Vergleich mit Fillmore) epistemologisch ausgewieseneren und systematischer reflektierenden Versionen des Frame-Gedankens in ihre Konzeption mit einzubeziehen. Zwar arbeiten sie sehr verständig die Vorzüge von Fillmores allgemeiner *Verstehens-Semantik* heraus; auf die innere Struktur von Frames (wie sie etwa bei Minsky und Barsalou im Mittelpunkt stand) kommen sie dabei jedoch kaum zu sprechen. Kaum überraschend ist es, dass gerade die strikte Unterscheidung zwischen *evozieren* und *invozieren* bei Fillmore bei ihnen besonderen Gefallen findet (a.a.O. 8), die sich so weder bei Minsky, noch bei Barsalou, noch in der Schematheorie von Rumelhart, noch bei Tannen findet, welche allesamt teilweise gerade den grundsätzlichen inferenziellen Charakter *jedes* Verstehens und jeder Schema-Aktivierung hervorheben. Als Fazit ihrer Fillmore-Lektüre muss man feststellen: Cruse / Croft referieren bloß Fillmores generelle Argumente für eine verstehenstheoretisch reflektierte Semantik, und zwar als Argumente für die Postulierung der zentralen Rolle von Frames; sein eigentliches Frame-Modell selbst lassen sie jedoch links liegen. Stattdessen beziehen sie sich auf ein Modell, das nicht mehr zu den Frame-

---

[270] Fillmore ist vielleicht der einzige *Linguist* unter den Begründern der Frame-Theorie; sein Ansatz ist aber keineswegs der prominenteste gewesen. Dies kann aber für Minskys Überlegungen gelten. Es ist schon sehr bemerkenswert, dass die Autoren in dem gesamten Kapitel zu Frames den Namen Minsky kein einziges Mal erwähnen. (Zwar wird dessen Beitrag zur Frame-Theorie auch in den Schriften von Fillmore eher klein gehalten, aber dort immerhin erwähnt.)

5.4 Zur weiteren Diskussion um Frames

Konzeptionen im engeren Sinne gehört, das sie „profile-frame organization" nennen und das auf Überlegungen Langackers zurückgeht.[271] Mit diesem Modell entfernen sie sich aber deutlich von den üblichen Frame-Theorien, da das Modell, wie sie es hier für sich reklamieren, keines der üblichen Elemente von Frames (Slots / Attribute, Fillers / Werte, Default-Werte, Constraints, Frame-zu-Frame-Relationen, Rekursivität usw.) mehr aufweist. Aus diesem Grunde verlässt ihr Modell den „Rahmen" einer Frame-Theorie im engeren Sinne und passt nicht mehr zur inhaltlichen Ausrichtung dieser Einführung. So interessant einzelne Überlegungen von Langacker, Fauconnier, Cruse / Croft auch sein mögen: sie stellen eine andere Ausrichtung der kognitiven Semantik dar, die in einer anderen, allgemeiner ausgerichteten Einführung in die kognitive Semantik (dann allerdings zusammen mit mehreren anders ausgerichteten, ebenfalls interessanten Ansätzen) dargestellt werden müsste, was nicht das Ziel des vorliegenden Buches war. Festzuhalten bleibt jedoch, dass Cruse / Croft mit ihren Darlegungen die Möglichkeiten einer Frame-Semantik im engeren Sinne um Längen unterschreiten – ihre spezifischen Leistungen dadurch aber letztlich ignorieren.[272]

---

[271] Dabei reden sie über Frames bereits in einer an Fauconnier gemahnenden Redeweise: „Im vorhergehenden Abschnitt haben wir den Frame als eine kohärente Region des menschlichen Wissens, oder als eine kohärente Region eines konzeptuellen Raumes beschrieben. Dabei tritt sofort die Frage auf: Wie identifiziert man eine kohärente Region eines konzeptuellen Raumes und differenziert sie von anderen Regionen?" A.a.O. 14.

[272] Damit ignorieren sie aber auch die zahllosen fruchtbaren Anwendungen des Frame-Gedankens (verstanden als Slot-Filler-Modell), wie sie im folgenden Kapitel dargestellt und diskutiert werden, aber auch die Potentiale einer systematischen Ausarbeitung eines semantischen Frame-Modells, wie sie in Kap. 7 entfaltet werden soll.

6. Anwendungen und Weiterentwicklungen der Frame-Theorie in der linguistischen Semantik

Die Frame-Semantik hat ein Schicksal erlebt, das nicht untypisch ist für Theorien und Modelle, die so innovativ sind, dass sie einerseits nicht übersehen werden können, andererseits aber überkommene Auffassungen so stark in Frage stellen können, dass sich viele Wissenschaftler nicht unbedingt (oder jedenfalls nicht in vollem Umfang) darauf einlassen wollen. Solche Ansätze werden häufig zu so etwas, was man bei Personen „Zitier-Autoritäten" nennen würde, was heißen soll: sie (bei Personen: ihre Werke) werden viel zitiert bzw. erwähnt, aber nicht unbedingt vertieft behandelt, oft nicht richtig verstanden; meist werden nicht die aus diesen Ansätzen folgenden Konsequenzen gezogen, was dazu führt, dass die Begriffe solcher Ansätze oft sinnentstellend weiterbenutzt werden. Kurz gesagt: Der Frame-Begriff war in vieler Leute Munde; aber nur die wenigsten (Linguisten) haben sich auf die hinter diesem Begriff stehenden Ideen wirklich eingelassen und sie zum Anlass genommen, eigene, weiterführende Modelle oder Methoden zu entwickeln. Das führt dazu, dass eine linguistische Frame-Semantik auch mehr als dreißig Jahre nach dem Aufkommen des Terminus und der ersten Theorien dazu noch eher an ihrem Anfang steht, als dass man von einer voll entfalteten Frame-Forschung und -Theorie in der linguistischen Semantik (und Bedeutungstheorie) schon sprechen könnte.

Während der Frame-Begriff in der allgemeinen Kognitionsforschung ubiquitär war und ist und vielerlei verschiedene Varianten davon existieren, sind in der Linguistik nur einzelne Frame-Konzepte, und diese auch meist nur sehr verkürzt, rezipiert worden. In der deutschen Linguistik kommt ein weiterer Punkt erschwerend hinzu: Ganz offensichtlich ist die Verbreitung der Frame- oder Schema-Idee hierzulande unter einer starken Dominanz der Skript-Idee (nach Schank / Abelson) erfolgt. Da deren Rezeption im Wesentlichen im Umkreis der sich seit Anfang der 1970er Jahre in Deutschland schnell entwickelnden „Linguistischen Gesprächsanalyse" erfolgte, hat das mit dieser Forschungsrichtung einhergehende dominierende Interesse an *prozeduralen* Aspekten (z.B. das berühmte und meist-zitierte „RESTAURANT"-Skript) der ganzen Frame-Theorie-Rezeption ihren Stempel aufgedrückt. Dadurch wurde ein *allgemeiner* Frame-Begriff in der Diskussion eher in den Hintergrund gerückt, wenn nicht gar der fatale Versuch gemacht wurde, alle Frames auf das Modell prozeduraler Frames zurückzubiegen. Angesichts der sehr großen Häufung an Erwähnungen des Frame- (oder Skript-) Begriffs in der Literatur fällt auf, wie wenig Schriften, die sich explizit der Frame-Theorie oder -Forschung widmen, in dreißig Jahren linguistischer Forschung entstanden sind. Neben der erwähnten Anlehnung an das Skript-Modell in der Gesprächsanalyse (die hier nicht weiterverfolgt werden soll) sind alle wichtigen Schriften zur Frame-Theorie in der Linguistik im Umkreis lexikologischer und lexikographischer Forschungsziele angesiedelt, also dem Themenbereich, um den es in dieser Einführung vorrangig geht: Frame-Semantik. Damit lässt sich ein Bogen schlagen zum wichtigsten

internationalen Forschungsansatz in der Frame-Semantik: dem FrameNet-Projektverbund, den Fillmore in Berkeley initiiert und lange Zeit geleitet hat.[1] Zunächst werde ich daher die – verglichen zu den ersten deutschsprachigen Arbeiten erst später entstandenen – *Methoden* des FrameNet-Projekts skizzieren, um danach die wichtigsten – nicht zufällig allesamt lexikologisch / lexikographisch orientierten – Ansätze in der deutschsprachigen Forschung auszuwerten. Danach werde ich auf neueste Umsetzungsversuche der Frame-Semantik in aktuellen deutschen Forschungsvorhaben eingehen (die aber gar nicht oder kaum an die deutschsprachigen Monographien und Aufsätze anknüpfen), um schließlich auf eine Spezialität der deutschsprachigen Frame-Semantik-Rezeption und -Forschung einzugehen, die international so gut wie keine Parallelen hat: die Nutzung der Frame-Theorie für Zwecke einer *kulturwissenschaftlich* interessierten und orientierten Semantik, bis hin zur Nutzung im Rahmen von Entwürfen für eine „linguistische Epistemologie".

6.1 Fillmores FrameNet: Methoden und technische Implementierung

Bis heute ist das von Fillmore begründete *FrameNet*-Projekt (besser sollte man von einem Projektverbund sprechen, da es Parallel-Projekte im internationalen Maßstab gab oder gibt, etwa in Japan, Spanien, Israel) das umfassendste und technisch am weitesten ausgearbeitete sprachwissenschaftliche Forschungsvorhaben zur Frame-Analyse. Wie die ersten Umsetzungsversuche der Frame-Semantik in Deutschland (Ballmer, Wegner, Konerding, Lönneker) ist *FrameNet* eng mit Zielen der *lexikalischen* Semantik und Lexikographie verknüpft. Da die theoretischen Grundannahmen in diesem Forschungsprojekt – soweit sie über den von Fillmore selbst entwickelten Stand der Frame-Theorie hinausgehen bzw. dazu gewisse Unterschiede oder andere Gewichtungen aufweisen – bereits ausführlich dargestellt und diskutiert wurden,[2] soll es im Rahmen dieses Kapitels vor allem und nur um die konkreten Methoden und ihre technische Umsetzung im Rahmen von FrameNet gehen.

Die Ziele von FrameNet werden in der aktuellsten Darstellung (online verfügbar, nachfolgend als *FN-Handbuch*[3] zitiert) wie folgt bestimmt: (1) Erstellung einer online verfügbaren lexikalischen Ressource für das Englische auf der Basis der Frame-Semantik. (2) „Dokumentation des Bereichs [range] der semantischen und syntaktischen kombinatorischen Möglichkeiten – Valenzen – jedes Wortes in jeder seiner Lesarten, mittels Computergestützter Annotation von Beispielsätzen und automatischer Erstellung von Tabellen und Darstellungen für die Annotations-Ergebnisse." (3) Haupt-Produkt ist die sog. FrameNet-Datenbasis, die Folgendes umfasst: über 11.600 Lexikoneinheiten (davon 6.800 vollständig annotiert), über 960 hierarchisch geordnete semantische Frames, das alles exemplifiziert an über 150.000 annotierten Beispielsätzen (Stand lt. FN-Homepage, Abfrage am 01.07.2011).

---

[1] Dessen *theoretische* Grundannahmen ja bereits oben ausführlich dargestellt und diskutiert wurden.
[2] Siehe dazu oben Kap. 2.8, S. 137 ff.
[3] Ruppenhofer / Ellsworth / Petruck / Johnson / Scheffczyk 2006: *FrameNet II: Extended Theory and Practice*. (Nachfolgend zitiert als *FrameNet-Handbuch*. Zitiert wird aus der Version vom 25.08.2006. Öffentlich zugänglich ist zum Zeitpunkt des Verfassens dieses Abschnitts die inhaltlich unveränderte, allerdings mit abweichendem Layout und anderer Seitenzählung versehene Version vom 14.10.2010. Download am 26.11.2010 um 12:00 h von der Seite: http: / / framenet.icsi.berkeley.edu / index.php? option= com_wrapper&Itemid=126.)

442 *Kapitel 6: Anwendungen und Weiterentwicklungen der Frame-Theorie in der linguistischen Semantik*

Beschrieben werden also Lexikoneinheiten, Frames, Frame-Elemente und (ausgewählte) Beispielsätze.[4] Die *Beschreibungen für Frames* umfassen: eine knappe Paraphrase des Frames, eine Liste der Frame-Elemente (getrennt nach Kern-FE und Nicht-Kern-FE), jeweils versehen mit einer Paraphrase der Funktion des FE im Frame und einem Beispielsatz für eine typische Verwendung des FE in diesem Frame, eine (vordefinierte) Liste der Frame-zu-Frame-Relationen unter Auflistung der Frames, zu denen vom beschriebenen Frame aus Relationen bestehen (mit Links zu den jeweiligen Frame-Beschreibungen), und eine Liste der Lexikalischen Einheiten (LE), die mit diesem Frame verbunden sind (jeweils mit Links zu den Lexikon-Einträgen und zu den annotierten Sätzen, in denen das Zielwort vorkommt, letztere nach Satzmodellen geordnet). Die *Beschreibungen für Lexikon-Einheiten* umfassen: Angabe des Frames, eine sehr knappe Bedeutungs-Definition, eine Tabelle der Frame-Elemente und der syntaktischen Realisierungen der FE (letztere mit Links zu den jeweiligen annotierten Beispielsätzen), eine Tabelle der Valenz-Muster, in denen die LE vorkommt (jeweils mit Links zu annotierten Beispielsätzen). Weiteres Darstellungsinstrument ist ein *Frame Grapher Tool*, das es erlaubt, Frame-Relationen und FE-Relationen in übersichtlicherer graphischer Form anzuschauen.

Zu einem adäquaten Verständnis des Werts und Nutzens der FN-Darstellungen und -Analysen ist es äußerst wichtig, sich den sehr speziellen Gebrauch der Termini „Frame" und „Lexikoneinheit" (bzw. „Zielwort") im FrameNet-Projekt zu vergegenwärtigen. Konkret sind „Lexikoneinheiten" als Ziel („target") einer FrameNet-Analyse zuerst und vor allem ausschließlich Verben und Verb-Derivate; demzufolge sind „Frames" in FrameNet zuerst und vor allem Satz-Frames, wie sie etwa auch in der Valenzgrammatik beschrieben werden.[5] Signifikant ist daher auch der sehr spezifische Gebrauch des Ausdrucks „Frame-evozierend" für LE in FN; gemeint sind tatsächlich nur Verben oder Verbbedeutungen semantisch inkorporierende Lexeme.[6] FrameNet verwendet in der Praxis daher einen sehr eingeschränkten Frame-Begriff, der kaum über (semantisch gedeutete) Valenzrahmen hinausgeht. Konsequent bezieht sich der Terminus „Lexikon-Einheit" auf „prädikative Wörter" im engeren Sinne; „Frames" im Sinne von FrameNet sind damit prädikative Strukturen im satzsemantischen Sinne und weit entfernt von einem allgemeinen Frame-Begriff, wie ihn etwa Barsalou definiert hat. Konsequenterweise sind dann auch die „Frame-Elemente" nur als Aktanten und Circumstanten (Komplemente und Adjunkte) im Sinne der Valenzgrammatik verstanden.[7]

Die Ausführungen zeigen deutlich das Primat syntaktischer Strukturen in der Zielsetzung von FN; verwischt werden dabei aber die deutlichen Differenzen zwischen syntakti-

---

[4] Nur sehr marginal und exemplarisch werden Ganztexte annotiert.

[5] „Eine Lexikon-Einheit ist die Verbindung eines Wortes mit einer Bedeutung. Typischerweise gehört jede Lesart eines mehrdeutigen Wortes zu einem unterschiedlichen semantischen Frame, d.h. einer Skript-ähnlichen konzeptuellen Struktur, die einen spezifischen Typ von Situation, Objekt, oder Ereignis zusammen mit seinen (ihren) Beteiligten und Regenten beschreibt." FrameNet-Handbuch 5.

[6] „Im einfachsten Fall ist die Frame-evozierende LE ein Verb, und die FE sind seine syntaktischen Dependentien." Jedoch „können auch Ereignis-Nomen wie *reduction* ebenso wie Adjektive (wie *asleep*) Frames evozieren." FrameNet-Handbuch 5.

[7] „Der Lexikon-Eintrag für ein prädikatives Wort, der aus solchen Annotationen abgeleitet wird, identifiziert den Frame, der einer gegebenen Bedeutung zugrunde liegt, und spezifiziert die Art und Weise, in denen Frame-Elemente in Strukturen, deren Kopf das Wort ist, realisiert werden." FrameNet-Handbuch 6. Offen bleibt, ob hier von einem semantischen oder einem syntaktischen „Kopf" die Rede ist. Offenbar wird beides unzulässig vermischt.

6.1 Fillmores FrameNet: Methoden und technische Implementierung

scher und semantischer Valenzstruktur, wie sie etwa von Polenz (1985) herausgearbeitet hat. Besonders deutlich wird die implizite Gleichsetzung von „Frames" mit Satzstrukturen und die stärker syntaktische als semantische Zielsetzung von FrameNet bei der Behandlung nicht-prädikativer Lexeme. Diese werden nicht nur (in äußerst problematischer Verkürzung der Vielfalt der Funktionen von nicht-verbderivierten Lexemen) auf „Nomen für Artefakte und natürliche Arten" reduziert;[8] und selbst diese Teilgruppe der Nomen, die überhaupt nur der Analyse für Wert erachtet wird, wird nicht als Frame-evozierend anerkannt. Ihnen wird nur am Rande zugestanden, dass sie über eine lediglich „minimale eigene Frame-Struktur" verfügten. Sogleich wird aber hinzugefügt: „Jedoch dominieren die Frames, die durch Artefakt- und natürliche-Arten-Nomen evoziert werden, kaum oder selten die Sätze oder Teilsätze, in denen sie auftreten, und sind daher selten Ziel der Annotation." (A.a.O. 6) Deutlicher als so kann man das dominant syntaktische Interesse von FrameNet nicht ausdrücken. Es ist dann nur konsequent, dass nicht verbderivierte Nomen nur selten in der FN-Datenbasis beschrieben werden, und wenn, dann meistens nur dann, wenn sie als typische Dependentien auftreten.[9] Die Beschreibung solcher Nomen reduziert sich dann auch völlig auf ihre Funktion in Satzrahmen; ihre „Semantik" bleibt in der FN-Datenbasis äußerst dünn, während die syntaktischen Beschreibungsaspekte stets die Oberhand behalten.

Will man die Zielsetzung und das Ergebnis der FrameNet-Arbeit kurz und präzise zusammenfassen (insbesondere für ein europäisch geschultes Publikum), dann könnt man sagen: FrameNet ist zuerst und vor allem nichts anderes als ein groß angelegtes computerbasiertes Valenzwörterbuch,[10] das vorrangig auf die Beschreibung von syntaktisch-semantischen Strukturen und Relationen zielt, und der Darstellung syntaktisch-semantischer Eigenschaften von solchen Lexemen, die Dependenzstrukturen regieren, eindeutig den Vorrang gibt vor einer im engeren Sinne lexikographisch-semantischen Bedeutungsbeschreibung des gesamten Wortschatzes. Nicht-satzregierende Lexeme kommen überhaupt nur insoweit in den Blick, als sie besonders typische Dependentien in satzförmigen Valenzstrukturen darstellen; auch dann werden sie vor allem nur hinsichtlich ihrer Funktion für die satzse-

---

[8] Womit FrameNet einen in der linguistischen Semantik sehr verbreiteten Fehler begeht, nämlich die große Welt der Abstrakta völlig aus ihrem semantischen Blickwinkel auszuklammern.

[9] „Der Hauptzweck für die Annotation solcher Elemente ist es, die am meisten gebräuchlichen Prädikate zu identifizieren, die Sätze regieren, deren Kopf sie sind, und so die Art und Weise zu illustrieren, in der diese gewöhnlichen Nomen als Frame-Elemente in Frames fungieren, die durch die regierenden Prädikate evoziert werden." A.a.O. 6.

[10] Tatsächlich schreibt Fillmore (1975c, 149) über das Ziel eines Valenz-Wörterbuchs: „Die Entwicklung eines solchen Wörterbuchs war ein Langzeit-Traumprojekt von mir." Allerdings kritisiert er existierende Valenz-Wörterbücher wie Helbig / Schenkel, die „weit von dem großen magischen Buch meiner Träume entfernt" seien, und schließt „ich bin überzeugt, dass das Ziel, das ich im Kopf hatte, nicht erreicht werden kann. Keine Analyse von Oberflächen-Verben kann vollständig die Struktur von Sätzen erklären, die diese Verben enthalten." Anscheinend hat er seine Meinung später wieder geändert mit dem Resultat des FrameNet-Projekts. Etwas später (1982a, 11) konkretisiert er das offenbar nie aufgegebene Ziel als ein ‚Valenz-Wörterbuch, das anders als europäische Ansätze (z.B. Helbig / Schenkel) die Kasus-Struktur nicht als idiosynkratische Eigenschaften einzelner Verben, sondern als abstrakte Muster beschreibt, in die Verben eintreten können'. Die Anlehnung an die alte Kasus-Rahmen-Idee von Fillmore 1968 bleibt hier überdeutlich. Zuletzt lautet die Ziel-Beschreibung so: „Jede Lexikon-Einheit kann mit dem assoziiert werden, was ihre Valenz-Beschreibung genannt werden kann, eine Beschreibung, die sowohl in semantischen wie in syntaktischen Begriffen spezifiziert, was der Ausdruck von seinen Konstituenten und seinem Kontext erfordert, und was er zu den Strukturen beiträgt, die ihn enthalten. Die am meisten entwickelten Systeme von Valenz-Beschreibungen betreffen die Grammatik und Bedeutungen von Verben." Fillmore / Atkins 1992b, 78.

444 Kapitel 6: Anwendungen und Weiterentwicklungen der Frame-Theorie in der linguistischen Semantik

mantische Valenzstruktur erfasst und annotiert. Der Begriff „Wörterbuch" kann im Zusammenhang mit FrameNet irreführend sein, da die Beschreibungen tatsächlich, was ihren
semantischen Gehalt angeht, weit hinter die Intensität normaler Wörterbücher zurückfallen.
Treffender ist es, von einer großen Datenbank für vorrangig valenzgrammatische (und nur
teilweise semantische) Strukturinformationen zu sprechen.[11]

Basis der FN-Praxis ist die Annotation von exemplarischen Beispielsätzen; diese werden
ausgewählt nach ihrer Eignung, stellvertretend für typische Verbalisierungen von Prädikations-Frames zu stehen. Annotiert werden die Konstituenten dieser Sätze nach: Frame-
Element (semantische Rolle, FE), Grammatische Funktion (GF, z.B. Objekt, Subjekt) und
Phrasen-Typ (PT, z.B. Nominalphrase, Präpositionalphrase). Das praktische Vorgehen wird
so beschrieben:

> „Die FrameNet-Arbeit umfasst: [a] semantische Frame-Entwicklung, [b] Korpus-Extraktion, [c] Anno-
> tation von Beispiel-Sätzen.
> [zu a] Die Frame-Erstellung: erfordert: [1] initiale informelle Charakterisierung der Art der vom Frame
> repräsentierten Entität oder Situation, [2] Auswahl von Namen zur Benennung der Einheiten oder Kom-
> ponenten eines Frames (Frame-Elemente), und [3] Erstellung von Listen von Wörtern, die zum Frame
> zu gehören scheinen.
> [zu b] [4] Erschließung des Gebrauchs eines zentralen Mitglieds des Frames im Korpus; [5] Verstehen
> der Syntax und Semantik der Wörter im Frame, [6] Bestimmung der syntaktischen und kollokationalen
> Kontexte für die jeweilige Lesart (teilweise automatisiert).
> [zu c] [7] Menschliche Annotierer wählen repräsentative Beispiele für jede lexikalische Einheit aus und
> [8] fügen Frame-relevante Etikettierungen für ganze Konstituenten in Sätzen hinzu; [9] automatische
> Prozesse ergänzen Annotationen von Konstituententyp (Phrasentyp) und [10] Grammatischer Funktion.
> [11] Andere automatische Prozesse erzeugen formale Valenz-Beschreibungen für jede Lexikon-
> Einheit."[12]

Der Unterschied zu klassischen Wörterbüchern liegt dem Handbuch zufolge darin, dass alle
kombinatorischen Möglichkeiten einer Lexikoneinheit erfasst werden (sollen), dass nur
natürliche Korpora verwendet werden, und dass das Voranschreiten in der Arbeit nicht
Lemma für Lemma, sondern Frame für Frame erfolgt. Da FN den Erfolg der Arbeit in „der
Anzahl der beschriebenen Frames" misst, entsteht der Eindruck, dass in diesem Projekt
Frames als eine Art existierende Entitäten aufgefasst werden, d.h. als eine Art „Individuen",
die ähnlich klar identifiziert werden können wie Lexikoneinheiten (Wörter). Damit wird
impliziert, dass Frames eine Art endliches Verzeichnis bilden, das sich thesaurierend erfassen lässt. Diese Sicht ist nicht kompatibel mit dem Frame-Verständnis etwa von Barsalou
1992, wonach Frames dynamische relationale Strukturen sind, die zu einer infiniten Rekursivität der Frame-Verfeinerung führen. Die Auffassung von Frames als existierenden, identifizierbaren und beschreibbaren Größen hat aus kulturhistorischer, epistemologischer Sicht
einigen Charme, beißt sich jedoch mit Grundannahmen einer allgemeinen kognitiven Frame-Theorie, wie sie von Barsalou initiiert wurden. – Weiter unterscheidet sich FN nach
eigenem Selbstverständnis auch von herkömmlichen sog. „Ontologien", und zwar darin,
dass hier wenig Wert auf die breite Erfassung von Gattungsbegriffen gelegt wird.[13]

---

[11] Es ist bereits oben, im theoretischen Teil zu FrameNet, angemerkt und begründet worden, und soll hier
      nur erinnert werden, dass FrameNet mit dieser Praxis sehr weit hinter den von Fillmore in den Schriften
      seiner „interpretive" oder „understanding semantics"-Phase bereits erreichten bedeutungstheoretischen
      Stand zurückfällt.
[12] Fillmore / Johnson / Petruck 2003b, 247. [Nummerierung durch mich, D.B.]
[13] Dies ist, wie gezeigt, aber nicht nur ein Unterschied zu den in den Kognitionswissenschaften und der
      Computerlinguistik beliebten Ontologien (gemeint sind damit systematisch aufgebaute Begriffshierar-

6.1 Fillmores FrameNet: Methoden und technische Implementierung 445

Wörter oder Lexikoneinheiten sind für FN immer Lexeme in einer bestimmten (ihrer möglicherweise mehrfachen und verschiedenen) Lesart(en). Jeder Lesart eines Wortes entspricht ein gesonderter Frame. Zu „Wörtern" in diesem Sinne werden in FN auch Mehrwort-Lexeme[14] oder Phraseme gezählt. Die LE[15] werden danach gruppiert, ob sie dieselbe Anzahl und dieselben Typen von Frame-Elementen, und genauer: denselben Set von Frame-Elementen evozieren; nur dann werden sie unter einen bestimmten Frame X zusammengefasst. Sobald zwei Wörter einen erkennbar unterschiedlichen Set von FE evozieren, wird die Existenz von zwei verschiedenen (wenn auch benachbarten oder verwandten) Frames angenommen.[16] Auch hierin zeigt sich das vergleichsweise statische Verständnis von Frames als festdefinierten Strukturen mit festen (nicht variablen) Bestandteilen. Bedacht werden muss an dieser Stelle jedoch die Tatsache, dass in FN (trotz der nach wie vor – im Vergleich zu rein kognitiven Ansätzen – starken Orientierung an syntaktischen Oberflächen-Strukturen) die Annahme von sprachlich nicht ausgedrückten, impliziten Frame-Elementen eine zentrale Rolle spielt.[17] Die als Frames titulierten Valenzrahmen sind daher immer zu verstehen als semantische Rahmen, von denen häufiger nur Teile in den entsprechenden Satzstrukturen verbalisiert werden.

FE sollen über alle lexikalischen Einheiten, die mit einem Frame verbunden sind, stabil sein. Als Beispiel dient auch wieder Fillmores Paradefall des „commercial event"-Frames. Auch wenn Lexeme wie *kaufen, verkaufen, bezahlen* den Ober-Frame unterschiedlich perspektivieren, sind die Frame-Elemente (KÄUFER, VERKÄUFER, WARE, GELD) jedoch immer dieselben. Daraus folgt das Ziel, „dass die Interrelationen zwischen allen FE eines Frames dieselben sind für alle LE des Frames" (a.a.O. 14). Dasselbe soll für Präsuppositionen, Erwartungen und Begleitumstände gelten. Sätze, die als Paraphrase zueinander gelten können, werden Frame-semantisch identisch beschrieben, gleich, ob die FE in ihnen explizit oder implizit realisiert sind.[18] Alle LE, die als FE auftreten, werden nach ihrer Grammatischen Funktion (Subjekt, Objekt) und ihrem Phrasentyp (Nominalphrase, Präpositionalphrase ...) sowie ihrer Wortart etikettiert.[19]

---

chien), sondern auch zu normalen Wörterbüchern, die den ihnen entsprechenden Nomen ein gleichrangiges Gewicht zu anderen Autosemantika zuweisen.

[14] Ein großer Teil der Lexikoneinheiten, die damit gemeint sind, fällt im Deutschen jedoch ohnehin unter die Komposita und wird hier schon immer unter den Wortbegriff subsumiert.

[15] Man muss immer daran denken: Gemeint sind stets (oder zuerst und vor allem) nur „Frame-evozierende" Wörter oder Phraseme, und zu diesen rechnen nur Satzframe-evozierende (bzw. Prädikations-Frame-evozierende) Lexeme, also Verben und Verbderivate.

[16] „Alle LE in einem Frame müssen dieselbe Anzahl und dieselben Typen von FE sowohl in expliziten als auch in nicht-expliziten Kontexten aufweisen." – „Wenn die Zahl der wesentlichen, syntaktisch herausragenden FE von LE zu LE oder von Satz zu Satz variiert, dann legt das im Allgemeinen nahe, dass der Frame aufgeteilt werden sollte, so dass jeder resultierende Frame den Unterschied erfasst." FN-Handbuch 2006, 11.

[17] In der Terminologie von Fillmore und FN heißen diese „null-instantiierte" FE. Siehe dazu und zu unterschiedlichen Typen ausführlich oben im theoretischen Teil Kap. 2.8.5, S. 179 ff.

[18] Als Beispiel werden die zwei Sätze genannt: (a) „Ich mailte ihm meine Telefonnummer." und (b) „Ich teilte ihm meine Telefonnummer mit." Die Bedeutung von (a) enthält diejenige von (b) und kann in Bezug auf diese zentrale Prädikation identisch beschrieben werden (als Informationsübermittlungs-Frame, ein Unter-Frame zu einem allgemeineren Kommunikations-Frame). Hinzu kommt in (a) jedoch ein in (b) nur mitgedachtes Instrument-FE.

[19] Als Beispiel-Frame nennt das Handbuch den RACHE-Frame mit Frame-Elementen wie RÄCHER, STRAFE, ANGREIFER, UNRECHT, PARTEI-DER-UNRECHT-GETAN-WURDE usw. und Lexemen wie *avenge, avenger, get even, retaliate, retaliation, ... revenge^V, revenge^N, revenger, vengeance* usw.

446   *Kapitel 6: Anwendungen und Weiterentwicklungen der Frame-Theorie in der linguistischen Semantik*

Die trotz allen Einbezugs von ausdrucksseitig nicht realisierten Frame-Elementen immer noch dominant syntaktische Auffassung von Frames und FE wird etwa deutlich, wenn es heißt: „Die Annotation zielt direkt auf die Dependentien eines Zielworts" (a.a.O. 21). Diese Auffassung zeigt sich in diesem Kontext auch, wenn die „Zielwörter", für die sich FN vor allem interessiert, über die Unterscheidung zweier Typen von Annotation folgendermaßen bestimmt werden: (a) „Annotation relativ zu einem *Frame-tragenden* syntaktischen Regens, entweder ein Prädikat, ein Modifizierer, oder ein referierender Ausdruck" und (b) „Annotation zu einem *slot-filler*, d.h. relativ zu einem referierenden Ausdruck, der ein Frame-Element in einem Frame ist, der nicht durch ihn selbst bestimmt wird, sondern durch ein [anderes] Regens" (a.a.O. 22 f.). Ganz klar wird (a) als Hauptziel von FN ausgewiesen. Wiederum wird durch die Terminologie deutlich, dass als „Frames" im Sinne von Frame-Net implizit nur Verb-Frames bzw. prädikative Frames aufgefasst werden, somit als „Frame-evozierend" nur Verben oder Verb-ähnliche (Prädikationsrahmen regierende) Wörter, während als „Slots" hier ausschließlich Positionen in einem Verb-Valenz-Rahmen verstanden werden, so dass Nomen auf die Funktion von „Fillern" für solche Valenz-Slots reduziert werden, ohne dass ihnen selbst die Funktion der „Frame-Evokation" zugesprochen würde. Trotz aller verbalen Zugeständnisse, dass in FN durchaus auch Nomen (als slot-filler) erfasst würden, wird deutlich, dass sich das Instrumentarium von FN für die vollständige Erfassung von Nomen-Bedeutungen (soweit sie über Verb-basierte Prädikationsrahmen hinausgehen) wohl kaum eignen wird. Von einer vollständigen lexikalisch-semantischen Methode ist das Frame-Modell von FN daher noch ein ganzes Stück weit entfernt.

Konsequenterweise werden in den Beispielsätzen keineswegs alle Wörter etikettiert, sondern nur solche, die als FE infrage kommen. Auch zielt die Annotation bzw. Etikettierung eigentlich nicht auf Wörter, sondern auf *ganze Konstituenten*, wie es explizit heißt (a.a.O. 23). Daraus folgt, dass die Annotation von Phrasentyp und Grammatischer Funktion sich immer auf die ganze Konstituente bezieht, nicht allein das regierende Wort in ihr. Die im Weiteren ausgeführten Spezialregeln für die Annotation betreffen teilweise Konstellationen, die spezifisch für das Englische sind und im Deutschen so nicht vorkommen. Problematisch erscheint der Umgang mit Modalverben (annotiert werden sollen nur die FE des Hauptverbs, nicht die des Modalverbs), da verkannt wird, dass man es hier mit zwei Prädikationen zu tun hat: Einer modalen Prädikation, die auf einer mit dem Hauptverb ausgedrückten Prädikation operiert, die in Relation zu ihr FE ist. Diese Frame-semantisch naheliegendste Lösung scheidet für die Forscher von FN jedoch grundsätzlich aus. Ursache dafür ist eine irgendwo gefällte axiomatische Grundentscheidung, wonach Verben niemals FE sein dürfen. Der Sinn dieser Grundentscheidung kann nur ein rein syntaxtheoretischer sein, da sie satzsemantisch nicht begründbar ist. Interessant sind hingegen die Strategien bei der Analyse des „Zusammenfalls von Frame-Elementen" in bestimmten Ausdrucksweisen in natürlichen Sprachen. So eröffnet der Satz *„Dr. Müller heilte den Epileptiker"* in dem einen Wort *Epileptiker* zwei Objekt-FE, nämlich PATIENS und KRANKHEIT. Grundsätzlich immer liegt FE-Zusammenfall bei Subjekten von reflexiven Verben vor.[20]

Die große Nähe von FrameNet zur herkömmlichen Valenzgrammatik zeigt sich auch darin, dass das Projekt deren Hauptproblem geerbt hat: die (syntaktisch gesprochen) Unterscheidung von *Komplementen* und *Adjunkten* (andere Termini: *Ergänzungen* und *Angaben*,

---

[20]   Das FN-Beispiel: „Pit schnitt sich den Finger am Umschlag." Hier ist Pit gleichzeitig EXPERIENCER des Schneide-Ereignisses und POSSESSOR des Fingers.

6.1 Fillmores FrameNet: Methoden und technische Implementierung 447

Argumente und *Modifizierer*). In FN soll sie aufgefangen werden durch die Unterscheidung von „Kern-Frame-Elementen" und „Nicht-Kern-Frame-Elementen".[21] Kern-FE kann man als die „Frame-definierenden" FE charakterisieren; sie sind typisch für den Frame und „machen den Frame zu etwas einzigartigem und von anderen Frames verschiedenen".[22] Periphere (oder Nicht-Kern-)FE sind solche FE, die mit vielen Frames vorkommen können, wie Angaben zu Zeit, Ort, Art und Weise, Mittel, Grund. Die FN-Autoren gestehen zu, dass die Unterscheidung von Kern und Peripherie bei den FE besser auf Verb-Frames als auf Nomen-Frames (für Gattungs-Nomen) passt, wo sie anders definiert und unklarer festzustellen sei. Typische, aus der Diskussion der Abgrenzungsschwierigkeiten zwischen Ergänzungen und Angaben in der Valenzgrammatik bekannte Probleme treten auch in FN auf, etwa wenn zwischen „weglassen" und „null-instantiiert, aber konzeptuell präsent" unterschieden werden soll.[23] Zahlreiche an die Abgrenzung verschiedener Typen von Frame-Elementen und an die Differenzierung von Frame-Elemente-Relationen geknüpfte Überlegungen in FN zeigen immer wieder die für dieses Vorhaben typische enge Bindung Frame-theoretischer an ausdruckssyntaktische Fragen.

Da FrameNet im Wesentlichen ein Vorhaben zur Computer-Implementation einer Frame-analytischen Datenbasis ist, erschließt sich die FN-Methode am besten über die Datenmasken, die als Werkzeuge benutzt oder als Ergebnisdarstellungen erzeugt werden. Ein FrameNet-Lexikoneintrag (vgl. das Bsp. *buyer*, ‚Käufer' in Abb. 6-1) sieht, vergleicht man ihn mit dem Eintrag in einem „normalen" Wörterbuch, auf den ersten Blick recht „karg" aus, doch stecken darin mehr Informationen, als es zunächst den Anschein hat. Der genauere Blick zeigt jedoch auch, dass das eindeutige Übergewicht in einem solchen Eintrag auf *syntaktischen* Informationen liegt, während die im engeren Sinne *semantischen* Informationen ausgelagert sind in die Frame-Darstellung, auf die in den Lexikoneinträgen lediglich verwiesen wird (in der Anzeige-Maske durch einen Link sofort abrufbar). Deutlich wird, dass z.B. Nomen (die sog. „Slot-Filler") vor allem über die regierenden Verben und deren übergeordneten Frame definiert werden.[24] Frame-Elemente des übergeordneten Verb-Frames werden zu FE des Bezugsworts deklariert, obwohl das Nomen *Käufer* selbst ja keinerlei Valenz-Stellen eröffnet. Breiten Raum nimmt die Auflistung der Valenz-Muster ein, in denen das Bezugswort auftreten kann. Für jedes Satzmuster werden ein oder mehrere annotierte Beispielsätze präsentiert (verlinkt).

Deutlich ausführlicher als die „Lexikoneinträge" (als Beschreibungen von Lexikoneinheiten) sind die Beschreibungen der Frames selbst (siehe Abb. 6-2). Sowohl der Frame wird (vergleichsweise ausführlich) paraphrasiert, als auch alle einzelnen Frame-Elemente.

---

[21] Siehe dazu ausführlich bereits im theoretischen Teil oben, Kap. 2.8.4, S. 164 ff.

[22] Handbuch 2006, 26; das ebenfalls genannte Kriterium „konzeptuell notwendig" ist schwer operationalisierbar; seine Probleme wurden ebenfalls oben bereits ausführlich diskutiert.

[23] FN nimmt zu diesem Zweck sog. *coreness sets* an, die sie in Bewegungs-Frames für Personen in Bezug auf QUELLE, PFAD, ZIEL exemplifizieren. Es würde, sagen sie, die Präsenz eines einzigen FE aus solchen Sets im Satz genügen, damit alle anderen konzeptuell präsent sind. Dann müsse man keine Null-Instantiierung annehmen. Hier wird wieder deutlich, dass viele Begriffe in FN rein beschreibungsbezogene Ad-hoc-Termini sind, deren theoretischer (dauerhafter) Wert und Status durchaus fraglich ist. Zu den Problemen im Umgang mit Begriffen in FN, und deren sehr oft feststellbarem Ad-hoc-Charakter, wurde ebenfalls oben in Kap. 2.8.1 bereits ausführlich Stellung genommen.

[24] Laut FN sei es sehr aufwändig, für ein Verb zu annotieren, welche Objekte es haben kann; lexikographisch sehr viel weniger aufwändig sei es, für ein (Gattungs-)Nomen (und für Nomen-Prädikat-Relationen) aufzulisten, in welchen Frames diese vorkommen können. (FN-Handbuch, 65).

Lexical Entry

buyer.n

Frame: Commerce_scenario

Definition: COD: a person who buys.

Governor(s): acquire, arrange, authorise, find, flow, go, inform, look, pay, provide, purchase, save, seek, sell, win

Support(s): have

Frame Elements and Their Syntactic Realizations

The Frame Elements for this word sense are (with realizations):

Frame Element	Number Annotated	Realization(s)
Buyer	(59)	DEN.-- (54) NP.Ext (5)
Goods	(20)	N.Dep (7) NP.Dep (1) PP[for].Dep (2) PP[of].Dep (8) Poss.Gen (1) NP.Ext (1)
Means	(1)	N.Dep (1)
Money	(1)	PP[at].Dep (1)
Rate	(2)	NP.Dep (1) AJP.Dep (1)
Seller	(1)	NP.Ext (1)

Valence Patterns:
These frame elements occur in the following syntactic patterns:

Number Annotated	Patterns		
38 TOTAL	Buyer		
(34)	DEN --		
(4)	NP Ext		
17 TOTAL	Buyer	Goods	
(7)	DEN --	N Dep	
(1)	DEN --	NP Dep	
(7)	DEN --	PP[of] Dep	
(1)	DEN --	Poss Gen	
(1)	NP Ext	PP[of] Dep	
1 TOTAL	Buyer	Goods	Rate
(1)	DEN --	PP[for] Dep	NP Dep
1 TOTAL	Buyer	Goods	Seller
(1)	DEN --	PP[for] Dep	NP Ext
1 TOTAL	Buyer	Means	
(1)	DEN --	N Dep	
1 TOTAL	Buyer	Rate	
(1)	DEN --	AJP Dep	
1 TOTAL	Goods	Money	
(1)	NP Ext	PP[at] Dep	

Abb. 6-1: FrameNet-Datenbank: Lexikoneintrag für *buyer.*

6.1 Fillmores FrameNet: Methoden und technische Implementierung   449

Commerce_scenario

Definition:

Commerce is a situation in which a **Buyer** and a **Seller** have agreed upon an exchange of **Money** and **Goods** (possibly after a negotiation), and then perform the exchange, optionally carrying it out with various kinds of direct payment or financing or the giving of change.
The **Seller** indicates their willingness to give the **Goods** in their possession to a **Buyer** who would give them some amount of **Money**. The **Seller** may have already decided on the amount of money that they would require, in which case it is called the Asking price.

The **Buyer** also indicates their willingness to give an amount of money called an Offer to a **Seller** who would give them the **Goods**.

Normally the process is begun by the **Seller**. The means by which the Seller indicates their wish to engage in an exchange are various, ranging from putting a price tag on an item on a store shelf, to advertizing, to communicating directly and specifically with a possible **Buyer**. In some cases, however, the process may be initiated by the **Buyer** indicating to a possible **Seller** that they would like to make an exchange.

Semantic Type: Non-perspectivalized_frame

FEs:
Core:

Buyer [Byr]	The **Buyer** has the **Money** and wants the **Goods**. *She was considered a PURCHASER of the finest things.*
Goods [Gds]	**Goods** is anything including labor or time, for example, which is exchanged for **Money** in a transaction. *She was considered a PURCHASER of the finest things*
Money [Mny]	**Money** is given in exchange for **Goods** in a transaction. *The PRICE of the sweater was $50.*
Seller [Slr]	The **Seller** has the **Goods** and wants the **Money**. *My local grocery store raised PRICES on meat.*

Non-Core:

Manner [Manr] **Semantic Type:** Manner	Manner of performing an action
Means [Mns] **Semantic Type:** State_of_affairs	The means by which a commercial transaction occurs. *It is efficient to engage in COMMERCE by ship.*
Purpose [] **Semantic Type:** State_of_affairs	A state of affairs that the agent intends to bring about as a result of participating in the Commercial Transaction.
Rate [Rate]	In some cases, price or payment is described per unit of Goods. *The authorities cut tomato PRICES to a dollar per pound.*
Unit [Unit]	This FE is any unit in which goods or services can be measured. Generally, it occurs in a by-PP. *The PRICE of Bob's peppers is determined by the pound.*

Frame-frame Relations:
Inherits from:
Is Inherited by:
Perspective on:
Is Perspectivized in:
Uses:
Is Used by: Businesses, Exchange_currency, Expensiveness
Subframe of:
Has Subframe(s): Commercial_transaction, Having_commercial_agreement
Precedes:
Is Preceded by:
Is Inchoative of:
Is Causative of:
See also:

Abb. 6-2a: FrameNet-Datenbank: Frame-Darstellung für COMMERCE_SCENARIO (Teil 1).

450 *Kapitel 6: Anwendungen und Weiterentwicklungen der Frame-Theorie in der linguistischen Semantik*

Lexical Units:

buyer.n, commerce.n, goods.n, merchandise.n, price.n, purchaser.n, retailer.n, seller.n, supply side.n, trafficker.n, vendor.n

Created by 731 on 02/07/2001 04:12:28 PST Wed

Lexical Unit	LU Status	Lexical Entry Report	Annotation Report	Annotator ID	Created Date
buyer.n	Finished_Initial	Lexical entry	Annotation	197	07/06/2001 11:59:31 PDT Fri
commerce.n	Created	Lexical entry	Annotation	303	11/12/2004 02:55:14 PST Fri
goods.n	Created	Lexical entry	Annotation	197	07/06/2001 12:15:58 PDT Fri
merchandise.n	Created	Lexical entry	Annotation	571	11/02/2010 12:32:10 PDT Tue
price.n	Finished_Initial	Lexical entry	Annotation	197	07/06/2001 11:51:15 PDT Fri
purchaser.n	Finished_Initial	Lexical entry	Annotation	197	07/06/2001 12:45:07 PDT Fri
retailer.n	Finished_Initial	Lexical entry	Annotation	197	07/06/2001 12:10:18 PDT Fri
seller.n	Finished_Initial	Lexical entry	Annotation	197	07/06/2001 12:05:00 PDT Fri
supply side.n	Created	Lexical entry		664	04/11/2007 03:58:18 PDT Wed
trafficker.n	Created	Lexical entry	Annotation	618	04/08/2005 11:39:09 PDT Fri
vendor.n	Finished_Initial	Lexical entry	Annotation	197	07/06/2001 12:34:32 PDT Fri

Abb. 6-2b: FrameNet-Datenbank: Frame-Darstellung für COMMERCE_SCENARIO (Teil 2).

Zudem wird für die meisten Frame-Elemente auch ein annotierter Beispielsatz präsentiert. Angegeben werden die für den jeweiligen Frame geltenden Frame-zu-Frame-Relationen (welche selbst eine eng begrenzte, vorab definierte endliche Liste bilden). Ferner verzeichnet die Frame-Datenmaske die in der Datenbank mit diesem Frame verknüpften Lexikoneinheiten mitsamt Links zu den Lexikoneinträgen und zu annotierten Sätzen.

Ein interessantes weiteres technisches Darstellungsinstrument ist das Frame Grapher Tool, das präziser eigentlich „Frame Relations Grapher Tool" heißen müsste, da es vor allem Frame-zu-Frame-Relationen, Frame-Abhängigkeiten usw. visualisiert (und Frame- wie Frame-Element-Beschreibungen aller vernetzten Frames direkt zugänglich macht). Ein großer Teil der (restlichen) Ausführungen im FrameNet-Handbuch ist dann zahllosen Aspekten der Etikettierung von *Phrasentypen, Grammatischen Funktionen*[25], *Semantischen Relationen* und *Typen* sowie *„extra-thematischen Frame-Elementen"* gewidmet, die allesamt stärker syntaktisch als semantisch orientiert und motiviert sind.[26] Die Anzahl der angenommenen „Frame-zu-Frame-Relationen" (besser: -Typen), die dem FN-Verständnis

---

[25] FN kennt nur drei „grammatical functions", nämlich „external argument" (gemeint: Subjekt), „object" (nur ein einziges pro Frame / Verb ist zugelassen) und „dependent" (der ganze Rest).

[26] Die Ausführungen und hier definierten Etikettierungs-Konventionen von FN enthalten teilweise (undiskutierte) hochproblematische Annahmen. Beispielhaft dafür sei nur die Entscheidung genannt, bei ditransitiven Verben nur eines der Nicht-Subjekt-Komplemente als „Objekt" zu annotieren, das zweite aber (kategorial gleichrangig mit den adverbialen Angaben) als „Dependens". (a.a.O. 94). Im konkreten Beispiel führt das dazu, dass das direkte Objekt (das wäre im Deutschen das Akkusativobjekt) als (niederrangiges) „Dependens" etikettiert wird, aber ausgerechnet das indirekte Objekt (im Deutschen Dativ-Objekt) als einziges „Objekt". Als Erläuterung heißt es nur: „In Übereinstimmung mit den Konventionen der Construction Grammar …".

6.2 Lexikologisch-lexikographische Ansätze in Deutschland 451

nach eine kleine endliche Menge bilden (siehe Abb. 6-3), hat im Verlaufe der FN-Arbeit zugenommen, was unterstreicht, dass es sich hierbei zumindest teilweise eher um Ad-hoc-Kategorien als um theoretisch sorgfältig begründete Typen handelt.[27]

Relation	Sub	Super
Inheritance	Child	Parent
Perspective_on	Perspectivized	Neutral
Subframe	Component	Complex
Precedes	Later	Earlier
Inchoative_of	Inchoative	State
Causative_of	Causative	Inchoative/ State
Using	Child	Parent
See_also	Referring Entry	Main Entry

Abb. 6-3: Types of Frame to Frame Relations (FrameNet-Book 2010, 75).

Die Etikettierung von Frame-Elementen mit sog. „semantischen Typen" ist eine Art Verlegenheitslösung, denn sie ‚dient dem Darstellen von Informationen, die in den Frame- und FE-Hierarchien nicht repräsentiert werden können'. Es handelt sich also um eine Art Restklasse oder -kategorie von Aspekten. Es geht um so heterogene Phänomene wie semantische Subkategorisierung (z.B. „empfindungsfähig" für den Filler eines FE), Informationen wie „Nicht-lexikalisiert" für einen Frame, übliche Konnotationen und Wertungsbedeutungen und sog. „Lexikalische Typen" (wie „transparent nouns",[28] Funktionsverbgefüge-Elemente, „biframal LU"). Manche der Darstellungskonventionen sind auch hier rein technisch bedingt, was unklar lässt, ob hier überhaupt theoretische Entitäten postuliert werden sollen. Insgesamt erweckt die gesamte FrameNet-Praxis sehr stark den Eindruck, als ginge es hier vorrangig um ein rein beschreibungstheoretisches Frame-Verständnis.

6.2   Lexikologisch-lexikographische Ansätze in Deutschland

Nachfolgend werte ich die wichtigsten – nicht zufällig allesamt lexikologisch / lexikographisch orientierten – Arbeiten zur Frame-Semantik in der deutschsprachigen Forschung hinsichtlich weiterführender Erkenntnisse zum Frame-Konzept und spezifischer Umsetzungen aus. Es sind dies die drei Monographien von Wegner 1985 (und ihre Basis bei Ballmer/ Brennenstuhl 1981), Konerding 1993 und Lönneker 2003 (die stark an Konerding orientiert ist); also, wenn man so will, aus jedem Jahrzehnt seit Aufkommen der Frame-Theorie eine monographische Darstellung im wahrsten Sinne des Wortes, als isolierter Ansatz mit (bislang) wenig Folgen und Rezeption.[29] Während Wegner 1985 einen ersten tastenden Versuch einer lexikographischen Umsetzung mit Computer-technischen Zielen (oder nur Mit-

---

[27]   Siehe dazu bereits die Diskussion im theoretischen Teil, Kap. 2.8.6, S. 182 ff. Zur Definition der einzelnen Relationen-Typen siehe dort.

[28]   Wie *Tasse* in eine *Tasse Kaffee* oder *Art* in *eine Art Sofa* usw.

[29]   Die vierte wichtige deutschsprachige Monographie zur Frame-Semantik, Ziem 2008, unterscheidet sich durch den hohen Grad an theoretischer Reflexion, vor allem aber durch ihre anders orientierte Zielsetzung und ihren zusammenfassenden und die Frame-Theorie neu durchdenkenden Charakter deutlich von den vorgenannten Arbeiten und wird in eigenem Abschnitt (s.u. Kap. 6.4.4) ausführlich gewürdigt.

teln?) und nur wenigen theoretischen Reflexionen darstellt (die sich stärker bei seinem theoretischen Vorbild Ballmer finden lassen), und der Ansatz von Lönneker 2003 ebenfalls vor allem auf eine Computer-lexikographische Implementierung des Frame-Modells zielt und schon auf zahlreichen Vorbildern (so v.a. FrameNet und Konerding) aufbauen kann, stellt die Arbeit von Konerding 1993 einen vergleichsweise eigenständigen und ausgearbeiteten Versuch einer Weiterentwicklung und Empirisierung der Frame-Theorie im Rahmen lexikographischer Zielstellungen dar.

6.2.1 Ballmer / Brennenstuhl und Wegner

Den Kern der deutschsprachigen linguistischen Frame-Forschung bilden vier als Dissertationen entstandene Monographien, von denen die drei früheren eindeutig dem Themenspektrum der Lexikologie und Lexikographie zugeordnet werden können, also vor allem empirisch-forschungspraktische Zielsetzungen verfolgen.[30] Den Anfang machte Immo Wegner 1985. Da der Autor ausdrücklich auf Thomas T. Ballmer als Anreger in der Frame-Theorie verweist, werde ich jedoch dessen Ansatz (u.a. in Ballmer / Brennenstuhl 1981 zusammengefasst) zunächst darstellen. Ballmer / Brennenstuhl kommt das Verdienst zu, das enorme analytische Potential der Frame-Theorie für die linguistische Semantik klar erkannt zu haben. Insbesondere vollziehen sie die mit der Frame-Theorie einsetzende (für Linguisten bis heute nicht selbstverständliche) Wendung hin zu einer umfassenden Analyse des semantisch relevanten Wissens mit.[31] Sie stellen fest, dass die Frame-Theorie bei weitem noch nicht ausreichend entwickelt ist, und fordern ihre systematische Ausarbeitung.[32] Sie formulieren überaus starke Ansprüche, die eine Frame-Konzeption, wenn sie in ihren Augen das Prädikat „Theorie" verdienen soll, erfüllen muss.[33] Man kann sie zusammenfassen

---

[30] Es ist symptomatisch und vermutliche kein Zufall, dass die Übernahme, Umsetzung und Weiterentwicklung der Frame-Semantik in der deutschen Linguistik ausschließlich oder vorrangig von jungen Nachwuchswissenschaftlern getragen wurde, und dass sich bei „etablierten" Linguisten (mit wenigen Ausnahmen, wie den Arbeiten von Josef Klein und dem Verfasser dieser Abhandlung) praktisch kein Bemühen um Überprüfung und Weiterentwicklung der vorgefassten theoretischen Positionen eingestellt hat. (Man kann dies als eine implizite Bestätigung für Thomas Kuhns Annahmen über die Ablauf-Mechanismen theoretischer Neuerungen und Paradigmen-Wechsel sehen – übrigens auch ein guter Gegenstand für Frame-Analysen ...) – Neben den hier behandelten Monographien gab es noch diverse computerlinguistische Forschungsprojekte, teilweise in Nähe zum FramneNet-Modell, die jedoch keine neuen theoretisch interessanten Aspekte erbracht haben.

[31] „Frame-Theorie ist ein vielversprechender Schlüssel für die Repräsentation der Organisation von und des Umgangs mit komplexen Domänen des Wissens." Ballmer / Brennenstuhl 1981, 297. [Übersetzung aus dem englischsprachigen Original jeweils durch Verf., D.B.]

[32] Die Worte, mit denen sie das tun, gelten – auf die Linguistik umgemünzt – fast uneingeschränkt auch heute, mehr als ein Vierteljahrhundert später, noch nahezu unverändert: „Die gegenwärtige Situation suggeriert, dass die Frame-Theorie – so, wie sie dasteht – ein wohl-etabliertes und wohl-akzeptiertes Feld der Kognitionswissenschaft ist. Dies trifft, streng genommen, jedoch so nicht zu." Trotz aller Forschungsbemühungen „ermangelt es immer noch eines kohärenten Forschungsprogramms, das auf eine systematische und empirische Untermauerung des Begriffs ‚Frame' zielt." Ballmer / Brennenstuhl 1981, 297. Präziser: Heute mangelt es nicht an Modellen, aber an ihrer Kohärenz und Einheitlichkeit bzw. Zusammenführung.

[33] „Solange es keine empirisch validierbare heuristische Methode gibt, um zu entdecken, welche Frames existieren, und keine Methode, um solche Resultate empirisch zu validieren, kann es keine Frame-Theorie geben. Eine Theorie aufzustellen, setzt klare Begriffe und eine klare Entscheidung darüber voraus, über welche Objekte man spricht. Solange es kein Mittel gibt, Frames zu identifizieren und syste-

6.2 Lexikologisch-lexikographische Ansätze in Deutschland 453

als: Objektivierung, Systematisierung, Katalogisierung, Validierung. Schon diese Forschungsziele machen skeptisch hinsichtlich der Angemessenheit des von den Autoren skizzierten Frame-Modells. Trotz vieler richtiger Überlegungen und Hinweise der Autoren neigt man daher nach Lektüre dazu, zu konstatieren: grandios gescheitert.

Die Autoren vertreten die im Kontext der vorliegenden Darstellung wichtige Auffassung, dass sich der Wert der Frame-Theorie in der Linguistik vor allem bei der Erforschung des Wortschatzes und der Semantik zeigt. Oder anders ausgedrückt: ein lexikalischer Ansatz ist die ideale Form der (linguistischen) Frame-Forschung.[34] Im Wortschatz zeigt sich, was für die Menschen einer Kultur relevant ist, so dass man den Wortschatz insgesamt auch als das Inventar des Wissens (die Autoren: der für die Menschen relevanten Dinge) ansehen kann:

„Weil Frames kognitive Strukturen sind, die als Instrumente dafür dienen, psychologisch und sozial relevante Phänomene zu repräsentieren und zu behandeln, ist es nur natürlich, einen näheren Blick auf das Lexikon zu werfen, das die sprachlichen Dokumente dessen erfasst, was für die Sprachteilnehmer am meisten relevant ist.
Das Lexikon ist das Arsenal sprachlicher Elemente, das dazu dient, die komplexeren sprachlichen Ausdrücke aufzubauen und die fundamentalen kommunikativen Kräfte zu tragen. Als solches überbrückt es die Kluft zwischen Kontext und Text, d.h. zwischen Frames – als den kognitiven Korrelaten prototypischer Kontextstrukturen – und den komplexeren sprachlichen Einheiten – als den Instrumenten für die Steuerung und Manipulation (in einem neutralen Sinne) des Kontexts gemäß den Zielen des Kommunizierenden."[35]

Sprachzeichen als ‚Dokumente der Relevanz' (von Wissen, Frames), das ist ein wichtiger Aspekt jeder Sprachtheorie und treffend formuliert. Mit der Formulierung „Frames als kognitive Korrelate prototypischer Kontextstrukturen" sind die Autoren den üblichen Frame-Modellen – insbesondere in der Linguistik und Semantik – deutlich voraus, weil sie zu Recht den Kontext-Begriff epistemologisch (wissensanalytisch) definieren und ihn – so definiert – in den Mittelpunkt der Frame-Theorie stellen.[36] Frames als Struktureinheiten der Kontextualisierung und Sprachzeichen als Mittel zur Steuerung von Kontexten (im Wissen bzw. Verstehen der Rezipienten), d.h. als Kontextualisierungs-Instrumente, das weist auf zentrale Elemente hin, die jede (sprachtheoretisch und semantisch) angemessene Frame-

---

matisch zu katalogisieren, haben wir keine Berechtigung, von einer Theorie dieser Domäne zu sprechen." Ballmer / Brennenstuhl 1981, 297 f. Aus den starken Formulierungen spricht ein problematischer Objektivismus, der so nach Minsky und Barsalou, eigentlich aber auch nach Fillmores „interpretativer" Perspektive, für einen Frame-Theoretiker eigentlich nicht (mehr) möglich sein sollte. Die „Objekte" sind ohne der zugehörige Theorie ja gar nicht als solche erkennbar, geschweige denn identifizierbar und systematisierbar. Solange – wie hier offenbar – die Identifizierung und Systematisierung von „Frames" als der Theorie vorgängig postuliert wird (da sie ja erst danach wirklich „Theorie" sei …) muss nicht nur ein verqueres Verständnis von Prozessen wissenschaftlicher Erkenntnis konstatiert werden, sondern kann sich kein adäquates Verständnis der Rolle von Frames in Kognition und Sprache einstellen. Die Autoren haben offenbar keinerlei vertiefte Erkenntnis (oder Reflexion) über den kognitiven Status von Frames und halten sie fälschlich für objektiv feststellbare Objekte. Man könnte auch sagen: eine Frame-Theorie, die versucht, den hier postulierten Anforderungen zu genügen, muss *notwendigerweise* scheitern.

[34] „Das Lexikon, d.h. die Menge der Wörter einer Sprache, dient als ein idealer Startpunkt sowohl für die systematische Analyse und Auflistung von Frames als auch dafür, komplexe sprachliche Ausdrücke mit den so etablierten begrifflichen Frames zu verknüpfen." (298)

[35] Ballmer / Brennenstuhl 1981, 298. Der Bezug dieses „Relevanz-Prinzips" zur Relevanz-Theorie der Kommunikation nach Sperber / Wilson 1986 müsste noch geklärt werden.

[36] Eine ähnliche Auffassung wurde in dem in Busse (1991a, 131 ff.) skizzierten Kommunikationsmodell vertreten.

454   *Kapitel 6: Anwendungen und Weiterentwicklungen der Frame-Theorie in der linguistischen Semantik*

Theorie integrieren und erklären muss. Nach Auffassung der Autoren „liefert die Frame-Theorie den Startpunkt für eine gründliche Analyse von Kontext-Strukturen" (a.a.O. 298). So sehr dem zuzustimmen ist, so bedauerlich ist, dass sie dieser klaren Ansage keine adäquaten methodischen Konsequenzen folgen lassen.

Ziel ihres Ansatzes ist eine „systematische Erfassung der Strukturen des Lexikons" in inhaltlich-semantischer Hinsicht, und zwar gemeint als „Analyse der Struktur des gesamten Wortschatzes"; darunter machen sie es nicht.[37] Beispielhaft durchgeführt haben sie nach eigenen Aussagen eine solche Analyse als „semantische Kategorisierung des gesamten [deutschen] Verb-Wortschatzes".[38] Eine solche Kategorisierung (und Katalogisierung) des gesamten Verb-Wortschatzes muss nach Auffassung der Autoren immer „sprachlich rechtfertigbar sein und aus der Sprache selbst entwickelt werden" (a.a.O. 300). Es ist jedoch durchaus unklar, was das heißen soll: „aus der Sprache selbst". Die Autoren ignorieren hier offensichtlich den insbesondere von Fillmore so stark hervorgehobenen interpretativen Charakter jeder Semantik; man könnte daher auch sagen: sie frönen einem problematischen, und zudem vor-Fillmore'schen semantischen Objektivismus. Mit Fillmore in Einklang sind sie hingegen, wenn sie den *Verben* eine zentrale Rolle für den Wortschatz und die (Semantik der) Sprache generell zuweisen und sie als erstes in den analytischen Blick nehmen. Sie wählen den Verb-Wortschatz als Erprobungsobjekt ihres Ansatzes nicht nur aus praktischen Gründen,[39] sondern aufgrund seiner „vermittelnden Rolle zwischen der Ebene von Text / Satz und den kategorisierenden Nomen. Für Textlinguistik, Syntax und nominale Semantik spielt das Verb die Schlüsselrolle" (300). Anders als Fillmore, dem die Fokussierung seines Frame-Modells auf Verben (bzw. prädikative Frames) eher zu unterlaufen scheint (auch wenn sie sich natürlich aus der syntaktischen Motivierung das Kasus-Rahmen-Ansatzes erklären lässt), hat die Fokussierung von Ballmer / Brennenstuhl auf Verben den Vorzug, dass sie diese Wahl explizit begründen und mit einem grundsätzlichen Primat der Verb-Semantik (implizit: Prädikations-Semantik) rechtfertigen.[40]

Für ihr praktisches Vorgehen machen die Autoren folgende Rechnung auf: 20.000 deutsche Verb-Formen wurden auf 13.000 Verben (= gebräuchliche Lesarten) reduziert, die unter Auslassung von Mehr-Morphem-Verben auf 8.000 simplizische Verbformen begrenzt wurden. Daraus haben sie 1.300 „Kategorien" entwickelt, die sie zu 40 „Modellen", die in 11 „Modell-Gruppen" organisiert sind, zusammengefasst und schließlich auf 3 Verb-Typen (abstrakte Verben, Zustand- / Prozess-Verben, Handlungs-Verben) reduziert haben, was

---

[37] Ballmer / Brennenstuhl 1981, 299. Dieses Ziel ist dem von Fillmore + FrameNet sehr ähnlich.

[38] A.a.O. 299. Doch sie bedauern: „Eine (diesen Kriterien gerecht werdende) Untersuchung der semantischen Struktur eines ganzen Wortschatzes muss jedoch zum gegenwärtigen Zeitpunkt begrenzt werden auf *typische* Kontexte des Gebrauchs eines Wortes und kann nicht alle Details und Eventualitäten von Kontexten in Betracht ziehen." (299) Die ganze Maßlosigkeit des hier vertretenen Standpunktes zeigt sich in den Nebentönen, hier in „zum gegenwärtigen Zeitpunkt". Dass sie eine vollständige Analyse aller Kontexte des Gebrauchs eines Wortes (d.h. eine hundertprozentig exhaustive Semantik) *überhaupt* (d.h. *prinzipiell*) für möglich halten, zeigt, dass die Autoren fundamentalen sprachtheoretischen Irrtümern unterliegen. Außer Acht bleibt hier alles, was später Barsalou 1992 und 1993 über die unabschließbare Verfeinerung von Frame-Strukturen (nach dem Prinzip der Rekursion) ausgeführt hat. Außer Acht bleiben auch alle bezüglich solcher Exhaustivitäts-Ziele skeptischen Überlegungen aus der Schule der Gebrauchstheorie der Bedeutung nach Wittgenstein.

[39] Weil er klein bzw. überschaubar genug ist, um in einem „normalen" Forschungsprojekt erforscht zu werden, und andererseits groß und zentral genug, um repräsentativ zu sein für Sprache insgesamt.

[40] Diese Schwerpunktsetzung richtet sich *ex-ante* direkt gegen den verkürzenden Blick nominal fokussierter Frame-Modelle, wie etwa Barsalou 1992 eines formuliert.

6.2 Lexikologisch-lexikographische Ansätze in Deutschland

zusammengefasst insgesamt die 1 grammatische Kategorie „Verb" ergibt.[41] Man kann dieses Vorgehen als Versuch eines semantischen „Eindampfungs-Verfahrens" (oder „Destillations-Verfahrens") einstufen. (Das Zahlenverhältnis von 1 : 3 : 11 : 40 : 1.300 : 8.000 : 20.000 ist den Autoren sehr wichtig.) Frappant ist vor allem die ungebrochene Hoffnungsgläubigkeit, dass ein solches Verfahren die zuvor formulierten äußerst strengen Anforderungen an Theorie und Methode erfüllen könnte und überhaupt zu objektivierbaren Ergebnissen führen kann.[42] Am Beispiel: Für das HANDLUNGS-Modell stellen sie folgende „Kategorien" (bzw. Unter-Modelle) fest: WÜNSCHEN, WOLLEN, PLANEN, ANFANGEN, TUN, ZUM ABSCHLUSS BRINGEN, ERFOLG HABEN, MISSERFOLG HABEN.[43] Bei der Gruppierung der Verben des Korpus zu größeren Gruppen gingen die Autoren von einem intuitiven Urteil darüber aus „welche Verben zusammengehören". Statt nun, wie es naheliegen würde, die Intuition als Basis solcher Entscheidungen in Frage zu stellen und Maßnahmen zu diskutieren, wie man sie methodisch einfangen bzw. in ihren Auswirkungen abschwächen kann,[44] gehen sie in die Gegenrichtung und hypostasieren sie zum Phänomen der „Bedeutungs-Adjazenz" („Bedeutungs-Nachbarschaft"), die später treffender (und die Probleme deutlicher machend) als „Bedeutungs-Ähnlichkeit" bezeichnet wird (303). Mit diesem Begriff weisen sie durchaus auf eine wichtige Eigenschaft unseres Wortschatz- und Frame-Wissens hin. Doch insinuiert der (aus der Syntax übernommene) Begriff der „Adjazenz", als sei die „Nachbarschaft" oder „Ähnlichkeit" von zwei Bedeutungen in ähnlicher Weise direkt beobachtbar und damit auf einer ähnlich sicheren Basis entscheidbar wie die Nachbarschaft von zwei ausdrucksseitig realisierten Wörtern in der Zeichenkette einer syntagmatischen Struktur. Mit einer solchen terminologischen Anlehnung schafft man aber Illusionen hinsichtlich der Sicherheit semantischer Urteile.

Dies verschärft sich noch bei dem zweiten Phänomen, das die Autoren zusammen mit der „Bedeutungs-Adjazenz" ansprechen: Präsuppositionen. So präsupponiere das Verb *etwas planen* das Verb (oder die Kategorie) *etwas wollen*.[45] Dahinter verbirgt sich zunächst ein für die Semantik sehr wichtiger Gedanke: dass implizite Wissens-Voraussetzungen eine zentrale Rolle für unser Sprach-Verstehen spielen, und diese dann konsequenterweise auch in der linguistisch-semantischen Beschreibung (z.B. in der Lexikographie) wie in der Bedeutungstheorie spielen müssten. Es ist ein durchaus beachtenswertes Verdienst der Autoren, dass sie die zentrale Rolle Präsuppositions-artiger Wissens-Voraussetzungen für die Semantik natürlicher Sprachen so deutlich hervorheben. Während Fillmore mit seinen „Re-

---

[41] Dies kann man dadurch rechtfertigen, dass Mehr-Morphem-Verben, z.B. Präfixverben, semantisch schon kompositionell sind und daher zusätzliche Kategorisierung- und Analyse-Probleme aufwerfen, die bei dem Versuch der Gewinnung eines Grund-Modells, wie hier, nur stören.

[42] Interessant wäre, zu erfahren, ob das Modell auch mit Verben in Texten über fiktionale Welten, und überhaupt mit Neologismen zurechtkommt, wie, sagen wir einmal, *„Beam mich hoch, Scotty"* in den Star-Trek-Filmen. Anders ausgedrückt: Der Exhaustivitäts-Anspruch, den die Autoren mit ihrem Verfahren vertreten, widerspricht diametral dem Gedanken der unendlichen Rekursivität von Frame-Verfeinerungen, wie es Barsalou 1992 überzeugend nachgewiesen hat.

[43] Spontan fällt auf: Es fehlen z.B. „ERWÜNSCHTE FOLGEN HABEN", „UNERWÜNSCHTE FOLGEN HABEN". Keinerlei Reflexion stellen die Autoren über die Frage der Grenzen der Analyse an, da sie diese offenbar– mit einem naiven Glauben an die sprachliche Intuition – als sich objektiv aus den Daten ergebend auffassen.

[44] Solche Überlegungen werden etwa durchaus im FrameNet-Projekt um Fillmore diskutiert und zu methodischen Konsequenzen geführt.

[45] „Die Kategorien eines Modells gehören zueinander aufgrund von Präsuppositions-Beziehungen unter ihnen." Ballmer / Brennenstuhl 1981, 303.

456   Kapitel 6: Anwendungen und Weiterentwicklungen der Frame-Theorie in der linguistischen Semantik

geln des Enthaltenseins" eher versteckt und implizit solche Wissens-Voraussetzungen thematisierte,[46] sind Ballmer / Brennenstuhl die einzigen Autoren, die diesen wichtigen Aspekt als solchen auch explizit thematisiert haben. Allerdings scheinen auch ihnen die Folgen (und die Brisanz) dieses Schrittes nicht klar zu sein. Aufgrund eines offenbar logisch-semantisch verengten Präsuppositions-Begriffs sehen sie nicht, wie weit sie sich damit im Prinzip schon in Richtung auf eine allgemeine Epistemologie bewegen.[47] Sie scheinen Wissens-Voraussetzungen dieser Art irrtümlicher Weise für objektiv gegeben und objektivistisch feststellbar zu halten. Indem sie mit „Bedeutungs-Adjazenz" (oder „-Ähnlichkeit") und „Präsupposition" zwei wichtige epistemische Phänomene[48] explizit als zentral für jede semantische Analyse und Theorie deklarieren, bereiten sie den Boden für eine grundsätzliche Erweiterung der Semantik in Richtung auf eine Analyse, die sich ihrer epistemologischen Konsequenzen vollends bewusst ist (was für die Autoren selbst allerdings noch keineswegs gilt).[49] Was sie jedoch grundsätzlich übersehen, ist der zutiefst interpretative (und damit letztlich subjektive und idiosynkratische) Charakter des Sehens / Empfindens von Dingen wie Bedeutungs-Ähnlichkeit und epistemischer Voraussetzung / Enthaltensein.[50]

Frame-theoretisch und linguistisch-semantisch interessant ist ihre Überlegung, dass es so große Unterschiede in der Komplexität von „Verb-Modellen" und damit „Verb-Frames" gibt, dass eine skalare Reihung angenommen werden müsse, die von einfachen, basalen Modellen, die keine oder nur wenige andere Modelle des Modell-Systems präsupponieren, bis zu Modellen reicht, die sehr viel komplexer sind (und z.B. eine höhere Zahl an Beteiligten / Aktanten enthalten). In Fillmores Terminologie gesprochen wäre dies eine Skala, die Differenzen in der Anzahl an Frame-Elementen betrifft. Die Autoren denken dabei zwar insbesondere an die üblichen Verb-Frames im Sinne des Dependenz-Modells (und die Unterschiede etwa zwischen intransitiven Verben, transitiven Verben und transitiven Verben mit erhöhter Aktanten-Zahl), aber man kann diesen Gedanken (der durch eine unterschiedlich große Zahl an Frame-Elementen ausgewiesenen Komplexitäts-Unterschiede von Frames) wohl auch gut auf eine allgemeine Frame-Theorie übertragen.

Zusammenfassend kann man für das von Ballmer / Brennenstuhl 1981 vorgeschlagene Modell einer lexikographisch orientierten Frame-Semantik Folgendes feststellen:

---

[46]   Und offensichtlich die Brisanz des Schrittes weg von einer traditionellen Check-List-Semantik hin zu einer „Semantik des (epistemischen) Enthaltenseins" gar nicht erkannt hat; siehe dazu oben die Darstellung und den Kommentar in Kap. 2.1, S. 26 ff. und Kap. 2.6.2, S. 117 f.

[47]   Die Beispiele zeigen, dass die Autoren mit „Präsupposition" letztlich *alle* epistemisch verwandten, für das Verstehen eines sprachlichen Ausdrucks wichtigen Informationen meinen, z.B. wenn sie sagen, dass das „Bewegungs-Modell" ein „Individuen-Objekt-Existenz-Modell" und ein „Zustands-Modell" präsupponiere. Ballmer / Brennenstuhl 1981, 311.

[48]   Die Autoren sprechen zu Recht von zentralen semantischen *Relationen,* präziser müsste man sagen: *Relationen im verstehensrelevanten Wissen.*

[49]   Einige Aspekte, die sie unter dem Begriff „Präsupposition" diskutieren und analysieren, gehören zu dem, was bei Fillmore unter „Frame-Vererbung" läuft. Siehe z.B. „Bewegung" als zentraler Teil-Frame des Frames „locomotion". Ballmer / Brennenstuhl 1981, 304.

[50]   Dies kann man an ihren Analyse-Beispielen zeigen. Sie machen deutlich, dass auf einem solchen Wege niemals systematische, im objektivistischen Sinne valide Analysen zustande kommen können. Z.B. wird „*sich erheben jd 1*" paraphrasiert als „*prepare $sb_x 1$ position for locomoting $sb_x 1$*". (Ballmer / Brennenstuhl 1981, 304 f.) Diese Analyse trifft aber nur für bestimmte Fälle zu. Ein anderer, ebenso typischer Fall: „*sich erheben zum Gebet / Gedenkminute*" usw. wird von dieser Beschreibung gar nicht erfasst. D.h. die Autoren verallgemeinern in unzulässiger Weise *spezifische* Kontexte (Assoziate) und behaupten sie als *allgemein*. Ihre Paraphrase wäre ein gutes Beispiel für das, was Fillmore „invozieren" im Gegensatz zu „evozieren" nennt.

6.2 Lexikologisch-lexikographische Ansätze in Deutschland 457

(1) Die Autoren fokussieren ausschließlich Verb-Frames und ignorieren Nomen-Frames völlig.

(2) Ihr Ansatz betont zu Recht die zentrale Rolle von Verben für alles, was man sprachlich ausdrücken will, ist aber auf dem anderen Auge blind.

(3) Ihr Ansatz kann daher (wie der von Fillmore) den prädikativ-fokussierten Frame-Modellen zugeordnet werden. Wie er reflektieren sie aber nicht über Prädikation(en) als solche, die sie allenfalls sehr indirekt, über Aktanten-Rahmen, berücksichtigen.

(4) Ihr Ansatz gehört eindeutig in die Skript-dominierte Linie der Frame-Semantik,[51] wie sie insbesondere für die deutsche Rezeption der allgemeinen Frame- / Schema-Theorie typisch ist.[52] Auch sie behaupten die Zentralität von Verb-Modellen für das Wissen.

(5) Ihr Ansatz fällt hinter Fillmore (selbst Fillmore 1968) zurück, da sie die Aktanten selbst, und damit die Frame-Elemente nach Fillmore, für keinerlei Erwähnung wert halten.

(6) Sie wollen Frame-*Strukturen* und Frame-*Hierarchien* beschreiben, suchen daher nach den „Basis-Elementen von Frames", als die sie aber lediglich Verb-Modell-Subframes entdecken.

(7) Wichtige Elemente einer vollständigen Frame-Theorie fehlen in ihrem Modell, obwohl sie auch damals schon bekannt waren: Sie kennen keine Slot-Filler-Struktur und keine Default-Werte. (Allerdings heben sie *Prototypikalität* als wichtige Eigenschaft des Frame-Wissens deutlich hervor.)

(8) Ihr Frame-Modell hat einen ganz zentralen Mangel: Es ist „un-rekursiv" (bzw. „vor-rekursiv"); d.h. der Gedanke der (möglicherweise unendlichen, unabschließbaren) Frame-Rekursion und -Ausdifferenzierung kommt in ihrem Modell nicht vor. Mehr noch: Der Rekursions-Gedanke würde ihr Modell empfindlich stören und evtl. als Ganzes falsifizieren. Stattdessen tun sie das gerade Gegenteil, indem sie auf die Möglichkeit einer *exhaustiven Beschreibung* des gesamten Frame-Systems einer Sprache hoffen.[53]

(9) Sie entwerfen daher ein statisches Modell von Frame-Struktur (und werden deshalb der etwa von Barsalou 1992 eingeforderten Dynamik nicht gerecht).

(10) Sie zielen auf eine *generalisierte* (möglicherweise *universale*, zumindest: Einzelkultur-universelle) *Frame-Hierarchie*, d.h. einen geschlossenen Set von Basis-Frames.

(11) Ihr Vorgehen und ihre Ziele sind *rein linguistisch*, was sich z.B. am Begriff „Master-Frame" zeigt. Es ist rein *beschreibungstheoretisch*,[54] da es rein lexikologisch-lexiko-

---

[51] Hinter das Modell von Schank und Abelson 1977, die sehr viel differenzierter die verschiedenen Wissens-Typen in prozeduralen und Handlungs-Frames analysieren, fällt ihr Modell jedoch weit zurück. Es ist merkwürdig, dass sie sie sich damit trotz der großen Nähe zu ihrer eigenen Zielstellung gar nicht auseinandersetzen, es noch nicht einmal zitieren.

[52] Auf den Einfluss von Begründern der Gesprächsanalyse in Deutschland, wie Ehlich und Rehbein, mit denen sie anfangs eng zusammengearbeitet haben („Berliner Gruppe"), weisen die Autoren selbst hin.

[53] Mit deutlichem Bedauern stellen sie fest: „Es ist zum gegenwärtigen Forschungsstand noch nicht möglich, eine Liste von Frames oder einen Set von Regeln zu erstellen, die den vollständigen Set von Frames determinieren." Ballmer / Brennenstuhl 1981, 316. Das zeigt, dass sie eine *exhaustive Beschreibung* tatsächlich im Prinzip für möglich halten.

[54] Damit ist gemeint, dass für sie Frames lediglich ein Instrument wissenschaftlicher (linguistischer) Deskription sind, also Elemente einer Art von „Beschreibungssprache". Ein solches Verständnis lehnt sich an an ähnliche beschreibungstheoretische Positionen in der Merkmal-Semantik, nach denen semantische Merkmale ebenfalls lediglich Elemente einer linguistischen Beschreibungs- und Paraphrase-Sprache sind.

458   *Kapitel 6: Anwendungen und Weiterentwicklungen der Frame-Theorie in der linguistischen Semantik*

graphische Zwecke verfolgt, und die *epistemologischen / kognitiven* Implikationen ihres Gegenstandsbereichs vernachlässigt.

(12) Sie thematisieren fast gar nicht die zentrale Rolle (und Typen) von *Relationen* in Frames. (Nur indirekt durch das hierarchische Modell in Form der Relationen zwischen Ober- und Basis-Modellen bzw. –Frames.)

(13) Zwar thematisieren sie (auch ausdrücklich *als* Relationen) die Relationen der „semantischen Nachbarschaft", die sie auch als „semantische Ähnlichkeit" titulieren, sowie der „Präsupposition", doch verkennen sie völlig die immensen Weiterungen (und damit beschreibungstechnischen Probleme), die sich hinter beidem in epistemologischer Hinsicht verstecken. Fälschlicherweise halten sie „Ähnlichkeit" (bzw. „Nachbarschaft") und „epistemische Voraussetzungen" („Präsuppositionen") für einfache, eindeutige und klar beschreibbare Phänomene.[55]

(14) Die Autoren ignorieren Inferenzen und die zentrale Rolle von Interpretation. (Und damit auch die Problematik *evozieren vs. invozieren*, die Fillmore so sehr beschäftigt.)

(15) Sie übergehen alles, was Barsalou 1993 ins Zentrum dessen stellt, was eine angemessene Frame-Theorie erklären können muss: Flexibilität, Arbitrarität, Vagheit.

(16) Ihr Modell geht in einigen Punkten deutlich hinter Fillmore 1977 und Minsky 1975 zurück. D.h. es war schon zum Zeitpunkt des Erscheinens nicht „state of the art".

(17) Ihr Ansatz ist zeichentheoretisch / sprachtheoretisch unter-reflektiert, da sie die Komplexität der Beziehung zwischen ausdrucksseitig realisierten sprachlichen Zeichen und dem verstehensrelevanten Wissen nicht erkennen (siehe (13)). Immerhin erkennen sie den *allgemeinen* wissens-analytischen Wert linguistisch-semantischer Analysen und zielen damit wenigstens in diesem Punkt in die richtige Richtung.[56]

---

[55] Dieser fatale Irrtum wird in folgender Passage ganz drastisch deutlich: „Um zusammenzufassen: Wir möchten noch einmal betonen, dass wir für die Strukturierung des deutschen Verb-Wortschatzes *strikt linguistische Mittel* benutzt haben. Mehr noch haben wir ausschließlich einfache linguistische Mittel benutzt, nämlich *zwei Relationen*, die Relation der *Bedeutungs-Nachbarschaft* und die *Präsuppositions*-Relation. Dass unsere Methode so sparsame und elementare Mittel benutzt, hat den Vorteil, dass ihre Resultate empirisch testbar sind." Ballmer / Brennenstuhl 1981, 314. – Dass sie sich auf „rein linguistische" Mittel beschränken wollen, würde Fillmore, der ja ebenfalls eine vor allem lexikologisch-lexikographische Zielsetzung verfolgt, sehr freuen. Wie er täuschen aber auch sie sich über die Möglichkeit einer solchen „rein sprachlichen" Analyse. Vor allem täuschen sie sich gewaltig, wenn sie meinen, es handele sich bei den zwei genannten Relationen um *einfache* Relationen! Sie scheinen nicht annähernd zu ermessen, wie voraussetzungsvoll (epistemisch gesehen) diese beiden Typen von Relationen sind. Dieser fatale Irrtum beweist, dass ihr Ansatz (trotz aller in eine allgemeine epistemologische Richtung zielenden Bemerkungen) insgesamt eben doch radikal kognitivistisch bzw. epistemologisch unterdeterminiert (bzw. unter-reflektiert) ist. Aber sie steigern ihren Irrtum noch: Welch elementare Verkennung (ja geradezu Verdrehung) der Tatsachen liegt in der Meinung, es handele sich hierbei um „einfache" und vor allem „sparsame" Mittel (und diese würden das empirische Testen und Validieren erleichtern)! Gerade die Benutzung dieser beiden Aspekte erschwert doch die Validierung und Universalisierung der semantischen Beschreibung am stärksten! („Ähnlichkeiten" bzw. „semantische Nachbarschaften" müssen *gesehen* werden, sie hängen von Assoziationen, Sichtweisen und Standpunkten ab, sind daher teilweise subjektiv.) Doppelt fatal ist dieser Irrtum, weil sie selbst faktisch völlig auf ihre semantische Intuition vertrauen. Das steht in diametralem Gegensatz zu den anfangs proklamierten hohen methodischen und theoretischen Ansprüchen an eine „vollständige Frame-Theorie" und ihre Validierung. Man könnte daher auch das Fazit ziehen: Grandios gescheitert (oder: je höher sie fliegen, umso tiefer sie fallen …).

[56] Vgl. Ballmer / Brennenstuhl 1981, 317: „Da man in der KI nach Wissens-Systemen und Systemen der Gedächtnis-Repräsentation sucht, kann direkter Gebrauch von unseren Lexikon-Strukturen gemacht werden, die *nichts anderes repräsentieren als sprachlich gespeichertes Wissen*." (sic!)

6.2 Lexikologisch-lexikographische Ansätze in Deutschland 459

Mit all den genannten Problemen halten sich die Autoren gar nicht auf. Stattdessen beschreiben sie in großer Bescheidenheit den großen Nutzen ihres Modells für: Soziologen, (kognitive) Psychologen, KI-Forschung, Philosophen,[57] Literaturwissenschaft und Texttheorie, Spracherwerb, Sprachheilpädagogik, Sprachunterricht und Sprachtechnologie.

Die Überlegungen von Immo Wegner (1985), der Ballmer als großes Vorbild nennt, sind mit dem Ansatz von Ballmer / Brennenstuhl 1981 keineswegs identisch. Hinsichtlich der theoretischen und methodischen Reflexion des Vorbilds treten seine Überlegungen deutlich zurück (aber hinsichtlich auch des erhobenen Anspruchs, was im Vergleich mit dem Vorbild sehr wohltuend ist). Es handelt sich bei dieser Dissertation eher um den Versuch einer empirischen Operationalisierung eines (rudimentären) Frame-Modells, diesmal am Beispiel von Nomen. Ein Vorzug von Wegners Arbeit ist, dass er noch mehr als Ballmer einige sprachtheoretische Konsequenzen der Frame-Theorie deutlich sieht und artikuliert. Dies gilt insbesondere für seine Bemerkungen zum Verhältnis von Sprachwissen und Weltwissen, für die er erfreulich deutlich feststellt, „dass eine klare Grenze zwischen Sprachwissen und Weltwissen prinzipiell nicht gezogen werden kann" (Wegner 1985, 1). Bedeutung wird von ihm mit Putnam (1979) als ein soziales / interaktionelles Phänomen gesehen. Auch Wegner vertritt indes einen vorrangig beschreibungstheoretischen Ansatz der linguistischen Frame-Analyse, da er die Bedeutungsrepräsentation mittel Frames vor allem als ein *Formatproblem*, ein *Materialproblem* und ein *heuristisches Problem* ansieht.[58] Vor allem die Hervorhebung des „impliziten (verstehensrelevanten) Wissens" zeigt, dass Wegner die epistemologischen Konsequenzen eines Frame-theoretischen Ansatzes in der Semantik im Blick hat, auch wenn er selbst nur das vor allem lexikographisch-praktische Ziel vertritt, für Nomen ein Grundgerüst einer angemessenen computertechnisch bearbeitbaren Repräsentation zu erstellen. (Deshalb ist eine der Haupt-Leistungen der Arbeit auch das Erstellen eines „Systems von Computerprogrammen", das wohl am ehesten mit den Programmen von FrameNet vergleichbar ist.)

Wegners Frame-Auffassung ist durch folgende Aspekte gekennzeichnet:

(1) Frames werden von ihm etwas missverständlich als *„holistisch"* bestimmt.[59]
(2) Frames werden als *kontextuelle Strukturen* bestimmt – ein sehr wichtiger Gedanke!
(3) Frames sind das allgemeine *Organisationsformat des Wissens*.
(4) Frames sind *stereotypisch* (im Sinne von Putnam 1979).

---

[57] Diesen versprechen sie Erkenntnisse über „größere Bedeutungssysteme" und „die Beziehung Sprache-Realität. Der Metaphysiker gewinnt linguistisch fundierte Einsichten über die Konstruktion von Realität." Ballmer / Brennenstuhl 1981, 317. Wenn sie dies ernst nähmen, müsste es Konsequenzen für ihren eigenen Ansatz haben. Der ist jedoch alles andere als konstruktivistisch. Auch eine erkenntnistheoretische Reflexion dessen, was sie tun und vorschlagen, fehlt völlig. Es fehlt jede Folgerung aus ihrer an sich richtigen Einsicht: „Die semantische Struktur des Verb-Wortschatzes reflektiert Sichtweisen der Wirklichkeit, d.h., kognitive Strukturen." (A.a.O.)

[58] „Die Bedeutungsrepräsentation ist ein Formatproblem, d.h. welche Ausdrücke in welcher Kombination zur Erklärung eines anderen Ausdrucks zu verwenden sind, ein Materialproblem, wie umfangreiche Datenmengen zu systematisieren sind, und schließlich ein heuristisches Problem, wie das introspektiv schwer zugängliche *tacit knowledge* von Bedeutungen zugänglich gemacht werden kann." Wegner 1985, 1.

[59] Missverständlich deshalb, weil nach Barsalou 1992 Frames gerade dazu dienen, *Strukturen* des Wissens zu beschreiben. Die gängige Vorstellung von „holistisch" – Wegner zitiert auch den Begriff der „Gestalt" – schließt aber eine zentrale Rolle klarer Strukturen gerade aus. „Holistisch" ist eine Frame-Analyse allenfalls in der Hinsicht, dass sie von komplexen vernetzten Strukturen des Wissens ausgeht, und daher atomistische Auffassungen ausschließt.

460 Kapitel 6: Anwendungen und Weiterentwicklungen der Frame-Theorie in der linguistischen Semantik

(5) Frames *spiegeln realweltliche Zusammenhänge* („Situationsabläufe, -komponenten, Gegenstandsstrukturen", verstanden also wohl im Sinne von Fillmores „Szenen").

(6) Frames besitzen inhaltliche *„Dimensionen"*.

(7) Diese Dimensionen „reflektieren das semantische Wissen, das mit lexikalischen Items verbunden ist." (a.a.O. 2)

Die Frame-Semantik wird insbesondere der für lexikographische Zwecke als unzureichend empfundenen Wortfeld-Theorie, aber auch der Merkmal-Semantik[60] gegenübergestellt. An klassischen linguistisch-semantischen Modellen kritisiert er insbesondere, dass sie „keine materialen, sondern lediglich formale Aussagen über Bedeutung" machten (a.a.O. 5). Ganz offensichtlich zielt er damit auf eine Art „Inhaltssemantik". Offenbar in Übernahme von Fillmores *„scenes-and-frames-*Modell" geht auch Wegner von einer Dualität von „Situationstypen" und „konzeptuellen Strukturen" aus.[61] Weiterhin setzt er sich mit dem damals neuen Stereotypen-Ansatz von Putnam 1979 auseinander, den er (etwas missverständlich) als „Forschungsprogramm einer soziolinguistischen Makrosemantik" klassifiziert.[62] Die kognitive Semantik sieht er als Fortsetzung von Putnams Programm, worin ihm – eingedenk von dessen Parole „Bedeutungen sind nicht im Kopf" – wohl viele von dessen Anhängern widersprechen würden.[63] Den sozialen Effekt einer kognitiven Semantik sieht er vor allem darin, dass diese „Erwartbares" beschreibt, d.h. „in differenzierter Form die Normalitätserwartungen der Sprachteilnehmer darstellt".

Ein deutlicher Vorzug von Wegners Ansatz ist, dass er anders als sein Vorbild Ballmer sehr klar den rekursiven Aspekt des semantisch relevanten Wissens erkennt; dieser rekursive Charakter wird nach seiner Auffassung aber lebenspraktisch dadurch wieder quasi „eingefangen", als in konkreten Alltagssituationen immer nur bestimmte Aspekte einer Situation, eines Gegenstandes in die Perspektive genommen werden.[64] Mit dem Begriff der Perspektive greift er einen wichtigen Gedanken Fillmores auf. Ganz offensichtlich zielt sein Ansatz auf eine allgemeine Rekonstruktion[65] von Strukturen des verstehensrelevanten Wis-

---

[60] Interessant ist, dass Wegner als Gegenpol jedoch nicht den „Checklist-Aspekt" nimmt wie Fillmore oder Barsalou, sondern sich auf die *logische Semantik* (Intensions-Extensions-Semantik) als Gegner bezieht. Seine treffende Kritik: „Die Erklärung von *Bedeutung* durch diese *Intension* genannte Funktion beinhaltet keine Festlegung der ‚internen Struktur' der Intension, d.h. wie die Intension, die der Wortbedeutung korrespondiert, zu der Extension, im obigen Falle zu der Klasse der Gegenstände, führt. Die Kriterien, welche die Anwendung erklären könnten, werden nicht beschrieben." Wegner 1985, 4.

[61] Wegner 1985, 4. Vgl. auch: „Weil Bedeutungsstrukturen durch Regularitäten in der Welt entstehen, sind diese Regularitäten bei der Bedeutungsrepräsentation zu berücksichtigen. Anschaulich gesprochen heißt dies, dass die Grundlage von Bedeutungsrepräsentationen die systematische Erfassung von Standardsituationen, deren Beteiligte, darin auftretender Gegenstände und Begleitumstände ist." A.a.O. 15.

[62] Eigentlich meint er Putnams Konzeption der Bedeutung als *soziales* Wissen.

[63] „Auf den Inhalt einer Bedeutungsrepräsentation haben jedoch, so könnte man Putnams Programm fortsetzen, nicht allein soziale Faktoren Einfluss, also wie wir leben, sondern auch kognitive Faktoren, wie unser Sprach- und Weltwissen mental organisiert ist." Wegner 1985, 8.

[64] „Rein kombinatorisch betrachtet sind Situationen durch unterschiedliches In-Beziehung-Setzen ihrer Komponenten auf beliebig viele Arten strukturierbar. Durch Sprachteilnehmer in Situationen wird jedoch stets nur eine begrenzte Menge von Situationsbestandteilen durch kognitive bzw. diesen korrespondierende konzeptuelle Strukturen gebündelt, so dass die Bedeutungsrepräsentation durch die Ermittlung solcher, die Erwartungs- und Wahrnehmungsrahmen strukturierenden Relevanzdimensionen erfolgen kann." Wegner 1985, 17.

[65] Allerdings tut er dies in etwas merkwürdigen Formulierungen: Probleme der Verlässlichkeit von Corpus-Analysen „legen die grundsätzliche Frage nahe, ob die Bedeutungsrepräsentation nicht statt als Ex-post-Systematisierung stattfinden, produktiv vorgenommen werden könnte, indem man allgemeine Beschreibungsdimensionen ermittelt, die der Wortverwendung allgemein und daher auch im Corpus

6.2 Lexikologisch-lexikographische Ansätze in Deutschland 461

sens, die vor-lexematisch sind. Er zielt also auf eine allgemeine Epistemologie als Rahmen für die Erklärung des semantisch relevanten Wissens.

Gegen die traditionellen Verfahren der linguistischen Bedeutungsanalyse und (lexikographischen) -Beschreibung schlägt Wegner nun eine Orientierung am Frame-Begriff vor. Frames werden, in Anlehnung an ein Zitat von Minsky, von ihm als „Module semantischen Wissens" und „epistemische Strukturen für natürlich-sprachliche Bedeutungsrepräsentationen" definiert.[66] Damit zielt er auf den Aspekt der systematischen Strukturierung des (semantisch relevanten) Wissens, der insbesondere Minsky zur Entwicklung seines Frame-Modells veranlasst hatte. Er orientiert sich an einer übergreifenden Verwendung des Frame-Begriffs, unter den Scripts, Schemata, *gestalts* usw. subsumiert werden, und schlägt stattdessen eine Differenzierung von unterschiedlichen Frame-Typen vor (a.a.O. 31). Das ist bemerkenswert, da ein solcher Versuch bisher in der Frame-Forschung stark vernachlässigt wurde. Er übernimmt Minskys Gedanken der Gliederung von Frames in verschiedene Ebenen, bleibt hinsichtlich des Charakters dieser Ebenen aber sehr ungenau. Immerhin weist er, anders als sein Vorbild Ballmer, ausdrücklich auf die Rolle von Default-Werten hin. In erfreulicher Deutlichkeit werden Frames als „Hintergrund für das Verstehen" charakterisiert.[67] Lexeme aktivieren Frames, die selbst wieder andere Frames aktivieren können. Hervorhebenswert gegenüber manchen Ansätzen (insbesondere aus der Kognitionswissenschaft) ist Wegners klare Betonung des intersubjektiven Charakters der Frames als „konventionelles Wissen"; man findet bei ihm sogar so etwas wie ein rudimentäres Kommunikationsmodell,[68] und zwar bemerkenswerterweise in der Fassung eines „Trittstein-Modells", wonach in sprachlicher Kommunikation das Meiste nicht explizit ausdrucksseitig durch sprachliche Zeichen realisiert wird. Frames versteht er daher zu Recht vor allem als „Basis für Schlussfolgerungen" (Inferenzen). In einer konkreten Situation werden durch Situation oder sprachlichen Input bestimmte Ausschnitte eines umfassenderen Frames fokussiert, ganz im Sinne der „Perspektivierung" bei Fillmore. Für eine allgemeine lexikographisch-semantische Frame-Beschreibung hält er aber die Beschreibung des *gesamten* Frames (als allgemeinem Wissensraum für die Möglichkeiten der sprachlichen Frame-Aktualisierung) für notwendig (a.a.O. 33).

In nicht ganz zutreffender Weise deutet Wegner den Ansatz von Fillmore 1977 als „holistisch"; zudem stellt er ihn als kognitionswissenschaftlich orientiert vor, was Fillmore nun

---

zugrundeliegen, und in diesem heuristisch begrenzten Problemraum die Beschreibung vornimmt. Diese Dimensionen würden den Bereich des zu einem Lexem relevanten Thematisierbaren erfassen und könnten so, wie sie den Sprecher bei der Sprachproduktion, den Lexikografen generell bei der Repräsentation semantischen Wissens leiten." Wegner 1985, 21. Insbesondere der Ausdruck „produktiv" ist wenig passend; mit „ex-ante" (genauer: „statt ex-post") meint er wohl, dass es in der Semantik um die Beschreibung des dem aktuellen Verstehensereignis notwendigerweise vorausgehenden verstehensrelevanten Wissens als solchem geht. Und darin kann ihm völlig zugestimmt werden.

[66] Wegner 1985, 25. Aufgrund der generellen Knappheit seiner allgemeinen theoretischen Ausführungen wird nicht ganz klar, ob er bei „Repräsentationen" nur an linguistisch-lexikographische Beschreibungen oder an Strukturen im Kopf (bzw. Wissen) der Sprachteilhaber denkt.

[67] „Frames bilden den Hintergrund für das Verstehen. Ist ein Frame ausgewählt, reduziert er beim Empfänger den Bereich des Erwartbaren." Wegner 1985, 31.

[68] „Da das in Frames repräsentierte Wissen, abgesehen von individuellen *default assignments*, intersubjektiv ist, können Frames den Informationsaustausch effizient gestalten. Der Sprecher braucht nämlich beim Hörer lediglich den relevanten Wissensbereich zu aktivieren und kann sich sodann auf mitteilenswerte, nicht zum im Frame repräsentierten stereotypischen Wissen gehörende, Abweichungen beschränken." Wegner 1985, 31.

462   *Kapitel 6: Anwendungen und Weiterentwicklungen der Frame-Theorie in der linguistischen Semantik*

ganz gewiss nicht war. Letztlich übernimmt er aus diesem vor allem die von Fillmore später aus gutem Grund wieder aufgegebene Dichotomie Szene / Frame. Zusammenfassend kann man feststellen, dass Wegner in seinen sehr knappen theoretischen Ausführungen von Minsky und Fillmore jeweils nur wenige Rudimente übernimmt. Anders als Ballmer erkennt er jedoch deutlich den textlinguistischen Wert der Frame-Theorie (insbesondere zur Erklärung von Text-Kohärenz bzw. Anaphern): „Texte werden nicht in einem epistemischen Vakuum produziert."

Wegners Ziel ist nicht theoretischer, sondern praktischer Natur. Interessant ist, dass er eine Frame-theoretisch orientierte Lexikographie im Kontext der Onomasiologie diskutiert, die auch sein praktisches Vorgehen bestimmt. Nach seiner Auffassung weisen die Einträge in den bekannten onomasiologischen Wörterbüchern der älteren Forschung (fürs Deutsche *Dornseiff*, fürs Englische *Roget's Thesaurus*) „Frame-ähnliche Strukturen auf". Ziel ist für ihn, solche Beschreibungen Frame-semantisch zu objektivieren. Insbesondere zielt er – wie Ballmer / Brennenstuhl – darauf, „eine endliche Zahl genereller Beschreibungsdimensionen zu ermitteln" (a.a.O. 46). Mit ihnen teilt er auch einen gewissen Hang zum Objektivismus. Die Dimensionen, die er beschreibt (Wo? Wann? Wozu? usw.), erinnern ein wenig an manche von Fillmores bzw. FrameNets Frame-Elementen,[69] sind aber sehr ad hoc formuliert und erscheinen daher eher als zufällig und intuitiv. Er stellt die Frage: Inwiefern ist semantisches Wissen (a) stabil und (b) generell?[70] Zur Beantwortung von (a) bemüht er die Prototypentheorie von Rosch, was insofern – unangesehen der Wichtigkeit der Prototypikalität als zentralem Merkmal von Frames bzw. Frame-Wissen – wenig glücklich ist, weil es dafür vor allem auf eine zureichende Erklärung der Konventionalität des semantischen Wissens ankommt, die eine Prototypentheorie gerade nicht leistet, sondern die nur eine spezifische Konventionstheorie (oder eine Sozialtheorie des semantisch relevanten Langzeitgedächtnisses) leisten kann, über die aber weder er noch sonst ein Frame-Theoretiker nachdenkt bzw. jemals tiefer nachgedacht hat. Wichtig und richtig ist dagegen sein methodenreflektierender Hinweis darauf, dass auch die mit einer Frame-semantischen Methode entstandenen Beschreibungen der Strukturen und Inhalte des bedeutungsrelevanten Wissens „wie andere Bedeutungsrepräsentationen Hypothesen sind, die nicht unrevidierbar sind" (a.a.O. 54).

Ziel seines Modells ist, wie bei Ballmer, die „Konstruktion genereller Frame-Typen" (a.a.O. 55); allerdings versäumt er jegliche Reflexion darüber, welchen kognitiven oder erkenntnistheoretischen Status diese Frame-Typen haben sollen (Beschreibungselemente? Kognitive Realität?). Sein praktisches Vorgehen besteht insbesondere darin, dass er 29 Fragen formuliert, mit denen alles, was zu einem Frame gehören kann, erfragt werden können soll.[71] Diese Liste zeigt deutlich, welche Probleme mit einem solchen Ansatz (und einer „onomasiologischen" Perspektive generell) verbunden sind: Es handelt sich um den problematischen Versuch einer Klassifikation der gesamten Welt mit linguistischen Mitteln. Während Fillmore und FrameNet aus dieser Problematik aber den Schluss gezogen haben, dass Frame-Beschreibungen einen nie völlig aufhebbaren Rest an Idiosynkrasie aufweisen (was sie dadurch zu erkennen geben, dass sie Frame-Elemente zulassen wollen, die nur für

---

[69]   In Wegners Sinne könnte man wohl auch FrameNet als ein „onomasiologisches" Vorhaben einstufen.

[70]   Wegner 1985, 51. Zu (a) hat Barsalou 1993 mit seinen Überlegungen über Arbitrarität, Flexibilität und Vagheit die passende Antwort gegeben; (b) ist eher eine grundlagentheoretische Frage, die mit Wegners theoretischen Instrumenten nicht angegangen werden kann.

[71]   Z.B. „Welche Sachbereiche umfasst X? Welche Aktanten sind an X beteiligt? Was folgt aus X?" usw., Wegner 1985, 59 ff. (Siehe den Abdruck der Liste im Material-Anhang.)

6.2 Lexikologisch-lexikographische Ansätze in Deutschland   463

einen einzigen Frame, ein einziges Wort gelten), glaubt Wegner weiterhin an die Möglichkeit der Postulierung allgemeiner, systematischer „Frames", „Frame-Typen", „Dimensionen".

Aus der erwähnten Liste der Fragen konstruiert Wegner eine Liste von 39 „Frame-Dimensionen", die dazu dienen sollen, das semantisch relevante Wissen intersubjektiv zu systematisieren und objektiv zu beschreiben.[72] Der Begriff „Dimension" selbst wird aber leider an keiner Stelle definiert oder näher erläutert, so dass man aus der dargebotenen Liste seine eigenen Rückschlüsse ziehen muss. Die Liste enthält „Dimensionen" wie PERSONEN-BEZEICHNUNG, TIERBEZEICHNUNG, SIMULTANAKTIONEN, FORMBEZEICHNUNG usw.[73] Sie wirkt sehr heuristisch und daher zufällig / arbiträr. Gegenüber ihrer Verallgemeinerbarkeit bestehen starke Zweifel. Vor allem aber wird angesichts dieser Liste immer zweifelhafter, was genau sich der Autor unter „Frames" und „Frame-Dimensionen" eigentlich vorstellt. Die Formulierung der Beispiele für sog. „Frame-Dimensionen" wie TIERBEZEICHNUNG, PFLANZENBEZEICHNUNG, ZUSTANDSBEZEICHNUNG usw. zeigt, dass es sich hier nur um *abstrakte Kategorien der Lexikographie*, also um *Ausdrücke einer Beschreibungssprache* handelt. Wo bleibt dann, so muss man fragen, die zuvor postulierte Relevanz für die Darstellung des Wissens selbst? Es wird deutlich, dass Weber, wie schon Ballmer, ein rein beschreibungstheoretisches Verständnis von Frames und Frame-Semantik vertritt.

Was Wegner eigentlich macht, ist Folgendes: Er ordnet den sogenannten „Frame-Typen" schlicht semantische Lexem-Typen zu; diese nennt er dann missverständlich „Frame-Dimensionen". Man könnte seinen Ansatz daher auch als ein ‚lexikologisch verkürztes Frame-Modell' charakterisieren. „Frame-Dimensionen" wie *„Synonym"* deuten darauf hin, dass Wegner eine Verwechslung von Objekt-Ebene und Beschreibungs-Ebene (oder auch Ausdrucks-Ebene und Wissens-Ebene) unterläuft. Im Fokus seines Analyse-Modells stehen vor allem Bezeichnungs-Typen (Lexem-Typen). D.h. „Frames" sind für ihn so etwas wie ‚Ordnungsstrukturen im Wortschatz' (so wie etwa vorher im Strukturalismus die „Wortfelder" und „semantischen Relationen"). Von einer Analyse des verstehensrelevanten Wissens selbst und seiner Strukturen ist eine solche Form von Methode denkbar weit entfernt. Insbesondere der Verzicht auf jede nähere Differenzierung der inneren Frame-Struktur selbst, wie sie schon Minsky mit seiner *slot-filler*-Terminologie angeregt hat, und wie sie Fillmore und FrameNet auf der Basis der Frame-Elemente und Aktanten-Strukturen systematisch beschreiben, wirkt sich hier fatal aus. Die von Wegner gegebenen Beispiele für „Frames" unterstreichen noch die Willkürlichkeit der vorgenommenen Beschreibungen. Was er hier auflistet, sind alles andere als Frames im eigentlichen Sinne, sondern vielmehr geordnete Listen assoziativ gewonnener Lexeme zu einem bestimmten Inhalts-Feld,[74] die allerhöchstens naive intuitive Ordnungsschemata darstellen, die zu größeren Teilen fern jeder sachlichen Verallgemeinerbarkeit sind. Trotz einiger interessanter Anregungen, die Wegner gibt,

---

[72] „Für die eigene Zielsetzung sind Framedimensionen und Frametypen zu verwenden, die eine große Datenmenge in einer Weise zu strukturieren erlauben, welche die Struktur genereller epistemischer Wissensmodule wiedergeben, die kognitiv und sozial stabilisiert und somit intersubjektiv sind. Außerdem sollen die multiplen Verknüpfungen der in den Fragedimensionen enthaltenen Wissenskomponenten durch die Verwendung einer einheitlichen Menge von Framedimensionen, aus denen für den jeweiligen Frametyp eine Auswahl vorgenommen wird, Berücksichtigung finden." Wegner 1985, 62.

[73] Wegner 1985, 63. (Siehe den vollständigen Abdruck im Material-Anhang.)

[74] Siehe etwa sein Beispiel NOTAR, Wegner 1985, 132 (Abdruck im Material-Anhang), wo er unter dem „Frame-Typ" GRUPPE etwa das Lexem *Behörde* aufführt, was sachlich wie semantisch ziemlich unsinnig ist.

464   *Kapitel 6: Anwendungen und Weiterentwicklungen der Frame-Theorie in der linguistischen Semantik*

ist das, was er im Ergebnis präsentiert, kein Modell, das in einer Frame-Semantik, die ihren Namen verdienen will, weiterverwendbar wäre.[75]

6.2.2 Konerding

Bis zum Erscheinen der Arbeit von Ziem 2008 (und nach dem ersten, wenig reflektierten oder weiterführenden Anwendungsversuch von Wegner 1985) stellte die Dissertation von Konerding 1993 für 15 Jahre die einzige Monographie zur Frame-Semantik mit Gewicht im Bereich der (germanistischen[76]) Sprachwissenschaft dar. Konerdings Arbeit lässt sich an die von Wegner (und Ballmer) insofern anschließen, als auch er einen (jetzt aber explizit als solchen begründeten) rein beschreibungstheoretischen Ansatz vertritt: „Frames werden als sprachliche Texte aufgefasst." „Frames" sind für Konerding daher nur Produkte einer (sprachwissenschaftlichen) Beschreibung, keine kognitiven oder epistemischen Größen.[77] Diese grundlegende theoretische Entscheidung begründet er damit, dass Wissen sich grundsätzlich der direkten Beobachtung entziehe. Was beobachtbar sei, seien ausschließlich sprachliche Zeichen, was dazu führe, dass der Wortschatz einer Sprache der ideale Gegenstand sei, um zum Wissen einer Sprachgemeinschaft Zugang zu erhalten. Daher sieht er (wie Wegner, Ballmer, und wohl auch Lönneker) die Wortschatz-Forschung als ideales Anwendungsfeld einer Frame-Analyse in der Linguistik.[78] In diese Position und Argumentation gehen eine Menge (zumeist implizite, unausgesprochene und bei Konerding auch nicht reflektierte) Vorannahmen ein, deren Darlegung und Kritik es erforderlich machen, sein theoretisches Grundkonzept einer ausführlicheren Prüfung zu unterziehen. Konerdings Arbeit ist folgendermaßen aufgebaut: Zunächst unterzieht er gängige Frame-Definitionen (-Theorien) einer scharfen Kritik (Kap. 1 und 2); danach entwickelt er eine (sehr voraussetzungsvolle, theoretisch anspruchsvolle und komplexe) eigene Konzeption des Verhältnisses von Wissen und Wortbedeutungen, die man am ehesten als eine Art eigenes ‚Kognitionsmodell mit nicht-kognitionstheoretischen (oder sogar anti kognitivistischen) Mitteln' charakterisieren könnte (und die mit nichts vergleichbar ist, was sonst noch so hierzu auf dem Markt ist; Kap. 3); sodann entfaltet er ein komplexes (vielstufiges) Modell zur Gewinnung

---

[75]   Bei dieser Bewertung sollte man aber immer im Auge haben, dass wesentlicher Teil von Wegners Vorhaben die Erstellung eines Systems von Computerprogrammen zur lexikographischen Materialordnung und Analyse war, was die Knappheit der theoretischen und allgemeinen methodologischen Überlegungen rechtfertigen mag, zumal bei einer Doktorarbeit.

[76]   Vielleicht hat es mit den unterschiedlichen Wissenschaftskulturen zu tun, aber es ist nach umfangreichen Literatur-Recherchen festzustellen, dass die *einzigen* Monographien weltweit, die überhaupt bislang zur Frame-Semantik i.e.S. erschienen sind (nimmt man einmal Schank / Abelsons 1977 Skript-Theorie aus), erstens allesamt linguistische und zweitens ausschließlich deutschsprachige Arbeiten sind, und zwar der Autoren Wegner 1985, Konerding 1993a, Lönneker 2003 und Ziem 2008a, die bis auf Lönneker (Romanistin) sämtlich der Germanistischen Linguistik zuzurechnen sind.

[77]   Zitat aus: Konerding 1993b, 167; ähnlich ders. 1993a, 3. – Er schließt sich mit dieser strikten Position direkt an beschreibungstheoretische Konzeptionen der linguistischen Merkmal-Semantik an, wie sie etwa von seinem akademischen Lehrer Wiegand (1973, 23 ff., z.B. 32) explizit vertreten wurden. Man kann daher Konerdings sehr speziellen Frame-Begriff auch als den Versuch einer strukturalistischen Umdeutung (und damit zugleich Entschärfung) der Frame-Theorie interpretieren, sozusagen als letztes Aufgebot des methodischen und theoretischen Strukturalismus in der Linguistik.

[78]   „Im Rahmen der Linguistik ist der intendierte Bereich der Verwendung von Frames der der lexikalischen Semantik." Konerding 1993a, 17.

6.2 Lexikologisch-lexikographische Ansätze in Deutschland 465

von sprachlichen Beschreibungen von semantischem Wissen, deren Endprodukte (= Texte) er „Frames" nennt (Kap. 4 und 5); schließlich demonstriert er die Erzeugung von „Frames" (= linguistischen Beschreibungen bedeutungskonstitutiver Mittel für einzelne Lexeme) durch Auflistungen zahlreicher Beispiele (Kap. 6), wobei eher die Arbeitsergebnisse, weniger der Prozess ihrer Gewinnung deutlich werden.

Betrachtet man die vier Teile seiner Arbeit im Überblick, dann entsteht der Eindruck, dass eigentlich keiner dieser Teile direkt oder unmittelbar mit den anderen Teilen in Zusammenhang steht bzw. daraus folgt. Weder folgt die theoretische Konzeption im zweiten Teil direkt und unmittelbar aus der Kritik bisheriger Frame-Theorien, die ohnehin sehr voreingenommen und wenig tiefschürfend (und schon gar nicht wohlwollend) ist, noch folgt das im dritten Teil entfaltete abstrakte Methodengerüst in irgendeiner erkennbaren Hinsicht direkt aus den sehr grundsätzlichen theoretischen Überlegungen im zweiten Teil; aber auch die empirischen Beispiele im vierten Teil können nicht als direkte Umsetzungen des abstrakten, im dritten Teil entfalteten und postulierten Methodengerüsts gesehen werden, da zu viele Veränderungen und Anstriche vorgenommen werden.[79] Doch im Detail:

Eine Sicht der Frame-Theorie. Obwohl Konerding zum Stand der Frame-Theorie einige richtige Beobachtungen notiert, wird seine Darstellung dieser doch insgesamt keineswegs gerecht, ist äußerst lückenhaft, merkwürdigerweise gerade bei den linguistischen Begründern,[80] und insgesamt in ihrer Stoßrichtung sehr voreingenommen. Insgesamt kann man diese Stoßrichtung als „anti-kognitivistisch" (oder „anti-mentalistisch") kennzeichnen. Dazu passt, dass Konerding wichtige Anleihen für sein abstraktes theoretisches Modell bei Putnam nimmt, der (neben Wittgenstein) als meistzitierter Vertreter des Anti-Mentalismus in der Sprachtheorie gelten kann.[81] Konerding vermisst bei der Frame-Theorie zum damaligen Zeitpunkt angemessene theoretische Definitionen dessen, was Frames sind, und hält die gesamte Literatur für „auf theoretisch spekulative und allgemein-konzeptionelle Überlegungen beschränkt".[82] Er vermisst vor allem eine „systematische Präzisierung" der Frame-

---

[79] Insgesamt entsteht der Eindruck eines mit großem Innovations-Gestus und Selbstgewissheit vorgetragenen Opus, dessen theoretische Bruchstellen (und empfindlichen Lücken) mit einem beeindruckenden argumentativen Feuerwerk übertüncht werden sollen.

[80] Konerding behauptet mehrfach (z.B. 1993a, 43) fälschlich, dass es sich bei dem vom Linguisten Fillmore vertretenen Frame-Modell um eine Adaptation des kognitionswissenschaftlichen Frame-Modells von Minsky handele. Dabei übersieht er völlig dessen eigenständige linguistische Wurzeln im Theaterszene-Modell Tesnières und in Fillmores darauf aufbauendem Kasus-Rahmen-Modell. Es ist äußerst merkwürdig und nicht nachvollziehbar, warum gerade ein Autor, dem es so sehr auf die linguistische Begründung seines Frame-Modells ankommt, den einzigen Linguisten, der dies mit großem Erfolg vor ihm versucht hat, so konstant in seinen theoretischen Eigenleistungen zu ignorieren versucht.

[81] Der v.a. durch den seinen Anhängern lieb gewordenen Schlachtruf „Wörter sind nichts im Kopf" bekannt gewordenen ist. Vgl. Putnam 1979. – Es bleibt das größte Rätsel von Konerdings Arbeit, warum sich ein so dezidierter Anti-Kognitivist überhaupt die Mühe macht, ein eigenes Frame-Modell zu entwickeln, das von allen ernstzunehmenden kognitionstheoretischen und vor allem epistemologischen Annahmen radikal ‚gereinigt' ist.

[82] Konerding 1993a, 1. – Das Erscheinen seines Buches erfolgte kurz nach dem Erscheinen von Barsalou 1992; ihn erwähnt er noch im Vorwort, gesteht allerdings zu, dass er ihn nicht mehr eingearbeitet hat. Obwohl Konerding behauptet, dies sei geschehen, weil dessen Modell „in einigen Punkten mit dem im folgenden vorzustellenden Entwurf kompatibel erscheint, aber auch einige der wesentlichen Schwächen bisheriger Framemodelle aufweist" (1993a, IX), hat man doch eher den Eindruck, dass die wahre Ursache darin liegt, dass Barsalou mit seinem dezidierten Modell der Frame-Struktur und insbesondere seinen Überlegungen zur Rekursivität von Frames (ein Punkt, den Konerding in seiner ganzen Arbeit konsequent ausblendet) das Konerding'sche Konzept komplett über den Haufen geworfen hätte.

466 *Kapitel 6: Anwendungen und Weiterentwicklungen der Frame-Theorie in der linguistischen Semantik*

Theorie, hält die neuerliche Hinwendung vieler Frame-Theoretiker zu „Konzepten" für bedenklich, und zieht folgendes Fazit der Literaturübersicht: „Das Ergebnis ist ernüchternd: Minskys programmatische Überlegungen von 1975 sind bisher weder überprüft, präzisiert, weiterentwickelt noch fruchtbar modifiziert worden."[83] Ausgehend von einer sehr strikten Idee dessen, was „wissenschaftliche Erkenntnis" sei, behauptet er, dass die kognitionswissenschaftlichen Modelle ausschließlich „mit vorwissenschaftlichen Intuitionen zum Verständnis von Wissen und vorgeblichen Wissenskonstituenten (wie z.B. Konzepten) operieren".[84] Sein Hinweis darauf, dass die Rolle der Sprache in vielen Frame-Konzeptionen zu wenig reflektiert wird,[85] ist sicher richtig, in seiner Allgemeinheit aber auch überzogen (da er sicher nicht auf Minsky und Barsalou und schon gar nicht auf Fillmore zutrifft).

Konerding vertritt den durchaus richtigen (und für die Linguistik ja auch schmeichelhaften[86]) Standpunkt, „dass die Sprache eine zentrale Stellung für den Zugang zum Wissen, insbesondere individuengebundenem, stillschweigendem Wissen, einnimmt" (a.a.O. 3). Schief ist an der Art seiner Problemformulierung jedoch, dass er implizit das „stillschweigende Wissen" (man könnte auch vom verstehensrelevanten Wissen sprechen) von vornherein auf ein „individuengebundenes Wissen" eingrenzt. Damit ignoriert er den wichtigen Aspekt der Sozialität (und Konventionalität) des sich in den Bedeutungen sprachlicher Zeichen manifestierenden Wissens, das bei weitem nicht nur individuelles, sondern eben: gesellschaftliches Wissen ist. Implizit ignoriert er damit die Möglichkeit einer linguistischen Epistemologie, wie sie hier vertreten wird. Dass das Problem der „Wissensrepräsentation" sehr eng linguistische Fragestellungen berührt, wird von Konerding richtig gesehen, doch rechtfertigt diese Einsicht nicht unbedingt, wie er es tut, *Frames* generell auf „sprachliche Darstellungen" (er sagt: „Texte") einzuschränken.

---

[83] Konerding 1993a, 2.

[84] Konerding 1993a, 2. – Es wird sich dann später zeigen, dass auch die Anwendung seines eigenen Modells keineswegs auf „vorwissenschaftliche Intuitionen" verzichten kann. Sein hier erhobener Vorwurf an die Kognitionswissenschaft generell ignoriert konsequent, dass zahlreiche kognitionspsychologische Thesen durch umfangreiche Datenerhebungen und Versuchsanordnungen sehr wohl eine hohe Plausibilität erhalten haben (zahlreiche solcher Ergebnisse werden bei Barsalou 1992 und 1993 referiert); jedenfalls eine höhere, als sie rein philosophisch-abstrakte Ansätze, wie sie ganz erkenntlich Konerding favorisiert, jemals erfahren könnten. Aber er meint ja auch gar nicht so sehr die linguistische Intuition bei der empirischen Beschreibung, als vielmehr theoretische Überlegungen zur Struktur des menschlichen Geistes generell. Da sein Anti-Mentalismus offenbar so weit geht, jegliches Nachdenken darüber grundsätzlich verbieten zu wollen, erledigt er mit einem Federstrich nicht nur die moderne Kognitionspsychologie, sondern (mindestens) zweihundert Jahre denkphilosophischer Theoriebildung vom Schlage etwa eines Hegel, Husserl, letztlich auch Kant.

[85] „Die Rolle der Sprache oder sprachähnlicher Darstellungsmittel wird dabei entweder überhaupt nicht berücksichtigt oder aber vollkommen unterschätzt." Konerding 1993a, 2.

[86] Man denkt bei so etwas immer wieder gerne an Habermas' 1968 Überlegungen zum Zusammenhang von „Erkenntnis und Interesse". – Siehe auch Konerding 1993a, 4: „Linguisten sollten sich daher nicht scheuen, unter Bezug auf Fragen in puncto Wissen und Wissensrepräsentation ein gewichtiges Wort mitzureden und es keinesfalls – wie bisher – bei einer weitgehend unkritischen Rezeption von Ergebnissen aus Psychologie und KI-Forschung zu belassen. Allerdings sind sie dabei gezwungen, ihre eigenen Begriffe, Methoden und den Gebrauch ihrer Termini zu überprüfen und eventuell neu zu bestimmen, dies unter kritischer Berücksichtigung der Ergebnisse und Probleme der genannten Nachbardisziplinen." Dem kann zugestimmt werden; es ist aber befremdlich, dass es Konerding völlig entgangen ist, dass ein Linguist, nämlich Fillmore, dieser seiner Forderung schon lange vor ihrer Erhebung entgegenkam, und mehr noch, dass er gerade dessen spezifisch linguistischen Überlegungen in seinem eigenen Modellentwurf komplett ausblendet.

6.2 Lexikologisch-lexikographische Ansätze in Deutschland

In seiner sehr knapp geratenen Darstellung und Diskussion bisheriger Frame-Konzeptionen geht Konerding zunächst den Wurzeln des Frame-Modells in der Gestalt-Theorie nach. Darauf aufbauende Schema-Konzeptionen werden kritisiert, ohne sie genauer zu diskutieren. Bei den zum damaligen Zeitpunkt verfügbaren Frame-Definitionen (Barsalou 1992 wird nicht mehr einbezogen) moniert er die Uneinheitlichkeit in der Verwendung des Begriffs, v.a. die Unklarheit von dessen Bezugsobjekt (Sprachliches / Epistemisches?).[87] Er geht auf kognitionswissenschaftliche (Minsky, Schank, Charniak) sowie linguistische (Fillmore, Raskin, Putnam, Lakoff) Konzeptionen ein.[88] Von Minsky gibt Konerding eine so verkürzte Darstellung, dass vieles Wichtige schlicht ausgelassen wird. So will er nicht verstehen, was Minsky mit „oberer" und „unterer" Ebene von Frames meint (nämlich *slots* und *fillers*), was in dessen Modell *„pointer"* und *„marker"* sein sollen, generell alles, was mit dem Ineinandergreifen von mehreren Frames, Frame-Ebenen und komplexen Frame-Strukturen zu tun hat. Den wichtigen Aspekt der „Default-Werte" thematisiert er gar nicht. Der größte Mangel ist jedoch, dass er die schon bei Minsky angesprochene Rekursivität von Frames nicht erkennt. Stattdessen beutet er eine nebenbei gefallene Bemerkung Minskys maximal aus, wonach ein Frame eine „Sammlung von Fragen" darstelle, die man an eine Situation stellen könne. Diese nimmt er zum Anlass, Minsky ein beschreibungstheoretisches Frame-Modell unterstellen zu wollen, und sich nachfolgend in seiner Arbeit immer wieder fälschlich darauf zu beziehen, dass ja schon Minsky Frames mit Beschreibungs-Texten gleichgesetzt habe.[89] Auch die Darstellung des Skript-Modells von Schank (und Abelson) durch Konerding ist stark verkürzend. Zwar zeigt er einige kritische Punkte auf, doch übersieht er andere (z.B. die Verkürzung auf Handlungs- / Ereignis-Wissen) und geht auf ca. 80 Prozent des Modells gar nicht ein. (So findet sich nichts zu Plänen, Zielen, Planboxen usw.). Bei Charniak gefällt ihm vor allem, dass dieser Frames als in Programmiersprachen repräsentierte Texte auffasse.

Völlig unzureichend ist Konerdings Rezeption von und Auseinandersetzung mit Fillmore, was verwundert, ist Fillmore doch bis dahin der einzige Linguist, der eine gründliche Beschäftigung mit der Frame-Theorie vorweisen kann. Wenig Kenntnis zeigt schon die Vermutung, dass Fillmore einfach Minskys Frame-Begriff übernommen habe.[90] Dies ist eine massive Fehlinterpretation von Fillmores Modell. Dessen Bezugnahmen auf Minsky

---

[87] „Frames werden wahlweise als ‚Datenstrukturen', ‚Frageanordnungen', ‚Matrizen' (Minsky), als Schemata oder Systeme von Konzepten oder Termen (Fillmore), als themenzentrierte computersprachliche Texte (Charniak), als ‚stereotypische Situationen' (van Dijk) und Wissen enthaltende ‚globale Muster' (de Beaugrande) charakterisiert. Neben der Vielfalt der Charakterisierungen ist vor allem festzuhalten, dass die jeweils benannten Entitäten einerseits sprachliche Ausdrücke (z.B. Fragen, Terme, Texte), andererseits nicht den sprachlichen Ausdruck betreffende Phänomene (z.B. Strukturen, Konzepte, Situationen) darstellen." Konerding 1993a, 22.

[88] Dass Putnam gar kein Frame-Theoretiker ist, und damit eigentlich gar nicht in diese Reihe gehört, stört den Autor anscheinend wenig. Er braucht ihn schlicht für seine spätere Argumentation und musste die Darstellung von dessen Theorie irgendwo unterbringen ...

[89] Es ist aus linguistischer Sicht zweifellos ein Vorzug Minskys, dass er der Sprache und sprachlichen Zeichen eine so wichtige Rolle für die Struktur der menschlichen Kognition und eben auch unser Wissen von Frames zuweist, was für einen Kognitionswissenschaftler keineswegs selbstverständlich ist. Daraus jedoch ableiten zu wollen, dass Minsky Frames als Texte (oder allein als sprachliche Beschreibungen) verstehe, ist völlig absurd. Wer Minskys theoretische Weiterentwicklung zur Kenntnis nimmt (z.B. in Minsky 1986), dem muss völlig klar sein, dass dieser Forscher Frames ganz eindeutig als *kognitive* Strukturen, als Strukturen des Wissens und seiner Verarbeitung konzipiert.

[90] „Fillmore übernimmt diesen Vorschlag [Minskys 1975] unter leichten Modifikationen für die Modellbildung innerhalb der Linguistik noch in demselben Jahr (Fillmore 1975)." Konerding 1993a, 18.

468   *Kapitel 6: Anwendungen und Weiterentwicklungen der Frame-Theorie in der linguistischen Semantik*

1975 sind nur oberflächlich, und es ist gerade nachzuweisen, dass er viele wichtige Elemente aus dessen Frame-Konzept (z.B. die *slot-filler*-Struktur) gerade nicht übernimmt. Völlig außer Acht gelassen wird dabei, dass die eigentlichen Wurzeln von Fillmores Denken in der Valenz-Theorie und den Kasus-Rahmen liegen, und damit eine linguistische Eigenentwicklung darstellen, die nur zufällig im Jahr 1975 mit Minskys Ansatz zu gewissen Konvergenzen kommt. Konerding bezieht sich zudem in seiner Fillmore-Lektüre ausschließlich auf dessen „*scenes-and-frames*"-Phase und ignoriert die auch 1992 schon zugängliche Weiterentwicklung von dessen Modell völlig. Einen sehr wichtigen Beitrag von Fillmore zur Frame-Theorie, nämlich die Hervorhebung der „Perspektive", die jeder Frame-Bildung inhärent ist, diskutiert Konerding merkwürdigerweise nur in Bezug auf die Kasus-Rahmen. Damit unterliegt er offenbar dem fundamentalen Missverständnis, dass Fillmore-Frames, da sie valenztheoretische Wurzeln haben, lediglich „*case-frames*" seien. Damit werden aber die allgemeinen wissensanalytischen Zielsetzungen in Fillmores Frame-theoretischer Semantik-Konzeption völlig ignoriert. Gänzlich gegen die Intentionen Fillmores legt Konerding ihn aus, wenn er ihm eine Tendenz zur „linguistischen Pragmatik" unterschiebt – einer Richtung, mit der dieser Autor dezidiert nie etwas zu tun haben wollte (a.a.O. 48). Mit dieser Schubkasten-Sortierung zeigt Konerding aber nicht nur ein fatales und grundsätzliches Missverstehen von Fillmores Ansatz und Intentionen. Indem er in für viele Linguisten typischer Ignoranz Fillmores Bemühen um eine „reiche" (bzw. „Verstehens"-)Semantik auf eine sogenannte „Pragmatik" reduziert, ohne zu sehen, dass es Fillmore immer nur und ausschließlich darum ging, einen Beitrag zur Neubestimmung der Semantik (in Theorie und Methodik) zu leisten, und zwar insbesondere zu dem Zweig der Semantik, der auch bei Konerding im Mittelpunkt steht, nämlich der lexikalischen Semantik, zeigt Konerding, dass ihm jegliche Semantik-theoretische und jede Wissens-analytische Sensibilität fehlt.[91] Er bewegt sich ganz eindeutig bedeutungstheoretisch in gefestigten Denkbahnen (strukturalistischer Provenienz), von denen er erkenntlich keinen Millimeter abweichen will. Als Fazit ist festzuhalten: Konerdings Fillmore-Rezeption ist völlig unzureichend, in vielen Aspekten falsch oder gegen die Intentionen dieses Autors, und vor allem unter-komplex, indem er viele bedeutungstheoretisch wichtige Überlegungen Fillmores schlicht übergeht (wohl gar nicht kennt). Er versteht wichtige Motive Fillmores nicht und kann den wesentlichen Gehalt von dessen Theorie darum auch nicht angemessen deuten.

Intensiv setzt sich Konerding mit Putnams Bedeutungstheorie und mit Lakoffs „*idealized cognitive models*" (ICM) auseinander. Da er Putnam nicht vorrangig als Stereotypen-Theoretiker, sondern im Kontext der Frame-Theorie einführt, ist völlig unklar, was dieser Autor in dieser Darstellungsreihe zu suchen hat. Näher liegt dies schon bei Lakoffs ICM, die man als alternatives Modell zu Frames wenigstens diskutieren könnte.[92] Dass Konerding meint, Bezüge zwischen Putnams Semantik und Frames entdecken zu können, ist wohl nur deswegen möglich, weil er den Strukturaspekt von Frames (Frames als generelles Strukturmodell für Wissen) völlig ignoriert. Putnam sagt über Wissensstrukturen nämlich gar nichts aus. Später, bei der Begründung seiner eigenen „Wissenstheorie", wird etwas deutlicher, welche Rolle die Bezugnahme auf Putnam für Konerding spielt. Dieser wird nämlich ganz offensichtlich aufgrund seines Versuches favorisiert, die Semantik auf

---

[91]   Stattdessen versucht er fälschlich, Fillmores Konzeption auf Putnam 1979 zurückzuführen (a.a.O. 1993a, 47).

[92]   Ein Zusammenhang liegt darin, dass sich Lakoff seinerseits positiv auf Putnam 1979 bezieht.

6.2 Lexikologisch-lexikographische Ansätze in Deutschland 469

Extensionen theoretisch zurückzuführen. Liest man Putnams Stereotypen-Modell als letzten Versuch der Rettung einer rein extensionalen Semantik (nachdem Frege und Carnap damit gescheitert waren), dann kann man Konerdings Bezugnahme darauf als den Versuch lesen, die Frame-Theorie eben genau zu diesem Zwecke der Formulierung einer rein extensionalen Semantik-Konzeption zu ge- oder missbrauchen.[93] Lakoff wird scharf kritisiert (a.a.O. 61 ff.); interessant findet er daran aber „die Hypothese, dass eine relativ beschränkte Anzahl dieser Schemata den gesamten Raum kognitiver Phänomene strukturiert".

Im Zuge seiner Kritik an dem Modell von Lakoff weist Konerding auf einen wichtigen Punkt hin, der für viele kognitivistische Modelle gilt:

> „Hier ist insbesondere das semiotisch bestimmte Verhältnis von sprachlichem Ausdruck zu anderen Ausdrucks- und Darstellungsformen, das Verhältnis von Darstellung zur Dargestelltem, und die dafür konstitutive Rolle von Zeichen überhaupt – d.h. nicht nur sprachlicher Zeichen – vollkommen vernachlässigt. Die zugrundeliegenden bedeutungskonstitutiven semiotischen Funktionen, Beziehungen und Prozesse und ihre Leistung für kognitive Prozesse sowie die Darstellung solcher Prozesse selbst bleiben […] unberücksichtigt."[94]

Was er hier moniert, ist die Tatsache, dass der Funktion von Zeichen, also der semiotischen oder zeichentheoretischen Fundierung, in den Kognitions- und Frame-theoretischen Ansätzen fast immer zu wenig Beachtung geschenkt wird.[95] Auch wenn er beansprucht, mit seinem eigenen Modell dem hier als fehlend monierten Aspekt gerecht zu werden, kann das nur mit Einschränkungen bestätigt werden.

Konerding referiert schließlich noch Positionen von Wierzbicka (ebenfalls keine Frame-Forscherin, sondern eine kultur-analytisch orientierte Semantikerin) und Immo Wegner als bisher einziger Vorgänger-Arbeit zur lexikographischen Frame-Forschung. Während der germanistische Vorläufer wenig Gnade findet,[96] (wie gesehen, völlig zu Recht) stößt der erstere Ansatz auf ein gewisses Interesse des Autors, da damit eigene Annahmen gestützt werden können:

---

[93] „Extension" ist nach der logisch-semantischen Bedeutungstheorie von Carnap 1947, die auf Frege 1892 zurückgeht, die Menge der Gegenstände (Referenzobjekte), auf die ein Begriff (oder ein sprachliches Zeichen) angewendet werden kann. „Rein extensional" ist eine Bedeutungstheorie dann, wenn sie, wie bei Frege, die „Bedeutung" als die Menge der Bezugsobjekte definiert, und den epistemischen Aspekten der „Bedeutung" (bei Carnap „Intension" genannt) wenig oder gar keine Aufmerksamkeit schenkt, oder ihre Betrachtung völlig aus der Semantik ausschließen will. Putnams 1979 Stereotypen-Modell ist insofern latent extensional, als er dem „Expertenwissen" eine wichtige Rolle bei der „vollständigen" Definition eines Stereotyps zumessen will, auch wenn er anerkennt, dass in der Alltagssprache ein abweichendes soziales Wissens den Ausschlag gibt, das nicht mit diesem Expertenwissen identisch ist. Extensional ist es auch deshalb, weil das semantisch relevante Wissen als Fakten-Wissen (und damit prinzipiell in einem objektivistischen Sinne verifizierbar bzw. wahrheitsfähig) konzipiert wird, und nicht als arbiträre kognitive Modelle, also bloße Welt-Deutungen. Eine positive Bezugnahme auf Putnam 1979 findet sich interessanterweise auch bei Barsalou 1993, dessen Modell damit ebenfalls latent extensional (jedenfalls objektivistisch) ist. Einen semantischen Objektivismus im Sinne dieser extensionalen Bindung von Bedeutungen vertritt nun auch Konerding.

[94] Konerding 1993a, 62. – S.a. 79: „Insbesondere existieren keine Theorien dazu, inwieweit Sprache oder Zeichen allgemein bei der Manifestation von Gedächtnisinhalten, der wissenschaftlichen Auswahl, Bestimmung und Interpretation von Phänomenen, die als Indizien für Gedächtnisinhalte und -strukturen eines Probanden gewertet werden können, eine Rolle spielen."

[95] Das gilt insbesondere für Schank, Barsalou und andere, für Fillmore und Minsky teilweise.

[96] „Spontan möchte man sagen, es handele sich bei dem dargestellten Unterfangen lediglich um die Sortierung einer beliebig vorgegebenen Menge von Substantiven nach vorgängig etwas willkürlich bestimmten inhaltlichen Gesichtspunkten via Assoziation." Konerding 1993a, 62.

470   *Kapitel 6: Anwendungen und Weiterentwicklungen der Frame-Theorie in der linguistischen Semantik*

„Die Bedeutungsbeschreibungen sollen das Alltagswissen typischer Sprecher zu diesen Bedeutungen darstellen. Kurz gesagt, es ist die Hypothese der Autorin, dass mit der Bedeutung eines Wortes eine darstellbare Alltagstheorie über die typischen Bezugsobjekte des Wortes verbunden ist."[97]

Wenn die Autorin über ‚concepts' und ‚conceptual structure' rede, dann meine sie damit „das typische Alltagswissen von Bezugsgegenständen sprachlicher Ausdrücke" (a.a.O. 66). Diese Position ist nun wiederum mit dem extensionalen Bedeutungsmodell von Putnam ebenso kompatibel wie mit dem Modell, das Konerding offenbar vorschwebt.

Die Leistungen aller referierten Frame-Modelle schätzt Konerding äußerst gering ein. Er glaubt, dass sie auf die von ihm zuvor formulierten Fragen nach (a) der Natur von Frames, (b) der Beschaffenheit von Frames, und (c) der Möglichkeit einer linguistischen Fundierung der Frame-Theorie, allesamt keine Antwort gegeben haben (a.a.O. 77). Bemerkenswert an diesen Fragen ist vor allem, welche Fragen er *nicht* stellt. So stellt er nicht die Frage nach der *inneren Struktur* von Frames (die etwa für Barsalou im Mittelpunkt steht). Dies ist offenbar eine Folge davon, dass er ohnehin vor vornehrein der Auffassung ist, dass man von der Struktur des Wissens (einer Person oder einer Kollektivität von Personen) keine „wissenschaftlich verlässlichen" Aussagen machen kann. Seine Kritik am für kognitionswissenschaftliche Modelle zentralen Gedanken der „Repräsentation" von Gedächtnisinhalten (dem folgend man ja Frames, wenn man sie vor allem als kognitive Größen definiert, als „Repräsentationsformate" konzipieren könnte) fällt entsprechend schneidend aus.[98] Da „Frames" nichts anderes als „Modelle" wissenschaftlicher Darstellung seien, sei das Ergebnis Frame-bezogener Forschungen nichts anderes als durch wissenschaftliche Methoden hervorgebrachte „Texte".[99] Den Stier bei den Hörnern packend beschließt er sodann, dass

---

[97]   Konerding 1993a, 65 mit Bezug auf Wierzbicka 1985 und 1986.

[98]   „Fragt man nach der speziellen Natur von Gedächtnisinhalten, Wissen oder mentalen Repräsentationen, so erfährt man in der Regel etwas über die wissenschaftlichen Modelle oder Modellskizzen, die Gedächtnisinhalte zur Darstellung bringen sollen. Das Modelloriginal: der postulierte Gedächtnisinhalt, ist und bleibt der direkten Beobachtung unzugänglich; insofern handelt es sich bei den Modellen um Konstrukte, Hypothesen über die mögliche Beschaffenheit von Gedächtnisinhalten oder mentalen Ereignissen, motiviert durch die Evidenz eigenpsychischen Erlebens und entsprechender Erlebnisberichte anderer Personen. Soweit diese Gedächtnisinhalte eines Probanden als mentale Repräsentation gewertet werden, stellen diese für einen wissenschaftlichen Beobachter probandeneigene Modelle über die vom Probanden erlebte ‚Welt' dar. Die Existenz dieser ‚Welt' wird – im Sinne eines Alltagsrealismus – in der Regel als unabhängig von den probandenspezifischen Weltmodellen oder mentalen Repräsentationen angesehen und von den wissenschaftlichen Beobachtern ‚definiert'. Die Arbeitshypothese lautet daher: es werden wissenschaftliche Modelle von individuenspezifischen Modellen ‚der Welt' erstellt. Wie diese Modelle jeweils bestimmt sind und welche Beziehungen zwischen ihnen und dem jeweiligen ‚Modelloriginal' bestehen, welche Rolle die mentalen Modelle der Wissenschaftler dabei spielen, bleibt problematisch." Konerding 1993a, 77 f. – Was Konerding übersieht: Was ist eine semantische Beschreibung (auch in der klassischen Semantik) letztlich anderes als „motiviert durch eigenpsychisches Erleben und entsprechende Erlebnisse anderer"? Auch Konerdings eigene Frame-Rekonstruktionen sind von diesem grundsätzlichen Vorbehalt der unhintergehbaren und letztbegründenden Intuitions-Basierung und damit Subjektivität semantischer Beschreibungen nicht ausgenommen. *Dieses* Grundproblem lässt sich durch keine wie auch immer geartete wissenschaftliche Methoden aus der Welt schaffen. Abgesehen davon spricht er hier Fragen an, die kein Gegenstand für eine linguistische Theorie sein können, etwa wenn er postuliert, das Verhältnis zwischen „Modell" und „Modelloriginal" prüfen zu wollen bzw. müssen. Ein weiteres Manko ist, dass Konerding hier kognitive Modelle auf ‚individuelle Modelle' verengt. Dabei übersieht er, dass über den bei Minsky und Fillmore prominent gemachten Aspekt der Prototypikalität die Wissensstrukturen längst in die Sphäre des Sozialen gehoben wurden (dies letztlich schon im Schema-Modell von Bartlett 1932!).

[99]   „Das, was einem tatsächlich unter der Benennung *Frame* als Beispiel angeboten wird – ob in KI, Psychologie oder Linguistik – sind de facto befremdlich anmutende, fragmentarisch wirkende, stichwortar-

6.2 Lexikologisch-lexikographische Ansätze in Deutschland 471

Frames genau dies und nichts anders sind und sein können: nämlich durch wissenschaftliche Beschreibung hervorgebrachte Texte. Entsprechend verwendet er den Terminus „Frame" konsequent nicht mehr zur Benennung von Strukturen im Wissen selbst, sondern als Bezeichnung für die von Frame-Forschern hervorgebrachten darstellerischen Arbeitsergebnisse.

Eine zweite Frage, die Konerding erkenntlich nicht stellt, die aber z.B. für den bislang einzigen ernstzunehmenden Linguisten unter den Frame-Forschern, nämlich Fillmore, der zentrale Antrieb war, ist die Frage nach der starken Ausweitung des semantisch relevanten Wissens über die engen Grenzen traditioneller Bedeutungsmodelle hinaus. Wenn sich Konerdings Frame-Theorie in einem Punkt ganz deutlich von allen anderen wichtigen Frame-Modellen abhebt (insbesondere von Fillmore, Minsky und Barsalou), dann ist es die Tatsache, dass sich bei ihm – ganz im Gegensatz zu den genannten Autoren – nicht die leiseste Kritik an traditionellen Modellen der Merkmal-Semantik findet. Man hat vielmehr im Gegenteil nachgerade den Eindruck, dass es dem Autor insbesondere gerade darauf ankommt, die Frame-Theorie als legitime Nachfolgerin der Checklist-Semantik zu etablieren und dafür zurechtzuschneiden, um wenigstens Reste der guten alten strukturalistischen Semantik zu retten.[100] Erkennbar ist diese Haltung auch daran, dass er an keiner Stelle auf die Rolle von Inferenzen für das, was man „sprachliche Bedeutung" nennen kann, eingeht, und insbesondere die für Fillmore zentrale Frage nach der Abgrenzbarkeit zwischen nicht-inferenzieller und inferenzieller Wissens-Aktivierung („evozieren" und „invozieren" von Frames) an keiner Stelle thematisiert.[101]

Eine Theorie des Wissens aus Sicht eines Linguisten. Mit dem zweiten Schritt seines Argumentationsgangs (Kap. 3) hat sich Konerding nicht mehr und nicht weniger vorgenommen, als ein eigenes, sprachtheoretisch begründetes Modell des menschlichen Wissens zu konzipieren. Damit begibt er sich auf dieselbe Ebene fundamentaltheoretischer Überlegungen, die im Rahmen der Frame- und Schema-Theorie vor ihm bereits etwa Bartlett 1932, Minsky 1986 und Barsalou 1993 betreten haben. Da wir deren Überlegungen in den Grundzügen dargestellt und diskutiert haben, obwohl sie weit über die Grenzen der Linguistik hinausführen (aber weil sie so zentral für die Grundlegung einer Sprachtheorie sind), sollte dies auch beim ersten Vorschlag eines Linguisten dazu getan werden. Indem Konerding die Frage stellt, „was ‚Wissen' heißt" (82), stellt er die am schwierigsten zu beantwortende Frage an den Anfang seiner theoretischen Überlegungen (statt sie sich, wie es vernünftig sein könnte, für den Schluss aufzuheben); damit zwingt er sich quasi dazu, eine kognitive Generaltheorie zu entwerfen (von der fraglich ist, ob ein Linguist über die nötigen und adäquaten Mittel zur Konstruktionen einer solchen Theorie verfügt). Bezüglich des Begriffs (und Phänomens) „Wissen" diskutiert er verschiedene Aspekte. Die Art, wie er dies tut, führt aber zu signifikanten Verschiebungen bzw. Verkürzungen des Problems. So orientiert er sich z.B. an der bei Kognitionspsychologen in den 1970er und 1980er Jahren beliebten Zurückführung des „Kennens" auf „Können" und wendet dieses in einer Weise auf Sprache an, dass dabei eine Problemverkürzung herauskommt: „Sprecher haben

---

tige sprachliche Texte, nicht mehr und nicht weniger." Konerding 1993a, 79. – Darüber, ob er der Meinung ist, dass die von ihm selbst hervorgebrachten „Frame-Rekonstruktionen" auf Dritte weniger (oder genauso) „befremdlich" wirken, wie die von ihm monierten, lässt er die geneigten Leser im Unklaren.

[100] Es ist bezeichnend, dass Konerding mit seinem eigenen „Frame"-Modell nur „denotative" Bedeutungsaspekte beschreibt, die „konnotativen" aber bewusst ausspart („zunächst", wie er behauptet).

[101] Obwohl der die Aufsätze, in denen Fillmore dies anspricht, natürlich kennt.

dispositionelles Wissen, ein Wort auf ein bestimmtes Objekt anwenden zu können." (86) Die Verkürzung (semantisch gesehen) besteht hier darin, dass semantisches Wissens auf referenzielles (oder extensionales) Wissen reduziert wird (also die Frage der bloßen Anwendbarkeit eines Wortes auf einen außersprachlichen Gegenstand), der Frage nach den Intensionen (bzw. den Kriterien, die zu einer Anwendungs-Entscheidung führen), also den eigentlichen Wissens-Inhalten, aber keinerlei Beachtung geschenkt wird.

Insbesondere diskutiert und problematisiert Konerding den für die Semantik wichtigen Begriff des „stillschweigenden Wissens", zu dem er Folgendes sagt:

> „Bezüglich des ‚stillschweigenden Wissens' erscheint es z.B. als fraglich, [a] ob es bei einem normalen Sprecher / Hörer ein begrenztes Repertoire von strukturiert encodierten Standardsituationsmodellen als mentale Repräsentationen gibt, [b] die sich vermittels einer speziellen Menge von sprachlichen Angaben adäquat darstellen lassen."[102]

Die Formulierung mit einfachem Relativsatz unterschlägt, dass es sich hierbei um zwei deutlich zu trennende Thesen handelt. (a) ist genau das, was z.B. Minsky, Fillmore, Schank und Abelson und andere vertreten. Wenn Konerding dies in Zweifel ziehen will (was er offenbar tut), dann stellt er die Grundlage und die Ziele der gesamten Frame-Theorie in Frage. Er selbst wäre dann aber kein Frame-Theoretiker, und man müsste fragen, was dabei herauskommen können soll, wenn sich ein dezidierter Gegner der Frame-Theorie (bzw. wesentlicher ihrer Annahmen) an die Konstruktion eines eigenen „Frame"-Modells macht. (Man kann vermuten, jedenfalls nichts, was diese Bezeichnung verdiente.) Von (a) völlig zu trennen ist die gänzliche andere Frage (b), ob und wie es adäquate Beschreibungen des Wissens gibt oder geben kann. Das ist in der Tat ein schwieriges Problem. Für die Richtigkeit von (a) hat Minsky am Beispiel visueller Wahrnehmung viele überzeugende Beispiele geliefert; zahlreiche Forschungsergebnisse der kognitiven Psychologie ergaben dasselbe. (b) betrifft eine Frage, die *jede* wissenschaftliche Rekonstruktion betrifft, und die bei der Beschreibung menschlichen Wissens in keiner Weise dringlicher ist als bei der Beschreibung jedes beliebigen anderen Objekts menschlicher Beobachtung (wenn man die Dinge nur erkenntnistheoretisch gründlich genug durchdenkt). Zu Recht weist Konerding darauf hin, dass das „stillschweigende Wissen" (auch, insoweit es für die Semantik relevant ist) in seiner Gesamtheit „kaum inventarisierbar" ist.[103] Auch seine dringlichen Hinweise auf die zentrale Rolle der Sprache für den Zugang zu diesem Wissen sind nahezu eine Binsenweisheit, die eigentlich nicht mehr bewiesen werden muss. Auch seine mit Nachdruck vorgebrachte Schlussfolgerung, „dass eine Darstellung stereotypischen Wissens, das in Form von Frames verfügbar sein soll, immer sprachbezogen erfolgen muss" (87), ist unwidersprochen. Daraus folgt aber noch lange nicht zwingend, wie der Autor anzunehmen scheint, dass auch *die Frames selbst* nur „sprachliche Beschreibungen" darstellen.

Bezeichnend für den Reflexionsstand ist, dass er „Konzepte" für „eine alternative Charakterisierung von Wissensbeständen" hält (87). Ganz offensichtlich hat er nicht realisiert, dass nicht nur „Frames" als Strukturen aus „Konzepten" aufgefasst werden können, son-

---

[102] Konerding 1993a, 86. (Durchzählung von mir, D.B.)

[103] „Das für eine kulturelle Gemeinschaft von Individuen praktisch Eingespielte, Unreflektierte und Selbstverständliche ist, wollte man es sprachlich in seiner Gesamtheit erfassen, kaum inventarisierbar." Konerding 1993a, 86. – Dies ist ganz aus dem Blickwinkel des Thesaurierers, des Wortschatz-Forschers gedacht. Nimmt man die Frame-Analyse als kulturelle Semantik, der es auf vertiefende Einzel-Einsichten in verstehensrelevantes Wissen in spezifischen Arealen ankommt, dann kann sie jedoch ein nützliches Instrument sein.

6.2 Lexikologisch-lexikographische Ansätze in Deutschland 473

dern dass „Konzepte" selbst auch „Frames" (oder als Frames bzw. Frame-Gefüge rekonstruierbar) sind. Diese Fehleinschätzung ist offenbar wesentlich darauf zurückzuführen, dass Konerding eines der zentralen Elemente sowohl in Minskys als auch in Barsalous Frame-Konzeption nicht mitvollzieht, nämlich die Einsicht in die (nach Barsalou im Prinzip unendliche) Rekursion von Frames bzw. Frame-Strukturen. Wenn er darauf hinweist, dass „Konzept"-Theorien das Verhältnis Sprache-Wissen besser berücksichtigen können, dann müsste dies notabene ebenso für Frames gelten, man könnte beide Modelle / Termini also nicht in der Weise in Gegensatz bringen, wie Konerding es zu tun scheint.[104] – Ziel seiner nachfolgenden terminologischen und theoretischen Festlegungen ist nicht weniger als eine „Neukonzeption der Frametheorie als Theorie der Wissensdarstellung" (92). Zu diesem Zweck führt er eine Reihe von Termini / Entitäten ein, die insgesamt das Wirksamwerden von Wissen und Sprache in der Kognition erklären sollen.[105] Zunächst führt er den Terminus „Segment" ein und definiert ihn folgendermaßen:

> „Mit *Segment* wird dasjenige benannt, was im Rahmen der inneren und äußeren Wahrnehmung oder Vorstellung eines Individuums als Phänomen: als ,Etwas' kontrastiv ab / ausgegrenzt oder fokussiert und mit Aufmerksamkeit weitgehend isoliert werden kann." (Konerding 1993a, 93 und 120.)

Der dabei verwendete Begriff „Vorstellung" gibt die Zielrichtung vor. Das im Weiteren entfaltete Modell erinnert stark an Vorstellungstheorien der Bedeutung und weist gewisse Ähnlichkeiten mit dem von Barsalou 1993 formulierten Modell der „perzeptuellen Symbole" auf.[106]

Der Status der „Segmente" wird nicht vollends deutlich, er bleibt merkwürdig in der Schwebe zwischen rein kognitiven Einheiten und realen Dingen in der Welt, wie die weiteren Ausführungen zur Anwendung der Dichotomie von „type" und „token" auf die „Segmente" bei Konerding zeigen:

> „Token = einzelne Vorkommensfälle von Segmenten, die auf der Grundlage von Ähnlichkeitsbeziehungen einer (intraindividuell) assoziativ verfügbaren Gesamtheit angehören.
> Typ = Gesamtheit von Segmenten, die (intraindividuell) über Ähnlichkeitsbeziehungen assoziativ verfügbar sind." (Konerding 1993a, 120, s.a. 98.)

Beispiele, die Konerding dafür gibt, deuten stark darauf hin, dass wir es hier mit einem Fall von realistischer Semantik (oder genauer: Erkenntnistheorie) zu tun haben, da die „Token" vermutlich gemeint sind als außersprachliche Bezugsobjekte in der Welt. Dies liegt nahe, da ein Prädikat wie „ähnlich" (oder „Ähnlichkeit") üblicherweise direkt auf Weltgegenstände appliziert wird, und kaum auf kognitive (bzw. epistemische) Entitäten / Repräsentationen. (Wir sagen von *Dingen*, sie seien ähnlich, nicht von unseren Vorstellungen von den Dingen.)[107] Der „Typ" oder die „Gesamtheit" von Segmenten lässt sich dann leicht als

---

[104] Die nachfolgend unter der Kapitelüberschrift „Konzepte als ,Wissenselemente'" angestellten Überlegungen fallen weit hinter den auch damals schon verfügbaren Stand der Begriffs- oder Konzepttheorie zurück und sind insgesamt enttäuschend. Sie sollen offenbar nur vorbereiten, dass der Autor jeweils seine eigenen terminologischen Festlegungen vornehmen will.

[105] Die Terminologie ist äußerst idiosynkratisch und ohne Glossar kaum nachvollziehbar, und letztlich auch nicht unmittelbar anschließbar an bekannte Theorien. Man wundert sich über den dabei gezeigten Hang zur Privat-Theorie sehr bei einem Autor, der sich an anderer Stelle desselben Buches so überaus kritisch über spekulative Theorien geäußert hat ... [Liste mit Definitionen ist im Material-Anhang abgedruckt.]

[106] Siehe dazu oben Kap. 5.2.6, S. 398 ff. den Exkurs zu Barsalous 1993 Perzeptions-Theorie.

[107] Auch lösen üblicherweise wahrgenommene Dinge „Assoziationen" aus, und nicht kognitive Repräsentationen. Nach Konerding „vermittelt jedes dieser Segmente einen assoziativen Zugriff auf weitere Seg-

474 Kapitel 6: Anwendungen und Weiterentwicklungen der Frame-Theorie in der linguistischen Semantik

Extension (= Menge der möglichen Bezugsobjekte eines sprachlichen Zeichens) im Sinne der logischen Semantik lesen. Im Hintergrund dieser Konzeption steht ganz offensichtlich das extensional orientierte Stereotypen-Modell von Putnam.

Mit seiner Anwendung der type / token-Dichotomie auf die „Segmente" macht es sich Konerding – erkenntnistheoretisch oder kognitionstheoretisch gesehen – jedoch zu einfach. Die von ihm postulierten „Segmente", die offenbar für komplexe Vorstellungen stehen (etwa die Vorstellung eines Apfels oder, wie in seinem Beispiel, die Vorstellung eines Niesgeräuschs), sind kognitionstheoretisch gesehen auf viel zu hoher (komplexer) Ebene angesiedelt; tatsächlich sind solche kognitiven Repräsentationen bereits epistemologisch gesehen hoch komplex, wie insbesondere Bartlett 1932 und Minsky 1986 betont haben. D.h. sie bestehen aus noch elementareren Unter-Einheiten. Außerdem sind seine Überlegungen zirkulär. „Ähnlichkeit" ist immer ein Vergleich von A und B hinsichtlich bestimmter Aspekte / Kriterien. Dafür muss ein Wahrnehmender aber die Aspekte als solche kognitiv verfügbar haben. Ein A als „ähnlich mit" einem B beurteilen zu können, setzt voraus, dass er beide Wahrnehmungsereignisse auf ein Drittes, ein *tertium* als Vergleichs-Kriterium, beziehen kann. Dieses Dritte aber ist eine *gespeicherte epistemische Struktur*. *Diese* ist der „Typ". Es ist daher falsch, „Typ" (wie der gelernte Mathematiker Konerding) nur mengentheoretisch als Gesamtheit klassifizieren zu wollen. „Typ" ist mehr, nämlich: Gesamtheit *aufgrund eines Kriteriums*. Deshalb kann das Token auch nicht, wie Konerding vorschlägt, ein „Zeichen für den Typ" sein.[108] Dafür müsste es als ein Etwas X identifizierbar sein; das ist es aber erst, wenn die wahrnehmende Person bereits ihr Typ-Wissen auf das Token appliziert hat. Konerding wendet also fundamentale zeichentheoretische Begriffe falsch an. Der Typ kann dann, gegen sein Bestreben, nur ein *Frame als kognitive / epistemische Struktur* sein, nicht eine reine Extension im Sinne der herkömmlichen Frege- / Carnap- / Putnam-Semantik.

Was üblicherweise als „Begriff" („Concept") bezeichnet wird, figuriert bei Konerding unter dem Terminus „Textur",[109] bzw., wenn es als epistemisch verallgemeinertes Wissen

---

mente gleicher Beschaffenheit." (98) So spricht man über reale Dinge in der Außenwelt, nicht über epistemische Entitäten. Die Vermutung, dass Konerding tatsächlich auf dem Boden einer realistischen Semantik operiert und mit „Segment" die realen Dinge meint, wird auch durch folgende Bemerkungen gestützt: „Für die Segmentation, d.h. die Ausgrenzung bestimmter Teile des kontinuierlichen Wahrnehmungsstroms, spielt gerichtete Aufmerksamkeit zur Schaffung von Kontrast zwischen Segment und der weiteren Umgebung des Segments eine konstitutive Rolle." (95) Die „Umgebung des Segments" kann nur realweltlich gemeint sein (auf das Erkenntnis-Substrat, nicht die Erkenntnis-Ergebnisse bezogen). Allerdings scheint Konerding dann doch ein „moderater" bzw. „kognitiv reflektierter Objektivist" zu sein, da er „die raumzeitliche Permanenz von Objekten" (97) offenbar als inner-epistemisches Phänomen auffasst.

[108] „Jedes über Ähnlichkeitsbeziehungen typisierte Segment [...] verweist als Vorkommensfall (Token) über besagte Ähnlichkeitsbeziehungen auf andere Vorkommensfälle und mittelbar auf deren Gesamtheit (Typ). Vergegenwärtigt sich nun jemand die Gesamtheit (den Typ) oder einen weiteren Vorkommensfall über ein bestimmtes Token, indem es für ihn auf die Gesamtheit (oder ein anderes Token) verweist (im Sinne des *aliquid stat pro aliquo*), so fungiert dieses Token für ihn als Zeichen: als Index oder Ikon gemäß obiger Definition." Konerding 1993a, 93 – Die Definitionen, die er dort gibt (und die angeblich auf Peirce zurückgehen sollen), sind auch schon nicht unproblematisch, etwa wenn er „Indexikalität" als reine „Kontiguität" definiert. Es wird kaum möglich sein, etwa die für indexikalische Zeichen wichtigen Kausalbeziehungen epistemisch gesehen als reine Nachbarschaftsrelationen zu deuten.

[109] „Ein Segment, für das Segmente verschiedener Typen (über Kontiguitätsbeziehungen) als Konstituentensegmente isoliert werden können, wird im Folgenden mit *Textur* benannt." Konerding 1993a, 100 und 120.

6.2 Lexikologisch-lexikographische Ansätze in Deutschland 475

gemeint ist, als „Texturtyp".[110] Mit diesem Modell von „Begriff" kommen auch die guten alten „Begriffsmerkmale" (oder semantischen Merkmale) bei Konerding zu neuen Ehren.[111] Konerdings Benutzung des Zeichenbegriffs für inner-kognitive (inner-epistemische) Relationen erinnert stark an Barsalous 1993 Modell der „perzeptuellen Symbole". Beide Modelle sind sich überraschend ähnlich. Beide wollen Begriffe perzeptiv fundieren. Barsalou, indem er kognitive Strukturen auf sog. „perzeptuelle Symbole" fundiert; Konerding, indem er die (begriffstheoretisch als „Merkmale" klassifizierten) „Segmente" nicht auf der Ebene der kognitiven / epistemischen Strukturen, sondern auf der Ebene der perzipierten Objekte (Token) ansiedelt. In gewisser Weise liefert Konerding die zeichentheoretische Begründung nach, die bei Barsalous „perzeptuellen Symbolen" noch fehlte (auch wenn Unterschiede zwischen beiden Modellen bleiben). Ähnlich sind sich beide Modelle auch darin, dass in ihnen letztlich (nur mit zeitgemäßer Terminologie etwas kaschiert) die herkömmlichen *Vorstellungen* eine zentrale Rolle spielen. Beide vertreten ein erkenntlich vorstellungstheoretisches Modell[112] und bewegen sich damit im Rahmen dessen, was seit der Dominanz der Vorstellungstheorie in der Sprachpsychologie und Linguistik Ende des 19. Jhds. Alltagsüberzeugung (aber darum noch nicht richtiger) geworden ist.

Eine starke Parallele zu Barsalou 1993 liegt auch darin, dass Konerding wie dieser „Sprache" aufgrund seines Perzeptions-fundierten Ansatzes auf perzeptuelle „Segmente" (a.a.O. 106) und damit auf reine Ausdrucksseiten reduziert. Die Auffassung, dass die Wahrnehmung sprachlicher Zeichen kognitionstheoretisch und epistemologisch zunächst nicht anders behandelt werden sollte als alle anderen Wahrnehmungsakte, ist per se nachvollziehbar und wichtig. Das Problem in den Ansätzen von Barsalou 1993 und Konerding besteht dann eher in einer Art „perzeptionistischer Reduktion des Wissens oder Wissensbegriffs", die dort vorgenommen wird; d.h. Wissen wird im Grunde nicht als eigenständiges Phänomen neben oder über der Perzeption akzeptiert, sondern es wird grundsätzlich auf Perzeption zurückgeführt, was aber z.B. hinsichtlich von Abstrakta, Phantasie, Fiktion zu erheblichen theoretischen Problemen (und damit Erklärungsnotständen) führt. Während Barsalou mit seinen „perzeptuellen Symbolen" (= Wissens-Einheiten) noch das terminologische Instrumentarium dafür hat, solche Phänomene erklären zu können, fehlt dieses Instrumentarium im Modell Konerdings völlig. Man könnte seinen Ansatz daher in einem gewissen Sinne „anti-epistemologisch" nennen. Sein Modell hat zudem problematische erkenntnistheoretische Implikationen. Es setzt in seinem Verständnis der Funktion sprachlicher Zeichen die Existenz von ‚Objekten' in der Welt *als* Objekte voraus; dabei wäre aller-

---

[110] „Begriff (Konzept) soll im Folgenden als Bezeichnung für (intraindividuelle) Texturtypen verwendet werden." Konerding 1993a, 101 und 120.

[111] Zum Begriff „Merkmal" führt er aus: „Segmente eines Typs, die in nahezu allen Token eines bestimmten Begriffs, zumindest aber in allen typischen Token mit Aufmerksamkeit isoliert werden können, können potentiell als Indizes für die betreffenden Texturtoken fungieren. [...] Falls nun die Segmenttoken des betreffenden Typs [...] nicht auch als Indizes für Texturen weiterer Typen fungieren, können sie als relativ verlässliche Indizes für typische Token genutzt werden, d.h. sie können dann den Status von *charakteristischen Indizes* einnehmen. [...] *Merkmal* dient im Folgenden zur Bezeichnung von Segmenten, die in der Rolle von *Indizes* für Token eines Begriffs (Texturtyps) Verwendung finden." Konerding 1993a, 102, vgl. auch 120. – Man kann darin wohl eine Wiederauferstehung (oder elegantere Formulierung) der alten „wesentlichen Merkmale" der traditionellen Merkmalsemantik sehen, als deren ‚modernerer' Vertreter sich Konerding hier offenbar entpuppt. Zur Kritik solcher Modelle und dem Nachweis ihrer Aporien s. Busse 2009, 39 ff. u. Wolski 1980, Kap. 1.4.

[112] Siehe ganz deutlich Konerding 1993a, 103: „Token des Begriffs *Auto* sind einzelne Auto-Wahrnehmungen oder -Vorstellungen."

476   *Kapitel 6: Anwendungen und Weiterentwicklungen der Frame-Theorie in der linguistischen Semantik*

erst zu erklären, wie die Objekte als Objekte mittels Sprachzeichen konstituiert werden. Entsprechend ist (mit einem Zitat von Schwarz 1992) für Konerding die Existenz der Welt der Objekte auch unabhängig von ihrer begrifflich-sprachlichen Konstitution gegeben.[113] Mit Bezug auf den Bedeutungsbegriff für sprachliche Zeichen lässt er dann auch die (objektivistische) Katze aus dem Sack (der Tarnung durch eine vorgeblich kognitionstheoretische Modellbildung): Die „Bedeutung einer Wortform"

> „ist das Resultat der (intraindividuellen) hypothetischen Elaborierung der Wortform zu einer typisierten Textur, für die die Wortform als Kennzeichen fungiert. In der gängigen Ausdrucksweise heißt dies: Die Bedeutung ist das Resultat der Zuordnung eines bestimmten Bezugsgegenstands zu der betreffenden Wortform". (115)

In traditioneller Terminologie heißt dies: ‚Die Bedeutung ist die Extension eines Wortes' oder ‚Die Bedeutung eines Wortes ist der Gegenstand, auf den dieses Wort verweist'. Das aber ist Frege pur. Man muss also feststellen: Ganz offensichtlich missbraucht Konerding die Frame-Semantik, um sehr versteckt und sehr verklausuliert nichts anderes als eine Art Neuaufguß der alten logischen oder Frege-Semantik zu postulieren. Dazu hätte man den immensen terminologischen Apparat, den er hier errichtet, aber nicht benötigt.[114] Auch wenn Konerdings Überlegungen im weiteren Verlauf gewisse Anklänge an eine Gebrauchstheorie der Bedeutung erkennen lassen[115] fällt sein semantisches Modell weit hinter Fillmore (aber auch hinter Barsalou 1993) zurück. Insbesondere zum wichtigen Aspekt der Konventionalität und damit Sozialität der Sprache und Sprachzeichenbedeutungen findet sich bei ihm so gut wie nichts. Positiv zu werten ist sein Bemühen um den Nachweis der zentralen Rolle, die Sprache und sprachliche Zeichen für die Kognition und Episteme haben; doch unternimmt er dies mit den falschen zeichentheoretischen und erkenntnistheoretischen Mitteln bzw. Annahmen. Dies zeigt sich bei seinen „Gedanken zur Ermittlung und sprachlichen Repräsentation ‚stillschweigenden Wissens'" im Zuge von deren Entwicklung er ohne weitere Übergänge oder theoretische Zwischenschritte sofort dazu übergeht, dass „*Frames* jetzt [...] als *Verbalisierungsresultate, also sprachliche Texte einer bestimmten Sorte* redefiniert werden sollen" (a.a.O. 130). Hierbei begeht er einen Kategoriensprung erheblicher Weite. Von (a) der Einsicht in die Sprach-Bindung allen explizierbaren Wissens zu (b) der Identifizierung der Wissensstrukturen (d.h. Frames) selbst mit einfachen Texten ist es ein gewaltiger theoretischer Sprung, der zahlreiche Zwischenebenen übergeht. Es handelt sich dabei, da weitere Begründungen nicht geliefert wer-

---

[113] Konerding 1993a, 113 mit Verweis auf Schwarz 1992, 45, wo diese „zwei grundlegende Referentialitätsbereiche für sprachliche Ausdrücke" unterscheidet, nämlich die „von uns objektiv erlebte Welt" und „unser Weltmodell", das auch fiktionale Einheiten enthalten kann. Wie Bartlett und Minsky und zahlreiche andere nachgewiesen haben, lässt sich ein solcher Unterschied kognitionstheoretisch in keiner Weise als kategoriale Differenz verschiedener Wahrnehmungs- oder (sprachlicher) Referenz-Modi begründen. Solche Definitionen sind nichts anderes als hilflose letzte Rettungsversuche für einen naiven erkenntnistheoretischen Realismus.

[114] Konerdings Ansatz scheint damit nichts anderes zu sein als der Versuch der Exorzierung kognitiver / epistemischer Strukturen aus der kognitiven Semantik. Für die Eigenstruktur und Eigenbewegungen der Episteme (im Sinne Foucaults) hat der Autor offenbar keinerlei Verständnis. In gewissem Sinne ist sein Modell den Zielsetzungen einer kulturwissenschaftlichen Nutzung der Frame-Theorie, wie sie in diesem Band unter anderen Zielen verfolgt wird, diametral entgegengesetzt (aufgrund ihres objektivistischen, perzeptionistischen Reduktionismus).

[115] So etwa Konerding 1993a, 113: „Die sprachsystembezogene ‚lexikalische Bedeutung' einer Wortform [...] ist eine idealisierende linguistische Abstraktion von der Menge dokumentierter individueller Wortformenverwendungen in einer Sprach / Interaktionsgemeinschaft."

6.2 Lexikologisch-lexikographische Ansätze in Deutschland 477

den, um einen nicht begründeten Schluss, einen Fehlschluss. Auch die von Konerding in diesem Kontext bemühte „Unbewusstheit" des größten Teils des Alltagswissens im alltäglichen kognitiven Geschehen rechtfertigt diesen Schluss nicht.

Zwar ist richtig, dass dieses Wissen, wie Konerding schreibt, oft erst bei Störungen zu Bewusstsein kommt. Aber man muss theoretisch dennoch zwischen mindestens Folgendem unterscheiden:

(1) der theoretischen Explikation dessen, welches Wissen für die Individuen existiert, welches Wissen für einzelne Handlungen, Perzeptionen und Verstehens„akte" relevant bzw. ermöglichende Voraussetzung ist, wie es strukturiert ist und wie es aktiviert / abgerufen wird;

(2) der Frage, wie dieses Wissen den Individuen selbst aktiv zugänglich wird, wie viel sie davon akut bewusst machen können, wie viel davon in den jeweiligen Situationen „aktiv" bewusst ist oder wird;

(3) der Frage, welche Möglichkeiten es gibt, dieses Wissen, seine Strukturen und die Mechanismen seiner Abrufung bzw. Aktivierung adäquat zu beschreiben; und

(4) der Frage, ob es überhaupt möglich ist, eine solche wissenschaftliche Erklärung / Beschreibung „objektiv" zu machen und zu validieren.

Diese vier Ebenen der Problemstellung werden von Konerding (und anderen) fortlaufend durcheinandergeworfen!

Seine Überlegungen zum stillschweigenden Wissen erweisen dann schließlich, dass er gar nicht über ein zureichendes Konzept von „Bedeutung" verfügt, sondern sich in einem Erklärungszirkel bewegt. So, wenn er fordert:

> „Das Inventar der Texturen […] wird […] durch die kommunikativ und interaktiv kontrollierten Begriffe (Texturtypen) bereitgestellt, deren Token über sprachliche Indizierungen kulturell akzeptiert, identifiziert und voneinander oppositiv unterschieden sind. Die für die Rationalisierung und kommunizierbare Darstellung idiosynkratischen Wissens zentralen kulturellen Einheiten sind also diejenigen, die mit Token einer eigenen Wortform benennbar sind. Sie umfassen gewissermaßen *das stereotypische ‚Wissen'* in einer Kultur- und Interaktionsgemeinschaft.
> *Eine Erschließung des stereotypischen Wissens sollte sich darum auf den Alltagswortschatz einer Sprachgemeinschaft und hier insbesondere auf die typischen Bedeutungen der zur Nennlexik gehörenden Wortformen / Wörter konzentrieren.*" (Konerding 1993a, 132; Hervorhebungen im Original.)

Konerdings ganzes Vorhaben bekommt hier eine überraschende Volte. Man könnte seiner Formulierung entgegnen: Aber darum, was „Bedeutungen" sind, geht es doch gerade in einer Frame-Semantik! Seine These „Die Erschließung des Wissens soll sich auf die Bedeutungen der Wörter konzentrieren" wird vor dem Hintergrund dieser eigentlichen Ausgangsfrage der kognitiven / epistemologischen Semantik schlicht zirkulär. Konerding behandelt die gesamte Thematik ganz offensichtlich gar nicht (wie es etwa Fillmore tat und wie es in diesem Buch angestrebt ist) im Sinne einer *Semantik*, eines Beitrags zu einer adäquaten Bedeutungstheorie.[116] (Vielleicht kann oder will er das auch gar nicht, weil ein extensional verkürzter Ansatz, wie er ihn mit Putnam vertritt, letztlich „Bedeutung" als eigene Größe gar nicht mehr zulässt.)

Sein Resümee macht schließlich deutlich, dass er an einer echten Frame-Theorie (im Sinne einer die Kognition, die Episteme aufschließenden Theorie) wohl gar nicht interessiert ist. Er scheint nachgerade das Begründungsverhältnis zwischen Frame-Theorie und Semantik umkehren zu wollen. Statt, wie Fillmore und viele andere, darauf zu hoffen, dass

---

[116] Der Begriff „Semantik" kommt ja auch bezeichnenderweise im Titel der Arbeit gar nicht vor.

478   *Kapitel 6: Anwendungen und Weiterentwicklungen der Frame-Theorie in der linguistischen Semantik*

die Frame-Theorie einen wichtigen Beitrag dazu leistet, aufzuklären was „Bedeutungen"
sind, und sie bei der Erschließung dieser Bedeutungen zu Hilfe zu nehmen, womit die Frame-Analyse dann, wie es etwa FrameNet vormacht, ein unterstützendes Verfahren im
Rahmen der Lexikographie sein könnte,[117] scheint Konerding umgekehrt davon auszugehen, dass die Lexikographie dabei helfen soll, aufzuklären, was Frames bzw. was verstehensrelevantes Wissen ist.[118] Das würde jedoch das Ganze auf den Kopf stellen. „Frame-
Typen" werden denn auch konsequent zu „Textproduktionsplänen für [lexikographische]
Beschreibungen" (138) reduziert. Was Konerding unter dem irreführenden Namen einer
Frame-Theorie präsentiert, ist also letztlich nichts anderes als eine lexikographische Text-
produktionstheorie![119]

Ein Modell zur Produktion lexikographischer Beschreibungen. Im nachfolgenden dritten
Schritt seiner Argumentation (Kapitel 4 u. 5) entfaltet Konerding ein Modell zur Beschreibung lexikalisch-semantischen Wissens, wobei er getreu seinem beschreibungstheoretischen Frame-Begriff die „Frames" als sprachliche Texte zur Rekonstruktion des semantischen Wissens auffasst.[120] In überzogener Inanspruchnahme (Wörtlich-Nehmen) einer
(metaphorisch gemeinten) Nebenbemerkung von Minsky[121] konzipiert er als wesentlichen
Schritt einer lexikographischen Methode zur systematischen Erschließung der notwendigen
Inhalte adäquater Beschreibungstexte für Lexeme das Stellen gezielter Fragen[122] nach den
für die Verwendung dieses Lexems wesentlichen Wissenselementen. Was er dann entfaltet,
kann man auch eine „Frage-Systematik" nennen. Vorbild für das Vorgehen ist bezeichnenderweise der Ansatz von Ballmer / Brennenstuhl; ihrem Modell der „Verb-Schemata" ent-
nimmt er auch die „vier grundlegenden Fähigkeiten der Sprachkompetenz", nämlich
„Typizitätskompetenz",[123] „Bedeutungsnähe-Kompetenz" (die „Bedeutungs-Adjazenz"

---

[117] Die große Distanz, die zwischen Konerdings Ansatz und dem Bestreben Fillmores (trotz gleichgerichte-
ter lexikalisch-semantischer und lexikographischer Interessen) besteht, spiegelt sich insbesondere in der
Striktheit, mit der Konerding das Anstellen jeglicher verstehenstheoretischer Überlegungen für sich ablehnt (vgl. etwa 133).

[118] Vgl. Konerding 1993a, 137: Es „darf festgestellt werden, dass die Frage nach der Möglichkeit der
Fundierung der Frametheorie – als Theorie der sprachgebundenen Wissensvergegenwärtigung oder
-darstellung – zurückgeführt werden kann auf die Frage der Möglichkeit einer Systematisierbarkeit der
Produktion lexikographischer Bedeutungsparaphrasen [...] und der damit verbundenen sprachgeleite-
ten Erschließung stereotypischen Wissens."

[119] Damit folgt er getreulich den Zielsetzungen seines akademischen Lehrers Wiegand, den er bezeichnenderweise an dieser zentralen Stelle seines Buches als Ideengeber zitiert.

[120] „*Frames* sind *sprachliche Texte*, die als deutende ‚Übersetzungen' oder Modellbildungen zu verstehen
sind. Mit Frames werden im Folgenden also nicht die Texturtypen / Konzepte selbst bezeichnet, die in
den Beschreibungen vergegenwärtigt rationaler Reflexion und Kommunikation zugänglich werden!"
Konerding 1993a, 141.

[121] Minsky 1975, 246: „A frame is a collection of questions to be asked about a hypothetical situation."

[122] Vgl. Konerding 1993a, 144 ff. Siehe auch Konerding 1993b, 167: „Ein Frametyp wird hierbei durch
eine bestimmte Klasse von Fragen konstituiert."

[123] Im Unterschied zu Bartlett 1932, Minsky 1975, Fillmore 1977 und Barsalou 1992 thematisiert Konerding den wichtigen Aspekt der „Typizität" an keiner Stelle explizit. Mit diesem Begriff hängen erhebliche Probleme zusammen, die hier ebenso wenig zur Sprache kommen wie bei Ballmer / Brennenstuhl,
von denen er ihn entlehnt hat. Der Einstufung von etwas als „typisch" gehen Typizitäts-Urteile voraus,
die stets individuell-interpretativ sind und genauso wenig objektivierbar sind wie „Ähnlichkeits"-Urteile
und dergleichen. Was „Typizität" in Sachen der Semantik und Wissensrekonstruktion heißen kann,
müsste mit Mitteln einer Konventions-Theorie bestimmt werden, wie sich schon bei Bartlett 1932 angedeutet hat; zu einer solchen Theorie (oder ihrer Notwendigkeit) nimmt Konerding allerdings nirgendwo
explizit Stellung.

6.2 Lexikologisch-lexikographische Ansätze in Deutschland 479

oder „-ähnlichkeit" bei Ballmer / Brennenstuhl), die „Voraussetzungs-Kompetenz" („Prä-suppositionen" bei Ballmer / Brennenstuhl) und die „Paraphrase-Kompetenz" (a.a.O. 152). Die semantisch verkürzenden – auch implizit normativen – Aspekte von deren Theorie nimmt er ebenso wie die Urheber nicht wahr.[124]

Ebenso wenig erkennt er, dass es sich bei den „vier Kompetenzen" allesamt um Deu-tungs-Kompetenzen handelt, die nicht so einfach objektivierbar sind. Insofern unterliegt er einem fatalen Irrtum, wenn er glaubt, mit dem vorgeschlagenen Verfahren „werden aus-schließlich sprachbasierte Rechtfertigungs- und Begründungsverfahren zur Anwendung gebracht" (a.a.O. 157). In Frage steht nämlich, was hier mit „sprachbasiert" gemeint sein soll. Sollte dies im Sinne einer „Objektivierung" gemeint sein, wäre er im Irrtum, da es ja gerade erst darum geht, herauszufinden, welches Wissen aufgrund sprachlicher Zeichen und der ihnen zugrunde liegenden sozialen Konventionen zu Recht aktiviert wird, und welches nicht. Das heißt „Sprache" (was immer das dann heißt)[125] kann kein Rechtferti-gungsgrund für semantische oder semantisch-epistemologische Beschreibungen (um die es hier letztlich immer geht) sein, sondern ist selbst das Problem, auf das sich eine Beschrei-bung und ihre Rechtfertigung allererst richten.

Im Mittelpunkt von Konerdings Verfahren der Erstellung von „Frames" genannten Be-schreibungstexten für Lexembedeutungen stehen ausschließlich Nomen bzw. Substantive. Die Fixierung auf Nomen geht dabei so weit, dass er alle Verben ausschließlich in Form ihrer Nominalisierungen erfassen will.[126] Dies ist nicht nur semantisch gesehen hochpro-blematisch,[127] da damit die subtilen semantischen Effekte von Wortbildungsprozeduren (zu denen die Nominalisierung zählt) ignoriert werden, es ist auch widersinnig, da Basis des entworfenen Beschreibungssystems für Nomina ausgerechnet die Verbmodelle und -Kate-gorien von Ballmer / Brennenstuhl sein sollen. In das Konzept gehen weitere problemati-sche Vorannahmen ein:

---

[124] Nach Ballmer / Brennenstuhl 1980, 1982, 1987 werden „Verbkategorien" zu „geordneten Ähnlichkeits-gruppen" (sog. „Verb-Modellen") zusammengefasst. Sie charakterisieren so etwa einen FORTBEWE-GUNGS-Frame mit Verben wie *ruhen, aufbrechen, sich fortbewegen, eintreffen* usw. Dabei übersehen die Autoren (und mit Ihnen Konerding) aber, dass solche Verben (= sprachlichen Ausdrücke) Aspekte des Groß-Frames perspektivieren (einzelne Aspekte davon in die Perspektive nehmen, textlich hervor-heben). Diese Leistung erbringen die Verben aber keineswegs generell, als Lexeme, sondern nur in je-weiligen Kontexten. Es wäre epistemisch gesehen z.B. sehr einseitig, etwa *ruhen* oder *liegen* nur als Teil eines FORTBEWEGUNGS-Frames zu analysieren. In anderen Frames können dieselben Verben ande-re epistemische Kontexte (als FORTBEWEGUNG) einbinden / aktivieren. Das heißt, das Modell von Ballmer / Brennenstuhl scheint stark normativ zu sein, indem es den Bedeutungsspielraum von Lexe-men tendenziell auf wenige „Standard-Frames" (Standard-Verbmodelle) einzugrenzen versucht.

[125] In der Hypostasierung von Sprache zu einem Rechtfertigungsgrund für semantische Beschreibungen scheint im Hintergrund altes strukturalistisches Gedankengut auf, wonach sich die Zeichen im System in ihrer Funktion (und Bedeutung) wechselseitig determinieren. Die Bedeutung des *einzelnen* Zeichens ergibt sich aus (rechtfertigt sich in) seiner Position im System *aller* Zeichen.

[126] So explizit Konerding 1993a, 162 und 202.

[127] Man fragt sich, worin der tiefere Sinn dieser kategorischen Nominalisierung liegen soll, die den Hang zur Fokussierung der Frame-Forschung auf Nomen, wie er etwa auch bei Barsalou 1992 zu beobachten war, noch radikalisiert und auf die Spitze treibt. Konerding verkennt ganz offensichtlich die zentrale Rolle von Prädikationen für das sprachliche Wissen; es ist daher verwunderlich, dass die sog. „Prädika-toren" in seinem Modell eine so große Rolle spielen. Ein solches rein nominal orientiertes Modell der Rekonstruktion semantisch relevanten Wissens erscheint aus grundsätzlichen sprachtheoretischen Über-legungen heraus als verfehlt. Ihm sollte ein prädikativ orientiertes Modell entgegengesetzt werden, das – anders als das Modell von Fillmore – eine adäquate Erklärung auch von Nomina erlaubt.

480   *Kapitel 6: Anwendungen und Weiterentwicklungen der Frame-Theorie in der linguistischen Semantik*

– Die Nomina sollen über sog. „Prädikatoren" näher bestimmt werden (163). (Darin sind unschwer die alten „semantischen Merkmale" wiederzuerkennen.)
– Von diesen Prädikatoren treten manche regelmäßiger auf, bei anderen gibt es Unsicherheiten (164). (= Die „wesentlichen" und die „akzessorischen" Merkmale der herkömmlichen Merkmalsemantik.)
– Die gewonnenen Prädikatoren-Schemata müssen „auf die wirklich wichtigen" reduziert werden (166). (Woher weiß man, welche „wirklich wichtig" sind?)
– Die „epistemisch wichtigen Schemata [sind] in einigen wenigen Verbmodellen versammelt." (166) (Nach Fillmore / FrameNet gibt es keine im echten Sinne allgemeingültigen Schemata, nur solche, die vergleichsweise häufiger als andere, d.h. in einer größeren Zahl von Verbbedeutungen, auftreten, daneben aber auch solche, die nur bei einem einzigen Verb anzutreffen sind.)
– „Praktische Versuche legen nahe, dass die Anzahl der Schemata schrittweise reduziert werden kann, so dass eine gewisse Sortierung der Schemata nach dem Grad ihres epistemischen Gewichts möglich scheint." (166) (Der „Grad des epistemischen Gewichts" ist ein Dummy-Kriterium, das zu jeden beliebigen Urteilen führen kann.)
– Beschreibungsaspekte („Prädikatoren") werden gewonnen über die „Valenzstrukturen der Prädikatoren-Schemata – und ggf. weitere fakultative Umstandsbestimmungen" (168). (In diesem „gegebenenfalls ..." versteckt sich der ‚ganze Rest' der Semantik und verstehensrelevanten Bedingungen, wie Fillmore herausarbeiten konnte. Indem Konerding ihn hier so nebenbei und lapidar als ‚Weiteres' tituliert, vollzieht er den Gestus nach, der schon die älteren reduktionistischen Semantik-Modelle der Linguistik und Logik durchdrungen hat, wonach alles, was nicht ins schöne objektivistische Bild passt, eben „Nebenaspekte" sind. Es war aber gerade die Leistung Fillmores, aufzuzeigen, dass es sich dabei um Kern-Aspekte der Bedeutung handelt, die berücksichtigt werden müssen, will eine semantische Beschreibung ihren Namen verdienen. Dass Konerding sich dem Gestus des Herunterspielens der Komplexität solcher semantischer Aspekte anschließt, spricht für sich – und gegen sein Modell.)

Das Frageraster, das Konerding sodann zur „Erfragung" von Beschreibungsaspekten für Nomen entwirft, orientiert sich brav an den valenzbasierten Fragen der DUDEN-Grammatik (*wer, was, wem, wessen, wo* usw.).[128] Bei diesem simplen schematischen Vorgehen ignoriert er völlig, was Fillmore 1968 und später über das schwierige Verhältnis von Oberflächen-Syntax und Tiefenkasus-Rahmen geforscht hat, und dass gerade diese Differenz, d.h. die Tatsache, dass man aus der Oberfläche nicht eins-zu-eins auf die zugrunde liegenden semantischen Strukturen schließen darf, das zentrale Motiv Fillmores für die Entwicklung einer *allgemeinen* Frame-Semantik (und die Loslösung der Semantik von der Oberflächen-Ebene der Satzstrukturen) gewesen war. All diese Erkenntnisse dreht Konerding nun zurück und hin zu einer dezidiert oberflächen-beschränkten Semantik. Man kann dies im

---

[128] Konerding 1993a, 169. – „Die Frames werden also als Listen ‚strategisch wichtiger Fragen' konzipiert." (172) [Siehe dazu die Beispiele im Material-Anhang.] – Viele „Fragen", die Konerding in weiteren Beschreibungen beispielhaft entwickelt, wirken ziemlich willkürlich und z.T. wenig treffend für die Beschreibung der Lexeme, zu deren Darstellung sie dienen sollen. Wer z.B. prozessiert schon kognitiv / epistemisch so etwas wie *„seinen Ursprung haben"* (171) bei irgendeinem beliebigen *Gegenstand* (oder diesem Wort selbst)? Konerdings Vorgehen ist also abstrakt-enzyklopädistisch und nicht, wie bei Fillmore und FrameNet, induktiv korpusbasiert. (Die Frage nach der kognitiven Plausibilität der gewählten Kategorien wird anscheinend nie gestellt.)

6.2 Lexikologisch-lexikographische Ansätze in Deutschland 481

Grunde als ein direktes Gegenmodell zu Fillmores Bestreben in Richtung auf eine Tiefen-
oder „Verstehens"-Semantik auffassen.

Von diesem schrittweisen Vorgehen analog Ballmer / Brennenstuhl macht Konerding
sodann jedoch erhebliche Abstriche,[129] und entwirft das, was in der späteren Rezeption
unter dem Stichwort „Hyperonymentypreduktion" zu gewisser Prominenz gelangt ist.[130]
Leider teilt uns der Autor, der die Methoden anderer Forscher stets so überaus kritisch zu
kommentieren wusste, nicht mit, genau auf welchem Wege diese Reduktionen stattfinden
sollen, sondern nennt uns nur seine Ergebnisse.[131] Er behauptet, diese Kategorien seien „an
der Sprache selbst ‚ablesbar'" (176),[132] doch behaupten dies ohnehin fast alle Forscher
(zumindest die Linguisten) und wirken sie dafür viel zu arbiträr / zufällig. Es ist in keiner
Weise ersichtlich, was diesen Kategorisierungs-Versuch von klassischen Begriffs-
hierarchischen Taxonomien (etwa aus der Zeit des Enzyklopädismus) unterscheiden soll. Es
handelt sich um den Versuch einer Klassifikation der gesamten Welt (mit allen problematischen Implikationen solcher Versuche). Die Verallgemeinerbarkeit solcher Kategorien ist
äußerst fraglich, worauf Fillmore, nachdem er bei seinen „Tiefenkasus" selbst solche Klas-
sifikationsversuche aufgrund ihrer Unmöglichkeit aufgegeben hat, deutlich hingewiesen
hatte. Letztlich handelt es sich um den Versuch einer sogenannten „Ontologie", wie sie in
der heutigen KI-Forschung so beliebt sind. Der Linguist Konerding begibt sich hier also
methodisch ausgerechnet auf das Feld der von ihm so stark kritisierten Kognitionsforschung und ahmt deren Methoden (mit ebenso fragwürdigen Resultaten) nach. Der große
Rest des Kapitels besteht dann überwiegend aus zahlreichen seitenlangen Listen von sogenannten „Frames" (= Beschreibungstexten), darunter am Beispiel „ZUSTAND" etwa 76 sog.
„Fragen" (196 ff.; siehe die Beispiele im Anhang zum vorliegenden Band). Immer wieder
wird dabei deutlich, in wie starkem Maße bei der Erstellung der „Frames" die eigene Intuition des Forschers wirksam war – eine methodische Objektivierung (die Konerding ja eigentlich anstrebt) sieht deutlich anders aus als dieser Wust an häufig arbiträrer Heuristik![133]

---

[129] „Das Verfahren ist sehr aufwändig und kaum praktikabel." Konerding 1993a, 172.

[130] „Die gesuchten Typen ergeben sich über Tendenzen von Hyperonymentypreduktionen in Wörterbüchern." Konerding 1993a, 173. – Ein Beispiel einer Hyperonymen-Hierarchie soll etwa sein: *Flunsch*
(in *einen Flunsch ziehen*) → *Mund* → *Öffnung* → *Stelle* → *Bereich* → *Raum* → *Gebiet* → *Ausdehnung*
→ *ausdehnen*. (174)

[131] Nämlich „Hyperonyme als Endglieder der Reduktionsketten": GEGENSTAND (a) KONKRETUM (KONTI-
NUIERLICH / DISKONTINUIERLICH), (b) ABSTRAKTUM (KONTINUIERLICH / DISKONTINUIERLICH); OR-
GANISMUS; PERSON / AKTANT; EREIGNIS; HANDLUNG / INTERAKTION / KOMMUNIKATION, INSTITUTI-
ON / SOZIALE GRUPPE, UMGEBUNG (DES MENSCHEN: RÄUMLICH / ZEITLICH), TEIL / STÜCK, GESAMT-
HEIT / MENGE / BESTAND / GANZES, ZUSTAND / EIGENSCHAFT. Konerding 1993b, 168; siehe auch 1993
a, 175. [Siehe die Beispiele im Anhang.]

[132] Konerding 1993a, 176. Siehe auch 1993b, 170: „Auf diese Weise werden alle Fragen eruiert, die über
Prädikationsschemata vom Wortschatz, d.h. von den sprachlichen Ausdrucksmöglichkeiten her selbst
motiviert werden können." – „Von den sprachlichen Ausdrucksmöglichkeiten her" ist dabei ein völlig
überzogener Euphemismus. Tatsächlich werden die Schemata ja nicht empirisch (etwa korpusgestützt)
ermittelt, sondern durch intuitive / introspektive Explikation von so etwas wie Valenz-Schemata. In dieser Hinsicht ist das FrameNet-Projekt Fillmores sehr viel weiter, da dort Valenz-Schemata tatsächlich
korpusgestützt empirisch durch Kollokations-Analyse ermittelt werden. Konerding betreibt ganz offensichtlich, was die methodische Stringenz und „Objektivität" seines Verfahrens angeht, ziemliche Au-
genwischerei. Auch hier wird nur mit (intuitiv-introspektionistischem) Wasser gekocht.

[133] Zwar postuliert Konerding 1993a, 199: „Die Fragen kontrollieren [...] als ‚strategisch sinnvolle' Fragen
die Aktivierung und Vertextung desjenigen stillschweigenden Wissens, das in den kulturell kontrollierten Texturtoken gebunden ist, denen substantivische Wortformen des Typs ZUSTAND / EIGENSCHAFT
als Kennzeichen zugeordnet sind.", doch gibt er wenig später zu: „*Vollständigkeit* ist hier relativ zu ver-

482 Kapitel 6: Anwendungen und Weiterentwicklungen der Frame-Theorie in der linguistischen Semantik

Konerding macht damit genau das, was Barsalou 1992 als Kardinalfehler anderer Frame-Modelle herausgestellt hat: Er entwirft ein völlig statisches Modell, das nur in festen Strukturen denkt. Mit dem Instrument der „Hyperonymentypreduktion" ist es völlig *deduktiv* angelegt und führt damit, wie Konerding selbst zugesteht, zu sehr vielen Redundanzen.[134] Wenn so viel (intuitive!) „Handarbeit" dabei ist, kann man die Frames dann nicht genauso gut *induktiv* aufbauen (wie es tendenziell Fillmore + FrameNet tun)? Auch das anschließend von Konerding beschriebene Verfahren der Erzeugung sog. „Matrixframes" wirkt atomistisch.[135] Strukturen im dargestellten Wissen werden (entgegen den Annahmen des Autors) tatsächlich kaum beschrieben, da Relationen zwischen den Wissenselementen nicht auch als solche explizit gemacht werden. Zwar schließt er einige sympathische Bemerkungen zum Status semantischer Erkenntnis ein;[136] umso unklarer bleibt, warum er am Schein der Möglichkeit eines quasi-objektivistischen semantischen Verfahrens (es werde nur expliziert, was „die Sprache selbst" hergebe) so strikt festhält. Vor allem im angeschlossenen Anwendungs-Kapitel (Kap. 6), in dem er noch einmal (garniert vor allem mit zahlreichen umfangreichen Beispiel-Darstellungen, nunmehr etwas gekürzt) die zuvor entfaltete sehr komplexe Heuristik auf ein im Rahmen einer praktischen Lexikographie handhabbares Format „herunterbricht", lassen sich dann noch einige hochproblematische Ausführungen zur Semantik finden. So schließt sich Konerding ganz offensichtlich dem etwa von Bierwisch artikulierten Wunsch der formalen Linguistik nach Formulierung sog. „Abstrakt-Bedeutungen über alle Lesarten / Teilbedeutungen eines Lexems hinweg" an (219 / 223 ff.), und findet dann auch explizit Verständnis für das dort herrschende Bedürfnis nach Formulierung „wesentlicher, d.h. relativ invarianter thematischer Komponenten" (220). Auch dem aus der klassischen strukturalistischen Merkmal-Semantik bekannten problematischen Exhaustivitäts-Anspruch schließt er sich implizit an (221).[137] Das spricht für sich und muss nicht weiter kommentiert werden.

---

stehen: Viele der als relevant ausgewählten Prädikatorenschemata, die den Fragen zugrunde gelegt wurden, sind den Prozessen der epistemisch gewichteten Auswahl […] zum Opfer gefallen. *Vollständigkeit* heißt hier: vollständig unter Bezug auf diejenigen Fragen, die aus dem Prozess der Gewichtung und Paraphrase hervorgingen."

[134] Man könnte auch sagen: Beschreibungs- bzw. Datenmüll, der dann „von Hand" wieder aussortiert werden muss.

[135] „Das bisher skizzierte Verfahren gestattet es, vermittels der wiederholten zyklischen Anwendung der Schritte *Typenzuordnung → Fragestellung (inkl. Antwortkontrolle) → Spezifikation von Prädikatoren → (eventuell:) nominalisierende Paraphrase von Prädikatoren → Typenzuordnung* usw. weitgehend kontrollierbar sprachliche Darstellungen von stereotypischen Konzept- oder Wissen,strukturen' systematisch zu erzeugen." Konerding 1993a, 213. – Gut zum Atomismus passt die jetzt am Ende auch deutlich zugestandene Anlehnung an die Merkmalsemantik: „Das Verfahren kann zur Ermittlung semantischer Features weiterentwickelt werden." (216) [Siehe die Beispiele für „Matrix-Frames" im Anhang.]

[136] „Bedeuten-Übersetzen ist eine genuin interpretierende hermeneutische Tätigkeit im Sinne von Auslegen, die die gesamte Komplexität der individuellen menschlichen Erfahrung zum Einsatz bringt." Konerding 1993a, 217.

[137] Dass er (im Kap. „*Schluß*", 282 ff.) noch eine scharfe Kritik an der Tendenz zu Formalisierungen in der Linguistik und KI nachschiebt (und sich damit implizit Fillmore, Minsky, Barsalou anschließt, die ebendieselbe Kritik geübt haben) ist sympathisch, kann allerdings nicht den Eindruck verwischen, dass er ansonsten bedeutungstheoretisch all die Positionen bezieht, die auch Anhänger der formalen logischen Semantik vertreten. – Weniger sympathisch ist die von Selbstzweifeln völlig freie Einschätzung des vorgeschlagenen Modells: „Es sollte […] deutlich geworden sein, dass im Prinzip *kein* anderes Verfahren möglich ist, will man eine theoretisch überzeugende, methodisch begründete und empirisch adäquate Fundierung der Repräsentation stereotypischen Wissens bei dem heutigen Stand der wissenschaftlichen Forschung erreichen." Konerding 1993a, 221.

6.2 Lexikologisch-lexikographische Ansätze in Deutschland   483

6.2.3 Lönneker

Die von der Romanistin Birte Lönneker (2003) zehn Jahre nach Konerding vorgelegte Arbeit – als dritte deutschsprachige Monographie zur Frame-Forschung – ist streng genommen nicht ausschließlich lexikalisch orientiert; da sie aber in zentralen Teilen das zu lexikographischen Zwecken entwickelte Modell von Konerding (1993) benutzt und weiterentwickelt und letztlich stärker wort- als textorientiert ist, mag es gerechtfertigt sein, sie in diesem Zusammenhang zu behandeln. Ihr Ziel ist es, „durch eine strukturierte Darstellung des in Texten enthaltenen Wissens" (2003, 1) dieses (und sein Verhältnis zu den sprachlichen Mitteln) einer linguistischen Analyse zugänglich zu machen. Da wesentliche Teile der Arbeit (wie bei Wegner) in der Entwicklung und Evaluation von Computerprogrammen bestehen, liest sie sich über weite Strecken stärker wie eine computerlinguistische oder treffender informationswissenschaftliche Arbeit, doch zeigt die Autorin an manchen Stellen Reflexionen, die wichtige, in den anderen Arbeiten übergangene Probleme ansprechen und an Nachdenklichkeit über diese oft deutlich hinausgehen. Zwar werden Texte (und nicht Wörter, Begriffe) als der Ort begriffen, in dem sich Wissen niederschlägt; da Ausgangspunkt des Forschungsvorhabens von Lönneker jedoch die Benutzung des Internets als Informationsquelle für die Beantwortung übersetzungstechnischer Fragen war, und Übersetzer-Anfragen sich meistens an Lexemen mitsamt unmittelbarem Kontext orientieren, hat die Arbeit einen starken begriffsorientierten bzw. lexikalischen Einschlag, auch wenn die Autorin einen Wissensbegriff benutzt, der sich nicht auf Lexembedeutungen eingrenzen lässt. Ziel der Arbeit ist damit letztlich das Erfassen des Wissens zu Lexemen bzw. Konzepten, wobei zwischen beiden nicht strikt unterschieden wird und sich auch keinerlei begriffstheoretische Reflexionen in der Arbeit finden lassen. Dabei geht die Verfasserin davon aus, „dass die Unterscheidung zwischen semantischem Wissen und Weltwissen fließend ist." (A.a.O. 2.)

Im ersten Teil ihrer Arbeit stellt Lönneker ein Computer-Programm vor, das automatisiert aus dem Internet Textstellen als Kontexte für die Beantwortung semantischer Fragen von Übersetzern zu Begriffen bzw. Übersetzungsproblemen im Text zusammenstellt. Im zweiten Schritt geht es darum, das begriffsbezogene „Weltwissen" aus diesen gesammelten Textstellen mit ebenfalls automatisierten oder halbautomatischen Mitteln „zu extrahieren". Eigentliches Ziel der Arbeit ist also weniger eine lexikographische Beschreibung von Lexemen (auch wenn das, was schließlich dabei herauskommt, einer solchen doch schon sehr stark ähnelt), sondern eine Erfassung und Beschreibung des „Weltwissens" selbst. Das hatte zwar auch schon Konerding 1993 behauptet, doch stand bei ihm die letztlich lexikographische Orientierung sehr viel deutlicher im Vordergrund als bei Lönneker, bei der sie allenfalls ein Mittel oder Nebeneffekt ist. Die starke Begriffsorientierung (und dann implizit eben doch Orientierung an Lexemen) bei Lönneker wird in ihrer Begründung der Wahl des Frame-Modells als dem zentralen Instrument für ihr Forschungsvorhaben deutlich:

> „Die Aufgabe bestand nun darin, für das in den Texten enthaltene Wissen eine Darstellungsform zu finden, die [...] qualitativ die Eigenschaften dieser Aussage erfasst. Um die Auswertung der Aussagen und ihren Vergleich zu erleichtern, wurde ein Struktur angestrebt, die die Aussagen in einer einheitlichen Form erscheinen lässt. Zu diesem Zweck wurde auf [...] das Frame-Modell zurückgegriffen, das Informationen zu einem Begriff bzw. Konzept bündelt und in strukturierter Form darstellt." (A.a.O. 2.)

484   *Kapitel 6: Anwendungen und Weiterentwicklungen der Frame-Theorie in der linguistischen Semantik*

Frames werden also als etwas begriffen, das Wissen, welches in Begriffen aufscheint,[138] bündelt und in eine bestimmte Struktur bringt. Eine erste Definition von „Frame" lautet dann folgendermaßen:

> „In der hier verwendeten Interpretation ist ein Frame eine Sammlung von Aussagen über ein Konzept. Die Aussagen bestehen in der Feststellung einer von dem Konzept ausgehenden Relation und einem über diese Beziehung mit dem ersten verbundenen weiteren Konzept. Zur Erfassung der Aussagen wurde beschlossen, die Namen der untersuchten und der verbundenen Konzepte sowie der sie verbindenden Relationen mit Hilfe von Lexemen natürlicher Sprachen auszudrücken." (A.a.O. 2.)

Diese Definition deutet darauf hin, dass Lönneker „Frame" ganz klar *beschreibungstheoretisch* versteht, d.h. als pures Darstellungsmittel (wie zuvor schon Wegner 1985 und Konerding 1993). Zugleich verwischt sie jedoch in derselben Definition die Grenzen zwischen Beschreibung und zu beschreibender Sache, indem sie von „Relationen zwischen Konzepten" ausgeht, wobei sie „Konzepte", da diese mit „Namen" bzw. Lexemen allererst „bezeichnet", also kenntlich gemacht werden, offenbar als rein epistemische (kognitive) Größen auffasst. Der hier zum Ausdruck kommende Schwebezustand zwischen beschreibungstheoretischer und kognitiv-epistemischer Frame-Auffassung zieht sich durch die gesamte Arbeit durch. Als beschreibungstheoretisches Argument kann man auffassen, dass sie Frames und ihre Bestandteile bzw. Relationen mit Lexemen natürlicher Sprachen erfassen will, also formal-sprachliche (formallogische) Darstellungsmittel als ungeeignet ablehnt.

Indem Lönneker von Konerding 1993 das Modell der „Matrixframes" übernimmt und weiterentwickelt, ist ihr Ansatz wie der des Vorbilds zu den Begriffs-klassifikatorischen (taxonomischen) Modellen zu zählen. Im Unterschied zu Konerding sieht sie jedoch klar eine Parallele zu den sogenannten „Ontologien" in kognitionswissenschaftlichen Modellen der Wissensrepräsentation, mit denen sie sich explizit auseinandersetzt.[139] Doch gegen mögliche Kritiker[140] sieht sie einen wichtigen Ertrag einer solchen – über die Grenzen der bisherigen Linguistik hinausgreifenden – Forschung auch und gerade für die Sprachwissenschaft.[141] Im Unterschied zu Wegner und Konerding setzt sich Lönneker explizit mit parallelen Ansätzen in der Kognitionswissenschaft auseinander. Dabei zeigt sie eine Sensibilität für grundlagentheoretische Fragen, die über die von Wegner und auch Konerding deutlich hinausgeht. So lehnt sie extensionale Modelle zur Beschreibung von Konzepten explizit ab,[142] und erkennt auch klar, dass jede semantische / konzeptuelle Repräsentation implizite Annahmen über die „Welt" und die Erkenntnis der Welt macht (also eine Art implizite Ontologie und Erkenntnistheorie enthält).[143]

---

[138] Man könnte auch sagen: das „verstehensrelevante Wissen", aber diesen Ausdruck benutzt die Autorin nicht.

[139] „Zur Darstellung der konzeptuellen Inhalte der sprachlichen Texte werden Modelle aus der Wissensrepräsentation benötigt." Lönneker 2003, 3.

[140] „Es könnte argumentiert werden, dass der Entwurf einer Struktur zur Darstellung von Weltwissen nicht zu den zentralen Aufgaben eines Linguisten gehört." Lönneker 2003, 3.

[141] Zum linguistischen Nutzen zählt sie u.a. auf: „Die Annotationen mit Hilfe lexikalischer Elemente aus Einzelsprachen bieten eine Gelegenheit, Zusammenhänge zwischen Weltwissen und allgemeinem sowie einzelsprachlichem lexikalischen, semantischen und syntaktischen Wissen zu entdecken." Lönneker 2003, 4.

[142] Lönneker 2003, 5. Konerding 1993 dagegen lehnte sich stark an Putnam 1979 an, der sich vom Traum einer rein extensionalen Semantik nie ganz hat lösen können.

[143] „Jede Repräsentationsart macht Annahmen über die abzubildenden Dinge und die Art, die Welt einzuteilen. In auf mathematischer Logik beruhender Repräsentation besteht die Welt aus Einheiten und Relationen zwischen ihnen, während Frames die Einheiten der Welt als ‚typische' Objekte darstellen."

6.2 Lexikologisch-lexikographische Ansätze in Deutschland 485

Nach einer Darstellung von Minskys Frame-Modell[144] stellt sie die Minsky-Frames als „eine Liste von Slot-Filler-Paaren zu einem bestimmten Framenamen" dar und wählt damit eine beschreibungstheoretische Perspektive, die bei Minsky selbst (trotz Konerdings gegenteiliger einseitiger Zitationen) nicht so deutlich herausgearbeitet ist. Sie stellt die berechtigte Frage, „was eigentlich genau in der Wissensstruktur eines Frames repräsentiert wird" (a.a.O. 7), versucht aber selbst auch keine systematische Antwort auf diese Frage, sondern unterscheidet nur zwischen zwei Ebenen von Frames, die sie „allgemeine Frames" und „Einzelframes" nennt. Die „allgemeinen Frames" seien „stereotypische Wissensstrukturen" und mit den „Konzepten" der Kognitionsforschung vergleichbar. Mit „Einzelframes" meint sie offenbar Frames von konkreten Exemplaren (oder „Instanzen") eines Begriffs.[145] Auch wenn Lönneker mit dieser Differenz einen wichtigen Punkt jeder kognitiv oder epistemisch orientierten Frametheorie anspricht, nämlich die *type-token*-Dichotomie in der speziellen Ausprägung der kognitionstheoretisch wichtigen Differenz zwischen allgemeinem Kategorien-Wissen und dem Wissen über einzelne konkrete Exemplare, die einer Kategorie zugeordnet werden, so haben diese Differenzierungen doch erkenntlich im weiteren Verlauf der Arbeit keinerlei praktische oder methodische Konsequenzen, so dass sie, so wichtig sie sind, letztlich ins Leere laufen.[146] Wenn Lönneker schreibt, „dass allgemeine Frames ein mögliches Modell zur Darstellung von Konzepten sind" (a.a.O. 8), dann geht dabei ein wenig unter, dass Frames ja auch als Strukturen aus (mehreren) Konzepten aufgefasst werden können, und es fragt sich, ob sie (wie Konerding 1993) vornehmlich *nominale* Frames im Auge hat, oder ob das angestrebte Modell sich auch für die Darstellung prädikativer Konzepte eignet bzw. eignen soll. Mit der Thematisierung des Verhältnisses von allgemeinem Frame und Exemplar-Frame geht die Autorin auch auf den wichtigen Aspekt der Default-Werte ein,[147] ohne diesen jedoch weiter zu vertiefen.

Lönneker 2003, 5. – Die erkenntnistheoretischen Aspekte waren bei Konerding 1993 völlig außen vor geblieben.

[144] Bei dem sie sich bemerkenswerterweise nicht nur auf Minsky 1975, sondern stärker noch auf Minskys 1986 Modell der „Polyneme" bezieht (siehe dazu oben Kap. 3.4, S. 288 ff., v.a. 289 f.), und damit als eine der ganz Wenigen (und bislang einzige Linguistin) überhaupt zur Kenntnis nimmt, dass Minsky sein Modell gegenüber 1975 noch einmal stark erweitert hat. Lönneker 2003, 7.

[145] „Die allgemeinen Frames sind stereotypische Wissensstrukturen, die Menschen durch Erfahrung gelernt haben. Als Einheiten des LZG lassen sie sich mit dem vergleichen, was in der Linguistik und Kognitionswissenschaft mehr oder weniger übereinstimmend als Konzept oder Begriff bezeichnet wird." Lönneker 2003, 7. – „Einzelframes sind individuelle Ausprägungen der Konzeptframes. Sie repräsentieren einzelne Einheiten der (außermentalen) Welt und werden ‚Instanzen' genannt." A.a.O. 8.

[146] Die Autorin geht in die richtige Richtung, doch sind zusätzliche Differenzierungen von Frames notwendig. Neben der hier angesprochenen Unterscheidung von „allgemein" (Kategorie) und „konkret" (Exemplar) muss mindestens noch die Unterscheidung zwischen „individuell" und „sozial / konventionell" hinzukommen. Das würde mindestens folgende Ebenen von Frames (bzw. des Frame-Begriffs) ergeben: (1) individuelle Einzel-Exemplar-Frames in einer konkreten Situation; (2) individuelle abstrakte oder Klassen-Frames (= individuelle Kategorien); (3) soziale (konventionelle, stereotypisierte) Klassen-Frames; (4) soziale (konventionelle) Frames von (prototypischen?) Einzel-Exemplaren. Weitere für eine solche Differenzierung wichtige Aspekte wären noch: LZG vs. KZG; abstrakte Instanziierung eines mentalen Konzepts vs. Einzel-Exemplar-bezogene Instanziierung eines mentalen Konzepts (letzteres vergleichbar vielleicht mit der Unterscheidung von Bedeutungsverleihung und Bedeutungserfüllung bei Husserl).

[147] Lönneker 2003, 9. Die Terminologie, mit der sie das tut, wirft Fragen auf. So ist es merkwürdig, wenn sie das Verhältnis zwischen allgemeinem Frame und instanziiertem Frame als „Vererbung" bezeichnet und damit mit einem Begriff, der üblicherweise auf Beziehungen zwischen Ober- und Unter-Frames in

486   *Kapitel 6: Anwendungen und Weiterentwicklungen der Frame-Theorie in der linguistischen Semantik*

Angesichts dessen, dass die Verfasserin (trotz des starken programmier-praktischen Einschlags der Arbeit) sich ganz klar als Linguistin begreift, scheint speziell die semantische (bedeutungstheoretische) Reflexion an vielen Stellen unzureichend. So ist die Redeweise, dass Wörter Konzepte „bezeichnen", für den heutigen Stand der Semantik nicht mehr angemessen[148] und passt auch nicht ganz zum Frame-theoretischen Ansatz. Auch wenn sie das von ihr in der Arbeit benutzte und weiterentwickelte Modell der „Konzeptframes" (nach Konerding 1993), also sog. „Top-Level-Frames", strikt von den so titulierten „semantischen Frames" nach Fillmore abgrenzt (a.a.O. 11), zeigt sie einen merkwürdigen Begriff von „Semantik". Wir haben also hier den etwas irritierenden Fall, dass die gesamte Arbeit sich von vorne bis hinten im Bereich der Semantik bewegt, dies aber offenbar von der Autorin nicht explizit so anerkannt wird.[149]

Zum methodischen Vorgehen (soweit es speziell für die Frame-Theorie relevant ist) stellt Lönneker eindeutig fest: „Das Verfahren führt die Arbeit von Konerding (1993) fort." (16) Insbesondere die „Standardinformationen" zur „Top-Level-Framehierarchie" nach Konerding, die bei ihm als „Matrixframes" bezeichnet werden, werden direkt übernommen, später jedoch nach einer praktischen Evaluation modifiziert. Die von ihr entwickelte Frame-Definition erfolgt mit dem Ziel, „die Notwendigkeit einer klaren Struktur der Frames und einer vorgeschriebenen Funktion ihrer Elemente für die Verarbeitung in einem automatischen System, aber auch für sprachwissenschaftliche Analysen darzulegen" (a.a.O. 57). Damit vertritt sie, wenn man Barsalous (1992) Einteilung folgt, eher ein „rigides"[150] bzw. statisches Frame-Modell und nicht, wie von ihm gefordert, ein dynamisches. Ihre vollständige Definition für „Frame" lautet dann folgendermaßen:[151]

> „Im hier gewählten Modell ist ein Frame eine geordnete Sammlung von Propositionen (,abstrakter Aussagen') mit derselben Referenz, d.h. mit Bezug auf dieselbe Entität.
> Referenz erfolgt durch Frame-Namen.
> Weitere Frame-Bestandteile, die Subslots und die Filler, schreiben den Frame-Entitäten bestimmte Eigenschaften zu oder ab: Sie bilden gemeinsam den Teil der Prädikation in der Proposition.
> Konzeptuell stellen die Subslots eine Relation dar, die zwischen dem Frame und den Fillern des Subslots besteht. Ihr zentraler Bestandteil ist ein Verb, ebenso wie alle weiteren Elemente des Frames aus lexikalischen Elementen natürlicher Sprache bestehen: es werden also keine ,Kunst-Benennungen' der einzelnen Wissensbestandteile geschaffen.
> Um Prädikationen zu gruppieren, wird eine weitere Strukturebene, die der Slots, eingeführt.
> Slots bezeichnen Aspekte der im Frame repräsentierten Entität, denen die Aussagen in den Prädikationen zuzuordnen sind. Sie dienen auch dazu, unterschiedliche Bedeutungen von Verben in den Subslots zu differenzieren."

---

einer Frame-Taxonomie angewendet wird. Sollte darin ein wichtiger Gedanken stecken, wäre es sicherlich wert, ihn weiterzuverfolgen (was in der Arbeit aber nicht erfolgt).

[148] Schon gar, wenn es heißt, dass Wörter Konzepte „mittels ihrer Bedeutung" bezeichnen. Lönneker 2003, 10.

[149] Es bleibt bis zum Schluss unklar, welche Idee von „Semantik" für die Autorin dahintersteht, da sich explizite bedeutungstheoretische Argumentationen nicht finden lassen, sondern Positionen dazu eher implizit erschlossen werden müssen. Dass der Unterschied zwischen ihren und Fillmore-Frames nicht ein Unterschied zwischen „semantisch" und „konzeptuell" ist, wie sie offenbar zu glauben scheint (dies gegen Fillmore, für den seine Frames ja auch „Strukturen aus Konzepten" sein sollen), sondern am besten als ein Unterschied zwischen nominal orientierten und prädikativ orientierten Frames beschrieben wird, ist ihr ganz offensichtlich nicht klar.

[150] Das sieht man auch daran, dass bei Lönneker (wie bei Wegner und Konerding) der *rekursive* Aspekt von Frames (der ja die Dynamik bewirkt) gar nicht zur Sprache kommt.

[151] Lönneker 2003, 57. Den Begriff „Proposition" benutzt sie hier in der Definition durch Searle 1969, als Struktur aus *Referenz* und *Prädikation*.

6.2 Lexikologisch-lexikographische Ansätze in Deutschland 487

Diese Definition liest sich zunächst ganz klar beschreibungstheoretisch; ein „Frame" ist danach (wie ganz explizit bei Konerding 1993) ein methodisches Hilfsmittel, Instrument der Wissenschaftler, um Wissen zu beschreiben, und ist nicht auf der Ebene der Kognition angesiedelt. Ob Lönneker dies wirklich ganz klar so sieht (wie es explizit Konerding tut), wird aber immer wieder zweifelhaft, da sie häufig in eine „kognitivistische" Redeweise fällt, nach der man vermuten könnte, dass sie ihren Frames auch irgendeine Form von kognitiver (oder epistemologischer) Realität zuweist. Jedoch wird dies explizit nirgends so ausgesprochen. Für eine beschreibungstheoretische Lesart spricht (neben dem weiteren praktischen Verlauf der Arbeit) die Gleichsetzung von „Sammlung von Propositionen" mit „Sammlung von Aussagen", ebenso wie die Benutzung von „Referenz" im Sinne von „Referenz durch den Frame-Namen" und „Prädikation" im Sinne von „Prädikation auf den Frame-Namen", also auf einen Bestandteil einer wissenschaftlichen Beschreibung.

Gegenüber dem Ansatz von Konerding hat Lönnekers Modell den Vorzug, dass sie ganz klar herausarbeitet, was bei Konerding nur implizit zugrunde lag. Während dieser nur in unspezifischer Weise von „Fragen" redete, die „an einen Frame zu stellen" seien, nennt Lönneker die Antworten auf diese Fragen in klarerer Diktion „Propositionen". Ihre klar artikulierte Sichtweise, dass die Strukturen innerhalb von Frames als *Prädikationen* analysiert werden können (bei Konerding nur implizit durch Verwendung des bei ihm undiskutiert bleibenden Terminus „Prädikatoren" angedeutet), also die Tatsache, dass es sich bei der Feststellung von Frame-Elementen um *Zuschreibungen* und damit (implizite, kognitive bzw. epistemische) *prädikative Akte* handelt, ist äußerst wichtig für eine weiterführende und umfassende Frame-Theorie und damit anschlussfähig (auch wenn Lönneker selbst diesen Punkt leider aufgrund mangelnden Interesses an theoretischen Fragen nicht weiter vertieft). Eine kognitionstheoretische (oder epistemologische) Lesart von einigen Elementen von Lönnekers Frame-Definition bleibt daher möglich.

Außerdem ist festzustellen, dass mit der starken Orientierung auf „Konzepte" und der engen Anlehnung an Konerding 1993 offenbar auch eine Fixierung auf *nominale* Konzepte bei Lönneker einhergeht. (Wie Barsalou 1992 versteht sie unter „Konzept" offenbar ausschließlich sprachlich per Nomen ausgedrückte kognitive Gehalte.) Ihr Modell ist damit (wie Barsalou 1992, Wegner 1985, Konerding 1993) den „nominal fixierten" Frame-Modellen zuzuordnen.[152]

Idiosynkratisch und nicht in Übereinstimmung mit der üblichen Frame-theoretischen Terminologie ist Lönnekers sehr eigenwillige und bei näherem Hinsehen problematische Verwendung der Termini „Slot", „Subslot" und „Filler". Was bei ihr durch „Frame-Name" bezeichnet wird, ist in üblichen kognitiven Frame-Modellen der „Kern" des Frames; also dasjenige am Frame, auf das sich die Attribute oder Frame-Elemente beziehen.[153] Die übli-

---

[152] Wahrscheinlich erklärt sich daher, wieso sie Fillmores etwas schief als „semantische Frames" benannten Ansatz als dem eigenen so diametral entgegengesetzt begreift. Worin der Unterschied eigentlich besteht, nämlich dass sie auf Nomen, Fillmore dagegen auf Verben zielt, ist ihr offenbar nicht klar geworden.

[153] Diesen Kern eines (nominalen) Frames als „Referenz" zu definieren, deutet auf ein Primat des Extensionalen in dieser Konzeption hin, da man sich, wenn man das Ganze nicht rein beschreibungstheoretisch auffasst (dann wäre die „Referenz" des „Frame-Namens" das mentale Konzept, das als von diesem beschreibungstheoretischen Frame unabhängig existierend aufgefasst wird), unter dem „Referenzobjekt" dieser „Referenz" nur konkrete Exemplare, die unter einen Frame fallen (der damit eine „Kategorie" vertreten würde), vorstellen kann. – Ob es überhaupt möglich ist, einen „Frame-Kern" anders als extensional zu definieren, ist eine spannende Frage für eine kognitive bzw. epistemologische Frame-Theorie. Zur Klärung dieser Frage wird man sich vermutlich – und das ist das Kluge an Lönnekers

488   *Kapitel 6: Anwendungen und Weiterentwicklungen der Frame-Theorie in der linguistischen Semantik*

che Ebene der „Slots" oder „Frame-Elemente", die bei Barsalou 1992 als „Attribute" des Frames bezeichnet werden, fehlt bei Lönnekers Modell ganz. Stattdessen geht sie von „Frame-Namen" zunächst direkt zu „Subslots" über, die man sich als *Typen von Relationen* vorstellen muss, in denen „Filler" zum „Frame-Namen" stehen. Die „Filler" in ihrem Modell entsprechen *cum grano salis* den „Werten" bei Barsalou. Dass ihr Modell zwar „Werte" kennt, aber keine „Attribute", ist verblüffend, erklärt sich aber möglicherweise aus einer strikt extensionalistischen Sichtweise, da „Werte" nach Barsalou 1992 oft recht abstrakte Konzepte (und damit so etwas wie eine zusätzlich eingezogene konzeptuelle Ebene) darstellen, die erst ex post aus den typischen Fillern rückgeschlossen werden. „Filler" bei Lönneker sind immer „instantiierte" Filler und damit eher *token*. Was sie als „Slots" bezeichnet, sind nicht die üblichen Frame-Elemente oder Slots, etwa im Sinne Minskys, sondern Typen oder Gruppen von „Subslots", deren kognitiver / epistemischer Status fraglich bleibt. (Vielleicht sind es auch nur rein beschreibungstheoretisch erklärbare Elemente.)

Von Minsky übernimmt Lönneker den Gedanken, dass Slots oder Subslots die möglichen Filler in ihrer Art vorherbestimmen (sozusagen „subkategorisieren").[154] Auf den Status von Default-Werten geht sie jedoch leider nicht ausführlicher ein. Von einem romanistischen Autor (Koch 1999) übernimmt sie den interessanten Gedanken einer „Semantik der Relationen", aber auch der Frame-Elemente",[155] zu der sie mit der Heraushebung der Relationen in ihrem Frame-Modell mittels des Begriffs der „Subslots" ganz offenbar einen Beitrag leisten will. Für den Gedanken, Frames als „Paket von Propositionen" zu konzipieren, beruft sie sich auf Sowa (2000, 150).[156] Die von ihr in diesem Zusammenhang genannten „erwünschten Eigenschaften der zu erstellenden Frame-Struktur"[157] werfen jedoch einige Probleme auf. In einem Minsky-Frame z.B. ist ein Slot mehr als nur eine „Relation" zu einem Filler; vielmehr „beschreibt" der Slot die Bedingungen, welche ein möglicher Filler erfüllen muss. Die wichtigste dieser Bedingungen hat Barsalou 1992 mit dem Begriff „Attribut" (den er statt „Slot" verwendet) benannt: die allgemeine Kategorie, der der Filler („Wert") angehören muss. Hinzu kommen aber nach Minsky weitere spezifizierende Bedingungen, die man als „spezifische Eigenschaften, die ein Filler (über seine Zugehörigkeit

---

Überlegungen – tatsächlich mit referenztheoretischen Fragen beschäftigen müssen, wozu auch Fragen der Identifizierbarkeit und Identität eines Referenzobjektes zählen, das als ein bestimmtes isolierbares Objekt ja erst mittels der Zuschreibung von Eigenschaften (also Frame-Elementen) kenntlich wird. Mit solchen schwierigen erkenntnistheoretischen Grundlagenfragen möchte sich Lönneker aber ganz offensichtlich nicht auseinandersetzen, auch wenn sie von ihrer Arbeit immer wieder berührt werden.

[154] Siehe Lönneker 2003, 58.

[155] So Lönneker 2003, 61.

[156] An dieser Stelle wird wieder ihr Schwanken in der Zuordnung der Frames deutlich: „Alle in einem Frame enthaltenen Repräsentationen betreffen dasselbe Konzept oder dieselbe Instanz." Lönneker 2003, 62. – Man wird sich schon entscheiden müssen, ob man mit einem Frame-Modell *Konzepte* oder *Instanzen* erfassen möchte, bzw. wann man das eine, wann das andere beschreibt. So einfach gleichsetzen sollte man sie nicht, es sei denn, man verwendet „Konzept" terminologisch so eingeengt wie Barsalou 1993 im Sinne von „instanziierten konkreten mentalen Strukturen in einem Individuum". Ich vermute jedoch, dass Lönneker bei „Konzept" eher an das denkt, was bei Barsalou 1993 unter „Kategorie im LZG" firmiert. Beides sollte man keineswegs durcheinanderwerfen.

[157] „Als grundlegende Struktur der Frames bietet sich nach Sowa eine Liste von Propositionen an, die dasselbe (Klassen-)Konzept bzw. dieselbe Instanz betreffen. Die Propositionen lassen sich zusammenstellen aus dem Framenamen und zwei weiteren Elementen, dem klassischen Slot-Element sowie dem klassischen Filler-Element. Konzeptuell stellt der Frame-Name den Namen des untersuchten Konzepts oder auch einer Instanz [sic!] und das Slot eine Relation von diesem Konzept zu einem Filler dar, der seinerseits als ein Konzept oder eine Instanz angeschlossen werden kann." Lönneker 2003, 63.

6.2 Lexikologisch-lexikographische Ansätze in Deutschland 489

zur allgemeinen konzeptuellen Kategorie des Slots hinaus) erfüllen muss" bezeichnen kann (ich nenne sie mit einem alten linguistischen Terminus „Subkategorisierungs"-Bedingungen). Ein sog. „Slot" ist daher selbst schon eine – möglicherweise komplexe – konzeptuelle Struktur, unter der die Spezifikation einer Relation zwar sicher eines der wichtigsten Elemente, aber eben nicht das einzige Element ist. „Filler" hingegen sind konkrete Instanzen, die die durch den Slot definierten Bedingungen erfüllen.

Lönneker spricht auch terminologisch ungenau, wenn sie sagt, dass mit den Frame-Elementen dem zentralen Frame-Konzept Eigenschaften *zugeschrieben* werden. Präziser müsste man sagen, dass das „Konzept" des Frames ja gerade diese Zuschreibung *ist*, sich in der Zuschreibung von Aspekten vollzieht, darin aufgeht! Streng genommen müsste man wohl sagen: Ein Frame-Name bezeichnet zunächst ein X, eine „Leerstelle", ein zunächst noch unspezifiziertes „Etwas" (vielleicht zu verstehen im Sinne einer inner-epistemischen „Existenz-Präsupposition"), dem dann erst die es als abgesondertes, eigenständiges Etwas charakterisierenden Eigenschaften zugeschrieben werden.[158]

Mit dem Terminus „Slot" bezeichnet Lönneker etwas, das präziser (bzw. in der üblichen Terminologie) als „Slot-Gruppen" (oder i.S.v. Barsalou „Attribut-Gruppen") bezeichnet wäre. Eine solche Entität wurde nach meiner Kenntnis in der Frame-Theorie bislang noch von niemandem postuliert. Sie könnte sich aber möglicherweise als nützlich erweisen, wenn man nominale Frames (sog. „Konzept-Frames" i.S.v. Konerding, Lönneker, Barsalou u.a.) mit den „prädikativen Frames" (i.S.v. Fillmore und FrameNet) in einem einheitlichen Frame-Modell zusammenführen will. Man könnte dann möglicherweise die „Frame-Elemente" nach Fillmore (die ja aus den „Ergänzungen" und „Angaben" der Valenz- und Kasusrahmen-Theorie hervorgegangen sind) und die anderen Attribute eines prädikativen Frames (etwa „GESCHWINDIGKEIT" bei einem FLIEGEN-Frame) zu jeweils gesonderten, eigenen Bedingungen unterliegenden Slot-Gruppen zusammenfassen.

Insbesondere dem „Frame-Namen" weist Lönneker die Kraft zu, die Fillmore als „Evozieren" bezeichnet hatte. Mit ihm wird „auf die Gesamtheit der bekannten Wissensbestandteile (Framename, Subslots, Slots, Filler und die sich aus ihrer Kombination ergebenden Propositionen) in dem genannten Frame Bezug genommen" (a.a.O. 66). Problematisch ist indes, dass die Autorin hier und fortlaufend Aspekte der *Beschreibung* mit Aspekten *des Wissens selbst* konfundiert. So stellt sie einen äußerst wichtigen Aspekt, auf den sie nach meiner Kenntnis als bislang einzige explizit hinweist, als reinen beschreibungstheoretischen Aspekt dar, obwohl es sich dabei um ein wichtiges Element einer Theorie des Wissens selbst handeln müsste. Es geht um ihren Hinweis, dass ein „Subslot" immer einen „Positiv / Negativ-Marker" enthalten müsse, also einen Hinweis der Art: „Merkmal ist gegeben / ist nicht gegeben":

> „Für das Weltwissen spielt es […] durchaus eine Rolle, ob die Prädikation bejaht oder verneint ist. Auch die Abwesenheit bestimmter Eigenschaften und Relationen kann einen wichtigen Teil des Weltwissens darstellen." (A.a.O. 66.)

Sie weist damit auf einen wichtigen Typ von Elementen hin, der eigentlich in jedem Frame-Modell verankert sein müsste.[159] In der Vergangenheit sind es eher als die Frame-Theoreti-

---

[158] Siehe auch die Funktion des sog. „Existenzquantors" in der Logik: „Es gibt ein X, und dieses X ist ein Z" bzw. „hat die Eigenschaften a, b … n."

[159] Es ist sicherlich kein Zufall, dass dieser Aspekt innerhalb der Frame-Theorie zuerst einer Linguistin auffällt, da Linguisten etwa in der Flexions-Morphologie ständig damit zu tun haben, dass das Nicht-

490   *Kapitel 6: Anwendungen und Weiterentwicklungen der Frame-Theorie in der linguistischen Semantik*

ker Philosophen wie der Wittgenstein der „Philosophischen Untersuchungen" oder Michel Foucault gewesen, die auf diesen Typus von „negativem" Wissen hingewiesen haben. Nach Lönneker ist der Einbezug eines solchen Frame-Aspekts hilfreich etwa für „das unkomplizierte Auffinden von Gegensätzen" (a.a.O. 67), linguistisch gesehen also etwa bei dem Versuch einer (Frame-) semantischen Beschreibung von Antonymen.

Weitere zentrale Elemente eines „Subslots" sind laut Lönneker das „Verb", das die zentrale Relation beschreibt, und „Präpositionen", mit denen weitere Elemente an die Präposition angeschlossen werden. (Hier redet sie also wieder rein beschreibungstheoretisch.[160]) Ihre weiteren Ausführungen zu „Slots" (= Gruppen von Subslots) und „Fillern"[161] bestätigen die

---

Vorhandensein eines Merkmals selbst wieder merkmalhaft sein kann (siehe die sog. „Null-Morpheme" des Strukturalismus der 1970er Jahre). – Ein Aspekt, dessen zeichentheoretische und kognitionstheoretische Konsequenzen bisher noch bei weitem nicht genügend gewürdigt und bedacht worden sind.

[160]   Es ist ein grundlegendes Problem dieser Arbeit, dass Lönnekers Redeweise fortlaufend zwischen beschreibungstheoretischen und grundsätzlich-epistemischen Ausführungen bzw. Aspekten schwankt. Es bleibt bis zum Schluss unklar, für welche der beiden Möglichkeiten einer Frame-Theorie ihr Modell eigentlich stehen soll. Während Konerding 1993 eindeutig beschreibungstheoretisch redet, aber – unter diesem Deckmantel – häufig fundamentale kognitionstheoretische Dinge sagt, redet Lönneker häufig oder sogar meistens eher sachbezogen (kognitionstheoretisch / epistemologisch), zielt aber letztlich auf ein rein beschreibungstheoretisches Frame-Modell. – Dieses Schwanken im Bezugsbereich der Überlegungen deutet darauf hin, dass man in einer grundlegenden Frametheorie verschiedene Aspekte oder Ebenen beachten muss: (a) die kognitive / epistemische Ebene (Ebene des Wissens; mit der Zusatzfrage: ist das eine oder sind das zwei Ebenen?); (b) die Ebene der Sprache; (c) die Ebene der wissenschaftlichen (z.B. lexikographischen) Beschreibung (bzw. Rekonstruktion des Wissens); (und evtl. noch eine Ebene (d) die Ebene der sprach-technologischen bzw. KI-technologischen Be- / Verarbeitung von Wissensdaten). Minsky handelt von (a) und (b) (und am Rande eventuell auch von (d)). Fillmore handelt von (b) und (c) (und implizit auch von (a)). Barsalou handelt von (a) und (b) (allerhöchstens indirekt spielt für ihn auch (c) eine Rolle. Konerding stellt (c) in den Mittelpunkt, behauptet, (a) anzuzielen, redet aber – obwohl Linguist – nur sehr unvollkommen über (b). Lönneker nun redet über (a) und (c), berührt dabei implizit (b), ohne dies explizit als Problem zu erfassen und zu thematisieren. Eine vollständige und grundlegende Frame-Theorie wäre aber nur eine solche, die ihr Verhältnis zu allen drei (oder vier) Ebenen explizit klärt.

[161]   „Von einem Konzept ausgehende Relationen können in großer Zahl auftreten: deshalb erscheint es zunächst aus praktischen Gründen sinnvoll, sie zu Gruppen zusammenzufassen. Diese Gruppen werden *Slots* genannt und bezeichnen Wissensbereiche, auf die sich die Subslots beziehen, z.B. LA DEFINITION, LES PARTIES im Beispielframe." Lönneker 2003, 77. [Kommentar: Was für eine Art von „Gruppe" stellen die „Slots" dar? Der Terminus „Wissensbereiche" ist ziemlich unspezifisch und wirft große enzyklopädistische Probleme auf. Die Vermischung der strikt zu unterscheidenden Ebenen bei Lönneker wird deutlich, wenn sie ununterschieden und undiskutiert unter „Slots" so etwas wie „die Definition" (des Framenamens) und „die Teile" (des vom Framekonzept benannten Gegenstands) nebeneinander stellt. Während „Definition" ein Element einer – wissenschaftlichen – *Beschreibung* ist, ist *Teile* dagegen ein Element eines Konzepts oder Frames (bzw. des von einem Framekonzept *bezeichneten Gegenstands*).] – „In jeder Proposition über ein Konzept treten mit dem Framekonzept ‚verbundene' Konzepte auf, die *Filler*, die über die Subslots mit dem Framekonzept in Beziehung stehen. Ein Filler wird immer mindestens einem bestimmten Subslot zugeordnet (das Framekonzept steht mit dem Fillerkonzept über mindestens eine Relationsart in Beziehung); ein Subslot kann mehrere Filler haben (das Framekonzept kann Beziehungen derselben Art zu unterschiedlichen Fillerkonzepten aufweisen). Filler können auch Instanzen sein." Lönneker 2003, 74. [Kommentar: Es bleibt unklar, ob die „Filler" eigentlich nach Barsalou *Attribute* oder *Werte* wären. (N.B. Unverständlich ist, warum sich Lönneker mit dem Ansatz von Barsalou überhaupt nicht auseinandersetzt. Das ist eine empfindliche Lücke in ihrer ansonsten breitgestreuten kognitionswissenschaftlichen Lektüre.) So wie sie hier redet, darf man eigentlich nicht reden, da der Frame das Frame-Konzept *ist*. Besser – und präziser – wäre es, zu sagen: Ein übergeordnetes Konzept (das „Frame-Konzept") weist als Filler ein untergeordnetes Konzept auf. Man kann auch nicht sagen: Ein Subslot kann mehrere Filler haben, ohne zu spezifizieren, auf welcher Ebene man dann spricht. Präziser wäre es zu sagen: Auf der Ebene der Kategorie (= LZG) lässt ein Slot ver-

6.2 Lexikologisch-lexikographische Ansätze in Deutschland 491

bereits erwähnten Probleme bzw. das ständige Schwanken zwischen den Ebenen (Beschreibungstheorie vs. Kognitions- oder Wissenstheorie). In der Zusammenfassung ihrer Überlegungen steht der beschreibungstheoretische Aspekt dann endgültig im Mittelpunkt: Ein „Frame" nach Lönneker ist ein bestimmtes natürlich-sprachliches Format, welches das darstellen soll, was sie das „Weltwissen", das mit einem bestimmten Konzept verbunden ist, nennt.[162] Dabei werden einige weitere Probleme ihres Ansatzes, den sie in den uns interessierenden zentralen Punkten als eine Weiterentwicklung des Modells von Konerding 1993 entfaltet, deutlich.

Insbesondere formuliert Lönneker einen problematischen enzyklopädischen Anspruch, wenn sie für sich reklamiert, ein „allgemeines Frame-Vokabular" bzw. einen „Grundwortschatz bzw. die Grundausstattung eines Framesystems an Framenamen und Subslotnamen sowie einiger Filler" bereitzustellen.[163] Es fragt sich, ob ihr die immensen Probleme eines solchen Unterfangens, d.h. des Versuches der Formulierung eines festen allgemeinen Sets von Notationsmitteln für eine semantische bzw. epistemologische Beschreibung, überhaupt annähernd klar sind. Offenbar kennt sie nicht die zahlreichen Diskussionen und Problematisierungen, die es zu ähnlich gerichteten Unterfangen in der Linguistik bereits gegeben hat, und dass es gerade die Probleme mit solchen Versuchen und letztlich die Einsicht in ihr grundsätzliches Scheitern gewesen sind, die erhebliche Teile der Frame-Theorie wesentlich mit motiviert bzw. angestoßen haben. Zu denken ist hier in erster Linie an Fillmores eigene Versuche, eine feste Liste sogenannter „Tiefenkasus" zu formulieren, deren Scheitern ihn zur Entwicklung seiner Frame-Theorie veranlasst hat und zu der methodischen Maßgabe, dass Frames und Frameelemente nur idiosynkratisch (bei sehr zurückhaltenden Versuchen der Zusammenfassung zu allgemeineren Frame-Elementen) beschrieben werden können. Zu denken ist aber auch an Fillmores, Minskys und Barsalous vehemente Kritik an den alten Modellen einer „Merkmal-Semantik", die dasselbe (fester Set an Notationsmitteln) bereits einmal unter anderen Vorgaben versucht haben. (Vergleichbare Probleme traten etwa in der Textlinguistik bei der Bestimmung allgemeiner Sets von Textfunktionen auf.) Allen solchen gescheiterten Versuchen ist gemeinsam, dass es die Unmöglichkeit der systematischen Erfassung der Dinge in der Welt (und des Redens über sie) ist, die solche Ansätze prinzipiell undurchführbar macht, also das, was man die grundsätzliche praktische Undurchführbarkeit jedes Enzyklopädismus nennen kann. Dafür, dass es sich im Grunde nicht nur um eine praktische, sondern um eine prinzipielle Undurchführbarkeit solcher Programme handelt, hat Barsalou 1992 mit seinem Hinweis auf die grundsätzlich rekursive Struktur von kognitiven / epistemischen Frames gewichtige Argumente geliefert.[164]

---

schiedene Filler zu; als instantiierter Frame (= Arbeitsgedächtnis) muss der Filler immer spezifiziert sein. Dann könnte man auch nicht ohne weiteren Kommentar sagen „Filler können auch Instanzen sein." Wer in dieser Weise implizit von *token* redet, muss auch von *types* reden und darlegen, wie er / sie sich die type-token-Relation Frame-theoretisch überhaupt vorstellt.]

[162] Siehe dazu im Material-Anhang das Schema *„Innere Struktur der Propositionen in Frames"* von Lönneker 2003, 80, das einen Überblick über die sprachliche Struktur eines „Beschreibungs"-Frames gibt.

[163] Lönneker 2003, 84: „In folgendem Abschnitt wird ein allgemeines ‚Frame-Vokabular' entwickelt. Dies stellt einen Grundwortschatz bzw. die Grundausstattung eines Framesystems an Framenamen und Subslotnamen sowie einiger Filler bereit. Es handelt sich dabei um sehr allgemeine Konzepte und Relationen, von denen angenommen wird, dass sie in Anwendungen des Framesystems immer wieder verwendet werden und so dem Anwender die Auswahl an Framenamen und insbesondere an Subslotnamen erleichtern."

[164] Barsalou 1992, 41. – Siehe dazu die Diskussion oben Kap. 6.2.3, S. 379 f.

492   *Kapitel 6: Anwendungen und Weiterentwicklungen der Frame-Theorie in der linguistischen Semantik*

Obwohl Lönneker mit enzyklopädischen Ansätzen deutlich sympathisiert,[165] entschließt sie sich dann doch aus Gründen der Machbarkeit zu einem abgestuften Verfahren, das sich auf die „Top-Level-Frames" einer abstrakten „Frame-Hierarchie" beschränkt. Vorbild und Muster für diese oberste / allgemeinste Ebene von Frames, die die in der Hierarchie weiter darunter liegenden Frames mittels Vererbung beeinflusst, ist die Liste der von Konerding 1993 erarbeiteten sog. „Matrixframes", die sie übernimmt, überprüft und abwandelt bzw. ergänzt. Mit den Mitteln von Konerding 1993 will sie eine „Grundausstattung für das Basis-Framesystem", eine „Grundausstattung an Subslots und Fillerbenennungen" erstellen (a.a.O. 85). Wie dieser gerät sie damit in problematische Nähe zu den früheren Versuchen der Bestimmung ‚wesentlicher Merkmale' in der Merkmal-Semantik, da es sich bei der angestrebten ‚Grundausstattung' an Frameelementen letztlich um nichts anderes handelt als die früheren Versuche der Bestimmung eines allgemeinen Sets von (möglichst universalen) semantischen Merkmalen im Sinne von „Primitiva". Die von ihr in Weiterentwicklung von Konerdings Ansatz postulierten Subslots sind folgende:

„– *La définition (Die Definition)*
– *L'importance pour l'homme (Die Bedeutung für den Menschen)*
– *Les relations avec le tout englobant (Die Beziehungen zum übergeordneten Ganzen)*
– *L'existence / la vie (Die Existenz / Das Leben)*
– *Les fonctions des parties (Die Funktionen der Teile)*
– *Les caractéristiques extérieures (Die äußeren Eigenschaften)*
– *Le lieu et la répartition (Der Ort und die Verbreitung)*
– *Les activités (Die Aktivitäten)*
– *Les conséquences pour les membres (Die Konsequenzen für Mitglieder)*
– *Les caractéristiques intérieures (Die inneren Eigenschaften)*
– *Les relations avec les événements englobants (Die Beziehungen zum übergeordneten Ereignis)*
– *Les erreurs et les risques (Die Fehler und Risiken)*
– *Les conséquences pour l'acteur (Die Auswirkungen auf Akteur / Urheber)*
– *Les conséquences pour le témoin (Die Auswirkungen auf Zeugen / Mitspieler)*
Nicht alle Slots sind für alle Frames relevant." (Lönneker 2003, 88 f.)

Daraus ergibt sich für sie folgende Top-Level-Framehierarchie (vgl. Abb. 6-4). Deutlich wird bei näherer Betrachtung, dass eine solche Tabelle auf keinen Fall verallgemeinerbar sein dürfte. Das zeigt sich z.B. schon daran, dass sie einerseits relativ konkrete Einzel-Details enthält (merkwürdigerweise so etwas wie „Person in Rolle" *neben* „Person in Beruf", als sei nicht bekannt, dass „Beruf" eines der zentralsten Elemente bzw. Beispiele dessen ist, was Soziologen eine „Rolle" nennen); andererseits zentral wichtige Elemente wie „Idee" und andere Abstrakta überhaupt nicht aufgeführt sind. Deutlich wird auch die grundsätzlich deduktive Anlage des Vorgehens, die dem induktiven Verfahren von FrameNet diametral entgegengesetzt ist.[166] Ein Grundproblem solcher Verfahren spricht die Autorin

---

[165] „Die Existenz solcher Auswahllisten hieße im besten Falle, dass zu jedem erdenklichen Konzept bereits ein Framename und eine Liste der von ihm ausgehenden Beziehungen (Subslots) und der möglichen verbundenen Konzepte (Filler) bestünde; eine Annotation käme daher einer nochmaligen Bestätigung einer der bereits bekannten Prädikationen des Konzept gleich. Gäbe es solche Listen, so wäre das Weltwissen bereits in Frames erfasst und läge in der hier verwendeten Struktur vor. Es stellt sich die Frage, ob eine umfassende Repräsentation des Weltwissens jemals möglich sein wird." Lönneker 2003, 85. – Ist das nun in extremem hanseatischem Understatement formulierte implizite Kritik am Enzyklopädismus? Zweifel bleiben, da die Autorin fortfährt: „Das Projekt Cyc geht in diese Richtung" und später in ihrer Arbeit wohlwollend die Grundstruktur dieses Projekts darstellt. Der Traum wird also offenbar weitergeträumt …

[166] Siehe Lönneker 2003, 90: „Man wird ohnehin Subframes der Top-Level-Frames anlegen und (zumindest zunächst) diese untersuchen."

6.2 Lexikologisch-lexikographische Ansätze in Deutschland 493

selbst an, ohne ihm freilich weiter nachzugehen: „Aufgrund der Vererbung enthalten die Frames umso mehr Subslots, je tiefer sie in der Hierarchie angesiedelt sind, d.h. je spezieller sie sind." (A.a.O. 92) Dabei handelt es sich um dasselbe Phänomen wie in der alten Merkmal-Semantik, nämlich die Zunahme der semantischen Merkmale, je tiefer man in einer Begriffshierarchie steigt. Mit anderen Worten: Frame-Hierarchien nach dem Modell von Konerding und Lönneker weisen dieselben Eigenschaften auf wie klassische Begriffshierarchien.

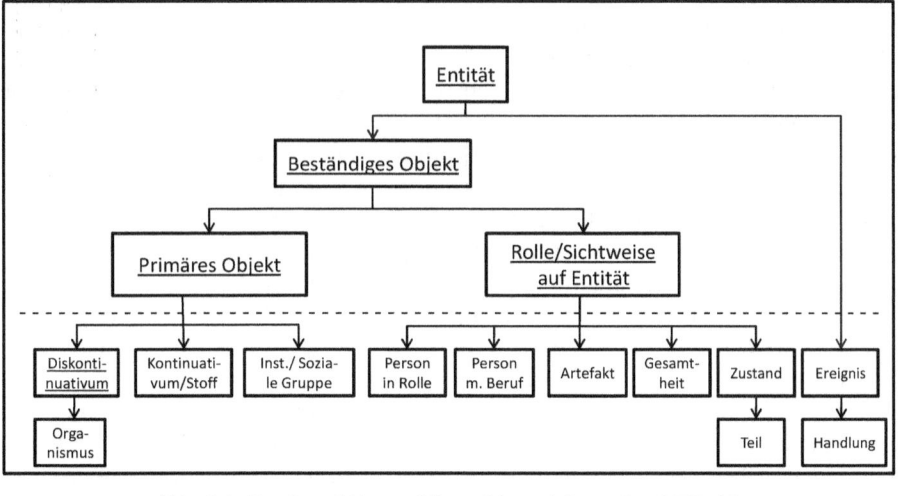

Abb. 6-4: Top-Level-Frame-Hierarchie nach Lönneker 2003, 90.

In einem anschließend von Lönneker angestellten Vergleich ihres (auf Konerding beruhenden) Modells mit anderen Modellen für Konzept-Systeme[167] werden weitere Probleme solcher Ansätze deutlich. So führen abstrakte Konzept-Hierarchien, wie sie zugibt, zu einer Vermehrung abstrakter Benennungen für einzelne Ebenen oder Elemente einer solchen Hierarchie, für die es keine eingeführten Lexeme gibt.[168] Zahlreiche Vorschläge für Top-Level-Hierarchien führen keinerlei „third order entities" im Sinne von Lyons 1977 auf, d.h. keine abstrakten bzw. mentalen Konzepte (wie Ideen, Glauben, Überzeugungen, Vermutungen, Theorien usw.). Ein Hauptproblem aller Versuche, textrelevantes Wissen zu erfassen, besteht im „impliziten Wissen", also dem, was „zwischen den Zeilen" steht; gerade dies lässt sich mit lexikalisch orientierten Methoden nur schwer erreichen.[169] Nur am Beispiel anderer Modelle deutet sie am Rande das zentrale Problem der Rekursivität aller Wissensdarstellungen und insbesondere der Frames an.[170] Ebenfalls sehr am Rande und ziemlich versteckt thematisiert sie einen zentralen Mangel von Konerdings Modell, der eigent-

---

[167] Lönneker diskutiert das Modell von EuroWordNet nach Vossen 1999, 61 (siehe Abbildung 3.10 aus Lönneker 2003, 97), das Ontologie-Projekt Cyc nach Lenat / Guha 1990, sowie die Top-Level-Ontologie nach Guarino 1997, 151 (siehe Abbildung 3.13 aus Lönneker 2003, 103). [Beide Abbildungen sind im Material-Anhang abgedruckt.]

[168] Dies war ein Grund für Prototypen-Theoretiker wie Rosch, sich stets an dem mittleren Level von Begriffshierarchien zu orientieren, da nach ihrer Überzeugung nur diese wirklich eine kognitive bzw. epistemische Realität haben, was von abstrakten höheren Ebenen zweifelhaft sei.

[169] Siehe dazu Lönneker 2003, 100 mit Verweis auf das Cyc-Projekt.

[170] „Aussagen können ineinander verschachtelt werden, d.h. eine Aussage kann ein Argument eines Prädikats sein." Am Beispiel der Prädikations-orientierten Darstellungsform in Cyc. Lönneker 2003, 100.

494   *Kapitel 6: Anwendungen und Weiterentwicklungen der Frame-Theorie in der linguistischen Semantik*

lich auch auf ihr eigenes Modell voll durchschlagen müsste (und dies vermutlich auch tut), nämlich die Entdeckung, „dass Konerdings Matrixframes nur einen Teil der Lexik der Substantive abdecken" (a.a.O. 103) und dass sich bei Konerding erhebliche Unsicherheiten und unsystematisches Vorgehen in der Zuordnung einzelner Konzepte zu Elementen der postulierten Frame-Hierarchie nachweisen lassen. Man kann dies auch als Indiz dafür werten, dass Konerdings System dann doch sehr viel mehr intuitive und introspektiv gewonnene Elemente enthält, als es der postulierte Objektivismus eigentlich zulassen sollte. Ihre Entdeckung, dass sowohl Konerdings Matrixframe-Hierarchie als auch andere Vorschläge für Ontologien (a) lückenhaft sind und (b) je nach Vertreter / Projekt unterschiedlich ausfallen,[171] ist so richtig überraschend wohl nur für diejenigen, die ein Programm der systematischen Darstellbarkeit von Weltwissen überhaupt für durchführbar halten und sich die Dimensionen der Auswirkungen des Rekursivitäts-Prinzips noch nicht vor Augen geführt haben. Besonders eindrücklich ist Lönnekers Hinweis darauf, dass ein erster Durchgang der Anwendung von Konerdings Matrix-Frames auf ihr Korpus einen Abdeckungsgrad von lediglich 38 % ergeben hat (a.a.O. 107). Erst die Erweiterung seines Modells um neue Ad-hoc-Frames hat zu einer Abdeckung von immerhin 89 % geführt. Dieses Schicksal ist bestens aus der klassischen Merkmal-Semantik bekannt und dürfte das Schicksal aller begriffshierarchischen (oder Frame-hierarchischen) und enzyklopädischen Versuche sein: dass nämlich eine vorgeschlagene Systematik immer nur für das jeweilige Korpus reicht und fortlaufend um Ad-hoc-Beschreibungen ergänzt werden muss. Glaubt man Barsalou 1992, dann ist dies aufgrund der Rekursivität unseres framegestützten Wissens unvermeidlich und wird in einen ewigen Zirkel nie abschließbarer Ergänzungen der Beschreibungen führen.

Am Ende ihrer Überlegungen kommt Lönneker dann trotz aller zuvor artikulierten Systematisierungswünsche auf die unvermeidliche intuitive und introspektive Seite der Frame-Beschreibungen zu sprechen.[172] Eine abschließende Auseinandersetzung mit Fillmores FrameNet-Modell zeigt, dass sie weder dessen tiefgreifende bedeutungstheoretische Überlegungen („interpretive semantics") zur Kenntnis genommen und in ihrer Relevanz auch für ihr eigenes Vorhaben erkannt hat, noch in der Lage ist, den eigentlichen Gewinn von Fillmores Konzept zu erkennen. Stattdessen bringt sie dessen Ansatz als „semantische Frames" in einen strikten Gegensatz zu ihrem eigenen Modell,[173] das auf „konzeptuelle Frames"

---

[171] Mit Bezug auf von ihr festgestellte Unterschiede zwischen verschiedenen Modellen der Wissensdarstellung: „Die Unterschiede [...] deuten darauf hin, dass die Verwendung formal-ontologischer Mittel zu einer anderen ,Weltordnung' führen kann als die Verwendung sprachlicher Mittel." Lönneker 2003, 103 – Das ist sicherlich richtig, aber bei weitem nicht die ganze Wahrheit! Vermutlich führt (fast) *jede* Ontologie bzw. Begriffshierarchie zu einer anderen Einteilung der Welt; darin zeigt sich ja gerade das Interpretative und Intuitive solcher Modelle, das sich nie völlig vermeiden oder minimieren lässt. Modelle, die sich dieses Aspekts ihrer Tätigkeit bewusst sind, sind daher eher dagegen gefeit, fatale Fehler zu begehen, als die Projekte von denjenigen, die zu viel Hoffnung in die Möglichkeit objektivistischer Darstellungen setzen.

[172] „Dennoch wird auch ein System, das über all diese Komponenten verfügt, bei der Verwendung der ermittelten Muster weder die impliziten Relationen aufdecken können noch alle Relationen korrekt extrahieren." Und weiter: „Einige Fallbeispiele zeigen, dass der Codierer teilweise stark von seinem eigenen Weltwissen oder auch bereits bestehenden Annotationen beeinflusst wird." Lönneker 2003, 213.

[173] „Die Arbeit mit Konzeptframes ist auf die strukturierte Beschreibung von Weltwissen konzentriert und verwendet lexikalische Elemente zur Benennung der untersuchten konzeptuellen Einheiten. Dagegen schreiten die Arbeitsphasen im FrameNet-Annotationsprozeß von der Betrachtung der konzeptuellen bis zur lexikalischen Ebene fort, wobei das Ziel und Ergebnis in einer Beschreibung der lexikalischen Einheiten besteht. Das Entdecken semantischer Frames als ganzer, also der konzeptuellen Einheiten, scheint dabei weniger problematisch zu sein als das Erkennen der relevanten Framebestandteile und der

6.3 Frame-Analysen in der Formalen Linguistik 495

ziele, und bemerkt gar nicht, dass in FrameNet die Frames ja gerade als „Strukturen aus Konzepten" definiert sind.[174] Ganz am Schluss lässt sie auch noch erkennen, dass das Beschreiben von Frames auch etwas mit Perspektiven auf Dinge / Sachverhalte zu tun haben könnte.[175] – Zusammenfassend kann festgestellt werden, dass Lönneker zwar zahlreiche für eine grundsätzliche Neubestimmung der Frametheorie wichtige Aspekte (fast durchweg am Rande) thematisiert und damit ein erstaunliches Gespür für wichtige Fragestellungen zeigt, dass sie aber nur die wenigsten dieser Aspekte für tiefer gehende Frame-theoretische Reflexionen nutzt, was vor allem am Primat der praktischen Zielsetzung in ihrem Vorhaben liegt. Mit ihrer Orientierung an Konerding 1993 und dem Bestreben um eine abstrakte „Top-Level-Frame-Hierarchie" und eine „Grundausstattung" an Frames und Frame-Elementen stellt ihr Modell das dar, was Barsalou 1992 ein „rigides" (oder statisches) Frame-Konzept genannt hat, was sich vor allem (wie auch schon bei Konerding 1993) darin zeigt, dass sie den eigentlichen Grund für die unverzichtbare Dynamik jedes angemessenen Frame-Modells, die (unabschließbare) Rekursivität, an keiner Stelle zur Kenntnis nimmt und thematisiert. Erfreulich ist jedoch, dass sie sich dann doch über die Grenzen eines Vorhabens vom Zuschnitt des ihrigen im Klaren ist, wie ihre Schlussbemerkung zeigt:

> „Die Arbeit hat gezeigt, dass manuelle sprachwissenschaftliche Arbeit auch auf diesem Gebiet bis zum gegenwärtigen Zeitpunkt nicht nur sinnvoll, sondern unverzichtbar ist. Ein Computerprogramm hätte die Annotationen in dieser Form nicht erstellen können, wie eine Analyse der – lückenhaften und mehrdeutigen – Zusammenhänge zwischen sprachlichen Erscheinungsformen und annotiertem Weltwissen zeigt. Auf dem Gebiet ‚traditioneller' Sprachwissenschaft bestätigt und ergänzt die Empirie zugleich die Introspektion." (A.a.O. 248)

Damit ist eigentlich alles gesagt.

6.3   Frame-Analysen in der Formalen Linguistik

Am Beginn der Frame-Semantik steht (bei allen drei wichtigen Begründern, also Fillmore, Minsky und Barsalou) eine scharfe Kritik an den erheblichen Beschränkungen einer logischen Semantik des Frege- / Carnap-Typs. Man kann die Frame-Theorie geradezu als expliziten Versuch der Überwindung der Reduktionismen formallogischer Modelle in der

---

lexikalischen Einheiten, die den Frame evozieren." (A.a.O. 229) – Sie glaubt, dass die von ihr entwickelten Konzeptframes „sich als Quelle zur Gewinnung von Framebestandteilen" in FrameNet eignen; das könnte durchaus zutreffen, da die FrameNet-Frames konzeptuell gesehen viel zu grob und zu unterspezifiziert sind, wie Lönneker ganz richtig sieht.

[174] Zwar charakterisiert Lönneker (2003, 225 ff.) die wesentlichen Merkmale des FrameNet-Modells durchaus zutreffend, doch unterscheidet sie nicht zwischen den praktischen Zielen von FrameNet und Fillmores sehr viel tiefer gehendem allgemeinen Frame-Konzept (und dem Hintergrund seiner *interpretive semantics*), das sie überhaupt nicht zu kennen scheint. Feststellbar wird in der Auseinandersetzung mit FrameNet auch, dass diese Autorin, die an vielen Stellen so oft klug etwas erkannt hat, das anderen (auch und gerade anderen Frame-theoretisch interessierten Linguisten) entgangen ist, offenbar frei von tieferer Semantik-theoretischer Kenntnis oder zumindest Reflexion ist. Das ist außerordentlich bedauerlich, da man sich fragt, was sie noch alles hätte leisten können, wenn sie mit ihrem tendenziellen Durchblick auch noch die bedeutungs- und zeichentheoretischen Aspekte ihres Vorhabens gründlich angegangen wäre.

[175] Und thematisiert damit einen für FrameNet zentralen Aspekt, ohne jedoch auf diese Parallele hinzuweisen. Lönneker 2003, 239.

Semantik auffassen (und somit in einem gewissen Sinn als Gegenmodell).[176] Es mag daher überraschen, dass in jüngster Zeit auch Versuche zu verzeichnen sind, die Frame-Semantik mit einer formallogischen Auffassung von linguistischer Semantik kompatibel zu machen, oder, wie man eigentlich sagen müsste, die Frame-Semantik auf das Maß und Modell einer formalen Logik herunterzubrechen. Dass ein solcher Versuch quasi notwendigerweise mit einem erheblichen Verlust an Frame-theoretischer Substanz und Erklärungskraft einhergehen muss, liegt auf der Hand.[177] Da formallogisch orientierte Modelle nach wie vor im

---

[176] Insbesondere Fillmore hat sich immer wieder scharf gegen die Beschränkungen formaler und logizistischer Modelle der Semantik gewandt, die er (zusammen mit anderen reduktionistischen Ansätzen, etwa des klassischen linguistischen Strukturalismus) unter dem Schlagwort der „Checklist-Theorien der Semantik" zusammenfasst und kritisiert. „Ein kritischer Defekt in diesem Ansatz ist, dass, wenn in der normalen Weise des Redens ein Wort eine Bedeutung hat, die eine besonders reichhaltige und detaillierte Analyse [accounting] erfordert oder dazu einlädt, viel von dieser Information im Prinzip aus dem Lexikon fortgelassen werden müsste, einzig, weil sie vom Blickwinkel der minimalistischen Definition aus redundant wäre." Fillmore 1978, 151. Seine eigene Position in Gegnerschaft zu formalistisch-logizistischen Modellen der Semantik charakterisiert er selbst weniger als anti-logisch als vielmehr „anti-exklusivistisch" (a.a.O. 170). (Da logizistische Modelle der Semantik – wenigstens bislang – immer in diesem Sinne „exklusivistisch" waren, macht diese feine Differenz im Ergebnis allerdings keinen Unterschied. – An anderem Ort bezeichnet er die logische Semantik auch als „Skelett-Semantik ohne Fleisch und Organe". Fillmore 1984, 131.) Wer Fillmores ironischen Gestus kennengelernt, und dazu seine scharfe Ablehnung spekulativer Ansätze und sein stetes Beharren auf dem Primat der linguistischen Empirie wahrgenommen hat, der weiß, dass folgende Formulierung, die er gegen die logische Semantik und ähnliche Modelle anwendet, für ihn für die höchste und schärfste Form der wissenschaftlichen Kritik steht: „Ein wichtiges Problem für jede linguistische Beschreibung ist die Unterscheidung zwischen ‚entdeckter Struktur' [structure detected] und ‚dem Gegenstand aufgedrückter Struktur' [structure imposed]." (A.a.O.) Unnötig, hinzuzufügen, dass Fillmore sich selbst und seinen eigenen Ansatz natürlich immer auf der Seite der „entdeckten Struktur" verorten würde. – Sehr viel schärfer als Fillmore (der seinen Ansatz einmal als „eher vor-formal als anti-formal" gekennzeichnet hatte, 1982a, 111) zieht Minsky gegen logische Modelle in der Frame-Theorie (bzw. Kognitionstheorie) zu Felde; ihrer Kritik widmet er immerhin ein ganzes Kapitel in seinem eher knapp gehaltenen Grundlagen-Text. Ihr Scheitern für Zwecke der Semantik natürlicher Sprachen sei kein bloßer technischer Defekt, sondern schon im Grundgedanken angelegt: „Solche Versuche scheitern eher an ihrem Logik-fixierten Ansatz schlechthin als an Defekten einzelner Formalismen. Solche Systeme mögen für einfache Aufgaben noch funktionieren; nie aber in der Realität." Minsky 1974, 59. – Da die Versuche einer logisch-semantischen Reformulierung der Frame-Theorie, über die in diesem Unterkapitel berichtet werden soll, sich insbesondere auf die von Barsalou 1992 formulierte Version des Frame-Modells stützen, mag es ihre Vertreter überraschen, dass auch dieser von ihnen bemühte Autor scharfe Kritik an logisch-formalen Ansätzen geübt hat. Insbesondere die ihm äußerst wichtige These, dass „Frames keine rigiden Strukturen" sind (1992, 35) dürfte im Gegensatz zur logischen Semantik stehen, deren Grundstreben es ja ist, Bedeutungen eben gerade als solche rigiden Strukturen zu beschreiben. Besonders hart geht er mit der „Merkmallisten-Theorie" ins Gericht (also der klassischen Logischen Semantik, Merkmal-Semantik). Diese ist nach seiner Überzeugung völlig ungeeignet, die Probleme der Flexibilität, Struktur und Vagheit von ‚Concepten' zu lösen. Immer plädiert er für eine kognitivistisch-prozedurale (statt einer logizistisch-statischen formalen) Betrachtung: „Statt sprachliche Symbole mit logischen Kriterien zu beurteilen, könnte die Beurteilung ihrer funktionalen Rolle in der Speicherung, Aktivierung, Integration und Übermittlung [conveyance] perzeptueller Symbole sehr viel produktiver sein." Barsalou 1993, 49. – Fast überflüssig, noch zu erwähnen, dass auch Schank und Abelson wenig Gewinn in einer logischen Betrachtung von verstehensrelevanten Wissensstrukturen sehen, wie diese spöttische Bemerkung zeigt: „Das Feld der KI ist voll von intellektuellen Optimisten, die machtvolle Abstraktionen lieben und danach streben, all-umfassende Formalismen zu entwickeln." Aber: „Das fünfjährige Kind, das lernt, seine Schuhe zu schnüren, muss nicht in demselben Prozess irgendetwas über mathematische Topologie lernen." Schank / Abelson 1977, 3.

[177] Und man geht wohl nicht ganz fehl in der Annahme, dass diejenigen Aspekte der Frame-Theorie, die dabei verloren gehen, den Anhängern der Frege-Schule herzlich egal sind, obgleich (oder vielleicht ge-

6.3 Frame-Analysen in der Formalen Linguistik 497

Mainstream der linguistischen Semantik stark vertreten sind, kann es andererseits aber als erfreulich gelten, dass sich Grund-Ideen der Frame-Theorie offenbar als so stark und überzeugend erwiesen haben, dass ihre Gültigkeit nun auch bei solchen Sprachtheoretikern anerkannt wird, die ihr (und häufig auch der kognitiven Linguistik generell) ursprünglich eher distanziert gegenüber standen. Im Rahmen unserer Gesamtdarstellung der Frame-Semantik soll es daher nachfolgend weniger darum gehen, welche Frame-theoretische Substanz bei den Versuchen der Logifizierung verloren geht, als vielmehr darum, ob, und wenn ja, welche möglicherweise wichtigen Aspekte der Frame-Theorie durch einen logisch-semantischen Umformungsversuch hinzugefügt werden.

Durch den Versuch, Frame-Semantik und Logische Semantik miteinander zu vereinbaren, versucht eine Düsseldorfer Forschergruppe,[178] insbesondere der praktischen Umsetzung der Frame-Theorie einen neuen Schub zu geben. Als Ziele werden genannt: (1) Entwicklung einer präzisen und umfassenden formalen Frame-Theorie, (2) Ausweitung des Frame-Modells auf nicht-sortale nominale Konzepte sowie Verb-Konzepte, (3) Modellierung temporaler und kausaler Komponenten in einer Frame-Theorie, (4) Modellierung konzeptueller Operationen wie Metonymie, Metapher und Type-Shifts in der Frame-Theorie, (5) Modellierung von Konzept-Kombinationen in der Frame-Theorie (insbesondere Modellierung komponentialistischer Satzbedeutungen), (6) Fundierung semantischer Komposition in einer Theorie „tiefer Dekomposition" (gemeint ist eine Analyse insbesondere von Verb-Bedeutungen, die nicht nur Argument-strukturelle Elemente, sondern auch Aspekt und andere Elemente erfasst.), (7) Fundierung von Konzepten (inkl. sprachlicher Bedeutungen) im senso-motorischen System, (8) Anwendung des Frame-Ansatzes auf Grundlagenfragen in der Philosophie und Wissenschaftsgeschichte, (9) Entwicklung eines Frame-Modells für die Fähigkeiten des menschlichen Geistes und seiner Störungen, (10) Untersuchung der Geschichte und Begründung des Frame-Modells in Philosophie und Psychologie.

Diese Liste von Zielen zeigt Folgendes:

(a) Ausgangspunkt ist vor allem Barsalous 1992 Frame-Modell. Dies zeigt sich in der für Barsalou notorischen Beschränkung auf nominale Konzepte, insbesondere sog. „Klassenbegriffe", die nach einem von Löbner entwickelten, dem SFB-Vorhaben zugrunde gelegten Konzept-Typen-Modell „sortale Konzepte" genannt werden; diese dem Ansatz von Barsalou inhärente Beschränkung soll nunmehr durch Ausweitung des Frame-Modells auf andere Konzept-Typen, insbesondere auch verbale oder verb-derivierte, aufgebrochen werden.

(b) Übersehen wird dabei aber völlig, dass ein Verb-basiertes Frame-Modell mit dem Ansatz von Fillmore (der im Gegensatz zu Barsalou einer der „Erfinder" der Frame-Idee ist) ja bereits lange vorliegt; dieses Modell wird aber kaum beachtet.

(c) Die unter (3) genannte Anwendung des Frame-Modells auf kausale und temporale

---

rade weil?) sie umgekehrt eher diejenigen Aspekte sind, die die Frame-Semantik für ihre Protagonisten gerade besonders interessant gemacht haben.

[178] Es ist die von Sebastian Löbner angeregte interdisziplinäre Kooperation von Linguisten, Philosophen und Neurologen, die zunächst als DFG-geförderte Forschergruppe FOR 600 „Funktionalbegriffe und Frames" (2005–2011) begann, und seit Juli 2011 in den DFG-Sonderforschungsbereich (SFB 991 „The Structure of Representations in Language, Cognition, and Science") gemündet ist (Löbner u.a. 2010). (Auch der Verf. vorliegenden Kompendiums ist in diesem SFB mit einem Teil-Projekt zur Frame-Analyse von Rechtsbegriffen im Deutschen vertreten.)

498   *Kapitel 6: Anwendungen und Weiterentwicklungen der Frame-Theorie in der linguistischen Semantik*

Komponenten von Frames kann auch nur für eine auf sortale Konzepte fokussierte Frame-Konzeption neu sein. In einem „prädikativen" Frame-Modell wie bei Fillmore ist sie immer mitgedacht (wenn auch nicht formalistisch-logizistisch ausgeführt).

(d) Die unter (4) genannte Anwendung des Frame-Modells etwa auf Metaphern und Metonymien ist ebenfalls alles andere als neu, wurde sie doch bereits früh von Fillmore und Minsky (und später Barsalou gefordert). Ihre Anwendung auf das Konzept-Typen-Modell Löbners und die daraus abgeleiteten „type-shifts" ist sicherlich neu und ein Originalbeitrag der Gruppe, doch ist diese Typologie selbst keineswegs unumstritten.

(e) Das Ziel Nummer (5), d.h. der Versuch, aus der Frame-Semantik ein neues Modell komponentialistischer Satzbedeutungen zu gewinnen, steht in diametralem Gegensatz zu allem, was die Frame-Theorie in Semantik-theoretischer Hinsicht bisher ausgezeichnet hat. Man kann sowohl das Frame-Modell von Fillmore als auch dasjenige von Minsky auch als expliziten Widerlegungsversuch jeder komponentialistisch beschränkten Auffassung von Satzbedeutungen lesen.[179] Es dürfte auf der Hand liegen, dass eine Wiederverkürzung der Semantik genau um diejenigen Elemente und Aspekte, um deren Erweiterung es den Frame-Theoretikern gerade ging, elementar gegen den Geist dieser Forschungsrichtung verstößt.

(f) Ob der modische Neo-Naturalismus eines Fundierungsversuchs epistemischer Kategorien „im senso-motorischen Apparat" (siehe Ziel Nr. 7) Früchte tragen kann, mag dahingestellt bleiben. Man könnte mit Wittgenstein viele Gründe gegen die Tragfähigkeit eines solchen naiv-realistischen Modells des menschlichen Geistes anführen. Die Diskussion darüber können wir aber getrost den Philosophen überlassen.

Dem (aus Sicht einer epistemologisch orientierten „interpretativen" Semantik im Sinne Fillmores) kontraproduktiven Ziel einer logisch-semantischen Einhegung des Frame Modells steht als Positivum entgegen, dass die Düsseldorfer Forschergruppe eine sehr umfassende linguistische Anwendung und Umsetzung des Frame-Gedankens im Auge hat, also erstmals die jeweiligen Einseitigkeiten und Beschränkungen verbal-prädikativer (Fillmore und FrameNet) und nominal-sortaler (Barsalou) Art überwinden will zugunsten eines Modells, das alle Aspekte und Ebenen der Frame-Organisation in der Sprache (instantiierte Wortbedeutungen, Lexeme, Propositionen / Prädikationen, Propositions-Verknüpfungen, Satzbedeutungen, bis hin zu Textphänomenen wie indirekten Anaphern) erfassen soll. Am Ende einer solchen Form der Forschung kann (und soll) die Beschreibung durchaus auch von „large systems of frames" (a.a.O. 10) stehen. Auch wenn das Ziel einer logisch-semantischen Einbindung des Frame-Modells der vom vermeintlichen Gewährsmann Barsalou vehement vertretenen Ablehnung einer Frame-Auffassung als „rigiden Strukturen" zu widersprechen scheint, folgt die Forschergruppe ihm doch in der Hinsicht, dass sie insbesondere auch den dynamischen Aspekt von Frames (und v.a. dynamische Frame-Elemente) in den Vordergrund der Analyse rücken will. (Dem soll vor allem die Analyse von temporalen und kausalen Relationen, aber auch von Type-Shifts und semantischer Komposition, und schließlich auch die von diachronem Frame-Wandel dienen.) Frames werden als das fundamentale Format der Kognition aufgefasst und liegen auch jeglicher Form von Sprache zugrunde: „Menschen kommunizieren in Frames" (a.a.O 14).

Die Forschergruppe hat ihr Arbeits-Modell der Frames und Frame-Analyse auf der Basis des Frame-Modells von Barsalou 1992 entwickelt, dessen Vorstellungen jedoch keineswegs

---

[179] Siehe oben die Anmerkungen und Zitate in Fußnote 176 (S. 496).

6.3 Frame-Analysen in der Formalen Linguistik 499

eins-zu-eins umgesetzt werden, da das Endmodell der Gruppe zahlreiche Annahmen von Barsalou übergeht oder auslässt, und so keineswegs als eine adäquate „Barsalou-Frame-Theorie" verstanden werden darf, wie es ihre Vertreter gerne sehen würden. Übernommen wird die Grundstruktur von Barsalou-Frames als Attribut-Werte-Sets mitsamt Constraints.[180] Als wichtige Eigenschaften von Frames werden die *Relationalität* der Attribute (= Attribute sind relationale Konzepte) und die „inherent uniqueness of reference" hervorgehoben (a.a.O. 19), d.h. die Tatsache, dass jedes Attribut (jeder „slot") immer nur mit einem Wert (einer „Füllung") belegt werden kann.

Diese Sichtweise zeigt, dass man vorrangig *instantiierte* Frames (also token) im Sinn hat und weniger lexikalische Frames (bzw. types), obwohl an anderer Stelle eben dies behauptet wurde. Für ein Type-Attribut kann man sich stets mehrere mögliche Werte als Füllungen vorstellen (sonst würde der Terminus „Wert" oder „Füllung" ja gar keinen Sinn machen.[181]) Die beiden genannten Merkmale von Attributen (inhärente Relationalität und singuläre Referenz) sind im Sinne der von Löbner entwickelten Begriffstypologie definierende Merkmale für die sog. „funktionalen Begriffe" seines Modells. Daraus wird die (nicht unproblematische) These abgeleitet, wonach Attribute im Sinne von Barsalous Frame-Modell grundsätzlich *Funktionalbegriffe* seien (also solche Begriffe, die eine Relation nur zu einem einzigen festliegenden Referenten stiften). Problematisch ist diese Festlegung (die man im Kontrast zu anderen Auffassungen von Frames auch als eine extreme Engführung des Frame-Begriffs interpretieren kann) insbesondere deshalb, weil sie ganz erheblich Auswirkungen auf das Format der Frame-Darstellung hat (siehe Abb. 6-5), dem dann in der Darstellung zahlreiche epistemische Aspekte zum Opfer fallen, um die die Semantik zu bereichern die Frame-Theorie ursprünglich (bei Fillmore und Minsky) ja gerade angetreten war.[182]

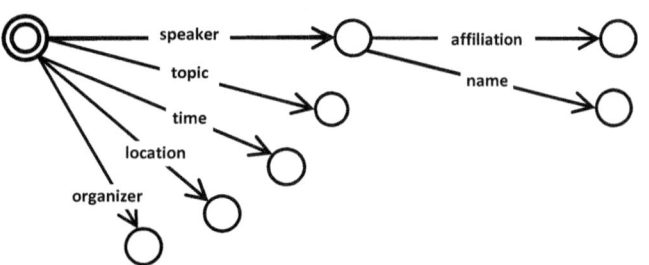

Abb. 6-5: Beispiel eines Frame für *talk*[N] (zentraler Knoten, Attribute, ihre Werte, Sub-Attribute mit Werten) mit als Funktionalbegriffe aufgefassten Attributen nach Löbner 2011.[183]

Die Beschränkung von Frame-internen Relationen auf „funktionale" (Eins-zu-eins-)Relationen in diesem Sinne ist eine sehr starke Restriktion des Frame-Modells, die sich so bei Barsalou nicht findet (wie die Forschergruppe auch zugibt, cf. a.a.O. 20). Begründet wird dieser Schritt damit, dass er „den Weg bereitet für ein geradlinige modelltheoretische Interpretation von Frames" (a.a.O.). Er würde es, so, die Autoren, erleichtern, die Rekursivität

---

[180] Siehe die ausführliche Darstellung oben in Kap. 5.2, S. 366 ff.

[181] Ein slot, für den es nur einen möglichen Filler gibt, ist kein slot im ursprünglichen Sinne mehr, sondern eine andere Form von rigider konzeptueller Struktur. Slots müssen per definitionem Ausfüllungs-offen sein (jedenfalls auf der Ebene einer allgemeinen kognitiven bzw. epistemischen Struktur).

[182] Sie konterkariert etwa Fillmores Ziel, dass die Frame-Semantik „nicht-exklusivistisch" sein dürfe. S.o. FN 176 S. 496.

[183] Zahlreiche weitere Beispiele für Frame-Darstellungen der SFB-Forschergruppe siehe Material-Anhang.

500   *Kapitel 6: Anwendungen und Weiterentwicklungen der Frame-Theorie in der linguistischen Semantik*

von Frame-Strukturen darzustellen, tiefen-gestaffelte Frame-Relationen zu erfassen, und Frame-interne Relationen als Vektoren darzustellen. Die meisten dieser Vorteile sind solche, die sich nur aufgrund des vorab gefassten (und für Frame-Theorien eher unüblichen) Beschlusses begründen lassen, die Frame-Semantik in das Prokrustes-Bett einer formalen Logik zu pressen. Erkauft wird dieser Schritt damit, dass das Meiste von demjenigen, was das Frame-Modell als Modell der Semantik und des verstehensrelevanten Wissens für die große Mehrheit seiner Anhänger überhaupt attraktiv macht, aus dem Frame-Konzept ausgelagert wird in eine externe modelltheoretische Struktur, die sog. „getypten Merkmalstrukturen" (oder „Typ-Signaturen"). Insbesondere alternative Füllungen (Werte) für Slots (Attribute) und Wertebereiche werden damit nicht mehr als Teil der Frame-Struktur begriffen, sondern in dieses externe Format ausgelagert. Schaut man sich dieses Format näher an, stellt man fest, dass es sich dabei im Kern um eine ganz klassische „Ontologie" im Sinne einer Konzept-Hierarchie handelt.[184]

Eines der zentralen Merkmale des Ansatzes des Kerns der Düsseldorfer Gruppe ist die Aufprägung eines von Löbner entwickelten Modells von Begriffstypen auf ein sich auf Barsalou (ob zu Recht oder zu Unrecht) berufendes Frame-Modell. Während Barsalous Beispiele meist nominale Konzepte des Typs von Klassenbegriffen (in der Terminologie Löbners: „*sortalen* Begriffen") waren, müssten zusätzlich weitere drei Typen von Begriffen nach dem definierenden Kriterium für funktionale Begriffe (inhärente Relationalität und singuläre Referenz) unterschieden werden: *funktionale, relationale und Individualbegriffe*. Es wird davon ausgegangen, dass allen vier Begriffstypen unterschiedliche Formen von Frame-Strukturen entsprechen. Es kann beim jetzigen (noch stark vorläufigen) Status des propagierten Gesamt-Modells noch nicht entschieden werden, ob sich aus dieser Abbildung von Frame-Strukturen auf relativ abstrakte Begriffstypen ein Widerspruch innerhalb des Modellansatzes ergibt. Für eine solche innere Inkonsistenz könnte sprechen, dass mit der Festlegung der Attribute auf „Funktionalbegriffe" im Sinne der Begriffstypologie die tatsächlich dann beschriebenen Frames eingegrenzt werden auf instantiierte Frames im kognitiven Sinne (und damit die lexikalisch-semantische Ebene nicht mehr erfassen können), andererseits aber die Abbildung von (Typen von) Frame-Strukturen auf die vier Begriffstypen zu sehr abstrakten Struktur-Typen führt, die nicht mehr gut auf die konkrete Ebene der instantiierten Frames zu passen scheinen, sondern eher universalen Charakter haben könnten. Wie es scheint, ist das Vorhaben der Forschergruppe noch nicht entschlossen, ob es eher konkretistisch deskriptiv (und damit auf der Ebene der instantiierten Frames) vorgehen will, oder doch eher abstrakte Strukturen erfassen möchte (und dann die Ebene der instantiierten Frames, damit aber auch die Einschränkung der Attribute auf Funktionalbegriffe verlassen müsste). Da die postulierten Konzept-Typen sich nicht direkt auf die verschiedenen Lesarten nominaler Lexeme abbilden lassen, wird davon ausgegangen, dass dem Vorgang des „Type-Shifts" im Gebrauch von Nomen zentrale Bedeutung zukommt. Solche Vorgänge detailliert zu erfassen, und in unterschiedliche Typen zu klassifizieren, ist eines der dezidierten Ziele des vorgesehenen SFB.

Das Hauptziel des neuen Forschungsverbundes wird in der Entwicklung einer dynamischen Theorie für Frames gesehen. Das Verständnis von „Dynamik", das dahinter steht, ist dabei weniger eines, das sich auf die Ebene der Frames selbst bezieht, als vielmehr auf die

---

[184] Also einer problematischen Checklist-Form des Enzyklopädismus frönt, die zu überwinden Begründer des Frame-Modells wie Fillmore und Minsky ja gerade angetreten waren.

6.3 Frame-Analysen in der Formalen Linguistik   501

in Frames organisierten Inhalte. „Dynamisch" meint daher zunächst nicht viel mehr als die bereits erwähnten temporalen Sukzessionen[185] und kausalen Relationen zwischen Teil-Frames eines semantisch-epistemischen Frame-Zusammenhangs. Die Forscher grenzen sich damit v.a. von dem in der Tat eher statischen Frame-Konzept Barsalous ab (der die Dynamik für die Frame-Theorie zwar vehement gefordert hat, aber inhaltliche Dynamik mit seinem Modell nicht direkt abbilden kann). Wenn man sich von der theoretischen und wissenschaftshistorischen Engführung dieser Gruppe etwas löst, könnte man das Vorhaben auch so charakterisieren: Das nominal verkürzte (und darum eher statische) Frame-Modell von Barsalou soll um prädikative / propositionale (und darum „dynamische") Elemente (die bei Fillmore und FrameNet im Mittelpunkt stehen, deren Ideen hier aber nicht umgesetzt werden) ergänzt werden.[186] Es handelt sich also um eine Art Wieder-Erfindung der Fillmore'schen Sparte der Frame-Semantik ohne Bezug auf diesen Autor und die von ihm begründete „Schule". Konkrete Ziele der Forschergruppe sind insbesondere:

(1) Analyse von Handlungs-Komponenten in Objekt-Frames. Viele Objekte sind (nur oder vor allem) charakterisierbar über die Funktionen, die sie für Menschen haben bzw. die Art und Weise, wie Menschen mit ihnen interagieren. Diese sind oft mit Handlungen, Intentionen, Zielen, Ursache-Folge-Beziehungen verknüpft. Z.B. kann ein *Stuhl* charakterisiert werden als „Gerät zum darauf sitzen", oder *Bier* als „Getränk, durch dessen Konsumierung man betrunken werden kann".[187] Solche Eigenschaften werden heute oft als „Affordanzen"[188] bezeichnet (Eigenschaften eines Objekts, die sich unmittelbar auf die Art von Handlungen beziehen, die mit diesem Objekt vollzogen werden können). Die Forschergruppe rechnet hierzu etwa auch konditionale Elemente / Verknüpfungen.

(2) Einbezug dynamischer Attribute in Frames (die temporale und kausale Aspekte der Kategorisierung erfassen). Hierbei geht es v.a. darum, Verb-Bedeutungen in die bekanntlich ja nominal verkürzte Frame-Theorie von Barsalou zu integrieren. Verschiedene Alternativen für die theoretische Modellierung einer solchen Integration werden erwogen, aber noch nicht entschieden.[189]

---

[185] Temporale Sukzessionen von Stadien eines Prozesses werden Frame-analytisch sehr anschaulich bei Fillmore und FrameNet beschrieben. Es erstaunt, dass die Forschergruppe sich auf diese Vorläufer-Konzeption mit keinem Wort bezieht.

[186] Damit ist die nahezu völlige Ignorierung aller nicht-Barsalou'schen Frame-Konzeptionen, insbesondere derer von Fillmore, Minsky und Schank / Abelson gemeint.

[187] Als erster hat Minsky (der hier natürlich wieder nicht zitiert wird) auf solche Typen von Frame-Elementen hingewiesen; etwa mit dem schönen Beispiel für *Tisch*, den er charakterisierte als „Vorrichtung, mit der man in natürlichen Umgebungen, in denen Schwerkraft existiert, einen Gegenstand in einem gewissen Abstand vom Boden in einer solchen Höhe fixieren kann, dass er von einem Menschen bequem und gut erreicht / erfasst werden kann".

[188] Der (zunächst sehr nützlich erscheinende) Begriff der *Affordanz* wirft zahlreiche theoretische Fragen auf; wie etwa die, ob er nicht lediglich ein Instrument ist, mit dem dynamische kontextuelle Aspekte von Objekt-Konzepten, die etwa eine verbale bzw. prädikationsorientierte Analyse erfordern würden, zu einfachen statischen Eigenschafts-Prädikationen für Objekte zurückgestuft werden. Also als theoretische Mittel, um die epistemisch gegebene Dynamik (und Kontextualität) zurück in die Statik (nominaler Konzepte) zu zwingen, die man für eine formal-logische Beschreibung zu benötigen glaubt. (Zu Affordanzen siehe auch unten Kap. 7.4.3, S. 582 f.)

[189] Die Forschergruppe diskutiert die Frage (a.a.O. 22 f.), ob eine solche Integration überhaupt möglich ist; d.h. ob Barsalou-Frames überhaupt geeignet sind, Verb-Bedeutungen zu erfassen, und hält diese Frage beim derzeitigen Stand der Forschung für noch nicht entschieden. Als Alternative wird eine Kombination von statischen (nominalen) Konzept-Frames mit dynamischen Operationen über solchen statischen Frames erwogen. Wie oben im Barsalou-Kapitel ausgeführt wurde, gehen wir davon aus, dass das Bar-

502   *Kapitel 6: Anwendungen und Weiterentwicklungen der Frame-Theorie in der linguistischen Semantik*

(3) Analyse von Verb-Konzepten als temporal-kausale Abfolgen.

(4) Analyse der Dynamik von Konzept-Bildung (der systematischen Modifikation und Kombination von Frames, um neue Frames zu bilden, z.B. in der Wortbildung). Hier werden insbesondere Wortbildung (z.B. durch Komposition), Metapher, Metonymie und Bedeutungswandel genannt.[190]

(5) Entwicklung eines vollständig dynamischen Frame-Modells, in dem die Attribute modelliert werden als Übergänge von einem „Possessor"-Argument zu den jeweiligen Werten (a.a.O. 21).

Das geschilderte Programm der Düsseldorfer SFB-Forschergruppe ist von seinen Zielen her das bisher ambitionierteste Vorhaben in der Frame-Linguistik (sieht man einmal vom ebenfalls sehr umfassenden, aber auf klare lexikographische Ziele beschränkten, und nur im quantitativen, weniger im systematisch-theoretischen Sinne umfassenden FrameNet-Verbund ab). Sollte auch nur die Hälfte der angestrebten Ziele erreicht werden, würde dies die Frame-Semantik innerhalb der Linguistik erkennbar auf eine neue Stufe heben. Erkauft wäre dieser Erkenntnisfortschritt (und die Erweiterung des Frame-Modells und der Methoden der Frame-Analyse und -beschreibung) allerdings mit einer theoretischen und aspektuellen Engführung, der dann doch wiederum viele interessante Aspekte eines allgemeinen epistemologischen Frame-Modells zum Opfer fallen würden, wie sie entweder in allgemein-kognitionswissenschaftlicher Perspektive von Minsky formuliert wurden, oder in dezidiert linguistischer Perspektive in seinem Ziel einer interpretativen / Verstehens-orientierten Semantik von Fillmore propagiert wurden. Zudem enthält der Modellansatz der Forschergruppe noch immer erkennbare Lücken; so etwa das immer noch ungeklärte Verhältnis zwischen Token-Frames und Type-Frames (letztere wären ja für die Beschreibung lexikalischer Bedeutungen wichtig). In dieser Hinsicht teilt der neue Projektverbund die Lücken, die bereits für Fillmores und Barsalous Ansätze festgestellt werden mussten: Dass sie allesamt sprachtheoretisch und insbesondere zeichentheoretisch unter-reflektiert (und unter-determiniert) sind. Es wird sich auf jeden Fall lohnen, die Arbeitsfortschritte dieser Forschergruppe mitzuverfolgen, auch wenn es als zweifelhaft angesehen werden könnte, ob an ihrem Ende tatsächlich die eine umfassende dynamische linguistische Frame-Theorie stehen wird, die als Ziel propagiert wurde.

6.4   Frame-Analyse als Satz-, Text- und Kontext-semantische Methode

Neben der aufgrund der Zielsetzungen und thematischen Ausrichtung des einzigen Linguisten unter den Frame-Theoretikern, Charles Fillmore, naheliegenden Orientierung an Fragen

---

salou-Modell eine gute Basis ist, um zu einer allgemeinen Frame-Theorie (im Sinne Minskys) weiterentwickelt zu werden, die alle Sorten von Konzepten (also auch Verb-Konzepte) beschreiben kann. Die Integration dynamischer Elemente in ein allgemeines Format-Modell für Wissen und Kognition ist (gemäß „Ockhams Rasiermesser") der Erfindung einer neuen Art epistemischer Entität „Prozeduren" eindeutig vorzuziehen, deren kognitiver / epistemischer Status ja auch wieder fraglich ist und erst erklärt werden müsste.

[190] Z.B. lassen sich Metonymien sehr gut dadurch erklären, dass der zentrale Knoten eines Frames an einen anderen Knoten des Frames verschoben wird (z.B. *drink*^{V} zu *drink*^{N}). Die Forschergruppe plant daher insbesondere auch Projekte zum Konzept- und Bedeutungswandel, für dessen Beschreibung ein als dynamisch konzipiertes Frame-Modell besonders geeignet ist.

6.4 Frame-Analyse als Satz-, Text- und Kontext-semantische Methode 503

der lexikalischen Semantik bzw. Lexikologie[191] hat sich in den letzten Jahren – insbesondere in der deutschen Sprachwissenschaft – vereinzelt eine Umsetzung des Frame-Konzepts in eher kulturwissenschaftlich orientierten Ansätzen der Satz-, Text- und Kontext-semantischen Analyse entwickelt. Dafür stehen etwa insbesondere Arbeiten von Autorinnen und Autoren wie Klein, Fraas, Holly, Meier, aber auch z.T. Busse und Ziem. Zu Recht wird dort das große analytische Potential einer Frame-orientierten Semantik erkannt, welche die starken Beschränkungen der in der Linguistik bis heute dominanten enggeführten merkmalssemantischen oder logisch-semantischen Bedeutungsmodelle hinter sich lässt, und sich darum bemüht, mit dem Ernst zu machen, was auch Fillmore selbst bereits unter den Stichworten „interpretive semantics" und „understanding semantics" als mögliches Anwendungsfeld wie eigentliches Motiv für die Frame-Semantik skizziert hatte. Diese Arbeiten haben zu einem kleineren Forschungsfeld geführt, auf dem sich insbesondere jüngere Wissenschaftlerinnen und Wissenschaftler bewegen, was vermuten oder zumindest hoffen lässt, dass eine ernsthafte Frame-Semantik trotz des respektablen Alters ihrer ersten Begründung keineswegs bereits Schnee von gestern ist, sondern eine fruchtbare Zukunft noch vor sich hat (oder haben könnte, wenn ihr Potential ernst genommen wird). Allerdings orientieren sich (naheliegenderweise) die meisten deutschen Autoren in diesem Feld derzeit stark an dem Ansatz von Konerding 1993; ihre Ansätze teilen daher die Grenzen dessen Modells.

6.4.1 Klein

Josef Klein, der als einer der ausgewiesensten Experten für die semantische Analyse des öffentlichen, insbesondere politischen Sprachgebrauchs gelten kann, hat in mehreren Schriften für die Anwendung der Frame-Semantik als Methode der Wort-, Satz- und Textanalyse im kulturwissenschaftlich-begriffsgeschichtlichen bzw. -analytischen Forschungskontext plädiert und in mehreren Forschungsprojekten mit Frame-analytischen Konzepten und Methoden gearbeitet.[192] Angeregt sind seine Arbeiten offenbar von Vorbildern kulturwissenschaftlich-begriffsgeschichtlicher Arbeiten, die – ursprünglich begründet von Historikern wie Koselleck[193] – insbesondere in der germanistischen Linguistik eine ganze Generation von Forscherinnen und Forschern dazu angeregt haben, Semantik als eine wissensanalytische und ideen- bzw. ideologie-geschichtlich orientierte, und damit stärker kulturwissenschaftlich-epistemologische Forschung zu etablieren, die die engen Grenzen üblicher linguistischer Theorien, Methoden und Forschungsziele hinter sich lässt und überhaupt erst

---

[191] Neben den hier behandelten – in Monographien ausführlich entwickelten – Ansätzen von Wegener, Konerding und Lönneker und den nachfolgend skizzierten kleineren Arbeiten gibt oder gab es noch eine zerstreute internationale, sich vor allem an Fillmores FrameNet orientierende (aber nicht immer mit dessen Verbund auch eng kooperierende) lexikalisch orientierte Frame-Forschung, die überwiegend lexikologische oder computerlinguistische Ziele verfolgte (in Deutschland z.B. in Stuttgart und Saarbrücken). Eine Weiterentwickelung der Frame*theorie* ist in diesen Arbeiten jedoch nicht zu erkennen gewesen. Nicht unerwähnt bleiben darf in diesem Zusammenhang auch die frühe Vermittlungstätigkeit der Anglisten um René Dirven, die sich jedoch stärker auf Fillmores Case-Grammar konzentrierte und später in einer allgemein kognitionslinguistischen Orientierung mündete, wobei – aus nicht nachvollziehbaren Gründen – die eigentliche Frame-Semantik jedoch mehr oder weniger übergangen (ihr Potential jedenfalls nicht annähernd ausgeschöpft) wurde.

[192] Klein 1998, Klein / Meißner 1999, Klein 1999, 2002a, 2002b.

[193] Koselleck 1972, 1978; als Überblick und zur Einführung vgl. Busse 1987, 2003a, und Koselleck 2006.

504 Kapitel 6: Anwendungen und Weiterentwicklungen der Frame-Theorie in der linguistischen Semantik

das Potential entfaltet, das nicht enggeführte Semantik haben könnte. Klein / Meißner (1999, 27) bringen diese Zielsetzung in die Formel „Frame als Repräsentationsformat und als diagnostisches Instrument für Begriffswissen". Ihr Zugriff ist also in erster Linie wissensanalytisch (Klein 1999, 157):

> „So tut sich für die linguistische Semantik im Bereich der empirischen Wissensforschung mit der Erforschung der gesellschaftlichen Distribution von Begriffswissen – und das bedeutet im Wesentlichen: von lexembezogenem Bedeutungswissen – ein neues, wichtiger werdendes Arbeitsfeld auf."

Ausgangspunkt ist die Beobachtung, dass in einer Sprachgemeinschaft stets enorme Unterschiede im semantischen (oder semantisch relevanten) Wissen bestehen, die in der Linguistik nach wie vor beliebte Hypothese einer homogenen, konsistenten und widerspruchsfreien Wortbedeutung also jeglicher empirischen Grundlage entbehrt.[194] Diese Beobachtung stützt auch die Ausgangsannahme, dass zwischen semantischem Wissen und Sachwissen nicht trennscharf unterschieden werden kann.[195]

Klein geht aus von der

> „Grundüberlegung [...], dass ein Frame eine konzeptuelle Wissenseinheit im Langzeitgedächtnis darstellt und gleichzeitig an ein sprachliches Zeichen geknüpft ist, durch welches es aktiviert wird. Man kann sagen, dass die Bedeutung eines sprachlichen Zeichens [...] einen ganzen Wissensrahmen umfasst. Eine solche konzeptuelle Wissenseinheit umfasst eine Reihe von Elementen, die kategoriell beschreibbar sind." (Klein / Meißner 1999, 28.)

Frames weisen eine Slot-Filler-Struktur auf, deren Kategorien „prototypisch aufgefüllt" sind. Weil Frames an sprachliche Zeichen geknüpft sind, sind sie überindividuell. Als konkretes Wissen einzelner Menschen sind sie jedoch gruppenspezifisch oder individuell restringiert. Einen interessanten zusätzlichen Aspekt bringt Klein in die Frametheorie dadurch ein, dass er das, was etwa bei Fillmore unter dem Begriff „Perspektive" in einem / auf einen Frame (eine Szene) abgehandelt wird, diachron deutet. Danach können etwa im Verlaufe eines öffentlichen Diskurses „Slot-Kategorien" von der Peripherie eines Begriffs in sein Zentrum rücken.[196] Damit deutet Klein Frame-Strukturen *als Ganze* im Sinne der Prototypensemantik, welche die Kern-Peripherie-Thematik in der Wortsemantik aufgebracht hat. Nicht ganz nachvollziehbar ist jedoch, warum Klein feststellt: „Die Fillers sind die eigentlichen Wissenselemente im Frame" (a.a.O. 32). Dies ist wissenstheoretisch wenig plausibel, da Filler ja nur dadurch zu Wissenselementen eines *bestimmten* Frames werden, dass sie

---

[194] Die Autoren formulieren ihre Zielsetzung folgendermaßen: „Der Wissenscharakter von Begriffen sowie die Gruppen- und Diskursabhängigkeit ihrer Geltung begründen die Tatsache, dass Begriffswissen unterschiedliche Niveaus haben kann. Damit wird das alte Modell einer Dichotomie von Kenntnis und Nichtkenntnis eines Begriffs aufgehoben zugunsten eines graduellen Modells: Begriffswissen kann mehr oder weniger vollständig, kann fragmentarisch oder minimal sein. Es reicht von Expertenwissen über das Alltagswissen interessierter Nicht-Fachleute bis zum hochdefizitären Alltagswissen inkompetenter, uninformierter Laien." Klein / Meißner 1999, 5. Damit schließen sie indirekt an Überlegungen an, die bereits Philosophen wie Husserl 1901 / 1913 mit seiner Unterscheidung von „Bedeutungsverleihung" und „Bedeutungserfüllung" oder Putnam 1979 mit seiner Idee der „semantischen Arbeitsteilung" zwischen Experten und Laien bzw. Allgemeinheit formuliert hatten.

[195] „Die sprachlichen und die kognitiven Dimensionen von Begriffen sind nicht unabhängig voneinander: Bedeutungen von Begriffen [...] stellen gleichzeitig Sachwissen dar." Klein / Meißner 1999, 4.

[196] Klein / Meißner 1999, 30. Klein spricht in diesem Zusammenhang auch die von soziolinguistischen Ansätzen motivierte Frage an, „wer der Normgeber ist, der für Wortbedeutungen / Frames soziale Geltungskraft beansprucht". (A.a.O. 28) Solche Fragen werden insbesondere in diskursanalytischen Anwendungen der Frame-Semantik interessant und relevant.

6.4 Frame-Analyse als Satz-, Text- und Kontext-semantische Methode 505

eben dessen allgemeiner Frame-Struktur (Slot- oder Attribut-Struktur) zugeordnet werden. Wichtig ist aber sein Hinweis, dass Wissenselemente durchaus zu mehreren Frames gehören können, Frame-Zuordnungen daher relativ, nicht absolut sind.

Methodisch begreift Klein Frames im Sinne von Konerding 1993 als reine formale Darstellungsmittel für semantisches bzw. begriffsbezogenes Wissen. Obwohl er Frames ganz offensichtlich als Strukturelemente des Wissens selbst ansieht, vertritt er damit praktisch-methodisch dann doch ein beschreibungstheoretisches Frame-Konzept, wenn er schreibt: „Ein Frame ist der Kode zur Beschreibung der Begriffsbedeutung." (29) Schaut man sich die praktische Umsetzung bei Klein / Meißner 1999 an, so muss jedoch festgestellt werden, dass diese das Potential einer Frame-Semantik um Längen unterschreitet. Letztlich werden nur sehr allgemeine Begriffs-Aspekte („Kategorien", zu verstehen als „Slots") notiert, denen dann die in Versuchspersonen-Befragungen erhobenen konkreten „Filler" zugeordnet werden. Dabei ergeben sich versuchspersonenspezifische Abweichungen bei den angesetzten Slots bzw. Slot-Strukturen. Auch wenn sich Klein und Meißner auf Konerding 1993 berufen, so reichen ihre Analysen nicht an die Differenziertheit von dessen Darstellungen (die allerdings rein theoretisch bleiben) und denen Lönnekers heran. In ihrer hohen Allgemeinheit sind sie am ehesten den intuitiven Darstellungen Wegners vergleichbar.[197]

Während aus dem umfangreichen Projektbericht zur empirischen Studie Klein / Meißner 1999 (außer seitenlangen „Frame"-Auflistungen) Frame-theoretisch wenig zu gewinnen ist, geht Klein in einem zeitgleichen Aufsatz näher auf theoretische Aspekte ein.[198] Dabei ignoriert er, wie bereits sein Vorbild Konerding, den erheblichen Beitrag des einzigen Linguisten unter den Entwicklern des Frame-Modells, nämlich Fillmore (oder spielt ihn herunter). Richtig ist nur seine Schlussfolgerung: „Zentrale Fragen auf Theorieebene blieben auch da noch offen, z.B. auf welcher Basis die slots eines Frames zu bestimmen sind." (Klein 1999, 159.) An Konerding 1993 kritisiert er (in ähnlicher Stoßrichtung wie Lönneker 2003) vor allem die „unüberschaubare Fülle der durch dieses Verfahren zur Gewinnung von Matrix-Frames eröffneten potentiellen Wissensdimensionen". Dies führt zu der „bisher unbeantwortete[n] Frage, wie und wodurch diese Menge reduziert wird auf die weit geringere Menge des default-Wissens, das den Frame zu einer Lexikoneinheit wie *Student* bildet" (Klein 1999, 160). Interessant (teilweise weiterführend, teilweise aber korrekturbedürftig) ist Kleins sich an diese Frage anschließende ausführliche Begründung, warum die Anwendung Frame-theoretischer Aspekte für die linguistische Semantik nach seiner Auffassung unverzichtbar ist.

Sein Haupt-Argument dabei ist die bei empirischen semantischen Erhebungen feststellbare Differenz im Bedeutungs-Wissen unterschiedlicher Gruppen von Sprachteilhabern (die von der theoretischen linguistischen Semantik, die sich in hochproblematischer Weise stets stärker an der formalen Logik als an den Bedürfnissen einer auf die Alltagssprache und das Alltagswissen zielenden Semantik orientiert hat, stets vollständig ignoriert worden ist – nicht nur faktisch und praktisch, sondern erst recht in ihrer hohen Relevanz für die Bedeutungstheorie und den Bedeutungsbegriff). Klein weist zu Recht darauf hin, wie wichtig es für die Semantik ist zu unterscheiden zwischen „Bedeutung als Phänomen sozialer Geltung" und „der individuell ausgeprägten Kenntnis der Bedeutung eines Lexems (= Bedeu-

---

[197] Siehe die im Material-Anhang abgedruckten „Frames" von Klein / Meißner 1999.

[198] Klein 1999. Die dort gegebene Darstellung der Geschichte des Frame-Gedankens ist jedoch stark korrekturbedürftig und enthält zahlreiche Fehleinschätzungen, wie etwa, dass die Frame-Konzeption untheoretisch gewesen und nur „informatik-praktisch" formuliert worden sei.

506   *Kapitel 6: Anwendungen und Weiterentwicklungen der Frame-Theorie in der linguistischen Semantik*

tungswissen)" (Klein 1999, 161). Gerade aufgrund dieser nicht nur für die praktische semantische Analyse bzw. Bedeutungsbestimmung von Wörtern, sondern ebenso für die semantische Theorie wichtigen Differenz (die ebenfalls in den in der Linguistik üblichen Bedeutungstheorien weitgehend oder völlig ignoriert wird) kommt er zu dem Schluss, dass es zwingend notwendig sei,

> „ein semantisches Konzept zugrunde zu legen, das davon ausgeht, dass der Gebrauch von Lexemen und festen Lexem-Kombinationen, sofern sie zur Bezeichnung von Dingen oder Sachverhalten dienen, ding- bzw. sachbezogenes Wissen evoziert. Ein solches Konzept ermöglicht relativ problemlos eine diagnostische Perspektive, in der es darum geht, die Differenz zu bestimmen zwischen dem Wissen, das sich in der mit sozialem Geltungsanspruch ausgestatteten Bedeutung manifestiert, und dem bei Individuen und Gruppen tatsächlich vorhandenen Wissen." (Klein 1999, 161.)

Sein zweiter Kritikpunkt bezieht sich darauf, dass klassische Bedeutungsmodelle davon ausgehen, dass es möglich sei, die Bedeutung eines Wortes bzw. Lexems durch Definition zu bestimmen. Dem hält er entgegen, dass kaum ein Wörterbuchartikel ohne Verwendungsbeispiele auskomme. Das Wissen, das man zum Verstehen dieser Verwendungsbeispiele benötige (bzw. dazu, zu verstehen, warum es ein Beispiel ist, das die Bedeutung gerade dieses Lexems demonstriert), sei aber ein Wissen, das über dasjenige, was in den jeweiligen Definitionen ausgedrückt sei, meist deutlich hinausgehe.[199] Als Beispiel nennt er etwa das Lexem *Zonengrenze*, zu dessen adäquatem Verständnis das Wissen *Stacheldraht* eben zwingend dazugehöre. In Bezug auf solche semantischen Wissensbestände biete die Frame-Semantik deutliche Vorteile gegenüber anderen Bedeutungsmodellen: „In lexembezogenen Frames sind solche semantischen Bestände miterfasst."[200]

Ein wichtiger Vorteil eines Frame-Modells sei es, dass es ermögliche, „mit der Slot-Kategorie als explizitem Begriff nach den Fillern dieser Kategorie zu fragen". (162) Frames dienten damit auch als heuristisches Instrument zur Aufklärung von solchen Bedeutungsaspekten, die in anderen Analyseverfahren häufig übersehen wurden und werden. Interessant sei diese Leistung des Framemodells insbesondere bei der Analyse von gruppenspezifischem Bedeutungswissen, „denn dort sind es oft bestimmte Filler bestimmter Kategorien bzw. Slots, die als diskursrelevant ausgezeichnet sind" (162). Frame-Analyse diene also auch und insbesondere der Aufhellung spezifischer semantischer Fokussierungen, wie sie vor allem für Analyseziele wie denjenigen der Diskurssemantik relevant sind.[201] Diese Einsicht helfe, Frame-Theorie-Probleme zu lösen:

---

[199] „Lexikonartikel enthalten Verwendungsbeispiele, und in denen pflegen semantische Bestände zu stecken, die, wenn sie auch im Definitionsteil nicht expliziert sind, dennoch als (lexembezogenes) default-Wissen zur Wortbedeutung gehört." Klein 1999, 161.

[200] Klein 1999, 162. Problematisch oder zumindest diskussionswürdig ist jedoch sein Vorschlag: „Operational sind sie als lexembezogene usuelle Inferenzen in Texten bestimmbar." (162) Damit wird der Begriff der „Inferenz" jedoch stark ausgedehnt. Akzeptabel wäre dies, wenn man daraus den Schluss zöge, dass *jedes* Lexem-Verstehen in diesem Sinne auf „Inferenzen" beruhe. Dies tut Klein jedoch nicht (zumindest spricht er es nicht an). Grundsätzlich ist aber davon auszugehen, dass das Wissen, um das es hier geht, meist lexembezogenes Kern-Wissen ist. Der üblichen Verwendungsweise des Terminus Inferenz (im Sinne von Verstehensaktivitäten, die zusätzlich zur „Bedeutungskenntnis" hinzutreten) entspricht dies jedenfalls nicht. (Siehe zu diesem Punkt oben die Diskussion über den Unterscheidungsversuch zwischen „evoziertem" und „invoziertem" Wissen bei Fillmore, s.o. Kap. 2.6.5, S. 125 ff.).

[201] Dazu Klein 1999, 163: „Die durch die Zwei-Ebenen-Beschreibung [slot / filler] gegebene bessere innerlexematische Vergleichbarkeit von Bedeutungswissen ermöglicht auch tiefere und genauere Einsichten in Prozesse der Bedeutungsnormierung und des Bedeutungswandels sowie in deren Zusammenhang mit lexikonsemantischer Bereichs- und Diskursspezifik. Denn Frames sind – nach außen nur unscharf ab-

6.4 Frame-Analyse als Satz-, Text- und Kontext-semantische Methode 507

„Was bestimmt angesichts der durch die Matrix-Frames [Konerdings] eröffneten Vielzahl potentieller Slot-Kategorien die vergleichsweise geringe Zahl von Slots in lexemspezifischen Frames? Es sind die thematischen Foci und die dominanten Vernetzungen mit weiteren Begriffen in den maßgebenden Diskursen, die dies leisten." (Klein 1999, 163 f.)

Recht verstanden heißt dies: Ohne diskursspezifische Kontextualisierungen und Fokussierungen lässt sich die Frame-Struktur (und damit die Bedeutung) eines Lexems gar nicht angemessen und präzise genug bestimmen, da sonst eine Überfülle potentieller Frame-Kategorien (*slots* bzw. Attribute) zu einer unrealistisch unübersichtlichen Wissensstruktur führen würde.

Für Klein gilt also: „Unter Theorie-Aspekten ist die Gewinnung der Slot-Kategorien ein neuralgischer Punkt." (Klein 1998, 39.) In diesem Zusammenhang führt er als interessante neue, bisher noch nicht in der Frame-Theorie verwendete Kategorie den Begriff des „Filters" ein.[202] Es könnte lohnend sein, diesem Filter-Aspekt Frame-theoretisch weiter nachzugehen, auch wenn Klein seine empirische Erforschung für komplex und schwierig hält.

Typisch ist es ihm zufolge auch, dass in einem gegebenen Korpus oder Diskurs auch konkurrierende oder sogar einander widersprechende Frame-Strukturen feststellbar seien.[203] Dabei gilt: „Die Wissensnetze repräsentieren [im Frame-Format] den Wissenshorizont für die Lexeme, um deren Bedeutung es geht." (Klein 1999, 167.) Sprachteilhaber setzen im medialen Diskurs häufig ihre eigenen Lexemdeutungen (ihre persönlichen lexembezogenen Wissens- bzw. Frame-Strukturen) als Default-Wissen an, und denken damit implizit (sprach- oder denk-) normierend.[204] Frames zu ein und demselben Lexem können also offenbar hinsichtlich der Anzahl und Art ihrer Frame-Elemente variieren und damit – in den Worten Kleins – eine unterschiedlich starke bzw. differenzierte „Granulierung" aufweisen.[205] – Über andere Frame-Ansätze hinaus geht Klein, indem er die wichtige Rolle von

---

grenzbare – Ausschnitte aus mehrdimensional vernetzten bereichsspezifischen Begriffsnetzen, die z.B. im Bereich der Politik als Schlagwort-Netze, oder im Bereich beruflicher Fachspezifik als Terminologien greifbar werden."

[202] „Zwischen dem multidimensionalen Matrixframe ,Person / Aktant' und dem Frame für bestimmte Personen(gruppen)bezeichnungen ist ein Filter anzusetzen, der das Gros der Frageaspekte herausfiltert und für die Fokussierung einiger weniger Aspekte sorgt. Diese Filter werden offenbar weitgehend durch außersprachliche Faktoren bestimmt." Klein 1998, 41. Ihre adäquate Erforschung hält er nur in einer interdisziplinären Bemühung von Linguisten, Sozialpsychologen, Ethnologen usw. für möglich.

[203] Klein 1999, 166. Beispiele dafür werden in seinem Text geliefert.

[204] „Was als Bedeutung in einem Frame zu repräsentieren ist, hängt davon ab, was in der für den Lexemgebrauch maßgeblichen Gruppe als default-Wissen vorausgesetzt und damit von den Sprachteilhabern mit normativem Anspruch als Bedeutungswissen erwartet wird." Klein 1999, 167. (Klein verwendet hier und anderswo den Begriff „default" in der von der üblichen Verwendung in der Frame-Literatur leicht abweichender Weise. Für ihn sind offenbar nur Filler „default-Wissen". Nimmt man aber ernst, dass auch angesetzte bzw. bedeutungsdominierende Kategorien bzw. Slots eine Sache der Perspektive sind oder sein können, dann müsste man die Möglichkeit in Betracht ziehen, dass auch anzusetzende Slots bzw. Attribute selbst eine Sache von default-Annahmen – und nicht schlechthin selbstverständlich – sein könnten.)

[205] „Was dabei als Norm vorausgesetzt wird, kann je nach Kommunikationspartner durchaus variieren. Frames, die das unter Experten erwartbare Bedeutungswissen repräsentieren, beanspruchen in der Regel daher eine weit größere kategoriale Differenzierung bei den Slots und eine feinere Granulierung bei den Fillern als Frames, die das bei Laien mit normativem Anspruch erwartbare Bedeutungswissen repräsentieren." Klein 1999, 167. (Eine ähnliche Auffassung findet sich bei Putnams 1979 Stereotypensemantik.) M.E. müsste sich die „Granulierung" eher auf die Zahl der anzusetzenden Slots, und nicht auf die Filler beziehen, da Slots eigentlich immer nur einen einzigen Filler haben können. Klein lässt jedoch auch in seinen Frame-Notationen mehrere „Filler" gleichzeitig bei ein und demselben Slot zu. D.h. für ihn definieren Slots offenbar Anschlussstellen für offene Listen von Fillern. Dies wäre richtig auf der

508 Kapitel 6: Anwendungen und Weiterentwicklungen der Frame-Theorie in der linguistischen Semantik

Lexem-Verbindungen für die semantische Frame-Analyse hervorhebt. Typische Kollokationen und andere textuelle Lexem-Kookkurrenzen dienen häufig der Frame-Spezifizierung und -Fokussierung, können aber auch zu Frame-Verbindungen und -Netzen führen. Solche Verbindungen sind, wie Klein (169) zeigt, in öffentlichen Diskursen häufig quasi-usuell (auf einer wissensbezogenen, nicht-lexikalischen, sondern rein diskursiven Ebene angesiedelt), wie er an seinem Beispiel „Lohnnebenkosten" und dessen diskursiver Verbindung mit der von ihm als Frame-Element gedeuteten Kategorie „Veränderung" demonstriert.

Nach seiner Analyse weist dabei der Frame Lohnnebenkosten den Slot Veränderung auf, dessen Default-Filler Senkung ist. Diese Analyse ist interessant, wenn auch nicht unproblematisch. Ist Veränderung wirklich eine unmittelbare Slot-Kategorie des Frames Lohnnebenkosten oder nicht vielmehr ein eigener, relevanter Frame, der über übergeordnete Wissensstrukturen hier angeschlossen ist? In Fillmores FrameNet-Modell jedenfalls müsste man Senken als Filler für das Frame-Element (den Aktanten-Slot) OBJEKT DER VERÄNDERUNG in einem VERÄNDERUNG-Frame analysieren. Diese Analyse Kleins wirft die Frame-theoretisch hochinteressante Frage auf, ob in einem PROZESS-Frame die potentiellen Filler für den Slot / das Attribut OBJEKT DES PROZESSES Frame-theoretisch so analysiert werden können, dass der PROZESS zu einem Slot des OBJEKT-Frames selbst wird. Was Klein hier macht, wäre so, als wenn man z.B. in einem DIEBSTAHL-Frame in Bezug auf ein beliebiges DIEBSTAHL-OBJEKT, z.B. Auto, den Prozess DIEBSTAHL zu einem Slot des Auto-Frames machen würde. Auch wenn dies auf den ersten Blick widersinnig wirkt, hat eine solche Annahme diskurssemantisch und wissensanalytisch gesehen doch einen gewissen Charme. An Beispielen wie „unabgeschlossenes Fahrrad" oder „Geldbörse auf dem Gehweg-Pflaster" wird man die Kategorie „potentielles Diebstahl-Objekt" bei Alltagssprechern jedoch problemlos als ohne größeren inferenziellen Aufwand evozierbar einstufen können. Klein benutzt dieses Beispiel auch, um zu zeigen, wie es im öffentlichen Diskurs zu Verschiebungen in Frame-Strukturen kommen kann. Nach seinen korpusbasierten Feststellungen ist Senkung von der Peripherie ins Zentrum des öffentlichen Lohnnebenkosten-Frames gerückt.[206] Diese Entdeckung kann man auf die Formel bringen: Diskurse modellieren Frames. Klein schafft damit den Anschluss der Frame-Semantik an die neuere linguistische Diskursanalyse (hier verstanden in einem post-Foucault'schen, textanalytischen bzw. epistemologischen Sinne). Er zieht dann folgendes Fazit:

> „(1) Das Frame-Konzept hat sich hier in der sozio- und medienlinguistischen Empirie als leistungsfähig erwiesen – also weit weg vom Ursprungsbereich KI-Forschung und jenseits der Domänen Satzsemantik und Textlinguistik.
> (2) Die empirischen Befunde zeigen überdeutlich, dass es fließende Grenzen gibt zwischen kognitiven Elementen, die zu einer Wortbedeutung zu zählen sind, und solchen, die es nicht sind. Hier zeigt sich

---

lexikalischen (überindividuellen und überkontextuellen) Ebene. Problematisch wäre es aber für sein Korpus, da andere Ausführungen bei ihm so zu verstehen waren, dass er eigentlich kontextspezifische „instantiierte" Frames in konkreten Texten analysiert. Bei denen müssten die Slots aber eigentlich immer jeweils gefüllt sein. Der üblichen Auffassung nach kann ein instantiierter Frame aber immer nur einen Filler pro Slot enthalten. Dies alles deutet darauf hin, dass das Verhältnis von lexikalischer und individueller (Muster- und Instantiierungs-)Ebene bei Klein wie in der Frame-Theorie generell alles andere als geklärt ist und vertiefender Diskussion bedarf.

[206] „Neue Themenschwerpunkte im öffentlichen Diskurs können innerhalb von Frames Verschiebungen bewirken. Sie modellieren dann Bedeutungen z.B. in dem Sinne, das sie bestimmte, unter anderen Umständen periphere Bedeutungselemente ins Zentrum eines Frames rücken." Klein 1999, 169.

6.4 Frame-Analyse als Satz-, Text- und Kontext-semantische Methode

die prägende, Wortbedeutungen im Fluss haltende Rolle von Diskursen; hier des öffentlich-medialen Diskurses.
(3) Die Diskurse sind es auch, die durch thematische relevant-Setzungen (z.B. auf der Grundlage ökonomischer Entwicklungen und / oder wirksamer Interessenartikulation) die Vielzahl potentieller Slot-Kategorien, die sich aus den jeweiligen Matrix-Frames ergeben, lexemspezifisch so reduzieren, dass lexikalische Bedeutungen auf Nicht-Experten-Niveau sich überwiegend verstehen lassen als überschaubare, an den Rändern allerdings unscharfe Mengen tendenziell stereotypischer Default-Wissens-Elemente." (Klein 1999, 178 f.)

Was Klein hier formuliert, entspricht ziemlich genau Fillmores und Minskys Frame-Idee.[207] Abweichend von deren Theorien ist bloß das von Klein positiv zitierte Konerdingsche Hyperonymen-Typ Modell. Allein diese Abweichung von der ursprünglichen Frame-Konzeption führt zu der starken Expansion der Matrix-Frames, die Klein dann methodisch-praktisch wieder einfangen will.[208] Eine kognitive Plausibilität hatten diese sog. Matrix-Frames nie. Insofern ist es nur konsequent, dass Klein sie wieder auf das kognitiv erwartbare und empirisch nachweisbare Maß zurückführt. In zwei späteren Aufsätzen (Klein 2002a und 2002b) setzt Klein die Frame-Analyse dann noch in Bezug zu zwei anderen Aspekten bzw. Methoden, die in der linguistischen Diskursanalyse angewandt bzw. diskutiert werden: zur Analyse von Metaphern und zur Analyse von Topos-Strukturen.[209] Durch die Verbindung der Frame-Semantik mit einer Topos-Analyse möchte Klein (2002b) eine Verbindung zu Aspekten sprachlichen Handelns herstellen. Da Topoi zum Gegenstand einer linguistischen Argumentationsanalyse zählen, wird deutlich, warum es dabei vor allem um Geltungsansprüche geht und damit um etwas, was mit sprachlichen Handlungen etabliert, durchgesetzt, verteidigt usw. wird.

Vor allem im letzten Aufsatz begründet Klein noch einmal ausführlich seine Frame-Auffassung. Dies lässt folgende Fragen offen: (1) Klein macht noch einmal deutlich, dass er „‚Frame' als Repräsentationsformat lexematisch gebundener Wissensbestände" versteht (2002b, 173). Fraglich ist aber, was hier „lexematisch gebunden" in Bezug auf „Wissensbestände" überhaupt besagen soll. Welche Bedeutungstheorie steht dahinter? Festzustellen ist: es fehlt bei Klein (wie generell in der Linguistik und Sprachtheorie) eine zureichende Definition von „Lexikalische Bedeutung". Kleins Ansatz ist daher theoretisch unter-bestimmt. Die bedeutungstheoretisch eigentlich entscheidenden Fragen bleiben leider auch bei ihm offen. (Ganz im Gegensatz zu Fillmore, der zwar von den meisten deutschen Frame-Autoren beharrlich an den Rand geschoben, wenn nicht völlig ignoriert wird, aber sich ausführlich über den Sinn des Wortes „lexikalische Bedeutung" Gedanken gemacht hat.) Wenn Klein ausführt: „Die unmittelbar mit einem Lexem verknüpften Wissensbestände sind das Ergebnis der Stabilisierung kontextueller Gebräuche." (a.a.O.), dann fragt sich

---

[207] Merkwürdig und etwas zu kategorisch ist seine Abgrenzung der Frame-Semantik von der Satzsemantik und Textsemantik. Klein widerspricht sich hier selbst, denn noch vier Jahre zuvor schrieb er eindeutig: „Die Frame-Theorie konzipiert Lexem-Repräsentation von vornherein im Hinblick auf semantische Textfunktionen. Sie nimmt in die Lexembeschreibung all diejenigen Wissenselemente auf, die in Texten als so selbstverständlich mit dem Lexem verbunden unterstellt werden, dass sie dort nicht explizit mit aufgeführt werden müssen, sondern als selbstverständlich-Mitwirkendes (sog. „defaults") implizit bleiben können." Klein 1998, 35. Dem kann nur voll und ganz zugestimmt werden. Für ihn „stellt sich die Frage nach einem semantischen Repräsentationsformat, das nicht nur die Lexikonebene abdeckt. Frames scheinen mir ein solches Repräsentationsformat zu sein." (A.a.O.)

[208] In Klein (2002a, 180) spricht er davon, dass das Matrixframe-Modell „Slots generiert". Das ist eine treffende Beschreibung, die von ihm allerdings unkritisch einfach hingenommen wird.

[209] Metaphern werden dabei v.a. als „Konzept-Metaphern" i.S.v. Lakoff / Johnson 1980 konzipiert. Zu deren Analyse führt Klein den Begriff des „Brücken-Frames" ein, den er ausführlich erläutert.

510   *Kapitel 6: Anwendungen und Weiterentwicklungen der Frame-Theorie in der linguistischen Semantik*

doch sehr, was „unmittelbar mit einem Lexem verknüpft" hier überhaupt heißen soll oder kann. Was heißt hier „unmittelbar"? Und was heißt „Stabilisierung"? All solche Fragen bleiben unbeantwortet. Was Klein in diesem Kontext eindeutig fehlt, ist eine zureichende Konventionstheorie der Bedeutung. (2) Klein vertritt noch nachdrücklicher als zuvor einen weiten Bedeutungsbegriff (wie er sagt, einen „im Verhältnis zur strukturalistischen Semantik erweiterten Bedeutungsbegriff", a.a.O. 173), der alles Sachwissen, welches in öffentlichen Diskursen für das Verstehen eines Lexems relevant ist, zur „Bedeutung" dieses Wortes zählt. Das Verhältnis usuelle-okkasionelle (oder soziale-kognitiv-subjektive) Bedeutung bleibt bei ihm aber weiterhin ungeklärt. (3) Unklar bleibt zudem seine Verwendung bzw. Definition der Begriffe „Slot" und „Filler". Problematisch ist, dass Klein Filler *grundsätzlich* als „Defaults" definiert. Geht damit nicht eine wichtige Frame-semantische Differenzierungsmöglichkeit verloren? (Nämlich die zwischen Default-Fillern und sonstigen, „freien" Fillern.) Ebenso problematisch ist die Reduktion der „Slots" auf „Kategorien für Default-Filler". Sind Slots bzw. Attribute nicht mehr als das? Sind sie nicht eine wichtige eigenständige Ebene der Wissensorganisation auch unabhängig von ihren je konkreten Füllungen? Man kann Klein zugutehalten, dass seine Position zu Fillern wohl der überragenden Rolle der Prototypikalität im Frame-Wissen entspricht, die insbesondere Fillmore so deutlich (aber implizit auch Minsky und Bartlett) hervorgehoben haben. Aus den Unsicherheiten der Verwendung des Default-Begriffs bei Klein wird deutlich, dass über die Funktion dieses Terminus (und Phänomens) in einem umfassenden Frame-Modell noch gründlich nachgedacht werden muss.

Klein bevorzugt das Frame-Modell als semantisches Modell und Methode vor allem deshalb, weil es *Strukturen* im bedeutungsrelevanten Wissen zu erfassen erlaubt. (So schon Minsky.) Außerdem fasst er Frames als „mehrdimensionale bereichsspezifische Begriffsnetze" auf, und geht damit dann doch über sein Vorbild Konerding hinaus. Nachzudenken bleibt über die wichtige Anregung Kleins, den Zusammenhang von Frame-Strukturen mit dem zu erforschen, was man „Bedingungen kommunikativen Handelns" nennen könnte. Der Bezug der Frame-Theorie zu einer Theorie kommunikativen Handelns ist m.W. außer von Klein bislang noch von keinem Linguisten überhaupt auch nur angesprochen worden. Hier gibt es also offenbar noch ein großes unbeackertes Forschungsfeld.

6.4.2 Fraas, Holly, Meier, Müske

Noch vor Klein hat Claudia Fraas die Frame-Idee als methodisches Instrument zur Analyse der Semantik öffentlichen Sprachgebrauchs (bzw. der Rekonstruktion begrifflicher Inhalte) eingesetzt.[210] Auch sie lehnt sich stark an Konerding 1993 an, verallgemeinert aber die bei ihm nur methodisch verstandene Orientierung der Frame-Rekonstruktion an Prädikationen zu einem grundlegenden semantischen Prinzip. Ziel ist die Rekonstruktion des begriffsrelevanten Wissens, also desjenigen Wissens, welches Sprachteilhaber benötigen, um die Bedeutung eines Begriffs-evozierenden sprachlichen Zeichens in einem Text (z.B. der öffentlichen, etwa politischen, Kommunikation) adäquat zu verstehen bzw. kognitiv-epistemisch zu realisieren / aktualisieren. Sie geht davon aus (Fraas 1996, 5),

---

[210] Fraas 1996, 1997, 2000, 2001, 2005, Fraas / Meier / Penzoldt 2010. In ähnliche Richtung gehen ihr Mitarbeiter Meier (2010) und ihr Chemnitzer Kollege Holly (2001).

6.4 Frame-Analyse als Satz-, Text- und Kontext-semantische Methode 511

„dass der sprachliche Zugang zu konzeptgebundenem Wissen über in einer Sprachgemeinschaft gebräuchliche Prädikationen möglich ist. Das Potential dieser Prädikationen, also das Potential der kommunikativ sinnvollen Kontextualisierungen eines Konzepts, ist mit Hilfe von Frames darstellbar."

„Frames" repräsentieren daher für sie das „Kontextualisierungspotential von Konzepten" und können „konzeptgebundenes Wissen detailliert veranschaulichen". Frames werden daher zu einem Erschließungsinstrument wie zu einem Strukturierungs- und Darstellungsinstrument für zeichenbezogenes semantisches (bzw. konzeptuelles) Wissen. In Anlehnung an Konerdings 1993 Vorgehen begreift sie dabei in methodischem Sinne Frames „als systematisch aufgestellte Listen von Fragen", die das „Kontextualisierungspotential" eines Begriffs erschließen helfen. Mithilfe solcher Listen von Fragen, die aus dem allgemeinen Frame-Wissen destilliert werden (in auszugsweiser Anwendung der Matrixframes Konerdings), werden nach ihrer Auffassung „die Prädizierungen der zu untersuchenden Konzepte in den Textmengen erfassbar" (a.a.O.).

Fraas weist damit als erste Autorin so deutlich auf den wichtigen Zusammenhang zwischen Frames und semantischen (bzw. kognitiven?) Prädikationen hin. (Viel deutlicher als Konerding, der – obwohl er die von ihm entwickelte Frage-Strategie als Offenlegung von Prädikationen begreift – das sprachtheoretische bzw. semantische Potential der Verbindung von Frame-Idee und Prädikationen offenbar nicht erkannt hat.) Ob Fraas hier eher einen (engeren) textsemantischen Begriff von „Prädikation" oder ein (weiter gefasstes) kognitiv-epistemisches Verständnis vertritt, wird im Rahmen ihrer Studie nicht ganz deutlich. Das Modell, das hinter ihrer Methode steht, kann etwa folgendermaßen charakterisiert werden: Die „Konzepte", um die es ihr geht, sind zunächst ausschließlich nominale Konzepte (konkret: *„Identität"* und *„Deutsche"*).[211] „Prädikationen" in ihrem Sinne sind dann zunächst einfach syntaktische bzw. satzsemantische Strukturen, in die die Ziel-Nomen in ihren jeweiligen Textzusammenhängen sprachlich eingebettet sind. „Kontexte" wären dann zunächst schlicht die unmittelbaren sprachlichen Umgebungen, in denen die Ziel-Nomen jeweils vorkommen können. „Kontextualisierung" demnach die Gesamtheit der (prädikativen) sprachlichen Umgebungen, in denen ein Nomen auftreten kann. Streng genommen dürften dabei nur solche sprachlichen Umgebungen berücksichtigt werden, die auch syntaxtheoretisch als Prädikate analysiert werden. Darüber geht Fraas aber ganz offensichtlich in ihren praktischen Analysen deutlich hinaus. Die Beispiele zeigen, dass sie ihre Analyse nicht auf die Prädikationsteile von Sätzen, in denen das Ziel-Nomen tatsächlich auch auftritt, beschränkt. Vielmehr rechnet sie zu den „Prädikationen", die für ihren Frame-Begriff (ihre Frame-analytische Methode) relevant werden mindestens auch solche Prädikatsteile von Sätzen, die dem Satz, in dem das Bezugsnomen auftritt, lediglich benachbart (und textsemantisch verbunden) sind. Mehr noch, ganz offensichtlich bezieht sie öfters auch Teile und semantische Aspekte von Sätzen ein, die syntaktisch üblicherweise nicht als direkte Prädikate zum Ziel-Nomen gelten.[212]

Daraus folgt, dass der von Fraas benutzte Prädikations-Begriff ein abstrakteres, eher kognitiv-semantisches Verständnis von *Prädikation* vertritt, das über ein rein syntaktisches

---

[211] Hierin drückt sich die in Linguistik, Sprachtheorie und Kognitiver Semantik leider allgegenwärtige – aber falsche – Gleichsetzung von „Konzept" mit der *Wortart* „Nomen / Substantive" aus, die etwa auch bei Konerding, Barsalou und vielen anderen Theoretikern feststellbar war.

[212] Indirekt deutet sie dies durch ihre Rede von „sprachlichen Spuren" an: „Der methodische Zugang ergibt sich daraus, sprachliche Spuren konzeptuellen Wissens ausfindig zu machen, indem die Prädizierungen der zu untersuchenden Konzepte in den Textmengen erfassbar werden." Fraas 1996, 5.

512   Kapitel 6: Anwendungen und Weiterentwicklungen der Frame-Theorie in der linguistischen Semantik

Verständnis von *Prädikat* weit hinausgeht. Diese Zielrichtung ist interessant und für eine adäquate kognitiv-epistemologische Semantik sehr wichtig. Fraas geht daher in die richtige Richtung, vertieft ihren Gedanken jedoch nicht theoretisch. Dafür wäre es notwendig, eine angemessene Theorie der Prädikation zu entwickeln, die bisher in der kognitiven Semantik noch nicht existiert. Teil einer solchen Theorie müsste es sein, präzise aufzuzeigen, in welchem Verhältnis „Prädikationen" (in einem solchen, kognitiv-epistemologischen Sinne) zu Satzstrukturen und syntaktischen „Prädikaten" stehen.[213]

Fraas ist auch die erste Autorin, die das Frame-Modell mit den Zielsetzungen einer linguistischen Diskursanalyse verknüpft.[214] Mit Busse / Teubert 1994 begreift sie Diskurse als *Textnetze*, zwischen deren Einzeltexten vielfältige „referentielle Verbindungen" bestehen. Mit der erstmaligen Bezugnahme der Frame-Idee auf die Diskursebene vertritt sie indirekt das Verständnis einer erweiterten „epistemologischen" Semantik, die sich zum Ziel setzt, das *gesamte* verstehensrelevante Wissen in Bezug auf ein Einzelzeichen oder seine Einbettung in einen Satz- oder Textzusammenhang zu erschließen – auch weit über die Grenzen dessen hinaus, was in reduktionistischen klassischen Modellen noch als „zur Bedeutung zugehörig" gerechnet wird. Das Diskursmodell soll es leisten, Prädikationen, die für die semantische Aufklärung eines bestimmten Konzepts wichtig sind, auch dort und auch dann aufzuspüren, wenn sie nicht in demselben Text vorfindlich sind, sondern in anderen Texten des Gesamt-Diskurses, auf dessen Inhalte sich der Bezugstext (und das Bezugsnomen in einem Bezugstext) aber implizit bezieht oder beziehen lässt.[215] Die Frame-Analyse wird für Fraas als theoretische Grundlage und methodisches Instrument vor allem deshalb interessant, weil sie es erlaubt, die Variabilität von Konzepten mittels der Slot-Filler-Strukturen und des Default-Begriffs adäquater zu erfassen.[216] Der in Linguistik, Sprachphilosophie und Logik als so wichtig und zentral angesehene Begriff der einheitlichen („lexikalischen") Wortbedeutung ist daher für Fraas nichts anderes als ein idealisierendes Konstrukt.[217]

---

[213] Ein erweitertes Verständnis von „Prädikation" skizziert nach meiner Kenntnis bislang nur von Polenz 1985, der in seinem interessanten satzsemantischen Modell den Gedanken der „indirekten", „versteckten" Prädikationen einführt, und sich dabei auch auf den Frame-Begriff Fillmores bezieht, dessen Tiefenkasus-Modell er aktiv umsetzt (ohne jedoch insgesamt einen Frame-analytischen Ansatz zu propagieren). Man könnte daher auch Fillmores Frame-Theorie prädikationstheoretisch umdeuten, wofür sich bei Fillmore selbst jedoch kaum Belege finden lassen.

[214] Fraas 1996, 7 ff. Sie bezieht sich dabei auf das Diskursmodell von Busse / Teubert 1994. Dieses Modell geht auf den Diskurs-Begriff des französischen Philosophen Michel Foucault zurück, und darf daher nicht mit der oft ebenfalls „linguistische Diskursanalyse" genannten linguistischen Untersuchung von Gesprächen und Gesprächsstrukturen (engl. *discourse analysis*) verwechselt werden. Zur linguistischen Diskursanalyse nach Foucault vgl. erstmals Busse 1987 sowie Busse 2000, 2003a, die Sammelbände Warnke 2007, Warnke / Spitzmüller 2008 und Busse / Teubert 2012 sowie die neue Einführung Warnke / Spitzmüller 2011. Zu neueren Ansätzen der Verbindung von Frame-Semantik mit Diskurssemantik siehe Busse 2007a und 2008a.

[215] So Fraas 1996, 10: „Häufig „erhalten Textsequenzen, die auf der Ebene eines Textes thematisch eine untergeordnete Rolle spielen, auf der Diskursebene unter dem Gesichtspunkt der thematischen Ausdifferenzierung des gleichen Diskursthemas eine zentrale Rolle. [...] Auf diese Weise sind die Texte des Einheitsdiskurses referentiell vielfältig und mehrdimensional miteinander verbunden."

[216] „Bedeutungen sind nicht als Merkmalsmengen mit hinreichenden und notwendigen Merkmalen zu beschreiben, sondern als mentale Repräsentationseinheiten mit obligatorischen und fakultativen Bestandteilen, die durch Standardwerte (Defaults) mental begrenzt werden, jedoch Optionen zulassen und daher als instanziierbare Variablen fungieren, wobei der Kontext eine wesentliche Rolle spielt." Fraas 1996, 14.

[217] „In diesem Rahmen kann die systembezogene lexikalische Bedeutung einer sprachlichen Einheit nur eine idealisierende linguistische Abstraktion von der Menge der Bedeutungen sein, die in einer Sprach-

6.4 Frame-Analyse als Satz-, Text- und Kontext-semantische Methode 513

Methodisch orientiert sich Fraas stark an Konerding 1993. Wie auch Klein übernimmt sie von ihm die Strategie, Frame-Elemente und -Aspekte über „Fragen" zu erschließen, die die ein Bezugswort („Konzept") semantisch ausfüllenden „Prädikationen" (genauer: „Prädikationen, die mit usuellen Benennungskontexten übereinstimmen", Fraas 1996, 27) erschließen helfen. Der Analyse der einzelnen „Prädizierungen" vorgeschaltet ist die Ebene von sog. „Dimensionen des jeweiligen Frames", die sich an Konerdings Matrix-Frame-Modell orientieren. Frames sind – in dieser rein methodischen Sichtweise des Frame-Modells – „Listen von Fragen", mit denen ein Korpus von Frame-bezogenen Texten analysiert wird. Fraas-„Frames" stellen sich daher praktisch auch ausschließlich als solche Listen von Fragen dar.[218] In ihrem praktischen Analysemodell geht sie jedoch deutlich über Konerding hinaus, indem sie in ihre Frames „Slots für Sprechereinstellungen" integriert. (Dies wird von Klein später übernommen, aber nicht so konsequent durchgeführt wie bei Fraas.) Die Einführung von „Slots" für Sprechereinstellungen (die letztlich um weitere „metakonzeptuelle" Aspekte, wie etwa Modi, Wissensgrade usw., erweitert werden müssten) ist ein bedeutungstheoretisch sehr interessanter Gedanke, wirft jedoch zahlreiche theoretische Fragen auf.[219] Es fragt sich nämlich, ob Sprechereinstellungen tatsächlich zu den Konzept-Frames dazugehören (also *Teil* der Frames sind), oder ob sie nicht vielmehr eigenständige epistemische Elemente oder Strukturen sind, die *über* (kompletten) Frames operieren (also *außerhalb* der Konzept-Frames selbst anzusiedeln sind). Zwar ist es lexikalisch gesehen so, dass Bewertungs-Wissen (Einstellungs-Wissen) häufig engstens (manchmal untrennbar) mit „konzeptuellem" Wissen verknüpft ist, doch fragt sich dennoch, ob dafür nicht besser eine eigene Ebene von Frames anzusetzen wäre.

Die von Fraas in ihrer empirischen Analyse angesetzten „Frame-Dimensionen" sind offenbar als „Attribute" (im Sinne Barsalous, und das heißt, als „Slots") zu verstehen. Bei ihrer Analyse geht sie dabei Fragen nach wie (Fraas 1996, 72 f.):

> „Welche Frame-Dimensionen werden durch die Kontextualisierungen ausgefüllt, welche nicht, d.h. zu welchen Aspekten von Identität werden Aussagen gemacht? Auf welche Weise werden die Aussagen gemacht, d.h. mit Hilfe welcher Prädikate? Wie werden die Slots der entsprechenden Prädikate ausgefüllt, d.h. welche Aussagen über Identität werden gemacht? Welche sprachlichen Hinweise auf Sprechereinstellungen und Vertextungsstrategien zu den entsprechenden Aussagen sind in den Textsequenzen auffindbar, d.h. gibt es Hinweise auf Bewertungen, Bezüge auf andere Sprecher etc.?"

Ihr Vorgehen erlaubt ihr insbesondere im diachronen Vergleich deutlich zu machen, dass zu unterschiedlichen Zeiten bei den untersuchten Konzepten (*Identität* und *Deutsche*) unterschiedliche Slots in den Fokus des öffentlichen Diskurses gestellt werden. Damit verwendet sie das Frame-Modell vor allem dafür, um Verschiebungen in der Frame-internen Fokussierung und Perspektivierung praktisch-textanalytisch zu identifizieren. Mit anderen Worten, es kommt nicht so sehr darauf an, *ob* ein bestimmtes Element (ein Slot, ein Attribut) *überhaupt* zu einem Frame gerechnet wird (werden muss) oder nicht. Viel wichtiger ist in der

---

gemeinschaft durch die Verwendung der betreffenden Wortformen in konkreten Kontexten aktualisiert werden." Fraas 1996, 15.

[218] „Als Listen von Fragen interpretierte Frames stellen also, indem sie durch entsprechend erwartbare Prädikationen das Kontextualisierungspotential konzeptuellen Wissens vorgeben, ein Instrument zur Beschreibung sprachlicher Spuren dieses Wissens in Texten bereit." Fraas 1996, 27. (Siehe den „Frame" zum Konzept *Deutsche* nach Fraas 1996, 90 f. im Material-Anhang.)

[219] Der Gedanke muss näher geprüft und in einem vollständigen Frame-Modell berücksichtigt werden. Siehe dazu unten Kap. 7.4.4, S. 585 ff.

514   *Kapitel 6: Anwendungen und Weiterentwicklungen der Frame-Theorie in der linguistischen Semantik*

praktischen semantischen Analyse von Diskursen die Frage, *welche* Elemente jeweils im zentralen Fokus eines Frames stehen, und welche an der Peripherie. Dieses (auch in der Prototypen-Semantik vorfindliche) Zentrum-Peripherie-Schema ermöglicht es also bestens, Verschiebungen in der Semantik als Verschiebungen von der Peripherie ins Zentrum und umgekehrt darzustellen, ohne immer die nur schwer zu klärende Frage beantworten zu müssen, ob die jeweiligen Frame-Elemente überhaupt noch zum konzeptuellen Wissen dazugehören oder nicht. Mit dieser analytischen Richtung hat Fraas die praktische Frame-Semantik um einen äußerst wichtigen Aspekt erweitert.

Der etwas laxe Umgang von Fraas mit theoretischen Grundlagenfragen lässt – bei allen interessanten Anregungen, die sie für eine praktische, v.a. diskursanalytische, Frame-Semantik gibt – Frame-theoretisch gesehen doch noch einige Fragen und Probleme offen. So bleibt nicht nur ihr Verständnis von „Prädikation" nicht ganz präzise bestimmbar.[220] Problematischer ist, dass nicht deutlich wird, wie genau sie die Begriffe „Slots" und „Frame-Dimensionen"[221] verwendet und wie sich diese ihre Begriffe auf die übliche Verwendung der Termini Slot / Attribut / Frame-Element beziehen lassen. Dies sei an einem Beispiel für die Darstellung von „Prädikationen" in ihrer Analyse demonstriert. Gesetzt seien x, y, z als Variablen für „Slots" der entsprechenden Prädikationen zu *Deutsche*, sowie die Variable s „als Variable für sprachliche Hinweise auf Vertextungsstrategien und Sprechereinstellungen im weitesten Sinne". Dann ergibt sich für die Matrix-Frame-Dimensionen-Gruppe „I. Konstitutionsrelationen und Eigenschaften" folgende Darstellung:

> „DEUT (x) sind y
> S: nur die Deutschen waren sich dessen nicht immer bewusst
> X: ein so großes Volk im Herzen Europas
> Y: in die europäische Politik viel stärker verflochten als andere Völker." (Fraas 1996, 93.)

Bei dieser Form der Darstellung bleibt unklar, ob „Slots" in ihrem Verständnis nun Slots eines abstrakten Frames sind (des Ziel-Konzept-Frames) oder vielmehr Slots konkreter Prädikationen. Auch x und y sind natürlich Prädikationen, was bedeuten würde, dass sie als Filler für Slots eines Frames selbst wieder Prädikationen ansetzen würde. Das wäre als solches noch nicht zu beanstanden. Fraglich bleibt aber, welchen Frame-theoretischen Status diese Prädikationen dann haben sollen. Das bleibt völlig unklar. Zudem muss festgestellt werden, dass das, was Fraas hier ansetzt, keineswegs einfache Prädikationen sind (wie sie implizit vielleicht Barsalou in seinem Frame-Modell als Charakterisierung von Attributen eines Frames ansetzt), sondern epistemisch hoch komplexe und verdichtete Strukturen, die eigentlich selbst wieder komplexe Frame-Geflechte darstellen. Genauer gesagt: Zu

---

[220] Sie fasst es folgendermaßen zusammen: „Die Auffassung von Frames als Listen strategischer Fragen bietet die Möglichkeit, die Vertextung von Konzepten in großen Textmengen systematisch zu erfassen und mit einem gut handhabbaren Instrumentarium zu erschließen. Prädizierungen der zu beschreibenden Konzepte in den Korpustexten werden als Antworten auf Frame-Fragen interpretiert, in denen die Slots der Prädikate mit konkreten Textsegmenten ausgefüllt sind. Indem die Prädizierungen des jeweiligen Konzeptes, die aus den Korpustexten gewonnen wurden, den verschiedenen Frame-Dimensionen zugeordnet werden, kann eine systematisch aufbereitete Grundlage für weitere Analysen erarbeitet werden. Auf dieser Basis wird der systematische Vergleich von Realisierungsweisen bestimmter Konzepte in bestimmten Zeiträumen oder Kommunikationsbereichen möglich." Fraas1996, 77 f.

[221] Vgl. zu „Dimensionen" auch Fraas 1997, 226: „Die unterschiedlichen Frame-Fragen eröffnen verschiedene Dimensionen, die ein erstes Systematisierungsraster für die Prädikationen vorgeben. [...] Die einzelnen Frame-Dimensionen bilden also jeweils einen Rahmen für feinere Gruppenbildungen und damit eine weitere Systematisierung der Datenmenge."

6.4 Frame-Analyse als Satz-, Text- und Kontext-semantische Methode 515

klären bleibt das Verhältnis von Slots eines abstrakten Konzept-Frames und von konkreten Slots einer verbalisierten Prädikation, die einen Konzept-Frame inhaltlich näher charakterisiert. Beides ist nicht dasselbe und muss Frame-theoretisch auseinandergehalten werden.

Insofern kann festgestellt werde, dass die Monographie von Fraas 1996 zwar wichtige Anregungen für eine satzsemantische, textanalytische, korpusanalytische und diskursanalytische Anwendung und Umsetzung der Frame-Theorie gibt, dass aber die praktische Umsetzung in ihrem methodischen Modell einige Fragen offen lässt und die Möglichkeiten einer Frame-Analyse eher unterschreitet als vollständig ausschöpft.[222] In späteren Arbeiten erweitert Fraas den kognitiven Horizont einer Frame-Analyse noch deutlich und streicht insbesondere die Leistungsfähigkeit Frame-analytischer Methoden für die Erschließung gesellschaftlichen (sprachbezogenen) Wissens noch deutlicher heraus. In einem sehr inspirierenden Aufsatz etabliert sie die Frame-Analyse als ein zentrales Instrument zur Erschließung dessen, was heute allgemein das „kollektive Gedächtnis" einer Gesellschaft (Epoche) genannt wird. Frame-Semantik sieht sie damit zu Recht als eine zentrale Methode bzw. Forschungsperspektive der Historischen Semantik.[223] Fraas plädiert hier vehement für eine interdisziplinäre kulturelle Semantik, die Anregungen aus Wissenssoziologie, geschichtswissenschaftlicher historischer Semantik, linguistischer Text- und Diskursanalyse sowie kognitiv-epistemologischer Semantik zu einer umfassenden Analyse des verstehensrelevan-

---

[222] Positiv zu vermerken ist noch, dass Fraas die Probleme von Konerdings-Matrix-Frame-Modell deutlich erkennt, die insbesondere in dem (zu) hohen Abstraktionsgrad der Matrixframes liegen (vgl. Fraas 1996, 89). Seine Matrixframes enthalten immer zahlreiche Elemente, die in einem konkreten Kontext völlig irrelevant sind. Das wirft die Frage auf, welchen epistemischen (und damit theoretischen) Status Konerdings „Frames" dann noch haben sollen.

[223] Fraas 2000, 9. [Mir lag nur eine Online-Version ohne Original-Paginierung vor, so dass genaue Seitenangaben nicht möglich sind.] „Ein solcher Zugang [zum kollektiven Gedächtnis] wird über die kognitiv motivierte Vorstellung von Wissensrahmen möglich, und zwar auf folgende Weise: Die Struktur von Konzeptverbänden kann als Frame-Struktur modelliert werden. Frames werden in diesem Zusammenhang als Darstellungsrahmen für konzeptgebundenes Wissen aufgefasst. Sie stellen komplexe Strukturen aus sogenannten Slots und Fillers dar. Slots stehen für Variablen, die mit Erfahrungswerten verbunden sind. In Vertextungs- bzw. Verstehensprozessen werden diese Variablen mit konkreten Werten, den Fillers, besetzt. Auf diese Weise geben Frames eine Struktur für Wissensausschnitte vor, die in konkreten Sprachverwendungssituationen kontextuell aufgefüllt wird. Sie modellieren quasi das Kontextualisierungspotential von Wissensbereichen, die an lexikalische Einheiten gebunden sind und im Falle der konkreten Vertextung von Sprecher und Hörer aktiviert werden können. Kontextinformationen werden über Korpusanalysen linguistisch greifbar. Die Kontextvorkommen enthalten jeweils sprachliche Hinweise auf die konkreten Ausfüllungen der Slots. Indem die Kontextinformationen als Fillers für die Slots aufgefasst werden, können die Kontextualisierungen auf das entsprechende Frame-Modell abgebildet werden. Dies ist über annotierte Korpora für große Datenmengen möglich. Die jeweiligen Fillers können mit Markierungen versehen und in einer entsprechend strukturierten Datenbank abgelegt werden. Auf diese Weise wird es möglich, den Gebrauch von Ausdrücken über große Zeiträume hinweg zu dokumentieren, zu beschreiben und zu vergleichen. Wenn die entsprechenden Kontextinformationen über Korpusanalysen erhoben und auf der Grundlage des Frame-Modells systematisch ausgewertet werden, wird es möglich, den Gebrauch von Ausdrücken über große Zeiträume hinweg zu dokumentieren, zu beschreiben und zu vergleichen. Welchen Vorteil bringt ein Frame-orientiertes, korpusbasiertes Vorgehen für die Beschreibung gesellschaftlich gebrochener Wissenssysteme? Es eröffnet die Chance, Spuren vergangener medienvermittelter Kommunikationsprozesse aufzufinden, die in großen Mengen von Texten aufgehoben sind. Auf diese Weise können die sozialen Bezugsrahmen rekonstruiert werden, vor deren Hintergrund in unterschiedlichen historischen Zeiträumen Begriffe gebildet und Ausdrücke interpretiert wurden. Es eröffnen sich also völlig neue Perspektiven gegenüber traditionellen begriffsgeschichtlichen Forschungen, und zwar in folgender Hinsicht: [...] 2. Die Einführung des Frame-Modells ermöglicht eine systematische Auswertung von Kontextfaktoren, die aus Korpora extrahiert werden können."

516   Kapitel 6: Anwendungen und Weiterentwicklungen der Frame-Theorie in der linguistischen Semantik

ten Wissens verbindet. Hervorzuheben ist insbesondere, dass sie den *sozialen Charakter* solcher Wissensanalysen herausstreicht und damit einen wichtigen Aspekt jeder Frame-Analyse, der in den üblichen kognitionswissenschaftlichen, aber auch in vielen linguistischen Umsetzungen der Frame-Theorie wenn nicht ignoriert, so doch stark unterschätzt wird. Wissensrahmen-Analyse ist, dies hebt Fraas zu Recht hervor, immer auch Analyse „sozialer Bezugsrahmen", wie sie es formuliert. Versprachlichungen von Wissen erfolgen immer in solchen sozialen Bezugsrahmen und lassen sich nur in diesen Bezugsnetzen analysieren. Linguistische (Frame-)Semantik wird damit (zumindest auch) zu einem sozialwissenschaftlichen Unterfangen. Linguistische Semantik ist kein abstraktes logisches, auch kein abstrakt-kognitives, sondern immer ein eminent sozialwissenschaftliches Unterfangen.

Diesen Gedanken führt sie in einem weiteren Aufsatz noch weiter aus. Sie sieht die „kognitivistisch und psychologisch motivierte Subjekt-Zentriertheit" des bisherigen Wissens-Begriffs als Problem an („auf diese Weise bleibt der Blick auf gesamtgesellschaftliche Wissens-Konstitutions- und -Austauschprozesse verstellt") und hält stattdessen eine „doppelte Perspektivierung" für nötig: (a) „Wissen als kognitiv-psychologisches Phänomen", und (b) „Wissen als gesellschaftlich, kulturell und historisch geprägtes Phänomen" (Fraas 2001, [2] 42). Die Position, die Fraas (als Linguistin) hier bezieht, ist richtig und für die linguistische Semantik außerordentlich wichtig. Dennoch bleibt festzustellen: sie formuliert das Problem hier viel zu abstrakt. Sie geht von der Ebene des ‚individuellen Wissens' sofort zur Ebene der ‚kulturhistorischen Prägung' über und übergeht dabei die wichtige, theoretisch notwendige Zwischenstufe: nämlich den Prozess der Konventionalisierung[224] (= Sozialisation) des individuellen (z.B. sprachzeichenbezogenen, semantischen oder semantisch relevanten) Wissens. Richtig ist aber ihr Hinweis auf die Notwendigkeit, verschiedene Typen des (sprachrelevanten) Wissens zu differenzieren.[225] Wichtig ist zudem ihre erneute Hervorhebung eines ‚weiten' Wissensbegriffs in der Semantik.[226]

Indirekt plädiert sie dafür, linguistische Semantik als „hermeneutisches" Unterfangen anzusehen. In Abkehr von einem üblichen Selbstverständnis von Linguisten, wonach Linguistik vor allem auf die Beschreibung abstrakter Strukturen und Regeln eines Sprachsystems zielt, plädiert sie eindringlich für eine stärkere Berücksichtigung der Ebene der Inhalte auch in der Sprachwissenschaft:

> „Wir interessieren uns für die Wissens-*Inhalte*, sofern sie über sprachliche Realisierungen in Texten nachvollzogen werden können. Diese Wissens-Inhalte sind – soweit sie nicht private Eindrücke und Erfahrungen betreffen und es sich also um episodisches Wissen handelt – ein soziales, kollektiv geprägtes

---

[224] Zur Sozialität des individuellen Wissens auch im Kern hat eigentlich bereits Bartlett 1932 eindeutig Stellung genommen; zahlreiche eher implizite Andeutungen finden sich auch bei Minsky und Fillmore, die Fraas hier nicht aufnimmt.

[225] Nach einem kurzen Durchgang durch die wissenstheoretische Antipathie der Linguistik des 20. Jahrhunderts sieht sie nach Abflauen des Strukturalismus ein „wieder stärkeres Interesse für das Verhältnis sprachlicher und mentaler Prozesse". Dies „führte notwendigerweise zu einer neuen Auseinandersetzung mit dem Wissens-Begriff und zur Frage, ob und wie unterschiedliche Arten von Wissen voneinander abgegrenzt werden können, die für Sprachproduktion und -rezeption von Bedeutung sind." Fraas 2001, [2] 42. (Ihre eigenen Vorstellungen dazu in Anschluss an Harras 1999 sind jedoch eher reduktionistisch; vgl. die Grafik im Anhang.)

[226] „Vielmehr erfordert Wortschatz-Beschreibung einen weiten Wissens-Begriff, der nicht nur semantisches Wissen im engeren Sinne, sondern auch enzyklopädisches Bedeutungswissen im weiteren Sinne mit einschließt." Fraas 2001, 2. Damit bedient sie den linguistischen Mainstream, formuliert aber immerhin die Frage, „ob man Sprachwissen und Weltwissen überhaupt voneinander trennen kann", als ernsthaftes Problem für die Linguistik, ohne sich diesbezüglich jedoch zu entscheiden.

6.4 Frame-Analyse als Satz-, Text- und Kontext-semantische Methode   517

Phänomen, also etwas, das der Mensch im Prozess seiner Sozialisation erwirbt. Insofern ist Wissen kollektiv, kulturell geschaffen und bis zu einem gewissen Grade normativ stabilisiert." (Fraas 2001, [5].)

Die Ausgrenzung des rein privaten Wissens aus einer semantischen Analyse, wie Fraas sie hier vornimmt, ist richtig und notwendig; jedoch ist die Art, wie sie diese Differenzierung vornimmt, wiederum korrekturbedürftig (und wohl eine Folge der oben angesprochenen Übergehung der Ebene der elementaren Konventionalisierung). Denn: Auch das sog. „episodische Wissen" ist natürlich *sozial* geprägt (und damit *kulturell* determiniert), da es allgemeine Muster / Frames benutzt, die sozial konstituiert sind. (Vgl. dazu, wie elementar diese Sozialität in unserer Kognition verankert ist, schon Bartlett 1932.) Was wirklich privat ist, sind bestimmte *Erfahrungen* sowie die *Kombination* von Wissens-Facetten. Die *Form* der Verarbeitung dieser Erfahrungen, und die Form des kombinierten Materials dagegen ist sozial konstituiert. Fraas spricht diesbezüglich von der „soziokulturell-konstruktivistischen Sicht" auf das verstehensrelevante Wissen. Dementsprechend begreift sie „Texte als Medium ,sozialer Kognition'".

„Frames" sind für sie demzufolge vor allem auch heuristische Instrumente zur Erfassung der sozialen Dimension des semantischen (verstehensrelevanten) Wissens, „denn Rahmen sind immer ontogenetisch verfestigt und soziokulturell ,imprägniert'" (Fraas 2001, [14]). Praktisch-methodisch liegt

> „der heuristische Wert, der für die linguistische Semantik mit der Modellvorstellung von Wissensrahmen verbunden ist, [...] vor allem darin, unterschiedliche Lesarten und aktuelle Äußerungsbedeutungen aufeinander beziehen zu können, unterschiedliche Wissensbereiche zu integrieren und Lexembedeutungen vor dem Hintergrund übergreifender Wissenszusammenhänge zu interpretieren." (A.a.O.)

Wissensbezüge zu übergeordneten Wissensrahmen erschließen sich vor allem durch typische Ko-Okkurrenzen der untersuchten Begriffe mit benachbarten (diese prädikativ näher eingrenzenden) Begriffen.[227] Die konkreten, im Text (bzw. Textkorpus) realisierten Filler der zugeordneten Frames „aspektuieren einerseits das Kontextualisierungspotential eines Ausdrucks, andererseits können sie auch auf übergeordnete Wissensrahmen verweisen".[228] Insbesondere „Usuelle Wortverbindungen" (also konventionalisierte bzw. usualisierte Ko-Okkurrenzen) sind für sie starke Indikatoren für Frame-bezogenes Wissen (z.B. über die Slots / Dimensionen eines Frames).

In jüngeren Arbeiten verbinden Fraas und ihre Mitarbeiter[229] die Frame-Analyse zunehmend mit medienanalytischen Zugriffen, indem sie das Instrument „Frame" nicht nur auf

---

[227] Nach ihrer Auffassung „bestätigen unsere Korpusanalysen, dass es Wortschatzbereiche gibt, für deren Interpretation der Bezug zu einer Art übergeordneter Wissens-Schemata relevant ist. Die entsprechenden Kookkurrenzpartner weisen jeweils prototypisch auf bestimmte Schemata hin, die im Rahmen der Kontextualisierung als Interpretations-Folie des betreffenden Ausdrucks dienen. In dieser Hinsicht kann die systematisch-analytische Betrachtung der Kookkurrenzpartner eines Ausdrucks eine empirisch motivierte Basis zur Konstitution von Schemata bilden, die in Verstehensprozessen mit dem Ausdruck verbunden werden. [...] Die Kookkurrenzpartner fungieren in den Texten jeweils als Indikatoren für Verstehenspräferenzen, sie fokussieren eines der potentiell möglichen Schemata, vor dessen Hintergrund der Ausdruck interpretiert wird." Fraas 2001, [15].

[228] „Diese übergeordneten Wissensrahmen sind Modelle für modular organisiertes Welt- und Erfahrungswissen, das für die lexikalisch-semantische Interpretation bestimmter Ausdrücke unter bestimmten Umständen relevant werden kann und als Musterwissen soziokulturell geprägt ist. Wir nennen diese Modelle Schemata und betonen ausdrücklich deren doppelte Perspektivierung als einerseits kognitiv psychologisch und andererseits überindividuell, gesellschaftlich bestimmt." Fraas 2001, [16].

[229] So z.B. Fraas 2005, Fraas / Meier / Penzoldt 2010 sowie Meier 2010. – Ein in Fraas (2005, [5]) neu angesprochener Punkt: „Auch das Freibleiben eines Slots bei der Vertextung ist ein wichtiger Befund

518   *Kapitel 6: Anwendungen und Weiterentwicklungen der Frame-Theorie in der linguistischen Semantik*

sprachlich realisiertes Wissen, sondern z.B. auch auf Bild-evoziertes Wissen beziehen. In diesem Zusammenhang wird theoretisch das Instrumentarium um den Begriff des „Deutungsmusters" erweitert.[230]

> „Frames können in einem ersten Zugriff als Repräsentationsformate kollektiver Wissensbestände interpretiert werden, die in kommunikativen Zusammenhängen die Vertextung von Wissen i.w.S. steuern. Davon ausgehend nehmen wir ausdrücklich eine terminologische Differenzierung vor und unterscheiden Frames (als Instrumente der Datenauswertung) von Deutungsmustern (als dem Ziel der empirischen Untersuchungen)." (Fraas / Meier / Penzoldt 2010, [6].)

Die genauere Differenzierung der beiden Kategorien bleibt jedoch im Unklaren. Zwar nehmen sie eine angeblich „Fillmore'sche (1985) Feststellung" für sich in Anspruch, „dass Frames sowohl ein kognitives Repräsentationsformat für Erfahrungswissen als auch ein analytisches Werkzeug sind". Doch neigt sich ihre Praxis sehr dahin, „Frames" in Anlehnung an Konerding 1993 lediglich als wissenschaftliches Repräsentationsformat (und damit allein als ein „analytisches Werkzeug") anzusehen, weniger jedoch als kognitive Realität.

Der Versuch des Ko-Autors Meier, das Frame-Modell auf die Analyse von Bildern auszuweiten, ist anregend und weist in die richtige Richtung, auch wenn seine Vermutung, dass klassische Frame-Analyse sprachzentriert sei, so keineswegs richtig ist.[231] Im Anschluss an Ziem 2009 hebt Meier insbesondere die zentrale Rolle der Standardwerte (Defaults) hervor. Wichtig ist dabei sein Hinweis, dass solche Standardwerte in unterschiedlichen Diskursbereichen (oder Sprachgebrauchs-Domänen) durchaus unterschiedlich stabil sein können.[232] Mit seiner Ausweitung der Frame-Analyse auf Bild-Daten möchte er her-

---

     und provoziert die Frage nach den Gründen." weist in eine interessante Richtung, wirft aber für die praktische Analyse große Probleme auf. Kann man ein „frei bleiben" praktisch überhaupt identifizieren, wenn es im Sprachgebrauch völlig *normal* ist, dass viele Slots nur implizit realisiert werden (wie insbesondere Fillmore und ganz besonders von Polenz 1985 immer wieder betont haben)? Es scheint, als liege hier ein grundsätzlich falsches Verständnis vom Funktionieren von Sprache und dem Wechselverhältnis zwischen Sprache und Wissen zugrunde, das noch alte Gewohnheiten der Linguistik perpetuiert, ohne einen völlig neuen Ansatz der Sprachtheorie zu entfalten. Ein solcher wäre aber nötig, wenn man das Frame-Modell vollständig in die Linguistik (Semantik) integrieren will.

[230] Fraas / Meier / Penzoldt 2010, [1.] – „So verstehen wir Frames entsprechend der linguistischen Tradition als Modelle für das Kontextualisierungspotential diskursiv zentraler Konzepte (Schlüsselkonzepte), die sich systematisch aus übergeordneten Matrixframes (Konerding 1993) herleiten lassen und mit ihrer Slot-Struktur ein heuristisches Codierparadigma für die Datenauswertung zur Verfügung stellen." (A.a.O. [7])

[231] „Dabei ist zu beachten, dass dieser zunächst für die Ermittlung sprachlich realisierter Spuren konzeptuellen Wissens entwickelt wurde, nicht jedoch für die Analyse ikonischer Zeichen. Ich bin jedoch überzeugt, dass der heuristische Nutzen dieses Ansatzes nicht auf ein Zeichensystem reduziert bleiben muss, da auch Bilder in ihrer inhaltlichen und stilistischen Realisierung als Ausdrucksformen diskursiv konstituierter Konzepte zu begreifen sind." Meier 2010, [3]. Das trifft vielleicht auf Fillmore zu, keineswegs jedoch auf Minsky 1975, der ganz im Gegenteil ja gerade visuelle Wahrnehmung zum Paradebesipiel seiner Entwicklung eines kognitiven Frame-Modells genommen hat, auch wenn er es sofort auf Sprache ausgeweitet hat. (Etwas intensivere Lektüre der Frame-theoretischen Urtexte wäre vielleicht gelegentlich auch für empirische Forscher angebracht ...) Meier 2010 bezieht sich in seiner Ausweitung des Frame-Gedankens u.a. auf die Auslegung des Begriffs *Wissensrahmen* in Busse 2008.

[232] „Man unterstellt bei der Analyse die implizite Existenz gewisser Standardwerte, die durch die kulturelle Sozialisation der Kommunikatoren erwartbare Prädikatoren evozieren. Solche Standardwerte können als entsprechende Konzepte oder Wissenselemente nun unterschiedlich stabil sein. Während die aufgerufenen Konzepte des Frames Geburtstagsfeier gemäß anthropologischer und soziokultureller Entwicklungen noch relativ stabil sind, werden wirksame Konzepte in z.B. politischen Diskursen allerdings weniger konsistent sein. Diskursanalyse bestimmt diese unterschiedlichen Frames anhand der konkreten Daten und erstellt auf einer höheren Abstraktionsebene zusammengehörige Konzept-Cluster oder Deu-

6.4 Frame-Analyse als Satz-, Text- und Kontext-semantische Methode 519

vorheben, dass menschliche Kommunikation und Wissenskonstitution durchgängig „multimodal" ist. „Damit ist gemeint, dass jegliche soziale Praxis, die der Konstruktion und Übermittlung von Sinn dient, dies immer mittels zusammenwirkender unterschiedlicher Zeichensysteme realisiert." (Meier 2010, [5].) Damit weist er der Frame-Analyse eine Kultur-epistemologische Zielsetzung zu, die deutlich über das rein Linguistische hinausgeht, auch wenn dabei die sprachliche Fundierung menschlicher Wissenskonstitution immer im Hintergrund bewusst bleibt.[233]

Auch Holly 2001 nutzt wie Fraas die Frame-Analyse für die Zwecke einer historischen Semantik. Mit ihr und Klein teilt er die Orientierung an Konerding 1993. Den Wert des Frame-Modells sieht er vor allem darin, dass es ein Instrument ist, welches „das semantische Material in eine Struktur bringt" (Holly 2001, 135). Dabei sieht er das bereits von Klein beschriebene Problem als gravierend an: Wie filtert man aus der Fülle von Slots des „Matrixframes" (nach Konerding 1993) die aktuell relevanten Slots heraus? Im Unterschied zu Fraas ist er skeptisch bezüglich der Frage, inwieweit verstehensrelevantes Wissen aus den Sprachdaten eines (historischen) Textkorpus direkt abgeleitet werden kann. „Es zeigt sich, dass aus dem Text erschlossenes Wissen zwar auf relevante Slots führt; der weitere Zusammenhang erschließt sich aber erst aus lexikalischem bzw. enzyklopädischem Wissen, das der Text nicht explizit enthält." (A.a.O. 136.) Damit verweist er auf den grundsätzlich hermeneutischen, deutenden Charakter jeder sprachbezogenen Wissensanalyse. Er weist darauf hin, dass die Texte häufig auch Wertungen enthalten, die in den Frame-Darstellungen berücksichtigt werden müssten. (Klassische Frame-Modelle sehen den Einbezug solcher – im üblichen linguistischen Sinne „konnotativer" – „Meta-Daten" nicht vor, da sie rein denotativ-konzeptuell orientiert sind.) Politische Diskurse seien als „Aushandlungen konkurrierender Frames" zu begreifen. Auch wenn die Arbeit von Holly interessante Anmerkungen enthält, wird nicht ganz klar, welchen Frame-Begriff genau er vertritt. Spricht er von Type- oder von Token-Frames? Versteht er sie sozial oder individuell? Dies erschließt sich aus seiner Analyse aufgrund teilweise widersprüchlicher Bemerkungen nicht. Problematisch aus der Perspektive eines systematischen Frame-Modells erscheint es, dass er z.B. in konkreten Texten für einen Slot mehrere Filler parallel nebeneinander zulässt (so a.a.O. 141). Eigentlich dürfte es nach dem Attribut-Werte-Modell von Barsalou 1992 in instantiierten Frames für einen Slot jeweils nur einen Filler geben. Holly meint zudem, dass man bei der Textanalyse auch ohne ein Frame-Modell zu ähnlichen textsemantischen Ergebnissen käme.

> „Der Vorteil der begrifflichen Instrumente (Frame, Slot, Filler, Wissensnetz) liegt lediglich in der Systematisierung der Analyseschritte, die rasch Wesentliches aus den Texten holt und dann Lexemvarianten und -nuancierungen umso deutlicher sichtbar werden lässt, weil in den strukturierenden Bausteinen der Frames zugleich ein tertium comparationis vorliegt." (A.a.O. 141.)[234]

---

tungsmuster, die als partikuläre diskursive Positionen, Sinnhorizonte oder Interpretationsrahmen zu verstehen sind." A.a.O. [5].

[233] Meiers Ansatz würde noch einige grundsätzliche Kommentare erfordern, was wegen der linguistischen Orientierung der vorliegenden Einführung hier jedoch unterbleiben muss.

[234] „Noch einmal: Frames sind in der historischen Semantik in zwei Perspektiven nützlich. Mit ihrer Struktur, die sogar noch mehr enthält, als das, was die Texte explizit machen, helfen sie, diese – auch durch die Füllung von Lücken und die Erhellung dunkler Stellen – rascher zu erschließen und dabei ‚zwischen den Zeilen' zu lesen. Weil sie mehr enthalten als die Texte, dabei aber auf Relevantes beschränkt sind, auf das Gerüst, weisen sie über den Einzeltext hinaus und ermöglichen damit den rascheren und deutli-

520 Kapitel 6: Anwendungen und Weiterentwicklungen der Frame-Theorie in der linguistischen Semantik

Methodisch-theoretisch geht Holly über die Ansätze von Klein, Fraas, Meier daher nicht hinaus.

An dieser Stelle sollte noch kurz ein Ansatz erwähnt werden, der zwar aus der Linguistik herausführt, aber doch eine interessante Möglichkeit Frame-analytischer Anwendungsperspektiven öffnet: der einzige mir bekannte literaturwissenschaftliche Versuch einer Anwendung bzw. auch texttheoretischen Umsetzung des Frame-Konzepts bei Eberhard Müske (1991a, 1991b, 1992). Von diesem Ansatz ergeben sich hinsichtlich der Motivation, überhaupt auf das Frame-Konzept zu textanalytischen Zwecken zurückzugreifen, interessante Parallelen etwa zu dem Ansatz von Busse. Müske verwendet den Frame-Begriff im Rahmen eines von ihm entwickelten komplexen und mehrstufigen literatursemiotischen Analysemodells. Dabei geht er davon aus, dass Frames nicht notwendigerweise an einen einzigen oder bestimmten sprachlichen Ausdruck gebunden sind, sondern vermittels sprachlicher Ausdrücke verschiedenster Art und Zusammensetzung kontextspezifisch evoziert werden können. Im Textverstehen interagieren verschiedenste Arten von Frames auf verschiedensten Ebenen des Wissens in komplexer Form miteinander. Frames sind „kognitive Vorstrukturierungen", die das Verstehen von Texten elementar leiten und konstituieren, und durch folgende Merkmale gekennzeichnet: Strukturelle Konventionalisiertheit, generelles soziales Wissen, Möglichkeit der Frame-Innovation und -Durchbrechung, Funktionalität in Erzähltexten, die durch literarische Schlüssel-Symbole gesteuert ist.[235] Die besondere Leistung eines Frame-Modells im Rahmen einer literaturwissenschaftlichen Texttheorie und Analysemethodik ist es nach Müske, dass es den Anteil der (man müsste sagen: scheinbaren) Intuition beim Textverstehen und der Textanalyse minimiert (a.a.O. 249). Voraussetzung ist ihm zufolge jedoch ein Frame-Begriff, der weiter gefasst ist als in der Linguistik üblich.

Die besondere Leistung des Frame-Modells sieht Müske darin, dass es ermögliche, insbesondere die Frame-Expansion, die für literarische Texte üblich sei, analytisch zu erfassen. Dies demonstriert er am Beispiel des Frames „Klingelstreich" aus einer Erzählung (andere Frames, die er nennt, sind etwa *Bestrafung, Täter, Verhör, Schulmappe, Flucht, Schule*). Es sind damit beim Literaturwissenschaftler Müske ähnliche Motive, die ihn zur Orientierung am Frame-Modell und -Methode veranlassen, wie beim Linguisten Busse: In

---

cheren Zugriff auf das größere Wissensgebiet." (A.a.O. 142.) Diese Formulierungen enthalten hoch problematische Implikationen. Was soll das heißen: „Mehr als die Texte"? Sind die Frame-Informationen nicht alle verstehensrelevant? Und wenn doch: Sind sie dann nicht Teil der ‚Bedeutung' der Texte? Und wenn dies so ist, sind sie dann nicht Teil der ‚Texte' selbst bzw. ‚in ihnen enthalten'? Holly vertritt hier ein traditionelles, aber sehr problematisches „Container"-Verständnis von Text, das in einer modernen kognitiven Semantik, in der Texte vor allem ein Evokationspotential darstellen, keinen Platz hat.

[235] „Frames sind kognitive Vorstrukturierungen auf mittlerer Ebene, komplexe Szenen der realen Welt als mentale Konzepte. Genauer: typisierte und gleichzeitig dynamische Bilder von Realitätsausschnitten mit folgenden Charakteristika: 1. Strukturelle Konventionalisiertheit (Strukturierungsleitlinien von Produktions- und Verstehensprozessen) bei gleichzeitiger Flexibilität beim Einsetzen (Integrieren) und Abrufen konkreter Wissenselemente entsprechend der aktuellen Aufgabe. 2. Das Vorhandensein von tendenziell durchschnittlichen Wissensbeständen (= generelles soziales Wissen) garantiert die Möglichkeit einer annähend adäquaten ‚Ausfüllung' der jeweils gesetzmäßig unvollständigen Rahmen (‚Konventionalisiertheit bei gleichzeitiger Vagheit'). 3. Produzenten haben die Möglichkeit, Frame-Innovationen und -Durchbrechungen zu realisieren (Ausweitung des Rahmens vs. thematisch unpassende Textelemente definieren einen neuen Rahmen). 4. Annahmen zur Textfunktion von Frames in literarischen Erzähltexten: Auf Reproduzenten-Seite wird die Frame-Konstitution m. H. von inhaltlich-thematischen Schlüsselsymbolen (Kernbegriffen) gelenkt." Müske 1991a, 254. Vgl. identisch Müske 1992, 31 ff.

6.4 Frame-Analyse als Satz-, Text- und Kontext-semantische Methode 521

beiden Fällen geht es darum, dass nur ein Frame-Modell zu erfassen erlaubt, was semantisch (oder epistemisch) bei der „Kurzschaltung" von selbst wieder in sich komplexen Frames (oder Frame-Geflechten) geschieht, wie sie in Texten typisch ist. Bei Müske geht es um literarische Texte, bei Busse um juristische (Gesetzestexte); die Frame-semantischen Aspekte sind aber in beiden Fällen strukturell vergleichbar. Es liegt daher nahe, dass auch Müske[236] von traditionellen enggeführten Semantik- oder Sprach-Konzeptionen Abstand nimmt. In literarischen Texten (aber nicht nur dort) geht es um die „Auffüllung des Gesagten" (Müske 1991b, 7). Wichtig ist ihm daher der Begriff des „expandierten Frames"; dieser betrifft Vorstellungen über einen Sachverhalt, wie er im Rahmen des Verarbeitens einer Erzählung im Textverstehen aus den verschiedensten Textelementen konstituiert wird, indem die „sprachlichen Andeutungen", die der Text enthält, die Textrezipienten veranlassen, durch Aktivierung nicht-ausgesprochenen, epistemisch aktualisierten Wissens zu einer vollständigen Szenerie zu „expandieren" (a.a.O. 8).[237] Als „technische Möglichkeiten" der Frame-Expansion nennt Müske etwa „das quantitative *Überfrachten* konventioneller Slots mit Fillern und / oder das *Einfügen* neuer Slots (mit den entsprechenden Füllungen) oder auch das *Außerkraftsetzen* üblicher (okkasioneller, konventioneller) Slots". Gewissen Einfluss auf die Textrezeption habe aber auch „das *Nichtbedienen* von Slots".[238] Müske hat damit das spezifische Potential der Frame-Theorie erkannt, nämlich für die manchmal hochkomplexen Formen der Textverdichtung einen Erklärungsansatz zu liefern, wie sie in literarischen Texten, aber etwa auch ganz besonders in Gesetzestexten eine zentrale Rolle spielen. „Textverdichtung" soll hier heißen, dass mit manchmal sehr unscheinbaren sprachlichen Mitteln (z.B. einem einzelnen Wort) hochkomplexe Wissensbereiche inhaltlich bzw. Text-semantisch in einen gegebenen Text „eingebaut" werden (und werden können), ohne ihrerseits auch nur annähernd vollständig sprachlich „expliziert" werden zu müssen (was auch immer „explizit" hier und überhaupt in der Semantik heißen mag). Müske demonstriert dies an literarischen, Busse an juristischen Texten.

6.4.3 Busse

Hollys Hinweis auf das „zwischen den Zeilen lesen", das zu jeder semantischen Textanalyse dazugehört, war ein impliziter Hinweis auf seinen akademischen Lehrer Peter von Po-

---

[236] „Sprache fungiert innerhalb dieses Erklärungsmodells nicht mehr als fest etabliertes Zeichensystem mit Informations-Übertragungsfunktion, sondern als Angebot für den Rezipienten, über Strukturierungsleitlinien seines abrufbereiten Wissens komplexe Sachverhaltszusammenhänge selbst zu produzieren." Müske 1991b, 10.

[237] „Frame-Expansion ist also eine aktuelle Anforderung an die Beteiligten von alltagsweltlichen und auch von literarisch-künstlerischen Diskursen. Denn ein Frame repräsentiert zwar eine komplexe Szene der realen bzw. der real möglichen Welt als mentales Konzept, einen Realitätsausschnitt, jedoch lediglich im Sinne von Leitlinien der Strukturierung von Produktions- und Rezeptionsprozessen. Zwar gibt es einen jeweils relativ stabilen Kern kulturell, semantisch oder situativ determinierter Frame-Elemente, insgesamt beinhalten Frames jedoch eine unscharfe Menge von mehr oder weniger abstrakten, komplexen und flexiblen Elementen, die – je nach Angebot und Notwendigkeit – aktualisiert werden können. Zudem haben Kommunikationsteilnehmer immer die Möglichkeit der Frame-Innovation und -Durchbrechung. Letzteres dürfte der interessanteste Aspekt für die Integration des Frame-Konzepts in ein dynamisches Modell des literarisch-künstlerischen Diskurses sein." Müske 1991b, 8 f.

[238] Müske 1992, 34 f. – Die Frame-theoretisch und -methodisch relevanten Ausführungen und Definitionen in dieser Monographie des Autors gehen über das zuvor Referierte nicht wesentlich hinaus.

lenz, der seinem wichtigen Buch „Deutsche Satzsemantik" (1985) den Untertitel „Über die Kunst des Zwischen-den-Zeilen-Lesens" gegeben hatte. In diesem Werk wird zum ersten Mal in der deutschen Linguistik überhaupt eine Art Frame-Modell *avant la lettre* zu Zwecken der Satz- und Textsemantik eingesetzt. Bei von Polenz heißen sie „Bezugsrahmen" und sind noch vergleichsweise stark an Fillmores Kasus-Grammatik von 1968 orientiert, auch wenn sie mit ihrer „kontextsemantischen" und „implikativen" Deutung (in Nachfolge der linguistischen Pragmatik und etwa der Implikaturtheorie von Grice) weit über das „explizite" sprachliche Wissen, wie es damals in der linguistischen Semantik verstanden wurde, hinausgehen. Deutlicher als Fillmore hebt von Polenz die zentrale verstehensrelevante Rolle von „mitgemeinten" oder „hinzugedachten" Frame-Elementen hervor (bei ihm „Bezugsstellen / Referenzstellen" im „Bezugsrahmen / Referenzrahmen" genannt).

Die Anregungen aus dem satzsemantischen Modell von von Polenz waren es auch, die Busse (zuerst 1991 und 1992) dazu veranlasst haben, sein Modell einer „explikativen Semantik" (das eine gleiche Zielrichtung verfolgt wie das dem Autor damals noch unbekannte Bestreben Fillmores um eine „interpretative Semantik") zu entwickeln und in diesem der Größe „Wissensrahmen" eine zentrale Funktion zuzuweisen. Der Terminus „Wissensrahmen" (statt des üblichen einfachen „Frame") deutet dabei von Anfang an darauf hin, dass Frames hier als übergeordnete epistemische Größen verstanden werden, die über rein sprachlich aufgefasste „Frames" (wie etwa Fillmores 1968a „Kasus-Rahmen") deutlich hinausgehen. Der Ansatz einer wissensanalytischen Semantik wurde von Busse (1987) zunächst im Rahmen der Historischen Semantik, und zwar in Auseinandersetzung mit der Begriffsgeschichte (in Gestalt der von Historikern wie Koselleck 1972 und 1978 entwickelten, zu Anfang rein historiographischen Methode) entwickelt und zunächst als „Bewusstseinsgeschichte" benannt (Busse 1987, 11):

„Die Rechtfertigung [für diese Ausweitung der semantischen Perspektive bezieht er dabei] aus der Einsicht, dass sich erst in der Sprache die Konstitution gesellschaftlicher Erfahrungen nachvollziehbar niederschlägt, und dass darum eine semantische Analyse, das historische Nachverfolgen der Entwicklung sprachlicher Äußerungsformen und ihrer Inhalte, am ehesten Aufschluss über den Wandel von Auffassungsweisen geben kann.

Eine bewusstseinsgeschichtlich orientierte historische Semantik kann nun die Objekte ihrer Untersuchung, (in aller Regel sprachliche) Äußerungen, nicht isoliert betrachten. Eine sprachliche Aussage bedarf, um verstanden werden zu können, stets eines bestimmten epistemischen Kontextes, d. h. eines Wissens, das erst die Äußerung lautlicher oder schriftlicher Zeichen sinnvoll macht.

Unterschiedliche (kommunikative und andere) Erfahrungskontexte können bei ein und demselben sprachlichen Zeichen zu völlig gegensätzlichen Interpretationen führen, welche mitunter gravierende (außersprachliche) Folgen haben können. Das stärkt die Vermutung, dass Faktoren des epistemischen (Wissens-) Kontextes mehr als nur akzidentelle Funktion für das Zustandekommen sprachlicher Verständigung haben. [...]

Eine bewusstseinsgeschichtliche Orientierung der historischen Semantik kann sich nicht mit einem traditionellen ‚essentialistischen' Bedeutungskonzept begnügen, das die Relation zwischen sprachlichen Zeichen und ihren Bedeutungen als mehr oder weniger feste Beziehung zweier unveränderlicher Größen auffasst; vielmehr muss sie sich auf ein Konzept beziehen können, das gerade die Vielfalt kommunikativer Sinnmöglichkeiten, die Situations- und Kontextabhängigkeit sprachlicher Zeichenverwendungen, in ihr Erklärungsmodell mit einbezieht. Nur so, wenn die Funktion aller epistemischen Faktoren beschrieben wird, die für die kommunikative Verständigung und damit für die kollektive Verständigung über die Welt wesentlich sind, kann die sprachliche Konstitution gesellschaftlichen Bewusstseins und ihre Veränderung wirklich erklärt werden. Eine sprachwissenschaftliche bedeutungstheoretische Grundlegung der historischen Semantik hat dies zu berücksichtigen."

6.4 Frame-Analyse als Satz-, Text- und Kontext-semantische Methode

Diese methodische und theoretische Zielsetzung von Busse 1987 mündete zunächst in ein Modell, das als „linguistische Diskursanalyse" oder „linguistische Diskurssemantik" bekannt geworden ist.[239] In Busse 1991 und 1992 wurde (mit Verweis auf Fillmore und von Polenz sowie zahlreiche Arbeiten aus der Psycholinguistik, Textlinguistik und linguistischen Verstehenstheorie) dann erstmals explizit der Begriff „Wissensrahmen" verwendet und in den Kontext einer auch nicht-historischen interpretativen Semantik gestellt.[240]

Der Begriff „Wissensrahmen" wird dabei zunächst eher informell, noch nicht in einem strikten theoretischen Sinne gebraucht.[241] Am Beispiel des Ineinandergreifens von hochkomplexen fachlichen Wissensrahmen (besser: Wissensrahmen-Geflechten) wird darauf hingewiesen, wie komplex die Strukturen und Inhalte des verstehensrelevanten Wissens im Einzelfall werden können, und dass sie weit über dasjenige hinausgehen, was in traditionellen Modellen der linguistischen, logischen oder philosophischen Semantik üblicherweise noch zur „Bedeutung" eines sprachlichen Ausdrucks zugehörig gerechnet wird.[242] Der Begriff „Wissensrahmen" wird von Busse 1993 also zunächst als heuristisches theoretisches Modell im Rahmen einer empirischen (linguistischen) Analyse der juristischen Interpretationsarbeit eingesetzt und geprägt. Aber schon hier wird vorgeschlagen: „Wahrscheinlich wird man sich zukünftig um eine genauere unterscheidende Typologie und Ebenenhierarchie von verstehensrelevanten Wissensrahmen bemühen müssen." (A.a.O. 37.) Zum Zweck der konkreten empirischen Analyse der Gesetzes-Semantik werden zunächst heuristisch zwei Typen von Wissensrahmen unterschieden: (a) Allgemeine fachliche Wissensrahmen, wie sie etwa in der juristischen Auslegungs-Dogmatik zu den einzelnen Gesetzesparagraphen expliziert werden; und (b) „Bezugsrahmen" im Sinne von von Polenz 1985, wie sie bei der juristischen Alltagsarbeit vor allem im Hinblick auf den zu entscheidenden „Sachverhalt" relevant werden.[243] Diskutiert werden die „Bezugsrahmen" dabei insbesondere im Hinblick auf die sich bei Gesetzestexten besonders schwierig und komplex darstellende „Referenz"-Funktion der Gesetzes-Sätze bzw. -Begriffe.[244] In der weiteren

---

[239] Zur Einführung in die damit begründete, damals neue Forschungsrichtung vgl. außer Busse 1987 v.a. Busse 2000, Busse / Teubert 1994, Busse / Hermanns / Teubert 1994, Busse 2000, 2003a, 2005a, 2005b, 2006, 2007a, 2007c, 2008a, 2008c, 2010 und Busse / Teubert 2012, sowie die Sammelbände Warnke 2007 und Warnke / Spitzmüller 2008 und neuerdings die Einführung Warnke / Spitzmüller 2011.

[240] Konkreter Anlass war die intensive Auseinandersetzung mit Problemen der Semantik juristischer Texte (v.a. Gesetzestexte) und die Beobachtung des Ungenügens überlieferter juristisch-semantischer Modelle. (Zu letzteren vgl. auch Busse 1993 / 2010².) Der Gedanke der „Wissensrahmen" drängte sich angesichts des hohen Komplexitätsgrades des zum adäquaten Verstehen von Gesetzestexten notwendigen (fachlich hoch spezialisierten bzw. institutionell definierten) Wissens nachgerade auf.

[241] „Ich benutze den Begriff ‚Wissensrahmen' als allgemeinen Oberbegriff für alle verschiedenen Formen von in der Textlinguistik bisher festgestellten verstehensrelevanten Wissensagglomerationen. Von Wissensrahmen rede ich v.a. dann, wenn es sich um Komplexe von Wissen handelt, die in einer strukturierten Form verfügbar sind." Busse 1992, 36.

[242] „So gibt es einen zivilrechtlichen Wissensrahmen ‚*Eigentum'*, der etwa auch im Strafrecht, bei der Auslegung des Diebstahlsparagraphen, eine zentrale auslegungsrelevante Rolle spielt." Busse 1992, 36.

[243] „Solche Bezugsrahmen stellen satzsemantisch aktualisierte Wissensrahmen dar, insofern schon der Gebrauch der entsprechenden sprachlichen Zeichen (‚*Lehre'*, *‚lehren'*) prinzipiell den Textrezipienten die Möglichkeit gibt, auch unausgedrückte Bezugsstellen (wie im genannten Beispiel die Handelnden, die Betroffenen und die Gegenstände der Lehre) epistemisch zu aktualisieren und ggf. interpretativ zu explizieren." Busse 1992, 38.

[244] „Die satzsemantische Analyse von Bezugsrahmen und die Einsicht, dass nur selten alle Bezugselemente eines Bezugsrahmens in einem Satz explizit ausgedrückt werden, ermöglichen es, gezielt nach möglichen Bezugsstellen eines Gesetzestextes gerade auch hinsichtlich einer konkreten, vorliegenden

524   *Kapitel 6: Anwendungen und Weiterentwicklungen der Frame-Theorie in der linguistischen Semantik*

empirischen Analyse wird dann durchgängig mit dem Konzept „Wissensrahmen" gearbeitet, ohne dabei jedoch die übliche Slot / Filler-Terminologie bzw. -Struktur zu benutzen.

In der als vertiefende theoretische Grundlegung der erwähnten empirischen rechtssemantischen Studie konzipierten Arbeit Busse 1991 wird der Begriff „Wissensrahmen" – zunächst wiederum ausgehend vom Begriff „Bezugsrahmen" nach von Polenz 1985 – vertiefend diskutiert und expliziert (erneut ohne Anschluss an die Slot-Filler-Terminologie). Hervorgehoben wird dabei insbesondere der interpretatorische (hermeneutische) Charakter jeder empirischen Explizierung von Wissensrahmen in einer semantischen Analyse.[245] Wissensrahmen werden dabei als „Normalanordnungsstrategien" von verstehensrelevantem Wissen charakterisiert.[246] Mit Verweis auf Fillmores Frame-Begriff werden Wissensrahmen vor allem im Kontext der Diskussion von Theorien des Textverstehens, konkret: im Kontext von Inferenzen beim Verstehen und von den solche Inferenzen leitenden „Frame-Erwartungen" diskutiert.[247] In einem von Busse (1991, 131ff.) sodann formulierten heuristischen Modell des Sprachverstehens wird erstmals in der linguistischen Literatur der Versuch unternommen, eine systematische Typologie des verstehensrelevanten Wissens in Grundzügen zu charakterisieren (a.a.O. 148 ff.).[248] In diesem Zusammenhang spielt auch der Frame-Begriff (als „Wissensrahmen") eine zentrale Rolle:

> „Ich habe [...] den Begriff ‚Wissensrahmen' verwendet (in Anlehnung an die Begriffe ‚scenes', ‚skripts', ‚schema', ‚frames' etc. in der Textlinguistik); dieser Begriff muss zu der vorangegangenen Differenzierung der epistemischen Voraussetzungen des Textverstehens in Beziehung gesetzt werden. Ich verstehe unter den verstehensrelevanten Wissensrahmen konkrete (d.h. themenspezifische) Agglomerationen von Wissenselementen, welche die verschiedenen Aspekte des formalen Modells der Wissensdifferenzierung in unterschiedlicher Weise verwirklichen. Die vorgenommene Differenzierung von Wissensebenen, Wissenstypen und Wissensmodi sollte als formale Klassifizierung aufgefasst werden. Dagegen können Wissensrahmen konkret-inhaltlich in ähnlicher Weise beschrieben werden, wie etwa Textbedeutungen. Da wir das Textverstehen als die Fähigkeit des In-Beziehung-Setzens von Ausdruckselementen zu Wissenselementen bezeichnet haben, ist die Beschreibung der verstehensrelevanten, bzw. genauer: Verstehen bzw. Textbedeutung überhaupt ausmachenden, Wissenselemente, und damit die Beschreibung ihrer themenspezifischen Komplexierungen in Wissensrahmen, Teil der semantischen oder interpretativen Tätigkeit selbst. Wie weit ein Wissensrahmen in der konkreten Textanalyse oder -interpretation gezogen wird, ist dann eine Frage der Begrenzung oder Ausweitung des analytisch /

Sachverhaltsbeschreibung zu fragen. Insofern ist die Analyse mittels Bezugsrahmen ein Präzisierungselement für die Analyse von Textinterpretationen, v.a. von ‚Gesetzesanwendungen', da es Kriterien für deren Überprüfung liefert, die ohne sie nicht in gleicher Weise offensichtlich wären." Busse 1992, 39.

[245] Busse 1991, 89: „Welche Aspekte eines Wissensrahmens in einem konkreten Kommunikationsakt relevant werden, kann nicht situationsfern festgelegt werden. Dazu ist auch das Wissen von Handlungs-Rahmen zu sehr Aspekt- und Standpunkt-abhängig, als dass ein solcher Rahmen ‚vollständig' beschrieben werden könnte."

[246] „Wissensrahmen gleich welcher Art sind ‚Normalanordnungsstrategien', die Wissenserwerb und sprachliche Kommunikation ermöglichen. Dies heißt jedoch nicht, dass diese Normalanordnungen unveränderlich sein müssten; da es sich dabei um *konventionalisierte* Verarbeitungsformen von gesellschaftlich relevantem Wissen handelt, kann sich ein Muster der Wissensstrukturierung (ein Rahmen, ein Skript, ein Schema) auch ändern. Wissensmuster dieser Art sind genau genommen nur gesellschaftlich konventionalisierte *Präferenzen*, die prinzipiell modifiziert werden können." Busse 1991, 90.

[247] „Anknüpfend an Fillmores Theorie der Kasusrahmen wird davon ausgegangen, dass [Frames und] Schemata eine bestimmte Form der Wissensorganisation darstellen, die es den Textrezipienten erlauben, dann, wenn ein in einem Text angesprochenes ‚Schema' sog. ‚Leerstellen' aufweist (vgl. die ‚Bezugsstellen' bei von Polenz), die für das Textverstehen notwendigen Informationen zu ergänzen. D.h. dass die als Wissensrahmen fungierenden Schemata gewisse ‚Rahmenerwartungen' bei den Textrezipienten aktivieren." Busse 1991, 113.

[248] Eine Zusammenfassung findet sich in Busse 1997.

6.4 Frame-Analyse als Satz-, Text- und Kontext-semantische Methode

interpretativen Zugriffs. Jede Aufzählung und Beschreibung verstehensrelevanten Wissens (also auch die Beschreibung und Begrenzung der verstehensrelevanten Wissensrahmen) ist das Herstellen eines analytischen bzw. interpretativen Konstrukts, und daher mit allen Unwägbarkeiten und Unsicherheiten behaftet, wie jede interpretative Tätigkeit." (Busse 1991, 162 f.)

Explizit aufgegriffen und nunmehr auch explizit an die Diskussionen der Frame-Theorie angeschlossen wird das Frame-Konzept dann seit Busse 2005 in mehreren Publikationen. Wird die Analyse von „kognitiv-epistemischen Rahmen" (Busse 2003, 13) zunächst nur als einer von mehreren möglichen Schritten einer umfassenden, diskursanalytisch angelegten historischen Semantik eingeführt, rückt sie ab Busse 2005 zunehmend in das Zentrum des Projekts einer „epistemologischen Semantik". Die textinterpretativ-verstehenstheoretisch ausgerichteten Überlegungen (Busse 1991, 1992) werden kurzgeschlossen mit der historisch-semantisch orientierten Diskursanalyse (Busse 1987, 2000, 2002, 2003), indem als gemeinsames Fundament beider Forschungsperspektiven das „verstehensrelevante Wissen" im Zuge einer „reichen" oder „interpretativen Semantik" erkannt wird.[249]

Der Blick richtet sich nunmehr auf die „Architekturen des Wissens", welches hinter der Verwendung von Zeichen, Begriffen, Textelementen steht. Während der in der historischen Semantik benutzte Terminus des „Begriffs" (als zentrales Analyseobjekt) häufig unspezifisch und mit unklarer Definition und Abgrenzung verwendet wird, kann eine Orientierung am Frame-Modell Strukturen und Elemente des verstehensrelevanten Wissens deutlicher explizit machen. Wörter evozieren Frames und erhalten erst in Frames ihre Funktion und „Bedeutung".[250]

> „Je nach Evokationskraft der Wörter, je nach Komplexität und Struktur der Wissensgebiete, auf die die einzelnen Wörter anspielen, kann ein einfacher Satz ein tiefgestaffeltes und hochkomplexes Wissensnetz aktivieren, das jede gängige Vorstellung von ‚Wortbedeutung' sprengt. So aktiviert das kleine Wort ‚fremd' in der Formulierung ‚fremde bewegliche Sache' im Diebstahlparagraphen des deutschen Strafgesetzbuches den gesamten Wissensrahmen des Eigentumsrechts des BGB." (A.a.O.)

Ausgangspunkt für Busses neuere Überlegungen ist Fillmores Forderung,[251] an die Stelle der üblichen (und seiner Ansicht nach falschen) Frage: „Was ist die Bedeutung dieser

---

[249] „Dabei scheint mir auf der Folie der Forschungsziele der historischen Semantik unstrittig zu sein, dass das Spektrum des bedeutungsrelevanten Wissens sehr viel weiter gezogen werden muss, eine größere Menge und eine größere Reichweite von epistemischen Voraussetzungen der textuellen Bedeutungskonstitution in die Analyse einbeziehen muss, als es der eng gefasste Bedeutungsbegriff der herkömmlichen linguistischen Semantik nahelegt. Ich spreche in diesem Zusammenhang auch von dem Bereich des *bedeutungsrelevanten* bzw. *verstehensrelevanten Wissens*, das in einer vollständigen semantischen Analyse expliziert werden muss. Eine ‚reiche' Semantik oder ‚Tiefensemantik' in diesem Sinne kann sich nicht auf die Explizierung der sozusagen ‚offen zu Tage liegenden' epistemischen Elemente von Wort- und Textbedeutungen beschränken, sondern muss gerade auch das zugrundeliegende, versteckte, normalerweise übersehene, weil als selbstverständlich unterstellte Wissen explizieren. Zu dieser Analyse gehört auch die Explizierung von in sprachlichen Äußerungen transportierten oder insinuierten epistemischen Elementen, von deren Vorhandensein die Sprecher und Rezipienten der Texte möglicherweise gar kein reflektiertes Bewusstsein haben." Busse 2003, 26.

[250] „Das Wort wird auf einen Wissensrahmen projiziert und bekommt erst darin und dadurch seine eigentliche bedeutungsstiftende (bzw. -aktualisierende) Funktion. Der eigentliche ‚Mitteilungscharakter' einer sprachlichen Äußerung ist damit epistemisch gesehen eigentlich nichts anderes als ein Synergieeffekt, der sich durch die im Satz hergestellte Vernetzung verschiedener Wissensrahmen in einer den Satzrezipienten möglicherweise bisher noch nicht geläufigen Form ergibt." Busse 2005, 48.

[251] Fillmore 1971, 274. – Dazu Busse 2006, 105: „Man kann diese Änderung des Blickwinkels als ‚epistemologische Wende' der (linguistischen, aber auch der philosophischen) Semantik bezeichnen. Sie besagt: Man darf bei der Beschreibung des für das angemessene Verstehen sprachlicher Einheiten (Wör-

526 *Kapitel 6: Anwendungen und Weiterentwicklungen der Frame-Theorie in der linguistischen Semantik*

Form?" (d.h. dieses Wortes, Satzes) die Frage zu setzen: „Was muss ich wissen, um eine sprachliche Form angemessen verwenden zu können und andere Leute zu verstehen, wenn sie sie verwenden?" Neben Fillmore werden Minsky und Bartlett als Anreger eines umfassenden semantischen Frame-Modells reklamiert. Dabei wird die Frage, ob es sich bei den „Wissensrahmen" um eher sprachliche oder eher enzyklopädische Phänomene handelt, als für eine semantische Theorie irrelevant – und letztlich praktisch-analytisch gar nicht entscheidbar – angesehen.[252]

„Frame" wird damit als bedeutungstheoretische Kategorie ersten Ranges aufgefasst, ohne deren Berücksichtigung eine Semantik gar nicht möglich ist:

> „Die zentrale Rolle der Wissensrahmen für jede Art von Semantik (und damit auch für die Begriffsgeschichte und historische Semantik) liegt nun darin, dass buchstäblich jedes einzelne Wissenselement, das die Bedeutung eines Wortes, Satzes, Textbestandteils ausmacht und für deren Verstehen relevant und unabdingbare Voraussetzung ist, nur durch seine Position in einem Wissensrahmen seine bedeutungskonstitutive Funktion erhält. Zudem bildet auch das kleinste in einem Rahmen positionierte Wissenselement selbst letztlich wieder eine Art Rahmen niedrigerer Organisationsstufe. Eine Semantik (eine Bedeutung, einen Begriff, eine Vorstellung) ohne Rahmenstruktur und Einbindung in übergeordnete Rahmen kann es nach dieser Auffassung daher gar nicht geben." (A.a.O. 106.)

In Busse 2007a wird das Frame-Konzept dann eingebaut in ein semantisch verallgemeinertes Modell der „Kontextualisierung".[253] Dort werden auch erstmals Überlegungen zu einer bedeutungstheoretisch / verstehenstheoretisch / texttheoretisch motivierten Differenzierung verschiedener Frame-Typen angestellt (a.a.O. 94 f.). Die Notwendigkeit einer solchen Typologie ergibt sich daraus, dass „der Begriff Wissensrahmen innerhalb einer epistemologisch orientierten Semantik ein Fundierungsbegriff erster Ordnung [ist]", der es offen lässt, um welche Ebenen und Typen epistemischer Strukturen es sich im jeweiligen Einzelfall (morphembezogen, wortbezogen, satzbezogen, textweltbezogen, weltbezogen) handelt. Letztlich wird Frame-Semantik hier aber noch als eine tiefen-semantische Methode unter mehreren aufgefasst (99).

Eine differenzierte, dem verstehensrelevanten Wissen in seiner ganzen Breite und Vielfalt gerecht werdende linguistische Semantik kann nach dieser, explizit in den Mittelpunkt gestellten Überlegung nur im Kontext einer noch zu entwickelnden „linguistischen Epistemologie" (so der Titel von Busse 2008a) erfolgen, die notwendig auf dem Frame-Konzept fußen muss:

> „Es geht mit Bezug auf die Frame-Theorie – die Theorie der (wie ich sie nenne) „Wissensrahmen" – vor allem auch darum, zu zeigen, dass nur auf der Basis einer solchen theoretischen Perspektive das verste-

---

ter, Sätze, Texte) ausschlaggebenden Wissens nicht an den Grenzen merkmalsemantischer und logisch-semantischer Bedeutungskonzeptionen halt machen, sondern muss das verstehensrelevante Wissen in seiner ganzen Breite und Tiefe zum potentiellen Untersuchungsbereich auch einer linguistischen Semantik hinzurechnen. Umso mehr gilt dies für jede Art von Bedeutungsforschung, die im Kontext der Kulturwissenschaften und -geschichte erfolgt, wie z.B. die historische Semantik."

[252] „Der Terminus ,Wissensrahmen' lässt es noch offen, wie stark der sprachbezogene Anteil des jeweils betrachteten verstehensrelevanten Wissens bemessen ist oder wird, bzw., ob man die Rahmen zum ,sprachlichen Wissen im engeren Sinne' oder doch lieber zum ,außersprachlichen enzyklopädischen Wissen' rechnen will." Busse 2006, 106.

[253] „Satzsemantisch wie diskursanalytisch sind die Wissensrahmen die wichtigsten Formen der wortbezogenen Kontextualisierungen. Da Wissensrahmen in der Regel typisierte Wissensformen darstellen, gehören sie als typisierte Kontextualisierungen elementar zum wortspezifischen semantischen Wissen und sind von ihm (und seiner linguistischen Analyse – gegenteiligen Behauptungen zahlreicher Vertreter der Mainstream-Linguistik zum Trotz) schlechterdings nicht zu trennen." Busse 2007a, 90.

6.4 Frame-Analyse als Satz-, Text- und Kontext-semantische Methode   527

hensrelevante Wissen in seiner ganzen, verstehensermöglichenden Breite und Tiefe überhaupt ansatzweise erfasst und beschrieben werden kann. Bei meinen Überlegungen geht es mir daher nicht nur um eine empirische Perspektive aktueller Bedeutungsbeschreibungen für Wörter, Begriffe, Texte, (dies auch); sondern mindestens ebenso sehr um eine Klärung des Verständnisses, das wir vom Funktionieren von Sprache in ihren kognitiven wie kulturellen Bezügen haben." (Busse 2008a, 75)

Mit der linguistisch-semantischen (bedeutungs*theoretischen* wie praktisch bedeutungs*analytischen*) Nutzung des Frame-Konzepts geht es Busse nicht zuletzt auch darum, die zu Unrecht scheinbar so festgefügten Mauern zwischen kognitionswissenschaftlichen und kulturwissenschaftlichen Ansätzen in der Semantik und Wissensanalyse zu durchbrechen.[254]

Busse geht davon aus, dass das sprach- und bedeutungstheoretische Potential des Frame-Konzepts noch bei weitem nicht ausgeschöpft ist. So wäre es wichtig, den Frame-Begriff auf das Modell sprachlicher (z.B. semantischer) Konventionen zu beziehen (Busse 2008a, 88). Anschließend formuliert er „Zehn Thesen zum Verhältnis von Sprachwissenschaft, Kognitionswissenschaft und Kulturwissenschaft" (91 ff.), von denen hier v.a. die zweite These wichtig ist:

„Ziel der kognitiven Semantik ist es, die Gesamtheit und die Struktur all derjenigen kognitiven Voraussetzungen und der auf diesen Voraussetzungen operierenden kognitiven Prozesse adäquat zu erfassen und zu beschreiben, die zu einer vollständigen Erklärung der kognitiv-semantischen Funktionsweise von Sprachzeichen (und ihren Verkettungen zu Sätzen / Texten) dazugehören." (Busse 2008a, 93.)[255]

Aus dieser Zielsetzung leitet sich eine zentrale Rolle der Frame-Analyse ab:

„Das verstehensrelevanten Wissen ist in einer Rahmenstruktur organisiert, bzw. analysierbar, die das gemeinsame Format sowohl für historisch-kultursemantische wie für kognitiv-semantische Sprach- und Bedeutungsanalyse darstellt." (Busse 2008a, 96.)

Hervorgehoben wird insbesondere noch der wichtige prototypikalische Charakter des in Frames organisierten semantisch relevanten Wissens.

In Busse 2008b wird (in Fortführung von in Busse 1992 ausgearbeiteten ausführlichen Analysen) ein revidiertes Frame-Modell auf die Analyse eines Strafrechts-Paragraphen angewendet. Ausgangspunkt der Analyse sind Prädikations-Frames in Anlehnung an Fillmore, jedoch auf der Basis eines an von Polenz 1985 angelehnten erweiterten Begriffs der Satzbedeutung, wonach „implizite" oder „mitgemeinte" Prädikationen (sog. „versteckte Prädikationen") zuvor mit all ihren „Bezugsstellen" – bzw. in Fillmores heutiger Terminologie „Frame-Elementen" – explizit gemacht werden. Daraus ergibt sich, dass der eine Satz des Diebstahl-Paragraphen des deutschen Strafgesetzbuches mindestens 27 Teil-Prädikationsrahmen enthält.[256] Diese Darstellung erfüllt jedoch noch nicht die Anforderungen, die

---

[254] „Ich benutze das Beispiel des Frame-Konzepts, um aufzuzeigen, dass Kognitionswissenschaft und Kulturwissenschaft bei bestimmten Themen gar nicht so weit auseinander liegen, wie es bei ungenauer Betrachtung vielleicht den Anschein haben mag. Die linguistische Semantik könnte hier als Vermittler auftreten, wenn sie begriffen wird als eine Forschungsperspektive, die sich die Analyse des *gesamten* semantisch relevanten Wissens zur Aufgabe macht." Busse 2007b, 76. – Er möchte die „enge Verflechtung von Sprache, Kognition und Wissen" aufklären.

[255] Diese These steht in engem Zusammenhang mit der dritten These: „Kognitive Semantik und kulturwissenschaftliche Semantik (im Sinne der Begriffsgeschichte Kosellecks und der linguistischen Diskursanalyse) berühren sich in wesentlichen Punkten, das heißt sie beruhen teilweise auf denselben Grundlagen. Ich nenne dies vorläufig die *These der Konvergenz von kognitiver und kulturwissenschaftlicher Semantik* (man könnte präziser auch sagen: ihrer theoriebezogenen Konvergenz)." Busse 2008a, 93.

[256] Busse 2008b, 46 ff. (Siehe Beispiele im Anhang.)

528 *Kapitel 6: Anwendungen und Weiterentwicklungen der Frame-Theorie in der linguistischen Semantik*

an eine vollständige Frame-Analyse zu stellen sind. In neueren (noch unpublizierten) Arbeiten erweitert Busse daher das Analyseinstrumentarium um Aspekte, die auf das Frame-Konzept von Barsalou 1992 zurückgehen. (Unter anderem sollen Constraints und Strukturelle Invarianten im Sinne Barsalous sichtbar gemacht werden.[257]) Statt von Slots und Fillern wird von Attributen und Werten i.S. Barsalous 1992 gesprochen. Zwei Attribute-Typen werden unterschieden: *Attribute Typ 1* (= semantische Argumente, die durch Argumentstruktur an das Konzept angeschlossen sind), wie z.B. A 1.1 WEGNEHMENDE / R [Agens], A 1.2 DEM / DER ETWAS WEGGENOMMEN WIRD [Patiens] und A 1.3 WEGGENOMMENES [Affiziertes Objekt]. Dies sind Attribute, wie sie typischerweise in prädikativen Frames („Fillmore-Frames", in starker Analogie zu Prädikat-Argument-Strukturen) als „Frame-Elemente" (Fillmore) bzw. „Argumente" (Prädikatenlogik) oder „Bezugsstellen" (von Polenz) auftreten. Davon unterscheiden sich *Attribute Typ 2* (= weitere semantische / kategoriale Merkmale des Konzepts selbst), wie sie den „Attributen" in Barsalou-Frames entsprechen, die sich – wie gesehen – ausschließlich an nominalen Konzepten orientieren. Es wird angenommen, dass in einer vollständigen Typologie von Attributen weitere Attribute-Typen differenziert werden müssen. Das vorläufige heuristische Modell geht davon aus, dass eine umfassende satz- oder textsemantische Frame-Analyse noch weitaus umfassender und differenzierter sein muss und zahlreiche weitere theoretische Klärungen erfordert.[258]

6.4.4 Ziem

Die Monographie zur Frame-Semantik von Ziem (2008) kann als die erste umfassende und integrative Darstellung und Diskussion der Frame-Theorie in allen ihren relevanten sprachtheoretischen Bezügen und all ihrer linguistisch-semantischen Leistungsfähigkeit, und zwar theoretisch wie auch empirisch-deskriptiv, in deutscher Sprache gelten. (Nach meiner Kenntnis gibt es jedoch auch im angelsächsischen Sprachraum bisher keine Arbeit, die den sprachtheoretisch-semantischen Grundlagen der Frame-Theorie dermaßen gründlich, und verschiedenste, bisher konträre Ansätze integrativ auswertend, auf den Grund geht, wie die Arbeit von Ziem.) Der große Vorzug dieser Arbeit ist: Ziem führt eine Vielzahl verschiedenster Ansätze stark divergierender (theoretischer und disziplinärer) Provenienz in äußerst überzeugender Weise zu einem neuen, deutlich weiterführenden Ergebnis zusammen. Dabei gelingt es ihm, Erkenntnisse und Diskussions- und Forschungsergebnisse zusammenzuführen, die derzeit meist (oft in großer geistiger „Entfernung" zueinander und ohne wechselseitig Notiz von den Leistungen und Ergebnisse der jeweils Anderen zu nehmen) nebeneinander herlaufen, obwohl sie sich im Großen und Ganzen auf denselben (verstehenstheoretisch und semantiktheoretisch relevanten) Gegenstandsbereich beziehen. Damit deckt seine Arbeit ein breites Spektrum an Disziplinen und theoretischen Schulen ab.[259] Ziem

---

[257] Vgl. die noch vorläufige Darstellung des „Wegnahme"-Frames i.S. von § 242 StGB im Anhang.

[258] Vgl. die Darstellung in Kap. 7 des vorliegenden Buches und die Diskussionen in der Düsseldorfer Forschergruppe „Frame-Semantik" (SFB 991), in der der Autor mitarbeitet.

[259] Zu nennen sind: verstehenstheoretisch-interpretativ orientierte linguistische Semantik; linguistische und außerlinguistische historische Semantik und Diskursanalyse; (Abgrenzung zur) generative(n) „Zwei-Ebenen-Semantik"; psycholinguistische Sprachproduktions- und Verstehenstheorie; Inferenztheorien (minimalistische, maximalistische, integrative); systemtheoretische Verstehens- und Sprachtheorie; logisch / sprachanalytisch-philosophische Sprachtheorie; kognitionswissenschaftliche (Sprach-)Theorien verschiedensten Typs; kognitiv-semantische linguistische Theorien; pragmatisch-semantische (philoso-

6.4 Frame-Analyse als Satz-, Text- und Kontext-semantische Methode

entfaltet einen durchgängigen Argumentationsgang, der – zentriert um die Frame-Theorie, die nach Auffassung des Autors zu Recht als der geeignetste Ansatz zur Erfassung des semantisch relevanten Wissens in seiner ganzen verstehensrelevanten Breite aufgefasst wird – für die kognitive Semantik ihre sprach-, gedächtnis- und verstehenstheoretischen Grundlagen ebenso entwickelt wie ein Modell ihrer empirisch-deskriptiven Anwendung, und der zugleich diesen favorisierten Ansatz argumentativ gegenüber scheinbaren Widerlegungen, v.a. aber gegenüber dem in der „traditionellen" linguistisch-semantischen Theoriebildung so ubiquitären Reduktionismus, behauptet und absichert.

Ziem versteht seine Arbeit als Grundlegung einer „konzeptualistischen Bedeutungstheorie", die er im übergeordneten Zusammenhang einer holistischen Sprachtheorie diskutiert. Ausgangspunkt bildet die Annahme, dass Wissen, das zur Erfassung der Bedeutung eines sprachlichen Ausdrucks eingebracht wird, Strukturen aufweist, die sich mittels Frames linguistisch beschreiben lassen. Frames sind demnach konzeptuelle Wissenseinheiten, die Sprachbenutzerinnen und Sprachbenutzer aus ihrem Gedächtnis abrufen, um die Bedeutung eines sprachlichen Ausdrucks zu erfassen. Im Anschluss an Fillmore vertritt Ziem die These, dass mit dem Modell der „Frames" verstehensrelevantes Wissen allein im übergeordneten Zusammenhang eines holistischen Ansatzes umfassend erschließbar ist.[260] Im deutschsprachigen Raum werden Frames ihm zufolge dagegen zumeist mit modularen Modellen wie dem der Zwei- oder Drei-Ebenen-Semantik in Verbindung gebracht. Gegen eine solche Vereinnahmung von Frames bringt er zwei fundamentale Einwände vor. Zum einen bleiben nachweislich in dem Maße semantisch relevante Wissensaspekte unberücksichtigt, wie sich Ebenen-Semantiken an syntaktisch und komponentensemantisch motivierten Vorgaben wie z.B. „Selektionsbeschränkungen" orientieren, die den Bereich verstehensrelevanten Wissens eingrenzen. Zum anderen scheitern alle modularistisch motivierten Versuche, Sprachwissen kategorial von Weltwissen abzutrennen. Alle Kriterien, die in der Literatur angeführt werden, um den Sonderstatus von Sprachwissen zu legitimieren, erweisen sich nach Ziems Auffassung daher als nicht haltbar.[261]

Auf der Grundlage des „holistischen Paradigmas" und unter Rückgriff auf die psycholinguistische Inferenzforschung geht Ziem davon aus, dass Inferenzbildungen an sprachlichen Bedeutungskonstitutionen grundlegend beteiligt sind. Durch Inferenzen werden nicht nur lokale Verstehenslücken überbrückt; Inferenzen betreffen ebenso die globale Textkohärenz sowie situative Faktoren (wie Personen-, Zeit- und Ortsdeixis). Nicht weniger inferentiell vollzieht sich die Konstitution sprachlicher Zeichen. Diese Annahme kann nach Ziem vor dem Hintergrund des so genannten „symbolischen Prinzips" der Kognitiven Grammatik Ronald Langackers gestützt werden. Dem symbolischen Prinzip zufolge lässt sich die Struktur der menschlichen Sprache erschöpfend als ein Inventar von Form-Inhaltspaaren (variierenden Abstraktionsgrades), sogenannten „symbolischen Einheiten", beschreiben.[262]

---

phische und linguistische) Theorien; (linguistische und allgemeine) Zeichentheorie(n); Sprachwandeltheorie(n); allgemeine (psychologische) Kommunikationstheorie; linguistisch-grammatische Theorien (v.a. construction grammar), um nur die wichtigsten zu nennen.

[260] Vgl. dazu v.a. Ziem 2008, 117 ff.

[261] Nebenbei stellt Ziems Arbeit (insbesondere 66 ff.) eine der luzidesten Widerlegungen von Mehr-Ebenen-Semantiken (etwa vom Typ Bierwisch 1978, 1982a, 1982b) dar, die jemals zu lesen waren.

[262] Siehe Ziem 2008, 198 ff. – Eine inferentielle Beziehung betrifft nach Ziem (i) die Verbindung einer sprachlichen Form mit einer sprachlichen Bedeutung, (ii) die syntagmatische Integration der Bedeu-

530 Kapitel 6: Anwendungen und Weiterentwicklungen der Frame-Theorie in der linguistischen Semantik

Mit dem Ziel der Entwicklung einer konzeptualistischen Frame-Theorie verfolgt Ziem die Hypothese, dass Frames die Inhaltsseite symbolischer Einheiten strukturieren. Um der Tatsache Rechnung zu tragen, dass sprachlichen Bedeutungen einerseits verfestigte, konventionelle Wissensaspekte inhärent sind, Gebrauchsbedeutungen aber andererseits relativ zu gegebenen Kontextdaten variieren, wird zwischen drei Strukturkonstituenten von Frames differenziert: Leerstellen, konkreten Füllelementen und Standardwerten. Ziem rückt damit die Standard- oder Default-Werte als erster Autor überhaupt an eine zentrale Stelle des Frame-Modells und behandelt sie gleichrangig mit den bekannten Kategorien „Slot" und „Filler".[263] Die zentralen Frame-semantischen Kategorien erläutert Ziem folgendermaßen: Stellen Sprachbenutzer und Sprachbenutzerinnen ausgehend von einem sprachlichen Ausdruck (wie z.B. *Auto*) eine kognitive Referenz zu einer Vorstellungseinheit her, so lässt sich diese hinsichtlich verschiedener Wissensaspekte spezifizieren. Das Referenzobjekt, auf das mit dem Wort *Auto* Bezug genommen wird, kann man beispielsweise hinsichtlich Wissensaspekten wie „Farbe", „Größe", „Funktion", „Bestandteile" usw. näher bestimmen. Diese Möglichkeiten der Wissensspezifikation heißen „Leerstellen". Wissensspezifikationen, die sprachlich in Gestalt von Prädikationen (im Sinne von John Searle) auftreten, werden „konkrete Füllwerte" genannt. In einem gegebenen Text spezifizieren Füllwerte ein Referenzobjekt (man denke an Prädikationen wie *ist rot, hat vier Räder, fährt schnell*). Referenzhandlungen würden jedoch kaum gelingen, wenn nicht neben konkreten Füllwerten zugleich viele weitere Leerstellen mit Werten besetzt wären. Solche Werte werden „Standardwerte" genannt. Ohne dass in einem Text etwa die Leerstellen „Größe" und „materielle Beschaffenheit" des Referenzobjektes „Auto" prädikativ näher bestimmt sein müssen, aktualisieren Sprachbenutzerinnen und Sprachbenutzer Standardwerte wie *ist vier Meter lang* oder *besteht aus Blech* gleichsam automatisch.

In Anlehnung an das in der kognitiven Linguistik viel diskutierte „entrenchment"-Theorem möchte Ziem (2008, 343 ff.) erklären, wie Standardwerte entstehen. Die angebotene Antwort lautet: Standardwerte entstehen aufgrund rekurrenter Zuweisungen bestimmter Werte zu bestimmten Leerstellen. Sie sind somit kognitiv verfestigte Prädikationen und mithin „Phänomene der dritten Art" im Sinne Kellers.[264] Metaphorisch könnte man mit einem beliebten Vergleich Kellers auch sagen: Standardwerte sind kognitive Trampelpfade. Ziem übernimmt von Fillmore die Unterscheidung zwischen „Abrufen" und „Aufrufen" (evocation – invocation) eines Frames (231 ff.), sieht und diskutiert die Probleme dieser Unterscheidung jedoch offenbar nicht.

Hinsichtlich der funktionalen Eigenschaften von Frames geht Ziem von der These aus, dass Frames mit kognitiven Schemata (wie sie insbesondere in der kognitiven Psychologie thematisiert werden) alle wesentlichen Eigenschaften teilen. Nach seiner Auffassung treten Frames gestalthaft auf (wie der aufgerufene Frame „*Auto*"). Frames haben außerdem einen dynamischen Charakter (die Spezifikation der Größe eines Autos mag sich etwa sprachgemeinschaftsübergreifend ändern). Darüber hinaus entsprechen aktualisierte Standardwerte semantischen Erwartungsstrukturen (man erwartet, dass ein Auto vier Räder hat und u.a. aus Blech besteht). Dadurch, dass (Standard-)Werte wie „*Blech*" und „*Räder*" selbst Frames aufrufen, ist jeder Frame ferner integraler Bestandteil eines umfangreichen konzeptuel-

---

tungsseiten mehrerer symbolischer Einheiten (wie z.B. *kleiner* und *Hund*) und (iii) die paradigmatische Beziehung zwischen semantischen Einheiten (wie zwischen *Hund* und *Tier*).

[263] Vgl. dazu auch Ziem 2007.
[264] Vgl. Keller 1994, 83 ff.

6.4 Frame-Analyse als Satz-, Text- und Kontext-semantische Methode 531

len Netzwerkes. Schließlich weist dieses Netzwerk eine hierarchische Organisationsstruktur auf, das sprachlich die Gestalt von Hyperonymiebeziehungen (z.B. *Golf > Auto > Fahrzeug > Fortbewegungsmittel* usw.) annimmt. In diesem Zusammenhang beruft sich Ziem auf Konerding 1993 und dessen Verfahren der „Hyperonymtypenreduktion". Er sieht dies als ein geeignetes Verfahren an, um die Leerstellen eines Frames systematisch zu bestimmen. Die Ermittlung von Leerstellen eines Frames ist ihm zufolge wichtig für den Einsatz von Frames als empirische Analyseinstrumente. Auf die verschiedentlich beschriebenen praktischen Probleme (vgl. Klein und Fraas), z.B. dass nämlich Konerdings Verfahren eine Überfülle von potentiellen „Leerstellen" produziert, von denen nur die wenigsten in einem konkreten Aktualisierungsfall wirklich einschlägig sind, geht Ziem jedoch nicht ein. – Im letzten Teil der Monographie zeigt Ziem durch eine praktische Analyse am Beispiel der Metapher der *Heuschrecke* exemplarisch auf, wie sich der von ihm vertretene Frame-Ansatz korpusanalytisch einsetzen lässt. Leitfrage der empirischen Untersuchung ist, wie sich der konzeptuelle Gehalt der Metapher *Heuschrecke* in dem spezifischen Wissenszusammenhang der sogenannten „Kapitalismus-Debatte" herausgebildet hat.[265]

Nach Ziem (2008, 406 ff.) sind zur Operationalisierung der Frame-Theorie fünf Schritte nötig: (i) Festlegung des Untersuchungskorpus und -zeitraums, (ii) Annotation der Textbelege, (iii) Prädikationsanalyse, (iv) Hyperonymtypenreduktion, (v) Klassifikation expliziter Prädikationen. Welche Wissensaspekte sich vor dem Hintergrund der „Kapitalismus-Debatte" als relevant erweisen, wird auf der Basis der Analyse von 53 Zeitungsartikeln dargelegt, in denen die Heuschrecken-Metapher vorkommt. Sowohl die Verfestigung von einigen Leerstellen des Metapher-Frames wird demonstriert (wie der Leerstelle „Teil eines Ereignisses bzw. einer Handlung") als auch die Herausbildung von Standardwerten (wie *fressen Unternehmen* und *grasen Unternehmen ab*). Der Einsatz der entwickelten Frame-semantischen Analysekategorien eignet sich laut Ziem ferner dazu, Gilles Fauconniers Theorie der konzeptuellen Integration („blending theory") korpusanalytisch anzuwenden. Schließlich kann eine Frame-gestützte Korpusanalyse nach Ziem auch einen wichtigen Beitrag zu diskursanalytischen Untersuchungen leisten. So lässt sich ihm zufolge darlegen, wie innerhalb eines Diskurses (verstanden als Menge von Texten mit gemeinsamem Themenbezug) Bedeutungen sprachlicher Ausdrücke systematisch variieren können, indem sich neue Standardwerte bestimmter Frames allmählich herausbilden.

Ziems theoretisches Verständnis von Frames wie seine praktischen Analysevorschläge gehen weit über die bisherige Anwendungsliteratur zur Frame-Theorie[266] hinaus, indem sie zum einen bisherige Modelle (wie Fillmore, Konerding, Lönneker) aufgreifen und weiterentwickeln, zum anderen die Frame-Theorie in Bezüge zu anderen kognitiv-semantischen Ansätzen stellen (etwa Langackers *cognitive grammar*, Fauconniers Modell der *mental spaces* und Turners Theorie des *conceptual blending*) und insgesamt einen erweiterten (stärker kognitivistisch geprägten) Blick auf Frames erlauben. Insbesondere Ziems Überlegungen zu Standardwerten und zu verschiedenen Formen der konventionellen Verfestigung von Frames[267] gehen deutlich über bisherige Frame-Theorien hinaus. Im Unterschied zu

---

[265] Der damalige SPD-Parteivorsitzende Franz Müntefering hatte im Frühjahr 2005 Finanzinvestoren mit „Heuschreckenschwärmen" verglichen und damit eine öffentliche Kontroverse ausgelöst. Inzwischen hat sich der Ausdruck der *Heuschrecke* als Metapher für rücksichtslose Finanzinvestoren etabliert.

[266] Und ziemlich sicher auch über die bisherigen theoretischen Positionen der Frame-Forschung.

[267] „Dabei lassen sich zwei Arten kognitiver Verfestigungen unterscheiden. Eine hohe Type-Frequenz liegt dann vor, wenn sich eine Leerstelle (und mithin der ganze Frame) aufgrund von vielen unterschiedli-

532   *Kapitel 6: Anwendungen und Weiterentwicklungen der Frame-Theorie in der linguistischen Semantik*

den meisten anderen referierten Ansätzen einer praktischen Frame-Analyse (insbesondere Konerding, Klein, Fraas) geht Ziem jedoch davon aus, dass Frames nicht nur analytische Darstellungsinstrumente sind, sondern eine kognitive Realität besitzen.[268] In diesem Sinne versteht Ziem seinen Ansatz als ein explizites „Plädoyer für eine konzeptualistische Semantiktheorie".[269] Sein Ansatz geht in die richtige Richtung und erweitert den theoretischen Horizont der derzeitigen Frame-Forschung erheblich (insbesondere in Richtung auf eine allgemeine kognitive Semantik auch jenseits der Grenzen der Frame-Theorie im engeren Sinne). Merkwürdig bei dieser allgemein-kognitiven Ausrichtung seiner Überlegungen bleibt dann jedoch, dass er „Leerstellen" relativ eng als „Referenzstellen" fasst.[270] Hierbei scheint er sich dann doch recht eng an Konerdings rein beschreibungstheoretischem Frame-Begriff zu orientieren, da man seine Redeweise von „Referenzstellen" (Ziem nennt als Beispiel etwa „welche materielle Beschaffenheit ein Auto hat") nur dann verstehen kann, wenn man sie auf Referenzstellen in prädikativen Fragesätzen im Sinne von Konerdings „Fragen zu einem Konzept" bezieht. (Keineswegs können damit, wie etwa bei von Polenz, Referenzstellen in objektsprachlichen Sätzen gemeint sein, da man dann das Potential einer konzeptanalytischen Frame-Semantik weit unterschreiten würde, die Ziem ja an anderer Stelle vehement fordert.) Die letzten Antworten auf die Fragen, die man aus linguistischer Sicht an ein umfassendes und alle wichtigen sprachlichen Aspekte erfassendes Frame-Modell stellen muss, werden also auch von Ziems Ansatz noch nicht gegeben. Dennoch stellt sein Modell den avanciertesten Beitrag zur Weiterentwicklung der Frame-Theorie dar, der derzeit verfügbar ist,[271] und damit eine Monographie, die jeder zur Kenntnis nehmen muss, der sich heute ernsthaft für Frame-Semantik interessiert.[272]

---

chen, in die Leerstelle instantiierten Tokens verfestigt. Würde etwa in einer Sprachgemeinschaft auf verschiedene Art und Weise immer wieder der ideelle Wert eines Autos thematisiert werden, würde sich diese Leerstelle verfestigen. Im Fall einer hohen Token-Frequenz hingegen würde ein und dieselbe Instanz rekurrent die Leerstelle ‚ideeller Wert' besetzen und sich so zu einem Standardwert verfestigen." Ziem 2008, 446.

[268] „Einerseits gelten Frames als konzeptuelle Wissensstrukturen, die den Gebrauch sprachlicher Ausdrücke motivieren sowie das Verstehen sprachlicher Bedeutungen ermöglichen. Andererseits dienen Frames als Analyseinstrumente, um konzeptuelle Wissensstrukturen empirisch zu untersuchen. Beide Perspektiven sind im gleichen Maße berücksichtigt worden." Ziem 2008, 441.

[269] „In sprachtheoretischer Hinsicht ist die vorliegende Arbeit als ein großangelegtes Plädoyer für eine konzeptualistische Semantiktheorie zu verstehen, die dem Umstand Rechnung zu tragen versucht, dass Menschen in konkreten Kontexten Sprache verwenden und beim Verstehen von Sprache auf alle Wissensressourcen zurückgreifen, die ihnen zur Verfügung stehen. Sprachfähigkeit ist nach diesem Verständnis aufs Engste mit allgemeinen kognitiven Fähigkeiten verknüpft, wie etwa die zu kategorisieren, zu schematisieren und Vordergrund / Hintergrund-Unterscheidungen zu treffen." Ziem 2008, 441.

[270] „Leerstellen werden als mögliche Bezugsstellen begriffen, hinsichtlich derer sich das Bezugsobjekt eines sprachlichen Ausdrucks prädikativ näher bestimmen lässt. Leerstellen haben dabei den Charakter von Fragen, die sich sinnvoll bezüglich eines Referenzobjektes stellen lassen." Ziem 2008, 446.

[271] Und zwar, wie ich glaube, nicht nur im deutschsprachigen Raum, sondern generell, da gerade aus dem angelsächsischen Raum in den letzten Jahren (nach dem Erscheinen von Barsalou 1992) keinerlei größere oder innovative Arbeiten zur Frame-Theorie im engeren Sinne mehr erschienen sind.

[272] Da zahlreiche Anregungen und Ideen Ziems in unserer zusammenfassenden Weiterentwicklung der Frame-Theorie (siehe Kap. 7) aufgegriffen werden, gehe ich an dieser Stelle noch nicht detaillierter auf sie ein.

7.   Frame-Semantik: Ein Arbeitsmodell

Der Frame-Analyse ist immer wieder (so noch in jüngster Zeit) der Vorwurf gemacht worden, ihr zentraler Gegenstand, Frames, sei schlecht definiert, ja, es würde eine auch nur annähernd zureichende Frame-Theorie überhaupt fehlen. Dieser Vorwurf war schon früher deutlich überzogen, ist aber mindestens seit den 1990er Jahren eindeutig falsch. Die Kritiker hätten es besser wissen können (und müssen), hätten sie sich nur der Mühe einer sich nicht nur auf wenige Ausschnitte oder auf einen einzelnen oder auf einige wenige Autoren beziehenden Lektüre unterzogen. Das Material für eine umfassende Frame-Theorie liegt schon seit langem offen bereit (sozusagen „auf der Straße"); es muss nur noch (mit einigen zusätzlichen Reflexionen und begrifflichen Klärungen) in systematischer Weise zusammengeführt werden. Differenzen zwischen scheinbar unterschiedlichen Frame-Konzeptionen können dabei durch Klärung verschiedener Ebenen und Aspekte des ‚Frame'-Phänomens weitgehend aufgelöst werden. Angestrebt ist daher nachfolgend ein integratives Frame-Modell, das nach Möglichkeit alle für eine linguistisch-semantisch nutzbare Frame-Konzeption wesentlichen Aspekte integriert, die von den verschiedensten Autoren in den letzten vierzig Jahren thematisiert worden sind. Das Vorhaben ist komplex (ergibt doch eine erste Übersicht bereits an die 40 Gliederungspunkte), aber zur Stabilisierung der Frame-Theorie notwendig und schon seit langem überfällig. Zu klären sind: die innere Struktur und die Komponenten von Frames; die wichtigsten Eigenschaften und Merkmale von Frames und ihrer Komponenten; die Struktur von Frame-Systemen und die Typen von Relationen innerhalb und zwischen Frames und Frame-Elementen; die Frage der Aktivierung von Frames und der Rolle sprachlicher Zeichen und Zeichenketten dabei; Überlegungen zu einer Typologie von Frames und Frame-Ebenen; sowie Aspekte der praktischen Frame-Darstellung in linguistisch-semantischen Untersuchungen unterschiedlichster Zielsetzung.

7.1   Sprachliche Frames oder kognitive Frames? Eine Entscheidung

Die Frame-Theorie hat, wie gezeigt, Wurzeln sowohl in spezifischen, rein linguistischen Überlegungen (Fillmore 1968a und die Folgen), wie auch in kognitionswissenschaftlichen Ansätzen (Minsky 1974) auf der Basis einer allgemeinen Theorie kognitiver Schemata (Bartlett 1932 u.a.). Interessanterweise hat auch die linguistische Rezeption und Anwendung der Frame-Idee den von Fillmore entwickelten Ansatz spezifisch „sprachlicher" Frames mehr oder weniger ignoriert (bis auf die lexikologischen Ansätze nach dem Vorbild von FrameNet), und sich stattdessen stärker auf den allgemeinen kognitionswissenschaftlichen Frame-Begriff nach Minsky gestützt, auch wenn die Schriften von Minsky selten wirklich ernst genommen (oder überhaupt nur sorgfältig gelesen) wurden und seine vielfältigen Ideen dazu nicht annähernd in ihrer ganzen Breite rezipiert bzw. umgesetzt wurden.

534   *Kapitel 7: Frame-Semantik: Ein Arbeitsmodell*

Wenn in der linguistischen Literatur also immer wieder die Schmalspurigkeit des Frame-Begriffs moniert wird, der auf nicht mehr als das bloße Begriffspaar Slot / Filler reduziert sei, so stimmt dies vielleicht für einen größeren Teil der linguistischen Rezeption, keineswegs jedoch für die Begründer der Frame-Theorie selbst. Spätestens seit Barsalou 1992 (eigentlich aber bereits seit Minsky 1986 / 1990) sind die begrifflichen Vorklärungen verfügbar, die die Ausarbeitung eines umfassenden Frame-Modells möglich machen.

Auf den ersten Blick sieht es so aus, als müssten für die Entwicklung eines solchen Modells jedoch Entscheidungen getroffen werden, die sich in Form folgender zwei zentraler Fragen formulieren lassen: „Sprachliche Frames" oder „kognitive Frames"? Und: „lexikalische Frames" oder „instantiierte Frames"? Bei näherer Betrachtung erweist sich jedoch, dass diese Entscheidungen gar nicht so einfach vorab ‚*ex cathedra*' getroffen werden können, sondern komplexe Grundprobleme einer Frame-Theorie betreffen, die bei der Behandlung der Detailfragen (zu Frame-Strukturen, -Relationen und -Elementen) immer wieder begegnen werden. Zu klären sind zunächst die in den Fragen benutzten Begriffe.

Mit „sprachliche Frames" meine ich die von Fillmore 1968a vertretene (und auch später trotz stärkerer Anlehnung an eine kognitiv-epistemische Frame-Auffassung in seiner „interpretativen Semantik" nie ganz aufgegebene) Auffassung von Frames als spezifisch sprachlichen (rein linguistisch zu beschreibenden) Strukturen, die sich insbesondere in den Strukturen sprachlicher Ausdrucksketten („Sätzen" oder Satzreihen oder auch Satzteilen) niederschlagen, und die Fillmore 1968a auch als „Systeme sprachlicher Wahlen" bezeichnet hat. Dieses Frame-Verständnis ist stark an den Satzstruktur-Rahmen der Valenz-Linguistik nach Tesnière orientiert, auch wenn Fillmore mit seiner zeitweiligen Aufspaltung in „Frames" und „Szenen" diese Strukturen auch als kognitiv-epistemische Strukturen zu etablieren versucht hat. Zahlreiche Überlegungen von Fillmore und FrameNet zu Frames sind an diese Frame-Auffassung eng gebunden; so z.B. die Idee der „sprachlich nicht ausgedrückten" („null-instantiierten") Frame-Elemente und überhaupt die Idee der Frame-Elemente als „semantische Rollen". Man könnte auch sagen: Der Fokus einer solchen Betrachtungsweise liegt auf dem ausdrucksseitigen sprachlichen Niederschlag kognitiv-epistemischer Frames (der „Szenen" bei Fillmore 1977a), auch wenn sich in der „interpretativen Semantik" und auch in FrameNet die Perspektive mehr und mehr auf die kognitiv-epistemische Ebene verschiebt. Das Verhältnis von epistemischer und sprachlicher Ebene ist trotz zahlreicher diesbezüglicher Überlegungen bei Fillmore nie zufriedenstellend geklärt worden, was wohl vor allem daran liegt, dass sich dieser Autor (wie fast alle Linguisten) tiefgreifender sprach- und zeichentheoretischer Reflexionen nahezu völlig enthält.

Die Überlegungen zur „understandig semantics", aber auch die Realität der FrameNet-Beschreibungen (insbesondere hinsichtlich der „null-instantiierten" Frame-Elemente) zeigen, dass die „sprachlichen" Frames bei Fillmore so „sprachlich" nämlich gar nicht sind (jedenfalls nicht im Sinne einer „Autonomie" eines „sprachlichen" Kenntnissystems gegenüber der Ebene des Allgemein-Kognitiven / Epistemischen). Präziser lassen sich Fillmore-Frames daher beschreiben als „prädikative" Frames, insofern sie für die inhaltlich-epistemische Seite solcher sprachlicher Ausdrucksstrukturen stehen, die in der Regel in Satzform auch explizit-ausdrucksseitig als Prädikationen realisiert werden. (Man könnte daher auch von „Satz-Frames" – oder präziser „Satz-bezogenen Frames" – sprechen.) „System sprachlicher Wahlen" meint dann wohl ein spezifisches, durch inner-sprach-systematische (z.B. syntaktische) Regeln mit-determiniertes Kenntnissystem darüber, in welcher konkreten sprachlichen (lexikalischen wie syntaktischen) Gestalt und Anordnung die Ele-

7.1 Sprachliche Frames oder kognitive Frames? Eine Entscheidung 535

mente eines kognitiven prädikativen Frames in eine korrekte „grammatische" Satzstruktur der entsprechenden Sprache überführt werden können. Wie der von Fillmore stark hervorgehobene Aspekt der „Perspektivierung" eines / auf einen Frame(s) zeigt, sind die dabei getroffenen „Wahlen" jedoch keineswegs rein sprachsystematisch bedingt, sondern betreffen mindestens ebenso sehr Aspekte der Informations-Strukturierung, der epistemischen Fokussierung und der Aufmerksamkeitslenkung bei den Rezipienten. Insofern auch schon bei Fillmore die Frame-Idee stark auf allgemeine Wissens-Hintergründe aller Art ausgedehnt wird, verlässt er eigentlich selbst schon (in der „interpretativen Semantik") den Boden der „rein sprachlichen" Kenntnissysteme und „Wahlen", und betritt damit Regionen der semantischen (oder semantisch relevanten, oder verstehensrelevanten) Epistemologie, die mit seinem stark auf die Ausdrucksseiten komplexer sprachlicher Ausdrücke (Sätze) orientierten Modell prädikativer Frames nicht mehr zureichend erfasst werden können. D.h. bereits bei Fillmore verschwimmen die Grenzen zwischen „sprachlichen" und „kognitiven" Frames.

Dies rechtfertigt es meines Erachtens, auch in einer linguistischen Analyse und Frame-Theorie die „kognitiven" bzw. epistemischen Frames eindeutig ins Zentrum der Modellbildung zu stellen. Die allen in der Linguistik rezipierten Frame-Konzeptionen (bei Fillmore, Minsky, Barsalou) zugrunde liegende scharfe Kritik und Widerlegung der Möglichkeit einer reinen Merkmal- oder Komponenten-Semantik (im Sinne des „Notwendige-und-hinreichende-Bedingungen-Modells") hat gezeigt (und Fillmore hat dies an Hunderten von Beispielen immer wieder demonstriert), dass das für die Entfaltung des vollen semantischen Potentials eines sprachlichen Zeichens oder einer sprachlichen Zeichenkette notwendig zu aktivierende Wissen weit über den Bereich dessen hinausreicht, was in traditionellen linguistischen, logischen oder philosophischen Bedeutungsmodellen noch als zum Phänomenbereich „sprachliche Bedeutung" zugehörig gerechnet wurde. Die Entwicklung von einer als zu reduktionistisch und damit sachlich falsch konzipiert verstandenen Komponenten-Semantik hin zu einer „interpretativen" bzw. „verstehenstheoretisch reflektierten" Semantik (so Fillmore), also einer „explikativen Semantik" (so Busse 1991a), die die Gesamtheit der verstehensrelevanten Aspekte im Hinblick auf ein Zeichen oder eine Zeichenkette zu explizieren trachtet, ist daher ein notwendiger Schritt einer Semantik, die ihren Namen überhaupt nur verdienen will. Oder anders ausgedrückt: Eine Semantik wird zu einer solchen erst dann, wenn sie als „semantische Epistemologie", d.h. als eine Aufklärung der Strukturen und des Umfangs des gesamten verstehensrelevanten Wissens mit Bezug auf ein Zeichen oder eine Zeichenkette verstanden wird.

Als Modell für die Beschreibung der Strukturen, Ebenen und Elemente des verstehensrelevanten (semantisch relevanten) Wissens ist das Frame-Modell angeboten worden. Im Sinne der Entwicklung eines Modells der linguistischen Semantik mit dem beschriebenen Zuschnitt kommt dafür nur ein Verständnis der Frames als *Strukturen im Wissen*, als „epistemische Frames" in Frage. Üblicherweise werden solche Aspekte nicht mit dem Ausdruck „epistemisch", sondern dem Ausdruck „kognitiv" belegt. In diesem Sinne liegt einer epistemologisch reflektierten Semantik notwendigerweise ein Modell „kognitiver Frames" zugrunde. Da die übliche Verwendung des Ausdrucks „kognitiv" aber Aspekte einschließt, auf die es hier (in einem Modell der linguistischen Semantik) zunächst weniger ankommt (dies sind vor allem prozedurale Aspekte der Wissensverarbeitung und -abrufung), und die semantische Analyse stärker auf die „Inhalte" selbst (eben das verstehensrelevante Wissen in seinen Strukturen, Ebenen und Elementen) zielt, fasse ich diese Frames als „epistemische

Frames" oder eben „Wissensrahmen" auf. Zielobjekt einer linguistischen Epistemologie (oder epistemologischen bzw. verstehenstheoretischen Semantik) sind also zunächst und vor allem die mit dem Modell der Frames beschreibbaren Strukturkonstituenten des verstehensrelevanten Wissens, wenn man so will, die „kognitiven Frames". Es wäre dann ein zweiter Schritt einer so verstandenen Semantik, aufzuweisen, wie Wissensrahmen oder Teile von ihnen in Strukturen sprachlicher Zeichenketten „verbalisiert" werden.

Das Verhältnis zwischen sprachlichen Zeichen und den zu ihrem kontext- und situationsgebundenen aktuellen Verstehen notwendigen Wissensrahmen ist komplex. Auch wenn es naheliegen würde, neben den von Fillmore angenommenen prädikativen oder „Satz-Frames" auch „Wort-" oder „Lexem-Frames" anzunehmen (und dies scheint ja sowohl die Tendenz lexikologischer Projekte wie FrameNet, aber auch eines auf nominale Konzepte konzentrierten kognitiven Modells wie bei Barsalou zu sein), so ist doch mehr als zweifelhaft, ob „Wortbedeutungen" (bzw. „Lesarten") mit einem einzigen Frame beschreibbar sind. Eine Eins-zu-eins-Beziehung zwischen einem Wort und einem Frame wird es daher vermutlich eher selten (wenn überhaupt) geben. Nicht nur die prinzipielle Rekursivität von Frames spricht dafür, dass „Lexem-Frames" dann eigentlich „Frame-Netze" wären. Sondern die von Fillmore und anderen in zahlreichen Beispielen herausgearbeitete zentrale Rolle eines komplexeren Hintergrundwissens für das Verstehen vieler Wörter (z.B. „Kindergeburtstag") spricht dafür, dass die „kognitiven Frames", die in einer adäquaten Beschreibung der epistemischen Leistung von Lexemen in Kontexten rekonstruiert werden müssen, durchaus Hintergrundwissen komplexerer Art integrieren müssen. Lexeme operieren auf und mit komplexen Strukturen von Wissen verschiedenster Sorte und Tiefe in einer Art und Weise, dass die Einschränkung auf „sprachliche" Aspekte (oder Frames) im verstehensrelevanten Wissen wahrscheinlich immer willkürlich und schwer zu begründen wäre.

Einer (im Rahmen linguistischer und sprachtheoretischer Überlegungen entwickelten) Bedeutungskonzeption wie der vorstehend skizzierten wird von Gegnern jeglicher kognitiver (und epistemologischer) Orientierung regelmäßig der Vorwurf gemacht, „repräsentationistisch" – und daher schon im Ansatz verfehlt – zu sein. Das hinter solchen Vorwürfen stehende Verständnis von „Repräsentation" verweist auf schwierige und komplexe philosophische und grundlagentheoretische Problemstellungen, die nicht auf wenigen Zeilen (und damit leider auch nicht im Rahmen dieser Arbeit) befriedigend diskutiert und geklärt werden können. Mit einer Kritik, die Barsalou an gängigen kognitivistischen Modellen übt, könnte man den inkriminierten Repräsentationismus in der Idee einer „language of thought" (Langacker) idealtypisch realisiert sehen.[1] Diese kann man als eine eigene (kognitive) Repräsentationsebene auffassen, die auf einer äußeren Sprache aufruht, diese gleichsam als „Sprache des Geistes" verdoppelt.

Es sollte daher klargestellt sein, dass die in dieser Arbeit vertretene Position einer semantischen Epistemologie, die sich dann des Modells der Frames bedient, keineswegs auf eine solche „Verdoppelung" der Sprache im Sinne einer „Sprache des Geistes" zielt. Es wird jedoch dezidiert der Standpunkt vertreten, dass es im Rahmen einer linguistischen Semantik – sei es zu Zwecken lexikalisch-lexikologischer Beschreibungen, sei es zu Zwecken einer mit kulturwissenschaftlichen und -historischen Interessen betriebenen Wort-,

---

[1] Was Barsalou 1993 jedoch keineswegs davon abhält, ein ebenfalls repräsentationistisches „System perzeptueller Symbole" zu kreieren; was er kritisiert, ist wohl nur die Tatsache, dass es sich um eine „*language*" *of thought* handeln soll. Gegen *andere* Repräsentationsformate hat er im Gegensatz zu den Repräsentationismus-Kritikern offenbar nichts einzuwenden.

7.1 Sprachliche Frames oder kognitive Frames? Eine Entscheidung

Satz- und Text-semantischen Analyse – möglich und erlaubt sein muss, das hinter den in konkreten Vorkommensfällen verwendeten sprachlichen Zeichen und Zeichenketten stehende verstehensermöglichende Wissen *als dieses* Wissen herauszufinden und zu beschreiben zu versuchen. Als Format zur Beschreibung der Formen und Strukturen dieses Wissens bietet sich das Frame-Modell (auf der Basis einer allgemeinen Schema-Theorie) an. Im Unterschied zu anderen linguistischen Ansätzen der Frame-Analyse (Konerding, Lönneker, Klein) gehe ich jedoch davon aus, dass Frames nicht nur fach-linguistische Modelle der Beschreibung sind, sondern in den Strukturen unseres Wissens eine kognitive bzw. epistemische Realität haben.

Diese Strukturen entstehen in der Form, in der sie existieren, nicht zuletzt aufgrund der Existenz und des Gebrauchs (und damit der Funktionen) sprachlicher Zeichen. Ein Zeichen-freies Wissen sähe sicherlich entscheidend anders aus als ein solches, das durch den Gebrauch sprachlicher Zeichen wesentlich mit-strukturiert und -konstituiert worden ist.[2] Wenn an der hier vertretenen Position etwas „repräsentationistisch" ist, dann weniger in der Form, dass hier eine zweite „Sprache des Geistes" als die „äußere Sprache" verdoppelnd postuliert würde. Präziser wäre es, das „Repräsentationsverhältnis" umgekehrt zu betrachten und die „äußeren", d.h. ausdrucksseitig realisierten sprachlichen Zeichen als Repräsentanten von („Zeiger", „Hinweise" auf) Elemente(n) und Struktureinheiten des Wissens zu sehen, eben – wie es der Philosoph Edmund Husserl einmal ausgedrückt hat – als „Indizien" dafür, dass derjenige, der diese Zeichen als „tertium" (zwischen seinem Geist und dem Geist der Rezipienten), als „Medium" der Kommunikation eingesetzt hat, eben bestimmte Wissensstrukturen kognitiv aktiviert hat (von denen er möchte, dass auch die Rezipienten sie ihrerseits kognitiv aktivieren). Eben dies ist die eigentliche Funktion sprachlicher Zeichen und macht sie allererst zu eben genau dem – zu Zeichen.

Sehr viel komplexer und schwieriger zu beantworten als die erste Frage nach „sprachlichen" oder „kognitiven" (bzw. epistemischen) Frames ist die zweite zu Anfang gestellte Frage: „Lexikalische Frames" oder „instantiierte Frames"? Dieses Problem greift tief in die Definition und Struktur von Frames und der Frametheorie ein und wird uns in den einzelnen Abschnitten der Darstellung eines integrativen Frame-Modells immer wieder begegnen. Vorab können daher dazu nur einige grundsätzliche Anmerkungen gemacht werden. Das Problem hängt eng mit einem aus der linguistischen Sprachtheorie bekannten, seit dem Begründer der modernen Sprachwissenschaft, Ferdinand de Saussure, immer wieder am Rande der Sprachtheorie diskutierten, jedoch nie abschließend geklärten Problem zusammen, das sich in die zwei zuerst bei Saussure aufscheinenden Dichotomien „sozial vs. individuell" und „kognitiv vs. über-kognitiv" fassen lässt. In der Linguistik spielte es eine Rolle bei der „langue-parole" (Sprachsystem-Sprachgebrauch) Problematik; in der Zeichentheorie ist es mit den Begriffen von Peirce als „*type-token*"- (Muster-Exemplar-) Dichotomie bekannt. Konkreter auf Frames angewandt könnte man die Problematik in folgende Fragen kleiden: Sind „Frames" eher als individuelle Strukturen des Wissens (des Geistes) aufzufassen oder als überindividuelle Strukturen im „sozialen Wissen"? Sind „Frames" eher als abstrakte, allgemeine, die einzelnen Anwendungs- und Aktivierungsfälle übergreifende

---

[2] Die Frage, welche Rollen andere Wissensquellen als die Zeichen-dominierten Quellen spielen, ob es in unserem Wissen also etwa eine „Zeichen-freie" Ebene unmittelbar „perzeptueller Symbole" gibt, wie es Barsalou 1993 propagiert, muss dahingestellt bleiben, da sie mit rein linguistischen und sprachtheoretischen Mitteln nicht zureichend geklärt werden kann, sondern ein tiefes Eindringen in die Kognitionstheorie als solche erfordert, was aber eindeutig außerhalb des Kompetenzbereichs von Linguisten läge.

Strukturen (types oder Muster) aufzufassen, oder sind sie präziser als die konkreten, im Geiste einer konkreten Person X zu einem Zeitpunkt Y in einer Situation Z aktiv geistig aktualisierten (bzw. kognitiv „prozessierten") Wissensstrukturen aufzufassen?

Die meisten Frame-Theoretiker schweigen sich über diesen zentralen Punkt mehr oder weniger aus, lassen ihn offen, so dass oft nicht ganz klar ist, über welche Ebene (sozial / individuell, Muster / Muster-Anwendung, abstrakter type / kognitive Aktualisierung) sie eigentlich jeweils gerade reden. Allein Barsalou 1992 (und deutlicher noch 1993) scheint sich hier festgelegt zu haben. Zwar nicht mit Bezug auf den Terminus „Frame" selbst, aber auf den Terminus „Concept" (dessen Realisierungen er dann als Frames analysiert) geht er eindeutig davon aus, dass es um im Geiste einer einzelnen Person jeweils situationsbezogen aktualisierte Strukturen des Wissens geht. Diese kann man dann auch (kognitiv) „instantiierte Frames" nennen.[3] Fillmores Bestreben dagegen zielt stärker auf die Beschreibung lexikalischen Wissens (bzw. präziser: lexikalisch relevanten Wissens), doch sind zahlreiche seiner Beispiele so konstruiert, dass man eigentlich vermuten muss, es ginge doch häufiger um instantiierte Frames. (Für Linguisten ist die Frage engstens mit der langue / parole-Problematik verknüpft.) Mit dieser Frage ist außerdem eng die bedeutungstheoretische Frage verbunden, ob „Bedeutung" eher ein Muster- oder ein Instantiierungs-Phänomen ist; mit anderen Worten, ob es eher um die in einem einzelnen Zeichenverwendungsfall einschlägige („realisierte", „aktualisierte") Bedeutung geht (die „Token-Bedeutung"), oder ob es sich bei „Bedeutung" eher um ein Type-Phänomen (also „soziale, „lexikalisierte", „konventionelle" Bedeutung) handelt. Diese Problematik hängt dann eng mit dem Aspekt der Konventionalität zusammen; und es ist vielleicht kein Zufall, dass keine einzige der verfügbaren Frame-Konzeptionen auf dieses sprachtheoretisch so zentrale Problem längere Gedanken verschwendet hat.

Aus der Entscheidung für „kognitive Frames" folgt zunächst zwingend, dass das erste Zugriffsobjekt einer Frame-semantischen Analyse konkrete instantiierte Frames im Sinne einer kognitiven / epistemischen Aktualisierung im Geist eines Sprachteilhabers sein müssten. Allerdings gibt es zu diesen keinen direkten Zugang und mit normalen linguistischen Methoden auch kein verlässliches Verfahren der Erschließung. „Instantiierte Frames" in diesem Sinne können auf der Grundlage von sprachlichen, ko-textuellen, kontextuellen und situativen Daten sowie „Hintergrundwissen" also allenfalls durch Rekonstruktion *konstruiert* werden. Diese Rekonstruktion trägt immer interpretative Züge. Aus solchermaßen rekonstruierten „instantiierten Frames", die für Token-Frames stehen, die wiederum auf allgemeinen Mustern im gesellschaftlichen Wissen beruhen, können dann in einem zweiten Schritt allgemeine Type- oder Muster-Frames rekonstruiert werden. Ein dritter Schritt bestünde dann darin, für solche allgemeinen Type-Frames festzustellen, mit welchen sprachlichen Mitteln (Zeichen, Zeichenkombinationen, Zeichenketten) sie oder einzelne ihrer Elemente evoziert bzw. verbalisiert werden können. Insofern sich die Darstellung solcher Verbalisierungs-Möglichkeiten auf einzelne Zeichen bezieht, können auf der Grundlage der Frame-Rekonstruktionen Beschreibungen für „lexikalische Bedeutungen" im Sinne von „Lesarten" eines Lexems oder einer Konstruktion angefertigt werden. Da Frames selbst wieder aus Frames zusammengesetzt sind (oder sein können), werden solche Beschreibungen eher komplexen Frame-Vernetzungen als isolierten Einzel-Frames entsprechen.

---

[3] Barsalou 1993 selbst spricht häufiger von „Exemplaren", wobei unklar ist, was genau er darunter versteht. (Siehe dazu ausführlicher unten Kap. 7.5.5.)

7.2 Frames als Format der Organisation und Rekonstruktion des verstehensrelevanten Wissens

Ein wesentlicher Unterschied zwischen den verschiedenen Ebenen von Frames und Frame-Rekonstruktionen mit erheblichen Auswirkungen gerade auch auf die linguistisch-semantische Frame-Darstellung besteht darin, dass instantiierte Frames (z.B. Frames für konkrete Verwendungen eines Lexems in einem gegebenen Text und Kontext) immer mit mit konkretem epistemischem Material „gefüllten" Slots (bzw. mit durch konkrete Einzel-Werte belegten „Attributen") dargestellt werden müssen, also keine „offenen" Slots aufweisen dürfen, während Muster-Frames (z.B. Frames für „lexikalische Bedeutungen" von Lexemen einer Sprache) in der Regel „offene" Slots aufweisen, bzw. Attribute, die einen „Wertebereich" definieren und allenfalls mit Standard-Werten (Defaults) belegt sind. Eine linguistisch-semantische Frame-Analyse kann sich je nach Untersuchungsinteresse beides zum Ziel setzen; nur muss im Einzelfall immer darauf geachtet werden, dass das jeweils gewählte Darstellungsformat auch der jeweiligen Zugriffs-Ebene entspricht. (Da auf den Unterschied dieser Ebenen bisher nie systematisch geachtet wurde, finden sich in der vorhandenen Frame-theoretischen Literatur mit Bezug auf diesen Punkt mehr Unklarheiten als klare und nachvollziehbare Positionen bzw. Umgangsweisen.)

7.2 Frames als Format der Organisation und Rekonstruktion des verstehensrelevanten Wissens

Frames können mithin als Format der Organisation wie auch der Rekonstruktion des verstehensrelevanten Wissens aufgefasst werden. Der bei Bartlett, Minsky, Barsalou begründeten Position folgend werden hier Frames als *das* Format schlechthin der Strukturen des Wissens selbst begriffen. (Vgl. in diesem Tenor z.B. Barsalou 1992, 415.) Der hier vertretenen Auffassung zufolge ist menschliches Wissen selbst grundsätzlich in Form von Frames strukturiert und wird in dieser Form im Langzeitgedächtnis gespeichert und situationsbezogen wieder abgerufen. In der Leistung, das verstehensrelevante Wissen als solches zu erschließen und zu beschreiben, wird von den Linguisten, die sich auf den Frame-Begriff beziehen, der eigentliche Ertrag der Frame-Semantik gesehen. Eine systematische Begründung einer solchen Forschungsposition würde es sicherlich erforderlich machen, den Begriff „Wissen" näher zu definieren und zu diskutieren. Dies kann an dieser Stelle, auch weil es weit über den engeren Bereich der Sprachwissenschaft hinausführt, nicht geleistet werden. Auch als Linguist sollte man aber in Bezug auf die theoretischen Problemstellungen dennoch zwischen mindestens folgenden Aspekten unterscheiden:

(1) der theoretischen Explikation dessen, welches Wissen für die Individuen existiert, welches Wissen für einzelne Handlungen, Perzeptionen und Verstehens„akte" relevant bzw. ermöglichende Voraussetzung ist, wie es strukturiert ist und wie es aktiviert / abgerufen wird;

(2) der Frage, wie dieses Wissen den Individuen selbst aktiv zugänglich wird, wie viel sie davon akut bewusst machen können, wie viel davon in den jeweiligen Situationen „aktiv" bewusst ist oder wird;

(3) der Frage, welche Möglichkeiten es gibt, dieses Wissen, seine Strukturen und die Mechanismen seiner Abrufung bzw. Aktivierung adäquat zu beschreiben; und

(4) der Frage, ob es überhaupt möglich ist, eine solche wissenschaftliche Erklärung / Beschreibung „objektiv" zu machen und zu validieren.

Diese vier Ebenen der Problemstellung werden von den meisten Forschern (Linguisten wie Kognitionswissenschaftlern) fortlaufend durcheinandergeworfen. In den verschiedenen

Ansätzen einer Frame-Theorie (Fillmore, Minsky, Barsalou) ist immer wieder über die Funktion und Leistung der Frames reflektiert worden. Als wichtige Aspekte einer solchen Reflexion haben sich die Auffassung von Frames als „Strukturen aus Konzepten", die Frage des Verhältnisses von „Frames", „Szenen" und „Schemata", die Frage, ob Frames eher kompositionell zerlegbare oder eher holistisch-„gestalthafte" Gebilde darstellen, und der Zusammenhang zwischen Frames, Erfahrung, Kategorisierungsleistungen bzw. Welterkenntnis und dem Aspekt der Relevanz ergeben.

7.2.1 Frames als Strukturen aus Konzepten

Während Frames bei Minsky noch eher unspezifisch (und unter bewusster Vermeidung des von ihm für problematisch gehaltenen Terminus „Konzept") als „chunks of knowledge" (etwa: „Brocken des Wissens") charakterisiert werden, haben Fillmore und FrameNet einen Frame als ein „System von Konzepten" oder auch als „Kollektion von Konzepten" definiert, ohne ihrerseits den dabei benutzen Terminus „Konzept" in irgendeiner Weise näher zu definieren. Eine Konzept-Definition legt erst Barsalou vor, der darunter freilich (in Barsalou 1993) in einem individuellen Geist situationsspezifisch instantiierte kognitive Strukturen versteht, also nicht das, was außerhalb der Kognitionspsychologie (und wohl auch bei Fillmore und FrameNet) unter einem „Begriff" (so der deutsche Terminus dafür) üblicherweise verstanden wird. Als Strukturen aus Begriffen verstehen auch die meisten Anwender der Frametheorie (Konerding, Wegner, Fraas, Klein) die Frames, was sich u.a. in einer starken Konzentration der Forschung auf Konzept-Frames (vorwiegend nominaler Art) niederschlägt. Auf der Grundlage des sich an Prädikationen orientierenden, letztlich aus Problemstellungen der Satzsemantik entwickelten Frame-Modells von Fillmore und FrameNet kann man vermuten, dass sie mit „Kollektion von Konzepten" zunächst einfach Kollektionen von Lexemen verstehen, wie sie in einem prädikativen Frame etwa zur Besetzung der Positionen eines valenzsemantischen Rahmens (als „Frame-Elemente" im Sinne Fillmores) eingesetzt werden können;[4] diese Deutung wird nahegelegt, wenn etwa von Frames als „lexikalischen Sets" gesprochen wird. Erst die Betrachtung von ausdrucksseitig nicht realisierten (nicht verbalisierten bzw. „null-instantiierten") Frame-Elementen, und die Erweiterung des Satz-Rahmen-Begriffs auf einen allgemeinen epistemischen Frame-Begriff (eine sog. „Szene") führt dann dazu, dass nicht mehr nur aktuell verwendete Lexeme, sondern abstrakte kognitive Konzepte zunehmend in den Blick genommen werden. Das kognitionswissenschaftliche Frame-Modell von Barsalou konzipiert daher zwar ebenfalls, aber in anderem Sinne, Frames als Strukturen aus Konzepten. Minsky hingegen sieht in der Benutzung des Konzept-Begriffs die Tendenz zu problematischen Verdinglichungen wirken (eine Tendenz, der Barsalou nur dadurch entgeht, dass er ‚concept' als aktualisierte kognitive Struktur im Arbeitsgedächtnis konzipiert und nicht, wie üblich, als Struktur im Langzeitgedächtnis bzw. Wissen als solchen, über die er jede präzisere Aussage vermeidet).

Wenn man verstehen will, was es heißen soll, Frames als „Kollektionen aus Konzepten" zu bestimmen, müsste zuallererst der Terminus „Konzept" näher definiert werden. Aufgrund der für sprachrelevantes Wissen generell geltenden sozial / individuell- sowie type / token-Problematik kann ein Terminus wie „Konzept" oder „Begriff" für mindestens fol-

---

[4] Dies sind dann natürlich nominale Elemente, die das Verb als Satzglieder um sich schart.

7.2 Frames als Format der Organisation und Rekonstruktion des verstehensrelevanten Wissens 541

gende Varianten stehen:

(1) Die epistemischen Entsprechungen von Lexemen im „Wissen" einer Sprachgemeinschaft (type + sozial + situationsentbunden);
(2) Die epistemischen Entsprechungen von Lexemen in konkreten Verwendungssituationen / Kontexten als Teil des Wissens einer Sprachgemeinschaft (token + sozial + situationsgebunden);
(3) Die epistemischen Entsprechungen von Lexemen im Wissen eines Individuums (type + individuell + situationsentbunden);
(4) Die lexembezogen in konkreten Verwendungssituationen / Kontexten kognitiv aktualisierte epistemische Struktur im Arbeitsgedächtnis eines Individuums (token + individuell + situationsgebunden).
(5) Lexemunabhängige Konstellationen von Wissenselementen / epistemische Strukturen im situationsentbundenen Wissen eines Individuums.

Es hat den Anschein, dass etwa Fillmore, FrameNet und z.B. Ballmer, Wegner und Konerding bei „Frames als Kollektionen aus Konzepten" eher an (1) (eventuell auch an (5)) denken (würden), während etwa Barsalou eher auf (4) zielt und (3) sowie (1) für sehr problematisch hält. In einigen Ansätzen der angewandten Frame-Forschung (etwa Klein und Fraas) ist nicht ganz klar, ob die Analysen eher auf (1) oder auf (2) zielen. Insbesondere bei Klein hat es den Anschein, als wolle er (2) erheben, doch deutet das Design des Forschungsprojekts eher darauf hin, dass er tatsächlich (4) ermittelt.

Im Grunde hängt die Frage, was man unter „Frames als Kollektionen aus Konzepten" verstehen kann, eng mit der Frage „sprachliche" Frames oder „kognitive" Frames zusammen. Genauer: es geht darum, ob man „Konzept" eher eng auf Sprachzeichen bezogen definiert oder als eine rein kognitive / epistemische Größe begreift. (Eine weitere Komplikation ist, dass „Konzept" bei zahlreichen Wissenschaftlern eine eindeutige Präponderanz auf nominale Lexeme hat und Verben wenn nicht explizit, so doch implizit auszuschließen oder zumindest nicht direkt zu meinen scheint.) Hier ist also wieder eine Entscheidung desselben Typs notwendig. Ich begreife daher nachfolgend „Konzepte" als epistemische Größen, die Struktureinheiten des Wissens und der Kognition betreffen. Mit Barsalou gehe ich davon aus, dass in diesem Sinne verstandene Konzepte in der Form von Frames organisiert sind. Da jeder Frame aufgrund des Prinzips der Rekursivität wieder in Unter-Frames differenziert werden kann, besteht jedes Konzept aus Teil-Konzepten (bzw. kann in solche rekonstruktiv bzw. deskriptiv / analytisch zerlegt werden). Als Frame ist jedes Konzept dann auch selbst wieder Teil eines Ober-Konzepts, und ist mit anderen Konzepten derselben Strukturebene zu Konzept-Feldern organisiert. Bei dieser grundsätzlichen, epistemischen bzw. kognitiven Betrachtung macht eine Unterscheidung zwischen „verbalen" und „nominalen" Konzepten ebenso wenig Sinn wie eine Unterscheidung zwischen „autosemantischen" und „synsemantischen" Konzepten. Um es an einem Beispiel zu demonstrieren: eine Präposition wie *auf* steht nach dieser Auffassung ebenso für ein Konzept bzw. eine Konzept-Struktur wie ein Nomen wie *Apfel* oder *Liebe* oder ein Verb wie *abfahren*.

Eine Formulierung wie „Frames als Kollektionen aus Konzepten" kann nach der hier vertretenen Auffassung (ähnlich sieht es etwa Barsalou) also nur so viel besagen wie „Frames sind Strukturen aus Frames". „Frames" werden in diesem Sinne als die basalen Struktureinheiten des Wissens und der Kognition aufgefasst, die sich auf allen Aggregationsstufen des Wissens (rekursiv) immer wieder feststellen lassen. Oder anders ausgedrückt: Der Begriff „Frame" wird verstanden als ein kognitiver bzw. epistemischer Fundierungsbegriff erster Ordnung. Dies macht jedoch eine Typologie von Frames unterschiedlicher Ebenen, Form und inhaltlichen Gestalt mehr als notwendig. Insofern man Frames auch als „Paket

aus Daten und Prozessen" (Minsky) verstehen kann (auch wenn der prozedurale Aspekt in einer linguistischen Betrachtung eher eine untergeordnete Rolle spielt), sind als Frames verstandene „Konzepte" die „Daten" oder Wissenselemente, die in übergeordneten Frames strukturiert und entsprechend dieser im Gedächtnis gespeicherten Strukturen in Prozessen des Abrufens durch Individuen aktiviert werden. Diese Sichtweise sollte jedoch nicht den Blick darauf verdecken, dass Konzepte immer nur in prädikativen Strukturen (sprachlich gefasst: eingebunden in Sätze) realisiert werden. Es liegt daher nahe, in einer linguistisch-semantischen Frame-Analyse den Zugang zu Konzepten über die sprachgebundenen Prädikationen zu suchen (Fraas spricht diesbezüglich vom „Zugang über die in einer Sprachgemeinschaft üblichen Prädikationen").

In der Frame-theoretischen Literatur ist es allein Barsalou, der über den Zusammenhang von Frames und Konzepten in systematischer Weise nachgedacht hat. Er hält Frames für ein außerordentlich starkes Werkzeug bei der Analyse von Konzepten und konzeptbezogenen Aspekten unterschiedlichster Art[5] und geht davon aus, dass mit Frames „alle Typen von Konzepten" erfasst werden können (bzw. kognitiv verarbeitet werden). Allerdings orientiert er sich (insbesondere in Barsalou 1993) stark auf die o.g. Ebene (4), also individuell-kognitiv instantiierte „Concepte", in Bezug auf die er die Probleme „Flexibilität, Struktur und sprachliche Vagheit" diskutiert.[6] Seine eigentliche Definition von „concept" ist allerdings stark auf in der Sprache typischerweise nominal realisierte Konzepte ausgerichtet, die er auch „Kategorien" nennt. Er definiert „concept" als „die deskriptiven Informationen, die Menschen für eine Kategorie kognitiv repräsentieren", rechnet dazu aber nicht nur, wie in der klassischen Merkmal-Semantik und Begriffs-Taxonomie die „definitorischen Informationen", sondern auch „prototypische Informationen", „funktional wichtige Informationen" und möglicherweise weitere Typen von Informationen. In der Art, wie er hier die Ausdrücke „deskriptiv" und „definitorisch" verwendet, steckt noch der aus der logischen und Merkmalsemantik bekannte „Dingbezug", der in einer epistemologischen Semantik (jedenfalls wenn man ihn ontifizierend missversteht) eigentlich keinen Platz mehr haben sollte.[7] Wenn man den von Barsalou definierten kognitiven Begriff von Konzept epistemisch umdeutet und ihn von den problematischen Implementen (wie etwa der Konzentration auf nominale Konzepte) befreit, kann man ihn im Rahmen einer linguistischen Frame-Semantik durchaus weiterverwenden. Allerdings wird es dann notwendig, immer wieder präzise darauf hinzuweisen, in welcher Form sprachliche Zeichen (oder ihre „Bedeutungen") auf in diesem Sinne verstandene epistemische Konzepte Bezug nehmen.

---

[5]   Barsalou 1992 erwähnt mit Bezug auf Konzepte bzw. Konzept-Frames folgende Problembereiche, für die ein Frame-orientiertes Konzept-Modell Lösungen anbieten kann: Kategorisierung, Exemplare und Propositionen, Prototypen und Zugehörigkeit, Unterbegriffe und Taxonomien, Begriffs-Kombinationen (inkl. Wortbildungsprozesse), Ereignis-Sequenzen, Regeln, Pläne, konzeptuelle Felder. Da diese Aspekte in verschiedenen Unterkapiteln noch näher behandelt werden, kann eine Diskussion an dieser Stelle unterbleiben.

[6]   Seine Überlegungen zum Verhältnis dieser „Concepte" zu lexem-bezogenem sozialen Wissen („lexikalische Bedeutung", gleich ob sozial oder als Teil des individuellen „mentalen Lexikons" verstanden) sind aus linguistischer Sicht jedoch enttäuschend und wenig ergiebig.

[7]   Ein Rest der von ihm eigentlich scharf kritisierten Merkmalsemantik (im Sinne einer Notwendige-und-hinreichende-Bedingungen-Semantik) schwingt auch noch mit, wenn er an anderer Stelle von den „begrifflich notwendigen" Wissenselementen spricht.

7.2 Frames als Format der Organisation und Rekonstruktion des verstehensrelevanten Wissens

7.2.2 Frame, Szene, Schema (Abstraktionsleistung und Schematisierung)

In der Frame-theoretischen Literatur wird der Frame-Begriff meist in einem Atemzug mit Bezeichnungen für andere Agglomerationen bzw. Strukturen des verstehensrelevanten Wissens (der Kognition bzw. Episteme) genannt. Das Verhältnis der Frames zu diesen anderen Aspekten wird dabei nicht immer ganz deutlich. Im Rahmen dieser Arbeit wird der Begriff *Frame* ganz klar als Oberbegriff für von anderen auch als *Schema, Skript, Szene, Prototypen, Stereotypen, Pläne, Ziele, Themen* bezeichneten Strukturensembles des Wissens verwendet. Es wäre dann Sache einer nach Ebenen, Aspekten und Funktionen ausdifferenzierten Frame-Typologie, diese unterschiedlichen Aspekte in eine allgemeine Frame-Theorie zu integrieren. Die Begriffe *Prototyp* und *Stereotyp* beziehen sich (auch) auf Positionen zur Wortsemantik, die in der Linguistik und Prototypensemantik (nach Rosch) bzw. Stereotypensemantik (nach Putnam) bekannt sind. Prototypikalität als solche ist eine der wichtigsten Eigenschaften von Frames (so Bartlett, Fillmore und Minsky), und wird daher noch ausführlich diskutiert werden. Insofern mit „Prototypen" aber bestimmte konkrete Strukturen des Wissens gemeint sind (z.B. als einzelne lexikalische Bedeutungen eines Wortes, oder als prototypisches Wissen von einem Gegenstand bestimmten Typs), genügt zu ihrer Beschreibung der allgemeine Frame-Begriff. *Skripts, Pläne, Ziele, Themen* sind Aspekte, die insbesondere in der Theorie von Schank und Abelson erstmals systematisch erörtert und beschrieben wurden. Ich gehe davon aus, dass sie allesamt als Frames, Frame-Gefüge oder Teile von Frames beschreibbar sind. *Skripts* können auch als ereignisbezogene komplexe Frame-Strukturen mit temporal und / oder kausal miteinander verknüpften Teil-Ereignis-Frames aufgefasst werden. *Pläne* und *Ziele* sind wichtige Aspekte einer Wissensanalyse, die in traditionellen Semantik-Konzeptionen meistens übersehen wurden und daher einen wichtigen Aspekt zur semantischen Beschreibung und Theorie hinzufügen. Aber auch sie lassen sich problemlos als Frames oder Teile (Attribute) von ihnen beschreiben.

Es bleibt daher, das Verhältnis der Begriffe *Szene* und *Schema* zum hier vertretenen *Frame*-Begriff näher zu erläutern. Fillmore, der den Begriff der „Szene" (in Anlehnung an das Vorbild Tesnière in der Valenzgrammatik) in die semantische Diskussion eingeführt hat, hat später die Unterscheidung von Frame und Szene wieder aufgegeben und nur noch von Frames gesprochen. Dies ist im Sinne eines allgemeinen kognitiven bzw. epistemologischen Frame-Begriffs, wie er hier vertreten wird, auch sinnvoll. Dennoch bleibt ein Rest von Differenz, der einen zögern lässt, den Begriff Szene völlig aufzugeben. (Und es mag kein Zufall sein, dass auch in Fillmores FrameNet dieser Begriff wieder unter der Hand reaktiviert wurde.) Offenbar trifft er Aspekte, die in einem allgemeinen Frame-Begriff nicht so deutlich werden. Man könnte Szenen zunächst auf eine Stufe mit Skripts stellen, und sie ähnlich wie diese als auf der Sach- oder Ereignisebene miteinander verknüpfte Vernetzungen von Frame-Elementen oder –Strukturen auffassen. Vielleicht könnte man sagen, dass Skripts dynamischer sind (eher Abläufe und Handlungen betreffen), während Szenen auch statisch sein können (nicht müssen), also eher Rollen und Beteiligte (und Requisiten) betreffen. Eine zusätzliche Note bringt Fillmore jedoch in den Begriff Szene, indem er die Rolle der Perspektivierung betont, die verschiedene Frames in Bezug auf ein und dieselbe Szene leisten können. Er denkt hier prototypischerweise an Verb-Frames wie seine berühmten Beispiele *kaufen, verkaufen, bezahlen*, aber auch an nominale Bezeichnungen für Beteiligte / Rollen, wie *Käufer, Verkäufer, Ware, Geld* usw. *Szene* wird dann benutzt zur Bezeichnung einer epistemischen Hintergrund-Struktur, die den Bedeutungen mehrerer Lexe-

me (bzw. ihren Frames) gemeinsam ist. Möglicherweise ist es daher sinnvoll, bei der Differenzierung verschiedener Frame-Typen und –Ebenen den Szenen einen eigenen Ort in einer solchen Stratifikation zuzuweisen. Man könnte sie dann als unter einem einheitlichen Wissensaspekt zusammengefasste komplexe Strukturen aus Frames (bzw. Unter-Frame-Systemen) auffassen, als eine Art Szenario, das man notwendigerweise als Ganzes kennen muss, wenn man die Teilaspekte (bzw. Lexeme, die diese fokussieren) adäquat verstehen will.[8]

Der Begriff *Schema* steht wissenschaftgeschichtlich in direkter Konkurrenz zum Frame-Begriff; er ist älter, deutlich verbreiteter, und wird insbesondere in der Kognitionswissenschaft auch heute noch dem Frame-Begriff eindeutig vorgezogen. Für Fillmore sind die Begriffe *Frame* und *Schema* wohl austauschbar, er begreift Frames als Schemata und bezieht sich dabei (wie auch Minsky) auf Bartletts Schema-Begriff. Doch ist das Spektrum beider Termini nicht ganz identisch, da es *Schema* (anders als *Frame*) erlaubt, über agentivische Aspekte wie *Schematisierung* bzw. *Schema-Bildung* zu reden, die Teil einer jeden adäquaten Frame-Theorie sein müssten. Beide stehen (wie insbesondere Bartlett herausgearbeitet hat) in engem Zusammenhang mit der kognitiven Leistung der *Abstraktion*, deren Funktion im Zusammenhang mit Frames erörtert werden muss. Auch Minsky begreift Abstraktion und Schematisierung als die wichtigsten kognitiven Leistungen / Funktionen von Frames. Am Beispiel der Frames für Objekte in der visuellen Wahrnehmung zeigt er, dass „Verkürzung" (= Weglassung oder Tilgung von Objekt-Merkmalen) und „Ergänzung" (= Aktivierung von perzeptiv momentan nicht verfügbaren Objekt-Merkmalen aus dem Gedächtnis) wesentliche Elemente jeder Schema-Bildung und Schema-Abrufung sind. Für ihn ist der (in der Slot-Filler-Dichotomie aufgehobene) Aspekt der Frame-Ergänzung daher ein notwendiger Teil jeder Sinneswahrnehmung (Perzeption) und jeder kognitiven Aktivierung von Wissen (Frames bzw. Schemata).

Nach Bartlett ist die Schema-Bildung und das Erinnern von Schemata durch folgende Merkmale gekennzeichnet: (1) *Abstraktion*, (2) *Stabilität* etablierter Formen bzw. Muster, (3) *Stereotypisierung*, (4) *Auslassungen*, *Vereinfachungen*, *Veränderungen* im Anwenden der Schemata, (5) starke *Nutzung von Inferenzen* bei zunehmender *Reduktion der Details* des Originals, (6) Abhängigkeit der Ausfüllung, Hervorhebung, Abrufung und Änderung der Schemata von *Interessen* und kognitiven Tendenzen, (7) *Anschlussmöglichkeiten* für neue Details. (Die meisten dieser Aspekte werden in den verschiedenen Unterkapiteln dieses Abschnitts noch eine Rolle spielen.) Als allgemeine Leistungen von Schemata im Gedächtnis nennt Bartlett auch *Organisation* und *Determination* (des Wissens). Er weist auch darauf hin, dass man statt von als statisch missverstandenen Schemata in kognitiver Hinsicht besser von „aktiv sich entwickelnden Mustern" sprechen sollte. Mit seinem Hinweis darauf, dass Schemata seriell organisiert sind, greift er deutlich auf die spätere Frame-Theorie (etwa bei Minsky) vor. Barsalou wiederum weist darauf hin, dass Attribute von Frames sehr häufig in der Kognition ad hoc konstruiert werden. Man wird daher gerade in linguistisch-semantischen Frame-Analysen darauf achten müssen, welche Elemente von Frames ad-hoc konstruiert sind, und welche in die Frames als (soziale, überindividuelle, bzw. übersituative) Muster eingehen. All die genannten Merkmale von Schemata gelten auch für die Frames, so wie sie in diesem Modell verstanden werden. Ergänzt man daher den Frame-Begriff um die Aspekte *Abstraktion* und *Schematisierung*, dann kann man mit

---

[8]   Das Schema Teil-Ganzes trifft jedoch nicht ganz den Kern, um den es hier geht.

7.2 Frames als Format der Organisation und Rekonstruktion des verstehensrelevanten Wissens   545

dem Frame-Modell alles berücksichtigen und erfassen, was eine allgemeine Schema-Theorie als wichtige Merkmale menschlicher Kognition und Episteme herausgearbeitet hat.

7.2.3   Kompositionalität vs. Holismus von Frames

Nach einer in der Frame-Literatur häufiger zu findenden Auffassung werden Frames von manchen Frame-Theoretikern, als „holistische" Ensembles von Wissen aufgefasst. Wegner etwa deutet so Fillmores Frame-Konzept, was allenfalls in der Hinsicht zutrifft, dass Fillmore an einer Stelle einmal über Szenen (nicht über Frames!) aussagt, manche Szenen „können nicht analysiert werden, sondern müssen als ganze bekannt sein". Ziem ordnet sogar die Frame-Semantik als Ganzes einem „holistischen Paradigma" in der kognitiven Semantik zu. Ein Gegenbegriff zu einer holistischen Frame-Auffassung könnte im Gedanken der Kompositionalität von Frames gesehen werden, wonach Frames durchaus kompositionell zerlegbare Strukturen des Wissens sind, in denen Elemente, Ebenen und Relationen als Teileinheiten identifiziert werden können. Eine Begriffsklärung scheint daher sinnvoll, wenn nicht nötig zu sein. Der Begriff Holismus oder holistisch geht auf das altgriechische Wort ὅλος ([holos] *ganz, unversehrt, vollständig*) zurück. In der Verwendung, wie er sich in der Frame-Literatur und insgesamt der kognitiven Semantik findet, können damit zwei zu unterscheidende Aspekte gemeint sein: (a) die Beschreibung von epistemischen Größen (z.B. im Bezug auf lexikalische Bedeutungen) als *vollständige* Wissensstrukturen, die (im Unterschied zu reduktionistischen Modellen, wie etwa der klassischen Merkmal- oder Komponentensemantik) kein wesentliches epistemisches Element auslassen oder unterdrücken oder als „nicht zugehörig" (zur Bedeutung, zur Beschreibung, zum Frame) markieren, und (b) die Auffassung, dass es sich bei einem bestimmten Wissens-Ensemble um „ganzheitliche", d.h. „nicht-analysierbare" (nicht in klar bestimmbare einzelne Komponenten zerlegbare) Einheiten handelt; letztere werden häufig auch mit einem aus der deutschen Psychologie des späten 19. Jahrhunderts entlehnten Internationalismus als *„Gestalten"* (engl. *gestalts*) bezeichnet.

Die gängige Vorstellung von „holistisch" (im Sinne des so explizit nur bei Wegner zitierten Begriffs der „Gestalt") schließt eine zentrale Rolle klarer Strukturen aus. In diesem strikten Sinne (als unanalysierbar „gestalthaft") sind aber die Frame-Konzeptionen weder von Fillmore, noch von Minsky, Barsalou oder Schank / Abelson (ja noch nicht einmal die von Ziem) „holistisch". „Holistisch" ist eine Frame-Analyse bei diesen Autoren allenfalls in der Hinsicht, dass sie von komplexen vernetzten Strukturen des Wissens ausgeht, und daher atomistische und reduktionistische Auffassungen ausschließt. Es war nachgerade eines der zentralen Ziele für die Etablierung des Frame-Gedankens durch Minsky, dass die „Brocken des Wissens" (*chunks of knowledge*) eben innere Strukturen aufweisen! Daraus würde ihre Analysierbarkeit also zwangsläufig folgen. Es wäre daher zu prüfen, ob Fillmores Feststellung, dass *manche* (sic!) Szenen „nicht analysiert werden können", nicht lediglich aus seinem statischen, lexikalisch und satz-semantisch dominierten Frame-Konzept (und seiner Weigerung der Einnahme einer strikt kognitiven oder epistemologischen Perspektive) herrührt. Mit einem anderen, stärker epistemologisch dominierten Modell, wie es hier (im Anschluss an Minsky und Barsalou) vorgeschlagen wird, müssten dann auch die von Fillmore als „nicht analysierbar" eingestuften Szenen in kleinere epistemische Elemente zerlegt werden können. Diese Position würde auch zwingend aus dem von Barsalou

hervorgehobenen Aspekt der unaufhebbaren Rekursivität von Frames bzw. Frame-Strukturen folgen, die mit dem Axiom der Unabschließbarkeit einer Frame-Zerlegung (bzw. Ausdifferenzierung) einhergeht.

Es gibt allerdings Hinweise darauf, dass eine solche Zerlegung (und damit eine generelle Strukturiertheits-Hypothese für Frames), auch wenn es sie auf abstrakter konzeptueller oder epistemologischer Ebene geben mag, im Sinne einer kognitiven Realität in den Köpfen der Sprachteilhaber ihre Grenzen hat. Vieles hängt in diesem Kontext auch mit dem Aspekt (der kognitiven / epistemischen Leistung oder Fähigkeit zur) *Analogie* zusammen. So kann man zu recht fragen, ob es nicht manchmal Wissenselemente gibt, z.B. *Filler* oder *Werte*, die *holistisch* wirken (wie z.B. „*wie die Haut eines Frosches*" oder „*wie das Fell eines Golden Retrievers*"), ohne dass die Menschen in der Lage wären, sie taxonomisch einzuordnen (ohne redundant zu sein) oder komponentialistisch zu zerlegen, die sich also nicht so leicht *bestimmten* Attributen zuordnen lassen (oder zumindest von den Menschen nicht unmittelbar, sondern höchstens auf Anforderung oder bei auftretenden Kommunikationsproblemen kognitiv so zerlegt werden)? Eine Frame-Theorie müsste aber auch in der Lage sein, holistisch aufgebaute Frames bzw. Kategorien zu erklären (z.B.: wie repräsentiere ich die geometrische Form eines Landes auf der Landkarte; nur für wenige Länder bietet es sich an, dafür Konzepte mit festen und eindeutigen Attributen zu verwenden, wie z.B. *Hexagon* für Frankreich oder *Stiefel* für Italien).

Einen wichtigen Hinweis liefert Barsalou, der holistisch gegebene Frame-Elemente zwar nicht generell ausschließen will, sie aber aufgrund der grundsätzlich unabschließbaren Frame-Differenzierung für ein Übergangsstadium (im individuellen oder gesellschaftlichen Wissen) hält.[9] Es wäre ein interessanter Aspekt, näher zu prüfen, in welchen Wissensbereichen solche analogischen, aktuell unanalysierten (oder sogar mit den aktuell verfügbaren konzeptuellen Instrumenten momentan unanalysierbaren) Wissenselemente (Frames oder Teil-Frames) überhaupt gehäuft vorkommen. Ist die Vermutung richtig, dass solche auf Analogien abzielende Formen der Wissensaktivierung häufiger im Bereich von Wissensdaten, die direkt der Sinneswahrnehmung entspringen, vorkommen als im Bereich des abstrakten oder „Buchwissens"? Andererseits kann man sich gerade auch im Bereich des Buchwissens holistische Konzepte oder Frames vorstellen, wie z.B. „Habermas'sche Diskurse" oder „in der Manier Thomas Manns", die aktuell nicht präzise definiert sind (bzw. vom Individuum werden können). Gerade in der sprachlichen Kommunikation wird man solche holistischen Analogien und / oder Verweise sicherlich häufiger finden; und zwar als eine Technik zur Ersparung aktuellen kognitiven Aufwandes, zur Frame-Vernetzung im Sinne eines „x hat [irgendwie] mit y zu tun", „… ist ihm ähnlich" usw.[10] „Holismus" wäre dann nicht nur eine Episode im kognitiven Leben eines Frames oder Frame-Elements, sondern eine kognitive (und z.B. sprachlich genutzte) Technik der Ersparung von momentan nicht zweckmäßigem oder verzichtbarem geistigen Aufwand.

Einen anderen (von dem soeben diskutierten strikt zu unterscheidenden) Aspekt, der in der Literatur häufig mit dem Holismus mit Bezug auf Frames in Zusammenhang gebracht wird, spricht Fillmore an (es ist zugleich einer der zur Begründung der Notwendigkeit einer

---

[9] Vgl. Barsalou 1992, 41; siehe oben Kap. 5.2.3, Seite 378 f. (Fußnote 121).

[10] Zu erinnern ist in diesem Zusammenhang an die vom Philosophen Husserl eingeführte Unterscheidung zwischen „bedeutungsverleihenden" und „bedeutungserfüllenden" geistigen Akten. Nur letzteren schreibt er die „volle sinnliche Anschauung" zu. Frame-theoretisch könnte man auch sagen, nur sie sind in ihren vollen Details epistemisch analysierbar.

7.2 Frames als Format der Organisation und Rekonstruktion des verstehensrelevanten Wissens 547

Frame-Semantik mit am häufigsten in der Literatur genannten Aspekte). Dabei bezieht er sich auf sprachliche Äußerungen, in denen der zentrale verstehensermöglichende Frame mit keinem einzelnen spezifischen Wort evoziert wird, sondern sich aus dem gesamten Kontext, der Gesamtheit des Arrangements mehrerer Wörter bzw. Sätze (implizit) ergibt. Er benutzt dafür das berühmte Beispiel von Minsky

(9-1) *„Mary was invited to Jack's party. She wondered if he would like a kite.“* (*„Mary wurde zu Jack's Party eingeladen. Sie fragte sich, ob er sich über einen Drachen freuen würde.“*)

Gemeint ist der als Wissens-Hintergrund für das adäquate Verstehen notwendige Frame „Geburtstagsfeier". Gemeint ist allerdings ja wohl nicht, dass dieser Frame nur „holistisch" gegeben und also gar nicht strukturell analysierbar sei; davon kann hier keine Rede sein. Das „Ganzheitliche" ergibt sich hier eher daraus, dass eine „Ganzheit" von sprachlichen Mitteln einen bestimmten Frame evoziert, nicht ein einzelnes sprachliches Mittel (etwa ein Lexem). Hier ist es also nicht der Frame selbst, der „unanalysierbar" (oder schlicht kognitiv unanalysiert) ist, sondern der Beitrag der sprachlichen Mittel zur Frame-Aufrufung, der nicht „analytisch", bzw. isolierend auf ein einzelnes sprachliches Mittel allein zurückgeführt werden kann.

Solche Formen der Aktivierung von Frames oder Frame-Gefügen des verstehensrelevanten Wissens, die, wie die Literatur (insbesondere von Fillmore selbst) mit zahllosen Beispielen demonstriert hat, im alltäglichen Sprachgebrauch alltäglich und nachgerade ubiquitär sind, können nur dann als etwas Besonderes aufgefasst, und dann eben als „holistisch" charakterisiert werden, wenn man implizit von einem Gegenmodell des ‚gezielten Evozierens eines Frames durch ein isoliertes Lexem' ausgeht. Es fragt sich aber sehr, ob ein solches implizites „Normalmodell der Frame-Aktivierung" überhaupt Sinn macht. Dies ist stark zu bezweifeln. Tatsächlich wird es in der sprachlichen Alltagsrealität immer eher so sein, dass gegebene und voraktivierte Wissenskontexte einen Wissensraum bereits eröffnen, in dem die Aktivierung der verstehensrelevanten Frames gerade durch das Zusammenwirken mehrerer Lexeme, Lexemkombinationen, Sätze erfolgt. Wie insbesondere Fillmore deutlich herausgehoben hat, ist eher die isolierte Verwendung eines Lexems zur Spezifikation seiner Bedeutung (im Kontext des Frame-Modells könnte man sagen: die Deutung eines einzelnen Lexems als isolierten „Evokator" eines Frames) ein Spezialfall, der ausschließlich in den Gehirnen und Schriften von Linguisten vorkommt, während es in der sprachlichen Realität immer ein Zusammenwirken von mehreren „Frame-Indizien" ist, was die Aufrufung eines Frames bei den Rezipienten bewirkt. Es wäre terminologisch unpassend, diesen normalen Vorgang als „holistisch" zu bezeichnen, wo es sich doch tatsächlich eher oder vor allem um etwas handelt, was mit „Einbettung" (oder „epistemische Kontextualisierung") präziser beschrieben wäre.

7.2.4 Frames, Erfahrung, Kategorisierung und Welterkenntnis, Relevanz

Insbesondere Fillmore stellt den Charakter von Frames als Format der Verarbeitung und „Speicherung" von *Erfahrungen* in den Vordergrund. Er spricht von Frames (einen Begriff aus der Soziologie aufgreifend) auch als „Alltagstheorien" über Gegenstände und Verhältnisse in der Welt. In den kognitionswissenschaftlichen Arbeiten (Minsky, Bartlett, Barsalou) kehrt dieser Aspekt in Form der These wieder, dass Frames das generelle Format der

Erfahrung im Sinne der Speicherung von Wissen im Gedächtnis seien. Der Begriff der „Erfahrung" ist (insbesondere wenn man ihn im Zusammenhang mit Frames diskutiert) ambig. Er kann im Sinne gesellschaftlicher Erfahrung (im Sinne der gesellschaftlichen Episteme als „kollektives Gedächtnis" einer Gesellschaft) verstanden werden oder im Sinne je individueller und persönlicher Erfahrungen (im Plural) einzelner Personen. Letztere Auffassung ist charakteristisch für das Frame-Verständnis von Barsalou, der darauf hinweist, dass verschiedene Personen in Bezug auf bestimmte Weltverhältnisse in unterschiedlichem Ausmaße ausdifferenzierte Frames besitzen können. Bei Fillmore, der stärker in lexikalischen Bedeutungen denkt und daher das soziale Moment von Frames hervorhebt, ist dies nicht so ganz eindeutig. Er scheint, wie seine Hervorhebung der Frames bei der gesellschaftlichen Leistung der Kategorisierung der Welt zeigt, davon auszugehen, dass es so etwas wie eine gesellschaftliche Erfahrung gibt, die sich in den Frames, die die Bedeutungen lexikalischer Einheiten ausmachen, kristallisieren und auch empirisch nachweisen lassen. Das heißt: Frames (a) ordnen Erfahrungen einem Typ zu, (b) geben der Erfahrung eine Struktur, und (c) geben ihr Kohärenz. Das „Framing" (von dem Fillmore in diesem Zusammenhang spricht) erzeugt „selektierte, gefilterte, und verallgemeinerte Erfahrungen"; die Wörter verweisen auf die so bearbeiteten Erfahrungen und strukturieren so das enzyklopädische und das semantische Gedächtnis zugleich. Diese Organisation der Erfahrungen verändert sich (so Fillmore, aber implizit im ähnlichen Tenor auch Barsalou) akkumulativ mit der Zunahme der Zahl von Situationen der „Einzelerfahrung" und führt zu einer weiteren Ausdifferenzierung, möglicherweise auch zu zusätzlichen Abstraktionsstufen der Frame-Struktur. Gerade der für die Frame-Theorie so wichtige Aspekt der „Ausfüllung von Leerstellen" ist nach dieser Auffassung eng an persönliche kommunikative und Lebenswelt-Erfahrungen der Individuen gebunden.

Die zentrale Rolle von Frames als Formaten der Gewinnung, Verarbeitung, Ausdifferenzierung und Speicherung von gesellschaftlicher wie individueller Erfahrung wird insbesondere in Zusammenhang mit ihrer Funktion bei der Kategorisierung der Welt (man könnte erkenntnistheoretisch gesprochen auch sagen: bei der kognitiven Verarbeitung und epistemischen Einordnung und Strukturierung der Erkenntnis der Dinge und Verhältnisse in der Welt) virulent. Kategorisierung wurde traditionell in Philosophie, Logik und linguistischer Semantik vorrangig über die Gewinnung von „Begriffsmerkmalen" beschrieben, die in stark objektivistischer Tendenz als sprachliche Niederschläge (oder „Wiederspiegelungen" bzw. „Abbilder") von „Dingmerkmalen" aufgefasst wurden. Spätestens seit Überwindung solcher Begriffstheorien durch die Prototypentheorie (die von Psychologen wie Rosch ja gerade im Zusammenhang mit der Erklärung von kognitiven Prozessen der Kategorisierung entwickelt wurde) ist ein rigides Verständnis von Kategorien obsolet geworden und dann in der Frame-Theorie (insbesondere mit der slot / filler-Konzeption) durch eine dynamische Auffassung der Strukturen der Erfahrung (des Wissens) ersetzt worden. Insbesondere Minsky weist dann darauf hin, dass zur kategorisierenden „Beschreibung" von Dingen nicht nur eine „strukturale Beschreibung" im Sinne der alten „Dingmerkmale" dazugehört („Wie sieht das Ding aus?"), sondern ebenso sehr eine „funktionale Beschreibung" (im Sinne des „Wofür können wir das Ding benutzen?"). Damit ist das Tor geöffnet für die Berücksichtigung unterschiedlichster Wissensbestände und -typen bei der Beschreibung der in Frames organisierten Erfahrung und Kategorisierung.

Da Kategorisierung immer eng mit den kognitiven Leistungen der Abstraktion und Schematisierung zusammenhängt (vermutlich sind „Kategorisierung" und „Schematisie-

7.2 Frames als Format der Organisation und Rekonstruktion des verstehensrelevanten Wissens   549

rung" nur zwei Termini für dieselbe Sache), ist es naheliegend, wenn Minsky 1986 (am Beispiel der visuellen Wahrnehmung) darauf hinweist, dass schon die „Existenz" von Objekten in der Welt, so wie wir sie uns vorstellen, kognitiv gesehen nichts anders als eine Kette einzelner Erinnerungen ist. Die „Identität" eines Objekts (verstanden als ein kognitives Muster, ein *type*) ist nur möglich aufgrund der kognitiven Verknüpfung all der einzelnen Wahrnehmungsakte, in denen das Muster auf eine Perzeption angewendet und als mit dem Muster „identisch" verarbeitet wurde (*token*). Mit anderen Worten, es gibt keine „direkte", „objektive" Wahrnehmung von Dingen in der Welt, sondern nur die Anwendung von aus dem Gedächtnis entnommenen Frames auf Perzeptionen, in denen manches mit dem allgemeinen Muster übereinstimmt, manches aber (etwa weil es gerade verdeckt ist oder optisch in verzerrter Perspektive vorliegt) der unmittelbaren Wahrnehmung momentan gar nicht (oder nicht in dem Muster entsprechender Weise) zugänglich ist und daher kognitiv „ergänzt" (oder „korrigiert") werden muss. Insofern ist jede Frame-geleitete Perzeption per se konstruktiv (worauf bereits Bartlett nachdrücklich hingewiesen hatte).

Neben Barsalou, der hervorhebt, dass Frames die Struktur für alle Arten der Kategorisierung (sei es von Objekten, Personen, Handlungen, Ereignissen, Eigenschaften, Quantifizierungen usw.) vorgeben, hat sich insbesondere Fillmore intensiv mit der Leistung der Frames bei der menschlichen Kategorisierung der Welt befasst. Besondere Bedeutung gewinnt der Begriff der Kategorie und der Kategorisierung dabei im Zusammenhang mit Überlegungen Fillmores zu den (motivierenden) Gründen, die es nach seiner Auffassung dafür geben muss, dass in einer Sprache (einer Kultur) ein bestimmtes Wort (ein sprachliches Zeichen) überhaupt existiert. D.h. er geht davon aus, dass es, wenn eine Sprache ein Wort besitzt, eine Kategorie im Denken geben muss, die durch ein verbundenes / assoziiertes kognitives Schema identifiziert wird, das in der Sprachgemeinschaft geläufig ist, und das dieses Wort aktiviert. Wörter üben in Bezug auf existierende kognitive / epistemische Schemata also eine relevante kategorisierende Funktion aus. Es ist daher konsequent, wenn Fillmore davon ausgeht, dass Frames in ihrer Gesamtheit die wahrgenommene und imaginierte Welt erfassen und dass dies gleichzusetzen ist mit dem gesamten Rahmenwerk sprachlicher Kategorien zum Sprechen über imaginierbare Welten. In dieser Sichtweise haben Frames die Funktion der Kategorisierung von Handlungen, Institutionen und Objekten, letztlich von allen Wahrnehmungen und Imaginationen. Lexikalisierung ist damit identisch mit dem Akt der Präsentation einer etablierten Kategorie des Denkens, die sich als Frame oder Struktur aus Frames beschreiben lässt. Nach Bartlett und auch Barsalou ist diese Ausbildung von Frames im Sinne der Kategorisierung oder Welterfahrung bereits durch Ziele und Interessen gesteuert bzw. beeinflusst. Für Barsalou ist insbesondere der Grad der Ausdifferenzierung von Frames bzw. Kategorien ziel- und interessengesteuert. Nach Bartlett bezieht sich dies aber auch auf die konkrete Form der Wissensstrukturen, während Fillmore sich zusätzlich sehr für das Ob und Warum der Existenz von Kategorien interessiert hat.

Barsalou und unabhängig von ihm auch Ballmer bringen in diesem Zusammenhang den wichtigen Aspekt der *Relevanz* von gebildeten Frames oder Kategorien ins Spiel. „Frames produzieren Relevanz", so Barsalou, oder, stärker auf die sprachlichen Zeichen, die für die Frames stehen, gewendet: Sprachzeichen können als „Dokumente der Relevanz" von Frames gelten, so Ballmer. Dieser Aspekt der Relevanz steht in engem Zusammenhang mit dem Aspekt der Motive für die Existenz einer Kategorie, den Fillmore angesprochen hat. Man könnte sagen: Das Motiv für die Ausbildung eines Frames (und die Entwicklung eines

Sprachzeichens, das als „Merkzeichen" im Sinne Herders diesen Frame auf Dauer stellt und dann immer wieder evozieren kann) besteht in der Relevanz, die die mit dem Frame strukturierte und definierte Kategorie für die Menschen in ihrem Alltagsleben (ob praktisch oder geistig) hat. Hier müssen notwendigerweise zwei Aspekte unterschieden werden: Die Kategorisierungsleistung als eine individuelle geistige Leistung, die sich in der Kognition (im Wissen) jedes einzelnen Individuums abspielt; und die Kategorisierungsleistung als eine gesellschaftliche Leistung, als ein Produkt der „gesellschaftlichen Arbeit" der Ausbildung von Frames, Kategorien und Sprachzeichen als Kommunikations- und Evokationsmitteln für diese Wissensstrukturen und –elemente. Kategorisierungsleistungen in dieser Hinsicht bestehen nicht nur in der Tatsache der Ausbildung einer Kategorie (und des zugehörigen Frames); sie beziehen sich auch auf die Ausbildung und Ausdifferenzierung der Slots bzw. Attribute, die Festlegung von Wertebereichen, die Ausbildung von Standardwerten, von Relationen, von Unter-Frames usw.

All diese Leistungen haben also, wie damit auch die Frames selbst, stets eine individuelle und eine soziale Seite. So hat Bartlett nachdrücklich auf den wichtigen, von Linguisten (etwa in der linguistischen Semantik und Bedeutungstheorie) jedoch nahezu immer übersehenen Umstand aufmerksam gemacht, dass jedes einzelne Element des gesellschaftlichen Wissens, jede mit den Mitteln der Sprache gebildete und damit soziale Kategorie oder Schematisierung (bzw. Frame) individuell, im Wissen und der Kognition jeder einzelnen Person aktiv nachgebildet (konstruiert) werden muss, damit man sagen kann, dieses Individuum verfüge über diese Kategorie (dieses Schema, diesen Frame, diese Wortbedeutung).[11] Frames und Frame-Systeme helfen laut Barsalou den Individuen dabei, aus vorhandenem epistemischem Material neue Wissensstrukturen (er spricht von „Taxonomien") zu erschließen und zu konstruieren. Die dafür erforderlichen (epistemischen bzw. kognitiven) Leistungen, wie die dabei wirksamen Motive, Ziele, Interessen und Relevanzgesichtspunkte, haben immer eine individuelle und eine soziale Seite zugleich. Das gesellschaftliche Wissen gibt das Material und häufig auch die Anreize und Motive, ausgebildet (konstruiert) werden müssen die Frames und Kategorien jedoch stets individuell. Die Sprachzeichen „sozialisieren" diese Leistungen, indem sie deren Ergebnisse „kommunizieren", aber auch, indem sie dafür „Kristallisationspunkte" abgeben.

7.3 Frame-Typen I: Prädikative Frames vs. Konzept-Frames

Schon relativ früh in der Frame-Theorie wurden erste Vorschläge für die Unterscheidung verschiedener Typen von Frames (manchmal ist auch von „Ebenen" von Frames die Rede) gemacht bzw. die Notwendigkeit einer Klassifikation von Frame-Typen betont. So unterscheidet etwa Fillmore (1976a) einmal zwischen „interaktionalen Frames" und „Konzept-Frames", wobei er unter ersteren eher so etwas wie geistige Repräsentationen von Situationen (bestenfalls Skripts) versteht, unter letzteren als Beispiel den allgemeinen „Kaufereignis"-Frame nennt, der konkret immer nur in spezifischen Perspektiven (*kaufen, verkaufen,*

---

[11] Vermutlich bezieht sich Husserls Unterscheidung zwischen „bedeutungsverleihenden" und „bedeutungserfüllenden" geistigen Akten genau auf diese *individuelle Arbeit* der Ausarbeitung einer Kategorie, eines Frames, im individuellen Wissen.

7.3 Frame-Typen I: Prädikative Frames vs. Konzept-Frames   551

bezahlen ...) sprachlich aktualisiert wird. In unserer Darstellung der verschiedenen Konzeptionen der Frame-Theorie wurde mehrfach dargelegt, dass sich in der Literatur mindestens zwei große Richtungen des Frame-Verständnisses unterscheiden lassen; diese wurden mit den Bezeichnungen „prädikative Frames" vs. „Konzept-Frames" benannt. Danach wäre das, was Fillmore in seiner erwähnten Unterscheidung einen *Konzept-Frame* nennt, eigentlich als *prädikativer Frame* zu klassifizieren, da er sich, wie Fillmore- und FrameNet-Frames typischerweise, um eine verbzentrierte Ereignis- bzw. -Handlungstyp-Struktur kristallisiert. Die Unterscheidung erfordert also eine begriffliche Klärung.

Unter „prädikativen Frames" verstehe ich zunächst Frame-Strukturen, die sich an Satzmodellen mit Verben als organisierenden Zentren (im Sinne einer semantisch interpretierten Valenztheorie, wie sie dem Ansatz von Fillmore und FrameNet zugrundeliegt) orientieren. Der „Frame-Kern" in solchen Frames wird typischerweise durch einen Ereignis- bzw. -Handlungstyp gebildet; „Frame-Elemente" in solchen Frames sind dann mögliche „Aktanten", „Mitspieler" oder „Requisiten" im Sinne der „semantischen Rollen" oder „Tiefenkasus" von Fillmores Kasusrahmen-Modell. In Satz-Rahmen bilden *Verben* die organisierenden Zentren der Prädikationen und damit des entsprechenden aktualisierten Frames. Da dabei, worauf Fillmore ja großen Wert legt, der „allgemeine" (epistemische) Frame immer nur in einer bestimmten Perspektive (*kaufen, verkaufen, bezahlen, kosten*) ins Spiel kommt, wären „prädikative Frames" im engeren Sinne zunächst eigentlich nur die sprachlich realisierten, in einer bestimmten, durch ein Verb evozierten Perspektive aktualisierten Satz-Bedeutungs-Frames. Ich bezeichne dennoch auch die „allgemeinen" Frames („Hintergrund-Frames"), wie hier z.B. „Kaufereignis" („commercial event"), deren Existenz und Wirksamkeit für Fillmore ja der eigentliche Anlass für die Fortentwicklung seiner Theorie in Richtung auf eine allgemeine Frame-Semantik war, als „prädikative Frames", da sich die ganze Frame-Theorie und –Beschreibung bei Fillmore und FrameNet auf die in prädikativen Strukturen entwickelten sprachlichen Realisierungen solcher Frames konzentriert hat. Über die Struktur und Definition von „Konzepten" wurde weder von Fillmore noch in FrameNet intensiver nachgedacht (auch wenn sie nicht generell aus der FrameTheorie ausgeschlossen wurden, sondern immer als „mitgemeint" dargestellt wurden). Man könnte präziser daher auch von einer „prädikativ fokussierten" Frame-Konzeption sprechen.

Im Unterschied dazu verstehe ich unter „Konzept-Frames" Frame-Strukturen, die sich an „Kategorien" und damit vorrangig oder ausschließlich an *Nomen / Substantiven* als ihren typischen sprachlichen Realisierungsformen orientieren. Für diese Sichtweise stehen vor allem das Frame-Modell von Barsalou, aber auch (jedoch ohne Bezug auf Barsalou) zahlreiche weitere Autoren wie Konerding, Wegner, Lönneker, Klein, Fraas und Holly. Konerding geht mit der Konzept-Fixierung sogar so weit, dass er Prädikationen und z.B. Verben ausschließlich in umgewandelter Form als Nominalisierungen Frame-semantisch analysieren will. Der „Frame-Kern" in solchen Frames wird typischerweise durch eine nominal verstandene „Kategorie" gebildet; „Frame-Elemente" in solchen Frames sind dann mögliche „Attribute", die wichtige Eigenschaften unterschiedlichster Art des von der Kategorie bezeichneten Typs von Objekten kennzeichnen bzw. ausdifferenzieren. (Offenbar wegen der Betonung auf „Eigenschaften" lässt Barsalou als typische Anwendungsfälle seines Frame-Modells neben nominal realisierten Konzepten auch attributiv – d.h. sprachlich: adjektivisch – sowie adverbial realisierte Konzepte zu.)

Wenn man zuspitzen wollte, könnte man auch sagen: Fillmore (und FrameNet) legen eine Prädikations-basierte Frame-Theorie ohne Konzept-Theorie und ohne Reflexion der

kognitiven Aspekte vor. Barsalou formuliert dagegen eine Konzept-basierte Frame-Theorie ohne explizite Erklärung von Prädikationen und mit wenig linguistischer Detailfreude und Reflexionsbereitschaft. – Die in der gesamten kognitionswissenschaftlichen und linguistischen Literatur beobachtbare, nirgends explizit begründete,[12] aber eindeutig feststellbare Vorliebe für bzw. Fixierung auf nominal realisierte Konzepte hängt ganz offensichtlich engstens damit zusammen, dass man mit nominalen Konzepten wunderbar Begriffs-Taxonomien bauen kann, was bei Verben bei weitem nicht so ergiebig ist; es ist also ein sehr altes begriffstheoretisches Erbe (der Hang zu systematischen Begriffs-Hierarchien, ein Erbe des 18. Jahrhunderts, das als epistemologisches Programm eigentlich schon damals gescheitert ist), das hier mit Macht durchschlägt.

Nun sind Eigenschafts-Zuschreibungen im Sinne des „Attribut"-Elements (klassisch: Slots) in Barsalous Frame-Modell im Kern ja ebenfalls Prädikationen. In der deutschen Sprache wird dieser prädikative Charakter von Attribuierungen etwa dadurch sprachlich ausgedrückt, dass in Prädikationen mittels (Prädikats-) Adjektiven zwingend das Kopula-Verb „ist" eingesetzt werden muss, das die Prädikation explizit verbalisiert („Der Apfel ist grün."). Umgekehrt macht es kognitiv und epistemologisch gesehen keinen Sinn, aus dem Begriff „Konzept" die sprachlich mittels Verben realisierten Inhalte strikt auszuklammern. Eine strikt kognitive bzw. epistemologische Betrachtungsweise, wie sie hier gewählt wird, macht es hingegen erforderlich, beide Begriffe, *Prädikation* wie *Konzept*, als allgemeine Grundbegriffe zu behandeln. Prädikativ sind dann auch alle Arten von Eigenschaften und Eigenschaftszuschreibungen (ob explizit verbalisiert oder implizit als Teile der Frames); und Konzepte sind dann alle Frames und Frame-Bestandteile, gleich ob sie sich sprachlich als / von Nomen, Adjektive(n), Adverbien oder Verben realisieren bzw. evozieren lassen. (Am Ende dieses Kapitels [in 7.9] werde ich ein allgemeines Modell kognitiver Relationen und Prozesse vorschlagen, in dem in Analogie zu dem in der linguistischen Pragmatik mit Searle eingeführten Begriffspaar *Referenz* und *Prädikation* davon ausgegangen wird, dass Prädikationen die Grundstruktur unseres Wissens, auch der Konzepte, d.h. generell der Frames und des verstehensrelevanten Wissens, bilden.)

Man kann die unterschiedlichen sprachlichen Mittel (die Wortarten wie Verben, Nomen, Adjektive) als Niederschlag (und gewissermaßen Petrifizierungen) verschiedener Grundrelationen und-Aspekte im Wissen auffassen. Durch Wortbildung und die verschiedensten Möglichkeiten der syntaktischen Einsetzung und „Umkategorisierung" werden die sprachlichen Mittel jedoch multifunktional, so dass Prädikationen auch mit nominalen Mitteln ausgedrückt werden können – oder genauer: die referenzielle Verwendung eines Nomens auch als zusätzliche implizite Prädikation gedeutet werden kann, da mittels Verwendung eines Nomens mit spezifischem Frame zur Bezeichnung eines Elements zugleich die Zuschreibung der Attribute des Frames zu dem Bezugsobjekt einhergeht; Zuschreibungen dieser Art sind jedoch stets als prädikativ aufzufassen. Man muss also strikt zwischen kognitiven bzw. epistemischen Beziehungen (oder „Akten") einerseits und der Funktion einzelner sprachlicher Zeichen bei der Verbalisierung solcher Relationen unterscheiden. „Prädikation" und „Konzept" / „Kategorie" werden dann zu abstrakten epistemologischen Leis-

---

[12] Barsalou, der intensiv über Konzepte nachdenkt, begründet seine Fixierung auf nominale Frames an keiner Stelle. Implizit wird deutlich, dass er Prädikationen in seinem Modell einen völlig anderen Status zuschreibt als Konzepten, da sie in seinen Frames, die ja Konzepte im Sinne von Kategorien repräsentieren sollen, nur als Kanten bzw. Relationen vorkommen. Dass auch Prädikatsausdrücke irgendwie eine konzeptuelle Repräsentation im Wissen aufweisen müssen, kommt ihm offenbar gar nicht in den Sinn.

7.4 Die innere Struktur von Frames   553

tungen, die nicht strikt an ganz bestimmte sprachliche Formen gebunden sind. Eine voll
ausgebaute kognitive linguistische Semantik müsste allererst nachweisen, in welcher Weise
welche Typen von sprachlichen Zeichen welche Arten von kognitiven Prozessen auslösen
bzw. signalisieren können. – Fürs Erste muss es genügen festzuhalten, dass Prädikation und
Konzeptbildung (-struktur) zwei wichtige Aspekte in jeder Frame-Theorie und darauf basierenden Semantik sind, die beide gleichgewichtig Beachtung finden müssen.

7.4   Die innere Struktur von Frames

Frame-Theorien sind insbesondere deswegen entstanden, weil Forscher unzufrieden sowohl
mit der reduktionistischen Ausklammerung wichtiger verstehensrelevanter Aspekte in älteren Sprach- und Wissens-Konzeptionen waren, als auch jede nähere oder präzisere Beschreibung der inneren Struktur des semantischen oder konzeptuellen Wissens vermissten.
Für Minsky etwa war der Entwurf eines Modells für die präzisere Beschreibung der inneren
Struktur der „chunks of knowledge" („Brocken des Wissens") einer der wesentlichen Antriebe zur Entwicklung des Frame-Gedankens. Aber auch Barsalou hält den Aspekt der
Strukturiertheit für eines der zentralen Merkmale von Frames als Formaten des Wissens;
eine präzise Beschreibung der Bestandteile und inneren Struktur von Frames ist eines seiner
wesentlichen Ziele. Deshalb muss der Beschreibung der Strukturelemente, der Bestandteile
und Relationen von und in Frames, das besondere Augenmerk jeder Frame-Konzeption
gelten. Minsky nennt folgende wesentliche Strukturelemente von Frames: *„Skelett"-*
Struktur, Leerstellen, Füllungen, Standard-Annahmen, Ausfüllungs-Bedingungen (vergleichbar der „Subkategorisierung" in der Linguistik), *Querverbindungs-Bedingungen*
(constraints), sowie *Rekursivität*. Barsalou führt als wesentliche Strukturkomponenten von
Frames *Attribut-Werte-Sets, Strukturelle Invarianten* und *Constraints* auf. Bei Fillmore und
FrameNet stehen explizite Überlegungen zur inneren Struktur von Frames weniger im Mittelpunkt, stattdessen liegt das Hauptaugenmerk auf der Beschreibung der Frame-Elemente
der prädikativen Frames und zarten Ansätzen zur Unterscheidung von Frame-Elemente-
Typen. Da in der weiteren Forschung noch einige weitere Aspekte als Elemente von Frames genannt worden sind, wie etwa *Bewertungen, Sprechereinstellungen, Ziele*, ist es sinnvoll, die Frage nach den Elementen und der inneren Struktur von Frames noch einmal systematisch anzugehen; die einzelnen Elemente und Relationen zu beschreiben bzw. auf ihre
Notwendigkeit zu überprüfen und notwendige Unterscheidungen (vielleicht auch typologischer Art) dort vorzunehmen bzw. zu präzisieren, wo dies sinnvoll erscheint.

7.4.1   Slot-Filler- / Attribut-Werte-Sets

Die Unterscheidung von „Slots" und „Fillern" ist unbestritten der konstitutive Kern jedes
Frame-Modells, der Frames als solche kennzeichnet und sie von anderen Modellen des
Wissens abgrenzt; oder anders gesprochen: ohne Slot-Filler-Unterscheidung[13] handelte es

---

[13] Das bedeutet auch, dass andere Verwendungen des Begriffs „Rahmen" mit Bezug auf Wissenseinheiten
und –Ebenen zwar interessant sein können, aber eben nicht zum Bereich der hier diskutierten Frame-

sich nicht mehr um „Frames" im Sinne der hier dargestellten Frame-Theorie. Die Terminologie „Slot" vs. „Filler" hat sich, wohl vor allem in der kognitionswissenschaftlichen Literatur, erstaunlich schnell und breit durchgesetzt; erstaunlich vor allem deswegen, weil keiner der wichtigen Begründer der Frame-Theorie diese Begriffe besonders intensiv (wenn überhaupt) benutzt. Praktisch alle hier behandelten Autoren verwenden diese Termini nur als Zitat aus der allgemeinen Diskussion, nicht als eigene Begriffe. Bei Fillmore (der sich ja von kognitivistischen Überlegungen stets bewusst fern halten wollte, auch wenn er beständig von deren Gegenstand handelt) wird statt von Slots später abstrakt von „Frame-Elementen" gesprochen. Dass es sich dabei um offene, ausfüllungsbedürftige Positionen in einem allgemeinen Frame handelt (also dann auch so etwas wie „Filler" ins Spiel kommen müssen), ergibt sich bei ihm nur aus der Tatsache, dass die „Frame-Elemente" den abstrakten „semantischen Rollen" (wie Agens, Patiens, Instrument) in dem von einem Verb dominierten (oder evozierten) allgemeinen prädikativen Frame entsprechen, denen dann in einem konkreten Satz als Ausfüllungen unterschiedliche konkrete Lexeme zugeordnet werden können. Die Ausfüllung des abstrakten Slot-Frames ist daher bei Fillmore und Frame-Net immer lexikalisch rückgebunden.

Auch Minsky verwendet die Slot-Filler-Terminologie nicht (oder nur zitathaft oder am Rande), obwohl er ja als der wichtigste Begründer dieses Konzepts meistens so (d.h. gegen seinen eigenen Wortlaut) „zitiert" wird. Er spricht stattdessen von „terminals" (etwa: „Anschlusselement", z.B. in der Elektrotechnik auch „Anschlussklemme, -leiste") eines Frames und den ihnen zugewiesenen „assignments" (etwa: „Zuschreibungen", „Zuordnungen"). Schließlich verwendet auch Barsalou die Slot-Filler-Terminologie nur im Zitat und setzt an ihre Stelle die Termini „Attribute" und „Werte". Die verschiedenen Modelle und Begrifflichkeiten lassen sich am besten zusammenfassen, wenn man „Slots" als die mit einer bestimmten Wissensstruktur verbundenen „offenen", d.h. ausfüllungsfähigen und möglicherweise auch ausfüllungsbedürftigen *Anschlussstellen* für spezifischere Wissenselemente (Konkretisierungen, Exemplare, Token) als ihren *Ausfüllungen* auffasst.[14] Trotz der Allgegenwart dieser Begriffe in der Literatur besteht keineswegs Eindeutigkeit oder Klarheit darüber, wie man diese beiden zentralen Strukturelemente von Frames genauer aufzufassen hat. Die Terminologie ist schwankend und nicht jeder versteht unter einem „Slot" (oder „terminal", oder „Attribut", oder „Frame-Element") dasselbe, so dass eine nähere Klärung erforderlich ist.

Slots / Leerstellen / Attribute / Frame-Elemente. Wesentliches Merkmal der Leerstellen (so werde ich sie vorläufig nennen) ist ihr Abstraktionsgrad und der damit verbundene Gedanke der „Offenheit" bzw. Ausfüllungsbedürftigkeit. Es handelt sich also, wie mit der Metapher der Anschlussstelle verdeutlicht werden soll, um ein Element, eine Stelle, eine Position an einem Frame, das / die ausschließlich dazu da ist, dass darin etwas anderes angeschlossen wird. Trotzdem ist eine Anschlussstelle ja nicht einfach nichts, sondern ein Etwas, da es eine bestimmte Form oder Struktur hat. Metaphorisch gesprochen: an einer

---

Theorien zu zählen sind. Dies gilt etwa für den „Rahmen"-Begriff beim Soziologen Goffman. Die Diskussion solcher Modelle in Bezug zu dem hier verhandelten wäre interessant, kann aber an diesem Ort nicht vertieft werden.

[14] Die Redeweise ist natürlich schwer metaphorisch, mit allen Problemen und möglichen Irreleitungen, die damit verbunden sind. Da ich Metaphern jedoch für auch in der Wissenschaftssprache unverzichtbar halte, werde ich dies an dieser Stelle nicht problematisieren. Vgl. zur Problematik ausführlicher Busse 1989, 32 ff.

7.4 Die innere Struktur von Frames   555

Anschlussstelle kann nicht alles angeschlossen werden, sondern nur etwas, das der Form entspricht, die die Anschlussstelle erfordert oder zulässt. (An eine Kabelklemme für zwei Adern kann ich kein Kabel mit drei Adern sachgerecht anschließen. An einer Steckdose für optische Leiter an meiner Stereoanlage kann ich kein Kupferkabel anschließen.) Insbesondere Minsky hat auf diesen, in der Frametheorie-Literatur meistens eher nicht so stark beachteten, aber wichtigen Punkt hingewiesen: Ein Slot legt immer bestimmte Bedingungen für diejenige Elemente fest, die an diesem Punkt eines Frames angeschlossen werden sollen und überhaupt nur können, die Filler (so Minsky 1974, 1). Ich bezeichne diese Bedingungen, die die Eigenschaften der anschließbaren Elemente festlegen bzw. beschränken, mit einem linguistischen Begriff aus der Grammatik als *Subkategorisierungen* oder *Subkategorisierungsbedingungen*. Da solche Anschlussbedingungen oder Subkategorisierungsbedingungen implizit festlegen, welchen Typs das angeschlossene Element sein (welche Eigenschaften es aufweisen) muss, kann man (wenn man die Füllungen mit dem Terminus Barsalous als „Werte" bezeichnet) sagen, dass jeder Slot, jede Anschlussstelle einen „*Wertebereich*" festlegt, der für die anschließbaren Elemente einige Bedingungen spezifiziert. Slots sind daher nicht völlig variabel, sondern bestehen selbst aus einem festen Kern (der Festlegung eines Wertebereichs) und variablen Elementen (den konkreten Werten, die aus einem vordefinierten Wertebereich „entnommen" und dem aktualisierten, instantiierten Frame zugeordnet werden).

Nach der hier vertretenen Auffassung besteht die wesentliche Leistung von Slots daher darin, über ihre *Subkategorisierungsbedingungen* einen *Wertebereich* festzulegen. Wichtig ist nun, dass dieser Wertbereich nicht nur einen Bereich konkreter Füllwerte umfasst; vielmehr muss als Teil der Ausfüllungsbedingungen bzw. des Wertebereichs auch so etwas zugelassen werden wie: *Slot X ist für Füllungen des Typs Y nicht gegeben / nicht relevant* oder ähnlich.[15] Oder anders ausgedrückt: Auch die (erwartete, erwartbare) *Abwesenheit* von Fillern in bestimmten Kontexten kann eine wichtige Information sein. Das Wissen darüber muss als Teil des Slot-bezogenen Wissens eingestuft werden. Einen Wertebereich, wie er hier als zentrales Frame- bzw. Slot-Merkmal angenommen wird, kann man vielleicht auch als eine „Extension potentieller Werte" auffassen, wenn man in diese Extension die Nicht-Besetzung als Möglichkeit einschließt.[16]

In diesem Zusammenhang muss diskutiert werden, dass einige Autoren (so etwa Barsalou und Lönneker) die Tatsache betonen, dass *Slot* (bei Barsalou: „Attribut") ein „relationaler Begriff" sei; danach besteht die Funktion von Slots vor allem darin, anders anzuschließen, „einzufüllen" (wie ja auch die Metapher der „Leerstelle" nahelegt). Dies ist richtig, und es ist Frame-theoretisch gesehen auch sehr wichtig, den Charakter der Slots als *Relationen* (zwischen Konzepten, zwischen Frames) besonders hervorzuheben. Doch wäre die epistemische / kognitive Funktion von Slots unzureichend bestimmt, wenn sie auf *reine*

---

[15] Nach Lönneker 2003, 66 muss ein Slot immer einen „Positiv / Negativ-Marker" enthalten, also einen Hinweis der Art: „Merkmal ist gegeben / ist nicht gegeben". Das Ganze berührt komplexe Fragen der Type / Token- bzw. Muster-Exemplar-Problematik, die in Kap. 7.5.5 näher diskutiert werden soll.

[16] Ich gehe davon aus, dass „Nicht-Besetzung" (im Sinne des von Lönneker genannten „Positiv / Negativ-Markers") epistemologisch gesehen ein Wert anderen Typs innerhalb des Wertebereichs eines Slots ist als der Wert „Slot / Merkmal nicht relevant". Um ein Beispiel zu nennen: In einem FAHRZEUG-Frame kann, z.B. bei einem Fahrrad, der Slot BREMSE die Belegung „relevant, aber nicht besetzt" tragen (es gibt im Prinzip Fahrräder ohne Bremse, wenn auch eher selten); dagegen ist der Slot TREIBSTOFF bei einem Fahrrad mit der Markierung „nicht relevant" belegt.

Relationen reduziert würden.[17] In einem Minsky-Frame z.B. ist ein Slot mehr als nur eine „Relation" zu einem Filler; vielmehr „beschreibt" der Slot die Bedingungen, welche ein möglicher Filler erfüllen muss. Die wichtigste dieser Bedingungen hat Barsalou 1992 mit dem Begriff „Attribut" (den er statt „Slot" verwendet) benannt: die allgemeine Kategorie, der der Filler („Wert") angehören muss. Hinzu kommen aber nach Minsky weitere spezifizierende Bedingungen, die man als „spezifische Eigenschaften, die ein Filler (über seine Zugehörigkeit zur allgemeinen konzeptuellen Kategorie des Slots hinaus) erfüllen muss" bezeichnen kann (die Subkategorisierungs-Bedingungen). Ein sog. „Slot" ist daher selbst schon eine – möglicherweise komplexe – konzeptuelle Struktur, unter der die Spezifikation einer Relation zwar sicher eines der wichtigsten Elemente, aber eben nicht das einzige Element ist. „Filler" hingegen sind immer konkrete Instanzen, die die durch den Slot definierten Bedingungen erfüllen.

Barsalou fügt mit seiner Terminologie, wonach Frames als „Attribut-Werte-Sets" definiert sind, der Slot-Filler-Problematik weitere Aspekte hinzu. In seinem Ansatz schlägt durch, dass er (anders als Fillmore, aber auch anders als Minsky) Frames ganz eindeutig am Prototyp nominaler Konzepte orientiert. Die *Anschlussstellen* Minskys werden daher bei ihm zu abstrakten *Attributen*.[18] Barsalou begründet diesen Schritt im Zuge seiner Kritik an der klassischen Merkmalsemantik: Diese habe bei der Analyse von Kategorien immer nur die Werte im Blick gehabt; dagegen komme es jedoch darauf an, Kategorien auf der Grundlage der in ihnen realisierten Attribute zu analysieren. Damit wird deutlich: Barsalou zielt mit den Attributen auf eine höhere Abstraktionsebene; anders ausgedrückt: Im Hintergrund steht immer ein begriffshierarchisches bzw. taxonomisches Modell, in dem Barsalou nun die Perspektive der Frame-Semantik auf eine eine Ebene höher gelegene Stufe der Abstraktion verschiebt. Konsequent definiert Barsalou daher auch den „Kern eines Frames" als „ein gemeinsam vorkommender Set von Attributen".[19] In klarer Konzentration auf nominale Konzepte ist für Barsalou ein *Attribut* ein „Konzept, das einen Aspekt von Mitgliedern einer Kategorie beschreibt". Im Hintergrund steht ganz offensichtlich die Kategorie-Exemplar-Thematik.[20]

Frames sind daher für Barsalou also offenbar vor allem solche Wissensstrukturen, die einer abstrakten Kategorie die konkreten Exemplare (im Sinne der Extension oder Referenz des allgemeinen Begriffs) zuordnen lassen. Mittel der epistemischen Zuordnung sind Eigenschafts-Zuschreibungen, die organisiert sind von abstrakten „Eigenschafts-Operatoren", den Attributen, die man in dieser Funktion auch als „Zuschreibungs-Kriterien" erklären kann. Als solche definieren die Attribute einige allgemeine Eigenschaften, die von den jeweiligen Werten, die diesen Attributen zugewiesen werden können, dann konkret spezifiziert werden (z.B. Attribut: FARBE, oder genauer: X [KATEGORIE] HAT MERKMAL FARBE;

---

[17] Metaphorisch gesprochen: Man darf das „leer" in „Leerstelle" nicht allzu wörtlich nehmen.

[18] Die begriffliche Verschiebung, die darin liegt, ist deutlich: Während *Anschlussstelle* den Aspekt der Relation stärker profiliert, hebt *Attribut* ganz klar auf Eigenschaften ab.

[19] Damit ist Barsalou gar nicht so weit entfernt von der Merkmalsemantik, die er doch eigentlich überwinden will; auch diese nahm ja einen „Kern" von „wesentlichen, begriffsdefinierenden" Merkmalen an, die meistens als „Eigenschaften" (z.B. „Dingeigenschaften") definiert waren. Von diesem Modell unterscheidet Barsalou eigentlich nur, dass er nicht dessen Kernhypothesen des „Exhaustivitätspostulats" übernimmt, da er dezidiert ein nicht-rigides Verständnis von Frames vertritt. Alle anderen Elemente sind mehr oder weniger identisch.

[20] Es ist deutlich, dass man so eine Definition nur mit einigen Verrenkungen auf die Frame-Elemente im Sinne der semantischen Rollen eines prädikativen Fillmore-Frames übertragen kann.

7.4 Die innere Struktur von Frames 557

Wert: *grün*). (In dieser Fassung ist ein Konzept immer nur dann ein Attribut, wenn es als Merkmal einer übergeordneten Kategorie, an der es eine Eigenschaft spezifiziert, in den Blick kommt. Isoliert betrachtet ist das Konzept dann selbst eine Kategorie, die durch andere (Unter-) Attribute spezifiziert wird. Mit anderen Worten: Die Eigenschaft, Attribut zu sein, ist für ein Konzept immer nur relational bestimmt, d.h. immer nur dann, wenn man es in Bezug zu einer übergeordneten Kategorie, die es spezifiziert, setzt, anzunehmen, nicht absolut; sie ist also keine inhärente Eigenschaft eines Konzepts.) Auf dieser Basis kann ein Attribut als zentrales Element eines Frames im Sinne Barsalou durch folgende (von mir hier revidierte) Definition charakterisiert werden:

> *Revidierte Definition von „Attribut":* Für eine epistemologische Analyse wichtige „Attribute" sind solche Zuschreibungen von (in *dieser* Relation als ‚Aspekte' fungierenden) Konzepten zu anderen (in *dieser* Relation als ‚Kategorien' fungierenden) Konzepten, für die es in der sprachlichen / kulturellen Gemeinschaft, in der diese Attribuierung auftritt, eine etablierte Zuordnungs-Konvention gibt.

Diese Definition macht deutlicher, dass es immer um eine (epistemische, kognitive) Zuordnungs-Leistung geht und vermeidet damit die bei Barsalous Fassung noch nicht ausgeschlossenen objektivistischen taxonomischen Missverständnisse.

Eine zentrale Intention von Barsalous Revision des Frame-Modells ist es, dass er Frames, und damit den „Set von Attributen", der eine Frame-Kategorie charakterisiert, als nicht-rigide Strukturen begreift; er geht also nicht von ein für allemal festliegenden Attribut-Konfigurationen aus, sondern davon, dass die Anzahl und Art der anzusetzenden Attribute je nach Exemplaren, auf die eine Kategorie angewendet wird, variieren kann. Darin besteht die Offenheit der Attribute, die für eine Frame-Theorie ja ein unverzichtbares Kernmerkmal darstellt. Danach wäre der Wertebereich eines Attributs prinzipiell offen und veränderungsfähig durch jedes neu hinzukommende Exemplar (jedes neue Element in der Klasse der Präzedenzfälle, wie man konventionstheoretisch mit D.K. Lewis sprechen könnte). Damit lässt dieses Modell es zu, dass die Grundstruktur eines Frames (nämlich die Anzahl und Art der als Attribute angesetzten Aspekte der Exemplare einer Kategorie) nicht über zentrale Attribut-Sets (Slot-Konstellationen) fest vorherbestimmt ist, sondern von den einzelnen Werten beeinflusst, verändert, verschoben werden kann.[21] Ein Grundproblem von Barsalous Fassung des Slot-Begriffs (als Attribute) besteht darin, dass sie dazu zwingt, für konkrete Eigenschaften sehr abstrakte (auf einem oberen Level einer Konzept-Taxonomie angesiedelte) Attribut-Konzepte zu formulieren. Sollte sich in konkreten Beispielen (z.B. in Texten) herausstellen, dass nur *spezifische* Werte (z.B. semantisch) instantiiert sind, müssen zugehörige Attribute *inferiert* werden. Teilweise müssten sie erst per Abstraktion quasi „gewaltsam postuliert" werden. Es besteht dann die Gefahr, dass ein solches Attribut-Werte-Denken möglicherweise zu einer extremen Inflationierung abstrakter ‚Attribute'-Konzepte führt.[22] Insbesondere das Verfahren der „Hyperonymtypreduktion" bei Konerding (das zwar nicht von Barsalous Modell inspiriert, aber mit diesem wohl kompatibel ist)

---

[21] Dies kann erhebliche Konsequenzen für den epistemischen Charakter der Frames i.S. Barsalous haben (die unten zu Werten und in Kap. 7.5.5 zur Muster-Exemplar-Problematik noch näher diskutiert werden.

[22] Siehe ein Beispiel wie *„Max ging abends gerne ins Kino."* Hier könnte man das sprachlich ausgedrückte *gerne* als ‚Wert' für ein ‚Attribut' RANG IN EINER PERSÖNLICHEN PRÄFERENZ-HIERARCHIE ansehen. Dieses Attribut ist aber kein Standard-Attribut der Kategorie (des Frames) *ins Kino gehen*, und daher auch nicht zwingend erwartbar. Eine solche Inflationierung (wie hier bei Attributen in Barsalous Verständnis) ist eine typische Begleiterscheinung von taxonomischen Ansätzen, und war bereits ein großes Problem bei den von Barsalou ja eingangs kritisierten Merkmal-Modellen.

zeigt, wohin eine solche Inflationierung per Abstraktion führt. Alle Anwender des Konerding-Modells klagen, dass man die durch es generierte Überfülle an Konzept-Aspekten nur mühsam auf die für den konkreten Einzelfall relevanten Aspekte eindampfen konnte. Damit bekäme die semantische Analyse jedoch eine Beliebigkeit, die den Rationalitätsgewinn des Frame-Gedankens wieder aufzufressen droht. Klein sieht sich dadurch etwa genötigt, eine zusätzliche Instanz in Frames anzunehmen, die er „Filter" nennt: Die Attribute eines „Matrix-Frames" (nach Konerding) müssen so weit reduziert („gefiltert") werden, bis diejenigen übrig bleiben, die für das gerade fragliche analysierte Konzept überhaupt einschlägig sind. Solche Probleme entstehen, wenn man, wie Barsalou und unabhängig von ihm Konerding, aber auch Lönneker, das Frame-Modell in zu große Nähe zu taxonomischen Begriffstheorien bringt.

Im Zuge der Entwicklung des Frame-Gedankens ist ein Punkt stark vernachlässigt worden, den eigentlich schon Minsky mit seiner Fassung des Wert-Begriffs als „assignments" (Zuschreibungen) thematisiert hatte; nämlich die Tatsache, dass die Zuschreibung von Werten zu den „Anschlussstellen" eines Frames eine Sache der aktiven kognitiven Verarbeitung ist, also von den die Begriffe in ihrer Kognition konstruierenden Individuen ausgeht, nicht sozusagen eine abstrakte (und statische) taxonomische Eigenschaft darstellt. Diesen Aspekt fokussiert insbesondere Lönneker, die den Charakter der Zuschreibung von Fillern zu Slots besonders hervorhebt, indem sie sie als *Prädikationen* ausweist. Damit ist ein Ansatz gewonnen, mit dem aus den unterschiedlichen Slot-Begriffen und den unterschiedlichen Frame-Modellen ein einheitliches Modell gewonnen werden kann. Danach können die Strukturen innerhalb von Frames als Relationen des Typs *Prädikation* analysiert werden. Die damit beschriebene Tatsache, dass es sich bei der Feststellung von Frame-Elementen um *Zuschreibungen* und damit (implizite, kognitive bzw. epistemische) *prädikative Akte* handelt, ist äußerst wichtig für eine weiterführende und umfassende Frame-Theorie. Insgesamt könnte man es dabei mit zwei Typen von Zuschreibungen zu tun haben: (a) die Zuschreibung von Attributen zu einem Frame (bzw. der den Frame-Kern bildenden Kategorie); und (b) die Zuschreibung von Werten zu den Attributen.[23]

Betrachtet man die Relation (a), also die Relation zwischen den Anschlussstellen (Slots, Attributen) eines Frames und dem ‚Frame selbst' (dem „Frame-Kern"), dann fragt sich jedoch, wie ‚aktivistisch' diese Zuschreibung (implizite Prädikation) aufgefasst werden darf. Wenn Lönneker sagt, dass mit den Frame-Elementen dem zentralen Frame-Konzept Eigenschaften *zugeschrieben* werden, spricht sie terminologisch ungenau. Man müsste eigentlich präziser sagen, dass das „Konzept" des Frames, der „Frame-Kern" (der „Frame selbst") ja gerade diese Zuschreibung *ist*, sich in der Zuschreibung von Aspekten vollzieht, darin aufgeht. – Ein wichtiges Element, das Lönneker der Frame-Theorie hinzufügt, ist der Gedanke der „Slot-Gruppen".[24] Eine solche Entität wurde m. W. in der Frame-Theorie bislang noch von niemandem postuliert. Sie könnte sich aber möglicherweise als nützlich erweisen, wenn man nominale Frames (sog. „Konzept-Frames" i.S.v. Konerding, Lönneker, Barsalou u.a.) mit den „prädikativen Frames" (i.S. v. Fillmore und FrameNet) in einem

---

[23] Lönneker (2003, 61) geht noch einen Schritt weiter, indem sie mit Berufung auf Sowa (2000, 150) Frames als „Paket von Propositionen" konzipiert.

[24] Sie formuliert ihn aber eher implizit als explizit. Sie verwendet eine vom Üblichen abweichende Terminologie, indem sie das, was üblicherweise als „Slot" oder „Attribut" bezeichnet wird, „Sub-Slots" nennt. Mit dem Terminus „Slot" bezeichnet sie etwas, das (wie sich aus ihren Beispielen ergibt) präziser (bzw. in üblicher Terminologie) als ‚Slot-Gruppen' (oder i.S.v. Barsalou ‚Attribut-Gruppen') bezeichnet wäre.

7.4 Die innere Struktur von Frames 559

einheitlichen Frame-Modell zusammenführen will. Man könnte dann möglicherweise die „Frame-Elemente" nach Fillmore (die ja aus den „Ergänzungen" und „Angaben" der Valenz- und Kasusrahmen-Theorie hervorgegangen sind) und die anderen Attribute eines prädikativen Frames (etwa GESCHWINDIGKEIT bei einem FLIEGEN-Frame) zu jeweils gesonderten, eigenen Bedingungen unterliegenden Slot-Gruppen zusammenfassen.[25]

Feststellbar ist bei mehreren Autoren, dass die Frage, wie die Slots (Anschlussstellen, Attribute) im Rahmen einer Frame-Definition definiert werden (sollen), offenbar stark davon abhängt, auf welche Ebene des Wissens und der Wissens-Aktivierung man sich jeweils bezieht. So bleibt häufig unklar, ob „Slots" im Verständnis der Autoren nun Slots eines abstrakten Frames sind (des Ziel-Konzept-Frames), oder vielmehr Slots konkreter Prädikationen, in denen ein Konzept (realisiert in Form eines Lexems) vorkommt. Genauer gesagt: Zu klären bleibt das Verhältnis von Slots eines abstrakten Konzept-Frames und von konkreten Slots einer verbalisierten Prädikation, die einen Konzept-Frame inhaltlich näher charakterisiert. Beides ist nicht dasselbe und muss Frame-theoretisch auseinandergehalten werden. Des weiteren müsste differenziert werden zwischen Slots im Sinne einer überindividuellen Kategorie und Slots bei einem kognitiv in einem bestimmten Moment (und einer spezifischen Situation, z.B. bezogen auf ein spezifisches Exemplar der Kategorie eines Frames) im Geist eines einzelnen Individuums aktivierten epistemischen Struktur („concept" nach Barsalou 1993). Letzteres wird uns noch im Zusammenhang mit der offenbar immer stärker in den Mittelpunkt der Frame-Theorie rückenden „Muster-Exemplar"-Problematik beschäftigen (vgl. dazu unten Kap. 7.5.5).

Filler / Ausfüllungen / Zuschreibungen / assignments / Werte. Deutlich unterschiedlich sind bei den verschiedenen Autoren offenbar auch die Auffassungen über das, was die einem Slot bzw. Attribut zugeordneten *Filler* bzw. *Werte* darstellen sollen. Während es der üblichen Sichtweise entspricht, dass Filler zwingend zu einem Frame hinzugehören (so wird z.B. die Meinung vertreten, dass Frames immer mit *gefüllten* Slots – typischerweise mit Default- bzw. Standard-Werten als Belegungen der Slots – im Gedächtnis gespeichert werden), vertritt Minsky 1986 (dt. 1990, 245) die Auffassung, dass Frames im Prinzip auch verwendet werden können, ohne an den Anschlussstellen (terminals) irgendetwas anzuschließen (auch wenn er es für typischer hält, dass Standardwerte angeschlossen werden). Dieser Gedanke harmoniert nicht so gut mit den üblichen Vorstellungen über Frames. Man könnte fragen: was bleibt von einem Frame mit nicht gefüllten Leerstellen noch übrig? (Ein reines „Skelett", müsste Minsky selbst laut seiner eigenen Definition sagen, also nichts, was „epistemisches Fleisch" enthält.) Vermutlich meint er aber bloß: Es müssen nicht immer alle Leerstellen eines Frames zugleich ausgefüllt werden. Dann liegt es jedoch nahe, dass dies nur für die Ebene des expliziten, z.B. sprachlich realisierten oder evozierten Wissens gilt, nicht für die Verstehensvoraussetzungen insgesamt. Bei diesen müsste die Füllung als Standard-Ausfüllung in jedem Fall, und eigentlich immer angesetzt bzw. als schlußfolgerbar im Modell berücksichtigt werden.

---

[25] Eine etwas eigenwillige Definition des Slot-Begriffs findet sich auch bei Klein (2002b, 173). Er reduziert nämlich die Slots auf „Kategorien für Default-Filler". Sind Slots bzw. Attribute nicht mehr als das? Aber sind sie nicht eine wichtige eigenständige Ebene der Wissensorganisation auch unabhängig von ihren je konkreten Füllungen? War das nicht gerade der Kern von Minskys Frame-Idee? Man kann Klein aber wohl wenigstens zugutehalten, dass seine Position zu Fillern der überragenden Rolle der Prototypikalität im Frame-Wissen entspricht, die insbesondere Fillmore so deutlich (aber implizit auch Minsky und Bartlett) hervorgehoben haben. (Zu Default-Werten siehe unten Kap. 7.5.2.)

560   *Kapitel 7: Frame-Semantik: Ein Arbeitsmodell*

Treffend ist Minskys Definition der Slots als „Verbindungsstellen" vor allem deswegen, weil sie offen lässt, was genau dem Frame dort als *assignments* zugeschrieben (als Filler angeschlossen) wird. Geht man mit Barsalou davon aus, dass alles, was an einem Slot angeschlossen wird, wiederum selbst mindestens ein Konzept sein muss, und dass Konzepte selbst wieder Frame-Struktur aufweisen, dann kann man auch sagen: Über Leerstellen schließen wir Frames an Frames an. Die Verwendung des Terminus *assignment* (Zuschreibung) bei Minsky statt des üblichen *Filler* oder *Wert* fokussiert wie erwähnt den aktiven, individuengelenkten Charakter der Frame-Ausfüllung. Das Ausfüllen von Slots (bzw. präziser: die Prüfung, ob ein Slot mit einem Standard-Wert oder einer noch aktiv beizusteuernden Information ausgefüllt wird), vollzieht sich vermittels eines ,,,Abgleich-Prozesses' (matching process) mit dem jede Anschlussstelle des Frames mit Werten ausgefüllt wird, die den Werten entsprechen, die von den jeweiligen Markern verlangt werden".[26]

Bei Barsalou sind die hier *Werte* genannten Filler untergeordnete Konzepte, die dem zentralen Frame-bestimmenden Konzept (bei ihm *Kategorie* genannt) zugeordnet sind. Hier deutet sich in Barsalous Modell eine begriffs-hierarchische (taxonomische) Auffassung der Relation zwischen Frame-Kategorie und Werte-Konzept an; so explizit ausgedrückt im Gedanken der Attribut-Wert-Vererbung.[27] Damit möchte er ausdrücken, dass alles, was ein Aspekt eines Kategorien-Konzepts (= Attributs) ist, auch ein Aspekt eines Werte-Konzepts ist. Diese Definition der Filler bei Barsalou berührt wieder eng die Muster-Exemplar-Problematik, da er in diesem Zusammenhang davon spricht, dass ein Aspekt der Kategorien-Mitglieder (= definiert durch ein Attribut der Frame-Kategorie) sich auf alle Werte, die diesem Attribut zugeordnet werden können, überträgt. Barsalou denkt das Verhältnis Attribut-Werte also ganz offensichtlich wie eine Oberbegriff-Unterbegriff-Relation (= extensionale Inklusion der Extension des Unterbegriffs in die Extension des Oberbegriffs).[28] Dies ist verglichen mit der weiter gefassten Slot-Filler-Auffassung bei Minsky (aber auch bei Fillmore) ein eher eingeschränktes Verständnis der Slot-Filler-Relation und der Eigenschaften der Filler.

Für Barsalou scheint das Verhältnis von Werten und Attributen (Fillern und Slots) eines der wechselseitigen Beeinflussung zu sein (eine Position, die m.E. singulär in der Frame-Theorie ist). Er deutet eine Position an, wonach jedes Exemplar, das dem Frame einer Kategorie zugeordnet wird, potentiell den Bereich möglicher Werte für eine Kategorie erweitern kann. Möglicherweise muss man hier so etwas wie eine „Extension potentieller Werte" (für ein Attribut einer Kategorie / die Leerstelle eines Frames) annehmen. Barsalou scheint ausdrücken zu wollen, dass mit jedem Exemplar (man müsste präzisieren: jedem Exemplar, das von einer – kulturellen, sprachlichen – Gemeinschaft als Exemplar einer bestimmten Kategorie akzeptiert wird), diese Extension möglicher Werte prinzipiell erweitert werden kann. Dann gäbe es in der Relation Slot – Filler keinen eindeutigen Determinismus mehr (im Sinne des oben beschriebenen, von Minsky betonten Aspekts der Subkategorisierungs-

---

[26] Minsky 1974, 2. Liefert ein solcher Prozess keine befriedigenden Ergebnisse, so dass ein Frame nicht auf den fraglichen Wirklichkeitsausschnitt, für dessen kognitive Bewältigung er aktiviert wurde, passt, „dann liefert das Netzwerk einen Ersatz-Frame". (Zu Frame-Aktivierung u. Matching s.u. Kap. 7.8.2)

[27] „Weil Werte untergeordnete Konzepte sind, erben sie Informationen von ihren zugeordneten Attribut-Konzepten." Barsalou 1992, 31.

[28] Barsalou: „Werte erben weiterhin die extrinsische Tatsache, dass sie ein Aspekt der Kategorien-Mitglieder sind." Beispiel: Weil *Motor* ein Aspekt von *Auto* ist, sind seine Werte ebenfalls Aspekte von *Auto*. Werte enthalten aber auch Informationen, die nicht in ihren zugehörigen Attributen enthalten sind; sie machen aus ihnen *spezifische* Konzepte (etwa *Vierzylinder* vs. *Sechszylinder*). Barsalou 1992, 31.

7.4 Die innere Struktur von Frames 561

Bedingungen), der vom Frame (den Attributen bzw. Slots) aus eindeutig festlegt, welche Filler zulässig sind.[29] (In diesem Kontext ist wichtig, noch einmal darauf hinzuweisen, dass auch die Markierung „Slot / Attribut ist irrelevant" ein möglicher Filler / Wert für einen Slot / ein Attribut sein kann.[30])

Geht man davon aus, dass auch Filler mit Barsalou Konzepte, und damit – mit Barsalou und Minsky –als solche ebenfalls Frames sind, dann stellt sich auch für die Filler selbst (wie für die Frames insgesamt) die type-token-Problematik. Es müsste dann immer danach gefragt werden, ob dann, wenn von Fillern (Werten) die Rede ist, diese als Filler-types oder als Filler-token in den Blick genommen sind. Insbesondere in der angewandten Frame-Forschung (so relativ deutlich bei Lönneker, Klein und Fraas) scheint es so zu sein, dass die Filler hier eindeutig als *instantiierte Konzepte* (oder Konzept-Merkmale / -Attribute), d.h. als Konzept-Token eingeführt werden. Auch wenn sich das bei diesen Arbeiten daraus erklärt, dass hier immer konkrete Texte das Untersuchungsmaterial bilden, muss doch auf theoretischer Ebene sorgfältiger differenziert werden, was jedoch unterbleibt. Dass etwa das Modell von Lönneker zwar „Werte" kennt, aber keine „Attribute" ist verblüffend, erklärt sich aber möglicherweise aus einer strikt extensionalistischen Sichtweise, da „Werte" nach Barsalou 1992 oft recht abstrakte Konzepte (und damit so etwas wie eine zusätzlich eingezogene konzeptuelle Ebene) darstellen, die erst *ex post* aus den typischen Fillern rückgeschlossen werden. Problematisch ist jedoch Kleins Position, Filler seien „die eigentlichen Wissenselemente in Frames". Dies negiert die zentrale wissensorganisierende und steuernde Funktion der Slots bzw. Attribute, die Minsky und Barsalou hervorgehoben haben.

Aus der Eigenschaft, als eigene Konzepte selbst wiederum eigenständige Frames darzustellen, folgt die Überlegung (etwa bei Klein), dass Filler nicht notwendig an einen *bestimmten* Frame gebunden sein müssen, sondern nebeneinander Filler unterschiedlicher Frames sein können. Hier wird aber in der analytischen Praxis strikt darauf zu achten sein, ob dies nicht nur ein taxonomischer Effekt der Frame-Über- und Unterordnung ist, oder ob es tatsächlich möglich und eine relevante Eigenschaft von Filler-Konzepten ist, *nebeneinander* existierenden Frames (die in keiner begriffs-hierarchischen Beziehung zueinander stehen) angehören zu können. – Für Ziem sind (vielleicht in Anlehnung an Lönneker) konkrete Füllwerte „Wissensspezifikationen, die sprachlich in der Gestalt von Prädikationen auftreten". Er lenkt das Augenmerk aber insbesondere auf die Standard-Füllungen bzw. *default*-Werte, die in der Wissensaktualisierung mangels verbalisierter oder sich kontextuell ergebender Konkretisierungen häufig das Schwergewicht der epistemischen Aktualisierungen bilden würden.

Slot-Filler-Beziehungen als Strukturelemente von Frames. Für Barsalou sind Attribut-Werte-Sets die zentralen Elemente der Frames (neben Strukturellen Invarianten und Constraints). Dies wirft die Frage auf, ob Frames ausschließlich aus solchen Slot-Filler-Zuordnungen bestehen, d.h. darin vollständig aufgehen. Zumindest Minsky nennt neben *Anschlussstellen* (Slots) und *Zuschreibungen* (Filler) noch die *„Skelett-Struktur des Frames"* selbst, die er mit der Analogie des „Antragsformulars" metaphorisch beschreibt. Barsalou legt Wert darauf, dass Attribute und Werte auf verschiedenen Strukturebenen der

---

[29] Ich werde diesen Punkt im Zusammenhang mit der Muster-Exemplar-Problematik in Kap. 7.5.5 noch weiter vertiefen.

[30] „Für das Weltwissen spielt es [...] durchaus eine Rolle, ob die Prädikation bejaht oder verneint ist. Auch die Abwesenheit bestimmter Eigenschaften und Relationen kann einen wichtigen Teil des Weltwissens darstellen." Lönneker 2003, 66.

Frames (bzw. des Frame-bezogenen Wissens) liegen. Die Frage könnte man dann auch so formulieren: Gibt es neben der Slot-Filler-Struktur andere Strukturaspekte von Frames? (Die Metapher des „Skeletts" legt das ja nahe, da Skelette durchaus Struktur aufweisen). In Fillmores prädikativ (an Verb-Frames) orientiertem Frame-Konzept wäre diese Frage eindeutig zu bejahen; Minsky behauptet es abstrakt, ohne dafür Beispiele zu liefern; im Konzept-orientierten Modell Barsalous wäre dies eher zu bezweifeln. Bei Barsalou scheint sich die innere Struktur der Frames in „Attribut-Taxonomien" zu erschöpfen (also der Tatsache, dass ein Wert zu einem Attribut auf der nächst niedrigeren Ebene selbst wieder Attribut mit begrifflich noch tiefer angesiedelten Werten sein kann usw. – in die umgekehrte Richtung, nach oben, funktioniert das natürlich ebenso).

Barsalou (1992, 34) führt in diesem Kontext den Begriff und Gedanken der „Attribut-Systematizität" ein. Darunter versteht er die Tatsache, dass in Frames bestimmte ‚Kern-Attribute' gehäuft auftreten (können). Als Beispiel nennt er bezeichnenderweise ausgerechnet Fillmores Paradebeispiel *kaufen* mit Attributen wie VERKÄUFER, KÄUFER, WARE, BEZAHLUNG usw. Bei Fillmore waren die hier gemeinten Zusammenhänge das Motiv dafür, neben den sprachlichen (Verb-) Frames die kognitive / epistemische Ebene der „Szenen" anzunehmen, die den gemeinsamen Hintergrund für die Übereinstimmung einzelner Teil-Frame-Elemente in den konkret verbalisierten sprachlichen Prädikations-Frames bilden sollten. Nach Barsalou ist es wichtig, solche „Ko-Okkurenzen" von Attributen zu beobachten. Häufige Ko-Okkurenz von Attributen führt ihm zufolge zu psychologischer Stärke dieser Verbindungen und daher zur Etablierung von Frame-Kernen. Er hält es dann für ein insbesondere bei der Frame-Beschreibung und -Analyse wichtiges Faktum, dass „die Attribute, die mit Frames assoziiert sind, im Grad ihrer Systematizität variieren". Die Frage, ob es so etwas wie „Frame-Kerne" gibt, und was man sich darunter vorzustellen hat, bzw. auf welche Weise man sie identifizieren kann, ist eine wichtige Frage für die angewandte Frame-Forschung, die uns noch beschäftigen muss.[31]

In diesem Zusammenhang legt Barsalou großen Wert auf die Feststellung, dass Attribute je nach Wissensaktivierung und Kontext variabel sein können. Dies entspricht seiner Auffassung, dass man Frames nicht (wie in der Forschung öfter geschehen) als rigide Strukturen missverstehen dürfe. Menschen sind ihm zufolge sehr kreativ im Konstruieren von Attributen; oft produzieren sie neue Attribute in Relation zu spezifischen Kontexten. „Je nach Kontext sind in einem Frame verschiedene Subsets von Attributen aktiv, abhängig vom spezifischen Exemplar und dem umgebenden Kontext." (35) Diese Annahme berührt eng die Frage der Frame-Aktivierung bzw. –Abrufung. Dass bezüglich dieser Aspekte von Frames bzw. Attribut-Werte-Beziehungen noch Klärungsbedarf besteht, sieht man, wenn Barsalou annimmt, dass in komplexeren Begriffsfeldern nicht alle Kombinationen von Attribut-Werten in der Realität auch möglich sind (vgl. Barsalou 1992, 65). Dies klingt doch ziemlich platonistisch, als sei die Welt des Geistes mit Frames bzw. Attribut-Werte-Sets bzw. Attribut-Konstellationen bevölkert, die irgendwo für sich existieren, auch wenn sie nie gedacht oder als epistemischer Hintergrund der Verwendung sprachlicher Zeichen geistig aktiviert worden sind. Hier besteht also offensichtlich noch einiger Klärungsbedarf. Zu klären bleibt insbesondere das Verhältnis von Slots eines abstrakten Konzept-Frames und von konkreten Slots einer verbalisierten Prädikation, die einen Konzept-Frame inhalt-

---

[31] Da Barsalou über „Kern-Sets von Attributen" nur in Bezug auf Exemplar-Frames spricht, spielt hier sehr stark die Type-Token-Problematik hinein (s.u. Kap. 7.4.5).

7.4 Die innere Struktur von Frames 563

lich näher charakterisiert. Beides ist nicht dasselbe und müsste Frame-theoretisch deutlich auseinandergehalten werden.

An dieser Stelle soll und kann (auch wenn zahlreiche Details noch zu klären sind) eine erste Arbeitsdefinition der zentralen Frame-theoretischen (und Frame-definierenden) Termini, nämlich von *Frame / Wissensrahmen, Slot / Anschlussstelle* und *Filler / Zuschreibung* erfolgen.

Arbeitsdefinition *Frame / Wissensrahmen*:

Ein *Frame / Wissensrahmen* ist eine Struktur des Wissens, in der mit Bezug auf einen strukturellen Frame-Kern, der auch als „Gegenstand" oder „Thema" des Frames aufgefasst werden kann, eine bestimmte Konstellation von Wissenselementen gruppiert ist, die in *dieser* Perspektive (nicht als absolute Eigenschaft, sondern als eine bestimmte Form der „Inblicknahme" [envisionment] des Frame-Themas bzw. –objekts) als Frame-konstituierende Frame-Elemente fungieren. Diese Wissenselemente (oder Frame-Elemente) sind keine epistemisch mit konkreten Daten vollständig „gefüllte" Größen, sondern fungieren als Anschlussstellen (Slots), denen in einer epistemischen Kontextualisierung (Einbettung, „Ausfüllung") des Frames konkrete („ausfüllende", konkretisierende) Wissenselemente (sogenannte „Füllungen", „Werte" oder Zuschreibungen) jeweils zugewiesen werden. (Als solche epistemischen Kontextualisierungen gelten regelmäßig alle sprachlichen Verbalisierungen, in denen entweder der Frame als Ganzes oder einzelne seiner Elemente durch Benutzung sprachlicher Zeichen (Lexeme) oder komplexerer sprachlicher Ausdrücke evoziert werden.) Frames sind Strukturen aus (hier rein epistemisch als solche verstandenen) Konzepten, die, da alle Konzepte selbst wiederum in Form von Frames strukturiert sind, sich als Strukturen aus Frames herausstellen. Insofern Frames im Wesentlichen (epistemische) Anschlussmöglichkeiten und –zwänge (für weitere Detail-Frame-Elemente) spezifizieren, ist ihre Struktur beschreibbar als ein *Gefüge aus epistemischen Relationen* (zu den angeschlossenen Elementen und unter diesen).

Frames müssen nach Ebenen differenziert werden als:

(a) Allgemeine Muster- oder Type-Frames auf der Ebene des sozialen Wissens; als solche bilden sie den organisierenden Rahmen des Wissens, das gemeinsame Eigenschaften einer größeren Zahl von Exemplaren, die dem Frame als Token (oder Extension) zugeordnet werden können, zusammenfasst. („Exemplare" in dieser Hinsicht nenne ich „abstrakte Exemplare".)

(b) Allgemeine Exemplar- oder Token-Frames auf der Ebene des sozialen Wissens; als solche bilden sie den organisierenden Rahmen des Wissens, das gemeinsame Eigenschaften einer größeren Zahl von *konkreten* (raumzeitlich situierten und als Einzel-Exemplare in der Welt identifizierten) Exemplaren (oder Exemplar-Sorten), die dem abstrakten Exemplar-Frame als Token (oder Extension) zugeordnet werden können, zusammenfasst. („Exemplare" in dieser Hinsicht nenne ich „konkrete Exemplare".)

(c) Allgemeine Muster- oder Type-Frames auf der Ebene des individuellen Wissens; als solche bilden sie den organisierenden Rahmen des individuellen Wissens, das gemeinsame Eigenschaften einer größeren Zahl von abstrakten Exemplaren, die dem Frame als Token (oder Extension) zugeordnet werden können, zusammenfasst. Frames dieser Ebene sind in der Regel nicht identisch mit Frames der Ebene (a), da sie nur Teile der sozialen Frames (wenn auch häufig oder meistens größere Teile von Ihnen) umfassen.

(d) Allgemeine Exemplar- oder Token-Frames auf der Ebene des individuellen Wissens; als solche bilden sie den organisierenden Rahmen des Wissens, das gemeinsame Eigenschaften einer größeren Zahl von *konkreten* (raumzeitlich situierten und als Einzel-Exemplare in der Welt identifizierten) Exemplaren, die dem abstrakten Exemplar-Frame als Token (oder Extension) zugeordnet werden können, zusammenfasst.

(e) Konkrete instantiierte Exemplar- oder Token-Frames auf der Ebene der aktuellen individuellen Wissens-Realisierung im Kurzzeitgedächtnis („concepts" bei Barsalou 1993). Diese realisieren in präsenter kognitiver Aktivität Merkmale wahrgenommener oder angenommener Exemplare und bilden diese auf einen individuellen Frame höherer Stufe ab.

Arbeitsdefinition Slot / Anschlussstelle / „Attribut":

Anschlussstellen (Slots, Frame-Elemente, „Attribute") sind die in einem gegebenen Frame zu einem festen Set solcher Elemente verbundenen, diesen Frame als solche konstituierenden, das „Bezugsobjekt" (den Gegenstand, das „Thema") des Frames definierenden Wissenselemente, die in ihrem epistemischen Gehalt nicht voll spezifiziert sind, sondern welche nur die Bedingungen festlegen, die konkrete, spezifizierende Wissenselemente erfüllen müssen, die als konstitutive Merkmale oder Bestandteile des Frames diesen zu einem epistemisch voll spezifizierten („instantiierten") Wissensgefüge / Frame machen (sollen). Da Anschlussstellen konkretisierende Bedingungen für die epistemischen Eigenschaften der Füllungen festlegen, können sie auch als ein „Set von Anschlussbedingungen" (oder „Set von Bedingungen der Anschließbarkeit", „Set von Subkategorisierungsbedingungen") charakterisiert werden. Die Eigenschaft, eine Anschlussstelle (ein Slot, ein Attribut) zu sein, kommt einem Wissenselement nicht absolut zu, sondern nur in Relation zu einem übergeordneten Frame. In isolierter Betrachtung bilden solche Wissenselemente eigene Frames, mit eigenen, wiederum untergeordnete Anschlussstellen / Slots / Attributen. Das heißt: Für eine epistemologische Analyse wichtige „Slots" oder „Attribute" sind solche Zuschreibungen von (in *dieser* Relation als ,Aspekte' fungierenden) Konzepten zu anderen (in *dieser* Relation als ,Kategorien' fungierenden) Konzepten, für die es in der sprachlichen / kulturellen Gemeinschaft, in der diese Attribuierung auftritt, eine etablierte Zuordnungs-Konvention gibt.[32]

Anschlussstellen legen Relationen (und damit auch Typen von Relationen) fest, die zwischen dem Frame-Kern und den durch sie angeschlossenen spezifizierten Wissenselementen (Filler, Ausfüllungen, „Werte") bestehen. Aber auch sie selbst sind als Relationen zwischen dem sie definierenden Set der Anschlussbedingungen und dem Bezugs-Frame charakterisierbar. Das heißt: Zwischen dem Slot / der Anschlussstelle / dem „Attribut" und dem Frame-Kern, der dadurch spezifiziert wird, besteht eine Zuordnungs-Relation, die als „epistemische Prädikation" charakterisiert werden kann. Daraus erklärt sich, dass Anschlussstellen / Attribute in Texten oft durch sprachlich vollzogene Prädikationen („Aussage-" oder „Satz-Prädikationen") spezifiziert werden.[33] Es können und müssen unterschiedliche Typen von Anschlussstellen / Slots / Attributen (d.h.: Typen von Anschluss- oder Subkategorisierungs-Bedingungen) unterschieden werden (dazu s.u. Kap. 7.4.3). (In Übernahme einer alten Dichotomie aus der Sprachwissenschaft muss mindestens zwischen „denotativen" und „konnotativen" Frame-Elementen / Slots unterschieden werden.)

Sind für eine Anschlussstelle eines Frames in einem gegebenen Aktualisierungskontext keine konkreten Füllungen spezifiziert, dann wird die Anschlussstelle mit einer Standard-Belegung (default) verknüpft. Vermutlich in dieser Form werden Frames auch im Gedächtnis gespeichert. Da Frames keine rigiden Wissensstrukturen, sondern dynamisch, variabel und kontextangepasst sind, kann der Umfang des Sets von Anschlussstellen, der für einen Frame aktiviert wird, variieren. Anschlussstellen / Slots / Attribute legen einen Bereich fest, aus dem die Füllungen entnommen werden können („Wertebereich"). Dieser Wertebereich kann abstrakte Meta-Bedingungen umfassen wie „Anschlussstelle muss belegt werden" („positiv"), „Anschlussstelle muss nicht (darf nicht) belegt werden" („negativ"), „Belegung ist nicht relevant" u.ä.

Arbeitsdefinition Zuschreibung / Filler / Angeschlossenes / „Wert":

Zuschreibungen / Filler / Werte sind solche Wissenselemente, die über Anschlussstellen an einen (abstrakten, allgemeinen) Frame angeschlossen werden, um diesen zu einem epistemisch voll spezifizierten Wissensrahmen (einem instantiierten Frame) zu machen. Für eine epistemologische Analyse wichtige „Zuschreibungen" oder „Filler" oder „Werte" sind solche Zuschreibungen von (in *dieser* Relation als ,Filler' fungierenden) Konzepten zu anderen (in *dieser* Relation als ,An-

---

[32] Diese Zuordnungs-Konvention muss nicht zwingend eine sprachliche sein. Es wird jedoch davon ausgegangen, dass ohne die Existenz einer Sprache und von durch Sprachzeichen organisierten Zuordnungs-Konventionen keine gesellschaftlich allgemeinen Zuordnungs-Konventionen zustande kommen können.

[33] Die Suche nach sprachlich ausgedrückten Prädikationen, in denen Slots verbalisiert werden, ist daher ein gutes Mittel zur Identifikation der Slots eines instantiierten Frames.

7.4 Die innere Struktur von Frames   565

schlussstellen' fungierenden) Konzepten, die nach den Bedingungen, welche die Anschlussstelle (Slot, Attribut) *dieses* Frames definiert, erwartbare oder mögliche Konkretisierungen / Instantiierungen der allgemeinen Typ-Bedingungen des Slots sind. Die Eigenschaft, eine Zuschreibung (ein Filler, ein Wert) zu sein, kommt einem Wissenselement daher nicht absolut zu, sondern nur in Relation zu einer übergeordneten Anschlussstelle (Attribut). In isolierter Betrachtung bilden solche Wissenselemente eigene Frames, mit eigenen, wiederum untergeordneten Anschlussstellen / Slots / Attributen und Zuschreibungen / Fillern / Werten. In Token-Frames müssen alle Zuschreibungen / Filler / Werte spezifiziert sein (insofern die durch die Anschlussstellen festgelegten Ausfüllungs-Bedingungen dies vorsehen). Solange Anschlussstellen nicht (situations- und kontext-abhängig) mit konkreten und spezifischen Zuschreibungen / Fillern / Werten belegt sind, werden sie mit Standard-Ausfüllungen (Default-Werten) belegt, die aus dem konventionalisierten (prototypischen) Wissen ergänzt werden. Instantiierte Slots (Anschlussstellen in einem konkretisierten, instantiierten Frame) können in der Regel nur mit einer einzigen Zuschreibung / Füllung (einem einzelnen Wert) belegt sein. Die Zuschreibungs-Relation zwischen Anschlussstelle und Wert ist in diesem Fall im logischen Sinne eine Funktion (insofern der Slot als Konzept / Begriff betrachtet werden kann, ist er im Falle des instantiierten Fillers ein „Funktionalbegriff").

7.4.2 Strukturelle Invarianten, Constraints, Wertebereiche

Von Barsalou 1992 werden neben den Slot-Filler-Strukturen (bei ihm: Attribut-Werte-Sets) noch „Strukturelle Invarianten" und „Constraints" als gleichrangige zentrale Merkmale bzw. Strukturelemente von Frames genannt. Grob gefasst kann man diese als feste (teilweise – aus unterschiedlichen Gründen – zwingend gegebene) Relationen zwischen Frame-Elementen charakterisieren. Einen ersten Hinweis auf die wichtige Rolle von Constraints *avant la lettre* hat bereits Minsky (1974, 2) gegeben: „Komplexere Bedingungen können Relationen spezifizieren, die zwischen den Dingen bestehen, die an verschiedenen Anschlussstellen angeschlossen werden." Barsalou 1992 nun versucht verschiedene Typen (und Ebenen innerhalb einer Frame-Struktur) solcher konditionalen Relationen zu unterscheiden.

„Strukturelle Invarianten" definiert er als feste Korrelationen zwischen verschiedenen Slots / Attributen eines Frames, die (im Gedächtnis) dann entstehen, wenn bestimmte Slots bzw. Attribute sehr häufig (bei Anwendung auf eine Vielzahl verschiedener Exemplare) gemeinsam auftreten. Als ein Beispiel dafür nennt er die Korrelation zwischen FAHRER und MOTOR in einem *Auto*-Frame, die er als „*operates*"-Relation im Sinne etwa der Geschwindigkeitskontrolle (im Deutschen kaum übersetzbar; so etwas wie *aktiviert* und *manipuliert* zusammen) bezeichnet. Strukturelle Invarianten in diesem Sinne umfassen ihm zufolge eine große Spannbreite von relationalen Konzepten, wie etwa räumliche Relationen (z.B. zwischen SITZ und LEHNE eines *Stuhls*), zeitliche Relationen (z.B. zwischen ESSEN und ZAHLEN im Frame für *Essen gehen*), kausale Relationen (z.B. zwischen BEFRUCHTUNG und GEBURT im Frame für *Reproduktion*) und intentionale Relationen (z.B. zwischen MOTIV und ANGRIFF im Frame für *Mord*). Es handelt sich also um relativ konstante Relationen zwischen den Attributen eines Frames, die Barsalou (1992, 35 f.) auch als „regelmäßige Wahrheiten [normative truths] über Relationen zwischen Attributen" eines Frames charakterisiert.

Da „Strukturelle Invarianten", wenn sie so wie hier definiert werden, selbst wieder komplexe Wissensrelationen darstellen, können sie selbst auch als Frames (oder sogar Frame-Gefüge) charakterisiert werden. So ist etwa die Relation zwischen SITZ und LEHNE

beim Frame für *Stuhl* mehr als eine bloß räumliche; vielmehr liegt hier eine funktionale Notwendigkeit vor, aus der sich z.B. ergibt, dass sich die LEHNE an einem *Stuhl* nicht von der SITZFLÄCHE nach unten erstrecken darf, sondern nach oben; dass sie in einem bestimmten Winkel zur SITZFLÄCHE stehen muss (mehr als 90°), dass ihre Größe in einer gewissen Proportion zur Größe der SITZFLÄCHE stehen muss usw. Es wird deutlich, dass es sich bei solchen Relationen um zentrale, Frame-konstitutive bzw. -definierende Bedingungen handelt, ohne die der Frame nicht vollständig wäre. Strukturelle Invarianten bilden daher eine eigene Ebene von konstitutiven Relationen in und zwischen Frames zusätzlich zur Ebene der Relationen, die zwischen Anschlussstellen / Slots / Attributen und den Frames, sowie zwischen Zuschreibungen / Fillern / Werten und den Slots / Attributen bestehen. Es wird auch deutlich, dass es sich hierbei um epistemisch teilweise hochkomplexe Relationen (und Relationsgefüge) handelt, die meist wohl nicht als „einfache" Frames, sondern als komplexe Frame-Gefüge beschrieben werden müssen.[34]

Von den „Strukturellen Invarianten" unterscheiden sich diejenigen konditionalen Relationen (Relationen wechselseitiger Abhängigkeit) in Frames, die Barsalou „Constraints" (Restriktionen, Beschränkungen) nennt, in gewissen Hinsichten.[35] Während „Strukturelle Invarianten" Korrelationen zwischen Slots / Anschlussstellen / Attributen sind, sind „Constraints" typischerweise Korrelationen zwischen verschiedenen Zuschreibungen / Ausfüllungen / Werten verschiedener Slots / Attribute. Während „Strukturelle Invarianten" immer gelten, also ‚normative Wahrheiten' darstellen, stellen Constraints eher „systematische Variabilität" zwischen den Werten von Attributen her. Barsalou unterscheidet dann vier Typen von Constraints: *Attribut-Constraints, Werte-Constraints, Kontextuelle Constraints* und *Optimierungen*. Man könnte die ersten beiden auch als ‚strukturelle Typen von Constraints' und die letzten beiden als eher ‚inhaltliche Typen von Constraints' (oder ‚kontextabhängige Typen') unterscheiden.

Unter *Attribut-Constraints* versteht Barsalou Regeln, die die einsetzbaren Werte von Attributen „global beschränken". Als Beispiel nennt er im *Transport*-Frame (als Teil eines *Urlaub*-Frames) den Zusammenhang zwischen GESCHWINDIGKEIT und DAUER.[36] „Constraints" in diesem Sinne sind also sachbezogene inhaltliche Einflüsse bzw. Wechselwirkungen zwischen konkreten Ausfüllungen / Zuschreibungen für einzelne Anschlussstellen / Attribute. Es handelt sich damit um Sach- bzw. Alltagswissen, dessen Geltung aber als selbstverständlich vorausgesetzt wird, und dessen Kenntnis in einzelnen Fällen immer verstehensrelevant sein kann. Constraints decken damit einen wichtigen Teil des „als selbst-

---

[34] Nach meinem Eindruck verharmlost Barsalou 1992 mit seinen Beispielen stark die epistemische Komplexität solcher Relationen. Während er sie anscheinend wie einfache „Eigenschaften" denkt, entgeht ihm, wie komplex z.B. menschenbezogene, funktionale Eigenschaften in Frame-theoretischer oder epistemischer Hinsicht sein können.

[35] „Die generelle Annahme, die den Constraints zugrundeliegt, ist, dass Werte von Frame-Attributen nicht unabhängig voneinander sind. Stattdessen beschränken [constrain] sich Werte wechselseitig auf mächtige und komplexe Weise." Barsalou 1992, 37.

[36] Die hier wirksame Regel lautet: „Wenn eine Form des Transports (über eine konstante Distanz) schneller wird, wird ihre Dauer kürzer." Damit liegt das vor, was er einen „negativen Constraint" nennt. Ein „positiver Constraint" wäre etwa der zwischen GESCHWINDIGKEIT und KOSTEN („Wenn der Transport schneller wird, werden die Kosten höher."). Problematisch erscheint hier jedoch die erkenntnistheoretisch naiv anmutende Redeweise von „positivem" und „negativem" Constraint. Es ist irreführend, und kann auch falsch sein, Constraints solche Werte fest zuzuschreiben. Eigentlich meint er nämlich nicht *positiv* und *negativ* sondern schlicht „*mehr*" oder „*weniger*" (von irgendetwas!). Was für den einen positiv sein mag, mag für den anderen negativ sein.

7.4 Die innere Struktur von Frames 567

verständlich vorausgesetzten" bzw. „impliziten Wissens" ab, wie es in traditionellen semantischen Beschreibungen meist gar nicht erfasst wird. Auch wenn uns solche Wechselwirkungen wie Gesetzmäßigkeiten vorkommen mögen, ist es doch wichtig, zu beachten,
dass sie nur alltagsweltliches Wissen widerspiegeln, und keineswegs als logische Relationen missverstanden werden dürfen.[37] Sie gelten oft (nur) in *unserer* Welt, haben daher den
Status von Plausibilitäten, nicht von feststehenden Wahrheiten. Nur einigen davon liegen
auch logische Wahrheiten zugrunde (wie der Relation zwischen GESCHWINDIGKEIT und
DAUER bei *Transport*), anderen hingegen nicht (wie der „negativen" Relation zwischen
WEITE DISTANZ DES URLAUBSORTS und SCHNELLER TRANSPORT). Nach Barsalou repräsentieren Attribut-Constraints statt logischer Wahrheiten oft nur statistische Muster oder persönliche Präferenzen, denen in bestimmten Situationen auch widersprochen werden kann.[38]
Zusammengefasst sind Attribut-Constraints also Restriktionen, die von zwei in wechselseitiger Beziehung zueinander stehenden Attributen auf ihre jeweiligen zulässigen Werte ausgeübt werden, also etwa so: „Jeder Wert X von Attribut A erzwingt einen bestimmten, von
der konkreten Belegung des Wertes X abhängigen Wert Y von Attribut B."

Unter *Werte-Constraints* versteht Barsalou Regeln, „die spezifische Sets von Werten lokal miteinander verbinden".[39] Beispiele nennt er wiederum für den URLAUB-Frame (hier in
unsere mitteleuropäische Situation transponiert): So ermöglicht der Wert *Mallorca* für das
Attribut URLAUBSORT den Wert *Surfen* für das Attribut URLAUBSAKTIVITÄT, während der
Wert *St. Moritz* wohl eher den Wert *Skifahren* ermöglicht. Mit anderen Worten: Ein spezifischer Wert des Attributs A (im Frame X) restringiert (legt nahe / ermöglicht) einen spezifischen Wert des Attributs B in demselben Frame.[40] – Unter *Kontextuellen Constraints*
versteht Barsalou solche Zusammenhänge, in denen „ein Aspekt einer Situation andere
beschränkt, so wie physikalische Beschränkungen in der Natur."[41] Solche kontextuellen
Beschränkungen spiegeln ihm zufolge häufig auch kulturelle Konventionen wider: So erzwingt der Wert *Schwimmen* für das Attribut URLAUBSAKTIVITÄT an den meisten belebten
Orten der Welt auch den Wert *Badeanzug* für das Attribut BEKLEIDUNG.[42] – *Optimierungen*
nennt Barsalou solche Constraints, die sich auf *Ziele von Handelnden* beziehen. Als Bei-
spiel nennt er: Die Ziele ‚kurze Reise' und ‚niedrige Kosten' beschränken die ‚DAUER'- und
‚KOSTEN'-Variablen im *Transport*-Frame auf die Werte ‚langsam' und ‚niedrig'. Auch
Optimierungen können sowohl Werte- wie Attribute-Constraints sein. *Optimierungs*-
Constraints finden sich typischerweise mit Bezug auf Werte- oder Präferenzen-Hierarchien.

---

[37] „Es ist wichtig, dass diese Attribut-Constraints weder logische noch empirische Wahrheiten sein müssen." Barsalou 1992, 37.

[38] Barsalou 1992, 39. Er nennt das Beispiel des kontemplativen Reisenden, der ein bewusst langsames
Reisen bevorzugt. Das Beispiel zeigt gut, wie viel gesellschaftlicher und kultureller Normativismus in
diesen Constraints steckt. Es sind, um es kurz zu sagen, common-sense-Restriktionen.

[39] „Während Attribut-Constraints allgemeine Regeln sind, die Attribut-Werte global beschränken, sind
Werte-Constraints spezifische Regeln, die spezifische Sets von Werten lokal miteinander verbinden."
A.a.O. 39.

[40] Barsalou (39) nennt noch das Merkmal: „Wie auch Attribut-Constraints repräsentieren Werte-
Constraints oft statistische Muster und persönliche Präferenzen und weniger notwendige Wahrheiten."

[41] Barsalou 1992, 39. Beispiele: SURFEN erzwingt *Ozean-Strömung*, GESCHWINDIGKEIT DES TRANSPORTS
beschränkt *Dauer über eine feste Distanz*.

[42] Dazu Barsalou 1992, 39: „Im Allgemeinen sind die verschiedenen Aspekte einer bestimmten Situation
nicht unabhängig voneinander. Im Gegenteil setzen physikalische und kulturelle Mechanismen Beschränkungen für Kombinationen von kompatiblen Attribut-Werten." – „Wie die Beispiele zeigen, können kontextuelle Constraints sowohl Attribut-Constraints wie auch Werte-Constraints sein."

Dabei hängt die Ausfüllung jeweils zusammen mit den Optimierungs-*Zielen*.[43] Sie sind also immer dann möglich, wenn es für ein Ziel ein *besser / schlechter* bezüglich der Ausfüllung gibt.[44]

Was Barsalou mit seinen *Constraints* beschreiben will, kann man auch als allgemeine inhaltliche Zusammenhänge beschreiben, die zwischen den verschiedenen Teilaspekten eines Frames bestehen. Wir wissen aus unserem Alltagswissen in der Regel, welche Aspekte (seien es Werte, seien es Attribute, seien es Relationen zwischen Attributen und zugehörigen Werten, seien es Relationen zwischen Attributen oder zwischen Werten selbst) in Relation zu welchen anderen Aspekten desselben (oder eines benachbarten, angeschlossenen, über- oder untergeordneten) Frames bestehen. Von einer grundsätzlichen Warte aus gesehen erscheinen die Relationen, die in und zwischen Teilen eines Frames oder mehrerer Frames bestehen (seien es nun Attribute oder Werte oder was auch immer) sehr viel komplexer zu sein, als es Barsalou hier beschreibt. Immerhin zielt seine Idee der Constraints auf eine wichtige Eigenschaft von Frames und Relationen in und zwischen Frames und Frame-Elementen; sein Vorschlag zur Differenzierung ist ein erster Ansatz, den man nutzen könnte, um solche Interrelationen deskriptiv etwas besser in den Griff zu bekommen.[45] Offenbar ist Vieles von dem, was Schank / Abelson in ihrem Skript-Modell beschreiben wollen (Ziele, Pläne usw.) im Sinne von Barsalous Constraint-Begriff beschreibbar.

Im Zusammenhang mit Constraints führt Barsalou noch den Gedanken der *Verbreitung von Constraints durch Frames* ein. Constraints können sich ihm zufolge oft selbst auf komplexe Weise durch ganze Frame-Systeme verbreiten. So wirkt sich z.B. der gewünschte Wert *niedrige Kosten* für URLAUB auf viele Attribute aus: *niedrige Kosten* für URLAUB führt zu *niedrige Kosten* für TRANSPORT, führt zu *langsam* für TRANSPORT usw. Dazu Barsalou: „Solch ein Räsonnement tritt überall in der menschlichen Kognition auf." Wie alle anderen Frame-Elemente (Anschlussstellen / Attribute, Zuschreibungen / Werte, strukturelle Invarianten) lassen sich auch Constraints selbst wieder als Frames beschreiben. Im erwähnten SCHWIMMEN-Beispiel kann man die ERFORDERT-Relation (erfordert *Badeanzug*) selbst wieder als Frame auffassen, der seinerseits Attribute enthält wie WAHRSCHEINLICHKEIT; hier konkret: der Wert für die Wahrscheinlichkeit, dass SCHWIMMEN den Wert *Badeanzug* für BEKLEIDUNG erfordert, liegt in unseren Kulturen bei *hoch*. Offenbar nimmt er auch so etwas an wie „Constraint-Vererbung" innerhalb von Frame-Hierarchien / -Taxonomien.

Was Barsalou als Constraints (Restriktionen, wechselseitige Beeinflussung bzw. Abhängigkeit zwischen Frame-Elementen) und als Strukturelle Invarianten beschreibt, sind

---

[43] Im Vergleich zu den kontextuellen Constraints gilt bei *Optimierungs*-Constraints: „Während *kontextuelle Constraints* typischerweise erfordern, dass Werte sie *erfüllen*, erfordern *Optimierungen* typischerweise, dass ein Wert *alle anderen überragt*." Das heißt: Statt einer *Typ-bezogenen* Ausfüllung eines Wertes (ja / nein) ist eine *graduell spezifische Ausfüllung* erforderlich (höher-niedriger, höchster-niedrigster).

[44] Optimierung ist also keineswegs, wie häufig missverstanden, eine objektive Einflussgröße. Barsalou weist darauf hin, dass Menschen oft das Ziel haben, Werte für mehrere Attribute zugleich zu optimieren (also etwa bei *Urlaub* für ENTFERNUNG, GESCHWINDIGKEIT und KOSTEN jeweils den besten Wert zu erzielen), was aber keineswegs immer gelingt, da eine Optimierung eines Wertes oft zu einer Verschlechterung bei einem anderen Wert führt (z.B. führt *schnell* bei TRANSPORT in der Regel zu *hoch* bei KOSTEN).

[45] Seinem Ansatz haftet allerdings noch viel zu viel Intuitives an. Man wird sehen müssen, ob hier eine stärkere Systematisierung überhaupt möglich ist, ohne seinerseits in den mehrfach erwähnten und kritisierten problematischen (und aporetischen) Taxonomismus zu verfallen.

7.4 Die innere Struktur von Frames 569

ganz offensichtlich bestimmte Formen von *Zusammenhängen* und *Relationen*, die zwischen einzelnen Elementen eines Frames bestehen. Dabei muss zwischen beiden Typen von Relationen strikt unterschieden werden. Während man bei den Constraints dann auch von *Kovarianzen* sprechen könnte, handelt es sich bei den „strukturellen Invarianten" eben um keine Varianzen, sondern um stabile *Korrelationen,* die wesentliche Bestandteile des Frames (bzw. Frame-Wissens) selbst sind. Ein *Stuhl* ohne eine feste, vordefinierte Korrelation von BEINEN, SITZFLÄCHE und LEHNE ist eben gar kein „Stuhl"; genauso gehört zu einem SCHREIBEN-Frame eine feste Konstellation von AGENS, EFFIZIERTEM OBJEKT und INSTRUMENT.[46] „Strukturelle Invarianten" beschreiben daher feste Konstellationen von Anschlussstellen / Slots / Attributen. Da zuvor der Begriff des *Frame* selbst als eine Konstellation von Anschlussstellen / Slots / Attributen definiert worden war, fragt sich natürlich, worin der zusätzliche Effekt, der Erkenntniswert einer Kategorie wie *Strukturelle Invarianten* bestehen soll, der über dasjenige hinausgeht, was zu Frames qua ihrem Begriff ohnehin schon als wesentliches Merkmal zugehört. Es hat den Anschein, als ginge es Barsalou mit dieser Kategorie um Aspekte, die aus der Muster-Exemplar- bzw. Type-Token-Problematik entstehen. Da er Frames auf der Muster- bzw. Type-Ebene als „nicht rigide" Wissensstrukturen definiert, können die *Strukturellen Invarianten* offenbar als einschränkende Bedingungen aufgefasst werden, die diese postulierte „Nicht-Rigidität" dann teilweise wieder aufheben, indem sie dann doch feste „Muss"-Beziehungen zwischen bestimmen Konstellationen von Slots festlegen. Während im Normalfall instantiierte Frames einzelne der Slots im Prinzip auslassen (ohne Füllung lassen) können, wirken sich Strukturelle Invarianten offenbar so aus, dass eine bestimmte Kern-Konstellation von Frame-Elementen (Anschlussstellen / Slots / Attributen) in jedem einzelnen Exemplar-Frame verwirklicht sein muss, wenn dieser als Exemplar des fraglichen Muster-Frames gelten soll. (Wir werden auf diesen Aspekt in Kap. 7.5.5 zurückkommen.)

Es geht dabei also offenbar um wesentliche bzw. Kern-Merkmale, ohne deren Gegebensein ein fragliches Exemplar nicht mehr als Exemplar des fraglichen Frames gelten könnte. Solche Bedingungen gehen aber über die Beispiele, die Barsalou für die strukturellen Invarianten nennt, deutlich hinaus. An dieser Stelle muss man das, was ich *Wertebereich* genannt habe, mit in Betracht ziehen. Auch Wertebereiche sind offenbar so etwas wie Strukturelle Invarianten eines Frames. Um es an Barsalous Beispiel zu verdeutlichen: Ein *Stuhl* ist eben nicht nur dann kein *Stuhl* im üblichen Sinne (d.h. kein zureichendes Exemplar des Frames), wenn er nicht über eine feste Korrelation und Anordnung von BEINEN, SITZFLÄCHE und LEHNE verfügt, sondern z.B. auch dann wenn die Vorderkante der Sitzfläche zwei Meter von der Hinterkante (wo sich die Lehne anschließt) entfernt ist. Anders ausgedrückt: Damit etwas in unserer Welt (die keine Welt der Riesen ist) zu Recht als ein Exemplar des Frames für *Stuhl* gelten kann, muss der Unter-Slot GRÖSSE des Slots SITZFLÄCHE einen Wert haben, der einen bestimmten Wertebereich nicht überschreitet. Während Barsalou offenbar grundsätzlich annimmt, dass Wertebereiche offen sind, und durch neue Exemplare, die einer Frame-Kategorie zugeordnet werden, ausgeweitet bzw. verändert werden können, gibt es offenbar auch solche Wertebereiche, die zugleich als strukturelle Invarianten gelten müssen. Definiert man also einen Wertebereich eines Slots als „Extension potentieller Werte" (bzw. Ausfüllungen) für diesen Slot, dann müsste man zwar zunächst grundsätzlich die

---

[46] Das EFFIZIERTE OBJEKT ist dasjenige, auf das sich die Tätigkeit des AGENS richtet; das INSTRUMENT ist ein Instrument von AGENS und niemandem sonst.

Ausweitung der Extension zulassen, dann aber feststellen, dass diese ab bestimmten Werten nicht mehr greift. Ein strukturell invarianter Wertebereich wäre dann ein solcher, der die Extension potentieller Werte bzw. Ausfüllungen auf einen bestimmten definierten Bereich festlegt bzw. beschränkt. Auch Wertebereiche sind daher Restriktionen bzw. Constraints eines bestimmten Typs. Von strukturell invarianten Wertebereichen sind dann solche Wertebereiche abzugrenzen, die lediglich einen Bereich (Extension) von Standard-Werten abgrenzen (also das, was üblich oder am ehesten erwartbar oder am meisten verbreitet ist).[47]

Solche Korrelationen wie „Strukturelle Invarianten" und „Constraints" dürfte es in großer Zahl geben, und es fragt sich, ob eine typologische Klassifikation, wie sie sich bei Barsalous Klassifikation der Constraints andeutet, und die – wie seine Beispiele zeigen – tief in die inhaltlichen Wissensbereiche einsteigen müsste, auf die sich die möglichen Formen von Korrelationen beziehen, überhaupt mit flächendeckendem Erklärungsanspruch möglich ist. – Zahlreiche Beispiele, die Barsalou für den zweiten Typ von Restriktionen, die Constraints, gibt, werfen zudem die Frage auf, um welche Ebene einer Frame-Struktur (der Struktur des mit einem bestimmten Frame zusammenhängenden Wissens) es sich dabei handelt. Bei ihm werden Constraints als *zusätzliche* Strukturebene neben Attribut-Werte-Sets eingeführt. Bei manchen seiner Beispiele hat es dagegen den Anschein, als beträfen sie Elemente, die ebenso gut als normale Frame-Elemente (Anschlussstellen / Attribute) in einem Frame charakterisiert werden könnten. So ist in einem Handlungs-Frame das Element ZIEL DER HANDLUNG (das er im Zusammenhang mit Constraints wiederholt thematisiert) ein ganz normales, zwingend erwartbares bzw. definierendes Grundelement des Frames. Nur insofern *bestimmte* Ziele *bestimmte* andere Frame-Elemente (oder genauer: der Ausfüllungen) beeinflussen, kann man von zusätzlichen Korrelationen im Sinne der Constraints sprechen. – Auch wenn das Thema *Strukturelle Invarianten und Constraints* vermutlich noch weitere Klärungen erfordert, und noch nicht absehbar ist, welche Aspekte davon im Rahmen einer allgemeine Frame-Theorie und der Definition der Elemente und strukturellen Grundeigenschaften von Frames überhaupt behandelt werden müssen und können, und welche eher Sache einer konkreten Frame- und Frame-Elemente- und Frame-Relationen-Deskription und -Taxonomie (bzw., wem das zu begriffs-hierarchisch klingt, „-Enzyklopädie") wären, soll eine erste Arbeitsdefinition versucht werden:

Arbeitsdefinition *Strukturelle Restriktionen und Korrelationen in Frames und zwischen Frame-Elementen*:

In Frames bestehen zusätzlich zu den Typen von Relationen, die Anschlussstellen (Slots, Attribute) den Frame-Kernen, sowie Zuschreibungen (Filler, Werte) den Anschlussstellen (den jeweiligen Slots) zuordnen, weitere zentrale, teilweise ebenfalls Frame-definierende Typen von Relationen, die einzelne Frame-Elemente (Anschlussstellen / Slots / Attribute und / oder Zuschreibungen / Filler / Werte) untereinander korrelieren, sie zu Frame-spezifischen Gruppen von Frame-Elementen zusammenfassen, die immer gemeinsam vorkommen müssen, oder sachlich zwingende Kovarianzen (bzw. Abhängigkeits-Relationen) zwischen einzelnen Zuschreibungen (Fillern, Werten) festlegen. Diese Relationen (Korrelationen, Kovarianzen) wirken als die Variabilität der Frame-Struk-

---

[47] Während das Attribut GRÖSSE bei SITZFLÄCHE im Frame für STUHL einen bestimmten menschenbezogenen Wert absolut nicht überschreiten darf, ist der dafür einschlägige Wertebereich beim Attribut TISCHFLÄCHE in einem Frame für TISCH nicht absolut beschränkt. So mag ein *Konferenztisch* bei großen internationalen Konferenzen Flächenausmaße haben, die den Grundriss eines durchschnittlichen Wohnzimmers deutlich überschreiten, in einem solchen also auch nicht unterzubringen wären. Ein Wertebereich für einen „normalen" Tisch (etwa in einem Satz wie *Ich kaufe mir heute einen Tisch.*) ist daher „nur" ein Standard-Wertebereich, definiert das „Übliche".

7.4 Die innere Struktur von Frames 571

tur einschränkende Bedingungen (Restriktionen, Beschränkungen), die entweder bestimmte Frame-Elemente (beim Auftreten anderer korrelierter Frame-Elemente) erzwingen (*konstruktive Korrelationen*), oder das Auftreten bestimmter Frame-Elemente (z.B. Filler, Werte) zu bestimmten Anschlussstellen in Kovarianz mit bestimmten anderen Frame-Elementen (Fillern, Werten) zu bestimmten anderen Anschlussstellen auf einen bestimmten Bereich beschränken (*restriktive Korrelationen*).

Einen speziellen Typ solcher Restriktionen stellen die *Wertebereiche* dar. Wertebereiche sind wichtige Elemente von Anschlussstellen (Slots, Attributen) und legen eine „Extension potentieller Werte" (bzw. Ausfüllungen) für diese Anschlussstelle (Slot, Attribut) fest. Man kann dann (abhängig vom Charakter der Beschränkung) von *strukturell invarianten Wertebereichen,* die unter allen Bedingungen gelten, dann solche Wertebereiche abgrenzen, die lediglich einen Bereich (eine Extension) von Standard-Werten abgrenzen (also das, was üblich oder am ehesten erwartbar oder am meisten verbreitet ist), und die man als *Default-Wertebereiche* bezeichnen kann.

Im Unterschied zu *Wertebereichen*, die einfache Korrelationen[48] zwischen Anschlussstellen in spezifischen Frames und Bereichen zulässiger (oder üblicher, typischer) Belegungen festlegen, legen *kontextuelle Korrelationen* komplexe Abhängigkeitsrelationen zwischen zwei Frame-Elementen fest. Die einfachste Form solcher Korrelationen ist das, was man *strukturelle Ko-Okkurenzen* nennen könnte. Von diesen sind solche Korrelationen abzugrenzen, die *Kovarianzen* im vollen Sinne sind. *Strukturelle Ko-Okkurenzen* sind *konstruktive Korrelationen* im oben beschriebenen Sinne; darunter verstehe ich das Frame-definierende gemeinsame Vorkommen einer bestimmten Konstellation oder Gruppe von Frame-Elementen (insbesondere Anschlussstellen / Slots / Attributen), die in dieser Konstellation bzw. Korrelation zwingend gemeinsam vorkommen müssen, wenn der Frame noch als Frame des fraglichen Typs / Inhalts gelten soll.[49] Manche solcher Konstellationen von Frame-Elementen (als *Strukturelle Ko-Okkurenzen*) treten als feste Cluster von Frame-Elementen in mehr als einem Frame auf.[50]

Von diesen *Strukturellen Ko-Okkurenzen* müssen solche Konstellationen von Frame-Elementen (insbesondere Zuschreibungen / Fillern / Werten) unterschieden werden, die man *kovariante Ko-Okkurenzen* nennen kann. Solche Korrelationen sind meistens stark kontextabhängig und spezifisch für bestimmte (inhaltliche) Bereiche des Wissens. Ihre verschiedenen Typen können möglicherweise nur auf der Basis einer enzyklopädischen Typologie des Wissens generell differenziert werden. Mögliche Sub-Unterscheidungen werden sich vermutlich auf so etwas wie „Grade der Sicherheit des Wissens" bezüglich der Kovarianzen (oder ihrer „Zwingendheit"[51]) beziehen müssen, also sich auf eine skalare Anordnung solcher Grade beziehen müssen, an deren einem Ende so etwas steht, was üblicherweise „Naturgesetze" oder „logische Wahrheiten" genannt wird, und an deren anderem Ende solche Zusammenhänge figurieren, die übereinstimmend von *allen* Mitgliedern einer Wissens-Gemeinschaft als *kulturell kontingent* angesehen werden (wenn es eine solche Übereinstimmung überhaupt jemals geben kann).

---

[48] Um *Korrelationen* handelt es sich auch in diesem Falle, weil man sagen kann: Ein Frame-Element X erzwingt dann, wenn es in einem Frame Y vorkommt, eine Belegung mit Zuschreibungen des Wertebereichs Y. (In einem anderen Frame Z kann dasselbe Element dann durchaus einen davon abweichenden Wertebereich W definieren.)

[49] In Barsalous Terminologie die „Strukturellen Invarianten". Der von ihm gewählte Begriff ist aber nicht trennscharf genug, da er im Prinzip auch *einzelne* Elemente als Strukturelle Invarianten zulässt, wohingegen es ja darauf ankommt, dass diese im Sinne Barsalous Korrelationen, d.h. feste Konstellationen von mehr als einem Frame-Element darstellen.

[50] Dann sind sie im Zusammenhang mit Frame-Vererbung und Frame-Verwandtschaft zu beschreiben; siehe dazu unten Kap. 7.6.2.

[51] Wie schwierig es ist, „zwingende" Elemente und Strukturen im Wissen zweifelsfrei praktisch festzustellen, hat die Valenz-Linguistik leidvoll im Falle der „obligatorischen" und „fakultativen" Aktanten in Valenz-Frames erfahren müssen. Es besteht keinerlei Hoffnung, dass das von Barsalous Unterscheidungsversuchen aufgeworfene Problem einfacher zu lösen sein wird – ganz im Gegenteil.

572   Kapitel 7: Frame-Semantik: Ein Arbeitsmodell

Für die Unterscheidung von Typen und Ebenen der Korrelationen und strukturellen Restriktionen in und über Frames ist die Unterscheidung zwischen Muster-Ebene (types) und Exemplar-Ebene (token) vermutlich ebenso hoch relevant wie die Unterscheidung zwischen sozial-allgemeinen und konkret-individuellen Frames. Von einer systematischen Analyse, die zusätzlich auch noch diese Differenzen beachtet, ist daher eine noch weitaus differenziertere und komplexere Unterscheidungs-Systematik zu erwarten.[52]

7.4.3 Typen von Frame-Elementen

Fillmore-Frames, die sprachlich auch als solche ausgedrückte Prädikationen zum typischen Gegenstand haben, definieren die Frame-Elemente als „semantische Rollen" (im Sinne von Mitspielern in Valenzrahmen); alle weiteren diesbezüglichen Charakterisierungen und Unterscheidungen nehmen davon ihren Ausgang. Barsalou-Frames hingegen fokussieren stark solche Frames, die sprachlich typischerweise durch Nomen (oder Referenzausdrücke) verbalisiert oder evoziert werden; sie definieren die Frame-Elemente als „Attribute" (im Sinne von Eigenschaften); alle weiteren diesbezüglichen Charakterisierungen und Unterscheidungen nehmen davon ihren Ausgang. Es liegt daher auf der Hand, dass eine Frame-Theorie mit Allgemeinheitsanspruch verschiedene Typen von Frame-Elementen (und dann auch möglicherweise verschiedene Typen von Frames) unterscheiden muss. Ausgehend von solchen Unterscheidungen kann man sich dann der wichtigen Frage nähern, ob es überhaupt möglich oder sinnvoll ist, so verschiedenes wie Fillmore-Frames und Barsalou-Frames mit einem einzigen (allgemeinen) Frame-Modell beschreiben zu wollen. Mit Vertrauen auf die Möglichkeit einer allgemeinen Kognitionstheorie, wie sie insbesondere Minsky als Begründer des Frame-Gedankens vorgeschlagen hat, gehe ich vorerst jedoch davon aus, dass dies ein sinnvolles Ziel einer allgemeinen Frame-Theorie und -definition (auch im Rahmen einer linguistisch motivierten Frame-Semantik) sein kann.

Ich beginne mit den Fillmore-Frame-Elementen. Fillmore-Frames (und -„Szenen") sind abgeleitet aus der Idee des Verbs als des semantischen Zentrums eines Satzes (einer in einem Satz verbalisierten Prädikation), welches verschiedene (typischerweise syntaktisch von ihm abhängige) Elemente um sich schart. Frame-Elemente im engeren Sinne sind dann die „Semantischen Rollen" (oder „Tiefenkasus" oder „Aktanten", deutsch meist als „Ergänzungen" bezeichnet, in der Syntax auch „Komplemente" genannt bzw. als solche sprachlich realisiert, in der Logik als „Argumente" eines Prädikats bezeichnet); später kommen bei FrameNet aber auch die sog. „Zirkumstanten" im Sinne Tesnières hinzu (deutsch meist als „Angaben" bezeichnet, in der Syntax auch „Adjunkte" genannt bzw. als solche sprachlich realisiert; in der traditionellen Grammatik als „adverbiale Bestimmungen" bezeichnet), die

---

[52] Die von Barsalou hervorgehobene Unterscheidung zwischen „Attribut-Constraints", die die einsetzbaren Werte von Attributen „global beschränken", und „Werte-Constraints", die spezifische Sets von Werten „lokal miteinander verbinden", ist schlecht begründet; an versteckter Stelle gesteht er zu, dass sie in der empirischen Analyse nicht so einfach voneinander abzugrenzen seien und leicht miteinander verwechselt werden könnten. Da er sich bei seiner Unterscheidung auf so Weltbild- und Wissensabhängige Aspekte wie die Differenz zwischen sogenannten „Naturgesetzen" (etwa in Bezug auf Kausalrelationen) und „logischen Zwängen" einerseits und eher kulturell gegebenen sachlichen oder auch kontingenten Zusammenhängen andererseits bezieht (wobei er noch nicht einmal zwischen sachlich zwingenden und kulturell kontingenten Zusammenhängen systematisch unterscheidet), wird deutlich, wie stark seine Definitionen von (ihrerseits kulturell kontingenten) typologischen Unterscheidungen im enzyklopädischen Wissen abhängen, deren grundbegrifflicher Status zumindest zweifelhaft ist.

7.4 Die innere Struktur von Frames 573

dann ebenfalls zu den Frame-Elementen gerechnet werden. Fillmores Frame-Modell ergibt somit schon mindestens zwei verschiedene Typen von Frame-Elementen, die sich jedoch von den Frame-Elementen in Barsalou-Frames auf den ersten Blick stark zu unterscheiden scheinen. Die Frage, die dann als erstes auftritt, ist: Wie verhalten sich Fillmore-Frame-Elemente zu den Frame-Elementen in einem Modell vom Typ Barsalous?

Barsalou selbst ist auf diese Frage nicht eingegangen, da er aufgrund seiner Fixierung auf typischerweise nominal realisierte Konzepte die Klasse der Verben ganz links liegen lässt (oder liegen zu lassen scheint). In seinen Beispielen kommen Verb-bezogene Kategorien (Aspekte) nur als Relationen vor, nicht als Konzepte in Form der „Attribute", wie es nach seiner Frame-Definition eigentlich sein müsste. Er konzentriert sich ganz auf nominal oder adjektivisch (attributiv) realisierte „Konzepte"; ja, es scheint fraglich, ob er Verben überhaupt den Status von „Konzepten" zuweisen würde. Da er an anderer Stelle eine sehr allgemeine kognitive Konzept-Theorie entwirft, müsste er dies eigentlich tun, spricht dies aber nirgendwo auch explizit so aus. Aus der für sein Modell einschlägigen Konzentration auf *Eigenschafts*-Prädikate (deswegen auch der Begriff „Attribut" für die Anschlussstellen / Slots) folgt dies keineswegs zwingend. Auch die von Verben sprachlich realisierten Wissenselemente können (auf der Folie einer allgemeinen kognitiven Frame- und Konzept-Theorie) als „Konzepte" im kognitiven bzw. epistemischen Sinne eingestuft werden. Als solche Konzepte stellen sie Konzept-Frames (bzw. deren organisierendes Zentrum) dar und weisen in dieser Funktion Eigenschafts-Prädikate auf, die den „Attributen" in Barsalous Konzept-Frames gleichkommen. Mit anderen Worten: Auch Handlungen oder Geschehnisse haben „Eigenschaften", die sich nicht in den Aktanten und Zirkumstanten der Fillmore-Frames erschöpfen. So unterscheiden sich etwa die Frames für GEHEN, LAUFEN, RENNEN, SCHLENDERN im Hinblick auf Aspekte, die sich nicht als Aktanten beschreiben lassen (allenfalls als lexikalisch inkorporierte bzw. lexikalisierte Zirkumstanten / Angaben / adverbiale Bestimmungen). Es besteht keinerlei Grund, weshalb man solche Aspekte von Verb-Handlungen nicht als „Attribute" im Sinne von Barsalous Frame-Modell behandeln sollte. Wenn dies aber so ist, dann muss man Frame-Elemente vom Aktanten-Typ typologisch von Frame-Elementen vom Attribute-Typ strikt unterscheiden.

Einen Gedanken oder Begriff von Lönneker aufgreifend, halte ich es für sinnvoll, bei der Beschreibung von Typen von Frame-Elementen auf der obersten Einteilungsebene „Gruppen von Frame-Elementen" anzunehmen, die bei manchen Konzepten (z.B. bei verbalen Konzepten, aber vermutlich nicht nur bei diesen[53]) nebeneinander vorkommen, und die beide zu den Konzept-definierenden (Frame-konstituierenden) Kern-Frame-Elementen zu rechnen sind. Es ist sinnvoll, dabei mindestens zwischen den beiden Gruppen der *Aktanten-Frame-Elemente* und der *Eigenschafts-Frame-Elemente* zu unterscheiden.[54]

Zunächst zu den *Aktanten-Frame-Elementen* (also FE des Fillmore-Typs). In Frames, deren semantischer Kern durch ein Verb sprachlich ausgedrückt wird, sind daran An-

---

[53] Zumindest alle deverbalen Nominalisierungen, aber auch Nomina, denen man dies nicht auf den ersten Blick ansieht, wie z.B. *Architekt*, verfügen semantisch über eine Aktanten-Struktur; dasselbe gilt für relationale Adjektive wie z.B. *überlegen (jmd. ist jmd. in einer bestimmten Hinsicht / einem bestimmten Aspekt überlegen)*.

[54] Natürlich ist „Eigenschaft" in diesem Zusammenhang ein schwieriger, und möglicherweise nicht alle Aspekte von Barsalou-Frame-Elementen erfassender Begriff; aber irgendeine sprachliche Bezeichnung muss verwendet werden, um darüber weiterhin reden zu können, und sie scheint noch treffender zu seinen als mögliche Benennungs-Alternativen.

schlussstellen (Slots) semantisch angebunden, die einige allgemeine Bedingungen für die Elemente definieren, die an dieser Position eingesetzt werden können. Die von Fillmore erstmals hervorgehobenen wichtigsten dieser semantischen Bedingungen sind die sog. „semantischen Rollen" wie AGENS, PATIENS, INSTRUMENT usw. Slots vom Typ der Aktanten-FE stehen also idealtypisch für den Slot-Filler-Gedanken der Frametheorie, da die durch einen Verb- bzw. Prädikations-Rahmen definierten semantischen Rollen eben nur allgemeine semantische Anforderungen spezifizieren, die konkrete Gestalt der dort eingesetzten Belegungen dieser Slots aber offen lassen. Genauer gesagt: Offen bleibt, welche Lexeme mit welcher sonstigen Bedeutung dort eingesetzt werden, solange diese nur die durch die semantische Rolle spezifizierte Bedingung erfüllen. Aus diesem Grund zählt Fillmore die die semantische Rolle betreffende Information auch nicht so sehr zur Eigen-Bedeutung des dort eingesetzten Lexems,[55] sondern als Teil des übergeordneten Verb- oder Prädikations-Frames (und setzt „semantische Rolle" mit „Frame-Element" gleich). Was Aktanten-FE von Eigenschafts-FE unterscheidet, ist zunächst einmal, dass die Füllungen oder Zuschreibungen von / zu Aktanten-FE stärker sprachlich (als einsetzbare – mit einem bestimmten Verb in einem Satz kombinierbare – Lexeme) gedacht sind, während sie bei Eigenschafts-FE stärker rein konzeptuell oder kognitiv gedacht sind. Es spricht jedoch nichts dagegen, auch Fillmore-Frames, und damit Aktanten-FE als kognitive / epistemische Größen zu denken. „Konzepte" sind letztere ohnehin, da sie sprachlich typischerweise als Nomen (Nominalgruppen), also die typische konzeptbezogene Wortart, realisiert werden.

Wenn, wie im Fillmore / FrameNet-Modell üblich, Informationen, die sprachlich mit speziellen Lexemen realisiert werden, in Form der Aktanten-FE als Teil des Prädikations-Frames (bzw. diesbezüglichen Wissens) eingestuft werden, der ja typischerweise mittels eines Verbs oder anderen prädikativen Ausdrucks verbalisiert wird, dann fragt sich andersherum, ob es auch möglich oder sinnvoll ist, Informationen, die sich auf den prädikativen Kern (oder Frame-Kern) selbst beziehen, als Teil des Konzept-Frames (bzw. semantischen Gehalts) der jeweiligen Aktanten-FE einzustufen. Diese Überlegung wird dadurch nahegelegt, dass es spezifische sprachliche Mittel gibt, die genau dies zu bewirken scheinen. So drückt z.B. das nominalisierende -er-Suffix (Druck-er, Schreib-er) aus, dass das so bezeichnete nominale Element in einem spezifischen Prädikations-Frame als Agens oder Instrument vorkommt. Die Frage ist, ob solche Informationen auch über solche Wortbildungsphänomene hinaus als Lexem-bezogene semantische Informationen der jeweiligen Nomina behandelt werden können. Anders gefragt: Können Prozesse zu einem Slot des Frames eines Objekts werden, das in diesem Prozess eine typische Rolle spielt? Ein gutes Beispiel dafür wäre etwa das Nomen Schwert, dessen prototypische Verwendbarkeit auf ein oder zwei Prädikations-Frames eingegrenzt ist (die jedenfalls bei jeder Erwähnung des Nomens implizit mitgedacht sind). Besonders häufig findet sich dieses Phänomen bei Wortbildungsprodukten, etwa bei Derivationen wie eben Drucker, insbesondere aber bei

---

[55] Natürlich kann es ein Teil der zusammen mit einem Lexem gespeicherten Information sein, als welche semantische Rolle dieses Lexem ausschließlich (wenn es so etwas überhaupt gibt) oder typischerweise eingesetzt werden kann. So ist ein Lexem mit den semantischen Merkmalen für Person typischerweise in semantischen Rollen wie AGENS, PATIENS usw. einsetzbar, und wäre etwa untypisch für die Rolle INSTRUMENT. Zwar ist es prinzipiell nicht ausgeschlossen, dass in entsprechend spezifizierten Prädikationsrahmen auch Personen als Instrument vorkommen können, doch muss dies dann höchstwahrscheinlich, da es der prototypischen Bedeutung zuwiderläuft, explizit so verbalisiert werden, während diese Information sonst dem Lexem implizit, seiner Standard-Bedeutung inhärent ist.

7.4 Die innere Struktur von Frames   575

Komposita wie etwa *Gasmaske*.[56] Diese Frage wird uns noch im Zusammenhang mit den Affordanzen beschäftigen.

In Bezug auf die Fillmore-Frame-Elemente wird in FrameNet die Unterscheidung zwischen „Kern-FE" und „Nicht-Kern-FE" getroffen. In diesem Zusammenhang wird auch die „Zentralität der FE für die Bedeutung eines Verbs" diskutiert. Diese Frage hängt engstens mit der Abgrenzung zwischen „instantiierten" und „null-Instantiierten Frame-Elementen" zusammen (auf die wir in Kap. 7.7.1 noch ausführlicher zurückkommen werden). Der Aspekt der „Null-Instantiierung" berührt die wichtige Frage, was überhaupt als Frame-Element (eines prädikativen Frames) gedeutet werden kann. Die Unterscheidung zwischen „Kern-FE" und „Nicht-Kern-FE" (NKFE) ist insofern bedeutsam, als sie nicht nur die valenztheoretisch wichtige Unterscheidung zwischen Aktanten / Ergänzungen und Zirkumstanten / Angaben wiederspiegeln soll; sie scheint auch – hier mit speziellem Bezug auf Verb-Frames – als Unterscheidung zwischen Aktanten-FE und Eigenschafts-FE analysierbar zu sein. Da sich hinter den NKFE überwiegend die klassischen Adverbialen Bestimmungen des Orts, der Zeit, der Art und Weise usw. verbergen, kann man davon ausgehen, dass es sich dabei um Eigenschaften handelt, die den Verb-Handlungen oder zentralen Prädikationen zugeschrieben werden. Solche Eigenschafts-Zuschreibungen unterscheiden sich prinzipiell semantisch und epistemisch gesehen nicht von Eigenschafts-Zuschreibungen zu nominal benannten Objekten.

Bei einer epistemologisch orientierten Frame-Analyse wird jedoch immer wieder die Frage auftreten, ob es möglich ist, für solche NKFE Grenzen anzugeben. Da alles, was in der Welt geschieht, und nicht ein Abstraktum ist, in Raum und Zeit geschieht, sind z.B. Zuschreibungen von Raum- und Zeitangaben bei den allermeisten Prädikationen des Alltagslebens möglich. Hier hängt es nun sehr von dem Inhalt einer jeweiligen Prädikation ab, ob und ggf. mit welchem Grad der Notwendigkeit eine solche Eigenschaftsangabe epistemisch repräsentiert (und in einer Frame-Darstellung aufgeführt) werden muss oder sollte. Dies sei am Beispiel der NKFE für ORT DER TÄTIGKEIT (Raum-Angaben zu Verb-Handlungen) demonstriert:

eindeutig:	*segeln, angeln*
zwingend:	*joggen* (jedenfalls an frischer Luft)
	Diner kochen (drinnen, spezieller Raum)
prototypisch	*bogenschießen, fußballspielen* (typisch: draußen
(fast zwingend)	jedenfalls nicht: Zimmer)
	operieren (fast zwingend drinnen, spezieller Raum: OP)
typisch (wahrscheinlich):	*geigen*
unbestimmt:	*diskutieren, lesen*
irrelevant	*sich freuen, sich schämen* (aber: *schäm dich in der Ecke*)

Das Beispiel zeigt, (1) dass bei vielen Verben ortsbezogenes Wissen wenn nicht absolut, dann mindestens im Sinne des Ausschlusses bestimmter Werte zum prototypischen oder sogar zwingenden Frame-Wissen dazugehört, und (2) dass es offenbar unterschiedliche

---

[56] Dieser Aspekt wirft interessante, aber schwierig zu beantwortende linguistische Fragen auf. Ein interessanter Fall in diesem Zusammenhang ist das Nomen *Geige*, bei dem es Frame-semantisch gesehen durchaus offen ist, ob es eine Nominalisierung des Verbs *geigen*, oder dieses Verb umgekehrt eine Ableitung aus dem Nomen *Geige* ist. Es scheint so zu sein, dass hier die Information „INSTRUMENT in einem GEIGEN-Prädikations-Frame" als semantisches Merkmal (oder Frame-Attribut) des Nomens einzustufen wäre. Damit wäre aber der PROZESS zu einem Frame-Element des Frames für ein OBJEKT IN EINEM PROZESS gemacht worden.

Grade der „Zwingendheit" ortsbezogener Informationen als semantischer Bestandteile der entsprechenden Verb-Frames gibt. Nicht alle Handlungs-Verb-Frames erzwingen also Raum-FE. Die Frage nach der „Zentralität der FE für die Bedeutung eines Verbs" scheint sich also gerade auch bei den scheinbaren NKFE zu stellen, da manche von diesen offenbar eng mit unserm Frame-Wissen zu den Verben verknüpft sind.[57]

Insbesondere der Aspekt der sog. „Null-Instantiierung" von Frame-Elementen (gemeint sind hier typischerweise die Kern-FE, also Aktanten-FE) zielt ins Herz jeder Frame-Theorie. Im Ansatz von Fillmore und FrameNet sind damit typischerweise solche Aktanten-FE gemeint, die zwar notwendigerweise mitgedacht sind, jedoch nicht in allen Sätzen oder Texten, in denen die entsprechenden Frames evoziert werden, auch sprachlich ausgedrückt (verbalisiert) sind oder werden müssen. So muss in einem Satz wie

(9-2) *Jan hat ein neues Auto gekauft.*

das FE VERKÄUFER normalerweise nicht sprachlich expliziert werden, da es standardmäßig mitgedacht wird (hier prototypisch, wenn auch nicht zwingend: *Autohändler*). Dies berührt eng die Frage, woher man weiß, was überhaupt ein FE zu einem bestimmten Frame ist; d.h. auch die Frage danach, ob es dafür Kriterien oder Grenzen geben kann. Der Kognitionswissenschaftler Barsalou beantwortet diese Frage mit Rückgriff auf das fundamentale Prinzip der Rekursivität der Frames in einem absoluten Sinne und sagt: der Prozess der Ausdifferenzierung von FE ist prinzipiell unabschließbar und damit unbegrenzt; doch nimmt auch er, wie auch Fillmore, so etwas wie „begrifflich notwendige" Frame-Elemente an.[58] Für eine linguistische Forschungsperspektive stellt sich die Frage anders, da hier nach sprachlich realisierten, oder über Lexembedeutungen konventionalisierten Frames gefragt ist; und für diese wird man (wenn man annimmt, dass sich Bedeutungen von Lexemen überhaupt prototypisch beschreiben lassen) durchaus von einer „prototypischen epistemischen Präsenz" einzelner FE sprechen können (und im Umkehrschluss von einer „prototypischen epistemischen Nicht-Präsenz").

Im Zusammenhang mit den Aktanten-FE ist (insbesondere von Fillmore) dann auch die Frage nach der Universalität vs. Spezifizität von FE (bzw. semantischen Rollen) aufgeworfen wurden. Genauer gesagt geht es darum, ob FE eher universale Eigenschaften tragen oder eher idiosynkratische Eigenschaften ganz spezifischer einzelner Frames sind. Fillmore und FrameNet haben diese Frage, nachdem zunächst in der Forschung lange nach universalen Aktanten-FE (bzw. semantischen Rollen) gesucht worden war, schließlich so beantwortet, dass sie an die Möglichkeit der Existenz von Aktanten-FE glauben, die nur für einen einzigen Frame (für ein einzelnes Lexem) einschlägig sind, auch wenn es viele Aktanten-FE gibt, die in zahlreichen Frames für unterschiedliche Lexeme wiederkehren.[59] (Im letzteren Fall nehmen sie Frame-Vererbung an; vgl. dazu unten Kap. 7.6.2.)

---

[57] Es ist dann eine interessante Frage, ob sich das Problem der NKFE nur bei prädikativen Frames vom Typ Fillmore / FrameNet, oder auch bei nominalen Konzept-Frames vom Typ Barsalou stellt. Im Unterschied zu Fillmore spricht Barsalou dieses Problem an keiner Stelle an.

[58] Es fragt sich indes sehr, ob dies nicht ein Rückfall in die problematische Kategorie der „wesentlichen" oder „dingbestimmenden Merkmale" der klassischen Merkmalsemantik wäre, zu deren Überwindung ja sowohl Fillmore als auch Barsalou angetreten sind.

[59] Sie gehen mit diesem Gedanken so weit, dass sie darauf Wert legen, dass in ihren Beschreibungen die praktische Benutzung desselben FE-Namens für verschiedene Frames nicht heißen solle, dass es sich dabei um dasselbe FE handele. Auch dann gehen sie von *verschiedenen* FE aus! FE sind für sie also offenbar *immer* idiosynkratische Elemente.

7.4 Die innere Struktur von Frames 577

Der mit Bezug auf die Kern-Frame-Elemente in prädikativen Fillmore-Frames geprägte Begriff der *Aktanten-Frame-Elemente* lässt sich bezüglich seines Gegenstandsbereichs einfach und klar bestimmen. Eine Binnendifferenzierung dieses FE-Typs ist dann nur noch eine Sache enzyklopädischer (oder taxonomischer oder „ontologischer"[60]) Beschreibungen. Die *Eigenschafts-Frame-Elemente* (oder „Attribute" in der Terminologie von Barsalou) hingegen müssen und können etwas näher typologisch differenziert werden. Barsalou nennt als Typen von Attributen so unterschiedliche Aspekte wie *Teile, äußere Eigenschaften* eines Dings („physische Objekte" hätten z.B. Attribute wie FARBE, FORM, GEWICHT; „Ereignisse" hätten Attribute wie ORT, ZEIT, ZIEL usw.), aber auch *Bewertungen, Quantitäten, Kosten, Nutzen* usw. Das Problem für eine Bestimmung von (Unter-)Typen von Frame-Elementen liegt hier vor allem in der sehr dehnbaren Bedeutung des Terminus *„Eigenschaften"*. Diese reichen von physisch feststellbaren Dingeigenschaften (wie z.B. Attribute wie GLIEDMAßE bei einer Kategorie wie *Mensch*) bis zu funktionalen Aspekten und eben solchen äußerlichen, auf komplexen externen Relationen in differenzierten Frame-Systemen beruhenden Aspekten wie *Kosten, Nutzen* usw.

Im Zusammenhang mit unterschiedlichen Typen von Frame-Elementen ist in jüngster Zeit der Begriff der *Affordanzen* (*affordances*) ins Spiel gebracht worden. Der damit gemeinte Aspekt ist (noch ohne Benutzung dieses Terminus) schon früh in der Frame-Theorie am Rande angesprochen worden. Bereits Fillmore weist darauf hin, dass sich abstrakte Nomen manchmal auf ein sehr allgemeines (abstraktes) Wissen beziehen (meist taxonomisches konzeptuelles Wissen), manchmal aber auch auf sehr konkretes, Lebensweltbezogenes Wissen. Als Beispiele für Letzteres nennt er etwa Nomen wie *Ungeduld, Unduldsamkeit, Enttäuschung*.[61] Viele Beispiele, die für Affordanzen genannt werden, beziehen sich auf Eigenschaften, die etwa typische Funktionen betreffen, welche bestimmte Dinge im Leben (ganz besonders typisch ist dies für Artefakte, wie z.B. Werkzeuge usw.) für die Menschen haben, die diese benutzen und für die sie ausschließlich (und zu teilweise sehr spezifischen Zwecken) gemacht sind. (Eine mögliche Arbeitsdefinition von *Affordanzen* wäre dann etwa: *menschen- und zweck-bezogene funktionale Eigenschaften von Dingen*.) Solche Aspekte spielen in semantischen Beschreibungen vielfältig eine Rolle; einschlägig sind sie z.B. bei vielen Wortbildungen, etwa Nominalkomposita wie *Stahlmesser, Käsemesser, Kindermesser*. Während *Stahl* eindeutig eine physische Dingeigenschaft verbalisiert, verbalisieren *Käse* und *Kinder* konzeptuelle Attribute, die Affordanzen sind (*spezifisch zum Schneiden von Käse gedacht, gemacht und geformt*, bzw. *spezifisch für die Benutzung durch Kinder gedacht, gemacht und geformt*).

Dieser Aspekt ist auch von Minsky bereits gesehen worden, der deshalb zwischen einer „strukturalen Beschreibung" (*wie sieht das Ding aus*) und einer „funktionalen Beschrei-

---

[60] „Ontologisch" hier gemeint im Sinne der Erstellung von ‚Ontologien', wie sie in der Kognitionswissenschaft üblicherweise genannt werden (als taxonomische Modelle der Welt-Gliederung).

[61] Das Schema zu *Ungeduld / Unduldsamkeit* enthält: eine Person möchte, dass etwas bald geschieht, sie realisiert, dass es nicht bald geschehen wird, und sie fühlt sich so, wie man sich typischerweise unter diesen Bedingungen fühlt. Ein solches Wort kann man nur dann verstehen, wenn man selbst schon einmal dieses Gefühl in einer für es typischen Situation an sich erfahren hat. Das Verstehen (die Bedeutung) des Wortes setzt also ein ganz spezifisches (auch: ein persönlich gefärbtes) Lebenswelt-Wissen voraus. – Dazu Fillmore 1976b, 16: „Um ein solches Schema verstehen zu können, muss der Interpret natürlich ein menschliches Lebewesen sein – oder wenigstens wissen wie es ist, ein menschliches Lebewesen zu sein – und er muss wissen, wie es ist, zu wollen, dass etwas passiert, und wie es ist, auf etwas warten zu müssen, von dem man will, dass es passiert."

bung" (*wofür können wir dieses Ding benutzen*) unterscheidet, die für eine adäquate Charakterisierung des Dings immer zusammenwirken müssen.[62] Nach Minsky sind also offenbar Affordanzen ein grundsätzlich anderer Typ von Wissens-Elementen als das in klassischen semantischen und Konzept-Beschreibungen ausschließlich berücksichtigte (oder zumindest stark bevorzugte) „strukturale" Wissen. Im Zusammenhang mit Affordanzen ist auch ein weiterer Aspekt von Frame-bezogenem Wissen einschlägig, den Barsalou thematisiert, indem er zwischen *konzeptuell verankerten* und *bloß korrelationalen* Relationen zwischen einem Frame und angeschlossenen Konzepten unterscheidet.[63] Diese Unterscheidung könnte möglicherweise bei der Beschreibung von Bedeutungswandel nützlich sein, wenn man den Wandel von Frame-Elementen vom Status „bloß korrelationaler" in den Status „konzeptuell verankerter" Frame-Elemente eventuell als einen Prozess der Lexikalisierung bestimmter funktionaler Bedeutungselemente beschreiben kann. So wird im heutigen Deutsch vermutlich die überwiegende Zahl der Verwendungen des Lexems *Steckrüben* unauslöschlich mit dem ursprünglich rein korrelationalen, heute in den meisten Fällen aber quasi „begrifflich" gewordenen Attribut NAHRUNGSMITTEL IN MANGELZEITEN (vgl. etwa ein Kompositum wie *Steckrübenwinter*) verbunden sein.[64]

Ein weiteres (von Schank / Abelson genanntes) Beispiel für einen bestimmten Typ von Frame-Elementen, von denen allerdings fraglich ist, ob man sie auch zu den Affordanzen rechnen soll, sind Frame-Elemente, die sich auf *typisierte Ziele* beziehen; Schank / Abelson nennen dafür Ausdrücke wie *Räuber, Snob, kultivierte Person* als Beispiel.[65] Ziel-FE stehen in engem Zusammenhang mit den von Barsalou als Beispiel für Attribute genannten Aspekten *Kosten, Nutzen*. Schank / Abelson geben auch eine sehr allgemeine Definition für „funktionale" konzeptuelle Elemente[66] Danach wären Affordanzen Prototypisierungen (Konventionalisierungen) auf der Basis von als Präzedenzfälle erlebten situativen Einbet-

---

[62] Man könnte Minskys Gedanken auch so ausdrücken: Ding-Konzepte (oder Ding-Frames) sind immer Kombinationen aus Struktur-Konzept-Daten (bzw. Struktur-Frame-Daten) und Funktions-Konzept-Daten (Funktions-Frame-Daten). Diese Beschreibung wäre, etwa in Bezug auf „*Stuhl*", für Minsky aber noch zu simplifizierend: Wir benötigen nämlich zusätzlich Wissen über „Verbindungen zwischen den Teilen der Stuhl-Struktur und den Bedürfnissen des menschlichen Körpers, denen jene Stuhl-Teile angeblich entgegenkommen" (Minsky 1974, 123). Man könnte das auch einen „*Wofür*"-Rahmen nennen.

[63] Das wäre freilich nur dann interessant, wenn er damit mehr meint als bloß den Unterschied zwischen „wesentlichen" und „akzidentellen" Begriffsmerkmalen in der klassischen Merkmal-Theorie der Semantik. Man könnte seine Unterscheidung auch parallelisieren wollen mit der zwischen „Kern-FE" und Nicht-Kern-FE" bei den prädikativen Frames Fillmores; wir haben jedoch gesehen, dass manche der typischerweise ‚adverbialen' FE dann doch im Kern des Bedeutungswissens ‚begrifflich verankert' sind – zumindest als prototypisches Wissen.

[64] An anderer Stelle unterscheidet Barsalou (1992, 30) dann noch zwischen „definitorischer Information, prototypischer Information, funktional wichtiger Information, und möglicherweise ebenso anderen Typen von Information". Dabei übersieht er jedoch, dass die genannten Termini auf völlig unterschiedlichen Ebenen der Theorie liegen. „Prototypisch" ist eine Eigenschaft, die „funktionalen" Bedeutungs- oder Frame-Elementen ebenso zukommen kann wie „definitorischen". Schließlich kann auch ein „funktionales" FE „definitorisch" sein, wenn es den Begriffskern eines Lexems betrifft.

[65] Insbesondere *Snob* ist ein exzellentes Beispiel, da es demonstriert, dass Ziel-bezogene Informationen Begriffs-definierende Kern-Frame-Elemente sein können, ohne die man das entsprechend Worte einfach nicht adäquat verstanden hätte.

[66] Sie unterscheiden: „(1) Eine funktionale Definition, welche die hervorspringenden [salient] Ereignisse über spezifische Episoden, in denen Nomina aufgetreten sind, zu verallgemeinern versucht. Die vollständige funktionale Definition eines gegebenen Nomens listet alle unterscheidbaren Vorkommensfälle dieses Nomens auf, die im Gedächtnis präsent sind. (2) Eine physische Definition eines spezifischen Mitglieds einer Klasse, die definiert werden soll." Schank / Abelson 1977, 18.

7.4 Die innere Struktur von Frames 579

tungen von Frame-Elementen in Skript-ähnlichen prädikativen Frames.

Ob eine systematische Typologie von Frame-Elementen überhaupt möglich ist, oder ob eine solche, wegen ihrer engen Verflechtung mit Aspekten der Beschreibung des enzyklopädischen Wissens, nur eine heuristische sein kann, muss sich noch erweisen. Bedenkenswert in diesem Zusammenhang ist Barsalous dringlicher Hinweis auf die Kreativität und unbegrenzte Fähigkeit von Menschen, neue Attribute hervorzubringen; es könnte ja ein Teil dieser Kreativität sein, dass sie auch in der Lage sind, mit der zunehmenden begrifflichen Ausdifferenzierung ihres Wissens immer wieder neue Typen von Attributen hervorzubringen. Ein theoretischer Begriff wie *Affordanzen* für eine bestimmte Gruppe von Frame-Elementen ist daher zunächst einmal durchaus nützlich, da er die Aufmerksamkeit lenkt auf eine Klasse von FE oder semantischen bzw. begrifflichen Aspekten, die bislang in Semantik wie Kognitionswissenschaft lange vernachlässigt oder sogar gänzlich übersehen wurden. Bei genauerer Prüfung wird man dann sehen müssen, ob es aber nicht doch nur ein Restbegriff oder Sammelname für Phänomene ist, die noch einmal typologisch deutlich differenziert werden müssten. Einige spezielle solcher zusätzlicher FE oder semantischen Aspekte werde ich unter der vorläufigen Benennung „Meta-Elemente in Frames" im nächsten Abschnitt (7.4.4) noch etwas näher betrachten.

Fillmore weist darauf hin, dass sich Frame-Elemente typologisch auch in der Hinsicht unterscheiden können, ob sie einfache konzeptuelle Merkmale oder komplexe Frames oder sogar ganze Frame-Gefüge an eine Anschlussstelle / Slot anschließen.[67] Er erläutert diese Unterscheidung nicht näher, sondern gibt dafür lediglich ein Beispiel, aus dem man seine eigenen Schlüsse ziehen muss: In einem *Zimmer*-Frame den WAND-Slot auszufüllen, erfordert ihm zufolge das Finden und Ausbilden eines rangniedrigeren WAND-Unter-Frames; darin aber einen TÜR-Frame auszufüllen, erfordet es, einen weiteren (gleichrangigen) ZIMMER-Frame zum (übergeordneten) HAUS-Frame hinzuzufügen. D.h.: Jede Anschlussstelle [Slot] verweist selbst auf Instruktionen, nach welchen Informationen weiter gesucht werden muss. Auf der Grundlage der Annahme, dass *jedes* konzeptuelle Element kognitiv bzw. epistemologisch wiederum in Form eines Frames gespeichert wird, kann es sich dabei um keine ja / nein-Differenzierung handeln[68] sondern nur um die Frage nach der Komplexität und Position in einer Ebenen-Hierarchie (Taxonomie) der angeschlossenen Attribut- oder Werte-Frames.

Ein struktureller oder prozessualer Aspekt, der in einer vollständigen Typologie von Frame-Elementen eine Rolle spielen könnte, ist der an verschiedenen Stellen in der Frame-Theorie (bei Fillmore, Schank / Abelson, Barsalou) auftauchende Aspekt der „Salienz" (Hervorspringen) von Frame-Elementen (Anschlussstellen / Slots / Attributen).[69] Während

---

[67] Minsky 1974, 48. Ob es sich nach seiner Meinung um eher inhaltliche oder eher formale, prozessuale Typen handeln soll, bleibt dabei offen.

[68] D.h. die bei manchen Frame-Forschern aufgeworfene Frage: werden an den Slots nur „einfache Aspekte" oder ganze Frames angeschlossen, erledigt sich auf der Basis einer allgemeinen Frame-Theorie, wie sie hier (mit Barsalou und Minsky) vertreten wird, von selbst, da *alle* Frame-Elemente selbst wieder als Frames strukturiert sind (= Prinzip der Rekursivität aller Frames).

[69] Fillmore 1977a, 75 führt einen interessanten Gedanken ein, den er später (leider) nicht mehr weiterverfolgt: Salienz der semantischen Rollen (später: Frame-Elemente). Hinsichtlich der Perspektivierung von Ereignissen / Szenen durch sprachliche Elemente gibt es ihm zufolge „eine Hierarchie der Wichtigkeit oder Salienz- Hierarchie": „Eine Salienz- Hierarchie bestimmt, was in den Vordergrund gestellt wird." Der Begriff der Salienz, den Fillmore später nie mehr benutzt, scheint sehr wichtig für eine umfassende Verstehens-Theorie zu sein. Der von Fillmore hier eingeführte Gedanke weist starke Parallelen auf mit

580　　　　　　　　　　　　　　　　　　　　　　*Kapitel 7: Frame-Semantik: Ein Arbeitsmodell*

Fillmore auf der Basis seines auf Prädikations-Frames zielenden Modells Salienz vor allem in Hinblick auf den Aspekt der Perspektivierung bestimmter Frame-Elemente in konkreten sprachlichen Kontexten diskutiert, scheint es Barsalou hierbei eher auf Verarbeitungsprozesse sowie auf den Prozess der Entstehung von FE anzukommen.[70] (S.u. Kap. 7.4.5)

Man könnte die Frage nach Typen von Frame-Elementen auch als Frage nach „Typen von Relationen zwischen Frame-Elementen oder in Frames" formulieren.[71] Insbesondere Lönneker (2003, 58) scheint Slots vor allem unter dem Aspekt der „Typen von Relationen" in den Blick nehmen zu wollen, ohne dies jedoch weiter auszuführen. Im Zusammenhang mit den zuletzt erwähnten prozessualen und relationalen Aspekten von Frames und Frame-Elementen könnte es noch interessant sein, Frame-Elemente in konkreten Frames danach zu unterscheiden, ob sie „ererbte" Frame-Elemente aus einem allgemeinen Frame (in einer Frame-Vererbungs-Relation bzw. Frame-Hierarchie) sind, oder einfache, für diesen Frame spezifische (sozusagen idiosynkratische) Elemente. (Diese Frage werden wir im Kap. 7.6.2 zur Frame-Vererbung noch einmal aufnehmen müssen.)

Da eine zureichende Typologie von Frame-Elementen bei dem gegenwärtigen Stand der Forschung noch nicht möglich ist; sich Frame-Elemente-Typen vielleicht auch nur aus umfassenden empirischen Forschungen (als sozusagen enzyklopädische Typologie) ergeben können (wie insbesondere Fillmore und FrameNet immer wieder methodisch gefordert haben), kann und werde ich an dieser Stelle nur einige Aspekte bzw. Unterscheidungsgesichtspunkte identifizieren, die beim Aufbau einer FE-Typologie eine Rolle spielen.

Arbeitsdefinition *Typologische Aspekte bei der Differenzierung von Frame-Elementen*:

Bei der Beschreibung von Frames und Frame-Elementen ist eine erste notwendige Unterscheidung diejenige zwischen *Strukturebenen* in Frames bzw. von Frame-Elementen. In einem allgemeinsten Sinne von Frame-Element müssen zunächst die beiden Ebenen der *Anschlussstellen / Slots / Attribute* (diese werden meist als „Frame-Elemente im engeren Sinne" behandelt und meist auch als einzige als FE bezeichnet) und der *Ausfüllungen / Anschließungen / Werte* unterschieden werden. Ich nenne dies die strukturale Differenzierung von Frame-Elementen. Da Füllungen / Werte abgeleitete Elemente in (instantiierten) Frames sind, und daher Merkmale der Anschlussstellen „erben", ist es sinnvoll, eine weitergehende Typologie von Frame-Elementen auf die Ebene der Slots zu konzentrieren.

Bei der Beschreibung von Frames können und sollten dann in einem zweiten Schritt *Gruppen von Frame-Elementen* (im Sinne von Anschlussstellen / Slots / Attributen) angenommen werden, die u.a. dadurch entstehen, dass es Frame-Elemente mit verschiedenen (epistemischen) Funktionen gibt. Eine wichtige Unterscheidung scheint dabei zunächst diejenige zwischen *Aktanten-Frame-Elementen* und *Eigenschafts-Frame-Elementen* zu sein. *Aktanten-Frame-Elemente* treten typi-

---

　　　dem (auf der Bedeutungs- und Implikatur-Theorie von H. P. Grice beruhenden) Begriff der „Relevanz", der in der Relevanztheorie der Kommunikation von Sperber / Wilson in den Mittelpunkt gestellt worden ist. (Sperber / Wilson 1986 und 1987 auf der Basis von Grice 1968 / 1975.)

[70]　Beim Versuch der Beantwortung der Frage, warum überhaupt manche Aspekte als FE herausgebildet werden, erwähnt Barsalou 1992, 43 Kriterien wie: *„perceptual salience", „Ziel-Relevanz", „intuitive Theorien", „Verankerung im Gedächtnis".*

[71]　Zwar ist der Unterschied letztlich eher ein terminologischer als ein sachlicher, da „Frame-Elemente" ja „Anschlussstellen" sind, und damit „Andockpunkte" für Relationen zu den dort angeschlossenen Füllungen / Werten darstellen; doch wird in der verdinglichenden Redeweise, in der häufig über FE geredet wird, dieser Aspekt oft verdeckt, so dass es um der Klarheit willen sinnvoll sein kann, den Gedanken einer Typologie von Frame-Relationen wenigstens zu erwägen. (Siehe zu Relationen in Frames und zwischen FE unten ausführlich Kap. 7.6.1 und 7.6.4) Noch Barsalou 1992, 27 unterscheidet terminologisch zwischen „Komponenten" und „Relationen" in Frames, und verdeckt dabei den grundlegend relationalen Charakter (als Zuschreibungen bzw. Prädikationen) aller Frame-Elemente / Attribute.

7.4 Die innere Struktur von Frames 581

scherweise in Frames auf, die komplexere (nicht-deskriptive) Prädikationen epistemisch strukturieren; dies sind typischerweise Prädikationen, deren Kern sich auf Handlungen, Ereignisse, Geschehensabläufe bezieht. In Sätzen werden *Aktanten-Frame-Elemente* typischerweise als eigene Satzglieder (Komplemente) verbalisiert. Semantisch und epistemisch sind *Aktanten-Frame-Elemente* durch eine *semantische Rolle* (wie Agens, Patiens, Instrument) spezifiziert. *Eigenschafts-Frame-Elementen* sind dagegen Aspekte, die eine Bezugsgröße in Hinblick auf Eigenschaften verschiedenen Typs charakterisieren; sie bilden den begrifflichen Kern der sich auf diese Bezugsgrößen beziehenden Konzepte. (In der Literatur werden sie auch als *deskriptive* oder *Begriffs-definierende* Aspekte beschrieben. Bei Konkreta entsprechen sie den *Dingmerkmalen* der klassischen Merkmalsemantik.) *Eigenschafts-Frame-Elemente* finden sich bei Frames zu Bezugsgrößen aller Typen, also bei Dingen, Objekten, Personen, Lebewesen, aber auch bei Handlungen, Ereignissen, Geschehenstypen, epistemischen Entitäten, Abstrakta usw. Typische sprachliche Formen, mit denen *Eigenschafts-Frame-Elemente* verbalisiert werden, sind Adjektive und Adverbien.

Innerhalb der Gruppe der *Eigenschafts-Frame-Elemente* kann und sollte zwischen sogenannten *strukturalen Frame-Elementen* und *funktionalen Frame-Elementen / Attributen* differenziert werden. *Strukturale Frame-Elemente* beziehen sich typischerweise auf Attribute wie FARBE, FORM, GEWICHT bei physischen Entitäten (Dingen, Lebewesen, Personen); ORT, ZEIT, ZIEL usw. bei Handlungen, Ereignissen usw.[72] Als weitere Typen von *Eigenschafts-Frame-Elementen* werden etwa Aspekte wie *Bewertungen, Quantitäten, Kosten, Nutzen, Ziele* genannt. (Da zumindest einige von diesen sich auf Aspekte beziehen, die auf einer anderen kognitiven oder epistemischen Ebene als die typischen *Eigenschafts-Frame-Elemente* anzusiedeln sind, insofern sie über anderen Wissenselementen operieren, diese zusätzlich charakterisieren, wie z.B. *Bewertungen* und *epistemische Grade*, bezeichne ich sie auch als *Meta-Frame-Elemente* und werde sie im nachfolgenden Abschnitt 7.4.4 gesondert besprechen.)

Funktionale Frame-Elemente / Attribute werden in jüngster Zeit auch unter dem Begriff *Affordanzen* zusammengefasst. Affordanzen werden typischerweise bei Objekten, Dingen angenommen (meist bei Artefakten). Eine mögliche Arbeitsdefinition von *Affordanzen* wäre dann etwa: *Menschen-, Benutzungs- und Zweck-bezogene funktionale Eigenschaften von Dingen.* (Bsp. *Nagel, Hammer, Schraubenzieher* usw.) Eine differenziertere Unter-Typologie von Affordanzen muss vorerst noch Desiderat bleiben.

Eine eher prozessual orientierte Unterscheidung scheint die vorgeschlagene Differenzierung zwischen *konzeptuell verankerten* und *bloß korrelationalen* Frame-Elementen zu sein. Sie könnte bei der Beschreibung von Bedeutungswandel eine Rolle spielen. Affordanzen scheinen häufig zunächst eher korrelationale Wissenselemente zu sein, die dann durch Konventionalisierung und Prototypikalisierung eines Frames in den Status von *begriffskonstitutiven* bzw. *konzeptuell verankerten* Frame-Elementen übergehen können. – Über die erwähnten Differenzierungen hinausgehende typologische Feingliederungen sind vermutlich enzyklopädisch angelegt und würden eine umfassende Liste der *Typen von Informationen*, die von Frames bzw. FE erfasst werden müssen, voraussetzen.

7.4.4 Meta-Elemente in Frames: Ziele, Intentionen, Bewertungen, Sprechereinstellungen, Wissensgrade

Bei der Beschreibung der Funktionalen Frame-Elemente / Attribute bzw. Affordanzen werden Frame-bezogene Wissenselemente genannt wie Quantitäten, Kosten, Nutzen, Bewertungen, Ziele u.ä. Diesen müsste man Aspekte wie Intentionen, Wissensgrade, Konnotationen und Sprechereinstellungen hinzufügen, die allesamt in Frame-bezogenem Wissen

---

[72] Die *strukturalen Frame-Elemente* werden in der Literatur nicht ganz trennscharf auch als *deskriptive* oder *definitorische* Merkmale bezeichnet.

eine wichtige Rolle spielen können, was man dadurch nachweisen kann, dass es spezielle sprachliche Mittel und Techniken gibt, um solche Aspekte zu verbalisieren oder zumindest implizit zu kommunizieren bzw. bei möglichen Rezipienten zu elizitieren. Ich werde sie zunächst einzeln erläutern und dann einen Systematisierungsvorschlag versuchen.

Quantitäten. Typischerweise integrieren prädikative Frames Informationen über Quantitäten; in Verb-Frames ergibt sich dies teilweise schon über die Anzahl der notwendigen Aktanten-Frame-Elemente. Verben wie *demonstrieren, fussballspielen, schachspielen, sagen* implizieren notwendige oder zumindest prototypische Informationen über Quantitäten.[73] Zwar ist dies nicht zwingend, weil in satzsemantischen Modellen Quantifikation auch als eigener Typ sprachlicher Handlungen (mit Bezug auf Referenzobjekte in einem Prädikationsrahmen) konzipiert wurde (so bei von Polenz 1985). Doch scheint es so zu sein, dass zumindest in vielen Fällen quantitative Informationen in das frametypische Wissen integriert sind. Etwas anders stellt sich die Sache bei Frames für Objekte, Dinge usw. dar. Dass viele Nomen (wie *Menge, Masse, Gruppe, Paar*) direkt Quantitäten bezeichnen, ist hierbei natürlich nicht weiter erwähnenswert. Interessanter ist dies schon dort, wo durch sprachliche Mittel Wissen über Quantitäten implizit evoziert wird. So ist bei Komposita wie *Zweimaster, Viermaster* die Tatsache, dass es kein Lexem *Master* gibt, dadurch erklärbar, dass die Tatsache, dass ein Segelschiff (und um einen *Segelschiff*-Frame geht es hier ja) mindestens *einen* Mast hat, ja ein begriffskonstitutives Merkmal des Grund-Frames darstellt, die Quantität *eins* bezüglich des Frame-Elements MAST also zwingend als mindeste Untergröße gesetzt ist. Manchmal schlagen sich Bedeutungsveränderungen ausschließlich oder wesentlich in der Veränderung von Quantitäten bestimmenden Frame-Elementen nieder. So gab es mal Zeiten, in denen das Aktanten-Frame-Element für EFFIZIERTES OBJEKT in einem *drucken*-Frame hinsichtlich des Attributs QUANTITÄT zwingend den Wert GROßE ZAHL trug, während heute, wo fast jeder zuhause einen PC-Drucker stehen hat, auch der Wert EINS möglich und typisch ist. Man kann daher wohl davon ausgehen, dass bei Frame-Elementen, die Quantitäten spezifizieren, es häufiger vorkommen kann, dass bestimmte typisierte oder allein mögliche Werte-Belegungen rückwirkend im Frame-Element (Attribut) selbst definitorisch inkorporiert werden.

Kosten, Nutzen. Die von Barsalou genannten Attribut-Typen *Kosten, Nutzen* sind typologisch nicht einfach zu bestimmen, da sie meist auf komplexe Zusammenhänge verweisen. Natürlich spielt das Frame-Element KOSTEN eine wichtige verstehensrelevante Rolle etwa in Sätzen wie

(9-3) *Jan hat voller Stolz seinen neuen Maserati vorgeführt.*

Hier also mit Bezug auf ein Objekt, von dem jeder weiß, dass zu seinem Erwerb und Besitz eine höhere Quantität von KOSTEN angefallen ist. Frame-Elemente, die *Nutzen* spezifizieren, finden sich typischerweise und in großer Zahl bei allen Artefakten, die bestimmten *Zwecken* und *Funktionen* dienen und hängen mit diesen offenbar eng zusammen. Diese Aspekte werden ja häufig als typische Formen von *Affordanzen* genannt. Lexeme zu Artefakten sind in aller Regel mit FE zu spezifischen Affordanzen verbunden, da Artefakte

---

[73] Man kann nicht im eigentlichen Sinne alleine *schachspielen*; diese Tätigkeit erzwingt als konstitutives Merkmal im Sinne Searles oder Wittgensteins die Beteiligung von zwei Personen, evoziert also die Zahl *zwei*. *Demonstrieren* evoziert typischerweise Vorstellungen über eine größere Menge von gleichgerichtet handelnden Personen; dasselbe bei *fußballspielen*.

7.4 Die innere Struktur von Frames 583

hergestellt werden, um Zwecke und Funktionen zu erfüllen (häufig als INSTRUMENT), siehe die Beispiele wie *Schwert, Gasmaske,* aber auch *Stuhl, Tisch, Auto, Füllfederhalter* usw. Hier tut sich ein weites Feld des bedeutungsrelevanten Wissens auf, das in klassischen semantischen Beschreibungen nur am Rande (in der Theorie so gut wie gar nicht, am ehesten noch in der praktischen Lexikographie) berücksichtigt wurde;[74] vermutlich ist dieses Wissen so vielgestaltig, dass es nur mit enzyklopädisch angelegten Typologien erfassbar ist. Typischerweise spielen *Kosten* und *Nutzen* aber insbesondere auch eine Rolle bei Handlungs-Frames im Sinne des *Aufwands für* und *Nutzen von Handlungen.*

Ziele, Intentionen. Im Kontext mit den *Zwecken* und *Funktionen* stehen auch *Ziele* und *Intentionen.* Auch wenn diese typischerweise bei Handlungs-Frames als Frame-Elemente auftreten, können sie auch auf nominale Konzepte durchschlagen, wie das schöne Beispiel *Snob* bei Schank / Abelson oder das von ihnen ausführlicher analysierte *Anarchist* zeigt (in unserem heutigen Kontext könnte man etwa auch an *Terrorist* oder *Islamist* denken; überhaupt die meisten *-ist*-Derivationen im Deutschen).[75] Mit all diesen Konzepten ist ein Wissen über typische Ziele verbunden, das in speziellen Frame-Elementen bzw. Attributen abgelegt ist. Bei Nomen wie *Anarchist, Terrorist* oder *Islamist* sind die Werte für „Ziele" bereits lexikalisch inkorporiert.[76] Bei Handlungs-Verben wird man solche Ziele und Zwecke nahezu immer als Frame-Elemente finden. So ist z.B. in:

(9-4) *Julia soll sich bei ihrer Mutter melden.*

das Verb *sich melden* eng mit einem Frame-Element (Attribut) für typische ZIELE verbunden (mit Werten wie z.B.: *um mit ihrer Mutter zu kommunizieren*). Da *Ziele* und *Intentionen* dem Handlungsbegriff (und damit jedem einzelnen Handlungs-Prädikat) semantisch bzw. konzeptuell inhärent sind, müsste eigentlich jeder handlungsbezogene Frame ein Frame-Element dafür aufweisen. *Zwecke* und *Funktionen* sind dann eigentlich nichts anderes als die epistemischen Anbindungen von *Ziel-* und *Intentions-FE* an Nicht-Handlungs-Konzepte (als die *Affordanzen* gewordenen typisierten Ziele und Intentionen, die mit der Benutzung der jeweils bezeichneten Entitäten verbunden sind).[77]

Neben *Zielen* und *Intentionen* können auch *Erwartungen* und *Einstellungen* wichtige Elemente in Frame-Beschreibungen sein. So hat z.B. ein Frame für eine Kategorie wie *Ehe* ein Frame-Element / Attribut WECHSELSEITIGE EMOTIONALE EINSTELLUNG DER PARTNER ZUEINANDER, bei dem je nach Kontext verschiedene Werte miteinander konkurrieren kön-

---

[74] Ein schönes Beispiel ist das neuerdings wieder in Mode kommende *Rechner* (in alternativen Kreisen früher auch einmal *Rechenknecht*), das mir gegenüber den heute dominanten Affordanzen von *PC* oder *Computer* vorkommt wie ein Versuch gewaltsamer Re-Motivierung oder ein implizites Statement der Art *Im Gegensatz zu Euch habe ich nicht vergessen, dass der PC im Kern eigentlich eine Rechenmaschine ist, auch wenn wir heute ganz anderes damit machen.*

[75] *Snob* ist vergleichsweise komplex, da der Frame für dieses Nomen nicht nur typische Ziele, sondern auch typische Handlungsweisen, „Habitus" usw. als deskriptive und Begriffs-definierende Frame-Elemente integriert. (Auch *Habitus* selbst setzt bereits einen solchen komplexen Frame voraus.)

[76] Die Beispiele zeigen schön, dass nicht nur Aktanten-Frame-Elemente lexikalisch inkorporiert sein können, wie etwa die FE AGENS oder INSTRUMENT in Nominalisierungen wie *Drucker* oder *Leser*, oder in Rektionskomposita wie *Zeitungsleser* (sog. „Argumentvererbung", präziser eigentlich als „Argument-Inkorporation" zu bezeichnen), sondern auch Meta-Eigenschafts-Frame-Elemente in rein nominalen Frames.

[77] In diesem Kontext darf nicht vergessen werden, dass natürlich z.B. auch *Theorien, Gedanken, Hypothesen* usw. Affordanzen aufweisen (sozusagen als „Artefakte des Geistes"), und nicht nur physische Artefakte.

nen (mit einem prototypischen Wert *wechselseitige Liebe,* der allerdings häufig durch andere Werte ersetzbar ist). *Erwartungen* sind sozusagen komplementär zu *Zielen* und *Intentionen*, da sie (wie diese zukunftsgerichtet) Einstellungen von Personen darüber betreffen, was Handlungen anderer Personen oder Ereignisse als Ergebnisse bringen werden. So hat in einem Satz wie

(9-5) *Das Christkind hat geklingelt.*

ausgesprochen gegenüber einem kleineren Kind, die Bedeutung des Lexems *Christkind* höchstwahrscheinlich einen ERWARTUNGS-Slot mit dem Wert *schöne Geschenke* (ganz umgekehrt das Lexem *Knecht Ruprecht*).

Die bisher behandelten Typen von Frame-Elementen, also *Ziele, Intentionen, Zwecke, Funktionen, Erwartungen* und *Einstellungen* sind im engeren Sinne eigentlich noch keine „*Meta-Elemente*" in Frames, da sie wichtige epistemische Elemente betreffen, die zu anderen, bislang überwiegend im Fokus stehenden *Eigenschafts-Frame-Elementen* (vor allem den „strukturalen" oder „deskriptiven" FE der bekannten Typen wie Dingmerkmale usw.) notwendigerweise hinzukommen, selbst aber auch zu dieser Klasse gehören. Ganz sicher zu den *Meta-Elementen* zählen aber *Bewertungen, Sprechereinstellungen, Wissensgrade,* überhaupt die sog. *Konnotationen*. Das Bezeichnungselement *meta-* soll dann besagen, dass es sich dabei um einen speziellen Typ von Frame-Elementen handelt, der (um es in einer bei Logikern beliebten Ausdrucksweise zu sagen) *über* anderen Frame-Elementen *operiert*, diese in gewissem Sinne modifiziert bzw. zusätzliche Informationen zu diesen organisiert. Solche Elemente des verstehensrelevanten Wissens sind in verschiedenen Zweigen der Linguistik immer wieder (in unterschiedlicher theoretischer Fassung) thematisiert worden.

Am bekanntesten davon sind die sogenannten *Konnotationen*, unter denen wiederum die *Bewertungen* die am häufigsten benannte Untergruppe darstellen. Dazu zählen die Einstufungen von Bezeichnungen für Dinge, Personen usw. als *pejorativ* (negativ bewertend) oder *euphemisierend* (sehr positiv bewertend).[78] So kommuniziert ein Lexem wie *Bengel* klar abwertende Einstellungen des Sprechers / der Sprecherin zum bezeichneten Objekt. Man könnte nun lange darüber diskutieren, ob solche Wissens-Elemente nicht auflösbar wären in die „normalen" („deskriptiven") Eigenschafts-Frame-Elemente. Etwa indem man sagte, mit dem Lexem *Bengel* wird referiert auf eine Klasse von Referenzobjekten bzw. Exemplaren, die außer den üblichen Standard-FE und Werten (für PERSON, GESCHLECHT, ALTER) einen zusätzlichen Slot für BENEHMEN (mit dem Wert *schlecht, anstößig, empörend* o.ä.) aufweist. Ich gehe jedoch davon aus, dass man aus epistemologischer Sicht auch dann, wenn man eine solche Analyse vornehmen würde (was bisher nach meiner Kenntnis ernsthaft noch nie vorgeschlagen oder praktiziert wurde), trotzdem noch einen zusätzlichen Slot für BEWERTUNG DES REFERENZOBJEKTS DURCH DEN SPRECHER / DIE SPRECHERIN (mit den Werten *positiv* und *negativ* oder eventuellen graduellen Abstufungen) in eine Frame-Beschreibung aufnehmen müsste, wenn diese epistemologisch vollständig sein sollte.

---

[78] In der Germanistischen Sprachwissenschaft wurden sie zum ersten Mal von Karl Otto Erdmann 1900, 20 unter der berühmt gewordenen Bezeichnung „Nebensinn und Gefühlswert der Wörter" thematisiert. Der Begriff *Konnotationen* wird von Semantikern und insbesondere von Lexikologen sehr weit gefasst, und umschließt wohl auch Aspekte, die in einer Frame-Semantik weniger relevant sind, wie etwa Stil- und Varietäten-Merkmale. (Vgl. etwa die Auflistung bei Schippan 1992, 121 ff., nachzulesen auch bei Busse 2009, 97 f.) Mindestens ein Teil der Konnotationen ist aber auch Frame-semantisch relevant und als Teil der verstehensnotwendigen (bzw. im engeren Sinne semantischen) Frame-Elemente zu führen.

7.4 Die innere Struktur von Frames 585

Sprechereinstellungen. Konnotationen betreffen nach dem üblichen Verständnis vor allem Lexem-bezogene Informationen zu *Sprechereinstellungen* und *Bewertungen.*[79] Andere Ausdrucksformen für *Sprechereinstellungen* sind oft in der linguistischen Pragmatik (im Rahmen der Satzsemantik) analysiert worden. So wird in einem Satz wie

(9-6) *Anna wird doch wohl nicht etwa wieder diesen Kevin mitbringen?*

durch den komplexen Modal-Partikel-Ausdruck *doch wohl nicht etwa*[80] eine *Einstellung des Sprechers / der Sprecherin* im Sinne einer BEWERTUNG DES IN DER PROPOSITION BEZEICHNETEN SACHVERHALTS DURCH DEN SPRECHER / DIE SPRECHERIN (mit dem Wert *negativ*) kommuniziert; dafür sollte ein eigener Typ von Frames angesetzt werden, der dann bei der Analyse des Satzbedeutungs-Frames als eigenes Frame-Element (und ein eigener Typ von FE) zu beschreiben wäre.[81] (Es erscheint dann als sinnvoll, zwischen SPRECHEREINSTELLUNGEN ZU REFERENZOBJEKTEN und SPRECHEREINSTELLUNGEN ZU PRÄDIKATIONEN BZW. PROPOSITIONEN zu unterscheiden.)

Wissensgrade. Auch Wissensgrade und Wissensmodi sind vor allem in der linguistischen Pragmatik (in Bezug auf die Satzsemantik) diskutiert worden; wiederum am intensivsten in Bezug auf Modalpartikeln. Man geht heute allgemein davon aus, dass Bedeutungen von Modalpartikeln häufig etwas mit dem Ausdrücken von Sprechereinstellungen zu den Satzinhalten zu tun haben.[82] So drückt ein Sprecher in dem Satz

(9-7) *Herr Maier kandidiert wohl nicht für den Stadtrat.*

mit der Modalpartikel *wohl* aus, dass der Sprecher von der Richtigkeit der Aussage, dass Herr Maier nicht für den Stadtrat kandidieren wird, zwar persönlich überzeugt ist, dass er sich dafür aber nicht verbürgen möchte (es sich also um eine begründete Vermutung, nicht um eine Gewissheit, handelt). Modalpartikeln können also dazu dienen, subjektive Einstellungen von Sprechern zum Gesagten auszudrücken, also etwa *bejahende, bezweifelnde oder unsichere* Einschätzungen des Inhalts eines Satzes; d.h. sie teilen den Hörern oder Lesern mit, wie sie den Satz einzuordnen haben. Modalpartikeln geben damit unerlässliche Zusatz-

---

[79] Bewertungen gibt es nicht nur bei Personen- und Ding-bezogenen Nomina, sondern auch bei Handlungsbezeichnungen; oft über spezielle pejorative Wortbildungsmorpheme, wie etwa in *Sing-erei* und *Ge-sing-e* die *Ge-* / *-e-* und *-erei*-Affixe. Für die Einbeziehung von Sprechereinstellungen in die Frame-Analyse plädiert insbesondere auch Fraas 1996, 27 und 72 f., indem sie eigene „Slots für Sprechereinstellungen" in ihre Frame-Beschreibungen integriert. Holly 2001, 136 und Klein schließen sich dem an.

[80] Eine vollständige epistemische Analyse dieser Modalpartikel-Kombination ist sicherlich weitaus komplexer als es diese wenigen Bemerkungen erkennen lassen; sie muss aus Platzgründen jedoch leider unterbleiben.

[81] Die Einführung von Frame-Elementen / Slots für Sprechereinstellungen (und für weitere „metakonzeptuelle" Aspekte, wie etwa Modi, Wissensgrade usw.) ist ein bedeutungstheoretisch sehr interessanter Gedanke, wirft jedoch zahlreiche theoretische Fragen auf. Es fragt sich nämlich, ob Sprechereinstellungen tatsächlich zu den Konzept-Frames dazugehören (also *Teil* der Frames sind), oder ob sie nicht vielmehr eigenständige epistemische Elemente oder Strukturen sind, die *über* (kompletten) Frames operieren (also *außerhalb* der Konzept-Frames selbst anzusiedeln sind). Zwar ist es lexikalisch gesehen so, dass Bewertungs-Wissen (Einstellungs-Wissen) häufig eng (manchmal untrennbar) mit „konzeptuellem" Wissen verknüpft ist, doch fragt sich dennoch, ob dafür nicht besser eine eigene Ebene von Frames anzusetzen wäre.

[82] Vgl. statt anderer Weydt 1969, 68; Wolski 1986, 383 u. 1989, 351 f. Vgl. einführend auch Busse 1992. Man spricht auch von „propositionalen Einstellungen". Als solche bezeichnet man in der neueren Linguistik eine Einschätzung des Inhalts eines Satzes, welche u.a. seinen Wahrheitswert betrifft. Vgl. von Polenz 1985, 212 ff.

586   *Kapitel 7: Frame-Semantik: Ein Arbeitsmodell*

informationen über den Wahrheits- bzw. Wahrscheinlichkeitsgrad von Satzinhalten oder modifizieren die Satzinhalte auf verschiedene Weise im Hinblick auf die Rezipienten.[83]

Fiktionalitätsmarker. Es gibt starke Indizien dafür, dass es sinnvoll sein könnte, neben den „Wissensgraden" Meta-Frame-Elemente anzunehmen, die man als „Fiktionalitätsmarker" bezeichnen könnte. Ich gehe fest davon aus, dass es in unseren Sprachen fest lexikalisierte Informationen darüber gibt, dass die Referenzobjekte der Lexeme in der wirklichen Welt nicht existent (und meist auch: nicht möglich) sind; siehe etwa Lexeme wie *Fee, Elfe, Ork* oder *beamen*. Da es sich um etabliertes Wissen handelt, das mit den entsprechenden Lexemen fest gespeichert ist, spricht alles dafür, es als Teil des Lexem-bezogenen verstehensrelevanten Wissens in die Frame-Beschreibung aufzunehmen. Man könnte überlegen, ob es sinnvoll ist, solche „Fiktionalitätsmarker" einfach in eine graduelle Skala von Wissensgraden (s.o.) einzureihen. Für solche Skalen gibt es Vorschläge, die möglicherweise auch die Berücksichtigung von „Fiktionalität" erlauben.[84] Ich glaube dennoch, dass es wegen der zentralen Rolle, die Fiktionalität in einer Zeit der Allgegenwart der „Fantasy"-Medienprodukte spielt, sinnvoll ist, für diese heutzutage sehr zentrale Kategorie einen eigenen Typ semantisch relevanter Meta-Information anzusetzen.

Ergänzung der Arbeitsdefinitionen zu *Typologischen Aspekten bei der Differenzierung von Frame-Elementen, hier: Meta-Elemente in Frames*:

Semantische / epistemische Frames integrieren in vielfältiger Weise Informationen, die über die normalen „deskriptiven" (typische „Dingmerkmale" und ähnliches spezifizierenden) Frame-Elemente hinausgehen und in früheren semantischen Beschreibungen häufig oder meist vernachlässigt wurden. Zu solchen Informationen zählen *Quantitäten, Kosten, Nutzen, Ziele, Intentionen, Erwartungen, Einstellungen, Zwecke, Funktionen,* aber auch *Bewertungen, Sprechereinstellungen, Konnotationen, Wissensgrade, Fiktionalitätsmarker.* Während die Typen von Informationen der ersten Gruppe (*Quantitäten, Kosten, Nutzen, Ziele, Intentionen, Erwartungen, Einstellungen, Zwecke, Funktionen*) größeren Teils als *spezifische Formen von Eigenschafts-Frame-Elementen* gezählt werden können,[85] gehe ich davon aus, dass es daneben einen eigenen Typ von Frame-

---

[83] Wolski 1986, 383 geht in seinem Versuch einer lexikographischen Beschreibung der Partikelbedeutungen sogar so weit zu sagen, dass die „Einstellungskonstellation", die mit jeder Partikel in spezifischer Weise gestiftet wird, deren „lexikalische Bedeutung" ausmache. Wie die lexikographische Beschreibung einer Partikel auf der Grundlage dieser These aussehen kann, zeigt der Entwurf eines Wörterbuchartikels zur Partikel *doch*. Dort beschreibt Wolski die Bedeutung des unbetonten *doch* folgendermaßen: „Mit *doch* werden zwei alternative Einstellungen zum Gesagten einander gegenübergestellt. Die Einstellung im Bezugsbereich von *doch* ist die des Sprechers." (518) So läge im Beispielsatz „*Komm doch mit ins Theater!*" die Bedeutung des *doch* darin, dass hier die in der Aufforderung enthaltene Proposition „der Hörer oder die Hörerin soll mit ins Theater kommen" vom Sprecher positiv gewollt wird, während für den Gesprächspartner die entgegengesetzte Einstellung unterstellt oder wahrscheinlich gehalten wird, nämlich dass er oder sie nicht mit ins Theater kommen will.

[84] Siehe den im Rahmen eines linguistischen Sprachverstehensmodells entwickelten Vorschlag von Busse 1991a, 155, der folgende „Modi des verstehensrelevanten Wissens" unterscheidet: „(1) Aufgrund eigener sinnlicher Anschauung und lebenspraktischer Erfahrung Gewusstes. (2) Aufgrund diskursiv vermittelter, aber vom Individuum als eigene akzeptierte, von anderen übernommene Erfahrung, die als wahr akzeptiert wird. (3) Im geltenden, vom Individuum akzeptierten bzw. den Rahmen seines epistemischen Daseins abgebenden Paradigma (Weltbild, Diskurs) als selbstverständlich unterstelltes, stillschweigend vorausgesetztes, meist unexpliziertes, aber prinzipiell explizierbares Wissen. (4) Unterstelltes bzw. Antizipationen bezüglich der Interaktions- und Kommunikationspartner. (5) Vermutetes, für wahrscheinlich Gehaltenes. (6) Für möglich Gehaltenes. (7) Für unwahrscheinlich Gehaltenes. (8) Für unmöglich, falsch, nicht-gegeben Gehaltenes."

[85] Da von diesen zumindest Zwecke und Funktionen die typischsten Beispiele sind, die für die sog. Affordanzen genannt werden, spricht nichts dagegen, auch die anderen Typen von Informationen in dieser

7.4 Die innere Struktur von Frames   587

Elementen gibt, die ich „Frame-Elemente mit Meta-Informationen" oder kurz *Meta-Frame-Elemente* nenne, und die Informationen betreffen, die über anderen Informationen des Frames operieren und diese in bestimmten Hinsichten (Sprechereinstellungen zum Inhalt, Bewertungen, Wissensmodi, Gewissheitsgrade. Fiktionalitätsannahme) zusätzlich charakterisieren oder modifizieren. Eine präzise Typologie solcher Elemente oder Grade steht noch aus.

7.4.5 Struktur-Ebenen von Frames, Hierarchie von Frame-Elementen, Präferenzen, Salienz

Die Annahme verschiedener sog. „Struktur-Ebenen" innerhalb von Frames war eines der Haupt-Motive zur Entwicklung der Frame-Theorie, so explizit bei Minsky. Diese Annahme führt zu der weiteren Annahme, ob es so etwas wie einen „Kern" eines Frames gibt, die etwa bei Barsalou (implizit) eine Rolle spielt. Eine Folge der Annahme innerer Strukturiertheit von Frames ist die Frage nach Hierarchien oder Präferenz-Abstufungen von Frame-Elementen. In diesem Zusammenhang ist auch die bereits diskutierte „Salienz" von Frame-Elementen zu sehen, d.h. die Frage, ob es innerhalb der Frame-Elemente besonders „hervorspringende", Frame-typische Frame-Elemente (neben anderen, weniger salienten FE) gibt. – Minsky sprach von einer „oberen Ebene von Frames" (die er häufiger auch als „Skelett-Struktur" bezeichnete); dies seien feste Strukturen, die „immer wahr" seien. Es handelt sich also offenbar um solche Wissenselemente, die *konstitutiv* für einen Frame (ein Konzept, eine Kategorie) sind,[86] was besagt, dass ohne diese Elemente der Frame nicht mehr *dieser* Frame (sondern möglicherweise ein anderer) wäre. Barsalou spricht in ähnlicher Weise von einem „Kern eines Frames", den er als „einen gemeinsam vorkommenden Set von Attributen" definiert. Möglicherweise zielt die Rede von einem „Master-Frame" bei Ballmer in dieselbe Richtung. Für Barsalou stellen auch die Ebenen der Attribute (Slots, Anschlussstellen) und der Werte (Filler, Zuschreibungen) verschiedene Strukturebenen innerhalb von Frames dar. Solche Redeweisen oder Überlegungen werfen zahlreiche zentrale Fragen auf, die in den verfügbaren Frame-Konzeptionen keineswegs alle oder ausreichend geklärt sind. Das sind Fragen oder Probleme wie: Gibt es einen „Frame-Kern"? Was ist ein „Frame-Kern"? Wie lässt er sich beschreiben? Wie lässt sich die „Identität eines Frames" feststellen? Ab wann ist ein Frame nicht mehr „derselbe Frame", sondern „ein anderer Frame"?

Insbesondere bei Barsalou erstaunt, dass er überhaupt von einem „Kern eines Frames" spricht, da er doch auf der anderen Seite allergrößten Wert darauf legt, dass Frames „nicht-rigide Strukturen" sind, die aufgrund des axiomatisch geltenden Prinzips der unabschließbaren Rekursivität niemals „stabil" im eigentlichen Sinne sind. Das Problem muss also auf einer anderen Ebene liegen. Und es hat den Anschein, dass es sich um das komplexe Problem der Type-Token-Unterscheidung bzw. -Ebenen handelt. Bevor man über Strukturebe-

---

Liste wie Affordanzen zu behandeln. Es scheint jedoch so zu sein, dass der Begriff der Affordanzen offenbar zunächst nur auf nominale Konzepte (also etwa Ding-Konzepte) gemünzt ist, und es vor allem leisten soll, Aspekte, die typisch für Handlungen (und damit Verben) sind, und dort zu den semantischen Kern-Merkmalen gehören (wie Ziele, Intentionen, also Merkmale, die zwingender Teil jeder verbalen Frame-Beschreibung sind oder zumindest ein sollten) als semantische Merkmale der Nomen selbst behandeln zu können und auch in deren Frame-Beschreibung zu integrieren.

[86] Man kann darin eine Parallele zu Searles „konstitutiven Regeln" sehen; in dieser Analogie müssten dann die Filler oder Werte „regulative Regeln" im Sinne von Searles Dichotomie sein.

nen und Kerne von Frames redet, muss man eigentlich wissen, über welche Ebenen von Frames man spricht, Type-Frames oder Token-Frames, individuelle oder allgemeine Frames usw. Da Barsalou in Bezug auf Frames häufig über „Exemplare" redet, die einer Frame-Kategorie zugeordnet werden, fragt sich, welche Rolle in dieser Hinsicht der aus der logischen Semantik bekannte Aspekt der „Extension" einer Kategorie (eines Begriffs) hierbei spielt.[87] Man könnte diesbezüglich auch von dem Problem der „Referenzialität" einer Frame-Kategorie (eines Frame-Konzepts) sprechen.[88]

Lönneker (2003, 8) z.B. unterscheidet zu Anfang ihrer Arbeit zwischen zwei Ebenen von Frames, die sie „allgemeine Frames" und „Einzelframes" nennt. Die „allgemeinen Frames" seien „stereotypische Wissensstrukturen" und mit den „Konzepten" der Kognitionsforschung vergleichbar. Mit „Einzelframes" meint sie offenbar Frames von konkreten Exemplaren (oder „Instanzen") eines Begriffs. Sie geht dabei durchaus in die richtige Richtung, doch ist ihre Unterscheidung noch nicht feinteilig genug. Zusätzliche Differenzierungen von (Ebenen von) Frames sind notwendig. Neben der hier angesprochenen Unterscheidung von „allgemein" (Kategorie) und „konkret" (Exemplar) muss mindestens noch die Unterscheidung zwischen „individuell" und „sozial / konventionell" hinzukommen.[89] Das würde mindestens folgende Ebenen von Frames (bzw. des Frame-Begriffs) ergeben: (1) individuelle Einzel-Exemplar-Frames in einer konkreten Situation; (2) individuelle abstrakte oder Klassen-Frames (= individuelle Kategorien); (3) soziale (konventionelle, stereotypisierte) Klassen-Frames; (4) soziale (konventionelle) Frames von (prototypischen?) Einzel-Exemplaren. Weitere für eine solche Differenzierung wichtige Aspekte wären noch: LZG vs. KZG; abstrakte Instantiierung eines mentalen Konzepts vs. Einzel-Exemplar-bezogene Instantiierung eines mentalen Konzepts (letzteres vergleichbar vielleicht der Unterscheidung von Bedeutungsverleihung und Bedeutungserfüllung bei Husserl).

Wenn Barsalou also von einem „Kern eines Frames", als einem „gemeinsam vorkommenden Set von Attributen" spricht, dann soll die Kennzeichnung als „gemeinsam vorkommend" hier offenbar besagen, dass in konkreten individuellen und situationsbezogenen Instantiierungen eines (allgemeinen?) Frames bezogen auf konkrete „Exemplare" der Kategorie immer wieder ein bestimmter gleicher (oder identischer) Set von Frame-Elementen kognitiv aktiviert wird, auch wenn er jeweils exemplarbezogen mit unterschiedlichen Werten gefüllt sein kann. Durch die (bei Barsalou nur nebenbei und implizit erfolgende, nirgends definierte) Einführung des Begriffs „Exemplar" wird offenbar das Thema „Referenz" implizit in die Frame-Theorie eingeführt. Es fragt sich dann nämlich: wie kann die Beziehung zwischen einem „allgemeinen" (oder Type-) Frame und einem „konkreten" (oder Token- oder Exemplar-) Frame) beschrieben werden?[90] Einen ersten indirekten Hinweis auf diese Problematik gibt auch Lönneker, die in ihr Modell die Entität „Frame-Name" einführt. Was bei ihr durch „Frame-Name" bezeichnet wird, ist in üblichen kognitiven Frame-Modellen der „Kern" des Frames; also dasjenige am Frame, auf das sich die Attribute oder

---

[87] Zur Erinnerung: Frames, verstanden als Attribut-Werte-Sets, spezifizieren bei Barsalou „Kategorien".

[88] „Reference" ist, seitdem Russell Freges Terminus „Bedeutung" (= Bezugsobjekt eines Begriffs) so übersetzte, der übliche angelsächsische Terminus für das, was in der Logik seit Carnap „Extension" genannt wird. Gemein ist die Menge der Gegenstände, auf die sich ein Begriff bezieht.

[89] Siehe dazu auch oben Kap. 7.1., 537 ff.

[90] Ob es bei Barsalou „Exemplar-Frames" überhaupt gibt, ist alles andere als sicher, da es manchmal den Anschein hat, als verankere er das, was er „Exemplare" (in Bezug auf einen Frame) nennt, ganz unmittelbar und direkt „in der Wirklichkeit", was aber erkenntnistheoretisch ziemlich naiv wäre und deutlich hinter die erkenntnistheoretischen Reflexionen etwa bereits eines Bartlett 1932 zurückfiele.

7.4 Die innere Struktur von Frames   589

Frame-Elemente beziehen. Diesen Kern eines (nominalen) Frames als „Referenz" zu definieren, deutet aber auf ein Primat des Extensionalen in einer solchen Frame-Konzeption
hin, da man sich, wenn man das Ganze nicht rein beschreibungstheoretisch auffasst,[91] unter
dem „Referenzobjekt" dieser „Referenz" nur konkrete Exemplare, die unter einen Frame
fallen (der damit eine „Kategorie" vertreten würde) vorstellen kann. – Ob es überhaupt
möglich ist, einen „Frame-Kern" anders als extensional zu definieren, ist eine spannende
Frage für eine kognitive bzw. epistemologische Frame-Theorie. Zur Klärung dieser Frage
wird man sich vermutlich – und das ist das Kluge an Lönnekers Überlegungen – tatsächlich
mit referenztheoretischen Fragen beschäftigen müssen, wozu auch Fragen der Identifizierbarkeit und Identität eines Referenzobjektes zählen, das als ein bestimmtes isolierbares
Objekt ja erst mittels der Zuschreibung von Eigenschaften (also Frame-Elementen) kenntlich wird.

In diesem Zusammenhang treten dann aber folgende Fragen auf, die geklärt werden
müssten: Muss / kann ein „Frame-Kern" extensional bzw. referenztheoretisch beschrieben
werden? Was heißt „referenztheoretisch" dann? Referenz (nur) auf konkrete ‚Exemplare'?
Oder auf ‚Klassen' und kognitive Entitäten? Das sind alles schwierige Fragen, die tief in
die Sprachtheorie und Semantik hineinführen, hier vor allem in die linguistische und / oder
sprachphilosophische Referenztheorie, die selbst für diese Fragen bislang keineswegs Lösungen parat hat. Referenztheoretisch präzise müsste man diese Probleme etwa folgendermaßen angehen: Ein Frame bezieht sich auf ein „Etwas", das erst durch die „Attribute" des
Frames, denen jeweils bestimmte „Werte" zugewiesen werden müssen, als dieses Etwas
bestimmt, d.h. als ein aus dem Kontinuum der zunächst ungeschiedenen Sinnesdaten
heraushebbares „Etwas" ausgegrenzt wird. D.h.: Erst dadurch, dass ihm Eigenschaften (via
Attribute) zugeschrieben werden, wird es als etwas Identisches kognitiv bzw. epistemisch
„greifbar", bekommt eine Identität, die es überhaupt erst zu einem wiederholt referierbaren
„Etwas" machen.[92] Die „Kategorie" in Barsalous Sinne (die dann im Sinne Lönnekers mit
einem „Frame-Namen" benannt wird) ist also zunächst nichts anders als eine abstrakte
(epistemisch „leere") Position im Sinne eines „hier gibt es ein Etwas". Erst durch die Spezifikation von konkreten Merkmalen, Eigenschaften, die dieses „Etwas" von anderen
„Etwassen" abzugrenzen erlauben, im Sinne der Attribute Barsalous, bekommt dieses „Etwas" eine konkrete, mit Informationen gefüllte, und auch erst dann wiedererkennbare Gestalt. „Wiedererkennbar" meint dann, dass mit dem „Dataset", der den Frame ausmacht,
neue Wahrnehmungssituationen (oder epistemische Konfigurationen) kognitiv verarbeitet
werden, so dass sie als „Exemplare" des Frames identifiziert werden können. Ein „allgemeiner" Frame ist dann so etwas wie eine Datenstruktur, gemeint als abstrakte „Suchstruk-
tur", die im kognitiven (epistemischen) Prozess der Identifizierung von Entitäten (als Entitäten eines bestimmten Typs) angewendet wird. Die konkrete Datenstruktur im Kontinuum
der Sinnesdaten bzw. kognitiven Konfigurationen, die durch die Aufprägung der abstrakten
Struktur ausgegrenzt wird, ist dann ein „Exemplar" dieses Frames.

Sprachliche Zeichen (Lexeme) haben in diesem Vorgang immer eine doppelte Funktion:
Zum einen grenzen („deuten") sie aus der Menge möglicher abstrakter Datenstrukturen, die
als „Frames" im Wissen konsolidiert sind, eine bestimmte Struktur (einen „Frame") aus.

---

[91]   Dann wäre die „Referenz" des „Frame-Namens" das mentale Konzept, das als von diesem beschrei-
       bungstheoretischen Frame unabhängig existierend aufgefasst wird.
[92]   Das ist übrigens der Kern dessen, was Logiker „Existenzpräsupposition" nennen.

Damit helfen sie aber zugleich dabei, in einer bestimmten Situation mit Bezug auf ganz bestimmte konkrete Sinneswahrnehmungen oder kognitiv / epistemische Konfigurationen die konkrete Datenstruktur zu identifizieren, welche die Exemplar-Ebene des ganzen Vorgangs ausmacht. Der in Linguistik wie Sprachphilosophie benutzte Terminus „Referenz" ist dabei doppeldeutig. Er kann nämlich die Bezugnahme auf die abstrakte Datenstruktur (Type- oder Muster-Ebene) oder die Bezugnahme auf eine konkrete, situationsabhängige Datenstruktur (Token- oder Exemplar-Ebene) meinen. Oder anders ausgedrückt: Es kann sich um Referenz auf eine Klasse (Extension) handeln, oder um Referenz auf ein Exemplar (ein einzelnes Element aus einer extensionalen Menge). Typischerweise haben sprachliche Zeichen beide Funktionen zugleich; welche epistemisch im jeweiligen Verwendungskontext dominiert, ist dann situations- und kontextabhängig; allerdings in einer gerichteten Relation: Jede Referenz auf ein Einzel-Exemplar ist zugleich epistemisch als Referenz auf die Klasse zu werten, da nur aufgrund der Zuschreibung dieser konkreten epistemischen Konstellation zu einem Klassen-Frame die je konkreten Mengen epistemischer Daten als Instanzen dieser Klasse (als „Exemplare") überhaupt identifizierbar sind.[93] Daneben besteht sprachlich aber die Möglichkeit, nur auf die abstrakte Klasse zu referieren, ohne auf ein konkretes Exemplar zu referieren (etwa in Sätzen wie: „*Dinosaurier gibt es heute nicht mehr*").

Die geschilderte Sichtweise auf die Type-Token-Problematik zeigt, warum Barsalous Vorschlag sinnvoll ist, Attribute und Werte als verschiedene Strukturebenen eines Frames zu begreifen, oder wie Minsky die Slot-Ebene als „Kern" eines Frames zu kennzeichnen. „Immer wahr" im Sinne Minskys heißt dann eben, dass dann, wenn auf eine konkrete Datenstruktur im Erkenntnisprozess ein bestimmter („Kategorien"-) Frame „angewendet" wird, bestimmte Typen von Eigenschaften (= die Attribute Barsalous) immer gegeben sein müssen, damit diese Datenstruktur als Exemplar (Referenz, Teil der Extension) dieses Frames behauptet werden kann. Nimmt man dies an, dann sind jedoch Frames zumindest im konkreten Fall der kognitiven Aktivierung und der Anwendung auf eine konkrete Datenstruktur eben doch „rigide" Strukturen abstrakter Wissenselemente (Frame-Elemente). Barsalous Forderung nach einem „nicht-rigiden" Framebegriff kann sich dann nur auf den Aspekt der Konventionalisierung bzw. überindividuellen (oder – in der individuellen Kognition eines Individuums: über-situativen) Verdichtung bzw. Verfestigung der Frame-definierenden Wissensstruktur beziehen.

Jetzt wird auch deutlicher, was Barsalou gemeint haben kann, wenn er sagt, die häufige Ko-Okkurenz von Attributen führe zur Etablierung von Frame-Kernen. (Konventionstheo-

---

[93] Frame-theoretisch muss man daher immer verschiedene Ebenen auseinanderhalten. Dabei geht es nicht nur um die Ebenen der Muster und der Exemplare. Das in den verschiedenen Frame-theoretischen Ansätzen beobachtbare Schwanken im Bezugsbereich der Überlegungen deutet darauf hin, dass man in einer grundlegenden Frametheorie folgende Ebenen beachten muss: (a) die kognitive / epistemische Ebene (Ebene des Wissens; mit der Zusatzfrage: ist das eine oder sind das zwei Ebenen?); (b) die Ebene der Sprache; (c) die Ebene der wissenschaftlichen (z.B. lexikographischen) Beschreibung (bzw. Rekonstruktion des Wissens); (und evtl. noch eine Ebene (d) die Ebene der sprach-technologischen bzw. KI-technologischen Be- / Verarbeitung von Wissensdaten). Minsky handelt von (a) und (b) (und am Rande eventuell auch von (d)). Fillmore handelt von (b) und (c) (und implizit auch von (a)). Barsalou handelt von (a) und (b) (allerhöchstens indirekt spielt für ihn auch (c) eine Rolle). Konerding stellt (c) in den Mittelpunkt, behauptet, (a) anzuzielen, redet aber – obwohl Linguist – nur sehr unvollkommen über (b). Lönneker redet über (a) und (c), berührt dabei implizit (b), ohne dies explizit als Problem zu erfassen und zu thematisieren. Eine vollständige und grundlegende Frame-Theorie wäre aber nur eine solche, die ihr Verhältnis zu allen drei (oder vier) Ebenen explizit klärt.

7.4 Die innere Struktur von Frames 591

retisch könnte man die einzelnen Instantiierungs-Fälle einer Ko-Okkurenz von Attributen,[94] welche den Frame-Kern etablieren oder verfestigen, als Präzedenz-Fälle für den Frame analysieren.[95]) Er stellt dann auch die Frage: Warum sind es bestimmte Attribute, die den Kern eines Frames konstituieren? Seine Antwort: Dies seien solche Attribute, die für jedes Exemplar einen konkreten Wert haben. Solche Attribute nennt er dann auch „Kern-Attribute". Hier wird ganz deutlich, dass er sich auf die Relation abstrakter Frame vs. Exemplar bezieht. Ganz offensichtlich nimmt Barsalou hier eine hierarchische Staffelung (oder Ebenen-Unterscheidung) innerhalb der Attribute eines Frames an.[96] Er spricht dann in diesem Kontext auch von Attribut-Taxonomien (die rekursiv gestaffelt seien), und entsprechend auch von „Sub-Sets von Attributen". Diese Staffelung (z.B. die Frage, wann etwas nicht nur ein „Set", sondern ein „Sub-Set" von Attributen ist) könnte dann (dies deutet eine Nebenbemerkung an, auch wenn es nicht weiter ausgeführt wird) eine sein, die entlang einer *Prototypikalitäts*-Skala verläuft.[97]

Von hierarchischen Strukturen in Frames spricht auch Minsky. Bei ihm geht es allerdings um eine Hierarchie oder Präferenz-Strukturen von Standardwerten. Hierbei handelt es sich darum, dass bei der Ausfüllung von Slots eines Frames nicht nur ein einzelner Standard-Wert möglich ist, sondern eventuell eine hierarchische Skala solcher Werte, die entlang von Präferenzen organisiert ist.[98] (Es hat den Anschein, dass diese Präferenzen quasi Prototypikalitäts-Strukturen im Wissen abbilden.) Man könnte dann mit Busse 1991a Frames oder Wissensrahmen insgesamt auch als „gesellschaftlich konventionalisierte Präferenzen" analysieren. Im Kontext von Präferenz-Strukturen innerhalb des framespezifischen Wissens ist dann auch der bereits oben (Kap. 7.4.3) behandelte Aspekt der *Salienz* von Frame-Elementen angesiedelt. Allerdings ist es nicht ganz einfach, Salienz genau zu bestimmen. Besonders „saliente" Frame-Elemente (in einem abstrakten Kategorien-Frame) könnten solche sein, die in einer besonders hohen Zahl auftreten; es könnten (dann in einem konkreten Exemplar-Frame) aber auch umgekehrt gerade diejenigen FE sein, die ein Exemplar eben gerade als Spezifisches kennzeichnen.

Arbeitsdefinitionen zu *Struktur-Ebenen von Frames, Hierarchie von Frame-Elementen:*

Frames sind in sich strukturiert. Bereits die Unterscheidung von Anschlussstellen / Slots / Attributen einerseits und Zuschreibungen / Füllungen / Werten andererseits definiert einen ersten Bereich von Strukturebenen. Während Anschlussstellen / Slots / Attribute abstrakte Konzepte sind, die Typen von epistemischen Elementen definieren, welche den Frame einer „Kategorie" ausmachen, sind Zuschreibungen / Füllungen / Werte entsprechend konkretere (in einer konzeptuellen Taxonomie mindestens eine Hyponymie-Ebene tiefer als die zugehörigen Slot-Kategorien angesiedelte) Konzepte. Diese Ebenen-Unterscheidung ist aufgrund des Prinzips der Rekursivität der Frame-Strukturen relativ zu verstehen, nicht absolut. Zu dieser Unterscheidung der Struktur-Ebene der Slots und der Struktur-Ebene der Filler kommen weitere Struktur-Ebenen in Frames hinzu.

---

[94] In diesem Zusammenhang sieht er auch die „Attribut-Systematizität", womit er die Tatsache meint, dass bestimmte Konstellationen von Frame-Elementen bei bestimmten Typen von Frames immer wieder in fester Ko-Okkurenz auftreten; siehe z.B. FARBE, FORM, GRÖßE, GEWICHT, MATERIAL bei physischen Objekten usw. (Vgl. dazu auch „Frame-Vererbung" bei Fillmore.)

[95] Vgl. die Rolle der Präzedenzfälle im Konventions-Modell von Lewis 1969 (s.u. Kap. 7.5.3).

[96] Es fragt sich dann, ob das nicht doch wieder auf die altbekannten „wesentlichen Merkmale" der klassischen Merkmal-Semantik hinausläuft, also einer Theorie, die Barsalou ja eingangs heftig kritisiert.

[97] Das Prototypen-Modell wird allerdings von Barsalou ebenfalls wegen zu starker Rigidität verworfen.

[98] Schank / Abelson etwa sprechen von Ziel-Präferenzen.

Eine weitere wichtige Unterscheidung ist dabei die Unterscheidung von *abstrakten Muster-Frames* und *konkreten Exemplar-Frames*. Streng genommen ist dies keine Unterscheidung innerhalb eines einzelnen Frames, sondern eine Unterscheidung, die sich auf verschiedene Typen oder Ebenen *von* Frames (als strikt zu unterscheiden von Ebenen *innerhalb* eines Frames) bezieht. Das Verhältnis beider Ebenen ist nicht nur eine Differenz zwischen einer Struktur aus leeren Slots (oder lediglich mit Standardwerten gefüllten Slots) und einer Struktur aus (mit konkreten Werten) gefüllten Slots. Vielmehr können Exemplar-Frames einem Muster-Frame zusätzliche Slots hinzufügen, wenn sie gehäuft (über eine größere Zahl von Exemplaren, oder in besonders salienten Exemplaren) auftreten.

Zudem kann das gehäufte gemeinsame Auftreten einer Gruppe aus bestimmten Slots (frequente Ko-Okkurenz von Slots) in zahlreichen instantiierten Exemplar-Frames zur Ausbildung eines *Frame-Kerns* im abstrakten Muster-Frame führen. Eine solche Gruppe von ko-okkurenten Slots oder Attributen kann dann als Frame-definierend (im Sinne von Prototypikalität) aufgefasst werden, und von weniger „zentralen" Frame-Elementen (Slots, Attributen) unterschieden werden. In diesem Sinne ist ein (abstrakter Muster-) Frame nicht nur, wie Barsalou schreibt, als „Attribut-Werte-Set", sondern auch als „Set von Attributen" bestimmbar (denen dann Standard-Werte oder je nach Instantiierung konkrete spezielle Werte zugewiesen werden können). In diesem Sinne meint wohl Minsky seinen Begriff der „Skelett-Struktur eines Frames". Innerhalb der Menge der Slots / Attribute eines Frames gibt es also so etwas wie eine Zentralitäts- oder Prototypikalitäts-Hierarchie. Dies bildet eine weitere Art von Struktur-Ebenen innerhalb eines Frames.

Hinzu kommt möglicherweise eine Unterscheidung von „Gruppen von Slots" (im Sinne von Lönneker 2003), die eher inhaltlich oder typologisch bedingt sind. So könnte man unter funktionalen Gesichtspunkten etwa die Gruppen der *Aktanten-Frame-Elemente*, der *Eigenschafts-Frame-Elemente* und der *Meta-Frame-Elemente* unterscheiden. Ob sich dann weitere Gruppen von Slots innerhalb einzelner Frames (etwa nach inhaltlichen Kriterien / Aspekten) differenzieren lassen, ist vermutlich eine Frage, die sich nur enzyklopädisch beantworten lässt. Auch die Frage, welche Frame-Elemente oder Gruppen von Frame-Elementen in einem Frame besonders „salient" sind, lässt sich vermutlich nur epistemologisch (hier gemeint in einem enzyklopädischen Sinne) beantworten.

In einem anderen Sinne von *Kern* wird der Kern eines Frames von einer Entität gebildet, die den Referenzpunkt für die Zuschreibung von Attributen (oder Gruppen von Attributen bzw. Slots) darstellt. Dieser Referenzpunkt besteht zunächst aus nichts anderem als einer reinen (noch nicht epistemisch gefüllten) Existenz-Präsupposition (*dass* ein Etwas existiert, bzw. angenommen oder hypostasiert wird); die epistemische „Füllung" einer solchen Existenz-Präsupposition (*was* dieses Etwas genau ist, durch welche Eigenschaften es als dieses Etwas erkennbar oder konstituiert wird) ergibt sich dann erst durch den Frame-definierenden Set von Attributen / Slots.[99] (Insofern solche Attribute bzw. Sets von ihnen einem solchen „Referenzpunkt" zugeschrieben werden, stellen auch Attribute / Slots Prädikationen dar. Es steht aber zu vermuten, dass solche Zuschreibungen zunächst nur an konkreten Exemplaren erfolgen, aus deren gehäuftem Auftreten im Sinne einer Ko-Okkurenz über unterschiedliche Exemplare mit unterschiedlichen Wert-Ausfüllungen hinweg dann allmählich durch Konventionalisierung ein festerer Attribute-Kern entsteht.)

7.4.6 Frames als Strukturen aus Relationen

Bei Minsky (1986 / 90, 245) wurden Frame-Elemente als „Anschlussstellen" (terminals) definiert, wörtlich „als Verbindungsstellen, mit deren Hilfe wir andersgeartete Informationen hinzufügen können". Das heißt: Über Anschlussstellen schließen wir Frames an Frames an. Wenn man diesen Gedanken ernst nimmt, würde das nahelegen, Frames nicht als Struk-

---

[99] HAT FORM, HAT FARBE, HAT MATERIAL usw.

7.4 Die innere Struktur von Frames 593

turen aus „Elementen", sondern als „Strukturen aus Relationen" zu definieren. Unser Wissen ist, wie schon Bartlett hervorgehoben hat, vor allem Wissen über *Relationen*, über *Vernetzungen*. Auch für Barsalou sind Frames „dynamische relationale Strukturen".[100] In seinem Modell ergibt sich die Relationalität auch daraus, dass er Frames als „Attribut-Werte-Sets" definiert, in denen ja die Zuordnungs-Relation zwischen Werten und Attributen immer mitgedacht ist. Unser Wissen ist ihm zufolge grundsätzlich relational strukturiert; Menschen speichern Konzepte nicht isoliert, sondern besitzen „ein umfangreiches Wissen über Relationen zwischen ihnen". *Attribut* ist demnach für ihn auch ein rein relationaler Begriff.[101] (In diesem Kontext unterscheidet er dann noch zwischen „konzeptuell verankerten" und „rein korrelationalen" Relationen.[102]) Besonders deutlich wird dieser Aspekt der Relationalität als Strukturmerkmal von Frames bei den Prädikations-Frames des Fillmore-Typs, in denen die Aktanten-Frame-Elemente abstrakte Positionen spezifizieren, in denen konkrete Aktanten-Ausdrücke eingesetzt werden können. In einer Frame-theoretischen Typologie kann es daher nicht nur sinnvoll sein, Typen von Frame-Elementen zu differenzieren, sondern auch explizit Typen von Relationen. Diese Sichtweise wird in der Frame-Literatur insbesondere von Lönneker 2003 auf den Punkt gebracht, die ihre „Typen von Sub-Slots" explizit als Typen von Relationen verstanden wissen will (in denen die Filler zum Frame-Kern im Sinne eines abstrakten „Referenzpunkts" stehen, bei ihr etwas missverständlich als „Frame-Name" bezeichnet). Konsequent spricht sie daher von der Frame-Semantik als einer „Semantik der Relationen". Diese Sichtweise der Frames als Strukturen aus Relationen ist richtig und sinnvoll; doch muss man dabei auch mögliche Missverständnisse vermeiden. Eine Anschlussstelle (Slot / Attribut) ist eben mehr als ein bloßer (inhaltsfreier) „Ankerpunkt"; vielmehr weist sie immer bereits eine bestimmte konzeptuelle Minimal-Struktur auf, da sie Bedingungen spezifiziert, die von den Fillern bzw. Werten erfüllt werden müssen. Wir haben diese Bedingungen oben „Subkategorisierungs-Bedingungen" genannt. In diesem Sinne sind Slots nicht „leer", sondern (teilweise) epistemisch „gefüllt" bzw. besser: „spezifiziert". Daher sind Frames auch „nicht reine Relationen", sondern epistemische Strukturen, deren besondere Funktion und Leistung darin besteht, Relationen zu organisieren, wozu sie aber eben auch eigene Festlegungen hinsichtlich der Spezifikation der Relationen umfassen müssen.

Es fragt sich dann, ob es angesichts dieser Sachlage sinnvoll ist, mit Bezug auf Frames und ihre inneren Strukturen auch *Typen von Relationen* innerhalb von Frames zu unterscheiden. Es lohnt wenigstens einen ersten Versuch:

Arbeitsdefinitionen zu *Typen von Relationen innerhalb von Frames:*

Ich unterscheide vorerst folgende *Typen von Relationen innerhalb von Frames:*
(a) Attribut-Referenzpunkt-Relationen;
(b) Wert-Attribut-Relationen;

---

[100] Das Problem seiner Definition ist nur, dass er noch „Komponenten" und „Relationen" in Frames getrennt denkt, und daher den Zusammenhang zwischen ihnen nicht aufzeigen kann. Systematischer wäre es, wenn man in einem Modell der kognitiven Zuschreibungen jede Ansetzung von epistemischen Elementen zur Charakterisierung einer Entität als Relation, und damit Frames immer als Gefüge aus Relationen definieren würde.

[101] Die Definition der Frame-Elemente als im Kern *Relationen* wird dann in Barsalou 1993 noch sehr viel deutlicher als in Barsalou 1992. Die zentralen Merkmale von Frames, Attribut-Werte-Sets, Strukturelle Invarianten, Constraints und Rekursion, sind nun eindeutig relational definiert.

[102] S.o. Kap. 5.4.3, Seite 578 f.

(c) Relationen zwischen Attributen gleichen Typs:
  – Gruppen von Attributen,
  – Strukturelle Invarianten,
  – Attribut-Constraints;
(d) Relationen zwischen Attributen verschiedenen Typs: z.B.
  – Relation zwischen Meta-Attributen und deskriptiven Attributen;
  – Relationen zwischen Aktanten-Attributen und Eigenschafts-Attributen
(e) Relationen zwischen Werten (Constraints)

Attribut-Referenzpunkt-Relationen sind Zuschreibungen von Anschlussstellen / Slots / Attributen zu einem „Bezugsobjekt" eines Frames, welches hier zunächst nur als abstrakter, „inhaltsleerer" Referenzpunkt (im Sinne der oben beschriebenen Existenz-Präsupposition eines „Etwas" als eines „Etwas") ins Spiel kommt, zu dem dann Attribut-Konzepte in Relation gesetzt werden. (Diese Zuschreibungen könne auch als „epistemische Prädikationen" verstanden werden.) Sie definieren den „Kern eines Frames".

Wert-Attribut-Relationen sind Zuordnungen von Zuschreibungen / Füllungen / Werten zu Anschlussstellen / Slots / Attributen. Einem (abstrakten) Slot-Konzept wird ein (konkreteres) Filler-Konzept zugeschrieben, das in einer Konzept-Taxonomie mindestens eine Hyponymie-Ebene unterhalb des Slot-Konzepts angesiedelt sein muss.

Als *Relationen zwischen Attributen gleichen Typs* können u.a. folgende Typen von Relationen unterschieden werden: *Gruppen von Attributen, Strukturelle Invarianten, Attribut-Constraints.*

Gruppen von Attributen können sein: (a) entweder bestimmte festere Ko-Okkurenzen von Slots bzw. Attributen eines abstrakten (Muster-) Frames, die bei zahlreichen Exemplaren (instantiierten Frames) übereinstimmend angesetzt werden können; in dieser Verbindung / Relation bilden sie häufig den „epistemischen Kern" eines abstrakten Frames (der sich dann in den Exemplar-Frames wiederholt); oder innerhalb der Slots eines abstrakten oder eines Exemplar-Frames inhaltlich spezifizierte und zusammenhängende Gruppen (die sich dann nur enzyklopädisch beschreiben / definieren bzw. abgrenzen lassen); oder (b) die bereits beschriebenen *funktionalen Gruppen* von Slots wie *Aktanten-Frame-Elemente, Eigenschafts-Frame-Elemente, Meta-Frame-Elemente.* (Zu ‚strukturellen Invarianten' und ‚Attribut-Constraints' s.o. die Definitionen in Kap. 7.4.2, S. 570 f.)

Relationen zwischen Frame-Elementen (Slots, Attributen) verschiedenen Typs: sind dann insbesondere z.B. *Relationen zwischen Meta-Attributen und deskriptiven Attributen* sowie *Relationen zwischen Aktanten-Attributen und Eigenschafts-Attributen,* letztere z.B. dann, wenn mit bestimmten Aktanten-Funktionen zugleich bestimmte, in der Aktanten-Beschreibung noch nicht erfasste Eigenschafts-Attribute verbunden sind.

Relationen zwischen Werten sind (a) die Werte-Constraints nach Barsalou, also zwingende Zusammenhänge, die etwa vorsehen: „Wenn in einem Frame F das Frame-Element X mit dem Wert a [oder einem Wert im Bereich A] ausgefüllt wird, muss das Frame-Element Y mit dem Wert b [oder einem Wert im Bereich B] ausgefüllt werden". (b) Möglicherweise kann man aber auch Relationen zwischen konkreten Werten in einem instantiierten (Exemplar-)Frame annehmen, die sich dann, wenn sie sich zu festen Ko-Okkurenzen verfestigen, damit zu Standard-Werten *als diese feste Verbindung* von Werten werden, und schließlich (als diese Verbindung) in den Status fester Attribute oder Attribute-Gruppen eines Frame-Kerns aufsteigen (und damit einen vorhandenen Frame modifizieren) oder selbst zu einem (dann neuen) Frame bzw. Frame-Kern werden.

Ob weitere Relationen-Typen angenommen werden sollten, müsste dann eine detailliertere Analyse, insbesondere auf der Basis größerer empirischer Untersuchungen, ergeben.

7.5 Merkmale von Frames:
Prototypikalität, Konventionalität, Default-Werte, Iterativität, Rekursivität, Vernetzbarkeit, Perspektivierung, Fokussierung und Frame-Dynamik

Neben der Beschreibung und Analyse der inneren Struktur von Frames ist die Beschreibung der wichtigsten Merkmale von Frames ein zentraler Teil jeder Frame-Theorie. Da in den verschiedenen vorgeschlagenen Frame-Modellen nie alle, sondern immer nur einzelne der wichtigsten allgemeinen Merkmale von Frames behandelt wurden (und oft nur am Rande), sollen diese Merkmale nachfolgend im Überblick kurz erläutert werden, da sie insbesondere für die Frame-Semantik eine wichtige Rolle spielen. Nachfolgend werde ich folgende Aspekte erörtern: *Prototypikalität, Default-Werte, Konventionalität, Iterativität, Rekursivität, Vernetzbarkeit, Perspektivierung, Fokussierung* und *Frame-Dynamik*.

7.5.1 Prototypikalität von Frames

Die Frame-Theorie war von Anfang an eng mit dem Aspekt der *Prototypikalität* (von Wissensstrukturen, Wortbedeutungen, Kategorien) verbunden. Man könnte sogar sagen, dass der Gedanke der Prototypikalität einer der „Geburtshelfer" der Frame-Idee war, und mit dieser untrennbar, sozusagen intern, verknüpft, für sie konstitutiv per se ist. Man kann daher mit vollem Recht sagen, dass Fillmore und Minsky zu den Mit-Begründern des Prototypikalitäts-Gedankens schlechthin gehören.[103] Ganz deutlich wird dies bei Fillmore. Wie wichtig der Prototypikalitäts-Gedanken für ihn bzw. sein Verständnis von Semantik ist, sieht man daran, dass er die Begriffe *Frame* und *Prototyp* gleichzeitig und gemeinsam in seine Theorie einführt (also nicht isoliert oder nacheinander), und schon sehr früh als die drei Kernbegriffe seines semantischen Modells gleichberechtigt (!) die Aspekte *Frames, Prototypikalität, Kontexte* nennt. Für Fillmore ist die Prototypikalität „ein Merkmal des Schema-Wissens selbst". Schemata bzw. Frames charakterisieren für ihn „ideale oder prototypische Instanzen einer Kategorie". Damit macht er schon früh darauf aufmerksam, dass Prototypikalität offenbar eng mit dem Aspekt der „Idealisierung" zusammenhängt (oder zumindest zusammenhängen kann), sie also nicht nur, wie es auch versucht wurde (etwa von Barsalou), vorwiegend oder allein statistisch bestimmt werden kann.[104]

Auch für Minsky ist Prototypikalität ein zentrales Element von Frames als Struktureinheiten des Wissens. Ein Frame ist für ihn u.a. „eine Datenstruktur für die Repräsentation

---

[103] Wissenschaftshistorisch gesehen sind Frame-Theorie und Prototypen-Theorie nebeneinander im gleichen Zeitraum (1970er Jahre) entstanden, so dass mit der typischen Rezeptions-Verzögerung nicht damit zu rechnen war, dass die Begründer der Frame-Theorie, Fillmore und Minsky, diese neue Theorie schon so zur Kenntnis hätten nehmen können, dass sie deren künftige steile Karriere hätten voraussahnen können. (Zumal deren Begründerin E. Rosch Psychologin ist und zunächst in sehr speziellen und abgelegenen Fachpublikationen publiziert hat, die dem Linguisten Fillmore und dem Kognitionswissenschaftler Minsky wohl gar nicht zugänglich waren. Erst Barsalou 1992 reagiert auf die Prototypen-Semantik, wenn auch sehr verhalten.)

[104] Umso überraschender ist dann allerdings, zu sehen, wie sparsam Fillmore und FrameNet später die Prototypikalitäts-Idee anwenden. Man kann darin eventuell eine Antipathie gegen die unreflektierte Prototypen-Begeisterung in der Linguistik sehen. Fillmore sieht offenbar deutlich, dass die von einer Psychologin entwickelte Prototypen-Theorie nicht einfach 1:1 in die Semantik übertragen werden kann, ohne linguistisches Detailwissen und Präzision aufzugeben.

stereotypisierter Situationen." Zwar verwendet er den Begriff selbst eher selten, spricht stattdessen häufiger von *Stereotypen* und *Stereotypisierung* und von *Standardisierung*, doch zielt er auf dieselben Merkmale, die bereits Fillmore angesprochen hatte, fügt ihnen aber noch zusätzliche Überlegungen hinzu. *Standardisierung* (was bei ihm wohl nur ein anderer Begriff für Prototypikalität ist), ist nach Minsky deswegen ein zentrales Element von Frames als Struktureinheiten des Wissens, weil es die Existenz solcher Frames durch ein wichtiges Moment motiviert: nämlich die Entlastung von expliziter kognitiver Aktivität. Diese Entlastung kommt dadurch zustande, dass nur dann im Verstehen (Erkennen) gezielt nach spezifischen Füllungen für die offenen Slots von Frames gesucht werden muss, wenn die Standard-Füllungen nicht ausreichen oder nicht passen. Ganz offensichtlich ist für Minsky also der Aspekt der Prototypikalität (oder Standardisierung) engstens mit dem Gedanken der *Standard-Werte* (oder *Default-Werte*) verknüpft. Minsky unterstreicht wiederholt die zentrale Rolle der Prototypen bzw. Stereotypen für die Frames bzw. für Wissensspeicherung und die Struktur des Wissens schlechthin. Im Grunde formuliert Minsky letztlich nichts anderes als eine wahrnehmungstheoretisch zwingende Begründung einer Stereotypen- bzw. Prototypen-Theorie und weist (hierin gleichsinnig mit Fillmore) dem Gedanken der Prototypikalität eine zentrale Rolle für die Frames, für jede Frame-Theorie zu. Die Grundprinzipien der *Prototypikalität* und *Präzedenzialität* sind für Minsky Grundtatsachen jedes Denkens bzw. des Gedächtnisses schlechthin.

Mit seiner starken Hervorhebung der Standardisierung (von Wissen und Wissensstrukturen) in und durch Frames schließt er sich letztlich (implizit) der von Fillmore stark gemachten Annahme an, dass die epistemischen Stereotype bzw. Prototypen stets auch die Gesellschaftlichkeit des Wissens repräsentieren. Ein (stereotypisierter) Frame ist daher für Minsky immer ein ‚Ideal'. Damit geht notwendig einher, dass Frames (als Ideale) immer Abstraktionen, Vereinfachungen sind. Das heißt, dass Frames immer prototypisches Wissen organisieren, und prototypisches Wissen immer eine Abstraktion von bestimmten konkreten situationsbezogenen Aspekten bedeutet. (Dies drückt Minsky mit dem Wort *Ideal* aus.) Für ihn ist Frame-bezogenes oder in Frames organisiertes Wissen daher grundsätzlich Default-Wissen, beruht auf Standardisierung und Typisierung. So wichtig diese grundlagentheoretischen Überlegungen zur grundsätzlichen Prototypikalität von Frames und damit in der Kognition (Episteme) auch sind, so scheint es doch notwendig, den Aspekt der Prototypikalität etwas differenzierter zu betrachten und nach Ebenen und Elementen von Frames getrennt zu erörtern. (Darauf werde ich gleich zurückkommen.)

Barsalou, als erster Autor, der bereits auf eine ausgearbeitete Prototypen-Theorie zurückblicken kann, geht mit dem Aspekt der Prototypikalität etwas anders um als Fillmore und Minsky. Er setzt offenbar schon „Prototypen" als feste kognitive Entitäten eigener Art voraus, wenn er in einer Liste von Anwendungsmöglichkeiten für ein Frame-Modell (bzw. die Leistungsfähigkeit der Frames) neben „Konzepten, Kategorisierung, Taxonomien, Konzept-Kombinationen, Ereignissequenzen" usw. auch „Prototypen" aufzählt. Erörtert er also eher das Thema „Frames von Prototypen" statt „Prototypikalität der Frames" (auf die es uns hier ankommt)? Barsalous Bemerkungen zur Prototypikalität sind insgesamt eher spärlich gesät, was darauf hindeutet, dass er möglicherweise diesem Aspekt nicht die hohe Priorität für die Frame-Theorie einräumt wie Fillmore und auch Minsky. Offenbar gemeint als Beitrag zu dem Thema „Frames *von* Prototypen" versucht er sich an einer Stelle einmal an so etwas wie einer Definition von „Prototyp", den er bestimmt als ‚Set der am häufigsten vorkommenden Werte für Attribute'. Mit dieser Bestimmung verdeutlicht er, dass er den

7.5 Merkmale von Frames

Terminus „Prototyp" ganz offensichtlich auf der Instantiierungs-Ebene, als eine Bezeichnung für das „beste Exemplar" im Sinne des Prototypen-Begriffs von E. Rosch verwendet. Für eine zureichende Frame-Theorie ist eine solche Definition der Prototypikalität jedoch viel zu eng. Prototypikalität betrifft nicht nur, wie Barsalou zu glauben scheint, allein oder nur die Ebene der Werte (Filler), sondern gerade auch den Set von Attributen selbst, der einen Frame definiert bzw. als solchen überhaupt erst konstituiert. Dies kann man leicht an einem linguistischen Beispiel zeigen. Z.B. kann man feststellen, dass bei einem Frame für ein Lexem wie *Haus* Attribute wie GRÖßE, FORM, FARBE, MATERIAL typischerweise irrelevant sind, d.h. nicht zwingend mit konkreten Werten gefüllt werden müssen; bei Lexemen wie *Palast, Hütte* sind dann aber Attribute wie GRÖßE bzw. MATERIAL relevant, ihre Werte sind spezifiziert.[105] Ob ein Frame-Element / Slot / Attribut (oder ein Set von solchen) also prototypisch für einen Lexembedeutungs-Frame ist, ist damit ein zentrales Merkmal; damit verschiebt sich die Prototypikalität aber auf die Ebene der Slots / Attribute selbst.

Dass Barsalou Prototypikalität jedoch nicht ausschließlich statistisch denkt (wie seine Definition von „Prototyp" den Anschein erweckt), sieht man, wenn er am Rande zugesteht, dass die Eigenschaft, ein „Prototyp" zu sein, sich für eine bestimmte Wissenskonstellation nicht nur durch Häufigkeit ergibt sondern sich auch durch die ‚Nähe eines Exemplars zu einem idealen Attribut-Wert' ergeben könnte. Dass Prototypikalität doch auch etwas mit der Slot- bzw. Attribut-Ebene zu tun haben könnte, gibt er indirekt zu erkennen, wenn er am Rande einmal von der Prototypikalität von Attribut-Taxonomien spricht. In einem späteren Papier bringt er die wichtige Rolle der Prototypikalität für Frames und bei der Frame-Aktivierung in einen Zusammenhang mit drei von ihm genannten zentralen Faktoren, die bei der kognitiven bzw. epistemischen „Zugänglichkeit von Kategorien" wirksam werden, nämlich *Frequenz, Rezenz, Kontext.* Die große Rolle, die er dem Faktor *Frequenz* einer bestimmten Konfiguration epistemischer Elemente zumisst, wurde bei seiner sich zunächst ausschließlich darauf stützenden „Definition" von Prototyp deutlich.[106] Der Faktor *Kontext* (für die Zugänglichkeit von Kategorien, das heißt zugleich: von Frames) könnte insofern in Zusammenhang mit dem Aspekt der Prototypikalität gebracht werden, als Ballmer einmal „Frames als kognitive Korrelate prototypischer Kontextstrukturen" charakterisiert. Danach sind Frames „prototypische Kontextualisierungen" im epistemischen Sinne. (Zu Frames als Formen der Kontextualisierung siehe ausführlicher unten Kap. 7.7.3.)

Zusammenfassend lässt sich zum Umgang mit dem Aspekt Prototypikalität in der Literatur zur Begründung der Frame-Konzeption folgendes feststellen: Prototypikalität bzw. Stereotypisierung wird als zentrales (und damit äußerst wichtiges) Merkmal von Frames gesehen bis dahin, dass *Frames* und *Prototypikalität* nahezu als zwei Termini für dieselbe Sache gesehen werden (so zumindest bei Fillmore). Für Frames spielt damit so etwas wie

---

[105] Die Beispiele sind solche von *Lexemen.* Man könnte daher überlegen, ob hier nicht vielleicht Fillmores Perspektivierungs-Theorem zutrifft. Dann gäbe es einen „allgemeinen" *Haus*-Frame, der solche Merkmale, wie hier erwähnt (GRÖßE, FORM, FARBE, MATERIAL) qua Hyperonymtyp-Expansion zwar enthält; der konkrete Lexem-Frame würde daraus dann aber immer nur *bestimmte* Attribute bzw. Attribut-Gruppen realisieren, auswählen, perspektivieren. Bei einer solchen Darstellung fragt sich allerdings, ob der allgemeine, alles umfassende Frame überhaupt noch eine nennenswerte kognitive / epistemische Realität hat. Dies mag mit ein Grund dafür sein, warum sich Barsalou beim Aspekt der Prototypikalität so stark auf Werte konzentriert, und warum Minsky Prototypikalität vor allem in Hinblick auf Standard-Werte (Defaults) diskutiert.

[106] Rezenz ist ein nur für die aktuelle kognitive Aktivierung wichtiger Faktor, der sich auf das Verhältnis von LZG und KZG bezieht.

Standardisierung eine zentrale Rolle, die vor allem auch als ein gesellschaftlicher Prozess gelten kann (nicht lediglich als individualpsychologisches Phänomen, dies aber durchaus auch). Daneben können für Standardisierung und Ausbildung von Prototypen auch Frequenz-Faktoren eine Rolle spielen. Dies darf aber nicht absolut gesetzt werden, da mindestens ebenso wichtig die Orientierung an (meist gesellschaftlich etablierten) *Idealen* sein kann. Ein Ideal kann (eine entsprechende gesellschaftlich etablierte oder individualpsychologische Stärke vorausgesetzt) immer auch geringe Frequenz überspielen. Prototypikalität könnte aber auch eng mit dem Aspekt der *Relevanz* (bestimmter Konstellationen des Wissens) im individuellen oder gesellschaftlichen Leben (und damit Wissen) korrelieren. Genauer: Relevanz könnte der Grund (oder ein wichtiger Grund) dafür sein, dass bestimmte Konstellationen von Wissenselemente zu Prototypen erhoben werden. Vermutlich sind *Frequenz* und *Idealität* zwei verschiedene „Quellen", aus denen *Relevanz* entstehen kann.

Ein Mangel der bisherigen Frame-theoretischen Modelle ist es allerdings, dass in ihnen Prototypikalität nicht nach Ebenen und Strukturelementen von Frames getrennt diskutiert, und damit nicht detailliert bei der Feinanalyse von Frames berücksichtigt wurde. Es fehlt mithin ein detailliertes Verständnis über Ebenen oder verschiedene Aspekte der Prototypikalität. Nicht nur die einzelnen Frame-Elemente (oder spezifische Konstellationen von ihnen) müssen auf möglicherweise protypische Aspekte untersucht werden; auch die Beziehungen zwischen mehreren Frames müssen unter dem Aspekt der Prototypikalität gesehen werden.

Folgende Aspekte oder Ebenen der Prototypikalität bei Frames sollten mindestens unterschieden werden:

– Prototypikalität der Ansetzung (oder Fokussierung) einer bestimmten Anschlussstelle (Slot, Attribut) für das Referenzobjekt eines Frames;
– Prototypikalität einer bestimmten Gruppe / Konstellation von Anschlussstellen (Slots, Attributen) eines Frames (oder ihrer Fokussierung);
– Prototypikalität der Einsetzung von bestimmten Zuschreibungen / Füllungen / Werten zu bestimmten Anschlussstelle (Slots, Attributen) eines Frames; hier gilt: je höher der Grad der Prototypikalität für einen Wert ist, desto wahrscheinlicher ist es, dass er zu einem Standard-Wert (Default) wird;
– Prototypikalität einer bestimmten Gruppe / Konstellation von bestimmten Zuschreibungen / Füllungen / Werten zu bestimmten Anschlussstellen (Slots, Attributen) eines Frames (auch diese können zu Defaults werden);
– Prototypikalität von Überordnungs- oder Unterordnungs-Relationen in einer Ebenen-Hierarchie von Frames (z.B. in der Frame-Vererbung);
– Prototypikalität von Relationen zwischen einem Frame oder einem einzelnen seiner Frame-Elemente (Attribut oder Wert) zu einem anderen (benachbarten, konzeptuell relevanten) Frame;
– Prototypikalität von ganzen Frame-Systemen oder –Konstellationen.

Weiterhin sollte man zwischen verschiedenen Graden der Prototypikalität unterscheiden: einige der Frame-Elemente in einem Frame sind zwingend, andere prototypikalisch, andere fakultativ. Man könnte in diesem Zusammenhang auch von *Möglichkeitsgraden der Zugehörigkeit* von Frame-Elementen zu einzelnen Frames sprechen.[107]

---

[107] Ein Frame wäre danach eine Struktur, bestehend aus: (a) einem Frame-organisierenden Zentrum (Ereignis, Zustand, Objekt); (b) von diesem Zentrum organisierten / an es gebundenen Frame-Elementen; dabei gilt: einige der FE sind zwingend, andere prototypikalisch, andere fakultativ (= Möglichkeitsgrade der Zugehörigkeit von FE zu Frames); (c) hierarchischen Vererbungs-Relationen zu über- und unterge-

7.5 Merkmale von Frames 599

7.5.2 Default-Werte, Standard-Annahmen und Erwartungen

Ein wichtiger Aspekt der Prototypikalität von oder in Frames sind die sog. „Standard-Werte" (Standard-Ausfüllungen, Default-Werte); diese hängen eng mit sog. *Standard-Annahmen* und *Erwartungen* zusammen, welche die Menschen an Frames herantragen. Während Fillmore diesen Aspekt völlig ausblendet,[108] rückt ihn insbesondere Minsky ins Zentrum seiner Frame-theoretischen Überlegungen und Definitionen. Ein wichtiger Aspekt in Minskys Frame-Konzept ist die Hervorhebung der Rolle von *Erwartungen* (an mögliche oder typische Füllungen der offenen Slots von Frames). *Erwartungen* und *Vorannahmen* sind gesteuert durch die Standard- oder Default-Werte (bei Minsky „default assignments" [Standard-Zuschreibungen] genannt). Wie erwähnt, ist Standardisierung (hier: der Filler / Werte) für Minsky dabei ein wichtiger Aspekt der Prototypikalität von Frames. Die Funktion der Standard-Werte liegt darin, dass sie die Entlastung von expliziter kognitiver Aktivität ermöglichen. Diese findet dadurch statt, dass nur dann im Verstehen (Erkennen) gezielt nach spezifischen Füllungen für die offenen Slots von Frames gesucht werden muss, wenn die Standard-Füllungen nicht ausreichen oder nicht passen. Kognitiv entlastend wirken die Default-Werte nach Minsky vor allem dadurch, dass in den fraglichen Frames die Anschlussstellen / Slots lediglich als „Pointer" figurieren, die konkreten Details dann erst durch die relationierten Frames beigesteuert werden, auf die diese „Pointer" „zeigen". Standard-Werte sind mit den Slots, die auf sie „verweisen", laut Minsky nur „locker verknüpft". Daher können sie leicht durch konkretes abweichendes epistemisches Material ersetzt werden, das besser zur spezifischeren Situation passt, sobald dies vom Kontext oder der spezifischen Verwendung des Frames erfordert ist. Damit ergibt sich als Grundstruktur der Frames nach Minsky eine Verbindung aus festen Elemente und Strukturen plus variablen Elementen. Ein besonderer Typ von Standard-Werten, die Minsky erwähnt, sind Standard-Quantifizierungen.

Frame-Ergänzung ist ein notwendiger Teil jeder Wahrnehmung, was heißt, dass bereits in elementaren Wahrnehmungs-Akten Standard-Ausfüllungen wirksam werden (wie Minsky an Beispielen aus der visuellen Wahrnehmung erläutert). Die dabei wirksame „Illusion der Kontinuität" ist gespeist aus Erwartungen darüber „was als nächstes kommt".[109] Solche Erwartungen sind zentraler Bestandteil aller Frame-Systeme. Erwartungen und Standard-Ausfüllungen bedingen sich also gegenseitig; weil bestimmte Ausfüllungen (Werte) standardisiert (und damit / deswegen prototypisch) sind, werden sie regelmäßig als erste erwartet; weil sie regelmäßig erwartet werden, werden sie zu Standards (prototypischen Elementen). Minsky vertritt dabei die gedächtnistheoretische Hypothese, dass Frames nie mit „leeren" Anschlussstellen / Slots / Attributen gespeichert werden, sondern immer mit „gefüllten", konkret, mit mit Standardwerten gefüllten Slots. Diese sind für ihn darum „oft nützliche, aber manchmal auch kontraproduktive Stereotypisierungen". Das läuft darauf hinaus,

---

ordneten Frames (Mutter- und Tochter-Frames); (d) prototypikalischen Relationen zu bestimmten anderen Frames. – Nach Ziem 2008, 339 ff. ließe sich die Relevanz der Prototypentheorie für die Frametheorie noch erweitern. So spielt etwa das zentrale Konzept der Basislevelkategorien eine wichtige Rolle bei der Frame-Konstitution. Weiterhin lässt sich die prototypentheoretisch erhärtete These der unscharfen Kategorienränder direkt auf Frames übertragen.

[108] Erst in einem Lexikon-Artikel aus der Rückschau (Fillmore 2006a) kommt dieser Begriff vor.

[109] So gesehen stellen auch sprachliche Zeichenketten Kontinua dar, in deren Verstehen Verkettungen von Frames ebenso eine Rolle spielen wie systematische Erwartungen bezüglich dessen, was in der Zeichenkette „als nächstes kommen" könnte.

dass es „leere" Frames (verstanden als abstrakte Strukturen aus reinen „Anschlussstellen" ohne epistemische Konkretisierung) laut Minsky gar nicht gibt, sondern immer nur „instantiierte Frames", und sei es einfach als mit Standardwerten gefüllte Wissensstrukturen.[110] Eine solche Auffassung hat unmittelbare Auswirkungen auf die Muster-Exemplar-Problematik, da daraus folgen würde, dass es nicht-instantiierte Konzepte oder Frames gar nicht geben könnte.[111] Von Minskys Behandlung der Default-Werte führt ein direkter Weg zu dem für die Semantik wichtigen Modell der „Referenzfixierung", wie es von Kripke entwickelt wurde.[112] Er geht nämlich von der Möglichkeit aus, dass Default-Werte durchaus auch idiosynkratisch (das heißt individuengeschichtlich spezifisch) sein können. Kripke hatte das Entstehen von Klassenbegriffen (Gattungsbegriffen, sortalen Begriffen) aus situativ und individuenbezogen einmaligen Situationen der erstmaligen Referenz (sprachlicher Zeichen) erklärt, sog. „Referenzfixierungsakten", aus denen dann erst über kommunikativ sich verfestigende sog. „Referenzfixierungsketten" allmählich *soziale* Kategorien (und damit letztlich Standard-Wissens-Strukturen) entstehen.

Einen weiteren wichtigen Gedanken fügt Minsky hinzu, indem er davon ausgeht, dass Standardwerte in einer *Hierarchie* oder in *Präferenz-Strukturen* organisiert sein können. Die Frage bezüglich möglicher Filler / Werte wäre dann weniger: „Standard" oder „konkret", als vielmehr: „auf welcher Stufe einer Präferenz-Hierarchie von typischen Ausfüllungen?" Damit ist die Default-Thematik aber direkt an den Aspekt der Prototypikalität, und insbesondere an die aus der Prototypen-Theorie (vgl. Rosch) bekannte „Zentralitäts-Hierarchie" von Elementen eines Prototyps angeschlossen. M.a.W.: Standard-Annahmen stehen immer für typisches, man könnte auch sagen, prototypisches Wissen; oder mit Minsky 1986: „Default-Werte füllen unsere Frames, um das Typische zu repräsentieren." Minsky begründet die fundamentale Rolle, die Standardannahmen für unser Denken spielen, gedächtnispsychologisch: „Ersatzannahmen sind von großer Bedeutung, weil sie uns helfen, frühere Erfahrungen zu repräsentieren." Indem die Standardannahmen frühere Erfahrungen spiegeln und sie zum (Proto)Typischen hypostasieren, stellen sie das Format dar, in dem Präzedenzen für die gegebene kognitive Aufgabe (sei es Sehen, Verstehen usw.) gespeichert werden.[113] Die offenen Leerstellen eines Frames, die („nur") mit „Ersatzannahmen" (wie Minsky die Default-Werte auch nennt) ausgefüllt sind, sind zugleich das Tor, über das Neues in die Frames Eingang finden kann.

Dies begründet er folgendermaßen: Minsky leitet die Ersatzannahmen aus ursprünglichen Wahrnehmungs- bzw. Erkenntnisakten ab und formuliert in diesem Zusammenhang Überlegungen zur kognitiven „Stärke" von „Ersatzannahmen" bzw. Standard- / Default-

---

[110] In seiner späteren Arbeit (Minsky 1986 / 90) scheint er das anders zu sehen, vgl. oben S. 568, da er dort zumindest die Möglichkeit erwägt, dass Frames auch ohne Füllungen gespeichert werden könnten.

[111] Sie würde allerdings der von Husserl 1900 eingeführten, in der Semantik äußerst nützlichen Unterscheidung von *Bedeutungsverleihung* und *Bedeutungserfüllung* widersprechen. *Bedeutungserfüllung* wäre danach die geistige Aktivierung von epistemisch „voll instantiierten" Frames (deren sämtliche Leerstellen „gefüllt" sind); demgegenüber geht Husserl davon aus, dass im alltäglichen Sprachgebrauch häufig lediglich das vollzogen wird, was er „bedeutungsverleihende geistige Akte" nennt; diese könnte man Frame-theoretisch als ‚Frames mit nur teilweise gefüllten Leerstellen' oder ‚nicht-instantiierte' bzw. ‚teil-instantiierte' Frames klassifizieren.

[112] Vgl. Kripke 1972 und zur Einführung und linguistischen Anwendung Wimmer 1979.

[113] Da der Gedanke der Präzedenz-Fälle ein Kern des Konventions-Modells von D.K. Lewis ist, sind die Standard- oder Default-Annahmen, und damit Prototypikalität, eng mit dem Aspekt der Konventionalität verbunden, der für die Sprache – und damit für eine Theorie der Semantik – so überaus wichtig ist.

7.5 Merkmale von Frames 601

Werten, die nicht unproblematisch sind.[114] Danach sind Default-Werte stets schwächer (kognitiv oder in einer Präferenz-Hierarchie) als individuelle Ausfüllungen / Werte. Diese These mag vielleicht für den Bereich zutreffen, an den Minsky in diesem Kontext zunächst vorrangig denkt, nämlich die optische Wahrnehmung; wie ist es jedoch bei Frames, die nicht durch Wahrnehmungsdaten ausgehebelt / überformt werden können? Liegt hier nicht vielleicht doch eine Dominanz der individuellen (Ersatz- oder Standard-) Ausfüllungen vor? Ein weiteres Problem ist: Die von Minsky hier angesprochene „Schwäche der Vorstellungsbilder" trifft so nur auf Konkreta zu, bei denen die individuellen (prototypischen oder nach Merkmalen der „erstmaligen Referenz" i.S.v. Kripke) ausgefüllten Rahmen-Ausfüllungen „ausgehebelt" werden können durch die Dominanz von Wahrnehmungsdaten. Die „Ersatzannahmen" bzw. Default-Werte haben, wie festgestellt, sehr viel mit „Standard-Annahmen" bzw. „Prototypikalität" zu tun. Hier sind nun aber womöglich große Unterschiede bei Frames *mit* Wahrnehmungsbezug und Frames *ohne* Wahrnehmungsbezug anzusetzen.[115] Die Stärke von Standard-Annahmen ist also kein abstraktes Merkmal und nicht strikt gebunden an das Kriterium „Rahmen mit (direktem) Wahrnehmungsbezug", sondern betrifft die *kategoriale Ordnung* der Welt (des Wissens) und die Position des jeweiligen Wissenselements im Wissen (der Kultur, einer Person, den „Sitz im Leben").[116]

Minsky 1986 / 90 geht dann davon aus, dass der allergrößte Teil unseres Wissens durch Default-Annahmen gebildet wird. Das heißt aber: Wissen ist grundsätzlich „Annahmen"-Wissen, beruht auf Standardisierung und Typisierung, ist Prototypen-Wissen.[117] Er vermutet, dass die Tendenz, „spezielle Dinge durch typische Dinge zu ersetzen" ein notwendiger Grundzug unseres Denkens und einer der wesentlichen Schritte in der kognitiven Entwicklung von Kindern ist. Wenn eine neue Erfahrung den bekannten Frames nicht entspricht, weicht man auf einen abstrakteren (Ober-)Frame aus. Im Prozess der Rahmen-Aktivierung kann also ein Schritt der Abstraktion stattfinden. Aufgrund seiner Typizität ist Rahmen-spezifisches Erinnern häufig schematisch, verkürzend. Eine bedarfs-orientierte Frame-

---

[114] „Unsere Theorie lautet, dass solche optionalen Details gewöhnlich zu schwach sind, um sich gegen die scharfe Präsenz der Realität behaupten zu können, so dass andere Stimuli sie leicht abtun oder zumindest anpassen können. Das ist der Grund, weshalb Ersatzannahmen schwache Vorstellungsbilder ergeben und weshalb wir nicht allzu erstaunt sind, wenn sich diese Bilder als falsch erweisen." Minsky 1986/90, 247.

[115] Minsky denkt wohl vor allem an Erstere. Bei Frames ohne Wahrnehmungsbezug sind die „Ersatzannahmen" sehr viel stärker als bei Frames mit. Aber auch bei letzteren gilt: unproblematisch ist der Wahrnehmungsbezug nur, wo er ins gewohnte Spektrum (die Bandbreite des Gewöhnlichen bzw. Erwartbaren) fällt. Bei einem Ball mögen Farbe, Form, Größe leicht korrigierbar sein. Vergleiche aber bei einem Mensch: „mit einem Auge", „zwei Nasen", „grüne Haut" (ohne Einrechnung von Verletzungsfolgen!): Hier führen Wahrnehmungsdaten, die die Standard-Annahmen ausheben, regelmäßig zu Schocks (was im Genre der Horror-Filme weidlich ausgenutzt wird), was zeigt, dass auch hier die Standard-Annahmen sehr stark sein können.

[116] Deshalb ist es auch treffender, statt von ‚Ersatz-Annahmen' von ‚Standard-Annahmen' zu sprechen. ‚Ersatz-Annahmen' ist der Ausdruck, den der deutsche Übersetzer von Minsky 1986 – etwas missverständlich – für das engl. ‚default' gewählt hat. ‚Ersatz-Annahmen' unterstellt quasi die ‚Korrigierbarkeit durch Wahrnehmungsdaten', die bei vielen (den meisten?) Frames gar nicht gegeben ist.

[117] Den Grund dafür, warum unser Geist überhaupt mit Standardannahmen operiert, sieht Minsky u.a. darin, dass wir, um Dinge als Dinge (und damit als einem bestimmten Typ zugehörig) erkennen zu können, *Ähnlichkeiten* erkennen können müssen. (247) Um dazu in der Lage zu sein, müssen wir aber eine Art „Vergleichsmaßstab" in unserem Gedächtnis gespeichert haben; dies sind die Standard-Annahmen. Z.B. „nehmen wir stets an, dass alle Seiten eines Gegenstandes vorhanden sind, obwohl wir sie nie alle zugleich sehen können."

Differenzierung bleibt aber immer möglich. Am Beispiel von Schriftstellern, denen es oft mit wenigen Worten gelingt, ganze „Welten" zu skizzieren, demonstriert Minsky die große Leistung von Standard-Annahmen in unserer Kognition bzw. unserem Wissen: „Unsere Schriftsteller benutzen Ausdrücke, die große Netzwerke von Annahmen aktivieren, die bereits im Geist des Lesers vorgefertigt sind."

Bei Schank / Abelson werden Default-Annahmen in Form sog. „Erwartungs-Regeln" thematisiert, was unterstreicht, dass die Begriffe „Default" oder „Standardannahme" und „Erwartung" eng miteinander verknüpft sind. Ihre Beispiele dafür sind selbsterklärend. Z.B.: „*küssen*" bedeutet mehr als „Lippen auf Lippen bewegen". Zu den verstehensnotwendigen Standard-Annahmen gehört auch ein Wissen darüber, welche typischen Ziele mit der Bedeutung bestimmter Wörter verbunden sind. In diesem Kontext nennen sie ihr schon erwähntes Beispiel des Wortes *Snob* (siehe dazu oben S. 578 und 583). Barsalou erwähnt, wie oben (7.5.1) zur Prototypikalität ausgeführt, die Standard- oder Default-Annahmen unter dem Aspekt der Frequenz und der Idealisierung, weist ihnen aber insgesamt ein viel zu geringes Gewicht zu (deutlich geringer als Minsky), da er sie nur am Rande thematisiert. Wegner akzentuiert die sozialen Aspekte des Begriffs der Standard-Annahmen etwas stärker als die anderen Modelle, da er sie als „Normalitätserwartungen" anspricht.[118] Klein thematisiert die kommunikativen Effekte von Defaults, die auch zu Kommunikations-Störungen führen können. Ihm zufolge setzen Sprachteilhaber im medialen Diskurs häufig ihre eigenen Lexemdeutungen (ihre persönlichen lexembezogenen Wissens- bzw. Frame-Strukturen) als Default-Wissen an, und denken damit implizit (sprach- oder denk-) normierend. Meier weist darauf hin, dass Standardwerte in unterschiedlichen Diskursbereichen (oder Sprachgebrauchs-Domänen) durchaus unterschiedlich stabil sein können.

In der jüngeren Forschungsliteratur ist es insbesondere Ziem 2008, der immer wieder auf die zentrale Rolle der Default-Annahmen für eine Frame-Theorie (insbesondere im Rahmen der linguistischen Frame-Semantik) hingewiesen hat und fordert, ihnen ein stärkeres Gewicht zuzumessen. Er unterscheidet drei wesentliche Strukturkonstituenten von Frames: Leerstellen, konkrete Füllelementen und Standardwerte. Ziem rückt damit die Standard- oder Default-Werte als erster Autor überhaupt an eine zentrale Stelle des Frame-Modells und behandelt sie gleichrangig mit den bekannten Kategorien „Slot" und „Filler". Neben den konkreten Füllwerten (in instantiierten Frames) sind viele andere Slots von Frames nur mit Standardwerten besetzt. Das heißt: es gibt in der Instantiierung von Frames immer ein Mehr oder Weniger an Konkretheit; bzw. ein Mehr oder Weniger an instantiierender Ausfüllung mit konkreteren (spezifischen) Werten (anstelle der Standardwerte). Es geht also nicht um ein „Alles oder Nichts" (instantiiert oder abstrakt), sondern um eine je nach Fall variable Skala von epistemischer „Ausfüllung" bzw. „Konkretisierung". Ohne dass in einem Text etwa die Leerstellen Größe und MATERIELLE BESCHAFFENHEIT des Referenzobjektes *Auto* prädikativ näher bestimmt sein müssen, aktualisieren Sprachbenutzer Standardwerte wie *ist vier Meter lang* oder *besteht aus Blech* gleichsam automatisch.[119] Ein „Nebeneinander" von Slots mit konkreten Füllwerten und Slots, die „nur" mit Stan-

---

[118] Den sozialen Effekt einer kognitiven Semantik sieht er vor allem darin, dass diese „Erwartbares" beschreibt, d.h. „in differenzierter Form die Normalitätserwartungen der Sprachteilnehmer darstellt". Wegner 1985, 8.

[119] Dies kann sich im Einzelfall durchaus als „sachlich falsch" erweisen, etwa wenn die Motorhaube aus Kunststoff ist, eine Person aber gar nicht gewusst hat, dass dieser Wert für den Slot MATERIAL des Frames *Karosserie* (als Teil eines *Auto*-Frames) überhaupt möglich ist.

7.5 Merkmale von Frames

dardwerten gefüllt sind, ist jederzeit möglich und eher typisch. Diese Position hat nebenbei den Vorzug, dass sie sehr viel besser mit Husserls Dichotomie von Bedeutungsverleihung und Bedeutungserfüllung kompatibel ist als andere Fassungen des Default-Problems.

Über die bisherige Frame-theoretische Literatur geht Ziem auch dadurch hinaus, dass er sich als erster systematisch Gedanken über die Entstehung von Standardwerten macht.[120] In Anlehnung an das in der kognitiven Linguistik viel diskutierte „entrenchment"-Theorem erklärt Ziem (2008, 343 ff.), wie Standardwerte entstehen. Die durch diese Theorie angebotene Antwortet lautet: Standardwerte entstehen aufgrund rekurrenter Zuweisungen bestimmter Werte zu bestimmten Leerstellen. Sie sind somit kognitiv verfestigte Prädikationen. Es geht also dabei durchaus auch um Frequenz, allerdings eher im Sinne der Schaffung von Präzedenzen, die dann auch als solche (als Präzedenzen und daher vorbildhaft) wahrgenommen werden müssen. Aktualisierte Standardwerte entsprechen dabei semantischen Erwartungsstrukturen (man erwartet, dass ein Auto vier Räder hat und u.a. aus Blech besteht). Dadurch, dass (Standard-)Werte wie *Blech* und *Räder* selbst wiederum Frames aufrufen, ist jeder Frame ferner integraler Bestandteil eines umfangreichen konzeptuellen Netzwerkes. Ziem unterscheidet zwischen verschiedenen Formen oder Ebenen der Verfestigung von Frames bzw. Frame-Strukturen und bezieht sich dabei auf die Type-Token- bzw. Muster-Exemplar-Differenz: Eine hohe Type-Frequenz liegt dann vor, wenn sich eine Leerstelle (und mithin der ganze Frame) aufgrund von vielen unterschiedlichen, in die Leerstelle instantiierten Token bzw. Exemplaren verfestigt.[121] Im Fall einer hohen Token-Frequenz hingegen würde ein und dieselbe Instanz rekurrent die jeweilige Leerstelle besetzen und sich so zu einem Standardwert verfestigen. Standardisierungsprozesse sind daher bei Ziem nicht nur solche, die sich auf die Ebene der Werte beziehen, sondern auch solche, die sich auf die Ebene der Slots / Anschlussstellen / Attribute beziehen. Beide Ebenen (und damit Frames insgesamt) müssen in den Fokus einer Theorie der Ausbildung und Verfestigung von Standardannahmen in Frames genommen werden. Auf dieser Basis können folgende definitorische Festlegungen erfolgen:

Zusammenfassung und Arbeitsdefinitionen zu *Prototypikalität und Standard-Annahmen in und von Frames:*

Prototypikalität ist eine Kerneigenschaft von Frames auf allen Ebenen ihrer Organisation und Struktur. Prototypisch sind die den Frame als solchen konstituierenden Konstellationen (Sets) von Anschlussstellen / Slots / Attributen. Prototypisch sind die Bedingungen, welche diese Slots an ihre möglichen Ausfüllungen stellen („Subkategorisierungs-Bedingungen"). Prototypisch sind die Standard-Ausfüllungen, die an der Stelle konkreter aktueller Werte an die Anschlussstellen angeschlossen werden können (und – bei Ausbleiben konkreter Werte – i.d.R. müssen). Prototypisch sind Relationen zwischen Frames und einzelnen ihrer Elemente zu anderen benachbarten, epistemisch verbundenen Frames. Prototypisch sind die Relationen von Frames zu übergeordneten und untergeordneten Frames in Frame-Hierarchien.

Als Effekt von Prototypikalität entsteht in Frames *Standardisierung.* Umgekehrt gilt das, was (gesellschaftlich) standardisiert ist, immer auch als prototypisch. Prototypikalität und Standardisierung sind dabei weniger (nur) Effekte von Sachlogiken, sondern Effekte gesellschaftlicher Bewegungen und Konstitutionsprozesse des Wissens und seiner Strukturen. Prototypikalität und Stan-

---

[120] Sieht man einmal von den eher spärlichen Bemerkungen hierzu bei Barsalou (Frequenz oder Idealität) und Minsky ab.

[121] Ziem nennt folgendes Beispiel: Würde etwa in einer Sprachgemeinschaft auf verschiedene Art und Weise immer wieder der IDEELLE WERT eines Autos thematisiert werden, würde sich diese Information als Leerstelle / Slot / Attribut des *Auto*-Frames verfestigen.

dardisierung beruhen auf der sozialen Etablierung von *Präzedenzen* in Verbindung mit Präferenz-Hierarchien. Prototypikalität und Standardisierung schlagen sich darin nieder, dass die Angehörigen einer Sprach- und damit Wissens-Gemeinschaft gegenüber künftigen Situationen der Evokation von Frames und / oder Frame-Elementen (im Sinne von Attributen wie auch Werten) *Erwartungen* entwickeln und jedesmalig aktivieren, die sich auf erwartete Frame-Merkmale (Slots / Attribute, Ausfüllungen / Werte, anschließbare Frames in Taxonomien, Nachbarschafts-Beziehungen oder sonstigen standardmäßigen epistemischen Relationierungen) richten. Als Effekt von Prototypisierung und Standardisierung stellen diese *Normalitätserwartungen* dar. Die ständige und erwartbare Bevorzugung (und der Versuch der kommunikativen Etablierung und Durchsetzung) bestimmter Standard-Annahmen zu Frames führt zu gesellschaftlicher Normativität.

Die wichtigste Form, in der Standardisierungen und Normalitätserwartungen sichtbar werden, sind die sog. *Standard-Ausfüllungen* (Standard-Annahmen, Default-Werte). Frames werden i.d.R. mit Standard-Ausfüllungen an den Slots im Gedächtnis gespeichert und re-aktiviert. Standard-Ausfüllungen sind nicht (oder zumindest in der Regel nicht) absolut (und als *einzelne* Werte) zu verstehen, sondern können aus einer *Gruppe* von möglichen Ausfüllungen / Werten bestehen, die in einer Skala abnehmender Wahrscheinlichkeit und Zentralität in *Präferenz-Hierarchien* organisiert sind. Je nach Passung für die gegebene Situation werden Standardwerte (soweit es notwendig ist) in der Reihenfolge ihrer Präferenz oder Zentralität nacheinander abgerufen und bei mangelnder Eignung durch den je nachfolgenden Wert in der Standardisierungs-Skala ersetzt. (Dies ist das Treffende in der ansonsten nicht ganz unproblematischen deutschen Übersetzung des Default-Begriffs in Minsky 1990 als „Ersatz-Annahmen".)

Standard- oder Default-Werte entstehen durch *hohe Rekurrenz* (also Frequenz) oder durch große Nähe zu einem gesellschaftlichen, kulturell determinierten *Ideal*. Bei der Aktivierung von Defaults kann (möglicherweise auch im Wechsel) auf beide Faktoren rekurriert werden.[122] Sowohl Rekurrenz als auch Idealität schaffen *Präzedenzialität*, die wiederum eine wichtige Voraussetzung der Standardisierung und Typisierung ist.

Neben den Standard-*Werten* gibt es Standardisierung auch auf der Ebene der Slots / Attribute. Dies steht in Zusammenhang mit der Type-Token-Differenz. In den einzelnen, je konkreten Instantiierungen eines Frames mit Bezug auf unterschiedliche Exemplare können je unterschiedliche Teil-Sets der vom Frame insgesamt zur Verfügung gestellten Slots / Attribute in den Fokus der aktuellen kognitiven Aktivierung rücken. Solche Teil-Sets können (etwa bei hoher Frequenz der Ko-Okkurrenz) sich zu Standard-Annahmen auf Slot- / Attribut-Ebene verdichten. (In der lexikalischen Semantik beispielsweise entstehen aus solchen Teil-Sets dann möglicherweise Teilbedeutungen oder Lesarten eines Lexems.) Auch weitere Ebenen von Frames können von Standardisierung erfasst werden. So z.B. Frame-zu-Frame-Relationen (in Hierarchien / Hyponymien wie in Nachbarschaften / Kontiguitäten) oder ganze Frame-Konstellationen in Frame-Systemen.

7.5.3 *Konventionalität und Iterativität*

Es wurde schon mehrfach deutlich, wie eng verschiedene Aspekte von Frames und Frame-Aktivierung mit dem Merkmal der Konventionalität zusammenhängen. *Konventionalität* bzw. *Konventionalisierung* ist das große Nicht-Thema der Frame-Theorie (und damit eines

---

[122] Möglicherweise ist der wechselnde Zugriff zu *Rekurrenz* oder *Idealität* bei der Aktivierung von Standard-Werten im Sinne der Bezugnahme auf ein Kriterium bei deren Auswahl selbst wieder ein wichtiger Faktor (Element) in Frames, der als zusätzlicher Typ von Meta-Frame-Elementen in einer (epistemisch) vollständigen Frame-Analyse zu berücksichtigen wäre. Möglicherweise ist der Kriterien-Zugriff dabei gesteuert durch *Ziele, Interessen, Einstellungen, Weltanschauungen* u.ä. (Etwa im Sinne der von Fillmore einmal plastisch beschriebenen unterschiedlichen „Typen von Frame-Abrufern"; für den einen mögen Ideale wichtiger sein, für den anderen die alltägliche Gebrauchs-Frequenz.)

7.5 Merkmale von Frames   605

der zentralen Defizite der bisherigen Forschung und Modellbildung).[123] Weder Fillmore, noch Barsalou, noch Autoren wie Schank / Abelson, Ballmer / Brennenstuhl, Konerding, Lönneker, Klein, gehen überhaupt oder auch nur in annähernd angemessener Form darauf ein. Ansätze zu ihrer Reflexion findet man am ehesten noch bei Minsky (rudimentär), Wegner (in einer Nebenbemerkung), Fraas (indirekt), explizit und mit weiterführenden Überlegungen aber nur bei Müske[124] und Busse, vor allem aber bei Ziem. Wenn Konventionalität überhaupt thematisiert wird, dann fast ausschließlich im Kontext von „konventionellen Bedeutungen" sprachlicher Zeichen, ohne dass der Konventionsbegriff definiert oder auch nur erläutert würde.[125] Von *Konventionalität der Frames und Frame-Strukturen selbst* ist (mit Ausnahme der zuletzt genannten Autoren) nirgends die Rede. Erstaunlicherweise ist es ausgerechnet der Autor, der am weitesten von der heutigen Frame-Semantik entfernt zu sein scheint, der den Aspekt der Konventionalisierung in den Mittelpunkt seines theoretischen Modells stellt, nämlich der Gedächtnispsychologe Bartlett, dessen Werk wertvolle Überlegungen zur Konventionalität von Schemata zu entnehmen sind.

Während von Kognitionswissenschaftlern und Psychologen (wie Bartlett) konventionstheoretisch relevante Überlegungen im Zusammenhang mit den Strukturmustern des Wissens (wie Schemata, Frames) eigentlich wegen der Ausrichtung ihrer Disziplinen nicht zu erwarten sind, wäre dies bei Linguisten (wie z.B. Fillmore, Konerding, Lönneker, Klein usw.) erwartbar, da sie es täglich mit der Beschreibung und theoretischen Erklärung von Konventionen und Regeln (der Sprache) zu tun haben. Bei Fillmore erstaunt die Lücke in der Reflexion besonders, da er es sich explizit zum Ziel gesetzt hat, das Phänomen der lexikalischen Bedeutung mit dem Mittel der Frame-Analyse zu erklären. Eine konventionstheoretische Reflexion hätte da nahe gelegen; ja, ist dafür eigentlich unabdingbar. Nur an wenigen Stellen benutzt Fillmore überhaupt den Begriff *Konvention* (oder *konventionell*), etwa wenn er schreibt, dass die sog. „Szenen" teilweise konventionell (teilweise natürlich, teilweise idiosynkratisch) sind. Mit Ausdrücken wie „übliche Kontexte" oder „Muster von Frames" nimmt er dann nur indirekt auf Aspekte der Konventionalität bei Frames Bezug. Nur an einer einzigen Stelle thematisiert er explizit Konventionalität, nämlich dort, wo er das *„Evozieren"* vom *„Invozieren"* von Frames kategorisch abgrenzen will. In diesem Kontext weist Fillmore darauf hin, dass man eine solche Grenze nur *„in Termini der Konventionalität"* ziehen könne (Fillmore 1985a, 233), geht auf diesen Aspekt aber nirgends weiter ein und deutet mit keinem Wort darauf hin, welches Konzept (Modell, Theorie, Definition)

---

[123] Dies mag damit zusammenhängen, dass Linguisten wie Kognitionswissenschaftler (und übrigens auch Philosophen) sich i.d.R. gleichermaßen ungern mit dem *social impact* ihres Gegenstandes beschäftigen. Eine Frame-Theorie mit allgemeinem Gültigkeitsanspruch kann sich eine solche Ignoranz jedoch nicht leisten. Außerdem erweitert die Einbeziehung bzw. stärkere Gewichtung der sozialen Perspektive auf Frames die Anschlussfähigkeit der Frame-Konzeption (z.B. in Richtung auf Wissenssoziologie und historische Epistemologie; überhaupt: in Richtung auf die Sozial- und Kulturwissenschaften generell).

[124] Ausgerechnet der Literaturwissenschaftler erkennt klar die zentrale Rolle des Konventions-Aspekts und der Sozialität in einer Frame-Theorie. Frames sind ihm zufolge „kognitive Vorstrukturierungen", die das Verstehen von Texten elementar leiten und konstituieren, und durch folgende Merkmale gekennzeichnet sind: Strukturelle Konventionalisiertheit, generelles soziales Wissen, Möglichkeit der Frame-Innovation und -Durchbrechung.

[125] Dies zeigt sich am typischsten bei Fillmore. Es ist einer der Hauptmängel von Fillmores Frame-Theorie, dass er in sie kein Konzept der Konventionalität integriert. Hier ist er ganz traditioneller Linguist, der die Konventionalität der Sprache einfach als gegeben voraussetzt, und sich fälschlicherweise keinerlei Gedanken darüber macht, inwiefern dieser Aspekt in das, was man beschreiben will (grammatische Regeln, Grammatikalität, lexikalische Bedeutungen) eingreift.

von *Konventionalität* bzw. (sprachlicher) *Konvention* hinter seinem Frame-Modell und Sprach-Verständnis eigentlich steht (oder stehen könnte). „Evozieren" von Frames ist für ihn dann nur ein anderer Ausdruck für möglicherweise so etwas wie „regelmäßig / konventionell nahelegen". Die ganze Dichotomie Evozieren / Invozieren steht und fällt also mit der Unterscheidbarkeit zwischen „konventionell assoziieren" und „nicht-konventionell" assoziieren.

Minsky thematisiert dann (obwohl Kognitionswissenschaftler) Konventionalität in Bezug auf Frames schon deutlich häufiger, aber immer noch eher am Rande des Modells. Zumindest ergeben sich interessante Parallelen zwischen einigen seiner Überlegungen und einer Konventionstheorie, wie sie etwa der Philosoph D.K. Lewis vorgeschlagen hat. So z.B. dort, wo Minsky 1974 sagt, dass es zu jedem Frame, der eventuell auf eine gegebene Situation nicht passt, immer einen alternativen Frame geben muss. Interessanterweise spielt der Gedanke der Alternative gerade auch in der Konventionstheorie von D. K. Lewis eine wichtige Rolle: eine Konvention besteht nur da, wo auch eine Alternative (hier: eine alternative Handlungsmöglichkeit) gegeben ist. Da die Wissensstrukturen, die mit dem Begriff des Frames beschrieben werden sollen (mindestens aber diejenigen, die im Gebrauch einer Sprache zum Tragen kommen), überindividuelle, also gesellschaftlich vermittelte Wissensstrukturen darstellen, liegt es nahe, sie in engen Zusammenhang mit dem Phänomen der Konventionalität zu bringen. Es liegt dann die Überlegung nahe, dass beide, Frames und Konventionalität, zumindest einige ihrer fundierenden Prinzipien teilen. Eine weitere Parallele ergibt sich über den für Lewis' Konventionstheorie ebenso wie für den Frame-Begriff wichtigen Aspekt der Präzedenzen. Da der Gedanke der Präzedenz-Fälle ein Kern des Konventions-Modells von D.K. Lewis ist, sind die Standard- oder Default-Annahmen, und damit die Prototypikalität, eng mit dem Aspekt der Konventionalität verbunden, der für die Sprache – und damit für eine Theorie der Semantik – so überaus wichtig ist. Dazu Minsky 1974: „Wir kondensieren und konventionalisieren – in Sprache wie Denken – komplexe Situationen und Sequenzen in kompakte Wörter und Symbole." Die Grundprinzipen der Prototypikalität und Präzedenzialität sind für Minsky daher Grundtatsachen jedes Denkens bzw. des Gedächtnisses schlechthin. Dass diese Prinzipien aber daneben auch in der Konventionstheorie von D. K. Lewis auftreten, ist damit nichts anderes als eine Folge aus allgemeinen Grundprinzipien unserer Kognition. (Dasselbe gilt für die Rolle von Standard-Annahmen, Interessen, Ziele und Erwartungen.) Die Überformung bereits so elementarer Wahrnehmungs-Akte wie der visuellen Wahrnehmung durch Frames und Frame-Adaption führt für Minsky zu der Konsequenz, dass bereits die visuelle Wahrnehmung durch gesellschaftliche Konventionen beeinflusst ist. Interessant ist auch Minskys Gedanke, dass ein häufiger stattfindender Prozess des Austauschs des zuerst probabilistisch „erwogenen" Frames gegen einen passenderen (oder der Anpassung eines gegebenen Frames an die Situation) zu „Ähnlichkeits-Netzwerken" von Frames führen kann. Dies betont die wichtige Rolle, die „Ähnlichkeit" (oder vielleicht besser: „funktionale Äquivalenz") generell in der Kognition spielt, ein Gedanke, der auch in der für die Sprache wichtigen Konventions-Theorie eine Rolle spielt.

Eine wichtige Überlegung stellt Minsky an, indem er die *Konventionalität* in Zusammenhang mit dem für Sprache wie für Frames wichtigen Aspekt der *Iteration*[126] bzw.

---

[126] Mit *Iteration* (vom lat. *iter* = wieder) ist z.B. der in der Sprachtheorie diskutierte Umstand gemeint, dass soziale Konstrukte, wie z.B. Sprachzeichen, für ihre „Existenz" der beständigen Wiederholung in Akten

7.5 Merkmale von Frames 607

Iterativität bringt. Dazu Minsky (1986 / 90, 299): „*Keine* zwei Dinge oder mentalen Zustände sind je identisch, also muss *jeder* psychische Prozess die eine oder andere Methode verwenden, um die Illusion der Gleichheit zu vermitteln." Dies ist eine starke These und Konsequenz. Wenn man sie akzeptiert, dann hat sie erhebliche Auswirkungen auf die Sprachtheorie, und insbesondere die Semantik. Sie berührt die Konventionalität (als dem tragenden Aspekt von Sprache) in ihrem Kern. Von einem Wort zu sagen, es habe eine (mehr oder weniger feste) Bedeutung, heißt, Identität inmitten von lauter faktischen Unterschieden (des Sprachgebrauchs, der Verwendungs- und Kontextualisierungsweisen) zu postulieren. Identität (eines Zeichens, aber auch eines Frames) ist also ein Eindruck, der durch eine lange Kette von (frequenter) Iteration (wiederholter Aktualisierung des Zeichens oder eines Frames) entsteht. Diese Identitäts-Prämisse nun thematisiert Minsky in seiner Reflexion über jegliche Form von kognitiven Übertragungsprozessen. Er wendet, und dies ist konsequent und folgerichtig, das Problem der Identität zurück auf die Beschreibung der „normalen" Gedanken. Dabei läuft seine Schlussfolgerung so: Nicht die scheinbare Übertragung eines Gedankens (eines Wissenselements, eines Rahmens usw.) aus einem Bereich in einen anderen Bereich ist erklärungsbedürftig und damit das theoretische Problem, sondern die Unterstellung, es gäbe überhaupt so etwas wie eine „Identität" von Gedanken, also etwas Einheitliches und mit sich Identisches im Kontinuum kognitiver Prozesse.

Der Zusammenhang mit der Konventionsproblematik ergibt sich dabei in folgender Weise: Dasselbe Identitätsproblem gibt es auch für die Konventionen, die unsere Sprache als System symbolischer Zeichen tragen. Wenn man mit Lewis davon ausgeht, dass eine „Konvention" (z.B. die einer Wortverwendung, also die sog. „lexikalische Bedeutung" eines Lexems) aus der Menge einzelner, niemals hundertprozentig identischer Präzedenzfälle erfolgreicher Wortverwendungen besteht, dann ist „Konvention" selbst schon ein solcher Prozess der „Übertragung", wie Minsky ihn hier anspricht.[127] Minsky selbst weist den Präzedenzen (ohne diesen Terminus zu benutzen) eine wichtige Funktion für Erinne-

---

der Anwendung bedürfen. Ohne diese immer wieder wiederholte (also *iterative*) Aktualisierung kann man nicht von der Existenz eines Zeichens sprechen. Dieser, z.B. im Strukturalismus von Saussure erstmals explizit thematisierte, dann später von Philosophen wie Derrida aufgegriffene und verallgemeinerte Gedanke ist eines der Grundprinzipien von Sprache schlechthin, das auch für die in der modernen Linguistik so viel diskutierte Unterscheidung zwischen *langue* und *parole* (Sprachsystem und Sprachgebrauch) bei Sausure oder Kompetenz und Performanz bei Chomsky verantwortlich ist. Ebenso wie bei Sprachzeichen, ist Iteration auch ein wesentliches Merkmal für gesellschaftliche Wissensmuster, die Frames.

[127] Eine ähnlich fundamentale Sicht auf die Grundbedingungen der Konventionalität, die unversehens zu Grundbedingungen des Denkens bzw. des Gedächtnisses schlechthin geraten, finden wir bereits in der frühen Gedächtnistheorie von Bartlett (1932), auf die sich Minsky zustimmend bezieht. – Die Identitäts-Problematik, um die es hier geht, wird implizit bereits in Herders Definition des sprachlichen Zeichens als „Merkzeichen" thematisch. Die grundlegende Funktion sprachlicher Zeichen (und damit der Sprache schlechthin) wird bei ihm dadurch bestimmt, dass es als sinnliches Substrat gedanklicher Prozesse dient, d.h. als Drittes (tertium), als Bindeglied und Merkpunkt, der es überhaupt erst ermöglicht, einen Wahrnehmungsakt A mit einem späteren Wahrnehmungsakt B zu verknüpfen und die jeweils wahrgenommenen, mit dem Zeichen im Bewusstsein fest verknüpften Sinnesdaten als „dieselben" (d.h. als „denselben Gegenstand") zu erkennen. Zeichen bekommen damit nicht nur die Funktion, als „Merkmal" zu dienen, sondern sie ermöglichen überhaupt erst, dass das menschliche Bewusstsein im Kontinuum des Stroms von Sinnesdaten eine Differenzierung vornimmt, einzelne Gegenstände voneinander abgrenzt. In Herders Worten: „Denn der Unterschied von Zweien lässt sich nur immer durch ein Drittes erkennen. Eben dieses Dritte, dies Merkmal, wird mithin inneres Merkwort: also folgt die Sprache aus dem ersten Aktus der Vernunft ganz natürlich." (Herder 1960, 27)

rungen generell zu.[128] In unserer Erinnerung an Präzedenzen für das aktuell zu Denkende (den Frame oder Komplex von Frames) nehmen wir aber Verkürzungen, Zusammenfassungen, kurz: Typisierungen und Abstraktionen vor. Erinnern ist also stets lückenhaft, ganz ähnlich, wie ein sprachlicher Ausdruck immer lückenhaft ist, und nur einzelne Wörter im Meer der Gedanken setzt, als Inseln oder Trittsteine, mit denen man zum richtigen Verstehen geleitet werden soll. Was Minsky hier (mit implizitem Rückgriff auf Bartlett) thematisiert ist der äußerst enge Zusammenhang zwischen mehreren für die Frame-Theorie wichtigen Aspekten, nämlich *Konventionalität, Iteration, Standardisierung (Default-Annahmen), Erwartungen, Prototypikalität.*

Dieser enge Zusammenhang ist in unserem Kontext erstmals von Bartlett explizit thematisiert worden. Ausgerechnet er ist in unserem Spektrum der Autor, der am intensivsten über die Konventionalität von Frames bzw. kognitiven / epistemischen Schemata nachgedacht hat. Auch Bartlett knüpft seine Überlegungen am Problem der Identität und Stabilität von Schemata an, genauer: am Aspekt der Iteration. Wenn Bartlett als wesentliches Moment von Schemata die Klasse von „anderen ähnlichen Reaktionen, die seriell organisiert wurden" herausstellt, dann spricht er das an, was in der Theorie der Konventionen (und damit auch in der Theorie sprachlicher Zeichen und Mittel, z.B. in einer Bedeutungstheorie) als die „Klasse der Präzedenzfälle" (z.B. erfolgreicher früherer Zeichenverwendungen) firmiert.[129] Konventionalität und Schemabildung sind daher für Bartlett zwei Seiten derselben Medaille; die Verfestigung von Schemata ist immer ein Ausdruck ihrer Konventionalisierung. An den Aspekt der „Konventionalisierung" (hier: von Schemata im Gedächtnis) knüpft Bartlett, was gerade für unseren Zusammenhang außerordentlich bedeutsam ist, direkt den sozialen Aspekt der Kognition.[130] Er stellt dabei eine direkte Parallele her zwischen den Merkmalen der sozialen Ausbildung und Tradierung von Mustern und der Rolle von Mustern in der individuellen Erinnerung. Es scheint, dass er gerade den Aspekt der Stereotypisierung als den Punkt ansieht, wo die individuellen Schemata sozial überformt werden.[131] Bartlett behauptet hier (wie später ihm folgend Minsky) nicht mehr und nicht weniger, als dass Konventionen (also soziale Phänomene) und kognitive Schemata (also solche Phänomene, die man bisher immer als individuell, subjektiv ansah) genau auf dieselben Prinzipien zurückgehen. Dies ist insofern zutreffend, als in beiden Fällen die Präzedenzen (bzw. Ketten von Präzedenzfällen) eine wichtige Rolle für die Persistenz der Repräsentationen spielen (seien es Konventionen, seien es Schemata oder Frames).

Bartlett postuliert nicht nur eine fundamentale Parallele zwischen Erinnern und Konvention; letztlich laufen seine Überlegungen darauf hinaus, dass „Konventionalisierung" und „Erinnerung" auf denselben Prinzipien beruhen. Ob es sich dann dabei um dasselbe, oder zwei verschiedene Phänomene handelt, kann nur in einer diese Parallelen berücksichtigenden Konventionstheorie herausgearbeitet werden. In der Konventionstheorie von Lewis erscheint der „Einfluss des Vergangenen auf das Präsente" (Bartlett) in Form der „Klasse

---

[128] „Erinnerungen sind Prozesse, die unsere Agenten auf eine ähnliche Art agieren lassen, wie sie wiederholt in der Vergangenheit reagiert haben." (Minsky 1986 / 90, 154) Diese Beschreibung ist praktisch identisch mit den Grundlagen der Definition von „Konvention" bei Lewis.

[129] Hier nach der Konventionstheorie von D. K. Lewis 1969; vgl. einführend Busse 1987, 176 ff.

[130] „Früher oder später tendiert alles Material dazu, die Form von akzeptierten konventionellen Repräsentationen oder gar von dekorativen Designs, anzunehmen, die in der fraglichen Gruppe der VPN geläufig sind." Bartlett 1932, 185.

[131] Daraus leitet er die bündige Hypothese ab: „Es besteht kein Zweifel, dass viele menschliche Erinnerungen direkt und stark durch Faktoren beeinflusst sind, die im Ursprung sozial sind." Bartlett 1932, 95.

7.5 Merkmale von Frames 609

von dem vorliegenden Anlass vergleichbaren Präzedenzfällen". „Konventionalisierung" ist für Bartlett gleichbedeutend mit „kognitiver (epistemischer) Einordnung" und ohne diese Einordnung gäbe es auch keine kognitive Verarbeitung von neuen Daten, so dass jegliche Wahrnehmung, jegliches Erkennen, letztlich gleichbedeutend damit wäre, das einlaufende Datenmaterial irgendeinem verfügbaren konventionellen Muster zuordnen zu können. Stärker kann man die soziale Prädetermination des Denkens und Erkennens kaum noch formulieren, als es Bartlett hier – bezeichnenderweise über den Begriff der Konventionalisierung – tut.[132] Schemata sind *seriell* (oder iterativ), in Bartletts Worten: „eine Klasse von anderen ähnlichen Reaktionen, die seriell organisiert wurden". D.h. sie beruhen konkret auf einer großen Zahl einzelner Akte der (kognitiven) Aktivierung.

Dies erlaubt es, den Begriff des „Schemas" mit dem Begriff der „Konvention" zu parallelisieren, der bei Lewis ähnlich definiert ist als eine „Klasse vergleichbarer Präzedenzfälle". Was Lewis unter dem Begriff der „Konvention" beschreibt, ist also nur ein Spezialfall der allgemeinen kognitiven bzw. epistemischen Serialität bzw. Iterativität als Grundmerkmal dessen, was wir „Schema" oder „Muster" nennen (oder später „Frame" oder „Bedeutung" usw.)[133] Mit seiner Parallelisierung von Schema-Bildung (Frame-Bildung) und Konventionalisierung erweist sich Bartlett (trotz des frühen Zeitpunkts des Entstehens seiner Konzeption) als der eigentliche „Sozialtheoretiker" unter den Kognitivisten,[134] und ist damit – aufgrund der großen Bedeutung des Sozialen für die Sprache (und Sprachtheorie) – letztlich in seinen Grundbegriffen näher an der Linguistik als viele nur scheinbar „moderne" Kognitionswissenschaftler. Gedächtnis, Konstruktivität und Konventionalität sind nach Bartlett Facetten ein und desselben Problemkomplexes.

Bei Barsalou, dessen Frame- und Konzept-Theorie sonst so viele für uns nützliche Anregungen zu verdanken sind, ist hinsichtlich des wichtigen Aspekts der *Konventionalität* schlichtweg Fehlanzeige zu vermelden,[135] (dessen zentrale Position in jeder Kognitionsthe-

---

[132] Jede Übernahme von Wissen läuft auf eine Einpassung des „fremden Materials" in die Schemata der eigenen sozialen Gruppe hinaus. Diesen Prozess setzt Bartlett mit Konventionalisierung gleich.

[133] In diesem Zusammenhang ist wichtig, dass jeder einzelne Anwendungsfall eines Musters oder Schemas – jedes „token" – sozusagen eine Mittelstellung hat zwischen Reproduktion und solitärem, singulärem Ereignis. Konkret, mit der Fülle seiner epistemischen Daten und kognitiven Verknüpfungen, ist jeder einzelne Anwendungsfall immer solitär, singulär, ist mit Merkmalen aufgeladen, die nicht dauerhaft bleiben. Zugleich ist es aber auch eine Instanz der Wiederholung eines Musters – zumindest von bestimmten Details dieses Musters – und als solches bloße Reproduktion eines Allgemeinen, und Wiederholung von etwas schon zuvor Dagewesenem. Wichtig ist, dass Merkmale des singulären Ereignisses dadurch, dass es sich um eine Instanz der Anwendung des allgemeinen Schemas handelt, aufgrund dieser Tatsache der Zugehörigkeit des Einzelfalls zur Klasse der Reproduktionen des Schemas in das Schema selbst eingehen können. Dies ist der Ursprung der Muster-Änderung, des Schema- oder Frame-Wandels, oder – semantisch gesprochen – des Bedeutungswandels.

[134] Jede Konventionalisierung ist für ihn eine Form der „kognitiven (epistemischen) Einordnung". Jede Erkenntnis ist gleichzusetzen mit „Einordnung in vorhandene Muster". Da jede Wissensaneignung gleichzusetzen ist mit der Einordnung von Wahrnehmungsdaten (und anderem „psychologischem Material") in vorhandene Schemata bzw. Settings (bzw. Frames), ist Wissensaneignung grundsätzlich ein Prozess der Konventionalisierung. Diese Adaption des Neuen an Vorhandenes (an Strukturen des Wissens) geht aber immer einher mit Fokussierungen, Weglassungen, Hinzufügungen, Vernetzungen. Sie ist damit unhintergehbar konstruktiv. Damit ist, so Bartlett, das Soziale selbst konstruktiv. Konstruktivität mithin eine direkte Folge der Konventionalität der Schemata. Das durch die Konstruktivität der Aneignung des gegebenen Materials erzeugte „persistente Rahmenwerk der Schemata" (Bartlett) ist die Basis für das individuelle und für das soziale Gedächtnis, für Kognition generell.

[135] Der „wissenschaftliche Fortschritt" ist daher nicht immer auch auf allen Gebieten ein Erkenntnisgewinn, sondern kann auch mit Erkenntnisverlust einhergehen. Es ist schon merkwürdig, dass die so wegwei-

orie durch Bartlett nachdrücklich vorgeführt wurde), Nur indirekt lässt Barsalou[136] durchblicken, dass Frames etwas mit Konventionen zu tun haben könnten, etwa wenn er darauf verweist, sein Frame-Modell versetze einen in die Lage, den „Wandel kultureller Konventionen durch die Geschichte" nachzuzeichnen. Nur an einem Punkt kann man deutliche (implizite) Bezüge zwischen Barsalous Überlegungen und der Konventionstheorie herstellen, nämlich dort, wo er *Frequenz, Rezenz,*[137] *Kontext* als zentrale Kriterien für die Etablierung von Frame-Kernen, Frame-Elementen und Default-Werten thematisiert. *Frequenz* und *Rezenz* als Faktoren bei der Verfestigung von Frames (hier allerdings eher gedacht bei Token-Frames in einer unmittelbaren Situation der kognitiven Frame-Aktivierung) lassen sich direkt auf die wichtige Rolle der Präzedenzen in der Konventionstheorie von Lewis beziehen, von denen wir gesehen haben, wie wichtig sie auch für die Etablierung von Prototypen, Standardisierungen und Konventionen (in Bezug auf Wissenskonstellationen) sind. Beide hängen auch eng mit dem Merkmal der Iteration zusammen. Dabei wirkt *Frequenz* eher durch die *Quantität* der Präzedenzen, während *Rezenz* eher dadurch wirkt, dass epistemische Zusammenhänge, deren letzte kognitive Aktivierung / Prozessierung nicht so lange zurückliegt, möglicherweise leichter und stabiler reaktiviert werden können. (Beides sind psychologische Verstärkungen im Prozess der Konventionalisierung.)

Zusammenfassung und Arbeitsdefinitionen zu Konventionalität und Iterativität in und von Frames:

Konventionalität ist eine Kerneigenschaft von Frames auf allen Ebenen ihrer Organisation und Struktur. Frames sind im Kern Konstellationen von Relationen und als solche tendenziell instabil. Ihre relative Stabilität im Wissen (einer Gesellschaft oder einzelner ihrer Individuen) erhalten sie durch Konventionalisierung. Diese ist die Kehrseite der Prototypikalität und Standardisierung. (Alle drei Merkmale von Frames, *Konventionalität, Prototypikalität* und *Standardisierung*, sind letztlich nichts anderes als verschiedene Blickwinkel auf dasselbe Phänomen.) Konventionalität bezieht sich dabei nicht nur auf Sprachzeichen (in deren lexikalischen Bedeutungen sie sinnfällig wird), sondern auf die Strukturen und Konstellationen im Wissen selbst.

Die Konventionalität ist mit einer anderen ihrer Kehrseiten, der *Iteration* bzw. *Iterativität* intern, d.h. begrifflich oder sachlogisch verbunden, indem Konventionalisierung als Prozess die Iteration der kognitiven Aktualisierung der theoretisch als Frames identifizierten Konstellationen von Wissenselementen notwendig voraussetzt. Iteration bewirkt die kognitive und epistemische Stabilisierung der Konstellationen von Relationen, als die die Frames zu gelten haben. Sprachzeichen dürften (als „Merkzeichen" im Sinne Herders) in diesem Vorgang eine zentrale Rolle spielen. Insofern sind Frames auch über ihre Funktion in und für sprachliche Bedeutungen konventionell verfestigt; die Konventionalität von Frames und diejenige von Sprachzeichenbedeutungen sind ineinander verschränkt. Da Relationen auf allen Strukturebenen von Frames zu verzeichnen sind (s.o. Kap. 7.4.6), bezieht sich auch Konventionalität auf alle diese Ebenen von Relationen. Konventionell sind damit Strukturkerne von Frames (= Konstellationen von Slots / Attributen) ebenso wie die Frame-Elemente selbst (z.B. Subkategorisierungsbedingungen in Slots von Frames), verschiedene Teil-Gruppen von Slots / Attributen und die Standard-Ausfüllungen (Default-Werte) von Frames.

Konventionen entstehen allmählich durch kognitive bzw. epistemische Verfestigung von Konstellationen von Wissenselementen (die als Bündel von Relationen analysierbar sind). Dieser Prozess (der Konventionalisierung) ist ein sozialer Prozess, indem der wechselseitige kommunikative Aus-

---

senden Überlegungen von Bartlett zur Sozialität kognitiver Schemata in der heutigen Kognitionswissenschaft und Frame-Theorie eine nur so geringe Rolle spielen.

[136] Auch Schank / Abelson weisen darauf hin, dass Skripts „wachsen" bzw. sich verändern können, und dass sie auf Konventionalität und gesellschaftlichem (kulturellem) Konsens beruhen.

[137] Im Original *recency* (vom engl. *recent = jüngst, kürzlich*).

7.5 Merkmale von Frames   611

tausch auf der Basis konventionalisierter Schemata im Wissen diese entweder bestätigen (und damit verfestigen, stabilisieren) oder abschwächen (oder verändern) kann. Sozial wie individuell
(subjektiv und intersubjektiv) setzt dies die Schaffung von Präzedenzen voraus. Jeder einzelne
Fall von Frame-Aktivierung kann bestätigend oder schwächend auf eine Konvention (einen Frame
oder eine Teil-Relation innerhalb eines Frames) wirken. Erst Ketten von gleichgerichteten Aktivierungen von Relationen bzw. Relationenbündeln (als Ketten von Präzedenzen) führen zu dem
Stadium der Stabilisierung, das man üblicherweise „Konvention" nennt. (Konventionalisierung ist
damit ein relativer, kein absoluter Vorgang.) Konventionen (und damit Konventionalität von Frames) haben eine individuelle und eine soziale Seite (sie müssen sozial etabliert sein und zugleich
als Konventionen Teil des individuellen Wissens sein[138]); dies zeigt sich vor allem auch in der
Muster-Exemplar-Problematik, die mit dem Aspekt der Konventionalität ebenfalls engstens verflochten ist.

7.5.4 *Rekursivität und Unabschließbarkeit von Frames*

Ein zentrales Merkmal von Frames, auf das allerdings erst Barsalou nachdrücklich aufmerksam gemacht hat (auch wenn es bereits bei Minsky eine wichtige Rolle spielt), und das
möglicherweise bei Linguisten eher unbeliebt ist, ist die Eigenschaft der *Rekursivität*. Unbeliebt könnte sie vor allem deswegen sein, weil sie Ursache für das Merkmal der *Unabschließbarkeit von Frames* ist. Wie Barsalou nachdrücklich hervorhebt, kann zu jedem
Element eines Frames (sei es in der Funktion als Attribut, sei es als Wert angesprochen)
eine konzeptuelle Ausdifferenzierung (und verfeinernde Detaillierung) erfolgen, die auf
einer nächst tiefer gelegenen konzeptuellen Ebene einen neuen (Unter-) Frame etabliert. Da
Frames Relationen aus Konzepten sind, Konzepte aber selbst Frames darstellen, ist der
konzeptuellen Feindifferenzierung keine prinzipielle Grenze gesetzt. Darauf hatte bereits
Minsky hingewiesen, indem er betonte, dass Slots grundsätzlich selbst Frames seien, an
denen andere Frames angeschlossen werden. Barsalou ergänzt: Frames sind grundsätzlich
rekursiv, weil alle Bestandteile von Frames selbst wieder Frames sind. Dies kann man auch
so ausdrücken: das Prinzip der Rekursivität ist bereits in jedem einzelnen Frame intern
erfüllt.[139]

In diesem Zusammenhang tritt immer wieder die Frage auf (gerne gestellt von Linguisten, aber nicht nur von ihnen): Sind tatsächlich *alle* semantischen Informationen, die in
Frames organisiert (miteinander zu einer spezifischen Wissensstruktur verbunden) werden,
selbst wieder Konzepte (und damit selbst wieder Frames) in vollem Sinne, oder gibt es
nicht vielleicht doch sozusagen „End-Elemente" (Barsalou nennt sie *primitives*), die singulär und nicht weiter aspektuell zerlegbar sind? Auf diese Frage antwortet Barsalou sehr

---

[138] Angesichts der innigen (begriffslogischen, sachlogischen) Verflechtung von Konventionalität und
Frames mag es gewagt sein, so etwas wie einen „Konventionalitäts-Marker" (etwa auf der Ebene der
„Meta-Frame-Elemente" in Frames) anzunehmen; ich glaube aber sicher, dass Individuen in vielen Situationen der Alltagskommunikation ein (zumindest subkutanes oder implizites) Wissen (oder eher Ahnung) darüber haben, ob bestimmte aktivierte Relationen im Wissen „gewagt" und innovativ, oder einfach bestätigend, nachahmend und konventionell sind. (In diesem Kontext lohnt es sich vermutlich, mal
wieder in Harald Weinrichs „Semantik der kühnen Metapher" nachzulesen.)

[139] Linguisten ist das Prinzip der Rekursivität gut bekannt, und zwar aus der Syntax, da jeder Konstituententyp (z.B. eine Nominalgruppe) selbst wieder aus Konstituenten zusammengesetzt sein kann, die demselben Konstituententyp entsprechen (also selbst auch wieder eine – dann eingebettete – Nominalgruppe
sind). Barsalou weist explizit darauf hin, dass er seinen Gedanken der Rekursivität aus der Linguistik
(nach diesem Prinzip der Syntax) entlehnt hat.

entschieden: Es gibt keine konzeptuellen Primitive! Im Prinzip ist alles (jedes einzelne Element eines Frames oder Konzepts) noch weiter in (feinere) Attribute zerlegbar. Daraus zieht er die Konsequenz: Sogenannte „Primitive" sind weder kognitive noch kulturelle Universalien, sondern bestenfalls zufällige, strikt kulturspezifische und temporäre Stadien des Wissens. D.h.: Es ist grundsätzlich von der Unabschließbarkeit der Frame-Zerlegung (bzw. -Differenzierung) auszugehen. Barsalou ganz dezidiert: Es gibt keine prinzipielle Grenze für die weitere Ausdifferenzierung von Konzepten. Etwas präziser gesprochen, könnte dann Barsalous Antwort auf die oben gestellte Frage lauten: Zwar kann es scheinbare Primitive *aktuell* (in einem gegebenen individuellen oder sozialen Wissensstadium) geben, *prinzipiell* sind aber auch diese stets wieder aspektuell zerlegbar; die Zerlegungsmöglichkeit unabschließbar.[140]

Dies hat Folgen. Aufgrund der Rekursivität von Frames können z.B. Begriffsfelder in exponentiellem Ausmaß wachsen. Die ‚rekursive Dekomposition' bezieht sich dabei Barsalou zufolge nicht nur auf Attribute und Werte, sondern auch auf Relationen. M.a.W.: Auch Relationen können in Teil-Relationen zerlegt werden.[141] Frames sind demnach für Barsalou dynamische relationale Strukturen, flexibel, rekursiv, kontextabhängig. Vor allem gilt aber: Frames sind keine rigiden Strukturen, sondern probabilistisch. Was das heißen soll, kann nur auf dem Hintergrund der Muster-Exemplar-Problematik erläutert werden. „Probabilistisch" ist ein Frame (eine Wissensstruktur), weil ein bestimmtes Attribute-Raster eines Muster-Frames auf konkrete Token bzw. Exemplare im Prozess der epistemischen Aktivierung bzw. Instantiierung versuchsweise angewendet wird. Wenn sich die Exemplare mit dem verfügbaren Satz an Attributen nicht adäquat erfassen lassen, kann ein anderer Satz (Frame) herangezogen werden, oder der gegebene Frame in spezifischer Weise so verändert werden, dass er alle aktuell relevanten Aspekte integriert. „Probabilistisch" ist ein Frame also nur im Anwendungs-Fall, auf dem Weg vom allgemeinen (konventionalisierten) Muster zum konkreten Exemplar. Auf der Muster-Ebene allein gesprochen[142] macht der Begriff „probabilistisch" keinen Sinn mehr; hier handelt es sich um temporär etablierte, konventionell verfestigte Konstellationen von Wissenselementen, die bis zu einem gewissen Grad in ihrer (meist gesellschaftlich determinierten) Genese bzw. Genealogie nachvollziehbar sind.

---

[140] Genau darin besteht gewöhnlich das, was man *Erkenntnisfortschritt* nennt.

[141] Ein gutes Beispiel für die rekursive Zerlegbarkeit, die man auch als Zerlegung von Relationen beschreiben kann, sind alle Handlungsbegriffe. Da sog. „Handlungen" im Kern Ursache-Wirkungs-Ketten sind, die jederzeit in Teilabschnitte solcher Ketten („Teilhandlungen") zerlegt werden können (das Heben eines Arms mit Ausstrecken von Fingern kann Teil einer komplexen Handlung sein, z.B. der Handlung „Fenster öffnen", oder bereits für sich als eine Handlung eigenen Typs stehen, wie z.B. „sich melden" in einer Schulklasse usw.) handelt es sich dabei um Relationen, die aspektuell in Teil-Relationen zerlegbar sind. Die Handlungs-Eigenschaft sieht man einer Ursache-Wirkungs-Relation also nicht unmittelbar an, sondern alles hängt davon ab, ob man eine komplexere, längere Kette von Ursache-Wirkungs-Folgen betrachtet und konzeptuell ausgliedert, oder Teil-Relationen innerhalb dieser komplexen Relationen-Gefüge. Siehe zu dieser Problematik von Wright 1974.

[142] Es ist signifikant, und entspricht exakt seiner Ignoranz gegenüber der Konventionalitäts-Problematik, dass Barsalou ganz offensichtlich äußerst zögerlich ist, eine solche Ebene (der allgemeinen Muster-Frames) *überhaupt* anzunehmen. Muster-Frames neben Konventionen das zweite große Nicht-Thema in seinem Modell. Dem entspricht, dass er nirgends präzise sagt, *wofür* ein Frame ein Frame ist. Zwar benennt er den Bezugspunkt eines Attribut-Werte-Sets als „Kategorie", definiert, erläutert oder vertieft diesen Begriff selbst jedoch an keiner Stelle. Als Kognitionswissenschaftler denkt er vorwiegend in kognitiven Aktualisierungen („instantiierten Frames") die allgemeine Muster-Ebene scheint ihm mehr oder weniger egal zu sein.

7.5 Merkmale von Frames 613

Es bleibt daher folgende Einschränkung festzuhalten: Die von Barsalou hervorgehobene Nicht-Rigidität von Frame-Strukturen gilt nur prinzipiell gesprochen. Auf dem Hintergrund der Konventionalität können Frames dann aber durchaus temporär bzw. kulturell bedingt feste Strukturen sein, wie Barsalou selbst zu erkennen gibt, wenn er die Existenz von Frame-Verfestigungen zumindest als „strikt kulturspezifische und temporäre Stadien des Wissens" zulässt. Es entspricht seiner Vernachlässigung des Konventionalitäts-Aspekts, dass er diese Verfestigungen Frame-theoretisch herunterspielt und stattdessen die „Nicht-Rigidität" in den Mittelpunkt seiner Axiomatik stellt. Seine dritte Charakterisierung solcher konventioneller (meist sozial generierter) Verfestigungen ist jedoch eindeutig unzutreffend: Die als „Frames" bezeichneten Verfestigungen in den „Stadien des Wissens" sind keineswegs zwingend so „zufällig", wie Barsalou meint. Vielmehr steht dahinter eine sozial und kulturell determinierte Genealogie des Wissens, die immer historisch re-konstruierbar ist (als Teil einer kulturellen Epistemologie).

Frames sind auch deswegen keine rigiden Strukturen, weil ihre Teil-Elemente jederzeit mit anderen Elementen (Konzepten, Frames) vernetzbar sind. *Rekursivität und Vernetzbarkeit* hängen also eng zusammen. Rekursivität oder genauer Nicht-Rigidität ist also nicht nur eine Sache der internen Feindifferenzierung existierender Wissensstrukturen, sondern ebenso ein Phänomen der Anschließbarkeit von zuvor als extern empfundenen Wissenselementen, Frames usw. Neues Wissen, neue Frames und Framesysteme entstehen daher nicht nur durch Ausdifferenzierungen, sondern auch durch Querbezüge und innovative Vernetzungen.

Zusammenfassung und Arbeitsdefinitionen zu *Rekursivität und Unabschließbarkeit von Frames und Frame-Differenzierungen:*

Rekursivität aller Wissensstrukturen und damit der Frames. Als Strukturen aus Konzepten sind Frames, da Konzepte selbst wieder Frames sind, immer schon Strukturen aus Frames. Jedes Attribut, jeder Wert, jede Relation und jedes angeschlossene Element (auch jedes Meta-Element in einem Frame) ist selbst wieder ein Frame. Auf der Ebene einer prinzipiellen Betrachtung sind Frames daher aufgrund ihrer grundsätzlichen Rekursivität prinzipiell unabschließbar. Stattdessen sind sie immer (und jedes ihrer Teil-Elemente) für weitere Ausdifferenzierungen offen. Eine andere Form der Unabschließbarkeit ist durch die nie auszuschließende Möglichkeit neuer Vernetzungen (die prinzipiell offene und unabschließbare Vernetzbarkeit) gegeben.

Von der Ebene der Frame-Aktivierung (der Token- oder Instantiierungs-Ebene) aus gesprochen sind Frames nicht-rigide Strukturen und damit probabilistisch. Von der Ebene der gesellschaftlich gefestigten Konventionen, der kulturellen Genese und Genealogie, der allgemeinen, sozial etablierten Muster (insbesondere z.B. auch der zu lexikalischen Bedeutungen sprachlicher Zeichen verfestigten Muster) aus gesprochen, sind Frames temporäre und „strikt kulturspezifische" Stadien in der Strukturbildung und relativen „Verfestigung" von Relations-Ensembles im gesellschaftlichen und / oder individuellen Wissen.

7.5.5 Die Muster-Exemplar- (type-token-) Problematik

Eines der zentralen Probleme der Frame-Theorie, das hohe Relevanz gerade für die sprachwissenschaftliche Umsetzung des Frame-Modells in einer linguistischen Semantik hat, ist, wie sich an vielen Stellen gezeigt hat, die *Muster-Exemplar-* bzw. *Type-Token-Problematik*. Dieser Problematik wird in der Frame-Theorie bei weitem nicht diejenige Aufmerksamkeit gewidmet, die sie aufgrund der feststellbaren Missverständlichkeiten und

auch tatsächlichen Missverständnisse (bzw. dem Missverstehen des theoretischen wie ontologischen Status wesentlicher Grundeigenschaften von Frames) verdienen würde. Sie bedarf also, zumal sie direkt in die linguistische Praxis der Frame-Semantik eingreift und dort zu Aporien und Fehldeutungen führt, einer grundsätzlichen Klärung. Nicht nur in den kognitionswissenschaftlichen Ansätzen zu Frames wird diese Problematik unterschätzt,[143] sondern auch in den linguistischen, obwohl gerade Linguisten eigentlich gewohnt sein müssten, damit umzugehen, da eine der Grundfragen in der Definition der modernen Sprachwissenschaft, die Unterscheidung zwischen *langue* und *parole* (Sprachsystem und Sprachgebrauch) bzw. Kompetenz und Performanz, engstens mit der type-token-Problematik verflochten, d.h. ihr unmittelbarer Ausdruck auf der Ebene der Sprache ist.

Zunächst zur Begriffsklärung: Die Unterscheidung zwischen *type* und *token* (deutsch am besten zu übersetzen mit: *Muster* und *Exemplar*, hier verstanden im Sinne einer *Anwendung des Musters*) geht zurück auf den amerikanischen Philosophen und Zeichentheoretiker Charles Sanders Peirce (CP 4.537). Typische Fälle für diese Dichotomie sind Sprachzeichen. Wenn man über ein „Wort" (Lexem) in einer bestimmten Sprache spricht (nehmen wir das Wort *Vogel*), dann macht es insbesondere für die konkrete linguistische Beschreibung (z.B. der „Wortbedeutung") einen großen Unterschied, ob man damit eine abstrakte, ideale Entität (in einem gedachten System von Entitäten oder Regeln oder Mustern) einer Gemeinschaft beschreiben möchte, oder ein konkretes Vorkommnis dieser Einheit in einer konkreten Situation, einem Kontext, einer konkreten sprachlichen Einbettung, verknüpft mit spezifischen Intentionen ihrer Verwender (als Anwendung des Musters bzw. konkretes Exemplar). Linguisten unterscheiden dann etwa zwischen „lexikalischem Wort (Lexem)" und „Textwort" oder „Wortverwendung". Dem einen Lexem *Vogel* stehen also Millionen von *token* bzw. Anwendungsfällen dieses Lexems gegenüber, von denen nur der geringste Teil in einer linguistischen (z.B. semantischen) Beschreibung überhaupt erfasst und berücksichtigt werden kann.[144] Die *type-token*-Differenz bei sprachlichen Zeichen (Wörtern) ist aber nur *ein* konkretes Beispiel für ein allgemeineres und grundsätzlicheres Phänomen, nämlich die Differenz zwischen einem abstrakten Muster und seiner konkreten Anwendung / Realisierung / Konkretisierung / Aktualisierung.

Typische wissenschaftliche Beschreibungen (und Theorien) in Bezug auf Phänomene, die der *type-token*-Differenz unterliegen, zielen meist auf die Ebene der *types* oder Muster (auch wenn dies keineswegs selbstverständlich ist, wie etwa der latente theoretische Streit in der Linguistik, ob eine *langue*- oder eine *parole*-Linguistik den Vorrang haben solle,[145]

---

[143] In der Frame-Literatur finden sich nur bei Barsalou indirekte Hinweise darauf, dass er diese Problematik zur Kenntnis genommen hat und berücksichtigen will (auch wenn die Art, wie er das tut, aus linguistischer Sicht nicht zufriedenstellend ist).

[144] In Form der von Trubetzkoy 1932 eingeführten Unterscheidung zwischen *Phonem* und *Phon* in der Phonologie stand die *type-token*-Unterscheidung an der Wiege der modernen Linguistik, ohne dass ihr grundsätzlicherer Charakter erkannt und als zu bewältigendes theoretisches Problem ins Bewusstsein gerückt wäre.

[145] Dieser Streit wiederholt sich gegenwärtig bei der subkutan ausgetragenen (und das meint: meist eher über Berufungs- und Förderungspolitik als im offenen argumentativen Austausch geführten) Debatte darüber, ob die Linguistik allein und ausschließlich eine Linguistik des Sprachsystems sein dürfe, also ausschließlich Regel- und Muster-Phänomene zu ihrem Gegenstand machen dürfe, oder ob sie im Sinne üblicher kulturwissenschaftlicher Verfahren sich auch mit Aspekten des konkreten Sprachgebrauchs beschäftigen dürfe. Manche Linguisten meinen fälschlicherweise, eine an konkreten *token*-Phänomenen orientierte linguistische Forschung sei gar keine Wissenschaft, müsse also mit allen Mitteln verhindert oder aus den entsprechenden akademischen Fächern ausgegrenzt werden.

7.5 Merkmale von Frames 615

zeigt). Dabei führt jedoch die Tatsache, dass sich die meisten Forscher über die (mitunter erheblichen) Auswirkungen, die diese Problematik (und Differenz) auf ihre eigenen Theorien und Forschungen hat, keine Rechenschaft ablegen (sich ihrer häufig offenbar auch gar nicht bewusst sind), in der Praxis des täglichen Forschungsgeschehens häufig dazu, dass Phänomene als *type*- oder Muster-Phänomene empfunden (und in den Theorien und Analysen entsprechend behandelt bzw. eingestuft) werden, die tatsächlich der *token*- bzw. Exemplar- bzw. Muster-Anwendungs-Ebene angehören, wie auch umgekehrt. Solche gravierenden Fehler in der Ebenen-Zuordnung der behandelten (analysierten, theoretisch zu erklärenden) Phänomene, die als schwerwiegende Kategorien-Fehler gelten müssen, kommen weitaus häufiger vor, als den meisten Wissenschaftlern selbst bewusst ist. Die Linguistik ist dafür ein gutes Beispiel. Ganz besonders aber schlägt diese Problematik in der Frame-Theorie zu Buche. Daher ist die grundsätzliche Klärung dieser Problematik für die Frame-Theorie von allerhöchstem Rang.

In der Frame-Theorie schlägt sich die *type-token*-Problematik auch deshalb so stark nieder, weil eine nähere Betrachtung ergibt, dass sich zwei Arten von Frame-Auffassungen (und damit -Theorien) in scharfem Kontrast diametral gegenüberstehen (ohne dass dies bisher in der Diskussion überhaupt bemerkt worden wäre): Nämlich solche Theorien, die ganz klar auf die *type*- oder Muster- oder Regel-Ebene zielen, und solche Theorien, die vor allem oder allein auf die *token*- oder Exemplar- oder Anwendungs-Ebene zielen. (Zu ersteren zählen wohl Fillmore und Minsky, letztlich auch Bartlett, zu letzteren zählt etwa ganz dezidiert Barsalou.) Nun sollte man meinen können, gerade die Frame-Theorie sei gegenüber diesbezüglichen Missverständnissen besonders gefeit, weil sie mit der Slot-Filler- (Attribut-Werte-) Dichotomie dieser Differenz gerade explizit Rechnung trage; doch so ist es, wie eine nähere Auswertung der Frame-Literatur ergibt, leider nicht. Ich werde im Folgenden die wichtigsten, sich aus der *type-token*-Problematik für die Frame-Theorie ergebenden Probleme (besonders auch im Hinblick auf die linguistische Semantik) erörtern und die notwendigen Klarstellungen vorzunehmen versuchen.

Für Minsky beschreibt ein Frame immer ein Ideal (= Muster, Typ). Auch Fillmore scheint eindeutig auf die Muster-Ebene zu zielen, da er die virtuelle Präsenz des gesamten Frames in jedem Fall seiner Instantiierung voraussetzt, was heißt, dass der „gesamte“ Frame eindeutig als *type*- oder Muster-Frame gemeint sein muss. Fillmore ist auch einer der wenigen, der den Muster-Begriff einmal explizit verwendet, indem er von Mustern von Frames (*patterns of framing*) spricht. Dass Fillmores Frames klare *type*-Frames sind, kann man auch an seinem Begriff der „Null-Instantiierung“ erkennen, da dieser Begriff einen Sinn nur dann macht, wenn man die Frames als allgemeine Muster im Gedächtnis begreift, von denen in konkreten Anwendungsfällen nicht alle Elemente tatsächlich instantiiert werden müssen. Dass Minsky auf die Muster- / *type*-Ebene zielt, sieht man auch an seiner Überlegung, dass fertig ausgebildete Frames nur für die wichtigsten Objekte (nicht für alle) existieren. Dies ist offenbar so gemeint, dass eine Kulturgemeinschaft die Mühe der Ausbildung von (dann als verallgemeinerte und darum teilweise abstrakte Muster verstandenen) Frames nur dann unternimmt, „wenn es sich lohnt“, d.h. wenn das so ausgebildete „konkretere“ (spezifischere) Muster für eine große Zahl von *token* bzw. Exemplaren relevant ist. Andere Objekte, die so selten vorkommen, dass sich die Ausbildung eines Musters nicht lohnt, oder die so neu sind, dass noch kein spezifisches Muster für sie zur Verfügung steht,

616   *Kapitel 7: Frame-Semantik: Ein Arbeitsmodell*

werden nach Minsky mit einem Set von allgemeinen ‚Grundformen' verarbeitet[146] (die
dann das Ausgangsmaterial für angepasste, dynamische Frames bilden, die man dann allerdings offensichtlich als *token*-Frames verstehen muss).

Allerdings vertritt Minsky auch die gedächtnistheoretische Hypothese, dass Frames nie
mit „leeren" Anschlussstellen / Slots / Attributen gespeichert werden, sondern immer mit
„gefüllten", d.h. konkret, mit mit Standardwerten gefüllten Slots.[147] (Standardwerte sind für
ihn darum auch „oft nützliche, aber manchmal auch kontraproduktive Stereotypisierungen".) Das würde aber darauf hinauslaufen, dass es „leere" Frames (verstanden als abstrakte Strukturen aus reinen „Anschlussstellen" ohne epistemische Konkretisierung, d.h. als
„Muster" im eigentlichen Sinn) laut Minsky in der kognitiven Realität (z.B. gedächtnispsychologisch gesehen) gar nicht gibt, sondern immer nur solche Frames, die in einem gewissen Sinne „instantiierte Frames" sind (als eine Art „instantiierte Muster"), konkret: als mit
Standardwerten gefüllte Wissensstrukturen. Eine Konsequenz einer solchen Auffassung
wäre: Es gibt keinen Frame ohne Instantiierung. Eine solche Annahme hat natürlich unmittelbare Auswirkungen auf die Muster-Exemplar-Problematik, da daraus folgen würde, dass
es nicht-instantiierte Frames oder Konzepte (d.h. Muster oder *types* im allgemeinen, abstrakten Sinne) prinzipiell gar nicht geben kann (zumindest nicht in einem kognitiven bzw.
gedächtnispsychologischen Sinne).[148]

Insbesondere Barsalou konzentriert seine Überlegungen offenbar stark auf instantiierte
Frames. Man kann daher die Frage stellen: Sind Barsalou-Frames reine Exemplar-Frames
(= instantiierte Frames bzw. *token*-Frames)? Er scheint hier keine eindeutige Position zu
vertreten, da er anderseits in Bezug auf Frames viele Eigenschaften allgemeiner Musterhaf-
tigkeit beschreibt. In Barsalou 1992 bestimmt er Frames als Strukturen aus Konzepten. Der
Begriff des „*concepts*", wie er ihn dann in Barsalou 1993 entwickelt, bezieht sich dann
allerdings eindeutig auf individuelle konkrete Instantiierungen, im individuellen Geist einer
einzelnen Person sowie auf eine konkrete Situation, ein konkretes „Exemplar", wie er es
nennt, bezogen, nicht auf Muster etwa im Sinne von lexikalischen Bedeutungen oder allgemeinen (über der Ebene der Instantiierungen liegenden) Begriffen oder Kategorien.

Außer Lönneker (mit ihrer Unterscheidung zwischen „allgemeinen Frames", worunter
sie „stereotypische Wissensstrukturen" versteht, und „Einzelframes", d.h. Frames von kon-
kreten Exemplaren bzw. Instanzen eines Begriffs) thematisiert nur Barsalou Exemplare von
Konzepten oder Frames (mehr oder weniger) explizit. Dazu gibt es von ihm verschiedene
Aussagen. So bestimmt er den „Kern eines Frames" als diejenigen Attribute, die für jedes
Exemplar einen Wert haben. Dies ist offenbar noch die Muster-Ebene, da es um die Integ-

---

[146] Hier ergibt sich möglicherweise eine Parallele zu der von Barsalou in seiner Concept-Theorie (1993)
vertretenen Konzeption der „perzeptuellen Symbole", die offenbar genau solche „Grundformen" darstellen sollen; nur dass diese bei Barsalou als eine Art „perzeptueller Primitive" und „quasi-natürlich"
aufgefasst werden, was mit dem von Minsky (und auch von Barsalou an anderer Stelle) vertretenen
kognitiven Konstruktivismus nicht recht harmoniert (und zudem erkenntnistheoretisch hochproblematisch, wenn nicht naiv ist).

[147] Es fragt sich dann aber: Was stellen die „allgemeinen Grundformen", von denen er in anderem Zusammenhang sprach, dann eigentlich dar? Sind es keine Frames? Dies würde dem allgemeinen Rekursivitätsprinzip zuwiderlaufen, dass jedes epistemische Element als Frame aufzufassen ist (da conceptuelle
Struktur, und alle Concepte = Frames sind).

[148] Hier ist möglicherweise Kripkes Referenzfixierungstheorie einschlägig, da sie davon ausgeht, dass allgemeine Muster referentieller Ausdrücke immer auf konkrete Instanzen der erstmaligen Anwendung zurückgeführt werden können (über eine lange Kette von Referenzakten, die die aspektuellen Parameter
der ursprünglichen Referenz – die Kripke als Benennungsakt deutet – beständig replizierten).

7.5 Merkmale von Frames 617

ration von Informationen, die aus Exemplaren bezogen werden (die jedesmalig vorfindlichen Werte) in eine übergeordnete konzeptuelle Struktur (den Frame) geht. Offenbar geht es um die Idee eines induktiven Prozesses der allmählichen Frame-Emergenz aus einer Vielzahl von konkreten Exemplar-Repräsentationen.[149] Zu den Exemplaren selbst (den *token*) stellt er dann fest: „Exemplare werden repräsentiert als ko-okkurierende Sets von Attribut-Werten." Das kann jedoch nicht ganz zutreffen, da eine vollständige epistemische Beschreibung von Exemplaren es erfordern würde, Informationen zu integrieren, die allgemeine Attribut-Informationen, und damit auf der Muster-Ebene vorzufinden sind (z.B. Position eines Wertes in einem Wertebereich, wenn dieser z.B. skalar angelegt ist).

Deutlich wird dann aber bei näherer Betrachtung von Barsalous Umgang mit allgemeinen Frames (Mustern oder *types*) und Frames für „Exemplare": Bei der Exemplar-Problematik schlägt das Rekursivitäts-Problem zu: eigentlich ist (z.B.) *Spatz* kein „echtes" Exemplar von „*Vogel*", sondern nur eine Unter-Kategorie („Exemplar-Typ-Kategorie"?), der dann die echten (Einzel-) Exemplare (konkrete Spatzen in der Welt) zugeordnet sind. Über die Verwendung des „Exemplar"-Begriffs bei Barsalou bestehen daher offenbar erhebliche Unklarheiten, die aufgelöst werden müssen. Das heißt: über die Gesamt-Problematik muss dringend differenzierter nachgedacht werden. Dies ergibt sich auch aus Überlegungen bei Bartlett, bei dem *token* offenbar eine Art Mittelstellung zwischen Reproduktion und solitärem, singulärem Ereignis einnehmen. Nachfolgend daher einige notwendige Klarstellungen:

(1) Die *type-token-* / Muster-Exemplar-Problematik ist keine dichotomische Problemstellung (mit binären Werten), sondern aufgrund der Rekursivität (und damit Unabschließbarkeit) der Frame- bzw. Konzept-Strukturen (und des gesamten Wissens) ein Problem *relativer Zuordnung*, bei dem taxonomische Probleme ebenso zu Buche schlagen wie die in der kognitiven Realität vorfindlichen Unterschiede im Grad der Ausdifferenzierung von Wissensstrukturen im Zuge der situationsbezogenen Wissensaktualisierung. Zur Klarstellung sollte man daher statt nur *Muster* und *Exemplar* zu unterscheiden, eine Abstufung mindestens von *Muster*, *Exemplar-Typ* und *konkretem Exemplar* vornehmen. Diese Abstufung ist nicht absolut zu verstehen, sondern rekursiv. In einer taxonomischen Hierarchie von Frames steht eine bestimmte Ebene X dann in der Relation des „Exemplars" zu einer höheren Ebene Y, die in *dieser* spezifischen Relation als übergeordnetes „Muster" gilt. Ein „Exemplar" ist immer dann Exemplar, wenn es zu einer höherrangigen epistemischen Struktur (Frame) Attribute, die dort noch Anschlussstellen waren, spezifiziert (mit konkreteren Wissenselementen „füllt").[150]

(2) Zu dieser Muster-Exemplar-Relation als Abstufungen in Hierarchien epistemischer Konkretisierungen (Ausdifferenzierungen) tritt eine davon klar zu unterscheidende andere Ebene der Betrachtung hinzu: Die Relation zwischen kognitiver Struktur und außerkognitiven Entitäten „in der Welt". Auch diese letzteren werden in der Frame-Literatur als

---

[149] Siehe auch seine Bemerkung: „Jedesmal, wenn ein Exemplar zu einer Kategorie hinzugefügt wird, werden seine Werte in den Frame integriert. Wenn Exemplare Werte für abweichende Attribute haben, instantiieren sie abweichende Subsets von Attributen." (Barsalou 1992, 45) Hier stellt sich die Frage: Liegt dem so etwas zugrunde wie eine „Extension potentieller Werte" (Wertebereich) für einen Slot eines Frames? Wie hängt die Muster-Exemplar-Problematik mit dem Aspekt der Extension zusammen?

[150] Ein Indiz dafür, dass es sich bei manchen Aspekten, die im Zusammenhang mit der Muster-Exemplar-Thematik angesprochen werden, tatsächlich um taxonomische Effekte handelt, ist, dass z.B. Lönneker die Beziehung zwischen Muster-Frame und Exemplaren mit dem Begriff der „Vererbung" (der ja typischerweise Beziehungen in Frame-Hierarchien beschreibt) erklären möchte.

„Exemplare" bezeichnet, und es ist häufig nicht klar, ob die Autoren jedesmal wissen, worüber sie eigentlich sprechen, wenn sie diesen (oder einen ähnlichen) Begriff benutzen. („*Spatz*" in dem Beispiel Barsalous als „Exemplar" zu *Vogel* ist jedenfalls nicht eindeutig als außersprachliche, realweltliche Entität gemeint; vielmehr scheint das Beispiel für lediglich eine konkretere Stufe in einer kognitiven Konzept-Hierarchie zu stehen, also so etwas wie einen „Exemplar-Typ" als konzeptuelle Größe.)

(3) Eine dritte, im Bezug auf die *type-token-* / Muster-Exemplar-Problematik relevante Differenz ist die zwischen individueller Kognition und sozialen Wissensstrukturen.

(4) Eine vierte die zwischen allgemeiner epistemischer Struktur im Langzeitgedächtnis eines Individuums und konkreter kognitiver Aktivierung im Kurzzeitgedächtnis mit Bezug auf eine konkrete Situation; als Anwendung auf etwas konkret Spezifiziertes.

(5) Deutlich wird, dass Frame-Theoretiker typischerweise in Begriffen einer „realistischen" Ontologie (Erkenntnistheorie) denken, da ihre Beispiele sich nahezu ausschließlich auf Konkreta beziehen. Hier ist nun aber zu bedenken (und dies unterbleibt in der Literatur völlig), dass schon bei Abstrakta die Ebene der „außersprachlichen Realität" in diesem Verständnis einer naiv realistischen Ontologie ersatzlos wegfällt. Mit der Folge, dass sich damit die Muster-Exemplar-Problematik dort in ganz anderer Weise stellt als scheinbar bei den Konkreta.

(6) Zu klären bleiben auch spezielle Aspekte der Muster-Exemplar-Problematik in Bezug auf sprachliche Phänomene, da sich hier eine kognitive Muster-Exemplar-Differenz mit einer sprachlichen Muster-Exemplar-Differenz überschneidet. (Man könnte sich sogar fragen, ob es nicht notwendig sein könnte, zusätzlich zwischen einer „kognitiven" Muster-Exemplar-Differenz und einer „epistemologischen" Muster-Exemplar-Differenz zu unterscheiden.)

Auf der Basis dieser Überlegungen kann man dann folgende Festlegungen treffen:

Zusammenfassung und Arbeitsdefinitionen zur *type-token-* / *Muster-Exemplar-Problematik bei Frames und Frame-Elementen:*

Ein Frame in einem *epistemologischen* Sinne ist eine allgemeine, abstrakte, typisierte, an „Idealen" ausgerichtete Struktur aus Wissenselementen (Anschlussstellen / Slots / Attribute), die allgemeine Bedingungen für Konkretisierungen festlegt, welche nur in konkreten „Anwendungen" bzw. Aktualisierungen dieses Frames spezifiziert werden, die in dieser Hinsicht dann als „Exemplare (oder *token*) dieses Frames" gelten können. Die epistemischen Spezifizierungen sind dann die Füllungen / Werte dieses Frames in ihrer Gesamtheit. (Möglicherweise wird der Frame im Sinne einer solchen abstrakten epistemischen Struktur im Gedächtnis aber immer nur mit „gefüllten" bzw. spezifizierten Anschlussstellen / Slots gespeichert. In diesem Falle sind die Füllungen / Werte dann Standard-Werte, die auf konventionalisierten Standard-Annahmen beruhen.)

Aufgrund der Rekursivität aller Frame-Strukturen (qua konzeptuellen oder Wissensstrukturen) sind aber auch die so (relativ) als „Exemplare" betrachteten Konstellationen von Wissenselementen selbst wieder Frame-förmig organisiert, was heißt, dass auch sie u.U. offenbleiben für weitergehende Konkretisierungen / Aktualisierungen, die in Relation zu ihnen dann ebenfalls „Exemplare / *token*" (einer noch tieferen Ebene) wären, was die betrachtete Ebene im Umkehrschluss dann zu einem „Muster / *type*" dieser tieferen Stufe von Exemplaren / *token* machen würde.[151]

---

[151] Um es an einem Beispiel zu verdeutlichen: In Bezug auf einen Frame (eine Kategorie) für *Haustier* sind Entitäten wie *Hund, Katze, Hamster* „Exemplare"; diese selbst aber sind ebenfalls Kategorien (oder Frames), und damit allgemeine epistemische Muster, denen z.B. Entitäten wie *Dackel, Golden Retriever* als Exemplare zugeordnet sein können. In Bezug z.B. auf „*Nachbar Müllers Rauhaardackel Waldi, der mir immer ins Bein zu schnappen versucht*", ist aber *Dackel* immer noch eine allgemeine Kategorie

7.5 Merkmale von Frames

Ein Frame in einem *kognitiven* Sinne ist eine Struktur von Wissenselementen im Langzeitgedächtnis, die (wenn Minsky recht hat) immer mitsamt an den Anschlussstellen / Slots angeschlossenen Standardwerten (Füllungen) gespeichert ist, welche bei Bedarf durch konkrete Werte konkreter Exemplare ersetzt werden können. Auch hier ist das Prinzip der Rekursivität gültig, was u.a. zur Folge hat, dass bestimmte Exemplar-Typen auf mittlerer taxonomischer Ebene nur Subsets des allgemeinen Gesamt-Frames mit konkreteren Werten spezifizieren, selbst aber wieder „Exemplare" unterer Ebenen zusammenfassen. Die Abstufungen „kognitiver Frames" verfügen dann über eine „unterste Ebene", wenn sie auf „Exemplare als Entitäten der außersprachlichen Welt" bezogen werden können; dies ist im strengen Sinne aber nur bei physikalischen Objekten der Fall, bei denen ein „objektiver" Vergleichsmaßstab für die Werte-Füllung der Slots des Frames existiert. Bei allen anderen Exemplartypen außer den physischen Objekten unterscheiden sich epistemische und kognitive Frames praktisch nicht (oder nur praktisch, von Individuum zu Individuum oder Gruppe zu Gruppe, oder Situationstyp zu Situationstyp, jedoch nicht in ihren grundlegenden typologischen Merkmalen).

Frames in einem *sprachlichen* Sinne kommen in (mindestens) zweierlei Form vor: als Lexembezogene oder als Prädikations-bezogene Frames. Ein Prädikations-bezogener Frame in einem *sprachlichen* Sinne ist eine prädikative Struktur, der ein Valenz- oder Argument-Rahmen zugrundeliegt. Solche Frames haben eine kognitive und epistemologische Entsprechung, dann handelt es sich um prädikative Muster-Frames, oder sie sind in sprachlicher Form ausdrucksseitig realisiert, dann handelt es sich um Sätze oder Teilsätze. Konkrete Satz-Frames realisieren (instantiieren) häufig nur Teile eines übergeordneten epistemischen Situationstyp-Frames. Häufig stellen sie ihn unter eine bestimmte Perspektive (siehe dazu unten Kap. 7.5.6). Ein Lexem-bezogener Frame entspricht einem epistemologischen und / oder kognitiven Kategorien-Frame, integriert aber zusätzlich Informationen, die sich speziell auf sprachsystematische Aspekte des Lexems (z.B. Wortart, Flexionsklasse usw.) beziehen. *Token* bzw. „Exemplare" eines lexembezogenen Frames können je nach Betrachtungsebene Exemplar-Typ-bezogene Frames oder auf ein konkretes Exemplar in der außersprachlichen (außer-kognitiven) „Welt" bezogene Frames sein.[152]

Bei der Unterscheidung von Mustern und Exemplaren können und sollten also folgende Erscheinungsformen (theoretische Ebenen) unterschieden werden:
(1) Soziale, überindividuelle, übersituative Kategorien-Frames (im „kulturellen Gedächtnis") (soziale *types*);
(2) Individuelle, übersituative Kategorien-Frames im LZG (individuelle *types*);
(3) Soziale, überindividuelle, Situationstyp-bezogene Exemplar-Typ-Frames (soziale *token*);
(4) Individuelle, Situations-bezogene Exemplar-Typ-Frames
(5) Individuelle, Situations-bezogene Einzel-Exemplar-Frames (als kognitive Aktualisierungen im Arbeitsgedächtnis) (individuelle *token*)
(6) Konkrete Objekte in der „realen Welt" außerhalb der Kognition (ist oft gemeint, wenn von „Exemplaren" für Frames / Kategorien die Rede ist); nur möglich bei stabilen sinnlich perzipierbaren Objekten,[153] bei denen eine Überprüfung ihrer „Eigenschaften" längerfristig gegeben ist.

(Frame, Muster, *type*), der wiederum die erwähnte Spezifikation als Exemplar zugeordnet ist. Aber auch damit hat es noch kein Bewenden, da selbst *„Nachbar Müllers Dackel Waldi"* noch ein kognitives Muster ist, dem die kognitive Realisierung etwa im Kontext *„Mist, soeben hat er mir ans Bein gepinkelt"* als *token* gegenübersteht.

[152] Im ersten Falle muss man noch zwischen sozialen und individuellen Exemplar-Typ-bezogenen Frames, im letzteren Falle zwischen Exemplar-Typ-bezogenen Frames (denn um diese Stufe handelt es sich häufig, wenn in linguistischen Arbeiten von *token* sprachlicher Zeichen die Rede ist, d.h. „gemeint" ist ein konkreter Gegenstand, beschrieben wird aber tatsächlich eine kognitive / epistemische Größe) und individuellen kognitiven Aktualisierungen im Arbeitsgedächtnis.

[153] Trifft also weniger oder gar nicht zu auf Ereignisse, Geschehensabläufe, Handlungen, wie jede Zeugenpsychologie bei Aussagen vor Gericht beweist. Im Zusammenhang mit der realweltlichen Ebene der konkreten Objekte treten einige weitere Fragen auf, die geklärt werden müssten: Gibt es einen „Frame-

(7) Sprachliche Prädikations-Frames (Prädikationstyp-Frames i. S. von Fillmores „Szenen" oder Minskys GEBURTSTAGSPARTY-Frame oder Schank / Abelsons RESTAURANT-Skript). Sie definieren Sets von Frame-Elementen, die möglicherweise nicht alle zugleich in demselben Satz realisiert (verbal instantiiert) werden können. (Muster- / *type*-Frames auf sprachlicher Ebene.)
(8) Konkrete Satz-Frames, sie instantiieren oft nur Teile des übergeordneten Prädikations-Frames. (*token*-Frames auf sprachlicher Ebene; hier: Satzebene).

Zu (1) und (2) sind auch die lexembezogenen *type*-Frames zu rechnen; je nach Betrachtungsweise als überindividuelle soziale Frames oder als Einheiten im mentalen Lexikon eines Individuums. Zu (3), (4), (5) zählen die lexembezogenen *token*-Frames; manchmal ist mit „*token*" für semantische, lexembezogene Frames (je nach semantischer Theorie, die im Hintergrund steht) aber auch (6) gemeint.[154]

7.5.6 Perspektivierung und Fokussierung in Frames und Frame-Aktivierung

Ein zentrales Thema bzw. Motiv bei der erstmaligen Begründung einer Frame-Theorie durch den Linguisten Fillmore beruhte auf der Beobachtung, dass sprachliche Prädikationen, ausdrucksseitig realisiert als Sätze, vermittels der zentralen Verben, die den Kern des versprachlichten Frames bilden, in Bezug auf einen allgemeineren epistemischen Frame (den Fillmore damals noch als „Szene" bezeichnete) eine bestimmte *Perspektivierung* ausdrücken, und dabei bei den Rezipienten eine *Fokussierung* auf bestimmte Aspekte oder Elemente des übergeordneten Frames bewirken. Frames steuern bzw. repräsentieren für ihn eine bestimmte In-Blick-Nahme (*envisionment*) auf eine Textwelt bzw. ihre Elemente. In Fillmores Beispiel (berühmt geworden ist seine Analyse des COMMERCIAL EVENT-Frames mit perspektivierenden Verben wie *kaufen, verkaufen, bezahlen, kosten*, die jeweils unterschiedliche Konstellationen der Frame-Elemente des „Gesamt-Frames" ins Spiel bringen bzw. fokussieren, bzw. diese Elemente in unterschiedlicher Weise auf die Positionen eines syntaktischen Rahmens verteilen) hängt dieses Phänomen noch eng mit Aspekten der Verbalisierung des Wissens, und damit mit den Möglichkeiten sprachlicher Zeichensysteme zusammen. Bei Minsky wird das gleiche Phänomen rein kognitiv gedacht, indem er verschiedene Perspektivierungen auf ein physisches Objekt in der visuellen Wahrnehmung (im Sinn von Sichtachsen) als in Form von „Frame-Systemen" verbunden analysiert. Solche Frame-Systeme organisieren verschiedene Perspektiven auf Dasselbe (Ereignis, Objekt).

Solche unterschiedlichen Perspektiven, Blickwinkel, die Menschen auf Frames (oder das von Frames organisierte Wissen) einnehmen, hier verstanden als Prozesse der Frame-Anpassung in der Frame-Aktivierung, sind nun, so Minsky weiter, *durch Ziele gesteuert* und *durch Interessen geformt*. Schon Bartlett hat hervorgehoben, dass Schemata Individuen auf etwas Bestimmtes fokussieren. In dieser Fokussierung sieht er wie Minsky eine kognitive Adaptionsleistung. Hinsichtlich der Ziele in der Frame-Aktivierung sprechen Schank / Abelson auch von Ziel-Präferenzen. Solche Präferenzen haben wir bereits im Zusammenhang mit der Aktivierung von Default-Werten, generell von Slot-Ausfüllungen, kennenge-

---

Kern"? Was ist ein Frame-Kern? Wie lässt er sich beschreiben? Muss / kann ein „Frame-Kern" extensional bzw. referenztheoretisch beschrieben werden? Was heißt referenztheoretisch dann genau? Referenz (nur) auf konkrete ‚Exemplare'? Oder auf ‚Klassen' und kognitive Entitäten? (Siehe dazu oben teilweise Kap. 7.4.5)

[154] Zu klären bliebe noch das Verhältnis von Slots eines abstrakten Konzept-Frames zu den konkreten Slots einer verbalisierten Prädikation, die einen Konzept-Frame inhaltlich näher charakterisiert. Beides ist nicht dasselbe und muss Frame-theoretisch auseinandergehalten werden.

7.5 Merkmale von Frames 621

lernt. Später weist Barsalou darauf hin, dass auch die Ausdifferenzierung (von Konzepten, und damit Frames) durch Erfahrungen, Ziele, Interessen gesteuert ist. *Ziele, Interessen, Perspektivierungen* und *Fokussierungen* greifen also nicht nur in der *Abrufung* und *Aktivierung* von Frames ein, sondern bereits in der *Frame-Bildung* und *–Entstehung* (im Zuge der Frame-Ausdifferenzierung). In diesem Zusammenhang (der sich eng anschließt an das Axiom der Rekursivität von Frames und Unabschließbarkeit der Frame-Ausdifferenzierung) hebt Barsalou hervor, dass z.B. Attribute (als Teile von Frames, die ja Konzepte und also solche selbst wieder Frames sind) kognitive Konstrukte darstellen, was damit natürlich auch für die Frames insgesamt gilt. Eine Folge davon ist, wie er ebenfalls betont, dass Frames nicht gesamtgesellschaftlich homogen sind; verschiedene Personen (mit verschiedenen Kenntnissen) verfügen über in unterschiedlichem Ausmaß ausdifferenzierte Frames (z.B. kann die Anzahl der Attribute variieren). Mehr noch: Auch verschiedene Kulturen können ihm zufolge verschiedene (Systeme von) Frames haben.

Besonders in der kulturwissenschaftlich orientierten linguistischen Frame-Semantik ist dieser Aspekt der *sozialen bzw. kulturellen Heterogenität der Frames* besonders herausgearbeitet oder in den Mittelpunkt der Forschungsdesigns gestellt worden. So will z.B. Klein vor allem die Differenz im Frame-Wissen unterschiedlicher Teil-Gruppen in einer Sprachgemeinschaft empirisch erforschen. Hier ist Frame-theoretisch gesehen die Differenz zwischen der „sozialen Bedeutung" von Begriffen / Lexemen und ihrer möglicherweise je spezifischen „individuelle Bedeutung" (oder „gruppenspezifischen Bedeutung") relevant. Holly begreift daher auch politische Diskurse insbesondere als „Aushandlungen konkurrierender Frames"; auch Klein entdeckt konkurrierende Frame-Strukturen oft in ein und demselben Diskurs. Fraas wendet diese Frage Frame-theoretisch spezifischer, indem sie die Frage stellt, welche Aspekte (*slots*) eines Frames in einem Diskurs (in konkreten Sätzen, Texten, kommunikativen Situationen) jeweils fokussiert werden. Auch Klein wendet (allerdings ausgehend von dem sehr abstrakten Matrixframe-Modell Konerdings, von dem solche Fragen und Probleme nachgerade provoziert werden) diesen Aspekt ins Grundsätzliche, indem er die These formuliert, dass ohne diskursspezifische *Kontextualisierungen* und *Fokussierungen* sich die Frame-Struktur (und damit die Bedeutung) eines Lexems gar nicht angemessen und präzise genug bestimmen lässt, da sonst eine Überfülle potentieller Frame-Kategorien (*slots* bzw. Attribute) zu einer unrealistisch unübersichtlichen Wissensstruktur führen würde. Fokussierung, Kontextualisierung, Perspektivierung ist also offenbar etwas, das auch in engem Zusammenhang mit der *type-token-* / Muster-Exemplar-Problematik zu sehen ist. Klein führt daher eine neue Größe in die Frame-Theorie ein, die er „Filter" nennt, ein „Filter", der die Kategorien eines Matrixframes „filtert" für die ad hoc relevanten (eine Größe, von der noch nicht so recht klar ist, welchen Status sie in einem Frame-Modell haben soll). Klein ist es dann auch, der als erster die „Perspektive" in einem Frame (auch) diachron deutet: Die Verschiebung der Perspektive auf einen Frame in einem Diskurs kann einen Frame-Wandel indizieren; so z.B. der Wechsel von Frame-Elementen zwischen dem „Kern" und der „Peripherie" eines Frames und umgekehrt.[155]

Wenn in diesem Zusammenhang also von der Steuerung der Frame-Aktivierung, wie des Frame-Aufbaus und –Ausbaus, durch Ziele, Interessen, Fokussierungen, Perspektivierungen und Kontextualisierungen die Rede ist, dann ist es wichtig, daran zu denken, dass

---

[155] Um mit solchen Ideen praktisch umgehen zu können, müsste man allerdings zuerst wissen, wie man erkennen kann, was Kern und was Peripherie im Frame ist – ein gravierendes empirisches Problem.

all diese Aspekte auch durch *Intentionen* gesteuert sein können. Die Rolle von Intentionen im Wissen (oder einem theoretischen Wissensmodell) ist bislang kaum jemals angeschnitten worden. Von Schank / Abelson wissen wir nur, dass auch ziel-bezogenes Wissen häufig hochgradig typisiert ist; die Intentionen also nicht unbedingt durchgängig oder vorrangig privat sein müssen, sondern durch gesellschaftliche Normen und Erwartungen (die ebenfalls als Wissenselemente Frame-förmig organisiert sind) beeinflusst sein kann.[156] Den *Intentionen* in der aktiven Produktion entsprechen die *Erwartungen* in der Rezeption von Frames bzw. Frame-evozierenden sprachlichen Einheiten. Die Berücksichtigung von *Zielen, Interessen, Fokussierungen, Perspektivierungen, Kontextualisierungen, Intentionen* und *Erwartungen* ist also ein wichtiger Bestandteil nicht nur der Frame-Theorie und –Definition, sondern auch der empirischen Frame-Analyse.[157]

Zusammenfassung und Arbeitsdefinitionen zu *Perspektivierungen, Fokussierungen, Ziele, Interessen, Intentionen und Kontextualisierungen bei Frames und in der Frame-Aktivierung:*

Frames können in zweierlei Hinsicht theoretisch wie empirisch-analytisch in den Blick kommen: Als abstrakte Struktureinheiten des Wissens auf der Ebene der Wissens-Hintergründe, -Kontexte, -Horizonte (*type-* oder Muster-Ebene); und als konkrete kognitive Aktualisierungen in Situationen der Wissens-Aktivierung bzw. –Aktualisierung (*token-* oder Anwendungs-Ebene). Eine wichtige Funktion aktualisierter Frames kann in der *Perspektivierung* und *Fokussierung* bestimmter Aspekte eines Gesamt-Frames liegen. Diese können auf zweierlei Weise erfolgen: (a) als Aktivierung bestimmter Sub-Sets von Slots / Attributen aus der Gesamt-Menge von Slots / Attributen eines *type*-Frames, und (b) als Füllung der Slots mit spezifischen (Sets von) Werten. Ersteres ist möglicherweise typischer für die Fokussierung bei Frames, die sich auf Objekte *mit* perzeptueller Überprüfbarkeit ihrer Eigenschaften (sog. *Konkreta*) beziehen; Letzteres möglicherweise typischer für die Fokussierung bei Frames, die sich auf Objekte *ohne* perzeptuelle Überprüfbarkeit ihrer Eigenschaften (sog. *Abstrakta*) beziehen, bei denen sich die Eigenschaften allein aus inner-epistemischen Beziehungen und Aktivierungen bestimmen lassen, ohne die Möglichkeit eines externen Korrelates „in der Welt".

Perspektivierung und *Fokussierung* bestimmter Aspekte eines Gesamt-Frames in der kognitiven Aktualisierung sind in der Regel durch *Ziele, Interessen, Intentionen* und *Erwartungen* gesteuert; sie hängen aber auch eng mit sachlogisch sich ergebenden *Zwecken* und *Funktionen* einzelner epistemischer Elemente in einer gegebenen epistemischen Situation zusammen, sind also erheblich durch *Relevanz* bestimmt (für die es im individuellen und sozialen Wissen eigene Kriterien, vermutlich ebenfalls in Form von Frames organisiert, gibt). Insgesamt ergeben all diese Faktoren in der Aktivierung von Frames (oder Teil-Frames) eine *epistemische Kontextualisierung* im verstehensrelevanten Wissen.

Perspektivierungen und *Fokussierungen* bestimmter Wissensaspekte können sich kognitiv oder sozial verfestigen und zu neuen *type*-Frames (im individuellen oder gesellschaftlichen Wissen) führen; auch diese sind durch *Ziele, Interessen, Intentionen* (und *Zwecke* und *Funktionen*) gesteuert und können als quasi *epistemisch verfestigte Kontextualisierungen* aufgefasst werden. Sie schaffen oder stützen dann neue Typen von *Erwartungen.*

---

[156] Ein theoretisches Modell, in dem dieser Aspekt auf den Begriff gebracht worden ist, ist das kultursoziologische *Habitus*-Konzept bei Bourdieu.

[157] Eine in diesem Kontext interessante Frage, der man im Rahmen einer Frame-Theorie ebenso wie bei der empirischen Frame-Analyse und –Beschreibung eigentlich nachgehen sollte, ist dann jedoch die: Operieren Leute nicht häufig mit Attributen aus einem (begrenzten) Fundus an Konzepten? D.h.: Gibt es nicht so etwas wie „Architekturen des Wissens", die sie immer wieder benutzen, auf die sie immer wieder zurückgeworfen sind? Statt, wie es etwa Barsalou sehr idealistisch anzunehmen scheint, immer die aktiven und autonomen Konstrukteure ihrer eigenen Wissensstrukturen zu sein. Es geht damit um die Dialektik von Freiheit und Bestimmung (hier in einem epistemischen Sinne, in Bezug auf die Wissensaktivierung), die auch in der Frame-Aktualisierung offenbar eine große Rolle spielt.

7.5 Merkmale von Frames 623

Sprachliche Zeichen und die *Strukturen komplexerer sprachlicher Ausdrücke* (z.B. von *Sätzen*) haben nicht nur die Funktion, Frames zu evozieren und Frame-Elemente zu verbalisieren. Durch die häufig selektive Verbalisierung bestimmter Aspekte von Frames oder bestimmter Sets von Frame-Elementen eines allgemeinen epistemischen Frames bewirken sie auch zu einem guten Teil die *Perspektivierung* und *Fokussierung* in Bezug auf ausgewählte und jeweils *relevante* Aspekte oder Teile des Gesamt-Frames. Solche sprachlichen Mittel stehen dadurch für so etwas wie *gesellschaftlich typisierte Perspektivierungen* und *Fokussierungen* im Wissen.

7.5.7 Grade der Frame-Differenzierung, Experten- und Laien-Wissen

In engem Zusammenhang mit dem Aspekt der *Perspektivierung* und *Kontextualisierungen* in Bezug auf Frames steht auch die Frage nach *Graden der Frame-Differenzierung,* wie sie sich prototypisch etwa im Verhältnis von *Experten- und Laien-Wissen* niederschlagen können. Schon im Prinzip der *Rekursivität* ist angelegt, dass Frames, da sie beliebig und letztlich unabschließbar in Unter-Frames ausdifferenziert werden können, stark unterschiedliche Grade der Ausdifferenzierung aufweisen können. So fokussieren konkrete Frames häufig Ausdifferenzierungen von spezifischen Teilen komplexerer Frames. Klein drückt das so aus: Frames weisen einen unterschiedlich starken Grad an Granulierung auf.[158] Auch Ballmer thematisiert den Gedanken der durch eine unterschiedlich große Zahl an Frame-Elementen ausgewiesenen Komplexitäts-Unterschiede von Frames. Einen radikalen Standpunkt in Bezug auf solche Grade der Ausdifferenziertheit des Wissens nimmt Barsalou ein. Er hält es (im Rahmen seiner Überlegungen zu „konzeptuellen Feldern") für möglich, „dass Experten keine zwei Exemplare eines Feldes identisch kodieren".[159] Diese Erkenntnis ist überaus wichtig, da sie insbesondere für Domänen des gesellschaftlichen Wissens einschlägig ist, in denen Frames in der Regel einen hohen Grad an Ausdifferenziertheit, Spezialisierung, Komplexität und Verflechtung annehmen. Dies gilt nicht nur für die *Wissenschaften,* sondern auch für zentrale gesellschaftliche Institutionen wie etwa das *Recht, Religion und Theologie* usw.[160] Die Frame-Semantik liefert ein ausgezeichnetes Instrument, um solche Granulierungen und Ausdifferenzierungsgrade des verstehensrelevanten Wissens theoretisch und methodisch angemessen zu erfassen.

---

[158] „Was dabei als Norm vorausgesetzt wird, kann je nach Kommunikationspartner durchaus variieren. Frames, die das unter Experten erwartbare Bedeutungswissen repräsentieren, beanspruchen in der Regel daher eine weit größere kategoriale Differenzierung bei den Slots und eine feinere Granulierung bei den Fillern als Frames, die das bei Laien mit normativem Anspruch erwartbare Bedeutungswissen repräsentieren." Klein 1999, 167. (Eine ähnliche Auffassung findet sich in Putnams 1979 Stereotypensemantik.)

[159] „Weil Experten sehr viel mehr Exemplare erfassen als Anfänger, haben sie auch reichere Frames. [...] Wenn sich Exemplare gleichmäßig über ein Begriffsfeld verteilen, kann es sein, dass ein Experte keines von ihnen identisch codiert. [...] Als Resultat produziert das Frame-System eines Experten eine ‚tiefere' Verarbeitung von Exemplaren [...]." (Barsalou (1992, 65)

[160] Die Beobachtung Barsalous gilt insbesondere auch für Begriffe / Frames in der Domäne „Recht". Die „Exemplare" sind hier die einzelnen, einem Gericht vorgelegten und zu entscheidenden Rechtsfälle. Möglicherweise erfordert jeder einzelne Anwendungsfall einer Rechtsnorm (eines Rechtsbegriffs) eine gesonderte Frame-Struktur. Die Rolle von Standardwerten müsste dann noch geprüft werden. – Für Busse 1991a war die hohe Komplexität der Semantik von Rechtsbegriffen der Hauptanlass dafür, sich der Frame-Semantik zuzuwenden, da nur sie in der Lage ist, die Komplexität und Vernetztheit der juristischen Semantik theoretisch angemessen zu erfassen und Hinweise auf überzeugende methodische Schritte ihrer Analyse zu liefern.

Arbeitsdefinitionen zu *Frame-Differenzierung:*

Frames (auf der Eben allgemeiner gesellschaftlicher Wissensstrukturen, d.h. Muster oder *types*) sind keine einfachen und geschlossenen Strukturen. Vielmehr muss mit erheblicher gesellschaftlicher Varianz im Grad der „Granulierung" und Ausdifferenziertheit der Frames gerechnet werden. Aufgrund des allgemeinen Prinzips der Rekursivität sind Frames prinzipiell unendlich verfeinerbare Wissensstrukturen. Dies schlägt sich darin nieder, dass in gesellschaftlichen Domänen mit unterschiedlichem Wissensbedarf auch die Differenziertheit der Frames variiert (typischerweise bekannt als sog. Experten- / Laien-Divergenz).

7.5.8 Frame-Dynamik: Akkomodation, Umbau, Wandel, Emergenz, Entstehung von Frames

Insbesondere die Kognitionswissenschaftler unter den Frame-Theoretikern haben hervorgehoben, dass eines der wesentlichen Merkmale der als Frames charakterisierten Wissensstrukturen in der *Frame-Dynamik* besteht. Diese Dynamik hat verschiedene Aspekte: sie tritt in der aktuellen kognitiven Frame-Aktivierung auf (z.B. im aktiven Verstehen sprachlicher Zeichenketten / Texte), sie kann Teil von Differenzen und Diversifikationen im zwischenmenschlichen Diskurs sein, und sie schlägt sich diachron in Frame-Wandel, Frame-Ausdifferenzierung und –Neuentstehung nieder.

Zunächst zur *Dynamik im Prozess der Frame-Aktivierung.* Schon für Bartlett war es wichtig gewesen, dass man statt von als statisch missverstehbaren Schemata lieber von „aktiv sich weiterentwickelnden Mustern" sprechen sollte. Er bezeichnete auch die Schemata als „lebendige, momentane Settings" (und meinte damit natürlich instantiierte bzw. *token*-Schemata, wie später insbesondere Barsalou). Auch Barsalou hebt hervor, dass Frames „dynamische relationale Strukturen" sind, „deren Form flexibel und kontextabhängig ist". Frames haben damit, so später auch Ziem, einen grundsätzlich dynamischen Charakter. Minsky führt diese generelle Eigenschaft von Frames auf die kognitiven Prozesse zurück, die im Zuge der Frame-Aktivierung ablaufen. Diese Prozesse sind für ihn ein „Abgleich-Prozess" [*matching process*] zwischen allgemeiner, im Gedächtnis gespeicherter epistemischer Struktur und konkreten Situationen, Ereignissen, Objekten. Liefert ein solcher *matching process* (für ein gegebenes Erkenntnis-Objekt) keine befriedigenden Ergebnisse, dann wird, so Minsky, ein Ersatz-Frame aktiviert. Dies ist beispielsweise immer dann nötig: „wenn ein fraglicher Frame nicht auf einen gegebenen Wirklichkeitsausschnitt angepasst werden kann". Es liegt also in der Dynamik der kognitiven Frame-Aktivierung, dass entweder Frame-Modifikation, oder Wahl eines Ersatz-Frames als Strategien benötigt werden, da der abstrakte epistemische Frame (*type*) nur allgemeine Parameter liefert, die durch Slot-Ausfüllung bzw. Werte-Belegung objektbezogen jeweils konkretisiert werden müssen. Wird für ein Phänomen / Problem kein passender Frame gefunden, wird der bestmögliche abrufbare Frame laut Minsky so lange modifiziert, bis er passt. (Diese Dynamik von Frames und Frame-Aktivierung ist insbesondere wichtig für linguistische Frames, die immer nur abstrakte Strukturen liefern, die mit bestimmtem lexematischem Material – im Falle von Satz-Frames – oder mit bestimmten Exemplar-Zuweisungen – im Falle von Lexem-Frames – konkretisiert werden müssen.)

Damit wird deutlich: Frame-Anpassung und Frame-Wandel sind im Grundprinzip der Frame-Aktivierung bereits immer schon angelegt; sie sind mit anderen Worten ein konstitu-

7.5 Merkmale von Frames

tives Merkmal von Frames überhaupt. Frames sind damit nicht nur anpassungs*fähig*, sondern stets auch anpassungs*bedürftig* (was wiederum insbesondere auch für sprachliche Regeln, für die Semantik usw. gilt). Minsky geht davon aus, dass ganz neue Frames wohl selten aufgebaut werden. Eher ist mit einem *Umbau* und einer *Anpassung* vorhandener Frames zu rechnen. (Auch dies findet eine Parallele in der Linguistik: Wortschatzerweiterung findet fast ausschließlich durch Bedeutungswandel, also semantischen Wandel vorhandener Wortformen, oder durch Wortbildung, d.h. Erzeugung neuer Lexeme aus einem Fundus vorhandener Morpheme und Lexeme, statt.) Im Bereich der linguistischen Semantik heißt dies z.B.: Jede konkrete Gebrauchsweise sprachlicher Zeichen kann zur Adaption der herangezogenen Frames führen; in jedem *token* kann der Keim zur Veränderung des *types* angelegt sein. Der letztgenannte Aspekt wird vor allem auch von Barsalou hervorgehoben: Jedesmal, wenn ein Exemplar zu einer Kategorie hinzugefügt wird, werden seine Werte in den Frame integriert.

Menschen sind, so Barsalou, sehr kreativ im Konstruieren von Attributen bzw. Slots; oft produzieren sie neue Attribute in Relation zu spezifischen Kontexten. Diese Kreativität der Konstruktion von Attributen schlägt sich stärker in der aktuellen kognitiven Frame-Aktivierung als im diachronen Frame-Wandel nieder, da nach seinen Aussagen nur wenige solcher aktuell hinzugefügter Attribute lexikalisiert werden. Doch muss man darauf hinweisen, dass der produktive epistemische Aspekt von Frames als Frame-Erzeugungs-Mechanismen bzw. „hochgradig generativen Mechanismen"[161] eine gleichgewichtig prozedurale (auf die kognitive Aktivierung bezogene) wie diachrone Seite hat. Müske weist darauf hin, dass schon Text-Produzenten die Möglichkeit haben, Frame-Innovationen und -Durchbrechungen durch Arrangement des Materials in einem Text zu realisieren. (Entweder durch Ausweitung des Frames, oder durch Lieferung der Basis für einen neuen Frame: thematisch scheinbar unpassende Textelemente definieren einen neuen Frame.)

Zur Dynamik im Diskurs (gesellschaftliche Dynamik): Die Überlegungen von Müske deuten an, dass die Dynamik der Frames im (gesellschaftlichen) Diskurs eine Vermittlungsfunktion zwischen Frame-Aktivierung und diachronem Frame-Wandel hat. Im gesellschaftlichen Diskurs treffen unterschiedlichste Formen der Frame-Aktivierung aufeinander und werden teilweise verbalisiert bzw. aus den von wechselhaften Positionen (Interessen, Zielen, Einstellungen, Wissensbasen) aus formulierten Texten und Aussagen im Diskurs sichtbar. Müske nennt als Formen der „Frame-Expansion": (1) „Überfrachten" konventioneller Slots mit Fillern; (2) Einfügen neuer Slots; (3) Außerkraftsetzen üblicher Slots; (4) Nicht-Bedienen von Slots. All dies kann sich auch diachron verfestigen, in veränderten Muster-Frames im individuellen und dann auch gesellschaftlichen Wissen niederschlagen. Wir haben zudem oben gesehen, dass Klein die „Perspektive" in einem Frame nicht nur individuell, sondern gerade auch diskursiv, und schließlich (in engem Zusammenhang damit) auch diachron deutet. Zunächst als Verschiebung der Perspektive in einem Diskurs (zwischen wechselnden Partnern im Diskurs),[162] z.B. als Wechsel von Frame-Elementen zwischen dem Kern und der Peripherie eines Frames, danach dann auch im Sinne einer konventionellen Verfestigung (im diachronen Wandel).

---

[161] Der generative Aspekt schlägt sich laut Barsalou auch darin nieder, dass Frames und Frame-Systeme den Individuen dabei helfen, aus vorhandenem epistemischem Material ganze epistemische (konzeptuelle) Taxonomien zu erschließen und zu konstruieren.

[162] Siehe auch Hollys Deutung politischer Diskurse als „Aushandlungen konkurrierender Frames".

Zur *Dynamik im diachronen Wandel:* Die Dynamik von Frames im Prozess der kognitiven Frame-Aktivierung wie im gesellschaftlichen Diskurs wirft ein Schlaglicht auf den Status von Frames im Hinblick auf die Diachronie. Eine Konzeption der Diachronie (sei es in der Sprachwissenschaft, sei es in der Epistemologie bzw. Frame-Analyse) muss immer zwei Aspekte zugleich erklären: Stabilität und Wandel gegebener Strukturen.[163] Für Frames gilt dabei dasselbe, was für lexikalische Bedeutungen von sprachlichen Zeichen bereits ausgeführt wurde: Frame-Anpassung und Frame-Wandel sind im Grundprinzip der Frame-Aktivierung bereits immer schon angelegt. Frames sind stets nicht nur anpassungsfähig, sondern auch anpassungsbedürftig; deshalb liegt in jeder einzelnen Instanz einer Frame-Aktivierung der grundsätzliche Keim der langfristigen Frame-Veränderung bereits enthalten (wie sich insbesondere in der linguistischen Semantik immer wieder zeigt). Wie schon erwähnt: Jede konkrete Gebrauchsweise sprachlicher Zeichen kann zur Adaption der herangezogenen Frames führen. Wie die Dynamik der Frames aus ihrer prinzipiellen Kontextabhängigkeit herrührt, so schafft die Kontextabhängigkeit auch die Voraussetzungen für den diachronen Wandel der in Frames kondensierten Wissensstrukturen, und insbesondere auch für dessen Unausweichlichkeit. Was also zu erklären ist, ist nie der Wandel, sondern immer und zuerst das Wunder der temporären Stabilität.

Wichtig ist daher, dass ganz neue Frames wohl selten aufgebaut werden. Eher zu rechnen ist mit dem Umbau, der Anpassung vorhandener Frames (so Minsky). Dabei wirkt sich die von Barsalou erwähnte Kreativität der Menschen bei der Konstruktion neuer Frame-Elemente (Slots, Attribute) aus, d.h. die Tatsache, dass sie neue Attribute in Relation zu neuen, spezifischen Kontexten kreieren können. Darin schlägt sich zugleich ein wichtiger Aspekt der Muster-Exemplar-Problematik nieder, die damit auch eine diachrone Note bekommt. Die im Zusammenhang mit der Dynamik in der Frame-Aktivierung ebenfalls bereits erwähnte Tatsache, dass jedesmal, wenn ein Exemplar zu einer Kategorie hinzugefügt wird, seine Werte in den Frame integriert werden, bekommt damit einen diachronen Einschlag. Hier wird von Barsalou offenbar mit Bezug auf kognitive bzw. epistemische Frames ein Phänomen angesprochen, das aus der linguistischen Semantik (der Lexem-Bedeutungen) gut bekannt ist: Nämlich die Tatsache, dass ein Bedeutungswandel durch Hinzufügung neuer Exemplare zur Extension einer Wortbedeutung erfolgen kann, wenn dieses Exemplar neue Aspekte ins Spiel bringt, und die man folgendermaßen auf den Punkt bringen kann: Intensionaler Wandel aufgrund extensionaler Erweiterung. (Man könnte daher hier auch von einer „extensionalen Perspektive der Frame-Theorie" reden.)

Aus all diesen Beobachtungen kann man erschließen, was ich das *„Prinzip der Frame-Emergenz"* nennen möchte: Frames entstehen oder wandeln sich durch den ganz normalen Prozess der Frame-Aktivierung, indem durch extensionale Erweiterung der Anwendungsbereiche des Frames neue Aspekte, die durch neue Exemplare beigesteuert werden, in den langfristig gespeicherten oder gesellschaftlich (qua Konventionen) etablierten Muster-Frame integriert werden. Statt einem plötzlichen Wandel muss man daher meistens einen induktiven Prozess der allmählichen Frame-Emergenz aus einer Vielzahl von konkreten

---

[163] Die Forschung (als gutes Beispiel kann hier die Linguistik stehen, die Problematik trifft aber auch auf alle anderen Wissenschaften zu, die es mit sozial stabilen und zugleich dynamischen Untersuchungsobjekten zu tun haben) hat sich meistens auf die Erklärung und Beschreibung des Wandels konzentriert; für die Erklärung der Stabilität hat sie (zumindest gilt das für die Linguistik) so gut wie gar nichts auf der Hand. – Siehe zum Zusammenhang von Stabilität und Wandel in Bezug auf die Semantik ausführlicher Busse 1987, 176 ff.

7.6 Die Struktur von Frame-Systemen und –Netzen   627

Exemplar-Repräsentationen konstatieren. Die von Müske benannten Formen der „Frame-Expansion": „Überfrachten" konventioneller Slots mit Fillern, Einfügen neuer Slots, Außerkraftsetzen üblicher Slots, wirken sich daher auch im diachronen Wandel aus. Ziem schließlich konkretisiert folgende Formen der Verfestigung von Frames: (a) Eine hohe *type*-Frequenz liegt dann vor, wenn sich eine Leerstelle (und mithin der ganze Frame) aufgrund von vielen unterschiedlichen, in die Leerstelle instantiierten *tokens* verfestigt. (b) Im Falle einer hohen *token*-Frequenz hingegen würde ein und dieselbe Instanz rekurrent die Leerstelle besetzen und sich so zu einem Standardwert verfestigen. Mit diesen Überlegungen sind die Prozesse beim diachronen Wandel, Umbau, Erweiterung oder Kürzung von Frames höchstwahrscheinlich noch keineswegs abschließend beschrieben; sie liefern aber wichtige Anregungen für eine Theorie des Frame-Wandels, die als Teil einer allgemeinen Epistemologie noch zu entwickeln wäre.

Arbeitsdefinitionen zu *Frame-Dynamik: Akkomodation, Umbau, Wandel, Emergenz und Entstehung von Frames*:

Frames sind grundsätzlich *dynamische relationale Strukturen*, deren Form *flexibel* und *kontextabhängig* ist, und die nicht nur anpassungs*fähig*, sondern auch anpassungs*bedürftig* an die je wechselnden Kontexte und Bezugs-Exemplare sind. Diese Dynamik der Frames zeigt und vollzieht sich auf drei Ebenen: bei der *kognitiven Frame-Aktivierung*, in der (gesellschaftlichen) *Diversifikation der Frames im Diskurs*, im *diachronen Frame-Wandel*. Aus der Wechselwirkung dieser drei Ebenen der Frame-Dynamik resultiert das wichtige Phänomen der *Frame-Emergenz*. Frames entstehen (und wandeln sich) nicht plötzlich und nur aufgrund massiver Antriebe; vielmehr ist dies ein normaler und sich alltäglich und fortlaufend vollziehender Prozess, der sich aus der Dynamik der in jedem einzelnen Fall (*token*) notwendigen Frame-Aktivierung unvermeidlich ergibt.

In der alltäglichen individuellen kognitiven Frame-Aktivierung wie in der gesellschaftlichen Diversifikation der Frames, die sich im Diskurs zeigt und dort kommunikativ vermittelt und gesellschaftlich „ausgehandelt" wird, liegt der Keim des sich stetig vollziehenden Prozesses des diachronen Wandels der epistemischen Strukturen, für die die Frames das Organisationsformat darstellen. In der individuellen Frame-Aktivierung schlagen sich die wechselhaften Positionen, Interessen, Ziele, Einstellungen, Perspektivierungen, Fokussierungen, Kontextualisierungen nieder, die dann teilweise (soweit sie „verbalisiert" bzw. aus den sprachlich realisierten Texten sichtbar und nachvollziehbar sind) im gesellschaftlichen Diskurs „kommuniziert" werden mit der möglichen Folge des „Aushandelns" neuer Konventionen bzw. Strukturen der allgemeinen gesellschaftlich akzeptierten Frames (als Teil des „kulturellen Gedächtnisses"). Hat sich ein solcher Prozess der sozialen Verbreitung und Etablierung veränderter Frames vollzogen, hat ein diachroner Frame-Wandel stattgefunden, der dann entsprechend auch im individuellen Wissen einen Niederschlag finden kann. Deutlich wird: *kognitive Aktivierung*, *diskursive Diversifikation* und *diachroner Wandel* von Frames beruhen auf denselben Prinzipien. Oder anders ausgedrückt: In jeder Frame-Aktivierung ist die Möglichkeitsbedingung des Frame-Wandels immer schon mitgegeben.

7.6   Die Struktur von Frame-Systemen und -Netzen

Der Begründer der kognitionswissenschaftlichen Variante der Frame-Theorie, Marvin Minsky, hat sich in seiner später erschienenen Monographie zur Grundlegung einer Kognitionstheorie (*Society of Mind*, 1986) deutlich darüber beklagt und sehr verwundert gezeigt, dass das, was er persönlich für den Kern und das eigentliche Ziel (und vor allem das eigentlich Neue und über die vorherige Schematheorie, etwa Bartletts, Hinausgehende) seines

1974er Textes gehalten hat, von der Rezeption überhaupt nicht wahrgenommen worden sei. Es ist der Aspekt, den er auch als Titel eines Teilabdrucks seines damaligen Papiers gewählt hat, nämlich: *„Frame system theory"*. Bis heute spielt dieser Aspekt, dessen Weiterverfolgung auch sehr nützlich wäre für eine Nutzung des Frame-Modells als Instrument einer allgemeinen Wissensanalyse und Epistemologie (sozusagen der „Architekturen des Wissens"; vgl. dazu Busse 2005a), in der Forschung kaum eine Rolle. Dennoch ist die Erklärung und Beschreibung der Relationen zwischen Frames und der Strukturen innerhalb von Frame-Systemen ein wichtiger Punkt jeder Frame-Analyse, auch und gerade in der linguistischen Semantik, da sich daraus implizit immer wieder systematische Aspekte ergeben, sei es im Zusammenhang mit Ontologien und Taxonomien, sei es in Zusammenhang mit Phänomenen wie „Frame-Vererbung", „Frame-Nachbarschaft" oder „Frame-Analogie".

7.6.1 Frames als Strukturen aus Frames und Relationen

Während Fillmore Frames zunächst ziemlich real-enzyklopädistisch als Repräsentationen von ganzheitlichen „Szenen" konzipiert, baut Minsky von Anfang an den Gedanken in sein Modell ein, dass Frames selbst auch wieder Strukturen aus Frames sind. Dies wird deutlich dadurch, dass er die sog. „Leerstellen"[164] als „Verbindungsstellen" definiert und hinzufügt: durch diese Verbindungsstellen schließen wir Frames an Frames an. Auch bei Barsalou wird dadurch, dass Frames Konstellationen aus Konzepten sind und Konzepte selbst wieder Frames darstellen, deutlich, dass Frames immer Strukturen aus Frames sind. Bekanntlich bringt Barsalou dies auf den Punkt: Frames sind grundsätzlich rekursiv (alle Bestandteile von Frames sind selbst wieder Frames). Da „Attribute" eines Frames, so Barsalou, häufig sehr komplexe, eingebettete Frames sind, könnte man einen Frame auch als eine Art „Mini-System" aus Frames definieren. Aber nicht nur Slots oder Attribute sind Frame-förmig organisiert; natürlich rufen auch Werte, so auch die Standardwerte selbst, Frames auf, wie Ziem betont. D.h. jeder Frame ist per se integraler Bestandteil eines umfangreichen konzeptuellen Netzwerkes (welches nach Ziem über Hyperonymiebeziehungen hierarchisch organisiert ist). Es wäre aber falsch, Frames nur als Gebilde aus *Elementen* zu verstehen; dies sind sie auch, aber nicht nur. Durch den Begriff *Slot* wird nämlich insbesondere der Aspekt des *Relationalen* hervorgehoben. M.a.W.: Frames sind *Strukturen aus Elementen und Relationen* zwischen diesen. Genauer: Vieles an Frames bezieht sich mehr auf die Relationen, Typen von Relationen, allgemeine Bedingungen für relational Anschließbares, als auf Informationen im Sinne statischer „Elemente".

Diesen Gedanken hat bereits Bartlett hervorgehoben, wenn er darauf hinweist, dass jegliches Wissen grundsätzlich immer Wissen über Relationen (Vernetzungen) ist. Relationalität ist als Grundmerkmal daher bereits dem Schema-Begriff (als Vorläufer der Frame-Idee) inhärent. Auch Barsalou begreift Frames als „dynamische relationale Strukturen", deren Form flexibel und kontextabhängig ist; allerdings betont er den dynamischen Aspekt so stark (Frames als „nicht-rigide" Strukturen), dass er ihm eine Redeweise, wie sie Minsky mit seinen „Frame-Systemen" anschlägt, offenkundig verbietet. Barsalou sieht in der Rela-

---

[164] Die Metaphorik dieser in der Literatur üblichen deutschen Entsprechung ist deutlich unpassender als diejenige des sprechenden englischen Originals *slot*, oder – noch eindeutiger – von Minskys Ausdruck *terminal*, was eben *Anschlussstelle* bedeutet.

7.6 Die Struktur von Frame-Systemen und –Netzen

tionalität des Frame-Modells einen der entscheidenden Vorzüge gegenüber der alten Merkmalsemantik. Menschen speichern Aspekte von Kategorien nicht isoliert (wie in der Merkmalsemantik angenommen), sondern besitzen „ein umfangreiches Wissen über Relationen zwischen ihnen". D.h. auch für ihn ist Wissen ist immer auch relationales Wissen. Ein wichtiger Aspekt in der Frame-Analyse sind nicht nur die Frame-konstituierenden Relationen zwischen dem Frame-Kern und den über Attribute angeschlossenen Sub-Frames oder Werte-Frames (bzw. Standardwerte-Frames). Gleichermaßen wichtig sind, wie als erster Minsky betonte, die Relationen, die zwischen den an einen Frame angeschlossenen Elementen (Konzepten, Frames) bestehen. Auch diese Beziehungen sind nicht beliebig, sondern spezifiziert, zumindest können sie das sein. (Mit diesem Gedanken greift Minsky u.a. vor auf solche Relationen, wie sie später Barsalou als *Constraints* und *strukturelle Invarianten* definiert hat.)

Während also Minsky und Barsalou insbesondere die Relationen *in* Frames und zwischen Frame-Elementen (Kern, Attribute, Werte) desselben Frames im Fokus haben (man könnte dies *Intra-Frame-Relationen* nennen, wenn man dies nicht absolut missversteht, sondern immer die grundsätzliche Rekursivität und Nicht-Rigidität von Frames im Auge behält), beschäftigt sich Fillmore intensiver mit Relationen zwischen Frames (man könnte sie dann *Inter-Frame-Relationen* nennen), wie sie in hierarchischen, taxonomischen Verhältnissen (als Ober- und Unter-Frames) gegeben sind – dies nennt er *Frame-Vererbung*. Daneben nennt er noch *Frame-Mischung* und *komplexe Frames* als Typen von Inter-Frame-Relationen. Nachfolgend werde ich auf *Frame-Vererbung und taxonomische Ebenen, Epistemische Frame-Vernetzungen und Frame-Systeme, Typen von Relationen zwischen Frames und Frame-Elementen* und *Typen von Frame-Systemen* etwas näher eingehen.

7.6.2 Frame-Vererbung und taxonomische Ebenen

In der Entwicklung des Frame-Modells von Fillmore und FrameNet spielte der Gedanke der *Frame-Vererbung* (*frame inheritance*) eine zunehmend wichtiger werdende Rolle. Dass dieser Gedanke zunehmend wichtiger wurde, hat wohl vor allem mit den Erfahrungen zu tun, die man macht, wenn man in der linguistischen Semantik die Frames für Lexem-Bedeutungen systematisch zu beschreiben versucht. Dann tritt nämlich ziemlich schnell die Frage auf, ob bestimmte Slots oder Attribute, die zu einem Frame-konstituierenden Konzept festgestellt werden können, auf einer eher allgemeinen oder einer eher konkreteren Eben deskriptiv erfasst werden sollen. Nehmen wir als Beispiel einen Frame für ein Lexem wie *bellen*. Dann hat man für die Beschreibung des Slots AGENS anscheinend die Qual der Wahl, ob man dieses gleich als *Hund* (oder *hundhaft*) klassifiziert, oder als *Tier* (mit der Spezifikation: Unter-Kategorie *Hund*), oder als *Lebewesen* (mit der Spezifikation: Unter-Kategorie *Tier*, und dies wieder mit der Unter-Spezifikation: Unter-Unter-Kategorie *Hund*) usw. Mit anderen Worten: Es treten dieselben Probleme auf, wie sie in Begriffs-Hierarchien oder Taxonomien immer auftreten. In der Frame-Forschung hat insbesondere Konerding die radikalste Konsequenz aus diesem Umstand gezogen, indem er für die Beschreibung von Frames ein gestuftes System von Begriffs-hierarchischen Kategorien entwickelt hat (das Verfahren nennt er „Hyperonymtyp-Reduktion"), welches am Ende zu äußerst abstrakten sog. „Matrix-Frames" führt, von denen die konkreten Frames dann immer die Menge der Slots reduzierende Ableitungen bzw. Konkretisierungen sind. Die Nähe zu den Be-

630   *Kapitel 7: Frame-Semantik: Ein Arbeitsmodell*

griffssystemen (eine Spezialität der Wissenschaft zur Aufklärungs-Zeit im 18. Jahrhundert, also auf dem Höhepunkt des Enzyklopädismus) ist überdeutlich.

Zunächst hat jedoch Fillmore den Gedanken der Frame-Vererbung am Beispiel der Frames für Verben eingeführt und erläutert.[165] Laut Selbstaussage spielt das Bestimmen von Frame-Relationen insbesondere für das FrameNet-Vorhaben eine zentrale Rolle und sei sogar namensgebend („-net"). Vor allem zwei Typen von Frame-Relationen werden von Fillmore und den FrameNet-Autoren intensiver erörtert: *Frame-Vererbung* (bzw. *Frame-Erbschaft, frame inheritance*) und *Sub-Frame*. Unter *Frame-Vererbung* wird die Ausdifferenzierung (*elaboration*) eines allgemeineren (und abstrakteren) „Eltern-Frames" durch einen oder mehrere „Kind-Frame(s)" verstanden. Dabei „erbt" der Kind-Frame alle Frame-Elemente und Eigenschaften des Eltern-Frames, kann diesen aber eigene zusätzliche Elemente und Eigenschaften „hinzufügen". Als Beispiel wird etwa genannt: ein allgemeiner BEWEGUNG-Frame und REISEN als seine Realisierung. Eltern-Frame und Kind-Frame(s) verhalten sich damit zueinander wie Oberbegriff und Unterbegriff in Begriffs-Hierarchien (Taxonomien) und Ontologien (nach deren Vorbild sie ganz offensichtlich konzipiert sind, ohne dass auf diese Ähnlichkeit näher eingegangen würde).

Im Unterschied zu solchen als *Frame-Vererbung* bezeichneten begrifflich-hierarchischen Frame-zu-Frame-Beziehungen stellen die als *Sub-Frame*-Beziehungen (oder *Frame-Komposition*) bezeichneten Frame-Relationen eher eine Art „Teil-Ganzes-Beziehung" dar. Als typisches Beispiel werden dafür Teil-Handlungen (bzw. Teil-Abläufe) als umfassendere komplexe Handlungs-Ketten (bzw. Geschehens-Abläufe) genannt. So, wieder am Beispiel REISEN, Teil- oder Sub-Frames wie ABFAHREN und ANKOMMEN. Sub-Frames teilen mit dem Ober-Frame nur einige Frame-Elemente (so sind die AUSFÜHRENDER-Frame-Elemente im Ober-Frame REISEN und in den Sub-Frames ABFAHREN und ANKOMMEN identisch). Es kommt dann auf den spezifischen Charakter des Sub-Frames (bzw. die Art der Einbettung eines Sub-Frames in einen Ober-Frame) an, welche und wie viele Frame-Elemente jeweils übereinstimmen. (Z.B. sind in einem vollständigen PICKNICK-AUSFLUG-Frame die AUSFÜHRENDER-Frame-Elemente zwar im Ober-Frame REISEN und in den Sub-Frames ABFAHREN, ANKOMMEN, VERZEHR VON SPEISEN identisch, nicht jedoch zwingend auch im Sub-Frame ZUBEREITUNG DER SPEISEN.) Größere Geschehensabläufe oder Handlungskomplexe werden in FrameNet in Teil-Handlungen oder –geschehnisse unterteilt, die dann je für sich wieder als Frames (eben Sub-Frames) beschrieben werden. Dabei betrifft die Analyse nicht bloß das, was auch in der Alltagswelt als Teil-Handlung oder Teil-Aspekt erkennbar ist (wie z.B. bei einem REISEN-Frame die Teilaspekte ABREISEN, FAHREN (o.ä.), ANKOMMEN), sondern auch sehr subtile Teil-Elemente, die sich nur durch eine epistemologisch / kognitiv orientierte Zerlegung intellektuell erschließen lassen. An ihrem Beispiel: ANKOMMEN in „Jack betrat den Raum" lässt sich beschreiben als Übergang (Transition) zwischen zwei Zuständen (A = Jack nicht im Raum; B = Jack im Raum), die je für sich

---

[165] Obwohl das Interesse von Fillmore und der FrameNet-Autoren nicht einem allgemeinen ontologischen Frame-Modell gilt, werden bestimmte Typen von Frame-Relationen ausführlicher erörtert, ohne dass damit schon ein vollständiger Überblick über mögliche Typen von Frame-Beziehungen gegeben wäre. Es wird in den Schriften nicht, wie es grundsätzlich möglich wäre, zwischen Frame-zu-Frame-Beziehungen und Frame-Elemente-zu-Frame-Elemente-Beziehungen unterschieden, so dass der Begriff der *Frame-Relationen* gegenüber dieser möglichen Differenzierung unspezifisch bleibt. Der Aspekt, dass Frame-zu-Frame-Beziehungen teilweise auch als Frame-Elemente-zu-Frame-Elemente-Beziehungen re-interpretiert werden können, wird zwar gesehen und z.Z. angesprochen, aber nicht weiter vertieft.

7.6 Die Struktur von Frame-Systemen und –Netzen 631

Sub-Frames des übergeordneten Frames darstellen sollen. Von solchen sehr subtilen Teil-Aspekten von Geschehnissen reicht die Verwendung des Frame-Relationstyps „Sub-Frame" in FrameNet aber auch bis zu so „großräumigen" Frame-Kompositionen wie KRIMINALPROZESS mit allen seinen Teil-Ereignissen, -Handlungen, -Geschehensabläufen usw.

Bei der *Frame-Vererbung* wird zwischen „voller Vererbung", „monotoner Vererbung" und „multipler Vererbung" unterschieden. „Volle Vererbung" liege vor, wenn zu jedem Frame-Element und Aspekt des Eltern-Frames eine Entsprechung im Kind-Frame gegeben ist. Mit „multipler Vererbung" ist die Tatsache gemeint, dass ein Wort in einem Satz zugleich für zwei verschiedene Frame-Elemente zweier verschiedener Frames stehen kann. (Z.B. ist in einem Satz wie *„Peter wirft Hans sein gestriges Verhalten vor"* Peter zugleich Instantiierung des Frame-Elements AUSFÜHRENDER in einem BESCHULDIGEN- und in einem KOMMUNIKATIONS-Frame.[166]) Mit „monotoner Vererbung" ist gemeint, dass bestimmte Frame-Elemente des Eltern-Frames durch den / die Kind-Frame(s) nicht ausgeschaltet / überspielt werden können. Der Frame-Relationen-Typ *„Vererbung"* steht in enger Beziehung zum Frame-Relationen-Typ *„Sub-Frames"*, da bei einer vollen Frame-Erbschaft ein Kind-Frame neben den Frame-Elementen auch alle Sub-Frames des Eltern-Frames erbt.[167] Von *Frame-Mischung* sprechen Fillmore und FrameNet, wenn z.B. bestimmte Ereignis-Typen beschreibbar sind als Instantiierungen mehrerer Frames. So z.B. KOMMUNIKATION und KAMPF bei *argue*.[168] Anders als Vererbungs-Relationen spiegeln Sub-Frame-Relationen die Beziehungen zwischen konstitutiven Elementen eines Ganzen und dem Ganzen selbst wider. Sub-Frame ist also eine *Konstitutions-Relation*, während Vererbung eine *Abstraktions- (oder Konkretisierungs-) Relation* darstellt. Beide sind also auf verschiedenen theoretischen Ebenen angesiedelt. Sie hängen jedoch insofern zusammen, als auch die Identifizierung von Sub-Frames es erfordern kann, Abstraktions-Schritte vorzunehmen, die sich im Alltagsbewusstsein nicht immer von vornherein erschließen. Insofern erfordert auch die Erfassung dieses Typs von Frame-Relationen eine beherzt abstraktive Betrachtung von Frames des semantisch relevanten Wissens.

Der wichtigste Aspekt der Frame-Relationen nach Fillmore betrifft also das Wiederkehren von Frame-Elementen (in diesem Falle: Aktanten-FE in prädikativen Frames) in mehreren Frames, entweder als identische Frame-Elemente, oder als Beziehungen zwischen allgemeineren und konkreteren Fassungen von Frame-Elementen. Man könnte daher mit dem gleichen Recht statt von *Frame-Relationen* auch von *Frame-Elemente-Relationen* sprechen. Ziel der Beschreibung von Frame-Relationen ist es vor allem, semantische Verallgemeinerungen quer über mehrere Frames zu ermöglichen. Im Anschluss an die für FrameNet typische Definition von Frames als „Systemen von Begriffen" werden dann auch die Frame-Relationen als „semantische Beziehungen zwischen Sammlungen von Begriffen [*collections of concepts*]" bezeichnet. Damit ist der Bezug der Frame-Vererbung bei Fillmore zu begrifflichen Taxonomien deutlich. Damit „erbt" das Konzept der Frame-Vererbung aber auch alle Probleme von „Begriffs-Hierarchien". Es handelt sich dann auch hier um ein

---

[166] Die Probleme einer solchen Analyse können hier nicht diskutiert werden, siehe dazu aber oben Kap. 2.8.6.

[167] Die spätere Hinzufügung weiterer Typen von Frame-Relationen wie ‚*benutzt (uses), kausativ, inchoativ*' wirkt sehr ad hoc / intuitiv und ergibt noch keine systematische und durchdachte Typologie von Frame-Relationen.

[168] Solche Beziehungen sind in der Theorie sog. „konzeptueller Metaphern" bei Lakoff / Johnson 1980 gut erfasst.

Verhältnis von höheren Abstraktionsebenen zu niedrigeren Abstraktionsebenen. Implizit wird also mit dem Konzept der Frame-Vererbung das Moment der semantischen Abstraktion in das Frame-Modell eingeführt, dem Fillmore sonst eher skeptisch gegenüber steht. Frame-Erbschaft ist daher immer auch eine spezifische Form von semantischen Beziehungen zwischen Wörtern, nur dass sie eben über die bekannten „semantischen Relationen" und „Wortfeld"-Beziehungen weit hinausgeht.[169]

Taxonomische „Vererbungs"-Relationen (im Sinne von Oberbegriff / Unterbegriff) hat auch Minsky im Blick, wenn er hervorhebt, dass jeder Frame eingebettet ist in übergeordnete Frames. Barsalou bringt diesen Aspekt mit seinem Rekursivitäts-Axiom auf den Begriff. Insbesondere er ist es dann auch, der die besondere Leistungsfähigkeit des Frame-Modells für die Analyse von Taxonomien, „konzeptuellen Kombinationen" und „konzeptuellen Feldern" hervorhebt. Dabei gibt Barsalou dem Begriff „Vererbung" eine spezielle, nicht unproblematische Note, wenn er auch die Relation zwischen Attributen und Werten als „Vererbungs"-Relation definiert. Danach seien „Werte" untergeordnete Konzepte eines Attributs; sie *erben* Informationen aus ihren übergeordneten Attribut-Konzepten. Diese Sichtweise ist sehr stark beschränkt auf Frame-Elemente des (nominalen) Konzept-Typs; ob sie für Frame-Elemente des (prädikativen) Aktanten-Typs ebenfalls gilt, ist jedoch keineswegs ausgemacht. Für prädikative Frames ist ja gerade typisch, dass ein und dieselben Frame-Elemente in unterschiedlichen Aktanten-Positionen (z.B. mal als AGENS, mal als PATIENS) vorkommen können. In solchen Fällen davon zu sprechen, dass Informationen, die z.B. mit der AGENS-Position verbunden sind, von den Fillern, die diese Position jeweils ausfüllen „geerbt" werden, trifft allerhöchstens auf der Ebene instantiierter Frames zu. Auf der Ebene konventionalisierter Frames (z.B. lexikalisierter Wortbedeutungs-Frames) ist das eher fraglich, bzw. müsste in jedem einzelnen Fall nachgewiesen werden. In gewisser Weise trifft das jedoch auf solche Aspekte von Frame-Elementen zu, die mit dem Begriff „Affordanzen" beschrieben werden. So ist z.B. bei vielen Konzepten für Artefakte (z.B. *Hammer*) das Merkmal INSTRUMENT, das ja eigentlich ein Aktanten-bezogenes (und damit Slot-bezogenes) Merkmal ist, zu einem inhärenten konzeptuellen Merkmal des fraglichen Konzepts selbst geworden.[170] Vermutlich haben wir es bei dem von Barsalou hier beschriebenen Phänomen (jedenfalls dann, wenn wir uns außerhalb rein nominaler Konzept-Taxonomien bewegen), mit einem Effekt von Konventionalisierungs- und Prototypikalisierungs-Prozessen zu tun, zu deren Beschreibung man dann auch eine überzeugende Theorie der Konventionalisierung benötigte (über die Kognitions-Forscher wie Barsalou jedoch keineswegs verfügen).

Der Aspekt, dass in Frames Attribute und Werte über Vererbungs-Relationen (d.h. Ober- und Unter-Begriffs-Relationen) miteinander verbunden sind,[171] führt dann auf Grund des Prinzips der Rekursivität zu taxonomisch gestaffelten Vererbungs-Ketten. In diesem Sinne spricht Barsalou dann von rekursiv gestaffelten Attribut-Taxonomien. Diesen weist er einen wichtigen heuristischen Wert für den Aufbau von Wissenssystemen durch die einzelnen Individuen zu. Frames und Frame-Systeme helfen ihm zufolge den Individuen

---

[169] Gegenüber der traditionellen europäischen Wortfeld-Konzeption ist Fillmore sehr skeptisch eingestellt.

[170] Häufig sind solche konventionalisierten oder prototypischen Rollenzuweisungen jedoch eher ungefähr als sicher. So wird z.B. bei einem Konzept wie *Hähnchen* das OBJEKT-Merkmal prototypischerweise überwiegen, auch wenn in einem Kinderbuch die AGENS-Rolle verwirklicht sein kann.

[171] „Vererbung" gibt es laut Barsalou auch bei „Constraints", was nur konsequent ist, da diese selbst ja ebenfalls Frames sind.

7.6 Die Struktur von Frame-Systemen und –Netzen   633

dabei, aus vorhandenem epistemischem Material Taxonomien zu erschließen und zu konstruieren. Er spricht dann von „Begriffsfeldern" („conceptual fields"). Frames und Frame-Vererbungs-Relationen können dann ganze komplexe Begriffs-Felder strukturieren. Barsalou vertritt dabei die starke These: „Jeder Frame definiert ein implizites Begriffs-Feld". Diese Begriffsfelder werden rein kognitiv verstanden und sind nicht mit den „Wortfeldern" alter Schule gleichzusetzen. Aufgrund der Rekursivität der Frames können Begriffs-Felder ihm zufolge in exponentiellem Ausmaß wachsen, aber die meisten Positionen eines Begriffs-Feldes sind nicht lexikalisiert (nur die Minderheit ist es).[172]

Die taxonomische Auffassung von (oder Perspektive auf) Frame-Vererbung und Frame-Systeme führt dazu, dass Frame-Systeme, z.B. wenn man sie als Systeme aus Vererbungs-Relationen versteht, die Probleme aller taxonomischen Hierarchien teilen. Probleme sind dies vor allem für die deskriptive linguistische Semantik, weil daraus teilweise erhebliche Schwierigkeiten bei der praktischen Bedeutungsbeschreibung erwachsen. So kann man, wie Lönneker betont, eine Zunahme der Sub-Slots feststellen, je tiefer man in einer Frame-Hierarchie steigt. (Dies entspricht der Zunahme der semantischen Merkmale auf den unteren Ebenen einer Begriffshierarchie.) Umgekehrt entsteht in Taxonomien das Problem der Abstraktheit von Top-Level-Kategorien, weil denen oft keine Lexeme mehr entsprechen, man also (teilweise gravierende) Probleme bei der Benennung der deskriptiven Kategorien bekommt. Ein Haupt-Problem von taxonomischen Ansätzen (jedenfalls, wenn man sie nicht nur, wie vielleicht Barsalou, als vor allem theoretisches Modell, sondern, wie es insbesondere Konerding versucht hat durchzuexerzieren, als deskriptive Methode versteht) ist jedoch, dass sie eine Schein-Vollständigkeit vorspiegeln, die tatsächlich in enzyklopädisch ausgerichteten Beschreibungsmodellen entgegen dem dezidierten Anspruch, mit dem solche Modelle gemeinhin auftreten, gar nicht zu erzielen ist. Stark ernüchternd ist z.B. der Praxistest, dem Lönneker das taxonomische Beschreibungs-Modell der Hyperonymentyp-reduktion nach Konerding unterzogen hat. Konerdings Top-Level-Frames (die er „Matrix-Frames" nennt) haben nämlich in einem ersten Schritt nur 38 % der Lexeme in einem Korpus von Lönneker abgedeckt. Erst, nachdem sie um neue, ad-hoc konstruierte Matrix-Frames ergänzt wurden, ergab sich ein Abdeckungsgrad von 89 %! Die Abstraktheit taxonomischer Modelle sieht auch Klein als Problem der konerdingschen Matrix-Frames: Ohne diskursspezifische Kontextualisierungen und Fokussierungen lässt sich ihm zufolge die Frame-Struktur (und damit die Bedeutung) eines Lexems gar nicht angemessen und präzise genug bestimmen, da sonst eine Überfülle potentieller Frame-Kategorien (slots bzw. Attribute) zu einer unrealistisch unübersichtlichen Wissensstruktur führen würde.

Ein aus der linguistischen Semantik (und auch aus den alten Begriffssystemen des 18. und 19. Jhds.) gut bekanntes Problem aller taxonomischen Modelle ist die Tatsache, dass sich die semantischen Relationen zwischen Ko-Hyponymen (also semantische „Nachbarschafts"-Relationen von Konzepten auf „derselben" Ebene einer Konzept-Hierarchie) häufig nicht erschöpfend durch Vererbungs-Relationen zu den Ober-Konzepten beschreiben lassen, sondern dass es dabei Inkonsistenzen und Nicht-Entsprechungen gibt. Solche Probleme werden zwar meistens aus der Lexem-Eigenschaft der Konzept-tragenden sprachlichen Zeichen erklärbar sein, da Lexeme eben meistens nicht ausschließlich ganz bestimmte feste Positionen in einer ganz bestimmten möglichen konzeptuellen Hierarchie widerspie-

---

[172] Dies zeigt, wie unsinnig die Suche der strukturalistischen System- und Feld-Theoretiker nach den „Lücken im System" des Wortschatzes war!

geln, sondern multifunktional sein können. Sprachtheoretisch gesehen wäre es aber doch recht problematisch, wenn man die Existenz sozusagen „reiner" *Konzept*systeme postulieren würde, die sich von den „unsauberen" *Wort*feldern abkoppeln ließen. (Man käme dann doch ziemlich weit in die Regionen einer spekulativen Theorie des Geistes hinein, der dann als von den sprachlichen Möglichkeiten der Kommunikation des Geistigen völlig abgekoppelt postuliert würde.)

In die Problematik der Frame-Taxonomien greift stark die *type-token*-Problematik hinein. Während sich auf der Ebene der aktuellen Frame-Instantiierung (eine Ebene, die z.B. Barsalou vorrangig, wenn nicht ausschließlich, im Blick hat) vermutlich „Vererbungs"-Relationen vergleichsweise präzise bestimmen lassen (und auch die Relation zwischen Slots und Fillern als Vererbungs-Relation begriffen werden kann) dürfte dies auf der Ebene abstrakter Muster, insbesondere aber dann, wenn noch die Funktion von Zeichen als entweder *type-* oder *token-*Phänomenen hinzukommt, deutlich schwieriger werden. Ein Grund dafür ist, dass sich im tatsächlichen Alltagswissen epistemische Beziehungen (Wissens-Relationen) ziemlich wildwüchsig einstellen können, wobei das zu Buche schlägt, was schon eines der Hauptprobleme der (letztlich implizit epistemologisch orientierten) Semantik des 19. Jahrhunderts war, die sog. „Analogie". Bekanntlich sind die Menschen Meister im Sehen (Empfinden, Fühlen) von Analogien. Diese machen eben nicht Halt dort, wo es ihnen scheinbar systematische begriffliche Hierarchien und Vererbungs-Relationen vorschreiben wollen (und lassen sich nicht durch solche beschränken; ganz abgesehen davon, dass jedes Begriffssystem immer Resultat einer bestimmten, historisch vielleicht auch nur zufälligen, Sichtweise, Idee, Ideologie, Alltagstheorie ist, der andere Sichtweisen mit anderen Einteilungskriterien und Vererbungsrelationen gegenüber stehen können). Der Aspekt der Frame-Vererbung und taxonomischer Relationen muss daher in einer adäquaten Frame-Theorie und -Analyse immer ergänzt werden durch den Blick auf andere, weniger systematische, sich aus „unsystematischen" (bzw.: systematisch / taxonomisch nicht strikt erklärbaren) Querbezügen / Analogien ergebende epistemische Frame-Vernetzungen und -Systeme.

Zusammenfassung und Arbeitsdefinitionen zu Frame-Vererbung und taxonomischen Ebenen:

Frames sind rekursiv gestaffelte Strukturen aus Wissenselementen, die selbst wieder als Frames beschrieben werden können. Insofern sind Frames immer Strukturen aus Sub-Frames und Supra-Frames. Ein zentraler Aspekt von Frame-Strukturen ist, wie gesehen, dass Anschlussstellen (Slots, Attribute) kategoriale Eigenschaften von Angeschlossenem (Filler, Werte) festlegen können. Dies wirkt sich in taxonomischer Hinsicht so aus, dass Filler kategoriale Aspekte von ihren Slots „erben". Dieser Aspekt kann als *Frame-Vererbung* bezeichnet werden. Vererbung ist so gesehen eine typische Eigenschaft in hierarchisch gestaffelten konzeptuellen Systemen, kurz, in konzeptuellen Taxonomien. Neben der Vererbungs-Relation zwischen Slots und Fillern (Attributen und Werten), gibt es auch Vererbungs-Relationen zwischen gegebenen Frames und übergeordneten (abstrakteren) Frames, in Bezug auf die die gegebenen Frames Spezialisierungen darstellen.

Wichtig ist nun, dass solche Vererbungs-Relationen sich nicht nur auf einzelne, isolierte konzeptuelle Merkmale (Wissenselemente) beziehen. Ein wesentlicher Effekt der Rekursivität von Frames und Frame-Strukturen liegt vielmehr darin, dass auch bestimmte *Konstellationen von Frame-Elementen* (mitsamt den zwischen ihnen bestehenden typisierten Relationen) vererbt werden können. Dies dient im wesentlichen der kognitiven Entlastung, da bestimmte Konstellationen von Frame-Elementen dann nämlich nur einmal für ein ganzes System von hierarchisch gestaffelten Frames gespeichert werden müssen (bzw. nur die Differenzen, Additionen oder Reduktionen). Dies zeigt sich einmal bei Aktanten-Konstellationen in Aktanten-Frame-Systemen. So sind z.B. in den spezialisierten Einzel-Frames eines TRANSPORT-Frame-Systems zahlreiche Frame-Elemente

7.6 Die Struktur von Frame-Systemen und –Netzen 635

typologisch identisch (AUSGANGSORT, ZIELORT, WEG, RICHTUNG, ENERGIEAUFWAND usw.).[173] Es zeigt sich aber auch bei anderen kategorialen Frames und ihren Eigenschafts-Frame-Elementen. So sind z.B. bei Frames für PHYSISCHE OBJEKTE Frame-Elemente wie FORM, FARBE, GRÖẞE, MATERIAL immer vorhanden (wenn auch nicht immer in gleichem Ausmaß relevant). Was Barsalou als *strukturelle Invarianten* bezeichnet, sind daher feste Konstellationen von Frame-Elementen, die häufig den Kern von Vererbungs-Strukturen ausmachen können.[174]

Teilbereiche solcher Vererbungs-Relationen können, soweit es das Material oder der Sachbereich hergibt, in taxonomischen, hierarchisch aufgebauten konzeptuellen Systemen organisiert sein (bzw. deskriptiv als solche beschrieben werden). Ich betrachte den Aufbau solcher hierarchischer Taxonomien (oder besser: Teil-Taxonomien)[175] als ein *Instrument* der menschlichen Kognition bzw. Episteme, das für manche Sach- und Lebensbereiche besser passt, für andere weniger. Oder anders ausgedrückt: Man darf den taxonomischen Charakter von konzeptuellen Systemen bzw. Frame-Systemen nicht als Selbstwert missverstehen (und schon gar nicht für ubiquitär halten), sondern muss seinen (nur z.T. ergiebigen, z.T. aber auch irreführenden) instrumentalen Charakter immer im Auge behalten. So gesehen ist dem Ansatz von Fillmore + FrameNet zuzustimmen, wonach taxonomische Vererbungs-Relationen immer nur da in der Deskription / Analyse angesetzt werden sollten, wo sie unabweisbar sind und einen erkennbaren kognitiven Mehrwert haben.[176]

Als praktische analytische Instrumente haben rein taxonomisch aufgebaute Konzept- oder Frame-Systeme (wie etwa bei Konerding) nur begrenzten Nutzen. Einerseits bauen sie einen immensen Apparat abstrakter Konzepte auf, die zum einen nur schwer sprachlich eindeutig zu benennen sind (da, wie Barsalou überzeugend ausgeführt hat, Frame-Systeme in der Lage sind, im im Prinzip exponentiellen Ausmaß Kategorien-Positionen zu entwickeln, von denen tatsächlich aber nur die allerwenigsten durch Lexeme präzise benannt sind) und die zum anderen aufgrund ihrer (meist im Einzelfall nutzlosen) Überfülle tendenziell den Blick für die in den instantiierten Frames wirklich einschlägigen Wissenselemente verstellen. Andererseits konnte nachgewiesen werden, dass abstrakte Systeme häufig den empirischen Korpora bei weitem nicht gerecht werden. (Diese Eigenschaft teilen sie mit allen enzyklopädistischen Ansätzen.) Der Blick auf analogische und andere nicht-taxonomische Relationen im Wissen sollte offen bleiben.

7.6.3 Epistemische Frame-Vernetzungen und Frame-Systeme

Die Frame-Forschung hat schon früh den Blick auf Relationen zwischen Frames und Frame-Vernetzungen im Wissen gerichtet, die sich nicht einfach auf taxonomische Strukturen reduzieren lassen. Dabei wurden verschiedene Arten von Frame-Vernetzungen thematisiert. Bereits Fillmore wies vergleichsweise früh darauf hin, dass zum Lexem-bezogenen Wissen nicht nur die Aktivierung eines einzelnen Frames / Schemas gehört, sondern das Wissen darüber, mit welchen Schemata (Szenen, Frames) das Wort / Lexem selbst (oder die durch es aktivierten Frames) zusammenhängt. Er nannte als Beispiel Wortfeld-ähnliche Strukturen, auch wenn er die eigentliche Wortfeldtheorie als unzureichend ansieht. Löst man sich von Fillmores Frame-Begriff, dann kann man die von ihm erwähnten und zum Ausgangs-

---

[173] Und das Spezifische eines *„Beam me up, Scotty"*-Frames etwa darin zu sehen, dass dort das vom System vorgesehene Frame-Element WEG mehr oder weniger null-instantiiert, jedenfalls mit seinen normalen Merkmalen ausgehebelt, irrelevant ist.

[174] Vermutlich sind aber die strukturellen Invarianten eines gegebenen konkreten Frames umfassender (weisen mehr Elemente auf) als diejenigen eines übergeordneten abstrakteren Frames.

[175] Die in der computerlinguistischen (und teilweise auch in der kognitivistischen) Literatur in arg missverständlicher Weise auch „Ontologien" genannt werden.

[176] Aus der kognitiven Lexikologie ist ja ohnehin bekannt, dass im mentalen Lexikon offenbar eine mittlere Ebene der Taxonomie (nicht zu abstrakt und nicht zu konkret) bevorzugt wird.

punkt für die Entwicklung einer Frame-Theorie genommenen Verb-Frames (wie *kaufen, verkaufen, bezahlen, kosten*), die verschiedene Perspektiven auf eine gemeinsame Gesamt-„Szene" („*commercial event*") realisieren, ebenfalls als Teil-Frames eines zusammenhängenden Frame-Systems begreifen. Minsky erweiterte diesen Aspekt der Perspektive auf die Perspektive im ganz wörtlichen Sinne bei visueller Wahrnehmung, und beschrieb die verschiedenen, vom kognitiven Apparat eines Individuums je getrennt verarbeiteten und konstituierten Perspektiven-Frames auf einen visuell wahrgenommenen Gegenstand (z.B. einen Tisch, bei dem ein Bein völlig, bis zu zwei weitere Beine teilweise verdeckt sind) als Elemente eines „Frame-Systems" (des „Gesamt-Gegenstands", das dann natürlich kein rein „visuelles" System mehr sein kann, sondern ein erinnertes kognitives bzw. epistemisches System ist, da es prinzipiell keine „Gesamt-Perspektive" auf ein visuell wahrnehmbares Objekt geben kann).[177] Solche „Frame-Systeme" gibt es jedoch nicht nur für verschiedene visuelle Perspektiven (wie bei Minsky), sondern als epistemische Strukturen generell. Fillmores Perspektiven-Frames auf Handlungskomplexe bzw. Ereignisse sind ein Beispiel dafür. Frame-Systeme als Kombinationen von mehreren Perspektiven bzw. Teilaspekte sind daher ein generelleres Phänomen des Wissens und seiner Strukturen.

Während in taxonomisch orientierten Ansätzen (wie bei Barsalou) eher der Aspekt des Systematischen in Bezug auf Frame-Netze hervorgehoben wird (so spricht er von „Attribut-Systematizität", womit er meint, dass in verschiedenen Frames bestimmte „Kern-Attribute" gehäuft auftreten können – ein typisches Merkmal taxonomischer Strukturen), weisen andere Forscher eher auf die unsystematischen Wurzeln hin, aus denen ebenfalls Frame-Netze entstehen können. Wenn Bartlett hervorhebt, dass die Strukturiertheit des Wissens (in Schemata) eine wichtige Voraussetzung für *Assoziationen* (bzw. die menschliche Assoziationsfähigkeit) ist, dann weist er damit zugleich der Fähigkeit zur assoziativen Verknüpfung eine zentrale Rolle bei der Entstehung von Frame-Systemen bzw. -netzen zu. Auch der von Ballmer verwendete Begriff der „Bedeutungs-Adjazenz" weist in eher assoziative Richtung. Man könnte stattdessen auch von „*Frame-Kontiguität*" sprechen. Frame-Kontiguität ist auch deshalb eine wahrscheinlich starke Wurzel für Frame-Vernetzungen und Frame-Weiterentwicklung, da ein Frame, weil er selbst wieder in sich strukturiert ist und aus zahlreichen Teil-Elementen (und Teil-Frames) besteht, stets Anlass zu vielfältigsten assoziativen Verknüpfungen im Sinne des Sehens von „Kontiguitäten" gibt. Es ist daher sinnvoll, den Gedanken der Frame-Systeme und -Vernetzungen über die taxonomischen und über die Perspektiven-bedingten Relationen hinaus um *assoziative Netze* im Sinne *kultureller Kontextualisierungen* zu erweitern. In letzteren Zusammenhang gehört wohl auch Kleins Vorschlag der „Brücken-Frames" als epistemischen Trägerstrukturen für Metaphern bzw. metaphorische Assoziationen. Auch die von Müske erwähnte „Kurzschaltung" von in sich jeweils komplexen Frames gehört hierher, da gerade komplexere kulturelle Metaphern sich häufig in solchen Formen der „Kurzschaltung" großer epistemischer Komplexe vollziehen.

All solchen epistemischen Beziehungen zwischen Frames (und den daraus möglicherweise entstehenden Frame-Vernetzungen als stabileren Strukturen im Wissen) ist gemein-

---

[177] Auch für diese „Frame-Systeme" gilt: die verschiedenen Frames eines Systems teilen sich dieselben Slots. Man sieht daran gut, dass dies nicht bloß eine Eigenschaft in Vererbungs-Relationen ist. Vielmehr würde ich davon ausgehen, dass solche Relationen, wie sie Minsky hier beschreibt, prioritär zu Vererbungs-Relationen in taxonomischen konzeptuellen Systemen sind. Daher erweisen sich letztere als ein Spezialfall eines allgemeineren Phänomens, für das Minskys Beispiele so etwas wie die Urform darstellen.

7.6 Die Struktur von Frame-Systemen und –Netzen

sam, dass sie nicht quasi objektivistisch „in der Wirklichkeit" bestehen, sondern dass sie *gesehen* werden müssen, eine Sache menschlicher Assoziationsfähigkeit wie tatsächlich vollzogener epistemischer Verknüpfungen sind. Dies gilt insbesondere auch für weitere Arten von Frame-Vernetzungen, wie sie Fillmore im Falle der „Frame-Mischung" und Barsalou im Falle der „Frame-Kombinationen" (er spricht von „Konzept-Kombinationen", meint aber Frames, da Concepte bei ihm als Frames definiert sind) thematisieren. „Frame-Mischung" liegt immer dann vor, wenn eine bestimmte epistemische Struktur (ein Element) als Instantiierung von zwei verschiedenen epistemischen Frames gesehen werden kann. Fillmore nennt als Beispiel die Verben *loben* und *kritisieren*, in deren Semantik sich die Frames BEURTEILEN und KOMMUNIKATION mischen.[178]

Barsalou meint mit seinen „Begriffs-Kombinationen" nicht nur *Komposita* (also Wort-Kombinationen i.S. der Wortbildung als Bildung neuer lexikalischer Einheiten, für deren Analyse die Frame-Semantik ein ausgezeichnetes Instrument ist), sondern auch *Sätze* und *Texte*. Daran ist so viel richtig, als jegliche Kombination von Lexemen immer auch eine Frame-Kombination darstellt; doch greifen syntagmatische Relationen stark in sprachsys-tematische Regelkomplexe ein, die über den Gegenstandsbereich einer rein semantischen Analyse deutlich hinausreichen.[179] Über epistemische Beziehungen zwischen Frames (und den sich daraus ergebenden epistemischen Netzen) jenseits der Taxonomien ist bislang kaum geforscht worden. Insbesondere für kulturwissenschaftliche Anwendungen der Frame-Analyse tun sich hier weite Betätigungsfelder auf (in Zusammenarbeit mit der Wissens-soziologie). Eine Typologie solcher Relationen und Vernetzungen ist womöglich so vielge-staltig wie eine Enzyklopädie. Ohne erheblichen empirischen Forschungsaufwand wird man hier kaum zu sinnvollen oder verlässlichen Aussagen kommen können. Es kann jedoch davon ausgegangen werden, dass bei der praktischen Analyse solcher „Architekturen des Wissens" Frames eines der wichtigsten theoretischen und methodischen Instrumente sind.

Zusammenfassung zu *Frame-Vernetzungen* und *Frame-Systemen:*

Grundsätzlich muss von einem *hohen Grad an Komplexität und Strukturiertheit* des verstehensre-levanten Wissens ausgegangen werden; Frames sind das Format der Organisation solcher Struktu-ren, und damit insbesondere auch der Frame-Systeme und –netze. Über die Vernetzungen hinaus, die sich in taxonomischen Wissens-Ordnungen ergeben, dürfen die *assoziativen*, häufig auf *Ana-logiebildung, Wahrnehmung von Kontiguitäten, metaphorischen Übertragungen* beruhenden Rela-tionen zwischen Frames und Frame-Elementen in ihrer konstitutiven und strukturgebenden Wir-kung für das gesellschaftliche und individuelle Wissen nicht unterschätzt werden. Frame-Systeme können sich dadurch konstituieren, dass die verschiedenen Einzel-Frames eines Systems gemein-same Grund-Konstituenten (Slots, Attribute), oder sogar Gruppen davon teilen (dies ist der Fall bei den verschiedenen Typen von perspektivierenden Frames, die auf „dasselbe" „blicken"); dann sind sie vergleichbar mit Vererbungs-Relationen, auf die dasselbe zutrifft. Frame-Netze entstehen aber auch dadurch, dass komplexere Frames Slots in anderen Frames besetzen und dadurch mit deren epistemischer Struktur verwachsen. (Das ist etwa der Fall, wenn im Rechtsbegriff *Diebstahl* der komplexe rechtliche Frame *Eigentum* eine bedeutungskonstitutive Rolle spielt.)

---

[178] Solche Frame-Mischung müsste präziser eigentlich als „gemischte Frame-Vererbung" analysiert wer-den, da ein LOBEN-Frame sowohl von einem BEURTEILEN-Frame als auch von einem KOMMUNIZIEREN-Frame Elemente erbt; genauer: da BEURTEILEN eine *sprachliche* Handlung ist, erbt es automatisch vom KOMMUNIZIEREN-Frame, da SPRECHEN ein Unter-Aspekt (Teil-Frame) von KOMMUNIZIEREN ist.

[179] Für deren Analyse braucht es dann allerdings mehr als ein bloßes Frame-Modell. Gerade Barsalous Modell besitzt jedoch dafür nicht die besten Anlagen.

Die Beschreibung solcher Strukturen und Netze von Frames ist eine Sache der angewandten Epistemologie und trägt durchweg enzyklopädischen Charakter. Dieser Umstand wird noch am ehesten im Fillmore+Frame-Net-Projektverbund anerkannt, wo die taxonomischen Überlegungen bis auf das geringstmögliche Maß zurückgenommen sind zugunsten einer eher deskriptiv thesaurierend verfahrenden Analyseweise, von der ihre Verfechter als Linguisten glauben, dass sie am ehesten den Gegenständen einer linguistischen Semantik adäquat sind.[180]

7.6.4 Typen von Relationen zwischen Frames und Frame-Elementen

Wir haben schon wiederholt darauf hingewiesen, dass die Einsicht in die grundsätzliche Relationalität des menschlichen Wissens konstitutiv für die Entstehung bereits der Schema- und später der Frame-Theorie war. D.h. Menschen haben nicht nur ein faktisches Wissen, sondern immer auch ein Wissen über Relationen zwischen Wissenselementen (die dem Wissen über Schemata und Frames bereits grundsätzlich inhärente Relationalität ist nur ein konkreter Fall dieses allgemeinen Merkmals des menschlichen Wissens). In der Frame-Forschung sind bisher insbesondere die Relationen *innerhalb* von Frames (also zwischen Slots und Fillern, sowie zwischen Slots selbst und Fillern selbst), wie auch bestimmte Typen von Relationen zwischen Frames (Taxonomien, Vererbung, assoziative Relationen, Mischungen) in den Blick genommen worden. Relationen zwischen Frame-*Elementen* kamen dabei nur insoweit in den Blick, als sie sich innerhalb von Frames als deskriptiven Einheiten vollzogen (etwa bei strukturellen Invarianten und Constraints). Relationen zwischen Frame-Elementen *verschiedener* Frames, wie man sie z.B. in einer Frame-semantischen Umdeutung des Isotopie-Konzepts der älteren strukturellen Semantik annehmen könnte, sind bislang (außerhalb der durch Taxonomien und Vererbung gestifteten Zusammenhänge)kaum analysiert worden.[181] Abgesehen davon, dass sich Frame-Relationen wie Taxonomien, Vererbung, Frame-Komposition und Frame-Mischung immer auch als Frame-Elemente-Relationen analysieren lassen, käme es bei Frame-Elemente-Relationen im engeren Sinne darauf an, assoziative oder kontiguitätsgestützte Zusammenhänge auch jenseits solcher globalerer Relationen zu identifizieren (sozusagen in einer Mikro-Analyse einer Makro-Analyse von Frame-bezogenen epistemischen Relationen).

Eine leise Andeutung in Richtung auf solche, eher mikro-analytisch relevante Relationen könnte man in Barsalous ganz nebenbei erfolgender Unterscheidung zwischen „konzeptuell verankerten" Relationen und „bloß korrelationalen" Relationen sehen. Sollte er mit „korrelational" so etwas meinen wie „epistemische Kontiguität", dann könnten sich solche Relationen an vielen Stellen der Frame-Aktivierung finden lassen. Korrelationen solcher Art ergeben sich zunächst immer durch syntagmatische Nachbarschaft von Frame-evozierenden Zeichen. Da es in einer epistemologischen bzw. kognitiven Analyse nicht auf die Zeichen als solche, sondern auf die durch diese evozierten bzw. aktivierten Wissenskomplexe ankommt, verlagert sich die Kontiguität jedoch auf die Ebene der in einer jeweiligen kognitiven „Situation" aktivierten Episteme. Im Prinzip kann dann alles, was durch solche Aktivierungsprozesse in unmittelbarer zeitlicher Nähe kognitiv aktiviert wird, eine

---

[180] Die Radikalität ihrer Skepsis gegenüber größeren und systematischeren Wissensstrukturen muss man zwar nicht teilen, doch lohnt es sich, die indirekt diese Skepsis motivierende Warnung vor vorschnellen spekulativen Hypostasierungen durchaus ernst zu nehmen.

[181] Es sei denn, man deutet etwa Ballmers *Frame-Adjazenz* in diesem Sinne. Zur Isotopie s. Greimas 1968.

7.6 Die Struktur von Frame-Systemen und –Netzen 639

epistemische „Korrelation" im Sinne Barsalous stiften. Es wird aber davon auszugehen sein, dass epistemologisch nur solche dieser Korrelationen relevant sind, die in irgendeiner Weise auch kognitiv weiterverarbeitet werden (sei es, dass sie als solche Korrelationen musterhaft gespeichert werden, sei es, dass die Episteme eine Art „subkutanes" Wissen oder vielmehr Ahnung möglicher Zusammenhänge bewahrt). Vor allem wird man davon ausgehen können, dass solche Korrelationen sich nur dann zu relationalem Wissen verfestigen, wenn sie entweder iterativ frequent sind / werden, oder spontan (im gegebenen epistemischen Kontext) über ein sehr hohes Maß an Salienz (oder Relevanz) verfügen. Als ein Beispiel für solche, zunächst assoziativen, rein kontiguitiven korrelationalen Relationen, die sich (durch Konventionalisierung und Prototypikalisierung) später zu festen Frame-Elementen entwickeln, hatten wir die sog. „Affordanzen" genannt (s.o. Kap. 7.4.3, S. 577). Aber auch über solche zu Affordanzen verfestigte Korrelationen hinaus spielen kontiguitive (bzw. „bloß korrelationale") Beziehungen im kulturellen Wissen eine wichtige Rolle und sind in der kultur-epistemologischen Forschung in unterschiedlicher Form[182] adressiert worden. (Ihre systematische Erforschung könnte ein wichtiger Teil einer kulturwissenschaftlichen Anwendung der Frame-Analyse sein.)

Zusammenfassung und Arbeitsdefinitionen zu *Typen von Relationen zwischen Frames und Frame-Elementen:*

[Zur Unterscheidung von Typen von Relationen zwischen Frame-Elementen zählt streng genommen natürlich auch die Unterscheidung zwischen Typen von Relationen innerhalb von Frames, die ich oben, S. 593 f. zusammengefasst habe und daher hier nicht wiederhole.]

Zwischen Frames und Frame-Elementen bestehen epistemische Relationen auch über diejenigen globaleren Relationen hinaus, die durch Taxonomien und Vererbung in (als Frame-Systeme auffassbaren) Konzept-Systemen gestiftet sind. Solche Relationen (die meistens eher nicht global sind, sondern eher nur mikro-analytisch zu erfassen sind) beruhen auf epistemischer „Kontiguität" bzw. „Adjazenz" und sind zunächst „bloß korrelational" in einem prozeduralen Sinne des „in einer bestimmten Situation x gemeinsam (oder in unmittelbarer zeitlicher Nachbarschaft) kognitiv prozessiert sein" (= *token*-Korrelationen). Iterativ frequente Korrelationen, oder durch ihre Position im Wissen (gesteuert durch Relevanz, Aufmerksamkeit, Interessen, Intentionen, Erwartungen) hoch saliente Korrelationen, können sich im Wissen verfestigen (und im Prinzip später zu „konzeptuell verankerten" – und damit einen neuen Frame stiftenden – Korrelationen werden). Dies ist ein Prozess der Konventionalisierung und Prototypikalisierung. Zunächst assoziative Relationen können so Teil des regelmäßig aktivierbaren und damit erwartbaren Wissens werden (= *type*-Korrelationen). Ähnlich den „Isotopie-Ketten" oder „Isotopie-Relationen" nach Greimas können sich solche epistemischen Relationen zu Ketten entwickeln, die mehr als zwei Frames (bzw. genauer: Frame-Elemente in mehr als zwei Frames) miteinander verbinden.

Assoziative Korrelationen können über Grenzen von Wissenstypen und –Ebenen hinweg gestiftet werden. (Vgl. die lautlichen-Assoziationen bei Wörtern bzw. Morphemen, die dann auch zu semantischen Zwecken bzw. Assoziationen genutzt werden können, das sog. Rebus-Prinzip.) Eine ausgearbeitete Typologie korrelativer (assoziativer, kontiguitiver) Relationen zwischen Frames und Frame-Elementen ist Teil eines enzyklopädischen Unterfangens (wie erste tastende Versuche

---

[182] So wurde zu Zwecken einer kulturwissenschaftlichen Epistemologie im Rahmen der epistemologischen Diskursanalyse (nach dem Diskursbegriff von Foucault) die Größe der „diskurssemantischen Grundfiguren" eingeführt, die epistemische Bezüge auch jenseits der Ebene einer opaken Merkmalsemantik stiften können. (Siehe etwa Busse 1997 am Beispiel der diskursiven Grundfigur „Das Eigene und das Fremde" – eigentlich schon eine komplexere Frame-relationale epistemische Figur. Vgl. dazu weiterführend Scharloth 2005.) Auch die im Strukturalismus schon früh eingeführte, aber leider kaum weiterverfolgte Idee der „Isotopie-Relationen" und „-Ebenen" nach Greimas 1968 passt in diesen Zusammenhang.

in FrameNet gezeigt haben[183]). Sie ist vermutlich domänen-spezifisch und kann nicht im Rahmen einer allgemeinen (semantischen) Frame-Theorie erstellt werden.

7.6.5 Typen von Frame-Systemen

Wie Minsky in seinem Entwurf einer allgemeinen Kognitionstheorie später bedauernd festgestellt hat, ist der Gedanke der *Frame-Systeme*, der für ihn persönlich laut Selbstaussage einer der wichtigsten Antriebe bei der Entwicklung seines Frame-Modells von 1974 gewesen war, von der Rezeption (und generell der Forschung) nahezu vollständig ignoriert worden. Das Hauptaugenmerk wurde immer nur auf die innere Struktur der Frames selbst, die Frame-Elemente und Relationen zwischen ihnen gelegt, nicht auf größere Zusammenhänge im Wissen. Entsprechend gibt es auch kein systematisches Nachdenken über unterschiedliche Typen von Frame-Systemen oder -netzen. Dies ist erstaunlich, da Überlegungen zu systematischen Zusammenhängen zwischen größeren Gruppen von Frames in der Entwickelung der Frame-Theorie immer eine große Rolle gespielt haben.

Bereits Fillmore lenkt den Blick auf Frame-Gruppen, die über die von ihm „Sub-Frame" genannte Art von Frame-Relationen gebildet werden. Entsprechend seiner Konzentration auf prädikative Frames (als deren Prototypen er meistens Frames für Handlungsverben behandelt) handelt es sich dabei um Teil-Frames aus komplexen Ereignis-Abfolgen oder Handlungsketten. So kann ein Frame wie ZUGFAHRT etwa zerlegt werden in Teil-Frames für ABFAHRT, FAHRT, ANKUNFT o.ä. Solche Gruppen von Frames haben viel mit Abfolge-Systemen zu tun. Sie sind nicht immer bloß zufällige Ereignis-Sequenzen; vielmehr stehen die Teil-Frames solcher Frame-Systeme häufig in entweder zeitlichen und / oder kausalen Beziehungen zueinander. Dieser Aspekt ist dann insbesondere von Schank und Abelson 1977 in den Mittelpunkt ihres Skript-Modells gerückt worden.[184] „Skripts" in ihrem Sinne sind Frame-Systeme von sachlich miteinander zusammenhängenden Teil-Frames (für Teil-Handlungen), die zeitlich und kausal miteinander verbunden sind. Gerade der Aspekt der *Kausalität* (des durch Kausalrelationen gestifteten Zusammenhangs zwischen Teil-Schritten in einem Gesamt-Skript) ist ein Kern der Überlegungen Schank / Abelsons gewesen, bei dessen Analyse sie sich auf das Modell der „konzeptuellen Dependenz" von Schank 1975 stützen. Im Grunde fundieren Schank und Abelson das gesamte verstehensrelevante Wissen in Kausalketten.

Kausalketten (als Kernelemente der Skripts im Sinne von Schank / Abelson) lassen sich ebenso als Frame-Systeme rekonstruieren, wie etwa die zweite von ihnen etablierte Größe, die „Pläne". „Pläne" sind letztlich nichts anderes als Frame-Systeme auf der Basis von Intentionen; auch sie sind durch zeitliche und / oder kausale Relationen miteinander verbunden („erst dies, ... dann das"; „weil das eintreten soll, ist erst dies notwendig"). Man könnte die Pläne daher auch als „Frame-Systeme" aus *Zielen* (bzw. Ziel-Frames) charakterisieren. Kausalrelationen sind sicherlich ein wichtiger Typ von Relationen, der Frame-Systeme stiften kann, doch sollten sie auch nicht überbewertet werden. Von einer strengen Kausalität kann man eigentlich nur in naturgesetzlichen Zusammenhängen sprechen; in

---

[183] Vgl. etwa die dort eingeführten Frame-Relationen-Typen „Ursache-von-Relation [causative-of]", „inchoative-of- Relation", „see also-Relation" und „using-Relation". (S.o. Kap. 2.8.6, S. 184 ff.)

[184] „Daher ist ein Skript eine vorbestimmte, stereotype Folge von Handlungen, die eine wohl-bekannte Situation definiert." Schank / Abelson 1977, 41.

7.6 Die Struktur von Frame-Systemen und –Netzen   641

sozialen, kulturellen Zusammenhängen handelt es sich meist eher um so etwas wie eine „gefühlte Kausalität". Diese hat nicht den gleichen Grad an Notwendigkeit bzw. „Zwingendheit" wie naturgesetzliche Kausalität. Kausalität ist daher auch etwas, das häufig erst „gesehen" werden muss, nicht in objektivem Sinne schlechthin „in der Welt besteht". Genauer gesagt ist „Kausalität" eigentlich ein bestimmter Typ von Relationen, der im Wissen bestimmte Typen von Wissenselementen miteinander in stabilen epistemischen Relationen verbindet, und damit „Ketten" bzw. „Systeme" von Frame-Elementen bzw. Frames stiftet. Das Wissen, das diese Relationen trägt, ist meistens Erfahrungs-Wissen und als solches Teil des enzyklopädischen und Alltagswissens.[185]

Insbesondere Barsalou hat die Leistungsfähigkeit des Frame-Modells für *Ereignissequenzen, Skripts, Pläne* immer wieder hervorgehoben und betont, dass er „*Frame*" als Oberbegriff für unterschiedlichste Wissensaspekte und -strukturen dieser Typen versteht. Zeitliche Relationen und kausale Relationen zwischen Frame-Elementen bzw. innerhalb eines größeren Frame-Systems diskutiert er etwa als spezielle Typen von „strukturellen Invarianten". V.a. Fillmore nennt und beschreibt im Hinblick auf Skript-ähnliche Handlungs- und Ereignis-Sequenzen teilweise sehr globale Strukturen, die bei einer präzisen Frame-analytischen Beschreibung in eine Fülle von Einzel-Frames zerlegt werden müssten, wie etwa den Frame KRIMINALPROZESS. (Von seriell angelegten Schemata, um solche handelt es sich auch hier, sprach bereits Bartlett.) Bei solchen Frames handelt es sich um teilweise sehr komplexe und voraussetzungsvolle Abfolge-Systeme, die kulturell bzw. sozial determiniert sind und weder rein zeitlich, noch strikt kausal bestimmt sind. Vielmehr resultiert die Serialität und die Systematizität solcher Frame-Systeme aus sozialen Verknüpfungen, aus „Gepflogenheiten" und „Gebräuchen" im weitesten Sinne (die weniger „gefestigt" sind als naturgesetzliche Kausalrelationen). Noch eine Ebene globaler als solche Handlungs- bzw. Ereignisketten wie etwa Fillmores KRIMINALPROZESS sind die im Rahmen des Ziele- / Pläne-Modells von Schank / Abelson thematisierten „Lebens-Themen", wie ihr schönes Beispiel ANARCHIST (aktueller wäre das Thema TERRORIST). Auch dies sind spezifische Frame-Systeme, die eine Vielzahl unterschiedlicher Teil-Frames integrieren.

Neben solche Typen von Frame-Netzen und –Systemen, die durch mehr oder weniger feste Relationen (sei es naturgesetzlicher Art, sei es kultureller Art, sei es nur auf der Grundlage des rezeptiven Erfahrungswissens) gestiftet sind, gibt es aber auch Frame-Systeme mit „schwächeren" Verknüpfungen, die eher auf Assoziation und Analogie beruhen. Zu ihnen zählt etwa auch das, was man als „Ähnlichkeits-Netzwerke" bezeichnen könnte. Diesen Terminus hat Minsky geprägt und ihn auf solche Fälle gemünzt, in denen häufige Frame-Anpassung (er nennt als Beispiel solcher Anpassung den Austausch einzelner Slots) zu Ähnlichkeits-Netzwerken von Frames führt. Vermutlich denkt er dabei (zumindest auch) an Wortfeld-ähnliche Zusammenhänge, wie die zwischen den Frames für STUHL, SESSEL, HOCKER usw.[186] Ähnlichkeits-Relationen bzw. Ähnlichkeits-Netzwerke solcher Art dürften eine zentrale Rolle in den Strukturen unseres Wissens spielen. Dies zeigt, wie wichtig Ähnlichkeit / Analogie in der Kognition ist. Da Ähnlichkeit auch „gese-

---

[185] Wie andere Typen von Wissen kann auch Wissen über kausale Relationen oder Abhängigkeiten fiktional gestiftet werden. So herrschen in einer fiktionalen Welt des Typs „Star Trek" oder „Star Wars" oder „Herr der Ringe" andere Kausal„gesetze" als in unserer realen Welt. Dort sind mithin andere Frame-Systeme möglich, bzw. auf der Basis anderer Relationen-Typen möglich in unserer realen Welt.

[186] Vielleicht gehört die von Barsalou erwähnte „Attribut-Systematizität" (Kern-Attribute treten gehäuft in mehreren Frames auf) auch in diese Kategorie von Frame-Systemen bzw. –Netzen.

hen" werden muss, ist es von solchen Ähnlichkeits-Netzwerken kein weiter Weg mehr zu reinen assoziativen Wissenszusammenhängen bzw. Netzwerken. (Vielleicht ist „Ähnlichkeit" im epistemischen oder kognitiven Sinne nicht mehr als einfach „kollektiv übereinstimmende Assoziationen in einer größeren Gruppe von Individuen".)

Zusammenfassung und Arbeitsdefinitionen zu *Typen von Frame-Systemen:*

Frames oder Frame-Elemente (oder Gruppen von Frame-Elementen) gehen im sozialen wie im individuellen Wissen auch über die Zugehörigkeit zu ein und demselben Frame (z.B. als Slot-Frames und Filler-Frames, die einem Kategorien-Konzept als diesen Frame konstituierende Elemente zugeordnet sind) hinaus Verbindungen ein, die unterschiedliche Grade an epistemischer Festigkeit aufweisen können. Sind solche Verbindungen von einer gewissen Stabilität und Dauerhaftigkeit, kann man von Frame-Systemen oder Frame-Netzen sprechen. Im Hinblick auf solche Verbindungen kann man (vorerst ohne Anspruch auf Systematizität und Kriterienreinheit) u.a. folgende *Typen von Frame-Systemen* unterscheiden:

1. *Frames als Frame-Systeme*: Natürlich ist zunächst einmal jeder Frame (aufgrund des Prinzips der Rekursivität) immer zugleich auch ein Frame-System, da er aus Unter-Frames (z.B. im Falle eines instantiierten Frames aus Attribut-Frames und Werte-Frames) besteht. Ein in der Literatur wohl am häufigsten behandelter Prototyp solcher „Frame-Systeme" sind die Objekt-Frames für physische Objekte. [Diese bezeichnete v.a. Minsky als „Frame-Systeme" und ergänzte: Fertig ausgebildete Frame-Systeme existieren nur für die wichtigsten Objekte (nicht für alle!).] Man könnte in diesem Falle auch von „Mikro-Frame-Systemen" sprechen. Der für solche Frame-Systeme einschlägige Relationen Typ ist die *Slot-Filler-Relation.*

2. *Taxonomien*: Taxonomien sind komplexe Makro-Frame-Systeme, die in zahlreiche Ebenen und Gruppen von Unter-Frame-Systemen zerfallen. (Ein typischer Fall dafür sind die bekannten Begriffs-Hierarchien.) Der für Taxonomien einschlägige Relationen-Typ ist die Relation der *Hierarchie* (Ober-Frame, Unter-Frame). Ober-Frames in Taxonomien legen Frame-Elemente (Slots, Default-Werte) der Sub-Frames fest (entweder einzeln, als Vererbung von Frame-Elementen, typischerweise aber als Vererbung von Gruppen von Frame-Elementen).

3. *Kongruenz-Netzwerke*: Im Unterschied zu den hierarchischen Relationen in Taxonomien beruhen Frame-Systeme im Sinne von Kongruenz-Netzwerken auf der Übereinstimmung einzelner Wissenselemente. Der für Kongruenz-Netzwerke einschlägige Relationen-Typ ist die Relation der *Parallelität* (oder genauer: *Kongruenz bei Abwesenheit hierarchischer Relationen*). Hierbei teilen sich benachbarte Frames einzelne oder Gruppen von Frame-Elementen. (Eine Verbindung zu Taxonomien besteht darin, dass Ko-Hyponyme in einer Hierarchie immer auch Kongruenz-Netzwerke im so definierten Sinne sind. Vielleicht oder sogar vermutlich sind Kongruenz-Netzwerke eine – notwendige – Vorstufe für das Entstehen von Taxonomien.) Ein Spezialfall solcher Kongruenz-Netzwerke sind die bekannten „Wortfelder". [Kongruenz-Netzwerke im so definierten Sinne entsprechen dem, was Minsky als „Ähnlichkeits-Netzwerke" bezeichnet hat.]

4. *Serialitäts-Netzwerke*: Die einzelnen Frames in *Serialitäts-Frame-Netzwerken* können sich einzelne oder Gruppen von Frame-Elementen teilen (und tun dies in der Regel auch), so dass sie in dieser Hinsicht mit Kongruenz-Netzwerken übereinstimmen, doch ist das nicht zwingend. Der für Serialitäts-Netzwerke einschlägige Relationen-Typ ist die Relation der Folge-Beziehungen im weitesten Sinne. *Serialitäts-Netzwerke* treten in der Form von Ereignis-Frame-Systemen und Handlungs-Frame-Systemen (oder als Mischungen von beidem) auf. Dabei kann (und sollte) man mindestens folgende Unter-Typen von Serialität unterscheiden:

   a. *Temporale Serialität*: Gemeint sind zeitliche Aufeinanderfolgen („Serien" im engsten Sinne) ohne Implikation logischer Kausalitäts-Relation. Die meisten Formen solcher temporal konstituierten Frame-Netze werden (wenn sie nicht kausal sind) kulturell bedingt sein und lassen sich von dieser Untergruppe (b) daher wohl auch nicht immer eindeutig abgrenzen.

7.6 Die Struktur von Frame-Systemen und –Netzen 643

(Ein Beispiel könnte sein: WORK-OUT IM FITNESS-STUDIO und anschließend BESUCH DER SAUNA DORTSELBST.)

b. *Kulturell bedingte Serialität*: Gemeint sind im kulturellen Wissen etablierte Aufeinanderfolgen von Handlungs-Frames und / oder Ereignis-Frames, über deren Serialität (Zusammenhang über Folge-Beziehungen) es gesellschaftlich gefestigtes Wissen (im Sinne von Konventionen oder Prototypikalität) gibt. (Ein Beispiel könnte in Abgrenzung zum Beispiel unter (a) sein: SKIFAHREN und APRÈS-SKI; insbesondere aber auch institutionalisierte Folge-Systeme mit Folge-Beziehungen wie PREDIGT und SEGEN, oder der von Fillmore erwähnte KRIMINALPROZESS usw.) Insofern sie nicht auf Kausal-Relationen beruhen, gehören die Skripts von Schank / Abelson (wenigstens teilweise) zu diesem Unter-Typ.

c. *Kausal bedingte Serialität:* Gemeint sind Frame-Systeme, die Frames auf der Basis von Kausal-Relationen vernetzen. Kausal-Relationen sind ein Typ von solchen Folge-Beziehungen, über die auf der Grundlage sicherer überindividueller Wissensquellen ein gefestigtes individuelles und / oder gesellschaftliches Wissen besteht. Im Kern der Kausalität stehen naturgesetzlich gesicherte Zusammenhänge; es gibt aber auch sozial bedingte (oder kulturelle) Kausalität (des Typs der nicht weiter verbalisierungsbedürftigen Folgen eines Ereignisses wie *„Hans ist mit 3,8 Promille erwischt worden ...“*). Kausale Serialität präsupponiert stets temporale Serialität (eine Folge kann nicht vor ihrem Grund in der Welt sein), ist also letztlich ein Spezialfall von ihr. Der deskriptiven bzw. rückwärtsgerichteten Perspektive der *Kausalität* entspricht die vorwärtsgerichtete oder hypothetische Perspektive der *Konditionalität*. Die Frame-Relationen-Typen *Kausalität* und *Konditionalität* spielen eine wichtige Rolle in den sog. Skripts; vor einer erfolgten Systematisierung der Skript-Analyse sollte der Skript-Begriff jedoch nicht vorschnell auf Kausalität und Konditionalität festgelegt werden (wie es fälschlicherweise bei Schank / Abelson geschieht). Zwischen kausalen, kulturellen und temporalen Serialitäts-Relationen bestehen wechselseitige Überschneidungen, so dass Frame-Systeme (wie z.B. Skripts oder Skript-Systeme) in der Regel Mischungen verschiedener Serialitäts-Typen sein dürften. Die von Schank / Abelson postulierten *Pläne, Ziele* und *Themen* sind mit kausalen und konditionalen Relationen eng verknüpfte Unter-Typen von Frame-Systemen.

d. *Sprachliche Serialität:* Ein weiterer Unter-Typ von Frame-Netzen könnte in der *Sprachlichen Serialität* gesehen werden, wie sie etwa bei allen syntagmatischen Relationen (die man auch als syntagmatische Kontiguität bezeichnen könnte) vorliegt. Hierher würde gehören, dass Barsalou *Sätze* und *Texte* als Beispiele für Frame-Netze nennt. Zumindest einfache Sätze gehören (im Sinne von Fillmores Prädikations-Frame-Modell) jedoch dem Typ (1) (Frames als Frame-Systeme) an. Komplexe Texte (z.B. Erzählungen, Romane, Wissenschaftliche Abhandlungen) sind sehr spezielle und stark verschachtelte Frame-Systeme, die einer speziellen Behandlung bedürfen und kaum im Zuge einer reinen Frame-Analyse vollständig erfasst werden können (auch wenn Müskes Vorschlag in diese Richtung zu gehen scheint), oder zumindest die Frame-Semantik bis an die Grenzen ihrer Leistungsfähigkeit strapazieren würden.

5. *Assoziative Netzwerke*: Der Typ von Frame-Systemen bzw. –Netzen mit der „schwächsten" Form von Relationen sind die *Assoziativen Netzwerke*. Die für assoziative Netzwerke einschlägigen Relationen treten in unterschiedlicher Form auf. Als einschlägige Relationen-Typen können wohl mindestens die Relationen der *Kontiguität*, der *Ähnlichkeit,* der *partiellen Kongruenz* (z.B. Isotopien) und der *(prozeduralen) Korrelationen / Ko-Okkurenzen* genannt werden.

a. *Kontiguität:* Dieser Relationen-Typ ist konstitutiv für den Frame-System-Typ (5) nur dann, wenn es sich nicht um bereits durch einen anderen Typ (etwa durch Typ (1) *Frames als Frame-Systeme*) gestiftete Zusammenhänge handelt. (So dürfte z.B. die Teil-Ganzes-Kontiguität in aller Regel zu Typ (1) zu rechnen sein.) Kontiguität liegt immer dann vor, wenn bestimmte Frame-Vernetzungen nicht zum Konzept-konstituierenden Wissen gehö-

644   Kapitel 7: Frame-Semantik: Ein Arbeitsmodell

ren, aber dennoch häufig erwartbar sind.[187] Kontiguität kann Frame-Systeme oder -Netze stiften, muss dies jedoch nicht zwingend. Das gilt erst recht für den folgenden Unter-Typ:

b. *Ähnlichkeit:* Die Relation der *Ähnlichkeit* (als konstitutiv für Frame-Netze) ist stets etwas, das stark von subjektiven Einschätzungen und Wahrnehmungen abhängt; Ähnlichkeit muss *gesehen* werden.[188] Möglicherweise gibt es aber in natürlichen Sprachen zahlreiche Wörter, die letztlich auf so etwas wie Ähnlichkeits-Netzwerke abheben (nehmen wir mal so einen modischen Ausdruck wie *Warmduscher* als Etikett für eine Klasse von Objekt-Frames, deren Zusammengehörigkeit nicht im strikten Sinne über Elemente-Kongruenz definiert ist, sondern eher über assoziative Relationen. Dann haben wir im strengen Sinne kein „Konzept", sondern nur ein *Wort*, das ein Etikett für ein assoziatives Frame-Netz ist – hier im pejorativen Sinne als soziales Stereotyp.)

c. *Partielle Kongruenz:* Im Unterschied zum oben erläuterten Frame-System-Typ (3) der *Kongruenz-Netzwerke*, bei denen sich die Übereinstimmung oder Kongruenz meist über eine größere Zahl von Frame-Elementen der beteiligten Frames des Systems oder Netzes erstreckt, sind mit diesem Unter-Typ (5c) Frame-Netze gemeint, deren Zusammenhang durch lediglich wenige oder sogar einzelne Frame-Elemente gestiftet wird. Ein etwas bekannterer Fall dafür sind z.B. bestimmte Typen der sog. Isotopie-Relationen (definiert auf der Basis semantischer Merkmale), wie sie Greimas im Rahmen der strukturellen Semantik der 1960er Jahre postuliert hat. Isotopie-Relationen stiften assoziative Ketten und können damit ganze Netze aus den beteiligten Frames konstituieren. Möglicherweise sind *Affordanzen* ganz besonders geeignet, solche assoziativen Frame-Netzwerke zu stiften, die nur auf ein einziges Element zurückgehen (z.B. das in einem beliebten Gesellschaftsspiel tausendfach erprobte assoziative Frame-Netz „was ich in einen Urlaub [ersatzweise: als „Robinson" auf eine einsame Insel] mitnehmen würde").

d. *(prozedurale) Korrelationen / Ko-Okkurenzen:* Schließlich gibt es möglicherweise einen Typ *assoziativer Frame-Netzwerke,* der durch etwas gestiftet wird, das man vielleicht *prozedurale Kontiguität* nennen könnte, und das Kognitions-Psychologen vielleicht so beschreiben würden: Was häufig zusammen kognitiv verarbeitet wird, kann assoziative Verknüpfungen im Gedächtnis eingehen. Jedes Sprachsystem kennt solche Formen von auf prozeduralen Ko-Okkurenzen beruhenden Verknüpfungen.[189] Insbesondere dürfte es solche Mischungen aber bei Verbindungen geben, die zwischen Wahrnehmungsdaten verschiedener Wahrnehmungskanäle (sehen, hören, riechen, schmecken, fühlen) durch häufigere oder saliente Ko-Prozessierung gestiftet wurden.[190]

7.7 Evokation oder Invokation von Frames? (Was gehört zu einem Frame?)

An die Diskussion der assoziativen Verknüpfungen (und durch diese gestifteten Frame-Netze) lässt sich leicht die in der Frame-Theorie (insbesondere bei Fillmore) heftigst diskutierte Frage anschließen, welche Aspekte des mit einem Frame verbundenen Wissens nun „zum Frame selbst" gehören, und welche lediglich von den diesen Frame verarbeitenden

---

[187] So gab es z.B. Zeiten, in denen die Frames AUTO und HANDSCHUHE eine feste Verbindung im Sinne der Kontiguität (gemeinsam vorkommen, aber keine Notwendigkeit) eingegangen waren.

[188] Wenn Minsky daher die Kongruenz-Netzwerke im oben definierten Sinne als „Ähnlichkeits-Netzwerke" bezeichnet, dann ist das irreführend, da er ja faktische Übereinstimmung in eindeutig feststellbaren Frame-Elementen meint, was auf das übliche Verständnis von *Ähnlichkeit* ja nicht direkt zutrifft.

[189] Hierzu gehört möglicherweise manches von dem, was Fillmore u.a. „Konstruktionen" nennen.

[190] Hierher gehören sicherlich die sog. Synästhesien, die sich bis zu veritablen Krankheitsbildern auswachsen können; und insbesondere auch bestimmte Typen traumatischer Störungen. (Dieser Unter-Typ 5d ist vielleicht vom Unter-Typ 5a der assoziativen Kontiguität nicht immer leicht abzugrenzen.)

7.7 Evokation oder Invokation von Frames? (Was gehört zu einem Frame?)   645

Individuen „aktiv inferiert" werden. In Fillmores Terminologie gesprochen: Es geht um die Frage: Gibt es eine Differenz zwischen dem *„evozieren"* und dem *„invozieren"* eines Frames oder von Frame-Netzen? Und um die berühmte, einmal von Deborah Tannen (1979) so gestellte Frage *„ Was gehört zu einem Frame? "* (*„What's in a frame? "*). Da dies eine Fragestellung ist, die eng an eine sprachwissenschaftliche (insbesondere eine linguistisch-semantische) Perspektive auf Frames gebunden ist, muss zu ihrer adäquaten Beantwortung vor allem auf den Zusammenhang zwischen Frames und den Leistungen sprachlicher Zeichen und Zeichenketten näher eingegangen werden. In Frage steht dabei auch, wie der Aspekt der *lexikalischen Bedeutung* sprachlicher Zeichen im Lichte einer Frame-Theorie behandelt und adäquat erklärt werden kann und sollte. Diese Frage kann auf doppelte Weise gestellt werden: *Was leisten Frames für sprachliche Zeichen (oder das, was wir für gewöhnlich darunter verstehen)?* Und: *Was leisten sprachliche Zeichen für Frames (und deren Konstitution, Weiterentwicklung, Tradierung)?*

7.7.1 Verbalisierung und Nicht-Verbalisierung von Frame-Elementen

In sprachlich realisierten Satz- oder Prädikations-Frames (also Frames mit den von uns so definierten *Aktanten-Frame-Elementen*) kommt es typischerweise immer wieder vor, dass Frame-Elemente, die nach dem üblichen individuellen oder konventionalisierten Wissen eigentlich „zum Frame dazugehören", im realisierten Satz nicht „sprachlich ausgedrückt" sind, was heißen soll, dass ihnen kein eigenes lexikalisches Element (oder eine Gruppe davon) im Satz-Ausdruck entspricht. Solche Elemente „müssen hinzugedacht" oder „inferiert" werden; sie sind in der Satzbedeutung „implizit enthalten".[191] Auf dieses Phänomen hat sehr früh Fillmore als erster explizit hingewiesen. Ja, man kann wohl davon ausgehen, dass die von ihm eingeführte Unterscheidung zwischen *verbalisierten* und *nicht-verbalisierten Kasusrollen* einer der entscheidenden Anstöße für ihn überhaupt war, die linguistische Semantik (über mehrere Zwischenstufen) in Richtung auf die spätere Frame-Semantik weiterzuentwickeln. Da dies eine Problemstellung ist, die typischerweise vor allem (oder nur?) in Prädikations-Frames (bzw. Aktanten-Frames, mit dem Prototyp Verb-Frames) auftritt, wird es in der Forschung auch nur dort thematisiert, wo Satz- oder Text-Bedeutungen eine Rolle spielen. So neben Fillmore und FrameNet etwa bei Schank / Abelson und später bei Lönneker und Fraas. In dem auf nominal realisierte Frames fixierten konzeptualistischen Frame-Modell von Barsalou ist bezüglich dieses Themas hingegen völlige Fehlanzeige zu vermelden. Auch wenn es dort keine erkennbar wichtige Rolle spielt, entwertet das Fehlen jeglicher Reflexion zu diesem Themenbereich dessen Theorie doch, da eine explizite Erörterung dieses Problems zu jeder sprachwissenschaftlich verwertbaren Frame-Theorie genuin und zwingend hinzugehört. Neben Fillmore weisen auch Schank / Abelson explizit darauf hin, dass verstehenswichtige Elemente oft nirgendwo im Satz explizit ausgedrückt sind. Im Gegensatz zu einem weit verbreiteten linguistischen

---

[191] Die Anführungsstriche im Vorstehenden sollen signalisieren, dass diese üblichen Redeweisen über die in Frage stehenden Probleme sprachtheoretisch, bedeutungstheoretisch wie kommunikationstheoretisch (und verstehenstheoretisch) allesamt hochproblematisch (weil sehr voraussetzungsvoll und bestimmte, teilweise sehr problematische implizite Theorien offenbarend) und daher mit äußerster Vorsicht zu behandeln sind.

646   *Kapitel 7: Frame-Semantik: Ein Arbeitsmodell*

Vorurteil ist „Implizitheit" daher der Normalfall, und keineswegs die Ausnahme (wie es in fast allen gängigen semantischen und syntaktischen Theorien unterstellt wird).

Diese Einsicht, dass Implizitheit der Normalfall (der Kognition und Sprache) ist, Explizitheit (im Sinne „vollständiger Verbalisierung") jedoch – ganz entgegen dem gängigen alltagsweltlichen und auch linguistischen Vorurteil – die Ausnahme, ergibt sich bereits aus den kognitions- und gedächtnistheoretischen Grundannahmen, wie sie Bartlett entwickelt. Wenn er darauf hinweist, dass Schematisierung, Abstraktion und allgemeine Muster (was immer einhergeht mit kognitiven Techniken wie Verkürzung, Weglassung, Zusammenfassung) der Normalfall bei der Reaktivierung von im Gedächtnis gespeicherten Schemata ist, während hingegen „das detaillierte Wieder-Bestätigen individualisierten Materials eher der Spezialfall ist"[192], dann wird damit deutlich, dass Implizitheit ein Basismerkmal menschlicher Kognition und Sprache ist. Man muss jedoch, wie etwa Hinweise bei Lönneker und Fraas andeuten, für eine angemessene theoretische Bewältigung dieses Problems noch einen Schritt weiter gehen. So gibt Lönneker den wichtigen Hinweis: „Auch die Abwesenheit bestimmter Eigenschaften und Relationen kann einen wichtigen Teil des Weltwissens darstellen.", und Fraas betont: „Auch das Freibleiben eines Slots bei der Vertextung ist ein wichtiger Befund und provoziert die Frage nach den Gründen."[193] Um es auf den Punkt zu bringen: Danach ist das Nicht-Vorkommen einer bestimmten Information in einem bestimmten Kontext selbst bereits eine wichtige Information.

Ein solcher Gedanken wirft erhebliche theoretische Probleme auf, die hier nur äußerst kursorisch angeschnitten werden können. Es ist jedoch kein Zufall, dass es überwiegend gerade die Linguisten unter den Frame-Forschern sind, die diesen Punkt hervorheben. Es gibt nämlich zu einem solchen Denken in der Geschichte der modernen Linguistik eine Parallele, die sich indirekt sogar in der von Fillmore benutzten Terminologie ausdrückt. Fillmore (und die FrameNet-Autoren) sprechen später von der *„Null-Instantiierung von Frame-Elementen"*, wenn sie ausdrücken wollen, dass Frame-Elemente (gemeint zunächst: Aktanten-FE) die vom Verb-Frame eigentlich vorgesehen sind, in einem konkreten Satz nicht sprachlich (mittels eines eigenen Lexems) „ausgedrückt" sind. Hierbei verweist das

---

[192] Bartlett 1932, 195. Siehe dazu ausführlich oben Kap. 4.1.2, S. 316 f. – Das heißt, es gibt – wenn man Bartlett folgt – einen *kognitiven* Grund für die Annahme, dass Implizitheit (= Schema-Gestütztheit) der Normalfall der sprachlichen Kommunikation ist, und sozusagen die *anthropologische Konstante* darstellt, und nicht Explizitheit des verbalen Ausdrucks, wie die meisten Linguisten fälschlich glauben. Wichtig ist dann für Bartlett die Frage, „wie psychologisches Material in Schemata und Mustern organisiert wird" (a.a.O.).

[193] Lönneker 2003, 66 und Fraas 2005, 5. Die von Lönneker und Fraas hier angesprochenen Phänomene der Nicht-Explizierung von wichtigen verstehensrelevanten Wissenselementen und –Voraussetzungen sind ein wesentlicher Antrieb für die Entwicklung einer *Linguistischen Diskurssemantik* im Sinne einer sich auf den Diskursbegriff des französischen Philosophen Michel Foucault stützenden linguistischen Diskursanalyse gewesen und finden dort eine wichtige Parallele. (Vgl. dazu Busse 1987, 2000, 2003; zur Verbindung von Diskursanalyse und Frame-Semantik vgl. insbesondere Busse 2005, 2006, 2007, 2008a, 2008b, 2008c, 2010) – Die Diskursanalyse achtet vor allem auf die Bedingungen des Erscheinens einzelner epistemischer Elemente in gegebenen epistemisch-diskursiven Kontexten. Dabei kann sie sich nicht auf die Explizierung der sozusagen „offen zu Tage liegenden" epistemischen Elemente von Wort- und Textbedeutungen beschränken, sondern muss gerade auch das zugrundeliegende, versteckte, normalerweise übersehene, weil als selbstverständlich unterstellte Wissen explizieren. Zu dieser Analyse gehört auch die Explizierung von mit sprachlichen Äußerungen evozierten epistemischen Elementen, von deren Vorhandensein die Sprecher und Rezipienten der Texte möglicherweise gar kein reflektiertes Bewusstsein haben. Jede Tiefensemantik erfordert die Explizitmachung solchen bedeutungskonstitutiven Wissens.

7.7 Evokation oder Invokation von Frames? (Was gehört zu einem Frame?)

Wörtchen „Null" auf die in der strukturalistischen Linguistik der 1960er und 1970er Jahre beliebte Gedankenfigur der „Null-Elemente" in formalen sprachstrukturellen Darstellungen.[194] Die Annahme von solchen „Null-Elementen" in zeichengestützten Prozessen verweist auf den zeichentheoretischen und kognitionstheoretisch bedeutsamen Gedanken (der jedoch m. W. in der Zeichentheorie nirgends vertiefend behandelt worden ist), dass ein „Nichts" kognitiv gesehen auch als ein „Etwas" (im Sinne der Zeichenhaftigkeit) gedeutet und aktiv in der Sprach- und Textproduktion eingesetzt werden kann.

Das heißt, die Frage wendet sich in eine Frage nach der Art und Weise der kognitiven Informationsverarbeitung und der sprachlichen Verbalisierung von Information bzw. der kommunikativen Lenkung von Informationsverarbeitung bei Rezipienten durch von den sprachlichen Produzenten gesetzte externe Signale. Bei deren Beantwortung kann eine richtig verstandene Frame-Semantik eine zentrale Rolle spielen. Dass ein Verstehen sprachlicher Einheiten immer einen weit gefassten Hintergrund an Frame-förmig strukturiertem Wissen (auch weit über die klassischen Konzeptionen von „Wortbedeutung" oder „Satzbedeutung" hinaus) voraussetzt, ist den Semantikern, Lexikologen und Begriffshistorikern vor allem deshalb nie aufgefallen, weil ein Großteil des Frame-spezifischen Wissens zum Bereich des als selbstverständlich Vorausgesetzten, Nicht-Thematisierten, häufig genug nicht explizit Bewussten gehört. Einer angemessenen theoretischen Erfassung der Frame-spezifischen Grundstruktur jedes Verstehens und jeder Semantik stand und steht eine als natürlich empfundene Alltags-Auffassung von (sprachlicher) Kommunikation im Wege, wonach Sprache in ihrer Grundfunktion gleichbedeutend sei mit dem expliziten Verbalisieren der gemeinten (und zu kommunizierenden) Inhalte. Man könnte dies die „Explizitheits-Prämisse" der sog. „relativ-natürlichen Weltanschauung"[195] nennen, eine Annahme, die versteckt auch den meisten wissenschaftlichen Bedeutungskonzeptionen und Sprachtheorien zugrunde liegt. Diese Prämisse kann einer sprachwissenschaftlichen und verstehenstheoretischen Überprüfung jedoch in keiner Weise Stand halten und erweist sich eindeutig als aporetischer Irrtum.[196]

Dieser theoretische Befund beseitigt jedoch keineswegs die praktischen methodischen Probleme bei dem Versuch seiner deskriptiven Umsetzung. Der von Fillmore eingeführte

---

[194] Hier geht es insbesondere um die „Null-Morpheme" in der Morphologie (Wortstruktur-Lehre), womit meistens grammatische Informationen (typisch: KASUS und NUMERUS bei Nomina) gemeint sind, die in bestimmten Flexionsparadigmen (= die Menge von Flexionselementen, die für einen bestimmten Worttyp zutreffend sind; in der Deklination der Nomina z.B. gibt es im Deutschen mehrere Flexionsparadigmen je nach Wortstamm) nicht mit einem eigenen ausdrucksseitigen Marker signalisiert sind, die die Rezipienten sich also ‚hinzudenken' müssen, weil an der Position im Wort, an der normalerweise (in anderen Flexionsklassen) ein Marker (Flexionsmorphem, z.B. Kasusmorphem bei Nomina) vorkommen würde, in manchen Flexionsklassen kein gesondertes Element existiert. Die fragliche grammatische Information (also z.B. NOMINATIV oder PLURAL) wird dann eben aus dem *Fehlen* des erwarteten Elements geschlossen, was man in den formalen Darstellungen der ein Wort konstituierenden Morphemketten mit einem Symbol für Null (ø) markiert hat.

[195] Letzterer Terminus nach Schütz in Schütz / Luckmann 1975, 248. Vgl. auch Schütz 1971.

[196] Vor allem FILLMORE hat in seinen Texten eine Fülle von anschaulichen Beispielen der Frame-Abhängigkeit des semantischen (sprachlichen) Wissens bis weit in die Kernbereiche der Grammatik hinein geliefert. Vgl. etwa Fillmore 1977b. – Ein angemessenes Verstehen eines sprachlichen Ausdrucks (oder der Rolle eines sprachlichen Ausdrucks, z. B. eines Wortes / Begriffs, in einem Satz, einem Text) ist nur dann möglich, wenn es gelingt, die als Bedingungen der Verstehbarkeit fungierenden relevanten Wissensrahmen einigermaßen umfassend zu explizieren und damit dasjenige bewusst zu machen, was häufig genug in der Masse des als selbstverständlich Unterstellten (und damit selten oder nie Thematisierten / Verbalisierten) unterzugehen scheint. Jedenfalls dem Blick der Linguisten meistens entgangen ist.

648 | Kapitel 7: Frame-Semantik: Ein Arbeitsmodell

Begriff der Null-Instantiierung berührt die Kern-Frage, was überhaupt ein Frame-Element in einem gegebenen Frame ist. Gibt es für die Ansetzung von Frame-Elementen überhaupt Kriterien, gibt es Grenzen?[197] Die Redeweise von *„null-instantiierten" Frame-Elementen* (im sprachlichen Sinne, also als nicht verbal mit eigenen Lexemen ausgedrückten Elementen eines prädikativen Frames) setzt voraus, dass man ein gesichertes Wissen darüber hat (oder haben kann), welche Elemente zu einem Frame „dazugehören" (und welche nicht). Sie verweist damit immer auf *Erwartungen*, genauer: *Normalitäts-Erwartungen*, transportiert also immer ein Stück (linguistischer) *Normativität*. Der übliche linguistische Diskussionskontext hierzu ist das Thema der grammatischen *Ellipse*, deren Begriff voraussetzt, dass es ein gesichertes Wissen darüber gibt, was ein „vollständiger Satz" in einer gegebenen Sprache ist. Dieses Problem entfaltet seine praktischen Wirkungen bereits bei dem von Fillmore und FrameNet aufgeworfenen Versuch der Bestimmung der Nicht-Kern-Frame-Elemente.[198] Die Probleme bei deren Bestimmung sind nicht nur bei prädikativen Frames relevant. Vielmehr sind sie identisch mit den Problemen, die bei der Bestimmung der Frame-Elemente (Attribute) in nominalen Konzept-Frames auftreten. Verschärft werden sie, wenn Fillmore versucht, so etwas wie eine Typologie von null-instantiierten Frame-Elementen (in prädikativen Frames) zu entwickeln.[199]

---

[197] Während diese Frage bei den von Fillmore untersuchten Verb-Frames immerhin noch beantwortbar erscheint, scheint sie sich aufgrund des von Barsalou betonten Prinzips der Rekursivität im Falle der Nicht-Aktanten-Frames völlig in den Bereich der unlösbaren Probleme zu verschieben. Eine Lösung scheint nur in Sicht, wenn man (anders als Barsalou selbst) einen strikt linguistischen Standpunkt bezieht und sich auf die Deskription der lexikalischen Bedeutungen beschränkt, die – mit dem Kriterium der Konventionalität – noch am ehesten deskriptiv nachweisbar erscheinen. Ein Rest an Interpretation und Setzung wird jedoch auch dort wohl immer verbleiben.

[198] Diese Unterscheidung unterstreicht die große Nähe von Fillmores Frame-Modell zur *Valenz*-Theorie, da sie parallel verläuft zu der dortigen Unterscheidung zwischen Komplementen und Adjunkten bzw. zwischen Ergänzungen und Angaben. Kern-Frame-Elemente, Komplemente bzw. Ergänzungen sind die auch grammatisch strikt erforderlichen, in ihrer Anzahl und Art (semantischen Rolle) vom zentralen Prädikat(sausdruck) festgelegten Elemente in einem Satz. Peripherie-Frame-Elemente, Adjunkte bzw. Angaben sind z.B. die typischen adverbialen Bestimmungen der Zeit und des Ortes, die bei fast allen Prädikaten angesetzt werden können und deren Ansetzung daher nicht für das Prädikat (bzw. den evozierten Frame) spezifisch ist, und daneben z.T. auch weitere Angaben bzw. adverbiale Bestimmungen. In der Valenz-und Dependenz-Theorie gibt es über die erheblichen praktischen Probleme, eine genaue Grenze zwischen beiden Typen von nicht dem Prädikat zugehörenden Elementen in einem Satz zu ziehen, schon lange eine heftige und ausufernde Debatte, die (mitsamt den dort diskutierten Problemen) in FrameNet aber offenbar nicht zur Kenntnis genommen wird. Es verwundert daher nicht, dass die Unterscheidung zwischen beiden Typen von hier zu Frame-Elementen umdefinierten Entitäten daher auch hier undeutlich und vage bleibt. Zwar böte ein strikt epistemologisch definiertes Frame-Modell Chancen, hier zu einer adäquateren theoretischen Lösung zu kommen, diese Chance wird in FrameNet jedoch vergeben, da sich die nähere Erläuterung der Unterscheidung (von einer Definition im eigentlichen Sinne kann man kaum sprechen) in zu engen syntaktischen Bahnen bewegt

[199] Fillmore und FrameNet unterscheiden zwischen vier Typen von Null-Instantiierung: *„konstruktionsbedingt"* (etwa die Agens-Tilgung in Passiv-Sätzen), *„existenziell"* (z.B. wenn die Objekte von bestimmten verbreiteten Verben nicht erwähnt werden: „[Samen] säen", „[Speisen] essen", „[Kuchen] backen" usw.), *„anaphorisch"* (wo die fehlenden Elemente aus / in dem gegebenen Diskurs-Kontext „verstanden" oder „gegeben" sein müssen), und *„inkorporiert"* (gemeint sind Fälle, „in denen die Bedeutung des Wortes selbst das Frame-Element inkorporiert, das durch das Etikett repräsentiert wird"). (Die „existenziellen" „Null-Instantiierungen" von Frame-Elementen werden in anderen Texten auch als „definite Null-Instantiierungen (DNI)", und die „anaphorischen" auch als „indefinite Null-Instantiierungen (INI)" bezeichnet.) Die vier Typen von „Null-Instantiierung" sind allerdings (bis auf die „konstruktionsbedingten") schlecht definiert und auch die Beispiele sind nicht überzeugend; sie werfen mehr Probleme auf, als sie lösen, so dass in diesem Bereich sicher weitere Forschung notwendig wäre. Das Kern-Problem

7.7 Evokation oder Invokation von Frames? (Was gehört zu einem Frame?)

Das Problem der sogenannten „Null-Instantiierung" von Frame-Elementen ist daher im Kern ein Problem, welches die Frage nach der *Verbalisierung und Nicht-Verbalisierung von Frame-Elementen* aufwirft, also die Frage: Wie viel von dem, was mit der Benutzung sprachlicher Zeichen kommunikativ vermittelt werden soll, kann und wird durch explizite sprachliche Mittel verbal ausgedrückt? Linguistisch gedacht kann man diese Frage auch so wenden: Warum müssen in manchen Fällen bestimmte Typen von Frame-Elementen nach den für eine Einzelsprache geltenden Regeln explizit verbal ausgedrückt werden, in anderen Fällen nicht? Um sich einer Beantwortung dieser Fragen zu nähern, muss man sich einige Beispiele näher anschauen:

(9-8)   *Jan wohnt gerne in Hamburg.*
(9-9)   **Jan wohnt gerne.*
(9-10) *Jan lebt gerne in Hamburg.*
(9-11) *Jan lebt gerne.*
(9-12) *Jan wohnt in einer Bruchbude.*
(9-13) *Daniel lebt in Nicaragua.*
(9-14) *?Daniel wohnt in Nicaragua.*
(9-15) *Daniel lebt in Lateinamerika.*
(9-16) **Daniel wohnt in Lateinamerika.*
(9-17) *Anna liest schon den halben Tag.*
(9-18) *Anna liest einen Roman.*
(9-19) *Anna liest einen Grass.*
(9-20) *Lisa geigt seit einer Stunde.*
(9-21) *Nina flötet seit einer Stunde.*
(9-22) *Nina spielt seit einer Stunde Flöte.*

Satz (9-8) ist ein aus der Valenz-Linguistik bekannter klassischer Fall: Ein Frame-Element eines Typs, der typischerweise nicht zu den Kern-Frame-Elementen gehört, ist bei bestimmten Verben und Verb-Frames unverzichtbar („obligatorisch"); hier: eine ANGABE DES ORTES im weitesten Sinne: Ein Satz wie (9-9) ist nicht zulässig. Vergleicht man (9-8) mit (9-10), also einem Satz, der wohl von den meisten Menschen als bedeutungsidentisch wahrgenommen würde, stellt man jedoch fest, dass diese Regel (der zwingenden Instantiierung der Orts-Angabe) hier nicht gilt. Die Frage ist natürlich: Warum ist dies so? Worin liegt der Unterschied? Um das zu verstehen, benötigt man anscheinend einiges an Hintergrund-Wissen von einer Sorte, das in einer normalen linguistischen Beschreibung solcher Sätze oder der an ihnen beteiligten Wörter nicht auftaucht. Offenbar so: Man weiß, dass manche Menschen nicht mehr leben wollen; daher kann die Aussage, dass jemand „*gerne*" lebt, offenbar eine sinnvolle Information, der entsprechende Satz möglich, üblich und zulässig sein. Dass ein Mensch „*nicht wohnt*" ist jedoch nicht möglich, da jeder Mensch, sofern er existiert, einen Ort haben muss; entsprechend ist die Weglassung der Ortsangabe bei diesem Verb nicht möglich; offenbar, weil das Verb sonst seinen eigentlichen Zweck verlieren würde,[200] nämlich einen Ort der Existenz eines Menschen zu spezifi-

---

liegt schon im Grundansatz selbst, da nicht klar ist, aufgrund welcher Kriterien überhaupt es möglich sein soll, zwischen „begrifflich notwendigen" und „nicht begrifflich notwendigen" Frame-Elementen zu unterscheiden. Ohne eine ja stets Kulturen-spezifische epistemische Hypothese sind solche Abgrenzungen kaum zu treffen. In ihnen steckt ziemlich viel common-sense-Denken, das bei einer vollständigen epistemologisch-semantischen Analyse ja selbst expliziert werden müsste, und nicht, wie meist bei Fillmore und FrameNet üblich, intuitiv und einfach unreflektiert als gültig vorausgesetzt werden dürfte.

[200] Fillmore (1978, 170) weist den Gründen, die Menschen dafür haben, eine bestimmte Kategorie und ein entsprechendes Lexem auszubilden, eine zentrale Rolle für die Semantik zu: „Wenn wir den Wunsch

zieren, sei es in einem Satz wie (9-8) oder (9-12). Die semantischen Verhältnisse beim Wechsel zwischen den nur scheinbar bedeutungsidentischen Wörtern *wohnt* und *lebt* sind offenbar ziemlich subtil, wie ein Vergleich der Sätze (9-13) bis (9-16) zeigt.[201]

In den Beispielen (9-17) bis (9-19) geht es um die Weglassbarkeit des Frame-Elements AFFIZIERTES OBJEKT. (9-17) ist dabei ein typischer Fall von „Null-Instantiierung", wie er Fillmore vorschwebt; *was* gelesen wird (ziemlich sicher keine Zettelnotiz, erkennbar aus der Zeitangabe) muss erschlossen werden, wird wohl meist mit einem Standardwert belegt (nur dicke Bücher wie Romane als bekannteste Prototypen für dicke Bücher werden über einen so langen Zeitraum gelesen). (9-18) ist der „instantiierte" Fall, sozusagen der „Normalfall". (9-19) ist teilweise elliptisch, insofern hier die Information AFFIZIERTES OBJEKT nicht mit einem dafür spezialisierten Lexem verbalisiert wird, aber auch nicht völlig weggelassen ist, wie in (9-17), sondern indirekt über Nennung des Namens eines Autors, dessen Eigenschaft als Schreiber dicker Romane als bekannt vorausgesetzt wird, evoziert wird. – Vergleichsweise subtil sind auch die Verhältnisse in den Beispielen (9-20) bis (9-22). Warum kommt einem (9-21) im Vergleich zu (9-20) „komisch" vor, und würde man offenbar (9-22) als Ausdrucks-Alternative eindeutig vorziehen? Dies hängt offensichtlich mit der lexikalischen Inkorporierung eines konkreten standardmäßigen Wertes für das Frame-Element INSTRUMENT (oder AFFIZIERTES OBJEKT) bei *geigen* zusammen. *Geigen* kann man eben nur auf einer *Geige*. *Flöten* kann man hingegen statt mit einer *Flöte* auch mit dem *Mund* (bzw. gespitzten Lippen). Zur Vermeidung dieser Verwechslung bzw. Fehldeutung wird offenbar (9-22) als Ausdrucksalternative vorgezogen, auch wenn (9-21) als damit in den meisten Fällen bedeutungsidentisch gelten kann.[202]

Zusammenfassung und Arbeitsdefinitionen zu *Verbalisierung und Nicht-Verbalisierung* *(„Null-Instantiierung") von Frame-Elementen:*

Frames sind Strukturen aus prototypisch kombinierten Wissenselementen. Aufgrund der grundsätzlich wirksamen Prinzipen der Rekursivität und Dynamik ist jeder Frame im Prinzip durch weitere Frame-Elemente (d.h. auch: weitere Relationen zu Wissenselementen) erweiterbar; jedes Wissenselement (Attribut, Wert) ist aufgrund seiner eigenen Frame-Eigenschaft weiter ausdifferenzierbar in Unter-Frames. Während die Möglichkeit der Ausdifferenzierung im Prinzip unendlich (unabschließbar) ist, sind Frames als prototypische und konventionalisierte Strukturen im individuellen und sozialen Wissen faktisch begrenzte Agglomerationen aus Wissenselementen, deren Grenzen durch das Merkmal der (proto)typischen Erwartbarkeit gesetzt werden. Praktisch gesehen sind Frames daher deskriptiv erfassbare Strukturen aus Erwartbarem, ohne dass damit ihre Grenzen (und die Zugehörigkeit einzelner Elemente zu einem Frame) im Vorhinein eindeutig und

---

haben, Fälle der Kategorisierung zu erforschen, die durch das lexikalische System einer Sprache bereitgestellt werden, dann können wir dies nur tun, indem wir fragen, welche Funktionen diese in ihren Leben haben." Ein adäquates Verstehen eines Textes ist für ihn daher gleichzusetzen mit dem Verstehen der *motivierenden Gründe*, die dazu geführt haben, dass ein im Text enthaltenes Wort entstanden ist.

[201] (9-16) scheint nicht mehr zulässig zu sein (oder zum. grenzwertig), da das FE ORT bei *wohnen* offenbar einen bestimmten Grad an Konkretheit (*Wohnung, Gebäude, Stadt*) nicht übersteigen darf. *Kontinent* ist offenbar schon zu abstrakt. Warum dies für *lebt* nicht in gleichem Maße zutrifft, müsste näher untersucht werden. – Wie subtil solche semantischen Verhältnisse sein können, hat Fillmore (1982a, 46 f.) einmal am englischen Äquivalent des deutschen *Wohnung*, nämlich *home*, ausführlich demonstriert.

[202] Eine Rolle dafür, warum man – gegen das Ökonomieprinzip verstoßend – die längere Version der kürzeren vorzieht, könnte auch die informationstheoretisch interessante Tatsache spielen, dass eine Information wie *Nina flötet seit einer Stunde mit dem Mund* nach dem Aufmerksamkeitsprinzip hochgradig salient wäre, und damit in den Mittelpunkt des Verstehens rücken könnte; dieser Gefahr muss durch Vermeidung der Doppeldeutigkeit begegnet werden.

7.7 Evokation oder Invokation von Frames? (Was gehört zu einem Frame?) 651

festgelegt wären. Insofern Frames in diesem Sinne (auch) Strukturen der Erwartbarkeit darstellen, sind die Elemente eines Frames graduell abstufbar nach dem Grad ihrer Erwartbarkeit.

Hier ist es aber (aus Gründen, die etwas mit den Strategien der Informationsvermittlung zu tun haben, insbesondere solchen Strategien, die in sprachlichen Regeln verfestigt sind) notwendig, zwischen drei Formen (Typen, Ebenen) der Erwartbarkeit zu unterscheiden, die ich in einem heuristischen Vorgriff auf präzisere Analysen vorerst *präsuppositive, parasuppositive* und *konstitutive* Erwartbarkeit nennen möchte. Zur Gruppe (Ebene) der *präsuppositiven Erwartbarkeit* zählen all solche Wissenselemente, die dem in einem Frame organisierten Wissen (oder einzelnen seiner Elemente) logisch oder epistemisch vorgängig sind, sei es, dass sie aufgrund taxonomischer Relationen in den Wissenselementen des Frames epistemisch oder logisch „enthalten" sind, sei es, dass sie in Kausal-Relationen (oder ihrer Umkehrung als Konditional-Relationen) notwendig als gegeben vorauszusetzen sind. Solche Wissenselemente werden selten explizit verbalisiert, genauer: nur dann, wenn sie direkt in Bezug auf sie Informationen kommunikativ vermittelt werden sollen. (Sie gehören zum Bereich des „als selbstverständlich unterstellten, daher nicht reflektierten und nicht aktiv kognitiv prozessierten Wissens".) Ihr hoher Grad an Erwartbarkeit resultiert aus der unabweisbaren (weil logisch oder taxonomisch gegebenen) Bekanntheit; auffällig wäre es nur, wenn ein solches Element im konkreten Fall explizit ausgeschlossen wäre.

Zur Gruppe (Ebene) der *parasuppositiven Erwartbarkeit* zählen all solche Wissenselemente, die dem in einem Frame organisierten Wissen (oder einzelnen seiner Elemente) solche Aspekte hinzufügen, die in kommunikativen Akten der Informationsvermittlung thematisch werden können, aber nicht müssen. (Dass Gegenstände, Personen, Ereignisse, Handlungen ORTE haben und in Bezug auf ZEITPUNKTE oder ZEITRÄUME spezifiziert sind, kann thematisch werden; aber in vielen – vielleicht den meisten – Fällen ihrer aktiven kognitiven Prozessierung ist dies nicht notwendig.) Solche Aspekte (Wissenselemente) spielen für den jeweiligen Frame zwar „irgendwie auch eine Rolle" (gehören vielleicht sogar zu einer „vollständigen" Frame-Beschreibung dazu[203]), sind aber in keiner Weise bestimmend oder zentral für ihn.

Von beiden Gruppen (Ebenen) ist die Gruppe (Ebene) derjenigen Wissenselemente abzugrenzen, die zur Kategorie der *konstitutiven Erwartbarkeit* zu rechnen sind. *Konstitutiv erwartbare* Frame-Elemente sind per se *immer thematisch*, auch wenn sie nicht immer explizit verbalisiert werden müssen (sie haben so eine Art „*inhärente* oder *eingebaute Thematizität*"). Das soll heißen, dass es sachlich und kommunikativ (informationsstrukturell) keinen Sinn macht, diese Wissenselemente in einem konkreten Fall der Instantiierung als nicht-thematisch zu behandeln, weil dadurch der gesamte Frame nicht-thematisch (oder schlicht nicht mehr erkennbar) wäre. Nur in Bezug auf diese Gruppe (oder Ebene) macht Fillmores Begriff der „Null-Instantiierung" überhaupt einen Sinn.

Sprachliche Ausdruckssysteme (bzw. Zeichensysteme) tendieren häufig oder meistens (jedoch nicht zwingend) dazu, Wissenselemente, die in Bezug auf einen gegebenen Frame das Merkmal der *konstitutiven Erwartbarkeit* tragen, zu konventionalisieren. Im Falle von Frames, die nur einzelne Lexeme betreffen, ist dies ausdrucksseitig meist nicht erkennbar, sondern muss über „notwendige" oder „prototypische" semantische Merkmale bei der Bedeutungsbeschreibung erfasst werden. Im Falle von Frames, die Auswirkungen auf syntaktische oder textuelle Strukturen (d.h. strukturierte Zeichenkombinationen) haben (insbesondere die *prädikativen* Frames des Fillmore-Typs und ihre Aktanten-Frame-Elemente), kann sich das Merkmal der *konstitutiven Erwartbarkeit* einzelner Frame-Elemente in der *Grammatikalisierung* dieser Frame-Elemente niederschlagen. „Grammatikalisiert" heißt dann in diesem Fall: Solche Frame-Elemente müssen ausdrucksseitig notwendig realisiert (explizit verbalisiert) werden. Erfolgt diese Verbalisierung im Einzelfall nicht (oft aufgrund textueller oder kontextueller Situationen, etwa bei Vorerwähntheit im Prätext oder ‚allgemeiner epistemischer Präsenz im epistemischen Kontext') spricht man von einer (syntaktischen) *Ellipse*. Da es sich bei diesen Ebenen der Erwartbarkeit grundsätzlich um graduelle Abstu-

---

[203] Da man sie ja von den prinzipiell nicht möglichen Frame-Elementen als prinzipiell mögliche Frame-Elemente epistemologisch abgrenzen (können) muss.

652   *Kapitel 7: Frame-Semantik: Ein Arbeitsmodell*

fungen handelt, ist eine exakte Grenze zwischen ihnen im Einzelfall nicht immer eindeutig festlegbar.[204]

7.7.2 Die Frame-aktivierenden Leistungen von Lexemen

Das schwierige Thema der sog. *Ellipse* und der *„Null-Instantiierung"* von Frame-Elemen-
ten führt direkt zu der Frage, wie im Lichte einer Frame-Theorie die Leistung lexikalischer
Einheiten (sog. Lexeme), oder generell: die Leistungen sprachlicher Zeichen beurteilt werden sollen; genauer: wie sie theoretisch erklärt und praktisch beschrieben werden können.
Am Anfang dieser Debatte steht Fillmores berühmtes Diktum *„Wörter evozieren Frames"*.
Damit wollte er unter anderem ausdrücken, dass er den alten Begriff der „lexikalischen
Bedeutung", bzw. genauer: die Theorien über lexikalische Bedeutungen, die zum damaligen Zeitpunkt existierten (und die auch heute noch den Mainstream in Linguistik, Philosophie und Logik dominieren), für unzureichend und inadäquat hielt. Dies vor allem deshalb,
weil – wie er in hunderten erhellenden Beispielen und Analysen zeigen konnte – traditionelle Bedeutungsmodelle einen Großteil des verstehensrelevanten Wissens entweder gar
nicht, oder nicht in adäquater Weise erfassen, und Vieles schlicht übersehen wurde, weil es
(gegen die kognitive Wirklichkeit) fälschlich nicht als bedeutungsrelevant erkannt wurde.
Dass auch Fillmore selbst Reste dieser alten Einstellung zur Semantik und sprachlichen
Zeichen nicht aufgeben kann, sieht man an seinem vehementen Bemühen, später doch wieder eine Art von „Zwei-Ebenen-Semantik" durchzusetzen, indem er zwischen „evozieren"
und „invozieren" von Frames unterscheidet (eine Unterscheidung, die er letztlich nicht gut
begründen kann).
  Fillmore setzt dabei zunächst einmal eine Differenz zwischen Wort und Frame, da ein
einzelnes Wort, wie er an seinem Paradebeispiel des Frames für COMMERCIAL EVENT demonstriert, zwar den gesamten Frame evoziert, es aber verschiedene Wörter gibt, die denselben Frame aus jeweils verschiedener Perspektive thematisieren, bzw. die verschiedene
Aspekte dieses Frames fokussieren (wie *kaufen, verkaufen, bezahlen, kosten, Preis* usw.).
Es ist also keineswegs so, dass ein Frame eine Wortbedeutung *ist* (jedenfalls nicht in Fillmores prädikativem Frame-Modell). Er stellt daher fest: Zum lexem-bezogenen Wissen
gehört nicht nur die Aktivierung eines einzelnen Frames (Schemas), sondern das Wissen
darüber, mit welchen Schemata (Szenen, Frames) das Wort / Lexem selbst, oder durch es
aktivierte Frames zusammenhängt (-hängen).[205] Er fügt hinzu: Nicht jedes Wort hat seinen
eigenen Frame; häufig „benutzen" mehrere oder sogar viele Wörter denselben Frame oder
dasselbe Netz von Frames. Beispielsweise kann in einem Satz ein einzelnes Wort / Lexem
durchaus für zwei verschiedene Frames (bei Fillmore immer verstanden als Prädikations-
Frames) gleichzeitig stehen. Diesen Gedanken, dass Wörter nicht nur einem einzelnen
Frame angehören, sondern verschiedenen zugleich, betont auch Minsky. Damit ist jedoch
keineswegs bloß das banale Phänomen gemeint, dass jede Wortform für verschiedene Teilbedeutungen (und damit verschiedene Frames) stehen kann. In diesem Punkt herrscht in der
Frame-Forschung erfreuliche Einigkeit: Eine Frame-semantische Analyse zielt immer auf
Lesarten (Teilbedeutungen), nicht auf Lemmata (lexikalische Wörter bzw. Wortformen).

---

[204] Daher ist auch die „Grammatikalisierung" von Frame-Elementen im Prinzip ein *graduelles* Phänomen,
wie die Valenz-Theorie schmerzhaft feststellen musste.
[205] Wortfeld-ähnliche Strukturen wären ein Beispiel für solche Zusammehänge.

7.7 Evokation oder Invokation von Frames? (Was gehört zu einem Frame?)   653

Für Fillmore ist dabei eine Frame-Semantik nicht das Ziel, sondern nur ein methodisches *Mittel* zur Erreichung des Ziels einer besseren lexikographischen Beschreibung von Wortbedeutungen. So sind ihm zufolge etwa Typen von Lexemen (Wortarten und Teiltypen innerhalb der Wortarten) unterschieden nach der Art und Weise, wie mit ihnen auf Frames und Wissen unterschiedlicher Sorten Bezug genommen wird. Auch Barsalou, der sich insgesamt mit sprachlichen Aspekten der Frame-Analyse kaum beschäftigt, stellt fest: Die von ihm postulierte Frame-Struktur gilt für alle Typen von Kategorien (Objekte ebenso wie Handlungen, Ereignisse usw.) einschließlich Adverbien, Quantifizierer, und ähnliche Wortarten.

Das Verhältnis von Frames und Lexemen ist also keineswegs (immer oder automatisch) ein Eins-zu-ein-Verhältnis einfacher Abbildung. Laut Minsky gleicht das Wort-Verstehen eher einem Abgleich-Prozess (matching process), bei dem möglicherweise mehrere Frames durchlaufen werden, bevor der passende aktiviert und herausgefunden ist. Verstehen von Wörtern wird damit zu einem *probabilistischen* Unterfangen, das auf Plausibilitäten und Wahrscheinlichkeiten eher beruht als auf eindeutigen Gewissheiten. Es fragt sich dann, ob eine solche Sichtweise nicht Fillmores einfaches Verständnis vom „evozieren" etwas in Frage stellt. Nach Minsky lassen sich nur wenige Wörter „in einfachen, eleganten Strukturen" beschreiben. Hier muss auch immer das *type-token*-Verhältnis, das ja nicht nur für epistemische Frames selbst, sondern auch für Wörter gilt, berücksichtigt werden. *Token* von Wörtern können in vielfältigsten / unterschiedlichsten Umgebungen vorkommen und darin immer wieder leicht unterschiedliche Nuancen des Wissens evozieren. Frames erschließen deshalb, wie Fraas hervorhebt, das Kontextualisierungspotenzial sprachlicher Zeichen in ganz besonderer Weise. Für Holly ist es daher einer der entscheidenden Vorzüge einer Frame-Semantik, dass diese Form der Analyse Lexem-Varianten und –Nuancierungen sichtbarer werden lässt als andere semantische Modelle.[206] Zugleich liegt in den einzelnen Vorkommensfällen der sprachlichen Zeichen (*token*) immer auch der Keim semantischen Wandels (des Wandels des allgemeinen Musters / *types*). Laut Minsky kann jede konkrete Gebrauchsweise von Zeichen daher zu einer Adaption des herangezogenen Frames führen.

Fillmores Einsicht, dass Wörter Frames evozieren, wird von Minsky radikalisiert zu der These: „Die Wörter selbst bedeuten nichts." Sie haben ihm zufolge eher die Funktion, Wissen (Wissenselemente) zu organisieren und zu aktivieren. Dabei ist das Verhältnis zwischen Lexemen (Sprachzeichen) einerseits und den epistemischen Frames andererseits sehr komplex, und schwierig zu beschreiben. So führt Minsky in sehr überzeugender Weise Beispiele an, in denen es kein einzelnes Wort gibt, das den zentralen Frame evoziert;[207] vielmehr ist es der Gesamtkontext, das Arrangement von sprachlichen Elementen, das die zentralen verstehensrelevanten Frames aktiviert. Und Fillmore beschreibt das Problem, dass z.B. die sprachlichen Einsetzungsmöglichkeiten für *Krankheit* im Unterschied zu *Wunde* verschie-

---

[206] Er führt dies darauf zurück, dass dabei strukturierende Bausteine eines Frames als tertium comparationis für den Vergleich und die Abgrenzung von Lesarten dienen können.

[207] Eine mit Bezug auf ein so alltägliches Ereignis wie eine Kindergeburtstagsparty gemachte Äußerung wie: „*Sie fragte sich, ob er sich wohl über einen Drachen freuen würde. Sie ging in ihr Zimmer und schüttelte ihr Sparschwein. Es gab kein Geräusch von sich.*" benötigt zu ihrem adäquaten Verstehen zahlreiche Vorannahmen / Wissen: „*Geschenk*" verweist auf „*dafür wird Geld benötigt*"; „*Sparschwein*" verweist auf „*wo Geld ist*"; „*kein Geräusch*" verweist auf „*kein Geld drin*" usw. Wichtig und bemerkenswert an diesem Beispiel ist aber vor allem: weder das Wort „*Geschenk*" noch das Wort „*Geld*" (als die zentralen Wörter der für das Verstehen wichtigen Frames) treten in dem Text überhaupt auf. Nach Minsky 1974, 27.

den sind (möglich ist: *„Die Wunde heilt"*, nicht möglich ist: *„ *Die Krankheit heilt")*, obwohl sie in einem Minsky- / Barsalou-Verständnis von Frames bloß unterschiedliche Filler desselben „HEILEN"-Frames wären.[208] Während in dem einen Fall (Minskys Beispiel) die Frames mehr oder weniger von den einzelnen Zeichen abgekoppelt sind, und nur durch die Gesamtheit des Zeichen-evozierten epistemischen Kontextes aktiviert werden, sind im anderen Fall (Fillmores Beispiel) offenbar die Verwendungsbedingungen der Zeichen teilweise abgekoppelt von allgemeinen übergreifenden Frame-Strukturen und folgen sprachspezifischen Eigengesetzlichkeiten, die in einem einfachen Attribut- / Werte-Modell möglicherweise nur schwer erfasst werden können. (Vielleicht sind aber auch nur die bisherigen Frame-Modelle zu wenig subtil für die Erfassung solcher Problemlagen.)

Das Verhältnis von sprachlichen Zeichen zu Frames ist also offenbar weitaus komplexer, als es auf den ersten Blick (mit Fillmores „Evokations"-Parole) den Anschein hat. Erstaunlicherweise ist es der Psychologe Bartlett, der das Phänomen der „Bedeutung" sprachlicher Zeichen eng an fundamentale Prinzipien der menschlichen Kognition koppelt. Für ihn ist *Erinnern* nur eine spezielle Form des allgemeinen Problems der *Bedeutung*, insofern es in beiden Fällen dabei darum geht, Relationen im Wissen abrufen. Für Minsky ist die „Existenz" und „Identität" von Objekten nichts anderes als eine Kette einzelner Erinnerungen. Eine Folge davon ist: Die „Existenz" bzw. „Identität" z.B. einer „Bedeutung" ist gar nicht so verschieden von der Existenz / Identität eines Dings, da auch im Falle der „Wortbedeutung" letztere nur eine Kette von Erinnerungs-Daten an Fälle präzedenzieller Verwendungen darstellt (wenn man dem Konventions-Modell von Lewis folgt). Wenn es also so ist, dass beobachtbar nur die sprachlichen Zeichen sind, und daher der Zugang zu Wissen idealerweise über Wörter und Sätze erfolgen muss, dann verschärft sich das Problem der Komplexität und Uneindeutigkeit der Zeichen-Frame-Relation(en). Dies hat insbesondere Barsalou 1993 mit seinen drei Themenkomplexen *Flexibilität, Struktur, sprachliche Vagheit* erkannt, kann jedoch für die Problematik keinerlei (aus linguistischer Sicht) überzeugende Lösung anbieten.[209] Anders als er stellen Schank / Abelson, obwohl ebenfalls Kognitionswissenschaftler, die Semantik in den Mittelpunkt ihrer Überlegungen und formulieren ihre Prinzipien so: (a) absolutes Primat der Semantik, (b) überragende Rolle der Kontexte, (c) Komplexität und Strukturiertheit des verstehensrelevanten Wissens.

Das Wissen über die überragende Rolle der Kontexte hinsichtlich des Problems der Bedeutung sprachlicher Zeichen war ja einer der Haupt-Anstöße zur Frame-Semantik. Ballmer versteht daher Sprachzeichen generell als Mittel zur Steuerung von Kontexten (im Wissen / Verstehen der Rezipienten), d.h. als Kontextualisierungs-Instrumente. Klein kehrt diese Betrachtung um und weist darauf hin, dass sich ohne diskursspezifische Kontextualisierungen und Fokussierungen die Frame-Struktur (und damit die Bedeutung) eines Lexems gar nicht angemessen und präzise genug bestimmen lässt, da sonst eine Überfülle potentieller Frame-Kategorien (Slots bzw. Attribute) zu einer unrealistisch unübersichtlichen Wissens-

---

[208] Fillmores Beispiel hängt natürlich mit der Aktiv-Passiv-Transformation und der damit einhergehenden Verschiebung von Frame-Elementen zwischen verschiedenen Aktanten-Positionen in syntaktischen Frames zusammen.

[209] Im Gegenteil blendet Barsalou das Verfügbar-Machen (Evokation) von Frames über Wörter ganz aus seinen Überlegungen aus, das bei Fillmore zentral war. Barsalou hat einen äußerst reduktionistischen Sprachzeichenbegriff, da er darunter keine Zeichen (bilaterale Strukturen im Sinne Saussures), sondern reine Ausdrucksseiten versteht, und damit alles über den Haufen wirft, was an zeichentheoretischen Erkenntnissen bislang jemals gewonnen wurde.

7.7 Evokation oder Invokation von Frames? (Was gehört zu einem Frame?) 655

struktur führen würde. Man könnte daraus auch die These ableiten: Nur die Bedeutungen von Sprachzeichen lassen sich beschreiben, Frames als solche (in ihrer Gesamtheit) nur sehr schwer. Wenn Fillmore von der „virtuellen Präsenz des gesamten Frames in jedem Fall seiner Instantiierung" spricht (und damit ziemlich sicher auf die Funktion sprachlicher Zeichen zielt, und „Instantiierung" nicht, wie etwa Barsalou, im rein kognitiven Sinne meint), dann müsste Klein dies eigentlich für eine deskriptiv nicht einholbare Idealisierung halten. Dies würde auch gestützt durch die These Barsalous, dass die meisten Positionen eines Begriffsfeldes nicht lexikalisiert sind, und dass die feststellbare Kreativität der Konstruktion von Attributen nichts daran ändert, dass davon nur wenige lexikalisiert sind (was auch immer „lexikalisiert" dann genau heißen kann).[210]

Dass das Verhältnis von Lexemen und dem Frame-förmig organisierten verstehensrelevanten Wissen komplexer und verwickelter ist, als es die schlichten Repräsentations-Modelle der traditionellen Semantik nur annähernd erahnen lassen, wird etwa auch deutlich, wenn FrameNet-Autoren den neuen Gedanken der „semantischen Prosodie" erwähnen. Dieser Begriff (nach Louw 1993 und Stubbs 1996) soll besagen, dass lexikalische Wahlen oft starke Erwartungen dessen „was als nächstes kommt" wecken. Es handelt sich bei diesem bisher kaum beschriebenen Phänomen um typische Kollokationen von Bezugswörtern mit anderen Wörtern, denen insgesamt eine semantische Tendenz der Verwendung der Bezugswörter zugrunde liegt mit dem Effekt, dass, wenn immer das Bezugswort verwendet wird, nur bestimmte Kollokate (mit einer bestimmten semantischen Tendenz) erwartet werden, auch wenn andere logisch genau so möglich wären.[211] M.a.W., es geht um die „Präferenz" von Lexemen, „sich mit einer ganzen semantischen Klasse von verbundenen Wörtern zu verbinden", die dann ebenfalls wieder Frames und epistemische Kontexte evozieren. – Ein weiteres Problem, das zu klären bleibt, ist das Verhältnis zwischen den Slots eines abstrakten Konzept-Frames und den konkreten Slots einer verbalisierten Prädikation, die einen Konzept-Frame inhaltlich näher charakterisiert. Beides ist nicht dasselbe und muss Frame-theoretisch auseinandergehalten werden.

Um das Gespür für die subtilen Beziehungen zwischen Frames und den Leistungen sprachlicher Zeichen etwas zu vertiefen, können wieder ein paar Beispiele dienlich sein. Betrachten wir folgende Sätze:

(9-23) *Hans raucht Pfeife.*
(9-24) *?Hans raucht eine Pfeife.*
(9-25) **Hans raucht Zigarette.*
(9-26) *Hans raucht eine Zigarette.*
(9-27) *Fritz fährt Fahrrad.*
(9-28) *Fritz fährt mit dem Fahrrad in die Stadt.*
(9-29) *Anna fährt Auto.*
(9-30) *Anna fährt das Auto in die Garage.*

---

[210] Lönneker diskutiert dieses Problem in Bezug auf die Abstraktheit von Top-Level-Kategorien, denen oft keine Lexeme mehr entsprechen.

[211] Atkins / Rundell / Sato 2003, 340. Als Beispiel nennen sie etwa *cause* welches eine „stark negative semantische Prosodie" aufweise wegen typischer Kollokationen mit: *death, illness, damage, embarassment, resentment* usw. [im Deutschen funktioniert das ebenso]. „Obwohl neutrale oder positive Kontexte keineswegs unmöglich sind, ist die Präferenz des Wortes für unerwünschte Objekte so markiert, dass jede Beschreibung, die es versäumt, dies zu erwähnen, als defizient betrachtet werden muss." – Als anderes Beispiel nennen sie: *behaviour* → Kollokate: *aggressive, disorderly, unacceptable, disruptive, violent* = prototypisch benutzt für deviantes Verhalten.

Die semantischen Differenzen zwischen diesen Beispielen, und insbesondere auch, warum manche dieser Beispiele unproblematisch erscheinen, während andere intuitiv als „nicht möglich" oder zumindest irritierend empfunden werden, kann mit einem Frame-semantischen Ansatz gut erklärt werden. Offenbar findet zwischen den Paaren von Beispielen jeweils so etwas wie ein Shift (eine Verschiebung) statt, die die Default-Werte der Frames betrifft. In (9-23) wird das externe Argument von *raucht*, das in (9-24) ein offener Slot eines prädikativen Frames ist, zu einem festen unveränderlichen Bestandteil der Kernstruktur des prädikativen Frames. Offenbar ist *Zigarette* so etwas wie ein Standardwert für den zunächst offenen Slot in Sätzen wie (9-26); es ist mit dem RAUCHEN-Frame prototypisch (als Default-Wert) verbunden, weshalb ein Satz wie (9-25) nicht möglich erscheint, weil er nicht sinnvoll ist, da die durch das Element *Zigarette* ausgedrückte Information dem Frame RAUCHEN schon inhärent ist. In diesem Gebrauch des Wortes *rauchen* hat der prädikative RAUCHEN-Frame streng genommen keinen offenen Slot mehr für ein AFFIZIERTES OBJEKT, da dieses Teil der (unveränderlichen, invariablen) konzeptuellen Kern-Struktur des Konzept-Frames RAUCHEN selbst geworden ist. Ein Problem ist nun: Wie lassen sich solche Verhältnisse Frame-theoretisch beschreiben? Die bisherigen Theorien haben darauf keine befriedigenden Antworten.

Der in diesen Beispielen beschriebene semantische Unterschied muss sprachlich gesehen wichtig sein, da er *grammatikalisiert* ist. Dies sieht man bei einem Vergleich der Sätze (9-23) und (9-24). Hier fehlt in (9-23) der Artikel (Determiner), und damit ein wesentlicher grammatischer Marker für die Objekt-Eigenschaft eines nominalen Elements in einem prädikativen Frame. Es fehlt also ein Aktanten-Marker, was darauf hindeutet, dass *Pfeife* in diesem Satz, anders als *Zigarette* in Satz (9-26) nicht als Aktanten-Frame-Element verstanden wird (sondern als deskriptives Eigenschafts-Frame-Element). In (9-27) wird dies durch das Fehlen der Präposition (und des Artikels), und in (9-29) ebenfalls durch das Fehlen des Artikels signalisiert. Prädikations-logisch könnte man diesen Vorgang auch als semantische Inkorporierung eines zuvor externen Arguments in die Prädikations-Bedeutung beschreiben. Frame-semantisch kann man es als Type-Shift von einem Aktanten-Frame-Element zu einem Eigenschafts-Frame-Element beschreiben.

Eine adäquate Analyse der Beziehungen zwischen Lexemen und Frames ist die wichtigste Aufgabe einer angewandten Frame-Forschung, und wird vermutlich noch zahlreiche Überraschungen parat halten und bisher nicht erkannte Komplikationen aufdecken. Überlegungen zu diesem Verhältnis können auf dem gegenwärtigen Forschungsstand daher nur sehr vorläufig sein und bedürfen gründlicherer (vor allem auch empirisch gestützter) Überprüfung. Daher können an dieser Stelle auch nur erste tastende Vermutungen artikuliert werden.

<u>Zusammenfassung und Arbeitsdefinitionen zu *Frame-aktivierenden Leistungen von Lexemen:*</u>

Statt Definitionen im engeren Sinne zu bieten sollen nachfolgend eher thesenartig die wichtigsten Feststellungen zu den Frame-bezogenen Leistungen von Lexemen zusammengefasst werden:

- Lexeme evozieren Frames.
- Lexeme kontextualisieren Frames, indem sie sie in Kollokationen und Syntagmen einbetten und dadurch Beziehungen zu anderen Frames nahelegen.
- Lexeme instantiieren Frames, wobei sie einzeln oder in Verbindung mit anderen Lexemen die Filler der Slots des allgemeinen Muster-Frames begrenzen oder sogar festlegen.
- Gebrauchsweisen von Lexemen können langfristig dazu führen, dass sich die von diesen Lexemen evozierten Frames wandeln; Lexeme können dazu beitragen, dass zu Frames neue Slots /

7.7 Evokation oder Invokation von Frames? (Was gehört zu einem Frame?) 657

Attribute hinzugefügt werden, andere wegfallen, sich die von den Slots festgelegten Wertebereiche ändern usw.

– Lexeme können Default-Werte integrieren.
– Lexeme können mehr als einen Frame parallel evozieren.
– Zum Lexem-bezogenen Wissen gehört nicht nur die Aktivierung eines einzelnen Frames, sondern das Wissen darüber, mit welchen Frames das Lexem selbst, und / oder die durch es aktivierten Frames zusammenhängen.
– Lexeme drücken in Bezug auf einen Frame (das in einem Frame organisierte Wissen) bestimmte Perspektiven aus.
– Manchmal evozieren Lexeme Frames nicht direkt und unmittelbar, sondern nur in Verbindung (Kollokation) mit (bestimmten) anderen Lexemen oder in syntagmatisch realisierten Aussagen-Zusammenhängen (vgl. dazu Kap. 7.7.3).
– Es kann sein, dass eine Wortbedeutung durch einen Kategorien-Frame erfasst werden kann; dann deckt ein Frame aber immer nur eine der Lesarten des Lexems ab; für eine andere Lesart desselben Lexems braucht es einen anderen (zumindest abgewandelten) Frame.
– Nicht jedes Wort hat seinen „eigenen" Frame; häufig „benutzen" mehrere Wörter denselben Frame oder dasselbe Netz von Frames.
– Typen von Lexemen (z.B. Wortarten, aber auch Teil-Typen innerhalb der Wortarten) lassen sich nach der Art und Weise unterscheiden, wie sie Frames aktivieren (bzw. auf Frames Bezug nehmen).
– Mit Frames lassen sich die Bedeutungen von allen Wortarten beschreiben.
– Die Funktionen von Lexemen in Bezug auf die Evokation von Frames oder Frame-Netzen müssen in engem Zusammenhang mit Informations-Verarbeitung und –Übermittlung gesehen werden. In diesem Wechselspiel zwischen Lexem-Leistungen und allgemeinen Frame-Strukturen (epistemischen Strukturen) spielt der Aspekt der Thematizität eine zentrale Rolle.
– Lexeme, die Morphem-Kombinationen darstellen, stehen in der Regel für Kombinationen von Frames; Lexeme können auf diese Weise Frame-Elemente, die sonst extern verbalisiert werden müssten, lexikalisch inkorporieren (gilt vor allem für Aktanten-Frame-Elemente, z.B. im Fall der sog. „Rektionskomposita" wie *Briefschreiber*).
– Der systematische (und theoretische) Zusammenhang zwischen Lexemen und im Gedächtnis gespeichertem Wissen ist auch durch die ihnen gemeinsame *type-token*-Struktur in Verbindung mit Iterativität und Konventionalisierung gegeben. Wie die „Existenz" und die „Identität" eines Objektes (als latente Stabilität einer bestimmten Frame-Struktur im Gedächtnis) nur in der nicht abreißenden Kette von (iterativen) Akten der kognitiven „Aktivierung" („Erinnerungs-Akte") gegeben ist, so ist die „Existenz" und die „Identität" einer „Lexem-Bedeutung" nur durch die nicht abreißende Kette von (iterativen) Akten des Lexem-Gebrauchs gegeben.
– Lexeme veranlassen Rezipienten der Zeichen (oder Zeichenketten) dazu, epistemische Frames zu instantiieren (kognitiv zu aktivieren); dabei werden offene Slots der Frames mit konkreten Fillern belegt, die entweder aus dem sprachlichen Ko-Text, oder aus dem durch Prä-Text, Situation, vorheriges Geschehen bezogenen epistemischen Kontext, oder aus dem allgemeinen enzyklopädischen Gedächtnis aufgrund idiosynkratischer Vorlieben, Interessen usw., oder durch Wahl prototypikalisierter Standardwerte bezogen werden.
– Dies könnte man auch so ausdrücken: Lexem-*token* evozieren Frame-*token*.
– Aktanten-Frames sind Frames, die von einem Lexem evoziert werden, welches im Zentrum einer Prädikation steht und dadurch Satz-organisierend im Sinne der Valenz-Theorie ist. Das Verhältnis von prädikativen Lexemen zu den von ihnen evozierten Frames weist daher Merkmale auf, die für andere Frames (oder Frame-Lexem-Beziehungen) nicht in gleicher Weise gelten. Eines dieser Merkmale ist, dass bestimmte Frame-Elemente von prädikativen Frames zwingend zusätzlich zum fraglichen Frame-evozierenden Lexem verbalisiert (ausdrucksseitig mit eigenen lexikalischen Mitteln realisiert) werden müssen. Man kann diesen Prozess in gewissem Sinne als „Grammatikalisierung" von Frame-Strukturen kennzeichnen.

658 Kapitel 7: Frame-Semantik: Ein Arbeitsmodell

– Die *type-token*-Struktur bei prädikativen Frames verhält sich in spezifischer Weise zu den *type-token*-Strukturen der durch den prädikativen Frame organisierten Aktanten-Frames: Spezifische *token* der Prädikations-Frame-evozierenden Lexeme (mit Instantiierung je spezifischer epistemischer Konstellationen) und spezifische *token* der Aktanten-Frame-evozierenden Lexeme (mit Instantiierung je spezifischer epistemischer Konstellationen) können sich wechselseitig bedingen (evozieren), d.h. nicht je einzeln, sondern nur gemeinsam, in *dieser* Kombination.[212]

(Es ist sehr zu vermuten, dass die vorstehende Auflistung bei weitem noch nicht alle für das Verhältnis von Lexemen zu Frames relevanten Aspekte verzeichnet.)

7.7.3 Die Frame-aktivierenden Leistungen von Lexem-Ketten

Dass eine Frame-Semantik nicht nur zur Analyse einzelner Lexeme, sondern auch zur Analyse komplexerer sprachlicher Ausdrücke, also Syntagmen / Phrasen, Sätzen oder sogar ganzen Texten geeignet sein kann, liegt auf der Hand und ist von Anfang an in der Forschung immer wieder vertreten worden. Nicht zuletzt ist deutlich, dass eine der ersten Varianten einer Frame-Theorie, und zwar ausgerechnet die linguistische Version Fillmores, von Anfang an auf Sätze zielt, dass prädikative Frames in ihrem Mittelpunkt stehen. Auch die „Skripte" von Schank / Abelson haben mehr mit Sätzen als mit isolierten Wörtern zu tun, und auch bei Minsky bereits sind die meisten Beispiele für den semantischen Nutzen der Frame-Idee Satz-Beispiele, und seltener Wort-Beispiele. Diesen Bezug der Frame-Theorie zur Analyse wortübergreifender sprachlicher Einheiten hat auch die Rezeption von Anfang an gesehen, da Frame-Konzeptionen zunächst überwiegend im Zuge der damals neuen Textlinguistik rezipiert (allerdings kaum je systematisch umgesetzt) worden sind. Die Umsetzung in wortsemantischen, thesaurierenden Projekten war eigentlich erst ein zweiter Schritt.

Diesem eindeutigen Befund, der klar für eine Eignung der Frame-Theorie auch für satz- und textsemantische Zwecke spricht, muss jedoch die ebenso klare Tatsache gegenübergestellt werden, dass es außerhalb des Werkes von Fillmore persönlich keinerlei weiterführende Überlegungen zu einer satz- und textsemantischen Umsetzung der Frame-Theorie gibt. Noch nicht einmal in dem von Fillmore initiierten Frame-Net-Projektverbund, noch in anderen Projekten angewandter Frame-Analyse (die allesamt ausschließlich wortsemantisch-thesaurierend orientiert sind), noch in den deutschen Umsetzungen, die ebenfalls rein lexikalisch oder begriffsanalytisch fokussiert sind, gibt es weiterführende Überlegungen zu einer wortübergreifenden Frame-Analyse. Wenn anderes als Wörter überhaupt in den Blick genommen wird, dann beschränken sich die Bemerkungen meistens auf die schlichte Aussage, dass auch Sätze und Texte mit Frames analysiert werden können (ohne dass weiter ausgeführt würde, wie man sich das vorzustellen habe). So bemerkt Minsky, dass sinnvolle, vernünftige sprachliche Äußerungen immer einen Ober-Frame benötigen, der die Einzelteile integriert (und erwähnt dabei als Beispiel Satz-Frames). Als indirekten Hinweis auf die textsemantischen Bezüge des Frame-Modells kann man in Minskys Hervorhebung der Tatsache sehen, dass es oft kein einzelnes Lexem, sondern eine spezifische textuelle Konstellation von mehreren Lexemen ist, die einen bestimmten Frame „evoziert", ohne dass

---

[212] Ein Beispiel: *„Nina liebt Beethoven"*; hier instantiieren sowohl das Lexem *liebt* in Kombination mit dem Lexem *Beethoven*, als auch das Lexem *Beethoven* in der Aktanten-Position des AFFIZIERTEN OBJEKTS in dem von dem Lexem *liebt* evozierten Prädikations-Frame je spezifische Frames, die nicht den Standard-Frame-Token für diese Lexeme entsprechen.

7.7 Evokation oder Invokation von Frames? (Was gehört zu einem Frame?)   659

dieser Frame die Wortbedeutung auch nur eines einzigen der beteiligten Wörter hinreichend charakterisieren würde.[213] Auch Barsalou verweist nur nebenbei, im Kontext sogenannter (nach seiner Aussage mit Frames gut beschreibbarer) „Konzept-Kombinationen" neben den Wortbildungen (offenbar meint er vor allem auch Komposita) in einem Atemzug auch auf „Satz-Frames" und „Text-Frames" ohne ein einziges weiteres Wort über die Art der Umsetzung des Frame-Modells (und die doch erheblichen sprachsystematischen Unterschiede zwischen diesen Ebenen) zu verlieren. (Für „Satz-Frames" eignet sich auf den ersten Blick allerdings Fillmores Frame-Modell deutlich besser als das Modell Barsalous.)

Es bleibt also zunächst nur das prädikations-orientierte Frame-Modell Fillmores als erster Anhaltspunkt für eine Analyse der *Frame-aktivierenden Leistungen von Lexem-Ketten*. Der Szene-Gedanke, der Fillmores Frame-Konzept zugrunde liegt, hat seine Ursprünge in der Satzanalyse im Rahmen des Valenz-Modells (bei Tesnière). Fillmore-Frames sind daher das Mittel der ersten Wahl, um das in prädikativen oder Satz-Frames organisierte oder evozierte verstehensrelevante Wissen zu erfassen. Für eine vollständige semantische Analyse auf Frame-theoretischer Basis müssten diese Frames jedoch um Aspekte eines allgemeineren Frame-Modells (Minsky und Barsalou) ergänzt werden, da nur so die ganze Komplexität und Struktur des verstehensrelevanten Wissens erfasst werden kann. Fillmore selbst hat, nachdem er seine Frame-Theorie etabliert hat, oder genauer: als wichtiger Teil seiner Frame-theoretischen Überlegungen, die linguistische Semantik zu einer verstehenstheoretisch ausgerichteten *interpretive semantics* oder *understanding semantics* mit recht radikalen, über den Stand der linguistischen Mainstream-Semantik weit hinausgehenden Grundannahmen entwickelt.[214] Dabei entfaltet er eine umfassende Theorie des Sprachverstehens, die im eigentlichen technischen Sinne nicht mehr vorrangig Frame-semantisch ist (oder die Frame-Idee sehr ins Allgemeine dehnt), und daher im Kontext dieses Unterkapitels nicht direkt einschlägig ist.[215] Neben Fillmore (mit seinem Prädikations-Frame-Modell) kommt sonst nur noch Minsky einer sinnvollen (Frame-theoretischen) Lösung des Problems der Satz- und Textsemantik nahe, indem er die Rolle der durch Lexem-Kollokationen gestifteten Erwartungen in Bezug auf die (Frame-förmig organisierten) Verstehenskontexte hervorhebt. In diesem Sinne stellen auch sprachliche Zeichenketten Kontinua dar, in deren Verstehen Verkettungen von Frames ebenso eine Rolle spielen wie systematische Erwartungen dessen, was in der Zeichenkette als nächstes kommen könnte (s.o. S. 599).

Einige Frame-theoretisch relevante Aspekte der Verkettungen von Lexemen hatten wir bereits oben (Beispiele 9-23 bis 9-30, S. 655) im Zusammenhang mit dem Phänomen der Grammatikalisierung angesprochen. Ausgangspunkt für die weiteren Überlegungen zu den *Frame-aktivierenden Leistungen von Lexem-Ketten* sollen zwei weitere kleine Beispiele sein. Zu vergleichen wäre der Satz (9-32) mit einem Satz (9-31) in einer Situation, in der sich zwei Studenten vor einer Prüfung über mögliche Prüfungsthemen unterhalten und der eine sagt:

---

[213] Siehe oben Beispiel (9-1), S. 547.

[214] Siehe dazu oben Kap. 2.4.5, S. 77 ff. und Kap. 2.6.3, S. 109 ff.

[215] Ich werde jedoch später, in Kap. 7.10, darauf zurückkommen. Zentral in Fillmores Konzeption des Textverstehens ist der Versuch, den Prozess des Textverstehens durch einen Interpreten als „In-Blick-Nahme" (*envisionment*) eines Komplexes von Szenen und Frames zu konzipieren, welche dem „envisionment" durch den Text-Autor möglichst korrespondiert. Der Begriff des *envisionments* steht jedoch eher in großer Nähe zu allgemeineren Begriffen wie *Hintergrund, Geschichten* oder *Kontext,* als zu einem eher technisch aufgefassten Begriff kognitiver Frames, wie sie bei Minsky oder Barsalou postuliert werden.

(9-31) *Der Kant ist zu schwer für mich.*
(9-32) *Der Koffer ist zu schwer für mich.*

Die epistemischen Unterschiede und die Komplexität des verstehensrelevanten Wissens, kann nicht, wie es in traditionellen komponentialistischen Modellen der Satzsemantik üblich wäre, allein auf die isolierte wortsemantische Beschreibung des Lexems „*Kiste*" im Unterschied zu „*Kant*" reduziert werden, wie die Paraphrasen der beiden Beispielsätze zeigen. Für (9-31) könnte man folgende Paraphrase geben: *Aus der Menge möglicher Prüfungsgegenstände in einer Prüfung auf einem vorausgesetzten Niveau weist die Teilmenge, auf die (metonymisch) mit dem Ausdruck „Kant" referiert wird, einen solchen Umfang des zu seiner adäquaten Bewältigung notwendigen Wissens auf, oder erfordert solche kognitiven Fähigkeiten / Erfahrungen, welche / s beim Sprecher / der Sprecherin zum gegebenen Zeitpunkt nicht vorhanden ist / sind. Möglicherweise wird dabei eine implizite Skala von „Schwierigkeitsgraden" von Prüfungsthemen mitgedacht. Dabei referiert der Ausdruck „Kant" auf eine nicht näher spezifizierte Menge von Texten eines bestimmten Autors und den in diesen Texten sprachlich formulierten gedanklichen Problemstellungen (= komplexe Wissensrahmen), wobei implizit durch die umgebenden institutionellen Rahmenbedingungen eine nicht näher spezifizierte Menge von weiteren Texten anderer Verfasser (Forschungsliteratur) und die in diesen anderen Texten sprachlich formulierten Problemstellungen (Wissensrahmen) möglicherweise hinzugedacht sind.* Für (9-32) könnte man dagegen folgende Paraphrase geben: *Dieser Gegenstand (Kiste, möglicherweise gedacht mit einem gegebenen Inhalt) hat ein auf einer vorausgesetzten graduellen Skala an einem bestimmten (höheren) Punkt angesiedeltes Gewicht, das in Relation zu den Gewichten, die der Sprecher / die Sprecherin mit ihren vorhandenen Körperkräften noch tragen / halten kann, so hoch ist, dass ein Hochheben (oder längeres Tragen) nicht möglich ist.* Der Vergleich der beiden Beispielanalysen veranschaulicht die Komplexität, die eine satz- oder textsemantisch adäquate Beschreibung annehmen kann, die hier ja noch nicht in einem technischen Sinne Frame-semantisch erfolgt ist, sondern nur in umgangssprachlicher Form wichtiges verstehensrelevantes Wissen expliziert hat.

Da die Forschungsliteratur zu Frames also offenbar nur wenige Hinweise darauf gibt, wie man die Frame-evozierende Leistung von Kombinationen von Lexemen (sei es einfache Kombinationen, sei es satzsemantisch, sei es textsemantisch) im Rahmen eines Frame-Modells erklären kann, sind die nachfolgenden Feststellungen wiederum heuristisch und sehr vorläufig:

Zusammenfassung und Arbeitsdefinitionen zu *Frame-aktivierenden Leistungen von Lexem-Ketten:*

Lexem-Kombinationen und Lexem-Ketten evozieren Frame-theoretisch gesehen einerseits Kombinationen von Frames, andererseits führt die Kombination von Lexemen dazu, dass in einem Abgleich-Prozess (*matching process* im Sinne von Minsky) die ausdrucksseitige Präsenz von zwei oder mehreren Lexemen die Evokation der Lexem-induzierten Frames wechselseitig adaptiv beeinflusst, genauer: die evozierten Frames an den durch die Kombination signalisierten epistemischen Kontext anpasst und ggf. irrtümliche erste (durch isolierte Lexem-Verarbeitung induzierte) Frame-Evokationen korrigiert.[216]

---

[216] Im obigen Beispiel trifft das auf die Lexeme *Kant* und *schwer* zu, deren isolierte, wahrscheinlich spontan instantiierte Lexem-Frames nachfolgend adaptiv korrigiert (ersetzt) werden müssen. Bei *Kant* muss ein PERSONEN-Frame durch einen WERK-Frame ersetzt werden; bei SCHWER muss ein GEWICHT-Frame durch einen SCHWIERIGKEITSGRAD-Frame (bzw. ein komplexes Frame-Gefüge) ersetzt werden.

7.7 Evokation oder Invokation von Frames? (Was gehört zu einem Frame?)   661

Allerdings sind die Frame-aktivierenden Leistungen von Lexem-Ketten beeinflusst (und möglicherweise stark gesteuert) durch spezialisierte Regeln, wie sie im Zuge der Entwicklung von Sprachsystemen mit regulierter Grammatik[217] entstanden sind (am wichtigsten: Kongruenzregeln und Positionsregeln). Für Zeichenketten des Typs „Satz" existieren spezialisierte Frames (bisher als Prädikations-Frames bezeichnet) mit speziellen Typen von Frame-Elementen (Aktanten-Frame -Elemente). Diese Prädikations-Frames sind organisierende Ober-Frames (im Sinne der Bemerkung Minskys), welche die Teil-Konzept-Frames (die funktional als Aktanten-Frames wirken) in einen übergeordneten epistemischen Zusammenhang einfügen und ihre Position darin festlegen. Sie werden in der Regel durch dafür spezialisierte Lexeme, die Verb-Lexeme, evoziert. Fehlen in einer Lexem-Kette explizite Verb-Lexeme (wie im Falle vieler Komposita, insbesondere der sog. Nicht-Rektions-Komposita), so werden sie in der Regel in der Interpretation durch die Rezipienten kognitiv ergänzt.[218]

In Sprachen mit entwickelter regulativer Grammatik wie dem Deutschen ist für vollständige sprachliche Äußerungen die Präsenz eines prädikativen Lexems in der geäußerten Lexem-Kette obligatorisch. (Die Minimal-Form solcher prädikativen Lexeme sind die Flexionsformen des Kopula-Verbs *sein*, die etwa Verwendung finden in einfachen Eigenschafts-Prädikationen wie *„Das Wetter ist schön."*) Verb-Lexeme definieren Sets von möglichen Prädikations-Frames,[219] in denen je nach epistemischer Struktur und Informations-steuernder Funktion der Lexeme bestimmte Typen und Konfigurationen von Frame-Elementen (Aktanten-Frame-Elemente) in dem Sinn obligatorisch sind, dass sie in der Regel[220] durch eigene Lexeme in der Lexem-Kette verbalisiert werden müssen. Wo immer sich im Wortschatz einer Sprache Lexeme finden, die ein Verb-Lexem inkorporiert haben, integrieren diese Lexeme i.d.R. die Evokationskraft des Verbs im Hinblick auf den mit diesem zusammenhängenden Prädikations-Frame (bzw. die Prädikationsstruktur). Aus den durch Verben evozierten Prädikations-Frames ergeben sich dann Hinweise darauf, mit welchen Frames die Prädikationsstruktur epistemisch zu verknüpfen ist und an welchen Slots welcher angeschlossenen Frames welche anderen Frames des zur vollständigen Interpretation notwendigen Frame-Netzes angeschlossen werden (und in welcher Funktion dies geschieht).

Das von Fillmore initiierte FrameNet-Projekt ist im Prinzip auf die thesaurierende Erfassung von möglichst vielen Prädikations-Frames (oder Prädikations-Frame-Typen) angelegt. Aufgrund seiner lexikalisch-semantischen Ausrichtung erfasst es allerdings meist nur die grammatikalisierten /

---

[217] Nicht jede Sprache verfügt über eine in diesem Sinne gleichermaßen stark regulierte Grammatik. Aus der Beschäftigung mit Pidgin- und Kreol-Sprachen hat Talmy Givón (1979) die Unterscheidung zwischen einem „pragmatical mode" und einem „grammatical mode" des Sprechens abgeleitet. (Ersteren findet man auch in durchgrammatikalisierten Sprachen wie dem Deutschen in Phasen des kindlichen Spracherwerbs, wie z.B. *„Anna Saft"* statt den grammatikalisch elaborierten Lexemketten *„Ich [Anna] möchte Saft trinken."* oder *„Gib mir [Anna] bitte Saft."* in denen die Prädikationsstruktur durch die dafür spezialisierten Verb-Lexeme *möchte trinken* und *geben* evoziert wird, die ihrerseits Prädikationsrahmen evozieren, welche den anderen Lexemen in den Ketten ihre spezifischen Aktanten-Eigenschaften zuweisen und so insgesamt die epistemische Ausfüllung der Zeichenketten in strukturierter Weise leiten.)

[218] Sog. Rektions-Komposita sind Wortbildungen mit einer inkorporierten Prädikationsstruktur, meist aufgrund der Inkorporation eines Verbstammes in das Wort (z.B. *Zeitungsleser*), bei denen sich die semantische Beziehung zwischen den Wortbestandteilen aus der Aktantenstruktur („Argumentstruktur") ergibt, die durch das inkorporierte Verb evoziert wird. Nicht-Rektionskomposita sind solche Komposita, bei denen die Interpretation der semantischen Relation zwischen den Wortbestandteilen die Ergänzung durch einen „hinzugedachten" Prädikationsausdruck erfordert (z.B. *Fischfrau* im Sinne von *„Die Frau, die (auf dem Markt) Fische verkauft."*). Heringer 1984 hat solche NRK mit Verweis auf den „pragmatical mode" nach Givón 1979 erklärt.

[219] In Gebrauchs- und Lerner-Grammatiken werden solche Sets meist in Form sogenannter „Satzbaupläne", die häufig auf der Grundlage des Valenzmodells nach Tesnière erstellt werden, mit implizit normativem Anspruch dargestellt.

[220] Wenn die sprachliche Äußerung als „grammatisch" im Sinne der syntaktischen Regeln dieser Sprache, bzw. als „korrekt" im Sinne der etablierten Sprachnormen gelten soll.

662 Kapitel 7: Frame-Semantik: Ein Arbeitsmodell

lexikalisierten[221] epistemischen Aspekte / Elemente solcher Frames und Frame-Vernetzungen unter Vernachlässigung der satzsemantischen Vollständigkeit der Frame-semantischen Analyse.[222]

Auf der Text-Ebene kommen zu den beschriebenen Frame-spezifischen Grundmerkmalen für Lexem-Ketten weitere Phänomene und Bedingungen hinzu; dies gilt insbesondere für *Anaphern* und *Kataphern*, also die epistemischen Verweisstrukturen in *Texten*, für deren Analyse die Frame-Semantik ein ausgezeichnet geeignetes Modell darstellt. (Hier besteht noch erheblicher Forschungsbedarf.)

7.7.4 Frames als Formen der Kontextualisierung

Die Frame-Theorie kann als eine Konzeption der Semantik aufgefasst werden, welche den gesamten Bereich des verstehensrelevanten Wissens, der von einer semantischen Beschreibung (und Theorie) erfasst bzw. berücksichtigt werden muss, überhaupt erstmals als solchen in den Blick nimmt. Frames (oder Frame-Strukturen und –Netze) können dabei auch als die Wissens-Hintergründe, als die epistemischen Kontexte begriffen werden, die zum Verstehen sprachlicher Zeichen notwendig kognitiv aktiviert werden müssen. Dabei wird der Begriff des „Kontexts" epistemologisch gedeutet, als Strukturen des Wissens. Die Aktivierung von Frames im Zuge des Verstehens von Sprachzeichen und Sprachzeichenketten kann dann auch als eine Form von epistemischer *Kontextualisierung* aufgefasst werden. Erstmals in dieser expliziten Form hat das Bartlett postuliert, der jede Art von Schema-Aktivierung als eine Form der (epistemischen) Kontextualisierung begreift. Danach hat diesen Aspekt vor allem Fillmore hervorgehoben, für den neben *Frames* und *Prototypikalität* der Begriff des *Kontexts* zentral für seine Semantik-Auffassung ist. Auch Schank und Abelson nennen als eines von drei Grundaxiomen ihres Modells die „überragende Rolle der Kontexte". Dieser Aspekt, dass *Frames als Formen der Kontextualisierung* anzusehen sind, wird in der Literatur dann immer wieder aufgegriffen.[223] Barsalou begreift Frames als „dynamische relationale Strukturen", deren Form flexibel und kontextabhängig ist. Er konzipiert Frames also nicht als „stabile" (epistemische) Kontexte, sondern als dynamische Kontexte, deren Ob und Art der Aktivierung auch selbst wieder kontextabhängig ist. Insbesondere Ballmer geht etwas genauer (wenn auch nur knapp) auf den Aspekt der Kontextualisierung ein, wenn er „Frames als kognitive Korrelate prototypischer Kontextstrukturen" definiert. Er ist nach Bartlett daher einer der ersten, der den schillernden Begriff „*Kontext*" eindeutig in einem epistemischen Sinne definiert.[224] Ballmer unterscheidet dabei zwei Aspekte der Kontextualisierung mit Bezug auf Frames: (1) Frames als Struktureinheiten der (epistemischen) Kontextualisierung, und (2) Sprachzeichen als Mittel der Steuerung von

---

[221] Trotz der sehr ausdifferenzierten, sehr weitgehenden und radikalen verstehenstheoretischen Überlegungen von Fillmore persönlich ist die Praxis von FrameNet stark auf lexikalische Aspekte (unter Integration der alten Case-Frame-Aspekte) reduziert. Prädikations-Frames werden dort als quasi idiosynkratische „Frame-Individuen" begriffen, jeweils gekoppelt an bestimmte Lexeme, die nur sparsame Typologisierungen und Abstraktionen (also vergleichsweise „zarte Taxonomien") erlauben.

[222] In dieser Hinsicht ist eher das satzsemantische Analysemodell von Peter von Polenz (1985) anschlussfähig für eine differenzierte Frame-fundierte Analyse von satzförmigen Lexem-Ketten. Es ist allerdings noch vor dem Vollausbau der Frametheorie entstanden und müsste dementsprechend ergänzt werden.

[223] So werden bei Wegner Frames als *kontextuelle Strukturen* bestimmt, und Fraas weist darauf hin, dass Frames das Kontextualisierungspotential eines Begriffs erschließen.

[224] Eine solche Bestimmung wurde (unabhängig von Ballmer und Bartlett) auch bereits in Busse 1991a vorgenommen.

7.7 Evokation oder Invokation von Frames? (Was gehört zu einem Frame?) 663

Kontexten (im Wissen / Verstehen der Rezipienten), d.h. als Kontextualisierungs-Instrumente. Fillmore bringt den Begriff des *Kontextes* in Zusammenhang mit dem Begriff der *Erfahrung*. Sprachzeichen evozieren auf der Basis von Erfahrungen bestimmte, in Frame-Struktur gefasste epistemische Kontexte. Barsalou hat einen damit eng zusammenhängenden Aspekt so ausgedrückt: Frames produzieren Relevanz.[225]

Bei der Diskussion über den Zusammenhang zwischen Frames und Aspekten der Kontextualisierung sind daher mindestens drei Teil-Aspekte auseinanderzuhalten: (1) Frames als (Mittel oder Vollzug von?) Kontextualisierung, vs. (2) Kontextualisierung von Frames, und (3) Sprachzeichen als Mittel zur Steuerung von Kontexten. Der Begriff des *Kontextes* ist (a) ein Fundierungsbegriff erster Güte, dabei jedoch (b) denkbar breit und allgemein gefasst und in seinem Gegenstandsbezug daher äußerst vielgestaltig, uneinheitlich und schillernd.[226] Wenn Sprachzeichen Frames „evozieren", dann heißt dies zunächst, dass sie

---

[225] Bartlett fasst einen ähnlichen Gedanken folgendermaßen: Die Strukturiertheit des Wissens (in Schemata) ist eine wichtige Voraussetzung für Assoziation und Assoziationsfähigkeit).

[226] Ein systematischer Versuch zu seiner Klärung wurde in Busse 2007a unternommen. Dort werden folgende Differenzierungen vorgenommen: (A) Kontextualisierungszusammenhänge lassen sich in kommunikativer Hinsicht (mindestens) einteilen in: (1) intendierte (overte) Kontextualisierungen; (2) nicht-intendierte, aber bewusste (als bewusst unterstellte) Kontextualisierungen; (3) nicht-intendierte, nicht-bewusste, nur analytisch feststellbare Kontextualisierungen. – (B) Welche Arten / Typen / Ebenen der Kontextualisierung gibt es? Versuch einer Antwort: (1) Wissenschaftstheoretische Ebene der Kontextualisierungs-Problematik: Man muss unterscheiden, ob man Kontextualisierung (a) als epistemisch-kognitive Leistung der einen (in Weltausschnitte eingebetteten) Text adäquat verstehen wollenden Individuen thematisiert / untersucht, oder ob man (b) Kontextualisierung als Vorgehen (oder auch als Ergebnis) einer wissenschaftlichen (z.B. linguistischen, diskursanalytischen) Analyse in den Blick nimmt. (2) Die Unterscheidung zwischen (a) Kontextualisierungen, die als epistemisch-kognitive Leistungen von Text-verstehenden Individuen tatsächlich (und erwartbar) vollzogen werden und (b) einer scheinbar objektivierten Kontextualisierung, die man als realweltliche Situierung eines Ereignisses oder epistemischen Elements in einer gegebenen realweltlichen Umgebung begreifen könnte. (3) Die Unterscheidung zwischen (a) Kontextualisierungen als individuell-epistemischen Leistungen, die von konkreten sprachbenutzenden Individuen (produktiv oder rezeptiv) tatsächlich vollzogen werden, und (b) Kontextualisierung als einem Aspekt der kollektiven Episteme (in einer Epoche oder in einer Gesellschaft). (4) Wichtig ist auch, dass „Kontextualisierung" ein Relationsbegriff ist und damit alle dessen Eigenschaften teilt. („Kontextualisierung" und „Zeichenrelation" sind möglicherweise Begriffe für zwei verschiedene, komplementäre Perspektiven auf ein und denselben Sachverhalt. „Zeichenrelation" würde dann stärker von den gegebenen Zeichen ausgehend nach den durch sie aktivierten – aktivierbar gemachten – Wissensbeständen – epistemischen Elementen - fragen; „Kontextualisierung" wäre dagegen eine Perspektive, welche unter Ansetzung des Gegebenseins von Strukturen und Gliederungen im gesellschaftlichen Wissen danach fragt, wie Zeichen eingesetzt und verarbeitet werden, um bestimmte Ausschnitte dieses Wissensnetzes zu aktivieren.) – (C) Kontextualisiert werden (bzw.: eingebettet in Kontexte sind) je für sich: (1) die Zeichen, (2) die aufgrund von Zeichen aktualisierten kognitiven Repräsentationen, und (3) die aufgrund zeicheninduzierter kognitiver Repräsentationen konstituierten Elemente von Textwelten (bzw. möglichen Welten). (Genauer: (1) Zeichen stehen in als Kontexte begreifbaren Relationsgefügen zu: allen Zeichen, anderen Zeichen, benachbarten Zeichen, ähnlichen Zeichen – egal, ob diese Ähnlichkeit phonetisch, graphematisch, morphologisch, syntaktisch, semantisch oder funktional motiviert ist. (2) Kognitive Repräsentationen stehen in als Kontexte begreifbaren Relationsgefügen zu: allen kognitiven Repräsentationen, anderen kognitiven Repräsentationen, benachbarten kognitiven Repräsentationen, ähnlichen kognitiven Repräsentationen – egal, worauf diese Ähnlichkeit beruht – sowie synkognizierten kognitiven Repräsentationen. (3) Elemente von Textwelten (Personen, Gegenstände, Ereignisse, Handlungen, Sachverhalte, Gedankengänge usw.) stehen in als Kontexte begreifbaren Relationsgefügen zu: allen Elementen von Textwelten, anderen Elementen von Textwelten, benachbarten Elementen von Textwelten, ähnlichen Elementen von Textwelten (egal, ob diese Ähnlichkeit aisthetisch-wahrnehmungsfundiert, funktional oder sonstwie motiviert ist).) Dies sind zunächst nur diejenigen Kontextualisierungen, die man als „eigen-kategoriale Kontextualisierungen" bezeichnen könnte.

im Arbeitsgedächtnis der die Sprachzeichen semantisch verarbeitenden Individuen episte-mische Zusammenhänge („Kontexte") aktivieren, die diesen Zeichen ihren „Sinn" verlei-hen. Frames sind dann Wissensstrukturen, die (1) selbst aus Relationen zwischen Teil-Wissenselementen „bestehen", und (2) – einmal aktiviert – Relationen oder Assoziations-möglichkeiten zu weiteren benachbarten Frames schaffen (bzw. „kognitiv *bahnen*"). Fra-mes sind daher immer zugleich sowohl Vollzug von epistemischen Kontextualisierungen, als auch selbst eingebettet in weitere epistemische Kontexte. Von den Sprachzeichen kann man dann sagen, dass sie Kontextualisierungen „steuern", insofern sie häufig bestimmte Perspektiven auf einen Wissenskomplex evozieren, d.h. bestimmte Aspekte eines Frame-Gefüges in den Vordergrund der Aufmerksamkeit und Relevanz rücken, andere im Hinter-grund belassen. Solche Perspektivierungen ändern jedoch nichts daran, dass in jeder Evozierung stets „der gesamte Frame präsent" ist, wenn auch nicht in allen seinen epistemi-schen Elementen thematisch (oder im Aufmerksamkeitsfokus), doch als „Hintergrund", eben „Kontext", immer in seiner Gesamtheit „gegenwärtig" (im Sinne von perspektivierbar, unmittelbar thematisierbar).

So wie Frames prinzipiell rekursiv sind, also in weitere, detailliertere Frames differen-zierbar, so sind sie als „Kontexte" stets (wenn man dasselbe sozusagen „in die Gegenrich-tung" denkt) erweiterbar, mit anderen benachbarten Frames und Frame-Netzen agglome-rierbar zu „größeren" kontextuellen Wissenskomplexen. Fillmore hat, um dies auszudrü-cken, aus der Perspektive des Autors oder des Rezipienten eines sprachlichen Textes den Begriff des „envisionment" (übersetzbar als „In-Blick-Nahme") einer ganzen „Textwelt" geprägt. In diesem Sinne steuern Sprachzeichen die „In-Blick-Nahme" von epistemischen Welten (und zwar gleichgültig, ob dies der „realen" Sinneswelt nachgebildete Welten, wie etwa in Erzählungen, oder abstrakte „Welten" etwa theoretischer oder philosophischer Gedankengebäude sind). So wie die Frame-Aktivierung im Sinne der Feindifferenzierung (sozusagen „top down") „dynamisch" und „relational" ist (so Barsalou), so ist sie dies ebenfalls im Sinne der Einbettung in größere, umfassendere „Kontexte" (sozusagen „bottom up"). Deshalb gibt es auch in diese epistemische Richtung keine absolute Grenze, können unterschiedliche Individuen unterschiedliche Formen, aber auch unterschiedliche Grade der kontextualisierenden Einbettung in Bezug auf ein und dieselbe Frame-evozierende Konstellation (von Zeichen und ggf. anderen Realdaten) aktivieren. Sprachzei-chen sind in ihrer Kontextualisierungsfunktion dabei keineswegs immer eindeutig oder monofunktional; vielmehr kann ein und dasselbe Sprachzeichen, wie Fillmore hervorhob, auch zwei (oder mehr) Frames gleichzeitig evozieren, und damit eine doppelte (oder mehr-fache) Kontextualisierung parallel leisten.

<u>Zusammenfassung und Arbeitsdefinitionen zu *Frames als Formen der Kontextualisierung:*</u>

Sprachzeichen *evozieren* Frames und damit Kontexte des verstehensrelevanten Wissens. Frames sind das Strukturformat für die verstehensrelevanten Wissens-Kontexte. Evozierte Frames sind (entsprechend dem „umgekehrten" – bottom-up-gedeuteten – Rekursivitätsprinzip) selbst wieder

---

(Saussure nannte sie bezüglich der sprachlichen Zeichen die „paradigmatischen" und „syntagmatischen" Relationen.) Dieser Typus von Kontextualisierungen wird häufiger übersehen weil stärker im Blick-punkt diejenigen Kontextualisierungen stehen, die man als „fremd- oder kreuz-kategoriale Kontextuali-sierungen" bezeichnen könnte. Hinter letzterer stehen die klassischen Zeichenrelationen, also Beziehun-gen zwischen Zeichen und kognitiven Repräsentationen, zwischen kognitiven Repräsentationen und Textwelt-Elementen (sowie die – kognitiv vermittelten und daher mittelbaren – Relationen zwischen Zeichen und Textwelt-Elementen).

7.7 Evokation oder Invokation von Frames? (Was gehört zu einem Frame?)   665

in weitere Wissens-Kontexte eingebettet. Man könnte dies (in Analogie zum Rekursivitätsprinzip) auch das *Prinzip der unbegrenzbaren Einbettung* nennen.

In Kombination miteinander *steuern* Sprachzeichen komplexe Prozesse der Abrufung epistemischer Kontexte. Sie initiieren *Perspektiven* und *Fokussierungen* im aktivierten Wissen ebenso wie spezifische *Kombinationen* von Frames bzw. Wissenselementen und *Anschlüsse* bzw. *Anschlusspotentiale* für weitere Frames. Kontexte sind damit immer Teil einer aktiven Erzeugungsleistung der sprachverarbeitenden Individuen, und daher ebenso *dynamisch* (d.h. von Fall zu Fall ihrer Aktivierung wandelbar) wie *relativ* (zu den *Erfahrungen, Erwartungen Interessen* und *Intentionen* der das Wissen jeweils aktivierenden Individuen). „*Kontexte*" sind daher immer *offene* Wissensstrukturen, Kontextualisierung ein offener und variabler Prozess.

Jeder „Frame" ist in gewissem Sinne ein Kontext für sich, da er über seine Slots und Filler eine eigene epistemische Einbettungsstruktur bildet. Konventionalisierte Frames, wie sie etwa als „lexikalische Bedeutungen" zu Lesarten von Lexemen in einer sozialen Gemeinschaft (Sprachgemeinschaft) existieren, sind daher so etwas wie *konventionalisierte epistemische Kontexte*. Die Aktivierung welcher epistemischen Kontexte und Wissens-Relationen in Bezug auf bestimmte Frames (oder Frame-evozierende sprachliche Zeichen) möglich ist, ist eine Frage der in einer gegebenen Wissensgemeinschaft gültigen Episteme.[227]

7.7.5 Was gehört zu einem Frame?

Schon früh wurde in der Literatur die provozierende Frage gestellt: Was gehört überhaupt alles zu einem Frame?[228] Diese Frage kann in mehrere Teilfragen zerlegt werden: (a) Was macht einen Frame begrifflich (*als* diesen und als *diesen* Frame) aus? (b) Wie lässt sich die „Identität" eines Frames bestimmen"? und (c) Können die „Grenzen" eines „bestimmten" Frames überhaupt bestimmt werden? Die Beantwortung dieser Fragen stellt eines der schwierigsten Probleme der Frame-Theorie (und jeder kognitiven oder epistemologischen Theorie) dar. Sie hängt engstens zusammen mit der von Frame-Theoretikern wie Fillmore postulierten kategorialen Differenz zwischen zwei Arten oder Ebenen von Frames bzw. der Frame-Aktivierung, die Fillmore als „evozieren" und „invozieren" von Frames unterschieden hat (siehe dazu unten Abschnitt 7.7.7). Die Frage hat aber auch noch einen technischeren Sinn, etwa wenn Klein die „Filler als die eigentlichen Wissenselemente in Frames" bestimmt; dann fragt sich nämlich, ob ein Frame mit den (ungefüllten) Slots allein noch keine sinnvolle Wissensstruktur darstellt. Diese Fragen werden in den üblichen kognitionswissenschaftlichen Ansätzen praktisch nie angesprochen. Frage (a) haben wir wiederholt aus verschiedenen Blickwinkeln erörtert.[229] Barsalou würde diese Frage vermutlich mit Betonung des referenziellen Aspekts von Kategorien-Frames beantworten („Kern" ist das Referenzobjekt mitsamt seinen zentralen Eigenschafts-Attributen); Fillmore (hinsichtlich der von ihm vor allem in den Blick genommenen prädikativen oder Satz-Frames) mit Verweis auf unseren gesicherten *common sense* darüber, was zu einer typischen „Szene" in unserem Alltagswissen alles dazugehört (auch dies eine letztlich referenziell bzw. extensional bestimmte Antwort). Frage (b) hat uns ebenfalls bisher schon mehrfach beschäftigt. Wir

---

[227] Interessante Überlegungen zu den Grenzen (und dem Problem der Grenzen überhaupt) der Episteme einer gegebenen Wissensgemeinschaft haben die Philosophen Michel Foucault (1966) in „Das Denken des Außen" und Ludwig Wittgenstein (1970) in „Über Gewissheit" angestellt.
[228] Vgl. etwa den gleichlautenden Titel von Deborah Tannens (1979) Aufsatz.
[229] V.a. in Zusammenhang mit der Frage danach, was den „Kern" eines Frames ausmacht; vgl. dazu oben Kap. 7.4.1, S. 553 f. und 7.4.5, S. 586 ff.

haben gesehen, dass ihre Beantwortung erheblich davon abhängt, von welcher Ebene der Frames man spricht, ob von der Ebene der *types* (Muster) oder der der *token* (Instantiierten Frames), von der Ebene der gesellschaftlichen Episteme oder derjenigen des individuellen Wissens. Vergleichsweise einfach hat man es dabei noch, wenn man bei der Beschreibung von Frames von den lexikalischen Bedeutungen (bzw. Lesarten) von Lexemen ausgeht, da man dann wenigstens das *tertium comparationis* einer außer-kognitiven Zeichenform hat, und zumindest im Prinzip versuchen kann, aus den Vorkommensfällen (*token*) dieser Zeichenform auf das Muster (*type*) eines durch sie konventionellerweise evozierten Frames zu schließen.

Frage (c) lässt sich eigentlich überhaupt nicht angemessen beantworten, es sei denn, man stellte sie im Rahmen einer angewandten historisch-soziologischen Epistemologie, in der man deskriptiv das Wissen (oder einige Bereiche des Wissens) einer gegebenen Gesellschaft zu einer gegebenen Zeit empirisch zu erfassen versucht. Ihre Beantwortung setzt die Gewissheit, dass es so etwas wie einen gesellschaftlichen *common sense* (ein „common knowledge" gibt), und dass dieser auch tatsächlich feststellbar sei, voraus. Kognitionswissenschaftler und auch die meisten Linguisten scheinen diese (scheinbare) Gewissheit mehr oder weniger verinnerlicht zu haben. Sie sind von den erkenntniskritischen und auch wissenskritischen Ergebnissen moderner Kulturphilosophie und –theorie (seit Nietzsche und bis zu Barthes, Lévi-Strauss, Foucault und Wittgenstein) in keiner Weise affiziert. Dabei müsste sie eigentlich der Skeptizismus, der aus Barsalous radikaler Fassung des Frametheoretischen Rekursivitätsprinzips (und dessen Umkehrung, dem Prinzip der unbegrenzbaren Einbettung) spricht, diesbezüglich nachdenklich machen.

Schon in technischem Sinne scheint die Frage (c) nicht beantwortbar zu sein; aufgrund des Rekursivitätsprinzips wie des Verallgemeinerbarkeitsprinzips gibt es, wie etwa das Hyperonymen-gestützte Abstraktionsverfahren für Slots bei Konerding zeigt, immer die Möglichkeit zu weitergehenden Verfeinerungen oder Abstraktionen (was immer mit einem „mehr" oder „weniger" an relevanten Frame-Elementen einhergeht). Schon die Bemerkung Kleins („Fillers sind die eigentlichen Wissenselemente in Frames") zeigt, welche Verwirrung bezüglich der Grenzen dessen, was „zu einem Frame gehört" in der Literatur besteht.[230] Die Beobachtung, dass Wissenselemente zu mehreren Frames zugleich gehören können, verweist die Frage *„Was gehört zu einem Frame?"* vollends ins Reich der Taxonomien und ihrer Freunde, und wird prinzipiell in einem strikten (nicht deskriptiv zweckbezogenen) Sinne immer unbeantwortbar bleiben.

7.7.6 Evokation von Frames oder von Frame-Systemen?

Mit der Frage nach den „Grenzen eines Frames", und den ihre Beantwortbarkeit erschwerenden Prinzipien der unabschließbaren Rekursivität wie unabschließbaren Einbettbarkeit gegebener Frames eng zusammen hängt eine Frage, die durch eine Bemerkung Minskys aufgeworfen wird. Minsky spricht nämlich einmal von der „Evokation von Frame-Systemen" (und denkt dabei zunächst an sein Beispiel der visuellen Wahrnehmung, wonach

---

[230] Zumal, wenn man sie mit der Bemerkung Minskys kontrastiert, es sei im Prinzip vorstellbar (auch wenn es wegen der zentralen Rolle der Default-Filler selten vorkomme), dass ein Frame auch ohne Filler kognitiv gespeichert werde.

7.7 Evokation oder Invokation von Frames? (Was gehört zu einem Frame?)

ein physisches Objekt, etwa ein Tisch, im Sinne von Minskys „dekonstruktiver" Analyse immer als ein ‚System von visuellen Frames' kognitiv im Gedächtnis gespeichert wird). In diesem Zusammenhang kann man auch Fillmores Redeweise von der „virtuellen Präsenz des gesamten Frames in jedem Fall seiner Instantiierung" noch einmal aufgreifen. In Barsalous Denkweise müsste Minskys Bemerkung eigentlich als redundant gelten, da ihm zufolge (aufgrund des ubiquitären Rekursivitätsprinzips) ja ohnehin jeder Frame prinzipiell in weitere Frames zerlegbar ist, jeder Frame sowieso schon aus Frames besteht (da Slots und Fillers ebenfalls Frames sind), also jeder Frame im Prinzip schon ein „Frame-System" darstellt. Minsky meint es aber offenbar anders, da sein „System" ja *benachbarte* (und nicht rekursiv ineinander verschachtelte) Frames meint; d.h. in dem Sinne, in dem Fillmore Frames als bezogen auf „Szenen" begreift, die die Gesamtheit möglicher einzelner Perspektiven (die durch die verschiedenen Lexeme gesetzt bzw. verbalisiert sind) integriert (als die erwähnte „virtuelle Präsenz des gesamten Frames in jeder seiner Instantiierungen").[231]

Die Frage danach, ob mit bestimmten Lexemen „einzelne" Frames oder ganze „Frame-Systeme" evoziert werden, hängt andererseits eng mit der Frage zusammen, was man unter „evozieren" genau versteht. Sie hat daher eine Art „Scharnier-Funktion" zwischen der Frage nach den Grenzen von Frames und der Frage danach, wie viel von dem Frame-spezifischen Wissen „evoziert" wird, und wann das von Fillmore beschworene „invozieren" (im Sinne eines „aktiven Weiterdenkens", das dann prinzipiell unabschließbar ist) beginnt. Um es mit einem dem Beispiel Minskys analogen Beispiel des deutschen Wissenssoziologen Alfred Schütz zu sagen: *Muss* ich, wenn ich die Fassade eines Hauses sehe, immer dessen nicht sichtbare Rückseite mitdenken, oder spielt das für meine aktuelle Wissensaktivierung eine eher untergeordnete Rolle? (Was heißt, dass die Tatsache, dass ich auf die Existenz dieser Rückseite jederzeit mit Leichtigkeit schließen kann, sie implizit *weiß*, irrelevant wäre für eine Analyse der aktuellen epistemischen Aktivierung nur einer der möglichen Perspektiven.) Genauer gesagt betrifft es die Frage, was das ominöse „virtuell" im Diktum von der „virtuellen Präsenz" im Sinne Fillmores besagt, und welche theoretischen Probleme sich darin verbergen. Ohne eine ausdifferenzierte Theorie der kognitiven Frame-Aktivierung (bzw. Wissens-Aktivierung generell) wird man solche Fragen nicht adäquat beantworten können wie sich insbesondere bei einer näheren Prüfung von Fillmores „Evozieren" – „Invozieren"-Unterscheidung zeigt.

7.7.7 Evokation oder „Invokation" – eine unendliche Geschichte?

In der von Fillmore entwickelten Redeweise *evozieren* bestimmte Wörter (Lexikoneinheiten) einen *Frame* (des verstehensrelevanten Wissens), während weitere Elemente (Frames?) des verstehensrelevanten Wissens von den Verstehenden aktiv *invoziert* werden. Für Fillmore ist der Unterschied zwischen *Evozieren* und *Invozieren* offenbar sehr wichtig, da er ihn immer wieder vehement und mit großem argumentativem Aufwand verteidigt. Allerdings lebt diese Argumentation stärker von Beispielen, während es Fillmore nicht gelingt, auch nur die theoretische Ebene, auf der sich dieser Unterschied abspielen soll, genauer zu

---

[231] Man könnte daher bezüglich der Frame-Aktivierung zwischen *subjunktiven* und *adjazenten* Frame-Systemen unterscheiden. (Siehe aber oben, Kap. 7.6.5 der abweichende, differenziertere Typologisierungsversuch für „Frame-Systeme".)

bestimmen. Daher kann er auch nicht überzeugend erklären, in welchen Aspekten, Prozessen, Vorgängen dieser kategorisch behauptete Unterschied eigentlich verankert sein soll. Deutlich wird nur (auch wenn Fillmore dies explizit nie so formuliert), dass es sich offenbar sowohl beim *evozierten*, wie beim *invozierten* Wissen in gleichem Maße um *verstehensnotwendiges* Wissen handeln kann (die Grenze also nicht, wie bei vielen anderen Linguisten, zwischen „zwingend notwendig" und „fakultativ" verläuft). Dies gilt jedenfalls dann, wenn man das Verstehen von Texten und situierten Äußerungen betrachtet.

Man kommt den Gründen für diese Unterscheidung bei Fillmore wohl nahe, wenn man das *evozierte* verstehensrelevante Wissen in einen engen Zusammenhang mit dem Begriff der *lexikalischen Bedeutung* rückt. (Man könnte auch von „*wörtlicher Bedeutung*" oder „*konventioneller Bedeutung*" sprechen.) Da Fillmore über kein eigenes Konzept der (sprachlichen) *Konvention* verfügt, muss hier aber eine empfindliche theoretische Lücke konstatiert werden, die letztlich auch dazu führt, dass der als kategorial behauptete Unterschied zwischen *evozieren* und *invozieren* in seinem Modell letztlich nicht theoretisch gedeckt ist. Man könnte sich vorstellen, dass Fillmore hier implizit an zwei verschiedene *Weisen der Aktivierung* des verstehensnotwendigen Wissens denkt. Dies wird in seiner Redeweise hierüber satzsemantisch nahegelegt dadurch, dass das AGENS des Verbs *evozieren* die sprachlichen Mittel selbst (Wörter, wie v.a. Verben) sind, als das AGENS des Verbs *invozieren* jedoch eindeutig die Person des Verstehenden (Interpreten) benannt wird. Da Wörter aber nichts „tun" können (keine irgendwie gearteten Aktivitäten – und seien es unbewusst ablaufende geistige Akte – vollführen können), sondern nur Personen dies können, müsste auch das sogenannte *evozieren* theoretisch wie faktisch auf (geistige, kognitive) Aktivitäten verstehender Menschen zurückgeführt werden. Man hätte es dann nach Fillmore also letztlich mit zwei verschiedenen Arten der Aktivierung verstehensnotwendigen Wissens in den kognitiven, zum Verstehen eines sprachlichen Ausdrucks (Satzes, Textes) führenden Akten der verstehenden Personen zu tun.

Da Fillmore über kognitive Aktivitäten als solche explizit nirgendwo nachdenkt, liefert er aber auch keine plausible Begründung dafür, worin genau (in welchen Unterschieden kognitiver Aktivierungsweisen von verstehensrelevantem Wissen, die von sprachlichen Zeichen bzw. Zeichenketten ausgelöst werden) die Differenz zwischen *evozieren* und *invozieren* nun bestehen soll. (Man tut ihm vielleicht nicht zu sehr unrecht, wenn man in dieser Differenzierung die bloße *Behauptung* einer Zwei-Ebenen-Semantik, und damit einer Trennung der Ebene der „Sprache" von der Ebene des „Denkens" – bzw. einer „semantischen Ebene" von einer „Konzept-Ebene" – sieht, wie sie für fast alle klassischen und modernen Semantik-Theorien üblich ist, die aber dort ebenso wie bei Fillmore äußerst schlecht begründet ist.[232]) Eine Lösung könnte nur ein differenziertes Modell der Wissensaktivierung liefern, womit sich zu befassen Fillmore als Linguist offenbar entschieden ablehnt. (Dies hält er für die Aufgabe von Kognitionswissenschaftlern, nicht für die von Sprachwissenschaftlern wie ihm selbst.)

Der Begriff des *Invozierens* wurde von Fillmore letztlich als Gegenbegriff zum Begriff des *Evozierens* geprägt. Damit meint er vor allem das, was in der heute üblichen Terminologie mit dem Begriff *Inferenzen* (*inferenzielles Verstehen*) bezeichnet wird. Gemeint sind

---

[232] Vgl. zu einer luziden Kritik der Zwei-Ebenen-Semantik Ziem 2008, 67 ff. Im Übrigen kritisiert auch Fillmore den rigiden Ansatz zu einer Zwei-Ebenen-Semantik, wie er von Bierwisch formuliert wird, scharf, scheint sich aber mit seiner evozieren / invozieren-Unterscheidung auch nicht völlig davon lösen zu können.

7.7 Evokation oder Invokation von Frames? (Was gehört zu einem Frame?) 669

also auf aktiven schlussfolgernden geistigen Prozessen der Interpreten / Verstehenden beruhende Aktivierungen von weiterem verstehens-stützendem Wissen, das über dasjenige Wissen, das man als das „semantische" oder „Bedeutungs-Wissen" im engeren Sinne auffasst (d.h. im Sinne eines eng gefassten Begriffs der „lexikalischen" oder „konventionellen Bedeutung" der Zeichen selbst), deutlich hinausgeht. Der Begriff *Invozieren* hängt daher mit der Definition des Begriffs *Evozieren* (bzw. letztlich des Begriffs „konventionelle Bedeutung") zusammen wie die zwei Enden eines Paars kommunizierender Röhren. Da Fillmore keine präzise Definition für das „*Evozieren*" bietet, bleiben letztlich auch der genaue Umfang und die Abgrenzung des *Invozierens* undeutlich. Die Unterscheidung beider Begriffe ist ganz offensichtlich das Ergebnis einer implizit vorausgesetzten Zwei-Ebenen-Semantik, die offenbar als nicht mehr eigens begründungsbedürftig angesehen wird.

In diesem Kontext ist es interessant, dass die Kognitionswissenschaftler unter den Frame-Theoretikern die Bedenken Fillmores (und den Willen, zwei Ebenen in der Frame-Aktivierung säuberlich zu unterscheiden) ganz offensichtlich nicht teilen. So macht Minsky sehr deutlich, dass es nach seiner Auffassung keinen systematischen Unterschied zwischen Sprachwissen und („enzyklopädischem") Alltagsweltwissen gibt. Im Gegenteil: Die beim Sprachverstehen wirksamen Frames und Frame-Strukturen sind ihm zufolge typisch für kognitive Frame-Strukturen generell. Und Bartlett stellt ganz deutlich fest: *Implizitheit* ist der Normalfall (der Kognition und Sprache), *Explizitheit* (also das, was der Linguist Fillmore vielleicht mit seinem Begriff des „evozierens" meinen könnte) die Ausnahme. Nach Bartlett ist *jede* Gedächtnisleistung Konstruktion; und zwar besteht sie aus den Prozessen *Kondensation*, *Elaboration*, *Einführung* (neuer Elemente), und *Kombination* (mehrerer Schemata). Und Barsalou führt das Wahrnehmen von Frame-Strukturen auf *Plausibilitäten* zurück, die nichts zu tun haben mit „feststehenden Wahrheiten". Verstehen ist so gesehen immer ein *probabilistisches* Unterfangen, das sich nicht auf epistemische Gewissheiten stützen kann. Insofern Fillmore also mit seinem Begriff des *Evozierens* implizit offenbar Bezug nimmt auf so etwas wie die „Sicherheit", „Gewissheit", „Selbstverständlichkeit", „Unhinterfragbarkeit" (oder ist es einfach nur die „Unhinterfragtheit"?) des aufgrund des Wahrnehmens eines Sprachzeichens oder einer Sprachzeichenkette von Individuen im Verstehensprozess aktivierten verstehensrelevanten Wissens (zumindestens für einen Teil dieses Wissens), negiert er tendenziell den probabilistischen und konstruktiven Charakter jeder Frame- bzw. Wissensaktivierung im Sprachverstehen. Er negiert damit das, was Barsalou aus kognitionswissenschaftlicher Perspektive als die (unhintergehbare) *sprachliche Vagheit* und die *Zufälligkeit des Inhalts* einer bestimmten Wissensaktivierung bezeichnet hat. Da jedoch auch Barsalou, wie Fillmore, keinerlei Modell für die Erklärung der Beständigkeit des von Sprachzeichen „evozierten" Wissens vorzuweisen hat (als das, woran Linguisten üblicherweise denken, wenn sie „lexikalische Bedeutung" sagen), kann man eine zufriedenstellende Lösung des Problems möglicher unterschiedlicher Prozesse (oder unterschiedlicher Grade des „Konstruiertseins" bzw. „Inferiert-Seins" von zeichenbezogenen Wissensaktivierungen) auf der Basis der bisherigen Frame-Theorie nicht lösen. Dafür bedürfte es einer Theorie der Konvention und Konventionalisierung (und evtl. Konventionalisierungsgrade) des Wissens bzw. der „Bedeutung" (also etwas, worüber sich weder die Linguisten, noch die Kognitionswissenschaftler in unserem Feld Gedanken gemacht haben). – Die Frage, ob man verschiedene Ebenen oder Grade der auf Sprachzeichen oder Zeichenketten bezogenen Aktivierung von verstehensrelevantem Wissen unterscheiden kann (wie es Fillmore mit seiner Unterscheidung von „evoziertem" und „invoziertem"

670   *Kapitel 7: Frame-Semantik: Ein Arbeitsmodell*

verstehensrelevanten Wissen offenbar anstrebt), kann nur auf der Basis einer umfassenden Konzeption des Sprachverstehens und der von Sprachzeichen ausgelösten Aktivierung von Wissensrahmen beantwortet werden. In zwei nachfolgenden Abschnitten (Kap. 7.8 und 7.10) werden wir darauf zurückkommen.

7.8   Typen von Frames (II) und Frame-Aktivierung

Die Frage danach, ob es notwendig oder sinnvoll ist, verschiedene Typen und / oder Ebenen von Frames zu unterscheiden, ist bereits mehrfach in unserer Darstellung der Grundlagen und Grundprobleme der Frame-Theorie aufgetreten. Bereits Fillmore formulierte das Ziel einer „Klassifikation von Frame-Typen", ohne selbst jedoch eine solche vorzulegen.[233] Unterscheidungen wie die zwischen „prädikativen" Frames im Sinne des hauptsächlich auf Verben zielenden Frame-Modells von Fillmore und „Konzept-Frames" im Sinne des hauptsächlich auf Nomen zielenden Frame-Modells von Barsalou haben uns bereits beschäftigt. Desgleichen wurden die verschiedenen Ebenen von Frames, wie sie durch die *type-token*-Unterscheidung ins Spiel kommen (als abstrakte Muster-Frames oder instantiierte bzw. Exemplar-Frames) bereits eingehend thematisiert (s.o. Kap. 7.5.5). Wie die von Fillmore energisch vertretene Unterscheidung zwischen „evozierten" und „invozierten" Frames zeigt, berührt die Frage nach einer allgemeinen Frame-Typologie eng die Frage nach der Art und Weise der Aktivierung des in Frames organisierten verstehensrelevanten Wissens. Ich werde daher zunächst auf die übergeordneten Fragen nach allgemeinen Ebenen des Wissens, nach den Abläufen bei der Frame-Aktivierung, und insbesondere auf die linguistisch wichtige Frage nach den Ebenen des sprachspezifischen Wissens (bzw. „Ebenen der Sprache") eingehen, bevor ich die Frage nach einer Typologie von Frames im Rahmen eines spezifisch semantischen Interesses erneut in den Mittelpunkt rücken werde.

7.8.1   *Frames und die Ebenen des Wissens*

Bei Fillmore, der als Linguist mit seinen akribischen Analysen unzähliger Beispiele die teilweise äußerst subtilen Aspekte und Probleme einer semantischen Mikro-Analyse (im Interesse eines Frame-semantischen bzw. verstehenstheoretisch ausgerichteten Modells der linguistischen Semantik) immer wieder nachhaltig demonstriert, tritt die Frage auf, welche Ebenen des Wissens überhaupt alle von den verschiedenen Leistungen bzw. Eigenschaften sprachlicher Zeichen berührt werden. Die Frage nach den Typen und Ebenen von (semantischen oder semantisch relevanten) Frames könnte sich daher in Richtung auf eine Frage nach den Ebenen des (menschlichen) Wissens generell verschieben. In die zum Verstehen von Lexemen notwendig zu aktivierenden Frames fließt in erheblichem Umfang Lebenswelt-Wissen ein, und häufig fällt es schwer, zwischen einer semantischen Beschreibung und der Beschreibung des verstehensrelevanten Lebenswelt-Wissens überhaupt angemessen unterscheiden zu können. Als Beispiel hierfür führt Fillmore abstrakte Nomen an wie *Un-*

---

[233] Die von ihm genannte Unterscheidung von „interaktionalen Frames" und „konzeptuellen Frames" (s.o. Kap. 2.4.2, und Kap. 7.3) ist allerdings kaum anschlussfähig.

7.8 Typen von Frames (II) und Frame-Aktivierung

geduld, Unduldsamkeit [impatience], Enttäuschung [disappointment].[234] Das Schema zu *Ungeduld / Unduldsamkeit* enthält: eine Person möchte, dass etwas bald geschieht, sie realisiert, dass es nicht bald geschehen wird, und sie fühlt sich so, wie man sich typischerweise unter diesen Bedingungen fühlt. Ein solches Wort kann man nur dann verstehen, wenn man selbst schon einmal dieses Gefühl (in einer für dieses Gefühl typischen Situation) an sich erfahren hat. Man kann solches Wissen mit den oben erwähnten „Affordanzen" in Beziehung bringen (s.o. Kap. 7.4.3, S. 577): man muss Vergleichbares erlebt haben, um solche Nomen verstehen zu können.

In solchen Fällen kommt ein Wissen als verstehensnotwendig zum Tragen, das sich stark von dem Referenzobjekt / Eigenschaften-Typ des Wissens unterscheidet, den etwa das Frame-Modell von Barsalou überwiegend im Fokus hat. Wie Müske hervorhebt, interagieren in Texten in der Regel verschiedenste Arten von Frames auf verschiedenen Ebenen des Wissens in komplexer Form miteinander. So eindeutig und klar solche Feststellungen getroffen werden können, so schwierig scheint es dennoch zu sein, einen systematischen Überblick darüber zu erhalten, welche Ebenen des Wissens differenziert werden müssten. Das liegt daran, dass so viele und so verschiedene Kriterien (oder Aspekte) in diese Frage hineinspielen. Um nur die wichtigsten solcher Aspekte zu nennen:

(a) *Funktionale Ebenen des Wissens*: Hier ist Barsalous Hinweis einschlägig, dass das Modell der Frames bereits mehrere Ebenen des Wissens in einem einzelnen „Konzept" zulässt, indem, und dies könnte man eine „funktionale" (genauer: „Frame-funktionale") Ebenen-Differenzierung nennen, „Frame-Kern", „Attribute" und (konkrete) „Werte" als drei epistemische Ebenen in der internen Struktur eines Frames relevant werden.

(b) *Taxonomische Ebenen des Wissens*: Ob eine bestimmte Konstellation von Wissen „Oberbegriff" oder „Unterbegriff" ist, kann für die Verarbeitung und den Abruf von verstehensrelevantem Wissen eine große Rolle spielen. Insbesondere Putnam diskutierte (in seiner Stereotypen-Theorie) die Frage, wie abstrakt oder wie konkret das Wissen über die von einem sprachlichen Zeichen bezeichneten Objekte sein muss oder darf. Nur zu wissen, dass eine *Esche* oder eine *Eibe* ein *Baum* ist, betrifft eine andere Ebene des Wissens als die Fähigkeit, auch konkret die Referenzobjekte (mit allen ihren Eigenschaften) in der Welt identifizieren zu können. Die hier ebenfalls einschlägige Unterscheidung Husserls zwischen bedeutungs*verleihenden* und bedeutungs*erfüllenden* geistigen Akten verbindet allerdings diese taxonomische Frage eng mit prozeduralen Aspekten der geistigen Verarbeitung. In die Unterscheidung taxonomischer Wissensebenen spielt ebenfalls ein Teil der *type-token*-Differenzierung hinein, soweit ein Unterbegriff in einem gewissen Sinne immer ein „Exemplar" eines Oberbegriffs ist.[235] Insofern, wenn man Barsalou folgt, ein Werte- oder Filler-Konzept zu einem Attribut-Konzept in der taxonomischen Relation von Oberbegriff und Unterbegriff steht, wäre es auch in dieser Hinsicht „Exemplar" (Instantiierung, *token*) für das abstraktere Konzept.

---

[234] Ein anderes Beispiel ist das Nomen *Wohltätigkeit* (*charity*) mit einem Schema etwa folgender Art: Der Geber ist nicht verpflichtet zur Gabe; der Empfänger hat als Folge der Annahme keinerlei Verpflichtungen gegenüber dem Geber; der Geber glaubt, dass er dem Empfänger mit der Gabe etwas Gutes tut. Verwendet man ein solches Nomen in einem Satz, können die verstehensrelevanten Schemata aber in ganz unterschiedlicher Weise zur Geltung kommen. – Siehe zu diesen Bsp. oben Kap. 2.4.2, S. 62 f.

[235] Wenn wir sagen, dass *Dackel* ein Exemplar von *Hund* ist, meinen wir ja nicht unbedingt einen konkreten Dackel, sondern Dackel als eine Art „Typ mittlerer Ebene".

672 Kapitel 7: Frame-Semantik: Ein Arbeitsmodell

(c) *Prozessuale Ebenen des Wissens:* Da die *type-token-*Differenz (als offenbar ein Grundprinzip der Kognition schlechthin) für verschiedene Bereiche / Ebenen des verstehensrelevanten Wissens in unterschiedlichen Hinsichten gilt, fragt sich, ob diejenigen notwendigen Fein-Differenzierungen, die wir oben bereits dazu erörtert haben,[236] als eigene Ebene einer typologischen Wissens-Differenzierung angesetzt werden können oder sollten, und wenn ja, wie man diese Ebene / diesen Aspekt der Wissensdifferenzierung einigermaßen treffend benennen könnte / sollte. „Prozessual" ist sicher nicht treffend genug, da etwa die Differenz „sozial" – „individuell" ja nicht nur prozedural zu verstehen ist, sondern allgemeine „Qualitäten" des Wissens (idiosynkratisch vs. sozial „ausgehandelt") ebenso betrifft. – Auch nur in einem ungefähren Sinne „prozessual" ist etwa die Differenz zwischen auf Referenzobjekte fokussierten (nominalen) „Konzept"-Frames und „prädikativen" Frames im Sinne Fillmores. „Prozessual" könnte man sie vielleicht nennen, weil unterschiedliche Ebenen der kognitiven Verarbeitung von Sprache betroffen sind, die bei prädikativen Frames eher zu komplexen (syntagmatisch verknüpften) Frame-Netzen führen, was bei reinen objektbezogenen „Konzept"-Frames nicht in gleicher Weise der Fall ist.

(d) *Enzyklopädische Ebenen / Typen des Wissens:* Fillmores Idee von einer Frame-Typologie betrifft vermutlich diese Ebene, die ich als „enzyklopädische" Ebene einer Wissenstypologie bezeichnen würde, da sie auf eine Gliederung des Alltagswissens nach „Lebensbereichen" zielt, wie sie etwa in onomasiologischen Wörterbüchern[237] abzubilden versucht wird. Sehr stark in diese Richtung scheinen etwa die Differenzierungen von Schank / Abelson nach *Skripts, Plänen, Zielen* und *Themen* (und deren Untergliederung nach *Rollen-, interpersonalen* und *Lebens-Themen*) zu gehen[238] (aber auch Ansätze wie die von Ballmer, Wegner, Konerding), auch wenn Schank / Abelsons Kategorien nicht ausschließlich enzyklopädisch zu deuten sind, da sie auch starke prozedurale Implemente haben.[239] Enzyklopädische Typologien sind immer problematisch, da sie (schon allein aufgrund des Rekursivitätsprinzips) prinzipiell nie abschließbar sind.

(e) *Präferenz-Ebenen des Wissens:* Busse (1991a) beschrieb Wissensrahmen als „gesellschaftlich konventionalisierte Präferenzen". Aber auch bei Minsky kommen Präferenz-Ebenen ins Spiel, wenn er die Frame-Aktivierung als präferenz-gesteuerten Abgleich-Prozess deutet (siehe dazu den nachfolgenden Abschnitt 7.8.2). In Bezug auf jeden Moment der Wissens-Aktivierung gibt es wirksame Präferenz-Ebenen, die durch verschiedene Faktoren gesteuert sein können (Erwartungen, Interessen, Ziele / Zwecke, Vorlieben, generelle epistemische Orientierungen, vorhergehende Fokussierungen, Kontexte usw.).

(f) *Gewissheits-Grade des Wissens:* Im Zusammenhang mit den sog. „Meta-Frame-Elementen" haben wir bereits oben *Wissensgrade* und *Wissensmodi* thematisiert (siehe oben Kap. 7.4.4, S. 583 f.). Ein Vorschlag zu deren Differenzierung wurde etwa in Busse 1991a formuliert (siehe oben FN 84, S. 586). Wissensgrade haben sicherlich auch Auswir-

---

[236] Vgl. u.a.: (1) individuelle Einzel-Exemplar-Frames in einer konkreten Situation; (2) individuelle abstrakte oder Klassen-Frames (= individuelle Kategorien); (3) soziale (konventionelle, stereotypisierte) Klassen-Frames; (4) soziale (konventionelle) Frames von (prototypischen?) Einzel-Exemplaren. Weitere für eine solche Differenzierung wichtige Aspekte wären noch: LZG vs. KZG; abstrakte Instantiierung eines mentalen Konzepts vs. Einzel-Exemplar-bezogene Instanziierung eines mentalen Konzepts. (Siehe auch oben die ausführlichere Feindifferenzierung unter Kap. 7.5.4, S. 624)

[237] Ein Ideal, dem möglicherweise auch das FrameNet-Vorhaben insgeheim nacheifert.

[238] Siehe dazu oben Kap. 5.1.2-4, S. 342 ff., insbes. 361 f.

[239] Einen teilweise ebenfalls enzyklopädisch ausgerichteten Vorschlag für Wissenstypen hatte Busse 1991a, 138 ff. gemacht, allerdings mit noch eher loser Anbindung an die Frame-Idee.

7.8 Typen von Frames (II) und Frame-Aktivierung

kungen auf Präferenzen-Hierarchien in der bevorzugten Heranziehung bestimmter Frames oder Frame-Strukturen. Daher dürften wohl beide in gleichem Maße Auswirkungen auf die prozedurale Verarbeitung und Aktivierung des verstehensrelevanten Wissens haben.

7.8.2 Frame-Aktivierung als Abgleich-Prozess

In Theorien der linguistischen (und philosophischen) Semantik findet sich im Allgemeinen keinerlei Nachdenken über die geistigen Prozesse, die beim kognitiven Aktivieren von „Bedeutungen" (gleich welcher Ebenen) stattfinden. Die „Bedeutung" (was auch immer das dann ist), „ist einfach bekannt", ist „Teil des Wissens" usw. Dass dazu kognitive Prozesse der Wissensaktivierung gehören, und dass diese Prozesse individuell und kontextabhängig auch unterschiedlich ausfallen, wird nicht zum Thema gemacht, oder pauschal in Mülleimer-Begriffen wie „parole"- oder „Performanz"-Phänomene" abgelagert. „Sprachverstehensmodelle" von Linguisten und Sprachphilosophen sind daher im expliziten Sinne in aller Regel nicht ausformuliert, sondern Teil des unreflektiert vorausgesetzten, sozusagen „subkutanen" Wissens, also eher alltagsweltlich als wissenschaftlich, und können heutigen Erkenntnissen aus den Kognitionswissenschaften in der Regel nicht standhalten.[240]

Unter den Frame-Theoretikern hat vor allem Minsky zum Prozess der Frame-Aktivierung Überlegungen angestellt. Er sieht die Frame-Ausfüllung als einen „Abgleich-Prozess" (*matching process*), in dem in Bezug auf eine gegebene Situation (bei Sprache wäre dies die Rezeption eines oder mehrerer Sprachzeichen) zunächst versuchsweise bestimmte epistemische Frames aktiviert (und dabei „gefüllt") und dann daraufhin „geprüft" werden, ob sie auf die gegebene Situation passen. Liefert ein solcher *matching process* (für eine gegebenes Erkenntnis-Objekt, wie z.B. ein Sprachzeichen) keine befriedigenden Ergebnisse, wird eine Ersatz-Frame aktiviert. Dies ist laut Minsky immer notwendig, „wenn ein fraglicher Frame nicht auf einen gegebenen Wirklichkeitsausschnitt angepasst werden kann". Daraus folgt, dass für Minsky jeder Prozess der Frame-Aktivierung ein grundsätzlich versuchsweises, probabilistisches Unterfangen ist. Dies konkretisiert Minsky auch für das Wort-Verstehen. Auch dieses ist für ihn ein Abgleich-Prozess, bei dem möglicherweise mehrere Frames durchlaufen werden, bevor der passende aktiviert und herausgefunden ist. Frames sind daher laut Minsky nicht nur anpassungs*fähig*, sondern immer auch anpassungs*bedürftig*. Dass er dem Prozess-Aspekt der Frame-Aktivierung eine zentrale Rolle in seiner Frame-Theorie zuweist, wird auch aus einer seiner Frame-Definitionen deutlich: „Ein Frame ist ein Paket aus Daten und Prozessen".

Prozesshafte Aspekte des Frame-Modells werden sonst noch (eher indirekt) durch den von Klein eingeführten Begriff des „Filters" angesprochen. Man kann darin wohl eine Parallele zu dem *matching process* von Minsky sehen, da es Klein mit diesem Begriff darum geht, deutlich zu machen, dass aus den Kategorien eines „Matrixframes" (im Sinne von Konerding) konkret immer die ad-hoc relevanten Kategorien „herausgefiltert" werden müssen. Dass solche Aspekte im Frame-Modell von Barsalou eine geringere Rolle spielen, liegt auf der Hand, da Barsalou ja immer schon eher an instantiierte Frames denkt, und über den Weg von überindividuellen Frames zu kognitiv aktualisierten individuellen Frames nicht intensiv reflektiert.

---

[240] Vgl. zu einer Übersicht und Kritik Busse 1994 und 1991a, 107 ff.

674   Kapitel 7: Frame-Semantik: Ein Arbeitsmodell

7.8.3 Frame-Aktivierung als kreativer Prozess

Barsalou diskutiert Aspekte der Frame-Aktivierung, wie sie Minsky als *matching* und Klein als *Filtern* bezeichnet, vor allem unter der Überschrift der Frame-Kreativität. Dass die Frame-Aktivierung nicht nur im Abgleich eines Wahrnehmungsereignisses mit vorhandenem Wissen besteht, sondern häufig auch konstruktiv und Frame-verändernd ist, hat zuvor Minsky hervorhoben, der als erster von der Dynamik von Frames und Frame-Aktivierung spricht: wird für ein Phänomen / Problem kein passender Frame gefunden, wird der bestmögliche abrufbare Frame so lange modifiziert, bis er passt.[241] Dieser Prozess der Frame-Anpassung ist insbesondere wichtig gerade auch für sprachliche Frames (siehe *type-token*-Differenz, Sprachwandel, kontextbedingte Polysemie usw.). Frame-Anpassung und Frame-Wandel sind damit in den Grund-Prinzipien der Frame-Aktivierung immer bereits angelegt. Minsky geht allerdings davon aus, dass ganz neue Frames wohl selten aufgebaut werden. Eher ist mit einem Umbau, einer Anpassung vorhandener Frames zu rechnen.[242] Auch Bartlett trägt der Kreativität und Konstruktivität der Frame-Aktivierung Rechnung, indem er Schemata als „lebendige, momentane Settings" definiert.

Für Barsalou, der in erster Linie an die kognitiv aktualisierten („instantiierten") Frames (oder „Exemplar"-Frames) denkt, spielt die Kreativität in der Frame-Aktivierung die zentrale Rolle. *Kreativität* und *Rekursivität* sind für ihn zwei Seiten derselben Medaille. Für ihn gilt: „Menschen sind sehr kreativ im Konstruieren von Attributen; oft produzieren sie neue [Attribute] in Relation zu spezifischen Kontexten". Er weist der *Flexibilität* der Frames in seinem Modell daher einen hohen Stellenwert zu. Barsalous Gedanke der unhintergehbaren Rekursivität (und damit Kreativität) im Ausbauen und Neuerfinden von Frames wird in dem auf literarische Texte bezogenen Modell von Müske als „Frame-Expansion" wiederholt.[243] Im Prozess des Verstehens expandieren Rezipienten laut Müske das Gelesene zu einer vollständigen Szenerie unter Verwendung folgender kognitiver Operationen: (1) „Überfrachten" konventioneller Slots mit Fillern; (2) Einfügen neuer Slots, (3) Außerkraftsetzen üblicher Slots, (4) Nicht-Bedienen von Slots. Von einer solchen Sichtweise auf die Frame-Aktivierung bis zur Annahme komplexer „Deutungsmuster", wie bei Fraas, [244] ist es

---

[241] Das Prinzip müsste jedem aus den Fantasy- und Science-Fiction-Filmen geläufig sein: Siehe etwa ein Film wie „Avatar", in dem die Einwohner des fremden Planeten Frame-spezifisch kategorisiert sind in einer Weise, die man paraphrasieren könnte als „Personen wie Menschen, aber größer, mit Katzenaugen, mit Schwanz"; die dort gezeigte „Verlinkung mit dem Reit-Tier" kann beschrieben werden als Frame-Amalgam von „biologischem Umschließen" (Tentakeln) mit elektrischem / elektronischem Kontakt + Datenübertragung + Handlungs-Synchronisation (also mit einer vergleichsweise aufwendigen und in unserer realen Welt so nicht möglichen, aber in ihren Einzelteilen dennoch geläufigen und fiktional durchaus kombinierbaren Frame-Kombination). Aus solchen kreativen Frame-Amalgamen und – Kombinationen entstehen durchaus „mögliche" Welten, ganz im Gegensatz zu einer M.C.Escher-Treppe, die in keiner denkbaren Welt möglich ist.

[242] Auch dies hat eine Parallele in der Sprache in der Differenz zwischen der sehr seltenen „Wortschöpfung" (im Sinne des lautlichen Neuaufbaus neuer Wortformen) und der sehr häufigen „Wortbildung" aus vorhandenem Morphem-Material.

[243] (Teilweise) extreme Formen von „Frame-Expansion" finden sich nicht nur in literarischen Texten, bei denen sie häufig zum adäquaten Verstehen nachgerade Vorbedingung sind, sondern etwa auch auf dem Gebiet der juristischen Semantik, bei Rechtsbegriffen in Gesetzestexten und ihrer teilweise hochgradig Frame-expandierenden Auslegung. Vgl. zu Beispielen Busse 1993 und 2008.

[244] Was sie möglicherweise mit *Deutungsmustern* meint, sind wohl komplexe Frame-Gefüge, die bestimmte, relativ feste oder konventionalisierte Kombinationen von inferentiellen Schritten bei der Textinter-

7.8 Typen von Frames (II) und Frame-Aktivierung 675

dann nur noch ein kleiner Schritt. Jedoch scheint sie eine terminologische Unterscheidung zwischen ‚Frames‘ und ‚Deutungsmustern‘ vorzunehmen, die sie nicht weiter begründet.

Barsalou behandelt die Kreativität bei der Aktivierung von Frames wohl vor allem in Hinsicht auf die Instantiierung von Frames als gegebenen kognitiven Strukturen im Kurzzeitgedächtnis eines Individuums. Linguisten, die sich für Aspekte der Semantik und Bedeutungstheorie interessieren, sind gewöhnlich eher mit der Kreativität im Hinblick auf konventionalisierte epistemische Muster einer Gesellschaft befasst (etwa in Form sog. „lexikalischer Bedeutungen" als Muster, die in einer gegebenen Sprachgemeinschaft gültig sind). Hier gilt aber letztlich dasselbe, insofern die Kreativität und aktive Anpassungsleistung, die in jedem einzelnen (kognitiven) Akt der Instantiierung eines Frames aufgrund der prinzipiellen Ausfüllungsbedürftigkeit jedes Frames grundsätzlich erfolgen muss, im Falle von vergleichsweise strikt konventionalisierten epistemischen Mustern, wie sie im Falle der sog. lexikalischen Bedeutungen von Sprachzeichen (und anderen sprachspezifischen, bedeutungsrelevanten Mustern) vorliegen, langfristig zur Veränderung dieser Muster führen bzw. beitragen kann. Dies ergibt sich durch die Eigenschaft (sprachlicher) Konventionen als iterativ kontinuierlicher Ketten von Präzedenzfällen der Muster-Aktivierung, die allein den Fortbestand der Konvention ermöglichen. Da in jeder solchen iterativen Kette von Aktivierungsfall zu Aktivierungsfall epistemische Verschiebungen in den aktivierten Frames (im Sinne der von Minsky und Müske beschriebenen Frame-Anpassung) stattfinden können, sind sie sozusagen das „Einfallstor" für Änderungen auch des langfristig „geltenden" Musters.

Kreativität, Frame-Anpassung, Frame-Expansion, Frame-Erweiterung sind, da sie der Normalfall für instantiierte Frames bzw. den kognitiven Prozess der Frame-Aktivierung sind, auch als Normalfall für Muster-Frames und Frame-Komplexe (etwa in Form der sog. „lexikalischen Bedeutungen" oder anderer sprachspezifischer Muster, etwa in der Wortbildung, Syntax und Textkonstitution) aufzufassen. Die Kreativität besteht über die unmittelbar „evozierte" Frame-Aktivierung hinaus natürlich auch in der potentiell unabschließbaren Möglichkeit der assoziativen Frame-Vernetzung. Freilich ist die Kreativität auch wieder eingebunden durch die konventionellen Muster, die zwar individuelle Abweichungen und Idiosynkrasien prinzipiell zulassen, diese aber nur noch begrenzt austauschfähig („kommunizierbar") machen, ganz im Sinne von Grice's Diktum: „Ich kann nicht ‚*Das ist rot.*‘ sagen, und ‚*Das ist grün.*‘ meinen."

7.8.4 Frames und sprachliche Ebenen

Der Frame-Begriff bzw. das Frame-Modell sind bislang in der Linguistik überwiegend im Zusammenhang mit Fragestellungen der Semantik diskutiert und angewendet worden. Vereinzelt ist aber auch der Versuch unternommen worden, sie auf die Analyse morphologischer Prozesse (insbesondere der Wortbildung) anzuwenden.[245] Dies wirft die Frage auf, welche sprachlichen Ebenen mit einiger Aussicht auf Erfolg mittels des Frame-Modells

---

pretation (oder Weltdeutung) musterhaft organisieren. Auch diese komplexen Muster, die man vielleicht „prozedurale Muster" nennen könnte, sind (wie jedes Wissen) natürlich Frame-förmig.

[245] So z.B. Boas 2003 und Boas / Petruck 2003; Versuche mit ähnlicher Zielsetzung gibt es im Düsseldorfer Forschungsschwerpunkt zur Frame-Analyse (s.o. Kap. 6.3).

analysiert werden können. Die Beantwortung dieser Frage hängt vermutlich stark davon ab, welche Version eines Frame-Modells jeweils angesetzt wird. Deutlich dürfte sein, dass Frame-Forschung in der Linguistik bisher (wie es im Titel dieser Arbeit zum Ausdruck kommt) fast ausschließlich semantische Forschung war. Da aber auch „Semantik" kein monolithischer Gegenstand ist, muss zunächst nach der Eignung des Frame-Modells für die Analyse unterschiedlicher Ebenen von Semantik gefragt werden. Wenn man – einer üblichen Einteilung folgend – zwischen Wortsemantik, Satzsemantik und Textsemantik unterscheidet (und eventuell noch „Sprechhandlungssemantik" hinzufügt), dann zeigt die bisherige Frame-Forschung zwar einen ganz deutlichen Schwerpunkt auf der Wortsemantik, kann aber keineswegs ganz auf diese reduziert werden. Da aber auch „Wortsemantik" kein monolithischer Gegenstandsbereich ist, wäre zusätzlich nach unterschiedlichen Ebenen wortbezogener semantischer Forschung zu fragen.

Auf Fillmores Parole „Wörter evozieren Frames" folgte in dessen Forschungspraxis (und der seines Umfeldes) eine klare Konzentration auf Ziele der lexikalischen Semantik. Da die Basis seines Frame-Gedankens (mit dem Kasusrahmen-Modell) aber eher in dem lag, was man vielleicht die ‚Schnittstelle zwischen Semantik und Syntax' nennen könnte, hat seine Version des Frame-Modells von Beginn an einen starken Bezug zur Satzsemantik und zur Syntax.[246] Begreift man Fillmores Frame-Modell (wie oben vorgeschlagen) als ein vor allem auf satzwertige Prädikationen fokussiertes Modell (im Unterschied zu anderen, eher nominal fokussierten Frame-Modellen), dann müsste man es im Kern eigentlich eher als ein satzsemantisches Modell (und eine satzsemantische Anwendung des Frame-Gedankens) denn als ein wortsemantisches Modell charakterisieren. Wortsemantisch wird sein Frame-Modell erst dadurch, dass eine angemessene und vollständige Beschreibung der Leistungen der Wortart Verben die Beschreibung der satzsemantischen (und der syntaktischen) Frames, die diese Lexeme organisieren, zwingend erfordert. Auch in FrameNet sind lexikalisch-Frame-semantische Beschreibungen von Lexemen anderer Wortarten (Nomen, Adjektive, Adverbien) immer theoretisch abgeleitet aus ihrer Funktion in prädikativen (Satz-)Frames. Hinzu kommt, dass Fillmore auf der Basis seiner Frame-Idee intensive und außerordentlich weitreichende Überlegungen in Richtung auf eine allgemeine Textsemantik (die er jedoch nicht so nennt) bis hin zu einer komplexen Textverstehenstheorie angestellt hat, die in seinem Werk aber ohne praktische Folgen bleiben, da er nach diesem Höhepunkt seiner theoretischen Entwicklung recht schnell zurückgekehrt ist an die lexikographischen Fleischtöpfe der Forschung.

Anders ist die Lage bei Barsalou, da nach dessen Modell, das auf nominale Konzepte und deren innere Struktur fokussiert ist, eine wortsemantische Nutzung noch sehr viel näher liegt, als dies bei Fillmores Modell der Fall ist. Auch wenn Barsalou die Eignung seines Modells für andere Zwecke behauptet, finden sich in seinen Arbeiten keinerlei weiterführende satzsemantische oder textsemantische Überlegungen. Minskys allgemeine kogniti-

---

[246] Warum die *empirischen* Forschungsvorhaben von Fillmore und Kooperationspartnern, bis hin zum großen FrameNet-Verbund, so stark lexikographisch orientiert waren oder sind, darüber kann man nur spekulieren. Ich vermute, dass dies vor allem forschungsstrategische Gründe – insbesondere in Hinblick auf die Chancen zur Gewinnung von Forschungsgeldern – hatte. Für die Erstellung großer maschinenlesbarer Korpora zu Zwecken der Lexikographie ist immer sehr viel leichter (und mehr) Geld zu bekommen als für andere – eher inner-linguistische Zwecke. Man sieht hier sehr gut, wie das verfügbare Geld den Forschungsprozess lenkt – und auch ablenkt von Gegenständen, die rein wissenschaftlich gesehen mindestens ebenso interessant wären.

7.8 Typen von Frames (II) und Frame-Aktivierung   677

onstheoretische Überlegungen zu Frames legen eine wortsemantische Nutzung zwar nahe (die er selbst diskutiert), seine zentralen Beispiele sind jedoch eher als Beispiele für den textsemantischen Nutzen des Frame-Gedankens einzustufen. Auch Schank / Abelsons Skript-Modell ist überwiegend textlinguistisch und insbesondere gesprächsanalytisch (weniger wortsemantisch) genutzt worden.

Der gleichzeitig wort- und satzsemantische Einschlag der Frame-Konzeption begründet, warum eine Anwendung der Analyse von Frame-Strukturen auf die linguistische Morphologie, insbesondere auf Wortbildungsprozesse, äußerst naheliegt.[247] Insbesondere Kombinationen aus „freien" (bzw. „lexikalischen") Morphemen, die Komposita, sind bereits in der bisherigen Forschung öfters als „verkürzte Sätze" analysiert worden. Die prädikative Frame-Semantik eignet sich daher besonders gut, die Argument-Strukturen und andere systematische semantische Beziehungen in der internen Bedeutung solcher Morphemkombinationen aufzuklären. Aber auch Derivationen und Präfigierungen lassen sich häufig in Satz- bzw. Prädikations-Frames auflösen bzw. mit deren Hilfe präzise beschreiben. Konkrete Beschreibungsmodelle für solche Zwecke liegen allerdings bislang noch nicht vor, sondern wären allererst zu entwickeln.

Trotz des eindeutig satzsemantisch / syntaktischen Einschlags von Fillmores Frame-Modell ist die Frametheorie bislang noch kaum systematisch für satzsemantische (oder gar syntaktische) Zwecke genutzt worden.[248] Dies läge aber nahe und wäre auf der Basis der vorliegenden Frame-Konzeptionen auch problemlos zu bewerkstelligen. Konkrete textsemantische Anwendungen der Frame-Theorie (über die eher programmatischen Überlegungen von Fillmore hinaus) zeichnen sich insbesondere in Hinblick auf die Analyse der sog. „assoziativen Anaphern" ab (Vgl. dazu Ziem 2010). In gewissem Sinne stellen auch Texte „Frame-Netze" großen Kalibers dar.

Festzustellen, dass die Frame-Theorie benutzt wird, um Wortbedeutungen darzustellen (wie es in verschiedenen Projekten versucht wurde und wird) klingt unhinterfragt plausibel, löst aber noch nicht alle damit verbundenen Probleme. Insbesondere die schon intensiv erörterte *type-token*-Problematik wirft die Frage auf, welche Ebene des Phänomens „Wortbedeutung" eigentlich jeweils beschrieben wird. In der lexikalischen Semantik (und Lexikographie) müsste dies eindeutig sein: lexikalische Bedeutungen sind *type*-Strukturen von Frames. In Satzsemantik und Textsemantik, aber auch in manchen Ansätzen wortbezogener Analysen, scheint es aber eher so zu sein, dass das Analyseziel *token*-Frames sind. So insbesondere in Modellen, die sich am *token*-zentrierten „Concept"-Begriff (und Frame-Modell) von Barsalou orientieren. Die Entscheidung zwischen Mustern und Exemplaren wird in den meisten wortsemantischen Frame-Forschungen und –Ansätzen nicht gezielt reflektiert, so dass gelegentlich unklar ist, welche Ebene angezielt wird, bzw. die Ebenen unzulässig miteinander vermischt werden. Frame-theoretisch gesehen erfordern *type*-Frames und *token*-Frames jedoch deutlich unterschiedliche Beschreibungsverfahren. Wäh-

---

[247] Es verwundert geradezu, warum es dazu bisher nicht sehr viel mehr empirische Forschungsansätze (außer dem einen Aufsatz von Boas / Petruck) gibt

[248] Eine der raren Ausnahmen ist die „Deutsche Satzsemantik" von Peter von Polenz (1985), in der auf der Basis einer Kombination von dependenzgrammatischen und rahmentheoretischen Überlegungen ein Analysemodell entwickelt wird, das mit der Frame-Theorie (die dort in Form der frühen Arbeiten von Fillmore auch erwähnt wird) zumindest kompatibel ist, auch wenn sie im engeren terminologischen Sinne nicht eigentlich „Frame-theoretisch" genannt werden kann. Von Polenz verwendet durchgängig den Terminus „Bezugsrahmen" bzw. „Bezugsstellenrahmen", den er aber weit über die klassische Valenzgrammatik hinweg ausdehnt (also eigentlich Frame-semantisch und epistemologisch deutet).

rend in *token*-Frames (auch: instantiierte Frames oder „Exemplar"-Frames) die Slot-Filler-Relationen im Sinne „gefüllter Slots" darzustellen sind, also logisch gesprochen funktionale Relationen darstellen (jedem Slot ist in einem instantiierten Frame genau ein Filler zugewiesen), definieren Slots (bzw. Attribute) in *type*-Frames (z.B. für lexikalische Bedeutungen) Wertebereiche, lassen also unterschiedliche Ausfüllungen alternativ zu. Die sich jeweils ergebenden (z.B. graphischen) Darstellungen weisen daher eine deutlich unterschiedliche Struktur auf.

Im engeren Sinne syntaktische Phänomene (außerhalb der Satzsemantik) sind bisher noch nicht als Gegenstand Frame-theoretischer Verfahren vorgeschlagen worden; dasselbe gilt für den ganzen Bereich der Phonologie. Geht man davon aus, dass „Frame" ein Begriff auf kognitionstheoretischer Grundlagen-Ebene ist (und, wie es etwa Minsky nahelegt, alle kognitive Strukturen Frame-Strukturen sind), müsste es aber grundsätzlich möglich sein, auch solche Phänomene Frame-theoretisch zu erfassen. In diesem Sinne ist auch eine Frame-theoretische Beschreibung soziolinguistischer Phänomene (wie Stil- / Register-Phänomene, Stigma- und Schibboleth-Funktionen soziolektaler Merkmale usw.) prinzipiell denkbar. In der Pragmatik untersuchte Aspekte wie z.B. Einstellungsausdrücke und Bewertungen (z.B. in der schwierigen Analyse von Modalpartikeln) könnten ebenfalls ein dankbarer Gegenstand Frame-theoretischer Untersuchungsstrategien sein. Künftigen Untersuchungen bietet sich also noch eine Menge Material.

7.8.5 Eine Typologie von Frames?

Eine Typologie von Frames mag, nimmt man den Frame-Begriff als kognitionswissenschaftlichen und epistemologischen Fundierungsbegriff erster Ordnung (und damit höchster Allgemeinheit), als ein „unmögliches" Unterfangen angesehen werden. Zielte man auf eine systematische und kriterienreine Typologie ab, so wäre eine solche Skepsis vermutlich völlig berechtigt. Darum kann es – zumal im derzeitigen Stadium der Frame-Theorie – also nicht gehen. Dennoch erscheint es nicht als sinnlos, sondern im Sinne einer Weiterentwicklung des Frame-Modelles weiterführend, sich wenigstens heuristisch einige Gedanken über typologische Aspekte und Unterschiede im Bereich all dessen zu machen, was man mit einem Frame-Modell beschreiben kann oder will. Die Vorläufigkeit (und mithin Angreifbarkeit) solcher Überlegungen wie der nachfolgenden liegt daher auf der Hand und wird auch von mir nicht bestritten.

Ein erster Zugang im Zusammenhang mit einer linguistischen Umsetzung des Frame-Modells könnte folgende Differenzierung sein:

(A) Aggregationsstufen von Frames (*type-token*)
(B) Sprachliche Ebenen und Typen von Frames
(C) Enzyklopädische Ebenen und Typen von Frames

Unter (A) Aggregationsstufen von Frames verstehe ich die oben (in Kap. 7.5.5) angesprochenen und zu einer ersten Ausdifferenzierung geführten Unterscheidungen in Bezug auf die *type-token*-Dichotomie. Ein Problem im Zusammenhang mit der *type-token*-Differenz ist es, dass bei einer strikt kognitivistischen Betrachtungsweise diese Dichotomie sich in einer kontinuierlichen Skala wachsender epistemischer Konkretisierung bzw. Verallgemeinerung (je nachdem, in welche Richtung man schaut) aufzulösen scheint. Es scheint nämlich so zu sein: Epistemisch gesehen ist Muster nicht gleich Muster und *token* nicht gleich

7.8 Typen von Frames (II) und Frame-Aktivierung 679

token, sondern es gibt erhebliche Divergenzen. Eine semantisch und sprachphilosophisch höchst brisante Frage ist etwa diejenige, was am untersten Ende der *token*-Ebene anzusetzen ist: Konkrete Referenzobjekte verstanden als Objekte der physikalischen Dingwelt, wie es z.B. in Barsalous Verwendung des Terminus „Exemplar" durchscheint, oder Frames für Referenzobjekte, die verglichen mit einer kognitiven Voll-Repräsentation konkreter physisch-dinglicher Exemplare schon typologisierende Verkürzungen (Abstraktionen) aufweisen. Wegen der zahlreichen damit verknüpften theoretischen Probleme ist es derzeit nicht möglich, den oben (Kap. 7.5.5) gemachten Differenzierungen noch etwas hinzuzufügen.

Die Differenzierung zwischen (B) und (C) könnte, so sinnvoll sie auf den ersten Blick zu sein scheint,[249] ebenfalls für ein „unmögliches" Unterfangen gehalten werden – insbesondere in der Semantik, wo sie schwer begründbar zu sein scheint. Dennoch lohnt es sich, die damit zusammenhängende Problematik noch einmal kurz unter die Lupe zu nehmen. Ein *Lexem-Frame* z.B., auch wenn er sich semantisch auf einen „sortalen Begriff" bezieht, dessen Extension durch Objekte der physischen Dingwelt gebildet wird (wie z.B. *Hund* oder *Baum*), wird sich immer von einem Ding-Frame (der sich ja zunächst auf konkrete „Exemplare", also Einzeldinge, bezieht) unterscheiden, da er zusätzlich zu seiner „Bedeutung" (die in ihrer Frame-Struktur in etwa einem Ding-Frame entsprechen mag) spezifisch sprachliche Aspekte integriert wie Phonemstruktur, ggf. Morphemstruktur, Morphemklasse, ggf. Flexionsklasse, „Wortart", Stilwert (bzw. sozio-stilistischer Wert inkl. von Aspekten wie Stigma-Werte), Register-Zugehörigkeit, „Konnotationen" u.ä. Hinsichtlich der „lexikalischen Bedeutung" lassen sich jedem Lexem zudem spezifischere Frames für unterschiedliche Lesarten des Lexems zuordnen; diese *Lesarten-Frames* integrieren wiederum neben der extensionsbezogenen Frame-Struktur weitere Wissensaspekte, wie etwa Aspekte der Valenz (und Valenzvarianten bzw. „Aspekt" und „Aktionsarten") bzw. Argumentstruktur.

Innerhalb der Ebene (B) der Frame-Differenzierung („sprachliche" Ebenen / Typen von Frames) müssen mindestens *Lexem-Frames* (inkl. Morphem-Frames) und *Satz-Frames* unterschieden werden. Lexem-Frames bzw. Lesarten-Frames weisen wortartenspezifisch teilweise erhebliche strukturelle Unterschiede auf, so dass typologisch zwischen Frames für Verben, Nomina, Adjektive, Adverbien, Präpositionen, Konjunktionen, Quantifizierer unterschieden werden muss. Wichtige Unterschiede können aus Umfangsgründen nur kurz skizziert werden:

– *Frames für Verben*: Stehen zu den Satz-Frames in enger Beziehung, integrieren als spezifischen Typ von Frame-Elementen die Aktanten-Frame-Elemente (s.o. Kap. 7.4.3), weisen aber auch „normale" konzeptuelle Frame-Elemente bzw. Attribute auf. Lesarten-Frames für Verben können sich zusätzlich zur „konzeptuellen" Bedeutung hinsichtlich der Zahl und Art der Aktanten-Frame-Elemente (hinsichtlich ihrer „Valenz" oder „Argumentstruktur") unterscheiden. Ihre Entsprechungen auf der Ebene der „enzyklopädischen" Frames sind v.a. die Handlungs-, Ereignis-, und Ablauf-Frames. Lexem-Frames für Verben integrieren auch Wissen, das über typische Kollokate und „lexikalische Solidaritäten" organisiert ist (z.B. hinsichtlich vom Verb bestimmter Präpositionen / Präpositionalgruppen). Typische Frame-Elemente bzw. Sub-Frames zu Verben beziehen sich etwa auf typische *Intentionen, Ziele* und *Zwecke* von Handlungen. Subkategorisierungen

---

[249] Scheint sie doch der von den meisten Linguisten und Sprachphilosophen für richtig gehaltenen kategorischen Unterscheidung von „Sprachwissen" und „Weltwissen" zu entsprechen.

680   *Kapitel 7: Frame-Semantik: Ein Arbeitsmodell*

bezüglich von Unter-Typen der diversen angeschlossenen Aktanten-Frame-Elemente sind besonders wichtig. Weiter zählen Flexions-Klassen-Wissen und Wissen über syntagmatische Beschränkungen (z.B. Fehlen von Imperativ- oder Partizip-Formen) zum lexembezogenen Wissensbestand.

– *Frames für Nomina*: Sind der Standard-Fall für Barsalous Frame-Modell im Sinne der Attribute-Werte-Struktur. Ihre Frame-Struktur kann aber auch Teile bzw. Aspekte von Argumentstrukturen integrieren; dies gilt häufig für Berufs- und Funktionsbezeichnungen (wie z.B. *Architekt, Kanzler* usw.). Frames für sortale Nomina entsprechen im Kern den Frames für Objekte der Dingwelt, wobei häufig Wissensaspekte hinzukommen, die keine Dingmerkmale im physischen Sinne sind; letzteres gilt insbesondere für den speziellen Frame-Elemente-Typ der sog. Affordanzen (s.o. Kap. 7.4.4), über den Informationen über typische Funktionen und Zwecke, für die Dinge (insbesondere Artefakte) dienen können, in die lexembezogene Wissensstruktur integriert werden. Insofern die referenzielle Verwendung von Nomina immer auch prädizierende Funktion hat (indem die durch den inhaltlichen Nomen-Frame gelieferten Bestimmungen den konkreten Referenzobjekten als Klasseneigenschaften zugewiesen werden), erfüllen Nomen-Lexeme charakterisierende Funktion und können daher in ihrer Frame-Struktur zusätzliche charakterisierende Inhaltselemente (etwa bewertender Art, z.B. Pejorativa) integrieren. Zwischen Nomina und Verben kann es sog. „lexikalische Solidaritäten" geben (z.B. heißt es dt. *Zähne putzen* und nicht *Zähne waschen* wie im fr. *laver les dents*), über die Wissen integriert ist, das über das rein enzyklopädische Dingwelt-bezogene Wissen hinausgeht und das in einem gewissen Sinne „spezifisch sprachlich" genannt werden könnte (auch wenn die Gründe dafür vermutlich nicht rein sprachlicher Natur sind).

– *Frames für Adjektive und Adverbien*: Adjektiv- und Adverb-Lexeme verbalisieren Eigenschaften von Objekten und / oder Handlungen, Ereignissen usw. Insofern sind sie typische Frames für Attribute (im Sinne Barsalous), die je nach Verwendung entweder einfach Elemente / Aspekte des vorausgesetzten generellen Objekt- / Handlungs- / Ereignis-Frames verbal explizit machen (insbesondere exemplarbezogen instantiierte Werte oder Filler explizieren), oder spezielle idiosynkratische (z.B. situationsgebundene, nicht regelmäßig wiederkehrende) Eigenschaften benennen. Da auch Attribute Konzepte sind, weisen sie eine eigene Frame-Struktur auf (mit zusätzlichen Unter-Attributen: z.B. *ein helles Grün*, *eine heftige Bewegung* usw.). Auch Frames für Adjektive können Aspekte bzw. Elemente von Argumentstrukturen integrieren (z.B. *überlegen sein*) und in dieser Eigenschaft Aktanten-Frame-Elemente aufweisen, wobei diese Eigenschaft speziell bei prädikativ verwendbaren Adjektiven und natürlich den „Verb-Adjektiven" (vulgo Partizipien) vorzufinden ist.

– *Frames für Präpositionen*: Hier muss strikt zwischen semantisch spezifizierten Präpositionen (die ursprünglichen Präpositionen), welche räumliche und zeitliche Verhältnisse und Relationen verbalisieren (z.B. *er hing das Bild an die Wand; sie schlief unter dem Sonnenschirm, seit seiner Prüfung*), und übertragenen (inhaltsentleerten) Präpositionen (z.B. *unter der Voraussetzung*) unterschieden werden, welche nur noch rein syntaktische Anschluss-Funktion haben. Ein besonderer Fall sind die sprachgeschichtlich jüngeren zusammengesetzten und abgeleiteten Präpositionen (wie *aufgrund, zwecks, eingangs*), die ebenfalls zu den semantisch spezifizierten Präpositionen zu rechnen sind. Auch wenn sie oft „einfache" Relationen verbalisieren, sind semantisch spezifizierte Präpositionen epistemisch komplex und daher Frame-strukturell zu beschreiben, da sie Wissen über kom-

7.8 Typen von Frames (II) und Frame-Aktivierung

plexe Kategorien (wie Raum- und Zeit-Verhältnisse) voraussetzen bzw. epistemisch integrieren oder benutzen. Vermutlich interagieren die Präpositionen-Frames mit den Frames der durch die Präpositionen angeschlossenen Nomen und dem durch diese organisierten enzyklopädischen Wissen. (So wissen die Sprachteilhaber, dass *hinter dem Haus* etwas anderes ist als *hinter dem Wald, hinter den Alpen, hinter dem Mond,* dass *auf dem Tisch* und *auf dem See* völlig unterschiedliche dingliche Verhältnisse ausdrücken usw.)
– *Frames für Konjunktionen*: Konjunktions-Lexeme drücken Beziehungen zwischen Sätzen bzw. Propositionen aus bzw. organisieren diese. Aus diesem Grund betreffen sie insbesondere logische Relationen (*und, oder, weil, obwohl, denn*), können aber auch zeitliche Relationen (*nachdem, bevor, sobald*) ausdrücken (und drücken möglicherweise oft auch Relationen eher sachbezogener Art aus, die sich nicht vollständig auf diese beiden Haupttypen reduzieren lassen). Frames für Konjunktionen haben z.B. Slots / Attribute für Typen anschließbarer Propositionen. Ihre präzise Frame-semantische Beschreibung dürfte Herausforderungen ganz besonderer Art stellen.
– *Frames für Quantifizierer*: Besonders interessant (vor allem aus formal-logischer Sicht), und wohl daher bereits bei Barsalou erwähnt, sind Frames für Quantifizierer (dazu zählen Artikelwörter, Numerale und andere auf Quantitäten bezogene Worttypen). Quantifizierung von Referenzobjekten ist ein wesentlicher und unvermeidbarer Bestandteil jeder sprachlichen Aussage; die sprachlichen Mittel dafür übernehmen aber oft zusätzliche Aufgaben (etwa BESTIMMT vs. UNBESTIMMT beim Artikel als wichtiges Mittel der Textorganisation[250]). In vielen satzsemantischen (und auch in logischen) Modellen wird Quantifizierung als eigenständige inhaltlich-sprachliche Leistung auf der gleichen Rangebene wie Prädikation, Referenz, Aussagenverknüpfung und Illokution angesehen.[251] Quantifizierer nehmen in vielfältiger Weise Bezug auf enzyklopädisches Wissen über typische Mengen und Größenordnungen von Referenzobjekten, das in einer Frame-semantischen Beschreibung entsprechend dargestellt werden muss. So referieren Ausdrücke wie *viele Länder* und *viele Bäume* auf völlig unterschiedliche Größenordnungen. Wichtig sind aber auch Vorwissen über Bestimmtheit vs. Unbestimmtheit / Unbestimmbarkeit von Vergleichsgrößen usw.[252] Auch die präzise Frame-semantische Beschreibung von Quantifizierern wird Herausforderungen ganz besonderer Art stellen.

Ein besonderer Typ der lexikalischen Frames sind die *Frames für Morpheme*. Semantisch interessant sind unter diesen insbesondere die Frames für Wortbildungsmorpheme. Diese Klasse sprachlicher Zeichen gilt üblicherweise als semantisch aufgrund der hohen Variabilität und Bedeutungsvielfalt schwer beschreibbar. Zudem mischen sich lexikalisch-semantische mit satz-semantischen Aspekten (z.B. Veränderung der Argumentstruktur,

---

[250] In Texten signalisiert die Verwendung des unbestimmten Artikels bei der Nennung eines Referenzobjekts (per Nomen), dass dieses Objekt neu in das Textuniversum eingeführt wird / wurde. Entsprechend signalisiert in der Regel die Verwendung des bestimmten Artikels, dass das mit dem nachfolgenden Nomen entsprechend markierte Referenzobjekt als bereits bekannt im jeweiligen Textuniversum vorausgesetzt wird, auf das nunmehr anaphorisch rückverwiesen wird. Allerdings ist im 20. Jhd. dieses Mittel als stilistisch markiertes Mittel zunehmend auch für die Neueinführung von Referenzobjekten verwendet worden, so zunächst in der avantgardistischen Literatur, später aber auch in sich an literarischen Stilidealen orientierenden Gebrauchstexten wie z.B. Zeitungsreportagen.

[251] So etwa im satzsemantischen Modell von Peter von Polenz 1985.

[252] So ist es Teil des verstehensrelevanten Wissens, dass die Bezugsgröße (Grundgesamtheit) bei *viele Länder* begrenzt und vergleichsweise klein ist (UN-Mitglieder plus noch ein paar wenige weitere), während sie bei *viele Bäume* nicht bestimmbar und vergleichsweise sehr groß ist.

Argumentvererbung usw.). Wortbildungsmorpheme und die mit ihnen zusammenhängenden Wortbildungsprozesse sind aber auch ein ganz besonders dankbarer Gegenstand vertiefender Frame-semantischer Analysen. So setzt z.b. die semantische Funktion des Präfixes *zer-* im Wort *zernichten* ein ganz bestimmtes (vielleicht hier bildhaftes oder metaphorisches) Frame-Wissen voraus, das in anderen Vorkommen dieses Morphems (*zerteilen, zerreißen*) viel deutlicher zutage tritt: Vorausgesetzt ist ein Ganzes, das in Einzelteile zerlegt wird. *Zernichten* bewahrt daher Bedeutungsbestandteile, die deutlich auf den kriegerischen Hintergrund und die auf Menschenkörper (als implizit mitgedachte Ganzheiten) bezogenen Folgen kriegerischer Übergriffe verweisen. Manche Wortbildungsmorpheme operieren mit komplexen Satz-Frames, wie z.B. *-ieren* in *asphaltieren*, indem hier bestimmte Komplement-Positionen eines Satzframes (*Eine Fläche / Straße o.ä. mit [einer Bedeckung aus] Asphalt versehen*) in einem Verb semantisch inkorporiert werden. Wortbildungsmorpheme und Wortbildungsprozesse (z.B. auch die Komposition) sind ein besonders ergiebiger Gegenstand Frame-semantischer Analysen.

Satz-Frames sind der wesentliche Gegenstand des Frame-semantischen Modells von Fillmore und FrameNet und daher im Rahmen dieses Modells bestens beschrieben. Allerdings deckt das in der Zielrichtung eher lexikalisch orientierte FrameNet-Projekt bei weitem nicht alle spezifischen syntaktischen Aspekte ab. Eine vollständige Frame-theoretische Beschreibung desjenigen sprachbezogenen bzw. sprachrelevanten Wissens, das man syntaktisches Wissen nennt, würde eine vollständige Frame-theoretische Reformulierung der gesamten Syntax erfordern. So etwas wäre denkbar und vermutlich auch machbar, ist aber bisher nirgends ernsthaft vorgeschlagen worden. Auch neuere syntaxtheoretische Ansätze aus dem Umfeld Fillmores, wie z.B. die zunehmend mehr Anhänger findende *construction grammar*, sind bisher noch nicht zu einer strikt Frame-theoretischen Modellierung bzw. Beschreibung vorgedrungen. Vorläufig kann daher nur von einer satz-semantischen (und nicht von einer in vollem Sinne syntaktischen) Umsetzung der Frame-Theorie gesprochen werden. – Zumindest einige wenige Nebenbemerkungen bei Minsky und Fillmore scheinen darauf hinzudeuten, dass sie auch so etwas wie „*Text-Frames*" für möglich halten; während Fillmore dabei eher in Richtung dessen zu denken scheint, was man in der Textlinguistik *Textsorte* oder *Textmuster* nennt, geht es bei Minsky eher um inhaltlich integrierende „Ober-Frames" (so nennt er selbst sie), die offenbar eher auf text-semantischer Ebene liegen sollen.[253] Auch über solche Anwendungsmöglichkeiten des Frame-Gedankens wird weiter nachzudenken sein. Müske weist darauf hin, dass in einem Text immer verschiedenste Arten von Frames auf verschiedenen Ebenen des Wissens in komplexer Form miteinander interagieren. Dies wäre bei solchen Überlegungen zu berücksichtigen.

Die Ebene (C) der Frame-Differenzierung, *Enzyklopädische Ebenen und Typen von Frames*, weist deutlich über den Rahmen und die Möglichkeiten einer rein linguistischen Betrachtungsweise und Kompetenz hinaus. Da diese Ebenen aber vielfältig in die Möglichkeiten und Leistungen sprachlichen Materials und sprachlicher Operationen hineinreichen, gibt es zahlreiche typologische Aspekte enzyklopädischer Art, die zu spezifisch linguistischen Begrifflichkeiten und Theoremen geführt haben. Insbesondere in der Lexikologie und Lexikographie, aber auch in der Syntax, gibt es Termini, die deutlich auf enzyklopädische Typen des Wissens Bezug nehmen. So z.B. in der Lexikologie die Unterscheidung zwi-

---

[253] Ihm zufolge benötigen sinnvolle, vernünftige sprachliche Äußerungen einen Ober-Frame, der die Einzelteile integriert, und nennt als Beispiel „Satz-Frames". (Vgl. Minsky 1974, 19)

7.8 Typen von Frames (II) und Frame-Aktivierung

schen *Konkreta* und *Abstrakta* und Termini wie *Kollektiva*, in der Syntax die Unterscheidung von *Handlungs-Prädikaten, Vorgangs-Prädikaten, Zustands-Prädikaten* und *epistemischen Prädikaten.* Überträgt man dies in eine Frame-theoretische Betrachtungsweise, dann dürfte auf den ersten Blick deutlich sein, dass *Objekt-Frames* (oder *Ding-Frames*) sich strukturell, aber auch in Hinblick auf die beteiligten Typen von Frame-Elementen, stark z.B. von *Handlungs-Frames* und *Vorgangs-Frames* unterscheiden. In der Literatur zur Frame-Theorie sind mehrfach weitere Typen oder Aspekte von Frames genannt worden, die in einer vollständigen Frame-Typologie auf enzyklopädischer Ebene berücksichtigt werden müssten. So z.B. *Frames für Szenarios* (bei Fillmore) und die Frame-theoretisch reformulierbaren *Themen* bei Schank / Abelson (die Autoren selbst nennen als Unter-Typen *Rollen-Themen, interpersonale Themen* und *Lebens-Themen,* als Beispiel für Letzteres nennen sie *Anarchist*). Überhaupt bestimmt die Stufung von *Skripts, Plänen, Zielen* und *Themen* bei Schank / Abelson auf komplexere Handlungsabläufe bezogene eigene typologische Aspekte von Frames, die in eine Gesamt-Typologie von Frames integriert werden müssten. (Hinzu kommen müssten aber sicherlich Frames für *Intentionen* und *Erwartungen,* deren Relation zu den anderen von Schank / Abelson genannten Typen dann noch zu klären wäre.)

Bestimmte (teilweise große und für das menschliche Wissen sehr wichtige) Bereiche des verstehensrelevanten Wissens sind bisher noch überhaupt nicht in den Blick sprachtheoretischer und Frame-theoretischer Reflexion geraten, wie z.B. der in seiner sprachtheoretischen Relevanz stark unterschätze Bereich der sog. *Abstrakta,* also theoretischer, philosophischer, wie insgesamt aller Konzepte,[254] denen kein direktes Korrelat in der mit den Sinnesorganen wahrnehmbaren physischen Dingwelt entspricht. Da Konzepte (und damit Frame-Strukturen) dieses sehr großen Bereichs menschlichen Wissens vermutlich deutliche und vielfältige strukturelle Unterschiede aufweisen, wäre eine typologische Feindifferenzierung in gleichem Maße Desiderat wie wahrscheinlich ein aufgrund seines enzyklopädistischen Charakters nur schwer zu verwirklichendes (und vermutlich stets strittig bleibendes) Unterfangen.

Ein weiterer Aspekt typologischer Unterscheidung, der in der Frame-Literatur öfters angesprochen worden ist, ist der Unterschied zwischen dem, was man *Statische Frames* und *Ablauf-Frames* nennen könnte. Während statische Frames zwar komplex (und damit Frame-Systeme), aber doch mehr oder weniger auf einen deutlichen Kern oder Bezugspunkt zentriert sind, sind Ablauf-Frames eher als Ketten einzelner, im Sinne verschiedener Stadien aufeinander folgender Teil-Frames aufzufassen, die sich einzelne ihrer Frame-Elemente teilen können, die aber in möglicherweise unterschiedlichen Aspekten ins Spiel kommen. Insbesondere Fillmore hat mit dem Beispiel KRIMINALPROZESS auf solche als teilweise temporale, teilweise funktionale Ketten organisierte Frame-Abfolgen aufmerksam gemacht,

---

[254] Ein noch vergleichsweise stärker beachteter Teilwortschatz dieses Typs ist der juristische Wortschatz, der teilweise sehr spezifische semantische Probleme aufwirft und ein äußerst dankbares Objekt Frame-semantischer Beschreibungen und stetiger Anlass für die Erweiterung der Frame-theoretischen Modelle ist. Für den Verfasser der vorliegenden Darstellung waren es insbesondere seine Forschungen zur Rechtslinguistik im Allgemeinen und Juristischen Semantik im Besonderen (und die Erkenntnis, dass die klassischen, zuvor verfügbaren semantischen Modelle diesem spezifischen Gegenstand sämtlich nicht gerecht wurden), die der erste Anlass zu einer intensiveren Beschäftigung mit der Frame-Semantik und -Theorie waren. Siehe z.B. Busse 1992 und 1993 mit ersten Verweisen auf die zentrale Rolle der Wissensrahmen-Analyse für die (Juristische) Semantik; in jüngerer Zeit als Frame-semantischen Umsetzungsversuche auch Busse 2008a und b. – Dass juristische Konzepte ein dankbarer und besonders interessanter Gegenstand Frame-semantischer Untersuchungen sind, haben aber auch Fillmore und Barsalou bereits erkannt und angemerkt.

Kapitel 7: Frame-Semantik: Ein Arbeitsmodell

und eine besondere Frame-analytische Behandlung für sie gefordert. Zu den Ablauf-Frames sind auch die *Skripts* nach Schank / Abelson zu zählen, die von allen bisherigen Frame-Theoretikern (Minsky, Fillmore, Barsalou) als wichtiges Objekt einer Frame-Analyse hervorgehoben worden sind. Frames (oder präziser: Frame-Systeme) mit sequenziellen Stadien stellen an eine systematische Frame-analytische Erfassung besondere Anforderungen, für die die geeigneten deskriptiven Instrumente erst entwickelt werden müssen. Insbesondere wird es auch darauf ankommen, unterschiedliche Formen von Sequenzialität (temporal, logisch, funktional, kulturell) mit ihren je spezifischen Bedingungen, Aspekten, Frame-Elementen und Relationen-Typen adäquat zu erfassen.

Eine weitere Klasse von Frames, bei der noch eine genauere Binnendifferenzierung notwendig wäre, kann mit einem Hinweis auf Barsalou unter dem Stichwort *Constraint-Frames* angesprochen werden. Constraints sind sachbezogene Zusammenhänge und Bedingungs-Relationen zwischen Werten in komplexen Frames (wobei die Beispiele, die Barsalou nennt, komplexe vielstufige Handlungs- und Ereignis-Frames sind). Wie die Sequenzialität in Ablauf-Frames und -Frame-Systemen können auch die Constraints temporaler, logischer, funktionaler oder kultureller Natur sein, fallen mit diesen aber nicht zusammen, sondern bilden einen eigenen Typ. Gewisse Überschneidungen gibt es mit den sprachbezogenen Konjunktionen-Frames, da auch Constraints letztlich (nicht-verbalisierte) Strukturen aus Propositionen darstellen, die dann, wenn sie verbalisiert (paraphrasiert) werden, mittels Konjunktionen miteinander verknüpft werden müssen (z.B. *wenn ... dann ...*). Barsalou postuliert noch die Eignung seines Frame-Modells für die Repräsentation von „Regeln" (ohne freilich genau zu sagen, an welche Art von Regeln er dabei denkt). Möglicherweise konstituiert dies einen weiteren speziellen Typ von Frames.

Obwohl es in verschiedenen Bereichen der Linguistik versuchsweise Ansätze gab, Typen des verstehensrelevanten Wissens zu unterscheiden,[255] bewegt sich jede solche Typologie doch auf problematischem Terrain, da sie, je mehr sie sich auf Aspekte des allgemeinen Weltwissens bezieht, alle Probleme enzyklopädistischer Ansätze auf sich zieht; insbesondere das Hauptproblem, dass es nie gelingen wird, das gesamte menschliche Wissen über alles Wissbare in ihrer Welt in eine widerspruchsfreie, erschöpfende und konsistente Typologie zu pressen. Typologische Überlegungen solcher Art sind also immer nur so weit sinnvoll, als es für manche zu treffende Unterscheidungen unabweisbare Indizien gibt, sei es, dass diese durch für bestimmte Wissenstypen spezifische sprachliche Mittel geliefert werden, sei es, dass sie prozeduraler Art sind und mit der Art der Wissensaktivierung zusammenhängen. Auch wenn eine umfassende Frame-Typologie verschiedentlich gefordert wurde (so z.B. von Fillmore), scheint es bis zu ihr doch noch ein weiterer Weg zu sein.

7.8.6 Typen der Frame-Aktivierung

Insbesondere die Kognitionswissenschaftler unter den Frame-Forschern (allen voran Minsky und Barsalou) haben immer wieder deutlich darauf hingewiesen, dass man Frames nicht nur sozusagen statisch, als Entitäten oder Struktureinheiten des im Gedächtnis gespeicher-

---

[255] Solche Versuche findet man eher in den Bereichen einer handlungstheoretisch ausgerichteten Linguistik, etwa in der linguistischen Gesprächsanalyse, in der Textlinguistik, und – etwa vom Verf. selbst – im Zusammenhang mit einer linguistischen Theorie des Textverstehens (vgl. Busse 1991, 131 ff. u. 1997).

7.8 Typen von Frames (II) und Frame-Aktivierung 685

ten Wissens auffassen, theoretisch konzipieren und empirisch analysieren solle, sondern als ebenso wichtig eine prozessuale und prozedurale Perspektive auf Frames bewahren müsse. So definiert Minsky Frames ganz eindeutig als „Pakete aus Daten und Prozessen". Dies legt es nahe, die Frage nach unterschiedlichen Typen von Frames auch als eine auf Prozeduren und Prozesse der kognitiven Aktivierung und Verarbeitung von Frames bezogen Frage zu diskutieren. Zu fragen wäre dann nach möglicherweise existierenden unterschiedlichen Typen der Frame-Aktivierung. Für eine Beantwortung dieser Frage gibt es allerdings in den Arbeiten zur Frame-Theorie im engeren Sinne kaum Antworten oder auch nur Hinweise.

Die Frage nach Arten bzw. Typen der Frame-Aktivierung wird bislang nur einmal und nur indirekt in der Literatur aufgeworfen, und zwar als nicht explizit ausgeführtes, aber im Hintergrund implizit mitschwingendes Kriterium bei der von Fillmore vehement vertretenen und verteidigten, also offenbar für ihn äußerst wichtigen Unterscheidung zwischen „evoziertem" und „invoziertem" verstehensrelevanten Wissen.[256] Was Fillmore mit dieser Dichotomie unterscheiden möchte, sind offenbar zwei verschiedene Arten der „Aktivierung" von Frames des semantisch relevanten Wissens im Sprachverstehen: Nämlich (1) das, was man Zeichen-induziertes Frame-Wissen nennen könnte, und (2) das, was man Interpreten-induziertes Frame-Wissen nennen könnte. Auch wenn diese Unterscheidung so, wie sie bei Fillmore eingeführt und verteidigt wird, schlecht begründet ist, wirft sie die Frage auf, ob bei der kognitiven Aktivierung von Frames nicht tatsächlich unterschiedliche (Typen von) kognitiven Strategien / Prozeduren / Prozessen angewandt werden.[257] Der von Fillmore eingeführten Unterscheidung zwischen „abrufen" und „aufrufen" von Frames müssten dann zwei verschiedene kognitive Modi des Aktivierens von verstehensrelevantem Wissen entsprechen, für die er selbst jedoch keinerlei Evidenz oder Erklärung bietet. Die Anhänger solcher Differenzierungen müssen sich aber damit auseinandersetzen, dass alle Frames des verstehensrelevanten Wissens in irgendeiner Weise durch die Verstehenden in ihrem geistigen Prozess aktiviert werden müssen. Dies würde heißen, dass eigentlich alle Rahmen „aufgerufen" werden (müssen). „Evozieren" wäre dann nur eine Metapher für möglicherweise so etwas wie „regelmäßig / konventionell nahe legen". Eine sinnvolle Antwort auf die durch solche Differenzierungsversuche aufgeworfenen Fragen kann nur in einer Verbindung von kognitionstheoretischen, prozessual orientierten, mit zeichentheoretischen Überlegungen gefunden werden.

Insbesondere müsste geklärt werden, welche Rolle spezifische, auf Sprachzeichen speziell bezogene Speicherungsprozesse im Gedächtnis spielen, und ob die Existenz von äußeren, sinnlich wahrnehmbaren Zeichenkörpern (Lautzeichen, Schriftzeichen) überhaupt zu spezifischen Speichermodalitäten und Aktivierungsstrategien von Wissen führt. Da bisherige Kognitionstheorie, gerade auch alle Frametheorie, dem anheimfällt, was man eine „fun-

---

[256] Siehe zu dieser Unterscheidung (und ihrer Diskussion und Kritik) mit Hinblick auf Fillmore selbst Kap. 2.6.5, S. 122 ff., mit Hinblick auf FrameNet Kap. 2.8.9, S. 203 ff.

[257] „Evozieren" soll heißen, „dass diese lexikalischen Formen oder diese grammatischen Strukturen oder Kategorien als Indices für diese Rahmen existieren". (Fillmore 1982a, 124) Es fragt sich dabei aber: Was unterscheidet das geistige Aktivieren eines Frames aufgrund eines solchen „Indexes" von einer anderen Art von Aktivierung, die hier ohne nähere Erläuterung als „Invozieren" davon unterschieden wird? – Nach einer anderen Definition liegt ein Fall von „Evokation" vor, wenn „eine sprachliche Form, oder ein Muster, konventionell mit dem fraglichen Rahmen assoziiert ist". (Fillmore 1985a, 232) Diese Definition ist nicht viel überzeugender als die Erste. Was heißt es, dass eine sprachliche Form mit dem zugehörigen Frame „konventionell assoziiert" ist? Um dies zu klären, bräuchte er eine (bei ihm jedoch fehlende) Konventions-Theorie. Zusätzlich müsste er klären, was er mit „assoziiert" genau meint.

damentale Zeichenvergessenheit" nennen könnte, ist in diesem Punkt bislang leider völlige „Fehlanzeige" zu vermelden.[258] Eine adäquate theoretische Behandlung der mit Zeichen (und möglicherweise in spezifischer Weise auf gesellschaftlich etablierte, konventionelle Zeichen bezogenen Typen des Wissens und Prozeduren der Wissensaktivierung) zusammenhängenden Fragen würde tief in die Erkenntnistheorie und Sprachphilosophie hineinreichen und kann mit der notwendigen Ernsthaftigkeit und Tiefe an dieser Stelle nicht erfolgen. Sie könnte etwa an dem von Herder in seiner Sprachursprungstheorie eingeführten Aspekt des „Merkzeichens" anknüpfen, wonach höhere Formen kognitiver Prozesse, insbesondere das, was man als „Begriffsbildung" und „(begriffsinduzierte) Gegenstandskonstitution" bezeichnen kann, ohne äußere „Erinnerungsmarken" (im Sinne von: durch Sinneskanäle wahrnehmbare physische Entitäten, seien diese flüchtig, wie Schallereignisse, oder dauerhaft, wie Tintenformen auf Papier) gar nicht möglich sind. Erst durch das äußere *tertium* des Merkzeichens kann ein denkendes Individuum die verschiedenen einzelnen kognitiven Aktivierungen (sozusagen als kognitive *token*) als zusammengehörig erfahren und zu einer konsistenten, in gewisser Weise (relativ) beständigen, iterierbaren und wiedererinnerbaren epistemischen Struktur verfestigen, einem Begriff / Konzept (oder kognitiven *type*). Erst dann ist ein Gegenstand *als* Gegenstand überhaupt erfahrbar.

Merkzeichen vom Typ der Sprachzeichen sind allerdings keine individuellen, sondern kollektive, auf soziale Prozesse rückführbare Entitäten. Ihre „Existenzform" ist daher die einer sozialen Konvention. Gleichwohl müssen sie als diese Konvention (oder präziser: als ein individueller Reflex dieser Konvention) im individuellen Gedächtnis gespeichert sein. Aufgrund ihrer unablässigen kollektiven und individuellen Iteration erreichen sie wohl auch im Gedächtnis einen besonderen Grad an Stabilität, zumal die Bedingungen der durch sie regelmäßig ausgelösten epistemischen bzw. kognitiven Aktivierungen sich dem intentionalen Einfluss der jeweiligen Individuen partiell (oder auch zu größeren Teilen) entziehen. Diese Stabilität kann vielleicht am besten mit derjenigen Form von kognitiver / epistemischer Stabilität verglichen werden, die auch in anderen Formen des kognitiv geleiteten Handelns existiert und die wir alltagssprachlich metaphorisch meist als „automatisiertes Handeln" bezeichnen. Wer Autofahren gelernt hat, wird irgendwann beim Wechseln eines Gangs die Kupplung nicht mehr „bewusst" treten, sondern bei einem etwaigen, meist jedoch sehr selten vorkommenden Ausführungsfehler erst durch ein Krachen im Getriebe daran erinnert, dass er oder sie etwas „vergessen" hat auszuführen. Die kognitive Stabilität der Muster, um die es hier geht, ist also derart, dass wir dazu neigen, sie dem „Unbewussten" zuzuschreiben. Die Funktion sprachlicher Zeichen und aller anderen Arten von sprachbezogenem Wissen (z.B. morphologisches und syntaktisches Wissen) ist in diesem Sinne weit überwiegend „hochgradig automatisiert" und damit meist, wie man so sagt, „unbewusst".

Nur auf solche Grade der Stabilität und „Unbewusstheit" (bzw. „Automatisierung") des Wissens kann sich der von Fillmore behauptete Unterschied zwischen Evokation und Invokation von Frames beziehen. Vermutlich meint er mit „Evokation" den Umstand, dass be-

---

[258] Bei Barsalou 1993, 61 etwa scheinen „sprachliche Symbole" als bloße Repräsentationen der materiell realisierten Ausdrucksseiten (materialisierte Laut- oder Schriftgestalt) sprachlicher Zeichen aufgefasst zu werden (also in etwa das, was Saussure einst als „image acoustique" bezeichnet hatte). Das Zeichen als Relation (im Sinne der Definition durch Saussure 1916, wonach doch mit den Ausdrucksseiten die Inhaltsseiten untrennbar verbunden sind „wie zwei Seiten eines Blattes Papier") kommt hier theoretisch völlig zum Verschwinden. (Vgl. hierzu oben Kap. 5.2.6, S. 410.)

7.9 Epistemische Prädikation als Grundstruktur von Frames und verstehensrelevantem Wissen?

stimmte Teile des verstehensrelevanten Wissens (auf der Basis einer hohen Stabilität bestimmter Teile des Wissens als Folge eines großen Maßes an Iteration und damit kollektiver Stützung und Wiederbestätigung) im kognitiven Prozess der Verarbeitung wahrgenommener Zeichenkörper „automatischer" (schneller, einfacher, störungsfreier, mit nicht bemerktem oder geringerem kognitiven „Verarbeitungsaufwand") kognitiv aktiviert werden als bei solchen Teilen des verstehensermöglichenden Aktivierungsprozesses, die Fillmore als „Invokation" bezeichnet sehen möchte. Die mit solchen tentativen Überlegungen angesprochenen Typen, Grade, Stufen kognitiver Verarbeitungsprozesse (hier verstanden als Typen, Grade, Stufen der Frame-Aktivierung) können letztlich nur in einer umfassenden Theorie kognitiver und gedächtnisbezogener Prozesse / Prozeduren erschlossen werden, die außerhalb des Erklärungsbereichs der Linguistik (und einer Sprachtheorie im engeren Sinne) liegt.

Vorab bleibt zweifelhaft, ob die mit Fillmores Begründung seiner Unterscheidung implizit angesprochenen „Grade / Stufen der Automatisiertheit der Frame-Aktivierung" (die man auch als „Grade der Selbstverständlichkeit", Grade der Unhinterfragtheit", „Grade der ‚Unbewusstheit' " charakterisieren könnte) in einer differenzierten Theorie kognitiver Prozesse und der Formen von Wissensaktivierung (Frame-Aktivierung) Bestand hätten. Solange nicht nachgewiesen ist, dass hinter Fillmores *„desperately wanted"* Dichotomie auch eine überprüfbare oder theoretisch gut begründbare Differenz steht (und nicht nur die alte, den meisten Linguisten bis heut lieb und teuer seiende kategorische, aber dadurch um keinen Deut besser begründbare, Differenz zwischen sogenanntem „Sprachwissen" und sogenanntem „Weltwissen" bzw. „enzyklopädischem Wissen", wie sich als Verdacht mehr als aufdrängt), solange wird vernünftigerweise davon auszugehen sein, dass es möglicherweise zwar unterschiedliche Typen, Grade oder Stufen kognitiver Aktivierungsprozeduren geben mag, dass diese aber Frame-theoretisch bis zum Nachweis des Gegenteils vorerst als ohne tieferen Belang zu gelten haben.

7.9 Epistemische Prädikation als Grundstruktur von Frames und verstehensrelevantem Wissen?

Wir haben oben (Kap. 7.3) bereits zwischen „prädikativen Frames" und „Konzept-Frames" unterschieden und das Verhältnis zwischen beiden Typen von Frames diskutiert, was sich insbesondere anbot zur Charakterisierung von zwei verschiedenen Typen von Frame-Theorie, nämlich der auf Verben und Satzrahmen fokussierten Konzeption von Fillmore und FrameNet einerseits und der auf Nomen und nominale Frames fokussierten Theorie von Barsalou. Bei näherer Betrachtung erscheint die zur Bezeichnung dieser Differenz benutzte Wortwahl als nicht ganz so glücklich, weil auch die Beziehungen innerhalb der von Barsalou beschriebenen Strukturen (z.B. die Relationen zwischen Werten / Fillern und den Attributen / Slots, denen sie zugewiesen sind) als in einem weiteren, epistemisch oder kognitiv gefassten Sinne, als „Prädikationen" aufgefasst werden können. Ich spreche zur klareren Unterscheidung dessen, was ich damit meine, von den in Sätzen vollzogenen (sprachlich explizierten bzw. satzförmig verbalisierten) Prädikationen daher auch von „epistemischen Prädikationen".

7.9.1 Zum Begriff „epistemische Prädikation"

Zunächst und in traditionellem linguistischem Verständnis sind Prädikationen Zuschreibungen von Prädikationsausdrücken (z.B. Verben oder von Verben regierte komplexere Ausdrücke) zu Argumentausdrücken (z.B. Nomen oder von Nomen regierte Ausdrücke inkl. präpositional regierter Nominalgruppen; in Frage kommen aber auch andere komplexere Ausdrücke, wie z.B. Sätze). Idealtypischer Träger einer Prädikation ist also das Verb. Prädikationen stellen so gesehen Elemente mit festen Relationen (oder Relationstypen) zu anderen Elementen dar. Von Prädikationsausdrücken regierte Gefüge von Relationen werden als Argumentstrukturen, Valenzmuster, „Kern-Dependenz-Graphen" (KDG, Fillmore / FrameNet, vgl. Fillmore / Sato 2002) o.ä. bezeichnet. Dass in solchen Gefügen von Relationen zwischen (sprachlich ausgedrückten) Elementen ein Element (in der typischsten Form: das Verb) die anderen Elemente „regiert", war die Grundidee der Valenz- und Dependenztheorie (zuerst Tesnière 1959) und ist die (lange Zeit unausgesprochene, in jüngster Zeit auch verbal zugestandene) Grundvoraussetzung der Frame-Semantik z.B. Fillmores. Damit sind semantische Frames (zumindest bei Fillmore und FrameNet) im Kern Prädikationsrahmen, der Begriff der Prädikation also Grundbegriff der linguistischen Frame-Theorie.

In der kognitionswissenschaftlichen Version der Frame-Theorie, hier vorrangig bei Barsalou 1992, sind Frames (hier allerdings gemeint als nominal orientierte Konzept-Frames) ebenfalls Relationsgefüge, und zwar Relationen zwischen einem als „Kategorie" bezeichneten Ziel-Konzept und anderen, als „Attribute" bezeichneten Konzepten, die das Zielkonzept charakterisieren. Relationen zwischen Attributen und der Kategorie, die diese Attribute charakterisieren, sind aber Zuschreibungs-Relationen: Einem Ziel-Element (der Kategorie) werden bestimmte Eigenschaften zugeschrieben. Diese Zuschreibungs-Relationen (denen, wenn sie denn Gültigkeit haben sollen, entsprechende kognitive / epistemische Zuschreibungs-Prozesse zugrunde liegen müssen) sind epistemisch oder kognitiv gesehen ebenfalls eine bestimmte Form von Prädikationen (bestimmten kognitiven / epistemischen Elementen werden andere kognitive / epistemische Elemente zugeschrieben / zugewiesen).[259]

Bei Barsalou 1992 sind die Attribute zunächst eher abstrakte Konzepte, die in gewissen Aspekten konkretisiert / instantiiert werden müssen durch andere kognitive / epistemische Elemente, die er „Werte" (values) nennt. („Attribute" und „Werte" entsprechen den „slots" und „fillers" in der älteren frametheoretischen Terminologie.) Auch die Zuweisung eines Wertes zu einem Attribut ist eine Zuschreibungs-Relation; auch diese Zuschreibungsrelation kann daher als eine Art (kognitiver / epistemischer) Prädikation aufgefasst werden.[260]

---

[259] Ich verwende in diesem Kapitel meistens die Doppelform „kognitiv / epistemisch" (oder umgekehrt), da beide Begriffe zwar etwas bezeichnen, das eng zusammenhängt, sie aber keineswegs synonym sind. Während in „kognitiv" eher der Erkenntnisakt fokussiert wird, betont „epistemisch" eher das auf vorgängige Erkenntnisakte zurückgehende Wissen als solches. Die Begriffe repräsentieren also das, was Grice einmal als „act-object-ambiguity" charakterisiert hat: einen (hier: geistigen) Akt und sein Ergebnis. Während man bei „Kognition" über „geistige Prozesse" und ähnliches sprechen kann, erlaubt es der Begriff „Episteme" oder „Wissen", z.B. über „Architekturen des Wissens" zu reden (vgl. Busse 2005). – Die hier entfalteten Überlegungen dienen in den Augen des Verfassers der Grundlegung einer noch zu entwickelnden „linguistischen Epistemologie". Vgl. dazu u.a. Busse 2007 a und b.

[260] Eine solche Redeweise erfordert natürlich weitere Präzisierungen und theoretische Klärungen. Eine der wichtigsten, aber auch schwierigsten davon ist diejenige, die mit der Frage zusammenhängt, in welchem Verhältnis kognitive / epistemische Bezugsobjekte der Prädizierungs-Relation zu realweltlichen

7.9 Epistemische Prädikation als Grundstruktur von Frames und verstehensrelevantem Wissen? 689

(Man kann dann sagen: Ein „Attribut" wird auf eine „Kategorie" prädiziert, ein „Wert" wird auf ein „Attribut" prädiziert usw.) Schon Barsalou selbst geht – wie gesehen – von einem rekursiven (oder iterativen) Frame-Modell aus: Was in einer Frame-analytischen Betrachtung jeweils „Kategorie", was „Attribut", was „Wert" ist, kann keine Frage absoluter Charakterisierung sein, sondern ergibt sich aus der jeweiligen Perspektive der Betrachtung, dem zu analysierenden Ausschnitt aus einem insgesamt komplexen und sich iterativ verbreiternden konzeptuellen Gefüge. Was in der einen Analyse (Betrachtungsperspektive) ein Attribut ist, kann auf der nächst niedrigeren Stufe eine Kategorie sein, was Wert ist, kann zum Attribut werden und umgekehrt (Ein Attribut ist auf der nächst höheren Betrachtungsstufe ein Wert, eine Kategorie möglicherweise ein Attribut). In diesem Zusammenhang weist Barsalou (1992, 43, 45) völlig zu Recht darauf hin, dass die rekursive Verfeinerung und Ausdifferenzierung von Frames und Konzepten prinzipiell nicht abschließbar ist. Es ist dies der übliche Weg der gesellschaftlichen Wissenserweiterung, indem aus vorhandenem Wissen über konzeptuelle Aufspaltungen, Ausdifferenzierungen und neuartige Querverbindungen neues Wissen entsteht.

Da auf allen Ebenen der Frame-Analyse Relationen zwischen Elementen eine zentrale Rolle spielen, diese Relationen (als „Zuweisungen" oder „Zuschreibungen" von Elementen zu anderen Elementen) aber im Kern prädikative kognitive „Akte"[261] voraussetzen, sollte der Begriff der „Prädikation" eine tragende Rolle in der Frame-Semantik spielen. Ich gehe daher für die weiteren Überlegungen von einem kognitiven / epistemischen Verständnis des Begriffs „Prädikation" aus. Als Prädikation wird danach jegliche Zuweisung / Zuschreibung eines kognitiven / epistemischen Elements zu einem anderen kognitiven / epistemischen Element aufgefasst. Die Prädikationen im traditionellen linguistischen Verständnis (also Verben, die einen Satzrahmen regieren, zusammen mit den regierten Argumenten / Komplementen) wären danach ein Spezialfall der kognitiven / epistemischen Prädikation, allerdings derjenige Spezialfall, der den Prototyp (den Idealtypus und das Grundmodell) für Prädikationen generell bildet.

Die vorgeschlagene kognitive / epistemische Sichtweise auf Prädikationen erleichtert es m.E., diejenigen Formen sprachlich ausgedrückter / realisierter Prädikationen semantisch näher zu untersuchen, bei denen der zentrale, die Prädikation tragende sprachliche Ausdruck nicht als *Verb* realisiert ist, sondern etwa als *Nomen, Adjektiv, Adverb* oder *Präposition*.[262] Hat man „Prädikation" einmal als Kategorie einer epistemischen / kognitiven Ana-

---

Entitäten stehen, die mit entsprechenden sprachlichen Ausdrücken in konkreten kommunikativen Äußerungen bezeichnet werden, was die schwierige Frage berührt, ob „Referenz" als ein Geschehen zwischen „Sprache" und „Realwelt" oder als ein rein inner-epistemisches / inner-kognitives Geschehen aufgefasst werden soll. (Zu einigen profunden Überlegungen zur Referenz-Semantik und einen Forschungsüberblick vgl. Wimmer 1979) – Ich gestehe zu, dass mein Verständnis von „Prädikation" nicht unbeeinflusst ist von der Anregung Searles (1969), wonach „Prädikation" und „Referenz" als – sprachliche – *Handlungen* aufgefasst werden sollten, wobei nach meiner Auffassung jedoch nicht von Handlungen im eigentlichen Sinn, sondern eher von „epistemischen / kognitiven Akten" ausgegangen wird, deren Status noch näher bestimmt werden müsste. Insofern verstehe ich meine Überlegungen hier nicht als Teil einer linguistischen Pragmatik, sondern eher als Versuch im Rahmen einer kognitiven / epistemologisch fundierten Linguistik.

[261] „Akte" in diesem Sinne sind keine „Handlungen", sondern eher etwa im Sinne der Denktheorie Edmund Husserls zu verstehen.

[262] Fillmore / FrameNet und die Vertreter der *Construction Grammar* erweitern die vorgenannte Liste um *idiomatische Wendungen* und sog. „*Konstruktionen*" (vgl. Fillmore / Kay / O'Connor 1988 und Fillmore

lyse akzeptiert, kann man in einem zweiten Schritt danach fragen, in welcher sprachlichen Form Prädikationen verbalisiert, sprachlich ausgedrückt werden (können). Man gerät, stellt man die Frage so herum (und nicht so, wie es üblicherweise geschieht, also beginnend bei den sprachlichen Ausdrücken und dann nach ihren jeweiligen epistemischen Motivierungen oder „Füllungen" suchend), allerdings sehr schnell in das verminte Gelände der „implizite / explizite Bedeutung"- bzw. „Sprachwissen / enzyklopädisches Wissen"-Problematik.[263]

Sinnvoll scheint es mir aber auf jeden Fall zu sein, im Rahmen einer Theorie, die *jede* Verknüpfung von epistemischen / kognitiven Elementen in Frames (jede Relation) als (implizite, kognitive / epistemische) Prädikation deutet, dennoch zwischen *sprachlich ausgedrückten* und *verstehensnotwendigen Prädikationen* in der Weise zu unterscheiden, dass die Menge der verstehensnotwendigen[264] Prädikationen die Menge der sprachlich ausgedrückten Prädikationen zwingend einschließt, dies jedoch nicht notwendigerweise (sondern höchstens in einer eng begrenzten Zahl von Spezialfällen) in umgekehrter Richtung gilt.[265] Eine nähere Betrachtung konkreter Beispiele ergibt über diese erste Unterscheidung hinaus jedoch Anlässe für weitere Differenzierungen, die nachfolgend etwas näher erläutert werden sollen.

7.9.2 Prädikationen: Ebenen, Typen, Aspekte

Über den Status der nachfolgenden Ausdifferenzierungen besteht bislang keine Klarheit. So muss vorläufig offen bleiben, ob man von „Ebenen", von „Typen", oder vorsichtiger nur von „Aspekten" der Prädikation sprechen sollte. Oder ob es sich nur um Aspekte / Ausprägungen des *Begriffs* „Prädikation" in seinen verschiedenen (möglichen) Verwendungsvarianten handelt. Ich werde zunächst einfach eine Liste heuristisch gewonnener Differenzierungen präsentieren, und sie danach auch anhand von Beispielen näher zu erläutern versuchen.[266]

1989), die ich wegen der teilweise sehr speziellen theoretischen und deskriptiven Probleme solcher Typen sprachlicher Ausdrücke hier jedoch außer Acht lasse.

[263] Vgl. zu dieser Problematik ausführlich die Diskussion der gravierenden Probleme der sog. „Zwei-Ebenen-Semantik" bei Ziem 2008.

[264] Der von mir hier an zentraler Stelle verwendete Ausdruck „verstehensnotwendig" wird sicherlich strittig sein und bleiben. Vor allem erzeugt er ein gravierendes Abgrenzungsproblem. Ihn näher und v.a. stichfest zu begründen, würde die Explikation eines gesamten Verstehensmodells, ja letztlich einer kompletten Sprach- und Kommunikationstheorie erfordern, wozu hier weder der Ort noch der Platz ist. Ich verweise stattdessen auf Busse 1991, v.a. S. 131 ff. und Busse 2007c, wo Facetten einer solchen möglichen Theorie nachvollziehbar sind.

[265] Ich gehe von der Auffassung aus (vgl. dazu ausführlicher Busse 1991, 78 ff. und 131 ff.), dass eine ernstzunehmende Semantik nicht in die Reduktionismen verfallen darf, die diesen Forschungszweig in Linguistik, Logik und Philosophie so lange (bis heute) behindert haben, sondern dass sie das verstehensnotwendige Wissen in möglichst großer Breite in ihre Analyse wie in ihre theoretischen Modelle einbeziehen muss. Ob das verstehensrelevante Wissen praktisch (deskriptiv) jemals scharf abgegrenzt werden kann, ist sehr fraglich. Es steht jedoch fest, dass es weit über den Bereich dessen hinausgeht, was in traditionellen linguistischen „checklist-Modellen" der Semantik dieser noch zugerechnet wird. Fillmore hat dafür in seiner Kritik der üblichen Semantik wieder dutzende, ja hunderte schlagender Beispiele geliefert.

[266] Es sind jeweils nur die für den Typ charakteristischen Prädikationen angegeben; weitere Prädikationen können jeweils u.U. hinzukommen. Darstellungsform für Prädikationen: *p (x, y, ...)* oder: *Prädikat (Argument 1, Argument 2, ...)*

7.9 Epistemische Prädikation als Grundstruktur von Frames und verstehensrelevantem Wissen?

(A) ausgedrückte Prädikationen, die sich auf realweltliche „Szenen" (im Sinne von Fillmore 1977) beziehen:

(9-33) *Lisa gibt Hans ein Buch.*
Prädikation: geben (Lisa, Hans, Buch)

(B) ausgedrückte weitere Prädikationen (z.B. Quantifizierungen, Lokalisierungen, Temporalisierungen):

(9-34) *Hans gibt Lisa fünf Äpfel.*
Prädikationen: geben (Hans, Lisa, Äpfel)
UND   beträgt (Menge von (Äpfel), fünf)[267]

(9-35) *Hans hat Lisa ein Buch gegeben.*
Prädikationen: geben (Hans, Lisa, Buch)
UND   ist zum Sprechzeitpunkt abgeschlossen (Handlung (geben))

(C) nicht ausgedrückte (implizite, verstehensnotwendige, im Verstehen kognitiv / epistemisch zu vollziehende, d.h. zu inferierende) Prädikationen, die sich auf realweltliche „Szenen" (im Sinne von Fillmore 1977) beziehen:

(9-36) *Peter hat sich den neuesten Smart gekauft.*
Prädikationen: kaufen (Peter, Smart)
UND   ist (Smart, Auto)
UND   ist (Verkäufer von (Smart), Autohändler)   […]

(D) nicht ausgedrückte (implizite, verstehensnotwendige, im Verstehen kognitiv / epistemisch zu vollziehende) Prädikationen, die sich auf Präsuppositionen beziehen, insofern diese nicht bereits unter (C) erfasst sind, d.h. über die Ebene der „Szenen" hinausgehen:

(9-37) *Peter hat sich den neuesten Smart gekauft.*
Prädikationen: kaufen (Peter, Smart) […]
UND   ist (Peter, Mensch)
UND   ist (Peter, erwachsen)

(9-38) Zwei Arbeitskollegen in einer Firma sprechen über ihren Abteilungsleiter Müller: *Dieser Workaholic nervt mich.*
Prädikationen: nervt (Müller, Sprecher)
UND   ist (Müller, Workaholic)
UND   ist Grund / Ursache für (ist (Müller, Workaholic),
                          nervt (Müller, Sprecher))

(E) mitgedachte (implizite, nicht notwendigerweise kognitiv zu prozessierende) Prädikationen, oft auch als Präsuppositionen bezeichnet (z.B. die sog. „Existenz-Präsuppositionen" nach Strawson und anderen):

(9-39) *Der italienische König ist in Berlin angekommen.*
Prädikationen: ankommen (italienischer König, in Berlin) […]
UND   existiert (König, von Italien, zum Sprechzeitpunkt)

(F) Prädikationen, die sich auf Wertungen, Kommentierungen, Einstufungen der Wahrscheinlichkeit / des epistemischen Gewissheitsgrades anderer Prädikationen beziehen (mit oder ohne Benutzung spezifischer sprachlicher Ausdrucksmittel);

(9-40) mit sprachlichem Ausdrucksmittel (Adverb): *Anna geht gerne ins Kino.*

---

[267] Ich gehe mit von Polenz 1985 davon aus, dass Prädikationsverknüpfungen (ausgedrückt z.B. mit *und*) selbst auch implizite Prädikationen darstellen, verzichte aber zugunsten der Übersichtlichkeit darauf, in den folgenden Beispielen diese Prädikationen explizit durch Notation als solche in ihrer Struktur kenntlich zu machen.

Prädikationen:	gehen (Anna, ins Kino) […]
UND	tut gewohnheitsmäßig (gehen (Anna, ins Kino))
UND	bevorzugt / tut gerne (gehen (Anna, ins Kino))

(9-41) mit sprachlichem Ausdrucksmittel (Modalpartikel):
Leon kommt heute wohl nicht ins Kino.

Prädikationen:	nicht (kommen (Leon, ins Kino, heute abend)) […]
UND	Sprecher glaubt / vermutet / hält für wahrscheinlich, dass (nicht (kommen (Leon, ins Kino, heute abend)))

(9-42) ohne besonderes sprachliches Ausdrucksmittel:
Anna kommt heute abend ins Kino.

Prädikationen:	kommen (Anna, ins Kino, heute abend)) […]
UND	Sprecher / in weiss / hält für sicher, dass (kommen (Anna, ins Kino, heute abend))

(G) Prädikationen auf Konzept-interner Ebene, z.B. Attribut-Kategorie- und Wert-Attribut-Zuordnungen, eingeschlossen die „semantischen Merkmale / Komponenten", „Marker", „Begriffsmerkmale" u.ä. der älteren Semantiktheorien;

(9-43) *Johnny hat wieder stundenlang herumgebellt.*
Konzept-interne Prädikationen zu *Johnny*:

	ist Mitglied von (Kategorie „Lebewesen", Johnny)
UND	ist Mitglied von (Kategorie „Hund", Johnny)
UND	hat Eigenschaft / Attribut (Geschlecht, Johnny)
UND	hat Wert (männlich, Attr. „Geschlecht", bei Johnny)

(9-44) *Johnny hat wieder auf dem Kasernenhof herumgebellt.*
Konzept-interne Prädikationen zu *Johnny*:

	ist Mitglied von (Kategorie „Lebewesen", Johnny)
UND [vermutlich]	ist Mitglied von (Kategorie „Mensch", Johnny)
UND [vermutlich]	ist Mitglied von (Kategorie „Militärischer Vorgesetzter", Johnny)
UND	hat Eigenschaft / Attribut (Geschlecht, Johnny)
UND	hat Wert (männlich, Attribut „Geschlecht", bei Johnny)
UND	sind ähnlich wie (Lautäußerungen von (Johnny), Hundegebell)

(H) Prädikationen als Relationierungen beliebiger epistemischer Elemente, soweit sie nicht schon unter (A) – (G) erfasst sind.

Nachfolgend einige Erläuterungen zu diesen möglichen Typen oder Ebenen von (epistemischen) Prädikationen im weitesten Sinne:

Ad (A): Der Begriff der „Szene" ist – wie gesehen – von Fillmore 1977 explizit eingeführt, in späteren Schriften als theoretischer Begriff aber wieder fallen gelassen worden, spielt jedoch, wie zahlreiche Texte aus dem FrameNet-Projekt zeigen, nach wie vor subkutan eine wichtige Rolle. Vorläufer ist die „Theater-Szene"-Metapher, wie sie Tesnière bei der Einführung und Begründung der Dependenz- / Valenz-Syntax benutzt hatte. Standard-Beispiel bei Fillmore ist die COMMERCIAL-EVENT-Szene, die etwa der Semantik und Argumentstruktur von Verben wie *kaufen, verkaufen, bezahlen* und der Semantik von Nomina wie *Käufer, Verkäufer, Ware, Preis, Geld* usw. zugrunde liegt. Die Szenen sind letztlich epistemische bzw. kognitive Frames als Teil des Alltagswelt-Wissens der Sprachteilhaber, von denen in syntaktischen Verb-Frames bestimmte Ausschnitte perspektiviert werden. Dieses Wechselspiel von epistemischen Frames und Verbbedeutungen und Verbsyntax

7.9 Epistemische Prädikation als Grundstruktur von Frames und verstehensrelevantem Wissen?   693

führt dazu, dass auch in solchen Verbframes, in deren Anwendung einzelne Elemente des epistemischen Frames (die FE) nicht ausdrucksseitig realisiert werden (können oder müssen), die nicht verbalisierten FE stets im Verstehen mitgedacht sind (z.B. der normalerweise nicht verbalisierte VERKÄUFER bei *bezahlen*). Als „ausgedrückte" Prädikationen mit Bezug auf Szenen können dann mindestens alle Prädikationen eingestuft werden, die mit einem Verb realisiert werden.

Allerdings ist es das Problem des „Szene"-Begriffs, so, wie er beim mittleren Fillmore und implizit auch heute noch im FrameNet-Projekt verwendet wird, dass er stark von der *common-sense*-Plausibilität alltagsweltlicher, alltäglicher Geschehens- und Handlungsabläufe gespeist wird, und also stark auf „Konkreta" (im übertragenen Sinne) fixiert bleibt. Je weiter ein zu untersuchender Wortschatz sich vom Bereich des Konkreten, Alltagsweltlichen entfernt, desto schwieriger und unplausibler wird es, am Begriff der „Szene" festzuhalten. (Vielleicht ist dies der Grund dafür, warum Fillmore den Begriff später kaum noch verwendet hat.) Im Bereich der Abstrakta, z.B. des theoretischen, philosophischen usw. Wissens fährt man dann besser, wenn man zum übergeordneten Begriff des „Frames" zurückkehrt. Dies setzt allerdings voraus, den Frame-Begriff klar auf der kognitiven / epistemischen Ebene zu verorten und von den syntaktischen Komplement-Struktur-Rahmen abzusetzen (die dann epistemisch gesehen Spezial- oder Sub-Frames wären), ein Schritt, den zu vollziehen sich Fillmore bis heute gescheut hat.

Ad (B): Als „ausgedrückte weitere Prädikationen" im Sinne der zweiten Gruppe können alle ausdrucksseitig realisierten Angaben aufgefasst werden, die zu der meist durch das Verb ausgedrückten Kern-Prädikation weitere Qualifikationen signalisieren. Dazu zählen vor allem Quantifizierungen, Lokalisierungen, Temporalisierungen, letztlich aber auch alle adverbial oder adnominal ausgedrückten Eigenschafts-Kennzeichnungen zu Frame-Elementen (Argumente und prädikativer Kern, z.B. Verb) und schließlich vermutlich auch die Aussagen-Verknüpfer (Konjunktionen u.a.) und Modalpartikeln. (Letztere Nennung würde es nahe legen, die Gruppe (F) als Untergruppe von (B) einzustufen, was noch zu diskutieren wäre.) Realisiert werden solche zusätzlichen Prädikationen nicht nur lexikalisch, wie etwa durch Quantifizierer wie *ein, fünf, alle, viele*, Lokaladverbien wie *dort, hier* usw., Zeitadverbien wie *jetzt, soeben, vorgestern, übermorgen* usw., sondern auch durch „grammatische Marker" wie Numerus- und Tempus-Signale. Auch diese sprachlichen Mittel (also z.B. Flexions- oder Deklinationsmorpheme) sind daher prädikations-semantisch als Ausdrücke zu klassifizieren, die eigene Prädikationen ausdrücken. Da sie regelmäßig zu den in der Regel durch Verben ausgedrückten Kern-Prädikationen hinzukommen, könnte man sie auch, wäre dieses Morphem nicht schon so problematisiert worden, als „Meta-" oder sekundäre Prädikationen bezeichnen. Möglicherweise zählen zur Gruppe (B) auch die sonst eher in der Textlinguistik abgehandelten und dort als Kohärenz-Markierer / -Erzeuger analysierten Ausdrucksmittel, wie z.B. der Wechsel zwischen unbestimmtem und bestimmtem Artikel. Zumindest der unbestimmte Artikel (unbetont, nicht zu verwechseln mit den phonemidentischen, aber stets betonten Quantifizierern) drückt im Deutschen eindeutig die auf die jeweilige Argumentstelle referierende Zusatz-Prädikation „nicht vorerwähnt" aus. Möglicherweise muss die Liste der Ausdrucksmittel für Prädikationen noch um solche sprachlichen Mittel ergänzt werden, die nicht morphemisch realisiert sind, sondern die sich auf reine syntaktische Regularitäten (z.B. Stellungsregularitäten) beziehen. Da signifikativ relevante (z.B. prädikativ genutzte) Stellungswechsel, wie z.B. Topikalisierung, stets mit Betonungssignalen einhergehen, kommen als prädikativ nutzbar auch die suprasegmentalen

694   *Kapitel 7: Frame-Semantik: Ein Arbeitsmodell*

Zeichen in den Blick. (Diese Hypothesen bedürften ausführlicher empirischer Überprüfung.)

Ad (C): Die hier zunächst aus allgemeinen, systematischen Überlegungen angesetzte mögliche Gruppe (C) der Prädikationen ist sicherlich diskussionswürdig und müsste empirisch validiert werden. Wie das dazu bereits oben gegebene Beispiel zeigt, scheint es sich bei den hier gemeinten nicht-ausgedrückten, aber regelmäßig aus dem epistemischen „Grund-Frame" zu inferierenden Prädikationen in erster Linie um Konzept-bezogene Prädikationen zu handeln, die einzelne Frame-Elemente (oder Komplemente, oder Argumentstellen) näher charakterisieren.

(9-45) *Peter hat sich den neuesten Smart gekauft.*

	Prädikationen:	kaufen (Peter, Smart)
UND		ist (Smart, Auto)
UND		ist (Verkäufer, Autohändler)

Hier kommt es vor allem auf die zuletzt genannte Prädikation an. Zu beachten ist aber: Nicht gemeint mit dieser Gruppe von Prädikationen ist die Information, dass *Peter* sich den *Smart* von einem VERKÄUFER gekauft hat. Diese nicht verbalisierte Information muss nicht inferiert werden, sondern ist integraler und untilgbarer Bestandteil des Frames der Kern-Prädikation. Dass dieser VERKÄUFER in diesem Falle ein *Autohändler* ist, ist jedoch eine Information, die zusätzlich zum Kern-Frame aus dem Alltagswissen inferiert werden muss. Dass diese Information inferiert werden muss, zeigt die Tatsache, dass sie tilgbar ist, denn es ist nicht zwingend, dass der *Smart* von einem professionellen *Autohändler* gekauft wurde (er könnte ja auch z.B. über *Ebay* von einem Privatmenschen ersteigert worden sein). Dass der VERKÄUFER vermutlich ein professioneller *Autohändler* ist, wird unter Nutzung von Standard-Annahmen (sog. Default-Werten) über den Typ von Szene, der durch die Kern-Prädikation evoziert worden ist (und seine Elemente) inferiert. Dabei wird im Beispiel die hier angesetzte Inferenz durch den Ausdruck *neuesten* evoziert, der allerdings formal gesehen zunächst nur das ausgedrückte Frame-Element KAUFOBJEKT spezifiziert und in keinem direkten Verhältnis zum nicht-ausgedrückten Frame-Element VERKÄUFER zu stehen scheint. Diese ausgedrückte Information reicht aber aus, um auf der Basis standardmäßigen Szene-Wissens die regelmäßig erwartbare Inferenz *Verkäufer ist (vermutlich) professioneller Autohändler* zu evozieren. – Offen und weiterer vertiefender Untersuchung anheimgestellt bleiben muss die Frage, ob zur Gruppe (C) neben den hier besprochenen Frame-Element-spezifizierenden impliziten Prädikationen noch weitere Typen von Prädikationen zuzuordnen wären.

Ad (D): Diese Gruppe umfasst einen gewichtigen Teil dessen, was üblicherweise unter dem Begriff „Präsuppositionen" diskutiert wird (soweit diese nicht schon durch Gruppe (C) erfasst sind).[268] Ob beide Gruppen wirklich trennscharf voneinander abgegrenzt werden

---

[268] Levinson 1990 gibt in seiner Einführung in die Pragmatik eine beeindruckende Liste von über 20 verschiedenen Falltypen von angeblichen oder vermutlichen *Präsuppositionen*. Der Begriff selbst konkurriert mit z.T. altehrwürdigen logischen Termini wie *Implikation*, *Folgerung* usw. und koexistiert mit neueren pragmatischen Konzepten wie *Implikatur*. Das Gelände ist also hinreichend unübersichtlich und vermint, um sich zu Recht zu scheuen, es überhaupt betreten zu wollen. Ich selbst gehe von der Überzeugung aus, dass all diese Konzepte nur Teilphänomene erklären und dass es vorderhand angebracht und notwendig wäre, statt einer mühseligen Ausdifferenzierung, Abgrenzerei und Inventarisierung auf der Basis eines vorgeblichen theoretischen und / oder methodischen Primats letztlich stark reduktionistischer logizistischer Denkmodelle die ganze Sache von einer grundsätzlicheren verstehenstheoretischen

7.9 Epistemische Prädikation als Grundstruktur von Frames und verstehensrelevantem Wissen? 695

können, bliebe näher zu prüfen. (Zweifel daran sind wohl naheliegend.) Die oben genannten Beispiele (9-37) und (9-38) repräsentieren zwei unterschiedliche Spielarten verstehensrelevanter Präsuppositionen. Beispiel (9-37) *Peter hat sich den neuesten Smart gekauft* (hier in Bezug auf andere implizite Prädikationen analysiert) bezieht sich auf als selbstverständlich vorausgesetzte (also nicht im engeren Sinne „inferierte") Informationen, wie sie teilweise zu den klassischen „Subkategorisierungs"-Merkmalen für Lexeme gerechnet werden. Hier z.B., dass ein KÄUFER ein *Mensch* sein muss, der dann, wenn der KAUFGEGENSTAND ein *Auto* ist, in unserer Welt zwingend die Eigenschaft *erwachsen* besitzen muss. (Dass solche impliziten, als selbstverständlich vorausgesetzten Informationen „verstehensnotwendig" sind, lässt sich durch Konstruktion von die Standardannahmen verletzenden Beispielen jederzeit zeigen, worauf ich hier aber verzichten muss.) Etwas anders gelagert ist Beispiel (9-38) *Dieser Workaholic nervt mich.* Hier geht es im einen Fall zwar ebenfalls um eine ein Frame-Element charakterisierende Prädikation (*X ist ein Workaholic.*). Im anderen Fall handelt es sich aber um eine Verknüpfung von zwei Prädikationen, nämlich *X nervt mich* UND *X ist ein Workaholic*, die hier klar als kausale Relation spezifiziert ist. Man kann darüber diskutieren, ob die zusätzliche Information (und Prädikation) KAUSALITÄT inferiert werden muss oder (wie in Beispiel (9-37)) zum als selbstverständlich vorausgesetzten Wissen gerechnet werden kann. Es ist aber fraglich, ob man für solche definitorischen bzw. klassifikatorischen Entscheidungen eine Patentlösung haben kann, oder ob es nicht vielmehr von der jeweiligen subtilen sprachlichen Situation (und letztlich vom Sprachgefühl der Beurteiler) abhängt, welche Zuordnung man vornimmt. M.E. signalisiert in Beispiel (9-38) schon die Tatsache der Verwendung eines „untypischen", „unüblichen", nicht erwartbaren referierenden Ausdrucks (hier *Workaholic*) zur Bezeichnung eines Frame-Elements, dass mit der Verwendung dieses (statt eines neutralen) Ausdrucks nicht nur eine eigenständige Prädikation (*X ist ein Workaholic*) vollzogen wird, sondern zusätzlich signalisiert wird, dass diese Zusatz-Prädikation die Ursache für das signalisieren soll, was in der Haupt-Prädikation (*X nervt mich*) ausgedrückt ist.

Ad (E): Ist bei Gruppe (D) die Frage „zu inferieren" vs. „als selbstverständlich vorausgesetzt" problematisch, so scheint sie bei den Fällen, an die ich für Gruppe (E) denke, eindeutig entschieden zu sein. Das Paradebeispiel sind hier die altbekannten „Existenzpräsuppositionen", die im Sprachverstehen in der Regel nicht kognitiv prozessiert werden (müssen). Über diesen Präsuppositionstyp ist in der logischen und philosophischen Literatur so viel geschrieben worden, dass hier darauf nicht näher eingegangen werden muss. Dennoch, ganz problemfrei scheint auch diese Gruppe nicht zu sein. Vergleicht man das oben gegebene Beispiel „*Der italienische König ist in Berlin angekommen.*" und die darin implizit enthaltene Präsupposition *Es gibt einen König von Italien* mit dem Beispiel (9-38) aus Gruppe (D) und der dort angesetzten impliziten Prädikation *X ist ein Workaholic*, dann scheint es sich um systematisch zusammengehörige Fälle zu handeln. Die volle logischsemantische Explikation ergibt nämlich identische strukturelle Beschreibungen: (1) *Es existiert ein X* UND *Dieses x ist König von Italien.* (2) *Es existiert ein X* UND *Dieses X ist ein Workaholic.* Auch hier muss über die Gruppenbildung noch weiter nachgedacht werden. Der Grund für die zunächst intuitiv erfolgte Zuweisung der beiden Beispiele zu unterschiedlichen Gruppen liegt offenbar darin, dass zu (E) eher die unauffälligen, unvermeidli-

---

(kognitiven / epistemischen) Perspektive aus anzugehen, für die sich als Grundmodell die Frame-Theorie bestens eignet.

chen und darum ubiquitären „Standard-Existenzpräsuppositionen" gehören, während zu Gruppe (D) solche Prädikationen zugeordnet werden, die zwar auch Existenz-Präsuppositionen darstellen, zusätzlich aber ein von Standardannahmen über die Welt abweichendes prädikatives Gewicht (Aussagegehalt, Informativität) aufweisen.[269]

Ad (F): Zu Gruppe (F) gehören u.a. die sog. Modalpartikeln, die zusätzliche Prädikationen über epistemische Gewissheitsgrade, Wertungen u.ä, signalisieren können. In der traditionellen Grammatik wurden die Modalpartikeln lange Zeit zu den Adverbien gezählt. Es liegt daher nahe, in diese Gruppe, wie oben intuitiv mit Beispiel (9-40) geschehen, eindeutige Adverbien aufzunehmen. Nachdem durch neuere Überlegungen die Adverbien aber bereits unter Gruppe (B) angesetzt wurden, hat es den Anschein, dass sie (und damit auch Bsp. 9-40) eigentlich aus der Gruppe F herausfallen müssten. Durchdenkt man Beispiel (9-40) *Anna geht gerne ins Kino.* von seinem prädikativen Gehalt noch einmal neu, wird deutlich, dass es sich bei der Verwendung des Adverbs *gerne* eigentlich gar nicht um eine Wertung (seitens eines Sprechers) handelt, sondern um eine einfache Eigenschafts-Prädikation zu der Kern-Prädikation. Eher indirekt kann es sich hier um eine Wertung handeln, da *gerne* ja auf innere Einstellungen einer anderen Person referiert, zu denen wir grundsätzlich keinen direkten und sicheren Zugang haben. Es hängt daher stark vom Einzelfall ab, ob das Adverb *gerne* durch objektive Informationen (z.B. hat *Anna* erzählt, dass sie *gerne ins Kino geht*) gestützt ist (und daher als reine Eigenschafts-Prädikation betrachtet werden kann), oder ob es auf pure Vermutungen des Sprechers zurückgeht (und daher streng genommen ein Wertungs-Prädikat wäre). Interessant ist hier, dass es für Adverbien vom Typ *gerne* im Deutschen Verwendungsvarianten gibt, die (offenbar durch Kontextinformationen gesteuert) nicht auf innere Einstellungen einer referierten Person zielen, sondern eine pure objektive Beobachtung wiedergeben (dann wird *gerne* als Synonym von *regelmäßig* verwendet).

Die Beispiele zeigen, dass auch zu dieser Gruppe sicher noch Diskussionsbedarf besteht. Sicher können ihr aber die Modalpartikeln zugeordnet werden, die, wie die sehr umfangreiche Modalpartikeln-Forschung gezeigt hat, teilweise sehr komplexe und verwickelte Prädikationen (oder sogar Prädikationsgeflechte) signalisieren. Am häufigsten sind hier die „Meta-Prädikationen" über Einschätzungen des epistemischen Sicherheits- / Gewissheitsgrades der ausgedrückten Haupt-Prädikation. Die Funktion dieser „epistemischen" Prädikate (die ebenfalls oft zu den „Präsuppositionen" gerechnet wurden) geht auf die in der Pragma-Linguistik (v.a. der Sprechakttheorie) erkannte und diskutierte Tatsache zurück, dass jede vollzogene Prädikation in der sozialen Interaktion als Vollzug einer Behauptungshandlung seitens des Sprechers / der Sprecherin gewertet wird und werden muss. Modalpartikeln, die

---

[269] Dass Existenzpräsuppositionen für die Ordnung unseres Wissens nicht nebensächlich sind, zeigt ein hübsches historisches Beispiel, das gut zu unserem Kontext passt. Im 18. und 19. Jahrhundert lautete die offizielle Bezeichnung des preußischen Königs zunächst nicht wie bei anderen Königen „König *von* Preußen" (vgl. z.B. „König *von* Württemberg"), sondern „König *in* Preußen". Grund dafür war, dass Preußen formell nicht Teil des Heiligen Römischen Reiches Deutscher Nation war, sondern teilweise unter der Lehnsherrschaft des polnischen Königs lag. Zwar war der Markgraf von Brandenburg de facto Herrscher über weite Gebiete von Preußen, aber eben nicht über das gesamte mit diesem Namen bezeichnete Gebiet. Westpreußen unterlag der Lehnshoheit des „Königs *von* Polen", welchen Titel damals ausgerechnet der Herrscher des Hauptfeindes Brandenburgs, nämlich Sachsens, trug. Die Bezeichnung „König *von* Preußen" hätte in dieser Situation einen Machtanspruch auf das ganze Preußen (auch den polnisch beherrschten Teil) präsupponiert, dieses Präjudiz, das mit Sicherheit als Provokation gewirkt hätte, wollte der den Titel verleihende Kaiser in Wien offensichtlich durch die abweichende Formulierung vermeiden.

7.9 Epistemische Prädikation als Grundstruktur von Frames und verstehensrelevantem Wissen? 697

Abweichungen in den Gewissheitsgraden signalisieren, werden daher zum Vollzug von Meta-Prädikationen eingesetzt, weil die Sprecher sich (aufgrund der Unsicherheit des eigenen Wissens) von Verantwortung für den Wahrheitsgehalt des Inhalts der Haupt-Prädikation entlasten wollen. Modalpartikeln sind aber nicht die einzigen sprachlichen Mittel zur Signalisierung derartiger Meta-Prädikationen. Wie Beispiel (9-42) zeigt, signalisiert schon ein einfacher Aussagesatz ohne Partikeln einen bestimmten Gewissheitsgrad (nämlich *Sprecher hält Inhalt der Hauptprädikation für wahr*). Beispielsweise in der Redewiedergabe wird in Pressetexten oft durch die differenzierte Verwendung von Indikativ oder Konjunktiv implizit eine epistemische Einstellung des Berichtenden signalisiert. So wurden in der Frühzeit der Partei DIE GRÜNEN in bestimmten Presseerzeugnissen beispielsweise sich auf Umweltschäden beziehende Aussagen von Vertretern dieser Partei nur im Konjunktiv referiert, Aussagen des damaligen Bundeskanzlers Kohl (CDU) aber regelmäßig im Indikativ.

Ad (G): Diese Gruppe umfasst alle Konzept-internen Prädikationen, also Attribut-Kategorie- und Wert-Attribut-Zuweisungen (-Relationen). Letztlich zählen dazu alle dekompositionell beschriebenen Begriffsbestandteile / semantischen Merkmale oder Marker, insofern sie den jeweiligen Referenzobjekten (bzw. der jeweiligen Klasse oder Menge von Referenzobjekten) bestimmte Eigenschaften prädizieren. Viele dieser Prädikationen spielen bei den sog. „Subkategorisierungs-"Merkmalen eine Rolle (vgl. oben Beispiel (9-43)). Dass es sich bei solchen Relationen tatsächlich um implizite Prädikationen handelt, und dass diese eine wichtige Rolle für das adäquate Verstehen spielen können, zeigen Beispiele wie (9-44) (siehe Analyse oben): Beim Satz *Johnny hat wieder ziemlich auf dem Kasernenhof herumgebellt.* ist es zunächst die scheinbare epistemische Diskrepanz zwischen *Johnny*, *auf dem Kasernenhof* und *herumgebellt*, die zu einer Neubestimmung der durch den Ausdruck *Johnny* evozierten Konzept-Kategorie führt. Diese in mehreren Schritten erfolgende Neubestimmung führt zu einer teilweisen Umstrukturierung (durch Ergänzung oder Austausch einzelner Attribute und / oder Werte) der Kategorie im Verstehensprozess. In diesem Umstrukturierungsvorgang, wie er für die sog. „übertragenen, metaphorischen" Bedeutungen typisch ist, spielen Prädikationen wie

sind ähnlich wie (Lautäußerungen von (Johnny), Hundegebell)

eine tragende, verstehensermöglichende Rolle. Letztlich kann nur eine ausdifferenzierte Frame-Analyse die hier wirksamen Relations- und Prädikations-Gefüge in ihrem jeweiligen Beitrag zur Gesamtbedeutung aufschlüsseln. Welche theoretischen Auswirkungen die der Ansetzung dieser Gruppe von Prädikationen zugrunde liegenden Hypothesen haben, ist noch nicht ganz überschaubar. Setzt man, wie hier, alle verstehensstützenden (bzw. verstehensrelevanten) inner-konzeptuellen (oder Frame-internen) Relationen als „Prädikationen" an, so dürfte deutlich sein, dass hier ein epistemischer / kognitiver Begriff von „Prädikation" vorausgesetzt wird, der weit über dasjenige hinausgeht, was bislang in der eher auf die Syntax und die Ausdrucksseite sprachlicher Äußerungen konzentrierten Linguistik unter diesem Terminus verstanden wurde.[270]

Ad (H): Wie jeder gute Klassifikationsversuch im Bereich natürlicher Sprachen hat auch meine obige Liste eine unspezifizierte Restklasse, d.h. eine Gruppe (H), in die bequemer-

---

[270] Vgl. noch Ackerman / Webelhuth 1998, deren Verständnis von Prädikation offenbar stark syntaktisch orientiert ist.

weise alles fällt, was zuvor möglicherweise übersehen wurde. Ob hier etwa allgemeine Relationen zwischen Frames oder zwischen Frame-Systemen hergehören, oder auch Phänomene, wie sie etwa mit dem Isotopie-Begriff der strukturellen Semantik und dem Modell der Isotopie-Ebenen[271] angesprochen wurden, also Relationen zwischen *einzelnen* semantischen Merkmalen quer über zwei oder mehrere Lexeme, Sätze oder sogar Texte hinweg, müsste genauer untersucht werden. Zum jetzigen Zeitpunkt könnte darüber nur spekuliert werden, was ich lieber unterlasse.

7.9.3 Frame-Semantik als theoretischer und methodischer Rahmen für eine Analyse expliziter und impliziter Prädikationen

Die Grundidee der Frame-Semantik beruhte, zumindest bei den Linguisten wie Fillmore, auf einer Analyse sprachlicher Phänomene, die ausgesprochen oder unausgesprochen unstrittig als Prädikationen identifiziert und in ihrer Struktur beschrieben werden können. Da die Frame-Semantik zumindest bei Fillmore und FrameNet in enger Anlehnung an Fragestellungen und Zielsetzungen der Syntax-Forschung entstanden ist,[272] reflektieren die dabei jeweils formulierten und definierten Ideen und Begriffe (in ihren jeweiligen theoriegenetischen Entwicklungsstufen) eine zunächst nur schwer zu entwirrende Gemengelage. Dies zeigt sich schon an den für die einem Prädikat zu- (unter-)geordneten Elemente verwendeten Bezeichnungen wie *Komplement, Adjunkt, Aktant, Zirkumstant, Ergänzung, Angabe, Argument, Attribut, Slot, Tiefenkasus, semantischer Kasus, Argumentrolle, Frame-Element* usw. Es wird dann in dieser sich durch die jeweilige Fachliteratur hindurchziehenden terminologischen Verwirrung immer unklarer, auf welcher Analyseebene man sich jeweils noch bewegt: Grammatik, (linguistische) Semantik, oder Kognition / Episteme. Es macht daher Sinn, hier zunächst einmal gewisse Klarheiten zu schaffen, indem man, wie es in diesem Kapitel versucht wird, einige terminologische Festlegungen trifft.

---

[271] Z.B. bei Greimas 1971. Als schlagendes Beispiel für solche Isotopie-Phänomene wird gelegentlich die berühmte „*schwarze Milch der Frühe*" aus Paul Celans „*Todesfuge*" genannt. Die Isotopie besteht hier zwischen dem Attribut „*hat Farbe*" und dem für dieses Attribut standardmäßig anzusetzenden Wert „*ist weiß*" für die lexikalische Einheit „*Milch*" einerseits und dem für die lexikalische Einheit „*schwarz*" anzusetzenden Attribut „*ist Farbe*". Die durch diese Istotopie-Relation und den ihr inhärenten konzeptuellen Gegensatz (wir wissen, dass bei Massenobjekten wie „*Milch*" in unserer Welt das Attribut „*Farbe*" nur einmal und für dieses Attribut nur ein einziger einheitlicher Wert zugewiesen werden kann, wogegen in der hier verbal ausgedrückten Attribuierungs-Prädikation *Die Milch ist schwarz* eklatant verstoßen wird) gestifteten Relationierungen haben einen schwer bezifferbaren poetischen – wohl eher assoziativen – Mehrwert, den als „Prädikationen" zu bezeichnen man doch etwas zögert. Wie solche Verwendungsweisen von Sprache (wie sie auch mit viel profaneren Nutzanwendungen etwa in Texten der Werbung vorkommen) in ein auf den epistemischen / kognitionsorientierten Begriff der „Prädikation" gestütztes Modell von Sprache, Semantik, Sprachverstehen integriert werden kann, ist schwer zu sagen, und vielleicht eines der schwierigsten Probleme einer umfassenden Sprach- und Bedeutungstheorie.

[272] Dies zeigen nicht nur die frühen Arbeiten Fillmores 1968 und 1977b zur sog. Kasusgrammatik, sondern das wird noch in der Anlage des FrameNet-Verbundes deutlich, dessen Konzept noch stärker an grammatischen Fragestellungen orientiert ist, als es einige emphatische Formulierungen Fillmores in Richtung auf eine „interpretive" oder „understanding semantics" in den 1980er Jahren hätten vermuten lassen. Auch in neuesten Aufsätzen wird sein starkes Verharren in einem anscheinenden Primat der Syntax noch deutlich. Diese vorrangig grammatische Orientierung zeigt sich auch an der Rolle Fillmores beim Entstehen der sog. *Construction-Grammar*-Schule, vgl. Fillmore 1989 und Fillmore / Kay 1987.

7.9 Epistemische Prädikation als Grundstruktur von Frames und verstehensrelevantem Wissen?

Unangesehen der Tatsache, dass man dieses Phänomen auch sprachhandlungstheoretisch angehen könnte, was hier nicht beabsichtigt ist, stellen Prädikationen die elementaren Organisationseinheiten sprachlicher Äußerungen dar. Da diesen sprachlichen Äußerungen unweigerlich kognitive / epistemische Aktivitäten vorausgegangen sein müssen, und sie ihre (kommunikative) Funktion auch nur dann erfüllen können, wenn diesen kognitiven Aktivitäten derjenigen, die diese Äußerungen hervorgebracht haben, kognitive / epistemische Aktivitäten auf Seiten von Rezipienten entsprechen, handelt es sich bei den sprachlich realisierten Prädikationen um Reflexe dieser kognitiven Aktivitäten. Prädikationen wären danach bestimmte Formen kognitiver Aktivitäten, die in bestimmten Formen sprachlicher Ausdrücke einen Niederschlag finden. Dabei müssen die sprachlichen Ausdrücke in ihrer Form und ihrem Zeichenmaterial so gestaltet sein, dass derjenige, der die sprachlichen Äußerungen hervorbringt, mit gewisser Sicherheit vermuten kann, dass die Rezipienten zum Vollzug der gewünschten Prädikationen in der Lage sein werden. Dieser allgemeine funktionale Zusammenhang präjudiziert jedoch noch keineswegs eine strikte Formidentität von kognitiven Aktivitäten und sprachlichen Ausdrucksketten, sondern legt allenfalls den Gedanken einer Struktur-Analogie nahe, deren Ausgestaltung (und Annäherungsgrad) näher erforscht werden muss. Man kann die Frame-Semantik z.B. Fillmores als einen Versuch ansehen, solche Struktur-Analogien aufzuklären.

Geht man also davon aus, dass „Prädikationen" im gewissen Sinne kognitive Aktivitäten reflektieren oder „darstellen", dann wird man umgekehrt feststellen müssen, dass alle Modelle, die entwickelt worden sind, um solche „kognitiven" Prädikationen näher zu beschreiben, stark an den Strukturen einfacher Aussagesätze in natürlichen Sprachen orientiert sind, die mit Begriffen beschrieben werden, die in der Philosophie seit mindestens zweitausend Jahren etabliert sind.[273] Man kann wohl vermuten, dass diese Begriffe, und damit die Strukturbeschreibungen, die jeweils von den Prädikationen (oder ihren terminologischen Äquivalenten) gegeben wurden, epistemologisch gesehen nicht unerheblich an einer Beschreibung einfacher, natürlicher menschlicher Aktivitäten orientiert waren, als deren Prototyp einfache, physisch realisierte menschliche Handlungen oder Aktivitäten anderer Arten von „Agenten" (wie z.B. der jagdbaren Tiere) gegolten haben werden. Aus diesem Grunde stehen Aktivitätsbezeichnungen im Kern des Prototyps für Prädikationen und hat sich die Wortart der Verben als Bezeichnungsform für solche typischen Aktivitäten herausgebildet. Aus demselben Grunde werden diese Verben mit Bezeichnungen für Ausführende der in diesen Verben bezeichneten Aktivitäten kombiniert, aus denen dann die Funktion des grammatischen „Subjekts" entstanden ist. Da Handlungen / Aktivitäten häufig Ziele haben, sich auf etwas richten, etwas benutzen usw., haben sich spezifische grammatische Funktionen und Ausdrucksmittel für weitere Elemente einer Aussage (z.B. sog. „Objekte") herausgearbeitet.

Das Ergebnis dieses Entwicklungsprozesses sind sprachliche Mittel, die einige Grundfunktionen einer kognitiven / epistemischen Verarbeitung der Welt systematisch kommunikativ zu realisieren helfen. Da sich nicht nur die phylogenetisch und ontogenetisch vorausgehenden weltbezogenen kognitiven Akte, sondern dementsprechend auch die sprachlichen Ausdrucksformen dafür immer auf etwas beziehen müssen, setzt die Funktion der Prädikation (gleich, ob man sie eher als etwas „sprachliches" oder eher als etwas „kognitives /

---

[273] Es fehlt hier der Platz, diese Geschichte der Differenzierung von „Redeteilen" mit einer interessanten begrifflichen Entwicklung nachzuzeichnen.

epistemisches" begreift) dasjenige voraus, was in der Sprache der Philosophie als „Referenz" (Bezugnahme auf etwas) bezeichnet wird. Dementsprechend sind „Prädikation" und „Referenz" Grundfunktionen von Kognition und Sprache, wobei jede Prädikation explizit oder implizit eine oder mehrere Referenz-Relationen voraussetzt. Schon hier, im einfachen Verhältnis von Referenz und Prädikation, kommt es zu einer ersten Dissoziation von kognitiver / epistemischer und sprachlicher Ebene, wie das Beispiel der scheinbar subjekt- und objektlosen (also referenzausdruckfreien) Verben wie *regnen* oder *schneien* zeigt. Diese Ausdrücke setzen zu ihrem adäquaten Verstehen das Wissen über eine implizite Bezugnahme auf dasjenige, das da vom Himmel fällt, sowie seine jeweiligen Objekteigenschaften voraus. Prädikation ohne Referenz kann daher niemals stattfinden. Andererseits gibt es auch keine prädikationsfreie Referenz, da man sich für so etwas weder eine sinnvolle kognitive, noch eine kommunikative, noch eine lebenspraktische Funktion vorstellen kann. Mit anderen Worten: Referenz und Prädikation sind, wie schon Searle hervorgehoben hat, untrennbar miteinander verbunden, aufeinander verwiesen.

In der modernen Linguistik wie auch in der Frame-Semantik kann man nun eine interessante Aufspaltung des Interesses an sprachlichen Phänomenen auf eine eher referenz-dominierte und eine eher prädikations-dominierte Forschung und Theoriebildung feststellen. In der Grammatik kann man dabei bis hin zu neuesten Modellen der generativen Theorieschule diejenige Position, die Sätze systematisch in zwei gleichrangige Bestandteile zweiteilt (in NP und VP o.ä.) und damit wenigstens eine der verschiedenen möglichen Referenzpositionen in Sätzen (die des Subjekts) prominent macht, von solchen unterscheiden, die, wie die Dependenz- / Valenz-Grammatik nach dem Vorbild Tesnières, die Betonung eher auf die Rolle der Prädikatsausdrücke legen, in Relation zu denen die Referenzausdrücke dann als untergeordnet angesehen werden. Etwas anders gelagert ist die Bifurkation in der Frame-Theorie, in der sich Barsalou u.a. auf kognitive Konzepte (womit dort vor allem referenzbezogene Konzepte gemeint sind) konzentriert und die Prädikationen (vorläufig?) außen vor lässt, während Fillmore u.a. sich auf Prädikationen konzentrieren, die Frames evozieren, in denen dann die Referenzpositionen funktional zugeordnet und erläutert werden.

Geht man davon aus, dass der hier entfaltete Gedankengang zu den Grundlagen von Sprache und Kognition plausibel ist, dann müssten zwingend die Prädikationen das Zentrum jeder sinnvollen Sprach- und Bedeutungstheorie sein, was wiederum dafür spräche, auch in der Frame-Theorie solche Ansätze in den Mittelpunkt (oder an den Anfang) zu stellen, die den Prädikationen eine zentrale Position einräumen. Diese Festlegung ignoriert jedoch nicht die wichtige kognitive, epistemische und kommunikative Funktion von Referenzen. Deren Untersuchung (etwa in einer konzept-orientierten Variante der Frame-Theorie) bleibt ebenso wichtig wie die Fokussierung auf kognitive und / oder sprachlich realisierte Prädikationen.[274]

Da die linguistische Frame-Theorie den Akzent deutlich auf die Prädikationen (und Verb-Szenen) legt, eine einfache Übertragung der Fillmoreschen (prädikativ orientierten) Frame-Konzeption auf referenzielle Konzepte daher nicht so ohne weiteres möglich ist,

---

[274] Während die Frame-Theorie Barsalous Prädikationen ausklammert und die ganze Begrifflichkeit des Modells ausschließlich auf Referenz-Konzepte ausrichtet, wird auf der anderen Seite weder bei Fillmore, noch seinen Nachfolgern dem Phänomen der Referenz oder der Referenz-bezogenen Konzeptbildung besondere Aufmerksamkeit gewidmet. Beide Spielarten der Frame-Theorie sind also in gewisser Weise einseitig. Diese Einseitigkeit lässt sich m.E. aber nur mit einer kognitiven / epistemischen Ausrichtung der Frame-Theorie überwinden.

7.9 Epistemische Prädikation als Grundstruktur von Frames und verstehensrelevantem Wissen?

muss jedoch der umgekehrte Weg gewählt werden, nämlich die allgemeine, konzeptorientierte Frametheorie der Kognitionswissenschaft zum Ausgangspunkt zu nehmen und auf ihrer Basis (oder als eine Art Zusammenführung beider theoretischer Perspektiven) Prädikationen einschließlich der referenziellen Bestandteile zu erklären. Das Bindeglied zwischen beiden Ansätzen stellt eine (in der Regel unausgesprochene) allgemeine „Theorie" der Relationen (Relationierung) dar. Sowohl „Konzepte" in der Frame-Theorie Barsalous, als auch Verb-Frames in der Konzeption Fillmores stellen abstrakt gesehen Strukturen aus Relationen zwischen Elementen dar.[275] Diese Relationen sind insofern „gerichtete" Relationen, als in den Prädikations-Frames i.e.S. die zentralen Prädikate Anzahl und epistemische Eigenschaften (auf sprachlicher Ebene: auch grammatische und satzsemantische Eigenschaften) der anderen Elemente (sog. „Frame-Elemente" oder „Slots") festlegen. In den einfachen „Konzept"-Frames (i.S. Barsalous) charakterisieren umgekehrt die „Attribute" („Slots") die „Kategorien", zu denen sie Attribute sind (und die „Werte" oder „Fillers" charakterisieren die Attribute, deren Instantiierung sie darstellen).

Prädikats-Frames im üblichen Sinne prädizieren den Inhalt des zentralen Prädikats (des Frame-Kerns, sprachlich: des Prädikats-Ausdrucks) auf die Argumente bzw. weiteren Frame-Elemente (sprachlich: die Komplemente und Adjunkte[276]). Konzept-Frames (i.S. Barsalous) prädizieren Attribute zu Kategorien und Werte zu Attributen. Wenn man das Modell der Konzept-Frames als allgemeines Modell gelten lassen wollte, müsste man sich Gedanken darüber machen, ob (und wenn ja, wie) nicht auch bei den Prädikations-Frames (wie bei Fillmore) eine Attribut-Kategorie-Prädizierung (als so herum gerichtete Relation) anzusetzen wäre. Dies ist m.E. in der Tat dann möglich, wenn man die „Argumente" (oder „Frame-Elemente" i.S. Fillmores) als „Attribute" eines speziellen Typs definiert, die über die Zuordnung von Argument-Stellen (sprachlich: Komplementen oder Adjunkten) die durch das Frame-definierende Prädikat (sprachlich: z.B. ein Verb) repräsentierte kognitive / epistemische Kategorie charakterisieren. Mit anderen Worten: „Argumente" in Prädikations-Frames im klassischen Sinne sind funktional äquivalent mit Attributen in Barsalou-Frames. Da aber dann, wenn man die sprachliche Realisierung solcher Prädikations-Frames betrachtet – z.B. für lexikalisch-semantischen Beschreibung von Verben – zu den „Attributen" (oder Frame-Elementen i.e.S.) weitere semantische bzw. epistemische Charakterisierungen hinzukommen müssen (die sog. „semantischen Merkmale" bzw. „Begriffsmerkmale / -komponenten"), müssen zwei parallel wirkende Typen von „Attributen" bei den Prädikatsausdrücken konstatiert werden, die wegen ihrer unterschiedlichen epistemischen (und semantischen) Funktionalität auch eine je gesonderte Beschreibung erfordern. Prädikatsausdrücke würden demnach eine doppelte Frame-semantische Beschreibung erfordern:[277] einmal auf der Ebene der üblichen Prädikat-Argument-Relationen, und dann auf der Ebene der internen semantischen Beschreibung / Charakterisierung des Prädikats, insofern diese zusätzliche Elemente expliziert, die über die reinen Argumentpositionen hinausgehen.

---

[275] Ein hochgradig abstraktes Modell von „Relationen" ist das grundlegende Element in der Philosophie und Zeichentheorie von Peirce, wonach, stark verkürzt gesagt, das gesamte Denken ausschließlich aus Relationen besteht. Auch Zeichen sind aus Relationen aufgebaut, was über die simple *aliquid stat pro aliquo* – Relation jedoch weit hinausgeht.

[276] Ich gehe davon aus, dass Adjunkte oder Angaben den Komplementen oder Ergänzungen Frame-semantisch gesehen quasi äquivalent sind, indem sie meistens ebenso „evozierbar" sind und zum verstehensrelevanten Wissen gehören wie diese. Diese komplexe Problematik würde noch weitere Diskussion erfordern, die an dieser Stelle jedoch nicht geleistet werden kann.

[277] Siehe dazu oben Kap. 7.4.3 die Überlegungen zu verschiedenen Frame-Elemente-Typen.

Prädikationen im Sinne der klassischen Prädikatsausdrücke (sprachlich prototypisch realisiert durch Verben) entstehen aus natürlichen Szenen des Alltagslebens von Menschen, in denen eigene oder beobachtete Handlungen, Aktivitäten, Geschehensabläufe eine zentrale Rolle einnehmen. Den an solchen alltagsweltlichen Szenen orientierten Prädikations-Frames (im Sinne Fillmores) stehen aber notwendigerweise solche Frames zur Seite, die sich nicht auf die kognitive / epistemische Verarbeitung von Geschehensabläufen beziehen, sondern die perzeptuelle Verarbeitung von statischen „Objekten" organisieren bzw. strukturieren. Ein Prädikations-Frame im Sinne Fillmores erfordert also flankierend immer „Objekt"-Frames im Sinne der kategorialen Konzept-Frames, die er selbst nicht erklären kann, sondern als relational mit ihm verbundene „Sub-Frames" voraussetzt. So gesehen ist ein Prädikations-Frame des Fillmore-Typs ein multiples Relationsgefüge, welches einen Prädikats-Konzept-Frame über eine Prädikations-Frame-definierende übergeordnete Frame-Struktur („Argument-Struktur") mit Argument-Konzept-Frames verbindet, welche die zum zentralen Prädikat hinzukommenden Frame-Elemente („Argumente") definieren.[278]

Fazit: Der hier vertretenen Position nach werden Relationen im verstehensrelevanten Wissen als eine Art kognitiver oder epistemischer „Prädikationen" aufgefasst. Solche „Prädikationen" bilden die elementarste Ebene der Organisation des Wissens und der Kognition, die im Rahmen einer linguistischen und semantischen Theorie noch eine Rolle spielt. Erkenntnisprozesse können daher als Prozesse des sukzessiven Aufbaus von Frame-Strukturen und Gefügen aus Frame-Strukturen aufgefasst werden. Dabei können auf derjenigen Ebene der Beschreibung kognitiver Prozesse und Wissens-Architekturen, die für linguistische Zwecke interessant und relevant ist,[279] also der Ebene desjenigen, was ich „verstehensrelevantes Wissen" nennen möchte, mindestens zwei Typen von Frames (epistemischen Strukturmustern) unterschieden werden: Konzept-Frames im engeren Sinne (als Kategorie-Attribut-Werte-Relationsgefüge), und solche kategorialen Frames, die Prädikatsausdrücke nach dem Modell der traditionellen linguistischen Auffassung als Beziehungen zwischen einem Prädikat und seinen Argumenten charakterisieren. Da auch Prädikate (Prädikatsausdrücke) Konzepte realisieren, sind auch sie als Konzept-Frames beschreibbar. Dabei stellen die Argument-Prädikat-Relationen einen Sondertyp der Attribut-Kategorie-Relationen dar, der bei Prädikatsausdrücken zusätzlich zu den nicht-argument-bezogenen Konzept-Charakteristika hinzukommt. Das formale Grundmodell[280] der Kategorie-Attribut-Werte-Relationsgefüge kann auf Argumentstrukturen (Prädikations-Frames) und „normale"

---

[278] Es muss an dieser Stelle unerläutert dahingestellt bleiben, dass letztlich jedes semantische – charakterisierende – epistemische Element (welches z.B. eingesetzt wird, um Attribute oder Werte in einem Konzept-Frame näher zu charakterisieren), selbst wieder als konzeptuell organisiert aufgefasst werden muss, also einen Frame im Sinne Barsalous darstellt.

[279] Minsky 1990 hat eine hoch abstrakte Theorie von Baueinheiten des menschlichen Geistes formuliert, die bis auf die elementarsten Ebenen der Kognition (noch weit unterhalb dessen, was man üblicherweise „Denken" nennt) hinabsteigt. Solche Relationen und Strukturen, die auch nur in irgendeinem vertretbaren Sinne etwas mit linguistischen Forschungsinteressen und Gegenständen zu tun haben, nehmen in diesem Modell nur die obersten etwa 10-20 Prozent ein. So gesehen soll und kann hier nicht behauptet werden, dass wir uns mit den hier referierten Überlegungen auf einer „fundamentalen" Ebene in irgendeinem kognitionstheoretisch vertretbaren Sinne bewegen. Sehr viel tiefer, als hier geschehen, sollte aber sprachtheoretische Reflexion auch nicht gehen, da man dann kaum noch eine Beziehung zu der Ebene normalsprachlicher Ausdrücke und ihrer Beschreibung herstellen kann.

[280] An dieser Stelle darf ein Hinweis auf die moderne Prädikatenlogik nicht fehlen. Es bedarf jedoch gründlicher Prüfung, ob Elemente / Überlegungen (aus) der Prädikatenlogik – und wenn ja, welche – eine tragende Rolle in einem Modell epistemischer Prädikation spielen können.

7.9 Epistemische Prädikation als Grundstruktur von Frames und verstehensrelevantem Wissen? 703

konzept-semantische Strukturen gleichermaßen angewendet werden. Die Entwicklung von geeigneten Beschreibungsformaten für die bedeutungsrelevanten Frames gleich welchen Typs ist dann nur noch ein technisches Problem, das relativ einfach zu lösen sein müsste.

7.9.4 Überlegungen zu Frames und Prädikationen in der Frame-Literatur

Bereits Fillmore (1971a, 374) hatte darauf hingewiesen, dass *alle* „Inhaltswörter" (gemeint: sog. Autosemantika wie Verben, Nomen, Adjektive, Adverbien) durch die Art charakterisierbar sind, wie sie als Prädikate benutzt werden. Bereits in dieser Nebenbemerkung deutet sich an, dass das Phänomen „Prädikation" nicht nur in satzsemantischer und syntaktischer Hinsicht analysiert werden kann, sondern offenbar für grundsätzlichere Prozesse steht. Unter den Frame-Forschern ist es dann vor allem Lönneker, die dem Aspekt der Prädikation – verstanden als allgemeines kognitives Phänomen, nicht bloß als syntaktische Struktur – stärkere Aufmerksamkeit widmet und ihn in den Mittelpunkt ihrer Frame-Auffassung stellt. Frames werden bei ihr als eine Struktur aus Prädikationen definiert, wobei die Slots für die Prädikationen stehen, die dem Frame-Namen (der „Kategorie" bei Barsalou) als Referenz-Objekt zugeordnet werden.[281] Damit definiert sie die Zuordnungs-Relation, die zwischen Attributen und dem Frame-Kern bestehen, als epistemische Prädikationen, da diese (als Teil epistemischer „Propositionen", wie sie Lönneker mit Searle meistens nennt) ja nicht verbalisiert sind, also auch nicht mit dem syntaktischen Begriff Prädikation verwechselt werden können. Konsequent versteht Lönneker (mit Berufung auf Sowa 2000, 159) Frames als „Pakete von Propositionen". Leider zieht sie aus diesen wenigen Bemerkungen keine weiteren theoretischen Konsequenzen. Ansonsten versuchen in der Frame-Forschung nur noch Konerding und Fraas – der Gedanke ist in ihrem Falle methodisch zu verstehen – den Zugang zu Attributen / Slots über Prädikationen zu erreichen. Bei Konerding schlägt sich dies darin nieder, dass seine Frame-Beschreibungen als Listen von Prädikationen formuliert sind, die auf einen Frame bezogen werden können. Bei Fraas (z.B. 1996, 5) wird dieser Gedanke empirisch umgesetzt, indem sie in Sätzen insbesondere prädikative Elemente (verstanden als satzwertige oder teilsatz- bzw. satzgliedwertige verbalisierte Prädikationen) als Instrument zur Erschließung von Slots und Fillern benutzt. Für sie gibt es einen „Zugang zu konzeptgebundenem Wissen nur über die in einer Sprachgemeinschaft üblichen Prädikationen".

Barsalou, als der theoretisch „avancierteste" Frame-Theoretiker, unterscheidet jedoch noch deutlich zwischen „Komponenten" und „Relationen" in / von Frames. Damit wird bei ihm noch terminologisch getrennt, was besser in einem Modell von „epistemischen Prädikationen / Zuschreibungen" zusammengebracht werden sollte. In einem gewissen Sinne gibt es keine „Komponenten" von Frames, sondern lediglich Relationen der Zuschreibung, in denen in *dieser* Hinsicht einem bestimmten epistemischen Referenzpunkt („Frame-Kern", „Kategorie") bestimmte andere epistemische Elemente als „Attribute" (Slots) zugewiesen / zugeschrieben werden, denen wiederum weitere epistemische Elemente als „Werte" (Filler) zugewiesen / zugeschrieben werden. Frames sind damit Netze aus Relationen, die sich aufgrund ihres Charakters als epistemische Zuordnungen als „epistemische Prädikationen" beschreiben lassen.

---

[281] Lönneker 2003, 57. (Siehe oben Kap. 6.2.3, S. 482 f.)

704 *Kapitel 7: Frame-Semantik: Ein Arbeitsmodell*

7.10 Ein Frame-gestütztes Modell des Sprachverstehens?

Bei ihrem wichtigsten linguistischen Begründer, Fillmore, ist die Frame-Theorie nicht nur ein deskriptives und methodologisches (und damit vorrangig linguistisch-wissenschafts-immanentes) Unterfangen, sondern steht für eine grundlegende Neubegründung einer linguistisch gestützten Sprach- und Sprachverstehens-Theorie. Auf dem Höhepunkt der Entfaltung seines Frame-Modells hat Fillmore sein vorrangiges theoretisches Interesse eindeutig als das einer „interpretativen Semantik" oder „Verstehens-Semantik" (*interpretive semantics* und *understanding semantics*) definiert.[282] Mit zahlreichen Überlegungen, die teilweise weit in den Bereich der Textlinguistik und Modelle des Textverstehens hineinreichen, und damit den Gegenstandsbereich und Horizont der später wieder stärker wortsemantisch konzentrierten Bemühungen von Fillmores FrameNet deutlich übersteigen, entwickelt er Grundlagen einer Theorie des Textverstehens (und damit, auch wenn er das nicht so nennt, einer generellen Theorie des Sprachverstehens), die weit hinter sich lassen, was ansonsten in der Linguistik zu diesem Thema verhandelt wird. Verblüffenderweise bringt Fillmore seine diesbezüglichen Überlegungen nicht in einen engen Kontext zum Frame-Begriff; dies möglicherweise vor allem deshalb, weil *Frame* für ihn ein linguistischer Begriff bleiben soll und er sich selbst nicht gerne in den Bereich der Kognitionstheorie hineinbegeben möchte. Dennoch bleiben seine Überlegungen zu einer Verstehenssemantik eine implizite Aufforderung, die Frame-Semantik als eine Theorie des Sprachverstehens zu konzipieren, und umgekehrt eine Theorie des Sprachverstehens in der Form einer Frame-Theorie zu entwerfen, oder zumindest dem Aspekt der Frames und der Frame-Aktivierung in ihr eine zentrale Rolle zuzuweisen. Da im Rahmen der vorliegenden Arbeit kein vollständiges Verstehensmodell entwickelt werden kann, im Folgenden nur einige wenige Bemerkungen zu den Rahmenbedingungen eines Frame-gestützten Modells des Sprachverstehens.

Sprachverstehen ist durchgängig Aktivierung von Frame-förmig organisierten Elementen und Strukturen des verstehensrelevanten Wissens. Einzelne Wörter evozieren Frames, und die Kombinationen von Wörtern schränken die Bereiche und den Umfang der evozierten Frames ein, indem sie durch Kontextualisierung einzelne der möglichen Attribute (Slots) der aktivierten Frames fokussieren (und latent andere ausblenden bzw. in den Hintergrund rücken) und / oder mögliche Filler / Werte für einzelne Attribute evozieren, oder auch zur Aktivierung völlig anderer Frames für das Nachbar-Wort veranlassen.[283] Dabei interagieren i.e.S. sprachbezogene Frames (z.B. auf Wortarten und andere sprachliche / grammatische Phänomene bezogene Frames) mit anderen Weltwissens-Frames, indem die jeweils aktivierten Frames sich in ihrer Aktivierung gegenseitig beeinflussen. Dies geschieht als ein probabilistischer fortlaufender Abgleich-Prozess (*matching process* nach Minsky), bei dem spontan evozierte Frames auch verworfen und durch passendere alternative Frames ersetzt werden können. Insgesamt müssen die (durch einzelne Lexeme, oder

---

[282] Siehe insbesondere die Arbeiten Fillmore 1979, 1981a, 1982a, 1982c, 1984, 1985a, 1986b. (Siehe die Darstellung oben Kap. 2.6, S. 92 ff.)

[283] So in Fällen wie der Verwendung des Lexems *schön* in Aussagen wie „*Nina ist schön*" vs. „*Nina ist schön blöd*". Hier kontrastiert ein Eigenschafts-Frame, aktiviert durch das Adjektiv *schön*, mit einem komplexen Einstellungs-Frame, aktiviert durch das hier als Modalpartikel verwendete Wort *schön*. Der durch *blöd* evozierte Frame korrigiert die Auswahl des Frames für *schön*. Man kann hier von der Auflösung einer strukturellen Ambiguität sprechen. (Entschuldigung an alle Ninas für den Mißbrauch ihres schönen Namens ...)

auch nur Morpheme, aber auch z.B. durch Wortstellungs-Informationen) aktivierten Teil-Frames jeweils wieder zu übergeordneten interpretativen Frames (auf Phrasen-Ebene, Satzebene, Teiltext-Ebene oder Textebene) zusammengefügt werden. Dies nannte Fillmore den Aufbau eines „*envisionments*" („In-Blick-Nahme") einer Textwelt oder eines Textwelt-Ausschnitts durch die Interpreten. Wie aus der psycholinguistischen Verstehensforschung bekannt, vollzieht sich ein solcher Verstehens-Aufbau als fortlaufendes Springen zwischen kompositionellen („*bottom-up*") und deduktiv-ganzheitlichen oder gestalthaften („*top-down*") kognitiven Aktivitäten,[284] die zu fortlaufender Nachkorrektur der Frame-Aktivierung führen.

Im sukzessiven Aufbau eines Satz- oder Text-Verstehens werden daher vielfältigste Typen wie auch mehrere Ebenen von Frames zu einer sich Frame-förmig organisierenden Wissensstruktur aufgebaut. Diese Struktur ist temporär und somit instabil; um sie zu verstetigen müssen entweder neue Konzept-Frames konstituiert und als iterierbare Strukturen im Gedächtnis verankert werden oder die Struktur muss an vorhandene Konzept-Frames angeschlossen und als Instanz des (der) vorhandenen Frames (oder Frame-Gefüges) markiert werden. Jeder Moment der Frame-Aktivierung ist als Instanziierung einer zunächst abstrakten Struktur mit konkreten Füllungen der mögliche Beginn eines Frame-Umbaus, da Filler / Werte zu Standard-Werten werden können und diese durch Verfestigung zu Attributen / Slots „aufsteigen" können. Andererseits kann jede Frame-Aktualisierung weitere Fein-Differenzierungen erfordern, die zu weiterem Frame-Ausbau führen, mit dem Ergebnis, dass auf der Ebene des auf Einzel-Lexeme bezogenen verstehensrelevanten Wissens so etwas wie „Bedeutungswandel" zu konstatieren ist.

Das Gesamt-Gefüge des in Frames und Frame-Strukturen organisierten verstehensrelevanten Wissens zu einer gegebenen sprachlichen Zeichenfolge (Satz oder Text) lässt sich immer nur annäherungsweise beschreiben. In dieser Beschreibung steckt immer Interpretation, Deutung seitens der Beschreibenden, da jede Form der Konstitution verstehensrelevanten Wissens (auch) von subjektiven Strukturen (Wissen, Interessen, Intentionen) abhängt. Eine subtile fein-semantische (epistemologische) Analyse des gesamten verstehensrelevanten Wissens zu einem gegebenen Satz oder Textausschnitt kann schnell quantitativ erhebliche Dimensionen annehmen. Frame-semantische Rekonstruktion verstehensrelevanten Wissens wird sich daher immer eher auf Grundstrukturen oder exemplarische, ausschnitthafte Analysen beschränken. Dennoch müssen die Gegenstände nicht auf lexikologische Ziele beschränkt bleiben, sondern können textanalytisch-hermeneutische Analyseziele einschließen. Frame-Semantik steht so auf der Grenze von Kognition und Kultur.

7.11 Frames praktisch: Modelle der Darstellung

Der Frame-Begriff ist von seiner Entstehung her zunächst stärker theoretisch motiviert gewesen als empirisch. In der Praxis der Frame-Semantik hat sich jedoch schnell herausgestellt, dass zahlreiche Forscher (insbesondere die Linguisten unter ihnen) das Frame-Modell vorrangig als einen beschreibungstheoretischen Ansatz verstehen. Mit „beschreibungstheoretisch" ist dabei gemeint, dass solche Forscher entweder zweifeln, oder darüber keine

---

[284] Vgl. zu Nachweisen Busse 1991a, 130 ff.

Aussage treffen wollen, ob den „Frames" genannten Strukturen auch eine kognitive (oder epistemische) Realität entspricht. Es genügt ihnen, die Frames als Instrumente eines (linguistischen) Beschreibungs-Instrumentariums zu sehen.[285] Am striktesten vertritt diesen Ansatz Konerding, der explizit sagt: „Frames sind sprachliche Texte". Nicht ganz so eindeutig ist die Position des linguistisch ausgewiesensten Frame-Forschers, also Fillmores. Insbesondere in der „scenes-and-frames"-Phase seines Werkes, aber auch in den verstehenstheoretischen Überlegungen, wird deutlich, dass für ihn den Frames eine epistemische Realität entspricht, die es entsprechend in der Semantik aufzuspüren gelte. In dem von Fillmore angeregten empirischen Forschungsverbund FrameNet werden die Frame-Darstellungen dann jedoch in der empirischen Beschreibungspraxis sehr stark zurückgenommen gegenüber den Ansprüchen, die Fillmore anderenorts in seinen eher theoretischen Überlegungen formuliert hatte oder zumindest hat durchklingen lassen.

Einen mittleren Weg zwischen rein beschreibungstheoretischer und grundlagentheoretisch-kognitivistischer Position gegenüber den Frames (oder bei ihnen den Skripts als besonderen Typen von Frames) gehen Schank & Abelson 1977, die fordern, dass grundlagentheoretische kognitive Kategorien grundsätzlich „nahe an den Inhalten" formuliert werden sollten, was sie dann für ihr eigenes Modell beanspruchen. Dieses „nahe an den Inhalten" hat dann aber zur Folge, dass ihre Begriffe und Modellbildungen oft zu intuitiv und zu wenig grundlagentheoretisch durchdacht wirken, und man sich manches Mal ein kleines Plus an Abstraktionsleistung gewünscht hätte. Von vorneherein grundlagentheoretisch gehen die Kognitionswissenschaftler Minsky und Barsalou die Frame-Frage an, wobei Minsky deutlich macht, dass Basis z.B. einer (text-) semantischen Beschreibung zunächst immer bestimmte Interpretationen und die durch sie produzierten paraphrasierenden Sätze und „Fragen" sind, die man „an einen Frame stellen kann". (Für Konerding war diese Nebenbemerkung Minskys zu im Hinblick auf Frames formulierbaren „Fragen" die Begründung dafür, einen strikt beschreibungstheoretischen Ansatz zu favorisieren.) Barsalou gibt (ebenfalls nur in Nebenbemerkungen) zu erkennen, dass er die empirische Beschreibung von Frames für ein schwieriges Unterfangen hält, da er seine eigenen schematischen Frame-Darstellungen sämtlich für unzureichend, weil grob ausschnitthaft, qualifiziert. Zudem muss er jeder Frame-Darstellung mit dem Anspruch der „Vollständigkeit" grundsätzlich skeptisch gegenüberstehen, da er Frames ja nach seinem theoretischen Modell als dynamisch und damit grundsätzlich expandierbar ansieht. Jeder konkreten Frame-Beschreibung müsste daher nach seiner Auffassung eigentlich (auch wenn er das explizit nicht so ausspricht) eine noch ausdifferenziertere Frame-Darstellung addiert oder gegenübergestellt werden können.

Nach Auffassung mancher Wissenschaftstheoretiker zeigt sich der Charakter und Kern einer Wissenschaft oder einer theoretischen Position wesentlich auch in den *Methoden*, die zur Erforschung der konkreten Untersuchungsobjekte angewandt werden. Auch wenn diese Auffassung etwas verkürzt erscheint, weil eine angemessene Theorie nicht einfach auf Aspekte der empirischen Methodik reduziert werden kann, gibt es zwischen dem Erfolg

---

[285] Vertreter dieser Sichtweise sind insbesondere Ballmer / Brennenstuhl, Wegner und Konerding. Sie wiederholen damit (ob bewusst oder unbewusst) etwas, was für die klassische linguistische Merkmal- oder Komponenten-Semantik schon einmal einschlägig war: nämlich den Streit darüber, ob den „semantischen Merkmalen" eine sprachliche Realität entspricht, oder sie nur Elemente einer wissenschaftlichen Beschreibungssprache (Metasprache) sind. Vgl. zu diesem Punkt Busse 2009, 41 ff. mit weiteren Nachweisen.

7.11 Frames praktisch: Modelle der Darstellung 707

einer Theorie und einer zu dieser Theorie gehörenden Forschungsmethodik doch engere Zusammenhänge. Nicht nur deshalb macht es Sinn, sich in unserem Zusammenhang intensiver mit der Frage zu beschäftigen, welche Modelle zur praktisch-empirischen Erforschung und Darstellung von Frames im Rahmen der allgemeinen Frame-Theorien und insbesondere im Kontext der linguistische Frame-Semantik vorgeschlagen wurden und werden. Nachfolgend werden daher folgende Aspekte der praktischen Frame-Forschung dargestellt und erörtert werden: Darstellungsformate für Frames; Auflösungsgrad („Granularität") von Frame-Darstellungen; die Frage, ob man eher Frame-Thesauri oder exemplarische Darstellungen anstreben solle; die Rolle von Lexem-Kombinationen und Kollokationen als Indizien für Frames; sowie die grundsätzliche Frage nach den Leistungen und Grenzen einer angewandten Frame-Semantik.

7.11.1 Darstellungsformate für Frames

Wenn es stimmt, dass Methodenfragen immer auch Theoriefragen sind bzw. implizieren, kann man dies vielleicht auch auf die Modelle der praktischen Frame-Darstellung übertragen und feststellen: Auch die äußere Form der Darstellung von Frames (bzw. von als Frame-förmig organisiert aufgefassten Strukturen des – verstehensrelevanten – Wissens) impliziert immer theoretische Festlegungen (setzt sie voraus und lässt sie durchscheinen). In der Frame-Forschung gibt es verschiedene Wege, das höchst komplexe und äußerst schwierige Darstellungsproblem hinsichtlich des Frame-förmigen Wissens praktisch anzugehen. Dabei hängt die Wahl des Darstellungsformates für Frames wesentlich auch von grundsätzlichen (theoretischen und / oder empirischen) Vorentscheidungen ab, von denen zwei Typen, die sich wechselseitig stark beeinflussen, in den beiden folgenden Abschnitten noch näher erörtert werden: (a) Die Frage nach dem „Auflösungsgrad" (der sog. „Granularität") der gewünschten Frame-Darstellung. Diese lässt sich oft nur praktisch beantworten im Sinne des: ‚Das-und das beziehe ich noch in die Darstellung ein, jenes geht mir zu weit und lasse ich aus der Darstellung aus bzw. fasse es unter Ober-Kategorien, die ich dann in meine Frame-Darstellung einfüge, zusammen.' (b) Die Frage danach, ob man eher „thesaurierend" (also enzyklopädisch sammelnd) vorgehen möchte, wie es etwa in der Frame-gestützten Lexikographie üblich ist (und damit einen eher geringeren Granularitätsgrad der einzelnen Beschreibungen akzeptiert); das Leit-Beispiel dafür ist das FrameNet-Projekt und vergleichbare Projekte (z.B. GermaNet); oder ob man eher exemplarische Analysen, diese dann aber mit einem viel höheren Auflösungsgrad, vornehmen will. Dafür ist insbesondere das Beschreibungsmodell von Konerding ein gutes Beispiel, obwohl er selbst eigentlich genau das andere, nämlich eine lexikographische Nutzung, erreichen wollte. Es verwundert nicht, dass Konerdings Methode, die zu sehr ausufernden (und entsprechend „fein granulierten") Darstellungen führt, insbesondere von Forschern als Vorbild genommen wurde, die eher in kultur-semantischem Interesse arbeiten und daher eher exemplarische Analysen anstreben, wie etwa Klein, Fraas und Ziem.

Zu den beiden erwähnten Vorentscheidungen kommt aber noch ein dritter Typ hinzu, der uns schon mehrfach beschäftigt hat: Nämlich (c) die Frage, ob man eher auf instantiierte Frames abzielt (im Sinne der aktualisierten kognitiven „concepts" im Kopf einer bestimmten Person zu einem bestimmten Zeitpunkt t, wie sie Barsalou ins Auge fasst), oder ob man eher Muster-Frames (z.B. „lexikalische Bedeutungen") darstellen will. Die jeweils

getroffenen Vorentscheidungen zu allen drei Fragen haben unmittelbare Auswirkungen auf das zu wählende (oder überhaupt mögliche) Darstellungsformat. So hat (c) zur Folge, dass man sich zwischen Frames mit „gefüllten" Slots (Attribute mit zugewiesenen konkreten Werten) und Frames mit „offenen" Slots (die nur Wertebereiche definieren oder mit durch konkrete Füllwerte verdrängbaren Standardwerten gefüllt sind) entscheiden muss. Und eine Entscheidung zu (b) wirkt sich wie gesehen auf (a) aus und umgekehrt.

Von der äußeren Form der Darstellung von Frames her kann man bislang folgende verschiedene Varianten unterscheiden: (1) Graphische Darstellungen mit „Knoten" und „Kanten", die teilweise wohl den Strukturbäumen der formalen Syntax abgeschaut sind (wie sie sich zuerst bei Barsalou finden), aber auch große Ähnlichkeiten mit Darstellungen der sog. „semantischen Netze" aus der älteren Kognitionswissenschaft aufweisen. Meistens handelt es sich um Darstellungen mit „gerichteten" (unidirektionalen) Kanten. (2) Graphische Darstellungen, mit Knoten, aber Kanten als variablen (frei eintragbaren) Relationen zwischen den Knoten, die durch frei formatierte Verbindungs-Linien dargestellt werden, welche nicht uni-direktional sein müssen, sondern frei vorhandene Verknüpfungen signalisieren sollen. (3) Listenförmige Darstellungen in Form von Frame-bezogenen Prädikationen, wie sie z.B. Konerding in sehr umfassender Weise definiert (Beispiele finden sich auch bei Fraas und Klein). (4) Tabellen-förmige Darstellungen von Frame-Elementen mit Attributen / Slots und möglichen Füllungen sowie weiteren Charakterisierungen (diese finden sich in vielen FrameNet-Arbeiten, aber z.B. in anderer Form auch bei Lönneker). Und (5) Kleinteilige schematische Darstellungen einzelner „Frame-Elemente" und ihrer Anschlussstellen (möglicherweise in Form von dynamisch generierbaren Darstellungsseiten in einer Computer-Datenbank), jedoch ohne Darstellung der (Gesamt-) Frames selbst, wie es z.B. für das FrameNet Projekt von Fillmore u.a. charakteristisch ist. Gelegentlich finden sich auch Mischtypen, so etwa Mischungen aus graphischen und tabellarischen Elementen in einigen FrameNet-Darstellungen. Jede Vorgehensweise hat ihre Vorzüge und Nachteile, so dass es wohl immer von einem je gewählten konkreten Untersuchungsziel abhängt, welche Darstellung man vorzieht.

Ad (1): Die graphische Darstellungsform hat zunächst große Vorteile, weil es mit ihr gelingen kann, die Unterschiedlichkeit von Frame-Strukturen sehr schnell anschaulich (und damit quasi „sinnlich erfahrbar") zu machen; dies ist von Vorteil etwa wenn es darum geht, in einer semantischen Detailanalyse Differenzen zwischen verschiedenen „Lesarten" eines Konzeptes anschaulich zu machen. Die semantische Divergenz erschließt sich häufig schlagartig durch eine völlig oder zu großen Teilen divergierende graphische Struktur. Der Nachteil aller graphischen Darstellungsformen ist es jedoch, dass man mit ihnen schnell an die Grenzen der noch darstellbaren konzeptuellen Komplexität gelangt. Hoch-komplexe Frame-Strukturen lassen sich nicht mehr in graphischem Überblick darstellen, sondern müssen dann in Teil-Strukturbäume zerlegt werden.[286] Graphische Darstellungen mit gerichteten (unidirektionalen) Kanten sind typisch für den Ansatz von Barsalou 1992 und alle Modelle, die sich an ihm orientieren: Bei solchen Darstellungen (siehe Abb. 7-1) steckt der Teufel wie immer im Detail, d.h. vor allem der Frage, für was die Knoten und die Kanten / Verbindungen jeweils stehen sollen.

---

[286] Ein ähnliches Problem stellte sich bereits in dem von Peter von Polenz 1985 vorgeschlagenen Programm einer Tiefen-Satzsemantik, in der die von ihm propagierten „maximal expliziten Paraphrasen" einer Satzbedeutung Ausmaße annahmen, die kaum noch in einem einzigen satzsemantischen Strukturbaum darstellbar waren.

7.11 Frames praktisch: Modelle der Darstellung

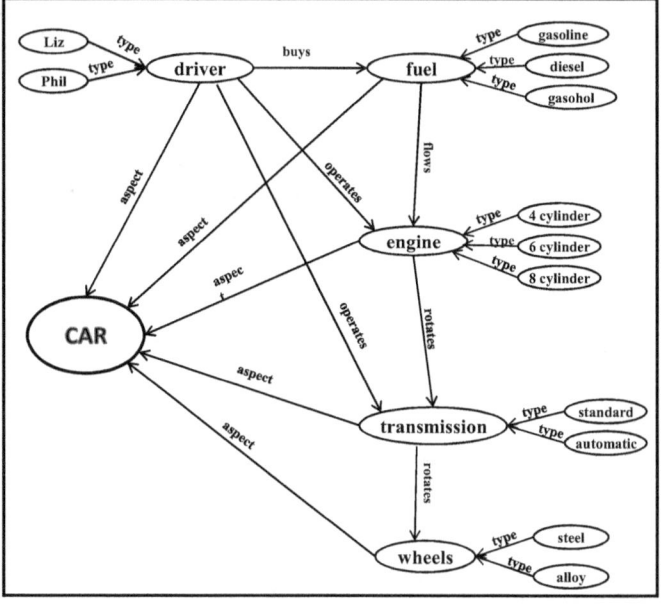

Abb. 7-1: Frame-Graphik mit gerichteten Kanten für CAR aus Barsalou 1992, 30.

Bei Barsalou 1992 sind die Kanten als Typen von Relationen definiert, die Attribute bzw. Slots selbst werden konsequenterweise (da sie ja wie die Kern-Kategorie selbst auch Konzepte mit wiederum Unter-Attributen sind) ebenfalls als Knoten dargestellt. In anderen Modellen (häufig in solchen, die sich rigideren logischen Darstellungsformen verpflichtet fühlen) wird auch vorgeschlagen, die Attribute als unidirektionale Kanten darzustellen; was dazu führt, dass die durch solche Kanten angeschlossenen Knoten selbst wiederum für konkrete Werte / Filler stehen müssen (siehe Abb. 7-2).[287]

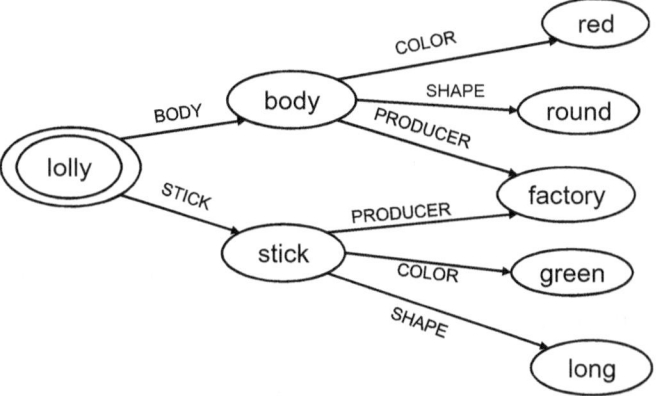

Abb. 7-2: Frame mit funktional gedeuteten Kanten für LOLLY aus Petersen 2009, 154.

---

[287] Die Darstellung alternativer Filler / Werte und von Wertebereichen – zentraler Teil jeder Frame-Beschreibung – erfolgt in solchen Modellen dagegen nicht im Frame-Format selbst, sondern wird in eine sog. „getypte Merkmalstruktur" ausgelagert (eine Art Konzept-Taxonomie).

710   *Kapitel 7: Frame-Semantik: Ein Arbeitsmodell*

Attribute werden in solchen Ansätzen als sog. „Funktionalbegriffe" verstanden, d.h. als Konzepte, denen genau ein Wert entspricht (vgl. Petersen 2009 nach Löbner 2011). Solche Frame-Graphiken des zuletzt genannten Typs können aber immer nur instantiierte Frames (oder Exemplar- bzw. *token*-Frames) darstellen; für die Darstellung lexematischer Frames (oder *type*-Frames) ist die Darstellungsform Barsalous geeigneter, in der die alternativen möglichen (oder exemplarischen) Werte / Filler für ein(en) Attribut / Slot nebeneinander dargestellt werden können. Barsalous Darstellungsform kann sowohl *type*- als auch *token*-Frames abbilden (siehe Abb. 7-3; der Kasten entspricht dem *type*-Frame). Für Zwecke der lexikalischen Semantik ist daher eine Darstellung des Barsalou-Typs vorzuziehen. Graphische Darstellungen des Knoten-Kanten-Typs eignen sich insbesondere auch, um Beziehungen zwischen Frames darzustellen und anschaulich werden zu lassen, etwa, wenn es um eingebettete Frames (Sub-Frames) geht (Abb. 7-4):

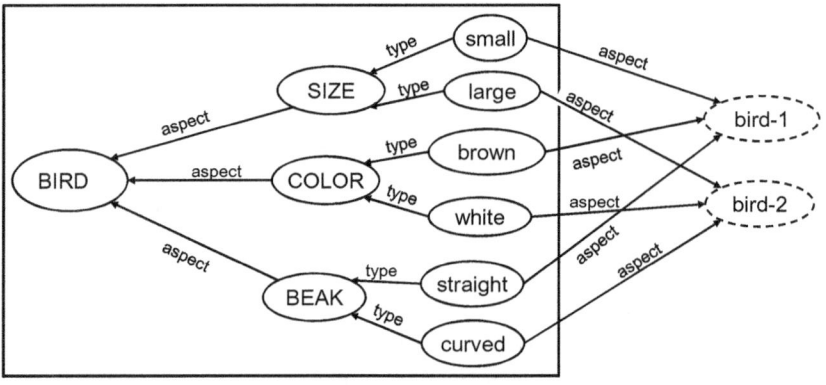

Abb. 7-3: Darstellung von token / Exemplaren für BIRD in einem Frame aus Barsalou 1992, 45.

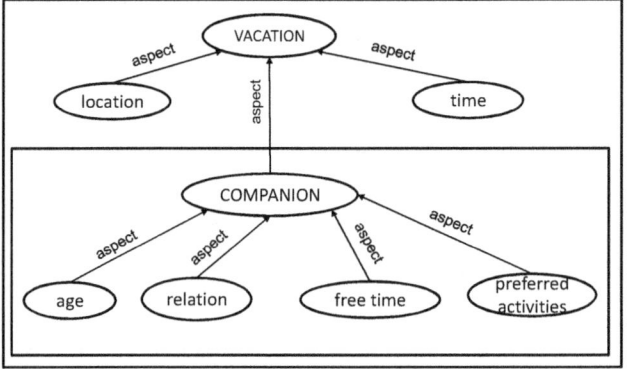

Abb. 7-4: Beispiel eines in einen URLAUB-Frame eingebetteten Frames für COMPANION
(Reisegefährte) aus Barsalou 1992, 32.

Graphische Darstellungen mit gerichteten Kanten, wie bei Typ (1), haben bestimmte Vorteile, da sie die Relationen zwischen den eingetragenen Elementen in ihrer Direktionalität eindeutig definieren. Dies ist aber erkauft mit einer nur begrenzten Anschaulichkeit und Abbildungstreue, da zahlreiche Elemente / Aspekte von Frames in diesem Format nicht dargestellt werden können. So muss man etwa die Typen der Relationen (Kanten) zusätzlichen Erläuterungen entnehmen. Die in konzeptuellen Strukturen häufig vorkommende Bi-

7.11 Frames praktisch: Modelle der Darstellung 711

Direktionalität von Relationen zwischen Begriffselementen ließe sich zwar darstellen, wird aber meist nicht erfasst (teilweise willentlich aus logisch-formalen Gründen). Daher sind „freiere" Darstellungsformen, die weniger stark formalen oder logischen Zwängen unterworfen werden, den Darstellungen des Typs (1) an Aussagekraft und Anschaulichkeit mindestens ebenbürtig, wenn nicht überlegen.

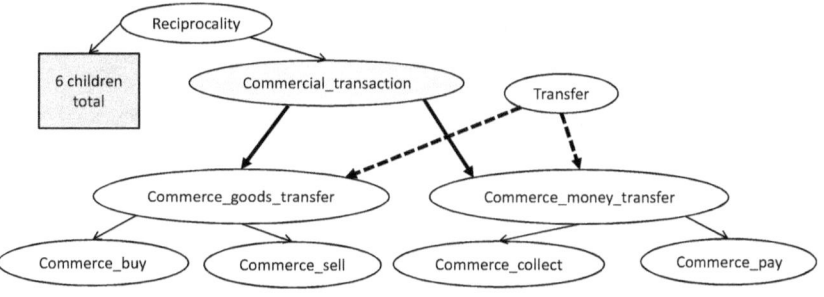

Abb. 7-5: Darstellung der COMMERCIAL TRANSACTION
aus *FrameNet II: Extended Theory and Practice*, 2006, 14.

Ad (2): In Arbeiten aus der Fillmore-Schule der Frame-Semantik finden sich graphische Darstellungen sehr selten; und wenn, dann sind sie anders aufgebaut als die Graphiken des Barsalou-Typs. In einem der wenigen Beispiele (siehe Abb. 7-5) wird Fillmores Parade-Frame-Beispiel (COMMERCIAL EVENT) als eine Struktur aus Sub-Frames und Frame-Vererbung (zum abstrakteren TRANSACTION-Frame) dargestellt, die hier die verschiedenen Perspektiven (*kaufen, verkaufen, bezahlen, kassieren*) erfassen sollen, die man in Bezug auf ein und dieselbe „Szene" (oder Ober-Frame) einnehmen kann. Jeder Knoten steht selbst wieder für einen komplexen Frame, der aber nicht näher ausgeführt wird. Die Kanten sind nicht definiert, lassen sich aber als die anderswo definierten Sub-Frame- und Frame-Vererbungs-Relationen zwischen Frames deuten. Die Darstellung selbst ist sehr viel abstrakter (grobrastriger) als bei Barsalou. Bei FrameNet werden solche Graphiken auch genutzt, um zeitliche Frame-Folgen als spezifischen Typ von Sub-Frame-Relationen darzustellen (siehe Abb. 7-6 und 7-7):

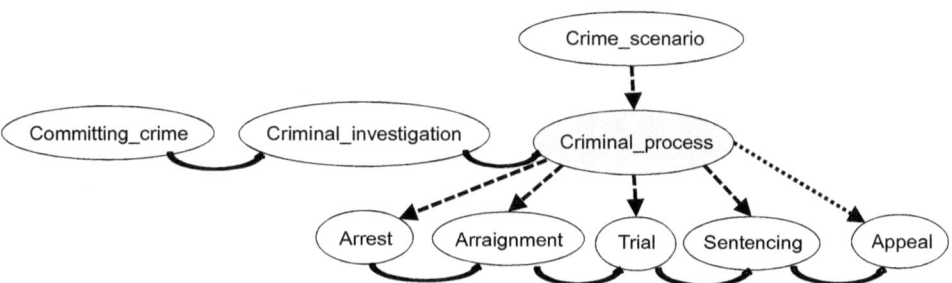

Abb. 7-6: Darstellung von temporalen *sub-frame relations* am Beispiel CRIMINAL PROCESS
aus *FrameNet II: Extended Theory and Practice*, 2006, 109.

Vor allem in jüngeren Arbeiten aus dem FrameNet-Kreis werden gelegentlich häufiger solche „freieren" Formen von graphischen Darstellungen benutzt; entsprechend der prototypisch auf Verben zielenden prädikativ-fokussierenden Frame-Auffassung handelt es sich

712 .   *Kapitel 7: Frame-Semantik: Ein Arbeitsmodell*

meist um (Teil)-Abbildungen von Satz-Strukturen bzw. Prädikations-Strukturen (siehe Abb. 7-8). Die Kanten stehen wiederum für Frame-zu-Frame-Relationen.

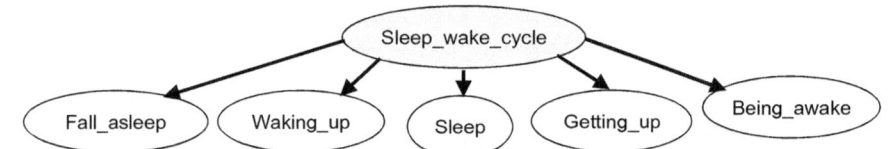

Abb. 7-7: Darstellung von temporalen *Sub-frame relations* am Beispiel SLEEP-WAKE-CYCLE (a.a.O.).

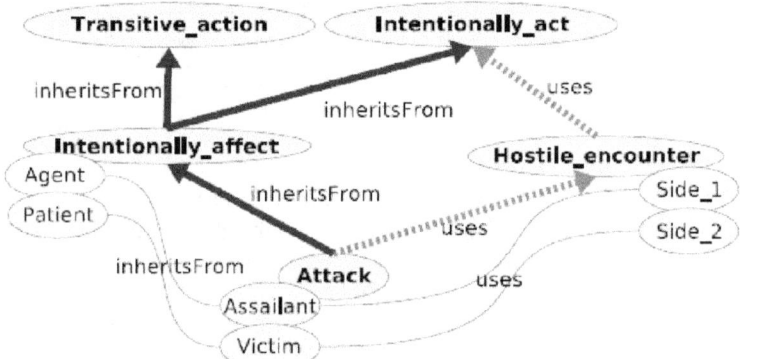

Abb. 7-8: Gekürzte Darstellung eines ATTACK-Frames aus: Scheffczyk / Baker / Narayanan 2006, 2.

Teilweise werden jetzt auch zusätzliche Informationen aus Konzept-Taxonomien (sog. „Ontologien", wie sie in der Kognitionswissenschaft und Computerlinguistik – philosophisch gesehen etwas frivol – genannt werden) in die Darstellungen eingebaut, was diese freilich unübersichtlicher macht (siehe Abb. 7-9).

Indem die Autoren in einen solchen Prädikations-Frame konkrete Lexeme aus dem mit dieser Graphik beschriebenen Satz eintragen, wird die Frame-Graphik zur Darstellung eines konkreten Satz-Frames (siehe Abb. 7-10). Die durch die geschwungenen Pfeile dargestellten Relationen sind dabei z.T. inhaltlicher, z.T. linguistischer Art (wie etwa der *Null-Instantiation*-Pfeil). Eine solche Vermischung verschiedener Theorie- oder Darstellungs-Ebenen in einer Frame-Abbildung ist jedoch nicht unproblematisch und sollte nach Möglichkeit vermieden werden. Eine mit Typ (1) mit seinen gerichteten und etikettierten Kanten vergleichbare Darstellung, bei der die Kanten für die „Attribute" (hier entsprechend Fillmores prädikativem Modell als *semantische Rollen* gefasst) stehen, findet sich in der Frame-Net Literatur nur ein einziges Mal (siehe Abb. 7-11):

7.11 Frames praktisch: Modelle der Darstellung 713

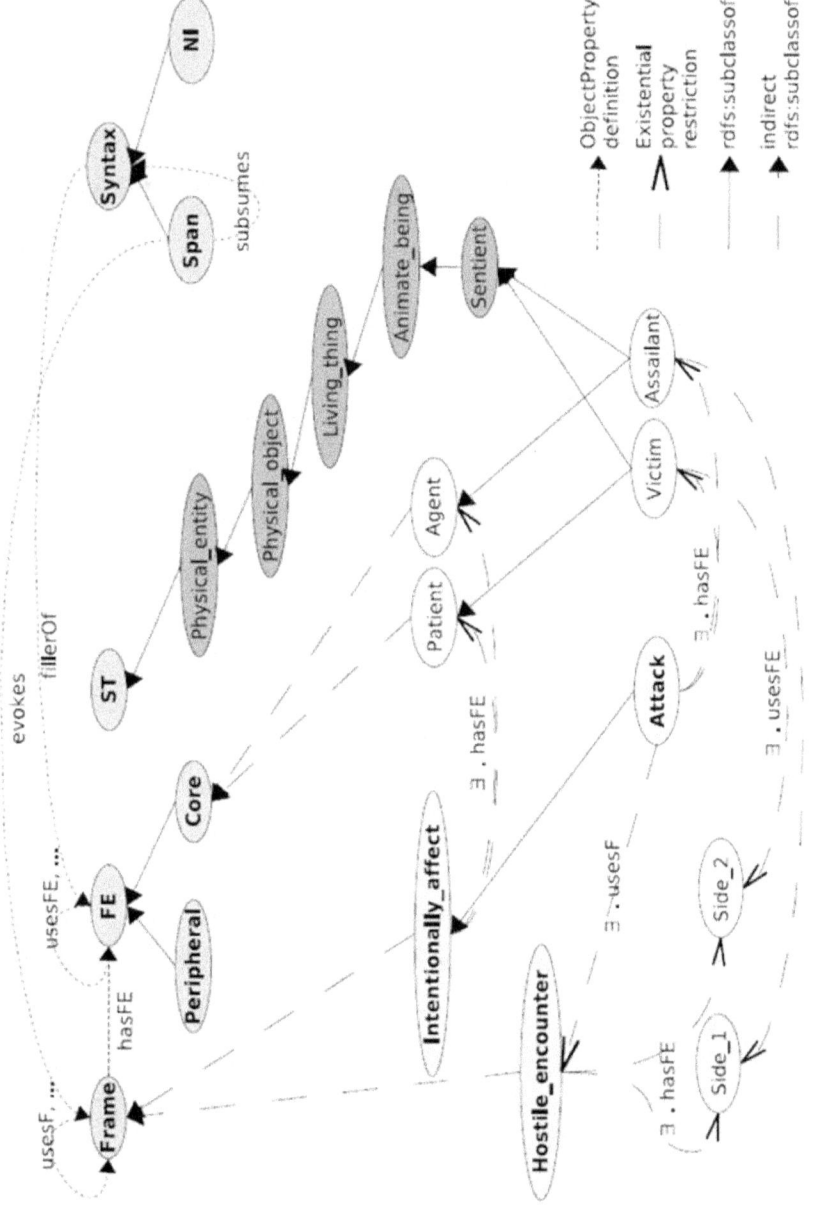

Abb. 7-9: ATTACK-Frame mit Teil-„Ontologie" aus: Scheffczyk / Baker / Narayanan 2006, 4.

714   *Kapitel 7: Frame-Semantik: Ein Arbeitsmodell*

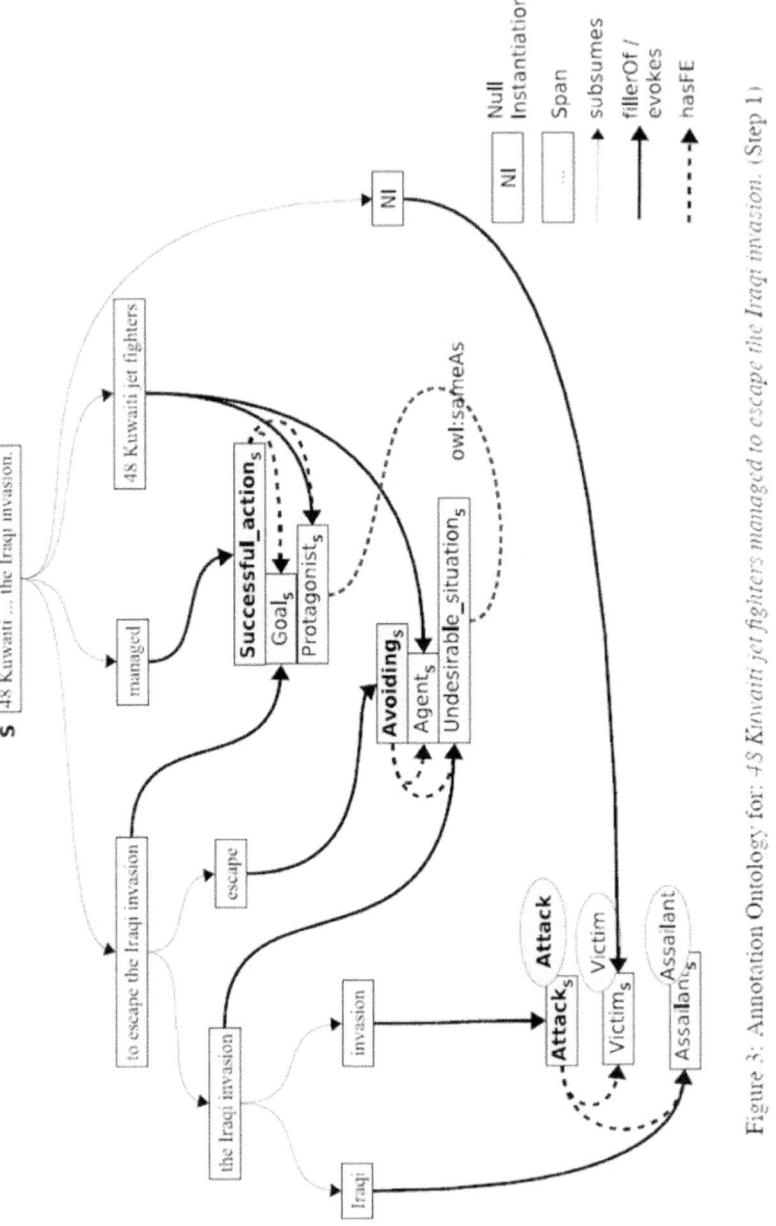

Abb. 7-10: Beispiel für einen *Satz*-Frame aus: Scheffczyk / Baker / Narayanan 2006, 4.

7.11 Frames praktisch: Modelle der Darstellung   715

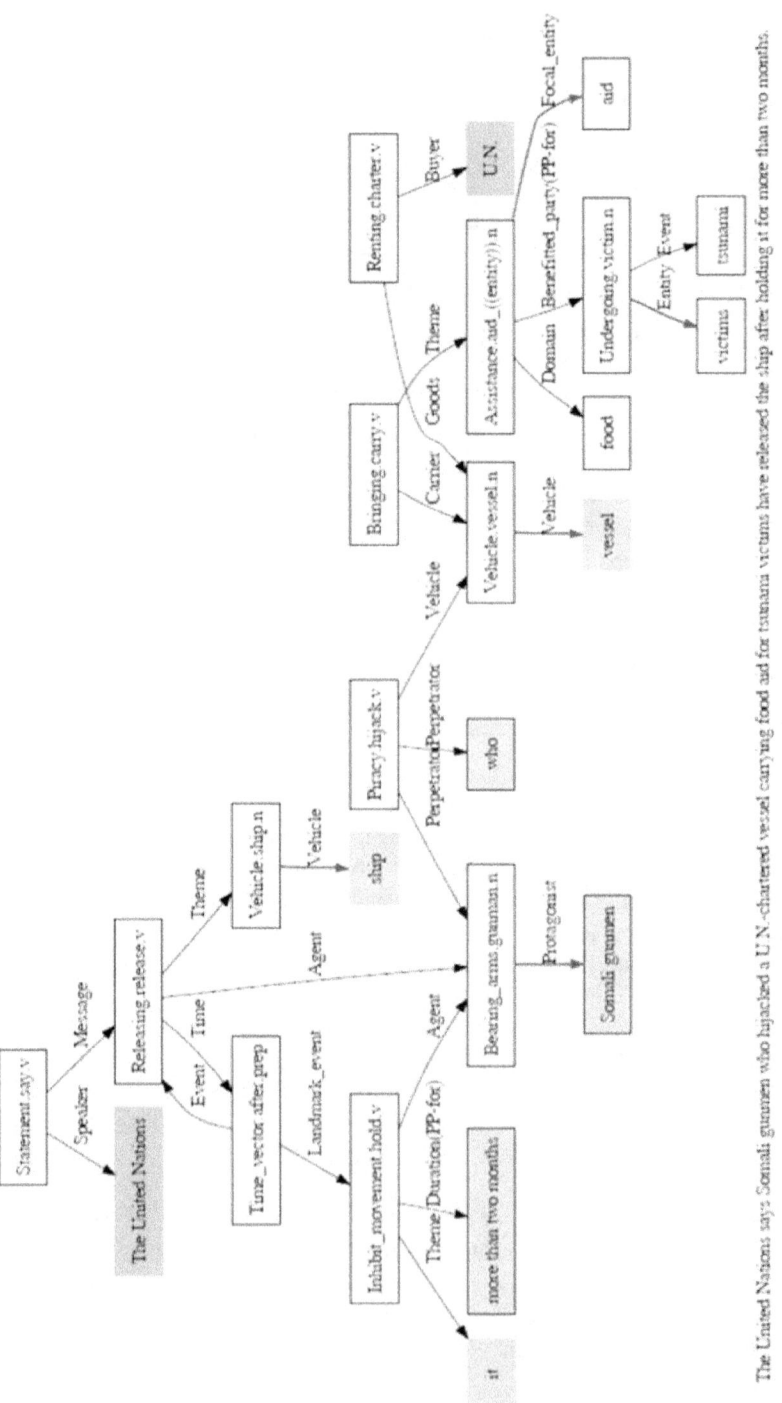

Abb. 7-11: Beispiel für einen *Satz*-Frame aus: Fillmore / Narayanan / Baker 2006b, 3.

716   *Kapitel 7: Frame-Semantik: Ein Arbeitsmodell*

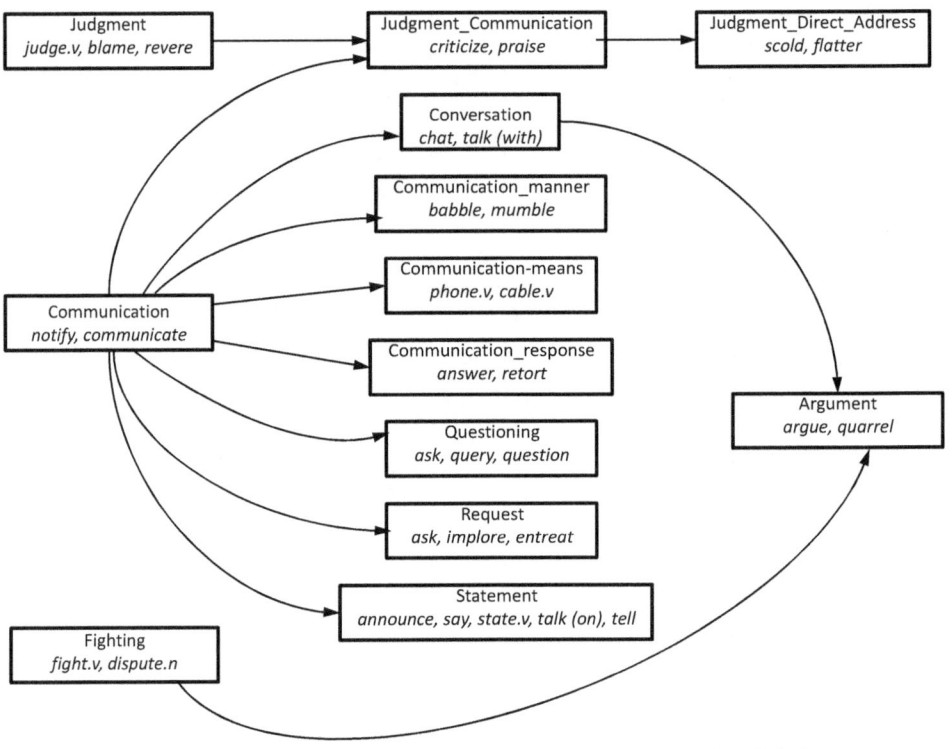

Abb. 7-12: Relationen zwischen Frames nach Baker / Ruppenhofer 2002, 9.

Allgemeine Relationen zwischen Frames, die sich auch als eine Anwendung des Attribut-Gedankens auf prädikative Frames lesen lassen, werden in Abb. 7-12 dargestellt. Die Kanten sind hier (wie häufiger in FrameNet-Arbeiten) nicht etikettiert; die Knoten stehen für „Aspekte" im weitesten Sinne einer COMMUNICATION-Handlung, wobei die lexikalischen Ausdrucksmöglichkeiten für die einzelnen Aspekte des abstrakten Frames jeweils in den Knoten eingetragen sind. Zusätzlich werden noch Vererbungs-Relationen zu benachbarten Frames einbezogen.

In einer FrameNet-Arbeit findet sich auch eine hybride Darstellungsform als Mischung aus einer graphischen (Typ (2)) mit einer listenförmigen (Typ (3)) Darstellung. Wieder (wie in Abb. 7-6 und 7-7) stellen die Knoten komplexe Handlungs-Prädikate aus einer einen Ober-Frame bildenden komplexen Handlungs-Abfolge dar, in die die an das Prädikat jeweils angeschlossenen weiteren Frame-Elemente (≈ semantischen Rollen) einfach als Liste eingetragen sind (siehe Abb. 7-13).

Zusammenfassend muss zu den graphischen Darstellungen mit Knoten-Kanten-Modellen gesagt werden, dass vor der Anwendung einer solchen Darstellungsform geklärt werden muss, wofür die Knoten und Kanten jeweils stehen sollen, und ob man z.B. Attribute / Slots besser als Knoten oder besser als Kanten darstellt. Auch ist es sinnvoll, möglicherweise unterschiedliche Typen von Kanten / Relationen zu definieren, die dann am besten auch graphisch (etwa durch verschiedene Strich-Typen, oder durch Etikettierung) veranschaulicht werden sollten. Für verstehens-semantische Zwecke (im Sinne Fillmores) ist es sicherlich besser, die Darstellungsform nicht vorschnell durch restriktive, rein formal-

7.11 Frames praktisch: Modelle der Darstellung 717

logisch begründete Anforderungen in ihrem Darstellungsumfang und ihrer Anschaulichkeit einzuschränken. Besser ist es, die Vielfalt der epistemischen Elemente eines Konzepts und die Vielfalt der inner-konzeptuellen Relationen möglichst umfassend abzubilden.

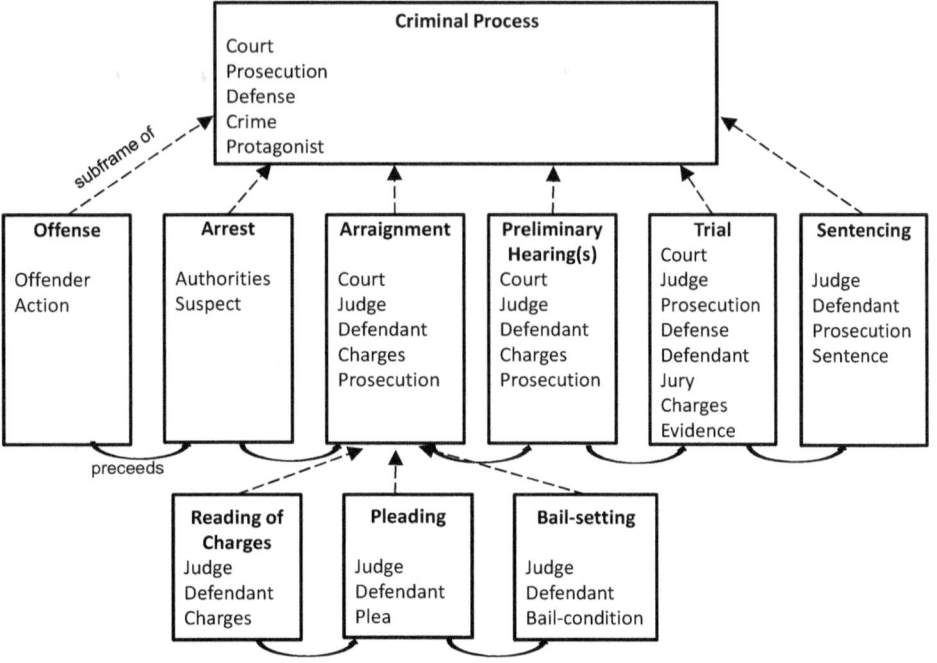

Abb. 7-13: CRIMINAL PROCESS Frame aus Fillmore / Narayanan / Baker / Petruck 2002e, 5.

Ad (3) Listenförmige Darstellungen finden sich (vielleicht auch allein aus praktischen Gründen aus Zeiten der schwierigeren drucktechnischen Umsetzbarkeit graphischer Lösungen?) mit am häufigsten in der Frame-Literatur. Diese haben Vorteile, aber auch erhebliche Nachteile, die aber möglicherweise genau ihre Beliebtheit erklären. Ihr Vorteil liegt darin, dass sie eine sehr viel größere Menge an Informationen darstellen können als die graphischen Lösungen. Ihr ganz erheblicher Nachteil liegt darin, dass Relationen entweder gar nicht dargestellt werden (können), oder zumindest, wenn sie verbal formuliert werden, sehr unanschaulich sind. Darin mag aber zugleich einer der Gründe für die Beliebtheit dieser Darstellungsform liegen, bietet sich eine Listenform doch für all die Autoren an, die sich mit den Relationen und Relationen-Typen gar nicht so gerne beschäftigen möchten. Eine partielle Erfassung von Relationen erlaubt am ehesten noch Typ (4), die Tabellenform. Listenförmige Darstellungen finden sich häufig in der FrameNet-Literatur (s. Abb. 7-14):

A.1.1.1   Duration as a peripheral frame element

This frame element has peripheral status in state or activity frames.

- Meaning: DURATION denotes the length of time from the beginning of a continuous situation (the one denoted by the target) to its end. In many cases, the continuous situation is a dynamic action which is ongoing, while in others it is simply an undifferentiated state.

- Form: PP-through(out), PP-over, PP/Sub-since, enumerated pre-nominal calendric units, or adjectives describing length.

(1) Cells were **treated** with chemicals [for 30 min] at 37 C or as stated and then incubated for the indicated times before isolation of total RNA.

(2) I have **known** it [for years].

(3) They had a [short] **conference** off by the stable.

Abb. 7-14: Darstellung eines Frame-Elements in Listenform am Beispiel DURATION aus *FrameNet II: Extended Theory and Practice*, 2006, 136.

Frame-Darstellungen in Listenform finden sich außer bei FrameNet vor allem bei deutschen Autoren wie Ballmer / Brennenstuhl 1981, Wegner 1985, Konerding 1993, Klein 1999 u. 2002a, Fraas 2005 und Busse 2008a, aber etwa auch bei Wierzbicka 1985. Dabei weisen diese Darstellungen untereinander jedoch große Unterschiede auf. Ballmer / Brennenstuhl (1981, 304 f.) listen unter dem Titel *„locomotion model"* lediglich Verben / Prädikate auf, die in einer zweiten Spalte kurz paraphrasiert werden. Wegner 1985 formuliert einerseits Listen von Fragen (ähnlich wie später Konerding); das, was er dann „Frames" nennt, sind aber einfach nur Listen, in denen einer sog. „Frame-Dimension" jeweils typische, auf diese bezogene Lexeme zugeordnet werden (Abb. 7-15):

FRAMETYP: PERSON	TIERBEZEICHNUNG
LEXEM: Notar	PFLANZENBEZEICHNUNG
SYNONYME	SETTING
PERSONENBEZEICHNUNG	Kanzlei
Klient	ORGANISATIONSBEZEICHNUNG
Gehilfe	BEREICHSBEZEICHNUNG
Sekretärin	Recht
GRUPPENBEZEICHNUNG	EPISODEN / AKTIONSBEZEICHNUNG
Anwaltskammer	Beratung
GEGENSTANDBEZEICHNUNG	Bestätigung Handel
Urkunde	DISPOSITIONSBEZEICHNUNG
Gesetzblatt	Unabhängigkeit
Gesetz	

Abb. 7-15: „Frame" für *Notar* nach Wegner 1985, 134.

Perfektioniert hat die Frame-Darstellung in Listenform Konerding 1993 mit seiner methodischen Strategie, „Frames" als Listen von Fragen aufzufassen und zu formulieren, die man zu einem Frame und den durch ihn integrierten Wissenselementen stellen kann. Diese Methodik wird bei Konerding ungleich extensiver durchgeführt als bei Wegner oder Wierzbicka und führt bei ihm zu äußerst umfangreichen und langen Listen von in Teilkapitel geordneten Fragen. Selbst die „gekürzten Fassungen" der „Frames" sind bei Konerding noch außerordentlich lang (siehe Abb. 7-16):

7.11 Frames praktisch: Modelle der Darstellung

Abb. 7-16: „Frame" für den Substantivtyp Zustand nach Konerding 1993, 196 ff.):

Frame für den Substantivtyp *Zustand* (gekürzte Fassung)

I. Manifestation, Äußerungsform der Eigenschaft, des Zustands sowie Konstitutionseigenschaften und -relationen

EX^Z_3 EXZ^7_{11} $ER_{1.2}$ $ER_{1.4}$

Wo [*bei welchen Typen von Entitäten:* Gegenständen, Organismen, Personen, Ereignissen, Handlungen, Institutionen / sozialen Gruppen, Umgebungsbestandteilen, Teilen und Gesamtheiten von den genannten Typen, anderen Zuständen / Eigenschaften] - *tritt die Eigenschaft, der Zustand typischerweise auf?*
Unter welchen Bedingungen?
In welcher Existenzphase der Entität?
Wie lange?
Auf welche Art und Weise?
Mit welcher Folge?
Aus welchem Grund?
Angabe von Prädikatoren zur Charakterisierung von *Entitäten* (Gegenstände, Organismen, Personen, Ereignisse, Handlungen, Institutionen / soziale Gruppen, Umgebungsbestandteilen, Wissensbereichen, Teile und Gesamtheiten von diesen oder anderen Eigenschaften), bei derzeit der Zustand / die Eigenschaft auftritt.

EX^Z_8 EX^D_0 EX^S_1 EX^D_4

Welche *Existenz- bzw. Prozeßphase* welcher *Entität* ist betroffen?
Auf welche Art und Weise tritt die Eigenschaft, der Zustand dann in *Erscheinung*? [Handelt es sich um eine *permanente* oder *dispositionelle* Eigenschaft?] Unter welchen Bedingungen?
Wie lange?
Mit welcher Folge (für die Entität oder andere Mitspieler)?
Aus welchem Grund?
Angabe von *Prädikatoren* zur Charakterisierung der *Existenzphasen* der Entität, in denen der Zustand / die Eigenschaft auftritt

EX^B_0 EX^Z_0 EX^Z_5 $ER_{1.7}$ $ER_{1.8}$ EX^Z_2 ER_0

Wie - auf welche Art und Weise - tritt die Eigenschaft, der Zustand in *Erscheinung*, wie ist sie *ausgeprägt*? [= Wie *äußert sich* typischerweise die Eigenschaft, der Zustand bei der betreffenden Entität?]
Unter welchen Bedingungen?
Mit welcher Existenzphase der Entität?
Wie lange?
Mit welcher Folge?
Aus welchem Grund?
Angabe von *Prädikatoren* zur Charakterisierung der *wahrnehmbaren oder sonstigen besonderen Eigenschaften* des Zustands / der Eigenschaft.

EX^Z_9

Mit welchen *Maßsystem I Messgrößen* ist die Eigenschaft, der Zustand beschreibbar? Welches sind die typischen Maße?
Unter welchen Bedingungen?
Angabe von *Prädikatoren* zur Charakterisierung der *Maße / Ausmaße* des Zustands / der Eigenschaft

$ER_{1.2}$

In welchen *(funktionalen) Zusammenhängen, natürlichen Vorgängen spielt* die Eigenschaft, der Zustand *eine wichtige Rolle?*
Als was fungiert die Eigenschaft, der Zustand [in diesen Zusammenhängen]?
Unter welchen Bedingungen?
In welcher Existenzphase welcher Entität?
Wie lange?
Auf welche Art und Weise?
Mit welcher Folge?
Aus welchem Grund?
Angabe von *Prädikatoren* zur Charakterisierung von *natürlichen Ereignissen,* in denen der Zustand / die Eigenschaft eine Rolle spielt

Angabe von *Prädikatoren* zur Charakterisierung von *Rollen / Funktionen,* die der Zustand / die Eigenschaft in diesen Ereignissen spielt

$EX^B_0\ EX^Z_0\ EX^Z_5\ ER_{1.7}\ ER_{1.8}\ EX^Z_2\ ER_0$

Wie ist das *Erscheinungsbild* der Eigenschaft, des Zustandes durch ihre Teileigenschaften *bestimmt?*
Unter welchen Bedingungen?
In welcher Existenzphase welcher Entität?
Wie lange?
Auf welche Art und Weise?
Mit welcher Folge?
Aus welchem Grund?
Angabe von *Prädikatoren* zur Charakterisierung der *Rolle der Teileigenschaften / Beschaffenheiten* des Zustands / der Eigenschaft *für das Erscheinungsbild* des Zustands / der Eigenschaft

$ER_{1.12}\ ER_{1.13}$

In welchen (funktionalen) Zusammenhängen hat die Eigenschaft, der Zustand seinen *Ursprung?*
Unter welchen Bedingungen *entsteht, erscheint* die Eigenschaft, der Zustand? (Was hat die Eigenschaft, der Zustand zur *Voraussetzung?)*
Auf welche Art und Weise (wie)?
Aus welchem Grund?
Angabe von *Prädikatoren* zur Charakterisierung *der Entstehungsumstände* des Zustands / der Eigenschaft

$ER_{1.15}\ ER_{2.2}$

Was folgt aus der Eigenschaft, dem Zustand der Entität für die funktionalen Zusammenhänge, in denen die betreffende Entität eine Rolle spielt, für diese Entität und die übrigen Mitspieler und das Bestehen und die mögliche weitere Entwicklung der (funktionalen) Zusammenhänge?
Angabe von *Prädikatoren* zur Charakterisierung der *Rolle / Funktionen* des Zustands / der Eigenschaft und der jeweiligen *Folgen* für die Ereignisse, in denen er / sie fungiert

$ER_{1.10}\ ER_{1.11}\ ER_{1.16}$

Mit welchen anderen Eigenschaften, Zuständen, *tritt* die Eigenschaft, der Zustand *gemeinsam auf?*
Unter welchen Bedingungen?
In welcher Existenzphase der Entität?
Wie lange?
Auf *welche Art und Weise?*
Mit welcher Folge?
Aus welchem Grund?
Angabe von *Prädikatoren* zur Charakterisierung der Zustände / der Eigenschaften, mit denen der Zustand / die Eigenschaft gemeinsam auftritt

II. Bedeutung der Eigenschaft, des Zustands bei den betreffenden Entitäten für den Menschen

$EX^Z_{14}\ ER_{1.19}$

Unter welchen *Namen,* Bezeichnungen ist die Eigenschaft, der Zustand bekannt? Welchen Bekanntheitsgrad hat die Eigenschaft, der Zustand?
Unter welchen Bedingungen?
In welcher Existenzphase welcher Entität?
Angabe von *weiteren Namen* für den Zustand / die Eigenschaft

$EX^Z_{15}\ ER_{1.18}$

In welchen *menschlichen Handlungen* - oder für den Menschen wichtigen funktionalen Zusammenhängen - spielt die Eigenschaft, der Zustand eine bestimmte Rolle, hat sie eine wichtige Bedeutung'?
Unter welchen Bedingungen?
In welcher Existenzphase welcher Entität?
Auf welche Art und Weise?
Mit welcher Folge?
Aus welchem Grund?
Angabe von *Prädikatoren* zur Charakterisierung von *Handlungen des Menschen,* in denen der Zustand / die Eigenschaft eine Rolle spielt
Angabe von *Prädikatoren* zur Charakterisierung der *Rollen / Funktionen,* die der Zustand / die Eigenschaft *in*

7.11 Frames praktisch: Modelle der Darstellung

Handlungen des Menschen spielt

$ER_{0.6}$ $ER_{1.1}$ $ER_{1.15}$

Welche *Bedeutung* (welchen Stellenwert) hat die Eigenschaft, der Zustand für den Menschen (das menschliche Leben und Handeln)?
Welchen spezifischen *Nutzen* hat die Eigenschaft, der Zustand für den Menschen?
Unter welchen Bedingungen?
In welcher Existenzphase welcher Entität?
Auf welche Art und Weise?
Mit welcher Folge?
Aus welchem Grund?
Angabe von *Prädikatoren* zur Charakterisierung der *Bedeutung* des Zustands / der Eigenschaft *für den Menschen*

$ER_{3.2}$ $EX^Z{}_{13}$ $ER_{1.5}$

Welchen anderen Eigenschaften / Zuständen ist die betreffende Eigenschaft, der betreffende Zustand *ähnlich* und worin *unterscheidet* er sich von diesen?
Wie ist die Eigenschaft, der Zustand *klassifiziert?*
Unter welchen Bedingungen?
In welcher Existenzphase welcher Entität?
Auf welche Art und Weise?
Aus welchem Grund?
Angabe von *Prädikatoren* zur Charakterisierung von *ähnlichen* Zuständen / Eigenschaften, den *Unterschieden* zu diesen Zuständen / Eigenschaften und für *allgemeine Kategorien,* in die der Zustand / die Eigenschaft fällt.

$ER_{3.1}$ $ER_{1.1}$ $ER_{1.13}$ $ER_{1.15}$

Existieren zu der Eigenschaft, dem Zustand spezielle *Theorien* bzw. *eingehendere Beschreibungen (z.B.* enzyklopädischer Art)?
In welchen *wichtigen Theorien* spielt die Eigenschaft, der Zustand eine Rolle?
(z.B.: Gefühle, Krankheiten, Alter, Materialbeschaffenheiten etc.)
Angabe von *Prädikatoren* zur Charakterisierung von *Theorien,* in denen der Zustand / die Eigenschaft eine Rolle spielt.

$ER_{1.17}$

Wovon *kündet* oder *zeugt* das Auftreten, Erscheinen der Eigenschaft, des Zustands bei der betreffenden Entität?
Unter welchen Bedingungen?
In welcher Existenzphase welcher Entität?
Auf welche An und Weise?
Aus welchem Grund?
Angabe von *Prädikatoren* zur Charakterisierung von *Informationen,* die über den Zustand / die Eigenschaft vermittelt sind.

Figure 3: The Transfer, Event and Exchange Schemas

Abb. 7-17: Listendarstellungen von Frame-Elementen aus Chang / Narayanan / Petruck 2002b, 4.

722   *Kapitel 7: Frame-Semantik: Ein Arbeitsmodell*

Die Probleme einer solchen reinen Listenform liegen auf der Hand: Im Unterschied zu Fillmore / FrameNet und Barsalou werden keine eindeutig als solche erkennbaren „Frame-Elemente" identifiziert; Relationen sind überhaupt nicht (oder nur implizit durch sorgfältige Lektüre der gesamten Liste) ersichtlich; es werden keine Frame-Elemente-Typen und auch keine Relationen-Typen differenziert. Der Vorteil der inhaltlichen Umfassendheit und Akribie wird also mit erheblichen Nachteilen erkauft. Es verwundert dann gar nicht, dass kein einziger der Autoren, die sich später auf Konerding als Vorbild berufen, diese Listen-Darstellung in der von Konerding praktizierten Form wiederholt hat. Stattdessen wurde verschiedenen Varianten von Tabellenformen der Frame-Darstellung der Vorzug gegeben. Eine vergleichsweise einfache Form von Listen-Darstellungen (im Übergang zu Tabellen-Darstellungen) findet sich bei einigen Autoren aus dem FrameNet-Umkreis (s. Abb. 7-17).

Ad (4): Die Darstellung von Frames in Form von Tabellen (typischerweise natürlich Aufzählungen von Frame-Elementen) findet sich insbesondere häufig in Arbeiten von Fillmore und FrameNet sowie – theoretisch davon völlig unabhängig – bei denjenigen Autoren, die sich auf Konerding berufen.

QUARREL Frame

Definition:
Two (or more) people engage in a verbal disagreement. This frame is a blend of the Conversation frame and the Fighting frame.

Core FEs:

FE	Description	Examples
Interlocutor_1	Interlocutor_1 is the more prominent party in a verbal disagreement (when the parties are expressed disjointly).	**The President** DISAGREED with his top advisors.
Interlocutor_2	Interlocutor_2 is the less prominent party in a verbal disagreement (when the parties are expressed disjointly).	The President DISAGREED **with his top advisors**.
Interlocutors	Interlocutors are both (or all) parties in a verbal disagreement, when the parties are expressed jointly. The expression that receives this role may be a conjunction of noun phrases or a notionally plural noun phrase, or a prepositional phrase whose object is a conjunction of noun phrases or a plural noun phrase.	**The President and his advisors** ARGUED briefly before the summit. **The lawyers** BICKERED before the trial. There was a brief ALTERCATION **between the lawyers**.
Topic	Topic is the subject matter of the verbal interaction (this role is expressed by many predicators associated with the Communication frame).	They had a QUARREL **about the seating order**. We always ARGUE **over money**.

Lexical Units:
altercation.n, argue.v, argument.n, badinage.n, bicker.v, bickering.n, debate.n, debate.v, disagreement.n, disputation.n, disputatious.a, dispute.n, fight.v, parley.n, parley.v, quarrel.n, quarrel.v, quibble.v, row.n, row.v, spat.n, squabble.v, tiff.n, wrangle.n, wrangle.v.

Abb. 7-18: Frame-Darstellung in Tabellenform aus: Fillmore / Atkins / Johnson 2003c, 258.

Bei Fillmore und FrameNet werden entweder (im lexikographischen Interesse) einfach die „Kern-Frame-Elemente" aufgelistet und mit Beschreibungen, Satzbeispielen und Lexem-Realisierungen tabellarisch aufgelistet (siehe Abb. 7-18), oder ein Frame wird als Liste von

7.11 Frames praktisch: Modelle der Darstellung 723

Teil-Frames dargestellt, denen in weiteren Spalten die jeweiligen Frame-Elemente, mögliche Sub-Frames, und mögliche Ober-Frames zugeordnet werden (siehe Abb. 7-19).

Frame	Elaborates	Elements	Sub-Frames
Court		Judge(s) Officer(s) Courtroom	
Criminal Process		Court Prosecution (group) Prosecutor Defense (group) Defendant(s) Defense Attorney(s) Charges Law	Court Appearance Arrest Accusation Arraignment Preliminary hearing Trial Verdict
Arraignment		Defendant Court	Stating of Charges Entering of Plea
Confinement		Jailer Prisoner	
Pre-trial Confinement	Confinement	Bail	Confinement Posting of bail Release on bail Return to court Flight
Appointment		Prot1 Prot2	Promise Action
Court-date-setting	Appointment	Judge = Prot1 Defense & Prosecution = Prot2 Action = subframe of criminal process Action.Place = courtroom	
Event		Theme ("affected object") (Cause) (Result) Place Time	
Action	Event	Actor (Means) (Manner)	Action = Event
Action-Intentional	Action	Actor.type = Sentient	Forming of Intention Action = Action Result = Result
Action on Bodily target	Action	Prot1 = Actor Prot2 Prot2.body_part = Theme	
Crime-against-people	Action-Intentional	Perpetrator = Actor Victim = Theme Means/Weapon = Means	Malice = Intention Action = "harming victim"
Crime-law		Definition Penalty Jurisdiction	
Assault	Crime-against-people Action on bodily target	Assailant = Perpetrator Intention = "bodily harm" (Threat) = (of Action) (Action) = Crime-against-people.Action = Action-on-Bodily-Target	
Assault with deadly weapon	Assault	Weapon.type = "deadly"	
Shooting	Action	Shooter = Actor Gun = Means Projectile = Theme (Point of impact)	

Abb. 7-19: Frames und Frame-Relationen in Tabellenform am Beispiel CRIMINAL PROCESS
aus Fillmore / Baker 2001a, 2.

Vor allem die zweite Form von Tabellen (Abb. 7-19) macht zahlreiche wichtige Aspekte eines Frames anschaulich. Ihr Vorteil liegt sicherlich in der durch die Tabellenform bedingten besseren Übersichtlichkeit. Auch können Relationen zumindest implizit, als Relationen zwischen einzelnen Spalten oder „Zellen" der Tabelle, erschlossen werden, so dass sie hier nicht (wie in den reinen Listen) völlig unter den Tisch fallen. Allerdings lassen sich mit einer solchen Tabelle nicht die Strukturen oder auch Strukturunterschiede zwischen benachbarten Frames (etwa für verschiedene Lesarten eines Lexems) schlagartig veranschaulichen, wie dies mit den graphischen Darstellungsformen möglich ist. Eine Tabellenform ist immer dann anschaulich, wenn ihre Spalten in der Funktion ihres jeweiligen Inhalts klar definiert sind und die Tabelle sämtliche wichtigen Informationen (und ihre Typen) darstellt, die für einen Frame einschlägig sind.

Vergleicht man die tabellarische Darstellung des CRIMINAL PROCESS-Frames in Abb. 7-19 mit den (Teil-)Darstellungen in graphischer Form in den Abb. 7-6, 7-7 und 7-13, dann wird deutlich, dass die Tabelle deutlich mehr Informationen auf engerem Raum erfassen kann, als dies mit den vergleichsweise platzraubenden graphischen Darstellungen möglich ist. Andererseits erweisen sich die graphischen Formen als unschlagbar hinsichtlich der Veranschaulichung von Relationen.

SELF_MOTION	TRAVEL
Area	Area
Cause	Baggage
Cotheme	Co_travelers
Depictive	Depictive
Distance	Distance
Duration	Duration
Goal	Frequency
Manner	Goal
Means	Iterations
Path	Manner
Place	Means
Purpose	Mode_of_transportation
Result	Path
Self_mover	Period_of_Iterations
Source	Place
Speed	Purpose
Time	Reason
	Result
	Source
	Speed
	Time
	Travel_means
	Traveler

Abb. 7-20: Verbindungen zwischen vererbten Frames in FrameNet nach Steiner 2003, 3.

7.11 Frames praktisch: Modelle der Darstellung   725

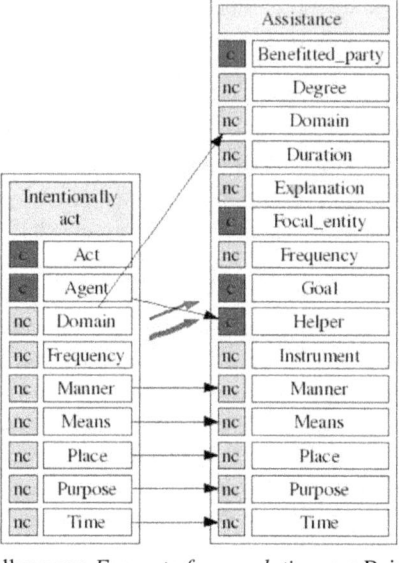

Abb. 7-21: Darstellung von *Frame to frame relations* am Beispiel ASSISTANCE
aus *FrameNet II: Extended Theory and Practice*, 2006, 105.

***Lohnnebenkosten* (als Diskursbegriff)¶**
¶

		Slots:				Fillers:¶
I	→	GATTUNG	→		→	Kosten¶
II	→	KONSTITUTIONSBEDINGUNG	→	Lohn¶
III	→	RELATION ZU II	→		→	Zusätzlichkeit¶
IV	→	AKTOR	→		→	(1) Unternehmen, (2) Arbeitnehmer¶
V	→	FUNKTION	→		→	Soziale Sicherung der Arbeitnehmer¶
VI	→	→ NIVEAU	→		→	Höchstand (im histor. und internat. Maßstab)¶
VII	→	FOLGE	→		→	Hohe Produktionskosten der Unternehmen; ↵
	→	→	→	→	→	Beeinträchtigung der Konkurrenzfähigkeit; ↵
	→	→	→	→	→	Erhöhung der Arbeitslosigkeit; ¶
	→	→	→	→	→	Minderung der Nettobezüge¶

¶
Im neueren Wirtschaftsdiskurs fokussiert:¶

VIII	→	VERÄNDERUNG	→		→	Senkung¶

¶

		Sub-Slots:	→		→	Sub-Fillers:¶
VIII′	→	*AUSWIRKUNG* der VERÄNDERUG¶
VIII′a	→	für AKTOR (1)		→	1. für Unternehmen:¶
					1.1 Senkung der Produktionskosten¶
					1.2 Steigerung der Produktivität¶
					1.3 Bessere Konkurrenzfähigkeit wegen¶
					·····niedrigerer Preise ¶
					1.4 Gewinnsteigerung (ohne Beschäftigungseffekt)¶
VIII′b	→	für AKTOR (2)		→	2. für Arbeitnehmer:¶
					2.1 Stärkung der Kaufkraft¶
					2.2 Schaffung von Arbeitsplätzen¶
					2.3 Abbau sozialer Sicherheit¶

Abb. 7-22: „Frame" für LOHNNEBENKOSTEN nach Klein / Meißner 1999, 31 oder Klein 1999, 171.

726   *Kapitel 7: Frame-Semantik: Ein Arbeitsmodell*

In FrameNet wird daher gelegentlich auch der Weg einer hybriden Mischung aus Tabelle und graphischen Formen gewählt, indem kleine (Teil-) Tabellen durch Relations-Linien miteinander verbunden werden (siehe Abb. 7-20). Diese Darstellungsform eignet sich besonders gut, um zu zeigen, wie sich in Frames in einer Frame-Vererbungs-Relation nur bestimmte Frame-Elemente wiederholen, und worin sich die beiden Sets von Frame-Elementen unterscheiden. Ähnlich aufgebaut ist die Darstellung in Abb. 7-21.

Etwas anders sehen die tabellenförmigen Darstellungen aus, wie sie vor allem von Autorinnen und Autoren im Kontext einer eher kulturwissenschaftlich-semantisch orientierten Frame-Forschung (die insbesondere in Deutschland existiert) vorgelegt worden sind, die sich meistens dem Ansatz von Konerding 1993 verpflichtet fühlen, der sich vom Fillmore-Modell stark unterscheidet. So nimmt etwa Klein in verschiedenen Arbeiten meist eine einfache tabellarische Zuordnung von Slots zu Fillern vor (siehe etwa Abb. 7-22). Im Unterschied zu anderen Autoren, die sich auf das Modell von Konerding berufen, hat die Darstellung in den Arbeiten von Klein den Vorzug, dass sie die für die anderen Frame-Theorien übliche Zuordnung von Slots zu Fillern eindeutig zu erkennen gibt. Dadurch ist sie anschaulicher, wenn sie auch nicht so viele Informationen zu erfassen erlaubt wie die langen Listen von Konerding. Fraas orientiert sich teilweise an den Frage-Listen von Konerding (so etwa in Fraas 1996, 90 f.), versucht sich aber später stärker an einer an der slot-filler-Dichotomie orientierten Darstellung, die sie allerdings nur auf einzelne konkrete Sätze anwendet, nicht auf die Ebene der Konzepte.

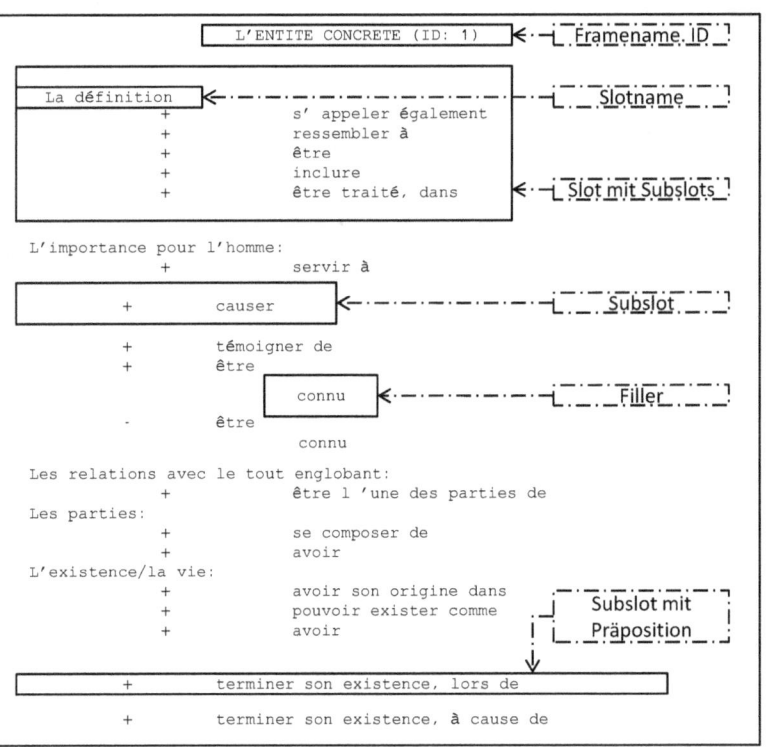

Abb. 7-23: Framestruktur des Frames L'ENTITÉ CONCRÈTE (DIE KONKRETE ENTITÄT)
aus: Lönneker 2003, 90.

7.11 Frames praktisch: Modelle der Darstellung

Einen eigenen Weg geht Lönneker 2003, die sich ebenfalls auf Konerding beruft, allerdings eine eigenständige Form von quasi-tabellarischer Darstellung wählt, in die sie (ähnlich wie in einigen neueren FN-Tabellen, s. Abb. 7-20 und 7-21) jedoch Etikettierungs-Pfeile einträgt, die die Funktionen von (einigen) Elementen der darzustellenden Frames etwas anschaulicher machen (s. Abb. 7-23). Allerdings werden auch hier Relationen nicht erfasst bzw. veranschaulicht.

Zentraler definierender Rechtstext:

§ 242. Diebstahl. [StGB]
(1) Wer eine fremde bewegliche Sache einem anderen in der Absicht wegnimmt, dieselbe sich rechtswidrig zuzueignen, wird mit Freiheitsstrafe bis zu fünf Jahren oder mit Geldstrafe bestraft.

Zentrale Rahmen

(1) DIEBSTAHL-Rahmen: WEGNEHMEN^{HDLG-1} *{Wegnehmender$^{AG\,[1]}$ Person / Institution der weggenommen wird$^{PAT\,[2]}$, Weggenommenes$^{AOB\,[3]}$}*

UND^1 (Prädikations-Rahmen-Verknüpfung)

(2) ABSICHT^1-Rahmen: BEABSICHTIGEN^{MOT} { [1], *zueignen^{Hdlg-2}* { [1], [3] } }

UND^2 (Prädikations-Rahmen-Verknüpfung)

(3) WISSEN^1-Rahmen: WISSEN { IST-RELATION-1^{QUAL} { *Hdlg-2, rechtswidrig^1* } }

UND^3 (Prädikations-Rahmen-Verknüpfung)

(4) ABSICHT^2-Rahmen: BEABSICHTIGEN^{MOT} { IST-RELATION-1^{QUAL} { *Hdlg-2, rechtswidrig^1* } }

Realweltliche Szenen: *{Wegnehmender$^{[1]}$ nimmt Sache$^{[3]}$ weg}*

Eingebettete Rahmen

(5) WEGGENOMMENES-Rahmen: IST-RELATION-2^{QUAL} *{[3], Sache$^{[4]}$, in rechtlicher Hinsicht^1* }

(6) SACHE-Rahmen: IST-RELATION-3^{QUAL} { *[3], fremd$^{[5]}$, beweglich$^{[6]}$* }

(7) FREMD-Rahmen: IST-RELATION-4^{QUAL} { *[3], [5], für [1], gegenüber [2], in rechtlicher Hinsicht^2* }

(8) BEWEGLICH-Rahmen: IST-RELATION-5^{QUAL} { *[3], [6], in rechtlicher Hinsicht^3* } ... [usw.]

Abb. 7-24: Auszug aus der Struktur der für die fachlich-rechtssprachliche
Verwendung von „*Diebstahl*" geltenden Wissensrahmen (aus Busse 2008b, 49 f.)

Einen eigenen Weg quasi-tabellarischer Darstellung geht auch Busse 2008b, der (in Anlehnung an die prädikativen Frames von Fillmore sowie eine daran angelehnte Darstellung satzsemantischer Strukturen nach von Polenz 1985) prädikative Teil-Frames eines übergeordneten juristischen DIEBSTAHL-Frames in einer grob an der Prädikatenlogik orientierten Darstellungsweise auflistet (siehe Abb. 7-24). In dieser Darstellungsform werden Relationen explizit benannt, wenn auch nicht graphisch veranschaulicht. Bezüge zwischen Frame-Elementen lassen sich nur über die Indices der FE erschließen.

Ad (5): Einen noch einmal anderen Weg der Darstellung geht FrameNet mit seinen in technischer Form als Computer-Programm mit entsprechenden (unterschiedlichen Typen von) Bildschirm-Masken und –Graphiken realisierten Frame-Darstellungen. Der *FrameNet II-Frame-Editor* veranschaulicht Frame-Elemente und Relationen eines (prädikativen) Frames und lässt unterschiedliche Abfrage-Routinen zu (siehe Abb. 7-25).

728 Kapitel 7: Frame-Semantik: Ein Arbeitsmodell

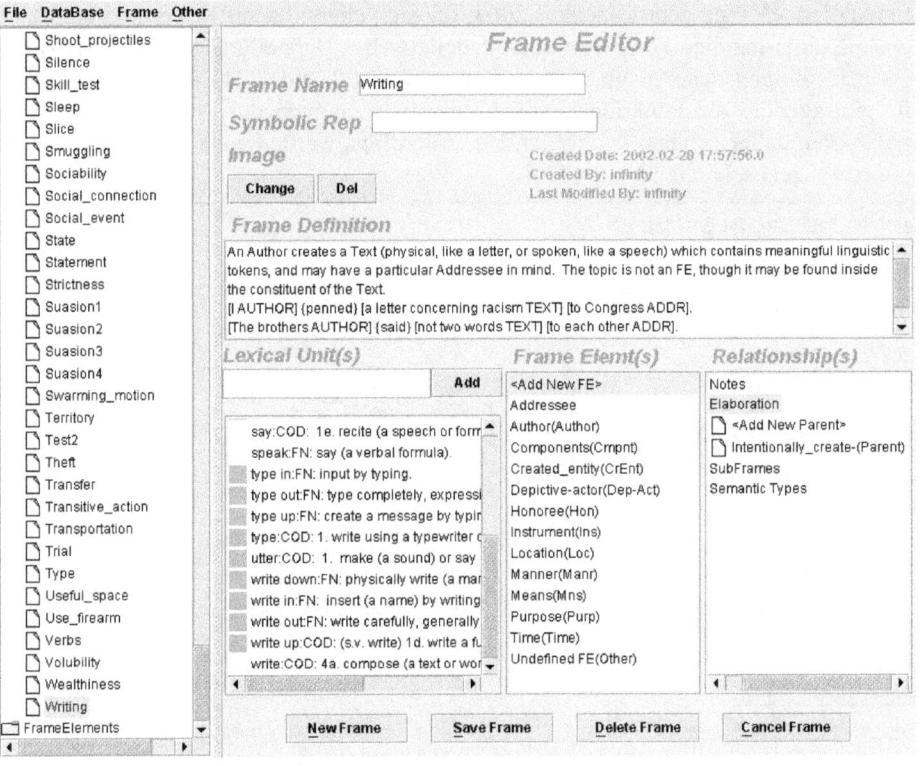

Abb. 7-25: Screenshot des *Frame Editing Tool* aus Fillmore / Ruppenhofer / Baker 2002 f.

Mit den Mitteln einer Datenbank lassen sich Frame-theoretische Komplexitätsgrade erfassen, die in einer einzelnen graphischen Darstellung nicht möglich sind. Die Nutzung dieser Darstellungsform setzt allerdings eine Online-Präsenz voraus; im Druck-Format ist sie nicht umsetzbar. Abb. 7-26 zeigt die komplexe Struktur der FrameNet II-Datenbank, die Frame-semantische und syntaktische Zwecke zugleich bedienen soll.

Einen ganz eigenen Weg der Frame-Darstellung geht schließlich Ziem (vgl. Abb. 7-27), der Elemente aus statischen graphischen Frame-Darstellungen mit Aspekten von dynamischen Fluss-Diagrammen verknüpft, was der Integration von Skript-Aspekten (nach Schank / Abelson 1977) in die Frame-Darstellung dienen soll.

Als Fazit aus unserem Durchgang durch die bunte Welt der Darstellungsformate für Frames sollen nachfolgend einige Überlegungen angestellt werden darüber, wie eine angemessene Darstellung von Frames und Frame-Strukturen aussehen könnte.

(Umfang der) Informationen in einer Frame-Darstellung: Zunächst ist festzustellen, welche Aspekte und Elemente von Frames in einer schematischen Gesamtdarstellung eines Frames überhaupt erfasst werden müssen oder sollten.[288]

---

[288] Der Hinweis auf den schematischen Charakter einer Frame-Darstellung soll verdeutlichen, dass grundsätzlich auch ganz andere Arten von Frame-Darstellungen denkbar und möglicherweise sinnvoll sind. So ist nicht ausgeschlossen, dass gerade bei der Darstellung sehr komplexer Frames oder Frame-Strukturen in tiefensemantischen (z.B. kulturwissenschaftlich-epistemologisch motivierten) Analysen nur die Form einer Monographie (oder einer umfassenderen Darstellung mit Kapitelumfang) ausreichend ist, um alle wichtigen Aspekte eines Frames in ihrer Gesamtheit zu erfassen.

7.11 Frames praktisch: Modelle der Darstellung

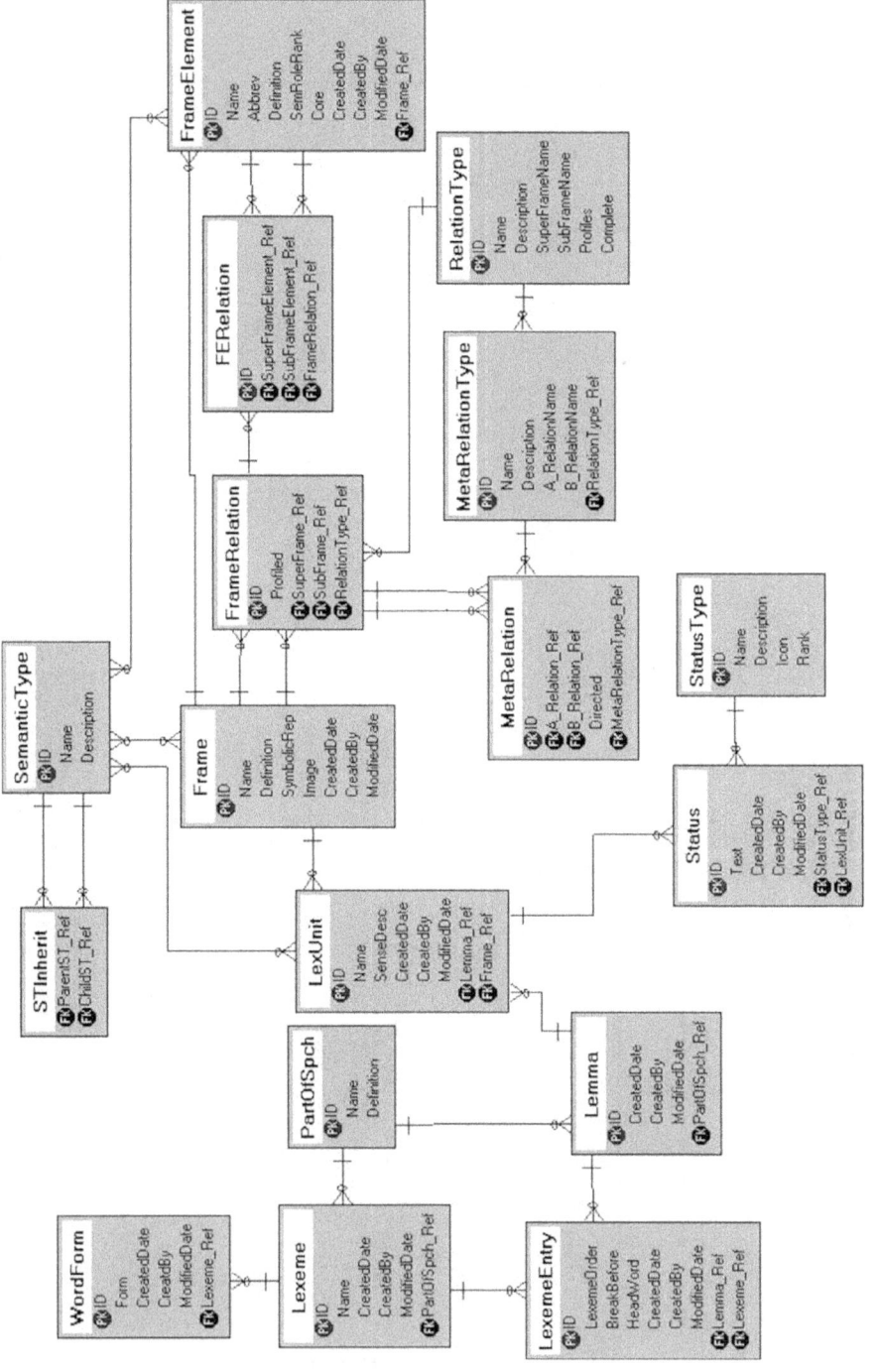

Abb. 7-26: Daten- und Darstellungs-Struktur in der FrameNet II – Datenbank nach Steiner 2003, 5.

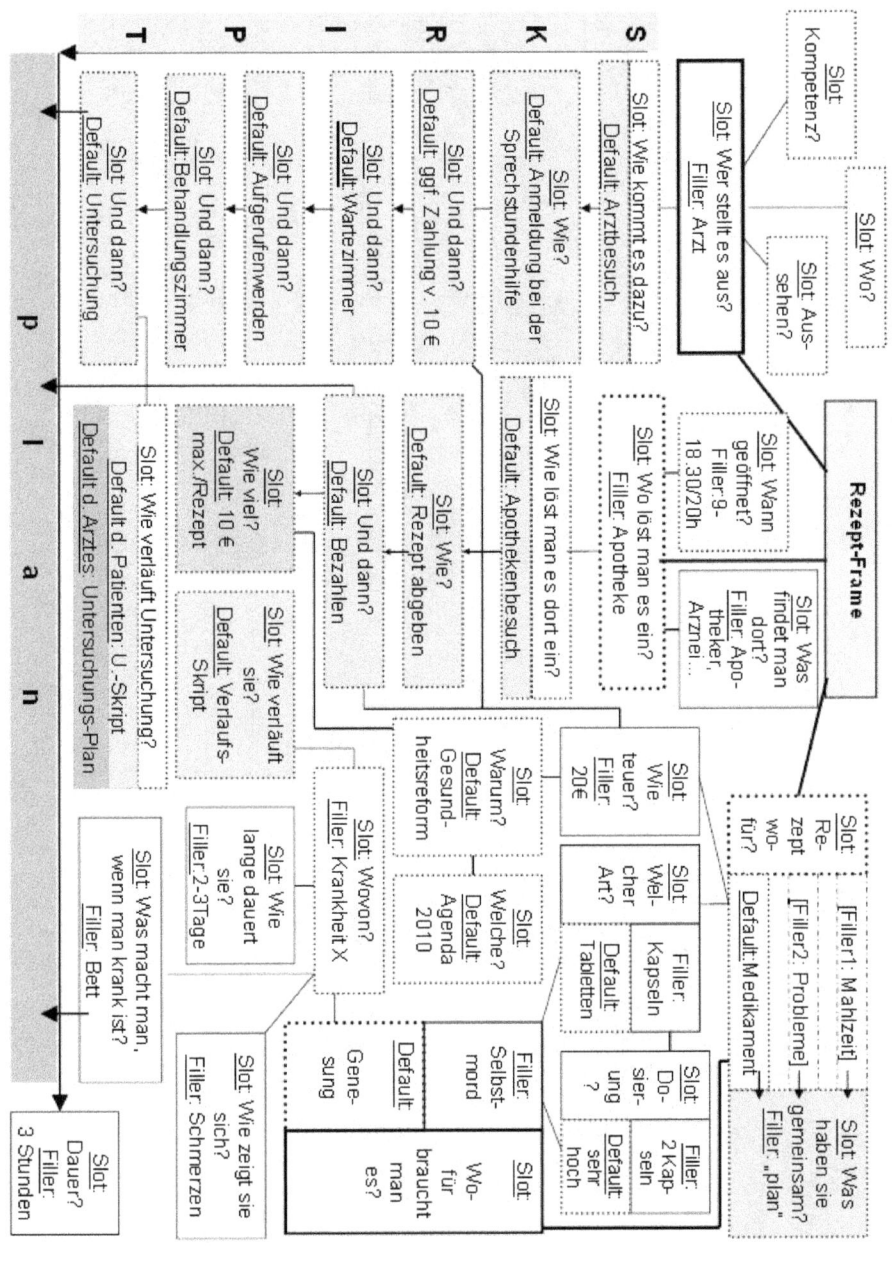

Abb. 7-27: REZEPT-Frame nach Ziem 2004.

7.11 Frames praktisch: Modelle der Darstellung

In einer Frame-Darstellung zu erfassende Typen von Informationen:

Frame-Name (Frame-Kern, „Kategorie") [FN]	
Frame-Elemente (Attribute, Slots)	FE-Name
	FE-Typ
	Relationen-Typ FE zu FN
	Wertebereich
	Standardwerte
	Zentralität, Salienz der FE
	Epistemischer Status
	Zugehörigkeit zu einer FE-Gruppe
Frame-Elemente-Gruppen [FEG]	FEG-Typ
	Relationen-Typ in der FEG
Constraints	Constraints zwischen Frame-Elementen
	Constraints zwischen Werten / Fillern
	Constraints zwischen FE und Werten
Frame-zu-Frame-Beziehungen	Vererbung, Ober-Frame(s)
	Sub-Frames
	Relationen-Typ(en) der F-zu-F-Beziehungen

Der *Frame-Name* (auch *Frame-Kern* oder *Kategorie* genannt) stellt als eine Art Archi-Lexem den Titel des Frames dar und markiert, dass es hier ein (epistemisches) „Etwas" gibt, auf das sich die nachfolgend spezifizierten Frame-Elemente, Relationen und Aspekte beziehen.

Frame-Elemente werden hier in einem etwas enger gefassten Gebrauch dieses Terminus die Anschlussstellen / Slots / Attribute eines Frames genannt, also diejenigen Elemente, die einen Frame als diesen Frame definieren bzw. ausmachen oder konstituieren. Zwar gehören auch die Werte bzw. Filler zu den Frame-Elementen in einem weiter gefassten Sinn, doch werden sie nur vermittels der Slots / Attribute an einen Frame angeschlossen und spielen etwa in einer *type*-bezogenen Frame- Darstellung nur eine untergeordnete Rolle. Für eine solche Darstellung reicht es, den Wertbereich anzugeben. Nur in *token*-Frame-Darstellungen bekommen die Werte zwingend einen eigenen Platz. Frame-Elemente werden durch einen *Frame-Elemente-Namen* gekennzeichnet. (Die Wahl eines solchen Namens ist aller Erfahrung nach nicht immer ganz einfach, da es sich hier um abstrakte Kategorien handeln kann, für die die jeweilige Beschreibungssprache kein Lexem vorhält. Es kann daher sein, dass man zu einer sprachlich komplexeren Umschreibung greifen muss.)

Zu jedem festgestellten Frame-Element muss / sollte immer der *Frame-Elemente-Typ* (Aktanten-FE, Eigenschafts-FE, funktionale FE bzw. Affordanzen, Meta-FE) angegeben werden.

Außerdem sollte der *Relationen-Typ* für die Relation des Frame-Elements zum Frame-Kern angegeben werden. (Hierzu gibt es in der bisherigen Frame-Literatur nur wenige Hinweise und kaum Vorbilder.)

Eine der wichtigsten Informationen zu einem Frame ist die Angabe des jeweiligen *Wertebereichs* und der *Standard-Werte* für jedes Frame-Element. Die Darstellung von Wertebereichen ist vor allem für *type*-Frame-Darstellungen relevant und kann bei *token*-Frame-Darstellungen auch (je nach Darstellungsinteresse) unterbleiben. Bisher werden Wertebereiche in kaum einer Frame-Darstellung als solche explizit charakterisiert. Meist findet man

732   *Kapitel 7: Frame-Semantik: Ein Arbeitsmodell*

stattdessen exemplarische Auflistungen typischer Füllwerte. Zur Darstellung des Wertebereichs gehört auch die Angabe des *Typs des Wertebereichs*.[289] Für die meisten Frame-Elemente stellt die Angabe von *prototypischen Standard-Werten* eine zentrale Information dar. Zur Charakterisierung des Wertebereichs eines FE kann auch die Angabe gehören, ob das FE überhaupt mit einem konkreten Wert belegt werden muss, oder ob im Regelfall der Standardwert eingesetzt wird.

Der zuletzt genannte Aspekt berührt sich mit der Frage der *Salienz* oder *Zentralität* des jeweiligen Frame-Elements für den Frame.[290] Nicht alle Frame-Elemente in einem Frame sind gleichrangig oder gleichermaßen kognitiv / epistemisch zentral; solche Unterschiede müssen aber in einer Frame-Darstellung markiert werden, wenn diese das Frame-relevante Wissen adäquat wiedergeben soll. Vermutlich werden in vielen Fällen der kognitiven Aktualisierung von Frames (den Frame-Instantiierungen oder *token*-Frames) bestimmte Frame-Elemente des *type*-Frames gar nicht aktiv prozessiert. Soweit möglich sollten solche Informationen in der Frame-Darstellung erfasst werden.

Ob der oben genannte *epistemische Status der Frame-Elemente* einen eigenen Typ von Informationen darstellt, der in einer Frame-Beschreibung erfasst werden sollte, ist noch nicht ausgemacht, da es dazu bislang kaum Forschungen oder auch nur Überlegungen gibt. Möglicherweise lassen sich Informationen zum epistemischen Status von Frame-Elementen aufteilen auf die Beschreibungskategorien (bzw. –Schritte) *Salienz* (etwa was den Aspekt der *epistemischen Zwingendheit* eines Frame-Elements angeht) und *Frame-Elemente-Typ* (etwa was den Aspekt der *Wahrscheinlichkeit* angeht).

Ein letzter wichtiger Typ von Informationen zu den einzelnen Frame-Elementen ist die Angabe der *Zugehörigkeit zu einer Frame-Elemente-Gruppe* (den *strukturellen Invarianten* in der Terminologie Barsalous), soweit eine solche im gegebenen Frame vorliegt.

Die Markierung von *Frame-Elemente-Gruppen* (strukturellen Invarianten) in Frames ist eine weitere wichtige Art von Informationen, die neben der Charakterisierung der Frame-Elemente selbst unbedingt zu einer adäquaten Frame-Beschreibung dazugehört.[291] Zu der Darstellung der Frame-Elemente-Gruppen (FEG) gehört die Darstellung des *FEG-Typs*. (Eine Typologie dafür muss freilich noch ausgearbeitet werden.) Ebenfalls gehört dazu die Charakterisierung des *Typs der Relationen* innerhalb der jeweiligen FEG.

Ein weiterer sehr wichtiger Typ von Angaben in einer Frame-Darstellung auf oberster Ebene ist die Darstellung der in einem Frame wirksamen *Constraints* (im Sinne Barsalous). Zu unterscheiden sind dabei *Constraints zwischen Frame-Elementen, Constraints zwischen Werten / Fillern* (verschiedener FE) und *Constraints zwischen FE und Werten* (anderer FE). Möglicherweise muss noch eine Angabe zum *Typ des Constraints* hinzukommen (falls eine solche Typologie in sinnvoller Weise entwickelt werden kann).

Eine letzte Gruppe von sehr zentralen Elementen in jeder Frame-Beschreibung sind die *Frame-zu-Frame-Relationen*. Hier sind insbesondere die *Vererbungs-Relationen* und die

---

[289] Man kann von *strukturell invarianten Wertebereichen,* die unter allen Bedingungen gelten, solche Wertebereiche abgrenzen, die lediglich einen Bereich (eine Extension) von Standard-Werten abgrenzen (also das, was üblich oder am ehesten erwartbar oder am meisten verbreitet ist), und die man als *Default-Wertebereiche* bezeichnen kann.

[290] Der Gedanke der *Zentralität* (oder *Zentralitäts-Hierarchie*) spielt vor allem in der Prototypen-Theorie eine wichtige Rolle, aus der er, da Frames prototypikalische Wissensstrukturen darstellen, in die Frame-Theorie übernommen werden muss.

[291] Ihre Existenz kann als relativ gesichert gelten, da sie unabhängig voneinander in den völlig unterschiedlichen Theorien von FrameNet und Barsalou erwähnt werden.

7.11 Frames praktisch: Modelle der Darstellung 733

Sub-Frame-Relationen zu nennen. Auf jeden Fall muss jede Frame-zu-Frame-Relation hinsichtlich ihres Relationen-Typs spezifiziert werden.[292]

Darstellungsformen für Frames: Wenngleich sich die meisten der genannten Informationen auch in einer schematischen graphischen Darstellung (des üblichen Knoten-Kanten-Typs) einbringen lassen (z.B. auch als Indizes zu Knoten und Kanten), so bleiben doch Zweifel, ob eine graphische Darstellungsform sie in ihrer Gesamtheit erfassen kann. Deshalb gibt es starke Gründe für die Vermutung, dass eine „vollständige" Darstellung eines Frames (insofern es so etwas überhaupt geben kann) am ehesten in Form einer Tabelle möglich ist. Die Stärke der graphischen Darstellungsform(en) liegt nicht in ihrer Vollständigkeit, sondern eher in ihrer Anschaulichkeit für Grundstrukturen und Relationen. Man wird sie häufiger benutzen, um die grobe Grundstruktur oder um einzelne Teile oder Abschnitte eines Gesamt-Frames anschaulich zu machen. Eine Frame-Darstellung in Tabellenform wird sich an der oben gegebenen Liste wichtiger Informationen orientieren und braucht daher nicht weiter erläutert zu werden. Klärungsbedarf gibt es hingegen hinsichtlich der Frage, was als die am besten geeignete graphische Darstellungsform anzusehen ist.

Es fällt schwer, die verschiedenen Formen der oben geschilderten graphischen Darstellungsmöglichkeiten gegeneinander abzuwägen und sich eindeutig für eine Alternative zu entscheiden, da jede ihre Berechtigung, weil ihre Vorzüge und nicht nur Nachteile, hat.[293] Bei der Abwägung könnten folgende Überlegungen helfen: Menschen denken (alltagsweltlich bzw. hinsichtlich des *common sense* Wissens gesehen) in Gegenständen, Objekten, Entitäten. Relationen werden oft gar nicht als solche wahrgenommen. Wenn man einen hohen Grad an Anschaulichkeit erreichen möchte, ist es daher besser, Frame-Elemente auch graphisch als Elemente darzustellen, d.h. als Knoten, da die Kanten ja für Relationen (und Relationen-Typen) stehen. Es scheint mir daher hochgradig intuitiv sinnvoll und nachvollziehbar zu sein, zwischen Elementen und Relationen auch graphisch strikt zu unterscheiden, und sie nicht zusammenzuwerfen (wie es solche Modelle tun, die Attribute als Kanten darstellen). Aus dieser Grundentscheidung folgt viel, da sie eine zusätzliche Ebene an Knoten (für die Darstellung der Attribute als Elementen zwischen Frame-Name und Werten) erfordert.[294] Ein positiver Effekt dieser Darstellungsform ist, dass die Kanten dann hinsichtlich des Typs von Relation etikettiert werden können (und keine doppelte Indizierung der Kanten notwendig ist). Da diese Darstellungsform dem Modell von Barsalou entspricht, hat sie starke Unterstützung für sich. Sie entspricht auch am besten dem prädikativen Frame-Modell von Fillmore / FrameNet und eignet sich daher am besten als theorien-übergreifende Darstellungsform sowohl für prädikative als auch für nominale Frames.

Typen von Frame-Elementen (Attributen, Slots) können in einer solchen Darstellung durch Indizes oder durch unterschiedliche graphische Formen (einfache Kreise, Doppelkreise, Rechtecke, Sechsecke, Rauten, oder farblich markiert ...) markiert werden. Typen von Relationen können ebenfalls durch Indizes oder unterschiedliche graphische Strichfor-

---

[292] Auch sie werden sowohl von Fillmore / FrameNet als auch von Barsalou gefordert.

[293] Insbesondere geht es um folgende Alternativen bzw. Grundentscheidungen: (a) Frame-Elemente (Attribute / Slots) als Knoten oder als Kanten? (b) Gerichtete Kanten oder ungerichtete Kanten? (Unidirektionale oder bidirektionale Kanten?) (c) Sind (zirkulare) Rückverweise möglich oder nicht? (d) Instantiierte („gefüllte") Frame-Elemente oder Wertebereiche?

[294] Die von Anhängern formal-logischer Modelle bevorzugte Darstellung der Attribute als Kanten führt zu insgesamt „schlankeren" Graphiken, aber eben auch zu einem Verlust an Differenzierungsmöglichkeit und Anschaulichkeit.

men (gestrichelt, gepunktet, doppelt, oder farblich) markiert werden. Wertebereiche müssen durch eine Kombination von graphischer Mengen-Darstellung oder Auflistung typischer Werte mit einer Etikettierung durch einen Erläuterungstext spezifiziert werden. Dabei können Standardwerte graphisch hervorgehoben und als solche markiert werden. Die Zentralität und Salienz kann graphisch (etwa durch Graudruck für weniger saliente FE, oder farblich) markiert werden; informationshaltiger ist aber eine Indizierung durch Etikettierung (etwa durch schulnotenartige Gradation). Die Zugehörigkeit zu einer Frame-Elemente-Gruppe kann (wie bei Barsalou gezeigt) durch einen Kasten um die zusammengehörigen Frame-Elemente (samt Etikettierung dieses Kastens) markiert werden.

Constraints können durch zusätzliche Verbindungslinien zwischen den wechselseitig abhängigen Teil-Elementen des Frames (Frame-Elemente, Werte) dargestellt werden, wobei diese Verbindungen zwingend hinsichtlich des Constraint-Inhalts (Typ der logischen Verknüpfung) etikettiert werden müssen.

Am schwierigsten abzubilden in einer solchen graphischen Darstellungsform sind die Frame-zu-Frame-Beziehungen, da ihre zusätzliche Aufnahme in die Graphik diese leicht überfrachten kann. Es bietet sich daher an, dafür jeweils neue Graphiken anzulegen, in denen von den zuvor genannten anderen Informationen nur diejenigen eingetragen sind, die für die Frame-zu-Frame-Relationen wichtig sind, um Raum zu schaffen für die Darstellung der Frame-zu-Frame-Beziehungen als zusätzliche Kanten und Knoten (eigenen Typs und eigener graphischer Gestalt). Durch die Etikettierung der Kanten kann dann auch der Typ der Frame-zu-Frame-Relation markiert werden.

Darstellungen von instantiierten Frames (Exemplar- / *token*-Frames) unterscheiden sich von dem zuvor geschilderten Darstellungsmuster nur dadurch, dass in sie, wie bei Barsalou vorgemacht, zusätzliche Knoten für die Exemplare mit Kanten zu den durch die Exemplare verwirklichten Werten eingetragen werden. (Für die Darstellung der Wertebereiche der Frame-Elemente setzt dies dann die Eintragung in Form einer exemplarischen Liste, die u.a. die von den Exemplaren realisierten konkreten Einzel-Werte umfasst, voraus.)

Werden mit einer solchen Frame-Graphik ganze Sätze (als prädikative Frames) dargestellt (wie in einigen FrameNet-Arbeiten) können als zusätzliche Etikettierungen auch Lexeme eingetragen werden. Die Aufnahme einer Fülle von spezifischen linguistischen Informationen der Ausdrucksebene birgt aber immer die Gefahr einer graphischen Überfrachtung der Darstellung in sich. Ein Online-System mit unterschiedlichen Abfrage-Masken, wie bei FrameNet, ist da sicherlich geeigneter. Im Druckformat bleibt nur die Möglichkeit, zusätzliche „inner-linguistische" Frames zu zeichnen. Die Grundstruktur ist aber zunächst eine semantische bzw. epistemologische, so dass die Kern-Informationen einer Frame-Darstellung rein inner-linguistische Aspekte zunächst aussparen können, um sie dann separat in gesonderter Form anzugeben.

7.11.2 Auflösungsgrad („Granularität") von Frame-Darstellungen

Eine Frage oder ein Problem über die (das) immer wieder in der Forschungsliteratur diskutiert wurde, ist die Frage nach dem „Auflösungsgrad" (der „Granularität", wie es unabhängig voneinander Fillmore und Klein genannt haben) einer Frame-Darstellung. Dahinter verbirgt sich ein Grundsatzproblem einer solchen Forschung, wenn sie nicht nur theoretische, sondern praktische, deskriptive Ziele verfolgt. Dieses Problem ist bekannt aus der

7.11 Frames praktisch: Modelle der Darstellung

tiefen-semantischen Satzsemantik (etwa nach dem Modell von Peter von Polenz 1985[295]) und ist vor allem auf das insbesondere von Barsalou herausgestellte Grundproblem der infiniten Rekursivität von Frame-Strukturen zurückzuführen. Wenn es zu jedem Frame, und zu jedem Frame-Element, im Prinzip immer noch eine weitere epistemische Ausdifferenzierungsmöglichkeit gibt, ohne dass dieser Prozess der weiteren Aufspaltung jemals definitiv abgeschlossen werden kann, dann liegt auf der Hand, dass es keine allgemeingültige, sozusagen kanonische Frame-Darstellung geben kann, sondern dass zu jeder gegebenen Frame-Darstellung im Prinzip immer noch eine zusätzliche Differenzierung angegeben werden kann.

In einigen Frame-theoretischen Ansätzen wird das Problem der Granularität einfach mit vorgelagerten Grundprinzipien sozusagen ausgehebelt. Wenn etwa Wegner 1985 als Ziel der Frame-Semantik die Ermittlung einer „endlichen Anzahl genereller Beschreibungsdimensionen" im Sinne einer „Rekonstruktion genereller Frame-Typen" definiert, dann ist bereits vorab dargestellt, dass eine solche Liste von quasi universellen Attributen / Slots eher von einem „groberen Granularitätsgrad" sein dürfte und zahlreiche Fein-Differenzierungen gar nicht abbilden kann. Der Autor ignoriert dabei, dass gerade die Entwicklung der linguistischen Frame-Konzeption dadurch geprägt wurde, dass Fillmore überzeugende Argumente dafür beibringen konnte, dass das Formulieren einer solchen abstrakten Liste genereller Frame-Elemente grundsätzlich zum Scheitern verurteilt ist. Motiv für die Weiterentwicklung der älteren Tiefenkasus-Theorie zur Frame-Semantik (und der Tiefenkasus oder semantischen Rollen zu Frame-Elementen) war ja gerade die Erfahrung, dass es nicht gelungen war und niemals gelingen würde, eine abschließende Liste von generellen Tiefenkasus (bzw. Frame-Elementen) zu erstellen. Nach den Erfahrungen von Fillmore ist immer damit zu rechnen, dass man im Prozess der konkreten semantischen Beschreibung dazu gezwungen ist, „neue" Frame-Elemente ad hoc zu formulieren. Fillmore geht, wie gezeigt, sogar so weit, zu vermuten, dass es Frame-Elemente (eines bestimmten Typs) geben kann, der nur ein einziges Mal, bei einem einzigen Lexem (und damit in einem einzigen Frame) überhaupt auftritt. Im Übrigen steht eine solche Forderung wie bei Wegner natürlich in striktem Widerspruch zum Prinzip der infiniten Rekursion nach Barsalou, zu dem die von Fillmore beschriebenen Erfahrungen quasi den empirischen Beweis liefern.

Ein Versuch, die Granularität der Frame-Darstellung sozusagen von vornherein „im Griff zu behalten" kann auch in der bereits erwähnten Forderung von Schank und Abelson gesehen werden, Abstraktionen bei der Beschreibung des verstehensrelevanten Wissens „möglichst nahe bei den Formen der Inhalte" zu halten. Abgesehen von der erkenntnistheoretischen Naivität, die aus einer solchen Forderung spricht, folgt daraus ja eher die Konsequenz, mehr Mut zu feinerer Granularität zu zeigen, da sich ihre Forderung ja eher gegen zu starke Abstraktionen richtet. Letztlich ist aber auch diese Forderung nicht mit dem Prinzip der infiniten Rekursivität bzw. Ausdifferenzierbarkeit von Frames und Frame-Elementen vereinbar, da für einen jeweiligen Frame gar nicht objektiv festgestellt werden kann, was eine Darstellung ist, die „nahe an den Inhalten" liegt. Hinter ihrer Forderung steht daher ein naives *common sense* Denken, dessen Inadäquatheit sowohl durch Barsalous grundsätzliche

---

[295] In dem Modell von von Polenz 1985 zeigt sich das Problem in der Forderung einer „maximal expliziten Paraphrase" einer Satzbedeutung samt allen Elementen. Es hat sich erwiesen, dass eine solche „maximale Paraphrase" in einem abschließenden, alle für eine Satzbedeutung relevanten Wissenselemente erfassenden Sinne nicht geben kann, sondern dass immer eine noch umfassendere Paraphrase möglich bleibt. Fillmore hat dieses Problem diskutiert.

Überlegungen als auch durch Fillmores praktische Erfahrungen unwiderleglich erwiesen wurde.

Auch wenn Klein bemerkt, Frames wiesen eine unterschiedlich starke „Granulierung" auf, so könnte aus solchen Bemerkungen ein unhaltbarer Objektivismus sprechen, so, als sei der Grad der „Granularität" eines Frames eine quasi-objektive Tatsache. Als Feststellung trifft eine solche Äußerung zunächst vor allem auf die durch wissenschaftliche Tätigkeit erzeugten Beschreibungsprodukte zu (die je nach gewähltem Ansatz feiner oder weniger fein „granuliert" sein können). Nimmt man sie als auf epistemische Tatsachen bezogene Behauptung, dann mag sie auf die epistemischen Strukturen im Wissen einer einzelnen Person zutreffen, die aber nur schwer zugänglich sind (bzw., wollte man solche Aussagen mit einiger wissenschaftlicher Verlässlichkeit treffen, mit intensiven psycholinguistischen Befragungsmethoden erhoben werden müssten). Man mag Grade der Granularität auch als Tatsache auf der Eben des „gesellschaftlichen" Wissens annehmen; als theoretische Idee hat dies eine hohe Plausibilität. Anders steht es aber mit der praktischen Umsetzbarkeit dieser Annahme, da für eine Forschung, die Grade der Granularität im Kontext einer kulturwissenschaftlichen Forschung (Epistemologie) nachweisen möchte, die methodischen Schritte der exakten Feststellung solcher Granularitätsgrade allererst entwickelt werden müssten.

In der Praxis würden bei einem solchen Versuch alle Forscher und Forscherinnen dem hermeneutischen Grundproblem[296] ausgesetzt sein, als dessen Spezialfall sich Barsalous Prinzip der infiniten Rekursivität erweist: Dass in einer wissenschaftlichen Analyse Granularitätsgrade der Darstellung erreicht werden (oder werden können), von denen man nie sicher sein kann, ob die wissenschaftlichen Darstellungen die jeweils gegebene Ebene (und Feinstruktur) des Wissens in einer Gesellschaft auch angemessen wiedergeben. Mit anderen Worten: Man wird nie nachweisen können, und sich in seiner eigenen Forschung niemals sicher sein können, ob der gewählte Granularitätsgrad der Frame-Darstellung auch dem Granularitätsgrad des jeweiligen Forschungsobjekts (individuelle Frames oder gesellschaftliche Frames) tatsächlich entspricht. Viel häufiger wird es also so sein, dass man durch wissenschaftliche Beschreibung ein Granularitäts*potential* anschaulich macht, von dem man nicht weiß (und meistens auch nicht wissen kann) inwiefern ihm eine epistemische Aktivierungs-Realität entspricht. Für tatsächliche Granularitätsgrade im Wissen einzelner Individuen, von Individuengruppen (deren konzeptuelles Wissen etwa Klein empirisch untersuchen wollte), oder im gesellschaftlichen bzw. kulturellen Wissen einer bestimmten Gesellschaft oder Epoche, gibt es bestenfalls einige (in ihrer „Beweiskraft" eher schwache) äußere Indizien, aber keine „objektiven" Beweise. Man wird also auch in der Frame-Forschung (und Frame-Semantik im Besonderen) damit leben müssen, dass hinsichtlich der Feststellung des „Gegebensein" von Frame-Elementen und hinsichtlich der „Granularität" bzw. des „Auflösungsgrades" von Frame-Beschreibungen *hermeneutische* Kriterien gelten: Auch Frame-Forschung bleibt unhintergehbar *Interpretation*; ihre Ergebnisse sind so „sicher", wie Interpretationen eben sein können und bleiben stets so bezweifelbar, wie es für jede Interpretation gilt.[297]

---

[296] In der allgemeinen Hermeneutik ist dieser Aspekt auch unter der Bezeichnung „hermeneutischer Zirkel" (besser eigentlich: „hermeneutische Spirale") bekannt.

[297] Zum wissenschaftstheoretischen Charakter und der Erkenntniskraft von Forschungen des Typs, um den es hier geht, hat Verfasser an anderer Stelle ausführliche Überlegungen angestellt, die bei Interesse dort nachgelesen werden können. Siehe dazu Busse 1987, 297 ff.

7.11 Frames praktisch: Modelle der Darstellung   737

Das Problem des „Auflösungsgrads" einer Frame-Darstellung hat zwei unterschiedliche Aspekte bzw. „Richtungen", je nachdem, ob es um die Feindifferenzierung „nach unten" geht (also etwa die Frage, ob Attribute / Slots noch in Unter-Attribute / Slots ausdifferenziert werden können oder sollten), oder ob es um die gleichermaßen schwierige Frage geht, wie eine konkrete Frame-Darstellung „nach oben" (d.h. zu Ober-Frames bzw. -Begriffen) abgegrenzt werden kann. Genauer: Es geht um das Grundproblem, ob jedes abstrakte Frame-Element, das in einem Frame einer beliebigen höheren Stufe in einer hierarchischen Kette von Frame-Vererbungs-Relationen (vulgo: Relationen von Ober- zu Unterbegriffen in einer taxonomisch geordneten Begriffs-Hierarchie) vorzufinden ist, auch jeweils bei einem aktuellen zu beschreibenden Frame (unterer Stufe) explizit als Frame-Element in der Beschreibung markiert (aufgenommen) werden muss oder soll.[298] Würde man dies tun, würden Frame-Beschreibungen sehr schnell überfrachtet werden mit Elementen, die „als selbstverständlich vorausgesetzt" werden können. Andererseits ist nie auszuschließen, dass es Kontexte der Frame-Realisierung gibt (z.B. sprachliche oder textuelle Kontexte), in denen ein solches „selbstverständliches" Frame-Element plötzlich relevant und damit markiert ist, etwa weil es kontextuell in Frage gestellt oder ausgehebelt (oder mit einem sehr speziellen, ungewöhnlichen Wert belegt) wurde.[299] Es sieht ganz so aus, als gebe es für dieses praktische Darstellungsproblem keine allgemeingültige Lösung. Es bleibt wohl nur die Möglichkeit, dies jeweils ad hoc, in Relation zu den jeweiligen Untersuchungszielen und dem gewünschten Auflösungsgrad der Frame-Darstellung zu entscheiden.

Nicht zu Unrecht sieht Klein das Hauptproblem jeder empirischen Beschreibung von semantischen Frames in der Gewinnung der Slots. Gerade dem bisher umfassendsten Versuch einer allgemeinen Frame-Beschreibung, dem Ansatz von Konerding 1993, wurde von denjenigen, die mit diesem Ansatz zu arbeiten versucht haben, vorgeworfen, dass seine Beschreibungen eine Unmenge von Aspekten (*Frame-Elementen* in unserer Terminologie) formulieren, die in konkreten empirischen Beschreibungen ohne jede Relevanz und daher überflüssig sind. Das Problem bestehe, so schreiben Klein, aber auch Fraas, darin, aus der großen Menge an Konerdingschen Aspekten gerade die anwendbaren herauszufiltern.[300] An diesem Punkt wird wieder deutlich, wie stark Frame-semantische (oder epistemologische) Untersuchungen einem „interpretativen" Charakter verpflichtet sind. Es wird daher meistens dabei bleiben, dass man ad hoc (und auf der Basis interpretatorischer Entscheidungen) festlegen muss, welche Frame-Elemente man in eine Beschreibung aufnehmen möchte bzw. sollte. Das Ziel der Exhaustivität lässt sich (wie schon die alte Merkmalsemantik gezeigt hat) ja schon allein aufgrund des Prinzips der unendlichen Ausdifferenzierbarkeit (infiniten Rekursivität) grundsätzlich nicht verwirklichen. Dennoch sollte in Zukunft das

---

[298] Ein Beispiel: Muss in jedem Frame, in dem Personen auftreten, ein Frame-Element wie „belebt" in die Beschreibung aufgenommen werden?

[299] Um beim Beispiel zu bleiben: So etwas passiert häufig in moderner Fantasy-Literatur und –Filmen; etwa bei Fantasiewesen wie Cyborgs, bei denen ein für „Personen" selbstverständliches Frame-Element wie „belebt" plötzlich problematisch und fraglich (und damit thematisch und zentral für das Verständnis des aktualisierten Frames) werden kann.

[300] Andererseits scheint es wie bei Lönneker 2003, 107, deutlich wird, so zu sein, dass eine direkte Anwendung von Konerdings Muster-Frames keineswegs das Datenmaterial einer konkreten Untersuchung hinsichtlich der Erfassung der relevanten Frame-Elemente vollständig abdecken kann. Bei Lönneker waren es in einem ersten Durchgang nur 38 % der Slots in ihrem Datenmaterial, die mit Konerdings-Muster-Frames erschlossen werden konnten. Erst die Erweiterung seines Modells um neue ad-hoc-Frames ergab einen Abdeckungsgrad von 89 %.

Augenmerk der Forschung (gerade der linguistischen Frame-Forschung) stärker darauf gerichtet sein, ob es (sprachliche, kontextuelle) Indizien dafür gibt, dass in einem gegebenen (sprachlich verbalisierten) Frame bestimmte Frame-Elemente relevant und daher in eine Beschreibung aufzunehmen sind. (Erste Überlegungen in diese Richtung deuten sich bei Fraas an, siehe dazu unten Kap. 7.11.4.)

7.11.3 Frame-Thesauri oder exemplarische Darstellungen?

Eine Grundentscheidung, die sicherlich vor jeder Entwicklung eines persönlichen Arbeits- und Darstellungsmodells für ein konkretes Forschungsvorhaben getroffen werden muss, ist diejenige, ob Frames eher „thesaurierend"[301] erfasst werden sollen (wie es etwa für ein Wörterbuch oder eine Enzyklopädie – gleichgültig ob auf Papier oder online in Computer-Programmen – typisch wäre), oder ob die Darstellung eher exemplarisch sein soll. Ein thesaurierendes Vorgehen führt meist oder zwingend zu vergleichsweise „flacheren" Frame-Darstellungen (mit meist einer geringeren Zahl an Frame-Elementen und weniger ausdifferenzierten Beschreibungen der Frame-Elemente); ein exemplarisches Vorgehen führt meist zu einer „tieferen" Darstellung der Frames (mit einer sehr viel umfassenderen Beschreibung und Analyse der Frame-Strukturen und Frame-Elemente). Neben diese beiden Formen von Frame-Forschung (und Frame-Darstellung) kann man noch eine dritte stellen, die jedoch eher seltener vertreten wird, nämlich eine „universalistische" Frame-Beschreibung (wie sie sich als Ziel der Ermittlung einer „endlichen Anzahl genereller Beschreibungsdimensionen" und der „Rekonstruktion genereller Frame-Typen" etwa bei Wegner 1985 andeutet). Eine thesaurierende Forschungsstrategie führt zwar bei den einzelnen Frames zu knapperen, weniger stark ausdifferenzierten Darstellungen, ergibt in der Masse aber insgesamt, wie insbesondere die Arbeiten von FrameNet gezeigt haben, eine sehr viel größere Anzahl an Frame-Typen und Frame-Elementen als exemplarische Einzelstudien. Der Vorteil einer größeren Darstellungstiefe bei exemplarischen Frame-Darstellungen ist also erkauft mit einer geringeren Verallgemeinerbarkeit und Erklärungs-Reichweite der Forschungsergebnisse. Während thesaurierende Darstellungen meist zu knapperen, und daher übersichtlichen Frame-Abbildungen führen, können exemplarische Darstellungen leicht einen hohen Komplexitätsgrad erreichen, der die graphischen Darstellungsmöglichkeiten sprengt.

In linguistischer Forschung berührt die Entscheidung zwischen thesaurierenden und exemplarischen Frame-Beschreibungen die Entscheidung, ob man eher lexikalisch-semantisch vorgehen möchte (also die Bedeutungen von Lexemen Frame-semantisch beschreiben, d.h. auf die allgemeine Muster- oder *type*-Ebene abzielen möchte), oder ob man eher Wörter-im-Text, oder gar Satzbedeutungen (im Text) beschreiben will (und damit auf die *token*-Ebene abzielt). Auf die Beschreibung von Lexemen abzielende Forschungen sind in der Linguistik meistens dem thesaurierenden Typ zuzuordnen, obwohl dies keineswegs zwingend ist. Etwa in der Begriffsgeschichte (und historischen Semantik generell) werden Lexeme häufig in einer semantischen Tiefen-Analyse, also exemplarisch und tendenziell

---

[301] Der in der Lexikographie übliche Begriff „Thesaurus" (lat. für *Schatz*; vgl. etwa „Wortschatz") wird in FrameNet-Arbeiten auffallend häufig verwendet und deutet darauf hin, dass hier der Wortschatz eher lexikalisch hinsichtlich der relevanten Frames beschrieben werden soll.

7.11 Frames praktisch: Modelle der Darstellung

exhaustiv, untersucht, ohne dass damit immer das Ziel der Übertragbarkeit der Ergebnisse auf andere Lexeme verbunden ist (wie dies in der Regel für lexikographische Vorhaben gilt).

7.11.4 Sprachliche Indizien für Frames und Frame-Elemente

Jede sprachwissenschaftliche Analyse, also auch eine linguistisch motivierte Analyse von Frame-Strukturen, strebt danach, die beschriebenen Phänomene im sprachlichen Material zu verifizieren, d.h. die in der Beschreibung bzw. Analyse postulierten Elemente an ausdrucksseitig feststellbare sprachliche Elemente zu binden bzw. als durch diese indiziert nachzuweisen. Ziel einer sprachwissenschaftlichen Frame-Analyse (etwa in der linguistischen Semantik, sei sie Wortsemantik, Satzsemantik, Textsemantik oder allgemeine kulturwissenschaftliche Konzept- oder Diskurs-Analyse) muss es also immer sein, dasjenige aufzuspüren, was man „Indizien für Frames (Frame-Strukturen und Frame-Elemente)" nennen kann. In linguistischen Untersuchungen liegen diese Indizien naturgemäß auf der Ebene der ausdrucksseitig realisierten sprachlichen Zeichen bzw. ihren Verknüpfungen. Dabei beantwortet sich die Frage nach den sprachlichen Indizien für Frames und Frame-Elemente unterschiedlich, je nachdem, ob man prädikative (Satz-) Frames beschreiben will (wie vorrangig Fillmore und FrameNet), oder ob man nominale bzw. Konzept-Frames beschreiben will (wie vorrangig Barsalou und der größte Teil der angewandten Frame-Forschung außerhalb von FrameNet, auch in Deutschland).

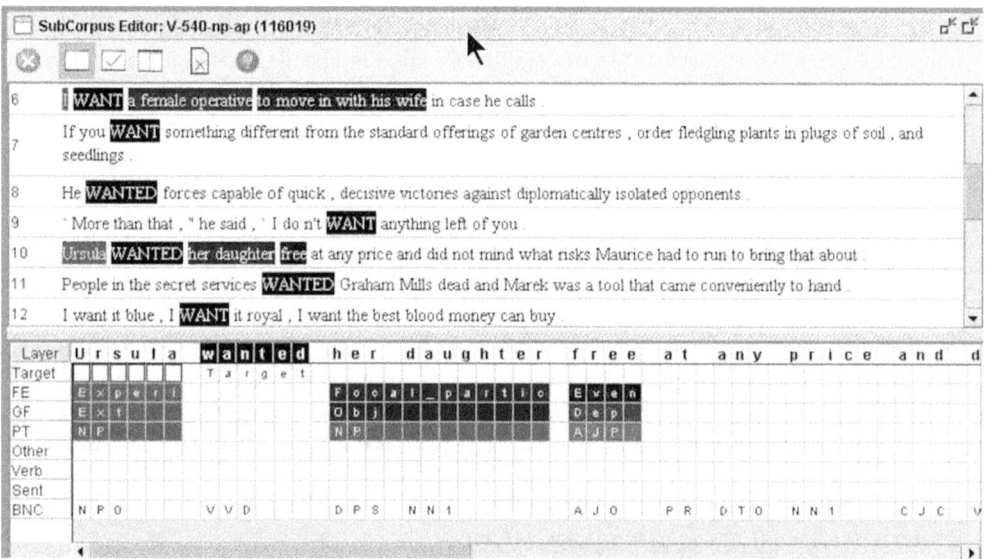

Abb. 7-28: Darstellung von *Annotation Layers* (*screen-shot* der Bildschirm-Maske) aus *FrameNet II: Extended Theory and Practice*, 2006, 20

In prädikativ orientierten Analysen (wie in FrameNet) erschließt sich eine erste Gruppe von Frame-Elementen zwanglos über die lexikographisch und syntaktisch bereits zur Genüge erfassten und beschriebenen Valenz-Strukturen der Verben, als in Satzbeispielen verbalisierte Aktanten und Zirkumstanten (bzw. Komplemente und Adjunkte). (Für die

oben als Aktanten-Frame-Elemente klassifizierten FE gilt dies sowieso; aber auch FE, die für weitere Eigenschaften stehen, und valenz-theoretisch als Zirkumstanten bezeichnet wurden, sind sprachlich über die sog. „adverbialen Bestimmungen" syntaktisch und satz-semantisch leicht nachzuweisen.) Man muss also nur alle Nominal- und Präpositionalgruppen sowie attributiven Adjektive und Adverbien aufsuchen und diese semantisch bzw. funktional etikettieren. Siehe als Beispiel für die – vergleichsweise simple – Annotationspraxis von FrameNet (das sog. „Tagging") Abb. 7-28. Schwieriger ist dann schon der zweite Schritt, nämlich die Gewinnung weiterer konzeptueller Frame-Elemente (die sich bei Verben ebenso finden lassen wie bei Nomen), also solcher Frame-Elemente, die nicht als eigene Satzelemente explizit verbalisiert sind. Nur die wenigsten solcher Frame-Elemente sind direkt als attributive Adjektive oder als Adverbien sprachlich ausgedrückt.

Klein wie auch Fraas weisen darauf hin, dass sie gute Erfahrungen mit Lexem-Kombinationen und Kollokationen (Fraas nennt letztere „usuelle Wortverbindungen") als Indizien für Frame-Elemente gemacht haben. Bei Fraas kommt hinzu, dass sie Satzglieder bzw. -Elemente daraufhin prüft, ob sie Prädikationen zu einem im Mittelpunkt der Untersuchung stehenden Konzept-Frame ausdrücken, die sich im Sinne von Konerdings „Fragen an den Frame" als Indizien deuten lassen, mit denen nach diesem Modell die Frame-Aspekte bzw. -Elemente erschlossen werden können. Diese Verfahrensweise(n) lassen sich erweitern, wenn man die Satzgrenze überschreitet und nach anaphorischen Elementen in Texten und überhaupt weiteren Elementen in textueller Umgebung des Ziel-Wortes bzw. Ziel-Satzes sucht. Welche sprachlichen Indizien für Frames und Frame-Elemente in Frage kommen, wird sich vermutlich stark nach dem der Untersuchung zugrundegelegten Typ von Sprachmaterial und Quellenlage unterscheiden. Generell kann man nur sagen, dass es immer eine „Suchstrategie" sein muss, jegliches sprachliche Element in der Umgebung eines Ziel-Wortes oder –Satzes daraufhin genauestens zu prüfen, ob sich durch dieses Element, oder durch semantische Kombination und Synergie-Effekte dieses Elements mit anderen Elementen im Quellentext, ein Hinweis auf ein mögliches Frame-Element (Attribut / Slot oder Wert / Filler) ergibt. Häufig (oder sogar meistens) wird es so sein, dass sprachliche Indizien für Werte / Filler stehen, und die entsprechenden Attribute / Slots im Wege der Abstraktion erschlossen werden müssen. Es kann aber auch vorkommen, dass sprachliche Mittel für Attribute / Slots stehen, ohne dass konkrete Werte / Filler überhaupt eine Rolle spielen.[302] Abschließend kann nur das vorläufige Fazit gezogen werden, dass die empirische linguistische Frame-Forschung noch zu jung (und zu wenig umfangreich) ist, um abschließende oder umfassendere Aussagen über Listen möglicher sprachlicher Indizien für Frame-Elemente machen zu können. Dieser Frage weiter nachzugehen, wäre aber ein lohnendes Ziel für eine weiterführende linguistische Frame-Forschung.

7.11.5 Leistungen und Grenzen einer Frame-Semantik

Die empirische (linguistische) Forschung zur Frame-Semantik ist noch zu jung und zu selten umgesetzt worden – im Sinne einer systematischen, das gesamte Spektrum der theoretischen Modelle und Möglichkeiten umsetzenden umfassenden Forschung –, als dass eine

---

[302] So ist das *wer* in *Wer anderen eine Grube gräbt* ... ein purer Verweis auf das FE AKTANT als solches; ein möglicher Filler spielt hier gar keine Rolle.

7.11 Frames praktisch: Modelle der Darstellung   741

abschließende Einschätzung ihrer Leistungspotentiale und ihrer Grenzen bereits möglich wäre. Von Linguisten wie Fillmore (und Autoren des FrameNet-Verbunds) sind ebenso wie von Kognitionswissenschaftlern wie Minsky und Barsalou beeindruckende Listen erstellt worden darüber, was alles mit Hilfe eines (jeweils unterschiedlich ausfallenden) Frame-Modells im Bereich der Gegenstände der Sprachforschung im weitesten Sinne erforscht werden könne. Von Verben, Nomen und Sätzen angefangen, über kognitive Konzepte, Texte, Morpheme, Metaphern, Anaphern, Präsuppositionen bis hin zu Präpositionen und Konjunktionen sind fast alle Gegenstände im Umfeld der Linguistik schon einmal als mögliches Anwendungsobjekt einer Frame-Forschung genannt worden.[303] So weit die ambitionierte Programmatik.

Es steht aber zu vermuten, dass es nicht so sein wird, dass alle genannten Phänomene gleichermaßen gut (oder überhaupt) mit demselben Frame-Modell analysiert werden können. So fragt sich z.B. ob die häufig von Fillmore angesprochenen „Hintergrund-Frames" (oder „Szenen") mit einem Barsalou-Modell der Frames überhaupt angemessen oder vollständig erfasst werden können. Für zahlreiche von Fillmores Parade-Beispielen (*Waise, Witwe, Junggeselle, Vegetarier, an Land, auf dem Boden*) gilt, dass dasjenige Wissen, auf dessen Rolle für ein adäquates Verstehen er mit diesen Beispielen anspielen will, teilweise so komplex und voraussetzungsvoll ist, dass eine angemessene Paraphrase möglicherweise jeweils zusätzlich eine größere Zahl von Prädikationen einführen muss, die jeweils für sich in allen ihren Elementen Frame-semantisch analysiert und bestimmt werden müssten. Dadurch käme man schnell zu einer ziemlich komplexen Beschreibung, wenn man z.B. ein Modell des Barsalou-Typs systematisch darauf anwenden wollte. Eine detaillierte Frame-Analyse größerer sprachlicher Komplexe (etwa ganzer Texte oder längerer Textabschnitte) scheint erst recht außerhalb des Machbaren und Sinnvollen zu liegen (weil die Ergebnisse so komplex würden, dass sie vollends unübersichtlich und kaum noch lesbar und benutzbar wären).

Es wäre also falsch, in der Frame-Theorie ein Allheilmittel für alle linguistischen (oder semantischen) Fragestellungen und Untersuchungsziele zu sehen. Die Frame-Theorie ist dort stark, wo sie in die erkennbaren Lücken älterer linguistischer Programme (wie der Merkmalsemantik, der Logischen Semantik, der wort-isolierenden lexikalischen Semantik, der logik-fundierten kompositionalistischen Satzsemantik, der wort- und begriffs-isolierenden historischen Semantik) stößt. Genauer gesagt: Überall dort, wo der Umfang, die Komplexität, die Subtilität und die Ausdifferenziertheit des verstehensrelevanten bzw. sprachrelevanten Wissens in den älteren Modellen sträflich unterschätzt wurde. Vor allem hier kann sie ihre besondere Leistungsfähigkeit entfalten und ist anderen Ansätzen überlegen. Die Grenzen ihrer Möglichkeiten werden (und können) aber letztlich erst dann sichtbar werden, wenn diese Möglichkeiten in empirischen Analysen unterschiedlichster Form auf breitem Felde umgesetzt und praktisch erprobt wurden. Von diesem Punkt sind wir momentan jedoch noch sehr weit entfernt.

---

[303] Siehe dazu im Einzelnen die Hinweise und Überlegungen im folgenden Kap. 7.12.

742   *Kapitel 7: Frame-Semantik: Ein Arbeitsmodell*

7.12 Anwendungsmöglichkeiten der Frame-Analyse

Da es sich beim Frame-Begriff und der Frame-Theorie um (kognitiv-epistemische) Grundlagenkonzepte handelt, ist es nicht überraschend, dass auch bei ihrer linguistischen Anwendung ein großes Spektrum von empirisch-deskriptiven Anwendungsfeldern genannt wurde, das leicht um weitere ergänzt werden kann. Nachfolgend werde ich kurz auf die wichtigsten dieser Anwendungsfelder in der Linguistik (mit Schwerpunkt auf Semantik) eingehen: Frame-Analyse von Lexemen und Wortbedeutungen, von Morphemkombinationen und Wortbildungen, Frames für Begriffstypen und Wortarten, Frame-Analyse von Textwörtern im Kontext und von Satzbedeutungen, Frames in der Textanalyse und Verstehenstheorie und in der Analyse von Metaphern, in der Analyse von Präsuppositionen und Implikaturen, und die Frame-Analyse von Bedeutungs- und Sprachwandel. Es kann nicht der Anspruch der nachfolgenden knappen Ausführungen sein, diese Anwendungsfelder vollständig zu erschließen, sondern nur, aufzuzeigen, für welche Aspekte eine Frame-Analyse in diesen Phänomenbereichen besonders interessant und ergiebig sein könnte.

7.12.1 Frame-Analyse von Lexemen und Wortbedeutungen

Der Entstehungsbereich der Frame-Theorie war, wie gezeigt, entweder satzlinguistisch (Fillmore 1968a) oder kognitionswissenschaftlich (Minsky 1974). Eine Anwendung des Frame-Begriffs auf Lexeme bzw. lexikalische Bedeutungen war daher keineswegs von vornherein selbstverständlich. Dennoch hat sich die Forschung ganz offenkundig so entwickelt, dass zumindest in der linguistischen Anwendung Frame-Analysen weit überwiegend für lexikalisch-semantische bzw. lexikographische Zwecke vorgeschlagen und umgesetzt wurden.[304] Indirekt hat die Fillmore-Schule dafür dadurch den Weg bereitet, dass im Mittelpunkt des Modells die satz-organisierende Funktion von *Verben* steht, deren lexikalische Bedeutung damit dann auch zum Analyseziel wurde. In Barsalous (1993) Modell liegt der Fokus dagegen auf nominalen Konzepten, so dass auch für deren Frame-semantische Beschreibung theoretische Anhaltspunkte vorliegen. Jedoch hat bisher keiner der Frame-Theoretiker einen (zufriedenstellenden) Versuch der Erklärung und Definition dessen vorgelegt, was man sich unter einer „Wortbedeutung" im Sinne einer „lexikalischen Bedeutung" vorzustellen habe.

Das, was man üblicherweise als „Wortbedeutung" oder als „lexikalische Bedeutung" eines Wortes (Linguisten sprechen dann von einem *Lexem*) bezeichnet, ist ein theoretisches Konstrukt, da Wörter in der realen Verwendung in Sätzen, Texten oder kommunikativen Akten immer nur als kontextuell disambiguierte Wortformen auftreten. Üblicherweise unterscheidet man in der Lexikographie und lexikalischen Semantik bei den meisten Lexemen zwischen verschiedenen *Teilbedeutungen* oder *Lesarten*. Es ist inzwischen Konsens in der lexikalischen Semantik, dass eine semantische Beschreibung immer nur für solche konkrete

---

[304] Dies gilt insbesondere für die jüngeren Arbeiten von Fillmore und Ko-Autoren (Fillmore 1971a, 1977c, 1978, Fillmore / Atkins 1994a, 1998a, Fillmore / Wooters / Baker 2001b, Fillmore / Atkins / Johnson 2003c, Fillmore / Narayanan / Baker / Petruck 2003i), aber auch für FrameNet und verwandte Bemühungen wie GermaNet, sowie die deutschen linguistischen Umsetzungsversuche bei Ballmer / Brennenstuhl, Wegner, Konerding und Lönneker.

7.12 Anwendungsmöglichkeiten der Frame-Analyse   743

Lesarten[305] möglich ist, nicht hingegen für die Gesamtheit der Verwendungsmöglichkeiten eines Lexems (oder Lesarten-übergreifend, wie es noch in der strukturalistischen Semantik der 1970er Jahre postuliert wurde). Das gilt entsprechend auch für eine Frame-semantische Beschreibung. Das heißt: Lexikalisch-semantische Frames sind immer Lesarten-Frames.

Lexikalisch-semantische oder Lesarten-Frames unterscheiden sich von Textwort-Frames (oder von kognitiven Konzept-Frames des Barsalou-Typs) in einer entscheidenden Hinsicht: Da es sich um Muster- oder *type*-Frames handelt, sind die Anschlussstellen / Slots / Attribute der Frames oft nicht mit konkreten Fillern / Werten belegt. Stattdessen müssen die Slots / Attribute hinsichtlich des jeweiligen *Wertebereichs* beschrieben werden, der die Art der jeweils anschließbaren Filler spezifiziert. Konkrete Werte (Filler) treten in der Beschreibung eines lexikalischen oder Muster-Frames nur in Form von Standard- oder Default-Werten auf.

Zuerst zu den *Nomen*: Abb. 7-29 zeigt zunächst den (übergeordneten) Lexem-Frame für *Maus*, an den dann die (eingebetteten) Wortbedeutungs- bzw. Lesarten-Frames (Abb. 7-30 und 7-31) angeschlossen sind.

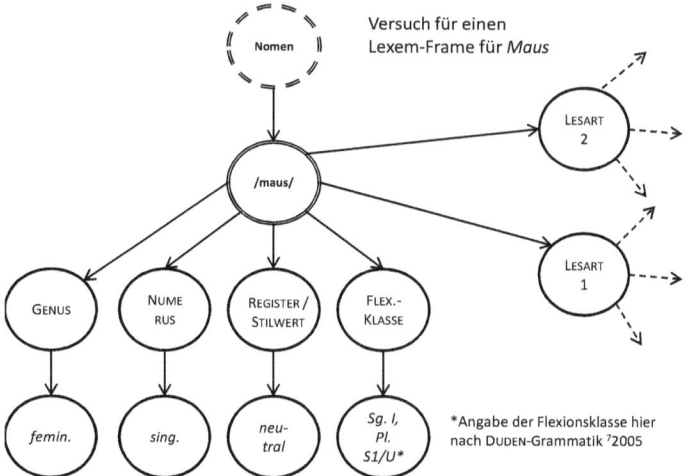

Abb. 7- 29: Lexem-Frame für *Maus* mit angeschl. Lesarten-Frames (s.u. Abb. 7-29 und 7-30).

---

[305] So z.B. beim Lexem *Schule* die Lesarten GESELLSCHAFTLICHE INSTITUTION, KONKRETE INSTITUTION, UNTERRICHTSGESCHEHEN, GEBÄUDE. In Wörterbüchern werden Lesarten oft durch Ziffern- oder Buchstaben-Zählung unterschieden.

744   Kapitel 7: Frame-Semantik: Ein Arbeitsmodell

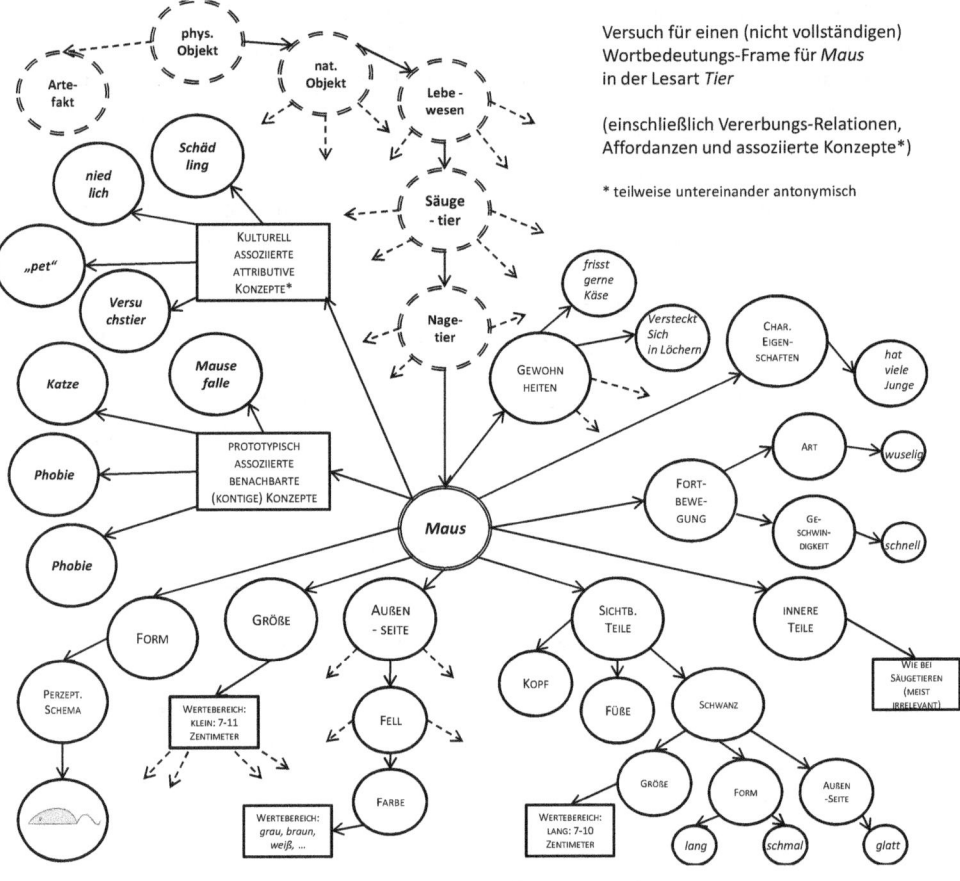

Abb. 7-30: Wortbedeutungs-Frame für MAUS in der Lesart *Tier*.

Frame-Darstellungen von Lexemen sind nicht identisch mit Frames für lexikalische Bedeutungen, da sie zusätzliche Aspekte des wortbezogenen Wissens erfassen müssen, wie z.B.
Informationen über die Wortart, über weitere morpho-syntaktische Eigenschaften (wie
Genus, Flexionsklasse), über stilistisch-register- und / oder varietäten-bezogene Informationen (wie pejorative und andere sozio-stilistische Werte) sowie valenz-bezogene Informationen. In den Darstellungen sind die wichtigsten (aber nicht alle) Vererbungs-Relationen
und Affordanzen integriert. Eine vollständige Frame-Beschreibung müsste aber beispielsweise spezifizieren, ob in der Vererbung jeweils alle oder nur einige der Attribute / Slots
der Ober-Frames geerbt werden. Wortbedeutungs- bzw. Lesarten-Frames müssen, wenn
eine vollständige lexikalisch-semantische Darstellung angestrebt ist, immer angeschlossen
werden an einen übergeordneten Lexem-Frame, der die weiteren Lexem-Eigenschaften
spezifiziert (siehe Abb. 7-29). Auch bei Lexem-Frames können Vererbungs-Relationen eine
Rolle spielen; so erbt das Lexem *Maus* den Wert des Attributs WORTART vom übergeordneten Frame NOMEN.[306]

---
[306] Man kann auch erwägen, die Kategorie WORTART als eines der Attribute des Lexem-Frames diesem
unterzuordnen, wie die anderen Lexem-Eigenschaften. Wenn man aber von einer grundsätzlichen Frame-Eigenschaft „Vererbung" ausgeht, und diese in die Darstellungen bei Wortbedeutungs-Frames inte-

7.12 Anwendungsmöglichkeiten der Frame-Analyse

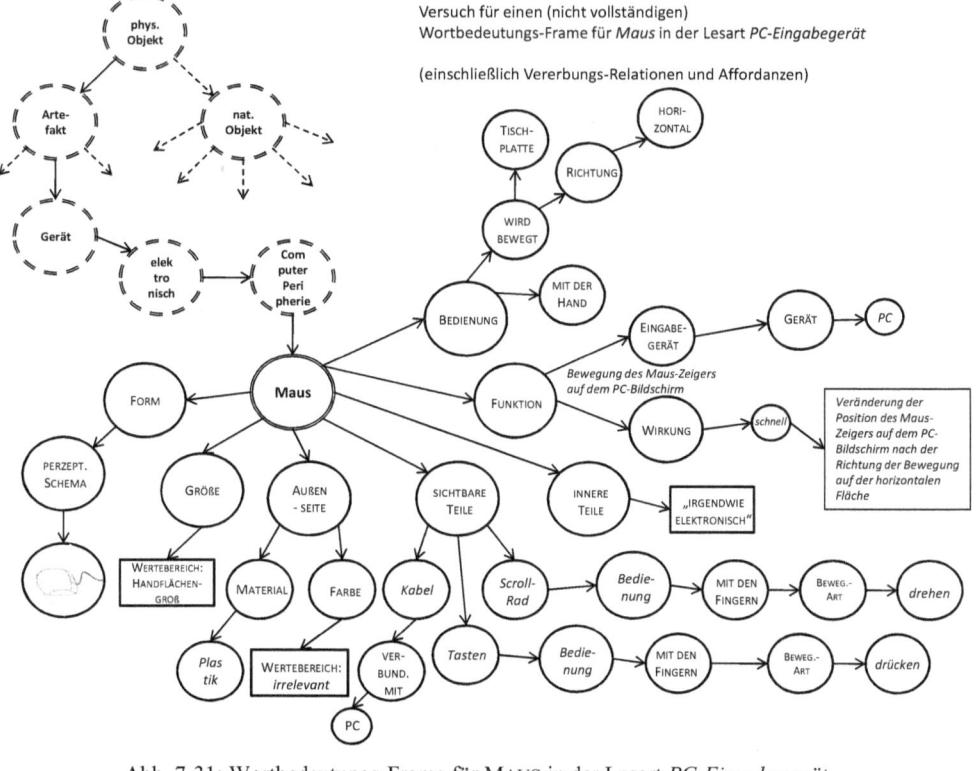

Abb. 7-31: Wortbedeutungs-Frame für MAUS in der Lesart *PC-Eingabegerät*.

Das Prinzip der (theoretisch unbegrenzten) Rekursivität bedingt, dass Frames bzw. Frame-Strukturen stark nach unten verzweigen. Dies sprengt bei Lexem-Frames oft oder meist die Grenzen des in normalen Publikationen Druckbaren bzw. Darstellbaren.[307] Daher wird es sich meistens anbieten, Unter-Frames als Teil-Abbildungen isoliert darzustellen. So fehlt in Abb. 7-30 z.B. die Darstellung der Attribute des Unter-Frames für KOPF, der aber wesentliche (prototypische) Wissenselemente zu *Maus* (in der Lesart *Tier*) enthält, und unbedingt zur Gesamtdarstellung dazugehört (siehe Abb. 7-32).[308]

Da es einer der Ausgangspunkte der vorliegenden Darstellung ist, Frames auch als Instrument kulturwissenschaftlich interessierter semantischer Forschungen nutzen zu wollen, sind in Abb. 7-30 zum Lexem *Maus* in der Lesart *Tier* auch kulturspezifisch assoziierte[309]

---

griert, scheint es aus Gründen der Einheitlichkeit der Darstellung sinnvoller zu sein, solche Vererbungs-Relationen auch bei dem einzelnen Lexem übergeordneten Kategorien wie NOMEN auch bei der Darstellung von Lexem-Frames anzunehmen.

[307] Lösbar ist das Darstellungsproblem nur mit Bildschirm-Darstellungen am Computer.

[308] Zu diskutieren bleibt in Frame 7-32 die Darstellung der Salienz. Hier sind saliente Merkmale als spezifischer Typ von Attribut dargestellt. Das könnte kritisiert werden. Vielleicht ist es angemessener, Salienz als eine Eigenschaft zu definieren, die *„über Attributen operiert"*, und daher nicht einfach in die Reihe der Attribute eines Frames eingereiht werden darf, sondern durch gesonderte Markierungen bestimmter (dann salienter) Attribute dargestellt werden muss.

[309] Sie sind darstellungstechnisch als „Bereiche prototypisch anschließbarer Konzepte" (vergleichbar den Wertebereichen) formatiert. („*pet*" ist eine treffende englische Abkürzung für „Haustier, das wie ein Goldhamster im Käfig als Kuscheltier gehalten wird".)

746   *Kapitel 7: Frame-Semantik: Ein Arbeitsmodell*

benachbarte (kontige) und assoziierte attributive Konzepte, die teilweise antagonistisch zueinander stehen können, integriert. Weiterhin können oder müssten in einer Darstellung eines Wortbedeutungs- bzw. Lesarten-Frames wie in Abb. 7-30, wenn er das semantische Potential eines Lexems in einer bestimmten Lesart vollständig wiedergeben sollte, eigentlich auch die prototypisch assoziierten (oder assoziierbaren) Metaphern bzw. metaphorischen Verwendungen dargestellt werden. Z.B. schließt *Maus* (oder *Mäuschen*) als Kosename ja an Lesart 1 an und nicht an Lesart 2, ist also keine unmittelbare Lexem-Eigenschaft, sondern eine vermittelte Lesarten-Eigenschaft.[310]

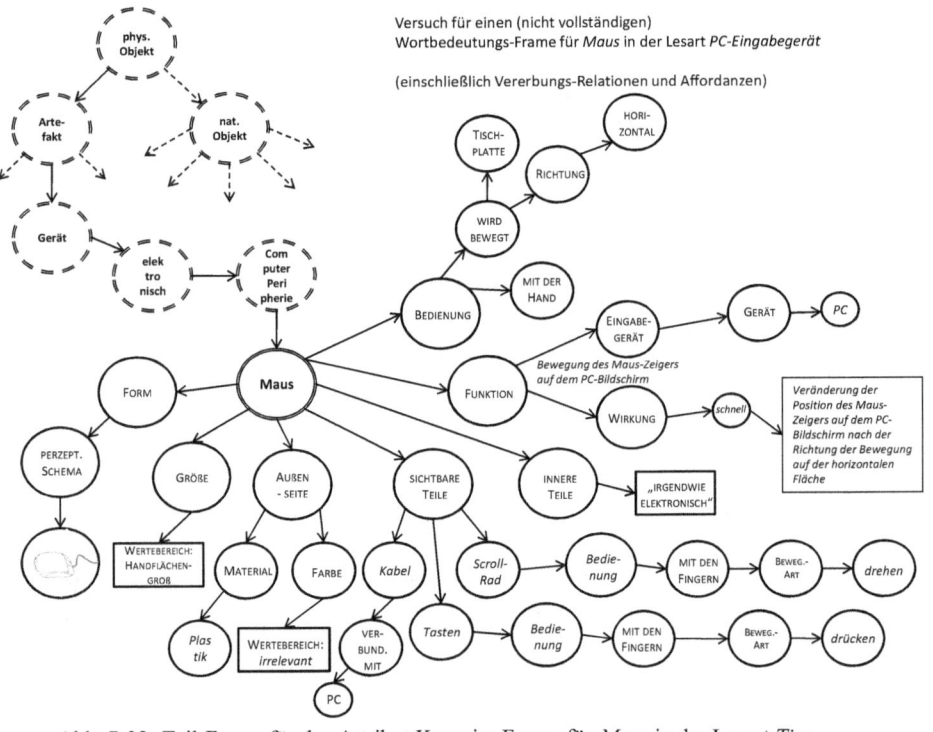

Abb. 7-32: Teil-Frame für das Attribut KOPF im Frame für *Maus* in der Lesart *Tier*.

Nomen-Lexeme verfügen nur in bestimmten Fällen über die Eigenschaft der Valenz. Wo diese vorliegt, muss sie (wie bei den Verben, wo sie eine zentrale Eigenschaft darstellt) in die Darstellung des Lexem-Frames integriert werden. Allerdings können valenz-bezogene Darstellungen schnell sehr komplex werden, da sie auch im Falle von Nomen mit Valenz häufig auf komplexe prädikative Strukturen zurückgehen, die auf dem Wege der Wortbildung durch das Nomen aus Vorgänger-Verben oder -Prädikationen „geerbt" wurde. (Siehe den Begriff „Argument-Vererbung" in der Wortbildungsforschung für die sog. Rektionskomposita. Solche Vererbungen finden sich aber auch bei Simplizia.)

---

[310] Diachron gesehen ist Lesart 2 selbst eine Metapher zu Lesart 1. Zur Frame-theoretischen Darstellung von Metaphern siehe unten, Kap. 9.12.7.

7.12 Anwendungsmöglichkeiten der Frame-Analyse

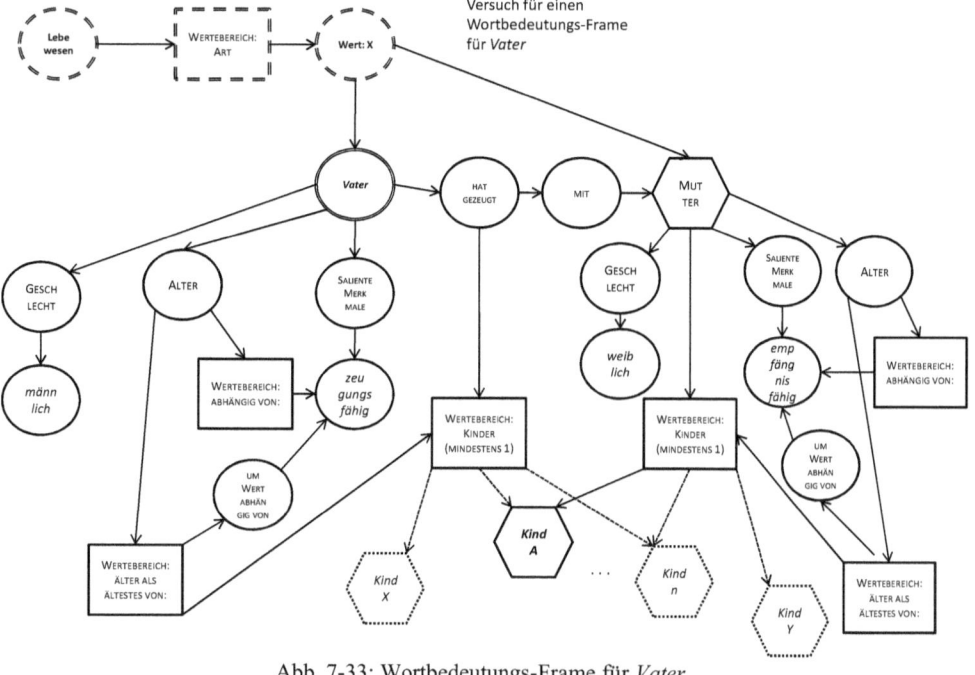

Abb. 7-33: Wortbedeutungs-Frame für *Vater*.

In der obigen Darstellung eines Frames für *Vater* sind die valenz-anhängigen Elemente durch sechseckige Formen für die Komplemente dargestellt (Abb. 7-33).[311] Naheliegenderweise können Komplemente (bzw. Typen von Komplementen) immer nur exemplarisch aufgeführt werden (als offene Liste).

Verben: Die Darstellung der Valenz von Verben ist einer der wichtigsten Antriebe zur Entwicklung der Frame-Theorie (in der Fillmore / FrameNet-Version) gewesen und muss daher hier nicht mehr ausführlich behandelt werden. Entsprechend der oben (Kap. 7.4.3, S. 573 ff.) vorgenommenen Unterscheidung zwischen Aktanten-Frame-Elementen und den anderen Typen von Frame-Elementen sollten bei der Darstellung der Frame-Struktur von Verb-Bedeutungen die syntaktisch als Komplemente realisierbaren (oder zwingend zu realisierenden) Frame-Elemente ebenfalls gesondert ausgezeichnet werden. Abb. 7-34 zeigt den (nicht vollständigen) Versuch für einen Verb-Frame für das Lexem *schenken* in seiner Standard-Lesart. Die Darstellung umfasst Constraints, wie sie gerade bei Frames für Geschehnisse und Handlungen häufig vorkommen. So hängen etwa die Werte für die Attribute ART und WERT des Aktanten-Frame-Elements AFFIZIERTES OBJEKT sowohl vom Frame-Element ANLASS als auch vom Frame-Element REZIPIENT ab. (Präziser eigentlich: Art der sozialen Beziehung zwischen AKTANT und REZIPIENT.)

---

[311] Aus einsehbaren Gründen unterscheidet sich ein *Mutter*-Frame von einem *Vater*-Frame, da (a) das Attribut „hat gezeugt mit" zu ersetzen ist durch „hat empfangen von", und (b) die Komplement-Markierung von MUTTER auf VATER wechseln muss. (Für Feministinnen ließe sich vielleicht auch eine noch „neutralere" Darstellung finden.) – Auch der *Vater*-Frame müsste um Affordanzen, kontige Konzepte und kulturspezifisch prototypisch assoziierte Konzepte, wie *Autorität, Familienoberhaupt* usw. ergänzt werden.

748   *Kapitel 7: Frame-Semantik: Ein Arbeitsmodell*

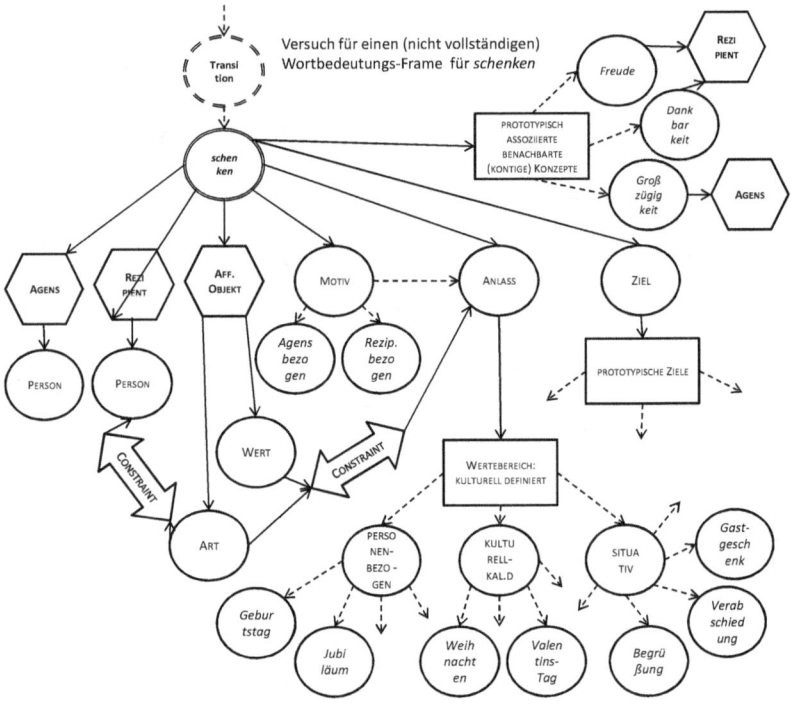

Abb. 7 34: Wortbedeutungs-Frame für *schenken.*

Im Unterschied zu Nomen und Verben sind Adjektive bislang noch kaum Frame-semantisch beschrieben worden; für ihre angemessene Darstellung gibt es daher keine Beispiele. Offenbar wirft sie besondere Fragen auf, die mit der häufig abstrakten (und damit epistemisch voraussetzungsvollen) Bedeutung der Adjektive zusammenhängt. Einige der Probleme werden bei dem Versuch einer Frame-semantischen Darstellung der Bedeutung des Adjektivs *weich* deutlich. Abb. 7-35 ist zu verstehen als ein erster, tastender Versuch, Adjektiv-Bedeutungen Frame-semantisch darzustellen. Gravierende Probleme, die sich dabei stellen, sind etwa folgende: Adjektive werden auf Objekte prädiziert, die mit Nomen verbalisiert sind. Sie beschreiben Eigenschaften bestimmter Typen von Objekten, denen die vom Adjektiv verbalisierte Eigenschaft zukommt. Die semantisch zu beschreibenden Aspekte der Wortbedeutung des Adjektivs sind damit prädikationslogisch zugleich (und zuerst) Eigenschaften des jeweiligen Objekts (Objekt-Typs), auf den das Adjektiv in dieser Bedeutung prädizierbar ist. Es wäre daher zu fragen, ob man die Objekte selbst nicht im Wortbedeutungs-Frame repräsentieren muss, und ob die Anbindung der semantischen Aspekte statt an das Adjektiv-Lexem (wie in Abb. 7-35) nicht direkt an ein in die Frame-Darstellung zusätzlich aufzunehmendes Symbol für ein Objekt(-Typ) erfolgen muss oder sollte. Ein weiterer Punkt ist, dass man bei der Beschreibung der semantischen Leistung von Adjektiven nicht umhin kommt, auf komplexere Prädikationen zurückzugreifen. Die Darstellung in Abb. 7-35 versucht dem symbolisch durch die Darstellung in Form eines Text-Banners (statt wie bei den einfachen Konzepten eines einfachen Kreises oder Sechsecks) gerecht zu werden. Vorerst sind solche Prädikationen als „Affordanzen" gekennzeichnet; es tritt aber die Frage auf, ob angesichts solcher Beispiele der noch recht offene Begriff der „Affordan-

7.12 Anwendungsmöglichkeiten der Frame-Analyse 749

zen" nicht grundlegend neu bestimmt und in stark unterschiedliche Typen ausdifferenziert werden muss. Ebenfalls neu in Abb. 7-35 ist die Aufnahme einer Skala als Bedeutungs- oder Wissenselement in die Beschreibung; dies hatte zuerst Fillmore anhand zahlreicher Beispiele gefordert.[312]

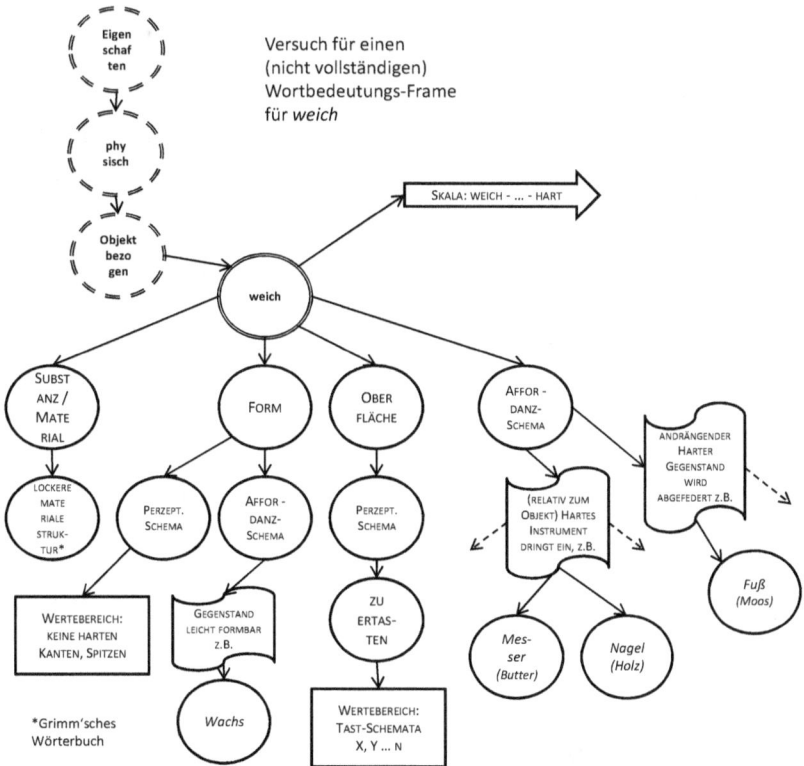

Abb. 7-35: Wortbedeutungs-Frame für *weich.*

Adverbien: Die Frame-Darstellung für Adverbien entspricht zunächst grundsätzlich derjenigen von Adjektiven; dies ist schon daraus ersichtlich, dass viele Adjektive gleichzeitig als Adverbien vorkommen können bzw. umgekehrt: *Das schnelle Auto* vs. *Das Auto fährt schnell*. Adverbien charakterisieren bekanntlich Verben bzw. Prädikationen in Sätzen zusätzlich. Sie sind selbst Prädikationen zu einer Prädikation (sozusagen Prädikationen zweiter Stufe, syntaktisch gesprochen). Allerdings wird bei Adverbien der prädikative Charakter, den sie selbst besitzen, sehr viel deutlicher als bei Adjektiven, da man offenbar bei der semantischen Beschreibung von Adverbien gar nicht mehr umhin kommt, ihre Bedeutung auch explizit mithilfe von Prädikationen darzustellen. Nehmen wir zunächst einfache Adverbien wie *oft* (Abb. 7-36) oder *gern* (Abb. 7-37). Manche Adverbien, wie etwa *gern*, scheinen überhaupt nur mittels Prädikationen semantisch darstellbar.

---

[312] So bereits proto-Frame-theoretisch Fillmore 1965a, vgl. oben Kap. 2.1.

750   Kapitel 7: Frame-Semantik: Ein Arbeitsmodell

Versuch für einen (nicht vollständigen)
Wortbedeutungs-Frame für *oft*

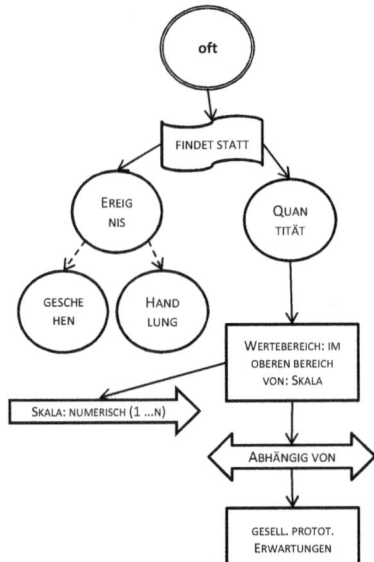

Versuch für einen (nicht vollständigen)
Wortbedeutungs-Frame für *gern*

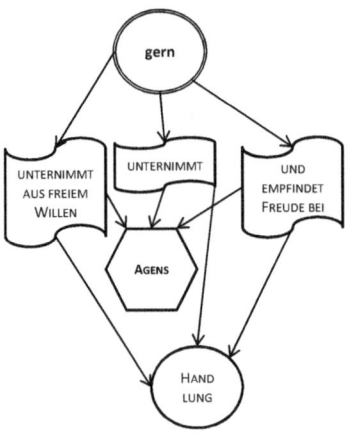

Abb. 7-36: Wortbedeutungs-Frame für *oft*.

Abb. 7-37: Wortbedeutungs-Frame für *gern*.

Versuch für einen (nicht vollständigen)
Wortbedeutungs-Frame für *schnell*
(Adverb)

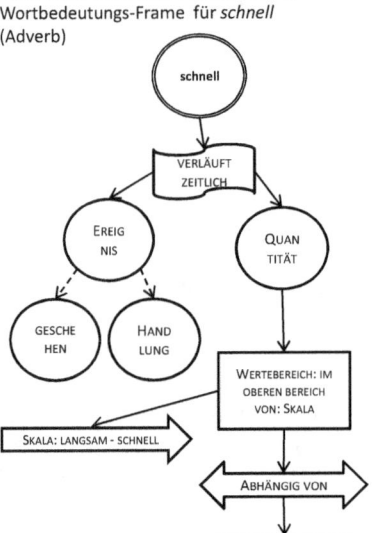

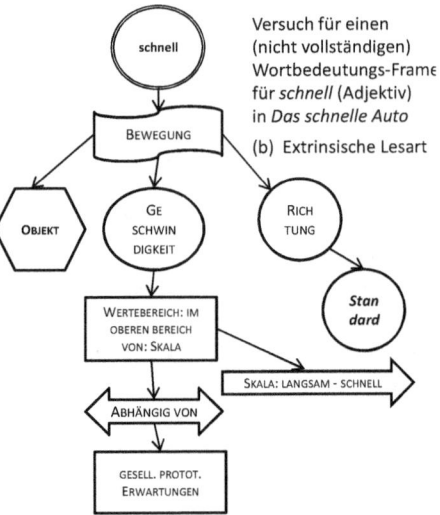

Abb. 7-38: Wortbedeutungs-Frame
für *schnell* (Adverb).

Abb. 7-39: Wortbedeutungs-Frame für
schnell (Adjektiv) (b) extrinsische Lesart.

7.12 Anwendungsmöglichkeiten der Frame-Analyse 751

Frame-semantische Darstellungen der Bedeutung von Adverbien können offenbar schnell einen hohen Grad an Komplexität annehmen. Grammatische Kategorien-Bezeichnungen wie *Adverb* oder *Adjektiv* (besser, weil präziser und analog gebildet wäre für letztere: *Adnomen*) sind zunächst rein ausdrucks-syntaktisch motiviert. Tatsächlich steckt bei ihrer semantischen Beschreibung der Teufel im Detail, wird doch schnell deutlich, dass sich zahlreiche adjektivisch verwendbare Adverbien auch in ihrer adjektivischen (oder adnominalen) Verwendung Frame-semantisch gesehen wie Adverbien verhalten. Dies kann man am Lexem *schnell* verdeutlichen (s. Abb. 7-38 und 7-39). An Abb. 7-36 und 7-38 werden einige neue Elemente der Frame-Darstellung deutlich. Insbesondere wird klar, dass adverbiale Prädikationen sich häufig offenbar auf skalare Anordnungen beziehen, deren jeweils (für die Adverb-Bedeutung) relevante Wertebereiche relativ sind zu bestimmten kulturell bzw. gesellschaftlich definierten (und damit prototypischen) Erwartungen (und die daher über konditionale Constraints angeschlossen bzw. Frame-semantisch dargestellt werden müssen).

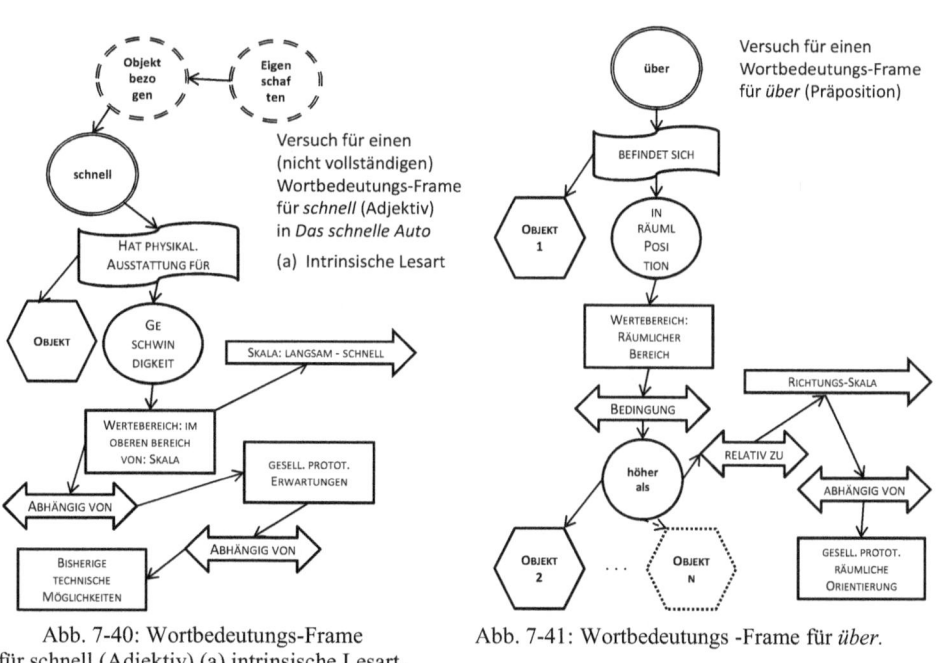

Abb. 7-40: Wortbedeutungs-Frame für schnell (Adjektiv) (a) intrinsische Lesart.

Abb. 7-41: Wortbedeutungs -Frame für *über*.

Abb. 7-39 und 7-40 zeigen dann, dass man bei Lexemen, die zugleich als Adverbien und als Adjektive (Adnomen) vorkommen können, bei der Beschreibung ihrer adjektivischen (adnominalen) Bedeutung strikt zwischen zwei verschiedenen Lesarten unterscheiden muss: Nämlich einmal (a) einer Lesart, die man *intrinsische Lesart* nennen könnte, und die als einzige auch in der internen semantischen Struktur im engeren Sinne als adnominal gelten kann; und zum anderen einer Lesart (b), die offenbar aus der adverbialen Verwendung abgeleitet ist, und die man als extrinsische Lesart bezeichnen kann. Nur die intrinsische Lesart beschreibt eine eigentliche Eigenschaft eines Objekts; die extrinsische Lesart beschreibt auf dem Umweg über ein Nomen die Eigenschaft eines Vorgangs, ist also im Kern ad-prädikativ bzw. adverbial. Dies zeigt sich daran, dass in unserer Frame-Darstellung

752   *Kapitel 7: Frame-Semantik: Ein Arbeitsmodell*

die Darstellung der Lesart (a) praktisch formidentisch ist mit der Darstellung „echter" Adverbien.

Präpositionen: Da von Frame-Theoretikern behauptet worden ist, dass auch andere
Wortarten, etwa Präpositionen (so Barsalou) Frame-theoretisch darstellbar sind, auch dafür
nachfolgend einige Versuche. Allerdings muss man sich immer bewusst machen, dass gerade Wortarten wie Präpositionen (aber z.B. auch Modalpartikeln) einen hohen Grad an
semantischer bzw. funktionaler Variabilität aufweisen. Ihre lexikalisch-semantische Beschreibung ist daher immer schon sehr stiefmütterlich behandelt worden und (wenn sie
überhaupt systematisch erfolgte) in Spezialliteratur, bestenfalls in Spezial-Lexika abgeschoben worden. Abb. 7-41 zeigt einige Elemente, auf die bei der Beschreibung von Präpositionen zu achten ist. Offenkundig basiert auch die Semantik von Präpositionen auf zusätzlichen Prädikationen, die über Aktanten-Frame-Elementen operieren. Dies muss nicht verwundern, da sie syntaktisch ja Nominalgruppen regieren und damit die Elemente in Sätzen,
die prototypisch Aktanten eines prädikativen Frames verbalisieren. Auffällig ist (wenn die
in Abb. 7-41 vorgenommene Beschreibung adäquat ist) die zentrale Rolle, die offenbar
Constraints in der Bedeutung von Präpositionen spielen. (Diese Beobachtung wäre freilich
an der Analyse von zahlreichen weiteren Präpositionen noch zu verifizieren.)

Konjunktionen: Eine Frame-semantische Beschreibung von Konjunktionen ist bei all
den Lexemen ergiebig, die in gewissem Sinne „bedeutungsvoller" sind, wie etwa temporale
Konjunktionen wie *seit, während* usw (vgl. Abb. 7-42).[313]

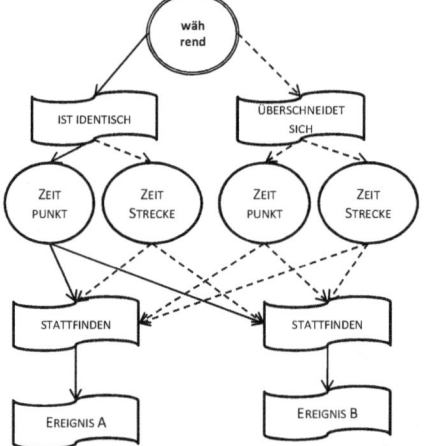

Abb. 7-42: Wortbedeutungs -Frame für *während*.

Wie weit eine Frame-semantische Beschreibung bei Konjunktionen trägt, die so elementare
logische Relationen verbalisieren wie *und, oder* usw., mag dahingestellt bleiben. Zu befürchten ist, dass hier jeder Versuch einer semantischen Paraphrase (und entsprechend
Frame-semantischen Darstellung) zirkulär wird, wie sich tendenziell bereits bei so elementare Verhältnisse verbalisierenden Präpositionen wie *über* (siehe Abb. 7-41) abzeichnet.
Außerdem fragt sich, ob eine im engeren Sinne *lexikalische* Bedeutung bei solchen Lexe-

---

[313] Abweichend von der sonst angewendeten Darstellungsweise ist in Abb. 7-42 zum Zwecke der besseren
Anschaulichkeit von den alternativen Möglichkeiten (gestrichelt) eine der Möglichkeiten mit durchge-
zogenem Relations-Pfeil gezeichnet

7.12 Anwendungsmöglichkeiten der Frame-Analyse

men überhaupt feststellbar ist und es nicht eher so ist, dass allenfalls kontextabhängige *Textbedeutungen* für solche sprachlichen Mittel beschrieben werden können (und Frame-semantisch darstellbar sind).

Modalpartikel: Wie Präpositionen stellen auch die sog. Modalpartikel besondere Anforderungen an jede semantische Beschreibung. Diese Wortart, deren spezielle semantische Leistung lange Zeit überhaupt nicht erkannt worden war (und denen oft lediglich eine rein stilistische „ausschmückende" Funktion zuerkannt wurde), wurde lange fälschlich zu den Adverbien gerechnet. Erst vergleichsweise spät (zeitgleich mit dem Aufkommen der linguistischen Pragmatik) wurden ihre speziellen Funktionen erkannt.

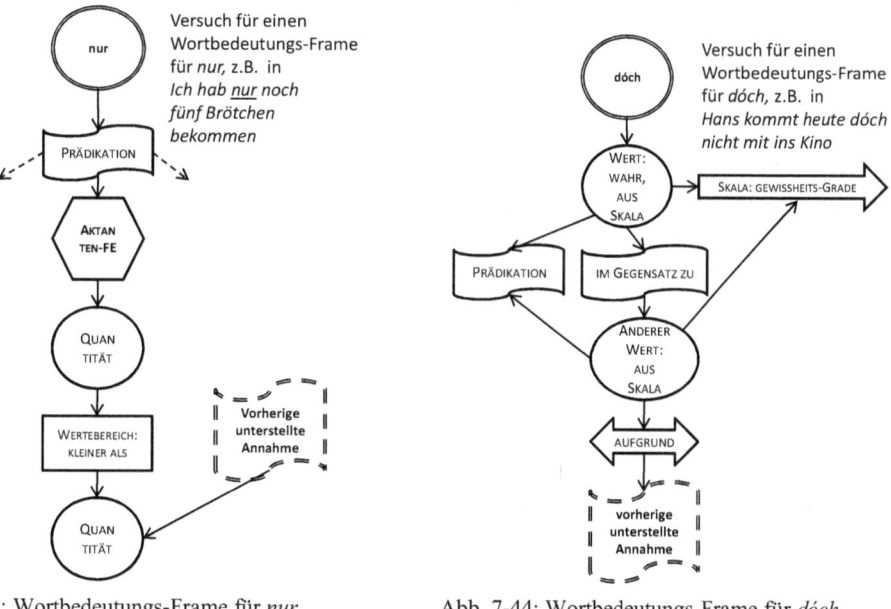

Abb. 7-43: Wortbedeutungs-Frame für *nur*.   Abb. 7-44: Wortbedeutungs-Frame für *dóch*.

Erkannt wurde aber auch, dass sie aufgrund ihrer meist satzbezogenen (heute oft „pragmatisch" statt „semantisch" genannten) Funktion besondere Schwierigkeiten und Komplexität für eine angemessene linguistische Beschreibung aufweisen.[314] Auch sie sind vielleicht nur „*textsemantisch*" (und nicht „*lexikalisch*") präzise beschreibbar. Abb. 7-43 ist der Versuch einer Frame-semantischen Darstellung der Bedeutung einer einfachen skalaren Partikel (hier: *nur*); Abb. 7-44 bezieht sich auf die Partikel (betontes) *dóch* in einem Satz wie *Hans kommt heute dóch nicht mit ins Kino*. Nach gängiger Position der Partikelforschung operieren Modalpartikeln gleichzeitig über Prädikationen (wie in Abb. 7-44 *kommen [Hans, ins Kino, heute]*) und über Präsuppositionen bezüglich z.B. eines (implizit bzw. stillschweigend vorausgesetzten bzw. unterstellten) Gewissheitsgrades (wie *wahr, wahrscheinlich,*

---

[314] Es entstand dann in den 1970er und 1980er Jahren ein spezieller neuer linguistischer Zweig der Partikelforschung, angeregt v.a. durch Weydt 1969, 1977, 1979, 1981, 1983, Weydt / Hentschel 1983. Vgl. aus lexikalisch-semantischer Sicht insbesondere Wolski 1986. Siehe auch Busse 1992. – Auf eine Darstellung der Frame-semantischen Beschreibungsmöglichkeiten für weitere Wortarten wird nachfolgend verzichtet, da kaum zu erwarten ist, dass sie noch viele zusätzliche Elemente- oder Relationen-Typen erbringen werden. Zu weiteren Aspekten wortbezogener semantischer Beschreibungen und Analysen siehe unten Kap. 7.12.4 zur Frame-Analyse von Textwörtern im Kontext.

754   *Kapitel 7: Frame-Semantik: Ein Arbeitsmodell*

eher nicht) aus einer Skala allgemein zugrundegelegter Gewissheitsgrade (Abb. 7-44) oder Präsuppositionen über einen bestimmten Wert oder Wertebereich aus einem stillschweigend angenommenen Wertebereich (Abb. 7-43).

7.12.2 Frame-Analyse von Morphemkombinationen und Wortbildungen

Ein äußerst fruchtbares Instrument ist die Frame-Analyse insbesondere auch bei der Beschreibung von Wortbildungsprozessen und –produkten. Schon relativ einfache (und im Sinne einer lexikalisch-semantischen Analyse unvollständige) Beschreibungen können unterschiedliche Wortbildungsprozesse anschaulich machen, wie etwa ein Vergleich der Grundstruktur von *Klavierspieler* (Abb. 7-45) und *Pianist* (Abb. 7-46) zeigt:

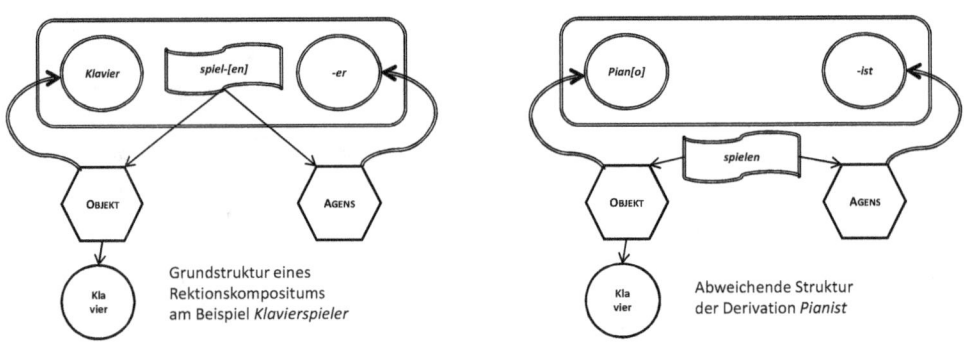

Abb. 7-45: Frame für die Wortbildung *Klavierspieler.*   Abb. 7-46: Frame für die Wortbildung *Pianist.*

Handelt es sich bei *Klavierspieler* um ein sog. Rektionskompositum, also eine Wortbildung, in der alle Grund-Elemente (Aktanten) eines Prädikations-Frames verbalisiert und in das Wort integriert / inkorporiert sind, und damit um eine „durchsichtige" Struktur, haben insbesondere die sog. Nichtrektionskomposita der Wortbildungsforschung immer wieder Probleme bereitet. Gerade hier kann eine Frame-Analyse Klarheit schaffen, die so vorher in der Forschung und Deskription meist nicht bestanden hat. Als Beispiel nehme ich das in der Literatur bereits exemplarisch behandelte (aber völlig falsch interpretierte) Wort *Schulmilch*. Dieses Beispiel ist deshalb so signifikant, weil dafür in der Literatur eine Interpretation (und semantische Beschreibung) gegeben wurde, die m.E. nicht zutrifft.

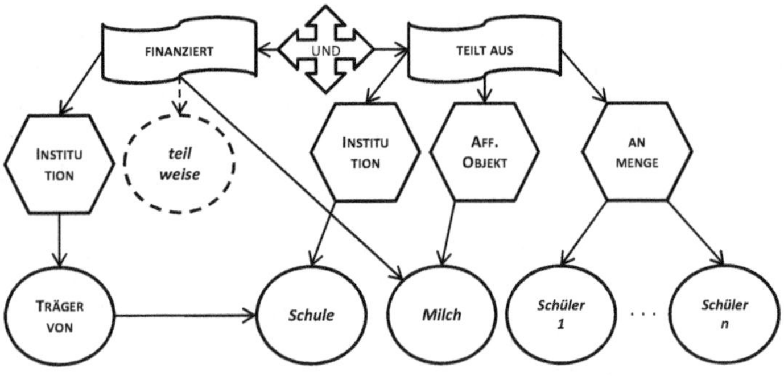

Abb. 7-47: Frame für die Wortbildung *Schulmilch.*

7.12 Anwendungsmöglichkeiten der Frame-Analyse 755

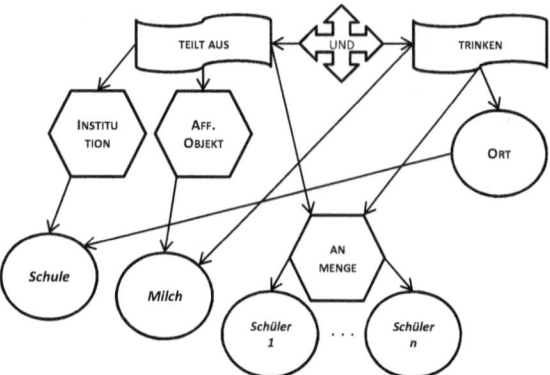

Abb. 7-48: Frame für die Wortbildung *Schulmilch* (irreführende Interpretation nach Fanselow).

Abb. 7-47 zeigt eine Frame-Beschreibung für die die m.E. korrekte Interpretation; Abb. 7-48 zeigt sie für die Interpretation, die in der Literatur dafür angeboten wurde. Demonstriert wird, dass sich die Frame-Semantik bestens dafür eignet, konkurrierende Interpretationen zu Wörtern anschaulich zu machen, da die Strukturunterschiede aufgrund einer solchen Beschreibung (und Analyse) zumeist schon auf den ersten Blick ins Auge stechen. Deutlich wird auch, dass bei Nichtrektionskomposita die Interpretation deshalb immer strittig sein kann, weil ein zentrales interpretatorisches (bzw. semantisches) Element, nämlich die Prädikation, die die beiden Wort-Teile zusammenfügt und deren Verbindung motiviert, nicht im Wortbildungsprodukt verbalisiert ist. Vor allen Dingen darin unterscheiden sich die Rektionskomposita, in denen das Prädikativum in das Wortbildungsprodukt selbst inkorporiert ist, von den NRK.

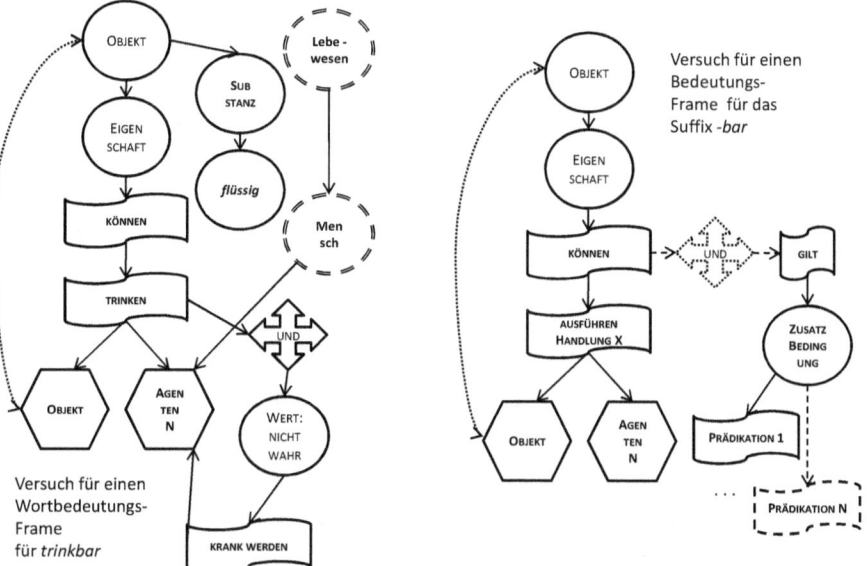

Abb. 7-49: Frame für die Wortbildung *trinkbar*. Abb. 7-50: Frame für das Wortbildungs-Suffix *-bar*.

756   *Kapitel 7: Frame-Semantik: Ein Arbeitsmodell*

Neben solchen nominalen Wortbildungen können natürlich auch alle anderen Typen von Wortbildungen Frame-semantisch analysiert und dargestellt werden. Abb. 7-49 zeigt den Versuch einer Darstellung für das derivative Adjektiv *trinkbar*. Auf der Basis solcher Beschreibungen kann dann auch versucht werden, die lexikalische Bedeutung der einzelnen Wortbildungsmorpheme (wie hier des Adjektivierungs-Suffixes *-bar*) Frame-analytisch zu beschreiben. Abb. 7-50 zeigt einen solchen Versuch für das Suffix *-bar*. Deutlich wird dabei (wie aus der Wortbildungsforschung bereits bekannt), dass solche Versuche ziemlich abstrakte Beschreibungen ergeben (können), die dann nur noch wenig aussagekräftig und anschaulich sind.

Besonders intensiv (und kontrovers) diskutiert wurden und werden in der Wortbildungsforschung die Präfigierungen. Dabei geht es weniger um die präpositionalen Präfigierungen, deren semantische Leistungen auf der Basis der Beschreibungen der zugrundeliegenden Präpositionen relativ leicht dargestellt werden können (auch wenn die Darstellungen dabei manchmal sehr komplex werden können), sondern um die (vergleichsweise wenigen) „echten" Präfixe, die ausschließlich als solche vorkommen (wie *zer-, ent-* usw.).

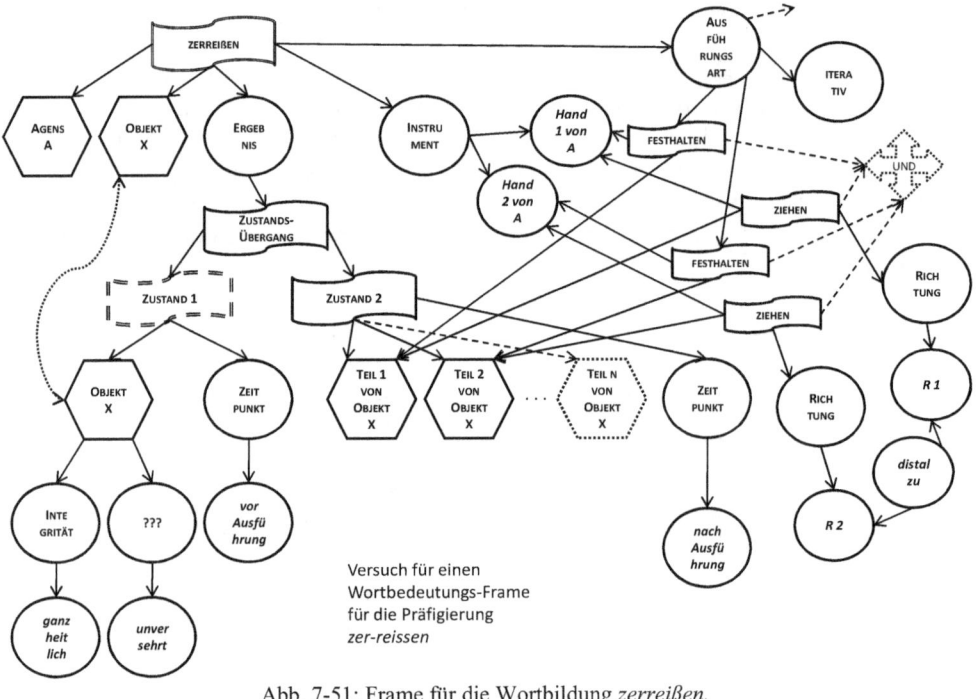

Abb. 7-51: Frame für die Wortbildung *zerreißen*.

Vorstehend ein Darstellungsversuch für das Präfix *zer-*, hier zunächst am Beispiel *zerreißen* (in aktivischer Lesart), siehe Abb. 7-51. Der Frame für das Wortbildungs-Präfix *zer-* selbst muss aus einem solchen Frame für ein typisches Wortbildungsprodukt quasi extrahiert werden (Abb. 7-52). Die Darstellung zeigt, wie komplex solche scheinbar einfachen Wortbildungsvorgänge semantisch gesehen sein können. So führt besonders die Frame-semantische Darstellung von dynamischen Vorgängen (hier: Zustands-Übergänge) schnell zu komplexen Darstellungen. Noch nicht ganz befriedigend gelöst scheint die Kombination von

7.12 Anwendungsmöglichkeiten der Frame-Analyse

Teil-Geschehen bzw. -Handlungen in der rechten Hälfte von Abb. 7-51. Hier sind sicher alternative (und vielleicht übersichtlichere) Darstellungsmöglichkeiten denkbar. Bedeutungstheoretisch stellt sich die Frage, ob das semantisch wichtige Frame-Element ZUSTAND 1 zu Recht (wie hier) als Präsupposition gedeutet und dargestellt ist. Es zeigt sich hier auch das typische (häufiger auftretende und bereits von Barsalou erwähnte) Problem, dass es öfters schwierig ist, für einen bestimmten Wert eine passende Bezeichnung für das zugehörige (Frame-hierarchisch übergeordnete) Attribut zu finden.

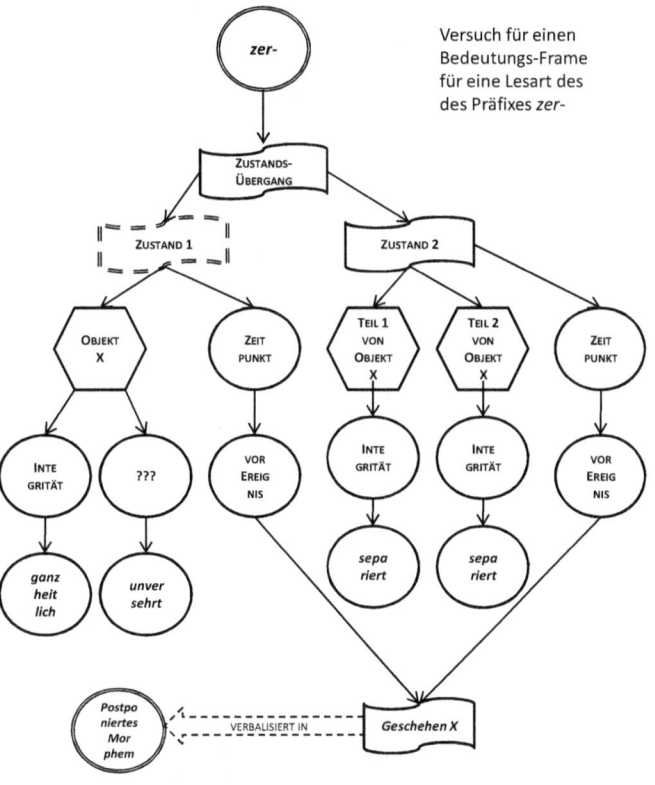

Abb. 7-52: Frame für eine Lesart des Präfixes *zer-*.

Während sich die Frames in Abb. 7-45 und 7-46 auf das grobe Raster des Wortbildungsprozesses selbst beziehen, stellen die Abb. 7-47 bis 7-52 ausschnitthaft und isolierend nur das semantische Ergebnis dar. Für eine vollständige lexikalische Darstellung wäre es jedoch notwendig, die Darstellung des Bildungsprozesses (mit Identifizierung der Verbalisierungs-Elemente und -Prozesse) mit der Darstellung des semantischen „Ergebnisses" in einen zusätzlich die anderen lexematischen Eigenschaften repräsentierenden Lexem-Frame zusammenzuführen. Das ergibt häufig recht komplexe Darstellungen, die graphisch kaum noch mit der nötigen Differenziertheit zu bewältigen sind (jedenfalls wenn man notgedrungen auf farbliche Markierungen verzichten muss). Hierfür nur ein Beispiel (siehe Abb. 7-53).

758   Kapitel 7: Frame-Semantik: Ein Arbeitsmodell

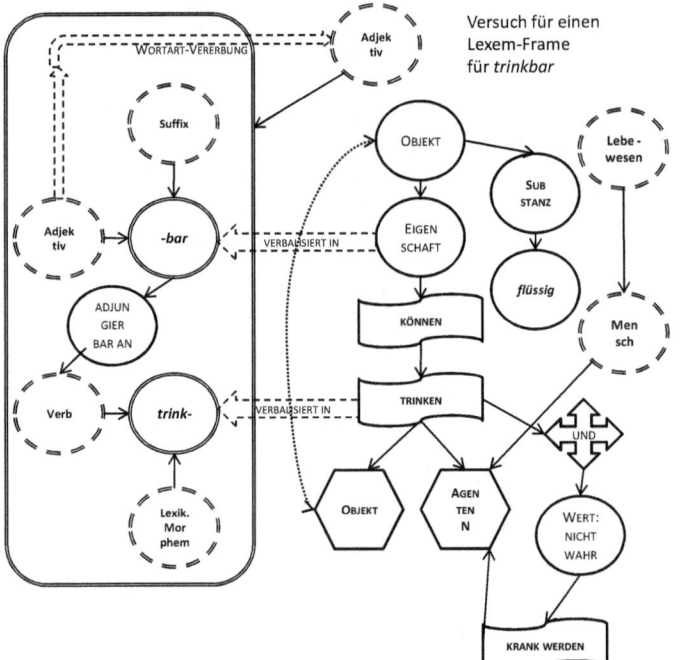

Abb. 7-53: Versuch für einen Lexem-Frame für eine Wortbildung am Beispiel *trinkbar*.

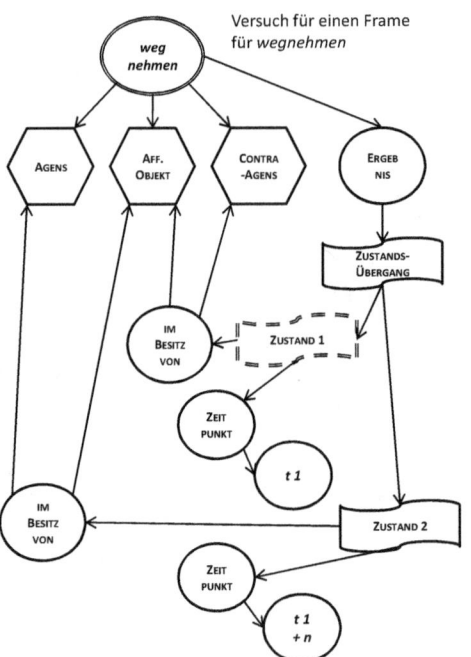

Abb. 7-54: Versuch für einen Frame für *wegnehmen*.

7.12 Anwendungsmöglichkeiten der Frame-Analyse

Dynamische Frames: Die Darstellung von dynamischen Prozessen (wie z.B. in Abb. 7-51 und 7-52 die Zustandsveränderungen bzw. -übergänge) stellt an die Frame-Semantik und ihre Darstellungstechnik ganz besondere Herausforderungen. Es geht dabei letztlich darum, Skript-artige Aspekte in einen statischen Wortbedeutungs- bzw. Lexem-Frame zu inkorporieren. Dabei muss im Prinzip jeder Teil-Zustand separat (und auch separat für jedes Frame-Element, z.B. prädikativer Art, von dem es abhängig ist) dargestellt werden; aber auch die Übergänge zwischen den Teil-Zuständen als eigene epistemische Elemente im Gesamt-Frame müssen eigenständig analysiert und wiedergegeben werden. In der bisherigen Forschungsliteratur wird der Darstellung dynamischer Aspekte nur wenig Aufmerksamkeit gewidmet. Konkrete Erwähnung finden sie eigentlich nur bei Fillmore, der am Beispiel *Kriminalprozess* eine Analyse und Darstellung versucht, die aber noch rudimentär und rein exemplarisch bleibt (also nicht die Gesamtheit der epistemischen Elemente, die hier relevant wären, erfasst). Abb. 7-54 zeigt die Grundstruktur eines Frames für *wegnehmen* (der dann noch um weitere Präzisierungen zur Art des Objekts und der anderen Aktanten-Frameelemente ergänzt werden müsste. Wie komplex solche dynamischen Frames werden können zeigt Fillmores Beispiel Kriminalprozess (siehe oben Abb. 7-13), zu dessen Darstellung dann, wenn sie unserem Format entsprechen sollte, sicherlich noch zahlreiche Ergänzungen vorgenommen werden müssten.

7.12.3 Frames für Begriffstypen und Wortarten

Etwas am Rande üblicher Anwendungen der Frame-Analyse liegt die Frame-förmige Darstellung des Wortarten-Wissens. Überhaupt wird in der bisherigen Frame-Forschung (mit Ausnahme von Fillmores FrameNet) dem i.e.S. linguistischen Teil des sprachbezogenen Wissens nur vergleichsweise geringe Aufmerksamkeit gewidmet – wenn überhaupt.

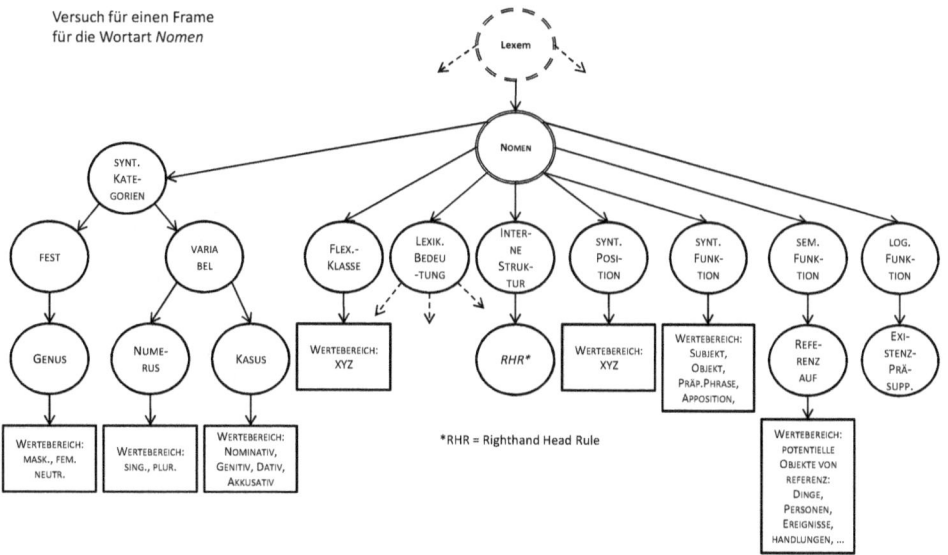

Abb. 7-55: Versuch einer Frame-Darstellung des Wissens zur Wortart *Nomen*.

760   *Kapitel 7: Frame-Semantik: Ein Arbeitsmodell*

Abb. 7-55 zeigt den Versuch eines Frames für die Wortart *Nomen*. Ein Wortarten-Frame muss Informationen spezifizieren über: Bei der Wortart vorkommende morpho-syntaktische Kategorien (und die Frage, ob sie lexematisch fest verankert oder per Flexion variabel sind), die Wertebereiche dieser Kategorien, ggf. die Flexionsklasse, ein Slot für die verschiedenen Lesarten der lexikalischen Bedeutung, Angabe von internen Strukturregeln und –mustern (wie etwa die Regel der Rechtsköpfigkeit), als Wertebereich die möglichen syntaktischen Positionen, in denen die Wortart standardmäßig auftritt, ebenfalls als Werte-bereich die syntaktischen Funktionen, denen Nomen dienen können, sowie die semantische Funktion (Referenz) und deren potentielle Werte (bei Nomen: Typen von Referenzobjek-ten), und evtl. die „logische Funktion" (bei Nomen: die Existenz-Präsupposition in Bezug auf das Referenz-Objekt). In ähnlicher Weise können und müssten Frame-Darstellungen für verschiedene Begriffstypen und Bedeutungstypen vorgenommen werden (siehe Abb. 7-56).

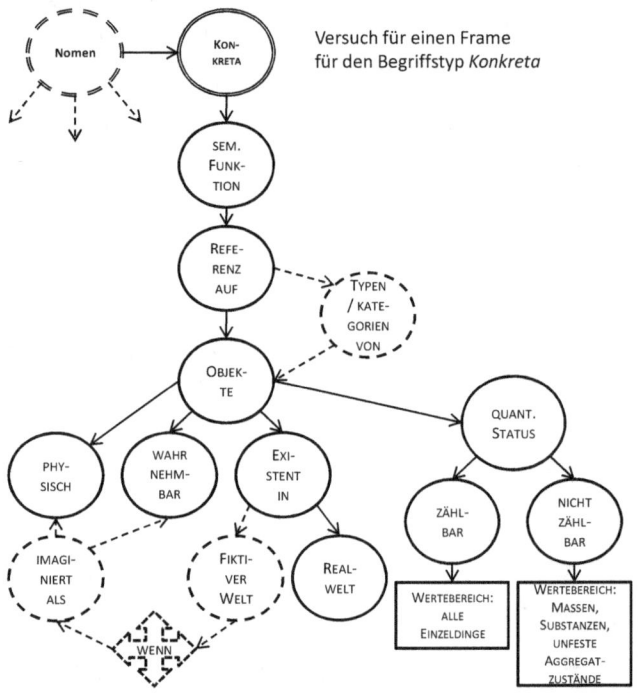

Abb. 7-56: Versuch einer Frame-Darstellung des Wissens zum Begriffstyp *Konkreta*.

Da eine vollständige Begriffs- und Bedeutungs-Typologie noch aussteht (trotz unzähliger Termini in der traditionellen Linguistik, die letztlich auf nichts anderes abzielen), muss ich es vorerst dabei belassen, mit diesen exemplarischen Hinweisen auf die Möglichkeit, solche Typen Frame-analytisch zu erfassen und präziser als bisher zu beschreiben, mittels dieser beiden Darstellungs-Versuche lediglich hinzuweisen.

7.12 Anwendungsmöglichkeiten der Frame-Analyse

7.12.4 Frame-Analyse von Textwörtern im Kontext

Eine Frame-Darstellung für ein Textwort (also für seine kontextuell disambiguierte Bedeutung) unterscheidet sich von einer Darstellung der Wortbedeutung des betreffenden Wortes als Lexem wie erwähnt vor allem darin, dass in einem Lexem-Frame für viele Attribute nur Wertebereiche angegeben werden können, aber keine konkreten Werte, während in einem Text-Wort-Frame sehr viele Attribute mit konkreten Werten gefüllt sind, die entweder im Text (an anderer Stelle) verbalisiert wurden, oder die sich aus Constraints (wechselseitigen Bedingungsverhältnissen) in der Struktur des verstehensrelevanten Wissens ergeben.

Beim Lexem *Hund* (siehe den – nicht vollständigen – Versuch einer Darstellung in Abb. 7-57) etwa bestehen zahlreiche und starke Constraints zwischen dem konkreten Wert für das Attribut RASSE und den konkreten Werten zahlreicher anderer Attribute. Dies betrifft sowohl Attribute der physischen Eigenschaften (FORM, GRÖßE, FELLFARBE, FELLSTRUKTUR, KOPFFORM, SCHWANZFORM, FORM, GRÖßE UND POSITION DER OHREN), aber auch Attribute der Verhaltenseigenschaften, der Affordanzen, sowie die kontigen Konzepte und die kulturell assoziierten attributiven Konzepte. Im Unterschied zum Lexem-Frame spielen bei einem entsprechenden Textwort-Frame für dieses Lexem solche Constraints nicht mehr so eine große Rolle, weil sie durch konkrete (Standard-) Werte ersetzt werden (können), die großenteils aus dem Wert für das Attribut RASSE abgeleitet werden können.

Abb. 7-58 zeigt, dass, wenn man (aufgrund entsprechender kontextueller Disambiguierung) beim Textwort *Hund* für das Attribut RASSE den Wert *Chihuahua* einsetzen kann, dann schlagartig viele (aber nicht alle!) „offene" Attribute mit spezifischen Werten „gefüllt" werden. Textwort-Frames sind daher häufig „instantiierte" Frames. Hinsichtlich der Spezifizität der Werte stehen sie zwischen Lexem-Frames und kognitiven Individual-Frames im Kopf einer Person; sie sind weitaus spezifischer, was die Füllung der Slots angeht, als die Lexem-Frames, deren Attribute häufig nur Wertebereiche spezifizieren können; sie sind aber nicht so konkret, wie kognitiv instantiierte Frames, bei denen (fast) alle (oder jedenfalls weitaus mehr) Attribute mit konkreten Werten belegt sind. Die Spezifizität von textuell instantiierten Wort-Frames zeigt sich insbesondere auch im Bereich der epistemisch aktivierten Affordanzen, kontigen Konzepte und kulturell assoziierten Konzepte. (Was in Abb. 7-58 nur mit wenigen Beispielen angedeutet werden kann. Weil sich jeder die Details denken kann, verzichte ich auf die Darstellung eines Textwort-Frames, der der Abb.

Abb. 7-59

7-59 entsprechen könnte.) Generell muss jedoch festgehalten werden, dass der Spezifizitätsgrad von Textwort-Frames stark variieren kann. Zwischen solchen Frames, die praktisch mit dem Lexem-Frame identisch sind (und keine präzisere Information bzw. Konkretisierung spezifizieren) bis hin zu Frames, in denen nahezu alle Wertebereiche aufgelöst sind in konkrete Werte, ist so ziemlich alles denkbar.

762   Kapitel 7: Frame-Semantik: Ein Arbeitsmodell

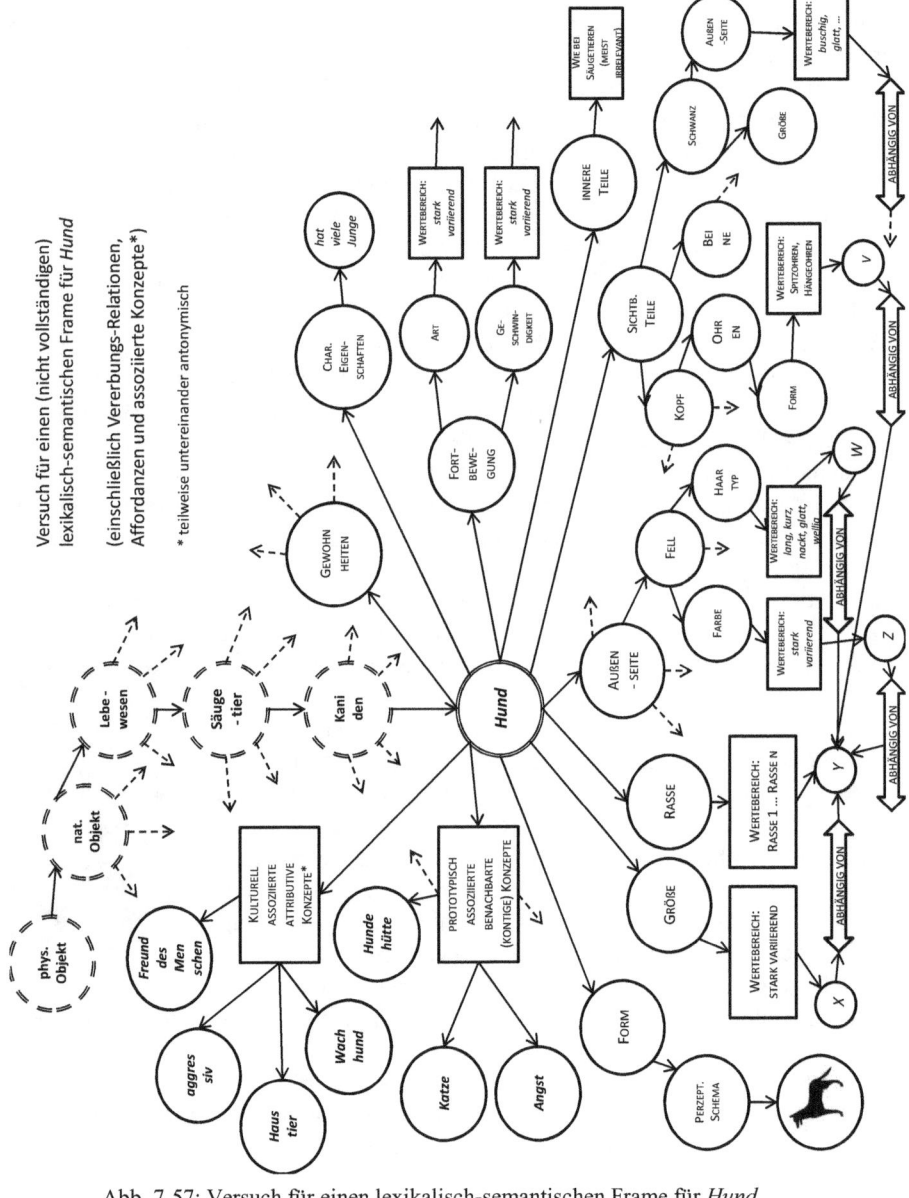

Abb. 7-57: Versuch für einen lexikalisch-semantischen Frame für *Hund*

7.12 Anwendungsmöglichkeiten der Frame-Analyse

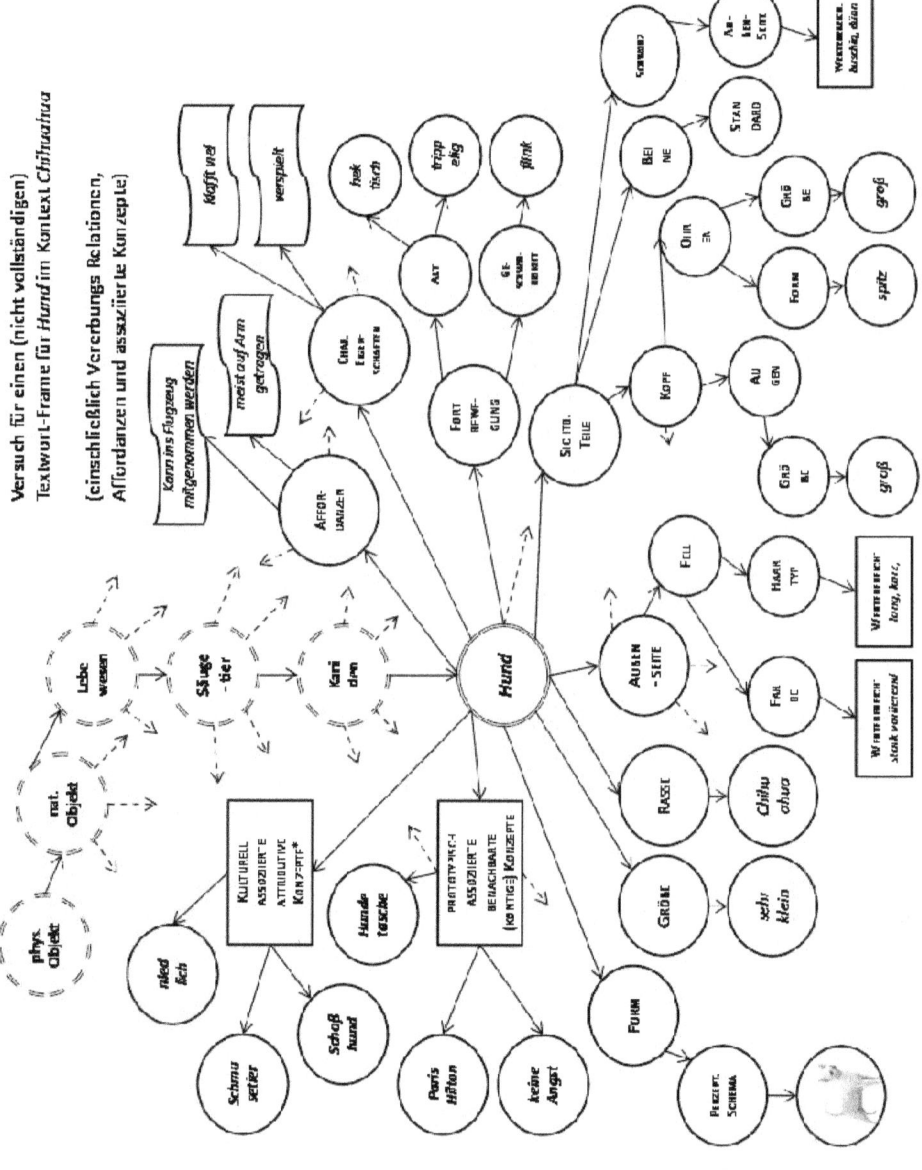

Abb. 7-58: Versuch für einen Textwort-Frame für *Hund* im Kontext *Chihuahua*.

764   Kapitel 7: Frame-Semantik: Ein Arbeitsmodell

In diesem Zusammenhang ist an die nützliche Unterscheidung zu erinnern, die Husserl eingeführt hatte, nämlich diejenige zwischen „bedeutungsverleihenden" und „bedeutungs-erfüllenden" geistigen Akten. In „bedeu-tungsverleihenden" Akten werden nur die Lexem-Frames instantiiert, oft noch nicht einmal diese vollständig, sondern nur in wenigen rudimentären Attributen. „Bedeutungserfüllende Akte" würden in letzter Konsequenz epistemisch voll-ständig erfüllte Frames ergeben, in de-nen kein Attribut mehr ohne konkreten Wert ist. Solche dürften aber nur als Frames in individuellen interpretativen Akten vorkommen. Sprachliche Frames, also auch Textwort-Frames, sind wohl nie in allen Attributen mit Werten be-legt, da sie immer noch Muster sind (wenn auch auf abgeleiteter Ebene im Vergleich mit den noch abstrakteren bzw. unspezifischeren lexematischen Muster-Frames).

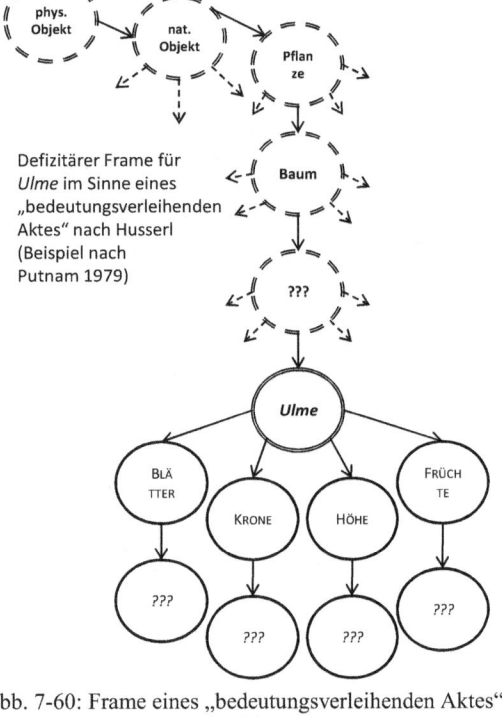

Abb. 7-60: Frame eines „bedeutungsverleihenden Aktes" für *Ulme*

Abb. 7-60 zeigt den Versuch einer Darstellung für einen individuellen, kaum spezifizierten Frame für das Wort *Ulme* (ein Beispiel aus Putnam 1979), der es dem Wissensträger noch nicht einmal erlauben würde, in der realen Welt ein einziges Exemplar dieses Lexems zu identifizieren. Das semantische Wissen einer solchen Person bleibt daher extensional unbestimmt bzw. stark unterbestimmt. Der Aspekt des „bloß bedeutungsverleihenden" Wissens beschränkt sich jedoch nicht auf die individu-elle Kognition einzelner textverstehender Menschen. Vielmehr ist davon auszugehen, dass (a) Texte generell und (b) in ein und demselben Text für verschiedene Lexeme jeweils in stark unterschiedlichem Ausmaße Indizien für spezifizierendes verstehensrelevantes Wis-sen mitliefern. Texte und Lexeme lassen daher nur in stark unterschiedlichem (häufig stark begrenztem) Maße die Ausfüllung der Frames mit Attributen und Werten zu. Wenn etwa in einem Text außer dem Wort *Hund* selbst nichts an Kontext oder spezifizierenden Indizien mitgeliefert wird, bleiben die meisten Attribute des Frames „leer" (und können nicht mit Werten ausgefüllt werden).

7.12.5 Frame-Analyse von Satzbedeutungen

Bisher wurde ausschließlich die Frame-analytische Darstellung von Wortbedeutungen und Lexemen demonstriert. Die Frame-Analyse von Satz- und Textbedeutungen weist demge-genüber starke Unterschiede auf. Einer der wichtigsten resultiert aus dem Umfangs- und Komplexitäts-Problem: Wenn es schon bei Lexemen kaum gelingt, die Gesamtheit aller

7.12 Anwendungsmöglichkeiten der Frame-Analyse 765

bedeutungsrelevanten Attribute und Werte in einer zusammenhängenden Darstellung zu präsentieren, so wird dies bei Sätzen (oder Texten) umso weniger möglich sein.[315] Eine Frame-Analyse von Satzbedeutungen wird daher in noch viel stärkerem Maße exemplarischen Charakter tragen. Das Schwergewicht wird dabei immer auf (1) der Analyse der semantischen Grundstruktur des Satzes, und (2) der detaillierten Analyse von (a) entweder besonders salienten, oder (b) aus anderen Gründen im Fokus des Forschungsinteresses stehenden semantischen Teilstrukturen liegen.

Die Grundschritte einer Frame-semantischen Satzanalyse entfalten zunächst die tiefensemantische Prädikationsstruktur eines Satzes, indem sie das zentrale Prädikat mit allen satzsemantischen Komplementen (Bezugsstellen, Referenzobjekten, d.h. Frame-Elementen im Fillmoreschen Sinn), eingebettete Prädikate mit ihren Komplementen, implizite (versteckte) Prädikationen und ihre impliziten oder verbalisierten Komplemente offenlegen und ihre Beziehungen zueinander beschreiben. In einem zweiten Schritt können dann alle satzsemantischen Teilelemente einer detaillierten Frame-semantischen Analyse unterzogen werden, indem ihre jeweiligen wortsemantischen Frame-Strukturen (im Sinne von Textwort-Strukturen bzw. instantiierten Frames) beschrieben werden. Vorbild für den ersten Teil einer solchen Analyse können die locker an Fillmore orientierten Arbeitsschritte nach von Polenz 1985 sein (siehe nachfolgende Auflistung):

Arbeitsschritte einer satzsemantischen Analyse nach von Polenz (ergänzt):
1. maximal explizite Paraphrase des Original-Wortlauts
   1.a   Voraussetzung dafür: Bestimmung der versteckten Prädikationen
           (in Nomina / Substantiven, Adjektiven, Partizipien)
2. Auflistung und Strukturbeschreibung der Bezugsrahmen im Format:
   PRÄDIKATION (BEZUGSSTELLE^1, [BEZUGSSTELLE^2, BEZUGSSTELLE^3, EINGEBETTETES PRÄDIKAT^1
   usw.]) (in eckigen Klammern: fakultative Elemente des Bezugsrahmens)
3. Indizierung (Markierung mit Index-Zeichen) der Elemente des Bezugsrahmens
   mit Variablen-Indizes (X, Y, Z,   A, B, C, oder Nummern, oder „n")
4. Etikettierung der Elemente des Bezugsrahmens:
   - Prädikationen: mit Prädikats-Typen, z.B.:
   HDLG.   = HANDLUNGS-PRÄDIKAT
   IDENT   = IDENTITÄTS-PRÄDIKAT = spezialisierter Unter-Typ eines EIGENSCHAFTS-PRÄDIKATS
   MOTIV   = MOTIVATION = EPISTEMISCHES PRÄDIKAT
   QUAL   = EIGENSCHAFTS-PRÄDIKAT mit Bezug auf eine Sache, Person, Handlung usw.
   REL   = RELATIONS PRÄDIKAT
   ZUSTAND = ZUSTANDS-PRÄDIKAT mit Bezug auf eine Sache, Person usw.
   - Bezugsstellen: mit semantischen Rollen (Argument-Typen, FE-Typen), z.B.:
   AG   = AGENT / AUSFÜHRENDER
   CAG   = CONTRA-AGENS
   AOB   = AFFIZIERTES OBJEKT
   EOB   = EFFIZIERTES OBJEKT

---

[315] Technisch möglich wäre dies allenfalls bei bildschirmgestützten Verfahren, aber auch da wird man nur hin-und-her-scrollen können, und nie den gesamten Frame gleichzeitig in lesbarer Form auf den Bildschirm projizieren können. Bei Sätzen potenziert sich dies Darstellungs-Problem. In einem früheren Projekt ergab schon die bloße Prädikations-Analyse eines relativ kurzen deutschen Strafrechts-Satzes einen satzsemantischen Strukturbaum, der bei kleiner Schrift nur mit fünf im Querformat aneinandergeklebten DIN A 4 – Seiten darstellbar war. Kein Verleger hätte einem so etwas gedruckt. Umso gravierender stellt sich das Problem, hätte man den Satz Frame-semantisch dargestellt, da man dann bei der Graphik mindestens um dasselbe Maß in die Höhe hätte gehen müssen.

BEN = BENEFAKTIV = JEMAND (PERSON, INSTITUTION) DER EINEN VORTEIL VON EINER
      HANDLUNG HAT

PAT = PATIENS

5. Auflistung und Strukturbeschreibung der Prädikations-Verknüpfer
   (logischen / semantischen Konjunktionen, wie UND, ABER, WEIL, OBWOHL usw.)

6. Quantifizierung und Identifizierung der Bezugsstellen
   [eventuell, meist aber auslassbar: Angabe des Existenz-Quantors]
   (VIELE, EINIGE, ALLE; EINIGE MENSCHEN IN DER GANZEN WELT; ALLE MENSCHEN IN X USW.)
   [ES GIBT EIN DING, EINE PERSON … USW. X][316]

Ist so die Grundstruktur eines Satzes gewonnen, kann die Frame-semantische Feinanalyse
der einzelnen Elemente (nach den oben für die Wortsemantik beschriebenen Verfahren)
einsetzen. Diese wird (a) meist weitere Frame-Elemente (implizierte, mitgedachte, stillschweigend vorausgesetzte) ergeben, und (b) wird deutlich werden, für die Analyse welcher
Frame-Elemente die Informationen im isolierten Satz nicht ausreichen. Isolierte Sätze sind
eigentlich kein gutes Objekt für eine semantische Tiefenanalyse, da sie häufig strukturell
ambig (doppeldeutig) sind. Als Beispiel dient folgender Satz aus einem Zeitungsartikel:

(7-46) *„Der Prozess in Istanbul wurde, begleitet von internationalen Protesten, eingestellt."*

Dieser Satz hat zwei Lesarten:

(7-47) *X hat den Prozess eingestellt, den X in Istanbul gegen Y führte.*

und

*Während des Prozesses, den X gegen Y führte, haben Z in vielen Ländern dagegen protestiert,
dass X gegen Y einen Prozess führte.*

(7-48) *X hat den Prozess eingestellt, den X in Istanbul gegen Y führte.*

und

*Während X den Prozess einstellte, den X gegen Y führte, haben Z in vielen Ländern dagegen
protestiert, dass X den Prozess einstellte, den X gegen Y führte.*

Diese strukturelle Ambiguität ergibt sich daraus, dass die Beziehungen, die zwischen den
einzelnen im Satz verbalisierten Elementen bestehen, aus der Struktur des Satzes nicht
eindeutig hervorgehen. Zwar finden sich verbalisierte Prädikationen und Komplemente
(Frame-Elemente), die Art ihrer Beziehungen müssen die Leser jedoch entweder aus ihrem
bei der Lektüre des vorhergehenden Textes akkumulierten Wissen oder aus ihrem Hintergrundwissen entnehmen. Die reine Prädikationsanalyse der verbalisierten Prädikationen
löst diese Ambiguität (und Wissenslücken) noch nicht auf:

Ausgedrückte Prädikationen:

P^1 PROZESS FÜHREN (X, GEGEN Y, IN DER SACHE / WEGEN P^M)

P^2 BEENDEN (X, AUSFÜHRUNG VON P^1)

P^3 PROTESTIEREN (Z, GEGEN P^N)

    Lesarten: P^3 a   PROTESTIEREN (Z, GEGEN P^1)

                   P^3 b   PROTESTIEREN (Z, GEGEN P^2)

(Offen: Genaue Referenz von X; QUANTIFIZIERUNG von Z; SACHE P^M, ZEIT)

---

[316] Zur Terminologie bei von Polenz 1985: *Bezugsrahmen* sind prädikative Frames im Sinne Fillmores;
Bezugsstellen sind entweder verbalisierte oder implizit mitgedachte Frame-Elemente in Prädikations-
Frames, also Aktanten-Frame-Elemente oder solche Frame-Elemente, die den Angaben / Circumstanten
in der Valenztheorie entsprechen.

7.12 Anwendungsmöglichkeiten der Frame-Analyse 767

Für ein adäquates semantisches Grundverständnis sind also weitere Informationen notwendig, die sich aus dem Kotext und Kontext ergeben (die Details können hier aus Platzgründen nicht ausgeführt werden). Danach ergibt sich folgende implizite Prädikations-Struktur:

Verdeckte oder implizite Prädikationen:

„Prozess führen"	P^4	ANKLAGEN (X^1, Y, IN DER SACHE / WEGEN P^M)
	UND	
	P^5	GERICHTSVERHANDLUNG DURCHFÜHREN (X^2, GEGEN Y, AUFGRUND P^4)
	UND	
	P^6	BEABSICHTIGEN (X^{N-1}, VERURTEILEN (X^{N-2}, Y, ZU Z))
„wegen P^M"	P^7	HAT VERSTOßEN (Y, GEGEN VERBOT P^{M-1})
	P^{M-1}	HAT VERBOTEN (A, DEM / DEN B, P^{M-2})
	P^{M-2}	(ÖFFENTL.) REDEN (B, ÜBER P^{M-3} UND / ODER P^{M-4})
	P^{M-3}	HAT ERMORDET (C^1, SEHR VIELE D) [D = Armenier]
	P^{M-4}	FÜHRT BÜRGERKRIEG (C^2, GEGEN E) [E = Kurden]
Varianten:	P^{M-5}	SAGT (B, DASS P^{M-6})
	P^{M-6} a	ES GIBT (E, IN TÜRKEI)
	P^{M-6} b	SIND (F, E) (Offen: Identität F, Identität C1)

Da die einzelnen Elemente einer solchen Analyseform (die man aus heutiger Sicht auch als eine Art „Proto-Frame-Analyse" betrachten kann) schon älteren Datums sind,[317] müsste man sie heute einer aktualisierenden Re-Formulierung unterziehen, die sich etwa auf einige Ergebnisse bzw. Konzepte und methodische Schritte von Fillmores FrameNet-Verbund stützt und darin Aspekte einer kognitiven Frame-Theorie (etwa im Sinne von Barsalou 1993 und der in dieser Arbeit ausgeführten erweiternden Überlegungen) integriert. Vermutlich wird eine einfache Addition der hier geschilderten Prädikations-Frame-Analyse und der in den vorhergehenden Abschnitten erläuterten Wort-Frame-Analyse nicht ausreichen und die Gewinnung einer integrativen Methodik nicht so einfach sein, wie es sich als Programm auf dem Papier formulieren lässt. Da aus den genannten Gründen der Kotext- und Kontext-Abhängigkeit eine isolierte satzsemantische Analyse nur in ganz wenigen Ausnahmefällen[318] sinnvoll ist, wird eine satzsemantische Anwendung der Frame-Analyse meistens eingebettet in eine Textanalyse erfolgen.

---

[317] Da das Vorbild von P. von Polenz 1985 schon formuliert wurde, bevor die Frame-Semantik vollends entwickelt war.

[318] Eine solche Ausnahme stellen satzförmige Gesetzes-Paragraphen (etwa im Strafrecht) dar, deren Bedeutung meistens isoliert von den umgebenden Textteilen (anderen Paragraphen) aufgrund externer, rechtssystematisch definierter Kriterien entfaltet wird. In einer Analyse des Diebstahl-Paragraphen im deutschen Strafgesetzbuch wurden in Busse 1991, 125 ff. sowie Busse 2007b, 2008a, 2008e z.B. für den Satz 1 dieses Paragraphen insgesamt 27 Teil-Prädikationen (mit wieder unzähligen eingebetteten Frame-Elementen) festgestellt. Strafrechts-Paragraphen sind ein guter Gegenstand für Frame-semantische Analysen, da sie in Gerichtsurteilen und Gesetzeskommentaren extensiv kommentiert und expliziert sind. Man findet hier die für Linguisten glückliche Situation vor, dass in dieser Kommentierung quasi – Frame-semantisch gesehen – die versteckten (impliziten, mitgemeinten) Frame-Elemente (Attribute und auch konkrete Werte) explizit gemacht sind, die sonst, bei Analysen etwa der Alltagssprache, durch die Linguisten allererst durch eigene interpretative Bemühungen gewonnen werden müssen.

7.12.6 Frames in der Textanalyse und Verstehenstheorie

Für den linguistischen Begründer der Frame-Theorie, Fillmore, war die Entwicklung einer adäquaten Textsemantik eines der wichtigsten Motive beim Ausbau seiner Frame-analytischen Konzeption. Jedoch hat er trotz zahlreicher wichtiger Überlegungen dazu kein geschlossenes Modell einer Frame-theoretisch fundierten textsemantischen Analyse vorgelegt. Dafür hat er unzählige Aspekte und Problemstellungen identifiziert, die bei einer solchen Analyse beachtet werden müssen. Insbesondere in der Textsemantik wird es kaum möglich sein, für einen geschlossenen Text durchschnittlichen Umfangs (etwa einen durchschnittlichen Zeitungsartikel) eine vollständige Frame-semantische Analyse und Darstellung zu geben. Die bisherige Forschung ist daher stets exemplarisch vorgegangen und hat bestimmte textsemantische Aspekte herausgegriffen und (nur) diese analysiert. In neueren, Frame-analytisch orientierten Forschungen wird etwa die *implizite Anapher* in Texten (die manchmal auch *assoziative Anapher* genannt wird) thematisiert, siehe dazu etwa folgendes Beispiel:

> (7-49) *Als Peter zu seinem <u>Auto</u>* [Antezedent] *ging, merkte er, dass er* **den Schlüssel** [assoziative Anapher] *vergessen hatte.*

In diesem Satz[319] signalisiert die Verwendung des definiten Artikels *den* (vor *Schlüssel*), dass dieses Frame-Element als „vorerwähnt" eingestuft wird, obwohl das referenzielle Nomen *Schlüssel* im Vor-Text nicht vorkommt. Mit Mitteln traditioneller semantischer Analyse lässt sich dieses Problem nicht lösen. Nimmt man jedoch eine Frame-Analyse des Satzes vor, dann ergibt sich, dass das Nomen *Schlüssel* auf ein implizites Frame-Element des im ersten Teilsatz verwendeten referentiellen Nomens *Auto* referiert. Offenbar gehen Textverfasser, die so formulieren, davon aus, dass mit der Benutzung eines Nomens (hier *Auto*) sämtliche (oder die meisten) Frame-Elemente des Bedeutungs-Frames dieses Nomens „in das Textuniversum eingeführt" sind. Dadurch wird die erstmalige Verbalisierung eines solchen bereits implizit „eingeführten" Frame-Elements textsemantisch gesehen zu einer „Wiederaufnahme" dieses Frame-Elements (in traditioneller in der Textlinguistik übernommener rhetorischer Terminologie: zu einer Anapher).

Die folgenden Beispiele zeigen, dass aber nicht alle impliziten Anaphern mit lexembezogenen Wortbedeutungs-Frames erklärt werden können. Zudem operieren die Anaphern mit unterschiedlichen Ebenen der jeweiligen semantischen Frame-Strukturen.

> (7-50) *Sie fuhren an einem <u>Haus</u> vorbei.* **Ein Fenster** *war eingeschlagen.*
>
> (7-51) *Die Schmidts haben vor, <u>ein Haus</u> zu bauen.* **Das Grundstück** *ist bereits gekauft.*
>
> (7-52) *<u>Peter hat Lisa geküsst</u>.* **Das** *gefiel Paul überhaupt nicht.*
>
> (7-53) *<u>Er weilt nicht mehr unter uns</u>.* **Die Beerdigung** *fand schon gestern statt.*
>
> (7-54) *Wir sind gestern nach Frankfurt <u>gefahren</u>.* **Das Auto** *war allerdings etwas zu klein.*

Während in (7-50) das anaphorische Nomen ein Frame-Element bzw. Attribut oberster Stufe des Antezedenten verbalisiert (*FENSTER* ist ein typisches TEIL von *Haus* und damit ein (Wert für ein) Frame-Element oberster Stufe, was insbesondere auch wahrnehmungstheoretisch mit dem für *Haus* typischen Perzeptionsschema begründet werden kann), handelt es sich in (7-49) insofern um ein stärker „vermitteltes" (stärker implizites) Frame-Element, als

---

[319] Dieses und alle nachfolgenden Beispiele aus Ziem 2010. Antezedenten: unterstrichen; Anaphern: fett.

7.12 Anwendungsmöglichkeiten der Frame-Analyse 769

Schlüssel kein Teil von *Auto* verbalisiert, sondern ein Objekt, das als INSTRUMENT für eine Handlung (AUTO AUFSCHLIEßEN und v.a. AUTO ANLASSEN, d.h. AUTO IN BETRIEB NEHMEN) dient, die typischerweise mit *Auto* und seiner Standard-Funktion eng verknüpft ist, eigentlich also implizit eine der Affordanzen von AUTO betrifft. Präziser gesagt: *Schlüssel* ist ein Wert für das Frame-Element INSTRUMENT in einem Prädikations-Frame wie AUTO ANLASSEN, der wiederum eingebettet ist als Teil eines übergeordneten Prädikations-Frames AUTO IN BETRIEB NEHMEN bzw. AUTO ZU SEINEM EIGENTLICHEN ZWECK BENUTZEN, der als Affordanz an den Frame *Auto* angeschlossen ist. Mithin handelt es sich in (7-49) stärker als in (7-50) um eine vermittelte Anapher, deren Auflösung Frame-analytisch gesehen über deutlich mehr Stufen als in (7-50) erfolgt.

Auch Beispiel (7-51) beruht indirekt auf Affordanzen, bzw. bezieht solche mit ein. Jedenfalls ist *Grundstück* eindeutig stärker (und auf höherer Ebene) in der Frame-Struktur der Prädikation *Haus bauen* (als einer der Affordanzen von *Haus*) verankert als in der Frame-Struktur von *Haus* alleine. Beispiel (7-52) zeigt, dass Anaphern sich auch auf ganze Prädikationen als Antezedenten beziehen können. Dies findet man typischerweise bei Pronomen als anaphorische Ausdrücke (wie in 7-52). Jedoch können auch hier nicht-pronominale indirekte Referenzen auf Prädikationen mittels lexikalisch-semantisch voll spezifizierten anaphorischen Ausdrücken vollzogen werden, wie Beispiel (7-53) zeigt. Dabei steht *Beerdigung* für einen Prädikations-Frame, in den als Aktanten-Frame-Element für AFFIZIERTES OBJEKT prototypischerweise der Wert (und dann Unter-Attribut) *Mensch* mit dem Unter-Unter-Wert *tot* für das Attribut LEBENSSTATUS dieses FE integriert ist. Das Element *tot* bezieht sich nun anaphorisch auf einen Teil des Prädikations-Frames der für die phraseologische Wendung *Er weilt nicht mehr unter uns* angenommen werden muss. Dieser Ausdruck kann als metaphorische Verbalisierung der Prädikation *Er ist gestorben* aufgefasst werden. Teil der Frame-Beschreibung für diese Prädikation ist (als PRÄSUPPOSITION oder präziser als LOGISCHE FOLGERUNG[320]) die Unter-Prädikation *Er ist tot*. In Beispiel (7-53) verläuft die anaphorische Beziehung zwischen (d.h. die Identifikation – verstanden als „identisch-setzen" von) zwei Frame-Elementen jeweils bei Anapher und Antezedent auf abgeleiteter, stark vermittelter Ebene unterer Stufe. (7-54) ist dann jedoch wieder ein Beispiel für eine „direktere" Form von Anapher, da *Auto* unmittelbar eines der Aktanten-Frame-Elemente (Instrument) für das antezedente Prädikat *fahren* darstellt. Alle Beispiele zeigen, dass die Frame-Analyse ein außerordentlich fruchtbares methodisches Instrument bei der Analyse und Erklärung von indirekten Anaphern ist, und damit einen wesentlichen Beitrag zur Analyse semantischer Textstrukturen leisten kann.

Neben der Analyse von Anaphern ist die Frame-Theorie und eine darauf gestützte textanalytische Methode ein sinnvolles Instrument bei zahlreichen anderen Analyseverfahren, wie sie heute insbesondere in der kulturwissenschaftlich orientierten Semantik, so etwa in der tiefen-semantischen Analyse von Texten und Äußerungen in öffentlicher Kommunikation, erfolgreich praktiziert werden. Aus diesen Verfahren[321] greife ich nachfolgend stellvertretend die Argumentationsanalyse heraus. Argumentationen sind textsemantische Verknüpfungshandlungen. Eine Argumentation liegt dann vor, wenn eine Äußerung (Prädika-

---

[320] Präsuppositionen sind jedoch, wie oben in Abb. 7-43, 7-44, 7-51, 7-52 gezeigt, ein wichtiger Typ von Frame-Elementen in Prädikations-Frames, aber häufiger auch in Wortbedeutungs-Frames.

[321] Auf ein weiteres, in solchen Analysen häufig genutztes Verfahren, die Analyse sog. „konzeptueller Metaphern" nach Lakoff / Johnson, werde ich im nachfolgenden Abschnitt 7.12.7 zu den Metaphern noch eingehen.

tion), in der eine problematische Position formuliert ist, mit (mindestens) einer anderen Äußerung (Prädikation) inhaltlich (epistemisch) verknüpft ist, so dass diese als Stützungsargument für den Geltungsanspruch jener Position gilt. Argumentationen sind also mehrstellige Relationen zwischen expliziten (verbalisierten) und impliziten (aus dem Weltwissen entnommenen) Prädikationen. Mehrstelligkeit bedeutet, dass mindestens zwei Prädikationen implizit miteinander verknüpft werden. Die üblichen in der Linguistik genutzten Argumentationsanalysen (für die es mehrere Formen gibt) gehen alle auf das Argumentationsmodell des Philosophen Toulmin (1958) zurück.

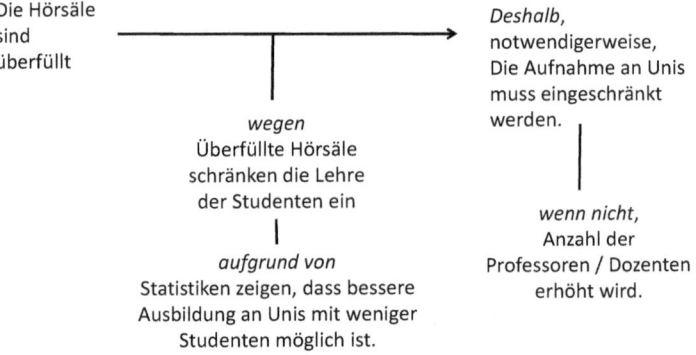

Abb. 7-61: Beispiel einer Argumentationsstruktur für Satz-Beispiel (9-55).

Abb. 7-61 zeigt eine typische Argumentations-Struktur im Toulmin-Format für das Satz-Beispiel (7-55):

(7-55) „Die Aufnahme von Studenten an den Universitäten sollte stark eingeschränkt werden, da die Hörsäle überfüllt sind."

Die in (7-55) explizit verbalisierten Prädikationen (a) *Die Aufnahme von Studierenden an den Universitäten muss eingeschränkt werden.* (Konklusion) und (b) *Die Hörsäle sind überfüllt.* (Argument) sind argumentationslogisch verknüpft über die „Schlussregel", d.h. eine implizite Prädikation, hier: *Überfüllte Hörsäle schränken die gute Ausbildung der Studierenden ein.*, die den sachlichen (und damit epistemischen, oder auch: textsemantischen) Zusammenhang zwischen den verbalisierten Prädikationen allererst herstellt, und die in der Regel im Text nicht explizit verbalisiert ist, sondern die im Wege der Präsupposition mitgedacht werden muss. Solche Schlussregel-Prädikationen werden (nach dem Modell von Toulmin) häufig epistemisch unterfüttert mit sogenannten „Stützungen", also zusätzlichen Annahmen in Prädikations-Form, die ebenfalls als Präsuppositionen mitgedacht werden müssen oder an anderer Stelle im Text verbalisiert bzw. angedeutet sind. (Hier: *Statistiken zeigen, dass ...*) Schließlich führt das Toulmin-Modell über die Kategorie der „Ausnahme-Bedingung" noch einen weiteren Typ von argumentationsrelevanter Prädikation (hier: *Wenn nicht ...*) ein.

Argumentationsanalyse ist, als Teil-Methode der Textsemantik, schon vor Entstehen der Frame-Semantik praktiziert worden. Man kann jedoch zeigen, dass die Benutzung der Frame-Analyse die Leistungsfähigkeit und Ergiebigkeit einer Argumentationsanalyse deutlich stärkt. Die Situation ist vergleichbar der Situation bei der Analyse impliziter Anaphern. Auch Argumentationen sind eine bestimmte, spezielle Form von impliziten Anaphern, da in

7.12 Anwendungsmöglichkeiten der Frame-Analyse 771

Ihnen Verknüpfungen zwischen verschiedenen Textteilen (Prädikationen) hergestellt werden. Schwierig wird die Analyse solcher Verknüpfungen immer dann, wenn die verknüpften Textteile teilweise implizit (als Präsuppositionen bzw. verstehensrelevantes Wissen) mitgedacht werden müssen. Verdeutlichen kann den engen Zusammenhang zwischen Argumentationsanalyse und Anaphern-Analyse eine leichte Modifikation des Beispiels (7-55), die eine häufige Form der Ausdrucks-Alternative im täglichen Sprachgebrauch darstellt:

(7-56) *„Die Aufnahme von Studenten an den Universitäten sollte stark eingeschränkt werden. Die Hörsäle sind jetzt schon überfüllt. "*

Durch das (sehr häufig vorkommende) Weglassen der die Prädikationen in (7-55) explizit logisch verknüpfenden Konjunktion, hier: *da*, die die Relation zwischen den zwei Prädikationen des Haupt- und des Nebensatzes inhaltlich eindeutig als BEGRÜNDUNGS-Relation spezifiziert, verschiebt sich das Problem in den Bereich der indirekten Anaphern, da jetzt die Art der Relation aus dem inhaltlichen Verhältnis der beiden Prädikationen implizit erschlossen werden muss.

Zahlreiche Versuche der praktischen Anwendung der Argumentationsanalyse haben gezeigt, dass dieses Verfahren nicht so einfach und problemlos anwendbar ist, wie es von der Idee und den prototypischen Beispielen her erscheint. Dies hängt vor allem damit zusammen, dass die einzelnen Teile eines vollständigen Argumentationsschemas in Texten der öffentlichen Kommunikation (z.B. Zeitungsartikel, Kommentare, Leserbriefe, Parlamentsreden) häufig, wenn nicht meistens, gar nicht als vollständige Prädikationen verbalisiert werden. Außerdem ist es völlig unterschiedlich, welche Teile der Argumentation (Argument / Datum, Konklusion, Schlussregel, Stützung, Ausnahmebedingung) jeweils verbal formuliert werden. Häufig finden sich Hinweise auf Teil-Prädikationen des Argumentationsschemas nicht als vollständige Prädikationen verbalisiert, sondern dadurch nur angedeutet, dass isoliert einzelne Frame-Elemente aus relevanten Prädikationen (oder subsidiäre Prädikationen, die Frame-theoretisch gesehen auf untergeordneter Ebene angesiedelt sind) verbalisiert, die Prädikationen als solche damit nur angedeutet werden.

In (7-56) wird der Zusammenhang zwischen den beiden Prädikationen dadurch hergestellt, dass das im ersten Satz verbalisierte *Studenten* sowohl in der Frame-semantischen Struktur von *Hörsäle*, als auch in derjenigen der Prädikation *Hörsäle überfüllt (mit X)* als Frame-Element auftaucht (in letzterer als Wert für das Aktanten-Frame-Element X, bei *Hörsäle* als abgeleiteter Teil eines Affordanz-Frame-Elements wie etwa WOZU HÖRSÄLE DIENEN). Ein typisches Beispiel für Andeutungs-Strategien ist (7-57) bzw. seine Ausdrucks-Alternativen (7-58) und (7-59).

(7-57) *„Ich kann nicht kommen - meine Tochter ist krank! "*
(7-58) *„Ich kann nicht kommen - meine Tochter liegt im Bett! "*
(7-59) *„Ich kann nicht kommen - meine Tochter liegt flach! "*

Der Zusammenhang ist relativ komplex und erfordert den Einbezug sprechaktanalytischer Aspekte. *Ich kann nicht kommen* realisiert den Sprechakt einer ANKÜNDIGUNG FÜR KÜNFTIGES VERHALTEN (hier verbalisiert als *nicht kommen von X*). Jeder Handlungs- oder Verhaltens-Frame hat jedoch einen (von abstraktem übergeordnetem Wissen geerbten) VERHINDERUNGS-Slot, der als eines seiner Frame-Elemente ein VERHINDERUNGSGRÜNDE-Attribut aufweist. Die Prädikation *Meine Tochter ist krank* stellt nun einen konkreten Wert (Filler) für dieses Attribut VERHINDERUNGSGRÜNDE dar. In (7-58) und (7-59) ist dieser

Zusammenhang noch impliziter, d.h. über zusätzliche prädikative Zwischenstufen vermittelt. In (9-58) ist *im Bett liegen* ein Wert für ein Attribut des KRANK SEIN-Frames, z.B. für das Attribut KRANKHEITSFOLGEN oder VERHALTEN WÄHREND EINER KRANKHEIT, je nachdem, wie man es Frame-analytisch darstellen will. In (7-59) ist dieser Zusammenhang noch über eine weitere Zwischenstufe vermittelt, insofern man *flach liegen* als metonymisch für *im Bett liegen* interpretieren kann. Die volle epistemische Auflösung des Zusammenhangs zwischen erster und zweiter verbalisierter Prädikation erfordert natürlich noch weitere Zwischenschritte, da der Zusammenhang von Kranksein der *Tochter* und Verhinderung des *Ich* erklärt werden muss. Hier interveniert ziemlich sicher ein *Eltern*-Frame, der auf recht komplexe Weise über Affordanz-Attribute wie BETREUUNGSBEDÜRFTIG für *Tochter* und die Attribut-Belegung ELTERNTEIL ALS BETREUER usw. angeschlossen ist.

Dies sind nur einige Beispiele dafür, wie in unterschiedlichen textsemantischen Analyseverfahren ein Frame-semantisches Vorgehen unterstützend und präzisierend wirken kann. Der Gewinn eines Frame-semantischen Vorgehens liegt dabei vor allem in folgendem: (1) Das Frame-Modell erlaubt es, wissens- und verstehensrelevante Elemente aufzuspüren, die dem analytischen Blick sonst leicht entgehen könnten; es fungiert dabei vor allem als Such- und Frage-Strategie. Dies gilt für die Analyse von Anaphern wie für die Analyse von Argumentationszusammenhängen in Texten. (2) Das Frame-Modell ermöglicht es, die Art, den Verlauf und die Struktur von Beziehungen / Relationen zwischen einzelnen Elementen eines Textes (einer Textbedeutung) sehr viel präziser zu erfassen und zu kategorisieren; das Frame-Modell gibt dabei das Strukturmuster für die Analyse von Relationen vor, indem die einzelnen Elemente einer Textbedeutung (ob explizit verbalisiert oder implizit „mitzudenken") den Ebenen einer rekursiven Frame-Struktur eindeutig zugeordnet werden können.[322] (3) Das Frame-Modell kann das integrierende Moment für eine Vielzahl unterschiedlicher Analysestrategien (wortsemantisch, anaphernanalytisch, argumentationsanalytisch, metaphernanalytisch) sein. Eine textsemantische Nutzung der Frame-Analyse besitzt mithin wohl ein erhebliches Entwicklungspotential.

7.12.7 Frames in der Analyse von Metaphern

Das hohe Potential der Frame-Semantik, semantische Strukturen und Prozesse zu veranschaulichen, zeigt sich gerade auch bei der semantischen Beschreibung von Metaphern, d.h. genauer, des Übertragungsprozesses, der die metaphorische Verwendung eines auch in anderer („nicht-metaphorischer") Bedeutung vorhandenen Lexems inhaltlich motiviert. Metaphern haben immer etwas mit dem zu tun, was man „Ähnlichkeit" oder „Analogie" nennt. Eine Frame-Analyse kann spezifizieren, worin diese Ähnlichkeit besteht.[323] Vergleicht man anhand einer Frame-förmigen Darstellung den metaphorischen Prozess beim bereits oben behandelten Lexem *Maus* von der Lesart *Tier* zur Lesart *PC-Eingabegerät*,

---

[322] Dass dies eine erhebliche „Interpretations-Arbeit" voraussetzt, soll hier nicht verschwiegen werden.

[323] Theorie und Definition von „Metapher" ist ein höchst unübersichtliches, vermintes Gelände, auf das ich mich hier nicht begeben kann. Ich teile aber mit Fillmore und Barsalou die Überzeugung, dass eine Frame-semantische Beschreibung und Erklärung von Metaphern in diesem Feld die größtmögliche Klarheit schafft. Vielleicht benötigt man nach Etablierung einer Frame-Semantik auch gar keine spezielle „Metapherntheorie" mehr.

7.12 Anwendungsmöglichkeiten der Frame-Analyse   773

dann sieht man, dass nur sehr wenige der Frame-Elemente der jeweiligen isolierten Lesarten-Frames von dieser Relation überhaupt erfasst sind (siehe Abbildung 7-62).

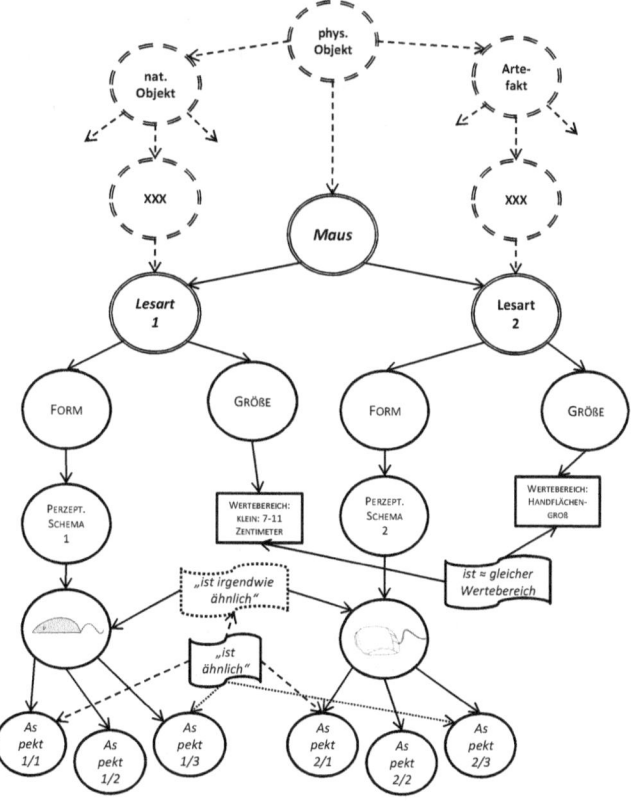

Abb. 7-62: Frame-Darstellung für einen metaphorischen Übertragungsprozess am Beispiel *Maus*.

Im Beispiel wird man davon ausgehen können, dass die Übertagung auf veritabler, „sehbarer" Ähnlichkeit, d.h. auf einer Ähnlichkeit der jeweils relevanten perzeptuellen Schemata beruht. Auch wenn dieser Prozess (des „Sehens" von Ähnlichkeiten) häufig, und vermutlich zu Recht, als eher holistischer Prozess beschrieben wird, so sind doch immer auch einzelne, besonders saliente Teil-Aspekte der Ähnlichkeit feststellbar. Bei *Maus 1* und *Maus 2* wohl die „grobe" Form des „Rumpfs" und die Ähnlichkeit zwischen Schwanz und Kabel. Andere Aspekte der beteiligten perzeptuellen Schemata sind indes nicht relevant (z.B. hier: Ohren, Nase und Füße). Auch wenn Ähnlichkeitsurteile in Bezug auf die holistischen Gesamt-Schemata erfolgen (in der Darstellung durch Strichelung der entsprechenden Prädikation dargestellt), sind die Ähnlichkeitsurteile wohl immer fundiert auf den Ähnlichkeitsrelationen zwischen ganz konkreten Teil-Aspekten. Man könnte auch sagen: Die holistische Ähnlichkeit ist zumindest teilweise auch abgeleitet aus der Ähnlichkeit besonders salienter Teil-Aspekte. Bei unserem Beispiel kommt noch die Äquivalenz der Wertebereiche für das Attribut GRÖßE („passt in die Handfläche"[324]) unterstützend hinzu. Die Darstel-

---

[324] Dies Merkmal zeigt schön, dass es manchmal gar nicht so einfach ist, zwischen „physischem Dingmerkmal" und „Affordanz" zu unterscheiden.

774   Kapitel 7: Frame-Semantik: Ein Arbeitsmodell

lung soll ebenfalls den Umstand erfassen, dass metaphorische Übertragungen natürlich
auch die Vererbungs-Relationen beeinflussen bzw. verändern,[325] wobei hier bemerkenswert
ist, dass die Vererbungs-Relation zwischen dem „Abstrakt-Lexem" *Maus* und dem Top-
Level-Frame PHYSISCHES OBJEKT erhalten bleibt, was u.U. für eine Beschreibung typischer
metaphorischer Prozesse relevant werden könnte. Die obige Darstellung geht davon aus,
dass „Ähnlichkeit" nicht ein einfaches „Dingmerkmal" ist, sondern eine implizite (epistemische) Prädikation, die als Ähnlichkeits-*Urteil* irgendwann einmal auch explizit kognitiv
vollzogen worden sein muss.[326]

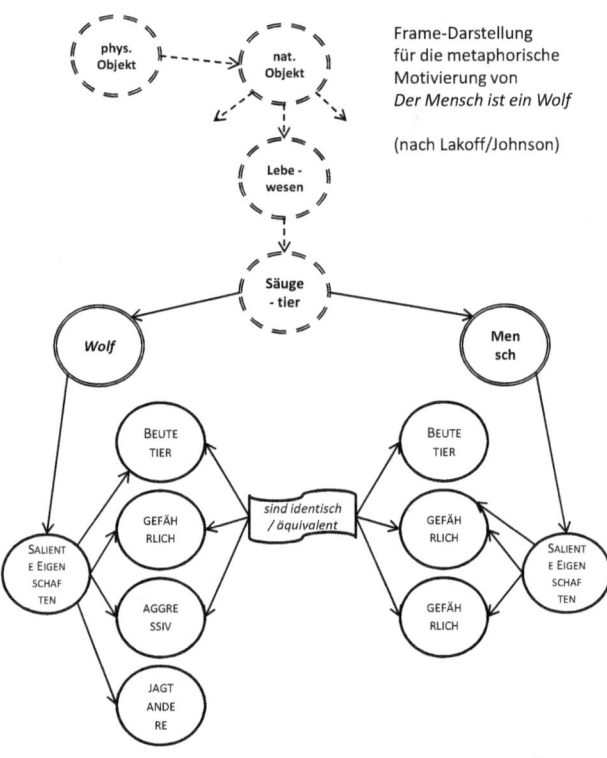

Abb. 7-63: Frame-Darstellung für eine konzeptmetaphorische Übertragung
am Beispiel *Der Mensch ist ein Wolf.*

Ein beliebtes Analyse-Instrument in der jüngeren Textsemantik ist das Modell der „konzeptuellen Metaphern" nach Lakoff / Johnson 1980. Ihr berühmtestes Beispiel ist *„Diskussion
ist Krieg"* (und generell die gesellschaftlich weit verbreitete *Kampf*-Metaphorik). Zu einer
„konzeptuellen Metapher" gehört ein epistemisches „Implikationssystem", das (a) als eine
Klasse von prototypischen Aussagen begriffen werden kann, die (b) durch die Kommunika-

---

[325] Ohne dass das hier überprüft werden könnte, wäre zumindest denkbar, dass sich verschiedene Typen
von Metaphern auch darin unterscheiden, welche Ebenen der Ober-Frames sie nicht überschreiten bzw.
unterschreiten müssen.

[326] D.h. diese Prädikation muss zumindest im Prozess des Erlernens der Metapher einmal bewusst vollzogen worden sein. Man weiß, dass kleine Kinder Metaphern noch nicht verstehen können, sondern diese
Fähigkeit erst ab einer bestimmten Stufe des kognitiven und epistemischen Reifungsprozesses erwerben.

7.12 Anwendungsmöglichkeiten der Frame-Analyse 775

tionsgemeinschaft festgelegt (kulturabhängig) ist, und (c) dass somit jedes Gesellschafts-mitglied über ein „System von geteilten Gemeinplätzen" verfügt. Konzeptuelle Metaphern bestehen dann quasi darin, dass bestimmte gesellschaftliche Annahmen, die bezüglich des Quellbereichs der Metapher gelten, auf den Zielbereich der Metapher sozusagen „proji-ziert" werden. So werden etwa am Beispiel der Konzeptmetapher *„Der Mensch ist ein Wolf"* die Eigenschaften *„Ist ein Beutetier"*, *„ist aggressiv"*, *„ist gefährlich"* auf den Men-schen übertragen. (Siehe Abbildung 7-63) Wichtig ist insbesondere, dass es sich bei sol-chen Übertragungen meistens nicht um systematische Punkt-für-Punkt-Vergleiche (syste-matisch gemessen an der Gesamt-Frame-Struktur für den Quellbereich) handelt, sondern dass die Projektionen sich immer nur auf bestimmte, kulturell besonders saliente Merkmale erstrecken.

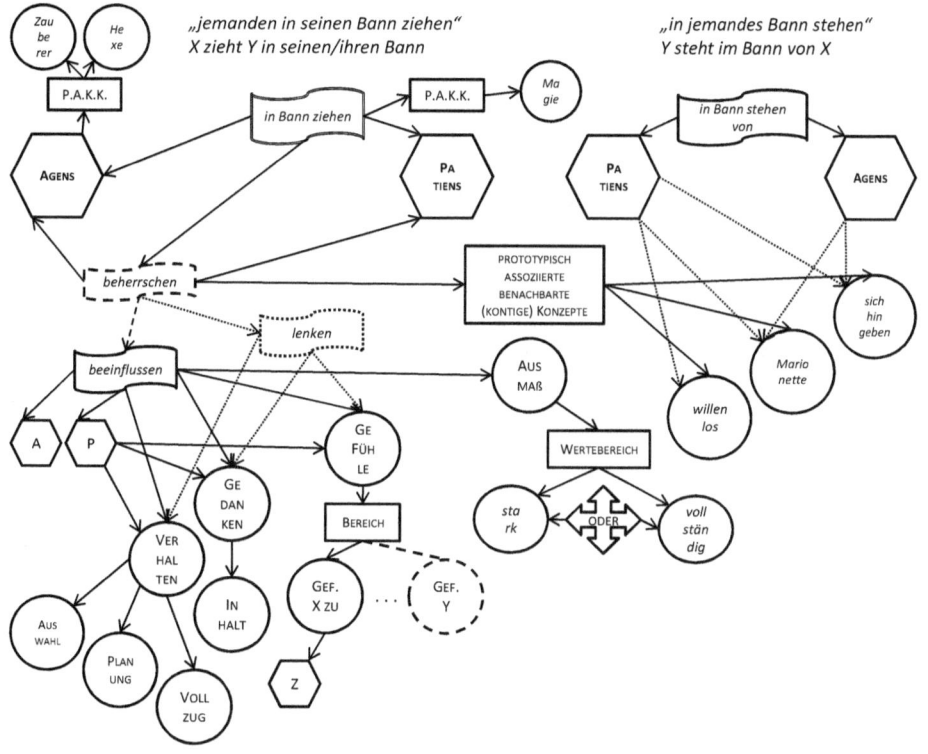

Abb. 7-64: Versuch einer (nicht vollständigen) Frame-Darstellung für metaphorische Motivierungszusammenhänge am Beispiel *in jemandes Bann stehen.*

Während Abb. 7-63 nur eine Grobstruktur des Übertragungsprozesses wiedergibt, läge in einer detaillierten Frame-semantischen Analyse (die hier aus Platzgründen nicht demons-triert werden kann) die Chance, Konzeptmetaphern sehr viel kleinteiliger zu erfassen, als dies in den meisten bisherigen Analysemodellen und empirischen Anwendungen der Fall ist.[327] Ein anderes in der Literatur behandeltes Beispiel für eine Konzeptmetapher ist *Liebe*

---

[327] Lakoff / Johnson vertreten in ihren Arbeiten ein eigenes epistemisches Strukturmodell, das auf soge-nannten *idealized cognitive models* (ICM) aufbaut. In der Literatur sind diese ICM manchmal als Kon-kurrenten des Frame-Begriffs aufgefasst und diskutiert worden. Ich gehe jedoch davon aus, dass auch

als Magie. Mit diesem Beispiel soll gezeigt werden, wie Konzeptmetaphern in Argumentationen wirksam werden (und diese Argumentationen tragen können). So etwa, wenn ein Mann gegenüber seinen Freunden rechtfertigen will, warum er sich für seine neue Angebetete bis über die Halskrause (und jenseits aller Vernunft) verschuldet hat, und dies mit Verweis auf das Objekt der Begierde begründet mit *„Sie hat mich in ihren Bann gezogen."* Diese Formulierung soll dann etwa verstanden werden in dem Sinne *„Ich kann nichts anderes, als mir alles bieten zu lassen." – „Ich war willenlos." – „Ich war Wachs in ihren Händen."* usw. Die Argumentation wird dann implizit getragen von einer Konzeptmetapher wie *„Liebe als Magie"*, die aber nur dann funktioniert, wenn man eine bestimmte Struktur des Frames *„jemand steht in jemandes Bann"* oder *„jemand hat jemanden in seinen Bann gebracht"* voraussetzt (siehe Abbildung 7-64). *„Jemand steht in jemandes Bann"* oder *„jemand hat jemanden in seinen Bann gebracht"* sind eigentlich phraseologische Redewendungen (ursprünglich metaphorisch), deren semantische bzw. epistemische Struktur sich z.T. wie in Abb. 7-64 beschreiben lässt. Besonders wichtig sind in diesem Falle offenbar die prototypisch assoziierten benachbarten (kontigen) Konzepte (P.A.K.K.), wie etwa *willenlos, Marionette, sich hingeben* für den PATIENS oder *Zauberer, Hexe* für den AGENS oder MAGIE für *in den Bann ziehen.* Diese Konzepte sind kulturell selbst wiederum höchst voraussetzungsvoll (und inhaltsreich), da komplette Zauberer-Märchen-Frame-Netze und – Geschichten abgerufen werden, welche auch die metaphorischen Übertragungsprozesse, und damit auch die argumentative Strategie stützen. Die bisherige Forschung zu Konzeptmetaphern ist stark intuitiv und verbal-interpretierend vorgegangen. Eine systematische Frame-semantische Darstellung von Konzeptmetaphern kann hier für ein gesteigertes Maß an Klarheit und Nachvollziehbarkeit von epistemischen Strukturen und Prozessen sorgen.

7.12.8 Frames in der Analyse von Präsuppositionen und Implikaturen

Semantik und Pragmatik sind in den letzten drei Jahrzenten in Linguistik und Sprachphilosophie weitgehend getrennte Wege gegangen. Ursächlich dafür ist vor allem ein stark reduktionistisches Verständnis einer Semantik, welcher es bis heute nur in Ausnahmefällen gelungen ist, sich vom eisernen Korsett des mathematisch-logischen Erbes der Frege-Tradition (zugunsten eines mehr epistemologisch-kulturbezogenen Verständnisses) zu befreien. Verfasser geht jedoch mit der berühmten Gazdar-Formel davon aus, dass dasjenige, was meistens „linguistische Pragmatik" genannt wird, nichts anderes ist als eine „Semantik minus Wahrheitsbedingungen". Da eine wahrheitsfunktionale Semantiktheorie jedoch den Blick verstellt für einen Großteil der epistemisch wirksamen Verstehensvoraussetzungen für sprachliche Zeichen und Sätze, ist eine „Semantik ohne Wahrheitsfunktionen" eigentlich Semantik schlechthin. Daraus folgt: Was meistens „Pragmatik" genannt wird, ist eigentlich ein wichtiger Teil jeder Semantik.

Unabhängig von diesen Überlegungen (denen er vielleicht nicht einmal zustimmen würde) steht am Beginn der Frame-Theorie (bei dem linguistischen ihrer Erfinder, also bei Fillmore) ein Nachdenken über Phänomene, die man *avant la lettre* gut und gerne der lin-

---

ICMs im Sinne von Lakoff & Johnson (ebenso wie z.B. die Skripts im Sinne von Schank & Abelson) besser mit einem übergreifenden Frame-Modell erklärt und beschrieben werden. So gesehen kann man ICMs vielleicht am besten als bestimmte speziellere Typen von Frame-Strukturen begreifen.

7.12 Anwendungsmöglichkeiten der Frame-Analyse

guistischen Pragmatik zurechnen könnte, insbesondere der Erforschung der sogenannten *Präsuppositionen* und *Implikaturen*. Fillmores frühe (sozusagen proto-Frame-theoretische) Konzeption der *Entailment-Rules* (Regeln des „Enthaltenseins") beschreiben meistens das, was andere als „Präsuppositionen" bezeichnet hätten.[328] Ich gehe daher davon aus, dass die Erschließung, Analyse und Darstellung von Präsuppositionen ein wichtiger Teil einer Frame-semantischen Forschung ist. In unseren Beispielen hatten wir ja an verschiedenen Stellen (etwa in Abb. 7-43, 7-44) bereits auf Präsuppositionen als Frame-Elemente zurückgreifen müssen. An anderen Stellen kamen auch bei wortsemantischen Analysen Wissenselemente (verstanden als Frame-Elemente, d.h. Attribute oder Werte) ins Spiel, die zumindest starke Ähnlichkeiten mit Präsuppositionen aufweisen (etwa die die Wortbildungsprozesse tragenden Prädikationen in Abb. 7-47 bis 7-52, oder die Zustands-bezogenen Attribute in Abb. 7-54). In den Bedeutungen von Wörtern sind also ganz offensichtlich sehr viel häufiger, als dies bisher gesehen wurde, implizite Annahmen „enthalten" (um diesen Terminus des frühen Fillmore aufzugreifen), die eigentlich nur satzförmig paraphrasierbar, d.h. – semantisch gesprochen – als Prädikationen darstellbar sind. Eben das ist mit dem in den frühen 1950er Jahren vom Philosophen P.F. Strawson geprägten Begriff der *Präsupposition* gemeint gewesen.[329]

Beispiele für typische Präsuppositionen sind etwa (nach Levinson 1990, 169 f.):

(7-60) *„Rita bedauert, Hans geheiratet zu haben."*
(7-61) *„Holger hat es nicht geschafft, die Tür zu öffnen."*
(7-62) *„Holger hat es nicht geschafft, hierher zu kommen."*
(7-63) *„Luise bezichtigte Jan des Plagiats."*

Der Kern einer sogenannten *lexikalisierten* oder *semantischen Präsupposition*, liegt etwa beim Verb *bedauern* in (7-60) darin, dass es immer um EREIGNISSE (oder ZUSTÄNDE, diese meist als Folgen von Ereignissen) geht, die vom AGENS der Verbhandlung mit dem Wert *negativ* bewertet werden. Die Präsupposition erweist sich hier als ein Netz von mehreren Prädikationen. Die Bewertung *negativ* kann sich dabei je nach angeschlossener Prädikation entweder auf den AGENS oder auf das AFFIZIERTE OBJEKT des in der Prädikation mitgedachten Ereignisses beziehen, wobei als AFFIZIERTES OBJEKT nur LEBEWESEN zugelassen sind, meist solche, denen (ähnlich wie den dafür prototypischen MENSCHEN, *Gefühle* zugeschrieben werden). Ein Frame für die lexikalische Bedeutung von *bedauern* (siehe Abb. 7-65) kann die Struktur der eingebetteten Prädikationen nur sehr unvollkommen abbilden, da es letztlich immer darauf ankommt, welche Prädikation an das faktive Verb bedauern syntaktisch als Komplement angeschlossen wird. Das für die Präsupposition wichtige verstehensrelevante Wissen wird zu größeren Teilen von dieser syntaktisch angeschlossenen Prädikation und ihrer Frame-Struktur beigesteuert.

---

[328] Siehe oben Kap. 2.1, S. 26 ff. – Fillmore hat sich – obwohl (oder weil ???) später an derselben Universität lehrend wie Searle und Grice – zwischen den Zeilen immer sehr „anti-pragmatisch" gegeben. Man kann dies als den Reflex eines Linguisten deuten, dem, wie er einmal in einer Fußnote bemerkt hat, die semantischen Beschreibungen der Philosophen „stark unterkomplex", und die diffizilen Feinheiten des Systems Sprache und der Funktionsweise sprachlicher Zeichen und Äußerungen bei weitem nicht differenziert genug berücksichtigend vorgekommen sind – ganz zu recht übrigens. Bis auf ganz wenige Bemerkungen in Fußnoten hat er seine Überlegungen (wohl bewusst) frei von allen Anklängen an linguistisch-pragmatische Terminologie gehalten. Dies ändert aber nichts daran, dass er in der Sache sehr häufig dieselben Phänomene beschreibt, auf die auch die Termini *Präsupposition* und *Implikatur* zielen.

[329] Strawson 1950, 1962. Vgl. zur Einführung Levinson 1990, Kap. 4, 169 ff.; Busse 2009, 75 ff.

778   Kapitel 7: Frame-Semantik: Ein Arbeitsmodell

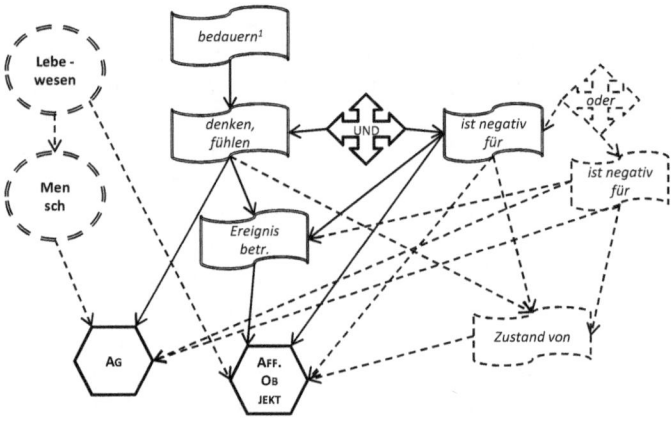

Abb. 7-65: Versuch einer Frame-Darstellung für die lexikalische Bedeutung von *bedauern*

So ist bei einem Verb wie bedauern die zentrale Frage, für wen das verbalisierte Ereignis als negativ bewertet wird (Agens oder ein anderes Komplement) ganz von subtilem Wissen über die gesellschaftlich prototypische Bewertung der Prädikation abhängig. So ist in (7-60) klar, dass Rita sich hier selbst bedauert, während in

(7-64)   „*Rita bedauert, Hans verletzt zu haben.*"

das Mitgefühl eher das AOB *Hans* betrifft. Eine vollständige / adäquate Frame-semantische Beschreibung von Präsuppositionen ist daher offenbar auch bei den sog. lexikalisierten Präsuppositionen wohl nur als Erstellung eines Textbedeutungs-Frames möglich.

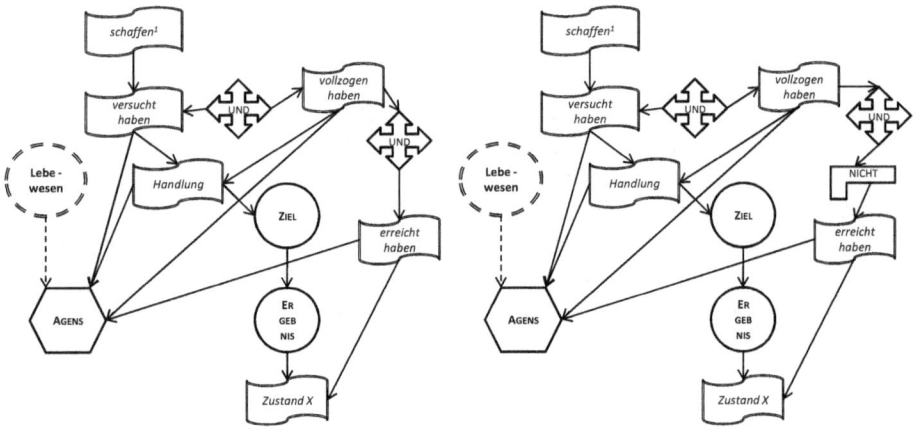

Abb. 7-66: Versuch einer Frame-Darstellung   Abb. 7-67: Versuch einer Frame-Darstellung für die
für die lexikalische Bedeutung von *schaffen*   lexikalische Bedeutung von *nicht schaffen*

Abb. 7-66 und 7-67 zeigen, dass in den Beispielen (7-61) und (7-62) die Negation des Verbs *schaffen* sich nur auf einen Teil der präsupponierten Prädikationen bezieht, während andere der Prädikationen unter der Negation erhalten bleiben. Die wichtigsten Präsuppositionen sind daher hier die Prädikationen *X hat die Handlung Y vollzogen* und *X hat das Ziel Z der Handlung Y gehabt*. Beispiel (7-63) präsupponiert wie (7-60), dass die eingebettete

7.12 Anwendungsmöglichkeiten der Frame-Analyse 779

Prädikation von der Sprecher-Person mit dem Wert *negativ* bewertet wird. Alle Beispiele zeigen, dass Präsuppositionen ein gutes Analyseobjekt für eine Frame-Semantik sind, die auch hier wieder ihr besonderes Veranschaulichungspotential unter Beweis stellt.

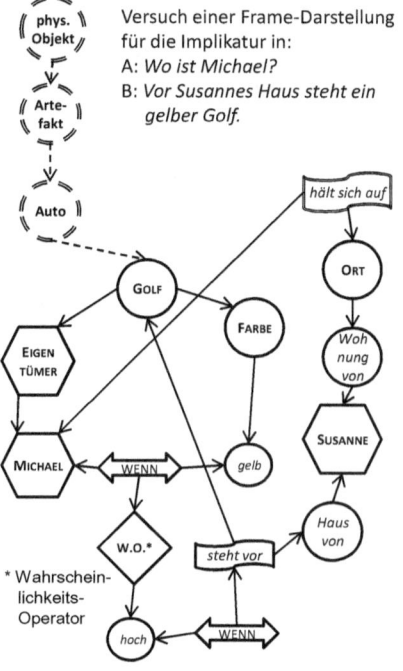

Abb. 7-68: Versuch einer Frame-Darstellung für die Implikatur in (7-65)

Dasselbe gilt auch für die Implikaturen, etwa an einem typischen Beispiel wie:

> (7-65) A: *Wo ist Michael?*
> B: *Vor Susannes Haus steht ein gelber Golf.*

Abbildung 7-68 zeigt den Versuch einer Frame-Darstellung für die Implikatur in (7-65). Da Implikaturen über Prädikationen operieren, spielen diese in der Frame-Darstellung die zentrale Rolle. Wie bei vielen Präsuppositionen spielen auch bei Implikaturen Wahrscheinlichkeitsoperatoren eine große Rolle, die hier neu in die Reihe der Darstellungsmittel eingeführt wurden. Deutlich wird auch die wichtige Rolle von Constraints gerade beim Verstehen von Implikaturen. (Zu fragen wäre nur, ob die hier in Darstellung 7-68 implizit „versteckten" IST-Prädikationen – wie „IST EIGENTÜMER VON" für *Michael* und *Golf* oder „IST GELB" für *Golf von Michael* – nicht um der besseren Klarheit willen auch explizit als Prädikationen dargestellt werden müssten.) Festzuhalten bleibt, dass die Frame-Semantik offenbar ein hohes Klärungspotential auch für so „klassische Gegenstände der Pragmatik" wie *Präsuppositionen* und *Implikaturen* aufweist. Für dieses Potential müssen freilich die adäquaten Frame-theoretischen Darstellungsmittel erst noch vollends entwickelt werden. (Die Beispiele sollen nur zeigen, dass die Frame-semantische Analyse solcher pragmatischer Aspekte grundsätzlich möglich ist und sinnvoll sein kann.)

780   *Kapitel 7: Frame-Semantik: Ein Arbeitsmodell*

7.12.9 Frame-Analyse von Bedeutungs- und Sprachwandel

Was für die Pragmatik gilt, gilt umso mehr für die Analyse und Beschreibung von Prozessen des Bedeutungswandels. Auch hier kann die Frame-Analyse und –Darstellung ihr besonderes Veranschaulichungs-Potential voll entfalten. Die nachfolgenden Beispiele zeichnen mit Frame-semantischen Mitteln den Bedeutungswandel nach, den der Rechts-Begriff *(mit) Gewalt* im Nötigungsparagraphen (§ 240) des deutschen Strafgesetzbuches seit Verabschiedung 1890 bis zum „Höhepunkt" des Bedeutungswandelprozesses (in der juristischen Literatur als sog. „Vergeistigung des Gewaltbegriffs" bezeichnet), erfahren hat.[330] Deutlich wird an den Frames, wie stark der durch die richterliche Auslegung entstandene Bedeutungswandel sich auf die interne semantische bzw. konzeptuelle Struktur dieses Gesetzesbegriffs ausgewirkt hat. Aus relativ klaren und einfachen Frame-Strukturen entstehen über die Jahrzehnte hinweg komplexe konzeptuelle Gebilde, deren Unterschiede insbesondere durch die Frame-semantische Darstellungsweise schlagartig ersichtlich werden.[331]

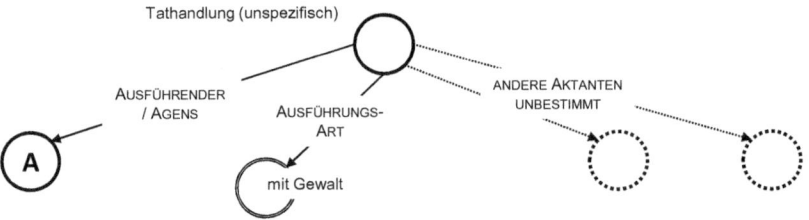

Frame 7-69: Allgemeiner Tathandlungs-Frame
(Gesetzestext; trifft auf mehrere Typen von Tathandlungen zu)

Abb. 7-69: Bedeutungswandel von *mit Gewalt* im deutschen Strafrecht (§ 240 StBG) (Frame 1).

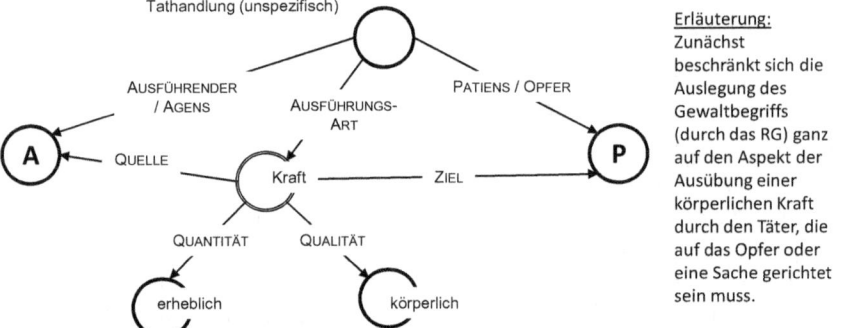

Frame 7-70: Allgemeiner Tathandlungs-Frame (Auslegung von *mit Gewalt* durch RGSt 5 [1882], 377 ff.)

Abb. 7-70: Bedeutungswandel von *mit Gewalt* im deutschen Strafrecht (§ 240 StBG) (Frame 2a).

---

[330] Die nachfolgenden Frame-Darstellungen entstammen einer früheren Arbeit des Autors und sind daher in einem gegenüber den anderen Darstellungen dieses Kapitels leicht abweichenden Darstellungsformat gefasst. (Auf eine weitere Kommentierung der Beispiele wird nachfolgend aus Platzgründen verzichtet.)

[331] In den Darstellungen wird zusätzlich noch zwischen „interpretatorisch definierten" (siehe 2a und 3a) und „tatsächlich in den Beispielen instantiierten" Frames (siehe 2b und 3b) unterschieden. Die Darstellungstechnik selbst verwendet (abweichend von den anderen Frame-Graphiken dieses Kapitels) ein Format, in dem Attribute / Slots nicht als Knoten, sondern als etikettierte Kanten dargestellt sind. Zu den Vorzügen / Nachteilen der jeweiligen Darstellungsformate siehe die Diskussion oben Kap. 7.11.1.

7.12 Anwendungsmöglichkeiten der Frame-Analyse 781

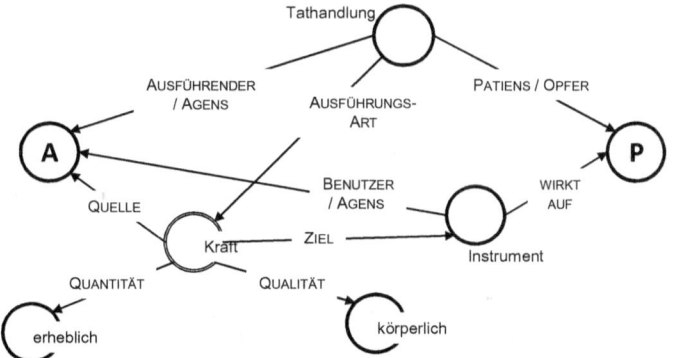

Frame 7-71: Konkreter Tathandlungs-Frame (Auslegung von *mit Gewalt*
durch RGSt 5 [1882], 377 ff., hier: *Steinwurf*

Erläuterung: Der konkrete Fall, der in RGSt 5, 377 ff. im Jahr 1882 entschieden wurde, ist jedoch
noch etwas komplexer als die verbale Definition durch das Gericht (vgl. Frame 2a), da hier ein
INSTRUMENT hinzukommt (Steinwurf gegen das Opfer).

Abb. 7-71: Bedeutungswandel von *mit Gewalt* im deutschen Strafrecht (§ 240 StBG) (Frame 2b).

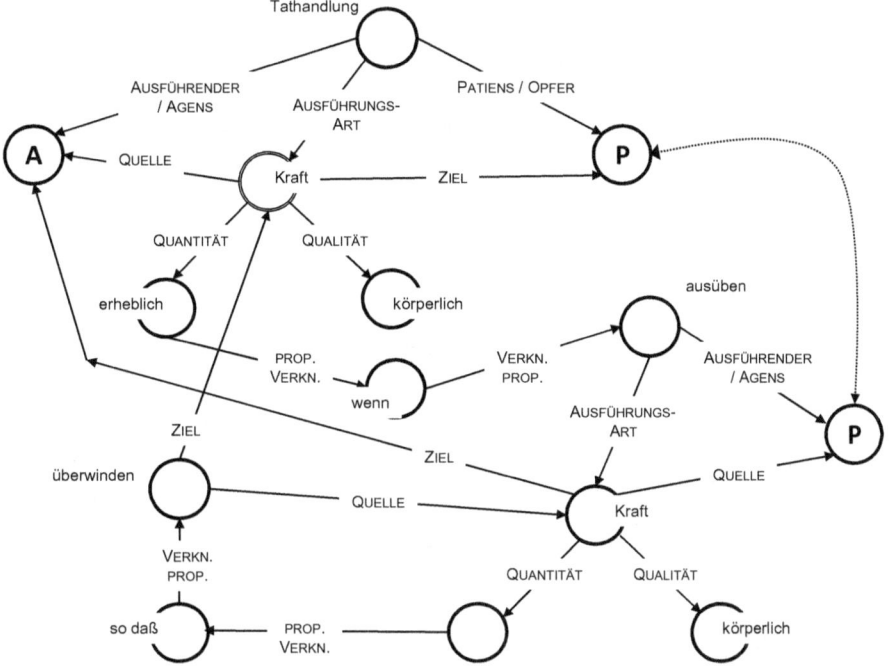

Frame 7-72: Allgemeiner Tathandlungs-Frame (Auslegung von *mit Gewalt* durch RGSt 27 [1895], 405 ff.)

Erläuterung:
Eine gewisse Differenzierung tritt in der Auslegung jedoch schon bald dadurch ein, dass der Aspekt der
körperlichen (physischen) Kraftentfaltung von der Seite des Täters auf die des Opfers übertragen wird.
Hier wieder: Frame 3a beschreibt die verbale Definition von *mit Gewalt* durch das Gericht.

Abb. 7-72: Bedeutungswandel von *mit Gewalt* im deutschen Strafrecht (§ 240 StBG) (Frame 3a).

782   *Kapitel 7: Frame-Semantik: Ein Arbeitsmodell*

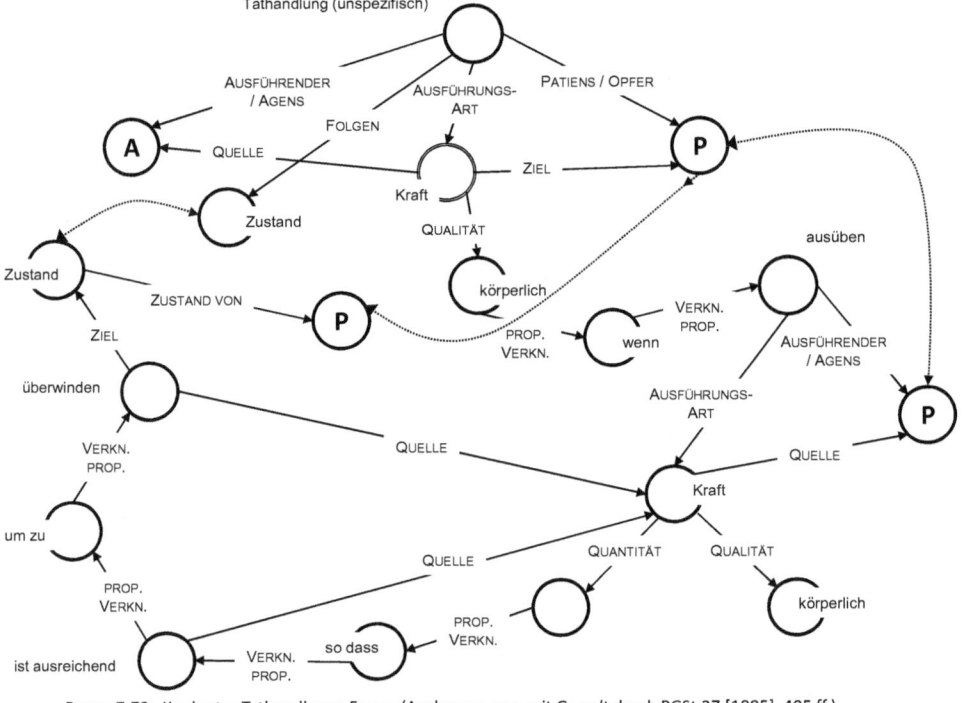

Frame 7-73: Konkreter Tathandlungs-Frame (Auslegung von *mit Gewalt* durch RGSt 27 [1895], 405 ff.)

Erläuterung: Der konkrete Fall, der in RGSt 27, 405 ff. im Jahr 1895 entschieden wurde, ist jedoch noch etwas komplexer als die verbale Definition durch das Gericht (vgl. Frame 3a). Hier: Das Opfer muss Kraft aufwenden, um die die Freiheit seiner Willensausübung einschränkenden Folgen der Handlung des Täters zu überwinden (*abgesperrte Tür*).

Abb. 7-73: Bedeutungswandel von *mit Gewalt* im deutschen Strafrecht (§ 240 StBG) (Frame 3b).

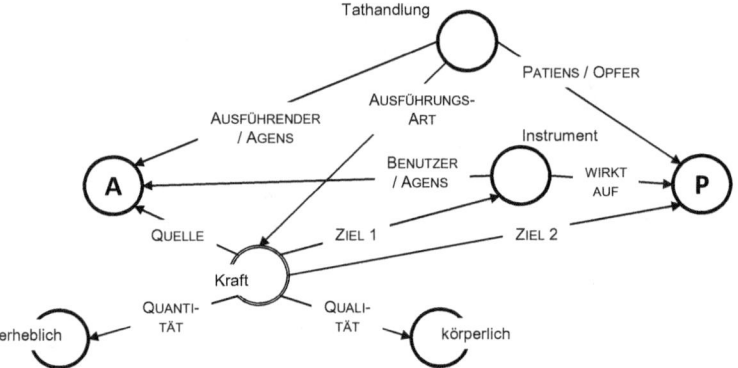

Frame 7-74: Konkreter Tathandlungs-Frame (Auslegung von *mit Gewalt* durch RGSt 58 [1924], 98 ff.)

Erläuterung: Auch im Jahr 1924 ist für das RG das semantische Merkmal körperliche Kraftaufwendung immerhin noch so wichtig, dass es nur solche Fälle der Anwendung eines Betäubungs-mittels als Fall von „mit Gewalt" bezeichnet, in denen das Betäubungsmittel „durch Aufwendung körperlicher Kraft" seitens des Täters dem Opfer beigebracht wird (RGSt 58 [1924], 98 ff.).

Abb. 7-74: Bedeutungswandel von *mit Gewalt* im deutschen Strafrecht (§ 240 StBG) (Frame 4).

7.12 Anwendungsmöglichkeiten der Frame-Analyse 783

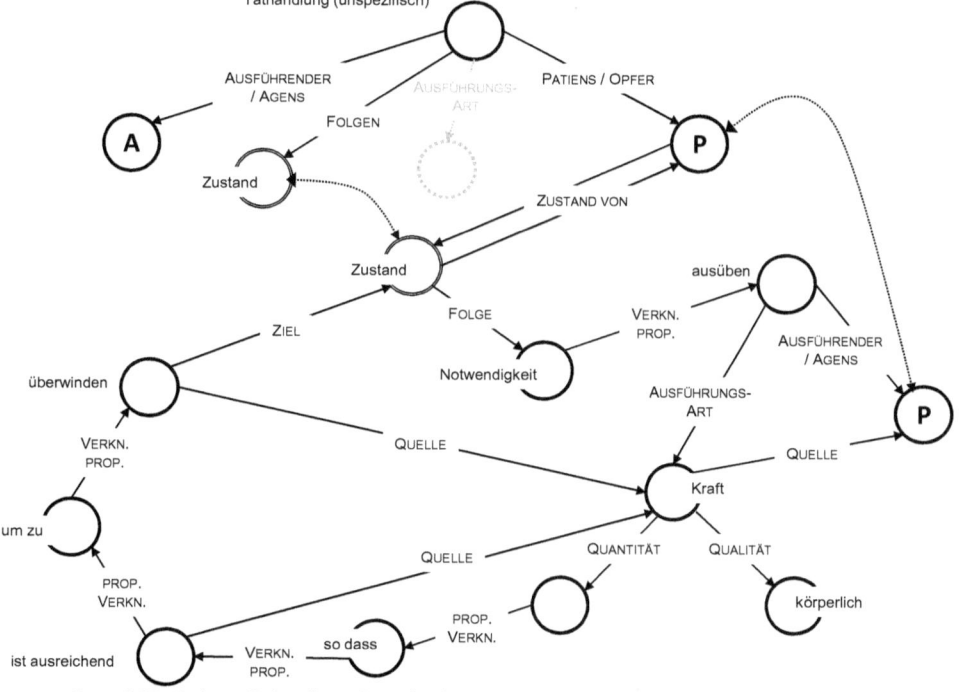

Frame 7-75: Konkreter Tathandlungs-Frame (Auslegung von *mit Gewalt* durch BGHSt 1 [1951], 145 ff.)

Erläuterung: Aufweichung des strafrechtlichen Gewaltbegriffs durch die Rechtsprechung dadurch, dass auf das bisher herausgehobene semantische Bestimmungsmerkmal, wonach die Gewaltanwendung in der Aufwendung körperlicher Kraft durch den Täter besteht, verzichtet wird zugunsten einer Bedeutungsbestimmung, wonach die Zwangswirkung, die durch eine Täterhandlung beim Opfer erzielt wird, das entscheidende Kriterium der richtigen Anwendung des Gewaltbegriffs darstellt (BGHSt 1, 145 ff.).

Wörtlich: Es reicht nunmehr aus, dass die Täterhandlung „die Ursache dafür setzt, dass der Widerstand des Opfers gebrochen oder verhindert wird", und zwar ist es „unwesentlich, welches Maß körperlicher Betätigung der Täter zur Beibringung des Betäubungsmittels aufwenden musste" (BGHSt 1, 145 ff.).

Abb. 7-75: Bedeutungswandel von *mit Gewalt* im deutschen Strafrecht (§ 240 StBG) (Frame 5)

784   Kapitel 7: Frame-Semantik: Ein Arbeitsmodell

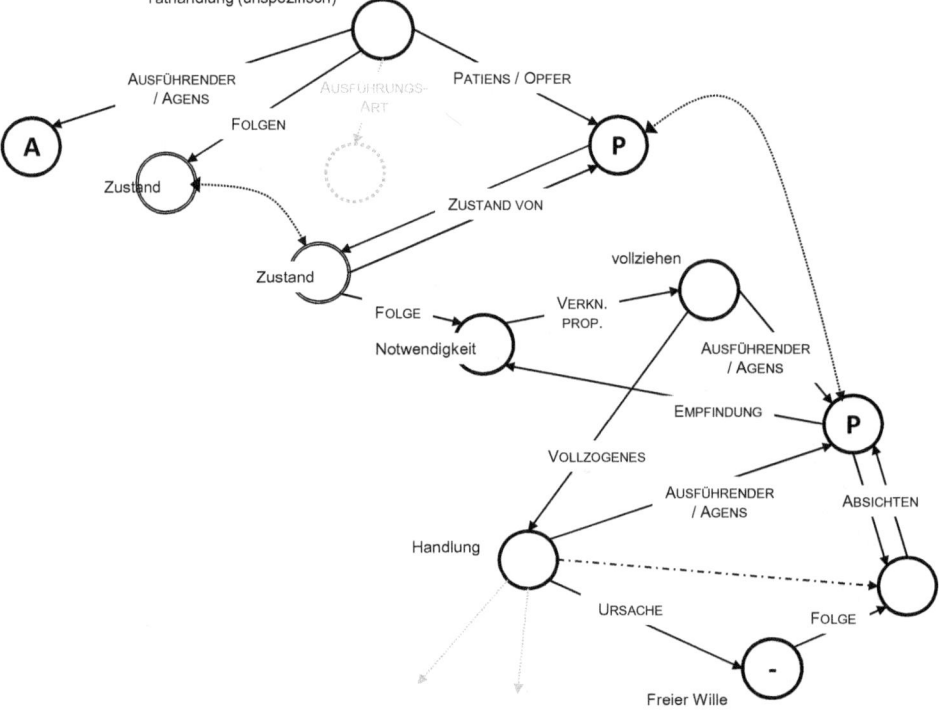

Frame 7-76: Allgemeiner Tathandlungs-Frame (Auslegung von *mit Gewalt* durch BGHSt 23 [1970], 46 ff.)

Erläuterung:
Der BGH verzichtet ab Ende der 1960er Jahre endgültig auf das semantische Merkmal der Körperlichkeit einer Zwangswirkung auf das Opfer (BGH NJW 1963, 1629, BGHSt 19 [1966], 263 ff., BGHSt 23 [1970], 46 ff.).
Nach BGH NJW 1963, 1629 ist zum Referenzbereich von *Gewalt* schon ein solches Geschehen zu rechnen, bei dem es dem Opfer durch eine Handlung des Täters unmöglich gemacht werde, sich körperlich so zu verhalten, wie es wolle. (Frame 6 soll den Zwang zu einer Handlung darstellen, die nicht auf dem freien Willen des Opfers beruht.)

Wörtlich:
„Mit Gewalt nötigt, wer physischen Zwang ausübt, indem er auf den Gleiskörper einer Schienenbahn tritt und dadurch den Wagenführer zum Anhalten veranlasst." (BGHSt 23, 46 ff., „Laepple-Urteil")

Abb. 7-76: Bedeutungswandel von *mit Gewalt* im deutschen Strafrecht (§ 240 StBG) (Frame 6).

7.12 Anwendungsmöglichkeiten der Frame-Analyse 785

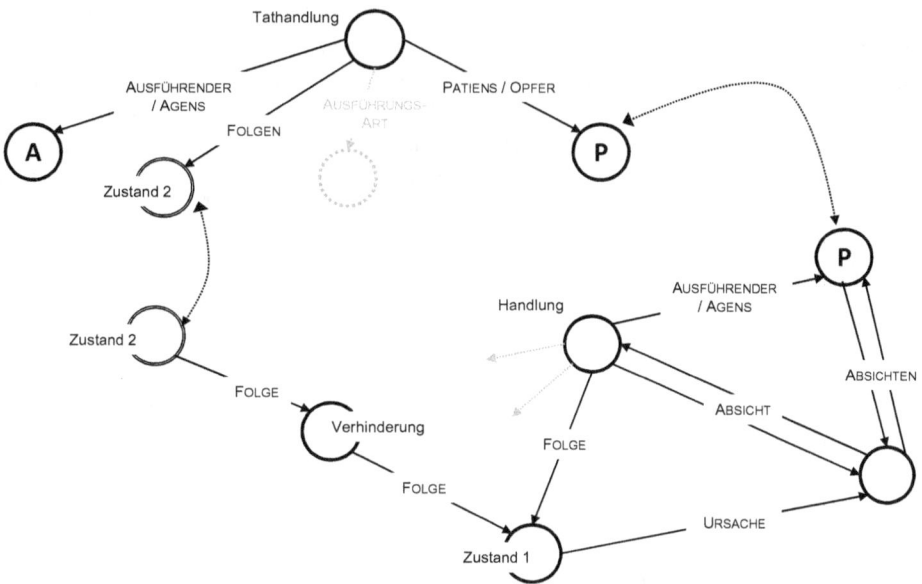

Frame 7-77: Konkreter Tathandlungs-Frame (Auslegung von *mit Gewalt* durch BGH NJW 1982, 189.)
Erläuterung: In einem Urteil des BGH aus dem Jahr 1981 zu Vorlesungsstörungen durch Studenten am Germanistischen
Seminar einer Universität wurde entschieden, dass das Singen von Liedern oder lautes Sprechen zum Erzwingen
von Diskussionen mit dem Lehrenden und den Studierenden, die zum Abbruch der Vorlesungen durch den Dozenten
geführt haben, einen Fall von „Gewaltanwendung" im Sinne des § 240 StGB darstellt (BGH NJW 1982, 189). Die „psychische
Zwangswirkung" soll hier darin bestehen, dass der Dozent mit seiner Vorlesung faktisch kein Gehör gefunden hat, wenn
gleichzeitig laut gesprochen wurde, und er sie deshalb abbrechen musste.

Abb. 7-77: Bedeutungswandel von *mit Gewalt* im deutschen Strafrecht (§ 240 StBG) (Frame 7).

7.12.10 Legende zu den Frame-Darstellungen in Kap. 7.12

Die Versuche für Frame-Darstellungen dieses Kapitels (Abbildungen 7-29 bis 7-68 bzw. 7-69 bis 7-77) dürfen nicht so missverstanden werden, als stellten sie aus Sicht des Verfassers ein endgültiges Format für Frame-semantische Analysen und Darstellungen dar. Zum einen gehe ich davon aus, dass es ohnehin nicht *die* allgemeingültige Form von Frame-Analyse und Frame-Repräsentation (bzw. –Darstellung) schlechthin geben kann. So unterschiedlich, wie die Ziele, Formen und Vorgehensweisen linguistischer Frame-Forschung sein können, so unterschiedlich können auch die Darstellungsformate sein (vgl. oben die Übersicht und Diskussion in Kap. 7.11.1). Die in diesem Kapitel gegebenen Darstellungen sind als erste heuristische Versuche zu verstehen, die sicherlich in vielen Punkten verbesserungsfähig sind. Ihre wichtigsten Defizite sind folgende: (1) Praktisch alle Darstellungen sind unvollständig; dies ist wegen der infiniten Rekursivität von epistemischen Frames aber wahrscheinlich schon grundsätzlich gar nicht zu vermeiden. (2) In den Darstellungen sind nirgends die Relationen hinsichtlich der Relationen-Typen etikettiert; dies sollte nach einer noch ausstehenden Entwicklung einer praktikablen Relationen-Typologie jedoch später grundsätzlich immer erfolgen. (3) Die Beschränkungen in der Varianz der graphischen Darstellungsformen führen dazu, dass die Darstellungen die (in den theoretischen Überlegungen postulierten) unterschiedlichen Typen von Frame-Elementen nur sehr unzureichend

786   *Kapitel 7: Frame-Semantik: Ein Arbeitsmodell*

abbilden können. Wünschbar wäre hier ein Set von noch differenzierteren Abbildungsmöglichkeiten, damit man möglichst viele der relevanten semantischen (und linguistischen) Informationen (nach Einübung in die Legende) quasi direkt aus den Graphiken „ablesen" kann. Die abgedruckten Graphiken sollten zunächst nur die Vielfalt der Anwendungsmöglichkeiten einer Frame-Analyse demonstrieren, und insbesondere das hohe Veranschaulichungspotential zeigen, das in einer Frame-semantischen Forschung und Deskription liegen kann.

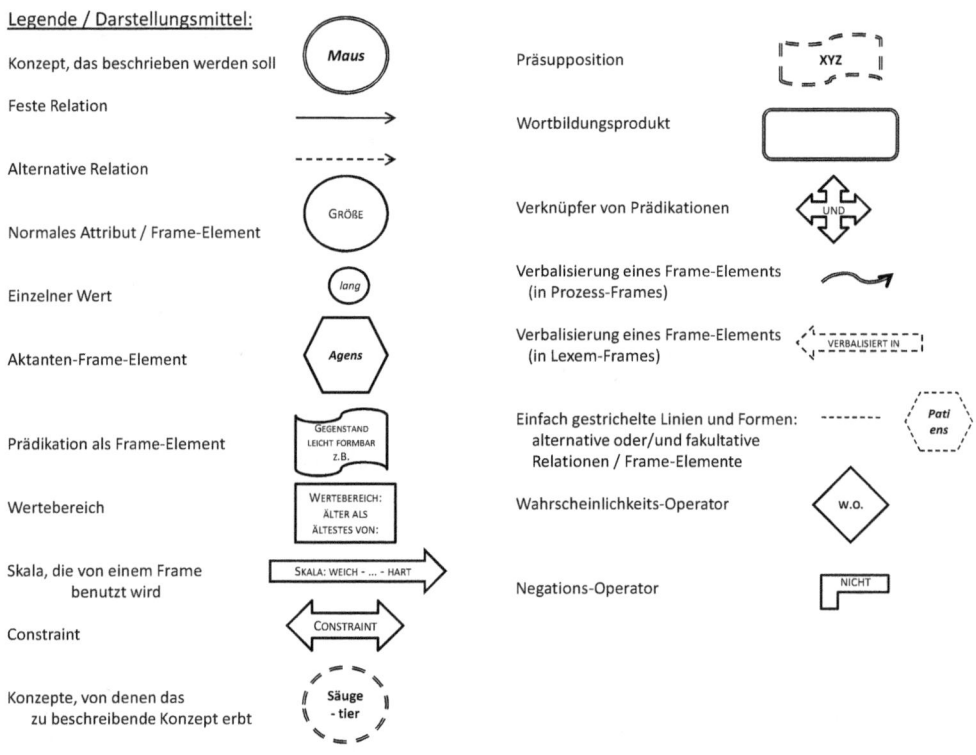

Abb. 7-78: Legende zu den Frame-Darstellungen in Kap. 7.12.

8. Frame-Analyse und linguistische Epistemologie – Resümee und Ausblick

In der hier vorgelegten Darstellung sind die Vorzüge eines Frame-Modells der Bedeutung, und damit gerade auch die Vorteile einer Frame-semantischen Analyse in der Linguistik, immer wieder deutlich geworden. Diese Vorzüge sind nicht nur von Kognitionswissenschaftlern wie Minsky und Barsalou bemerkt worden, sondern gerade auch von Fillmore, als dem genuinen Linguisten unter den Begründern einer Frame-Theorie, immer wieder mit Nachdruck herausgestrichen (und mit zahllosen Beispielanalysen belegt) worden. Die zahlreichen Versuche einer Anwendung, praktischen Umsetzung und Weiterentwicklung der Frame-Semantik gerade auch in der deutschen (insbesondere in der germanistischen) Linguistik haben gezeigt, dass diesem Ansatz von vielen Linguisten ein hohes Erschließungspotential zugemessen wird. Unser eigenes „Arbeitsmodell" der Frame-Semantik, das in Fortentwicklung der referierten Frame-theoretischen und Frame-analytischen Ansätze entwickelt wurde, hat nicht nur gezeigt, wie komplex der theoretische Hintergrund der Frame-Konzeption (verstanden als linguistische, v.a. als semantische Theorie und Analyse-Modell) und der Frame-analytischen Methode(n) ist, sondern es wurde auch deutlich, wo das besondere Erschließungspotential eines Frame-theoretischen Ansatzes in der linguistischen Semantik liegt und welche Anwendungsfelder denkbar sind. Jüngste Ansätze, den Frame-Begriff auch in formalen linguistischen Modellen zu nutzen, unterstreichen, dass die ganze Richtung von Kennern der Materie nach wie vor als attraktiv und zukunftsträchtig angesehen wird.

Dennoch kann die Frame-Theorie auch mehr als dreißig Jahre nach ihrer ersten theoretischen Begründung keineswegs als in der Linguistik etabliert angesehen werden. Trotz des im Grunde fast „anti-kognitiven" Gestus des Linguisten unter ihren Begründern, nämlich Fillmores, werden Frame-Begriff und Frame-Theorie von vielen Zeitgenossen (gerade auch in der Linguistik) pauschal einem unreflektierten Kognitivismus zugerechnet, gegen den sich Viele in radikaler Gegnerschaft positionieren. Diese Gegnerschaft kommt aus verschiedenen theoretischen Lagern und wird damit unterschiedlich begründet. Einen Aufsatztitel Schleiermachers aufnehmend werde ich daher nachfolgend die Frame-Theorie in ihren Beziehungen oder Gegensätzen zu benachbarten theoretischen Modellen diskutieren und zu verteidigen versuchen, gerade solchen Modellen, die in Linguistik und Kulturwissenschaft hohes Ansehen genießen.

Danach werde ich das Motiv entfalten, das mich zu dem Unterfangen dieser Gesamtdarstellung überhaupt erst veranlasst hat, nämlich der Versuch der Begründung einer Linguistischen Epistemologie[1] (verstanden als eine genuin sprachwissenschaftliche Analyse des verstehensrelevanten Wissens und seiner individuellen wie sozialen Hintergründe), und

---

[1] Vgl. zum Programm einer Linguistischen Epistemologie Busse 2005a, 2006, 2007a, b, c, 2008a.

788   *Kapitel 8: Frame-Analyse und linguistische Epistemologie – Resümee und Ausblick*

dabei aufzeigen, welche Rolle die Frame-Theorie in einer solchen Forschungsperspektive spielen kann.

Und schließlich werde ich weitere Anschlussmöglichkeiten für die Frame-Theorie, auch außerhalb der Linguistik, erkunden – alles zusammengenommen als Versuch, eine interdisziplinäre Perspektive auf einen komplexen Gegenstand zu gewinnen, der (wie es Fillmore einmal eindrücklich dargestellt hat) mit den Ansätzen einer einzigen Disziplin vermutlich nicht umfassend erforscht werden kann, nämlich das sprachliche Wissen (oder genauer, das für die Sprache relevante, in Sprache verhandelte, verarbeitete und benutzte gesellschaftliche Wissen in allen seinen – sozialen wie individuellen – Aspekten).

8.1   Kognitive Semantik: Ein Wort an die Gebildeten unter ihren Verächtern

Einer epistemologischen Perspektive in der linguistischen Semantik, wie sie hier vertreten wird, und wie sie (ob unausgesprochen oder explizit artikuliert) Grundlage jeder kognitiven Semantik und auch der Frame-Theorie in allen ihren Spielarten ist, ist in den vergangenen Jahrzehnten eine – teilweise mit größter Schärfe vorgetragene – Gegnerschaft erwachsen, die sich aus unterschiedlichen linguistischen und sprachtheoretischen „Lagern" bzw. Schulen speist, und demgemäß auch unterschiedlich begründet wird. Diese Gegnerschaft beruht teilweise auf einer mangelnden Kenntnis der Differenziertheit und theoretischen Grundlagen dessen, was kritisiert wird, teilweise auf Aporien des eigenen sprachtheoretischen Denkens oder dem Umstand, dass bestimmte Aspekte, die in einer umfassenden Sprachtheorie zu erklären wären, einfach nicht beachtet und diskutiert werden, und sind häufig auch einfach auf theoretische Grund-Axiome gestützt, die wie Glaubens-Artikel behandelt werden, und die entweder schon als solche irrtümlich sind, oder aus denen die falschen Konsequenzen gezogen wurden.[2] Den differenzierteren solcher Gegenpositionen sollen nachfolgend Gegenargumente gegenübergestellt, und einige Missverständnisse seitens der Kritiker als solche identifiziert und aufgeklärt werden.

8.1.1   *Frame-Semantik und Zeichentheorie*

Das Verhältnis der Frame-Semantik zur (in der Linguistik bis heute prägenden, wenn nicht dominanten) Zeichentheorie ist prekär, da man der kognitiven Semantik im allgemeinen und sämtlichen Frame-Theoretikern im besonderen insgesamt einen Vorwurf nicht ersparen kann, der freilich in gleicher Weise auch große Teile der modernen Linguistik trifft: den Vorwurf der „Zeichenvergessenheit". Als solche bezeichne ich die Tatsache, dass in großen Teilen der modernen Sprachtheorie den besonderen Bedingungen, die aus dem Zeichencha-

---

[2]   Nicht verschwiegen werden darf allerdings, dass zahlreichen Bedenken gegen eine kognitive Perspektive in der Sprachtheorie und Semantik durch missverständliche oder falsche Überlegungen und Formulierungen aus der Kognitionswissenschaft selbst heraus in die Hände gespielt wird. Der überschäumende Fortschrittsglaube und technologische Machbarkeitswahn, der in der modernen Kognitionswissenschaft ubiquitär ist, und die Ignoranz fast der gesamten Theoriegeschichte gegenüber, die für diesen Forschungszweig kennzeichnend ist, haben sicher entscheidend mit zu dem anti-kognitivistischen Ressentiment und zum Missverständnis der theoretischen Grundlagen seitens der Gegner beigetragen.

8.1 Kognitive Semantik: Ein Wort an die Gebildeten unter ihren Verächtern

rakter der sprachlichen Mittel erwachsen, nicht genügend Rechnung getragen wird.[3] Darüber hinaus sind zahlreiche sprachtheoretische Annahmen und Modelle (in verschiedenen theoretischen Schulen) aus spezifisch sprachwissenschaftlicher Perspektive gesehen linguistisch unterkomplex, indem sie der Organisation von Sprache in verschiedenen Ebenen[4] (Einzelzeichen, Wortbildung, Syntax, Text) und den komplexen Wechselbeziehungen zwischen diesen Ebenen nicht gerecht werden. Umgekehrt wird einer kognitiv oder epistemologisch ausgerichteten Semantik von bestimmten Vertretern einer linguistisch und sprachphilosophisch reflektierten Zeichentheorie größte Skepsis bis hin zu völliger Ablehnung entgegengebracht.

Exemplarisch beziehe ich mich nachfolgend hauptsächlich auf die Zeichentheorie von Rudi Keller (1995), der klassische sprachtheoretische Positionen in der aristotelischen Tradition ebenso heftig kritisiert wie Modelle der neueren kognitiven Semantik, und dabei an Überlegungen anschließt, die sich im Spätwerk von Ludwig Wittgenstein finden. Gemeinsam ist diesem Ansatz von Keller mit manchen Positionen aus der linguistischen Pragmatik und mit Argumenten aus dem Kreis der Wittgenstein-Epigonen eine radikal antikognitivistische und in Konsequenz auch anti-epistemologische Haltung, die sich begrifflich meist als Anti-Mentalismus darstellt. Das Axiom dieser Denktradition ist – so einfach wie scheinbar überzeugend – „Ich kann in den Kopf des anderen nicht hineinschauen", woraus meist die scheinbar naheliegende, bei näherer Betrachtung aber keineswegs zwingend folgende, Konsequenz gezogen wird: „Darum darf ich auch keine Aussagen mit Anspruch auf wissenschaftlichen Charakter über das machen, was in den Köpfen der Menschen vorgeht."[5]

Keller unterscheidet in der Geschichte der Zeichentheorie zunächst zwischen (guten) „instrumentalistischen" und (falschen) „repräsentationistischen" Zeichenkonzeptionen, wobei er erstere mit Platon, letztere mit Aristoteles identifiziert. (Die scharfe Kritik am sogenannten „Repräsentationismus" teilt er übrigens mit Vertretern solcher Positionen, denen er wohl niemals zustimmen würde, nämlich den Anhängern des sog. „Dekonstruktivismus" in der Nachfolge von Derrida.) So gesehen sind alle Zeichendefinitionen der Semiotik seit der Antike „repräsentationistisch", da sie sämtlich in der einen oder anderen Form auf die zeichentheoretische Urformel des *aliquid stat pro aliquo* (*etwas steht für etwas anderes*, oder, präziser: *ein Etwas steht für ein anderes Etwas*) zurückgehen. Bekanntlich entstanden die unterschiedlichen Zeichentheorien aus der unterschiedlichen Art und Weise, wie die Frage beantwortet wurde, was das „Etwas" sei, für das ein Zeichen stehe: Für die einen ein Ding in der Welt, für die anderen nur „die Ideen im Geiste dessen,

---

[3] Dies gilt für die linguistische Morphologie und Syntax, aber auch etwa für große Teile der von Philosophen begründeten, erst später linguistisch angewendeten Pragmatik, schließlich aber selbst für Teile der Semantik, etwa wenn sie, wie die Frege-Tradition, das spezifisch Zeichenhafte vollständig vernachlässigen.

[4] Der letztgenannte Vorwurf trifft nicht auf Fillmore zu, der diese Aspekte besonders in den Blick nimmt und sich für andere Modelle, wie die von Philosophen begründete linguistische Pragmatik, aber wohl auch die übliche Kognitionswissenschaft, wohl gerade wegen dieser Unter-Komplexität kaum interessiert. Allerdings trifft der erste Vorwurf, der Zeichenvergessenheit, auf Fillmore genauso zu wie auf die kognitionswissenschaftlichen Frame-Theoretiker.

[5] Wir befinden uns hier nicht in einem philosophischen Oberseminar zur Erkenntnistheorie, dennoch reizt es, über die Schieflage, die in der zitierten Haltung steckt, sich weiter auszulassen. Diese fängt schon an mit der erkenntnistheoretisch höchst problematischen Gleichsetzung von ‚(wissenschaftlicher) Erkenntnis' mit 'Schauen', aus der ein naiver erkenntnistheoretischer Objektivismus und Realismus spricht, der seit Wittgenstein II eigentlich überwunden sein sollte.

der das Zeichen benutzt" (John Locke).[6] Indem schon in frühneuzeitlichen Zeichendefinitionen das *aliquo* als eine mentale, kognitive Größe identifiziert wurde,[7] machen es sich andere Theoretiker, insbesondere solche, die später in Logik, Philosophie und Linguistik (z.T. bis heute) einflussreich wurden, noch einfacher, indem sie einfach „Bedeutung" mit „Ding in der Welt" gleichsetzen (so der bis heute als Säulenheiliger der linguistischen und logischen Semantik hochgehaltene Mathematiker Gottlob Frege 1892), und damit das *stat pro* erkenntnistheoretisch naiv objektivistisch deuten. Da die Zeichentheorie in der modernen Linguistik vor allem in der Version ihres Gründungsvaters Ferdinand de Saussure tradiert wurde, der das Zeichen als Relation von „Ausdrucksseite" (*signifiant* oder Bezeichnendes) und „Inhaltsseite" (*signifié* oder Bezeichnetes) definierte, aber schon Saussure selbst das „Bezeichnete" in der psychologistischen Denkweise seiner Zeit mit einer „Vorstellung" gleichsetzte (ohne näher auszuführen, was genau er darunter versteht), konkretisiert sich der zeichentheoretische Anti-Repräsentationismus, wie er etwa von Keller vertreten wird, als grundsätzlicher Anti-Mentalismus oder Anti-Kognitivismus.[8]

Keller argumentiert in seiner „Zeichentheorie" vor allem wittgensteinianisch und auf der Basis eines ganz bestimmten Verständnisses von dem, was „linguistisch" ist (und eine „linguistische" Zeichen- oder Bedeutungstheorie zu leisten habe).[9] Diese Argumentation ist vor allem deshalb apart, weil den Wittgensteinianern unter den Semantikern gerade immer wieder vorgeworfen wurde, eine am späten Wittgenstein orientierte Position in der Semantik sei vielleicht philosophisch zu rechtfertigen, habe aber für die Linguistik keinerlei Nutzen. Nicht nur die *Vorstellungs*theorien der Bedeutung im konkreten, historischen Sinn,[10] sondern alle semantischen Theorien, die in irgendeiner Weise auf *Begriffe, Konzepte, Wissensstrukturen* Bezug nehmen, fallen für Keller unter das Verdikt des Repräsentationismus. Woran sich Keller dabei stört, ist unter anderem die Befürchtung, epistemisch orientierte Bedeutungsmodelle würden auf die Annahme von so etwas wie einer „inneren Sprache", einer „Sprache des Geistes" o.ä., hinauslaufen, und damit den Gegenstand „Sprache" theoretisch unzulässig verdoppeln (und damit die in Kellers Sinne „eigentliche" Sprache uner-

---

[6] Siehe für eine ganz kurze Geschichte der Zeichendefinitionen Busse 2009, 22 ff., für eine umfassendere Darstellung Nöth 2000, Kap. 1.

[7] So in der Logik von Port Royal (Arnauld / Nicole) von 1662: „Das Zeichen enthält genaugenommen in sich zwei Ideen, die des Dings, das darstellt, und die des dargestellten Dinges; seine Natur besteht darin, die zweite Idee durch die erste anzuregen."

[8] Interessanterweise teilt Keller diesen Anti-Mentalismus mit Frege und seiner Schule, dessen Bedeutungstheorie er ansonsten diamatral gegenüber steht. Freges Gleichsetzung von „Bedeutung" mit „referierter Sache" ist in ihrer radikalen Verkürzung vor allem eine Gegenreaktion auf die teilweise naiven psychologistischen Bedeutungsbegriffe und Vorstellungstheorien seiner Epoche. Freges Ziel ist es daher (wie es später auch für den amerikanischen Strukturalismus in der Linguistik sein wird) jede auch nur entfernt „psychologisch" erscheinende Aussage radikal aus der Sprachwissenschaft herauszuhalten. Vgl. zu diesem theoriegeschichtlichen Hintergrund ausführlicher Busse 2002. Die amerikanischen Strukturalisten waren dann aber immerhin so ehrlich bzw. konsequent, die Semantik *insgesamt* als wissenschaftlicher Erkenntnis nicht zugänglich einzustufen, und daher den Versuch zu unternehmen, eine „Linguistik ohne Semantik" zu konzipieren. Von dieser Ehrlichkeit und Konsequenz sind die meisten anderen Kritiker eines „Mentalismus" leider sehr weit entfernt, indem sie nämlich fälschlich behaupten, eine zureichende Semantik sei möglich, ohne in irgendeiner Weise auf Kognitives bzw. Epistemisches Bezug nehmen zu müssen.

[9] „Frege siedelte, was er *Bedeutung* nannte, auf der ontologischen Ebene an. Vorstellungstheoretiker siedeln sie offenbar auf der epistemischen Ebene an. Ich werde dafür plädieren, Bedeutung, dem späteren Wittgenstein folgend, auf der linguistischen Ebene anzusiedeln." Keller 1995, 61.

[10] Die zugegebenermaßen psychologisch wie erkenntnistheoretisch äußerst naiv waren.

8.1 Kognitive Semantik: Ein Wort an die Gebildeten unter ihren Verächtern　　　　791

klärt lassen). Seine Argumentation steht und fällt mit der strikten und kategorischen Unterscheidung der drei Ebenen *Ontologie* (bzw. Realwelt), *Episteme*, *Sprache*. Statt nun aber in eine erkenntnistheoretisch fundierte Diskussion darüber einzusteigen, wie in einer angemessenen Theorie das Verhältnis dieser drei Ebenen zu bestimmen wäre (und ob man diese Ebenen überhaupt in dieser Weise säuberlich auseinanderhalten kann), setzt er das Gegebensein der drei Ebenen und ihre strikte Trennung einfach (ohne weitere Reflexion) voraus.[11]

Zu fragen ist aber insbesondere: Was soll die „linguistische Ebene" in Kellers Sinne eigentlich genau darstellen? Näher betrachtet betrifft sie doch genau die Frage, wie Zeichenausdrücke dazu benutzt werden können, bestimmte Interpretationen bei den angezielten Adressaten der Zeichenverwendung hervorzurufen bzw. anzuregen. Das würde heißen: *Zeichen* (als verstandene, interpretierte Zeichen) sind *Relationen* zwischen *Ausdrücken* und *Interpretationen* (seien dies faktische, beabsichtigte oder mögliche Interpretationen). Auch Bedeutungen sind letztlich immer Relationen (zwischen Ausdrücken und Interpretationen). D.h.: Jede sinnvolle Bedeutungstheorie muss die epistemische Ebene integrieren, darf sie nicht (wie Frege von der einen Seite, und offenbar auch Keller von der anderen Seite) schlicht aus der Semantik ausklammern. Eine vernünftige Semantik müsste dann gerade das genaue Verhältnis zwischen diesen drei Ebenen klären. Nach meiner festen Überzeugung kann dies aber nur eine epistemologisch (oder meinetwegen kognitiv) ausgerichtete Semantik leisten. Aus der richtigen Überlegung, dass ein zureichender (linguistischer) Bedeutungsbegriff *Bedeutung* weder auf Intentionen (eines Zeichen-Produzenten oder -Äußerers), noch auf aktuelle individuelle Verständnisweisen (eines Rezipienten) reduzieren darf, zieht Keller die falsche Schlussfolgerung, dass „Bedeutung" ein Phänomen sei, das mit „Wissen" überhaupt nichts zu tun habe (bzw., wenn dies zu weit geht und dem Autor Unrecht tun sollte, zumindest etwas, was mit einer epistemischen Analyse nicht erschlossen werden kann).

Für Keller ist „Bedeutung" mit Wittgenstein der „Gebrauch" eines Wortes, oder dasjenige, „was die Erklärung der Bedeutung erklärt".[12] Es liegt für ihn jenseits des verstehensrelevanten Wissens, ist auf einer völlig anderen Ebene situiert.[13] Kellers Überlegungen

---

[11]　Man könnte z.B. die Position vertreten, dass die „ontologische Ebene" gar nicht zu einer Sprachtheorie gehört, weil es bei ihr immer nur um *epistemische* Welten (nie die „reale Welt") gehen kann. (Vgl. etwa die Positionen einer „Mögliche-Welten-Semantik" in der Sprachphilosophie und Logik.)

[12]　„Man kann für eine große Klasse von Fällen der Benützung des Wortes ‚Bedeutung' – wenn auch nicht für alle Fälle seiner Benützung – dieses Wort so erklären: Die Bedeutung eines Wortes ist sein Gebrauch in der Sprache." Wittgenstein 1971, § 43 – „ ‚Die Bedeutung des Wortes ist das, was die Erklärung der Bedeutung erklärt.' D.h.: willst du den Gebrauch des Wortes ‚Bedeutung' verstehen, sieh nach, was man ‚Erklärung der Bedeutung' nennt." A.a.O. § 560.

[13]　Die sehr komplexe Argumentation, mit der Keller seine Position begründet, kann hier aus Platzgründen nicht dargestellt werden. Die genauere Auseinandersetzung damit muss auf eine spätere Gelegenheit verschoben werden. Man könnte sie als die Position eines „radikalen Instrumentalismus" kennzeichnen, eines Instrumentalismus freilich, der die Inhalte aus der Linguistik hinausexorziert. Vgl. dazu folgende Ausführungen: „Man kann es so sagen: Wer die Bedeutung meiner Wörter samt ihrer syntaktischen Verknüpfung kennt, der hat gute Chancen zu verstehen, was ich mitteilen möchte, d.h. zu verstehen, was ich meine, d.h. meine Gedanken, Ideen und Vorstellungen herauszubekommen. Aber das, was den Adressaten in die Lage versetzt, meine Gedanken herauszubekommen, nämlich die Bedeutung der Zeichen, ist nicht identisch mit den Gedanken, sondern Mittel und Möglichkeit ihrer Mitteilung. Wenn die Bedeutung etwas Gedankliches, etwas Kognitives, etwas Psychisches wäre, so könnte sie kein Aspekt des Zeichens sein. Denn die Sprache und somit auch das Zeichen haben keinen Geist, keine Psyche und keine Intentionen; so wenig wie der Stock Schmerzen hat." Keller 1995, 112.

enthalten manches Richtige, scheinen aber insgesamt aporetisch zu sein. Sein Ansatz favorisiert einen hochabstrakten Bedeutungsbegriff (den man auch als einen „formalistisch-funktionalen" Bedeutungsbegriff charakterisieren könnte). Das Ziel dieser überzogenen Abstraktionsbewegung scheint es zu sein (zumindest aber ist dies die Wirkung) die (epistemischen) Inhalte aus der Bedeutungstheorie hinauszuerklären.[14] Mit der Abstraktion und Funktionalisierung des Bedeutungsbegriffs entfernt Keller diesen Terminus nicht nur problematisch weit vom Alltagsverständnis, sondern scheint das eigentliche Problem nur zu verschieben. Nach Keller ist „Bedeutung kennen" gut wittgensteinianisch gleichzusetzen mit „Gebrauchsregel kennen". Was aber ist eine „Gebrauchsregel" (eines Wortes)? Eine (semantische) Gebrauchsregel kann analysiert werden als eine Art (per Konvention etablierter und damit sozial konstituierter) „Anweisung" für einen potentiellen Rezipienten, aufgrund der Rezeption eines bestimmten sprachlichen Ausdrucks bestimmte epistemische Elemente zu assoziieren. (Fillmore nannte dies „evozieren".) Zwar ist richtig, dass diese „Anweisung" im Modus der *Potentialität* gegeben ist; d.h. es wird immer nur ein *Bereich* von assoziierbaren epistemischen Elementen eröffnet, niemals ein einzelnes präzise festgelegt. Doch ist nichtsdestotrotz unhintergehbar, dass diese Anweisung als Anweisung der Assoziation von *etwas* aufzufassen ist (und nicht etwa von *nichts*). Damit ist der Bereich des „etwas", auf das die Assoziierungsanweisung zielt, immer im Bedeutungsproblem enthalten, und kann nicht, wie es offenbar Keller vorschwebt, aus ihm herausgehalten werden.

Dies führt notwendig dazu, dass in jeder Bedeutungsdefinition explizit oder implizit unhintergehbar ein Kern von Repräsentation enthalten sein muss (wie Keller an anderer Stelle auch zugesteht). Die Redeweise von der „Gebrauchsregel" deckt diese Problematik nur notdürftig zu. Die Redeweise (*façon de parler*) von der „Bedeutung als Regel des Zeichengebrauchs" wird damit zu einer Allerweltsweisheit, nach deren Zugestehen die eigentlichen Probleme des Bedeutungsbegriffs und der Bedeutungstheorie allererst anfangen. Kein Antimentalismus, und sei er auch noch so rigide (wie z.B. bei Kellers Gewährsmann Wittgenstein) kann das Problem des *Inhaltsbezugs* (eines Zeichens) und dessen Erklärungsnotwendigkeit aus der Welt schaffen. Kellers These „die Bedeutung ist nicht das, was man interpretiert, sondern das, was das Zeichen interpretierbar macht" ist exemplarisch für die aporetische Technik der Problemverschiebung. „Was das Zeichen interpretierbar macht" würde Keller wohl als „Regel des Gebrauchs" erläutern. Eine „Regel des Gebrauchs" ist aber immer eine *Verknüpfungsregel*. Ich „gebrauche" das Zeichen *wozu*? Um auf epistemisch zu Realisierendes hinzuweisen, dieses beim Rezipienten zu „evozieren". „Regel des Gebrauchs" ist also immer eine „Regel der Verknüpfbarkeit" des Zeichens mit Epistemischem, man mag es drehen und wenden wie man will.

Auch wenn man Kellers / Wittgensteins Formel anders paraphrasiert, z.B. „ich gebrauche das Zeichen, um den Adressaten zu bestimmten geistigen Operationen zu veranlassen" (dies ist immer noch streng instrumentalistisch formuliert), fragt sich: zu *welchen* Operationen? (Und: Wie sind diese Operationen mit dem Zeichen bzw. seiner Gebrauchsregel verknüpft?) Und hier ist nur die Antwort möglich: Zur kognitiven Realisation *bestimmter* (und nicht: beliebiger) epistemischer Elemente in bestimmten (und nicht: beliebigen) Verknüpfungen / Strukturen. Auch nach dieser Deutung würde sich die Gebrauchsregel rezipienten-

---

[14] In dieser Inhaltsfurcht / Inhaltsvergessenheit der Semantik weist Kellers Ansatz überraschende Parallelen zu Modellen gänzlich anderer Provenienz auf, zu denen er sich selbst wohl in der Gegenposition begreifen würde, nämlich Modellen der Frege-Schule.

8.1 Kognitive Semantik: Ein Wort an die Gebildeten unter ihren Verächtern 793

seitig als Verknüpfungsregel derart herausstellen, dass der Rezipient ein „link" zu den erwarteten / erforderten epistemischen Elementen / Prozeduren herstellt. D.h. der Rezipient nimmt einen Zeichenausdruck wahr, und weiß, welche epistemischen Operationen er zu vollziehen hat. Diese epistemischen Operationen lassen sich immer analysieren als kognitiver Abruf von „etwas" (aus dem Gedächtnis). Damit bleibt das „Etwas" (das *Material* des Bedeutungsprozesses) im Bedeutungsproblem enthalten. (Es aus diesem – per theoretischer Definition – koste es was es wolle herauszuhalten, macht aus keiner denkbaren theoretischen oder philosophischen Perspektive Sinn.)

Eine reflektierte Bedeutungstheorie müsste daher noch viel dynamischer sein als Kellers vergleichsweise statischer Ansatz. Kellers Diktum „das Bezeichnete und das vom Sprecher Gemeinte sind nicht Teil des Zeichens" enthält nur eine Halbwahrheit. In der Tat ist das Epistemische nicht einfach als „identisch" mit der Bedeutung aufzufassen (z.B. auch nicht, wenn man „Bedeutung" als Verweisungsrelation oder Repräsentationsrelation sieht). Da Bedeutung aber immer eine Relation (ein Relationierungs-Potential) auf einen *bestimmten* (und eben nicht beliebigen, sondern mit dem Zeichen und seiner Verwendungsgeschichte innig verflochtenen) Bereich des Epistemischen ist, kommt diese Relation indirekt doch immer wieder ins Spiel. (Mag man noch so anti-repräsentationistisch denken wollen wie man kann.)

Man könnte Kellers Bedeutungsmodell als das eines funktionalen Reduktionismus bezeichnen. Und zwar reduziert es aus recht abstrakten (für eine deskriptive Linguistik und Semantik wenig zielführenden oder gar relevanten) theoretischen Gründen das zu erklärende Phänomen um die eigentlichen Inhalte, deretwegen ein solches Medium wie die Sprache überhaupt nur existiert. Indem diese Inhalte (konkret: das verstehensrelevante Wissen in seinen spezifischen epistemologischen Strukturen) theoretisch-philosophisch aus dem Phänomen *Bedeutung* hinausdefiniert werden, macht es dieses Modell aber unmöglich, den genauen Beitrag Punkt für Punkt zu identifizieren, den die einzelnen Zeichen zum Potential eines Rezipienten leisten, eben dasjenige verstehensermöglichende Wissen zu aktivieren, welches aktiviert werden muss, damit man die kommunikative Handlung, als deren Instrument die Zeichen benutzt werden, als „gelungen" bezeichnen kann.

Wenn Minsky als einen der Gründe für die Entwicklung des Frame-Modells die damals von ihm diagnostizierte Tendenz angibt, dass die „Brocken des Wissens" (die in kognitiven Modellen angenommen werden) im allgemeinen „zu groß" und in ihren inneren Strukturen unanalysiert seien, dann trifft dies in gewisser Weise auch auf solche (anti-kognitiven) Ansätze wie den von Keller formulierten zu. Es nützt wenig, darauf zu beharren, dass *Bedeutung* eine „Voraussetzung" des Verstehens, und nicht das Verstehen (in seinen Inhalten) selbst sei, wenn man nicht darlegen will, wie diese Voraussetzungen genau aussehen. Unzweifelhaft ist *Wissen* verschiedener Art die wichtigste (oder im eigentlichen Sinne einzige) Voraussetzung für das Verstehen eines sprachlichen Zeichens oder des dieses benutzenden kommunikativen Aktes. Ein Teil dieses Wissens ist eher funktionaler Art (z.B. morphologische und syntaktische Regeln und Vieles, was in der Pragmatik verhandelt wird), ein anderer Teil eher prozeduraler Art. Es geht aber kein Weg daran vorbei, dass der zentrale Teil des verstehensrelevanten Wissens im Bereich des „Sachwissens" liegt, das damit zum zentralen Element der „Voraussetzungen" wird, und damit zu einem zentralen Teil (des Phänomens) der *Bedeutung*. Will man diese Bedeutungen *inhaltlich* beschreiben, so kommt man nicht umhin, dieses Wissen nicht einfach wie ein *black box* an die Seite zu schieben und damit unanalysiert zu lassen (wie es offenbar die uneingestandene Konsequenz eines An-

794 *Kapitel 8: Frame-Analyse und linguistische Epistemologie – Resümee und Ausblick*

satzes des Keller-Typs ist), sondern es in seinen Gehalten und vor allem in seiner inneren Strukturiertheit zu analysieren und zu beschreiben.[15] Eine radikal anti-epistemologische Position der Linguistik (und Semantik) bleibt dem formalistischen Verständnis des alten Strukturalismus[16] sowie der mathematisch begründeten Logik verhaftet, und trägt viel dazu bei, dass die Linguistik vielen, denen sie als Teil ihres Studienfaches aufgezwungen wird, als blutleer und uninteressant erscheint. Eines der Motive für das vorliegende Buch war es gerade, diese Inhaltsleere oder -ferne zu überwinden. Frame-Semantik und linguistische Epistemologie scheinen ein gutes Mittel dafür zu sein.

8.1.2 Frame-Semantik und Linguistische Pragmatik

Kellers Anti-Kognitivismus nimmt Motive auf, wie sie für die aus der angelsächsischen sprachanalytischen Philosophie der 1950er bis 1980er Jahre hervorgegangene Linguistische Pragmatik als deren notorischer Anti-Mentalismus prägend waren.[17] Zwischen Frame-Theorie und Linguistischer Pragmatik besteht (wenn man das so pauschal überhaupt sagen kann) offenbar eine wechselseitige Abneigung. Seitens der Pragmatik unterliegt die Frame-Theorie dem Verdikt des Anti-Mentalismus; seitens der kognitiven Semantik werden Themen, Theorien und Modelle der Pragmatik ganz offensichtlich überhaupt nicht wahrgenommen. Aber auch der nicht-kognitivistisch argumentierende (aber implizit epistemologisch denkende) Frame-Theoretiker Fillmore praktiziert eine spürbare Distanz zur linguistischen Pragmatik, obwohl (oder weil?) er die zwei bedeutendsten Begründer dieser Richtung, J.R. Searle und H.P. Grice, zu seinen Universitäts-Kollegen in Berkeley zählen konnte.[18] Durch die fortan getrennt voneinander (und in wechselseitiger Ignoranz) verlaufene

---

[15] Und das ist ja, etwa in der Lexikographie, ein ganz klassisches und legitimes linguistisches Interesse und Unterfangen.

[16] Etwa eines Hjelmslev-Typs; vgl. Hjelmslev 1968.

[17] Auf dem Höhepunkt der Wirkungsmächtigkeit einer orthodoxen sprachanalytischen Philosophie war (wie Verf. aus eigenem Erleben bezeugen kann), das Wort „mental" oder „mentalistisch" ein äußerst wirkungsmächtiges akademisches Schimpfwort, das, wenn es einmal in einem Diskurs auf einen Gegner, eine Position, ein Argument appliziert war, automatisch jedes weitere Nachdenken über das Inkriminierte verbot. D.h. der Begriff (und Vorwurf) funktionierten als prototypisches Beispiel für die „Ausschließungsmechanismen", die Michel Foucault 1971 als die typischen Machtinstrumente zur Beherrschung eines Diskurses erstmals systematisch beschrieben hat. Praktisch wirkte (und wirkt in vielen Theorien noch heute) das Verdammungs-Wort als Denkverbot, welches es verbietet, über Epistemisches als solches (seine Strukturen, seine konkreten Wirkungen) überhaupt auch nur nachdenken zu wollen. Da das Nachdenken über die Episteme (auch im Sinne ihrer konkreten Deskription) aber zentraler Kern aller modernen Kulturwissenschaften (etwa auch in den Philologien) ist, bewirkte das antimentalistische Verdikt automatisch eine große Distanz ihrer Vertreter (und damit auch lange Zeit fast der gesamten akademischen Philosophie und ihrer Nachfolger in den Einzelwissenschaften) zu allen Arten deskriptiv motivierter kulturwissenschaftlicher Forschung. Es brauchte lange, diese Selbstisolation moderner Philosophie zu überwinden. In der Linguistik wirkt diese Selbstisolation bis heute fort, auch, weil sie zusätzlich aus logik-philosophischen Quellen gestützt wird.

[18] Explizit geht er kaum auf Theoreme und Gegenstände der Pragmatik ein. Fillmore 1971d, 277 spricht, ohne den Begriff zu erwähnen, die Implikaturen oder indirekten Sprechakte an. Das heißt er entfaltet die Grundidee der Implikatur, ohne dass er hier Grice erwähnt. Jedoch wird ihm zumindest später durchaus klar, wie nah seine Überlegungen an den Überlegungen von Grice liegen. Merkwürdig und schade ist es, dass er sich trotzdem nie näher auf eine Auseinandersetzung mit Grice oder mit anderen Ansätzen der Pragmatik (jenseits der Sprechakt-Theorie) eingelassen hat. Möglicherweise ist dies seinem im Ganzen gesehen kritischen Verhältnis gegenüber der Pragmatik geschuldet. So kritisiert Fillmore 1989, 36

8.1 Kognitive Semantik: Ein Wort an die Gebildeten unter ihren Verächtern   795

Entwicklung von Frame-Semantik und linguistischer Pragmatik ist ein große Chance vertan worden, zu einer integrativen Theorie des Sprachverstehens zu kommen. Dabei sind einige Gemeinsamkeiten für den externen Beobachter unübersehbar.

Diese Gemeinsamkeiten zeigen sich just dort, wo Fillmore die Grenze der traditionellen linguistischen Semantik überschreitet in Richtung auf seine epistemologisch reflektierte „Verstehens-Semantik". Man kann diese Grenzüberschreitung, die ich lieber eine „episte-mologische Wende" in der linguistischen Semantik nennen würde, datieren mit jenem Moment im Jahre 1971, in dem Fillmore für die linguistische Semantik vorschlägt, die übliche (und seiner Ansicht nach falsche) Frage: „Was ist die Bedeutung dieser Form?" (d.h. dieses Wortes, Satzes) durch die Frage zu ersetzen: „Was muss ich wissen, um eine sprachliche Form angemessen verwenden zu können und andere Leute zu verstehen, wenn sie sie verwenden?" (Fillmore 1971a, 274) Den umfassenden, die Grenzen der traditionellen lexikalischen Semantik transzendierenden Anspruch einer epistemisch gewendeten linguistischen Semantik formuliert Fillmore bereits in diesem frühen Stadium seines Werkes mit einer Radikalität, deren Auswirkungen ihm womöglich zu diesem Zeitpunkt selbst noch nicht vollständig klar waren. (Jedenfalls erwecken seine Formulierungen immer den Anschein, als sei ihm ihre Radikalität nicht bewusst gewesen; zumindest will er sie wohl nicht – vielleicht aus strategischen Gründen? – explizit propagandistisch formulieren und ausschlachten.) So bestimmt er in einem anderen seiner vielen Aufsätze aus diesem Jahr die Aufgabe der linguistischen Semantik damit, dass sie u.a. erfassen soll: „die Präsuppositionen oder ‚Glückensbedingungen' für den Gebrauch der [lexikalischen] Einheit, die Bedingungen, die erfüllt sein müssen, damit die Einheit ‚angemessen' benutzt werden kann".[19] Der zentrale Terminus ist hier „Bedingungen". Die ganze (damals noch nicht erahnte) epistemologische Radikalität dieser Neubestimmung der Aufgabe der linguistischen Semantik kommt dort zum Ausdruck, wo Fillmore (im zuerst zitierten Aufsatz) die semantische Aufgabe beschreibt als die Erschließung des „vollen Set[s] von Präsuppositionen […], der erfüllt sein muss für jede aufrichtige Äußerung [eines] Satzes" (Fillmore 1971 a, 277).

Mit der Hinwendung zu Präsuppositionen wie mit der zentralen Rolle, die er den „Glückensbedingungen für den Gebrauch einer lexikalischen Einheit" zumisst, greift Fill-

---

scharf das übliche additive Verständnis von Syntax / Semantik / Pragmatik und damit die falsche Trennung von Pragmatik und Semantik, die (wie er ganz richtig sieht) auf einem reduktionistischen Verständnis von Semantik basiert: „Noch Searle definiert die wörtliche Bedeutung strikt kompositionell. Dieses Modell ist nicht überrascht durch Vagheit, Ambiguität, Synonymie und Homonymie, da diese als Auswählen aus einem Set verfügbarer Bedeutungen erklärt werden (nach Kontext-Kriterien)." (Fillmore 1979, 63) Fillmore hält also (zu Recht) nichts von dem in Linguistik wie Sprachphilosophie bis heute üblichen, ja dominanten, additiven Verständnis von Pragmatik, und hat sich wohl deshalb von ihr fern gehalten. Allerdings führt er dieses additive Verständnis auf den „gricean turn" zurück, was meiner eigenen Grice-Interpretation (vgl. Busse 1980) nicht entspricht. Von Grice's Themen spricht Fillmore in Randbemerkungen immerhin sowohl die Implikaturen, als auch das Kooperationsprinzip und sogar das Relevanz-Prinzip als wichtige Gedanken an. Ganz offensichtlich strebt er aber ein integratives Modell des Textverstehens an, in dem es dann möglicherweise für einen isolierten Prozess „Implikatur" keinen Raum mehr gibt. Häufiger spricht Fillmore daher auch (mit übergreifendem Verständnis) von „Inferenzen". Leider diskutiert er den Status der Inferenzen kaum, deren Problematik für ihn offenbar in der „evozieren" – „invozieren" Unterscheidung aufgeht. Neben Grice erwähnt Fillmore an einigen Stellen die Sprechakte bzw. Illokutionen im Sinne von Austin und Searle. So explizit: „Die Analyse illokutio-närer Rollen nach Searle ist ein Spezialfall der Analyse, die ich vor Augen habe." (gemeint ist die Analyse von Präsuppositionen; Fillmore 1970b, 266). Wichtig ist Fillmores 1971d, 274 grundsätzliche Kritik an der Sprechakttheorie, insbesondere ihrer Zeichenvergessenheit.

[19]   Fillmore 1971 b, 370

more aber zwei zentrale Begriffe und Gegenstände der Pragmatik auf. Wenn auch von „Bedingungen" bereits in der logischen Semantik (und damit im bedeutungstheoretischen Mainstream) die Rede war, so ist doch der Schritt von den dort genannten „Wahrheitsbedingungen" zu den nun gemeinten „Glückensbedingungen", oder besser „Bedingungen der angemessenen Benutzbarkeit" eines Wortes, ein vielleicht zunächst unbemerkter, aber entscheidender Schritt weg von dem falschen Schein der Berechenbarkeit der Merkmalslisten und logischen Konditionen hin zum verstehensrelevanten Wissen in seiner ganzen Breite und Fülle. Vielleicht hat Fillmore die Radikalität dieser neuen Zielbestimmung der Semantik deswegen nicht in ihrer vollen Tragweite erfasst, weil ihm auf dem damaligen Stand der Präsuppositionsforschung die Tragweite einer Formulierung wie „voller Set von Präsuppositionen" nicht bewusst war. Nachdem man heute weiß, dass es faktisch nicht möglich ist, zwischen „semantischen" und „pragmatischen" Präsuppositionen einen präzisen Trennstrich zu ziehen, nachdem also deutlich ist, dass „Präsupposition" nur ein anderer Terminus für einen großen Teil des „verstehensrelevanten Wissens" ist, wird die epistemologische Tragweite der Zielbestimmung durch Fillmore unabweisbar.

Nun führen diese Bezüge zwischen Fillmores Frame-Semantik und Pragmatik keineswegs dazu, dass diese beiden theoretischen Perspektiven sich aneinander annähern. Wesentlicher Grund dafür ist höchstwahrscheinlich das Herkommen der Pragmatik aus der Philosophie. Während es für die Philosophen Grice und Searle ausreichend ist, allgemeine Typen von Verstehensprozessen und vor allem Bedingungen zu formulieren (und bestenfalls abstrakte Regeltypen zu definieren, wie Searle mit Bezug auf die Illokutionen, die dann an ganz wenigen Beispielen demonstriert werden), und ihre Aussagen somit hinsichtlich der konkreten sprachlichen Erscheinungsformen und Mittel vergleichsweise inhaltsleer bleiben, muss es einem Linguisten wie Fillmore ja gerade darauf ankommen, präzise und Punkt für Punkt den Beitrag der einzelnen sprachlichen Mittel zur Konstitution der Äußerungsbedeutung (sei diese nun „wörtlich", oder „indirekt" bzw. „implikatiert") zu identifizieren. Dessen Skepsis gegenüber den Theoremen der Philosophen speist sich (wie einige Nebenbemerkungen in Fußnoten zeigen) ganz offensichtlich daraus, dass diese sich um die konkreten sprachlichen (und epistemischen) Details gewöhnlich nicht scheren.

Einem deskriptiven Semantiker wie Fillmore kann daher die Abstraktionshöhe der Philosophen nicht weiterhelfen. Er hat, um es ganz deutlich zu sagen, deren Theoreme nicht zwingend nötig,[20] weil er (nicht ganz zu Unrecht) wohl glaubt, ein Gesamtmodell des Sprach- und Textverstehens mit eigenen, genuin Frame-semantischen Elementen entwickeln zu können. – Da es ansonsten bislang praktisch keinerlei Diskussion zwischen (linguistischer) Pragmatik und kognitiver Linguistik gibt, bleibt nur zu konstatieren, dass der pauschale Anti-Mentalismus der meisten Pragmatiker natürlich gleichermaßen auch die Frame-Semantik erfasst oder erfassen müsste.[21] Gegen die eklatante Nicht-zur-Kenntnis-

---

[20] Diese Bemerkung gilt vielleicht nicht für die Sprechakttheorie mit ihrer „Entdeckung" der „Illokutionen", die ich für den vielleicht einzigen wirklich genuinen Ertrag der sogenannten Pragmatik halte, wohingegen alle anderen Gegenstände, die ihr heute zugerechnet werden (siehe dazu etwa das Inhaltverzeichnis von Levinson 1990), wie indirekte Sprechakte, Implikaturen, Präsuppositionen, Deixis, genuine Themen einer interpretativen Semantik betreffen, die zunächst mit Mitteln einer nicht-reduktionistischen Semantik (z.B. mithilfe der Frame-Semantik) erklärt werden sollten, bevor man zu weiteren theoretischen Instrumenten greift.

[21] Man könnte vielleicht als Gegenbeleg zu dieser Aussage den sehr interessanten Ansatz von Sperber / Wilson 1986 („Relevance. Communication and cognition.") anführen, der auf dem von Grice 1968 eingeführten Begriff der Relevanz fußt und aus dem Relevanz-Prinzip ein kognitiv reflektiertes Kommuni-

8.1 Kognitive Semantik: Ein Wort an die Gebildeten unter ihren Verächtern

Nahme der kognitiven Semantik durch die heutigen Vertreter der Pragmatik müsste man nur darauf hinweisen, dass es sich durchaus lohnen würde, den möglichen Beitrag einer epistemologischen Semantik zur Analyse pragmatischer Gegenstände in der Sprache detailliert darzulegen.[22]

8.1.3 Frame-Semantik im Wittgenstein-Orbit

Da der bereits ausführlich besprochene zeichentheoretische Ansatz von Keller 1995 stark auf dem Bedeutungsmodell des Philosophen Ludwig Wittgenstein (und dessen Spätwerk) fußt, sind manche Bemerkungen, die dazu zu machen sind, bereits oben gefallen. An dieser Stelle deshalb dazu nur einige ergänzende Bemerkungen. Wittgensteins radikaler Anti-Mentalismus[23] lässt sich durch zahlreiche Bemerkungen aus den *Philosophischen Untersuchungen* und anderen hinterlassenen Texten belegen. Meistens kreisen sie (wie bei Rudi Keller) weniger um den Begriff der Bedeutung selbst,[24] als vielmehr um den Begriff des Verstehens. Die Quintessenz von Wittgensteins Skepsis ist, dass Verstehen, wie er behauptet, in psychologischen (und damit kognitiven) Ansätze häufig wie ein zusätzliches psychisches „Erlebnis" neben dem Hören (oder Lesen) konzipiert wird. Fast nur gegen diese Annahme richtet sich seine Kritik.[25]

---

kationsmodell entwickelt. Da das Autoren-Duo aber aus einem Kognitionspsychologen und einer Philosophin besteht, und übliche Begriffe und Ansätze einer kognitiven Semantik (wie Frames oder Schemata) darin keine Rolle spielen, die Argumentation also viel stärker philosophisch, und kaum (im gewöhnlichen Verständnis) kognitionswissenschaftlich ist, kann dieser Ansatz nicht wirklich als Ausnahme gelten. Leider ist hier nicht der Ort, der sehr interessanten Frage nachzugehen, wie eine Frame-Semantik im hier vorgestellten Sinne in ein allgemeines Kommunikationsmodell nach dem Modell von Sperber / Wilson integriert werden könnte.

[22] Dieser Beitrag liegt vielleicht stärker auf dem Gebiet der Deskription und Empirie als auf dem Gebiet der Theorie.

[23] Es ist sehr interessant, dass der Anti-Kognitivismus in der heutigen Semantik im Wesentlichen von zwei Schulen getragen wird: der formalistischen logischen Semantik in der Nachfolge des Mathematikers Gottlob Frege, und der sprachanalytischen Philosophie im Sinne der Gebrauchstheorie des späten Wittgenstein. Interessant ist dies deshalb, weil Wittgenstein in seinem Frühwerk des *Tractatus logico-philosophicus* noch eine philosophische Begründung von Freges logizistisch reduziertem Sprachmodell geliefert hatte. Wenn der Wittgenstein des Spätwerks häufig so interpretiert wird, als habe er die theoretische Haltung seines Frühwerks widerlegt (ganz strenge Wittgenstein-Exegeten zweifeln diese Annahme des diametralen Gegensatzes zwischen Wittgenstein I und II jedoch schon länger an) so könnte sein Festhalten am Anti-Mentalismus durch das Gesamtwerk hinweg als Gegenargument dazu betrachtet werden.

[24] Es blieb dem nachgeborenen Sprachanalytiker Hilary Putnam 1979 vorbehalten, die von anti-kognitivistischen Linguisten gerne zitierte Parole „Bedeutungen sind nichts im Kopf" zum Schlachtruf zu erheben.

[25] „In diesem Sinne, in welchem es für das Verstehen charakteristische Vorgänge (auch seelische Vorgänge) gibt, ist das Verstehen kein seelischer Vorgang". Wittgenstein, PU § 154 [Auflösung der Siglen siehe Literaturverzeichnis]– „Die Bedeutung ist nicht das Erlebnis beim Hören oder Aussprechen des Wortes, und der Sinn des Satzes nicht der Komplex dieser Erlebnisse." PU S. 288 – „Angenommen, du hast eine besondere Erfahrung beim Verstehen, wie kannst du wissen, dass es die ist, die wir ‚Verstehen' nennen?" BPP I § 304 – „Es ist so wenig für das Verständnis eines Satzes wesentlich, dass man sich beim ihm etwas vorstellt, als dass man nach ihm eine Zeichnung entwerfe." PU § 396 – „Kann man das Verstehen einer Bedeutung festhalten wie ein Vorstellungsbild? Wenn mir also plötzlich eine Bedeutung eines Wortes einfällt, – kann sie mir auch vor der Seele stehen bleiben?" PU S. 280. – „Aber sind denn diese Vorgänge, die ich da beschrieben habe, das *Verstehen*? [...] ‚Er versteht' muss mehr beinhalten als: ihm fällt eine Formel ein. Und ebenso auch mehr, als irgendeiner jener, mehr oder weniger cha-

798 Kapitel 8: Frame-Analyse und linguistische Epistemologie – Resümee und Ausblick

Da sich diese Kritik fast nur auf den prozeduralen Aspekt in manchen modernen psycho-logistischen Verstehensmodellen bezieht,[26] ist der Gegenstand einer Frame-Semantik und damit einer linguistischen Epistemologie von dieser Kritik nur indirekt berührt. Keiner der in diesem Buch referierten Frame-Semantiker hat behauptet, die Frames würden in einer Form „parallelen inneren Erlebnisses" quasi „bewusst" aktiviert, wie es in Wittgensteins Beispielen und Bemerkungen immer wieder unterstellt wird.

Wenn Wittgenstein also deutlich zwischen dem Verstehen als *Ergebnis*, und dem Deu-ten als (sich zeitlich erstreckenden) *Prozess* unterscheidet, dann weist er auf einen Punkt hin, den auch Biere 1989 in seiner Kritik der psycholinguistischen Verstehenskonzeptionen herausgearbeitet hat: Dass häufig „Verstehen" fälschlich mit „Interpretieren" gleichgesetzt wird. Für Wittgenstein gibt es zwischen Interpretieren und Verstehen einen deutlichen Unterschied: „Verstehen" ist etwas, das immer geschieht, das „einem passiert" – „Interpre-tieren" ist etwas Zusätzliches, eine Handlung, die man manchmal, wenn es Verständnis-probleme gibt, vollzieht. „Eine Interpretation ist doch etwas, was im Zeichen gegeben wird. Es ist diese Interpretation im Gegensatz zu einer anderen. (Die anders lautet.) Wenn man also sagte: ‚jeder Satz bedarf noch einer Interpretation', so hieße das: ‚kein Satz kann ohne einen Zusatz verstanden werden.' Es geschieht natürlich, dass ich Zeichen deute, Zeichen eine Deutung gebe; aber doch nicht immer, wenn ich ein Zeichen verstehe!"[27] Was Witt-genstein hier in seiner Sprache formuliert, verweist auf die Kritik, die (auch von ihm selbst) an repräsentationistischen Modellen des Textverstehens geübt wurde. Wenn man, wie auch Heringer (in der Nachfolge Wittgensteins) fordert, „die in der Psychologie übliche Ver-mengung von Verstehen und Interpretieren" (so Heringer 1979, 279) vermeiden will, dann darf man „Verstehen" nicht, wie es die an „Inferenzen" orientierten Modelle nahelegen, wie einen „Zusatz zum Text" auffassen. Wäre jedes Textverstehen immer auch ein Interpretie-ren, dann würde unsere alltägliche Verständigung schnell zusammenbrechen, jedenfalls erheblich erschwert werden. Für die Handlung des „Interpretierens", „Deutens" ist es gera-de charakteristisch, dass sie nur dann unternommen wird, wenn sich das Verstehen gerade

---

rakteristischen, *Begleitvorgänge*, oder *Äußerungen*, des Verstehens." PU § 152 – „Ich sehe das Bild ei-nes Pferdes: ich weiß nicht nur, es sei ein Pferd, sondern auch, dass das Pferd läuft. Ich kann also nicht nur das Bild *räumlich verstehen*, sondern ich *weiß* auch, was das Pferd jetzt im Begriff ist zu tun. [...] Es handelt sich hier aber nicht um eine *Erklärung* dieses Verstehens, etwa dadurch, dass man behauptet, der Betrachtende mache kleine Laufbewegungen, oder fühle Laufinnervationen. Welchen Grund hat man zu Annahmen dieser Art, außer den, es ‚müsse' so sein?" BPP I, § 873 – Gerade Wittgensteins Kritik an einem Missverständnis des „Verstehens" als einer Art „Übersetzungsvorgang" von der ausgedrückten Sprache in eine „innere Sprache" (oder „innere Zustände etc.) richtet sich implizit auch gegen die repräsentationistischen kognitiven Verstehenstheorien: „Man sagt, das Verstehen ist ein ‚psychischer Vorgang', und diese Bezeichnung ist in diesem, sowie in einer Unzahl anderer Fälle irreführend. Sie vergleicht das Verstehen einem bestimmten *Prozeß* – wie dem Übertragen aus einer Sprache in die ande-re; und sie legt dieselbe Auffassung fürs Denken, Wissen, Glauben, Wünschen, Beabsichtigen u.a. na-he." PG § 35 (74) – „Andererseits deutet freilich das Wort ‚geistiger Vorgang' an, dass es sich hier um unverstandene Vorgänge in einer uns nicht zugänglichen Sphäre handelt." PG § 65 (106) – „Es ist falsch, das Verstehen einen Vorgang zu nennen, der das Hören begleitet." BPP II § 467 (= Z § 168) – „ ‚Ein Wort verstehen' kann heißen: *Wissen*, wie es gebraucht wird; es anwenden *können*." PG § 10 (47) – „Einen Satz verstehen, heißt, eine Sprache verstehen. Eine Sprache verstehen, heißt, eine Technik be-herrschen." PU § 199. – Die Grundzüge dieser wittgensteinschen Kritik (mit weiteren Zitaten und Nachweisen) habe ich in Busse 1991, 121 ff. referiert und diskutiert.

[26] Die Grundzüge einer solchen prozeduralen Verstehenstheorie (mit weiteren Nachweisen) habe ich in Busse 1991, 108 ff. referiert und diskutiert.

[27] Wittgenstein, PG § 9 (47). – Zum Begriff der „Deutung" siehe das nachfolgende Kap. 8.1.4.

8.1 Kognitive Semantik: Ein Wort an die Gebildeten unter ihren Verächtern

nicht eingestellt hat oder wenn es, wie in der Jurisprudenz oder der Theologie, nicht mehr um pures individuelles „Verständnis" geht, sondern um die Anwendung eines Textes im Rahmen institutioneller Handlungsprozesse (wie z.B. das Fällen richterlicher Entscheidungen oder das Begründen eines Predigtinhalts).

Wir sehen also, dass die wittgensteinsche Diskussion, auf die sich Kritiker der kognitiven Semantik so sehr berufen, weniger auf den Begriff der „Bedeutung" zielt, als vielmehr entfaltet wird an einem unterstellten Verständnis von „verstehen", das dieses wie „psychische Erlebnisse" konzipiert. Sieht man von solchen Verständnisweisen ab (die, da sich dort nur indirekt verstehenstheoretische Überlegungen finden, bei den Autoren der Frame-Theorie ohnehin nicht in dieser, von Wittgenstein angegriffen Form finden lassen), dann reduziert sich der Anti-Kognitivismus auf ein pauschales „man kann in die Köpfe der anderen nicht hineinsehen."

Vor allem sich auf Wittgenstein stützende Linguisten meinen, aus dessen Kritik an psychologistischen Sprachkonzeptionen (man könnte auch sagen, seiner scheinbaren vorgreifenden Kritik an den viel späteren Bemühungen von Kognitionswissenschaftlern und kognitiven Semantikern, dasjenige zu beschreiben, was Menschen wissen müssen wenn sie sprachliche Zeichen (-ketten) benutzen oder zu verstehen versuchen) eine grundsätzlich anti-propositionale Position ableiten zu können. Diese Haltung hängt wohl auch mit der tatsächlich schlechten Praxis sprachpsychologischer „Propositionsanalysen" in der Forschung der vergangenen Jahrzehnte zusammen, an der aus einer reflektierten linguistischen und sprachtheoretischen Position tatsächlich Vieles auszusetzen ist. Es wäre m.E. jedoch vorschnell (und würde ohne Not das Kind mit dem Bade ausschütten) wenn man wegen dieser problematischen Praxis der derzeitigen Verwendung des „Propositions"-Begriffs in vielen Modellen der psycholinguistischen Verstehenstheorie und bestimmten Spielarten der Kognitionswissenschaft auf den Begriff der Prädikation (der hinter jeder Proposition steht, da eine Proposition bekanntlich die sprachliche Struktur ist, die aus der Verbindung einer Prädikation mit Referenzausdrücken entsteht) ganz verzichten zu können meinte. Da m.E. epistemische „Prädikationen" (in dem in diesem Buch vertretenen Sinne, in dem sie auch den Frame-Strukturen zugrundeliegen[28]) eine Art von Grundstrukturen des Denkens darstellen, ohne die es ein Denken im eigentlichen Sinne ebenso wenig gäbe wie eine Sprache, käme ein Verzicht auf diesen Grundbegriff (und die damit zusammenhängende Idee) letztlich einer Selbstabschaffung jeder sinnvollen Sprachtheorie (und Linguistik) gleich.

Die in diesem Buch vertretene Idee der „prädikationslogischen" Grundstruktur jeder semantischen (linguistisch-epistemologischen) Analyse könnte (zusammen mit dem hier vertretenen Verstehensmodell) als „repräsentationistische Sprachkonzeption" missverstanden und angegriffen werden. Darüber ließe sich lange diskutieren. Man müsste dann aber zuerst einmal aufklären, was unter „Repräsentation" von den gewiefteren ihrer Kritiker überhaupt genau verstanden wird. (Das scheint mir keineswegs ausgemacht zu sein.) Im Grunde kann man aus vielen „anti-repräsentationistischen" Vorhaltungen eine „anti-epistemologische" Grundhaltung heraushören. Als „Anti-Mentalismus" hat eine solche Haltung – wie gezeigt – eine lange Tradition in der Orthodoxie der sprachanalytischen Philosophie der vierziger bis siebziger Jahre. Praktisch hat sich diese Grundhaltung als Denkverbot ausgewirkt und mit dazu beigetragen, dass große Teile der sich an diesen Anti-Mentalismus klammernden Linguistik den Anschluss an die moderne kognitive Forschung

---

[28] S.o. Kap. 7.9, S. 687 ff.

800   *Kapitel 8: Frame-Analyse und linguistische Epistemologie – Resümee und Ausblick*

(damit aber auch an die Teile des eigenen Faches, die sich dieses Denkverbot nicht zu Herzen genommen haben) verloren zu haben scheinen. Wenn sich dieser Antimentalismus – wie es vorkommt[29] – mit einer gebrauchstheoretischen Position (in der Semantik) in der Weise verbindet, dass bei der Analyse von Gebrauchsregeln sprachlicher Zeichen auf das vorausgesetzte Wissen, das bei dem erfolgreichen Gebrauch der Zeichen vorausgesetzt wird, und das bei den Verstehenden auch tatsächlich realisiert (aktualisiert, kognitiv prozessiert, wie immer man es ausdrücken will) wird, nicht mehr Bezug genommen werden darf, dann kommt dies m.E. einer Abschaffung von jeder sich auf die mit sprachlichen Zeichen kommunizierten Inhalte beziehenden semantischen (linguistischen) Analyse gleich. Aus der in diesem Buch vertretenen Perspektive gesehen wäre dies aber zugleich die Selbstabschaffung jeder kulturwissenschaftlich interessanten Semantik (wenn nicht jeder Semantik im deskriptiven Sinne überhaupt).[30] – Also keineswegs ein anzustrebendes Ziel.

8.1.4 Frame-Semantik und Hermeneutik

Insofern es eines der Ziele der Frame-Semantik (in dem in diesem Buch entwickelten und begründeten Verständnis) ist, das verstehensrelevante Wissen auch über die eng gefassten Grenzen reduktionistischer linguistisch-semantischer und logischer Modelle von „Bedeutung" hinaus zu erfassen, und damit auf den Grund dessen, was ein adäquates „Verstehen" von Texten (und den sie tragenden Zeichen und Sätzen) trägt, vorzustoßen, ergibt sich eine quasi naturwüchsige Nähe zu dem, was üblicherweise *Hermeneutik* genannt wird. Nun ist es üblicherweise so, dass Linguisten, und mehr noch Kognitionswissenschaftler, sich in der Regel mehr oder weniger auf einem anderen Stern befindlich wähnen als diejenigen Universitätskollegen,[31] die mit so etwas wie „Hermeneutik" (oder ihren Aspekten) wissentlich täglichen Umgang pflegen. Auch wenn eine genuin *linguistische Hermeneutik* in jüngster Zeit verschiedentlich gefordert und propagiert wurde,[32] ist doch das Selbstverständnis eines / einer Durchschnittslinguisten / in bis auf wenige Ausnahmen Lichtjahre von jeglicher Reflexion über hermeneutische Fragestellungen entfernt. Umgekehrt dürften auch Hermeneutiker das Terrain der Kognitionswissenschaften, das mit der Frame-Semantik unweigerlich berührt wird, für eine *terra incognita* halten, von der sie sich tunlichst forthalten wollen.[33]

    Und doch ackern die erwähnten Fächer und Orientierungen auf demselben Feld, haben es letztlich mit denselben Gegenständen, nämlich Textverstehen, Sprachverstehen und verstehensrelevantes Wissen, zu tun. Vertreter der Hermeneutik könnten dann in Frage stellen, worin eigentlich der spezifische Mehrertrag einer Frame-analytischen Verfahrens-

---

[29]   Siehe den oben diskutierten Ansatz von Keller 1995. – Eine kritische, aber vermittelnde Position zur Frame-Semantik nimmt (auf ähnlichen Fundamenten ruhend wie Keller) Hermanns 2002 ein.

[30]   Es verwundert daher nicht, dass die Vertreter solcher Thesen in der Regel auch keine deskriptiven, sondern rein theoretische Semantiker sind.

[31]   In den Philologien wie Germanistik, Anglistik, Romanistik sind es sogar die Kollegen des eigenen Studienfachs, mit denen zusammen man dieselben Studierenden für dieses ausbildet.

[32]   Siehe den Band von Hermanns / Holly 2007 und die Beiträge darin.

[33]   Es ist deshalb derzeit auch nur ein einziger Vertreter der Literaturwissenschaft (als der natürlichen Heimat der Hermeneutiker) bekannt, der sich mit Frame-Modellen befasst und erkannt hat, dass daraus auch für eine literaturwissenschaftliche Textinterpretation und – analyse Gewinn gezogen werden kann. Siehe die Arbeiten von Müske 1991a, 1991b, 1992 (s.o. Kap. 6.4.2, S. 520 f.)

8.1 Kognitive Semantik: Ein Wort an die Gebildeten unter ihren Verächtern

weise (gegenüber der althergebrachten hermeneutischen Textinterpretation) liegen solle. In diesem Zusammenhang ist daran zu erinnern, dass in Dingen der Textinterpretation zwei grundsätzlich verschiedene Herangehensweisen an Sprache und die Leistungen sprachlicher Mittel unterschieden werden können, die man als die „produzentenzentrierte" und die „rezipientenzentrierte" Sichtweise bezeichnen könnte. Gemäß der „produzentenzentrierten" Sichtweise sind sprachliche Zeichen in Funktion (also als Teil sprachlicher Äußerungen, in Sätze und Texte gefasst) Ausdruck bestimmter, festlegbarer Bedeutungen, die begrenzt werden durch die kommunikativen Absichten derjenigen, die diese Zeichen artikuliert und als Medien kommunikativer Akte entäußert haben. Da Produzenten-Intentionen zwar eine theoretisch unumgängliche, aber praktisch nicht unmittelbar nachweisbare Größe sind, hat sich in der Geschichte der Sprach- und Verstehens-Theorie die Perspektive auf „die Zeichen selbst" verschoben. Eine solche Perspektive wird insbesondere von Linguisten, Logikern und den meisten Sprachphilosophen eingenommen. Damit wird aber verdeckt, dass in allem, was mit Medien (wie den sprachlichen Zeichen) zu tun hat, zunächst eine rezipienten-bezogene Wahrnehmung alles andere überdeckt und dominiert. Letztlich ist jede Bedeutungsbestimmung, jede (semantische) Analyse interpretendominiert und damit ein hermeneutisches Unterfangen. Zwar kann diese zunächst vollständig interpretenlastige Perspektive durch zusätzliche methodologische Anstrengungen kontrolliert und ggf. korrigiert werden (etwa wenn ein Lexikograph für die Bedeutungsbestimmung eines Lexems korpuslinguistische Verfahren anwendet), doch ändert dies nichts am grundsätzlich hermeneutischen, interpretativen (und damit interpreten-abhängigen) Charakter der Bedeutungsbestimmung jedes einzelnen Teil-Belegs. Aus diesem unvermeidlich interpretenlastigen (weil unhintergehbaren) Charakter jeder Art von Bedeutungsbestimmung und linguistischer Analyse haben nun viele Theoretiker (vor allem solche mit einer eher allgemeinen kulturphilosophischen Orientierung) nun den falschen (zumindest stark übertriebenen) Schluss gezogen, jede Bestimmung von sprachlicher, textlicher „Bedeutung" bzw. „Interpretation" erlaube es, eine vollends rezeptions-zentrierte Haltung einzunehmen. Eine extreme Form dieser Rezeptions-Zentrierung vertritt etwa der in den letzten Jahrzehnten bei Literaturwissenschaftlern sehr beliebt gewordene Philosoph Jacques Derrida, dem zufolge jedes einzelne sprachliche Zeichen, jeder Text, die Gesamtheit seiner über zweitausendjährigen Zeichen-, Text-, Denk-, und Kulturgeschichte mit sich herumschleppe.[34]

Aus semantischer und epistemologischer Sicht sind solche Radikalpositionen mindestens fragwürdig. Vertreter dieser Position teilen meistens mit den Hermeneutikern (die sie ansonsten verachten) die Auffassung, eine epistemologisch-kognitive Herangehensweise, wie sie mit der Frame-Semantik etabliert werden soll, behaupte dort auf beschreibbare Strukturen und Elemente (des Wissens) zu stoßen, wo doch nur reine, subjektive Interpretation, oder im Gegenteil, reine kulturelle Wiederholung (Iteration des ewig Gleichen) feststellbar sei. Einer solchen Position muss entgegengehalten werden, dass es gerade der Anspruch einer *linguistischen* Frame-Semantik sein muss, über die Rekonstruktion des konventionellen Wissens die über-individuellen Strukturmuster im konkret immer nur individuell aktivierten Wissen nachzuweisen und zu beschreiben. Vertreter der radikal interpreten-zentrierten Auffassung haben recht, wenn sie auf den unhintergehbar interpretativen,

---

[34] Eine extreme Form von interpreten-zentrierter Haltung zum Bedeutungsproblem nimmt etwa auch die Position der „psychoanalytischen Literaturinterpretation" ein, der zufolge aus einem Text immer auch „das Unbewusste des Autors spricht".

hermeneutischen, interpreten-abhängigen Charakter jeder Bedeutungsbeschreibung und epistemologischen Strukturanalyse verweisen. Sie haben jedoch unrecht, wenn sie daraus den Schluss ziehen, schon jeglicher Versuch der methodologischen Objektivierung solcher Analysen sei unmöglich, und stattdessen einem „fröhlichen Subjektivismus" huldigen. Damit würde das Kind mit dem Bade ausgeschüttet.

Frame-Semantik und linguistische Epistemologie verbindet ja gerade die Überzeugung, das verstehensrelevante Wissen auch in seinen Inhalten als strukturiert und in diesen Strukturen beschreib- und analysierbar aufzufassen, und das Ziel, diese Strukturen so gut es geht durch linguistisch-semantisch-epistemologische Analyse und Beschreibung zu erfassen und in speziell diesen Zwecken gewidmeten Formaten darzustellen. Sie ist damit nicht sehr weit entfernt von einem Grundgedanken der Hermeneutik, der meistens als „hermeneutischer Zirkel" durch die Welt geistert; besser spräche man von einer „hermeneutischen Spirale". Frame-theoretisch gesprochen ist eine hermeneutische Spirale nichts anderes als die Erfahrung, dass bei der epistemologischen Beschreibung des bedeutungsrelevanten Wissens die zugrundeliegenden Wissensstrukturen nicht immer schon beim ersten Versuch einer Analyse vollends zu Tage liegen, sondern dass jeder neue Fall der Verwendung eines Wortes neue Facetten dieser Wissensstruktur offenbaren kann. Genau deshalb war es bei Fillmore so wichtig, so viele Beispiele anzubringen, die die Begrenztheit der traditionellen semantischen Methoden immer wieder schlagartig vor Augen geführt haben. Nichts anderes haben diese Beispiele geleistet, als zu offenbaren, wo noch Lücken in der Beschreibung des verstehensrelevanten Wissens bestanden, und wie (durch Annahme welcher Wissensstrukturen, Teil-Frames oder Frame-Elemente) man diese Lücken würde schließen können.

Frame-Wissen ist immer (auch) akkumulativ erworbenes Wissen. Hermeneutiker und Semantiker vollziehen in der stetigen Verbesserung ihres Verstehens des Wissens-Hintergrundes diesen Prozess des sukzessiven Auf- und Ausbaus der Frame-Strukturen lediglich nach. Wie die Hermeneutik ist daher auch eine Frame-Semantik und linguistische Epistemologie dem Anspruch verpflichtet, in dem, was phänomenbezogen immer nur subjektiv erscheint, das Intersubjektive, Soziale immer wieder nachzuweisen zu versuchen. Zwar kann das Ergebnis einer solchen Analyse immer nur relativ sein (da irrtumsanfällig und – bei besserer „Beweislage" – widerlegbar oder korrigierbar) und nicht für eine im hundertprozentigen Sinne „objektive Wahrheit" gelten; solche Wahrheiten wird es aber in deutungsabhängigen Feststellungen über Soziales als solches und Soziales Wissen im Besonderen ohnehin nie geben, so dass die Frame-Semantik in dieser Hinsicht auch nicht schlechter, sondern – wegen ihrer methodischen Strukturiertheit und Differenziertheit – nach meiner festen Überzeugung besser dastehen wird.

8.1.5 Fazit

Zusammenfassend lässt sich den „aufgeklärten" unter den Gegnern einer kognitiven Perspektive in der (linguistischen) Semantik folgendes erwidern: Die theoretische Skepsis, ja teilweise heftige Ablehnung, wie sie einer kognitiven Semantik gegenüber vorgebracht wird, ist unrichtig, ja falsch, da sie auf falschen Voraussetzungen beruht und den Punkt nicht trifft, um den es eigentlich geht. Die stereotyp vorgebrachte (Beschwörungs-) Formel „Wir können nicht sehen, was in den Köpfen der Sprecher und Sprachverstehenden vorgeht" ist so wohlfeil wie unpassend, denn sie zielt messerscharf am Problem vorbei. Eine

8.1 Kognitive Semantik: Ein Wort an die Gebildeten unter ihren Verächtern 803

verstehenstheoretisch reflektierte Semantik, wie sie in diesem Buch vertreten wird (viele nennen sie *„kognitive Semantik"*, ich persönlich nenne sie lieber *„epistemologisch orientierte Semantik"*) kann und will nicht das konkrete, aktuale Verstehen einzelner Individuen, einzelner sprachbenutzender oder –verstehender Subjekte aufklären.[35] Das ist in der Tat nicht möglich, und hier trifft Wittgensteins viel bemühtes Verdikt zu Recht.[36] Aber darum geht es auch gar nicht. Eine epistemologisch (oder kognitiv) orientierte Semantik zielt vielmehr darauf, die *Bedingungen der Verstehbarkeit* für sprachliche Zeichen, Sätze, Texte aufzuklären und in ihrer Struktur zu beschreiben. Es geht, wie schon mehrfach betont, um das *verstehensrelevante, das verstehensermöglichende Wissen.* Dieses Wissen ist nun aber notwendigerweise und zwingend etwas Soziales, und mithin Überindividuelles. Insofern das verstehensbedingende Wissen sozial, überindividuell und in einem gewissen Sinne auch konventionell ist, kann und muss es wissenschaftlicher Analyse ebenso offen stehen wie andere soziale, kulturelle und konventionsbezogene Phänomene. Die Sozialität der Frames ergibt sich, wie wir gesehen haben, aus folgenden Überlegungen. Kognitive bzw. epistemische bzw. semantische Rahmenstrukturen haben grundsätzlich prototypikalischen Charakter. (Was die sogenannte „Prototypen-Semantik" beschreibt, ist daher nur ein untergeordneter Spezialfall einer allgemeinen rahmenbezogenen Prototypikalität.) Diese Annahme hat einen engstens mit ihr verflochtenen zweiten Teil, den ich folgendermaßen formuliere: Frame-bezogene Prototypikalität ist die Kehrseite einer allgemeinen epistemischen Konventionalität; oder man könnte es auch umgekehrt ausdrücken: Konventionalität ist nichts anderes als Prototypikalität, bloß aus einer anderen Perspektive betrachtet.

Um diese Annahme stichfest zu begründen, müsste ich weit ausholen, wozu hier der Platz fehlt. Ich gebe zu diesem Punkt daher nur zwei Hinweise: Der prototypische Charakter der Rahmen wird bereits in den späteren Fassungen der Frame-Theorie von Fillmore stark hervorgehoben. Was dort als semantische Prototypikalität erscheint, ist aber nichts anderes als ein Spezialfall einer allgemeineren rahmen-bezogenen epistemologischen Prototypikalität. Deutlich wird dies – wie oben schon ausgeführt – in der allgemeinen psychologischen Schematheorie, die Bartlett bereits 1932 entwickelt hat. Auf der Grundlage zahlreicher erinnerungspsychologischer Experimente stellte sich dort heraus, dass Erinnerung bereits auf der Ebene basalster psychologischer Strukturen prototypikalisch geprägt ist. Mehr noch: Prototypikalität und Gedächtnis scheinen sogar zwei Seiten ein und derselben Medaille zu sein.[37]

---

[35] Zwar scheint ein solches Ziel gelegentlich bei Kognitionswissenschaftlern durch, siehe etwa den entsprechend gefassten *concept*-Begriff bei Barsalou 1993. Doch kann es sich dabei eigentlich nur um ein theoretisches Konstrukt handeln, da man empirisch niemals darankommen wird. Linguisten haben es – qua ihrer Beschäftigung mit sprachlichen Zeichen – immer mit *sozialen* Fakten zu tun, und diese sind vom individuellen Wissen strikt zu trennen, auch wenn man bei der Erklärung des sozialen Wissens seine Interaktion mit dem individuellen Wissen niemals aus dem Blick verlieren sollte.

[36] Vergleiche zu diesem Aspekt oben Kap. 8.1.3. und das knappe Wittgenstein-Referat in Busse 1991, 122 ff. mit den genauen Nachweisen.

[37] Die Begründung zu dieser Annahme ergibt sich aus den Ausführungen zur Prototypikalität in den Kapiteln zu Fillmore, Minsky, Barsalou und insbesondere Bartlett (s.o. Kap. 2.4.2, S. 66 ff.; Kap. 3.1, S. 253 ff.; Kap. 4.1.4, S. 327 ff., Kap. 5.1, S. 343, 352, 358; Kap. 5.2, S. 361 f., 367) – Hierzu nur nebenbei bemerkt: Angesichts der zentralen Rolle, die eine Theorie des sozialen Gedächtnisses in den heutigen Kulturwissenschaften spielt, scheint es mehr als nur ein Zufall zu sein, dass es eine Theorie des Erinnerns ist, in der der (für den Zusammenhang von Kognitions- und Kulturwissenschaften so wichtige) innige Zusammenhang von Rahmenbildung, Prototypikalität und Konventionalität erstmals so klar beschrieben worden ist.

804   *Kapitel 8: Frame-Analyse und linguistische Epistemologie – Resümee und Ausblick*

Zum Verhältnis dieser drei Phänomene: *Rahmenstruktur der Episteme, Prototypikalität ihrer Strukturen* und *Konventionalität ihrer Entstehungs- und Wirkweise*, müsste noch viel gesagt werden; ich beschränke mich hier aber auf eine einzige Beobachtung: Prototypikalität und Konventionalität beruhen, dies machen die Ergebnisse von Bartletts Experimenten ganz deutlich, auf denselben kognitiven Prinzipien. Dieser enge Zusammenhang führt nun aber zu folgenden Schlussfolgerungen: Wenn Prototypikalität und Konventionalität auf denselben Prinzipien beruhen, und wenn Prototypikalität eine notwendige Eigenschaft von Rahmen- und Schemabildungen ist, dann tragen alle kognitiv-epistemischen Frames und Schemata notwendigerweise den Stempel des Sozialen, Gesellschaftlich-Kulturellen und Intersubjektiven, da Konventionalität schließlich eine soziale Kategorie ist. Man hätte auf diese Weise, und zwar (wie es bei Bartlett deutlich wird) schon auf der Ebene einer Theorie sehr elementarer Gedächtnisleistungen, die Ebene des Kognitiven und Epistemischen grundsätzlich kategorial an die Ebene des Sozialen und Kulturellen gebunden. Soziales Wissen, Kulturalität, Kognition und ihre, z.B. sprachliche, Mediation wären dann nicht, wie ein mögliches Missverständnis lauten könnte, ganz verschiedenen Sphären zugehörig, sondern würden als Aspekte ein und derselben oder zumindest vergleichbarer kategorialer Ebenen erwiesen, zwischen denen eine enge Interdependenz besteht.

Aber zurück zu den Gegnern einer kognitiven / epistemologischen Perspektive in der Semantik: Eine strikte Verneinung der Möglichkeit, über das verstehensrelevante Wissen adäquate (und bis zu einem gewissen Grad auch überprüfbare) wissenschaftliche Aussagen zu machen, kommt in meinen Augen der Verneinung der Möglichkeit gleich, über *„nicht direkt sichtbare"* soziale und kulturelle Phänomene überhaupt wissenschaftliche Aussagen machen zu können. Ob dies von den Protagonisten des anti-kognitivistischen Ressentiments so gewollt ist, kann mit Recht bezweifelt werden. Es ist eine (wohl auch sie selbst überraschende) ironische Volte, dass die strikten Gegner jeden kognitiv oder epistemologisch orientierten Nachdenkens in der linguistischen oder kulturwissenschaftlichen Semantik sich (wohl unbewusst) zu den letzten Vertretern der Subjektphilosophie des deutschen Idealismus machen: (Sprach-) Verstehen, kulturelles Verstehen, so argumentieren sie wohl implizit, ist etwas Privates, Persönliches, Subjektives. Formal gesehen haben sie sogar recht, nicht aber inhaltlich gesehen; das heißt von der Perspektive des im Verstehensprozess benutzten Wissens, der Perspektive der Verstehensvoraussetzungen her gesehen.

Man kann über die Dialektik von sozialem Determinismus und individueller Freiheit im Sprachverstehen sicherlich unendlich streiten. Aber gerade wenn man Sprachwissenschaft als eine Sozialwissenschaft, eine Kulturwissenschaft begreift,[38] kommt es ganz besonders darauf an, das Soziale im scheinbar Individuellen, das Übersubjektive im scheinbar Subjektiven nicht nur in der Theorie zu sehen, sondern mit den verfügbaren wissenschaftlichen Mitteln auch deskriptiv aufzuklären zu versuchen. Man muss als moderner Linguist gar nicht mit Subjektkritikern wie Foucault oder dem viel-gescholtenen Derrida argumentieren; es genügt völlig ein Hinweis auf Sozialpsychologen wie George Herbert Mead oder Alfred Schütz,[39] und man kommt zu demselben Ergebnis: Dass die im radikal anti-kognitivistischen Impuls vieler, oft sich auf Wittgenstein berufender Sprachwissenschaftler behauptete Subjektivität und Individualität des Sprachverstehens letztlich, von den Möglichkeitsbedingungen jeden Sprachverstehens her, eine Aporie ist, von der man besser Abstand nähme.

---

[38]   Vergleiche dazu Busse 2005b und den ganzen Sammelband, in dem dieser Aufsatz publiziert ist.
[39]   Zu einer ausführlicheren Begründung der Bezugnahme auf Mead und Schütz vgl. Busse 1987, 273 f.

8.2   Frame-Analyse als Teil einer linguistischen Epistemologie

Einer der Ausgangspunkte, sich mit den theoretischen Grundlagen, den theoretischen Ausdifferenzierungen, methodischen Weiterentwicklungen und schließlich den verschiedenen
Ansätzen zur empirischen Anwendung und Umsetzung der Frame-Semantik in einer so
intensiven Weise zu beschäftigen, dass daraus schließlich die Idee zum vorliegenden Buch
und deren im vorangegangenen Text gegebene Umsetzung entstanden ist, liegt in Überlegungen, die wohl auch den linguistischen der Begründer der Frame-Theorie, Charles J.
Fillmore, dazu veranlasst haben, die Idee einer *interpretive semantics* oder *understanding
semantics* zu entwickeln[40] und in fortlaufenden bedeutungstheoretischen und empirisch
gestützten Überlegungen ein theoretisches Fundament für eine solche Neuausrichtung der
linguistischen Semantik zu entwickeln. Es geht bei diesen Überlegungen insbesondere um
die Einsicht, dass die Methoden und Theorien der bisherigen Semantik, so, wie sie in der
Linguistik vertreten und praktiziert wird, und so, wie sie von Logikern und Philosophen
vorformuliert worden ist, das Ziel jeder Semantik, die diesen Namen verdienen soll, nämlich, die Bedeutungen sprachlicher Einheiten (Wörter, Sätze, Texte) angemessen zu erfassen, um Längen verfehlen. Linguistische Semantik (und ihre logischen und philosophischen
Vorbilder meistens ebenso) vertreten im Allgemeinen einen Begriff von „Bedeutung", der
den Gegenstand der Semantik in unzulässiger Weise extrem verkürzt, auf einige wenige
Bedeutungsaspekte reduziert. Fillmore hat nun in hunderten von Beispielen überzeugend
nachgewiesen, wie sehr die traditionellen Bedeutungsmodelle ihren Gegenstand verfehlen.
Das Vorgehen in seinen Beispielanalysen ist dabei immer dasselbe: Er kann nachweisen,
dass wichtige, für das adäquate Verstehen eines Wortes in einem bestimmten Kontext vorauszusetzende Wissensbestandteile in den gängigen semantischen Modellen nicht erfasst
werden.

Daraus kann nur eine Schlussfolgerung gezogen werden: Der Bereich des in einer semantischen Analyse, die adäquat sein will, zu erfassenden bedeutungsrelevanten Wissens
muss sehr viel weiter gezogen werden, als dies in der Linguistik und Sprachphilosophie
bisher der Fall ist. Oder anders gesprochen: Gegenstand einer linguistischen Semantik muss
immer die Gesamtheit des für das angemessene Verstehen eines sprachlichen Mittels bei
den Verstehenden notwendigerweise vorauszusetzenden (von ihnen zu aktivierenden) Wissens sein. Dieses Wissen nenne ich das *verstehensrelevante Wissen* (oder das bedeutungsre-
levante Wissen). Semantik ist damit gleichzusetzen mit einer Analyse des gesamten verstehensrelevanten Wissens, das von einem sprachlichen Zeichen oder einer bestimmten Zei-
chenkombination (bis hin zu Sätzen und Texten) evoziert wird. Semantik wird damit zum
Teil einer (umfassenderen) Wissensanalyse, die ich – in Wiederaufnahme der ursprüngli-

---

[40]   Auf die überraschende Koinzidenz von Fillmores Überlegungen mit den damals noch ohne Kenntnis
von dessen Ansatz einer *interpretive semantics* entwickelten Überlegungen des Verf. zu einer „explikativen Semantik" (so im Untertitel von Busse 1991a) ist schon hingewiesen worden. Die erstmalige Beschäftigung mit „Wissensrahmen" blieb in der damaligen Arbeit noch programmatisch und bewegte
sich im Rahmen der damals üblichen eher unverbindlichen Bezugnahme auf den Frame-Begriff in der
Textlinguistik und der Vorgaben, wie sie etwa in der Satzsemantik Peter von Polenz' 1985 als Weiterentwicklung von Tesnières Valenz-Satz-Rahmen gemacht wurden. Erst sehr viel später, nach vollständiger Erschließung des Werkes von Fillmore, wurde deutlich, wie groß die Konvergenz der eigenen
(unabhängig von einer Fillmore-Lektüre entstandenen) Ideen mit denen der *interpretive semantics* waren. Dass zwei Forscher unabhängig voneinander zu sehr ähnlichen bedeutungstheoretischen Schlussfolgerungen gelangt sind, wird als Indiz für die Plausibilität der formulierten Ansätze genommen.

chen wörtlichen Bedeutung dieses Terminus[41] – *Epistemologie* nenne. Soweit diese Wissensanalyse von Linguisten und mit linguistischen Mitteln betrieben wird, kann man eine solche Forschung dann als *linguistische Epistemologie* bezeichnen.[42] In diesem Sinne wird die Frame-Semantik zu einem wichtigen, wenn nicht zentralen, Baustein einer so verstandenen linguistischen Epistemologie.

Eine so verstandene linguistische Epistemologie kann in besonderer Weise die zur Zeit weit auseinanderstrebenden Strömungen der kulturwissenschaftlichen und der kognitionsbezogenen Forschung wenn nicht zusammenführen, so doch eng aufeinander beziehen. Eine *linguistische* Epistemologie, also eine mit linguistischen Mitteln arbeitende, auf die je konkreten Funktionen von Sprachzeichen (und der Relationen, die sich durch die Verkettungen zwischen ihnen ergeben) achtende Analyse des verstehensermöglichenden Wissens, ist Teil einer umfassenderen sozial- und kulturwissenschaftlichen Epistemologie. Eine so aufgefasste Sprachwissenschaft (oder verstehenstheoretisch ausgerichtete Semantik) will dabei keineswegs die Paradedisziplin einer neuen kultursemantischen Forschungsperspektive sein. Sie hat gegenüber manchen anderen Herangehensweisen jedoch den Vorzug, dass sie strikt (und akribisch) auf das (sprachliche) Material achtet, mit dem Wissen kommuniziert wird, und darauf, wie es genau unter Nutzung dieses Materials (Mediums) kommuniziert wird.

Eine Sprachwissenschaft, eine (linguistisch reflektierte) Semantik, die eine solche Forschungsperspektive verfolgt, die also in erster Linie auf die Funktionen und Funktionsweisen von Zeichen und Zeichenverkettungen (Sätzen, Texten) für kognitive Prozesse wie für die Konstitution des individuellen wie gesellschaftlichen Wissens achtet, könnte man auch als *funktionale Semantik* bezeichnen (etwa so, wie in der linguistischen Syntax heute von einer funktionalen Syntax gesprochen wird). Die Funktionalität, um deren theoretische Erklärung wie empirische Beschreibung es dann geht, ist einerseits eine kognitive Funktionalität, zum anderen eine epistemologische.[43] In diesem Sinne ist eine epistemologisch ausgerichtete Semantik immer zugleich auch eine funktional orientierte Semantik.

Ich gehe dabei davon aus, dass die Prinzipien des Funktionierens von Sprache und die Prinzipien der Konstitution und Konstruktion von Kognition und Episteme aufs engste miteinander verflochten sind. Ohne an dieser Stelle vertieft in die Debatte um das Verhältnis von Sprache und Denken einsteigen zu wollen, dazu hier nur Randnotizen. Wissen,

---

[41] Was heute üblicherweise unter dem Titel „Epistemologie" gehandelt wird, ist meist (im angelsächsischen und auch im französischen Sprachgebrauch noch deutlicher) nicht viel mehr als *Wissenschafts*geschichte / -theorie. (Gelegentlich wird der Begriff auch synonym mit „Erkenntnistheorie" verwendet.). Die hier angestrebte (linguistisch reflektierte) Epistemologie würde demgegenüber die *Gesamtheit des gesellschaftlichen Wissens* (gleich welcher Provenienz und Strukturprinzipien) zu ihrem Gegenstand machen müssen. Dabei geht es durchaus um Erklärung und Beschreibung des Wissen selbst (in seinen Strukturen, Formen, Funktionen und Auftretensweisen), und nicht (wie in der Erkenntnistheorie) nur um die Formen seiner Gewinnung. Ich folge daher nicht der verbreiteten Verkürzung des Begriffs „Epistemologie" auf „Wissenschaftsgeschichte", sondern verstehe darunter (in Anlehnung an den Begriff der *Episteme* bei Michel Foucault) die systematische Analyse der Grundstrukturen des *gesamten* menschlichen Wissens in diachroner wie in synchroner Perspektive. *Linguistische Epistemologie* ist demnach der linguistische Teil der Erforschung der Episteme, oder genauer, die Erforschung der Art und Weise, wie Sprache dieses Wissen nutzt und voraussetzt.

[42] In verschiedenen Aufsätzen (Busse 2005a, 2006, 2007a, 2007b, 2007c, 2008) habe ich diese Perspektive wiederholt ausführlicher begründet.

[43] Das Verhältnis von Kognition und Episteme ist eng; dennoch zögere ich, beide als identisch zu betrachten. Hier wäre eine vertiefte Diskussion nötig, die an dieser Stelle jedoch nicht geleistet werden kann.

8.2 Frame-Analyse als Teil einer linguistischen Epistemologie 807

insofern es überhaupt kommunizierbar ist, ist immer zu einem erheblichen Ausmaß sprachlich geprägt. Der Begriff von „sprachlich", der bei dieser Aussage verwendet wird, schließt immer die Ebene der „Inhalte" mit ein. (Kognitivisten sprechen hier meist von der „Ebene der Konzepte", die manchmal fälschlicherweise als von der „Ebene der Sprache" abtrennbar gesehen wird.) Ganz abgesehen davon, dass sich eine solche Perspektive schon bei der alten strukturalistischen Zeichentheorie von Saussure ergibt, wonach das sprachliche Zeichen immer nur durch beide seiner zwei untrennbaren Seiten zusammen konstituiert wird, gibt es auch kognitionswissenschaftliche Evidenz für eine solche Auffassung.

Nach der hier vertretenen Auffassung stellt sich die Frage nach einer möglicherweise sprachunabhängig oder vorsprachlich existierenden Ebene der Konzepte bei der Beschreibung des Verhältnisses von Sprache und Kognition hinsichtlich der Sprache und Kognition der sprachverfügenden Menschen nicht.[44] Insofern Menschen über eine Sprache verfügen und sie benutzen, ist davon auszugehen, wie es Wilhelm von Humboldt so unnachahmlich ausgedrückt hat, dass „das Wort ... dem Begriff ... bedeutend von dem Seinigen hinzu [fügt]."[45] Nimmt man „Begriff" hier als eine Chiffre für das Denken, die Episteme, die Wissensstrukturen, dann stellt sich das Verhältnis von Sprachelementen und Elementen des Wissens (der Kognition) nach Humboldt also folgendermaßen dar: Auch wenn nicht der These einer völligen Identität von Sprache (z.B. der ihr inhärenten Semantik in ihrer Summe) und Wissen (bzw. Denken) das Wort geredet werden soll, so beeinflusst doch die Tatsache, dass Epistemisches nur (oder weit überwiegend) in sprachlicher Form veräußerlicht und damit kommuniziert werden kann, erheblich die Struktur und den Gehalt des Wissens selbst. („Das Wort fügt dem Begriff von dem Seinigen hinzu".) Wissenselemente sind als solche nur identifizierbar, indem wir sprachliche Mittel haben, diese zu isolieren und zu evozieren. („Das Wort macht den Begriff erst zu einem Individuum der Gedankenwelt.") Ohne Wörter (sprachliche Ausdrucksmittel) gibt es keine identifizierbaren Gedanken (epistemischen Elemente); erst durch sie bekommt Gedankliches eine Identität, Abrufbarkeit und Wiederholbarkeit; das heißt aber auch: erst durch sie wird es wandlungsfähig und kann eine Geschichte bekommen. („Die Idee erfährt durch das Wort Bestimmtheit.") Zugleich geben die sprachlichen Mittel dem Epistemischen Struktur und begrenzen es, spannen es gleichsam in das Korsett sprachkonstituierter Strukturen ein. („Die Idee wird durch das Wort in gewissen Schranken gefangen gehalten.")

Das Verhältnis von Sprache und Kognition erschließt sich über das Moment des Wissens, der Episteme. Kognitive Prozesse beim sprachbenutzenden Menschen operieren zu einem größeren (und in unserem Kontext interessanteren) Teil auf und mit Wissen, das im Gebrauch von Sprache konstituiert und strukturiert wurde. Verbindendes Moment ist die Schematisierung des Wissens und seine sich aus diesen Schematisierungen ergebende Ar-

---

[44] Kognitionsbezogene Evidenz bei Tieren legt es m.E. nahe, von der Möglichkeit und Existenz einer vorsprachlichen Ebene der kognitiven Kategorienbildung auszugehen. Ob man das dann schon „Konzeptebene" nennen sollte, ist äußerst fraglich. Man darf aber auch nie vergessen, dass es auch beim sprachverfügenden Menschen Bereiche oder Ebenen der Kognition gibt, die sich der Kategorisierung und mithin der Konzeptualisierung entziehen. Deren „Inhalte", wenn man hier diesen Begriff überhaupt verwenden kann und sollte, sind dann aber auch sprachlich nicht zugänglich, nicht direkt kommunizierbar. Siehe die einschlägige Diskussion Wittgensteins über Schmerzausdrücke.

[45] „Das Wort, welches den Begriff erst zu einem Individuum der Gedankenwelt macht, fügt zu ihm bedeutend von dem Seinigen hinzu, und indem die Idee durch dasselbige Bestimmtheit empfängt, wird sie zugleich in gewissen Schranken gefangen gehalten." Aus: „Ueber das vergleichende Sprachstudium" (1820) zitiert nach Humboldt (1985, 20).

chitektur.[46] Eben für solche Schemabildungen ist das Konzept des *Frame* vorgeschlagen worden, und eben darum sind Frames zum Anlass und Gegenstand der vorliegenden Einführung und Gesamtdarstellung gemacht worden. Schemabildungsprozesse (bzw. die Bildung von Wissensrahmen / Frames) sind insofern sprachlich, als nur (oder, will man es vorsichtiger ausdrücken: vor allem) der aktive Gebrauch der Schemata (Frames) in Akten sprachlicher Kommunikation diese stabilisiert (auf Dauer stellt), mit Wissen anreichert und veränderlich macht. „Das Wort fügt dem Begriff von dem seinigen hinzu" (Humboldt), indem die begriffsbildenden, aber auch die darüber hinaus gehenden epistemischen Schemata erst in ihrem Gebrauch im Kontext sprachlicher Äußerungen / Texte mit epistemischem Material (Wissenselementen) aufgeladen werden.[47] Da sowohl die sprachlichen Zeichen, als auch die ihrem Verstehen zugrunde liegenden Frames / Schemata nur im Kontext ihre (volle) epistemische Funktion erfüllen, kann man hinsichtlich des angemessenen Verstehens sprachlicher Zeichen (Sätze, Texte) auch von einem Vorgang der „Kontextualisierung" sprechen.[48]

Sprache ist (wenn man so will) das „Medium", in dem sich nicht nur die Artikulation und Kommunikation des gesellschaftlichen Wissens vollzieht, sondern in dem dieses zugleich als solches (d.h. als gesellschaftliches) konstituiert und strukturiert wird. Damit ist Sprache (sind die sprachlichen Erzeugnisse, wie z.B. Texte) aber keineswegs das „Archiv" dieses Wissens. Wollte man eine archivalische Metapher in Bezug auf die Sprache überhaupt verwenden, so könnte man sie noch am ehesten als das „Findebuch", als das „Register" des Archivs des gesellschaftlichen Wissens charakterisieren.[49] Dieses „Suchregister" enthält nur Verweise; und zwar Verweise auf etwas, das jeder Sprachverstehende für sich im Prozess des Verstehens (genauer: in den Schlussfolgerungs- / Inferenz-Prozessen, die zum Verstehen führen) allererst epistemisch realisieren, konkretisieren muss. Man kann dies im Sinne Husserls als den Prozess der „Sinnerfüllung" bezeichnen. Die Sprache als Register des Wissens erfüllt ihre Aufgabe, indem die einzelnen Zeichen und ihre spezifischen Kombinationen jeweils Wissen (Rahmen, Schemata und Rahmen- / Schemakomplexe) „evozieren" (Fillmore). (Damit wird zugleich deutlich, dass die Zeichen das verstehensrelevante Wissen, ihre „Bedeutung" nicht „enthalten" oder „transportieren".) In dieser Funktion ist die Sprache, wollte man diese Metapher fortspinnen, „zweistufig". Sprache als Inventar an Zeichen (nach Saussure sagte man: „System") ist sozusagen die erste Stufe des wissensverweisenden „Registers"; dessen zweite Stufe stellen die aus (mit) den Zeichen erzeugten Texte dar. Auch Texte sind daher keineswegs „bedeutungserfüllt" im Sinne Husserls. Sie sind nur Verweisungsmittel sozusagen höherer Aggregationsstufe, die zu ihrem

---

[46] Zum Aspekt der Architektur des Wissens vgl. die Überlegungen in Busse 2005a.

[47] Bedeutungstheoretisch macht es einigen Sinn, in diesem Zusammenhang an Husserls bezüglich der Deutung von Zeichen vorgenommene Unterscheidung von „bedeutungsverleihenden" und „bedeutungserfüllenden" geistigen Akten zu erinnern. Man kann davon ausgehen, dass dieser Unterschied auch an Schemata / Frames festgestellt werden kann. Man kann dann von „voll spezifizierten" Frames sprechen und diese von epistemisch / inhaltlich nicht voll spezifizierten Frames unterscheiden, die dann allerdings auch kein vollständiges Verstehen ermöglichen. Husserl 1913, 38.

[48] Der hier verwendete Kontextualisierungsbegriff ist ein epistemischer. „Kontextualisierung" meint also so etwas wie „Situierung in einem inhaltlich strukturierten (also nicht-zufälligen, aber dennoch immer kontingenten) Gefüge von Frames / Schemata". Vgl. dazu ausführlicher Busse 2007c. – Nicht zufällig wird der Begriff *Kontextualisierung* auch von Fillmore verwendet.

[49] Der Begriff des „Archivs" spielt eine zentrale Rolle im epistemologischen Modell von Michel Foucault (u.a. 1969, 170 [187]), das er – historiographisch-kulturethnologisch denkend – auch „Genealogie" (der Episteme) nennt.

8.2 Frame-Analyse als Teil einer linguistischen Epistemologie   809

Verstehen ebenfalls erst massiv mit Schemawissen „aufgefüllt" werden müssen (wie in der Hermeneutik alter Texte, siehe z.B. bei Schleiermacher (1838), immer schon bewusst war).

Die in der Linguistik ja so beliebte Frage nach der Grenze zwischen „Sprachwissen" und „Weltwissen", zwischen „Bedeutung kennen" und „Sinn verstehen" ernsthaft stellen zu wollen, führt daher in eine Aporie. Eine kategoriale Unterscheidung zwischen beidem dürfte kaum möglich sein. Eher kann man beide Aspekte des verstehensrelevanten Wissens wohl, zumindest wenn man es von einem epistemologischen Standpunkt her betrachtet, als ein Kontinuum begreifen, eine Art Skala, die von einer inhaltsleeren Implementation purer Zeichenausdrücke, die einzelnen „Verstehensversuchern" außer dem Verweis auf das gespeicherte lexikalische Wissen der unverbundenen Einzelzeichen praktisch „gar nichts sagen" am einen Ende des Spektrums bis zu einer interpretatorisch aufgeladenen „Bedeutungserfüllung" am anderen Ende des Spektrums reichen kann, mit der die Interpreten weitaus mehr in die Zeichenkomplexe hineinlegen, als die „Verfasser" jemals mit vollem Bewusstsein intendiert und aktiv realisiert haben. Eine Grenze zwischen „Sprache" und „gesellschaftlichem Wissen" kann daher nach der hier vertretenen Auffassung empirisch wohl niemals gezogen werden, und sollte daher auch in der Theorie nicht angenommen werden.

Eine epistemologisch ausgerichtete Semantik versucht, das verstehensrelevante Wissen möglichst umfassend zu explizieren und aufzuklären. Da sich in diesem Wissen vorgängige, gesellschaftlich konstituierte und damit kulturell vorgeprägte Schematisierungen (und Frame-Strukturen) niederschlagen, ist eine auf Verstehensbedingungen zielende semantische Forschung schon von allem Anfang her genuin kulturwissenschaftlich orientiert. Indem die epistemologische Semantik über die Suche nach dem verstehensermöglichenden Wissen die Rahmenstruktur des gesellschaftlich geprägten Denkens selbst zu erschließen sucht, erschließt sie nicht nur Aspekte des kulturellen Wissens als solchem, sondern erfasst mit ihren spezifischen Mitteln das, was „Kultur" im Kern ausmacht. Dabei stehen die kulturellen Artefakte, die wir „Sprache", „Begriffe", „Texte", „Diskurse" nennen, prinzipiell auf derselben Ebene wie andere kulturelle Artefakte, die andere Medien benutzen (wie z.B. die bildende Kunst). Die verschiedenen Formen der Kultur benutzen größerenteils dasselbe gesellschaftliche Wissen, setzen dieselben Rahmen- und Schema-Strukturen der Episteme voraus, wie die medial jeweils von ihnen differierenden Formen. Auch die sog. „Praktiken", „Performanzen", die in heutigen kulturwissenschaftlichen Forschungsansätzen so gerne untersucht werden, setzen Schemabildungen, Wissensrahmungen voraus, die sich strukturell von anderen Formen des Wissens im Kern nicht unterscheiden.

Das Rahmenmodell des Wissens ist daher hervorragend geeignet, kognitive, linguistische und kulturwissenschaftliche Perspektiven zu integrieren. Indem die Rahmenstruktur des gesellschaftlichen Wissens in der Funktion des verstehensrelevanten (verstehensermöglichenden) Wissens direkt an die Funktionen von Sprachzeichen (und Sprachzeichenkomplexen wie Sätzen, Texten, Diskursen) gekoppelt ist, kann einer sprachbezogenen Analyse eine Schlüsselrolle für die Untersuchung des kulturellen Wissens zukommen. Innerhalb des Theorie- und Methodenspektrums der modernen Kulturwissenschaften ist dies zum ersten Mal in der Begriffsgeschichte nach dem Konzept des Historikers Reinhart Koselleck so gesehen und projektiert worden.[50] Aus einer Kritik an der Einzelwort-bezogenen Beschränkung von dessen Modell sind alsbald Konzepte einer „Diskursanalyse nach Foucault" ent-

---

[50] Zu den Details dieses für das Lexikon-Monumentalwerk „Geschichtliche Grundbegriffe" entwickelten Ansatzes vgl. Koselleck 1972 und zusammenfassend Busse 1987, 43 ff.

810 Kapitel 8: Frame-Analyse und linguistische Epistemologie – Resümee und Ausblick

wickelt worden, die auch in die Linguistik Eingang gefunden haben.[51] Allen Konzepten gemeinsam ist das Ziel, das in der Benutzung sprachlicher Elemente (Wörter, Sätze, Texte) zum Vorschein kommende, ihr Erscheinen (an diesem Punkt, zu dieser Zeit) ermöglichende Wissen möglichst umfassend zu erschließen. Die methodisch teilweise sehr unterschiedlichen Ansätze einer kulturwissenschaftlichen Semantik konvergieren also in dem Ziel der Erschließung des verstehensrelevanten (verstehensermöglichenden) Wissens. Dieses Wissen geht weit über das hinaus, was in traditionellen Modellen der linguistischen Semantik noch als zur Bedeutung gehörig gerechnet wurde. Die Grenzen der klassischen linguistischen Analyse werden in diesen Ansätzen quasi zwangsläufig transzendiert, da eine Beschränkung auf die reduktionistischen Bedeutungsmodelle der formalen Linguistik ungeeignet wäre, eine kulturwissenschaftlich motivierte semantische Analyse auch nur annähernd zu stützen.

Eben weil es dabei vorrangig um das hinter den sprachlichen Mitteln stehende Wissen selbst geht, verwende ich für diese Neuorientierung einer kulturwissenschaftlich ausgerichteten linguistischen Semantik die Bezeichnung „Linguistische Epistemologie". Eine Linguistische Epistemologie steht im Kreuzungspunkt von kognitiver, sprachwissenschaftlicher und kulturwissenschaftlicher Perspektive, weil sie einerseits die kognitiven Bedingungen der Möglichkeit der Erzeugung von sprachgestütztem Sinn ernst zu nehmen hat. Zum anderen muss sie aber auch die sozialen, kulturell konstituierten Bedingungen von (kollektivem) Sinn berücksichtigen, da (aufgrund der aus der Arbitrarität erwachsenden Konventionalität sprachlicher Zeichen und anderer kultureller Symbolsysteme) nur über die Sozialität des verstehensermöglichenden Wissens kommunikativer Austausch, Diskursivität, Kulturalität möglich wird. Über die Funktion des „Alter Ego"[52] ist Sozialität (und damit Kultur) tief in die Möglichkeit kommunikativer Verständigung eingeschrieben. Da jeder, der sich sprachlich verständigen will, seine kommunikativen Intentionen und die im Abgleich zu diesen aus dem Repertoire herangezogenen Sprachzeichen und –Anordnungen nach dem Kriterium eines hypothetisch unterstellten „generalisierten Anderen" bildet (bzw. auswählt), ist jeglicher Sprachverwendung (und geschehe sie auch im „innersten Monolog") unhintergehbar ein Moment Sozialität und Kulturalität eingeschrieben.

Gerade hierin berühren sich nicht nur Linguistik und Kulturwissenschaften aufs engste, sondern ebenso Kulturwissenschaften und Kognitionswissenschaften. Keine Kognitionswissenschaft kommt darum herum anzuerkennen, dass das, was hier untersucht wird (Konzeptbildung, Schemabildung, Schema-Strukturen des Wissens) im Kern Ergebnisse kultureller Prozesse sind. Umgekehrt kommt im Prinzip keine Kulturwissenschaft darum herum, genauestens zu berücksichtigen, in welcher Weise die kulturell interessanten Phänomene kognitiv wirksam werden, kognitiv strukturiert und durch die Bedingungen kognitiver Prozesse prädeterminiert sind. Bindeglied zwischen diesen verschiedenen Forschungsperspektiven wäre eine nicht-reduktionistische Epistemologie, die als transdisziplinäres Methodenspektrum das verstehensrelevante (gesellschaftlichen Sinn ermöglichende) Wissen in allen seinen konstitutiven Aspekten berücksichtigt bzw. in den Blick nimmt. Eine linguistisch-semantische Form der Epistemologie kann zu dieser Verbindung der verschiedenen Forschungsperspektiven einen wichtigen Beitrag leisten, da ihr Gegenstand gleichsam im Kreuzungspunkt von Kognitions- und Kulturwissenschaften liegt. Mit den Kognitionswis-

---

[51]   Vgl. programmatisch Busse 1987 und neuerdings Warnke 2007 und Warnke / Spitzmüller 2011.
[52]   Den der Sozialpsychologe George H. Mead 1934, 152 ff. einen „generalisierten Anderen" genannt hat.

8.2 Frame-Analyse als Teil einer linguistischen Epistemologie

senschaften teilt sie den Blick auf die für das Denken und Wissen konstitutiven Elemente und Prozesse (verstehenserzeugende Inferenzen, und bei diesen als Eingangsdaten benutztes, Frame-förmig organisiertes Wissen). Mit den Kulturwissenschaften teilt sie die (wie Foucault sie genannt hat) „genealogische" Perspektive, also die Berücksichtigung der Nicht-Zufälligkeit, der kulturellen Bedingtheit der Schemabildungen und Strukturen des in Form der Verstehensvoraussetzungen in den Blick kommenden gesellschaftlichen Wissens.

Hinsichtlich der linguistischen Epistemologie (beziehungsweise des Forschungsbereichs, dem die linguistische Epistemologie zugehört) lassen sich meines Erachtens vier Perspektiven unterscheiden:

– eine im engeren Sinne *linguistisch-epistemologische* Perspektive
– eine *kognitionswissenschaftlich-epistemologische* Perspektive
– eine *diachron-genealogische* oder auch *historisch-epistemologische* Perspektive,
– und eine *kulturwissenschaftlich-synchrone*, oder auch *synchron-epistemologische* Perspektive

Die linguistische und die kognitivistische Perspektive kann man auch zusammenfassend als systematische Perspektive der Epistemologie bezeichnen, die diachron-epistemologische, die historisch-epistemologische, die kulturwissenschaftlich-synchrone oder synchronepistemologische Perspektive kann man auch als die empirischen Perspektiven einer beschreibenden Epistemologie bezeichnen.

Eine Analyse des verstehensrelevanten Wissens als Aufgabe der linguistischen Semantik – und damit die Frame-Semantik als ihr wichtigstes Instrument – ermöglicht es nicht nur, die soeben beschriebene enge *Konvergenz von Sprachwissenschaft, Kognitionswissenschaft und Kulturwissenschaft* auf einen auch methodisch fruchtbaren gemeinsamen Punkt zu bringen. Sie ermöglicht es auch, zwei verschiedene Analyseperspektiven, wie sie vielleicht eine Differenz zwischen kognitionswissenschaftlichen und kulturwissenschaftlichen Interessen markieren, unter eine gemeinsame theoretische und methodische Perspektive zu bringen. Ich meine zum einen eine eher für kulturwissenschaftliches Arbeiten typische *historische* Perspektive, die Foucault eine *genealogische* Perspektive genannt hat, und zum anderen eine *synchrone* Perspektive, wie sie typischer nicht nur für die Kognitionswissenschaft ist, sondern ebenso für die linguistische Semantik, für sprachwissenschaftliche Forschungsbereiche wie etwa die Analyse gegenwärtiger medialer oder politischer Kommunikation, und wie sie auch für diskursanalytische Forschungsansätze in den Sozialwissenschaften (vor allem in Soziologie und Politikwissenschaft) charakteristisch ist. Auf beide Perspektiven möchte ich abschließend kurz eingehen.

Eine *historische* Perspektive ergibt sich aus einem *epistemologischen Blick* auf das verstehensrelevante Wissen bzw. die diskursive Formation der Episteme quasi von selbst, auch wenn eine rein *synchrone* Anwendung einer diesem Blickwinkel entsprechenden Forschungshaltung und Methodik durchaus möglich bleibt. Historische Veränderungen in Bezug auf Sprache (ihre Semantik) und das hinter ihr stehende verstehensrelevante Wissen ergeben sich aus dem Aspekt der Konventionalität der Leistungen und Leistungsmöglichkeiten der Sprachzeichen und der Regeln für ihre Verkettungen. Der von den linguistischen und kognitionswissenschaftlichen Frame-Theoretikern (Fillmore wie auch Minsky) als Kronzeuge bemühte Gedächtnistheoretiker Bartlett hatte – wie gezeigt – nachgewiesen, dass jeder Erinnerung (und damit auch jeder Geschichte oder Erzählung, die aus der Erinnerung gespeist wird) ein Moment der *Typisierung* (heute würde man sagen: *Prototypikali-*

812 *Kapitel 8: Frame-Analyse und linguistische Epistemologie – Resümee und Ausblick*

tät) innewohnt. *Konventionalität* und *Prototypikalität* sind daher zwei Seiten ein und derselben Medaille.[53] Beides verweist jedoch notwendig immer auf die *Vergangenheit*. „Prototypisch" heißt, wie wir ein Ding, eine Sache, eine Person, eine Handlung, einen Geschehenstyp *in der Vergangenheit* gesehen und erlebt haben. Die vergangene Erfahrung prädeterminiert die neuen Erfahrungen, eröffnet ihnen epistemische Möglichkeitsräume (durch prototypische Anschlussmuster) und begrenzt sie zugleich, lenkt sie in Bahnen.[54] Jedes Feststellen der „Bedeutung" eines Wortes, Satzes, Textausschnitts ist daher in einem gewissen Sinne implizit „historisch", sofern es auf Bedeutungs*konventionen* (und andere sprachliche oder epistemische Regeln) zurückgreift. Die Veränderlichkeit ist der Konventionalität mithin untrennbar eingeschrieben, von ihr begrifflich-logisch nicht zu trennen.

Unternehmen wir daher den Versuch, anhand von Texten, Begriffen, kulturellen Artefakten so etwas wie „Bedeutungen" (Bedeutungspotentiale, Sinnerzeugungspotentiale, epistemische Anschlussmöglichkeiten) deskriptiv zu erfassen, sind wir schon mitten in einer historiographischen (Foucault hätte gesagt: *genealogischen*) Tätigkeit. Um eine Hypothese über eine Bedeutung zu begründen, müssen wir auf Tatsachen Bezug nehmen, die ihren Grund in der Vergangenheit (von Menschen, Gesellschaften, Sprachen) haben. Jede Deutung enthält daher ein historisches Verweispotential in sich, insofern sie auf die Bedingungen der Möglichkeit ihrer selbst befragt werden kann. Historische Semantik, Epistemologie und kulturwissenschaftliche Deutung und Analyse sind daher immer engstens miteinander verflochten. – Nur bei einem oberflächlichen Blick auf die Epistemologie, die Geschichte und Beschreibung des kulturellen Wissens kann die Nähe überraschen, die ganz offenkundig zwischen Foucaults Aussage „Ich habe versucht [...], die Geschichte nun nicht des Denkens allgemein, sondern alles dessen zu schreiben, was in einer Kultur Gedanken enthält." (Foucault 1966,4, Sp. 4; dt. 156) und der berühmten Aussage des Hermeneutikers und Schleiermacher-Schülers August Boeckh (1809-1865) besteht, wonach die Aufgabe der Philologie als der verstehenden Wissenschaft „die Nachconstruction der Constructionen des menschlichen Geistes in ihrer Gesammtheit" sei (Boeckh 1877, 16). Selbstredend will Foucault alles andere als ein Hermeneutiker sein; seine Diskursanalyse zielt nicht auf die „Aufdeckung" von „verborgenen Bedeutungen". Dennoch bleibt auch der Diskursanalyse ein Moment von „Aufklärung" verhaftet, da sie mit den Mitteln der Epistemologie (als Teil einer Genealogie) Determinismen des aktuellen Wissens, Redens und Schreibens deskriptiv wie machtkritisch identifizieren soll, ein Ziel, welches sie mit einer Hermeneutik als kulturanalytischer Methode im Sinne Boeckhs gemein hat.

Jede (historische) Semantik ist notwendig eine Form von (historischer) *Epistemologie*, indem sie das Wissen beschreibt, das für das Verstehen von Texten, „Aussagen" (*enoncés*) und kulturellen Artefakten jeglicher Art notwendig ist. Sie unterscheidet sich von herkömmlichen Formen der Semantik (der Geschichtsschreibung, der Textinterpretation) dadurch, dass sie nicht nur das Offenkundige beschreibt, sondern die impliziten Voraussetzungen, das mitschwingende Wissen, das als selbstverständlich Vorausgesetzte und damit nicht bewusst Gemachte, nicht explizit Thematisierte deskriptiv zu erfassen sucht. Wie der Verlauf der neueren linguistischen Semantik gezeigt hat, reicht dieses „implizite" Wissen (diese nicht explizit thematisierten Wissensvoraussetzungen) weit über den Bereich desje-

---

[53] Wir hatten schon darauf hingewiesen, dass Prototypikalität mit (epistemischer) Einschließung und Ausschließung unaufhebbar zusammenhängt.

[54] Es lohnt sich dazu durchaus, die Details der Experimente und Ergebnisse nachzulesen, die Bartlett 1932 seinerzeit – unter anderem durch Anstiftung zum Geschichten-Erzählen – durchgeführt hatte

8.3 Ausblick und Anschlussmöglichkeiten

nigen hinaus, das in herkömmlichen Modellen von „Semantik" und „Textbedeutung" noch erfasst und als Gegenstandsbereich einer Semantik überhaupt zugestanden wird. „Begriffsgeschichte", „Diskursanalyse", „Mentalitätsgeschichte" haben den Blick für dieses quasi „subkutan" wirkende Wissen erheblich geschärft. Dazu haben unterschiedlichste Disziplinen einen Beitrag geleistet (in der Reihenfolge des historischen Auftretens in diesem Forschungsfeld: Geschichtswissenschaft, Linguistik, Literaturwissenschaft, Wissenssoziologie, neuerdings auch Philosophie und Sozialpsychologie sowie die entstehenden Kognitionswissenschaften, ganz zu schweigen von dem sich erst in Umrissen andeutenden Spektrum der modernen „Kulturwissenschaft"). Vielleicht ist es an der Zeit, eine solche Forschungsperspektive theoretisch wie methodisch „auf den Begriff zu bringen". Dafür ist aus Sicht des Verfassers am besten eine strikt epistemologische Perspektive geeignet, die Strukturen und Formationsregeln des verstehensrelevanten Wissens direkt in den Blick nimmt, gleich in welcher Form und welchen Zusammenhängen dieses auftritt, und gleich zu welchen Zwecken und in welchen disziplinären und paradigmatischen Einbindungen es erforscht wird.

„Mentalitäten", „Diskurse", „Historisch-soziale Leitbegriffe" stellen sich dann wohl als Bezeichnungen für unterschiedliche Formen der In-den-Blick-Nahme des das Verstehen von kulturellen Artefakten (einschließlich der Zeichen, Texte und Textgeflechte) leitenden Wissens heraus, das zunächst einmal in seiner Eigenstruktur beschrieben werden sollte, bevor seine Funktionalität in den verschiedensten möglichen Hinsichten (etwa in genealogischer, in apriorischer, in erkenntnistheoretischer, in kognitionswissenschaftlicher Hinsicht) näher erforscht wird. Fern davon, der Illusion einer Einheitswissenschaft oder – methode nachzuhängen, könnte sich dadurch wenigstens eine gewisse Konvergenz der derzeit höchst disparaten Forschungsstrategien im weiten Feld der Epistemologisches berührenden Ansätze und Disziplinen einstellen, die wieder zu dem führt, was einmal der Vorzug der Philologien und sog. „Geisteswissenschaften" (vielleicht sollte man heute besser sagen: Wissenschaften vom Geist) gewesen ist: einer Fächer, Theorien und Schulen übergreifenden Diskursfähigkeit bei wechselseitigem Interesse und Verstehensbemühen.

Ich gehe also davon aus, dass die kulturwissenschaftliche, vorrangig genealogisch-historische Perspektive engstens verflochten ist mit jeder Forschungsperspektive, die sich als synchron versteht, und gleichfalls mit jeder Forschungsperspektive, die sich als systematisch versteht. Da die Grundstruktur des verstehensermöglichenden Wissens selbst – also das, was man mit einer auf dem Frame-Begriff fußenden Analyse erschließen und beschreiben kann – unabhängig von einer entweder historischen oder synchron-systematischen Untersuchungsperspektive ist, kommt es auf die verbleibenden Unterschiede zwischen beiden Perspektivierungen nach meiner Auffassung nicht so sehr an. Synchron-kulturwissenschaftliche, systematisch-kognitivistische und historisch-epistemologische Perspektive hängen daher enger zusammen, als es heute gesehen wird.

8.3 Ausblick und Anschlussmöglichkeiten

Die Beschäftigung mit Theorie, Methoden und Weiterentwicklung der Frame-Semantik hat zwei Facetten, die gleichermaßen wichtig sind. Zum einen geht es um eine Weiterentwicklung der Bedeutungs*theorie* (hier: in einem spezifisch linguistischen Interesse bzw. aus linguistischer Perspektive), zum anderen (daraus folgend) um adäquatere semantische *Me-*

thoden, d.h. Methoden für die Bedeutungs*analyse* und Techniken der Bedeutungs*beschreibung*. Im Bereich der *Theorie* konkurriert die Frame-Semantik mit den zahlreichen anderen, lange eingeführten Bedeutungsmodellen, wie logische (Frege-)Semantik, strukturalistische Merkmalsemantik, Prototypen- / Stereotypen-Semantik, und solchen Modellen, die in der Linguistik weniger als in der Sprachphilosophie Resonanz hatten, wie Gebrauchstheorie der Bedeutung nach Wittgenstein oder intentionalistische Semantik nach Grice.[55] In dieser Reihe erweist die Frame-Semantik in den Augen ihrer Begründer und Vertreter (wie Fillmore, Minsky, Barsalou) ihre besondere Leistungsfähigkeit, doch ist dies ein Anspruch, den sie immer wieder gegen heftigste Kritik aus unterschiedlichen Richtungen (s.o.) verteidigen muss.

Nimmt man alle Frame-Theoretiker zusammen, dann ist das Frame-Modell bei den genannten Autoren explizit zur Überwindung der Verkürzungen sowohl der logischen Semantik als auch der strukturalistischen Merkmal-Semantik entwickelt und gegen diese positioniert worden (Positionen, die Fillmore mit dem Begriff „Checklist-Semantik" zusammenfasst). Die Prototypen-Theorie dagegen wird implizit oder explizit in das Frame-Modell integriert, indem die Bedeutungs-Prototypen als prototypische Frame-Strukturen identifiziert werden. Gegen Gebrauchstheorie der Bedeutung und intentionalistische Semantik verhält sich die Frame-Theorie dagegen indifferent (und wird, wie gesehen, von Vertretern der Gebrauchstheorie á la Wittgenstein heftigst angegriffen). Jedoch wird in diesem Buch der Standpunkt vertreten (und ist auch verschiedentlich ausgeführt worden), dass beide letztgenannte theoretische Perspektiven sich in ein Frame-theoretisches Gesamt-Modell der Sprache und sprachlicher Bedeutung eingliedern lassen.[56] Frame-Theorie operiert, wie uns gerade auch die Schema-Theorie Bartletts als theoretischer Vorläufer und Anreger gezeigt hat, auf einem so fundamentalen Niveau der Erklärung kognitiver Prozesse, dass alle anderen bedeutungstheoretischen Programme demgegenüber als abgeleitet erscheinen. Da Frame-Theorie zunächst als kognitive und epistemologische Grundlagen-Theorie auftritt, ist sie von vielen Kritiken, die sich auf diese theoretische Ebene gar nicht erst begeben (wol-

---

[55] Vgl. zu einem knappen Überblick über die genannten Modelle die Darstellung in Busse 2009, 22–70.

[56] Der Weg, auf dem diese Eingliederung erfolgt, verläuft über das auch von Gebrauchstheoretikern und Intentionalisten angesetzte Regel- oder Muster-Wissen. Gebrauchstheoretiker müssen ein Wissen der Menschen über die Verwendungsfälle der Zeichen voraussetzen. Zwar wird dieses Wissen in solchen Ansätzen meistens als *black box* behandelt und nicht näher analysiert, es spricht jedoch nichts dagegen, dieses Wissen als Frame-förmig organisiert aufzufassen und zu analysieren. Verwendungsfall-Wissen integriert Wissen über Außersprachliches mit Wissen über Sprachspezifisches; erst eine Wissens-Typologie (vgl. zu einem ersten heuristischen Versuch Busse 1991a, 148 ff.) könnte klären, welche Sorten von Wissen dabei zusammenkommen. Zum Muster-Wissen (und damit zum Teil eines „Bedeutungs"-Wissens im engeren Sinne) wird ein Verwendungsfall-Wissen erst über Wiederholbarkeit (Iteration) und Erwartbarkeit. Es wäre eine spannende Sache, einmal den Versuch zu unternehmen, auch nur einen einzigen „Verwendungsfall" im Sinne einer „epistemologischen Voll-Analyse" im Hinblick auf die Gesamtheit des relevant werdenden Wissens zu analysieren. (Fillmore hat – in seinen *Lectures on Deixis* – einmal einen Versuch unternommen, der in die gleiche Richtung zielt, und der zeigt, wie komplex eine solche Analyse werden kann.) Gebrauchstheoretiker (die von der Absicht einer empirischen Umsetzung ihrer abstrakten theoretischen Annahmen in der Regel nicht angekränkelt sind, so dass sich fragt, wie weit sie überhaupt wissen, worüber sie eigentlichen reden) machen sich über solche Fragen wohlfeilerweise ganz offensichtlich überhaupt keine Gedanken. – Auch eine intentionalistische Position (wie von Grice vorgetragen, vgl. dazu Busse 1980 und zusammenfassend Busse 2009, 67 ff.) rekurriert auf Wissen (verschiedener Sorten) als Inferenz-Basis; es spricht nichts dagegen, auch in diesem theoretischen Modell das Wissen Frame-theoretisch zu konzipieren und mit Mitteln der Frame-Analyse zu beschreiben.

8.3 Ausblick und Anschlussmöglichkeiten 815

len) kaum affiziert. Insofern wird hier die Frame-Theorie als eine integrative Grundlagen-Theorie verstanden, die zahlreiche andere theoretische Modelle (manchmal mit leichten Modifikationen) in einen Gesamtansatz der Erklärung von Sprache und (sprachlicher) Bedeutung zusammenführen könnte.

Zugleich entfaltet ein Frame-Ansatz seine besondere Leistungsfähigkeit aber auch (und gerade) im Bereich der praktischen *Analyse* und *Beschreibung* von Bedeutungen, und zwar, wie gezeigt und diskutiert, auf allen Ebenen: Wortsemantik, Satzsemantik, Textsemantik, Semantik kommunikativer Handlungen. Gerade Fillmore konnte mit seinen Dutzenden von Beispielen immer wieder zeigen, wo und warum die traditionellen Methoden der linguistischen Semantik scheitern, und warum eine Frame-Analyse Bedeutungselemente (präziser: Elemente des semantisch relevanten, verstehensrelevanten Wissens) auch dort offenlegen und in ihrer Funktion, Struktur und Vernetzung beschreiben kann, wo andere Methoden versagen. Insofern ist davon auszugehen (und das ist letztlich auch der entscheidende Antrieb zur vorliegenden Gesamtdarstellung und Weiterentwicklung gewesen), dass die Frame-Semantik ein erhebliches analytisches und deskriptives Potential, insbesondere auch ein hohes Veranschaulichungs-Potential aufweist.

Gerade dieses Potential ist es, das die Frame-Analyse geeignet macht, auch jenseits begrenzter linguistischer Zwecke (wie Lexikographie) eingesetzt zu werden. Schon die Satzsemantik[57] und die Textsemantik sind ja, wenn man sie als genuin *analytische* und *empirische* Aufgabenstellungen begreift, Anwendungen, die von den meisten Linguisten nicht zu ihren Aufgaben oder Interessengebieten gezählt werden (ja, von vielen sogar als am Rande oder gar außerhalb der „eigentlichen Linguistik" gesehen werden). Dabei ist das Potential einer (epistemologisch adäquaten) Satzsemantik und Textsemantik bislang nicht annähernd erschlossen. Die Frame-Semantik kann auf diesen Anwendungsgebieten erhebliche Verbesserungen bewirken. Nimmt man die Ideen Fillmores zum Ausgangspunkt, kann man sogar sagen: Die Frame-Semantik bringt als *Verstehens-Semantik* oder *interpretative Semantik* (so Fillmores Bezeichnungen) überhaupt erst ihre besondere Leistungsfähigkeit zum Vorschein.

Frame-Semantik und kulturwissenschaftliche Semantik. Dieses Potential ist aber auch über die Grenzen der traditionellen Linguistik hinaus überall dort nutzbar, wo Texte (und Sprachliches überhaupt) als Quelle oder Gegenstand der Forschung auftreten. Ein exemplarisches Gebiet solcher Forschungen sind die jüngere *Begriffsgeschichte* und ihre Erweiterung zur *Diskursanalyse*,[58] wie sie als Methoden zunächst in der Geschichtswissenschaft entstanden sind, heute aber in zahlreichen Kulturwissenschaften (Philologien, Historiographie, Philosophie, Medienkulturwissenschaften, Politikwissenschaft, Soziologie) diskutiert und umgesetzt werden. Die Frame-Theorie kann zu den deskriptiven Aufgaben solcher Forschungsrichtungen einen wichtigen Beitrag leisten.[59] Man kann sie als Forschungsgebiete einer *kulturwissenschaftlichen Semantik* zusammenfassen. Traditionelle Linguistik hatte solchen Forschungsinteressen kaum etwas zu bieten – jedenfalls nicht auf dem genuinen Gebiet einer linguistischen Semantik.[60] Frame-Semantik bietet jedoch für solche Ziele ein

---

[57] Verstanden als eine Tiefensemantik im Sinne des Modells von Peter von Polenz 1985.

[58] Siehe dazu die kurze zusammenfassende Darstellung in Busse 2009, 126 ff.

[59] Dieser Beitrag ist in Busse 2003a erstmals ins Auge gefasst, und seitdem vielfach begründet (Busse 2005a, 2006, 2007c, 2008a, 2008c) und exemplarisch demonstriert (Busse 2008e) worden.

[60] Als eine gewisse Ausnahme könnte die enorme Wirkungsmächtigkeit der modernen, nach-Saussure'-schen, Linguistik im sogenannten Neo- oder Post-Strukturalismus gesehen werden, zu dessen Höhe-

erhebliches Erschließungs- und Präzisierungs-Potential, indem sie ein Modell und auch eine Methodik anbietet, mit denen insbesondere auch das „versteckte", „implizite", „unbewusste" Wissen erschlossen, beschrieben und dargestellt werden kann.

Frame-Semantik und Wissenssoziologie. Für die Theorien und Methoden der in Geschichtswissenschaft und Philologien entstandenen Begriffsgeschichte und Diskursanalyse interessieren sich in jüngster Zeit auch Vertreter der Wissenssoziologie. Auch Ihnen kann die Frame-Theorie und –Methode eine interessante Forschungsperspektive eröffnen (zumal dann, wenn sie qualitative Methoden gegenüber den in den Sozialwissenschaften bis heute leider dominanten quantitativen Methoden bevorzugen). Der theoretische Zusammenhang zwischen (linguistischer) Semantik, Frame-Theorie und Wissenssoziologie kann u.a. mit folgenden Überlegungen begründet werden:

Was wir ein „sprachliches Zeichen" nennen, kann in epistemologischer Hinsicht beschrieben werden als ein als Ergebnis innergesellschaftlicher Kommunikation entstandenes Wissen darüber, zur Evokation welcher Wissenssegmente (welcher Frames bzw. Frame-Komplexe) ein physischer „Zeichenausdruck" in dieser sozialen Gemeinschaft (und dem gegebenen und in der Regel voraktivierten epistemischen Kontext) üblicherweise verwendet wird. Unser Wissen um die „Evokationskraft" eines sprachlichen Zeichenausdrucks (um seine „Bedeutung") ist daher gleichzusetzen mit unserem Wissen über erfolgreiche frühere Fälle der Wissensaktivierung mithilfe eben dieses Zeichenausdrucks. Wir greifen, wie es der Konventionstheoretiker Lewis (1969) gezeigt hat, immer auf eine ganze Klasse von Präzedenzfällen zurück. Jeder einzelne Präzedenzfall einer vorherigen Zeichenverwendung ist aber ein Fall von Kommunikation zwischen Angehörigen einer sozialen Gemeinschaft, oder, allgemeiner gesprochen, ein Fall von sozialer Interaktion. Damit basiert die Klasse der Präzedenzfälle, auf denen die Zeichenverwendungskonvention beruht, auf einer Menge von einzelnen Fällen sozialer Interaktion. Für diese soziale Interaktion ist, sobald eine soziale Gemeinschaft so etwas wie „Schrift" entwickelt hat, eine Kopräsenz der Interaktionsbeteiligten keineswegs mehr notwendig. Dennoch bleibt es weiterhin elementar wichtig, dass die Beteiligten die sprachlichen Zeichen *als* Bestandteile einer sozialen Interaktion deuten. Diese Eigenschaft sprachlicher Zeichen ist nicht hintergehbar. Das soll heißen, dass symbolische Zeichen unvermeidlich sozial sind, der Sphäre sozialer Interaktion angehören.

Eine Fundierung des Zeichenbegriffs in der sozialen Interaktion, die – wie gezeigt – unvermeidbar ist, darf jedoch nicht vorschnell subjekttheoretisch oder Individuen-überhöhend missverstanden werden. Aus einem interaktionstheoretischen Ansatz folgt keineswegs zwingend ein subjekt-zentrierter Ansatz. Weshalb? Epistemologisch gesehen ist das Wissen um das Evokationspotential sprachlicher Zeichen ein soziales Wissen, das sich auf Kom-

---

punkt Ethnologen (Claude Lévi-Strauss), Literatur- und Kultur-Theoretiker (Roland Barthes, Julia Kristeva), Psychoanalytiker (Jacques Lacan) Saussures Zeichenmodell (in verschiedenen Verfremdungen) zu einer kultur-analytischen Wunderwaffe deklarieren wollten. So interessant manche praktische Analysen solcher Autoren auch sein mögen (vgl. z.B. Barthes' „Mythen des Alltags" und andere Schriften): Näher an unseren Zielsetzungen sind Ansätze wie die *Isotopie*-Analyse von A. J. Greimas 1966, die auf Verkettungen epistemischer Elemente verweist, die sich präziser wohl mit einem Frame-analytischen Methodenansatz erschließen lassen. Gute Anwendungs- und Anschlussmöglichkeiten müssten sich aber auch über den von Julia Kristeva 1969 vertretenen Intertextualitäts-Ansatz ergeben. Es ist bezeichnend sowohl für die modernen Textwissenschaften, als auch für die neuere Linguistik, dass diese spannenden Ansätze, obwohl von Linguisten (oder auf Basis linguistischer Theorien) entwickelt, in beiden Forschungsbereichen so gut wie keine Folgen hatten. Eine epistemologische Neuausrichtung der Semantik kann, gestützt auf das Frame-Modell, solchen Forschungsansätzen neue Aktualität verleihen.

8.3 Ausblick und Anschlussmöglichkeiten 817

munikationserfahrungen in einer gegebenen sozialen Umgebung (manchen mag dafür der Begriff „Gemeinschaft" schon zu stark sein) stützt. Kommunikationsakte (im sprachlichen Falle realisiert als Zeichenverwendungsakte) werden im Interaktionsprozess interpretiert im Hinblick auf kommunikative Intentionen, die vom Rezipienten / Verstehenden demjenigen, der die Zeichen physisch artikuliert hat, unterstellt werden. Da einzelne Individuen in der Regel über die epistemische Ausstattung anderer Individuen nur höchst unsicheres (indirektes) Wissen haben (das über den Status der „Vermutungen" bzw. des „für wahrscheinlich Haltens" kaum jemals hinausgeht), sie aber gleichwohl zum Zwecke des Verstehens der im Zuge des aktuellen Falles kommunikativer Interaktion wahrgenommenen Zeichen (Zeichenkomplexe) je spezifische Wissenskonstellationen aktivieren (können) müssen, greifen sie in der Regel auf das zurück, was der Sozialpsychologe George H. Mead (1934, 152 ff.) mit der Denkfigur des „Generalisierten Anderen" bezeichnet hat. Man könnte diesen Vorgang epistemologisch auch als eine rezipientenseitige Schlussfolgerung folgender Art beschreiben: *„Der andere hat in dem gegebenen (voraktivierten) Wissenskontext mir bekannte Wörter in einer mir bekannten Form der Kombination verwendet. Wenn ich selbst diese Wörter in dieser Kombination in diesem Kontext verwendet hätte, hätte ich damit X gemeint. Also wird wohl auch der andere damit X gemeint haben, solange mir keine Informationen vorliegen, die dagegen sprechen."* Die Figur des „Generalisierten Anderen" wäre daher wissenstheoretisch präziser als Figur des „Generalisierten Selbst" (*„me"* bei Mead) zu bezeichnen, und zwar eines generalisierten Selbst, das zum „Anderen" (oder, anders gesagt, zum „sozialen Allgemeinen") hypostasiert und den konkreten Anderen unterstellt wird.

Dass dieses „generalisierte Selbst" selbst wieder unhintergehbar sozial überformt ist, liegt nicht nur am Prozess der Kommunikation (der sich in der Kommunikation entfaltenden sozialen Interaktion), sondern an der Tatsache, dass das einzelne Individuum in das gesellschaftlich konstituierte Wissen hineingeboren und hineinsozialisiert wird. Die gesamte epistemische Ausstattung eines im sozialen Kontakt aufwachsenden Individuums ist daher durch und durch gesellschaftlich formiert. Das heißt nicht, dass jeglicher Form von Subjektivität damit der Boden entzogen sei, wie die Möglichkeit von Privatsprachen und einer gegenüber der gesellschaftlichen Normalform verschobenen („ver-rückten") individuellen Episteme zeigt. Ein Individuum, das sich in der sozialen Welt (in der Gemeinschaft) behaupten, dort reüssieren will, ist aber bei Strafe des Misserfolgs gezwungen, sich der gesellschaftlich verankerten Relationen zwischen Zeichenausdrücken und Wissenskonstellationen (Frames) zu bedienen.

Zudem gibt es starke (gedächtnistheoretisch gestützte) Indizien dafür, dass bereits bei den Elementarformen der Schemabildung (im individuellen Gedächtnis) soziale Parameter wirksam werden. So konnte bereits Bartlett nachweisen, dass elementare Gedächtnisleistungen durch Interessen und Zwecke überformt werden, die etwas mit dem relevant-Setzen bestimmter unter Hintanstellung anderer Merkmale einer erinnerten Sache oder eines Sachverhalts zu tun haben. Will eine Person einen Sachverhalt erinnern, dann reduziert sie ihn auf diejenigen Aspekte, die für zukünftige Erinnerungsakte relevant sind. Das sind aber zugleich die Aspekte, die im künftigen Leben interessant und wichtig werden könnten. Ereignisse (ebenso wie Dinge) werden also zu prototypischen Wissensstrukturen geformt. In diesem Prozess der Prototypikalisierung (den wie gesehen später auch Frame-Theoretiker wie Fillmore als konstitutiv für Wissensrahmen beschrieben haben) greifen bereits zum frühestmöglichen Zeitpunkt soziale Parameter ein, da es für das einzelne Individuum aus Gründen der Gedächtnisökonomie (d.h. zur Vermeidung von Doppelspeiche-

818   *Kapitel 8: Frame-Analyse und linguistische Epistemologie – Resümee und Ausblick*

rungen) wenig sinnvoll ist, von einem bestimmten Sachverhalt (oder Gegenstand) ein Schema zu bilden, das schlecht kommunizierbar wäre; also wird es ein Schema ausbilden, das eine Chance darauf besitzt, in kommunikativer Interaktion anderen Mitgliedern der sozialen Gemeinschaft vermittelbar zu sein.

Um diese kurze sozialtheoretische Reflexion zusammenzufassen: Neben der *sprachlichen* Konstitution des Wissens (d.h. desjenigen Wissens, das in unseren Untersuchungsfeldern stets als das „verstehensrelevante Wissen" figuriert) kann die *soziale* Konstitution des Wissens als nachgewiesen gelten. Beide hängen engstens miteinander zusammen, da „Sprache" selbst eine soziale Tatsache erster Ordnung darstellt, wie übrigens schon Saussure (1967, 18) hervorgehoben hatte: „La langue est un fait social." Verstehensrelevantes Wissen kann in Form von Frames (Wissensrahmen) rekonstruiert werden, die prototypikalischen Charakter haben und als sozial konstituierte Agglomerationen von Wissen aufgefasst werden können. Sprachzeichen evozieren Frames, tragen aber auch wesentlich dazu bei, neue Frames zu induzieren. Sprachverstehen ist sozial fundiert. Deshalb sollte jegliches subjektivistische Missverständnis des sich in der sprachlichen Kommunikation vollziehenden Prozesses sozialer Interaktion vermieden werden. Intentionen sind im Prozess der kommunikativen Interaktion stets (bzw. weit überwiegend) aus dem allgemeinen sozialen Wissen extrapolierte Unterstellungen, die durch die Interpreten den Zeichenbenutzern zugeschrieben werden, ohne ihr faktisches Vorhandensein überprüfen zu können. Berücksichtigt man all dies, kann man festhalten: (Semantische) Frame-Analyse ist immer schon Analyse *sozialen* Wissens; als diese kann sie einen wichtigen Beitrag zu einer soziologischen Analyse des Wissens leisten. Im Gegenzug kann sich die Wissenssoziologie Frameanalytischer Methoden bedienen, und damit zu vertieften Erkenntnissen gelangen.

Um zum Schluss zu kommen: Alle von uns behandelten Frame-Theoretiker haben beeindruckende Listen dessen aufgestellt, was eine Frame-semantische Theorie und Methode leisten kann und soll. Ich will diese Listen hier nicht wiederholen und verlängern. Die vorstehenden Anmerkungen sollten nur andeuten und anschaulich machen, dass eine Frameanalytische Methodik, verstanden als Beitrag zu einer Kultur-Semantik[61] im weitesten Sinne, für unterschiedliche semantische, semiotische, wissensanalytische Zielsetzungen eine theoretisch wie methodisch anregende Erweiterung und Bereicherung darstellen kann. So gesehen hat eine Frame-Analyse in dem in diesem Buche dargestellten Sinne eine gute Anwendungschance und Perspektive. Alles weitere, ob diese Chance genutzt wird, und wie weit sie tragen kann, muss die Praxis (und die Zukunft) zeigen.

8.4   Statt einer Zusammenfassung: 66 Thesen zu Frames und Frame-Semantik

Die nachfolgenden Thesen wurden ursprünglich zu Zwecken interner Diskussion im engsten Kollegenkreis formuliert. Nachträglich ergibt sich, dass sie sich vielleicht ganz gut dafür eignen, statt einer Zusammenfassung am Ende dieser „handbuchartigen Einführung in

---

[61]   Auch eine linguistische Semantik ist in diesem Sinne immer (ob gewollt oder ungewollt, ob explizit oder implizit) Teil einer kulturwissenschaftlichen Forschung, nämlich der Erforschung dessen, was in einer Gesellschaft als intersubjektives Wissen und intersubjektive „Bedeutung" etabliert ist. (Und zielt eben nicht, wie es die schärfsten ihrer Kritiker ihr fälschlich unterstellen, auf das individuelle Wissen, auf das, was ein einzelner Mensch in einer bestimmten Sekunde des Verstehens „im Kopf hat".)

8.4 Statt einer Zusammenfassung: 66 Thesen zu Frames und Frame-Semantik

die / samt integrativem Modell der Frame-Semantik" wie im Brennglas die wichtigsten Aspekte des in diesem Buch beschriebenen und weiterentwickelten Frame-theoretischen und -semantischen Ansatzes auf den Punkt zu bringen. Deshalb seien sie hier ungefiltert und unredigiert in der ursprünglichen Form abgedruckt.

1. Frames sind ein Format des Wissens (und damit der Kognition).
2. Als wissenschaftliches Modell sind Frames auch ein Format zur Darstellung des Wissens und kognitiver Prozesse. Daraus jedoch abzuleiten, dass Frames allein beschreibungstheoretisch zu erklären und aufzufassen seien, geht zu weit.
3. Bis auf weiteres wird daher davon ausgegangen, dass Frames eine kognitive und epistemische Realität darstellen.
4. Frames operieren über („bestehen aus") Begriffen bzw. konzeptuellen Strukturen / Elementen, oder auch: Frames *sind* konzeptuelle Strukturen. Eine Framestruktur ist eine begriffliche Struktur ebenso wie eine begriffliche Struktur immer eine Frame-Struktur ist.
5. Dies zu sagen impliziert, dass Frames keine rigiden Strukturen in dem Sinne sind, dass ihr konzeptuelles Fundament bis in die letzten Winkel strukturell oder gar atomistisch durchleuchtet werden kann. Es muss damit gerechnet werden, dass zumindest Teile Framespezifischen Wissens „holistisch" gegeben (perzeptuelle oder epistemische „Gestalten") sind.
6. Zu sagen, dass Frames „konzeptuelle" Strukturen sind, heißt nichts anderes als zu sagen, dass sie epistemisches Material („Wissenselemente") organisieren. („Konzeptuell" ist so gesehen nichts als ein anders Wort für „epistemisch".)
7. Da Frames konzeptuelle Strukturen und „Konzepte" bzw. „Begriffe" Frame-analytisch beschreibbare epistemische Strukturen sind, gibt es keine gesonderten Entitäten namens „Konzepte" oder „Begriffe" *neben* den Frames.
8. Daraus folgt notwendig, dass Frames rekursive Strukturen sind: Frames „enthalten" Frames und Frames „sind Teil von" übergeordneten Frames.
9. Notwendige Zwischenbemerkung: Da „Konzepte" nichts anderes als epistemische Strukturen sind, macht es keinen Sinn, den Terminus „Konzept" so, wie es derzeit häufig explizit oder implizit in der Literatur geschieht, lediglich auf in natürlichen Sprachen mit der Lexemklasse der „Nomen / Substantive" ausgedrückte Wissenselemente (-strukturen) zu begrenzen.
10. Der Begriff „Frame" wird als epistemologischer / kognitiver Grundbegriff verstanden. Das heißt für eine linguistische Anwendung der Frame-Theorie: Es wird davon ausgegangen, dass Frame-Strukturen nicht nur bei Nomen festzustellen sind, sondern bei allen Typen sprachlicher Zeichen (Lexemklassen), also auch bei Verben, Adjektiven, Adverbien, Präpositionen, Partikeln usw.
11. Die konzeptuelle Natur von Frames bewirkt, dass Frame-Strukturen sich zahlreiche Eigenschaften mit den klassischen Begriffs-Strukturen teilen (Hierarchien, Taxonomien, Vererbung). Da ein allgemeiner Frame-Begriff vertreten wird, wäre es aber verfrüht und wahrscheinlich auch verfehlt, Frame-Strukturen grundsätzlich als in einem strikteren Sinne taxonomisch aufzufassen.
12. Es wird vermutet, dass das Vorkommen holistischer Elemente im Wissen jede strikte oder gar vollständige Taxonomie verhindert. Der wichtigste Grund dafür, warum Frame-Strukturen (und damit letztlich auch konzeptuelle Strukturen) nicht als durchgängig taxonomisch beschrieben werden können, liegt aber in dem Grundprinzip der konzeptuellen (bzw. Frame-theoretischen) Rekursivität (siehe dazu Barsalou 1992).

820 Kapitel 8: Frame-Analyse und linguistische Epistemologie – Resümee und Ausblick

13. Frames sind schematische Strukturen des Wissens. Schemata (bzw. Frames) werden als Grundelemente („Bausteine") der Kognition / des Wissens schlechthin aufgefasst (Bartlett 1932, Minsky 1986). Damit sind Frames kognitionstheoretisch bzw. epistemologisch gesehen „tiefer" angesiedelt als Sprache und die Bedeutungen sprachlicher Zeichen.

14. Frames oder Schemata sind Elemente des Gedächtnisses. Sie sind nicht allein perzeptuell fundiert, sondern werden von anderen Modalitäten der Kognition / Episteme (Ziele, Wünsche, Interessen, Erwartungen) zumindest teilweise beeinflusst bzw. gesteuert. Frames sind Strukturen, in die die menschliche Kognition / Episteme durch Perzeption gewonnene Daten bringt. Eine unmittelbare Perzeption ohne Überformung durch schematische Strukturen bleibt epistemisch / kognitiv folgenlos (wenn sie überhaupt möglich ist, was aber umstritten ist).

15. Da Frames Grundstrukturen (-elemente) der Kognition / des Wissens sind, und damit auf allen Ebenen von deren Beschreibung anzusetzen sind, ergibt sich zwingend, dass verschiedene *Ebenen* und *Typen* von Frames (und Frame-Analyse) angesetzt werden müssen. Im Rahmen einer linguistischen Anwendung der Frametheorie kennzeichnen etwa folgende Dichotomien Ebenen-Differenzen, die Frame-theoretisch und Frame-analytisch beachtet werden müssen: *individuell / sozial, Kurzzeitgedächtnis (Arbeitsgedächtnis) / Langzeitgedächtnis, type / token, aktuell („okkasionell") / usuell, konkret / allgemein, Exemplar / Kategorie.*[62]

16. Eine linguistische (semantische) Frame-Analyse erfasst mit der Annahme von „Frames" Strukturen im verstehensrelevanten Wissen. Dabei kann nach übereinstimmender Auffassung fast aller Linguisten, die sich bisher Frame-analytisch betätigt haben (Fillmore 1985, Konerding 1993, Lönneker 2003, Ziem 2008; siehe auch von kognitionspsychologischer Seite aus Barsalou 1993), nicht strikt zwischen „sprachlichem Wissen" und sogenanntem „Weltwissen" (oder „enzyklopädischem Wissen") unterschieden werden.

17. Eine Frame-analytische Erfassung „semantischen" Wissens (besser: semantisch relevanten Wissens) erfolgt damit notwendigerweise immer in der Form der Erfassung von „Weltwissen" (so auch Konerding 1993 und Lönneker 2003).

18. Da „Sprache" mehr ist als Semantik, folgt daraus keineswegs, dass es keinerlei Bereich eigenständigen „sprachlichen" Wissens gibt. Die Grenze verläuft allerdings anderswo, als es in der Literatur der Linguistik meistens behauptet wird. Im engeren und eigentlichen Sinne „sprachliches" Wissen findet sich z.B. in der Phonetik, der Phonologie, der Morphologie, der Syntax und der Textlinguistik. „Semantisches" Wissen zählt jedoch nicht dazu. Was als i.e.S. „sprachliches" Wissen gelten kann, ergibt sich fast ausschließlich aus der materiellen Natur sprachlicher Zeichen sowie den aus dem Linearitätsprinzip folgenden Problemen der Organisation komplexer sprachlicher Einheiten.

19. Wenn davon auszugehen ist, dass das *gesamte* Wissen in Frames organisiert ist, muss dies zwangsläufig auch für das spezifisch ausdrucksseitig-sprachliche Wissen gelten. Auch dieses muss Frame-analytisch beschreibbar sein. („Inhaltsseitiges" Wissen ist dann *kein* spezi-

---

[62] Inwiefern solche Dichotomien kreuzklassifikatorisch aufeinander angewendet werden müssen oder überhaupt können und ein komplexes Raster ergeben, ist eine äußerst schwer zu beantwortende Frage. Trotz einiger Versuche in der älteren Sprachtheorie – z.B. Bühler und Coseriu – ist es bislang noch niemandem gelungen, ein solches allgemeines Raster widerspruchsfrei zu beschreiben. Es werden immer nur einzelne dieser Dichotomien erörtert, so z.B. bei Barsalou 1993 die Dichotomien *individuell / sozial* und *konkret / allgemein.* Die in der Frame-Literatur gelegentlich vorzufindenden Reflexionen über *type / token* – Differenzen (z.B. Barsalou 1993, Konerding 1993) sind unbefriedigend, da sie immer nur einzelne der insgesamt zu beachtenden Dichotomien herausgreifen, aber nicht das Gesamtproblem erfassen.

8.4 Statt einer Zusammenfassung: 66 Thesen zu Frames und Frame-Semantik 821

ell sprachliches Wissen i.e.S., s.o.)

20. Die spezifische Form der Interaktion von „semantischen" Frames (Weltwissen-Frames) und speziellen „sprachlichen" (ausdrucksseitigen) Frames ist ein interessantes Thema vertiefender linguistischer Forschung, dem hier zunächst nicht weiter nachgegangen werden kann. Die Frame-Semantik ist davon nur teilweise berührt, insbesondere etwa im Bereich Morphologie / Wortbildung.

21. Eine wichtige Interaktion von „sprachlicher" und allgemein-epistemischer Ebene liegt in der Tatsache, dass sprachliche Zeichen Weltwissen in spezifischer Weise fokussieren. (Siehe etwa die „Perspektive" nach Fillmore 1977 am Beispiel von *kaufen, verkaufen, bezahlen, kosten.*) Zu beachten ist hier aber, dass diese Interaktion stark durch *Rekursivität, Unabgrenzbarkeit, Flexibilität* und *Vagheit* beeinflusst ist (siehe dazu insbesondere Barsalou 1993).

22. In der linguistischen (semantischen) Forschung können bisher zwei Spielarten von Frame-Begriffen und -Analyse unterschieden werden: (a) Frame-Analysen, die sich auf nominale Lexeme konzentrieren (prototypisch: Barsalou 1992, aber auch Konerding 1993, Lönneker 2003), und (b) Frame-Analysen, die vor allem verbale Lexeme im Auge haben (Fillmore und FrameNet). Beide Richtungen sind mehr oder weniger auf dem jeweils anderen Auge blind.

23. Eine angemessene linguistische (semantische) Frame-Theorie und –Analyse kann nur eine solche sein, die sich von solchen einseitigen Blickwinkeln frei macht und ein Frame-Modell entwickelt, das für alle sprachlichen Zeichen gleichermaßen geeignet ist.

24. Da *Frame* ein kognitionstheoretischer (wissensanalytischer / epistemologischer) Fundierungsbegriff erster Ordnung ist, dürfte es nicht schwer sein, ihn auch in der Linguistik / Semantik so allgemein zu formulieren, dass alle verschiedenen Typen von Frames damit erfasst werden können.

25. Da die derzeit in der Linguistik gehandelten Frame-Modelle jeweils einseitig sind, können sie nicht eins-zu-eins übernommen werden. Ein allgemeines und umfassendes linguistisches (semantisches) Frame-Modell muss daher allererst entwickelt werden, ist derzeit (noch) nicht verfügbar. Die verallgemeinerbaren Überlegungen in den derzeit verfügbaren Ansätzen müssen daher zu einem umfassenden Modell zusammengeführt werden.

26. Die innere Struktur von Frames ist in ihrer allgemeinsten Form als „*slot-filler*-Struktur" („*Leerstellen"* – „*Füllungen", „terminals"* – „*ascriptions"*) beschrieben. Der Vorschlag, von „*Attributen"* und „*Werten"* zu sprechen, stellt demgegenüber schon eine Konkretisierung und Eingrenzung dar, die allein am Modell *nominaler* Frames orientiert ist. Er kann daher für eine allgemeine Frame-Definition nicht übernommen werden, sondern findet dort Verwendung, wo er passt, nämlich als Benennung für einen *spezifischen* (wenn auch sehr weit verbreiteten und für unser Wissen sehr wichtigen) *Typ* von „*slots"* mit zugehörigen „*fillers".*

27. Ob neben Slots und Fillern in der Struktur von Frames ein eigenes Element für den „Frame-Kern" angesetzt werden muss und kann, ist strittig und problematisch.[63] Man könnte dafür jedoch nach dem Prinzip der Übersummativität („das Ganze ist mehr als seine Teile") gute Gründe finden. (Gelegentlich scheint es jedoch schwierig zu sein, diesen theoretisch angenommenen „Kern" eines Frames mit – epistemischer – Substanz zu füllen.)

---

[63] In einem nominal und extensional orientierten Modell (Lönneker 2003) ist vorgeschlagen worden, den „Frame" oder „Frame-Kern" selbst als „Referenten der slot-filler-Struktur" zu konzipieren. Aus Sicht einer allgemeinen linguistischen bzw. semantischen Frame-Konzeption kann diesem Vorschlag nicht gefolgt werden, da nicht jede Semantik sich auf Referenz-Semantik reduzieren (bzw. extensional bestimmen) lässt.

822   *Kapitel 8: Frame-Analyse und linguistische Epistemologie – Resümee und Ausblick*

28. Ein wichtiges Element, das man für einen solchen „Kern" eines Frames evtl. ansetzen könnte, kann man, typischerweise zunächst im Falle nominaler Frames, aus der Logik entnehmen; es ist der „Existenz-Quantor" nach dem Muster: *„es gibt ein X, und dieses X hat folgende Eigenschaften ..."* (die dann durch *slots* und *fillers* spezifiziert werden). (Analog lässt sich eine solche Existenz-Behauptung aber auch auf das von Voll-Verben Bezeichnete – z.B. Handlungen – anwenden: *„es gibt eine Handlung (Vorgang ...) X, und dieses X hat folgende Eigenschaften ..."*.)

29. Unterschiedliche Auffassungen und auch Missverständnisse bestehen in der Literatur häufig bezüglich des Charakters der „Slots". Es ist sinnvoll, davon auszugehen, dass „Slots" nicht einfach „Lücken" darstellen (man darf den Terminus „Leerstelle" also nicht zu wörtlich nehmen").[64] Vielmehr wird davon ausgegangen, dass Slots *spezifizierte Anschlusspositionen* (*terminals* bei Minsky 1974) darstellen, die Informationen über Bedingungen organisieren, die die möglichen Filler erfüllen müssen. (Analog zu dem, was man in der Linguistik der 1970er Jahre als Subkategorisierung(sbedingungen) bezeichnete.) Da sie aus diesem Grunde epistemisch gesehen komplex sind, können (müssen) Slots selbst als Frames aufgefasst werden.[65]

30. Ein wichtiger Typ von Informationen, der von einem Slot festgelegt werden kann, ist der *Wertebereich* der bei einem Slot möglichen Filler. Slots bzw. Slot-Typen können sich hinsichtlich unterschiedlicher Wertebereiche (oder Typen von Wertebereichen) unterscheiden.

31. Entsprechend den verschiedenen Frame-Typen (in der Linguistik / Semantik orientiert etwa an unterschiedlichen Lexemklassen) ist es sinnvoll, verschiedene Typen von Slots zu unterscheiden. Für die häufigsten linguistisch-semantischen Anwendungen (Bezugsobjekte) der Frame-Theorie bzw. –forschung sind (mindestens) folgende zwei Typen von Slots anzusetzen: (a) „Attribute" im Sinne von Barsalou, und (b) „Frame-Elemente" im Sinne von Fillmore und FrameNet. (Ob noch weitere Typen von Slots unterschieden werden müssen, wäre zu diskutieren und wohl auch eine Sache der weiteren empirischen Forschung.[66])

32. Fillmore-„Frame-Elemente" sind – bezogen auf die Lexemklasse *Verben* – typischerweise Argumentstellen (Anschlussstellen für Komplemente bzw. „Ergänzungen") im Sinne der Valenztheorie, aber auch Positionen für den Anschluss von Informationen, wie sie typisch für Adjunkte („Angaben", „adverbiale Bestimmungen") sind (die „Mitspieler" in der von einem Verb bezeichneten „Szene", aber auch die „Begleitumstände").

33. Barsalou-„Attribute" sind – bezogen auf die Lexemklasse *Nomen* – typischerweise Klassen von Eigenschaften, die an den Referenzobjekten einer Kategorie spezifiziert werden können (Größe, Farbe, Material usw.).

34. Da auch das von Verben Bezeichnete (z.B. Handlungen) Eigenschaften haben kann (z.B. *schlürfen* die Eigenschaft *mit Geräusch*), ist der Slot-Typ „Attribute" nicht auf Nomen beschränkt, sondern es müssen bei Verben mindestens zwei Slot-Typen angesetzt werden: Attribute und verbspezifische Frame-Elemente. – Umgekehrt können auch Nomen Argumente regieren, so dass auch bei ihnen mindestens zwei Slot-Typen realisiert sind.

---

[64] Ein solches Missverständnis scheint bei Lönneker 2003 vorzuliegen, bei der die Slots (bei ihr als „Subslots" tituliert) reine (Typen von) Relationen sind, während die epistemische Spezifizierung völlig an die Filler delegiert ist. In einem extensional fokussierten Kategorie-Exemplar-Modell wie bei ihr macht das vielleicht Sinn, kann für eine allgemeine Semantik, der es gerade auf die Beschreibung des intensionalen Wissens selbst ankommt, jedoch nicht so einfach übernommen werden.

[65] So auch Barsalou 1992 bezüglich des speziellen Slot-Typs der *Attribute*.

[66] Einen ähnlichen Vorschlag, allerdings mit anderer Zielrichtung, unterbreitet Lönneker 2003, die ebenfalls – allerdings stärker inhaltlich orientierte – Slot-Typen oder -Gruppen ansetzt (die sie in problematischer Terminologie „Slots" nennt. Die Slots selbst heißen bei ihr „Subslots").

8.4 Statt einer Zusammenfassung: 66 Thesen zu Frames und Frame-Semantik   823

35. Entsprechend den Slot-Typen müssen auch verschiedene Filler-Typen differenziert werden. Den „Attributen" entsprechen die „Werte" (i.S. von Barsalou 1992); den Verb-Frame-bezogenen „Frame-Elementen" nach Fillmore die konkreten Instanzen (ausgefüllte Argument- oder Angaben-Positionen) in Satzrahmen.

36. Wie die Slots sind auch die Filler selbst wieder Konzepte bzw. Frames. Auch ganze komplexe Frame-Strukturen können als Filler auftreten (so schon Minsky 1974).

37. Frames sind Strukturen aus *Relationen* zwischen Elementen. Den Relationen und ihren Typen kommt daher eine zentrale Funktion bei der Analyse von Frames zu.[67] Es scheint sinnvoll zu sein, *Typen von Relationen* zu unterscheiden.

38. Eine wichtige Relation ist die *Zuschreibungs*-Relation, die zwischen Attributen und vom Frame spezifizierten Objekten bei nominalen Frames bestehen. (Z.B. kann ein Attribut wie „GRÖßE" zwar auf „*Kuh*" appliziert werden, nicht jedoch z.B. auf „*Gas*".) Im kognitiven / epistemischen Sinne stellen diese Zuschreibungen Prädikationen dar,[68] so dass man auch von einer *prädikativen Relation* (bzw. dem grundsätzlich prädikativen Charakter von Frames) sprechen könnte. Auch die Relationen zwischen Fillern und Slots können als prädikativ analysiert werden. (Bei Minsky 1974 heißen die Filler „ascriptions"!)

39. Die Relationen zwischen Verb-Frame-Kernen und den Frame-Elementen vom Fillmore / FrameNet-Typ (Ergänzungen / Argumente und Angaben in der Terminologie der Valenztheorie) sind ein weiterer wichtiger Typ von Relationen innerhalb einer Frame-Struktur.[69]

40. Weitere wichtige Relationen in Frames sind die von Barsalou 1992 beschriebenen „strukturellen Invarianten" (= Relationen zwischen Slots) und „Constraints" (= Relationen zwischen Werten bestimmter Slots). Wie Barsalou gezeigt hat, können solche Relationen in der spezifischen Form von Kovarianzen auftreten. (Wenn sich der Filler des einen Slots ändert, muss sich auch der Filler eines anderen, mit dem ersten kovariierenden Slots ändern.)

41. Frames können weitere spezifische Typen von Frame-Elementen (Slots) aufweisen, die häufig in üblichen Analysen (sowohl kognitionswissenschaftlichen als auch linguistisch-semantischen) übersehen werden. Manche von diesen operieren über (auf) den „normalen" Slots des Frames; man könnte sie daher als „*Meta-Elemente* in Frames" bezeichnen. Zu denken ist etwa an Informationen über *Ziele, Intentionen, Bewertungen, Wissensgrade*. Der wortsemantische Frame eines Lexems wie „*Bande*" (im Gegensatz zu „*Gruppe*")[70] enthält etwa ein Frame-Element BEWERTUNG mit dem Wert *PEJORATIV* (oder so ähnlich). Der wortsemantische Frame eines Lexems wie „*denken*" (in einer von dessen Lesarten) enthält ein Frame-Element WISSENSGRAD mit dem Wert *FÜR WAHRSCHEINLICH HALTEN, ABER NICHT SICHER WISSEN*.[71]

42. Frames weisen wichtige Merkmale auf, die nicht immer in der Literatur auch alle angemessen gewürdigt werden: *Prototypikalität, Default-Werte, Konventionalität, Iterativität, Vernetzbarkeit.*

---

[67] Bei Lönneker 2003 sind die (bei ihr „Subslots" getauften) Slots selbst *ausschließlich* als Relationen bzw. Typen von Relationen definiert. Inwiefern dies sinnvoll ist, müsste geprüft und diskutiert werden.

[68] Diese hier noch sehr vorläufig formulierte Position müsste näher ausgeführt / ausführlicher begründet werden.

[69] Es wäre näher zu prüfen und zu diskutieren, ob oder inwiefern die den „Angaben" bzw. „Adjunkten" der Valenztheorie entsprechenden Arten von Frame-Elementen bei Fillmore / FrameNet nicht einfach Slots vom Typ der „Attribute" im Sinne der Konzeption Barsalous sind.

[70] Zu denken ist an den für die alte Bundesrepublik notorischen Streit über „*Baader-Meinhof-Bande*" vs. „*Baader-Meinhof-Gruppe*" in den 1970er Jahren; die Verwendung des falschen Wortes konnte damals zur Entfernung aus dem Staatsdienst führen.

[71] Wissensgrade oder präziser Gewißheitsgrade spielen etwa bei der semantischen Beschreibung epistemischer Prädikate / Verben eine große Rolle, aber auch bei den sog. Modalpartikeln.

43. Frames sind prototypische Strukturen des Wissens (oder: Strukturen prototypischen Wissens). Diese Prototypikalität wurde bereits von Bartlett implizit herausgearbeitet, von Fillmore und Minsky explizit erörtert. In der Prototypikalität der Frames schlägt sich die *Sozialität* bzw. *Konventionalität* des Wissens nieder.

44. Prototypikalität kann sich in Frames so äußern, dass nicht jeder Slot bei jeder Aktualisierung des Frames relevant oder gegeben sein muss.[72]

45. Der wichtigere (und wohl auch häufigere) Effekt der Prototypikalität der Frames ist, dass Slots prototypische Filler haben (können), die sog. *Standard-* oder *Default-Werte.*[73] Es ist das Wesen von Default-Werten, dass sie im Regelfall durch abweichende konkrete Werte ersetzt werden (können).

46. Ein wichtiges Merkmal von Frames (insbesondere von semantischen bzw. semantisch relevanten Frames) ist die Konventionalität dieser Strukturen des Wissens. Statt Konventionalität kann man auch sagen *gesellschaftliche Prägung* (Sozialität).[74] Auch wenn die kognitive Realisierung / Aktualisierung von Frames immer individuell ist, so setzt ihre Kommunizierbarkeit immer auch ihre Konventionalität voraus.[75]

47. Die Konventionalität der Frame-Strukturen schlägt sich im prinzipiellen Präzedenz-Charakter jedes einzelnen Falles von Frame-Aktualisierung nieder. Die Grenze zwischen Frame-Aktualisierung und Frame-Veränderung ist dabei fließend. Die Existenz eines Frames setzt seine Iterativität (fortwährende Neu-Aktivierung) voraus. Iterativität ist nicht nur Entstehungsgrund von Frames,[76] sondern sichert allein deren Fortbestehen. Sprachzeichen sind spezielle Mittel zur Ermöglichung und fortlaufenden Sicherung von Iterativität und damit der Frame-Stabilität. Allerdings sind sie keineswegs verlässliche Garanten einer solchen Stabilität (Bedeutungswandel!).

48. Etablierte Frames sind Elemente des gesellschaftlichen Wissens. Sie habe ihren kognitiven / epistemischen „Ort" im Langzeitgedächtnis der (vieler) Individuen (einer Gruppe, Gemeinschaft). Ihre Existenzform ist damit die eines allgemeinen Musters (*type*). Den Mustern stehen die konkreten kognitiven Aktualisierungen gegenüber (*token*).

49. Da Muster genealogisch gesehen ihre Eigenschaften / Elemente / Bestandteile von den konkreten Exemplaren ihrer erstmaligen und nachfolgend der iterativ bestätigenden Aktivierung beziehen, können sie auch später durch Eigenschaften der Exemplare verändert werden (= extensionale Dimension). Ein Exemplar ist jedoch immer nur dann und solange Exemplar eines Musters, als es als diesem Muster zugehörig wahrgenommen / empfunden wird (= intensionale Dimension).[77]

50. Die Muster-Exemplar-Problematik (*type-token*-Problematik) hat in der Frametheorie verschiedene Facetten:

---

[72] Diese Aussage verweist auf das schwierige Muster / Exemplar-Problem, das in diesem Buch wiederholt ausführlich diskutiert worden ist.

[73] Die *Default-Werte*-Problematik überschneidet sich kognitionspsychologisch gesehen mit Aspekten der „erstmaligen Referenz" (nach Kripke): Individuelle Standard-Frame-Ausfüllungen erfolgen häufig weniger durch Rückgriff auf typische, als auf lebensgeschichtlich prägende (saliente) Werte (meistens oder häufig: die Werte der erstmaligen Frame-Instantiierung, des Frame-Erwerbs).

[74] Insbesondere Bartlett 1932 hat experimentell herausgearbeitet, wie tief die Sozialität in der Entstehung kognitiver Schemata verankert ist.

[75] Schon die Aussicht auf das „kommunizieren Wollen" von Wissen setzt damit dessen soziale Prägung voraus. (Prinzipiell nicht kommunizierbares Wissen entzieht sich offenbar der Frame-strukturellen Schematisierung. Siehe dazu Wittgensteins Privatsprachen-Argument.)

[76] Siehe in diesem Sinne die Argumentation von Herder zur Entstehung von „Merkzeichen".

[77] Die alte linguistische Diskussion über extensionale vs. intensionale Aspekte der Bedeutung betrifft daher nur einen Spezialfall allgemeinerer frametheoretischer Aspekte.

8.4 Statt einer Zusammenfassung: 66 Thesen zu Frames und Frame-Semantik 825

- *allgemeines gesellschaftliches Muster* vs. *konkrete überindividuelle (z.B. kommunikative) Aktualisierung;*
- *Muster im individuellen Langzeitgedächtnis* vs. *individuelle Aktivierung eines Frames im Arbeitsgedächtnis;*
- *allgemeines gesellschaftliches Muster* vs. *konkretes einzelnes Referenzobjekt;*
- *Muster im individuellen Langzeitgedächtnis* vs. *konkretes einzelnes Referenzobjekt;*
- *konkrete individuelle Aktivierung eines Frames im Arbeitsgedächtnis* vs. *konkretes einzelnes Referenzobjekt.*[78]

51. Die Muster-Exemplar-Problematik berührt engstens die Problematik der Rekursivität von Frames. Vor allem lexikographisch (-semantisch) orientierte Linguisten überschätzen gerne die Stabilität von Frame-Strukturen. Kognitionstheoretiker (wie Barsalou 1993) weisen demgegenüber auf die unhintergehbare Flexibilität von Frames und Frame-Strukturen hin.[79]

52. Gerade für linguistische Anwendungen des Frame-Modells bedeutet die unabschließbare Rekursivität von Frames (und Frame-Verfeinerungen), die dazu führt, dass jedes scheinbare End-Element (Wert) wieder selbst zu einem noch weiter ausdifferenzierbaren Attribut werden kann usw. ad infinitum, ein schwieriges methodisches Problem, da sie immer wieder die Frage aufwirft, an welchem Punkt der Frame-Beschreibung man mit der Verfeinerung (oder, in umgekehrte Richtung: mit der zunehmenden Abstraktion) aufhören soll.

53. Auch die Frame-Semantik wird von der in der Stereotypen-Theorie von Putnam 1975 beschriebenen Problematik des Verhältnisses von Experten-Wissen zu Laien-Wissen erfasst.

54. In gewisser Weise hängt mit dieser Problematik auch der von Husserl 1901 / 1913 erstmals angesprochene Aspekt der Differenz zwischen „bedeutungsverleihendem" und „bedeutungserfüllendem" Wissen zusammen.[80]

55. Aus der Rekursivität von Frames ergibt sich, dass das Wissen in Form von Frame-Systemen bzw. Frame-Netzen gegeben ist. Diese Netze können je nach Gegenstandsbereich einen hohen Grad an Komplexität und Verschachtelung annehmen. Der Grad der Komplexität steigt mit dem Grad der epistemischen Erschließung und Ausdifferenzierung eines Wissensbereichs. Wissen wächst daher nicht graduell sondern exponentiell.

56. Ein gravierendes methodisches Problem vor allem für eine linguistisch-semantische *Beschreibung* Frame-spezifischen Wissens stellen die möglichen taxonomischen Ordnungen und Ebenen des semantischen (semantisch relevanten) Wissens dar. In der praktischen Umsetzung wird daher immer wieder die Frage auftreten, auf welcher Ebene eines Frame-Systems man bestimmte Beschreibungselemente ansetzt.

---

[78] Entsprechend komplex ist diese Thematik; und sie berührt zahlreiche Aspekte überlieferter linguistischer, semantischer, erkenntnistheoretischer und logisch-philosophischer Theorien. Man sollte daher behutsam und zugleich gründlich mit dieser Thematik umgehen. Existierende Arbeiten fokussieren immer nur jeweils einzelne Facetten der komplexen Gesamt-Problematik.

[79] Das Problem einer rein kognitionspsychologischen Sichtweise wie bei Barsalou 1993 liegt dann allerdings darin, dass sie kein Interesse mehr für die soziale, konventionelle, im linguistischen Sinne semantische Dimension des gemeinsamen Gegenstandsbereiches aufbringt. Sprachzeichen werden denn auch konsequenterweise bei ihm zu reinen Zeichenausdrucksseiten ohne Inhaltsseiten (ganz ähnlich übrigens überraschendeweise die Tendenz beim lexikographisch interessierten Linguisten Konerding 1993). In klassischer Terminologie formuliert: Intensionen werden hinwegerklärt und zugunsten einer rein extensionalen Betrachtungsweise aufgegeben. Gewährsmann für beide ist bezeichnenderweise übereinstimmend Putnam 1975.

[80] „Bedeutungsverleihung" wäre dann wohl die Aktivierung eines Frames ausschließlich mit Standardwerten oder gelegentlich sogar leeren Slots; vielleicht aber auch die Aktivierung eines Frames mit weniger Slots. Was „Bedeutungserfüllung" dann heißen kann, ist das eigentliche Problem. Bei Husserl ist es eine mentale Präsenz in Form einer „vollen sinnlichen Anschauung"; aber wie geht man damit bei Abstrakta um, und wann ist eine „volle Anschauung" erfüllt?

826   *Kapitel 8: Frame-Analyse und linguistische Epistemologie – Resümee und Ausblick*

57. Dieses Problem hängt engstens mit dem als *Vererbung* bezeichneten Phänomen jeder Taxonomie zusammen, dass Hyponyme sich einen Teil ihrer Merkmale mit ihren Hyperonymen teilen (sie von ihnen „erben").

58. In der bisherigen Forschung wurde gerade von lexikographisch orientierten Linguisten (Ballmer / Brennenstuhl 1981, Wegner 1985, Konerding 1993, Lönneker 2003) der Weg gewählt, abstrakte „Hyper-Frames" zu formulieren. Die „Ontologien" der KI-Forschung gehen einen ähnlichen Weg. Man kann diese taxonomische Forschungsrichtung, der man die große Nähe zu den Begriffssystemen des 18. / 19. Jahrhunderts und der Kognitionsforschung der 1960er / 70er Jahre deutlich anmerkt, auch als *deduktiv* kennzeichnen.

59. Ein taxonomisch-deduktiver Forschungsansatz[81] lädt sich erhebliche Probleme auf. Das gravierendste dieser Probleme ist der solchen Ansätzen per se eingebaute Hang zum Enzyklopädismus. (Damit ist der Zwang gemeint, solche Systeme immer weiter auszubauen, bis sie geeignet sind, tendenziell die gesamte Welt wiederzugeben. Da ein solches Ziel aber – wegen der von Barsalou 1993 hervorgehobenen prinzipiellen Rekursivität und damit unendlichen Erweiterbarkeit der Frames und Framesysteme – prinzipiell unerreichbar ist, ist solchen Modellen das prinzipielle Scheitern von vorneherein inhärent.) Weitere Probleme liegen in der (damit zusammenhängenden) Unmöglichkeit der flächendeckenden Festlegung fester Vererbungsrelationen.

60. Barsalou 1992 nennt solche Frame-Modelle „rigide" oder „statische" Modelle und stellt ihnen die Forderung nach dynamischen und flexiblen Modellen gegenüber.

61. Einen anderen Weg als die deduktiven Taxonomen wählen Fillmore und FrameNet. Sie beschreiben ihre Frames und Frame-Elemente (Slots) induktiv mit nur einem sehr schmalen Set an allgemeineren Hyper-Frames. (Nach Fillmore ist es sogar möglich, dass es Frame-Elemente gibt, die nur für ein einziges Lexem gelten, die also vollständig idiosynkratisch sind.)

62. Ein weiteres in diesem Zusammenhang auftretendes Problem ist die gerade für linguistisch-semantische Anwendungen der Frame-Theorie relevante Frage, ob eine Frame-semantische Analyse eher auf allgemeine lexikalisch-semantische Muster abzielt, oder auf die semantische Beschreibung einzelner Texte und damit Frame-Aktualisierungen. Daraus folgt, dass es keine allgemeine Frame-semantische Methode geben kann: lexikalisch-lexikographisch orientierte und satz- bzw. textsemantisch orientierte linguistische Frame-Forschung weisen deutlich unterschiedliche Vorgehensweisen auf, da sie auf unterschiedliche Ebenen der Muster-Exemplar-Problematik zugreifen.[82]

63. Von dieser Problematik berührt ist eine weitere: nämlich die Frage, ob Frame-semantische Analysen auf epistemologisch und kognitionspsychologisch noch plausibel als individuelles Wissen auffassbare epistemische Elemente zielen (sozusagen dasjenige erfassen, was man sich noch als – kollektivierbares – individuelles Wissen vorstellen kann), oder ob sie auch solche epistemische Elemente einbeziehen, die allein interpretativ, z.B. kulturanalytisch, gewonnen werden (können).[83] (Letztere Sichtweise findet man z.B. häufig in der Semiotik.)

---

[81]   Siehe beispielhaft das von Konerding 1993 begründete und von Lönneker 2003 übernommene und weiterentwickelte Verfahren der „Hyperonymtypreduktion".

[82]   Aus genau demselben Grund unterscheiden sich linguistisch-semantische und kognitionspsychologische Frame-Analysen in Zuschnitt und Zugriffsobjekten erheblich, weshalb eine unbesehene und unveränderte Übernahme eines rein kognitionspsychologischen Modelles, wie desjenigen von Barsalou 1992 und 1993, in die linguistische Semantik gar nicht möglich ist.

[83]   Die also Teil dessen sind, was in der Sprache des Poststrukturalismus die „Episteme" einer Kultur genannt wurde.

8.4 Statt einer Zusammenfassung: 66 Thesen zu Frames und Frame-Semantik

64. Diese Frage berührt wichtige frametheoretische, kognitionspsychologische und semantische Probleme: Nämlich zum einen die Rolle und den Umfang von Inferenzen für eine (Frame-) semantische Analyse.[84] Zum anderen die Rolle und den Umfang von kognitionspsychologisch noch relevanten „Assoziationen" bei einer Frame-analytischen Erfassung von Wissen. In Abwandlung einer von Deborah Tannen gestellten Frage könnte man das Problem auch so formulieren: Was gehört (noch) zu einem (bestimmten) Frame?

65. In der Literatur existieren so viele verschiedene Fassungen des Frame-Begriffs, dass es sinnvoll erscheint, unterschiedliche Ebenen von Frames (bzw. des Frame-Begriffs) auseinanderzuhalten. Folgende Differenzierungen sind mindestens erforderlich:

    (1) individuelle Einzel-Exemplar-Frames in einer konkreten Situation;
    (2) individuelle abstrakte oder Klassen-Frames (= individuelle Kategorien);
    (3) soziale (konventionelle, stereotypisierte) Klassen-Frames;
    (4) soziale (konventionelle) Frames von (prototypischen?) Einzel-Exemplaren.

    Weitere für eine solche Differenzierung wichtige Aspekte wären noch:

    – Langzeitgedächtnis vs. Kurzzeitgedächtnis / Arbeitsgedächtnis;
    – abstrakte Instanziierung eines mentalen Konzepts vs. Einzel-Exemplar-bezogene Instanziierung eines mentalen Konzepts (letzteres vergleichbar vielleicht der Unterscheidung von Bedeutungsverleihung und Bedeutungserfüllung bei Husserl).

66. Außerdem liegt nahe, dass man in einer grundlegenden Frame-Theorie verschiedene Aspekte oder Ebenen der Untersuchung von Frames beachten sollte:

    (a) die kognitive / epistemische Ebene (Ebene des Wissens; mit der Zusatzfrage: ist das eine oder sind das zwei Ebenen?);
    (b) die Ebene der Sprache;
    (c) die Ebene der wissenschaftlichen (z.B. lexikographischen) Beschreibung (bzw. Rekonstruktion des Wissens);
    (und evtl. noch eine Ebene
    (d) die Ebene der sprach-technologischen bzw. KI-technologischen Be- / Verarbeitung von Wissensdaten).

    Minsky handelt von (a) und (b) (und am Rande eventuell auch von (d)).
    Fillmore handelt von (b) und (c) (und implizit auch von (a)).
    Barsalou handelt von (a) und (b) (höchstens indirekt spielt für ihn auch (c) eine Rolle).
    Konerding stellt (c) in den Mittelpunkt, behauptet, (a) anzuzielen, redet aber – obwohl Linguist – nur sehr unvollkommen über (b).
    Lönneker redet über (a) und (c), berührt dabei implizit (b), ohne dies explizit als Problem zu erfassen und zu thematisieren.
    Eine vollständige und grundlegende Frame-Theorie wäre aber nur eine solche, die ihr Verhältnis zu allen drei (oder vier) Ebenen explizit klärt.

---

[84] Fillmore spricht in diesem Zusammenhang vom Unterschied zwischen „Evokation" und „Invokation", genauer: dem von einem Lexem „evozierten" verstehensrelevanten Wissen und dem von einem Interpreten „invozierten", aus dem allgemeinen Weltwissen herangezogenen verstehensrelevanten Wissen.

Bibliographie

1. Gesamtverzeichnis (ohne Fillmore und FrameNet)

Abelson, Robert P. (1973): The structure of Belief Systems. In: Roger C. Schank / K. Colby (eds.): Computer Models of Thought and Language. San Francisco: Freeman

Ackerman, Farrell / Gert Webelhuth (1998): A Theory of Predicates. Stanford: CSLI Publications. (Distributed by Cambridge University Press.)

Ágel, Vilmos (2000): Valenztheorie. Tübingen: Narr.

Ágel, Vilmos u.a. (Hrsg.) (2003): Dependenz und Valenz. Ein internationales Handbuch zeitgenössischer Forschung. (HSK Bd. 25.1. Berlin / New York: de Gruyter.

Andor, Jószef (1985): On the psychological relevance of frames. In: Quaderni die semantic Vol. 6, No. 2, 212-221

Antal, László (1964): Content, Meaning, and Understanding. The Hague: Mouton.

Austin, J. L. (1962): How to do things with Words: The William James Lectures delivered at Harvard University in 1955. Ed. J. O. Urmson. Oxford: Clarendon, 1962. [Dt.: Zur Theorie der Sprechakte (How to do things with words). Stuttgart: Reclam 1972]

Ballmer, Thomas T. (1977): The Instrumental Character of Natural Language. Habil.Schrift. (zit. nach Wegner 1985)

Ballmer, Thomas T. / Brennenstuhl, Waltraud (1981): An Empirical Approach to Frametheory: Verb Thesaurus Organization. In: Hans-Jürgen Eikmeyer / Hannes Rieser (eds.): Words, Worlds, and Contexts. New Approaches in Word Semantics. Berlin / New York: de Gruyter, 297 – 319.

Barsalou, Lawrence W. (1992): Frames, concepts, and conceptual fields. In: Adrienne Lehrer / Eva. F. Kittay (eds.): Frames, Fields, and Contrasts. Hillsdale, N.J.: Lawrence Erlbaum, 21 - 71.

Barsalou, Lawrence W. (1992b): Cognitive Psychology. Hillsdale, N.J.: Lawrence Erlbaum.

Barsalou, Lawrence W. (1993): Flexibility, Structure, and Linguistic Vagary in Concepts: Manifestations of a Compositional System of Perceptual Symbols. In: Alan F. Collins / Susan E. Gathercole / Martin A. Conway / Peter E. Morris (eds.): Theories of Memory. Hove, UK / Hillsdale, N.J.: Lawrence Erlbaum.

Bartlett, Frederick C. (1932): Remembering: A Study in Experimental and Social Psychology. Cambridge: Cambridge University Press.

Beaugrande, Robert-Alain de / Dressler, Wolfgang Ulrich (1981): Einführung in die Textlinguistik. Tübingen: Niemeyer.

Biere, Bernd Ulrich (1989): Verständlich-Machen. Hermeneutische Tradition - Historische Praxis - Sprachtheoretische Begründung. Tübingen: Niemeyer.

Bierwisch, Manfred (1978): Wörtliche Bedeutung – Eine pragmatische Gretchenfrage. In: Günther Grewendorf (Hrsg.): Sprechakttheorie und Semantik. Frankfurt am Main: Suhrkamp, 119-148.

Bierwisch, Manfred (1982a): Semantische und konzeptuelle Repräsentation lexikalischer Einheiten. In: Ruzicka, Rudolf / Motsch, Wolfgang (Hrsg.): Untersuchungen zur Semantik. Berlin: Akademie Verlag, 61-99.

Bierwisch, Manfred (1982b): Formal and Lexical Semantic. In: Linguistische Berichte 80, 3-17.

Bloomfield, Leonard (1933): Language. (Revised from 1914 edition.) New York: Holt.

Bühler, Karl (1934): Sprachtheorie. Die Darstellungsfunktion der Sprache. Nachdruck. Stuttgart 1982.

Bobrow, Daniel / D. Norman (1975): Some Principles of Memory Schemata. In: D. Bobrow / A. Collins (eds.): Representation and Understanding. London / New York: Academic Press, 131 – 149.

Busse, Dietrich (1987): Historische Semantik. Stuttgart: Klett-Cotta.

Busse, Dietrich (1991a): Textinterpretation. Sprachtheoretische Grundlagen einer explikativen Semantik. Opladen: Westdeutscher Verlag.

1. Gesamtverzeichnis

Busse, Dietrich (1991b): Konventionalisierungsstufen des Zeichengebrauchs als Ausgangspunkt semantischen Wandels. Zum Entstehen lexikalischer Bedeutungen und zum Begriff der Konvention in der Bedeutungstheorie von H. P. Grice. In: Dietrich Busse (Hrsg.): Diachrone Semantik und Pragmatik. Untersuchungen zur Erklärung und Beschreibung des Sprachwandels. (= Reihe Germanistische Linguistik, Bd. 113) Tübingen: Niemeyer, 37 – 65.

Busse, Dietrich (1992): Recht als Text. Linguistische Untersuchungen zur Arbeit mit Sprache in einer gesellschaftlichen Institution. Tübingen: Niemeyer. (Reihe Germanistische Linguistik Bd. 131)

Busse, Dietrich (1993): Juristische Semantik. Grundfragen der juristischen Interpretationstheorie in sprachwissenschaftlicher Sicht. Berlin: Duncker & Humblot. (2. Auflage 2010)

Busse, Dietrich (1994): Kommunikationsmodelle und das Problem des Sprachverstehens. Über technische Metaphern in der Sprachwissenschaft. In: Rudolf Hoberg (Hrsg.): Technik in Sprache und Literatur. (Festschrift für F. Hebel), Darmstadt: Verlag der TH Darmstadt, 207 - 234. (= THD Schriftenr. Wissenschaft u. Technik, 66)

Busse, Dietrich (1997): Semantisches Wissen und sprachliche Information. Zur Abgrenzung und Typologie von Faktoren des Sprachverstehens. In: Inge Pohl (Hrsg.): Methodologische Aspekte der Semantikforschung. (Sprache – System und Tätigkeit 22) Frankfurt am Main u.a.: Lang, 13 – 34.

Busse, Dietrich (2000): Historische Diskurssemantik. Ein linguistischer Beitrag zur Analyse gesellschaftlichen Wissens. In: Sprache und Literatur in Wissenschaft und Unterricht, Heft 86, 31. Jg., 39 – 53.

Busse, Dietrich (2003a): Begriffsgeschichte oder Diskursgeschichte? Zu theoretischen Grundlagen und Methodenfragen einer historisch–semantischen Epistemologie. In: Carsten Dutt (Hrsg.): Herausforderungen der Begriffsgeschichte. Heidelberg: Winter, 17 – 38.

Busse, Dietrich (2003b): Historische Diskursanalyse in der Sprachgermanistik – Versuch einer Zwischenbilanz und Ortsbestimmung. In: Martin Wengeler (Hrsg.): Deutsche Sprachgeschichte nach 1945. Diskurs– und kulturgeschichtliche Perspektiven. Beiträge zu einer Tagung anlässlich der Emeritierung Georg Stötzels. (= Germanistische Linguistik 169–170) Hildesheim u.a.: Olms, 8–19. [Wiederabdruck in: Martin Wengeler (Hrsg.): Sprachgeschichte als Zeitgeschichte. (= Germanistische Linguistik 180–181) Hildesheim u.a.: Olms 2005, 300–312.]

Busse, Dietrich (2005a): Architekturen des Wissens. Zum Zusammenhang von Semantik und Epistemologie. In: Ernst Müller (Hrsg.): Begriffsgeschichte im Umbruch. (Archiv für Begriffsgeschichte, Sonderheft 2004) Hamburg: Felix Meiner, 85 – 99.

Busse, Dietrich (2006): Text – Sprache – Wissen. Perspektiven einer linguistischen Epistemologie als Beitrag zur Historischen Semantik. In: Scientia Poetica 10. (Jahrbuch für Geschichte der Literatur und der Wissenschaften, Hrsg. v. Lutz Danneberg / Wilhelm Schmidt–Biggemann, / Horst Thomé / Friedrich Vollhardt) Berlin / New York: de Gruyter, 101–137.

Busse, Dietrich (2007a): Diskurslinguistik als Kontextualisierung: Methodische Kriterien. Sprachwissenschaftliche Überlegungen zur Analyse gesellschaftlichen Wissens. In: Ingo Warnke (Hrsg.): Diskurslinguistik nach Foucault. Theorie und Gegenstände. Berlin / New York: de Gruyter, 81-105.

Busse, Dietrich (2007b): Applikationen. Textbedeutung, Textverstehen, Textarbeit. In: Fritz Hermanns / Werner Holly (Hrsg.): Linguistische Hermeneutik. Theorie und Praxis des Verstehens und Interpretierens. (Reihe Germanistische Linguistik 272) Tübingen: Niemeyer, 101– 126.

Busse, Dietrich (2007c): Sprache – Kognition – Kultur. Der Beitrag einer linguistischen Epistemologie zur Kognitions– und Kulturwissenschaft. In: Jahrbuch der Heinrich–Heine–Universität Düsseldorf 2006 / 2007. Düsseldorf: Universitätsverlag, 267 - 279.

Busse, Dietrich (2008a): Linguistische Epistemologie. Zur Konvergenz von kognitiver und kulturwissenschaftlicher Semantik am Beispiel von Begriffsgeschichte, Diskursanalyse und Frame-Semantik. In: Heidrun Kämper (Hrsg.): Sprache – Kognition – Kultur. Sprache zwischen mentaler Struktur und kultureller Prägung. (= Jahrbuch 2007 des Instituts für deutsche Sprache) Berlin / New York: de Gruyter, 73-114.

Busse, Dietrich (2008b): Semantische Rahmenanalyse als Methode der Juristischen Semantik. Das verstehensrelevante Wissen als Gegenstand semantischer Analyse. In: Ralph Christensen / Bodo Pieroth (Hrsg.): Rechtstheorie in rechtspraktischer Absicht. Freundesgabe zum 70. Geburtstag von Friedrich Müller. (Schriften zur Rechtstheorie 235) Berlin: Duncker & Humblot, 35-55.

Busse, Dietrich (2008c): Begriffsgeschichte – Diskursgeschichte – Linguistische Epistemologie. Bemerkungen zu den theoretischen und methodischen Grundlagen einer Historischen Semantik in philosophischem Interesse anlässlich einer Philosophie der Person. In: Alexander Haardt / Nikolaj Plotnikov: Der Diskurs der Personalität: Philosophische Begriffe im interkulturellen Umfeld. München: Fink, 115 – 142.

830   *Bibliographie*

Busse, Dietrich (2008d): Interpreting law: text understanding – text application – working with texts. In: Frances Olsen / Alexander Lorz / Dieter Stein (eds.): Law and Language: Theory and Society. Düsseldorf: Düsseldorf University Press, 239 – 266.
Busse, Dietrich (2009): Semantik. Eine Einführung. München: Fink. (UTB 3280)
Busse, Dietrich (2011): Linguistische Diskursanalyse. Die Macht der Sprache und die soziale Konstruktion der Wirklichkeit aus der Perspektive einer linguistischen Epistemologie. In: Reiner Keller / Werner Schneider / Willy Viehoever (Hrsg.): Diskurs – Wissen – Sprache. Wiesbaden: VS-Verlag. (Reihe Interdisziplinäre Diskursforschung)
Busse, Dietrich / Hermanns, Fritz / Teubert, Wolfgang (Hrsg.) (1994): Begriffsgeschichte und Diskursgeschichte. Methodenfragen und Forschungsergebnisse der historischen Semantik. Opladen: Westdeutscher Verlag.
Busse, Dietrich / Teubert, Wolfgang (1994): Ist Diskurs ein sprachwissenschaftliches Objekt? Zur Methodenfrage der historischen Semantik. In: Dietrich Busse / Fritz Hermanns / Wolfgang Teubert (Hrsg.): Begriffsgeschichte und Diskursgeschichte. Methodenfragen und Forschungsergebnisse der historischen Semantik. Opladen: Westdeutscher Verlag, 10 – 28..
Busse, Dietrich / Teubert, Wolfgang (Hrsg.) (2012): Linguistische Diskursanalyse: neue Perspektiven. Wiesbaden: VS-Verlag (Reihe Interdisziplinäre Diskursforschung)

Carnap, Rudolf (1956): Meaning and Necessity. Chicago / London. 2.Aufl.
Chafe, Wallace (1972): First Tech. Report: Contrastive Semantics Project. Dept. of Linguistics, Berkeley.
Chafe, Wallace (1977a): Creativity in verbalization and its implications for the nature of stored knowledge. In: Roy O. Freedle (ed.): Discourse production and comprehension. Norwood, N.J.: Ablex, 41 - 55.
Chafe, Wallace (1977b): The recall and verbalization of past experience. In: R.W. Cole (ed.): Current issues in linguistic theory. Bloomington, Indiana: Indiana Univ. Press, 215 – 246.
Chomsky, Noam (1957): Syntactic Structures. Den Haag: Mouton.
Chomsky, Noam (1965): Aspects of the Theory of Syntax. Cambridge, MA: MIT Press.
Coseriu, Eugenio (1970): System, Norm und Rede. In: Ders.: Sprache, Strukturen und Funktionen. Tübingen, 193-212.
Coulson, Seanna (1995): Cognitive Science. In: Jef Verschueren / Jan-Ola Östman / Jan Blommaert (eds.): Handbook of Pragmatics. Amsterdam / Philadelphia: Benjamins, 123-140.
Croft, William A. (2001): Radical Construction Grammar: Syntactic Theory in Typological Perspective. Oxford: Oxford University Press.
Croft, William A. / Cruse, D. Alan (2004): Cognitive Linguistics. Cambridge: Cambridge University Press.

Dijk, Teun A. van (1980): Textwissenschaft. Eine interdisziplinäre Einführung. Tübingen.

Erdmann, Karl Otto (1922): Die Bedeutung des Wortes. Aufsätze aus dem Grenzgebiet der Sprachpsychologie und Logik. Leipzig.

Fauconnier, Giles (1985): Mental Spaces. Cambridge, Mass.: Bradley Books.
Fischer, Kerstin / Stefanowitsch, Anatol (2006): Konstruktionsgrammatik: Ein Überblick. In: Anatol Stefanowitsch / Kerstin Fischer (Hrsg.): Konstruktionsgrammatik: Von der Anwendung zur Theorie. Tübingen: Stauffenburg, 3-17.
Foucault, Michel (1966): Das Denken des Außen. In: Foucault, Michel: Von der Subversion des Wissens. Hg. u. übers. v. Walter Seitter. München: Hanser, 1974. (fr. Original: La pensée du dehors, 1966.)
Foucault, Michel (1971): L'ordre du discours. Paris. (Dt.: Die Ordnung des Diskurses. München 1974.)
Fraas, Claudia (1996): Gebrauchswandel und Bedeutungsvarianz in Textnetzen: Die Konzepte Identität und Deutsche im Diskurs zur deutschen Einheit. Tübingen: Narr. (= Studien zur deutschen Sprache Bd. 3)
Fraas, Claudia (1997): Bedeutungskonstitution im Diskurs – Intertextualität über variierende Wiederaufnahme diskursiv zentraler Konzepte. Eine exemplarische Analyse. In: Josef Klein / Ulla Fix (Hg.): Textbeziehungen. Linguistische und literaturwissenschaftliche Beiträge zur Intertextualität. Tübingen: Stauffenburg, 219 – 234.
Fraas, Claudia (2000): Begriffe – Konzepte – Kulturelles Gedächtnis. Ansätze zur Beschreibung kollektiver Wissenssysteme. In: Horst Dieter Schlosser (Hrsg.): Sprache und Kultur. Frankfurt am Main, 31 – 45.
Fraas, Claudia (2001): Usuelle Wortverbindungen als sprachliche Manifestation von Bedeutungswissen. Theoretische Begründung, methodischer Ansatz und empirische Befunde. In: Henrik Nikula / Robert Drescher (Hg.): Lexikon und Text. Vaasa, 41-66.
Fraas, Claudia (2005): Schlüssel-Konzepte als Zugang zum kulturellen Gedächtnis. Ein diskurs- und frameanalytisch basierter Ansatz. In: Deutsche Sprache 3, 242 – 257.

1. Gesamtverzeichnis

Fraas, Claudia (2011): Frames – ein qualitativer Zugang zur Analyse von Sinnstrukturen in der Online-Kommunikation. In: Barbara Job / Alexander Mehler / Tilman Sutter (Hg.): Die Dynamik sozialer und sprachlicher Netzwerke. Wiesbaden: VS Verlag,

Fraas, Claudia / Meier, Stefan / Pentzold, Christian (2010): Konvergenz an den Schnittstellen unterschiedlicher Kommunikationsformen – Ein Frame-basierter analytischer Zugriff. In: Katrin Lehnen / Thomas Gloning (Hg.): Mediengattungen: Ausdifferenzierung und Konvergenz in der Medienkommunikation. Frankfurt a. M.: Campus, 227-256.

Fraas, Claudia / Pentzold, Christian (2011): Frames as adaptive networks of meaning: a frame-semantic model for communication research. Vortrag auf der Annual Conference der International Communication Association (ICA), Boston, 27.-30.05.2011.

Frake, C. O. (1977): Plying frames can be dangerous: Some reflections in cognitive anthropology. In: The Quarterly newsletter of the Instuitute for Comparative Human Development. The Rockefeller University, 1, 1-7.

Frege, Gottlob (1892): Über Sinn und, Bedeutung. In: Ders.: Funktion, Begriff, Bedeutung. Fünf logische Studien. Hg. u. eingel. v. G. Patzig. 5. Aufl. Göttingen 1980.

Gazdar, Gerald (1979): Pragmatics: Implicature, presupposition, and logical form. New York: Academic Press.

Gawron, Jean Mark (2011): Frame Semantics. In: Claudia Maienborn / Klaus von Heusinger / Paul Portner (eds.): Semantics. An international Handbook of Natural Language Meaning. (HSK 33.1) Berlin / Boston: De Gruyter Mouton, 665-687.

Givón, Talmy. (1979): From discourse to syntax: grammar as a processing strategy. In: T. Givon (ed.): Syntax and semantics. Vol. 12: Discourse and syntax. New York: Academic Press, 81-112.

Goffman, Erving (1974): Frame Analysis: An Essay on the Organization of Experience. New York: Harper Colophon. [dt.: Rahmen-Analyse. Ein Versuch über die Organisation von Alltagserfahrungen. Frankfurt am Main: Suhrkamp 1977.]

Goldberg, Adele (1995): Constructions: A Construction Grammar Approach to Argument Structure. Chicago: University of Chicago Press.

Greimas, Algirdas Julien (1966): Sémantique structurale, Paris 1966. (dt.: Strukturale Semantik, Braunschweig 1971).

Greimas, Algirdas Julien (1974): Die Isotopie der Rede. [Auszugsweiser Nachdruck aus Greimas 1966 / 1971] In: W. Kallmeyer / W. Klein / R. Meyer-Hermann / K. Netzer / H.J. Siebert (Hrsg.): Lektürekolleg zur Textlinguistik. Band 2: Reader. Athenäum Frankfurt, M.: Fischer, 1974, 126-152.

Grice, Herbert Paul (1968 / 1975): Logic and Conversation. In: Peter Cole / Jerry L. Morgan (eds.): Syntax and Semantics. Vol 3: Speech Acts. New York: Academic Press, 41 – 58. [dt.: Logik und Konversation. In: Georg Meggle (Hrsg.): Handlung, Kommunikation, Bedeutung. Frankfurt am Main: Suhrkamp 1979, 243-265.]

Guarino, Nicola (1997): Semantic Matching: Formal Ontological Distinctions for Information Organization, Extraction, and Integration. In: Maria Teresa Pazienza (ed.): Information extraction. A multidisciplinary approach to an emerging information technology. International summer school SCIE-97. (= LNCS 1299.) Berlin et al.: Springer, 139-170.

Harris, Zellig S. (1951): Methods in Structural Linguistics. Chicago: University of Chicago Press.

Helbig, Gerhard / Wolfgang Schenkel (1969): Wörterbuch zur Valenz und Distribution deutscher Verben. Leipzig.

Herder, Johann Gottfried (1960): Sprachphilosophische Schriften. Herausgegeben von Erich Heintel. Hamburg.

Heringer, Hans Jürgen (1984): Neues von der Verbszene. In: Stickel, G. (Hg.): Pragmatik in der Grammatik. Jahrbuch 1983 des Institus für deutsche Sprache. Düsseldorf: Schwann, 34–64.

Heringer, Hans Jürgen (1984): Gebt endlich die Wortbildung frei! In: Sprache und Literatur in Wissenschaft und Unterricht 15, 43-53.

Hermanns, Fritz (2002): „Bilder im Kopf". Zur Wiederauferstehung des Begriffs der ‚Idee' und der ‚Vorstellung' in den Begriffen des ‚Stereotyps', des ‚Schemas', des *frame* sowie ähnlicher Begriffe. In: Helmut Glück / Wolfgang Sauer / Heide Wegener (Hg.): Entwicklungstendenzen der deutschen Gegenwartssprache. (= Band 2 der Akten des X. Internationalen Germanistenkongresses Wien 2000.) Bern u.a.: Lang, 291-297.

Hockett, Charles F. (1958): A Course in Modern Linguistics. New York: The Macmillan Company.

Holly, Werner (2001): ‚Frame' als Werkzeug historisch-semantischer Textanalyse. Eine Debattenrede des Chemnitzer Paulskirchen-Abgeordneten Eisenstuck. In: Hajo Diekmannshenke / Iris Meißner (Hg.): Politische Kommunikation im historischen Kontext. Tübingen: Stauffenburg, 125 – 146.

Hörmann, Hans (1976): Meinen und Verstehen. Grundzüge einer psychologischen Semantik. Frankfurt am Main.

Humboldt, Wilhelm von (1835): Ueber die Verschiedenheit des menschlichen Sprachbaus und ihren Einfluss auf die Entwicklung des Menschengeschlechts. In: Ders.: Schriften zur Sprachphilosophie. Werke Band 3. Darmstadt 1963.

Humboldt, Wilhelm von (1985): Über die Sprache. Ausgewählte Schriften. Herausgegeben von Jürgen Trabant. München.

Husserl, Edmund (1913): Logische Untersuchungen. Bd. II / 1. Sechste Auflage. Tübingen 1980. (Nachdruck der zweiten umgearbeiteten Auflage 1913; zuerst 1901)

Katz, J. J. / Fodor, J. A. (1963): The structure of a semantic theory. In: Language 39, 170-210.

Kay, Paul (1997): Construction Grammar. In: Ders.: Words and the Grammar of Context. Stanford: CSLI, 123-131.

Keller, Rudi (1994): Sprachwandel. Von der unsichtbaren Hand in der Sprache. 2. Auflage. Tübingen / Basel: Francke.

Keller, Rudi (1995): Zeichentheorie. Zu einer Theorie semiotischen Wissens. Tübingen / Basel: Francke.

Kintsch, Walter / Van Dijk, Teun A. (1978): Toward a Model of Text Comprehension and Production. Psychological Review 85. 363-394.

Kleiber, Georges (1998): Prototypensemantik. Eine Einführung. 2., überarb. Aufl. Tübingen: Narr..

Klein, Josef (1983): Linguistische Stereotypbegriffe. Sozialpsychologischer vs. Semantiktheoretischer Traditionsstrang und einige frametheoretische Überlegungen. In: Margot Heinemann (Hg.): Sprachliche und soziale Stereotype. Frankfurt / M. u.a.: Lang, 25-46.

Klein, Josef (1999): ‚Frame' als semantischer Theoriebegriff und als wissensdiagnostisches Instrumentarium. In: Inge Pohl (Hg.): Interdisziplinarität und Methodenpluralismus in der Semantikforschung. Frankfurt / M. u.a.: Lang, 157-183.

Klein, Josef (2002a): Metapherntheorie und Frametheorie. In: Inge Pohl (Hg.): Prozesse der Bedeutungskonstruktion. Frankfurt / M. u.a.: Lang, 179-186.

Klein, Josef (2002b): Topik und Frametheorie als argumentations- und begriffsgeschichtliche Instrumente, dargestellt am Kolonialdiskurs. In: Dieter Cherubim / Karlheinz Jakob / Angelika Linke (Hg.): Neue deutsche Sprachgeschichte. Mentalitäts-, kultur- und sozialgeschichtliche Zusammenhänge. Berlin / New York: de Gruyter, 167 – 181.

Klein, Josef / Iris Meissner (1999): Wirtschaft im Kopf. Begriffskompetenz und Einstellungen junger Erwachsener bei Wirtschaftsthemen im Medienkontext. Frankfurt / M u.a.: Lang.

Koch, Peter (1999): Frame and Contiguity. On the Cognitive Basis of Metonymy and Certain Types of Word Formation. In: Klaus-Uwe Panther / Günter Radden (Hg.): Metonymy in Language and Thought. (= Human Cognitive Processing 4.) Amsterdam / Philadelphia: John Benjamins, 139-167.

Konerding, Klaus-Peter (1993a): Frames und lexikalisches Bedeutungswissen. Untersuchungen zur linguistischen Grundlegung einer Frametheorie und zu ihrer Anwendung in der Lexikographie. Tübingen: Niemeyer.

Konerding, Klaus-Peter (1993b): Wortfeld und das Problem einer sprachwissenschaftlichen Fundierung der Frametheorie. In: Peter Rolf Lutzeier (Hg.): Studien zur Wortfeldtheorie. Tübingen: Niemeyer, 163 – 173.

Konerding, Klaus-Peter (1997): Grundlagen einer linguistischen Schematheorie und ihr Einsatz in der Semantik. In: Inge Pohl (Hg.): Methodologische Aspekte der Semantikforschung. Frankfurt / M.: Lang, 57-84.

Konerding, Klaus-Peter (2001): Sprache im Alltag und kognitive Linguistik: Stereotype und schematisiertes Wissen. In: Andrea Lehr u.a. (Hg.): Sprache im Alltag. Beiträge zu neuen Perspektiven in der Linguistik. (= FS Herbert E. Wiegand) Berlin / New York: de Gruyter, 151 – 172.

Konerding, Klaus-Peter (2005): Diskurse, Themen und soziale Topik In: Claudia Fraas / Michael Klemm (Hg.): Mediendiskurse. Frankfurt / M.: Lang, 9-38.

Koselleck, Reinhart (1972): Einleitung. In: Brunner, Otto / Conze, Werner / Koselleck, Reinhart (Hrsg.): Geschichtliche Grundbegriffe. Historisches Lexikon zur politisch-sozialen Sprache in Deutschland. Stuttgart: Klett-Cotta, 1972 ff. Bd. 1, S. XIII-XXVII.

Koselleck, Reinhart (1979): Begriffsgeschichte und Sozialgeschichte. In: Ders. (Hg.): Historische Semantik und Begriffsgeschichte. Stuttgart: Klett-Cotta, 19-36.

1. Gesamtverzeichnis   833

Koselleck, Reinhart (2006): Begriffsgeschichten. Frankfurt a.M.: Suhrkamp.
Kripke, S. A. (1972): Naming and Necessity. In: D. Davidson / G. Harman (eds.): Semantics of Natural
   Language. Dordrecht-Holland. 253-355 und 763-769. [dt.: Name und Notwendigkeit. Frankfurt am
   Main: Suhrkamp.]
Kuhn, Thomas S. (1970): The Structure of Scientific Revolutions. Chicago: Univ. of Chicago Press. (2nd
   Ed.)
Kuipers, Benjamin (1975): A Frame for Frames: Representing Knowledge for Recognition. In: Daniel G.
   Bobrow / Allan Collins (eds.): Representation and Understanding. Studies in Cognitive Science. New
   York / San Francisco / London: Academic Press, 151 – 184.

Lakoff, George / Johnson, Mark (1980): Metaphors we live by. Chicago: Univ. of Chicago Press. [dt.:
   Leben in Metaphern. Konstruktion und Gebrauch von Sprachbildern. Heidelberg: Auer].
Lakoff, George (1987): Woman, Fire and Dangerous Things. What Categories Reveal about the Mind.
   Chicago: Univ. of Chicago Press.
Langacker, Ronald W. (1987): Foundations of Cognitive Grammar. Vol. 1. Theoretical Prerequisites. Stan-
   ford: Stanford University Press.
Langacker, Ronald W. (1991): Foundations of Cognitive Grammar. Vol. 2. Descriptive Application. Stan-
   ford: Stanford University Press.
Langacker, Ronald W. (2008): Cognitive Grammar. A Basic Introduction. Oxford: Oxford University Press.
Lenat, Douglas B. / Ramanathan V. Guha (1990): Building large knowledge bases. Representation and
   inference in the Cyc project. Reading et al.: Addison-Wesley.
Levinson, Stephen (1990): Pragmatik. Tübingen: Niemeyer.
Lewis, David K. (1969): Convention: A Philosophical Study. Cambridge Mass. [Dt.: Konventionen. Eine
   Sprachphilosophische Abhandlung. Berlin / New York: de Gruyter 1975.]
Löbner, Sebastian (2011): Concept types and determination. Journal of Semantics. doi:10.1093 / jos /
   ffq022
Lönneker, Birte (2003): Konzeptframes und Relationen. Extraktion, Annotation und Analyse französischer
   Corpora aus dem World Wide Web. Berlin: Akademische Verlagsgesellschaft AKA.
Lönneker, Birte (2003a): Weltwissen in Textannotationen mit Konzeptframes: Modell, Methode, Resultate.
   Vortrag bei der 34. Jahrestagung der Gesellschaft für Angewandte Linguistik (GAL): 'Sprache[n] in der
   Wissensgesellschaft'. 25-27 September 2003, Tübingen.
Lönneker, Birte (2002): Building concept frames based on text corpora. In: M. González Rodríguez / C. P.
   Suarez Araujo (eds.): Proceedings of the Third International Conference on Language Resources and
   Evaluation (LREC 2002), Las Palmas de Gran Canaria, Spain, May 29-31, 2002. Paris, 216-223.
Lönneker, Birte (2003): Semantic Frame Elements in Annotated Concept Frames. In: E. Hajičová / A.
   Kotěšovcová / J. Mírovský (eds.): Proceedings of XVII International Congress of Linguists, Prague,
   Czech Republic, July 24-29, 2003. CD-ROM. Matfyzpress, MFF UK. Prague, 2003.
Louw, Bill (1993): Irony in the Text or Insincerity in the Writer? — The Diagnostic Potential of Semantic
   Prosodies. In: Mona Baker / Gill Francis / Elena Tognini-Bonelli (eds.): Text and Technology, Amster-
   dam: John Benjamins, 157 ff.
Lutzeier, Peter Rolf (1985): Linguistische Semantik. Stuttgart: Metzler.
Lyons, John (1977): Semantics. 2 vols. Cambridge: Cambridge University Press.
Lyons, John (1983): Die Sprache. München: Beck.

Mead, George Herbert (1934): Mind, Self and Society. Chicago. (Dt.: Geist, Identität und Gesellschaft.
   Frankfurt am Main: Suhrkamp 1968)
Meier, Stefan (2010): Bild und Frame – Eine diskursanalytische Perspektive auf visuelle Kommunikation
   und deren methodische Operationalisierung. In: Anna Duszak / Juliane House / Łukasz Kumięga (eds.):
   Globalization, Discourse, Media: In a Critical Perspective / Globalisierung, Diskurse, Medien: eine kri-
   tische Perspektive. Warszawa: Warsaw University Press, 369-389.
Metzing, Dieter (1981): Frame Representations and Lexical Semantics. In: Hans-Jürgen Eikmeyer / Hannes
   Rieser (eds.): Words, Worlds, and Contexts. New Approaches in Word Semantics. Berlin / New York:
   de Gruyter, 320 – 342.
Minsky, Marvin (1974): A Framework for Representing Knowledge. In: Artificial Intelligence Memo No.
   306, M.I.T. Artificial Intelligence Laboratory. [Abgedruckt in: Patrick H. Winston (ed.): The Psycholo-
   gy of Computer Vision. New York: McGraw-Hill, 1975, 211-277. – Auszug abgedruckt in: Dieter
   Metzing (ed.): Frame Conceptions and Text Understanding. Berlin / New York: de Gruyter, 1980, 1-25.
   - Dt. in: Dieter Münch (Hrsg.): Kognitionswissenschaft. Grundlagen, Probleme, Perspektiven. Frankfurt
   am Main: Suhrkamp, 1992, 92-133].

Minsky, Marvin (1977): Frame-system theory. In: P.N. Johnson-Laird / P.C.Watson (eds.): Thinking. Reading in Cognitive Science. Cambridge: Cambridge University Press, 355 – 376. [formulierungsidentische Auszüge aus Minsky (1974); textidentisch in dieser Form abgedruckt in: R.C. Schank / B.L. Nash-Webber (eds.): Theoretical Issues in Natural Language Processing. Preprints of a Conference at MIT. (June 1985.)]

Minsky, Marvin (1986): The Society of Mind. New York: Simon and Schuster. [Dt.: Mentopolis. Stuttgart: Klett-Cotta, 1990]

Minsky, Marvin / Seymour Papert (1972): Progress Report on Artificial Intelligence. AI Memo 252, MIT Artificial Intelligence Laboratory, Cambridge, Mass., Jan. 1972.

Müske, Eberhard (1991a): Erklärungspotenzen des Frame-Konzepts im literarischen Diskurs. In: H.G. Werner / E. Müske (Hrsg.): Strukturuntersuchung und Interpretation künstlerischer Texte: interdiszplinäres Kolloquium an der Sektion Germanistik und Kunstwissenschaften der MLU-Halle-Wittenberg. Halle, 247-259.

Müske, Eberhard (1991b): Frame-Struktur im narrativen Diskurs. Anmerkungen zu einem dynamischen Modell des literarisch-künstlerischen narrativen Diskurses. In: Hallesche Studien zur Wirkung von Sprache und Literatur 19. Halle, 4-16.

Müske, Eberhard (1992): Diskurssemiotik. Zur funktionellen Integration des Frame-Konzepts in ein dynamisches Modell literarisch-künstlerischer Texte. Stuttgart.

Newell, Allen / H.A. Simon (1972): Human Problem Solving. Prentice-Hall.

Norman, D. (1972): Memory, Knowledge and the answering of questions. Loyola Symposium on Cognitive Psychology. Chicago.

Papert, Seymour (1972): Teaching Children to be Mathematicians Versus Teaching About Mathematics. Int. J. Math. Educ. Sci. Technol., vol. 3, 249-262.

Peirce, Charles Sanders (1931-35): Collected Papers. Vol. 1 - 8. Cambridge, MA: Harvard University Press 1931-1935, 1958. [Zitierweise: Bandnummer und Nummer des Textstücks, z.B. 2.275]

Petersen, Wiebke (2007): Representation of concepts with frames. In J. Skilters / F. Toccafondi / G. Stemberger (eds.): Complex Cognition and Qualitative Science. The Baltic International Yearbook of Cognition, Logic and Communication, Vol. 2, 151-170. University of Latvia.

Polenz, Peter von (1985): Deutsche Satzsemantik. Über die Kunst des Zwischen-denZeilen-Lesens. Berlin / New York: de Gruyter.

Post, Michał (1988): Scenes-and-Frames Semantics as a Non-lexical Field Theory. In: Werner Hüllen / Rainer Schulze (eds.): Understanding the Lexicon. Meaning, Sense, and World Knowledge in Lexical Semantics. Tübingen: Niemeyer, 36 – 47.

Putnam, Hilary (1975): The Meaning of 'Meaning'. In: Keith Gunderson (ed.): Language, Mind and Knowledge. Minnesota Studies in the Philosophy of Science, vol. 7. (Minneapolis: University of Minnesota Press, 131 – 193. [Repr. In: Ders.: Mind, Language and Reality. Philosophical Papers, vol. 2. Cambridge, Mass.: Cambridge University Press, 1975. 215 – 271. – Dt. in: Die Bedeutung von „Bedeutung". Frankfurt am Main: Klostermann, 1979.]

Rosch, E. (1977): Human Categorization. In: N. Warren (ed.): Studies in Cross-cultural Psychology. London / New York / San Francisco, 1-49.

Rumelhart, David E. / Ortony, Andrew (1977): The Representation of Knowledge in Memory. In: Richard C. Anderson / Rand J. Spiro / William E. Montague (eds.): Schooling and the Acquisition of Knowledge. Hillsdale N.J.: Lawrence Erlbaum, 99 – 135.

Rumelhart, David E. (1980): Schemata: The Building Blocks of Cognition. In: Rand J. Spiro / Bertram C. Bruce / William F. Brewer (eds.): Theoretical Issues in Reading Comprehension. Perspectives from Cognitive Psychology, Linguistics, Artificial Intelligence, and Education. Hillsdale N.J.: Lawrence Erlbaum, 32 –58.

Russell, Bertrand (1905): On denoting. In: Mind (New Series) 14, 479–493. [Wiederabdruck in: The Philosophy of Language, 4th edition, Ed. A. P. Martinich, Oxford University Press 2001, 27 ff.]

Savigny, Eike von (1993): Die Philosophie der normalen Sprache. Eine kritische Einführung in die „ordinary-language-philosophy". Frankfurt a.M.: Suhrkamp.

Schank, Roger C. (1972): Conceptual Dependency: A Theory of Natural Language Understanding. In: Cognitive Psychology, pp. 552-631.

Schank Roger C. / K. Colby (1973): Computer Models of Thought and Language. San Francisco: Freeman.

Schank, Roger C. / Robert P. Abelson (1977): Scripts, Plans, Goals and Understanding: An Inquiry into Human Knowledge Structures. Hillsdale: Lawrence Erlbaum

1. Gesamtverzeichnis   835

Scharloth, Joachim (2005): Die Semantik der Kulturen. Diskurssemantische Grundfiguren als Kategorien einer linguistischen Kulturanalyse. In: Dietrich Busse / Thomas Niehr / Martin Wengeler (Hrsg.): Brisante Semantik. Neuere Konzepte und Forschungsergebnisse einer kulturwissenschaftlichen Linguistik. Tübingen: Niemeyer, 119-135. (= RGL 259).

Scherner, Maximilian (1984): Sprache als Text. Ansätze zu einer sprachwissenschaftlich begründeten Theorie des Textverstehens. Tübingen: Niemeyer.

Scherner, Maximilian (1989): Zur kognitionswissenschaftlichen Modellierung des Textverstehens. In: Zeitschrift für germanistische Linguistik 17, 94 - 102.

Schmidt, Siegfried J. (1976): Texttheorie. Probleme einer Linguistik der sprachlichen Kommunikation. München.

Schütz, Alfred (1971): Das Problem der sozialen Wirklichkeit. Gesammelte Aufsätze Bd. I. Den Haag.

Schütz, Alfred / Luckmann, Thomas (1975): Strukturen der Lebenswelt. Neuwied / Darmstadt: Luchterhand.

Schulzek, Daniel (2011): A frame approach to metonymical processes in some common types in German word formation. In: Thomas Gamerschlag / Doris Gerland / Wiebke Petersen / Rainer Osswald (eds): Concept Types and Frames. Applications in Language, Cognition and Philosophy.

Schumacher, Helmut (Hrsg.) (1986): Verben in Feldern. Valenzwörterbuch zur Syntax und Semantik deutscher Verben. Berlin / New York: de Gruyter.

Searle, John R. (1992): Sprechakte. Ein sprachphilosophischer Essay. Frankfurt am Main: Suhrkamp (zuerst 1969)

Searle, John R. (1979): Ausdruck und Bedeutung. Untersuchungen zur Sprechakttheorie. Frankfurt am Main: Suhrkamp 1982 (engl.: Expression and Meaning. Oxford, 1979)

Sonderforschungsbereich 991 (2011): The Structure of Representations in Language, Cognition, and Science - Proposal. Heinrich-Heine-Universität Düsseldorf (2011 -).

Sowa, John F. (2000): Knowledge Representation. Logical, Philosophical, and Computational Foundations. Pacific Grove et al.: Brooks / Cole.

Sperber, Dan / Wilson, Deirdre (1986): Relevance. Communication and Cognition. Oxford.

Sperber, Dan / Wilson, Deirdre (1987): Précis of: Relevance. Communication and Cognition. In: Behavioral and Brain Sciences 10, 697-754.

Strawson, Peter F. (1950): On referring In: Mind, New Series, Vol. 59, No. 235. (Jul., 1950), pp. 320-344. [Wiederabdruck in The Philosophy of Language, 4th ed., Ed. A. P. Martinich, Oxford University Press 2001, 20 ff.]

Strawson, Peter F. (1952): Introduction to Logical Theory. London: Methuen.

Stubbs, Michael (1996): Text and Corpus Analysis. Computer-Assisted Studies of Language and Culture. Cambridge, Mass.: Blackwell.

Tannen, Deborah (1979): What's in a Frame? Surface Evidence for Underlying Expectations. In: Roy O. Freedle (ed.): New Directions in Discourse Processing. (= Advances in Discourse Processing, Vol. 2). Norwood N.J.: Ablex, 137-181.

Tesnière, L. (1959): Eléments de syntaxe structurale. Paris. [Dt.: Grundzüge der strukturalen Syntax. Hg. und übs. von U. Engel. Stuttgart 1980] [Auszüge in: Ludger Hoffmann (Hrsg.): Sprachwissenschaft. Ein Reader. Berlin: de Gruyter 1996, 517 -542].

Toulmin, Stephen (1958): The use of arguments. Cambridge: Cambridge University Press [dt.: Der Gebrauch von Argumenten. Weinheim: Beltz-Athenäum 1996[2]]

Trubetzkoy, N.S. (1932): Grundzüge der Phonologie. Göttingen 1971 (zuerst 1932).

Tugendhat, Ernst (1976): Vorlesungen zur Einführung in die sprachanalytische Philosophie. Frankfurt a.M.: Suhrkamp.

Vossen, Piek (1999): EuroWordNet General Document. Version 3, Final. University of Amsterdam.

Warnke, Ingo (Hrsg.) (2007): Diskurslinguistik nach Foucault. Theorie und Gegenstände. Berlin / New York: de Gruyter.

Warnke, Ingo / Jürgen Spitzmüller (Hrsg.) (2008): Methoden der Diskurslinguistik. Sprachwissenschaftliche Zugänge zur transtextuellen Ebene. Berlin: de Gruyter.

Warnke, Ingo / Jürgen Spitzmüller (2011): Diskurslinguistik. Eine Einführung in Theorien und Methoden der transtextuellen Sprachanalyse. Berlin: de Gruyter.

Weber, H.J. (1992): Dependenzgrammatik. Ein Arbeitsbuch. Tübingen: Narr.

Wegner, Immo (1985): Frame-Theorie in der Lexikographie. Tübingen: Niemeyer.

Welke, Klaus M. (1988): Einführung in die Valenz- und Kasustheorie. Leipzig.

Weydt, Harald (1969): Abtönungspartikel. Die deutschen Modalwörter und ihre französischen Entsprechungen. Bad Homburg / Berlin / Zürich.

Weydt, Harald (Hrsg.) (1977): Aspekte der Modalpartikeln. Studien zur deutschen Abtönung. Tübingen: Niemeyer.

Weydt, Harald (Hrsg.) (1979): Die Partikeln der deutschen Sprache. Berlin / New York: de Gruyter.

Weydt, Harald (Hrsg.) (1983): Partikeln und Interaktion. Tübingen: Niemeyer.

Weydt, Harald (Hrsg.) (1989): Sprechen mit Partikeln. Berlin / New York: de Gruyter.

Weydt, Harald / Hentschel, Elke (1983): Kleines Abtönungswörterbuch. In: Weydt (Hrsg.) 1983, 3-24.

Wiegand, Herbert Ernst (1973): Einige Grundbegriffe der lexikalischen Semantik. In: K. Baumgärtner u.a. (Hrsg.): Funkkolleg Sprache. Bd. 2. Frankfurt a. Main, 23-39.

Wierzbicka, Anna (1985): Lexicography and Conceptual Analysis. Ann Arbor.

Wierzbicka, Anna (1986): The Semantics and Lexicography of 'Natural Kinds'. In: K. Hyldgaard-Jensen / A. Zettersten (eds.): Symposion on Lexicography III. Proceedings of the Third International Symposium on Lexicography May 14-16, 1986 at the University of Copenhagen. Tübingen, 155 – 180.

Wilks, Y. (1980): Frames, Semantics, and Novelty. In: Dieter Metzing (ed.): Frame Conceptions and Text Understanding. Berlin / New York: de Gruyter, 134 – 163.

Wimmer, Rainer (1979): Referenzsemantik. Untersuchungen zur Festlegung von Bezeichnungsfunktionen sprachlicher Ausdrücke am Beispiel des Deutschen. Tübingen: Niemeyer.

Winograd, Terry (1975): Frame representations and the declarative-procedural controversy. In D.G. Bobrow / A. Collins (eds.): Representation and Understanding. Studies in Cognitive Science. New York / San Francisco / London: Academic Press, 185-210.

Wittgenstein, Ludwig (1970): Über Gewißheit. Frankfurt am Main: Suhrkamp. (Sigle: ÜG)

Wittgenstein, Ludwig (1971): Philosophische Untersuchungen. Frankfurt am Main: Suhrkamp. (Sigle: PU)

Wolski, Werner (1980): Schlechtbestimmtheit und Vagheit - Tendenzen und Perspektiven. Methodologische Untersuchungen zur Semantik. Tübingen: Niemeyer.

Wolski, Werner (1986): Partikellexikographie. Ein Beitrag zur praktischen Lexikologie. Tübingen: Niemeyer.

Wolski, Werner (1989): Modalpartikeln als einstellungsregulierende lexikalische Ausdrucksmittel. In: Weydt (Hrsg.) 1989, 346-353.

Wright, Georg Henrik von (1974): Erklären und Verstehen. Frankfurt am Main: Athenäum.

Ziem, Alexander (2004): Wissensrahmen-Semantik. Einige Bemerkungen zu einem linguistischen Beschreibungsmodell gesellschaftlichen Wissens. Vortrag vor dem CTF-Kolloquium Düsseldorf, 30.9.2004.

Ziem, Alexander (2005): Zur Verwandtschaft von Frame-Semantik und Diskursanalyse. [Abrufbar über: http: / / www.phil-fak.uni-duesseldorf.de / ziem / publikationen /]

Ziem, Alexander (2006a): Begriffe, Topoi, Wissensrahmen: Perspektiven einer semantischen Analyse gesellschaftlichen Wissens. In: Wengeler, Martin (Hg.): Sprachgeschichte als Zeitgeschichte. Konzepte, Methoden und Forschungsergebnisse der Düsseldorfer Sprachgeschichtsschreibung für die Zeit nach 1945. Hildesheim / New York: Olms, 315-348.

Ziem, Alexander (2006b): Mental Spaces, Idealized Cognitive Models, Frames, or Domains? Toward a Unified Theory of Semantic Representations. Vortrag auf der Zweiten Internationalen Konferenz der Gesellschaft für Kognitive Linguistik, München 7. Oktober 2006.

Ziem, Alexander (2007): Profiling frames: the role of default values in a corpus-based approach to lexical semantics. MS.

Ziem, Alexander (2008a): Frames und sprachliches Wissen. Kognitive Aspekte der semantischen Kompetenz. Berlin: de Gruyter

Ziem, Alexander (2008b): Frame-Semantik und Diskursanalyse – Skizze einer kognitionswissenschaftlich inspirierten Methode zur Analyse gesellschaftlichen Wissens. In: Ingo Warnke / Jürgen Spitzmüller (Hrsg.): Diskurslinguistik nach Foucault. Methoden. Berlin / New York: de Gruyter, 89-117.

Ziem, Alexander (2009a): Frames im Einsatz: Aspekte anaphorischer, tropischer und multimodaler Bedeutungskonstruktion im politischen Kontext. In: Ekkehard Felder / Marcus Müller (Hrsg.): Wissen durch Sprache. Theorie, Praxis und Erkenntnisinteresse des Forschungsnetzwerks „Sprache und Wissen". Berlin / New York: de Gruyter, 209-246.

Ziem, Alexander (2009b): Sprachliche Wissenskonstitution aus Sicht der Konstruktionsgrammatik und Kognitiven Grammatik. In: Ekkehard Felder / Marcus Müller (Hrsg.): Wissen durch Sprache. Theorie, Praxis und Erkenntnisinteresse des Forschungsnetzwerks „Sprache und Wissen". Berlin / New York: de Gruyter, 173-206.

Ziem, Alexander (2009c): Diskurse, konzeptuelle Metaphern, Visiotypen: Formen der Sprachkritik am Beispiel der Kapitalismusdebatte. In: Aptum 1, 18-37.
Ziem, Alexander (2010): Welche Rolle spielt der Kontext beim Sprachverstehen? Zum Stand der psycholinguistischen und kognitionswissenschaftlichen Forschung. In: Klotz, Peter / Portmann, Paul R. / Weidacher, Georg (Hgg.): Text-Zeichen und Kon-Texte. Studien zu soziokulturellen Konstellationen literalen Handelns. Tübingen: Niemeyer.
Ziem, Alexander (2011): FrameNet, Barsalou Frames and the Case of Associative Anaphora. In: Thomas Gamerschlag / Doris Gerland / Rainer Osswald / Wiebke Petersen (eds.): Frames and Concept Types. Berlin: Springer.

2. Bibliographien zu den wichtigsten Autoren

2.1 Schriften von Charles J. Fillmore (chronologisch, einschließlich FrameNet)

[Anmerkung: Aus Gründen der besseren Übersichtlichkeit des allgemeinen Literaturverzeichnisses führt der nachfolgende Abschnitt 2.1 der Bibliographie alle Schriften *mit* Fillmore als Einzel- oder Mitautor und danach der Abschnitt 2.2 alle FrameNet-Schriften *ohne* Fillmore als Mitautor gesondert auf. Bei Schriften mit Fillmore als Mitautor wird dieser abweichend von der originalen Reihenfolge der Autoren-Nennungen immer zuerst genannt. Sofern in einem Jahr mehrere Schriften mit Fillmores Beteiligung erschienen sind, werden sie in Bezug auf die Reihenfolge seiner Schriften mit Kleinbuchstaben durchgezählt und so auch in diesem Buch zitiert.]

Fillmore, Charles J. (1961): Indirect Object Constructions in English and the Ordering of Transformations. The Hague: Mouton.
Fillmore, Charles J. (1963a): The position of embedding transformations in a grammar. In: Word 19, 208-301.
Fillmore, Charles J. / R.-B. Lees (1963b): Conjunction and Subjunction in English [zitiert in Fillmore 1965a].
Fillmore, Charles J. (1964): Desentential Complement Structures in English. In: The Ohio State University Research Foundation Project on Linguistic Analysis. Report No. 7, 88 – 105.
Fillmore, Charles J. (1965a): Entailment rules in a semantic theory. In: The Ohio State University Research Foundation Project on Linguistic Analysis. Report No. 10, 1965, 60-82.
Fillmore, Charles J. (1965c ??): Transportation rules in grammar. In: The Ohio State University Research Foundation Project on Linguistic Analysis. Report No. ??. [zitiert in Fillmore 1965a]
Fillmore, Charles J. (1966a): A proposal concerning English prepositions. In: Francis P. Dineen (ed.): Report on the Seventeenth Annual Round Table Meeting On Linguistics And Language Studies. Washington, D.C.: Georgetown University Press, 19-33.
Fillmore, Charles J. (1966b): Toward a Modern Theory of Case. In: David A. Reibel / Sanford A. Shane (eds.): Modern Studies in English: Readings in Transformational Grammar. Englewood Cliffs, New Jersey: Prentice-Hall 1969, 361-375. [Nachdruck aus: The Ohio State University Project on Linguistic Analysis. Report No. 13, 1966, 1-24.] [Teilabdruck in: In: René Dirven / Günter A. Radden (eds.): Fillmore's Case Grammar. A Reader. Heidelberg: Groos 1987, 9-20.]
Fillmore, Charles J. (1966c): Deictic categories in the semantics of "come". In: Foundations of Language 2, 219-227.
Fillmore, Charles J. (1966d): On the notion of 'Equivalent sentence structure'. In: The Ohio State University Research Foundation Project on Linguistic Analysis. Report No. 11. [wieder abgedruckt in: Zeichen und System der Sprache. Bd. 3. (= Veröffentlichungen des II. Internationalen Symposions „Zeichen und System der Sprache", 8.-15.9.1966, Magdeburg. Berlin: Akademie-Verlag 1966, 70-79.]
Fillmore, Charles J. (1968a): The Case for Case. In: Emmon Bach / Robert T. Harms (eds.): Universals in Linguistic Theory. New York: Holt, Rinehart & Winston 1968, 1-88. [Teilabdruck in: In: René Dirven / Günter A. Radden (eds.): Fillmore's Case Grammar. A Reader. Heidelberg: Groos 1987, 21-34. - Dt. Übers. in: Werner Abraham (Hrsg.): Kasustheorie. Frankfurt am Main: Athenäum 1971, 1-118.]

838   *Bibliographie*

Fillmore, Charles J. (1968b): Lexical Entries for Verbs. In: Foundations of Language 4, 1968, 373-393. [Teilabdruck in: In: René Dirven / Günter A. Radden (eds.): Fillmore's Case Grammar. A Reader. Heidelberg: Groos 1987, 35-46.]

Fillmore, Charles J. (1970a): The Grammar of Hitting and Breaking. In: Roderick A. Jacobs / Peter S. Rosenbaum (eds.): Readings in English Transformational Grammar. Waltham, Mass.: Ginn, 120-134.

Fillmore, Charles J. (1970b): Subjects, Speakers, and Roles. In: Synthèse 21, 251-274.

Fillmore, Charles J. (1971a): Types of Lexical Information. In: Danny D. Steinberg / Leon A. Jakobovits (eds.): Semantics: An Interdisciplinary Reader in Philosophy, Linguistics and Psychology. Cambridge: Cambridge University Press, 370-392. [Teilabdruck in: In: René Dirven / Günter A. Radden (eds.): Fillmore's Case Grammar. A Reader. Heidelberg: Groos 1987, 47-54. - Dt. in: Stelzer (Hg.): Probleme des Lexikons der Transformationsgrammatik. Frankfurt a.M. 1972, 98-129.]

Fillmore, Charles J. (1971b): Space. In: René Dirven / Günter A. Radden (eds.): Fillmore's Case Grammar. A Reader. Heidelberg: Groos 1987, 55-58. [From Fillmore's Lectures at the 'University of California at St. Cruz, Summer Program in Linguistics', 1971. Unpublished MS.]

Fillmore, Charles J. (1971c): Some Problems for Case Grammar. In: Richard J. O'Brien (ed.): Report of the Twenty-Second Annual Round Table Meeting on Linguistics and Language Studies. Washington, D.C.: University Press 1971, 35-56. [Teilabdruck in: In: René Dirven / Günter A. Radden (eds.): Fillmore's Case Grammar. A Reader. Heidelberg: Groos 1987, 59-70.]

Fillmore, Charles J. (1971d): Verbs of judging: an exercise in semantic description. In: Charles J. Fillmore / D. Terence Langendoen (eds.): Studies in Linguistic Semantics. New York: Holt, Rinehart and Winston, 272-289.

Fillmore, Charles J. / D. Terence Langendoen (eds.) (1971e): Studies in Linguistic Semantics. New York: Holt, Reinhart, and Winston.

Fillmore, Charles J. (1972a): How to know whether you're coming or going. In: K. Hyldgaard-Jensen (Hrsg.): Linguistik 1971. Frankfurt: Athenäum, 369-379.

Fillmore, Charles J. (1972b): On generativity. In: Stanley Peters (ed.): The Goals of Linguistic Theory. Englewood Cliffs: Prentice Hall 1972, 1 - 19.

Fillmore, Charles J. (1973): A grammarian looks to socio-linguistics. In: Roger W. Shuy (ed.): Report Of The Twenty-Third Annual Round-Table Meeting on Linguistics and Language Studies. (Georgetown University Monographs on Languages and Linguistics Number 25) Washington, D.C.: Georgetown Univ. Press, 273-287.

Fillmore, Charles J. (1975a): Santa Cruz Lectures on Deixis 1971. Bloomington: Indiana Univ. Linguistics Club.

Fillmore, Charles J. (1975b): An alternative to checklist theories of meaning. In: Cathy Cogen et al. (eds.): Proceedings of the First Annual Meeting of the Berkeley Linguistics Society. Berkeley: Berkeley Linguistics Society, 123-129.

Fillmore, Charles J. (1975c): The Future Of Semantics. In: Robert Austerlitz (ed.): The Scope of American Linguistics. Lisse: Peter de Ridder Press, 135-157.

Fillmore, Charles J. (1976a): Frame semantics and the nature of language. In: Steven R. Harnad / Horst D. Steklis / Jane Lancaster (eds.): Origins and Evolution of Language and Speech. (= Annals of the New York Academy of Sciences, Volume 280) New York, 20-32.

Fillmore, Charles J. (1976b): The need for frame semantics in linguistics. In: Hans Karlgren (ed.): Statistical Methods in Linguistics 12, 5-29.

Fillmore, Charles J. (1977a): The Case for Case Reopened. In: Peter Cole / Jerrold M. Sadock (eds.): Syntax and Semantics. Vol. 8. Grammatical Relations. New York / London: Academic Press, 59-81. [Teilabdruck in: René Dirven / Günter A. Radden (eds.): Fillmore's Case Grammar. A Reader. Heidelberg: Groos 1987, 71-78.]

Fillmore, Charles J. (1977b): Scenes-and-Frames Semantics. In: Antonio Zampolli (ed.): Linguistic Structures Processing. Vol. 5. Amsterdam / New York / Oxford: North Holland, 55-81. [Teilabdruck in: René Dirven / Günter A. Radden (eds.): Fillmore's Case Grammar. A Reader. Heidelberg: Groos 1987, 79-88.]

Fillmore, Charles J. (1977c): Topics in Lexical Semantics. In: Roger W. Cole (ed.): Current Issues in Linguistic Theory. Bloomington / London: Indiana University Press, 76-138. [Teilabdruck in: In: René Dirven / Günter A. Radden (eds.): Fillmore's Case Grammar. A Reader. Heidelberg: Groos 1987, 89-98.]

Fillmore, Charles J. (1977d): Schemata and Prototypes. Lecture notes of a symposium held at Trier University, 1977. In: René Dirven / Günter A. Radden (eds.): Fillmore's Case Grammar. A Reader. Heidelberg: Groos 1987, 99-106.

2. Schriften von Charles J. Fillmore und FrameNet   839

Fillmore, Charles J. (1978): On the organization of semantic information in the lexicon. In: Donka Farkas /
Wesley M. Jacobsen / Karol W. Todrys (eds.): Papers from the Parasession on the Lexicon. Chicago:
The Chicago Linguistic Society, 148-173.

Fillmore, Charles J. (1979): Innocence: a second idealization for linguistics. In: Christine Chiarello et al.
(eds.): Proceedings of the Fifth Annual Meeting of the Berkeley Linguistics Society. Berkeley: Berkeley
Linguistics Society, 63-76.

Fillmore, Charles J. (1981a): Ideal readers and real readers. In: Deborah Tannen (ed.): Analyzing Discourse: Text and Talk. Georgetown University Roundtable on Language and Linguistics. Washington,
D.C.: Georgetown University Press, 248-70.

Fillmore, Charles J. (1981b): Pragmatics and the Description of Discourse. In: Peter Cole (ed.): Radical
Pragmatics. New York / London: Academic Press, 143-166. [zuerst in: S.J. Schmidt (ed.) (1976): Pragmatik II. München: Fink.]

Fillmore, Charles J. (1982a): Frame Semantics. In: The Linguistic Society of Korea (ed.): Linguistics in The
Morning Calm. Seoul: Hanshin Publishing Corp., 111-137.

Fillmore, Charles (1982b): Towards a Descriptive Framework for Spatial Deixis. In: Jarvella, Robert J. /
Klein, Wolfgang (eds.): Speech, Place, and Action. London: John Wiley, 31-59.

Fillmore, Charles J. (1982c): Monitoring the reading process. In: The Linguistic Society of Korea (ed.):
Linguistics in The Morning Calm. Seoul: Hanshin Publishing Corp., 329-348.

Fillmore, Charles J. (1984): Lexical semantics and text semantics. In: James E. Copeland (ed.): New Directions in Linguistics and Semantics. Houston: Rice University Studies, 123-147.

Fillmore, Charles J. (1985a): Frames and the Semantics of Understanding. In: Quaderni di Semantica 6,
222-254.

Fillmore, Charles J. (1985b): Syntactic intrusions and the notion of grammatical construction. In: Mary
Niepokuj et al. (eds.): Proceedings of the Eleventh Annual Meeting of the Berkeley Linguistics Society.
Berkeley: Berkeley Linguistics Society, 73-86.

Fillmore, Charles J. (1986a): Pragmatically Controlled Zero Anaphora. In: Vassiliki Nikiforidou et al.
(eds.): Proceedings of the Twelfth Annual Meeting of the Berkeley Linguistics Society. Berkeley:
Berkeley Linguistics Society, 95-107.

Fillmore, Charles J. (1986b): U-semantics, Second Round. In: Quaderni di Semantica 7, 49-58.

Fillmore, Charles J. (1987a): Varieties of conditional sentences. Proceedings of the Third Eastern States
Conference on Linguistics. Columbus, Ohio: Ohio State University Department of Linguistics, 163-182.

Fillmore, Charles J. / Paul Kay. (1987b): The goals of Construction Grammar. Berkeley Cognitive Science
Program Technical Report no. 50. University of California at Berkeley.

Fillmore, Charles J. (1988): The mechanisms of construction grammar. In: Shelley Axmaker / Annie Jaisser
/ Helen Singmaster (eds.): Proceedings of the Fourteenth Annual Meeting of the Berkeley Linguistics
Society. General Session and Parasession on Grammaticalization. Berkeley: Berkeley Linguistics Socie-
ty, 35-55.

Fillmore, Charles J. / Paul Kay / Mary Catherine O'Connor (1988b): Regularity and idiomaticity in grammatical constructions: The case of 'let alone'. In: Language 64. 501-538.

Fillmore, Charles J. (1989): Grammatical Construction Theory and the Familiar Dichotomies. In: Rainer
Dietrich / Carl F. Graumann (eds.): Language Processing in Social Context. Amsterdam u.a. 17-37.

Fillmore, Charles J. (1992a): 'Corpus linguistics' vs. 'computer-aided armchair linguistics'. In: Jan Svartvik
(ed.): Directions in Corpus Linguistics (= Proceedings of 1991 Nobel Symposium on Corpus Linguistics). Berlin / New York: Mouton de Gruyter, 35-60.

Fillmore, Charles J. / B. T. S. Atkins (1992b): Toward a frame-based organization of the lexicon: The
semantics of RISK and its neighbors. In Adrienne Lehrer / E. Kittay (Eds.): Frames, Fields, and Con-
trast: New Essays in Semantics and Lexical Organization. Hillsdale: Lawrence Erlbaum Associates, 75-
102.

Fillmore, Charles J. / Paul Kay. (1993): Construction Grammar Coursebook. Manuscript, University of
California at Berkeley Department of linguistics.

Fillmore, Charles J. / B. T. S. Atkins (1994a): Starting where the Dictionaries Stop: The Challenge of Corpus Lexicography. In: Atkins, B. T. S. / A. Zampolli (eds.): Computational Approaches to the Lexicon.
Oxford: Oxford University Press, 349-393.

Fillmore, Charles J. (1994b): Under the circumstances (place, time, manner, etc.). In: Proceedings of the
twentieth Annual Meeting of the Berkeley Linguistics Society. Berkeley: Berkeley Linguistics Society,
158 - 182.

840   *Bibliographie*

Fillmore, Charles J. (1994c): The hard road from verbs to nouns. In: Matthew Y. Chen / Ovid J. L. Tzeng / William S. Y. Wang (eds.): Interdisciplinary Studies on Language and Language Change. In Honor of William S. Y. Wang. Taiwan: Pyramid Press, 105-129.

Fillmore, Charles J. (1996a): The new feature structure decisions. Berkeley: University of California, Berkeley, MS. [http: / / www.icsi.berkeley.edu / ~kay / beg / FSRev.html]

Fillmore, Charles J. / Paul Kay (1996b): Construction Grammar. Manuscript. University of California at Berkeley Department of linguistics.

Fillmore, Charles J. (1997a): A Linguist Looks at the Ebonics Debate. In: Center for Applied Linguistics - www.cal.org. Fundstelle: http:\\ www.cal.org / ebonics / ebfillmo.html (07.10.2004, 11:05 h)

Fillmore, Charles J. / J.B. Lowe / Collin F. Baker (1997b): A frame-semantic approach to semantic annotation. In: Proceedings of the SIGLEX Workshop on Tagging Text with Lexical Semantics: Why, What, and How? held April 4-5, in Washington, D.C., USA in conjunction with ANLP-97. [http: / / framenet. icsi.berkeley.edu / ~framenet / papers / siglex.pdf]

Fillmore, Charles J. / J.B. Lowe / Collin F. Baker (1997c): The Berkeley FrameNet project. In: Proceedings of the COLING-ACL, Montreal, Canada. [http: / / framenet.icsi.berkeley.edu / ~framenet / papers / acl98. pdf]

Fillmore, Charles J. / B.T.S. Atkins (1998a): FrameNet and lexicographic relevance. In: Proceedings of the First International Conference on Language Resources and Evaluation, Granada, Spain. [http: / / framenet. icsi.berkeley.edu / ~framenet / papers / lexrel.pdf]

Fillmore, Charles J. (1998b): Deixis and Context. In: K. Malmkjaer / J. Williams (eds.): Context in Language Learning Language Understanding. Cambridge: Cambridge University Press, 27 – 41.

Fillmore, Charles J. / Nancy Ide / Daniel Jurafsky / Catherine Macleod (1998c): An American National Corpus: A Proposal. In: Proceedings of the First International Conference on Language Resources and Evaluation (LREC). Granada, 28.30, May 1998.

Fillmore, Charles J. (1999a): Inversion and Constructional Inheritance. In: Gert Webelhuth / Jean-Pierre Koenig / Andreas Kathol (eds.): Lexical and constructional aspects of linguistic explanation. Stanford, Ca: CSLI Publications, 113-128.

Fillmore, Charles J. / Paul Kay (1999b): Grammatical constructions and linguistic generalizations: The What's X doing Y? construction. In: Language 75, 1-33.

Fillmore, Charles J. / B. T. S. Atkins (2000a): Describing Polysemy: The Case of "crawl". In: Yael Ravin / Claudia Leacock (eds.): Polysemy: Linguistic and Computational Approaches. Oxford: Oxford University Press 1998, 91-110.

Fillmore, Charles J. / Christopher R. Johnson (2000b): The FrameNet tagset for frame-semantic and syntactic coding of predicate-argument structure. In Proceedings of the 1st Meeting of the North American Chapter of the Association for Computational Linguistics (ANLP-NAACL 2000), April 29-May 4, 2000, Seattle WA, 56-62. [http: / / framenet.icsi. berkeley.edu / ~framenet / papers / crj_cjf2000.pdf]

Fillmore, Charles J. / Collin F. Baker (2000c): FrameNet: Frame semantics meets the corpus. Poster session at The Linguistic Society of America, January, 2000.

Fillmore, Charles J. / Collin F. Baker (2001a): Frame Semantics for Text Understanding. In: Proceedings of Word Net and Other Lexical Resources Workshop, NAACL, Pittsburgh, June, 2001. [http: / / framenet.icsi.berkeley.edu / ~framenet / papers / FNcrime.pdf]

Fillmore, Charles J. / Charles Wooters / Collin F. Baker (2001b): Building a Large Lexical Databank Which Provides Deep Semantics. In: B. Tsou / O. Kwong (eds.): Proceedings of the Pacific Asian Conference on Language, Information and Computation. Hong Kong. [http: / / framenet.icsi.berkeley.edu / ~framenet / papers / dsemlex16.pdf]

Fillmore, Charles J. (2002a): Mini-grammars of time-when expressions in English. In: Joan Bybee / M. Noonan (eds.): Complex Sentences in Grammar and Discourse. Amsterdam / Philadelphia: John Benjamins, 31-59.

Fillmore, Charles J. / Collin F. Baker. / Hiroaki Sato (2002b): The FrameNet Database and Software Tools. In: M. González Rodríguez / C. Paz Suárez Araujo (eds.), Proceedings of the Third International Conference on Language Resources and Evaluation. Las Palmas, Spain. Vol. IV: 1157-1160. [http: / / framenet. icsi.berkeley.edu / ~framenet / papers / demo4.pdf]

Fillmore, Charles J. / Collin F. Baker / Hiroaki Sato (2002c): Seeing Arguments through Transparent Structures. In: Proceedings of the Third International Conference on Language Resources and Evaluation (LREC). Las Palmas. 787-91. [http: / / framenet.icsi.berkeley.edu / ~framenet / papers / LREC12.pdf]

Fillmore, Charles J. / Hiroaki Sato (2002d): Transparency and Building Lexical Dependency Graphs. In: J. Larson / M. Paster (eds.) Proceedings of the 28th Annual Meeting of the Berkeley Linguistics Society. 87-99. [http: / / framenet.icsi.berkeley.edu / ~framenet / papers / cjf_sato_bls02.pdf]

2. Schriften von Charles J. Fillmore und FrameNet   841

Fillmore, Charles J. / Srini Narayanan / Collin F. Baker / Miriam R. L. Petruck (2002e): FrameNet Meets the Semantic Web: A DAML+OIL Frame Representation. In: Proceedings of the The Eighteenth National Conference on Artificial Intelligence. Edmonton, Canada. [http: / / framenet.icsi.berkeley.edu / ~framenet / papers / semweblr.pdf]

Fillmore, Charles J. / Josef Ruppenhofer / Collin F. Baker (2002f): Collocational Information in the FrameNet Database. In: Anna Braasch / Claus Povlsen (eds.): Proceedings of the Tenth Euralex International Congress. Copenhagen, Denmark. Vol. I: 359-369. [http: / / framenet.icsi.berkeley.edu / ~framenet / papers / euralex02. rtf.gz *oder:* / euralex02.htm]

Fillmore, Charles J. / Josef Ruppenhofer / Collin F. Baker (2002g): The FrameNet Database and Software Tools. In: Anna Braasch / Claus Povlsen (eds.): Proceedings of the Tenth Euralex International Congress. Copenhagen, Denmark. Vol. I: 371-375. [http: / / framenet. icsi.berkeley.edu / ~framenet / papers / euralexdemo02.rtf.gz]

Fillmore, Charles J. (2002h): Lexical isolates. In: Maria-Hélène Corréard (ed.): Lexicography and Natural Language Processing. A Festschrift in Honour of B.S.T. Atkins. o. Ort: Euralex, 105-124.

Fillmore, Charles J. (2003a): Valency and Semantic Roles: The Concept of Deep Structure Case. In: Vilmos Ágel et al. (eds.): Dependency and Valency. An International Handbook of Contemporary Research. (HSK Vol. 25.1) Berlin / New York: de Gruyter 2003, 457-475.

Fillmore, Charles J. / Christopher R. Johnson / Miriam R.L. Petruck (2003b): Background to Framenet. In: International Journal of Lexicography, Vol 16.3, 235-250.

Fillmore, Charles J. / Sue Atkins / Christopher R. Johnson (2003c): Lexicographic Relevance: Selecting Information From Corpus Evidence. In: International Journal of Lexicography. Volume 16.3, 251-280.

Fillmore, Charles J. / Collin F. Baker / Beau Cronin (2003d): The Structure of the Framenet Database. In: International Journal of Lexicography, Volume 16.3, 281-296.

Fillmore, Charles J. / Miriam R.L. Petruck / Josef Ruppenhofer / Abby Wright (2003e): FrameNet in Action: The Case of Attaching. In: International Journal of Lexicography, Vol 16.3, 297-332.

Fillmore, Charles J. / Miriam R.L. Petruck (2003f): FrameNet Glossary. In: International Journal of Lexicography, Vol 16.3, 359-361.

Fillmore, Charles J. / Srini Narayanan / Miriam R. L. Petruck / Collin F. Baker (2003g): Putting FrameNet Data into the ISO Linguistic Annotation FrameWork. In: Proceedings of the ACL 2003 Workshop on Linguistic Annotation: Getting the Model Right, Sapporo, Japan. [http: / / framenet.icsi.berkeley.edu / ~framenet / papers / lgannoTop.pdf]

Fillmore, Charles J. / Miriam R. L. Petruck / Collin F. Baker / Michael Ellsworth / Josef Ruppenhofer (2003h): Reframing FrameNet Data. ICSI-MS. [http: / / framenet.icsi.berkeley.edu / ~framenet / papers / euralex04.pdf]

Fillmore, Charles J. / Srini Narayanan / Collin Baker / Miriam Petruck (2003i): FrameNet Meets the Semantic Web: Lexical Semantics for the Web. In: Dieter Fensel / Katia Sycara / John Mylopoulos (eds.): The Semantic Web - ISWC 2003: 771-787. (= Proceedings of the Second International Semantic Web Conference, Sanibel Island, FL, USA, October 20-23, 2003) Berlin: Springer.

Fillmore, Charles (2003k): Double-Decker definitions: The Role of Frames in Meaning Explanations. In: Sign Language Studies Vol. 3, No. 3, Spring 2003.

Fillmore, Charles (2006a): Frame Semantics. In: Keith Brown (ed.): Encyclopedia of Language and Linguistics. 2nd Edition. Amsterdam: Elsevier, 613-620.

Fillmore, Charles J. / Srini Narayanan / Collin F. Baker (2006b): What can linguistics contribute to event extraction? In: American Association for Artificial Intelligence.

Fillmore, Charles (2008a): The Merging of "Frames". In: Rema Rossini Favretti (ed.): Frames, Corpora, and Knowledge Representation. Bologna: Bononia University Press, 2008, 1-12.

Fillmore, Charles (2008b): Border Conflicts: FrameNet meets Construction Grammar. In: Elisenda Bernal / Janet DeCesaris (eds.): Proceedings of the XIII EURALEX International Congress. Barcelona: Universitat Pompeu Fabra, 49-68.

Fillmore, Charles / Collin Baker (2010a): A Frame Approach to Semantic Analysis. In: Bernd Heine / Heiko Narrog (eds.): The Oxford Handbook of Linguistic Analysis. Oxord: University Press, 313-339.

Fillmore, Charles / Jószef Andor (2010b): Discussing frame semantics: The state of the art. An interview with Charles J. Fillmore. In: Review of Cognitive Linguistics 8:1, 157-176. (Benjamins)

842   *Bibliographie*

2.2   Schriften zu FrameNet (chronologisch, ohne Beteiligung von Fillmore)

Petruck, M.R. (1995): Frame semantics and the lexicon. Nouns and verbs in the body frame. In: M. Shibatani et al. (eds.): Essays in semantics and pragmatics. In Honour of Charles J. Fillmore. Amsterdam, 279-297.

Petruck, Miriam R. L. (1996): Frame Semantics. In: Jef Verschueren / Jan-Ola Östman / Jan Blommaert / Chris Bulcaen (eds.): Handbook of Pragmatics. Philadelphia: John Benjamins.

Gahl, Susanne (1998a): Automatic extraction of Subcategorization Frames for Corpus-based Dictionary-building. In: Thierry Fontenelle et al. (eds.): Proceedings of the Eighth EURALEX Conference, Liège, Belgium: 445-452. [http: / / framenet.icsi.berkeley.edu / ~framenet / papers / euralex-word.doc]

Gahl, Susanne (1998b): Automatic extraction of Subcorpora based on Subcategorization Frames from a Part-of-Speech tagged Corpus. In: Proceedings of the 17th international conference on Computational Linguistics. Vol. 1. Montréal, 428-432.

Johnson, Christopher R. (1999): Multiple frame inheritance in lexical descriptions. Presentation at the Annual Meeting of the Linguistic Society of America. Los Angeles, January 9, 1999.

Boas, Hans C. (2001): Frame Semantics as a framework for describing polysemy and syntactic structures of English and German motion verbs in contrastive computational lexicography. In: Paul Rayson / Andrew Wilson / Tony McEnery / Andrew Hardie / Shereen Khoja (eds.): Proceedings of the Corpus Linguistics 2001 conference. Technical Papers, Vol. 13. Lancaster, UK: University Centre for computer corpus research on language. [http: / / framenet.icsi.berkeley.edu / papers / boasCL2001.pdf]

Gildea, Daniel and Daniel Jurafsky (2001): Automatic Labeling of Semantic Roles, ICSI Technical Report 01-005. [ftp: / / ftp.icsi.berkeley.edu / pub / techreports / 2001 / tr-01-005.pdf]

Gildea, Daniel and Daniel Jurafsky (2000): Automatic Labeling of Semantic Roles, In Proceedings of ACL 2000, Hong Kong.

Gildea, Daniel and Daniel Jurafsky (2002) Automatic Labeling of Semantic Roles, Computational Linguistics, Vol 28.3, 245-288.

Baker, Collin F. / Josef Ruppenhofer (2002) FrameNet's Frames vs. Levin's Verb Classes. In: J. Larson and M. Paster (Eds.) In Proceedings of the 28th Annual Meeting of the Berkeley Linguistics Society. 27-38. [http: / / framenet.icsi.berkeley.edu / ~framenet / papers / bakerrup.pdf]

Chang, Nancy / Srini Narayanan / Miriam R. L. Petruck (2002a): From Frames to Inference. In: Proceedings of the First International Workshop on Scalable Natural Language Understanding, Heidelberg, Germany. [http: / / framenet.icsi.berkeley.edu / papers / changscan.pdf]

Chang, Nancy / Srini Narayanan / Miriam R. L. Petruck (2002b): Putting Frames in Perspective. In: Proceedings of the Nineteenth International Conference on Computational Linguistics, Taipei, Taiwan. [http: / / framenet. icsi. berkeley.edu / ~framenet / papers / chang_narayan_ petruck.pdf]

Dodge, Ellen / Abby C Wright (2002): Herds of Wildebeest, Flasks of Vodka, Heaps of Trouble: An Embodied Construction Grammar Approach to English Measure Phrases. In: J. Larson / M. Paster (Eds.) Proceedings of the 28th Annual Meeting of the Berkeley Linguistics Society: 75-86. [http: / / framenet. icsi.berkeley.edu / ~framenet / papers / dodge_wright .doc]

Boas, Hans C. (2002): Bilingual FrameNet Dictionaries for Machine Translation. In: M. González Rodríguez / C. Paz Suárez Araujo (eds.): Proceedings of the Third International Conference on Language Resources and Evaluation. Las Palmas, Spain. Vol. IV: 1364-1371. [http: / / framenet.icsi. berkeley.edu / papers / boasLREC2002.pdf]

FrameNet (2002): Frequently Asked Questions about FrameNet. MS [http: / / framenet.icsi.berkeley.edu / papers / FN_FAQs.htm.]

Atkins, Sue / Michael Rundell / Hiroaki Sato (2003): The Contribution of Framenet to Practical Lexicography. In: International Journal of Lexicography, Volume 16.3, 333-357.

Baker, Collin F. / Hiroaki Sato (2003): The FrameNet Data and Software. Poster and Demonstration at Association for Computational Linguistics, Sapporo, Japan. [http: / / framenet.icsi.berkeley.edu / framenet / papers / acl03demo.pdf]

Boas, Hans C. (2003): Frame-bearing Nominals. In: E. Hajičová / A. Kotěšovcová / J. Mírovský (eds.): Proceedings of XVII International Congress of Linguists, Prague, Czech Republic, July 24-29. 2003. CD-ROM. Matfyzpress, MFF UK. Prague, 2003.

Fontenelle, Thierry (ed.) (2003): Special Issue on Frame Net (= International Journal of Lexicography 16.3, September 2003)

Mohit, Behrang / Srini Narayanan (2003): Semantic Extraction with Wide-Coverage Lexical Resources. In: Marti Hearst / Mari Ostendorf (eds.): HLT-NAACL 2003: Short Papers. Edmonton, Alberta, Canada. 64-66. [http: / / framenet.icsi.berkeley.edu / ~framenet / papers / mohit1.pdf]

Petruck, Miriam R. L. / Hans C. Boas (2003): All in a Day's Week. In E. Hajicova / A. Kotesovcova / Jiri Mirovsky (eds.): Proceedings of XVII International Congress of Linguists, Prague, Czech Republic, July 24-29. 2003. CD-ROM. Prague: Matfyzpress. [http: / / framenet.icsi. berkeley.edu / ~framenet / papers / weekday.pdf]

Steiner, Petra (2003): FrameNet und WordNet. Perspektiven für die Verknüpfung zweier lexikalisch-semantischer Netze. Berkeley: ICSI

Subirats-Rüggeberg, Carlos / Miriam R. L. Petruck (2003): Surprise: Spanish FrameNet! In: E. Hajičová / A. Kotěšovcová / J. Mírovský (ed.): Proceedings of XVII International Congress of Linguists, Prague, Czech Republic, July 24-29. 2003 CD-ROM. Matfyzpress, MFF UK. Prague, 2003. [http: / / framenet. icsi. berkeley.edu / ~framenet / papers / SFNsurprise.pdf]

Petruck, Miriam R. L. (2005): Towards Hebrew FrameNet. [published online at: http: / / kdictionaries.com / kdn / kdn1304.html.

Boas, Hans C. (2005): From Theory to Practice: Frame Semantics and the Design of FrameNet. In: Stefan Langer / Daniel Schnorbusch (Hg.): Semantik im Lexikon. Tübingen: Narr, 129-159.

Scheffczyk, Jan / Collin F. Baker / Srini Narayanan (2006): Ontology-based Reasoning about Lexical Resources. MS ICSI.

Ruppenhofer, Josef / Michael Ellsworth / Miriam R. L. Petruck / Christopher R. Johnson / Jan Scheffczyk (2006): FrameNet II: Extended Theory and Praxis [= "The Book"]. Berkeley: ICSI. (2nd unchanged Edition 2010)

2.3 Schriften von Marvin Minsky

Minsky, Marvin (1974): A Framework for Representing Knowledge. In: Artificial Intelligence Memo No. 306, M.I.T. Artificial Intelligence Laboratory. [Abgedruckt in: Patrick H. Winston (ed.): The Psychology of Computer Vision. New York: McGraw-Hill, 1975, 211-277. – Auszug abgedruckt in: Dieter Metzing (ed.): Frame Conceptions and Text Understanding. Berlin / New York: de Gruyter, 1980, 1-25. - Dt. in: Dieter Münch (Hrsg.): Kognitionswissenschaft. Grundlagen, Probleme, Perspektiven. Frankfurt am Main: Suhrkamp, 1992, 92-133].

[Minskys wichtigster Aufsatz kann über folgende URLs durch das Internet heruntergeladen werden (Stand 24.11.2008):
http: / / web.media.mit.edu / ~minsky / papers / Frames / frames.html,
http: / / hdl.handle.net / 1721.1 / 6089,
http: / / dspace.mit.edu / bitstream / handle / 1721.1 / 6089 / AIM-306.pdf?sequence=2,
http: / / www.cogsci.BME.hu / ~babarczy / Orak / BMEpostgrad / semantics / 2005spring / MinskyFrames1975. pdf]

Minsky, Marvin (1977): Frame-system theory. In: P.N. Johnson-Laird / P.C.Wason (eds.): Thinking. Reading in Cognitive Science. Cambridge: Cambridge University Press, 355 – 376. [formulierungsidentische Auszüge aus Minsky (1974); textidentisch in dieser Form abgedruckt in: R.C. Schank / B.L. Nash-Webber (eds.): Theoretical Issues in Natural Language Processing. Preprints of a Conference at MIT. (June 1985.)]

Minsky, Marvin (1986): The Society of Mind. New York: Simon and Schuster. [Dt.: Mentopolis. Stuttgart: Klett-Cotta, 1990]

Anhang: Schaubilder, Listen, Screenshots zu Frames

Im Anhang werden nur solche Materialien abgedruckt, die nicht bereits im Haupttext wiedergegeben worden sind. Zur besseren Übersicht wird in den Abschnitten des Anhangs jedoch auf die zu den jeweiligen Abschnitten gehörenden / passenden Schaubilder, die bereits im Haupttext verwendet wurden, verwiesen. Der Anhang enthält auch zahlreiche Frame-Darstellungen (insbesondere auch aus dem neuen Frame-Forschungsschwerpunkt SFB 991 in Düsseldorf), die nicht näher kommentiert wurden und werden. Da diese Form der intensiven linguistischen und interdisziplinären Frame-Forschung noch sehr am Anfang steht, handelt es sich um erste Entwürfe, deren Abdruck hier nur die Vielfalt der darstellerischen und analytischen Möglichkeiten einer Frame-Linguistik aufzeigen soll.

A.2   Materialien zu Kapitel 2 und 6.1: Fillmore und FrameNet

Abb. 6-1:   FrameNet-Datenbank: Lexikoneintrag für BUYER (S. 448).

Abb. 6-2:   FrameNet-Datenbank: Frame-Darstellung für COMMERCE_SCENARIO (S. 449 f.).

Abb. 6-3   *Types of Frame to Frame Relations* (FrameNet-Book 2010, 75) (S. 451).

Abb. 7-5:   Darstellung der COMMERCIAL TRANSACTION nach Fillmore aus *FrameNet II: Extended Theory and Practice*, 2006, 14 (S. 711).

Abb. 7-6:   Darstellung von temporalen *Sub-frame relations* am Beispiel CRIMINAL PROCESS aus *FrameNet II: Extended Theory and Practice*, 2006, 109 (S. 711).

Abb. 7-7:   Darstellung eines SLEEP-WAKE-CYCLE-FRAMES aus *FrameNet II: Extended Theory and Practice*, 2006, 109 (S. 712).

Abb. 7-8:   ATTACK-Frame aus: Scheffczyk / Baker / Narayanan 2006, 2 (S. 712).

Abb. 7-9:   ATTACK-Frame mit Teil-Ontologie aus: Scheffczyk / Baker / Narayanan 2006, 4 (S. 713).

Abb. 7-10: Beispiel für einen Satz-Frame aus: Scheffczyk / Baker / Narayanan 2006, 4 (S. 714).

Abb. 7-11: Ein seltenes Beispiel für graphische Darstellungen in FrameNet (Satz-Frame HIJACK) aus Fillmore / Narayanan / Baker 2006b, 3 (S. 715).

Abb. 7-12: Relationen zwischen Frames nach Baker / Ruppenhofer 2002, 9 (S. 716).

Abb. 7-13: CRIMINAL PROCESS Frame aus Fillmore / Narayanan / Baker / Petruck 2002e, 5 (S. 717).

Abb. 7-14: Darstellung eines Frame-Elements in Listenform am Beispiel Duration aus FrameNet II: Extended Theory and Practice, 2006, 136 (S. 718).

Abb. 7-17: Listendarstellung von Frame-Elementen und –relationen aus Chang / Narayanan / Petruck 2002b, 4 (S. 721).

Abb. 7-18: Frame-Darstellung in Tabellenform aus: Fillmore / Atkins / Johnson 2003c, 258 (S. 722).

Abb. 7-19: Frames und Frame-Relations in Tabellenform am Beispiel Criminal Process nach Fillmore / Baker 2001a, 2 (S. 723).

Abb. 7-20: Verbindungen zwischen vererbten Frames in FrameNet nach Steiner 2003, 3 (S. 724).

Abb. 7-21: Darstellung von *Frame to frame relations* am Beispiel ASSISTANCE aus FrameNet II: Extended Theory and Practice, 2006, 105 (S. 725).

Abb. 7-25: Screenshot of the Frame Editing Tool aus Fillmore / Ruppenhofer / Baker 2002f, (S. 728).

Abb. 7-26: Daten- u. Darstellungs-Struktur in der FrameNet II – Datenbank nach Steiner 2003, 5 (S. 729).

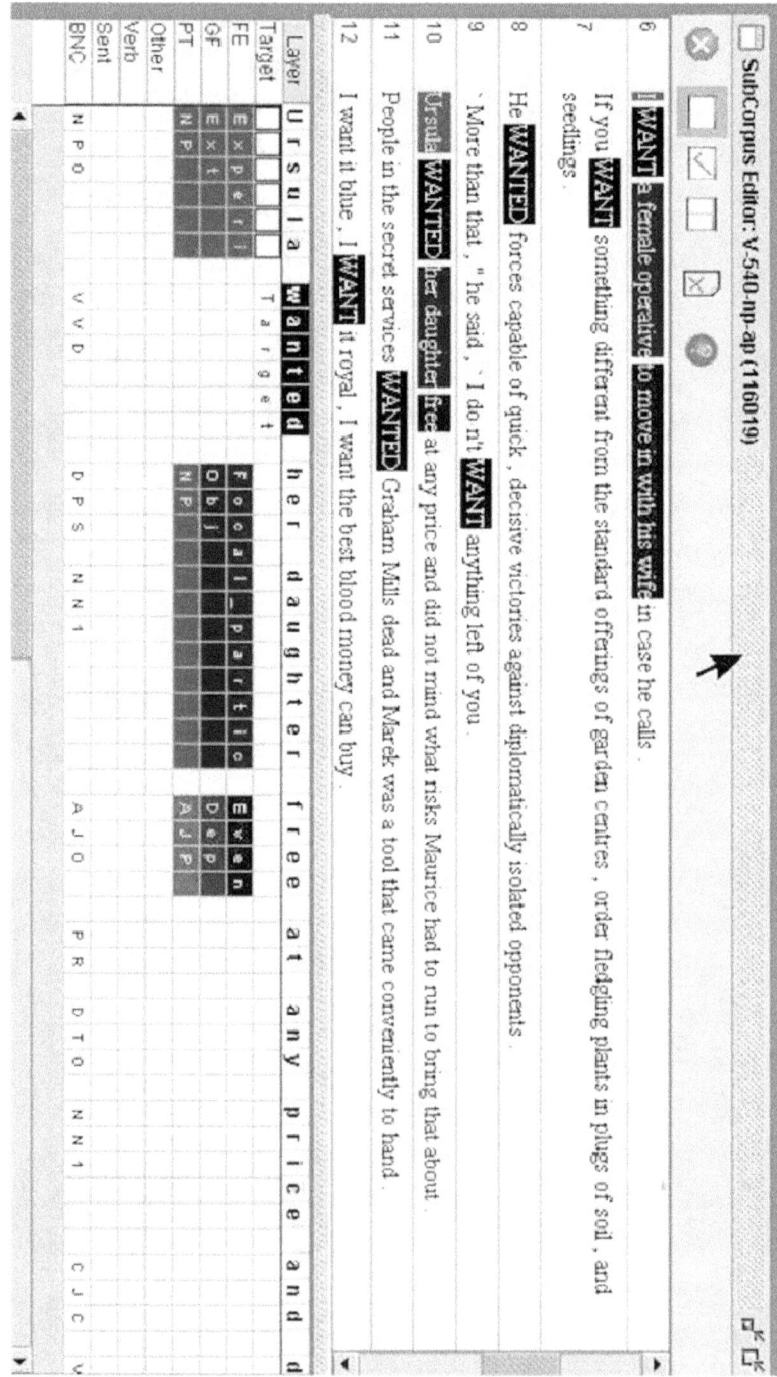

Abb. A-2-1: Darstellung von *Annotation Layers* (Bildschirm-Maske) aus *FrameNet II: Extended Theory and Practice*, 2006, 20

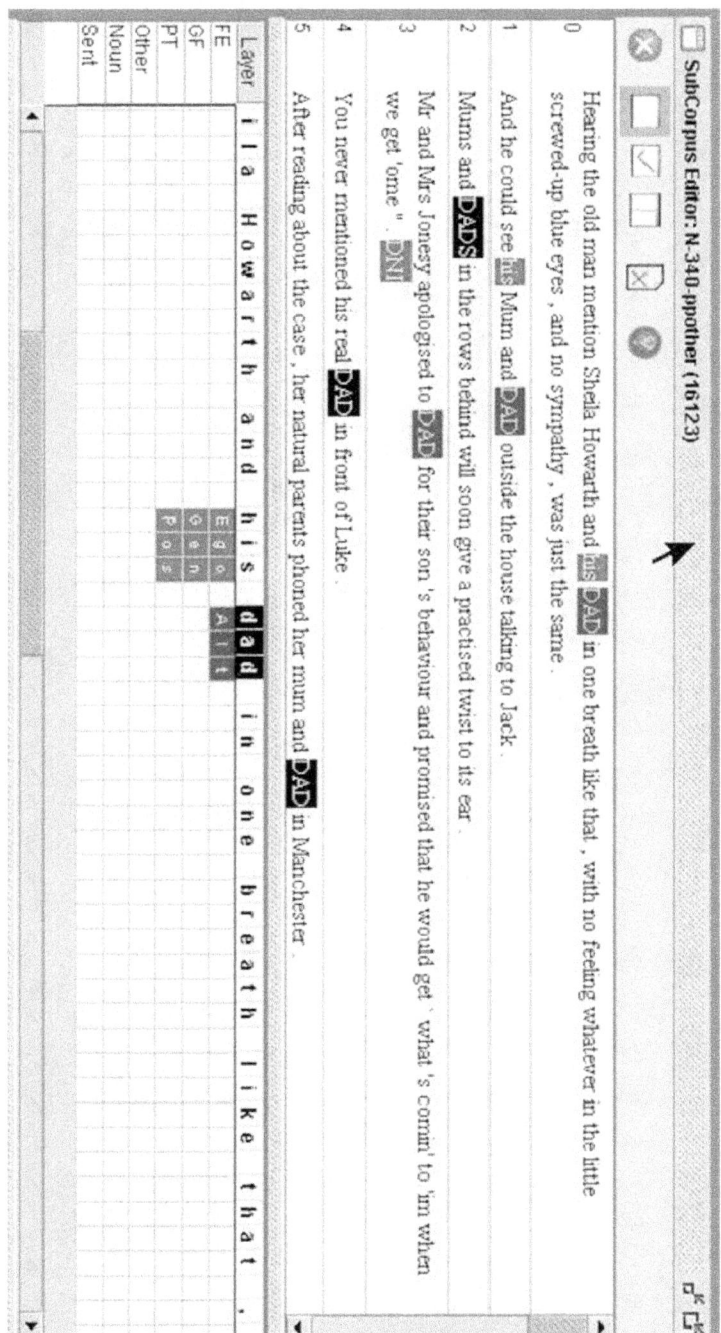

Abb. A-2-2: Darstellung einer *Frame element annotation of a target word* (Bildschirm-Maske) aus *FrameNet II: Extended Theory and Practice*, 2006, 68

Frame-Darstellungen   847

FEG (abbr.)	Frame Element Group	Example
{H, B, T}	HEALER, BODYPART TREATMENT	The doctor treated my knee with heat.
{H, D}	HEALER, DIS-ORDER	The doctor cured my disease.
{P}	PATIENT	The baby recovered.
{M,B}	MEDICINE, BODYPART	The ointment cured my foot.
{B}	BODYPART	His foot healed.
{W}	WOUND	The cut rapidly healed.

Abb. A-2-3: Beispiel für *Frame element groups* (FEG) aus Fillmore / Lowe / Baker 1997b, 7

A.3   Materialien zu Kapitel 3: Minsky

Abb. 3-1: „Wolf und Schaf am Fluss" nach Minsky 1975, 21 (S. 265).

Abb. 3-2: „strukturale" vs. „funktionale" Beschreibung eines Stuhls nach Minsky 1990, 134 (S. 286).

Abb. 3-3: Bsp. für Perspektiven aus: Marvin Minsky: Mentopolis. Stuttgart 1990, S. 255 (S. 291).

Abb. A-6-15: Ein Apfel-Frame nach Minsky 1985, 204, 221 (aus: Lönneker 2003, 7) (S. 859).

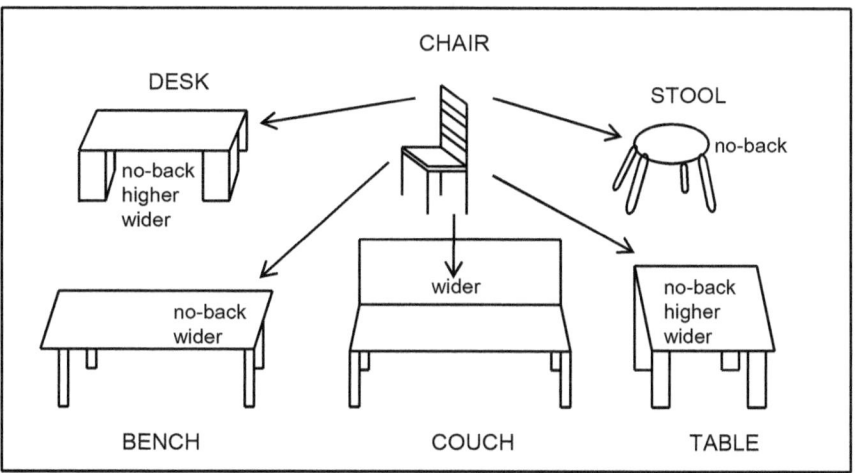

Abb. A-3-1: A furniture network with Chair, Couch. Table, Stool, Desk, etc.,
and their similarities and differences. [nach Minsky 1975, 38]

848   *Anhang*

A.5.1   Materialien zu Kapitel 5.1: Schank / Abelson

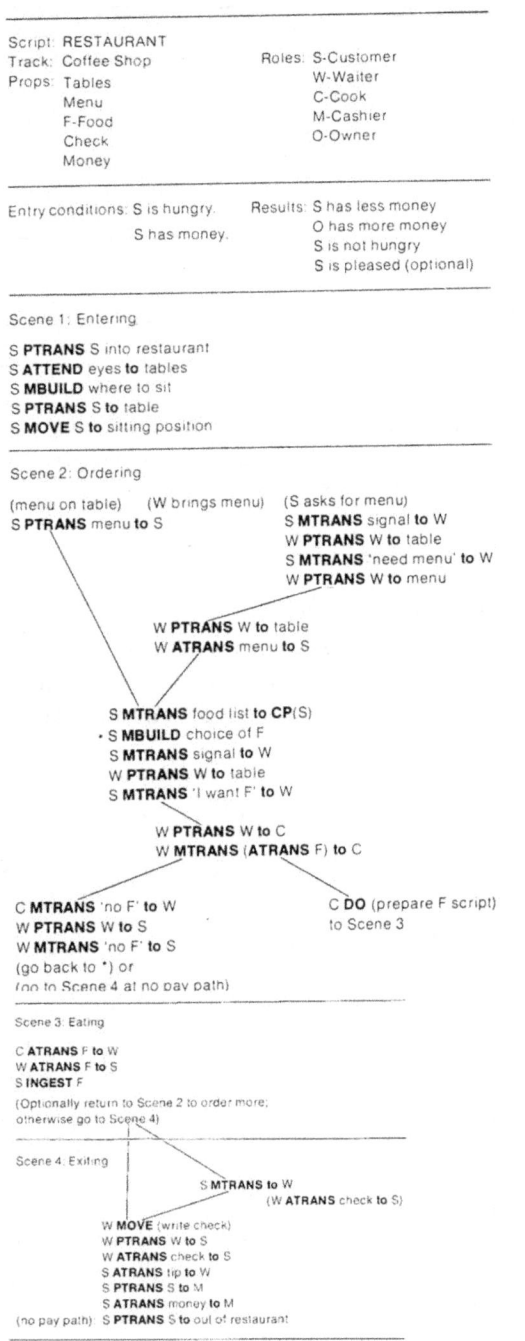

Abb. A-5-1: Restaurant-Script aus Schank / Abelson 1977, 43 f.

Frame-Darstellungen   849

A.5.2 Materialien zu Kapitel 5.2: Barsalou

Abb. 5-1: Attribut-Frame für „Reisegefährte" nach Barsalou 1992, 33, 62 (S. 366).

Abb. 7-1: Frame-Graphik mit gerichteten Kanten am Beispiel car aus: Barsalou 1992, 30 (S. 709).

Abb. 7-3: Darstellung von token / Exemplaren für *BIRD* in einem Frame aus Barsalou 1992, 45 (S. 710).

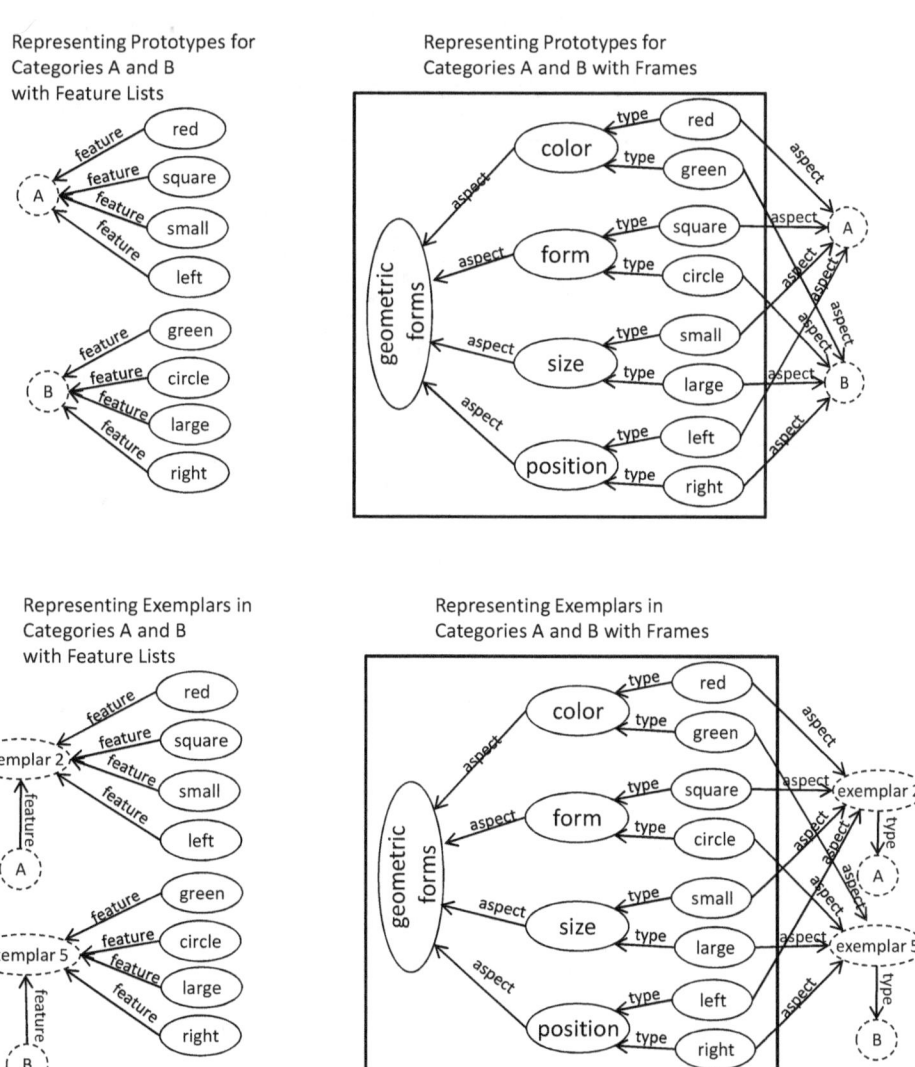

Feature list and frame respresentations of prototypes (top)
and of exemplars (bottom). Frames are enclosed in boxes

Abb. A-5-2: Vergleich von Merkmal-Listen- und Frame-Repräsentationen von Typen und Exemplaren
aus Barsalou 1992, 24

850   *Anhang*

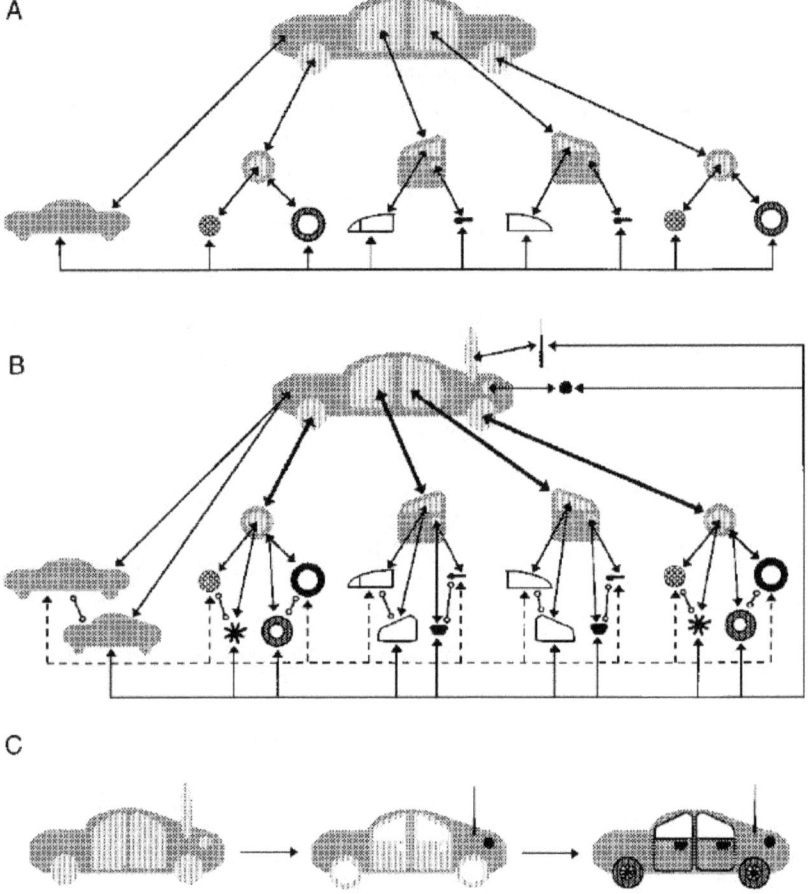

Figure 3.   (A) An example of establishing an initial frame for *car* after processing a first instance. (B) The frame's evolution after processing a second instance. (C) Constructing a simulation of the second instance from the frame in panel B. In Panels A and B, lines with arrows represent excitatory connections, and lines with circles represent inhibitory connections.

Abb. A-5-3: Instantiierungs-Beispiel aus: Barsalou 1999, 590

A.5.4   Materialien zu Kap. 5.4

Abb. 5-2:   Beispiele für Schema-Sub-Schema-Relationen und Sub-Schema-Identifikationen nach Rumelhart 1980, 46 (S. 431).

Frame-Darstellungen   851

A.6.1 Schaubilder, Listen und Tabellen zu FrameNet

Alle ergänzenden Materialien und Hinweise zu Schaubildern zu Fillmore und FrameNet sind zugunsten der besseren Übersichtlichkeit oben unter Abschnitt A.2 abgedruckt.

A.6.2.1 Schaubilder und Listen aus Ballmer / Brennenstuhl 1981 und Wegner 1985

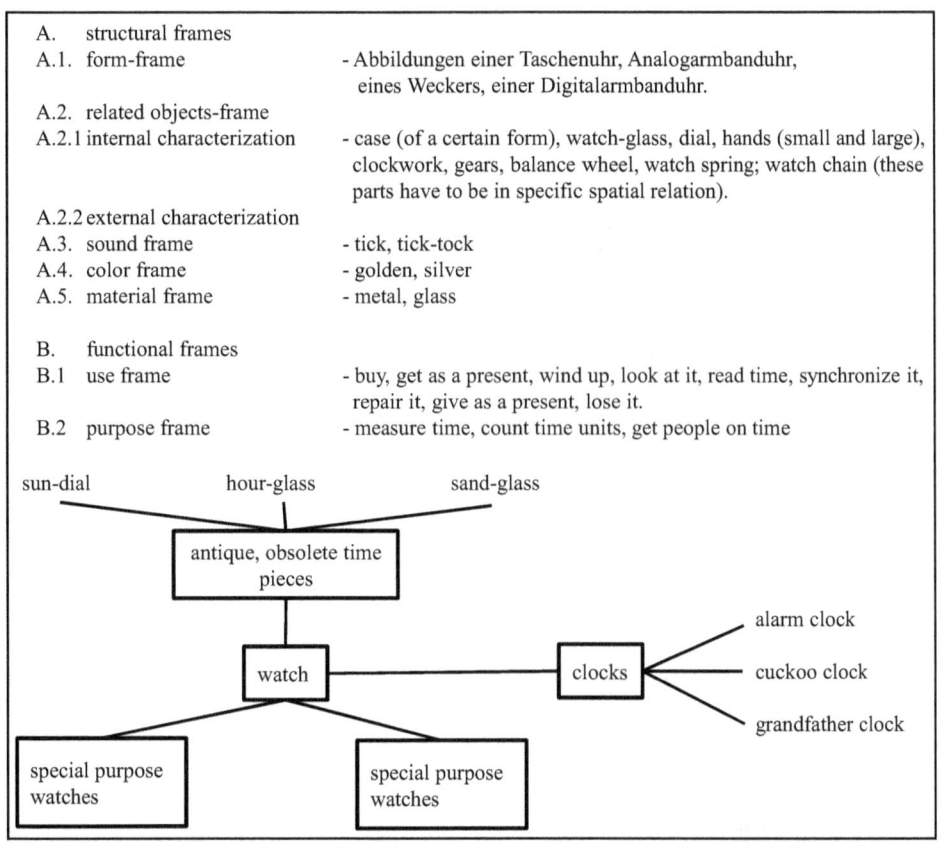

A.   structural frames
A.1.   form-frame   - Abbildungen einer Taschenuhr, Analogarmbanduhr,
                                                  eines Weckers, einer Digitalarmbanduhr.
A.2.   related objects-frame
A.2.1 internal characterization   - case (of a certain form), watch-glass, dial, hands (small and large),
                                                  clockwork, gears, balance wheel, watch spring; watch chain (these
                                                  parts have to be in specific spatial relation).
A.2.2 external characterization
A.3.   sound frame   - tick, tick-tock
A.4.   color frame   - golden, silver
A.5.   material frame   - metal, glass

B.   functional frames
B.1   use frame   - buy, get as a present, wind up, look at it, read time, synchronize it,
                                                  repair it, give as a present, lose it.
B.2   purpose frame   - measure time, count time units, get people on time

Abb. A-6-1: Frame für WATCH nach Ballmer 1977 (Hier abgedruckt nach Wegner 1985, 40)

Fortbewegungsmodell (**Locomotion Model**)	*Category name paraphrases*
Ruhen jd 1	*not locomote* sb 1
Bleiben id 1	refrain from *locomoting* sb 1
Sich Fortbewegen Wollen jd 1	want to *locomote* sb 1
Sich Erheben jd 1	prepare sb_x1 position for *locomoting* sb_x1
Sich für die Fortbewegung bereitmachen jd 1	get ready sb_x1 to *locomote* sb_x1
Vorbereiten der Fortbewegungsmittel jd 1	prepare sb_x1 means in order to *locomote* sb_x1
Sich Orientieren jd 1	try sb_x1 to get Information sb_x1 about sb_x4 location in order to *locomote* sb_x1
Aufbrechen jd 1 von Ort 3	begin to *locomote* sb 1 away from location

In Fahrt kommen jd 1	begin to accelerate *locomoting* sb 1
Richtung Ändern jd 1	*locomote* sb 1 from one direction to another direction
Sich Fortbewegen jd 1	*locomote* sb 1
Langsamer Werden jd 1	*locomote* more slowly sb 1
Anhalten jd 1	stop *locomoting* sb 1
Ankommen jd 1 präp Ort	arrive sb_x1 at a goal by *locomoting* sb_x1
Rasten jd 1	not *locomote* any more sb 1

Abb. A-6-2: *Fortbewegungsmodell* aus: Ballmer / Brennenstuhl 1981, 304 f.

„Gute Kandidaten für Basis-Verben" nach Ballmer / Brennenstuhl 1981, 305:

gelten	verursachen	ablaufen	wahrnehmen
geschehen	wollen	existieren	versuchen
bestehen aus	berühren	benutzen	

Abb. A-6-3: aus: Ballmer / Brennenstuhl 1981, 305

Liste der „Modelle" nach Ballmer / Brennenstuhl 1986 (zit. nach Konerding 1993, 157 ff.):

A. Sachverhalte betreffende Modelle
Sachverhaltsmodell (SV)

B. Vorgänge und Prozesse betreffende Modelle
Vorgangsmodell (VO)
Modell spezieller Vorgänge und Prozesse (VP)

C. Existenz von Individuen und Objekten betreffende Modelle
Individuen-Objekt-Existenz-Modell (EX)
Lebensmodell (Organismen-Existenz-Modell) (LE)
Verhaltensmodell (VH)
Lebensmodell für soziale Gruppen (Gruppen-Existenz-Modell) (LG)

D. Existenz von Individuen und Objekten voraussetzende Modelle
Eigenschaften und Relationen Modell (ER)

F. Zustöße (Einfluß von der Umgebung auf Individuen, Objekte)
Zustoßmodell (ZS)
Passives Wahrnehmungsmodell (PW)
Psychische-Konsequenzen-Haben Modell (PK)

G. Bewirken (Einfluss von Individuen, Objekten auf die Umgebung)
Bewirkungsmodell (BW)

H. Kontrollierte Eingriffe, gerichtet auf sich selbst, die Umgebung und andere
Handlungsmodell (HD)
Durchführungsmodell (DR)

H.1 Kontrollierte Eingriffe gerichtet auf sich selbst (mit Folgen)
Aktivbewegungsmodell (AB)
Fortbewegungsmodell (FB)
Aktives Wahrnehmungsmodell (AW)
Informationsmodell (IF)

H.2 Kontrollierte Eingriffe gerichtet auf die Umgebung (Natur)
Betätigungsmodell (BT)
Durchführungsmodell (DR)

H.3 Kontrollierte Eingriffe gerichtet auf Objekte und Individuen
Äußerungsaktivitätenmodell (ÄU)
Psychische Aktivitäten (PS)
Gefahr-Angst-Wagnis Modell (WA)

Frame-Darstellungen 853

Prozeßsteuerungsmodell (PZ)
Fortpflanzungsmodell (FO)

I. Kontrollierte Übergriffe auf Objekte
und Individuen
Greifenmodell (GR)
Führungsmodell (FH)
Unterstützungsmodell (US)
Freiheitsmodell (FR)
Transportmodell (TR)
Fremdbewegungsmodell (FD)
Trennen-und-Zusammenbringen Modell (TZ)
Ersetzungsmodell (ES)
Bearbeitungsmodell (BA)
K. Kontrollierte Schaffung und Zerstörung von Objekten, Umgebung
Produktionsmodell (PR)
Konsummodell (KO)
Regenerationsmodell (KA)
L. Kontrolliertes Eigentum
Haben-Modell (HB)
Kauf-und-Verkaufen Modell (KA)

M. Übrige Modelle
Behausungsmodell (BH)
Besuchsmodell (BS)

Abb. A-6-4: Liste der „Modelle" aus: Ballmer / Brennenstuhl 1981, 305

Frame-semantischer Fragen-Katalog nach Wegner 1985, 59 f.:

Welche Synonyme mit positiven bzw. negativen Konnotationen hat X?
Welche Sachbereiche umfaßt X?
Zu welchen Sachbereichen gehört X?
Welche Organisationen / Institutionen umfaßt X?
Zu welchen Organisationen / Institutionen gehört X?
Welche Zustandsfolgen unfaßt X?
Zu welchen Zustandsfolgen gehört X?
Welche Aktivitätsfolgen / Interaktionssequenzen umfaßt X?
Zu welchen Aktivitätsfolgen / Interaktionssequenzen gehört X?
Welche Aktanten sind an X beteiligt?
An welchen Aktivitätsfolgen / Interaktionssequenzen ist X beteiligt?
Welche Bestandteile / Varianten / Unterarten umfaßt X?
Wovon ist X Bestandteil / Variante / Unterart?
Welche Begleitumstände gehören zu X?
Wovon ist X Begleitumstand?
Was folgt auf X (bewirkt, stabilisiert, verhindert)?
Was geht X voraus (wodurch wird X bewirkt stabilisiert, verhindert)?
Was folgt aus X?
Was setzt X voraus?
Was regelt X?
Wodurch wird X geregelt?
Welche sozialen Kontrollen gehören zu X?
Wofür ist X soziale Kontrolle?
Welche Kontrollakte (Befehle) gehören zu X?
Wo ist X ein Kontrollakt?
Welche Synonyme mit positiven bzw. negativen Konnotationen hat X?
Welche Sachbereiche umfaßt X?
Welche Organisationen / Institutionen umfaßt X?
Welche Zustandsfolgen unfaßt X?
Welche Aktivitätsfolgen / Interaktionssequenzen umfaßt X?
Welche Aktanten sind an X beteiligt?
Welche Bestandteile / Varianten / Unterarten umfaßt X?

Welche Begleitumstände gehören zu X? Was folgt auf X (bewirkt, stabilisiert, verhindert)? Was folgt aus X? Was regelt X? Welche sozialen Kontrollen gehören zu X? Welche Kontrollakte (Befehle) gehören zu X?

Abb. A-6-5: Frame-semantischer Fragen-Katalog nach Wegner 1985, 59 f.

Sog. „Frame-Dimensionen" nach Wegner 1985, 63 ff.

1. SYNONYME	15. SIMULTANAKTIONEN
2. PERSONENBEZEICHNUNG	16. AKTIVITÄTS / GEBRAUCHSPHASEN
3. GRUPPENBEZEICHNUNG	17. INITIATIONSBEZEICHNUNG
4. GEGENSTANDSBEZEICHNUNG	18. TERMINATIONSBEZEICHNUNG
5. KOMPONENTENBEZEICHNUNG	20. FOLGEEPISODE-
6. ÜBERGEORDNETER VERBAND	/ ZUSTANDSBEZEICHNUNG
7. TIERBEZEICHNUNG	21. EMOTIONSBEZEICHNUNG
8. PFLANZENBEZEICHNUNG	22. MOTIVBEZEICHNUNG
9.SETTING	23. DISPOSITIONSBEZEICHNUNG
10. ORGANISATIONSBEZEICHNUNG	24. ZIELE- / ZWECKBEZEICHNUNG
11. BEREICHSBEZEICHNUNG	25. PROBLEMBEZEICHNUNG
12. ZUSTANDSBEZEICHNUNG	26. VORKEHRUNGSBEZEICH-

NUNG
13. EPISODE- / AKTIONSBEZEICHNUNG
14. VORHERIGE(R) ZUSTAND / EPISODE-AKTIONSBEZEICHNUNG

Abb. A-6-6: Sog. „Frame-Dimensionen" nach Wegner 1985, 63 ff.

Abb. 7-15: „Frame" für Notar nach Wegner 1985, 134 (S. 718).

A.6.2.2 Schaubilder und Listen aus Konerding 1993

Wissen für *Tiger* nach Wierzbicka 1985, 164 (zit. nach Konerding 1993, 68):

A kind of animal
Imagining animals of this kind people could say these things about them:

they life in the jungle in places which are away from places where people live in parts of the Earth where they don't live[,] people can see them in a zoo	*Habitat*
they are similar to cats in the way they look and in the way they move but they are much bigger than cats boing move like people ^{in} Size than like cats	*Size*
they have black stripes on a yellowish body they have big sharp claws and big sharp teeth	*Appearance*
they attack other animals and people and kill and eat them they can move quickly and without noise like cats and they can move easily in places where other big animals can't so that they can come close to people without people noticing them, and attack people	*Behavior*
people are afraid of them, and think of them as fierce animals [people also think of them as animals who know what they want and who know how to get it, and whom one can't help admiring for that]	*Relation to People*

Abb. A-6-7: Wissen für *Tiger* nach Wierzbicka 1985, 164 (zit. nach Konerding 1993, 68)

Frame-Darstellungen 855

Frame-theoretische Terminologie nach Konerding 1993, 120 f.:

Segment	dasjenige, was im Bereich der inneren oder äußeren Wahrnehmung oder der Vorstellung eines Individuums als Phänomen: als "Etwas" kontrastiv ab / ausgegrenzt oder fokussiert und mit Aufmerksamkeit weitgehend isoliert werden kann
Typ	Gesamtheit von Segmenten, die (intra-individuell) über Ähnlichkeitsbeziehungen assoziativ verfügbar sind.
Token	einzelne Vorkommensfälle von Segmenten, die auf der Grundlage von Ähnlichkeitsbeziehungen einer (intraindividuell) assoziativ verfügbaren Gesamtheit angehören
Textur	Segment, das weitere Segmente verschiedener Typen als Konstituentensegmente aufweist
Konzept / Begriff	Typ von Segmenten / Texturen (Textur-typ)
Merkmal	typisiertes Segment, das (intra- und interindividuell) als Index für Token eines Begriffs (Texturtyps) Verwendung findet
Kennzeichen	Merkmal, das auf der Grundlage einer Konvention (intra- und interindividuell) als identifizierendes Zeichen für Texturen fungiert
Wortform	Sprachliches Kennzeichen
Bezugnahme	Reproduktion eines symbolisch oder indexikalisch fungierenden Segments (Merkmals) zu Zwecken der Indizierung ((Re)präsentation) eines (intraindividuell) aktuell wahrgenommenen oder vorgestellten Segments
Bezugsgegenstand	Textur, auf die vermittels eines Merkmals Bezug genommen wird
Extension (einer Wortform)	Typ der Texturen, die - in Übereinstimmung finit dem regelhaften Gebrauch einer Wortform in einer Kommunikationsgemeinschaft - als potentielle Bezugsgegenstände für symbolisch gebrauchte Token des jeweiligen Wortformentyps fungieren können
Bedeutung (eines Segments)	Resultat einer (intraindividuellen) Elaborierung eines wahrgenommenen Segments zu einer typisierten Textur, für die das Segment (intra- oder interindividuell) als Merkmal fungiert
lexikalische Bedeutung	linguistisches Konstrukt als Resultat einer Abstraktion von einer großen Menge kommunikativ erschlossener intraindividueller Bedeutungen von Wortformtoken eines bestimmten Typs
semantisches Merkmal	Segment, auf das sprachlich Bezug genommen werden kann und das (intra- und interindividuell) als Merkmal mit dem genuinen Zweck Verwendung findet, Texturen in der Rolle von Bedeutungen verschiedener Wortformen miteinander zu vergleichen, durcheinander zu approximieren und gegeneinander abzugrenzen

Abb. A-6-8: Frame-theoretische Terminologie nach Konerding 1993, 120 f.

Verfahren der „Hyperonymen-Typ-Reduktion" am Beispiel *Flunsch* nach Konerding 1993, 174:

Flunsch, der [,..] *verdrießlich od. zum Weinen verzogener <u>Mund</u>*   [Hyperonym: *Mund]*

Mund, der [...] *durch Unter- u. Oberkiefer gebildete, durch verschließbare <u>Öffnung</u> im unteren Teil des menschlichen Gesichts, die zur Nahrungsaufnahme u. zur Hervorbringung sprachlicher Laute dient [...]* [Hyperonym: *Öffnung]*

Öffnung, die [...] *Stelle, wo etw. offen ist, etw. hinaus od. hineingelangen kann* [Hyperonym: *Stelle]*

Stelle, die [...] *lokalisierbarer <u>Bereich</u> am Körper, an einem Gegenstand, der sich durch seine besondere Beschaffenheit von der Umgebung deutlich abhebt [...]* [Hyperonym: *Bereich]*

Bereich, der [...] *abgegrenzter <u>Raum, Gebiet</u> von bestimmter Ausdehnung [...]* [Hyperonyme: *Raum,*

Gebiet]

Raum, der [...] *in Länge, Breite und Höhe fest eingegrenzte* <u>Ausdehnung</u> *[...]* [Hyperonym: *Ausdeh-nung]*

Gebiet, das [...]*I unter bestimmten Gesichtspunkten in sich geschlossener räumlicher* <u>Bereich</u> *von größe-rer Ausdehnung [...]* [Hyperonym: *Bereich]*

Ausdehnung, die [...] *das* <u>Ausdehnen, Sichausdehnen</u> *[..]* [Synonyme]

(ausdehnen [...] *sich (räumlich) erstrecken, über einen größeren* <u>Bereich</u> *ausbreiten [...])*

Abb. A-6-9: Hyperonymen-Typ-Reduktion nach Konerding 1993, 174

„Typologie von Substantiven, die zugleich als Typologie für zu erstellende Frames dienen soll" nach Konerding 1993, 178:

primäre Typen:

1.- 4. Gegenstand (Konkretum), subklassifiziert als:
- Nat. Art (Kontinuativum / Diskontinuativum)
- Artefakt (Kontinuativum / Diskontinuativum)
5. Organismus
6. Person / Aktant
7. Ereignis
8. Handlung / Interaktion / Kommunikation
9. Institution / soziale Gruppe
10. (Teil der) Umgebung (des Menschen)

sekundäre Typen:

11. Teil / Stück (von)
12. Gesamtheit / Bestand / Menge / Ganze (von)
13. Zustand / Eigenschaft (von)

Abb. A-6-10: Substantiv-Typologie nach Konerding 1993, 178

„Verbmodelle" für „Prädikatoren-Schemata" nach Konerding 1993, 182:

Gegenstand (für alle Subklassifizierungen): Individuen-Objekt-Existenz-Modell Eigenschaften-und-Relationen Modell Handlungsmodell (Produktionsmodell)	*Handlung:* Eigenschaften-und-Relationen-Modell Vorgangsmodell Handlungsmodell
Organismus: Individuen-Objekt-Existenz-Modell Eigenschaften-und-Relationen-Modell (Lebensmodell)	*Zustand:* Individuen-Objekt-Existenz-Modell Eigenschaften-und-Relationen-Modell
Person / Aktant: Individuen-Objekt-Existenz-Modell Eigenschaften-und-Relationen-Modell (Lebensmodell für soziale Gruppen)	*Teil:* Individuen-Objekt-Existenz-Modell Eigenschaften-und-Relationen-Modell
Institution: Individuen-Objekt-Existenz-Modell Eigenschaften-und-Relationen-Modell Lebensmodell für soziale Gruppen	*Ganzes:* Individuen-Objekt-Existenz-Modell Eigenschaften-und-Relationen-Modell Zusammenbringen-und-Trennen-Modell
Ereignis: Eigenschaften-und-Relationen-Modell Vorgangsmodell	*Umgebung:* Wird über den Typ *Ganzes* bestimmt!

Abb. A-6-11: „Verbmodelle" für „Prädikatoren-Schemata" nach Konerding 1993, 182

Frame-Darstellungen   857

„Existenzmodell" nach Konerding 1993, 188 f.:

alle, insbesondere EX^Z (Z:= "Zustand")		EX^Z_7	*Zuhanden Sein etw 1*
z.B.:		EX^Z_8	*Vorhanden Sein etw 1*
EX^Z_7	*Zuhanden Sein etw 1 (Handeln HD)*	EX^Z_9	*Messen etw 1 mass*
EX^Z_L	*Darstellen jd 1 / etw 1 jed 2 / etw 2 („Mitspieler")*	EX^Z_{10}	*Sich Befinden etw 1 präp ort*
z.B:		EX^Z_{11}	*Element Sein etw 1 von etw 2*
	darstellen etw 1 etw 2	EX^Z_{12}	*Als Element Haben etw 1 etw 2*
	mimen etw 1 etw 2	EX^Z_{13}	*Gleich Sein etw 1 und etw 1*
	repräsentieren etw 1 etw 2	EX^Z_{14}	*Namen Haben etw 1*
	sein etw 1 etw 2	EX^Z_{15}	*Darstellen jd 1 / etw 1 jd 2 / etw 2*
	fungieren etw 1 als etw 2	EX^I_0	*Sich Verbreiten etw 1*
EX^B_0	*Entstehen jd 1 / etw 1*	EX^F_0	*Weiter Existieren etw 1*
EX^S_3	*Gewesen Sein etw 1*	EX^D_0	*Sich Verflüchtigen etw 1*
EX^Z_0	*Bestehen zst 1*	EX^D_1	*Ausgehen etw 1*
EX^Z_1	*Existieren etw 1*	EX^D_2	*Weggehen etw 1*
EX^Z_2	*Eigenschaften Haben jd 1*	EX^S_0	*Nicht Mehr Vorhanden Sein etw 1*
EX^Z_3	*Teil Sein etw 1 von etw 3*	EX^S_1	*Nicht (Mehr) Da Sein jd 1 l etw 1*
EX^Z_4	*Als Teil Haben etw 1 etw 2*	EX^D_3	*Teilweise Vergehen etw 1*
EX^Z_5	*So Sein etw 1*	EX^D_4	*Vergehen etw 1*
EX^Z_6	*Ergehen es jd 3 etw 1*	EX^S_3	*Zerstört Werden etw 1*

Abb. A-6-12: „Existenzmodell" nach Konerding 1993, 188 f.

Abb. 7-16: „Frame" für den Substantivtyp *Zustand* nach Konerding 1993, 196 ff. (S. 719 - 721).

Beispiel für einen „lexikographischen Minimal-Frame" (*Orange*) **nach Konerding 1993, 245 ff.:**

Gegenstand - Konkretum - **Nat. Art** - Diskontinuativum
Minimalframe-Prädikatorenklassen für die Lexikographie:
Beispiel: *Orange*

1. EX^Z_3 $ER_{1.8}$ $ER_{1.2}$
Wenn Teil: Prädikator zur Charakterisierung des übergeordneten Ganzen, in dem der Gegenstand als Bestandteil fungiert
Orange: - „ist Frucht, Teil des Apfelsinenbaumes"

2. EX^Z_3 $ER_{1.2}$
Prädikatoren zur Charakterisierung von natürlichen Ereignissen, in denen der Gegenstand fungiert
Prädikatoren zur Charakterisierung von Rollen, durch die der Gegenstand in diesen Ereignissen gekennzeichnet ist
Orange: - „ist als Frucht Mittel der pflanzlichen Fortpflanzung"

3. ER_0 EX^Z_2 $ER_{0.3}$ EX^Z_9 PW^V_0 PW^V_1 PW^V_3 EX^Z_4 $ER_{1.3}$ $ER_{1.7}$ ER_0 $ER_{1.7}$
Prädikator zur Charakterisierung von Form, Farbe, Maßen
Prädikatoren zur Charakterisierung weiterer wahrnehmbarer Eigenschaften des Gegenstands
Prädikatoren zur Charakterisierung von wesentlichen Teilen des Gegenstands Prädikatoren zur Charakterisierung von besonderen Eigenschaften des Gegenstands *Orange:*
- „ist kugelförmig"
- „ist rötlichgelb"
- „besitzt eine außen lederartige glatte Oberfläche"

- „ist ungefähr faustgroß"
- „ist relativ schwer"
- „besitzt eine außen lederartige glatte Oberfläche"
- „besitzt saftreiches, süßsäuerlich wohlschmeckendes Fruchtfleisch"
Teile:
- „hat als äußeren Teil eine dicke lederartige aber weiche Schale, die ein hocharomatisches, leicht bitter schmeckendes, intensiv und angenehm duftendes Öl enthält"
- „hat als inneren Teil eine Kugel leicht zusammenhaftender Segmente von Fruchtfleisch, die jeweils von einem dünnen weißlichen Häutchen überzogen sind und unter Umständen einige weißliche oder beigefarbene Kerne von Bohnengröße enthalten"

4. $EX^Z{}_{15}$ $ER_{1.18}$ $ER_{0.5}$ $ER_{0.6}$ $ER_{1.1}$
Prädikatoren zur Charakterisierung von Handlungen des Menschen, in denen der Gegenstand fungiert
Prädikatoren zur Charakterisierung von Rollen, durch die der Gegenstand in diesen Handlungen gekennzeichnet ist
Prädikatoren zur Charakterisierung der Produkte des Menschen, in die der Gegenstand oder Teile des Gegenstands eingehen
Prädikatoren zur Charakterisierung der Bedeutung des Gegenstands für den Menschen
Orange:
- „ist ein geschätztes, leichtverdauliches Lebensmittel"
- „wird häufig als Dessert oder zu Saft verarbeitet verzehrt"
- „gilt als wichtiges Lebensmittel zur Vitamin C-Versorgung des Menschen"
- „besitzt als *Teile":*
Fruchtfleisch und Saft: - „wird als Zutat zu verschiedenen Gerichten verwendet"
Saft: - „wird vor allem als gesundheitsförderndes Erfrischungsgetränk geschätzt"
Öl der Schale: - „wird industriell zu Aromastoffen verarbeitet"

5. $EX^Z{}_{13}$ $EX^Z{}_{11}$ $ER_{1.5}$
Prädikatoren zur Charakterisierung von Gegenständen ähnlicher Art, den Unterschieden zu diesen Gegenständen und für allgemeine Kategorien, in die der Gegenstand fällt.
Orange:
- „ist der Zitrone, Pampelmuse, der Mandarine und Clementine verwandt"
- „gehört zur Familie der Zitrusfrüchte"
- „ist auch unter der Bezeichnung *Apfelsine* bekannt"

Abb. A-6-13: Beispiel für einen „lexikographischen Minimal-Frame" (hier: *Orange*)
nach Konerding 1993, 245 ff.

Lexikographierelevanter Minimaltext zu *Orange:* Beispiel
(Kann für die Zwecke der Lexikographie weiterer Verdichtung unterzogen werden.)

DUW[2]:
Apfelsine, die, [...] a) *rötlichgelbe, runde Zitrusfrucht mit saftreichem, wohlschmeckendem Fruchtfleisch u. dicker Schale; Orange, Frucht des Apfelsinenbaumes; [...]*

BW:
Apfelsine [...] Frucht *des Apfehinenbaumes;* Sy *Orange* [...]

HWDG:
Apfelsine [...] *rötlichgelbe runde Frucht mit saftigem, wohlschmeckenden Fruchtfleisch und dicker Schale eines zu den Zitrusgewächsen gehörenden Baumes mit dunkelgrünen Blättern und weißen Blüten, Orange [...]*

Minimalframe **Gegenstand - Konkretum - Nat. Art - Diskontinuativum:**
1. Eine Orange entsteht als Frucht eines Baumes
2. Sie spielt als Frucht bei der pflanzlichen Fortpflanzung des Baumes eine entscheidende Rolle - vgl. *Frucht*

Frame-Darstellungen 859

3. Eine Orange ist eine etwa faustgroße, durch ihre Wasserhaltigkeit relativ schwere, rötlichgelbe (= orangenfarbene) kugelförmige Frucht mit einer lederartigen Oberflüche.

Der äußere Bereich der Frucht besteht aus der lederartigen aber weichen Schale, unter der sich das saftreiche Fruchtfleisch verbirgt. Das Fruchtfleisch ist in weitgehend gleich große Segmente eingeteilt, die jeweils mit einem dünnen Häutchen überzogen sind und zu einer Art Kugel zusammenhaften. In diesen Segmenten befinden sich neben dem Fruchtfleisch manchmal einige bohnengroße weißliche oder beigefarbene Kerne.

Die Schale enthält ein hocharomatisches, leicht bitter schmeckendes aber intensiv und angenehm duftendes Öl. Das Fruchtfleisch und der darin enthaltene Saft hat einen angenehmen süßsäuerlichen Geschmack.

4. Die Orange ist ein geschätztes, leichtverdauliches Lebensmittel, welches häufig als Dessert oder zu Saft verarbeitet verzehrt wird. (vgl. Lebensmittel)

Die Orange gilt als wichtiges Lebensmittel zur Vitamin C-Versorgung des Menschen. Der Saft wird vor allem als gesundheitsförderndes Erfrischungsgetränk geschätzt.

Fruchtfleisch und Saft wird als Zutat zu verschiedenen Gerichten verwendet, das Öl der Schale wird industriell zu Aromastoffen verarbeitet.

5. Die Orange ist der Zitrone, Pampelmuse, der Mandarine und Clementine verwandt und gehört wie diese zur Familie der Zitrusfrüchte (vgl. Zitrusfrucht).

Die Orange ist auch unter der Bezeichnung *Apfelsine* bekannt,

Abb. A-6-14: „Lexikographierelevanter Minimaltext zu *Orange:* Beispiel" nach Konerding 1993, 245 f.

A.6.2.3 Schaubilder aus Lönneker 2003

Apfel	
Form	rund
Farbe	rot
Größe	apfelgroß
Material	Fruchtfleisch
Geschmack	apfelig
Struktur	mit dünner Schale

Abb. A-6-15: *Ein Apfel-Frame nach Minsky 1985, 204, 221* (aus: Lönneker 2003, 7)

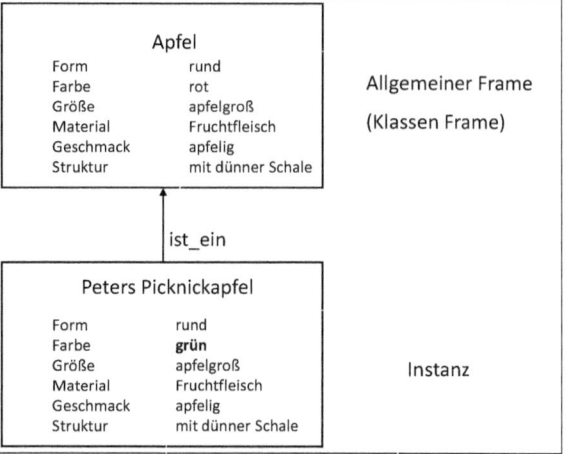

Abb. A-6-16: *Ein allgemeiner Konzeptframe und eine Instanz* (aus: Lönneker 2003, 10)

860   *Anhang*

Proposition		
Referenz	Prädikation	
Framename	Subslot	Filler

Abb. A-6-17: *Framebestandteile im Schema einer Proposition* (aus: Lönneker 2003, 66).

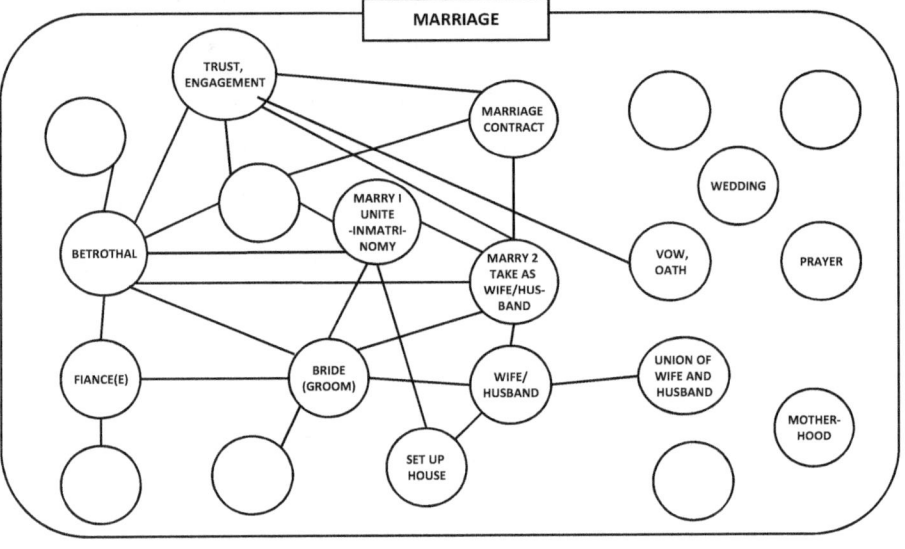

Abb. A-6-18: *MARRIAGE-Frame nach Koch 1999, 149* (aus: Lönneker 2003, 59)

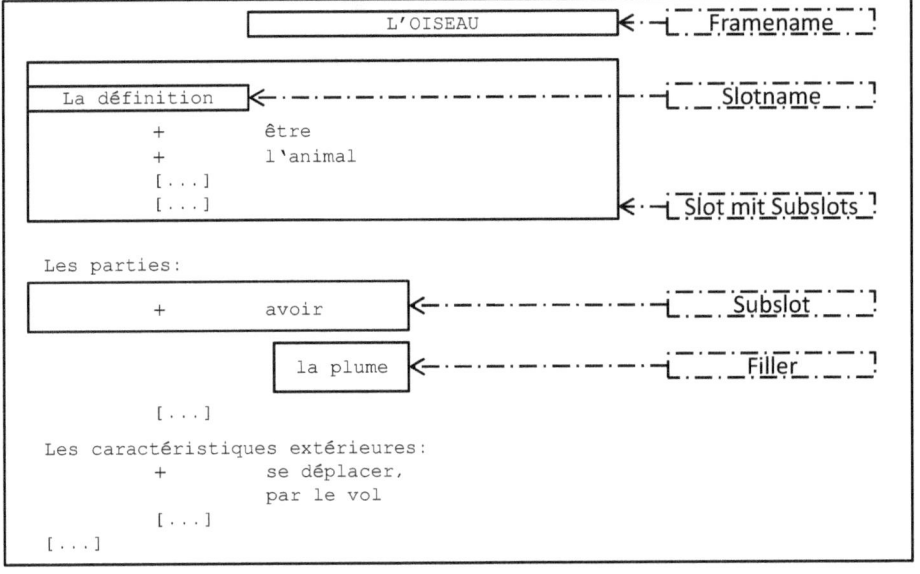

Abb. A-6-19: Framestruktur am Beispiel L'OISEAU aus Lönneker 2003, 65.

Frame-Darstellungen 861

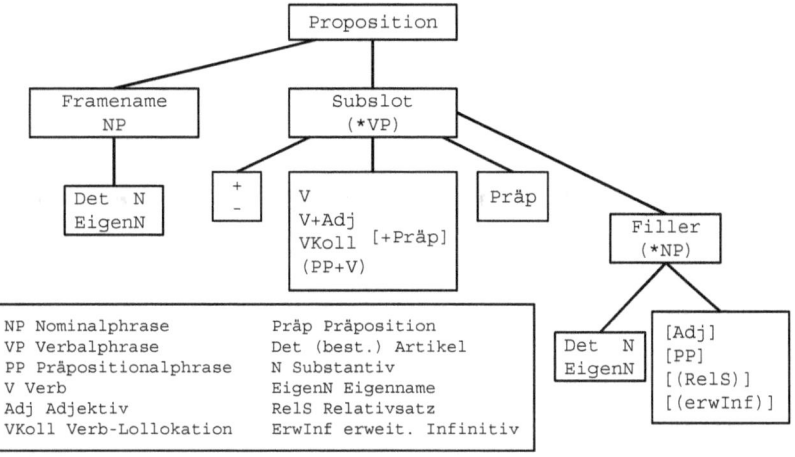

Abb. A-6-20: *Innere Struktur der Propositionen in Frames* aus Lönneker 2003, 80.

Abb. 7-23:Framestruktur des Frames L'ENTITÉ CONCRÈTE (DIE KONKRETE ENTITÄT)
aus: Lönneker 2003, 90 (S. 726).

Abb. 6-4: Top-Level-Framehierarchie nach Lönneker 2003, 93 (S. 493).

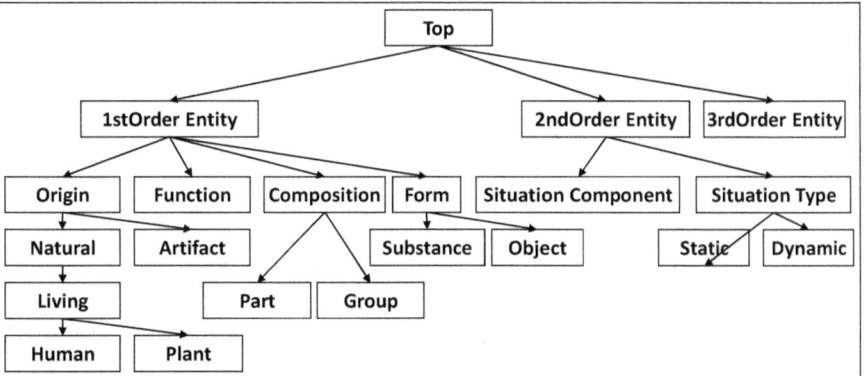

Abb. A-6-21: Top-Ontologie des EuroWordNet nach Vossen 1999, 61. Aus: Lönneker 2003, 97.

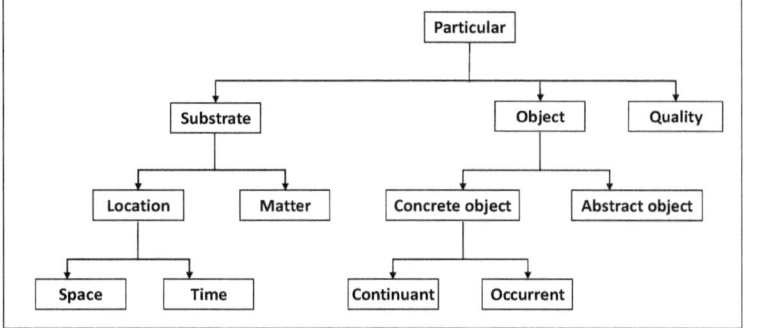

Abb. A-6-22: Top-Level-Ontologie nach Guarino 1997, 151. Aus: Lönneker 2003, 104.

A.6.3 Schaubilder zu Kap. 6.3: Erste Versuche zu Frame-Darstellungen im SFB 991

	[–U]	inherently unique [+U]
[–R]	**SORTAL NOUNS**	**INDIVIDUAL NOUNS**
	stone book adjective water	*moon weather date Maria*
	✓ indef. ✓ dem. ✓ plural ✓ quant.	↱ indef. ↱ dem. ↱ plural ↱ quant.
	↱ singular definite	✓ singular definite
	✓ absolute	✓ absolute
	↱ relational, possessive	↱ relational, possessive
[+R] **inher-ently relat-ional**	**RELATIONAL NOUNS**	**FUNCTIONAL NOUNS**
	sister leg part attribute	*father head age subject* (gramm.)
	✓ indef. ✓ dem. ✓ plural ✓ quant.	↱ indef. ↱ dem. ↱ plural ↱ quant.
	↱ singular definite	✓ singular definite
	↱ absolute	↱ absolute
	✓ relational, possessive	✓ relational, possessive

Table 2: Four types of nouns and their respective congruence with types of determination

Abb. A-6-23: Konzept-Typen aus Löbner, 2010, 13.

Concept type	uniquely referring	relational	simple graph	Example
sortal	-	-		tree
individual	+	+		pope
proper relational	-	+		sibling
functional	+	+		mother

Table 1: concept types and their graph properties

Abb. A-6-24: Konzept-Typen-Darstellung in Graphen (Petersen in: Sonderforschungsbereich 991, Proposal, 56)

Abb. A-6-25: sortal concept,   Abb. A-6-26: individual concept,

Frame-Darstellungen 863

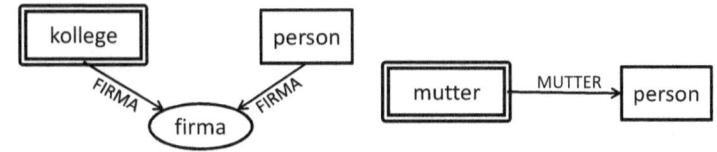

Abb. A-6-27: relational concept,   Abb. A-6-28: functional concept
(Indefrey in: Sonderforschungsbereich 991, Proposal, 284)

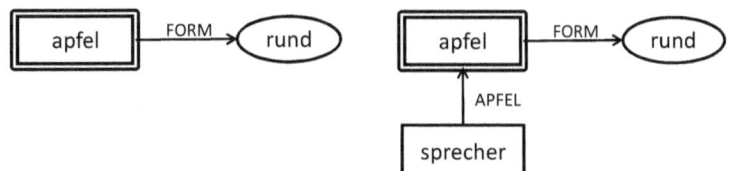

Abb. A-6-29: *Ein Apfel* (SC)   Abb. A-6-30: *Mein Apfel* (FC) type-shift SC – FC
(Indefrey in: Sonderforschungsbereich 991, Proposal, 284)

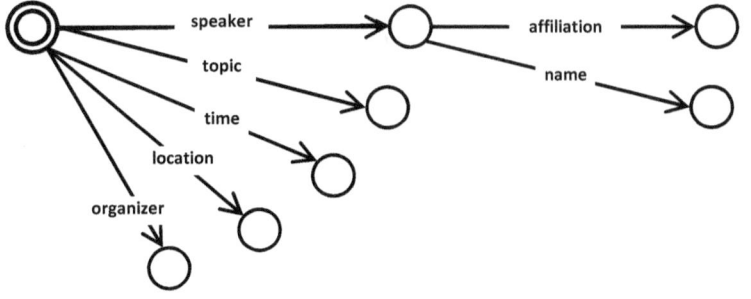

Abb. A-6-31: *Graph representation of a Barsalou frame for a* TALK (central node, attributes, their values, sub-attributes with values) nach Löbner 2011.

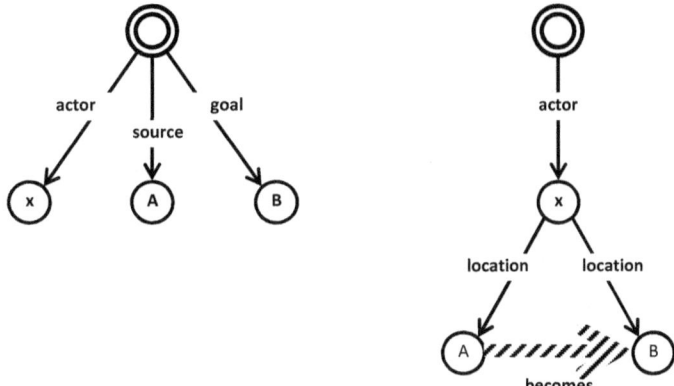

Abb. A-6-32: *Graph representation of a Fillmorean case frame* (und Alternative) nach Löbner 2011.

864   *Anhang*

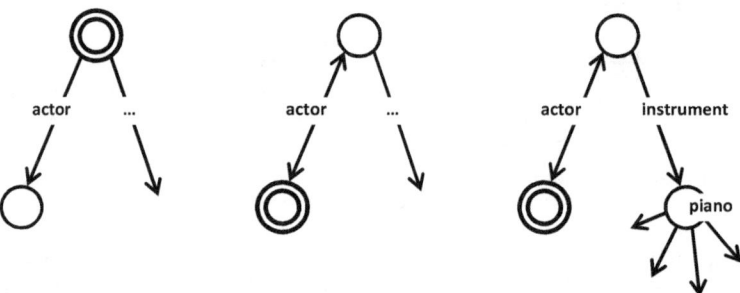

to play   *player*   *piano player*

Abb. A-6-33: Einzelelemente eines Frames für *piano player* nach Löbner 2011.

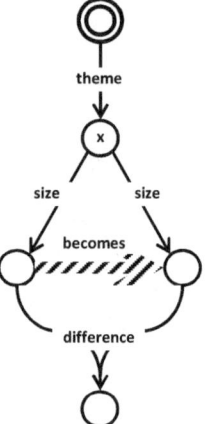

Abb. A-6-34: Frame für GROWING nach Löbner 2011.

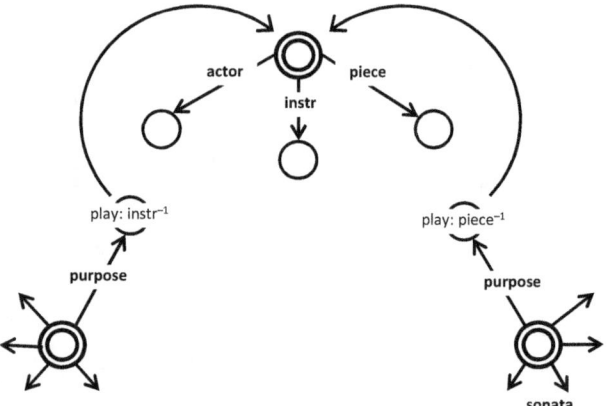

Abb. A-6-35: Frame – Komponenten für PIANO SONATA nach Löbner 2011.

Frame-Darstellungen 865

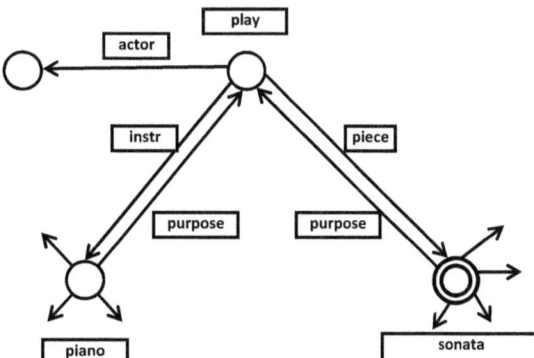

Abb. A-6-36: Integrierter Frame (I) für PIANO SONATA nach Löbner 2011.

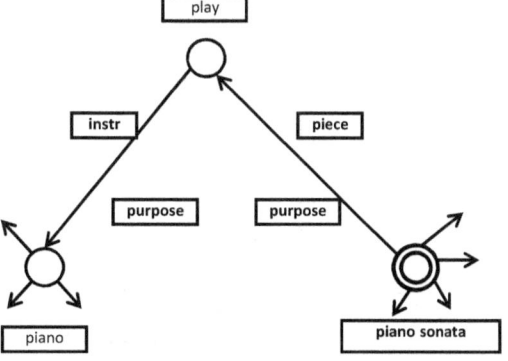

Abb. A-6-37: Integrierter Frame (II) für PIANO SONATA nach Löbner 2011.

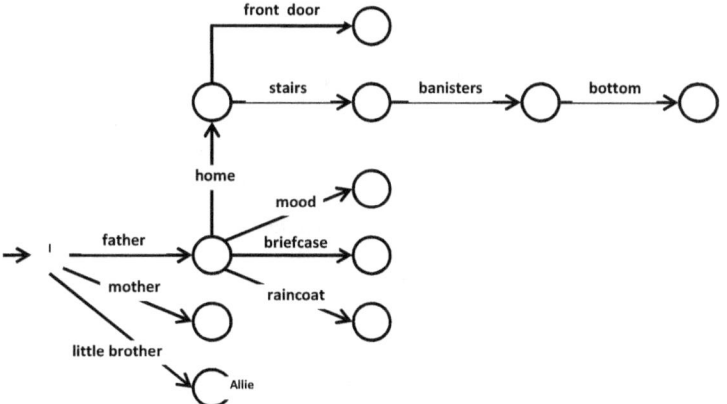

Abb. A-6-38: Frame für Text-Kohärenz (Anaphern) nach Löbner 2011.

Text-Beispiel:

On this day my father hurried home from work not in a gloomy mood. His mood was high, for him. I could smell the train on him as he put his briefcase away behind the front door and took off his raincoat, chucking it over the bottom of the banisters. He grabbed my fleeing little brother, Allie, and kissed him; he kissed my mother and me with enthusiasm, as if we'd recently been rescued from an earthquake.

866   *Anhang*

Abb. 7-2: Frame mit funktional gedeuteten Kanten für LOLLY aus Petersen 2009, 154 (S. 709).

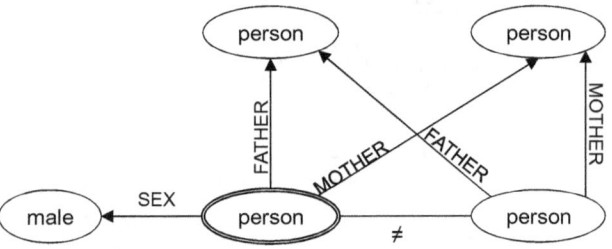

Abb. A-6-39: Frame für *brother* aus Petersen 2009, 158.

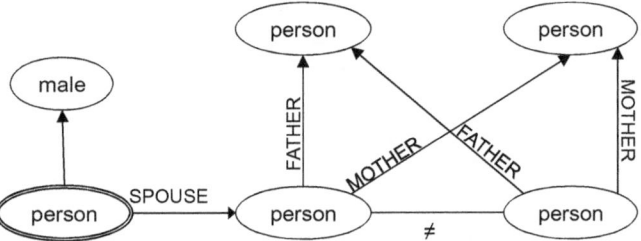

Abb. A-6-40: Frame für *brother-in-law* aus Petersen 2009, 161.

Abb. A-6-41: Frame des Kompositums *Holztisch*
(nach Löbner in: Sonderforschungsbereich 991, Proposal, 317)

Abb. A-6-42: Frame des Kompositums *Busfahrer*
(nach Löbner in: Sonderforschungsbereich 991, Proposal, 317)

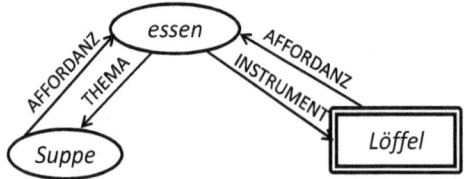

Abb. A-6-43: Frame des Kompositums *Suppenlöffel*
(nach Löbner in: Sonderforschungsbereich 991, Proposal, 318)

Frame-Darstellungen   867

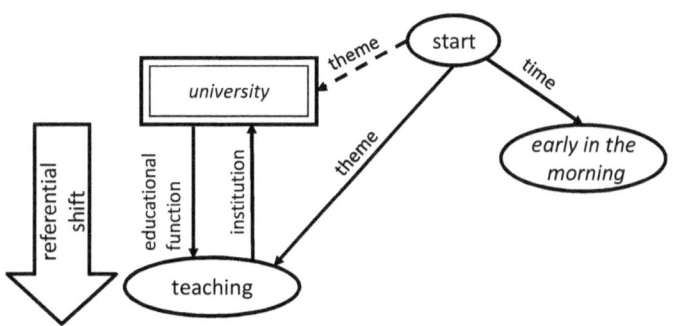

Abb. A-6-44: *metonymical shift* im UNIVERSITY frame
(nach Löbner in: Sonderforschungsbereich 991, Proposal, Draft version 2010)

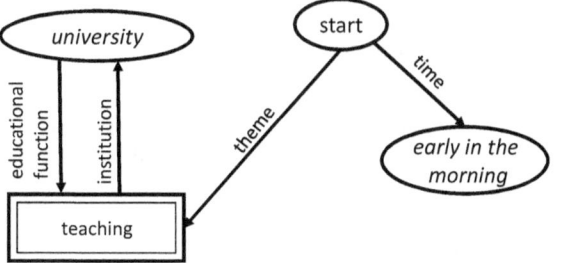

Abb. A-6-45: metonymically shifted *UNIVERSITY* frame
(nach Löbner in: Sonderforschungsbereich 991, Proposal, Draft version 2010)

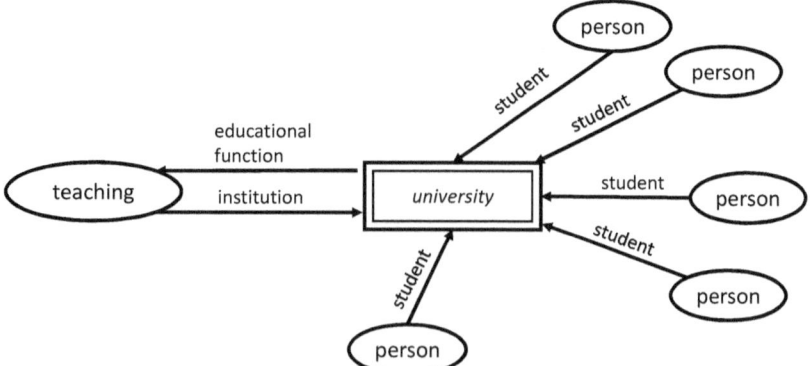

Abb. A-6-46: *UNIVERSITY* frame
(nach Löbner in: Sonderforschungsbereich 991, Proposal, Draft version 2010)

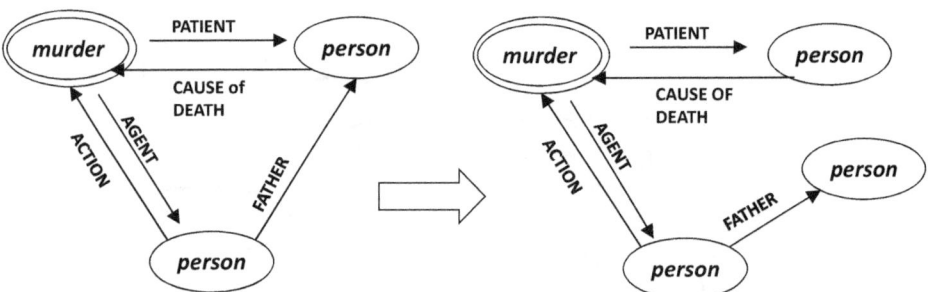

Abb. A-6-47: Partial frames for the concepts *patricide* and *murder (in general)* and the relations between the two (nach Geisler in: Sonderforschungsbereich 991, Proposal, 318).

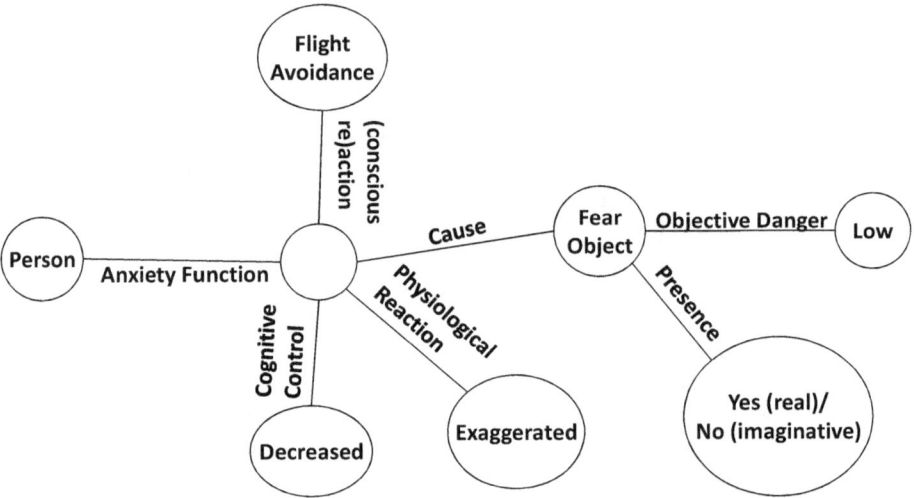

Abb. A-6-48: *Frame of observable symptoms in specific phobia*
(nach Vosgerau / Zielasek in: Sonderforschungsbereich 991, Proposal, 231)

*Frame-Darstellungen*869

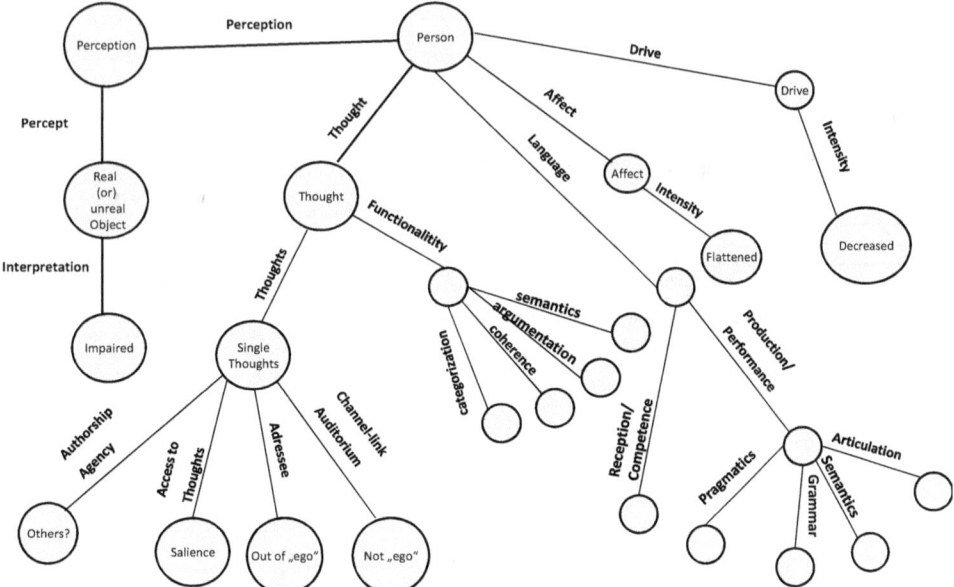

Abb. A-6-49: Some aspects of a schizoprenia frame analysis
(nach Vosgerau / Zielasek in: Sonderforschungsbereich 991, Proposal, 230)

870   *Anhang*

A.6.4 Schaubilder zu Kap. 6.4

A.6.4.1 Schaubilder und Frame-Darstellungen von Klein

Abb. 7-22: „Frame" für LOHNNEBENKOSTEN nach Klein / Meißner 1999, 31 oder Klein 1999, 171
(S. 725).

„Frames zum Fragebogen" nachKlein / Meißner 1999, 31:

Frage 1: Was bestimmt die Höhe der Preise für Produkte?
Die Höhe der Preise werden bestimmt durch …

1.   Nachfrage

1.1   Knappheit des Gutes: wenn Nachfrage > Angebot ⇒ Preissteigerung
1.2   Umsatz: wenn viel verkauft werden kann, kann der Anbieter mit niedrigen Preisen immer noch einen
         großen Gesamtgewinn machen.
1.3   Marktsituation
1.4   Elastizitätseffekte

2.   Angebot (unspezifiziert)

3.   Kosten

3.1   für Arbeit
3.2   für Kapital
3.3   für Rohstoffe
3.4   für Transport / Energie
3.5   für Produktion

Beste Antwort(en) des Korpus:
„Produktionskosten (Materialpreise, Zulieferkosten, Lohnkosten, Gehaltskosten), Nachfrage des Konsumenten,
Preis-Leistungs-Verhältnis (Qualität), Marktsituation in Bezug auf Konkurrenzprodukte"

Beispiele für typische Antworten mittlerer Qualität:
„der Absatz der Produkte", „die Kaufkraft eines Landes oder der Bevölkerung", „die Nachfrage"

Beispiele für mangelhafte Antworten:
„die Inflationsrate", „der schlechte Arbeitsmarkt"

Abb. A-6-50: „Frames zum Fragebogen" nach Klein / Meißner 1999, 31 oder Klein 1999, 171.

	Slots	Filler
AKTANTEN		*Regierungsmitglieder, Parteitagsdelegierte,*
AKTION		*Programmdiskussionen, Mitgliederwerbung, …*
AKTANTEN- BEZIEHUNG		*Anhängerschaft, Solidarität,*
ZIEL		*Programm- Umsetzung, Bürgerzustimmung,*
MITTEL		*Beratung, Werbung, …*
WEITERE BETEILIGTE		*Presse, Lobbyisten,*

Abb. A-6-51: „Teil-Frame zu POLITIK mit nur wenigen Fillern" aus Klein 2002a, 177.

Frame-Darstellungen   871

Slots	Filler
AKTANTEN	*Gegner, Feinde, Kämpfer, Soldaten, ...*
AKTION	*Kampf, Schlacht, Offensive, Defensive, ...*
AKTANTEN-BEZIEHUNG	*Feindschaft, Gegnerschaft*
ZIEL	*Sieg, Niederlage des Gegners, Vernichtung d. G.*
MITTEL	*Gewalt, Waffen (zur physischen Vernichtung): Raketen, Bomben, Panzer,*
WEITERE BETEILIGTE	*Zivilisten als Opfer*

Abb. A-6-52: „Frame KRIEG (Ausschnitt)" aus Klein 2002a, 177.

Im Matrixframe INTERAKTION generierte Slots		Im Brückenframe ANTAGONISTISCHE INTERAKTION generierte Spezifizierungen
AKTANTEN	→	GEGNER
AKTION	→	AUSEINANDERSETZUNG
AKTANTENBEZIEHUNG	→	ANTAGONISMUS
ZIEL		ÜBERLEGENHEITSPRÄMIE
MITTEL	→	%
WEITERE BETEILIGTE	→	%

Abb. A-6-53: „Spezifische Kategorien eines Brückenframe" nach Klein 2002a, 182.

„Spezifische Slots eines Brückenframe" nach Klein 2002a, 183:

Im Brückenframe ANTAGONISTISCHE INTERAKTION generierte Slots	Filler in den Frames a) des Spender-Konzepts KRIEG b) des Empfänger-Konzepts POLITIK
GEGNER	a) *Kämpfer, Feind, Soldaten, ...* b) *Wahlkämpfer, verfeindete Lager, Parteisoldat, ...*
AUSEINANDERSETZUNG	a) *Kampf, Schlacht, Offensive, Defensive, ...* b) *Wahlkampf, Wahlschlacht, Offensive, Defensive, ...*
ANTAGONISMUS	a) *Gegnerschaft, Feindschaft, ...* b) *(polit.) Gegnerschaft, (polit.) Feindschaft, ...*
ÜBERLEGENHEITSPRÄMIE	a) *Sieg* b) *(Wahl-)Sieg*

Abb. A-6-54: „Spezifische Slots eines Brückenframe" nach Klein 2002a, 182.

Slots	Filler
GATTUNG	„nationale Aufgabe", „Weltpolitik", ...
AGENS	„Deutschland", „England", „Frankreich" u. a. „Kulturvölker"
AGENS-AGENS-VERHÄLTNIS	„Kontrahenten", „Konkurrenz", ...
PATiENS	„Eingeborene (Bevölkerung)", „Neger", auch „Farbige", „Primitive".
AGENS-PATIENS-VERHÄLTNIS	„beherrschen", „kultivieren", „bestrafen", ...

RAHMENDATEN	„(jüngst errungene) Einheit", „deutscher Einheitsstaat", „führende Kontinentalmacht Deutschland", Deutschland bisher „ohne Kolonien", „Abschottung" (als weltwirtschaftliche Tendenz), „Volk ohne Raum", „deutsche Auswanderung", „Unkultiviertheit" der „Neger" / „Eingeborenen", ...
DATEN-BEWERTUNG	„Gefahr" wirtschaftlicher „Übermacht Englands", „Mangel an sicheren Absatzgebieten" für „deutsche Exporte", „Verlust" an „deutschem Blut" durch „Auswanderung" in Gebiete „fremder Nationen", Bedarf an „Kultur" bei „Eingeborenen" / „Negern", ...
WERTBASIS	„deutsche" / „nationale" „Ehre" / „Größe"
ZIELSETZUNG	Stärkung der „Nationalidee", weltweite „Behauptung deutscher Eigenart", „Reichsschutz" für „deutsche Kaufleute", „billige Produktion" (von „Nahrungsmitteln", Rohstoffen, ...), wirtschaftliche Unabhängigkeit, insbesondere vom „Kontrahenten" „England" durch Ausdehnung der eigenen „Binnenwirtschaft", „höhere Kultur" / "christliche Zivilisation" für „Neger" / „Eingeborene", Beseitigung des „Sklavenhandels"
OPERATIONEN	„Flotte(nbau)", „günstige Verträge" („mit Häuptlingen"), gezielte „Auswanderung", „Beschaffung von Kolonisationskapital", „Landvermessung", „Eisenbahnbau", „kulturelle Aufgaben", Militäraktionen („Fahnen und Waffen")

Abb. A-6-55: „Frame" *Kolonialpolitik* in der Wilhelminischen Ära nach Klein 2002b, 177.

A.6.6.2 Schaubilder und Frame-Darstellungen von Fraas

„Der Frame für DEUTSCHE" nach Fraas 1996, 90 f.:

I.   Konstitutionsrelationen und Eigenschaften

I.a)   In welchen gesellschaftlichen Prozessen oder Zusammenhängen spielt die Gruppe der Deutschen eine wichtige Rolle?

I.b)   Welche Rolle spielen bzw. welche Funktion haben die Deutschen in diesen gesellschaftlichen Prozessen oder Zusammenhängen?

I.c)   Woraus konstituiert sich die Gruppe der Deutschen?

I.d)   Wozu befähigt die Mitgliedschaft in der Gruppe der Deutschen?
        Welche Vorteile bringt es mit sich, Deutscher zu sein?

I.e)   Was verbietet die Mitgliedschaft in der Gruppe der Deutschen?
        Welhe Verbote bringt es mit sich, Deutscher zu sein?

I.f)   Wozu verpflichtet die Mitgliedschaft in der Gruppe der Deutschen?

I.g)   Durch welche sonstigen Eigenschaften wird die Gruppe der Deutschen charakterisiert?

II.   Existenzphasen und Verbreitung

II.a)   In welchen funktionalen Zusammenhängen hat die Gruppe der Deutschen ihren Ursprung?

II.b)   Unter welchen besonderen Bedingungen existiert die Gruppe der Deutschen nicht mehr?

II.c)   Auf welche Art und Weise und unter welchen Bedingungen kann die Gruppe der Deutschen zerstört werden?

II.d)   Welche typischen Existenzphasen durchläuft die Gruppe der Deutschen?

II.e)   Unter welchen Bedingungen verbreitet sich die Gruppe der Deutschen? Auf welche Art und Weise, aus welchem Grund und mit welcher Folge verbreitet sie sich?

III.   Bedeutung der Deutschen

III.a) Unter welchen Bezeichnungen ist die Gruppe der Deutschen bekannt?

III.b) Welche Rollen und Funktionen nimmt die Gruppe der Deutschen in Handlungen und Handlungs-

Frame-Darstellungen 873

zusammenhängen des Menschen ein?

III.c)   Welche Ziele verfolgt die Gruppe der Deutschen in Handlungen und Handlungszusammenhängen des Menschen?

III.d)   Unter welchen Bedingungen werden Aktivitäten der Gruppe der Deutschen gut geheißen?

III.e)   Auf welche Art und Weise wird die Gruppe der Deutschen wirksam?

III.f)   Unter welchen Bedingungen und aus welchen Gründen sanktioniert die Gruppe der Deutschen jemandes Verhalten oder stößt jemanden aus?

III.g)   Welche besonderen Aufgaben und Pflichten nimmt die Gruppe der Deutschen wahr?

III.h)   Welche Rechte besitzt die Gruppe der Deutschen ?

III.i)   Welche Mittel benutzt die Gruppe der Deutschen bei der Ausführung ihrer Handlungen?

III.j)   Welche Bedeutung (welchen Stellenwert) hat die Gruppe der Deutschen für das menschliche Leben und Handeln insgesamt?

III.k)   Welchen Gruppen anderer Art ist die Gruppe der Deutschen ähnlich oder worin unterscheidet sie sich von diesen?

Abb. A-6-56: „Der Frame für DEUTSCHE" nach Fraas 1996, 90 f.

Was ist Identität?
Wie tritt Identität in Erscheinung?
Welchen Ursprung hat Identität?
Wodurch ist Identität gefährdet?
Unter welchen Bedingungen manifestiert sich Identität?
Mit welchen Zuständen tritt Identität gemeinsam auf?
In welchen funktionalen Zusammenhängen tritt Identität auf?
Welche Bedeutung hat Identität für den Menschen?
Welche anderen Zustände sind Identität ähnlich und worin unterscheiden sie sich?

Abb. A-6-57: „Frame-Dimensionen" zu *Identität* nach Fraas 2005

Beispiele zu *Identität* mit unterschiedlichen Fillers nach Fraas 2005:

1. Kontextstelle (Rheinischer Merkur 20.04.1990, S. 1): *DDR-Identität ist keine Loyalität zum SED-Staat, sondern die Loyalität zur eigenen Vergangenheit ...*

Prädizierung: IDENT (x) ist nicht y, sondern z
Fillers: x: DDR
                     y: Loyalität zum SED-Staat
                     z: Loyalität zu eigenen Vergangenheit

2. Kontextstelle (Protokolle der Volkskammertagungen 19.04.1990, S. 44):
Unsere Identität, das ist unsere Geschichte und unsere Kultur, unser Versagen und unsere Leistung, unsere Ideale und unsere Leiden.

Prädizierung: IDENT (x) ist y
Fillers: x: unsere
                     y: unsere Geschichte und unsere Kultur, unser Versagen und unsere
                        Leistung, unsere Ideale und unsere Leiden

3. Kontextstelle (Frankfurter Allgemeine 12.01.1990, S. 28):
Es ist genau umgekehrt, wie Meier es sehen möchte: die Situation des Desasters zerstörte und zersetzt nun täglich ... DDR-Identität ...

Prädizierung: y zerstört / zersetzt IDENT (x)
Fillers: x: DDR
                     y: Situation des Desasters
pragmatischer Marker: pm: es ist genau umgekehrt, wie Meier es sehen möchte

4. Kontextstelle (DIE ZEIT 03.10.1991, S. 3): *... wirkliche Identität definiert sich nicht über*

874   *Anhang*

Flaggen und Rituale, sondern durch den Einklang mit der eigenen Lebensgeschichte.
Prädizierung: IDENT(x) definiert sich nicht über y, sondern durch z
Fillers: x: wirkliche
                           y: Flaggen und Rituale
                           z: Einklang mit der eigenen Lebensgeschichte [...]

Abb. A-6-58: Beispiele zu *Identität* mit unterschiedlichen Fillers nach Fraas 2005

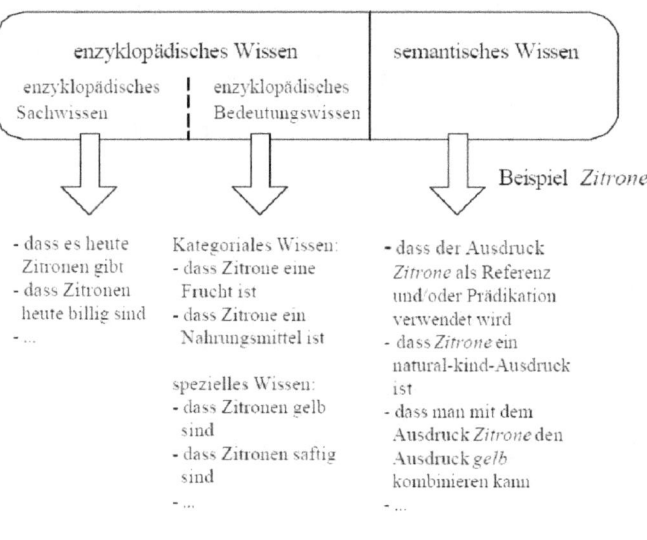

(Grafik in Anlehnung an Harras 1999)

Abb. A-6-59: Wissensbereiche nach Fraas 2001, 4

A.6.4.3 Frame-Darstellungen von Busse

Abb. 7-24: Auszug aus der Struktur der für die fachlich-rechtssprachliche
          Verwendung von „*Diebstahl*" geltenden Wissensrahmen (aus Busse 2008b, 49 f.) (S. 727).

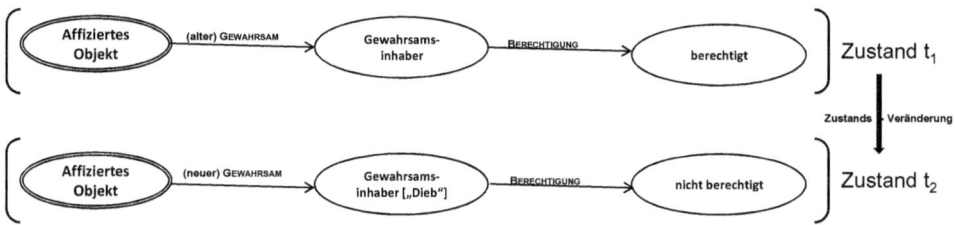

Abb. A-6-60: Frame-theoretische Darstellung zum dynamischen Element „Gewahrsamsübergang"
            im „Wegnahme"-Frame zum „*Diebstahl*"-Paragraphen des StGB (nach Busse 2008b, 49 f.)

Frame-Darstellungen

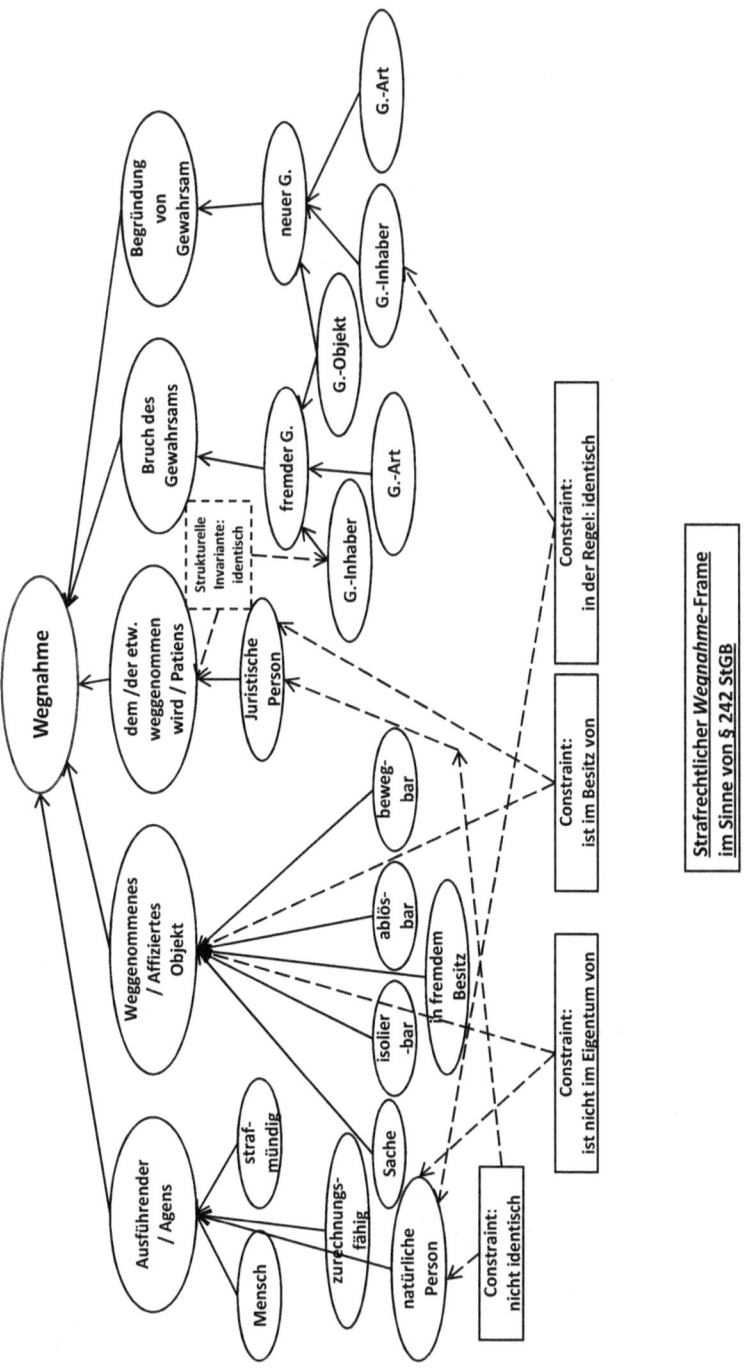

Abb. A-6-61: Frame-Elemente im „Wegnahme"-Frame zum „*Diebstahl*"-Paragraphen des StGB
(nach Busse 2008b, 49 f.)

876   *Anhang*

A.6.4.4 Frame-Darstellungen von Ziem

Abb. 7-27: Rezept-Frame nach Ziem 2004 (S. 730).

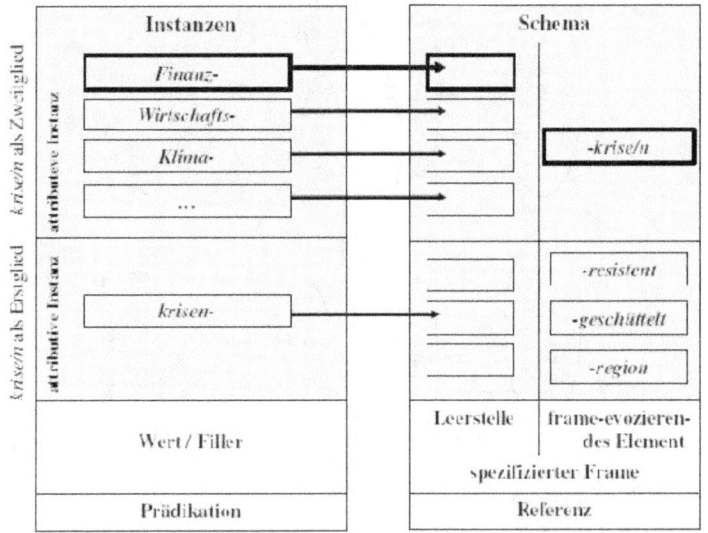

Abbildung 1: Komposita mit *Krise* in frame-theoretischer Perspektive

Abb. A-6-62: Aus: Ziem: Krise im politischen Wahlkampf: linguistische Korpusanalysen
mit AntConc, 2010, 13

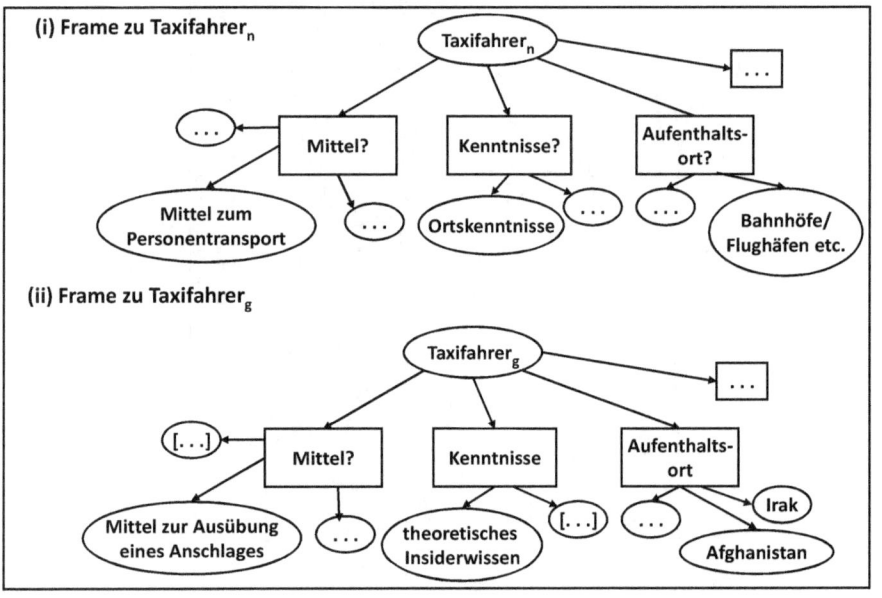

Abb. A-6-63: Verfestigung-von-Füllwerten-nach Ziem: Frames im Einsatz, 227.

Register

Da eine der Dienstleistungen des vorliegenden Buches in der extensiven Präsentation von (ins Deutsche übersetzten) Originalzitaten der referierten Frame-theoretischen Klassiker besteht, enthält dieses Register nicht nur Verweise auf Ausführungen im Haupttext, sondern bezieht Verwendungen der Begriffe in Zitaten und Fußnoten mit ein. Dadurch kann es als Register nicht nur zu diesem Buch, sondern auch zu den Frame-Theorien der behandelten Autoren genutzt werden.

Abstraktion, Abstraktionsleistung 65, 72, 81, 133, 135, 187 f., 189, 192, 247, 262, 277, 290, 302, 306 f., 314, 316 f., 320 f., 327, 332, 334 f., 338, 343, 355, 407, 427 ff., 543 f., 548, 554, 556 f., 596, 602, 607, 630 f., 645, 661, 678

Affordanzen 426, 501, 575, 577 ff., 631, 638, 643, 670, 679, 731, 744, 747 f., 761, 769, 771 ff. (s.a. Frame-Elemente-Typen)

Aktivierung von Frames (s. Frame-Aktivierung, Evokation- / Invokation von Frames)

Alltagssituation 9 f., 459 (s.a. Szene)

Anpassung von Frames / Frame-Elementen (s. Frame-Akkomodation)

Anschlussstelle / terminal (s. Slot)

Atomismus (atomistisch) 14, 28, 364, 459, 481, 545, 819

Attribut 170, 181, 185, 274, 362-396, 398, 401 f., 419 f., 429, 439, 487 f., 498 ff., 504, 506 f., 507, 509, 513 f., 519, 527 ff., 539, 543 f., 546, 550 ff., 553-565, 566-573, 577 ff., 582 ff., 587 ff., 593 ff., 597 f., 600, 603 ff., 610 ff., 615 ff., 619 f., 624 f., 627 f., 631 ff., 634, 635, 637, 641, 648, 650, 654, 656, 670 f., 674, 677, 679 f., 687 f., 691, 696, 698, 700 ff., 704 f., 707 ff., 716 f., 731, 733, 735, 737, 740, 743, 744 ff., 757, 761, 764 f., 768 f., 771 f., 773, 777, 821 ff., 863 (s.a Frame-Elemente, Slot, Slot-Filler-Struktur, Attribut-Werte-Struktur)

Attribut-Gruppe 488, 558, 595, 597

Attribut-Systematizität 373, 419, 562, 591, 635, 640

Attribut-Werte-Struktur (-Sets) 170, 192, 216, 220, 255, 342, 362 ff., 365 f., 369 ff., 376 f., 379 ff., 387, 393, 398, 401, 408, 418 f., 421, 425, 428, 498, 519, 553-565, 570, 588, 592 f., 612, 614, 653, 679, 702 (s.a. Slot-filler-Struktur, Frame-Elemente)

Bedeutung, lexikalische (s. Lexikalische Bedeutung)

Begriffsgeschichte 13, 105, 341, 360, 503, 515, 521, 524, 527, 646, 739, 810, 813, 815 f.

case grammar s. Kasus-Grammatik

Checklist-Theorien 13, 16, 43, 66 f., 76, 88, 89, 115, 119 ff., 172, 180, 207, 209, 214, 237, 245, 249, 459, 470, 495, 499, 690, 814 (s.a. Semantische Merkmale; Semantik, logische)

Constraints (Beschränkungen, Wechselbeziehungen zwischen Frame-Elementen) 141, 185, 188, 190 f., 256, 260, 305, 309, 362, 365, 374-382, 386, 388 ff., 398, 401, 418 f., 428, 430, 439, 498, 527, 553, 561, 565-572, 593 f., 628, 637, 683, 731 f., 734, 747, 751 f., 761, 777, 823

Construction grammar 24 f., 31, 35, 81, 85, 92,102, 130, 134, 152, 156, 178, 240, 244 f. , 250, 352, 449, 528, 681, 689, 698

Default-Werte / Standard-Werte (-Filler) 56, 58, 64, 97, 205, 216, 220, 224, 255, 257, 261 ff., 268 f., 271, 273 f., 285, 287 ff., 305, 307, 309 f., 317, 325, 343, 346, 351, 353, 358, 373, 387 f., 420, 424 f., 428, 430, 439, 456, 459 f., 466, 471, 485, 487, 505 ff., 512, 518, 529 ff., 539, 550, 553, 559 ff., 564 f., 570 f., 585, 591 f., 594 ff., 597 f., 599-606, 607, 609 f., 615, 618, 623, 627 ff., 642, 650, 656 ff., 666, 694 f., 705, 707, 731 f., 734, 743, 759, 824 f. (s.a. Erwartungen, Prototypikalität)

Deixis 13, 25, 33 f., 43, 72, 100, 529, 796, 814

Dependenz-Grammatik 35 f., 101 f., 136, 140, 154 f., 171, 212, 218, 230 ff., 676, 700

Diskursanalyse 13, 106, 278, 284, 504, 508, 511, 513 ff., 522, 524, 526 ff., 531, 638, 645, 662, 810 ff., 815 f.

Dynamik von Frames und Frame-Elementen (s. Frame-Dynamik)

Emergenz von Frames / Frame-Elementen / Frame-Systemen (s. Frame-Emergenz)

entailment s. Enthaltensein

Enthaltensein (semantisches) 25-34, 38, 40, 54, 77, 81, 86, 98 f., 134, 211 f., 214, 230, 235, 246 f., 286, 455, 777

Epistemologie, linguistische (epistemologisch) 11 f., 23, 33 f., 44 ff., 59, 64, 76, 79, 81, 88, 94 f., 101, 129, 143 ff., 151, 152, 156, 162, 175, 180, 187 f., 191 f., 203, 211, 213, 215, 216, 218, 220, 222 f., 226, 231, 243 f., 248, 269 f., 272 f., 277 ff., 292 f., 300, 306, 311 f., 318, 336, 338, 342, 349, 346, 351, 353, 357, 369, 376, 377, 390, 401, 408, 413, 415, 427 f., 434 f., 439, 440, 443, 452, 455, 457 ff., 464, 466, 473 ff., 486 f., 490 f., 497, 501, 503, 508, 511, 515, 517, 524 f., 526, 535 f., 542 f., 545 f., 552 ff., 564, 575, 579, 585, 589, 592, 605, 612, 617 f., 626 ff., 634, 637 f., 647 f., 661, 664 f., 676 f., 688, 705, 728, 734, 736 f., 776, 787 ff., 791, 793-804, 805-813, 815 ff., 819 ff., 826

Erfahrung(en), Erfahrungswissen 10, 56 ff., 62, 64, 67, 69, 71-77, 80, 84, 89 f., 95, 101, 104 ff., 110 f., 115, 117, 139 ff., 197, 205, 210, 224, 225, 229, 235, 248, 263, 275, 283, 286 ff., 290 ff., 303, 305, 307, 314 f., 318 f., 321 f., 328, 331, 343, 353, 358, 372, 380, 392, 394, 406 ff., 409, 413 f., 420, 424 f., 434, 436, 438, 481, 484, 514, 516 f., 522, 540, 547 ff., 586, 601 f., 620, 640, 662, 664, 802, 807

Erkenntnis, Erkenntnis-Akt, Erkenntnistheorie 11, 23, 58, 60, 64, 89, 95, 105, 126 f., 140, 173, 190, 192, 222 f., 229, 248 f., 289, 297 f., 308, 313, 317, 334 f., 349, 352, 371, 376, 384, 395 f., 404, 408 ff., 416 f., 424, 433 ff., 458, 461, 465, 471 ff., 480, 484, 487, 539 f., 547 ff., 566, 589 f., 601, 608 f., 611, 615, 617, 665, 685, 688, 702, 735, 789 ff., 796, 803, 815

Erwartungen (als Frame- / Schema- / Verstehens-relevant) 47, 62, 97, 202, 253, 257, 259, 261 ff., 275, 291 ff., 304 f., 310, 356, 358 ff., 417, 424 f., 427, 431 ff., 444, 459 f., 523 f., 529, 584, 587, 599-605, 605, 607, 621 f., 638, 647, 654, 659, 664, 672, 682, 751, 810
(s.a. Standard-Werte / -Annahmen)

Evokation / Evozieren (vs. Invokation / Invozieren) von Frames / Frame-Elementen 10 f., 68, 71, 84, 103, 106, 108, 117 ff., 122-132, 142 f., 146, 149 f., 153 ff., 158, 166, 170, 173 ff., 180, 189, 197, 203-209, 210 f., 215 f., 218, 228 f., 231, 233 ff., 236 ff., 242 f., 246, 250, 258 ff., 267, 269, 271 ff., 287, 310, 359, 374, 404, 439, 441 f., 444 f., 455, 457, 470, 488, 494, 505 f., 508, 510, 517, 519, 525, 538, 547, 550, 559, 563, 572, 582, 604, 605, 621 f., 638, 644 f., 649, 651-669, 675, 684 ff.,

686, 694, 701, 704, 792, 795, 796, 799, 806 ff., 817 (s.a. Frame-Aktivierung)

Exemplar (e. Begriffs / Kategorie / Frames) 88, 97, 366, 372 ff., 382-420, 422, 426, 484 f., 487, 537 f., 542, 554, 555 ff., 562 f., 569, 572, 585, 588 ff., 594, 597, 600, 603 f., 610 ff., 613-619, 621 f., 624 ff., 669, 671, 674, 677 ff., 710, 734, 764, 810, 812, 814 ff., 844 (s.a. type-token- / Muster-Exemplar-Dichotomie)

Extension, extensional 67, 286, 380, 382 f., 419, 425 f., 459, 468 f., 471, 473 ff., 477, 484, 487, 555 f., 560 f., 563, 570 f., 588 ff., 616, 619, 626, 665, 678, 732, 764, 811 f., 815, 845

Filler (Füllung, Ausfüllung) 65, 75, 84, 159, 164, 177, 216, 253 ff., 262-270, 276, 288 f., 304 f., 309, 321, 332, 349, 351 f., 369, 371, 425 f., 439, 445 f., 450, 466, 486 ff., 498, 504, 506 f., 509, 512, 514 f., 517, 519 ff., 527, 534, 528, 546, 553-565, 566, 568, 570 f., 580, 587, 592 ff., 597, 599 f., 602, 622, 625 f., 631, 633 f., 637, 641, 653, 656 f., 665 f., 671, 674, 677, 680, 687 f., 700, 703 ff., 709 f., 726, 731 f., 740, 743, 771, 811 ff., 840 f., 843 f.
(s.a Frame-Elemente, Wert, Slot-Filler-Struktur, Default-Wert, Standard-Wert)

Fokussierung (als Merkmal von Frames, Frame-Elementen, Lexemen) 74, 104, 139, 229, 237, 269 f., 317, 321, 324, 334 f., 367, 375, 399, 401, 407, 423 f., 432, 461, 472, 506 f., 513, 517, 535, 544, 595, 598, 609, 619 ff., 626, 632, 651, 654, 663 f., 672, 704, 811, 845
(s.a. Perspektive, Perspektivierung)

Frame 7-897, (s.a. Valenz-Rahmen, Kasus-Rahmen, Wissensrahmen, Schema)

Frame (-Definitionen) 56, 60, 93, 95, 137 ff., 215 f., 252 ff., 304 ff., 364 ff., 427 f., 433 ff., 452, 458 f., 463 ff., 483, 503 f., 533 ff., 543 ff., 563 f.

Frame-Akkomodation (-Anpassung / -Umbau) 40, 259 ff., 263 f., 268, 270, 276, 289, 300, 321 f., 330, 334, 353, 390,601, 605 f., 609, 620, 623-627, 641, 652, 660, 673 f. (s.a. Frame-Dynamik)

Frame-Aktivierung 68, 129, 205, 259 ff., 273, 280, 300, 426, 433, 560, 562, 597, 605, 610, 613, 620, 623 ff., 638, 664, 666 ff., 672 ff., 684 f., 704 f.
(s.a. Evokation- / Invokation von Frames)

Frame-Dynamik 227, 257, 259 f., 288, 305, 318 f., 333, 362, 368, 370, 375, 387, 390, 395, 418, 420, 424, 426, 428, 433, 443, 456, 485, 494, 498 ff., 520, 529, 543, 548, 564, 593, 595, 611, 615, 623-628, 650, 662, 673, 706, 756, 759, 793, 816, 844

Frame-Ebenen 63 ff., 398, 476, 484, 533, 539, 587 ff., 605, 610, 665, 669, 704, 817 (s.a. Slot-Filler- / Attribut-Werte-Struktur, Frame-Kern)

Register 879

Frame-Elemente 102, 137, 141, 143 ff., 149 ff., 154 f., 158 f., 164-183, 183-193, 212 f., 215-221, 226 ff., 232, 235, 256, 273 f., 279, 309, 334, 342, 350, 358, 374, 378, 395, 423, 429, 441, 443 ff., 455 f., 461 f., 486 ff., 494, 498, 507, 512 f., 521, 527, 533 f., 540, 543, 546, 551, 553 f., 558 f., 562 - 593, 594, 597 ff., 604, 609 f., 617, 619, 621 f., 625, 628 ff., 634, 637-643, 644, 646 ff., 655 ff., 665, 672, 679 f., 682 f., 693, 698, 700 f., 708, 718, 721 ff., 726 f., 731 ff., 739 ff., 802, 812 ff., 865 (s.a. Slot, Filler, Attribut, Wert, Slot-Filler-Struktur, Attribut-Werte-Struktur)

Aktanten-Frame-Elemente 573 ff., 583, 592 ff., 644, 651, 656, 661, 679 f., 740, 747, 752, 766, 769 (s.a. Kern-Frame-Elemente)

Eigenschafts-Frame-Elemente 573, 577, 581, 583, 584, 587, 592, 594, 634

Kern-Frame-Elemente / Nicht-Kern-Frame-Elemente156, 171 ff., 178 f., 218 ff., 423, 446, 573, 575 ff., 647 f., 722 (s.a. Aktanten-Frame-Elemente, Frame-Elemente-Typen)

Frame-Elemente-Typen 164 ff., 553, 572-587, 679, 722, 731 f.

Frame-Elemente-Gruppen 175 ff., 731 ff.

Frame-Emergenz 384, 406, 408, 414, 616, 623, 626

Frame-Kern 375, 487, 551, 558, 562 ff., 570, 574, 587, 589, 591 ff., 595, 609, 619, 628, 670, 700, 703, 731, 811, 813 (s.a. Frame-Ebenen)

Frame-Name 484, 486 ff., 589, 593, 702, 731, 733 (s.a. Frame-Kern)

Frame-Relationen (Frame-zu-Frame-Relationen) 96, 137 f., 171, 182-193, 213, 220 f., 266, 437, 439, 441, 449, 499, 570, 580, 604 f., 627 ff., 635 ff., 638 ff., 642, 697, 712, 716, 723, 733, 734 (s.a. Frame-Systeme, Frame-Vererbung)

Frame-Element-zu-Frame-Element-Relation 168, 184, 457, 565, 580, 594, 637 f., 640, 813 (s.a. Frame-Elemente-Gruppen, Constraints, Slot-Filler- / Attribut-Werte-Struktur)

Typen von Relationen zwischen Frames / Frame-Elementen 190, 381, 402, 419, 457, 487, 533, 564, 569 f., 580, 593 ff., 628, 637 ff., 709, 734, 813

Frame-Systeme / -netze 114, 256-264, 273, 275f., 292, 295, 305 ff., 309, 329 f., 359, 372, 378, 387 f f., 393 f., 418 ff., 422 f., 425, 430, 456, 490 f., 533, 536, 544, 550, 568, 577, 598 ff., 605, 612, 620, 627 f., 632, 634-644, 656, 661, 663, 666, 671, 677, 683, 697, 776, 815 f. (s.a. Frame-Vererbung, Frame-Relationen)

Frame-Struktur(en) 52, 75, 147, 154, 157 ff., 169, 173, 199 f., 216, 220, 255, 265, 267, 273, 275, 279, 290, 305, 307, 309, 321, 340, 359, 362 f.,

368, 371, 375, 375, 379, 381, 388, 391, 398, 412, 418, 420, 424, 438, 442, 453, 456, 462, 465 f., 472, 488, 499 f., 504, 506, 508 f., 514, 534, 543, 546, 548, 551, 553-595, 560, 565, 570 f., 592, 602 f., 605, 612, 618, 620, 632 ff., 652 ff., 656 f., 661, 726, 728, 776, 809, 814, 850

Frame-Typen, Frame-Typologie 63, 137, 148, 160 ff., 268, 460 ff., 477, 526, 543 f., 550 f., 661, 669 ff., 677-684, 718, 735, 738, 812

Konzept-Frames (und nominale Frames) 61, 138, 156 ff., 287, 309, 366, 380, 382, 385, 390, 484 f., 488, 494, 501, 512, 514, 540, 542, 550 ff., 558, 559, 562, 573 f., 576, 585, 619, 648, 654, 655, 660, 669, 687, 701 f., 704 f., 733, 739, 743

prädikative Frames 21, 134 ff., 160, 162, 193, 213, 224, 415, 421, 445, 453, 550 ff., 631, 639, 657, 716, 734, 766

Verb-Frames 149, 162, 175, 216, 243, 445 f., 455 f., 543, 562, 575 f., 582, 635, 645, 647 f., 692, 700

Lexem-Frames 163, 536, 624, 660, 679-681, 744-760, 761, 764

Frame-Vererbung 96, 163, 167, 171, 174, 181-193, 195, 201, 213, 220 f., 280, 290, 369, 419, 422, 455, 485, 491 f., 560, 568, 571, 577, 580, 591, 598 f., 627-638, 641, 711 f., 716, 724, 726, 731, 733, 737, 744, 774, 809, 816 (s.a. Frame-Systeme, Frame-Relationen)

Gestalt (G.-Theorie) 61, 458, 460, 466, 529, 540, 545, 704, 809

Grammatik, grammatisch 11, 13 f., 18, 24 ff., 34 ff., 46 ff., 51, 60, 68 ff., 81, 84 f., 88, 90, 95, 102, 104, 107, 109 f., 117, 119, 122, 127, 129 f., 134, 136, 144, 151 ff., 164 ff., 195 ff., 210 ff., 217 ff., 222, 231 ff., 236 f., 239 ff., 244 f., 260, 264, 294, 298, 303, 344, 363, 438, 441 ff., 454, 528, 535, 543, 605, 646 f., 651, 655 ff., 676, 685, 693, 695, 698 ff., 704, 751 (s.a. Kasus-Grammatik, Construction grammar, Dependenz-Grammatik, Valenz-Grammatik)

Grammatikalisierung 129, 237, 651, 655 ff.

Hermeneutik, hemeneutisch 70, 215, 249, 481, 516, 518, 523, 705, 736, 800 ff., 799, 802

Holismus, holistisch 61, 363 f., 379, 409, 458 f., 461, 527 f., 540, 545 ff., 773, 809 f.

Implikatur 13, 33, 42, 70, 96, 99 f., 129 f., 133, 246 f., 357, 422, 521, 580, 694, 742, 776 ff., 794

Inferenz (inferenziell) 32, 34, 77, 96, 99 f., 109 f., 112, 129 f., 133, 137, 145 f., 180, 184, 189, 194, 203, 207, 210 f., 215, 224, 230 f., 234 ff., 247, 262, 318, 320, 326 f., 331 ff., 345 ff., 354 ff., 394,

404 f., 416, 423, 426, 431, 436 ff., 457, 460, 470, 505, 508, 523, 527 f., 544, 668, 694, 795, 798, 798 ff., 804, 817

Instantiierung (von Frames / Frame-Elementen) 112, 115, 155, 163, 178 ff., 184, 186, 198, 203, 213, 221, 255, 267 f., 277, 350 f., 374, 382 f., 385, 386 f., 389, 424-432, 436 f., 487, 490, 497 ff., 507, 519, 531, 534, 537 ff., 542, 555, 557, 561, 563 ff., 569, 575 f., 580, 588, 591 f., 594, 597, 600, 602 ff., 611, 613 ff., 618 f., 623, 626, 630 f., 633 ff., 641, 646 ff., 654, 656 f., 665 f., 669, 671, 673 f., 677, 679, 688, 700, 707, 710, 732 f., 734, 761, 764 f., 780, 814, 840 (s.a. type-token-Dichotomie)

Intentionen (als Frame-Elemente, als Faktoren des Verstehens) 77, 89, 115, 117, 127, 338 f., 354, 358, 382, 416 f., 500, 582-587, 613, 621 f., 638, 640, 664, 679, 682, 705, 791, 801, 800, 807 f., 813

Interessen (als Schema- / Frame-Aspekte, -Elemente, -Faktoren) 260 f., 262, 270, 305, 310, 312, 314 ff., 318 f., 322, 324, 327, 331 ff., 371 f., 380 f., 399, 432, 544, 549 f., 604, 605, 620 ff., 625 f., 638, 657, 664, 672, 705, 807, 810

Iterativität, Iteration (als Merkmal von Frames) 191, 333, 335, 343, 595, 605-610, 638, 656, 674, 686, 688, 801, 804, 814 (s.a. Konventionalität)

Kasus-Grammatik 25, 34, 38, 40, 43 ff., 59, 144, 151 ff., 164 ff., 171, 211, 219, 222, 243, 245, 266, 274, 521

Kasus-Rahmen 21, 25, 34-42, 46, 54 f., 59, 64 ff., 144, 148 ff., 160, 204, 212, 214 f., 216 f., 218, 222, 230, 232, 235 ff., 243, 273, 442, 453, 465, 467, 480, 502, 521, 661, 855

Kategorie (Frame / Frame-Kern als K.) 36, 56, 58 ff., 63 f., 70, 77 f., 83, 91, 94f., 97 f., 105 ff., 113 f., 117 f., 132 f., 138 f., 165, 208, 228 ff., 239, 244, 247 ff., 271, 280, 340, 342 f., 362-406, 411 f., 414 f., 418 f., 434, 437, 453 ff., 479 f., 484, 487 ff., 497, 503 f., 506 ff., 542, 546, 548 ff., 551 f., 556 ff., 564, 569, 573, 587 ff., 595, 597 ff., 612, 616, 618 ff., 624 f., 628, 632 ff., 641, 649, 652, 654, 656, 665, 671, 673, 680, 685, 687 f., 691, 696 f., 700 ff., 707, 709, 731 f., 797, 810, 812, 817, 841 (s.a. Konzept, Concept, Frame-Kern, Exemplar)

Kategorisierung (Frame / Lexem als / und K.) 58, 60, 64, 91, 94 ff., 106, 108, 114, 117, 126 f., 133, 125, 228 f., 239, 247 f., 271, 290, 313, 361, 400, 434, 436, 480, 501, 540, 542, 547 ff., 597, 649

Kompositionalitätspostulat, kompositionelle Semantik, 14 f., 18, 109 ff., 115, 119 ff., 129, 237 f., 245, 346, 540, 545 f., 696, 795

Konvention, konventionell, Konventionalität, Konventionalisierung (als Merkmal von Frames) 20, 53, 61 f., 73, 98, 101 f., 107, 110, 114 ff., 123 ff., 129, 145 f., 207 ff., 211, 225, 233 ff., 250, 254, 258, 260 f., 263, 269, 271, 288, 301 f., 310, 319-335, 343, 352, 357, 369, 375 f., 377, 381, 383, 386, 395, 397, 401, 405, 408, 413, 420, 425, 434, 460 f., 465, 475, 478, 484, 509, 515 ff., 520, 523, 526, 528, 531, 538, 557, 564 f., 567, 576, 579, 581, 588, 591 ff., 595, 601, 605-610, 612 f., 618, 625, 626, 631 f., 638 f., 642, 644, 647, 650 f., 653, 656, 664 f., 667 ff., 672, 674 f., 685 f., 792, 802 ff., 800, 802, 806, 814 f., 817, 845

Kontext 11, 40, 47, 51 f., 54, 57 ff., 68 f., 72-78, 80, 87, 91, 94 ff., 102 ff., 108, 110, 112, 114, 117, 124 f., 127, 133, 148, 178 ff., 197, 201, 206 f., 219, 222, 224 ff., 230, 247 ff., 257, 262 f., 266, 269 f., 272, 275, 278, 292, 299 ff., 306, 318, 323, 325, 334, 339, 350, 352, 354 f., 362, 369-378, 381 f., 387, 389, 396 ff., 403 ff., 416, 418 f., 431 f., 443, 445, 452 f., 482, 502, 506, 509 f., 511 ff., 517, 519, 521 f., 526, 536, 538, 541, 547, 555, 561 f., 563 ff., 566 f., 571, 580, 584, 590, 595, 597 f., 599, 605, 606, 609, 611, 613, 620 ff., 632, 636, 646, 651 ff., 656 f., 659 f., 661 ff., 672 ff., 696, 704, 737 f., 742, 753, 761 ff., 767, 795, 798

motivierender Kontext (für eine Kategorie, ein Lexem) 94, 108, 225

kontextfrei(e Bedeutung, -Semantik) 69, 73, 80, 90, 114, 180, 207, 225 (s.a. lexikalische Bedeutung)

Kontextualisierung 74, 80, 91, 96, 103 ff., 133, 179, 224 f., 247, 270, 299, 301, 325, 334, 389, 452, 501, 506, 510 ff., 513, 515, 517, 526, 547, 563, 598, 606, 620 ff., 626, 632, 636, 652, 654, 656, 661 ff., 704, 798

Kontextsemantik 502 ff., 521

Konzept / Begriff (Frames als Strukturen aus K. / B.), konzeptuell / begrifflich, Konzeptualisierung; konzeptuell / begrifflich erforderlich 21, 37, 42, 47, 56, 58, 60, 63 f., 73, 84, 93 f., 100, 105, 108, 120, 133, 138 ff., 143 ff., 146 f., 157 ff., 161 f., 165, 168 f., 172 f., 179, 181, 184, 188, 191, 198, 205, 210 f., 215 f., 217, 219 f., 225 ff., 234, 242, 267, 274, 286 f., 299, 304, 306 ff., 337 ff., 341 f., 360, 361-414, 415 f., 418 ff., 422, 427 ff., 438, 446, 459, 465, 472, 474 f., 482-502, 503 f., 510, 512 ff., 519, 527 ff., 536, 540 f., 546, 550 ff., 555-565, 573 f., 576 f., 579 ff., 583 f., 587 f., 592 ff., 597, 600, 603, 609 ff., 615 ff., 620, 622, 627 ff., 631 ff., 636, 638 f., 643, 645, 648, 654 f., 658, 660, 668 f., 670 f., 676 f., 679 f., 682 f., 686 ff., 691, 696 f., 700 ff., 708 f., 711 f., 717, 726, 736, 739 ff., 745, 748, 761, 774 ff., 780, 790, 797,

Register   881

800, 809 f., 813, 817, 845, 849, 852 (s.a. Kategorie, Kategorisierung; Konzept-Frames)

Leerstelle (s. Slot, s. Frame-Elemente)

Lesart (sense) eines Wortes 119, 124, 147 f., 193 f., 198 f., 199 ff., 203, 206 f., 209, 227, 240, 384, 440 f., 443 f., 453, 481, 500, 516, 536, 538, 605, 652, 656, 664 f., 678 ff., 708, 724, 742-754, 757, 760, 772 f., 813 (s.a. Wortbedeutung)

Lexikalische Bedeutung 14 f., 26 f., 73, 81 f., 84 ff., 99, 111, 123 f., 129, 132, 197, 203, 209, 238, 239 f., 244, 293 f., 301, 475, 508 f., 512, 538 f., 542 f., 545, 586, 605, 606, 625, 651, 664, 669, 677, 707, 742 f., 752, 756, 777 f., 845

Metaphern 13, 33, 119, 133, 202, 245, 247, 266, 283, 300 f.

Motivierung (einer Kategorie, eines Wortes, Lexems) 69, 80, 88, 94, 97, 101, 103, 105, 108, 114, 138 ff., 146, 197, 208, 210 f., 222, 224 f., 227 ff., 239, 244, 248, 257, 531, 549, 649, 689, 775

Muster (s. type-token / Muster-Exemplar-Dichotomie)

Null-Instantiierung (von Frame-Elementen) 102, 178 ff., 213, 219 f., 230, 232 f., 236, 247, 444, 446, 534, 540, 575 f., 615, 634, 646 ff., 716

Paradigma 44, 59, 259, 279, 341, 430, 586

Perspektive, Perspektivierung (in / durch Frames und Frame-Elemente) 40 ff., 56 f., 59, 62 f., 65 f., 71 f., 74, 76, 80, 103 f., 119, 147, 177, 198, 225, 236 ff., 256 f., 259 ff., 275, 277 ff., 291 f., 305, 308, 314, 321, 334, 351, 355, 432, 434, 444, 459 ff., 467, 478, 494, 504, 507, 513, 543, 550 f., 563, 580, 595, 597, 618 ff., 625 f., 635 ff., 651, 656, 663 f., 666, 688, 692, 711, 811 (s.a. Fokussierung)

Perzeption, perzeptuell 318, 323, 335, 396-414, 472, 495, 474 ff., 536 f., 539, 544, 549, 615, 621, 701, 768, 773, 809 f.

Plan / Pläne 19 f., 24, 281, 337, 340, 353 ff., 359, 361 f., 382, 389 ff., 396, 415 ff., 466, 477, 542; Planboxen 355, 416, 466

Präsuppositionen 13, 30-34, 46 ff., 54, 98 ff., 113, 132, 134, 136, 211, 213, 230, 235, 246 f., 444, 454 f., 457, 478, 589,592, 594, 691, 694 ff., 741 f., 753 f., 757, 760, 769 ff., 776 ff., 795 f.

Pragmatik, linguistische (pragmatisch) 13, 27, 30 f., 44, 49 ff., 63, 70, 92, 98 f., 99 ff., 110 f., 112, 118, 121 f., 129, 136, 172, 181, 211, 235, 238, 245 f., 467, 521, 527, 552, 585, 677, 688, 694, 753, 776 ff., 789, 793 ff., 843

Prototyp, prototypisch, Prototypikalität, Prototypikalisierung (von Frames und Frame-Elementen) 13,

20, 52, 54 ff., 59 f., 60 ff., 67, 73, 75, 79, 90, 96 ff., 105, 111, 117, 126, 132 f., 156, 176 f., 201 f., 209, 224, 229, 235 f., 237, 247, 253, 257, 263, 266, 248, 288 ff., 304, 309 f., 343, 350, 358, 361 ff., 367 f., 370, 375, 381 f., 385 ff., 394, 399, 418, 420, 429, 433, 437, 452, 456, 461, 470, 484, 493, 504, 509, 513, 517, 527, 542 f., 548, 559, 565, 574 ff., 578, 581 f., 588, 591 f., 595-605, 607, 609, 622, 631 f., 638 f., 642, 650 f., 655, 657, 661 f., 671, 732, 745 f., 751 ff., 769, 776, 803 f., 802, 804, 808, 814, 817 (s.a. Default-Werte)

Referenz (in / durch Frames) 16 f., 45, 52, 84, 118, 126, 140, 161, 163, 191, 307, 326, 332, 341, 366, 380, 382, 384 f., 390, 392, 399, 408 f., 416, 419, 422, 426 f., 434 f., 445, 468, 471, 475, 485 ff., 498 f., 511, 521, 523, 528 f., 532, 552, 556, 572, 582, 585 f., 588 ff., 592 ff., 598, 600 f., 603, 615, 619, 665, 670, 678 ff., 688, 693, 695 f., 699 f., 703, 760, 765, 769, 790, 799, 811 f., 814 f. (s.a. Extension)

Rekursivität (von Frames und Frame-Strukturen) 157, 159, 184, 191, 220, 226, 255, 276, 285, 293, 298, 305, 309, 340, 345, 355, 362, 370 f., 379, 382, 388, 391, 395, 398, 400-406, 412, 418 f., 422, 427 f., 439, 443, 453 f., 456, 459, 465 f., 472, 485, 491, 493 f., 499, 536, 541, 546, 553, 576, 579, 588, 591 ff., 610 ff., 616 f., 618, 620, 622 f., 627 f., 631 ff., 641, 647, 650, 663 ff., 672, 674, 688, 735 f., 738, 745, 772, 786, 809 ff., 815 f.

Relationen (zwischen Frames und Frame-Elementen) (s. Frame-Relationen)

Relevanz (Relevanz-Prinzip, Relevanz-Theorie) 42, 70, 99 f., 196, 282, 355, 357, 372, 380 f., 387, 393, 401, 452, 460, 540, 549 f., 580, 598, 622, 638, 662 f., 795, 797

Salienz (von Frame-Elementen) 42, 202, 344, 379 f., 579 f., 587, 591 f., 638, 644, 650, 731 f., 734, 745, 765, 77, 775, 814

Schema 20 f., 40, 53-78, 79 f., 83 f., 87 ff., 93 f., 100 f., 103 f., 106 f., 115, 117, 119, 132 f., 137, 141 ff., 159 f., 165, 197 f., 203, 212, 213 f., 215, 217, 222, 223 ff., 244, 248, 259, 261, 266, 281, 284, 290, 302, 305, 311-335, 336, 340, 343,347, 349 f., 364 f., 392, 402, 406 ff., 416 f., 423, 425, 427-436, 439, 439, 456, 460, 466, 468, 470, 479 ff., 517, 523 ff., 529, 533 f., 537, 540, 543 ff., 549 ff., 577, 595, 602, 605, 607 ff., 610, 620, 623, 628, 635, 637, 640, 645, 652, 661 f., 668, 670, 673, 768, 773, 797, 803 f., 798 ff., 805, 807 f., 810, 814, 846

Schema-Theorie 20, 143, 350, 364 f., 427, 429, 439, 456, 470, 537, 545, 627, 803, 805

Schematisierung 58, 64, 90 f., 100 f., 103, 117, 119, 140 ff., 159, 161, 165, 198, 217, 222, 227, 244, 262, 266, 290, 314 f., 321, 325, 327, 333, 406 ff., 427, 431 f., 434, 543 f., 548, 550, 645, 798 f., 814

Semantische Rollen 23, 36 f., 40 f., 151, 165 f., 170, 175, 177, 187, 194, 212, 217 ff., 241, 380, 443, 534, 572, 574, 581, 716 (s.a. Frame-Elemente, Aktanten-Frame-Elemente)

Semantik

epistemologische Semantik, (s. Epistemologie, linguistische)

Frame-Semantik 7-897

interpretative Semantik (interpretive semantics, understanding semantics, Verstehens-Semantik) 24 f., 31, 46, 49, 54, 78, 81, 92-132, 133, 135, 140, 144, 152, 195 f., 199 f., 213, 223, 230, 237, 241, 243, 246, 249, 265, 270, 438 f., 443, 494, 502, 521, 658, 698, 703 f., 717, 795, 795, 805

kulturwissenschaftliche Semantik 13, 21, 105, 169, 284, 304, 308, 328 f., 338, 344, 360, 372, 383, 393, 414, 420, 440, 475, 502 f., 526 f., 536, 614, 620, 636, 638, 726, 728, 736, 739, 745, 769, 794, 800, 804, 796, 799 ff., 805, 808

lexikalische Semantik 51, 70, 81 f., 84, 95, 109, 213 f., 244, 294, 374, 384

logische Semantik 87, 90, 95, 112, 115, 249, 274, 304, 398, 418, 459, 495 f.

Zwei-Ebenen-Semantik 28 f., 122, 127, 146 f., 180, 207 f., 226, 234, 299, 527, 651, 668, 689

s.a. Wortsemantik, Textsemantik, Kontextsemantik

Situation (als Kontext, Frames / Schemata / Skripts als Repräsentation von S.) 39, 41 ff., 47 f., 51 ff., 62 f., 69, 75, 78 ff., 84 f., 98 f., 103, 105, 110, 119, 137 f., 139 ff., 149 f., 155, 158 ff., 171, 187, 204, 217, 237, 243, 248, 252 ff., 257, 259 ff., 271 ff., 287 f., 290, 292, 295, 304, 306, 314, 318, 321 ff., 334, 348, 350, 352, 356 ff., 374, 376 f., 396 ff., 404, 411, 429 f., 433, 441, 443, 459 ff., 466, 471, 476 f., 484, 522 f., 528, 536, 538 ff., 548, 550, 559, 565, 567, 577, 588 ff., 596, 599 f., 604, 605 f., 609, 613, 616-623, 638 f., 651, 657, 670 f., 672, 680, 695, 817; Standard-Situation 459, 471

Situations-Typ (Frame / Skript / Schema als S.) 138, 141, 144, 149 f., 158, 161, 164, 459, 618 f.Skripts 7, 20, 55, 63, 79, 93 f., 96, 104, 107, 124, 141, 145, 157, 161, 163, 188, 192, 223 f., 252, 266, 287, 336-345, 345-353, 354 ff., 361 f., 388 f., 415 ff., 420, 423, 427, 433, 435 f., 437, 439, 441, 456, 463, 466, 523 f., 543, 550, 568, 579, 609, 619, 639 f., 642, 657, 671, 676, 682 f., 706, 728, 759, 776

Slot 59, 65, 67, 71, 75, 79, 114, 150, 164, 168, 170, 177, 194, 205, 253 ff., 261 ff., 267 ff., 273 f., 276, 279 f., 285, 287 ff., 293, 304 ff., 319, 321 f., 343, 350 f., 363, 369, 375, 379, 382 ff., 423, 426, 428 ff., 439, 445 f., 466, 486 ff., 498 f., 504, 506 ff., 512 ff., 517 ff., 524, 527, 528 ff., 539, 548, 550, 552, 553-565, 566, 569 ff., 573 f., 579 ff., 584 f., 587, 590 ff., 596-605, 615, 617 ff., 624 ff., 628, 632 ff., 637, 641, 645, 654 ff., 661, 664 f., 666, 674, 677, 680, 687 f., 698, 700, 702, 703 ff., 710, 717, 726, 731, 733, 735, 737, 740, 743 f., 760 f., 780, 811 ff., 840 f. (s.a Frame-Elemente, Attribut, Slot-Filler-Struktur, Attribut-Werte-Struktur)

Slot (Definition) 564

„Sub-Slot" 486-492, 593, 632, 558, 812 f.

Slot-Filler-Struktur 156, 164, 170, 174, 220, 254, 305, 322, 344, 346, 349 f., 365, 369, 417, 419, 421, 425, 427 f., 439, 445 f., 456, 462, 467, 484, 504, 506, 512, 523, 544, 548, 553-565, 574, 641, 677, 726, 811 (s.a. Attribut-Werte-Struktur, Frame-Elemente, Slot, Filler, Default- / Standard-Wert)

Standard-Werte / -Annahmen (s. Default-Werte; s.a. Erwartungen)

Strukturelle Invarianten 362, 365, 374 ff., 378 f., 381, 395, 398, 401, 418 f., 428, 553, 561, 565-571, 593 f., 628, 634, 637, 640, 732, 813

Sub-Kategorisierung (Frame-Elemente / Slots / Attribute als S.) 181, 254 f., 268, 305, 309, 429, 450, 488, 553, 555 f., 560, 564, 593, 604, 610, 679, 694, 696, 812

Syntax, syntaktisch 26, 31, 35, 38 ff., 102, 111, 115, 121, 129, 151 ff., 167, 170, 173, 175 f., 194 f., 198 ff., 204, 265, 267, 273, 298, 370, 401, 431, 441 ff., 484, 528, 611, 647, 653, 661, 663, 697 f., 789, 791, 795

Szenario 11, 55 f., 64, 81, 93, 99, 140 f., 143, 161, 163, 184, 186, 223 f., 227, 264, 268, 271 ff., 426, 306, 520, 544, 674, 682

Szene 10 f., 25, 41 f., 43 f., 54-72, 74 f., 77 ff., 83 ff., 87, 89, 93 f., 103 f., 117, 132, 140 ff., 163, 172, 175, 183, 209 f., 212 ff., 215, 222 ff., 231 f., 236 f., 248, 256, 259, 262, 264, 287, 292, 294, 300, 302, 339, 343, 348 ff., 429, 434, 438, 459, 461, 464, 504, 520, 534, 540, 543 ff., 562, 572, 580, 605, 619, 627, 635, 652, 658, 665 f., 690 f., 700 f., 711, 741, 812

terminal / Anschlussstelle (s. Slot)

Textbedeutung 14, 72, 80, 88, 103 f., 115 ff., 208, 214, 241 f., 244, 346, 348, 524, 645, 753, 764, 772, 778, 803

type-token- / Muster-Exemplar-Dichotomie 60, 104, 117, 138, 141, 208, 277, 296, 304, 313, 316, 319

Register

f., 326 ff., 332 ff., 362, 374, 382 ff., 395 ff., 399, 420, 422, 427, 472 ff., 476, 481, 484, 487, 490, 498, 502, 516, 519, 531, 537 ff., 544, 549, 554 f., 559 ff., 569, 572, 588 ff., 594, 600, 603 f., 605, 608 f., 611, 613-619, 621, 623 ff., 633, 638, 645, 652, 656 f., 665, 669, 671, 673 ff., 677 f., 685 f., 702, 707, 710, 731 f., 734, 738 f., 743, 764, 810, 814 ff., 845 (s.a. Exemplar, Referenz, Extension)

Valenz (Valenz-Theorie, valenz-theoretisch) 25, 34 -43, 46, 59, 96, 100 ff., 136, 140, 144, 148, 150, 152 ff., 157, 160, 162, 165 f., 176, 182 f., 193 f., 199, 209 ff., 215 ff., 222, 226, 231 ff., 237, 239, 241, 243, 250, 264, 342, 440 ff., 467, 479 f., 488, 534, 540, 551, 559, 572, 575, 618, 647 f., 651, 657 f., 678 f., 687, 692, 740, 744, 746 f., 766, 795, 812 f.

Valenz, semantische 39, 155 f., 217, 232 ff., 443

Valenz, syntaktische 155, 176, 231 ff.

Valenz-Grammatik 102, 155, 164, 217, 219, 441, 443, 445, 543, 676, 700

Valenz-Rahmen 36 f., 59, 150, 160, 194, 212, 215, 243, 254, 274, 441, 444 f., 572

Valenz-Wörterbücher, Valenz-Lexikographie 37, 39 f., 46, 102 f., 176, 193, 233, 239, 442

Verbalisierung (von Frame-Elementen) 219 f., 229 ff., 346, 349 f., 364, 375, 433 ff., 443 f., 476, 514, 536, 538, 540, 647, 552, 559, 561 ff., 572, 574, 576, 581 f., 620, 622, 625 f., 642, 644-651, 654, 656 f., 661, 666, 679 f., 683, 687, 689, 692 f., 703, 738, 740, 748, 752, 754 f., 757, 765 f., 768 ff., 778 (s.a. Null-Instantiierung)

Vererbung (s. Frame-Vererbung)

Werte 170, 181, 189, 205, 216, 220, 255, 257, 261 ff., 269, 274, 285, 289, 305, 341, 351, 362-396, 402, 419 f., 425 f., 428, 430, 432, 439, 456, 460, 466, 485, 487 ff., 498 ff., 512, 518, 527, 528 f., 531, 539, 546, 550, 553-565, 566 ff., 576, 579 f., 581, 583 f., 585 ff., 591 ff., 597, 599 ff., 609 ff., 615 f., 618, 621, 624 ff., 631 f., 634, 641, 649 f., 655 f., 670 f., 679, 683, 687 f., 691 f., 694, 697, 700 f., 703 f., 707, 709 f., 731 f., 734, 737, 740, 743, 747, 754, 757, 760 f., 768 f., 771 f., 777, 779, 811 ff., 866 (s.a. Filler, Frame-Elemente, Slot-Filler-Struktur, Attribut-Werte-Struktur, Default- / Standard-Werte)

Wertebereich 255, 383, 385, 425 f., 428, 430, 499, 539, 550, 555, 557, 564, 565, 569 ff., 616, 656, 677, 707 ff., 731 ff., 734, 743, 746, 751, 754, 760 f., 773, 812 (s.a. Extension)

Wissen, verstehensrelevantes 10 f., 16 ff., 25, 27 , 29, 31 ff., 45 f., 48-57, 62, 66, 69, 77, 81, 88 f., 94 f., 97 ff., 103, 105 ff., 113, 115, 117-130, 140, 142, 145 f., 162, 169, 171, 180, 182, 197 f., 203-

213, 215, 223, 230 ff., 238, 246 ff., 252 f., 258, 265, 267, 272, 300, 318, 339 ff., 345, 348 f., 350, 356, 359, 372, 375 f., 416 ff., 438, 455, 457 f., 460, 462, 465, 471, 477, 479, 483, 495, 499, 511, 217 f., 518 f., 521-528, 535 ff., 539, 543, 547, 552 f., 566, 582, 584, 586, 622 f., 636, 639, 645, 651, 653 f., 658 f., 661, 664, 667 ff., 681 f., 684 ff., 690, 694, 697, 701 f., 704 f., 707, 735, 741, 761, 764, 771 f., 777, 787, 791, 793, 796, 800 ff., 799 ff., 805, 808, 810, 817

Wissensrahmen 40, 82, 101, 133, 160, 254, 259, 266 f., 274, 280, 326, 356 f., 398, 503, 514 ff., 521 ff., 536, 563 f., 591, 646, 659, 669, 672, 683, 727, 795, 798, 808, -netze 82

Wortbedeutung 14 ff., 28, 32, 45 f., 54, 67 ff., 81- 92, 95, 106, 108, 117, 119, 124, 132 f., 137 ff., 146 f., 176, 194, 196 ff., 203, 225, 230, 236, 239 f., 241, 244, 267, 272, 294, 307, 347, 358, 361, 403, 464, 497, 503 ff., 508, 512, 525, 536, 550, 595, 613, 626, 631, 646, 651 ff., 656, 658, 677, 742-754, 759, 761, 764, 768 f. (s.a. Lesart, sense)

Wortsemantik (wortsemantisch) 17, 26, 46, 68, 81, 88, 102, 159, 197, 225, 241 ff., 265, 504, 543, 657 ff., 675 ff., 703, 739, 765 f., 772, 777, 805, 813

Zeichen, Zeichentheorie 48, 51 f., 68, 72 f., 74, 79, 94, 98, 101, 104, 107 f., 113 f., 115, 120, 123, 125, 128, 139 f., 143, 147 ff., 200, 206 f., 224, 226-240, 246, 248 ff., 254, 256, 261 f., 269 ff., 293, 295 ff., 301 ff., 308, 312, 319 f., 323, 325, 332 f., 343, 351, 355, 364, 382, 393, 397 f., 408, 410 ff., 414, 429, 434, 452, 454, 457, 460, 463, 466, 468, 473 ff., 489, 494, 502 ff., 510, 511, 515, 518, 520, 522, 525, 527 f., 528, 533 ff., 543, 549 f., 552 f., 562 f., 564, 590, 600, 605, 606 f., 609 f., 613, 620, 622 f., 624 f., 633, 638, 644, 646, 648, 651-667, 670, 672, 674, 681, 684 ff., 693, 698, 700, 705, 739, 776 f., 788-795, 797 ff., 801, 803, 796 ff., 799 ff., 806 ff., 809 ff., 814 f.

Ziele (i.S.d. Skripttheorie) 20, 260 ff., 270, 305, 310, 314, 337, 340, 353-361, 362, 368, 371 f., 378, 380, 386, 389, 393 f., 403, 415 ff., 466, 500, 543, 549 f., 567 ff., 578, 580 f., 582-587, 591, 602, 604, 605, 620 ff., 626, 640, 642, 671 f., 679, 682, 813, 840 ff., 844

Ausführliches Inhaltsverzeichnis

Inhalt 5

Vorwort 7

1. Einführung in die Thematik 9
    1.1   Warum Frame-Semantik? 9
    1.2   Ein Märchen – Semantik, wie sie am schönsten (und einfachsten) wär 12
    1.3   Zum Aufbau dieses Buches und zur Auswahl der Modelle 19

2. Die Erfindung des Frame-Gedankens in der Linguistik –
    Der Denkweg von Charles J. Fillmore 23
    2.1   Was ist in einem Satz oder Text semantisch „enthalten"? 26
    2.2   Valenz-Modell und Kasus-Rahmen 34
    2.3   Zwischen Kasus-Grammatik und Lexikalischer Semantik:
            Auf dem Weg zur Frame-Theorie 42
    2.4   Die „scenes-and-frames"-Semantik: Eine linguistische „Schema"-Theorie 53
         2.4.1   „Frames", „Szenen", „Schemata" 55
         2.4.2   Eigenschaften und Typen von Frames und Szenen 61
         2.4.3   Wort und Frame, Frame-Aktivierung und Frame-Repräsentationen 67
         2.4.4   Kontexte, Geschichten, Erfahrungen, Sprachwissen und Weltwissen 72
         2.4.5   Frames, Kommunikation und die Kreativität des Textverstehens 77
    2.5   Die Aufgaben einer linguistischen Semantik 81
    2.6   „Frame-Semantik" und die Bedingungen des Verstehens:
            Die „interpretive" oder „understanding"-semantics 92
         2.6.1   Die neue Position zu „Frames" 93
         2.6.2   Aspekte und Leistungen von Frames und Frame-Semantik 97
         2.6.3   Das Primat der Verstehens-Semantik 109
         2.6.4   Wort und Frame und die Grenzen der traditionellen Semantik 117
         2.6.5   „Sprachwissen" oder „Weltwissen"? „Evozieren" oder „Invozieren" von Frames? ... 122
    2.7   Anwendungsbereiche und Leistungen des Frame-Modells 132
    2.8   Ein „technisches" Modell: Prädikative Frames (FrameNet) 135
         2.8.1   Praxis und Theorie: Wissenschaftstheoretische Vorbemerkungen 136
         2.8.2   Frame-Definition(en) 137
         2.8.3   „Prädikative" Frames, die Dominanz syntaktischer Zielsetzungen
               und die Frage nach Frame-Typen bei FrameNet 149
         2.8.4   Frame-Elemente und Frame-Elemente-Typen 164
         2.8.5   Null-Instantiierung": Elliptische Frame-Elemente? 178
         2.8.6   Relationen zwischen Frames 182
         2.8.7   Annotation und Repräsentation von Frames und Frame-Elementen 192
         2.8.8   Frames und Lexikographie 196
         2.8.9   Über „Evozieren" vs. „Invozieren" von Frames in FrameNet 203

Gesamtinhaltsverzeichnis 885

2.9 Fillmores linguistische Frame-Theorie:
Zusammenfassender Überblick und Würdigung 209

    2.9.1 Fillmores und FrameNets Frame-Konzeption: Ein kleines Glossar 214

    2.9.2 Diskussion von Fillmores Frame-Konzept – ausgewählte Einzelaspekte 247

**3.   Die Begründung der Frame-Theorie in der Kognitionswissenschaft –
Die Frame-Idee bei Marvin Minsky** 251

3.1 Kognitive Frames: Minskys Startschuss 252

3.2 Minskys Überlegungen zu Frames in Sprache und Textverstehen 264

3.3 Weitere Aspekte von Frames, Frame-Strukturen und -Aktivierung 273

3.4 Ein kognitives Modell des Denkens: Minskys „Society of mind" 282

3.5 Zusammenfassung und Diskussion von Minskys Frame-Konzept 304

**4.   Frühe Anfänge und theoretische Fundierungen der Frame-Idee –
Die Schema- und Gedächtnistheorie von Frederic C. Bartlett** 311

4.1 Psychologische Evidenzen für Frames: Bartletts „Remembering" 311

    4.1.1 Wahrnehmen, Vorstellen, Erinnern ist Schlussfolgern und Konstruktion.................312

    4.1.2 Der Schema-Begriff und die Rolle der „Settings" 316

    4.1.3 Psychologische Evidenzen für Schemata 325

    4.1.4 Die Sozialität und Konventionalität der Schemata.........................327

4.2 Konsequenzen aus Bartletts Schema- und Gedächtnistheorie
für ein linguistisches Frame-Modell 331

5.   Frame-theoretische Ausdifferenzierungen 336

5.1 Das Skripts-, Pläne-, Ziele-Modell von Schank & Abelson 337

    5.1.1 Grundannahmen zu Kognitions- und Wissensstrukturen........................337

    5.1.2 Skripts und Kausalketten 345

    5.1.3 Pläne und Ziele 353

    5.1.4 Themen 359

5.2 Systematisierungsversuche des Frame-Modells bei L. Barsalou.................361

    5.2.1 Frames vs. Merkmallisten 362

    5.2.2 Komponenten von Frames: Attribute, Werte, Konzepte und Aspekte 364

    5.2.3 Komponenten von Frames: Strukturelle Invarianten und Constraints 374

    5.2.4 Konzept-Frames...382

    5.2.5 Frames und Begriffsfelder 389

    5.2.6 Exkurs: Versuch einer perzeptuellen Fundierung von „Concepts" bei Barsalou.
Oder: Wie viel Erkenntnistheorie braucht eine kognitive Semantik? 395

5.3 Diskussion der Modelle und Konsequenzen für die linguistische Semantik 414

5.4 Zur weiteren Diskussion um Frames...420

**6.   Anwendungen und Weiterentwicklungen der Frame-Theorie
in der linguistischen Semantik**..440

6.1 Fillmores FrameNet: Methoden und technische Implementierung 441

6.2 Lexikologisch-lexikographische Ansätze in Deutschland........................451

    6.2.1 Ballmer / Brennenstuhl und Wegner.....................................452

    6.2.2 Konerding 464

6.2.3	Lönneker	483
6.3	Frame-Analysen in der Formalen Linguistik	495
6.4	Frame-Analyse als satz-, text- und kontext-semantische Methode	502
6.4.1	Klein	503
6.4.2	Fraas, Holly, Meier, Müske	510
6.4.3	Busse	521
6.4.4	Ziem	528

7. Frame-Semantik: Ein Arbeitsmodell 533

7.1	Sprachliche Frames oder kognitive Frames? Eine Entscheidung.	533
7.2	Frames als Format der Organisation und Rekonstruktion des verstehensrelevanten Wissens	539
7.2.1	Frames als Strukturen aus Konzepten	540
7.2.2	Frame, Szene, Schema (Abstraktionsleistung und Schematisierung)	543
7.2.3	Kompositionalität vs. Holismus von Frames	545
7.2.4	Frames, Erfahrung, Kategorisierung und Welterkenntnis, Relevanz	547
7.3	Frame-Typen I: Prädikative Frames vs. Konzept-Frames	550
7.4	Die innere Struktur von Frames	553
7.4.1	Slot-Filler- / Attribut-Werte-Sets	553
7.4.2	Strukturelle Invarianten, Constraints, Wertebereiche	565
7.4.3	Typen von Frame-Elementen	572
7.4.4	Meta-Elemente in Frames: Ziele, Intentionen, Bewertungen, Sprechereinstellungen, Wissensgrade	581
7.4.5	Struktur-Ebenen von Frames, Hierarchie von Frame-Elementen, Präferenzen, Salienz	587
7.4.6	Frames als Strukturen aus Relationen	592
7.5	Merkmale von Frames: Prototypikalität, Konventionalität, Default-Werte, Iterativität, Rekursivität, Vernetzbarkeit, Perspektivierung, Fokussierung und Frame-Dynamik	595
7.5.1	Prototypikalität von Frames	595
7.5.2	Default-Werte, Standard-Annahmen und Erwartungen	599
7.5.3	Konventionalität und Iterativität	604
7.5.4	Rekursivität und Unabschließbarkeit von Frames	611
7.5.5	Die Muster-Exemplar- (type-token-) Problematik	613
7.5.6	Perspektivierung und Fokussierung in Frames und Frame-Aktivierung	620
7.5.7	Grade der Frame-Differenzierung, Experten- und Laien-Wissen	623
7.5.8	Frame-Dynamik: Akkomodation, Umbau, Wandel, Emergenz, Entstehung von Frames	624
7.6	Die Struktur von Frame-Systemen und –Netzen	627
7.6.1	Frames als Strukturen aus Frames und Relationen	628
7.6.2	Frame-Vererbung und taxonomische Ebenen	629
7.6.3	Epistemische Frame-Vernetzungen und Frame-Systeme	635
7.6.4	Typen von Relationen zwischen Frames und Frame-Elementen	638
7.6.5	Typen von Frame-Systemen	640
7.7	Evokation oder Invokation von Frames? (Was gehört zu einem Frame?)	644
7.7.1	Verbalisierung und Nicht-Verbalisierung von Frame-Elementen	645

Gesamtinhaltsverzeichnis 887

7.7.2	Die Frame-aktivierenden Leistungen von Lexemen 652
7.7.3	Die Frame-aktivierenden Leistungen von Lexem-Ketten 658
7.7.4	Frames als Formen der Kontextualisierung 662
7.7.5	Was gehört zu einem Frame? 665
7.7.6	Evokation von Frames oder von Frame-Systemen? 666
7.7.7	Evokation oder „Invokation" – eine unendliche Geschichte? 667
7.8	Typen von Frames (II) und Frame-Aktivierung 670
7.8.1	Frames und die Ebenen des Wissens 670
7.8.2	Frame-Aktivierung als Abgleich-Prozess 673
7.8.3	Frame-Aktivierung als kreativer Prozess 674
7.8.4	Frames und sprachliche Ebenen 675
7.8.5	Eine Typologie von Frames? 678
7.8.6	Typen der Frame-Aktivierung 684
7.9	Epistemische Prädikation als Grundstruktur von Frames und verstehensrelevantem Wissen? 687
7.9.1	Zum Begriff „epistemische Prädikation" 688
7.9.2	Prädikationen: Ebenen, Typen, Aspekte 690
7.9.3	Frame-Semantik als theoretischer und methodischer Rahmen für eine Analyse expliziter und impliziter Prädikationen 698
7.9.4	Überlegungen zu Frames und Prädikationen in der Frame-Literatur 703
7.10	Ein Frame-gestütztes Modell des Sprachverstehens? 704
7.11	Frames praktisch: Modelle der Darstellung 705
7.11.1	Darstellungsformate für Frames 707
7.11.2	Auflösungsgrad („Granularität") von Frame-Darstellungen 734
7.11.3	Frame-Thesauri oder exemplarische Darstellungen? 738
7.11.4	Sprachliche Indizien für Frames und Frame-Elemente 739
7.11.5	Leistungen und Grenzen einer Frame-Semantik 740
7.12	Anwendungsmöglichkeiten der Frame-Analyse 742
7.12.1	Frame-Analyse von Lexemen und Wortbedeutungen 742
7.12.2	Frame-Analyse von Morphemkombinationen und Wortbildungen 754
7.12.3	Frames für Begriffstypen und Wortarten 759
7.12.4	Frame-Analyse von Textwörtern im Kontext 761
7.12.5	Frame-Analyse von Satzbedeutungen 764
7.12.6	Frames in der Textanalyse und Verstehenstheorie 768
7.12.7	Frames in der Analyse von Metaphern 772
7.12.8	Frames in der Analyse von Präsuppositionen und Implikaturen 776
7.12.9	Frame-Analyse von Bedeutungs- und Sprachwandel 780
7.12.10	Legende zu den Frame-Darstellungen in Kap. 7.12 785

8. Frame-Analyse und linguistische Epistemologie – Resümee und Ausblick 787

8.1	Kognitive Semantik: Ein Wort an die Gebildeten unter ihren Verächtern 788
8.1.1	Frame-Semantik und Zeichentheorie 788
8.1.2	Frame-Semantik und Linguistische Pragmatik 794
8.1.3	Frame-Semantik im Wittgenstein-Orbit 797
8.1.4	Frame-Semantik und Hermeneutik 800

| | 8.1.5 | Fazit | 802 |

8.1.5   Fazit 802

8.2   Frame-Analyse als Teil einer linguistischen Epistemologie 805

8.3   Ausblick und Anschlussmöglichkeiten 813

8.4   Statt einer Zusammenfassung: 66 Thesen zu Frames und Frame-Semantik 818

Bibliographie 828

1.   Gesamtverzeichnis 828

2.   Bibliographien zu den wichtigsten Autoren 837

2.1   Schriften von Charles J. Fillmore (chronologisch, einschließlich FrameNet) 837

2.2   Schriften zu FrameNet (chronologisch, ohne Beteiligung von Fillmore) 842

2.3   Schriften von Marvin Minsky 843

Anhang: Schaubilder, Listen, Screenshots zu Frames 844

A.2   Materialien zu Kapitel 2 und 6.1: Fillmore und FrameNet 844

A.3   Materialien zu Kapitel 3: Minsky 847

A.5.1   Materialien zu Kapitel 5.1: Schank / Abelson 848

A.5.2   Materialien zu Kapitel 5.2: Barsalou 849

A.6.1   Schaubilder, Listen und Tabellen zu FrameNet 851

A.6.2.1 Schaubilder und Listen aus Ballmer / Brennenstuhl 1981 und Wegner 1985 851

A.6.2.2 Schaubilder und Listen aus Konerding 1993 854

A.6.2.3 Schaubilder aus Lönneker 2003 859

A.6.3   Schaubilder zu Kap. 6.3: Erste Versuche zu Frame-Darstellungen im SFB 991 862

A.6.4   Schaubilder zu Kap. 6.4 870

A.6.4.1 Schaubilder und Frame-Darstellungen von Klein 870

A.6.6.2 Schaubilder und Frame-Darstellungen von Fraas 872

A.6.4.3 Frame-Darstellungen von Busse 874

A.6.4.4 Frame-Darstellungen von Ziem 876

Register 877

Ausführliches Inhaltsverzeichnis 884

www.ingramcontent.com/pod-product-compliance
Lightning Source LLC
Chambersburg PA
CBHW060331010526
44117CB00017B/2802